Lieber Leser

Die vorliegende 36. Ausgabe des Roten Michelin-Führers Deutschland bringt eine aktuelle Auswahl an Hotels und Restaurants. Sie wurde von unseren Inspektoren in völliger Unabhängigkeit erstellt und bietet dem Reisenden eine breit gefächerte Auswahl von Adressen in allen Komfort- und Preisklassen.

1999 geben immer mehr Geschäfte dazu über, ihre Preise in EURO anzugeben, wenn dies auch noch nicht verbindlich vorgeschrieben ist und es dem Kunden freigestellt bleibt, ob er seine Rechnung in EURO (bei bargeldloser Zahlung) oder in der Landeswährung begleichen will.

Da sich diese Umstellung aber nach und nach vollzieht, haben wir uns entschieden, in der vorliegenden Ausgabe die Preise noch in der Landeswährung anzugeben.

Wenn Sie unterwegs gut und preiswert essen möchten, folgen Sie dem **"Bib Gourmand"**, *der Ihnen den Weg zu zahlreichen Restaurants mit besonders günstigem Preis-/Leistungsverhältnisweist.*

Vielen Dank für Ihre Anregungen und Hinweise, die uns stets willkommen sind.

Gute Reise mit Michelin

Inhaltsverzeichnis

Wahl eines Hotels, eines Restaurants

Die Auswahl der in diesem Führer aufgeführten Hotels und Restaurants ist für Reisende gedacht. In jeder Kategorie drückt die Reihenfolge der Betriebe (sie sind nach ihrem Komfort klassifiziert) eine weitere Rangordnung aus.

Kategorien

		Großer Luxus und Tradition
		Großer Komfort
		Sehr komfortabel
		Mit gutem Komfort
		Mit Standard-Komfort
		Bürgerlich
M		*Hotel mit moderner Einrichtung*
garni		*Hotel ohne Restaurant*
	mit Zim	*Restaurant vermietet auch Zimmer*

Annehmlichkeiten

Manche Häuser sind im Führer durch rote Symbole gekennzeichnet (s. unten.) Der Aufenthalt in diesen ist wegen der schönen, ruhigen Lage, der nicht alltäglichen Einrichtung und Atmosphäre sowie dem gebotenen Service besonders angenehm und erholsam.

bis	*Angenehme Hotels*
bis	*Angenehme Restaurants*
« Park »	*Besondere Annehmlichkeit*
	Sehr ruhiges, oder abgelegenes und ruhiges Hotel
	Ruhiges Hotel
Rhein	*Reizvolle Aussicht*
	Interessante oder weite Sicht

Die Übersichtskarten S. 52 – S. 61, auf denen die Orte mit besonders angenehmen oder sehr ruhigen Häusern eingezeichnet sind, helfen Ihnen bei der Reisevorbereitung. Teilen Sie uns bitte nach der Reise Ihre Erfahrungen und Meinungen mit. Sie helfen uns damit, den Führer weiter zu verbessern.

Einrichtung

Die meisten der empfohlenen Hotels verfügen über Zimmer, die alle oder doch zum größten Teil mit Bad oder Dusche ausgestattet sind.
In den Häusern der Kategorien , und können diese jedoch in einigen Zimmern fehlen.

30 Z	*Anzahl der Zimmer*
	Fahrstuhl
	Klimaanlage
TV	*Fernsehen im Zimmer*
	Haus teilweise reserviert für Nichtraucher
	Zimmertelefon mit direkter Außenverbindung
	Modem-, Faxanschluß im Zimmer
	Für Körperbehinderte leicht zugänglich
	Spezielle Einrichtungen/Angebote für Kinder
	Garten-, Terrassenrestaurant
	Freibad, Hallenbad oder Thermalhallenbad
	Badeabteilung, Thermalkur
	Fitneßraum – Kneippabteilung – Sauna – Dampfbad
	Strandbad – Liegewiese, Garten
	Hoteleigener Tennisplatz
18	*Golfplatz und Lochzahl – Reitpferde*
150	*Konferenzräume mit Höchstkapazität*
	Hotelgarage, überdachter Parkplatz (wird gewöhnlich berechnet)
P	*Parkplatz reserviert für Gäste*
	Hunde sind unerwünscht (im ganzen Haus bzw. in den Zimmern oder im Restaurant)
Fax	*Telefonische Dokumentenübermittlung*
Mai-Okt.	*Öffnungszeit (Saisonhotel), vom Hotelier mitgeteilt*
nur Saison	*Unbestimmte Öffnungszeit eines Saisonhotels.*

Häuser ohne Angabe von Schließungszeiten sind ganzjährig geöffnet.

Küche

Die Sterne

*Einige Häuser verdienen wegen ihrer überdurchschnittlich guten Küche Ihre besondere Beachtung. Auf diese Häuser weisen die Sterne hin. Bei den mit « **Stern** » ausgezeichneten Betrieben nennen wir maximal drei kulinarische Spezialitäten, die Sie probieren sollten.*

✿✿✿ **Eine der besten Küchen : eine Reise wert**

Man ißt hier immer sehr gut, öfters auch exzellent. Große Weine, tadelloser Service, elegante Atmosphäre... entsprechende Preise.

✿✿ **Eine hervorragende Küche : verdient einen Umweg**

Ausgesuchte Menus und Weine... angemessene Preise.

✿ **Eine sehr gute Küche : verdient Ihre besondere Beachtung**

Der Stern bedeutet eine angenehme Unterbrechung Ihrer Reise.
Vergleichen Sie aber bitte nicht den Stern eines sehr teuren Luxusrestaurants mit dem Stern eines kleineren oder mittleren Hauses, wo man Ihnen zu einem annehmbaren Preis eine ebenfalls vorzügliche Mahlzeit reicht.

Der "Bib Gourmand"

Sorgfältig zubereitete, preiswerte Mahlzeiten

Für Sie wird es interessant sein, auch solche Häuser kennenzulernen, die eine sehr gute, vorzugsweise regionale Küche zu einem besonders günstigen Preis/Leistungs-Verhältnis bieten.
Im Text sind die betreffenden Restaurants durch das rote Symbol "Bib Gourmand" *und* Menu *kenntlich gemacht, z. B* Menu 30/45.

Siehe Karte der Sterne ✿✿✿, ✿✿, ✿ und "Bib Gourmand" *S. 52 bis S. 61.*
Siehe auch nächste Seite.
Biere und Weine : siehe S. 62, 64 bis 66

Preise

Die in diesem Führer genannten Preise wurden uns im Sommer 1998 angegeben, es sind ***Hochsaisonpreise****. Sie können sich mit den Preisen von Waren und Dienstleistungen ändern.*
Sie enthalten Bedienung und MWSt.
Es sind Inklusivpreise, die sich nur noch durch die evtl. zu zahlende Kurtaxe erhöhen können.
Erfahrungsgemäß werden bei größeren Veranstaltungen, Messen und Ausstellungen (siehe Seiten am Ende des Führers) in vielen Städten und deren Umgebung erhöhte Preise verlangt.
Die Namen der Hotels und Restaurants, die ihre Preise genannt haben, sind fettgedruckt. Gleichzeitig haben sich diese Häuser verpflichtet, die von den Hoteliers selbst angegebenen Preise den Benutzern des Michelin-Führers zu berechnen.
Halten Sie beim Betreten des Hotels den Führer in der Hand. Sie zeigen damit, daß Sie aufgrund dieser Empfehlung gekommen sind.

Mahlzeiten

®®	**Mahlzeiten** *(3-gängig)* **unter** 25 DM
	Feste Menupreise :
Menu 25/65	*Mindestpreis* 25 DM, *Höchstpreis* 65 DM
	Mahlzeiten « à la carte »
Menu à la carte 44/82	*Der erste Preis entspricht einer einfachen Mahlzeit und umfaßt Suppe, Hauptgericht, Dessert. Der zweite Preis entspricht einer reichlicheren Mahlzeit (mit Spezialität) bestehend aus: Vorspeise, Hauptgericht, Käse oder Dessert.*
♁	*Preiswerte offene Weine*

Zimmer

Z 80/210 — *Mindestpreis* 80 DM *für ein Einzelzimmer, Höchstpreis* 210 DM *für ein Doppelzimmer inkl. Frühstück.*

Suiten und Junior Suiten — *Preise auf Anfrage*

Halbpension

1/2 P 20/40 — *Aufschlag zum Zimmerpreis für Halbpension pro Person und Tag während der Hauptsaison. Es ist ratsam, sich beim Hotelier vor der Anreise nach den genauen Bedingungen zu erkundigen.*

Anzahlung

Einige Hoteliers verlangen eine Anzahlung. Diese ist als Garantie sowohl für den Hotelier als auch für den Gast anzusehen. Es ist ratsam, sich beim Hotelier nach den genauen Bedingungen und Preisen zu erkundigen.

Kreditkarten

AE ⓓ E (MC) VISA JCB — *Vom Haus akzeptierte Kreditkarten American Express, Diner's Club, Eurocard (Mastercard), Visa, Japan Credit Bureau*

Städte

In alphabetischer Reihenfolge
(ä = ae, ö = oe, ü = ue, ß = ss)

✉ 78267 Aach	*Postleitzahl und Name des Verteilerpostamtes*
L	*Landeshauptstadt*
413 R 20	*Nummer der Michelin-Karte mit Koordinaten bzw.*
987 ③	*Faltseite*
24 000 Ew.	*Einwohnerzahl*
Höhe 175 m	*Höhe*
Heilbad Kneippkurort Heilklimatischer Kurort-Luftkurort Seebad Erholungsort Wintersport	*Art des Ortes*
800/1 000 m	*Höhe des Wintersportgeländes und Maximal-Höhe, die mit Kabinenbahn oder Lift erreicht werden kann*
2	*Anzahl der Kabinenbahnen*
4	*Anzahl der Schlepp- oder Sessellifts*
	Langlaufloipen
AX A	*Markierung auf dem Stadtplan*
	Rundblick, Aussichtspunkt
18	*Golfplatz mit Lochzahl*
	Flughafen
	Ladestelle für Autoreisezüge – Nähere Auskünfte bei allen Fahrkartenausgaben
	Autofähre, Personenfähre
	Informationsstelle
ADAC	*Allgemeiner Deutscher Automobilclub (mit Angabe der Geschäftsstelle)*

Sehenswürdigkeiten

Bewertung

★★★	*Eine Reise wert*
★★	*Verdient einen Umweg*
★	*Sehenswert*

Lage

Sehenswert	*In der Stadt*
Ausflugsziel	*In der Umgebung der Stadt*
N, S, O, W	*Im Norden (N), Süden (S), Osten (O), Westen (W) der Stadt.*
über ①, ④	*Zu erreichen über die Ausfallstraße ① bzw. ④, die auf dem Stadtplan und der Michelin-Karte identisch gekennzeichnet sind*
6 km	*Entfernung in Kilometern*

Reiseinformationen

Deutsche Zentrale für Tourismus (DZT)
Beethovenstr. 69, 60325 Frankfurt, ✆ (069) 97 46 40, Fax 751903.

ADAC : *Adressen im jeweiligen Ortstext Notruf (Ortstarif, bundeseinheitlich) ✆ (01802) 22 22 22.*

AvD : *Lyoner Str. 16, 60528 Frankfurt – Niederrad, ✆ (069) 6 60 60, Fax 6606789, Notruf (gebührenfrei) ✆ 0130-99 09.*

ACE : *Schmidener Str. 233, 70374 Stuttgart, ✆ 01802-33 66 77, Fax 01802-33 66 78, Notruf : ✆ 0180-234 35 36.*

Umgebungskarten

Denken Sie daran sie zu benutzen

Die Umgebungskarte erleichtert Ihnen die Suche nach einem Hotel oder Restaurant in der Nähe einer größeren Stadt.

Wenn Sie zum Beispiel eine gute Adresse in der Nähe von München suchen, gibt Ihnen die Umgebungskarte schnell einen Überblick über alle Orte, die in diesem Führer erwähnt sind.

Innerhalb der in Kontrastfarbe gedruckten Grenze liegen die Orte, die in einem Zeitraum von 30 Minuten mit dem Auto zu erreichen sind...

Anmerkung :

Alle Orte die auf einer Nachbarschaftskarte verzeichnet sind haben im Ortsblock einen Hinweis. Der entsprechende Ortsname ist in diesem Falle in den Entfernungsangaben in „BLAU" gedruckt.

Beispiel :

Sie finden FREISING auf der Umgebungskarte von München

FREISING Bayern 419 420 U 19, 42400 Ew – Höhe 448 m

Sehenswert : Domberg★ – Dom★ (Chorgestühl★, Benediktuskapelle★)

Fremdenverkehrsamt, Marienplatz 7, ✉ 85354, ✆ (08161) 5 41 22, Fax (08161) 54231

Berlin 564 – München 34 – Ingolstadt 56 – Landshut 36 – Nürnberg 144

● *Ort mit mindestens je einem empfohlenen Hotel und Restaurant*

● *Ort mit mindestens je einem empfohlenen Restaurant*

□ *Ort mit mindestens einem empfohlenen Hotel garni*

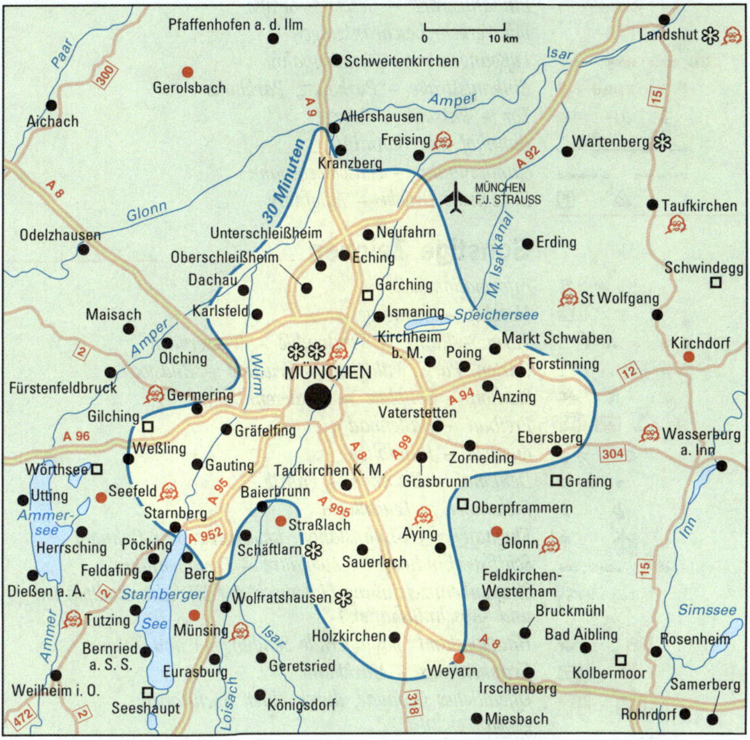

Die Umgebungskarten sind im Kartenteil am Ende des Buches eingezeichnet.

Stadtpläne

Hotels
Restaurants

Sehenswürdigkeiten

Sehenswertes Gebäude mit Haupteingang
Sehenswerter Sakralbau
Kathedrale, Kirche oder Kapelle

Straßen

Autobahn, Schnellstraße
Nummern der Anschlußstellen : Autobahnein – und/oder –ausfahrt
Hauptverkehrsstraße
Einbahnstraße – Gesperrte Straße, mit Verkehrsbeschränkungen
Fußgängerzone – Straßenbahn
Karlstr. P *Einkaufsstraße – Parkplatz, Parkhaus*
Tor – Passage – Tunnel
Bahnhof und Bahnlinie
Standseilbahn – Seilschwebebahn
F *Bewegliche Brücke – Autofähre*

Sonstige Zeichen

Informationsstelle
Moschee – Synagoge
Turm – Ruine – Windmühle – Wasserturm
Garten, Park, Wäldchen – Friedhof – Bildstock
Stadion – Golfplatz – Pferderennbahn
Freibad – Hallenbad
Aussicht – Rundblick
Denkmal – Brunnen – Fabrik
Jachthafen – Leuchtturm
Flughafen – U-Bahnstation, unterirdischer S-Bahnhof
Schiffsverbindungen : Autofähre – Personenfähre
3 *Straßenkennzeichnung (identisch auf Michelin-Stadtplänen und -Abschnittskarten)*
Hauptpostamt (postlagernde Sendungen) und Telefon
Krankenhaus – Markthalle
Öffentliches Gebäude, durch einen Buchstaben gekennzeichnet :
L R - *Sitz der Landesregierung – Rathaus*
J - *Gerichtsgebäude*
M T - *Museum – Theater*
U - *Universität, Hochschule*
POL. - *Polizei (in größeren Städten Polizeipräsidium)*
ADAC *Automobilclub*

Ami lecteur

Cette 36e édition du Guide Michelin Deutschland propose une sélection actualisée d'hôtels et de restaurants. Réalisée en toute indépendance par nos inspecteurs, elle offre au voyageur de passage un large choix d'adresses à tous les niveaux de confort et de prix.

En 1999, l'application des tarifs commerciaux exprimés en EUROS tend à se répandre, mais reste néanmoins facultative, chaque client pouvant régler indifféremment sa note en EUROS (par chèque ou carte bancaire) ou en devise nationale.
Toutefois, cette mise en œuvre étant progressive, nous avons choisi d'indiquer dans notre ouvrage les prix dans la monnaie nationale.

Sur votre route, pour trouver de bonnes adresses à petits prix, suivez donc les nombreux restaurants que vous signale le **"Bib Gourmand"**.

Merci de vos commentaires toujours très appréciés.

Bon voyage avec Michelin.

Sommaire

Le choix d'un hôtel, d'un restaurant

Ce guide vous propose une sélection d'hôtels et restaurants établie à l'usage de l'automobiliste de passage. Les établissements, classés selon leur confort, sont cités par ordre de préférence dans chaque catégorie.

Catégories

	XXXXX	*Grand luxe et tradition*
	XXXX	*Grand confort*
	XXX	*Très confortable*
	XX	*De bon confort*
	X	*Assez confortable*
		Simple mais convenable
M		*Dans sa catégorie, hôtel d'équipement moderne*
garni		*L'hôtel n'a pas de restaurant*
	mit Zim	*Le restaurant possède des chambres*

Agrément et tranquillité

Certains établissements se distinguent dans le guide par les symboles rouges indiqués ci-après.
Le séjour dans ces hôtels se révèle particulièrement agréable ou reposant.
Cela peut tenir d'une part au caractère de l'édifice, au décor original, au site, à l'accueil et aux services qui sont proposés, d'autre part à la tranquillité des lieux.

à	*Hôtels agréables*
XXXXX à X	*Restaurants agréables*
« Park »	*Élément particulièrement agréable*
	Hôtel très tranquille ou isolé et tranquille
	Hôtel tranquille
Rhein	*Vue exceptionnelle*
	Vue intéressante ou étendue.

Les localités possédant des établissements agréables ou très tranquilles sont repérées sur les cartes pages 52 à 61.

Consultez-les pour la préparation de vos voyages et donnez-nous vos appréciations à votre retour, vous faciliterez ainsi nos enquêtes.

L'installation

Les chambres des hôtels que nous recommandons possèdent, en général, des installations sanitaires complètes. Il est toutefois possible que dans les catégories [symbole], [symbole] et [symbole], certaines chambres en soient dépourvues.

30 Z	*Nombre de chambres*
[symbole]	*Ascenseur*
[symbole]	*Air conditionné*
TV	*Télévision dans la chambre*
[symbole]	*Établissement en partie réservé aux non-fumeurs*
[symbole]	*Téléphone dans la chambre, direct avec l'extérieur*
[symbole]	*Prise Modem – Fax dans la chambre*
[symbole]	*Accessible aux handicapés physiques*
[symbole]	*Equipements d'accueil pour les enfants*
[symbole]	*Repas servis au jardin ou en terrasse*
[symbole] [symbole]	*Piscine : de plein air ou couverte*
[symbole]	*Balnéothérapie, Cure thermale*
[symbole] [symbole] [symbole]	*Salle de remise en forme – Cure Kneipp – Sauna*
[symbole] [symbole]	*Plage aménagée – Jardin de repos*
[symbole]	*Tennis à l'hôtel*
18 [symbole]	*Golf et nombre de trous – Chevaux de selle*
[symbole] 150	*Salles de conférences : capacité maximum*
[symbole]	*Garage dans l'hôtel (généralement payant)*
P	*Parking réservé à la clientèle*
[symbole]	*Accès interdit aux chiens (dans tout ou partie de l'établissement)*
Fax	*Transmission de documents par télécopie*
Mai-Okt.	*Période d'ouverture, communiquée par l'hôtelier*
nur Saison	*Ouverture probable en saison mais dates non précisées. En l'absence de mention, l'établissement est ouvert toute l'année.*

La table

Les étoiles

Certains établissements méritent d'être signalés à votre attention pour la qualité de leur cuisine. Nous les distinguons par les étoiles de bonne table.
Nous indiquons, pour ces établissements, trois spécialités culinaires qui pourront orienter votre choix.

✿✿✿ **Une des meilleures tables, vaut le voyage**
On y mange toujours très bien, parfois merveilleusement. Grands vins, service impeccable, cadre élégant... Prix en conséquence.

✿✿ **Table excellente, mérite un détour**
Spécialités et vins de choix... Attendez-vous à une dépense en rapport.

✿ **Une très bonne table dans sa catégorie**
L'étoile marque une bonne étape sur votre itinéraire. Mais ne comparez pas l'étoile d'un établissement de luxe à prix élevés avec celle d'une petite maison où, à prix raisonnables, on sert également une cuisine de qualité.

☺ Le "Bib Gourmand"

Repas soignés à prix modérés

Vous souhaitez parfois trouver des tables plus simples, à prix modérés ; c'est pourquoi nous avons sélectionné des restaurants proposant, pour un rapport qualité-prix particulièrement favorable, un repas soigné, souvent de type régional. Ces restaurants sont signalés par ☺ *le* **"Bib Gourmand"** *et* Menu *en rouge.*
Ex. Menu 30/45.

Consultez les cartes des étoiles de bonne table ✿✿✿, ✿✿, ✿ et des **"Bib Gourmand"** ☺ Menu*, pages 52 à 61. Voir aussi* ⚭ *page suivante.*
La bière et les vins : voir p. 62, 64, 67 et 68

Les prix

Les prix que nous indiquons dans ce guide ont été établis en été 1998, et s'appliquent à la **haute saison.** *Ils sont susceptibles de modifications, notamment en cas de variations des prix des biens et services. Ils s'entendent taxes et services compris. Aucune majoration ne doit figurer sur votre note, sauf éventuellement la taxe de séjour.*

A l'occasion de certaines manifestations commerciales ou touristiques (voir les dernières pages), les prix demandés par les hôteliers risquent d'être sensiblement majorés dans certaines villes jusqu'à leurs lointains environs.

Les hôtels et restaurants figurent en gros caractères lorsque les hôteliers nous ont donné tous leurs prix et se sont engagés, sous leur propre responsabilité, à les appliquer aux touristes de passage porteurs de notre guide.

Entrez à l'hôtel le Guide à la main, vous montrerez ainsi qu'il vous conduit là en confiance.

Repas

Établissement proposant un repas simple à **moins de** 25 DM

Menus à prix fixe :

Menu 25/65 — *minimum* 25 *maximum* 65

Repas à la carte

Menu à la carte 44/82 — *Le premier prix correspond à un repas normal comprenant : potage, plat garni et dessert.*
Le 2e prix concerne un repas plus complet (avec spécialité) comprenant : entrée, plat garni, fromage ou dessert.

Vin de table en carafe à prix modéré.

Chambres

Z 80/210 — *Prix minimum* 80 DM *pour une chambre d'une personne, prix maximum* 210 DM *pour une chambre de deux personnes, petit déjeuner compris*

Suites et junior suites — *Se renseigner auprès de l'hôtelier*

Demi-pension

1/2 P 20/40 — *Supplément pour la demi-pension par personne et par jour, en saison. Il est indispensable de s'entendre par avance avec l'hôtelier pour conclure un arrangement définitif.*

Les arrhes

Certains hôteliers demandent le versement d'arrhes. Il s'agit d'un dépôt-garantie qui engage l'hôtelier comme le client. Bien faire préciser les dispositions de cette garantie.

Cartes de crédit

AE (D) E (MC) VISA JCB — *Cartes de crédit acceptées par l'établissement American Express, Diner's Club, Eurocard (Mastercard), Visa, Japan Crédit Bureau*

Les villes

Classées par ordre alphabétique
(mais ä = ae, ö = oe, ü = ue, ß = ss)

✉ 78267 Aach	*Numéro de code postal et nom du bureau distributeur du courrier*
L	*Capitale de « Land »*
413 R 20	*Numéro de la Carte Michelin et carroyage*
987 ③	*ou numéro du pli*
24 000 Ew	*Population*
Höhe 175 m	*Altitude de la localité*
Heilbad	*Station thermale*
Kneippkurort	*Station de cures Kneipp*
Heilklimatischer	*Station climatique*
Kurort-Luftkurort	*Station climatique*
Seebad	*Station balnéaire*
Erholungsort	*Station de villégiature*
Wintersport	*Sports d'hiver*
800/1 000 m	*Altitude de la station et altitude maximum atteinte par les rémontées mécaniques*
2	*Nombre de téléphériques ou télécabines*
4	*Nombre de remonte-pentes et télésièges*
	Ski de fond
AX A	*Lettres repérant un emplacement sur le plan*
	Panorama, vue
18	*Golf et nombre de trous*
	Aéroport
	Localité desservie par train-auto. Renseignements aux guichets
	Transports maritimes : passagers et voitures, passagers seulement
	Information touristique
ADAC	*Automobile Club d'Allemagne*

Les curiosités

Intérêt

★★★	*Vaut le voyage*
★★	*Mérite un détour*
★	*Intéressant*

Situation

Sehenswert	*Dans la ville*
Ausflugsziel	*Aux environs de la ville*
N, S, O, W	*La curiosité est située : au Nord, au Sud, à l'Est, ou à l'Ouest*
über ①, ④	*On s'y rend par la sortie ① ou ④ repérée par le même signe sur le plan du Guide et sur la carte*
6 km	*Distance en kilomètres*

Les cartes de voisinage

Avez-vous pensé à les consulter ?

Vous souhaitez trouver une bonne adresse, par exemple aux environs de München ? Consultez la carte qui accompagne le plan de la ville.

La "carte de voisinage" (ci-contre) attire votre attention sur toutes les localités citées au Guide autour de la ville choisie, et particulièrement celles qui sont accessibles en automobile en moins de 30 minutes (limite en couleur).

Les "cartes de voisinage" vous permettent ainsi le repérage rapide de toutes les ressources proposées par le Guide autour des métropoles régionales.

Nota :

Lorsqu'une localité est présente sur une "carte de voisinage", sa métropole de rattachement est imprimée en BLEU sur la ligne des distances de ville à ville.

Exemple :

FREISING *Bayern* 419 420 *U 19, 42400 Ew – Höhe 448 m*

Sehenswert : *Domberg★ – Dom★ (Chorgestühl★, Benediktuskapelle★)*

Vous trouverez FREISING sur la carte de voisinage de München

Fremdenverkehrsamt, Marienplatz 7, ✉ 85354, ✆ (08161) 5 41 22, Fax (08161) 54231

Berlin 564 – München 34 – Ingolstadt 56 – Landshut 36 – Nürnberg 144

● *Localité possédant au moins un hôtel et un restaurant cités au Guide*

● *Localité possédant au moins un restaurant cité au Guide*

□ *Localité possédant au moins un hôtel sans restaurant cité au Guide*

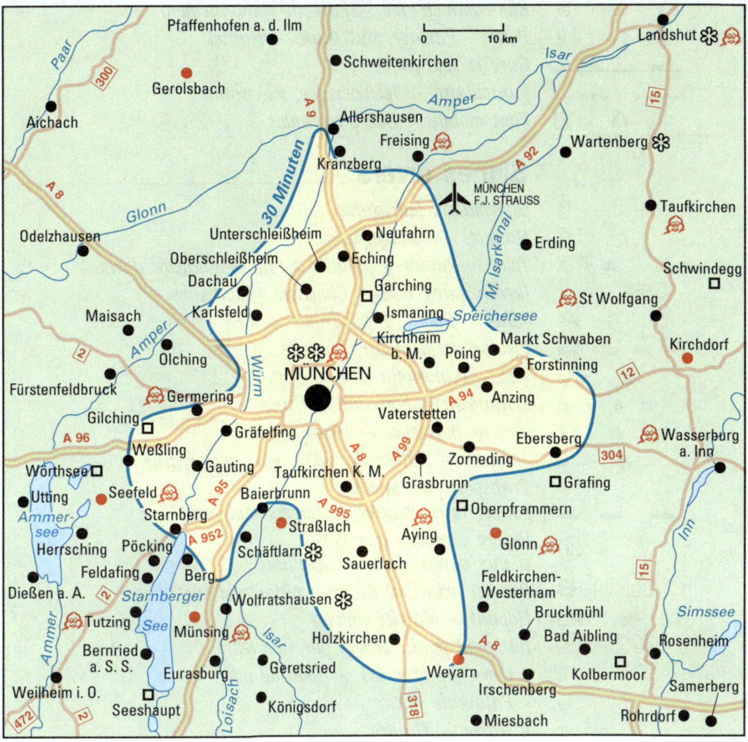

Toutes les cartes de voisinage sont localisées sur l'Atlas en fin de Guide.

Les plans

Hôtels
Restaurants

Curiosités

Bâtiment intéressant et entrée principale
Édifice religieux intéressant : cathédrale, église ou chapelle

Voirie

Autoroute, route à chaussées séparées
Echangeurs numérotés : complet, partiel
Grande voie de circulation
Sens unique – Rue impraticable, réglementée
Rue piétonne – Tramway
Karlstr. *Rue commerçante – Parc de stationnement*
Porte – Passage sous voûte – Tunnel
Gare et voie ferrée
Funiculaire – Téléphérique, télécabine
Pont mobile – Bac pour autos

Signes divers

Information touristique
Mosquée – Synagogue
Tour – Ruines – Moulin à vent – Château d'eau
Jardin, parc, bois – Cimetière – Calvaire
Stade – Golf – Hippodrome
Piscine de plein air, couverte
Vue – Panorama
Monument – Fontaine – Usine
Port de plaisance – Phare
Aéroport – Station de métro, gare souterraine
Transport par bateau : passagers et voitures, passagers seulement
Repère commun aux plans et aux cartes Michelin détaillées
Bureau principal de poste restante et téléphone
Hôpital – Marché couvert
Bâtiment public repéré par une lettre :
L R *- Conseil provincial – Hôtel de ville*
J *- Palais de justice*
M T *- Musée – Théâtre*
U *- Université, grande école*
POL. *- Police (commissariat central)*
ADAC *Automobile Club*

Dear Reader

This 36th edition of the Michelin Guide Deutschland offers the latest selection of hotels and restaurants. Independently compiled by our inspectors, the Guide offers travellers a wide choice of establishments at all levels of comfort and price.

In 1999, prices in EURO will become more widely used, although to a large extent they remain optional, so that a customer may settle their bill in EURO (either by cheque or credit card) or in the local currency. The implementation of the EURO is still under development, and we have therefore decided to continue to include prices in this Guide in local currency.

On your travels look out for the many restaurants awarded the **"Bib Gourmand"** *symbol, which indicates moderately priced menus and good value for money.*

Thank you for your comments which are always appreciated.

Bon voyage !

Contents

Choosing a hotel or restaurant

This guide offers a selection of hotels and restaurants to help the motorist on his travels. In each category establishments are listed in order of preference according to the degree of comfort they offer.

Categories

	XXXXX	*Luxury in the traditional style*
	XXXX	*Top class comfort*
	XXX	*Very comfortable*
	XX	*Comfortable*
	X	*Quite comfortable*
		Simple comfort
M		*In its category, hotel with modern amenities*
garni		*The hotel has no restaurant*
	mit Zim	*The restaurant also offers accommodation*

Peaceful atmosphere and setting

Certain establishments are distinguished in the guide by the red symbols shown below. Your stay in such hotels will be particularly pleasant or restful, owing to the character of the building, its decor, the setting, the welcome and services offered, or simply the peace and quiet to be enjoyed there.

to	*Pleasant hotels*
XXXXX to X	*Pleasant restaurants*
« Park »	*Particularly attractive feature*
	Very quiet or quiet, secluded hotel
	Quiet hotel
Rhein	*Exceptional view*
	Interesting or extensive view

The maps on pages 52 to 61 indicate places with such peaceful, pleasant hotels and restaurants.

By consulting them before setting out and sending us your comments on your return you can help us with our enquiries.

Hotel facilities

In general the hotels we recommend have full bathroom and toilet facilities in each room. This may not be the case, however, for certain rooms in categories , and .

30 Z	*Number of rooms*
	Lift (elevator)
	Air conditioning
TV	*Television in room*
	Hotel partly reserved for non-smokers
	Direct-dial phone in room
	Modem – Fax point in the bedrooms
	Accessible to disabled people
	Special facilities for children
	Meals served in garden or on terrace
	Outdoor or indoor swimming pool
	Hydrotherapy
	Exercise room – Kneipp cure service – Sauna
	Beach with bathing facilities – Garden
	Hotel tennis court
18	*Golf course and number of holes – Horse riding*
150	*Equipped conference hall (maximum capacity)*
	Hotel garage (additional charge in most cases)
P	*Car park for customers only*
	Dogs are excluded from all or part of the hotel
Fax	*Telephone document transmission*
Mai-Okt.	*Dates when open, as indicated by the hotelier*
nur Saison	*Probably open for the season – precise dates not available.*

Where no date or season is shown, establishments are open all year round.

Cuisine

Stars

Certain establishments deserve to be brought to your attention for the particularly fine quality of their cooking. ***Michelin stars*** *are awarded for the standard of meals served.*
For such restaurants we list three culinary specialities to assist you in your choice.

✿✿✿ **Exceptional cuisine, worth a special journey**
One always eats here extremely well, sometimes superbly. Fine wines, faultless service, elegant surroundings. One will pay accordingly !

✿✿ **Excellent cooking, worth a detour**
Specialities and wines of first class quality. This will be reflected in the price.

✿ **A very good restaurant in its category**
The star indicates a good place to stop on your journey. But beware of comparing the star given to an expensive « de luxe » establishment to that of a simple restaurant where you can appreciate fine cuisine at a reasonable price.

The "Bib Gourmand"

Good food at moderate prices

You may also like to know of other restaurants with less elaborate, moderately priced menus that offer good value for money and serve carefully prepared meals, often of regional cooking.
In the guide such establishments are marked ☺ *the* "Bib Gourmand" *and* Menu *in red just before the price of the menu, for example* Menu 30/45.

Please refer to the map of star-rated restaurants ✿✿✿, ✿✿, ✿ *and the* "Bib Gourmand" ☺ *(pp 52 to 61).*
See also ☺ *following pages.*
Beer and wine : see pages 63, 64, 69 and 70

Prices

The prices indicated in this Guide, supplied in summer 1998, apply to ***high season.*** *Changes may arise if goods and service costs are revised. The rates include tax and service and no extra charge should appear on your bill, with the possible exception of visitors' tax.*
In the case of certain trade exhibitions or tourist events (see end of guide), prices demanded by hoteliers are liable to reasonable increases in certain cities and for some distance in the area around them.
Hotels and restaurants in bold type have supplied details of all their rates and have assumed responsibility for maintaining them for all travellers in possession of this guide.
Your recommendation is selfevident if you always walk into a hotel, Guide in hand.

Meals

(symbol)	*Establishment serving a simple meal* **for less than** 25 DM
	Set meals
Menu 25/65	*Lowest* 25 *and highest* 65 *prices for set meals*
	« A la carte » meals
Menu à la carte 44/82	*The first figure is for a plain meal and includes soup, main dish of the day with vegetables and dessert. The second figure is for a fuller meal (with « spécialité ») and includes hors d'œuvre or soup, main dish with vegetables, cheese or dessert.*
(symbol)	*Table wine at a moderate price*

Rooms

14 Z 80/210 — *Lowest price* 80 *for a single room and highest price* 210 *for a double room, breakfast included*

Suites and Junior suites — *Check with the hotelier for prices*

Half board

1/2 P 20/40 — *This supplement per person per day should be added to the cost of the room in order to obtain the half-board price. It is advisable to agree on terms with the hotelier before arriving.*

Deposits

Some hotels will require a deposit, which confirms the commitment of customer and hotelier alike. Make sure the terms of the agreement are clear.

Credit cards

AE ⓓ E (MC) VISA JCB — *Credit cards accepted by the establishment*

American Express, Diner's Club, Eurocard (Mastercard), Visa, Japan Credit Bureau

Towns

in alphabetical order
(but ä = ae, ö = oe, ü = ue, ß = ss)

✉ 78267 Aach	*Postal number and Post Office serving the town*
L	*Capital of « Land »*
413 R 20	*Michelin map number, co-ordinates*
987 ③	*or fold*
24 000 Ew	*Population*
Höhe 175 m	*Altitude (in metres)*
Heilbad	*Spa*
Kneippkurort	*Health resort (Kneipp)*
Heilklimatischer	*Health resort*
Kurort-Luftkurort	*Health resort*
Seebad	*Seaside resort*
Erholungsort	*Holiday resort*
Wintersport	*Winter sports*
800/1 000 m	*Altitude (in metres) of resort and highest point reached by lifts*
2	*Number of cable-cars*
4	*Number of ski and chairlifts*
	Cross-country skiing
AX A	*Letters giving the location of a place on the town plan*
※ <	*Panoramic view, view*
18	*Golf course and number of holes*
	Airport
	Place with a motorail connection, further information from ticket office
	Shipping line : passengers and cars, passengers only
	Tourist Information Centre
ADAC	*German Automobile Club*

Sights

Star-rating

★★★	*Worth a journey*
★★	*Worth a detour*
★	*Interesting*

Location

Sehenswert	*Sights in town*
Ausflugsziel	*On the outskirts*
N, S, O, W	*The sight lies north, south, east or west of the town*
über ①, ④	*Sign on town plan and on the Michelin road map indicating the road leading to a place of interest*
6 km	*Distance in kilometres*

Local maps

May we suggest that you consult them

Should you be looking for a hotel or a restaurant not too far from München for example, you can consult the map along with the town plan.

The local map (opposite) draws your attention to all places arround the town or city selected, provided they are mentioned in the Guide. Places located within a thirty minute drive are clearly identified by the use of a different coloured background.

The various facilities recommended near the different regional capitals can be located quickly and easily.

Note :

Entries in the Guide provide Information on distances to nearby towns. Whenever a place appears on one of the local maps, the name of the town or city to witch it is attached is printed "BLUE".

Example :

FREISING is to be found on the local map München.

FREISING *Bayern* **419** **420** *U 19, 42400 Ew – Höhe 448 m*

Sehenswert : *Domberg★ – Dom★ (Chorgestühl★, Benediktuskapelle★)*

ℹ Fremdenverkehrsamt, Marienplatz 7, ✉ 85354, ☎ (08161) 5 41 22, Fax (08161) 54231

Berlin 564 – München 34 – Ingolstadt 56 – Landshut 36 – Nürnberg 144

- *Place with at least one hotel and restaurant included in the Guide*
- *Place with at least one restaurant included in the Guide*
- *Place with at least one Hotel, without restaurant included in the Guide*

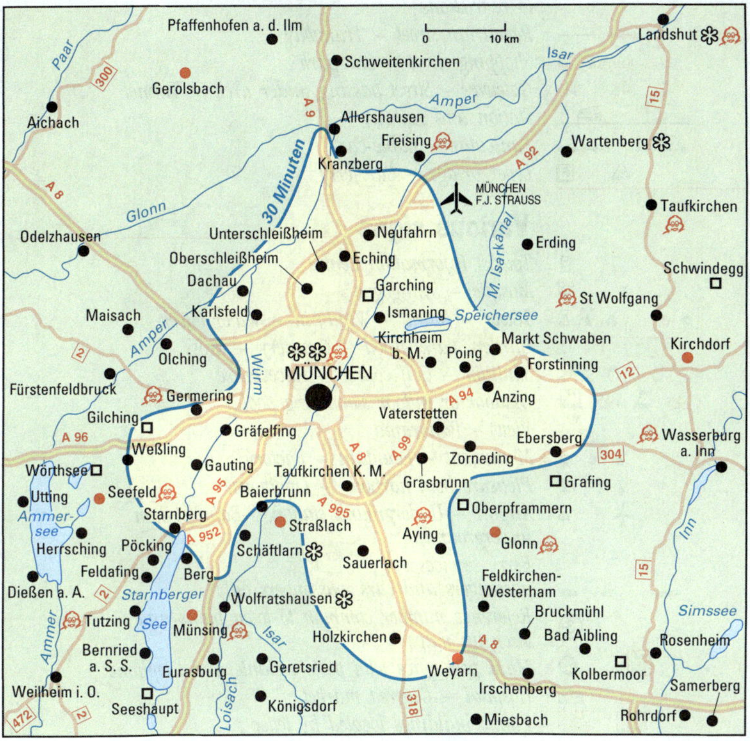

All towns with local maps are indicated on the Atlas at the end of the Guide

Town plans

Hotels
Restaurants

Sights

Place of interest and its main entrance
Interesting place of worship: cathedral, church or chapel

Roads

Motorway, dual carriageway
Numbered junctions : complete, limited
Major thoroughfare
One-way street – Unsuitable for traffic, street subject to restrictions
Pedestrian street – Tramway
Karlstr. *Shopping street – Car park*
Gateway – Street passing under arch – Tunnel
Station and railway
Funicular – Cable-car
Lever bridge – Car ferry

Various signs

Tourist Information Centre
Mosque – Synagogue
Tower – Ruins – Windmill – Water tower
Garden, park, wood – Cemetery – Cross
Stadium – Golf course – Racecourse
Outdoor or indoor swimming pool
View – Panorama
Monument – Fountain – Factory
Pleasure boat harbour – Lighthouse
Airport – Underground station, S-Bahn station underground
Ferry services : passengers and cars, passengers only
Reference number common to town plans and Michelin maps
Main post office with poste restante and telephone
Hospital – Covered market
Public buildings located by letter :
L R *- Provincial Government Office – Town Hall*
J *- Law Courts*
M T *- Museum – Theatre*
U *- University, College*
POL. *- Police (in large towns police headquarters)*
ADAC *Automobile Club*

Amico Lettore

Questa 36^{esima} edizione della Guida Michelin Deutschland propone una selezione aggiornata di alberghi e ristoranti. Realizzata dai nostri ispettori in piena autonomia, offre al viaggiatore di passaggio un'ampia scelta a tutti i livelli di confort e prezzo.

Nel 1999 l'applicazione delle tariffe commerciali in EURO tende a diffondersi, ma resta ancora facoltativa, potendo il cliente scegliere di pagare il conto in EURO (con assegno o carta di credito) od in valuta nazionale.
Essendo questa trasformazione ancora in atto, abbiamo preferito indicare nella nostra pubblicazione i prezzi in moneta nazionale.

Lungo la vostra strada, per trovare dei buoni indirizzi a prezzi interessanti, cercate i tanti ristoranti contrassegnati dal **"Bib Gourmand"**.

Grazie delle vostre segnalazioni sempre gradite.

Buon viaggio con Michelin

Sommario

La scelta di un albergo, di un ristorante

Questa guida propone una selezione di alberghi e ristoranti per orientare la scelta dell'automobilista. Gli esercizi, classificati in base al confort che offrono, vengono citati in ordine di preferenza per ogni categoria.

Categorie

	XXXXX	*Gran lusso e tradizione*
	XXXX	*Gran confort*
	XXX	*Molto confortevole*
	XX	*Di buon confort*
	X	*Abbastanza confortevole*
		Semplice, ma conveniente
M		*Nella sua categoria, albergo con installazioni moderne*
garni		*L'albergo non ha ristorante*
	mit Zim	*Il ristorante dispone di camere*

Amenità e tranquillità

Alcuni esercizi sono evidenziati nella guida dai simboli rossi indicati qui di seguito. Il soggiorno in questi alberghi si rivela particolarmente ameno o riposante.
Ciò può dipendere sia dalle caratteristiche dell'edificio, dalle decorazioni non comuni, dalla sua posizione e dal servizio offerto, sia dalla tranquillità dei luoghi.

	Alberghi ameni
XXXXX ... X	*Ristoranti ameni*
« Park »	*Un particolare piacevole*
	Albergo molto tranquillo o isolato e tranquillo
	Albergo tranquillo
< Rhein	*Vista eccezionale*
<	*Vista interessante o estesa*

Le località che possiedono degli esercizi ameni o molto tranquilli sono riportate sulle carte da pagina 52 a 61.
Consultatele per la preparazione dei vostri viaggi e, al ritorno, inviateci i vostri pareri ; in tal modo agevolerete le nostre inchieste.

Installazioni

Le camere degli alberghi che raccomandiamo possiedono, generalmente, delle installazioni sanitarie complete. È possibile tuttavia che nelle categorie , e alcune camere ne siano sprovviste.

30 Z	*Numero di camere*
	Ascensore
	Aria condizionata
TV	*Televisione in camera*
	Esercizio riservato in parte ai non fumatori
	Telefono in camera comunicante direttamente con l'esterno
	Presa Modem – Fax in camera
	Agevole accesso per i portatori di handicap
	Attrezzatura per accoglienza e ricreazione dei bambini
	Pasti serviti in giardino o in terrazza
	Piscina : all'aperto, coperta
	Idroterapia, Cura termale
	Palestra – Cura Kneipp – Sauna
	Spiaggia attrezzata – Giardino
	Tennis appartenente all'albergo
18	*Golf e numero di buche – Cavalli da sella*
150	*Sale per conferenze : capienza massima*
	Garage nell'albergo (generalmente a pagamento)
P	*Parcheggio riservato alla clientela*
	Accesso vietato ai cani (in tutto o in parte dell'esercizio)
Fax	*Trasmissione telefonica di documenti*
Mai-Okt.	*Periodo di apertura, comunicato dall'albergatore*
nur Saison	*Probabile apertura in stagione, ma periodo non precisato. Gli esercizi senza tali menzioni sono aperti tutto l'anno.*

La tavola

Le stelle

*Alcuni esercizi meritano di essere segnalati alla vostra attenzione per la qualità particolare della loro cucina ; li abbiamo evidenziati con le « **stelle di ottima tavola** ».*
Per ognono di questi ristoranti indichiamo tre specialità culinarie che potranno aiutarvi nella scelta.

✿✿✿ **Una delle migliori tavole, vale il viaggio**

Vi si mangia sempre molto bene, a volte meravigliosamente, grandi vini, servizio impeccabile, ambientazione accurata... Prezzi conformi.

✿✿ **Tavola eccellente, merita una deviazione**

Specialità e vini scelti... Aspettatevi una spesa in proporzione.

✿ **Un'ottima tavola nella sua categoria**

La stella indica una tappa gastronomica sul vostro itinerario.
Non mettete però a confronto la stella di un esercizio di lusso, dai prezzi elevati, con quella di un piccolo esercizio dove, a prezzi ragionevoli, viene offerta una cucina di qualità.

Il "Bib Gourmand"

Pasti accurati a prezzi contenuti

Talvolta desiderate trovare delle tavole più semplici a prezzi contenuti. Per questo motivo abbiamo selezionato dei ristoranti che, per un rapporto qualità-prezzo particolarmente favorevole, offrono un pasto accurato spesso a carattere tipicamente regionale.
Questi ristoranti sono evidenziati nel testo con il "Bib Gourmand" *e* Menu. *Es.* Menu 30/45.

Consultate le carte con stelle ✿✿✿, ✿✿, ✿ e con "Bib Gourmand" *(pagine 52 a 61).*
Vedere anche a pagina seguente.
La birra e i vini : vedere p. 63, 64, 71 e 72

I prezzi

I prezzi che indichiamo in questa guida sono stati stabiliti nell'estate 1998, si riferiscono all' **alta stagione**. *Potranno pertanto subire delle variazioni in relazione ai cambiamenti dei prezzi di beni e servizi. Essi s'intendono comprensivi di tasse e servizio. Nessuna maggiorazione deve figurare sul vostro conto, salvo eventualmente la tassa di soggiorno. In occasione di alcune manifestazioni commerciali o turistiche (vedere le ultime pagine), i prezzi richiesti dagli albergatori potrebbero subire un sensibile aumento nelle località interessate e nei loro dintorni.*

Gli alberghi e ristoranti vengono menzionati in carattere grassetto quando gli albergatori ci hanno comunicato tutti i loro prezzi e si sono impegnati, sotto la propria responsabilità, ad applicarli ai turisti di passaggio, in possesso della nostra guida.

Entrate nell'albergo con la Guida alla mano, dimostrando in tal modo la fiducia in chi vi ha indirizzato.

Pasti

Esercizio che offre un pasto semplice **per meno di** 25 DM

Menu a prezzo fisso :

Menu 25/65 — *minimo* 25 *massimo* 65.

Pasto alla carta

Menu à la carte 44/82 — *Il primo prezzo corrisponde ad un pasto semplice comprendente : minestra, piatto con contorno e dessert. Il secondo prezzo corrisponde ad un pasto più completo (con specialità) comprendente : antipasto, piatto con contorno, formaggio o dessert.*

Vino da tavola a prezzo modico

Camere

Z 80/210 — *Prezzo minimo* 80 *per una camera singola e prezzo massimo* 210 *per una camera per due persone, compresa la prima colazione.*

Suite e Junior suite — *Informarsi presso l'albergatore*

Mezza pensione

1/2 P 20/40 — *Questo supplemento per persona al giorno va aggiunto al prezo della camera per ottenere quello della mezza pensione.*
É indispensabile contattare precedentemente l'albergatore per raggiungere un accordo definitivo.

La caparra

Alcuni albergatori chiedono il versamento di una caparra. Si tratta di un deposito-garanzia che impegna tanto l'albergatore che il cliente. Vi consigliamo di farvi precisare le norme riguardanti la reciproca garanzia di tale caparra.

Carte di credito

AE ⓓ E (MC) VISA JCB — *Carte di credito accettate dall'esercizio*

American Express, Diner's Club, Eurocard (Mastercard), Visa, Japan Credit Bureau

Le città

Elencate in ordine alfabetico
(ma ä = ae, ö = oe, ü = ue, ß = ss)

✉ 78267 Aach	*Numero di codice e sede dell'Ufficio postale*
L	*Capoluogo di « Land »*
413 R 20	*Numero della carta Michelin e del riquadro*
987 ③	*o numero della piega*
24 000 Ew	*Popolazione*
Höhe 175 m	*Altitudine*
Heilbad	*Stazione termale*
Kneippkurort	*Stazione di cure Kneipp*
Heilklimatischer	*Stazione climatica*
Kurort-Luftkurort	*Stazione climatica*
Seebad	*Stazione balneare*
Erholungsort	*Stazione di villeggiatura*
Wintersport	*Sport invernali*
800/1 000 m	*Altitudine della località ed altitudine massima raggiungibile con gli impianti di risalita*
2	*Numero di funivie o cabinovie*
4	*Numero di sciovie e seggiovie*
	Sci di fondo
AX B	*Lettere indicanti l'ubicazione sulla pianta*
	Panorama, vista
18	*Golf e numero di buche*
	Aeroporto
	Località con servizio auto su treno. Informarsi agli sportelli
	Trasporti marittimi : passeggeri ed autovetture, solo passeggeri
	Ufficio informazioni turistiche
ADAC	*Automobile Club Tedesco*

Luoghi d'interesse

Grado di interesse

★★★	*Vale il viaggio*
★★	*Merita una deviazione*
★	*Interessante*

Ubicazione

Sehenswert	*Nella città*
Ausflugsziel	*Nei dintorni della città*
N, S, O, W	*Il luogo si trova : a Nord, a Sud, a Est, a Ovest*
über ①, ④	*Ci si va dall'uscita ① o ④ indicata con lo stesso segno sulla pianta*
6 km	*Distanza chilometrica*

Le carte dei dintorni

Sapete come usarle ?

Se desiderate, per esempio, trovare un buon indirizzo nei dintorni di München, la carta dei dintorni (qui accanto) richiama la vostra attenzione su tutte le località citate nella guida che si trovino nei dintorni della città prescelta, e in particolare su quelle raggiungibili n automobile in meno di 30 minuti (limite di colore).

In tal modo, le carte dei dintorni permettono la localizzazione rapida di tutte le risorse proposte dalla Guida nei dintorni delle metropoli regionali.

Nota :

Quando una località è presente su una carta dei dintorni la città a cui ci si riferisce è scritta in "BLU" nella linea delle distanze da città a città.

Esempio :

Troverete FREISING sulla carta dei dintorni di München

FREISING *Bayern* **419** **420** *U 19, 42400 Ew – Höhe 448 m*

Sehenswert : *Domberg★ – Dom★ (Chorgestühl★, Benediktuskapelle★)*

ℹ Fremdenverkehrsamt, Marienplatz 7, ✉ 85354, ☎ (08161) 5 41 22, Fax (08161) 54231

Berlin 564 – München 34 – Ingolstadt 56 – Landshut 36 – Nürnberg 144

● *Località con almeno un albergo ed un ristorante segnalati in Guida*

● *Località con almeno un ristorante segnalato in Guida*

□ *Località con almeno un albergo senza ristorante segnalato in Guida*

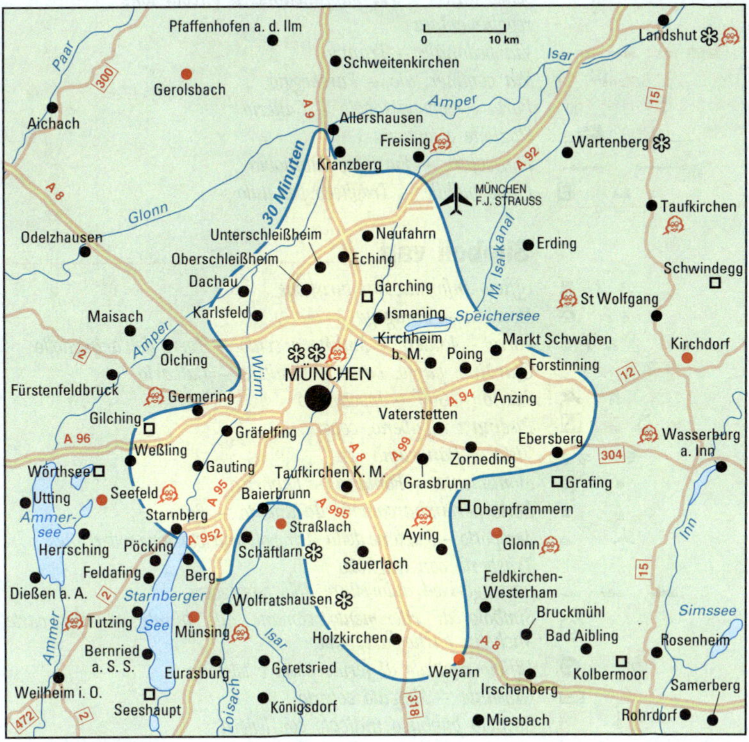

Tutte le carte dei dintorni sono localizzate sull'atlantino alla fine della Guida

Le piante

Alberghi
Ristoranti

Curiosità

Edificio interessante ed entrata principale
Costruzione religiosa interessante : cattedrale, chiesa o cappella

Viabilità

Autostrada, strada a carreggiate separate
Svincoli numerati : completo, parziale
Grande via di circolazione
Senso unico – Via impraticabile, a circolazione regolamentata
Via pedonale – Tranvia
Karlstr. P *Via commerciale – Parcheggio*
Porta – Sottopassaggio – Galleria
Stazione e ferrovia
Funicolare – Funivia, Cabinovia
F *Ponte mobile – Traghetto per auto*

Simboli vari

Ufficio informazioni turistiche
Moschea – Sinagoga
Torre – Ruderi – Mulino a vento – Torre dell'acquedotto
Giardino, parco, bosco – Cimitero – Calvario
Stadio – Golf – Ippodromo
Piscina : all'aperto, coperta
Vista – Panorama
Monumento – Fontana – Fabbrica
Porto per imbarcazioni da diporto – Faro
Aeroporto – Stazione della Metropolitana, stazione sotterranea
Trasporto con traghetto : passeggeri ed autovetture, solo passeggeri
3 *Simbolo di riferimento comune alle piante ed alle carte Michelin particolareggiate*
Ufficio centrale di fermo posta e telefono
Ospedale – Mercato coperto
Edificio pubblico indicato con lettera :
L R *- Sede del Governo della Provincia – Municipio*
J *- Palazzo di Giustizia*
M T *- Museo – Teatro*
U *- Università*
POL. *- Polizia (Questura, nelle grandi città)*
ADAC *Automobile Club*

✿✿✿ *Die Sterne*
✿✿ *Les étoiles*
✿ *The stars*
Le stelle

"Bib Gourmand"

Menu 30/45

Sorgfältig zubereitete preiswerte Mahlzeiten

Repas soignés à prix modérés

Good food at moderate prices

Pasti accurati a prezzi contenuti

Karte *la carte* *map* *la carta*	*Ortstext* *le texte* *text* *il testo*
◇	(rocking chair symbol)
◈	(hotel symbols) .... (hotel symbol)
◆	(hotel symbols) ... (hotel symbol) + (rocking chair symbol)

Annehmlichkeit
L'agrément
Peaceful atmosphere and setting
Amenità e tranquillità

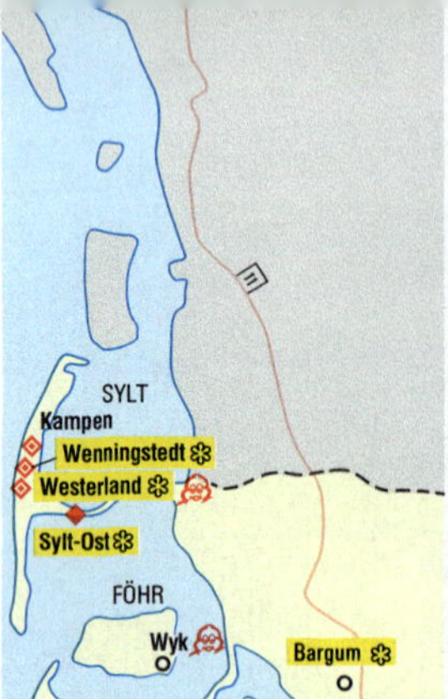

2
1
2
9
3
4
5
6
7
8
Rostock
Hamburg
Bremen
Berlin
Hannover
Leipzig
Dresden
Köln
Frankfurt am Main
Mannheim
Nürnberg
Stuttgart
München
E 3
E 47
Flensburg
Thumby
Laboe
Fiefbergen
Hohwacht
Friedrichstadt
A 7
A 210
Kiel
Lütjenburg
207
E 45
A 215
Malente-
Gremsmühlen
Eutin
Sierksdorf
Nord-
Ostsee-
Kanal
Neumünster
Timmendorfer Strand
Hennstedt
Travemünde
Wismar
E 22
Bad Schwartau
105
206
Neukloster
A 20
Itzehoe
Rubow
Lübeck
E 22-47
104
A 23
E 45
Ratzeburg
Quickborn
Schwerin
Ellerbek
207
Mölln
A 1
Lütjensee
A 24
73
E 26
E 26
A 241
HAMBURG
74
ELBE
A 250
4
E 22
Jesteburg
Buchholz
Lüneburg
Sittensen
Salzhausen
A 1
Schneverdingen
Scheeßel
Bispingen
Rotenburg\Wümme
A 7
E 234
Verden
Walsrode
Bruchhausen-Vilsen
A 27
E 45
Hermannsburg
Aller
3
191
71
Weser
4
Celle

3
N 37
E 233
Hase
Haselünne
Dinklage
Twist
Lembruch
Zwolle
Uelsen
Freren
A 28
E 232
A1 E 37
Stemwede
Ems
E 233
E 30
Hörstel
A 30
Osnabrück
Rheine
Neuenkirchen
E 30
Enschede
A1
Lengerich
A 30
A1 E 37
Ahaus
Schöppingen
Versmold
68
54
Harsewinkel
Warendorf
Ems
Billerbeck
Münster i. W.
Telgte
64
Beelen
Gütersloh
A 12
E 35
A 31
Rheda-Wiedenbrück
Rietberg
Isselburg
A 43
Wadersloh
E 34
58
Lippetal
Kalkar
Datteln
Lippe
Lippstadt
RHEIN
Wesel
A 3
Xanten
Dorsten
Bad Sassendorf
MAAS
A 57
E 34
E 331
A 2
Dortmund
Möhnesee
E 31
Essen
Warstein
Schwerte
Ruhr
Duisburg
A 46
Hattingen
Arnsberg
A 40
Mülheim
Sprockhövel
A 67
E 34
Velbert
Eslohe
A 61
DÜSSELDORF
A 45
Viersen
Wuppertal
Schmallenberg
Brüggen
A 52
Herscheid
Mönchengladbach
Attendorn
Wermelskirchen
Wegberg
A 57
A 59
A1
Lennestadt
Bergneustadt
55
A 3
Wassenberg
Grevenbroich
Gummersbach
Olpe
Hilchenbach
Bergisch Gladbach
62
Pulheim
A 4
E 40
A 44
KÖLN
Freudenberg
A 4
Siegen
A 76
Morsbach
E 41
E 40
A 61
Brühl
A 45
Sieg
Düren
Bonn
Aachen
E 31
Königswinter
E 40
A1
RHEIN
A 3
Horhausen
Rennerod
A 27
9
Dierdorf
49
Bad Neuenahr-Ahrweiler
Rengsdorf
Westerburg
A 3
Weilburg
Monschau
Bad Breisig
Andernach
Lahn
E 29
Koblenz
Limburg
E 35
Adenau
Ochtendung
Bad Ems
E 421
Mayen
A 48
Balduinstein
51
Lahnstein
Gerolstein
Boppard
260
Nastätten
Daun
E 31
Bad Schwalbach
E 44
Oberwesel
Wiesbaden
Bacharach
Mosel
Eltville
A 61
Geisenheim
A 60
A1
Rüdesheim
Simmern

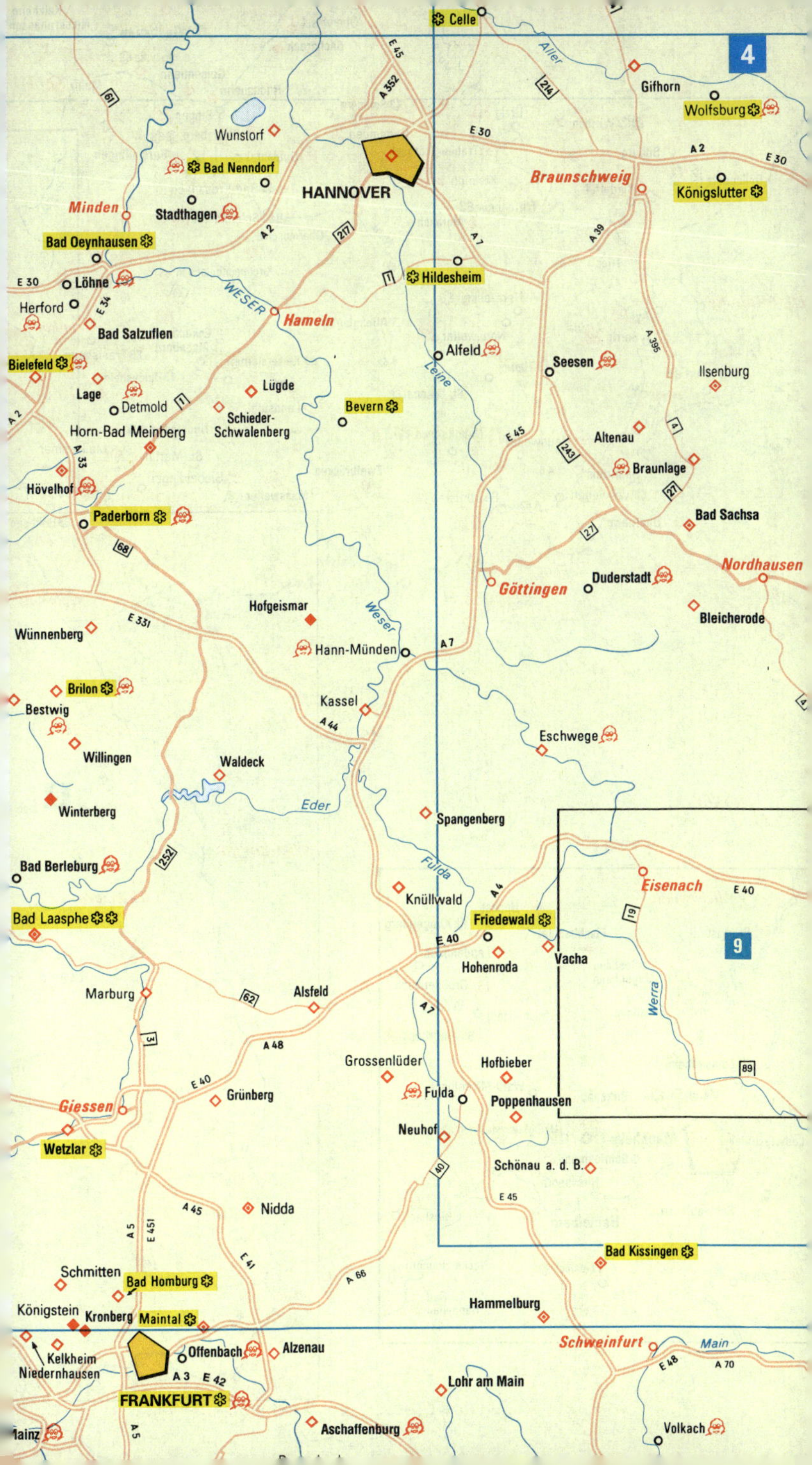

4
Celle
Aller
Gifhorn
Wolfsburg
Wunstorf
HANNOVER
Bad Nenndorf
Stadthagen
Minden
Braunschweig
Königslutter
Bad Oeynhausen
Hildesheim
Löhne
Herford
WESER
Hameln
Bad Salzuflen
Alfeld
Seesen
Bielefeld
Leine
Ilsenburg
Lage
Lügde
Detmold
Bevern
Horn-Bad Meinberg
Schieder-
Schwalenberg
Altenau
Braunlage
Hövelhof
Paderborn
Bad Sachsa
Nordhausen
Göttingen
Duderstadt
Hofgeismar
Bleicherode
Wünnenberg
Weser
Hann-Münden
Brilon
Bestwig
Kassel
Eschwege
Willingen
Waldeck
Winterberg
Eder
Spangenberg
Bad Berleburg
Fulda
Eisenach
Knüllwald
Bad Laasphe
Friedewald
Hohenroda
Vacha
9
Werra
Marburg
Alsfeld
Grossenlüder
Hofbieber
Giessen
Grünberg
Fulda
Poppenhausen
Wetzlar
Neuhof
Schönau a. d. B.
Nidda
Bad Kissingen
Schmitten
Bad Homburg
Königstein
Kronberg
Maintal
Hammelburg
Schweinfurt
Main
Kelkheim
Niedernhausen
Offenbach
Alzenau
FRANKFURT
Lohr am Main
Mainz
Aschaffenburg
Volkach

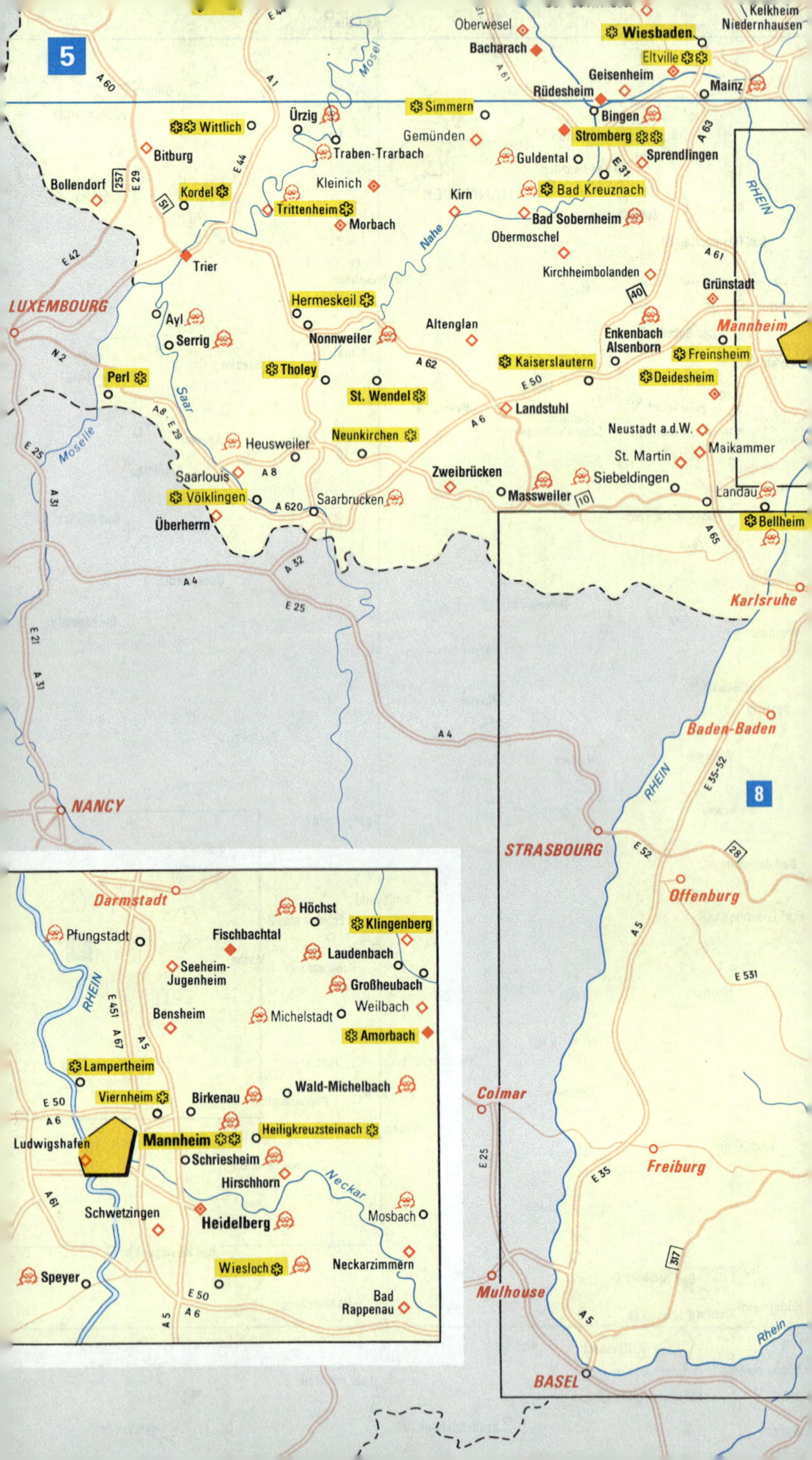
5
Oberwesel
Bacharach
Wiesbaden
Kelkheim
Niedernhausen
Eltville
Geisenheim
Rüdesheim
Mainz
Bingen
Simmern
Stromberg
Sprendlingen
Gemünden
Guldental
Wittlich
Ürzig
Traben-Trarbach
Bitburg
Bollendorf
Kordel
Kleinich
Trittenheim
Morbach
Kirn
Bad Kreuznach
Bad Sobernheim
Obermoschel
Kirchheimbolanden
Grünstadt
Trier
LUXEMBOURG
Hermeskeil
Nonnweiler
Ayl
Serrig
Altenglan
Enkenbach
Alsenborn
Mannheim
Freinsheim
Kaiserslautern
Deidesheim
Perl
Tholey
St. Wendel
Landstuhl
Neustadt a.d.W.
Maikammer
St. Martin
Heusweiler
Neunkirchen
Saarlouis
Zweibrücken
Siebeldingen
Völklingen
Massweiler
Landau
Saarbrucken
Bellheim
Überherrn
Karlsruhe
Baden-Baden
NANCY
8
STRASBOURG
Offenburg
Colmar
Freiburg
Mulhouse
BASEL
Mosel
Nahe
Saar
Moselle
RHEIN
Rhein
A 60
A 1
A 61
A 63
E 29
E 44
E 31
E 42
N 2
A 62
E 50
A 6
A 8 · E 29
A 8
A 620
E 25
A 31
A 32
A 4
E 21
E 35-52
E 52
A 5
E 531
E 35
Darmstadt
Höchst
Pfungstadt
Fischbachtal
Klingenberg
Laudenbach
Seeheim-Jugenheim
Großheubach
Bensheim
Michelstadt
Weilbach
Amorbach
Lampertheim
Viernheim
Birkenau
Wald-Michelbach
Heiligkreuzsteinach
Ludwigshafen
Mannheim
Schriesheim
Hirschhorn
Neckar
Schwetzingen
Heidelberg
Mosbach
Wiesloch
Neckarzimmern
Speyer
Bad Rappenau
E 451
A 67
A 61

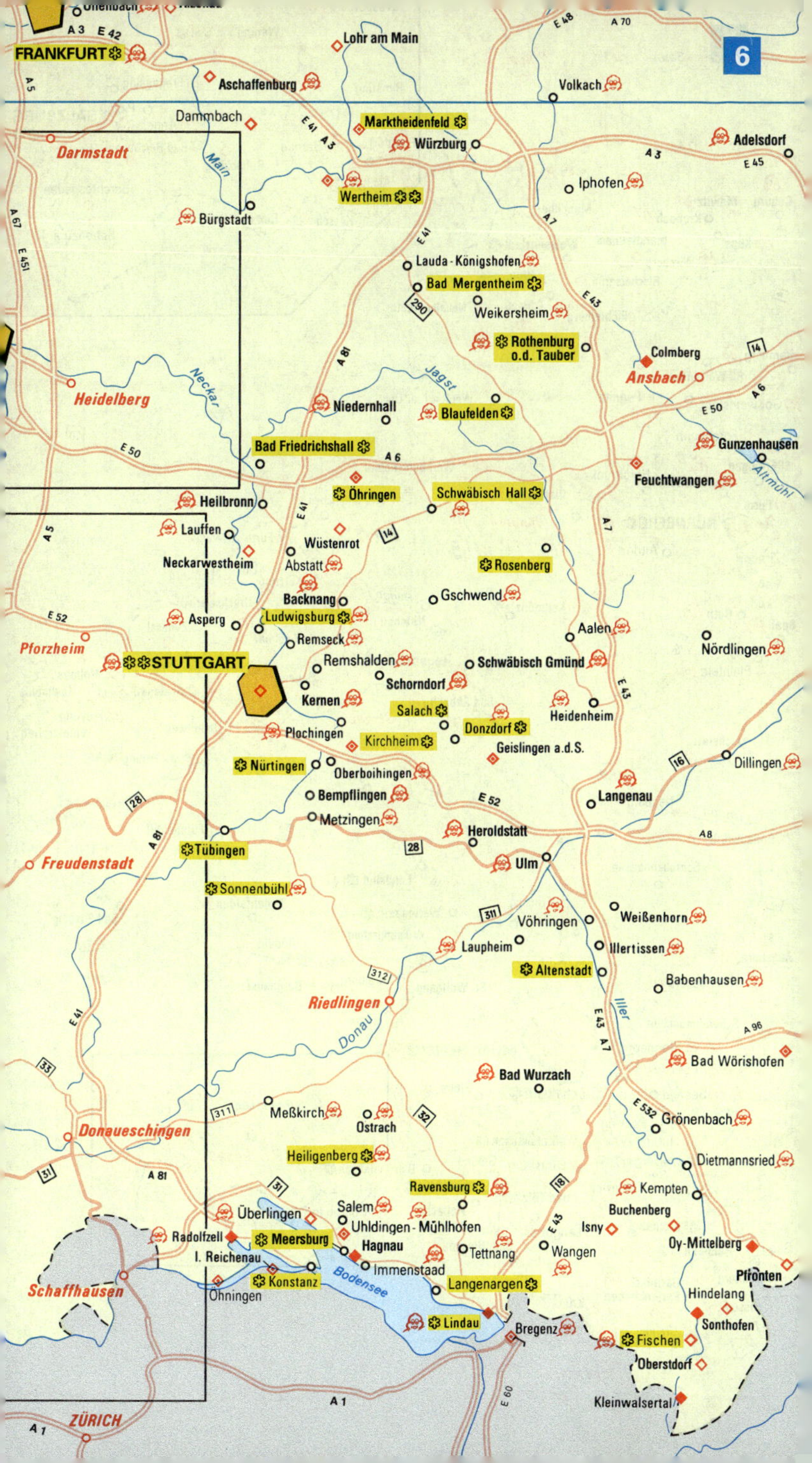
6
FRANKFURT
A 3
E 42
A 5
Lohr am Main
Aschaffenburg
Volkach
E 48
A 70
Dammbach
Marktheidenfeld
Würzburg
E 41
A 3
Darmstadt
Adelsdorf
A 3
E 45
Main
Iphofen
Wertheim
Bürgstadt
A 67
E 451
A 7
E 41
Lauda-Königshofen
Bad Mergentheim
290
Weikersheim
E 43
Rothenburg o.d. Tauber
Colmberg
14
Ansbach
A 6
A 81
Jagst
Neckar
Heidelberg
Niedernhall
Blaufelden
E 50
Gunzenhausen
Bad Friedrichshall
A 6
E 50
Altmühl
Feuchtwangen
Öhringen
Schwäbisch Hall
Heilbronn
E 41
A 5
Lauffen
14
A 7
Wüstenrot
Neckarwestheim
Abstatt
Rosenberg
Backnang
Gschwend
E 52
Asperg
Ludwigsburg
Aalen
Remseck
Nördlingen
Pforzheim
STUTTGART
Remshalden
Schwäbisch Gmünd
Schorndorf
Kernen
E 43
Salach
Heidenheim
Plochingen
Donzdorf
Kirchheim
Geislingen a.d.S.
Nürtingen
16
Dillingen
Oberboihingen
Bempflingen
Langenau
E 52
28
Metzingen
Heroldstatt
A 8
A 81
28
Tübingen
Ulm
Freudenstadt
Sonnenbühl
311
Vöhringen
Weißenhorn
Laupheim
Illertissen
Altenstadt
312
Babenhausen
Riedlingen
Iller
E 43
A 7
Donau
E 41
A 96
Bad Wörishofen
33
Bad Wurzach
E 532
Meßkirch
Ostrach
311
32
Grönenbach
Donaueschingen
Dietmannsried
31
A 81
Heiligenberg
31
Ravensburg
18
Kempten
Buchenberg
Überlingen
Salem
Uhldingen-Mühlhofen
E 43
Isny
Radolfzell
Meersburg
Oy-Mittelberg
Hagnau
Tettnang
Wangen
I. Reichenau
Immenstaad
Pfronten
Schaffhausen
Konstanz
Öhningen
Bodensee
Langenargen
Hindelang
Sonthofen
Lindau
Bregenz
Fischen
Oberstdorf
E 60
A 1
Kleinwalsertal
ZÜRICH
A 1

7
Waging am See
Rimsting
Chiemsee
Freilassing
Salzach
E 55-60
A 1
E 52-60
A 8
Piding
SALZBURG
Frasdorf
Bernau
Anger
Bad Reichenhall
E 55
A 10
Ruhpolding
Aschau
Samerberg
Kössen
Reit im Winkl
Berchtesgaden
Schönau a. K.
312
Saale
E 51
E 441
E 49
282
Plauen
Hof
Coburg
Mitwitz
Kronach
Münchberg
Küps
Marktleugast
Weissenstadt
Wirsberg
Bischofsgrün
Wunsiedel
Tröstau
Neualbenreuth
Main
Fichtelberg
22
Bamberg
Wiesenttal
E 51
A 73
Gößweinstein
Pegnitz
Weiden i. d. Opf
E 50
Plzeň
26
20
E 49
Forchheim
A 9
Erlangen
Wernberg-Köblitz
Heroldsberg
Hersbruck
14
Illschwang
Waldmünchen
Fürth
NÜRNBERG
Amberg
Rötz
Furth im Wald
Zirndorf
Altdorf
A 6
A 93
20
Lam
Lohberg
E 56
Kötzting
E 50
A 6
Kallmünz
Naab
Regen
Drachselsried
Roth
Nittenau
4
Spalt
E 45
16
Zwiesel
St. Englmar
Pleinfeld
A 3
Regensburg
Spiegelau
Hohenau
Bogen
Haidmühle
Bad Abbach
Grafenau
Freyung
Straubing
Schöfweg
Waldkirchen
Eichstätt
E 53
E 56
Tittling
12
A 9
Mengkofen
15
Neuburg
Isar
Passau
Donau
DONAU
Donauwörth
20
Fürstenzell
A 93
Schrobenhausen
Landshut
2
Lech
Freising
Wartenberg
Eggenfelden
E 56
E 45
Bad Füssing
Inn
A 8
E 53
Taufkirchen
12
E 552
Augsburg
Töging
141
A 92
E 552
Inn
Friedberg
15
Kraiburg
St. Wolfgang
Burghausen
A 99
Salzach
E 52
12
Schwabmünchen
17
Germering
MÜNCHEN
E 55-60
Landsberg
E 54
A 96
Schäftlarn
Glonn
Seefeld
Chiemsee
SALZBURG
A 1
Ammersee
E 53
Aying
Pöcking
Rosenheim
Tutzing
Wolfratshausen
A 8
E 52
Bad Reichenhall
Starnberger See
Eurasburg
Gmund
Bad Feilnbach
E 55
Münsing
Tegernsee
23
Bad Tölz
Rottach-Egern
Oberaudorf
Murnau
Lenggries
Kufstein
312
Seeg
Halblech
Bad Wiessee
A 10
Eisenberg
Garmisch Partenkirchen
Füssen
Krün
A 12
Grainau
Mittenwald
314
Inn
Innsbruck
E 60
E 45-60
A 13

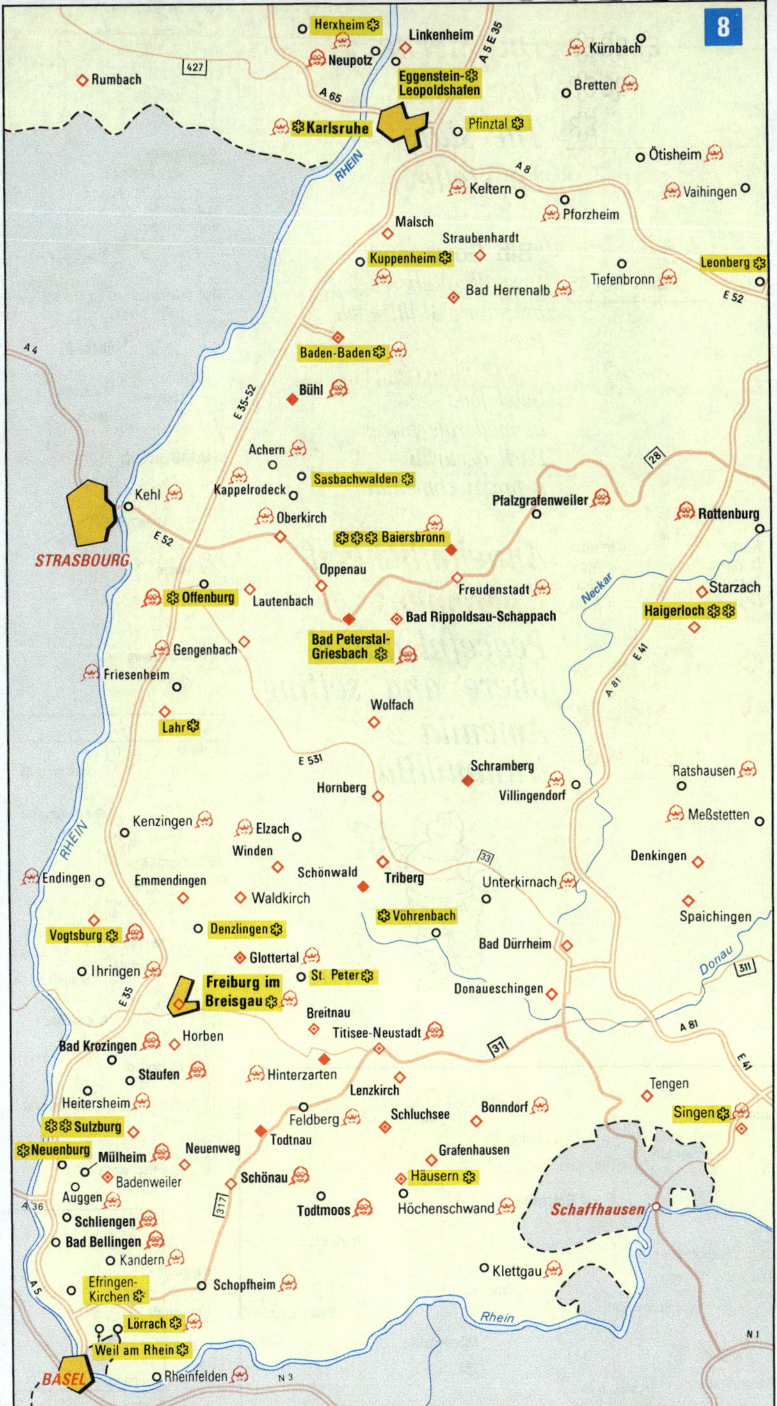
8
Herxheim
Linkenheim
Neupotz
Kürnbach
Rumbach
427
Eggenstein-
Leopoldshafen
Bretten
A 65
A 5 E 35
Karlsruhe
Pfinztal
RHEIN
Ötisheim
A 8
Keltern
Vaihingen
Pforzheim
Malsch
Straubenhardt
Kuppenheim
Leonberg
Tiefenbronn
Bad Herrenalb
E 52
Baden-Baden
A 4
Bühl
E 35-52
Achern
28
Sasbachwalden
Kehl
Kappelrodeck
Pfalzgrafenweiler
Oberkirch
Rottenburg
E 52
Baiersbronn
STRASBOURG
Oppenau
Freudenstadt
Neckar
Starzach
Offenburg
Lautenbach
Haigerloch
Bad Rippoldsau-Schappach
Bad Peterstal-
Griesbach
Gengenbach
E 41
Friesenheim
A 81
Wolfach
Lahr
E 531
Schramberg
Ratshausen
Hornberg
Villingendorf
RHEIN
Kenzingen
Elzach
Meßstetten
Winden
33
Denkingen
Schönwald
Triberg
Endingen
Emmendingen
Unterkirnach
Waldkirch
Spaichingen
Vöhrenbach
Vogtsburg
Denzlingen
Bad Dürrheim
Donau
Glottertal
311
Ihringen
E 35
Freiburg im
Breisgau
St. Peter
Donaueschingen
Breitnau
Horben
Titisee-Neustadt
A 81
Bad Krozingen
31
Staufen
Hinterzarten
E 41
Lenzkirch
Tengen
Heitersheim
Feldberg
Schluchsee
Bonndorf
Singen
Sulzburg
Todtnau
Neuenburg
Mülheim
Neuenweg
Grafenhausen
Badenweiler
Schönau
Häusern
Auggen
A 36
317
Todtmoos
Höchenschwand
Schaffhausen
Schliengen
Bad Bellingen
Kandern
Klettgau
A 5
Efringen-
Kirchen
Schopfheim
Rhein
Lörrach
N 1
Weil am Rhein
BASEL
Rheinfelden
N 3

✿✿✿ *Die Sterne*
✿✿ *Les étoiles*
✿ *The stars*
Le stelle

"Bib Gourmand"

Menu 30/45

Sorgfältig zubereitete preiswerte Mahlzeiten

Repas soignés à prix modérés

Good food at moderate prices

Pasti accurati a prezzi contenuti

Karte	*Ortstext*
la carte	*le texte*
map	*text*
la carta	*il testo*

Annehmlichkeit
L'agrément
Peaceful atmosphere and setting
Amenità e tranquillità

Wiek
Glowe
Saßnitz
Sellin
Insel Rügen
Putbus
Dierhagen
Stralsund
Gustow
Graal-Müritz
105
96
Insel
Usedom
Greifswald
Bansin
Reppelin
ROSTOCK
Stolpe
Anklam
E 22
A 19
E 251
109
E 28
Wismar
Neukloster
104
Rubow
Krakow a. See
A19
Kuchelmiß
Neubrandenburg
SZCZECIN
104
Goldberg
Schwerin
Waren
Kuppentin
Plau a. See
Wesenberg
E 26
A 241
Elde
E 55
96
A 11
ODER
E 26
A 24
Pritzwalk
E 251
Joachimsthal
E 65
E 26-55
Bad Wilsnack
Freudenberg
WARTA
5
A 24
71
189
Havel
BERLIN
A 10
Müncheberg
E 55
Falkenhagen
Storkau
E 30
Eichwalde
A 12
Bad Saarow-Pieskow
Potsdam
A 115
Prieros
Wendisch Rietz
ELBE
E 30
A 10
Spree
ODRA
A 2
Groß-Briesen
E 51
Schlepzig
Jessern
A 9
87
A 13
E 30
E 36 · 55
Guben
MAGDEBURG
Zerbst
Burg
81
71
E 55
E 36
A 15
E 36
Halberstadt
Kemberg
87
Quedlinburg
E 49
6
A 13
ELBE
80
E 40
A 4
Radeburg
Kelbra
LEIPZIG
Wilthen
Löbau
Freyburg
Saale
A 9
A 14
Grimma
DRESDEN
Weigsdorf-
Koblitz
Zittau
Altenburg
Berggiesshübel
E 49 · 51
E 40
ERFURT
E 40
Jena
Gera
A 4
Glauchau
Marienberg
A 71
Tannenberg
Hartenstein
E 55
4
Lauter
Schneeberg
Schwarzenberg
Labe
Eibenstock
A 72
PRAHA
A 9

Biere

Die Bierherstellung, deren Anfänge bis ins 9. Jh. zurückreichen, unterliegt in Deutschland seit 1516 dem Reinheitsgebot, welches vorschreibt, daß zum Bierbrauen nur Hopfen, Gerstenmalz, Hefe und Wasser verwendet werden dürfen.

Etwa 1 400 Brauereien stellen heute in Deutschland ca. 4 000 verschiedene Biere her, deren geschmackliche Vielfalt auf den hauseigenen Braurezepten beruht.

Beim Brauen prägt die aus Malz und dem aromagebenden Hopfen gewonnene Würze zusammen mit dem Brauwasser, der Gärungsart (obergärig, untergärig) und der für das Gären verwendeten Hefe entscheidend Qualität, Geschmack, Farbe und Alkoholgehalt des Bieres.

Die alkoholfreien Biere und Leichtbiere enthalten 0,5 % bis 3 % Alkohol und einen Stammwürzgehalt (= vor der Gärung gemessener Malzextraktgehalt der Würze) von 1,5 % bis 9 %.

Die Vollbiere (Alt, Export, Kölsch, Märzen, Pils, Weizenbier) haben einen Alkoholgehalt von 3,7 % bis 5,5 % und einen Stammwürzegehalt von 11 % bis 15 %.

Die Starkbiere (Bock- und Doppelbockbiere) liegen im Alkoholgehalt über 5,3 % und im Stammwürzegehalt ab 16 %.

Durch den höheren Malzanteil wirken vor allem die dunklen Biere (Rauchbier, Bockbier, Malzbier) süßlich.

Die verschiedenen Biersorten sind je nach der Region unterschiedlich im Geschmack.

La bière

La fabrication de la bière en Allemagne remonte au début du 9e siècle. En 1516 une « ordonnance d'intégrité » (Reinheitsgebot) précise que seuls le houblon, le malt, la levure et l'eau peuvent être utilisés pour le brassage de la bière. Il en est toujours ainsi et le procédé utilisé est le suivant :

Le malt de brasserie – grains d'orge trempés, germés et grillés – est mis à tremper et à cuire en présence de houblon qui apporte au moût, ainsi élaboré, ses éléments aromatiques. Grâce à une levure, ce moût entre en fermentation.

Aujourd'hui environ 1 400 brasseries produisent en Allemagne 4 000 sortes de bières diverses par leur goût, leur couleur et également leur teneur en alcool.

Au restaurant ou à la taverne, la bière se consomme généralement à la pression « vom Fass ».

Les bières courantes ou Vollbiere (Kölsch, Alt, Export, Pils, Märzen, bière de froment) sont les plus légères et titrent 3 à 4° d'alcool.

Les bières fortes ou Starkbiere (Bockbier, Doppelbock) atteignent 5 à 6° et sont plus riches en malt.

Elles sont légères dans le Sud (Munich, Stuttgart), un peu plus fermentées et amères en Rhénanie (Dortmund, Cologne), douceâtres à Berlin.

Les bières brunes (malt torréfié) peuvent paraître sucrées (Rauchbier, Bockbier, Malzbier).

Beer

Beer has been brewed in Germany since the beginning of 9C. In 1516 a decree on quality (Reinheitsgebot) was passed which stated that only hops, malt, yeast and water should be used for brewing.
This still applies and the following method is used :

Brewer's malt – obtained from barley after soaking, germination and roasting – is mixed with water and hops which flavour the must, and boiled. Yeast is added and the must is left to ferment.

Today about 1400 breweries in Germany produce 4000 kinds of beer which vary in taste, colour and alcohol content.

In restaurants and bars, beer is generally on draught "vom Fass".

Popular beers or Vollbiere (Kölsch, Alt, Export, Pils, Märzen and beer from wheatgerm) are light and 3-4 % proof.

Strong beers or Starkbiere (Bockbier, Doppelbock) are rich in malt and 5-6 % proof.

These are light in the South (Munich, Stuttgart), stronger and more bitter in Rhineland (Dortmund, Cologne) and sweeter in Berlin.

Dark beers (roasted malt) may seem rather sugary (Rauchbier, Bockbier, Malzbier).

La birra

La fabbricazione della birra in Germania risale all'inizio del nono secolo. Nel 1516, un « ordinanza d'integrità » (Reinheitsgebot) precisa che, per la produzione della birra, possono essere solamente adoperati il luppolo, il malto, il lievito e l'acqua. Ciò è rimasto immutato e il processo impiegato è il seguente :

Il malto – derivato da semi d'orzo macerati, germinati e tostati – viene macerato e tostato unitamente al luppolo che aggiunge al mosto, elaborato in tal modo, le sue componenti aromatiche. Grazie all'apporto di un lievito, questo mosto entra in fermentazione.

Oggigiorno, circa 1400 birrerie producono in Germania 4000 tipi di birra diversi per il loro gusto, colore e la loro gradazione alcolica.

Nei ristoranti o nelle taverne, la birra viene consumata alla spina « vom Fass ».

Le birre comuni o Vollbiere (Kölsch, Alt, Export, Pils, Märzen, birra di frumento) sono le più leggere e raggiungono una gradazione alcolica di 3 o 4º.

Le birre forti o Starkbiere (Bockbier, Doppelbock) raggiungono una gradazione alcolica di 5 o 6º e sono le più ricche di malto.

Esse sono leggere nel Sud (Monaco, Stuttgart), leggermente più fermentate e amare in Renania (Dortmund, Colonia), dolciastre a Berlino.

Le birre scure (malto torrefatto) possono sembrare dolcificate (Rauchbier, Bockbier, Malzbier).

Weinbaugebiete
Carte du vignoble
Map of the vineyards
Carta dei vigneti

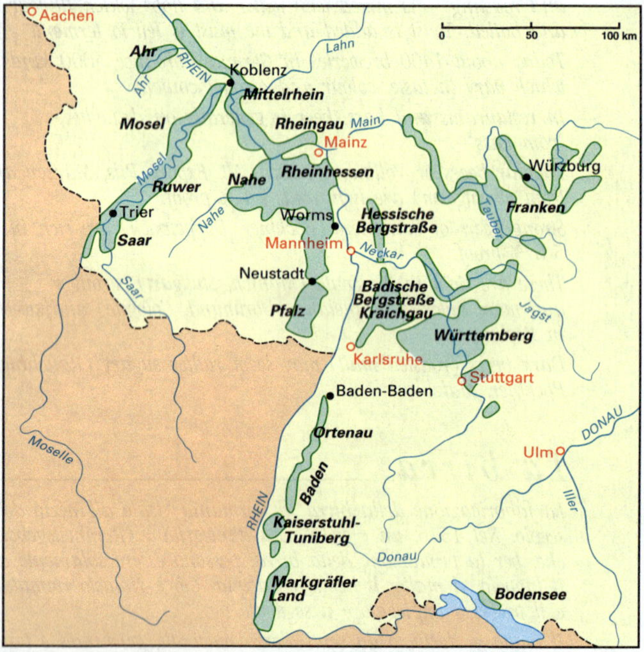

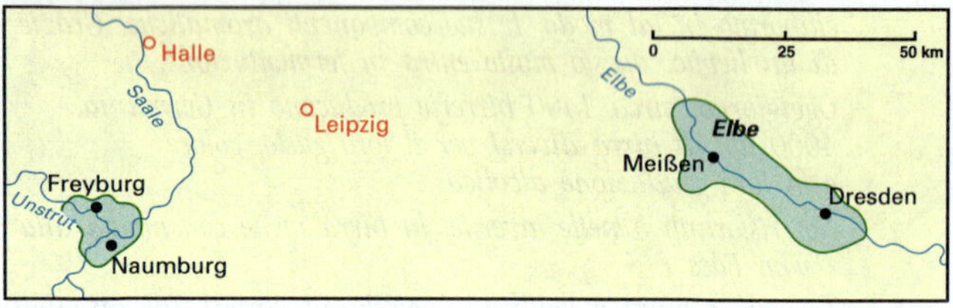

Neben den Spitzengewächsen gibt es in vielen Regionen gebietstypische Weine, die – am Ort verkostet – für manche Überraschung gut sind.

En dehors des grands crus, il existe en maintes régions des vins locaux qui, bus sur place, vous réserveront d'heureuses surprises.

In addition to the fine wines there are many wines, best drunk in their region of origin and which you will find extremely pleasant.

Al di fuori dei grandi vini, esistono in molte regioni dei vini locali che, bevuti sul posto, Vi riserveranno piacevoli sorprese.

Weine

Auf einer Gesamtanbaufläche von ca. 104 000 ha gedeiht in dreizehn bestimmten Anbaugebieten (Ahr, Mittelrhein, Mosel-Saar-Ruwer, Nahe, Rheingau, Rheinhessen, Hessische Bergstraße, Franken, Pfalz, Württemberg, Baden, Saale-Unstrut, Elbtal) eine Vielfalt von Weinen unterschiedlichsten Charakters, geprägt von der Verschiedenartigkeit der Böden, vom Klima und von der Rebsorte.

Die Wichtigsten Weine

Hauptanbaugebiet	Rebsorten und Charakteristik
	Weißwein (ca. 80 % der dt. Weinproduktion)
Baden	**Gutedel** *leicht, aromatisch*
Württemberg	**Kerner** *rieslingähnlich, rassig*
Franken, Rheinhessen, Baden, Nahe, Elbtal, Saale-Unstrut	**Müller-Thurgau** *würzig-süffig, feine Säure*
Pfalz	
Mittelrhein, Mosel-Saar-Ruwer, Rheingau Pfalz	**Riesling (in Baden : Klingelberger)** *rassig, spritzig, elegant, feine Fruchtsäure*
Baden	**Ruländer (Grauburgunder)** *kräftig, füllig, gehaltvoll*
Franken, Rheinhessen, Nahe, Pfalz	**Silvaner** *fruchtig, blumig, kräftig*
Baden, Elbtal	**(Gewürz-) Traminer (i. d. Ortenau : Clevner)** *würzig, harmonisch*
Baden, Elbtal, Saale-Unstrut	**Weißburgunder** *blumig, fruchtig, elegant*
	Rotwein
Württemberg	**Lemberger** *kernig, kräftig, wuchtig*
Ahr, Pfalz	**Portugieser** *leicht, süffig, mundig frisch*
Württemberg	**Schwarzriesling** *zart, fruchtig*
Ahr, Baden	**(blauer) Spätburgunder (in Württemberg : Clevner)** *rubinfarben, samtig, körperreich*
Württemberg	**Trollinger** *leicht, frisch, fruchtig*

Rebsorten und Charakteristik

Rotlinge

Badisch Rotgold *Mischung aus Grauburgunder und blauem Spätburgunder, meist im Verhältnis 3 : 1.*

Schillerwein *Aus roten und weißen Trauben, die gemeinsam gekeltert wurden.*

Weißherbst *Aus roten Trauben, die nach der Weißwein-Methode (nach dem Mahlen kommen die Trauben sofort auf die Presse) gekeltert wurden*

Das Weingesetz von 1971 und 1982 teilt die deutschen Weine in 4 Güteklassen ein :

deutscher Tafelwein *muß aus einer der 4 Tafelweinregionen stammen (Tafelwein, ohne den Zusatz « deutscher » kann mit Weinen aus EG-Ländern verschnitten sein).*

Landwein *trägt eine allgemeine Herkunftsbezeichnung (z. B. Pfälzer Landwein), darf nur aus amtlich zugelassenen Rebsorten gewonnen werden, muß mindestens 55 Öchslegrade haben und darf nur trocken oder halbtrocken sein.*

Qualitätswein bestimmter Anbaugebiete *muß aus einem der deutschen Anbaugebiete stammen und auf dem Etikett eine Prüfnummer haben.*

Qualitätswein mit Prädikat *darf nur aus einem einzigen Bereich innerhalb der deutschen Anbaugebiete stammen, muß auf dem Etikett eine Prüfnummer haben und eines der 6 Prädikate besitzen :*
Kabinett, Spätlese, Auslese, Beerenauslese, Trockenbeeren-auslese, Eiswein.
Eiswein wird aus Trauben gewonnen, die nach Frost von mindestens – 7 °C gelesen wurden.

Les vins

En Allemagne le vignoble s'étend sur plus de 104 000 ha. Les vins les plus connus proviennent principalement des 13 régions suivantes : Ahr, Mittelrhein (Rhin moyen), Mosel-Saar-Ruwer, Nahe, Rheingau, Rheinhessen (Hesse rhénane), Hessische Bergstraße (Montagne de Hesse), Franken (Franconie), Pfalz (Palatinat), Württemberg (Wurtemberg), Baden (Pays de Bade), Vallée de l'Elbe (entre Dresde et Meissen), Saale et l'Unstrut (entre Naumburg et Feyburg).

Principaux vins

Principales régions	Cépages et caractéristiques
	Vins blancs (80 % de la production)
Pays de Bade	**Gutedel** *léger, bouqueté*
Wurtemberg	**Kerner** *proche du Riesling*
Franconie, Hesse rhénane, Pays de Bade, Nahe, vallée de l'Elbe, région de Saale-Unstrut, Palatinat	**Müller-Thurgau** *vigoureux, nerveux*
Rhin moyen Moselle-Sarre-Ruwer, Rheingau, Palatinat	**Riesling (dans le pays de Bade Klingelberger)** *racé, élégant, au fruité légèrement acidulé*
Pays de Bade	**Ruländer** *puissant, rond, riche*
Franconie, Hesse rhénane, Nahe, Palatinat	**Silvaner** *fruité, bouqueté, puissant*
Pays de Bade, vallée de l'Elbe	**Traminer, Gewürztraminer** *épicé, harmonieux*
Pays de Bade, vallée de l'Elbe, région de Saale-Unstrut	**Weißburgunder** *bouqueté, fruité, élégant*
	Vins rouges
Wurtemberg	**Lemberger** *charnu, puissant*
Ahr	**Portugieser** *léger, gouleyant, frais*
Wurtemberg	**Schwarzriesling** *tendre, fruité*
Ahr, Pays de Bade	**(blauer) Spätburgunder (en Wurtemberg : Clevner)** *de couleur rubis, velouté*
Wurtemberg	**Trollinger** *léger, frais, fruité*

Cépages et caractéristiques

Vins rosés

Badisch Rotgold *Assemblage de Grauburgunder (pinot gris) et de Spätburgunder (pinot noir) dans la plupart des cas dans la proportion 3 : 1.*

Schillerwein *Raisins noirs et blancs pressurés ensembles.*

Weißherbst *Raisins noirs pressurés immédiatement, puis fermentation du moût sans la râfle.*

La législation de 1971 et de 1982 classe les vins allemands en 4 catégories :

Tafelwein ou deutscher Tafelwein, *vins de table, sans provenance précise, pouvant être des coupages, soit de vins de la C.E.E., soit de vins exclusivement allemands.*

Landwein *porte une appellation d'origine générale (ex. Pfälzer Landwein), et ne peut provenir que de cépages officiellement reconnus ; il doit avoir au minimum 55º Öchsle et ne peut être que sec ou demi sec.*

Qualitätswein bestimmter Anbaugebiete, *vins de qualité supérieure, ils portent un numéro de contrôle officiel et ont pour origine une des régions (Ex. : Baden) déterminées.*

Qualitätswein mit Prädikat, *vins strictement contrôlés, ils représentent l'aristocratie du vignoble, ils proviennent d'un seul vignoble d'appellation et portent en général un numéro de contrôle et l'une des dénominations suivantes : Kabinett (réserve spéciale), Spätlese (récolte tardive), Auslese (récolte tardive, raisins sélectionnés), Beerenauslese, Trockenbeerenauslese (vins liquoreux), Eiswein. Les « Eiswein » (vins des glaces) sont obtenus à partir de raisins récoltés après une gelée d'au moins –7 ºC.*

Wines

The vineyards of Germany extend over 104 000 ha – 257 000 acres and 13 regions : Ahr, Mittelrhein, Mosel-Saar-Ruwer, Nahe, Rheingau, Rheinhessen, Hessische Bergstraße, Franken (Franconia), Pfalz (Palatinate), Württemberg, Baden, Elbe Valley (Dresden-Meissen), Saale and Unstrut (Naumburg-Feyburg).

Principal wines

Main regions	Grape stock and characteristics
	White wines *(80 % of production)*
Baden	**Gutedel** *light, fragrant*
Württemberg	**Kerner** *similar to Riesling*
Franconia, Rheinhessen, Baden, Nahe, valley of the Elbe, Saale-Unstrut region, Palatinate	**Müller-Thurgau** *potent, lively*
Mittelrhein, Mosel-Saar-Ru wer, Rheingau, Palatinate	**Riesling (in Baden : Klingelberger)** *noble, elegant, slightly acidic and fruity*
Baden	**Ruländer** *potent, smooth, robust*
Franconia, Rheinhessen, Nahe, Palatinate	**Silvaner** *fruity, good bouquet, potent*
Baden, valley of the Elbe	**Traminer, Gewürztraminer** *spicy, smooth*
Baden, valley of the Elbe, Saale-Unstrut region	**Weißburgunder** *delicate bouquet, fruity, elegant*
	Red wines
Baden	**Badisch Rotgold** *noble, robust, elegant*
Württemberg	**Lemberger** *full bodied, potent*
Ahr	**Portugieser** *light, smooth, fresh*
Württemberg	**Schwarzriesling** *delicate, fruity*
Ahr, Baden	**(blauer) Spätburgunder (in Württemberg : Clevner)** *ruby colour, velvety*
Württemberg	**Trollinger** *light, fresh, fruity*

Rosé wines

Badisch Rotgold *Blend of Grauburgunder and Spätburgunder, mostly 3 parts to 1.*

Schillerwein *Red and green grapes pressed together.*

Weißherbst *Red grapes are pressed immediately then the must is left to ferment after extraction of the stems.*

Following legislation in 1971 and 1982, German wines fall into 4 categories:

Tafelwein or deutscher Tafelwein *are table wines with no clearly defined region of origin, and which in effect may be a blending of other Common Market wines or of purely German ones.*

Landwein *are medium quality wines between the table wines and the Qualitätswein b. A. which carry a general appellation of origin (i.e. Pfälzer Landwein) and can only be made from officially approved grapes, must have 55° "Öchslegrade" minimum and must be dry or medium dry.*

Qualitätswein bestimmter Anbaugebiete, *are wines of superior quality which carry an official control number and originate from one of the clearly defined regions (Gebiet) e.g. Moselle, Baden, Rhine.*

Qualitätswein mit Prädikat, *are strictly controlled wines of prime quality. These wines are grown and made in a clearly defined and limited area or vineyard and generally carry an official control number and one of the following special descriptions:*
Kabinett (a perfect reserve wine), Spätlese (wine from late harvest grapes), Auslese (wine from specially selected grapes), Beerenauslese, Trockenbeerenauslese (sweet wines), Eiswein.
Eiswein (ice wines) are produced from grapes harvested after a minimum −7 °C frost.

I vini

Il vigneto della Germania si estende su più di 104.000 ettari. Esso comporta 13 regioni : Ahr, Mittelrhein (Reno medio), Mosel-Saar-Ruwer, Nahe, Rheingau, Rheinhessen (Hesse renano), Hessische Bergstraße (montagna di Hesse), Franken (Franconia), Pfalz (Palatinato), Württemberg, Baden, Valle dell Elba (Dresda e Meissen), Saale e Unstrut (Naumburg e Friburgo).

Vini principali

Principali regioni	Vitigni e caratteristiche
	Vini bianchi *(80 % della produzione)*
Baden	**Gutedel** *leggero, aromatico*
Württemberg	**Kerner** *molto simile al Riesling*
Franconia, Hesse renano, Baden, Nahe, Valle di Elbe, regione Saale-Unstrut, Palatinato	**Müller-Thurgau** *vigoroso*
Reno medio, Mosella-Sarre-Ruwer, Rheingau, Palatinato	**Riesling (Nella regione di Baden : Klingelberger)** *aristocratico, elegante, fruttato leggermente acidulo*
Baden	**Ruländer** *forte, corposo, robusto*
Franconia, Hesse renano, Nahe, Palatinato	**Silvaner** *fruttato, aromatico, forte*
Baden, valle di Elbe	**Traminer (Gewürz-)** *corposo, armonico*
Baden, valle di Elbe, regione Saale-Unstrut	**Weißburgunder** *aromatico, fruttato, elegante*
	Vini rossi
Baden	**Badisch Rotgold** *aristocratico, robusto, elegante*
Württemberg	**Lemberger** *corposo, forte*
Ahr	**Portugieser** *leggero, fresco*
Württemberg	**Schwarzriesling** *morbido, fruttato*
Ahr, Baden	**(blauer) Spätburgunder (nella regione di Württemberg : Clevner)** *colore rubino, vellutato, pieno, corposo*
Württemberg	**Trollinger** *leggero, fresco, fruttato*

Vitigni e caratteristiche

Vini rosé

Badisch Rotgold *miscela di Grauburgunder (pinot grigio) e Spatburgunder (pinot nero), nella maggior parte dei casi in proporzione 3 : 1.*

Schillerwein *miscuglio di uve nere e bianche pigiate insieme.*

Weissherbst *pigiatura immediata di uve nere, seguita da fermentazione del mosto, senza graspi.*

La legislazione del 1971 e del 1982 classifica i vini tedeschi in 4 categorie :

Tafelwein o deutscher Tafelwein : *vini da tavola, senza provenienza precisa, possono essere di taglio, sia per i vini della C.E.E. che per vini esclusivamente tedeschi.*

Landwein : *in termini di qualità è una via di mezzo fra il vino da tavola e il Qualitätswein b.A., è contrassegnato da denominazione di origine generale (es. : Pfälzer Landwein) e proviene esclusivamente da uve ufficialmente riconosciute ; deve raggiungere minimo 55° Öchsle e può essere solo secco o semi secco.*

Qualitätswein bestimmter Anbaugebiete : *vini di qualità superiore, sono contrassegnati da un numero di controllo ufficiale e provengono da una delle regioni (Gebiet) determinate (Mosel, Baden, Rhein...)*

Qualitätswein mit Prädikat : *vini rigorosamente controllati, rappresentano l'aristocrazia del vigneto, provengono da un unico vigneto di denominazione e sono generalmente contrassegnati da un numero di controllo ufficiale e una delle seguenti denominazioni : Kabinett (riserva speciale), Spätlese (raccolta tardiva), Auslese (raccolta tardiva, uve selezionate), Beerenauslese, Trockenbeerenauslese (vini liquorosi), Eiswein.*
Gli « Eiswein » (vini dei ghiacci) si ottengono a partire da una raccolta dopo una gelata di almeno −7°C.

Städte

in alphabetischer Reihenfolge

(ä = ae, ö = oe, ü = ue)

Villes

classées par ordre alphabétique

(mais ä = ae, ö = oe, ü = ue)

Towns

in alphabetical order

(but ä = ae, ö = oe, ü = ue)

Città

in ordine alfabetico

(se non che ä = ae, ö = oe, ü = ue)

BREGENZ, KÖSSEN, KUFSTEIN, SALZBURG (Österreich) sind in der alphabetischen Reihenfolge.

AACHEN *Nordrhein-Westfalen* **417** *N 2 – 253 000 Ew – Höhe 174 m – Heilbad.*

Sehenswert : *Dom★★ (Domschatzkammer★★★, Ambo Heinrichs II★★★, Pala d'Oro★★★, Karlsschrein★★★, Marmorthron★ Karls des Großen) BZ – Couven-Museum★ BY* **M1** *– Suermondt-Ludwig-Museum★ CZ* **M2.**

Ausflugsziel : *Kornelimünster (Abteikirche★) ④ : 10 km.*

18 Aachen-Seffent (über ⑨), Schurzelter Str. 300, ☎ (0241) 1 25 01.

Kongreßzentrum Eurogress (CY), ☎ (0241) 15 10 11.

Verkehrsverein, Friedrich-Wilhelm-Platz, ✉ 52062, ☎ (0241) 1 80 29 60, Fax (0241) 1802931.

ADAC, *Strangenhäuschen 16, ✉ 52070, ☎ (0221) 47 27 47, Fax (0241) 153835.*

Berlin 637 ③ – Düsseldorf 81 ③ – Antwerpen 140 ⑨ – Bonn 91 ③ – Bruxelles 142 ⑥ – Köln 69 ③ – Liège 54 ⑥ – Luxemburg 182 ⑥.

AACHEN

Adalbertstraße	CYZ	
Alexanderstraße	CY	2
Bergdriesch	BY	3
Blondelstraße	CY	4
Buchkremerstraße	BZ	5
Büchel	BY	6
Burtscheider Straße	BZ	7
Driescher Gäßchen	BY	8
Friedrich-Ebert-Allee	CZ	9
Friedrich-Wilhem-Pl	BZ	10
Großkölnstraße	BY	
Hansemannplatz	CY	12
Hartmannstraße	BZ	13
Kaiserplatz	CZ	
Kapuzinergraben	BZ	17
Karmeliterstraße	BZ	19
Katschhof	BY	20
Kleinkölnstraße	BY	22
Kleinmarschierstr	BZ	23
Kockerellstraße	BY	24
Komphausbadstr	BY	27
Königstraße	AZ	28
Krugenofen	BZ	29
Kurhausstraße	CY	32
Lagerhausstraße	BCZ	34
Markt	BY	35
Peterstraße	CY	
Ursulinerstraße	BZ	36

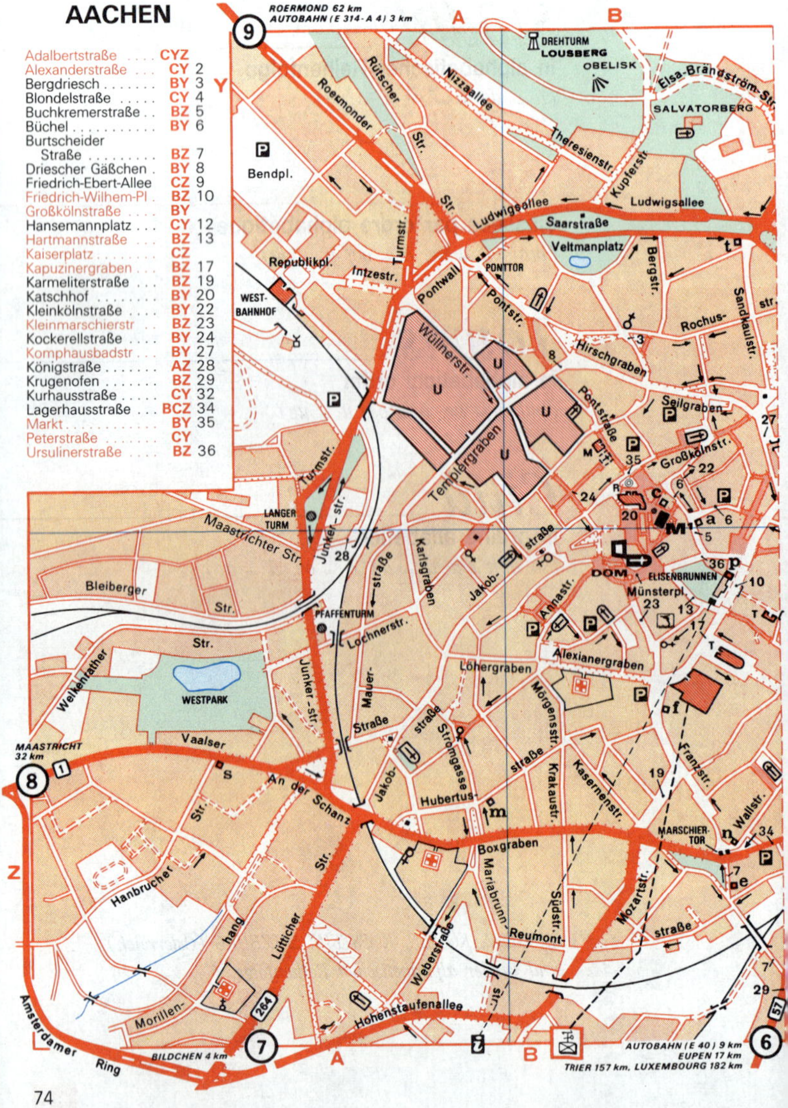

Holiday Inn Garden Court M, Krefelder Str. 221, ✉ 52070, ✆ (0241) 1 80 30, *Fax (0241) 1803444*, Biergarten – 🛗, ⇹ Zim, TV ☎ ✆ ♿ P – 🎤 25. AE ⓓ E VISA. ⛌ Rest
Menu à la carte 48/69 – **99 Z** 219/318. über ①

Aquis-Grana-Hotel, Büchel 32, ✉ 52062, ✆ (0241) 44 30, *Fax (0241) 443137* – 🛗 TV ☎ ♿ 🚗 – 🎤 60. AE ⓓ E VISA BY a
23. - 28. Dez. geschl. – (nur Abendessen für Hausgäste) – **94 Z** 175/245.

Regence garni, Peterstr. 71, ✉ 52062, ✆ (0241) 4 78 70, *Fax (0241) 39055*, ≘s – 🛗 ⇹ ▤ TV ☎ ✆ 🚗 – 🎤 25. AE ⓓ E VISA – **60 Z** 195/350. CY e

Pannonia Hotel Aachen, Jülicher Str. 10, ✉ 52070, ✆ (0241) 5 10 60, *Fax (0241) 501180*, 🌳 – 🛗, ⇹ Zim, TV ☎ 🚗 – 🎤 20. AE ⓓ E VISA JCB CY s
Menu à la carte 39/62 – **103 Z** 185/285.

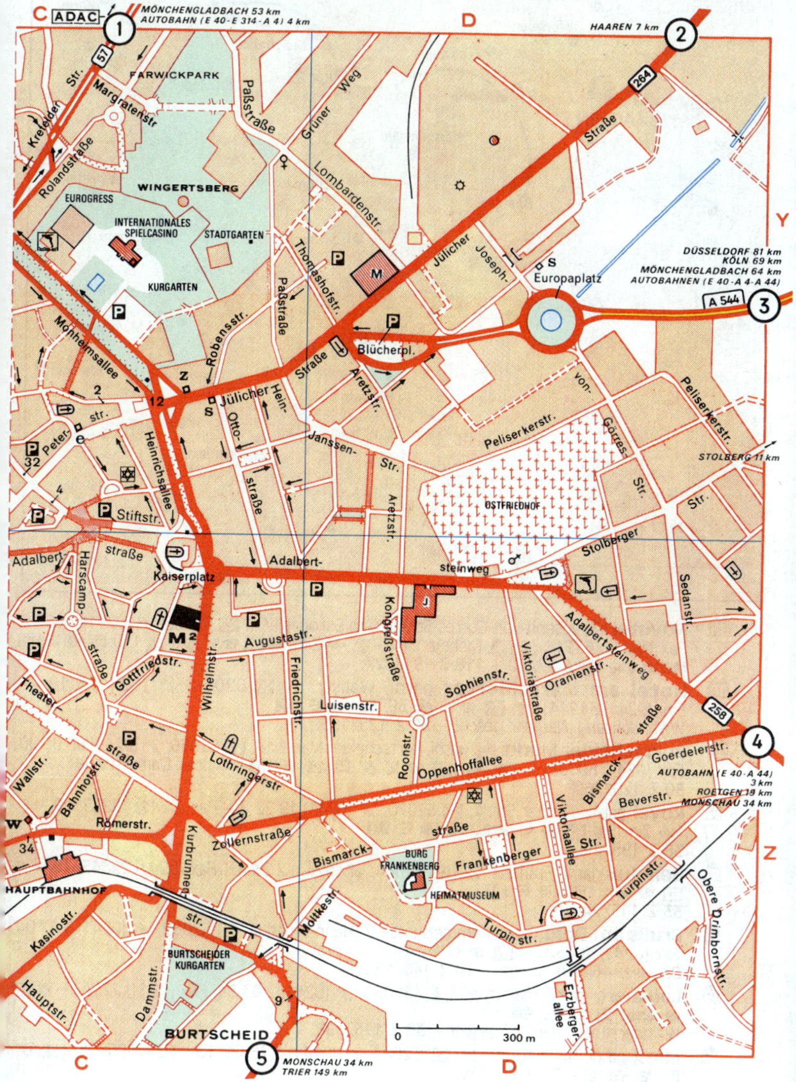

Novotel M, Joseph-von-Görres-Straße (Am Europaplatz), ✉ 52068, ✆ (0241) 1 68 70, *Fax (0241) 163911*, (geheizt), – Zim, – 130. AE E VISA
Menu à la carte 37/60 – **118 Z** 191/227. DY s

Hotel am Marschiertor garni, Wallstr. 1, ✉ 52064, ✆ (0241) 3 19 41, *Fax (0241) 31944* – – 30. AE E VISA BZ n
Weihnachten - Neujahr geschl. – **50 Z** 125/195.

Burtscheider Markt garni, Burtscheider Markt 14, ✉ 52066, ✆ (0241) 60 00 00, *Fax (0241) 6000020* – AE E VISA über Dammstraße CZ
30 Z 120/260.

Royal garni, Jülicher Str. 1, ✉ 52070, ✆ (0241) 18 22 80, *Fax (0241) 18228699* – Zim, AE E VISA CY z
36 Z 195/290.

Benelux garni, Franzstr. 21, ✉ 52064, ✆ (0241) 2 23 43, *Fax (0241) 22345*, – AE E VISA BZ f
33 Z 145/240.

Brülls am Dom garni, Rommelsgasse 2 (Hühnermarkt), ✉ 52062, ✆ (0241) 3 17 04, *Fax (0241) 404326* – BY c
23. Dez. - 6. Jan. geschl. – **10 Z** 140/185.

Lousberg garni, Saarstr. 108, ✉ 52062, ✆ (0241) 2 03 31, *Fax (0241) 22047* – AE E VISA. BY t
Weihnachten - Neujahr geschl. – **30 Z** 113/198.

Marx garni, Hubertusstr. 33, ✉ 52064, ✆ (0241) 3 75 41, *Fax (0241) 26705* – E – **34 Z** 85/160. AZ m

XXX **Gala**, Monheimsallee 44 (im Casino), ✉ 52062, ☎ (0241) 15 30 13, *Fax (0241) 158578* – AE ⓓ E VISA CY
Sonntag - Montag geschl. – **Menu** (nur Abendessen, Tischbestellung ratsam) 115/150 und à la carte – ***Palm-Bistro*** *(auch Mittagessen)* **Menu** à la carte 42/72
Spez. Carpaccio vom Kalbskopf mit Kalbsbrieskrusteln. Sauerbraten vom Seeteufel auf Rheinische Art. Ente aus der Presse mit türkischen Feigen und Ingwer (2 Pers.).

XX **La Bécasse**, Hanbrucher Str. 1, ✉ 52064, ☎ (0241) 7 44 44 – ⓓ E VISA AZ s
Samstagmittag, Sonntag - Montagmittag geschl. – **Menu** (französische Küche) à la carte 78/111
Spez. Hummersoufflé in Tomatenconsommé. Wolfsbarsch mit Tomatenwürfeln und gelber Paprikasauce. Mohnmousse mit roten Beeren.

XX **Kohlibri**, Sonnenscheinstr. 80/Ecke Neuenhofstraße, ✉ 52078, ☎ (0241) 5 68 85 00, *Fax (0241) 5688560*, ≤, – P – 25. AE ⓓ E VISA
Menu à la carte 59/82. über Adalbertsteinweg DZ

XX **Elisenbrunnen**, Friedrich-Wilhelm-Platz 14, ✉ 52062, ☎ (0241) 2 97 72, *Fax (0241) 49962*, – AE ⓓ E VISA BZ p
Menu à la carte 35/71.

XX **Da Salvatore**, Bahnhofplatz 5, ✉ 52064, ☎ (0241) 3 13 77, *Fax (0241) 29992* – AE ⓓ E VISA CZ w
Menu (italienische Küche) à la carte 40/67.

XX **Tradition**, Burtscheider Str. 11, ✉ 52064, ☎ (0241) 4 48 42, *Fax (0241) 408108* – AE ⓓ E VISA BZ e
Dienstag - Mittwochmittag und über Karneval geschl. – **Menu** (abends Tischbestellung ratsam) à la carte 34/75.

In Aachen-Friesenrath ④ : *14 km* :

XX **Schloß Friesenrath** mit Zim, Pannekogweg 46, ✉ 52076, ☎ (02408) 95 80 95, *Fax (02408) 958045*, , « Ehemaliges gräfliches Palais ; Park » – TV ☎ P
Menu *(Montag geschl.)* à la carte 46/70 – **3 Z** 140/220.

In Aachen-Kornelimünster ④ : *10 km* :

Zur Abtei, Napoleonsberg 132 (B 258), ✉ 52076, ☎ (02408) 92 55 00, *Fax (02408) 4151*, , « Individuelle Einrichtung » – TV ☎ – 20. AE ⓓ E VISA JCB. Rest
Menu *(Donnerstag geschl.)* 45 (mittags) und à la carte 74/113 – **12 Z** 90/280.

XX **St. Benedikt**, Benediktusplatz 12, ✉ 52076, ☎ (02408) 28 88, *Fax (02408) 2877*. E VISA
Sonntag - Montag, über Ostern, Juli - Aug. 3 Wochen und Weihnachten - Anfang Jan. geschl. – **Menu** (nur Abendessen, Tischbestellung ratsam) 85/110 und à la carte 72/90
Spez. Seeteufel mit Rote Betebutter. Eifeler Wild- und Pilzgerichte. Deichlammrücken in der Kräuterkruste.

In Aachen-Lichtenbusch ⑤ : *8 km* :

Schweizer Hof, Werkstr. 16, ✉ 52076, ☎ (02408) 9 45 30, *Fax (02408) 9453117*, (Halle) Squash – TV ☎ P – 40. AE ⓓ E VISA JCB
Menu *(Sonntag und Juli - August geschl.)* à la carte 35/67 – **44 Z** 108/180.

Zur Heide, Raafstr. 80, ✉ 52076, ☎ (02408) 92 52 60, *Fax (02408) 6268*, , – TV ☎ P – 30. AE ⓓ E VISA
Menu à la carte 34/68 – **21 Z** 98/150.

In Aachen-Richterich ⑨ : *5 km* :

XX **Schloß Schönau**, Schönauer Allee 20, ✉ 52072, ☎ (0241) 17 35 77, *Fax (0241) 173577*, – AE ⓓ E VISA JCB
Montag, Jan. 1 Woche und Juli - Aug. 3 Wochen geschl. – **Menu** (wochentags nur Abendessen, Tischbestellung ratsam) 38/90 und à la carte 60/93 – ***Schänke :*** Menu à la carte 36/93.

In Aachen-Walheim ④ : *12 km* :

XX **Brunnenhof** mit Zim, Schleidener Str. 132 (B 258), ✉ 52076, ☎ (02408) 5 88 50, *Fax (02408) 588588* – TV ☎ P – 15. AE ⓓ E VISA
Menu à la carte 57/84 – **10 Z** 85/180.

An der B 258 Richtung Monschau ⑤ : *12 km* :

XX **Gut Kalkhäuschen**, Schleidener Str. 400, ✉ 52076 AC-Walheim, ☎ (02408) 5 83 10 – P.
Montag geschl. – **Menu** (nur Abendessen, Tischbestellung ratsam, italienische Küche) à la carte 68/78.

An der Straße Verlautenheide-Stolberg ③ : *9 km :*

XXX **Gut Schwarzenbruch,** ✉ 52222 Stolberg, ✆ (02402) 2 22 75, *Fax (02402) 4432,* , « Stilvolle Einrichtung » – Ⓟ – 40. AE ⓓ E VISA
Menu à la carte 63/91.

AALEN *Baden-Württemberg 419 420 T 14 – 67 000 Ew – Höhe 433 m – Wintersport : 450/520 m* *1* .

Touristik-Service Aalen, Marktplatz 2, ✉ 73430, ✆ (07361) 52 23 58, Fax (07361) 521907.

ADAC, *Bahnhofstr. 81, ✉ 73430, ✆ (07361) 6 47 07, Fax (07361) 69801.*

Berlin 560 – Stuttgart 78 – Augsburg 119 – Heilbronn 131 – Nürnberg 132 – Ulm (Donau) 67 – Würzburg 135.

Treff Hotel Limes-Thermen M , Osterbucher Platz 1, ✉ 73431, ✆ (07361) 94 40, *Fax (07361) 944550,* ←, , direkter Zugang zu den Thermen – , Zim, TV ☎ Ⓟ – 200. AE ⓓ E VISA JCB
Menu à la carte 35/66 – **147 Z** 180/230.

Aalener Ratshotel garni, Friedrichstr. 7, ✉ 73430, ✆ (07361) 9 58 40, *Fax (07361) 958470* – TV ☎ Ⓟ. AE ⓓ E VISA JCB
40 Z 86/138.

Grauleshof, Ziegelstr. 155, ✉ 73431, ✆ (07361) 3 24 69, *Fax (07361) 36218,* Biergarten – TV ☎ Ⓟ
Aug. 1 Woche geschl. – **Menu** *(Samstagmittag und Montag geschl.)* à la carte 27/58 – **9 Z** 75/140.

XX **Eichenhof** mit Zim, Stadionweg 1, ✉ 73430, ✆ (07361) 4 10 20, *Fax (07361) 46688,* – TV ☎ Ⓟ. AE E VISA. Zim
Ende Mai - Anfang Juni 2 Wochen geschl. – **Menu** *(Montag - Dienstagmittag geschl.)* à la carte 33/64 – **9 Z** 75/150.

XX **Zum Falken** mit Zim, Schubartstr. 12, ✉ 73430, ✆ (07361) 6 27 80, *Fax (07361) 62791* – Ⓟ
Aug. 2 Wochen geschl. – **Menu** *(Sonntagabend - Montag geschl.)* à la carte 30/64 – **7 Z** 53/90.

In Aalen-Ebnat *SO : 8 km :*

X **Landgasthof Lamm** mit Zim, Unterkochener Str. 16, ✉ 73432, ✆ (07367) 24 12, *Fax (07367) 4912,* Biergarten – TV Ⓟ – 50
Feb. 1 Woche und Aug. 2 Wochen geschl. – **Menu** *(Dienstag geschl.)* à la carte 32/64 – **5 Z** 60/100.

In Aalen-Röthardt *NO : 4 km :*

Vogthof , Bergbaustr. 28, ✉ 73433, ✆ (07361) 7 36 88, *Fax (07361) 77882,* – TV ☎ Ⓟ. AE ⓓ E VISA
Menu *(Freitag und letzter Sonntag im Monat geschl.)* à la carte 26/62 – **14 Z** 69/120.

In Aalen-Unterkochen *SO : 4 km :*

Das Goldene Lamm, Kocherstr. 8, ✉ 73432, ✆ (07361) 9 86 80, *Fax (07361) 986898,* – , Zim, TV Ⓟ – 80. AE ⓓ E VISA
Menu à la carte 41/74 *(auch vegetarische Gerichte)* – **50 Z** 129/255.

Scholz, Aalener Str. 80, ✉ 73432, ✆ (07361) 56 70(Hotel) 8 75 00(Rest.), *Fax (07361) 567200,* Biergarten, « Kleiner Garten » – TV ☎ Ⓟ – 15. AE ⓓ E VISA
Menu (nur Abendessen) à la carte 28/57 – **50 Z** 95/185.

Läuterhäusle , Waldhäuser Str. 109, ✉ 73432, ✆ (07361) 9 88 90, *Fax (07361) 988949,* – TV ☎ Ⓟ
Menu *(Montag geschl.)* (wochentags nur Abendessen) à la carte 29/60 – **8 Z** 78/148.

In Aalen-Waldhausen *O : 9,5 km :*

Adler, Deutschordenstr. 8, ✉ 73432, ✆ (07367) 95 00, *Fax (07367) 950400,* , , – , Zim, TV ☎ Ⓟ – 40. AE ⓓ E VISA. Rest
Menu *(Montagmittag geschl.)* à la carte 33/70 *(auch vegetarische Gerichte)* – **31 Z** 95/175.

Alte Linde, Albstr. 121, ✉ 73432, ✆ (07367) 20 01, *Fax (07367) 2003* – TV ☎ Ⓟ – 30. E
Mitte Okt. - Anfang Nov. geschl. – **Menu** *(Mittwoch geschl.)* à la carte 31/56 – **17 Z** 65/105.

In Westhausen *NO : 10 km :*

Adler garni, Aalener Str. 16, ✉ 73463, ✆ (07363) 50 26, *Fax (07363) 5028* – TV ☎ Ⓟ. E VISA
22. Dez. - Anfang Jan. geschl. – **20 Z** 75/125.

ABBACH, BAD *Bayern* 420 *T 20 – 9000 Ew – Höhe 374 m – Heilbad.*

Gut Deutenhof (SW : 5 km), (09405) 9 53 20.

Kurverwaltung, Kaiser-Karl V.-Allee 5, ✉ 93077, (09405) 15 55, Fax (09405) 6493.

Berlin 496 – München 109 – Regensburg 15 – Ingolstadt 62 – Landshut 63 – Nürnberg 112 – Straubing 56.

Elisabeth garni, Ratsdienerweg 8, ✉ 93077, (09405) 9 50 90, *Fax (09405) 950977*, , – P. E
23 Z 60/140.

In Bad Abbach-Lengfeld *SW : 5 km über die B 16 :*

Gut Deutenhof mit Zim, Deutenhof 2 (beim Golfplatz), ✉ 93077, (09405) 95 32 30, *Fax (09405) 953239*, – P – 60. AE E VISA. Zim
Jan. 2 Wochen geschl. – **Menu** *(außer Saison Montag geschl.)* à la carte 39/68 – **13 Z** 98/218.

ABENBERG *Bayern* 416 418 *J 15 – 5300 Ew – Höhe 410 m.*

Am Golfplatz 19, (09178) 55 41.

Fremdenverkehrsamt, Stillaplatz 1 (Rathaus), ✉ 91183, (09178) 98 80 50, Fax (09178) 988080.

Berlin 465 – München 158 – Nürnberg 41 – Ingolstadt 84 – Ansbach 31.

Burg Abenberg (mit Zim. und Gästehaus), Burgstr. 16, ✉ 91183, (09178) 98 29 90, *Fax (09178) 9829910*, , Biergarten, « Burganlage a.d. 11. Jh. » – P – 80. AE E VISA
Jan. 2 Wochen geschl. – **Menu** *(Montag geschl.)* à la carte 32/58 – **22 Z** 75/140.

ABENSBERG *Bayern* 420 *T 19 – 11 450 Ew – Höhe 371 m.*

Fremdenverkehrsamt, Stadtplatz 1, ✉ 93326, (09443) 91 03 17, Fax (09443) 910317.

Berlin 521 – München 89 – Regensburg 39 – Ingolstadt 39 – Landshut 46.

Altstadt Hotel M garni, Osterriedergasse 2, ✉ 93326, (09443) 9 15 40, *Fax (09443) 915455*, – P. E VISA
22 Z 75/140.

Jungbräu, Weinbergerstr. 6, ✉ 93326, (09443) 9 10 70, *Fax (09443) 910733*, Biergarten – . AE E VISA
Weihnachten - Neujahr geschl. – **Menu** *(Montag geschl.)* à la carte 22/67 – **18 Z** 65/130.

d'Latern, Graf-Niclas-Str. 1, ✉ 93326, (09443) 53 46 – AE E
Sonntagabend - Montag, Ende Juli - 20. Aug. und Ende Dez. - Mitte Jan. geschl. – **Menu** (wochentags nur Abendessen, Tischbestellung ratsam) à la carte 31/63.

In Siegenburg *S : 6 km :*

Bräustüberl, Hopfenstr. 3, ✉ 93354, (09444) 4 53, *Fax (09444) 8614*, – P. AE E VISA
Montag und Ende Okt. - Anfang Nov. 2 Wochen geschl. – **Menu** à la carte 24/46.

ABENTHEUER *Rheinland-Pfalz* 417 *R 5 – 500 Ew – Höhe 420 m – Erholungsort.*

Berlin 705 – Mainz 116 – Trier 66 – Idar-Oberstein 22.

La Cachette, Böckingstr. 11, ✉ 55767, (06782) 57 22, *Fax (06782) 9440*, , Biergarten, « Ehemaliges Jagdschloss a.d. 18.Jh. » – P
Sonntagabend - Montag geschl. – **Menu** (wochentags nur Abendessen) à la carte 43/66.

ABSTATT *Baden-Württemberg* 419 *S 11 – 4000 Ew – Höhe 264 m.*

Berlin 602 – Stuttgart 40 – Heilbronn 11 – Schwäbisch Hall 40.

Sperbers Restaurant, Rathausstr. 25, ✉ 74232, (07062) 6 70 01, *Fax (07062) 67002*, , « Historisches Gebäude a.d. 18.Jh. » – P. AE E VISA
Dienstag - Mittwochmittag geschl. – **Menu** 49/125 à la carte 48/83.

ABTSWIND *Bayern* 419 420 *Q 15 – 700 Ew – Höhe 265 m.*

Berlin 469 – München 249 – Würzburg 38 – Nürnberg 79.

Weinstube Zur Linde garni, Ebracher Gasse 2, ✉ 97355, (09383) 18 58, *Fax (09383) 6448* – P
9 Z 61/91.

Weingut Behringer, Rehweiler Str. 7 (O : 2 km), ✉ 97355, (09383) 9 73 70, *Fax (09383) 973724*, – P
Montag - Dienstag und Mitte Dez. - Anfang Feb. geschl. – **Menu** à la carte 21/50 .

ACHERN *Baden-Württemberg* 419 *U 8 – 22 300 Ew – Höhe 143 m.*

Achern-Schwarzwald-Information, Hauptstr. 1, ✉ 77855, ☎ (07841) 2 92 99, Fax (07841) 25552.

Berlin 725 – Stuttgart 127 – Karlsruhe 54 – Offenburg 26 – Strasbourg 36.

Schwarzwälder Hof, Kirchstr. 38, ✉ 77855, ☎ (07841) 6 96 80, *Fax (07841) 29526,* – Zim, – 25. AE E VISA
Menu *(Sonntagabend - Montag geschl.)* à la carte 31/68 – **20 Z** 89/185.

In Achern-Oberachern *SO : 1,5 km :*

Zum Hirsch mit Zim, Oberacherner Str. 26, ✉ 77855, ☎ (07841) 2 15 79, *Fax (07841) 29268,* – . E VISA
Menu *(Montag - Dienstagmittag geschl.)* à la carte 33/65 – **5 Z** 80/150.

In Achern-Önsbach *SW : 4 km :*

Adler (Restauriertes Fachwerkhaus a.d.J. 1724), Rathausstr. 5, ✉ 77855, ☎ (07841) 41 04, *Fax (07841) 270857,* – . E
Montag - Dienstag, über Fastnacht 2 Wochen und Aug. 3 Wochen geschl. – **Menu** à la carte 44/72.

In Achern-Sasbachried *N : 4 km :*

Schwanen, Rieder Str. 1, ✉ 77855, ☎ (07841) 28 02 89, *Fax (07841) 280291* – . AE E VISA
Mittwoch geschl. – **Menu** (wochentags nur Abendessen) à la carte 40/69.

In Sasbach-Obersasbach *O : 3 km :*

Engel mit Zim, Schulstr. 23, ✉ 77880, ☎ (07841) 2 30 38, *Fax (07841) 27771* – . E VISA
Aug. 3 Wochen geschl. – **Menu** *(Sonntagabend - Dienstagmittag geschl.)* à la carte 45/63 – **9 Z** 69/120.

ACHIM *Niedersachsen* 415 *G 11 – 31 000 Ew – Höhe 20 m.*

Berlin 371 – Hannover 102 – Bremen 24 – Verden an der Aller 21.

Gieschen's Hotel, Obernstr. 12, ✉ 28832, ☎ (04202) 8 84 80, *Fax (04202) 8848100,* – – 80. AE E VISA
Menu à la carte 32/65 – **40 Z** 95/150.

In Achim-Uphusen *NW : 5,5 km :*

Novotel Bremer Kreuz, zum Klümoor, ✉ 28832, ☎ (04202) 52 80, *Fax (04202) 84457,* , (geheizt), – , Zim, – 220. AE E VISA
Menu à la carte 29/48 – **116 Z** 151/176.

ACHSLACH *Bayern* 420 *T 22 – 1 100 Ew – Höhe 600 m – Wintersport : 600/800 m 1 .*

Berlin 521 – München 163 – Passau 68 – Cham 41 – Deggendorf 19.

In Achslach-Kalteck *S : 4 km – Höhe 750 m*

Berghotel Kalteck , Kalteck 9, ✉ 94250, ☎ (09905) 83 26, *Fax (09905) 263,* , , , , – . AE E
8. März - April und Nov. - 18. Dez. geschl. – **Menu** à la carte 22/48 – **23 Z** 63/146, 3 Suiten – ½ P 16.

ADELSDORF *Bayern* 419 420 *Q 16 – 6 500 Ew – Höhe 260 m.*

Berlin 426 – München 210 – Nürnberg 41 – Bamberg 34 – Würzburg 80.

Drei Kronen, Hauptstr. 8, ✉ 91325, ☎ (09195) 92 00, *Fax (09195) 920480,* , Biergarten, , – , Zim, – 70
Menu à la carte 28/57 – **47 Z** 85/180.

In Adelsdorf-Neuhaus *SO : 4 km :*

Zum Löwenbräu , Neuhauser Hauptstr. 3, ✉ 91325, ☎ (09195) 72 21, *Fax (09195) 8746,* – Zim, . Zim
Menu *(Montag - Dienstag, 8. - 25. Feb. und 2. - 19. Aug. geschl.)* à la carte 22/44 – **14 Z** 75/130.

Landgasthof Niebler mit Zim, Neuhauser Hauptstr. 30, ✉ 91325, ☎ (09195) 86 82, *Fax (09195) 4468,* – . AE E VISA. Zim
Menu *(Montagmittag und Mittwoch geschl.)* à la carte 24/50 – **12 Z** 55/90.

ADELSRIED *Bayern* 419 420 *U 16 – 1500 Ew – Höhe 491 m.*

Berlin 564 – München 76 – Augsburg 20 – Ulm (Donau) 65.

Parkhotel Schmid, Augsburger Str. 28, ✉ 86477, ✆ (08294) 29 10, *Fax (08294) 2429*, Biergarten, « Badelandschaft », 🏋, ⇌, 🏡 – |‡|, 📺 ☎ 🅟 – 🏛 120. AE ◑ E VISA

Weihnachten - Neujahr geschl. – **Menu** à la carte 37/66 – **94 Z** 115/195.

ADENAU *Rheinland-Pfalz* 417 *O 4 – 2 900 Ew – Höhe 300 m.*

ℹ Tourist-Information, Kirchstr. 15, ✉ 53518, ✆ (02691) 3 05 16, Fax (02691) 30518.

Berlin 644 – Mainz 163 – Aachen 125 – Bonn 48 – Koblenz 72 – Trier 95.

Landhaus Sonnenhof 🐎, Auf dem Hirzenstein 1, ✉ 53518, ✆ (02691) 70 34, *Fax (02691) 8664*, « Gartenterrasse », ⇌, 🏡 – |‡|, ⇔ Zim, 📺 ☎ ♿ 🅟 – 🏛 70. AE ◑ E VISA

Menu à la carte 45/67 *(auch vegetarische Gerichte)* – **38 Z** 85/280.

Zum Wilden Schwein, Hauptstr. 117, ✉ 53518, ✆ (02691) 70 61, *Fax (02691) 1390*, 🍽 – 📺 ☎ 🚗 🅟. E VISA

Menu à la carte 37/70 – **19 Z** 90/200.

Historisches Haus-Blaue Ecke mit Zim, Markt 4, ✉ 53518, ✆ (02691) 20 05, *Fax (02691) 3805*, 🍽, « Fachwerkhaus a.d.J.1578 » – 📺 ☎ 🚗 🅟. AE ◑ E VISA

10. Jan. - 10. Feb. geschl. – **Menu** *(Montag geschl.)* à la carte 46/79 – **8 Z** 100/180.

In Kaltenborn-Jammelshofen *O : 10 km, nahe der B 412 :*

Waldhotel 🐎, Bergstr. 18, ✉ 53520, ✆ (02691) 20 31, *Fax (02691) 7630*, ≤, 🍽 – 🅟. AE E VISA

Menu à la carte 26/55 – **23 Z** 75/150 – ½ P 15.

AERZEN *Niedersachsen siehe Hameln.*

AHAUS *Nordrhein-Westfalen* 417 *J 5 – 35 000 Ew – Höhe 50 m.*

⛳18 ⛳9 Ahaus-Alstätte, Schmäinghook 36, ✆ (02567) 4 05.

ℹ Verkehrsverein, Schloßstr. 16a, ✉ 48683, ✆ (02561) 7 22 88, Fax (02561) 72105.

Berlin 522 – Düsseldorf 116 – Nordhorn 51 – Bocholt 49 – Enschede 26 – Münster (Westfalen) 55.

Ratshotel Rudolph, Coesfelder Str. 21, ✉ 48683, ✆ (02561) 91 10, *Fax (02561) 911300*, 🍽, Biergarten, ⇌, 🏊 – |‡|, ⇔ Zim, 📺 ☎ ♿ 🅟 – 🏛 80. AE ◑ E VISA

La Toscana *(italienische Küche)* **Menu** à la carte 31/66 – **42 Z** 148/196, 3 Suiten.

Oldenkott, Oldenkottplatz 3, ✉ 48683, ✆ (02561) 91 00, *Fax (02561) 91099*, 🍽 – |‡|, ⇔ Zim, 📺 ☎ – 🏛 40. AE ◑ E VISA

Speisekammer : **Menu** à la carte 38/65 – **20 Z** 138/186.

In Ahaus-Alstätte *NW : 9,5 km :*

Golfhotel Ahaus 🐎, Schmäinghook 36, ✉ 48683, ✆ (02567) 3 80, *Fax (02567) 38200*, 🍽, « Elegante Einrichtung », ⇌, ⛳18 – |‡| 📺 ✆ ♿ 🅟 – 🏛 40. AE ◑ E VISA. ✗ Rest

Menu (bemerkenswerte Weinkarte) à la carte 47/69 – **33 Z** 175/320.

In Ahaus-Graes *N : 6 km :*

Landhotel Elkemann, Eper Str. 2, ✉ 48683, ✆ (02561) 9 34 10, *Fax (02561) 934188* – 📺 ☎ 🅟. AE ◑ E VISA. ✗

Menu (wochentags nur Abendessen) à la carte 27/55 *(auch vegetarische Gerichte)* – **36 Z** 51/152.

In Ahaus-Ottenstein *W : 7 km :*

Haus im Flör 🐎 mit Zim, Hörsteloe 49 (N : 2 km Richtung Alstätte), ✉ 48683, ✆ (02567) 10 57, *Fax (02567) 3477*, 🍽, 🏡 – 📺 ☎ 🚗 🅟. AE ◑ E VISA. ✗

Menu *(Samstagmittag, Montag, Feb. 2 Wochen und Juli - Aug. 3 Wochen geschl.)* à la carte 43/74 – **11 Z** 100/160.

In Ahaus-Wüllen *SW : 3 km :*

Hof zum Ahaus, Argentréstr. 10, ✉ 48683, ✆ (02561) 88 21, *Fax (02561) 8437* – 📺 ☎ 🅟. AE E VISA

22. Dez. - 3. Jan. geschl. – **Menu** *(Mittwoch geschl.)* (nur Abendessen) à la carte 23/42 – **14 Z** 70/130.

AHLBECK *Mecklenburg-Vorpommern siehe Usedom (Insel).*

AHLEN *Nordrhein-Westfalen* 417 *K 7 – 51200 Ew – Höhe 83 m.*
Berlin 447 – Düsseldorf 124 – Bielefeld 69 – Hamm in Westfalen 13 – Münster (Westfalen) 34.

In Ahlen-Tönnishäuschen *N : 6 km :*

XX **Landgasthof Tönnishäuschen,** Tönnishäuschen 7, ✉ 59227, ☏ (02528) 14 54, *Fax (02528) 3693,* – P. AE ⓓ E VISA
Donnerstag, Feb. 3 Wochen und Juli - Aug. 1 Woche geschl. – **Menu** à la carte 35/65 *(auch vegetarische Gerichte).*

In Ahlen-Vorhelm *NO : 7 km :*

Witte, Hauptstr. 32, ✉ 59227, ☏ (02528) 88 86, *Fax (02528) 3110,* – TV ☎ P – 60. AE E VISA
Menu *(Juli - Aug. 2 Wochen geschl.)* à la carte 33/64 – **27 Z** 85/160.

AHORN *Bayern siehe Coburg.*

AHRENSBURG *Schleswig-Holstein* 415 416 *E 14 – 27000 Ew – Höhe 25 m.*
18 *Ahrensburg, Am Haidschlag 39,* ☏ *(04102) 5 13 09.*
Berlin 276 – Kiel 79 – Hamburg 36 – Lübeck 47.

Park Hotel M, Lübecker Str. 10a, ✉ 22926, ☏ (04102) 23 00, *Fax (04102) 230100,* , , – , Zim, TV – P – 160. AE ⓓ E VISA
Menu à la carte 49/73 – **109 Z** 175/260, 10 Suiten.

Am Schloss, Am Alten Markt 17, ✉ 22926, ☏ (04102) 80 55, *Fax (04102) 1801,* , – , Zim, TV ☎ P – 80. AE ⓓ E VISA
Menu à la carte 39/67 – **77 Z** 127/230.

Ringhotel Ahrensburg garni, Ahrensfelder Weg 48, ✉ 22926, ☏ (04102) 5 15 60, *Fax (04102) 515656* – TV ☎ P. AE ⓓ E VISA JCB.
24 Z 135/190.

In Ahrensburg-Ahrensfelde *S : 4 km :*

Ahrensfelder Hof, Dorfstr. 10, ✉ 22926, ☏ (04102) 6 32 43, *Fax (04102) 64023,* , – TV ☎ P. E
Menu *(Montag geschl.)* à la carte 43/69 – **14 Z** 120/150.

AHRENSHOOP *Mecklenburg-Vorpommern* 416 *C 21 – 900 Ew – Seebad.*
Kurverwaltung, Kirchnersgang 2, ✉ *18347,* ☏ *(038220) 2 34, Fax (038220) 300.*
Berlin 259 – Schwerin 130 – Rostock 46 – Stralsund 65.

Café Namenlos (mit Gästehäusern), Am Schifferberg 2, ✉ 18347, ☏ (038220) 60 60, *Fax (038220) 606301,* , « Einrichtung im Gästehaus Fischerwiege », , , – Zim, TV ☎ P – 50
Menu à la carte 32/68 – **35 Z** 90/230, 17 Suiten – ½ P 25.

Haus am Meer, Dorfstr. 36, ✉ 18347, ☏ (038220) 8 08 16, *Fax (038220) 80610,* , – TV ☎ P. AE ⓓ E VISA
Nov. - April Garni – **Menu** à la carte 35/48 – **24 Z** 225/270 – ½ P 30.

Möwe, Schifferberg 16, ✉ 18347, ☏ (038220) 60 80, *Fax (038220) 80616,* , – TV ☎ P
Menu à la carte 36/55 – **24 Z** 128/196.

In Ahrenshoop-Niehagen *S : 2,5 km :*

Landhaus Morgensünn M garni (mit Gästehaus Susewind), Bauernreihe 4d, ✉ 18347, ☏ (038220) 64 10, *Fax (038220) 64126,* , , , – TV ☎ P. E VISA
29 Z 165/240.

Besonders angenehme Hotels oder Restaurants
sind im Führer rot gekennzeichnet.
Sie können uns helfen, wenn Sie uns die Häuser angeben,
in denen Sie sich besonders wohl gefühlt haben.
Jährlich erscheint eine komplett überarbeitete Ausgabe
aller Roten Michelin-Führer.

XXXXX ... X

AIBLING, BAD *Bayern* 420 *W 20 – 16 300 Ew – Höhe 501 m – Moorheilbad.*
Schloß Maxlrain, (N : 5 km), (08061) 14 03.
Kurverwaltung, W.-Leibl-Platz, 83043, (08061) 9 08 00, Fax (08061) 37156.
Berlin 636 – München 61 – Garmisch-Partenkirchen 98 – Salzburg 92 – Rosenheim 12.

Romantik Hotel Lindner (mit Gästehaus), Marienplatz 5, 83043, (08061) 9 06 30, *Fax (08061) 30535*, « Stilvolle Einrichtung », – Zim, – 20. AE VISA
Menu à la carte 41/68 – **26 Z** 140/280 – ½ P 40.

St. Georg, Ghersburgstr. 18, 83043, (08061) 49 70, *Fax (08061) 497105*, Massage, – Zim, – 170. AE VISA. Rest
Menu à la carte 33/54 – **220 Z** 162/286, 17 Suiten – ½ P 25.

Schmelmer Hof, Schwimmbadstr. 15/Ecke Äußere Kolbermoorer Straße, 83043, (08061) 49 20, *Fax (08061) 492551*, Massage, – – 80. AE VISA
Menu à la carte 29/60 – **116 Z** 105/195 – ½ P 32.

Lindl-Hof, Harthauser Str. 35, 83043, (08061) 4 90 80(Hotel) 9 21 35(Rest.), *Fax (08061) 490860*, –
Menu *(Samstag geschl.)* (nur Abendessen) à la carte 31/60 – **34 Z** 85/130 – ½ P 20.

Bihler (mit Gästehaus), Katharinenstr. 8, 83043, (08061) 9 07 50, *Fax (08061) 9075150*, « Gartenterrasse », – . Zim
Mitte Jan. - Mitte Feb. geschl. – **Menu** *(Donnerstag geschl.)* à la carte 29/63 – **23 Z** 80/170 – ½ P 27.

AICHACH *Bayern* 419 420 *U 17 – 15 500 Ew – Höhe 445 m.*
Berlin 565 – München 68 – Augsburg 24 – Ingolstadt 53 – Ulm (Donau) 98.

Bauerntanz, Stadtplatz 18, 86551, (08251) 8 95 50, *Fax (08251) 52804* – . AE VISA
Menu *(Sonntagabend - Montag geschl.)* à la carte 28/52 – **16 Z** 75/110.

Gasthof Specht, Stadtplatz 43, 86551, (08251) 32 55, *Fax (08251) 50112*, – . Zim
18. - 31. Mai, 1. - 14. Sept. und 24. Dez. - 2. Jan. geschl. – **Menu** *(Sonn- und Feiertage abends und Samstag geschl.)* à la carte 21/43 – **20 Z** 70/105.

In Aichach-Untergriesbach :

Gasthof Wagner, Harthofstr. 38, 86551, (08251) 8 97 70, *Fax (08251) 897750*, – – 25
Menu *(Dienstag geschl.)* à la carte 20/42 – **30 Z** 60/90.

AICHELBERG *Baden-Württemberg* 419 *U 12 – 850 Ew – Höhe 400 m.*
Ausflugsziel : *Holzmaden : Museum Hauff★, W : 3 km.*
Berlin 614 – Stuttgart 48 – Göppingen 12 – Kirchheim unter Teck 11 – Ulm (Donau) 51.

Panorama, Boller Str. 11, 73101, (07164) 91 25 20, *Fax (07164) 9125230*, – – 30.
Menu *(Freitagabend geschl.)* à la carte 34/65 – **16 Z** 82/140.

AICHTAL *Baden-Württemberg* 419 *U 11 – 8 400 Ew – Höhe 385 m.*
Berlin 637 – Stuttgart 27 – Reutlingen 19 – Ulm (Donau) 74.

In Aichtal-Grötzingen :

Aichtaler Hof M, Raiffeisenstr. 5, 72631, (07127) 95 90, *Fax (07127) 959959*, – Zim, – 50. AE VISA
Menu à la carte 30/58 – **59 Z** 145/210.

AIDLINGEN *Baden-Württemberg siehe Böblingen.*

AITERN *Baden-Württemberg siehe Schönau im Schwarzwald.*

ALBERSDORF *Schleswig-Holstein* 415 *D 11 – 3 800 Ew – Höhe 6 m – Luftkurort.*
Berlin 376 – Kiel 72 – Cuxhaven 119 – Itzehoe 37 – Neumünster 59 – Rendsburg 36.

Ramundt, Friedrichstr. 1, 25767, (04835) 2 21, *Fax (04835) 222* – . VISA
Menu *(Sonntag geschl.)* (außer Dienstag nur Abendessen) à la carte 29/45 – **11 Z** 75/160.

ALBERSHAUSEN *Baden-Württemberg siehe Göppingen.*

ALBSTADT *Baden-Württemberg* **419** *V 11 – 50 000 Ew – Höhe 730 m – Wintersport : 600/975 m* *6*.

Ausflugsziel : *Raichberg★, ≤★, N : 11 km.*

Schul-, Kultur- Sportamt, Albstadt-Ebingen, Marktstraße (Rathaus), 72458, (07431) 1 60 12 04, Fax (07431) 1601480.

Berlin 721 – Stuttgart 98 – Konstanz 99 – Freiburg im Breisgau 132 – Ulm (Donau) 97.

In Albstadt-Ebingen :

Linde, Untere Vorstadt 1, 72458, (07431) 1 34 14 00, *Fax (07431) 1341430,* « Elegante, individuelle Einrichtung » – Zim, VISA
Aug. 3 Wochen und 23. Dez. - 7. Jan. geschl. – **Menu** *(Samstag sowie Sonn- und Feiertage geschl.)* à la carte 51/94 – **23 Z** 110/205.

In der Breite mit Zim, Flandernstr. 97, 72458, (07431) 9 00 70, *Fax (07431) 900777,* –
Juli - Aug. 3 Wochen geschl. – **Menu** *(Samstagmittag und Montag geschl.)* à la carte 33/65 – **7 Z** 78/155.

In Albstadt-Tailfingen :

Blume-Post, Gerhardstr. 10, 72461, (07432) 98 40 40, *Fax (07432) 9840427* – – 25. VISA
Menu *(Samstag - Sonntagmittag geschl.)* à la carte 28/49 – **23 Z** 89/160.

Landhaus Stiegel mit Zim, Zitterhofstr. 1, 72461, (07432) 53 59, *Fax (07432) 14720,* – – 80. VISA. Zim
Feb. geschl. – **Menu** *(Montag geschl.)* à la carte 26/53 – **8 Z** 85/130.

ALDERSBACH *Bayern* **420** *U 23 – 3 500 Ew – Höhe 324 m.*

Berlin 594 – München 158 – Passau 32 – Regensburg 111 – Salzburg 122.

Mayerhofer, Ritter-Tuschl-Str. 2, 94501, (08543) 16 02, *Fax (08543) 1604,* Biergarten, – Zim, . VISA
1. - 21. Nov. geschl. – **Menu** *(Freitagabend und Montag geschl.)* à la carte 22/50 – **33 Z** 65/140.

ALEXANDERSBAD, BAD *Bayern* **420** *P 20 – 1 500 Ew – Höhe 590 m – Heilbad.*

Kurverwaltung, Markgrafenstr. 28 (Altes Kurhaus), 95680 (09232) 9 92 50, Fax (09232) 992525.

Berlin 356 – München 262 – Weiden in der Oberpfalz 53 – Bayreuth 46 – Hof 58.

Alexandersbad , Markgrafenstr. 24, 95680, (09232) 88 90, *Fax (09232) 889461,* , Massage, , , , , (Halle) – – 70. VISA
Menu à la carte 41/66 – **160 Z** 130/220 – ½ P 30.

ALEXISBAD *Sachsen-Anhalt siehe Harzgerode.*

ALF *Rheinland-Pfalz* **417** *P 5 – 1 200 Ew – Höhe 95 m.*

Ausflugsziele : *Marienburg : Lage★★ (≤★★) S : 2 km.*

Berlin 671 – Mainz 108 – Trier 61 – Koblenz 84.

Bömer's, Ferd.-Remy-Str. 27, 56859, (06542) 23 10, *Fax (06542) 1275,* , – . VISA
3. Jan. - Ostern und Mitte Nov. - 21. Dez. geschl. – **Menu** (nur Abendessen) à la carte 28/48 – **31 Z** 70/130 – ½ P 18.

ALFDORF *Baden-Württemberg* **419** *T 13 – 5 700 Ew – Höhe 500 m.*

Berlin 594 – Stuttgart 54 – Schwäbisch Gmünd 12 – Schwäbisch Hall 40.

In Alfdorf-Haghof *W : 5 km :*

Haghof, am Golfplatz, 73553, (07182) 9 28 00, *Fax (07182) 928088,* , , , , – , Zim, – 50. VISA
Menu à la carte 37/85 *(auch vegetarisches Menu)* – **43 Z** 120/200.

ALFELD (LEINE) *Niedersachsen* 417 418 *K 13 – 23 400 Ew – Höhe 93 m.*

Rheden, Schloßstr. 1 (NW : 9 km), (05182) 5 23 36.

Berlin 312 – Hannover 46 – Göttingen 66 – Hildesheim 26 – Kassel 108.

Am Schlehberg, Heinrich-Rinne-Str. 37, 31061, (05181) 8 53 10, *Fax (05181) 853158*, ≤, – . AE E VISA.
Menu *(Freitag geschl.)* (wochentags nur Abendessen) à la carte 34/62 – **28 Z** 110/210.

In Alfeld-Hörsum *SO : 3,5 km :*

Zur Eule, Horststr. 45, 31061, (05181) 46 61, *Fax (05181) 25790*, , –
. AE E
Menu *(Montagmittag geschl.)* à la carte 26/42 – **32 Z** 60/140.

Haus Rosemarie garni, Horststr. 52, 31061, (05181) 34 33, *Fax (05181) 27365*,
– . E
9 Z 60/120.

In Alfeld-Warzen *W : 2,5 Km :*

Grüner Wald, Am Knick 7, 31061, (05181) 2 42 48, *Fax (05181) 280248*, –
.
Samstagmittag, Montag und Jan. 2 Wochen geschl. – **Menu** à la carte 35/62 Gästehaus mit 13 Z : Eröffnung Anfang 1999.

ALFTER *Nordrhein-Westfalen* 417 *N 5 – 20 000 Ew – Höhe 173 m.*

Berlin 602 – Düsseldorf 74 – Bonn 13 – Aachen 89 – Köln 24.

Herrenhaus Buchholz, Buchholzweg 1 (NW : 2 km), 53347, (02222) 6 00 05, *Fax (02222) 61469*, « Gartenterrasse » – – 40. AE E VISA
Montag geschl. – **Menu** (Tischbestellung ratsam) à la carte 65/91.

ALKEN *Rheinland-Pfalz* 417 *P 6 – 700 Ew – Höhe 85 m.*

Berlin 622 – Mainz 93 – Koblenz 21 – Trier 116 – Cochem 28.

Landhaus Schnee (mit Gästehaus), Moselstr. 6, 56332, (02605) 33 83, *Fax (02605) 8126*, ≤, , – Zim, Rest,
2. Jan. - Anfang Feb. geschl. – **Menu** à la carte 36/66 – **30 Z** 80/160.

Burg Thurant mit Zim, Moselstr. 15, 56332, (02605) 35 81, –
Feb. - 3. März geschl. – **Menu** *(Montag geschl.)* (Dienstag - Freitag nur Abendessen) à la carte 38/70 – **5 Z** 70/110.

ALLENBACH *Rheinland-Pfalz siehe Idar-Oberstein.*

ALLERSBERG *Bayern* 419 420 *S 17 – 7 800 Ew – Höhe 384 m.*

Berlin 450 – München 139 – Nürnberg 33 – Ingolstadt 65 – Regensburg 94.

Café Kattenbeck garni, Marktplatz 12, 90584, (09176) 9 83 00, *Fax (09176) 1702* – . AE E VISA
23 Z 68/125.

An der Straße nach Nürnberg *N : 6 km :*

Faberhof, 90602 Pyrbaum, (09180) 6 13, *Fax (09180) 2977*, – . AE E VISA
Dienstag geschl. – **Menu** à la carte 56/85.

ALLERSHAUSEN *Bayern* 419 420 *U 18 – 4 600 Ew – Höhe 442 m.*

Berlin 550 – München 36 – Freising 13 – Ingolstadt 43 – Landshut 52.

Zum Gock'l garni, Breimannweg 19, 85391, (08166) 81 78, *Fax (08166) 3614*
. AE E VISA
22 Z 88/168.

Huberhof, Freisinger Str. 18, 85391, (08166) 80 86, *Fax (08166) 9298*, –
. AE E VISA. Rest
20. Dez. - 10. Jan. geschl. – (nur Abendessen für Hausgäste) – **30 Z** 99/150.

ALPE ECK *Bayern siehe Sonthofen.*

ALPIRSBACH *Baden-Württemberg* 419 *U 9 – 7 000 Ew – Höhe 441 m – Luftkurort – Wintersport : 628/749 m* ⛷2 ⛷.

Sehenswert : *Ehemaliges Kloster*★.

Tourist Information, Hauptstr. 20 (B 294), ✉ *72275,* ✆ *(07444) 9 51 62 81, Fax (07444) 9516283.*

Berlin 726 – Stuttgart 99 – Freiburg im Breisgau 78 – Schramberg 19 – Villingen-Schwenningen 51.

Rössle, Aischbachstr. 5, ✉ 72275, ✆ (07444) 22 81, *Fax (07444) 2368* – ☎ P. AE E VISA
Mitte Nov. - Anfang Dez. geschl. – **Menu** *(Mittwoch geschl.)* à la carte 34/56 – **26 Z** 69/116 – ½ P 20.

In Alpirsbach-Aischfeld *O : 5 km :*

Sonne, Im Aischfeld 2, ✉ 72275, ✆ (07444) 23 30, *Fax (07444) 2353*, , – TV ☎ P. E VISA
Feb. 2 Wochen geschl. – **Menu** *(Dienstag geschl.)* à la carte 27/46 – **24 Z** 55/108 – ½ P 15.

ALSFELD *Hessen* 417 *N 11 – 18 000 Ew – Höhe 264 m.*

Sehenswert : *Marktplatz*★ *– Rathaus*★ *– Rittergasse (Fachwerkhäuser*★*).*

Tourist Center Alsfeld, Rittergasse 5, ✉ *36304,* ✆ *(06631) 18 21 65, Fax (06631) 73896.*

Berlin 442 – Wiesbaden 128 – Fulda 43 – Frankfurt am Main 107 – Kassel 93.

Zum Schwalbennest, Pfarrwiesenweg 12, ✉ 36304, ✆ (06631) 50 61, *Fax (06631) 71081*, Biergarten, – TV ☎ P – 50. AE E VISA. Rest
Menu (wochentags nur Abendessen) à la carte 29/56 – **67 Z** 80/140.

Klingelhöffer (mit Gästehäusern), Hersfelder Str. 47, ✉ 36304, ✆ (06631) 20 73, *Fax (06631) 71064* – TV ☎ P – 80. AE E VISA
Menu *(Sonntagabend geschl.)* à la carte 26/50 – **40 Z** 75/135.

In Alsfeld-Eudorf *NO : 3 km :*

Zur Schmiede (mit Gästehaus), Ziegenhainer Str. 26 (B 254), ✉ 36304, ✆ (06631) 60 31, *Fax (06631) 73335*, Biergarten, , – TV ☎ P – 150. AE E VISA
Menu *(Montagmittag geschl.)* à la carte 33/57 – **54 Z** 75/120.

Zum Schäferhof, Ziegenhainer Str. 30 (B 254), ✉ 36304, ✆ (06631) 9 6600, *Fax (06631) 966060*, – , Zim, TV ☎ P – 120
Menu à la carte 26/52 – **20 Z** 80/160.

In Romrod *SW : 6 km über die B 49 :*

Sporthotel Vogelsberg , Kneippstr. 1 (S : 1 km), ✉ 36329, ✆ (06636) 8 90, *Fax (06636) 89427*, , , , , (Halle) – , Zim, TV ☎ P – 100. AE E VISA. Rest
Menu à la carte 39/59 – **100 Z** 105/198.

ALTBACH *Baden-Württemberg siehe Plochingen.*

ALTDORF *Bayern* 419 420 *R 18 – 12 900 Ew – Höhe 446 m.*

Berlin 436 – München 176 – Nürnberg 29 – Regensburg 80.

Alte Nagelschmiede, Oberer Markt 13, ✉ 90518, ✆ (09187) 9 52 70, *Fax (09187) 952727*, – TV ☎ P
Menu *(Sonntag, Mai und Aug. jeweils 2 Wochen geschl.)* (Tischbestellung ratsam) à la carte 42/62 – **22 Z** 80/180.

Rotes Ross, Oberer Markt 5, ✉ 90518, ✆ (09187) 52 72, *Fax (09187) 804854* – E VISA
Montag, Donnerstagabend, Mitte Aug. - Mitte Sept. und 24. Dez. - 5. Jan. geschl. – **Menu** (Tischbestellung ratsam) à la carte 27/56.

ALTDORF *Bayern siehe Landshut.*

ALTENA *Nordrhein-Westfalen* 417 *M 7 – 24 000 Ew – Höhe 159 m.*

Berlin 514 – Düsseldorf 86 – Hagen 25 – Iserlohn 16 – Lüdenscheid 14.

In Altena-Dahle *O : 7 km :*

Alte Linden (restauriertes Fachwerkhaus a.d. 17. Jh.), Hauptstr. 38, ✉ 58762, ✆ (02352) 97 96 95, *Fax (02352) 979697*, – TV ☎ P. E VISA
Menu *(Montagmittag und Samstagmittag geschl.)* à la carte 34/66 – **15 Z** 90/140.

In Altena-Großendrescheid *SW : 10 km, in Altroggenrahmede rechts ab :*

Gasthof Spelsberg, Großendrescheid 17, 58762, (02352) 9 58 00, *Fax (02352) 958088*, – 40
Menu *(Dienstag, Juli - Aug. 3 Wochen und Weihnachten - Anfang Jan. geschl.)* à la carte 32/51 – **12 Z** 98/155.

ALTENAHR *Rheinland-Pfalz* 417 *O 4 – 2 000 Ew – Höhe 169 m.*

Verkehrsverein, Haus des Gastes, im ehemaligen Bahnhof, 53505, (02643) 84 48, Fax (02643) 3516.

Berlin 624 – Mainz 163 – Bonn 31 – Aachen 105 – Euskirchen 29 – Koblenz 62 – Trier 113.

Zur Post, Brückenstr. 2, 53505, (02643) 93 10, *Fax (02643) 931200*, – 40.
20. Nov. - 20. Dez. geschl. – **Menu** à la carte 25/59 – **53 Z** 68/165.

Wein-Gasthaus Schäferkarre (restauriertes Winzerhaus a.d.J. 1716), Brückenstr. 29, 53505, (02643) 71 28, *Fax (02643) 1247* –
Montag und 20. Dez. - Ende Jan. geschl. – **Menu** à la carte 38/63.

ALTENAU *Niedersachsen* 418 *K 15 – 2 900 Ew – Höhe 450 m – Heilklimatischer Kurort – Wintersport : 450/850 m 4.*

Kurverwaltung, Hüttenstr. 9, 38707, (05328) 80 20, Fax (05328) 80238.

Berlin 269 – Hannover 102 – Braunschweig 61 – Göttingen 71 – Goslar 18.

Moock's Hotel, Am Schwarzenberg 11, 38707, (05328) 9 80 30, *Fax (05328) 8189*, – Rest,
Menu à la carte 27/67 – **14 Z** 75/180 – ½ P 25.

Landhaus am Kunstberg garni, Bergmannsstieg 5, 38707, (05328) 2 55, *Fax (05328) 256*, –
4. Nov. - 18. Dez. geschl. – **14 Z** 60/130.

ALTENBERG *Sachsen* 418 *N 25 – 5 700 Ew – Höhe 754 m – Wintersport : 760/827 m 2.*

Verkehrsamt, Rathaus, Platz des Bergmanns 2, 01773, (035056) 3 33 40, Fax (035056) 33366.

Berlin 233 – Dresden 42 – Chemnitz 74 – Leipzig 154.

In Altenberg-Hirschsprung *N : 4 km :*

Ladenmühle (mit Gästehaus), Bielatalstr. 8, 01773, (035056) 34 50, *Fax (035056) 345291*, – 25.
Menu à la carte 22/43 – **46 Z** 70/170 – ½ P 18.

ALTENBERGE *Nordrhein-Westfalen* 417 *J 6 – 8 000 Ew – Höhe 104 m.*

Berlin 486 – Düsseldorf 138 – Nordhorn 70 – Enschede 49 – Münster (Westfalen) 15.

Stüer (mit Gästehäusern), Laerstr. 6, 48341, (02505) 9 33 10, *Fax (02505) 933193*, – 80. Rest
Menu à la carte 31/64 – **54 Z** 95/145.

ALTENBURG *Thüringen* 418 *N 21 – 47 000 Ew – Höhe 227 m.*

Sehenswert : Rathaus und Markt★ – Schloß (Schloßkirche★) – Lindenau-Museum★ (Sammlung frühitalienischer Malerei★★).

Fremdenverkehrsamt, Moritzstr. 21, 04600, (03447) 59 41 74, Fax (03447) 594179.

Berlin 229 – Erfurt 115 – Gera 39 – Zwickau 33 – Leipzig 49.

Parkhotel M garni, August-Bebel-Str. 16, 04600, (03447) 58 30, *Fax (03447) 583444* – 60.
65 Z 79/180.

Altenburger Hof M, Schmöllnsche Landstr. 8, 04600, (03447) 58 40, *Fax (03447) 584499*, Massage, – Zim, – 120.
Menu à la carte 29/55 – **145 Z** 115/195.

Astor M, Bahnhofstr. 4, 04600, (03447) 58 70, *Fax (03447) 587444* – Zim, – 40.
Menu à la carte 27/52 – **92 Z** 99/175.

Engel, Johannisstr. 27, 04600, (03447) 5 65 10, *Fax (03447) 565114* –
Menu *(Sonntagabend geschl.)* à la carte 24/37 – **12 Z** 90/140.

Treppengasse garni, Treppengasse 5, 04600, (03447) 31 35 49, *Fax (03447) 313549*, –
13 Z 78/128.

Die Villa, Friedrich-Ebert-Str. 14, 04600, (03447) 55 18 39, *Fax (03447) 311281*, –
Sonntagabend geschl. – **Menu** 45/97 und à la carte 54/72.

Ratskeller, Markt 1, 04600, (03447) 31 12 26, *Fax (03447) 506918* –
Menu à la carte 22/47.

In Treben-Serbitz *N : 9 km :*

Serbitzer Hof, Leipziger Str. 16 (B 93), 04617, (034343) 5 14 82, *Fax (034343) 52339*, – – 30.
Menu à la carte 24/39 – **11 Z** 85/130.

ALTENGLAN *Rheinland-Pfalz* 417 *R 6 – 3 500 Ew – Höhe 199 m.*

Berlin 667 – Mainz 102 – Saarbrücken 77 – Trier 88 – Kaiserslautern 27.

Beim Wildpark Potzberg *SO : 7 km – Höhe 562 m*

Turm-Hotel, Auf dem Potzberg 3, 66887 Föckelberg, (06385) 7 20, *Fax (06385) 72156*, Pfälzer Bergland, , « Rittersaal », – – 50.
Menu à la carte 27/58 – **47 Z** 80/130 – ½ P 26.

ALTENHOLZ *Schleswig-Holstein siehe Kiel.*

ALTENKIRCHEN IM WESTERWALD *Rheinland-Pfalz* 417 *N 6 – 6 000 Ew – Höhe 245 m.*

Berlin 582 – Mainz 110 – Bonn 52 – Koblenz 56 – Köln 65 – Limburg an der Lahn 50.

Glockenspitze, Hochstr. 23, 57610, (02681) 8 00 50, *Fax (02681) 800599*, , (Halle), Zugang zum öffentlichen – – 70.
Menu *(Sonntagabend geschl.)* à la carte 40/71 – **46 Z** 169/199 – ½ P 35.

Haus Hubertus, Frankfurter Str. 59a, 57610, (02681) 34 28, *Fax (02681) 70539*, , « Garten » – Zim,
Menu *(Montag und Freitag geschl.)* à la carte 33/49 – **13 Z** 60/110.

In Weyerbusch *NW : 8 km – Luftkurort :*

Sonnenhof, Kölner Str. 33 (B 8), 57635, (02686) 83 33, *Fax (02686) 8332*, , – – 100
14 Z.

ALTENKUNSTADT *Bayern siehe Burgkunstadt.*

ALTENMARKT AN DER ALZ *Bayern* 420 *V 21 – 3 300 Ew – Höhe 490 m.*

Berlin 657 – München 82 – Bad Reichenhall 52 – Rosenheim 44 – Salzburg 60.

Im Trauntal, Grassacher Str. 2 (B 304), 83352, (08621) 40 05, *Fax (08621) 4009*, – Zim, – 15. Rest
Menu *(Samstagmittag geschl.)* à la carte 30/53 – **18 Z** 88/140.

ALTENMEDINGEN *Niedersachsen siehe Bevensen, Bad.*

ALTENSTADT *Bayern* 419 420 *V 14 – 4 500 Ew – Höhe 530 m.*

Berlin 638 – München 165 – Augsburg 78 – Bregenz 93 – Kempten (Allgäu) 58 – Ulm (Donau) 36.

Zur Sonne, Bahnhofstr. 8, 89281, (08337) 72 60, *Fax (08337) 9112* –
Menu *(Sonntag und Aug. 3 Wochen geschl.)* à la carte 19/39 – **25 Z** 65/98.

In Altenstadt-Illereichen :

XXX **Landhotel Schloßwirtschaft** mit Zim, Kirchplatz 2, ✉ 89281, ☎ (08337) 7 41 00, *Fax (08337) 741020*, – Rest, TV ☎ P. E VISA
Menu *(Montag geschl.)* (abends Tischbestellung ratsam) 68 (mittags) und à la carte 84/120 – **10 Z** 116/220
Spez. Variation von der Gänsestopfleber mit Rosinenbrioche. Suprême vom Steinbutt mit Schnittlauch-Gruyèreschaum und Zitronenrisotto. Gefüllte Wachtel mit Orangen-Zitronenchutney und Currysauce, Couscous.

ALTENSTADT (WETTERAUKREIS) *Hessen* 417 *P 10 – 12 000 Ew – Höhe 124 m.*
Berlin 519 – Wiesbaden 67 – Frankfurt am Main 30 – Gießen 49.

Zum schwarzen Adler, Vogelsbergstr. 2, ✉ 63674, ☎ (06047) 9 64 70, *Fax (06047) 964727*, Biergarten, « Renoviertes Fachwerkhaus a.d.J. 1662 » – TV ☎ – 60. AE E VISA
Menu *(Sept. - April Freitag geschl.)* à la carte 34/65 – **15 Z** 90/140.

Europe

Wenn der Name eines Hotels dünn gedruckt ist,
hat uns der Hotelier Preise
und Öffnungszeiten nicht angegeben.

ALTENSTEIG *Baden-Württemberg* 419 *U 9 – 11 000 Ew – Höhe 504 m – Luftkurort – Wintersport : 561/584 m* 1 .
Sehenswert : *Lage★.*
Städt. Verkehrsamt, Rosenstr. 28 (ev. Gemeindehaus), ✉ 72213, ☎ (07453) 66 33, Fax (07453) 3249.
Berlin 689 – Stuttgart 68 – Karlsruhe 79 – Tübingen 48 – Freudenstadt 25.

Gasthof zur Traube, Rosenstr. 6, ✉ 72213, ☎ (07453) 9 47 30, *Fax (07453) 947355* – P. AE E VISA
Ende Okt. - Mitte Nov. geschl. – **Menu** *(Montag geschl.)* à la carte 29/55 – **24 Z** 60/120 – ½ P 19.

In Altensteig-Spielberg *SW : 5 km :*

X **Ochsen** mit Zim, Römerstr. 2, ✉ 72213, ☎ (07453) 61 22, *Fax (07453) 1448*, – P. Zim
über Fastnacht und Okt. - Nov. jeweils 1 Woche geschl. – **Menu** *(Montag geschl.)* à la carte 27/50 – **9 Z** 70/140 – ½ P 25.

In Altensteig-Überberg *NW : 2 km :*

Hirsch (mit Gästehaus), Simmersfelder Str. 24, ✉ 72213, ☎ (07453) 82 90, *Fax (07453) 50989*, – TV P
Menu *(Dienstag geschl.)* à la carte 31/62 – **15 Z** 50/150 – ½ P 25.

In Altensteig-Wart *NO : 7 km :*

Sonnenbühl M, Wildbader Str. 44, ✉ 72213, ☎ (07458) 77 10, *Fax (07458) 771111*, Massage, – Zim, TV P – 300. AE E VISA
Menu à la carte 41/68 – **126 Z** 155/228, 3 Suiten – ½ P 32.

ALTENTREPTOW *Mecklenburg-Vorpommern* 416 *E 23 – 7 500 Ew – Höhe 15 m.*
Berlin 158 – Schwerin 140 – Neubrandenburg 17 – Greifswald 51 – Stralsund 84.

Am Markt, Marktplatz 1, ✉ 17087, ☎ (03961) 2 58 20, *Fax (03961) 258299*, – TV ☎ P. E VISA
Menu à la carte 20/41 – **29 Z** 100/145.

ALTENWEDDINGEN *Sachsen-Anhalt* 418 *K 18 – 2 000 Ew – Höhe 80 m.*
Berlin 171 – Magdeburg 20 – Halberstadt 36.

Körling, Halberstädter Str. 1 (B 81, W : 2km), ✉ 39171, ☎ (039205) 6 48 00, *Fax (039205) 64860* – TV ☎ P – 30. AE E VISA
Menu à la carte 24/43 – **32 Z** 100/180.

ALTÖTTING *Bayern* 420 *V 22 – 12 000 Ew – Höhe 402 m – Wallfahrtsort.*

Wallfahrts- und Verkehrsbüro, Kapellplatz 2a, ✉ 84503, ☎ (08671) 80 69, Fax (08671) 85858.

Berlin 625 – München 93 – Bad Reichenhall 75 – Passau 83 – Salzburg 66.

Zur Post, Kapellplatz 2, ✉ 84503, ☎ (08671) 50 40, *Fax (08671) 6214,* – 140. AE VISA JCB
Menu à la carte 30/65 – **98 Z** 120/290.

Zwölf Apostel, Bruder-Konrad-Platz 3, ✉ 84503, ☎ (08671) 9 69 60, *Fax (08671) 84371,* – Zim, – 90
20. Jan. - Feb. geschl. – **Menu** à la carte 21/55 – **50 Z** 70/125.

In Teising *W : 5 km :*

Gasthof Hutter, Hauptstr. 17 (B 12), ✉ 84576, ☎ (08633) 2 07, *Fax (08633) 207,*
Dienstagabend - Mittwoch und Nov. 3 Wochen geschl. – **Menu** à la carte 22/40.

In Tüßling-Bräu im Moos *SW : 9,5 km über Tüßling, vor Mörmoosen links ab :*

Bräu im Moos, Moos 21, ✉ 84577, ☎ (08633) 10 41, *Fax (08633) 7941,* Biergarten, Brauerei-Museum, Hirschgehege –
Montag und Jan. - Mitte Feb. geschl. – **Menu** à la carte 28/55.

In Tüßling-Kiefering *SW : 6 km über die B 299 :*

Bauernsepp, Kiefering 42, ✉ 84577, ☎ (08633) 89 40, *Fax (08633) 894200,* « Innenhofterrasse », – – 50. AE VISA
Menu à la carte 32/61 – **38 Z** 85/140.

ALTRIP *Rheinland-Pfalz siehe Ludwigshafen am Rhein.*

ALZENAU *Bayern* 417 *P 11 – 19 000 Ew – Höhe 114 m.*

Städt. Verkehrsamt, Rathaus, Hanauer Str. 1, ✉ 63755, ☎ (06023) 50 21 12, Fax (06023) 30497.

Berlin 527 – München 378 – Frankfurt am Main 41 – Aschaffenburg 19.

In Alzenau-Hörstein *S : 4 km :*

Käfernberg, Mömbriser Str. 9, ✉ 63755, ☎ (06023) 94 10, *Fax (06023) 941115,* ≤, , « Restaurant im alpenländischen Stil », – – 20. AE VISA
Menu *(Samstagmittag, Sonntag und Anfang - Mitte Aug. geschl.)* à la carte 43/69 – **28 Z** 85/198.

In Alzenau-Wasserlos *SO : 2 km :*

Schloßberg, Schloßberg 2, ✉ 63755, ☎ (06023) 9 48 80, *Fax (06023) 948813,* ≤ Maintal, , « Schöne Lage in den Weinbergen » – – 40. AE VISA
Menu à la carte 51/72 – **18 Z** 158/208.

Krone am Park garni, Hellersweg 1, ✉ 63755, ☎ (06023) 60 52, *Fax (06023) 8724,* ≤, , , , – – 25. AE VISA
28 Z 118/204.

Krone, Hahnenkammstr. 37, ✉ 63755, ☎ (06023) 60 25, *Fax (06023) 31660* – – 30. AE VISA
Mitte Juli - Mitte Aug. geschl. – **Menu** *(Sonntagabend - Montagmittag geschl.)* à la carte 39/66 – **22 Z** 78/165.

ALZEY *Rheinland-Pfalz* 417 *Q 8 – 18 000 Ew – Höhe 173 m.*

Tourist-Information (im Museum), Antoniterstr. 41, ✉ 55232, ☎ (06731) 49 52 38.

Berlin 600 – Mainz 34 – Bad Kreuznach 34 – Mannheim 52 – Darmstadt 48 – Kaiserslautern 48 – Worms 28.

Alzeyer Hof, Antoniterstr. 60, ✉ 55232, ☎ (06731) 88 05, *Fax (06731) 8808* – – 60. AE VISA
Menu *(Sonntagabend geschl.)* à la carte 30/58 – **25 Z** 105/149.

Am Schloss, Amtgasse 39, ✉ 55232, ☎ (06731) 9 42 24, *Fax (06731) 942255,* – – 50. AE VISA
Menu *(Sonntagabend, Anfang Jan. 1 Woche und April 2 Wochen geschl.)* à la carte 38/65 – **25 Z** 100/149.

Rheinhessen-Treff, Industriestr. 13 (O : 1 km, nahe der Autobahn), ✉ 55232, ☎ (06731) 40 30, *Fax (06731) 403106,* , (Halle) Squash – , Zim, – 220. AE VISA JCB
Menu à la carte 30/54 – **143 Z** 115/185.

Diamant garni, Hospitalstr. 28c, ✉ 55232, ☎ (06731) 48 70, *Fax (06731) 48712* – 🛗 ⇆ TV ☎ 🚗. AE E VISA
17 Z 89/129.

L'échalote, Bahnhofstr. 29, ✉ 55232, ☎ (06731) 5 52 83, *Fax (06731) 943664,*
Samstagmittag und Sonntagabend geschl. – **Menu** à la carte 53/75.

In Lonsheim *NW : 5 km :*

Landhotel Ellernhof garni, Ellerngasse 5, ✉ 55237, ☎ (06734) 2 60, *Fax (06734) 8442* – TV ☎ P. E
11 Z 80/120.

AMBERG *Bayern* **420** *R 19 – 43 000 Ew – Höhe 374 m.*

Sehenswert : *Deutsche Schulkirche*★ AZ **A** – *Wallfahrtskirche Maria-Hilf (Fresken*★*)* BY **B**.

🅸 *Tourist-Information, Zeughausstr. 1 a,* ✉ *92224,* ☎ *(09621) 1 02 39, Fax (09621) 10281.*

ADAC, *Kaiser-Wilhelm-Ring 29a,* ✉ *92224,* ☎ *(09621) 2 23 80, Fax (09621) 15499.*

Berlin 434 ⑤ – *München 204* ⑤ – *Weiden in der Oberpfalz 53* ② – *Bayreuth 79* ⑥ – *Nürnberg 61* ⑤ – *Regensburg 64* ③.

Drahthammer Schlößl, Drahthammer Str. 30, ✉ 92224, ☎ (09621) 70 30, *Fax (09621) 88424,* , « Historisches Hammerschloßgebäude a. d. J. 1820 mit Anbau », ≘s – TV ♿ P – 🔔 70. AE ⓪ E VISA JCB BY a
Menu à la carte 42/65 – **44 Z** 89/296.

Ramada M garni, Schießstätteweg 10, ✉ 92224, ☎ (09621) 48 30, *Fax (09621) 483444* – 🛗 ⇆ TV ☎ ☏ ♿ P – 🔔 25. AE ⓪ E VISA JCB BZ c
110 Z 147/201.

AMBERG

Äußere Raigeringer Straße	BY	2
Barbarastraße	BY	4
Berliner Straße	BY	5
Bruno-Hofer-Straße	BY	6
Dr.-Filchner-Straße	BY	7
Drahthammerstraße	BY	9
Fleurystraße	AY	12
Hallstätterstraße	BY	15
Kastler Straße	AY	18
Katharinenfriedhofstr	AY	19
Kleinraigering	BY	21
Kochkellerstraße	AY	23
Kümmersbrucker Str.	BY	26
Langangerweg	AY	28
Merianstraße	BY	31
Nürnberger Straße	AY	34
Pfistermeisterstraße	BY	37
Raigeringer Straße	BY	39
Schießstätteweg	AY	47
Schlachthausstraße	BY	48
Sebastianstraße	AY	53
Sechserstraße	AY	55
Werner-von-Siemens-Str.	AY	63
Wingershofer Straße	AY	64

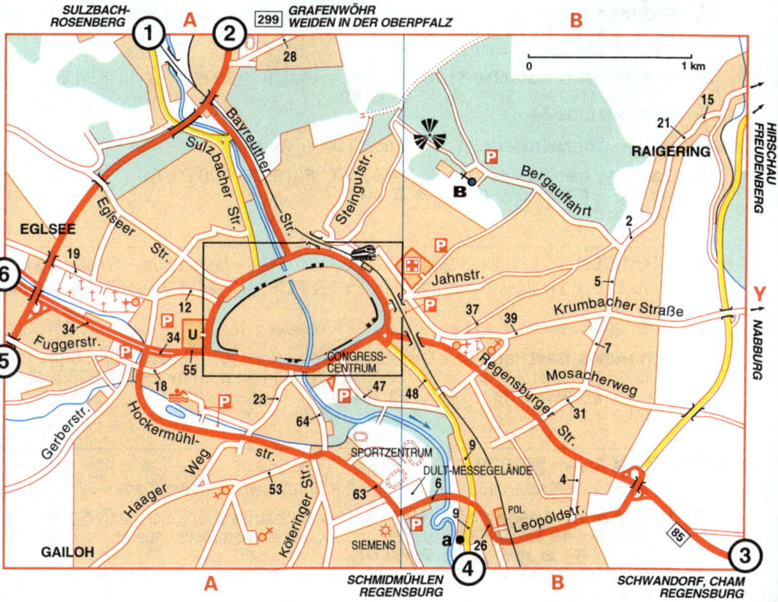

AMBERG

Bahnhofstraße . . . . BZ
Fleurystraße . . . . AZ 12
Franziskanergasse . . . . AZ 14
Georgenstraße . . . . AZ
Kasernstraße . . . . BZ 17
Malteserplatz . . . . AZ 29
Marktplatz . . . . BZ
Nabburger Torplatz . . . . BZ 32
Obere Nabburger Str. . . . . . . BZ 36
Rathausstraße . . . . BZ 40
Regierungsstraße . . . . AZ 42
Roßmarkt . . . . AZ 44
Salzstadelplatz . . . . BZ 45
Schlachthausstraße . . . . BYZ 48
Schloßgraben . . . . AZ 50
Schrannenplatz . . . . AZ 52
Seminargasse . . . . AZ 56
Steinhofgasse . . . . AZ 58
Untere Nabburger Str . . . . . . BZ
Viehmarktgasse . . . . AZ 60
Vilstorplatz . . . . AZ 61
Ziegeltorplatz . . . . BZ 69

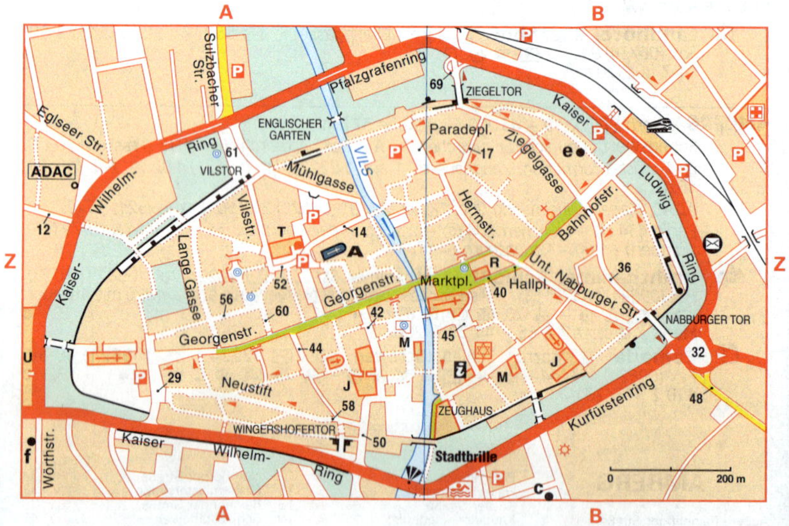

🏠 **Fleischmann,** Wörthstr. 4, ✉ 92224, ✆ (09621) 1 51 32, *Fax (09621) 33986* – TV ☎ 🚗. E VISA. Rest AZ f
24. Dez. - 6. Jan. geschl. – (nur Abendessen für Hausgäste) – **31 Z** 85/130.

🏠 **Brunner** garni, Batteriegasse 3, ✉ 92224, ✆ (09621) 49 70, *Fax (09621) 497155* – TV ☎ 🚗 P. AE ◑ E VISA JCB BZ e
24. - 29. Dez. geschl. – **41 Z** 85/150.

Casino - Altdeutsche Stube, Schrannenplatz 8, ✉ 92224, ✆ (09621) 2 26 64, *Fax (09621) 22066,* – 40. AE E VISA AZ T
Menu à la carte 34/63.

In Ursensollen-Oberleinsiedl *SW : 7 km über Haager Weg* A :

🏠 **Garni** garni, Oberleinsiedl 3b, ✉ 92289, ✆ (09628) 9 20 00, *Fax (09628) 920049,* – TV ☎ P. AE ◑ E VISA
17 Z 49/86.

AMELINGHAUSEN *Niedersachsen* 415 416 *G 14 – 3 100 Ew – Höhe 65 m – Erholungsort.*

Tourist-Information, Lüneburger Str. 55, ✉ 21385, ✆ (04132) 19433, Fax (04132) 920916.

Berlin 294 – Hannover 104 – Hamburg 67 – Lüneburg 26.

🏠 **Schenck's Gasthaus** (mit Gästehaus Bergpension), Lüneburger Str. 48 (B 209), ✉ 21385, ✆ (04132) 6 30 (Hotel) 3 14 (Rest.), *Fax (04132) 8998,* – Zim, TV ☎ 🚗 P – 80. ◑ VISA
Menu à la carte 35/57 – **37 Z** 75/170 – ½ P 25.

AMERDINGEN *Bayern* 419 420 *T 15 – 750 Ew – Höhe 530 m.*

Berlin 535 – München 132 – Augsburg 63 – Nördlingen 17 – Ulm (Donau) 67.

🏠 **Landhotel Kesseltaler Hof**, Graf-Stauffenberg-Str. 21, ✉ 86735, ✆ (09089) 6 16, *Fax (09089) 1412,* « Renoviertes ehemaliges Bauernhaus », – Zim, TV ☎ P – 20. E VISA JCB
Menu *(Montag - Dienstag sowie Jan. und Aug. jeweils 2 Wochen geschl.)* à la carte 30/59 – **14 Z** 70/100.

AMMERBUCH *Baden-Württemberg* 419 *U 10 – 10 000 Ew – Höhe 365 m.*
Berlin 668 – Stuttgart 40 – Freudenstadt 51 – Pforzheim 67 – Reutlingen 25.

In Ammerbuch-Entringen :

XX **Im Gärtle,** Bebenhauser Str. 44, ✉ 72119, ✆ (07073) 64 35, *Fax (07073) 913100,* « Gartenterrasse » – P. AE ⓓ E VISA
Montag und Jan. geschl. – **Menu** à la carte 42/68.

In Ammerbuch-Pfäffingen :

Lamm, Dorfstr. 42, ✉ 72119, ✆ (07073) 30 50, *Fax (07073) 30513,* – TV ☎ P. AE ⓓ E VISA JCB
Aug. 1 Woche geschl. – **Menu** *(Samstagmittag und Montagmittag geschl.)* à la carte 42/66 – **19 Z** 89/165.

AMÖNEBURG *Hessen* 417 *N 10 – 4 800 Ew – Höhe 362 m – Erholungsort.*
Berlin 464 – Wiesbaden 125 – Marburg 22 – Kassel 81 – Bad Hersfeld 71 – Giessen 34.

XX **Dombäcker** mit Zim, Am Markt 18, ✉ 35287, ✆ (06422) 9 40 90, – TV ☎ – 15
Menu *(Montag geschl.)* à la carte 44/68 – **5 Z** 110/190.

AMORBACH *Bayern* 417 419 *R 11 – 5 000 Ew – Höhe 166 m – Luftkurort.*
Sehenswert : *Abteikirche★ (Chorgitter★, Bibliothek★, Grüner Saal★).*
Städt. Verkehrsamt, im alten Rathaus, Marktplatz 1, ✉ 63916, ✆ (09373) 2 09 40, Fax (09373) 20933.
Berlin 569 – München 353 – Würzburg 73 – Aschaffenburg 47 – Darmstadt 69 – Heidelberg 67.

Badischer Hof, Am Stadttor 4, ✉ 63916, ✆ (09373) 95 05, *Fax (09373) 950300,* – TV ☎ P – 20. AE ⓓ E VISA
Menu à la carte 30/57 – **27 Z** 85/195 – ½ P 28.

Post, Schmiedgasse 2, ✉ 63916, ✆ (09373) 14 10, *Fax (09373) 1456,* – TV ☎ P. AE ⓓ E VISA
Mitte Jan. - Mitte Feb. geschl. – **Menu** *(Montagabend geschl.)* à la carte 33/62 – **20 Z** 75/180.

Frankenberg, Gotthardsweg 12 (Sommerberg), ✉ 63916, ✆ (09373) 12 50, *Fax (09373) 4628,* – TV ☎ P. AE ⓓ E VISA
Jan. geschl. – **Menu** *(Dienstag geschl.)* à la carte 29/60 – **18 Z** 80/140 – ½ P 29.

Im Otterbachtal *W : 3 km über Amorsbrunner Straße :*

Der Schafhof (ehem. Klostergut), ✉ 63916 Amorbach, ✆ (09373) 9 73 30, *Fax (09373) 4120,* – TV ☎ P – 30. AE ⓓ E VISA JCB. Zim
Abtstube (bemerkenswerte Weinkarte) *(Montag - Dienstag geschl.)* **Menu** à la carte 79/109 – ***Benediktinerstube*** *(Mittwoch - Donnerstag geschl.)* **Menu** à la carte 44/61 – **23 Z** 190/500, 5 Suiten – ½ P 75
Spez. Gänseleberterrine. Lammgerichte. Karamelisierte Quarkkeulchen.

In Amorbach-Boxbrunn *NW : 10 km :*

Bayerischer Hof, Hauptstr. 8 (B 47), ✉ 63916, ✆ (09373) 14 35, *Fax (09373) 3208* – P
Jan. 3 Wochen und Juni 2 Wochen geschl. – **Menu** *(Donnerstag - Freitag geschl.)* à la carte 24/45 – **15 Z** 46/130 – ½ P 20.

AMPFING *Bayern* 420 *V 21 – 5 100 Ew – Höhe 415 m.*
Berlin 644 – München 74 – Regensburg 110 – Landshut 60 – Salzburg 89.

Fohlenhof, Zangberger Str. 23, ✉ 84539, ✆ (08636) 98 50, *Fax (08636) 985100,* – TV ☎ P – 50. AE ⓓ E VISA
Menu *(Samstag, Sonntagabend und Aug. geschl.)* (wochentags nur Abendessen) à la carte 33/67 – **35 Z** 90/140.

AMRUM (Insel) *Schleswig-Holstein 415 C 8 – Seeheilbad – Insel der Nordfriesischen Inselgruppe.*
Ausflugsziele : Die Halligen★ (per Schiff).
von Dagebüll (ca. 2 Std.). Für PKW Voranmeldung bei Wyker Dampfschiffs-Reederei GmbH in Wyk auf Föhr, ✉ 25938, ☎ (04681) 8 01 40, Fax (04681) 80116.
Berlin 469 – Kiel 131 – Sylt (Westerland) 22 – Flensburg 62 – Niebüll 20.

Norddorf – *600 Ew.*
Kurverwaltung, ✉ 25946, ☎ (04682) 9 47 00, Fax (04682) 947094.

Hüttmann (mit Gästehäuser), Ual Saarepswai 2, ✉ 25946, ☎ (04682) 92 20, *Fax (04682) 922113*, – 20
Menu à la carte 40/85 – **58 Z** 110/285, 6 Suiten – ½ P 38.

Seeblick (Appartement-Hotel mit Gästehäuser), Strunwai 13, ✉ 25946, ☎ (04682) 92 10, *Fax (04682) 2574*, Massage, (Halle) – Rest, Rest, – 70.
Jever-Deel : **Menu** à la carte 38/68 – **43 Z** 155/285, 7 Suiten – ½ P 35.

Ual Öömrang Wiartshüs, Bräätlun 4, ✉ 25946, ☎ (04682) 8 36, *Fax (04682) 1432*, « Altfriesische Kate ; Seemannsstube », – Zim
7. Jan. - 21. Feb. geschl. – **Menu** *(Nov. - März Mittwoch - Donnerstag geschl.)* à la carte 38/65 – **10 Z** 90/180 – ½ P 25.

Graf Luckner, Madelwai 4, ✉ 25946, ☎ (04682) 9 45 00, *Fax (04682) 945037*, – Rest,
Menu *(Mittwoch geschl.)* (nur Abendessen) à la carte 32/66 – **18 Z** 77/200 – ½ P 28.

Wittdün – *700 Ew.*
Kurverwaltung, ✉ 25946, ☎ (04682) 9 43 40, Fax (04682) 943456.

Weiße Düne, Achtern Strand 6, ✉ 25946, ☎ (04682) 94 00 00, *Fax (04682) 4359*, –
15. Nov. - 15. Dez. geschl. – **Menu** *(Montag geschl.)* à la carte 41/76 – **12 Z** 185/260 – ½ P 39.

Strandhotel Vierjahreszeiten garni, Obere Wandelbahn 16, ✉ 25946, ☎ (04682) 3 50, *Fax (04682) 35350*, –
32 Z 110/210.

ANDERNACH *Rheinland-Pfalz 417 O 6 – 28 000 Ew – Höhe 65 m.*
Touristinformation, Läufstr. 11, ✉ 56626, ☎ (02632) 92 23 00, Fax (02632) 922242.
Berlin 608 – Mainz 120 – Koblenz 19 – Bonn 43 – Mayen 23.

Fischer, Am Helmwartsturm 4, ✉ 56626, ☎ (02632) 9 63 60, *Fax (02632) 963640*, –
Juli - Aug. 3 Wochen geschl. – **Menu** *(Sonntag geschl.)* 45 und à la carte 47/75 – **20 Z** 125/240.

Villa am Rhein, Konrad-Adenauer-Allee 3, ✉ 56626, ☎ (02632) 9 27 40, *Fax (02632) 927450*, – – 20.
2. - 16. Jan. geschl. – **Menu** *(Samstag geschl.)* à la carte 35/67 – **25 Z** 99/160.

Alte Kanzlei (historisches Haus a.d.J. 1677), Steinweg 30, ✉ 56626, ☎ (02632) 9 66 60, *Fax (02632) 966633*, « Rustikal-gemütliches Restaurant in einem Gewölbekeller ; Hofterrasse », –
Menu *(Sonntag geschl.)* (nur Abendessen) à la carte 45/74 – **11 Z** 98/180.

Meder, Konrad-Adenauer-Allee 36, ✉ 56626, ☎ (02632) 4 26 32, *Fax (02632) 30111*, –
(Restaurant nur für Hausgäste) – **10 Z** 105/180.

Am Martinsberg garni, Frankenstr. 6, ✉ 56626, ☎ (02632) 4 55 22, *Fax (02632) 1406* –
28 Z 75/130.

ANGELBACHTAL *Baden-Württemberg 417 419 S 10 – 3 600 Ew – Höhe 154 m.*
Berlin 625 – Stuttgart 91 – Karlsruhe 55 – Heilbronn 40 – Mannheim 44.

In Angelbachtal-Michelfeld :

Schloß Michelfeld, Friedrichstr. 2, ✉ 74918, ☎ (07265) 70 41, *Fax (07265) 279*, – – 30.
Menu *(Montag geschl.)* à la carte 55/91 – **21 Z** 110/210.

Engel mit Zim, Friedrichstr. 7, ✉ 74918, ☎ (07265) 9 12 50, *Fax (07265) 7030* –
Menu *(Donnerstag geschl.)* à la carte 28/57 – **5 Z** 75/115.

ANGER *Bayern* 420 *W 22 – 4 200 Ew – Höhe 500 m – Luftkurort.*
Verkehrsamt, Dorfplatz 4, ✉ 83454, ☏ (08656) 98 89 22, Fax (08656) 988921.
Berlin 716 – München 122 – Bad Reichenhall 13 – Rosenheim 75 – Salzburg 19.

Alpenhof, Dorfplatz 15, ✉ 83454, ☏ (08656) 5 91, *Fax (08656) 7375,* – TV ☎. E
Ende Jan.- Mitte Feb. und Nov. geschl. – **Menu** *(Montag - Dienstagmittag geschl.)* à la carte 26/56 – **18 Z** 54/106 – ½ P 25.

In Anger-Aufham *S : 3 km :*

Hölbinger Alm , Kirchenstr. 53, ✉ 83454, ☏ (08656) 5 78, *Fax (08656) 1732,* <, , – TV ☎ P
Nov. - Anfang Dez. geschl. – **Menu** *(Montag, Jan. - April auch Dienstag geschl.)* à la carte 24/50 – **18 Z** 54/106 – ½ P 18.

ANGERMÜNDE *Brandenburg* 416 *G 26 – 11 500 Ew – Höhe 45 m.*
Berlin 77 – Potsdam 114 – Neubrandenburg 99 – Prenzlau 41 – Frankfurt (Oder) 106.

Weiss, Puschkinallee 11, ✉ 16278, ☏ (03331) 2 18 54, *Fax (03331) 23366,* – TV ☎ P – 50. E VISA
Menu à la carte 29/52 *(auch vegetarische Gerichte)* – **17 Z** 120/180.

In Stolpe *SO : 10 km :*

Stolper Turm, Dorfstr. 40, ✉ 16278, ☏ (033338) 5 40, *Fax (033338) 334,* – TV ☎ P. E
Menu à la carte 25/41 – **12 Z** 90/120 – ½ P 18.

ANIF *Österreich siehe Salzburg.*

ANKLAM *Mecklenburg-Vorpommern* 416 *E 25 – 17 500 Ew – Höhe 6 m.*
Anklam-Information, Kleiner Wall 11, ✉ 17389, ☏ (03971) 21 05 41, Fax (03971) 835155.
Berlin 179 – Schwerin 182 – Neubrandenburg 49 – Stralsund 77.

Am Stadtwall garni, Demminer Str. 5, ✉ 17389, ☏ (03971) 83 31 36, *Fax (03971) 833137* – TV ☎ P. AE E VISA
18 Z 98/149.

In Auerose *SO : 6 km :*

Auerose, Nahe der B 109, ✉ 17398, ☏ (039726) 2 03 13, *Fax (039726) 20365* – TV ☎ P. AE E VISA.
(nur Abendessen für Hausgäste) – **16 Z** 79/119.

In Rubkow-Bömitz *N : 12 km :*

Landhotel Bömitz , Dorfstr. 14, ✉ 17390, ☏ (039724) 2 25 40, *Fax (039724) 22541,* , « Gutshof a.d. 18.Jh. », – TV ☎ P. AE E VISA
Menu à la carte 29/45 – ***von Hertell*** *(Montag - Dienstag und Jan. geschl., nur Abendessen)* **Menu** à la carte 62/74 – **18 Z** 105/160.

ANKUM *Niedersachsen* 415 *I 7 – 6 000 Ew – Höhe 54 m.*
18 Ankum-Westerholte (S : 6 km), ☏ (05466) 3 01, Fax 301.
Berlin 435 – Hannover 149 – Bielefeld 85 – Nordhorn 64 – Bremen 103 – Osnabrück 40.

Artland-Sporthotel , Tütinger Str. 28, ✉ 49577, ☏ (05462) 88 20, *Fax (05462) 882888,* , , (Halle) – , Zim, TV ☎ P – 50. AE E VISA
Menu à la carte 38/67 – **59 Z** 88/160.

Schmidt, Hauptstr. 35, ✉ 49577, ☏ (05462) 88 90, *Fax (05462) 88988,* , – TV ☎ P – 20. AE E VISA. Rest
Menu à la carte 35/60 – **19 Z** 90/130.

ANNABERG-BUCHHOLZ *Sachsen* 418 420 *O 23 – 23 000 Ew – Höhe 831 m.*
Sehenswert : *St. Annen-Kirche★★, Schöne Pforte★★, Kanzel★, Bergaltar★.*
Tourist-Information, Markt 1, ✉ 09456, ☏ (03733) 42 51 39, Fax (03733) 425138.
Berlin 295 – Dresden 94 – Chemnitz 31 – Leipzig 108.

Wilder Mann M, Markt 13, ✉ 09456, ☏ (03733) 14 40, *Fax (03733) 144100,* « Spätgotische Holzbalkendecke a.d.J. 1509 », – , Zim, TV ☎ – 50. AE E VISA
Menu à la carte 31/56 – **65 Z** 135/175.

Goldene Sonne, Adam-Ries-Str. 11, ✉ 09456, ✆ (03733) 2 21 83, *Fax (03733) 22183,* – . AE E VISA
Menu à la carte 24/48 – **26 Z** 90/140.

Parkhotel Waldschlößchen, Waldschlößchenpark 1, ✉ 09456, ✆ (03733) 6 77 40, *Fax (03733) 677444,* – . AE E VISA. Zim
Menu à la carte 23/50 – **18 Z** 100/170.

ANNWEILER *Rheinland-Pfalz* 417 419 *S 7 – 7 800 Ew – Höhe 183 m – Luftkurort.*

Ausflugsziel : *Burg Trifels★ (Kapellenturm ★) O : 7 km.*

Büro für Tourismus, Rathaus, Hauptstr. 20 ✉ 76855, ✆ (06346) 22 00, Fax (06346) 7917.

Berlin 674 – Mainz 125 – Karlsruhe 54 – Neustadt an der Weinstraße 33 – Pirmasens 33 – Speyer 42.

Bergterrasse garni, Trifelsstr. 8, ✉ 76855, ✆ (06346) 72 19, *Fax (06346) 963517,* – .
23 Z 50/120.

ANRÖCHTE *Nordrhein-Westfalen* 417 *L 8 – 9 300 Ew – Höhe 200 m.*

Berlin 449 – Düsseldorf 134 – Arnsberg 43 – Lippstadt 13 – Meschede 30 – Soest 21.

Buddeus, Hauptstr. 128, ✉ 59609, ✆ (02947) 39 95, *Fax (02947) 4876* – . E VISA
Menu *(Freitag geschl.)* à la carte 29/51 – **25 Z** 65/110.

ANSBACH *Bayern* 419 420 *S 15 – 40 000 Ew – Höhe 409 m.*

Sehenswert : *Residenz★ (Fayencenzimmer★★, Spiegelkabinett★).*

Schloß Colmberg (NW : 17 km), ✆ (09803) 2 62 ; Lichtenau, Weickershof 1 (O : 9 km), ✆ (09827) 69 07.

Amt für Kultur und Touristik, Johann-Sebastian-Bach-Platz 1, ✉ 91522, ✆ (0981) 5 12 43, Fax (0981) 51365.

ADAC, *Residenzstr. 2, ✉ 91522, ✆ (0981) 8 48 38, Fax (0981) 85177.*

Berlin 481 – München 202 – Nürnberg 61 – Stuttgart 162 – Würzburg 78.

Am Drechselsgarten, Am Drechselsgarten 1, ✉ 91522, ✆ (0981) 8 90 20, *Fax (0981) 8902605,* , – , Zim, – 50. AE E VISA JCB
Menu à la carte 47/77 – **51 Z** 170/250.

Bürger-Palais garni, Neustadt 48, ✉ 91522, ✆ (0981) 9 51 31, *Fax (0981) 95600,* « Modernisiertes Barockhaus, elegante Einrichtung » – – 20. AE E VISA
12 Z 140/220.

Der Platengarten, Promenade 30, ✉ 91522, ✆ (0981) 97 14 20, *Fax (0981) 9714242,* Biergarten – – 25. AE E VISA
Menu *(Samstag geschl.)* à la carte 35/61 – **23 Z** 90/200.

Schwarzer Bock, Pfarrstr. 31, ✉ 91522, ✆ (0981) 42 12 40, *Fax (0981) 4212424,* – . AE E VISA JCB
Menu *(Sonntagabend geschl.)* à la carte 39/69 – **16 Z** 78/195.

Windmühle, Rummelsberger Str. 1 (B 14), ✉ 91522, ✆ (0981) 1 50 88, *Fax (0981) 17980,* – – 40. AE E VISA
Jan. 2 Wochen geschl. – **Menu** *(Samstag geschl.)* à la carte 28/55 – **34 Z** 85/160.

In Ansbach-Brodswinden *SO : 7 km über die B 13 :*

Landgasthof Kaeßer, Brodswinden 23, ✉ 91522, ✆ (0981) 97 01 80, *Fax (0981) 9701850,* , – Zim, – 25. AE E VISA. Zim
Menu *(Samstag geschl.)* à la carte 24/47 – **18 Z** 75/138.

ANZING *Bayern* 420 *V 19 – 3 100 Ew – Höhe 516 m.*

Berlin 596 – München 21 – Landshut 65 – Salzburg 148.

Kirchenwirt, Hoegerstr. 2, ✉ 85646, ✆ (08121) 30 33, *Fax (08121) 43159,* –
21 Z.

APFELSTÄDT *Thüringen siehe Erfurt.*

APOLDA *Thüringen* 418 *M 18 – 27 000 Ew – Höhe 182 m.*

Ausflugsziel : *Naumburg : Dom St. Peter und Paul★★ (Stifterfiguren★★★, Lettner★) – St. Wenzel-Kirche★ NO : 27 km.*

Stadtinformation, Markt 16, ✉ 99510, ☎ (03644) 56 26 42, Fax (03644) 562642.

Berlin 255 – Erfurt 46 – Jena 17 – Weimar 17 – Leipzig 96.

Holiday Inn M, Jenaer Str. 2, ✉ 99510, ☎ (03644) 58 00, *Fax (03644) 580100*, – Zim, Rest, – 150. AE VISA
Menu à la carte 29/50 – **114 Z** 167/246.

2 Länder, Erfurter Str. 31, ✉ 99510, ☎ (03644) 5 02 20, *Fax (03644) 502240* – Zim, – 20. AE VISA
(nur Abendessen für Hausgäste) – **36 Z** 95/140.

APPENWEIER *Baden-Württemberg* 419 *U 7 – 8 800 Ew – Höhe 137 m.*

Berlin 737 – Stuttgart 143 – Karlsruhe 67 – Freudenstadt 50 – Strasbourg 22 – Baden-Baden 47.

Hanauer Hof, Ortenauer Str. 50 (B 3), ✉ 77767, ☎ (07805) 9 56 60, *Fax (07805) 5365*, – – 25. AE VISA
Menu *(Samstagmittag geschl.)* à la carte 27/63 – **27 Z** 75/125.

ARENDSEE *Sachsen-Anhalt* 416 *H 18 – 3 000 Ew – Höhe 26 m.*

Stadtinformation, Lindenstr.19a (Am Strandbad), ✉ 39619, ☎ (039384) 2 71 64, Fax (039384) 2406.

Berlin 162 – Magdeburg 116 – Schwerin 119.

Deutsches Haus, Friedensstr. 91, ✉ 39619, ☎ (039384) 25 00, *Fax (039384) 21771*, – . AE VISA
Menu à la carte 26/53 – **15 Z** 92/148.

Stadt Arendsee, Friedensstr. 113, ✉ 39619, ☎ (039384) 22 34, *Fax (039384) 27290* – . Zim
Menu *(Sonntagabend - Montagmittag geschl.)* à la carte 31/53 – **15 Z** 85/120.

ARGENBÜHL *Baden-Württemberg* 419 420 *W 13 – 5 600 Ew – Höhe 600 m – Erholungsort.*

Verkehrsamt, Rathaus in Eisenharz, Eglofser Str. 4, ✉ 88260, ☎ (07566) 94 02 25, Fax (07566) 2627.

Berlin 707 – Stuttgart 194 – Konstanz 95 – Ravensburg 34 – Ulm (Donau) 98 – Bregenz 38.

In Argenbühl-Eglofs :

Zur Rose, Dorfplatz 7, ✉ 88260, ☎ (07566) 3 36, *Fax (07566) 1678*, , , , – – 25.
Menu *(Montag geschl.)* à la carte 22/49 – **29 Z** 39/110 – ½ P 22.

ARNSBERG *Nordrhein-Westfalen* 417 *L 8 – 78 000 Ew – Höhe 230 m.*

Neheim-Hüsten (NW : 9 km), ☎ (02932) 3 15 46.

Verkehrsverein, Neumarkt 6, ✉ 59821, ☎ (02931) 40 55, Fax (02931) 12331.

ADAC, *Lange Wende 42 (Neheim-Hüsten), ✉ 59755, ☎ (02931) 2 79 79, Fax (02931) 82189.*

Berlin 482 – Düsseldorf 129 – Dortmund 62 – Hamm in Westfalen 42 – Meschede 22.

Stadtplan siehe nächste Seite

Menge, Ruhrstr. 60, ✉ 59821, ☎ (02931) 5 25 20, *Fax (02931) 525250*, « Garten », – – 20. AE VISA
Menu *(Sonntag - Montag und Juli - Aug. 3 Wochen geschl.)* (nur Abendessen) à la carte 42/72 – **18 Z** 90/170.

Landsberger Hof, Alter Markt 18, ✉ 59821, ☎ (02931) 8 90 20, *Fax (02931) 890230*, – . VISA.
Menu *(Mittwoch geschl.)* à la carte 35/65 – **10 Z** 90/140.

Altes Backhaus, Alter Markt 27, ✉ 59821, ☎ (02931) 5 22 00, *Fax (02931) 522020*, , « Gemütlich-rustikale Einrichtung » – AE VISA
Menu *(Sonntagabend - Montagmittag geschl.)* à la carte 33/69 – **6 Z** 85/140.

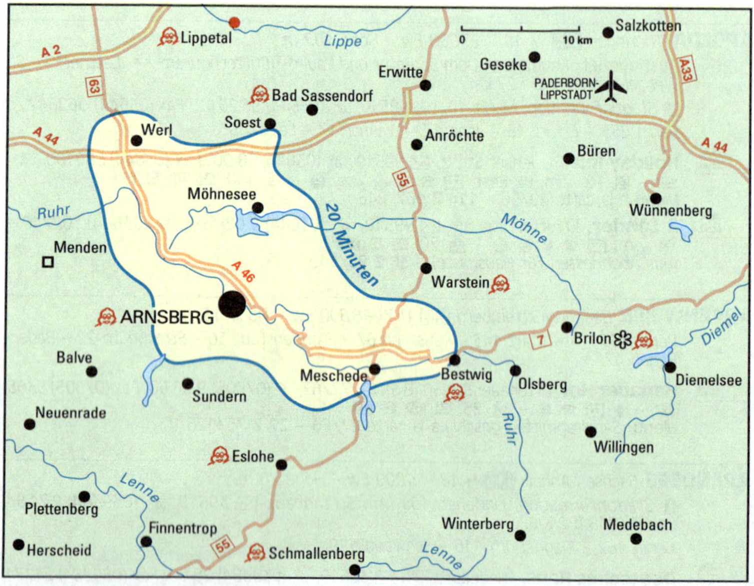

In Arnsberg-Neheim *NW : 9 km*

Dorint, Zu den Drei Bänken, ✉ 59757, ✆ (02932) 20 01, *Fax (02932) 200228,* ←, , « Badelandschaft », , , – , Zim, – 100. . Rest
Menu à la carte 41/68 – **160 Z** 170/280.

Waldhaus-Rodelhaus, Zu den Drei Bänken 1, ✉ 59757, ✆ (02932) 9 70 40, *Fax (02932) 22437,* ←, , – – 50. .
Menu *(Dienstag, 6. - 12. Jan. und Mitte Juli - Anfang Aug. geschl.)* à la carte 37/58 – **21 Z** 82/150.

Wenn Sie ein ruhiges Hotel suchen,
benutzen Sie zuerst die Übersichtskarte in der Einleitung
oder wählen Sie im Text ein Hotel mit dem Zeichen bzw. .

ARNSTADT *Thüringen* 418 *N 16 – 29 000 Ew – Höhe 285 m.*

Sehenswert : *Neues Palais (Puppen-Sammlung★).*

Arnstadt-Information, Markt 3, ✉ 99310, ✆ (03628) 60 20 49, Fax (03628) 745748.
Berlin 311 – Erfurt 20 – Coburg 872 – Eisenach 63 – Gera 85.

Krone, Am Bahnhof 8, ✉ 99310, ✆ (03628) 7 70 60, *Fax (03628) 602484,* – Zim, – 50.
Menu à la carte 29/56 – **40 Z** 90/160.

Anders, Gehrener Str. 22, ✉ 99310, ✆ (03628) 74 53, *Fax (03628) 745444,* , – – 20.
Menu à la carte 25/46 – **37 Z** 99/155.

Brauhaushotel, Brauhausstr. 3, ✉ 99310, ✆ (03628) 60 74 00, *Fax (03628) 607444,* Biergarten, – – 50
Menu à la carte 29/60 – **33 Z** 89/115.

Prox (mit Gästehaus), Stadtilmer Str. 45, ✉ 99310, ✆ (03628) 6 12 20, *Fax (03628) 612214,* – Zim, .
Menu à la carte 26/40 – **21 Z** 85/130.

In Eischleben *N : 7 km :*

Krone, Erfurter Str. 22 (B 4), ✉ 99334, ✆ (03628) 7 58 77, *Fax (03628) 640375,* Biergarten – .
Menu à la carte 28/44 – **10 Z** 86/131.

In Holzhausen *NW : 5 km :*

Hotel Romantik Drei Burgen, Schulstr. 37, ✉ 99310, ✆ (03628) 72 31 61, *Fax (03628) 723163,* – TV ☎. AE ⓓ E VISA
Menu à la carte 24/58 – **9 Z** 80/120.

Veste Wachsenburg mit Zim (Burganlage a.d.17.Jh.), ✉ 99310, ✆ (03628) 7 42 40, *Fax (03628) 742461,* ≤ Thüringer Wald-Vorland, « Stilvolle Einrichtung, Innenhofterrasse » – TV ☎ P. E VISA
Menu *(Sonntagabend - Montagmittag geschl.)* à la carte 40/78 – **9 Z** 130/220.

AROLSEN, BAD *Hessen* 417 *L 11 – 17 000 Ew – Höhe 290 m – Heilbad.*

Zum Wiggenberg, ✆ (05691) 9 79 50.

Amt für Wirtschaftsförderung und Tourismus, Landauer Str. 1, ✉ 34454, ✆ (05691) 8 94 40, Fax (05691) 5121.

Berlin 428 – Wiesbaden 205 – Kassel 45 – Marburg 85 – Paderborn 55.

Residenzschloß, Königin-Emma-Str. 10, ✉ 34454, ✆ (05691) 80 80, *Fax (05691) 808529,* , Massage, , , – , Zim, TV – 250. AE ⓓ E VISA
Menu à la carte 40/61 – **120 Z** 135/205.

Brauhaus-Hotel, Kaulbachstr. 33, ✉ 34454, ✆ (05691) 8 98 60, *Fax (05691) 6942* – , Zim, TV ☎ P. AE ⓓ E VISA. Zim
Jan. und Juli - Aug. jeweils 2 Wochen geschl. – **Menu** à la carte 33/60 – **13 Z** 85/140.

Schäfer's Restaurant, Schloßstr. 15, ✉ 34454, ✆ (05691) 76 52, *Fax (05691) 7652* – AE ⓓ E VISA
Dienstag geschl. – **Menu** 49/69 und à la carte.

In Arolsen-Mengeringhausen *S : 4,5 km – Erholungsort :*

Luisen-Mühle, Luisenmühler Weg 1, ✉ 34454, ✆ (05691) 30 21, *Fax (05691) 2578,* , , , – Zim, TV ☎ P – 25. ⓓ E VISA JCB.
Menu *(Freitag geschl.)* à la carte 31/55 – **25 Z** 65/140 – ½ P 20.

ASCHAFFENBURG *Bayern* 417 *Q 11 – 67 000 Ew – Höhe 130 m.*

Sehenswert : *Schloß Johannisburg★* Z.

Hösbach-Feldkahl (über ②), ✆ (06024) 72 22.

Tourist-Information, Schloßplatz 1, ✉ 63739, ✆ (06021) 39 58 00, Fax (06021) 395802.

ADAC, *Wermbachstr. 10, ✉ 63739, ✆ (0180) 2 78 90, Fax (06021) 29511.*

Berlin 552 ④ – München 354 ① – Frankfurt am Main 45 ④ – Darmstadt 40 ③ – Würzburg 78 ①.

Stadtplan siehe nächste Seite

Post, Goldbacher Str. 19, ✉ 63739, ✆ (06021) 33 40, *Fax (06021) 13483,* , – , Zim, Zim, TV ☎ P – 35. AE ⓓ E VISA Y p
***Bistro Oskar :* Menu** à la carte 27/58 – **71 Z** 120/205.

Aschaffenburger Hof, Frohsinnstr. 11 (Einfahrt Weißenburger Str. 20), ✉ 63739, ✆ (06021) 38 68 10, *Fax (06021) 27298,* – TV ☎ P. AE ⓓ E VISA Y a
Menu *(Sonntagabend und Samstag geschl.)* (wochentags nur Abendessenn) à la carte 39/80 *(auch vegetarische Gerichte)* – **62 Z** 108/220.

City Hotel garni, Frohsinnstr. 23, ✉ 63739, ✆ (06021) 2 15 15, *Fax (06021) 21514* – TV ☎. AE ⓓ E VISA Y e
40 Z 98/198.

Zum Goldenen Ochsen, Karlstr. 16, ✉ 63739, ✆ (06021) 2 31 32, *Fax (06021) 25785* – TV ☎ P – 25. AE ⓓ E VISA Y b
Menu *(Montagmittag, Juli - Aug. 3 Wochen geschl.)* à la carte 31/58 – **38 Z** 97/150.

Dalberg, Pfaffengasse 12, ✉ 63739, ✆ (06021) 35 60, *Fax (06021) 219894* – , Zim, TV ☎ P. AE ⓓ E VISA Z c
Menu *(Sonn- und Feiertage geschl.)* (Montag - Freitag nur Abendessen) à la carte 24/56 – **26 Z** 125/215.

Pfaffenmühle garni, Glattbacher Str. 44, ✉ 63741, ✆ (06021) 3 46 60, *Fax (06021) 346650* – TV ☎ P. AE ⓓ E VISA JCB über Glattbacher Str. Y
34 Z 80/150.

Bodelschwinghstraße . . . . Y 2
Dalbergstraße . . . . Z 3
Darmstädter Straße . . . . Z 4
Erthalstraße . . . . Y 5
Frohsinnstraße . . . . Y 6
Glattbacher Straße . . . . Y 7
Glattbacher Überfahrt . . . . . . Y 8
Heinsestraße . . . . Y 9
Herstallstraße . . . . Z 10
Karlstraße . . . . Y 12
Kolpingstraße . . . . Y 13
Luitpoldstraße . . . . Z 15
Roßmarkt . . . . Z
Schloßberg . . . . YZ 18
Schloßgasse . . . . Z 20
Schloßplatz . . . . Z 21
Südbahnhofstraße . . . . Z 24
Weißenburger Straße . . . . Y 25
Willigisbrücke . . . . Z 26

Café Fischer garni, Weißenburger Str. 32, ✉ 63739, ✆ (06021) 3 42 50, *Fax (06021) 29727* – 🛗 📺 ☎. AE ⓓ E VISA. — Y r
22 Z 85/135.

Hofgut Fasanerie mit Zim, Bismarckallee 1, ✉ 63739, ✆ (06021) 3 17 30, *Fax (06021) 317399*, Biergarten, « Ehem. Hofgut in einer Parkanlage » – 📺 ☎ ⓟ. E — über Lindenallee Z
28. Okt. - 20. Nov. und 20. Dez. - 28. Feb. geschl. – **Menu** *(Sonntagabend - Montag und Donnerstag geschl.)* (Dienstag - Freitag nur Abendessen) à la carte 37/60 – **5 Z** 100/160.

Schlossweinstuben, im Schloss Johannisburg, ✉ 63739, ✆ (06021) 1 24 40, *Fax (06021) 23131*, — Z
Montag geschl. – **Menu** à la carte 26/55.

In Aschaffenburg-Nilkheim *über ③ : 5 km :*

Classico garni, Geschwister-Scholl-Platz 10, ✉ 63741, ✆ (06021) 8 49 00, *Fax (06021) 849040* – 🛗 📺 ☎ ⓟ. AE ⓓ E VISA
20. Dez. - 7. Jan. geschl. – **24 Z** 100/200.

In Aschaffenburg-Schweinheim *über ②* :

Altes Sudhaus garni, Schweinheimer Str. 117, ✉ 63743, ✆ (06021) 96 06 09, *Fax (06021) 970103* – TV ☎ P. AE E VISA JCB
15 Z 80/150.

In Haibach ② : *4,5 km* :

Spessartstuben, Jahnstr. 7, ✉ 63808, ✆ (06021) 6 36 60, *Fax (06021) 636666,* – TV ☎ P. E VISA. Rest
Menu *(Samstag, Feb. 2 Wochen und Aug. 3 Wochen geschl.)* à la carte 35/70 – **28 Z** 98/140.

Edel garni, Zum Stadion 17, ✉ 63808, ✆ (06021) 6 30 30, *Fax (06021) 66070* – TV ☎ P. AE E VISA.
9 Z 75/140.

Zur Post garni, Industriestraße Ost 19 (B 8), ✉ 63808, ✆ (06021) 6 30 40, *Fax (06021) 630413* – TV ☎ P. AE E VISA JCB.
18 Z 95/138.

In Sailauf *NO : 8 km* :

Die Weyberhöfe, Nahe der B 26, ✉ 63877, ✆ (06093) 94 00, *Fax (06093) 940100,* , « Hofgut a.d. 13. Jh., Park » – Zim, TV P – 110. AE E VISA. Rest
Menu *(Sonntag - Montagmittag geschl.)* à la carte 59/101 – **26 Z** 195/300, 3 Suiten.

In Hösbach-Bahnhof ① : *8 km* :

Gerber, Aschaffenburger Str. 12, ✉ 63768, ✆ (06021) 59 40, *Fax (06021) 594100,* – Zim, TV ☎ P – 35. AE E VISA
Menu à la carte 36/64 – **50 Z** 119/179.

In Hösbach-Winzenhohl ② : *6,5 km, in Haibach-Ortsmitte links ab* :

Klingerhof , Am Hügel 7, ✉ 63768, ✆ (06021) 64 60, *Fax (06021) 646180,* < Spessart, , Biergarten, , , – TV ☎ P – 75. AE E VISA
Menu à la carte 30/55 – **50 Z** 115/190.

Zur Sonne, Haibacher Str. 108, ✉ 63768, ✆ (06021) 6 99 72, *Fax (06021) 60201,* – TV ☎ P. AE E VISA
Aug. 3 Wochen geschl. – **Menu** *(Sonntagabend und Dienstag geschl.)* à la carte 29/62 – **11 Z** 90/140.

In Johannesberg *N : 8 km über Müllerstraße* Y :

Sonne - Meier's Restaurant mit Zim, Hauptstr. 2, ✉ 63867, ✆ (06021) 47 00 77, *Fax (06021) 413964,* « Gartenterrasse » – Rest, TV ☎ P. AE E VISA
Menu *(Montagmittag und Ende Aug. - Mitte Sept. geschl.)* (Tischbestellung ratsam) à la carte 66/106 – **5 Z** 78/123.

In Johannesberg-Rückersbach *N : 10 km über Müllerstraße* Y :

Rückersbacher Schlucht , Hörsteiner Str. 33, ✉ 63867, ✆ (06029) 14 41, *Fax (06029) 7798,* , Biergarten – ☎ P
Aug. 2 Wochen geschl. – **Menu** *(Montag - Dienstagmittag geschl.)* à la carte 31/56 – **15 Z** 65/110.

In Johannesberg-Steinbach *N : 8 km über Müllerstraße* Y :

Berghof , Heppenberg 7, ✉ 63867, ✆ (06021) 42 38 31, *Fax (06021) 412050,* <, – P
Menu *(Freitag und Aug. 2 Wochen geschl.)* (wochentags nur Abendessen) à la carte 29/53 – **16 Z** 70/130.

ASCHAU IM CHIEMGAU *Bayern* 420 *W 20 – 5 200 Ew – Höhe 615 m – Luftkurort – Wintersport : 700/1 550 m 1 15 .*

Kurverwaltung, Kampenwandstr. 38, ✉ 83229, ✆ (08052) 90 49 37, Fax (08052) 904945.

Berlin 671 – München 82 – Bad Reichenhall 60 – Salzburg 64 – Traunstein 35 – Rosenheim 23.

Residenz Heinz Winkler , Kirchplatz 1, ✉ 83229, ✆ (08052) 1 79 90, *Fax (08052) 179966,* < Kampenwand, « Elegante Hotelanlage mit restauriertem Postgasthof a.d. 15. Jh. », Massage, , – , Zim, TV P. AE E VISA JCB
Menu siehe Rest. ***Heinz Winkler*** separat erwähnt – **32 Z** 240/410, 13 Suiten – ½ P 98.

Burghotel, Kampenwandstr. 94, ✉ 83229, ✆ (08052) 90 80, *Fax (08052) 908200,* , Biergarten, – , Zim, TV ☎ P – 130. AE E VISA
Menu à la carte 46/62 – **80 Z** 103/220.

Aschauer Hof garni, Frasdorfer Str. 4, ✉ 83229, ✆ (08052) 1 79 50, *Fax (08052) 1795390*, – . E VISA
37 Z 65/220.

Edeltraud, Narzissenweg 15, ✉ 83229, ✆ (08052) 9 06 70, *Fax (08052) 5170*, ≤, –
Ende Okt. - 25. Dez. geschl. – (nur Abendessen für Hausgäste) – **16 Z** 69/118.

Alpengasthof Brucker, Schloßbergstr. 12, ✉ 83229, ✆ (08052) 49 87, *Fax (08052) 1564*, Biergarten, – . Zim
Nov. geschl. – **Menu** *(Mittwochabend - Donnerstag geschl.)* à la carte 22/40 –
11 Z 48/110.

Restaurant Heinz Winkler - Residenz Heinz Winkler, Kirchplatz 1, ✉ 83229, ✆ (08052) 1 79 90, *Fax (08052) 179966*, – . AE E VISA JCB. Rest
Montagmittag geschl. – **Menu** 175/215 und à la carte 85/145
Spez. Salat von der Bresse Taubenbrust mit Artischocken in Balsamico. Gebratener Steinbutt mit Spinat und Madeirasauce. Chârtreuse vom Lamm mit Paprika und Kräuterglace.

ASCHEBERG *Nordrhein-Westfalen 417 K 6 – 13 000 Ew – Höhe 65 m.*

Ascheberg-Herbern, Horn 5, ✆ (02599) 25 69.

Verkehrsverein, Katharinenplatz 1, ✉ 59387, ✆ (02593) 6 09 36, Fax (02593) 7525.

Berlin 470 – Düsseldorf 115 – Dortmund 50 – Hamm in Westfalen 24 – Münster (Westfalen) 24.

Jagdschlößchen, Himmelstr. 2, ✉ 59387, ✆ (02593) 92 00, *Fax (02593) 92020*, , Biergarten, « Restaurant mit rustikaler Einrichtung », , – – 25. AE E VISA
Menu *(Samstagmittag und Sonntagabend geschl.)* à la carte 40/67 – **25 Z** 90/210.

Goldener Stern, Appelhofstr. 5, ✉ 59387, ✆ (02593) 3 73, *Fax (02593) 6405* – Zim, . E VISA. Zim
Menu *(Sonntagabend geschl.)* à la carte 29/42 – **19 Z** 76/130.

In Ascheberg-Davensberg *NW : 2 km :*

Clemens-August (mit Gästehaus), Burgstr 54, ✉ 59387, ✆ (02593) 60 40, *Fax (02593) 604178*, , – – 40. E
März geschl. – **Menu** *(Sonntagabend - Montag geschl.)* à la carte 27/50 – **72 Z** 70/120.

ASCHERSLEBEN *Sachsen-Anhalt 418 K 18 – 33 800 Ew – Höhe 112 m.*

Verkehrsverein, Taubenstr. 6, ✉ 06449, ✆ (03473) 42 46, Fax (03473) 4246.

Berlin 201 – Magdeburg 50 – Halberstadt 36 – Halle 53 – Nordhausen 77.

Ascania M, Jüdendorf 1, ✉ 06449, ✆ (03473) 95 20, *Fax (03473) 952150*, , – , Zim, – 60. AE E VISA JCB
Menu à la carte 38/68 – **44 Z** 128/176.

Andersen, Bahnhofstr. 32, ✉ 06449, ✆ (03473) 8 74 60, *Fax (03473) 8746150* – , Zim, – 20. AE E VISA
Menu (nur Abendessen) à la carte 26/40 – **48 Z** 135/184.

Nord, Güstener Str. 4, ✉ 06449, ✆ (03473) 9 25 20, *Fax (03473) 925293*, – . AE E. Rest
Menu *(Sonntag geschl.)* (nur Abendessen) à la carte 27/52 – **31 Z** 75/140.

ASCHHEIM *Bayern siehe München.*

ASENDORF *Niedersachsen siehe Jesteburg.*

ASPACH *Baden-Württemberg siehe Backnang.*

ASPERG *Baden-Württemberg 419 T 11 – 12 000 Ew – Höhe 270 m.*

Berlin 617 – Stuttgart 21 – Heilbronn 38 – Ludwigsburg 5 – Pforzheim 54.

Adler, Stuttgarter Str. 2, ✉ 71679, ✆ (07141) 2 66 00, *Fax (07141) 266060*, , , – , Zim, Rest, – 120. AE E VISA
Schwabenstube (Tischbestellung ratsam) *(Montagmittag geschl.)* **Menu** à la carte 53/93 – ***Brasserie Adlerstube*** *(Samstag - Sonntagmittag sowie Jan. 1 Woche und Aug. 3 Wochen geschl.)* **Menu** à la carte 36/53 – **61 Z** 165/240.

Landgasthof Lamm, Lammstr. 1, 71679, (07141) 2 64 10, *Fax (07141) 264150,* – . AE E VISA
Menu *(Juli - Aug. 3 Wochen geschl.)* à la carte 33/64 – **15 Z** 105/155.

Bären, Königstr. 8, 71679, (07141) 2 65 60, *Fax (07141) 65478,* – . AE E VISA
über Fasching und Aug. - Sept. 3 Wochen geschl. – **Menu** *(Montag geschl.)* à la carte 26/60 *(auch vegetarische Gerichte)* – **16 Z** 88/139.

In Tamm *NW : 2,5 km :*

Historischer Gasthof Ochsen, Hauptstr. 40, 71732, (07141) 6 93 30, *Fax (07141) 693330,* , « Restauriertes Fachwerkhaus a.d. 18. Jh. » – . E VISA JCB
Menu à la carte 51/105 – **17 Z** 135/185.

ATERITZ *Sachsen-Anhalt siehe Kemberg.*

ATTENDORN *Nordrhein-Westfalen* 417 *M 7 – 24 000 Ew – Höhe 255 m.*

Sehenswert : Attahöhle★.

Attendorn-Niederhelden, Repetalstr. 219 (O : 7 km), (02721) 13 10.

Tourist Information, Rathauspassage, 57439, (02722) 6 42 29, Fax (02722) 4775.

Berlin 539 – Düsseldorf 131 – Siegen 41 – Lüdenscheid 37.

Rauch garni, Wasserstr. 6, 57439, (02722) 9 24 20, *Fax (02722) 924233* – . AE E VISA
13 Z 95/180.

Zur Post, Niederste Str. 7, 57439, (02722) 24 65, *Fax (02722) 4891,* – . AE E VISA
Menu *(Sonntagabend geschl.)* à la carte 29/55 – **23 Z** 97/160.

Außerhalb *O : 3,5 km, Richtung Helden :*

Burghotel Schnellenberg , 57439 Attendorn, (02722) 69 40, *Fax (02722) 694169,* , , « Burg a. d. 13. Jh. ; Burgkapelle ; Burgmuseum », – – 80. AE E VISA
Jan. 2 Wochen geschl. – **Menu** à la carte 53/90 – **42 Z** 175/355.

In Attendorn-Niederhelden *O : 8 km :*

Romantik Hotel Haus Platte, Repetalstr. 219, 57439, (02721) 13 10, *Fax (02721) 131455,* , , , , (Halle) – Zim, – 60. E VISA.
über Weihnachten geschl. – **Menu** à la carte 43/69 – **50 Z** 115/290.

Landhotel Struck (mit Gästehaus), Repetalstr. 245, 57439, (02721) 1 39 40, *Fax (02721) 20161,* , , , – Zim, – 120. AE E VISA
Menu à la carte 40/69 – **49 Z** 113/276.

ATTERWASCH *Brandenburg siehe Guben.*

AUE *Sachsen* 418 420 *O 22 – 22 000 Ew – Höhe 343 m.*

Stadtinformation, Goethestr. 5, 08280, (03771) 28 11 25, Fax (03771) 22709.

Berlin 295 – Dresden 122 – Chemnitz 35 – Zwickau 23.

Blauer Engel, Altmarkt 1, 08280, (03771) 59 20, *Fax (03771) 23173,* – , Zim, . AE E VISA
Menu à la carte 24/61 – **60 Z** 110/170.

AUERBACH (VOGTLAND) *Sachsen* 418 420 *O 21 – 21 000 Ew – Höhe 480 m.*

Fremdenverkehrsamt, Schloßstr. 10, 08209, (03744) 8 14 50, Fax (03744) 81437.

Berlin 305 – Dresden 147 – Gera 58 – Plauen 24.

Auerbach, Friedrich-Ebert-Str. 38, 08209, (03744) 8 09 01, *Fax (03744) 80911* – . AE E VISA. Zim
23.- 28. Dez. geschl. – **Menu** à la carte 22/42 – **23 Z** 80/120.

In Auerbach-Schnarrtanne *O : 6 km :*

Renoir, Schönheider Str. 235, 08209, (03744) 21 51 19, *Fax (03744) 215119* – . E
Montag - Dienstagmittag geschl. – **Menu** à la carte 27/58.

AUERBACH IN DER OBERPFALZ *Bayern* 420 *Q 18 – 9 800 Ew – Höhe 435 m.*
Berlin 395 – München 212 – Nürnberg 67 – Bayreuth 42 – Regensburg 102 – Weiden in der Oberpfalz 49.

Goldner Löwe, Unterer Markt 9, ✉ 91275, ✆ (09643) 17 65, *Fax (09643) 4670* – ⇅, ⇸ Zim, ▤ Rest, TV ☎ ✆ 🚗 P – 🏛 80. AE ⓓ E VISA. ✻ Rest
Menu à la carte 59/100 – **27 Z** 90/260.

AUEROSE *Mecklenburg-Vorpommern siehe Anklam.*

AUETAL *Niedersachsen* 417 *J 11 – 6 200 Ew – Höhe 160 m.*
Berlin 327 – Hannover 50 – Bückeburg 19 – Hameln 21 – Obernkirchen 19.

In Auetal-Rehren :

Waldhotel Mühlenhof, Zur Obersburg 7, ✉ 31749, ✆ (05752) 4 24, *Fax (05752) 346,* ≘, ⛱, ⛱, 🌳 – ⇅ TV ☎ 🚗 P – 🏛 20. E VISA
1. Nov. - 20. Dez. geschl. – (Restaurant nur für Hausgäste) – **50 Z** 70/130.

AUFHAUSEN *Bayern siehe Erding.*

AUFSESS *Bayern* 420 *Q 17 – 1 400 Ew – Höhe 426 m.*
Berlin 388 – München 231 – Coburg 75 – Bayreuth 31 – Nürnberg 61 – Bamberg 29.

Brauereigasthof Sonnenhof, Im Tal 70, ✉ 91347, ✆ (09198) 9 29 20, *Fax (09198) 9292290,* 🌳, ⛱ (geheizt), 🌳 – ☎ P – 🏛 40. E VISA
Jan. und Nov. - Dez. jeweils 2 Wochen geschl. – **Menu** *(Dienstag geschl.)* à la carte 23/43 ♁ – **19 Z** 51/110.

AUGGEN *Baden-Württemberg* 419 *W 6 – 2 000 Ew – Höhe 266 m.*
Berlin 833 – Stuttgart 240 – Freiburg im Breisgau 35 – Basel 31 – Mulhouse 28.

Gästehaus Zur Krone garni, Hauptstr. 6, ✉ 79424, ✆ (07631) 60 75, *Fax (07631) 16913,* « Garten », ≘, ⛱, 🌳 – ⇅ TV ☎ P. AE ⓓ E VISA JCB
30 Z 99/260.

Zur Krone, Hauptstr. 12, ✉ 79424, ✆ (07631) 25 56, *Fax (07631) 16182* – P. E VISA
Mittwoch geschl. – **Menu** à la carte 43/72.

Bären mit Zim, Bahnhofstr. 1 (B 3), ✉ 79424, ✆ (07631) 23 06, 🌳 – 🚗 P
1. - 15. Jan. geschl. – **Menu** *(Donnerstag - Freitagmittag geschl.)* à la carte 29/58 ♁ – **7 Z** 50/120.

AUGSBURG *Bayern* 419 420 *U 16 – 265 000 Ew – Höhe 496 m.*
Sehenswert : Fuggerei★ Y – Maximilianstraße★ Z – St. Ulrich- und Afra-Kirche★ (Simpertuskapelle : Baldachin mit Statuen★) Z – Hoher Dom (Südportal★★ des Chores, Türflügel★, Prophetenfenster★, Gemälde★ von Holbein dem Älteren) Y – Städtische Kunstsammlungen (Festsaal★★) Z **M1** *– St. Anna-Kirche (Fuggerkapelle★) Y* **B** *– Staatsgalerie in der Kunsthalle★ X* **M4.**

⛳18 Bobingen-Burgwalden (④ : 17 km), ✆ (08234) 56 21 ; ⛳9 Stadtbergen (3 km über Augsburger Straße), ✆ (0821) 43 49 19 ; ⛳9 Gessertshausen (SW : 15 km über ⑤), Weiherhof, ✆ (08238) 78 44 ; ⛳9 Lindauer Str. 56 (S : 4 km über ④) ✆ (0821) 90 65 00.

ℹ Tourist- und Kongreß Service, Bahnhofstr. 7, ✉ 86150, ✆ (0821) 50 20 70, Fax (0821) 5020745.

ℹ Tourist-Information, Rathausplatz, ✉ 86150, ✆ (0821) 50 20 24.

ADAC, *Ernst-Reuter-Platz 3, ✉ 86150, ✆ (0821) 50 28 80, Fax (0821) 512531.*

Berlin 560 ① – München 68 ① – Ulm (Donau) 80 ⑥.

Stadtpläne siehe nächste Seiten

Steigenberger Drei Mohren ⛰, Maximilianstr. 40, ✉ 86150, ✆ (0821) 5 03 60, *Fax (0821) 157864,* « Gartenterrasse » – ⇅, ⇸ Zim, ▤ Rest, TV 🚗 P – 🏛 170. AE ⓓ E VISA JCB. ✻ Rest Z a
Maximilians *(Sonntagabend geschl.)* **Menu** à la carte 44/68 – ***Bistro :*** **Menu** à la carte 34/56 – **107 Z** 199/370, 5 Suiten.

Romantik Hotel Augsburger Hof, Auf dem Kreuz 2, ✉ 86152, ✆ (0821) 31 40 83, *Fax (0821) 38322,* 🌳, ≘ – ⇅ TV ☎ ✆ ♿ 🚗. AE ⓓ E VISA JCB X v
Menu à la carte 41/85 – **36 Z** 115/230.

Augusta, Ludwigstr. 2, ✉ 86152, ✆ (0821) 5 01 40, *Fax (0821) 5014605,* ≘ – ⇅, ⇸ Zim, TV ☎ ♿ P – 🏛 70. AE ⓓ E VISA Y v
23. Dez. - 1. Jan. geschl. – **Menu** *(Sonntagabend geschl.)* à la carte 41/65 – **105 Z** 185/280.

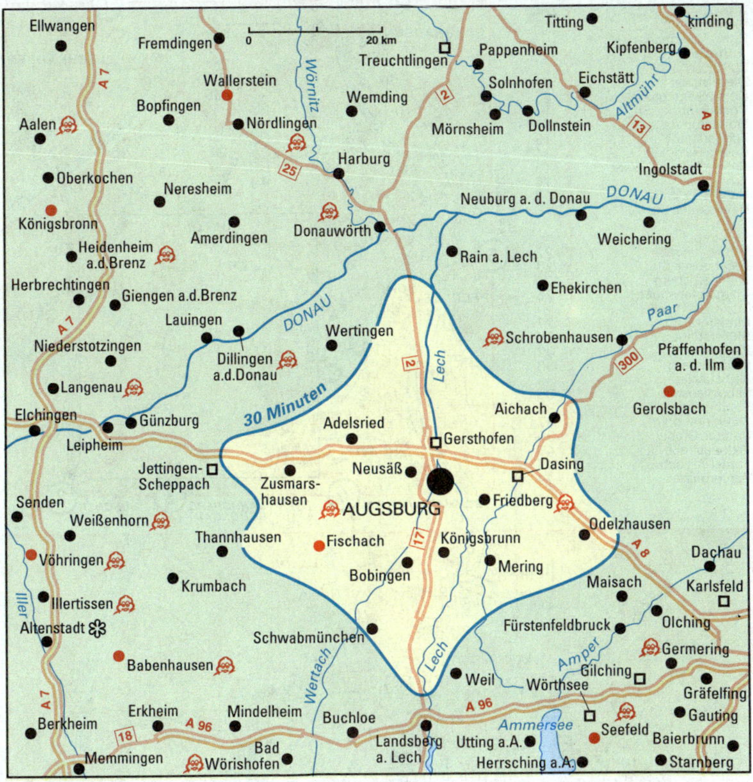

Fischertor, Pfärrle 16, ✉ 86152, ✆ (0821) 34 58 30, *Fax (0821) 3458395,* – AE D E VISA JCB — X c
1.- 6. Jan. geschl. – **Menu** *(Sonntagabend - Montag geschl.)* à la carte 29/63 – **21 Z** 98/168.

Riegele, Viktoriastr. 4, ✉ 86150, ✆ (0821) 50 90 00, *Fax (0821) 517746* – – 80. AE D E VISA JCB — X r
Menu à la carte 33/63 – **28 Z** 100/205.

InterCityHotel M, Halderst. 29, ✉ 86150, ✆ (0821) 5 03 90, *Fax (0821) 5039999* – Zim, – 25. AE D E VISA JCB. Rest — X a
Menu *(Samstag - Sonntag geschl.)* à la carte 33/59 – **120 Z** 190/252.

Altstadthotel Ulrich garni, Kapuzinergasse 6, ✉ 86150, ✆ (0821) 3 46 10, *Fax (0821) 3461346* – – 15. AE D E VISA. — Z e
31 Z 140/210.

Am Rathaus M garni, Am Hinteren Perlachberg 1, ✉ 86150, ✆ (0821) 34 64 90, *Fax (0821) 3464999* – AE D E VISA — Y a
32 Z 140/195.

Ost am Kö garni, Fuggerstr. 4, ✉ 86150, ✆ (0821) 50 20 40, *Fax (0821) 5020444,* – AE D E VISA — Y z
55 Z 105/220.

Dom-Hotel garni, Frauentorstr. 8, ✉ 86152, ✆ (0821) 34 39 30, *Fax (0821) 34393200,* – – 20. AE D E VISA JCB — Y c
48 Z 110/210.

Ibis, Hermanstr. 25, ✉ 86150, ✆ (0821) 5 03 10, *Fax (0821) 5031300* – Zim, – 50. AE D E VISA. Rest — Z t
Menu à la carte 26/39 – **104 Z** 115/130.

AUGSBURG

Annastraße	Y	
Bahnhofstraße	YZ	
Bgm.-Ackermann-Straße	X	4
Bgm Fischer Str.	Y	5
Dieselstraße	X	6
Dominikanergasse	Z	8
Donauwörther Str.	X	10
Frauentorstraße	XY	12
Fuggerstraße	Y	13
Georg.-Haindl-Str.	X	14
Gesundbrunnenstraße	X	15
Grottenau	Y	16
Hans-Böckler-Str.	X	17
Haunstetter Str.	Z	18
Hoher Weg	Y	
Karlstraße	Y	
Karolinenstraße	Y	22
Lechhauser Str.	XY	23
Leonhardsberg	Y	24
Margaretenstraße	Z	25
Maximilianstraße	Z	
Mittlerer Graben	Y	27
Müllerstraße	X	28
Perlachberg	Y	32
Predigerberg	Z	33
Rathausplatz	Y	34
Sebastianstr.	X	35
Stadtbachstr.	X	36
Stephingerberg	X	37
Unterer Graben	XY	39
Viktoriastraße	X	40
Vorderer Lech	Z	43
Wintergasse	Y	44

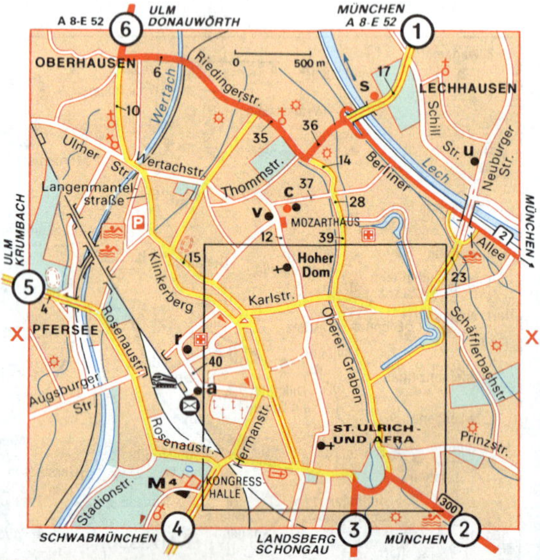

XX **Oblinger,** Pfärrle 14, ✉ 86152, ☎ (0821) 3 45 83 92, *Fax (0821) 3458395* – AE ⓓ E VISA JCB X c
Sonntagabend - Montag, 1. - 6. Jan., über Ostern 2 Wochen und Anfang - Mitte Aug. geschl. – **Menu** (Tischbestellung ratsam, bemerkenswerte Weinkarte) à la carte 31/61.

XX **Die Ecke,** Elias-Holl-Platz 2, ✉ 86150, ☎ (0821) 51 06 00, *Fax (0821) 311992* – AE ⓓ E VISA Y n
Menu à la carte 45/84.

X **Fuggerei-Stube,** Jakoberstr. 26, ✉ 86152, ☎ (0821) 3 08 70, *Fax (0821) 159023* – AE E Y s
Sonn- und Feiertage abends sowie Montag geschl. – **Menu** (Tischbestellung ratsam) à la carte 36/68.

X **Zeughaus-Stuben,** Zeugplatz 4, ✉ 86150, ☎ (0821) 51 16 85, *Fax (0821) 513864,* Biergarten – AE ⓓ E VISA Z b
Sonn- und Feiertage abends sowie Jan.- März Montag geschl. – **Menu** à la carte 33/65 *(auch vegetarische Gerichte).*

In Augsburg-Göggingen *über ④ :*

Terratel garni, Nanette-Streicher-Str. 4, ✉ 86199, ☎ (0821) 90 60 40, *Fax (0821) 9060450,* – – 20. AE ⓓ E VISA
22 Z 100/160.

In Augsburg-Haunstetten ③ *: 7 km :*

Gregor garni, Landsberger Str. 62, ✉ 86179, ☎ (0821) 8 00 50, *Fax (0821) 800569* – AE ⓓ E VISA JCB
40 Z 95/180.

Prinz Leopold, Bgm.-Widmeier-Str. 54, ✉ 86179, ☎ (0821) 8 07 70, *Fax (0821) 8077333* – – 100
Menu *(Mittwoch - Donnerstagmittag und Sonntagabend geschl.)* à la carte 34/63 – **37 Z** 125/180.

In Augsburg-Lechhausen :

CIRA Hotel (Boarding House), Kurt-Schumacher-Str. 6, ✉ 86165, ☎ (0821) 7 94 40, *Fax (0821) 7944450* – , Zim, – 40. AE ⓓ E VISA
über Neuburger Str. X und Blücherstr.
22. Dez. - 6. Jan. geschl. – **Menu** *(Sonntag und Samstagmittag geschl.)* à la carte 40/67 – **77 Z** 152/212, 5 Suiten.

X **Wirtshaus am Lech** (modernisiertes bayerisches Gasthaus), Leipziger Str. 50, ✉ 86169, ☎ (0821) 70 70 74, *Fax (0821) 707084,* Biergarten – X s
Donnerstag geschl. – **Menu** à la carte 37/78.

In Augsburg-Oberhausen *über ⑥ :*

Alpenhof, Donauwörther Str. 233, ✉ 86154, ☎ (0821) 4 20 40, *Fax (0821) 4204200,* – , Zim, – 200. AE ⓓ E VISA
Menu à la carte 38/74 – **130 Z** 135/260.

AUGUSTUSBURG *Sachsen 418 N 23 – 2 100 Ew – Höhe 470 m.*

Sehenswert : *Schloß Augustusburg (Jagdtier- und Vogelkundemuseum★, Motorradmuseum★★).*

Fremdenverkehrsamt, Marienberger Str. 29b, ✉ 09573, ☎ (037291) 65 51, Fax (037291) 6552.

Berlin 260 – Dresden 96 – Chemnitz 21 – Zwickau 52.

Café Friedrich, Hans-Planer-Str. 1, ✉ 09573, ☎ (037291) 66 66, *Fax (037291) 60052,* – . E
Menu à la carte 20/41 – **11 Z** 75/130.

Morgensonne, Morgensternstr. 2, ✉ 09573, ☎ (037291) 2 05 08, *Fax (037291) 6582,* – . AE ⓓ E VISA
(Restaurant nur für Hausgäste) – **12 Z** 85/110.

AULENDORF *Baden-Württemberg 419 W 12 – 7 500 Ew – Höhe 575 m – Kneippkurort.*

Berlin 682 – Stuttgart 124 – Konstanz 90 – Ulm (Donau) 68 – Ravensburg 28.

Aulendorfer Hof garni, Hauptstr. 21, ✉ 88326, ☎ (07525) 10 77, *Fax (07525) 2900* – . AE E VISA
Weihnachten - Anfang Jan. geschl. – **15 Z** 87/135.

AUMÜHLE *Schleswig-Holstein* 415 416 *F 14 – 3 500 Ew – Höhe 35 m.*

[Golf 18] *Dassendorf (SO : 5 km),* ✆ *(04104) 61 20.*

Berlin 266 – Kiel 104 – Hamburg 33 – Lübeck 57.

Waldesruh am See (ehemaliges Jagdschloß a.d. 18. Jh.), Am Mühlenteich 2, ✉ 21521, ✆ (04104) 30 46, *Fax (04104) 2073,* « Gartenterrasse mit ← » – AE E VISA
Menu *(Dienstag geschl.)* à la carte 37/70 – **14 Z** 98/220.

AURICH (OSTFRIESLAND) *Niedersachsen* 415 *F 6 – 40 000 Ew – Höhe 8 m.*

Verkehrsverein, Norderstr. 32, ✉ *26603,* ✆ *(04941) 44 64, Fax (04941) 10655.*

ADAC, *Esenser Str. 122a,* ✉ *26607,* ✆ *(04941) 9 60 30, Fax (04941) 960310.*

Berlin 506 – Hannover 241 – Emden 26 – Oldenburg 70 – Wilhelmshaven 51.

Stadt Aurich, Hoheberger Weg 17, ✉ 26603, ✆ (04941) 43 31, *Fax (04941) 62572,* – Zim, – 50. AE E VISA
Menu (Nov.- März nur Abendessen) à la carte 30/66 – **49 Z** 89/180.

Brems Garten, Kirchdorfer Str. 7, ✉ 26603, ✆ (04941) 92 00, *Fax (04941) 920920,* – – 300. AE E VISA
Menu à la carte 36/62 – **29 Z** 85/170.

In Aurich-Wallinghausen *O : 3 km :*

Köhlers Forsthaus , Hoheberger Weg 192, ✉ 26605, ✆ (04941) 1 79 20, *Fax (04941) 179217,* , « Garten », – – 80. AE E VISA
Menu à la carte 30/62 – **51 Z** 88/240.

In Aurich-Wiesens *SO : 6 km :*

Waldhof , Zum alten Moor 10, ✉ 26605, ✆ (04941) 9 57 50, *Fax (04941) 66579,* « Park ; Gartenterrasse », – . E
Menu *(Montag geschl.)* à la carte 44/71 – **9 Z** 95/250.

AYING *Bayern* 420 *W 19 – 3 000 Ew – Höhe 611 m – Wintersport :* .

Berlin 613 – München 29 – Rosenheim 34.

Brauereigasthof Aying, Zornedinger Str. 2, ✉ 85653, ✆ (08095) 9 06 50, *Fax (08095) 906566,* Biergarten, « Zimmereinrichtung im Landhausstil » – – 80. AE E VISA
Menu à la carte 33/80 – **28 Z** 160/300.

AYL *Rheinland-Pfalz* 417 *R 3 – 1 200 Ew – Höhe 160 m.*

Berlin 739 – Mainz 178 – Trier 21 – Merzig 28 – Saarburg 3,5.

Weinhaus Ayler Kupp , Trierer Str. 49, ✉ 54441, ✆ (06581) 30 31, *Fax (06581) 2344,* « Gartenterrasse », – . E VISA
20. Dez. - Jan. geschl. – **Menu** *(Sonntag - Montag geschl.)* à la carte 43/66 – **12 Z** 65/120 – ½ P 30.

BAABE *Mecklenburg-Vorpommern siehe Rügen (Insel).*

BABENHAUSEN *Bayern* 419 420 *V 14 – 5 000 Ew – Höhe 563 m – Erholungsort.*

Berlin 612 – München 112 – Augsburg 66 – Memmingen 22 – Ulm (Donau) 39.

Sailer Bräu , Judengasse 10, ✉ 87727, ✆ (08333) 13 28, *Fax (08333) 7102* –
Menu *(Sonntagabend, Donnerstag, Mitte Jan. - Anfang Feb. und Mitte Juli - Anfang Aug. geschl.)* à la carte 26/49 – **19 Z** 45/90.

Post, Stadtgasse 1, ✉ 87727, ✆ (08333) 13 03 – AE E VISA
Montag - Dienstag und Mitte Aug. - Anfang Sept. geschl. – **Menu** à la carte 38/64.

BABENHAUSEN *Hessen* 417 *Q 10 – 16 000 Ew – Höhe 126 m.*

Berlin 559 – Wiesbaden 63 – Frankfurt am Main 48 – Darmstadt 26 – Aschaffenburg 14.

In Babenhausen-Langstadt *S : 4 km :*

Zur Bretzel, Bürgermeistergasse 2, ✉ 64832, ✆ (06073) 8 77 42, *Fax (06073) 9749* – . AE E VISA. Zim
Anfang - Mitte Jan. und Juli - Aug. 3 Wochen geschl. – **Menu** *(Samstag geschl.)* à la carte 26/38 – **15 Z** 55/130.

BACHARACH *Rheinland-Pfalz* 417 *P 7 – 2 600 Ew – Höhe 80 m.*

Sehenswert : *Markt★ – Posthof★ – Burg Stahleck (Aussichtsturm ≤★★).*

Rhein-Nahe Touristik, Oberstr. 1, ✉ 55422, ☎ (06743) 29 68, Fax (06743) 3155.

Berlin 615 – Mainz 50 – Bad Kreuznach 35 – Koblenz 50.

Park-Hotel, Marktstr. 8, ✉ 55422, ☎ (06743) 14 22, *Fax (06743) 1541,* – VISA
Anfang März - Mitte Nov. – **Menu** à la carte 36/59 – **21 Z** 95/200.

Altkölnischer Hof, Blücherstr. 2, ✉ 55422, ☎ (06743) 13 39, *Fax (06743) 2793,* – AE VISA
April - Okt. – **Menu** à la carte 32/64 – **18 Z** 90/190.

In Bacharach-Henschhausen *NW : 4 Km :*

Landhaus Delle, Gutenfelsstr. 16, ✉ 55422, ☎ (06743) 17 65, *Fax (06743) 1011,* – Zim, AE E VISA.
Ostern - Nov. – (nur Abendessen für Hausgäste, Voranmeldung erforderlich) – **8 Z** 240/380.

Benutzen Sie für weite Fahrten in Europa die ***Michelin-Länderkarten :***

970 ***Europa,*** 976 ***Tschechische Republik-Slowakische Republik,***
980 ***Griechenland,*** 984 ***Deutschland,*** 985 ***Skandinavien-Finnland,***
986 ***Großbritannien-Irland,*** 987 ***Deutschland-Österreich-Benelux,***
988 ***Italien,*** 989 ***Frankreich,*** 990 ***Spanien-Portugal,*** 991 ***Jugoslawien.***

BACKNANG *Baden-Württemberg* 419 *T 12 – 33 300 Ew – Höhe 271 m.*

Stadtinformation, Am Rathaus 1, ✉ 71522, ☎ (07191) 89 42 56, Fax (07191) 894100.

Berlin 589 – Stuttgart 36 – Heilbronn 36 – Schwäbisch Gmünd 42 – Schwäbisch Hall 37.

Am Südtor garni, Stuttgarter Str. 139, ✉ 71522, ☎ (07191) 14 40, *Fax (07191) 144144* – – 45. AE E VISA
67 Z 120/160.

Gerberhof garni, Wilhelmstr. 16, ✉ 71522, ☎ (07191) 97 70, *Fax (07191) 977377* – . AE E VISA
42 Z 120/190.

Bitzer garni, Eugen-Adolff-Str. 29, ✉ 71522, ☎ (07191) 9 63 35, *Fax (07191) 87636* – . E VISA
20. Dez. - 7. Jan geschl. – **32 Z** 98/148.

Holzwarth garni, Eduard-Breuninger-Str. 2, ✉ 71522, ☎ (07191) 3 25 50, *Fax (07191) 325520* – . E VISA
15 Z 85/130.

Rems-Murr Hotel garni, Talstr. 45, ✉ 71522, ☎ (07191) 8 80 05, *Fax (07191) 72974* – . AE E VISA
38 Z 110/160.

Backnanger Stuben, Bahnhofstr. 7 (Bürgerhaus), ✉ 71522, ☎ (07191) 3 25 60, *Fax (07191) 325626* – 30. AE E VISA
Dienstag geschl. – **Menu** à la carte 30/64 *(auch vegetarische Gerichte).*

Tafelhaus, Schillerstr. 6, ✉ 71522, ☎ (07191) 98 00 44, *Fax (07191) 980077,* – E
Sonn- und Feiertage geschl. – **Menu** à la carte 42/75.

In Aspach-Großaspach *NW : 4 km :*

Lamm, Hauptstr. 23, ✉ 71546, ☎ (07191) 2 02 71, *Fax (07191) 23131* –
Sonntagabend - Montag und Aug. 2 Wochen geschl. – **Menu** à la carte 41/75.

In Aspach-Kleinaspach *NW : 7 km :*

Sonnenhof, Oberstenfelder Straße, ✉ 71546, ☎ (07148) 3 70, *Fax (07148) 37316,* , Massage, , (geheizt), , , – – 50. AE E VISA.
Rest
Menu à la carte 33/61 *(auch vegetarische Gerichte)* – **151 Z** 75/160.

BAD...

siehe unter dem Eigennamen des Ortes (z. B. Bad Orb siehe Orb, Bad).

voir au nom propre de la localité (ex. : Bad Orb voir Orb, Bad).

see under second part of town name (e.g. for Bad Orb see under Orb, Bad).

vedere nome proprio della località (es. : Bad Orb vedere Orb, Bad).

BADEN-BADEN *Baden-Württemberg 419 T 8 – 50 000 Ew – Höhe 181 m – Heilbad.*

Sehenswert : *Lichtentaler Allee★★* BZ – *Kurhaus (Spielsäle★)* BZ – *Stadtmuseum im Baldreit★* BY.

Ausflugsziele : *Ruine Yburg ※★★ über Fremersbergstr.* AX – *Merkur ←★* AX – *Autobahnkirche★, ① : 8 km – Schwarzwaldhochstraße (Höhenstraße★★ von Baden-Baden bis Freudenstadt) – Badische Weinstraße (Rebland★) – Gernsbach (Rathaus★), über Beuerner Str.* AX.

Baden-Baden, Fremersbergstr. 127 (AX), (07221) 2 35 79.

Tourist-Information, Augustaplatz 8, 76530, (07221) 27 52 00, Fax (07221) 275202.

Tourist-Information, Schwarzwaldstr. 52 (Autobahnzubringer über ①), 76530, (07221) 27 52 00, Fax (07221) 275202.

ADAC, *Lange Str. 57, 76530, (07221) 93 74 10, Fax (07221) 937440.*

Berlin 709 ① – Stuttgart 112 ① – Karlsruhe *38 ① – Freiburg 112 ① – Strasbourg 61 ①.*

Stadtplan siehe gegenüberliegende Seite

Brenner's Park-Hotel, Schillerstr. 6, 76530, (07221) 90 00, *Fax (07221) 38772*, ←, « Park, Caféterrasse », Massage, (Brenner's Spa), – , Rest, – 60. Rest BZ a
Park-Restaurant : Menu à la carte 79/122 – ***Schwarzwaldstube :*** Menu à la carte 65/100 – **100 Z** 358/1356, 12 Suiten – ½ P 105/115.

Steigenberger Europäischer Hof, Kaiserallee 2, 76530, (07221) 93 30, *Fax (07221) 28831*, ←, – , Zim, Rest, – 70. Rest BY b
Menu à la carte 62/85 – **130 Z** 202/454, 4 Suiten – ½ P 56.

Steigenberger Badischer Hof, Lange Str. 47, 76530, (07221) 93 40, *Fax (07221) 934470*, Massage, (Thermal), – , Zim, – 150. Rest BY e
Menu à la carte 50/82 – **139 Z** 200/460, 4 Suiten – ½ P 53.

Quisisana, Bismarckstr. 21, 76530, (07221) 36 90, *Fax (07221) 369269*, Massage, – 15. Rest AX n
10. - 31. Jan. geschl. – (Restaurant nur für Hausgäste) – **60 Z** 240/440, 6 Suiten – ½ P 70.

Holland Hotel Sophienpark, Sophienstr. 14, 76530, (07221) 35 60, *Fax (07221) 356121*, « Park » – , Zim, – 50. Rest
Parkrestaurant *(nur Lunchbuffet)* Menu 36/38 – ***Bauernstuben*** *(nur Abendessen)* Menu à la carte 41/63 – **73 Z** 200/330, 5 Suiten – ½ P 35. CY z

Queens, Falkenstr. 2, 76530, (07221) 21 90, *Fax (07221) 219519*, – , Zim, – 90. AX e
Menu à la carte 50/79 – **121 Z** 220/410 – ½ P 40.

Bad-Hotel Zum Hirsch, Hirschstr. 1, 76530, (07221) 93 90, *Fax (07221) 38148*, « Ballsaal », Massage, – , Zim, – 100. Rest BY g
(nur Abendessen für Hausgäste) – **58 Z** 152/290 – ½ P 48.

Romantik Hotel Der kleine Prinz, Lichtentaler Str. 36, 76530, (07221) 34 64, *Fax (07221) 38264*, « Elegante, individuelle Einrichtung » – . Rest CZ u
Menu *(Montag - Dienstagmittag und Jan. 3 Wochen geschl.)* à la carte 83/104 – **40 Z** 195/580, 5 Suiten – ½ P 50.

Atlantic, Sophienstr. 2a, 76530, (07221) 36 10, *Fax (07221) 26260*, – . Rest BZ r
Menu à la carte 36/51 – **51 Z** 120/310.

Tannenhof, Hans-Bredow-Str. 20, 76530, (07221) 30 09 90, *Fax (07221) 3009951*, ←, – – 40. AX s
Piemonte (italienische Küche) *(Samstagmittag, Sonntag und Juli - Aug. 2 Wochen geschl.)* Menu à la carte 45/71 – **27 Z** 110/260.

Kurhotel Quellenhof, Sophienstr. 27, 76530, (07221) 93 80, *Fax (07221) 938100*, Massage – , Zim, – 20. CY a
Menu à la carte 43/69 – **52 Z** 195/320, 5 Suiten – ½ P 40.

Merkur, Merkurstr. 8, 76530, (07221) 30 30, *Fax (07221) 303333* – – 20. Zim CZ e
Sterntaler *(9. - 30. Jan. geschl.)* Menu à la carte 42/74 – **37 Z** 140/270 – ½ P 35.

Colmar garni, Lange Str. 34, 76530, (07221) 9 38 90, *Fax (07221) 938950* – . BY g
26 Z 140/220.

BADEN-BADEN

Beuerner Straße	AX	2
Burgstraße	BY	3
Eichstraße	CZ	6
Gernsbacher Str	BCY	8
Geroldsauer Straße	AX	9
Goetheplatz	BZ	10
Gunzenbachstraße	AX	13
Hauptstraße	AX	15
Herchenbachstraße	AX	16
Hirschstraße	BY	18
Kaiser-Wilhelm-Straße	AX, BZ	19
Katzensteinstraße	AX	22
Konrad-Adenauer-Platz	BZ	23
Kreuzstraße	BZ	24
Lange Str	AX, BY	25
Leopoldstraße	AX	26
Lichtentaler Str	AX, CZ	28
Ludwig-Wilhelm-Platz	CZ	30
Luisenstraße	BY	
Markgrafenstraße	CZ	32
Marktplatz	CY	33
Merkurstraße	CZ	35
Moltkestraße	AX	36
Prinz-Weimar-Straße	CY	38
Rheinstraße	AX	39
Sonnenplatz	CY	42
Sophienstraße	CY	
Steinstraße	CY	43
Werderstraße	AX	45
Willy-Brandt-Platz	CY	47

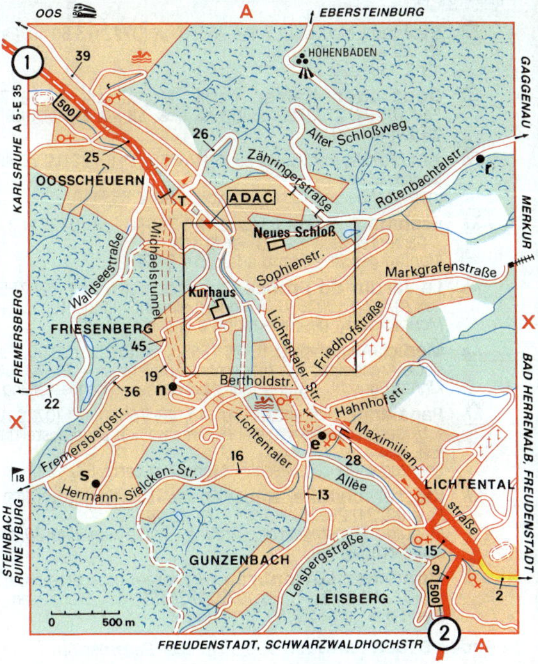

Les plans de villes sont orientés le Nord en haut.

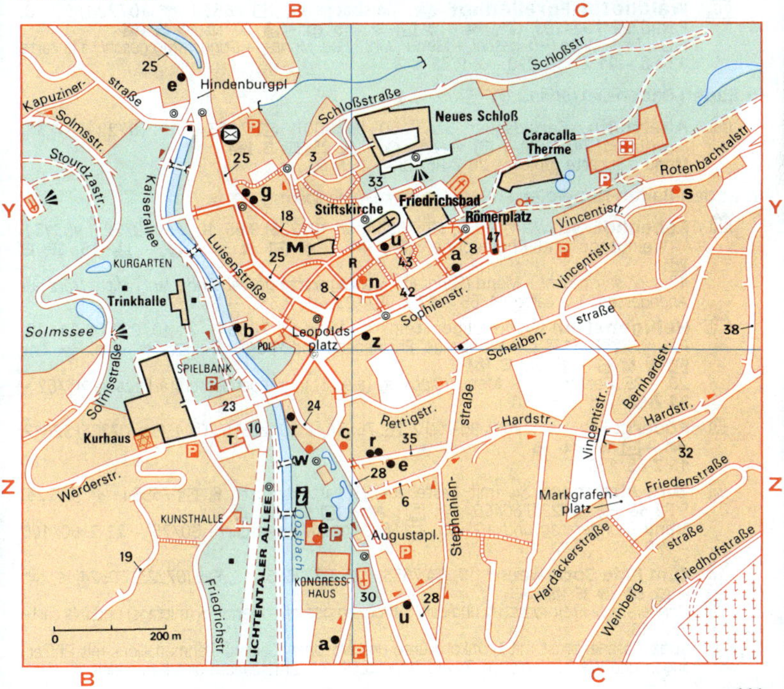

Etol garni, Merkurstr. 7, ✉ 76530, ✆ (07221) 3 60 40, *Fax (07221) 360444* – TV ☎ 🚗 P. AE ◐ E VISA JCB. ✱ CZ r
18 Z 130/220.

Deutscher Kaiser garni, Merkurstr. 9, ✉ 76530, ✆ (07221) 27 00, *Fax (07221) 270270* – |♦| TV ☎ 🚗. AE ◐ E VISA JCB CZ r
28 Z 140/220.

Am Markt, Marktplatz 18, ✉ 76530, ✆ (07221) 2 70 40, *Fax (07221) 270444* – |♦| ☎. AE ◐ E VISA CY u
(nur Abendessen für Hausgäste) – **26 Z** 55/150.

Stahlbad, Augustaplatz 2, ✉ 76530, ✆ (07221) 2 45 69, *Fax (07221) 390222,* « Gartenterrasse » – AE ◐ E VISA BZ w
Montag geschl. – **Menu** à la carte 58/98.

Le Jardin de France, Rotenbachtalstr. 10, ✉ 76530, ✆ (07221) 3 00 78 60, *Fax (07221) 3007870,* « Modern-elegante Einrichtung » – P. AE ◐ E VISA CY s
Montagmittag geschl. – **Menu** à la carte 62/103.

Medici, Augustaplatz 8, ✉ 76530, ✆ (07221) 20 06, *Fax (07221) 2007,* 🌳, « Fin de siecle-Architektur mit modernem Ambiente » – E VISA. ✱ BZ e
Montag geschl. – **Menu** (nur Abendessen, Tischbestellung ratsam) à la carte 49/64.

Papalangi, Lichtentaler Str. 13, ✉ 76530, ✆ (07221) 3 16 16, *Fax (07221) 32788,* « Modernes Ambiente, ständig wechselnde Bilderaustellung, Innenhofterrasse » – AE E VISA JCB BZ c
Sonntag - Montag geschl. – **Menu** à la carte 67/122.

Klosterschänke, an der Straße nach Steinbach, ✉ 76530, ✆ (07221) 2 58 54, *Fax (07221) 25870,* ≤, 🌳 – P. E VISA über Fremersbergstr. AX
Montag - Dienstagmittag, Anfang - Mitte Aug. und 20. Dez.- Mitte Jan. geschl. – **Menu** à la carte 38/68.

Münchner Löwenbräu (Brauerei-Gaststätte), Gernsbacher Str. 9, ✉ 76530, ✆ (07221) 2 23 11, *Fax (07221) 26320,* 🌳, Biergarten – E VISA JCB CY n
Menu à la carte 29/50.

In Baden-Baden-Gaisbach *SO : 5 km über Beuerner Str.* AX :

Waldhotel Forellenhof 🐦, Gaisbach 91, ✉ 76534, ✆ (07221) 97 40, *Fax (07221) 974299,* 🌳, 🌲 – |♦| TV ☎ 🚗 P – 🧑‍🏫 20. AE ◐ E VISA
Ende Jan. - Mitte Feb. geschl. – **Menu** *(Jan. - Feb. Montag - Donnerstag geschl.)* à la carte 42/68 – **21 Z** 115/220 – ½ P 38.

In Baden-Baden-Geroldsau ② : *5 km :*

Auerhahn, Geroldsauer Str. 160 (B 500), ✉ 76534, ✆ (07221) 74 35, *Fax (07221) 7432,* 🌳 – TV ☎ 🚗 P – 🧑‍🏫 25. AE E VISA
Menu à la carte 34/68 – **28 Z** 96/156 – ½ P 30.

In Baden-Baden-Neuweier *SW : 10 km über Fremersbergstr.* AX

Rebenhof 🐦, Weinstr. 58, ✉ 76534, ✆ (07223) 9 63 10, *Fax (07223) 963131,* ≤ Weinberge und Rheinebene, 🌳, 🌲 – |♦| TV ☎ 🚗 P – 🧑‍🏫 15. AE E VISA
17. - 27. Jan. geschl. – **Menu** *(Sonntag - Montagmittag geschl., Ende Jan. - Mitte März nur Abendessen)* à la carte 44/66 – **17 Z** 98/190 – ½ P 35.

Heiligenstein 🐦, Heiligensteinstr. 19a, ✉ 76534, ✆ (07223) 9 61 40, *Fax (07223) 961450,* ≤ Weinberge, Rheinebene und Yburg, 🌳, ≘s, 🌲 – |♦|, ⇔ Zim, TV ☎ ✆ P – 🧑‍🏫 25. E VISA
20. - 25. Dez. geschl. – **Menu** *(Dienstag geschl.)* (nur Abendessen) à la carte 43/62 – **24 Z** 98/175 – ½ P 40.

Röderhof 🐦 garni, Im Nußgärtel 2, ✉ 76534, ✆ (07223) 5 20 44, *Fax (07223) 52612,* 🌲 – TV ☎ 🚗 P
15 Z 65/150.

Zum Altenberg 🐦 (mit Gästehaus), Schartenbergstr. 6, ✉ 76534, ✆ (07223) 5 72 36, *Fax (07223) 60460,* 🌳, 🏊, 🌲 – TV ☎ 🚗 P
Menu *(Donnerstag und 10. Jan. - 1. Feb. geschl.)* à la carte 30/75 – **22 Z** 60/160 – ½ P 26.

Zum Alde Gott, Weinstr. 10, ✉ 76534, ✆ (07223) 55 13, *Fax (07223) 60624,* ≤, 🌳 – P. AE ◐ E VISA JCB
Donnerstag - Freitagmittag und Jan. 3 Wochen geschl. – **Menu** 65 (mittags) und à la carte 73/116
Spez. Fasanenbrust mit Grünkohlpüree und Maronen (Saison). Rehmedaillons mit Pfifferlingen und Wacholdersauce. Zwetschgentörtle mit Zimtschaum und Karameleis.

XX **Schloß Neuweier,** Mauerbergstr. 21, ✉ 76534, ✆ (07223) 96 14 99, *Fax (07223) 961550,* « Gartenterrasse » – P. AE E VISA
Dienstag, 6. - 13. Jan. und 22. - 25. Dez. geschl. – **Menu** 39 (mittags) und à la carte 64/116.

XX **Traube** (mit Zim. und Gästehaus), Mauerbergstr. 107, ✉ 76534, ✆ (07223) 9 68 20, *Fax (07223) 6764,* – TV ☎ P – 20
Menu *(Mittwoch geschl.)* 40 und à la carte 43/78 – **16 Z** 85/250 – ½ P 35.

In Baden-Baden - Oberbeuern *SO : 3 km über Beuerner Str.* AX :

XX **Waldhorn** mit Zim, Beuerner Str. 54, ✉ 76534, ✆ (07221) 7 22 88, *Fax (07221) 73488,* « Gartenterrasse » – TV ☎ P. AE E VISA
Nach Fastnacht 1 Woche und Okt. - Nov. 2 Wochen geschl. – **Menu** *(Sonntagabend - Montag geschl.)* (Tischbestellung ratsam) à la carte 47/76 – **12 Z** 100/210.

In Baden-Baden - Sandweier *NW : 8 km über Rheinstr.* AX :

Blume, Mühlstr. 24, ✉ 76532, ✆ (07221) 9 50 30, *Fax (07221) 950370,* – TV ☎ P – 60. E VISA. Rest
Menu à la carte 39/64 – **29 Z** 95/170 – ½ P 30.

In Baden-Baden - Umweg *SW : 8,5 km über Fremersbergstraße* AX :

Zum Weinberg (mit Gästehaus), Umweger Str. 68, ✉ 76534, ✆ (07223) 9 69 70, *Fax (07223) 969730,* – TV ☎ P. E VISA
Menu *(Dienstag geschl.)* à la carte 40/70 – **11 Z** 90/160 – ½ P 35.

In Baden-Baden - Varnhalt *SW : 6 km über Fremersbergstr.* AX

Haus Rebland, Umweger Str. 133, ✉ 76534, ✆ (07223) 5 20 47, *Fax (07223) 60496,* ≤ Weinberge und Rheinebene, – TV ☎ P. AE E VISA
15. Nov. - 15. Dez. geschl. – **Menu** *(Mittwoch geschl.)* à la carte 33/58 – **22 Z** 96/182 – ½ P 28.

An der Autobahn A 5 *über* ① :

Rasthaus Baden-Baden, Am Rasthof 4, ✉ 76532, ✆ (07221) 6 50 43, *Fax (07221) 17661,* – TV ☎ P – 50. AE E VISA
Menu (auch Self-Service) à la carte 35/58 – **39 Z** 140/210.

An der Schwarzwaldhochstraße : *Hotel Bühlerhöhe siehe unter Bühl*

BADENWEILER *Baden-Württemberg* **419** *W 7 – 3 700 Ew – Höhe 426 m – Heilbad.*

Sehenswert : *Kurpark★★ – Burgruine ≤★.*

Ausflugsziele : *Blauen : Aussichtsturm ★★, SO : 8 km – Schloß Bürgeln★, S : 8 km.*

Touristik-Büro, Ernst-Eisenlohr-Str. 4, ✉ 79410, ✆ (07632) 7 21 10, Fax (07632) 72170.

Berlin 834 – Stuttgart 242 – Freiburg im Breisgau 36 – Basel 45 – Mulhouse 30.

Römerbad , Schloßplatz 1, ✉ 79410, ✆ (07632) 7 00, *Fax (07632) 70200,* « Park », Massage, (Thermal), – TV – P – 80. AE E VISA. Rest
Menu à la carte 60/86 – **84 Z** 240/480, 9 Suiten – ½ P 55/70.

Schwarzmatt , Akazienstr. 4, ✉ 79410, ✆ (07632) 8 20 10, *Fax (07632) 820120,* – TV P – 40. Rest
Menu (Tischbestellung ratsam) à la carte 64/88 – **41 Z** 238/580, 4 Suiten – ½ P 30.

Parkhotel Weißes Haus , Wilhelmstr. 6, ✉ 79410, ✆ (07632) 50 41, *Fax (07632) 5045,* ≤, « Park », Massage, – Zim, TV ☎ P – 25. AE E VISA.
7. Jan. - 14. Feb. geschl. – **Menu** à la carte 42/79 – **40 Z** 90/240 – ½ P 30.

Ritter, Friedrichstr. 2, ✉ 79410, ✆ (07632) 83 10, *Fax (07632) 831299,* « Garten », Massage, – TV ☎ P – 30. AE E VISA
Menu à la carte 38/60 – **75 Z** 105/400.

Anna , Oberer Kirchweg 2, ✉ 79410, ✆ (07632) 79 70, *Fax (07632) 797150,* ≤, (Thermal), – TV ☎ P. Rest
Mitte Feb. - Mitte Nov. – (Restaurant nur für Hausgäste) – **37 Z** 105/240 – ½ P 25.

Romantik Hotel Zur Sonne , Moltkestr. 4, ✉ 79410, ✆ (07632) 7 50 80, *Fax (07632) 750865,* – TV ☎ P. AE E VISA
Menu à la carte 43/83 – **36 Z** 85/220 – ½ P 30.

Schloßberg garni, Schloßbergstr. 3, ✉ 79410, ✆ (07632) 8 21 80, *Fax (07632) 6376,* ≤, – TV ☎ P. AE E.
Mitte Feb. - Mitte Nov. – **17 Z** 100/250.

Am Kurpark-Villa Hedwig, Römerstr. 10, ✉ 79410, ☎ (07632) 8 20 00, *Fax (07632) 820031*, « Jugendstil-Villa mit stilvoller Einrichtung », – TV ☎ P. E VISA. Rest
Mitte Feb. - Mitte Nov. – **Menu** *(Donnerstag geschl.)* (nur Abendessen, Tischbestellung erforderlich) à la carte 40/55 – **15 Z** 115/240, 4 Suiten.

Eckerlin, Römerstr. 2, ✉ 79410, ☎ (07632) 83 20, *Fax (07632) 832299*, ≤, « Garten », – TV ☎ P – 40. AE E VISA
Menu à la carte 33/59 – **50 Z** 90/250 – ½ P 25.

Rebekka und Brühl garni, Glasbachweg 19, ✉ 79410, ☎ (07632) 8 20 20, *Fax (07632) 820299*, – TV ☎ P
Mitte Nov. - Mitte Dez. geschl. – **18 Z** 102/220.

Post, Sofienstr. 1, ✉ 79410, ☎ (07632) 50 51, *Fax (07632) 5123*, – TV ☎ P – 25. E VISA
6. Jan. - 15. Feb. geschl. – **Menu** à la carte 36/70 – **50 Z** 100/350 – ½ P 28.

Försterhaus Lais, Badstr. 42, ✉ 79410, ☎ (07632) 8 21 20, *Fax (07632) 821282*, Massage, – TV ☎ P. AE E VISA
Menu *(Montag - Mittwoch nur Abendessen)* à la carte 30/60 – **30 Z** 60/220 – ½ P 28.

Schnepple, Hebelweg 15, ✉ 79410, ☎ (07632) 54 20, *Fax (07632) 6001*, Massage, – TV ☎ P. AE E VISA. Rest
(nur Abendessen für Hausgäste) – **18 Z** 75/160 – ½ P 25.

Schlössle garni, Kanderner Str. 4, ✉ 79410, ☎ (07632) 2 40, *Fax (07632) 821031*, (beheizt), – ☎
Dez. - Feb. geschl. – **14 Z** 70/160.

In Badenweiler-Lipburg *SW : 3 km :*

Landgasthof Schwanen, Ernst-Scheffelt-Str. 5, ✉ 79410, ☎ (07632) 8 20 90, *Fax (07632) 820944*, – Zim, TV ☎ P. AE E VISA
Anfang Jan. - Mitte Feb. geschl. – **Menu** *(Donnerstag, im Winter auch Mittwoch geschl.)* à la carte 33/62 – **17 Z** 68/170 – ½ P 28.

In Badenweiler-Sehringen *S : 3 km :*

Gasthof zum grünen Baum, Sehringer Str. 19, ✉ 79410, ☎ (07632) 74 11, *Fax (07632) 1580*, ≤, – ☎ P
Mitte Dez. - Anfang Feb. geschl. – **Menu** *(Montag geschl.)* à la carte 31/57 – **15 Z** 59/134 – ½ P 32.

BÄRENFELS *Sachsen* 418 *N 24 25 – 300 Ew – Höhe 750 m.*

Fremdenverkehrsamt, Böhmische Str. 36, ✉ 01776, ☎ (035052) 2 06 42, Fax (035052) 20642.
Berlin 215 – Dresden 35 – Chemnitz 66.

Felsenburg, Böhmische Str. 20, ✉ 01776, ☎ (035052) 2 04 50, *Fax (035052) 20340*, – TV ☎ P – 20. AE
Menu *(Montagmittag und Dienstagmittag geschl.)* à la carte 28/49 – **14 Z** 74/98 – ½ P 20.

BAESWEILER *Nordrhein-Westfalen* 417 *N 2 – 26 000 Ew – Höhe 112 m.*

Berlin 624 – Düsseldorf 69 – Aachen 23.

Blumenhof, Übacher Weg 8, ✉ 52499, ☎ (02401) 9 15 30, *Fax (02401) 915330*, Biergarten – TV ☎ P. AE E VISA
Menu à la carte 29/56 – **17 Z** 85/140.

BAHLINGEN Baden-Württemberg 419 V 7 – 3 400 Ew – Höhe 248 m.

Berlin 789 – Stuttgart 190 – Freiburg im Breisgau 23 – Offenburg 48.

Lamm, Hauptstr. 49, ✉ 79353, ℘ (07663) 13 11, Fax (07663) 5433, – 25.
Menu à la carte 30/60 – **29 Z** 72/144.

BAIERBRUNN Bayern 419 420 V 18 – 2 400 Ew – Höhe 638 m.

Berlin 601 – München 17 – Augsburg 77 – Garmisch-Partenkirchen 72.

Strobl garni, Wolfratshauser Str. 54a, ✉ 82065, ℘ (089) 7 44 20 70, Fax (089) 7931173 –
20 Z 95/160.

In Baierbrunn-Buchenhain *NO : 1 km :*

Waldgasthof Buchenhain, Buchenhain 1, ✉ 82065, ℘ (089) 7 93 01 24, *Fax (089) 7938701,* –
Weihnachten - Anfang Jan. geschl. – **Menu** *(Freitagmittag geschl.)* à la carte 29/63 – **40 Z** 95/160 – ½ P 25.

BAIERSBRONN Baden-Württemberg 419 U 9 – 16 000 Ew – Höhe 550 m – Luftkurort – Wintersport : 584/1 065 m 11.

Tourist-Information, Rosenplatz 3, ✉ 72270, ℘ (07442) 8 41 40, Fax (07442) 841448.
Berlin 720 ② – Stuttgart 100 ② – Karlsruhe 70 ③ – Freudenstadt 7 ② – Baden-Baden 50 ③.

Stadtplan siehe nächste Seite

Rose, Bildstöckleweg 2, ✉ 72270, ℘ (07442) 8 49 40, *Fax (07442) 849494,* – 15. AX h
20. Nov. - 20. Dez. geschl. – **Menu** *(Dienstag geschl.)* à la carte 32/65 – **38 Z** 85/190 – ½ P 24.

Falken, Oberdorfstr. 95, ✉ 72270, ℘ (07442) 8 40 70, *Fax (07442) 50525,* – Rest, AY s
Mitte Nov. - Mitte Dez. geschl. – **Menu** *(Dienstag geschl.)* à la carte 26/52 – **21 Z** 70/140 – ½ P 20.

Rosengarten , Bildstöckleweg 35, ✉ 72270, ℘ (07442) 8 43 40, *Fax (07442) 843434,* – Zim AX a
Anfang Nov. - Mitte Dez. geschl. – **Menu** *(Donnerstagabend und Mittwoch geschl.)* à la carte 30/57 – **27 Z** 78/156 – ½ P 20.

Pappel, Oberdorfstr. 1, ✉ 72270, ℘ (07442) 8 41 20, *Fax (07442) 841250,* – AY t
23 Z.

Krone, Freudenstädter Str. 32, ✉ 72270, ℘ (07442) 8 41 10, *Fax (07442) 4408,* – AY r
10. Jan. - 5. Feb. und 10. Nov. - 15. Dez. geschl. – **Menu** *(Montagmittag und Freitagmittag geschl.)* à la carte 30/58 – **43 Z** 61/146 – ½ P 19.

Miller-Wagner, Forbachstr. 4, ✉ 72270, ℘ (07442) 8 45 30, *Fax (07442) 8454110* – Rest AX e
2. Nov. - 10. Dez. geschl. – (Restaurant nur für Hausgäste) – **18 Z** 58/130 – ½ P 22.

Haus Petra garni, Oberdorfstr. 142, ✉ 72270, ℘ (07442) 27 53, *Fax (07442) 3825,* – AY a
20 Z 59/125.

In Baiersbronn-Tonbach :

Traube Tonbach , Tonbachstr. 237, ✉ 72270, ℘ (07442) 49 20, *Fax (07442) 492692,* , « Gartenterrasse, Hauskapelle », Massage, (geheizt), (Halle) – – 40. BZ n
Menu *siehe auch Rest.* ***Schwarzwaldstube*** *und* ***Köhlerstube*** *separat erwähnt* – **175 Z** 215/576, 10 Suiten – ½ P 25.

Kurhotel Sonnenhalde , Obere Sonnenhalde 63, ✉ 72270, ℘ (07442) 8 45 40, *Fax (07442) 8454110,* – Rest BZ t
3. Nov. - 10. Dez. geschl. – **Menu** *(Mittwoch geschl.)* à la carte 38/64 – **33 Z** 94/212, 3 Suiten – ½ P 23/30.

Waldlust (mit Gästehaus,), Tonbachstr. 174, ✉ 72270, ℘ (07442) 83 50, *Fax (07442) 2127,* – Zim BZ x
Anfang Nov. - Mitte Dez. geschl. – **Menu** *(Dienstag geschl.)* à la carte 30/68 – **42 Z** 88/206 – ½ P 20.

Tanne , Tonbachstr. 243, ✉ 72270, ℘ (07442) 83 30, *Fax (07442) 7657,* – BZ v
Mitte Nov. - Mitte Dez. geschl. – **Menu** *(Montag geschl.)* à la carte 40/79 – **55 Z** 89/216 – ½ P 7.

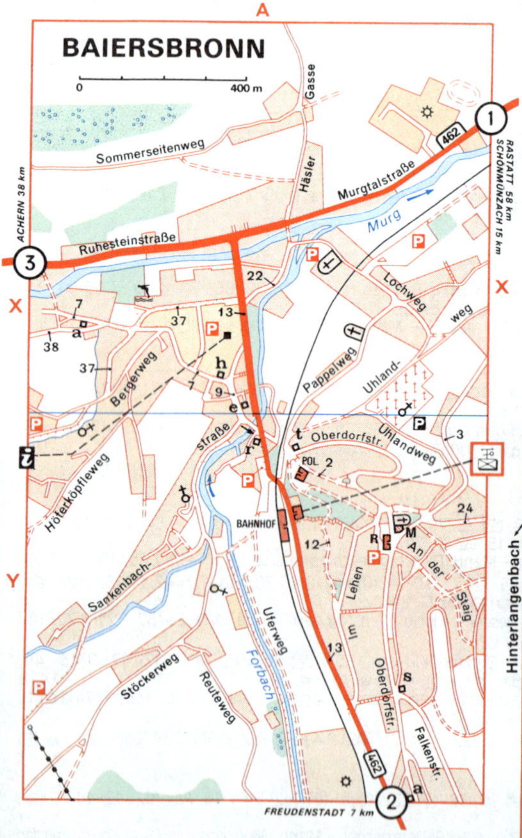

Alte Gasse	AY	2
Alte-Reichenbacher-Straße	AY	3
Alter Tonbachweg	BZ	4
Bildstöckleweg	AX	7
Eulengrundweg	AZ	8
Forbachstraße	AX	9
Forststraße	AY	12
Freudenstädter Straße	AXY	13
Kirchstraße	BY	14
Kraftenbuckelweg	AZ	17
Labbronnerweg	AZ	18
Murgstraße	BZ	19
Neumühleweg	AX	22
Oberdorfstraße	AY	
Orspachweg	AZ	23
Panoramaweg	AY	24
Rechtmurgstraße	AZ	27
Reichenbacher Weg	BZ	28
Schliffkopfstraße	AZ	30
Schönegründer Straße	BY	31
Schönmünzstraße	BY	32
Sonnenhalde	BZ	34
Tonbachstraße	BZ	35
Wilhelm-Münster-Straße	AX	37
Winterseitenweg	AX, BZ	38

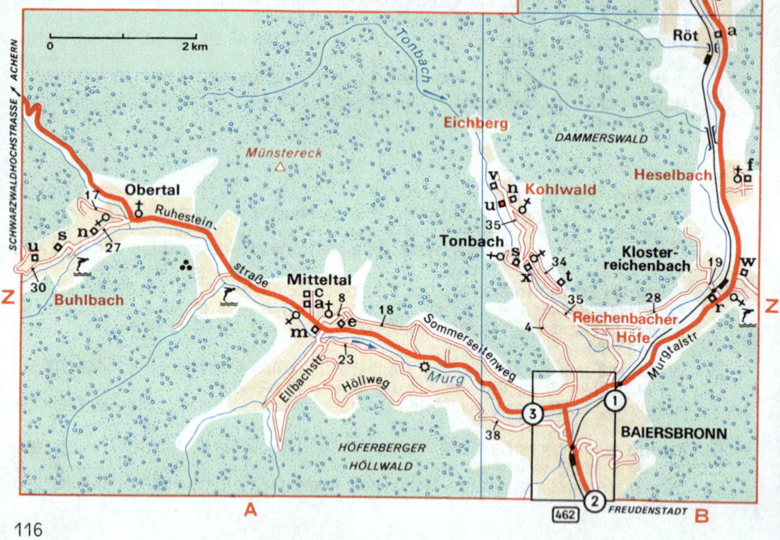

Am Tonbach, Tonbachstr. 177, ✉ 72270, ☎ (07442) 18 00 80, *Fax (07442) 1800844*, – TV ☎ P BZ s
Mitte Nov. - Mitte Dez. geschl. – **Menu** à la carte 30/55 – **16 Z** 94/182 – ½ P 23.

Schwarzwaldstube - Hotel Traube Tonbach, Tonbachstr. 237, ✉ 72270, ☎ (07442) 49 26 65, *Fax (07442) 492692*, ≤ – P. AE ⓓ E VISA BZ u
Montag - Dienstag, 11. Jan. - 2. Feb. und 2. - 26. Aug. geschl. – **Menu** (Tischbestellung erforderlich) 168/210 und à la carte 99/146
Spez. Salat von Meeresfrüchten mit jungen Algenspitzen und Zironengrasmarinade. Steinbuttschnitte mit schwarzem Pfeffer an der Gräte gebraten. Gegrillte Taube mit Steinpilzrisotto und geschmortem Knoblauch, Trüffeljus.

Köhlerstube - Hotel Traube Tonbach, Tonbachstr. 237, ✉ 72270, ☎ (07442) 49 26 65, *Fax (07442) 492692*, ≤, « Behaglich-rustikale Restauranträume » – P. AE ⓓ E VISA BZ u
Menu (Tischbestellung ratsam) à la carte 66/96 – ***Bauernstube*** **: Menu** à la carte 43/65.

Im Murgtal, Richtung Schwarzwaldhochstraße :

In Baiersbronn-Mitteltal :

Bareiss ⛰, Gärtenbühlweg 14, ✉ 72270, ☎ (07442) 4 70, *Fax (07442) 47320*, ≤, « Gartenterrasse », Massage, (geheizt), – Rest, Rest, TV P AZ e
Menu siehe auch Rest. ***Bareiss*** *und* ***Dorfstuben*** *separat erwähnt* – **100 Z** 220/762, 10 Suiten – ½ P 10.

Lamm, Ellbachstr. 4, ✉ 72270, ☎ (07442) 49 80, *Fax (07442) 49878*, – TV ☎ P. AE ⓓ E VISA AZ m
Menu à la carte 33/73 – **46 Z** 62/250 – ½ P 30.

Ödenhof, Ödenhofweg 9, ✉ 72270, ☎ (07442) 8 40 90, *Fax (07442) 840919*, – P. Rest AZ a
Menu *(Dienstag geschl.)* (Abendessen nur für Hausgäste) à la carte 29/55 – **33 Z** 66/180 – ½ P 16.

Birkenhof, Ödenhofweg 17, ✉ 72270, ☎ (07442) 8 42 40, *Fax (07442) 842444*, – ☎ P. E VISA AZ c
10. - 30. Jan. geschl. – **Menu** *(Mittwoch geschl.)* à la carte 26/53 – **25 Z** 74/188 – ½ P 25.

Restaurant Bareiss - Hotel Bareiss, Gärtenbühlweg 14, ✉ 72270, ☎ (07442) 4 70, *Fax (07442) 47320*, ≤, – P. AE ⓓ E VISA AZ e
Montag - Dienstag, 7. Juni - 9. Juli und 22. Nov. - 24. Dez. geschl. – **Menu** (Tischbestellung ratsam, bemerkenswerte Weinkarte) 158/189 und à la carte 103/128 – ***Kaminstube*** **: Menu** à la carte 52/79
Spez. Gratinierte Rosette von Jakobsmuscheln mit Imperial-Kaviar (Saison). Bretonischer Steinbutt mit Pinienkernen gratiniert und Kräuternudeln. Variation vom Bresse Täubchen mit Trüffelglace.

Dorfstuben - Hotel Bareiss, Gärtenbühlweg 14, ✉ 72270, ☎ (07442) 4 70, *Fax (07442) 47320* – P. AE ⓓ E VISA AZ e
Menu à la carte 45/65.

In Baiersbronn-Obertal

Engel Obertal ⛰, Rechtmurgstr. 28, ✉ 72270, ☎ (07449) 8 50, *Fax (07449) 85200*, Massage, – Rest, Rest, TV P – 20. Rest AZ n
Menu à la carte 38/79 *(auch vegetarisches Menu)* – **67 Z** 124/392 – ½ P 32.

Pension Sigwart ⛰, Am Hänger 24 (Buhlbach), ✉ 72270, ☎ (07449) 9 26 20, *Fax (07449) 926241*, ≤, – TV ☎ P AZ u
30. Nov. - 18. Dez. geschl. – (Restaurant nur für Hausgäste) – **18 Z** 63/140 – ½ P 20.

Blume ⛰, Rechtmurgstr. 108 (Buhlbach), ✉ 72270, ☎ (07449) 80 77, *Fax (07449) 8009*, Biergarten, – Zim, TV ☎ P AZ s
Mitte Nov. - Mitte Dez. geschl. – **Menu** *(Mittwoch geschl.)* à la carte 25/46 – **18 Z** 55/140 – ½ P 25.

An der Schwarzwaldhochstraße *NW : 18 km, Richtung Achern :*

Schliffkopf-Hotel M – Höhe 1025 m, ✉ 72270 Baiersbronn, ☎ (07449) 92 00, *Fax (07449) 920199*, ≤ Schwarzwald, Massage, – Zim, TV ☎ P – 40. AE E VISA
Menu à la carte 39/78 – **54 Z** 140/310 – ½ P 40.

Im Murgtal, Richtung Forbach :

In Baiersbronn-Klosterreichenbach :

Heselbacher Hof, Heselbacher Weg 72, 72270, (07442) 83 80, *Fax (07442) 838100*, – 20 BZ f
Anfang Nov. - Mitte Dez. geschl. – **Menu** *(Montag geschl.)* à la carte 30/64 – **41 Z** 93/262 – ½ P 10.

Schützen, Murgstr. 1, 72270, (07442) 8 41 50, *Fax (07442) 841534*, – BZ r
Ende Okt. - Ende Nov. geschl. – **Menu** *(Montag geschl.)* à la carte 26/48 – **15 Z** 53/130 – ½ P 14.

Ochsen, Musbacher Str. 5, 72270, (07442) 22 22, *Fax (07442) 2217*, – . Zim BZ w
April 3 Wochen und Ende Nov. - Mitte Dez. geschl. – **Menu** *(Dienstag geschl.)* à la carte 25/56 – **16 Z** 50/98.

In Baiersbronn-Röt :

Sonne, Murgtalstr. 323 (B 462), 72270, (07442) 23 86, *Fax (07442) 60194*, – BZ a
Mitte Nov. - Mitte Dez. geschl. – **Menu** à la carte 28/61 – **36 Z** 80/186 – ½ P 17.

In Baiersbronn-Huzenbach :

Pfeifle's Höhenhotel Huzenbach, Roter Rain 47, 72270, (07447) 93 50, *Fax (07447) 475*, Massage, – – 40. BY e
Menu à la carte 33/82 – **45 Z** 78/200 – ½ P 20.

In Baiersbronn-Schwarzenberg :

Sackmann, Murgtalstr. 602 (B 462), 72270, (07447) 28 90, *Fax (07447) 289400*, Massage, – – 40 BY s
Menu siehe Rest. ***Schloßberg*** separat erwähnt – ***Anita Stube* : Menu** à la carte 42/77 – **65 Z** 85/280 – ½ P 26.

Löwen, Murgtalstr. 604 (B 462), 72270, (07447) 93 20, *Fax (07447) 1049*, – . Rest BY d
Menu à la carte 32/68 – **28 Z** 79/180 – ½ P 25.

Schloßberg - Hotel Sackmann, Murgtalstr. 602 (B 462), 72270, (07447) 28 90, *Fax (07447) 289400* – .
Montag - Dienstag, 3. - 16. März und 28. Juli - 17. Aug. geschl. – **Menu** (nur Abendessen) 105/145 und à la carte 75/110
Spez. Savarin von Flußkrebsen mit Forelle und gebackenen Gemüsen. Totanispieß mit Artischocke und Trüffel. Lasagne vom Rehfilet mit Gänseleber, Rhabarber und Pfifferlingen.

In Baiersbronn-Schönmünzach

Holzschuh's Schwarzwaldhotel, Murgtalstr. 655 (B 462), 72270, (07447) 9 46 30, *Fax (07447) 946349*, Massage, – – 20. Rest BY x
15. Nov. - 15. Dez. geschl. – **Menu** *(Dienstag geschl.)* à la carte 30/66 – **30 Z** 92/220 – ½ P 25.

Sonnenhof, Schifferstr. 36, 72270, (07447) 93 00, *Fax (07447) 930333*, – . Rest BY a
Mitte Nov. - Mitte Dez. geschl. – **Menu** à la carte 31/60 – **42 Z** 64/176 – ½ P 20.

Elisabeth, Schönmünzstr. 63, 72270, (07447) 93 10, *Fax (07447) 931100*, – , Zim, . BY c
15. Nov. - 15. Dez. geschl. – **Menu** *(Montag geschl.)* à la carte 33/63 – **26 Z** 89/220 – ½ P 25.

In Baiersbronn-Hinterlangenbach *W : 10,5 km ab Schönmünzach* BY :

Forsthaus Auerhahn (mit Gästehaus), 72270, (07447) 93 40, *Fax (07447) 934199*, Wildgehege, – , Rest,
Mitte Nov. - Mitte Dez. geschl. – **Menu** *(Dienstag geschl.)* à la carte 32/58 – **30 Z** 105/236 – ½ P 25.

BAIERSDORF *Bayern siehe Erlangen.*

BALDUINSTEIN *Rheinland-Pfalz* 417 *O 7 – 600 Ew – Höhe 105 m.*

Berlin 557 – Mainz 69 – Koblenz 54 – Limburg an der Lahn 10.

Zum Bären, Bahnhofstr. 24, ✉ 65558, ✆ (06432) 8 10 91, *Fax (06432) 83643*, Biergarten – ☎ Ⓟ – 30
ab Rosenmontag 3 Wochen geschl. – **Menu** *(Dienstag geschl.)* (Tischbestellung ratsam, bemerkenswerte Weinkarte) 56 (mittags) und à la carte 62/97 – ***Weinstube*** *(Dienstag geschl.)* **Menu** à la carte 43/58 – **10 Z** 80/180.

BALINGEN *Baden-Württemberg* 419 *V 10 – 34 000 Ew – Höhe 517 m.*

Ausflugsziel : *Lochenstein* ≤★ *vom Gipfelkreuz, S : 8 km.*

ADAC, *Wilhelm-Kraut-Str. 46, ✉ 72336, ✆ (07433) 9 96 30, Fax (07433) 996320.*

Berlin 711 – Stuttgart 82 – Konstanz 109 – Freiburg im Breisgau 116 – Tübingen 36 – Ulm (Donau) 134.

Hamann, Neue Str. 11, ✉ 72336, ✆ (07433) 95 00, *Fax (07433) 5123*, – |‡|, Zim, ☎ . AE E VISA
24. Dez. - 6. Jan. geschl. – **Menu** *(Samstag - Sonntagmittag geschl.)* à la carte 29/58 *(auch vegetarische Gerichte)* – **46 Z** 105/200.

Thum, Klausenweg 20, ✉ 72336, ✆ (07433) 9 69 00, *Fax (07433) 969044*, – |‡|, Zim, ☎ Ⓟ – 30. E VISA
Menu *(Samstag und Anfang Jan. 1 Woche geschl.)* à la carte 28/60 – **25 Z** 70/200.

Stadt Balingen, Hirschbergstr. 48 (Nähe Stadthalle), ✉ 72336, ✆ (07433) 80 21, *Fax (07433) 5119* – |‡|, Zim, ☎ Ⓟ – 15. AE E VISA. Rest *(nur Abendessen für Hausgäste)* – **60 Z** 122/196.

BALJE *Niedersachsen* 415 *E 11 – 1 100 Ew – Höhe 2 m.*

Berlin 393 – Hannover 218 – Cuxhaven 41 – Bremerhaven 74 – Hamburg 114.

In Balje-Hörne *SW : 5 km :*

Zwei Linden, Itzwördener Str. 4, ✉ 21730, ✆ (04753) 8 43 00, *Fax (04753) 843030*, , – ☎ Ⓟ. E
Menu *(Okt. - Feb. Montagmittag geschl.)* à la carte 24/47 – **18 Z** 65/110.

BALLENSTEDT *Sachsen-Anhalt* 418 *K 17 – 7 600 Ew – Höhe 225 m.*

Tourist-Information, Holsteinerstr. 4, ✉ 06493, ✆ (039483) 2 63, Fax (039483) 263.

Berlin 220 – Magdeburg 66 – Halle 71 – Nordhausen 58 – Quedlinburg 14.

Schlosshotel Großer Gasthof, Schloßplatz 1, ✉ 06493, ✆ (039483) 5 10, *Fax (039483) 51222*, , Massage, , , – |‡|, Zim, ☎ Ⓟ – 70. AE E VISA
Menu à la carte 48/71 – **50 Z** 168/226.

BALLSTEDT *Thüringen siehe Weimar.*

BALTRUM (Insel) *Niedersachsen* 415 *E 6 – 500 Ew – Seeheilbad – Insel der Ostfriesischen Inselgruppe, Autos nicht zugelassen.*

von Neßmersiel (ca. 30 min.), ✆ 9 13 00.

Pavillon am Anleger, ✉ 26579, ✆ (04939) 91 40 03, Fax (04939) 914005.

Berlin 536 – Hannover 269 – Emden 50 – Aurich (Ostfriesland) 28 – Norden 17 – Wilhelmshaven 70.

Strandhof , Nr. 123, ✉ 26579, ✆ (04939) 8 90, *Fax (04939) 8913*, , , – ☎
Mitte März - Okt. – **Menu** *(Mittwoch geschl.)* à la carte 32/60 – **32 Z** 85/174 – ½ P 15.

Dünenschlößchen , Ostdorf 48, ✉ 26579, ✆ (04939) 9 12 30, *Fax (04939) 912313*, ≤, – |‡|, Rest, ☎.
Ende März - Mitte Okt. – **Menu** *(Montag geschl.)* à la carte 32/66 – **43 Z** 80/180 – ½ P 16.

Witthus (mit Gästehaus), Nr. 137, ✉ 26579, ✆ (04939) 99 00 00, *Fax (04939) 990001*, ≤, – ☎. Zim
Anfang Jan. - Mitte März und Nov. - 26. Dez. geschl. – **Menu** à la carte 33/66 – **11 Z** 75/160.

BALVE *Nordrhein-Westfalen* 417 *M 7 – 12 000 Ew – Höhe 250 m.*

Berlin 510 – Düsseldorf 101 – Arnsberg 20 – Hagen 38 – Plettenberg 16.

In Balve-Binolen *N : 5 km :*

Haus Recke, an der B 515, ✉ 58802, ✆ (02379) 9 18 10, *Fax (02379) 293*, , , – Zim, ☎ Ⓟ – 30. AE E VISA JCB
Menu *(Montag, 5. - 20. Feb. und 1. - 17. Nov. geschl.)* à la carte 32/68 – **12 Z** 95/185.

In Balve-Eisborn *N : 9 km :*

Antoniushütte (mit Gästehaus), Eisborner Dorfstr. 10, ✉ 58802, ☎ (02379) 91 50, *Fax (02379) 644,* – Zim, TV ☎ P – 100. VISA
Menu *(Montag geschl.)* à la carte 33/69 – **62 Z** 80/210.

Zur Post (mit Gästehaus), Eisborner Dorfstr. 3, ✉ 58802, ☎ (02379) 91 60, *Fax (02379) 916200,* , , , , – TV ☎ P – 60. AE VISA
Juli 3 Wochen geschl. – **Menu** à la carte 37/63 – **50 Z** 93/170.

BAMBERG *Bayern* 419 420 *Q 16 – 70 000 Ew – Höhe 260 m.*

Sehenswert : Dom★★ (Bamberger Reiter★★★, St.-Heinrichs-Grab★★★) BZ – Altes Rathaus★ BCZ – Diözesanmuseum★ BZ **M** *– Alte Hofhaltung (Innenhof★★) BZ – Neue Residenz : Rosengarten ≤★ BZ.*

Breitengüßbach, Gut Leimershof (NO : 16 km über ⑤), ☎ (09547) 710 ; Bamberg, Äußere Zollnerstraße (NO : 2 km), ☎ (0951) 883301.

Tourismus u. Kongreß Service, Geyerswörthstr. 3, ✉ 96047, ☎ (0951) 87 11 61, Fax (0951) 871960.

ADAC, *Schützenstr. 4a (Parkhaus), ✉ 96047, ☎ (0951) 2 10 77, Fax (0951) 23462.*

Berlin 406 ① – München 232 ② – Coburg 53 ① – Nürnberg 61 ② – Würzburg 96 ② – Erfurt 154 ⑤.

Stadtplan siehe gegenüberliegende Seite

Residenzschloss, Untere Sandstr. 32, ✉ 96049, ☎ (0951) 6 09 10, *Fax (0951) 6091701,* , « Hauskapelle », , – , Zim, TV – 180. AE VISA JCB. Rest — BY r
Menu à la carte 53/78 – **185 Z** 225/325, 4 Suiten.

Bamberger Hof - Bellevue, Schönleinsplatz 4, ✉ 96047, ☎ (0951) 9 85 50, *Fax (0951) 985562,* – TV – 30. AE VISA — CZ e
Menu à la carte 42/86 – **49 Z** 160/320, 5 Suiten.

Romantik Hotel Weinhaus Messerschmitt, Lange Str. 41, ✉ 96047, ☎ (0951) 2 78 66, *Fax (0951) 26141,* « Brunnenhofterrasse » – Zim, TV ☎ – 60. AE VISA JCB. Zim — CZ x
Menu à la carte 43/69 – **17 Z** 92/255.

St. Nepomuk (mit Gästehäusern), Obere Mühlbrücke 9, ✉ 96049, ☎ (0951) 9 84 20, *Fax (0951) 9842100,* ≤, « Ehemalige Mühle in der Regnitz gelegen » – , Zim, TV ☎ – 30. VISA. Rest — CZ a
Menu à la carte 50/96 – **47 Z** 130/240, 3 Suiten.

Berliner Ring garni, Pödeldorfer Str. 146, ✉ 96050, ☎ (0951) 91 50 50, *Fax (0951) 14715* – TV ☎ P. AE VISA — AX a
40 Z 96/150.

Barock-Hotel am Dom garni, Vorderer Bach 4, ✉ 96049, ☎ (0951) 5 40 31, *Fax (0951) 54021* – TV ☎ . AE VISA — BZ k
Feb. geschl. – **19 Z** 100/160.

Wilde Rose, Keßlerstr. 7, ✉ 96047, ☎ (0951) 98 18 20, *Fax (0951) 22071* – TV ☎. AE VISA. Zim — CZ h
Menu *(Sonntagabend geschl.)* à la carte 27/59 – **29 Z** 95/150.

Alt Ringlein (mit Gästehaus), Dominikanerstr. 9, ✉ 96049, ☎ (0951) 9 53 20, *Fax (0951) 9532500,* – , Zim, TV ☎ . AE VISA — BZ n
Menu *(Sonntagabend geschl.)* à la carte 28/60 – **50 Z** 85/200.

Brudermühle, Schranne 1, ✉ 96049, ☎ (0951) 95 52 20, *Fax (0951) 9552255,* – TV ☎ – 20. VISA — BZ b
Menu *(Montag geschl.)* à la carte 29/62 – **16 Z** 130/180.

Weierich garni, Lugbank 5, ✉ 96049, ☎ (0951) 95 56 60, *Fax (0951) 9556636* – Zim, TV ☎ – 20. AE VISA — BZ s
23 Z 100/160.

Altenburgblick garni, Panzerleite 59, ✉ 96049, ☎ (0951) 9 53 10, *Fax (0951) 9531444,* ≤ – TV ☎ P. AE VISA — AX y
42 Z 75/155.

Bassanese, Obere Sandstr. 32, ✉ 96049, ☎ (0951) 5 75 51 – — BZ r
Sonntagabend - Montagmittag, über Pfingsten 2 Wochen und 1. - 15. Sept. geschl. – **Menu** (italienische Küche) à la carte 48/83.

Würzburger Weinstuben, Zinkenwörth 6, ✉ 96047, ☎ (0951) 2 26 67, *Fax (0951) 22656,* – AE VISA — CZ w
Dienstagabend - Mittwoch geschl. – **Menu** à la carte 40/65.

BAMBERG

Äußere Löwenstraße	CY	2
Am Kranen	BZ	3
Bischofsmühlbrücke	BCZ	5
Buger Str.	AX	7
Dominikanerstraße	BZ	8
Domstraße	BZ	9
Geyerswörthstraße	CZ	12
Grüner Markt	CZ	13
Hauptwachstraße	CY	15
Heiliggrabstraße	AX	17
Herrenstraße	BZ	18
Judenstraße	BZ	20
Karolinenstraße	BZ	23
Lange Str.	CZ	
Ludwigstraße	AX	24
Luitpoldbrücke	CY	26
Luitpoldstraße	CY	
Magazinstraße	AX	27
Marienstraße	AX	29
Maximiliansplatz	CY	
Mittlerer Kaulberg	BZ	30
Nonnenbrücke	CZ	32
Obere Karolinenstraße	BZ	33
Obere Königstraße	CY	34
Oberer Kaulberg	AX	35
Obere Sandstraße	BZ	36
Regensburger Ring	AX	38
Residenzstraße	BZ	40
Rhein-Main-Donau-Damm	AX	42
Richard-Wagner-Straße	CZ	44
St-Getreu-Str.	BZ	45
Schillerplatz	CZ	47
Schönleinsplatz	CZ	48
Sodenstraße	AX	50
Untere Brücke	BZ	52
Untere Königstraße	CY	54
Unterer Kaulberg	BZ	55

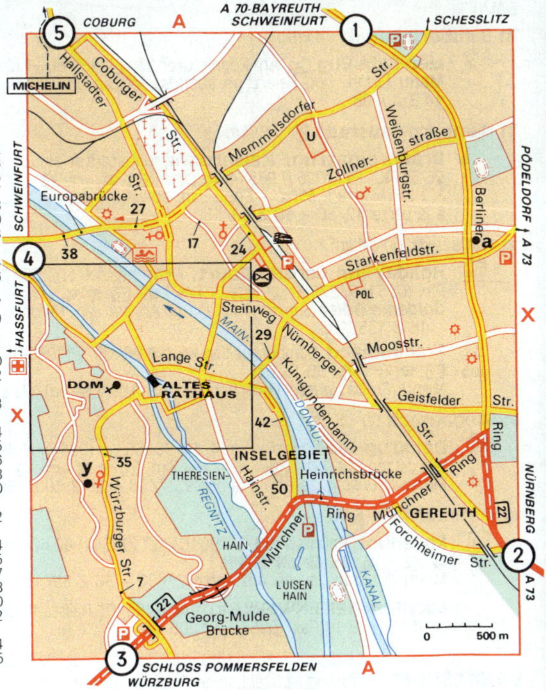

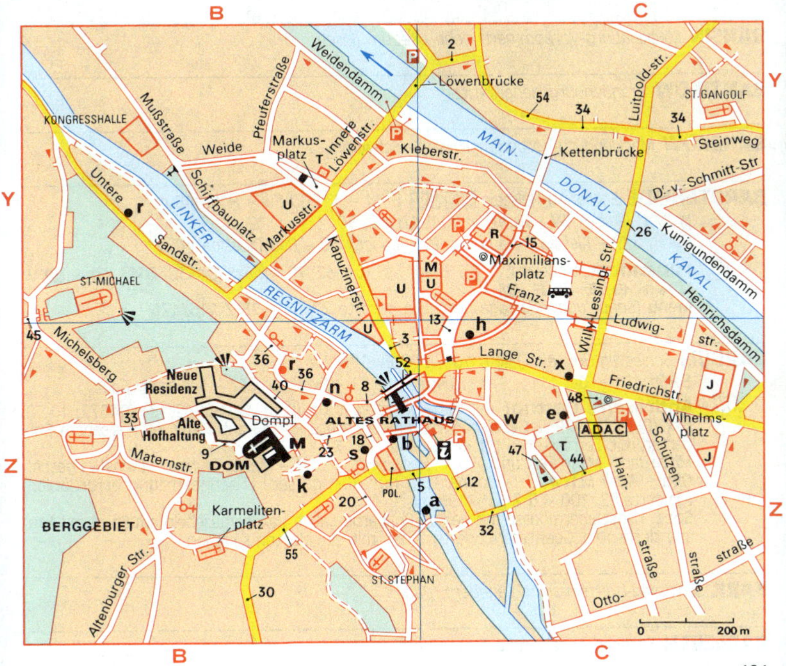

In Bamberg-Bug ③ : *4 km :*

Lieb-Café Bug, Am Regnitzufer 23, ✉ 96049, (0951) 5 60 78, – . Zim
Menu *(Sonn- und Feiertage abends, Freitag und Nov. geschl.)* à la carte 25/47 – **14 Z** 40/98.

In Bamberg-Gaustadt ④ : *4 : km :*

Brauereigasthof Kaiserdom, Gaustadter Hauptstr. 26, ✉ 96049, (0951) 96 51 40, *Fax (0951) 9651444,* – – 20. AE E VISA. Zim
Menu *(Montag, Mitte - Ende Jan. sowie im Aug. 1 Woche geschl.)* (nur Abendessen) à la carte 42/56 – **18 Z** 90/150.

In Hallstadt ⑤ : *4 km :*

Holiday Inn Garden Court, Lichtenfelser Str. 35, ✉ 96103, (0951) 9 72 70, *Fax (0951) 972790,* , – Zim, – 40. AE E VISA JCB
Goldener Adler *(Samstagmittag und Anfang Jan. 1 Woche geschl.)* **Menu** à la carte 38/58 – **46 Z** 135/185.

Frankenland, Bamberger Str. 76, ✉ 96103, (0951) 7 12 21, *Fax (0951) 73685* – . AE E VISA
Menu *(Freitag geschl.)* (wochentags nur Abendessen) à la carte 21/44 – **38 Z** 72/110.

In Stegaurach ③ : *5 km :*

Der Krug, Mühlendorfer Str. 4, ✉ 96135, (0951) 99 49 90, *Fax (0951) 9949910,* , Biergarten, , , , – Zim, – 40. AE E VISA. Zim
Menu *(Dienstag geschl.)* à la carte 27/58 – **25 Z** 100/160.

In Kemmern *N : 6 km :*

Rosenhof, Hauptstr. 68, ✉ 96164, (09544) 92 40, *Fax (09544) 924240,* – – 25. AE E VISA
Menu *(Montag geschl.)* à la carte 27/50 – **36 Z** 89/139.

MICHELIN-REIFENWERKE KGaA. ✉96103 Hallstadt (über ⑤ : 5 km), Michelinstr. 130, (0951) 79 10 Fax (0951) 791205.

BANNESDORF *Schleswig-Holstein siehe Fehmarn (Insel).*

BANSIN *Mecklenburg-Vorpommern siehe Usedom (Insel).*

BANTIKOW *Brandenburg siehe Kyritz.*

BANZKOW *Mecklenburg-Vorpommern siehe Schwerin.*

BARGTEHEIDE *Schleswig-Holstein* 415 416 *E 14 – 11 000 Ew – Höhe 48 m.*
Gut Jersbek (W : 3 km), *(04532) 2 09 50.*
Berlin 279 – Kiel 73 – Hamburg 29 – Lübeck 38 – Bad Oldesloe 14.

Papendoor, Lindenstr. 1, ✉ 22941, (04532) 70 41, *Fax (04532) 7043,* – . AE E VISA
Menu *(Sonn- und Feiertage geschl.)* à la carte 27/54 – **25 Z** 115/175.

BARGUM *Schleswig-Holstein* 415 *B 10 – 800 Ew – Höhe 3 m.*
Berlin 451 – Kiel 111 – Sylt (Westerland) 41 – Flensburg 37 – Schleswig 63.

Andresen's Gasthof mit Zim, Dörpstraat 63 (B 5), ✉ 25842, (04672) 10 98, *Fax (04672) 1099,* « Geschmackvoll eingerichtete Restauranträume in friesischem Stil ; Garten mit Terrasse » – – 20. E
Mitte Jan. - Mitte Feb. und Mitte - Ende Sept. geschl. – **Menu** *(Montag - Dienstag geschl., Okt. - April Mittwoch - Donnerstag nur Abendessen)* (Tischbestellung erforderlich) à la carte 82/100 – **5 Z** 135/195
Spez. Gänselebermousse mit Feigen-Rhabarbersauce. Jakobsmuscheln am Spieß mit Krustentierrisotto. Geeistes Nougattörtchen mit eingelegten Kirschen.

BARK *Schleswig-Holstein siehe Segeberg, Bad.*

BARLEBEN *Sachsen-Anhalt siehe Magdeburg.*

BARNSTORF *Niedersachsen* 415 *H 9 – 5 300 Ew – Höhe 30 m.*

Berlin 395 – Hannover 105 – Bremen 59 – Osnabrück 67.

Roshop, Am Markt 6, ✉ 49406, ✆ (05442) 98 00, *Fax (05442) 980444,* – Zim, Rest, – 80. AE E VISA
Menu à la carte 32/66 – **62 Z** 99/190.

BARSINGHAUSEN *Niedersachsen* 417 418 *J 12 – 35 000 Ew – Höhe 100 m.*

Barsinghausen-Info, Deisterstr. 2, ✉ 30890, ✆ (05105) 77 42 63, Fax (05105) 65632.

Berlin 315 – Hannover 25 – Bielefeld 87 – Hameln 42 – Osnabrück 117.

Stadthotel M garni, Egestorfer Str. 6, ✉ 30890, ✆ (05105) 6 50 95, *Fax (05105) 9890* – – 40. AE E VISA
23. Dez. - 4. Jan. geschl. – **40 Z** 120/160.

Sporthotel Fuchsbachtal, Bergstr. 54, ✉ 30890, ✆ (05105) 77 60, *Fax (05105) 776333,* – Zim, – 130
54 Z.

An der B 65, nahe der A 2, Abfahrt Bad Nenndorf *NO : 5 Km :*

Echo Hotel garni, Kronskamp 2, ✉ 30890 Barsinghausen-Bantorf, ✆ (05105) 52 70, *Fax (05105) 527199* – – 30. AE E VISA
64 Z 115/370.

BARSSEL *Niedersachsen* 415 *G 7 – 12 000 Ew – Höhe 9 m – Erholungsort.*

Fremdenverkehrsverein, Rathaus, Theodor-Klinker-Platz, ✉ 26676, ✆ (04499) 81 40, Fax (04499) 8159.

Berlin 480 – Hannover 208 – Emden 70 – Cloppenburg 53 – Oldenburg 37 – Papenburg 36.

Ummen, Friesoyther Str. 2, ✉ 26676, ✆ (04499) 15 76, *Fax (04499) 74342,* –
Menu à la carte 30/47 – **19 Z** 65/125.

BARTH *Mecklenburg-Vorpommern* 416 *C 22 – 11 000 Ew – Höhe 5 m.*

Barth-Information, Lange Str. 16, ✉ 18352, ✆ (038231) 24 64, Fax (038231) 2464.

Berlin 272 – Schwerin 155 – Rostock 59 – Stralsund 33.

Speicher Barth M, Am Osthafen 2, ✉ 18356, ✆ (038231) 6 33 00, *Fax (038231) 63400,* Barther Bodden, – Zim, – 140. AE E VISA
Menu à la carte 38/68 – **47 Z** 110/280, 13 Suiten.

Pommernhotel, Divitzer Weg 2, ✉ 18356, ✆ (038231) 8 20 00, *Fax (038231) 82006,* – – 25. AE E VISA. Rest
Menu à la carte 23/50 – **31 Z** 110/160.

In Karnin *SO : 9 km :*

Carmina M, An der B 105, ✉ 18469, ✆ (038324) 70 44, *Fax (038324) 7045,* – . AE E VISA
Menu à la carte 22/36 – **23 Z** 85/120.

BARTHOLOMÄ *Baden-Württemberg* 419 420 *T 13 – 1 800 Ew – Höhe 642 m – Wintersport : 4.*

Berlin 573 – Stuttgart 75 – Aalen 16 – Heidenheim an der Brenz 18 – Schwäbisch Gmünd 21.

An der Straße nach Steinheim *SO : 3 km :*

Landhotel Wental, ✉ 73566 Bartholomä, ✆ (07173) 97 81 90, *Fax (07173) 9781940,* – – 25. AE E VISA JCB
Menu *(Montag geschl.)* à la carte 29/52 *(auch vegetarische Gerichte)* – **27 Z** 70/120 – ½ P 25.

BATTENBERG AN DER EDER *Hessen* 417 *M 9 – 5 400 Ew – Höhe 349 m.*

Berlin 464 – Wiesbaden 151 – Marburg 34 – Kassel 85 – Siegen 71.

Rohde, Hauptstr. 53, ✉ 35088, ✆ (06452) 9 33 30, *Fax (06452) 933350,* – . AE E JCB
Menu *(Samstagmittag geschl.)* à la carte 24/54 – **11 Z** 61/122.

BAUMHOLDER *Rheinland-Pfalz* 417 *R 6 – 4 500 Ew – Höhe 450 m – Erholungsort.*
Berlin 674 – Mainz 107 – Trier 74 – Kaiserslautern 52 – Saarbrücken 75.

Berghof, Korngasse 12, ✉ 55774, ✆ (06783) 10 11, *Fax (06783) 8787*, – . Rest
Menu *(Sonntag geschl.)* (nur Abendessen, italienische Küche) à la carte 24/48 –
19 Z 75/105 – ½ P 25.

BAUNATAL *Hessen* 417 *M 12 – 25 400 Ew – Höhe 180 m.*
Berlin 398 – Wiesbaden 218 – Kassel 14 – Göttingen 57 – Marburg 82.

In Baunatal-Altenbauna :

Ambassador, Friedrich-Ebert-Allee 1, ✉ 34225, ✆ (0561) 4 99 30, *Fax (0561) 4993500*, , – , Zim, – 55.
Menu à la carte 33/70 – **120 Z** 138/280.

BAUTZEN *Sachsen* 418 *M 27 – 47 000 Ew – Höhe 219 m.*
Sehenswert : *Dom St. Peter★ – Stadtbefestigung★ – Alte Wasserkunst★.*
Ausflugsziele : *Löbau : König-Friedrich-August-Turm★ – Obercunnersdorf★.*
Tourist-Information, Hauptmarkt 1, ✉ 02625, ✆ (03591) 4 20 16, Fax (03591) 534309.
ADAC, *Steinstr. 26, ✉ 02625, ✆ (03591) 44 78 80, Fax (03591) 481214.*
Berlin 200 – Dresden 65 – Görlitz 47 – Cottbus 75.

Holiday Inn M, Wendischer Graben 20, ✉ 02625, ✆ (03591) 49 20, *Fax (03591) 492100*, – , Zim, Rest, – 90.
Menu à la carte 34/56 – **157 Z** 166/232, 6 Suiten.

Goldener Adler, Hauptmarkt 4, ✉ 02625, ✆ (03591) 4 86 60, *Fax (03591) 486620* – – 20.
Menu à la carte 26/45 – **30 Z** 115/195.

Residence, Wilthener Str. 32 (Gewerbepark), ✉ 02625, ✆ (03591) 35 57 00, *Fax (03591) 355705*, – – 120.
Menu à la carte 25/36 – **19 Z** 110/140.

Schloss-Schänke mit Zim, Burgplatz 5, ✉ 02625, ✆ (03591) 30 49 90, *Fax (03591) 490198*, – .
Menu à la carte 30/59 – **4 Z** 90/190.

In Bautzen-Burk *NO : 3 km :*

Spree Hotel, An den Steinbrüchen, ✉ 02625, ✆ (03591) 2 13 00, *Fax (03591) 213010*, – , Zim, Rest, – 70.
Menu à la carte 33/52 – **81 Z** 140/230.

In Niedergurig *NO : 4,5 km :*

Parkhotel, (im Gewerbepark), ✉ 02694, ✆ (03591) 2 17 80, *Fax (03591) 217875*, , , – Zim, – 100.
(nur Abendessen für Hausgäste) **65 Z** 90/160.

BAYERISCH EISENSTEIN *Bayern* 420 *S 23 – 1 600 Ew – Höhe 724 m – Luftkurort – Wintersport : 724/1 456 m 7 .*
Ausflugsziel : *Hindenburg-Kanzel ≤★, NW : 9 km.*
Verkehrsamt, Schulbergstr. 1, ✉ 94252, ✆ (09925) 3 27, Fax (09925) 478.
Berlin 463 – München 193 – Passau 75 – Straubing 85.

Eisensteiner Hof, Anton-Pech-Weg 14, ✉ 94252, ✆ (09925) 9 41 20, *Fax (09925) 941230*, , – .
Nov. geschl. – **Menu** à la carte 23/45 – **21 Z** 67/144 – ½ P 18.

Brunnenhof M garni, Buchenacker 7, ✉ 94252, ✆ (09925) 4 67, *Fax (09925) 592*, –
Nov. - Mitte Dez. geschl. – **16 Z** 55/120.

Waldspitze, Hauptstr. 4, ✉ 94252, ✆ (09925) 9 41 00, *Fax (09925) 9410199*, , , –
Nov. - Mitte Dez. geschl. – **Menu** à la carte 23/55 – **56 Z** 71/160 – ½ P 18.

Sportel garni, Hafenbrädl-Allee 16, ✉ 94252, ✆ (09925) 6 25, *Fax (09925) 428*, ≤, – .
Nov. - Mitte Dez. geschl. – **15 Z** 60/109.

BAYERISCH GMAIN *Bayern siehe Reichenhall, Bad.*

BAYERSOIEN, BAD *Bayern 419 420 W 17 – 1 100 Ew – Höhe 812 m – Luftkurort und Moorheilbad.*

Ausflugsziel : *Echelsbacher Brücke★ N : 3 km.*

Kur- und Touristikinformation, Dorfstr. 45, ✉ 82435, ✆ (08845) 18 90, Fax (08845) 9000.

Berlin 642 – München 102 – Garmisch-Partenkirchen 35 – Kempten (Allgäu) 73 – Weilheim 38.

Parkhotel, Am Kurpark 1, ✉ 82435, ✆ (08845) 1 20, *Fax (08845) 129695*, ≤, Massage, Lδ, ≘s, ⊠, – |♣|, ⇔ Rest, TV ☎ ♿ 🅟 – 70. VISA
Menu à la carte 50/65 *(auch Diät)* – **59 Z** 140/272 – ½ P 36.

Metzgerwirt, Dorfstr. 39, ✉ 82435, ✆ (08845) 7 40 80, *Fax (08845) 740833* – TV ☎ 🅟. AE E
20. Nov. - 15. Dez. geschl. – **Menu** à la carte 24/53 – **10 Z** 60/110 – ½ P 21.

Haus am Kapellenberg, Eckweg 8, ✉ 82435, ✆ (08845) 5 22, *Fax (08845) 7203*, ≤, – 🅟
Menu *(Dienstagmittag geschl.)* à la carte 24/45 – **14 Z** 48/94 – ½ P 18.

BAYREUTH *Bayern 420 Q 18 – 73 000 Ew – Höhe 340 m.*

Sehenswert : *Markgräfliches Opernhaus★ Y – Richard-Wagner-Museum★ Z* **M1.**

Ausflugsziel : *Schloß Eremitage★ : Schloßpark★ 4 km über ②.*

Festspiel-Preise : siehe Seite 8
Prix pendant le festival : voir p. 20
Prices during tourist events : see p. 32
Prezzi duranti i festival : vedere p. 44.

Bindlacher Berg, ① : 7 km, ✆ (09208) 85 22.

Kongress- und Tourismuszentrale, Luitpoldplatz 9, ✉ 95444, ✆ (0921) 8 85 88, Fax (0921) 88538.

ADAC, *Hohenzollernring 64, ✉ 95444, ✆ (0921) 6 96 60, Fax (0921) 58170.*

Berlin 358 ① – München 231 ③ – Coburg 67 ⑤ – Nürnberg 80 ③ – Regensburg 159 ③ – Bamberg 65 ⑤.

Stadtplan siehe nächste Seite

Arvena Kongreß Hotel M, Eduard-Bayerlein-Str. 5a, ✉ 95445, ✆ (0921) 72 70, *Fax (0921) 727115*, , Lδ, ≘s – |♣|, ⇔ Zim, TV ☎ ♿ 🅟 – 400. AE ⓓ E VISA Y b
Menu à la carte 36/83 – **202 Z** 157/305.

Treff Hotel Rheingold M, Austr. 2/Unteres Tor, ✉ 95445, ✆ (0921) 7 56 50, *Fax (0921) 7565801*, , ≘s, ⊠ – |♣|, ⇔ Zim, TV ☎ ♿ 🅟 – 200. AE ⓓ E VISA. ⛌ Rest Y g
Menu à la carte 41/65 *(auch vegetarische Gerichte)* – **146 Z** 165/225.

Treff Hotel Residenzschloss, Erlanger Str. 37, ✉ 95444, ✆ (0921) 7 58 50, *Fax (0921) 7585601*, , ≘s – |♣|, ⇔ Zim, ▤ Rest, TV ☎ ♿ – 110. AE ⓓ E VISA Z a
Menu à la carte 45/68 – **104 Z** 195/255, 3 Suiten.

Bayerischer Hof, Bahnhofstr. 14, ✉ 95444, ✆ (0921) 7 86 00, *Fax (0921) 7860560*, ≘s, ⊠, – |♣| TV ☎ 🅟 – 30. AE ⓓ E VISA Y e
Menu à la carte 33/69 – **49 Z** 150/436.

Akzent Hotel im Kolpinghaus, Kolpingstr. 5, ✉ 95444, ✆ (0921) 8 80 70, *Fax (0921) 880715*, – |♣|, ⇔ Zim, TV ☎ 🅟 – 250. AE ⓓ E VISA Y x
Menu à la carte 34/69 – **41 Z** 125/320.

Goldener Hirsch garni, Bahnhofstr. 13, ✉ 95444, ✆ (0921) 2 30 46, *Fax (0921) 22483* – ⇔ TV ☎ 🅟 – 30. ⓓ E VISA Y c
40 Z 90/180.

Goldener Löwe, Kulmbacher Str. 30, ✉ 95445, ✆ (0921) 74 60 60, *Fax (0921) 47777*, , « Fränkische Gaststuben » – TV ☎ 🅟. AE ⓓ E VISA Y n
Menu *(Sonntagabend, Feiertage und Mai 2 Wochen geschl.)* (abends Tischbestellung ratsam) à la carte 25/53 – **10 Z** 80/130.

Bürgerreuth mit Zim, An der Bürgerreuth 20, ✉ 95445, ✆ (0921) 7 84 00, *Fax (0921) 784024*, – TV ☎ 🅟. AE E VISA über Bürgerreuther Str. Y
Menu (italienische Küche) à la carte 44/70 – **8 Z** 90/168.

BAYREUTH

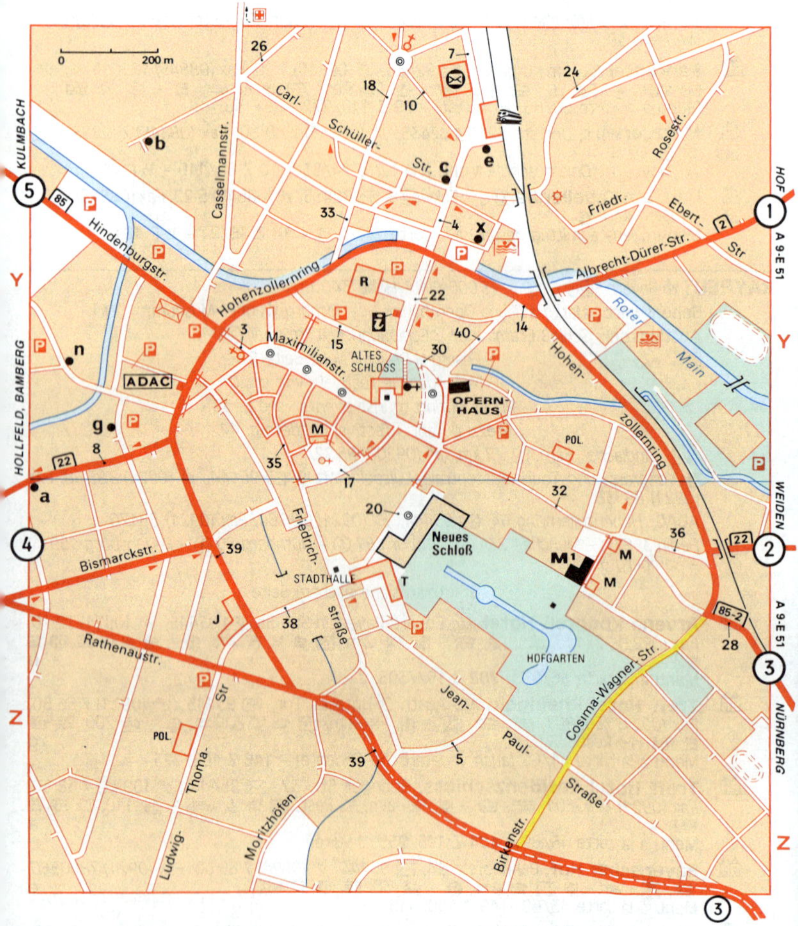

In Bayreuth-Grunau ② : *3 km* :

Grunau Hotel garni, Kemnather Str. 27 (B 22), ✉ 95448, (0921) 7 98 00, *Fax (0921) 7980100* – 15. – **62 Z** 115/195.

In Bayreuth-Oberkonnersreuth ③ : *3 km* :

Zur Sudpfanne, Oberkonnersreuther Str. 6, ✉ 95448, (0921) 5 28 83, *Fax (0921) 515011*, Biergarten – – 150. **Menu** à la carte 57/80.

In Bayreuth-Wolfsbach ③ : *6 km* :

Schloßhotel Thiergarten mit Zim, Oberthiergärtner Str. 36, ✉ 95448, (09209) 98 40, *Fax (09209) 98429*, – – 25. **Menu** *(Sonntagabend - Montag geschl.)* à la carte 62/91 – **8 Z** 135/290.

Nahe der BAB-Ausfahrt Bayreuth-Nord ① : *2 km :*

Transmar-Travel-Hotel, Bühlstr. 12, 95463 Bindlach, (09208) 68 60, *Fax (09208) 686100,* , - , Zim, - 460. **Menu** à la carte 39/59 - **147 Z** 135/265.

BAYRISCHZELL *Bayern* 420 *W 20 - 1 600 Ew - Höhe 802 m - Heilklimatischer Kurort - Wintersport : 800/1800 m 1 20.*

Ausflugsziele : *Wendelstein ** (ab Bayrischzell-Osterhofen) - Ursprungpaß-Straße* (von Bayrischzell nach Kufstein).*

Kurverwaltung, Kirchplatz 2, 83735, (08023) 6 48, Fax (08023) 1034.

Berlin 664 - München 77 - Garmisch-Partenkirchen 96 - Rosenheim 37 - Miesbach 23.

Alpenrose (mit Gästehaus), Schlierseer Str. 6, 83735, (08023) 6 20, *Fax (08023) 1049,* , - *Mitte Nov. - Mitte Dez. geschl.* - **Menu** à la carte 28/63 - **40 Z** 88/220 - ½ P 26.

Gasthof zur Post, Schulstr. 3, 83735, (08023) 2 26, *Fax (08023) 775,* , - *Ende Okt. - Mitte Dez. geschl.* - **Menu** *(ausser Saison Dienstag geschl.)* à la carte 25/56 - **43 Z** 60/186 - ½ P 25.

Haus Effland garni, Tannermühlstr. 14, 83735, (08023) 2 63, *Fax (08023) 1413,* , , - *April 3 Wochen und Nov. - Mitte Dez. geschl.* - **14 Z** 71/160.

Wendelstein, Ursprungstr. 1, 83735, (08023) 6 10, *Fax (08023) 245,* Biergarten, - *April 2 Wochen und Nov. - Mitte Dez. geschl.* - **Menu** *(Montag geschl.)* à la carte 25/64 - **19 Z** 52/150 - ½ P 22.

In Bayrischzell-Geitau *NW : 5 km :*

Postgasthof Rote Wand , 83735, (08023) 90 50, *Fax (08023) 656,* , « Gartenterrasse », - Rest, *April 2 Wochen und Nov. - Mitte Dez. geschl.* - **Menu** *(Dienstag geschl.)* à la carte 24/55 - **30 Z** 60/145 - ½ P 25.

In Bayrischzell-Osterhofen *NW : 3 km :*

Alpenhof, Osterhofen 1, 83735, (08023) 9 06 50, *Fax (08023) 906520,* , , , , , - - 25. *11. - 21. Jan., 12. - 30. April und 25. Okt. - 22. Dez. geschl.* - **Menu** *(Montag, Jan. - April auch Donnerstag geschl.)* à la carte 31/71 - **42 Z** 85/200 - ½ P 12.

BEBRA *Hessen* 417 418 *N 13 - 16 500 Ew - Höhe 205 m.*

Berlin 395 - Wiesbaden 182 - Kassel 60 - Bad Hersfeld 15 - Erfurt 120.

Röse, Hersfelder Str. 1, 36179, (06622) 93 90, *Fax (06622) 939393,* Biergarten, - Zim, - 50. **Menu** à la carte 38/60 - **45 Z** 88/189.

Hessischer Hof, Kasseler Str. 4, 36179, (06622) 93 60, *Fax (06622) 936123* - Zim, - 150. *Weihnachten - 5. Jan. geschl.* - **Menu** *(Samstagmittag geschl.)* à la carte 27/57 - **27 Z** 79/180.

BECKINGEN *Saarland siehe Merzig.*

BECKUM *Nordrhein-Westfalen* 417 *K 8 - 38 500 Ew - Höhe 110 m.*

Bauernschaft Ebbecke (S : 7 km über die B 475), (02527) 81 91.

Berlin 438 - Düsseldorf 130 - Bielefeld 58 - Hamm in Westfalen 20 - Lippstadt 25 - Münster (Westfalen) 41.

Am Höxberg *S : 1,5 km*

Höxberg , Soestwarte 1, 59269, (02521) 8 30 40, *Fax (02521) 830470,* , - Zim, - 40. **Menu** à la carte 45/71 - **41 Z** 129/207.

Zur Windmühle mit Zim, Unterberg 2/33, 59269, (02521) 8 60 30, *Fax (02521) 860313,* - . *Montag und Juli - Aug. 3 Wochen geschl.* - **Menu** (wochentags nur Abendessen, bemerkenswerte Weinkarte) 38/135 und à la carte 52/84 - **11 Z** 80/160.

In Beckum-Vellern *NO : 4 km :*

Alt Vellern, Dorfstr. 21, ✉ 59269, ✆ (02521) 1 45 33, *Fax (02521) 16024,* « Gemütliche Stuben im westfälischen Stil » – Zim
Menu *(Sonntagmittag, Freitagabend - Samstagmittag und Mitte - Ende Juli geschl.)* à la carte 39/67 – **18 Z** 110/170 (Hotelerweiterung auf 34 Z. : Eröffnung bis Frühjahr 99).

BEDBURG *Nordrhein-Westfalen* 417 *N 3 – 20 000 Ew – Höhe 70 m.*
Berlin 602 – Düsseldorf 50 – Aachen 56 – Köln 36 – Mönchengladbach 29.

In Bedburg-Kaster *NW : 2,5 km :*

Landhaus Danielshof M, Hauptstr. 3, ✉ 50181, ✆ (02272) 98 00, *Fax (02272) 980200,* « Ehemaliger Gutshof mit Park » – Zim, – 60.
Menu à la carte 37/67 – **39 Z** 140/190.

BEDERKESA, BAD *Niedersachsen* 415 *F 10 – 4 800 Ew – Höhe 10 m – Moorheilbad.*
Gut Hainmühlen, (SO : 6 km), ✆ (04708) 92 00 36.
Touristinformation, Amtsstr. 8, ✉ 27624, ✆ (04745) 9 43 30, Fax (04745) 943322.
Berlin 400 – Hannover 198 – Cuxhaven 42 – Bremerhaven 25 – Hamburg 108.

Romantik Hotel Waldschlößchen Bösehof, Hauptmann-Böse-Str. 19, ✉ 27624, ✆ (04745) 94 80, *Fax (04745) 948200,* – Zim, – 60.
Menu à la carte 44/76 – **30 Z** 75/205 – ½ P 35.

BEEDENBOSTEL *Niedersachsen siehe Lachendorf.*

BEELEN *Nordrhein-Westfalen* 417 *K 8 – 5 000 Ew – Höhe 52 m.*
Berlin 433 – Düsseldorf 148 – Bielefeld 39 – Münster (Westfalen) 37.

Hemfelder Hof mit Zim, Clarholzer Str. 21 (SO : 3 km, B 64), ✉ 48361, ✆ (02586) 2 15, *Fax (02586) 8624,* – Zim
Menu *(Freitag - Samstagmittag geschl.)* à la carte 42/78 – **11 Z** 75/130.

BEERFELDEN *Hessen* 417 419 *R 10 – 4 000 Ew – Höhe 427 m – Erholungsort – Wintersport : 450/550 m, 1,.*
Beerfelden-Hetzbach (NW : 5 km), ✆ (06068) 91 20 50.
Verkehrsbüro Beerfelder Land, Metzkeil 1, ✉ 64743, ✆ (06068) 93 03 20, Fax (06068) 3529.
Berlin 605 – Wiesbaden 106 – Mannheim 62 – Darmstadt 61 – Heidelberg 44.

Schwanen, Metzkeil 4, ✉ 64743, ✆ (06068) 22 27, *Fax (06068) 2325* – Zim
Feb. und Okt. jeweils 2 Wochen geschl. – **Menu** *(Montag geschl.)* à la carte 28/56 *(auch vegetarische Gerichte)* – **7 Z** 60/130 – ½ P 20.

In Beerfelden-Gammelsbach *S : 7 km :*

Grüner Baum, Neckartalstr. 65, ✉ 64743, ✆ (06068) 21 56, *Fax (06068) 47265,* –
Mitte Jan. - Mitte Feb. geschl. – **Menu** *(Dienstag geschl.)* à la carte 30/62 – **10 Z** 54/118.

Auf dem Krähberg *NO : 10 km :*

Reussenkreuz (mit Gästehaus), ✉ 64759 Sensbachtal, ✆ (06068) 22 63, *Fax (06068) 4651,* – – 15.
Menu à la carte 31/60 – **18 Z** 68/156.

BEESKOW *Brandenburg* 416 418 *J 26 – 9 700 Ew – Höhe 40 m.*
Märkische Tourismus-Zentrale, Berliner Str. 30, ✉ 15848, ✆ (03366) 2 29 49, Fax (03366) 22949.
Berlin 92 – Potsdam 127 – Frankfurt (Oder) 28 – Fürstenwalde 22.

Zum Schwan, Berliner Str. 31, ✉ 15848, ✆ (03366) 3 39 80, *Fax (03366) 3398339,* Biergarten – – 20. Zim
Menu à la carte 24/39 – **35 Z** 84/160.

BEILNGRIES *Bayern* 419 420 *S 18 – 8 400 Ew – Höhe 372 m – Erholungsort.*

Touristik-Verband, Hauptstr. 14 (Haus des Gastes), 92339, (08461) 84 35, Fax (08461) 70735.

Berlin 482 – München 108 – Nürnberg 76 – Ingolstadt 35 – Regensburg 51.

Die Gams (mit Gästehaus), Hauptstr. 16, 92339, (08461) 61 00, *Fax (08461) 610100*, – Zim, – 80.
Menu à la carte 29/62 – **62 Z** 105/190 – ½ P 28.

Gasthof Gallus, Neumarkter Str. 25, 92339, (08461) 2 47, *Fax (08461) 7680*, , , – Zim, – 120.
Menu à la carte 34/68 – **60 Z** 100/220 – ½ P 27.

Fuchs-Bräu, Hauptstr. 23, 92339, (08461) 65 20, *Fax (08461) 8357*, Biergarten, , – Zim, – 70.
Menu à la carte 27/56 – **67 Z** 85/150 – ½ P 25.

Zur Krone, Hauptstr. 20, 92339, (08461) 65 30, *Fax (08461) 653190*, Biergarten, – – 30
Menu à la carte 21/41 – **49 Z** 63/110.

Goldener Hahn (Brauerei-Gasthof), Hauptstr. 44, 92339, (08461) 6 41 30, *Fax (08461) 641389*, Biergarten, – – 30
Menu à la carte 23/43 – **46 Z** 70/120 – ½ P 25.

In Beilngries-Hirschberg *W : 3,5 km :*

Zum Hirschen , 92339, (08461) 5 20, *Fax (08461) 9676*, Biergarten, , –
Nov. 2 Wochen geschl. – **Menu** *(Montag geschl.)* à la carte 21/41 – **36 Z** 61/95.

BEILSTEIN *Baden-Württemberg* 419 *S 11 – 5 400 Ew – Höhe 258 m.*

Berlin 598 – Stuttgart 43 – Heilbronn 16 – Schwäbisch Hall 47.

Alte Bauernschänke, Heerweg 19 (Ecke Wunnensteinstraße), 71717, (07062) 33 27, *Fax (07062) 930228*, – .
Donnerstag und Samstagmittag sowie April 2 Wochen und Sept. 3 Wochen geschl. – **Menu** à la carte 36/70.

BEILSTEIN *Rheinland-Pfalz* 417 *P 5 – 150 Ew – Höhe 86 m.*

Sehenswert : Burg Metternich ★.

Berlin 655 – Mainz 111 – Koblenz 48 – Trier 102 – Bernkastel-Kues 68 – Cochem 11.

Haus Burgfrieden, Im Mühlental 17, 56814, (02673) 9 36 39, *Fax (02673) 936388*, –
April - Okt. – **Menu** à la carte 29/63 – **38 Z** 75/150.

Am Klosterberg garni, Klosterstraße, 56814, (02673) 18 50, *Fax (02673) 1287* –
Ostern - Anfang Nov. – **24 Z** 65/135.

Villa Beilstein, Moselufer 2, 56814, (02673) 18 87, *Fax (02673) 1378*, – Zim, .
April - Okt. – **Menu** à la carte 29/61 – **11 Z** 110/170.

Haus Lipmann mit Zim, Marktplatz 3, 56814, (02673) 15 73, *Fax (02673) 1521*, , « Rittersaal, Gartenterrasse » –
April - Okt. – **Menu** à la carte 29/55 – **5 Z** 130/150.

BELLHEIM *Rheinland-Pfalz* 417 419 *S 8 – 7 000 Ew – Höhe 110 m.*

Berlin 659 – Mainz 126 – Karlsruhe 33 – Landau in der Pfalz 13 – Speyer 22.

Lindner, Postgrabenstr. 54, 76756, (07272) 7 53 00, *Fax (07272) 77236*, – – 20.
Menu *(Montag - Dienstagmittag und Juni - Juli 2 Wochen geschl.)* (Tischbestellung ratsam) à la carte 30/65 – **15 Z** 85/125.

Bellheimer Braustübl mit Zim, Hauptstr. 78, 76756, (07272) 7 55 00, *Fax (07272) 74013*, – – 40.
30. Dez. - 14. Jan. und Aug. 2 Wochen geschl. – **Menu** *(Montag - Dienstag geschl.)* à la carte 42/74 – **7 Z** 80/120.

In Knittelsheim *W : 2 km :*

Steverding's Isenhof, Hauptstr. 15a, 76879, (06348) 57 00, *Fax (06348) 5917*, , « Renoviertes Bauernhaus a.d. 14 Jh., rustikale Einrichtung » – .
Dienstag - Mittwoch, 2. - 12. Jan. und Juli - Aug. 3 Wochen geschl. – **Menu** (Tischbestellung ratsam) 98/138 und à la carte 67/85
Spez. Chartreuse von Taube und Gänseleber. Steinbutt souffliert mit Saibling, Limonenrisotto. Lamm im Bananenblatt gebacken.

In Zeiskam *NW : 4,5 km :*

Zeiskamer Mühle, Hauptstr. 87 (S : 1,5 km), ✉ 67378, ✆ (06347) 9 74 00, *Fax (06347) 974066*, – TV ☎ P. AE ⊕ E VISA
Menu *(Montagmittag und Donnerstag geschl.)* à la carte 35/75 – **17 Z** 85/125.

BELLINGEN, BAD *Baden-Württemberg 419 W 6 – 3 400 Ew – Höhe 256 m – Heilbad.*

Zimmernachweis, im Thermalbad, ✉ 79415, ✆ (07635) 80 82 20, Fax (07635) 808290.
Berlin 841 – Stuttgart 247 – Freiburg im Breisgau 44 – Müllheim 12 – Basel 27.

Landgasthof Schwanen (mit Gästehaus Rheintalblick, ⋞), Rheinstr. 50, ✉ 79415, ✆ (07635) 13 14, *Fax (07635) 2331*, « Gasthof a.d.J. 1717 », – TV ☎ ♿ P. E
Jan. 3 Wochen geschl. – **Menu** *(Dienstag - Mittwochmittag geschl.)* à la carte 36/70 – **25 Z** 89/170 – ½ P 26.

Paracelsus, Akazienweg 1, ✉ 79415, ✆ (07635) 8 10 40, *Fax (07635) 3354*, Massage, – TV ☎ P.
Dez. - Jan. geschl. – (nur Abendessen für Hausgäste) – **23 Z** 90/188 – ½ P 27.

Burger, Im Mittelgrund 5, ✉ 79415, ✆ (07635) 8 10 00, *Fax (07635) 810035*, – TV ☎ P. AE ⊕ E VISA
Nov. - 20. Dez. geschl. – **Menu** *(Donnerstag geschl.)* à la carte 36/72 – **15 Z** 89/170 – ½ P 25.

Markushof-Quellenhof, Badstr. 6, ✉ 79415, ✆ (07635) 3 10 80, *Fax (07635) 310888*, Massage, , – TV ☎ P. E VISA. Zim
4. Jan. - 10. Feb. geschl. – **Menu** *(Mittwoch und Nov. - März auch Dienstagabend geschl.)* à la carte 35/65 – **53 Z** 85/180 – ½ P 28.

Kaiserhof, Rheinstr. 68, ✉ 79415, ✆ (07635) 6 00, *Fax (07635) 8622*, , – TV ☎ P. Rest
Mitte Dez. - Mitte Jan. geschl. – **Menu** *(Donnerstag geschl.)* à la carte 28/60 – **15 Z** 55/150 – ½ P 22.

Birkenhof, Rheinstr. 76, ✉ 79415, ✆ (07635) 6 23, *Fax (07635) 2546*, – TV ☎ ♿ P. E. Rest
Dez. - Jan. geschl. – (Restaurant nur für Pensionsgäste) – **15 Z** 70/140 – ½ P 19.

Therme garni, Rheinstr. 72, ✉ 79415, ✆ (07635) 93 48, *Fax (07635) 8622*, , – TV ☎ P
Dez. - Mitte Jan. geschl. – **15 Z** 55/150.

In Bad Bellingen-Hertingen *O : 3 km :*

Hebelhof-Römerbrunnen, Bellinger Str. 5, ✉ 79415, ✆ (07635) 81 90 50, *Fax (07635) 8190518*, Massage, , , – TV ☎ P. E VISA
Menu *(Donnerstag geschl.)* à la carte 38/77 – **18 Z** 95/190 – ½ P 35.

BELM *Niedersachsen siehe Osnabrück.*

BELZIG *Brandenburg 416 418 J 21 – 8 000 Ew – Höhe 80 m.*

Tourist-Information, Straße der Einheit 5, ✉ 14806, ✆ (033841) 3 48 15, Fax (033841) 34817.
Berlin 87 – Potsdam 57 – Brandenburg 35 – Cottbus 150 – Dessau 57 – Magdeburg 72.

Burghotel, Wittenberger Str. 14, ✉ 14806, ✆ (033841) 3 12 96, *Fax (033841) 31297*, ⋞, Biergarten, – TV ☎ P – 40. AE E VISA
Menu à la carte 25/52 – **34 Z** 95/150.

In Lüsse *O : 6 km :*

Landhaus Sternberg garni, Dorfstr. 31, ✉ 14806, ✆ (033841) 3 35 18, *Fax (033841) 34075*, Biergarten, – TV ☎ P. E VISA
9 Z 85/125.

Außerhalb *N : 7 km über die B 102 :*

Fläminghof Wernicke, Wenddoche 2, ✉ 14806, ✆ (033846) 4 00 40, *Fax (033846) 40039*, , Biergarten, , (Halle) – Zim, TV ☎ P
Menu *(Montag - Freitag nur Abendessen)* à la carte 24/39 – **14 Z** 80/130.

Fläming-Hotel Wenddoche, Wenddoche, ✉ 14806, ✆ (033846) 59 90, *Fax (033846) 40020*, , , – TV ☎ P – 40. AE E VISA
Menu à la carte 28/52 – **32 Z** 85/140.

BEMPFLINGEN *Baden-Württemberg* 419 *U 11 – 3 100 Ew – Höhe 336 m.*
Berlin 667 – Stuttgart 30 – Reutlingen 13 – Tübingen 21 – Ulm (Donau) 71.

Krone, Brunnenweg 40, ✉ 72658, ℘ (07123) 3 10 83, *Fax (07123) 35985,* –
Montag, Sonn- und Feiertage, Juli - Aug. 3 Wochen sowie 22. Dez. - 8. Jan. geschl. – Menu (abends Tischbestellung ratsam) 41 und à la carte 50/98.

BENDESTORF *Niedersachsen* 415 416 *F 13 – 2 000 Ew – Höhe 50 m – Luftkurort.*
Berlin 306 – Hannover 130 – Hamburg 39 – Lüneburg 40.

Landhaus Meinsbur, Gartenstr. 2, ✉ 21227, ℘ (04183) 7 79 90, *Fax (04183) 6087,* « Ehem. Bauernhaus mit geschmackvoller Einrichtung ; Gartenterrasse » – .
Menu à la carte 60/96 – **17 Z** 135/290.

BENDORF *Rheinland-Pfalz* 417 *O 6 – 16 000 Ew – Höhe 67 m.*
Berlin 593 – Mainz 101 – Koblenz 12 – Bonn 63 – Limburg an der Lahn 42.

Berghotel Rheinblick, Remystr. 79, ✉ 56170, ℘ (02622) 12 71 27, *Fax (02622) 14323,* Rheintal, , , – – 30.
20. Dez. - 10. Jan. geschl. – **Menu** *(Freitag geschl.)* à la carte 36/79 – **35 Z** 110/190.

Weinhaus Syré, Engersport 12, ✉ 56170, ℘ (02622) 25 81, *Fax (02622) 2502,* – .
Montag - Dienstag und Juni 3 Wochen geschl. – **Menu** à la carte 52/78.

BENEDIKTBEUERN *Bayern* 419 420 *W 18 – 3 000 Ew – Höhe 615 m – Erholungsort.*
Sehenswert : *Ehemalige Klosterkirche (Anastasia-Kapelle★).*
Verkehrsamt, Prälatenstr. 3, ✉ 83671, ℘ (08857) 2 48, Fax (08857) 9470.
Berlin 650 – München 61 – Garmisch-Partenkirchen 41 – Bad Tölz 15.

Klosterbräustüberl, Zeiler Weg 2, ✉ 83671, ℘ (08857) 94 07, *Fax (08857) 9408,* Biergarten – .
Menu à la carte 22/50.

BENNECKENSTEIN *Sachsen-Anhalt* 418 *K 16 – 3 000 Ew – Höhe 560 m – Wintersport :* .
Kurverwaltung, Haus des Gastes, Straße der Einheit, ✉ 38877, ℘ (039457) 26 12, Fax (039457) 2613.
Berlin 250 – Magdeburg 99 – Erfurt 98 – Nordhausen 24 – Wernigerode 29 – Halberstadt 45.

Harzhaus, Heringsbrunnen 1, ✉ 38877, ℘ (039457) 9 40, *Fax (039457) 94499,* , , – Zim, – 30. .
Menu à la carte 24/45 – **36 Z** 85/140 – ½ P 20.

BENNINGEN *Baden-Württemberg siehe Marbach am Neckar.*

BENSHEIM AN DER BERGSTRASSE *Hessen* 417 419 *Q 9 – 37 000 Ew – Höhe 115 m.*
Ausflugsziel : *Staatspark Fürstenlager★★ N : 3 km.*
Bensheim, über Berliner Ring (S : 1 km), ℘ (06251) 6 77 32.
Tourist-Information, Rodensteinstr. 19, ✉ 64625, ℘ (06251) 1 41 17, Fax (06251) 14123.
ADAC, *Bahnhofstr. 9, ✉ 64625, ℘ (06251) 6 98 88, Fax (06251) 67687.*
Berlin 593 – Wiesbaden 66 – Mannheim 37 – Darmstadt 26 – Heidelberg 35 – Mainz 59 – Worms 20.

Alleehotel Europa-Residenz, Europa-Allee 45, ✉ 64625, ℘ (06251) 10 50, *Fax (06251) 105100,* , – , Zim, – 150.
Sankt Georg : **Menu** à la carte 34/64 – **155 Z** 158/220.

Treff Hotel garni, Wormser Str. 14, ✉ 64625, ℘ (06251) 10 10, *Fax (06251) 4063,* , – , Zim, – 60. . Rest
108 Z 140/200.

Bacchus, Rodensteinstr. 30, ✉ 64625, ℘ (06251) 3 90 91(Hotel) 6 59 72(Rest.), *Fax (06251) 67608,* – .
Bacchus Keller *(nur Abendessen, Dienstag und 20. Juli - 10. Aug. geschl.)* **Menu** à la carte 42/61 – **40 Z** 110/175.

Felix, Dammstr. 46, ✉ 64625, ℘ (06251) 8 00 60, *Fax (06251) 800660,* –
.
Zur Post : **Menu** à la carte 32/60 – **14 Z** 120/170.

Dalberger Hof, Dalberger Gasse 15 (Bürgerhaus), ✉ 64625, ℘ (06251) 47 47, *Fax (06251) 63795,* – 200.
Juli - Aug. 4 Wochen geschl. – **Menu** à la carte 37/60.

In Bensheim-Auerbach – *Luftkurort* :

Poststuben (mit Gästehaus), Schloßstr. 28, ✉ 64625, ☎ (06251) 7 29 87, *Fax (06251) 74743*, « Behagliches Restaurant » – TV ☎ P. AE ⓓ E VISA. Zim
Menu *(Sonntagabend - Montag und Juli - Aug. 3 Wochen geschl.)* à la carte 41/68 – **20 Z** 100/170.

Parkhotel Herrenhaus, Im Staatspark Fürstenlager (O : 1 km), ✉ 64625, ☎ (06251) 7 09 00, *Fax (06251) 78473*, – TV ☎ P. E VISA
Menu (abends Tischbestellung erforderlich) à la carte 54/79 – **9 Z** 135/265.

BENTHEIM, BAD *Niedersachsen* 415 *J 5 – 14 300 Ew – Höhe 96 m – Heilbad.*

Bad Bentheim-Sieringhoek (S : 2 km), ☎ (05922) 67 00.

Verkehrsamt, Schloßstr. 18, ✉ 48455, ☎ (05922) 50 98, Fax (05922) 5098.

Berlin 491 – Hannover 207 – Nordhorn 19 – Enschede 29 – Münster (Westfalen) 56 – Osnabrück 75.

Großfeld (mit Gästehäusern), Schloßstr. 6, ✉ 48455, ☎ (05922) 8 28, *Fax (05922) 4349*, – TV ☎ P – 35. AE ⓓ E VISA. Rest
Menu à la carte 38/76 – **117 Z** 90/240, 10 Suiten – ½ P 30/40.

Am Berghang, Am Kathagen 69, ✉ 48455, ☎ (05922) 9 84 80, *Fax (05922) 984848*, – TV ☎ P. AE ⓓ VISA.
Menu à la carte 30/54 – **29 Z** 99/195 – ½ P 42.

Café Diana, Bahnhofstr. 16, ✉ 48455, ☎ (05922) 9 89 20, *Fax (05922) 989231*, – TV ☎ P. AE ⓓ E VISA. Rest
Menu *(Jan. 2 Wochen geschl.)* à la carte 30/48 – **20 Z** 90/180.

Schulze-Berndt mit Zim, Ochtruper Str. 38, ✉ 48455, ☎ (05922) 9 88 40, *Fax (05922) 988422* – TV ☎ P. E VISA
Menu à la carte 42/75 – **9 Z** 75/150 – ½ P 25.

In Bad Bentheim-Gildehaus *W : 4 km – Erholungsort :*

Niedersächsischer Hof, Am Mühlenberg 5, ✉ 48455, ☎ (05924) 85 67, *Fax (05924) 6016*, – TV ☎ P – 25. AE ⓓ E VISA
Menu à la carte 33/72 – **25 Z** 90/190 – ½ P 20.

BERCHING *Bayern* 419 420 *S 18 – 7 900 Ew – Höhe 390 m – Erholungsort.*

Fremdenverkehrsamt, Pettenkoferplatz 12 (Rathaus), ✉ 92334, ☎ (08462) 2 05 13, Fax (08462) 20590.

Berlin 474 – München 114 – Nürnberg 60 – Ingolstadt 41 – Regensburg 45.

Gewürzmühle (mit Gästehaus), Gredinger Str. 2, ✉ 92334, ☎ (08462) 9 40 10, *Fax (08462) 940155*, « Landhotel mit moderner Einrichtung », – TV ☎ P – 60. AE ⓓ E VISA
Menu *(Montag geschl.)* à la carte 37/54 – **30 Z** 85/165.

Altstadthotel Winkler (mit Brauerei-Gasthof), Reichenauplatz 22, ✉ 92334, ☎ (08462) 13 27, *Fax (08462) 27128*, – Zim, TV ☎ P – 30. E
Menu *(Sonntagabend geschl.)* à la carte 21/45 – **21 Z** 65/120.

Gasthof Blaue Traube, Bettenkoferplatz 3, ✉ 92334, ☎ (08462) 12 50, *Fax (08462) 27329*, – TV ☎ P.
Menu *(Mittwochabend geschl.)* à la carte 19/54 – **26 Z** 58/95.

BERCHTESGADEN *Bayern* 420 *X 22 – 8 200 Ew – Höhe 540 m – Heilklimatischer Kurort – Wintersport : 530/1 800 m 2.*

Sehenswert : *Schloßplatz* – Schloß (Dormitorium*) – Salzbergwerk*.*

Ausflugsziele : *Deutsche Alpenstraße*** (von Berchtesgaden bis Lindau) – Kehlsteinstraße*** – Kehlstein ** (nur mit RVO - Bus ab Obersalzberg : O : 4 km) – Roßfeld-Ringstraße ** (O : 7 km über die B 425).*

Obersalzberg, Salzbergstr. 33, ☎ (08652) 21 00.

Kurdirektion, Königsseer Str. 2, ✉ 83471, ☎ (08652) 96 70, Fax (08652) 63300.

Berlin 744 ① – München 154 ① – Bad Reichenhall 20 ② – Kitzbühel 77 ② – Salzburg 23 ①.

Stadtplan siehe gegenüberliegende Seite

Fischer, Königsseer Str. 51, ✉ 83471, ☎ (08652) 95 50, *Fax (08652) 64873*, – TV ☎ P. E VISA. Rest über Königsseer Str.
10. - 30. April und 29. Okt. - 18. Dez. geschl. – **Menu** *(Montagmittag und Dienstagmittag geschl.)* à la carte 32/55 – **54 Z** 99/246 – ½ P 10.

Vier Jahreszeiten, Maximilianstr. 20, ✉ 83471, ☎ (08652) 95 20, *Fax (08652) 5029*, – TV ☎ P – 60. AE ⓓ E VISA a
Menu à la carte 32/70 – **59 Z** 98/260 – ½ P 32.

BERCHTESGADEN

Angergasse 2
Bahnhofstraße 3
Bergwerkstraße 5
Franziskanerplatz 6
Griesstätterstraße 7
Hasensprung 8
von-Hindenburg-Allee 9
Kälbersteinstraße 10
Koch-Sternfeld-
Straße 12
Königsseer Straße 13
Locksteinstraße 14
Ludwig-Ganghofer-
Straße 15
Marktplatz 16
Maximilianstraße 17
Metzgerstraße 18
Ramsauer Straße 19
Salzburger Straße 20
Weihnachtsschützenplatz 21

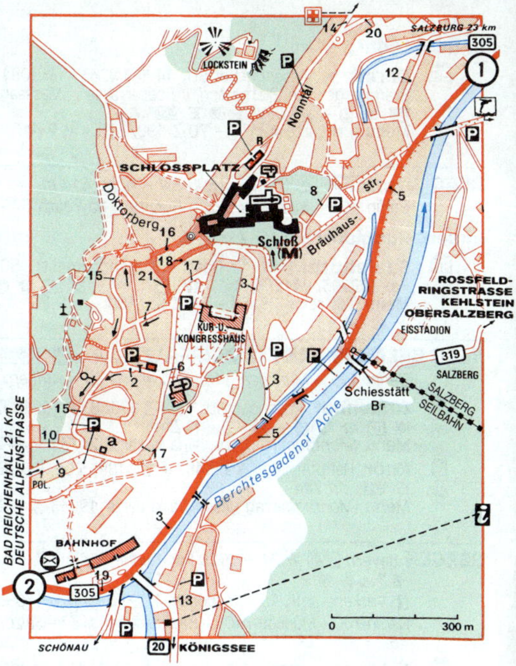

Krone, Am Rad 5, ✉ 83471, ☎ (08652) 9 46 00, *Fax (08652) 946010*, ≤, « Gemütlich eingerichtete Zimmer im Bauernstil », – Rest, TV ☎ P. E. über Locksteinstraße
Ende Okt. - 20. Dez. geschl. – (nur Abendessen für Hausgäste) – **21 Z** 68/160 – ½ P 18.

Rosenbichl, Rosenhofweg 24, ✉ 83471, ☎ (08652) 9 44 00, *Fax (08652) 944040*, ≤, Massage, – TV ☎ P. E. über Locksteinstraße
15. Nov. - 15. Dez. geschl. – (nur Abendessen für Hausgäste) – **13 Z** 95/170 – ½ P 23.

Weiherbach, Weiherbachweg 6, ✉ 83471, ☎ (08652) 6 20 93, *Fax (08652) 62094*, ≤, – TV ☎ P. über Locksteinstraße
6. Nov. - 20. Dez. geschl. – (nur Abendessen für Hausgäste) – **23 Z** 62/190.

An der Roßfeld-Ringstraße *O : 7 km :*

Grenzgasthaus Neuhäusl, Wildmoos 45 – Höhe 850 m, ✉ 83471 Berchtesgaden, ☎ (08652) 94 00, *Fax (08652) 64637*, ≤ Untersberg, Kehlstein, – TV ☎ P
15. April - 1. Mai und 10. Nov. - 15. Dez. geschl. – **Menu** *(Dienstag geschl.)* à la carte 23/48 – **25 Z** 65/122, 3 Suiten – ½ P 23.

Alpenhotel Denninglehen, Am Priesterstein 7 – Höhe 900 m, ✉ 83471 Berchtesgaden, ☎ (08652) 50 85, *Fax (08652) 64710*, ≤ Berchtesgadener Berge, Massage, – Rest, TV ☎ P. Rest
1. - 19. Dez. geschl. – **Menu** (nur Abendessen) à la carte 36/60 – **24 Z** 105/222 – ½ P 37.

BERG *Baden-Württemberg siehe Ravensburg.*

BERG *Bayern* 419 420 *W 18 – 7 000 Ew – Höhe 630 m.*
Berg-Leoni, Rottmannweg 5, ☎ (08041) 32 10.
Berlin 616 – München 30 – Garmisch-Partenkirchen 69 – Starnberg 6.

Schloss Berg, Seestr. 17, ✉ 82335, ☎ (08151) 96 30, *Fax (08151) 96352*, ≤ Starnberger See, Biergarten, « Seeterrasse », – TV ☎ P – 35. AE E VISA
Menu à la carte 33/64 – **50 Z** 130/350 – ½ P 35.

In Berg-Leoni *S : 1 km :*

Dorint, Assenbucher Str. 44, ✉ 82335, ✆ (08151) 50 60, *Fax (08151) 506140*, ≤ Starnberger See, Biergarten, « Seeterrasse », Masssage, , , , – , Zim, – 25. AE E VISA JCB
Menu à la carte 42/70 – **70 Z** 190/298 – ½ P 41.

BERG *Bayern* 418 420 *O 19 – 2 800 Ew – Höhe 614 m.*
Berlin 302 – München 286 – Hof 19 – Bayreuth 57 – Nürnberg 130.

In Berg-Rudolphstein *N : 7 km*

Saalehotel (mit Gasthof), Panoramastr. 50, ✉ 95180, ✆ (09293) 94 10, *Fax (09293) 941666*, , , , – – 50. AE E VISA
Menu à la carte 28/54 – **69 Z** 65/180 – ½ P 25.

BERG BEI NEUMARKT (OBERPFALZ) *Bayern* 419 420 *R 18 – 6 000 Ew – Höhe 406 m.*
Berlin 445 – München 145 – Nürnberg 38 – Amberg 50 – Regensburg 71.

Lindenhof, Rosenbergstr. 13, ✉ 92348, ✆ (09189) 41 00, *Fax (09189) 410410*, – – 20. Zim
Menu *(Montagmittag geschl.)* à la carte 24/32 – **44 Z** 65/110.

Knör, Hauptstr. 4, ✉ 92348, ✆ (09189) 3 95, *Fax (09189) 9291* – . AE E VISA. Zim
Menu *(Montagmittag geschl.)* à la carte 19/35 – **25 Z** 60/110.

BERGEN *Bayern* 420 *W 21 – 4 000 Ew – Höhe 554 m – Luftkurort – Wintersport : 550/1 670 m 1 5*

Verkehrsamt, Raiffeisenplatz 4, ✉ 83346, ✆ (08662) 83 21, Fax (08662) 3102.
Berlin 700 – München 105 – Bad Reichenhall 37 – Salzburg 42 – Traunstein 10 – Rosenheim 46.

Salzburger Hof M, Brunnweg 4, ✉ 83346, ✆ (08662) 4 88 40, *Fax (08662) 488488*, , –
Menu *(Dienstag geschl.)* à la carte 24/52 – **26 Z** 105/180 – ½ P 20.

Säulner Hof, Hochplattenstr. 1, ✉ 83346, ✆ (08662) 86 55, *Fax (08662) 5957*, – . E
Jan. 3 Wochen und Nov. geschl. – (nur Abendessen für Hausgäste) – **13 Z** 65/105 – ½ P 21.

BERGEN *Mecklenburg-Vorpommern siehe Rügen (Insel).*

BERGEN *Niedersachsen siehe Celle.*

BERGEN (Vogtland) *Sachsen* 418 420 *O 20 – 1 150 Ew – Höhe 450 m.*
Berlin 303 – Dresden 145 – Gera 60 – Hof 45 – Plauen 20.

Marienstein, Thomas-Müntzer-Str. 9, ✉ 08239, ✆ (037463) 81 12, *Fax (037463) 8113*, « Terrasse mit ≤ », , – – 30. AE E VISA
7. - 17. Jan. geschl. – **Menu** à la carte 24/40 – **16 Z** 90/160 – ½ P 23.

BERGGIESSHÜBEL *Sachsen* 418 *N 25 – 1 800 Ew – Höhe 350 m – Kneippkurort.*
Berlin 224 – Dresden 31 – Chemnitz 106 – Leipzig 142.

In Bad Gottleuba-Augustusberg *S : 4,5 km :*

Augustusberg, Augustusberg 15, ✉ 01816, ✆ (035023) 6 25 04, *Fax (035023) 62597*, ≤ Bad Gottleuba, , , – – 40. AE E VISA
Menu à la carte 25/41 – **24 Z** 75/140 – ½ P 20.

BERGHAUPTEN *Baden-Württemberg siehe Gengenbach.*

BERGHAUSEN *Rheinland-Pfalz siehe Katzenelnbogen.*

BERGHEIM *Österreich siehe Salzburg.*

BERGHEIM *Nordrhein-Westfalen* 417 *N 3 – 60 000 Ew – Höhe 69 m.*
Berlin 590 – Düsseldorf 56 – Aachen 58 – Bonn 53 – Mönchengladbach 38 – Köln 26.

Meyer garni, Beisselstr. 3, ✉ 50126, ✆ (02271) 80 60, *Fax (02271) 41722*, – ☎ **23 Z.**

Parkhotel, Kirchstr. 12, ✉ 50126, ✆ (02271) 4 70 80, *Fax (02271) 470840* – ☎ . AE E VISA.
Menu à la carte 25/65 – **20 Z** 90/210.

BERGHÜLEN *Baden-Württemberg siehe Merklingen.*

BERGISCH GLADBACH *Nordrhein-Westfalen* 417 *N 5 – 104 000 Ew – Höhe 86 m.*
Bensberg-Refrath, ✆ (02204) 6 31 14.
ADAC, *Bensberger Str. 99, ✉ 51469, ✆ (0221) 47 27 47, Fax (02202) 42931.*
Berlin 571 – Düsseldorf 46 – Bonn 40 – Köln 17.

Schloßhotel Lerbach, Lerbacher Weg, ✉ 51465, ✆ (02202) 20 40, *Fax (02202) 204940*, « Modernisiertes Schloß in einer Parkanlage », Massage, , , – – 60. AE E VISA. Rest
Menu siehe ***Restaurant Dieter Müller*** separat erwähnt – ***Schloßschänke*** : **Menu** à la carte 57/78 – **54 Z** 340/700, 7 Suiten.

Zur Post garni, Johann-Wilhelm-Lindlar-Str. 7, ✉ 51465, ✆ (02202) 93 65 60, *Fax (02202) 9365656* – ☎ . AE E VISA.
10 Z 135/230.

Restaurant Dieter Müller - Schloßhotel Lerbach, Lerbacher Weg, ✉ 51465, ✆ (02202) 20 40, *Fax (02202) 204940* – . AE E VISA.
Sonntag - Montag und 1. - 15. Jan. sowie Juli - Aug. 3 Wochen geschl. – **Menu** (Tischbestellung ratsam) 158/198 und à la carte 115/141
Spez. Triologie von der Gänsestopfleber mit Trauben in Verjus du Périgord. Gebratener Loup de mer mit marinierten Gemüsen und Bouillabaisse-Sauce. Crépinette von der Taube mit Blutwurstscheibe und Trüffelsauce.

Eggemann's Bürgerhaus, Bensberger Str. 102, ✉ 51469, ✆ (02202) 3 61 34, *Fax (02202) 32505* – . E
Donnerstag - Freitagmittag geschl. – **Menu** (Tischbestellung ratsam) à la carte 47/80.

Diepeschrather Mühle mit Zim, Diepeschrath 2 (W : 3,5 km über Paffrath), ✉ 51469, ✆ (02202) 5 16 51, *Fax (02202) 50748*, –
2. - 16. Jan. geschl. – **Menu** *(Donnerstag geschl.)* à la carte 32/74 – **11 Z** 70/130.

In Bergisch Gladbach-Bensberg

Waldhotel Mangold, Am Milchbornbach 39, ✉ 51429, ✆ (02204) 9 55 50, *Fax (02204) 955560*, , – Zim, ☎ – 70. AE E VISA.
Waldstuben *(Sonntagabend - Montag geschl.)* **Menu** à la carte 64/88 – **21 Z** 150/300.

Malerwinkel garni, Fischbachstr. 3 (am Rathaus), ✉ 51429, ✆ (02204) 9 50 40, *Fax (02204) 9504100*, « Renovierte Fachwerkhäuser a.d. 18.Jh. », Massage, – ☎ . AE E VISA
23. Dez. - 2. Jan. geschl. – **25 Z** 129/330.

Das Fachwerkhaus, Burggraben 37, ✉ 51429, ✆ (02204) 5 49 11, *Fax (02204) 57641*, « Rustikale Einrichtung » –
Montag - Dienstag geschl. – **Menu** (Tischbestellung ratsam) à la carte 68/84.

In Bergisch Gladbach-Gronau :

Gronauer Tannenhof, Robert-Schuman-Str. 2, ✉ 51469, ✆ (02202) 9 41 40, *Fax (02202) 941444*, – ☎ – 100. AE E VISA.
Menu à la carte 39/58 – **32 Z** 150/280.

In Bergisch Gladbach-Herkenrath :

Hamm, Strassen 14, ✉ 51429, ✆ (02204) 80 41, *Fax (02204) 85001*, – ☎ – 60. AE E VISA
Menu *(Montagmittag geschl.)* à la carte 35/60 – **29 Z** 115/195.

In Bergisch Gladbach-Refrath :

Tannenhof-Refrath garni, Lustheide 45a, ✉ 51427, ✆ (02204) 92 53 40, *Fax (02204) 9253488* – ☎ . AE E VISA
34 Z 100/250.

In Bergisch Gladbach-Sand :

Privathotel Bremer garni, Dombach-Sander-Str. 72, ✉ 51465, ✆ (02202) 9 35 00, *Fax (02202) 935050* – Zim, ☎ – 30. AE E VISA JCB.
22 Z 120/380.

BERGKIRCHEN *Bayern siehe Dachau.*

BERGLEN *Baden-Württemberg siehe Winnenden.*

BERGNEUSTADT *Nordrhein-Westfalen 417 M 6 – 21 000 Ew – Höhe 254 m.*
Berlin 558 – Düsseldorf 89 – Köln 57 – Olpe 20 – Siegen 47.

Feste Neustadt, Hauptstr. 19, ✉ 51702, ✆ (02261) 4 17 95, *Fax (02261) 48021,* – . E VISA. Rest
Mitte Dez. - Anfang Jan. und Mitte Juli - Anfang Aug. geschl. – **Menu** *(Sonntagabend - Montag geschl.)* à la carte 31/60 – **14 Z** 75/150.

In Bergneustadt-Niederrengse *NO : 7 km :*

Rengser Mühle mit Zim, ✉ 51702, ✆ (02763) 9 14 50, *Fax (02763) 914520,* , « Rustikale gemütliche Einrichtung » – Zim, . E.
Menu *(Dienstag geschl.)* à la carte 43/71 – **4 Z** 105/145.

*Die im **Michelin-Führer** verwendeten Schrifttypen und Symbole haben - fett oder dünn gedruckt, rot oder **schwarz** - jeweils eine andere Bedeutung. Lesen Sie daher die Erklärungen aufmerksam durch.*

BERGRHEINFELD *Bayern siehe Schweinfurt.*

BERGZABERN, BAD *Rheinland-Pfalz 419 S 8 – 7 700 Ew – Höhe 200 m – Heilklimatischer Kurort – Kneippheilbad.*
Sehenswert : *Gasthaus zum Engel★.*
Büro für Tourismus, Kurtalstr. 25 (im Thermalhallenbad), ✉ 76887, ✆ (06343) 9 34 15, Fax (06343) 934040.
Berlin 683 – Mainz 127 – Karlsruhe 39 – Landau in der Pfalz 15 – Pirmasens 42 – Wissembourg 10.

Petronella, Kurtalstr. 47 (B 427), ✉ 76887, ✆ (06343) 10 75, *Fax (06343) 5313,* « Gartenterrasse », Massage, , – – 30. E VISA. Rest
Menu *(Jan. 3 Wochen und Nov. - März Dienstag geschl.)* à la carte 39/84 – **44 Z** 110/230.

Seeblick, Kurtalstr. 71 (B 427), ✉ 76887, ✆ (06343) 70 40, *Fax (06343) 704100,* – . Rest
Mitte Jan. - Mitte Feb. geschl. – (Restaurant nur für Hausgäste) – **58 Z** 86/185 – ½ P 23.

Pfälzer Wald, Kurtalstr. 77 (B 427), ✉ 76887, ✆ (06343) 10 56, *Fax (06343) 4893,* , – . E VISA. Zim
Menu *(Jan. - Feb. geschl.)* (nur Abendessen) à la carte 33/50 – **25 Z** 75/160 – ½ P 23.

Wasgau , Friedrich-Ebert-Str. 21, ✉ 76887, ✆ (06343) 84 01, *Fax (06343) 4825,* , – . E VISA
Ende Jan. - Ende Feb. geschl. – **Menu** *(Donnerstagmittag geschl.)* à la carte 35/64 – **22 Z** 60/160.

Zum Engel, Königstr. 45, ✉ 76887, ✆ (06343) 49 33, , « Restauriertes Renaissancehaus a.d. 16. Jh. »
Montagabend - Dienstag und Jan.- Feb. 4 Wochen geschl. – **Menu** à la carte 27/53 .

Weinstube Weinschlössel, Kurtalstr. 10, ✉ 76887, ✆ (06343) 38 60,
Mittwochmittag und Samstag geschl. – **Menu** (Nov. - März nur Abendessen) à la carte 24/45.

In Gleiszellen-Gleishorbach *N : 4,5 km :*

Südpfalz-Terrassen , Winzergasse 42 (Gleiszellen), ✉ 76889, ✆ (06343) 7 00 00, *Fax (06343) 5952,* ←, , , , – – 60. E VISA
3. - 30. Jan., Juli - August 2 Wochen und 19. - 25. Dez. geschl. – **Menu** *(Montag geschl.)* à la carte 37/61 – **56 Z** 95/230 – ½ P 25.

Zum Lam , Winzergasse 37 (Gleiszellen), ✉ 76889, ✆ (06343) 93 92 12, *Fax (06343) 939213,* – . E
Jan. geschl. – **Menu** *(Mittwoch geschl.)* (Nov. - April nur Abendessen) à la carte 41/59 – **12 Z** 85/140.

BERKA, BAD *Thüringen* 418 *N 17 – 5 400 Ew – Höhe 275 m – Heilbad.*
Kurverwaltung, Goethealle 3, ✉ 99438, ✆ (036458) 57 90, Fax (036458) 57999.
Berlin 286 – Erfurt 31 – Jena 30 – Suhl 66 – Weimar 13.

Hubertushof, Tannrodaer Str. 3, ✉ 99438, ✆ (036458) 3 50, *Fax (036458) 35150,* – Zim, Rest, – 20.
Menu à la carte 33/48 – **30 Z** 130/185 – ½ P 25.

Am Goethebrunnen, Goetheallee 2, ✉ 99438, ✆ (036458) 57 10, *Fax (036458) 57112,* – – 20.
Menu à la carte 25/60 *(auch vegetarische Gerichte)* – **11 Z** 95/150.

Wettiner Hof, Bahnhofstr. 32 (B 87), ✉ 99438, ✆ (036458) 34 30, *Fax (036458) 30704,* – Zim, – 25. Rest
Menu *(Montagmittag geschl.)* à la carte 21/34 – **29 Z** 85/135 – ½ P 13.

BERKHEIM *Baden-Württemberg* 419 420 *V 14 – 2 000 Ew – Höhe 580 m.*
Berlin 657 – Stuttgart 138 – Kempten 53 – Augsburg 103 – Memmingen 11 – Ravensburg 65 – Ulm (Donau) 46.

Ochsen, Alte Steige 1, ✉ 88450, ✆ (08395) 9 29 29, *Fax (08395) 92955,* –
Menu *(Sonntag geschl.)* à la carte 19/53 *(auch vegetarische Gerichte)* – **15 Z** 55/100.

BERLEBURG, BAD *Nordrhein-Westfalen* 417 *M 9 – 23 000 Ew – Höhe 450 m – Kneippheilbad – Wintersport : 500/750 m 2.*
Tourist-Information, Poststr. 44 (B 480), ✉ 57319, ✆ (02751) 9 36 33, Fax (02751) 936323.
Berlin 494 – Düsseldorf 174 – Siegen 42 – Frankenberg an der Eder 46 – Meschede 56.

Westfälischer Hof, Astenbergstr. 6 (B 480), ✉ 57319, ✆ (02751) 9 24 90, *Fax (02751) 924959,* , Massage, – Zim, – 20. Rest
Menu à la carte 32/64 – **38 Z** 70/180 – ½ P 25.

An der Straße nach Hallenberg *NO : 6 km :*

Erholung, ✉ 57319 Bad Berleburg-Laibach, ✆ (02751) 72 18, *Fax (02751) 2866,* – Rest,
Menu *(im Winter Montag geschl.)* à la carte 29/59 – **16 Z** 58/140 – ½ P 25.

In Bad Berleburg-Raumland *S : 4 km :*

Raumland, Hinterstöppel 7, ✉ 57319, ✆ (02751) 5 18 60, *Fax (02751) 53254,* –
Menu *(Sonntagabend geschl.)* à la carte 29/50 – **8 Z** 62/124 – ½ P 13.

In Bad Berleburg-Wemlighausen *NO : 3 km :*

Landgasthof Aderhold, An der Lindenstr. 22, ✉ 57319, ✆ (02751) 39 60, *Fax (02751) 2041,* –
Juli - Aug. 2 Wochen geschl. – **Menu** *(Montag - Dienstagmittag geschl.)* à la carte 30/57 – **8 Z** 42/112 – ½ P 18/20.

BERLIN

🄻 *Berlin* **416** **418** ㉓, ㉔ *– Bundeshauptstadt – 3 500 000 Ew – Höhe 40 m*

Frankfurt/Oder 105 ① – Hamburg 289 ⑧ – Hannover 288 ⑤ – Leipzig 183 ⑤ – Rostock 222 ⑧.

PRAKTISCHE HINWEISE

ℹ *Berlin Tourismus Marketing GmbH – Information im Europa-Center (Budapester Straße) ✉ 10787, ℰ (030) 25 00 25, Fax (030) 25002424, Information im Brandenburer Tor (Seitenflügel)*

ADAC, *Berlin-Wilmersdorf, ✉ 10717, Bundesallee 29-30, ℰ (030) 8 68 60, Fax (030) 8616025*

18 9 *Berlin-Wannsee, Golfweg 22, ℰ (030) 8 06 70 60*

9 *Berlin-Gatow, Kladower Damm 182, ℰ (030) 3 65 76 60*

9 *Gross Kienitz (S : 23 km), ℰ (033708) 53 70*

18 9 *Kallin (NW : 32 km), an der B273, ℰ (033230) 89 40*

9 *Mahlow (S : 20 km), Kiefernweg, ℰ (033379) 37 05 95*

18 *Potsdam (W : 38 km), Tremmener Landstraße, ℰ (033233) 8 02 44*

18 18 *Seddiner See (SW : 37 km), Zum Weiher 44, ℰ (033205) 73 20*

18 *Stolper Heide (N : 20 km), Frohnauer Weg 3, ℰ (03303) 54 90*

✈ *Berlin-Tegel* EX, *ℰ (030) 4 10 11*

✈ *Berlin-Schönefeld (S : 25 km) ℰ (030) 6 09 10*

✈ *Berlin-Tempelhof* GZ, *ℰ (030) 69 51 29 88*

Deutsche Lufthansa City Center, Kurfürstendamm 220, ℰ (030) 88 75 38 00, Fax (030) 88 75 38 01

🚗 *Berlin-Wannsee, Nibelungenstraße*

Messegelände am Funkturm BU *ℰ (030) 3 03 80, Fax (030) 30382325*

HAUPTSEHENSWÜRDIGKEITEN

Museen, Galerien, Sammlungen : *Museumsinsel*★★★ PY : *Pergamon-Museum (Antikensammlung*★★★, *Pergamon-Altar*★★★, *Markttor von Milet*★★*)* – *Vorderasiatisches Museum*★ *(Prozessionsstraße und Ischtartor*★★*)* – *Alte Nationalgalerie*★★ **M1** – *Bodemuseum* **M2** *(Ägyptisches Museum und Papyrussammlung*★★, *Gemälde-galerie*★*)* – *Altes Museum*★★ **M3** – *Kulturforum*★★★ NZ : *Kunstgewerbemuseum*★★ **M4** *(Welfenschatz*★★★, *Lüneburger Ratssilber*★★★*)* – *Neue Nationalgalerie*★★ NZ **M5** – *Deutsches Historisches Museum (Zeughaus)* PY – *Friedrichswerdersche Kirche* PZ *(Schinkelmuseum*★*)* – *Staatsbliothek preußischer Kulturbesitz*★ NZ – *Museumszentrum Dahlem*★★★ BV : *Gemäldegalerie*★★★, *Museum für Völkerkunde*★★★ *(Museum für Islamische Kunst*★★★, *Museum für Indische Kunst*★★*)* – *Skulpturengalerie*★★ – *Museum für Deutsche Volkskunde*★ – *Schloß Charlottenburg*★★ EY : *Historische Räume*★★ *(Porzellan-Kabinett*★★, *Kronprinzsilber*★★*)* – *Knobelsdorff-Flügel*★★ *(Goldene Galerie*★★, *Winterkammer*★, *Gallerie der Romantik*★★*)* – *Museum für Vor-und Frühgeschichte*★ – *Sammlung Berggruen*★★ EY **M13** – *Bröhan Museum*★ EY **M13** – *Ägyptisches Museum*★★★ EY **M6** – *Schloßgarten*★★ *(Schinkel-Pavillon*★, *Belvedere*★, *Mausoleum*★*)* – *Museum für Gegenwart-Berlin*★★ NX – *Museum für Naturkunde*★ NX – *Deutsches Technik Museum*★★ GZ **M8** – *Käthe-Kollwitz Museum*★ LXY **M9** – *Brücke Museum*★ BY **M36** – *Märkisches Museum*★ RZ

Parks, Gärten, Seen : *Tiergarten*★★ MX – *Zoologischer Garten*★★★ MX – *Wannsee*★★ AV *(Volkspark Klein Glienicke*★★*)* – *Havel*★★ *und Pfaueninsel*★★ AV – *Tegeler See*★★ BT – *Großer Müggelsee*★★ – *Grunewald*★★ AUV *(Jagdschloß Grunewald*★ **M28** – *Botanischer Garten (Dahlem)*★★ BV **B1**

Gebäude, Straßen, Plätze : *Philharmonie*★★★ NZ **T1** – *Martin-Gropius-Bau*★★ NZ – *Brandenburger Tor*★★ NZ – *Reichstag*★ NY – *Unter den Linden*★★ NPZ – *Gendarmenmarkt*★★ PZ *(Schauspielhaus*★★, *Deutscher Dom*★, *Französischer Dom*★*)* – *Zeughaus*★★ PY – *Berliner Dom*★ PY – *Alexanderplatz*★ RY – *Nikolaiviertel*★ RZ – *Friedrichstraße*★ PYZ – *Oranienburger Straße*★ PY – *Kurfürstendamm*★★ LXY *(Kaiser-Wilhelm-Gedächtniskirche*★*)* – *Olympia-Stadion*★ AU

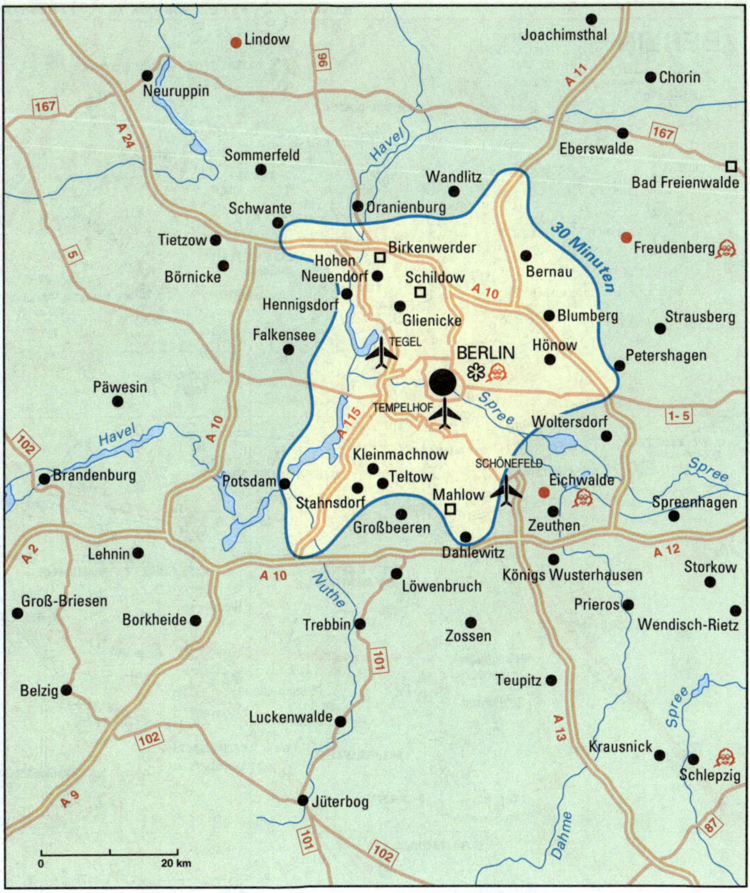

Benutzen Sie auf Ihren Reisen in EUROPA:

die Michelin-Länderkarten (1:300 000 bis 1:1 000 000);

die Michelin-Abschnittskarten (1:200 000);

die Roten Michelin-Führer (Hotels und Restaurants):
Benelux, Deutschland, España Portugal, France, Europe, Great Britain and Ireland, Italia, Schweiz

die Grünen Michelin-Führer (Sehenswürdigkeiten und interessante Reisegebiete):
Berlin, Deutschland, Frankreich, Italien, Österreich, Schweiz, Spanien, Wien

die Grünen Regionalführer von Frankreich
(Sehenswürdigkeiten und interessante Reisegebiete):
Paris, Atlantikküste, Auvergne Périgord, Bretagne, Burgund Jura, Côte d'Azur (Französische Riviera) Elsaß Vogesen Champagne, Korsika, Nordfrankreich Umgebung von Paris, Oberrhein, Provence, Pyrenäen Roussillon Gorges du Tarn, Schlösser an der Loire

BERLIN
0
2 km
S-Bahn
A
B
T
U
V
HAMBURG
A 10-E55: ROSTOCK
FROHNAU
HAMBURG LÜBECK
POTSDAM
SACROW
POTSDAM
HALLE
LEIPZIG
DRESDEN
NIEDER-NEUENDORF
Dorfstr.
Chaussee
Ruppiner
BERLINER FORST TEGEL
HERMSDORF
Oranienburger
Alt-Heiligensee
Heiligensee-straße
Sandhauser Str.
HAVEL
SIEDLUNG SCHÖNWALDE
Schönwalder
BERLINER
FORST
SPANDAU
Allee
Niederneuendorfer Allee
Schönwalder Str.
KONRADSHÖHE
Villa Borsig
TEGEL
436
446
Waidmannsluster Damm
WITTENAU
431
Holzhauser Str.
430
Roedern-Str.
TEGELER SEE
TEGELORT
Straße
Seidelstr.
REINICKENDORF
467
476
JUNGFERN-HEIDE
Bernauer Str.
Berlin-Tegel
Müllerstr.
AB. KR. REINICKENDORF
Falkenseer Chaussee
488
410
GARTENSTADT STAAKEN
497
SPANDAU
ZITADELLE
Gartenfelder
SIEMENSSTADT
A 100
409
Spree
464
425
Brunsbütteler Damm
455
Heerstr.
OLYMPIA-STADION
Spandauer Damm
SCHLOSS CHARLOTTENBURG
Alt-Moabit
West-end
Straße des
ZOO
Wilhelm-
Str.
487
Bismarckstr.
Weinmeister-horn
412
Messegelände
Chaussee
Gatower
Schildhorn
120
Teufelsberg
AVUS
KURFÜRSTENDAMM
damm
Potsdamer
GATOW
Havel-chaussee
BERLINER
FORST
WILMERSDORF
GRUNEWALD
SCHÖNEBERG
Hohenzollern-
A 100
TURM
GRUNEWALD
Koenigsallee
Grunewaldsee
Ritterfelddamm
Kladower Damm
Lindwerder
469
482
479
448
HAVEL
Havelchaussee
A 115-E 51
Onkel-Tom-Str.
Hütten-weg
MUSEUM DAHLEM
481
Bergstr.
KLADOW
SCHWANEN-WERDER
Krumme Lanke
Argentinische Allee
490
421
HAVEL
PFAUEN-INSEL
Schlachten-see
ONKEL-TOMS-HÜTTE
Clayallee
STEGLITZ
440
473
Berliner Str.
427
Drakestr.
Ostpreußendamm
Kaiser-Wilhelm-
451
MEXIKOPL.
407
WANNSEE
Großer Wannsee
NIKOLASSEE
ZEHLENDORF
LICHTERFELDE
BERLINER
103
Chaussee
Teltower Damm
Königstraße
Potsdamer
452
454
Dahlemer Weg
Goerzallee
Osdorfer Str.
439
478
Lilienthalpark
FORST
DÜPPEL
A 115-E 51
KLEINMACHNOW
TELTOW

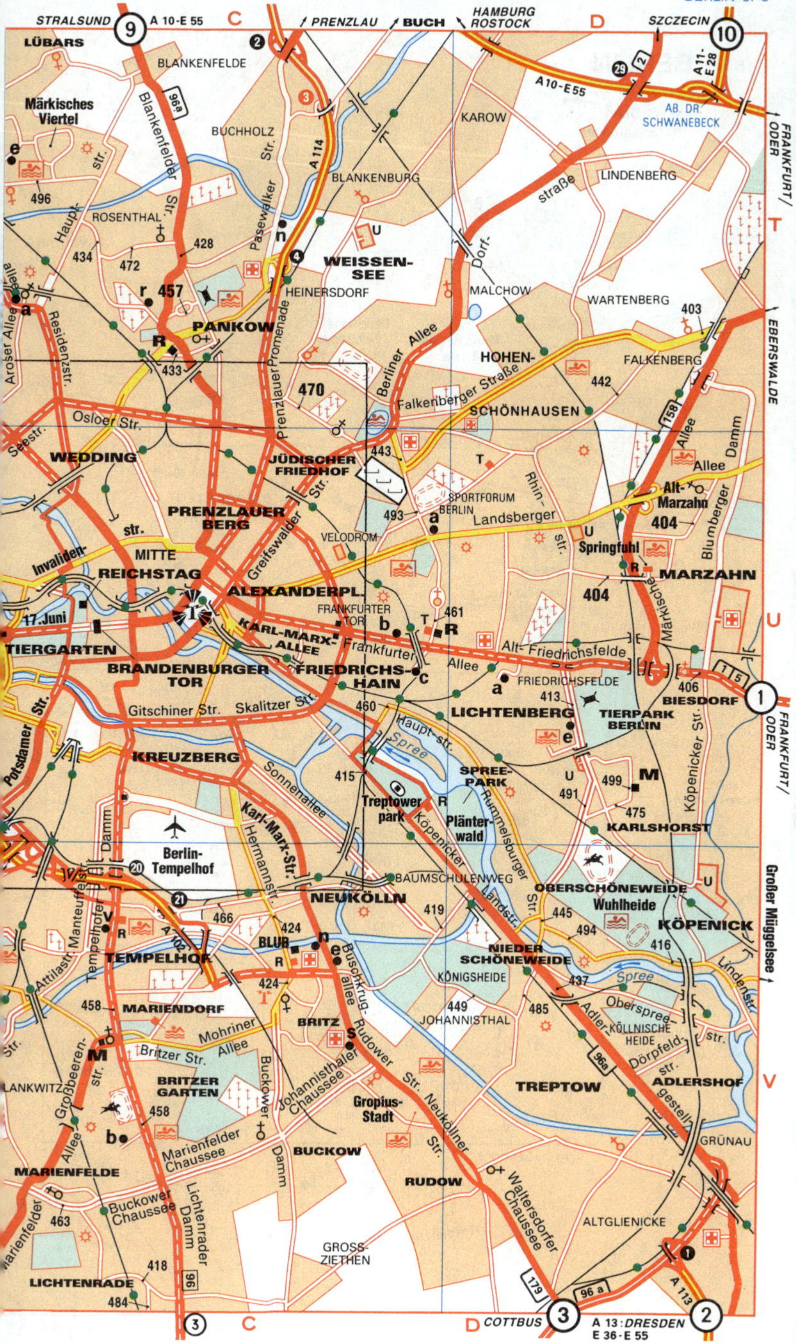
STRALSUND
A 10-E 55
PRENZLAU
BUCH
HAMBURG ROSTOCK
SZCZECIN
LÜBARS
BLANKENFELDE
Märkisches Viertel
BUCHHOLZ
KAROW
A 10-E 55
AB. DR. SCHWANEBECK
FRANKFURT/ ODER
BLANKENBURG
LINDENBERG
ROSENTHAL
WEISSENSEE
HEINERSDORF
MALCHOW
WARTENBERG
PANKOW
HOHEN-SCHÖNHAUSEN
FALKENBERG
EBERSWALDE
Osloer Str.
WEDDING
JÜDISCHER FRIEDHOF
PRENZLAUER BERG
SPORTFORUM BERLIN
Landsberger
Alt-Marzahn
Springfuhl
MARZAHN
VELODROM
MITTE
REICHSTAG
ALEXANDERPL.
FRANKFURTER TOR
KARL-MARX-ALLEE
17. Juni
TIERGARTEN
BRANDENBURGER TOR
FRIEDRICHSHAIN
Alt-Friedrichsfelde
FRIEDRICHSFELDE
BIESDORF
LICHTENBERG
TIERPARK BERLIN
Gitschiner Str.
Skalitzer Str.
Spree
KREUZBERG
SPREE-PARK
Treptower park
Plänterwald
KARLSHORST
Berlin-Tempelhof
BAUMSCHULENWEG
OBERSCHÖNEWEIDE
Wuhlheide
NEUKÖLLN
KÖPENICK
Großer Müggelsee
BLUB
TEMPELHOF
NIEDER SCHÖNEWEIDE
KÖNIGSHEIDE
MARIENDORF
BRITZ
JOHANNISTHAL
KÖLLNISCHE HEIDE
BRITZER GARTEN
TREPTOW
ADLERSHOF
LANKWITZ
Gropius-Stadt
GRÜNAU
BUCKOW
MARIENFELDE
RUDOW
ALTGLIENICKE
LICHTENRADE
GROSS-ZIETHEN
COTTBUS
A 13: DRESDEN
E 36-E 55

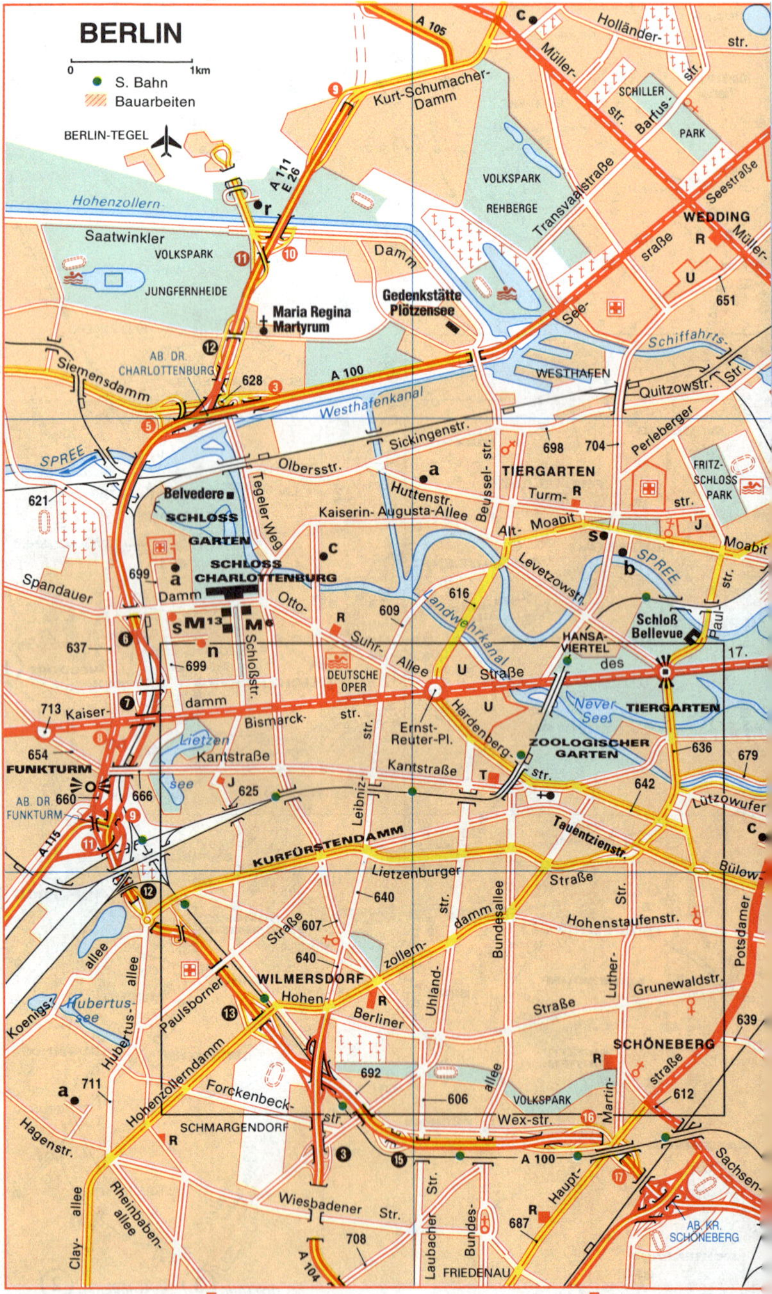
BERLIN
S. Bahn
Bauarbeiten
BERLIN-TEGEL
E
F
X
Y
Z
VOLKSPARK
REHBERGE
WEDDING
SCHILLER
PARK
Saatwinkler
VOLKSPARK
JUNGFERNHEIDE
Maria Regina
Martyrum
Gedenkstätte
Plötzensee
WESTHAFEN
TIERGARTEN
Belvedere
SCHLOSS
GARTEN
SCHLOSS
CHARLOTTENBURG
DEUTSCHE
OPER
Ernst-
Reuter-Pl.
HANSA-
VIERTEL
Schloß
Bellevue
TIERGARTEN
ZOOLOGISCHER
GARTEN
FUNKTURM
KURFÜRSTENDAMM
WILMERSDORF
SCHÖNEBERG
SCHMARGENDORF
FRIEDENAU
AB. DR.
CHARLOTTENBURG
AB. DR.
FUNKTURM
AB. KR.
SCHÖNEBERG
FRITZ-
SCHLOSS
PARK
VOLKSPARK
Kurt-Schumacher-
Damm
A 100
A 105
A 111
E 26
A 115
A 104
Westhafenkanal
Landwehrkanal
Hohenzollern-
Spree
Lietzen
see
Neuer
See
Hubertus-
see
Kantstraße
Lietzenburger
Hohenzollerndamm
Forckenbeck-
Wiesbadener Str.
Tauentzienstr.
Hardenberg-
str.
Bismarck-
str.
Kaiserin- Augusta-Allee
Otto-
Suhr-
Allee
Straße
des
17.
Juni
Spandauer
Damm
Siemensdamm
Seestraße
Müller-
str.
Holländer-
str.
Transvaalstraße
Perleberger
Quitzowstr.
Sickingenstr.
Huttenstr.
Olbersstr.
Beussel-
str.
Turm-
Alt- Moabit
Levetzowstr.
Schloßstr.
Leibniz-
Uhland-
str.
Bundesallee
Hohenstaufenstr.
Grunewaldstr.
Potsdamer
Bülow-
Lützowufer
Martin-
Luther-
Str.
Hauptstr.
Sachsen-
damm
Wex-str.
Laubacher
Str.
Bundes-
allee
Hagenstr.
Clay-
allee
Rheinbaben-
allee
Hubertus-
allee
Koenigs-
allee
Paulsborner
Straße
Berliner
Hohen-
zollern-
damm
Tegeler Weg
Kaiser-
damm
Paul-
Barfus-
Schiffahrts-
Moabit
a
b
c
r
n
S
U
R
T
J
M 13
M 6
628
621
699
637
713
654
660
666
625
616
609
640
607
692
606
711
708
687
612
639
636
642
679
651
698
704

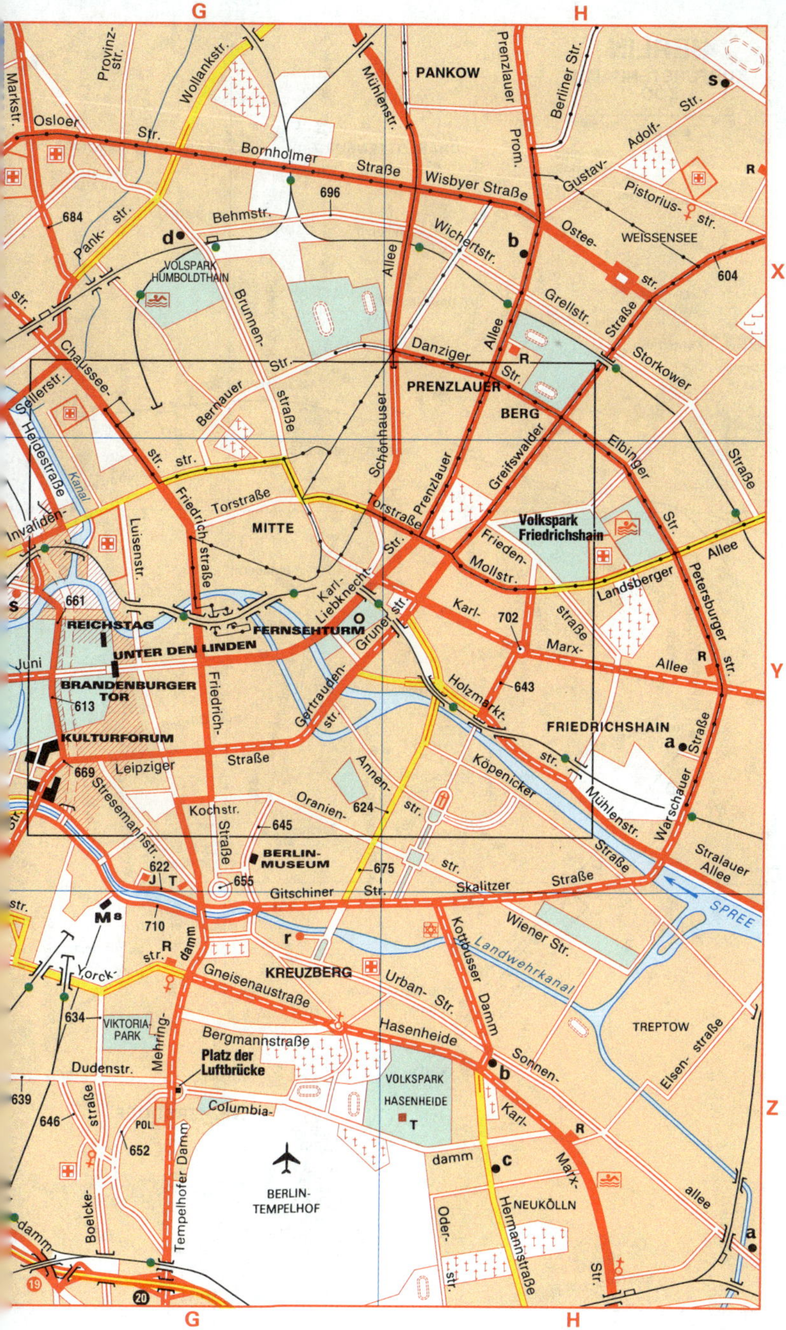
G
H
X
Y
Z
PANKOW
PRENZLAUER BERG
WEISSENSEE
MITTE
FRIEDRICHSHAIN
KREUZBERG
TREPTOW
NEUKÖLLN
VOLSPARK HUMBOLDTHAIN
Volkspark Friedrichshain
VOLKSPARK HASENHEIDE
VIKTORIA-PARK
REICHSTAG
UNTER DEN LINDEN
BRANDENBURGER TOR
KULTURFORUM
FERNSEHTURM
BERLIN-MUSEUM
Platz der Luftbrücke
BERLIN-TEMPELHOF
SPREE
Landwehrkanal
Osloer Str.
Bornholmer Straße
Wisbyer Straße
Ostsee-str.
Behmstr.
Wollankstr.
Mühlenstr.
Berliner Str.
Prenzlauer Prom.
Gustav-Adolf-Str.
Pistorius-str.
Wichertstr.
Schönhauser Allee
Prenzlauer Allee
Greifswalder Str.
Grellstr.
Storkower Straße
Danziger Str.
Elbinger Str.
Petersburger str.
Landsberger Allee
Brunnen-straße
Bernauer Str.
Chaussee-str.
Friedrichstraße
Torstraße
Invaliden-
Luisenstr.
Sellerstr.
Heidestraße
Karl-Liebknecht-Str.
Gruner str.
Frieden-straße
Mollstr.
Karl-Marx-Allee
Holzmarkt-str.
Gertrauden-str.
Leipziger Straße
Annen-str.
Oranien-str.
Köpenicker str.
Mühlenstr.
Warschauer Straße
Stralauer Allee
Kochstr.
Stresemannstr.
Gitschiner Str.
Skalitzer Straße
Wiener Str.
Yorck-str.
Gneisenaustraße
Urban-Str.
Kottbusser Damm
Hasenheide
Bergmannstraße
Mehring-damm
Dudenstr.
Columbia-damm
Sonnen-allee
Karl-Marx-Str.
Hermannstraße
Oder-str.
Elsen-straße
Tempelhofer Damm
Boelcke-straße
Markstr.
Provinz-str.
Pank-str.
Juni
POL.
684
696
604
661
613
669
702
643
645
624
675
622
655
710
634
639
646
652
19
20

BERLIN
KURFÜRSTENDAMM
ZOO
0
400 m
S.Bahn
J
K
X
Y
Z
Zillestraße
CHARLOTTENBURG
Bismarckstr.
DEUTSCHE OPER
Deutsche Oper
Bismarckstraße
SCHILLER-THEATER
Sophie-Charlotte-Pl.
Sophie-Ch.-Pl.
Kaiserdamm
Schloßstr
Kaiser-
R.-Wagner-Str.
Otto-
Leibnizstr.
Fraunhoferstr.
Suhr-
Allee
609
Wundt-
Schillerstr.
Friedrich-
Wilmersdorfer
Straße
LIETZENSEE PARK
Lietzen-
see
Neue
Kantstraße
Suarezstr.
Windscheidstraße
Pestalozzistr.
Krumme
Schlüterstr.
Amtsgerichts-platz
Leonhardtstr.
Wilmersdorfer Str
705
625
Rönne-
straße
CHARLOTTENBURG
SAVIGNYPLATZ
Mommsenstr.
Mommsen-
Bleibtreu-
str.
Gervinusstr.
Holtzendorff-platz
Dahlmannstr.
Lewishamstr.
Droysenstr.
Damaschke-
Heilbronner Str.
Adenauerpl.
Adenauerpl
Xantener Str.
Lietzenburger Straße
Georg-Wilhelm-Straße
KURFÜRSTENDAMM
600
667
Brandenburgische
Pariser Str.
Düsseldorfer
HALENSEE
Westfälische
Friedrich-
Nestorstraße
Hochmeister-platz
Joachim-
Paulsborner
Eisenzahnstraße
Konstanzer Str.
PREUSSEN PARK
Württembergische
Sächsische
Emser
BAB
Stadtring
Grieser Pl.
Seesener Straße
Fehrbelliner Platz
Fehrbelliner Pl.
Hohenzollerndamm
Emser Plat
HOHENZOLLERNDAMM
Cunostr.
Hohenzollern-
Rudolstädter
BAB Abzweig
Berliner
Bar-
Blissestr.
Sigmaringer
Viktoria-
WILMERSDORF
EISSTADION
STADION
A 100
VOLKSPARK
AB. KR. WILMERSDORF
Auguste-
Cunostraße
Forckenbeckstraße
Heidelbgr. Pl.
HEIDELBERGER PL.
Mecklenburgische Straße
Steglitz

L
M
X
Y
Z
TIERGARTEN
TECHNISCHE UNIVERSITÄT
CHARLOTTENBURGER TOR
Ernst-Reuter-Platz
Ernst-Reuter Pl.
Straße des 17. Juni
Siegessäule
Großer Stern
Altonaer Straße
Spreeweg
Hofjägerallee
Landwehrkanal
ZOOLOGISCHER GARTEN
Aquarium
Zoolog. Gtn.
THEATER DES WESTENS
Kaiser-Wilhelm-Gedächtniskirche
Europa Center
Budapester Str.
Kurfürstenstr.
Lützowplatz
Tiergartenstr.
Klingelhöferstr.
Stülerstr.
Hardenbergstraße
Steinpl.
Uhlandstr.
Fasanenstr.
Kantstraße
Savignypl.
Knesebeckstr.
Grolmanstr.
Marchstr.
Einsteinufer
Bachstr.
Kurfürstendamm
KURFÜRSTENDAMM
Uhlandstr.
Joachimstaler Str.
Augsburger Str.
Nürnberger Str.
Passauer Str.
Wittenbergpl.
Kleiststraße
Einemstraße
Nollendorfpl.
Lietzenburger Str.
Schaperstr.
Fuggerstr.
Motzstraße
BUNDESHAUS
Spichernstraße
Spichernstr.
Meierottostr.
Pariser Str.
Ludwigkirchplatz
Ansbacher Str.
Welserstr.
Geisbergstraße
Viktoria-Luise-Pl.
Winterfeldtplatz
Maaßenstr.
Hohenstaufenstr.
Hohenzollerndamm
Hohenzollernpl.
Nachodstr.
Bundesallee
Bamberger Str.
Landshuter Straße
Münchener Straße
Aschaffenburger Str.
Barbarossastraße
Eisenacher Str.
Goltzstraße
Güntzelstr.
Güntzelstraße
ADAC
Prinzregentenstraße
Uhlandstraße
Nassauische Str.
Grunewaldstraße
Luther Str.
Bayerischer Platz
Bayerischer Pl.
Eisenacher Str.
SCHÖNEBERG
Akazienstr.
Salzburger Str.
Innsbrucker Straße
Berliner Str.
Badensche Straße
Belziger Straße
Kufsteiner Str.
Meraner Str.
VOLKSPARK
Volkspark
Am Volkspark
Freiherr-vom-Stein-Str.
Fritz-Elsas-Str.
Rathaus Schöneberg
Martin-Luther-Str.
Heylstr.
WILMERSDORF
Dominicusstr.
Hauptstraße
Albertstr.
Ebersstraße
630
657
676
707
717
603
693
648
673
633

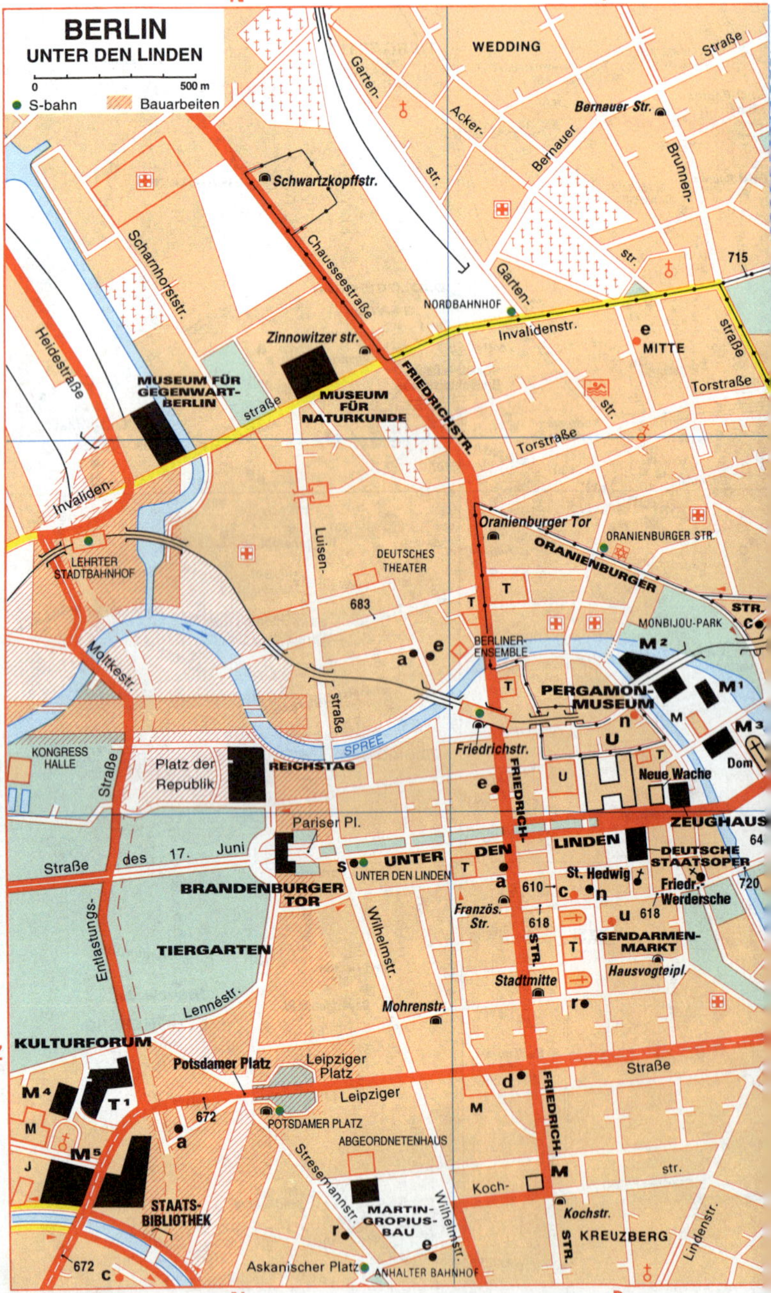
BERLIN
UNTER DEN LINDEN
0
500 m
S-bahn
Bauarbeiten
N
P
X
Y
Z
WEDDING
Bernauer Str.
Garten-
Acker-
str.
Bernauer
Brunnen-
Straße
Schwartzkopffstr.
Chausseestraße
Scharnhorststr.
Heidestraße
Garten-
NORDBAHNHOF
Invalidenstr.
MITTE
715
straße
Torstraße
Torstraße
Zinnowitzer str.
MUSEUM FÜR GEGENWART-BERLIN
MUSEUM FÜR NATURKUNDE
FRIEDRICHSTR.
straße
Invaliden-
LEHRTER STADTBAHNHOF
Luisen-
DEUTSCHES THEATER
Oranienburger Tor
ORANIENBURGER STR.
ORANIENBURGER STR.
MONBIJOU-PARK
683
BERLINER-ENSEMBLE
Moltkestr.
straße
PERGAMON-MUSEUM
SPREE
Friedrichstr.
KONGRESS HALLE
Platz der Republik
REICHSTAG
Straße
Neue Wache
Dom
ZEUGHAUS
Pariser Pl.
Straße
des 17. Juni
UNTER DEN LINDEN
UNTER DEN LINDEN
FRIEDRICH-STR.
DEUTSCHE STAATSOPER
St. Hedwig
64
720
Friedr.-Werdersche
BRANDENBURGER TOR
Französ. Str.
610
618
618
GENDARMEN-MARKT
Wilhelmstr.
Entlastungs-
TIERGARTEN
Hausvogteipl.
Stadtmitte
Lennéstr.
Mohrenstr.
KULTURFORUM
Potsdamer Platz
Leipziger Platz
Leipziger
Straße
FRIEDRICH-STR.
672
POTSDAMER PLATZ
ABGEORDNETENHAUS
Stresemannstr.
Koch-
str.
Kochstr.
STAATS-BIBLIOTHEK
MARTIN-GROPIUS-BAU
Wilhelmstr.
KREUZBERG
Lindenstr.
672
Askanischer Platz
ANHALTER BAHNHOF

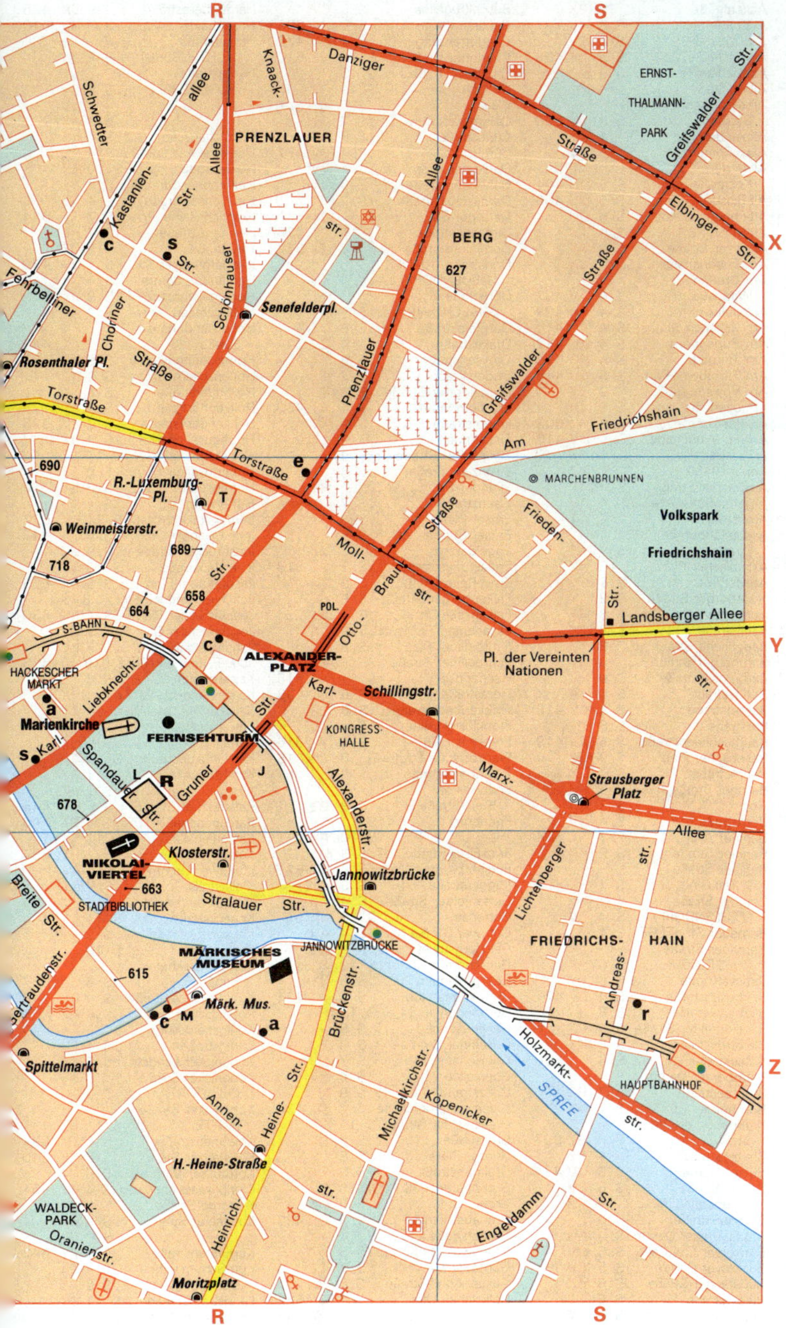
R
S
X
Y
Z
Danziger
Knaack-
Schwedter
Kastanien-
allee
Allee
PRENZLAUER
BERG
ERNST-
THALMANN-
PARK
Greifswalder
Str.
Straße
Elbinger
Str.
627
Schönhauser
Senefelderpl.
Fehrbelliner
Choriner
Straße
Rosenthaler Pl.
Torstraße
Prenzlauer
Allee
Greifswalder
Straße
Friedrichshain
Am
MARCHENBRUNNEN
Volkspark
Friedrichshain
Frieden-
690
R.-Luxemburg-
Pl.
T
Weinmeisterstr.
689
718
658
664
Moll-
Braun
str.
Otto-
POL.
Str.
Landsberger Allee
Pl. der Vereinten
Nationen
S-BAHN
HACKESCHER
MARKT
Liebknecht-
ALEXANDER-
PLATZ
Karl-
Schillingstr.
Marienkirche
FERNSEHTURM
KONGRESS-
HALLE
Karl-
Spandauer
Str.
Gruner
J
Alexanderstr.
Marx-
Strausberger
Platz
Allee
678
NIKOLAI-
VIERTEL
Klosterstr.
Jannowitzbrücke
663
STADTBIBLIOTHEK
Stralauer
Str.
Breite
Str.
Lichtenberger
str.
FRIEDRICHS-
HAIN
MÄRKISCHES
MUSEUM
JANNOWITZBRÜCKE
Gertraudenstr.
615
Märk. Mus.
Brückenstr.
Andreas-
Holzmarkt-
SPREE
str.
HAUPTBAHNHOF
Spittelmarkt
Annen-
Heine-
Str.
Michaelkirchstr.
Köpenicker
H.-Heine-Straße
str.
Engeldamm
Str.
WALDECK-
PARK
Oranienstr.
Heinrich-
Moritzplatz

Ackerstraße	S. 10	PX	
Adenauerplatz	S. 8	JY	
Adlergestell	S. 5	DV	
Ahrensfelder Ch.	S. 5	DT	403
Akazienstraße	S. 9	MZ	
Albertstraße	S. 9	MZ	
Albrecht-Achilles-Straße	S. 8	JY	600
Alexanderplatz	S. 11	RY	
Alexanderstraße	S. 11	SY	
Allee der Kosmonauten	S. 5	DU	404
Alt-Biesdorf	S. 5	DU	406
Alt-Friedrichsfelde	S. 5	DU	
Alt-Moabit	S. 6	FY	
Altonaer Straße	S. 9	MX	
Am Friedrichshain	S. 11	SX	
Am Großen Wannsee	S. 4	AV	407
Am Juliusturm	S. 4	AU	409
Am Kiestech	S. 4	AU	410
Am Rupenhorn	S. 4	AU	412
Am Tierpark	S. 5	DU	413
Am Treptower Park	S. 5	CU	415
Am Volkspark	S. 9	LZ	
Amtsgerichtsplatz	S. 8	JX	
An der Urania	S. 9	MY	603
An der Wuhlheide	S. 5	DV	416
Andreasstraße	S. 11	SZ	
Annenstraße	S. 11	RZ	
Ansbacher Straße	S. 9	MY	
Argentinische Allee	S. 4	AV	
Aroser Allee	S. 5	CT	
Aschaffenburger Straße	S. 9	MZ	
Askanischer Platz	S. 10	NZ	
Attilastraße	S. 5	CV	
Augsburger Straße	S. 9	LY	
Auguste-Viktoria-Str.	S. 8	JZ	
Bachstraße	S. 9	MX	
Badensche Straße	S. 9	LZ	
Bamberger Straße	S. 9	MY	
Barbarossastraße	S. 9	MZ	
Barfusstraße	S. 6	FX	
Barnetstraße	S. 5	CV	418
Barstraße	S. 8	KZ	
Baumschlulenstraße	S. 5	CV	419
Bayerischer Platz	S. 9	MZ	
Behmstraße	S. 7	GX	
Belziger Straße	S. 9	MZ	
Bergmannstraße	S. 7	GZ	
Bergstraße	S. 4	BV	
Berliner Allee	S. 7	HX	604
Berliner Straße	S. 9	LZ	
Berliner Straße (PANKOW)	S. 7	HX	
Berliner Straße (ZEHLENDORF)	S. 4	BV	
Bernauer Str. (TEGEL)	S. 4	BT	
Bernauer Straße (WEDDING)	S. 10	PX	
Beusselstraße	S. 6	FY	
Birkbuschstraße	S. 4	BV	421
Bismarckstraße	S. 8	JX	
Blankenfelder Straße	S. 5	CT	
Bleibtreustraße	S. 8	KX	
Blissestraße	S. 6	FZ	606
Blumberger Damm	S. 5	DU	
Boelckestraße	S. 7	GZ	
Bornholmer Straße	S. 7	GX	
Brandenburgische Straße	S. 6	EZ	607
Breite Straße	S. 11	RZ	
Britzer Damm	S. 5	CV	424
Britzer Straße	S. 5	CV	
Brückenstraße	S. 11	RZ	
Brunnenstraße	S. 10	PX	
Brunsbütteler Damm	S. 4	AU	
Buckower Chaussee	S. 5	CV	
Buckower Damm	S. 5	CV	
Budapester Straße	S. 9	MX	
Bülowstraße	S. 6	FZ	
Bundesallee	S. 9	LY	
Buschkrugallee	S. 5	CV	
Cauerstraße	S. 8	KX	609
Charlottenburger Ch.	S. 4	AU	425
Charlottenstraße	S. 10	PZ	610
Chausseestraße	S. 10	NX	
Choriner Str.	S. 11	RX	
Clayallee	S. 6	EZ	
Columbiadamm	S. 7	GZ	
Cunostraße	S. 8	JZ	
Curtiusstraße	S. 4	BV	427
Dahlemer Weg	S. 4	BV	
Dahlmannstraße	S. 8	JY	
Damaschkestraße	S. 8	JY	
Danziger Str.	S. 11	RSX	
Dietzgenstraße	S. 5	CT	428
Dominicusstraße	S. 6	FZ	612
Dorfstraße (NIEDER NEUENDORF)	S. 4	AT	
Dorfstraße (MALCHOW)	S. 5	DT	
Dörpfeldstraße	S. 5	DV	
Drakestraße	S. 4	BV	
Droysenstraße	S. 8	JY	
Dudenstraße	S. 7	GZ	
Düsseldorfer Straße	S. 8	KY	
Eichborndamm	S. 4	BT	430
Einemstraße	S. 9	MY	
Einsteinufer	S. 9	LX	
Eisenacher Straße	S. 9	MZ	
Eisenzahnstraße	S. 8	JY	
Elbinger Str.	S. 7	HY	
Elsenstraße	S. 7	HZ	
Emser Platz	S. 8	KZ	
Emser Straße	S. 8	KY	
Engeldamm	S. 11	SZ	
Entlastungsstraße	S. 7	GY	613
Ernst-Reuter-Platz	S. 9	LX	
Falkenberger Straße	S. 5	CT	
Falkenseer Ch.	S. 4	AT	
Fasanenstraße	S. 9	LX	
Fehrbelliner Platz	S. 8	KZ	
Fehrbelliner Straße	S. 11	RX	
Fischerinsel	S. 11	RZ	615
Florastraße	S. 5	CT	433
Forckenbeckstraße	S. 8	JZ	
Frankfurter Allee	S. 4	CU	
Franklinstraße	S. 6	FY	616
Französische Straße	S. 10	PZ	618
Fraunhoferstraße	S. 8	KX	
Freiherr-vom-Stein-Straße	S. 9	MZ	
Friedenstr.	S. 11	SY	
Friedrichstraße	S. 10	PY	
Fritz-Elsas-Straße	S. 9	MZ	
Fürstenbrunner Weg	S. 6	EY	621
Fuggerstraße	S. 9	MY	
Gartenfelder Straße	S. 4	AU	
Gartenstr.	S. 10	NX	
Gatower Straße	S. 4	AU	
Geisbergstraße	S. 9	MY	
Gendarmenmarkt	S. 10	PZ	
Georg-Wilhelm-Str.	S. 8	JY	
Germanenstraße	S. 5	CT	434
Gertraudenstraße	S. 11	RZ	
Gervinusstraße	S. 8	JX	
Gitschiner Straße	S. 7	GZ	
Gneisenaustraße	S. 7	GZ	
Goerzallee	S. 4	BV	
Goltzstraße	S. 9	MZ	
Greenwichpromenade	S. 4	BT	436
Greifswalder Straße	S. 11	SX	
Grellstraße	S. 7	HX	
Grieser Platz	S. 8	JZ	
Grolmanstraße	S. 9	LX	
Großbeerenstraße	S. 5	CV	
Großer Stern	S. 9	MX	
Grünauer Straße	S. 5	DV	437
Grunerstraße	S. 11	RY	
Grunewaldstraße	S. 9	MZ	
Güntzelstraße	S. 9	LZ	
Gustav-Adolf-Straße	S. 7	HX	
Hallesches Ufer	S. 7	GY	622
Hagenstraße	S. 6	EZ	609
Hardenbergstraße	S. 9	LX	425
Hasenheide	S. 7	HZ	610
Hauptstraße (LICHTENBERG)	S. 5	CU	
Hauptstraße (ROSENTHAL)	S. 5	CT	
Hauptstraße (SCHÖNEBERG)	S. 9	MZ	
Havelchaussee	S. 4	AU	
Heerstraße	S. 4	AU	
Heidestraße	S. 10	NX	
Heilbronner Straße	S. 8	JY	
Heiligenseestraße	S. 4	AT	
Heinrich-Heine-Str.	S. 7	HY	624
Hermannstraße	S. 7	HZ	
Heylstraße	S. 9	MZ	
Hildburghauser Str.	S. 4	BV	439
Hindenburgdamm	S. 4	BV	440
Hochmeisterplatz	S. 8	JY	
Hofjagerallee	S. 9	MX	
Hohenschönhauser Straße	S. 5	DT	442
Hohenstaufenstraße	S. 9	MY	
Hohenzollerndamm	S. 8	KZ	
Holländerstraße	S. 6	FX	
Holtzendorffplatz	S. 8	JY	
Holtzendorffstraße	S. 6	EY	625
Holzhauser Straße	S. 4	BT	
Holzmarktstraße	S. 11	SZ	
Hubertusallee	S. 6	EZ	
Huttenstraße	S. 6	FY	
Hüttenweg	S. 4	BV	
Immanuelkirchstraße	S. 11	SX	627
Indira Gandhi Str.	S. 5	CU	443
Innsbrucker Straße	S. 9	MZ	
Invalidenstraße	S. 10	NY	
Jacob-Kaiser-Platz	S. 6	EX	628
Joachim-Friedrich-Str.	S. 8	JY	
Joachimstaler Platz	S. 9	LX	630
Joachimstaler Str.	S. 9	LY	
Johannisthaler Ch.	S. 5	CV	
John-F.-Kennedy-Platz	S. 9	MZ	633
Kaiserdamm	S. 8	JX	
Kaiser-Friedrich-Straße	S. 8	JX	
Kaiserin-Augusta-Allee	S. 6	EY	
Kaiser-Wilhelm-Straße	S. 4	BV	
Kantstraße	S. 8	JX	
Karl-Liebknecht-Str.	S. 11	RY	
Karl-Marx-Allee	S. 11	RY	
Karl-Marx-Straße	S. 7	HZ	
Karlshorster Straße	S. 5	DV	445
Karolinenstraße	S. 4	BT	446
Kastanienallee	S. 11	RX	
Katzbachstraße	S. 7	GZ	634
Kladower Damm	S. 4	AV	
Kleiststraße	S. 9	MY	
Klingelhöferstraße	S. 6	FY	636
Knaackstraße	S. 11	RX	
Knesebeckstraße	S. 9	LX	
Kochstraße	S. 10	PZ	
Königin-Elisabeth-Straße	S. 6	EY	637
Königin-Luise-Straße.	S. 4	BV	448
Koenigsallee	S. 6	EZ	
Königsheideweg	S. 5	DV	449
Königstraße	S. 4	AV	
Köpenicker Landstr.	S. 5	CU	
Köpenicker Straße (BIESDORF)	S. 5	DU	
Köpenicker Straße (MITTE)	S. 11	SZ	
Kolonnenstraße	S. 6	FZ	639
Konstanzer Str.	S. 6	EZ	640
Kottbusser Damm	S. 8	HZ	
Kronprinzessinnenweg	S. 4	AV	451
Krumme Straße	S. 8	JX	
Kufsteiner Straße	S. 9	MZ	
Kurfürstendamm	S. 8	JY	
Kurfürstenstraße	S. 6	FY	642
Kurt-Schumacher-Damm	S. 6	FX	
Landsberger Allee	S. 11	SY	
Landshuter Straße	S. 9	MY	

Alphabetisches Verzeichnis der Hotels und Restaurants
Liste alphabétique des hôtels et restaurants

Im Zentrum :

In Charlottenburg Mitte Schöneberg Tiergarten und Wilmersdorf *Stadtplan Berlin : Seite 4 - 9 :*

Adlon, Unter den Linden 77, ✉ 10117, ☎ (030) 2 26 10, *Fax (030) 22612222*, Massage, Zim, Rest 250. AE VISA JCB. Rest
Menu à la carte 73/115 – **337 Z** 479/738, 37 Suiten. NZ s

Grand Hyatt, Marlene-Dietrich-Platz 2, ✉ 10785, ☎ (030) 25 53 12 34, *Fax (030) 25531235*, Massage, Zim, 440. AE VISA JCB. Rest NZ a
Menu 89 und à la carte 58/98 – **340 Z** 465/690, 15 Suiten.

Four Seasons, Charlottenstr. 49/Am Gendarmenmarkt, ✉ 10117, ☎ (030) 2 03 38, *Fax (030) 20336166*, Massage, Zim, 75. AE VISA. Rest
***Seasons* : Menu** à la carte 55/90 – **204 Z** 446/717, 42 Suiten. PZ n

Kempinski Hotel Bristol, Kurfürstendamm 27, ✉ 10719, ☎ (030) 88 43 40, *Fax (030) 8836075*, Massage, Zim, 250. AE VISA JCB. Rest LX n
Kempinski Grill *(Montag und Juli - Aug 4 Wochen geschl.)* **Menu** à la carte 83/122 – ***Kempinski-Eck* : Menu** à la carte 41/63 – **301 Z** 399/628, 29 Suiten.

Grand Hotel Esplanade, Lützowufer 15, ✉ 10785, ☎ (030) 25 47 80, *Fax (030) 2651171*, Tagungsschiff mit eigenem Anleger, « Modernes Hotel mit integrierter Sammlung zeitgenössischer Kunst », Massage, Zim, – 260. AE VISA JCB. Rest MX e
Menu siehe Restaurant ***Harlekin*** separat erwähnt – ***Eckkneipe* : Menu** à la carte 37/59 – **400 Z** 446/682, 33 Suiten.

The Westin Grand, Friedrichstr. 158, ✉ 10117, ☎ (030) 2 02 70, *Fax (030) 20273362*, Massage, Zim, 100. AE VISA JCB PZ a
Menu à la carte 35/45 – ***Forellenquintett*** (überwiegend Fischgerichte) **Menu** à la carte 58/61 – **358 Z** 414/493, 20 Suiten.

Palace, Budapester Str. 42 (im Europa-Center), ✉ 10789, ☎ (030) 2 50 20, *Fax (030) 25021160*, freier Zugang zu den Thermen – Zim, – 260. AE VISA. Rest MX k
Menu siehe Rest. ***First Floor*** separat erwähnt – ***Alt Nürnberg* : Menu** à la carte 37/60 – **321 Z** 361/642, 18 Suiten.

Inter-Continental, Budapester Str. 2, ✉ 10787, ☎ (030) 2 60 20, *Fax (030) 26022600*, Massage, Zim, 800. AE VISA JCB MX a
Menu siehe Restaurant ***Zum Hugenotten*** separat erwähnt – ***L.A. Café* : Menu** à la carte 50/65 – **511 Z** 388/611, 40 Suiten.

Radisson SAS-Hotel, Karl-Liebknecht-Str. 5, ✉ 10178, ☎ (030) 2 38 28, *Fax (030) 23827590*, Massage, Zim, 360. AE VISA JCB. Rest RY s
Menu à la carte 43/65 – **540 Z** 337/454, 17 Suiten.

Berlin, Lützowplatz 17, ✉ 10785, ☎ (030) 2 60 50, *Fax (030) 26052716*, Zim, Rest, 400. AE VISA JCB MX b
Menu 32 (Buffet) und à la carte 51/80 – **701 Z** 250/410, 7 Suiten.

Hilton (mit Kroneflügel), Mohrenstr. 30, ✉ 10117, ☎ (030) 2 02 30, *Fax (030) 20234269*, Zim, 300. AE VISA JCB PZ r
Fellini (italienische Küche) *(nur Abendessen)* **Menu** à la carte 56/76 – ***Mark Brandenburg*** (auch vegetarische Gerichte) **Menu** à la carte 45/72 – **493 Z** 248/621, 12 Suiten.

Steigenberger Berlin, Los-Angeles-Platz 1, ✉ 10789, ☎ (030) 2 12 70, *Fax (030) 2127117*, Massage, Zim, 300. AE VISA JCB. Rest MY d
Parkrestaurant (nur Abendessen) *(Sonntag - Montag und 18. Juli - 16. Aug. geschl.)* **Menu** à la carte 54/81 – ***Berliner Stube* : Menu** à la carte 33/50 – **397 Z** 341/532, 11 Suiten.

Holiday Inn Crowne Plaza M, Nürnberger Str. 65, ✉ 10787, ☎ (030) 21 00 70, *Fax (030) 2132009*, Massage, Zim, 120. AE VISA. Rest MX t
Menu *(Sonntagabend geschl.)*/35 (Lunchbuffet) und à la carte 52/72 – **425 Z** 320/590, 10 Suiten.

Brandenburger Hof M, Eislebener Str. 14, ✉ 10789, ☎ (030) 21 40 50, *Fax (030) 21405100*, « Modernisiertes Wilhelminisches Stadtpalais mit Bauhaus-Einrichtung » – 30. AE VISA JCB. Rest LY n
Menu siehe Rest. ***Die Quadriga*** *separat erwähnt* – ***Der Wintergarten* : Menu** à la carte 52/85 – **80 Z** 275/455.

Maritim proArte [M], Friedrichstr. 151, ✉ 10117, ✆ (030) 2 03 35, *Fax (030) 20334209*, – Zim, – 720. AE DC E VISA JCB PY e
Galerie : **Menu** 49 (nur Lunch-Buffet) – ***Atelier*** *(nur Abendessen)* **Menu** à la carte 52/80 – **403 Z** 294/558, 28 Suiten.

Savoy, Fasanenstr. 9, ✉ 10623, ✆ (030) 31 10 30, *Fax (030) 31103333*, – Zim, – 40. AE DC E VISA JCB LX s
Menu à la carte 48/70 – **125 Z** 277/445, 18 Suiten.

Mondial, Kurfürstendamm 47, ✉ 10707, ✆ (030) 88 41 10, *Fax (030) 88411150*, , Massage, – – 50. AE DC E VISA KY e
Menu à la carte 47/69 – **75 Z** 180/480.

President, An der Urania 16, ✉ 10787, ✆ (030) 21 90 30, *Fax (030) 2141200*, – Zim, – 80. AE DC E VISA. Rest MY t
Menu *(Sonntag geschl.)* à la carte 42/67 – **188 Z** 242/337.

Sorat Hotel Spree-Bogen [M], Alt Moabit 99, ✉ 10559, ✆ (030) 39 92 00, *Fax (030) 39920999*, – Zim, – 150. AE DC E VISA JCB FY b
Menu *(Sonntagabend geschl.)* à la carte 47/66 – **221 Z** 230/450.

Alexander Plaza [M], Rosenstr. 1, ✉ 10178, ✆ (030) 24 00 10, *Fax (030)24001777*, – Zim, – 80. AE DC E VISA JCB RY a
Menu à la carte 34/53 – **92 Z** 225/385.

Großer Kurfürst [M] garni, Neue Roßstr. 11, ✉ 10179, ✆ (030) 24 60 00, *Fax (030) 24600300*, – Zim, – 30. AE DC E VISA JCB
144 Z 195/295, 7 Suiten. RZ c

Seehof [M], Lietzensee-Ufer 11, ✉ 14057, ✆ (030) 32 00 20, *Fax (030) 32002251*, ≤, « Gartenterrasse », – – 40. AE DC E VISA. Rest JX r
Menu à la carte 58/81 – **77 Z** 235/475.

Alsterhof, Augsburger Str. 5, ✉ 10789, ✆ (030) 21 24 20, *Fax (030) 2183949*, Biergarten, Massage, – Zim, – 45. AE DC E VISA JCB
Alsterstuben *(Sonntagabend geschl.)* **Menu** à la carte 44/64 – ***Zum Lit-Fass*** *(Montag-Donnerstag nur Abendessen)* **Menu** à la carte 32/53 – **200 Z** 265/450. MY r

art'otel Ermelerhaus [M], Wallstr. 70, ✉ 10179, ✆ (030) 24 06 20, *Fax (030) 25062222*, « Rekonstruiertes Patrizierhaus mit modernem Hotelanbau » – Zim, Zim, – 45. AE DC E VISA RZ c
Im Ermelerhaus (nur Abendessen) *(Sonntag - Montag und Mitte Juli - Ende August geschl.)* **Menu** à la carte 60/80 – ***Raabe - Diele :*** **Menu** à la carte 35/56 – **95 Z** 235/275.

Luisenhof, Köpenicker Str. 92, ✉ 10179, ✆ (030) 2 41 59 06, *Fax (030) 2792983*, « Elegante Einrichtung » – – 30. AE DC E VISA JCB. Rest RZ a
Menu à la carte 29/61 – **27 Z** 210/390.

Forum Hotel Berlin, Alexanderplatz, ✉ 10178, ✆ (030) 2 38 90, *Fax (030) 23894305*, – Zim, – 240. AE DC E VISA JCB RY c
Menu à la carte 29/56 – **1006 Z** 235/345.

Ambassador, Bayreuther Str. 42, ✉ 10787, ✆ (030) 21 90 20, *Fax (030) 21902380*, Massage, – Zim, Rest, – 70. AE DC E VISA JCB MX z
Menu à la carte 32/58 – **199 Z** 200/290.

Berlin Excelsior Hotel, Hardenbergstr. 14, ✉ 10623, ✆ (030) 3 15 50, *Fax (030) 31551002*, – Zim, Rest, – 60. AE DC E VISA JCB LX b
Menu *(Sonntag - Montag geschl.)* à la carte 44/70 – **317 Z** 250/395.

Hamburg, Landgrafenstr. 4, ✉ 10787, ✆ (030) 26 47 70, *Fax (030) 2629394*, – Zim, – 60. AE DC E VISA JCB. Rest MX s
Menu à la carte 44/72 – **240 Z** 199/320.

Residenz, Meinekestr. 9, ✉ 10719, ✆ (030) 88 44 30, *Fax (030) 8824726* – . AE DC E VISA. Rest LY d
Menu à la carte 58/78 – **88 Z** 220/360.

Bleibtreu-Hotel, Bleibtreustr. 31, ✉ 10707, ✆ (030) 88 47 40, *Fax (030) 88474444*, « Einrichtung mit Designer-Möbeln », Massage, – Zim, . AE DC E VISA JCB KY s
Menu à la carte 46/81 – **60 Z** 275/441.

Park Consul garni, Alt-Moabit 86a, ✉ 10555, ✆ (030) 39 07 80, *Fax (030) 39078900* – . AE DC E VISA FY s
52 Z 217/327.

Sorat Art'otel Berlin (modernes Hotel mit Ausstellung zeitgenössischer Kunst), Joachimstaler Str. 29, ✉ 10719, ✆ (030) 88 44 70, *Fax (030) 88447700*, – Zim, – 65. AE DC E VISA JCB LY e
Menu *(Sonntag geschl.)* à la carte 34/69 – **133 Z** 180/415.

Sylter Hof, Kurfürstenstr. 114, ✉ 10787, ☎ (030) 2 12 00, *Fax (030) 2142826* – 90. MX d
Menu *(Sonntag geschl.)* à la carte 26/41 – **160 Z** 228/338, 18 Suiten.

Hecker's Hotel, Grolmanstr. 35, ✉ 10623, ☎ (030) 8 89 00, *Fax (030) 8890260* – Zim, LX e
Cassambalis **:** Menu 30 (Buffet) und à la carte 57/72 – **72 Z** 280/350.

Queens Hotel garni, Güntzelstr. 14, ✉ 10717, ☎ (030) 8 73 02 41, *Fax (030) 8619326* – 40. LZ t
108 Z 199/295.

Kanthotel garni, Kantstr. 111, ✉ 10627, ☎ (030) 32 30 20, *Fax (030) 3240952* – JX e
55 Z 150/350.

Concept Hotel, Grolmanstr. 41, ✉ 10623, ☎ (030) 88 42 60, *Fax (030) 88426820*, Massage, – Zim, – 85. LX m
Menu à la carte 34/59 – **106 Z** 220/350, 5 Suiten.

Holiday Inn Garden Court garni, Bleibtreustr. 25, ✉ 10707, ☎ (030) 88 09 30, *Fax (030) 88093939* – – 15. KY g
73 Z 245/370.

Albrechtshof, Albrechtstr. 8, ✉ 10117, ☎ (030) 30 88 60, *Fax (030) 30886100*, – Zim, – 50. Rest NY a
Menu à la carte 35/67 – **99 Z** 208/365.

Hackescher Markt, Große Präsidentenstr. 8, ✉ 10178, ☎ (030) 28 00 30, *Fax (030) 28003111* – Zim, PY c
Menu *(Montag geschl.)* (Dienstag - Freitag nur Abendessen) à la carte 52/68 – **31 Z** 160/320.

Kronprinz garni (restauriertes Haus a.d.J. 1894), Kronprinzendamm 1, ✉ 10711, ☎ (030) 89 60 30, *Fax (030) 8931215* – – 25. JY d
61 Z 195/295.

Schloßparkhotel, Heubnerweg 2a, ✉ 14059, ☎ (030) 3 26 90 30, *Fax (030) 3258861*, – – 50. EY a
Menu à la carte 32/63 – **39 Z** 189/244.

California garni, Kurfürstendamm 35, ✉ 10719, ☎ (030) 88 01 20, *Fax (030) 88012111*, – LY a
45 Z 155/235.

Boulevard garni, Kurfürstendamm 12, ✉ 10719, ☎ (030) 88 42 50, *Fax (030) 88425450* – – 25. LX c
57 Z 185/368.

Kurfürstendamm am Adenauerplatz garni, Kurfürstendamm 68, ✉ 10707, ☎ (030) 88 46 30, *Fax (030) 8825528* – – 30. JY n
34 Z 180/270, 4 Suiten.

Scandotel Castor garni, Fuggerstr. 8, ✉ 10777, ☎ (030) 21 30 30, *Fax (030) 21303160* – MY s
78 Z 210/265.

Berlin-Plaza, Knesebeckstr. 63, ✉ 10719, ☎ (030) 88 41 30, *Fax (030) 88413754* – Zim, – 30. LY c
Menu à la carte 32/53 – **131 Z** 199/339.

Alfa-Hotel garni, Ufnaustr. 1, ✉ 10553, ☎ (030) 3 44 00 31, *Fax (030) 3452111* – – 35. FY a
33 Z 170/260.

Econtel garni, Sömmeringstr. 24, ✉ 10589, ☎ (030) 34 68 10, *Fax (030) 34681163* – – 35. EY c
205 Z 147/270.

Astoria garni, Fasanenstr. 2, ✉ 10623, ☎ (030) 3 12 40 67, *Fax (030) 3125027* – LX a
32 Z 176/269.

Pension Wittelsbach garni, Wittelsbacherstr. 22, ✉ 10707, ☎ (030) 8 62 13 45, *Fax (030) 8621532* – JY p
31 Z 130/220.

Imperial, Lietzenburger Str. 79, ✉ 10719, ☎ (030) 88 00 50, *Fax (030) 8824579*, – Zim, – 40. LY t
Menu à la carte 31/50 – **81 Z** 170/220.

Allegra garni, Albrechtstr. 17, ✉ 10117, ☎ (030) 30 88 66 10, *Fax (030) 30886579* NY e
79 Z 180/195.

Atrium-Hotel garni, Motzstr. 87, ✉ 10779, ☎ (030) 21 49 10, *Fax (030) 2117563* – MY e
22 Z 108/170.

Kubrat garni, Leipziger Str. 21, ✉ 10117, ☎ (030) 2 01 20 54, *Fax (030) 2012057* – 25. AE E VISA. PZ d
36 Z 140/280.

Delta garni, Pohlstr. 58, ✉ 10785, ☎ (030) 26 00 20, *Fax (030) 26002111* – AE E VISA FY c
47 Z 152/250.

Agon garni, Xantener Str. 4, ✉ 10707, ☎ (030) 8 85 99 30, *Fax (030) 885993123* – 20. AE E VISA JCB JY e
60 Z 158/290.

Kastanienhof garni, Kastanienallee 65, ✉ 10119, ☎ (030) 44 30 50, *Fax (030) 44305111* – 15. E VISA. RX c
36 Z 130/185.

Franke, Albrecht-Achilles-Str. 57, ✉ 10709, ☎ (030) 8 93 60 20, *Fax (030) 8911639* – AE E VISA JCB. Rest JY s
Menu à la carte 28/44 – **69 Z** 160/250.

Zum Hugenotten - Hotel Inter-Continental, Budapester Str. 2, ✉ 10787, ☎ (030) 26 02 12 63, *Fax (030) 26022600* – AE E VISA JCB MX a
Sonntag geschl. – **Menu** (nur Abendessen, bemerkenswerte Weinkarte) 115/160 à la carte 87/102.

First Floor - Hotel Palace, Budapester Str. 42, ✉ 10789, ☎ (030) 25 02 10 20, *Fax (030) 25021197* – AE E VISA. MX k
Samstagmittag, 28. März - 11. April und 25. Juli - 22. Aug. geschl. – **Menu** à la carte 94/146
Spez. Lauwarm marinierter Kalbskopf mit Langostinen-Croustillant. Bretonischer Hummer mit eingelegten grünen Tomaten und Vanillesauce. Marbre von U.S. Rinderfilet mit Gänseleber und Trüffel.

Harlekin - Grand Hotel Esplanade, Lützowufer 15, ✉ 10785, ☎ (030) 25 47 88 58, *Fax (030) 2651171* – AE E VISA JCB. Rest MX e
Sonntag - Montag, 1. - 4. Jan. und 18. Juli - 16. Aug. geschl. – **Menu** (nur Abendessen) à la carte 106/140
Spez. Gänseleberyariation mit Weinbeerensauce und Apfel-Selleriesalat. Zander und Krebse mit Leipziger Allerlei und Morchelravioli. Lammfilet im Crepinette gebraten mit Pistousauce und Zucchiniblüte.

Die Quadriga - Hotel Brandenburger Hof, Eislebener Str. 14, ✉ 10789, ☎ (030) 21 40 50, *Fax (030) 21405100* – AE E VISA JCB. LY n
Samstag - Sonntag sowie 1. - 10. Jan. und 19. Juli - 21. Aug. geschl. – **Menu** (nur Abendessen) à la carte 74/119
Spez. Taube mit Lauch-Kartoffelsalat. Seezungen-Langustinengalantine mit geschmortem Fenchel. Lammrückenfilet im Kartoffelnetz mit Estragonsauce.

Bamberger Reiter, Regensburger Str. 7, ✉ 10777, ☎ (030) 2 18 42 82, *Fax (030) 2142348,* – AE E VISA. MY b
Sonntag - Montag sowie Jan. und Aug. jeweils 2 Wochen geschl. – **Menu** (nur Abendessen, Tischbestellung ratsam) 165/195 und à la carte 99/117 – ***Bistro :*** **Menu** à la carte 51/80
Spez. Gänsemastleberterrine mit Sauternegelee und gebackenem Sellerie. Gebundene Rotbarbensuppe mit Jakobsmuscheln. Bresse Taube auf Trüffelrisotto.

VAU, Jägerstr. 54, ✉ 10117, ☎ (030) 2 02 97 30, *Fax (030) 20297311,* , « Bistro-Restaurant im Designer Stil » – AE E VISA JCB. PZ u
Sonntag geschl. – **Menu** 54 (mittags) und à la carte 92/117
Spez. Geräucherter Stör mit Imperial Kaviar und jungen Erbsen. Ente aus der Röhre mit Pfifferlingen und Frühlingsgemüse (Juni). Topfensoufflé.

Alt Luxemburg, Windscheidstr. 31, ✉ 10627, ☎ (030) 3 23 87 30, *Fax (030) 3274003* – AE E VISA JX s
Sonntag geschl. – **Menu** (nur Abendessen, Tischbestellung ratsam) 105/135
Spez. Gebratene Gänsestopfleber mit asiatischem Gemüse. Hummercremesuppe. Lammrücken mit Rosmarinkartoffel und Artischocken-Tomatengemüse.

Ponte Vecchio, Spielhagenstr. 3, ✉ 10585, ☎ (030) 3 42 19 99, *Fax (030) 3324713* – JX a
Dienstag und Juli - Aug. 4 Wochen geschl. – **Menu** (nur Abendessen, Tischbestellung erforderlich, italienische Küche) à la carte 58/90.

Ana e Bruno, Sophie-Charlotten-Str. 101, ✉ 14059, ☎ (030) 3 25 71 10, *Fax (030) 3226895* – AE. EY s
Sonntag - Montag, Jan. 1 Woche und Juni - Juli 3 Wochen geschl. – **Menu** (nur Abendessen, italienische Küche, bemerkenswertes Angebot ital. Weine) à la carte 80/100.

XX **Kaiserstuben,** Kupfergraben 6a, ✉ 10117, ☎ (030) 20 45 29 80, *Fax (030) 20452981* – AE ⓓ E VISA PY n
Sonntag und Juli 2 Wochen geschl. – **Menu** (abends Tischbestellung ratsam) 37 (mittags) und à la carte 78/102.

XX **IL Sorriso,** Kurfürstenstr. 76, ✉ 10787, ☎ (030) 2 62 13 13, *Fax (030) 2650277,* – AE ⓓ E VISA. MX r
Sonntag und 22. Dez. - 5. Jan. geschl. – **Menu** (abends Tischbestellung ratsam, italienische Küche) à la carte 56/80.

XX **Paris-Moskau,** Alt-Moabit 141, ✉ 10557, ☎ (030) 3 94 20 81, *Fax (030) 3942602,*
Menu (nur Abendessen, Tischbestellung ratsam) à la carte 64/84. GY s

XX **Funkturm-Restaurant** (, Gebühr), Messedamm 22, ✉ 14055, ☎ (030) 30 38 29 96, *Fax (030) 30383915,* < Berlin – AE ⓓ E VISA. EY
Menu (Tischbestellung ratsam) à la carte 55/79.

XX **Peppino,** Fasanenstr. 65, ✉ 10719, ☎ (030) 8 83 67 22, *Fax (030) 8836722,* – AE E LY v
Sonntag und Juli - Aug. 4 Wochen geschl. – **Menu** (italienische Küche) à la carte 65/80.

XX **Trio,** Klausenerplatz 14, ✉ 14059, ☎ (030) 3 21 77 82 EY n
Mittwoch - Donnerstag sowie Feb.- März 2 Wochen und Aug. 3 Wochen geschl. – **Menu** (nur Abendessen, Tischbestellung ratsam) à la carte 53/82.

XX **Bacco,** Marburger Str. 5, ✉ 10789, ☎ (030) 2 11 86 87, *Fax (030) 2115230* – AE E VISA
Sonntag geschl., Mitte Juni - Ende Aug. nur Abendessen – **Menu** (italienische Küche) à la carte 56/80. MX u

XX **Zlatá Praha,** Meinekestr. 4, ✉ 10719, ☎ (030) 8 81 97 50, *Fax (030) 3419247* – AE E VISA LY s
Menu (nur Abendessen, böhmische Küche) à la carte 41/63.

XX **Borchardt,** Französische Str. 47, ✉ 10117, ☎ (030) 20 38 71 10, *Fax (030) 20387150,* « Innenhofterrasse » – AE VISA PZ c
Menu à la carte 54/79.

X **Maxwell,** Bergstr. 22 (Eingang im Hof), ✉ 10115, ☎ (030) 2 80 71 21, *Fax (030) 2807121,* « Haus a.d. Zeit der Jahrhundertwende ; Innenhofterrasse » – AE ⓓ E VISA PX e
Menu (Tischbestellung ratsam) 29/35 (mittags) und à la carte 67/88.

X **Am Karlsbad,** Am Karlsbad 11, ✉ 10785, ☎ (030) 2 64 53 49, *Fax (030) 2644240,* , (Modernes Restaurant im Bistro-Stil) Ⓟ. E VISA NZ c
Samstagmittag und Sonntag geschl. – **Menu** 24 (mittags) und à la carte 50/83.

X **Fischküche** (Bistro), Uhlandstr. 181 (Eingang Kempinski-Plaza-Passage), ✉ 10623, ☎ (030) 8 82 48 62, *Fax (030) 8860429,* – AE E VISA JCB LX v
Sonn- und Feiertage geschl. – **Menu** (Tischbestellung ratsam) 35 (mittags) und à la carte 49/80.

X **Marjellchen,** Mommsenstr. 9, ✉ 10629, ☎ (030) 8 83 26 76, – AE ⓓ E VISA JCB
Sonntag geschl. – **Menu** (nur Abendessen) à la carte 39/72. KX a

In den Bezirken :

In Berlin-Britz *Stadtplan Berlin : S. 3 :*

Park Hotel Blub, Buschkrugallee 60, ✉ 12359, ☎ (030) 60 00 36 00, *Fax (030) 60003777* – , Zim, TV ☎ & Ⓟ – 50. AE ⓓ E VISA CV n
Menu (nur Abendessen) à la carte 31/48 – **120 Z** 185/240.

Buschkrugpark garni, Buschkrugallee 107, ✉ 12359, ☎ (030) 6 00 99 00, *Fax (030) 60099020* – TV ☎. AE ⓓ E VISA CV e
25 Z 197/259.

In Berlin-Buchholz *Stadtplan Berlin : S. 3 :*

Businesshotel Berlin garni, Pasewalker Str. 97, ✉ 13127, ☎ (030) 47 69 80, *Fax (030) 47698453* – TV ☎ & Ⓟ – 15. AE ⓓ E VISA CT n
99 Z 99/205.

In Berlin-Friedrichshain *Stadtplan Berlin : S. 3 :*

Inn Side Residence-Hotel M, Lange Str. 31, ✉ 10243, ☎ (030) 29 30 30, *Fax (030) 29303199,* – , Zim, TV & – 40. AE ⓓ E VISA JCB.
Rest SZ r
Menu à la carte 50/65 – **133 Z** 195/395.

Ramada M garni, Frankfurter Allee 73a/Ecke Voigtstraße, ✉ 10247, ☎ (030) 42 83 10, *Fax (030) 42831831* – TV ☎ – 16. AE ⓓ E VISA JCB CU b
120 Z 190/235, 4 Suiten.

Upstalsboom Hotel Friedrichshain, Gubener Str. 42, ✉ 10243, ☎ (030) 29 37 50, *Fax (030) 29375777,* – Zim, – 20. AE E VISA HY a
Menu à la carte 36/53 – **169 Z** 195/280.

Tulip Inn M, Gürtelstr. 41, ✉ 10247, ☎ (030) 29 38 30, *Fax (030) 29383222,* – Zim, – 15. AE E VISA. Rest CU c
Menu *(Sonntag geschl.)* (nur Abendessen) à la carte 32/57 – **60 Z** 155/245.

In Berlin-Grunewald *Stadtplan Berlin : S. 2,4 :*

Schloßhotel Vier Jahreszeiten, Brahmsstr. 10, ✉ 14193, ☎ (030) 89 58 40, *Fax (030) 89584800,* « Ehemaliges Palais », Massage, – Zim, – 40. AE E VISA JCB. Rest EZ a
Vivaldi (nur Abendessen) *(Montag - Dienstag, 1.- 19. Jan. und 14. Juli - 3. Aug. geschl.)* **Menu** à la carte 111/140 – ***Le Jardin*** *(im Winter Mittwoch - Sonntag nur Mittagessen)* **Menu** à la carte 69/88 – **52 Z** 581/871, 12 Suiten.

Grand Slam, Gottfried-von-Cramm-Weg 47, ✉ 14193, ☎ (030) 8 25 38 10, *Fax (030) 8266300,* – AE E VISA. BU c
Sonntag - Montag und Juli - Aug. 2 Wochen geschl. – **Menu** (nur Abendessen, Tischbestellung erforderlich) à la carte 104/116.

In Berlin-Hohenschönhausen *Stadtplan Berlin : S. 3 :*

BCA Wilhelmsberg M, Landsberger Allee 203, ✉ 13055, ☎ (030) 97 80 80, *Fax (030) 97808450,* – Zim, – 120. AE E VISA CU a
Menu *(Sonntagabend geschl.)* à la carte 30/49 – **310 Z** 195/260, 5 Suiten.

In Berlin-Kreuzberg *Stadtplan Berlin : S. 5 u. 8 :*

Stuttgarter Hof, Anhalter Str. 9, ✉ 10963, ☎ (030) 26 48 30, *Fax (030) 26483900,* – Zim, – 25. AE E VISA JCB. Rest NZ e
Menu *(Sonntag geschl.)* à la carte 33/59 – **110 Z** 200/390.

Antares garni, Stresemannstr. 97, ✉ 10963, ☎ (030) 25 41 60, *Fax (030) 2615027,* – 40. AE E VISA JCB NZ r
85 Z 188/356, 4 Suiten.

Altes Zollhaus, Carl-Herz-Ufer 30, ✉ 10961, ☎ (030) 6 92 33 00, *Fax (030) 6923566* – AE E VISA GZ r
Montag - Dienstag, sowie Jan. und Juli - Aug. jeweils 2 Wochen geschl. – **Menu** (nur Abendessen) 75/100.

In Berlin-Lichtenberg *Stadtplan Berlin : S. 3 :*

Abacus Tierpark Hotel M, Franz-Mett-Str. 3, ✉ 10319, ☎ (030) 5 16 20, *Fax (030) 5162400* – Zim, – 300. AE E VISA DU e
Menu 32 (nur Buffet) – **278 Z** 190/280.

Nova garni, Weitlingstr. 15, ✉ 10317, ☎ (030) 5 25 24 66, *Fax (030) 5252432* – . AE E VISA DU a
38 Z 140/180.

In Berlin-Lichterfelde *Stadtplan Berlin : S. 2 :*

Villa Toscana garni, Bahnhofstr. 19, ✉ 12207, ☎ (030) 7 68 92 70, *Fax (030) 7734488,* « Ehemalige Villa mit geschmackvoller Einrichtung » – . AE E VISA JCB. BV b
16 Z 160/220.

In Berlin-Mariendorf *Stadtplan Berlin : S. 3 :*

Landhaus Alpinia, Säntisstr. 32, ✉ 12107, ☎ (030) 76 17 70 (Hotel) 7 41 99 98 (Rest.), *Fax (030) 7419835,* « Gartenterrasse », – Zim, – 20. E VISA JCB CV b
Villa Rossini : *(wochentags nur Abendessen)* **Menu** à la carte 34/69 – **58 Z** 175/350.

In Berlin-Neukölln : *Stadtplan Berlin : S. 5 :*

Estrel M, Sonnenallee 225, ✉ 12057, ☎ (030) 6 83 10, *Fax (030) 68312345,* Biergarten, Massage, – Zim, – 700. AE E VISA JCB
Portofino *(italienische Küche)* **Menu** à la carte 36/52 – ***Sans Souci*** (nur Abendessen) *(Mitte Juli - Ende Aug. geschl.)* **Menu** à la carte 37/66 – ***Sun-Thai*** *(thailändische Küche)* **Menu** à la carte 34/59 – **1125 Z** 190/315, 80 Suiten. HZ a

Mercure, Hermannstr. 214, ✉ 12049, ☎ (030) 62 78 00, *Fax (030) 62780111,* – Zim, – 250. AE E VISA JCB HZ c
Menu à la carte 38/63 – **216 Z** 203/245.

Euro-Consul garni, Sonnenallee 6, ✉ 12047, ☎ (030) 61 38 20, *Fax (030) 61382222* – – 50. AE E VISA HZ b
70 Z 172/295.

In Berlin-Pankow *Stadtplan Berlin : S. 3 :*

Solitaire M, Hermann-Hesse-Str. 64, ✉ 13156, ✆ (030) 91 60 10, *Fax (030) 91601100*, Massage, – – 30. AE E CT r
Zur fröhlichen Pfalz (Weinstube) *(Sonntag geschl., nur Abendessen)* **Menu** à la carte 36/69 – **60 Z** 139/210.

In Berlin Prenzlauer Berg *Stadtplan Berlin : S. 5 :*

Sorat Hotel Gustavo M garni, Prenzlauer Allee 169, ✉ 10409, ✆ (030) 44 66 10, *Fax (030) 44661661* – – 40 HX b
122 Z.

Ibis, Prenzlauer Allee 4, ✉ 10405, ✆ (030) 44 33 30, *Fax (030) 44333111* – , Zim, – 40. AE E VISA RY e
Menu (nur Abendessen) 26 und à la carte 26/32 – **198 Z** 149/215.

Jurine garni, Schwedter Str. 15, ✉ 10119, ✆ (030) 4 43 29 90, *Fax (030) 44329999* – . AE E VISA RX s
53 Z 158/248.

In Berlin-Reinickendorf *Stadtplan Berlin : S. 2 u. 3 :*

Dorint Budget Hotel Airport Tegel, Gotthardstr. 96, ✉ 13403, ✆ (030) 49 88 40, *Fax (030) 49884555* – , Zim, – 70. AE E VISA JCB. Rest
Menu à la carte 32/53 – **303 Z** 196/312. FX c

Rheinsberg am See, Finsterwalder Str. 64, ✉ 13435, ✆ (030) 4 02 10 02, *Fax (030) 4035057*, « Gartenterrasse am See », Massage, , , , , – , Zim, – 50. E VISA CT e
Menu à la carte 36/62 – **81 Z** 195/245.

Carat garni, Ollenhauerstr. 111, ✉ 13403, ✆ (030) 41 09 70, *Fax (030) 41097444*, Massage – – 40. AE E VISA BT n
41 Z 147/290.

Ibis, Alt Reinickendorf 4, ✉ 13407, ✆ (030) 49 88 30, *Fax (030) 49883444*, – , Zim, – 60. AE E VISA JCB CT a
Menu 26 und à la carte 28/49 – **116 Z** 135/150.

In Berlin-Rudow *Stadtplan Berlin : S. 3 :*

Sorat Hotel u. Office garni, Rudower Str. 90, ✉ 12351, ✆ (030) 60 00 80, *Fax (030) 60008666* – – 60. AE E VISA JCB CV s
96 Z 185/290.

In Berlin-Siemensstadt *Stadtplan Berlin : S. 2 :*

Holiday Inn Berlin-Esplanade M, Rohrdamm 80, ✉ 13629, ✆ (030) 38 38 90, *Fax (030) 38389900*, , , – , Zim, – 170. AE E VISA JCB. Rest BU b
Il Faggio *(Samstagabend und Sonntagabend geschl)* **Menu** à la carte 42/65 – **336 Z** 269/418, 4 Suiten.

Novotel, Ohmstr. 4, ✉ 13629, ✆ (030) 3 80 30, *Fax (030) 3819403*, – , Zim, – 200. AE E VISA JCB BU u
Menu à la carte 33/58 – **119 Z** 219/285.

In Berlin-Spandau *Stadtplan Berlin : S. 2 :*

Achat M garni, Heidereuterstr. 37, ✉ 13597, ✆ (030) 33 07 20, *Fax (030) 33072455*, – – 60. AE E VISA JCB AU a
69 Z 195/350.

Neotel Senator, Freiheit 5, ✉ 13597, ✆ (030) 33 09 80, *Fax (030) 33098980* – – 90. AE E VISA AU e
Menu à la carte 34/64 – **115 Z** 160/320.

Kolk, Hoher Steinweg 7, ✉ 13597, ✆ (030) 3 33 88 79, *Fax (030) 3338879*, – *Jan. - Okt. Montag geschl.* – **Menu** à la carte 42/70 *(auch vegetarische Gerichte)*. AU d

In Berlin-Steglitz *Stadtplan Berlin : S. 2 :*

Steglitz International, Albrechtstr. 2 (Ecke Schloßstraße), ✉ 12165, ✆ (030) 79 00 50, *Fax (030) 79005550* – , Zim, Rest, – 300. AE E VISA. Rest BV a
Menu à la carte 43/68 – **200 Z** 210/360, 3 Suiten.

Am Forum Steglitz, Büsingstr. 1, ✉ 12161, ✆ (030) 8 50 80 40, *Fax (030) 8592298*, – . AE E VISA BV r
Menu *(24. Dez.- 2. Jan. geschl.)* (nur Abendessen) à la carte 35/55 – **32 Z** 165/195.

Ravenna Hotel garni, Grunewaldstr. 8, ✉ 12165, ✆ (030) 79 09 10, *Fax (030) 7924412* – . AE E VISA JCB BV c
61 Z 135/198, 4 Suiten.

In Berlin-Tegel *Stadtplan Berlin : S. 4 :*

Sorat Hotel Humboldt-Mühle Ⓜ, An der Mühle 5, ✉ 13507, ✆ (030) 43 90 40, *Fax (030) 43904444*, – Zim, – 50. AE ⓓ E VISA JCB BT c
Menu *(Samstag - Sonntag geschl.)* à la carte 35/67 – **120 Z** 205/395.

Novotel Berlin Airport, Kurt-Schumacher-Damm 202 (über Flughafen-Zufahrt), ✉ 13405, ✆ (030) 4 10 60, *Fax (030) 4106700*, (geheizt) – Zim, – 150. AE ⓓ E VISA EX r
Menu à la carte 44/64 – **184 Z** 219/271.

Am Tegeler See (mit Gästehaus), Wilkestr. 2, ✉ 13507, ✆ (030) 4 38 40, *Fax (030) 4384150*, Biergarten – . AE ⓓ E VISA BT a
Menu à la carte 27/52 – **50 Z** 145/195.

In Berlin-Tempelhof *Stadtplan Berlin : S. 3 :*

Alt-Tempelhof Ⓜ garni, Luise-Henriette-Str. 4, ✉ 12103, ✆ (030) 75 68 50, *Fax (030) 75685100* – – 20. AE ⓓ E VISA CV v
53 Z 177/314.

In Berlin-Waidmannslust *Stadtplan Berlin : S. 2 :*

Rockendorf's Restaurant, Düsterhauptstr. 1, ✉ 13469, ✆ (030) 4 02 30 99, *Fax (030) 4022742* – . AE ⓓ E VISA BT m
Sonntag - Montag und 15. - 30. Juli geschl. – **Menu** (Tischbestellung ratsam) 75/145 (mittags) 145/198 (abends)
Spez. Tarte von geräuchertem Havelaal. Bresse Poularde auf Steinpilz-Risotto. Soufflé von Ziegenkäse mit süßem Gemüse.

In Berlin-Wannsee *Stadtplan Berlin : S. 2 :*

Schloß Glienicke Remise, Königstr. 36, ✉ 14109, ✆ (030) 8 05 40 00, *Fax (030) 8059901*, « Parkterrasse » über Königstraße AV
Menu (abends Tischbestellung erforderlich) à la carte 62/75.

Halali, Königstr. 24, ✉ 14109, ✆ (030) 8 05 31 25, *Fax (030) 8059201*, Biergarten – AE E VISA AV r
Dienstag und Juli - Aug. 2 Wochen geschl. – **Menu** (wochentags nur Abendessen) à la carte 44/67.

Blockhaus Nikolskoe (histor. Holzhaus a.d.J. 1819), Nikolskoer Weg 15, ✉ 14109 Berlin, ✆ (030) 8 05 29 14, *Fax (030) 8052029*, « Schöne Lage am Wannsee » – . ⓓ E VISA über Königstraße AV
Donnerstag geschl., Nov. - Mitte April bis 20 Uhr geöffnet – **Menu** à la carte 30/67.

In Berlin-Weißensee *Stadtplan Berlin : S. 5 :*

Comfort Hotel Weißensee, Rennbahnstr. 87, ✉ 13086, ✆ (030) 47 88 40, *Fax (030) 47884100* – Zim, – 30. AE ⓓ E VISA. Rest HX s
Menu *(Sonntag geschl.)* à la carte 30/57 – **67 Z** 190/220, 3 Suiten.

In Berlin-Wedding *Stadtplan Berlin : S. 4 :*

Holiday Inn Garden Court Ⓜ, Hochstr. 2, ✉ 13357, ✆ (030) 46 00 30, *Fax (030) 46003444*, – Zim, – 120. AE ⓓ E VISA JCB. Rest GX d
Menu à la carte 40/55 – **220 Z** 220/370, 11 Suiten.

In Berlin-Zehlendorf *Stadtplan Berlin : S. 2 :*

Villa Medici, Spanische Allee 1, ✉ 14129, ✆ (030) 8 02 89 21, *Fax (030) 8018313*, – . AE ⓓ E VISA AV a
Montag geschl. – **Menu** (italienische Küche) à la carte 46/77.

Cristallo, Teltower Damm 52, ✉ 14167, ✆ (030) 8 15 66 09, *Fax (030) 8153299*, – AE VISA. BV s
Menu (italienische Küche) à la carte 52/78.

An der Avus *Stadtplan Berlin : S. 2 :*

Raststätte-Motel Grunewald, Kronprinzessinnenweg 120, ✉ 14129 Berlin, ✆ (030) 80 30 40, *Fax (030) 80304100*, – – 40. ⓓ E VISA AV x
Menu à la carte 29/58 – **44 Z** 135/185.

Am Großen Müggelsee *SO : 24 km über Adlergestell* DV *:*

Müggelsee , Am Müggelsee (südliches Ufer), ✉ 12559 Berlin, ✆ (030) 65 88 20, *Fax (030) 65882263*, , Massage, , – Zim, Zim, – 200. AE ⓓ E VISA JCB
Menu à la carte 32/64 – **172 Z** 160/280, 4 Suiten.

MICHELIN-REIFENWERKE KGaA. Regionale Vertriebsniederlassung
✉ 15711 Schenkendorf (über ② und die A 13), Zeppelin-Ring 2, ✆ (03375) 91 81 00
Fax (03375) 918199.

BERMSGRÜN *Sachsen siehe Schwarzenberg.*

BERNAU *Brandenburg* 416 418 *H 24 – 21 000 Ew – Höhe 79 m.*

18, 9 *Prenden, Waldweg 3 (NW : 13 km)* *(033396) 77 90.*

Fremdenverkehrsamt, Marktplatz 2 (Rathaus), *16321,* *(03338) 36 53 88, Fax (03338) 8736.*

Berlin 23 – Potsdam 59 – Neubrandenburg 144 – Frankfurt (Oder) 95.

Comfort Hotel garni, Zepernicker Chaussee 39, 16321, (03338) 3 87 00, *Fax (03338) 38702,* –
48 Z.

In Lanke *N : 12 km :*

Landhotel am Obersee, Am Obersee 3, 16359, (03337) 4 51 40, *Fax (03337) 4514225,* , – – 20. VISA
Menu à la carte 32/48 – **20 Z** 85/160.

Seeschloss, Am Obersee 6, 16359, (03337) 20 43, *Fax (03337) 3412,* – – 30. VISA
Menu à la carte 25/50 – **26 Z** 100/150.

BERNAU AM CHIEMSEE *Bayern* 420 *W 21 – 6 200 Ew – Höhe 555 m – Luftkurort.*

Kur- u. Verkehrsamt, Aschauer Str. 10, *83233* *(08051) 9 86 80, Fax (08051) 986850.*

Berlin 673 – München 84 – Bad Reichenhall 54 – Salzburg 59 – Traunstein 30 – Rosenheim 25.

Alter Wirt - Bonnschlößl, Kirchplatz 9, 83233, (08051) 8 90 11, *Fax (08051) 89103,* Biergarten, « Park », – . Zim
Menu *(Montag, nach Ostern 2 Wochen und Mitte Okt. - Mitte Nov. geschl.)* à la carte 31/66 – **41 Z** 65/170 – ½ P 25.

Talfriede, Kastanienallee 1, 83233, (08051) 74 18, *Fax (08051) 7702* – . VISA.
April - Anfang Nov. – (nur Abendessen für Hausgäste) – **29 Z** 88/195.

Jägerhof, Rottauer Str. 15, 83233, (08051) 73 77, *Fax (08051) 7829,* –
nach Ostern 2 Wochen und Ende Okt. - Ende Nov. geschl. – **Menu** *(Dienstag - Mittwoch geschl.)* à la carte 37/69 – **12 Z** 66/135 – ½ P 32.

In Bernau-Reit *SW : 3 km – Höhe 700 m*

Seiserhof , Reit 5, 83233, (08051) 98 90, *Fax (08051) 89646,* Chiemgau und Chiemsee, , , –
Mitte - Ende Jan. und Mitte Nov. - 24. Dez. geschl. – **Menu** *(Dienstag - Mittwoch geschl.)* à la carte 24/54 – **23 Z** 75/140.

Seiser Alm , Reit 4, 83233, (08051) 8 04 60, *Fax (08051) 8620,* Chiemgau und Chiemsee, , , – .
Ende Okt. - Ende Nov. und März - April 2 Wochen geschl. – **Menu** *(Donnerstag - Freitag geschl.)* à la carte 23/47 – **24 Z** 50/120.

BERNAU IM SCHWARZWALD *Baden-Württemberg* 419 *W 8 – 2 000 Ew – Höhe 930 m – Luftkurort – Wintersport : 930/1 415 m 6 .*

Kurverwaltung, Bernau-Innerlehen, Rathausstr. 18, *79872,* *(07675) 16 00 30, Fax (07675) 160090.*

Berlin 818 – Stuttgart 198 – Freiburg im Breisgau 56 – Basel 59 – Waldshut-Tiengen 35.

In Bernau-Dorf :

Bergblick, Hasenbuckweg 1, 79872, (07675) 4 24, *Fax (07675) 1466,* , , – Rest, .
8. Nov. - 15. Dez. geschl. – **Menu** *(Dienstag geschl.)* à la carte 28/62 – **17 Z** 62/140 – ½ P 24.

In Bernau-Innerlehen :

Schwarzwaldhaus, Am Kurpark 26, 79872, (07675) 3 65, *Fax (07675) 1371,* –
Mitte Nov. - Mitte Dez. geschl. – **Menu** *(Donnerstag geschl.)* 20/35 und à la carte 24/60 – **13 Z** 61/108 – ½ P 20.

In Bernau-Oberlehen :

Schwanen, Todtmooser Str. 17, 79872, (07675) 3 48, *Fax (07675) 1758,* , – . VISA
Mitte Nov. - Mitte Dez. geschl. – **Menu** à la carte 26/52 – **21 Z** 60/130 – ½ P 25.

In Bernau-Riggenbach

Adler, Riggenbacher Landstr. 10, ✉ 79872, ℰ (07675) 90 81 10, *Fax (07675) 1485,*
1. - 26. März geschl. – **Menu** (Nov. - Dez. Montag geschl.) à la carte 30/49 – **28 Z** 65/180 – ½ P 25.

BERNBURG *Sachsen-Anhalt* 418 *K 19,* 987 ⑰ – *39 000 Ew – Höhe 85 m.*

Stadtinformation, Lindenplatz 9, ✉ 06406, ℰ (03471) 2 60 96, Fax (03471) 26098.

Berlin 161 – Magdeburg 45 – Leipzig 80.

Parkhotel Parforce-Haus, Aderstedter Str. 1 (B 185, SW : 2 km), ✉ 06406, ℰ (03471) 36 20, *Fax (03471) 362111,* , Biergarten, – Zim, – 70.
Menu à la carte 32/52 – **103 Z** 110/150.

Askania, Breite Str. 2, ✉ 06406, ℰ (03471) 35 40, *Fax (03471) 354135,* – Zim, – 40.
Menu à la carte 27/55 – **47 Z** 125/170.

Ulmer Spatz garni, Heinrich-Zille-Str. 2, ✉ 06406, ℰ (03471) 62 40 21, *Fax (03471) 624060* –
18 Z 95/140.

BERNE *Niedersachsen* 411 *I 7 – 6 900 Ew – Höhe 2 m.*

Berlin 425 – Hannover 140 – Bremen 39 – Bremerhaven 47 – Oldenburg 25 – Wilhelmshaven 72.

Weserblick M, Juliusplate 6 (an der Fähre nach Farge), ✉ 27804, ℰ (04406) 9 28 20, *Fax (04406) 928250,* ←, – – 50.
4. - 15. Jan. geschl. – **Menu** *(Montag geschl.)* à la carte 40/69 – **12 Z** 119/230.

BERNECK IM FICHTELGEBIRGE, BAD *Bayern* 420 *P 19 – 5 000 Ew – Höhe 377 m – Kneippheilbad – Luftkurort.*

Kur und Tourismus GmbH, Bahnhofstr. 77, ✉ 95460, ℰ (09273) 57 43 74, Fax (09273) 574376.

Berlin 343 – München 244 – Weiden in der Oberpfalz 85 – Bayreuth 15 – Hof 45.

Haus am Kurpark, Heinersreuther Weg 1, ✉ 95460, ℰ (09273) 76 18, *Fax (09273) 1800* –
Nov. - Mitte Dez. geschl. – (Restaurant nur für Hausgäste) – **12 Z** 70/150.

Hübner's Marktplatzstüberl, Marktplatz 34, ✉ 95460, ℰ (09273) 82 82, *Fax (09273) 8087* –
Donnerstag und Jan. geschl. – **Menu** à la carte 26/59.

In Bad Berneck-Goldmühl *SO : 3 km :*

Schwarzes Roß (mit Gästehäusern), Goldmühler Str. 11, ✉ 95460, ℰ (09273) 3 64, *Fax (09273) 5234,* Biergarten, – – 30
26. Okt. - 4. Nov. geschl. – **Menu** *(Sonntagabend geschl.)* à la carte 23/57 – **24 Z** 45/140 – ½ P 16.

In Goldkronach *SO : 5 km – Erholungsort :*

Alexander von Humboldt (mit Gästehaus), Bad Bernecker Str. 4, ✉ 95497, ℰ (09273) 97 90, *Fax (09273) 8395,* – – 80.
Menu à la carte 25/57 – **40 Z** 98/298 – ½ P 24.

BERNKASTEL-KUES *Rheinland-Pfalz* 417 *Q 5 – 7 200 Ew – Höhe 115 m – Erholungsort.*

Sehenswert : *Markt★.*

Ausflugsziel : *Burg Landshut ←★★, S : 3 km.*

Tourist-Information, in Bernkastel, Gestade 5, ✉ 54470, ℰ (06531) 40 23, Fax (06531) 7953.

Berlin 675 – Mainz 113 – Trier 50 – Koblenz 103 – Wittlich 16.

Im Ortsteil Bernkastel :

Zur Post, Gestade 17, ✉ 54470, ℰ (06531) 9 67 00, *Fax (06531) 967050,* « Gemütliche Gasträume », – – 25.
Jan. geschl. – **Menu** à la carte 42/63 – **42 Z** 87/180.

Behrens garni, Schanzstr. 9, ✉ 54470, ℰ (06531) 95 04 40, *Fax (06531) 9504446* –
25 Z 75/190.

Moselblümchen, Schwanenstr. 10, ✉ 54470, ✆ (06531) 23 35, *Fax (06531) 7633* – TV. E VISA
3. Jan. - 12. März geschl. – **Menu** *(Dienstag geschl.)* à la carte 32/60 – **21 Z** 70/160 – ½ P 30.

Binz, Markt 1, ✉ 54470, ✆ (06531) 22 25, *Fax (06531) 7103* – TV ☎. E VISA
15. Dez. - Jan. geschl. – **Menu** à la carte 26/52 – **9 Z** 65/130 – ½ P 25/35.

Rotisserie Royale, Burgstr. 19, ✉ 54470, ✆ (06531) 65 72, *Fax (06531) 6572,* « Kleines Restaurant mit rustikaler Einrichtung » – E
Mittwoch geschl. – **Menu** (Tischbestellung ratsam) à la carte 40/61.

Im Ortsteil Kues :

Moselpark , Am Kurpark, ✉ 54470, ✆ (06531) 50 80, *Fax (06531) 508612*, , , , , , ✂ (Halle) – TV ☎ ♿ P – 240. AE E VISA
Menu à la carte 34/58 – **148 Z** 155/218 – ½ P 32.

Panorama garni, Rebschulweg 48, ✉ 54470, ✆ (06531) 30 61, *Fax (06531) 94214*, <, , – TV ☎ P. E. Rest
15. Jan. - 15. Feb. geschl. – **15 Z** 65/140.

Am Kurpark, Meisenweg 1, ✉ 54470, ✆ (06531) 30 31, *Fax (06531) 4926*, – TV ☎ P. AE.
Menu à la carte 29/55 – **15 Z** 70/160 – ½ P 18.

Weinhaus St. Maximilian, Saarallee 12/Triniusstraße, ✉ 54470, ✆ (06531) 9 65 00, *Fax (06531) 965030*, – TV ☎ P. E.
Menu à la carte 28/54 – **13 Z** 75/140.

Im Ortsteil Wehlen *NW : 4 km :*

Mosel-Hotel , Uferallee 3, ✉ 54470, ✆ (06531) 85 27, *Fax (06531) 1546*, <, – TV P. AE E VISA
März - Mitte Nov. – **Menu** à la carte 31/48 – **16 Z** 70/180 – ½ P 30.

*Le nostre **guide alberghi e ristoranti, guide turistiche** e **carte stradali** sono complementari. Utilizzatele insieme.*

BERNRIED *Bayern* 420 *T 22 – 4 100 Ew – Höhe 500 m – Wintersport : 750/1 000 m 3 .*
Touristinformation, Engerlgasse 25a, ✉ 94505, ✆ (09905) 2 17, Fax (09905) 8138.
Berlin 554 – München 160 – Passau 57 – Regensburg 65 – Straubing 33.

In Bernried-Rebling *NO : 8 km*

Reblinger Hof (mit Gästehaus), Kreisstr. 3, ✉ 94505, ✆ (09905) 5 55, *Fax (09905) 1839*, <, , Damwildgehege, , , – TV ☎ P. E
Menu *(Montag geschl.)* à la carte 30/65 – **14 Z** 86/198 – ½ P 25.

BERNRIED AM STARNBERGER SEE *Bayern* 419 420 *W 17 – 1 800 Ew – Höhe 633 m – Erholungsort.*
Verkehrsbüro, Bahnhofstr. 4, ✉ 82347, ✆ (08158) 80 45, Fax (08158) 8047.
Berlin 632 – München 45 – Garmisch-Partenkirchen 52 – Weilheim 18 – Starnberg 20.

Marina , Am Yachthafen 1, ✉ 82347, ✆ (08158) 93 20, *Fax (08158) 7117*, <, , , , , Yachthafen – TV ☎ ♿ P – 80. AE E VISA
20. Dez. - 3. Jan. geschl. – **Menu** à la carte 42/64 – **71 Z** 155/275 – ½ P 30.

BERTRICH, BAD *Rheinland-Pfalz* 417 *P 5 – 1 400 Ew – Höhe 165 m – Heilbad.*
Tourist Information - Verkehrsbüro, Kurfürstenstr. 32, ✉56864, ✆ (02674) 93 22 23, Fax (02674) 932220.
Berlin 659 – Mainz 118 – Trier 60 – Koblenz 93.

Fürstenhof , Kurfürstenstr. 36, ✉ 56864, ✆ (02674) 93 40, *Fax (02674) 737*, direkter Zugang zum Kurmittelhaus, , – TV ☎ P. Rest
Menu à la carte 43/75 – **69 Z** 95/230, 5 Suiten – ½ P 25.

Bertricher Hof, Am Schwanenteich 7, ✉ 56864, ✆ (02674) 9 36 20, *Fax (02674) 936262*, – TV ☎ P.
15. Dez. - 15. Jan. geschl. – **Menu** à la carte 34/57 *(auch vegetarische Gerichte)* – **15 Z** 77/194 – ½ P 21.

BESCHEID *Rheinland-Pfalz siehe Trittenheim.*

BESIGHEIM *Baden-Württemberg* 419 *T 11 – 10 300 Ew – Höhe 185 m.*
Berlin 610 – Stuttgart 29 – Heilbronn 20 – Ludwigsburg 14 – Pforzheim 60.

Ortel, Am Kelterplatz, ✉ 74354, ✆ (07143) 8 07 10, *Fax (07143) 807180,* – TV ☎. AE ⓪ E VISA JCB
Menu *(Dienstag geschl.)* à la carte 34/60 – **9 Z** 98/140.

Hotel am Markt garni, Kirchstr. 43, ✉ 74354, ✆ (07143) 38 98, *Fax (07143) 3899,* « Renoviertes Fachwerkhaus a.d.J. 1615 » – TV ☎ P. AE ⓪ E VISA
22. - 30. Dez. geschl. – **13 Z** 105/200.

In Freudental *W : 6 km :*

Wolfsberg, Wolfsbergweg 41, ✉ 74392, ✆ (07143) 2 55 84, *Fax (07143) 26997,* , Biergarten – P
Montag - Dienstag und Mitte Feb. - Ende Feb. sowie Nov. 2 Wochen geschl. – **Menu** à la carte 34/58 *(auch vegetarische Gerichte).*

BESTWIG *Nordrhein-Westfalen* 417 *L 9 – 12 000 Ew – Höhe 350 m – Wintersport : 500/750 m* 3 .
Verkehrsamt, Rathausplatz 1, ✉ 59909, ✆ (02904) 98 71 66, Fax (02904) 987274.
Berlin 481 – Düsseldorf 156 – Arnsberg 29 – Brilon 14 – Meschede 8.

In Bestwig-Föckinghausen *N : 3,5 km :*

Waldhaus , ✉ 59909, ✆ (02904) 9 77 60, *Fax (02904) 977676,* , – TV ☎ P. AE E VISA
Mitte Nov. - Anfang Dez. geschl. – **Menu** *(Montag geschl.)* à la carte 30/64 – **17 Z** 72/125 – ½ P 19.

In Bestwig-Ostwig *O : 1,5 km :*

Nieder, Hauptstr. 19, ✉ 59909, ✆ (02904) 9 71 00, *Fax (02904) 971070,* « Gartenterrasse », , – ☎ P – 30. E VISA. Rest
5. - 15. Jan. und 2. - 17. Juli geschl. – **Menu** *(Montag geschl.)* à la carte 34/58 – **31 Z** 78/145.

In Bestwig-Velmede *W : 1,5 km :*

Frielinghausen mit Zim, Oststr. 4, ✉ 59909, ✆ (02904) 5 55, *Fax (02904) 2391,* Biergarten – ☎ P. AE ⓪ E VISA
April und Okt. jeweils 2 Wochen geschl. – **Menu** *(Montag geschl.)* à la carte 35/72 – **8 Z** 64/110.

BETZDORF *Rheinland-Pfalz* 417 *N 7 – 10 700 Ew – Höhe 185 m.*
Berlin 576 – Mainz 120 – Siegen 18 – Köln 99 – Limburg an der Lahn 65.

Breidenbacher Hof, Klosterhof 7, ✉ 57518, ✆ (02741) 9 77 90, *Fax (02741) 9779777,* Biergarten – TV ☎ P – 25. AE ⓪ E VISA. Rest
Ende Dez. - Anfang Jan. geschl. – **Menu** *(Samstag und Feiertage mittags sowie Sonntag geschl.)* à la carte 36/69 – **22 Z** 135/240.

In Kirchen-Katzenbach *NO : 5 km :*

Zum weißen Stein , Dorfstr. 50, ✉ 57548, ✆ (02741) 9 59 50, *Fax (02741) 62581,* ≤, Biergarten, – TV ☎ P – 40. AE ⓪ E VISA
Menu à la carte 37/65 – **31 Z** 95/170.

BETZENSTEIN *Bayern* 420 *Q 18 – 2 300 Ew – Höhe 511 m – Erholungsort – Wintersport : 600/650 m* 1, .
Berlin 397 – München 211 – Nürnberg 53 – Bayreuth 41 – Regensburg 125 – Weiden in der Oberpfalz 65.

In Betzenstein-Spies *SW : 7 km :*

Eibtaler Hof , ✉ 91282, ✆ (09244) 3 63, *Fax (09244) 1641,* , , – TV ☎ P
Menu *(Montag geschl.)* à la carte 18/52 – **20 Z** 40/100 – ½ P 14.

BEUREN *Baden-Württemberg* 419 *U 12 – 3 300 Ew – Höhe 434 m – Erholungsort.*
Berlin 632 – Stuttgart 50 – Reutlingen 21 – Ulm (Donau) 66.

Beurener Hof mit Zim, Hohenneuffenstr. 16, ✉ 72660, ✆ (07025) 91 01 10, *Fax (07025) 9101133,* – ☎ P
über Fastnacht 1 Woche geschl. – **Menu** *(Dienstag - Mittwochmittag geschl.)* à la carte 43/76 – **10 Z** 70/160 – ½ P 30/34.

BEVENSEN, BAD *Niedersachsen* **415 416** *G 15 – 9 600 Ew – Höhe 39 m – Heilbad und Kneipp-Kurort.*

Bad Bevensen-Secklendorf (N : 4 km), (05821) 9 82 50.

Kurverwaltung im Kurzentrum, Dahlenburger Str. 1, 29549, (05821) 5 70, Fax (05821) 5766.

Berlin 264 – Hannover 113 – Hamburg 86 – Celle 70 – Lüneburg 24 – Braunschweig 100.

Fährhaus, Alter Mühlenweg 1, 29549, (05821) 50 00, *Fax (05821) 50089*, Massage, – Rest, – 30.
Menu à la carte 37/67 – **56 Z** 118/258, 5 Suiten – ½ P 28.

Kieferneck, Lerchenweg 1, 29549, (05821) 5 60, *Fax (05821) 5688*, Massage, – – 35.
Menu à la carte 42/65 – **51 Z** 105/310 – ½ P 25.

Grünings Landhaus, Haberkamp 2, 29549, (05821) 9 84 00, *Fax (05821) 894041*, « Gartenterrasse », Massage, – Zim
6. - 24. Jan. und 5. - 19. Dez. geschl. – **Menu** *(Montag - Dienstag geschl.)* (Tischbestellung ratsam) à la carte 58/80 – **24 Z** 130/270 – ½ P 30.

Zur Amtsheide, Zur Amtsheide 5, 29549, (05821) 8 51, *Fax (05821) 85338*, Massage, – – 20. Rest *(Restaurant nur für Hausgäste)* – **92 Z** 100/190, 10 Suiten – ½ P 27.

Heide-Hotel, Haberkamp 11, 29549, (05821) 97 00, *Fax (05821) 970100*, – Zim, – 30.
Menu à la carte 33/65 – **76 Z** 123/266 – ½ P 26.

Sonnenhügel, Zur Amtsheide 9, 29549, (05821) 54 10, *Fax (05821) 54112*, Massage, –
15. Dez. - 16. Jan. geschl. – (Restaurant nur für Hausgäste) – **35 Z** 80/190.

Heidekrug, Bergstr. 15, 29549, (05821) 9 87 10, *Fax (05821) 987119*, –
Mitte Jan. - Feb. geschl. – **Menu** *(Dienstag geschl.)* à la carte 33/69 – **17 Z** 71/180 – ½ P 23.

Karstens (mit Gästehaus), Am Klaubusch 1, 29549, (05821) 4 10 27, *Fax (05821) 41020*, –
Menu à la carte 29/61 – **29 Z** 72/190.

In Bad Bevensen-Medingen *NW : 1,5 km :*

Vier Linden, Bevenser Str. 3, 29549, (05821) 54 40, *Fax (05821) 1584*, Massage, – – 60.
Menu à la carte 34/74 – **41 Z** 95/350 – ½ P 25.

In Altenmedingen *N : 6 km :*

Hof Rose (Niedersächsischer Gutshof), Niendorfer Weg 12, 29575, (05807) 2 21, *Fax (05807) 1291*, « Park », –
6. Jan. - Feb. geschl. – (nur Abendessen für Hausgäste) – **17 Z** 95/156 – ½ P 25.

BEVERN *Niedersachsen* **417 418** *K 12 – 4 600 Ew – Höhe 90 m.*

Berlin 347 – Hannover 70 – Göttingen 63 – Kassel 85 – Paderborn 68.

Schloß Bevern (Restaurant in einem Schloß der Weserrenaissance), Schloß 1, 37639, (05531) 87 83, *Fax (05531) 8783*, –
Montag - Dienstagmittag, Feb. 1 Woche und Nov. 2 Wochen geschl. – **Menu** 56/100 und à la carte 46/87
Spez. Fischrahmsuppe mit Safran. Pochiertes Lammfilet mit Kräuterfond. Dessertvariation.

BEVERUNGEN *Nordrhein-Westfalen* **417** *L 12 – 16 900 Ew – Höhe 96 m.*

Städt. Verkehrsamt, Weserstr. 10 (Cordt-Holstein-Haus), 37688, (05273) 39 20, Fax (05273) 392120.

Berlin 376 – Düsseldorf 226 – Kassel 60 – Hannover 115 – Göttingen 63.

Stadt Bremen, Lange Str. 13, 37688, (05273) 90 30, *Fax (05273) 21575*, Biergarten, – – 45.
Menu à la carte 30/60 – **50 Z** 90/180 – ½ P 25.

Pension Bevertal garni, Jahnweg 1a, 37688, (05273) 3 61 90, *Fax (05273) 361919*, « Garten » –
15 Z 60/110.

In Beverungen-Blankenau *N : 3 km :*

Weserblick, Kasseler Str. 2, 37688, (05273) 3 62 20, *Fax (05273) 362290*, – – 60.
Menu à la carte 29/65 – **48 Z** 65/120.

BEXBACH *Saarland* **417** *R 5 – 19 500 Ew – Höhe 249 m.*
Berlin 683 – Saarbrücken 35 – Homburg/Saar 7 – Kaiserslautern 41 – Neunkirchen/Saar 7.

Hochwiesmühle (mit Gästehäusern), Hochwiesmühle 50 (N : 1,5 km), ✉ 66450, ✆ (06826) 81 90, *Fax (06826) 819147*, Biergarten, – TV P – 120. AE E VISA. Rest
Menu à la carte 44/72 – **80 Z** 75/220.

Klein garni, Rathausstr. 35, ✉ 66450, ✆ (06826) 9 21 60, *Fax (06826) 2280* – TV. E
19 Z 70/120.

BEYENDORF *Sachsen-Anhalt siehe Magdeburg.*

BIBERACH AN DER RISS *Baden-Württemberg* **419** *V 13 – 30 000 Ew – Höhe 532 m.*
Tourist Information, Theaterstr. 6, ✉ 88400, ✆ (07351) 5 14 83, Fax (07351) 51511.
ADAC, *Rollinstr. 15, ✉ 88400, ✆ (07351) 70 02, Fax (07351) 6697.*
Berlin 653 – Stuttgart 134 – Konstanz 119 – Ulm (Donau) 42 – Ravensburg 47.

Eberbacher Hof, Schulstr. 11, ✉ 88400, ✆ (07351) 1 59 70, *Fax (07351) 159797*, – TV – 20. AE E VISA
Menu *(Samstag geschl.)* à la carte 33/82 – **26 Z** 95/215.

Kapuzinerhof M, Kapuzinerstr. 17, ✉ 88400, ✆ (07351) 50 60, *Fax (07351) 506100*, – Zim, TV P – 40. AE E VISA.
23. Dez. - 3. Jan. geschl. – **Menu** *(Samstag, Sonn- und Feiertage geschl.)* à la carte 29/49 – **75 Z** 147/222.

Erlenhof garni, Erlenweg 18, ✉ 88400, ✆ (07351) 3 47 50, *Fax (07351) 347533* – TV P. AE E VISA
16 Z 95/150.

Berliner Hof, Berliner Platz 5, ✉ 88400, ✆ (07351) 2 10 51, *Fax (07351) 31064*, – TV P – 25. AE E VISA
Menu *(Montagabend und Freitag geschl.)* à la carte 35/68 – **25 Z** 85/140.

Brauerei-Gaststätte und Gästehaus Haberhäusle, Haberhäuslestr. 22, ✉ 88400, ✆ (07351) 5 80 20, *Fax (07351) 12710*, – TV P. E VISA. Zim
Menu *(Samstag - Sonntag geschl.)* (nur Abendessen) à la carte 28/51 – **13 Z** 90/125.

In Maselheim *NO : 9 km :*

Landhotel Maselheimer Hof, Kronenstr. 1, ✉ 88437, ✆ (07351) 7 12 99, *Fax (07351) 72593*, – Zim, TV P – 30. AE E VISA JCB
Menu *(Sonntagabend - Montagmittag geschl.)* à la carte 32/63 – **23 Z** 85/155 – ½ P 20.

In Hochdorf *S : 10 km - über die B 30 :*

Landgasthof Grüner Baum, Heinrichsburger Str. 2, ✉ 88454, ✆ (07355) 23 50, *Fax (07355) 8717*, – TV P. E
Jan. 3 Wochen geschl. – **Menu** à la carte 28/52 – **16 Z** 70/120.

In Rindenmoos *S : 3,5 km :*

Landhotel Pfanne M (mit Gaststätte zur Pfanne), Auwiesenstr.24, ✉ 888400, ✆ (07351) 3 40 30, *Fax (07351) 340380*, – TV P – 20. AE E VISA. Rest
Menu *(Samstag geschl.)* à la carte 22/48 – **20 Z** 85/130.

BIBERACH IM KINZIGTAL *Baden-Württemberg* **419** *U 8 – 3 200 Ew – Höhe 195 m – Erholungsort.*
Verkehrsbüro, Hauptstr. 27, ✉ 77781, ✆ (07835) 63 65 11, Fax (07835) 636520.
Berlin 766 – Stuttgart 164 – Karlsruhe 96 – Freudenstadt 47 – Offenburg 18 – Freiburg im Breisgau 55.

Landgasthof Kinzigstrand, Reiherwald 1 (SW : 2 km), ✉ 77781, ✆ (07835) 6 39 90, *Fax (07835) 639920*, – TV P. VISA
Menu *(Dienstag, Jan. 3 Wochen und Nov. geschl.)* à la carte 24/53 – **10 Z** 56/112 – ½ P 18.

In Biberach-Prinzbach *SW : 4 km :*

Badischer Hof (mit 2 Gästehäusern), Dörfle 20, ✉ 77781, ✆ (07835) 63 60, *Fax (07835) 636299*, (geheizt), – Zim, TV P – 30. E VISA
25. Jan. - 10. Feb. geschl. – **Menu** *(Okt.- Mai Mittwoch geschl.)* à la carte 28/60 – **51 Z** 65/160.

BIBRA, BAD *Sachsen-Anhalt* 418 *M 18 – 2 500 Ew – Höhe 210 m.*
Berlin 232 – Magdeburg 127 – Erfurt 54 – Jena 39 – Naumburg 20.

Bibermühle, Lauchaer Str. 36, ✉ 06647, ✆ (034465) 60 30, *Fax (034466) 60311,* – Rest, – 40. AE E VISA
Menu à la carte 24/59 – **29 Z** 65/120.

BIEBELRIED *Bayern siehe Würzburg.*

BIEBEREHREN *Baden-Württemberg siehe Creglingen.*

BIEDENKOPF *Hessen* 417 *N 9 – 14 400 Ew – Höhe 271 m – Luftkurort – Wintersport : 500/674 m 2.*
Städt. Verkehrsbüro, Mühlweg 1, ✉ 35216, ✆ (06461) 9 50 10, Fax (06461) 950128.
Berlin 482 – Wiesbaden 152 – Marburg 23 – Kassel 101 – Siegen 55.

Parkhotel, Auf dem Radeköppel 2, ✉ 35216, ✆ (06461) 78 80, *Fax (06461) 788333,* – Zim, – 200. AE E VISA
Menu à la carte 28/60 – **40 Z** 95/170.

BIEDERITZ *Sachsen-Anhalt siehe Magdeburg.*

BIELEFELD *Nordrhein-Westfalen* 417 *J 9 – 325 000 Ew – Höhe 118 m.*
Bielefeld, Dornberger Str. 377 (AY), ✆ (0521) 10 51 03.
Tourist-Information, Am Bahnhof (Leinenmeisterhaus), ✉ 33602, ✆ (0521) 17 88 44, Fax (0521) 178811.
Tourist-Information, Neues Rathaus, Niederwall 23, ✉ 33602, ✆ (0521) 17 88 99, Fax (0521) 516997.
ADAC, *Stapenhorststr. 131, ✉ 33615, ✆ (0521) 1 08 10, Fax (0521) 1081230.*
Berlin 394 ② – Düsseldorf 182 ⑤ – Dortmund 114 ⑤ – Hannover 108 ②.

Stadtpläne siehe nächste Seiten

Mövenpick-Hotel M, Am Bahnhof 3, ✉ 33602, ✆ (0521) 5 28 20, *Fax (0521) 5282100,* – Zim, – 35. AE E VISA JCB DY n
Menu à la carte 30/56 – **162 Z** 227/309.

Ravensberger Hof M, Güsenstr. 4, ✉ 33602, ✆ (0521) 9 62 11, *Fax (0521) 9621300,* – Zim, – 60. AE E VISA. Rest DY c
Menu *(Sonn- und Feiertage geschl.)* (nur Abendessen) à la carte 41/67 – **51 Z** 163/283.

Mercure, Waldhof 15, ✉ 33602, ✆ (0521) 5 28 00, *Fax (0521) 5280113,* – Zim, – 210. AE E VISA JCB DZ a
Menu *(Freitagabend - Samstag und Sonntagabend geschl.)* à la carte 40/64 – **124 Z** 191/297.

Ramada M garni, Niederwall 31, ✉ 33602, ✆ (0521) 5 25 30, *Fax (0521) 5253444* – – 70. AE E VISA JCB DZ c
150 Z 165/215.

Brenner Hotel Diekmann, Otto-Brenner-Str. 133, ✉ 33607, ✆ (0521) 2 99 90, *Fax (0521) 2999220,* – Zim, – 60. AE E VISA BY y
Menu à la carte 35/73 – **70 Z** 120/200.

Waldhotel Brand's Busch, Furtwänglerstr. 52, ✉ 33604, ✆ (0521) 9 21 10, *Fax (0521) 9211313,* Biergarten, – Zim, – 70. AE E VISA JCB BY m
22. Dez. - 1. Jan. geschl. – **Menu** à la carte 37/63 – **80 Z** 98/205.

Altstadt-Hotel garni, Ritterstr. 15, ✉ 33602, ✆ (0521) 96 72 50, *Fax (0521) 9672549,* – . AE E VISA DY v
23 Z 135/205.

Klötzer's Kleines Restaurant (Bistro), Ritterstr. 33, ✉ 33602, ✆ (0521) 6 89 54, *Fax (0521) 64004* – AE E DY e
bis 20 Uhr geöffnet, Samstagabend - Montag und Feiertage geschl. – **Menu** à la carte 53/77.

Im Bültsmannshof (restaurierter Fachwerkbau a.d.J. 1802), Kurt-Schumacher-Str. 17a, ✉ 33615, ✆ (0521) 10 08 41, *Fax (0521) 161390,* – . E VISA AY s
Montag, 1. - 4. Jan. und 11. Juli - 2. Aug. geschl. – **Menu** à la carte 39/72.

Sparrenburg, Am Sparrenberg 38a, ✉ 33602, ✆ (0521) 6 59 39, *Fax (0521) 65999,* « Rustikal-gemütliches Restaurant in einer Burganlage a.d.13. Jh. » – . AE E DZ f
Dienstag und Aug. 3 Wochen geschl. – **Menu** à la carte 38/68.

In Bielefeld-Brackwede :

Brackweder Hof, Gütersloher Str. 236, ✉ 33649, ✆ (0521) 94 26 60, *Fax (0521) 9426610,* – Zim, – 70. AE E VISA AZ u
Menu à la carte 38/77 – **41 Z** 125/175.

In Bielefeld-Großdornberg :

XX **Kreuzkrug,** Wertherstr. 462, ✉ 33619, ✆ (0521) 10 22 64, *Fax (0521) 161197*, Biergarten – P. AE E AX e
Montag und 7. - 24. Juli geschl. – **Menu** à la carte 34/69.

In Bielefeld-Heepen :

Kraus, Alter Postweg 60, ✉ 33719, ✆ (0521) 93 41 50, *Fax (0521) 9341021*, Biergarten – |♦|, ⟷ Zim, TV ☎ P. ⚘ Zim CY h
Menu (italienische Küche) à la carte 33/58 – **9 Z** 145/185.

Petter, Alter Postweg 68, ✉ 33719, ✆ (0521) 93 41 40, *Fax (0521) 9341425* – ⟷ Zim, TV ☎ 🚗 P. AE ◑ E VISA. ⚘ CY h
23. Dez. - 2. Jan. geschl. – **Menu** *(Freitag - Sonntag geschl.)* (nur Abendessen) à la carte 38/61 – **18 Z** 119/165.

In Bielefeld-Hillegossen :

Berghotel Stiller Friede ⛰, Selhausenstr. 12, ✉ 33699, ✆ (0521) 92 28 80, *Fax (0521) 9228888*, ☂, Biergarten, ≘s, ⛱ – TV ☎ 🚗 P. E BY g
Menu *(Freitag geschl.)* à la carte 34/59 – **28 Z** 95/220.

Schweizer Haus, Christophorusstr. 23, ✉ 33699, ✆ (0521) 92 42 90, *Fax (0521) 206112*, ☂, ≘s – TV ☎ 🚗 P – 🏛 20. AE ◑ E VISA CY t
Menu (italiensche Küche) à la carte 35/61 – **19 Z** 115/180.

BIELEFELD

- Adenauerplatz DZ 2
- Altenhagener Straße CX 4
- Altmühlstraße BZ 7
- Altstädter Kirchplatz DZ 9
- Altstädter Kirchstraße DZ 12
- Am Brodhagen BX 14
- Am Güterbahnhof DY 15
- Am Preßwerk AY 18
- Am Sparrenberg DZ 21
- Am Stadtholz BY 23
- Amtmann-Bullrich-Straße CY 24
- Am Waldbad BZ 26
- Bahnhofstraße DY
- Beckhausstraße BX 27
- Berliner Straße AYZ 31
- Bielefelder Straße AY 32
- Brackweder Straße BYZ 34
- Breite Straße DZ 35

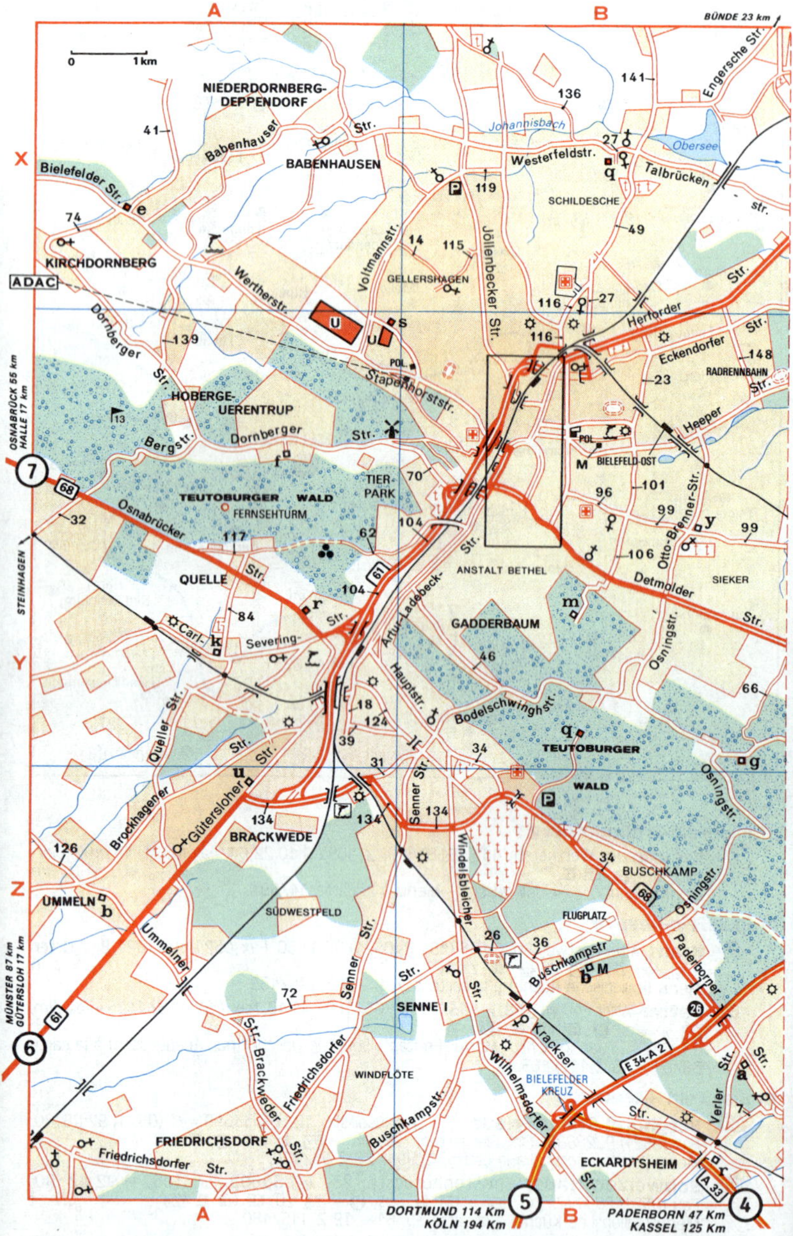

Brinkstraße . . . . BZ 36
Bunnemannplatz . . . . DZ 38
Cheruskerstraße . . . . AY 39
Deppendorfer Straße . . . . AX 41
Eggeweg . . . . BY 46
Elsa-Brändström-Straße . . . . DY 48
Engersche Straße . . . . BX 49
Feilenstraße . . . . DY
Friedenstraße . . . . DY 51
Friedrich-Ebert-Straße . . . . . DY 53
Friedrich-Verleger-Straße . . DY 56
Gehrenberg . . . . DZ
Haller Weg . . . . AY 62
Herbert-Hinnendahl-Straße . . . . DY 63
Jagdweg . . . . BY 66
Jahnplatz . . . . DY 69
Johannistal . . . . BY 70
Karl-Triebold-Straße . . . . . . AZ 72
Kirchdornberger Straße . . . AX 74
Lämershagener Straße . . . CZ 81
Magdalenenstraße . . . . AY 84
Mauerstraße . . . . DY 86
Mindener Straße . . . . DY 87
Nebelswall . . . . DZ 89
Neustädter Straße . . . . DZ 91
Niedernstraße . . . . DY 92
Notpfortenstraße . . . . DZ 94
Obernstraße . . . . DZ
Oelmühlenstraße . . . . BY 96
Oerlinghauser Straße . . . . CZ 97
Oldentruper Straße . . . . . . BCY 99
Oststraße . . . . BY 101
Ostwestfalendamm . . . . . . ABY 104
Prießallee . . . . BY 106
Rathausstraße . . . . DZ 109
Renteistraße . . . . DY 112
Richard-Wagner-Straße DZ 113
Ritterstraße . . . . DY 114
Schelpsheide . . . . BX 115
Schildescher Straße . . . . BXY 116
Schlingenstraße . . . . AY 117
Schuckertstraße . . . . BX 119
Sennestadtring . . . . CZ 121
Spiegelstraße . . . . DZ 123
Stadtring . . . . AY 124
Stapenhorststraße . . . . . DY 125
Steinhagener Straße . . . AZ 126
Steinstraße . . . . DZ 128
Stieghorster Straße . . . . CY 131
Stresemannstraße . . . . . DY 132
Südring . . . . BZ 134
Theesener Straße . . . . . BX 136
Tieplatz . . . . CY 137
Twellbachtal . . . . AY 139
Vilsendorfer Straße . . . . BX 141
Vogteistraße . . . . CY 143
Waldhof . . . . DZ 145
Willy-Brandt-Pl . . . . DY 146
Ziegelstraße . . . . BY 148

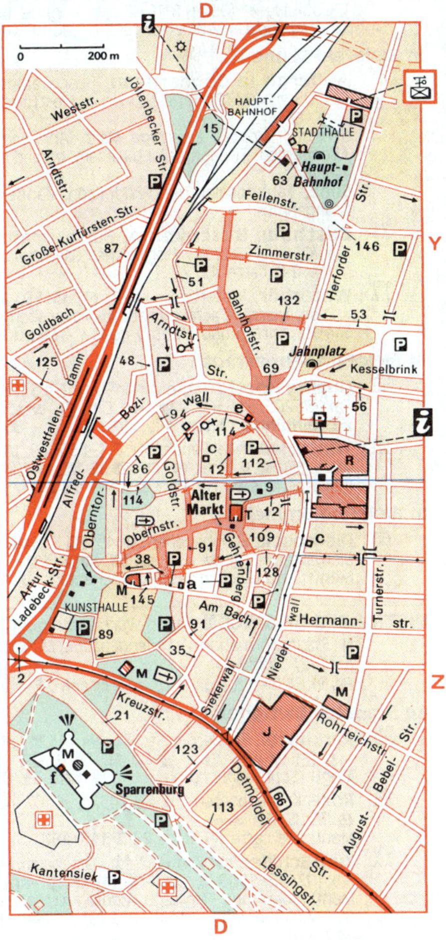

In Bielefeld - Hoberge-Uerentrup :

Hoberger Landhaus, Schäferdreesch 18, ✉ 33619, ☏ (0521) 10 10 31, *Fax (0521) 103927*, – 60. AE E VISA AY f
Menu *(Sonntag geschl.)* (nur Abendessen) à la carte 35/66 – **30 Z** 123/190.

In Bielefeld-Oldentrup :

Oldentruper Hof, Niedernholz 2, ✉ 33699, ☏ (0521) 2 09 00, *Fax (0521) 2090100*, – Zim, – 130. AE E VISA CY z
Menu à la carte 41/73 – **136 Z** 185/241.

In Bielefeld-Quelle :

Büscher, Carl-Severing-Str. 136, ✉ 33649, ☏ (0521) 94 61 40, *Fax (0521) 452796*, – 80. AE E VISA AY k
22. Dez. - 2. Jan. geschl. – **Menu** *(Sonntagabend geschl.)* à la carte 37/61 – **32 Z** 90/185.

Schlichte Hof mit Zim (restauriertes Fachwerkhaus aus dem 15. Jh.), Osnabrücker Str. 100, ✉ 33649, ☏ (0521) 4 55 88, *Fax (0521) 452888* – – 30. AE E VISA
Menu à la carte 40/78 – **11 Z** 110/160. AY r

In Bielefeld-Schildesche :

Bonne Auberge (restauriertes Fachwerkhaus a.d.J. 1775), An der Stiftskirche 10, ✉ 33611, ☏ (0521) 8 16 68, – . E VISA BX q
Montag und Jan. 2 Wochen geschl. – **Menu** (wochentags nur Abendessen) à la carte 42/67.

In Bielefeld-Senne :

Auberge le Concarneau, Buschkampstr. 75, ✉ 33659, ☏ (0521) 49 37 17, *Fax (0521) 493388*, « Restauriertes, westfälisches Fachwerkhaus im Museumshof Senne » – . E BZ b
Sonntag - Montag, Feiertage, März - April und Okt. jeweils 2 Wochen geschl. – **Menu** (nur Abendessen, Tischbestellung ratsam, bemerkenswerte Weinkarte) 95/175 und à la carte 70/104
Spez. Taubensalat mit Waldpilzen. Zander mit Zitronengrasbutter. Schokoladen-Orangenmus.

Gasthaus Buschkamp, Buschkampstr. 75, ✉ 33659, ☏ (0521) 49 28 00, *Fax (0521) 493388*, « Historisches Gasthaus im Museumshof Senne » – . E BZ b
Menu à la carte 41/72.

Waterbör, Waterboerstr. 77, ✉ 33659, ☏ (0521) 2 41 41, *Fax (0521) 24346*, « Restauriertes Fachwerkhaus im Ravensberger Bauernstil » – . AE E BY q
Samstagmittag und Montag geschl. – **Menu** à la carte 36/76.

In Bielefeld-Sennestadt :

Quality Hotel M, Alte Verler Str. 2, ✉ 33689, ☏ (05205) 93 60(Hotel) 93 65 80 (Rest.), *Fax (05205) 936500* – Zim, – 60. AE E VISA BZ a
Eickelmann's : **Menu** à la carte 31/65 – **85 Z** 124/156.

Wintersmühle, Sender Str. 6, ✉ 33689, ☏ (05205) 9 82 50, *Fax (05205) 982533*, – . AE E VISA. Rest BZ r
(nur Abendessen für Hausgäste) – **15 Z** 95/140.

In Bielefeld-Ummeln :

Diembeck, Steinhagener Str. 45, ✉ 33649, ☏ (0521) 9 47 47 00, *Fax (0521) 9474747*, Biergarten – . AE E VISA AZ b
Menu *(Juli 3 Wochen geschl.)* (wochentags nur Abendessen) à la carte 31/62 – **29 Z** 75/190.

BIETIGHEIM-BISSINGEN *Baden-Württemberg* 419 *T 11 – 40 000 Ew – Höhe 220 m.*

Stadtinformation, Arkadengebäude, Marktplatz 10, ✉ 74321, ☏ (07142) 7 42 27, Fax (07142) 74229.
Berlin 611 – Stuttgart 25 – Heilbronn 25 – Ludwigsburg 9 – Pforzheim 55.

Im Stadtteil Bietigheim :

Parkhotel, Freiberger Str. 71, ✉ 74321, ☏ (07142) 5 10 77, *Fax (07142) 54099*, – – 50. AE E VISA
Menu *(Sonntagabend geschl.)* à la carte 35/65 – **58 Z** 100/158.

Rose, Kronenbergstr. 14, ✉ 74321, ☏ (07142) 4 20 04, *Fax (07142) 45928* – . AE E VISA JCB
Menu à la carte 39/81 – **22 Z** 115/180.

Zum Schiller (mit Zim. und Gästehaus), Marktplatz 5, ✉ 74321, ☏ (07142) 9 02 00, *Fax (07142) 902090*, – – 20. AE E VISA.
Menu *(Sonn- und Feiertage, Montagmittag sowie Mai - Juni 3 Wochen geschl.)* à la carte 62/97 *(bemerkenswerte Weinkarte)* – ***Hans Huckebein :*** **Menu** à la carte 37/57 – **30 Z** 110/210.

Im Stadtteil Bissingen :

Otterbach (mit Gästehäusern), Bahnhofstr. 153, ✉ 74321, ✆ (07142) 58 40, *Fax (07142) 64142* – |♦|, ⊁ Zim, TV ☎ ✆ 🚗 **P** – 🏃 20. AE ◑ E VISA. ✂
Menu *(Samstagmittag geschl.)* à la carte 36/73 – **58 Z** 100/160.

Litz, Bahnhofstr. 9/2, ✉ 74321, ✆ (07142) 39 12, *Fax (07142) 33523* – TV ☎ **P**. AE ◑ E VISA
Menu *(Samstag und Juli - Aug. 3 Wochen geschl.)* à la carte 28/54 – **32 Z** 91/150.

BILLERBECK *Nordrhein-Westfalen* 417 *K 5 – 10 000 Ew – Höhe 138 m – Erholungsort.*
ℹ Verkehrsamt, Markt 1, ✉ 48727, ✆ (02543) 73 73, Fax (02543) 7350.
Berlin 510 – Düsseldorf 110 – Nordhorn 69 – Enschede 56 – Münster (Westfalen) 32.

Weissenburg ⛰, Gantweg 18 (N : 2 km), ✉ 48727, ✆ (02543) 7 50, *Fax (02543) 75275*, ⋞, ☂, « Wildgehege, Park », ≘s, 🏊, 🌳 – |♦| TV ☎ 🚗 **P** – 🏃 100. AE ◑ E VISA
Menu *(Montag geschl.)* à la carte 37/77 – **60 Z** 100/220.

Domschenke, Markt 6, ✉ 48727, ✆ (02543) 9 32 00, *Fax (02543) 932030*, ☂, « Gediegene, gemütliche Einrichtung » – TV ☎ 🚗. AE ◑ E VISA
Menu à la carte 39/76 – **25 Z** 88/168.

Homoet, Schmiedestr. 2, ✉ 48727, ✆ (02543) 2 32 40, *Fax (02543) 232425*, ☂ – ☎ 🚗. E VISA. ✂ Rest
Menu *(Donnerstag geschl.)* (wochentags nur Abendessen) à la carte 30/49 – **14 Z** 70/145.

BINGEN *Rheinland-Pfalz* 417 *Q 7 – 25 000 Ew – Höhe 82 m.*
Sehenswert : *Burg Klopp* ⋞★.
Ausflugsziele : *Burg Rheinstein* ⋞★★ ⑤ *: 6 km – Rheintal*★★★ *(von Bingen bis Koblenz).*
ℹ Tourist-Information, Rheinkai 21, ✉ 55411, ✆ (06721) 18 42 05, Fax (06721) 16275.
Berlin 600 ① – Mainz 31 ① – Bad Kreuznach 20 ② – Koblenz 66 ④ – Wiesbaden 35 ①.

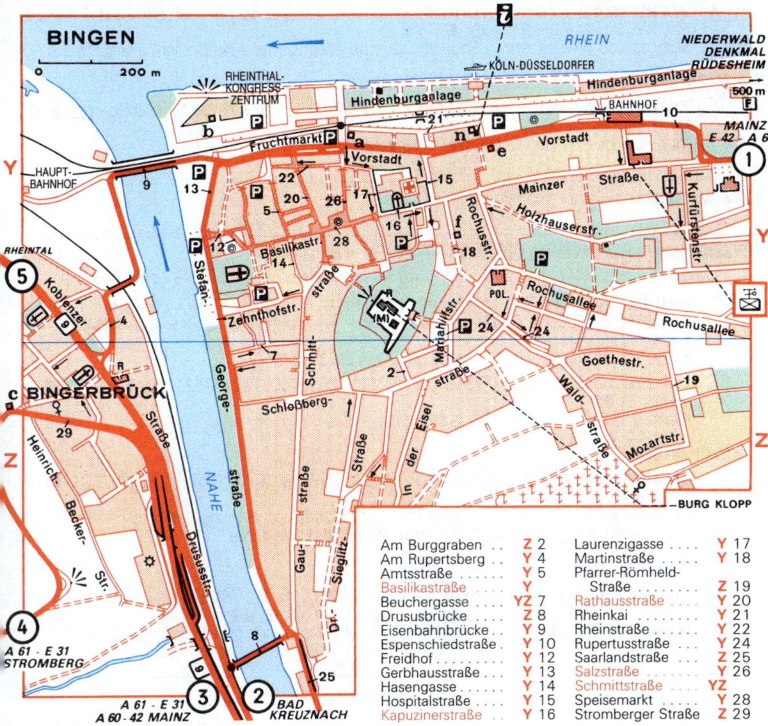

Am Burggraben	Z 2	Laurenzigasse	Y 17
Am Rupertsberg	Y 4	Martinstraße	Y 18
Amtsstraße	Y 5	Pfarrer-Römheld-Straße	Z 19
Basilikastraße	Y	Rathausstraße	Y 20
Beuchergasse	YZ 7	Rheinkai	Y 21
Drususbrücke	Z 8	Rheinstraße	Y 22
Eisenbahnbrücke	Y 9	Rupertusstraße	Y 24
Espenschiedstraße	Y 10	Saarlandstraße	Z 25
Freidhof	Y 12	Salzstraße	Y 26
Gerbhausstraße	Y 13	Schmittstraße	YZ
Hasengasse	Y 14	Speisemarkt	Y 28
Hospitalstraße	Y 15	Stromberger Straße	Z 29
Kapuzinerstraße	Y 16		

Rheinhotel M, Am Rhein-Nahe-Eck, ✉ 55411, ✆ (06721) 79 60, *Fax (06721) 796500*, ≤, 🌳, 🚿 - 🛗 TV ☎ 🚗 P - 🏛 400. AE ⓪ E VISA JCB. ✻ Rest Y b
Menu à la carte 38/73 - **135 Z** 196/296.

Weinhotel Michel garni, Mainzer Str. 74, ✉ 55411, ✆ (06721) 9 15 10, *Fax (06721) 915152*, 🚿 - 🛗 ⚡ TV ☎ 🚗 P - 🏛 15. AE E VISA. ✻ über ①
30 Z 140/205.

Martinskeller 🔇 garni, Martinstr. 1, ✉ 55411, ✆ (06721) 1 34 75, *Fax (06721) 2508* - TV ☎ 🚗. AE ⓪ E VISA Y f
23. - 30. Dez. geschl. - **15 Z** 115/195.

Krone, Rheinkai 19, ✉ 55411, ✆ (06721) 1 70 16, *Fax (06721) 17210*, 🌳 - TV ☎. AE ⓪ E VISA Y n
über Ostern 2 Wochen und 27. Dez. - 10. Jan. geschl. - **Menu** *(Sonntagabend - Montagmittag geschl.)* à la carte 25/54 🍷 - **26 Z** 70/140.

Rheinhotel Starkenburger Hof garni, Rheinkai 1, ✉ 55411, ✆ (06721) 1 43 41, *Fax (06721) 13350* - TV ☎. AE ⓪ E VISA Y a
20. Dez. - 10. Jan. geschl. - **30 Z** 90/140.

Brunnenkeller, Vorstadt 60, ✉ 55411, ✆ (06721) 1 61 33, *Fax (06721) 16133*, 🌳 - AE ⓪ E VISA JCB Y e
Freitagmittag, Samstagmittag und Sonntag geschl. - **Menu** (Tischbestellung ratsam) 68/101 und à la carte 45/73.

In Bingen-Bingerbrück :

Schlößchen am Mäuseturm (Weinstube), Stromberger Str. 28, ✉ 55411, ✆ (06721) 3 66 99, *Fax (06721) 36699*, 🌳 - E Z c
Sonntag und Aug. 2 Wochen geschl. - **Menu** (nur Abendessen) à la carte 38/62.

In Münster-Sarmsheim ② *: 4 km :*

Münsterer Hof garni, Rheinstr. 35, ✉ 55424, ✆ (06721) 4 10 23, *Fax (06721) 41025* - TV ☎. AE E
15 Z 95/145.

Weinstube Kruger-Rumpf, Rheinstr. 47, ✉ 55424, ✆ (06721) 4 50 50, *Fax (06721) 41882*, 🌳 - P. E
Montag und Weihnachten - Ende Jan. geschl. - **Menu** (nur Abendessen) à la carte 38/50.

In Laubenheim ② *: 6 km :*

Traube, Naheweinstr. 66, ✉ 55452, ✆ (06704) 12 28, *Fax (06704) 1076* - TV ☎ P. AE E
(nur Abendessen für Hausgäste) - **15 Z** 50/100.

BINZ *Mecklenburg-Vorpommern siehe Rügen (Insel).*

BINZEN *Baden-Württemberg* 419 *X 6 - 2 400 Ew - Höhe 285 m.*
Berlin 858 - Stuttgart 260 - Freiburg im Breisgau 65 - Basel 11 - Lörrach 6.

Mühle 🔇 (mit 🏠 Gästehaus), Mühlenstr. 26, ✉ 79589, ✆ (07621) 60 72, *Fax (07621) 65808*, « Gartenterrasse », 🐢 - ⚡ Zim, TV ☎ 📞 🚗 P - 🏛 40. AE ⓪ E VISA
Menu *(Sonntag geschl.)* à la carte 57/88 - **22 Z** 95/240.

Ochsen, Hauptstr. 42, ✉ 79589, ✆ (07621) 96 41 50, *Fax (07621) 69257*, 🌳 - TV ☎ P. AE E VISA
Menu à la carte 42/66 - **25 Z** 80/150.

In Rümmingen *NO : 2 km :*

Landgasthof Sonne, Wittlinger Str. 3, ✉ 79595, ✆ (07621) 32 70, *Fax (07621) 3160*, 🌳 - P. AE E VISA
Donnerstag, Okt. - Juni Mittwochabend - Freitagmittag, Jan. und Juni - Juli sowie Sept. - Okt. jeweils 2 Wochen geschl. - **Menu** 46/89 und à la carte.

In Schallbach *N : 4 km :*

Zur Alten Post (mit Gästehaus), Alte Poststr. 16, ✉ 79597, ✆ (07621) 8 80 12, *Fax (07621) 88015*, 🌳 - TV ☎ P - 🏛 25. AE ⓪ E VISA
Menu *(Donnerstag - Freitagmittag und 1.- 8. Jan. geschl.)* à la carte 39/61 🍷 - **19 Z** 85/150.

BIRKENAU *Hessen* 417 419 *R 10 – 10 500 Ew – Höhe 110 m – Luftkurort.*

Verkehrsamt, Rathaus, Hauptstr. 119, 69488, (06201) 3 97 47, Fax (06201) 39755.

Berlin 611 – Wiesbaden 97 – Mannheim 30 – Darmstadt 44 – Heidelberg 27.

Drei Birken, Hauptstr. 170, 69488, (06201) 3 23 68, *Fax (06201) 3849,* – . VISA
Montag und März 2 Wochen geschl. – **Menu** à la carte 45/72.

BIRKENFELD *Baden-Württemberg siehe Pforzheim.*

BIRKENFELD (MAIN-SPESSART-KREIS) *Bayern* 417 419 *Q 13 – 1 800 Ew – Höhe 211 m.*

Berlin 517 – München 312 – Würzburg 29 – Frankfurt am Main 100.

In Birkenfeld-Billingshausen *NO : 2 km :*

Goldenes Lamm (Steinhaus a.d.J. 1883), Untertorstr. 13, 97834, (09398) 3 52, *Fax (09398) 514* – – 50.
Montag - Dienstag geschl. – **Menu** à la carte 31/58.

BIRKENFELD *Rheinland-Pfalz* 417 *R 5 – 7 200 Ew – Höhe 396 m.*

Touristik und Informationsbüro, 55765, Am Bahnhof 4, (06782) 9 93 40, Fax (06782) 993449.

Berlin 679 – Mainz 107 – Trier 64 – Idar-Oberstein 16 – Neunkirchen/Saar 46 – St. Wendel 26.

Oldenburger Hof, Achtstr. 7, 55765, (06782) 8 25, *Fax (06782) 9659,* , Biergarten – – 25. VISA
Menu à la carte 31/50 – **11 Z** 80/110.

BIRKENWERDER *Brandenburg* 416 418 *H 23 – 5 700 Ew 60 m.*

Berlin 32 – Potsdam 45.

Andersen garni (mit Gästehaus), Clara-Zetkin-Str. 11 (2. Etage), 16547, (03303) 2 94 60, *Fax (03303) 2946155* – VISA
40 Z 120/180.

BIRNBACH, BAD *Bayern* 420 *U 23 – 5 900 Ew – Höhe 450 m – Heilbad.*

Kurverwaltung, Neuer Marktplatz 1, 84364, (08563) 96 30 40, Fax (08563) 963050.

Berlin 618 – München 147 – Passau 41 – Landshut 82.

Sonnengut , Am Aunhamer Berg 2, 84364, (08563) 30 50, *Fax (08563) 305100,* , Massage, , , , (Thermal), – , Zim, – 40. . Rest
Menu (nur Abendessen) à la carte 39/66 – **89 Z** 141/310, 4 Suiten – ½ P 20.

Vitalhotel , Brunnaderstr. 27, 84364, (08563) 30 80, *Fax (08563) 308111,* Massage, , , , (Thermal) – , Zim, . Rest
Dez. 3 Wochen geschl. – (nur Abendessen für Hausgäste) – **77 Z** 91/232 – ½ P 25.

Sammareier Gutshof, Pfarrkirchner Str. 22, 84364, (08563) 29 70, *Fax (08563) 29713,* , Massage, , , , –
Menu à la carte 31/66 – **38 Z** 111/200, 5 Suiten – ½ P 33.

Kurhotel Hofmark , Professor-Drexel-Str. 16, 84364, (08563) 29 60, *Fax (08563) 296295,* , Massage, , , direkter Zugang zur Therme – , Rest, . Rest
Menu à la carte 31/50 – **85 Z** 97/226, 4 Suiten – ½ P 30.

Kurhotel Quellenhof , Brunnaderstr. 11, 84364, (08563) 30 70, *Fax (08563) 307200,* , Massage, , , , – . Rest
Dez. - Jan. geschl. – **Menu** *(Donnerstag geschl.)* à la carte 32/65 – **38 Z** 105/250 – ½ P 22.

Alte Post, Hofmark 23, 84364, (08563) 29 20, *Fax (08563) 29299,* , Massage, , , , – . Rest
Menu à la carte 23/53 – **45 Z** 73/160, 3 Suiten – ½ P 20.

Theresienhof garni, Breindoblweg 5, 84364, (08563) 9 63 20, *Fax (08563) 963244,* , (geheizt), – .
21 Z 48/96.

BISCHOFSGRÜN *Bayern* 420 *P 19 – 2 200 Ew – Höhe 679 m – Heilklimatischer Kurort – Wintersport : 653/1 024 m ⛷4 ⛷ (Skizirkus Ochsenkopf) – Sommerrodelbahn.*

Kurverwaltung im Rathaus, Hauptstr. 27, ✉ 95493, ✆ (09276) 12 92, Fax (09276) 505.

Berlin 354 – München 259 – Weiden in der Oberpfalz 74 – Bayreuth 27 – Hof 57.

Sport-Hotel Kaiseralm ⛰, Fröbershammer 31, ✉ 95493, ✆ (09276) 8 00, *Fax (09276) 8145*, ≤ Bischofsgrün und Fichtelgebirge, , , , , (Halle) – , Zim, TV ☎ – 120. AE ① E VISA
Menu 27/30 à la carte 49/65 – **117 Z** 110/240, 5 Suiten – ½ P 26.

Kurhotel Puchtler - Deutscher Adler, Kirchenring 4, ✉ 95493, ✆ (09276) 10 44, *Fax (09276) 1250*, Massage, , , , – , Zim, TV ☎ ♿ – 40. VISA
Mitte Nov. - Mitte Dez. geschl. – **Menu** à la carte 24/54 – **41 Z** 68/196 – ½ P 20.

Berghof ⛰, Ochsenkopfstr. 40, ✉ 95493, ✆ (09276) 99 10, *Fax (09276) 1301*, ≤, , , – ☎
Mitte Nov. - Mitte Dez. geschl. – **Menu** à la carte 27/54 – **30 Z** 66/128 – ½ P 21.

Hirschmann ⛰ garni, Fröbershammer 9, ✉ 95493, ✆ (09276) 4 37, *Fax (09276) 1349*, , – .
6. Nov. - 20. Dez. geschl. – **16 Z** 50/96.

Siebenstern ⛰ garni, Kirchbühl 15, ✉ 95493, ✆ (09276) 3 07, *Fax (09276) 8407*, ≤, , , –
Nov. - 8. Dez. geschl. – **26 Z** 58/96.

Jägerhof, Hauptstr. 12, ✉ 95493, ✆ (09276) 2 57, *Fax (09276) 8396*, Biergarten, –
10. Nov. - 15. Dez. geschl. – **Menu** *(Donnerstag geschl.)* à la carte 23/49 – **16 Z** 58/100 – ½ P 17.

BISCHOFSHEIM A. D. RHÖN *Bayern* 418 420 *O 14 – 5 700 Ew – Höhe 447 m – Erholungsort – Wintersport : 450/930 m ⛷10 ⛷.*

Ausflugsziel : *Kreuzberg (Kreuzigungsgruppe ≤★) SW : 7 km.*

Verkehrsverein, Altes Amtsgericht, Kirchplatz 5, ✉ 97653, ✆ (09772) 14 52, Fax (09772) 1054.

Berlin 421 – München 364 – Fulda 40 – Bad Neustadt an der Saale 20 – Würzburg 96.

Adler, Ludwigstr. 28, ✉ 97653, ✆ (09772) 3 20, *Fax (09772) 8898*, , – TV
Mitte Nov. - Mitte Dez. geschl. – **Menu** à la carte 28/48 – **18 Z** 48/96 – ½ P 20.

In Bischofsheim-Haselbach :

Luisenhof ⛰, Haselbachstr. 93, ✉ 97653, ✆ (09772) 18 80, *Fax (09772) 8654*, , , – – 30. AE E
Mitte Nov. - Mitte Dez. geschl. – **Menu** *(Mittwoch geschl.)* à la carte 22/38 – **13 Z** 55/90 – ½ P 16.

In Bischofsheim-Oberweißenbrunn *W : 5 km :*

Zum Lamm, Geigensteinstr. 26 (B 279), ✉ 97653, ✆ (09772) 2 96, *Fax (09772) 298*, , – TV ☎ . AE E VISA
15. Nov. - 22. Dez. geschl. – **Menu** à la carte 22/44 – **23 Z** 42/96 – ½ P 19.

BISCHOFSMAIS *Bayern* 420 *T 23 – 3 300 Ew – Höhe 685 m – Erholungsort – Wintersport : 700/1 097 m ⛷6 ⛷.*

Touristik Information, Hauptstr 34, ✉ 94253, ✆ (09920) 94 04 44, Fax (09920) 940440.

Berlin 536 – München 159 – Passau 68 – Deggendorf 18 – Regen 10.

Alte Post, Dorfstr. 2, ✉ 94253, ✆ (09920) 9 40 20, *Fax (09920) 940244*, – , Zim, ☎ . AE E VISA
30. Okt. - 15. Dez. geschl. – **Menu** *(Mittwoch geschl.)* à la carte 23/46 – **33 Z** 62/104 – ½ P 15.

In Bischofsmais-Habischried *NW : 4,5 km :*

Schäfflerstubn, Ortsstr. 2, ✉ 94253, ✆ (09920) 13 75, *Fax (09920) 8318*, , , – TV ☎
Nov. - 20. Dez. geschl. – **Menu** *(Montag geschl.)* (Dienstag - Donnerstag nur Abendessen) à la carte 24/45 – **12 Z** 53/98 – ½ P 15.

BISCHOFSWERDA *Sachsen* 418 *M 26 – 14 600 Ew – Höhe 290 m.*

Stadtinformation, Altmarkt 1 (Rathaus), ✉ *01877,* ☎ *(03594) 78 62 41, Fax (03594) 786214.*

Berlin 213 – Dresden 32 – Cottbus 91 – Görlitz 62.

Goldener Engel, Altmarkt 25, ✉ 01877, ☎ (03594) 70 53 38, *Fax (03594) 705339* – TV ☎ P. E
Menu à la carte 19/36 – **21 Z** 65/130.

In Bischofswerda-Belmsdorf *SO : 2 km :*

Gutshof, Alte Belmsdorfer Str. 33, ✉ 01877, ☎ (03594) 70 52 00, *Fax (03594) 705201* – TV ☎ P
(nur Abendessen für Hausgäste) – **10 Z** 75/130.

BISCHOFSWIESEN *Bayern* 420 *X 22 – 7 500 Ew – Höhe 600 m – Heilklimatischer Kurort – Wintersport : 600/1 390 m 2.*

Verkehrsverein, Hauptstr. 48 (B 20), ✉ *83481,* ☎ *(08652) 72 25, Fax (08652) 7895.*

Berlin 736 – München 148 – Bad Reichenhall 13 – Berchtesgaden 5 – Salzburg 28.

Mooshäusl, Jennerweg 11, ✉ 83483, ☎ (08652) 72 61, *Fax (08652) 7340,* ← Watzmann, Hoher Göll und Brett, – P. Rest
24. Okt. - 20. Dez. geschl. – (nur Abendessen für Hausgäste) – **20 Z** 57/120.

Gran Sasso, Hauptstr. 30(B 20), ✉ 83483, ☎ (08652) 82 50, *Fax (08652) 8250,* – P. AE E VISA
Dienstag und über Pfingsten geschl. – **Menu** (Montag - Freitag nur Abendessen)(italienische Küche) à la carte 55/76.

BISPINGEN *Niedersachsen* 415 416 *G 13 – 5 300 Ew – Höhe 70 m – Luftkurort.*

Touristinformation, Rathaus, Borsteler Str. 4, ✉ *29646,* ☎ *(05194) 3 98 50, Fax (05194) 39853.*

Berlin 335 – Hannover 94 – Hamburg 71 – Lüneburg 45.

König-Stuben, Luheweg 25, ✉ 29646, ☎ (05194) 9 81 00, *Fax (05194) 981019,* , – TV ☎ P
Mitte Jan. - Ende Feb. geschl. – **Menu** *(Nov. - Juli Mittwoch geschl.)* à la carte 33/59 – **25 Z** 78/156.

Rieckmanns Gasthof, Kirchweg 1, ✉ 29646, ☎ (05194) 95 10, *Fax (05194) 95134,* « Cafégarten », – TV ☎ P. AE E VISA
Mitte Dez. - Mitte Jan. geschl. – **Menu** *(Nov. - April Montag geschl.)* à la carte 26/53 – **21 Z** 70/130.

In Bispingen-Behringen *NW : 4 km :*

Zur Grünen Eiche, Mühlenstr. 6, ✉ 29646, ☎ (05194) 9 85 80, *Fax (05194) 9858199* – Zim, TV ☎ P – 20
Menu *(Mahlzeiten in Riekmann's Gasthof)* – **26 Z** 65/130.

Niedersachsen Hof mit Zim, Widukindstr. 3, ✉ 29646, ☎ (05194) 77 50, *Fax (05194) 2755,* – TV ☎ P. AE E VISA
Jan. - Feb. geschl. – **Menu** *(Okt. - Juni Dienstag geschl.)* à la carte 34/65 – **5 Z** 75/150.

In Bispingen-Hützel *NO : 2,5 km :*

Ehlbeck's Gasthaus, Bispinger Str. 8, ✉ 29646, ☎ (05194) 23 19, *Fax (05194) 2319,* , – TV P. AE E
Mitte Feb. - Mitte März geschl. – **Menu** *(Nov. - Juli Montag geschl.)* à la carte 29/55 – **14 Z** 65/130 – ½ P 24.

In Bispingen-Niederhaverbeck *NW : 10 km*

Menke, ✉ 29646, ☎ (05198) 3 30, *Fax (05198) 1275,* , , – TV P – 25
Anfang Feb. - Mitte März geschl. – **Menu** *(Nov. - Juli Donnerstag geschl.)* à la carte 34/67 – **16 Z** 80/164.

Landhaus Haverbeckhof (mit Gästehäusern), ✉ 29646, ☎ (05198) 9 89 80, *Fax (05198) 989818,* , – ☎ P. AE E VISA
Menu à la carte 29/62 *(auch vegetarische Gerichte)* – **26 Z** 58/132 – ½ P 25.

BISSENDORF KRS. OSNABRÜCK *Niedersachsen* 417 *J 8 – 13 100 Ew – Höhe 108 m.*

Jeggen (N : 8 km), (05402) 56 36.

Berlin 414 – Hannover 129 – Bielefeld 51 – Osnabrück 13.

In Bissendorf-Schledehausen *NO : 8 km – Luftkurort :*

Bracksiek, Bergstr. 22, ✉ 49143, (05402) 9 90 30, *Fax (05402) 990351,* – 100
Menu *(Montag - Mittwoch nur Abendessen)* à la carte 34/79 – **24 Z** 98/180 – ½ P 25.

BISTENSEE *Schleswig-Holstein siehe Rendsburg.*

BITBURG *Rheinland-Pfalz* 417 *Q 3 – 11 700 Ew – Höhe 339 m.*

Golf Resort Bitburger Land, ✉ 54621 Bitburg, (06527) 18 63.

Tourist-Information Bitburger Land, Im Graben 2, ✉ 54634, (06561) 9 43 40, Fax (06561) 943420.

Berlin 705 – Mainz 165 – Trier 23 – Wittlich 36.

Eifelbräu, Römermauer 36, ✉ 54634, (06561) 91 00, *Fax (06561) 910100* – 150. VISA
Menu à la carte 34/62 – **28 Z** 85/150.

Leander, Am Markt 2, ✉ 54634, (06561) 34 22, *Fax (06561) 940118,* – VISA
Feb. 2 Wochen und 1. - 15. Nov. geschl. – **Menu** *(Montag geschl.)* à la carte 43/67 – **11 Z** 75/135.

Zum Simonbräu mit Zim, Am Markt 7, ✉ 54634, (06561) 33 33, *Fax (06561) 3373,* Biergarten – 20. VISA
Menu à la carte 31/66 – **5 Z** 98/150.

In Rittersdorf *NW : 4 km :*

Am Wisselbach, Bitburger Str. 2, ✉ 54636, (06561) 70 57, *Fax (06561) 12293,* Rest
23 Z.

Burg Rittersdorf, in der Burg, ✉ 54636, (06561) 9 65 70, « Wasserburg a.d. 15. Jh. » –

In Dudeldorf *O : 11 km über die B 50 :*

Romantik Hotel Zum alten Brauhaus, Herrengasse 2, ✉ 54647, (06565) 9 27 50, *Fax (06565) 927555,* « Gartenterrasse », – VISA. Rest
Jan. geschl. – **Menu** *(Mittwoch geschl.)* à la carte 39/66 – **15 Z** 120/220 – ½ P 35.

Am Stausee Bitburg *NW : 12 km über Biersdorf*

Dorint Sporthotel Südeifel, ✉ 54636 Biersdorf, (06569) 9 90, *Fax (06569) 7909,* Massage, (Halle) Squash – Zim, – 250. VISA. Rest
Menu à la carte 41/66 – **100 Z** 179/295, 4 Suiten – ½ P 40.

Waldhaus Seeblick, Ferienstr. 1, ✉ 54636 Biersdorf, (06569) 9 69 90, *Fax (06569) 969950,* Stausee, « Terrasse », – VISA. Rest
5. Jan. - 15. Feb. geschl. – **Menu** à la carte 24/53 – **22 Z** 70/124 – ½ P 20.

Berghof, Ferienstr. 3, ✉ 54636 Biersdorf, (06569) 8 88, *Fax (06569) 880,* Stausee, – Rest
20. Nov. - 25. Dez. geschl. – **Menu** *(im Winter Montag geschl.)* à la carte 27/53 – **12 Z** 65/110 – ½ P 20.

BITTERFELD *Sachsen-Anhalt* 418 *L 20 – 25 000 Ew – Höhe 80 m.*

Berlin 151 – Magdeburg 96 – Leipzig 40.

Rema-Hotel Ambassador, Zörbiger Str. 47, ✉ 06749, (03493) 2 13 40, *Fax (03493) 21346,* Biergarten – Zim, – 50. VISA JCB. Rest
Menu *(Samstagmittag und Sonntagabend geschl.)* à la carte 36/57 – **68 Z** 170/330.

BLAIBACH *Bayern siehe Kötzting.*

BLAICHACH *Bayern siehe Sonthofen.*

BLANKENBACH *Bayern* 417 *P 11 – 1 300 Ew – Höhe 175 m.*
Berlin 538 – München 356 – Würzburg 81 – Aschaffenburg 15 – Frankfurt am Main 48.

Landgasthof Behl, Krombacher Str. 2, 63825, (06024) 47 66, Fax (06024) 5766 – .
Montag geschl. – **Menu** à la carte 38/69.

BLANKENBURG *Sachsen-Anhalt* 418 *K 16 – 22 400 Ew – Höhe 225 m.*
Kurverwaltung, Langestr. 17, 38889, (03944) 28 98, Fax (03944) 63102.
Berlin 222 – Magdeburg 71 – Göttingen 124 – Halle 88 – Nordhausen 42.

Kurhotel Fürstenhof, Mauerstr. 9, 38889, (03944) 9 04 40, *Fax (03944) 9044299,* – .
Menu à la carte 32/60 – **27 Z** 98/170.

BLANKENBURG, BAD *Thüringen* 418 *N 17 – 8 000 Ew – Höhe 220 m.*
Fremdenverkehrsamt, Magdeburger Gasse 1, 07422, (036741) 26 67, Fax (036741) 2667.
Berlin 293 – Erfurt 57 – Bayreuth 126 – Coburg 82 – Gera 77.

Am Goldberg, Goetheweg 9, 07422, (036741) 26 05, *Fax (036741) 42213,* , « Elegante Einrichtung », Massage, , , , – , Zim, – 60.
Menu (bemerkenswerte Weinkarte) à la carte 36/68 *(auch vegetarische Gerichte)* – **39 Z** 118/215 – ½ P 27.

Weinhaus Eberitzsch, Schwarzburger Str. 19, 07422, (036741) 23 53, *Fax (036741) 2427,* Biergarten, , – – 25.
Menu *(Donnerstag geschl.)* à la carte 28/34 – **32 Z** 70/130 – ½ P 23.

Zum Steinhof, Wirbacher Str. 6, 07422, (036741) 34 70, *Fax (036741) 41035,* , – .
Menu à la carte 21/38 – **28 Z** 80/120.

BLANKENHEIM *Nordrhein-Westfalen* 417 *O 3 – 9 500 Ew – Höhe 497 m – Erholungsort.*
Verkehrsbüro im Rathaus, Rathausplatz 16, 53945, (02449) 83 33, Fax (02449) 87303.
Berlin 638 – Düsseldorf 110 – Aachen 70 – Köln 74 – Trier 99.

Kölner Hof, Ahrstr. 22, 53945, (02449) 14 05, *Fax (02449) 1061,* , – .
22. Feb. - 6. März geschl. – **Menu** *(Mittwoch geschl.)* à la carte 30/63 – **23 Z** 90/130 – ½ P 35.

BLAUBACH *Rheinland-Pfalz siehe Kusel.*

BLAUBEUREN *Baden-Württemberg* 419 *U 13 – 11 500 Ew – Höhe 519 m.*
Sehenswert : *Ehemalige Klosterkirche (Hochaltar★★, Chorgestühl★).*
Berlin 633 – Stuttgart 81 – Reutlingen 57 – Ulm (Donau) 18.

Ochsen, Marktstr. 4, 89143, (07344) 62 65, *Fax (07344) 8430* – Zim, – 15.
Jan. 2 Wochen geschl. – **Menu** *(Sonntagabend geschl.)* à la carte 32/62 – **30 Z** 85/150.

Adler, Karlstr. 8, 98143, (07344) 50 27, *Fax (07344) 21147* – .
Menu *(Mittwoch geschl.)* à la carte 22/40 – **15 Z** 75/120.

In Blaubeuren-Weiler *W : 2 km :*

Forellenfischer garni, Aachtalstr. 5, 89143, (07344) 50 24, *Fax (07344) 21199* – .
Mitte Dez. - Mitte Jan. geschl. – **18 Z** 80/140.

Forellen-Fischer, Aachtalstr. 6, 89143, (07344) 65 45, *Fax (07344) 6545* – .
Sonntagabend - Montag, Jan. 3 Wochen und 24. - 31. Aug. geschl. – **Menu** à la carte 39/69.

BLAUFELDEN *Baden-Württemberg* 419 420 *S 13 – 4 500 Ew – Höhe 460 m.*

Berlin 539 – Stuttgart 123 – Würzburg 71 – Nürnberg 122 – Heilbronn 80.

Zum Hirschen, Hauptstr. 15, ✉ 74572, ☎ (07953) 10 41, *Fax (07953) 1043*, « Landgasthof mit modern-eleganter Einrichtung » – – 20. *1. - 7. Jan. und Juli - Aug. 3 Wochen geschl.* – **Menu** *(Sonntagabend - Dienstagmittag geschl.)* (Tischbestellung ratsam, auch regionale Küche, bemerkenswerte Weinkarte) 45/135 und à la carte 54/96 – **12 Z** 93/196

Spez. Gelee von Flußfischen mit Krebsen. Kotelett vom Hohenloher Charolais-Rind. Hohenloher Taube mit Trüffelsauce.

BLECKEDE *Niedersachsen* 415 416 *G 16 – 8 000 Ew – Höhe 10 m.*

Berlin 268 – Hannover 148 – Schwerin 94 – Lüneburg 24 – Hamburg 66.

Landhaus an der Elbe, Elbstr. 5, ✉ 21354, ☎ (05852) 12 30, *Fax (05852) 3022*, « Lage an der Elbe », –

Menu *(Nov. - März Freitag geschl.)* à la carte 32/45 – **16 Z** 75/180.

BLEICHERODE *Thüringen* 418 *L 15 – 7 500 Ew – Höhe 405 m.*

Tourist- und Stadtinformation, Hauptstr. 55, ✉ 99752, ☎ (036338) 4 35 35, Fax (036338) 43536.

Berlin 279 – Erfurt 80 – Göttingen 62 – Nordhausen 19.

Confidenz Harz, Förster-Genzel-Str. 4, ✉ 99752, ☎ (036338) 380, *Fax (036338) 38100*, , , – , Zim, – 45.

Menu à la carte 38/69 – **31 Z** 110/180.

Berliner Hof, Hauptstr. 62, ✉ 99752, ☎ (036338) 4 24 54, *Fax (036338) 60924* – – 50.

Menu à la carte 20/40 – **17 Z** 75/123.

BLIESKASTEL *Saarland* 417 *S 5 – 25 000 Ew – Höhe 211 m – Kneippkurort.*

Verkehrsamt, Kardinal-Wendel-Str.56, ✉ 66440, ☎ (06842) 5 20 75, Fax (06842) 52076.

Berlin 693 – Saarbrücken 30 – Neunkirchen/Saar 16 – Sarreguemines 24 – Zweibrücken 12.

Zur Post, Kardinal-Wendel-Str. 19 a, ✉ 66440, ☎ (06842) 9 21 60(Hotel) 5 22 53(Rest.), *Fax (06842) 4202* –

– ***Zur Alten Post*** *(Samstagmittag, Mittwoch und Juli - Aug. 2 Wochen geschl.)* **Menu** à la carte 42/60 – **12 Z** 72/160.

Gasthaus Schwalb, Gerbergasse 4, ✉ 66440, ☎ (06842) 23 06, *Fax (06842) 4095* –

Sonntagabend - Montag geschl. – **Menu** à la carte 30/61.

In Blieskastel-Niederwürzbach *NW : 5 km :*

Hubertushof mit Zim, Kirschendell 32, ✉ 66440, ☎ (06842) 65 44, *Fax (06842) 7866*, , Damwildgehege – Rest, . . Zim

1. - 14. Jan. geschl. – **Menu** *(Montagmittag und Dienstag geschl.)* à la carte 36/75 – **6 Z** 68/122.

BLOMBERG *Nordrhein-Westfalen* 417 *K 11 – 16 000 Ew – Höhe 200 m.*

Blomberg-Cappel, ☎ (05236) 4 59.

Städt. Verkehrsbüro, Hindenburgplatz 1, ✉ 32825, ☎ (05235) 50 40, Fax (05235) 504450.

Berlin 357 – Düsseldorf 208 – Hannover 75 – Detmold 21 – Paderborn 38.

Burghotel Blomberg, Am Brink 1, ✉ 32825, ☎ (05235) 5 00 10, *Fax (05235) 500145*, , « Mittelalterliche Burg », , – , Zim, – 100.

Menu à la carte 58/89 – **52 Z** 155/285.

Deutsches Haus, Marktplatz 7, ✉ 32825, ☎ (05235) 4 68, *Fax (05235) 2715* – – 60

Menu à la carte 34/70 – **16 Z** 90/150.

Café Knoll, Langer Steinweg 33, ✉ 32825, ☎ (05235) 9 60 00, *Fax (05235) 7398*, « Historische Fachwerkfassade a.d.J.1622 » – .

Menu *(Montag geschl.)* (wochentags nur Abendessen) à la carte 30/56 – **10 Z** 85/135.

BLUMBERG *Baden-Württemberg* 419 *W 9 – 10 000 Ew – Höhe 703 m.*

Touristinfo, Hauptstr. 52, ✉ 78176, ✆ (07702) 51 28, Fax (07702) 5155.

Berlin 760 – Stuttgart 143 – Freiburg im Breisgau 70 – Schaffhausen 26 – Waldshut-Tiengen 44 – Donaueschingen 17.

In Blumberg-Epfenhofen *SO : 3 km :*

Löwen, Kommentalstr. 2, ✉ 78176, ✆ (07702) 21 19, *Fax (07702) 3903,* – . E
Jan. - Feb. 4 Wochen geschl. – **Menu** *(Freitag geschl.)* à la carte 26/48 – **25 Z** 59/98.

BLUMBERG KREIS BERNAU *Brandenburg* 416 418 *I 24 – 1 700 Ew – Höhe 75 m.*

Berlin 22 – Potsdam 53 – Bad Freienwalde 37 – Frankfurt an der Oder 94.

Bürotel - Am Rehhan garni, Ehrig-Hahn-Str. 3 (Gewerbegebiet), ✉ 16356, ✆ (033394) 51 40, *Fax (033394) 51497* – – 50. AE E VISA
65 **Z** 100/230.

Am Lennépark, Kietz 2a (B 158), ✉ 16356, ✆ (033394) 5 00, *Fax (033394) 50251,* – – 35. AE E VISA
Menu à la carte 26/50 – **26 Z** 96/160.

BLUNK *Schleswig-Holstein siehe Segeberg, Bad.*

BOBINGEN *Bayern* 419 420 *V 16 – 15 100 Ew – Höhe 526 m.*

Berlin 576 – München 78 – Augsburg 18.

Schempp, Hochstr. 74, ✉ 86399, ✆ (08234) 99 90, *Fax (08234) 999299,* – , Zim, – 30. AE E VISA JCB. Rest
Menu à la carte 35/60 – **48 Z** 115/205.

BOCHOLT *Nordrhein-Westfalen* 417 *K 3 – 70 000 Ew – Höhe 26 m.*

Stadtinformation, Kreuzstr. 27, ✉ 46395, ✆ (02871) 50 44, Fax (02871) 185927.

Berlin 575 – Düsseldorf 81 – Arnhem 57 – Enschede 58 – Münster (Westfalen) 82.

Am Erzengel, Münsterstr. 250 (B 67), ✉ 46397, ✆ (02871) 1 40 95, *Fax (02871) 184499,* , « Elegante, individuelle Zimmereinrichtung » – , Zim, – 100. AE E VISA
Menu *(Montagmittag und Juli - Aug. 3 Wochen geschl.)* à la carte 33/65 – **35 Z** 140/220.

Bacco, Bismarckstr. 7, ✉ 46397, ✆ (02871) 18 31 41, *Fax (02871) 16901* – AE E VISA
Montag geschl. – **Menu** (Tischbestellung ratsam, italienische Küche) à la carte 37/72.

BOCHUM *Nordrhein-Westfalen* 417 *L 5 – 407 000 Ew – Höhe 83 m.*

Sehenswert : *Bergbaumuseum★★ Y – Eisenbahnmuseum★ X.*

18 Bochum-Stiepel, Im Mailand 125 (über ③), ✆ (0234) 79 98 32.

Verkehrsverein im Hauptbahnhof, ✉ 44728, ✆ (0234) 9 63 02 22, Fax (0234) 9630255.

Informationszentrum Ruhr-Bochum, Rathaus, Rathausplatz, ✉ 44787, ✆ (0234) 9 10 39 75.

ADAC, *Ferdinandstr. 12, ✉ 44789, ✆ (0234) 31 10 01, Fax (0234) 309809.*

Berlin 518 ① – Düsseldorf 47 ⑤ – Dortmund 21 ① – Essen 17 ⑤.

Stadtplan siehe nächste Seite

Holiday Inn M, Massenbergstr. 19, ✉ 44787, ✆ (0234) 96 90, *Fax (0234) 9692222,* – , Zim, – 120. AE E VISA JCB Z c
Menu à la carte 47/68 – **162 Z** 239/359.

Excelsior, Max-Greve-Str. 32, ✉ 44791, ✆ (0234) 9 55 50, *Fax (0234) 9555555* – – 40. AE E VISA Y n
Menu *(Montag geschl.)* à la carte 43/68 – **32 Z** 138/186.

Novotel, Stadionring 22, ✉ 44791, ✆ (0234) 5 06 40, *Fax (0234) 503036,* , , (geheizt) – , Zim, – 150. AE E VISA X n
Menu à la carte 40/67 – **119 Z** 193/245.

BOCHUM

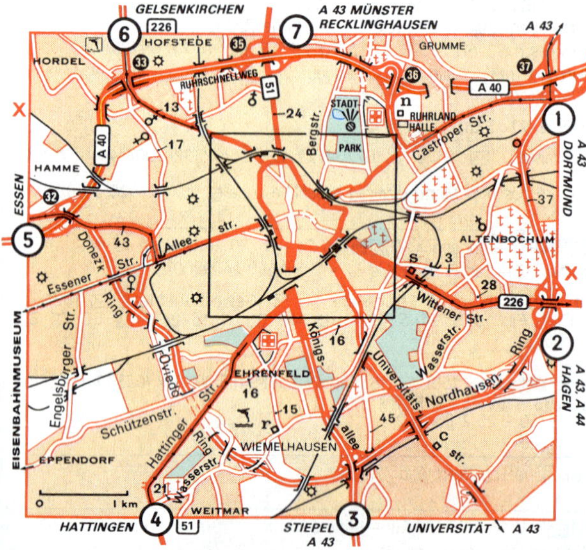
GELSENKIRCHEN
A 43 MÜNSTER
RECKLINGHAUSEN
A 43
HOFSTEDE
GRUMME
HORDEL
RUHRSCHNELLWEG
A 40
STADT-
PARK
RUHRLAND
HALLE
Castroper Str.
Bergstr.
HAMME
ESSEN
A 43
DORTMUND
ALTENBOCHUM
Allee-
str.
Donezk
Ring
Essener
Str.
Wittener
Str.
Wasserstr.
Ring
Königs-
allee
Universitäts
Nordhausen
EHRENFELD
EISENBAHNMUSEUM
Engelsburger
Str.
Oviedo
Schützenstr.
Hattinger
Str.
Ring
WIEMELHAUSEN
EPPENDORF
Wasserstr.
WEITMAR
Str.
A 43, A 44
HAGEN
0
1 km
HATTINGEN
STIEPEL
A 43
UNIVERSITÄT
A 43

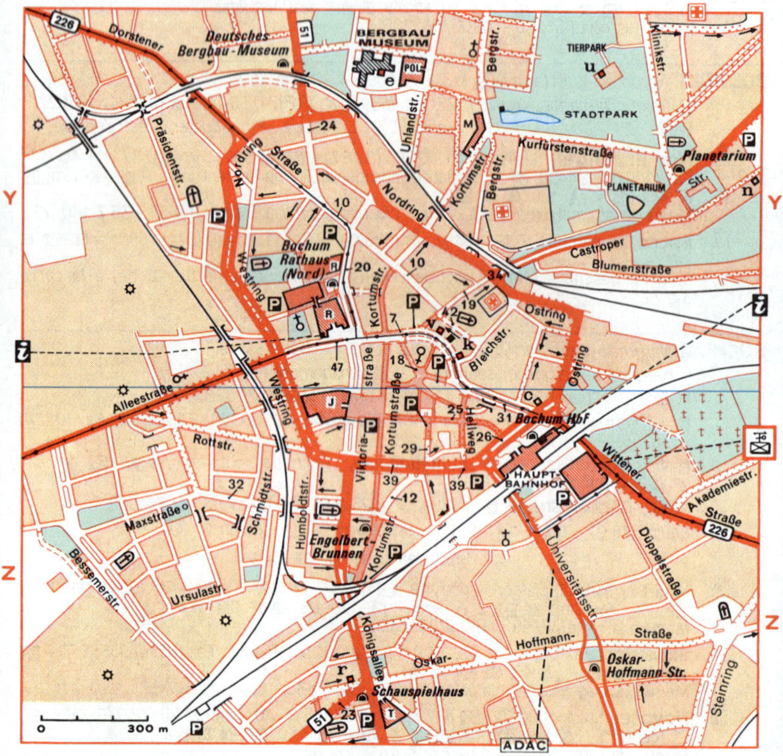
Dorstener
Deutsches
Bergbau-Museum
BERGBAU-
MUSEUM
POL
Bergstr.
TIERPARK
STADTPARK
Klinikstr.
Uhlandstr.
Präsidentstr.
Nordring
Straße
Nordring
Kortumstr.
Bergstr.
Kurfürstenstraße
Planetarium
PLANETARIUM
Str.
Castroper
Blumenstraße
Bochum
Rathaus
(Nord)
Westring
Kortumstr.
Ostring
Bleichstr.
Alleestraße
Westring
straße
Kortumstraße
Hellweg
Ostring
Bochum Hbf
HAUPT-
BAHNHOF
Wittener
Akademiestr.
Straße
Rottstr.
Viktoria-
Humboldtstr.
Schmidtstr.
Maxstraße
Engelbert-
Brunnen
Kortumstr.
Universitätsstr.
Düppelstraße
Bessemerstr.
Ursulastr.
Königsallee
Oskar-
Hoffmann-
Straße
Oskar-
Hoffmann-Str.
Steinring
Schauspielhaus
0
300 m
ADAC

Oekey, Auf dem Alten Kamp 10, 44803, (0234) 38 81 30, *Fax (0234) 3881388,* – X c
Menu *(Samstagmittag und Sonntag - Montag geschl.)* à la carte 46/72 – **17 Z** 110/150.

Schmidt-Mönnikes, Drusenbergstr. 164, 44789, (0234) 33 39 60 (Hotel) 31 24 69 (Rest.), *Fax (0234) 3339666* – X r
Weihnachten - Anfang Jan. geschl. – – **Vitrine :** *(Samstagmittag und Sonntagabend geschl.)* **Menu** à la carte 30/58 – **32 Z** 97/160.

Gastronomie im Stadtpark, Klinikstr. 41, 44791, (0234) 50 70 90, *Fax (0234) 5070999,* – – 350. Y u
Montag, Okt.- März Sonntagabend und Jan. 2 Wochen geschl. – **Menu** à la carte 60/82.

Stammhaus Fiege, Bongardstr. 23, 44787, (0234) 1 26 43, *Fax (0234) 66271,* « Rustikal-gemütliche Einrichtung » – Y v
Sonntagabend, Donnerstag und Juli - Aug. 2 Wochen geschl. – **Menu** à la carte 46/76.

Jacky Ballière, Wittener Str. 123, 44803, (0234) 33 57 60 – .
Sonntag - Montag geschl. – **Menu** (nur Abendessen, Tischbestellung ratsam) à la carte 43/64. X s

Alt Nürnberg, Königsallee 16, 44789, (0234) 31 16 98, *Fax (0234) 311989* – Z r
Montag geschl. – **Menu** (nur Abendessen) à la carte 42/74.

Altes Bergamt, Schillerstr. 20, 44791, (0234) 95 19 80, *Fax (0234) 9519888,* – – 40. Y e
Sonn- und Feiertage geschl. – **Menu** à la carte 39/74.

Mutter Wittig, Bongardstr. 35, 44787, (0234) 1 21 41, *Fax (0234) 683301,* , « Rustikale Einrichtung » – Y k
Menu à la carte 28/51.

Beim Ruhrpark-Einkaufszentrum *über die A 40* X :

Avalon M, Kohlleppelsweg 45, 44791, (0234) 9 25 90, *Fax (0234) 9259625,* , – , Zim, – 80.
Menu *(23. Dez. - 6. Jan. geschl.)* à la carte 45/72 – **108 Z** 213/296.

In Bochum-Harpen *über ①* :

Brinkhoff's Stammhaus, Harpener Hellweg 157, 44805, (0234) 23 35 49, –
Dienstag geschl. – **Menu** (nur Abendessen) à la carte 65/81.

In Bochum-Sundern *über ④* :

Haus Waldesruh, Papenloh 8 (nahe der Sternwarte), 44797, (0234) 47 16 76, *Fax (0234) 461815,* , , Biergarten – – 100.
Montag und Feb. geschl. – **Menu** à la carte 38/69.

In Bochum-Wattenscheid *⑤ : 9 km* :

Sol Inn Hotel, Josef-Haumann-Str. 1, 44866, (02327) 99 00, *Fax (02327) 990444,* , – , Zim, – 50.
Menu à la carte 35/70 – **110 Z** 154/169.

In Bochum-Weitmar *über ④* :

Zum Neuling, Neulingstr. 42, 44795, (0234) 94 69 80, *Fax (0234) 9469845,* , – .
Menu *(Mittwoch geschl.)* (wochentags nur Abendessen) à la carte 43/70 – **16 Z** 115/160.

BOCKLET, BAD *Bayern* 418 420 *P 14 – 2 200 Ew – Höhe 230 m – Heilbad.*

Ausflugsziel : *Schloß Aschach : Graf-Luxburg-Museum★, SW : 1 km (Mai - Okt. Fahrten mit hist. Postkutsche).*

Kurverwaltung, im Haus des Gastes, Kurhausstraße 2, 97708, (09708) 2 17, Fax (09708) 60107.

Berlin 425 – München 339 – Fulda 58 – Bad Kissingen 10.

Kurhotel Kunzmann , An der Promenade 6, 97708, (09708) 7 80, *Fax (09708) 78100,* , Massage, , , , , , – , Rest, – 80
Menu à la carte 30/57 *(auch Diät)* – **79 Z** 85/200 – ½ P 18.

Laudensack, von-Hutten-Str. 37, 97708, (09708) 2 24, *Fax (09708) 1285,* « Gartenterrasse », –
20. Dez. - 16. Feb. geschl. – **Menu** *(Dienstag geschl.)* à la carte 29/57 – **35 Z** 51/128 – ½ P 22.

BODELSHAUSEN *Baden-Württemberg siehe Hechingen.*

BODENHEIM *Rheinland-Pfalz siehe Mainz.*

BODENMAIS *Bayern* **420** *S 23 – 3 600 Ew – Höhe 689 m – Heilklimatischer Kurort – Wintersport : 700/1 456 m 1 1, am Arber : 1 6.*

Ausflugsziele : *Großer Arber ≤★★ NO : 11 km und Sessellift – Großer Arbersee★ NO : 8 km.*

Kurverwaltung, Bahnhofstr. 56, ✉ 94249, (09924) 77 81 35, Fax (09924) 77 81 50.

Berlin 521 – München 178 – Passau 72 – Cham 51 – Deggendorf 35.

Waldhotel Riederin, Riederin 1, ✉ 94249, (09924) 77 60, *Fax (09924) 7337*, ≤ Bodenmais, Massage, (geheizt), (Halle) – Zim – *(nur Abendessen für Hausgäste)* – **60 Z** (nur ½P) 112/334.

Hofbräuhaus, Marktplatz 5, ✉ 94245, (09924) 77 70, *Fax (09924) 777200*, ≤, Massage, (geheizt), – Zim, *Anfang Nov. - Mitte Dez. geschl.* – **Menu** à la carte 24/58 – **80 Z** 105/200 – ½ P 22.

Neue Post (mit Gästehaus), Kötztinger Str. 25, ✉ 94249, (09924) 95 80, *Fax (09924) 958100*, Massage, – Rest *10. Nov. - 18. Dez. geschl.* – **Menu** à la carte 29/60 – **63 Z** 75/200 – ½ P 24.

Andrea, Hölzlweg 10, ✉ 94249, (09924) 3 86, *Fax (09924) 7474*, ≤ Bodenmais, – *9. Nov. - 17. Dez. geschl.* – (nur Abendessen für Hausgäste) – **26 Z** (nur ½ P) 95/220.

Waldesruh, Scharebenstr. 31, ✉ 94249, (09924) 95 00, *Fax (09924) 7217*, ≤, Massage, – – 30 *5. Nov. - 20. Dez. geschl.* – **Menu** *(Montag geschl.)* à la carte 22/47 – **71 Z** 70/156 – ½ P 23.

Rothbacher Hof, Miesleuthenweg 10, ✉ 94249, (09924) 95 20, *Fax (09924) 952100*, – **Menu** à la carte 26/44 – **47 Z** 79/170 – ½ P 17.

Waldeck (mit Gästehaus), Arberseestr. 39, ✉ 94249, (09924) 9 40 30, *Fax (09924) 940330*, ≤, Biergarten, Massage, – Rest, *Nov. - 16. Dez. geschl.* – **Menu** à la carte 24/45 – **63 Z** 86/172 – ½ P 10.

Hubertus, Amselweg 2, ✉ 94249, (09924) 9 42 10, *Fax (09924) 942155*, ≤, – *8. Nov. - 18. Dez. geschl.* – **Menu** *(Mitte April - Anfang Jan. Dienstag geschl.)* à la carte 27/42 – **36 Z** 63/164 – ½ P 20.

In Bodenmais-Böhmhof *SO : 1 km :*

Böhmhof (mit Gästehaus), Böhmhof 1, ✉ 94249, (09924) 9 43 00, *Fax (09924) 94013*, (geheizt), – *Nov. - 20. Dez. geschl.* – **Menu** à la carte 32/55 – **36 Z** 88/204, 4 Suiten – ½ P 10.

In Bodenmais-Kothinghammer *SW : 2,5 km :*

Hammerhof, Kothinghammer 1, ✉ 94249, (09924) 95 70, *Fax (09924) 95777*, Massage, – *Nov. - 20. Dez. geschl.* – **Menu** à la carte 30/63 – **45 Z** 81/176, 18 Suiten – ½ P 17.

In Bodenmais-Mooshof *NW : 1 km :*

Mooshof, Mooshof 7, ✉ 94249, (09924) 77 50, *Fax (09924) 7238*, ≤, Massage, – Zim, Rest *20. Nov. - 15. Dez. geschl.* – **Menu** à la carte 28/61 – **58 Z** 86/200 – ½ P 24.

BODENSEE *Baden-Württemberg und Bayern* **419** *X 12,* **987** ㉟ ㊱ *– Höhe 395 m.*

Sehenswert : *See★★ mit den Inseln Mainau★★ und Reichenau★ (Details siehe unter den erwähnten Ufer-Orten).*

BODENTEICH *Niedersachsen* **415** **416** *H 16 – 3 800 Ew – Höhe 55 m – Kneipp- und Luftkurort.*

Kurverwaltung und Fremdenverkehrsamt, Burgstr. 8, ✉ 29389, (05824) 35 39, Fax (05824) 3308.

Berlin 226 – Hannover 107 – Schwerin 135 – Lüneburg 50 – Wolfsburg 54 – Braunschweig 76.

Braunschweiger Hof, Neustädter Str. 2, ✉ 29389, (05824) 2 50, *Fax (05824) 255*, Massage, – – 50. VISA **Menu** à la carte 29/61 – **40 Z** 90/160.

Landhaus Bodenteich garni, Neustädter Str. 100, ✉ 29389, (05824) 9 64 60, *Fax (05824) 964630*, – **19 Z** 75/140.

BODENWERDER *Niedersachsen* 417 418 *K 12 – 6 000 Ew – Höhe 75 m – Luftkurort.*

Fremdenverkehrsamt, Weserstr. 3, ✉ 37619, ✆ (05533) 4 05 41, Fax (05533) 6152.

Berlin 336 – Hannover 67 – Detmold 59 – Hameln 23 – Kassel 103.

Deutsches Haus, Münchhausenplatz 4, ✉ 37619, ✆ (05533) 39 25, *Fax (05533) 4113,* – 150. AE E VISA
Menu *(Dez. - März Samstag geschl.)* à la carte 30/62 – **43 Z** 85/155.

Münchhausen-Stube, Große Str. 5, ✉ 37619, ✆ (05533) 72 38, *Fax (05533) 1254,*
Dienstag geschl. – **Menu** à la carte 35/63.

BODENWÖHR *Bayern* 420 *S 20 – 3 600 Ew – Höhe 378 m.*

Berlin 466 – München 168 – Regensburg 55 – Cham 34 – Nürnberg 99.

Brauereigasthof Jacob, Ludwigsheide 2, ✉ 92439, ✆ (09434) 9 41 00, *Fax (09434) 941066,* ≤, « Geschmackvolle Einrichtung im Landhausstil », – Zim, – 50
Menu à la carte 19/43 – **23 Z** 80/136 – ½ P 20.

BODMAN-LUDWIGSHAFEN *Baden-Württemberg* 419 *W 11 – 3 900 Ew – Höhe 408 m – Erholungsort.*

Tourist-Information (Ludwigshafen), Hafenstr. 5 (Bürger- und Gästezentrum im Zollhaus), ✉ 78351, ✆ (07773) 93 00 40, Fax (07773) 930043.

Berlin 741 – Stuttgart 165 – Konstanz 31 – Bregenz 74 – Singen (Hohentwiel) 26.

Im Ortsteil Ludwigshafen :

Seehotel Adler, Hafenstr. 4, ✉ 78351, ✆ (07773) 9 33 90, *Fax (07773) 933939,* ≤, « Gartenterrasse am See », – – 30. AE E VISA
Menu *(Nov. - April Dienstag geschl.)* à la carte 29/52 – **34 Z** 105/250 – ½ P 25.

Krone, Hauptstr. 25 (B 31), ✉ 78351, ✆ (07773) 9 31 30, *Fax (07773) 931340,* – . AE E VISA
Nov. geschl. – **Menu** *(Mai - Okt. Montag - Mittwoch nur Abendessen)* à la carte 27/52 – **23 Z** 65/150 – ½ P 23.

BÖBINGEN *Baden-Württemberg siehe Schwäbisch Gmünd.*

BÖBLINGEN *Baden-Württemberg* 419 *T 11 – 43 000 Ew – Höhe 464 m.*

Stadt-Information, Ida Erleplatz 1, ✉ 71032, ✆ (07031) 66 11 00, Fax (07031) 661110.

Berlin 647 – Stuttgart 21 – Karlsruhe 80 – Reutlingen 36 ① – Ulm (Donau) 97.

Stadtpläne siehe nächste Seiten

Zum Reussenstein, Kalkofenstr. 20, ✉ 71032, ✆ (07031) 6 60 00, *Fax (07031) 660055,* – – 25. AE E VISA. Zim
Menu (Mahlzeiten im Gasthof Reussenstein) – **42 Z** 105/205. BT h

Böhler, Postplatz 17, ✉ 71032, ✆ (07031) 4 60 40, *Fax (07031) 226168,* , – , Zim, Zim, – 20. AE E VISA DY b
Menu *(Freitag - Samstag und Juli - Aug. 3 Wochen geschl.)* à la carte 47/89 – **42 Z** 150/235.

Rieth, Tübinger Str. 155 (B 464), ✉ 71032, ✆ (07031) 72 30, *Fax (07031) 723160,* , – . AE E VISA BU r
23. Dez. - 2. Jan. geschl. – **Menu** *(Samstag - Sonntag geschl.)* (nur Abendessen) à la carte 32/67 – **50 Z** 110/170.

List garni, Friedrich-List-Str. 57, ✉ 71032, ✆ (07031) 2 18 40, *Fax (07031) 218484* – . AE E VISA DY a
20. Dez. - 6. Jan. geschl. – **18 Z** 130/165.

Böblinger Haus, Keilbergstr. 2, ✉ 71032, ✆ (07031) 21 10, *Fax (07031) 229811,* – , Zim, – 20. AE E VISA BT f
23. Dez. - 6. Jan. geschl. – **Menu** *(Sonntagabend und Samstag geschl.)* à la carte 30/66 – **33 Z** 105/190.

Wanner garni, Tübinger Str. 2, ✉ 71032, ✆ (07031) 21 37 00, *Fax (07031) 223386* – , Zim, . AE E VISA. DZ p
23. Dez. - 6. Jan. geschl. – **34 Z** 99/195.

La Norma, Untere Gasse 23, ✉ 71032, ✆ (07031) 22 88 77, *Fax (07031) 224606,* – . AE E VISA DY c
Juni - Aug. Sonntag geschl. – **Menu** (italienische Küche) à la carte 41/69.

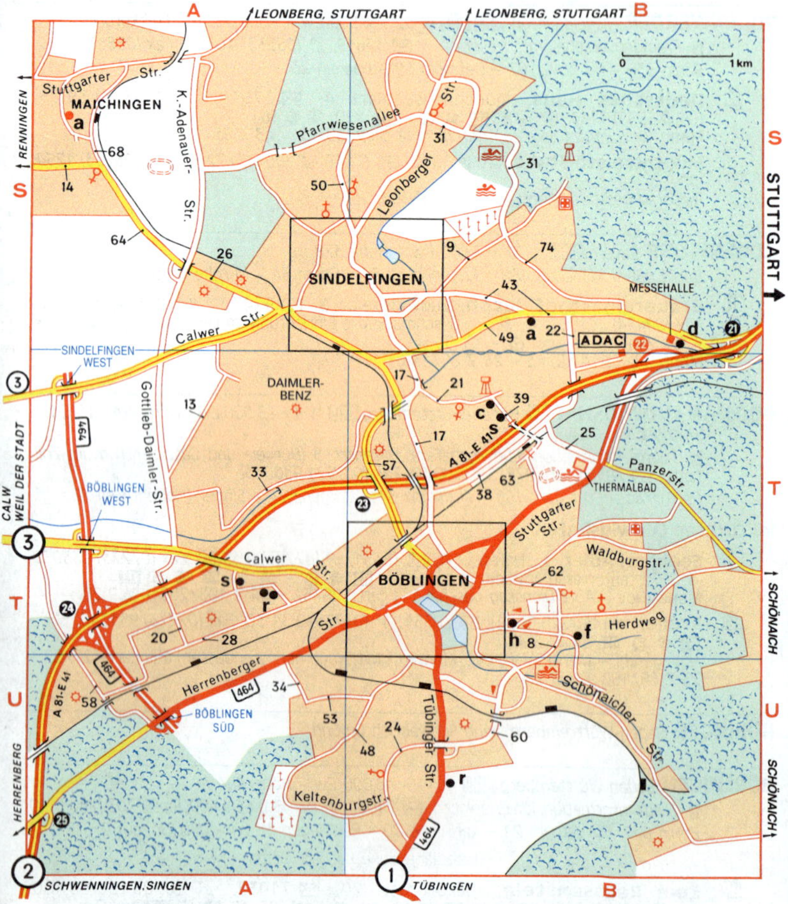

BÖBLINGEN SINDELFINGEN

Achalmstraße . . . . BTU 8
Arthur-Gruber-Straße . . . . . . BS 9
Benzstraße . . . . AT 13
Berliner Straße . . . . AS 14
Böblinger Straße . . . . BT 17
Dornierstraße . . . . AT 20
Dresdener Straße . . . . BT 21
Eschenbrünnlestraße . . . . . . BST 22
Freiburger Allee . . . . BU 24
Friedrich-Gerstlacher-Str. . . . BT 25
Fronäckerstraße . . . . AS 26
Hanns-Klemm-Straße . . . . . ATU 28
Hohenzollernstraße . . . . BS 31
Käsbrünnlestraße . . . . AT 33
Kremser Straße . . . . AU 34
Leibnizstraße . . . . BT 38
Leipziger Straße . . . . BT 39
Mahdentalstraße . . . . BS 43
Maurener Weg . . . . ABU 48
Neckarstraße . . . . BS 49
Obere Vorstadt . . . . AS 50
Pontoiser Straße . . . . ABU 53
Rudolf-Diesel-Straße . . . . . . BT 57
Schickardstraße . . . . ATU 58
Schönbuchstraße . . . . BU 60
Schwabstraße . . . . BT 62
Silberweg . . . . BT 63
Sindelfinger Straße . . . . AS 64
Talstraße . . . . AS 68
Wilhelm-Haspel-Straße . . . . BS 74

In Böblingen-Dagersheim *über* ③ *: 4,5 km :*

Waldhorn, Böblinger Str. 1, ✉ 71034, ☎ (07031) 7 67 20, *Fax (07031) 767266* – TV ☎ – 30. AE ⓓ E VISA. Zim
Menu *(Samstagmittag und Sonntagabend geschl.)* à la carte 39/67 – **34 Z** 120/215.

In Böblingen-Hulb :

Ascot garni, Wolf-Hirth-Str. 8/1, ✉ 71034, ☎ (07031) 6 20 30, *Fax (07031) 6203100,* – TV ☎. AE ⓓ E VISA AT r
74 Z 150/238.

Novotel, Otto-Lilienthal-Str. 18, ✉ 71034, ☎ (07031) 64 50, *Fax (07031) 645166,* – Zim, TV ☎ – 150. AE ⓓ E VISA AT s
Menu à la carte 41/60 – **112 Z** 177/214.

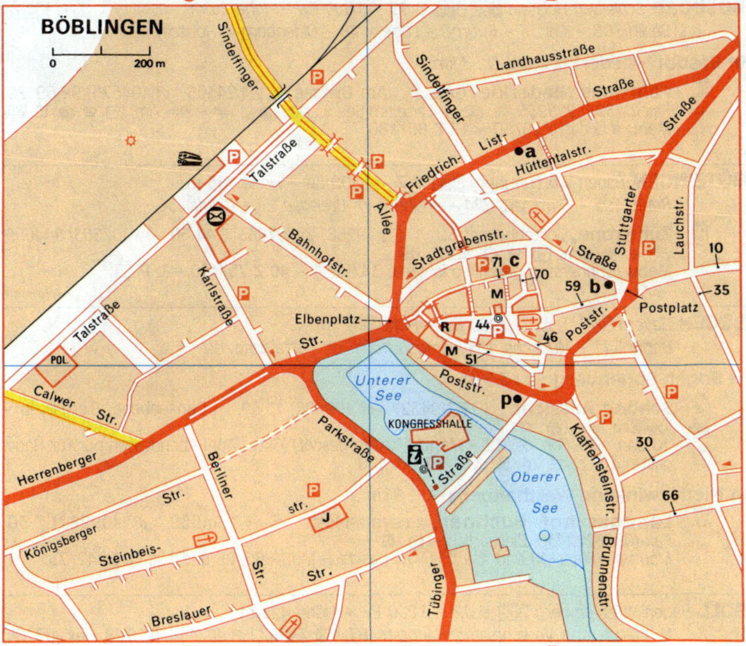

Am Käppele	DY	10	Marktstraße	DY	46	Sindelfinger Allee	CY	
Bahnhofstraße	CY		Pfarrgasse	DY	51	Sindelfinger Straße	DY	
Herrschaftsgartenstr.	DZ	30	Postplatz	DY		Spielbergstraße	DZ	66
Lange Straße	DY	35	Poststraße	DYZ		Turmstraße	DY	70
Marktplatz	DY	44	Schloßberg	DY	59	Untere Gasse	DY	71

In Schönaich *SO : 6 km* BU

Sulzbachtal, im Sulzbachtal (NO : 2 km, Richtung Steinenbronn), ✉ 71101, (07031) 7 57 80(Hotel) 7 54 80(Rest.), *Fax (07031) 757810*, – TV ☎ P. AE E VISA
27. Dez.- 17. Jan. geschl. – **Menu** *(Montag - Dienstagmittag geschl.)* à la carte 33/60 – **21 Z** 94/163.

In Aidlingen-Deufringen *W : 11 km :*

Alte Villa, Aidlinger Str. 36, ✉ 71134, (07056) 28 72, *Fax (07056) 4472*, « Gartenterrasse » – P.
Montag - Dienstag und Juli - Aug. 3 Wochen geschl. – **Menu** (wochentags nur Abendessen) à la carte 66/98.

BÖHMENKIRCH *Baden-Württemberg* 419 420 *T 13 – 5 000 Ew – Höhe 696 m.*
Berlin 582 – Stuttgart 66 – Göppingen 26 – Heidenheim an der Brenz 17 – Ulm (Donau) 45.

Lamm (mit Gästehaus), Kirchstr. 8, ✉ 89558, (07332) 52 43, *Fax (07332) 6013* – TV ☎ P. E
Aug. 2 Wochen geschl. – **Menu** *(Montag geschl.)* à la carte 23/48 – **30 Z** 59/108.

BÖRNICKE *Brandenburg* 416 418 *H 22 – 760 Ew – Höhe 40 m.*
18 9 *Börnicke/Nauen, an der B 273, (03320) 5 02 14.*
Berlin 46 – Brandenburg 56 – Neuruppin 37 – Potsdam 42.

Landhaus Börnicke, Grünfelder Str. 15, ✉ 14641, (033230) 5 13 06, *Fax (033230) 51408*, Biergarten – Rest, TV ☎ P
Menu *(Nov. - April Dienstag geschl.)* à la carte 30/52 – **10 Z** 125/195.

BÖSDORF *Schleswig-Holstein* 415 416 *D 15 – 1 500 Ew – Höhe 25 m.*

Berlin 308 – Kiel 36 – Eutin 8 – Lübeck 46 – Oldenburg in Holstein 48.

In Bösdorf-Niederkleveez *N : 3 km :*

Fährhaus Niederkleveez, Am Dieksee 6, ✉ 24306, ✆ (04523) 99 59 29, *Fax (04523) 995955*, ≤, « Lage am See », – Zim, **Menu** à la carte 26/50 – **17 Z** 80/180.

BÖTZINGEN *Baden-Württemberg* 419 *V 7 – 4 800 Ew – Höhe 186 m.*

Berlin 795 – Stuttgart 224 – Freiburg im Breisgau 24 – Colmar 36.

Zur Krone, Gottenheimer Str. 1, ✉ 79268, ✆ (07663) 9 44 60, *Fax (07663) 944699*, – Zim, VISA

Menu *(Donnerstag geschl.)* à la carte 34/56 – **40 Z** 75/150 – ½ P 25.

BOGEN *Bayern* 420 *T 22 – 9 900 Ew – Höhe 332 m.*

Berlin 541 – München 134 – Regensburg 51 – Straubing 12.

In Bogen-Bogenberg *SO : 3,5 km :*

Schöne Aussicht, ✉ 94327, ✆ (09422) 15 39, ≤ Donauebene, Biergarten – Zim, Zim

10. Jan. - 15. Feb. geschl. – **Menu** *(Freitag geschl.)* (Okt. - April Abendessen nur für Hausgäste) à la carte 24/50 – **8 Z** 60/100.

In Niederwinkling-Welchenberg *SO : 8 km :*

Landgasthof Buchner, Freymannstr. 15, ✉ 94559, ✆ (09962) 7 30, *Fax (09962) 2430*, Biergarten –

Montag - Dienstag und 1. - 15. Nov. geschl. – **Menu** 65/85 und à la carte 42/73.

BOLL *Baden-Württemberg* 419 *U 12 – 5 000 Ew – Höhe 425 m.*

Kultur- und Verkehrsamt, Hauptstr. 81, ✉ 73087, ✆ (07164) 8 08 28, Fax (07164) 902309.

Berlin 613 – Stuttgart 52 – Göppingen 9 – Ulm (Donau) 49.

Badhotel Stauferland, Gruibinger Str. 32, ✉ 73087, ✆ (07164) 20 77, *Fax (07164) 4146*, « Terrasse mit ≤ », – 30. VISA JCB. Rest

Anfang Jan. 1 Woche geschl. – **Menu** à la carte 47/82 – **45 Z** 140/280.

Löwen, Hauptstr. 46, ✉ 73087, ✆ (07164) 9 40 90, *Fax (07164) 940944*, – VISA

21. Dez. - 20. Jan. geschl. – **Menu** *(Montag geschl.)* à la carte 30/58 – **31 Z** 78/130.

In Boll-Bad Boll :

Seminaris M, Michael-Hörauf-Weg 2, ✉ 73087, ✆ (07164) 80 50, *Fax (07164) 12886*, – Zim, – 130. VISA. Rest

Menu à la carte 39/56 – **153 Z** 165/240.

BOLLENDORF *Rheinland-Pfalz* 417 *Q 3 – 1 700 Ew – Höhe 215 m – Luftkurort.*

Tourist-Information, An der Brücke, ✉ 54669, ✆ (06526) 9 30 33, Fax (06526) 93035.

Berlin 733 – Mainz 193 – Trier 48 – Bitburg 28 – Luxembourg 43.

Burg Bollendorf, ✉ 54669, ✆ (06526) 6 90, *Fax (06526) 6938*, – Zim, – 80.

36 Z.

Waldhotel Sonnenberg, Sonnenbergallee 1 (NW : 1,5 km), ✉ 54669, ✆ (06526) 9 28 00, *Fax (06526) 928079*, ≤ Sauertal, – Zim, Rest

Menu à la carte 34/75 – **25 Z** 102/208 – ½ P 28.

Scheuerhof, Sauerstaden 42, ✉ 54669, ✆ (06526) 3 95, *Fax (06526) 8639*, – Rest

3.- 20. Jan. und 21. Feb.- 18. März geschl. – **Menu** *(Dienstag geschl.)* à la carte 24/51 – **14 Z** 70/134 – ½ P 24.

Hauer, Sauerstaden 20, ✉ 54669, ✆ (06526) 3 23, *Fax (06526) 314*, – VISA. Rest

15. Nov. - 5. Dez. geschl. – **Menu** à la carte 30/54 – **21 Z** 75/138 – ½ P 28.

BOLTENHAGEN *Mecklenburg-Vorpommern* **416** *E 17 – 2 700 Ew – Höhe 5 m – Seebad.*
Kurverwaltung, Ostseeallee 34 ✉ 23944, ☎ (038825) 36 00, Fax (038825) 36030.
Berlin 250 – Schwerin 47 – Lübeck 41 – Wismar 26.

Seehotel Grossherzog v. Mecklenburg M, Ostseeallee 1, ✉ 23946, ☎ (038825) 5 00, *Fax (038825) 50500*, Massage, – Zim, – 160. AE VISA. Rest
Menu à la carte 35/57 – **149 Z** 195/240 – ½ P 32.

BONN *Nordrhein-Westfalen* **417** *N 5 – Parlaments- und Regierungssitz – 309 000 Ew – Höhe 64 m.*
Sehenswert : In Bonn : *Schwarz-Rheindorf-Kirche★ AV – Alter Zoll ≤★ CZ – Rheinisches Landesmuseum★ (Römische Abteilung★) BZ* **M1** *– Münster★ (Kreuzgang★) BCZ – Haus der Geschichte der Bundesrepublik Deutschland ★ – Kunstmuseum Bonn ★ AX* **M2** **– In Bonn-Bad Godesberg :** *Godesburg ☼★.*
Köln-Bonn in Wahn (① : 27 km), ☎ (02203) 4 00.
Tourist-Information, Münsterstr. 20 (Cassius Bastei), ✉ 53111, ☎ (0228) 77 34 66, Fax (0228) 690368.
ADAC, *Godesberger Allee 127 (Bad Godesberg), ✉ 53175, ☎ (0221) 47 27 47, Fax (0228) 379873.*
Berlin 593 ① – Düsseldorf 73 ⑥ – Aachen 91 ⑥ – Köln 28 ⑥ – Luxembourg 190 ④.

Günnewig Hotel Bristol, Prinz-Albert-Str. 2, ✉ 53113, ☎ (0228) 2 69 80, *Fax (0228) 2698222*, – Zim, – 220. AE VISA — CZ v
Menu à la carte 45/83 – **116 Z** 295/470.

Holiday Inn Crowne Plaza, Berliner Freiheit 2, ✉ 53111, ☎ (0228) 7 26 90, *Fax (0228) 7269700*, – Zim, – 250. AE VISA JCB. Rest — CY m
Menu 45 Lunchbuffet und à la carte 46/73 – **252 Z** 298/406, 8 Suiten.

Königshof, Adenauerallee 9, ✉ 53111, ☎ (0228) 2 60 10, *Fax (0228) 2601529*, ≤ Rhein, – Zim, – 150. AE VISA. — CZ a
Menu à la carte 48/79 – **132 Z** 225/360.

Günnewig Hotel Residence, Kaiserplatz 11, ✉ 53113, ☎ (0228) 2 69 70, *Fax (0228) 2697777*, Biergarten, – Zim, – 180. AE VISA JCB — CZ f
***Kaisergarten* : Menu** à la carte 38/69 – **144 Z** 245/375, 5 Suiten.

Domicil M garni, Thomas-Mann-Str. 24, ✉ 53111, ☎ (0228) 72 90 90, *Fax (0228) 691207*, « Modern-elegante Einrichtung », – – 35. AE VISA — BZ f
42 Z 205/412.

Consul garni, Oxfordstr. 12, ✉ 53111, ☎ (0228) 7 29 20, *Fax (0228) 7292250* – – 30. AE VISA — BY t
23. Dez. - 2. Jan. geschl. – **92 Z** 175/280.

BONN

Amber Hotel President garni, Clemens-August-Str. 32, ✉ 53115, ✆ (0228) 7 25 00, *Fax (0228) 725072* – 50. AX s
98 Z 169/349.

Villa Esplanade garni, Colmantstr. 47, ✉ 53115, ✆ (0228) 98 38 00, *Fax (0228) 9838011* – . BZ a
17 Z 150/220.

Astoria garni, Hausdorffstr. 105, ✉ 53129, ✆ (0228) 23 95 07, *Fax (0228) 230378*, – . AX b
46 Z 135/190.

Schwan garni, Mozartstr. 24, ✉ 53115, ✆ (0228) 96 30 30, *Fax (0228) 651793* – . BZ e
24 Z 130/240.

Mozart garni, Mozartstr. 1, ✉ 53115, ✆ (0228) 65 90 71, *Fax (0228) 659075* – . BZ d
22. Dez. - 1. Jan. geschl. – **40 Z** 85/185.

Ibis, Vorgebirgsstr. 33, ✉ 53119, ✆ (0228) 7 26 60, *Fax (0228) 7266405*, – , Zim, – 90. AV d
Menu *(Samstag - Sonntag geschl.)* 26 und à la carte – **147 Z** 115/160.

BONN

Am Alten Friedhof .... BZ 2
Am Hof .... CZ
Am Neutor .... CZ 3
Belderberg .... CY 7
Bertha-von- Suttner-Platz ... CY 9
Bottlerplatz .... BZ 10
Brüdergasse .... CY 12
Budapester Str. .... BYZ 14
Fritz-Schroeder-Ufer .... CY 15
Gerhard-von-Are-Straße .... BZ 16
Kasernenstraße .... BY 20
Markt .... CZ 23
Martinsplatz .... CZ 24
Mülheimer Platz .... BZ 27
Münsterplatz .... BZ 28
Münsterstraße .... BZ 29
Oxfordstraße .... BY 31
Poppelsdorfer Allee .... BZ 32
Poststraße .... BZ 34
Rathausgasse .... CZ 36
Remigiusplatz .... CZ 38
Remigiusstraße .... CZ 40
Sternstraße .... BCZ 43
Sterntorbrücke .... BY 45
Thomas-Mann-Str. .... BZ 46
Welschnonnenstraße .... CY 48
Wenzelgasse .... CY 49
Wilhelmstraße .... BY 50

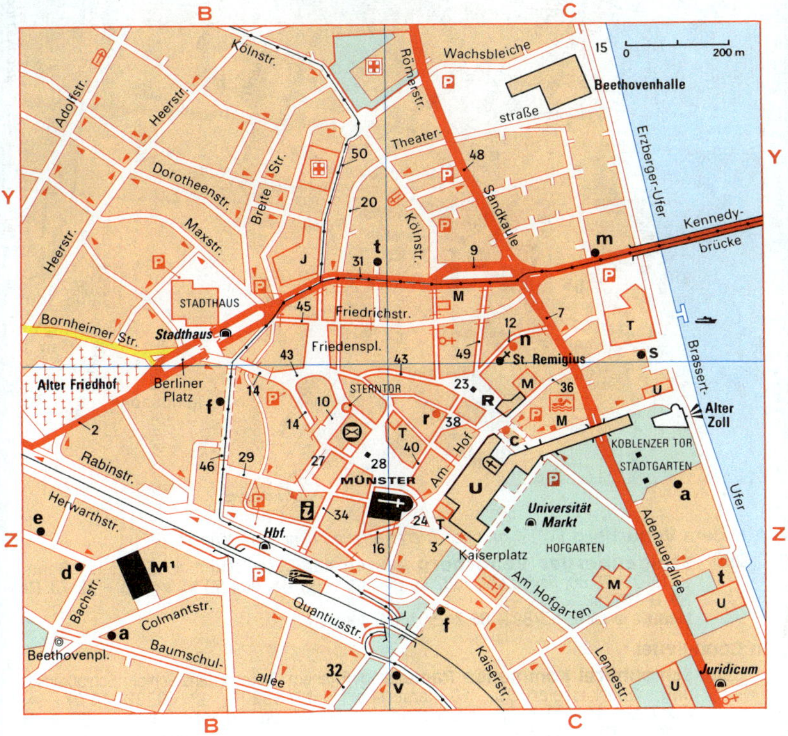

Beethoven, Rheingasse 26, ✉ 53113, ☏ (0228) 63 14 11, *Fax (0228) 691629* – Zim, AE D E VISA. Zim — CY s
24. Dez. - 6. Jan. geschl. – **Menu** *(Samstag und Juli - Aug. 3 Wochen geschl.)* (nur Mittagessen) 20/32 – **59 Z** 135/185.

Römerhof garni, Römerstr. 20, ✉ 53111, ☏ (0228) 60 41 80, *Fax (0228) 633838* – E VISA. — AV f
Juli - Aug. 3 Wochen geschl. – **26 Z** 110/195.

Zur Lese, Adenauerallee 37, ✉ 53113, ☏ (0228) 22 33 22, *Fax (0228) 222060,* ≤ Rhein, – AE D E VISA. — CZ t
Montag geschl. – **Menu** à la carte 54/77.

Grand'Italia, Bischofsplatz 1, ✉ 53111, ☏ (0228) 63 83 33 – AE D E VISA. — CZ c
Menu (italienische Küche) à la carte 38/69.

Le Café de Paris, Brüdergasse 12, ✉ 53111, ☏ (0228) 69 68 40, *Fax (0228) 659673,* – AE E VISA. — CY n
Sonntagmittag und Montag geschl. – **Menu** à la carte 50/67.

Im Bären (Brauereigaststätte), Acherstr. 1, ✉ 53111, ☏ (0228) 63 32 00, *Fax (0228) 639245,* — CZ r
Menu à la carte 30/55.

BONN-
BAD GODESBERG

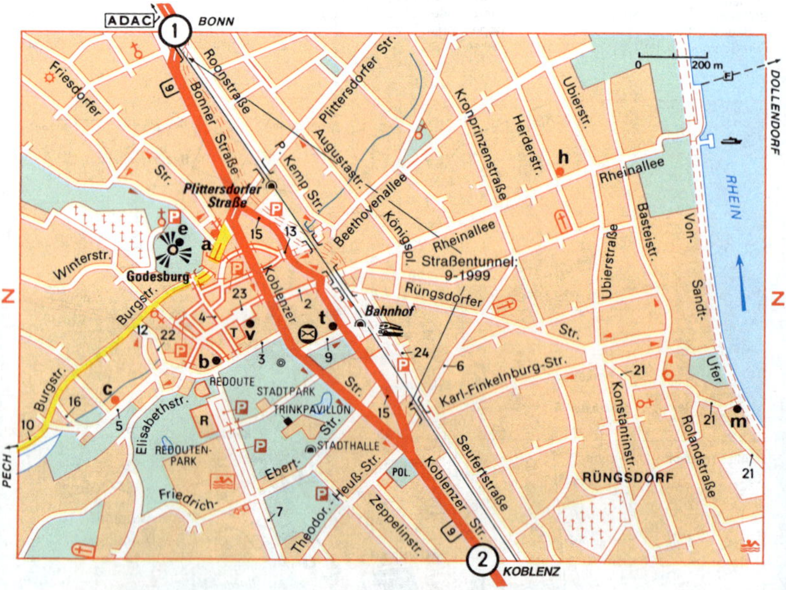

Auf dem Venusberg *SW : 4 km über Trierer Straße AX und Im Wingert :*

Steigenberger Venusberg, An der Casselsruhe 1, ✉ 53127 Bonn, ☏ (0228) 28 80, *Fax (0228) 288288*, – Zim, – 70. AE VISA. Rest
Menu à la carte 55/89 – **85 Z** 250/363, 4 Suiten.

In Bonn-Beuel :

Schloßhotel Kommende Ramersdorf (ehem. Ritterordens-Schloß, Schloßmuseum), Oberkasseler Str. 10 (Ramersdorf), ✉ 53227, ☏ (0228) 44 07 34, *Fax (0228) 444400*, «, « Einrichtung mit Stil-Möbeln und Antiquitäten » – – 20. AE VISA
über ③ und die B 42
Juli - Aug. 4 Wochen und Ende Dez. - Anfang Jan. geschl. – **Menu** *(Dienstag geschl.)* (wochentags nur Abendessen, italienische Küche) à la carte 51/76 – **18 Z** 100/200.

Willkens, Goetheallee 1, ✉ 53225, ☏ (0228) 47 16 40, *Fax (0228) 462293* – AE VISA.
AV m
Menu *(Freitag - Samstag sowie Juli - Aug. 4 Wochen und Weihnachten - Anfang Jan. geschl.)* (nur Abendessen) à la carte 42/59 – **34 Z** 100/160.

In Bonn-Endenich :

Altes Treppchen (mit Gästehaus), Endenicher Str. 308, ✉ 53121, ☏ (0228) 62 50 04, *Fax (0228) 621264*, – AE VISA. Zim
AX p
23. Dez. - 3. Jan. geschl. – **Menu** *(Samstag - Sonntag geschl.)* à la carte 49/69 – **10 Z** 135/195.

In Bonn-Bad Godesberg :

Maritim M, Godesberger Allee, ✉ 53175, ☏ (0228) 8 10 80, *Fax (0228) 8108811*, Massage, – Zim, – 1800. AE VISA JCB
Menu 52/60 (Buffet) und à la carte – **412 Z** 267/572, 41 Suiten. über Bonner Str. und ①

Rheinhotel Dreesen, Rheinstr. 45, ✉ 53179, ☏ (0228) 8 20 20, *Fax (0228) 8202153*, « Rhein und Siebengebirge, « Park, Terrasse » – – 150. AE VISA. Rest
Z m
1. - 11. Jan. geschl. – **Menu** à la carte 54/78 – **73 Z** 215/370.

Kaiserhof garni, Moltkestr. 64, ✉ 53173, ✆ (0228) 36 20 16, *Fax (0228) 363825* –
– 15. AE VISA. Z t
22. Dez. - 2. Jan. geschl. – **50 Z** 140/242.

Insel-Hotel, Theaterplatz 5, ✉ 53177, ✆ (0228) 3 50 00, *Fax (0228) 3500333*, –
AE VISA Z v
Menu (im Winter ab 20 Uhr geschl.) à la carte 30/60 – **65 Z** 139/269.

Günnewig Godesburg Hotel, Auf dem Godesberg 5 (in der Godesburg-Ruine), ✉ 53177, ✆ (0228) 31 60 71, *Fax (0228) 311218*, Bad Godesberg und Siebengebirge, – – 200. AE VISA Z e
Menu *(Sonntagabend - Montag geschl.)* à la carte 49/70 – **14 Z** 140/170.

Eden garni, Am Kurpark 5a, ✉ 53177, ✆ (0228) 95 72 70, *Fax (0228) 362494* –
AE VISA Z b
43 Z 135/220.

Halbedel's Gasthaus, Rheinallee 47, ✉ 53173, ✆ (0228) 35 42 53, *Fax (0228) 352534*, – AE Z h
Montag und Juli - Aug. 3 Wochen geschl. – **Menu** (nur Abendessen, Tischbestellung ratsam, bemerkenswerte Weinkarte) à la carte 76/98
Spez. Steinbutt in Kartoffelspaghetti gebraten, Kaviarsauce. Kaninchenrücken im Strudelteig mit Trüffelsauce. Soufflé von Ziegenkäse mit Kirschragout.

Cäcilienhöhe - Da Bruno mit Zim, Goldbergweg 17, ✉ 53177, ✆ (0228) 32 10 01, *Fax (0228) 328314*, Bad Godesberg und Siebengebirge, – AE VISA
Menu *(Samstagmittag und Sonntag geschl.)* (italienische Küche) à la carte 67/87 – **9 Z** 130/170. über Theodor-Heuss-Str. Z

St. Michael, Brunnenallee 26, ✉ 53177, ✆ (0228) 36 47 65, *Fax (0228) 361243*, – Z c
Sonntag geschl. – **Menu** à la carte 59/80.

Zur Lindenwirtin Aennchen, Aennchenplatz 2, ✉ 53173, ✆ (0228) 31 20 51, *Fax (0228) 312061*, « Rekonstruiertes, historisches Studentenlokal ; Gartenterrasse » – AE VISA Z a
Sonntag geschl. – **Menu** (nur Abendessen) à la carte 54/76.

In Bonn-Hardtberg *über ⑤ :*

Novotel, Max-Habermann-Str. 2, ✉ 53123, ✆ (0228) 2 59 90, *Fax (0228) 250893*, (geheizt) – , Zim, – 180. AE VISA
Menu à la carte 32/60 – **142 Z** 196/270.

In Bonn-Holzlar *über ③ und Konrad-Adenauer-Brücke :*

Wald-Café, Am Rehsprung 35, ✉ 53229, ✆ (0228) 48 20 44, *Fax (0228) 484254*, , , – – 70. AE
Menu *(Montag geschl.)* à la carte 39/60 – **27 Z** 95/169.

In Bonn-Kessenich :

Jacobs garni (mit Appartmenthaus), Bergstr. 85, ✉ 53129, ✆ (0228) 23 28 22, *Fax (0228) 232850*, – über Hausdorffstraße AX
50 Z 90/220.

Ristorante Sassella, Karthäuserplatz 21, ✉ 53129, ✆ (0228) 53 08 15, *Fax (0228) 239971* – AE VISA über Hausdorffstraße AX
Samstagmittag und Montag geschl. **Menu** à la carte 47/67.

BONNDORF *Baden-Württemberg 419 W 9 – 6 400 Ew – Höhe 847 m – Luftkurort – Wintersport : 847/898 m .*

Tourist-Informations-Zentrum, Schloßstr. 1, ✉ 79848, ✆ (07703) 76 07, Fax (07703) 7507.

Berlin 773 – Stuttgart 151 – Freiburg im Breisgau 55 – Donaueschingen 25 – Schaffhausen 35.

Schwarzwald-Hotel, Rothausstr. 7, ✉ 79848, ✆ (07703) 4 21, *Fax (07703) 442*, , , , – – 50. AE VISA
Menu *(Montag - Dienstagmittag und 15. Nov. - 20. Dez. geschl.)* à la carte 32/60 – **79 Z** 80/190 – ½ P 30.

Sommerau , Im Steinatal (W : 9 km ; Richtung Grafenhausen), ✉ 79848, ✆ (07703) 6 70, *Fax (07703) 1541*, , , – – 25
Nov. 2 Wochen geschl. – **Menu** *(Montag - Dienstag geschl.)* à la carte 39/67 – **12 Z** 65/120 – ½ P 35.

Sonne, Martinstr. 7, ✉ 79848, ✆ (07703) 9 39 30, *Fax (07703) 939320* –
8. Nov. - 3. Dez. geschl. – **Menu** *(Mittwoch geschl.)* à la carte 24/51 – **32 Z** 48/106 – ½ P 17.

In Bonndorf-Holzschlag *NW : 8 km :*

Schwarzwaldhof Nicklas, Bonndorfer Str. 66, ✉ 79848, ☎ (07653) 8 03, *Fax (07653) 804,* – TV ☎ P. AE ⓓ E
Ende Okt. - Anfang Nov. geschl. – **Menu** *(Dienstag geschl.)* (Tischbestellung ratsam) à la carte 33/64 – **12 Z** 57/130 – ½ P 30.

BOPFINGEN *Baden-Württemberg* 419 420 *T 15 – 12 000 Ew – Höhe 470 m.*
Berlin 526 – Stuttgart 102 – Augsburg 84 – Nürnberg 104 – Ulm (Donau) 77.

Zum Sonnenwirt, Hauptstr. 20 (Am Markt), ✉ 73441, ☎ (07362) 9 60 60, *Fax (07362) 960640* – Zim, TV ☎ P – 120. ⓓ E VISA
Menu à la carte 42/69 – **16 Z** 80/120.

Dietz, Hauptstr. 63, ✉ 73441, ☎ (07362) 80 70, *Fax (07362) 80770,* – Zim, TV ☎ P. AE ⓓ E VISA. Rest
Birntor-Keller *(nur Abendessen)* **Menu** à la carte 26/48 – **35 Z** 80/140.

BOPPARD *Rheinland-Pfalz* 417 *P 6 – 16 500 Ew – Höhe 70 m – Kneippheilbad.*
Sehenswert : *Gedeonseck ≤★.*
Tourist-Information, Marktplatz, ✉ 56154, ☎ (06742) 38 88, Fax (06742) 81402.
Berlin 612 – Mainz 89 – Koblenz 21 – Bingen 42.

Bellevue, Rheinallee 41, ✉ 56154, ☎ (06742) 10 20, *Fax (06742) 102602,* ≤, , Massage, , – , Zim, Rest, TV – 140. AE ⓓ E VISA JCB. Rest
Menu (Montag - Freitag nur Abendessen) à la carte 59/80 – **95 Z** 126/292 – ½ P 35.

Günther garni, Rheinallee 40, ✉ 56154, ☎ (06742) 23 35, *Fax (06742) 1557,* ≤ – TV ☎. AE ⓓ E VISA JCB.
Mitte Nov. - Anfang Jan. geschl. – **19 Z** 84/156.

Rebstock, Rheinallee 31, ✉ 56154, ☎ (06742) 48 76, *Fax (06742) 4877,* ≤, – TV ☎. AE E VISA
Menu *(Montag - Dienstag und Mitte Feb. - Mitte März geschl.)* à la carte 35/63 – **15 Z** 70/160 – ½ P 25.

Ebertor, Heerstraße 172, ✉ 56154, ☎ (06742) 80 70, *Fax (06742) 807100,* – Zim, TV ☎ P – 200. AE ⓓ E VISA
Menu *(Jan. 2 Wochen geschl.)* à la carte 28/48 – **66 Z** 95/158 – ½ P 28.

In Boppard-Buchholz *W : 6,5 km – Höhe 406 m*

Tannenheim, Bahnhof Buchholz 3 (B 327), ✉ 56154, ☎ (06742) 22 81, *Fax (06742) 2432,* , – TV P. AE E VISA
Menu *(Samstagmittag, Donnerstag, Sonn - und Feiertage abends sowie Jan. geschl.)* à la carte 38/72 – **14 Z** 56/115 – ½ P 18.

In Boppard-Hirzenach *S : 8 km :*

Gasthaus Hirsch mit Zim, Rheinstr. 17, ✉ 56154, ☎ (06741) 26 01, *Fax (06741) 1328,* – AE ⓓ E VISA.
1.- 10. Jan., Mai 2 Wochen und Nov. 1 Woche geschl. – **Menu** *(Montag geschl.)* (wochentags nur Abendessen, Tischbestellung ratsam) 40 und à la carte 46/66 – **5 Z** 70/115.

In Boppard-Bad Salzig *S : 3 km – Mineralheilbad :*

Berghotel Rheinpracht, Am Kurpark, ✉ 56154, ☎ (06742) 62 79, *Fax (06742) 6279,* ≤, , – P
Mitte Okt. - Mitte März geschl. – **Menu** *(Dienstag geschl.)* à la carte 23/41 – **13 Z** 38/102 – ½ P 12.

Außerhalb *N : 12 km über die B 9 bis Spay, dann links, Auffahrt Jakobsberg :*

Golfhotel Jakobsberg, Im Tal der Loreley – Höhe 248 m, ✉ 56154 Boppard, ☎ (06742) 80 80, *Fax (06742) 3069,* ≤, , Massage, , , , , , (Halle), 18 – , Zim, TV P – 120. AE ⓓ E VISA JCB. Rest
Menu (Tischbestellung ratsam) à la carte 45/97 – **108 Z** 175/289, 7 Suiten – ½ P 40.

BORCHEN *Nordrhein-Westfalen siehe Paderborn.*

BORGHOLZHAUSEN *Nordrhein-Westfalen* 417 *J 8 – 8 000 Ew – Höhe 133 m.*
Berlin 402 – Düsseldorf 185 – Bielefeld 25 – Münster (Westfalen) 57 – Osnabrück 35.

In Borgholzhausen-Winkelshütten *N : 3 km :*

Landhaus Uffmann, Meller Str. 27, ✉ 33829, ☎ (05425) 9 48 90, *Fax (05425) 255,* , , – TV ☎ P – 80. AE ⓓ E VISA
Menu *(Montagmittag geschl.)* à la carte 37/66 – **34 Z** 105/175.

BORKEN *Nordrhein-Westfalen* 417 *K 4 – 37 300 Ew – Höhe 46 m.*

Verkehrsamt, Bahnhofstr. 22 (im Bahnhof), ✉ 46325, (02861) 93 92 52, Fax (02861) 66792.

Berlin 537 – Düsseldorf 83 – Bocholt 18 – Enschede 57 – Münster (Westfalen) 64.

Lindenhof, Raesfelder Str. 2, ✉ 46325, (02861) 92 50, *Fax (02861) 63430* – 100. AE E VISA
Menu à la carte 38/75 – **57 Z** 110/230.

In Borken-Gemen *N : 1 km :*

Demming, Neustr. 15, ✉ 46325, (02861) 6 20 99, *Fax (02861) 66242*, Biergarten – E VISA
Menu *(Montag geschl.)* (wochentags nur Abendessen) à la carte 34/59 – **16 Z** 75/150.

In Borken-Rhedebrügge *W : 6 km :*

Haus Grüneklee mit Zim, Rhedebrügger Str. 16, ✉ 46325, (02872) 18 18, *Fax (02872) 2716*, « Einrichtung im westfälischen Bauernstil ; Gartenterrasse » – AE E
Jan. geschl. – **Menu** *(Montag - Dienstag geschl.)* (wochentags nur Abendessen) à la carte 41/71 – **5 Z** 60/120.

In Borken-Weseke *N : 6 km :*

Landhaus Lindenbusch mit Zim, Hauptstr. 29, ✉ 46325, (02862) 91 20, *Fax (02862) 41155*, – AE E VISA JCB
9. - 21. März geschl. – **Menu** *(Donnerstagmittag geschl.)* à la carte 30/61 – **8 Z** 68/98.

BORKHEIDE *Brandenburg* 416 418 *J 22 – 1 100 Ew – Höhe 51 m.*

Berlin 63 – Potsdam 31 – Brandenburg 44.

Kieltyka, Friedrich-Engels-Str. 45, ✉ 14822, (033845) 4 03 15, *Fax (033845) 41163*, – – 20. Zim
Menu *(Freitag geschl.)* à la carte 24/37 – **8 Z** 85/140.

BORKUM (Insel) *Niedersachsen* 415 *F 4 – 6 000 Ew – Seeheilbad – Größte Insel der Ostfriesischen Inselgruppe.*

von Emden-Außenhafen (ca. 2h 30min) - Voranmeldung erforderlich, (04921) 89 07 22, Fax (04921) 890746.

Tourist-Information am Bahnhof, ✉ 26757, (04922) 93 31 08, Fax (04922) 933104.

Berlin 523 – Hannover 253 – Emden 50.

Inselhotel Vierjahreszeiten, Georg-Schütte-Platz 4, ✉ 26757, (04922) 92 00, *Fax (04922) 920420*, , Massage, – , Zim, . AE E VISA. Rest
Menu à la carte 40/65 – **64 Z** 130/360 – ½ P 36.

Nautic-Kurhotel Upstalsboom, Goethestr. 18, ✉ 26757, (04922) 30 40, *Fax (04922) 304911*, Massage, , – – 40. AE E VISA.
(Restaurant nur für Hausgäste) – **74 Z** 135/246, 12 Suiten – ½ P 30.

Seehotel Upstalsboom, Viktoriastr. 2, ✉ 26757, (04922) 91 50, *Fax (04922) 7173* – . AE E VISA. Rest
Mitte Nov. - Mitte Feb. geschl. – (Restaurant nur für Hausgäste) – **39 Z** 136/255 – ½ P 30.

Nordsee-Hotel, Bubertstr. 9, ✉ 26757, (04922) 30 80, *Fax (04922) 308113*, , Massage, , , , – – 30. AE E VISA. Rest
20. Nov. - 25. Dez. geschl. – (Restaurant nur für Hausgäste) – **89 Z** 138/340, 7 Suiten – ½ P 40.

Graf Waldersee, Bahnhofstr. 6, ✉ 26757, (04922) 91 26 00, *Fax (04922) 912601* – Rest, . E VISA. Rest
Mitte März - Okt. – **Menu** (Mittagessen nur für Hausgäste) à la carte 34/56 – **25 Z** 95/210 – ½ P 26.

BORN/DARSS *Mecklenburg-Vorpommern* 416 *C 21 – 1 500 Ew – Höhe 3 m.*

Berlin 268 – Schwerin 147 – Rostock 55 – Stralsund 59.

Zum weißen Hirsch, Chausseestr. 28, ✉ 18375, (038234) 4 35, *Fax (038234) 435*, –
7. Jan. - Ende Feb. und 1. Nov. - 20. Dez. geschl. – **Menu** (Tischbestellung ratsam) à la carte 39/66.

BORNA *Sachsen* 418 *M 21 – 23 800 Ew – Höhe 150 m.*
Berlin 213 – Dresden 105 – Leipzig 29 – Chemnitz 52.

Drei Rosen, Bahnhofstr. 67, ✉ 04552, ✆ (03433) 20 44 96, *Fax (03433) 204498*, Biergarten, – – 15.
Menu *(Sonntagabend geschl.)* à la carte 27/55 – **19 Z** 115/160.

BORNHEIM *Nordrhein-Westfalen* 417 *N 4 – 35 000 Ew – Höhe 55 m.*
Berlin 601 – Düsseldorf 71 – Bonn 11 – Aachen 86 – Köln 21.

Bonnem Inn garni, Kalkstr. 4, ✉ 53332, ✆ (02222) 9 40 50, *Fax (02222) 940529* –
17 Z 95/160.

In Bornheim-Waldorf *W : 2 km :*

Zum Dorfbrunnen, Schmiedegasse 36, ✉ 53332, ✆ (02227) 8 80, *Fax (02227) 88222* – – 30.
Jan. 1 Woche geschl. – **Menu** à la carte 32/66 – **32 Z** 90/190.

BORNHEIM *Rheinland-Pfalz siehe Landau in der Pfalz.*

BOSAU *Schleswig-Holstein* 415 416 *D 15 – 800 Ew – Höhe 25 m – Erholungsort.*
Bosau-Thürk (O : 5 km), ✆ (04527) 16 48 ; Bösdorf-Gut Waldshagen (NO : 5 km) ✆ (04522) 76 67 66.
Kurverwaltung, Bischof-Vicelin-Damm 11, ✉ 23715, ✆ (04527) 9 70 44, Fax (04527) 97045.
Berlin 315 – Kiel 45 – Lübeck 37 – Eutin 16.

Strauers Hotel am See , Gerolddamm 2, ✉ 23715, ✆ (04527) 99 40, *Fax (04527) 994111*, <, , « Lage am See », Massage, , , , , Bootssteg – Zim, – 50
5. Jan. - Feb. geschl. – **Menu** *(Mai - Okt. Montagabend, März - April und Nov. Montag geschl.)* à la carte 43/82 – **35 Z** 124/246, 4 Suiten – ½ P 30.

Zum Frohsinn (mit Gästehaus), Bischof-Vicelin-Damm 18, ✉ 23715, ✆ (04527) 2 69, *Fax (04527) 1703*, Bootssteg –
Dez. - Feb. geschl. – **Menu** *(außer Saison Dienstag geschl.)* à la carte 24/47 – **31 Z** 65/112 – ½ P 15.

BOTHEL *Niedersachsen siehe Rotenburg (Wümme).*

BOTTROP *Nordrhein-Westfalen* 417 *L 4 – 121 300 Ew – Höhe 30 m.*
Ausflugsziel : *Warner Brothers Movie World★ (Museum für deutsche Filmgeschichte★) Bottrop – Kirchhellen NW : 9 km.*
Bottrop-Kirchhellen (N : 14 km), ✆ (02045) 8 24 88.
Stadtinformationsbüro, Gladbecker Str. 13, ✉ 46236, ✆ (02041) 26 54 64, Fax (02041) 265467.
ADAC, *Schützenstr. 3, ✉ 46236, ✆ (02041) 2 80 32, Fax (02041) 29531.*
Berlin 530 – Düsseldorf 44 – Essen 11 – Oberhausen 8,5.

Courtyard by Mariott, Paßstr. 6, ✉ 46236, ✆ (02041) 16 80, *Fax (02041) 262699*, – , Zim, – 100.
Menu à la carte 42/68 – **102 Z** 181/222.

Brauhaus garni, Gladbecker Str. 78, ✉ 46236, ✆ (02041) 2 48 90, *Fax (02041) 24893* – – 25.
28 Z 110/160.

Overbeckhof, Im Stadtgarten 26, ✉ 46236, ✆ (02041) 2 27 19, *Fax (02041) 688712*, – .
Menu à la carte 38/75.

Alter Koperpot, Osterfelder Str. 76, ✉ 46236, ✆ (02041) 2 23 91, *Fax (02041) 264510*
Menu (wochentags nur Abendessen) à la carte 36/55.

In Bottrop-Kirchhellen *NW : 9 km über die B 223 :*

Petit marché, Hauptstr. 16, ✉ 46244, ✆ (02045) 32 31, *Fax (02045) 3231* –
Samstagmittag und Sonntag geschl. – **Menu** à la carte 50/78.

In Bottrop-Kirchhellen-Feldhausen *N : 14 km über die B 223 :*

Landhaus Berger garni, Marienstr. 5, ✉ 46244, ✆ (02045) 30 61, *Fax (02045) 81297* – ⇹ TV ☎ 🚗 P. ⓓ E VISA
21. Dez. - 3. Jan. geschl. – **11 Z** 85/140.

Gasthof Berger mit Zim, Schloßgasse 35, ✉ 46244, ✆ (02045) 26 68, 🍽 – TV P. ⓓ E VISA. ⚘ Zim
Weihnachten - Anfang Jan. und Juli - Aug. 4 Wochen geschl. – **Menu** *(Montag geschl.)* à la carte 25/73 – **4 Z** 70/130.

BOXDORF *Sachsen siehe Dresden.*

BRACKENHEIM *Baden-Württemberg* 419 *S 11 – 11 500 Ew – Höhe 192 m.*
Berlin 604 – Stuttgart 41 – Heilbronn 15 – Karlsruhe 58.

In Brackenheim-Botenheim *S : 1,5 km :*

Adler, Hindenburgstr. 4, ✉ 74336, ✆ (07135) 9 81 10, *Fax (07135) 981120,* 🍽 – TV ☎ 📞 P – 🏛 15. E VISA. ⚘ Zim
Aug. 3 Wochen geschl. – **Menu** *(Dienstag geschl.)* à la carte 48/78 – **15 Z** 95/140.

In Brackenheim-Dürrenzimmern *NO : 1,5 km :*

Lamm, Mönchbergstr. 52, ✉ 74336, ✆ (07135) 53 90
Samstagmittag, Mittwoch und Aug. 3 Wochen geschl. – **Menu** (Tischbestellung ratsam) à la carte 30/51 🍷.

BRÄUNLINGEN *Baden-Württemberg* 419 *W 9 – 6 000 Ew – Höhe 694 m – Erholungsort.*
ℹ Städt. Verkehrsamt, Kirchstr. 10, ✉ 78199, ✆ (0771) 6 19 00, Fax (0771) 603169.
Berlin 754 – Stuttgart 132 – Freiburg im Breisgau 62 – Donaueschingen 6,5 – Schaffhausen 41.

Lindenhof (mit Gästehaus), Zähringer Str. 24, ✉ 78199, ✆ (0771) 92 90 50, *Fax (0771) 6723* – 🛗 TV ☎ 🚗 P. AE E VISA
Menu *(Freitag geschl.)* à la carte 32/52 🍷 – **40 Z** 60/110.

BRÄUNSDORF *Sachsen siehe Freiberg.*

BRAKE *Niedersachsen* 415 *F 9 – 16 100 Ew – Höhe 4 m.*
Berlin 445 – Hannover 178 – Bremen 59 – Oldenburg 31.

Wilkens-Hotel Haus Linne, Mitteldeichstr. 51, ✉ 26919, ✆ (04401) 53 57, *Fax (04401) 4828,* ≤, 🍽 – TV ☎ P. ⚘ Zim
Menu *(Samstag geschl.)* à la carte 36/60 – **12 Z** 95/140.

Landhaus, Am Stadion 4 (Zufahrt Weserstraße), ✉ 26919, ✆ (04401) 50 11, *Fax (04401) 5011,* 🍽 – TV ☎ P. AE ⓓ E VISA
Menu *(Sonntagabend - Dienstagmittag geschl.)* à la carte 30/54 – **13 Z** 84/140.

BRAKEL *Nordrhein-Westfalen* 417 *K 11 – 18 000 Ew – Höhe 141 m – Luftkurort.*
ℹ Fremdenverkehrsamt, Haus des Gastes, Am Markt, ✉ 33034, ✆ (05272) 36 02 69, Fax (05272) 360360.
Berlin 382 – Düsseldorf 206 – Hannover 107 – Kassel 76 – Paderborn 36 – Detmold 43.

Am Kaiserbrunnen 🌿, Brunnenallee 79, ✉ 33034, ✆ (05272) 60 50, *Fax (05272) 605111,* 🍽, 🏊 – 🛗, ⇹ Zim, TV ☎ P – 🏛 150. AE ⓓ E VISA
Menu à la carte 33/62 – **66 Z** 120/185 – ½ P 15.

BRAMSCHE *Niedersachsen* 415 *I 7 – 28 500 Ew – Höhe 46 m.*
Berlin 440 – Hannover 167 – Bielefeld 81 – Nordhorn 90 – Bremen 111 – Lingen 56 – Osnabrück 16 – Rheine 54.

Idingshof 🌿, Bührener Esch 1 (Ecke Malgartener Str.), ✉ 49565, ✆ (05461) 88 90, *Fax (05461) 88964,* 🍽, 🏊, 🎾(Halle) – 🛗 TV ☎ P – 🏛 120. AE ⓓ E VISA
Menu à la carte 38/70 – **75 Z** 98/200 – ½ P 30.

In Bramsche-Hesepe *N : 2,5 km :*

Haus Surendorff, Dinklingsweg 1, ✉ 49565, ✆ (05461) 9 30 20, *Fax (05461) 93028,* 🏊, 🏋, 🌳 – TV ☎ 📞 P – 🏛 30. AE ⓓ E VISA JCB. ⚘ Zim
Menu *(Aug. 2 Wochen geschl.)* à la carte 32/67 – **32 Z** 80/145.

In Bramsche-Malgarten *NO : 6 km :*

Landhaus Hellmich mit Zim, Sögelner Allee 47, ✉ 49565, ☎ (05461) 38 41, *Fax (05461) 64025*, – P. AE VISA
Menu *(Montag - Dienstagmittag geschl.)* à la carte 47/83 – **8 Z** 75/140.

BRAMSTEDT, BAD *Schleswig-Holstein 415 416 E 13 – 12 000 Ew – Höhe 10 m – Heilbad.*

Bad Bramstedt, Ochsenweg 38, ☎ (04192) 89 44 13.

Tourismusbüro, Rathaus, Bleeck 17, ✉ 24576, ☎ (04192) 89 72 26, Fax (04192) 897227.

Berlin 329 – Kiel 58 – Hamburg 49 – Itzehoe 27 – Lübeck 60.

Gutsmann, Birkenweg 14, ✉ 24576, ☎ (04192) 50 80, *Fax (04192) 508159*, « Gartenterrasse », – Zim, P – 160. AE VISA
Menu à la carte 35/69 – **146 Z** 125/290, 4 Suiten – ½ P 32.

Zur Post, Bleeck 29, ✉ 24576, ☎ (04192) 5 00 60, *Fax (04192) 500680*, – Zim, P – 80. AE VISA
Menu à la carte 42/70 – **48 Z** 108/200 – ½ P 30.

Bramstedter Wappen, Bleeck 9, ✉ 24576, ☎ (04192) 33 54, *Fax (04192) 3354*, – P
Donnerstagabend - Freitag, Juni 1 Woche und Sept. 2 Wochen geschl. – **Menu** à la carte 29/49.

BRAND-ERBISDORF *Sachsen 418 N 23 – 10 000 Ew – Höhe 390 m.*

Berlin 234 – Dresden 55 – Chemnitz 40 – Freiberg 6.

Brander Hof M, Am Markt 4 (B 101), ✉ 09618, ☎ (037322) 5 50, *Fax (037322) 55100*, – Zim, P – 50. AE VISA
Menu à la carte 25/55 – **38 Z** 95/160.

Strupix, Großhartmannsdorfer Str. 6 (B 101), ✉ 09618, ☎ (037322) 87 00, *Fax (037322) 87020* – P. AE VISA
(nur Abendessen für Hausgäste) – **16 Z** 89/155.

BRANDENBURG *Brandenburg 416 418 I 21 – 90 000 Ew – Höhe 35 m.*

Sehenswert : *Dom ★ – St. Katharinenkirche★.*

Ausflugsziel : *Klosterkirche Lehnin ★ (SO : 20 km).*

Brandenburg-Information, Hauptstr. 51, ✉ 14776, ☎ (03381) 22 37 43, Fax (03381) 223743.

ADAC, *Ritterstr. 102, ✉ 14770, ☎ (030) 8 68 60, Fax (03381) 201257.*

Berlin 84 – Cottbus 178 – Dessau 82 – Magdeburg 83.

Sorat M, Altstädtischer Markt 1, ✉ 14770, ☎ (03381) 59 70, *Fax (03381) 597444*, – Zim, Zim, – 40. AE VISA JCB
Menu *(Sonntagabend geschl.)* à la carte 35/64 – **88 Z** 180/260.

Am St.Gotthardt, Mühlentorstr. 56, ✉ 14770, ☎ (03381) 5 29 00, *Fax (03381) 529030*, – Zim,
Menu à la carte 28/41 – **10 Z** 90/160.

Am Beetzsee *N : 5 km :*

Park Hotel Seehof, ✉ 14778 Brielow, ☎ (03381) 75 00, *Fax (03381) 702910*, Biergarten, – Zim, P – 90. AE VISA
Menu à la carte 32/58 – **94 Z** 135/195.

In Brandenburg-Plaue *W : 8 km :*

Luisenhof, Wendseeufer 8a, ✉ 14774, ☎ (03381) 40 33 81, *Fax (03381) 403381*, – P
Menu à la carte 24/38 – **7 Z** 85/150.

In Götz *O : 10 km :*

Garni Götz M, Ringstr. 7, ✉ 14778, ☎ (033207) 6 90 00, *Fax (033207) 69100* – P – 20. VISA
23. Dez. - 3. Jan. geschl. – **39 Z** 89/159.

In Netzen *SO : 14 km :*

Seehof, Am Netzener See, ✉ 14797, ☎ (03382) 76 70, *Fax (03382) 842*, – Zim, P – 40. VISA
Menu à la carte 25/52 – **32 Z** 100/179.

BRANNENBURG *Bayern* 420 *W 20 – 5 400 Ew – Höhe 509 m – Luftkurort – Wintersport :* 1,

Ausflugsziel : *Wendelsteingipfel* ** *(mit Zahnradbahn, 55 Min.).*

Verkehrsamt, Rosenheimer Str. 5, ✉ *83098,* ☎ *(08034) 45 15, Fax (08034) 9581.*

Berlin 660 – München 72 – Bad Reichenhall 83 – Rosenheim 17 – Miesbach 72.

Zur Post, Sudelfeldstr. 20, ✉ 83098, ☎ (08034) 9 06 70, *Fax (08034) 1864,* – ☎ – 60
Menu *(Mittwoch - Donnerstagmittag geschl.)* à la carte 24/47 – **35 Z** 60/135 – ½ P 21.

Schloßwirt, Kirchplatz 1, ✉ 83098, ☎ (08034) 23 65, *Fax (08034) 7187,* , Biergarten – ☎ . Rest
6. - 20. April und Nov. geschl. – **Menu** *(Dienstag, Okt. - April auch Montag geschl.)* à la carte 24/42 – **16 Z** 58/115 – ½ P 18.

BRAUBACH *Rheinland-Pfalz* 417 *P 6 – 3 800 Ew – Höhe 71 m.*

Ausflugsziel : *Lage*** *der Marksburg** *S : 2 km.*

Verkehrsamt, Rathausstr. 8, ✉ *56338,* ☎ *(02627) 97 60 00, Fax (02627) 976005.*

Berlin 600 – Mainz 87 – Koblenz 13.

Zum weißen Schwanen (mit Gästehaus), Brunnenstr. 4, ✉ 56338, ☎ (02627) 98 20, *Fax (02627) 8802,* , « Weinhaus a.d. 17.Jh. und Mühle a.d.J. 1341 », – Zim, ☎ – 50. AE E VISA
Menu *(Mittwoch und Juli - Aug. 4 Wochen geschl.)* (nur Abendessen, Tischbestellung ratsam) à la carte 42/61 – **16 Z** 80/140.

BRAUNEBERG *Rheinland-Pfalz* 417 *Q 4 – 1 200 Ew – Höhe 111 m.*

Berlin 683 – Mainz 123 – Trier 47 – Bernkastel-Kues 10 – Wittlich 18.

Brauneberger Hof, Moselweinstr. 136, ✉ 54472, ☎ (06534) 14 00, *Fax (06534) 1401,* , « Fachwerkhaus a.d.18.Jh. », – ☎ . E VISA
Mitte Jan. - Mitte Feb. geschl. – **Menu** *(Montag geschl.)* (wochentags nur Abendessen) à la carte 38/65 – **15 Z** 90/150.

BRAUNFELS *Hessen* 417 *O 9 – 11 000 Ew – Höhe 236 m – Luftkurort.*

Braunfels, Homburger Hof (W : 1 km), ☎ *(06442) 45 30.*

Kur-GmbH, Fürst-Ferdinand-Str. 4 (Haus des Gastes), ✉ *35619,* ☎ *(06442) 9 34 40, Fax (06442) 934422.*

Berlin 518 – Wiesbaden 84 – Frankfurt am Main 77 – Limburg an der Lahn 34 – Gießen 28.

Altes Amtsgericht M, Gerichtsstr. 2, ✉ 35619, ☎ (06442) 9 34 80, *Fax (06442) 934811,* , « Modern-elegante Einrichtung », – ☎ – 60. AE E VISA
Menu *(Samstagmittag - Sonntag geschl.)* à la carte 43/78 – **22 Z** 140/280.

Schloß Hotel garni, Hubertusstr. 2, ✉ 35619, ☎ (06442) 30 50, *Fax (06442) 305222,* – ☎ – 30. AE E VISA
Weihnachten - Mitte Jan. geschl. – **35 Z** 100/195.

BRAUNLAGE *Niedersachsen* 418 *K 15 – 5 100 Ew – Höhe 565 m – Heilklimatischer Kurort – Wintersport : 560/965 m 1 3 .*

Kurverwaltung Braunlage, Elbingeroder Str. 17, 38700, (05520) 9 30 70, Fax (05520) 930720.

Kurverwaltung Hohegeiss, Kirchstr. 15 a, 38700, (05583) 2 41, Fax (05583) 1235.

Berlin 252 – Hannover 119 – Braunschweig 69 – Göttingen 67 – Goslar 33.

Maritim Berghotel, Pfaffenstieg, 38700, (05520) 80 50, *Fax (05520) 3620*, Massage, , , , , , – , Zim, – 270. AE VISA JCB
Menu à la carte 53/85 – **309 Z** 167/404, 7 Suiten – ½ P 40.

Landhaus Foresta, Am Jermerstein 1, 38700, (05520) 9 32 20, *Fax (05520) 932213*, , –
Menu *(Montag geschl.)* (nur Abendessen) à la carte 30/44 – **26 Z** 80/160 – ½ P 23.

Hasselhof garni, Schützenstr. 6, 38700, (05520) 30 41, *Fax (05520) 1442*, , – Zim, . AE VISA
20 Z 85/166.

Harzhotel Regina, Bahnhofstr.12, 38700, (05520) 9 30 40, *Fax (05520) 1345*, , – – 20. AE VISA. Rest
Mitte April - Anfang Mai und Mitte Nov. - Mitte Dez. geschl. – (Restaurant nur für Hausgäste) – **24 Z** 67/180 – ½ P 20.

Rosenhof garni, Herzog-Johann-Albrecht-Str.41, 38700, (05520) 9 32 90, *Fax (05520) 932993*, , –
15 Z 80/160.

Romantik Hotel Zur Tanne (mit Zim. und Gästehaus), Herzog-Wilhelm-Str. 8, 38700, (05520) 9 31 20, *Fax (05520) 3992*, « Geschmackvoll-behagliche Einrichtung » – Zim, – 15. AE VISA. Zim
Menu (Tischbestellung ratsam) à la carte 44/79 – **22 Z** 80/260 – ½ P 38.

In Braunlage-Hohegeiss *SO : 12 km – Höhe 642 m – Heilklimatischer Kurort – Wintersport : 600/700 m 4 .*

Sonneneck, Hindenburgstr. 24, 38700, (05583) 9 48 00, *Fax (05583) 939033*, , , – Zim, . Zim
Mitte Nov. - Mitte Dez. geschl. – **Menu** *(Mittwoch geschl.)* (nur Abendessen) à la carte 24/42 – **19 Z** 67/144 – ½ P 15.

Rust, Am Brande 5, 38700, (05583) 8 31, *Fax (05583) 364*, , , , , – Zim, .
Nov. - 15. Dez. geschl. – **Menu** à la carte 28/45 – **20 Z** 85/160 – ½ P 15.

Landhaus Bei Wolfgang, Hindenburgstr. 6, 38700, (05583) 8 88, *Fax (05583) 1354* – AE VISA
Donnerstag und Nov. - Mitte Dez. geschl. – **Menu** à la carte 40/75.

Jährlich eine neue Ausgabe,
Aktuellste Informationen, jährlich für Sie !

BRAUNSBACH *Baden-Württemberg* 419 *S 13 – 2 600 Ew – Höhe 235 m.*

Berlin 563 – Stuttgart 99 – Heilbronn 53 – Schwäbisch Hall 13.

In Braunsbach-Döttingen *NW : 3 km :*

Schloß Döttingen (mit Gästehäusern), 74542, (07906) 10 10, *Fax (07906) 10110*, , , (geheizt), – Zim, – 80.
20. - 31. Dez. geschl. – **Menu** *(Sonntagmittag geschl.)* à la carte 29/61 – **88 Z** 78/188.

BRAUNSCHWEIG *Niedersachsen* 416 418 *J 15 – 260 000 Ew – Höhe 72 m.*

Sehenswert : *Dom★ (Imerward-Kruzifix★★, Bronzeleuchter★)* BY – *Herzog-Anton-Ulrich-Museum (Mittelalter-Abteilung★)* BY **M1**.

Braunschweig, Schwarzkopffstr. 10 (über ④), (0531) 26 42 40.

Lilienthalplatz, ② : 9 km, (0531) 35 00 05.

Städt. Verkehrsverein, Lander Hof 6, 38100, (0531) 27 35 50, Fax (0531) 2735519.

ADAC, *Lange Str. 63, 38100, (0531) 4 40 14, Fax (0531) 125224.*

Berlin 228 ② – Hannover 66 ⑦ – Magdeburg 92 ②.

Stadtpläne siehe nächste Seiten

Stadtpalais garni, Hinter Liebfrauen 1a, 38100, (0531) 24 10 24, *Fax (0531) 241025,* « Historisches Gebäude a.d.J. 1787 mit eleganter Einrichtung » – Zim – 20. AE VISA BY a
45 Z 185/225.

Courtyard by Marriott, Auguststr. 6, 38100, (0531) 4 81 40, *Fax (0531) 4814100,* – Zim, – 60. AE VISA JCB BY w
Menu à la carte 39/69 – **140 Z** 205/355.

Mövenpick-Hotel, Jöddenstr. 3 (Welfenhof), 38100, (0531) 4 81 70, *Fax (0531) 4817551,* , direkter Zugang zum Saunarium, und Sole-Grotte – , Zim, – 90. AE VISA JCB BY z
Menu à la carte 34/57 – **128 Z** 212/314, 3 Suiten.

Stadthotel Magnitor, Am Magnitor 1, 38100, (0531) 4 71 30, *Fax (0531) 4713499,* , « Restaurierte Fachwerkhäuser a.d. 15.-18. Jh. mit modern-eleganter Einrichtung » – – 20. AE VISA BY s
Menu (nur Abendessen) à la carte 33/59 – **30 Z** 194/258.

Haus zur Hanse, Güldenstr. 7, 38100, (0531) 24 39 00, *Fax (0531) 2439099,* « Fachwerkhaus a.d.16. Jh. » – – 60. AE VISA AY s
Menu à la carte 36/59 – **16 Z** 129/160.

Ritter St. Georg, Alte Knochenhauerstr. 12, 38100, (0531) 24 41 20, *Fax (0531) 2441279,* « Fachwerkhaus aus dem 15. Jh. ; Stilvoll eingerichtetes Restaurant » – . AE VISA AY e
Menu *(Sonntag geschl.)* (Tischbestellung ratsam) à la carte 62/87 – **22 Z** 160/190.

Mercure Atrium, Berliner Platz 3, 38102, (0531) 7 00 80, *Fax (0531) 7008125,* – , Zim, – 240. AE VISA JCB BZ a
Menu *(Samstag - Sonntag geschl.)* à la carte 31/66 – **130 Z** 177/259.

Deutsches Haus, Ruhfäutchenplatz 1, 38100, (0531) 1 20 00, *Fax (0531) 1200444,* – – 150. AE VISA BY u
Menu à la carte 39/92 – **85 Z** 155/270.

Play Off, Salzdahlumer Str. 137, 38126, (0531) 2 63 10, *Fax (0531) 67119,* Massage, , , (Halle) – , Zim, – 300. AE VISA über Salzdahlumer Str. BZ
Menu à la carte 31/62 – **184 Z** 160/200.

Lessing-Hof garni (mit Gästehaus), Okerstr. 13, 38100, (0531) 2 41 60, *Fax (0531) 2416222* – . VISA AX b
41 Z 107/182.

An der Stadthalle garni, Leonhardstr. 21, 38102, (0531) 7 30 68, *Fax (0531) 75148* – . AE VISA BY c
Weihnachten - Neujahr geschl. – **24 Z** 105/170.

Wartburg garni, Rennelbergstr. 12, 38114, (0531) 50 00 11, *Fax (0531) 507629* – . AE VISA AX z
21 Z 100/185.

Gewandhaus, Altstadtmarkt 1, 38100, (0531) 24 27 77, *Fax (0531) 242775,* , « Stadthaus a.d. 13. Jh. ; Gewölbekeller » – 80. AE VISA AY a
Sonntag geschl. – **Menu** à la carte 54/89.

Im Industriegebiet Hansestraße *über Hamburger Str. ① : 8 km :*

Nord garni, Robert-Bosch-Str. 7 (Nähe BAB Kreuz BS-Nord), 38112, (0531) 31 08 60, *Fax (0531) 3108686* –
32 Z 95/190.

In Braunschweig-Riddagshausen *über Kastanienallee BY :*

Landhaus Seela, Messeweg 41, 38104, (0531) 37 00 11 62, *Fax (0531) 37001193,* – , Zim, – . 110. VISA
Menu à la carte 39/70 – **55 Z** 110/340.

In Braunschweig-Rüningen ⑤ *: 5 km :*

Zum Starenkasten, Thiedestr. 25 (B 248), 38122, (0531) 87 41 21, *Fax (0531) 874126,* , – , Zim, – 100. AE VISA
Menu à la carte 26/62 – **57 Z** 120/230.

In Braunschweig-Veltenhof ⑦ *: 10 km :*

Pfälzer Hof garni, Ernst-Böhme-Str. 15, 38112, (0531) 21 01 80, *Fax (0531) 2101850,* , , (Halle) – – 40
40 Z.

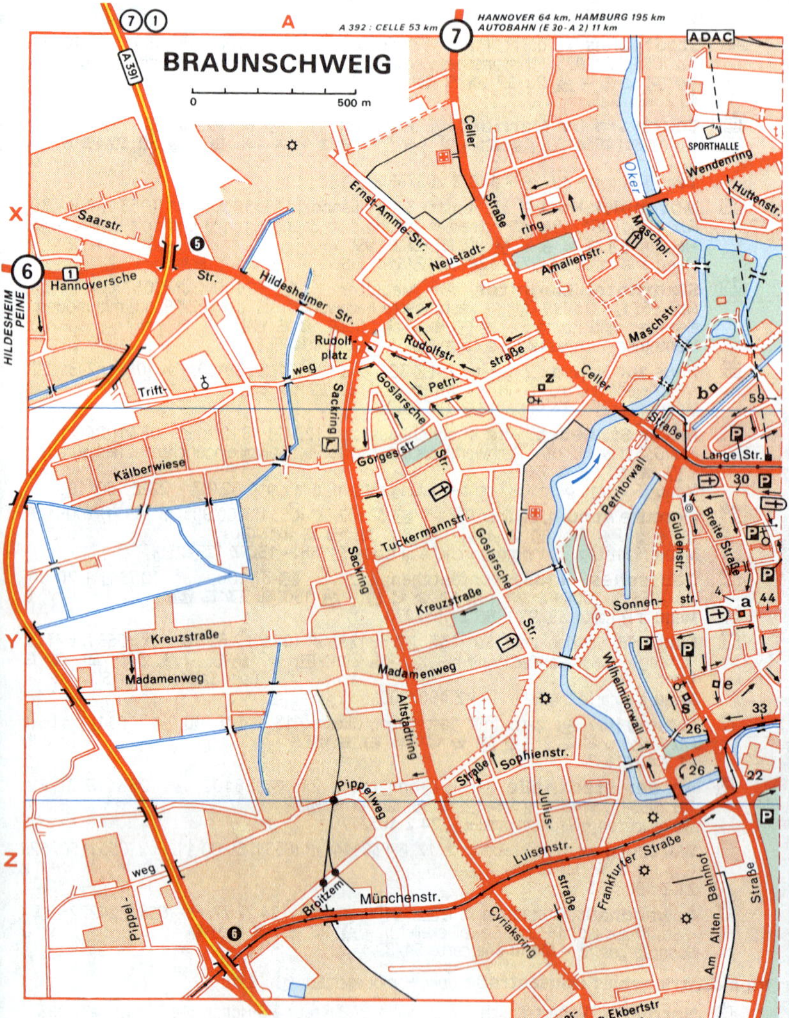

Ägidienmarkt	BY	2
Alte Waage	BY	3
Altstadtmarkt	AY	4
Am Fallersleber Tore	BX	7
Am Wendentor	BX	10
Am Wendenwehr	BX	12
Augusttorwall	BY	13
Bäckerklint	AY	14
Bammelsburger Straße	BX	15
Bohlweg	BY	
Bruchtorwall	BY	16
Brucknerstraße	BX	17
Bültenweg	BX	18
Burgplatz	BY	19
Damm	BY	20
Dankwardstraße	BY	21
Europaplatz	AY	22
Fallersleber-Tor-Wall	BX	23
Friedrich-Wilhelm-Platz	BY	24
Friedrich-Wilhelm-Straße	BY	25
Gieselerwall	AY	26
Hagenbrücke	BY	28
Hagenmarkt	BY	29
Hintern Brüdern	AY	30
Hutfiltern	BY	31
John-F.-Kennedy-Platz	BY	32
Kalenwall	AY	33
Konrad-Adenauer-Straße	BY	34
Küchenstraße	BY	35
Lessingplatz	BY	37
Mühlenpfordtstraße	BX	40
Münzstraße	BY	41
Museumstraße	BY	42
Poststraße	AY	44
Ritterbrunnen	BY	46
Sack	BY	47
Schild	BY	49
Schubertstraße	BX	50
Schuhstraße	BY	51
Steinweg	BY	
Stobenstraße	BY	52
Vor der Burg	BY	55
Waisenhausdamm	BY	56
Wendenstraße	BX	57
Wollmarkt	AX	59

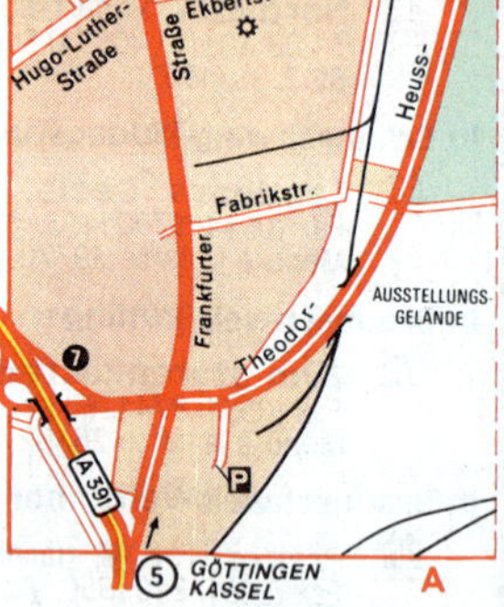

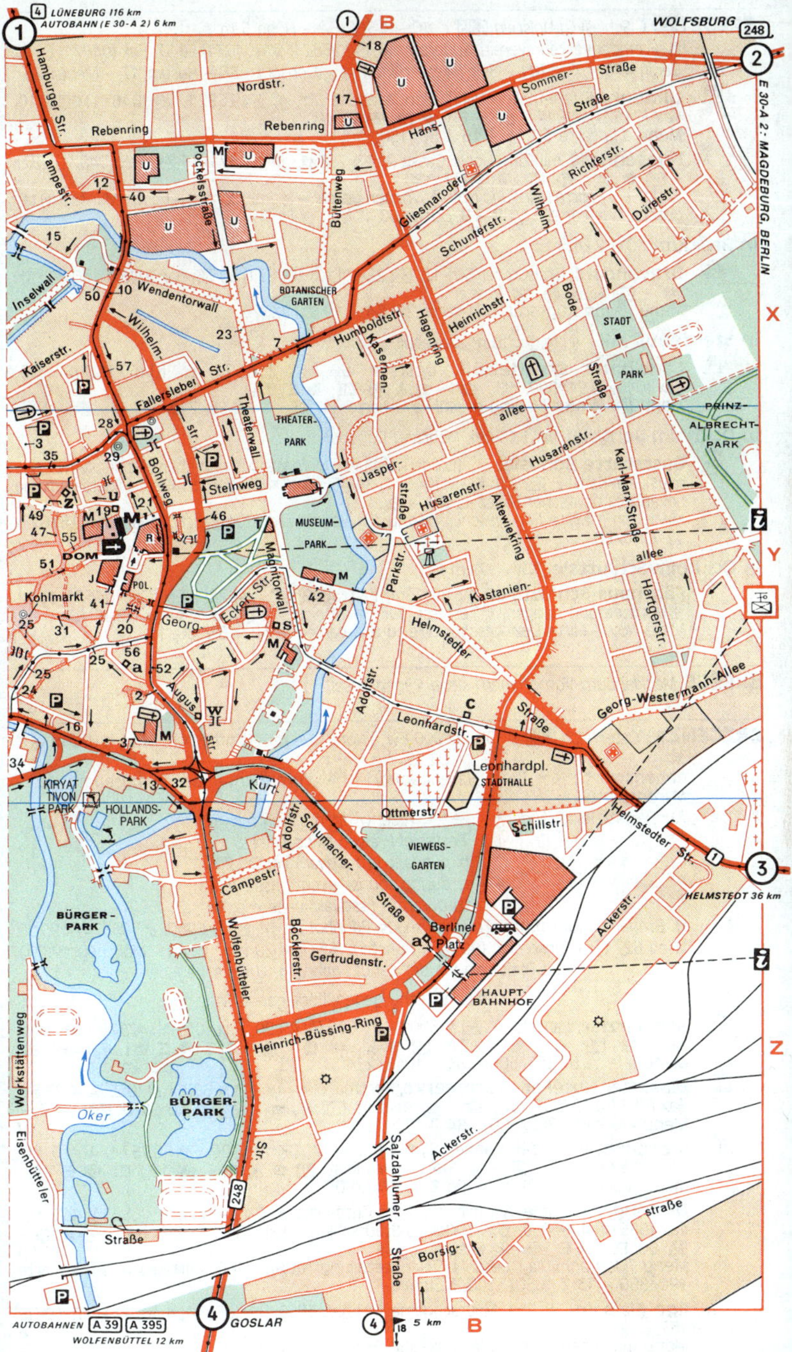

LÜNEBURG 116 km
AUTOBAHN (E 30-A 2) 6 km
WOLFSBURG
248
E 30-A 2: MAGDEBURG, BERLIN
Hamburger Str.
Nordstr.
Rebenring
Rebenring
Sommer-
Straße
Hans-
Lampestr.
Pockelsstraße
Bültenweg
Gliesmaroder
Richterstr.
Dürerstr.
Schunterstr.
Wilhelm-
Inselwall
Wendentorwall
BOTANISCHER GARTEN
Humboldtstr.
Kasernen-
Hagenring
Heinrichstr.
Bode-
STADT
PARK
Straße
PRINZ-ALBRECHT-PARK
Kaiserstr.
Wilhelm-
Fallersleber
Str.
Theaterwall
THEATER-PARK
allee
Husarenstr.
Karl-Marx-Straße
Bohlweg
Steinweg
Jasper-
straße
Husarenstr.
Altewiekring
MUSEUM-PARK
DOM
POL.
Kohlmarkt
Magnitorwall
Eckert-Str.
Georg-
Kastanien-
allee
Hartgerstr.
Parkstr.
Helmstedter
Georg-Westermann-Allee
Adolfstr.
Augus-
str.
Leonhardstr.
Straße
Leonhardpl.
STADTHALLE
KIRYAT TIVON PARK
HOLLANDS-PARK
Kurt-
Ottmerstr.
Schillstr.
Helmstedter Str.
Adolfstr.
Schumacher-
Straße
VIEWEGS-GARTEN
HELMSTEDT 36 km
Campestr.
BÜRGER-PARK
Wolfenbütteler
Böckerstr.
Gertrudenstr.
Berliner Platz
HAUPT-BAHNHOF
Ackerstr.
Heinrich-Büssing-Ring
Werkstättenweg
Oker
BÜRGER-PARK
Str.
Salzdahlumer
Straße
Ackerstr.
straße
Eisenbütteler
Straße
Borsig-
AUTOBAHNEN A 39 A 395
WOLFENBÜTTEL 12 km
GOSLAR
5 km

BREDSTEDT *Schleswig-Holstein* 415 *C 10 – 4 500 Ew – Höhe 5 m.*

Fremdenverkehrsverein, Süderstr. 36, ✉ 25821, ☎ (04671) 58 57, Fax (04671) 6975.
Berlin 440 – Kiel 101 – Sylt (Westerland) 51 – Flensburg 38 – Husum 17 – Niebüll 25.

Ulmenhof (ehemalige Villa), Tondernsche Str. 4, ✉ 25821, ☎ (04671) 9 18 10, *Fax (04671) 918171,* – . VISA
Menu à la carte 30/56 – **15 Z** 80/150.

Friesenhalle mit Zim, Hohle Gasse 2, ✉ 25821, ☎ (04671) 15 21, *Fax (04671) 2875* – . VISA.
Ende Feb. - Mitte März und Nov. 3 Wochen geschl. – **Menu** *(Sonntagabend - Montagmittag geschl.)* à la carte 37/68 – **8 Z** 70/200.

In Breklum *SO : 2 km :*

Dravendahl, Drelsdorfer Str. 13, ✉ 25821, ☎ (04671) 30 36, *Fax (04671) 3037,* , – . Rest
Menu *(Dienstag geschl.)* à la carte 29/54 – **12 Z** 72/125.

In Sterdebüll *NW : 4 km, Richtung Dagebüll :*

Landhaus Sterdebüll, Dorfstr. 90, ✉ 25852, ☎ (04671) 9 11 00, *Fax (04671) 911099,* , – . VISA
Menu *(im Winter Montag geschl.)* à la carte 31/73 – **34 Z** 96/210.

In Ockholm-Bongsiel *NW : 13 km, Richtung Dagebüll :*

Gaststätte Bongsiel (nordfriesisches Dorfgasthaus und ehem. Schleusenwärterhaus), Am Kanal 2, ✉ 25842, ☎ (04674) 14 45, *Fax (04674) 1458,* , « Bildersammlung bekannter deutscher Maler », –
Mitte Jan. - Mitte Feb. geschl. – **Menu** *(im Winter Dienstag geschl.)* à la carte 26/62 – **12 Z** 55/90.

In Ockholm-Schlüttsiel *NW : 17 km :*

Fährhaus Schlüttsiel mit Zim, ✉ 25842, ☎ (04674) 2 55, *Fax (04674) 1542,* ≤ Nordsee und Halligen, « Terrasse auf dem Deich » – . VISA
Mitte Nov. - Mitte Dez. geschl. – **Menu** à la carte 32/62 – **5 Z** 80/130.

BREEGE *Mecklenburg-Vorpommern siehe Rügen (Insel).*

BREGENZ *Österreich* 419 *X 13 – 27 000 Ew – Höhe 396 m – Wintersport : 414/1 020 m 1* .

Sehenswert : ≤★ *(vom Hafendamm)* BY – *Vorarlberger Landesmuseum*★ BY – *Martinsturm* ≤★ BY.
Ausflugsziele : *Pfänder*★★ : ≤★★, *Alpenwildpark (auch mit)* BY.

Festspiel-Preise : siehe Seite 8
Prix pendant le festival : voir p. 20
Prices during tourist events : see p. 32
Prezzi duranti i festival : vedere p. 44.

Bregenz-Tourismus im Tourismushaus, Bahnhofstr. 14, ✉ A-6900, ☎ (05574) 4 95 90.
Wien 627 ① – Innsbruck 199 ② – Konstanz 62 ① – Zürich 119 ③ – München 196 ①.

Die Preise sind in der Landeswährung (Ö. S.) angegeben.

Stadtplan siehe gegenüberliegende Seite

Schwärzler, Landstr. 9, ✉ A-6900, ☎ (05574) 49 90, *Fax (05574) 47575,* , Massage, , , – , Zim, – 48. VISA JCB. Rest
Menu à la carte 245/505 – **83 Z** 1015/2240. über Landstr. AZ

Messmer Hotel am Kornmarkt, Kornmarktstr. 16, ✉ A-6900, ☎ (05574) 4 23 56, *Fax (05574) 423566,* , – , Zim, – 60. VISA. Rest
Menu à la carte 280/500 – **84 Z** 1280/2080. BY u

Mercure, Platz der Wiener Symphoniker 2, ✉ A-6900, ☎ (05574) 46 10 00, *Fax (05574) 47412,* – , Zim, Rest, – 120. VISA
Menu à la carte 220/480 – **94 Z** 1050/2280. AY e

Deuring-Schlössle mit Zim, Ehre-Guta-Platz 4, ✉ A-6900, ☎ (05574) 4 78 00, *Fax (05574) 4780080,* , « Kleines Stadtschloß a.d. 17. Jh. » – Rest, – 60. VISA. Rest BZ a
Menu *(Montagmittag geschl.)* (Tischbestellung ratsam) 340 (mittags) und à la carte 390/680 – **13 Z** 1650/3500, 3 Suiten.

Ilge (Haus a.d. 15. Jh.), Maurachgasse 6, ✉ A-6900, ☎ (05574) 4 36 09 – VISA BY e
Menu (nur Abendessen) à la carte 350/590.

BREGENZ

Amtstorstraße .... BZ 2
Anton-Schneider-Str. ...... BY 3
Bahnhofstraße .... AY
Kaiserstraße .... BY 5
Kirchstraße .... BYZ 6
Kornmarktstraße .... BY 8
Leutbühel .... BY 9
Maurachgasse .... BY 12
Mehrerauer Straße .... AY 15
Rathausstraße .... BY 16
Thalbachgasse .... BZ 17

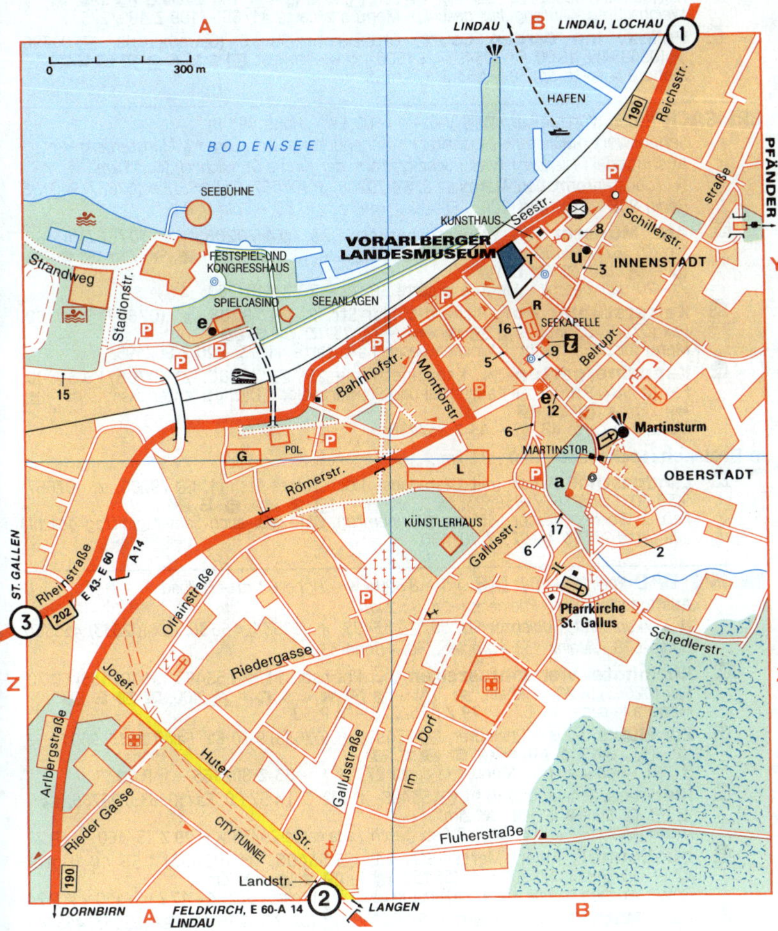

In Lochau ① : *3 km :*

Mangold, Pfänderstr. 3, ✉ A-6911, ✆ (05574) 4 24 31, *Fax (05574) 424319,* « Innenhofterrasse » – Ⓟ
Montag und März - April 3 Wochen geschl. – **Menu** à la carte 280/550.

In Eichenberg ① : *8 km – Höhe 796 m – Erholungsort :*

Schönblick, Dorf 6, ✉ A-6911, ✆ (05574) 4 59 65, *Fax (05574) 459657,* ≤ Bodensee, Lindau und Alpen, , , , , – , TV, , , Ⓟ. E VISA
7. Jan. - 6. Feb. und 4. Nov. - 15. Dez. geschl. – **Menu** *(Montag - Dienstagmittag geschl.)* à la carte 260/490 – **20 Z** 590/1610.

BREHNA *Sachsen-Anhalt* 418 *L 20 – 2 500 Ew – Höhe 90 m.*
Berlin 154 – Magdeburg 94 – Leipzig 38.

Country Park-Hotel, Thiemendorfer Mark 2, ✉ 06796, ✆ (034954) 6 50, *Fax (034954) 65556,* – Zim, – 180. *Weihnachten - Anfang Jan. geschl.* – **Menu** à la carte 41/65 – **188 Z** 180/225.

Holiday Inn Garden Court, Otto-Lilienthal-Str. 6 (Gewerbepark), ✉ 06796, ✆ (034954) 6 16 00, *Fax (034954) 61500* – Rest, . **Menu** à la carte 34/59 – **153 Z** 125/150.

BREISACH *Baden-Württemberg* 419 *V 6 – 11 800 Ew – Höhe 191 m.*
Sehenswert : *Münster★ (Hochaltar★★, Innendekoration★, Lage★), Münsterberg ≤★.*
Ausflugsziel : *Niederrottweil : Schnitzaltar★ der Kirche St. Michael, N : 11 km.*
Tourist-Information, Maktplatz 9, ✉ 79206, ✆ (07667) 94 01 55, Fax (07667) 940158.
Berlin 808 – Stuttgart 209 – Freiburg im Breisgau 30 – Colmar 24.

Am Münster, Münsterbergstr. 23, ✉ 79206, ✆ (07667) 83 80, *Fax (07667) 838100,* ≤ Rheinebene und Vogesen, – Zim, – 120. *7. - 20. Jan. geschl.* – **Menu** à la carte 39/72 – **70 Z** 110/260.

Kaiserstühler Hof, Richard-Müller-Str. 2, ✉ 79206, ✆ (07667) 8 30 60, *Fax (07667) 830666* – – 25. **Menu** *(über Fastnacht 1 Wochen geschl.)* à la carte 41/73 – **20 Z** 80/195.

Kapuzinergarten, Kapuzinergasse 26, ✉ 79206, ✆ (07667) 9 30 00, *Fax (07667) 930093,* ≤ Kaiserstuhl und Schwarzwald, « Dachgartenterrasse », – Zim, . **Menu** à la carte 48/82 – **43 Z** 83/236.

In Breisach-Hochstetten *SO : 2,5 km :*

Landgasthof Adler (mit Gästehaus), Hochstetter Str. 11, ✉ 79206, ✆ (07667) 9 39 30, *Fax (07667) 939393,* – . *Feb. 2 Wochen geschl.* – **Menu** *(Donnerstag, Okt.- Mai auch Samstagmittag geschl.)* à la carte 27/53 – **23 Z** 70/130.

BREISIG, BAD *Rheinland-Pfalz* 417 *O 5 – 8 500 Ew – Höhe 62 m – Heilbad.*
Ausflugsziel : *Burg Rheineck : ≤★ S : 2 km.*
Verkehrsamt, Koblenzer Str. 59, ✉ 53498, ✆ (02633) 4 56 30, Fax (02633) 456350.
Berlin 618 – Mainz 133 – Koblenz 30 – Bonn 33.

Rheinhotel Vier Jahreszeiten, Rheinstr. 11, ✉ 53498, ✆ (02633) 60 70, *Fax (02633) 9220,* ≤ Rhein, – – 400. **Menu** à la carte 43/62 – **179 Z** 125/225 – ½ P 30.

Zur Mühle, Am Rheinufer, ✉ 53498, ✆ (02633) 9 70 61, *Fax (02633) 96017,* ≤, – . *5. Jan. - Feb. geschl.* – **Menu** à la carte 27/51 – **33 Z** 80/165 – ½ P 20.

Niederée, Zehnerstr. 2 (B 9), ✉ 53498, ✆ (02633) 4 57 00, *Fax (02633) 96766,* – . Zim **Menu** *(Mittwoch und 4. Jan. - 3. Feb. geschl.)* à la carte 29/53 – **29 Z** 75/160 – ½ P 22.

Quellenhof, Albert-Mertes-Str. 23, ✉ 53498, ✆ (02633) 4 55 10 (Hotel) 47 00 10 (Rest.), *Fax (02633) 455150,* – . Zim *Nov. 3 Wochen geschl.* – **Menu** *(Dienstag geschl.)* à la carte 30/53 – **17 Z** 65/150 – ½ P 24.

Haus Mathilde, Waldstr. 5, ✉ 53498, ✆ (02633) 4 55 40, *Fax (02633) 455446,* – . **Menu** à la carte 34/57 – **18 Z** 55/136 – ½ P 18.

Historisches Weinhaus Templerhof (Haus a.d.J. 1657), Koblenzer Str.45 (B 9), ✉ 53498, ✆ (02633) 94 35, *Fax (02633) 7394,* – . *Mittwoch - Donnerstagmittag, Jan. 3 Wochen und Juni 2 Wochen geschl.* – **Menu** à la carte 45/78 *(auch vegetarisches Menu).*

Wirtshaus zum Weißen Roß (Haus a.d.J. 1628), Zehnerstr. 19 (B 9), ✉ 53498, ✆ (02633) 91 35, *Fax (02633) 95755,* – . **Menu** à la carte 40/56.

BREITENGÜSSBACH *Bayern* 420 *Q 16 – 3 600 Ew – Höhe 245 m.*
Breitenggüßbach, Gut Leimershof (O : 6 km), ✆ (09547) 71 09.
Berlin 406 – München 239 – Coburg 37 – Bayreuth 64 – Bamberg 9 – Schweinfurt 63.

Vierjahreszeiten, Am Sportplatz 6, ✉ 96149, ✆ (09544) 92 90, *Fax (09544) 929292,* – – 30. **Menu** *(Sonntagabend und Freitag geschl.)* à la carte 24/52 – **38 Z** 79/140.

BREITNAU *Baden-Württemberg* 419 *W 8 – 1 800 Ew – Höhe 950 m – Luftkurort – Wintersport : 1 000/1 200 m 2 1.*

Kurverwaltung, Dorfstr. 11, 79874, (07652) 91 09 20, Fax (07652) 910930.

Berlin 788 – Stuttgart 167 – Freiburg im Breisgau 28 – Donaueschingen 42.

Kaiser's Tanne Wirtshus, Am Wirbstein 27 (B 500, SO : 2 km), 79874, (07652) 1 20 10, *Fax (07652) 1507,* « Gartenterrasse mit », , , – Zim
Menu à la carte 49/81 – **35 Z** 105/260 – ½ P 25.

Faller, Im Ödenbach 5 (B 500, SO : 2 km), 79874, (07652) 10 01, *Fax (07652) 311,* « Terrasse mit », , – , Rest,
Menu à la carte 36/66 – **23 Z** 80/250 – ½ P 28.

Löwen, an der B 500 (O : 1 km), 79874, (07652) 3 59, *Fax (07652) 5512,* , , , , –
Mitte Nov. - Mitte Dez. geschl. – **Menu** *(Dienstag geschl.)* à la carte 31/54 – **14 Z** 60/130.

In Breitnau-Höllsteig *SW : 9 km über die B 31 :*

Hofgut Sternen, am Eingang der Ravennaschlucht, 79874, (07652) 90 10, *Fax (07652) 1031,* – , Zim, – 60. AE E VISA JCB
Nov. geschl. – **Menu** à la carte 35/65 – **57 Z** 93/206 – ½ P 35.

BREITSCHEID *Hessen siehe Herborn.*

BREITUNGEN *Thüringen* 418 *N 14 – 6 000 Ew – Höhe 290 m.*

Berlin 373 – Erfurt 82 – Eisenach 29 – Bad Hersfeld 56 – Meiningen 24 – Suhl 41.

Skaras Landhaushotel, Wirtsgasse 13, 98597, (036848) 88 00, *Fax (036848) 880122,* – . E VISA
Menu à la carte 24/52 – **16 Z** 65/140.

BREKLUM *Schleswig-Holstein siehe Bredstedt.*

BREMEN L *Stadtstaat Bremen* 415 *G 10 – 552 000 Ew – Höhe 10 m.*

Sehenswert : *Marktplatz★★* Z – *Focke-Museum★★* VU **M3** – *Rathaus★ (Treppe★★)* Z **R** – *Dom St. Petri★ (Taufbecken★★ Madonna★)* Z – *Wallanlagen★* YZ – *Böttcherstraße★* Z : *Roseliushaus (Nr.6) und Paula-Modersohn-Becker-Haus★ (Nr.8)* Z **E** – *Schnoor-Viertel★* Z – *Kunsthalle★* Z.

Bremen-Vahr, Bgm.-Spitta-Allee 34 (U), (0421) 23 00 41 ; Garlstedt (N : 11 km über die B 6 U), (04795) 4 17 ; Bremen-Oberneuland (über ①), Heinrich-Baden-Weg 25, 25 93 21 ; Bremen-Burg (NW : 11 km über Hafenrandstr. V), 6 94 02 04.

Bremen-Neustadt (S : 6 km) X, (0421) 5 59 50.

Ausstellungsgelände a. d. Stadthalle (CX), (0421) 3 50 50.

Touristinformation am Bahnhofsplatz, 28195, (0421) 30 80 00, Fax (0421) 3080030.

ADAC, *Bennigsenstr. 2, 28207, (0421) 4 99 40, Fax (0421) 447147.*

Berlin 390 ① – Hamburg 120 ① – Hannover 123 ①.

Stadtpläne siehe nächste Seiten

Park Hotel , Im Bürgerpark, 28209, (0421) 3 40 80, *Fax (0421) 3408602,* , – – 350. AE E VISA JCB. Rest V f
Menu (bemerkenswertes Weinangebot) à la carte 72/100 – **150 Z** 395/600, 7 Suiten.

Maritim M, Hollerallee 99, 28215, (0421) 3 78 90, *Fax (0421) 3789600,* , – , Zim, – 1400. AE E VISA JCB. Rest V n
L'echalote *(nur Abendessen, Juli - Aug. 6 Wochen geschl.)* **Menu** à la carte 63/95 – ***Brasserie*** *(nur Mittagessen)* **Menu** 46(Buffet) – **261 Z** 238/588, 5 Suiten.

Holiday Inn Crowne Plaza M, Böttcherstr. 2 (Eingang Wachtstr.), 28195, (0421) 3 69 60, *Fax (0421) 3696960,* , – , Zim, – 250. AE E VISA JCB Z x
Menu à la carte 45/75 – ***Fiskboden*** (nur Fischgerichte) *(Sonntag - Montag und Juli - Aug. geschl., nur Abendessen)* **Menu** à la carte 53/75 – **235 Z** 289/428.

Zur Post, Bahnhofsplatz 11, 28195, (0421) 3 05 90, *Fax (0421) 3059591,* , – , Zim, – 100. AE E VISA Y x
Menu siehe Rest. ***L'Orchidée*** separat erwähnt – ***Dolce Vita :*** **Menu** à la carte 36/70 – **180 Z** 189/299, 4 Suiten.

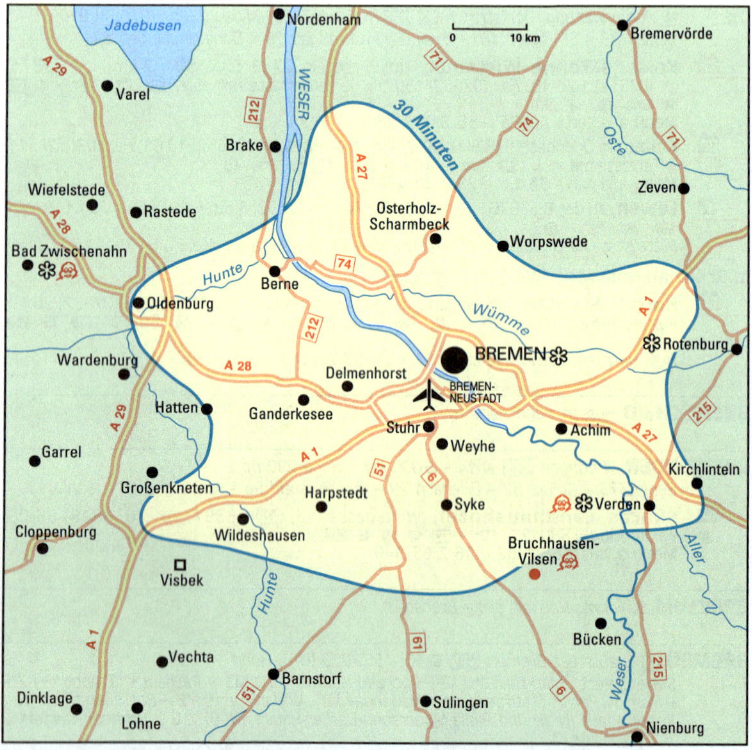

Bremen Marriott M, Hillmannplatz 20, ✉ 28195, ✆ (0421) 1 76 70, *Fax (0421) 1767203* – |♦|, ⇎ Zim, ▤ TV ✆ – 🎤 400. AE ⓓ E VISA. ⇎ Y n
Menu à la carte 43/63 – **228 Z** 249/403, 4 Suiten.

Mercure-Columbus M garni, Bahnhofsplatz 5, ✉ 28195, ✆ (0421) 3 01 20, *Fax (0421) 15369*, ≘s – |♦|, ⇎ Zim, TV ✆ 🚗 – 🎤 50. AE ⓓ E VISA Y f
148 Z 171/241.

Munte am Stadtwald M, Parkallee 299, ✉ 28213, ✆ (0421) 2 20 20, *Fax (0421) 219876*, ≘s, ▣ – |♦|, ⇎ Zim, TV ☎ ✆ 🚗 P – 🎤 260. AE ⓓ E VISA JCB V e
Weihnachten geschl. – **Menu** à la carte 47/65 – **136 Z** 166/290.

Treff Überseehotel garni, Wachtstr. 27, ✉ 28195, ✆ (0421) 3 60 10, *Fax (0421) 3601555* – |♦| TV ☎ ♿ 🚗 – 🎤 30. AE ⓓ E VISA JCB Z u
124 Z 150/260.

Hanseat garni, Bahnhofsplatz 8, ✉ 28195, ✆ (0421) 1 46 88, *Fax (0421) 170588* – |♦| TV ☎ 🚗. AE ⓓ E VISA Y e
33 Z 148/238.

Schaper-Siedenburg garni, Bahnhofstr. 8, ✉ 28195, ✆ (0421) 3 08 70, *Fax (0421) 308788* – |♦|, ⇎ Zim, TV ☎ ✆. AE ⓓ E VISA JCB Y r
22. Dez.- 3. Jan. geschl. – **93 Z** 130/185.

Bremer Haus, Löningstr. 16, ✉ 28195, ✆ (0421) 3 29 40, *Fax (0421) 3294411* – |♦|, ⇎ Zim, TV ☎ 🚗 P – 🎤 20. AE ⓓ E VISA Y d
Menu *(Sonntag geschl.)* à la carte 36/77 – **71 Z** 135/215.

Lichtsinn garni, Rembertistr. 11, ✉ 28203, ✆ (0421) 36 80 70, *Fax (0421) 327287* – |♦|, ⇎ Zim, TV ☎ ✆ 🚗. AE ⓓ E VISA JCB Y z
34 Z 145/200.

Am Stadtwald . . . . V 8	Hastedter Osterdeich . . . . . . X 33	Richard-Boljahn-Allee . . . . . . VX 54
Beneckendorffallee . . . . X 15	H.-H.-Meier-Allee . . . . V 35	Ritterhuder Heerstraße . . . . . V 60
Bismarckstraße . . . . X 16	Kirchbachstraße . . . . X 42	Schwachhauser Heerstraße . V 68
Bremerhavener Str. . . . . V 18	Konrad-Adenauer-Allee . . . . . X 45	Sebaldsbrücker Heerstraße . . . . X 69
Buntentorsteinweg . . . . X 20	Malerstraße . . . . X 46	Stresemannstraße . . . . X 74
Duckwitzstraße . . . . X 26	Marcusallee . . . . V 48	Utbremer Str. . . . . V 76
Franz-Schütte-Allee . . . . X 28	Oslebshauser Heerstraße . . . V 50	Waller Heerstraße . . . . V 82
Hafenrandstraße . . . . V 31	Osterfeuerberger Ring . . . . . . V 53	

Residence garni, Hohenlohestr. 42, ✉ 28209, ✆ (0421) 34 10 29, *Fax (0421) 342322*, – AE D E VISA VX k
24. Dez. - 5. Jan. geschl. – **30 Z** 119/189.

L'Orchidée - Hotel zur Post, Bahnhofsplatz 11, ✉ 28195, ✆ (0421) 3 05 98 88, *Fax (0421) 3059591* – AE D E VISA. Y x
Sonntag - Montag, über Ostern 2 Wochen und Juli - Aug. 4 Wochen geschl. – **Menu** (nur Abendessen, Tischbestellung ratsam) à la carte 76/99
Spez. Terrine von Räucheraal und Granat. Rehrücken in Dunkelbiersauce. Marquise au chocolat mit Blutorangenkompott und -sorbet.

Villa Verde, Auf dem Peterswerder 34 (Weserstadion - Weserseite, 2.Etage,), ✉ 28205, ✆ (0421) 3 05 91 00, *Fax (0421) 4987307* – AE D E VISA. X d
Sonntag - Montag sowie Jan. und Juli - Aug. jeweils 3 Wochen geschl. – **Menu** (Tischbestellung ratsam) 59 (mittags) und à la carte 78/110.

Meierei, im Bürgerpark, ✉ 28209, ✆ (0421) 3 40 86 19, *Fax (0421) 219981*, «Cafeterrasse» – – 60. AE D E VISA JCB V c
Montag geschl. – **Menu** (bemerkenswertes Weinangebot) à la carte 52/84.

Ratskeller, Am Markt 1 (im alten Rathaus), ✉ 28195, ✆ (0421) 32 16 76, *Fax (0421) 3378121* – AE D E VISA. Z R
Menu (Weinkarte mit etwa 600 deutschen Weinen) à la carte 57/82.

Jürgenshof, Pauliner Marsch 1 (Nähe Weserstadion), ✉ 28205, ✆ (0421) 44 10 37, *Fax (0421) 4985458*, «Gartenterrasse» – . AE D E VISA X z
Menu (Tischbestellung ratsam) à la carte 49/75.

BREMEN

Straße	Planquadrat	Nr.
Am Brill	Y	2
Am Dom	Z	4
Am Landherrnamt	Z	7
Ansgaritorstraße	Y	9
Ansgaritorwallstraße	Y	10
Balgebrückstraße	Z	12
Böttcherstraße	Z	
Dechanatstraße	Z	23
Domsheide	Z	24
Friedrich-Ebert-Straße	Z	29
Goetheplatz	Z	32
Herdentorswallstraße	Y	36
Hermann-Böse-Straße	Y	37
Hutfilterstraße	Y	38
Katharinenstraße	YZ	40
Knochenhauerstraße	Y	
Komturstraße	Z	43
Marktplatz	Z	
Martinistraße	YZ	
Obernstraße	YZ	
Osterdeich	Z	52
Ostertorstraße	Z	55
Ostertorswallstraße	Z	56
Papenstraße	Y	57
Pelzerstraße	Y	58
Pieperstraße	Y	59
Sandstraße	Z	62
Schnoor	Z	63
Schüsselkorb	Y	64
Schüttingstraße	Z	67
Sögestraße	Y	72
Stavendamm	Z	73
Violenstraße	Z	78
Wachtstraße	Z	79
Wandschneiderstraße	Y	83
Wegesende	Y	85

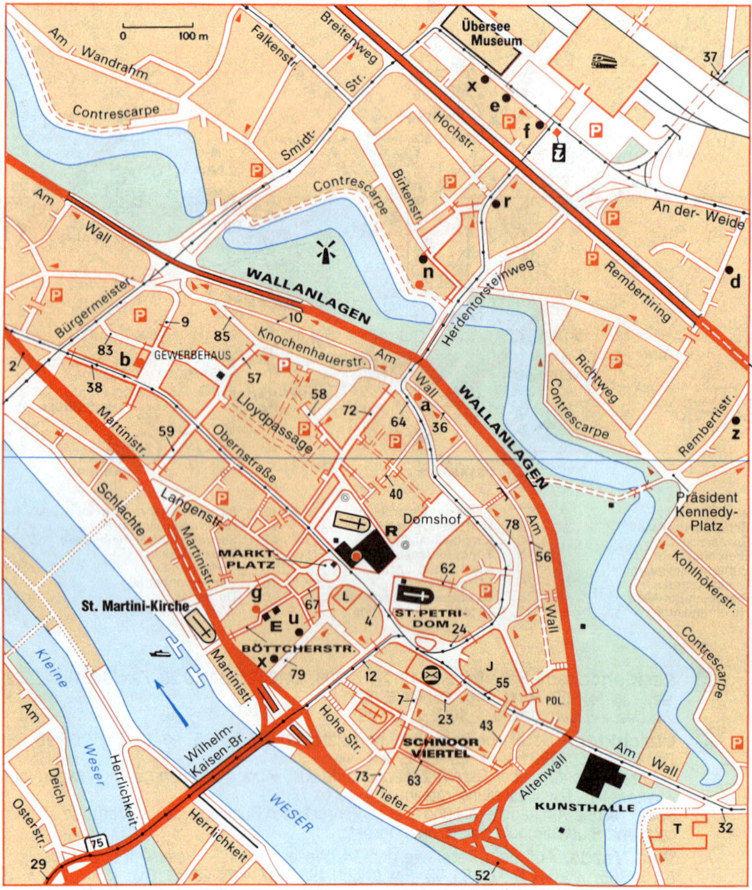

✕✕ **Flett,** Böttcherstr. 3, ✉ 28195, ✆ (0421) 32 09 95, *Fax (0421) 320996* – AE ⓓ E VISA JCB Z g

Sonntag geschl. – **Menu** à la carte 53/75.

✕ **Grashoff's Bistro,** Contrescarpe 80 (neben der Hillmann-Passage), ✉ 28195, ✆ (0421) 1 47 40, *Fax (0421) 302040* – ▤. ⓓ VISA. ✈ Y n

bis 19.30 Uhr geöffnet, Samstagabend - Sonntag geschl. – **Menu** (Tischbestellung erforderlich) 53 und à la carte 72/93

Spez. Hummer auf hausgemachten Spaghetti. Getrüffelte "Sieglinde" mit pochiertem Ei. Schellfisch im Dampf gegart mit Senf-Joghurtsauce.

Bistro Feinkost Hocke, Schüsselkorb 17, 28195, (0421) 32 66 51, *Fax (0421) 327325* – AE E Y a
nur Mittagessen, Freitag auch Abendessen, Sonntag geschl. – **Menu** (Tischbestellung ratsam) à la carte 50/77.

Alte Gilde, Ansgaritorstr. 24, 28195, (0421) 17 17 12, *Fax (0421) 15701*, . AE E VISA Y b
Sonntag geschl. – **Menu** à la carte 32/60.

In Bremen-Alte Neustadt :

Atlantic Hotel Airport M, Flughafenallee 26, 28199, (0421) 5 57 10, *Fax (0421) 5571100*, – , Zim, – 60. AE E VISA. Rest X a
Menu à la carte 42/63 – **112 Z** 208/288.

Treff Hotel Airport, Neuenlander Str.55 (B 6), 28199, (0421) 5 09 50, *Fax (0421) 508652*, – , Zim, – 30. AE E VISA JCB. Rest X c
Menu *(Sonntag geschl.)* (nur Abendessen) à la carte 36/48 – **184 Z** 140/270.

Westfalia (mit Gästehaus), Langemarckstr. 38, 28199, (0421) 5 90 20, *Fax (0421) 507457* – – 30. AE E VISA JCB X n
Menu *(Sonntag geschl.)* (vorwiegend Fischgerichte) à la carte 45/75 – **65 Z** 120/210.

In Bremen-Blumenthal ④ : *26 km* :

Zur Heidquelle, Schwaneweder Str. 52, 28779, (0421) 60 33 12, *Fax (0421) 6098110* – . AE E VISA.
Menu à la carte 35/58 – **23 Z** 95/180.

In Bremen-Farge ④ : *32 km* :

Fährhaus Meyer-Farge, Wilhelmshavener Str. 1, 28777, (0421) 6 86 81, *Fax (0421) 68684*, <, , « Schiffsbegrüßungsanlage » – – 100. AE E VISA
Menu à la carte 42/71 – **20 Z** 129/190.

In Bremen - Horn-Lehe :

Landgut Horn, Leher Heerstr. 140, 28357, (0421) 2 58 90, *Fax (0421) 2589222*, – , Zim, – 80. AE E VISA JCB V u
Menu à la carte 45/73 – **106 Z** 160/220.

Horner Eiche M garni, Im Hollergrund 1, 28357, (0421) 2 78 20, *Fax (0421) 2769666* – – 40. AE E VISA V a
68 Z 115/175.

Deutsche Eiche, Lilienthaler Heerstr. 174, 28357, (0421) 25 10 11, *Fax (0421) 251014*, – – 30. AE E VISA V a
Menu à la carte 33/60 – **39 Z** 115/175.

In Bremen-Neue Vahr :

Queens Hotel, August-Bebel-Allee 4, 28329, (0421) 2 38 70, *Fax (0421) 234617* – , Zim, Rest, – 225. AE E VISA V v
Menu à la carte 40/79 – **144 Z** 211/282.

In Bremen - Oberneuland : *O : 10 km über Franz-Schütte-Allee* X :

Landhaus Höpkens Ruh mit Zim, Oberneulander Landstr. 69, 28355, (0421) 20 58 53, *Fax (0421) 2058545*, « Park, Gartenterrasse » – Zim, . AE E VISA JCB
Menu *(Montag geschl.)* 49 (mittags) und à la carte 62/84 – **8 Z** 250/280.

In Bremen-Schwachhausen :

Heldt , Friedhofstr. 41, 28213, (0421) 21 30 51, *Fax (0421) 215145* – Zim, . AE E VISA V z
Menu *(Freitag - Sonntag geschl.)* (nur Abendessen) à la carte 30/48 – **55 Z** 95/180.

In Bremen-Vegesack ④ : *22 km* :

Strandlust Vegesack M, Rohrstr. 11, 28757, (0421) 6 60 90, *Fax (0421) 6609111*, <, « Terrasse am Weserufer » – , Zim, – 300. AE E VISA
Menu à la carte 47/80 – **47 Z** 145/315.

Atlantic Hotel Vegesack M garni, Sagerstr. 20, 28757, (0421) 6 60 50, *Fax (0421) 664774* – , Zim, – 25. AE E VISA
87 Z 140/260.

In Lilienthal *NO : 12 km Richtung Worpswede* V

Rohdenburg, Trupermoorer Landstr. 28, ✉ 28865, ✆ (04298) 36 10, *Fax (04298) 3269,* – Zim, . Rest
Menu *(Montagmittag, Mittwochmittag, 2. - 9. Jan. und 2. - 20. Aug. geschl.)* à la carte 32/63 – **23 Z** 99/180.

Schomacker, Heidberger Str. 25, ✉ 28865, ✆ (04298) 9 37 40, *Fax (04298) 4291,* – Zim, – 20.
Menu *(Dienstag - Freitag nur Abendessen)* à la carte 32/52 – **28 Z** 92/180.

In Oyten *SO : 17 km über die B 75*

Fehsenfeld garni, Hauptstr. 50, ✉ 28876, ✆ (04207) 7 00 60 – .
24. Dez. - Mitte Jan. geschl. – **9 Z** 70/114.

Pour voyager rapidement, utilisez les ***cartes Michelin "Grandes Routes" :***
970 ***Europe,*** **976** ***République Tchèque-République Slovaque,*** **980** ***Grèce,*** **984** ***Allemagne,*** **985** ***Scandinavie-Finlande,*** **986** ***Grande-Bretagne-Irlande,*** **987** ***Allemagne-Autriche-Benelux,*** **988** ***Italie,*** **989** ***France,*** **990** ***Espagne-Portugal,*** **991** ***Yougoslavie.***

BREMERHAVEN *Bremen* 415 *F 9 – 132 000 Ew – Höhe 3 m.*

Sehenswert : *Deutsches Schiffahrtsmuseum*★★★ AZ **M.**

Tourist-Info, Obere Bürger 17 (im Columbus-Center), ✉ 27568, ✆ (0471) 4 30 00, Fax (0471) 43080.

Verkehrsamt-Information, Van-Ronzelen-Str. 2, ✉ 27568, ✆ (0471) 94 64 60, Fax (0471) 46065.

ADAC, *Deichstr. 91d, ✉ 27568, ✆ (0471) 94 69 10, Fax (0471) 9469144.*

Berlin 410 ③ – Bremen 58 ③ – Cuxhaven 43 ① – Hamburg 134 ②.

Stadtplan siehe gegenüberliegende Seite

Naber, Theodor-Heuss-Platz 1, ✉ 27568, ✆ (0471) 4 87 70, *Fax (0471) 4877999,* – , Zim, – 90. AZ a
Menu à la carte 43/83 – **98 Z** 183/283, 5 Suiten.

Haverkamp, Prager Str. 34, ✉ 27568, ✆ (0471) 4 83 30, *Fax (0471) 4833281,* , – , Zim, – 80. . Rest AZ n
Menu (wochentags nur Abendessen) à la carte 44/76 – **92 Z** 140/350.

Primula, Stresemannstr. 110, ✉ 27576, ✆ (0471) 9 55 00, *Fax (0471) 9550550* – , Zim, – 35. BY e
Menu à la carte 35/51 – **86 Z** 120/140.

Comfort Hotel garni, Am Schaufenster 7, ✉ 27572, ✆ (0471) 9 32 00, *Fax (0471) 9320100* – – 50. BY c
über Weihnachten geschl. – **88 Z** 125/165.

Geestemünde garni, Am Klint 20, ✉ 27574, ✆ (0471) 2 88 00, *Fax (0471) 24425,* – . BZ z
13 Z 60/110.

Fischereihafen-Restaurant Natusch, Am Fischbahnhof 1, ✉ 27572, ✆ (0471) 7 10 21, *Fax (0471) 75008,* « Einrichtung aus Original-Schiffsteilen » – 80. BY x
Montag geschl. – **Menu** à la carte 48/83.

Strandhalle, Hermann-Heinrich-Meier-Straße, ✉ 27568, ✆ (0471) 4 60 61, *Fax (0471) 413569,* ←, – AZ s
Menu à la carte 37/80.

Da Pippo, Hafenstr. 53, ✉ 27576, ✆ (0471) 4 44 54 – AY a
Samstagmittag, Sonntag und 1. - 10. Jan. geschl. – **Menu** (italienische Küche) à la carte 52/74.

Seute Deern, Am Alten Hafen, ✉ 27568, ✆ (0471) 41 62 64, *Fax (0471) 45949,* « Restaurant auf einer Dreimast-Bark a.d.J. 1919 » – AZ u
Menu (vorwiegend Fischgerichte) à la carte 33/62.

In Bremerhaven-Leherheide :

Übersee-Hotel, Adolf-Kolping-Str. 2, ✉ 27578, ✆ (0471) 68 80, *Fax (0471) 68899,* , – , Zim, – 100. BY a
Menu à la carte 30/48 – **37 Z** 119/169.

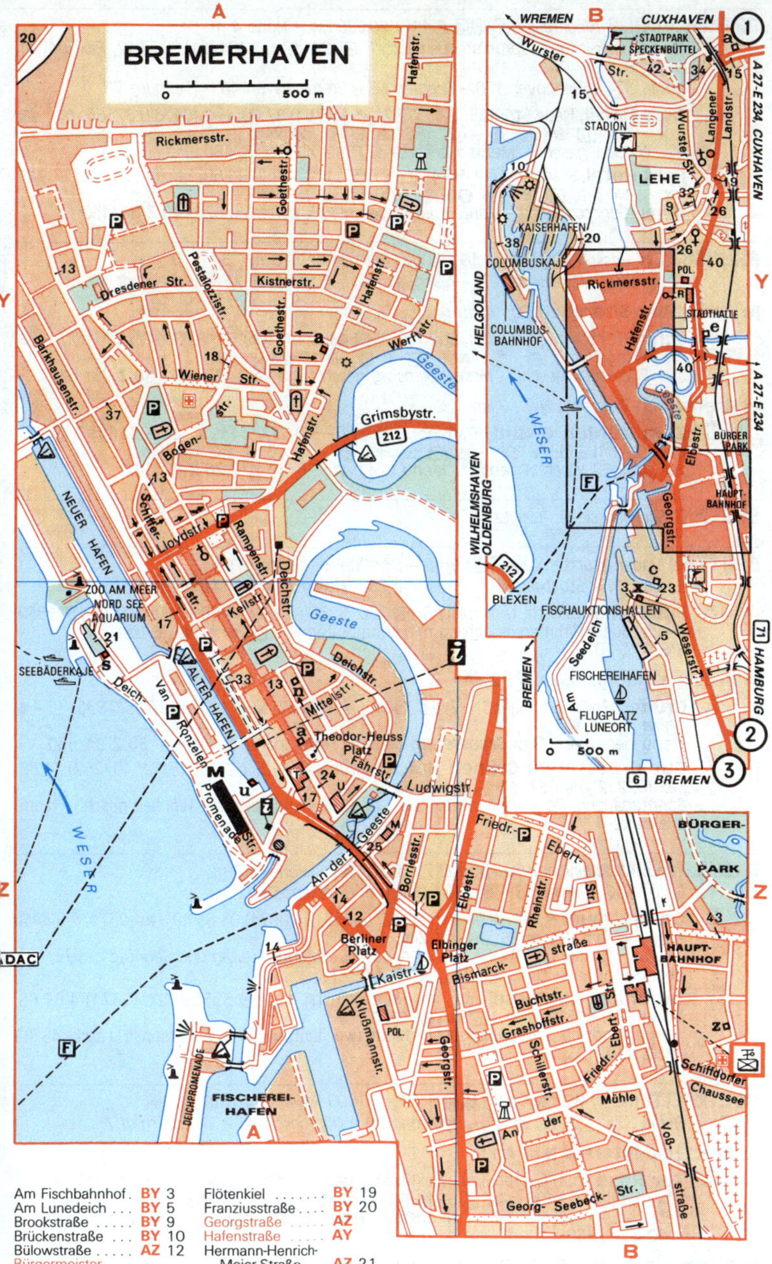

Am Fischbahnhof . BY 3
Am Lunedeich . . . BY 5
Brookstraße . . . . BY 9
Brückenstraße . . . BY 10
Bülowstraße . . . . . AZ 12
Bürgermeister-Smidt-Straße . . AYZ 13
Bussestraße . . . . . AZ 14
Cherbourger Straße . . . . BY 15
Columbusstraße . . AZ 17
Emslandstraße . . . AY 18
Flötenkiel . . . . BY 19
Franziusstraße . . . BY 20
Georgstraße . . . . AZ
Hafenstraße . . . . . AY
Hermann-Henrich-Meier-Straße . . . AZ 21
Hoebelstraße . . . . BY 23
Karlsburg . . . . AZ 24
Kennedy-Brücke . . AZ 25
Lange Straße . . . . BY 26
Nordstraße . . . . . . BY 32
Obere Bürger . . . . AZ 33
Parkstraße . . . . . . BY 34
Schillerstraße . . . . BZ
Schleusenstraße . . AY 37
Steubenstraße . . . BY 38
Stresemannstraße . BY 40
Timmermannallee . . BY 42
Walter-Delius-Str . . BZ 43
Weserstraße . . . . . BY

BREMERVÖRDE *Niedersachsen* 415 *F 11 – 20 000 Ew – Höhe 4 m.*

Touristik-Information, Rathausmarkt 1, ✉ 27432, ☎ (04761) 98 71 42, Fax (04761) 987176.

Berlin 374 – Hannover 170 – Bremen 68 – Bremerhaven 48 – Hamburg 78.

Oste-Hotel, Neue Str. 125, ✉ 27432, ☎ (04761) 87 60, *Fax (04761) 87666,* – Zim, – 150. AE E VISA. Rest
2. - 10. Jan. geschl. – **Menu** à la carte 37/55 – **41 Z** 115/180.

Park Hotel, Stader Str. 22 (B 74), ✉ 27432, ☎ (04761) 24 60, *Fax (04761) 71327,* – Zim, – 200. AE E VISA
Menu *(Sonntagabend - Montagmittag geschl.)* à la carte 35/62 – **16 Z** 80/130.

BRENSBACH *Hessen* 417 419 *Q 10 – 5 200 Ew – Höhe 175 m.*

Berlin 574 – Wiesbaden 73 – Mannheim 64 – Darmstadt 26 – Michelstadt 19.

In Brensbach-Stierbach *SO : 4 km :*

Schnellertshof, Erbacher Str. 100, ✉ 64395, ☎ (06161) 23 80, *Fax (06161) 1438,* Wildgehege, – . E VISA
Jan. 2 Wochen geschl. – **Menu** *(Dienstag geschl.)* à la carte 25/56 – **18 Z** 75/140.

In Brensbach-Wersau *NW : 2 km :*

Zum Kühlen Grund, Bahnhofstr. 81 (B 38), ✉ 64395, ☎ (06161) 9 33 30, *Fax (06161) 933322,* – – 25. E VISA. Zim
Juli - Aug. 2 Wochen geschl. – **Menu** à la carte 26/69 – **26 Z** 85/142.

BRETNIG *Sachsen siehe Pulsnitz.*

BRETTEN *Baden-Württemberg* 419 *S 10 – 23 100 Ew – Höhe 170 m.*

Berlin 634 – Stuttgart 54 – Karlsruhe 28 – Heilbronn 47 – Mannheim 64.

Eulenspiegel garni, Marktplatz 8, ✉ 75015, ☎ (07252) 94 98 10, *Fax (07252) 949830,* « Individuelle Zimmereinrichtung mit Antiquitäten » – . E VISA
8 Z 110/200.

In Bretten-Diedelsheim *W : 2 km :*

Grüner Hof, Karlsruher Str. 2, ✉ 75015, ☎ (07252) 9 35 10, *Fax (07252) 935116* – . E VISA
Menu siehe Rest. ***Guy Graessel im Grünen Hof*** separat erwähnt. – **30 Z** 94/150.

Guy Graessel im Grünen Hof, Karlsruher Str. 2, ✉ 75015, ☎ (07252) 71 38, *Fax (07252) 958637,* – . AE E VISA
Sonntagabend, Donnerstag, Feb. - März und Juli - Aug. jeweils 2 Wochen geschl. – **Menu** à la carte 42/65.

BRETZENHEIM *Rheinland-Pfalz* 417 *Q 7 – 2 200 Ew – Höhe 110 m.*

Berlin 606 – Mainz 38 – Bad Kreuznach 6 – Koblenz 75.

Grüner Baum, Kreuznacher Str. 33, ✉ 55559, ☎ (0671) 83 63 40, *Fax (0671) 8363450* – Zim, . E VISA. Zim
17. Juli - 1. Aug. und 24. Dez. - 9. Jan. geschl. – **Menu** *(Freitag und Sonntag geschl.)* (nur Abendessen) à la carte 27/43 – **27 Z** 60/150.

Landhaus Le Passé mit Zim, Naheweinstr. 19, ✉ 55559, ☎ (0671) 4 61 68, *Fax (0671) 45560,* – . AE E VISA
Montag und Feb. 2 Wochen geschl. – **Menu** (wochentags nur Abendessen) à la carte 45/63 – **2 Z** 110/125.

BRETZFELD *Baden-Württemberg* 419 *S 12 – 10 000 Ew – Höhe 210 m.*

Berlin 575 – Stuttgart 61 – Heilbronn 20 – Nürnberg 145 – Würzburg 107.

In Bretzfeld-Bitzfeld *N : 2 km :*

Zur Rose (mit Gästehaus), Weißlensburger Str. 12, ✉ 74626, ☎ (07946) 77 50, *Fax (07946) 775400,* – – 35. E VISA
Feb. und Aug. jeweils 2 Wochen geschl. – **Menu** *(Donnerstag geschl.)* à la carte 28/63 – **40 Z** 95/160.

In Bretzfeld-Brettach *SO : 9 km, Richtung Mainhardt :*

Rössle mit Zim, Mainhardter Str. 26, ✉ 74626, ☎ (07945) 9 11 10, *Fax (07945) 911130,* – . AE E. Zim
18. - 28. Jan. und 20. Sept. - 1. Okt. geschl. – **Menu** *(Montagabend - Dienstag geschl.)* à la carte 36/67 – **4 Z** 64/105.

BREUBERG/ODENWALD Hessen 417 419 Q 11 – 7 700 Ew – Höhe 150 m.

Berlin 577 – Wiesbaden 83 – Frankfurt am Main 65 – Darmstadt 38 – Aschaffenburg 24.

In Breuberg-Neustadt :

Rodensteiner, Wertheimer Str. 3, ✉ 64747, ☎ (06165) 9 30 50, *Fax (06165) 930550*, Biergarten, – 35. AE E VISA
Menu *(Sonntagabend - Montagmittag geschl.)* à la carte 39/78 – **31 Z** 90/220 – ½ P 35.

BREUNA Hessen 417 L 11 – 3 600 Ew – Höhe 200 m – Luftkurort.

Berlin 421 – Wiesbaden 240 – Kassel 37 – Paderborn 59.

Sonneneck, Stadtpfad 2, ✉ 34479, ☎ (05693) 2 93, *Fax (05693) 7144*, – Zim, . E VISA
3.- 31. Jan. geschl. – **Menu** *(Sonntagabend - Montag geschl.)* à la carte 32/57 – **20 Z** 78/168.

BRIETLINGEN *Niedersachsen siehe Lüneburg.*

BRILON Nordrhein-Westfalen 417 L 9 – 27 000 Ew – Höhe 455 m – Luftkurort – Wintersport : 450/600 m 2

Verkehrsverein, Steinweg 26, ✉ 59929, ☎ (02961) 9 69 90, Fax (02961) 51199.

Berlin 469 – Düsseldorf 168 – Arnsberg 42 – Kassel 89 – Lippstadt 47 – Paderborn 47.

Haus Rech, Hoppecker Str. 1, ✉ 59929, ☎ (02961) 9 75 40, *Fax (02961) 975454*, – 20. E VISA. Zim
Menu *(Montagabend geschl.)* à la carte 32/65 – **26 Z** 85/170 – ½ P 20.

Zur Post (mit Gästehaus), Königstr. 7, ✉ 59929, ☎ (02961) 40 44, *Fax (02961) 973597*, – 30. AE E VISA JCB. Rest
22. - 27. Dez. geschl. – ***Postille*** *(nur Abendessen, Sonntag - Montag und Juli - Aug. 4 Wochen geschl.)* **Menu** 60/110 – ***Brasserie*** *(Sonntagmittag geschl.)* **Menu** à la carte 43/65 – **31 Z** 98/180.

Waldhotel, Hölsterloh 1 (SO : 1,5 km, nahe der B 251), ✉ 59929, ☎ (02961) 34 73, *Fax (02961) 50470*, – . AE E VISA JCB
Menu à la carte 29/52 – **21 Z** 77/150 – ½ P 18.

In Brilon-Gudenhagen *S : 4 km über die B 251 :*

Haus Waldsee mit Zim, Am Waldfreibad, ✉ 59929, ☎ (02961) 9 79 20, – . AE E VISA
Sept. - Okt. 2 Wochen geschl. – **Menu** *(Montag - Dienstag geschl.)* 74 und à la carte 46/81 – **5 Z** 75/120
Spez. Geräucherte Bachsaiblingterrine mit Sauerrahmmousse. Überkrusteter Lammrücken mit Schmorgemüse. Pfirsiche und Himbeeren mit Spumanteschaum.

BRODENBACH Rheinland-Pfalz 417 P 6 – 700 Ew – Höhe 85 m – Erholungsort.

Berlin 621 – Mainz 94 – Koblenz 23 – Trier 115 – Cochem 25.

Peifer, Moselufer 43 (SW : 1,5 km), ✉ 56332, ☎ (02605) 7 56, *Fax (02605) 84315*, – 50
28 Z.

BROME Niedersachsen 415 416 418 I 16 – 3 000 Ew – Höhe 67 m.

Berlin 240 – Hannover 118 – Magdeburg 117 – Braunschweig 60 – Hamburg 141.

In Brome-Zicherie *S : 4 km :*

Hubertus, an der B 244, ✉ 38465, ☎ (05833) 15 15, *Fax (05833) 7425*, Wildgehege, – 50. E VISA. Rest
Menu *(Montagmittag geschl.)* à la carte 27/52 – **31 Z** 70/125.

BROTTERODE Thüringen 418 N 15 – 3 200 Ew – Höhe 600 m.

Gästeinformation, Bad-Vilbeler-Pl. 4, Haus des Gastes ✉ 98599, ☎ (036840) 33 33, Fax (036840) 3335.

Berlin 353 – Erfurt 62 – Bad Hersfeld 97 – Coburg 96.

Zur guten Quelle, Schmalkalder Str. 27, ✉ 98599, ☎ (036840) 3 40, *Fax (036840) 34111* –
Menu à la carte 22/37 – **34 Z** 60/120.

Außerhalb *W : 3 km :*

Waldschlößchen, Gehegsweg 12, ✉ 98599, ☎ (036840) 3 22 63, *Fax (036840) 32127*, Biergarten, – Zim, P. E VISA
Menu à la carte 24/38 – **22 Z** 75/96 – ½ P 18.

BRUCHHAUSEN-VILSEN *Niedersachsen* **415** *H 11 – 6 000 Ew – Höhe 19 m – Luftkurort.*

Berlin 369 – Hannover 87 – Bremen 49 – Minden 83 – Verden an der Aller 30.

Forsthaus Heiligenberg mit Zim, Heiligenberg 3 (in Homberg, SW : 4km), ✉ 27305, ☎ (04252) 9 32 00, *Fax (04252) 932020*, – P – 20. AE E VISA
Menu *(Montag geschl.)* à la carte 40/69 – **6 Z** 95/180.

Dillertal, an der B 6 (SW : 4 km), ✉ 27305, ☎ (04252) 26 80, *Fax (04252) 678*, – P – 250. E VISA
Menu à la carte 32/61.

BRUCHSAL *Baden-Württemberg* **419** *S 9 – 40 500 Ew – Höhe 115 m.*

Sehenswert : *Schloß★★ (Treppe★★, Museum mechanischer Musikinstrumente★★).*

Bruchsal, Langental 2, ☎ (07251) 8 74 74.

Stadtinformation, Am alten Schloß 2 (Bürgerzentrum), ✉ 76646, ☎ (07251) 7 27 71, Fax (07251) 72771.

ADAC, *Moltkestr. 38, ✉ 76646, ☎ (0721) 8 10 40, Fax (07251) 87387.*

Berlin 646 – Stuttgart 68 – Karlsruhe 29 – Heilbronn 61 – Heidelberg 37 – Mannheim 49.

Scheffelhöhe, Adolf-Bieringer-Str. 20, ✉ 76646, ☎ (07251) 80 20 (Hotel) 30 0373 (Rest.), *Fax (07251) 802156*, <, , – Zim, P – 30. AE E VISA JCB
Belvedere : **Menu** à la carte 38/70 – **95 Z** 145/230.

Business Hotel garni, Am Mantel 1a (B 35, nahe der BAB-Ausfahrt), ✉ 76646, ☎ (07251) 93 90, *Fax (07251) 939339* – P – 100. AE E VISA
104 Z 95/170.

Wallhall, Kübelmarkt 8, ✉ 76646, ☎ (07251) 7 21 30, *Fax (07251) 721399*, , (Hausbrauerei mit Schänke) – . AE E VISA
Menu à la carte 32/52 – **14 Z** 110/180.

Zum Bären, Schönbornstr. 28, ✉ 76646, ☎ (07251) 8 86 27, *Fax (07251) 88611*, – P. AE E VISA
Menu à la carte 36/71.

In Bruchsal-Büchenau *SW : 7 km :*

Ritter (mit Gästehäusern), Au in den Buchen 92, ✉ 76646, ☎ (07257) 8 80, *Fax (07257) 88111*, , – P – 100. AE E VISA. Rest
24. Dez.- 6. Jan. geschl. – **Menu** à la carte 30/64 *(auch vegetarische Gerichte)* – ***Brasserie*** *(Sonntag - Montag geschl., nur Abendessen)* **Menu** à la carte 57/85 – **103 Z** 110/160, 4 Suiten.

In Karlsdorf-Neuthard *NW : 4 km :*

Karlshof (mit Gästehaus), Bruchsaler Str. 1 (B 35), ✉ 76689, ☎ (07251) 9 44 10, *Fax (07251) 944132* – P. AE E VISA
Menu *(Sonntagabend geschl.)* à la carte 33/55 – **55 Z** 90/130.

Schlindwein-Stuben, Altenbürgstr. 6, ✉ 76689, ☎ (07251) 4 10 76, *Fax (07251) 49343*, – . AE E VISA
Montag und Aug. - Sept. 3 Wochen geschl. – **Menu** à la carte 35/70 *(auch vegetarische Gerichte)*.

In Forst *NW : 5 km :*

Löwen, Kirchstraße 8, ✉ 76694, ☎ (07251) 30 08 96 – E
Samstagmittag, Sonntagabend - Montag, Jan. und Aug.- Sept. jeweils 2 Wochen geschl. – **Menu** à la carte 46/61.

BRUCKMÜHL *Bayern* **420** *W 19 – 12 000 Ew – Höhe 507 m.*

Berlin 630 – München 46 – Garmisch-Partenkirchen 92 – Salzburg 100 – Innsbruck 119.

Demmel garni, Rathausplatz 2, ✉ 83052, ☎ (08062) 31 11, *Fax (08062) 3311*, – P
15 Z 85/130.

In Bruckmühl-Kirchdorf *N : 1 km :*

XX **Großer Wirt** mit Zim, Am Griesberg 2, ✉ 83052, ☎ (08062) 12 49, *Fax (08062) 5888*, , (geheizt), – .
Menu *(Donnerstag geschl.)* à la carte 31/62 – **11 Z** 75/130.

BRÜCKENAU, BAD *Bayern* 417 418 *P 13 – 7 500 Ew – Höhe 300 m – Heilbad.*

Tourist-Information- Fremdenverkehrsbüro, Marktplatz 2, ✉ 97769, ☎ (09741) 36 69, Fax (09741) 80417.

Berlin 478 – München 345 – Fulda 32 – Frankfurt am Main 97 – Würzburg 78.

In Bad Brückenau – *Stadtmitte :*

Zur Krone, Marktplatz 5, ✉ 97769, ☎ (09741) 40 81, *Fax (09741) 3851* – .
Menu *(Sonntag geschl.)* (nur Abendessen) à la carte 27/48 – **10 Z** 80/140.

Zur Mühle , Ernst-Putz-Str. 17, ✉ 97769, ☎ (09741) 9 16 10, *Fax (09741) 916191*, « Kleiner Park mit Teich », – .
Menu à la carte 23/45 – **37 Z** 58/122 – ½ P 22.

In Bad Brückenau – *Staatsbad :*

Dorint Hotel , Heinrich-von-Bibra-Str. 13, ✉ 97769, ☎ (09741) 8 50, *Fax (09741) 85425*, , direkter Zugang zum Kurmittelzentrum – , Zim, – 130. . Rest
Menu à la carte 48/74 – **146 Z** 169/299 – ½ P 39.

BRÜGGEN *Nordrhein-Westfalen* 417 *M 2 – 14 000 Ew – Höhe 40 m.*

Verkehrsamt, Klosterstr. 38, ✉ 41379, ☎ (02163) 57 01 64, Fax (02163) 570165.

Berlin 600 – Düsseldorf 50 – Mönchengladbach 22 – Roermond 17 – Venlo 17.

Brüggener Klimp (mit Gästehaus), Burgwall 15, ✉ 41379, ☎ (02163) 95 50, *Fax (02163) 7917*, , , , – – 50.
Menu à la carte 30/63 – **63 Z** 100/170.

In Brüggen-Born *NO : 2 km :*

Borner Mühle , ✉ 41379, ☎ (02163) 95 59 50, *Fax (02163) 59003*, – – 25.
Menu à la carte 32/57 – **24 Z** 90/150.

BRÜHL *Nordrhein-Westfalen* 417 *N 4 – 45 000 Ew – Höhe 65 m.*

Sehenswert : Schloß Augustusburg★★ (Treppenhaus★★, Deckenfresko★, Innenräume★★, Audienzsaal★, Garten★) – Schloß Falkenlust★ (Lackkabinett★, Spiegelkabinett★) – Phantasialand★ (Galaxy★, Wintergartenschau★).

Brühl-Info, Uhlstr.3, ✉ 50321, ☎ (02232) 7 93 45, Fax (02232) 79346.

Berlin 589 – Düsseldorf 61 – Bonn 25 – Aachen 76 – Düren 35 – Köln 13.

Am Stern garni, Uhlstr. 101, ✉ 50321, ☎ (02232) 1 80 00, *Fax (02232) 180055* –
41 Z.

Treff Hansa Hotel, Römerstr. 1, ✉ 50321, ☎ (02232) 20 40, *Fax (02232) 204523*, , – , Zim, Rest, – 220.
Menu à la carte 43/67 – **157 Z** 205/265.

Rheinischer Hof garni, Euskirchener Str. 123 (Pingsdorf), ✉ 50321, ☎ (02232) 93 30 10, *Fax (02232) 31689* – . .
15. Dez.- 15. Jan. geschl. – **22 Z** 110/170.

XXX **Orangerie,** Schloßstr. 6 (Schloss Augustusburg), ✉ 50321, ☎ (02232) 94 41 50, *Fax (02232) 9441534*, – .
Sonntag - Montag, über Karneval 2 Wochen und Sept. - Okt. 1 Woche geschl. – **Menu** (nur Abendessen) à la carte 71/119
Spez. Jakobsmuscheln mit glacierten Karotten und Orangen-Safranbutter. Cordon bleu vom Eifelreh mit Gänsestopfleber und Selleriemus. Schokoladenauflauf mit Waldbeeren und Champagnerrahmeis.

XX **Glaewe's Restaurant,** Balthasar-Neumann-Platz, ✉ 50321, ☎ (02232) 1 35 91, *Fax (02232) 44360* –
Montag - Dienstag, Ende Dez. - Anfang Jan. und Juli - Aug. 3 Wochen geschl. – **Menu** (wochentags nur Abendessen) à la carte 62/75.

BRUNSBÜTTEL *Schleswig-Holstein* 415 *E 11 – 13 500 Ew – Höhe 2 m.*
Berlin 374 – Kiel 96 – Cuxhaven 84 – Hamburg 83 – Itzehoe 27.

In Brunsbüttel-Ort :

Zur Traube, Markt 9, ✉ 25541, ☏ (04852) 5 46 10, *Fax (04852) 546150,* – ☎ – 40. AE E VISA. Rest
Menu à la carte 39/69 – **18 Z** 98/145.

In St. Michaelisdonn *N : 12 km :*

Landhaus Gardels, Westerstr. 15, ✉ 25693, ☏ (04853) 80 30, *Fax (04853) 803183,* – ☎ – 50. AE E VISA
Menu *(Samstagmittag geschl.)* à la carte 45/75 – **63 Z** 145/280 – ½ P 35.

BRUSCHIED *Rheinland-Pfalz siehe Kirn.*

BUCHAU, BAD *Baden-Württemberg* 419 *V 12 – 3 900 Ew – Höhe 586 m – Moorheilbad.*
Ausflugsziele : Steinhausen : Wallfahrtskirche★ SO : 10 km – Bad Schussenried : ehemaliges Kloster (Klosterbibliothek★) SO : 9 km.
Städt. Kur- und Verkehrsamt, Marktplatz 1, ✉ 88422, ☏ (07582) 93 36 20, Fax (07582) 93360.
Berlin 679 – Stuttgart 112 – Konstanz 108 – Reutlingen 71 – Ulm (Donau) 63 – Ravensburg 43.

Zum Kreuz, Hofgartenstr. 1, ✉ 88422, ☏ (07582) 9 31 40, *Fax (07582) 931420* – ☎. E VISA
Ende Dez. - Mitte Jan. geschl. – **Menu** *(Mittwoch geschl.)* à la carte 29/59 – **25 Z** 60/130.

BUCHEN (ODENWALD) *Baden-Württemberg* 417 419 *R 11 – 18 000 Ew – Höhe 340 m – Erholungsort.*
Mudau, Donebacher Str. 41 (W : 10 km), ☏ (06284) 84 08.
Verkehrsamt, Hochstadtstr. 2, ✉ 74722, ☏ (06281) 27 80, Fax (06281) 2732.
Berlin 560 – Stuttgart 113 – Würzburg 65 – Heidelberg 87 – Heilbronn 59.

Prinz Carl, Hochstadtstr. 1, ✉ 74722, ☏ (06281) 18 77, *Fax (06281) 1879,* « Rustikale Weinstube » – ☎ – 25. AE E VISA
Menu à la carte 50/80 – **21 Z** 110/175 – ½ P 30.

Reichsadler, Walldürner Str. 1, ✉ 74722, ☏ (06281) 5 22 60, *Fax (06281) 522640,* – ☎. AE E VISA. Zim
März 2 Wochen geschl. – **Menu** *(Sonntagabend - Montagmittag geschl.)* à la carte 34/53 – **18 Z** 70/135.

In Buchen-Hainstadt *N : 1,5 km :*

Zum Schwanen, Hornbacher Str. 4, ✉ 74722, ☏ (06281) 28 63, *Fax (06281) 97098,* – ☎.
Juli - Aug. 3 Wochen geschl. – **Menu** *(Sonntagabend und Mittwoch geschl.)* à la carte 23/35 – **17 Z** 55/100 – ½ P 16.

BUCHENBERG *Bayern* 419 420 *W 14 – 3 800 Ew – Höhe 895 m – Luftkurort – Wintersport : 900/1 036 m 6.*
Verkehrsverein, Rathaus, ✉ 87474, ☏ (08378) 92 02 22, Fax (08378) 920223.
Berlin 703 – München 133 – Kempten (Allgäu) 8 – Isny 17.

Sommerau, Eschacher Str. 35, ✉ 87474, ☏ (08378) 70 11, *Fax (08378) 7014,* – Zim, ☎ – 80. AE E VISA
Menu *(Dienstag geschl.)* à la carte 31/61 – **38 Z** 95/182 – ½ P 28.

Schwarzer Bock, Hölzlers 169 (NW : 1,5 km), ✉ 87474, ☏ (08378) 9 40 50, *Fax (08378) 940520,* (Halle) – Zim, ☎ – 30. E VISA. Rest
Ende Jan. 1 Woche geschl. – **Menu** *(Montagmittag geschl.)* à la carte 38/63 – **23 Z** 95/190 – ½ P 35.

BUCHENHAIN *Brandenburg* 416 *G 24 – 400 Ew – Höhe 30 m.*
Berlin 105 – Potsdam 140 – Neubrandenburg 52 – Szczecin 90.

Landhaus Arnimshain, Dorfstr. 32, ✉ 17268, ☏ (039889) 6 40, *Fax (039889) 64150,* – Zim, ☎ – 80. E VISA
Menu à la carte 34/49 – ***Landhausstube*** *(Nov. - März Montag - Dienstag geschl.)* **Menu** à la carte 28/47 – **42 Z** 90/160.

BUCHHOLZ IN DER NORDHEIDE *Niedersachsen 415 416 F 13 – 34 000 Ew – Höhe 46 m.*

Holm-Seppensen (S : 5 km), (04181) 3 62 00.

Tourist-Information, Rathausplatz. 4, 21244, (04181) 2 89 60, Fax (04181) 289666.

Berlin 312 – Hannover 124 – Hamburg 40 – Bremen 96.

In Buchholz-Dibbersen :

Frommann, Harburger Str. 8 (B 75), 21244, (04181) 28 70, *Fax (04181) 287287,* – Zim, – 40.
Menu à la carte 29/56 – **48 Z** 72/130.

Gästehaus Ulmenhof garni (ehem. Bauernhaus), Am Sööl'n 1, 21244, (04181) 3 98 16, *Fax (04181) 97103,* « Garten », – .
12 Z 68/92.

In Buchholz-Holm-Seppensen :

Seppenser Mühle , 21244, (04187) 3 22 30, *Fax (04187) 322399,* – .
Mitte - Ende Jan. geschl. – **Menu** *(Mittwoch geschl.)* à la carte 32/60 – **21 Z** 92/140.

In Buchholz - Seppensen :

Heitmann garni, Buchholzer Landstr. 6, 21244, (04181) 9 32 50, *Fax (04181) 932525* – .
11 Z 98/140.

In Buchholz-Steinbeck :

Zur Eiche, Steinbecker Str. 111, 21244, (04181) 2 00 00, *Fax (04181) 39509,* – – 40.
Menu *(Dienstag geschl.)* à la carte 36/54 – **18 Z** 105/168.

BUCHLOE *Bayern 419 420 V 16 – 8 500 Ew – Höhe 627 m.*

Berlin 606 – München 68 – Augsburg 48 – Kempten (Allgäu) 59 – Memmingen 49.

Stadthotel, Bahnhofstr. 47, 86807, (08241) 50 60, *Fax (08241) 506135,* – , Zim, – 90.
Menu à la carte 34/63 – **44 Z** 98/177.

BUCKOW *Brandenburg 416 418 I 26 – 2 000 Ew – Höhe 125 m – Kneippkurort.*

Fremdenverkehrsamt, Wriezener Str. 1a, 15377, (033433) 5 75 00, Fax (033433) 57500.

Berlin 62 – Potsdam 91 – Eberswalde 50 – Frankfurt (Oder) 48.

Bergschlösschen , Königstr. 38, 15377, (033433) 5 73 12, *Fax (033433) 57412,* – – 15.
Menu à la carte 30/53 – **14 Z** 100/200.

Kur- und Tagungshotel Am See, Ringstr. 5, 15377, (033433) 63 60, *Fax (033433) 636138,* , « Terrasse mit Seeblick », – – 25.
Menu à la carte 26/48 – **22 Z** 80/140.

BÜCHLBERG *Bayern 420 T 24 – 4 000 Ew – Höhe 489 m – Erholungsort – Wintersport :*

Verkehrsamt, Hauptstr. 5 (Rathaus), 94124, (08505) 9 00 80, Fax (08505) 900848.

Berlin 613 – München 192 – Passau 19 – Freyung 21.

Binder, Freihofer Str. 6, 94124, (08505) 9 00 70, *Fax (08505) 900799,* – – 120.
Mitte Jan.- Mitte Feb. geschl. – **Menu** *(Nov.- April Donnerstag geschl.)* à la carte 22/45 – **57 Z** 58/110 – ½ P 12.

Pension Beinbauer , Pangerlbergstr. 5, 94124, (08505) 65 20, *Fax (08505) 6463,* – . Rest
Nov. geschl. – (nur Abendessen für Hausgäste) – **30 Z** 50/90 – ½ P 15.

Gute Küchen
haben wir durch
Menu , , oder kenntlich gemacht.

BÜCKEBURG *Niedersachsen* 417 *J 11 – 21 500 Ew – Höhe 60 m.*

Sehenswert : Schloß (Fassade★) – Hubschraubermuseum★.

Tourist-Information, Marktpl. 4, ✉ 31675, ✆ (05722) 20 61 81, Fax (05722) 206210.

Berlin 340 – Hannover 64 – Bielefeld 63 – Bremen 106 – Osnabrück 93.

Ambiente M, Herminenstr.11, ✉ 31675, ✆ (05722) 96 70, *Fax (05722) 967444*, – Zim, – 30. AE E VISA
Menu à la carte 30/65 – **34 Z** 127/250.

Altes Forsthaus, Am Harrl 2, ✉ 31675, ✆ (05722) 2 80 40, *Fax (05722) 280444*, – Zim, – 100. AE E VISA
Menu à la carte 38/75 – **42 Z** 120/280.

Am Schlosstor M garni, Lange Str. 31, ✉ 31675, ✆ (05722) 9 59 90, *Fax (095722) 959950* – . AE E VISA
24 Z 89/169.

In Bückeburg-Röcke *W : 5 km :*

Große Klus M, Am Klusbrink 19, ✉ 31675, ✆ (05722) 9 51 20, *Fax (05722) 951250*, – Zim, – 30. AE E VISA
Menu (wochentags nur Abendessen, bemerkenswerte Weinkarte) 35/78 und à la carte 45/75 – **18 Z** 95/190.

In Obernkirchen *O : 6 Km :*

Zum Stadttor garni, Lange Str.53, ✉ 31683, ✆ (05724) 40 16, *Fax (05724) 4017* – . E VISA
13 Z 90/190.

BÜCKEN *Niedersachsen* 415 *H 11 – 1 000 Ew – Höhe 20 m.*

Berlin 355 – Hannover 72 – Bremen 63 – Hamburg 122.

Thöle - Zur Linde, Hoyaer Str. 33, ✉ 27333, ✆ (04251) 9 30 00, *Fax (04251) 930093*, – 200. E VISA
Menu *(Sonntagabend geschl.)* à la carte 22/49 – **18 Z** 60/105.

In Nordholz-Warpe *S : 6,5 km :*

Landhaus Hünecke, Haus Nr. 2, ✉ 27333, ✆ (05022) 6 21, *Fax (05022) 1726*, – . AE E VISA. Zim
Menu *(Sonntagabend geschl.)* à la carte 23/40 – **14 Z** 55/95.

BÜDELSDORF *Schleswig-Holstein siehe Rendsburg.*

BÜDINGEN *Hessen* 417 *P 11 – 21 000 Ew – Höhe 130 m – Luftkurort.*

Sehenswert : Stadtmauer★ – Schloß (Kapelle : Chorgestühl★).

Städt. Verkehrsamt, Marktplatz 7, ✉ 63654, ✆ (06042) 9 63 70, Fax (06042) 963710.

Berlin 524 – Wiesbaden 91 – Frankfurt am Main 49 – Fulda 78.

Stadt Büdingen, Jahnstr. 16, ✉ 63654, ✆ (06042) 9 62 90, *Fax (06042) 564*, – – 200. AE E VISA
Menu *(Sonntag geschl.)* à la carte 30/50 – **52 Z** 98/148.

BÜHL *Baden-Württemberg* 419 *T 8 – 27 000 Ew – Höhe 135 m.*

Ausflugsziel : Burg Altwindeck ≤★ SO : 4 km.

Tourist-Information, Hauptstr. 41, ✉ 77815, ✆ (07223) 93 53 32, Fax (07223) 935339.

Berlin 716 – Stuttgart 117 – Karlsruhe 45 – Offenburg 41 – Baden-Baden 17.

Badischer Hof M, Hauptstr. 36, ✉ 77815, ✆ (07223) 9 33 50, *Fax (07223) 933550*, « Gartenrestaurant » – . AE VISA
Menu *(Sonntag - Montagmittag geschl.)* à la carte 49/89 – **25 Z** 120/200.

Zum Sternen, Hauptstr. 32, ✉ 77815, ✆ (07223) 9 86 50, *Fax (07223) 986533* – . AE E VISA
Menu *(Mittwoch geschl.)* à la carte 24/48 – **16 Z** 80/145.

Grüne Bettlad mit Zim (Haus a.d. 16. Jh., bäuerliche Einrichtung), Blumenstr. 4, ✉ 77815, ✆ (07223) 9 31 30, *Fax (07223) 931310*, – . E VISA
Weihnachten - Mitte Jan. und Juli - Aug. 2 Wochen geschl. – **Menu** *(Sonntag - Montag geschl.)* 45 (mittags) und à la carte 67/91 – **6 Z** 140/210.

Gude Stub, Dreherstr. 9, ✉ 77815, ✆ (07223) 84 80, *Fax (07223) 900180*, « Kleine Stuben im Bauernstil » – E VISA
Dienstag geschl. – **Menu** (Tischbestellung ratsam) à la carte 48/70.

In Bühl-Eisental :

Zum Rebstock, Weinstr. 2 (B 3), ✉ 77815, ✆ (07223) 2 42 45, *Fax (07223) 900708,* – P
Montag - Dienstagmittag, Juli 2 Wochen und Ende Dez.- Mitte Jan. geschl. – **Menu** à la carte 35/79.

In Bühl-Kappelwindeck :

Jägersteig, Kappelwindeckstr. 95a, ✉ 77815, ✆ (07223) 9 85 90, *Fax (07223) 985998,* ≤ Bühl und Rheinebene, – TV ☎ P. E VISA
Mitte Jan. - Mitte Feb. geschl. – **Menu** *(Montagmittag und Donnerstag geschl.)* à la carte 32/64 – **13 Z** 68/140 – ½ P 28.

Zum Rebstock mit Zim, Kappelwindeckstr. 85, ✉ 77815, ✆ (07223) 2 21 09, *Fax (07223) 40142,* – TV P. Rest
Menu *(Mittwoch, Mitte Feb.- Anfang März und Nov. 1 Woche geschl.)* à la carte 34/65 – **7 Z** 65/140.

In Bühl-Neusatz :

Pension Linz garni, Waldmattstr. 10, ✉ 77815, ✆ (07223) 9 86 70, *Fax (07223) 25206,* ≤, Massage, , , , – TV ☎ P. AE E
8 Z 79/172.

In Bühl-Oberbruch : *NW : 4 km, jenseits der A 5 :*

Pospisil's Gasthof Krone mit Zim, ✉ 77815, ✆ (07223) 9 36 00, *Fax (07223) 936018,* – TV ☎ P. AE E VISA
Montag geschl. – ***Pavel's Restaurant*** *(Montag geschl.)* **Menu** 49/110 und à la carte – ***Kronenstube*** : Menu à la carte 39/60 – **6 Z** 65/120.

In Bühl-Rittersbach :

Zur Blume, Hubstr. 85, ✉ 77815, ✆ (07223) 2 21 04, *Fax (07223) 22117,* – ☎ P. E
Menu *(Donnerstag geschl.)* à la carte 28/57 – **12 Z** 80/150.

An der Burgruine Altwindeck *SO : 4 km über Kappelwindeck :*

Burg Windeck M, Kappelwindeckstr. 104, ✉ 77815 Bühl, ✆ (07223) 9 49 20, *Fax (07223) 40016,* ≤ Bühl und Rheinebene, , « Schöne Lage in den Weinbergen », , – Zim, TV ☎ P – 35. AE E VISA
Mitte Jan. - Mitte Feb. geschl. – **Menu** *(Montag geschl.)* à la carte 47/77 – **21 Z** 125/260, 3 Suiten.

An der Schwarzwaldhochstraße *O : 13 km, Richtung Baden-Baden :*

Schlosshotel Bühlerhöhe – Höhe 800 m, ✉ 77815 Bühl, ✆ (07226) 5 50, *Fax (07226) 55777,* ≤ Schwarzwald und Rheinebene, , « Park », Massage, , , , , , , (Halle) – , Zim, Rest, TV P – 120. AE E VISA JCB.
Rest
Imperial *(Montag - Dienstag geschl., nur Abendessen, bemerkenswerte Weinkarte)* **Menu** 135/185 und à la carte 108/153 – ***Schlossrestaurant*** : **Menu** à la carte 69/111 – **90 Z** 330/760, 21 Suiten – ½ P 80.

Plättig – Höhe 800 m, ✉ 77815 Bühl, ✆ (07226) 5 30, *Fax (07226) 53444,* ≤, , , , – TV ☎ P – 80. AE E VISA
Menu à la carte 33/65 – **57 Z** 115/240 – ½ P 33.

BÜHLERTAL

Baden-Württemberg 419 T 8 – 8 500 Ew – Höhe 500 m – Luftkurort.
Verkehrverein, Hauptstr. 92, ✉ 77830, ✆ (07223) 9 96 70, Fax (07223) 75984.
Berlin 721 – Stuttgart 120 – Karlsruhe 50 – Strasbourg 51 – Baden-Baden 20.

Rebstock, Hauptstr. 110 (Obertal), ✉ 77830, ✆ (07223) 9 97 40, *Fax (07223) 997499,* « Gartenterrasse », – , Zim, TV ☎ P – 120. E VISA
über Fasching 1 Woche und Nov. 2 Wochen geschl. – **Menu** *(Donnerstag geschl.)* à la carte 39/71 – **21 Z** 98/190 – ½ P 25.

Badischer Löwe, Sessgasse 3 (Untertal), ✉ 77830, ✆ (07223) 99 80, *Fax (07223) 998299,* – Zim, TV ☎ – 60. AE E VISA
Menu *(Sonntagabend - Montag und Jan. geschl.)* à la carte 35/67 – **21 Z** 80/160 – ½ P 25.

BÜHLERZELL Baden-Württemberg 419 420 S 13 – 1 700 Ew – Höhe 391 m.

Berlin 554 – Stuttgart 86 – Aalen 42 – Schwäbisch Hall 23.

Goldener Hirsch, Heilberger Str. 2, ✉ 74426, ☎ (07974) 3 86, *Fax (07974) 1223*, Biergarten – 🚗 – P – 🏔 150
– **Menu** *(Dienstag geschl.)* à la carte 20/47 – **10 Z** 45/75 – ½ P 15.

BÜLOW KRS. TETEROW Mecklenburg-Vorpommern – 350 Ew – Höhe 33 m.

Berlin 174 – Schwerin 106 – Neubrandenburg 55 – Güstrow 44 – Rostock 73.

In Bülow-Schorssow *SW : 2 km :*

Schloß Schorssow (mit Gästehaus), Am Haussee, ✉ 17166, ☎ (039933) 7 90, *Fax (039933) 79100*, « Park mit See », – Rest, P – 🏔 60. AE E VISA
Hofjägermeister von Moltke : **Menu** à la carte 54/68 – ***Weinkeller :*** **Menu** à la carte 35/55 – **41 Z** 190/350.

BÜNDE Nordrhein-Westfalen 417 J 9 – 41 500 Ew – Höhe 70 m.

Tourist-Information, Rathaus, Bahnhofstr. 15, ✉ 32257, ☎ (05223) 16 12 12, Fax (05223) 161351.

Berlin 380 – Düsseldorf 203 – Bielefeld 24 – Hannover 97 – Osnabrück 46.

Handelshof garni, Bahnhofstr. 79, ✉ 32257, ☎ (05223) 9 29 30, *Fax (05223) 929310* – TV ☎ P. AE E VISA JCB
15. Dez. - 10. Jan. geschl. – **21 Z** 110/185.

BÜRCHAU Baden-Württemberg *siehe Neuenweg.*

BÜREN Nordrhein-Westfalen 417 L 9 – 22 000 Ew – Höhe 232 m.

Berlin 450 – Düsseldorf 152 – Arnsberg 56 – Kassel 92 – Paderborn 29.

Kretzer, Wilhelmstr. 2, ✉ 33142, ☎ (02951) 98 49 80, *Fax (02951) 70119* – TV ☎ P. E. Zim
Menu *(Mittwochabend und 12. Juli - 1. Aug. geschl.)* à la carte 22/42 – **11 Z** 60/110.

Ackfeld, Bertholdstr. 9, ✉ 33142, ☎ (02951) 9 84 50, *Fax (02951) 984545*, Biergarten – TV ☎ 🚗. AE E VISA JCB
Menu *(Donnerstagabend, Samstagmittag, Juni 2 Wochen und Weihnachten - Anfang Jan. geschl.)* à la carte 23/51 – **8 Z** 65/120.

BÜRGEL Thüringen 418 N 19 – 1 800 Ew – Höhe 263 m.

Berlin 233 – Erfurt 55 – Gera 34 – Jena 12 – Halle 88.

Sonne, Markt 9, ✉ 07616, ☎ (036692) 2 25 22, *Fax (036692) 20116*, – TV ☎. AE E VISA
Menu à la carte 23/36 – **14 Z** 60/180.

BÜRGSTADT Bayern 417 419 Q 11 – 4 000 Ew – Höhe 130 m.

Berlin 566 – München 352 – Würzburg 69 – Aschaffenburg 43 – Heidelberg 79.

Adler, Hauptstr. 30, ✉ 63927, ☎ (09371) 9 78 80, *Fax (09371) 978860*, – TV ☎ P. AE E VISA
Menu *(Freitagmittag und Montag geschl.)* à la carte 37/67 – **20 Z** 75/190.

Weinhaus Stern mit Zim, Hauptstr. 23, ✉ 63927, ☎ (09371) 26 76, *Fax (09371) 65154*, « Weinlaube » – TV ☎ P. AE E VISA
Menu *(Mittwoch - Donnerstag und jeden 1. Sonntag im Monat geschl., Montag - Freitag nur Abendessen)* (bemerkenswerte Weinkarte) à la carte 39/76 – **13 Z** 59/195.

BÜRSTADT Hessen 417 419 R 9 – 15 000 Ew – Höhe 90 m.

Biblis-Wattenheim, Golfparkallee 2 (N : 2 km), ☎ (06245) 9 06 00.

Berlin 601 – Wiesbaden 73 – Mannheim 33 – Frankfurt am Main 65 – Worms 7.

Berg, Vinzenzstr. 6, ✉ 68642, ☎ (06206) 98 30, *Fax (06206) 98349*, – Zim, TV ☎ 🚗 P – 🏔 40. AE E VISA JCB
Menu *(Samstagmittag und Sonntag geschl.)* à la carte 44/72 – **35 Z** 85/200.

BÜSCHERHEIDE *Niedersachsen siehe Preußisch-Oldendorf.*

BÜSUM *Schleswig-Holstein* 415 *D 10 – 5 000 Ew – Nordseeheilbad.*

Warwerort (O : 8 km), (04834) 63 00.

Kurverwaltung, im Kurgastzentrum, 25761, (04834) 90 91 14, Fax (04834) 6530.

Berlin 406 – Kiel 102 – Cuxhaven 131 – Flensburg 103 – Meldorf 25.

Friesenhof, Nordseestr. 66, 25761, (04834) 20 95, *Fax (04834) 8108*, – Zim
Jan. geschl. – **Menu** *à la carte 38/77 (auch vegetarische Gerichte)* – **44 Z** 110/290 – ½ P 32.

Strandhotel Hohenzollern, Strandstr. 2, 25761, (04834) 99 50, *Fax (04834) 995150*, – Rest
18. Nov. - 20. Dez. geschl. – **Menu** *(Jan. - Feb. nur Abendessen)* à la carte 31/57 – **43 Z** 83/170 – ½ P 25.

Zur Alten Apotheke garni, Hafenstr. 10, 25761, (04834) 20 46, –
Mitte März - Ende Okt. – **15 Z** 140/180.

Windjammer, Dithmarscher Str. 17, 25761, (04834) 66 61, *Fax (04834) 3040*, –
(nur Abendessen für Hausgäste) – **18 Z** 87/174 – ½ P 22.

Büsum garni, Blauort 18, 25761, (04834) 6 01 40, *Fax (04834) 60188*, –
Mitte März - Okt. – **32 Z** 83/166.

BÜTTELBORN *Hessen* 417 *Q 9 – 10 000 Ew – Höhe 85 m.*

Berlin 567 – Wiesbaden 35 – Frankfurt am Main 38 – Darmstadt 12 – Mainz 28 – Mannheim 56.

Haus Monika, an der B 42 (O : 1,5 km), 64572, (06152) 18 10, *Fax (06152) 18150*, – Zim, Zim
24. Dez.- 2. Jan. geschl. – **Menu** *(Samstag, Sonntagabend und Juli 2 Wochen geschl.)* à la carte 33/71 – **39 Z** 90/170.

BÜTZOW *Mecklenburg-Vorpommern* 416 *E 19 – 10 000 Ew – Höhe 15 m.*

Berlin 203 – Schwerin 63 – Rostock 39 – Güstrow 19 – Wismar 38.

Am Langen See, Rühner Landweg 30, 18246, (038461) 41 90, *Fax (038461) 41999*, – Zim, – 25.
Menu à la carte 28/50 – **25 Z** 95/130 – ½ P 25.

BURBACH *Nordrhein-Westfalen* 417 *N 8 – 14 200 Ew – Höhe 370 m.*

Berlin 555 – Düsseldorf 135 – Siegen 21 – Limburg an der Lahn 45 – Köln 102.

In Burbach-Holzhausen *O : 8 km :*

Fiester-Hannes mit Zim, Flammersbacher Str. 7, 57299, (02736) 2 95 90, *Fax (02736) 295920*, « Restauriertes Fachwerkhaus a.d. 17. Jh. » –
1. - 12. Jan. geschl. – **Menu** *(Montagmittag, Samstagmittag und Sonntagabend geschl.)* à la carte 50/78 – **7 Z** 105/250.

BURG *Schleswig-Holstein siehe Fehmarn (Insel).*

BURG BEI MAGDEBURG *Sachsen-Anhalt* 416 418 *J 19 – 26 300 Ew – Höhe 54 m.*

Burg-Information, Am Markt 1, 39288, (03921) 68 95, Fax (03921) 6895.

Berlin 130 – Magdeburg 26 – Brandenburg 55.

Wittekind, An den Krähenbergen 2 (im Gewerbegebiet Ost SO : 2 km), 39288, (03921) 9 23 90, *Fax (03921) 923939*, – – 25.
Menu à la carte 31/57 – **26 Z** 110/150.

Carl von Clausewitz, In der Alten Kaserne 35, 39288, (03921) 90 80, *Fax (03921) 45215*, Biergarten, – – 20.
Menu *(Samstag - Sonntag geschl.)* (nur Abendessen) à la carte 33/60 – **51 Z** 95/190.

BURG/MOSEL *Rheinland-Pfalz siehe Enkirch.*

BURG (SPREEWALD) *Brandenburg 418 K 26 – 3 400 Ew – Höhe 58 m – Erholungsort.*

Ausflugsziele : *Spreewald★★ (Freilandmuseum Lehde★, per Kahn ab Lübbenau W : 19 km).*
Touristinformation, Am Hafen, ✉ 03096, (035603) 4 17, Fax (035603) 498.
Berlin 113 – Potsdam 144 – Cottbus 19 – Frankfurt (Oder) 98 – Leipzig 117.

Romantik Hotel Zur Bleiche, Bleichestr. 16 (W : 2 km), ✉ 03096, (035603) 6 20, *Fax (035603) 60292*, – Zim, – 160. AE VISA
Menu 54/115 und à la carte – **75 Z** 145/240 – ½ P 45.

Zum Leineweber, Am Bahndamm 2, ✉ 03096, (035603) 6 40, *Fax (035603) 61129*, – Zim, – 25. AE VISA. Rest
Menu à la carte 27/55 – **41 Z** 120/180 – ½ P 25.

Am Spreebogen, Ringchaussee 140 (W : 2,5 km), ✉ 03096, (035603) 68 00, *Fax (035603) 68020*, –
Menu à la carte 24/48 – **24 Z** 110/160 – ½ P 20.

Zur Linde, Hauptstr. 38, ✉ 03096, (035603) 2 09, *Fax (035603) 209*, « Gartenterrasse » –
Menu à la carte 27/36 – **16 Z** 75/120.

In Burg-Kauper *N : 9 km :*

Waldhotel Eiche, Eicheweg 1, ✉ 03096, (035603) 6 70 00, *Fax (035603) 67222*, Biergarten, – – 100. AE VISA
3. - 31. Jan. geschl. – **Menu** à la carte 32/55 – **62 Z** 120/260, 6 Suiten.

Landhotel Burg im Spreewald, Ringchaussee 125, ✉ 03096, (035603) 6 46, *Fax (035603) 64800*, – – 150. AE VISA JCB
Wendenkönig : Menu à la carte 30/55 – **51 Z** 105/190 – ½ P 25.

Seehotel Burg im Spreewald garni, Willischzaweg 4, ✉ 03096, (035603) 6 50, *Fax (035603) 65250* – . AE VISA
35 Z 125/170.

In Werben *SW : 3 km :*

Zum Stern, Burger Str. 1, ✉ 03096, (035603) 6 60, *Fax (035603) 66199*, Biergarten – Zim, – 40. AE VISA
Jan. 3 Wochen geschl. – **Menu** à la carte 24/43 – **32 Z** 95/140 – ½ P 20.

In Leipe *NW : 8 km :*

Spreewaldhotel Leipe, Dorfstraße 20, ✉ 03226, (03542) 22 34, *Fax (03542) 3891*, – . AE VISA
Jan.- Ostern geschl. – **Menu** à la carte 25/43 – **21 Z** 95/190 – ½ P 20/25.

BURG STARGARD *Mecklenburg-Vorpommern siehe Neubrandenburg.*

BURGDORF *Niedersachsen 415 416 418 I 14 – 31 000 Ew – Höhe 56 m.*

Burgdorf-Ehlershausen, (05085) 76 28.
Berlin 274 – Hannover 31 – Braunschweig 52 – Celle 24.

Am Försterberg, Immenser Str.10, ✉ 31303, (05136) 8 80 80, *Fax (05136) 873342*, – – 50. AE VISA
Menu à la carte 36/67 – **24 Z** 88/280.

In Burgdorf-Beinhorn *W : 7 km :*

Landhotel Moormühle, Oldhorster Moor 4 (B3), ✉ 31303, (05136) 8 89 80, *Fax (05136) 889855*, – – 40. AE VISA. Rest
Menu *(Samstag - Sonntag geschl.)* (nur Abendessen) à la carte 47/66 – **28 Z** 110/250.

In Burgdorf-Ehlershausen *N : 10 km :*

Bähre, Ramlinger Str. 1, ✉ 31303, (05085) 9 89 80, *Fax (05085) 989898* –
Menu *(Donnerstag geschl.)* à la carte 27/62 – **23 Z** 80/180.

BURGHASLACH *Bayern 419 420 Q 15 – 2 500 Ew – Höhe 300 m.*

Berlin 448 – München 229 – Nürnberg 60 – Bamberg 46 – Würzburg 59.

In Burghaslach-Oberrimbach *W : 5 km :*

Steigerwaldhaus, ✉ 96152, (09552) 9 23 90, *Fax (09552) 923929*, – . AE VISA. Rest
Mitte Jan. - Mitte Feb. und Mitte - Ende Aug. geschl. – **Menu** *(Dienstag geschl.)* à la carte 39/68 – **13 Z** 45/100 – ½ P 20.

BURGHAUSEN *Bayern* 420 *V 22 – 19 000 Ew – Höhe 368 m.*

Sehenswert : *Lage★★ der Burg★★, ≤★.*

Ausflugsziele : *Wallfahrtskirche Marienberg★ SW : 4 km – Klosterkirche Raitenhaslach★ (Deckenmalerei★★) SW : 5 km.*

Marktl, Falkenhof 1 (N : 13 km), (08678) 89 96 ; , Haiming, Schloß Piesing (NO : 5 km), (08678) 70 01.

Verkehrs- und Kulturamt, Rathaus, Stadtplatz 112, ✉ 84489, (08677) 24 35, Fax (08677) 887155.

Berlin 639 – München 110 – Bad Reichenhall 67 – Passau 81 – Salzburg 58 – Landshut 78.

Residenz, Robert-Koch-Str. 15, ✉ 84489, (08677) 97 50, *Fax (08677) 4000* – AE VISA JCB
Menu à la carte 28/53 – **45 Z** 100/150.

Lindacher Hof garni, Mehringer Str. 47, ✉ 84489, (08677) 98 60, *Fax (08677) 986400,* – – 15. AE VISA
42 Z 115/180.

Post (mit Gästehäusern), Stadtplatz 39, ✉ 84489, (08677) 96 50, *Fax (08677) 965666,* – Zim, – 35. VISA
Menu à la carte 31/63 – **51 Z** 109/165.

Bayerische Alm, Robert-Koch-Str. 211, ✉ 84489, (08677) 98 20, *Fax (08677) 982200,* Biergarten, « Gartenterrasse » – – 15. AE VISA
Menu *(Freitag, im Winter auch Sonntagabend geschl.)* 58 und à la carte 38/69 – **23 Z** 150/190.

Glöcklhofer (mit Gästehaus), Ludwigsberg 4, ✉ 84489, (08677) 70 24, *Fax (08677) 65500,* Biergarten, (geheizt), – – 40. AE VISA
Menu à la carte 41/71 – **49 Z** 110/180.

Fuchsstuben, Mautnerstr. 271, ✉ 84489, (08677) 6 27 24, – VISA
Sonntagabend - Montag, 7. - 11. April und 1. - 15. Sept. geschl. – **Menu** à la carte 33/65.

Bei der Wallfahrtskirche Marienberg *SW : 4 km :*

Zur Einkehr, Marienberg 119, ✉ 84489 Burghausen, (08677) 23 03, – . VISA
Montag geschl., Dienstag - Freitag nur Abendessen – **Menu** à la carte 29/63.

In Burghausen-Raitenhaslach *SW : 5 km :*

Klostergasthof Raitenhaslach, ✉ 84489, (08677) 97 30, *Fax (08677) 66111,* , Biergarten, « Modernisierter Brauereigasthof a.d. 16. Jh. », – . AE VISA
Anfang - Mitte Jan. geschl. – **Menu** à la carte 24/53 – **14 Z** 90/140.

BURGKUNSTADT *Bayern* 418 420 *P 17 – 6 800 Ew – Höhe 304 m.*

Berlin 366 – München 273 – Coburg 31 – Bayreuth 38 – Bamberg 48.

In Altenkunstadt *S : 2 km :*

Gondel, Marktplatz 7, ✉ 96264, (09572) 36 61, *Fax (09572) 4596,* – . AE VISA
2. - 10. Jan. und 8. - 16. Aug. geschl. – **Menu** *(Freitagabend - Samstagmittag geschl.)* à la carte 34/63 – **36 Z** 65/165.

In Altenkunstadt-Baiersdorf *S : 5 km :*

Fränkischer Hof, Altenkunstädter Str. 41, ✉ 96264, (09572) 38 30 00, *Fax (09572) 383020,* , – , Zim, – 30. Rest
Menu à la carte 22/43 – **28 Z** 85/170.

BURGLENGENFELD *Bayern* 420 *S 20 – 10 600 Ew – Höhe 347 m.*

Schmidmühlen (NW : 11 km), (09474) 7 01.

Berlin 470 – München 149 – Regensburg 27 – Nürnberg 90 – Amberg 34.

Gerstmeier, Berggasse 5, ✉ 93133, (09471) 8 05 44, *Fax (09471) 80286,* – . VISA.
Menu *(Sonntagabend geschl.)* à la carte 23/44 – **27 Z** 60/100.

BURGTHANN *Bayern* 419 420 *R 17 – 9 800 Ew – Höhe 440 m.*

Berlin 439 – München 159 – Nürnberg 29 – Regensburg 79.

XX **Blaue Traube** mit Zim, Schwarzachstr. 7, ✉ 90559, ☎ (09183) 75 55, *Fax (09183) 3787,* – TV ☎. E
Aug. - Sept. 2 Wochen geschl. – **Menu** *(Montagabend - Dienstag geschl.)* à la carte 36/62 – **7 Z** 60/120.

BURGWALD *Hessen* 417 *N 10 – 4 900 Ew – Höhe 230 m.*

Berlin 462 – Wiesbaden 145 – Marburg 27 – Kassel 90 – Paderborn 111 – Siegen 82.

In Burgwald-Ernsthausen :

XX **Oertel-Burgwald Stuben,** Marburger Str. 25 (B 252), ✉ 35099, ☎ (06457) 80 66, *Fax (06457) 1076* – P
Mittwoch geschl. – **Menu** (wochentags nur Abendessen) à la carte 53/75.

BURGWEDEL *Niedersachsen* 415 416 417 418 *I 13 – 20 000 Ew – Höhe 58 m.*

Burgwedel-Engensen, Wettmarer Str. 13, ☎ (05139) 89 44 94.

Berlin 283 – Hannover 30 – Bremen 107 – Celle 28 – Hamburg 137.

In Burgwedel-Grossburgwedel :

Menge's Hof, Isernhägener Str. 3, ✉ 30938, ☎ (05139) 80 30, *Fax (05139) 87355,* « Hotelanlage in rekonstruierten Fachwerkhäusern, Innenhofterrasse mit Teich », Massage, , – TV ☎ P – 70. AE E VISA
Menu à la carte 45/75 – **44 Z** 187/257.

Marktkieker garni, Am Markt 7, ✉ 30938, ☎ (05139) 70 93, *Fax (05139) 894065,* « Fachwerkhaus aus dem 17. Jh. » – TV ☎ P. AE E VISA
22. Dez. - 4. Jan. geschl. – **16 Z** 104/209.

Ole Deele garni, Heinrich-Wöhler-Str. 14, ✉ 30938, ☎ (05139) 9 98 30, *Fax (05139) 998340* – TV ☎ P – 40. E VISA
15 Z 105/165.

BURLADINGEN *Baden-Württemberg* 419 *V 11 – 11 000 Ew – Höhe 722 m.*

Berlin 713 – Stuttgart 78 – Konstanz 106 – Ulm (Donau) 92 – Freiburg im Breisgau 173.

In Burladingen-Gauselfingen *SO : 4,5 km :*

Wiesental, Gauzolfstr. 23 (B 32), ✉ 72393, ☎ (07475) 75 35, *Fax (07475) 7317,* , – TV ☎ P. Rest
über Fastnacht und Juli - Aug. 2 Woche geschl. – **Menu** *(Donnerstag geschl.)* à la carte 32/53 – **13 Z** 70/120.

In Burladingen-Melchingen *N : 12 km :*

Gästehaus Hirlinger garni, Falltorstr. 9, ✉ 72393, ☎ (07126) 9 29 70, *Fax (07126) 929723,* , – ☎ P
21 Z 55/110.

BURSCHEID *Nordrhein-Westfalen* 417 *M 5 – 17 500 Ew – Höhe 200 m.*

Berlin 546 – Düsseldorf 42 – Köln 26 – Remscheid 19.

In Burscheid-Hilgen *NO : 4 km :*

Heyder, Kölner Str. 94 (B 51), ✉ 51399, ☎ (02174) 50 91, *Fax (02174) 61814* – TV ☎ P. AE E VISA
Weihnachten - Anfang Jan. geschl. – **Menu** *(Samstag geschl.)* à la carte 29/61 – **29 Z** 78/220.

BUSCHVITZ *Mecklenburg-Vorpommern siehe Rügen (Insel).*

BUTJADINGEN *Niedersachsen* 415 *F 8 – 6 000 Ew – Höhe 3 m.*

Kurverwaltung, Strandallee (Burhave), ✉ 26969, ☎ (04733) 9 29 30, Fax (04733) 929399.

Berlin 487 – Hannover 214 – Cuxhaven 64 – Bremerhaven 15 – Oldenburg 67.

In Butjadingen-Burhave *– Seebad :*

Haus am Meer , Am Deich 26, ✉ 26969, ☎ (04733) 4 22, *Fax (04733) 422,* , – TV P
Menu *(Donnerstag geschl.)* (Nov. - März nur Abendessen) à la carte 26/66 – **10 Z** 58/125 – ½ P 20.

In Butjadingen-Feddewardersiel – *Seebad :*

Zur Fischerklause, Sielstr. 16, ✉ 26969, ✆ (04733) 3 62, *Fax (04733) 1847*, – . *Rest*
Menu *(Dienstag, Jan.- März auch Montag geschl.)* à la carte 26/57 – **22 Z** 78/136.

In Butjadingen-Ruhwarden :

Schild's Hotel (mit Gästehäusern), Butjadinger Str. 8, ✉ 26969, ✆ (04736) 2 25, *Fax (04736) 927205*, (geheizt), – .
April - Okt. – (Restaurant nur für Hausgäste) – **68 Z** 64/128.

In Butjadingen-Tossens : – *Seebad :*

Holiday Inn Resort, Strandallee 36a, ✉ 26969, ✆ (0 47 36) 92 80, *Fax (04736) 9289428*, Massage, – Zim, – 150.
Menu à la carte 35/52 – **76 Z** 130/200 – ½ P 35.

BUTTENHEIM *Bayern siehe Hirschaid.*

BUTZBACH *Hessen* 417 *O 10 – 22 000 Ew – Höhe 205 m.*
Ausflugsziel : *Burg Münzenberg*, O : 9 km.*
Berlin 501 – Wiesbaden 71 – Frankfurt am Main 41 – Gießen 23.

Hessischer Hof garni (mit Appartementhaus), Weiseler Str. 43, ✉ 35510, ✆ (06033) 94 40, *Fax (06033) 16282* –
41 Z.

BUXHEIM *Bayern siehe Memmingen.*

BUXTEHUDE *Niedersachsen* 415 416 *F 13 – 36 000 Ew – Höhe 5 m.*
Zum Lehmfeld 1 (S : 4 km), ✆ (04161) 8 13 33 ; Ardestorfer Weg 1 (SO : 6 km), ✆ (04161) 8 76 99.
Stadtinformation, Stavenort 2, ✉ 21614, ✆ (04161) 50 12 97, Fax (04161) 52693.
Berlin 326 – Hannover 158 – Hamburg 37 – Cuxhaven 93 – Bremen 99.

Herzog Widukind garni, Kottmeierstr. 1, ✉ 21614, ✆ (04161) 64 60, *Fax (04161) 646146* – – 25.
35 Z 155/205.

Zur Mühle, Ritterstr. 16, ✉ 21614, ✆ (04161) 5 06 50, *Fax (04161) 506530* –
Menu *(Samstagmittag und Sonntag geschl.)* à la carte 48/73 – **38 Z** 135/250.

Am Stadtpark garni, Bahnhofstr. 1 (Estepassage), ✉ 21614, ✆ (04161) 50 68 10, *Fax (04161) 506815* – – 20.
20 Z 115/155.

An der Linah garni, Harburger Str. 44, ✉ 21614, ✆ (04161) 6 00 90, *Fax (04161) 600910* – .
28 Z 110/150.

In Buxtehude-Hedendorf *W : 5 km :*

Zur Eiche, Harsefelder Str. 64, ✉ 21614, ✆ (04163) 23 01, *Fax (04163) 7727*, – – 100
Menu *(Donnerstag geschl.)* (wochentags nur Abendessen) à la carte 28/54 – **10 Z** 85/135.

CADENBERGE *Niedersachsen* 415 *E 11 – 3 200 Ew – Höhe 8 m.*
Berlin 388 – Hannover 218 – Cuxhaven 33 – Bremerhaven 56 – Hamburg 97.

Eylmann's Hotel (mit Gästehaus), Bergstr. 5, ✉ 21781, ✆ (04777) 2 21, *Fax (04777) 1514*, – – 60
Menu à la carte 31/58 – **24 Z** 59/130.

CADOLZBURG *Bayern* 419 420 *R 16 – 8 600 Ew – Höhe 351 m.*
Berlin 462 – München 179 – Nürnberg 26 – Ansbach 30 – Würzburg 87.

In Cadolzburg-Egersdorf *O : 2 km :*

Grüner Baum, Dorfstr. 11, ✉ 90556, ✆ (09103) 9 21, *Fax (09103) 5539*, – Zim, – 20.
Menu *(Sonntagabend - Montagmittag, Anfang Jan. 1 Woche und Aug. 3 Wochen geschl.)* à la carte 24/51 – **32 Z** 82/140.

CAHNSDORF *Brandenburg* 418 *K 25 – 450 Ew – Höhe 62 m.*
Berlin 91 – Potsdam 107 – Cottbus 49.

Landhaus am Park, Parkweg 3, ✉ 15926, ☎ (03544) 5 00 90, *Fax (03544) 500944,* – , Zim, .
Menu à la carte 23/48 – **25 Z** 90/150.

CALW *Baden-Württemberg* 419 *T 10 – 24 000 Ew – Höhe 347 m.*
Stadtinformation, Marktbrücke 1, ✉ 75365, ☎ (07051) 96 88 55, Fax (07051) 968877.
Berlin 659 – Stuttgart 47 – Karlsruhe 54 – Pforzheim 26 – Tübingen 40 – Freudenstadt 66.

Ratsstube, Marktplatz 12, ✉ 75365, ☎ (07051) 9 20 50, *Fax (07051) 70826,* – Zim, – 30.
Menu à la carte 32/74 – **13 Z** 85/165.

Rössle, Hermann-Hesse-Platz 2, ✉ 75365, ☎ (07051) 7 90 00, *Fax (07051) 790079* – .
Aug. geschl. – **Menu** *(Freitag geschl.)* à la carte 26/55 – **20 Z** 85/145.

In Calw-Stammheim *SO : 4,5 km :*

Adler mit Zim, Hauptstr. 16, ✉ 75365, ☎ (07051) 42 87, *Fax (07051) 20311,* – Rest, . Rest
über Fasching 2 Wochen geschl. – **Menu** à la carte 37/76 – **8 Z** 85/120.

Sonne mit Zim, Bärengasse 20, ✉ 75365, ☎ (07051) 4 04 71, *Fax (07051) 77046,* – .
Menu *(Samstagmittag und Aug - Sept. auch Montag geschl.)* à la carte 29/53 – **3 Z** 65/110.

Die Preise — Einzelheiten über die in diesem Führer angegebenen Preise finden Sie in der Einleitung.

CAMBERG, BAD *Hessen* 417 *P 8 – 12 000 Ew – Höhe 200 m – Kneippheilbad.*
Kurverwaltung, Chambray-les-Tours-Platz 1, ✉ 65520, ☎ (06434) 2 02 17, Fax (06434) 20223.
Berlin 544 – Wiesbaden 37 – Frankfurt am Main 60 – Limburg an der Lahn 17.

Bad Camberg, Caspar-Hofmann-Platz 2, ✉ 65520, ☎ (06434) 20 30, *Fax (06434) 203180,* – – 80.
Menu *(Samstagmittag geschl.)* à la carte 39/69 – **54 Z** 145/220 – ½ P 25.

CAMBS *Mecklenburg-Vorpommern siehe Schwerin.*

CASTROP-RAUXEL *Nordrhein-Westfalen* 417 *L 5 – 80 000 Ew – Höhe 55 m.*
Castrop-Rauxel, Dortmunder Str. 383 (O : 3,5 km), ☎ (02305) 6 20 27.
Berlin 498 – Düsseldorf 63 – Bochum 12 – Dortmund 12 – Münster (Westfalen) 56.

Ramada Schloßhotel Goldschmieding garni, Dortmunder Str. 55, ✉ 44575, ☎ (02305) 30 10, *Fax (02305) 30145,* – – 60.
85 Z 178/406.

Selle am Wald garni, Cottenburgschlucht 41, ✉ 44577, ☎ (02305) 94 10, *Fax (02305) 941252* – .
29 Z 68/128.

Haus Bladenhorst, Wartburgstr. 5, ✉ 44579, ☎ (02305) 7 79 91 – .
Montag geschl. – **Menu** à la carte 43/68.

CELLE *Niedersachsen* 415 416 418 *I 14 – 74 000 Ew – Höhe 40 m.*
Sehenswert : *Altstadt★★ – Schloß (Hofkapelle★)* Y.
Ausflugsziel : *Wienhausen (Kloster★) ③ : 10 km.*
Celle-Garßen (über ②), ☎ (05086) 3 95.
Tourist-Information, Markt 6, ✉ 29221, ☎ (05141) 12 12, Fax (05141) 12459.
ADAC, *Nordwall 1a, ✉ 29221, ☎ (05141) 10 60, Fax (05141) 217882.*
Berlin 276 ③ – Hannover 51 ④ – Bremen 112 ⑤ – Hamburg 117 ①.

CELLE

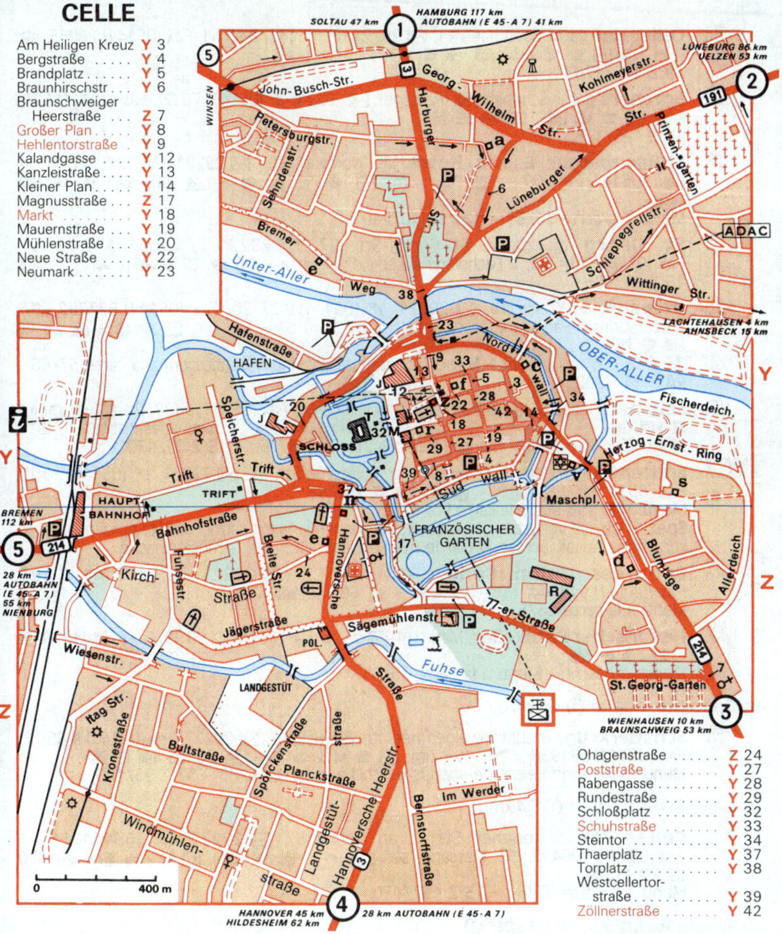

Am Heiligen Kreuz Y 3
Bergstraße . . . . . Y 4
Brandplatz . . . . . Y 5
Braunhirschstr . . . Y 6
Braunschweiger Heerstraße . . . Z 7
Großer Plan . . . . . Y 8
Hehlentorstraße . Y 9
Kalandgasse . . . . Y 12
Kanzleistraße . . . . Y 13
Kleiner Plan . . . . . Y 14
Magnusstraße . . . Z 17
Markt . . . . Y 18
Mauernstraße . . . Y 19
Mühlenstraße . . . Y 20
Neue Straße . . . . Y 22
Neumark . . . . Y 23

Ohagenstraße . . . . . . Z 24
Poststraße . . . . Y 27
Rabengasse . . . . Y 28
Rundestraße . . . . Y 29
Schloßplatz . . . . Y 32
Schuhstraße . . . . Y 33
Steintor . . . . Y 34
Thaerplatz . . . . Y 37
Torplatz . . . . Y 38
Westcellertorstraße . . . . Y 39
Zöllnerstraße . . . . Y 42

Fürstenhof, Hannoversche Str. 55, ✉ 29221, ✆ (05141) 20 10, *Fax (05141) 201120*, « Historisches Palais mit Hotelanbau », – Rest – 60. AE VISA. Rest Z e
Menu siehe Rest. ***Endtenfang*** separat erwähnt – ***Palio*** (italienische Küche) *(Montag - Dienstag geschl.)* Menu à la carte 50/69 – **76 Z** 200/400, 5 Suiten.

Caroline Mathilde M garni (mit Gästehaus), Alter Bremer Weg 37, ✉ 29223, ✆ (05141) 3 20 23, *Fax (05141) 32028*, – Zim, – 30. AE E VISA Y e
53 Z 125/260.

Blumlage garni, Blumlage 87, ✉ 29221, ✆ (05141) 70 71, *Fax (05141) 6825* – . AE E VISA Z d
32 Z 110/165.

Brauner Hirsch M garni, Münzstr. 9c, ✉ 29223, ✆ (05141) 9 39 30, *Fax (05141) 939350* – . AE E VISA JCB Y a
24 Z 125/260.

Sol Inn M, Fuhrberger Str. 6, ✉ 29225, ✆ (05141) 97 20, *Fax (05141) 972444*, – Zim, – 60. AE E VISA. Rest über ⑤
Menu à la carte 32/48 – **129 Z** 110/154.

Celler Hof garni, Stechbahn 11, ✉ 29221, ✆ (05141) 2 80 61, *Fax (05141) 28065*, – TV. AE VISA Y r
49 Z 115/170.

Borchers garni, Schuhstr. 52 (Passage), ✉ 29221, ✆ (05141) 70 61, *Fax (05141) 6233* – TV. AE E VISA Y f
19 Z 125/175.

Steigenberger Esprix Hotel M, Nordwall 20, ✉ 29221, ✆ (05141) 20 00, *Fax (05141) 200200* – Zim, TV P – 60. AE E VISA JCB Y c
Menu à la carte 33/61 – **121 Z** 140/210.

St. Georg garni, St.-Georg-Str. 27, ✉ 29221, ✆ (05141) 2 10 51, *Fax (05141) 217725*, « Fachwerkhäuser a.d. 17. Jh. » – TV. AE E VISA. Y s
15 Z 95/195.

Utspann, Im Kreise 13, ✉ 29221, ✆ (05141) 9 27 20, *Fax (05141) 927252*, « Restaurierte Fachwerkhäuser aus dem 17. Jh. », – Zim, TV P – 25. AE E VISA Y v
23. Dez. - 1. Jan. geschl. – **Menu** *(Sonntag geschl.)* (nur Abendessen) à la carte 37/66 – **24 Z** 140/202.

Schaper, Heese 6, ✉ 29225, ✆ (05141) 9 48 80, *Fax (05141) 948830* – TV P. E VISA. über Wiesenstraße Z
Menu *(Sonntagabend - Montag geschl.)* à la carte 37/60 – **15 Z** 95/170.

Endtenfang - Hotel Fürstenhof, Hannoversche Str. 55, ✉ 29221, ✆ (05141) 20 10, *Fax (05141) 201120*, – P. AE E VISA. Z e
Menu 138/158 und à la carte 90/127
Spez. Fricassée von Atlantik-Hummer. Seezungenfilets mit sautierten Steinpilzen und Zukkerschotenravioli. Bresse Poularde mit Périgordsauce und Gemüsepanaché.

Congress Union Celle, Thaerplatz 1, ✉ 29221, ✆ (05141) 91 93, *Fax (05141) 919444*, – – 600. E VISA YZ n
Menu à la carte 33/55.

Historischer Ratskeller, Markt 14, ✉ 29221, ✆ (05141) 2 90 99, *Fax (05141) 29090* – AE E VISA Y z
Dienstag geschl. – **Menu** à la carte 36/65.

In Celle-Altencelle ③ : *3 km* :

Schaperkrug, Braunschweiger Heerstr. 85 (B 214), ✉ 29227, ✆ (05141) 9 85 10, *Fax (05141) 881958*, – Zim, TV P – 60. AE E VISA
Menu *(Sonn- und Feiertage abends geschl.)* à la carte 36/65 – **37 Z** 95/160.

In Celle-Groß Hehlen ① : *4 km* :

Celler Tor, Scheuener Str. 2 (an der B 3), ✉ 29229, ✆ (05141) 59 00, *Fax (05141) 590490*, Massage, – Zim, TV P – 170. AE E VISA
Menu à la carte 47/86 – **73 Z** 167/450.

In Wienhausen *SO : 10 km über* ③ :

Voß garni, Hauptstr. 27, ✉ 29342, ✆ (05149) 5 92, *Fax (05149) 202*, « Geschmackvolle Einrichtung mit Antiquitäten », – TV P. AE E VISA
16. Jan. - 8. Feb. geschl. – **20 Z** 98/158.

In Wienhausen-Oppershausen *SO : 12 km über* ③ :

Landhotel Klosterhof (mit Gästehaus), Dorfstr. 16, ✉ 29342, ✆ (05149) 9 80 30, *Fax (05149) 980335*, – Zim, TV P. E
Menu *(nur Freitag - Sonntag geöffnet)* (nur Abendessen, Tischbestellung erforderlich) 49/69 – **34 Z** 118/158.

In Bergen-Altensalzkoth *N : 14 km über* ① :

Helms (mit Gästehaus), Altensalzkoth 7, ✉ 29303, ✆ (05054) 81 82, *Fax (05054) 8180*, – Zim, TV P – 80. E VISA
Mitte Dez. - Ende Jan. geschl. – **Menu** à la carte 30/62 – **50 Z** 88/198.

CHAM *Bayern* 420 *S 21 – 17 000 Ew – Höhe 368 m.*

Tourist-Information, Propsteistr. 46 (im Cordonhaus), ✉ 93413, ✆ (09971) 85 79 33, Fax (09971) 79842.

Berlin 481 – München 178 – Regensburg 73 – Amberg 73 – Passau 109 – Plzen 94.

Randsberger Hof, Randsberger-Hof-Str. 15, ✉ 93413, ✆ (09971) 12 66, *Fax (09971) 20299,* , , , – , Zim, – 100. AE E VISA
Menu à la carte 22/50 – **88 Z** 59/132.

Bräu-Pfandl, Lucknerstr. 11, ✉ 93413, ✆ (09971) 2 07 87 – AE E VISA
Sonntag - Montag geschl. – **Menu** à la carte 28/55.

In Cham-Chammünster *SO : 3 km über die B 85 :*

Berggasthaus Oedenturm , Am Oeden Turm 11, ✉ 93413, ✆ (09971) 8 92 70, *Fax (09971) 892720,* <, , – . E
6. Okt. - 30. Nov. geschl. – **Menu** *(Sonntagabend - Montag geschl.)* à la carte 28/58 – **12 Z** 41/88.

In Chamerau *SO : 7 km :*

Landgasthof Schwalbenhof, Kalvarienberg 1 (B 85), ✉ 93466, ✆ (09944) 8 68, *Fax (09944) 2654,* –
Mitte Feb. - Mitte März geschl. – **Menu** *(Mittwoch geschl.)* à la carte 24/51 – **17 Z** 51/90.

In Runding *O : 9 km :*

Reiterhof (Appartement-und Ferienhotel), In den Sallerwiesen 1, ✉ 93486, ✆ (09971) 99 90, *Fax (09971) 999200,* , Massage, , , , (Halle) –
– 80. AE E VISA
Anfang Nov. - Mitte Dez. geschl. – **Menu** (wochentags nur Abendessen) à la carte 24/48 – **98 Z** 96/162.

CHAMERAU *Bayern siehe Cham.*

CHEMNITZ *Sachsen* 418 *N 22 – 270 000 Ew – Höhe 300 m.*

Sehenswert : *Museum für Naturkunde* EU *(versteinerter Wald★)* **M1** – *Schloßkirche* ET *(Geißelsäule★).*

Ausflugsziel : *Schloß Augustusburg★ (Museum für Jagdtier- und Vogelkunde★, Motorradmuseum★★), über Augustusburger Str.* CY *O : 15 km.*

Tourist-Information, Stadthalle, Rathausstr. 1, ✉ 09111, ✆ (0371) 1 94 33, Fax (0371) 4508725.

ADAC, *Hartmannstr. 5, ✉ 09111, ✆ (0351) 44 78 80, Fax (0371) 6000529.*

Berlin 257 ② – Dresden 70 ② – Leipzig 78 ⑦ – Praha 163 ③.

Stadtpläne siehe nächste Seiten

Renaissance M, Salzstr. 56, ✉ 09113, ✆ (0371) 3 34 10, *Fax (0371) 3341777,* , Massage, , , , – , Zim, – 250. AE E VISA JCB ET s
Glashaus : **Menu** à la carte 42/74 – **226 Z** 176/202, 15 Suiten.

Dorint Parkhotel Chemnitz M, Deubners Weg 12, ✉ 09112, ✆ (0371) 3 80 70, *Fax (0371) 3807100,* , , – , Zim, – 180. AE E VISA JCB. Rest EV a
Menu à la carte 36/64 – **187 Z** 180/275.

Günnewig Hotel Chemnitzer Hof M, Theaterplatz 4, ✉ 09111, ✆ (0371) 68 40, *Fax (0371) 6762587,* – , Zim, – 150. AE E VISA JCB. Rest EU b
Menu à la carte 51/69 – **98 Z** 179/268.

Mercure M, Brückenstr. 19, ✉ 09111, ✆ (0371) 68 30, *Fax (0371) 683505,* – , Zim, Rest, – 200. AE E VISA JCB. Rest EU e
Menu à la carte 32/71 – **386 Z** 139/199.

Seaside Residenz Hotel, Bernsdorfer Str. 2, ✉ 09126, ✆ (0371) 6 01 31, *Fax (0371) 6762781,* , – , Zim, – 80. AE E VISA. Rest EV d
Menu à la carte 32/58 – **192 Z** 155/185.

CHEMNITZ

Adelsbergstr.	CY	
Annaberger Str.	BY	
Augustusburger Str.	CY	
Bernsdorfer Str.	CY	4
Blankenauer Str.	BX	9
Bornaer Str.	BX	
Carl-von-Ossietzky-Str.	CY	10
Chemnitzer Str. (RÖHRSDORF)	AX	
Chemnitztalstr.	BX	
Dresdner Str.	CX	
Erfenschlager Str.	BCY	16
Eubaer Str.	CY	
Frankenberger Str.	CX	
Geibelstr.	CY	
Glösaer Str.	BCX	
Gornauer Str.	CY	
Grenzweg	CXY	
Grünaer Str.	AY	18
Haardt	AX	
Heinrich-Schütz-Str.	CX	19
Hohensteiner Str.	AY	21
Jagdschänkenstr.	AY	24
Jägerschlößhenstr.	CY	25
Leipziger Str.	BX	
Leipziger Str. (RÖHRSDORF)	AX	
Limbacher Str.	ABY	
Limbacher Str. (RÖHRSDORF)	AX	
Max-Saupe-Str.	CX	
Neefestr. (GRÜNA)	AY	
Neefestr.	ABY	
Oberfrohnaer Str.	AXY	
Reichenhainer Str.	BCY	
Stelzendorfer Str.	AY	31
Stollberger Str.	BY	
Südring	BY	
Trützschlerstr.	AY	34
Unritzstr.	AY	36
Waldenburger Str.	BY	39
Wartburgstr.	CY	40
Wasserschänkenstr.	AX	41
Werner-Seelenbinder-Str.	BY	42
Weststr.	BY	
Wilhelm-Busch-Str.	CY	43
Wittgensdorfer Str.	BX	45
Wladimir-Sagorski-Str.	BY	46
Yorckstr.	CY	48
Zschopauer Str.	CY	
Zwickauer Str.	ABY	

Jährlich eine neue Ausgabe, aktuellste Informationen, jährlich für Sie !

Günnewig Hotel Europa garni, Straße der Nationen 56, ✉ 09111, ✆ (0371) 68 11 28, *Fax (0371) 670606* – AE E VISA JCB — EU f
88 Z 119/159.

Achat garni, Winklhoferstr. 14 (Ecke Neefestr./Südring), ✉ 09116, ✆ (0371) 8 12 10, *Fax (0371) 8121999* – 20. AE E VISA — BY c
100 Z 114/178.

Elisenhof garni, Mühlenstr. 102, ✉ 09111, ✆ (0371) 47 16 90, *Fax (0371) 4716950* – AE E VISA — ET h
24 Z 95/150.

Metropolitan, An der alten Post 1, ✉ 09111, ✆ (0371) 6 76 28 58, *Fax (0371) 6761191*, – E VISA — EU k
Menu à la carte 28/59.

In Chemnitz-Adelsberg *SO : 4 km :*

Adelsberger Parkhotel Hoyer, Wilhelm-Busch-Str. 61, ✉ 09127, ✆ (0371) 77 42 00, *Fax (0371) 773377*, – Zim, – 50. AE E VISA — CY m
Menu à la carte 26/59 – **27 Z** 125/235.

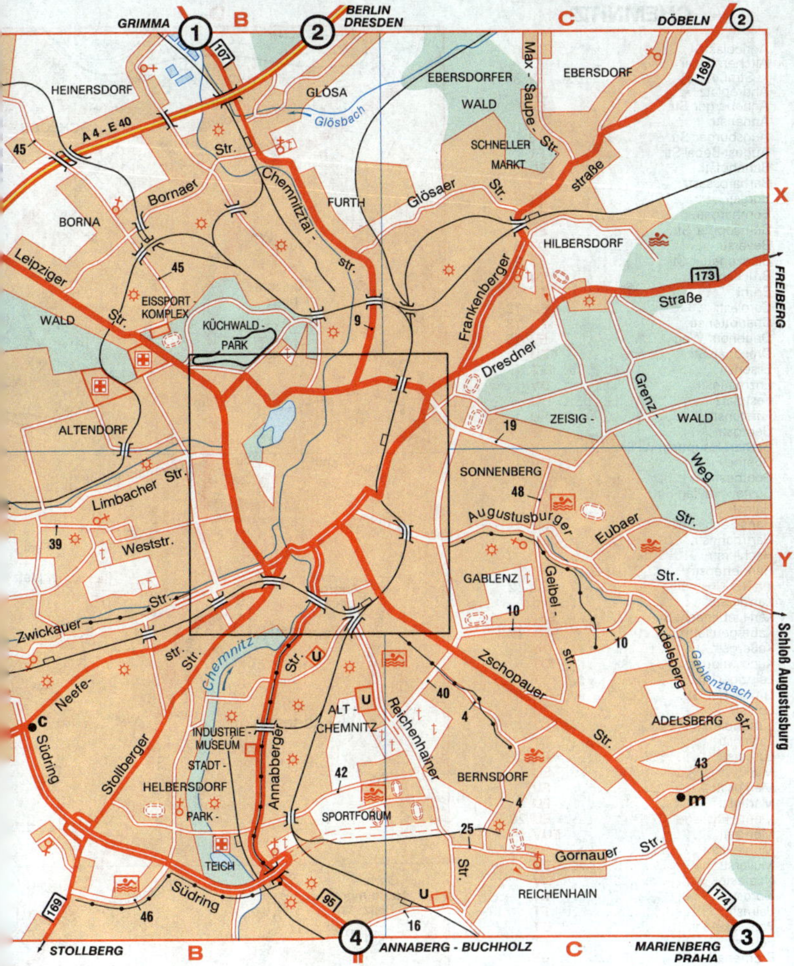

In Chemnitz-Klaffenbach *S : 10 km über ④ :*

Schlosshotel Klaffenbach, Wasserschloßweg 6, ✉ 09123, ✆ (0371) 2 61 10, *Fax (0371) 2611100*, « Schloßanlage a.d. 16. Jh. », – |₫|, ⇋ Zim, TV ☎ P – 40. AE ① E VISA
Menu à la carte 29/62 – **53 Z** 135/188.

In Chemnitz-Kleinolbersdorf *SO : 9 km über ③ :*

Kleinolbersdorf, Ferdinandstr. 105, ✉ 09128, ✆ (0371) 77 24 02, *Fax (0371) 772404*, – TV ☎ P – 20. AE ① E VISA
Menu à la carte 26/53 – **18 Z** 95/135.

In Chemnitz-Rabenstein *W : 6 km :*

Burghotel Rabenstein, Grünaer Str. 2, ✉ 09117, ✆ (0371) 85 65 02, *Fax (0371) 850579*, « Gartenterrasse » – TV ☎ P – 70. AE ① E VISA AY n
Menu à la carte 26/52 – **20 Z** 125/189.

In Chemnitz-Siegmar *SW : 5 km :*

Alte Mühle M, An der alten Mühle 10, ✉ 09117, ✆ (0371) 8 14 40, *Fax (0371) 8144333*, Biergarten, – |₫|, ⇋ Zim, TV ☎ P – 30. AE ① E VISA AY r
Menu à la carte 31/57 – **35 Z** 135/210.

CHEMNITZ

Agricolastr.	DV	
Altchemnitzer Straße	EV	3
Andréplatz	DU	
Annaberger Str.	EV	
Annenstr.	EV	
Augsburger Str.	FU	
August-Bebel-Str.	FT	
Bahnhofstr.	EFU	
Barbarossastr.	DUV	
Bergstr.	DT	
Bernhardstr.	FV	
Bernsdorfer Str.	FV	
Beyerstr.	DT	6
Blankenauer Str.	FT	9
Brückenstr.	EU	
Brühl	ET	
Carolastr.	EFU	12
Charlottenstr.	FV	13
Deubners Weg	EV	15
Dresdner Str.	FTU	
Elisenstr.	EFT	
Enzmannstr.	DV	
Festplatz	DU	
Fürstenstr.	FU	
Georgstr.	EFT	
Gerhart-Hauptmann-Platz	DV	
Goethe-Platz	DV	
Goethestr.	DV	
Gustav-Freytag-Str.	EV	
Hainstr.	FTU	
Hans-Sachs-Str.	FV	
Hartmannstr.	DEU	
Hechlerstr.	DT	
Henriettenstr.	DU	
Innere Klosterstr.	EU	22
Kanzlerstr.	DU	
Karl-Liebknecht-Str.	EFT	
Kaßergauffahrt	EU	27
Kaßergstr.	DU	
Küchwaldring	DT	
Leipziger Str.	DT	
Limbacher Str.	DU	
Lohrstr.	EU	
Luisenplatz	DT	
Luisenstr.	DT	
Lutherstr.	FV	
Markt	EU	
Markusstr.	FU	
Martinstr.	FU	
Moritz Passage	EU	28
Moritzstr.	EUV	
Mühlenstr.	ET	
Müllerstr.	EFT	
Neefestr.	DV	
Nordstr.	ET	
Palmstr.	FT	
Paul-Jäkel-Str.	DT	
Peterstr.	FT	
Promenadenstr.	ET	
Rathausstr.	EU	
Reichenhainer Str.	EFV	30
Reichsstr.	DUV	
Reitbahnstr.	EV	
Rembrandtstr.	FV	
Ritterstr.	EFV	
Rosenhof	EU	
Salzstr.	DET	
Schillerplatz	ET	
Schloßeichstr.	DET	
Sonnenstr.	FU	
Stollberger Str.	DEV	
Straße der Nationen	EU	
Theaterplatz	EU	33
Theaterstr.	ETU	
Theodor-Körner-Platz	FU	
Waisenstr.	EFU	37
Weststr.	DU	
Winklerstr.	DT	
Zieschestr.	FUV	
Zietenstr.	FU	
Zöllnerplatz	ET	
Zschopauer Str.	EFV	
Zum Luisenplatz	DT	49
Zwickauer Str.	DEV	

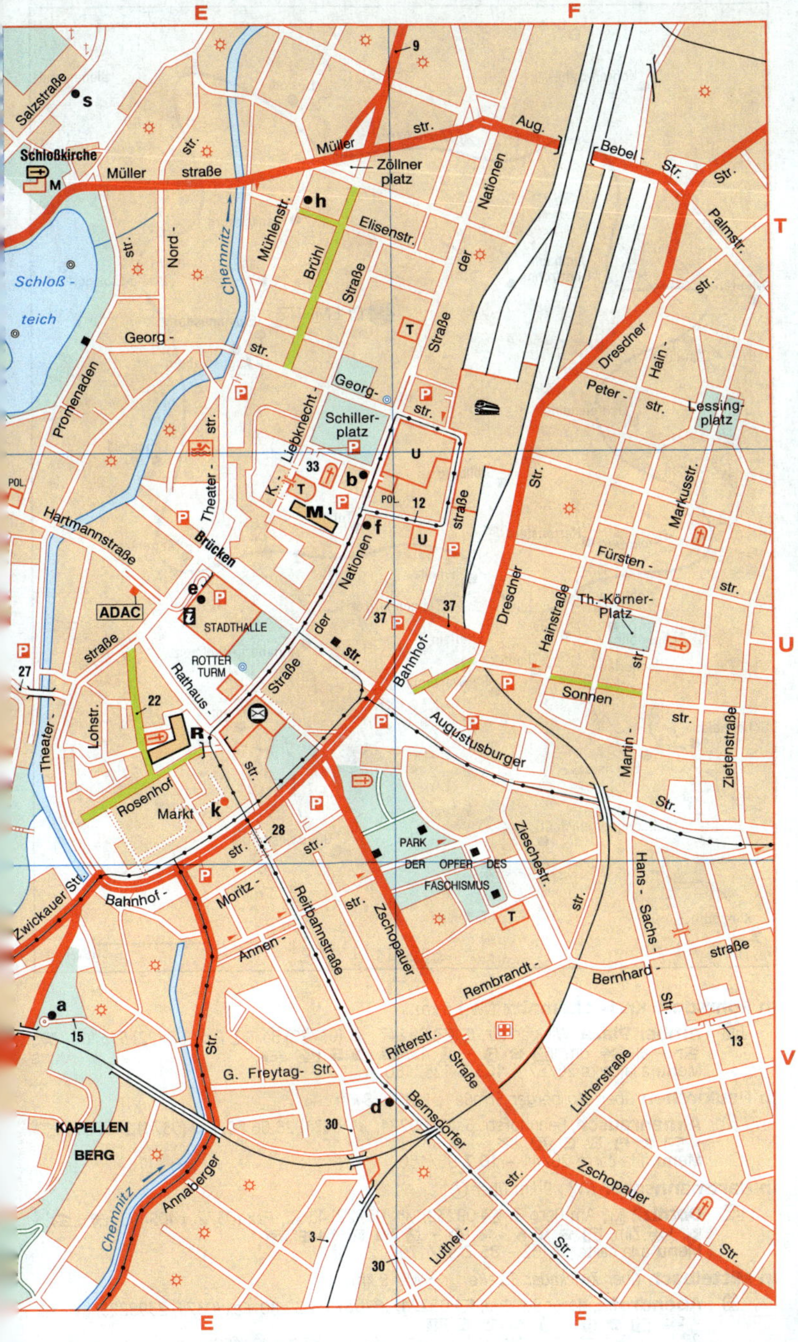
E
F
T
U
V
Salzstraße
s
Schloßkirche
M
Müller
straße
Müller
str.
Aug.
Bebel -
Str.
Str.
Palmstr.
Zöllner
platz
Nationen
der
h
Elisenstr.
Mühlenstr.
Brühl
Straße
Straße
Nord -
str.
Chemnitz
Schloß -
teich
Georg -
str.
Promenaden
Georg -
str.
Dresdner
Hain -
str.
Peter -
str.
Lessing-
platz
Schiller-
platz
Liebknecht -
K.
33
b
U
POL.
12
straße
Str.
Markusstr.
Theater -
str.
POL
Hartmannstraße
Brücken
M
f
Nationen
der
str.
Fürsten -
str.
ADAC
e
STADTHALLE
37
37
Bahnhof-
Dresdner
Hainstraße
Th.-Körner-
Platz
str.
straße
27
ROTTER
TURM
Rathaus -
Straße
Sonnen
str.
Zietenstraße
22
Lohstr.
Theater -
R
str.
Augustusburger
Martin -
Str.
Rosenhof
Markt
k
28
str.
str.
PARK
DER OPFER DES
FASCHISMUS
Zieschestr.
str.
Hans - Sachs -
Str.
Zwickauer Str.
Bahnhof -
Moritz -
Reitbahnstraße
str.
Zschopauer
T
Annen -
Rembrandt -
Bernhard -
straße
Str.
a
15
13
Str.
Ritterstr.
Straße
G. Freytag- Str.
Lutherstraße
d
Bernsdorfer
KAPELLEN
BERG
30
Annaberger
Zschopauer
str.
Chemnitz
3
30
Luther -
Str.
Str.
E
F

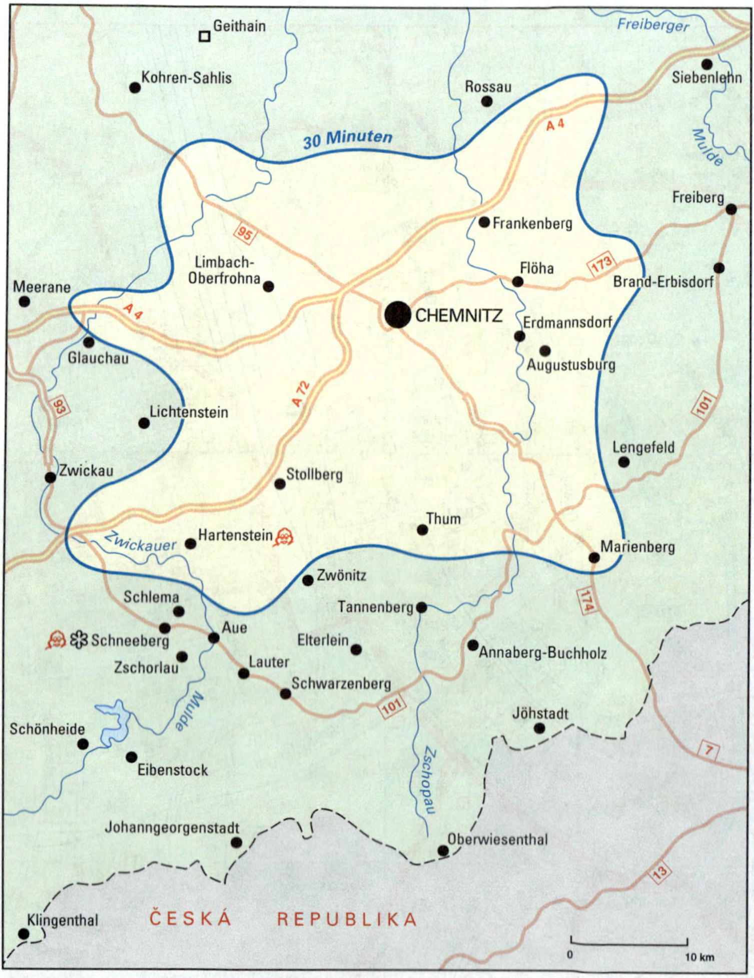

In Röhrsdorf Kreis Chemnitz *NW : 5 km :*

Amber Plaza, Wildparkstr. 6, ✉ 09247, ✆ (03722) 51 30, *Fax (03722) 513100,* ⛱, ≘s – |≑|, ⇹ Zim, TV ☎ P – 🎓 45. AE ⊙ E VISA JCB AX s
Menu à la carte 26/57 – **103 Z** 125/180.

In Neukirchen *über Stollberger Straße* BY *SW : 8 km :*

Almenrausch, Bahnhofstr. 5, ✉ 09221, ✆ (0371) 26 66 60, *Fax (0371) 2666640,* ⛱ – TV ☎ P. AE E VISA. ⅍
Menu à la carte 26/41 – **16 Z** 95/150.

In Hartmannsdorf *NW : 9 km über ⑦ :*

Domizil M, Am Berg 3, ✉ 09232, ✆ (03722) 40 50, *Fax (03722) 405405,* ⛱, ≘s – |≑|, ⇹ Zim, TV ☎ ✆ ♿ 🚗 P – 🎓 60. AE ⊙ E VISA
Menu à la carte 34/62 – **85 Z** 99/179.

In Mittelbach *über Zwickauer Straße* AY *SW : 9 km :*

Abendroth, Hofer Str. 11a, ✉ 09224, ✆ (0371) 2 39 80, *Fax (0371) 2398225,* ⛱, ≘s – ⇹ TV ☎ P – 🎓 20. AE E VISA
27. - 31 Dez. geschl. – **Menu** à la carte 26/48 – **34 Z** 100/150.

CHIEMING *Bayern* 420 *W 21 – 4 200 Ew – Höhe 532 m – Erholungsort.*

Sehenswert : *Chiemsee★ – Schloß Herrenchiemsee★★.*

Chieming-Hart (N : 7 km), (08669) 75 57 ; Chieming-Ising (NW : 7 km) (08667) 7 90.

Verkehrsamt, Haus des Gastes, Hauptstr. 20b, 83339, (08664) 2 45, Fax (08664) 8998.

Berlin 666 – München 104 – Bad Reichenhall 43 – Wasserburg am Inn 37 – Traunstein 12.

Unterwirt, Hauptstr. 32, 83339, (08664) 9 84 60, *Fax (08664) 984629*, , Biergarten –
7. Jan. - 10. Feb. und 2. - 24. geschl. – **Menu** *(Okt. - Juni Montag - Dienstag geschl.)* à la carte 27/59 – **11 Z** 72/105.

In Chieming-Ising *NW : 7 km – Luftkurort :*

Gut Ising (ehem. Gutshofanlage mit 7 Gästehäusern), Kirchberg 3, 83339, (08667) 7 90, *Fax (08667) 79432*, , Biergarten, « Zimmer mit Stil- und Bauernmöbeln », Massage, , , , (Halle), , (Reitschule und -hallen) – – 90. AE VISA JCB
7. Jan. - 8. Feb. geschl. – **Menu** à la carte 43/69 – **105 Z** 190/360 – ½ P 50.

CHIEMSEE *Bayern* 420 *W 21 – Höhe 518 m.*

Sehenswert : *See ★ mit Herren- und Fraueninsel – Schloß Herrenchiemsee★★.*

ab Gstadt : Berlin 660 – München 94 – Bad Reichenhall 57 – Traunstein 27 – Rosenheim 27.

Auf der Fraueninsel *– Autos nicht zugelassen.*

von Gstadt (ca. 5 min) und von Prien (ca. 20 min)

Zur Linde , 83256 Chiemsee, (08054) 9 03 66, *Fax (08054) 7299*, , , « Gasthof a.d.J. 1396 » – – 15. Zim
15. Jan. - 15. März geschl. – **Menu** à la carte 28/61 – **14 Z** 95/185 – ½ P 35.

CHORIN *Brandenburg* 416 *H 25 – 500 Ew – Höhe 36 m.*

Berlin 71 – Potsdam 95 – Frankfurt (Oder) 96 – Neubrandenburg 108.

Haus Chorin , Neue Klosterallee 10, 16230, (033366) 5 00, *Fax (033366) 326*, , , , , – , Zim, – 230. AE VISA. Rest
Menu à la carte 25/43 – **63 Z** 95/169.

CLAUSTHAL-ZELLERFELD *Niedersachsen* 418 *K 15 – 16 000 Ew – Höhe 600 m – Heilklimatischer Kurort – Wintersport : 600/700 m 1 .*

Kurverwaltung, Bahnhofstr. 5a, 38678, (05323) 8 10 24, Fax (05323) 83962.

Berlin 270 – Hannover 99 – Braunschweig 62 – Göttingen 59 – Goslar 19.

Parkhotel Calvör , Treuerstr. 6, 38678, (05323) 95 00, *Fax (05323) 950222*, , « Haus a.d. 17.Jh. ; Einrichtung in rustikalem Stil », – Zim, – 45
Menu *(Sonntag geschl.) (nur Abendessen)* à la carte 31/52 – **35 Z** 105/198 – ½ P 25.

Goldene Krone, Kronenplatz 3, 38678, (05323) 93 00, *Fax (05323) 930100*, – , Zim, – 30. AE VISA JCB
Menu *(Montag geschl.)* à la carte 33/66 – **25 Z** 105/180 – ½ P 23.

Wolfs Hotel, Goslarsche Str. 60 (B 241), 38678, (05323) 8 10 14, *Fax (05323) 81015*, , , – Zim, – 40. AE VISA JCB. Rest
Menu *(Sonntag geschl.) (nur Abendessen)* à la carte 32/54 – **30 Z** 92/170 – ½ P 28.

CLOPPENBURG *Niedersachsen* 415 *H 8 – 28 400 Ew – Höhe 39 m.*

Sehenswert : *Museumsdorf★.*

Thülsfelder Talsperre (NW : 9km), (04474) 79 95.

Tourist-Information, Eschstr. 29, 49661, (04471) 1 52 56, Fax (04471) 933828.

Berlin 444 – Hannover 178 – Bremen 65 – Lingen 68 – Osnabrück 76.

Parkhotel garni, Burgstr. 8, 49661, (04471) 66 14, *Fax (04471) 6617*, – – 50. AE VISA
51 Z 98/185.

Schäfers Hotel, Lange Str. 66, 49661, (04471) 24 84, *Fax (04471) 947714* – . AE VISA
Menu *(Mittwoch geschl.)* à la carte 43/73 – **12 Z** 75/120.

COBURG *Bayern* 418 420 *P 16 – 44 000 Ew – Höhe 297 m.*

Sehenswert : *Gymnasium Casimirianum★* Z **A** – *Kunstsammlungen★ (Veste* Y*).*

18 *Schloß Tambach (W : 10 km), ✆ (09567) 12 12.*

Tourist-Information, Herrngasse 4, ✉ 96450, ✆ (09561) 7 41 80, Fax (09561) 741829.

ADAC, *Mauer 9, ✉ 96450, ✆ (09561) 9 47 47, Fax (09561) 95620.*

Berlin 383 ② – München 279 ② – Bamberg 47 ② – Bayreuth 74 ②.

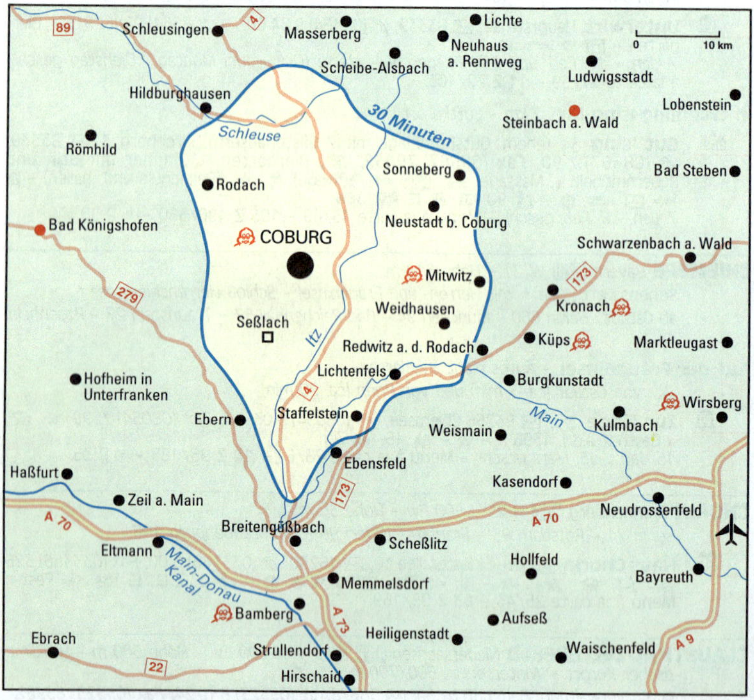

Romantik Hotel Goldene Traube, Am Viktoriabrunnen 2, ✉ 96450, ✆ (09561) 87 60, *Fax (09561) 876222*, , – , Zim, TV ☎ – 80. AE E VISA JCB Z t
Menu 45 und à la carte 47/80 – **70 Z** 120/230.

Ramada M garni, Ketschendorfer Str. 86, ✉ 96450, ✆ (09561) 82 10, *Fax (09561) 821444* – TV ☎ – 30. AE E VISA JCB
123 Z 157/199. über Ketschendorfer Straße Z

Blankenburg-Parkhotel, Rosenauer Str. 30, ✉ 96450, ✆ (09561) 7 50 05, *Fax (09561) 75674*, – , Zim, TV ☎ P – 50. AE E VISA JCB
Kräutergarten « Rustikale Einrichtung » (abends Tischbestellung ratsam) *(Sonntag geschl.)* Menu à la carte 56/82 – **38 Z** 99/200. Y y

Stadt Coburg, Lossaustr. 12, ✉ 96450, ✆ (09561) 87 40, *Fax (09561) 874222*, « Rustikales Grillrestaurant », – , Zim, Rest, TV ☎ P – 60. AE E VISA JCB Y e
Menu *(Sonntag geschl.)* à la carte 41/71 – **44 Z** 135/190.

Festungshof , Festungshof 1, ✉ 96450, ✆ (09561) 8 02 90, *Fax (09561) 802933*, , Biergarten – TV ☎ P – 120. AE E VISA Y b
Menu *(Sonntagabend - Montagmittag geschl.)* à la carte 31/71 – **14 Z** 115/240.

Coburger Tor - Restaurant Schaller mit Zim, Ketschendorfer Str. 22, ✉ 96450, ✆ (09561) 2 50 74, *Fax (09561) 28874*, – TV ☎ P. E VISA. Z a
Menu *(Sonn- und Feiertage sowie Feb. und Juli jeweils 2 Wochen geschl.)* (nur Abendessen, Tischbestellung ratsam) à la carte 68/98 – **13 Z** 98/250.

COBURG

Alexandrinenstraße . . . Z 2
Am Viktoriabrunnen . . Z 3
Badergasse . . . . Y 4
Bahnhofstraße . . . . . . Y
Bamberger Straße . . . Z 5
Bergstraße . . . . Y 6
Ernstplatz . . . . Z 8
Festungshof . . . . Y 9
Goethestraße . . . . Z 12
Heiligkreuzstraße . . . . Y 14
Herrngasse . . . . Z 15
Hintere Kreuzgasse . . Y 17
Judenberg . . . . Y 18
Judengasse . . . . Z 19
Ketschendorfer Straße . . . . Z 21

Ketschengasse . . . . Z 22
Lauterer Straße . . . . . Y 25
Marktplatz . . . . Z 26
Mauer . . . . YZ 27
Mohrenstraße . . . . Y 28
Oberer Bürglaß . . . . . Y 29
Rosengasse . . . . Z 31
Sally-Ehrlich-Straße . . Z 33
Schloßplatz . . . . Z 35
Schützenstraße . . . . . Z 36
Spitalgasse . . . . Z 37
Steingasse . . . . Z 38
Steintor . . . . Z 39
Steinweg . . . . Y
Theaterplatz . . . . Y 40
Webergasse . . . . Y 42
Weichengereuth . . . . . Z 43
Zinkenwehr . . . . Z 44

In Coburg-Scheuerfeld *W : 3 km über Judenberg* Y :

Gasthof Löhnert, Schustersdamm 28 (Einfahrt Weidacher Straße), ✉ 96450, ✆ (09561) 3 10 31, *Fax (09561) 32652*, – ☎ P
Menu *(Donnerstagmittag, Sonntag sowie Jan. und Aug. jeweils 2 Wochen geschl.)* à la carte 20/38 – **56 Z** 50/103.

In Rödental-Oberwohlsbach *NO : 10 Km über Neustadter Straße* Y :

Alte Mühle, Mühlgarten 5, ✉ 96472, ✆ (09563) 7 23 80, *Fax (09563) 723866*, (ehemalige Mühle a.d.J. 1902) – Zim, ☎ P – 20. AE E VISA. Rest
Menu (nur Abendessen) à la carte 38/62 – **24 Z** 95/180.

In Rödental-Oeslau *NO : 7 km über Neustadter Straße* Y :

Brauereigasthof Grosch, Oeslauer Str. 115, ✉ 96472, ✆ (09563) 75 00, *Fax (09563) 750147*, – Zim, ☎ P. E VISA
Menu à la carte 25/59 – **15 Z** 85/135.

In Ahorn-Hohenstein *SW : 9 km über ② und die B 303 :*

Schloss Hohenstein, Hohenstein 1, ✉ 96482, ✆ (09565) 9 49 40, *Fax (09565) 949460*, « Burganlage aus dem 17. Jh. » – Zim, ☎ P – 40. AE E VISA
Menu à la carte 47/78 – **13 Z** 120/250, 3 Suiten.

In Ahorn-Witzmannsberg *SW : 10 km über ② und die B 303 :*

Waldhotel am Löhrholz garni, Badstr. 20b, ✉ 96482, ✆ (09561) 2 79 70, *Fax (09561) 1641* – ☎ P. AE E VISA
19 Z 60/130.

In Großheirath ② : *11 km :*

Steiner, Hauptstr. 5, ✉ 96269, ✆ (09565) 79 40, *Fax (09565) 79497*, – 120. AE E VISA
Menu à la carte 23/50 – **71 Z** 52/146, 4 Suiten.

COCHEM *Rheinland-Pfalz* 417 *P 5 – 6 000 Ew – Höhe 91 m.*

Sehenswert : *Lage★★.*

Tourist-Information, Endertplatz 1, ✉ 56812, ✆ (02671) 39 71, Fax (02671) 8410.
Berlin 645 – Mainz 139 – Koblenz 51 – Trier 93.

Karl Müller, Moselpromenade 9, ✉ 56812, ✆ (02671) 13 33, *Fax (02671) 7131*, – E VISA
Mitte Jan. - Ende Feb. geschl. – **Menu** à la carte 30/60 – **36 Z** 85/150.

Haus Erholung garni (mit Gästehaus), Moselpromenade 64, ✉ 56812, ✆ (02671) 75 99, *Fax (02671) 4362*, – E VISA.
Mitte März - Mitte Nov. – **23 Z** 55/124.

Lohspeicher mit Zim, Obergasse 1, ✉ 56812, ✆ (02671) 39 76, *Fax (02671) 1772*, – AE E VISA
Feb. geschl. – **Menu** *(Mittwoch geschl.)* à la carte 44/68 – **9 Z** 95/170.

In Cochem-Cond :

Thul, Brauselaystr. 27, ✉ 56812, ✆ (02671) 71 34, *Fax (02671) 5367*, ≤ Cochem und Mosel, –
Dez. - Jan. geschl. – **Menu** à la carte 32/54 – **23 Z** 83/196.

Görg garni, Bergstr. 6, ✉ 56812, ✆ (02671) 88 94, *Fax (02671) 8990*, ≤, – E VISA.
10. - 31. Jan. geschl. – **12 Z** 80/180.

Am Rosenhügel, Valwiger Str. 57, ✉ 56812, ✆ (02671) 9 76 30, *Fax (02671) 976363*, ≤, – Zim, E VISA. Rest
15. Dez. - 15. Feb. geschl. – (nur Abendessen für Hausgäste) – **23 Z** 85/190.

Am Hafen, Uferstr. 4, ✉ 56812, ✆ (02671) 9 77 20, *Fax (02671) 977227*, ≤, – AE E VISA.
Menu *(2. - 15. Jan. geschl.)* à la carte 27/62 – **18 Z** 90/200.

In Cochem-Sehl :

Panorama, Klostergartenstr. 44, ✉ 56812, ✆ (02671) 91 41 40, *Fax (02671) 3064*, – 100. AE E VISA. Rest
Jan. geschl. – **Menu** à la carte 42/62 – **40 Z** 95/210.

Keßler-Meyer, Am Reilsbach 12, ✉ 56812, ✆ (02671) 45 64, *Fax (02671) 3858*, ≤, – E
(nur Abendessen für Hausgäste) **24 Z** 118/350 (Hotelerweiterung mit 26 Z. bis Frühjahr 1999).

Zur schönen Aussicht, Sehler Anlagen 22, ✉ 56812, ✆ (02671) 72 32, *Fax (02671) 980295*, ≤, –
Menu *(Nov. - Juni Montag geschl.)* à la carte 31/51 – **15 Z** 65/150.

Weinhaus Klasen, Sehler Anlagen 8, ✉ 56812, ✆ (02671) 76 01, *Fax (02671) 91380* – E
Weihnachten - Anfang Jan. geschl. – **Menu** *(Nov. - Mai Mittwoch geschl.)* (nur Abendessen) à la carte 21/35 – **12 Z** 62/130.

Im Enderttal *NW : 3 km :*

Weißmühle, ✉ 56812 Cochem, ✆ (02671) 89 55, *Fax (02671) 8207*, – 50. E VISA
Menu à la carte 49/76 – **36 Z** 90/220.

In Ernst *O : 5 km :*

Pollmanns, Moselstr. 54, ✉ 56814, ✆ (02671) 86 83, *Fax (02671) 5646*, –
Mitte Jan. - Mitte März geschl. – **Menu** *(Donnerstagmittag geschl.)* à la carte 22/51 – **79 Z** 78/140.

Erfahrungsgemäß werden bei größeren Veranstaltungen, Messen und Ausstellungen in vielen Städten und deren Umgebung erhöhte Preise verlangt.

COESFELD *Nordrhein-Westfalen* 417 *K 5 – 35 000 Ew – Höhe 81 m.*

Coesfeld, Stevede 8a, (02541) 59 57.

Verkehrsbüro, Rathaus, Markt 8, 48653, (02541) 93 91 50, Fax (02541) 939301.

Berlin 513 – Düsseldorf 105 – Nordhorn 73 – Münster (Westfalen) 38.

Zur Mühle garni, Mühlenstr. 23, 48653, (02541) 91 30, Fax (02541) 6577 – .
31 Z 105/155.

COLBITZ *Sachsen-Anhalt* 416 418 *J 18 – 2 900 Ew – Höhe 55 m.*

Berlin 159 – Magdeburg 22 – Gardelegen 35 – Stendal 40 – Wolfsburg 94.

Ambiente, Wolmirstedter Str. 7, 39326, (039207) 85 50, Fax (039207) 85534 – – 20.
Menu à la carte 25/41 – **18 Z** 60/110.

Check-in :
Nicht schriftlich reservierte Zimmer werden in den meisten Hotels nur bis 18 Uhr freigehalten.
Bei späterer Anreise ist daher der ausdrückliche Hinweis auf die Ankunftzeit oder - besser noch - schriftliche Zimmerreservierung ratsam.

Dans la plupart des hôtels, les chambres non réservées par écrit, ne sont plus disponibles après 18 h.
Si l'on doit arriver après 18 h, il convient de préciser l'heure d'arrivée – mieux – d'effectuer une réservation par écrit.

COLMBERG *Bayern* 419 420 *R 15 – 1 100 Ew – Höhe 442 m.*

Colmberg, Rothenburger Str. 35, (09803) 6 00.

Berlin 498 – München 225 – Nürnberg 64 – Rothenburg ob der Tauber 18 – Würzburg 71 – Ansbach 17.

Burg Colmberg , 91598, (09803) 9 19 20, *Fax (09803) 262*, <, Wildpark, « Hotel mit stilvoller Einrichtung in einer 1000-jährigen Burganlage, Hauskapelle, Gartenterrasse » – Zim, – 40. . Rest
Jan. geschl. – **Menu** *(Dienstag geschl.)* à la carte 34/64 – **26 Z** 75/210.

CORNBERG *Hessen* 417 *M 13 – 2 000 Ew – Höhe 330 m.*

Berlin 399 – Wiesbaden 190 – Kassel 62 – Fulda 71 – Gießen 118.

Kloster Cornberg , Am Steinbruch 1 (B 27), 36219, (05650) 9 69 60, *Fax (05650) 969622*, , « Modernes Hotel in einem Benediktinerinnen-Kloster a.d.J. 1296 » – – 50.
Menu à la carte 31/61 – **9 Z** 95/160.

COTTBUS *Brandenburg* 418 *K 26 – 120 000 Ew – Höhe 64 m.*

Sehenswert : *Schloß und Park Branitz★★ – Niederlausitzer Apothekenmuseum★* AY **M1** *– Wendisches Museum★* AY **M2** *– Klosterkirche (Doppelgrabmal)★* AY.

Ausflugsziele : *Spreewald★★ (Kahnfahrt ab Lübbenau, Freilandmuseum Lehde★) über Am Zollhaus* S *NW : 31 km – Bad Muskau : Muskauer Park★★ über ② : 42 km.*

Drieschnitz-Kahsel (SO : 18 km über ④) (03563) 41 32.

Fremdenverkehrsbüro, Karl-Marx-Str. 68, 03044, (0355) 2 42 55, Fax (0355) 791931.

ADAC, *Wilhelmstr. 3, 03046, (01805) 10 11 12, Fax (0355) 702972.*

Berlin 129 ⑥ – Potsdam 146 – Dresden 104 – Frankfurt (Oder) 80 – Leipzig 174.

Stadtpläne siehe nächste Seiten

Radisson SAS Hotel Cottbus , Vetschauer Str. 12, 03048, (0355) 4 76 10, *Fax (0355) 4761900*, , , – , Zim, – 330. AZ a
Menu à la carte 49/67 – **241 Z** 205/265.

Holiday Inn , Berliner Platz, 03046, (0355) 36 60, *Fax (0355) 366999*, – , Zim, – 110. AY b
Menu à la carte 28/50 – **195 Z** 175/290, 11 Suiten.

Dorotheenhof, Waisenstr. 19, 03046, (0355) 7 83 80, *Fax (0355) 7838444*, Biergarten – , Zim, – 45. T e
Menu *(Sonntag geschl.)* à la carte 33/62 – **62 Z** 120/200.

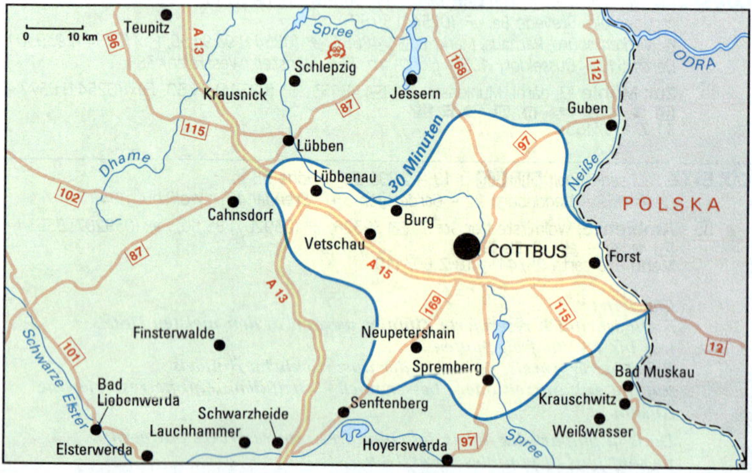

Sorat Hotel M, Schloßkirchplatz 2, ✉ 03046, ✆ (0355) 7 84 40, *Fax (0355) 7844244*, – Zim, Zim, – 20. Rest AY f
Menu *(im Winter Sonntag geschl.)* (nur Abendessen) à la carte 32/58 – **101 Z** 145/240.

Branitz, Heinrich-Zille-Straße, ✉ 03042, ✆ (0355) 7 51 00, *Fax (0355) 713172*, Massage, – Zim, – 450. T g
Menu à la carte 34/55 – **205 Z** 135/175.

Waldhotel Cottbus, Drachhausener Str. 70, ✉ 03044, ✆ (0355) 8 76 40, *Fax (0355) 8764100*, – – 50. S h
Menu à la carte 28/50 – **53 Z** 120/150.

Ahorn-Hotel, Bautzener Str. 134, ✉ 03050, ✆ (0355) 47 80 00, *Fax (0355) 4780040*, Biergarten – – 15. BZ a
Menu (Montag - Freitag nur Abendessen) à la carte 24/43 – **21 Z** 99/170.

Holiday Inn Express M garni, Berliner Straße, ✉ 03046, ✆ (0355) 35 60, *Fax (0355) 356999* – – 20. AY k
110 Z 145/155.

Giro, Rudolf-Breitscheid-Str. 10, ✉ 03046, ✆ (0355) 3 10 71, *Fax (0355) 31007*, – – 40. AZ c
Menu *(Samstag - Sonntag geschl.)* à la carte 23/44 – **20 Z** 90/130.

Ostrow, Wasserstr. 4, ✉ 03046, ✆ (0355) 78 00 80, *Fax (0355) 7800820*, Biergarten – BZ m
Menu à la carte 26/44 – **18 Z** 75/150.

In Kolkwitz *W : 4 km über ⑦ :*

Haus Irmer, Berliner Str. 90c (an der B 115), ✉ 03099, ✆ (0355) 28 74 74, *Fax (0355) 287477*, – – 40.
Menu à la carte 23/55 – **34 Z** 110/140.

In Gross Gaglow *S : 3,5 km :*

Sol Inn Hotel M, Am Seegraben, ✉ 03058, ✆ (0355) 5 83 70, *Fax (0355) 5837444*, – Zim, – 50. U n
Menu à la carte 28/40 – **98 Z** 114/159.

In Gallinchen *S : 4 km :*

Jahrmarkthof, Friedensplatz 8, ✉ 03058, ✆ (0355) 53 94 12, *Fax (0355) 542976*, – U r
Menu à la carte 24/50 – **12 Z** 80/125.

In Roggosen *SO : 12 km über ③ :*

Waldhotel, Dorfstr. 61, ✉ 03058, ✆ (035605) 4 05 60, *Fax (035605) 40502*, – Zim,
Menu à la carte 22/45 – **34 Z** 95/140.

COTTBUS

Am Nordrand . . . . S 4
Bautzener Str. . . . . T 7
Drachhausener Str. . . . . S 12
Gaglower Landstr. . . . . U 16
Gerhart-Hauptmann-Str. . . . S 18
Hermann-Löns-Str. . . . . T 21
Juri-Gagarin-Str. . . . . S 24
Kiekebuscher Str. . . . . T 25
Kolkwitzer Str. . . . . T 28
Marjana-Domäskojc-Strasse . . . . S 30
Neue Chausseestr. (GROSS GAGLOW) . . . . . U 33
Sachsendorfer Str. . . . . T 37
Sachsendorfer Str. (GROSS GAGLOW) . . . . . U 39
Straße der Jugend . . . . T 43
Ströbitzer Hauptstr. . . . . ST 45
Tierparkstr. . . . . T 46
Wilhelm-Külz-Str. . . . . T 51
Zielona-Gora-Str. . . . . U 55

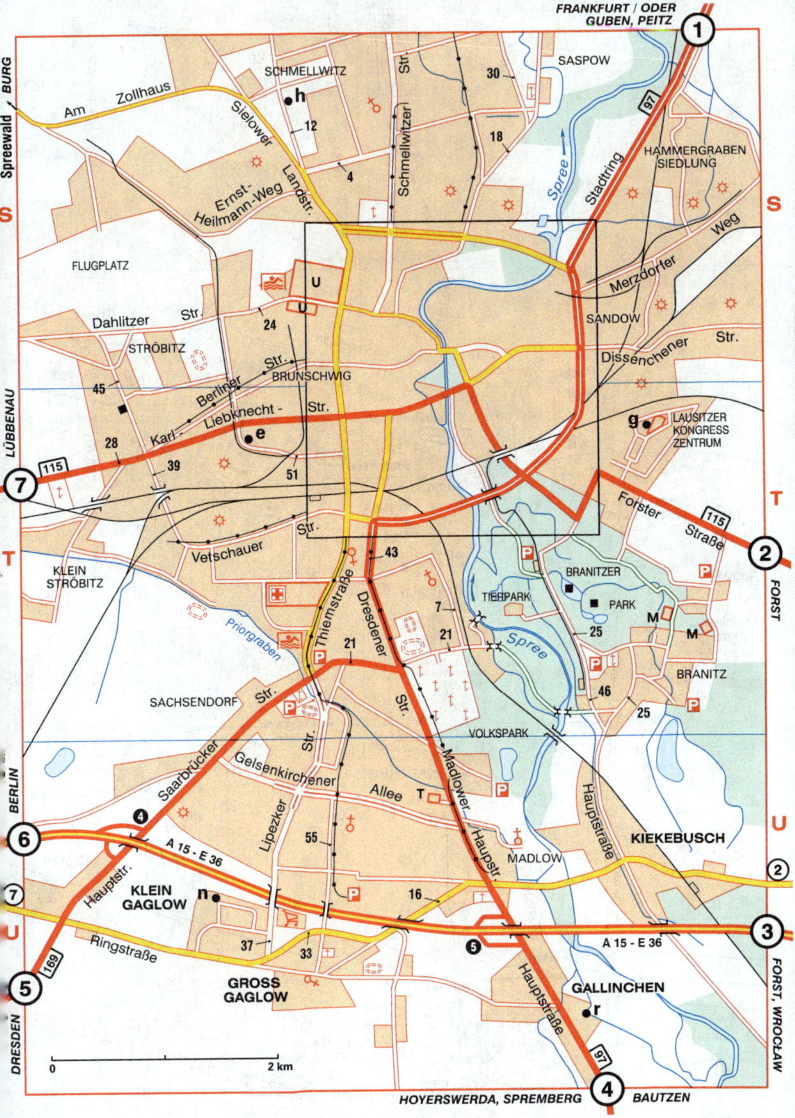

Die Übernachtungs- und Pensionspreise können sich durch die Kurtaxe erhöhen.
Erfragen Sie daher bei der Zimmerreservierung den zu zahlenden Endpreis.

A
B
X
Y
Z
Nord-
ring
Sielower
Landstr.
Webschulallee
POL
Schlachthof -
straße
Ufer
Kollwitz -
Sielower
Str.
Karl -
Marx -
Str.
Ewald -
Haase -
Str.
Käthe -
Hubertstr.
Zimmer -
str.
Dreifertstr.
promenade
Puschkin -
STADTHALLE
Klosterkirche
Oberkirche
SCHLOSS-
TURM
KARL -
BLECHEN -
PARK
GOETHE -
PARK
Berliner
Str.
Altmarkt
Sandower
Str.
W.
Riedel -
Str.
Willy -
Brandt -
Str.
MUSEUM FÜR
NATUR U. UMWELT
Schiller -
August -
Bebel -
Str.
Schloßkirch
platz
TURM
Mehring -
Schiller -
Platz
Werner -
Bahnhof -
Franz -
Liebknecht -
Str.
Karl -
Ludwig -
Leichhardt -
Hainstr.
STADTMUSEUM
straße
straße
straße
Ostrower
Platz
Lobedan -
Jugend
str.
KULTURHAUS
Insel -
str.
PLANETARIUM
ADAC
Tauben -
der
Bautzener
Parzellen -
straße
Allee
Blechen -
str.
straße
Spree
Bahnhof-
Stadt -
ring
Straße
Str.

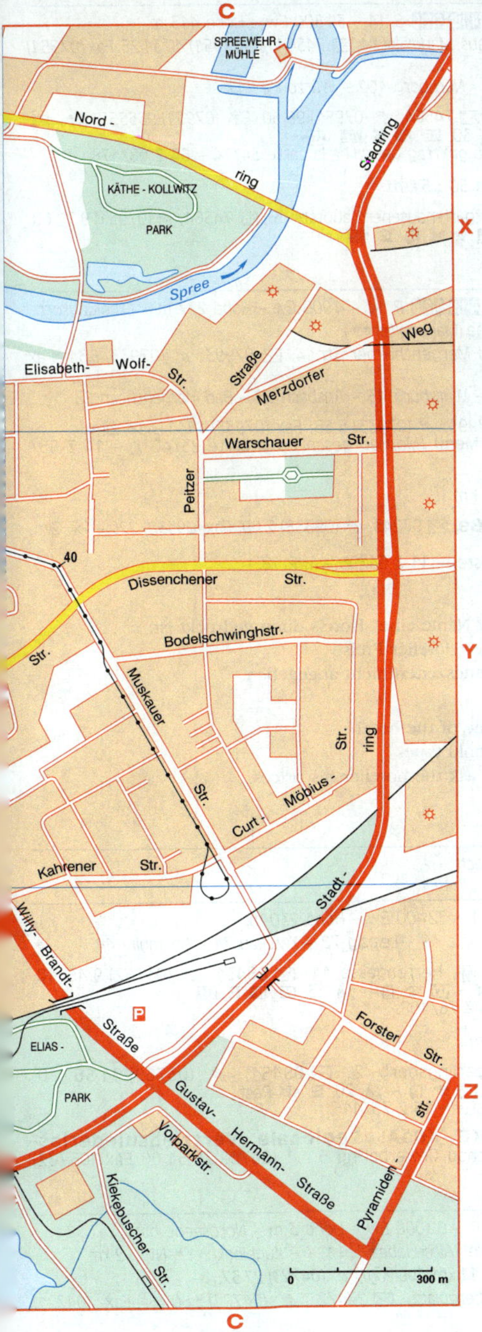

COTTBUS

Adolph-Kolping-Str.	AZ	3
Agust-Bebel-Str.	AY	
Altmarkt	AY	
Am Spreeufer	BY	6
Bahnhofstr.	AYZ	
Bautzener Str.	ABZ	
Berliner Platz	AY	8
Berliner Str.	AY	
Blechenstr.	ABZ	
Bodelschwinghstr.	CY	
Brandenburger Platz	AY	9
Burgstr.	AY	10
Curt-Möbius-Str.	CY	
Dissenchener Str.	CY	
Dreiferstr.	AY	
Elisabeth-Wolf-Str.	BCX	
Ewald-Haase-Str.	BX	
Forster Str.	CZ	
Franz-Mehring-Str.	BCY	
Friedrich-Ebert-Str.	AY	13
Friedrich-Ludwig-Jahn-Straße	BY	15
Gerhart-Hauptmann-Str.	BX	19
Gustav-Hermann-Str.		
Hainstr.	BY	
Hubertstr.	AX	
Inselstr.	BZ	
Juri-Gagarin-Str.	AX	24
Kahrener Str.	CY	
Karl-Liebknecht-Str.	AY	
Karl-Marx-Str.	AXY	
Karlstr.	AX	
Käthe-Kollwitz-Ufer	BX	
Kiekebuscher Str.	CZ	
Klosterstr.	AY	27
Lobedanstr.	BZ	
Ludwig-Leichhardt-Allee	BYZ	
Merzdorfer Weg	CX	
Mühlenstr.	ABY	31
Muskauer Str.	CY	
Neustädter Platz	BY	34
Nordring	ACX	
Oberkirchplatz	BY	36
Ostrower Platz	BYZ	
Parzellenstr.	ABZ	
Peitzer Str.	CXY	
Puschkinpromenade	ABY	
Pyramidenstr.	CZ	
Sandower Hauptstr.	BCY	
Sandower Str.	BY	
Schillerplatz	AY	
Schillerstr.	AYZ	
Schlachthofstr.	BX	
Schloßkirchplatz	AY	
Sielower Landstr.	AX	
Sielower Str.	AX	
Spremberger Str.	AY	40
Stadtpromenade	AY	42
Stadtring	ACZ	
Straße der Jugend	AZ	
Taubenstr.	AZ	
Vetschauer Str.	AZ	48
Vorparkstr.	CZ	
Warschauer Str.	CY	
Wasserstr.	BZ	49
Webschulallee	BX	
Wernerstr.	AYZ	
Wilhelm-Külz-Str.	AZ	51
Wilhelm-Riedel-Str.	BY	
Wilhelmstr.	AZ	54
Willy-Brandt-Str.	BYZ	
Zimmerstr.	ABX	

Michelin hängt keine Schilder an die empfohlenen Hotels und Restaurants.

CRAILSHEIM *Baden-Württemberg* 419 420 *S 14 – 31 500 Ew – Höhe 413 m.*

Städt. Verkehrsamt, Rathaus, Marktplatz 1, ✉ 74564, ☎ (07951) 40 31 25, Fax (07951) 43264.

Berlin 528 – Stuttgart 114 – Nürnberg 102 – Würzburg 112.

Post-Faber, Lange Str. 2, ✉ 74564, ☎ (07951) 96 50, *Fax (07951) 965555,* – 30. AE E VISA JCB
Menu *(Freitagabend - Samstagmittag geschl.)* à la carte 34/74 – **64 Z** 98/178.

In Crailsheim-Westgartshausen *SO : 5 km :*

Zum Hirsch garni, Westgartshausener Hauptstr. 16, ✉ 74564, ☎ (07951) 9 72 00, *Fax (07951) 972097* – . E VISA
24 Z 70/100.

CREGLINGEN *Baden-Württemberg* 419 420 *R 14 – 4 900 Ew – Höhe 277 m – Erholungsort.*

Sehenswert : *Herrgottskirche (Marienaltar★★).*

Tourist-Information, Bad Mergentheimer Str.14, ✉ 97993, ☎ (07933) 6 31, Fax (07933) 631.

Berlin 506 – Stuttgart 145 – Würzburg 43 – Ansbach 50 – Bad Mergentheim 28.

Krone, Hauptstr. 12, ✉ 97993, ☎ (07933) 5 58, *Fax (07933) 1444* – Zim *Mitte Dez. - Jan. geschl.* – **Menu** *(Montag geschl.)* à la carte 23/40 – **14 Z** 65/115.

In Bieberehren-Klingen *NW : 3,5 Km :*

Zur Romantischen Straße, ✉ 97243, ☎ (09338) 2 09, *Fax (09338) 220* – Zim, .
(nur Abendessen für Hausgäste) – **11 Z** 54/96 – ½ P 18.

Europe

Wenn der Name eines Hotels dünn gedruckt ist,
hat uns der Hotelier Preise
und Öffnungszeiten nicht angegeben.

Europe

If the name of the hotel
is not in bold type,
on arrival ask the hotelier his prices.

CREUZBURG *Thüringen siehe Eisenach.*

CRIMMITSCHAU *Sachsen* 418 *N 21 – 22 400 Ew – Höhe 230 m.*

Berlin 262 – Dresden 114 – Gera 39 – Leipzig 72 – Zwickau 71 – Chemnitz 44.

Stadthotel Mauritius M, Herrengasse 11, ✉ 08451, ☎ (03762) 9 46 10, *Fax (03762) 946199,* – 15. AE E VISA
Menu à la carte 29/55 – **14 Z** 78/108.

In Crimmitschau-Gablenz *O : 2 km :*

Sperlingsberg, Sperlingsberg 2, ✉ 08451, ☎ (03762) 94 56 70, *Fax (03762) 9456717,* – 20. E. Rest
(nur Abendessen für Hausgäste) – **15 Z** 75/115.

MICHELIN-REIFENWERKE KGaA. Regionale Vertriebsniederlassung ✉ 08451 Crimmitschau Gewerbering 6, ☎ (03762)79 51 00 Fax (03762) 795119.

CUXHAVEN *Niedersachsen* 415 *E 10 – 62 000 Ew – Höhe 3 m – Nordseeheilbad.*

Sehenswert : *Landungsbrücke "Alte Liebe★" ≤★ Y – Kugelbake ≤★ NW : 2 km.*

Oxstedt, Hohe Klint (SW : 11 km über ②), ☎ (04723) 27 37.

Touristic GmbH, Lichtenbergplatz, ✉ 27472, ☎ (04721) 3 60 46, Fax (04721) 52564.

Berlin 421 ① – Hannover 222 ② – Bremerhaven 43 ① – Hamburg 130 ①.

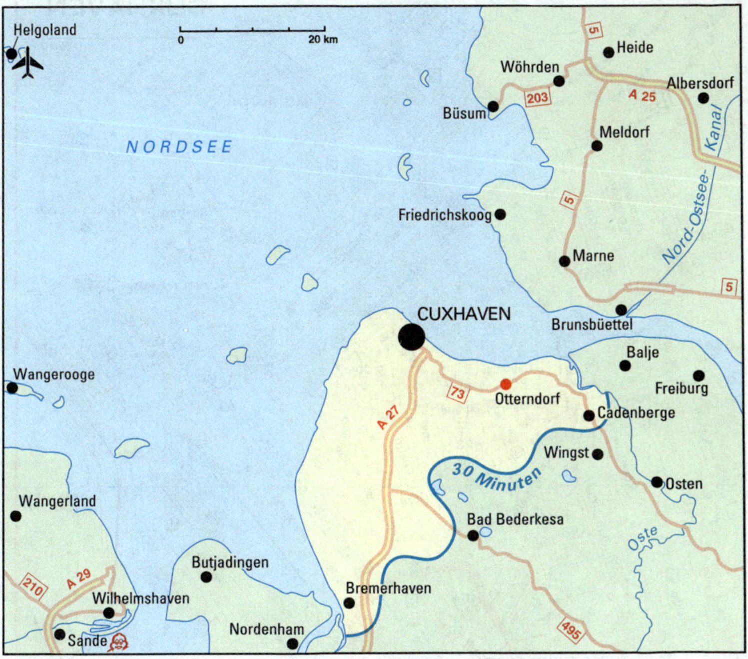

Seepavillon Donner, Bei der Alten Liebe 5, ✉ 27472, ☎ (04721) 56 60, *Fax (04721) 566130*, ≤ Nordsee-Schiffsverkehr, – Zim, – 250. AE D E VISA Y f
Menu à la carte 32/66 – **51 Z** 98/196 – ½ P 31.

Donner's Hotel, Am Seedeich 2, ✉ 27472, ☎ (04721) 50 90, *Fax (04721) 509134*, ≤, – Zim, – 100. AE D E VISA. Y b
Menu à la carte 48/80 – **83 Z** 100/300.

Stadt Cuxhaven, Alter Deichweg 11, ✉ 27472, ☎ (04721) 58 20, *Fax (04721) 582200* – – 25. AE D E VISA Y e
Menu à la carte 35/72 – **42 Z** 88/195 – ½ P 25.

In Cuxhaven-Döse *NW : 3 km über Feldweg* Y :

Kur-Hotel Deichgraf, Nordfeldstr. 16, ✉ 27476, ☎ (04721) 40 50, *Fax (04721) 405614*, ≤, – Zim, – 60. AE E VISA. Rest
Menu à la carte 48/76 – **74 Z** 169/318, 5 Suiten – ½ P 42.

In Cuxhaven-Duhnen *NW : 6 km über Strichweg* Y :

Badhotel Sternhagen M, Cuxhavener Str. 86, ✉ 27476, ☎ (04721) 43 40, *Fax (04721) 434444*, ≤, Massage, – . AE D. Rest
11. Jan. - 10. Feb. und 10. Nov. - 24. Dez. geschl. – **Menu** à la carte 46/79 – ***Sterneck*** *(Montag - Mittwoch geschl.)* **Menu** 85/125 und à la carte 77/99 – **49 Z** 195/450, 9 Suiten – ½ P 49.

Strandperle (mit Appartementhäusern), Duhner Strandstr. 15, ✉ 27476, ☎ (04721) 4 00 60, *Fax (04721) 400696*, ≤, – . D E VISA
Menu à la carte 44/78 – **50 Z** 137/258, 12 Suiten – ½ P 30.

Strand-Hotel Duhnen, Duhner Strandstr. 7, ✉ 27476, ☎ (04721) 40 30, *Fax (04721) 403333*, ≤, – Zim, – 80. AE D E VISA
Mitte Jan. - Ende Feb. geschl. – **Menu** à la carte 44/76 – **90 Z** 120/340 – ½ P 40.

Seeschwalbe garni, Cuxhavener Str. 87, ✉ 27476, ✆ (04721) 42 01 00, *Fax (04721) 420144*, – *Mitte Nov. - Weihnachten und Jan. geschl.* – **48 Z** 95/210.

Wehrburg garni (mit Gästehaus), Wehrbergsweg 53, ✉ 27476, ✆ (04721) 4 00 80, *Fax (04721) 4008276*, – Zim, **65 Z** 70/190.

Meeresfriede, Wehrbergsweg 11, ✉ 27476, ✆ (04721) 43 50, *Fax (04721) 435222*, – *Jan. - Feb. geschl.* – (nur Abendessen für Hausgäste) – **29 Z** 86/230 – ½ P 30.

Neptun garni, Nordstr. 11, ✉ 27476, ✆ (04721) 42 90, *Fax (04721) 579999*, – – **24 Z** 92/210.

Fischerstube, Nordstr. 8a, ✉ 27476, ✆ (04721) 4 20 70, *Fax (04721) 420742*, – *März - Okt.* – **Menu** à la carte 30/66.

In Cuxhaven - Holte-Spangen *SW : 6 km :*

Spanger Buernstuv', Sixtstr. 14, ✉ 27476, ✆ (04721) 2 87 14, *Fax (04721) 28714*, – . AE E VISA
Montag und Jan. 2 Wochen geschl. – **Menu** (wochentags nur Abendessen) à la carte 44/65.

In Cuxhaven-Sahlenburg *W : 10 km über Westerwischweg* Z :

Wattenkieker, Am Sahlenburger Strand 27, ✉ 27476, ✆ (04721) 20 00, *Fax (04721) 200200*, , , – . AE E VISA
Mitte März - Ende Okt. – **Menu** à la carte 28/57 – **21 Z** 115/260.

Muschelgrund garni, Muschelgrund 1, ✉ 27476, ✆ (04721) 20 90, *Fax (04721) 209209*, – .
März - Mitte Nov. – **17 Z** 100/180.

Itjen garni, Am Sahlenburger Strand 3, ✉ 27476, ✆ (04721) 2 03 10, *Fax (04721) 203119*, – .
März - Okt. – **21 Z** 85/135.

DACHAU *Bayern 419 420 V 18 – 36 000 Ew – Höhe 505 m.*

Dachau, An der Floßlände 1, ✆ (08131) 1 08 79 ; Eschenried (SW : 4 km), ✆ (08131) 32 38.
Berlin 583 – München 19 – Augsburg 54 – Landshut 72.

Central garni, Münchner Str. 46a, ✉ 85221, ✆ (08131) 56 40, *Fax (08131) 564121* – – 15. AE E VISA.
44 Z 145/270.

Fischer, Bahnhofstr. 4, ✉ 85221, ✆ (08131) 7 82 05, *Fax (08131) 78508*, – – 20. AE E VISA
24. Dez. - 10. Jan. geschl. – **Menu** *(Samstagmittag geschl.)* à la carte 28/65 – **26 Z** 105/220.

Hörhammerbräu, Konrad-Adenauer-Str. 12, ✉ 85221, ✆ (08131) 3 62 30, *Fax (08131) 362340*, – – 200. AE E VISA JCB
Menu à la carte 26/58 – **20 Z** 115/195.

In Dachau-Ost :

Huber garni, Josef-Seliger-Str. 7, ✉ 85221, ✆ (08131) 5 15 20, *Fax (08131) 515250* – . AE E VISA.
15 Z 98/150.

Götz, Pollnstr. 6, ✉ 85221, ✆ (08131) 2 10 61, *Fax (08131) 26387*, , (Gebühr) – – 20. AE E VISA
Menu *(Sonntag geschl.)* (nur Abendessen) à la carte 34/56 – **38 Z** 122/166.

In Bergkirchen-Günding *W : 3 km :*

Forelle garni, Brucker Str. 16, ✉ 85232, ✆ (08131) 5 67 30, *Fax (08131) 567356* – . E VISA.
25 Z 105/180.

In Hebertshausen *N : 4 km :*

Landgasthof Herzog, Heripertplatz 1, ✉ 85241, ✆ (08131) 16 21, *Fax (08131) 1623*, – – 35. AE E VISA
Menu *(Montag geschl.)* à la carte 28/58 – **25 Z** 79/125.

DACHWIG *Thüringen 418 M 16 – 1 600 Ew – Höhe 183 m.*

Berlin 290 – Erfurt 19 – Gotha 27 – Bad Langensalza 16 – Bad Tennstedt 14 – Sömmerda 25.

Landgasthof zur Tanne, Anger 1, ✉ 99100, ✆ (036206) 2 31 70, *Fax (036206) 23170*, – . AE E
Menu *(Montagmittag geschl.)* à la carte 30/44 – **9 Z** 70/120.

DAHLEWITZ *Brandenburg 416 418 J 24 – 1 700 Ew – Höhe 35 m.*

Groß Kienitz (O : 2 km) ✆ (033708) 53 70.
Berlin 21 – Potsdam 29 – Cottbus 107 – Frankfurt (Oder) 80.

Berliner Ring, Eschenweg 18, ✉ 15827, ✆ (033708) 5 80, *Fax (033708) 58888*, , , – , Zim, – 80. AE E VISA JCB
Menu à la carte 30/65 – **270 Z** 125/140.

DAHN *Rheinland-Pfalz* 417 419 *S 7 – 5 200 Ew – Höhe 210 m – Luftkurort.*

Sehenswert : *Burgruinen★.*

Tourist-Information, Schulstr. 29, Rathaus, ✉ 66994, ☎ (06391) 58 11, Fax (06391) 1362.

Berlin 698 – Mainz 143 – Karlsruhe 57 – Saarbrücken 82 – Wissembourg 24 – Landau in der PfaLz 35 – Pirmasens 22.

Pfalzblick, Goethestr. 1, ✉ 66994, ☎ (06391) 40 40, *Fax (06391) 404540*, – Zim, 30. Rest
Menu 26/45 und à la carte 41/72 – **77 Z** 119/280 – ½ P 20.

In Erfweiler *NO : 3 km :*

Die kleine Blume, Winterbergstr. 106, ✉ 66996, ☎ (06391) 9 23 00, *Fax (06391) 923030*,
Jan. - Feb. 3 Wochen geschl. – **Menu** *(Montag - Freitag nur Abendessen)* à la carte 33/64 – **27 Z** 110/190 – ½ P 20.

DAMMBACH *Bayern* 417 419 *Q 11 – 1 900 Ew – Höhe 290 m.*

Berlin 557 – München 342 – Würzburg 58 – Aschaffenburg 25 – Miltenberg 25.

Wald-Hotel Heppe, Heppe 1 (SO : 2,5 km), ✉ 63874, ☎ (06092) 94 10, *Fax (06092) 941285*, – 20
Mitte Dez. - Mitte Feb. geschl. – **Menu** *(Freitagabend und Dienstag geschl.)* à la carte 23/58 – **29 Z** 64/134.

DAMME *Niedersachsen* 415 *I 8 – 14 500 Ew – Höhe 63 m.*

Berlin 416 – Hannover 114 – Bielefeld 89 – Bremen 98 – Osnabrück 37.

Lindenhof, Osterdammer Str. 51, ✉ 49401, ☎ (05491) 12 49, *Fax (05491) 5652*,
Menu *(Dienstagmittag und Juli - Aug. 1 Woche geschl.)* à la carte 37/72 – **15 Z** 98/160.

Prices — For full details of the prices quoted in this Guide, consult the introduction.

DANNENBERG *Niedersachsen* 415 416 *G 17 – 8 000 Ew – Höhe 22 m.*

Zernien-Braasche (W : 14 km), ☎ (05863) 5 56.

Gästeinformation, Markt 5, ✉ 29451, ☎ (05861) 80 81 90, Fax (05861) 808100.

Berlin 223 – Hannover 137 – Schwerin 80 – Lüneburg 51 – Braunschweig 125.

Alter Markt, Am Markt 9, ✉ 29451, ☎ (05861) 78 80, *Fax (05861) 7836* –
Menu à la carte 26/51 – **10 Z** 90/150.

DANNENFELS *Rheinland-Pfalz siehe Kirchheimbolanden.*

DARGUN *Mecklenburg-Vorpommern* 416 *E 22 – 4 500 Ew – Höhe 25 m.*

Berlin 211 – Schwerin 121 – Rostock 61 – Güstrow 61 – Greifswald 56 – Stralsund 69.

Am Klostersee, Am Klosterdamm, ✉ 17159, ☎ (039959) 25 20, *Fax (039959) 25228*,
Menu à la carte 28/53 – **22 Z** 80/140.

DARMSTADT *Hessen* 417 419 *Q 9 – 140 000 Ew – Höhe 146 m.*

Sehenswert : *Hessisches Landesmuseum★* X **M1** – *Prinz-Georg-Palais (Großherzogliche Porzellansammlung★)* X **M2.**

Mühltal-Traisa, Dippelshof, ☎ (06151) 14 65 43.

Verkehrsverein, Luisen-Center, Luisenplatz 5, ✉ 64283, ☎ (06151) 13 27 81, Fax (06151) 20228.

Tourist-Information am Hauptbahnhof, ✉ 64293, ☎ (06151) 13 27 82, Fax (06151) 132783.

ADAC, *Marktplatz 4, ✉ 64283, ☎ (06151) 2 62 77, Fax (06151) 294612.*

Berlin 569 ⑤ – Wiesbaden 44 ④ – Frankfurt am Main 36 ⑤ – Mannheim 50 ④.

DARMSTADT

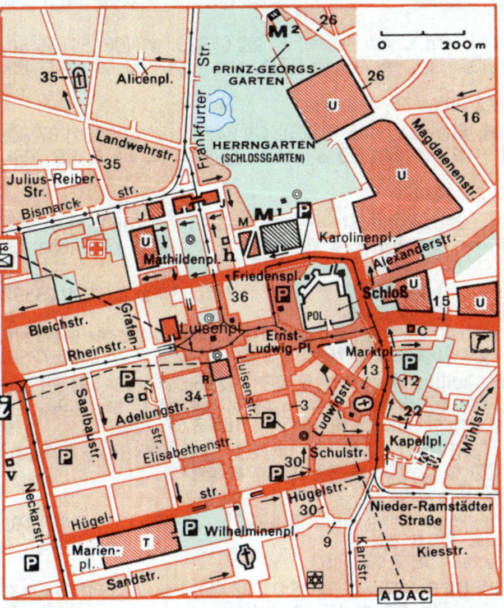

0 200 m
PRINZ-GEORGS-GARTEN
HERRNGARTEN (SCHLOSSGARTEN)
Alicenpl.
Landwehrstr.
Frankfurter Str.
Magdalenenstr.
Julius-Reiber-Str.
Bismarck str.
Mathildenpl.
Karolinenpl.
Alexanderstr.
Friedenspl.
Schloß
POL.
Bleichstr.
Luisenpl.
Ernst-Ludwig-Pl.
Marktpl.
Rheinstr.
Grafenstr.
Saalbaustr.
Adelungstr.
Luisenstr.
Ludwigstr.
Elisabethenstr.
Schulstr.
Kapellpl.
Mühlstr.
Neckarstr.
Hügelstr.
Wilhelminenpl.
Nieder-Ramstädter Straße
Marienpl.
Sandstr.
Karlstr.
Kiesstr.
ADAC

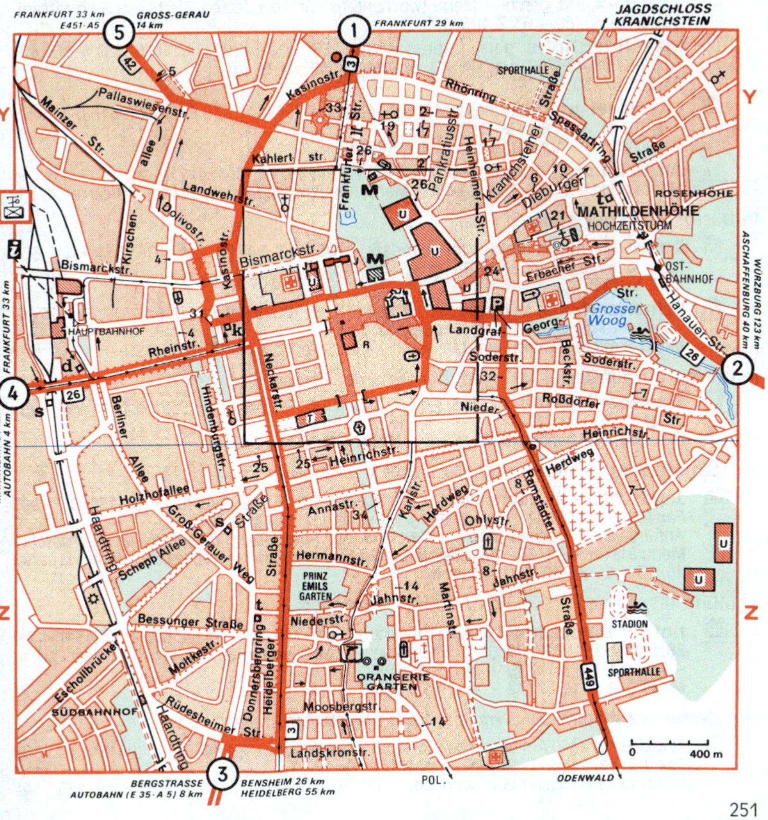

FRANKFURT 33 km E451-A5
GROSS-GERAU 14 km
FRANKFURT 29 km
JAGDSCHLOSS KRANICHSTEIN
SPORTHALLE
Rhönring
Spessartring
Kasinostr.
Pallaswiesenstr.
Mainzer Str.
Kahlert str.
Landwehrstr.
Dolivostr.
Kirschenallee
Frankfurter Str.
Pankratiusstr.
Heinheimer Str.
Kranichsteiner Str.
Dieburger Str.
ROSENHÖHE
MATHILDENHÖHE
HOCHZEITSTURM
Bismarckstr.
Erbacher Str.
OST-BAHNHOF
HAUPTBAHNHOF
Rheinstr.
Landgraf-Georg-Str.
Grosser Woog
Hanauer-Str.
WÜRZBURG 123 km ASCHAFFENBURG 40 km
AUTOBAHN (E 451-A 5) FRANKFURT 33 km
MANNHEIM 50 km AUTOBAHN 4 km
Neckarstr.
Soderstr.
Beckstr.
Roßdörfer Str.
Berliner Allee
Hindenburgstr.
Nieder-
Heinrichstr.
Herdweg
Holzhofallee
Annastr.
Karlstr.
Ohlystr.
Ramstädter Straße
Groß-Gerauer Weg
Haardtring
Schepp Allee
Hermannstr.
PRINZ EMILS GARTEN
Jahnstr.
Martinstr.
STADION
Bessunger Straße
Niederstr.
SPORTHALLE
Moltkestr.
Eschollbrücker Str.
ORANGERIE GARTEN
SÜDBAHNHOF
Rüdesheimer Str.
Donnersbergring
Heidelberger Straße
Moosbergstr.
Landskronstr.
0 400 m
BERGSTRASSE AUTOBAHN (E 35-A 5) 8 km
BENSHEIM 26 km HEIDELBERG 55 km
POL.
ODENWALD

Maritim Rhein-Main Hotel, Am Kavalleriesand 6, 64295, (06151) 30 30, *Fax (06151) 303111,* , , – , Zim, – 200. AE E VISA JCB. Rest Y s
Menu à la carte 50/85 – **248 Z** 245/436, 4 Suiten.

Maritim-Konferenzhotel, Rheinstr. 105 (B 26), 64295, (06151) 87 80, *Fax (06151) 893194,* , – , Zim, – 350. AE E VISA JCB. Rest Y d
Menu à la carte 46/75 – **352 Z** 244/436.

Contel (Appartementhotel), Otto-Röhm-Str. 90, 64293, (06151) 88 20, *Fax (06151) 882888,* – , Zim, – 80. AE E VISA über ⑤
Menu *(Samstag - Sonntag geschl.)* à la carte 37/55 – **275 Z** 167/288.

Weinmichel, Schleiermacherstr. 10, 64283, (06151) 2 90 80, *Fax (06151) 23592* – , Zim, – 40. AE E VISA X h
Menu *(Sonn- und Feiertage geschl.)* 40 (mittags) und à la carte 55/81 – ***Taverne*** *(wochentags nur Abendessen, 12. Juli - 29. Aug. geschl.)* **Menu** à la carte 33/56 – **74 Z** 155/250.

Treff Page Hotel (M), Eschollbrücker Str.16, 64295, (06151) 38 50, *Fax (06151) 385100* – , Zim, – 80. AE E VISA JCB
Menu *(Freitagabend - Sonntag geschl.)* à la carte 33/51 – **165 Z** 175/260. Z s

Parkhaus-Hotel garni, Grafenstr. 31, 64283, (06151) 2 81 00, *Fax (06151) 293908* – – 80. AE E VISA X e
24. Dez. - 4. Jan. geschl. – **80 Z** 155/205.

Donnersberg garni, Donnersbergring 38, 64295, (06151) 3 10 40, *Fax (06151) 33147* – . AE E VISA Z t
Weihnachten - Anfang Jan. geschl. – **18 Z** 108/168.

Prinz Heinrich, Bleichstr. 48, 64293, (06151) 8 13 70, *Fax (06151) 813713,* « Rustikale Einrichtung » – , Zim, . AE E VISA Y k
22. Dez. - 4. Jan. geschl. – **Menu** (wochentags nur Abendessen, Tischbestellung ratsam) à la carte 30/60 – **63 Z** 106/185.

Mathildenhöhe garni, Spessartring 53, 64287, (06151) 4 98 40, *Fax (06151) 498450* – . AE E VISA Y t
23 Z 130/230.

City-Hotel garni, Adelungstr. 44, 64283, (06151) 3 36 91, *Fax (06151) 316096* – . E VISA X v
Weihnachten - Anfang Jan. geschl. – **58 Z** 95/170.

Alt Hamburg, Landgraf-Georg-Str. 17, 64283, (06151) 2 13 21 X c
Montag und 15. - 30. Aug. geschl. – **Menu** (überwiegend Fischgerichte) à la carte 34/71.

In Darmstadt-Eberstadt ③ : *7 km :*

Rehm garni, Heidelberger Landstr. 306, 64297, (06151) 9 41 30, *Fax (06151) 941313* – .
22 Z 65/135.

Schweizerhaus, Mühltalstr. 35, 64297, (06151) 9 41 80, *Fax (06151) 57740,* « Gartenterrasse » – . AE E VISA
Menu *(Freitag - Samstagmittag geschl.)* à la carte 44/67 – **20 Z** 85/150.

In Darmstadt-Einsiedel *NO : 7 km über Dieburger Straße Y :*

Einsiedel, Dieburger Str. 263, 64287, (06159) 2 44, *Fax (06159) 1744,* – . AE E
Dienstag - Mittwochmittag geschl. – **Menu** à la carte 62/84.

In Darmstadt-Kranichstein *NO : 5 km über Kranichsteiner Str. Y :*

Jagdschloss Kranichstein, Kranichsteiner Str. 261, 64289, (06151) 9 77 90, *Fax (06151) 977920,* – – 60. AE E VISA
Anfang Jan. 2 Wochen geschl. – ***Der Grill*** (nur Abendessen) *(Sonntag - Montag geschl.)* **Menu** à la carte 64/90 – ***Kavaliersbau*** (nur Mittagessen) *(Montag geschl.)* **Menu** à la carte 43/65 – **15 Z** 230/300, 4 Suiten.

In Mühltal-Traisa *SO : 5 km über Nieder-Ramstädter-Str. :*

Hofgut Dippelshof , Am Dippelshof 1 (am Golfplatz), 64367, (06151)91 71 88, *Fax (06151) 917189,* , « Ehemaliges Hofgut ; Blauer Saal im Jugenstil ; kleiner Park » – Zim, – 15. E VISA
Menu à la carte 52/72 – **18 Z** 135/250.

In Mühltal-Trautheim *SO : 5 km über Nieder-Ramstädter-Straße Z :*

Waldesruh , Am Bessunger Forst 28 (über Waldstr.), 64367, (06151) 9 11 50, *Fax (06151) 911563,* , – . E
Menu *(Sonntagabend und Donnerstag geschl.)* à la carte 33/65 – **36 Z** 79/125.

In Weiterstadt-Gräfenhausen *NW : 8 km über ⑤ :*

Zum Löwen, Darmstädter Landstr. 11, ✉ 64331, ✆ (06150) 5 10 25, *Fax (06150) 50247* – TV ☎ P.
27. Dez. - 4. Jan. geschl. – **Menu** *(Samstag und Juli geschl.)* à la carte 24/52 – **14 Z** 85/120.

DARSCHEID *Rheinland-Pfalz siehe Daun.*

DASING *Bayern* 419 420 *U 17 – 4 600 Ew – Höhe 482 m.*

Berlin 577 – München 54 – Augsburg 13 – Ingolstadt 62.

In Dasing-Lindl *NO : 2 km nahe der A 8 :*

Highway-Hotel M garni, Robert-Bosch-Str. 1, ✉ 86453, ✆ (08205) 60 90, *Fax (08205) 609255,* – TV ☎ P – 15. AE E VISA
85 Z 135/180.

DATTELN *Nordrhein-Westfalen* 417 *L 6 – 37 000 Ew – Höhe 53 m.*

Berlin 500 – Düsseldorf 73 – Dortmund 20 – Münster (Westfalen) 44 – Recklinghausen 12.

Zum Ring, Ostring 41 (B 235), ✉ 45711, ✆ (02363) 5 24 65, *Fax (02363) 53501,* – TV ☎ P. AE E VISA
Menu à la carte 38/71 – **9 Z** 85/150.

In Datteln-Ahsen *NW : 7 km über Westring :*

Landhotel Jammertal (mit Stammhaus), Redderstr. 421, ✉ 45711, ✆ (02363) 37 70, *Fax (02363) 377100,* « Badeoase Aquantis », Massage, (geheizt), – Zim, TV P – 60. AE E VISA. Rest
Menu à la carte 48/79 – **73 Z** 125/270, 8 Suiten.

DAUN *Rheinland-Pfalz* 417 *P 4 – 8 200 Ew – Höhe 420 m – Heilklimatischer Kurort - Kneippkurort – Mineralheilbad.*

Ausflugsziele : *Die Maare★ (Weinfelder Maar, Totenmaar, Pulvermaar).*

Kur- und Verkehrsamt, Leopoldstr. 5 ✉ 54550, ✆ (06592) 93 91 77, Fax (06592) 939189.

Berlin 666 – Mainz 161 – Trier 76 – Bonn 79 – Koblenz 70.

Schloß-Hotel Kurfürstliches Amtshaus, Dauner Burg, ✉ 54550, ✆ (06592) 92 50, *Fax (06592) 925255,* – TV P – 40. AE E VISA. Rest
10. - 28. Jan. geschl. – **Menu** *(Montag - Dienstag geschl.)* 85/125 und à la carte 76/105 – **37 Z** 115/260 – ½ P 55
Spez. Steinbutt in der Kartoffelschuppe mit Rotweinbutter. Gefüllte Taube mit Pomerolsauce. Haselnußschmarrn mit Zartbittersauce.

Panorama, Rosenbergstr. 26, ✉ 54550, ✆ (06592) 93 40, *Fax (06592) 934230,* Massage, – TV ☎ P
17. Feb. - 25. März und 10. Nov. - 12. Dez. geschl. – **Menu** *(Montag geschl.)* à la carte 32/65 – **26 Z** 96/180 – ½ P 25.

Parkhotel Anna Maria, Maria-Hilf-Str. 16, ✉ 54550, ✆ (06592) 9 68 60, *Fax (06592) 968611,* – TV ☎ P. AE E VISA. Rest
Menu (kroatische Küche) à la carte 28/55 – **33 Z** 85/150.

Zum Goldenen Fäßchen, Rosenbergstr. 5, ✉ 54550, ✆ (06592) 30 97, *Fax (06592) 8673,* – ☎ P. AE E VISA. Zim
Menu *(Donnerstag geschl.)* à la carte 25/52 – **28 Z** 75/180 – ½ P 18.

In Daun-Gemünden *S : 2 km :*

Berghof (mit Gästehaus), Lieserstr. 20, ✉ 54550, ✆ (06592) 28 91, *Fax (06592) 1414,* – ☎ P. Rest
März 3 Wochen und 4. Nov. - 4. Dez. geschl. – **Menu** *(Montag geschl.)* à la carte 30/59 – **17 Z** 55/110 – ½ P 19.

Müller, Lieserstr. 17, ✉ 54550, ✆ (06592) 25 06, *Fax (06592) 2524,* – P. Rest
4. Jan. - 11. Feb. geschl. – **Menu** *(Donnerstag geschl.)* à la carte 27/53 – **12 Z** 46/102 – ½ P 19.

In Schalkenmehren *SO : 6 km – Erholungsort*

Landgasthof Michels, St.-Martin-Str. 9, ✉ 54552, ✆ (06592) 92 80, *Fax (06592) 928160*, – 30. AE ① E VISA
Menu à la carte 36/66 – **38 Z** 89/190 – ½ P 28.

Schneider-Haus am Maar, Maarstr. 22, ✉ 54552, ✆ (06592) 9 55 10, *Fax (06592) 955140*, – Zim,
Jan. - Feb. 4 Wochen geschl. – **Menu** à la carte 26/53 – **17 Z** 60/140 – ½ P 23.

In Darscheid *NO : 6 km – Erholungsort :*

Kucher's Landhotel mit Zim, Karl-Kaufmann-Str. 2, ✉ 54552, ✆ (06592) 6 29, *Fax (06592) 3677*, – Zim, AE E
Jan. 3 Wochen und März 2 Wochen geschl. – ***Kucher's Gourmet*** (bemerkenswerte Weinkarte) *(Montag - Dienstagmittag geschl.)* **Menu** à la carte 60/86 – ***Eifelstube*** *(Montag - Dienstagmittag geschl.)* **Menu** à la carte 34/65 – **14 Z** 68/160 – ½ P 28.

DEDELSTORF *Niedersachsen siehe Hankensbüttel.*

DEGGENDORF *Bayern* 420 *T 22 – 33 500 Ew – Höhe 312 m – Wintersport : 500/1 114 m* 4

Ausflugsziele : *Kloster Metten (Kirche und Bibliothek★) NW : 5 km – Klosterkirche★ in Niederalteich SO : 11 km.*

Schaufling, Rusel 123 (NO : 10 km), ✆ *(09920) 89 11.*

Kultur- und Verkehrsamt, Oberer Stadtplatz, ✉ *94469,* ✆ *(0991) 2 96 01 69, Fax (0991) 31586.*

Berlin 563 – München 144 – Passau 51 – Landshut 74 – Regensburg 80.

Parkhotel, Edlmairstr. 4, ✉ 94469, ✆ (0991) 60 13, *Fax (0991) 31551*, Massage, – Zim, – 50. AE ① E VISA JCB
Menu *(Aug. 3 Wochen geschl.)* à la carte 43/68 – **125 Z** 184/296.

Donauhof, Hafenstr. 1, ✉ 94469, ✆ (0991) 3 89 90, *Fax (0991) 389966*, – 30. AE ① E VISA
Menu *(Sonntag geschl.)* (nur Abendessen) à la carte 30/54 – **45 Z** 80/150.

Grauer Hase, Untere Vorstadt 12, ✉ 94469, ✆ (0991) 37 12 70, *Fax (0991) 3712720*, – 50. AE ① E VISA
Montag, Jan. 3 Wochen und Juli - Aug. 2 Wochen geschl. – **Menu** 35 (mittags) und à la carte 54/80.

La padella, Rosengasse 7, ✉ 94469, ✆ (0991) 55 41, – AE ① E VISA
Sonntagabend - Montag sowie April und Sept. jeweils 2 Wochen geschl. – **Menu** (Tischbestellung ratsam) à la carte 43/68.

In Deggendorf-Fischerdorf *S : 2 km :*

Rosenhof garni, Rosenstr. 7, ✉ 94469, ✆ (0991) 82 55, *Fax (0991) 382313* – AE ① E VISA
20 Z 55/120.

In Deggendorf-Natternberg *SW : 6 km :*

Burgwirt (mit Gästehaus), Deggendorfer Str. 7, ✉ 94469, ✆ (0991) 3 00 45, *Fax (0991) 31287*, – 25. E
Menu *(Sonntagabend - Montag geschl.)* à la carte 24/46 – **36 Z** 85/160.

DEGGENHAUSERTAL *Baden-Württemberg* 419 *W 12 – 3 000 Ew – Höhe 497 m.*

Berlin 728 – Stuttgart 144 – Konstanz 33 – Ravensburg 20 – Bregenz 55.

In Deggenhausertal-Limpach :

Gutsgasthof Mohren, Kirchgasse 1, ✉ 88693, ✆ (07555) 93 00, *Fax (07555) 930100*, – 150. E VISA
7. - 24. Jan. geschl. – **Menu** *(Montagmittag und Dienstagmittag geschl.)* à la carte 35/58 – **40 Z** 80/130 – ½ P 25.

In Deggenhausertal-Wittenhofen :

Landhotel Adler, Roggenbeurer Str. 2, ✉ 88693, ✆ (07555) 2 02, *Fax (07555) 5273*, Biergarten –
Feb. 2 Wochen geschl. – **Menu** *(Mittwoch - Donnerstagmittag geschl.)* à la carte 32/61 – **17 Z** 65/120 – ½ P 20.

DEIDESHEIM *Rheinland-Pfalz* 417 419 *R 8 – 3 900 Ew – Höhe 117 m – Luftkurort.*

Tourist Information, Bahnhofstraße, ✉ 67146, ☎ (06326) 50 21, Fax (06326) 5023.
Berlin 645 – Mainz 88 – Mannheim *31 – Kaiserslautern 39 – Neustadt an der Weinstraße 8.*

Deidesheimer Hof, Am Marktplatz 1, ✉ 67146, ☎ (06326) 9 68 70, *Fax (06326) 7685,* – TV ☎ P. AE D E VISA JCB.
1. - 6. Jan. geschl. – **Menu** siehe Rest. ***Schwarzer Hahn*** separat erwähnt – ***St. Urban :*** **Menu** 59/96 und à la carte – **21 Z** 165/460.

Hatterer's Hotel, Weinstr. 12, ✉ 67146, ☎ (06326) 60 11, *Fax (06326) 7539,* – TV ☎ P – 80. AE D E VISA JCB
Menu à la carte 70/114 *(auch vegetarisches Menu)* – **57 Z** 155/230 – ½ P 45.

Steigenberger MAXX Hotel, Am Paradiesgarten 1, ✉ 67146, ☎ (06326) 97 00, *Fax (06326) 970333,* – TV ☎ P – 70. AE D E VISA JCB
Menu *(Sonntagabend geschl.)* à la carte 39/61 – **128 Z** 169/259 – ½ P 38.

Gästehaus Hebinger garni, Bahnhofstr. 21, ✉ 67146, ☎ (06326) 3 87, *Fax (06326) 7494* – TV ☎ P.
20. Dez. - 1. Feb. geschl. – **10 Z** 90/162.

Schwarzer Hahn - Hotel Deidesheimer Hof, Am Marktplatz 1, ✉ 67146, ☎ (06326) 9 68 70, *Fax (06326) 7685,* « Gewölbekeller mit eleganter Einrichtung » – AE D E VISA JCB.
Sonntag - Montag, Jan. 1 Woche und Juli - Aug. 4 Wochen geschl. – **Menu** (nur Abendessen, bemerkenswerte Weinkarte) 99/172 und à la carte 73/117
Spez. Hummer-Kartoffelsalat mit karamelisierten Tomaten. Gefüllter Baby-Steinbutt (2 Pers.). Pfälzer Täubchen mit Gänseleber und Kartoffel-Trüffelauflauf.

Gasthaus zur Kanne, Weinstr. 31, ✉ 67146, ☎ (06326) 9 66 00, *Fax (06326) 966096,* « Haus aus dem 12. Jh. ; Innenhof » – AE D E VISA
Menu à la carte 42/65 *(auch vegetarisches Menu).*

In Forst *N : 2 km :*

Landhaus an der Wehr, Im Elster 8, ✉ 67147, ☎ (06326) 69 84, – P.
Montag - Dienstag und Juli 1 Woche geschl. – **Menu** à la carte 32/65.

DEISSLINGEN *Baden-Württemberg siehe Rottweil.*

DEIZISAU *Baden-Württemberg siehe Plochingen.*

DELBRÜCK *Nordrhein-Westfalen* 417 *K 9 – 24 500 Ew – Höhe 95 m.*

Berlin 432 – Düsseldorf 171 – Bielefeld *52 – Münster (Westfalen) 74 – Paderborn 16.*

Landgasthaus Waldkrug, Graf-Sporck-Str. 34, ✉ 33129, ☎ (05250) 5 32 03, *Fax (05250) 5699* – Zim, TV ☎ P – 70. AE E VISA. Zim
Menu à la carte 35/59 – **39 Z** 96/199.

DELITZSCH *Sachsen* 418 *L 21 – 29 000 Ew – Höhe 98 m.*

Tourist-Information, Kreuzgasse 10 (Schulze-Delitzsch-Haus), ✉ 04509, ☎ (034202) 5 57 21, Fax (034202) 55722.
Berlin 162 – Dresden 116 – Leipzig *23.*

Goldener Adler, Hallesche Str. 13, ✉ 04509, ☎ (034202) 5 71 68, *Fax (034202) 61033,* – TV ☎ P. D E VISA
Menu à la carte 25/46 – **27 Z** 80/140.

Akzent Hotel garni, Grünstr. 43, ✉ 04509, ☎ (034202) 81 10, *Fax (034202) 81199* – TV ☎ P – 30. E VISA
23. Dez. - 6. Jan. geschl. – **28 Z** 99/145.

In Delitzsch-Kertitz *NW : 2 km :*

Flämingsthaler Hof, Schenkenbergerstr. 3, ✉ 04509, ☎ (034202) 6 38 07, *Fax (034202) 62629,* – Zim, TV ☎ P. AE E VISA
Menu *(Samstag - Sonntag geschl.)* à la carte 23/48 – **19 Z** 70/120.

In Delitzsch-Schenkenberg *NW : 2,5 km :*

Schenkenberger Hof, Hofegasse 3, ✉ 04509, ☎ (034202) 73 00, *Fax (034202) 73073,* – Zim, TV ☎ P. AE E VISA
(nur Abendessen für Hausgäste) – **27 Z** 91/130.

In Rackwitz *SO : 12 km :*

Schladitzer Hof, Hauptstr. 2a, ✉ 04519, ✆ (034294) 7 66 51, *Fax (034294) 76657*, Biergarten, – Zim, – 20.
Menu (nur Abendessen) à la carte 33/55 – **40 Z** 100/195.

DELMENHORST *Niedersachsen* 415 *G 9 – 78 000 Ew – Höhe 18 m.*

Verkehrsverein, Delmegarten 5, ✉ 27749, ✆ (04221) 12 04 79, Fax (04221) 150312.
ADAC, *Reinersweg 34, ✉ 27751, ✆ (04221) 97 23 70, Fax (04221) 72571.*
Berlin 403 – Hannover 136 – Bremen 17 – Oldenburg 37.

Gut Hasport garni, Hasporter Damm 220, ✉ 27755, ✆ (04221) 2 60 81, *Fax (04221) 26084*, – .
21 Z 75/120, 3 Suiten.

Thomsen, Bremer Str. 186, ✉ 27751, ✆ (04221) 97 00, *Fax (04221) 70001* – – 40.
Menu *(Samstagmittag geschl.)* à la carte 24/55 – **90 Z** 50/140.

Goldenstedt, Urselstr. 18, ✉ 27751, ✆ (04221) 96 00, *Fax (04221) 960100*, – – 50. .
23. Dez. - Anfang Jan. geschl. – **Menu** (nur Abendessen) à la carte 27/61 – **35 Z** 105/160.

DEMMIN *Mecklenburg-Vorpommern* 416 *E 23 – 15 000 Ew – Höhe 10 m.*

Stadtinformation, Am Markt 1, ✉ 17109, ✆ (03998) 25 61 19, Fax (03998) 223134.
Berlin 190 – Schwerin 145 – Neubrandenburg 48 – Stralsund 57.

Trebeltal, Klänhammerweg 3, ✉ 17109, ✆ (03998) 25 10, *Fax (03998) 251251*, , – – 30.
Menu à la carte 28/44 – **42 Z** 86/160.

Am Stadtpark, Kirchhofstraße, ✉ 17109, ✆ (03998) 36 23 68, *Fax (03998) 362369* – .
Menu à la carte 21/48 – **16 Z** 75/120.

In Rustow *NO : 8 km :*

Peenetal, Demminer Str. 17, ✉ 17121, ✆ (039998) 1 01 55, *Fax (039998) 10156*, –
Menu à la carte 25/46 – **13 Z** 90/130.

In Vanselow *SO : 10 km :*

Schloß Vanselow , ✉ 17111, ✆ (03998) 22 20 96, *Fax (03998) 222647*, « Restauriertes Herrenhaus a.d.J. 1870 » – – 20.
(nur Abendessen für Hausgäste) – **12 Z** 120/200.

In Loitz *NO : 11 km :*

Am Markt garni, Marktstr. 162, ✉ 17121, ✆ (039998) 30 10, *Fax (039998) 3028* – .
15 Z 75/95.

Benutzen Sie auf Ihren Reisen in EUROPA:

die **Michelin-Länderkarten** (1:400 000 bis 1:1 000 000) ;

die **Michelin-Abschnittskarten** (1:200 000) ;

die Roten **Michelin-Führer** (Hotels und Restaurants) :
Benelux, España Portugal, France, Great Britain and Ireland, Italia, Schweiz, Europe, Deutschland

die Grünen **Michelin-Führer** (Sehenswürdigkeiten und interessante Reisegebiete) :
Deutschland, Frankreich, Italien, Österreich, Schweiz, Spanien

die Grünen Regionalführer von Frankreich
(Sehenswürdigkeiten und interessante Reisegebiete) :
Paris, Atlantikküste, Auvergne Périgord, Bretagne, Burgund Jura, Côte d'Azur (Französische Riviera) Elsaß Vogesen Champagne, Korsika, Provence, Schlösser an der Loire, Oberhein, Pyrenäen, Roussillon, Gorges du Tarn

DENKENDORF *Baden-Württemberg* 419 *T 11 – 9 400 Ew – Höhe 300 m.*
Berlin 647 – Stuttgart 22 – Göppingen 34 – Reutlingen 32 – Ulm (Donau) 71.

Bären-Post, Deizisauer Str. 12, ✉ 73770, ✆ (0711) 34 40 26, Fax (0711) 3460625, – 40.
23. Dez. - 7. Jan. geschl. – **Menu** *(Sonntagabend und Samstag geschl.)* à la carte 37/65 – **62 Z** 88/190.

DENKINGEN *Baden-Württemberg* 419 *V 10 – 2 200 Ew – Höhe 697 m.*
Berlin 736 – Stuttgart 107 – Konstanz 75 – Offenburg 97 – Tübingen 73 – Donaueschingen 37.

Auf dem Klippeneck *O : 4,5 km – Höhe 998 m*

Höhenrestaurant Klippeneck mit Zim, ✉ 78588 Denkingen, ✆ (07424) 98 19 14, *Fax (07424) 9819427,* Baar und Schwarzwald, –.
Jan. 3 Wochen geschl. – **Menu** *(Montag geschl.)* à la carte 40/64 – **8 Z** 85/140.

DENZLINGEN *Baden-Württemberg* 419 *V 7 – 11 500 Ew – Höhe 235 m.*
Berlin 802 – Stuttgart 203 – Freiburg im Breisgau 19 – Offenburg 61.

Rebstock-Stube mit Zim (Gasthof a.d. 14. Jh.), Hauptstr. 74, ✉ 79211, ✆ (07666) 20 71, *Fax (07666) 7942* –.
Menu *(Sonntag - Montag und 1. - 15. Aug. geschl.)* (Tischbestellung ratsam) 48/85 und à la carte 45/99 – **10 Z** 65/140
Spez. Vorspeisenteller "Rebstock-Stube". Seeteufel auf provenzialische Art. Entbeinter Ochsenschwanz "Weinhändler Art".

In Vörstetten *W : 3 km :*

Sonne, Freiburger Str. 4, ✉ 79279, ✆ (07666) 23 26, *Fax (07666) 8595,* –.
Menu *(Samstagmittag und Montag geschl.)* à la carte 28/59 – **11 Z** 59/110.

DERMBACH *Thüringen* 418 *N 14 – 3 800 Ew – Höhe 350 m.*
Berlin 385 – Erfurt 107 – Fulda 46 – Bad Hersfeld 40.

Rhönpaulus, Bahnhofstr.21 (B 285), ✉ 36466, ✆ (036964) 8 22 34, *Fax (036964) 7096* –.
Menu à la carte 22/37 – **9 Z** 60/90.

DERNBACH (KREIS NEUWIED) *Rheinland-Pfalz* 417 *O 6 – 750 Ew – Höhe 310 m.*
Berlin 594 – Mainz 109 – Koblenz 37 – Bonn 51 – Limburg an der Lahn 48.

Country-Hotel, Hauptstraße, ✉ 56307, ✆ (02689) 29 90, *Fax (02689) 299322,* – 250.
Menu à la carte 51/78 – **144 Z** 110/190 – ½ P 35.

DERSAU *Schleswig-Holstein* 415 416 *D 15 – 800 Ew – Höhe 40 m – Luftkurort.*
Fremdenverkehrsverein, Dorfstr. 67, ✉ 24236, ✆ (04526) 6 80, Fax (04526) 201.
Berlin 332 – Kiel 32 – Lübeck 70 – Hamburg 92.

Zur Mühle am See (mit Gästehäusern), Dorfstr. 47, ✉ 24326, ✆ (04526) 30 50, *Fax (04526) 305205,* , Massage, – 20.
Menu à la carte 28/62 – **35 Z** 85/140.

DESSAU *Sachsen-Anhalt* 418 *K 20 – 93 000 Ew – Höhe 61 m.*
Sehenswert : *Bauhausbauten★★* AX – *Schloß Mosigkau★ (Gartensaal★).*
Ausflugsziel : *Wörlitz : Wörlitzer Park★★, Schloß Wörlitz★, Gotisches Haus★ (Schweizer Glasmalereien★) O : 13 km.*
Tourist-Information, Zerbster Str. 2c (Rathaus), ✉ 06844, ✆ (0340) 2 04 14 42, Fax (0340) 2041142.
ADAC, *Antoinettenstr. 1, ✉ 06844, ✆ (0340) 2 20 96 89, Fax (0340) 2209690.*
Berlin 122 ② – Magdeburg 64 ① – Leipzig 74 ③ – Nordhausen 140 ③

Stadtpläne siehe nächste Seiten

Steigenberger Seminar-Konferenzhotel M, Friedensplatz, ✉ 06844, ✆ (0340) 2 51 50, *Fax (0340) 2515177,* « Einrichtung im Bauhausstil », Zim, – 160. Rest BX a
Menu à la carte 42/68 – **204 Z** 195/308, 6 Suiten.

DESSAU

Akazienwäldchen	BY	2
Bertolt-Brecht-Straße	CX	3
Carl-Maria-von-Weber-Straße	CX	5
Eisenbahnstraße	BY	8
Erdmannsdorffstraße	BY	10
Ferdinand-von-Schill-Straße	BCX	12
Flössergasse	CX	14
Friedrich-Naumann-Straße	CY	15
Friedrich-Schneider-Straße	CX	16
Hausmannstraße	BX	18
Humboldtstraße	CX	20
Johannisstraße	CX	
Kleiststraße	BX	21
Kornhausstraße	AX	23
Liebknechtstraße	ABX	25
Marktstraße	CY	26
Mendelssohnstraße	CX	28
Mozartstraße	CX	29
Richard-Wagner-Straße	CX	30
Schwabestraße	BX	32
Steinstraße	CX	33
Wallstraße	CY	34
Wörlitzer Straße	CX	37
Zerberstraße	CXY	

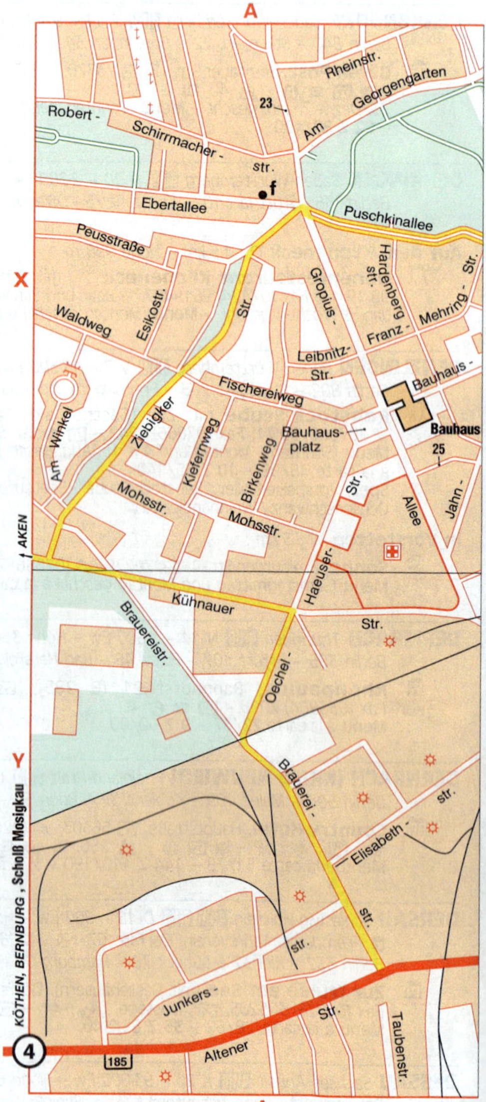

Check-in :
Nicht schriftlich reservierte Zimmer werden in den meisten Hotels nur bis 18 Uhr freigehalten. Bei späterer Anreise ist daher der ausdrückliche Hinweis auf die Ankunftzeit oder - besser noch - schriftliche Zimmerreservierung ratsam.

Astron M, Zerbster Str. 29, ✉ 06844, ✆ (0340) 2 51 40, *Fax (0340) 2514100*, – Zim, TV ☎ ♿ P – 100 — CX e
161 Z.

An den 7 Säulen garni, Ebertallee 66, ✉ 06846, ✆ (0340) 61 96 20, *Fax (0340) 619622* – TV ☎ P. E VISA — AX f
23 Z 90/140.

City-Pension garni, Ackerstr. 3a, ✉ 06842, ✆ (0340) 8 82 30 76, *Fax (0340) 8825017* – TV ☎ . AE E VISA — über ③ : 1,5 km
24 Z 85/140.

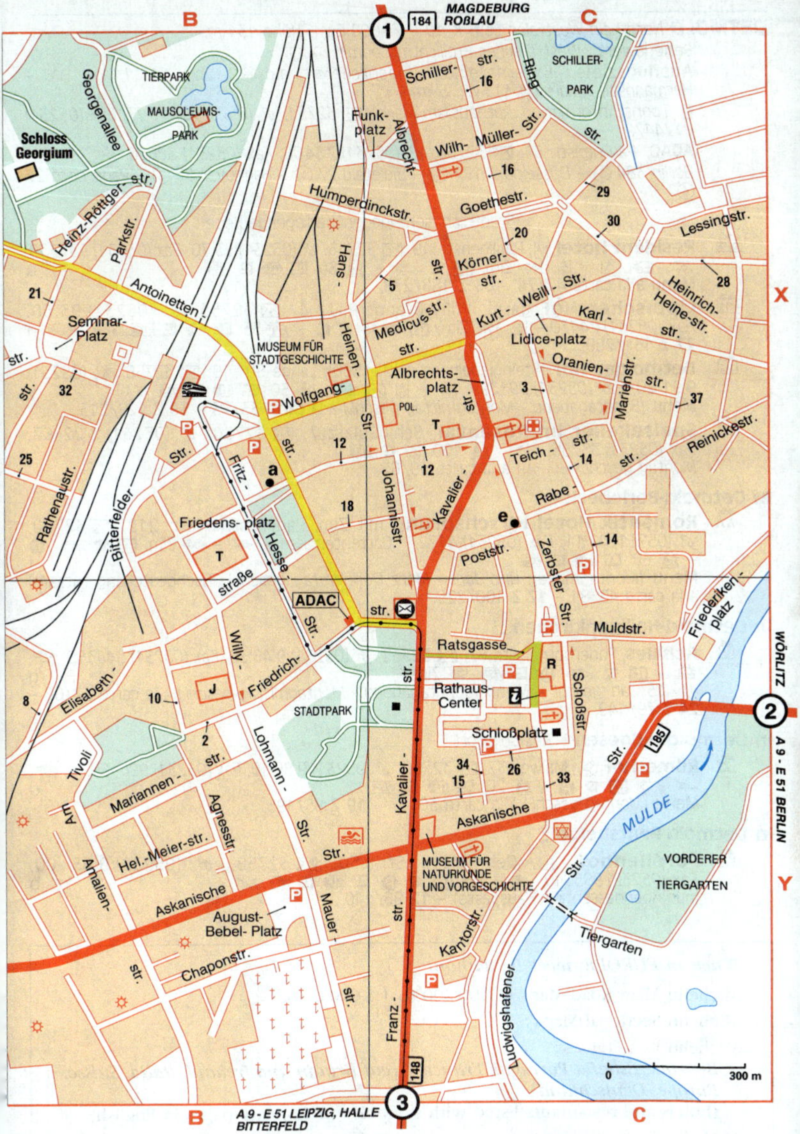

In Dessau-Mildensee *O : 5 km über ②, an der BAB-Ausfahrt Dessau-Ost :*

Adria-Hotel [M], Sonnenalle 4, ✉ 06842, ✆ (0340) 2 10 00, *Fax (0340) 2100250*, – ⇌, ✈ Zim, TV ☎ ✆ P – 🏛 60. AE ⓓ E VISA
Menu à la carte 28/51 – **102 Z** 106/157.

In Dessau-Mosigkau ④ *: 6,5 km :*

Zum kleinen Prinzen, Erich-Weinert-Str. 16, ✉ 06847, ✆ (0340) 51 70 71, *Fax (0340) 517073*, – TV ☎ P. AE ⓓ E VISA
Menu à la carte 24/54 – **23 Z** 100/140.

DETMOLD *Nordrhein-Westfalen* 417 *K 10 – 75 000 Ew – Höhe 134 m.*

Sehenswert : *Westfälisches Freilichtmuseum★* BX.

Ausflugsziele : *Externsteine★ (Flachrelief★★ a.d. 12. Jh.), S : 11 km* BY – *Hermannsdenkmal★ (✻★) SW : 6 km* AY.

Tourist Information, Rathaus am Markt, ✉ *32754,* ☎ *(05231) 97 73 27, Fax (05231) 977447.*

ADAC, *Paulinenstr. 64,* ✉ *32756,* ☎ *(05231) 2 34 06, Fax (05231) 38050.*

Berlin 384 ③ – Düsseldorf 197 ⑤ – Bielefeld 27 ① – Hannover 95 ③ – Paderborn 27 ④.

Stadtplan siehe gegenüberliegende Seite

Residenz Hotel M, Paulinenstr. 19, ✉ 32756, ☎ (05231) 93 70, *Fax (05231) 937333*, , , – , Zim, – 80. AE E VISA AZ a
Menu à la carte 42/74 – **83 Z** 188/278.

Lippischer Hof garni, Willy-Brandt-Platz 1, ✉ 32756, ☎ (05231) 93 60, *Fax (05231) 24470* – , Zim, – 55. AE E VISA JCB AZ n
27 Z 131/290.

Detmolder Hof (Steingiebelhaus a.d.J. 1560), Lange Str. 19, ✉ 32756, ☎ (05231) 9 91 20, *Fax (05231) 991299*, – – 30. AE E VISA AZ v
Menu *(Sonntagabend - Montagmittag geschl.)* à la carte 53/73 – **39 Z** 128/215.

Speisekeller im Rosental, Schloßplatz 7, ✉ 32756, ☎ (05231) 2 22 67, *Fax (05231) 33756*, – 100. AE E VISA AZ
Montag geschl. – **Menu** à la carte 39/65.

In Detmold-Berlebeck :

Romantik Hotel Hirschsprung mit Zim, Paderborner Str. 212, ✉ 32760, ☎ (05231) 49 11, *Fax (05231) 4172*, « Gartenterrasse », – Zim, – 60. AE E VISA BY t
Menu *(Montagmittag und Jan. - März Donnerstag geschl.)* (Tischbestellung ratsam) à la carte 43/81 – **17 Z** 100/225.

In Detmold-Heiligenkirchen :

Achilles, Paderborner Str. 87, ✉ 32732, ☎ (05231) 9 46 30, *Fax (05231) 946355*, , – . E VISA. Zim BY g
1. - 15. Jan. geschl. – **Menu** *(Sonntagabend - Montagmittag geschl.)* à la carte 32/66 – **24 Z** 79/149.

In Detmold-Hiddesen – *Kneippkurort :*

Römerhof , Maiweg 37, ✉ 32760, ☎ (05231) 9 86 10, *Fax (05231) 986150*, <, , – – 20. AE E VISA AY d
Menu *(Montag geschl.)* à la carte 30/57 – **19 Z** 95/195.

In Detmold-Pivitsheide :

Forellenhof , Gebr.-Meyer-Str. 50, ✉ 32758, ☎ (05232) 9 85 00, *Fax (05232) 985040*, – . AE E VISA. AX b
(nur Abendessen für Hausgäste) – **12** 86/140.

DETMOLD

Auguststraße .... AZ 4
Barntruper Straße .... BX 6
Benekestraße .... AZ 7
Bielefelder Straße .... AZ 9
Blomberger Straße .... AYZ 12
Bruchmauerstraße .... AZ 13
Bruchstraße .... AZ
Doktorweg .... AY 14
Elisabethstraße .... AY 15
Ernst-Hilker-Straße .... BX 16
Exterstraße .... AZ 17
Georgstraße .... BX 19
Grabbestraße .... AYZ 20
Hans-Hinrichs-Straße ...... AZ 22
Hindenburgstraße .... AX 25
Kaiser-Wilhelm-Platz .... AY 27
Karlstraße .... AZ 28

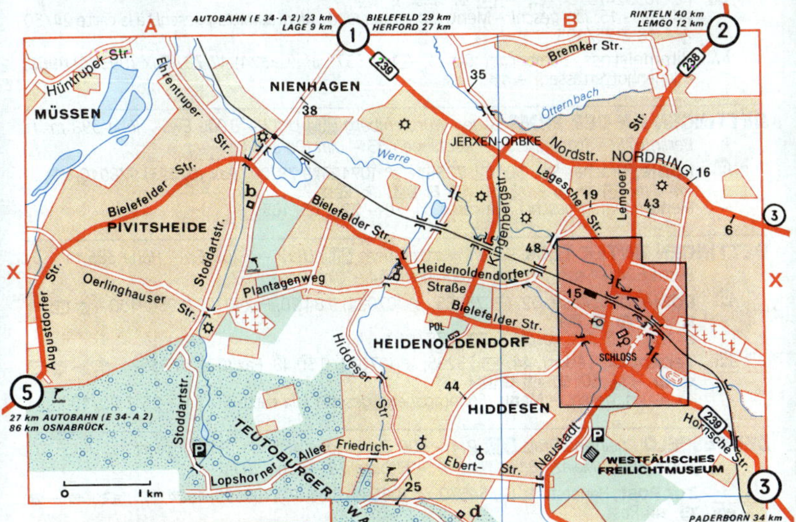

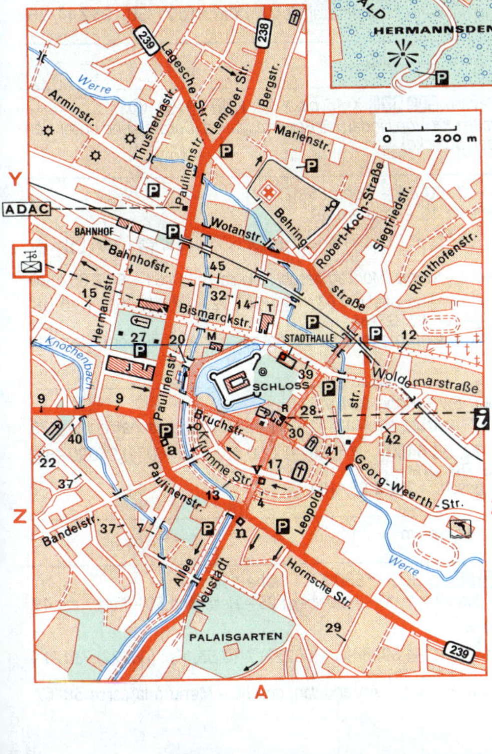

Krohnstraße .... AZ 29
Krummestraße .... AZ
Lange Straße .... AZ 30
Lortzingstraße .... AY 32
Niewaldstraße .... AX 35
Palaisstraße .... AZ 37
Paulinenstraße .... AYZ
Pivitsheider Straße .... AX 38
Rosental .... AZ 39
Schubertplatz .... AZ 40
Schülerstraße .... AZ 41
Seminarstraße .... AZ 42
Sylbeckestraße .... BX 43
Thedor-Heuss-Straße .... AX 44
Wiesenstraße .... AY 45
Wittekindstraße .... BX 48

DETTELBACH *Bayern* 419 420 *Q 14 – 4 300 Ew – Höhe 189 m.*
Sehenswert : *Wallfahrtskirche (Kanzel★, Renaissance-Portal★).*
Dettelbach-Mainsondheim, Schloßweg 1, (09324) 46 56.
Berlin 483 – München 264 – Würzburg 22 – Bamberg 61 – Nürnberg 93.

Grüner Baum (altfränkischer Gasthof), Falterstr. 2, ✉ 97337, (09324) 14 93, *Fax (09324) 3734*, – . E VISA
24. Dez. - 15. Jan. geschl. – **Menu** *(Sonntagabend - Montagmittag geschl.)* à la carte 24/50 – **18 Z** 75/105.

Himmelstoss, Bamberger Str. 3, ✉ 97337, (09324) 47 76, *Fax (09324) 4969*, « Innenhofterrasse » – .

DETTINGEN AN DER ERMS *Baden-Württemberg* 419 *U 12 – 8 000 Ew – Höhe 398 m.*
Berlin 678 – Stuttgart 39 – Reutlingen 13 – Ulm (Donau) 61.

Rößle, Uracher Str. 30, ✉ 72581, (07123) 9 78 00, *Fax (07123) 978010*, – Zim, – 30. E VISA. Rest
Menu *(Montag geschl.)* à la carte 31/70 – **22 Z** 65/165.

DETTINGEN UNTER TECK *Baden-Württemberg* 419 *U 12 – 5 200 Ew – Höhe 385 m.*
Berlin 624 – Stuttgart 42 – Reutlingen 34 – Ulm (Donau) 57.

Rößle garni, Austr. 32, ✉ 73265, (07021) 9 84 90, *Fax (07021) 9849150* – . E VISA
24. Dez. - 6. Jan. geschl. – **50 Z** 75/110.

Teckblick, Teckstr. 44, ✉ 73265, (07021) 8 30 48, *Fax (07021) 53024*, – – 30. AE E VISA.
1.- 6. Jan. geschl. – **Menu** *(Sonntagabend geschl.)* à la carte 30/61 – **25 Z** 70/100.

DEUDESFELD *Rheinland-Pfalz* 417 *P 4 – 500 Ew – Höhe 450 m – Erholungsort.*
Berlin 688 – Mainz 181 – Trier 57 – Bitburg 28 – Bonn 107.

Zur Post, Hauptstr. 8, ✉ 54570, (06599) 8 66, *Fax (06599) 1304*, , , – . Rest
Nov. 3 Wochen geschl. – **Menu** *(im Winter Donnerstag geschl.)* à la carte 21/50 – **23 Z** 44/76.

DEUTSCH-EVERN *Niedersachsen siehe Lüneburg.*

DEUTSCHE ALPENSTRASSE *Bayern* 419 420 *X 13 bis X 22,* 987 ㊴ ㊵ ㊶.
Sehenswert : *Panoramastraße★★★ von Lindau bis Berchtesgaden (Details siehe unter den erwähnten Orten entlang der Strecke).*

DIEBLICH *Rheinland-Pfalz* 417 *P 6 – 2 200 Ew – Höhe 65 m.*
Berlin 616 – Mainz 96 – Koblenz 15 – Cochem 39.

Pistono, Hauptstr. 30, ✉ 56332, (02607) 2 18, *Fax (02607) 1039*, , , , – . E.
nach Karneval 2 Wochen geschl. – **Menu** *(Montag geschl.)* à la carte 26/61 – **84 Z** 65/180.

Halferschenke mit Zim, Hauptstr. 63, ✉ 56332, (02607) 10 08, *Fax (02697) 960294*, – . AE E VISA
Feb. 3 Wochen geschl. – **Menu** *(Montag geschl.)* (wochentags nur Abendessen) à la carte 50/67 – **4 Z** 70/150.

DIEBURG *Hessen* 417 *Q 10 – 14 000 Ew – Höhe 144 m.*
Berlin 558 – Wiesbaden 61 – Frankfurt am Main 41 – Darmstadt 16 – Aschaffenburg 28.

Mainzer Hof garni, Markt 22, ✉ 64807, (06071) 2 50 95, *Fax (06071) 25090* – – 20. AE E VISA JCB
Weihnachten - Anfang Jan. geschl. – **34 Z** 98/180.

DIEKHOLZEN *Niedersachsen siehe Hildesheim.*

DIELHEIM *Baden-Württemberg* 417 419 *S 10 – 7 600 Ew – Höhe 130 m.*
Berlin 635 – Stuttgart 102 – Mannheim 40 – Heidelberg 25 – Heilbronn 50 – Karlsruhe 48.

In Dielheim-Horrenberg *O : 3,5 km :*

Zum wilden Mann, Burgweg 1, ✉ 69234, (06222) 7 10 53, *Fax (06222) 73171* – . E
Dienstag, Sept. 2 Wochen und 27. Dez. - Anfang Jan. geschl. – **Menu** à la carte 36/67.

DIEMELSEE *Hessen* 417 *L 10 – 6 300 Ew – Höhe 340 m.*

Tourist-Information, Heringhausen, ✉ 34519, ✆ (05633) 9 11 33, Fax (05633) 91134.
Berlin 458 – Wiesbaden 200 – Arnsberg 64 – Kassel 80 – Marburg 80 – Paderborn 62.

In Diemelsee-Heringhausen :

Fewotel Diemelsee, Seestr. 17, ✉ 34519, ✆ (05633) 60 80, *Fax (05633) 5429*, ≤, – 60
69 Z.

In Diemelsee-Ottlar :

Landhotel Ottonenhof, Zum Upland 8, ✉ 34519, ✆ (05633) 10 55, *Fax (05633) 5958*, Zim
Ende Nov. - Anfang Dez. geschl. – **Menu** *(Montag geschl.)* à la carte 27/50 – **15 Z** 65/120.

DIEMELSTADT *Hessen* 417 *L 10 – 6 000 Ew – Höhe 280 m.*

Städt. Verkehrsamt, Ramser Str. 6 (Wrexen), ✉ 34474, ✆ (05642) 84 34, Fax (05694) 979826.
Berlin 437 – Wiesbaden 218 – Kassel 53 – Dortmund 126 – Paderborn 38.

In Diemelstadt-Rhoden :

Montana, Zum Jungfernborn 1 (B 252), ✉ 34474, ✆ (05694) 9 79 70, *Fax (05694) 979797* – Zim, – 35. AE E VISA
Menu (nur Abendessen) à la carte 27/36 – **35 Z** 90/121.

Rosengarten mit Zim, Schloßplatz 1, ✉ 34474, ✆ (05694) 2 28, *Fax (05694) 770*, – . E. Rest
Menu *(Dienstag geschl.)* à la carte 33/62 – **8 Z** 79/125.

DIERDORF *Rheinland-Pfalz* 417 *O 6 – 4 400 Ew – Höhe 240 m.*

Berlin 584 – Mainz 106 – Koblenz 48 – Bonn 60 – Limburg an der Lahn 47 – Köln 77.

Waldhotel, nahe der B 413, ✉ 56269, ✆ (02689) 20 88, *Fax (02689) 7881*, ≤, (geheizt), – . AE E
Menu *(Montag und Weihnachten - Silvester geschl.)* à la carte 22/49 – **17 Z** 65/99.

In Großmaischeid *SW : 6 km :*

Tannenhof, Stebacher Str. 64, ✉ 56276, ✆ (02689) 60 41, *Fax (02689) 5513*, – – 45. AE E VISA
Menu à la carte 24/56 – **22 Z** 70/150.

In Isenburg *SW : 11 km :*

Haus Maria, Caaner Str. 6, ✉ 56271, ✆ (02601) 29 80, *Fax (02601) 2964*, – – 20. AE E VISA
28. Dez. - Mitte Jan. geschl. – **Menu** *(Montagmittag geschl.)* à la carte 28/61 – **14 Z** 55/120.

DIERHAGEN *Mecklenburg-Vorpommern* 416 *D 21 – 1 500 Ew – Seebad.*

Kurverwaltung, Waldstr. 4 (in Strand), ✉ 18347, ✆ (038226) 2 01, Fax (038226) 80466.
Berlin 248 – Schwerin 122 – Rostock 35 – Stralsund 57.

In Dierhagen-Dorf :

Blinkfüer, An der Schwedenschanze 20 (N : 1,5 km), ✉ 18347, ✆ (038226) 8 03 84, *Fax (038226) 80392*, – – 55. AE E VISA
Menu à la carte 37/60 – **28 Z** 110/195, 5 Suiten – ½ P 25.

Werth's Hof (mit Gästehaus), Neue Str. 6, ✉ 18347, ✆ (038226) 50 80, *Fax (038226) 50840*, « Niedersächsisches Hallenhaus a.d.J. 1850 » – Zim, . E. Zim
Menu à la carte 24/38 – **19 Z** 75/130 – ½ P 18.

In Dierhagen-Strand *W : 2 km :*

Strandhotel Fischland M, Ernst-Moritz-Arndt-Str. 6, ✉ 18347, ✆ (038226) 5 20, *Fax (038226) 52999*, ≤, « Parkanlage », Massage, (Halle) – – 150. AE E VISA. Rest
Menu à la carte 36/88 – **63 Z** 240/350, 8 Suiten – ½ P 35.

In Dierhagen-Neuhaus *SW : 3 km :*

An de See, Zwischen den Kiefern 1, ✉ 18347, ✆ (038226) 50 10, *Fax (038226) 80391*, – – 30. Rest
Menu à la carte 22/35 – **40 Z** 95/135 – ½ P 20.

DIESSEN AM AMMERSEE *Bayern* 419 420 *W 17 – 9 000 Ew – Höhe 536 m – Luftkurort.*

Sehenswert : Stiftskirche★ – Ammersee★.

Verkehrsamt, Mühlstr. 4a, ✉ 86911, ✆ (08807) 10 48, Fax (08807) 4459.

Berlin 635 – München 55 – Garmisch-Partenkirchen 62 – Landsberg am Lech 22.

Strand-Hotel, Jahnstr. 10, ✉ 86911, ✆ (08807) 9 22 20, Fax (08807) 8958, ≤, – TV ☎ P. VISA. Zim
23. - 27. Dez. geschl. – **Menu** *(Montag und Dez. - Feb. geschl.)* à la carte 38/72 – **18 Z** 104/270.

In Diessen-Riederau *N : 4 km :*

Seehaus, Seeweg 22, ✉ 86911, ✆ (08807) 73 00, Fax *(08807) 6810*, ≤ Ammersee, « Terrassen am See » Bootssteg – P. AE E VISA
Menu à la carte 37/67.

DIETENHOFEN *Bayern* 419 420 *R 16 – 5 200 Ew – Höhe 356 m.*

Berlin 473 – München 201 – Nürnberg 37 – Ansbach 17.

Moosmühle, Mühlstr. 12, ✉ 90599, ✆ (09824) 95 90, Fax *(09824) 95959*, (Halle) – Zim, TV ☎ P – 35. E
Menu *(Sonntagabend - Dienstagmittag geschl.)* à la carte 33/67 – **31 Z** 92/145.

DIETERSHEIM *Bayern siehe Neustadt an der Aisch.*

DIETFURT AN DER ALTMÜHL *Bayern* 419 420 *S 18 – 5 700 Ew – Höhe 365 m – Erholungsort.*

Verkehrsbüro, Rathaus, Hauptstraße 26, ✉ 92345, ✆ (08464) 64 00 19, Fax (08464) 640033.

Berlin 496 – München 126 – Regensburg 67 – Nürnberg 82 – Ingolstadt 44.

Zur Post, Hauptstr. 25, ✉ 92345, ✆ (08464) 3 21, Fax *(08464) 9126*, Biergarten, – P
Nov. 3 Wochen geschl. – **Menu** *(außer Saison Dienstag geschl.)* à la carte 23/38 – **28 Z** 47/84 – ½ P 28.

DIETMANNSRIED *Bayern* 419 420 *W 14 – 5 900 Ew – Höhe 682 m.*

Berlin 684 – München 112 – Kempten (Allgäu) 14 – Augsburg 90 – Memmingen 25.

In Dietmannsried-Probstried *NO : 4 km :*

Landhaus Henze mit Zim, Wohlmutser Weg 2, ✉ 87463, ✆ (08374) 5 83 20, Fax *(08374) 583222*, « Elegant-rustikale Einrichtung » – TV ☎ P. E VISA
Jan. und Juli jeweils 2 Wochen geschl. – **Menu** *(Donnerstag geschl.)* (wochentags nur Abendessen, Tischbestellung erforderlich) à la carte 44/74 – **8 Z** 75/165.

DIETZENBACH *Hessen* 417 *P 10 – 31 000 Ew – Höhe 170 m.*

Berlin 556 – Wiesbaden 47 – Frankfurt am Main 17 – Darmstadt 33 – Aschaffenburg 30.

Sonnenhof, Otto-Hahn-Str. 7 (O : 2 km), ✉ 63128, ✆ (06074) 48 90, Fax *(06074) 489333*, – Zim, TV ☎ P – 25. AE E VISA
20. Dez. - 5. Jan. geschl. – **Menu** à la carte 32/73 – **70 Z** 155/270.

Alte Schmiede, Rathenaustr. 7, ✉ 63128, ✆ (06074) 4 27 45, Fax *(06074) 3834*, – P
Samstagmittag geschl. – **Menu** à la carte 38/74.

DIEZ/LAHN *Rheinland-Pfalz* 417 *O 8 – 11 000 Ew – Höhe 119 m – Felke- und Luftkurort.*

Tourist-Information, Wilhelmstr. 63, (Rathaus) ✉ 65582, ✆ (06432) 50 12 70, Fax (06432) 5136.

Berlin 554 – Mainz 54 – Koblenz 51 – Limburg an der Lahn 4,5.

In Diez-Freiendiez :

Wilhelm von Nassau, Weiherstr. 38, ✉ 65582, ✆ (06432) 10 14, Fax *(06432) 1447*, – Zim, TV ☎ P – 40. AE E VISA. Rest
Menu *(Samstagmittag geschl.)* à la carte 31/56 – **37 Z** 112/189.

DILLENBURG *Hessen* 417 *N 8 – 25 200 Ew – Höhe 220 m.*

Amt für Kultur, Hauptstr. 19, ✉ 35683, ✆ (02771) 8 02 10, Fax (02771) 802121.
Berlin 541 – Wiesbaden 127 – Siegen 78 – Gießen 47 – Marburg 52.

Oranien garni, Am Untertor 1, ✉ 35683, ✆ (02771) 70 85, Fax *(02771) 22951* – TV ☎ P. AE ⓓ E VISA
22. Dez. - 3. Jan. geschl. – **25 Z** 105/160.

Zum Schwan, Wilhelmsplatz 6, ✉ 35683, ✆ (02771) 8 99 00, Fax *(02771) 899050* – TV ☎ P. AE ⓓ E VISA
27. Dez. - 10. Jan. geschl. – **Menu** *(Samstag geschl.)* à la carte 32/70 – **15 Z** 79/149.

Bartmannshaus, Untertor 3, ✉ 35683, ✆ (02771) 78 51, Fax *(02771) 21028,* « Restauriertes Fachwerkhaus mit geschmackvoller Einrichtung ». AE E VISA
Montag geschl. – **Menu** à la carte 42/79.

In Dillenburg-Eibach *O : 2,5 km :*

Kanzelstein, Fasanenweg 2, ✉ 35689, ✆ (02771) 58 36, Fax *(02771) 24831,* – TV ☎ P. E
Menu à la carte 33/46 – **21 Z** 78/115.

DILLINGEN AN DER DONAU *Bayern* 419 420 *U 15 – 17 000 Ew – Höhe 434 m.*

Berlin 545 – München 108 – Augsburg 51 – Nürnberg 121 – Ulm (Donau) 53.

Dillinger Hof, Rudolf-Diesel-Str. 8 (B 16), ✉ 89407, ✆ (09071) 80 61 (Hotel) 86 71 (Rest.), Fax *(09071) 8323,* – TV ☎ P – 40. AE ⓓ E VISA
Menu à la carte 29/59 – **49 Z** 88/140.

Am Fluss garni, Donaustr. 23 1/2, ✉ 89407, ✆ (09071) 47 95, Fax *(09071) 71453* – TV ☎ P. E.
Weihnachten - Anfang Jan. geschl. – **11 Z** 55/95.

Garni Trumm, Donauwörther Str. 62 (B 16), ✉ 89407, ✆ (09071) 30 72, Fax *(09071) 4100* – Zim, TV ☎ P. AE E VISA.
24. Dez. - 2. Jan. geschl. – **18 Z** 65/110.

In Dillingen-Fristingen *SO : 6 km :*

Storchennest, Demleitnerstr. 6, ✉ 89407, ✆ (09071) 45 69, Fax *(09071) 6180,* – P. AE E
Montag - Dienstag geschl. – **Menu** à la carte 45/89.

DILLINGEN/SAAR *Saarland* 417 *R 4 – 21 600 Ew – Höhe 182 m.*

Berlin 730 – Saarbrücken 33 – Saarlouis 5 – Trier 62.

Saarland-Hotel König, Göbenstr. 1, ✉ 66763, ✆ (06831) 90 50, Fax *(06831) 905123* – TV ☎ P – 40. AE ⓓ E VISA JCB
Menu *(Sonntagabend - Montagmittag, Samstagmittag und Anfang Jan. 1 Woche geschl.)* à la carte 39/83 – **26 Z** 85/140.

In Dillingen-Diefflen *NO : 3,5 km :*

Bawelsberger Hof, Dillinger Str. 5a, ✉ 66763, ✆ (06831) 76 99 90, Fax *(06831) 7699976,* Biergarten, – , Zim, TV ☎ P – 70. AE ⓓ E VISA. Rest
Ma Cuisine : **Menu** à la carte 40/70 – **46 Z** 117/175.

DILLSTÄDT *Thüringen* 418 420 *O 15 – 1 000 Ew – Höhe 320 m.*

Berlin 375 – Erfurt 82 – Coburg 64 – Suhl 11.

Der Distelhof, Dorfstr. 3, ✉ 98530, ✆ (036846) 6 05 47, Fax *(036846) 61332,* – Zim, TV ☎ P
Menu à la carte 21/44 – **26 Z** 85/129.

DINGOLFING *Bayern* 420 *U 21 – 15 000 Ew – Höhe 364 m.*

Berlin 582 – München 101 – Regensburg 91 – Landshut 32 – Straubing 34.

Maximilian garni, Wollerstr. 2, ✉ 84130, ✆ (08731) 5 06 20, Fax *(08731) 506250* – TV ☎ P. AE ⓓ E VISA
40 Z 95/140.

Bachmeier, Mühlbachgasse 2, ✉ 84130, ✆ (08731) 31 53 10, Fax *(08731) 315313,* Biergarten – TV ☎. AE E VISA
Menu *(Dienstag geschl.)* à la carte 37/67 – **13 Z** 95/148.

In Loiching-Oberteisbach *SW : 5 km :*

Räucherhansl, ✉ 84180, ✆ (08731) 32 00, *Fax (08731) 40670*, – Zim, – 40. AE E VISA
Menu *(Dienstagmittag geschl.)* à la carte 22/46 – **55 Z** 85/160.

DINKELSBÜHL *Bayern 419 420 S 14 – 11 000 Ew – Höhe 440 m.*

Sehenswert : *St.-Georg-Kirche★ – Deutsches Haus★.*

Dinkelsbühl-Seidelsdorf, (NW : 3 km) ✆ (09851) 57 56 13.

Touristik-Service, Marktplatz, ✉ 91550, ✆ (09851) 9 02 40, Fax (09851) 90279.

Berlin 520 – München 159 – Stuttgart 117 – Nürnberg 93 – Ulm (Donau) 103 – Würzburg 105.

Blauer Hecht, Schweinemarkt 1, ✉ 91550, ✆ (09851) 58 10, *Fax (09851) 581170*, – Zim, – 30. AE E VISA.
Jan. geschl. – **Menu** *(Sonntagabend - Montag und Jan. - Feb. geschl.)* à la carte 34/62 – **44 Z** 99/174.

Goldene Kanne, Segringer Str. 8, ✉ 91550, ✆ (09851) 57 29 10, *Fax (09851) 572929* – – 20. AE E VISA JCB
Menu *(Montag geschl.)* à la carte 30/56 – **22 Z** 90/160.

Goldener Anker (mit Gästehaus), Untere Schmiedsgasse 22, ✉ 91550, ✆ (09851) 5 78 00, *Fax (09851) 578080*, – . AE E VISA
Menu à la carte 26/62 – **17 Z** 80/160.

Kunst-Stuben garni, Segringer Str. 52, ✉ 91550, ✆ (09851) 67 50, *Fax (09851) 553527*, « Hotel mit privater Atmosphäre ; Künstler-Atelier im Haus » – . AE E VISA
Feb. geschl. – **5 Z** 70/120.

Goldene Rose (mit Gästehaus), Marktplatz 4, ✉ 91550, ✆ (09851) 5 77 50, *Fax (09851) 577575* – – 30. AE E VISA JCB
Menu à la carte 28/61 – **34 Z** 90/200.

Goldene Krone, Nördlinger Str. 24, ✉ 91550, ✆ (09851) 22 93, *Fax (09851) 6520* – . AE E VISA JCB
Mitte - Ende Aug. und Mitte - Ende Nov. geschl. – **Menu** *(Mittwoch geschl.)* à la carte 22/48 – **25 Z** 65/115.

In Dürrwangen *NO : 8 km :*

Zum Hirschen, Hauptstr. 13, ✉ 91602, ✆ (09856) 2 60, *Fax (09856) 1801* – . Zim
Aug. 2 Wochen geschl. – **Menu** *(Montagmittag geschl.)* à la carte 22/54 – **32 Z** 60/100.

In Fichtenau-Lautenbach : *W : 7 km :*

Storchenmühle, Buckenweiler Str. 42, ✉ 74579, ✆ (07962) 5 66, *Fax (07962) 1234*, – . AE E VISA
Menu *(Montagmittag und Dienstag geschl.)* à la carte 23/46 – **10 Z** 75/115.

DINKLAGE *Niedersachsen 415 I 8 – 9 600 Ew – Höhe 30 m.*

Berlin 417 – Hannover 131 – Bremen 78 – Oldenburg 59 – Osnabrück 48.

Burghotel, Burgallee 1, ✉ 49413, ✆ (04443) 89 70, *Fax (04443) 897444*, Wildgehege, – Zim, – 90. AE E VISA JCB
Menu à la carte 47/74 – **53 Z** 175/240.

Rheinischer Hof, Burgstr. 54, ✉ 49413, ✆ (04443) 9 56 60, *Fax (04443) 3748* – . E VISA
Menu *(Mittwoch geschl.)* à la carte 30/48 – **9 Z** 85/140.

An der Straße zur Autobahn : *O : 2 km :*

Wiesengrund, Lohner Str. 17, ✉ 49413 Dinklage, ✆ (04443) 20 50, *Fax (04443) 3798*, – – 30. AE E VISA
Menu *(Montag - Freitag nur Abendessen)* à la carte 28/53 – **20 Z** 80/120.

Landhaus Stuben, Dinklager Str. 132, ✉ 49393 Lohne, ✆ (04443) 43 83, *Fax (04443) 3767*, – . AE E VISA.
Samstagmittag und Sonntagabend - Montag geschl. – **Menu** à la carte 46/67.

DINSLAKEN *Nordrhein-Westfalen* 417 *L 4 – 66 500 Ew – Höhe 30 m.*

Hünxe (NO : 8 km), (02858) 64 80.

Stadtinformation, Friedrich-Ebert-Str. 21, ✉ 46535, (02064) 6 62 22, Fax (02064) 66288.

Berlin 545 – Düsseldorf 46 – Duisburg 16 – Oberhausen 20 – Wesel 14.

Am Park garni, Althoffstr. 16, ✉ 46535, (02064) 5 40 54, *Fax (02064) 54057* – AE E VISA.
24 **Z** 150/240.

In Dinslaken-Hiesfeld *SO : 3 km :*

Landhotel Galland-Im kühlen Grunde, Dickerstr. 346, ✉ 46539, (02064) 4 95 90, *Fax (02064) 495935,* – – 40. AE E VISA
Menu *(Sonntag - Montagmittag geschl.)* à la carte 27/69 – **20 Z** 95/160.

DIPPOLDISWALDE *Sachsen* 418 *N 25 – 6 700 Ew – Höhe 350 m.*

Berlin 213 – Dresden 22 – Chemnitz 65 – Marienberg 64 – Pirna 36.

Landhaus Heidehof, Hohe Str. 2 (NO : 1,5 km), ✉ 01744, (03504) 6 48 70, *Fax (03504) 648755,* <, – Zim, – 80. AE E VISA
Menu à la carte 24/55 – **34 Z** 95/210.

Am Schloß , Rosengasse 12, ✉ 01744, (03504) 61 79 47, *Fax (03504) 617948* – . E
Feb. 1 Woche geschl. – **Menu** *(Donnerstagmittag geschl.)* à la carte 24/46 – **12 Z** 70/122.

DIRMSTEIN *Rheinland-Pfalz* 417 419 *R 8 – 2 500 Ew – Höhe 108 m.*

Berlin 629 – Mainz 61 – Mannheim 36 – Kaiserslautern 43 – Worms 13.

Kempf, Marktstr. 3, ✉ 67246, (06238) 9 84 00, *Fax (06238) 984088,* – – 60. AE E VISA
Menu à la carte 31/67 – **25 Z** 60/160.

In Großkarlbach *SW : 4 km :*

Restaurant Gebr. Meurer, Hauptstr. 67, ✉ 67229, (06238) 6 78, *Fax (06238) 1007,* « Gartenterrasse » – 80. E
Menu (wochentags nur Abendessen, Tischbestellung ratsam) à la carte 50/79.

Karlbacher (Fachwerkhaus a.d.17.Jh.), Hauptstr. 57, ✉ 67229, (06238) 37 37, *Fax (06238) 4535,* – . E VISA
Dienstag geschl. – **Menu** (wochentags nur Abendessen) à la carte 61/88.

DISSEN *Niedersachsen* 417 *J 8 – 8 100 Ew – Höhe 100 m.*

Berlin 411 – Hannover 132 – Bielefeld 28 – Osnabrück 26.

In Dissen-Nolle *N : 2 km :*

Heimathof Nolle, Norte 83, ✉ 49201, (05421) 44 50, *Fax (05421) 2252* – . E VISA
Montag, Donnerstag sowie Feb. und Juni - Juli jeweils 2 Wochen geschl. – **Menu** (wochentags nur Abendessen, Tischbestellung ratsam) à la carte 56/88.

DITZENBACH, BAD *Baden-Württemberg* 419 *U 13 – 3 600 Ew – Höhe 509 m – Heilbad.*

Kultur- und Verkehrsamt, Haus des Gastes, Helfensteinstr. 20, ✉ 73342, (07334) 69 11, Fax (07334) 920408.

Berlin 607 – Stuttgart 61 – Göppingen 19 – Reutlingen 51 – Ulm (Donau) 44.

Kurhotel St. Bernhard garni, Sonnenbühl 1, ✉ 73342, (07334) 9 64 10, *Fax (07334) 964141,* , Massage, – .
26 Z 88/210.

Zum Lamm (mit Gästehaus), Hauptstr. 30, ✉ 73342, (07334) 50 80, *Fax (07334) 5089,* – Zim, . AE E.
Feb. - März 4 Wochen geschl. – **Menu** *(Sonntag - Montagmittag geschl.)* à la carte 45/78 – **16 Z** 110/200 – ½ P 25.

In Bad Ditzenbach-Gosbach *SW : 2 km :*

Hirsch, Unterdorfstr. 2 (an der B 466), ✉ 73342, (07335) 9 63 00, *Fax (07335) 963030* – . AE E.
Jan. 2 Wochen, Aug. 1 Woche und Mitte - Ende Okt. geschl. – **Menu** *(Montag geschl.)* à la carte 37/73 *(auch vegetarische Gerichte)* – **8 Z** 65/110 – ½ P 25.

DITZINGEN *Baden-Württemberg* 419 *T 11 – 23 500 Ew – Höhe 381 m.*

Berlin 626 – Stuttgart 18 – Pforzheim 33.

Blankenburg Hotel Ditzingen M, Gerlinger Str. 27, ✉ 71254, ✆ (07156) 93 20, *Fax (07156) 932190* – |, Zim, TV ☎ – 25. AE VISA. Rest
Menu à la carte 38/69 – **72 Z** 125/195.

DOBEL *Baden-Württemberg* 419 *T 9 – 2 200 Ew – Höhe 689 m – Heilklimatischer Kurort – Wintersport : 500/720 m 2,.*

Kurverwaltung, im Kurhaus, ✉ 75335, ✆ (07083) 7 45 13, Fax (07083) 74535.

Berlin 686 – Stuttgart 74 – Karlsruhe 36 – Baden-Baden 28 – Pforzheim 24.

Rössle, Joh.-P.-Hebel-Str. 7, ✉ 75335, ✆ (07083) 9 25 30, *Fax (07083) 925392*, , – | ☎ – 15
15. Nov. - 15. Dez. geschl. – **Menu** *(Dienstag geschl.)* à la carte 23/51 – **20 Z** 45/136 – ½ P 20.

DOBERAN, BAD *Mecklenburg-Vorpommern* 416 *D 19 – 11 500 Ew – Höhe 50 m – Kur- und Badeort.*

Sehenswert : *Münster★★ (Altar★, Triumphkreuz★, Sakramentshaus★).*

Touristinformation, Goethestr. 1, ✉ 18209, ✆ (038203) 6 21 54, Fax (038203) 62154.

Berlin 237 – Schwerin 79 – Rostock 17 – Wismar 48.

Romantik Hotel Friedrich-Franz Palais, Am Kamp, ✉ 18209, ✆ (038203) 6 30 36, *Fax (038203) 62126*, , « Palais a.d.J. 1793 », – | TV ☎ – 40. AE VISA. Rest
Feb. 2 Wochen geschl. – **Menu** (Nov. - März nur Abendessen) à la carte 40/58 – **60 Z** 145/268 – ½ P 25.

DOBRA *Sachsen siehe Radeburg.*

DÖBELN *Sachsen* 418 *M 23 – 27 000 Ew – Höhe 151 m.*

Döbeln-Information, Am Lutherplatz 4 ✉ 04720, ✆ (03431) 71 11 50, Fax (03431) 711152.

Berlin 234 – Dresden 55 – Leipzig 68.

Weiße Taube, Eisenbahnstr. 1, ✉ 04720, ✆ (03431) 61 17 14, *Fax (03431) 611714*, – TV ☎ – 15. AE VISA
Menu *(Sonntagabend - Montagmittag geschl.)* à la carte 28/57 – **15 Z** 95/150.

In Großweitzschen-Obergoseln *NO : 5 km :*

Zum Nicolaner M, Obergoseln 4, ✉ 04720, ✆ (03431) 6 62 10, *Fax (03431) 662143*, – Rest, TV ☎ – 50. AE VISA
Menu *(Montagmittag geschl.)* à la carte 31/56 – **13 Z** 90/164.

DÖLBAU *Sachsen-Anhalt siehe Halle.*

DOELZIG *Sachsen siehe Leipzig.*

DÖRENTRUP *Nordrhein-Westfalen* 417 *J 11 – 8 000 Ew – Höhe 200 m.*

Berlin 368 – Düsseldorf 206 – Hannover 78 – Detmold 20 – Bielefeld 37.

In Dörentrup-Farmbeck :

Landhaus Begatal, Bundesstr. 2 (B 66), ✉ 32694, ✆ (05265) 82 55, *Fax (05265) 8225*, – Zim, TV ☎ – 20. . Rest
Menu *(Montag geschl.)* à la carte 32/53 – **12 Z** 78/136.

DÖRPEN *Niedersachsen* 415 *H 5 – 3 300 Ew – Höhe 5 m.*

Berlin 504 – Hannover 242 – Emden 44 – Bremen 118 – Groningen 64 – Oldenburg 71 – Osnabrück 115.

Borchers (mit Gästehaus), Neudörpener Str. 48, ✉ 26892, ✆ (04963) 16 72, *Fax (04963) 4434*, , – Zim, TV ☎ – 30. AE VISA. Zim
Menu *(Samstag geschl.)* à la carte 29/63 – **31 Z** 75/130.

DOERVERDEN *Niedersachsen siehe Verden (Aller).*

DÖTTESFELD *Rheinland-Pfalz* **417** *O 6 – 350 Ew – Höhe 220 m – Erholungsort.*
Berlin 608 – Mainz 117 – Bonn 59 – Köln 74 – Limburg an der Lahn 58 – Koblenz 43.

Zum Wiedbachtal, Wiedstr. 14, ✉ 56305, ☎ (02685) 10 60, *Fax (02685) 8660*, – P.
Menu *(Dienstag geschl.)* à la carte 35/56 – **10 Z** 65/120 – ½ P 16.

DOLLE *Sachsen-Anhalt* **416 418** *I 18 – 550 Ew – Höhe 100 m.*
Berlin 170 – Magdeburg 32 – Gardelegen 44 – Stendal 29 – Wolfsburg 102.

Deutsches Haus, Magdeburger Str. 25 (B 189), ✉ 39517, ☎ (039364) 43 95, *Fax (039364) 247* – Zim, P – 30.
Menu à la carte 21/46 – **24 Z** 75/130.

DOLLNSTEIN *Bayern* **419 420** *T 17 – 1 800 Ew – Höhe 400 m.*
Berlin 515 – München 122 – Augsburg 80 – Ingolstadt 42 – Nürnberg 91.

In Dollnstein-Obereichstätt *NO : 7 km :*

Zur Hüttenschänke, Allee 15, ✉ 91795, ☎ (08421) 9 79 70, *Fax (08421) 979797*, , Biergarten, – P.
Nov. 2 Wochen geschl. – **Menu** *(Mittwoch geschl.)* à la carte 29/47 – **22 Z** 65/110.

DONAUESCHINGEN *Baden-Württemberg* **419** *W 9 – 20 700 Ew – Höhe 686 m.*
Sehenswert : Fürstenberg-Sammlungen (Gemäldegalerie★ : Passionsaltar★★).
18, 9 Donaueschingen-Aasen (NO : 4 km), ☎ (0771) 8 45 25, Fax 8454.
Städt. Fremdenverkehrs- und Kulturamt, Karlstr. 58, ✉ 78166, ☎ (0771) 85 72 21, Fax (0771) 857228.
Berlin 747 – Stuttgart 131 – Freiburg im Breisgau 64 – Basel 108 – Konstanz 67 – Reutlingen 124 – Zürich 99.

Öschberghof, am Golfplatz (NO : 4 km), ✉ 78166, ☎ (0771) 8 40, *Fax (0771) 84600*, , Massage, , 18 – P – 100.
27. Dez. - 18. Jan. geschl. – **Menu** à la carte 50/80 *(auch vegetarische Menü)* – **53 Z** 207/308.

Ochsen garni, Käferstr. 18, ✉ 78166, ☎ (0771) 8 09 90, *Fax (0771) 809988*, – P.
40 Z 75/125.

Linde, Karlstr. 18, ✉ 78166, ☎ (0771) 8 31 80, *Fax (0771) 831840* – P.
20. Dez. - Mitte Jan. und über Fastnacht geschl. – **Menu** *(Freitag - Samstag geschl.)* (nur Abendessen) à la carte 33/60 – **21 Z** 90/170.

Zum Hirschen, Herdstr. 5, ✉ 78166, ☎ (0771) 25 49, *Fax (0771) 7859*, – P.
20. Dez. - 10. Jan. geschl. – **Menu** *(Dienstag geschl.)* à la carte 26/48 – **30 Z** 70/130.

In Donaueschingen-Aufen *NW : 2,5 km – Erholungsort :*

Waldblick, Am Hinteren Berg 7, ✉ 78166, ☎ (0771) 83 25 20, *Fax (0771) 8325225*, – P – 50.
1. - 15. Aug. geschl. – **Menu** *(Montag geschl.)* à la carte 27/58 – **45 Z** 90/160.

Beim Flughafen *N : 2 km :*

Concorde M, Dürrheimer Str. 82, ✉ 78166 Donaueschingen, ☎ (0771) 8 36 30, *Fax (0771) 8363120*, – , Zim, P – 90.
20. - 27. Dez. geschl. – **Menu** à la carte 33/60 – **75 Z** 100/165.

DONAUSTAUF *Bayern siehe Regensburg.*

DONAUWÖRTH *Bayern* **419 420** *T 16 – 18 000 Ew – Höhe 405 m.*
Ausflugsziele : Kaisheim : ehemalige Klosterkirche (Chorumgang★) N : 6 km – Harburg : Schloß (Sammlungen★) NW : 11 km.
18 Donauwörth, Lederstatt 1 (N : 2 km), ☎ (0906) 40 44.
Tourist-Information, Rathausgasse 1, ✉ 86609, ☎ (0906) 78 91 45, Fax (0906) 789222.
Berlin 518 – München 100 – Augsburg 44 – Ingolstadt 56 – Nürnberg 95 – Ulm (Donau) 79.

Goldener Hirsch, Reichsstr. 44, ✉ 86609, ☎ (0906) 31 24, *Fax (0906) 243124*, – .
Menu *(Freitag geschl.)* à la carte 26/49 – **17 Z** 50/120.

Goldener Greifen mit Zim, Pflegstr. 15, ✉ 86609, ☎ (0906) 70 60 70, *Fax (0906) 7060737*, – .
Menu *(Sonntag geschl.)* à la carte 43/79 – **10 Z** 70/110.

In Donauwörth-Parkstadt :

Parkhotel, Sternschanzenstr. 1, ✉ 86609, ✆ (0906) 70 65 10, *Fax (0906) 7065180,* ≤ Donauwörth, – Zim, – 30. AE E VISA JCB
Menu à la carte 39/72 – **45 Z** 98/220.

Parkstadt garni, Andreas-Mayr-Str. 11, ✉ 86609, ✆ (0906) 40 39, *Fax (0906) 23986,* – . AE E VISA
Mitte Juli - Mitte Aug. geschl. – **14 Z** 61/110.

DONZDORF *Baden-Württemberg* 419 *T 13 – 12 000 Ew – Höhe 405 m.*

Donzdorf, Schloß Ramsberg, ✆ (07162) 2 71 71.

Berlin 594 – Stuttgart 54 – Göppingen 13 – Schwäbisch Gmünd 17 – Ulm (Donau) 45.

Becher-Restaurant De Balzac (mit Gästehaus), Schloßstr. 7, ✉ 73072, ✆ (07162) 2 00 50, *Fax (07162) 200555,* , , – – 100. AE E VISA
Menu *(Sonn- und Feiertage, Montag sowie Jan. 1 Woche und Aug. 2 Wochen geschl.)* (Tischbestellung ratsam, bemerkenswerte Weinkarte) 82/168 und à la carte 72/95 – ***Bauernstube*** *(Sonntagabend - Montagmittag geschl.)* **Menu** à la carte 35/76 – **75 Z** 105/220
Spez. Hummer in Blätterteig auf Tomatenconfit. Flußzander in Speck gebraten auf Linsengemüse. Rehrücken von der Schwäbischen Alb.

DORF MECKLENBURG *Mecklenburg-Vorpommern* 416 *E 18 – 2 100 Ew – Höhe 23 m.*

Berlin 230 – Schwerin 26 – Rostock 46 – Lübeck 63 – Güstrow 73 – Wismar 6.

Mecklenburger Mühle M, ✉ 23972, ✆ (03841) 39 80, *Fax (03841) 398198,* , – – 50. AE E VISA
Menu à la carte 27/47 – **40 Z** 90/130.

DORF ZECHLIN *Brandenburg* 416 *G 22 – 350 Ew – Höhe 60 m.*

Berlin 98 – Potsdam 104 – Neubrandenburg 81 – Neuruppin 24.

Waldeck, Am Kunkelberg 4, ✉ 16837, ✆ (033923) 7 04 80, *Fax (033923) 70592,* , , , – – 30. AE E VISA
Menu à la carte 30/68 – **26 Z** 85/135.

Am Großen Zechliner See *NO : 2 km :*

Gutenmorgen , Zur Beckersmühle 103, ✉ 16837, ✆ (033923) 7 02 75, *Fax (033923) 70510,* , – – 30. AE E VISA
Menu à la carte 23/45 – **61 Z** 65/120 – ½ P 20.

DORMAGEN *Nordrhein-Westfalen* 417 *M 4 – 59 000 Ew – Höhe 45 m.*

Ausflugsziel : *Zons : befestigtes Städtchen★ N : 6 km.*

Berlin 571 – Düsseldorf 17 – Aachen 85 – Köln 24 – Neuss 19.

Zur Flora, Florastr. 49, ✉ 41539, ✆ (02133) 4 60 11, *Fax (02133) 477824,* – . AE E VISA
Menu *(Sonntagabend - Montagmittag geschl.)* à la carte 40/68 – **16 Z** 120/150.

Ragusa, Marktplatz 7, ✉ 41539, ✆ (02133) 4 35 02, *Fax (02133) 43609,* – . AE E VISA
Menu à la carte 28/60 – **18 Z** 110/205.

Cöllner Hof garni, Kölner Str. 14, ✉ 41539, ✆ (02133) 2 48 50, *Fax (02133) 248585* – . AE E VISA
36 Z 98/130.

In Dormagen-St. Peter *NW : 5,5 km über die B 9 :*

Stadt Dormagen garni, Robert-Bosch-Str. 2, ✉ 41541, ☎ (02133) 78 28, *Fax (02133) 70940,* – TV ☎ P. AE ① E VISA.
22. Dez. - 5. Jan. geschl. – **14 Z** 100/150.

In Dormagen-Ückerath *NW : 6 km :*

Holger's, In Ückerath 62, ✉ 41542, ☎ (02133) 29 92 29, *Fax (02133) 299228* – TV P. E VISA
Montag, Jan. 2 Wochen und Juli - Aug. 3 Wochen geschl. – **Menu** (wochentags nur Abendessen) à la carte 54/77.

In Dormagen-Zons *N : 6 km :*

Schloss Friedestrom, Parkstr. 2, ✉ 41541, ☎ (02133) 50 30, *Fax (02133) 503290,* , – TV ☎ P. AE ① E VISA
Menu *(Okt. - Mai Samstagmittag geschl.)* à la carte 50/71 – **43 Z** 185/245.

DORNBURG *Hessen* 417 *O 8 – 8 000 Ew – Höhe 400 m.*
Berlin 556 – Mainz 75 – Koblenz 69 – Frankfurt am Main 88 – Siegen 55.

In Dornburg-Frickhofen :

Café Bock garni, Hauptstr. 30, ✉ 65599, ☎ (06436) 9 13 80, *Fax (06436) 913838* – TV ☎ P. E.
10 Z 75/170.

DORSTEN *Nordrhein-Westfalen* 417 *L 4 – 81 000 Ew – Höhe 37 m.*
Ausflugsziel : *Wasserschloß Lembeck ★ (NO : 10,5 km).*
Berlin 529 – Düsseldorf 61 – Bottrop 17 – Essen 29 – Recklinghausen 19.

Henschel, Borkener Str. 47 (B 224), ✉ 46284, ☎ (02362) 6 26 70 – P. AE ① E VISA.
Samstagmittag, Sonntagmittag und Montag geschl. – **Menu** à la carte 82/101.

In Dorsten-Deuten *N : 9 km :*

Grewer, Weseler Str. 351 (B 58), ✉ 46286, ☎ (02369) 80 83, *Fax (02369) 8322,* – TV ☎ P. ① E VISA.
Juli - Aug. 3 Wochen geschl. – **Menu** *(Donnerstag geschl.)* à la carte 25/53 – **11 Z** 68/120.

In Dorsten-Lembeck *NO : 10,5 km :*

Schloßhotel Lembeck mit Zim, im Schloß (S : 2 km), ✉ 46286, ☎ (02369) 72 13, *Fax (02369) 77370,* , « Wasserschloß a.d. 17. Jh. mit Schloßkapelle und Museum ; Park » – TV ☎ P. ① E VISA
Menu *(Montagmittag, Donnerstagmittag und Freitagmittag geschl.)* à la carte 40/75 – **10 Z** 98/198.

In Dorsten-Wulfen *NO : 7 km :*

Humbert, Am Burghof 2 (B 58), ✉ 46286, ☎ (02369) 41 09, *Fax (02369) 6853,* – TV ☎ P – 50. AE ① E VISA
Menu *(Montag und 12. - 30. Juli geschl.)* à la carte 26/60 – **20 Z** 65/140.

Rosin, Hervester Str. 18, ✉ 46286, ☎ (02369) 43 22, *Fax (02369) 6835,* – P. AE ① E VISA
Samstagmittag und Sonntag geschl. – **Menu** à la carte 63/87.

DORTMUND *Nordrhein-Westfalen* 417 *L 6 – 610 000 Ew – Höhe 87 m.*
Sehenswert : *Fernsehturm ★ CZ – Westfalenpark★ BCZ – Marienkirche (Marienaltar★) BYZ* **B** *– Reinoldikirche★ BY* **A** *– Petrikirche (Antwerpener Schnitzaltar★) AY* **D** *– Museum für Kunst und Kulturgeschichte (Dortmunder Goldschatz★) AY* **M1**.
18 *Dortmund-Reichsmark (④ : 7 km), ☎ (0231) 77 41 33 ;* 18 *Dortmund-Brakel, Heßlingsweg (② : 5 km), ☎ (0231) 20 25 51.*
Dortmund-Wickede, ② : 11 km, ☎ (0231) 21 89 01.
Hauptbahnhof.
Ausstellungsgelände Westfalenhallen (AZ), ☎ (0231) 1 20 40.
Tourist-Information am Hauptbahnhof, Königswall 20, ✉ 44137, ☎ (0231) 502 56 66, Fax (0231) 163593.
ADAC, *Kaiserstr. 63, ✉ 44135, ☎ (0231) 5 49 90, Fax (0231) 5499298.*
Berlin 492 ① – Düsseldorf 78 ④ – Bremen 236 ② – Frankfurt am Main 224 ④ – Hannover 212 ① – Köln 94 ④.

DORTMUND

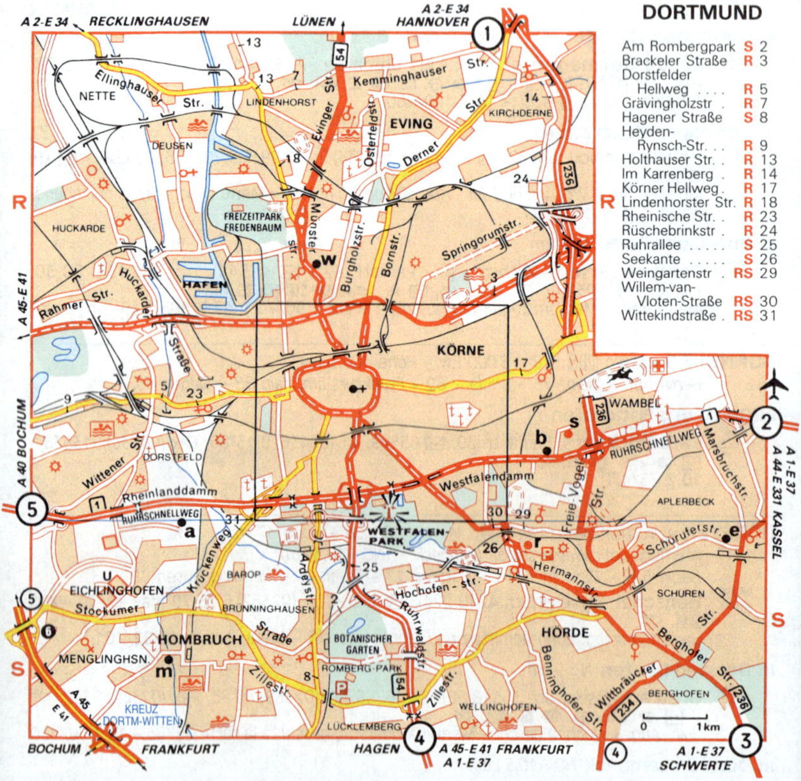

Renaissance Dortmund Hotel M, Lindemannstr. 88, ✉ 44137, ☎ (0231) 9 11 30, *Fax (0231) 9113999*, Biergarten, – ‖, Zim, – 190. AE ⦿ E VISA JCB. Rest AZ a
Menu 42 Lunchbuffet und à la carte 37/72 – **220 Z** 238/361.

Holiday Inn Crowne Plaza, An der Buschmühle 1, ✉ 44139, ☎ (0231) 1 08 60, *Fax (0231) 1086777*, – ‖, Zim, – 300. AE ⦿ E VISA JCB. Rest BZ r
Menu 45 Lunchbuffet und à la carte 48/69 – **190 Z** 253/456, 5 Suiten.

Parkhotel Wittekindshof, Westfalendamm 270 (B 1), ✉ 44141, ☎ (0231) 5 19 30, *Fax (0231) 5193100*, – ‖, Zim, – 120. AE ⦿ E VISA JCB
Menu *(Samstagmittag geschl.)* à la carte 51/78 – **65 Z** 152/254. R b

Holiday Inn-Römischer Kaiser, Olpe 2, ✉ 44135, ☎ (0231) 54 32 00, *Fax (0231) 574354*, Biergarten, – ‖, Zim, – 120. AE ⦿ E VISA JCB – **Menu** à la carte 37/70 – **117 Z** 242/376, 3 Suiten. BZ a

Astron Suite-Hotel M garni, Königswall 1, ✉ 44137, ☎ (0231) 9 05 50, *Fax (0231) 9055900*, – ‖ – 40. AE ⦿ E VISA JCB AY c
190 Z 203/366.

Steigenberger MAXX Hotel, Berswordtstr. 2, ✉ 44139, ☎ (0231) 9 02 10, *Fax (0231) 9021999*, – ‖, Zim, – 110. AE ⦿ E VISA JCB. Rest AZ a
Menu *(Sonntag geschl.)* à la carte 38/65 – **166 Z** 206/266.

Parkhotel Westfalenhallen , Strobelallee 41, ✉ 44139, ☎ (0231) 1 20 42 45, *Fax (0231) 1204555*, ≤, – ‖, Zim, – 250. AE ⦿ E VISA
12. Juli - 2. Aug. geschl. – **Menu** à la carte 36/75 – **142 Z** 161/262. AZ s

Esplanade garni, Bornstr. 4, ✉ 44135, ☎ (0231) 5 85 30, *Fax (0231) 5853270* – ‖ – 20. AE ⦿ E VISA JCB BY e
23. Dez. - 2. Jan. geschl. – **48 Z** 120/180.

Senator garni, Münsterstr. 187 (B 54), ✉ 44145, ✆ (0231) 8 61 01 20, *Fax (0231) 813690*, – . AE D E VISA R w
Ende Dez. - Anfang Jan. geschl. – **34 Z** 120/190.

City-Hotel garni, Silberstr. 37, ✉ 44137, ✆ (0231) 14 20 86, *Fax (0231) 162765* – . AE D E VISA AZ u
50 Z 135/220.

Königshof garni, Königswall 4, ✉ 44137, ✆ (0231) 5 70 41, *Fax (0231) 57040* – – 35. AE E VISA BY v
45 Z 155/170.

Gildenhof garni, Hohe Str. 139, ✉ 44139, ✆ (0231) 12 20 35, *Fax (0231) 122038* – . AE D E VISA AZ x
23. Dez. - 2. Jan. geschl. – **42 Z** 98/160.

Stadthotel garni, Reinoldistr. 14, ✉ 44135, ✆ (0231) 57 10 00, *Fax (0231) 577194* – . AE D E VISA BY u
32 Z 100/130.

SBB-Restaurant, Westfalendamm 166 (B 1), ✉ 44141, ✆ (0231) 59 78 15, *Fax (0231) 5600637*, – . AE D E VISA CZ e
Samstagmittag geschl. – **Menu** à la carte 45/68 – ***Edo*** (japanisches Restaurant) *(nur Abendessen)* **Menu** 65/130.

Hövels Hausbrauerei, Hoher Wall 5, ✉ 44137, ✆ (0231) 9 14 54 70, *Fax (0231) 91454720*, Biergarten, « Kleine Brauerei im Restaurant » – AE D E VISA AZ c
Menu à la carte 33/62.

In Dortmund-Aplerbeck :

Postkutsche garni, Postkutschenstr. 20, ✉ 44287, ✆ (0231) 45 00 80, *Fax (0231) 441003* – . AE E VISA S e
27 Z 88/148.

In Dortmund-Barop :

Romantik Hotel Lennhof, Menglinghauser Str. 20, ✉ 44227, ✆ (0231) 7 57 26, *Fax (0231) 759361*, , « Gemütlich-rustikales Restaurant », , , , – – 20. AE D E VISA S m
Menu à la carte 72/104 – **36 Z** 140/280.

Sol Inn Hotel, Emil-Figge-Str. 41, ✉ 44227, ✆ (0231) 9 70 50, *Fax (0231) 9705444*, , – , Zim, – 50. AE D E VISA S a
Menu à la carte 43/57 – **90 Z** 130/220.

In Dortmund-Bövinghausen ⑤ : *8 km* :

Commerz garni, Provinzialstr. 396, ✉ 44388, ✆ (0231) 6 96 20, *Fax (0231) 6962100* – – 30. AE D E VISA JCB
24. Dez. - 1. Jan. geschl. – **69 Z** 118/160.

In Dortmund-Gartenstadt :

Salute, Winkelriedweg 53, ✉ 44141, ✆ (0231) 59 88 77, *Fax (0231) 5313017*, – AE E R s
Samstagmittag und Sonntag, 1. - 7. Jan. sowie 15. Juli - 10. Aug. geschl. – **Menu** (italienische Küche) à la carte 67/80.

In Dortmund-Höchsten *über Wittbräucker Str.* S :

Haus Überacker, Wittbräucker Str. 504 (B 234), ✉ 44267, ✆ (02304) 8 04 21, *Fax (02304) 86844*, « Gartenterrasse » – . D E VISA. Zim
Juli 3 Wochen und Weihnachten - Neujahr geschl. – **Menu** *(Donnerstag geschl.)* à la carte 32/79 – **17 Z** 85/140.

In Dortmund-Hörde :

Zum Treppchen, Faßstr. 21, ✉ 44263, ✆ (0231) 43 14 42, *Fax (0231) 430078*, , « Haus a.d.J. 1763 ; rustikale Einrichtung » S r
Samstag und Feiertage nur Abendessen, Sonntag geschl. – **Menu** (Tischbestellung ratsam) à la carte 41/75.

In Dortmund-Körne :

Körner Hof garni, Hallesche Str. 102, ✉ 44143, ✆ (0231) 5 62 08 40, *Fax (0231) 561071*, , – . AE D E VISA CY a
Weihnachten - Anfang Jan. geschl. – **21 Z** 145/195.

A
B
Y
Z
Mallinckrodt-
straße
Mallinckrodtstr.
Brunnenstr.
Schützenstr.
Schützenstr.
Blücherstr.
Gneisenaustr.
Uhlandstraße
Kurfürstenstr.
Leopoldstr.
Leopoldstraße
Münsterstr.
Herold-
Bornstr.
Brunnenstraße
straße
Gronaustr.
Kielstraße
Freiherr-vom-Stein-Platz
Heiligegartenstr.
Steinstr.
Königshof
Kesselstraße
Grüne Str.
Brügmannpl.
Gronaustr.
Treibstr.
Dortmund Hbf
HAUPTBAHNHOF
Königswall
Burgwall
Bornstr.
Schwanenwall
Brückstr.
Königswall
Brinkhoffstr.
Kampstr.
Hansastr.
Kampstr.
Brüderweg
Reinoldkirche
Westenhellweg
Alter Markt
Ostwall
Rheinische Straße
Lange Str.
Humboldtstr.
Hoher Wall
Olpe
Friedenspl.
Lange Straße
WESTPARK
Rittershausstr.
Möllerstr.
Wilhelmstr.
Poststr.
Hiltropwall
Hansastr.
Stadtgarten
Südwall
Beurhausstr.
Beurhausstr.
Städtische Kliniken
Chemnitzer Straße
Ruhrallee
Do-Stadthaus
Märkische Straße
Hollestraße
Gutenbergstraße
Sonnenstr.
Sonnenstr.
Sonnenstr.
Große Graben
Neuer Graben
Neuer Graben
Lindemannstr.
Alter
Straße
Dresdener Str.
Saarlandstr.
Saarlandstr.
Hainallee
Am
Schilling-straße
Hohe
Saarlandstr.
Metzer Str.
Kreuzstraße
ADAC
Kreuzstraße
Heimstraße
Wittekindstr.
Straße
Landgrafen-
Mühlen-
straße
Chemnitzer Straße
Ruhrallee
Landgrafenstraße
Markgrafenstr.
Markgrafen-
straße
Polizei-präsidium
Markgrafenstr.
Hohe
POL.
weg
Eintracht-
straße
Knappenberg
SÜD-WEST-FRIEDHOF
Wittekindstr.
Lindemannstr.
RUHRSCHNELLWEG
Rheinlanddamm
Rheinlanddamm
Ruhrallee
Florianstraße
STEINERNER TURM
WESTFALENHALLEN
Westfalenpark
Wittekindstr.
Str.
WESTFALEN-PARK
VOLKSPARK
Maurice-Vast-
A
B

DORTMUND

Alexanderstr	AZ	2
Betenstraße	BZ	3
Brauhausstraße	BZ	4
Brückstraße	BY	6
Burgtor	BY	7
Ernst-Mehlich-Straße	BZ	8
Franziskanerstr	CZ	9
Freistuhl	AY	10
Gerichtsstraße	CY	12
Geschwister-Scholl-Straße	BY	13
Hansaplatz	BZ	14
Hansastraße	AY	
Hövelstraße	AZ	15
Joseph-Scherer-Straße	BZ	16
Kampstraße	ABY	17
Katharinenstr	AY	19
Kleppingstraße	BZ	20
Kolpingstraße	AZ	21
Kuckelke	BY	22
Kuhstraße	AZ	23
Ludwigstraße	BY	24
Marienkirchhof	BZ	25
Münsterstr	ABY	
Ostenhellweg	BY	28
Prinzenstraße	BZ	31
Reinoldistraße	BY	32
Rosental	BZ	33
Schwanenstr	BCY	35
Schwarze-Brüder-Straße	AZ	36
Silberstraße	AZ	37
Viktoriastraße	BZ	39
Westenhellweg	AYZ	
Westentor	AYZ	42

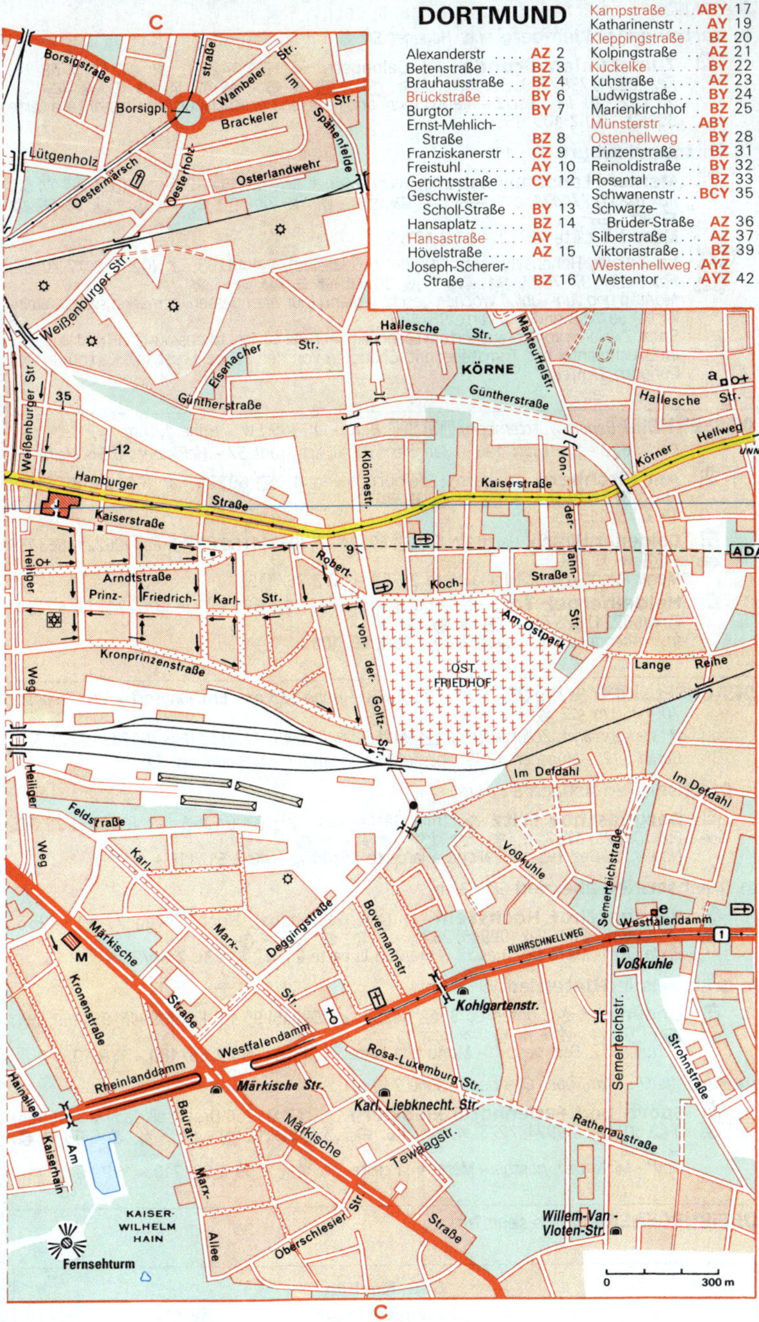

In Dortmund-Lücklemberg *über Hagener Str.* S :

Zum Kühlen Grunde, Galoppstr. 57, ✉ 44229, ☎ (0231) 7 38 70, *Fax (0231) 7387100*, Biergarten, ≘s, 🏊 – 📺 ☎ 🅿 – 40. AE ⓓ E VISA JCB
20. Dez. - 10. Jan. geschl. – **Menu** *(Sonn- und Feiertage geschl.)* (nur Abendessen) à la carte 33/62 – **30 Z** 105/155.

In Dortmund-Syburg ④ *: 13 km :*

Mercure-Landhaus Syburg, Westhofener Str. 1, ✉ 44265, ☎ (0231) 7 74 50, *Fax (0231) 774421*, Massage, ≘s, 🏊 – |⇕|, Zim, 📺 ☎ 🅿 – 50. AE ⓓ E VISA JCB
Menu à la carte 49/72 – **64 Z** 177/257.

XXXX ✿✿ **La Table,** Hohensyburgstr. 200 (im Spielcasino), ✉ 44265, ☎ (0231) 9 77 70 37, *Fax (0231) 9777077*, – 🅿 – 30. AE ⓓ E VISA JCB.
Montag und Juni - Juli 4 Wochen geschl. – **Menu** (nur Abendessen, bemerkenswerte Weinkarte) 99/158 und à la carte 98/120
Spez. Zweierlei von geräuchertem Lachs mit Sevruga Kaviar. Jakobsmuscheln und Hummer im Lauchmantel mit Tomatenconfit. Charlotte von der Taubenbrust mit Kartoffeln und Périgord Trüffeln.

DOSSENHEIM *Baden-Württemberg* 417 419 *R 10 – 10 500 Ew – Höhe 120 m.*
Berlin 622 – Stuttgart 126 – Mannheim *22 – Darmstadt 57 – Heidelberg 5,5 – Mainz 86.*

Am Kirchberg garni, Steinbruchweg 4, ✉ 69221, ☎ (06221) 8 75 60, *Fax (06221) 863835* – 📺 ☎ 🅿. E VISA
15 Z 75/115.

Goldener Hirsch, Hauptstr. 59, ✉ 69221, ☎ (06221) 86 80 40, *Fax (06221) 863835* – 📺 ☎. E VISA
Menu *(Montag geschl.)* à la carte 24/58 – **10 Z** 75/115.

Heidelberger Tor, Heidelberger Str. 32, ✉ 69221, ☎ (06221) 86 62 34, *Fax (06221) 875740* – 📺 ☎ 🅿.
(nur Abendessen für Hausgäste) – **25 Z** 68/106.

DRACHSELSRIED *Bayern* 420 *S 23 – 2 300 Ew – Höhe 533 m – Erholungsort – Wintersport : 700/850 m* 2 .
Verkehrsamt, Zellertalstr. 8, ✉ 94256, ☎ (09945) 90 50 33, Fax (09945) 905035.
Berlin 512 – München 178 – Passau *80 – Cham 37 – Deggendorf 35.*

In Drachselsried-Asbach *S : 6 km :*

Berggasthof Fritz (mit Gästehaus, |⇕|), ✉ 94256, ☎ (09923) 22 12, *Fax (09923) 3767*, ≤, , ≘s, 🏊, – 🅿
Nov. - 15. Dez. geschl. – **Menu** à la carte 23/44 – **48 Z** 51/118 – ½ P 17.

In Drachselsried-Oberried *SO : 2 km :*

Berggasthof Hochstein (mit Gästehaus), Hochfallweg 7, ✉ 94256, ☎ (09945) 4 63, *Fax (09945) 2621*, ≤, , ≘s, – 🅿
Ende Okt. - Mitte Dez. geschl. – **Menu** à la carte 21/43 – **36 Z** 50/80 – ½ P 13.

In Drachselsried-Unterried *SO : 3 km :*

Lindenwirt, Unterried 9, ✉ 94256, ☎ (09945) 95 10, *Fax (09945) 951299*, , ≘s, 🏊, , – |⇕| 🅿. Rest
7. Nov. - 17. Dez. geschl. – **Menu** à la carte 24/45 – **55 Z** 65/180 – ½ P 10.

Außerhalb *O : 6 km, über Oberried – Höhe 730 m*

Sport- und Ferienhotel Riedlberg, ✉ 94256 Drachselsried, ☎ (09924) 9 42 60, *Fax (09924) 7273*, ≤, , , ≘s, (geheizt), 🏊, 2 , – 📺 ☎ 🅿. Rest
Nov. - Mitte Dez. geschl. – **Menu** à la carte 21/44 – **39 Z** 80/210 – ½ P 10.

DREIBURGENSEE *Bayern siehe Tittling.*

Gute Küchen
haben wir durch
Menu , ✿, ✿✿ oder ✿✿✿ kenntlich gemacht.

DREIEICH *Hessen* 417 *P 10 – 39 400 Ew – Höhe 130 m.*

Hofgut Neuhof, (06102) 3 33 31.

Berlin 557 – Wiesbaden 45 – Frankfurt am Main 16 – Darmstadt 17.

In Dreieich-Dreieichenhain :

Le Maître, Siemensstr. 14 (Industriegebiet), ✉ 63303, (06103) 8 20 85, *Fax (06103) 84966,* – P. AE D E VISA
Sonntag geschl. – **Menu** (italienische Küche) à la carte 38/75.

Alte Bergmühle (mit Gästehaus), Geisberg 25, ✉ 63303, (06103) 8 18 58, *Fax (06103) 88999,* « Gartenterrasse » – Zim, TV P. AE D E VISA JCB. Zim
Menu à la carte 54/82 – **9 Z** 165/245.

In Dreieich-Götzenhain :

Gutsschänke Neuhof, an der Straße nach Neu-Isenburg (N : 2 km), ✉ 63303, (06102) 3 00 00, *Fax (06102) 300055,* « Rustikale Einrichtung, Gartenterrasse » – P. AE D E VISA JCB
Menu à la carte 53/92.

In Dreieich-Sprendlingen :

Dorint, Eisenbahnstr. 200, ✉ 63303, (06103) 60 60, *Fax (06103) 63019,* , , – , Zim, TV P – 60. AE D E VISA JCB. Rest
Menu à la carte 40/63 – **92 Z** 299/404, 4 Suiten.

DREIS KREIS BERNKASTEL-WITTLICH *Rheinland-Pfalz siehe Wittlich.*

DRESDEN

L Sachsen 418 M 25 – 470 000 Ew – Höhe 105 m

Berlin 192 ⑧ – Chemnitz 70 ⑦ – Görlitz 98 ① – Leipzig 111 ⑦ – Praha 152 ⑤

PRAKTISCHE HINWEISE

Tourist-Information, Prager Str. 10 ✉ 01069, ☎ (0351) 49 19 20
Tourist-Information, Neustädter Markt, ✉ 01097, ☎ (0351) 49 19 20
ADAC, *Schandauer Str. 46, ✉ 01277, ☎ (0351) 44 78 80, Fax (0351) 4478850*
Dresden-Klotzsche (② : 13 km), ☎ (0351) 8 81 33 60 Stadtbüro, Rampsche Str. 2 ✉ 01067 ☎ (0351) 4 99 88

Possendorf (⑤ : 13 km), ☎ (035206) 24 30
Herzogswalde (⑥ : 19 km), ☎ (0172) 3 53 09 10
Ullersdorf (③ : 8 km), ☎ (03528) 44 73 48

HAUPTSEHENSWÜRDIGKEITEN

Sehenswert : *Zwinger★★★ (Waldpavillon★★, Nymphenbad★★, Porzellansammlung★★, Mathematisch-physikalischer Salon★★, Rüstkammer★★) AY – Semper-Oper★★ AY – Hofkirche★★ BY – Schloss (Fürstenzug-Mosaik★, Langer Gang★) BY – Albertinum (Gemäldegalerie Alte Meister★★★, Gemäldegalerie Neue Meister★★★, Grünes Gewölbe★★★) BY – Prager Straße★ ABZ – Museum für Geschichte der Stadt Dresden★ BY* **M4** *– Kreuzkirche★ BY – Japanisches Palais★ (Garten ≤★) ABX – Museum für Volkskunst★ BX* **M2** *– Großer Garten★ CDZ – Russisch-orthodoxe Kirche★ V – Brühlsche Terasse ≤★ BY – Reiterstandbild Augusts des Starken★ BX* **E** *– Pfundts Molkerei (Innenausstattung)★ (Bautzener Str. 79) CX.*

Ausflugsziele : *Schloß Moritzburg★ (NW : 14 km über Moritzburger Landstr. U) – Schloß Pilnitz★ (SO : 15 km über Pilnitzer Landstr. V) – Sächsische Schweiz★★★ (Bastei★★★, Festung Königstein★★ ≤★★, Großseditz : Barockgarten★).*

Kempinski Hotel Taschenbergpalais Ⓜ, Taschenberg 3, ✉ 01067, ✆ (0351) 4 91 20, *Fax (0351) 4912812*, « Hotel in einem ehemaligen Barock-Palais », Massage, ♨, ⛆, 🏊 – 🛗, ⇹ Zim, ▤ 📺 ☎ ♿ 🚗 – 🎤 320. AE ⓓ E VISA JCB
Menu à la carte 59/80 – **213 Z** 432/644, 19 Suiten. BY a

Radisson SAS Gewandhaus Hotel Ⓜ, Ringstr. 1, ✉ 01067, ✆ (0351) 4 94 90, *Fax (0351) 4949490*, ♨, ⛆, 🏊 – 🛗, ⇹ Zim, ▤ 📺 ☎ ♿ Ⓟ – 🎤 60. AE ⓓ E VISA
Menu à la carte 60/81 – **97 Z** 324/513. BY s

The Westin Bellevue, Große Meißner Str. 15, ✉ 01097, ✆ (0351) 80 50, *Fax (0351) 8051609*, ≤, « Frei- und Innenhofterrassen », ♨, ⛆, 🏊 – 🛗, ⇹ Zim, ▤ 📺 ☎ ♿ 🚗 Ⓟ – 🎤 260. AE ⓓ E VISA JCB BX a
Menu à la carte 45/91 – **339 Z** 240/440, 16 Suiten.

Hilton, An der Frauenkirche 5, ✉ 01067, ✆ (0351) 8 64 20, *Fax (0351) 8642725*, ♨, ⛆, 🏊 – 🛗, ⇹ Zim, ▤ 📺 ☎ ♿ 🚗 Ⓟ – 🎤 350. AE ⓓ E VISA JCB BY e
Rossini (italienische Küche) **Menu** à la carte 52/88 – ***Wettiner Keller*** *(Sonntag - Montag geschl., nur Abendessen)* **Menu** à la carte 40/66 – **333 Z** 436/539, 4 Suiten.

Dorint Hotel Ⓜ, Grunaer Str. 14, ✉ 01069, ✆ (0351) 4 91 50, *Fax (0351) 4915100*, ⛆, 🏊 – 🛗, ⇹ Zim, 📺 ☎ ♿ 🚗 – 🎤 160. AE ⓓ E VISA JCB CYZ n
Menu à la carte 40/68 – **244 Z** 245/295.

Bülow Residenz, Rähnitzgasse 19, ✉ 01097, ✆ (0351) 8 00 30, *Fax (0351) 8003100*,
✿ « Innenhofterrasse » – 🛗 📺 ☎ ♿ Ⓟ – 🎤 25. AE ⓓ E VISA. ⛌ Rest BX c
Menu (nur Abendessen, Tischbestellung ratsam) à la carte 76/94 – **30 Z** 315/650
Spez. Gebratene Seezungenstreifen mit Tomatenconfit. Perlhuhnessenz mit Gänseleberravioli. Lammrücken in der Zucchiniblüte gebacken mit provenzialischem Gemüse.

DRESDEN

Alttolkewitz	V	57
Borsbergstraße	V	58
Emerich-Ambros-Ufer	U	60
Flügelwegbrücke	UV	61
Fritz-Löffler-Straße	V	62
Gerhart-Hauptmann-Str.	V	63
Hamburger Straße	U	64
Lommatzscher Straße	U	69
Nossener Brücke	V	71
Nürnberger Straße	V	72
Moritzburger Landstraße	U	74
Moritzburger Weg	U	75
Naumannstraße	V	78
Washingtonstraße	U	79
Wehlener Straße	V	81
Zellescher Weg	V	83

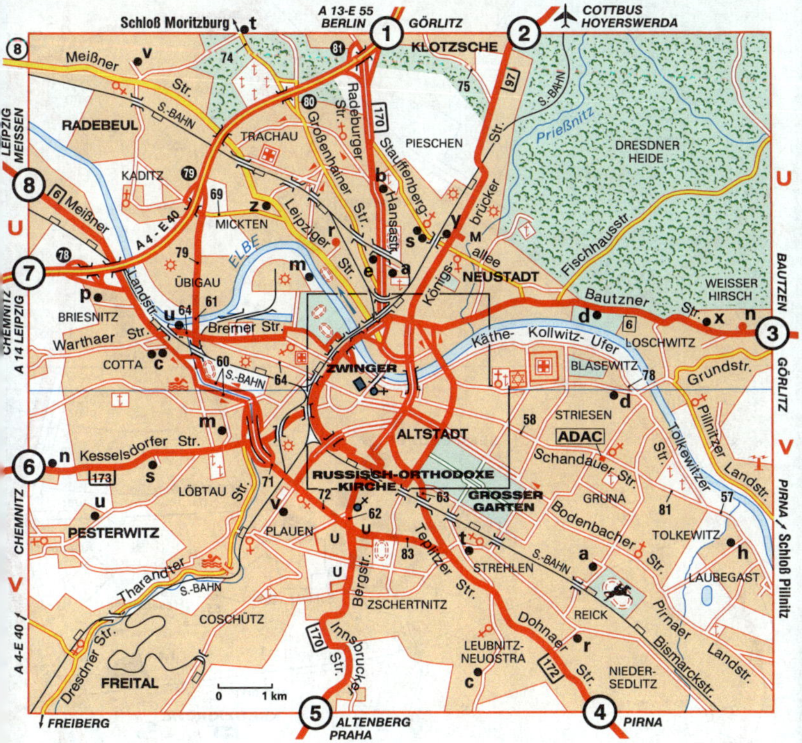

Bayerischer Hof, Antonstr. 35, ✉ 01097, ✆ (0351) 82 93 70, *Fax (0351) 8014860,* – 🛗, ⇔ Zim, TV – 🅿 – 🏛 40. AE ⓓ E VISA JCB. ✻ Rest BX r
20. Dez. - 3. Jan. geschl. – **Menu** *(Samstag - Sonntag geschl.)* (nur Abendessen) à la carte 31/52 – **50 Z** 165/220, 5 Suiten.

Park Inn Ⓜ, Königsbrückerstr. 121a, ✉ 01099, ✆ (0351) 8 06 30, *Fax (0351) 8063721,* Biergarten, « Ballsaal a.d.J. 1891 », – 🛗, ⇔ Zim, TV – 🏛 330. AE ⓓ E VISA. ✻ Rest U y
Menu à la carte 26/44 – **148 Z** 180/315.

art'otel, Ostra-Allee 33, ✉ 01067, ✆ (0351) 4 92 20, *Fax (0351) 4922777,* « Modernes Designer-Hotel, Kunsthalle », – 🛗, ⇔ Zim, TV – 🏛 280. AE ⓓ E VISA AY s
Menu à la carte 45/62 – **174 Z** 225/450.

Holiday Inn Ⓜ, Stauffenbergallee 25a, ✉ 01099, ✆ (0351) 8 15 10, *Fax (0351) 8151333,* – 🛗, ⇔ Zim, Rest, TV – 🅿 – 🏛 120. AE ⓓ E VISA JCB U s
Menu à la carte 35/67 – **119 Z** 145/240.

Elbflorenz Ⓜ garni, Rosenstr. 36, ✉ 01067, ✆ (0351) 8 64 00, *Fax (0351) 8640100,* – 🛗 ⇔ TV – 🏛 150. AE ⓓ E VISA AZ v
209 Z 185/240.

Am Terrassenufer, Terrassenufer 12, ✉ 01069, ✆ (0351) 4 40 95 00, *Fax (0351) 4409600,* – 🛗, ⇔ Zim, TV – 🏛 20. AE ⓓ E VISA JCB CY a
Menu à la carte 27/49 – **196 Z** 240/370, 6 Suiten.

A
B
0
400 m
X
Y
Z
DRESDEN NEUSTADT
Leipziger Straße
Pieschener Allee
EISSPORTHALLE
STADION
Magdeburger Str.
straße
Antonstr.
Hainstr.
Theresienstr.
Albertplatz
Königstr.
Palaisplatz
Albertstr.
JAPANISCHES PALAIS
Große Meißner Str.
Köpckestr.
Carolaplatz
Friedrichstr.
Devrientstr.
LANDTAG
Terrassenufer
SEMPEROPER
KATHEDRALE
ZWINGER
Albertinum
Schloss
Frauenkirche
POL.
DRESDEN MITTE
Weißeritz
Könneritz-
Schweriner Straße
Wilsdruffer Str.
Freiberger Str.
Ammonstraße
Annenstr.
Marienstraße
Wallstr.
Altmarkt
KREUZKIRCHE
Dr.-Külz-Ring
Rosenstr.
Maternistr.
Budapester Str.
Reitbahnstraße
PRAGER STRASSE
St. Petersburger Str.
St. Petersburger Straße
ALTSTADT
Bürgerwiese
Parkstr.
Blüherstr.
Ammonstr.
Sidonienstr.
Budapester Str.
Schweizer Straße
Bayrische Str.
DRESDEN HAUPTBAHNHOF
Wiener Str.
Mary-Wigman-Str.

DRESDEN

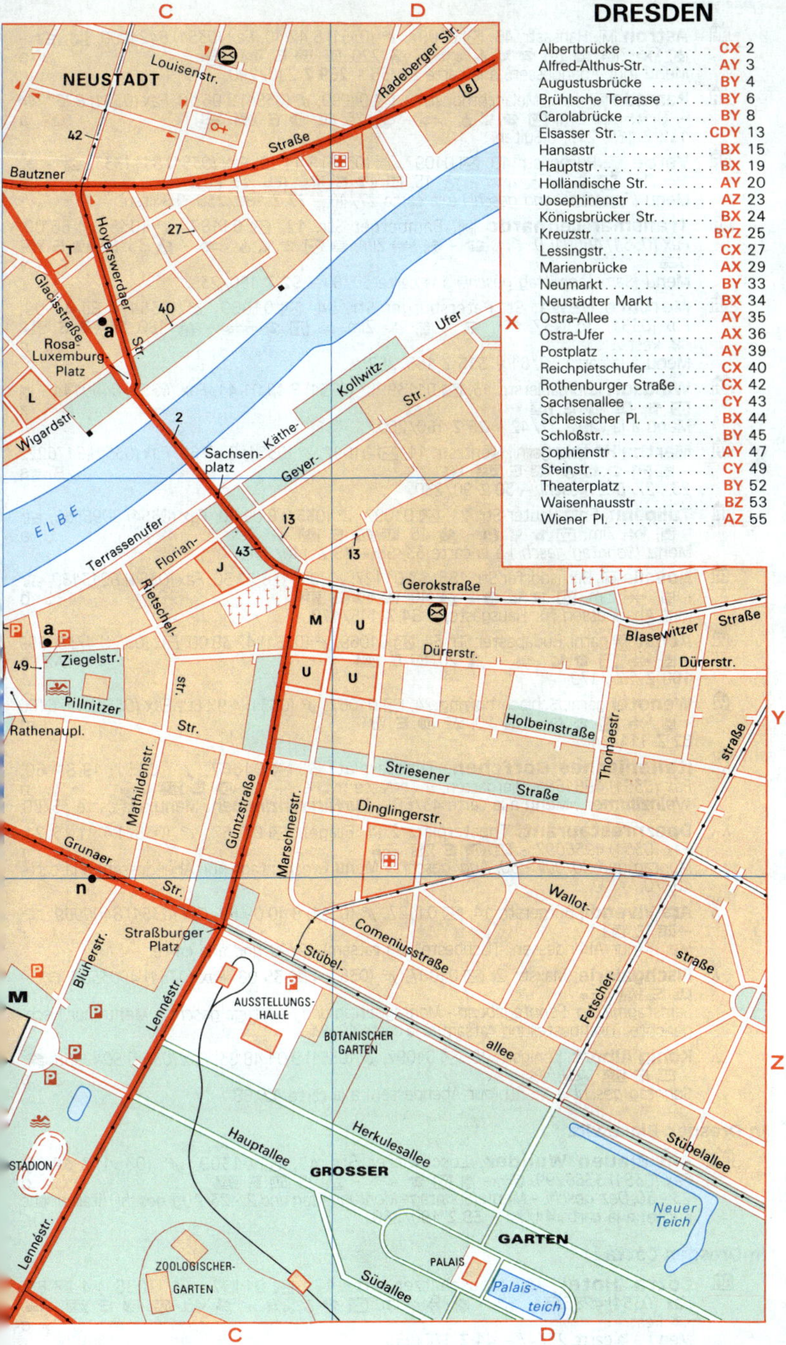
C
D
NEUSTADT
Louisenstr.
Radeberger Str.
6
42
Straße
Bautzner
Hoyerswerdaer Str.
27
T
Glacisstraße
40
a
Rosa-Luxemburg-Platz
L
Wigardstr.
2
ELBE
Sachsen-platz
Käthe-Kollwitz-Ufer
Str.
Geyer-
Terrassenufer
Florian-
J
43
13
13
Rietschel-str.
Gerokstraße
M
U
U
U
Dürerstr.
Blasewitzer Straße
Dürerstr.
a
49
Ziegelstr.
Pillnitzer Str.
Rathenaupl.
Holbeinstraße
Thomaestr.
straße
Mathildenstr.
Güntzstraße
Marschnerstr.
Striesener Straße
Dinglingerstr.
Grunaer Str.
n
Wallot-straße
Comeniusstraße
Straßburger Platz
Stübel-allee
Blüherstr.
Lennéstr.
AUSSTELLUNGS-HALLE
BOTANISCHER GARTEN
Fetscher-
M
STADION
Hauptallee
Herkulesallee
GROSSER GARTEN
Stübelallee
Neuer Teich
ZOOLOGISCHER-GARTEN
PALAIS
Südallee
Palais-teich
Lennéstr.
X
Y
Z
C
D

Astron [M], Hansastr. 43, ✉ 01097, ☎ (0351) 8 42 40, *Fax (0351) 8424200*, – Zim, – 220. AE E VISA JCB U e
Menu (nur Abendessen) à la carte 36/55 – **269 Z** 210/290.

Ramada [M] garni, Melanchthonstr. 2, ✉ 01099, ☎ (0351) 8 06 10, *Fax (0351) 8061444* – Zim, – 25. AE E VISA JCB CX a
132 Z 169/213, 6 Suiten.

Verde [M], Buchenstr. 10, ✉ 01097, ☎ (0351) 8 11 10, *Fax (0351) 8111333*, – Zim, – 15. AE E VISA JCB. Rest U s
Menu *(Sonntagabend geschl.)* à la carte 27/46 – **77 Z** 180/230, 9 Suiten.

Transmar Leonardo [M], Bamberger Str. 12, ✉ 01187, ☎ (0351) 4 66 00, *Fax (0351) 4660100*, – Zim, – 35. AE E VISA JCB V v
Menu *(Samstagmittag geschl.)* à la carte 30/60 – **92 Z** 150/235.

Mercure Newa, St. Petersburger Str. 34, ✉ 01069, ☎ (0351) 4 81 41 09, *Fax (0351) 4955137*, – Zim, – 180. AE E VISA. Rest BZ n
Menu à la carte 39/61 – **315 Z** 165/252.

Windsor, Roßmäßlerstr. 13, ✉ 01139, ☎ (0351) 8 49 01 41, *Fax (0351) 8490144* – . AE E VISA U z
Menu à la carte 27/42 – **25 Z** 160/250.

Martha Hospiz garni, Nieritzstr. 11, ✉ 01097, ☎ (0351) 8 17 60, *Fax (0351) 8176222* – . AE E VISA. BX s
23.- 27. Dez. geschl. – **50 Z** 90/230.

Tulip Inn, Fritz-Reuter-Str. 21, ✉ 01097, ☎ (0351) 8 09 50, *Fax (0351) 8095555*, – Zim, – 15. AE E VISA. Rest U a
Menu *(Sonntag geschl.)* à la carte 33/53 – **75 Z** 140/230.

Novalis [M], Bärnsdorfer Str. 185, ✉ 01127, ☎ (0351) 8 21 30, *Fax (0351) 8213180*, – Zim, – 40. AE E VISA U b
(nur Abendessen für Hausgäste) – **84 Z** 145/170.

Achat [M] garni, Budapester Str. 34, ✉ 01069, ☎ (0351) 47 38 00, *Fax (0351) 47380999* – – 20. AE E VISA AZ e
160 Z 139/179.

Wenotel garni, Schlachthofring 24, ✉ 01067, ☎ (0351) 4 97 60, *Fax (0351) 4976100* – – 20. AE E VISA U m
82 Z 114/140.

Italienisches Dörfchen, Theaterplatz 3, ✉ 01067, ☎ (0351) 49 81 60, *Fax (0351) 4981688*, Biergarten, « Terrasse mit ≤ » – AE E VISA JCB BY n
Weinzimmer **: Menu** à la carte 43/60 – ***Kurfürstenzimmer*** **: Menu** à la carte 35/50.

Opernrestaurant, Theaterplatz 2 (1. Etage), ✉ 01067, ☎ (0351) 4 91 15 21, *Fax (0351) 4956097* – AE E VISA JCB AY r
Montag und 20. Juli - 30. Aug. geschl. – **Menu** (wochentags nur Abendessen) à la carte 40/70.

Ars Vivendi, Bürgerstr. 14, ✉ 01127, ☎ (0351) 8 40 09 69, *Fax (0351) 8400969*, – AE E VISA U r
Menu (nur Abendessen, Tischbestellung ratsam) 49/92 und à la carte.

Fischgalerie, Maxstr. 2, ✉ 01067, ☎ (0351) 4 90 35 06, *Fax (0351) 4903508*, – AE E VISA JCB AY s
Samstagmittag, Sonntagabend - Montagmittag und Feiertage geschl. – **Menu** (nur Fischgerichte, Tischbestellung ratsam) à la carte 49/84.

König Albert, Königstr. 26, ✉ 01097, ☎ (0351) 8 04 48 83, *Fax (0351) 8042958*, – AE E VISA JCB. BX e
Sonntag geschl. – **Menu** (nur Abendessen) à la carte 42/68.

In Dresden-Blasewitz :

Am Blauen Wunder, Loschwitzer Str. 48, ✉ 01309, ☎ (0351) 3 36 60, *Fax (0351) 3366299*, – – 25. AE E VISA UV d
23. - 30. Dez. geschl. – **Menu** *(Sonntag - Montagmittag und 2. - 23. Aug. geschl.)* (italienische Küche) à la carte 44/72 – **38 Z** 190/260.

In Dresden-Cotta :

Cotta Hotel [M], Mobschatzer Str. 17, ✉ 01157, ☎ (0351) 4 28 60, *Fax (0351) 4286333*, – Zim, – 45. AE E VISA JCB. Rest U c
Menu à la carte 27/47 – **44 Z** 170/255.

Residenz Alt Dresden, Mobschatzer Str. 29, 01157, (0351) 4 28 10, *Fax (0351) 4281988*, Zim, – 100. AE VISA JCB U c
Menu à la carte 46/61 – **124 Z** 168/198.

Mercure Elbpromenade M, Hamburger Str. 64, 01157, (0351) 4 25 20, *Fax (0351) 4252420* – Zim, – 50. AE VISA U u
Menu à la carte 32/51 – **103 Z** 159/234.

In Dresden-Kemnitz :

Romantik Hotel Pattis M, Merbitzer Str. 53, 01157, (0351) 4 25 50, *Fax (0351) 4255255*, « Wellnessbereich ; kleine Parkanlage », Massage, – Zim, Rest, – 35. AE VISA U p
Gourment-Restaurant *(Sonntag geschl., nur Abendessen)* **Menu** à la carte 71/97 – ***Erholung :*** **Menu** à la carte 36/62 – **46 Z** 210/360, 3 Suiten.

In Dresden-Klotzsche *NO : 7 km über ② :*

Airport Hotel M, Karl-Marx-Str. 25, 01109, (0351) 8 83 30, *Fax (0351) 8833333*, – Zim, Rest, – 45. AE VISA JCB
Menu à la carte 31/60 – **100 Z** 240/310, 7 Suiten.

point Hotel garni, Königsbrücker Landstr. 71, 01109, (0351) 88 49 50, *Fax (0351) 8808126* – – 40. AE VISA
34 Z 160/198.

In Dresden-Laubegast :

Treff Resident Hotel M, Brünner Str. 11, 01279, (0351) 2 56 20, *Fax (0351) 2562800* – Zim, – 45. AE VISA JCB V h
Menu (nur Abendessen) à la carte 31/52 – **124 Z** 116/235.

In Dresden-Leubnitz-Neuostra :

Treff Hotel Dresden M, Wilhelm-Franke-Straße 90, 01219, (0351) 4 78 20, *Fax (0351) 4782550*, Zim, – 370. AE VISA JCB V c
Menu à la carte 37/55 – **262 Z** 165/230.

In Dresden-Löbtau :

Burgk garni, Burgkstr. 15, 01159, (0351) 43 25 10, *Fax (0351) 43251400* – – 15. AE VISA V m
27 Z 90/170.

In Dresden-Loschwitz :

Schloß Eckberg (mit Kavaliershaus), Bautzner Str. 134, 01099, (0351) 8 09 90, *Fax (0351) 8099199*, < Dresden und Elbe, « Neugotisches Schloß ; großzügige Parkanlage », Massage, – Zim, – 70. AE VISA JCB. Rest U d
Menu 39 (mittags) und à la carte 60/85 – **84 Z** 170/430.

In Dresden-Marsdorf über ① : *13 km und die A 13, Ausfahrt Marsdorf :*

Landhaus Marsdorf M, Marsdorfer Hauptstr. 15, 01108, (0351) 8 80 81 01, *Fax (0351) 8805760*, Biergarten, « Idyllische Gartenanlage » – – 60. AE VISA
Menu à la carte 28/52 – **23 Z** 111/166.

In Dresden-Niedersedlitz *SO : 10 km über Bismarckstr. V :*

Ambiente garni, Meusegaster Str. 23, 01259, (0351) 20 78 80, *Fax (0351) 2078836* – . VISA
20 Z 158/265.

In Dresden-Reick :

Coventry garni, Hülßestr. 1, 01237, (0351) 2 82 60, *Fax (0351) 2816310* – – 25. AE VISA V r
53 Z 165/210.

In Dresden-Seidnitz :

An der Rennbahn, Winterbergstr. 96, 01237, (0351) 21 25 00, *Fax (0351) 2125050*, – . AE VISA V a
Menu à la carte 28/52 – **22 Z** 145/210.

Pillnitz Schloßhotel + Rest.

In Dresden-Strehlen :

Königshof garni, Kreischaer Str. 2, 012119, (0351) 8 73 10, *Fax (0351) 8731499* – , Zim, – 60. V t
94 Z 165/290, 10 Suiten.

In Dresden-Weißer Hirsch :

Villa Emma, Stechgrundstr.2, 01324, (0351) 26 48 10, *Fax (0351) 2648118*, , « Restaurierte Jugendstilvilla », – Zim, . U x
23. Dez. - 3. Jan. geschl. – **Menu** (nur Abendessen, Tischbestellung ratsam) à la carte 49/72 – **21 Z** 240/380.

Villa Herzog mit Zim, Bautzner Landstr. 41, 01324, (0351) 26 98 80, *Fax (0351) 2698817*, – . Rest U n
Jan. und Juli jeweils 1 Woche geschl. – **Menu** *(Sonntag - Montag geschl.)* (nur Abendessen) à la carte 46/77 – **9 Z** 101/163.

In Dresden-Wölfnitz :

Wölfnitz garni, Altwölfnitz 5, 01169, (0351) 4 11 99 11, *Fax (0351) 4119912* – . V s
24. Dez. - 31. Jan. geschl. – **13 Z** 120/156.

In Boxdorf :

Landhotel Baumwiese, Dresdner Str. 2, 01468, (0351) 8 32 50, *Fax (0351) 8325252*, Biergarten, – , Zim, – 50. U t
Menu à la carte 42/67 – **39 Z** 160/250.

In Gompitz *W : 7 km :*

Kim garni, Gompitzer Höhe 2, 01462, (0351) 4 10 20, *Fax (0351) 4102160* – – 100. V n
98 Z 100/180.

In Radebeul *NW : 7 km :*

Steigenberger Parkhotel, Nizzastr. 55, 01445, (0351) 8 32 10, *Fax (0351) 8321445*, , Massage, , , – – 170. U v
Lössnitz : **Menu** à la carte 40/65 – ***Bistro :*** **Menu** à la carte 37/63 – **200 Z** 245/350, 11 Suiten.

Landhotel Lindenau, Moritzburgerstr. 91, 01445, (0351) 83 92 30, *Fax (0351) 8392391*, Biergarten – , Zim, .
Menu à la carte 42/67 – **24 Z** 120/180, 4 Suiten. über ⑧ Meißner Straße

In Goppeln-Kauscha *SO : 7 km über ④ :*

Landhotel Dresden, Dresdener Str. 20, 01728, (0351) 2 80 30, *Fax (0351) 2803130*, , – .
(nur Abendessen für Hausgäste) **44 Z** 95/130.

In Kreischa *S : 15 km über ⑤ :*

Kreischaer Hof, Alte Str. 4, 01731, (035206) 2 20 51, *Fax (035206) 22051*, , , – – 40.
23. - 28. Dez. geschl. – **Menu** (Montag - Freitag nur Abendessen) à la carte 25/43 – **49 Z** 98/140.

DRIBURG, BAD *Nordrhein-Westfalen* 417 *K 11 – 18 500 Ew – Höhe 220 m – Heilbad.*

Bad Driburg, Am Kurpark, (05253) 84 23 49.

Gäste-Information, Lange Str. 140, 33014, (05253) 8 81 80, Fax (05253) 940575.

Berlin 390 – Düsseldorf 190 – Hannover 108 – Kassel 86 – Paderborn 20 – Detmold 28.

Gräfliches Parkhotel, Im Kurpark, 33014, (05253) 95 20, *Fax (05253) 952204*, , Massage, , , , , , – – 70. AE VISA.
Menu à la carte 46/65 – **86 Z** 135/236.

Schwallenhof, Brunnenstr. 34, 33014, (05253) 98 13 00, *Fax (05253) 981388*, , , , – – 40. AE VISA
Menu à la carte 37/61 – **43 Z** 78/170 – ½ P 25.

Neuhaus, Steinbergstieg 18, 33014, (05253) 40 80, *Fax (05253) 408616*, , , , – , Zim, – 75. AE E. Rest
Mitte Juli - Anfang Aug. geschl. – **Menu** 29 (Buffet) und à la carte 40/63 – **66 Z** 105/170 – ½ P 20.

Café am Rosenberg, Hinter dem Rosenberge 22, 33014, (05253) 9 79 70, *Fax (05253) 979797*, , « Gartenterrasse », , , – Zim, . E VISA. Zim
Menu *(Mittwoch geschl.)* à la carte 31/64 – **22 Z** 65/136 – ½ P 20.

Mikado garni, Steinbergstieg 15, 33014, (05253) 4 00 10, *Fax (05253) 400111*, , , – . AE E
39 Z 71/98.

Benutzen Sie für weite Fahrten in Europa die ***Michelin-Länderkarten :***
970 Europa, 976 Tschechische Republik-Slowakische Republik,
980 Griechenland, 984 Deutschland, 985 Skandinavien-Finnland,
986 Großbritannien-Irland, 987 Deutschland-Österreich-Benelux,
988 Italien, 989 Frankreich, 990 Spanien-Portugal, 991 Jugoslawien.

DROLSHAGEN *Nordrhein-Westfalen* 417 *M 7 – 12 500 Ew – Höhe 375 m.*

Stadtwerbeamt, Klosterhof 2, 57489, (02761) 97 01 81, Fax (02761) 970201.

Berlin 555 – Düsseldorf 114 – Siegen 31 – Hagen 59 – Köln 70.

Zur alten Quelle, Hagener Str. 40 (B 54/55), 57489, (02761) 7 10 01, *Fax (02761) 73007*, – . E VISA
Menu *(Donnerstag geschl.)* à la carte 30/62 – **8 Z** 75/150.

Zur Brücke mit Zim, Hagener Str. 12 (B 54/55), 57489, (02761) 75 48, *Fax (02761) 7540*, – . E VISA. Zim
Juli - Aug. 3 Wochen geschl. – **Menu** *(Dienstag geschl.)* à la carte 30/57 – **12 Z** 75/140.

In Drolshagen-Scheda *NW : 6 km :*

Haus Schulte, Zum Höchsten 2, 57489, (02763) 3 88, *Fax (02763) 7871*, Biergarten, , – . E
Juli 1 Woche geschl. – **Menu** *(Mittwoch geschl.)* à la carte 30/62 – **15 Z** 60/110.

DUDELDORF *Rheinland-Pfalz siehe Bitburg.*

DUDERSTADT *Niedersachsen* 418 *L 14 – 24 000 Ew – Höhe 172 m.*

Rothenbergerhaus (NO : 13 km), (05529) 3 24.

Gästeinformation, Rathaus, Marktstr. 66, 37115, (05527) 84 12 00, Fax (05527) 841201.

Berlin 350 – Hannover 131 – Erfurt 98 – Göttingen 32 – Braunschweig 118.

Zum Löwen, Marktstr. 30, 37115, (05527) 30 72, *Fax (05527) 72630*, , « Elegante Einrichtung », , , – , Zim, – 70. AE E VISA JCB
Menu à la carte 39/66 – **42 Z** 135/280.

In Duderstadt-Fuhrbach *NO : 6 km :*

Zum Kronprinzen, Fuhrbacher Str. 31, 37115, (05527) 91 00, *Fax (05527) 910250*, , , – , Zim, – 50. AE VISA. Zim
Menu à la carte 31/64 – **50 Z** 95/155.

DÜBEN, BAD Sachsen 418 L 21 – 9 000 Ew – Höhe 92 m.

Stadtinformation, Markt 11, ✉ 04849, ☎ (034243) 7 22 30, Fax (034243) 52882.
Berlin 140 – Dresden 137 – Leipzig 33 – Halle 56 – Dessau 41.

Schützenhaus, Schützenstr. 8, ✉ 04849, ☎ (034243) 2 44 56, *Fax (034243) 24456*, Biergarten – 120. AE VISA JCB
Menu à la carte 25/42 – **28 Z** 85/140 – ½ P 30.

Kühne, Hüfnermark 10, ✉ 04849, ☎ (034243) 2 30 21, *Fax (034243) 25377*, Biergarten – 50. AE VISA
Menu à la carte 24/46 – **19 Z** 69/119 – ½ P 21.

DÜLMEN Nordrhein-Westfalen 417 K 5 – 44 000 Ew – Höhe 70 m.

Verkehrsamt, Rathaus, ✉ 48249, ☎ (02594) 1 22 92, Fax (02594) 12592.
Berlin 508 – Düsseldorf 90 – Münster (Westfalen) 34 – Recklinghausen 27.

Merfelder Hof, Borkener Str. 60, ✉ 48249, ☎ (02594) 97 00, *Fax (02594) 970100*, – 20. AE VISA
Menu à la carte 38/71 – **55 Z** 90/170.

Zum Wildpferd, Münsterstr. 52 (B 51), ✉ 48249, ☎ (02594) 97 10, *Fax (02594) 97166*, – 50. AE VISA
Menu *(Sonntag geschl.)* à la carte 28/52 – **37 Z** 79/155.

In Dülmen-Hausdülmen *SW : 3 km :*

Große Teichsmühle, Borkenbergestr. 78, ✉ 48249, ☎ (02594) 9 43 50, *Fax (02594) 943537*, – 30. AE VISA JCB
Menu à la carte 36/70 *(auch vegetarische Gerichte)* – **15 Z** 85/155.

Außerhalb *NW : 5 km über Borkener Straße :*

Haus Waldfrieden, Börnste 20, ✉ 48249 Dülmen, ☎ (02594) 22 73, *Fax (02594) 3739*, –
Freitag und 4. Jan. - 5. Feb. geschl. – **Menu** à la carte 27/59.

DÜREN Nordrhein-Westfalen 417 N 3 – 89 000 Ew – Höhe 130 m.

Düren-Gürzenich (über ⑤ und die B 264 X), ☎ (02421) 6 72 78.
ADAC, *Kölnstr. 52, ✉ 52349, ☎ (0221) 47 27 47, Fax (02421) 16985.*
Berlin 611 ① – Düsseldorf 71 ① – Aachen 36 ① – Bonn 57 ③ – Köln 48 ①

Stadtplan siehe gegenüberliegende Seite

Düren's Post-Hotel, Josef-Schregel-Str. 36, ✉ 52349, ☎ (02421) 1 70 01, *Fax (02421) 10138* – 150. AE VISA Y r
Menu *(Sonntag geschl.)* à la carte 46/70 – **53 Z** 160/260.

Germania, Josef-Schregel-Str. 20, ✉ 52349, ☎ (02421) 1 50 00, *Fax (02421) 10745* – 80. AE VISA Y c
Menu à la carte 33/62 – **41 Z** 95/160.

Hefter's, Kreuzstr. 82, ✉ 52351, ☎ (02421) 1 45 85, *Fax (02421) 14585*, « Gartenterrasse » Y a
Sonn- und Feiertage mittags, Montag - Dienstag sowie über Karneval und Juli - Aug. jeweils 2 Wochen geschl. – **Menu** (Tischbestellung erforderlich) 95/139 und à la carte 72/105 – ***Bistro*** **: Menu** à la carte 55/72
Spez. Flußkrebse mit Kohlrabicarpaccio und Kohlrabinudeln. Jakobsmuscheln mit Orangenbutter und karamelisiertem Chicorée. Frischlingsrücken mit Honig-Walnußkruste.

In Düren-Rölsdorf :

Jägerhof garni, Monschauer Str. 217, ✉ 52355, ☎ (02421) 9 67 10, *Fax (02421) 967171* – AE VISA X s
23 Z 95/150 (Erweiterung auf 33 Z ab Frühjahr 1999).

In Kreuzau-Untermaubach *S : 11 km über Nideggener Str. X :*

Mühlenbach, Rurstr. 16, ✉ 52372, ☎ (02422) 41 58 –
Montag geschl. – **Menu** à la carte 33/59.

DÜREN

Aachener Straße . . . . Z 3
Alte-Jülicher-Straße . . . . X 4
Altenteich . . . . Z 5
Am Adenauerpark . . . . YZ 6
Am Krausberg . . . . Y 7
Arnoldsweilerstraße . . . . XY 8
Bahnstraße . . . . X 9
Dechant-Bohnekamp-Straße . . . . . . X 10
Dechant-Vaßen-Straße . . . . Z 14
Dr.-Kotthaus-Straße . . . . Y 17
Eisenbahnstraße . . . . X 18
Elberfelder Straße . . . . Z 19
Eschstraße . . . . Z 23
Euskirchener Straße . . . XYZ 24
Friedrich-Ebert-Platz . . . . Y 28
Fritz-Erler-Str. . . . . XY 29
Girbelsrather Straße . . . . Y 30
Goethestraße . . . . Z 33
Hans-Brückmann-Str. . . . Y 35
Holzstraße . . . . Z 41
Josef-Schregel-Straße . . . Y
Kaiserplatz . . . . Z 43
Kapellenstraße . . . . X 45
Kölner Landstraße . . . . . XY 46
Kölnstraße . . . . Y
Kuhgasse . . . . Y 49
Kurfürstenstraße . . . . Z 50
Langenberger Straße . . . . Z 51
Marienstraße . . . . Y 52
Markt . . . . YZ
Martin-Luther-Platz . . . . . Z 54
Monschauer Straße . . . . X 56
Neue Jülicher Straße . . . . X 60
Nippesstraße . . . . X 61
Oberstraße . . . . Z
Rütger-von-Scheven-Straße . . . . XZ 66
Sachsenstraße . . . . Z 67
Scharnhorststraße . . . . . Y 69
Schoellerstraße . . . . XY 71
Schützenstraße . . . . Y 74
Stockheimer Landstraße . . . . . . X 75
Tivolistraße . . . . XY 76
Valencienner Straße . . . X 80
Van-der-Giese-Straße . . . . Z 81
Weierstraße . . . . Z 84
Wirtelstraße . . . . Y
Wirteltorplatz . . . . Y 89
Zehnthofstraße . . . . Y 90

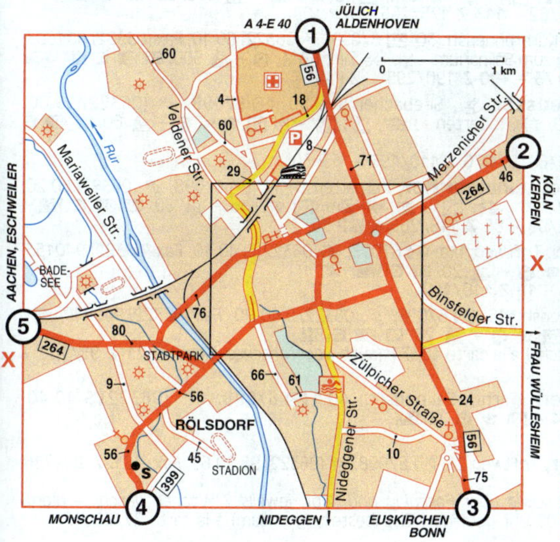

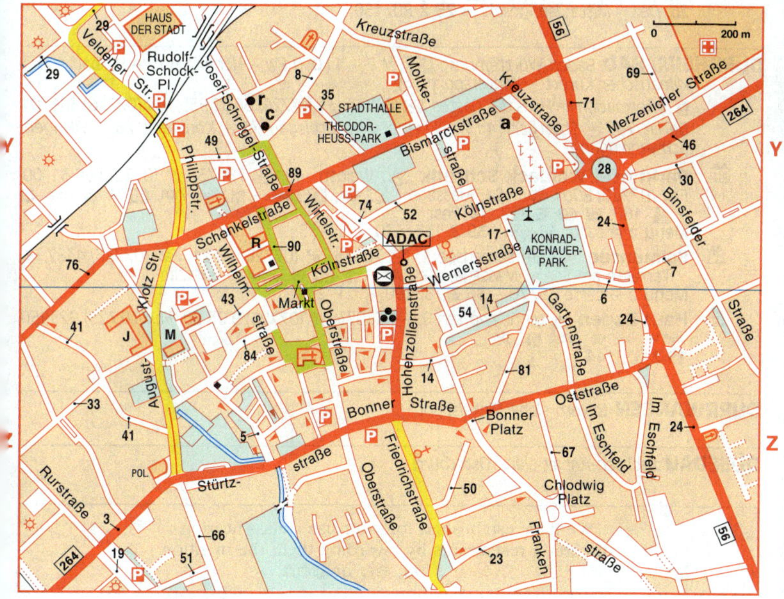

DÜRKHEIM, BAD *Rheinland-Pfalz 417 419 R 8 – 19 000 Ew – Höhe 120 m – Heilbad.*

Dackenheim, Im Blitzgrund 1 (N : 3 km), (06353) 98 92 10.

Tourist Information, Mannheimer Str. 24 (Rathaus), 67098, (06322) 93 51 56, Fax (06322) 935159.

Berlin 639 – Mainz 82 – Mannheim 25 – Kaiserslautern 33 – Neustadt an der Weinstraße 14.

Kurparkhotel, Schloßplatz 1, 67098, (06322) 79 70, *Fax (06322) 797158*, Massage, – Zim, – 175.
Menu à la carte 36/62 – **113 Z** 175/255 – ½ P 30.

Dorint Hotel, Kurbrunnenstr. 30, 67098, (06322) 60 10, *Fax (06322) 601603*, direkter Zugang zum Salinarium – Zim, – 500.
Menu à la carte 42/73 – **100 Z** 190/295 – ½ P 40.

Gartenhotel Heusser, Seebacher Str. 50, 67098, (06322) 93 00, *Fax (06322) 930499*, « Garten », – – 60.
Menu à la carte 36/64 – **76 Z** 110/195 – ½ P 30.

Bollers Parkhotel Leininger Hof, Kurgartenstr. 17, 67098, (06322) 60 20, *Fax (06322) 602300*, – Zim, – 80.
Menu à la carte 32/69 – **85 Z** 118/265 – ½ P 35.

Weingarten garni, Triftweg 11a, 67098, (06322) 9 40 10, *Fax (06322) 940155*, – – 20.
2. - 19. Jan. geschl. – **18 Z** 110/160.

Fronmühle, Salinenstr. 15, 67098, (06322) 9 40 90, *Fax (06322) 940940*, – – 20.
Menu *(Montag geschl.)* à la carte 40/74 *(auch vegetarisches Menu)* – **21 Z** 95/160 – ½ P 24.

An den Salinen garni, Salinenstr. 40, 67098, (06322) 9 40 40, *Fax (06322) 940434* –
13 Z 75/150.

Weinstube Ester, Triftweg 21, 67098, (06322) 98 90 65, *Fax (06322) 989726*, –
Montag - Dienstag sowie über Fasching und Sept. jeweils 2 Wochen geschl. – **Menu** (wochentags ab 16.00 Uhr geöffnet, Tischbestellung ratsam) à la carte 27/65.

In Bad Dürkheim-Seebach *SW : 1,5 km :*

Landhaus Fluch garni, Seebacher Str. 95, 67098, (06322) 24 88, *Fax (06322) 65729*, –
20. Dez. - Mitte Jan. geschl. – **25 Z** 80/150.

DÜRRHEIM, BAD *Baden-Württemberg 419 V 9 – 11 000 Ew – Höhe 706 m – Heilbad – Heilklimatischer Kurort – Wintersport :*

Information im Haus des Gastes, 78073, (07726) 66 62 95b, Fax (07726) 666301.

Berlin 737 – Stuttgart 113 – Freiburg im Breisgau 71 – Konstanz 76 – Villingen-Schwenningen 8.

Parkhotel Waldeck Schrenk, Waldstr. 18, 78073, (07726) 66 31 00, *Fax (07726) 8001*, Massage, – Zim, – 160. Rest
Menu à la carte 38/69 – **39 Z** 135/370 – ½ P 35.

Salinensee, Am Salinensee 1, 78073, (07726) 80 21, *Fax (07726) 4387*, « Terrasse am See », Massage, – Zim
Menu à la carte 35/70 – **36 Z** 78/190 – ½ P 26.

Haus Baden garni, Kapfstr. 6, 78073, (07726) 9 23 90, *Fax (07726) 923950*, –
19 Z 62/144.

DÜRRWANGEN *Bayern siehe Dinkelsbühl.*

DÜSEDAU *Sachsen-Anhalt siehe Osterburg.*

We have established for your use a classification of certain restaurants by awarding them the mention **Menu**, ✿, ✿✿ or ✿✿✿.

DÜSSELDORF

[L] *Nordrhein-Westfalen* **417** *M 4 – 570 000 Ew – Höhe 40 m*

Berlin 552 ④ – Amsterdam 225 ② – Essen 31 ② – Köln 40 ⑤ – Rotterdam 237 ②

Verkehrsverein, Immermannstr. 65b, ✉ 40210, ☎ (0211) 17 20 20, Fax (0211) 161071
ADAC, *Himmelgeiststr. 63, ✉ 40225, ☎ (0211) 47 27 47, Fax (0211) 332633.*
ADAC, *Kaiserswerther Str. 207, ✉ 4074, ☎ (0211) 47 27 47, Fax (0211) 4379231*
Düsseldorf-Lohausen, ☎ (0211) 42 10
Hauptbahnhof BV
Messegelände S, *☎ (0211) 45 60 01, Fax (0211) 4560668*

Sehenswert : *Königsallee★* EZ *– Hofgarten★ und Schloß Jägerhof* DEY *(Goethe-Museum★* EY **M1**) *– Hetjensmuseum★* DZ **M4** *– Landesmuseum Volk und Wirtschaft★* DY **M5** *– Kunstmuseum★* DY **M2** *– Kunstsammlung NRW★* DY **M3** *– Löbbecke-Museum und Aquazoo★* **M6**
Ausflugsziel : *Schloß Benrath (Park★) S : 10 km über Kölner Landstr* T

9 *Düsseldorf-Grafenberg, Rennbahnstr. 24* S, *☎ (0211) 96 49 50*
18 *Gut Rommeljans (12 km über die A44* S, *Ausfahrt Ratingen Ost), ☎ (02102) 8 10 92*
18 *Düssldorf-Hubbelrath (12 km über die B7* S*), ☎ (02104) 7 70 60*
9 *Düsseldorf-Hafen, Auf der Lausward* T, *☎ (0211) 39 66 17*
18 9 *Neuss, Norfer Kirchstraße (über ⑤, A46 und die A57, Ausfahrt Neuss-Norf), ☎ (02137) 9 19 10*
18 *Meerbusch, Badendonker Straße 15 (über Neusser Str.* S*), ☎ (02132) 9 32 50*

Nijmegen
Emmerich
Isselburg
Bocholt
Kleve
RHEIN
Rees
A 3
Kalkar
Goch
Xanten
Wesel
A 57
A 73
Voerde
Kevelaer
Maas
Dinslaken
Geldern
Kamp-Lintfort
NEDERLAND
Straelen
Kerken
Moers
Duisburg
A 40
A 67
Venlo
Kempen
Grefrath
Krefeld
Nettetal
DÜSSELDORF-LOHAUSEN
Viersen
Willich
Brüggen
Schwalmtal
A 52
DÜSSELDORF
Neuss
Mönchengladbach
Wegberg
A 61
A 46
Wassenberg
Erkelenz
Heinsberg
Grevenbroich
30 Minuten
A 44
Bedburg
Pulheim
Geilenkirchen
Linnich
Bergheim
Übach-Palenberg
Jülich
Baesweiler
0
10 km

Coesfeld
Nottuln
Velen
Rhede
Borken
Kanal
Reken
A 43
Dülmen
A 1
Ems-
Raesfeld
A 31
Ascheberg
Lüdinghausen
Haltern
Schermbeck
Olfen
Kanal
Datteln-
Dortmund-
Wesel-
Werne
Datteln
Dorsten
Marl
Oer-Erkenschwick
Waltrop
Lünen
Recklinghausen
Gladbeck
Herten
A 2
Kamen
Castrop-Rauxel
Herne
Bottrop
Unna
Gelsenkirchen
Dortmund
Oberhausen
30 Minuten
Essen
Bochum
A 40
A 43
Witten
Mülheim a. d. Ruhr
Schwerte
Hattingen
Herdecke
Rhur
A 46
Hagen
Iserlohn
Velbert
Sprockhövel
A 1
A 52
Heiligenhaus
Gevelsberg
Ratingen
Altena
Schwelm
Mettmann
A 45
Wuppertal
Erkrath
A 46
Radevormwald
Lüdenscheid
Remscheid
Haan
Hilden
Solingen
Herscheid
A 3
Hückeswagen
A 1
Langenfeld
Wermelskirchen
Leichlingen
Dormagen
Wipperfürth
Meinerzhagen
Monheim
Burscheid
Marienheide
RHEIN
Kürten
A 57
Odenthal
Leverkusen
Lindlar
Bergneustadt
Gummersbach
Engelskirchen
A 4
Bergisch Gladbach
Reichshof
Köln
Wiehl
Overath

Alphabetische Liste Hotels und Restaurants Düsseldorf
Liste alphabétique des hôtels et restaurants

A
B
U
V
X
GOLZHEIM
Reeser Pl.
Kaiserswerther Str.
Th.-Heuss-Brücke
THEODOR-HEUSS-BRÜCKE
Johannstr.
Heinrich-Ehrhardt Str.
Grashofstr.
Uerdinger Str.
Kennedydamm
Roßstr.
Ulmen-str.
Rather Straße
Münsterstr.
ADAC
DERENDORF
Cecilienallee
Kaiserswerther Straße
Golzheimer Platz
Kennedydamm
KÖLN-DÜSSELDORFER
RHEIN-PARK
Collenbachstr.
Brehmstr.
Gruner-str.
EIS-STADION
Klever Straße
Münsterstr.
Moltkestr.
S.-BAHN
Kaiser-Friedrich-Ring
Klever Str.
Nordstr.
Prinz-Georg-Str.
D.-ZOO
Rethelstr.
RHEIN
Joseph-Beuys-Ufer
Duisburger Str.
Kaiserstr.
Bagelstr.
Schinkel-str.
Rethelstr.
Schumann-str.
OBERKASSEL
Luegallee
Luegplatz
OBERKASSELER BRÜCKE
HOF-GARTEN
Jägerhofstr.
HOF-GARTEN
Adlerstr.
Grafenberger
D.-WEHRHAHN
Ackerstr.
Kaiser-Wilhelm-Ring
Schlossturm
ALTSTADT
Kölner Str.
Königsallee
Berliner Allee
Worringer Str.
Rheinufertunnel
RHEINKNIEBRÜCKE
Karl-Str.
Hauptbahnhof
Handelszentrum
Stahlwerkstr.
LANDTAG RHEINTURM
Graf-Adolf-
Eisenstr.
HAFEN
Stromstr.
Hüttenstr.
Reichsstr.
Fürstenwall
Corneliusstr.
Ellerstr.
Oberbilker Markt
Lessingplatz
POL
Kronprinzen-str.
Elisabethstr.
Fürstenwall
D. FRIEDRICHSTADT
Kruppstraße
Bilker Allee
D.-VÖLKLINGER STR.
Bachstr.
D.-VOLKSGARTEN
Oberbilker Allee
S.-BAHN
D.-BILK
S.-BAHN
VOLKSGARTEN
Völklinger Str.
Volmerswerther Str.
Aachener Straße
Merowingerstr.
Mecum-straße
Hennekamp
Stoffeler Kapellenweg
Südring
Südring
ADAC
Auf'm
A
B

STRASSENVERZEICHNIS

DÜSSELDORF S. 8

DÜSSELDORF

Breidenbacher Hof, Heinrich-Heine-Allee 36, 40213, (0211) 1 30 30, *Fax (0211) 1303830* - Zim, TV - 60. AE VISA
EY a

Grill Royal *(Samstagmittag und Sonntagmittag geschl.)* **Menu** à la carte 83/139 - ***Breidenbacher Eck :*** **Menu** à la carte 52/77 - ***Trader Vic's*** *(nur Abendessen)* **Menu** à la carte 50/83 - **129 Z** 510/850, 7 Suiten.

Steigenberger Parkhotel, Corneliusplatz 1, 40213, (0211) 1 38 10, *Fax (0211) 131679,* - Zim, Rest, TV - 120. AE VISA Rest
EY p

Menu à la carte 64/97 - **135 Z** 345/620, 9 Suiten.

Nikko, Immermannstr. 41, 40210, (0211) 83 40, *Fax (0211) 161216,* - Zim, TV - 300. AE VISA Rest
BV g

Benkay (japanische Küche) **Menu** à la carte 65/90 - ***Brasserie Nikkolette :*** **Menu** à la carte 37/60 - **301 Z** 380/650, 5 Suiten.

Queens Hotel, Ludwig-Erhard-Allee 3, 40227, (0211) 7 77 10, *Fax (0211) 7771777*, - , Zim, - 50. Rest
Menu à la carte 47/65 – **120 Z** 310/640, 5 Suiten. BV s

Holiday Inn, Graf-Adolf-Platz 10, 40213, (0211) 3 84 80, *Fax (0211) 3848390*, , - , Zim, Zim, - 50. EZ t
Menu à la carte 55/82 – **177 Z** 388/720.

Majestic, Cantadorstr. 4, 40211, (0211) 36 70 30, *Fax (0211) 3670399*, - , Zim, - 30. BV a
21. Dez. - 5. Jan. geschl. – ***Il Casale*** (italienische Küche) *(Samstagmittag und Sonntag geschl.)* **Menu** à la carte 46/70 – **52 Z** 265/460.

Günnewig Hotel Esplanade garni, Fürstenplatz 17, 40215, (0211) 38 68 50, *Fax (0211) 374032*, , - - 40.
81 Z 179/498. BX s

Madison I garni, Graf-Adolf-Str. 94, 40210, (0211) 1 68 50, *Fax (0211) 1685328*, , - - 40. BV n
100 Z 190/339.

Eden, Adersstr. 29, 40215, (0211) 3 89 70, *Fax (0211) 3897777* – , Zim, - 80. EZ m
Menu *(Samstagmittag und Sonntag geschl., außer Messen)* à la carte 39/71 – **120 Z** 173/336.

Dorint Hotel, Stresemannplatz 1, 40210, (0211) 3 55 40, *Fax (0211) 354120* – , Zim, - 50. Rest EZ j
Menu à la carte 42/60 – **162 Z** 224/448, 3 Suiten.

Hotel An der Kö garni, Talstr. 9, 40217, (0211) 37 10 48, *Fax (0211) 370835* – . EZ n
45 Z 160/230.

Astoria garni, Jahnstr. 72, 40215, (0211) 38 51 30, *Fax (0211) 372089* – . BX b
22. Dez. - 8. Jan. geschl. – **26 Z** 152/380, 4 Suiten.

Rema-Hotel Concorde garni, Graf-Adolf-Str. 60, 40210, (0211) 36 98 25, *Fax (0211) 354604* – . EZ f
84 Z 170/390.

Carat Hotel garni, Benrather Str. 7a, 40213, (0211) 1 30 50, *Fax (0211) 322214*, - - 20. DZ r
73 Z 160/420.

Rema-Hotel Monopol garni, Oststr. 135, 40210, (0211) 8 42 08, *Fax (0211) 328843* – . EZ d
51 Z 170/390.

Günnewig Hotel Uebachs garni, Leopoldstr. 5, 40211, (0211) 17 37 10, *Fax (0211) 358064* – - 30. BV r
82 Z 179/390.

Cornelius garni, Corneliusstr. 82, 40215, (0211) 38 65 60, *Fax (0211) 382050*, - - 30. BX s
20. Dez. - 7. Jan. geschl. – **52 Z** 120/240.

Windsor garni, Grafenberger Allee 36, 40237, (0211) 91 46 80, *Fax (0211) 9146840*, - . BV c
18 Z 185/250.

City-Hotel garni, Bismarckstr. 73, 40210, (0211) 36 50 23, *Fax (0211) 365343* – . EZ k
23. Dez. - 2. Jan. geschl. – **54 Z** 148/310.

Terminus garni, Am Wehrhahn 81, 40211, (0211) 35 05 91, *Fax (0211) 358350*, , - . BV f
23. Dez. - 4. Jan. geschl. – **45 Z** 150/290.

Orangerie garni, Bäckergasse 1, 40213, (0211) 86 68 00, *Fax (0211) 8668099* – - 30. DZ n
27 Z 195/295.

Großer Kurfürst garni, Kurfürstenstr. 18, 40211, (0211) 17 33 70, *Fax (0211) 162597* – . BV k
22. Dez. - 4. Jan. geschl. – **21 Z** 105/300.

Residenz garni, Worringer Str. 88, 40211, (0211) 36 08 54, *Fax (0211) 364676* – . BV z
40 Z 128/350.

Ibis Hauptbahnhof garni, Konrad-Adenauer-Platz 14, 40210, (0211) 1 67 20, *Fax (0211) 1672101* – - 30. BV u
166 Z 148/213.

Astor garni, Kurfürstenstr. 23, ✉ 40211, ☎ (0211) 96 60 90, *Fax (0211) 162597*, – . AE E VISA JCB BV k
22. Dez. - 4. Jan. geschl. – **16 Z** 105/300.

Schumacher garni, Worringer Str. 55, ✉ 40211, ☎ (0211) 36 78 50, *Fax (0211) 3678570*, – . AE E VISA JCB BV d
29 Z 150/300.

Victorian, Königstr. 3a (1. Etage), ✉ 40212, ☎ (0211) 8 65 50 22, *Fax (0211) 8655013* – . AE E VISA. EZ c
Sonn- und Feiertage geschl. – **Menu** (Tischbestellung erforderlich, bemerkenswerte Weinkarte) 55 (mittags) und à la carte 88/122 – ***Bistro im Victorian*** *(Juli - Aug. Sonntag geschl.)* **Menu** à la carte 39/72
Spez. Gänseleberterrine mit marinierten weißen Feigen. Seezungenspitzen und Hummer in Aromaten. Rehbockmedaillons mit Sauerkirsch-Pfeffersauce (Saison).

Weinhaus Tante Anna (ehemalige Hauskapelle a.d.J. 1593), Andreasstr. 2, ✉ 40213, ☎ (0211) 13 11 63, *Fax (0211) 132974*, « Antike Bilder und Möbel » – AE E VISA JCB
Sonntag geschl. (außer Messen) – **Menu** (nur Abendessen, Tischbestellung ratsam, bemerkenswerte Weinkarte) à la carte 58/85. DY c

La Terrazza, Königsallee 30 (Kö-Center, 2. Etage,), ✉ 40212, ☎ (0211) 32 75 40, *Fax (0211) 320975* – . AE E VISA JCB EZ v
Sonn- und Feiertage geschl. (außer Messen) – **Menu** (Tischbestellung ratsam) à la carte 69/95.

Käfer, Königsallee 60a (Kö-Galerie), ✉ 40212, ☎ (0211) 86 62 60, *Fax (0211) 8662658*, – . AE E VISA EZ z
Menu à la carte 43/69.

Nippon Kan, Immermannstr. 35, ✉ 40210, ☎ (0211) 17 34 70, *Fax (0211) 3613625* – AE E VISA JCB. BV g
über Ostern und Weihnachten geschl. – **Menu** (Tischbestellung ratsam, japanische Küche) à la carte 43/124.

Daitokai, Mutter-Ey-Str. 1, ✉ 40213, ☎ (0211) 32 50 54, *Fax (0211) 325056* – . AE E VISA JCB. DY z
April - Okt. Montag geschl. (außer Messen) – **Menu** (japanische Küche) à la carte 60/80.

Brauerei-Gaststätten :

Zum Schiffchen, Hafenstr. 5, ✉ 40213, ☎ (0211) 13 24 21, *Fax (0211) 134596*, – AE E VISA DZ f
Weihnachten - Neujahr sowie Sonn- und Feiertage geschl. (außer Messen) – **Menu** à la carte 40/68.

In Düsseldorf-Angermund ① : *15 km über die B 8 :*

Haus Litzbrück, Bahnhofstr. 33, ✉ 40489, ☎ (0203) 99 79 60, *Fax (0203) 9979653*, « Gartenterrasse », , , – – 30. AE E VISA
Menu à la carte 44/77 – **21 Z** 145/295.

In Düsseldorf-Benrath *über Kölner Landstr.* T :

Lignano, Hildener Str. 43, ✉ 40597, ☎ (0211) 7 11 89 36, *Fax (0211) 718959* – AE E VISA.
Sonntag und Juli - Aug. 3 Wochen geschl. – **Menu** (nur Abendessen, italienische Küche) à la carte 57/83.

In Düsseldorf-Bilk :

Grand Hotel garni, Varnhagenstr. 37, ✉ 40225, ☎ (0211) 31 08 00, *Fax (0211) 316667*, – – 30. AE E VISA JCB BX a
70 Z 298/388.

Aida garni, Ubierstr. 36, ✉ 40223, ☎ (0211) 1 59 90, *Fax (0211) 1599103*, – – 30. AE E VISA JCB T a
93 Z 158/295.

In Düsseldorf-Derendorf :

Villa Viktoria garni, Blumenthalstr. 12, ✉ 40476, ☎ (0211) 46 90 00, *Fax (0211) 46900601*, « Elegante Einrichtung », , – . AE E VISA JCB BU c
24. Dez. - 1. Jan. geschl. – **40 Suiten** 377/955.

Lindner Hotel Rhein Residence M, Kaiserswerther Str. 20, ✉ 40477, ☎ (0211) 4 99 90, *Fax (0211) 4999499*, , Massage, , – , Zim, – 18. AE E VISA JCB ABU f
Menu à la carte 43/64 – **126 Z** 233/531.

Gildors Hotel garni (mit Gästehaus), Collenbachstr. 51, ✉ 40476, ✆ (0211) 48 80 05, *Fax (0211) 444844* – . BU n
50 Z 175/350.

Cascade garni, Kaiserswerther Str. 59, ✉ 40477, ✆ (0211) 49 22 00, *Fax (0211) 4922022* – . AU c
29 Z 155/320.

Am Hofgarten garni, Arnoldstr. 5, ✉ 40479, ✆ (0211) 49 19 90, *Fax (0211) 4919949* – . EY c
24 Z 135/299.

Doria garni, Duisburger Str. 1a, ✉ 40477, ✆ (0211) 49 91 92, *Fax (0211) 4910402* – . EY s
23. Dez. - 2. Jan. geschl. – **41 Z** 130/295.

Imperial garni, Venloer Str.9, ✉ 40477, ✆ (0211) 4 91 36 00, *Fax (0211) 4982778* – . EY v
61 Z 125/320.

Rossini, Kaiserstr. 5, ✉ 40479, ✆ (0211) 49 49 94, *Fax (0211) 4910819* – EY r
Sonn- und Feiertage geschl. (außer Messen) – **Menu** à la carte 64/89.

Gatto Verde, Rheinbabenstr. 5, ✉ 40476, ✆ (0211) 46 18 17, *Fax (0211) 462933*, – BU a
Samstagmittag, Sonntag und Juli 3 Wochen geschl. – **Menu** (italienische Küche) à la carte 59/114.

In Düsseldorf-Düsseltal :

Haus am Zoo garni, Sybelstr. 21, ✉ 40239, ✆ (0211) 6 16 96 10, *Fax (0211) 61696169*, « Garten », , (geheizt) – . BU h
23 Z 180/350.

In Düsseldorf-Eller :

Novotel Düsseldorf Süd, Am Schönenkamp 9, ✉ 40599, ✆ (0211) 7 40 80, *Fax (0211) 745512*, , (geheizt), – , Zim, – 200. T z
Menu à la carte 37/62 – **118 Z** 188/362.

In Düsseldorf-Gerresheim :

Thomas, Gerricusstr. 1, ✉ 40625, ✆ (0211) 29 95 74, *Fax (0211) 299574* – . T c
Samstagmittag, Montag und 1. - 15. Jan. geschl. – **Menu** à la carte 56/86.

In Düsseldorf-Golzheim :

Radisson SAS Hotel, Karl-Arnold-Platz 5, ✉ 40474, ✆ (0211) 4 55 30, *Fax (0211) 4553110*, , Massage, , – , Zim, – 400. AU q
Rest
Menu à la carte 48/76 – **309 Z** 385/755, 15 Suiten.

Hilton, Georg-Glock-Str. 20, ✉ 40474, ✆ (0211) 4 37 70, *Fax (0211) 4377650*, , Massage, , , – , Zim, – 900. Rest AU r
Menu à la carte 56/77 – **372 Z** 362/763, 9 Suiten.

Rosati, Felix-Klein-Str. 1, ✉ 40474, ✆ (0211) 4 36 05 03, *Fax (0211) 452963*, – . AU s
Samstagmittag und Sonntag geschl. (außer Messen) – **Menu** (Tischbestellung ratsam, italienische Küche) à la carte 63/92.

In Düsseldorf-Holthausen :

Elbroich garni, Bonner Str. 7 (Ecke Am Langen Weiher), ✉ 40589, ✆ (0211) 79 90 71, *Fax (0211) 7900088* – . über Kölner Landstr. T
52 Z 140/265.

Concorde Hotel Schumann garni, Bonner Str. 15, ✉ 40589, ✆ (0211) 79 11 16, *Fax (0211) 792439* – . über Kölner Landstr. T
38 Z 145/320.

In Düsseldorf-Kaiserswerth *über ① und die B 8 :*

Im Schiffchen, Kaiserswerther Markt 9 (1. Etage), ✉ 40489, ✆ (0211) 40 10 50, *Fax (0211) 403667* – .
Sonntag - Montag geschl. – **Menu** (nur Abendessen, Tischbestellung erforderlich) 179/198 und à la carte 111/151
Spez. Aufgeschäumter Sainte-Maure-Frischkäse mit Ossetra-Kaviar. Gebratene Brust vom Bresse-Perlhuhn mit Mokka-Duft. Depeche aus Ceylon.

Aalschokker, Kaiserswerther Markt 9 (Erdgeschoß), ✉ 40489, ☎ (0211) 40 39 48, *Fax (0211) 403667* – AE ⓓ E VISA.
Sonntag - Montag geschl. – **Menu** (nur Abendessen, Tischbestellung erforderlich) à la carte 80/100
Spez. Geräuchertes Saiblingsfilet nach "Heinrich Heine". Düsseldorfer Senfbraten. Westfälischer Bettelmann auf Zitronenschaum.

In Düsseldorf-Lörick :

Fischerhaus, Bonifatiusstr. 35, ✉ 40547, ☎ (0211) 59 79 79, *Fax (0211) 5979759* – TV ☎ P. AE ⓓ E VISA S z
Menu siehe Rest. ***Hummerstübchen*** separat erwähnt – **40 Z** 182/375.

Hummerstübchen - Hotel Fischerhaus, Bonifatiusstr. 35, ✉ 40547, ☎ (0211) 59 44 02, *Fax (0211) 5979759* – P. AE ⓓ E VISA S z
Sonntag - Montag und 1. - 10. Jan. geschl. – **Menu** (nur Abendessen, Tischbestellung ratsam) 135/175 und à la carte 111/139
Spez. Hummer-Menu. Hummersuppe mit Champagner. Lammrücken mit Olivenkruste und Kartoffelratatouille.

In Düsseldorf-Lohausen :

ArabellaSheraton Airport Hotel, im Flughafen, ✉ 40474, ☎ (0211) 4 17 30, *Fax (0211) 4173707* – |♦|, Zim, TV – 180. AE ⓓ E VISA JCB S t
Menu à la carte 48/68 – **200 Z** 306/372.

In Düsseldorf-Mörsenbroich :

Renaissance Hotel, Nördlicher Zubringer 6, ✉ 40470, ☎ (0211) 6 21 60, *Fax (0211) 6216666*, Massage, |♦|, Zim, TV – 260. AE ⓓ E VISA JCB BU e
Menu à la carte 56/82 – **245 Z** 320/700, 3 Suiten.

Merkur garni, Mörsenbroicher Weg 49, ✉ 40470, ☎ (0211) 63 40 31, *Fax (0211) 622525* – TV ☎ P. AE ⓓ E VISA CU a
Weihnachten - Anfang Jan. geschl. – **28 Z** 110/210.

In Düsseldorf-Niederkassel :

Osteria Saitta am Nussbaum, Alt Niederkassel 32, ✉ 40547, ☎ (0211) 57 49 34, *Fax (0211) 588889* – AE ⓓ E VISA AU e
Samstagmittag, Sonntag, Montag und 23. Dez. - 4. Jan. geschl. – **Menu** (italienische Küche, Tischbestellung ratsam) à la carte 61/86.

In Düsseldorf-Oberbilk :

Astron M, Kölner Str. 186, ✉ 40227, ☎ (0211) 7 81 10, *Fax (0211) 7811800*, – |♦|, Zim, TV ☎ – 90. AE ⓓ E VISA JCB BV b
Menu à la carte 43/73 – **320 Z** 276/541.

Lessing garni, Volksgartenstr. 6, ✉ 40227, ☎ (0211) 9 77 00, *Fax (0211) 9770100*, – |♦| TV ☎. AE ⓓ E VISA JCB BX t
30 Z 165/350.

In Düsseldorf-Oberkassel :

Lindner Hotel Rheinstern, Emanuel-Leutze-Str. 17, ✉ 40547, ☎ (0211) 5 99 70, *Fax (0211) 5997339*, – |♦|, Zim, TV P – 240. AE ⓓ E VISA JCB. Rest S e
Menu 40 Lunchbuffet und à la carte 48/93 – **254 Z** 313/441.

Courtyard by Marriott, Am Seestern 16, ✉ 40547, ☎ (0211) 59 59 59, *Fax (0211) 593569*, – |♦|, Zim, TV P – 120. AE ⓓ E VISA JCB. Rest S a
Menu à la carte 45/72 – **222 Z** 186/252.

Hanseat garni, Belsenstr. 6, ✉ 40545, ☎ (0211) 57 50 69, *Fax (0211) 589662*, « Geschmackvolle Einrichtung » – TV ☎. AE ⓓ E VISA T n
Weihnachten - Neujahr geschl. – **37 Z** 180/350.

De' Medici, Amboßstr. 3, ✉ 40547, ☎ (0211) 59 41 51, *Fax (0211) 592612* – AE ⓓ E VISA S m
Samstagmittag sowie Sonn- und Feiertage geschl. (außer Messen) – **Menu** (Tischbestellung ratsam, italienische Küche) à la carte 48/82.

Edo, Am Seestern 5, ✉ 40547, ☎ (0211) 59 10 82, *Fax (0211) 591394*, « Japanische Gartenanlage, Terrasse » – P. AE ⓓ E VISA JCB. S r
Samstagmittag sowie Sonn- und Feiertage geschl. (außer Messen) – **Menu** (japanische Küche) 90/160 und à la carte 46/93.

In Düsseldorf-Stockum :

Fashion Hotel, Am Hain 44, ✉ 40468, ☎ (0211) 4 39 50 (Hotel) 4 35 01 97 (Rest.), *Fax (0211) 4395200* – TV ☎ P. AE D E VISA JCB S b
Hotel : Weihnachten - Neujahr geschl. – ***Müller's Heideröschen*** *(Montag - Freitag nur Abendessen)* **Menu** à la carte 30/62 – **29 Z** 130/300.

In Düsseldorf-Unterbach *SO : 11 km über Torfbruchstraße* T :

Landhotel Am Zault - Residenz, Gerresheimer Landstr. 40, ✉ 40627, ☎ (0211) 2 09 40, *Fax (0211) 254718*, – TV ☎ P – 100. AE D E VISA
Menu 35 (mittags) und à la carte 41/69 – **59 Z** 190/520.

In Düsseldorf-Unterbilk :

Sorat M, Volmerswerther Str. 35, ✉ 40221, ☎ (0211) 3 02 20, *Fax (0211) 3022555*, – Zim, TV ☎ – 160. AE D E VISA JCB AX c
Menu à la carte 44/62 – **160 Z** 215/480.

Kastens Hotel garni, Jürgensplatz 52, ✉ 40219, ☎ (0211) 3 02 50, *Fax (0211) 3025110* – TV ☎ – 15. AE D E VISA AX t
Weihnachten - Neujahr geschl. – **48 Z** 140/240.

Savini, Stromstr. 47, ✉ 40221, ☎ (0211) 39 39 31, *Fax (0211) 391719*, – E
Samstagmittag und Sonntag geschl. (außer Messen) – **Menu** (bemerkenswerte Weinkarte, Tischbestellung ratsam) à la carte 62/93. AX e

An'ne Bell, Kaistr. 16, ✉ 40221, ☎ (0211) 3 00 67 50, *Fax (0211) 30067515*, – AE E AX d
Samstagmittag, Sonntag und 1.- 7. Jan. geschl. – **Menu** à la carte 79/127
Spez. Blumenkohlragout mit Kartoffeln und Persischem Kaviar. Gebratener Zander mit Kohlrabi und Trüffeljus. Créme brûlée mit Lavendelduft.

Rheinturm Top 180 (rotierendes Restaurant in 172 m Höhe), Stromstr. 20, ✉ 40221, ☎ (0211) 8 48 58, *Fax (0211) 325619*, Düsseldorf und Rhein (, Gebühr) – – 40. AE D E VISA JCB. AV a
Menu à la carte 54/87.

Schorn mit Zim, Martinstr. 46a, ✉ 40223, ☎ (0211) 3 98 19 72, *Fax (0211) 3981972* – Zim AX s
Menu *(Sonntag - Montag, über Ostern und Juli - Aug. 4 Wochen geschl.)* (nur Abendessen, Tischbestellung ratsam, bemerkenswerte Weinkarte) à la carte 56/82 – **3 Z** 200/400.

Breuer's Restaurant, Hammer Str. 38, ✉ 40219, ☎ (0211) 39 31 13, *Fax (0211) 307979*, – AE D E VISA AX b
Sonntag geschl. (außer Messen) – **Menu** (nur Abendessen) à la carte 70/74.

Himmel und Erde, Konkordiastr. 89, ✉ 40219, ☎ (0211) 30 77 70, *Fax (0211) 9304736* – AE E AX n
Sonntag geschl. – **Menu** (nur Abendessen, Tischbestellung ratsam) à la carte 61/77.

In Düsseldorf-Unterrath :

Lindner Hotel Airport M, Unterrather Str. 108, ✉ 40468, ☎ (0211) 9 51 60, *Fax (0211) 9516516*, – Zim, TV ☎ P – 140. AE D E VISA JCB. Rest S s
Menu à la carte 43/61 – **201 Z** 298/606.

In Düsseldorf-Wittlaer ① *: 12 km über die B 8 :*

Brand's Jupp, Kalkstr. 49, ✉ 40489, ☎ (0211) 40 40 49, *Fax (0211) 4790403*, « Gartenterrasse » – AE D E VISA
Montag - Dienstagmittag geschl. – **Menu** à la carte 44/69.

In Meerbusch-Büderich :

Zum Deutschen Eck garni, Düsseldorfer Str. 87, ✉ 40667, ☎ (02132) 9 92 20, *Fax (02132) 992220* – TV ☎. D E VISA. T s
Weihnachten - Neujahr geschl. – **24 Z** 138/195.

Landsknecht mit Zim, Poststr. 70, ✉ 40667, ☎ (02132) 9 33 90, *Fax (02132) 10978*, – Zim, TV ☎ P. AE E VISA S u
Menu *(Samstagmittag und Montag geschl.)* (bemerkenswerte Weinkarte) à la carte 59/81 – **9 Z** 165/240.

Landhaus Mönchenwerth, Niederlöricker Str. 56 (an der Schiffsanlegestelle), ✉ 40667, ☎ (02132) 7 79 31, *Fax (02132) 71899*, ≤, « Gartenterrasse » – P. AE E VISA S c
Samstagmittag und Montag geschl. – **Menu** (bemerkenswerte Weinkarte) à la carte 49/80.

Lindenhof, Dorfstr. 48, ✉ 40667, ☎ (02132) 26 64, *Fax (02132) 10196*, – AE VISA S v
Montag geschl. – **Menu** (Tischbestellung ratsam) à la carte 42/72.

In Meerbusch - Langst-Kierst *NW : 14 km über Neusser Straße* S :

Rheinhotel Vier Jahreszeiten M, Zur Rheinfähre 14, ✉ 40668, ✆ (02150) 91 40, *Fax (02150) 914900*, Biergarten, – Zim, – 120. AE E VISA
Bellevue *(nur Abendessen)* **Menu** à la carte 62/90 – ***Orangerie*** *(nur Mittagessen)* **Menu** à la carte 34/59 – **78 Z** 198/378, 3 Suiten.

"Check in (all'arrivo)
Nella maggior parte degli alberghi, le camere non prenotate per iscritto,
non sono più disponibili dopo le 18.
Se si prevede di arrivare dopo tale ora,
è preferibile precisare l'orario di arrivo o,
meglio ancora, effettuare la prenotazione per iscritto."

DUISBURG *Nordrhein-Westfalen* 417 *L 4 – 538 900 Ew – Höhe 33 m.*

Großenbaumer Allee 240 (AZ), ✆ (0203) 72 14 69.
Stadtinformation, Königstr. 53, ✉ 47051, ✆ (0203) 3 05 25 61, Fax (0203) 3052562.
ADAC, *Claubergstr. 4, ✉ 47051, ✆ (0221) 47 27 47, Fax (0203) 287617.*
Berlin 547 – Düsseldorf 33 ④ – Essen 20 ② – Nijmegen 107 ⑥.

Stadtpläne siehe nächste Seiten

Steigenberger Duisburger Hof, Neckarstr. 2, ✉ 47051, ✆ (0203) 3 00 70, *Fax (0203) 3007400*, – Zim, – 180. AE E VISA JCB. Rest CX e
Menu à la carte 59/88 – **115 Z** 245/385, 9 Suiten.

Conti garni (mit Gästehaus), Düsseldorfer Str. 131, ✉ 47051, ✆ (0203) 28 70 05, *Fax (0203) 288148* – AE E VISA. CY a
50 Z 169/369.

Plaza, Düsseldorfer Str. 54, ✉ 47051, ✆ (0203) 2 82 20, *Fax (0203) 2822300*, – Zim, – 60. AE E VISA CY e
Menu *(Freitag - Sonntag und Juli - Aug. geschl.)* (nur Abendessen) à la carte 45/76 – **74 Z** 179/489.

Stadt Duisburg garni, Düsseldorfer Str. 124, ✉ 47051, ✆ (0203) 28 70 85, *Fax (0203) 287754* – AE E VISA CY n
30 Z 150/275.

Novotel, Landfermannstr. 20, ✉ 47051, ✆ (0203) 30 00 30, *Fax (0203) 30003555*, – Zim, – 140. AE E VISA CX w
Menu à la carte 39/65 – **162 Z** 194/256.

Regent garni (mit Haus Hammerstein), Dellplatz 1, ✉ 47051, ✆ (0203) 29 59 00, *Fax (0203) 22288*, – AE E VISA BY c
60 Z 159/299.

La Provence, Hohe Str. 29, ✉ 47051, ✆ (0203) 2 44 53, *Fax (0203) 24452* –
Samstagmittag, Sonn- und Feiertage sowie über Ostern 2 Wochen und 23. Dez. - 7. Jan. geschl. – **Menu** (Tischbestellung ratsam) à la carte 78/106. CX k

Mercatorhalle, König-Heinrich-Platz, ✉ 47051, ✆ (0203) 33 20 66, *Fax (0203) 338308*, Biergarten – – 200. AE E VISA CX r
Menu à la carte 39/72.

In Duisburg-Großenbaum *über Großenbaumer Allee* AZ :

Ramor garni, Angermunder Str. 37, ✉ 47269, ✆ (0203) 99 80 60, *Fax (0203) 9980655* – AE E VISA JCB
20 Z 168/216.

In Duisburg-Homberg :

Rheingarten, Königstr. 78, ✉ 47198, ✆ (02066) 5 50 01, *Fax (02066) 55004*, – – 70. AE E VISA AZ s
Menu *(Samstagmittag geschl.)* à la carte 45/88 – **27 Z** 165/230.

In Duisburg-Huckingen *über Düsseldorfer Straße :*

Landhaus Milser M, Zur Sandmühle 2 (an der B 8), ✉ 47259, ✆ (0203) 7 58 00, *Fax (0203) 7580199*, Biergarten, – Zim, – 50. AE E VISA
Da Vinci *(italienische Küche)* **Menu** à la carte 48/85 – **60 Z** 195/380, 3 Suiten.

DUISBURG

Aldenrader Straße . . . . AY 2
Am Nordhafen . . . . AY 4
Asterlager Straße . . . . AZ 6
Bürgermeister-Pütz-Straße . . . . AY 10
Düsseldorfer Straße . . . . AZ 14
Eisenbahnstraße . . . . AY 16
Emmericher Straße . . . . . . AYZ 17
Essenberger Straße . . . . AZ 20
Friedrich-Ebert-Brücke . . . . . AY 21
Friedrich-Ebert-Straße . . . . . AZ 22
Friemersheimer Straße . . . . AZ 24
Großenbaumer Allee . . . . . . AZ 25
Hohenbudberger Straße . . . AZ 28
Honigstraße . . . . AY 29
Kaiser-Wilhelm-Straße . . . . . AY 30
Krefelder Straße . . . . AZ 36
Kreuzacker . . . . AZ 37
Lauerstraße . . . . AZ 42
Obermeidericher Straße . . . AY 57
Papiermühlenstraße . . . . . . AY 60
Rathenaustraße . . . . AY 64
Ruhrorter Straße . . . . AZ 65
Schwarzenberger Straße . . . . AZ 68
Schweizer Straße . . . . AZ 69
Sittardsberger Allee . . . . . . AZ 70
Stockholmer Straße . . . . AY 78
Wanheimer Straße . . . . AZ 83
Wedauer Straße . . . . AZ 84

Alter Markt	BX	3	Kommandantenstraße	CY	34	Neckarstraße	CX	53
Beekstraße	BX		Kuhlenwall	CX	35	Neue Fruchtstraße	CY	54
Brückenplatz	BY	8	Kuhstraße	BX	38	Neue Marktstraße	CY	56
Burgplatz	BX	12	Kuhtor	CX	39	Oranienstraße	CX	58
Dellplatz	BY	13	Landfermannstraße	CX	40	Papendelle	BY	59
Friedrich-Wilhelm-Straße	CXY	23	Mainstraße	CX	43	Portsmouthplatz	CY	63
Gutenbergstraße	CX	27	Marientor	BXY	44	Siegstraße	CX	73
Köhnenstraße	CX	31	Max-Peters-Straße	BX	46	Sonnenwall	BX	74
König-Heinrich-Platz	CX	32	Menzelstraße	BCY	48	Steinsche Gasse	BX	75
Königstraße	CX		Mülheimer Straße	CX	50	Universitätsstraße	BX	79
Koloniestraße	CY	33	Münzstraße	BX	51	Unterstraße	BX	80
			Musfeldstraße	BY	52	Wupperstraße	CX	85

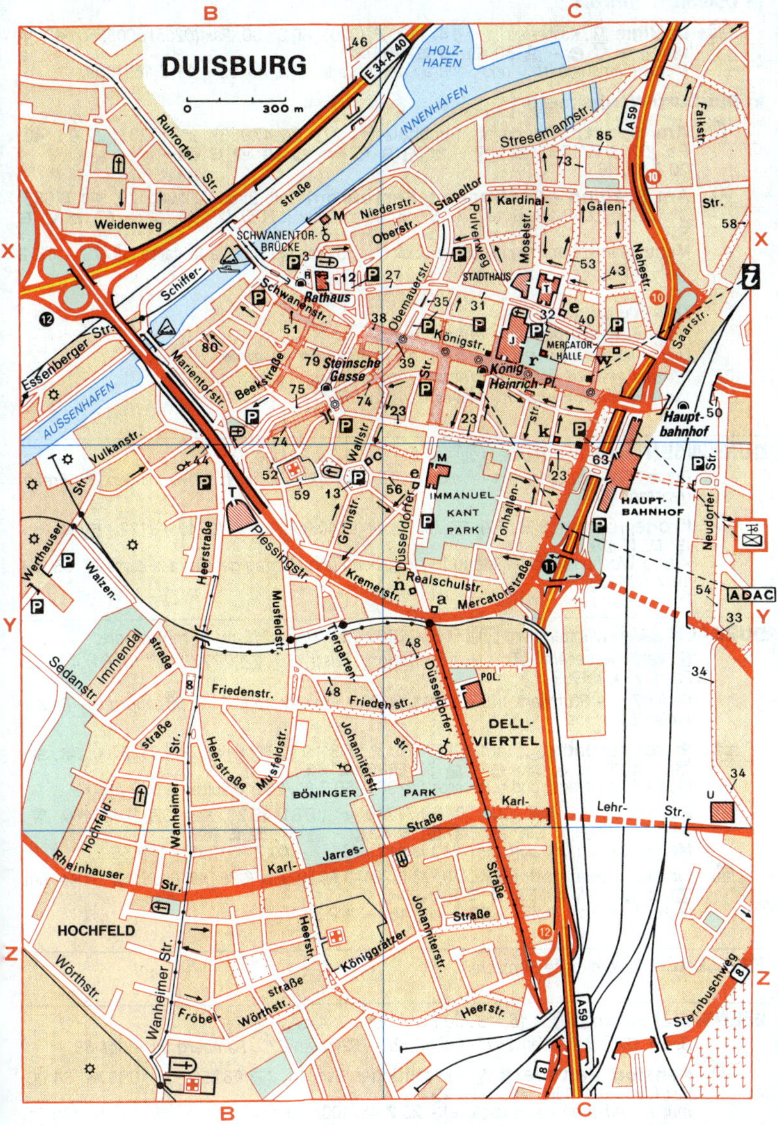

In Duisburg-Rheinhausen :

Mühlenberger Hof mit Zim, Hohenbudberger Str. 88 (Mühlenberg), ✉ 47229, ✆ (02065) 4 15 65, *Fax (02065) 41342*, « Rustikal-elegante Einrichtung » – Zim AZ t
Menu *(Samstagmittag, Montag, Feb. 2 Wochen und Sept. 1 Woche geschl.)* à la carte 50/76 – **9 Z** 80/160.

Gasthof Brendel, Kaiserstr. 81 (Friemersheim), ✉ 47229, ✆ (02065) 4 70 16, *Fax (02065) 40192*, – AZ n
Samstagmittag und Montag geschl. – **Menu** à la carte 41/68.

In Duisburg-Ruhrort :

La Vigie M, Kasteelstr. 1, ✉ 47119, ✆ (0203) 80 05 50, *Fax (0203) 8005550*, – – 30. AE E VISA. AZ a
Menu *(Samstagmittag und Sonntag geschl.)* à la carte 43/95 – **11 Z** 169/199.

In Duisburg-Wanheimerort :

Am Sportpark garni, Buchholzstr. 27, ✉ 47055, ✆ (0203) 77 03 40, *Fax (0203) 771250*, – . AE E VISA AZ f
20 Z 88/168.

Am Stadion - Dettmann's Restaurant mit Zim, Kalkweg 26, ✉ 47055, ✆ (0203) 72 40 24 (Hotel), 72 57 90 (Rest.), *Fax (0203) 729213*, – . E VISA AZ r
Menu *(Samstagmittag, Montag und 1. - 15. Jan. geschl.)* à la carte 59/78 – **16 Z** 120/180.

Dans ce guide
un même symbole, un même mot,
imprimé en **noir** *ou en rouge, en maigre ou en* ***gras***,
n'ont pas tout à fait la même signification.
Lisez attentivement les pages explicatives.

DUNNINGEN *Baden-Württemberg* 419 *V 9 – 5 000 Ew – Höhe 665 m.*

Berlin 727 – Stuttgart 101 – Freiburg im Breisgau 77 – Villingen-Schwenningen 25 – Freudenstadt 49.

Krone, Hauptstr. 8 (B 462), ✉ 78655, ✆ (07403) 2 75, *Fax (07403) 8122* – . AE E VISA
Aug. 3 Wochen geschl. – **Menu** *(Freitagabend und Montag geschl.)* à la carte 27/53 – **10 Z** 62/108.

DURBACH *Baden-Württemberg* 419 *U 8 – 3 800 Ew – Höhe 216 m – Erholungsort.*

Verkehrsverein - Touristinformation, Talstr. 36, ✉ 77770, ✆ (0781) 4 21 53, Fax (0781) 43989.

Berlin 752 – Stuttgart 148 – Karlsruhe 80 – Freudenstadt 51 – Offenburg 9 – Baden-Baden 54.

Ritter Durbach, Tal 1, ✉ 77770, ✆ (0781) 9 32 30, *Fax (0781) 9323100*, – – 30. AE E VISA
Menu 38 (mittags) und à la carte 51/90 – **50 Z** 95/285, 6 Suiten – ½ P 48.

Rebstock, Halbgütle 30, ✉ 77770, ✆ (0781) 48 20, *Fax (0781) 482160*, « Gartenanlage », – – 30. AE E VISA
Menu *(Montag und Jan. geschl.)* à la carte 43/72 – **40 Z** 80/255 – ½ P 35.

Linde, Lindenplatz 1, ✉ 77770, ✆ (0781) 9 36 30, *Fax (0781) 936339*, – Zim, – 40. AE E VISA JCB
Menu à la carte 46/71 – **20 Z** 110/160 – ½ P 30.

EBELSBACH *Bayern siehe Eltmann.*

EBENSFELD *Bayern* 420 *P 16 – 5 200 Ew – Höhe 254 m.*

Berlin 384 – München 251 – Coburg 29 – Bayreuth 67 – Bamberg 21 – Hof 88.

Pension Veitsberg, Prächtinger Str. 14, ✉ 96250, ✆ (09573) 64 00, *Fax (09573) 31430*, –
(nur Abendessen für Hausgäste) – **25 Z** 45/100.

EBERBACH AM NECKAR *Baden-Württemberg* 417 419 *R 10 – 15 600 Ew – Höhe 131 m – Heilquellen-Kurbetrieb.*

Verkehrsamt, Kellereistr. 36, ✉ 69412, ✆ (06271) 48 99, Fax (06271) 1319.

Berlin 611 – Stuttgart 107 – Mannheim 56 – Heidelberg 33 – Heilbronn 53 – Würzburg 111.

Karpfen (Fassade mit Fresken der Stadtgeschichte), Am alten Markt 1, ✉ 69412, ✆ (06271) 7 10 15, *Fax (06271) 71010* – AE E VISA
Menu *(Dienstag und Feb. - März 3 Wochen geschl.)* à la carte 36/66 – **51 Z** 80/200 – ½ P 27.

Krone-Post, Hauptstr. 1, ✉ 69412, ✆ (06271) 20 13, *Fax (06271) 1633,* – 25. AE E VISA. Zim
Menu *(Nov. - März Samstag geschl.)* à la carte 35/65 – **45 Z** 88/224 – ½ P 30.

EBERMANNSTADT *Bayern* 420 *Q 17 – 5 800 Ew – Höhe 290 m – Erholungsort.*

Kanndorf 8, ✆ (09194) 48 27.

Städt. Verkehrsamt, Bahnhofstr. 5, ✉ 91320, ✆ (09194) 5 06 40, Fax (09194) 50641.

Berlin 406 – München 219 – Nürnberg 50 – Bayreuth 61 – Bamberg 30.

Resengörg (mit Gästehäusern), Hauptstr. 36, ✉ 91320, ✆ (09194) 7 39 30, *Fax (09194) 739373,* – 40. E VISA
12. - 28. Feb. geschl. – **Menu** *(Montagmittag geschl.)* à la carte 24/47 – **34 Z** 72/116 – ½ P 20.

Schwanenbräu, Marktplatz 2, ✉ 91320, ✆ (09194) 2 09, *Fax (09194) 5836* – – 60. E VISA
2. - 10. Jan. geschl. – **Menu** *(Sonntagabend geschl.)* à la carte 22/50 – **13 Z** 70/120 – ½ P.

Haus Feuerstein garni, Georg-Wagner-Str. 15, ✉ 91320, ✆ (09194) 85 05, *Fax (09194) 5836,* . E VISA
Jan. geschl. – **14 Z** 42/80.

EBERN *Bayern* 418 420 *P 16 – 7 000 Ew – Höhe 269 m.*

Berlin 422 – München 255 – Coburg 28 – Bamberg 26 – Schweinfurt 56.

In Pfarrweisach *NW : 7 km :*

Gasthof Eisfelder, Lohrer Str. 2 (B 279), ✉ 96176, ✆ (09535) 2 69, *Fax (09535) 723* –
25. Juli - 14. Aug. geschl. – **Menu** *(Mittwoch geschl.)* à la carte 18/29 – **15 Z** 35/65.

EBERSBACH AN DER FILS *Baden-Württemberg* 419 *T 12 – 15 300 Ew – Höhe 292 m.*

Berlin 614 – Stuttgart 33 – Göppingen 10 – Ulm (Donau) 70.

In Ebersbach-Weiler *S : 2 km :*

Schätzl, Schäferstr. 11, ✉ 73061, ✆ (07163) 30 86, *Fax (07163) 52368* – . AE E VISA. Rest
Menu *(Freitag - Sonntag geschl.)* à la carte 28/52 – **12 Z** 89/130.

EBERSBERG *Bayern* 420 *V 19 – 10 000 Ew – Höhe 563 m – Erholungsort.*

Steinhöring, Zaißing 4 (NO : 8 km), ✆ (08092) 2 01 23 ; Steinhöring, Thailing (NO : 6 km), ✆ (08094) 92 10.

Berlin 610 – München 35 – Landshut 69 – Rosenheim 31.

Hölzerbräu, Sieghartstr. 1, ✉ 85560, ✆ (08092) 2 40 20, *Fax (08092) 24031,* Biergarten – – 30. E VISA
Menu à la carte 27/55 – **45 Z** 100/190 – ½ P 28.

In Ebersberg-Oberndorf *O : 2,5 km :*

Huber, ✉ 85560, ✆ (08092) 86 70, *Fax (08092) 21442,* , , – – 60. E VISA
Menu à la carte 26/60 – **49 Z** 80/140 – ½ P 30.

EBERSBURG *Hessen* 417 418 420 *O 13 – 3 900 Ew – Höhe 382 m.*

Berlin 468 – Wiesbaden 141 – Fulda 18 – Frankfurt am Main 102 – Würzburg 93.

In Ebersburg-Weyhers :

Rhönhotel Alte Mühle, Altenmühle 4 (O : 2 km), ✉ 36157, ✆ (06656) 81 00, *Fax (06656) 7748,* , , – Zim, – 25
Menu *(Montag geschl.)* à la carte 21/40 – **31 Z** 78/135.

EBERSTADT *Baden-Württemberg siehe Weinsberg.*

EBERSWALDE *Brandenburg 416 H 25 – 53 000 Ew – Höhe 70 m.*

Fremdenverkehrsinformation, Steinstr. 3, ✉ 16225, ℘ (03334) 6 45 20, Fax (03334) 64521.

Berlin 57 – Potsdam 85 – Neubrandenburg 118 – Frankfurt (Oder) 86.

Am Brunnenberg garni, Brunnenstr. 7, ✉ 16225, ℘ (03334) 2 58 70, *Fax (03334) 2587105* – 18 Z.

In Sandkrug *N : 6 km :*

Mühlenhaus, Ragöser Mühle 1, ✉ 16230 Sandkrug, ℘ (033366) 2 41, *Fax (033366) 202,* « Terrasse am See », – 60. AE VISA
Menu à la carte 29/53 – **33 Z** 90/175.

In Niederfinow *O : 10 km :*

Am Schiffshebewerk, Hebewerkstr. 43, ✉ 16248, ℘ (033362) 7 00 99, *Fax (033362) 209,* – – 20
Menu à la carte 28/48 – **20 Z** 85/135.

EBRACH *Bayern 419 420 Q 15 – 1 950 Ew – Höhe 340 m – Erholungsort.*

Sehenswert : *Ehemaliges Kloster (Kirche★).*

Verkehrsamt, Rathausplatz 4, ✉ 96157, ℘ (09553) 2 17, Fax (09553) 361.

Berlin 441 – München 248 – Coburg 84 – Nürnberg 77 – Würzburg 47 – Bamberg 34.

Klosterbräu, Marktplatz 4, ✉ 96157, ℘ (09553) 1 80, *Fax (09553) 1888,* – Zim, – 80. AE VISA JCB
Menu à la carte 31/60 – **40 Z** 94/188 – ½ P 25.

Zum Alten Bahnhof, Bahnhofstr. 4, ✉ 96157, ℘ (09553) 12 41, *Fax (09553) 1468,* Biergarten, –
6. Jan. - 6. Feb. geschl. – **Menu** *(Mittwoch geschl.)* à la carte 20/39 – **16 Z** 46/82 – ½ P 15.

EBSDORFERGRUND *Hessen siehe Marburg.*

ECHING *Bayern 419 420 V 18 – 10 500 Ew – Höhe 460 m.*

Berlin 567 – München 21 – Regensburg 104 – Ingolstadt 59 – Landshut 55.

Olymp, Wielandstr. 3, ✉ 85386, ℘ (089) 32 71 00, *Fax (089) 32710112,* – Zim, – 50. AE VISA JCB
Menu à la carte 49/67 – **92 Z** 140/380.

Höckmayr garni, Obere Hauptstr. 2a, ✉ 85386, ℘ (089) 3 19 74 20, *Fax (089) 31974234* – AE VISA
19 Z 90/160.

ECHING KREIS LANDSHUT *Bayern siehe Landshut.*

ECKERNFÖRDE *Schleswig-Holstein 415 416 C 13 – 23 000 Ew – Höhe 5 m – Seebad.*

Sehenswert : *Nikolaikirche (Innenausstattung★).*

Gut Altenhof, ℘ (04351) 4 12 27.

Kurverwaltung, Am Exer 1, ✉ 24340, ℘ (04351) 7 17 90, Fax (04351) 6282.

Berlin 376 – Kiel 30 – Rendsburg 30 – Schleswig 24.

Stadthotel garni, Am Exer 3, ✉ 24340, ℘ (04351) 60 44, *Fax (04351) 6043,* – – 50. AE VISA
63 Z 152/252.

Seelust, Preußerstr. 3, ✉ 24340, ℘ (04351) 50 75, *Fax (04351) 2714,* – AE VISA
Anfang Dez. - Ende März geschl. – **Menu** *(Montag geschl.)* à la carte 27/56 – **30 Z** 110/252 – ½ P 25.

Ratskeller (Haus a.d.J. 1420), Rathausmarkt 8, ✉ 24340, ℘ (04351) 24 12, *Fax (04351) 712824,* – AE VISA
Nov. - März Montag und Feb. 3 Wochen geschl. – **Menu** à la carte 28/69.

In Gammelby *NW : 5 km über die B 76 :*

Gammelby, Dorfstr. 6, ✉ 24340, ℘ (04351) 88 10, *Fax (04351) 88166,* – – 50. AE VISA
Menu à la carte 36/57 – **32 Z** 85/150.

In Groß Wittensee *SW : 11,5 km, an der B 203 :*

Schützenhof (mit 2 Gästehäusern), Rendsburger Str. 2, ✉ 24361, ✆ (04356) 1 70, *Fax (04356) 1766*, – Zim, – 120
20. Dez. - 6. Jan. geschl. – **Menu** *(Mai - Sept. Donnerstagmittag, Okt. - April Donnerstag geschl.)* à la carte 34/64 – **60 Z** 94/198 – ½ P 28.

In Klein Wittensee *SW : 14 km, an der B 203 :*

Landhaus Wolfskrug, Dorfstr. 11, ✉ 24361, ✆ (04356) 3 54, *Fax (04356) 354*, – . AE
Dienstag geschl. – **Menu** à la carte 50/78.

EDELSFELD *Bayern siehe Königstein.*

EDENKOBEN *Rheinland-Pfalz* 417 419 *S 8 – 6 300 Ew – Höhe 148 m – Luftkurort.*

Ausflugsziele : *Schloß Ludwigshöhe (Max-Slevogt - Sammlung) W : 2 km – Rietburg : ≤ ★ W : 2 km und Sessellift.*

Büro für Tourismus, Poststr. 23, ✉ 67480, ✆ (06323) 95 92 22, Fax (06323) 959288.

Berlin 655 – Mainz 101 – Mannheim 40 – Landau in der Pfalz 11 – Neustadt an der Weinstraße 10.

Park Hotel , Unter dem Kloster 1, ✉ 67480, ✆ (06323) 95 20, *Fax (06323) 952222*, , – – 40. E VISA. Rest
Menu *(Sonntagabend - Montag geschl.)* à la carte 33/66 – **44 Z** 106/198 – ½ P 35.

Gutshof Ziegelhütte, Luitpoldstr. 79, ✉ 67480, ✆ (06323) 70 51, *Fax (06323) 81108*, – Zim, . AE E VISA
Menu *(Montag - Dienstag sowie 1. - 7. Jan. geschl.)* à la carte 32/52 *(auch vegetarische Gerichte)* – **17 Z** 80/130 – ½ P 25.

In Rhodt unter Rietburg *SW : 2 Km :*

Weinstube Waldkirch , Weinstr. 53, ✉ 76835, ✆ (06323) 70 53, *Fax (06323) 81137*, « Hofterrasse » –
Menu *(Nov. - Mai Donnerstag und 15. Jan. - 15. Feb. geschl.)* (ab 17 Uhr geöffnet) à la carte 23/39 *(nur Eigenbauweine)* – **16 Z** 70/120 – ½ P 16.

In Weyher *W : 2 km :*

Zum Kronprinzen, Josef-Meyer-Str. 11, ✉ 76835, ✆ (06323) 70 63, *Fax (06323) 7065* –
Jan. und Juli - Aug. je 2 Wochen geschl. – **Menu** *(Dienstag geschl.)* à la carte 28/57 – **11 Z** 75/120 – ½ P 25.

EDERSEE *Hessen siehe Waldeck.*

EDESHEIM *Rheinland-Pfalz* 417 419 *S 8 – 2 400 Ew – Höhe 150 m.*

Berlin 657 – Mainz 101 – Mannheim 42 – Kaiserslautern 48 – Karlsruhe 46.

Wein-Castell (Sandsteinbau a.d.J. 1840), Staatsstr. 21 (B 38), ✉ 67483, ✆ (06323) 23 92, *Fax (06323) 81676*, – . Zim
Jan. - Feb. 3 Wochen und Anfang Aug. 1 Woche geschl. – **Menu** *(Montag - Dienstag geschl.)* à la carte 32/72 – **12 Z** 75/130.

EDIGER-ELLER *Rheinland-Pfalz* 417 *P 5 – 1 500 Ew – Höhe 92 m.*

Verkehrsamt, im Ortsteil Ediger, Pelzerstr. 1, ✉ 56814, ✆ (02675) 13 44, Fax (02675) 1643.

Berlin 666 – Mainz 118 – Koblenz 61 – Trier 75 – Cochem 8.

Im Ortsteil Ediger :

Weinhaus Feiden, Moselweinstr. 22, ✉ 56814, ✆ (02675) 2 59, *Fax (02675) 1583*, ≤, « Blumenterrasse » – . E VISA
Jan. - Feb. geschl. – **Menu** *(Donnerstag geschl.)* à la carte 27/57 – **20 Z** 65/115.

Zum Löwen, Moselweinstr. 23, ✉ 56814, ✆ (02675) 2 08, *Fax (02675) 214*, ≤, – . AE E VISA
Menu à la carte 34/75 – **22 Z** 60/170.

Im Ortsteil Eller :

Oster, Moselweinstr. 61, 56814, (02675) 2 32, *Fax (02675) 1570,* – Zim, . Zim
Jan. - 15. März geschl. – **Menu** *(Dienstagmittag geschl.)* à la carte 26/48 – **14 Z** 72/120.

EFRINGEN-KIRCHEN *Baden-Württemberg* 419 *X 6 – 7 100 Ew – Höhe 266 m.*
Berlin 852 – Stuttgart 254 – Freiburg im Breisgau 59 – Basel 15 – Müllheim 28.

In Efringen-Kirchen - Blansingen *NW : 5 km :*

Traube mit Zim, Alemannenstr. 19, 79588, (07628) 82 90, *Fax (07628) 8736,* , « Ehemaliges Bauernhaus a.d.J. 1811 » –
Menu *(Dienstag - Mittwochmittag geschl.)* 41 (mittags) und à la carte 74/98 – **7 Z** 125/210
Spez. Ravioli von Krustentieren auf Schnittlauchbutter. Seeteufelmedaillon mit Salbei und Parmaschinken, Fenchelrisotto. Karamelisiertes Limonenparfait.

In Efringen-Kirchen - Egringen *NO : 3 km :*

Rebstock mit Zim, Kanderner Str. 21, 79588, (07628) 9 03 70, *Fax (07628) 903737,* – . Zim
über Fastnacht 1 Woche geschl. – **Menu** *(Montag - Dienstag geschl.)* à la carte 30/68 – **9 Z** 70/140.

EGESTORF *Niedersachsen* 415 416 *G 14 – 2 200 Ew – Höhe 80 m – Erholungsort.*
Verkehrsverein, Barkhof 1 b, 21272, (04175) 15 16, Fax (04175) 1516.
Berlin 322 – Hannover 107 – Hamburg 57 – Lüneburg 29.

Acht Linden, Alte Dorfstr. 1, 21272, (04175) 8 43 33, *Fax (04175) 843359,* , – Zim, – 100. . Rest
Menu à la carte 33/76 – **30 Z** 85/180 – ½ P 28.

Egestorfer Hof, Lübberstedter Str. 1, 21272, (04175) 4 80, *Fax (04175) 1090,* – – 25.
Menu à la carte 32/59 – **25 Z** 70/160 – ½ P 20.

In Egestorf - Sahrendorf *NW : 3 km :*

Studtmann's Gasthof, Im Sahrendorf 19, 21272, (04175) 5 03, *Fax (04175) 1086,* , – Zim, – 30.
15. Jan. - 15. Feb. geschl. – **Menu** *(Dienstag geschl.)* à la carte 29/55 – **22 Z** 66/140 – ½ P 18.

EGGENFELDEN *Bayern* 420 *U 22 – 13 000 Ew – Höhe 415 m.*
Hebertsfelden, Am Fischgartl 2 (O : 11 km), (08561) 59 69.
Berlin 599 – München 117 – Regensburg 101 – Landshut 56 – Passau 72 – Salzburg 98 – Straubing 62.

Bachmeier, Schönauer Str. 2, 84307, (08721) 9 71 00, *Fax (08721) 9710100,* , Biergarten, , – – 30.
Menu *(Sonntagabend geschl.)* à la carte 36/76 – **40 Z** 85/140.

EGGENSTEIN-LEOPOLDSHAFEN *Baden-Württemberg 419 S 9 – 13 000 Ew – Höhe 112 m.*

Berlin 660 – Stuttgart 97 – Karlsruhe 12 – Mannheim 63.

Im Ortsteil Eggenstein :

Goldener Anker, Hauptstr. 20, ✉ 76344, ☎ (0721) 70 60 29, *Fax (0721) 782333* –
Menu *(Dienstag, Samstagabend und Juli - Aug. 4 Wochen geschl.)* à la carte 27/54 – **27 Z** 75/145.

Zum Löwen mit Zim, Hauptstr. 51, ✉ 76344, ☎ (0721) 78 00 70, *Fax (0721) 7800799* –
Menu *(Samstagmittag und Sonntag geschl.)* (Tischbestellung ratsam) à la carte 68/92 – **11 Z** 95/160
Spez. Variation von Vorspeisen mit Salat. Steinbutt und kanadischer Hummer auf Wirsingblatt mit Currysauce. In Aromaten gebratenes Lammcarré unter der Kräuter-Knoblauchkruste.

EGGESIN *Mecklenburg-Vorpommern 416 E 26 – 9 000 Ew – Höhe 20 m.*

Berlin 160 – Schwerin 208 – Neubrandenburg 69 – Greifswald 74 – Szczecin 86.

Waldidyll, Luckower Str. 14, ✉ 17367, ☎ (039779) 2 05 31, *Fax (039779) 20531,* –
Menu à la carte 22/36 – **12 Z** 80/120.

Garni Hotel Gutgesell, Ueckermünder Str. 2a, ✉ 17367, ☎ (039779) 26 60, *Fax (039779) 26640* –
20 Z 70/90.

EGGSTÄTT *Bayern 420 W 21 – 2 400 Ew – Höhe 539 m – Erholungsort.*

Verkehrsamt, Obinger Str. 7, ✉ 83125, ☎ (08056) 15 00, Fax (08056) 1422.
Berlin 656 – München 99 – Bad Reichenhall 59 – Traunstein 28 – Rosenheim 23.

Zur Linde (mit Gästehaus , ,), Priener Str. 42, ✉ 83125, ☎ (08056) 2 47, *Fax (08056) 1536* – – 20
3. Jan. - Feb. und Nov. - Mitte Dez. geschl. – (Restaurant nur für Pensionsgäste) – **37 Z** 55/140 – ½ P 25.

Unterwirt-Widemann, Kirchplatz 8, ✉ 83125, ☎ (08056) 3 37, *Fax (08056) 1666,* , –
Menu *(Montag geschl)* à la carte 22/39 – **40 Z** 50/96 – ½ P 15.

Landhaus Eggstätt, Frühlingsstr. 17, ✉ 83125, ☎ (08056) 896, *Fax (08056) 206,* –
Donnerstag geschl. – **Menu** à la carte 44/76.

EGLOFFSTEIN *Bayern 420 Q 17 – 2 000 Ew – Höhe 350 m – Luftkurort.*

Tourist-Information, Felsenkellerstr. 20, ✉ 91349, ☎ (09197) 2 02, Fax (09197) 202.
Berlin 417 – München 201 – Nürnberg 37 – Bayreuth 52 – Bamberg 45.

Zur Post, Talstr. 8, ✉ 91349, ☎ (09197) 5 55, *Fax (09197) 8801,* , –
11. Jan. - Feb. geschl. – **Menu** *(Montag geschl.)* à la carte 20/53 – **23 Z** 47/100 – ½ P 16.

EHEKIRCHEN *Bayern 419 420 U 17 – 3 200 Ew – Höhe 405 m.*

Berlin 553 – München 54 – Augsburg 43 – Ingolstadt 35.

Strixner Hof, Leitenweg 5 (Schönesberg), ✉ 86676, ☎ (08435) 18 77, *Fax (08435) 1260,* , –
Feb. 1 Woche und Ende Aug. - Anfang Sept. geschl. – **Menu** *(Donnerstag geschl.)* à la carte 20/42 – **8 Z** 70/110.

EHINGEN *Baden-Württemberg 419 V 13 – 23 800 Ew – Höhe 511 m.*

Ausflugsziel : *Obermarchtal : ehem. Kloster★ SW : 14 km.*
Berlin 644 – Stuttgart 101 – Konstanz 119 – Ulm (Donau) 26 – Ravensburg 70.

Adler, Hauptstr. 116, ✉ 89584, ☎ (07391) 7 06 60, *Fax (07391) 7066500* – – 100. VISA
Jan. 1 Woche und Juli - Aug. 2 Wochen geschl. – **Menu** *(Sonntagabend - Montag geschl.)* à la carte 24/61 – **38 Z** 85/150.

Gasthof zum Ochsen, Schulgasse 3, ✉ 89584, ☎ (07391) 5 35 68, *Fax (07391) 52867,* – . VISA
24. Dez. - 10. Jan. geschl. – **Menu** à la carte 35/57 – **20 Z** 96/130.

Rose, Hauptstr. 10, ✉ 89584, ☎ (07391) 83 00, *Fax (07391) 73436* –
Montag und Juli - Aug. 3 Wochen geschl. – **Menu** à la carte 29/61 *(auch vegetarische Gerichte).*

In Ehingen-Kirchen *W : 7,5 km :*

Zum Hirsch, Osterstr. 3, ✉ 89584, ✆ (07393) 9 50 10, *Fax (07393) 4101*, – TV – 20
Menu *(Montag geschl.)* à la carte 23/63 – **17 Z** 65/130.

In Ehingen-Nasgenstadt *O : 3 km :*

Panorama garni, Karpfenweg 7, ✉ 89584, ✆ (07391) 5 45 00, *Fax (07391) 54415*, – TV. AE E VISA
31 Z 70/140.

EHLSCHEID *Rheinland-Pfalz 417 O 6 – 1 200 Ew – Höhe 360 m – Heilklimatischer Kurort.*

Kurverwaltung, Haus des Kurgastes, ✉ 56581, ✆ (02634) 22 07, Fax (02634) 8489.
Berlin 608 – Mainz 118 – Koblenz 30 – Köln 73.

Park-Hotel, Parkstr. 17, ✉ 56581, ✆ (02634) 9 68 70, *Fax (02634) 2421*, – TV – 25
Menu *(Okt. - März Donnerstag geschl.)* à la carte 26/52 – **12 Z** 65/118 – ½ P 18.

Müller-Krug, Parkstr. 15, ✉ 56581, ✆ (02634) 80 65, *Fax (02634) 3569*, , , – TV. AE E VISA
Mitte Jan. - Anfang Feb. geschl. – **Menu** *(Montag geschl.)* à la carte 29/54 – **24 Z** 85/160 – ½ P 20.

EHRENBERG (RHÖN) *Hessen 418 420 O 14 – 2 700 Ew – Höhe 577 m – Wintersport : 800/900 m 3.*

Tourist-Informaton, Georg-Meilinger-Str. 3, in Wüstensachsen, ✉ 36115, ✆ (06683) 96 01 16, Fax (06683) 960222.
Berlin 432 – Wiesbaden 168 – Fulda 29 – Frankfurt am Main 124 – Nürnberg 171.

In Ehrenberg-Seiferts *N : 4,5 km :*

Zur Krone, Eisenacher Str. 24 (B 278), ✉ 36115, ✆ (06683) 9 63 40, *Fax (06683) 1482*, , – – 25
Menu *(Mittwoch geschl.)* à la carte 24/42 – **20 Z** 40/110 – ½ P 18.

EHRENKIRCHEN *Baden-Württemberg 419 W 7 – 5 600 Ew – Höhe 265 m.*

Berlin 813 – Stuttgart 221 – Freiburg im Breisgau 10 – Basel 56.

In Ehrenkirchen-Kirchhofen :

Sonne-Winzerstuben, Lazarus-Schwendi-Str. 20, ✉ 79238, ✆ (07633) 70 70, *Fax (07633) 6060*, , « Garten » – Zim,
1. - 12. Aug. geschl. – **Menu** *(Donnerstagabend - Freitag und Ende Dez. - Mitte Jan. geschl.)* à la carte 38/76 – **12 Z** 78/150.

Zur Krone mit Zim, Herrenstr. 5, ✉ 79238, ✆ (07633) 52 13, *Fax (07633) 83550*, , – TV. E VISA
19. Jan. - 13. Feb. geschl. – **Menu** *(Dienstag - Mittwochmittag, Nov. - Ostern auch Mittwochabend geschl.)* à la carte 35/58 – **8 Z** 55/110.

EIBAU *Sachsen siehe Löbau.*

EIBENSTOCK *Sachsen 418 420 O 21 – 6 500 Ew – Höhe 640 m.*

Tourist-Information, Postplatz 4, ✉ 08309, ✆ (037752) 22 44.
Berlin 311 – Dresden 108 – Chemnitz 52 – Zwickau 34.

Am Bühl M, Am Bühl 1, ✉ 08309, ✆ (037752) 5 60, *Fax (037752) 56888*, , direkter Zugang zu den Badegärten, – , Zim, TV – 120. AE E VISA
Menu à la carte 29/47 – **129 Z** 80/175.

Bühlhaus, Bühlstr. 16, ✉ 08309, ✆ (037752) 21 27, *Fax (037752) 2924*, Biergarten – TV. AE E VISA
Menu à la carte 22/36 – **21 Z** 70/140.

Auf dem Auersberg *SO : 13 km : – Höhe 1 019 m*

Berggasthof Auersberg, Auersbergweg 8, ✉ 08309 Eibenstock, ✆ (037752) 38 50, *Fax (037752) 3744*, Erzgebirge – TV. AE E VISA
Menu à la carte 24/43 – **11 Z** 65/100.

EICHENBERG *Österreich siehe Bregenz.*

EICHENDORF *Bayern siehe Landau an der Isar.*

EICHENZELL *Hessen 417 418 O 13 – 8 200 Ew – Höhe 285 m.*

Berlin 457 – Wiesbaden 134 – Fulda 9 – Frankfurt am Main 95 – Würzburg 100.

Kramer, Fuldaer Str. 4, ✉ 36124, ✆ (06659) 16 91, *Fax (06659) 4091,* – . E VISA
Menu *(Donnerstag geschl.)* à la carte 22/41 – **34 Z** 70/120.

In Eichenzell-Löschenrod *W : 2,5 km :*

Zur Alten Brauerei, Frankfurter Str. 1, ✉ 36124, ✆ (06659) 12 08, *Fax (06659) 4036,* – . E VISA
Montag geschl. – **Menu** (wochentags nur Abendessen, Tischbestellung ratsam) à la carte 46/81.

Erfahrungsgemäß werden bei größeren Veranstaltungen, Messen und Ausstellungen in vielen Städten und deren Umgebung erhöhte Preise verlangt.

EICHSTÄTT *Bayern 419 420 T 17 – 13 000 Ew – Höhe 390 m.*

Sehenswert : *Bischöflicher Residenzbezirk★ : Residenzplatz★ – Dom (Pappenheimer Altar ★★, Mortuarium ★, Kreuzgang ★) – Hofgarten (Muschelpavillon★) – Jura-Museum★.*

Tourist-Information, Kardinal-Preysing-Platz 14, ✉ 85072, ✆ (08421) 9 88 00, Fax (08421) 988030.

Berlin 501 – München 107 – Augsburg 73 – Ingolstadt 27 – Nürnberg 93.

Adler garni, Marktplatz 22, ✉ 85072, ✆ (08421) 67 67, *Fax (08421) 8283,* « Restauriertes Barockhaus a.d. 17. Jh. », – – 20. AE E VISA.
Nov. 1 Woche und 15. Dez - 15. Jan. geschl. – **28 Z** 120/198.

Klosterstuben, Pedettistr. 26, ✉ 85072, ✆ (08421) 9 80 00, *Fax (08421) 3900* –
Menu à la carte 23/47 *(auch vegetarische Gerichte)* – **22 Z** 70/140.

Sonne (mit Gästehaus), Buchtal 17, ✉ 85072, ✆ (08421) 67 91, *Fax (08421) 89836* – . Zim
Weihnachten - Mitte Jan. geschl. – **Menu** *(Mittwoch geschl.)* (wochentags nur Abendessen) à la carte 24/42 – **20 Z** 65/120.

Schießstätte garni, Schießstättberg 8, ✉ 85072, ✆ (08421) 9 82 00, *Fax (08421) 982080* – . E VISA
26 Z 65/140.

Ratskeller, Kardinal-Preysing-Platz 8, ✉ 85072, ✆ (08421) 90 12 58, *Fax (08421) 2417,* Biergarten –
Weihnachten - Mitte Jan. geschl. – **Menu** *(Mittwoch geschl.)* à la carte 21/36 – **23 Z** 55/104 – ½ P 13.

Café Fuchs garni, Ostenstr. 8, ✉ 85072, ✆ (08421) 67 88, *Fax (08421) 80117* – . E VISA
23 Z 65/135.

Domherrnhof, Domplatz 5 (1. Etage), ✉ 85072, ✆ (08421) 61 26, *Fax (08421) 80849,* « Restauriertes Stadthaus a.d. Rokokozeit » – 30. AE E
Montag und Jan. - Feb. 3 Wochen geschl. – **Menu** 39/49 (mittags) und à la carte 60/87.

In Eichstätt-Wasserzell *SW : 4,5 km :*

Zum Hirschen (mit Gästehaus), Brückenstr. 9, ✉ 85072, ✆ (08421) 96 80, *Fax (08421) 968888,* Biergarten, – – 40
Jan. - Mitte Feb. geschl. – **Menu** *(Nov. - April Mittwochmittag geschl.)* à la carte 23/47 – **40 Z** 63/120.

An der B 13 *NW : 9 km :*

Zum Geländer , ✉ 85132 Schernfeld-Geländer, ✆ (08421) 67 61, *Fax (08421) 2614,* Biergarten, Wildschweingehege, – – – 25. E VISA
Feb. 2 Wochen geschl. – **Menu** *(außer Saison Donnerstag geschl.)* à la carte 23/47 – **30 Z** 55/109.

EICHSTETTEN *Baden-Württemberg* 419 *V 7 – 2 600 Ew – Höhe 190 m.*
Berlin 792 – Stuttgart 193 – Freiburg im Breisgau 21 – Offenburg 51.

Zum Ochsen, Altweg 2, ✉ 79356, ✆ (07663) 15 16, *Fax (07663) 1020,* – Rest,
Montag - Dienstagmittag und Nov. 2 Wochen geschl. – **Menu** à la carte 30/60.

EICHWALDE *Brandenburg* 416 418 *I 24 – 5 500 Ew – Höhe 35 m.*
Berlin 31 – Potsdam 65 – Cottbus 115 – Frankfurt an der Oder 79.

C+W Gourmet, Bahnhofstr. 9, ✉ 15732, ✆ (030) 6 75 84 23, *Fax (030) 6758423,* Restaurant im Bistrostil
Montag - Dienstag geschl. – **Menu** (nur Abendessen, Okt. - April Sonntag auch Mittagessen) 49/80 und à la carte.

EIGELTINGEN *Baden-Württemberg* 419 *W 10 – 2 700 Ew – Höhe 450 m.*
Berlin 740 – Stuttgart 148 – Konstanz 403 – Freiburg im Breisgau 104 – Stockach 10 – Ulm (Donau) 124.

Zur Lochmühle (mit 2 Gästehäuser), Hinterdorfstr. 44, ✉ 78253, ✆ (07774) 70 86, *Fax (07774) 6865,* « Einrichtung mit bäuerlichen Antiquitäten, Sammlung von Kutschen und Traktoren, Gartenterrasse », – – 30.
Feb. 3 Wochen geschl. – **Menu** à la carte 33/55 – **39 Z** 95/150.

EILENBURG *Sachsen* 418 *L 21 – 20 300 Ew – Höhe 150 m.*
Berlin 157 – Dresden 106 – Leipzig 24 – Halle 52 – Dessau 59 – Wittenberg 50.

Il-Burg garni, Puschkinstr. 33, ✉ 04838, ✆ (03423) 75 94 04, *Fax (03423) 759405* – – 25.
22. Dez. - 3. Jan. geschl. – **34 Z** 130/180.

EILSEN, BAD *Niedersachsen* 417 *J 11 – 2 200 Ew – Höhe 70 m – Heilbad.*
Kurverwaltung, Haus des Gastes, Bückeburger Str. 2, ✉ 31707, ✆ (05722) 8 53 72, Fax (05722) 88651.
Berlin 342 – Hannover 60 – Hameln 27 – Minden 15.

Haus Christopher garni, Rosenstr. 11, ✉ 31707, ✆ (05722) 8 44 46, *Fax (05722) 81589,* –
22. - 28. Dez. geschl. – **18 Z** 60/150.

Landhaus Lahmann garni, Harrlallee 3, ✉ 31707, ✆ (05722) 83 33, *Fax (05722) 81132,* –
– **15 Z** 60/120.

EIMELDINGEN *Baden-Württemberg* 419 *X 6 – 1 600 Ew – Höhe 266 m.*
Berlin 857 – Stuttgart 260 – Freiburg im Breisgau 64 – Basel 11 – Lörrach 7.

Zum Löwen (mit Gästehaus), Hauptstr. 23 (B 3), ✉ 79591, ✆ (07621) 96 46 40 (Hotel) 6 25 88 (Rest.), *Fax (07621) 69726,* –
Menu *(Dienstag - Mittwoch und 25. Aug. - 9. Sept. geschl.)* à la carte 32/66 – **6 Z** 95/158.

EIMKE *Niedersachsen* 415 416 *H 14 – 1 100 Ew – Höhe 45 m.*
Berlin 249 – Hannover 120 – Braunschweig 93 – Celle 54 – Lüneburg 48.

Wacholderheide (mit Gästehaus), Dorfstr. 6, ✉ 29578, ✆ (05873) 3 29, *Fax (05873) 1450,* – – 25
Menu *(Montag geschl.)* à la carte 33/64 – **24 Z** 55/145.

EINBECK *Niedersachsen* 417 418 *K 13 – 29 400 Ew – Höhe 114 m.*
Sehenswert : *Marktplatz★★ (Fachwerkhäuser★★) – Haus Marktstraße 13★★ – Tiedexer Straße★★ – Ratswaage★.*
Tourist-Information, Marktplatz 6, ✉ 37574, ✆ (05561) 91 61 21, Fax (05561) 916300.
Berlin 326 – Hannover 72 – Braunschweig 94 – Göttingen 41 – Goslar 64.

Panorama, Mozartstr. 2, ✉ 37574, ✆ (05561) 9 37 70, *Fax (05561) 74011,* – Zim, – 140.
Menu à la carte 40/66 – **41 Z** 110/180.

Hasenjäger, Hubeweg 119, ✉ 37574, ✆ (05561) 9 30 20, *Fax (05561) 73667,* – – 40.
Menu à la carte 35/66 – **19 Z** 100/160.

Gilde Hof, Marktplatz 3, ✉ 37574, ✆ (05561) 7 90 00, *Fax (05561) 790010,* – TV ☎ . E
Menu à la carte 33/73 – **17 Z** 98/155.

Der Schwan mit Zim, Tiedexer Str. 1, ✉ 37574, ✆ (05561) 46 09, *Fax (05561) 72366,* – Zim, TV ☎ P. E VISA. Rest
Menu *(Sonntag geschl.)* (nur Abendessen) à la carte 44/72 – **12 Z** 98/170.

EISCHLEBEN *Thüringen siehe Arnstadt.*

EISENACH *Thüringen* 418 *N 14 – 45 000 Ew – Höhe 208 m.*

Sehenswert : *Predigerkirche (Mittelalterliche Schnitzplastik★) BY.*

Ausflugsziele : *Wartburg ★★ (Palas ★, ≤ ★) AZ – Thüringer Wald ★★.*

Eisenach-Information, Markt, ✉ 99817, ✆ (03691) 7 92 30, Fax (03691) 792320.

ADAC, *Bahnhofstr. 1, ✉ 99817, ✆ (03691) 21 50 28, Fax (03691) 210230.*

Berlin 353 ③ – Erfurt 62 ③ – Kassel 92 ① – Nordhausen 130 ②.

Stadtpläne siehe nächste Seiten

Romantik Hotel Kaiserhof, Wartburgallee 2, ✉ 99817, ✆ (03691) 21 35 13 (Hotel) 21 35 33 (Rest.), *Fax (03691) 203653,* – |♦|, Zim, TV P – 100. AE E VISA JCB BCY a
Turmschänke *(Sonntag und Aug. 3 Wochen geschl.) (nur Abendessen)* **Menu** à la carte 58/77 – **64 Z** 130/280.

Thüringer Hof, Karlsplatz 11, ✉ 99817, ✆ (03691) 2 80, *Fax (03691) 28190,* – |♦|, Zim, TV P – 120. AE E VISA JCB. Rest BY e
Menu à la carte 33/60 – **127 Z** 195/235.

Schloßhotel, Markt 10, ✉ 99817, ✆ (03691) 21 42 60, *Fax (03691) 214259,* , « Restaurant in einem Kreuzgewölbekeller a.d.J. 1640 » – |♦|, Zim, TV ☎ P – 50. AE E VISA JCB BY b
Menu à la carte 32/56 – **43 Z** 130/200.

Sophienhotel M, Sophienstr. 41, ✉ 99817, ✆ (03691) 25 10, *Fax (03691) 25111,* – |♦|, Zim, TV ☎ – 40. AE E VISA JCB. Rest BY f
Menu à la carte 31/52 – **58 Z** 105/180.

Villa Anna M garni, Fritz-Koch-Str. 12, ✉ 99817, ✆ (03691) 2 39 50, *Fax (03691) 239530,* « Gründerzeitvilla mit modern-eleganter Einrichtung » – TV ☎ . AE E VISA BZ r
14 Z 120/200.

Logotel M, Karl-Marx-Str. 30, ✉ 99817, ✆ (03691) 23 50, *Fax (03691) 235100* – |♦|, Zim, TV ☎ P – 80. AE E VISA. Rest BY h
Menu à la carte 28/52 – **50 Z** 115/150.

Andersen, Clemensstr. 31, ✉ 99817, ✆ (03691) 25 50, *Fax (03691) 255300* – |♦|, Zim, TV ☎ P – 70. AE E VISA CY m
Menu à la carte 30/48 – **48 Z** 118/168.

Burgfried M garni, Marienstr. 60, ✉ 99817, ✆ (03691) 21 42 21, *Fax (03691) 214224* – TV ☎ P. AE E VISA BZ s
19 Z 100/150.

Haus Hainstein , Am Hainstein 16, ✉ 99817, ✆ (03691) 24 20, *Fax (03691) 242109,* – |♦| TV ☎ P – 80. AE E VISA. Rest BZ w
Menu à la carte 26/45 – **46 Z** 80/150.

Glockenhof, Grimmelgasse 4, ✉ 99817, ✆ (03691) 23 40, *Fax (03691) 234131* – |♦|, Zim, TV ☎ – 80. AE E VISA. BZ v
Menu *(Montag - Freitag nur Abendessen)* à la carte 33/55 – **40 Z** 125/175.

Hellgrafenhof (mit Gästehaus, ,), Katharinenstr. 13, ✉ 99817, ✆ (03691) 2 93 90, *Fax (03691) 293926,* – TV ☎ P – 60. AE E VISA JCB ABY t
Menu à la carte 30/59 – **40 Z** 108/144.

Klostergarten garni, Am Klosterholz 23, ✉ 99817, ✆ (03691) 78 51 66, *Fax (03691) 785148,* – TV ☎ P. AE E VISA AY x
19 Z 80/120.

Auf der Wartburg *SO : 4 km – Höhe 416 m*

Wartburg-Hotel (Zufahrt zur An- und Abreise für Hausgäste erlaubt), ✉ 99817 Eisenach, ✆ (03691) 79 70, *Fax (03691) 797100,* ≤ Eisenach und Thüringer Wald, – TV ☎ – 80. AE E VISA JCB. Rest AZ z
Menu à la carte 36/61 – **35 Z** 195/340.

EISENACH

Alexanderstraße	BY	
Altstadtstraße	CY	4
Am Hainstein	BZ	5
Am Klosterholz	AY	7
Am Roten Bach	AY	9
August-Bebel-Straße	ABY	12
Barfüßerstraße	BZ	13
Christianstraße	AY	15
Clemdastraße	BY	18
Ernst-Böckel-Straße	BCZ	19
Frauenberg	BZ	21
Gabelsbergerstraße	CY	22
Georgenstraße	BY	25
Goldschmiedenstraße	BY	26
Grimmelgasse	BZ	28
Hinter der Mauer	BY	30
Johannisstraße	BY	31
Johann-Sebastian-Bach-Straße	CZ	33
Karlstraße	BY	
Kupferhammer	BY	34
Langensalzaer Straße	CY	37
Markt	BY	38
Querstraße	BY	40
Reuterweg	BZ	42
Schmelzerstraße	BY	43
Stedtfelder Straße	AY	45
Waisenstraße	BCZ	47
Werrastraße	AY	50
Wilhem-Rinkens-Straße	BY	51

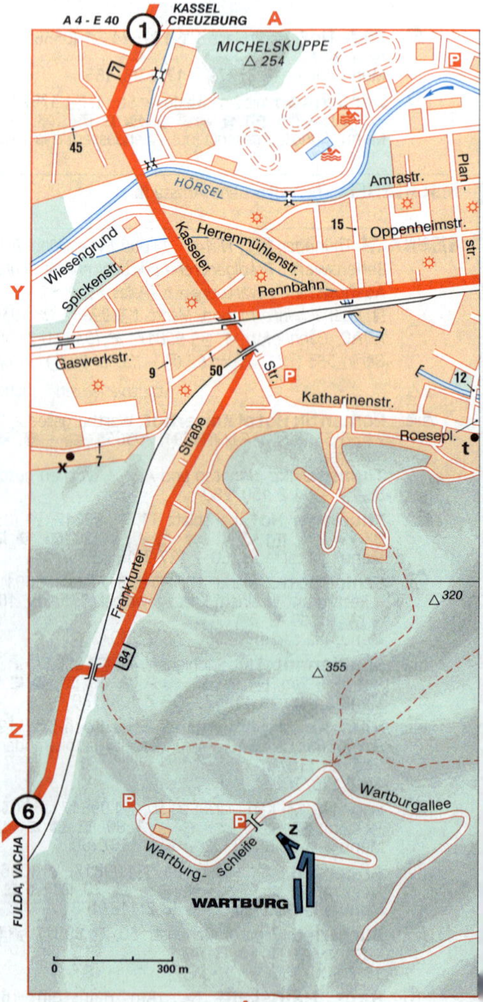

Die im Michelin-Führer verwendeten Schriftypen und Symbole haben - fett oder dünn gedruckt, rot oder schwarz - jeweils eine andere Bedeutung. Lesen Sie daher die Erklärungen aufmerksam durch.

In Eisenach-Stockhausen *O : 6 Km über ③ :*

Comfort Hotel garni, Am Grundbach 1, ✉ 99819, ✆ (036920) 8 21 00, *Fax (036920) 82299* – AE E VISA
99 Z 89/118.

In Eisenach-Stedtfeld *NW : 4 km über Stedtfelder Straße* AY *:*

Courtyard by Marriott, Weinbergstr. 5, ✉ 99819, ✆ (03691) 81 50, *Fax (03691) 815100*, – Zim, – 160. AE E VISA JCB
Menu à la carte 32/62 – **138 Z** 172/214.

In Creuzburg *NW : 11 km über ① :*

Altes Brauhaus garni, Plan 2 (B 7), ✉ 99831, ✆ (036926) 95 50, *Fax (036926) 95555* – E
17 Z 78/115.

Auf der Creuzburg mit Zim, ✉ 99831, ✆ (036926) 9 84 78, Fax (036926) 98479, ←, 🌳, « Burganlage a.d.12. Jh. » – TV ☎ P. AE ① E VISA
Jan. - Feb. geschl. – **Menu** à la carte 26/60 – **6 Z** 96/160.

Le Guide change, changez de guide tous les ans.

EISENBACH *Baden-Württemberg* 419 *W 8 – 2 200 Ew – Höhe 950 m – Luftkurort – Wintersport : 959/1 138 m* ⛷2 ⛷.
ℹ *Kurverwaltung, Bei der Kirche 1,* ✉ *79871,* ✆ *(07657) 91 03 30, Fax (07657) 910350.*
Berlin 770 – Stuttgart 148 – Freiburg im Breisgau 42 – Donaueschingen 22.

Bad, Hauptstr. 55, ✉ 79871, ✆ (07657) 4 71, Fax (07657) 1505, 🌳, ≘s, 🏊, 🌳, ⛷ – ✂ Rest, 🚗 P – 🏔 50. E VISA
März - April 2 Wochen und Nov. geschl. – **Menu** *(Montag geschl.)* à la carte 24/46 🌡 – **36 Z** 53/100.

EISENBERG *Bayern* 419 420 *X 15 – 1 100 Ew – Höhe 870 m – Erholungsort.*
Verkehrsamt, Pröbstener Str. 9, 87637, (08364) 12 37, Fax (08364) 987154.
Berlin 664 – München 125 – Kempten (Allgäu) 35 – Fusssen 12.

Landgasthof Gockelwirt (mit Gästehaus), Pröbstener Str. 23, 87637, (08364) 8 30, *Fax (08364) 8320,*
Nov. geschl. – **Menu** *(Okt. - Mitte Juli Donnerstag geschl.)* à la carte 26/63 – **23 Z** 75/204 – ½ P 29.

In Eisenberg-Zell *SW : 2 km :*

Burghotel Bären, Dorfstr. 4, 87637, (08363) 50 11, *Fax (08363) 73119,*
Ende März - Anfang April und Mitte Nov. - 24. Dez. geschl. – **Menu** *(Okt. - Juli Dienstag geschl.)* à la carte 33/62 – **36 Z** 73/154 – ½ P 25.

In Eisenberg-Unterreuten *SO : 5 km :*

Magnushof mit Zim, 87637, (08363) 9 11 20, *Fax (08363) 911250,* « Gemütlich-rustikale Einrichtung » –
Menu *(Dienstag geschl., Montag - Freitag nur Abendessen)* à la carte 34/71 – **8 Z** 95/250.

EISENBERG (PFALZ) *Rheinland-Pfalz* 417 *R 8 – 9 500 Ew – Höhe 248 m.*
Berlin 623 – Mainz 59 – Mannheim 42 – Kaiserslautern 29.

Waldhotel, Martin-Luther-Str. 20, 67304, (06351) 14 30, *Fax (06351) 143100,* Zim, – 80. AE VISA
Menu à la carte 35/67 – **39 Z** 105/160.

EISENHEIM *Bayern siehe Volkach.*

EISENHÜTTENSTADT *Brandenburg* 416 418 *J 27 – 48 000 Ew – Höhe 30 m.*
Fremdenverkehrsbüro, Beeskower Str. 114, 15890, (03364) 41 36 90, Fax (03364) 413687.
Berlin 123 – Potsdam 141 – Frankfurt (Oder) 24 – Cottbus 64.

Berlin garni, Beeskower Str. 114, 15890, (03364) 42 60, *Fax (03364) 414750,* AE VISA
104 Z 121/143, 4 Suiten.

In Eisenhüttenstadt-Fürstenberg :

Fürstenberg, Gubener Str. 12, 15890, (03364) 7 54 40, *Fax (03364) 750132,* Rest, – 25. AE VISA
Menu à la carte 28/55 – **34 Z** 105/170.

In Neuzelle *S : 6 km :*

Prinz Albrecht, Frankfurter Str. 34, 15898, (033652) 8 13 22, *Fax (033652) 81325,* – Zim, VISA
Menu à la carte 27/55 – **17 Z** 99/129.

EISENSCHMITT *Rheinland-Pfalz* 417 *P 4 – 600 Ew – Höhe 328 m – Erholungsort.*
Berlin 691 – Mainz 146 – Trier 50 – Kyllburg 13 – Wittlich 17.

In Eisenschmitt-Eichelhütte :

Molitors Mühle, 54533, (06567) 96 60, *Fax (06567) 966100,* « Gartenterrasse », – 30. AE VISA
5. Jan. - 18. Feb. geschl. – **Menu** *(Nov. - März Montag geschl.)* à la carte 37/62 – **30 Z** 90/220 – ½ P 30.

EISLEBEN (LUTHERSTADT) *Sachsen-Anhalt* 416 418 *L 18 – 25 000 Ew – Höhe 128 m.*
Fremdenverkehrsverein, Bahnhofstr. 36, 06295, (03475) 60 21 24, Fax (03475) 602634.
Berlin 179 – Magdeburg 85 – Erfurt 94 – Leipzig 66 – Nordhausen 59 – Halle 32.

Mansfelder Hof, Hallesche Str. 33 (B 180), 06295, (03475) 66 90, *Fax (03475) 669221,* Zim, – 120. AE VISA
Menu à la carte 32/46 – **32 Z** 85/145.

Gerichtslaube, Friedenstr. 2 (B 80/180), 06295, (03475) 60 22 34, *Fax (03475) 680013,* Biergarten – AE VISA
Menu à la carte 24/43 – **15 Z** 80/145.

EISLINGEN AN DER FILS *Baden-Württemberg* 419 *T 13 – 18 300 Ew – Höhe 336 m.*
Berlin 602 – Stuttgart 46 – Göppingen 5 – Heidenheim an der Brenz 38 – Ulm (Donau) 45.

Schönblick, mit Zim, Höhenweg 11, ✉ 73054, ☏ (07161) 98 44 30, *Fax (07161) 9844318,* « Terrasse mit ‹ » – P. E VISA. Zim
Aug. 2 Wochen geschl. – **Menu** *(Montag - Dienstag geschl.)* à la carte 39/70 – **3 Z** 100/170.

ELCHINGEN *Bayern* 419 420 *U 14 – 12 000 Ew – Höhe 464 m.*
Berlin 607 – München 127 – Augsburg 69 – Stuttgart 94 – Ulm (Donau) 14.

In Elchingen-Unterelchingen :

Zahn, Hauptstr. 35, ✉ 89275, ☏ (07308) 30 07, *Fax (07308) 42389,* – TV ☎ P
Menu *(Freitag geschl.)* à la carte 27/62 – **16 Z** 75/125.

ELEND *Sachsen-Anhalt siehe Schierke.*

ELFERSHAUSEN *Bayern* 417 418 420 *P 13 – 1 500 Ew – Höhe 199 m.*
Berlin 484 – München 318 – Würzburg 54 – Fulda 69 – Bad Kissingen 12.

Ullrich, August-Ullrich-Str. 42, ✉ 97725, ☏ (09704) 2 81, *Fax (09704) 6107,* , « Garten », , , – TV ☎ P – 80. AE E VISA
Menu à la carte 35/63 – **63 Z** 90/160.

ELIXHAUSEN *Österreich siehe Salzburg.*

ELLENZ-POLTERSDORF *Rheinland-Pfalz* 417 *P 5 – 900 Ew – Höhe 85 m.*
Berlin 654 – Mainz 130 – Koblenz 61 – Trier 101 – Bernkastel-Kues 69 – Cochem 11.

Weinhaus Fuhrmann, Moselweinstr. 21 (Ellenz), ✉ 56821, ☏ (02673) 93 10, *Fax (02673) 931464,* ‹, , – ☎. AE E VISA
Dez. - Feb. geschl. – **Menu** à la carte 23/50 – **39 Z** 77/150.

ELLERBEK *Schleswig-Holstein* 415 *E 13 – 4 300 Ew – Höhe 12 m.*
Berlin 310 – Kiel 84 – Hamburg 20 – Lübeck 89 – Stade 74.

Stock's Fischrestaurant, Hauptstr. 1, ✉ 25474, ☏ (04101) 38 35 65, *Fax (04101) 383567,* – P. AE E VISA
Samstagmittag, Montag und Jan. 1 Woche geschl. – **Menu** (abends Tischbestellung erforderlich) 44 (mittags) und à la carte 53/83
Spez. Variation von Fischvorspeisen. Aufgeschlagene Hummersuppe. Ellerbeker Pannfisch.

ELLWANGEN *Baden-Württemberg* 419 420 *T 14 – 22 500 Ew – Höhe 439 m – Erholungsort.*
Tourist-Information, Rathaus, Spitalstr. 4, ✉ 73479, ☏ (07961) 8 43 03, Fax (07961) 55267.
Berlin 547 – Stuttgart 97 – Augsburg 127 – Aalen 19 – Nürnberg 114 – Ulm (Donau) 82 – Würzburg 135.

Roter Ochsen, Schmiedstr. 16, ✉ 73479, ☏ (07961) 40 71, *Fax (07961) 53613* – , Zim, TV ☎ P – 25. AE E VISA
Menu *(Sonntagabend - Montag geschl.)* à la carte 32/69 – **35 Z** 75/180 – ½ P 30.

Stadthotel Germania garni, Wolfgangstr. 4, ✉ 73479, ☏ (07961) 9 88 00, *Fax (07961) 988049* – TV ☎ P. AE E VISA – **28 Z** 85/150.

In Ellwangen-Espachweiler *SW : 4 km :*

Seegasthof, Bussardweg 1, ✉ 73479, ☏ (07961) 77 60, *Fax (07961) 53846,* – TV ☎ P. AE E
7. - Ende Jan. geschl. – **Menu** *(Freitag geschl.)* à la carte 26/52 – **10 Z** 55/120 – ½ P 25.

In Ellwangen-Neunheim *O : 2,5 km :*

Hirsch, Maierstr. 2, ✉ 73479, ☏ (07961) 9 19 80, *Fax (07961) 919870,* – TV ☎ P. E
Menu *(Mittwoch und jeden 3. Sonntag im Monat geschl.)* à la carte 24/47 – **9 Z** 55/98.

ELMSHORN *Schleswig-Holstein* 415 416 *E 12 – 45 000 Ew – Höhe 5 m.*
Lutzhorn, Bramstedter Landstraße (NO : 12 km), ☏ (04123) 74 08.
Verkehrs- und Bürgerverein, Torhaus, Probstendamm, ✉ 25333, ☏ (04121) 26 88 32, Fax (04121) 25627.
Berlin 323 – Kiel 90 – Hamburg 41 – Cuxhaven 77 – Itzehoe 25.

Sportlife-Hotel M, Hamburger Str. 205, ✉ 25337, ☏ (04121) 40 70, *Fax (04121) 407515,* , , , (Halle) – , Zim, TV ☎ P – 100. AE E VISA – **Menu** à la carte 25/53 – **75 Z** 118/175.

Royal, Lönsweg 5, 25335, (04121) 4 26 40, *Fax (04121) 426494*, – 300. AE E VISA
Menu à la carte 44/72 – **63 Z** 85/170.

Drei Kronen, Gärtnerstr. 92, 25335, (04121) 4 21 90, *Fax (04121) 421950*, – . AE E VISA
Menu à la carte 28/58 – **33 Z** 85/135.

ELSBETHEN *Österreich siehe Salzburg.*

ELSTER, BAD *Sachsen* 418 420 *P 20 – 5 000 Ew – Höhe 480 m.*

Kur- und Fremdenverkehrsverein, Badeplatz (Kolonnaden), 08645, (037437) 7 14 61, Fax (037437) 71260.

Berlin 331 – Dresden 176 – Hof 50 – Plauen 27.

Quellenpark garni, Ascher Str. 20, 08645, (037437) 56 00, *Fax (037437) 56056*, . E VISA – **21 Z** 65/170.

Goldner Anker, Walter-Rathenau-Str. 9, 08645, (037437) 55 80, *Fax (037437) 55866*, – – 45. E VISA
Menu à la carte 23/46 – **26 Z** 55/170 – ½ P 15.

In Mühlhausen *NO : 5 km :*

Vogtland, Brambacher Str. 38 (B 92), 08626, (037437) 4 60 24, *Fax (037437) 3484*, – – 30. E VISA
Menu à la carte 26/51 – **30 Z** 80/160 – ½ P 18.

ELSTERHEIDE *Sachsen siehe Hoyerswerda.*

ELSTERWERDA *Brandenburg* 418 *L 24 – 11 000 Ew – Höhe 93 m.*

Berlin 163 – Potsdam 122 – Cottbus 76 – Dresden 66 – Leipzig 97.

Arcus, Hauptstr. 14, 04910, (03533) 16 23 55, *Fax (03533) 162354* – . AE E VISA – (nur Abendessen für Hausgäste) – **16 Z** 90/160.

City-Hotel, Denkmalsplatz 4, 04910, (03533) 16 18 18, *Fax (03533) 3967* – . AE E VISA
(Restaurant nur für Hausgäste) – **15 Z** 65/130.

ELTERLEIN *Sachsen* 418 420 *O 22 – 2 300 Ew – Höhe 650 m.*

Berlin 298 – Dresden 117 – Chemnitz 38 – Chomutov 72 – Kalovy Vary 56 – Zwickau 36.

Bergkristall, Zwönitzer Str. 32, 09481, (037349) 65 00, *Fax (037349) 650134*, – Zim, . AE E VISA
Menu *(Montag - Freitag nur Abendessen)* à la carte 24/38 – **17 Z** 70/98.

ELTMANN *Bayern* 420 *Q 16 – 5 000 Ew – Höhe 240 m.*

Berlin 421 – München 254 – Coburg 64 – Schweinfurt 35 – Bamberg 19.

Haus am Wald, Georg-Göpfert-Str. 31, 97483, (09522) 2 31, *Fax (09522) 70620*, (geheizt), – Zim,
Feb. geschl. – (nur Abendessen für Hausgäste) – **15 Z** 60/125.

Zur Wallburg, Wallburgstr. 1, 97483, (09522) 60 11, *Fax (09522) 8138*, – Zim, .
20. - 28. Dez. geschl. – **Menu** *(Sonntag geschl.)* (nur Abendessen) à la carte 19/38 – **13 Z** 53/100.

In Ebelsbach *N : 1 km :*

Brauereigasthof Klosterbräu, Georg-Schäfer-Str. 11, 97500, (09522) 60 27, *Fax (09522) 8530*, Biergarten – – 20. E
Menu *(Nov. - April Donnerstag geschl.)* à la carte 23/39 – **15 Z** 43/120 – ½ P 18.

In Ebelsbach-Steinbach *NW : 3,5 km :*

Landgasthof Neeb, Dorfstr. 1 (an der B 26), 97500, (09522) 9 23 10, *Fax (09522) 923144*, – – 30. AE E VISA
Menu *(Montag, 23. Dez. - 15. Jan. und Aug. 2 Wochen geschl.)* à la carte 21/43 – **16 Z** 67/130.

In Oberaurach - Oberschleichach *SW : 7 km :*

Landhaus Oberaurach, Steigerwaldstr. 23, 97514, (09529) 9 22 00, *Fax (09529) 922060*, – – 20
Menu *(Montag geschl.)* à la carte 27/54 – **17 Z** 70/130.

ELTVILLE AM RHEIN *Hessen* 417 *P 8 – 16 500 Ew – Höhe 90 m.*

Ausflugsziel : *Kloster Eberbach*★★ *(Weinkeltern*★★*) NW : 9 km.*

Kultur- und Gästeamt, Schmittstr. 2, ✉ 65343, ☎ (06123) 9 09 80, Fax (06123) 90980.

Berlin 576 – Wiesbaden 14 – Bad Kreuznach 52 – Limburg an der Lahn 51 – Mainz 17.

Frankenbach - Mainzer Hof garni, Wilhelmstr. 13, ✉ 65343, ☎ (06123) 90 40, *Fax (06123) 63602* – TV ☎ P – 80. AE E VISA
21 Z 120/220.

Sonnenberg garni, Friedrichstr. 65, ✉ 65343, ☎ (06123) 30 81, *Fax (06123) 61829* – TV ☎ P. AE E
15. Dez. - 5. Jan. geschl. – **30 Z** 105/160.

In Eltville-Erbach *W : 2 km :*

Schloss Reinhartshausen, Hauptstr. 43, ✉ 65346, ☎ (06123) 67 60, *Fax (06123) 676400,* « Parkterrasse », – TV ☎ P – 80. AE E VISA. Rest
Menu siehe Rest. ***Marcobrunn*** separat erwähnt – ***Schloßkeller*** und ***Wintergarten*** : Menu à la carte 58/78 – **54 Z** 385/600, 13 Suiten.

Tillmanns garni, Hauptstr. 2, ✉ 65346, ☎ (06123) 9 23 30, *Fax (06123) 923366,* « Ehemaliges Weingut im Stil eines französischen Landhauses », – TV ☎ P – 10. AE E VISA
Jan. - Feb. 2 Wochen geschl. – **15 Z** 110/185.

Marcobrunn - Hotel Schloß Reinhartshausen, Hauptstr. 43, ✉ 65346, ☎ (06123) 67 64 32, *Fax (06123) 676400,* « Parkterrasse » – P. AE E VISA.
Montag - Dienstag, Jan. sowie Juli - Aug. 3 Wochen geschl., Mittwoch - Freitag nur Abendessen – **Menu** 105/195 und à la carte 90/136
Spez. Kalbsfuß mit Trüffeln und Kartoffeln gefüllt auf Wirsinggemüse. Steinbutt mit geschmolzener Gänseleber und Petersilienpüree. Bresse Taube mit Oliven in der Artischocke geschmort und Rosmarinjus.

Pan zu Erbach, Eberbacher Str. 44, ✉ 65346, ☎ (06123) 6 35 38, *Fax (06123) 4209,* – AE E VISA
Mittwoch geschl. – **Menu** (wochentags nur Abendessen, Tischbestellung ratsam) à la carte 62/97.

In Eltville - Hattenheim *W : 4 km :*

Kronenschlösschen, Rheinallee, ✉ 65347, ☎ (06723) 6 40, *Fax (06723) 7663,* « Gartenterrasse » – Zim, TV P – 60. AE E VISA JCB
Menu (wochentags nur Abendessen) à la carte 84/110 – ***Bistro*** *(auch Mittagessen)* **Menu** à la carte 52/78 – **18 Z** 264/368, 4 Suiten.

Zum Krug (Fachwerkhaus a.d.J. 1720), Hauptstr. 34, ✉ 65347, ☎ (06723) 9 96 80, *Fax (06723) 996825,* « Gemütliche, rustikale Gasträume » – TV ☎ P. AE E VISA
20. Juli - 6. Aug. und 20. Dez. - 20. Jan. geschl. – **Menu** *(Sonntagabend - Montag geschl.)* (bemerkenswertes Angebot Rheingauer Weine) à la carte 40/80 – **10 Z** 110/ 200.

Die Adler Wirtschaft, Hauptstr. 31, ✉ 65347, ☎ (06723) 79 82, *Fax (06723) 87867*
Sonntag - Montag, 7. Feb. - 1. März und 25. Juli - 9. Aug. geschl. – **Menu** (nur Abendessen, Tischbestellung ratsam) à la carte 57/77.

In Eltville-Kloster Eberbach *NW : 6 km :*

Gästehaus Kloster Eberbach, ✉ 65346, ☎ (06723) 99 30, *Fax (06723) 993100,* – Zim, TV ☎ P
2. - 30. Jan. geschl. – **Menu** à la carte 29/57 – **30 Z** 105/185.

ELZACH *Baden-Württemberg* 419 *V 8 – 6 400 Ew – Höhe 361 m – Luftkurort.*

Tourist-Information, Schulstr. 8, in Elzach-Oberprechtal, ✉ 79215, ☎ (07682) 12 85, Fax (07682) 6296.

Berlin 764 – Stuttgart 189 – Freiburg im Breisgau 39 – Offenburg 43.

In Elzach-Oberprechtal *NO : 7,5 km – Höhe 459 m*

Adler, Waldkircher Str. 2, ✉ 79215, ☎ (07682) 12 91, *Fax (07682) 1225* – Zim, TV P. E VISA.
18. Jan. - 10. Feb. geschl. – **Menu** *(Dienstag geschl.)* à la carte 35/65 – **12 Z** 55/160.

ELZE *Niedersachsen* 416 417 418 *J 13 – 10 000 Ew – Höhe 76 m.*
Berlin 294 – Hannover 30 – Göttingen 82 – Hameln 31 – Hildesheim 17.

Papenhof, Papendahlweg 14, ✉ 31008, ☎ (05068) 40 45, *Fax (05068) 2260*, – TV ☎ P. AE E VISA
(nur Abendessen für Hausgäste) – **18 Z** 80/180.

In Elze-Mehle *SW : 3 km :*

XXX **Schökel** mit Zim, Alte Poststr. 35 (B 1), ✉ 31008, ☎ (05068) 30 66, *Fax (05068) 3069*, – TV ☎ P – 30. AE
Menu *(Montag - Dienstag geschl.)* (wochentags nur Abendessen) à la carte 60/84 – **10 Z** 75/180.

ELZTAL *Baden-Württemberg siehe Mosbach.*

EMBSEN *Niedersachsen siehe Lüneburg.*

EMDEN *Niedersachsen* 415 *F 5 – 52 000 Ew – Höhe 4 m.*
Sehenswert : *Ostfriesisches Landesmuseum★ (Rüstkammer★★)* Z **M** – *Kunsthalle★ (Stiftung Henri Nannen)* Y **M.**
nach Borkum *(Autofähre, Voranmeldung erforderlich)* ☎ *(04921) 89 07 22, Fax (04921) 890746.*
Verkehrsverein, Pavillon, Alter Markt, ✉ *26721,* ☎ *(04921) 9 74 00, Fax (04921) 97409.*
Berlin 517 ② – Hannover 251 ② – Groningen 98 ② – Oldenburg 80 ② – Wilhelmshaven 77 ①.

Alter Markt . . . . Z 2
Am Brauersgraben . . . Z 3
Am Burggraben . . . . . . Z 4
Am Delft . . . . Z 5
Am Markt . . . . Z 6
Am Rosentief . . . . Z 8
An der Bonnesse . . . . Z 10
Douwesstraße . . . . Y 13
Emsmauerstraße . . . . . Z 15
Faldernstraße . . . . Z 16
Friedrich-Ebert-Straße . . . . Z 17
Friedrich-Naumann-Str. Z 18
Große Straße . . . . Z
Hof von Holland . . . . . Z 20
Kirchstraße . . . . Z 21
Larrelter-Straße . . . . . . Z 22
Mittelwallstraße . . . . . . Z 23
Neutorstraße . . . . YZ
Rathausplatz . . . . Z 26
Stephanstraße . . . . Z 28

Parkhotel Upstalsboom, Friedrich-Ebert-Str. 73, ✉ 26725, ✆ (04921) 82 80, *Fax (04921) 828599*, – Zim, – 40. AE E VISA JCB. Rest Z u
Menu *(Samstagmittag geschl.)* à la carte 34/53 – **95 Z** 180/230.

Faldernpoort (mit Gästehaus), Courbièrestr. 6, ✉ 26725, ✆ (04921) 9 75 20, *Fax (04921) 28761* – – 180. AE E VISA Z u
Menu *(Sonntag geschl.)* (nur Abendessen) à la carte 31/63 – **41 Z** 140/200.

Heerens Hotel, Friedrich-Ebert-Str. 67, ✉ 26725, ✆ (04921) 2 37 40, *Fax (04921) 23158* – . AE E VISA. Zim Z c
Menu *(Sonntagabend, Samstag und Juli - Aug. 4 Wochen geschl.)* à la carte 36/65 – **21 Z** 100/200.

Am Boltentor garni, Hinter dem Rahmen 10, ✉ 26721, ✆ (04921) 9 72 70, *Fax (04921) 972733* – . E. Y n
19 Z 115/165.

Goldener Adler, Neutorstr. 5, ✉ 26721, ✆ (04921) 9 27 30, *Fax (04921) 927339* – . AE E VISA Z e
Menu à la carte 35/76 – **18 Z** 120/170.

EMMELSHAUSEN *Rheinland-Pfalz 417 P 6 – 4 100 Ew – Höhe 490 m – Luftkurort.*
Berlin 621 – Mainz 76 – Koblenz 30 – Bad Kreuznach 57 – Trier 112.

Münster, Waldstr. 3a, ✉ 56281, ✆ (06747) 9 39 40, *Fax (06747) 939413*, – TV ☎ P. E VISA
(Restaurant nur für Hausgäste) – **18 Z** 60/120 – ½ P 16.

In Halsenbach-Ehr *N : 3,5 km :*

Zur Katz, Auf der Katz 6 (B 327), ✉ 56283, ✆ (06747) 66 26, *Fax (06747) 6625*, – TV ☎ P – 80. E. Rest
Menu *(Montag geschl.)* à la carte 25/58 – **16 Z** 63/125 – ½ P 15.

EMMENDINGEN *Baden-Württemberg 419 V 7 – 24 000 Ew – Höhe 201 m.*
Sehenswert : *Ruinen der Hochburg*★.
Tourist-Information, Landvogtei 10, (Rathaus) ✉ 79312, ✆ (07641) 45 23 26, Fax (07641) 452306.
Berlin 794 – Stuttgart 193 – Freiburg im Breisgau 23 – Offenburg 51.

In Emmendingen-Maleck *NO : 4 km :*

Park-Hotel Krone, Brandelweg 1, ✉ 79312, ✆ (07641) 9 30 96 90, *Fax (07641) 52576*, « Hübsche Gartenanlage », – TV ☎ P – 20. AE E VISA JCB
Anfang Feb. - Anfang März geschl. – **Menu** *(Montag geschl.)* (Tischbestellung ratsam) à la carte 52/85 – **27 Z** 90/145.

In Emmendingen-Windenreute *O : 3,5 km :*

Windenreuter Hof, Rathausweg 19, ✉ 79312, ✆ (07641) 93 08 30, *Fax (07641) 93083444*, ≤, – Zim, TV P – 95. AE E VISA
Menu à la carte 45/90 – **70 Z** 95/185, 3 Suiten.

EMMERICH *Nordrhein-Westfalen 417 K 2 – 31 900 Ew – Höhe 19 m.*
Borghees, Albersweg 30, ✆ (02822) 9 27 10.
Gästebetreuung, Martinikirchgang 1 (Rheinmuseum), ✉ 46446, ✆ (02822) 7 54 00, Fax (02822) 75417.
Berlin 597 – Düsseldorf 103 – Arnhem 33 – Nijmegen 34 – Wesel 40.

In Emmerich-Elten *NW : 7 km – Erholungsort :*

Waldhotel Hoch-Elten, Lindenallee 34, ✉ 46446, ✆ (02828) 70 41, *Fax (02828) 7122*, ≤ Niederrheinische Tiefebene, – TV ☎ P – 25. AE E VISA. Rest
Menu à la carte 56/73 – **34 Z** 115/255.

Auf der Heide, Luitgardisstr. 8, ✉ 46446, ✆ (02828) 9 14 20, *Fax (02828) 7336*, – Zim, TV ☎ P – 20
Menu *(Montag geschl.)* (wochentags nur Abendessen, Sonntag nur Mittagessen) à la carte 43/73 – **26 Z** 99/174.

EMS, BAD *Rheinland-Pfalz 417 O 7 – 10 000 Ew – Höhe 85 m – Heilbad.*
Denzerheide (N : 5 km), ✆ (02603) 65 41.
Kurverwaltung und Gästezentrum, Römerstr. 1, ✉ 56130, ✆ (02603) 1 94 33, Fax (02603) 4488.
Berlin 590 – Mainz 66 – Koblenz 19 – Limburg an der Lahn 40 – Wiesbaden 61.

Kurhotel Bad Ems, Römerstr. 1, ✉ 56130, ✆ (02603) 79 90, *Fax (02603) 799252*, (Thermal) – Zim, TV – 60. AE E VISA
Menu à la carte 42/61 – **107 Z** 205/275, 4 Suiten.

Schweizerhaus mit Zim, Malbergstr. 21, ✉ 56130, ✆ (02603) 7 07 83, *Fax (02603) 70784*, – TV ☎ P. AE E VISA
Ende Okt. - Mitte Nov. geschl. – **Menu** *(Donnerstag geschl.)* à la carte 48/74 – **11 Z** 75/150 – ½ P 30.

Außerhalb *S : 3 km über Braubacher Str. :*

Berghotel Café Wintersberg garni, ✉ 56130 Bad Ems, ✆ (02603) 42 82, *Fax (02603) 42820*, ≤ Bad Ems und Umgebung, – P
15. Dez. - 15. Jan. geschl. – **14 Z** 75/150.

In Kemmenau *NO : 5 km – Erholungsort :*

Kupferpfanne-Maurer-Schmidt (mit Gästehaus,), Hauptstr. 17, ✉ 56132, ✆ (02603) 9 61 30, Fax (02603) 14198, , – 📺 ☎ – 35. AE E VISA.
Feb. 2 Wochen geschl. – **Menu** *(Dienstag geschl.)* à la carte 49/73 – **12 Z** 60/160 – ½ P 35.

EMSDETTEN *Nordrhein-Westfalen* 417 *J 6 – 34 000 Ew – Höhe 45 m.*

Verkehrsverein, Friedrichstr. 1, ✉ *48282,* ✆ *(02572) 9 30 70, Fax (02572) 930750.*

Berlin 466 – Düsseldorf 152 – Nordhorn 54 – Enschede 50 – Münster (Westfalen) 31 – Osnabrück 46.

Lindenhof, Alte Emsstr. 7, ✉ 48282, ✆ (02572) 92 60, *Fax (02572) 926200,* – 📺 ☎ . AE
22. Dez. - 6. Jan. geschl. – **Menu** *(Sonntag und Juli - Aug. 2 Wochen geschl.)* (nur Abendessen) à la carte 40/65 – **27 Z** 90/150.

Wefer's Hotel, Emsstr. 19, ✉ 48282, ✆ (02572) 9 36 10, *Fax (02572) 936120,* – 📺 ☎ . E VISA
Menu (nur Abendessen) à la carte 30/49 – **12 Z** 90/135.

Kloppenborg, Frauenstr. 15, ✉ 48282, ✆ (02572) 92 10, *Fax (02572) 921150,* « Restaurant im münsterländischen Stil » – 📺 ☎ . E VISA. Zim
Menu *(Sonntag, Juli - Aug. 3 Wochen und 24. - 31. Dez. geschl.)* (nur Abendessen) à la carte 29/56 – **22 Z** 105/165.

In Emsdetten-Hembergen *SO : 6 km :*

Altes Gasthaus Lanvers , Dorfstr. 11, ✉ 48282, ✆ (02572) 1 50 90, *Fax (02572) 150990,* – 📺 ☎ – 35. AE E VISA
Menu (wochentags nur Abendessen) à la carte 31/63 – **30 Z** 90/170.

EMSKIRCHEN *Bayern* 419 420 *R 16 – 5 000 Ew – Höhe 359 m.*

Berlin 464 – München 207 – Nürnberg 39 – Bamberg 59 – Würzburg 69.

Rotes Herz, Hindenburgstr. 21 (B 8), ✉ 91448, ✆ (09104) 6 94, – 📺 . Rest
24. Mai - 14. Juni geschl. – **Menu** *(Samstag - Sonntag geschl.)* à la carte 23/41 – **12 Z** 54/94.

EMSTAL, BAD *Hessen* 417 *M 11 – 6 000 Ew – Höhe 320 m – Heilbad - Luftkurort.*

Kurverwaltung im Thermalbad, Karlsbader Str. 4, ✉ *34308,* ✆ *(05624) 99 97 26, Fax (05624) 2278.*

Berlin 416 – Wiesbaden 212 – Kassel 343 – Frankfurt am Main 203.

In Bad Emstal-Sand :

Grischäfer, Kasseler Str. 78, ✉ 34308, ✆ (05624) 9 98 50, *Fax (05624) 8778,* Biergarten, « Rustikal-gemütliche Einrichtung » – ☎
Menu *(Montag geschl.)* (wochentags nur Abendessen) à la carte 30/65 – ***Alter Grischäfer*** *(Montagmittag geschl.)* **Menu** à la carte 23/40 – **17 Z** 65/130.

ENDINGEN *Baden-Württemberg* 419 *V 7 – 8 600 Ew – Höhe 187 m.*

Verkehrsbüro, Adelshof 20, ✉ *79346,* ✆ *(07642) 68 99 90, Fax (07642) 689999.*

Berlin 789 – Stuttgart 189 – Freiburg im Breisgau 28 – Offenburg 47.

Kaiserstuhl, Alfred-Herr-Str. 1, ✉ 79346, ✆ (07642) 91 90, *Fax (07642) 919109,* , – , Zim, 📺 ☎ – 35. AE E VISA
Jan. 1 Woche geschl. – **Menu** *(Dienstag geschl.)* à la carte 45/72 – **34 Z** 110/170.

Pfauen garni, Hauptstr. 78, ✉ 79346, ✆ (07642) 9 02 30, *Fax (07642) 902340* – 📺 ☎ . VISA
35 Z 70/180.

Schindlers Ratsstube, Marktplatz 10, ✉ 79346, ✆ (07642) 34 58, *Fax (07642) 40270,* – . AE E
Sonntagabend - Montag geschl. – **Menu** (Tischbestellung ratsam) à la carte 38/73.

Weinstube Zur Sonne, Hauptstr. 67, ✉ 79346, ✆ (07642) 4 04 50, *Fax (07642) 3853*
Jan. - Aug. Montag geschl. – **Menu** (wochentags nur Abendessen) à la carte 41/65.

In Endingen-Kiechlinsbergen *SW : 5,5 km :*

Stube mit Zim (Fachwerkhaus a.d. 16. Jh.), Winterstr. 28, ✉ 79346, ✆ (07642) 17 86, *Fax (07642) 4286* – 📺 ☎. E VISA
nach Fastnacht und Ende Juli - Anfang Juli 2 Wochen geschl. – **Menu** *(Sonntagabend - Montag geschl.)* (bemerkenswerte Auswahl badischer Weine) à la carte 43/74 – **4 Z** 60/110.

ENDORF, BAD Bayern 420 W 20 – 7 200 Ew – Höhe 520 m – Heilbad.

Höslwang (N : 8 km), (08075) 7 14.

Kurverwaltung im Rathaus, Bahnhofstr. 6, 83093, (08053) 94 22, Fax (08053) 300830.

Berlin 648 – München 85 – Bad Reichenhall 66 – Wasserburg am Inn 19 – Rosenheim 15.

Elisabeth, Kirchplatz 2, 83093, (08053) 8 37, Fax (08053) 2802, – . Rest
20. Dez. - 10. Jan. geschl. – (nur Abendessen für Hausgäste) – **30 Z** 75/140 – ½ P 21.

In Bad Endorf-Pelham *NO : 5 km :*

Seeblick (mit Gästehäusern), 83093, (08053) 30 90, Fax (08053) 309500, , , Massage, , , , , – – 40. Rest
Mitte Jan.- Mitte Feb. und Nov. - 15. Dez. geschl. – **Menu** à la carte 24/57 – **76 Z** 58/170.

ENGE-SANDE Schleswig-Holstein *siehe Leck.*

ENGELSKIRCHEN Nordrhein-Westfalen 417 N 6 – 21 500 Ew – Höhe 120 m.

Verkehrsamt im Rathaus, Engels-Platz 4, 51766, (02263) 8 31 37, Fax (02263) 1610.

Berlin 575 – Düsseldorf 68 – Köln 36 – Olpe 43.

Alte Schlosserei, Engelsplatz 7, 51766, (02263) 2 02 12, Fax (02263) 2225, Biergarten – . AE VISA
Montag und Samstagmittag geschl. – **Menu** à la carte 51/70.

In Engelskirchen-Bickenbach *NW : 4 km :*

Zur Post, Gelpestr. 1, 51766, (02263) 37 04, Fax (02263) 3903, , – . AE VISA.
Menu *(Donnerstag geschl.)* à la carte 23/50 – **18 Z** 95/135.

ENGELTHAL Bayern *siehe Hersbruck.*

ENINGEN UNTER ACHALM Baden-Württemberg *siehe Reutlingen.*

ENKENBACH-ALSENBORN Rheinland-Pfalz 417 R 7 – 7 500 Ew – Höhe 290 m.

Berlin 632 – Mainz 80 – Mannheim 54 – Kaiserslautern 10.

Im Ortsteil Enkenbach :

Schläfer, Hauptstr. 3, 67677, (06303) 30 71, Fax (06303) 4485, – . AE VISA
Menu *(Montag - Dienstagmittag, Samstagmittag und Okt. 2 Wochen geschl.)* à la carte 32/73 – **15 Z** 85/130.

ENKERING Bayern *siehe Kinding.*

ENKIRCH Rheinland-Pfalz 417 Q 5 – 1 900 Ew – Höhe 100 m – Erholungsort.

Ausflugsziel : *Starkenburg ★, S : 5 km.*

Verkehrsbüro, Brunnenplatz 2, 56850, (06541) 92 65, Fax (06541) 5269.

Berlin 677 – Mainz 104 – Trier 70 – Bernkastel-Kues 29 – Cochem 51.

Dampfmühle, Am Steffensberg 80, 56850, (06541) 68 67, Fax (06541) 4904, , (geheizt), – Zim, . AE VISA
Jan. und Nov. jeweils 2 Wochen geschl. – **Menu** *(Mittwoch geschl.)* à la carte 30/54 – **18 Z** 60/140 – ½ P 25.

In Burg/Mosel *N : 3 km :*

Zur Post, Moselstr. 18, 56843, (06541) 92 14, Fax (06541) 2865, – .
6. Jan. - 21. Feb. geschl. – **Menu** *(Mittwoch - Donnerstagmittag geschl.)* à la carte 33/65 – **12 Z** 62/120 – ½ P 14.

ENNIGERLOH Nordrhein-Westfalen 417 K 8 – 20 400 Ew – Höhe 106 m.

Ausflugsziel : *Wasserburg Vornholz★ NO : 5 km.*

Ennigerloh-Ostenfelde (NO : 5 km), (02524) 57 99.

Berlin 443 – Düsseldorf 134 – Bielefeld 66 – Beckum 10 – Warendorf 16.

Hubertus, Enniger Str. 4, 59320, (02524) 9 30 80, Fax (02524) 930840, – – 30. AE VISA
Menu *(Samstagmittag, Donnerstag und Feb. geschl.)* à la carte 35/63 – **19 Z** 85/145.

In Ennigerloh-Ostenfelde *NO : 5 km :*

Kröger, Hessenknapp 17, ✉ 59320, ✆ (02524) 9 31 90, *Fax (02524) 931910,* – TV ☎ – 80. E
Menu *(Freitag und Mitte Juni - Mitte Aug. geschl.)* (nur Abendessen) à la carte 31/51 – **15 Z** 75/120.

ENZKLÖSTERLE *Baden-Württemberg 419 T 9 – 1 400 Ew – Höhe 598 m – Luftkurort – Wintersport : 600/900 m 2.*
Kurverwaltung, Friedenstr. 16, ✉ 75337, ✆ (07085) 75 16, Fax (07085) 1398.
Berlin 693 – Stuttgart 89 – Karlsruhe 64 – Pforzheim 39 – Freudenstadt 26.

Enztalhotel, Freudenstädter Str. 67, ✉ 75337, ✆ (07085) 1 80, *Fax (07085) 1642,* , Massage, , , – TV .
Menu à la carte 47/89 – **50 Z** 135/250 – ½ P 25.

Schwarzwaldschäfer , Am Dietersberg 2, ✉ 75337, ✆ (07085) 17 12, *Fax (07085) 7502,* , , – TV ☎ – 25
Mitte Nov. - Mitte Dez. geschl. – (nur Abendessen für Hausgäste) – **25 Z** 80/170 – ½ P 25.

Wiesengrund , Friedenstr. 1, ✉ 75337, ✆ (07085) 9 23 20, *Fax (07085) 923243,* , – TV – 40.
Nov. - 20. Dez. geschl. – **Menu** *(Nov. - März Montag geschl.)* à la carte 31/58 – **24 Z** 74/140 – ½ P 25.

Hirsch - Café Klösterle (mit Gästehaus), Freudenstädter Str. 2, ✉ 75337, ✆ (07085) 72 61, *Fax (07085) 1686,* , – . Zim
10. Jan. - 15. Feb. und 20. Okt. - 25. Nov. geschl. – **Menu** à la carte 28/63 – **45 Z** 68/145 – ½ P 18.

Schwarzwaldhof, Freudenstädter Str. 9, ✉ 75337, ✆ (07085) 17 08, *Fax (07085) 1328,* – TV ☎
Feb. - März 3 Wochen geschl. – **Menu** à la carte 29/57 – **27 Z** 82/148 – ½ P 18.

Gästehaus am Lappach garni, Aichelberger Weg 4, ✉ 75337, ✆ (07085) 75 11, *Fax (07085) 7611,* , – ☎ .
Nov. - 20. Dez. geschl. – **32 Z** 82/146.

In Enzklösterle-Poppeltal *SW : 5 km (Richtung Freudenstadt) :*

Waldeck , Eschentalweg 10, ✉ 75337, ✆ (07085) 10 72, *Fax (07085) 1032,* , – ☎
Ende Nov. - Mitte Dez. geschl. – **Menu** à la carte 23/44 – **30 Z** 57/110 – ½ P 22.

EPPELBORN *Saarland 417 R 4 – 19 500 Ew – Höhe 285 m.*
Berlin 716 – Saarbrücken 29 – Neunkirchen 29 – Saarlouis 21.

Eppelborner Hof M, Rathausstr. 1, ✉ 66571, ✆ (06881) 89 50, *Fax (06881) 895200,* , , – TV ☎ – 60. AE E VISA.
Menu *(Samstagmittag und Sonntagabend geschl.)* à la carte 38/73 – **33 Z** 105/160.

EPPENBRUNN *Rheinland-Pfalz 419 S 6 – 1 800 Ew – Höhe 390 m – Luftkurort.*
Berlin 698 – Mainz 135 – Saarbrücken 76 – Pirmasens 14 – Landau in der Pfalz 135.

Kupper , Himbaumstr. 22, ✉ 66957, ✆ (06335) 91 30, *Fax (06335) 913113,* Biergarten, , – ☎ . E
Menu *(Sonntagabend, Mittwoch und Jan. 2 Wochen geschl.)* à la carte 27/53 – **24 Z** 68/116 – ½ P 15.

EPPERTSHAUSEN *Hessen 417 Q 10 – 5 300 Ew – Höhe 140 m.*
Berlin 552 – Wiesbaden 57 – Frankfurt am Main 35 – Darmstadt 22 – Aschaffenburg 27.

Alte Krone, Dieburger Str. 1, ✉ 64859, ✆ (06071) 3 00 00, *Fax (06071) 300010,* – TV ☎ – 50. AE E VISA. Zim
Menu *(Samstagmittag, Sonntagabend und Aug. 2 Wochen geschl.)* à la carte 30/56 – **43 Z** 80/180.

Am Rotkäppchenwald garni, Jahnstr. 22 (Gewerbegebiet West), ✉ 64859, ✆ (06071) 3 90 40, *Fax (06071) 390444* – TV ☎ . E VISA
23. Dez. - 2. Jan. geschl. – **18 Z** 95/130.

EPPINGEN *Baden-Württemberg* 419 *S 10 – 18 500 Ew – Höhe 190 m.*

Berlin 615 – Stuttgart 71 – Heilbronn 26 – Karlsruhe 48 – Mannheim 64.

Altstadthotel Wilde Rose, Kirchgasse 29, ✉ 75031, ☎ (07262) 9 14 00, *Fax (07262) 914090,* « Fachwerkhaus a.d. 16. Jh. » –
Menu *(Sonntag geschl.)* (nur Abendessen) à la carte 41/58 – **10 Z** 133/180.

Palmbräuhaus, Rappenauer Str. 5, ✉ 75031, ☎ (07262) 84 22, *Fax (07262) 8422,* – E
Montagabend - Dienstag und Juli - Aug. 2 Wochen geschl. – **Menu** à la carte 38/73.

EPPSTEIN *Hessen* 417 *P 9 – 12 500 Ew – Höhe 184 m – Luftkurort.*

Berlin 549 – Wiesbaden 20 – Frankfurt am Main 31 – Limburg an der Lahn 41.

In Eppstein-Vockenhausen :

Nassauer Hof, Hauptstr. 104, ✉ 65817, ☎ (06198) 5 90 20, *Fax (06198) 590222,* – . E VISA. Zim
Menu *(Dienstag sowie Jan. 2 Wochen und Juli - Aug. 3 Wochen geschl.)* à la carte 26/57 – **12 Z** 86/137.

ERBACH (ALB-DONAU-KREIS) *Baden-Württemberg* 419 420 *V 13 – 11 000 Ew – Höhe 530 m.*

Berlin 630 – Stuttgart 104 – Konstanz 133 – Ulm (Donau) 12 – Tuttlingen 105.

Kögel, Ehinger Str. 44 (B 311), ✉ 89155, ☎ (07305) 80 21, *Fax (07305) 5084,* – Zim, – 20. E VISA
Weihnachten - Anfang Jan. und Aug. 2 Wochen geschl. – ***Trüffel*** *(Sonn- und Feiertage geschl.)* **Menu** à la carte 39/74 – **19 Z** 80/120.

Zur Linde, Bahnhofstr. 8, ✉ 89155, ☎ (07305) 93 11 00, *Fax (07305) 9311020* – Zim, . E VISA
Menu *(Sonntag und März 1 Woche geschl.)* à la carte 26/44 – **12 Z** 80/120.

Schloß-Restaurant, Am Schloßberg 1, ✉ 89155, ☎ (07305) 69 54, *Fax (07305) 6963,* – . AE E VISA
Montag - Dienstagmittag, Jan. 3 Wochen und Aug. 2 Wochen geschl. – **Menu** à la carte 53/78.

In Erbach-Dellmensingen *SO : 3 km :*

Brauereigasthof Adler, Adlergasse 2, ✉ 89155, ☎ (07305) 73 42, *Fax (07305) 7374* – . VISA
Menu *(Montag, vor Ostern 1 Woche und 24. - 31. Dez. geschl.)* à la carte 22/53 – **13 Z** 55/98.

ERBACH IM ODENWALD *Hessen* 417 419 *R 10 – 14 000 Ew – Höhe 212 m – Luftkurort.*

Sehenswert : *Schloß (Hirschgalerie★).*

Tourist-Information, Marktplatz 1, ✉ 64711, ☎ (06062) 64 39 Fax (06062) 943317.

Berlin 595 – Wiesbaden 95 – Mannheim 53 – Darmstadt 50 – Heilbronn 79 – Würzburg 100.

Odenwälder Wappenstube, Am Schloßgraben 30, ✉ 64711, ☎ (06062) 22 36, *Fax (06062) 4789,* , – . AE E VISA
Feb. geschl. – **Menu** *(Montag geschl.)* (nur Abendessen) à la carte 31/56 – **14 Z** 80/180.

In Erbach-Erlenbach *SO : 2 km :*

Erlenhof, Bullauer Str. 10, ✉ 64711, ☎ (06062) 31 74, *Fax (06062) 62666,* , , , – . E
Menu *(Montagmittag und Dienstagmittag geschl.)* à la carte 30/49 – **26 Z** 86/142 – ½ P 18.

ERBENDORF *Bayern* 420 *Q 20 – 5 300 Ew – Höhe 509 m – Erholungsort.*

Verkehrsamt, Bräugasse 2, ✉ 92681, ☎ (09682) 92 10 22, Fax (09682) 921092.

Berlin 395 – München 248 – Weiden in der Oberpfalz 25 – Bayreuth 40 – Nürnberg 108.

In Erbendorf-Pfaben *N : 6 km, – Höhe 720 m – Wintersport 1 :*

Steinwaldhaus, ✉ 92681, ☎ (09682) 93 30, *Fax (09682) 933199,* < Oberpfälzer Wald, – – 50. AE E VISA
12. Jan. - 13. Feb. geschl. – **Menu** à la carte 27/57 – **95 Z** 83/138 – ½ P 25.

ERDING *Bayern* 420 *V 19 – 25 500 Ew – Höhe 462 m.*

Grünbach (O : 8 km über die B 388), (08122) 64 65.

Berlin 597 – München 40 – Regensburg 107 – Landshut 39 – Rosenheim 66.

Parkhotel M, Am Bahnhof 3, ✉ 85435, (08122) 49 90, *Fax (08122) 499499*, – Zim, . AE E VISA
Menu *(Sonntag geschl.)* à la carte 34/71 – **64 Z** 195/235.

Kastanienhof, Am Bahnhof 7, ✉ 85435, (08122) 98 00, *Fax (08122) 42477*, – Zim, – 70. AE E VISA JCB
Menu à la carte 38/62 – **87 Z** 180/290.

Mayr-Wirt, Haager Str. 4, ✉ 85435, (08122) 70 94, *Fax (08122) 7098* – – 60. AE E VISA JCB
Menu *(Samstag geschl.)* à la carte 29/60 – **30 Z** 95/200.

In Aufhausen *S : 3 km :*

Am Schloßberg M, Schloßallee 26, ✉ 85435, (08122) 96 20, *Fax (08122) 962222*, – – 20. AE E VISA
Menu (italienische Küche) à la carte 31/54 – **35 Z** 120/180.

ERDMANNSDORF *Sachsen* 418 *N 23 – 2 300 Ew – Höhe 470 m.*

Berlin 258 – Dresden 72 – Chemnitz 19 – Marienberg 27.

Landhaus Puschke, Chemnitzer Str. 62, ✉ 09573, (037291) 2 94 60, *Fax (037291) 29461*, , – – 30. AE E VISA
Menu à la carte 28/51 – **28 Z** 90/180.

ERFTSTADT *Nordrhein-Westfalen* 417 *N 4 – 47 500 Ew – Höhe 90 m.*

Erftstadt-Konradsheim, Frenzenstr. 148a, (02235) 7 60 94.

Berlin 593 – Düsseldorf 64 – Bonn 41 – Köln 18 – Brühl 8.

In Erftstadt-Lechenich :

Husarenquartier mit Zim, Schloßstr. 10, ✉ 50374, (02235) 50 96, *Fax (02235) 691143*, – . AE E VISA JCB
Menu *(Montag - Dienstag geschl.)* à la carte 58/95 – **6 Z** 90/150.

ERFURT L *Thüringen* 418 *N 17 – 208 000 Ew – Höhe 200 m.*

Sehenswert : *Mariendom★★ (Nordportale★★, Mosaikfenster★ im Chor, Kandelaber-Statue★)* A *– Severi-Kirche★ (Sarkophag★ des Hl. Severin)* A *– Rathaus (Fresken ★)* A R *– Krämerbrücke★* B *– Angermuseum ★ (Altaraufsätze★★, Pieta★★)* B **M1.**

Erfurt-Bindersleben (W : 4 km) Y, *65 60.*

Tourist-Information, Fischmarkt 27, ✉ 99084, (0361) 6 64 00, Fax (0361) 6640290.

ADAC, *Johannesstr.176, ✉ 99084, (0361) 5 66 88 30, Fax (0361) 5668832.*

Berlin 304 – Chemnitz 154 ② – Leipzig 130 ② – Nordhausen 77 ④.

Stadtpläne siehe nächste Seiten

Dorint M, Meienbergstr. 26, ✉ 99084, (0361) 5 94 90, *Fax (0361) 5949100*, , – Zim, – 120. AE E VISA JCB B n
Menu à la carte 34/59 – **142 Z** 205/265, 3 Suiten.

Sorat M, Gotthardtstr. 27, ✉ 99084, (0361) 6 74 00, *Fax (0361) 6740444*, , Biergarten, – Zim, Zim, – 100. AE E VISA JCB B a
Zum Alten Schwan *(Sonntagabend und Montagabend geschl.)* **Menu** à la carte 38/70 – **85 Z** 180/315.

Zumnorde am Anger M, Anger 50 (Eingang Weitergasse), ✉ 99084, (0361) 5 68 00, *Fax (0361) 5680400*, Biergarten – Zim, – 45. AE E VISA JCB B s
Menu à la carte 45/66 – **50 Z** 170/300, 3 Suiten.

Bauer Hotel Excelsior M garni, Bahnhofstr. 35, ✉ 99084, (0361) 5 67 00, *Fax (0361) 5670100*, – – 35. AE E VISA JCB B c
77 Z 165/265, 3 Suiten.

Carat, Hans-Grundig-Str. 40, ✉ 99099, (0361) 3 43 00, *Fax (0361) 3430100*, , – Zim, – 40. AE E VISA JCB. Rest Y n
(nur Abendessen für Hausgäste) – **60 Z** 170/220.

Radisson SAS, Juri-Gagarin-Ring 127, ✉ 99084, ✆ (0361) 5 51 00, *Fax (0361) 5510210* – |♦|, ⇔ Zim, ▤ Rest, TV ☎ ✆ P – 🏛 230. AE ◑ E VISA JCB. ✂ Rest B e
Menu à la carte 37/59 – **317 Z** 170/249, 3 Suiten.

InterCityHotel M, Willy-Brandt-Platz 11, ✉ 99084, ✆ (0361) 5 60 00, *Fax (0361) 5600999* – |♦|, ⇔ Zim, ▤ Rest, TV ☎ ✆ ♿ 🚗 – 🏛 50. AE ◑ E VISA. ✂ Rest B d
Menu à la carte 28/47 – **161 Z** 155/200.

Airport Hotel Erfurt M, Binderslebener Landstraße 100 (W : 4 km), ✉ 99092, ✆ (0361) 6 56 11 11, *Fax (0361) 6561060*, 🍴, ≘s – ⇔ Zim, TV ☎ ✆ P – 🏛 120. AE ◑ E VISA JCB über Bindeslebener Landstraße Y
Menu à la carte 30/47 – **72 Z** 115/145.

Spielbergtor garni, Spielbergtor 20, ✉ 99096, ✆ (0361) 3 48 10, *Fax (0361) 3481134* – |♦| TV ☎ ✆ P. AE ◑ E VISA B x
20 Z 115/230.

Nikolai, Augustinerstr. 30, ✉ 99084, ✆ (0361) 59 81 70, *Fax (0361) 59817120*, 🍴 – ⇔ Zim, TV ☎ P – 🏛 20. AE E A r
Menu *(18. - 31. Jan. geschl., Montag - Freitag nur Abendessen)* à la carte 31/63 – **14 Z** 125/169.

ERFURT

Albrechtstraße . . . . X 3
Am Schwemmbach . . . . Y 4
Biereyestraße . . . . X 6
Binderslebener Landstraße . Y 7
Bonifaciusstraße . . . . Y 9
Cyriakstraße . . . . Y 12
Gothaer Platz . . . . Y 18
Gutenbergstraße . . . . X 19
Kranichfelder Straße . . . . . . Y 21
Martin-Andersen-Nexö-Str. . . Y 25
Mühlhäuser Straße . . . . X 30
Paul-Schäfer-Straße . . . . . . X 31
Pförtchenstraße . . . . Y 33
Steigerstraße . . . . Y 39
Straße des Friedens . . . . . . Y 41

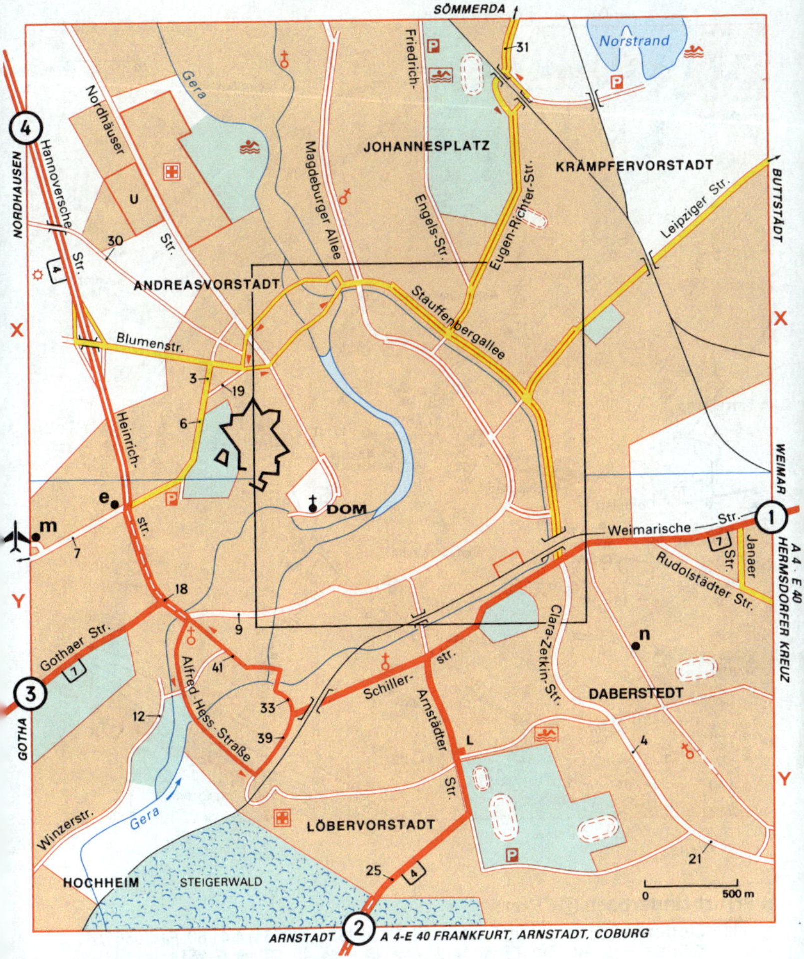

Gartenstadt, Binderslebener Landstr. 212, ✉ 99092, ☎ (0361) 2 10 45 12, *Fax (0361) 2104513,* – TV ☎ P. AE ◐ E VISA — Y e
Menu à la carte 26/42 – **13 Z** 95/145.

Erfurtblick garni, Nibelungenweg 20, ✉ 99092, ☎ (0361) 22 06 60, *Fax (0361) 2206622,* – TV ☎ P. E — Y m
11 Z 90/130.

Alboth's Restaurant im Kaisersaal, Futterstr. 15, ✉ 99084, ☎ (0361) 5 68 82 07, *Fax (0361) 5688181* – AE E VISA — B t
Samstagmittag und Sonntag geschl. – **Menu** à la carte 46/63.

In Erfurt-Kerspleben *NO : 5 km über Leipziger Straße* X :

Weisser Schwan, Erfurter Str. 179, ✉ 99198, ☎ (036203) 5 80, *Fax (036203) 58100,* – Zim, TV ☎ P – 50. AE ◐ E VISA
Menu à la carte 29/52 – **44 Z** 110/150.

ERFURT

Anger . . . . B
Bahnhofstraße . . . . B
Dalbergsweg . . . . A 13
Domstraße . . . . A 15
Fischmarkt . . . . A
Löberstraße . . . . B 22
Mainzerhofstraße . . . . A 24
Marktstraße . . . . A
Meienbergstraße . . . . B 27
Moritzwallstraße . . . . A 28
Regierungsstraße . . . . A 34
Schlösserstraße . . . . AB 36
Schlüterstraße . . . . A 37
Walkmühlstraße . . . . A 40
Wenigemarkt . . . . B 42
Willy-Brandt-Platz . . . . B 43

In Erfurt-Linderbach ① : *5 km* :

Linderhof Ⓜ, Straße des Friedens 12, ✉ 99198, ☎ (0361) 4 41 80, *Fax (0361) 416333*, 🍽, 🅢 – 🛗, ⇔ Zim, 📺 ☎ 📞 ♿ 🚗 🅟 – 🏛 40. AE ⓓ E VISA
Menu à la carte 32/58 – **52 Z** 126/226.

Sleep Meet Ⓜ, Auf der großen Mühle 4 (an der B 7), ✉ 99198, ☎ (0361) 4 38 30, *Fax (0361) 4383400* – 🛗, ⇔ Zim, 📺 ☎ 📞 ♿ 🅟 – 🏛 60. AE ⓓ E VISA. ✂ Rest *(nur Abendessen für Hausgäste)* – **94 Z** 98/160.

In Erfurt-Molsdorf *SW : 10 km über Winzerstr.* Y :

Landhotel Burgenblick 🐎, Am Zwetschgenberg 1, ✉ 99192, ☎ (036202) 8 11 11, *Fax (036202) 81112*, 🍽, 🅢, 🌳 – 📺 ☎ 🅟 – 🏛 20. AE ⓓ E VISA
Menu *(Montag - Freitag nur Abendessen)* à la carte 29/53 – **24 Z** 118/178.

In Apfelstädt *SW : 12 km* :

Domizil Drei Burgen Ⓜ, Riedweg 1, ✉ 99192, ☎ (036202) 8 50, *Fax (036202) 85410*, 🍽, 🏋, 🅢 – 🛗, ⇔ Zim, 📺 ☎ 📞 ♿ 🅟 – 🏛 60. AE ⓓ E VISA
Menu à la carte 35/61 – **100 Z** 119/184.

ERFWEILER *Rheinland-Pfalz siehe Dahn.*

ERGOLDING *Bayern siehe Landshut.*

ERGOLDSBACH *Bayern* 420 *T 20 – 6 000 Ew – Höhe 417 m.*
Berlin 532 – München 88 – Regensburg 40 – Ingolstadt 80 – Landshut 16.

Dallmaier, Hauptstr. 26 (B 15), ✉ 84061, ✆ (08771) 12 10, *Fax (08771) 910788,* Biergarten – P. AE ⓓ E VISA
27. Dez. - 11. Jan. geschl. – **Menu** à la carte 21/48 – **16 Z** 52/130.

ERKELENZ *Nordrhein-Westfalen* 417 *M 2 – 41 000 Ew – Höhe 97 m.*
Berlin 597 – Düsseldorf 45 – Aachen 38 – Mönchengladbach 15.

Am Weiher, Nordpromenade 7, ✉ 41812, ✆ (02431) 9 69 30, *Fax (02431) 9693299* – TV ☎ – 15. E VISA
Menu *(Samstagmittag, Mittwoch und über Karneval 1 Woche geschl.)* à la carte 35/70 – **23 Z** 160/210.

Rheinischer Hof-Breuer garni, Kölner Str. 18, ✉ 41812, ✆ (02431) 22 94, *Fax (02431) 74666* – TV ☎. AE ⓓ E VISA
21 Z 100/220.

Oerather Mühle, Roermonder Str. 36, ✉ 41812, ✆ (02431) 24 02, *Fax (02431) 72857,* – P. AE ⓓ E VISA
Montag - Dienstagmittag geschl. – **Menu** à la carte 34/68.

ERKHEIM *Bayern* 419 420 *V 15 – 2 500 Ew – Höhe 600 m.*
Berlin 631 – München 98 – Kempten 55 – Augsburg 81 – Memmingen 14 – Ulm (Donau) 68.

Gästehaus Herzner, Färberstr. 37, ✉ 87746, ✆ (08336) 3 00, *Fax (08336) 80729,* , , – P
21. Dez. - 12. Jan. geschl. – (nur Abendessen für Hausgäste) – **13 Z** 45/95.

ERKRATH *Nordrhein-Westfalen* 417 *M 4 – 49 000 Ew – Höhe 50 m.*
Berlin 552 – Düsseldorf 6 – Wuppertal 26.

Europa Parkhotel M, Neanderstr. 2, ✉ 40699, ✆ (0211) 9 27 50, *Fax (0211) 9275666,* , – , Zim, TV ☎ P – 70. AE ⓓ E VISA
Menu à la carte 40/65 – **81 Z** 179/390.

In Erkrath-Hochdahl *O : 3 km :*

Schildsheide, Schildsheider Str. 47, ✉ 40699, ✆ (02104) 4 60 81 (Hotel), 44 90 82 (Rest.), *Fax (02104) 46083,* , , – TV ☎ P. AE ⓓ E VISA
La Terrazza (wochentags nur Abendessen, italienische Küche) *(Mittwoch und 5. - 19. Aug geschl.)* **Menu** à la carte 37/63 – **39 Z** 120/318.

In Erkrath-Unterfeldhaus *S : 4,5 km :*

Unterfeldhaus garni, Millrather Weg 21, ✉ 40699, ✆ (0211) 2 09 90 10, *Fax (0211) 2099034* – TV ☎ P. E VISA
25. Dez. - 4. Jan. geschl. – **12 Z** 110/210.

ERLABRUNN *Bayern siehe Würzburg.*

ERLANGEN *Bayern* 419 420 *R 17 – 103 000 Ew – Höhe 285 m.*
Kleinsendelbach (O : 14 km über ②), ✆ (09126) 50 40.
Tourist-Information, Rathausplatz 1, ✉ 91052, ✆ (09131) 8 95 10, Fax (09131) 895151.
ADAC, *Henkestr. 26, ✉ 91054, ✆ (09131) 2 56 52, Fax (09131) 206238.*
Berlin 444 ④ – München 191 ④ – Nürnberg 19 ④ – Bamberg 40 ① – Würzburg 91 ⑥.

Stadtplan siehe nächste Seite

Bayerischer Hof, Schuhstr. 31, ✉ 91052, ✆ (09131) 78 50, *Fax (09131) 25800,* , – , Zim, TV P – 100. AE ⓓ E VISA JCB Z q
Menu à la carte 39/75 – **158 Z** 225/260, 5 Suiten.

Residenz Erlangen M garni, Bayreuther Str. 53, ✉ 91054, ✆ (09131) 87 60, *Fax (09131) 876550* – TV ☎ P – 30. AE ⓓ E VISA JCB V e
121 Z 139/184.

ERLANGEN

Äussere-Brucker-Str.	X	2
Bahnhofplatz	Z	4
Bayreuther Straße	V	6
Bismarckstraße	Y	8
Breslauer Straße	X	10
Büchenbacher Damm	X	13
Essenbacher Straße	V	14
Fließbachstraße	X	16
Fürther Straße	X	18
Glockenstraße	Y	20
Glückstraße	Y	21
Günther-Scharowsky-Straße	X	22
Güterhallenstraße	Z	24
Hauptstraße	YZ	
Heuwaagstraße	Y	26
Hindenburgstraße	Y	28
Hugenottenplatz	Z	29
Jahnstraße	V	30
Karl-Zucker-Straße	X	32
Koldestraße	X	33
Komotauer Straße	X	34
Kuttlerstraße	Y	35
Langemarckplatz	Z	36
Lorlebergplatz	Y	38
Loschgestraße	Y	39
Marktplatz	Y	40
Martinsbühler Straße	Y	41
Maximiliansplatz	Y	42
Münchener Straße	YZ	43
Nägelbachstraße	Z	44
Neckarstraße	X	45
Nürnberger Straße	Z	
Östliche Stadtmauerstr.	Y	46
Palmsanlage	Y	47
Palmstraße	V	48
Pfälzer Straße	X	49
Rathausplatz	Z	50
Resenscheckstraße	X	51
Schillerstraße	Y	52
Schloßplatz	Y	53
Sieboldstraße	X	57
Sophienstraße	X	58
Theaterplatz	Y	62
Wasserturmstraße	Y	65
Westliche Stadtmauerstr.	YZ	66
Wöhrstraße	Y	67

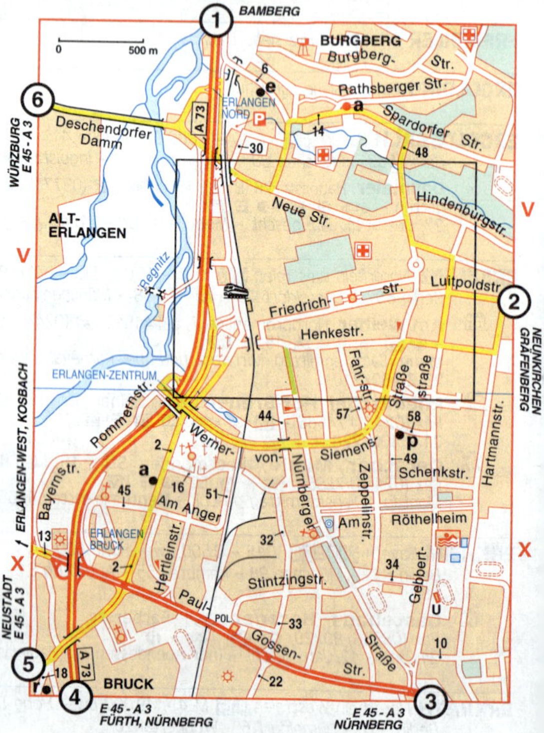

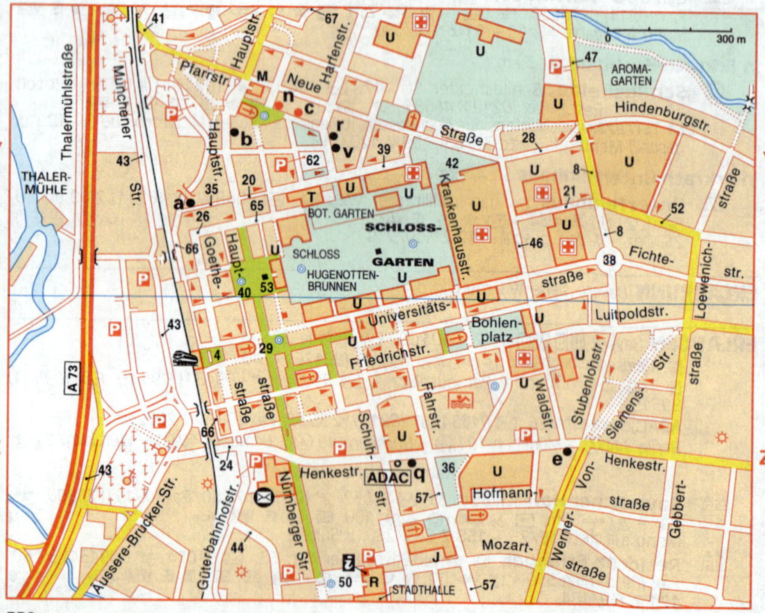

König Otto, Henkestr. 56, ✉ 91054, ✆ (09131) 87 80, *Fax (09131) 878503*, Biergarten – |\$|, Zim, TV ☎ P. AE VISA JCB. Z e
Menu *(Samstagmittag, Sonntagabend und 24. - 31. Dez geschl.)* à la carte 37/59 – **60 Z** 140/250.

Luise garni, Sophienstr. 10, ✉ 91052, ✆ (09131) 12 20, *Fax (09131) 122100*, – |\$| TV ☎ P. AE VISA JCB X p
24. Dez. - 2. Jan. geschl. – **100 Z** 129/199.

Rokokohaus garni, Theaterplatz 13, ✉ 91054, ✆ (09131) 78 30, *Fax (09131) 783199* – |\$| TV ☎. AE VISA JCB Y r
23. Dez. - 5. Jan. geschl. – **37 Z** 120/195.

Grauer Wolf, Hauptstr. 80, ✉ 91054, ✆ (09131) 8 10 60, *Fax (09131) 810647*, – |\$|, Zim, TV ☎ P. AE VISA Y b
Kaleidoskop (nur Abendessen) *(Jan. 1 Woche und Aug. 3 Wochen geschl.)* **Menu** à la carte 42/61 – **25 Z** 135/175.

Fränkischer Hof garni, Goethestr. 34, ✉ 91054, ✆ (09131) 87 20, *Fax (09131) 23798* – |\$| TV ☎. AE VISA Z a
40 Z 90/170.

Casa Nova, Theaterplatz 22, ✉ 91054, ✆ (09131) 81 60 00, *Fax (09131) 8160003* – AE VISA Y c
Menu (nur Abendessen) à la carte 54/70.

Altmann's Stube mit Zim, Theaterplatz 9, ✉ 91054, ✆ (09131) 8 91 60, *Fax (09131) 891666*, – TV ☎. AE VISA Y v
Menu *(Sonntag und Anfang Jan. 1 Woche geschl.)* à la carte 47/78 – **14 Z** 86/160.

Weinträdler, Altstädter Kirchplatz 2, ✉ 91054, ✆ (09131) 2 71 80, *Fax (09131) 27183* Y n
Sonntag - Montag sowie 1. - 7. Jan. und Mitte Aug. - Anfang Sept. geschl. – **Menu** (nur Abendessen, Tischbestellung ratsam, bemerkenswerte Weinkarte) à la carte 45/60.

Bärengarten, Rathsberger Str. 2, ✉ 91054, ✆ (09131) 2 50 25, *Fax (09131) 205689*, Biergarten V a
Menu (wochentags nur Abendessen, Tischbestellung ratsam) 39/58 und à la carte 42/65.

In Erlangen-Alterlangen : *über ⑥* :

West garni, Möhrendorfer Str. 44, ✉ 91056, ✆ (09131) 7 54 80, *Fax (09131) 754855*, – TV ☎ P. AE VISA.
40 Z 95/150.

In Erlangen-Bruck :

Art Hotel Erlangen M garni, Äußere Brucker Str. 90, ✉ 91052, ✆ (09131) 7 14 00, *Fax (09131) 714013*, – TV ☎ – 20. AE VISA JCB X a
36 Z 145/254.

Roter Adler, Fürther Str. 5, ✉ 91058, ✆ (09131) 6 60 00 (Hotel) 6 60 04 (Rest.), *Fax (09131) 66002*, , – Zim, TV ☎ P. AE VISA X r
24. Dez. - 6. Jan. geschl. – **Menu** *(Samstag geschl.)* à la carte 23/43 – **30 Z** 75/135.

In Erlangen-Büchenbach *über Büchenbacher Damm X* :

Zur Einkehr, Dorfstr. 14, ✉ 91056, ✆ (09131) 79 20, *Fax (09131) 792188*, Biergarten – TV ☎ P. AE VISA
Menu à la carte 24/45 – **33 Z** 115/170.

In Erlangen-Eltersdorf *S : 5 km über Fürther Str. X* :

Rotes Ross garni, Eltersdorfer Str. 15a, ✉ 91058, ✆ (09131) 69 08 10, *Fax (09131) 6908157*, , – TV ☎ P. AE VISA
31 Z 84/154.

In Erlangen-Frauenaurach *über ⑤* :

Schwarzer Adler garni, Herdegenplatz 1, ✉ 91056, ✆ (09131) 99 20 51, *Fax (09131) 993195*, « Renoviertes Fachwerkhaus a.d. 17. Jh., Weinstube » – TV ☎. AE VISA
Anfang Aug. - Anfang Sept. und Weihnachten - Anfang Jan. geschl. – **14 Z** 135/200.

In Erlangen-Kosbach *W : 6 km über Büchenbacher Damm X* :

Gasthaus Polster mit Zim, Am Deckersweiher 26, ✉ 91056, ✆ (09131) 7 55 40, *Fax (09131) 755445*, – |\$| TV ☎ P – 25. AE VISA
Menu (Tischbestellung ratsam, bemerkenswerte Weinkarte) à la carte 53/89 – ***Polster Stube*** : **Menu** à la carte 37/64 – **12 Z** 138/188.

In Erlangen-Tennenlohe *über ③ :*

Albertinum garni, Am Wolfsmantel 14, ✉ 91058, ☎ (09131) 60 70, *Fax (09131) 607200*, – 60. AE VISA.
46 Z 120/190.

Transmar-Event-Hotel, Am Wetterkreuz 7, ✉ 91058, ☎ (09131) 60 80, *Fax (09131) 608100*, – Zim, – 150. AE VISA JCB
Menu à la carte 41/70 – **125 Z** 199/324.

Lachnerhof garni, Märterleinsweg 2, ✉ 91058, ☎ (09131) 7 70 70, *Fax (09131) 770747* – – 40. AE VISA JCB
28 Z 115/148.

Tennenloher Hof (mit Gästehaus), Am Wetterkreuz 32, ✉ 91058, ☎ (09131) 69 60, *Fax (09131) 696295*, Biergarten, – Zim, – 20. AE VISA
Menu (wochentags nur Abendessen, Sonntag nur Mittagessen) à la carte 24/49 – **43 Z** 100/150.

In Marloffstein *NO : 5 km :*

Alter Brunnen, Am alten Brunnen 1, ✉ 91080, ☎ (09131) 5 36 50, *Fax (09131) 501770*, –
Menu *(Montagmittag, Dienstag sowie 18. Aug. - 12. Sept. geschl.)* à la carte 24/56 – **18 Z** 60/90.

In Möhrendorf *① : 6 km :*

Landhotel Schützenhof garni, Hauptstr. 28, ✉ 91096, ☎ (09131) 7 54 00, *Fax (09131) 754075*, – . AE VISA
20 Z 102/165.

In Baiersdorf *① : 7 km :*

Wagners Restaurant Zum Storchennest, Hauptstr. 41, ✉ 91083, ☎ (09133) 8 26, *Fax (09133) 5744* – . AE VISA
Sonntag - Montag sowie Jan. und Aug. jeweils 2 Wochen geschl. – **Menu** 49 (mittags) und à la carte 70/95
Spez. Hummersalat auf Erdbeerwein. Ingwerrisotto mit Pfifferlingen. Entenbrust mit Holundersauce.

*Die im **Michelin-Führer** erwähnten Orte sind auf den **Karten** Nr. 415-420 rot unterstrichen.*

ERLBACH *Sachsen* 418 420 *P 21 – 1 800 Ew – Höhe 520 m – Erholungsort.*
Fremdenverkehrsamt, Klingenthaler Str. 1, ✉ 08265, ☎ (037422) 61 25, Fax (037422) 6225.
Berlin 337 – Dresden 183 – Hof 47 – Karlovy Vary 90 – Weiden in der Oberpfalz 118.

Landhotel Lindenhöhe, Hetzschen 10, ✉ 08265, ☎ (037422) 60 66, *Fax (037422) 6165*, Biergarten, – – 25
Menu à la carte 25/50 – **25 Z** 75/120 – ½ P 20.

ERLENBACH AM MAIN *Bayern* 417 419 *Q 11 – 8 500 Ew – Höhe 125 m.*
Berlin 593 – München 354 – Frankfurt am Main 76 – Miltenberg 16 – Würzburg 78 – Aschaffenburg 25.

Fränkische Weinstuben, Mechenharder Str. 5, ✉ 63906, ☎ (09372) 9 45 40, *Fax (09372) 5048*, – . VISA
Menu *(Montagmittag geschl.)* à la carte 29/65 – **14 Z** 85/135.

ERLENSEE *Hessen* 417 *P 10 – 10 700 Ew – Höhe 105 m.*
Berlin 525 – Wiesbaden 65 – Frankfurt am Main 26 – Fulda 81 – Würzburg 114.

In Neuberg-Ravolzhausen *N : 2 km :*

Bei den Tongruben garni, Unterfeld 19, ✉ 63543, ☎ (06183) 20 40, *Fax (06183) 74131*, – – 20. AE VISA
20. Dez. - 8. Jan. geschl. – **28 Z** 117/170.

ERNST *Rheinland-Pfalz siehe Cochem.*

ERWITTE *Nordrhein-Westfalen* 417 *L 9 – 14 000 Ew – Höhe 106 m.*

Kurverwaltung Bad Westernkotten, Weringhauser Straße (Kurmittelzentrum), ✉ 59597, ☏ (02943) 80 90, Fax (02943) 80929.

Berlin 443 – Düsseldorf 135 – Arnsberg 39 – Lippstadt 7 – Meschede 36 – Soest 17.

Büker, Am Markt 14, ✉ 59597, ☏ (02943) 23 36, *Fax (02943) 4168,* – TV ☎ P. AE E. Zim
23. Dez. - 5. Jan. geschl. – **Menu** *(Sonntagabend - Montagmittag geschl.)* à la carte 33/65 – **22 Z** 69/135.

In Erwitte-Bad Westernkotten *NO : 3 km – Heilbad :*

Hotel und Kurpension Grüttner, Salzstr. 15, ✉ 59597, ☏ (02943) 80 70, *Fax (02943) 807290,* Massage, , , , , – , Zim, TV ☎ P.
29. Nov. - 21. Dez. geschl. – (Restaurant nur für Hausgäste) – **50 Z** 79/158.

ESCHAU *Bayern* 417 419 *Q 11 – 4 100 Ew – Höhe 171 m.*

Berlin 567 – München 347 – Würzburg 68 – Aschaffenburg 32 – Miltenberg 16.

In Eschau-Hobbach *NO : 5,5 km :*

Gasthof Engel, Bayernstr. 47, ✉ 63863, ☏ (09374) 3 88, *Fax (09374) 7831,* , « Gaststuben in ehem. Bauernhof a.d.J. 1786 », – ☎ P – 25. E
2. - 13. Aug. und 20. - 25. Dez. geschl. – **Menu** *(Freitag geschl.)* à la carte 32/61 – **26 Z** 70/130.

ESCHBACH *Rheinland-Pfalz* 417 *P 7 – 300 Ew – Höhe 380 m.*

Berlin 614 – Mainz 57 – Koblenz 28 – Bingen 37.

Zur Suhle , Talstr. 2, ✉ 56357, ☏ (06771) 79 21, *Fax (06771) 365,* <, , « Garten mit Teich », , – TV ☎ P – 20. E. Rest
Ende Juli - Anfang Aug. geschl. – **Menu** à la carte 32/55 – **19 Z** 75/150.

ESCHBORN *Hessen siehe Frankfurt am Main.*

ESCHEDE *Niedersachsen* 415 416 *H 14 – 6 500 Ew – Höhe 70 m.*

Berlin 293 – Hannover 62 – Celle 17 – Lüneburg 69.

Deutsches Haus, Albert-König-Str. 8, ✉ 29348, ☏ (05142) 22 36, *Fax (05142) 2505,* – TV ☎ P. E. Zim
11 Feb. - 11. März und 22. Juli - 5. Aug. geschl. – **Menu** *(Montag geschl.)* à la carte 33/58 – **11 Z** 80/120.

ESCHENLOHE *Bayern* 419 420 *X 17 – 1 400 Ew – Höhe 636 m – Erholungsort.*

Verkehrsamt im Rathaus, Murnauer Str. 1, ✉ 82438, ☏ (08824) 2 21, Fax (08824) 8956.

Berlin 661 – München 74 – Garmisch-Partenkirchen 15 – Weilheim 30.

Tonihof , Walchenseestr. 42, ✉ 82438, ☏ (08824) 9 29 30, *Fax (08824) 929399,* < Loisachtal mit Wettersteingebirge, , Massage, , – TV ☎ P – 20
Menu *(Mittwoch geschl.)* à la carte 47/84 – **25 Z** 98/238 – ½ P 45.

Villa Bergkristall garni, Walchenseestr. 33, ✉ 82438, ☏ (08824) 6 32, <, – ☎ P.
über Pfingsten geschl. – **8 Z** 62/130.

Zur Brücke, Loisachstr. 1, ✉ 82438, ☏ (08824) 2 10, *Fax (08824) 232,* – ☎ P
Mitte Nov. - Mitte Dez. geschl. – **Menu** *(Dienstag geschl.)* à la carte 24/53 – **17 Z** 68/130.

In Eschenlohe-Wengen :

Alpenhotel Wengererhof garni, ✉ 82438, ☏ (08824) 9 20 30, *Fax (08824) 920345,* <, – ☎ P
23 Z 76/135.

ESCHLKAM *Bayern* 420 *S 22 – 3 600 Ew – Höhe 480 m – Wintersport :* .

Rathaus, Waldschmidtplatz 2, ✉ 93458, ☏ (09948) 94 08 15, Fax (09948) 940830.

Berlin 500 – München 204 – Passau 115 – Regensburg 82.

In Warzenried *O : 7 km :*

Böhmerwald (mit Gästehäusern), Siegmund-Adam-Str. 54, ✉ 93458, ☏ (09947) 20 00, *Fax (09947) 200140,* Wildgehege, Massage, , – , Zim, TV ☎ P – 20. –
Jan. 3 Wochen geschl. – **Menu** à la carte 22/50 – **106 Z** 75/178.

ESCHWEGE *Hessen* 418 *M 14 – 24 000 Ew – Höhe 170 m.*

Tourist-Information, Hospitalplatz 16, ✉ 37269, ✆ (05651) 30 42 10, Fax (05651) 50291.

Berlin 389 – Wiesbaden 221 – Kassel 54 – Bad Hersfeld 58 – Göttingen 49.

Dölle's Nr. 1, Friedrich-Wilhelm-Str. 2, ✉ 37269, ✆ (05651) 7 44 40, *Fax (05651) 744477,* – , Zim, – 80. AE E VISA
Menu *(Sonntag geschl.)* à la carte 41/79 *(auch vegetarisches Menu)* – **38 Z** 85/190.

Zur Struth, Struthstr. 7a, ✉ 37269, ✆ (05651) 92 28 13, *Fax (05651) 2788,* , – . E VISA
Menu *(Samstagmittag, Sonntagabend - Montagmittag und Ende Juli - Mitte Aug. geschl.)* à la carte 27/64 – **36 Z** 65/130.

Stadthalle, Wiesenstr. 9, ✉ 37269, ✆ (05651) 7 44 30, *Fax (05651) 744333,* – , Zim, – 60. AE E VISA
Menu *(Montag geschl.)* à la carte 30/65 – **13 Z** 75/120.

In Meinhard-Schwebda *NO : 5 km :*

Schloß Wolfsbrunnen (Herrensitz a.d. Zeit der Jahrhundertwende), ✉ 37276, ✆ (05651) 30 50, *Fax (05651) 305333,* ≤ Eschwege und Werratal, , , , – – 60. AE E VISA. Rest
Menu à la carte 52/77 – **65 Z** 153/305.

ESCHWEILER *Nordrhein-Westfalen* 417 *N 2 – 56 000 Ew – Höhe 161 m.*

Haus Kambach (in Kinzweiler, NW : 3,5 km), ✆ (02403) 3 76 15.

Berlin 623 – Düsseldorf 74 – Aachen 18 – Düren 17 – Köln 55.

Günnewig Hotel de Ville M, Dürener Str. 5, ✉ 52249, ✆ (02403) 86 10, *Fax (02403) 861150,* – , Zim, – 60. AE E VISA
Menu *(Montag - Dienstag geschl.)* à la carte 50/81 – **66 Z** 170/240.

Park-Hotel, Parkstr. 16, ✉ 52249, ✆ (02403) 7 87 70, *Fax (02403) 36809* – . AE E VISA
(Restaurant nur für Hausgäste) – **15 Z** 95/145.

ESENS *Niedersachsen* 415 *F 6 – 6 500 Ew – Höhe 3 m – Nordseeheilbad.*

Kurverwaltung, Kirchplatz 1, ✉ 26427, ✆ (04971) 91 50, Fax (04971) 4988.

Berlin 520 – Hannover 261 – Emden 72 – Oldenburg 91 – Wilhelmshaven 50.

Krögers Hotel (mit Gästehaus), Bahnhofstr. 18, ✉ 26427, ✆ (04971) 30 65, *Fax (04971) 4265,* , , – , Zim, . AE E VISA.
Menu *(Montagmittag geschl.)* à la carte 36/62 – **44 Z** 98/198 – ½ P 20.

Wieting's Hotel, Am Markt 7, ✉ 26427, ✆ (04971) 45 68, *Fax (04971) 4151,* , , – Zim, . AE E VISA
Menu à la carte 28/58 – **27 Z** 80/140 – ½ P 18.

In Esens-Bensersiel *NW : 4 km :*

Hörn van Diek garni, Lammertshörn 1, ✉ 26427, ✆ (04971) 24 29, *Fax (04971) 2429,* – .
Mitte Nov. - Mitte Dez. geschl. – **20 Z** 80/180.

Röttgers garni, Am Wattenmeer 6, ✉ 26427, ✆ (04971) 30 18, *Fax (04971) 3867* –
20 Z 80/150.

Störtebeker garni, Am Wattenmeer 4, ✉ 26427, ✆ (04971) 9 19 00, *Fax (04971) 919055,* – .
10. Jan. - 10. Feb. geschl. – **32 Z** 45/130.

ESLOHE *Nordrhein-Westfalen* 417 *M 8 – 9 000 Ew – Höhe 310 m – Luftkurort.*

Touristik-Information, Hauptstr. 59, ✉ 59889, ✆ (02973) 4 42, Fax (02973) 2510.

Berlin 502 – Düsseldorf 159 – Arnsberg 31 – Meschede 20 – Olpe 43.

Forellenhof Poggel, Homertstr. 21, ✉ 59889, ✆ (02973) 9 71 80, *Fax (02973) 971878,* , – – 35. E VISA
Menu à la carte 32/64 *(auch vegetarische Gerichte)* – **25 Z** 65/170 – ½ P 20.

In Eslohe-Cobbenrode *S : 7,5 km :*

Hennemann, Olper Str. 28 (B 55), ✉ 59889, ✆ (02973) 37 01, *Fax (02973) 3703,* Biergarten, , , , (Halle) – – 20. AE E VISA
Juli 2 Wochen geschl. – **Menu** à la carte 41/63 – **24 Z** 85/240 – ½ P 20.

In Eslohe-Niedersalwey *W : 4 km :*

Woiler Hof, Salweytal 10, ✉ 59889, ☏ (02973) 8 16 00, *Fax (02973) 81602,* – . Zim
Menu *(Dienstag geschl.)* à la carte 24/46 – **22 Z** 44/110.

In Eslohe-Wenholthausen *N : 4 km :*

Sauerländer Hof, Südstr. 35, ✉ 59889, ☏ (02973) 7 77, *Fax (02973) 2363,* , , – . Rest
8. - 23. März geschl. – **Menu** *(Nov. - März Donnerstag geschl.)* à la carte 35/59 – **18 Z** 78/166 – ½ P 27.

ESPELKAMP *Nordrhein-Westfalen* **415** *I 9 – 26 000 Ew – Höhe 43 m.*
Berlin 375 – Düsseldorf 223 – Bielefeld 52 – Bremen 99 – Hannover 93 – Osnabrück 46.

Mittwald , Ostlandstr. 23, ✉ 32339, ☏ (05772) 40 29, *Fax (05772) 7149,* , – , Zim, – 40.
Menu *(Samstag geschl.)* à la carte 32/57 – **46 Z** 100/175.

In Espelkamp-Frotheim *SO : 4 km :*

Im Loh, Diepenauer Str. 53, ✉ 32339, ☏ (05743) 40 90, *Fax (05743) 40930,* – – 100. Zim
Menu (wochentags nur Abendessen) à la carte 32/58 – **19 Z** 80/150.

ESPENAU *Hessen siehe Kassel.*

ESSEN *Nordrhein-Westfalen* **417** *L 5 – 670 000 Ew – Höhe 120 m.*
Sehenswert : *Münster (Westchor★, Goldene Madonna★★★) : Münsterschatzkammer★★ (**M1**) mit Vortragekreuzen★★★ DZ – Museum Folkwang★★ ABY – Villa Hügel★ (Historische Sammlung Krupp★★) S – Johanniskirche (Altar★) DZ **A**.*
Ausflugsziel : *Essen-Werden : St. Ludger (Vierungskuppel★, Bronzekruzifixus★) S.*
Essen-Heidhausen (über die B 224 S), ☏ (0201) 40 41 11 ; Essen-Kettwig, Laupendahler Landstr. (S), ☏ (02054) 8 39 11 ; Essen-Hügel, Frh.-vom-Stein-Str. 92a (S), ☏ (0201) 44 14 26.
Messegelände und Grugahalle (AZ), ☏ (0201) 7 24 40, Fax (0201) 226692.
Touristikzentrale, Am Hauptbahnhof 2, ✉ 45127, ☏ (0201) 1 94 33, Fax (0201) 8872044.
ADAC, *Viehoferstr. 14, ✉ 45127, ☏ (0221) 47 27 47, Fax (0201) 237394.*
Berlin 528 ① – Düsseldorf 37 ⑥ – Amsterdam 204 ⑨ – Arnhem 108 ⑨ – Dortmund 38 ③.

Stadtpläne siehe nächste Seiten

Sheraton Hotel , Huyssenallee 55, ✉ 45128, ☏ (0201) 1 00 70, *Fax (0201) 1007777,* , Massage, , , – , Zim, – 80. . Rest BV e
Menu à la carte 63/98 – **205 Z** 280/590, 12 Suiten.

Mövenpick , Am Hauptbahnhof 2, ✉ 45127, ☏ (0201) 1 70 80, *Fax (0201) 1708173* – , Zim, – 50. DZ n
Menu à la carte 40/70 – **198 Z** 243/361.

Essener Hof, Teichstr. 2, ✉ 45127, ☏ (0201) 2 42 50, *Fax (0201) 238351* – – 80. . DZ c
Menu *(Samstag - Sonntag geschl.)* (nur Abendessen) à la carte 40/66 – **130 Z** 135/260.

Balance Hotel , Frohnhauser Str. 6, ✉ 45127, ☏ (0201) 2 40 70, *Fax (0201) 2407240,* – , Zim, – 70. . Rest
Menu à la carte 45/70 – **168 Z** 190/380, 15 Suiten. DZ a

Europa garni, Hindenburgstr. 35, ✉ 45127, ☏ (0201) 23 20 41, *Fax (0201) 232656* – . DZ m
Weihnachten - Neujahr geschl. – **49 Z** 125/220.

Luise garni, Dreilindenstr. 96, ✉ 45128, ☏ (0201) 23 92 53, *Fax (0201) 200219* – . BV a
29 Z 98/160.

Atelier garni, Niederstr. 13, ✉ 45141, ☏ (0201) 31 30 14, *Fax (0201) 325548* – . . AU s
23. Dez. - 2. Jan. und Juli - Aug. 2 Wochen geschl. – **24 Z** 98/165.

La Grappa, Rellinghauser Str. 4, ✉ 45128, ☏ (0201) 23 17 66, *Fax (0201) 229146* – BV v
Samstagmittag und Sonntag geschl. – **Menu** (Tischbestellung ratsam, bemerkenswerte Grappaauswahl) à la carte 79/96.

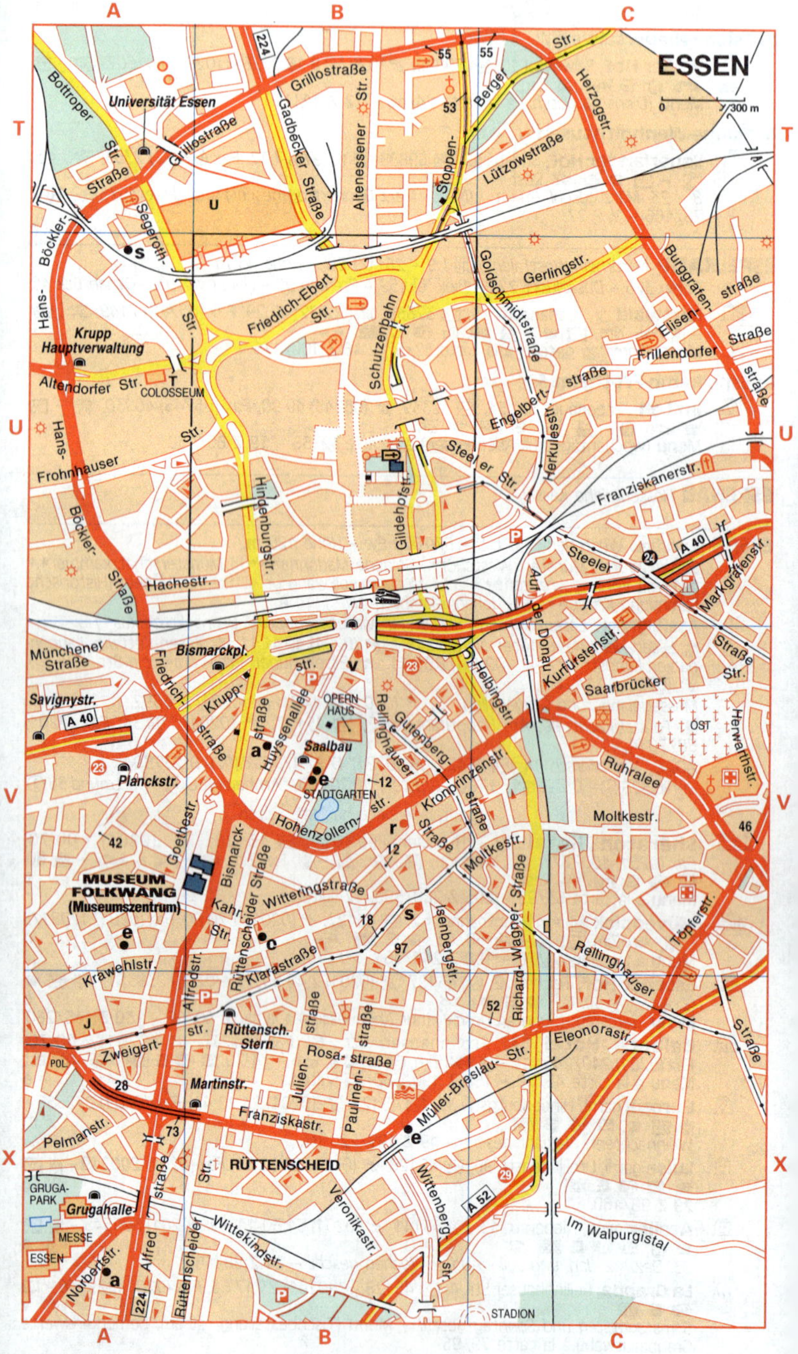
ESSEN
0
300 m
A
B
C
T
U
V
X
Universität Essen
Bottroper Str.
Grillostraße
Gadbecker Straße
Altenessener Str.
Stoppen-
Berger Str.
Lützowstraße
Herzogstr.
Segeroth-
Straße
Böckler-
Hans-
Friedrich-Ebert Str.
Schutzenbahn
Goldschmidtstraße
Gerlingstr.
Burggrafen-
straße
Elisen-
Straße
Frillendorfer
straße
Krupp Hauptverwaltung
Altendorfer Str.
COLOSSEUM
Engelbert-
straße
Herkulesstr.
Steeler Str.
Franziskanerstr.
Frohnhauser Str.
Hindenburgstr.
Gildehofstr.
Böckler-
Straße
Hachestr.
Steeler
A 40
Markgrafenstr.
Auf der Donau
Kurfürstenstr.
Helbingstr.
Straße
Str.
Münchener Straße
Bismarckpl.
Savignystr.
A 40
Friedrich-
Krupp-
straße
Huyssenallee
OPERN HAUS
Saalbau
STADTGARTEN
Rellinghauser
Gutenberg-
str.
Kronprinzenstr.
Saarbrücker
OST
Herwarthstr.
Ruhralee
Moltkestr.
Planckstr.
Goethestr.
Bismarck-
Rüttenscheider Straße
Hohenzollern-
str.
Straße
straße
Moltkestr.
Richard-Wagner-Straße
MUSEUM FOLKWANG (Museumszentrum)
Witteringstraße
Kahr-
Str.
Isenbergstr.
Rellinghauser
Töpferstr.
Krawehlstr.
Klarastraße
Alfredstr.
Zweigert-
str.
Rüttensch. Stern
straße
straße
Rosa-straße
Julien-
Paulinen-
Eleonorastr.
Müller-Breslau-Str.
Straße
POL.
Martinstr.
Franziskastr.
Pelmanstr.
RÜTTENSCHEID
Str.
GRUGA-PARK
Grugahalle
MESSE ESSEN
Norbertstr.
Alfred
straße
Rüttenscheider
Wittekindstr.
Veronikastr.
Wittenberg-
str.
A 52
Im Walpurgistal
STADION
224
55
53
23
24
12
42
18
97
52
46
28
73
29
U
P
J
s
a
e
v
r
c

ESSEN

Bernestraße	DZ	5
Brandstraße	DZ	8
Brunnenstraße	BV	12
Friederikenstraße	BV	18
Haumannplatz	AX	28
Helbingstraße	DZ	33
Hirschlandplatz	DZ	36
Holsterhauser Str.	AV	42
Huttropstraße	CV	46
I. Hagen	DZ	48
Huyssenallee	BV	
Karolinenstraße	CX	52
Karolingerstraße	BT	53
Katzenbruchstraße	BCT	55
Kennedyplatz	DZ	57
Kettwiger Str.	DZ	
Klosterstraße	DY	60
Kopstadtplatz	DY	62
Limbecker Platz	DY	69
Limbecker Str.	DY	70
Martinstraße	AX	73
Ostfeldstraße	DY	78
Ottilienstraße	DZ	79
Porscheplatz	DZ	83
Rathenaustraße	DZ	84
Rheinischer Platz	DY	86
Rottstraße	DY	
Rüttenscheider Str.	ABX	
Schützenbahn	DY	90
Segerothstraße	DY	92
Steeler Str.	DZ	94
Viehofer Str.	DY	96
Vöcklinghauser Straße	BV	97
I. Weberstraße	DY	98
Zwölfling	DZ	110

Die Namen der wichtigsten Einkaufsstraßen sind am Anfang des Straßenverzeichnisses in Rot aufgeführt

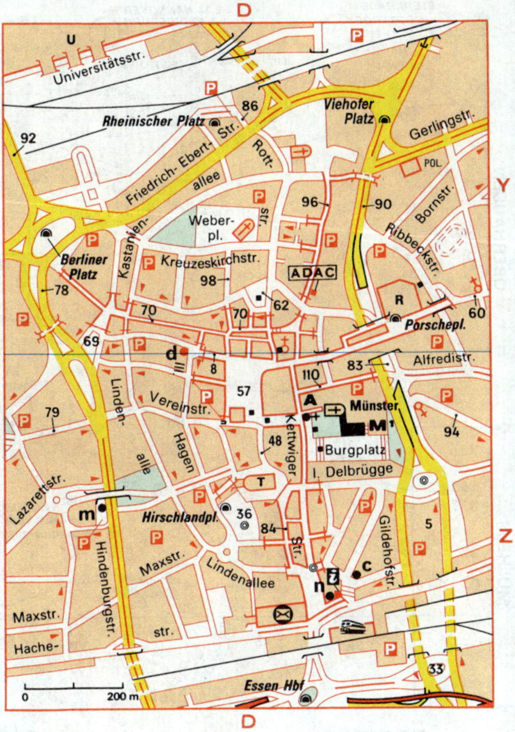

In Essen-Altenessen :

Astoria, Wilhelm-Nieswand-Allee 175, ✉ 45326, ☎ (0201) 8 35 84, *Fax (0201) 8358040*, – Zim, – 90. AE VISA — R s
Menu *(Samstagmittag geschl.)* à la carte 39/65 – **102 Z** 175/300.

In Essen-Borbeck :

Haus Gimken M, Schloßstr. 182, ✉ 45355, ☎ (0201) 86 70 80, *Fax (0201) 8670888*, – – 30. AE VISA — R d
Menu *(Dienstagmittag und Samstagmittag geschl.)* à la carte 41/77 – **25 Z** 140/220.

Hotel am Schloßpark garni, Borbecker Str. 183, ✉ 45355, ☎ (0201) 67 50 01, *Fax (0201) 687762* – . AE VISA — R c
16 Z 110/235.

In Essen-Bredeney :

Holiday Inn, Theodor-Althoff-Str. 5, ✉ 45133, ☎ (0201) 76 90, *Fax (0201) 7693143*, – Zim, Rest, – 250. AE VISA JCB. Rest — S b
Menu à la carte 44/66 – **293 Z** 268/396, 6 Suiten.

Waldhaus Langenbrahm garni, Wiedfeldtstr. 23, ✉ 45133, ☎ (0201) 4 50 40, *Fax (0201) 4504299* – . AE VISA — S e
30 Z 180/340.

Parkhaus Hügel, Freiherr-vom-Stein-Str. 209, ✉ 45133, ☎ (0201) 47 10 91, *Fax (0201) 444207*, – – 60 — S r

In Essen-Burgaltendorf *SO : 12 km über Wuppertaler Str.* S :

Mintrops Burghotel M, Schwarzensteinweg 81, ✉ 45289, ☎ (0201) 57 17 10, *Fax (0201) 5717147*, – Zim, – 40. AE VISA. Rest
Menu à la carte 50/71 – **52 Z** 165/290.

ESSEN

Aktienstraße .... R 2
Altenessener Straße ..... R 3
Am Kreyenkrop .... R 4
Borbecker Str. .... R 6
Brückstraße .... S 9
Burggrafenstraße .... R 13
Essener Str. .... R 16
Freiherr-vom-Stein-Straße .... S 17
Gladbecker Straße .... R 20
Grillostraße .... R 21
Hachestraße .... R 23
Hammer Str. .... S 27
Hausackerstraße .... R 30
Heidhauser Str. .... S 31
Helenenstraße .... R 34
Hirtsieferstraße .... R 37
Hobeisenstraße .... R 39
Hohenzollernstraße ..... R 40
Holsterhauser Str. ...... R 42
Hufelandstraße .... R 43
Humboldtstraße .... S 45
Huttropstraße .... R 46
Huyssenallee .... R 47
Kaulbachstraße .... R 56
Klemensborn .... S 58
Laupendahler Landstraße .... S 65
Leimgardtsfeld .... R 66
Lührmannstraße .... R 72
Martin-Luther-Straße .... R 74
Mülheimer Str. .... R 76
Onckenstraße .... R 77
Pastoratsberg .... S 80
Pferdebahnstraße .... R 82
Rubensstraße .... R 87
Ruhrallee .... R 88
Segerothstraße .... R 92
Velberter Str. .... S 95
Wittekindstraße .... S 103
Wuppertaler Straße .... S 104
Zeunerstraße .... S 108

In Essen-Frohnhausen :

XX **Kölner Hof,** Duisburger Str. 20, ✉ 45145, ✆ (0201) 76 34 30, *Fax (0201) 8761495* – AE. *Montag - Dienstagmittag geschl.* – **Menu** à la carte 61/91. R a

In Essen-Horst *0 : 3 km, über Steeler Straße* R :

X **Hannappel,** Dahlhauser Str. 173, ✉ 45279, ✆ (0201) 53 45 06, *Fax (0201) 534506* – AE E VISA
Dienstag und Juli - Aug. 3 Wochen geschl. – **Menu** (nur Abendessen) à la carte 39/63.

In Essen-Kettwig S : 11 km über Ruhrtalstraße S :

Schloß Hugenpoet (ehem. Wasserschloß), August-Thyssen-Str. 51 (W : 2,5 km), ✉ 45219, ☎ (02054) 1 20 40, *Fax (02054) 120450*, « Park, umfangreiche Gemäldesammlung », – 40. Rest
Menu (bemerkenswerte Weinkarte) à la carte 88/124 – **25 Z** 330/595.

Sengelmannshof, Sengelmannsweg 35, ✉ 45219, ☎ (02054) 9 59 70, *Fax (02054) 83200*, – 30
26 Z.

Schmachtenbergshof, Schmachtenbergstr. 157, ✉ 45219, ☎ (02054) 1 21 30, *Fax (02054) 121313*, – 70
Menu *(Montag und Mitte Juli - Anfang Aug. geschl.)* (Dienstag - Freitag nur Abendessen) à la carte 31/50 – **22 Z** 105/175.

Knappmann, Ringstr. 198, ✉ 45219, ☎ (02054) 78 09, *Fax (02054) 6789*, Biergarten – . Zim
23. Dez. - 2. Jan. geschl. – **Menu** *(Montag - Freitag nur Abendessen, Donnerstag geschl.)* à la carte 28/50 – **15 Z** 115/155.

Résidence mit Zim, Auf der Forst 1, ✉ 45219, ☎ (02054) 9 55 90, *Fax (02054) 82501*, –
1. - 8. Jan. und Juli - Aug. 3 Wochen geschl. – **Menu** *(Sonntag - Montag geschl.)* (nur Abendessen, Tischbestellung ratsam, bemerkenswerte Weinkarte) 135/178 und à la carte 91/136 – ***Benedikt*** (euro-asiatische Küche) **Menu** 149/189 – **18 Z** 188/337
Spez. Getrüffeltes Kartoffel-Gänseleberörtchen mit Wachtelcrêpinette. Atlantik Hummer mit Dicken Bohnen. Schokoladenauflauf mit Curry-Caramel.

Le petit, Ruhrtalstr. 417, ✉ 45219, ☎ (02054) 1 85 78 –
Samstagmittag, Dienstag und Juli - Aug. 3 Wochen geschl. – **Menu** (Tischbestellung erforderlich) à la carte 65/90.

Ange d'or Junior, Ruhrtalstr. 326, ✉ 45219, ☎ (02054) 23 07, *Fax (02054) 6343*, , « Restaurant im Bistro-Stil mit moderner Designereinrichtung » – .
Montag - Dienstag und 20. Dez. - 10. Jan. geschl. – **Menu** (nur Abendessen) à la carte 61/76.

In Essen-Rellinghausen :

Kockshusen (Fachwerkhaus a.d. 17. Jh.), Pilgrimsteig 51, ✉ 45134, ☎ (0201) 47 17 21, *Fax (0201) 472099*, – . S m
Dienstag geschl. – **Menu** (Tischbestellung ratsam) à la carte 50/77.

In Essen-Rüttenscheid :

Hotel an der Gruga garni, Eduard-Lucas-Str. 17, ✉ 45131, ☎ (0201) 84 11 80, *Fax (0201) 8411869*, « Behagliche Einrichtung » –
39 Z 142/235. AX a

Ypsilon, Müller-Breslau-Str. 18c, ✉ 45130, ☎ (0201) 8 96 90, *Fax (0201) 8969100* – , Zim, – 20. Rest BX e
Menu (nur Abendessen) à la carte 35/62 – **101 Z** 205/256.

Maximilian garni, Manfredstr. 10, ✉ 45131, ☎ (0201) 45 01 70, *Fax (0201) 4501799* – . S t
31 Z 160/240.

Alma garni, Almastr. 7, ✉ 45130, ☎ (0201) 7 24 00, *Fax (0201) 7240106* – . BV c
41 Z 169/209.

Ruhr-Hotel garni, Krawehlstr. 42, ✉ 45130, ☎ (0201) 77 80 53, *Fax (0201) 780283* – . AV e
29 Z 120/250.

Bonne Auberge, Witteringstr. 92, ✉ 45130, ☎ (0201) 78 39 99, *Fax (0201) 783999* – BV s
Samstagmittag sowie Sonn- und Feiertage geschl. – **Menu** à la carte 63/94.

Silberkuhlshof, Lührmannstr. 80, ✉ 45131, ☎ (0201) 77 32 67, *Fax (0201) 774635*, « Gartenterrasse » – – 50. R e
Montag und 1. - 23. Jan. geschl. – **Menu** à la carte 38/79.

Emile, Emilienstr. 2, ✉ 45128, ☎ (0201) 79 13 18, *Fax (0201) 791331* BV r
Samstagmittag und Sonntag geschl. – **Menu** (italienische Küche, Tischbestellung ratsam) à la carte 64/80.

ESSEN, BAD *Niedersachsen* 415 *J 9 – 13 500 Ew – Höhe 90 m – Sole-Heilbad.*
Kurverwaltung, Ludwigsweg 6, ✉ 49152, ✆ (05472) 9 41 90, Fax (05472) 94151.
Berlin 396 – Hannover 133 – Bielefeld 71 – Osnabrück 24.

Landhotel Buchenhof garni, Bergstr. 22, ✉ 49152, ✆ (05472) 93 90, Fax (05472) 939200, « Renoviertes Bauernhaus a.d.J. 1703, Gartenanlage », Massage, – P – 20. AE VISA
25 Z 105/230.

Haus Deutsch Krone, Ludwigsweg 10, ✉ 49152, ✆ (05472) 40 80, Fax (05472) 408222, – P – 120. AE VISA
Menu à la carte 26/58 – **80 Z** 86/151 – ½ P 23.

Pas de publicité payée dans ce guide.

ESSING *Bayern siehe Kelheim.*

ESSLINGEN AM NECKAR *Baden-Württemberg* 419 *T 11 – 95 000 Ew – Höhe 240 m.*
Sehenswert : *Altes Rathaus★* Y **B** – *Marktplatz★* Y – *Stadtkirche (Glasmalereien★)* Y – *Frauenkirche (Turm★)* Y.
Tourist-Information, Rathausplatz 2, ✉ 73728, ✆ (0711) 35 12 24 41, Fax (0711) 35122939.
ADAC, *Plochingerstr. 21, ✉ 73730, ✆ (0711) 31 54 70.*
Berlin 641 ④ – Stuttgart 17 ④ – Reutlingen 40 ③ – Ulm (Donau) 80 ③.

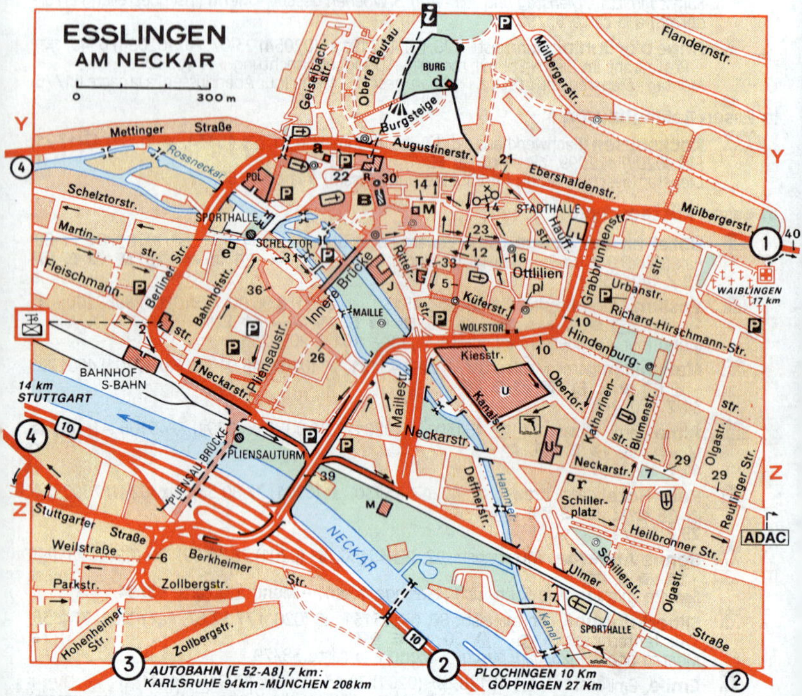

Bahnhofplatz	Z	2	Im Heppächer	Z	16	Pliensaustraße	Z	
Bahnhofstraße	Z		Küferstraße	Z		Plochinger Straße	Z	29
Blarerplatz	Z	5	Kurt-Schumacher-Straße	Z	17	Rathausplatz	Y	30
Brückenstraße	Z	6	Landolinsplatz	Y	21	Roßmarkt	Z	31
Charlottenplatz	Z	7	Marktplatz	Y	22	Strohstraße	Z	33
Entengrabenstraße	Z	10	Milchstraße	Y	23	Unterer Metzgerbach	Z	36
Franziskanergasse	Z	12	Oberer Metzgerbach	Z	26	Vogelsangbrücke	Z	39
Heugasse	Y	14				Wielandstraße	YZ	40

Am Schillerpark garni, Neckarstr. 60, ✉ 73728, ✆ (0711) 93 13 30, *Fax (0711) 93133100* – |♦| ✂ TV ☎ ✆ ♿ 🚗. AE E VISA Z r
49 Z 138/195.

Am Schelztor garni, Schelztorstr. 5, ✉ 73728, ✆ (0711) 3 96 96 40, *Fax (0711) 359887*, ⌂s – |♦| TV ☎ P – 🏛 20 Z e
33 Z.

Rosenau, Plochinger Str. 65, ✉ 73730, ✆ (0711) 31 63 97, *Fax (0711) 3161344*, ☂, ⌂s, ⛆ – |♦| TV ☎ P. AE E VISA über Plochinger Straße Z
Menu *(Samstag, Aug. und 24. Dez. - 6. Jan. geschl.)* (nur Abendessen) à la carte 29/62 – **57 Z** 95/180.

Kuntzer's Öxle, Marktplatz 4, ✉ 73728, ✆ (0711) 3 51 04 51, *Fax (0711) 3510451*, ☂, « Rustikal-gemütliche Einrichtung » Y a
Samstagmittag und Sonntag geschl. – **Menu** à la carte 57/83.

Dicker Turm, Auf der Burg (Zufahrt über Mülberger Str.), ✉ 73728, ✆ (0711) 35 50 35, *Fax (0711) 3508596*, ⇐ Esslingen – |♦| P. ⓓ E VISA Y d
Sonntag geschl. – **Menu** à la carte 58/85.

In Esslingen-Berkheim ③ : *4 km* :

Linde, Ruiter Str. 2, ✉ 73734, ✆ (0711) 34 53 05, *Fax (0711) 3454125*, ☂, ⌂s, ⛆ – |♦|, ✂ Zim, TV ☎ 🚗 P – 🏛 30. AE ⓓ E VISA
Menu *(Samstag und 21. Dez. - 10. Jan. geschl.)* à la carte 37/82 – **83 Z** 110/220.

Esslingen-Neckarhalde *NW : 3 km über Geiselbachstraße* Y :

Kelter 🐦, Kelterstr. 104, ✉ 73733, ✆ (0711) 9 18 90 60, *Fax (0711) 91890628*, ⇐ Neckartal, ☂ – |♦| TV ☎ P. E VISA
Menu *(Montag geschl.)* à la carte 31/64 – **13 Z** 85/155.

In Esslingen-Zell ② : *4 km* :

Zeller Zehnt, Hauptstr. 97, ✉ 73730, ✆ (0711) 9 30 81 00 (Hotel) 36 71 04 (Rest.), *Fax (0711) 367545*, ⌂s – |♦| TV ☎ 🚗 P. AE ⓓ E VISA
Menu *(Samstagmittag, Sonntag und Aug. 2 Wochen geschl.)* (italienische Küche) à la carte 45/77 – **29 Z** 100/200.

ESTERWEGEN *Niedersachsen* 415 *H 6 – 3 700 Ew – Höhe 35 m.*

Berlin 482 – Hannover 200 – Emden 49 – Bremen 96 – Lingen 63 – Osnabrück 121.

Graf Balduin 🐦, Am Sportpark, ✉ 26897, ✆ (05955) 2 02 00, *Fax (05955) 20299*, ☂, 🎾(Halle) – |♦| ✂ TV ☎ P – 🏛 50. AE ⓓ E VISA
Menu *(Sonntagabend geschl.)* à la carte 28/54 – **30 Z** 75/130.

ETTAL *Bayern* 419 420 *X 17 – 1 000 Ew – Höhe 878 m – Luftkurort – Wintersport :* ⛷.

Ausflugsziel : *Schloß Linderhof** (Schloßpark**) W : 9,5 km.*

ℹ *Verkehrsamt, Ammergauer Str. 8, ✉ 82488, ✆ (08822) 35 34, Fax (08822) 6399.*

Berlin 674 – München 88 – Garmisch-Partenkirchen 15 – Landsberg am Lech 62.

Ludwig der Bayer, Kaiser-Ludwig-Platz 10, ✉ 82488, ✆ (08822) 91 50, *Fax (08822) 74480*, ☂, ⌂s, ⛆, 🌳, 🎾 – |♦| TV ☎ 🚗 P – 🏛 30. E VISA. ✂ Rest
5. Nov. - 22. Dez. geschl. – **Menu** à la carte 21/56 – **72 Z** 82/160 – ½ P 22.

Zur Post, Kaiser-Ludwig-Platz 18, ✉ 82488, ✆ (08822) 35 96, *Fax (08822) 6971*, ☂ – TV 🚗 P. E VISA
Nov. - 20. Dez. geschl. – **Menu** (nur Abendessen) à la carte 28/60 – **21 Z** 90/150 – ½ P 35.

In Ettal-Linderhof *W : 11 km* :

Schlosshotel Linderhof 🐦, Linderhof 14, ✉ 82488, ✆ (08822) 7 90, *Fax (08822) 4347*, ☂ – |♦| TV ☎ 🚗 P – 🏛 40. AE ⓓ E VISA JCB
Menu à la carte 28/56 – **29 Z** 71/182 – ½ P 23.

ETTLINGEN *Baden-Württemberg* 419 *T 9 – 38 000 Ew – Höhe 135 m.*

ℹ *Stadtinformation, Schillerstr. 7, ✉ 76275, ✆ (07243) 10 12 21, Fax (07243) 101430.*

Berlin 678 – Stuttgart 79 – Karlsruhe 10 – Baden-Baden 36 – Pforzheim 30.

Erbprinz, Rheinstr. 1, ✉ 76275, ✆ (07243) 32 20, *Fax (07243) 16471*, ☂, « Elegantes Restaurant » – |♦|, ✂ Zim, TV ☎ 🚗 P – 🏛 50. AE ⓓ E VISA JCB
Menu à la carte 62/108 – ***Weinstube Sibylla :*** **Menu** à la carte 50/70 – **47 Z** 185/295.

Watthalden Ⓜ garni, Pforzheimer Str. 67a, ✉ 76275, ✆ (07243) 71 40, *Fax (07243) 714333*, Massage – |♦| ✂ TV ☎ ✆ 🚗 P – 🏛 40. AE ⓓ E VISA
Menu siehe Rest. ***Hartmaier's Villa*** *separat erwähnt* **83 Z** 164/235.

Stadthotel Engel M garni, Kronenstr. 13, ✉ 76275, ✆ (07243) 33 00, Fax (07243) 330199, – Zim, – 40. AE VISA
Weihnachten - Anfang Jan. geschl. – **94 Z** 162/198.

Holder, Lindenweg 16, ✉ 76275, ✆ (07243) 1 60 08, Fax (07243) 79595, – P. AE E VISA. Rest
Stadtplan Karlsruhe AV b
Weihnachten - Anfang Jan. geschl. – (nur Abendessen für Hausgäste) – **29 Z** 106/172.

Drei Mohren, Rheinstr. 15, ✉ 76275, ✆ (07243) 1 60 31, Fax (07243) 15791, – P. AE E VISA
Menu (Samstag - Sonntag geschl.) à la carte 39/74 – **26 Z** 158/185.

XXX **Hartmaier's Villa** - Hotel Watthalden, Pforzheimer Str. 67a, ✉ 76275, ✆ (07243) 76 17 20, Fax (07243) 4673, – P – 40. AE E VISA
Sonntag, über Fasching 1 Woche und Juli - Aug. 2 Wochen geschl. – **Menu** à la carte 66/100 – ***Bistro Engele* : Menu** à la carte 42/60.

X **Ratsstuben,** Kirchenplatz 1, ✉ 76275, ✆ (07243) 7 61 30, Fax (07243) 761320, – AE E VISA
Menu à la carte 37/71.

An der Autobahn A 5 (Anschlußstelle Karlsruhe-Süd) NW : 2,5 km :

Holiday Inn, Am Hardtwald 10 (Industriegebiet), ✉ 76275 Ettlingen, ✆ (07243) 38 00, Fax (07243) 380666, – Zim, P – 220. AE E VISA. Rest
Stadtplan Karlsruhe AV e
Menu à la carte 51/74 – **199 Z** 240/355, 4 Suiten.

ETTRINGEN Rheinland-Pfalz siehe Mayen.

EURASBURG KREIS BAD TÖLZ-WOLFRATSHAUSEN Bayern 419 420 W 18 – 3 600 Ew – Höhe 614 m.

Beuerberg, Gut Sterz (SO : 4 km), ✆ (08179) 6 17.

Berlin 642 – München 48 – Garmisch-Partenkirchen 54 – Bad Tölz 20 – Weilheim 26.

In Eurasburg-Faistenberg SW : 9 km :

Gut Faistenberg, ✉ 82547, ✆ (08179) 16 16, Fax (08179) 433, Alpenlandschaft, « Gutshotel in malerischer Voralpenlage ; Gartenrestaurant », – P – 45. AE E VISA. Rest
Menu (wochentags nur Abendessen, Tischbestellung erforderlich) à la carte 63/91 – **10 Z** 198/349.

EUSKIRCHEN Nordrhein-Westfalen 417 O 4 – 45 000 Ew – Höhe 150 m.

ADAC, Hochstr. 64, ✉ 53879, ✆ (0221) 47 27 47, Fax (02251) 75964.

Berlin 611 – Düsseldorf 78 – Bonn 32 – Aachen 87 – Düren 30 – Köln 41.

Eifel-Hotel garni, Frauenberger Str. 181, ✉ 53879, ✆ (02251) 50 10, Fax (02251) 73847, « Farbenfrohe, individuelle Einrichtung », – P – 20. AE E VISA JCB
26 Z 160/180.

Rothkopf, Kommerner Str. 76 (B 56), ✉ 53879, ✆ (02251) 5 56 11, Fax (02251) 30 60 – Zim, P. AE E VISA JCB
20. Dez. - 6. Jan. geschl. – **Menu** (Freitag geschl.) (wochentags nur Abendessen) à la carte 23/58 – **33 Z** 110/170.

EUTIN Schleswig-Holstein 415 416 D 15 – 18 000 Ew – Höhe 43 m – Luftkurort.

Tourist-Information, Bleekergang 6, ✉ 23701, ✆ (04521) 7 09 70, Fax (04521) 709720.

Berlin 299 – Kiel 44 – Lübeck 48 – Oldenburg in Holstein 29.

Voss-Haus, Vossplatz 6, ✉ 23701, ✆ (04521) 7 07 70, Fax (04521) 707777, « Historische Räume a.d.18.Jh. » – – 120. AE E VISA
Menu à la carte 45/74 – **15 Z** 110/190 – ½ P 42.

XXX **L'Etoile,** Lübecker Landstr. 36, ✉ 23701, ✆ (04521) 70 28 60, Fax (04521) 702861, – P. AE E VISA
Montag - Dienstag und Jan. geschl. – **Menu** (Tischbestellung ratsam, bemerkenswerte Weinkarte) à la carte 66/104 – ***Le Bistro* : Menu** à la carte 39/69
Spez. Variation von der Gänsestopfleber. Steinbuttrosette aus dem Trüffeldampf. Komposition von Kaninchen und Hummer.

In Eutin-Fissau *N : 2,5 km :*

Wiesenhof, Leonhardt-Boldt-Str. 25, ✉ 23701, ✆ (04521) 7 07 60, *Fax (04521) 707666,* – TV ☎ P – 20. E VISA. Zim
Menu *(Mittwoch geschl.)* à la carte 38/52 – **32 Z** 85/200.

In Eutin-Sielbeck *N : 5,5 km :*

Uklei-Fährhaus (mit Gästehaus), Eutiner Str. 7 (am Kellersee), ✉ 23701, ✆ (04521) 24 58, *Fax (04521) 5576,* ≤, « Terrasse am See », – TV ☎ P
Dez. - Anfang Feb. geschl. – **Menu** *(außer Saison Donnerstag geschl.)* à la carte 32/74 – **22 Z** 65/130 – ½ P 25.

An der Straße nach Schönwalde *NO : 3 km :*

Hotel am See - Der Redderkrug, Am Redderkrug 5, ✉ 23701 Eutin, ✆ (04521) 22 32, *Fax (04521) 2293,* ≤, – TV ☎ P – 25. AE E VISA
Menu à la carte 33/50 – **21 Z** 89/164 – ½ P 23.

EXTERTAL *Nordrhein-Westfalen* 417 *J 11 – 14 300 Ew – Höhe 220 m.*

Verkehrsamt, Mittelstr. 33 (Bösingfeld), ✉ 32699, ✆ (05262) 40 20, Fax (05262) 40258.
Berlin 359 – Düsseldorf 221 – Hannover 77 – Paderborn 64 – Osnabrück 103.

In Extertal-Bösingfeld :

Timpenkrug, Mittelstr. 14, ✉ 32699, ✆ (05262) 7 52, *Fax (05262) 2220* – TV ☎ P
Menu à la carte 31/54 – **17 Z** 68/128.

FAHRDORF *Schleswig-Holstein siehe Schleswig.*

FALKENBERG *Brandenburg siehe Freienwalde, Bad.*

FALKENHAGEN *Brandenburg siehe Pritzwalk.*

FALKENHAGEN KREIS SEELOW *Brandenburg* 416 *I 26 – 900 Ew – Höhe 60 m.*

Berlin 73 – Potsdam 117 – Frankfurt (Oder) 22.

Seehotel Luisenhof M, Am Gabelsee (S : 1 km), ✉ 15306, ✆ (033603) 4 00, *Fax (033603) 40400,* – TV ☎ P – 40. AE E VISA. Rest
Menu à la carte 39/64 – **32 Z** 95/155.

FALKENSEE *Brandenburg* 416 418 *I 23 – 22 300 Ew – Höhe 30 m.*

Berlin 24 – Potsdam 22.

Falkensee, Spandauer Str. 6, ✉ 14612, ✆ (03322) 2 50 10, *Fax (03322) 250155,* – TV ☎ P – 20. AE E VISA
Restaurant Krabiell *(Freitag geschl., Montag - Donnerstag nur Abendessen)* **Menu** à la carte 25/41 – **26 Z** 110/198.

FALKENSTEIN KREIS CHAM *Bayern* 420 *S 21 – 3 300 Ew – Höhe 627 m – Luftkurort – Wintersport : 630/700 m ≤1 .*

Tourismusbüro im Rathaus, ✉ 93167, ✆ (09462) 2 44, Fax (09462) 5310.
Berlin 499 – München 162 – Regensburg 41 – Cham 21 – Straubing 29.

Am Schloßpark, Rodinger Str. 5, ✉ 93167, ✆ (09462) 9 40 40, *Fax (09462) 1664,* Biergarten, – TV ☎ P – 30. AE E VISA
Menu *(Montag geschl.)* à la carte 24/48 – **15 Z** 75/130 – ½ P 20.

Café Schwarz , Arracher Höhe 1, ✉ 93167, ✆ (09462) 2 50, *Fax (09462) 674,* ≤, – P
Ende Nov. - Mitte Dez. geschl. – (nur Abendessen für Hausgäste) – **23 Z** 53/110 – ½ P 12.

FALKENSTEIN (Vogtland) *Sachsen* 418 420 *O 21 – 10 000 Ew – Höhe 500 m.*

Fremdenverkehrsamt im Heimatmuseum, Schlossplatz 1, ✉ 08223, ✆ (03745) 60 76, Fax (03745) 6076.
Berlin 310 – Dresden 151 – Gera 63 – Plauen 20.

Falkenstein, Amtsstr. 1, ✉ 08223, ✆ (03745) 74 20, *Fax (03745) 742444,* – Zim, TV ☎ P – 65. AE E VISA
Menu à la carte 27/41 – **50 Z** 120/160 – ½ P 23.

Jägerhalle, Schloßstr. 50 (B 169), ✉ 08223, ✆ (03745) 7 12 83, *Fax (03745) 71324* – TV ☎ . E
Menu à la carte 22/37 – **12 Z** 65/95.

FALLINGBOSTEL *Niedersachsen* 415 416 *H 13 – 14 000 Ew – Höhe 50 m – Kneippheilbad und Luftkurort.*

Kurverwaltung, Sebastian-Kneipp-Platz 1, ✉ 29683, ☏ (05162) 40 00, Fax (05162) 400500.

Berlin 329 – Hannover 69 – Bremen 70 – Hamburg 95 – Lüneburg 69.

Berlin, Düshorner Str. 7, ✉ 29683, ☏ (05162) 30 66, *Fax (05162) 1636,* – 25. AE VISA. Rest
Menu *(Sonntagabend geschl.)* à la carte 39/54 – **20 Z** 95/150 – ½ P 25.

Haus Petersen garni, Schlüterberg 1, ✉ 29683, ☏ (05162) 59 66, *Fax (05162) 1262,* VISA
16 Z 89/149.

MICHELIN-REIFENWERKE KGaA. Logistikzentrum ✉ 29683 Fallingbostel, Bockhorner Weg 11, ☏ (05162) 40 50 Fax (05162) 405299.

FARCHANT *Bayern* 419 420 *X 17 – 3 900 Ew – Höhe 700 m – Erholungsort – Wintersport : 650/700 m.*

Oberau, Gut Buchwies (NO : 4 km), ☏ (08824) 83 44.

Verkehrsamt im Rathaus, Am Gern 1, ✉ 82490, ☏ (08821) 96 16 96, Fax (08821) 961622.

Berlin 671 – München 84 – Garmisch-Partenkirchen 4 – Landsberg am Lech 73.

Alter Wirt, Bahnhofstr. 1, ✉ 82490, ☏ (08821) 62 38, *Fax (08821) 61455,* AE VISA
Menu à la carte 27/51 – **35 Z** 70/140 – ½ P 22.

Kirchmayer, Hauptstr. 14, ✉ 82490, ☏ (08821) 6 87 33, *Fax (08821) 6345,* AE VISA JCB
5. Nov. - 15. Dez. geschl. – **Menu** à la carte 28/49 – **18 Z** 80/140 – ½ P 24.

Föhrenhof, Frickenstr. 2, ✉ 82490, ☏ (08821) 66 40, *Fax (08821) 61340,*
11. - 30. Jan., 12. April - 4. Mai und 25. Okt. - 17. Dez. geschl. – **Menu** *(Montag - Dienstag geschl.)* à la carte 28/47 – **18 Z** 60/160.

Gästehaus Zugspitz garni, Mühldörflstr. 4, ✉ 82490, ☏ (08821) 9 62 60, *Fax (08821) 962636,*
nach Ostern 1 Woche geschl. – **14 Z** 60/110.

FASSBERG *Niedersachsen* 415 416 *H 14 – 6 800 Ew – Höhe 60 m.*

Verkehrsbüro in Müden, Unterlüßer Str. 5, ✉ 29328, ☏ (05053) 98 92 22, Fax (05053) 989223.

Berlin 308 – Hannover 90 – Celle 44 – Munster 14.

In Faßberg-Müden *SW : 4 km – Erholungsort*

Niemeyer's Posthotel, Hauptstr. 7, ✉ 29328, ☏ (05053) 9 89 00, *Fax (05053) 989064,* « Gartenterrasse », – Zim, – 40. VISA. Zim
Menu *(Sonntag und Jan. 2 Wochen geschl.)* à la carte 43/71 – **33 Z** 110/230 – ½ P 30.

Landhotel Bauernwald, Alte Dorfstr. 8, ✉ 29328, ☏ (05053) 5 88, *Fax (05053) 1556,* « Gartenterrasse », – Zim, – 50. VISA
Menu à la carte 42/73 – **37 Z** 110/185.

FEHMARN (Insel) *Schleswig-Holstein* 415 416 *C 17 – Ostseeinsel, durch die Fehmarnsundbrücke★ (Auto und Eisenbahn) mit dem Festland verbunden.*

Burg-Wulfen, ☏ (04371) 69 69.

von Puttgarden nach Rodbyhavn/Dänemark, ☏ (04371) 86 51 61.

Tourismus-Information in Burg, Breite Str. 28, ✉ 23769, ☏ (04371) 86 86 86, Fax (04371) 868642.

Kurverwaltung in Burg-Südstrand, ✉ 23769, ☏ (04371) 5 00 50, Fax (04371) 500590.

ab Burg : Berlin 350 – Kiel 86 – Lübeck 83 – Oldenburg in Holstein 31.

Bannesdorf *– 2 300 Ew.*

Burg 5.

In Bannesdorf - Neue Tiefe *S : 2 km ab Burg :*

Strandhotel garni, Am Binnensee 2 (Nähe Südstrand), ✉ 23769, ☏ (04371) 31 42, *Fax (04371) 6950* –
26 Z 84/168.

Burg – *6 000 Ew – Ostseeheilbad.*

XX **Der Lachs,** Landkirchner Weg 1a, ✉ 23796, ✆ (04371) 8 72 00, *Fax (04371) 87200 – Montag - Dienstag geschl., Okt. - April nur Freitagabend, Samstagabend und Sonntag geöffnet* – **Menu** (wochentags nur Abendessen) à la carte 43/73.

In Burg-Burgstaaken :

Schützenhof, Menzelweg 2, ✉ 23769, ✆ (04371) 5 00 80, *Fax (04371) 500814* – TV ☎ P. E. Zim
Jan. geschl. – **Menu** *(Dienstag geschl.)* à la carte 29/58 – **29 Z** 70/150 – ½ P 25.

In Burg-Südstrand :

Intersol, Südstrandpromenade, ✉ 23769, ✆ (04371) 86 53, *Fax (04371) 3765*, – TV ☎ P – 40. E VISA
Jan. - Feb. geschl. – **Menu** à la carte 32/58 – **44 Z** 168/277 – ½ P 48.

WESTFEHMARN – *2 000 Ew.*

In Westfehmarn-Petersdorf *NW : 10 km ab Burg :*

Landhaus Kastania garni, Schlangsdorfer Str. 10, ✉ 23769, ✆ (04372) 9 92 99, *Fax (04372) 992929*, – TV ☎ P – 30
14 Z 100/140.

FEILNBACH, BAD *Bayern* 420 *W 20 – 7 000 Ew – Höhe 540 m – Moorheilbad.*

Kur- und Verkehrsamt, Bahnhofstr. 5, ✉ 83075, ✆ (08066) 8 87 404, Fax (08066) 906844.

Berlin 650 – München 62 – Garmisch-Partenkirchen 99 – Rosenheim 19 – Miesbach 22.

Gästehaus Funk garni, Nordweg 21, ✉ 83075, ✆ (08066) 80 15, *Fax (08066) 8442*, – TV ☎ P
12 Z 55/100.

Gästehaus Kniep garni, Wendelsteinstr. 41, ✉ 83075, ✆ (08066) 3 37, – P.
Nov. - 20. Dez. geschl. – **12 Z** 48/102.

In Bad Feilnbach-Au *NW : 5 km :*

XX **Landgasthof zur Post** mit Zim, Hauptstr. 48, ✉ 83075, ✆ (08064) 7 42, – P
Ende Aug. - Mitte Sept. geschl. – **Menu** *(Sonntagabend - Montag geschl.)* (wochentags nur Abendessen, Tischbestellung erforderlich) 82/112 – **6 Z** 70/130
Spez. Geflügelleberparfait mit Essigzwetschgen. Rehmedaillons mit Wacholdersauce. Topfenknödel mit Orangen.

In Bad Feilnbach-Oberhofen *NW : 6,5 km :*

Forellen Stuben, Oberhofen 81, ✉ 83075, ✆ (08064) 3 81, *Fax (08064) 1792*, – P
Mitte Jan. - Mitte Feb. geschl. – **Menu** *(Montag geschl.)* à la carte 21/50 – **15 Z** 52/90 – ½ P 18.

FELDAFING *Bayern* 419 420 *W 17 – 4 900 Ew – Höhe 650 m – Erholungsort.*

Feldafing, Tutzinger Str. 15, ✆ (08157) 9 33 40.

Berlin 621 – München 35 – Garmisch-Partenkirchen 65 – Weilheim 19.

In Feldafing-Wieling *W : 2 km :*

Zur Linde, An der B 2, ✉ 82340, ✆ (08157) 9 33 10, *Fax (08157) 933188*, Biergarten, – Zim, TV ☎ P – 30. E VISA
Menu à la carte 26/57 – **36 Z** 95/155 – ½ P 25.

FELDBERG IM SCHWARZWALD *Baden-Württemberg* 419 *W 8 – 1 500 Ew – Höhe 1 230 m – Luftkurort – Wintersport : 1000/1 500 m 20.*

Sehenswert : Gipfel ★★ – Bismarck-Denkmal ★.

Tourist-Information, Feldberg-Altglashütten, Kirchgasse 1, ✉ 79868, ✆ (07655) 80 19, Fax (07655) 80143.

Berlin 791 – Stuttgart 170 – Freiburg im Breisgau 38 – Basel 60 – Donaueschingen 45.

In Feldberg-Altglashütten – *Höhe 950 m*

Pension Schlehdorn, Sommerberg 1 (B 500), ✉ 79868, ☎ (07655) 9 10 50, *Fax (07655) 910543*, ≤, – ... *(nur Abendessen für Hausgäste)* – **16 Z** 70/160 – ½ P 24.

Schwarzwälder Hof, Windgfällstr. 4, ✉ 79868, ☎ (07655) 9 10 60, *Fax (07655) 910666*, ..., Zim, ... **Menu** à la carte 28/54 *(auch vegetarische Gerichte)* – **20 Z** 80/160 – ½ P 30.

Waldeck-Gästehaus Monika, Windgfällstr. 19, ✉ 79868, ☎ (07655) 9 10 30, *Fax (07655) 231*, ≤, ... Rest *Nov. - Mitte Dez. geschl.* – **Menu** *(Mittwoch geschl.)* à la carte 29/59 – **28 Z** 63/134 – ½ P 23.

Haus Sommerberg mit Zim, Am Sommerberg 14, ✉ 79868, ☎ (07655) 14 11, *Fax (07655) 1640*, ... *16. Nov. - 9. Dez. geschl.* – **Menu** *(Montag - Dienstagmittag geschl.)* à la carte 37/70 – **9 Z** 50/122 – ½ P 27.

In Feldberg-Bärental – *Höhe 980 m*

Adler, Feldbergstr. 4 (B 317), ✉ 79868, ☎ (07655) 2 30, *Fax (07655) 1228*, « Schwarzwaldgasthof a.d.J. 1840 » – Zim, ... **Menu** à la carte 28/65 – **16 Z** 100/240 – ½ P 32.

In Feldberg-Falkau – *Höhe 950 m*

Peterle, Schuppenhörnlestr. 18, ✉ 79868, ☎ (07655) 6 77, *Fax (07655) 1771*, ≤, ..., – Zim, ... *Mitte Nov.- Mitte Dez. geschl.* – **Menu** *(Donnerstag geschl.)* à la carte 29/51 – **14 Z** 47/110 – ½ P 22.

FELDKIRCHEN *Bayern* *siehe München.*

FELDKIRCHEN-WESTERHAM *Bayern* **420** *W 19 – 8 500 Ew – Höhe 551 m.*

Feldkirchen-Westerham, Oed 1, ☎ (08063) 63 00.

Berlin 623 – München 39 – Rosenheim 24.

Im Ortsteil Aschbach *NW : 3 km ab Feldkirchen :*

Berggasthof Aschbach, ✉ 83620, ☎ (08063) 8 06 60, *Fax (08063) 806620*, ≤, – ... **Menu** à la carte 32/64 – **9 Z** 100/200.

FELLBACH *Baden-Württemberg* *siehe Stuttgart.*

FENSTERBACH *Bayern* *siehe Schwarzenfeld.*

FERCH *Brandenburg* *siehe Potsdam.*

FEUCHT *Bayern* **419 420** *R 17 – 13 200 Ew – Höhe 361 m.*

Siehe Nürnberg (Umgebungsplan).

Berlin 441 – München 153 – Nürnberg 19 – Regensburg 95.

Bauer garni, Schwabacher Str. 25b, ✉ 90537, ☎ (09128) 29 33, *Fax (09128) 16090* – ... CT x *24. Dez. - 6. Jan. geschl.* – **36 Z** 60/140.

An der Autobahn A 9 *SW : 2 km :*

Motel Feucht, Ostseite, ✉ 90537 Feucht, ☎ (09128) 9 27 70, *Fax (09128) 9277300* – ... CT e **Menu** à la carte 26/41 – **60 Z** 99/156.

FEUCHTWANGEN *Bayern* **419 420** *S 14 – 12 000 Ew – Höhe 450 m – Erholungsort.*

Verkehrsbüro, Marktplatz 1, ✉ 91555, ☎ (09852) 9 04 44, Fax (09852) 90466.

Berlin 509 – München 171 – Stuttgart 131 – Schwäbisch Hall 52 – Ulm (Donau) 115 – Ansbach 25.

Romantik Hotel Greifen-Post, Marktplatz 8, ✉ 91555, ☎ (09852) 68 00, *Fax (09852) 68068*, ..., – ..., Zim, ... – 15. ... Rest **Menu** à la carte 42/78 – **38 Z** 140/279 – ½ P 49.

Ambiente garni, Dinkelsbühler Str. 2, ✉ 91555, ☎ (09852) 6 76 40, *Fax (09852) 676464* – TV ☎ P. E
30 Z 85/142.

Ballheimer, Ringstr. 57, ✉ 91555, ☎ (09852) 91 82, *Fax (09852) 3738*, – TV ☎ P. E VISA JCB
Menu *(Okt. - Mai Montag geschl.)* à la carte 27/57 – **14 Z** 70/145.

Lamm, Marktplatz 5, ✉ 91555, ☎ (09852) 25 00, *Fax (09852) 2884* – TV ☎
20. Dez. - 10. Jan. geschl. – **Menu** *(Dienstag geschl.)* à la carte 23/37 – **8 Z** 65/140.

In Feuchtwangen-Dorfgütingen *N : 6 km :*

Landgasthof Zum Ross, Dorfgütingen 37 (B 25), ✉ 91555, ☎ (09852) 6 74 30, *Fax (09852) 6743116*, Biergarten, – TV ☎ P
23. Dez. - 10. Jan. und 26. Okt. - 3. Nov. geschl. – **Menu** *(Sonntagabend - Montag geschl.)* à la carte 26/52 – **12 Z** 70/120 – ½ P 30.

FICHTELBERG *Bayern* 420 *Q 19 – 2 800 Ew – Höhe 684 m – Luftkurort – Wintersport : 700/1 024 m* 1.

Fremdenverkehrsbüro, Bayreuther Str. 4, ✉ 95686, ☎ (09272) 9 70 33, Fax (09272) 97044.

Berlin 366 – München 259 – Weiden in der Oberpfalz 67 – Bayreuth 30 – Marktredwitz 21.

Schönblick (mit Ferienwohnanlage), Gustav-Leutelt-Str. 18, ✉ 95686, ☎ (09272) 9 78 00, *Fax (09272) 9780200*, , , , – , Zim, TV ☎ P – 50
Menu à la carte 30/56 – **58 Z** 75/176 – ½ P 25.

In Fichtelberg-Neubau *NW : 2 km :*

Specht, Fichtelberger Str. 41, ✉ 95686, ☎ (09272) 97 30, *Fax (09272) 97320*, , – ☎ P – 30
Menu à la carte 21/44 – **26 Z** 37/90 – ½ P 15.

Waldhotel am Fichtelsee (Zufahrt nur für Hotelgäste), ✉ 95686, ☎ (09272) 96 40 00, *Fax (09272) 9640064*, ≤, , – TV ☎ P
18 Z.

FICHTENAU *Baden-Württemberg siehe Dinkelsbühl.*

FIEFBERGEN *Schleswig-Holstein* 415 416 *C 15 – 350 Ew – Höhe 30 m.*

Berlin 348 – Kiel 20 – Lübeck 89 – Lütjenburg 27 – Preetz 24.

Sommerhof, Am Dorfteich 11, ✉ 24217, ☎ (04344) 66 85, *Fax (04344) 4498*, « Gartenterrasse » – P.
Montag - Dienstag sowie Feb. und Okt. - Nov. jeweils 2 Wochen geschl. – **Menu** (nur Abendessen, Tischbestellung ratsam) 74/95 und à la carte 66/72
Spez. Gefüllte Kräutersardine mit Estragonkartoffeln. Hechtrolle mit Basilikumschalotten. Kalbsleber mit Speck und Trüffelrisotto.

Der Alte Auf, Am Dorfteich 15, ✉ 24217, ☎ (04344) 41 55 25, « Ehemalige Scheune, gemütlich-rustikale Einrichtung » – P
Montag geschl., Dienstag - Freitag nur Abendessen – **Menu** à la carte 32/53.

FILDERSTADT *Baden-Württemberg* 419 *T 11 – 37 000 Ew – Höhe 370 m.*

Berlin 656 – Stuttgart 19 – Reutlingen 25 – Ulm (Donau) 80.

In Filderstadt-Bernhausen :

Ascot Stuttgart Airport garni, Karl-Benz-Str. 25, ✉ 70794, ☎ (0711) 7 09 00, *Fax (0711) 7090100* – , Zim, TV ☎ P – 15. AE E VISA
112 Z 129/191.

Schwanen garni, Obere Bachstr. 5, ✉ 70794, ☎ (0711) 7 08 20, *Fax (0711) 7082411* – TV ☎ . AE E VISA
39 Z 136/180.

Schumacher garni, Volmarstr. 19, ✉ 70794, ☎ (0711) 70 30 83, *Fax (0711) 704420* – TV ☎ P. E VISA
25 Z 105/150.

In Filderstadt-Bonlanden :

Astron, Bonländer Hauptstr. 145 (nahe der B 27/312), ✉ 70794, ☎ (0711) 7 78 10, *Fax (0711) 7781555*, – Zim, – 120. AE VISA JCB
Menu à la carte 42/70 – **117 Z** 133/273.

Stuttgart-Airport garni, Rainäckerstr. 61, ✉ 70794, ☎ (0711) 7 78 30, *Fax (0711) 7783387*, – Zim, – 15. AE VISA
62 Z 135/185.

In Filderstadt-Sielmingen :

Zimmermann garni, Brühlstr. 2, ✉ 70794, ☎ (07158) 93 30, *Fax (07158) 933275* – – 20. VISA
45 Z 96/165.

In Filderstadt-Plattenhardt :

Crystal garni, Uhlbergstr. 54, ✉ 70794, ☎ (0711) 7 88 90, *Fax (0711) 788950* – . AE VISA
18 Z 105/175.

FINNENTROP *Nordrhein-Westfalen* 417 *M 7 – 17 400 Ew – Höhe 230 m.*

Berlin 529 – Düsseldorf 130 – Arnsberg 39 – Lüdenscheid 43 – Meschede 46 – Olpe 25.

In Finnentrop-Bamenohl *SO : 2 km :*

Cordes, Bamenohler Str. 59 (B 236), ✉ 57413, ☎ (02721) 7 07 36, *Fax (02721) 6905*, – . AE . Rest
Menu *(Dienstag geschl.)* à la carte 37/78 – **16 Z** 75/160.

In Finnentrop-Rönkhausen *N : 7 km :*

Im Stillen Winkel , Kapellenstr. 11, ✉ 57413, ☎ (02395) 9 16 90, *Fax (02395) 916912*, – . AE VISA. Rest
Menu *(Donnerstag geschl.)* (wochentags nur Abendessen) à la carte 31/54 – **8 Z** 95/145.

FINSTERBERGEN *Thüringen* 418 *N 15 – 1 600 Ew – Höhe 419 m – Erholungsort.*

Kurverwaltung, Hauptstr. 17, ✉ 99898, ☎ (03623) 30 61 22, Fax (03623) 306396.

Berlin 341 – Erfurt 50 – Bad Hersfeld 89 – Coburg 104.

Zur Tanne, Hauptstr. 37, ✉ 99898, ☎ (03623) 3 60 30, *Fax (03623) 360312*, – . AE . Zim
Nov. 3 Wochen gesch. – **Menu** *(Donnerstag geschl.)* à la carte 15/36 – **10 Z** 60/80 – ½ P 15.

Spießberghaus (mit Gästehaus), Schmalkalder Str. 3 (W : 3,5 Km), ✉ 99898, ☎ (03623) 36 35 00, *Fax (03623) 363543*, , – . VISA
Menu à la carte 24/45 – **29 Z** 75/90 – ½ P 10.

FINSTERWALDE *Brandenburg* 418 *L 25 – 23 000 Ew – Höhe 106 m.*

Fremdenverkehrsbüro, Markt 1 (Rathaus), ✉ 03238, ☎ (03531) 70 30 79, Fax (03531) 703079.

Berlin 120 – Potsdam 144 – Cottbus 55 – Dresden 93 – Leipzig 115.

Boulevardhotel Sängerstadt, Markt 2, ✉ 03238, ☎ (03531) 25 57, *Fax (03531) 3389* – . AE VISA
Menu à la carte 24/50 – **27 Z** 80/130.

Zum Vetter garni, Lange Str. 15, ✉ 03238, ☎ (03531) 22 69, *Fax (03531) 3205* – . VISA
20 Z 70/139.

Goldener Hahn mit Zim, Bahnhofstr. 3, ✉ 03238, ☎ (03531) 22 14, *Fax (03531) 8535*, Biergarten – . AE VISA
Menu *(Sonntagabend geschl.)* à la carte 27/56 – **12 Z** 75/160.

FISCHACH *Bayern* 419 420 *V 15 – 4 600 Ew – Höhe 490 m.*

Gessertshausen, Weiherhof (O : 14 km), ☎ (08238) 78 44.

Berlin 578 – München 90 – Augsburg 23 – Ulm (Donau) 73.

Zur Posthalterei mit Zim, Poststr. 14, ✉ 86850, ☎ (08236) 95 99 70, *Fax (08236) 306*, – .
Menu *(Donnerstag geschl.)* à la carte 32/54 – **9 Z** 50/95 – ½ P 15.

FISCHBACHAU *Bayern* 420 *W 19 – 5 300 Ew – Höhe 771 m – Erholungsort – Wintersport : 770/900 m* ≴1 ⛷.

Verkehrsamt, Rathaus, Kirchplatz 10, ✉ 83730, ✆ (08028) 8 76, Fax (08028) 2040.

Berlin 661 – München 72 – Garmisch-Partenkirchen 90 – Miesbach 18.

In Fischbachau-Birkenstein *O : 1 km :*

Oberwirt, Birkensteinstr. 91, ✉ 83730, ✆ (08028) 8 14, – Ⓟ
15. - 30. Jan. geschl. – **Menu** *(Mittwoch geschl.)* à la carte 24/48 – **18 Z** 68/96 – ½ P 13.

In Fischbachau-Winkl *N : 1 km :*

Café Winklstüberl mit Zim, Leitzachtalstr. 68, ✉ 83730, ✆ (08028) 7 42, *Fax (08028) 1586,* « Gemütliche Bauernstuben, Sammlung von Kaffeemühlen, Gartenterrasse mit ⋞ » – TV Ⓟ
Menu à la carte 25/42 – **8 Z** 40/80.

FISCHBACHTAL *Hessen* 417 419 *Q 10 – 2 500 Ew – Höhe 300 m.*

Berlin 575 – Wiesbaden 72 – Mannheim 52 – Darmstadt 25.

In Fischbachtal-Lichtenberg – *Erholungsort :*

Landhaus Baur mit Zim (ehem. Villa in einem kleinen Park), Lippmannweg 15, ✉ 64405, ✆ (06166) 83 13, *Fax (06166) 8841,* ⋞, – TV Ⓟ. AE E. Rest
Jan. und Okt. jeweils 2 Wochen geschl. – **Menu** *(Montag - Dienstagmittag geschl.)* (Tischbestellung erforderlich) 135/175 und à la carte 86/118 – **5 Z** 140/260.

FISCHEN IM ALLGÄU *Bayern* 419 420 *X 14 – 2 800 Ew – Höhe 760 m – Heilklimatischer Kurort – Wintersport : 760/1 665 m* ≴3 ⛷.

Kurverwaltung, Am Anger 15, ✉ 87538, ✆ (08326) 3 64 60, Fax (08326) 364656.

Berlin 731 – München 157 – Kempten (Allgäu) 34 – Oberstdorf 6.

Rosenstock, Berger Weg 14, ✉ 87538, ✆ (08326) 18 95, *Fax (08326) 9676,* – TV ☎ Ⓟ.
3. Nov. - 17. Dez. geschl. – (Restaurant nur für Hausgäste) – **44 Z** 81/222 – ½ P 15.

Burgmühle, Auf der Insel 4a, ✉ 87538, ✆ (08326) 99 50, *Fax (08326) 7352,* – TV ☎ Ⓟ.
Anfang Nov. - Mitte Dez. geschl. – (nur Abendessen für Hausgäste) – **24 Z** 84/270 – ½ P 25.

Café Haus Alpenblick, Maderhalmer Weg 10, ✉ 87538, ✆ (08326) 97 91, *Fax (08326) 9794,* ⋞, – TV ☎ Ⓟ
Nov. - Mitte Dez. geschl. – **Menu** *(Dienstag - Mittwoch geschl.)* (nur Abendessen) à la carte 30/51 – **20 Z** 75/170 – ½ P 12.

Zur Krone mit Zim, Auf der Insel 1, ✉ 87538, ✆ (08326) 2 87, *Fax (08326) 9351,* – TV Ⓟ
Menu *(Montag - Dienstagmittag geschl.)* à la carte 32/62 – **9 Z** 75/140 – ½ P 20.

In Fischen-Langenwang *S : 3 km :*

Sonnenbichl Hotel am Rotfischbach, Sägestr. 19, ✉ 87538, ✆ (08326) 99 40, *Fax (08326) 994180,* ⋞, Massage, – TV ☎ Ⓟ – 20.
18. - 29. April und Nov. - 17. Dez. geschl. – **Menu** à la carte 31/65 – **54 Z** 108/304 – ½ P 25.

Café Frohsinn, Wiesenweg 4, ✉ 87538, ✆ (08326) 18 48, *Fax (08326) 1840,* ⋞, Massage, – ☎ Ⓟ.
2. Nov. - 20. Dez. geschl. – (Restaurant nur für Hausgäste) – **49 Z** 97/200 – ½ P 10.

In Fischen-Maderhalm :

Kur- und Sporthotel Tanneck, Maderhalm 20, ✉ 87538, ✆ (08326) 99 90, *Fax (08326) 999133,* ⋞ Fischen und Allgäuer Berge, Massage, – TV Ⓟ – 40. Rest
Mitte April - Anfang Mai und Anfang Nov. - Mitte Dez. geschl. – **Menu** à la carte 43/65 – **63 Z** 137/338, 3 Suiten – ½ P 24.

Café Maderhalm, Maderhalmer Weg 19, ✉ 87538, ✆ (08326) 3 60 50, *Fax (08326) 7492,* ⋞ Fischen und Allgäuer Berge, – TV ☎ Ⓟ
Nov. geschl. – **Menu** à la carte 31/58 – **13 Z** 69/130 – ½ P 19.

In Obermaiselstein *W : 3 km :*

Café Steiner, Niederdorf 21, ✉ 87538, ✆ (08326) 4 90, *Fax (08326) 7241*, ≤, – P. E
Nov. - Mitte Dez. geschl. – (Restaurant nur für Hausgäste) – **10 Z** 52/124 – ½ P 13/18.

Langer's Schlemmerstuben, Paßstr. 2, ✉ 87538, ✆ (08326) 95 00, *Fax (08326) 9496*, – P
Mitte April - Okt. Dienstag - Mittwochmittag, Nov. - Anfang April Montag - Mittwochmittag sowie Nov. 3 Wochen und April 1 Woche geschl. – **Menu** à la carte 60/110
Spez. Gratinierter Hummer mit Gemüsenudeln. "Strammer Max" von Gänseleber und Kalbsbries. Allgäuer Charolaisfilet mit Schupfnudeln.

FISCHERBACH *Baden-Württemberg* 419 *V 8 – 1 600 Ew – Höhe 220 m – Erholungsort.*
Berlin 780 – Stuttgart 149 – Freiburg im Breisgau 52 – Freudenstadt 50 – Offenburg 33.

Krone, Vordertalstr. 17, ✉ 77716, ✆ (07832) 29 97, *Fax (07832) 5575*, –
P. AE VISA. Zim
Feb. - März und Okt. - Nov. jeweils 2 Wochen geschl. – **Menu** *(Montag geschl.)* à la carte 24/52 – **18 Z** 62/129 – ½ P 15.

FLADUNGEN *Bayern* 418 420 *O 14 – 2 400 Ew – Höhe 416 m.*
Berlin 405 – Wiesbaden 183 – Fulda 52 – Bad Neustadt 32 – Thann 27.

Sonnentau (mit Pension Sonnentau), Wurmbergstr. 1, ✉ 97650, ✆ (09778) 9 12 20, *Fax (09778) 912255*, ≤, – P – 40
Menu *(Dienstag geschl.)* à la carte 21/41 – **49 Z** 51/136 – ½ P 21.

FLAMMERSFELD *Rheinland-Pfalz* 417 *O 6 – 1 200 Ew – Höhe 270 m – Luftkurort.*
Fremdenverkehrsbüro (Rathaus), Rheinstr. 17, ✉ 57632, ✆ (02685) 80 91 19, Fax (02685) 809100.
Berlin 592 – Mainz 119 – Bonn 60 – Köln 66 – Limburg an der Lahn 60 – Koblenz 45.

In Rott *SW : 2 km :*

Zur Schönen Aussicht, Gartenstraße, ✉ 57632, ✆ (02685) 3 44, *Fax (02685) 8478*, « Garten », – P
5. - 12. März und 22. Okt. - 18. Dez. geschl. – (Restaurant nur für Hausgäste) – **18 Z** 58/126 – ½ P 16.

FLEIN *Baden-Württemberg siehe Heilbronn.*

FLENSBURG *Schleswig-Holstein* 415 *B 12 – 85 600 Ew – Höhe 20 m.*
Sehenswert : *Städtisches Museum* ★ Y **M1** – *Nikolaikirche (Orgel* ★*)* Z – *Flensburger Förde* ★ Y.
Tourist-Information, Speicherlinie 40, ✉ 24937, ✆ (0461) 2 30 90, Fax (0461) 17352.
ADAC, *Schleswiger Str.130, ✉ 24941, ✆ (0461) 90 22 00, Fax (0461) 9022011.*
Berlin 426 ③ – Kiel 88 ③ – Hamburg 158 ③

Stadtplan siehe gegenüberliegende Seite

Ramada M garni, Norderhofenden 6, ✉ 24937, ✆ (0461) 8 41 10, *Fax (0461) 8411299*, – Zim, – 60. AE E VISA JCB Y a
95 Z 141/204, 4 Suiten.

Central-Hotel garni, Neumarkt 1, ✉ 24937, ✆ (0461) 8 60 00, *Fax (0461) 22599* –
P. AE E VISA Z a
54 Z 97/185.

Flensburger Hof garni, Süderhofenden 38, ✉ 24937, ✆ (0461) 14 19 90, *Fax (0461) 1419999* – . AE VISA Z g
28 Z 135/185.

Am Wasserturm, Blasberg 13, ✉ 24943, ✆ (0461) 3 15 06 00, *Fax (0461) 312287*, – P. AE E VISA. Rest Y c
Menu à la carte 35/63 – **34 Z** 95/185.

Marienhölzung, Marienhölzungsweg 150, ✉ 24939, ✆ (0461) 58 22 94, Biergarten – P. E über Dorotheenstraße Y
Montag und 17. Feb. - 17. März geschl. – **Menu** à la carte 37/64.

Borgerforeningen, Holm 17, ✉ 24937, ✆ (0461) 2 33 85, *Fax (0461) 23085*, – P. AE E VISA Y v
Sonntag geschl. – **Menu** à la carte 33/66.

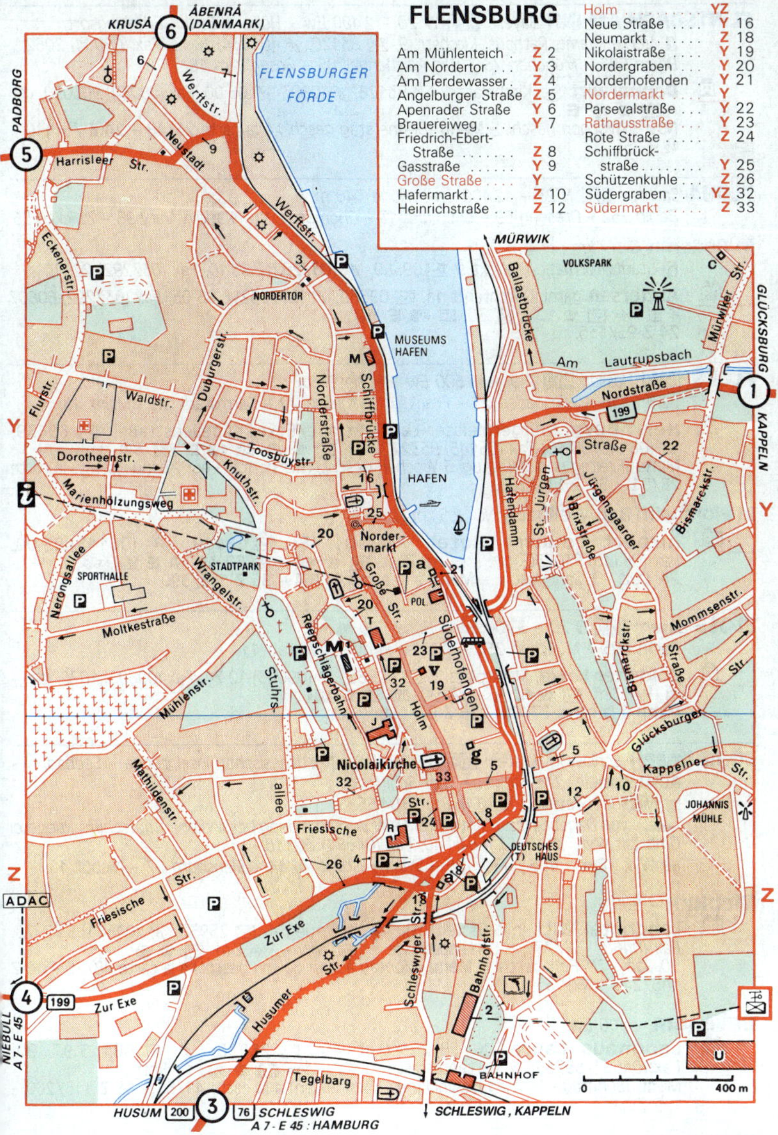

In Harrislee-Wassersleben ⑥ : *5 km* :

Wassersleben, Wassersleben 4, ✉ 24955, ☎ (0461) 7 74 20, *Fax (0461) 7742133*, ←, 🏞, « Schöne Lage an der Flensburger Förde » – ⇆ Zim, TV ☎ **P** – 🏛 60. AE ⓓ E VISA. ✂ Rest – **Menu** à la carte 48/73 – **25 Z** 105/260.

In Oeversee ③ : *9 km an der B 76* :

Romantik Hotel Historischer Krug (mit Gästehäusern), ✉ 24988, ☎ (04630) 94 00, *Fax (04630) 780*, 🏞, « Garten », Massage, ♨, 🏊, 🏊, 🌳 – TV ☎ **P** – 🏛 25. AE ⓓ E VISA
Menu à la carte 50/85 – **50 Z** 99/250 – ½ P 40.

FLINTSBACH AM INN *Bayern* 420 *W 20 – 2 400 Ew – Höhe 496 m – Erholungsort.*
Verkehrsamt, Rathaus, Kirchstr. 9, ✉ 83126, (08034) 18 13, Fax (08034) 2062.
Berlin 662 – München 73 – Bad Reichenhall 85 – Rosenheim 18.

Dannerwirt, Kirchplatz 4, ✉ 83126, (08034) 9 06 00, *Fax (08034) 906050*, – TV ☎ P. E
Nov. 3 Wochen geschl. – **Menu** *(Donnerstag geschl.)* à la carte 25/48 – **24 Z** 75/110 – ½ P 25.

FLÖHA *Sachsen* 418 *N 23 – 12 400 Ew – Höhe 340 m.*
Berlin 252 – Dresden 59 – Chemnitz 13 – Chomutov 72 – Karlovy Vary 95 – Zwickau 56.

In Oederan *O : 7 km :*
Stadtinformation, Markt 9, ✉09569, (037292) 2 23 10, Fax (037292) 22310

Andersen garni, Durchfahrt 1a, ✉ 09569, (037292) 6 06 05, *Fax (037292) 60607* – TV ☎ – 30. AE E VISA
24 Z 95/135.

FLÖRSHEIM *Hessen* 417 *P 9 – 16 600 Ew – Höhe 95 m.*
Berlin 556 – Wiesbaden 21 – Frankfurt am Main 29 – Darmstadt 28 – Mainz 15.

Herrnberg, Bürgermeister-Lauck-Straße/Ecke Kapellenstraße, ✉ 65439, (06145) 95 30, *Fax (06145) 953222* – TV ☎ P. AE E VISA. Zim
Menu *(Freitag und Juli - Aug. 3 Wochen geschl.)* (wochentags nur Abendessen) à la carte 28/51 – **36 Z** 115/205.

In Flörsheim-Bad Weilbach *NO 2,5 km :*

Airport Country Hotel, Alleestr. 18, ✉ 65439, (06145) 93 00, *Fax (06145) 930230*, – Rest, TV ☎ P – 50. AE E VISA.
24. Dez. - 3. Jan. geschl. – **Menu** à la carte 47/64 – **56 Z** 198/390.

FLOSS *Bayern* 420 *Q 20 – 3 700 Ew – Höhe 500 m.*
Berlin 405 – München 254 – Weiden in der Oberpfalz 11.

Goldener Löwe, Marktplatz 2, ✉ 92685, (09603) 10 74, *Fax (09603) 1076*, – Zim, TV ☎ ♿ – 20. AE E VISA
Menu à la carte 27/60 – **26 Z** 88/158.

FÖHR (Insel) *Schleswig-Holstein* 415 *B 9 Insel der Nordfriesischen Inselgruppe – Seebad.*
Ausflugsziele : Die Halligen★ (per Schiff).
Nieblum-Greveling, (04681) 58 04 55.
von Dagebüll (ca. 45 min). Für PKW Voranmeldung bei Wyker Dampfschiffs-Reederei GmbH in Wyk, (04681) 8 01 40, Fax (04681) 80116.
ab Wyk : Berlin 466 – Kiel 126 – Sylt (Westerland) 14 – Flensburg 57 – Niebüll 15.

Nieblum *– 800 Ew.*

Landhotel Witt (mit Gästehaus), Alkersumstieg 4, ✉ 25938, (04681) 5 87 70, *Fax (04681) 587758*, « Gartenterrasse », – Zim, TV ☎ P
10. Jan. - 20. Feb. geschl. – **Menu** *(Montag ausser Saison geschl.)* à la carte 48/79 – **16 Z** 145/240 – ½ P 35.

Oevenum *– 500 Ew.*

Landhaus Laura, Bruunstrat 49, ✉ 25938, (04681) 5 97 90, *Fax (04681) 597935*, « Gartenterrasse », – TV ☎ P. Rest
Menu *(Sonntag - Montag geschl.)* (nur Abendessen) à la carte 41/65 – **15 Z** 115/260 – ½ P 30.

Wyk *– 5 000 Ew – Heilbad.*
Kurverwaltung, Rathaus, Hafenstraße 23, ✉ 25938, (04681) 1 94 33, Fax (04681) 3068.

Duus, Hafenstr. 40, ✉ 25938, (04681) 5 98 10, *Fax (04681) 598140* – TV ☎. AE E VISA JCB
Mitte Nov.- 24. Dez. geschl. – ***Austernfischer*** *(Donnerstag und Anfang Jan. - Ende Feb. geschl.)* **Menu** à la carte 39/58 – **22 Z** 120/190.

Colosseum, Große Str. 42, ✉ 25938, (04681) 5 97 00, *Fax (04681) 597037* – TV ☎ P. Zim
8. - 28. März und 14. - 21. Nov. geschl. – **Menu** *(Mittwoch geschl.)* à la carte 35/70 – **20 Z** 99/190 – ½ P 25.

Alt Wyk, Große Str. 4, ✉ 25938, ✆ (04681) 32 12, *Fax (04681) 59172,* « Restaurantstuben im rustikal-regionalen Stil » –
Dienstag, Mitte Jan. - Feb. und Ende Nov. - Anfang Dez. geschl. – **Menu** (nur Abendessen) à la carte 47/79.

Friesenstube, Süderstr. 8, ✉ 25938, ✆ (04681) 24 04, *Fax (04681) 915* – AE E VISA.
Montag und 8. Nov. - 10. Dez. geschl. – **Menu** à la carte 41/74.

FORBACH *Baden-Württemberg* 419 *T 9 – 6 000 Ew – Höhe 331 m – Luftkurort.*
Kurverwaltung, Kurhaus, Striedstr. 14, ✉ *76596,* ✆ *(07228) 23 40, Fax (07228) 2997.*
Berlin 717 – Stuttgart 106 – Karlsruhe 46 – Freudenstadt 31 – Baden-Baden 26.

An der Schwarzenbachtalsperre *SW : 9,5 km über Raumünzach - Höhe 670 m :*

Schwarzenbach-Hotel, ✉ 76596 Forbach, ✆ (07228) 91 90, *Fax (07228) 919160*, , , – TV – 50. VISA
Jan. geschl. – **Menu** à la carte 30/64 – **33 Z** 81/164 – ½ P 25.

In Forbach-Hundsbach *SW : 14 km über Raumünzach – Wintersport : 750/1000 m 1 1 :*

Feiner Schnabel, Hundseckstr. 24, ✉ 76596, ✆ (07220) 2 72, *Fax (07220) 272*, , , , – TV . AE VISA. Rest
2. Nov. - 23. Dez. geschl. – **Menu** *(Dienstag geschl.)* à la carte 24/56 – **9 Z** 70/140 – ½ P 23.

FORCHHEIM *Bayern* 420 *Q 17 – 31 000 Ew – Höhe 265 m.*
Sehenswert : *Pfarrkirche (Bilder der Martinslegende★).*
Tourist-Information, Rathaus, Hauptstr. 24, ✉ *91301,* ✆ *(09191) 71 43 38, Fax (09191) 714206.*
Berlin 429 – München 206 – Nürnberg 38 – Bamberg 25 – Würzburg 93.

Franken garni, Ziegeleistr. 17, ✉ 91301, ✆ (09191) 62 40, *Fax (09191) 62480* – TV . AE E VISA.
40 Z 74/109.

Am Kronengarten garni, Bamberger Str. 6 a, ✉ 91301, ✆ (09191) 6 67 68, *Fax (09191) 66331* – TV . AE E VISA
23 Z 90/120.

Pilatushof garni, Kapellenstr. 13, ✉ 91301, ✆ (09191) 8 99 70, *Fax (09191) 65835* – TV . AE E VISA
8 Z 95/130.

In Forchheim-Burk *W : 1,5 km :*

Schweizer Grom, Röthenstr. 5, ✉ 91301, ✆ (09191) 39 55, *Fax (09191) 3955*, Biergarten – TV – 25. E VISA. Rest
Menu *(Freitag und 6. - 22. Juni geschl.)* à la carte 23/40 – **30 Z** 75/120.

In Kunreuth-Regensberg *SO : 15 km :*

Berg-Gasthof Hötzelein, ✉ 91358, ✆ (09199) 80 90, *Fax (09199) 80999*, ≤ Fränkische Schweiz, , , – TV – 30. E VISA.
24. Nov. - 24. Dez. geschl. – **Menu** *(Dienstag geschl.)* à la carte 32/51 – **31 Z** 85/140.

FORCHTENBERG *Baden-Württemberg* 419 *S 12 – 3 800 Ew – Höhe 189 m.*
Berlin 573 – Stuttgart 83 – Würzburg 82 – Heilbronn 41 – Künzelsau 13.

In Forchtenberg-Sindringen *W : 6 km :*

Krone (mit Gästehaus), Untere Str. 2, ✉ 74670, ✆ (07948) 9 10 00, *Fax (07948) 2492*, – TV – 40. E
2. - 28. Jan. geschl. – **Menu** *(Dienstag geschl.)* à la carte 26/49 – **27 Z** 75/120.

FORST *Baden-Württemberg siehe Bruchsal.*

FORST *Rheinland-Pfalz siehe Deidesheim.*

FORST (LAUSITZ) *Brandenburg* 418 *K 27 – 25 000 Ew – Höhe 78 m.*
Berlin 149 – Potsdam 180 – Cottbus 26.

Wiwo, Domsdorfer Kirchweg 14, ✉ 03149, ✆ (03562) 95 10, *Fax (03562) 984379* – , Zim, Rest, TV – 120. AE E VISA
Menu *(Sonntagabend geschl.)* (Montag - Freitag nur Abendessen) à la carte 23/44 – **76 Z** 95/125.

FORSTINNING *Bayern* 420 *V 19 – 2 900 Ew – Höhe 512 m.*
Berlin 600 – München 27 – Ebersberg 13 – Erding 19 – Rosenheim 44.

In Forstinning-Schwaberwegen *SW : 1 km, Richtung Anzing*

Zum Vaas, Münchner Str. 88, ✉ 85661, ☎ (08121) 4 30 91, *Fax (08121) 43094*, Biergarten – TV ☎ P. E VISA
Aug. 3 Wochen und Weihnachten - Anfang Jan. geschl. – **Menu** *(Montag - Dienstag geschl.)* à la carte 26/59 – **9 Z** 80/135.

FRAMMERSBACH *Bayern* 417 *P 12 – 5 100 Ew – Höhe 225 m – Erholungsort – Wintersport : 450/530 m* ⛷1 ⛷.
Verkehrsverein im Rathaus, Marktplatz 3, ✉97833, ☎ (09355) 48 00, Fax (09355) 971233.
Berlin 527 – München 332 – Würzburg 55 – Frankfurt am Main 71 – Fulda 74.

Landgasthof Kessler, Orber Str. 23 (B 276), ✉ 97833, ☎ (09355) 12 36, *Fax (09355) 99741* – TV ☎ 🚗 P – 🏛 30
Mitte Jan. - Mitte Feb. geschl. – **Menu** *(Mittwochabend geschl.)* à la carte 24/49 🍷 – **15 Z** 60/110 – ½ P 16.

Schwarzkopf mit Zim, Lohrer Str. 80 (B 276), ✉ 97833, ☎ (09355) 3 07, *Fax (09355) 4412*, Biergarten – TV ☎ 🚗. E. 🐕
Jan. und Sept. jeweils 1 Woche geschl. – **Menu** *(Montag geschl.)* (Tischbestellung ratsam) à la carte 27/66 – **6 Z** 55/120 – ½ P 20.

In Frammersbach-Habichsthal *W : 7,5 km :*

Zur frischen Quelle, Dorfstr. 10, ✉ 97833, ☎ (06020) 13 93, *Fax (06020) 2815*, 🌳, ≘s, 🌳 – P
Feb. - März und Nov. - Dez. jeweils 2 Wochen geschl. – **Menu** *(Mittwoch geschl.)* à la carte 24/49 🍷 – **19 Z** 41/76 – ½ P 20.

FRANKENBERG *Sachsen* 418 *N 23 – 16 000 Ew – Höhe 262 m.*
Tourist-Information, Schloßstr. 5, ✉ 09669, ☎ (037206) 6 94 31, Fax (037206) 72237.
Berlin 245 – Dresden 63 – Chemnitz 13 – Chomutov 79 – Karlovy Vary 95 – Zwickau 54.

Landhotel Kaiser M 🌙, Am Dammplatz, ✉ 09669, ☎ (037206) 7 73, *Fax (037206) 77599*, 🌳, ≘s – |♦|, ⇔ Zim, TV ☎ 📞 P – 🏛 80. AE ⓓ E VISA JCB
Menu à la carte 29/50 – **76 Z** 98/189.

Lützelhöhe 🌙 garni, Dr.-Wilhelm-Külz-Str. 53, ✉ 09669, ☎ (037206) 53 20, *Fax (037206) 5300* – ⇔ TV ☎ P – 🏛 20. E VISA
17 Z 90/130.

FRANKENBERG AN DER EDER *Hessen* 417 *M 10 – 19 000 Ew – Höhe 296 m.*
Sehenswert : *Rathaus*★.
Ausflugsziel : *Haina : Ehemaliges Kloster*★, *O : 18 km.*
Verkehrsamt, Obermarkt 13 (Stadthaus), ✉ 35058, ☎ (06451) 50 51 13, Fax (06451) 505100.
Berlin 451 – Wiesbaden 156 – Marburg 39 – Kassel 78 – Paderborn 104 – Siegen 83.

Sonne 🌙, Marktplatz 2, ✉ 35066, ☎ (06451) 75 00, *Fax (06451) 22147*, 🌳, Massage, ≘s – |♦| ▤ TV ☎ – 🏛 150. AE ⓓ E VISA
Menu *(Sonntagabend, Juli - Aug. Sonntag - Montag geschl.)* (bemerkenswerte Weinkarte) à la carte 41/80 – **42 Z** 98/280.

Rats-Schänke 🌙, Marktplatz 7, ✉ 35066, ☎ (06451) 7 26 60, *Fax (06451) 726655* – |♦| TV ☎ 🚗. AE ⓓ E VISA
2. - 15. Jan. geschl. – **Menu** *(Donnerstag geschl.)* à la carte 31/60 – **38 Z** 90/240 – ½ P 25.

FRANKENHAIN *Thüringen* 418 *N 16 – 1 000 Ew – Höhe 398 m.*
Berlin 330 – Erfurt 39 – Gotha 28 – Ilmenau 14 – Suhl 25.

Gasthof am Gisselgrund, Ohrdrufer Str. 9, ✉ 99330, ☎ (036205) 74 30, *Fax (036205) 74334*, 🌳, ≘s – TV ☎ P. AE ⓓ E VISA
Menu à la carte 22/37 – **17 Z** 75/120.

Les bonnes tables
Nous distinguons à votre intention certains restaurants par **Menu** 🙂, ✿, ✿✿ ou ✿✿✿.

FRANKENHAUSEN, BAD *Thüringen 418 L 17 – 10 000 Ew – Höhe 138 m – Kurort.*

Kyffhäuser-Information, Am Anger 14, ✉ 06567, ☎ (034671) 7 17 17, Fax (034671) 71719.

Berlin 246 – Erfurt 57 – Göttingen 110 – Halle 81 – Nordhausen 31.

Residence Frankenburg M, Am Schlachtberg 3, ✉ 06567, ☎ (034671) 7 50, *Fax (034671) 75300,* ← Bad Frankenhausen, Massage, (Thermal) – Zim, Rest, – 60. Rest
86 Z.

Reichental M, Rottleber Str. 4, ✉ 06567, ☎ (034671) 6 80, *Fax (034671) 68100,* – Zim, – 100. AE E VISA
Menu à la carte 33/62 – **49 Z** 120/185 – ½ P 25.

Grabenmühle, Am Wallgraben 1, ✉ 06567, ☎ (034671) 7 98 82, *Fax (034671) 79883,* Biergarten – E VISA.
Menu *(Sonntag geschl.)* à la carte 24/37 – **14 Z** 60/120 – ½ P 15.

FRANKENRIED *Bayern siehe Kaufbeuren.*

FRANKENTHAL IN DER PFALZ *Rheinland-Pfalz 417 419 R 9 – 47 000 Ew – Höhe 94 m.*

Siehe auch Mannheim-Ludwigshafen (Umgebungsplan).

Städt. Verkehrsverein, Rathaus, ✉ 67227, ☎ (06233) 8 93 95, Fax (06233) 89400.

Berlin 618 – Mainz 66 – Mannheim 18 – Kaiserslautern 47 – Worms 10.

FRANKENTHAL IN DER PFALZ

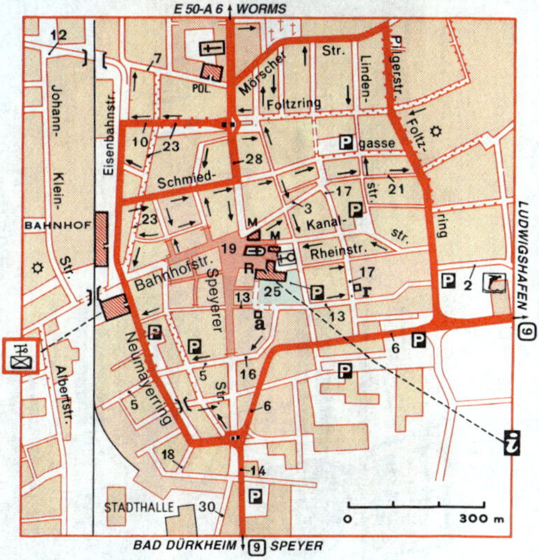

Bauer Hotel Residenz M garni, Mina-Karcher-Platz 9, ✉ 67227, ☎ (06233) 34 30, *Fax (06233) 343434,* – – 20. AE E VISA JCB
104 Z 159/245, 8 Suiten. Umgebungsplan Mannheim-Ludwigshafen AU c

Achat M garni, Mahlastr. 18, ✉ 67227, ☎ (06233) 49 20, *Fax (06233) 492999* – AE E VISA Umgebungsplan Mannheim-Ludwigshafen AU a
Weihnachten - Anfang Jan. geschl. – **126 Z** 129/184.

Central, Karolinenstr. 6, ✉ 67227, ☎ (06233) 87 80, *Fax (06233) 22151,* Biergarten, – Zim, – 80. AE E VISA a
Menu *(Samstagmittag und Sonntag geschl.)* à la carte 44/84 – **75 Z** 99/189.

Filling garni, Nürnberger Str. 14, ✉ 67227, ☎ (06233) 3 16 60, *Fax (06233) 28259* – E VISA r
18 Z 85/110.

Adamslust, An der Adamslust 10, ✉ 67227, ☎ (06233) 6 17 16, *Fax (06233) 68249,* – E VISA Umgebungsplan Mannheim-Ludwigshafen AU n
Samstagmittag, Montag und Jan. - Feb. 3 Wochen geschl. – **Menu** (Tischbestellung ratsam) à la carte 49/71.

FRANKFURT AM MAIN

Hessen 417 P 10 – 660 000 Ew – Höhe 40 m

Berlin 537 ⑧ – Wiesbaden 41 ⑦ – Bonn 178 ⑤ – Nürnberg 226 ③ – Stuttgart 204 ⑤

Touristinformation im Römer ✉ 60311, ☎ (069) 21 23 87 08

Touristinformation im Hauptbahnhof, ✉ 60329, ☎ (069) 21 23 88 49, Fax (069)21248512

ADAC, *Schumannstr. 4, ✉ 60325, ☎ (069) 74 38 00, Fax (069) 749254*

ADAC, *Schillerstr. 12, ✉ 60313, ☎ (069) 74 38 03 35, Fax (069) 283597*

Frankfurt am Main AU, ☎ (069) 6 90 25 95

In Neu-Isenburg, Kurt-Schumacher-Straße

Messegelände CX, ☎ (069) 7 57 50, Fax (069) 75756433

Sehenswert : *Goethehaus★ GZ – Senkenberg-Museum★ (Paläntologie★★) CV* **M9** *– Städelsches Museum und Städtische Gallerie★★ GZ – Museum für Kunsthandwerk★ HZ – Deutsches Filmmuseum★ GZ* **M7** *– Museum für moderne Kunst★ HY* **M10** *– Dom★ (Westturm★★, Chorgestühl★, Dom-Museum★) HZ – Palmengarten★ CV – Zoo★★★ FV – Henninger Turm※★ FX*

18 Frankfurt-Niederrad, Golfstr. 41 BT, ☎ (069) 66 23 18

9 Frankfurt-Niederrad, Schwarzwaldstr. 125, BT, ☎ (069) 96 74 13 53

18 Hanau-Wilhelmsbad (O : 12 km, über Hanauer Landstraße BS), ☎ (06181) 8 20 71

18 Hofgut Neuhof (S : 13 km, über A 661 und Abfahrt Dreieich BU) ☎ (06102) 32 70 10

18 Lindenhof (Bad Vilbel-Dortelweil) (NO : 13 km, über Friedberger Landstraße FV), ☎ (06101) 5 2 4 52 00

Alphabetische Liste Hotels und Restaurants Frankfurt
Liste alphabétique des hôtels et restaurants

STRASSENVERZEICHNIS

KASSEL E 451-A 5
BAD HOMBURG
B
FRIEBERG
BAD VILBEL
BÜDINGEN
NIEDERURSEL
A 661
Nidda
BERKERSHEIM
NORDWEST-STADT
Homburger
PREUNGESHEIM
HEDDERN-HEIM
Eschersheimer
Landstr.
R
LOHRBERG
BERGEN-ENKHEIM
ESCHERSHEIM
ECKENHEIM
Gießener Str.
SECKBACH
FULDA
VOLKSPARK NIDDATAL
Eckenheimer Landstr.
Friedberger
HUTHPARK
GINNHEIM
A 66
HAUSEN
BORNHEIM
GRÜNEBURG PARK
MICHELIN
FRANKFURT OST
RIEDERWALD
HANAU
BOCKENHEIM
PALMENGARTEN
OSTPARK
Hanauer Landstr.
S
ZOO
GOETHEHAUS
DOM
MESSEGELANDE
Landstr.
Allee
Offenbacher
OFFENBACH
OBERRAD
Gutleutstr.
MAIN
Henninger Turm
NIEDERRAD
Kennedy
SACHSEN-HAUSEN
TURM
FRANKFURTER
Darmstädter
Landstr.
T
NÜRNBERG
STADTWALD
Isenburger Schneise
STADION
Mörfelder
OFFENBACHER KREUZ
WÜRZBURG
E 42-A 3
NEU-ISENBURG
U
Sprendlinger
DIEBURG
DREIEICH - BUCHSCHLAG
B
DARMSTADT

EUROPATURM
0
500 m
A 66
Miquel-Adickesallee
Miquelallee
Eschersheimer Landstr.
Eysseneckstr.
Frauenlobstr.
Franz-Rücker-Allee
Sophienstr.
Miquelallee
BOTANISCHER GARTEN
GRÜNEBURG-PARK
EHEM. I.G. FARBEN VERWALTUNGSGEBÄUDE
Holzhausenstr.
BOCKENHEIM
PALMENGARTEN
Fürstenberger Str.
Grüneburgweg
Leipziger Str.
Sophienstr.
Gräfstr.
Siesmayerstr.
Liebigstr.
Grüneburgweg
Bockenheimer Warte
Schloß-
Adalbertstr.
Bockenheimer
Westend
WESTBAHNHOF
Gräfstr.
straße
Beethoven-
ROTHSCHILD PARK
Bockenheimer Anlage
Landstr.
Senckenberganlage
Westendstr.
Hamburger Allee
Guiollettstr.
Hochstr.
ADAC
Th.-Heuss-Allee
Friedrich-Ebert-Anlage
straße
Westendstr.
S. BAHN
Neue
MESSETURM
Taunus Anlage
Goetheplatz
FESTHALLE
MESSEGELÄNDE
Mainzer Landstr.
Mainzer
S-BAHN
Hemmerichsweg
POL
Taunusstr.
Platz der Republik
Landstr.
Frankenallee
HAUPT-BAHNHOF
Hafenstr.
Frankenallee
Mainzer
GALLUSWARTE
Tunnel im Bau
Baseler Str.
Untermainkai
Schaumainkai (Museumsufer)
Mainzer Landstr.
Hafenstr.
Gutleutstr.
STÄDELSCHES MUSEUM
Friedensbr.
Stresemann-Allee
WESTHAFEN
MAIN
Gartenstr.
Gutleutstr.
Kennedy-
allee
43-44
STRESEMANNALLEE
V
X
C
D

FRANKFURT AM MAIN

Alfred-Brehm-Platz	FV	2
Arnsburger Straße	FV	4
Bärenstraße	FV	6
Bremer Straße	DV	12
Düsseldorfer Straße	CX	14
Flößerbrücke	FX	17
Karlstraße	CX	33
Neebstraße	FV	42
Obermainbrücke	FX	45
Pfingstweidstraße	FV	47
Seehofstraße	FX	54
Siemensstraße	FX	56
Wasserweg	FX	67
Windeckstraße	FX	74

Straßenverzeichnis siehe Frankfurt S. 4

Allerheiligenstraße . . . . HY 3
An der Hauptwache . . . . . . GHY
Bethmannstraße . . . . GZ 7
Bleidenstraße . . . . HY 9
Bockenheimer Landstr. . . . . GY 10
Domstraße . . . . HZ 13
Elisabethenstraße . . . . HZ 16
Friedberger Anlage . . . . HY 20
Friedberger Landstr. . . . . . . HY 22
Friedensstraße . . . . GZ 24
Goethestraße . . . . GY
Gr. Bockenheimer Str. . . . . . GY 27
Große Friedberger Str. . . . . HY 29
Großer Hirschgraben . . . . . . GZ 30
Kaiserstraße . . . . GZ
Kalbächer Gasse . . . . GY 32
Kleiner Hirschgraben . . . . . . GY 35
Limpurgergasse . . . . HZ 36
Münchener Str. . . . . GZ
Münzgasse . . . . GZ 40
Rechneigrabenstr. . . . . HZ 50
Roßmarkt . . . . GY
Schillerstraße . . . . GY 55
Stoltzestraße . . . . HY 58
Taunusstraße . . . . GZ 62
Untermainanlage . . . . GZ 65
Weißfrauenstraße . . . . GZ 68
Weserstraße . . . . GZ 69
Zeil . . . . HY

Straßenverzeichnis siehe Frankfurt S. 4

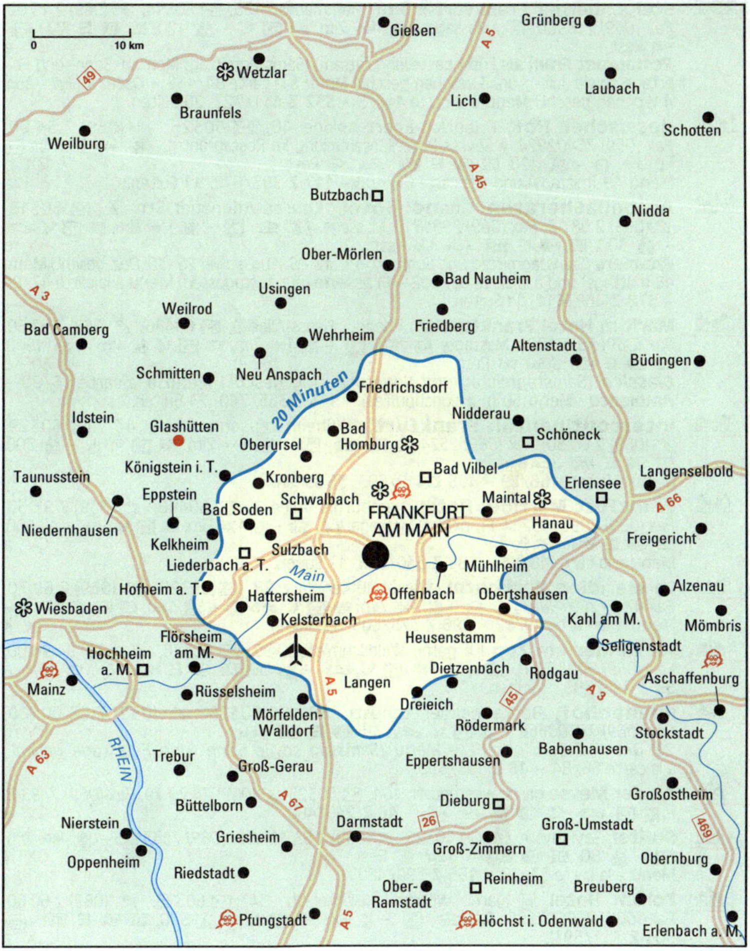

LES GUIDES MICHELIN

Guides Rouges (hôtels et restaurants) :

Benelux, España Portugal, France, Great Britain and Ireland, Italia, Suisse, Europe, Deutschland

Guides Verts (Paysages, monuments et routes touristiques) :

Allemagne, Autriche, Belgique, Bruxelles, Californie, Canada, Ecosse, Espagne, Europe, Florence de la Toscane, Floride, France, Grande-Bretagne, Grèce, Hollande, Irlande, Italie, Londres, Maroc, New York, Nouvelle Angleterre, Pays Rhénans, Portugal, Québec, Rome, Scandinavie, Suisse, Thaïlande, Venise, Washington

... et la collection sur la France.

Steigenberger Frankfurter Hof, Bethmannstr. 33, ✉ 60311, ☎ (069) 2 15 02, *Fax (069) 215900*, Massage – |♦|, ⇎ Zim, ▤ TV – 120. AE ◑ E VISA JCB. ⚹ Rest GZ e
Restaurant Français (Tischbestellung ratsam) (Samstagmittag, Montag, Sonn- und Feiertage sowie Juli - Aug. 3 Wochen geschl.) **Menu** à la carte 84/132 – ***Oscar's*** *(Juli - Aug. 4 Wochen geschl.)* **Menu** à la carte 44/75 – **332 Z** 431/722, 20 Suiten.

Hessischer Hof, Friedrich-Ebert-Anlage 40, ✉ 60325, ☎ (069) 7 54 00, *Fax (069) 75402924*, « Sèvres-Porzellansammlung im Restaurant » – |♦|, ⇎ Zim, ▤ TV – 120. AE ◑ E VISA JCB. ⚹ Rest CX p
Menu 49 (mittags) und à la carte 67/102 – **117 Z** 395/672, 11 Suiten.

ArabellaSheraton Grand Hotel, Konrad-Adenauer-Str. 7, ✉ 60313, ☎ (069) 2 98 10, *Fax (069) 2981810*, Massage, – |♦|, ⇎ Zim, ▤ TV – 300. AE ◑ E VISA JCB. ⚹ Rest HY c
Premiere *(Samstagmittag und Sonntag, 11. Juli - 8. Aug. sowie 25.-30. Dez. geschl.)* **Menu** 48 (mittags) und à la carte 67/102 – ***Brasserie*** *(nur Mittagessen)* **Menu** à la carte 47/89 – **378 Z** 468/611, 11 Suiten.

Maritim Hotel Frankfurt M, Theodor-Heuss-Allee 3, ✉ 60486, ☎ (069) 7 57 80, *Fax (069) 75781000*, Massage, – |♦|, ⇎ Zim, ▤ TV – 1900. AE ◑ E VISA JCB. ⚹ Rest CVX c
Classico *(Samstagmittag und Sonntagmittag geschl.)* **Menu** à la carte 56/90 – ***Ambiente*** **: Menu** 50 (nur Lunchbuffet) – **543 Z** 365/740, 24 Suiten.

Intercontinental Frankfurt, Wilhelm-Leuschner-Str. 43, ✉ 60329, ☎ (069) 2 60 50, *Fax (069) 252467*, – |♦|, ⇎ Zim, ▤ TV – 500. AE ◑ E VISA JCB GZ a
Menu à la carte 56/89 – **465 Z** 412/693, 35 Suiten.

Frankfurt Marriott Hotel, Hamburger Allee 2, ✉ 60486, ☎ (069) 7 95 50, *Fax (069) 79552432*, ≤ Frankfurt, Massage, – |♦|, ⇎ Zim, ▤ TV – 600. AE ◑ E VISA. ⚹ Rest CV a
Menu à la carte 46/81 – **588 Z** 330/565, 17 Suiten.

Le Meridien Parkhotel, Wiesenhüttenplatz 28, ✉ 60329, ☎ (069) 2 69 70, *Fax (069) 2697884*, – |♦|, ⇎ Zim, ▤ TV – 160. AE ◑ E VISA JCB
Menu à la carte 49/82 – **296 Z** 375/605, 11 Suiten. CX k

Alexander am Zoo M garni, Waldschmidtstr. 59, ✉ 60316, ☎ (069) 94 96 00, *Fax (069) 94960720*, – |♦| ⇎ TV – 30. AE ◑ E VISA JCB. ⚹ FV c
59 Z 215/390, 9 Suiten.

Palmenhof, Bockenheimer Landstr. 89, ✉ 60325, ☎ (069) 7 53 00 60, *Fax (069) 75300666* – |♦| TV. AE ◑ E VISA JCB CV m
23. Dez. - 2. Jan. geschl. – **Menu** *(Samstag sowie Sonn- und Feiertage geschl.)* à la carte 66/84 – **46 Z** 195/350.

An der Messe garni, Westendstr. 104, ✉ 60325, ☎ (069) 74 79 79, *Fax (069) 748349* – |♦| TV. AE ◑ E VISA JCB – **46 Z** 230/480. CV e

Sofitel, Savignystr. 14, ✉ 60325, ☎ (069) 7 53 30, *Fax (069) 7533175* – |♦|, ⇎ Zim, TV – 80. AE ◑ E VISA JCB. ⚹ Rest CX f
Menu à la carte 53/87 – **155 Z** 390/480.

Forum Hotel M garni, Wilhelm-Leuschner-Str. 34, ✉ 60329, ☎ (069) 2 60 60, *Fax (069) 260602925*, – |♦| ⇎ ▤ TV – 500. AE ◑ E VISA JCB
301 Z 331/593. CX z

Mercure, Voltastr. 29, ✉ 60486, ☎ (069) 7 92 60, *Fax (069) 79261606*, – |♦|, ⇎ Zim, TV ☎ – 80. AE ◑ E VISA JCB BS t
Menu à la carte 38/80 – **346 Z** 206/433, 12 Suiten.

Savoy, Wiesenhüttenstr. 42, ✉ 60329, ☎ (069) 27 39 60, *Fax (069) 27396795*, Massage, – |♦|, ⇎ Zim, ▤ Rest, TV ☎ – 100. AE ◑ E VISA JCB CX s
Menu à la carte 46/67 – **144 Z** 260/335.

Imperial, Sophienstr. 40, ✉ 60487, ☎ (069) 7 93 00 30, *Fax (069) 79300388* – |♦|, ⇎ Zim, ▤ TV ☎. AE ◑ E VISA JCB CV t
Menu *(Sonntag geschl.)* (nur Abendessen) à la carte 44/66 – **60 Z** 190/480.

Victoria Hotel garni, Elbestr. 24, ✉ 60329, ☎ (069) 27 30 60, *Fax (069) 27306100* – |♦| ⇎ TV ☎. AE ◑ E VISA JCB CDX t
75 Z 160/390.

Domicil garni, Karlstr. 14, ✉ 60329, ☎ (069) 27 11 10, *Fax (069) 253266* – |♦| ⇎ TV ☎. AE ◑ E VISA JCB CX d
Weihnachten - Neujahr geschl. – **70 Z** 169/309.

Atlantic M garni, Düsseldorfer Str. 20, ✉ 60329, ☎ (069) 27 21 20, *Fax (069) 27212100* – |♦| ⇎ TV ☎. ⚹ CX b
60 Z 210/310.

Rema-Hotel Bristol garni, Ludwigstr. 13, ✉ 60327, ☎ (069) 24 23 90, *Fax (069) 251539* – ⬚ ⬚ TV ☎ – ⬚ 25. AE ⬚ E VISA JCB CX a
145 Z 170/390.

InterCityHotel, Poststr. 8, ✉ 60329, ☎ (069) 27 39 10, *Fax (069) 27391999* – ⬚, ⬚ Zim, TV ☎ ⬚ P – ⬚ 80. AE ⬚ E VISA JCB. ⬚ Rest CX e
Menu *(Samstag - Sonntagmittag geschl.)* à la carte 38/61 – **384 Z** 234/398.

Novotel Frankfurt City West, Lise-Meitner-Str. 2, ✉ 60486, ☎ (069) 79 30 30, *Fax (069) 79303930*, ⬚, ⬚ – ⬚, ⬚ Zim, ⬚ TV ☎ ⬚ ⬚ P – ⬚ 140. AE ⬚ E VISA
Menu à la carte 41/59 – **235 Z** 210/331. CV r

Die Villa garni, Emil-Sulzbach-Str. 14, ✉ 60486, ☎ (069) 9 79 90 70, *Fax (069) 97990711* – TV ☎ P. AE ⬚ E VISA JCB CV x
20. Dez. - 2. Jan. geschl. – **22 Z** 273/496.

Atrium garni, Beethovenstr. 30, ✉ 60325, ☎ (069) 97 56 70, *Fax (069) 97567100* – ⬚ TV ☎. AE E VISA JCB. ⬚ CV d
22. Dez. - 2. Jan. und über Ostern geschl. – **45 Z** 195/455.

Manhattan garni, Düsseldorfer Str. 10, ✉ 60329, ☎ (069) 23 47 48, *Fax (069) 234532* – ⬚ TV ☎. AE ⬚ E VISA JCB CX r
60 Z 160/390.

Liebig-Hotel garni, Liebigstr. 45, ✉ 60323, ☎ (069) 72 75 51, *Fax (069) 727555* – ⬚ TV ☎. AE ⬚ E VISA JCB CV z
19 Z 205/360.

Cosmos Ⓜ garni, Weserstr. 17, ✉ 60329, ☎ (069) 31 08 10, *Fax (069) 31081555* – ⬚ ⬚ TV ☎ ⬚. AE ⬚ E VISA JCB GZ c
52 Z 160/198.

Columbus Ⓜ garni, Moselstr. 23, ✉ 60329, ☎ (069) 27 28 00, *Fax (069) 27280555* – ⬚ ⬚ TV ☎ ⬚. AE ⬚ E VISA JCB CX x
45 Z 160/198.

Am Dom garni, Kannengießergasse 3, ✉ 60311, ☎ (069) 1 38 10 30, *Fax (069) 283237* – ⬚ TV ☎. AE VISA HZ s
30 Z 155/300.

Cristall garni, Ottostr. 3, ✉ 60329, ☎ (069) 23 03 51, *Fax (069) 253368* – ⬚ TV ☎. AE ⬚ E VISA JCB. ⬚ CX c
30 Z 110/310.

Mondial garni, Heinestr. 13, ✉ 60322, ☎ (069) 59 04 22, *Fax (069) 590424* – ⬚ TV ☎ ⬚ P. AE ⬚ E VISA JCB DV a
20 Z 160/195.

Astoria garni, Rheinstr. 25, ✉ 60325, ☎ (069) 97 56 00, *Fax (069) 97560140*, ⬚ – TV ☎ P. AE ⬚ E VISA CX n
55 Z 99/240.

Diana garni, Westendstr. 83, ✉ 60325, ☎ (069) 74 70 07, *Fax (069) 747079* – TV ☎. AE ⬚ E VISA CV d
26 Z 95/167.

Corona garni, Hamburger Allee 48, ✉ 60486, ☎ (069) 77 90 77, *Fax (069) 708639* – ⬚ TV ☎ P. AE ⬚ E VISA JCB CV h
23. Dez. - 3. Jan. geschl. – **26 Z** 115/350.

Humperdinck, Grüneburgweg 95, ✉ 60323, ☎ (069) 72 21 22, *Fax (069) 97203155*, ⬚ – AE ⬚ VISA CV v
Samstagmittag, Sonn- u. Feiertage, Juli - Aug. 3 Wochen sowie Weihnachten - Anfang Jan. geschl. – **Menu** 49 (mittags) und à la carte 85/137
Spez. Hummercarpaccio mit gefülltem Hühnerflügel. Gänsestopfleber mit Pfirsich, Bohnen und Lavendel (Juni-Sept.). Zwiebeltarte mit Kalbsbries und Alba-Trüffel (Okt.-Dez.).

Union Club Restaurant, Am Leonhardsbrunnen 12, ✉ 60487, ☎ (069) 70 30 33, *Fax (069) 7073820*, ⬚ – AE ⬚ E VISA JCB CV n
Sonntagabend, Samstag und 25. Dez. - 5. Jan. geschl. – **Menu** (Tischbestellung ratsam) à la carte 75/98.

Tigerpalast-Restaurant, Heiligkreuzgasse 20, ✉ 60313, ☎ (069) 92 00 22 25, *Fax (069) 92002217*, (Varieté-Theater im Haus) – ⬚. AE ⬚ E VISA. ⬚ FV s
Montag und Mitte Juli - Ende Aug. geschl. – **Menu** (nur Abendessen) à la carte 92/120
Spez. Kanadischer Hummer mit Kräutersalat und ofengetrockneten Tomaten. Crêpinette und Ragout vom Neuseeländischen Milchkalb mit Zuckerschoten. Crème brûlée mit marinierten Aprikosen.

Aubergine, Alte Gasse 14, ✉ 60313, ☎ (069) 9 20 07 80, *Fax (069) 9200786* – AE ⬚ E VISA HY b
Samstagmittag, Sonntag (außer Messen), und Juli - Aug. 3 Wochen geschl. – **Menu** (Tischbestellung ratsam, bewerkenswerte Weinkarte) à la carte 70/89.

Tse-Yang, Kaiserstr. 67, ✉ 60329, ☎ (069) 23 25 41, *Fax (069) 237825* – AE ⓓ E VISA JCB CX v
Menu (chinesische Küche) à la carte 44/80.

Gallo Nero, Kaiserhofstr. 7, ✉ 60313, ☎ (069) 28 48 40, *Fax (069) 291645,* – AE ⓓ E VISA JCB GY s
Sonntag geschl., außer Messen – **Menu** (italienische Küche) à la carte 63/94.

La Trattoria, Fürstenberger Str. 179, ✉ 60322, ☎ (069) 55 21 30, *Fax (069) 552130* – AE ⓓ E VISA JCB DV s
Samstagmittag und Sonntag (außer Messen) sowie 24. Dez. - 3. Jan. geschl. – **Menu** (italienische Küche) à la carte 78/85.

Gargantua, Liebigstr. 47, ✉ 60323, ☎ (069) 72 07 18, *Fax (069) 71034695,* – AE ⓓ E VISA CV s
Samstagmittag, Sonntag und Ende Dez. - Anfang Jan. geschl. – **Menu** (Tischbestellung ratsam) 49 (mittags) und à la carte 82/108.

Ernos Bistro, Liebigstr. 15, ✉ 60323, ☎ (069) 72 19 97, *Fax (069) 173838,* – AE E VISA CV k
Samstag - Sonntag (außer Messen), 24. Juli - 15. Aug. und 23. Dez. - 9. Jan. geschl. – **Menu** (Tischbestellung ratsam, französische Küche) 50 (mittags) und à la carte 91/115
Spez. Gänseleberpastete "à la cuillère". Zander auf elsäßischem Sauerkraut mit Blutwurstsauce. Lammfilet in eigener Jus mit getrockneten Tomaten.

Meyer's Restaurant, Große Bockenheimerstr. 54, ✉ 60313, ☎ (069) 91 39 70 70, *Fax (069) 91397071,* – AE ⓓ E VISA GY a
Sonntagmittag und Feiertage geschl. – **Menu** à la carte 50/83.

Tao, Friedberger Anlage 14, ✉ 60316, ☎ (069) 44 98 44, *Fax (069) 432596,* – AE ⓓ E VISA FV a
Montag und Samstagmittag geschl. – **Menu** (vietnamesische Küche) à la carte 33/57.

Frankfurter Äppelwoilokale *(kleines Speisenangebot) :*

Zum Rad, Leonhardsgasse 2 (Seckbach), ✉ 60389, ☎ (069) 47 91 28, *Fax (069) 472942,* BR s
Dienstag, Nov. - März Montag - Dienstag geschl. – **Menu** (wochentags ab 17 Uhr, Sonn- und Feiertage ab 15 Uhr geöffnet) à la carte 25/47.

Römerbembel, Römerberg 22, ✉ 60311, ☎ (069) 28 83 83, *Fax (069) 557644,* . AE ⓓ E VISA HZ e
Menu à la carte 25/37.

Klaane Sachsehäuser, Neuer Wall 11 (Sachsenhausen), ✉ 60594, ☎ (069) 61 59 83, *Fax (069) 622141,* FX n
Sonntag geschl. – **Menu** (ab 16 Uhr geöffnet) à la carte 21/42.

Zum gemalten Haus, Schweizer Str. 67 (Sachsenhausen), ✉ 60594, ☎ (069) 614559, *Fax (069) 6031457,* EX c
Montag - Dienstag, Ende Dez. - Anfang Jan. und Ende Juli - Mitte Aug. geschl. – **Menu** à la carte 20/27.

Adolf Wagner, Schweizer Str. 71 (Sachsenhausen), ✉ 60594, ☎ (069) 61 25 65, *Fax (069) 611445,* EX c
Menu à la carte 25/39.

Zur Buchscheer, Schwarzsteinkautweg 17 (Sachsenhausen), ✉ 60598, ☎ (069) 63 51 21, *Fax (069) 638683,* – P BT s
Dienstag geschl., Montag - Freitag ab 15 Uhr geöffnet – **Menu** à la carte 20/38.

Zur Eulenburg, Eulengasse 46 (Bornheim), ✉ 60385, ☎ (069) 45 12 03, *Fax (069) 4692645,* BS x
Montag - Dienstag geschl. – **Menu** (ab 16 Uhr geöffnet) à la carte 30/44.

In Frankfurt - Bergen-Enkheim

Amadeus, Röntgenstr. 5, ✉ 60338, ☎ (06109) 37 00, *Fax (06109) 370720* – , Zim, P – 80. AE ⓓ E VISA. Rest BR r
Menu à la carte 43/66 – **160 Z** 199/345.

Borger garni, Triebstr. 51, ✉ 60388, ☎ (06109) 3 09 00, *Fax (06109) 309030* – P. AE ⓓ E VISA. BR c
23. Dez. - 3. Jan. geschl. – **34 Z** 150/240.

Schöne Aussicht, Im Sperber 24, ✉ 60388, ☎ (06109) 28 13, *Fax (06109) 2 17 85,* ←, – P – 50. AE ⓓ E VISA JCB BR n
Menu à la carte 32/65 – **39 Z** 190/260.

Klein, Vilbeler Landstr. 55, ✉ 60388, ☎ (06109) 7 34 60, *Fax (06109) 7346421,* – P – 35. AE ⓓ E VISA JCB. Rest BR e
Menu *(Freitagmittag, Samstagmittag und Sonntagabend geschl.)* à la carte 38/59 – **56 Z** 108/290.

In Frankfurt-Griesheim :

Courtyard by Marriott, Oeserstr. 180, ✉ 65933, ✆ (069) 3 90 50, *Fax (069) 3808218*, – Zim, Rest, – 220. AE E VISA JCB AS p
Menu à la carte 36/59 – **236 Z** 180/240.

In Frankfurt-Harheim *N : 12 km über Homburger Landstraße* BR *und Bonames :*

Harheimer Hof, Alt Harheim 11, ✉ 60437, ✆ (06101) 40 50, *Fax (06101) 405411*, – Zim, – 30. AE E VISA JCB
Menu *(Sonntagabend geschl.)* à la carte 47/70 – **46 Z** 175/390.

In Frankfurt-Hausen :

Hausener Dorfkrug, Alt Hausen 11, ✉ 60488, ✆ (069) 7 89 40 16, *Fax (069) 7891367*, – . E VISA JCB BS a
Menu *(Montag geschl.)* à la carte 25/56 – **14 Z** 110/210.

In Frankfurt-Heddernheim :

Relexa M, Lurgiallee 2, ✉ 60439, ✆ (069) 95 77 80, *Fax (069) 95778895*, – Zim, – 190. AE E VISA JCB BR x
Menu à la carte 54/74 – **163 Z** 208/568.

In Frankfurt - Höchst *W : 10 km über Mainzer Landstr.* AS *:*

Lindner Congress Hotel M, Bolongarostr. 100, ✉ 65929, ✆ (069) 3 30 02 00, *Fax (069) 33002999*, – Zim, – 160. AE E VISA JCB. Rest
Menu à la carte 48/87 – **285 Z** 289/538.

In Frankfurt - Nieder-Erlenbach *N : 14 km über Homburger Landstraße* BR *:*

Landhaus Alte Scheune, Alt Erlenbach 44, ✉ 60437, ✆ (06101) 54 40 00, *Fax (06101) 544045*, « Rustikales Restaurant mit Backsteingewölbe, Innenhofterrasse » – – 20. AE E VISA
Menu *(Sonn- und Feiertage geschl.)* (Tischbestellung ratsam) à la carte 51/80 – **33 Z** 145/210.

Erlenbach 33, Alt Erlenbach 33, ✉ 60437, ✆ (06101) 4 80 98, *Fax (06101) 48783* – AE E VISA
Dienstag und Juli - Aug. 3 Wochen geschl. – **Menu** (wochentags nur Abendessen) à la carte 46/69.

In Frankfurt - Nieder-Eschbach *über Homburger Landstraße* BR *:*

Darmstädter Hof, An der Walkmühle 1, ✉ 60437, ✆ (069) 5 09 10 90, *Fax (069) 50910950*, – – 100. AE E VISA. Zim
Menu *(Sonntagabend - Montag und Juli - Aug. 2 Wochen geschl.)* à la carte 36/51 – **14 Z** 135/190.

Markgraf, Deuil-La-Barre-Str. 103, ✉ 60437, ✆ (069) 9 50 76 30, *Fax (069) 95076315* – Zim, . AE E VISA JCB. Zim
Menu *(Samstag geschl.)* (wochentags nur Abendessen) à la carte 28/58 – **22 Z** 100/200.

In Frankfurt-Niederrad :

Queens Hotel, Isenburger Schneise 40, ✉ 60528, ✆ (069) 6 78 40, *Fax (069) 6784190*, – Zim, Rest, – 250. AE E VISA JCB BT m
Menu à la carte 58/74 – **295 Z** 321/593.

ArabellaSheraton Congress Hotel, Lyoner Str. 44, ✉ 60528, ✆ (069) 6 63 30, *Fax (069) 6633666*, – Zim, – 290. AE E VISA JCB
Menu *(Samstag - Sonntag geschl.)* à la carte 47/72 – **396 Z** 251/365, 4 Suiten. BT u

Dorint M, Hahnstr. 9, ✉ 60528, ✆ (069) 66 30 60, *Fax (069) 66306600*, – Zim, – 180. AE E VISA JCB BT a
Menu à la carte 42/66 – **191 Z** 306/552.

Weidemann, Kelsterbacher Str. 66, ✉ 60528, ✆ (069) 67 59 96, *Fax (069) 673928*, – . AE E VISA BT r
Samstagmittag sowie Sonn- und Feiertage geschl. – **Menu** (Tischbestellung ratsam) 53 (mittags) und à la carte 77/115.

In Frankfurt-Nordweststadt :

Courtyard by Marriott Nordwest Zentrum M garni, Walter-Möller-Platz, ✉ 60439, ✆ (069) 58 09 30, *Fax (069) 582447* – Zim, – 20. AE E VISA JCB. BR a
93 Z 198/236.

In Frankfurt-Rödelheim :

Osteria Enoteca, Arnoldshainer Str. 2/Ecke Lorscher Straße, ✉ 60489, ✆ (069) 7 89 22 16, – AE E VISA. AS v
Samstagmittag, Sonntag und Ende Dez. - Anfang Jan. geschl. – **Menu** (italienische Küche, Tischbestellung ratsam) 115 und à la carte 87/95
Spez. Presskopf vom Octopus mit Sauerampfer-Kerbelvinaigrette. Kräutersuppe mit gebratenen Gamberoni. Chateaubriand con Ratatouille di Parmigiano di Melanzane e Cipolle.

In Frankfurt-Sachsenhausen :

Crowne Plaza M, Mailänder-Str. 1, ✉ 60598, ✆ (069) 6 80 20, *Fax (069) 6802333,* – Zim, – 220. AE E VISA JCB. Rest
Menu à la carte 40/75 – **404 Z** 302/493. BT y

Bistrot 77, Ziegelhüttenweg 1, ✉ 60598, ✆ (069) 61 40 40, *Fax (069) 615998,* . AE E VISA – *Samstagmittag, Sonntag und Weihnachten - Anfang Jan. geschl.* – **Menu** (bemerkenswerte Weinkarte) 38 (mittags) und à la carte 75/114. EX a

In Eschborn *NW : 12 km :*

Novotel, Philipp-Helfmann-Str. 10, ✉ 65760, ✆ (06196) 90 10, *Fax (06196) 482114,* (geheizt), – Zim, – 200. AE E VISA JCB
Menu à la carte 37/65 – **224 Z** 200/285. AR n

In Eschborn-Niederhöchstadt *NW : 2 km ab Eschborn AR :*

Bommersheim M, Hauptstr. 418, ✉ 65760, ✆ (06173) 60 08 00, *Fax (06173) 600840,* « Stilvolle Restauranträume » – . AE E VISA
Menu *(Sonntag geschl.)* (nur Abendessen) à la carte 35/59 – **35 Z** 165/220.

In Neu-Isenburg *S : 7 km*

Balance Hotel M, Wernher-von-Braun-Str. 12 (Gewerbegebiet Ost), ✉ 63263, ✆ (06102) 74 60, *Fax (06102) 746746,* – Zim, – 140. AE E VISA JCB. Rest BU r
23. Dez. - 1. Jan. geschl. – **Menu** à la carte 44/68 – **164 Z** 195/370, 19 Suiten.

Wessinger, Alicestr. 2, ✉ 63263, ✆ (06102) 80 80, *Fax (06102) 808280,* « Gartenterrasse » – – 25. AE E VISA BU n
Menu à la carte 40/69 *(auch vegetarische Gerichte)* – **37 Z** 159/265.

Hugenottenhof garni, Carl-Ulrich-Str. 161, ✉ 63263, ✆ (06102) 1 70 53, *Fax (06102) 25212* – – 25. AE E VISA BU s
23. Dez. - 3. Jan. geschl. – **86 Z** 190/240.

Linde, Frankfurter Str. 111, ✉ 63263, ✆ (06102) 70 20, *Fax (06102) 4079* – – 35. E VISA BU c
Ende Dez. 1 Woche geschl. – **Menu** à la carte 22/42 – **37 Z** 80/150.

Neuer Haferkasten, Frankfurter Str. 118, ✉ 63263, ✆ (06102) 3 53 29, *Fax (06102) 34542,* – . AE E VISA BU a
Menu (italienische Küche) à la carte 64/77.

In Neu-Isenburg-Gravenbruch *SO : 11 km :*

Kempinski Hotel Gravenbruch Frankfurt, ✉ 63263, ✆ (06102) 50 50, *Fax (06102) 505900,* « Park », Massage, (geheizt), – Zim, – 350. AE E VISA JCB. Rest BU t
Menu 50 (mittags) und à la carte 58/103 – **285 Z** 289/604, 21 Suiten.

Beim Flughafen Frankfurt Main *SW : 12 km*

Sheraton M, Hugo-Eckener-Ring 15 (Terminal 1), ✉ 60549 Frankfurt, ✆ (069) 6 97 70, *Fax (069) 69772209,* Massage, – Zim, – 700. AE E VISA JCB. Rest AU a
Papillon (nur Abendessen, bemerkenswerte Weinkarte) *(Sonn- und Feiertage sowie Juli - Aug. 3 Wochen geschl.)* **Menu** à la carte 85/127 – ***Maxwell's Bistro*** **: Menu** à la carte 50/84 – ***Taverne*** *(Samstag - Sonntagmittag geschl.)* **Menu** à la carte 54/82 – **1050 Z** 465/745, 30 Suiten.

Steigenberger Airport Hotel, Unterschweinstiege 16, ✉ 60549, ✆ (069) 6 97 50, *Fax (069) 69752505,* Massage, – Zim, – 300. AE E VISA AU n
Menu 49 nur Lunchbuffet – **420 Z** 327/714, 10 Suiten.

Waldrestaurant Unterschweinstiege, Unterschweinstiege 16, ✉ 60549, ✆ (069) 69 75 25 00, « Gartenterrasse » – . AE E VISA AU n
Menu (Tischbestellung ratsam) 49 (Buffet) und à la carte 49/82.

MICHELIN-REIFENWERKE KGaA. Regionale Vertriebsniederlassung
✉ 60386 Frankfurt-Fechenheim, Orber Str.16 (BS), ✆ (069) 4 20 10 40 Fax (069) 426315.

FRANKFURT (ODER) *Brandenburg* 416 418 *I 27 – 79 000 Ew – Höhe 30 m.*

Touristinformation, Karl-Marx-Str. 8a, ✉ 15230, ☏ (0335) 32 52 16, Fax (0335) 22565.

ADAC, *An der Autobahn 3, ✉ 15236, ☏ (030) 8 68 60, Fax (0335) 5551918.*

Berlin 101 ② – Potsdam 121 ② – Cottbus 80 ②

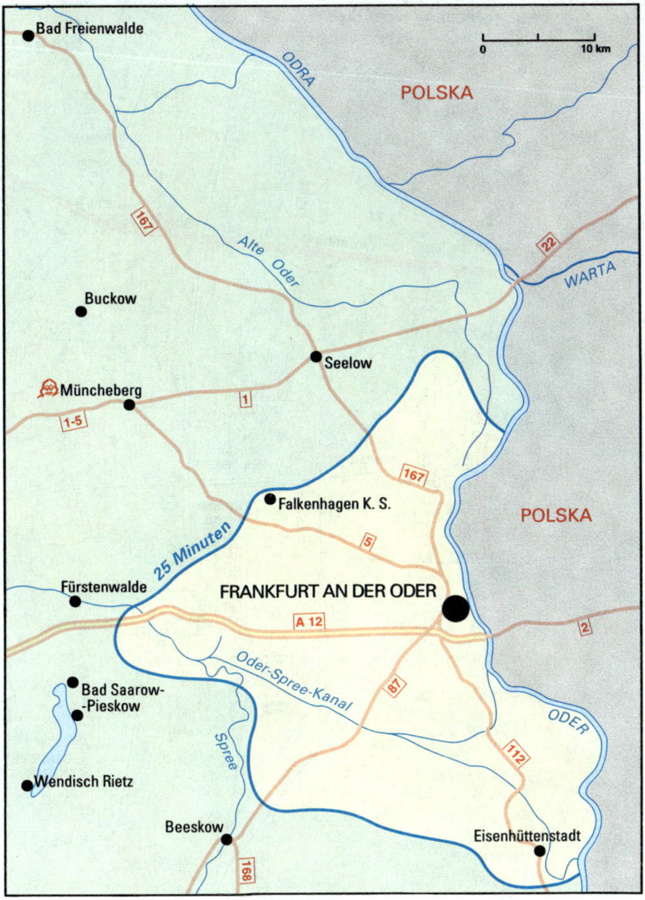

Messehotel M, Nuhnenstr. 47, ✉ 15234, ☏ (0335) 41 47 00, *Fax (0335) 414747* – Zim, – 30. über Fürstenwalder Straße X
Menu à la carte 28/51 – **65 Z** 115/150.

Centralhotel Frankfurter Hof, Logenstr. 2, ✉ 15230, ☏ (0335) 5 53 60, *Fax (0335) 5536100*, Massage – Zim, – 300. X e
Menu à la carte 28/58 – **153 Z** 150/350.

City Park Hotel M, Lindenstr. 12, ✉ 15230, ☏ (0335) 5 53 20, *Fax (0335) 5532605* – Zim, . Rest Y c
Menu à la carte 27/38 – **90 Z** 148/246.

In Frankfurt-Lichtenberg *SW : 7 km, über Leipziger Straße* Y *und Müllroser Chaussee :*

Holiday Inn, Turmstr. 1, ✉ 15234, ☏ (0335) 5 56 50, *Fax (0335) 5565100*, , – Zim, – 240. . Rest
Menu à la carte 32/45 – **168 Z** 152/214.

FRANKFURT/ODER

Am Kleistpark . . . . X 2
Carl-Philipp-Emanuel-Bach-Straße . . . . X 3
Ernst-Thälmann Straße . . . . X 5
Fürstenberger Straße . . . . . Y 6
Große Scharrnstraße . . . . . X 7
Heinrich-Hildebrand-Straße . . . . . Y 12
Karl-Liebknecht-Straße . . . . X 15
Karl-Marx-Straße X
Kleine Oderstraße . . . . X 16
Leipziger Straße . . . . Y 17
Luckauer Straße . . . . Y 18
Paul-Feldner-Straße . . . . XY 19
Rudolf-Breitscheid Straße . . X 21
Schmalzgasse . . . . X 22
Tunnelstraße . . . . Y 24
Wieckestraße . . . . X 27

In Frankfurt-Rosengarten *W : 5 km, über Fürstenwalder Str.* X :

Landhof Rosengarten, Pflaumenallee 11a, ✉ 15234, ☎ (0335) 41 30 10, *Fax (0335) 4130130*, – – 40. AE E VISA
Menu *(Montag - Freitag nur Abendessen)* à la carte 21/31 – **18 Z** 90/120.

MICHELIN ROAD MAPS for Germany : no 984 at 1:750 000
no 987 at 1:1 000 000
no 415-420 at 1:300 000

FRANKWEILER *Rheinland-Pfalz* 417 419 *S 8 – 900 Ew – Höhe 250 m.*

Berlin 664 – Mainz 113 – Mannheim 49 – Landau in der Pfalz 11 – Neustadt an der Weinstraße 17 – Pirmasens 42.

Robichon, Orensfelsstr. 31, ✉ 76833, ✆ (06345) 32 68, *Fax (06345) 8529,* – . E
Montagabend - Dienstag, Jan. 1 Woche und Juli - Aug. 3 Wochen geschl. – **Menu** à la carte 48/69.

FRASDORF *Bayern* 420 *W 20 – 2 400 Ew – Höhe 598 m.*

Verkehrsbüro, Schulstr. 7, ✉ 83112, ✆ (08052) 7 71, Fax (08052) 635.

Berlin 667 – München 78 – Bad Reichenhall 60 – Salzburg 64 – Innsbruck 115.

Landgasthof Karner , Nußbaumstr. 6, ✉ 83112, ✆ (08052) 1 79 70, *Fax (08052) 4711,* « Einrichtung im alpenländischen Stil, Gartenrestaurant », , – – 40. AE E VISA JCB
Menu à la carte 77/92 – **26 Z** 95/245 – ½ P 53.

Alpenhof, Hauptstr. 31, ✉ 83112, ✆ (08052) 22 95, *Fax (08052) 5118,*
Mittwoch geschl. – **Menu** à la carte 37/61.

In Frasdorf-Umrathshausen *NO : 3 km :*

Landgasthof Goldener Pflug, Humprehtstr. 1, ✉ 83112, ✆ (08052) 9 07 80, *Fax (08052) 4684,* , Biergarten, , – – 30. AE E VISA JCB
Menu à la carte 34/69 – **29 Z** 90/270 – ½ P 29.

FRAUENAU *Bayern* 420 *T 23 – 3 300 Ew – Höhe 616 m – Erholungsort – Wintersport : 620/800 m 1 .*

Tourist-Information, Hauptstr. 12, ✉ 94258, ✆ (09926) 9 41 00, Fax (09926) 1799.

Berlin 482 – München 187 – Passau 56 – Cham 66 – Deggendorf 43.

Eibl-Brunner, Hauptstr. 18, ✉ 94258, ✆ (09926) 95 10, *Fax (09926) 951160,* , , , – . E VISA. Zim
4. Nov. - 20. Dez. geschl. – **Menu** à la carte 30/54 – **54 Z** 51/190 – ½ P 20.

St. Florian, Althüttenstr. 22, ✉ 94258, ✆ (09926) 95 20, *Fax (09926) 8266,* , , , – , Zim,
Nov. - Mitte Dez. geschl. – **Menu** à la carte 24/42 – **26 Z** 68/144 – ½ P 21.

Büchler, Dörflstr. 18, ✉ 94258, ✆ (09926) 9 40 40, *Fax (09926) 757,* ≤, , , – . AE E VISA
6. Nov. - 20. Dez. geschl. – **Menu** à la carte 21/42 – **22 Z** 53/92 – ½ P 14.

FRAUENSTEIN *Sachsen* 418 *N 24 – 3 600 Ew – Höhe 654 m.*

Fremdenverkehrsamt, Markt 29, ✉ 09623, ✆ (037326) 93 35, Fax (037326) 1306.

Berlin 231 – Dresden 40 – Chemnitz 51.

Frauensteiner Hof, Freiberger Str. 25, ✉ 09623, ✆ (037326) 91 14, *Fax (037326) 9115,* – . AE E VISA
Menu à la carte 27/48 – **25 Z** 75/125 – ½ P 20.

Goldener Stern, Markt 22, ✉ 09623, ✆ (037326) 94 01, *Fax (037326) 9403,* – . AE E VISA – *Jan. geschl.* – **Menu** à la carte 23/34 – **32 Z** 70/110 – ½ P 15.

In Frauenstein-Nassau *S : 7 Km – Wintersport :*

Conrad , Dorfstr. 116, ✉ 09623, ✆ (037327) 71 25, *Fax (037327) 1311,* , – – 20. AE E VISA
Menu à la carte 25/47 – **15 Z** 80/120 – ½ P 15.

FRAUENWALD *Thüringen* 418 420 *O 16 – 1 300 Ew – Höhe 786 m – Erholungsort – Wintersport : .*

Tourist-Information, Nordstr. 96, ✉ 98711, ✆ (036782) 6 19 25, Fax (036782) 61239.

Berlin 345 – Erfurt 62 – Coburg 56 – Suhl 17.

Drei Kronen, Südstr. 18, ✉ 98711, ✆ (036782) 68 00, *Fax (036782) 68068,* Biergarten, –
Menu à la carte 25/42 – **20 Z** 68/106 – ½ P 15.

FRECHEN *Nordrhein-Westfalen* 417 *N 4 – 45 000 Ew – Höhe 65 m.*

Berlin 579 – Düsseldorf 47 – Bonn 39 – Aachen 65 – Köln 13.

Halm-Schützenhaus, Johann-Schmitz-Platz 22, ✉ 50226, ✆ (02234) 95 70 00, *Fax (02234) 52232,* – , Zim, – 150. AE E VISA. Zim
Menu *(Montagmittag geschl.)* à la carte 30/71 – **39 Z** 165/300.

In Frechen-Königsdorf :

Königsdorfer Hof M, Augustinusstr. 15, ✉ 50226, ☎ (02234) 6 00 70, *Fax (02234) 600770*, – Zim, – 30. AE E VISA
Ende Dez. - Anfang Januar geschl. – **Menu** *(Samstagmittag, Sonntag - Montagmittag geschl.)* à la carte 54/78 – **37 Z** 168/226, 3 Suiten.

FREDEBURG *Schleswig-Holstein siehe Ratzeburg.*

FREDENBECK *Niedersachsen 415 F 12 – 4800 Ew – Höhe 5 m.*

Deinster Mühle, (O : 2 km), ☎ (04149) 92 51 12.

Berlin 354 – Hannover 181 – Hamburg 64 – Bremerhaven 69 – Bremen 91.

Fredenbeck garni, Dinghorner Str. 19, ✉ 21717, ☎ (04149) 9 28 20, *Fax (04149) 928234* – . VISA
10 Z 80/120.

FREIAMT *Baden-Württemberg 419 V 7 – 4100 Ew – Höhe 434 m.*

Verkehrsbüro, Kurhaus, Badstraße 1, ✉ 79348, ☎ (07645) 9 10 30, Fax (07645) 910399.

Berlin 790 – Stuttgart 195 – Freiburg im Breisgau 40 – Offenburg 53.

In Freiamt-Brettental :

Ludinmühle, Brettental 31, ✉ 79348, ☎ (07645) 9 11 90, *Fax (07645) 911999*, , Massage, , , – Zim, – 30. AE E VISA
Menu à la carte 42/89 – **45 Z** 99/288 – ½ P 25.

In Freiamt-Mussbach :

Krone, ✉ 79348, ☎ (07645) 2 27, *Fax (07645) 227* –
Jan. 3 Wochen, Aug. 2 Wochen und Mittwoch geschl. – **Menu** (wochentags nur Abendessen, Tischbestellung ratsam) à la carte 35/61.

FREIBERG *Sachsen 418 N 24 – 47000 Ew – Höhe 400 m.*

Sehenswert : Freiberg★ – Dom★★ (Triumphkreuz★, Tulpenkanzel★★, Silbermannorgel★★, Goldene Pforte★★, Begräbniskapelle★) – Mineralogische Sammlung der TU Bergakademie★ – Lehr- und Besucherbergwerk★.

Freiberg-Information, Burgstr. 1, ✉ 09599, ☎ (03731) 2 36 02, Fax (03731) 273260.

Berlin 228 – Dresden 49 – Chemnitz 35 – Leipzig 98.

Silberhof, Silberhofstr. 1, ✉ 09599, ☎ (03731) 2 68 80, *Fax (03731) 268878*, – – 15. AE E VISA
Menu *(Sonntag geschl.)* (nur Abendessen) à la carte 26/40 – **30 Z** 99/185.

Am Obermarkt, Waisenhausstr. 2, ✉ 09599, ☎ (03731) 3 43 61, *Fax (03731) 34338* – – 15. AE E VISA
Menu à la carte 26/56 – **33 Z** 99/180.

Kreller, Fischerstr. 5, ✉ 09599, ☎ (03731) 3 59 00, *Fax (03731) 23219*, – , Zim, – 40. AE E VISA
Menu à la carte 25/60 – **28 Z** 99/170.

Brauhof mit Zim, Körnerstr. 2, ✉ 09599, ☎ (03731) 2 32 81, *Fax (03731) 23281*, Biergarten – – 100. AE E VISA
Menu à la carte 26/40 – **8 Z** 80/110.

In Bräunsdorf *NW : 9 km :*

Landhaus Striegistal, An der Striegis 141, ✉ 09603, ☎ (037321) 88 10, *Fax (037321) 88150*, – Zim,
Menu *(Montagmittag und Donnerstag geschl.)* à la carte 26/43 – **19 Z** 74/148.

In Hetzdorf *NO : 12 km :*

Waldhotel Bergschlößchen, Am Bergschlößchen 14, ✉ 09600, ☎ (035209) 23 80, *Fax (035209) 23819*, , , – – 20. AE E VISA
Menu à la carte 23/47 – **18 Z** 80/148.

FREIBERG AM NECKAR *Baden-Württemberg siehe Ludwigsburg.*

FREIBURG (ELBE) *Niedersachsen* 415 *E 11 – 2 000 Ew – Höhe 2 m – Erholungsort.*
Berlin 381 – Hannover 197 – Cuxhaven 51 – Bremerhaven 76 – Hamburg 82 – Stade 33.

Gut Schöneworth, Landesbrücker Str 42, ✉ 21729, ✆ (04779) 9 23 50, *Fax (04779) 8203*, – Zim, – 25
Menu *(Sonntagabend - Montag geschl.)* à la carte 40/63 – **15 Z** 98/198 – ½ P 35.

FREIBURG IM BREISGAU *Baden-Württemberg* 419 *V 7 – 197 000 Ew – Höhe 278 m.*
Sehenswert : Münster★★ : Turm★★★ (≤★), Hochaltar von Baldung Grien★★ Y – Ehemaliges Kaufhaus★ YZ **B** *– Rathausplatz★ und Neues Rathaus★ Y* **R1** *– Augustiner-Museum★★(mittelalterliche Kunst★★) Z* **M1** *– Museum für Ur- und Frühgeschichte (Keltischer Stierkopf★, alemannische Fibel★) Y.*
Ausflugsziel : Schloßberg★ (mit) Z – Schauinsland★ (≤★), über Günterstalstr. X 21 km.
Freiburg-Munzingen (③ : 14 km), Großer Brühl 1, ✆ (07664) 9 30 60 ; Kirchzarten, Krüttweg (② : 9 km), ✆ (07661) 55 69.
Messegelände an der Stadthalle (über ②), ✆ (0761) 7 03 70, Fax (0761) 709885.
Tourist-Information, Rotteckring 14, ✉ 79098, ✆ (0761) 3 88 18 80, Fax (0761) 3881887.
ADAC, *Karlsplatz 1, ✉ 79098, ✆ (0761) 4 51 70, Fax (0761) 368815.*
Berlin 805 ④ – Stuttgart 208 ④ – Basel 71 ④ – Karlsruhe 134 ④ – Strasbourg 86 ④

Stadtpläne siehe nächste Seiten

Colombi-Hotel, Rotteckring 16, ✉ 79098, ✆ (0761) 2 10 60, *Fax (0761) 31410*, Massage, – , Zim, – 150. AE VISA Y r
Colombi-Restaurant : **Menu** 46 (mittags) und à la carte 80/116 – ***Hans-Thoma-Stube :*** **Menu** à la carte 49/72 – **128 Z** 274/478, 7 Suiten
Spez. Carpaccio von mariniertem Zanderfilet mit Kräuterpesto. Steinbutt mit Trüffelscheiben und Blätterteig gebacken. Rinderfilet mit Rotwein-Pfefferschalotten gratiniert.

Dorint Kongress-Hotel M, Konrad-Adenauer-Platz 2, ✉ 79098, ✆ (0761) 3 88 90, *Fax (0761) 3889100*, Massage, , – , Zim, – 150. AE VISA JCB X e
Menu à la carte 42/69 – **219 Z** 264/328, 7 Suiten.

Zum Roten Bären (Haus a.d.J. 1120, seit 1311 Gasthof), Oberlinden 12, ✉ 79098, ✆ (0761) 38 78 70, *Fax (0761) 3878717*, – – 30. AE VISA
Menu *(Sonntagabend - Montag geschl.)* à la carte 48/86 – **25 Z** 195/330. Z u

Oberkirchs Weinstuben, Münsterplatz 22, ✉ 79098, ✆ (0761) 3 10 11, *Fax (0761) 31031*, – . AE VISA Y a
Jan. geschl. – **Menu** *(Sonn- und Feiertage geschl.)* à la carte 38/69 – **26 Z** 125/275.

Park Hotel Post garni, Eisenbahnstr. 35, ✉ 79098, ✆ (0761) 38 54 80, *Fax (0761) 31680* – . AE VISA. Y h
43 Z 159/289.

Victoria garni, Eisenbahnstr. 54, ✉ 79098, ✆ (0761) 20 73 40, *Fax (0761) 20734444* – – 25. AE VISA Y p
63 Z 149/249.

Rheingold, Eisenbahnstr. 47, ✉ 79098, ✆ (0761) 2 82 10, *Fax (0761) 2821111* – , Zim, – 60. AE VISA JCB Y d
Menu *(Samstagmittag sowie Sonn- und Feiertage geschl.)* à la carte 35/68 – **49 Z** 195/240.

Central-Hotel garni, Wasserstr. 6, ✉ 79098, ✆ (0761) 3 19 70, *Fax (0761) 3197100* – – 30. AE VISA JCB Y s
49 Z 120/230.

InterCityHotel, Bismarckallee 3, ✉ 79098, ✆ (0761) 3 80 00, *Fax (0761) 3800999* – , Zim, – 40. AE VISA Y n
Menu à la carte 26/56 – **152 Z** 180/219.

Markgräfler Hof, Gerberau 22, ✉ 79098, ✆ (0761) 3 25 40, *Fax (0761) 2020626* – Zim, . AE VISA. Rest Z c
Menu *(Sonntag - Montag geschl.)* (Juli - Aug. nur Abendessen) à la carte 43/70 – **17 Z** 155/195.

Schiller, Hildastr. 2, ✉ 79102, ✆ (0761) 70 33 70, *Fax (0761) 7033777*, « Restaurant im typischen Brasserie-Stil » – . AE VISA Z a
Menu *(Samstagmittag geschl.)* à la carte 29/61 – **23 Z** 130/170.

Schwarzwälder Hof (mit Gästehaus), Herrenstr. 43, ✉ 79098, ✆ (0761) 3 80 30, *Fax (0761) 3803135* – . AE VISA. Z s
Menu *(Sonntagabend geschl.)* à la carte 30/52 – **47 Z** 70/175.

Kolpinghaus, Karlstr. 7, ✉ 79104, ✆ (0761) 3 19 30, *Fax (0761) 3193202* – – 40. AE VISA Y v
Menu à la carte 37/62 – **94 Z** 110/154.

XXX **Wolfshöhle,** Konviktstr. 8, ✉ 79098, ☎ (0761) 3 03 03, *Fax (0761) 288884*, – AE ◑ E VISA. Z t
Sonntag geschl. – **Menu** (abends Tischbestellung ratsam, italienische Küche) 39/80 und à la carte 53/69.

XX **Weinstube zur Traube,** Schusterstr. 17, ✉ 79098, ☎ (0761) 3 21 90, *Fax (0761) 26313* – AE VISA Y u
Sonntag - Montagmittag und Aug. 3 Wochen geschl. – **Menu** (Tischbestellung ratsam) à la carte 58/98.

XX **Klösterle,** Dreikönigstr. 8, ✉ 79102, ☎ (0761) 7 57 84, *Fax (0761) 73788*, –
Sonntag - Montag sowie Jan. und Sept. jeweils 2 Wochen geschl. – **Menu** (nur Abendessen, Tischbestellung ratsam) à la carte 46/85. Z n

XX **Schloßbergrestaurant Dattler,** Am Schloßberg 1 (Zufahrt über Wintererstraße, oder mit Schloßberg-Seilbahn, DM 3,00), ✉ 79104, ☎ (0761) 3 17 29, *Fax (0761) 26243*, ≤ Freiburg und Kaiserstuhl, – P. AE ◑ VISA X r
Dienstag und Feb. geschl. – **Menu** à la carte 42/73 .

X **Großer Meyerhof,** Grünwälderstr. 7, ✉ 79098, ☎ (0761) 2 25 52, *Fax (0761) 281173*, Z e
Sonntagabend - Montag geschl. – **Menu** à la carte 29/63 .

X **Kreuzblume** mit Zim, Konviktstr. 31, ✉ 79098, ☎ (0761) 3 11 94, *Fax (0761) 26836* – TV ☎. E VISA Z r
Menu *(Mittwoch geschl.)* à la carte 44/76 – **8 Z** 118/170.

FREIBURG IM BREISGAU

Auf der Zinnen . . . . Y 2
Augustinerplatz . . . . Z 3
Bertoldstraße . . . . Y
Eisenbahnstraße . . . . Y 7
Eisenstraße . . . . Y 9
Europaplatz . . . . Y 12
Fahnenbergplatz . . . . Y 13
Franziskanerstraße . . . . . Y 14
Friedrichring . . . . Y 16
Gerberau . . . . Z
Greiffeneggring . . . . Z 19
Habsburgerstraße . . . . . . Y 20
Heiliggeiststraße . . . . X 22
Herrenstraße . . . . YZ 24
Hohenzollernstraße . . . . . X 25
Holzmarkt . . . . Z 26
Kaiser-Joseph-Str. . . . . . . YZ
Ludwigstraße . . . . X 29
Münsterstraße . . . . Y 30
Oberlinden . . . . Z 31
Platz der Alten Synagoge . . . . Y 32
Rathausgasse . . . . Y 33
Richard-Wagner-Str. . . . . X 34
Salzstraße . . . . YZ 38
Schiffstraße . . . . Y 40
Schnewlinstraße . . . . X 42
Schusterstraße . . . . Z 43
Schwabentorplatz . . . . . . Z 45
Schwabentorring . . . . Z 47
Schwarzwaldstraße . . . . . Z 49
Stadtstraße . . . . X 50
Sundgauallee . . . . X 52
Turmstraße . . . . Y 54
Universitätsstraße . . . . . . Y 55
Unterlinden . . . . Y 57
Waldkircher Str. . . . . X 58
Werthmannplatz . . . . Z 59
Wintererstraße . . . . X 62
Zähringer Str. . . . . X 64

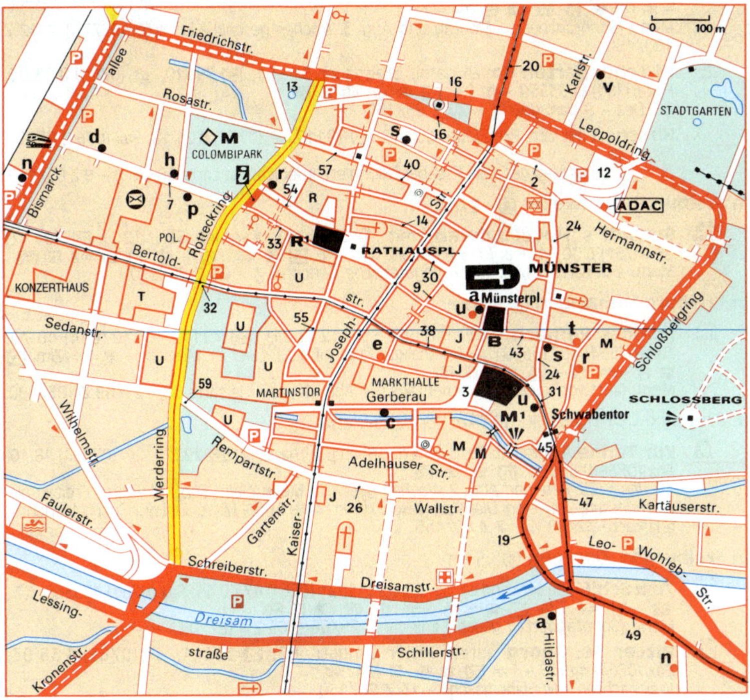

In Freiburg-Betzenhausen ④ *: 2 km :*

Bischofslinde garni, Am Bischofskreuz 15, ✉ 79114, ✆ (0761) 8 26 88, *Fax (0761) 808345* – TV ☎ P. AE D E VISA
26 Z 95/125.

In Freiburg-Günterstal *S : 2 km über Günterstalstraße* X *:*

Kühler Krug mit Zim, Torplatz 1, ✉ 79100, ✆ (0761) 2 91 03, *Fax (0761) 29782*, – TV ☎. E VISA
Menu *(Mittwoch geschl.)* (Tischbestellung ratsam) à la carte 34/75 – **7 Z** 90/120.

Gasthaus Kybfelsen, Schauinslandstr. 49, ✉ 79100, ✆ (0761) 2 94 40, *Fax (0761) 290117*, – P
Montag geschl. – **Menu** à la carte 40/70.

In Freiburg-Herdern :

Panorama Hotel Mercure, Wintererstr. 89, ✉ 79104, ✆ (0761) 5 10 30, *Fax (0761) 5103300*, < Freiburg und Kaiserstuhl, , Massage, , , – , Zim, TV ☎ P – 60. AE D E VISA. Rest über Stadtstraße X
Menu à la carte 56/94 – **84 Z** 177/314.

Eichhalde, Stadtstr. 91, ✉ 79104, ✆ (0761) 5 48 17, *Fax (0761) 54386*, – E X s
Samstagmittag und Dienstag geschl. – **Menu** 40 (mittags) und à la carte 80/90
Spez. Warmes Steinpilz-Kartoffelcarpaccio mit gebratener Wachtel (Juni-Sept.). Gebratener Steinbutt mit Artischocken und Olivenravioli. Kirschvariation (Juni -Juli).

In Freiburg-Kappel *SO : 7 km über* ② *und FR-Littenweiler :*

Zum Kreuz, Großtalstr. 28, ✉ 79117, ✆ (0761) 62 05 50, *Fax (0761) 6205540*, , – TV ☎ P. E VISA
Menu *(Montag - Dienstag geschl.)* à la carte 35/60 – **17 Z** 90/160.

In Freiburg-Lehen ④ *: 3 km :*

Bierhäusle, Breisgauer Str. 41, ✉ 79110, ✆ (0761) 8 83 00, *Fax (0761) 806820*, – TV ☎ P. AE D E VISA
Menu *(Sonntagabend - Montag und Aug. 3 Wochen geschl.)* à la carte 36/77 – **42 Z** 100/180.

Hirschengarten-Hotel garni, Breisgauer Str. 51, ✉ 79110, ✆ (0761) 8 03 03, *Fax (0761) 8833339* – TV ☎ P. AE E VISA
23. Dez. - 9. Jan. geschl. – **20 Z** 85/130.

Hirschen mit Zim, Breisgauer Str. 47, ✉ 79110, ✆ (0761) 8 21 18, *Fax (0761) 87994*, – P
Menu *(Donnerstag geschl.)* (Tischbestellung erforderlich) à la carte 38/75 – **9 Z** 65/110.

In Freiburg-Littenweiler ② *: 2 km :*

Schwär's Hotel Löwen (mit Gasthof), Kappler Str. 120, ✉ 79117, ✆ (0761) 6 30 41, *Fax (0761) 60690*, – TV ☎ P – 60. AE D E VISA
Menu à la carte 31/76 *(auch vegetarische Gerichte)* – **65 Z** 70/210.

In Freiburg-Munzingen ③ *: 13 km :*

Schloss Reinach, St.Erentrudis-Str. 12 (B 31), ✉ 79112, ✆ (07664) 40 70, *Fax (07664) 407155*, , « Ehemaliger Gutshof a.d.J. 1647 », Massage – , Zim, TV ☎ P – 150. E VISA
Menu *(Mittwoch geschl.)* (wochentags nur Abendessen) à la carte 38/72 – **69 Z** 105/190.

In Freiburg-Opfingen *W : 10,5 km über Eschholzstr.* X *:*

Zur Tanne (Badischer Gasthof a.d. 18. Jh.), Altgasse 2, ✉ 79112, ✆ (07664) 18 10, *Fax (07664) 5303* – TV ☎. E VISA
18. Jan. - 25. Feb. und Aug. 2 Wochen geschl. – **Menu** *(Juli - Sept. Montag - Freitag nur Abendessen, Juli - April Dienstag geschl.)* (von Mitte April - Mitte Juni nur Spargelgerichte) à la carte 32/68 – **7 Z** 80/155.

In Freiburg-St. Georgen ③ *: 5 km :*

Zum Schiff, Basler Landstr. 35, ✉ 79111, ✆ (0761) 47 30 41, *Fax (0761) 475563*, , – , Zim, TV ☎ P. AE D E VISA
Menu *(Sonntagmittag geschl.)* à la carte 29/66 – **65 Z** 118/205.

Ritter St. Georg garni, Basler Landstr. 82, ✉ 79111, ✆ (0761) 4 35 93, *Fax (0761) 44946* – TV ☎ P. E VISA.
Weihnachten - Neujahr geschl. – **13 Z** 90/150.

In Freiburg-Zähringen *N : 2 km über Zähringer Str.* X :

Zähringer Burg, Reutebachgasse 19, ✉ 79108, ☎ (0761) 5 40 41, *Fax (0761) 555755,* « Badische Gaststube a.d. 18. Jh. » – P. AE E VISA
Menu à la carte 43/77.

Beim Thermalbad ③ *: 9 km über die B 3 und B 31 :*

Dorint, An den Heilquellen 8, ✉ 79111 Freiburg-St.Georgen, ☎ (0761) 4 90 80, *Fax (0761) 4908100*, direkter Zugang zum Thermalbad – Zim, Rest, TV – P – 70. AE E VISA. Rest
Menu à la carte 39/59 *(auch vegetarische Gerichte)* – **130 Z** 200/290.

FREIENSTEINAU *Hessen* 417 *O 12 – 400 Ew – Höhe 400 m.*
Berlin 479 – Wiesbaden 125 – Fulda 31 – Frankfurt am Main 84.

In Freiensteinau-Nieder-Moos *N : 6 km :*

Gästehaus Jöckel, Zum See 5, ✉ 36399, ☎ (06644) 3 43, *Fax (06644) 1886,* – TV – 25. E VISA
Mitte Feb. - Mitte März und Nov. geschl. – **Menu** à la carte 19/49 – **27 Z** 60/130.

FREIENWALDE BAD *Brandenburg* 416 *H 26 – 11 000 Ew – Höhe 30 m.*
Touristikinformation, Karl-Marx-Str. 25, ✉ 16259, ☎ (03344) 34 02, Fax (03344) 3402.
Berlin 58 – Potsdam 102 – Frankfurt (Oder) 70.

In Falkenberg *NW : 6 km :*

Villa Fontane garni, Fontaneweg 4, ✉ 16259, ☎ (033458) 3 03 80, *Fax (033458) 30381,* – TV P. AE E VISA
8 Z 80/140.

Ristoranti a **Menu**, ✿, ✿✿ *o* ✿✿✿ *: vedere le pagine dell'introduzione.*

FREIGERICHT *Hessen* 417 *P 11 – 13 000 Ew – Höhe 178 m.*
Hofgut Trages, ☎ (06055) 9 13 80.
Berlin 519 – Wiesbaden 77 – Frankfurt am Main 44 – Aschaffenburg 28.

In Freigericht-Horbach *– Erholungsort :*

Vorspessart, Geiselbacher Str. 11, ✉ 63579, ☎ (06055) 8 30 74, *Fax (06055) 83490,* – TV P. AE E VISA
23. Dez. - 15. Jan. geschl. – **Menu** *(Sonntag - Montagmittag geschl.)* à la carte 32/57 – **16 Z** 70/130.

FREILASSING *Bayern* 420 *W 22 – 15 000 Ew – Höhe 420 m – Erholungsort.*
Verkehrsbüro, Bahnhofstr. 2, ✉ 83395, ☎ (08654) 23 12, Fax (08654) 1795.
Berlin 729 – München 139 – Bad Reichenhall 20 – Salzburg 7 – Traunstein 29.

Moosleitner, Wasserburger Str. 52 (W : 2,5 km), ✉ 83395, ☎ (08654) 6 30 60, *Fax (08654) 630699,* (Halle) – Zim, TV P – 30. AE E VISA
Menu *(Samstag und Anfang Jan. 1 Woche geschl.)* à la carte 38/71 – **50 Z** 99/235.

Krone garni, Hauptstr. 26, ✉ 83395, ☎ (08654) 6 01 70, *Fax (08654) 601717* – TV. AE E VISA.
Anfang Jan. 1 Woche geschl. – **32 Z** 98/160.

FREINSHEIM *Rheinland-Pfalz* 417 419 *R 8 – 5 000 Ew – Höhe 100 m.*
Dackenheim, Im Blitzgrund 1 (NW : 3 km), ☎ (06353) 98 92 10.
Verkehrsverein, Hauptstr. 2, ✉ 67251, ☎ (06353) 17 79, Fax (06353) 4577.
Berlin 630 – Mainz 79 – Mannheim 31 – Kaiserslautern 42.

Luther, Hauptstr. 29, ✉ 67251, ☎ (06353) 20 21, *Fax (06353) 8388,* « Modernes Hotel in einem Haus aus der Barockzeit », – TV P – 25. AE E VISA.
✿ *Juli - Aug. 3 Wochen geschl.* – **Menu** *(Sonntag geschl.)* (nur Abendessen, Tischbestellung ratsam, bemerkenswerte Weinkarte) à la carte 76/109 – **23 Z** 110/250
Spez. Rotbarbe mit Paprikaconfit und gerösteter Artischockencreme. Geschmorte Kalbsbäckchen mit Bohnencassoulet und Trüffeljus. Gebratene Madagaskar Banane mit Limonenkaramel und Süßholzeis.

Hornung [M], Hauptstr. 18, ✉ 67251, ℘ (06353) 9 59 60, *Fax (06353) 959660* – TV ☎. VISA
Menu *(Montag und Donnerstag geschl., Dienstag, Mittwoch und Freitag nur Abendessen)* à la carte 30/63 – **12 Z** 75/150.

Von-Busch-Hof (Restaurant in einem ehemaligen Kloster), Von-Busch-Hof 5, ✉ 67251, ℘ (06353) 77 05, *Fax (06353) 3741*, – E VISA
Dienstag und Mitte Jan.- Mitte Feb. geschl. – **Menu** (wochentags nur Abendessen) à la carte 53/65.

FREISING *Bayern* 419 420 *U 19 – 42 400 Ew – Höhe 448 m.*

Sehenswert : *Domberg★ – Dom★ (Chorgestühl★, Benediktuskapelle★).*

Touristinformation, Marienplatz 7, ✉ 85354, ℘ (08161) 5 41 22, Fax (08161) 54231.

Berlin 564 – München 37 – Regensburg 86 – Ingolstadt 56 – Landshut 36 – Nürnberg 144.

München Airport Marriott [M], Alois-Steinecker-Str. 20, ✉ 85354, ℘ (08161) 96 60, *Fax (08161) 966281*, , – , Zim, TV ☎ – 200. AE E VISA JCB. Rest
Menu 35 (Lunchbuffet) und à la carte 42/75 – **252 Z** 224/349, 4 Suiten.

Dorint, Dr.-von-Daller-Str. 1, ✉ 85356, ℘ (08161) 53 20, *Fax (08161) 532100*, , – , Zim, TV ☎ P – 70. AE E VISA JCB
Menu à la carte 38/70 – **137 Z** 261/377.

Isar garni, Isarstr. 4, ✉ 85356, ℘ (08161) 86 50, *Fax (08161) 865555* – TV ☎ P – 20
53 Z.

Bayerischer Hof, Untere Hauptstr. 3, ✉ 85354, ℘ (08161) 30 37, *Fax (08161) 94838* – TV ☎ P. AE E VISA
Menu *(Freitagabend, Samstag und Aug. geschl.)* à la carte 27/53 – **70 Z** 90/145.

In Freising-Haindlfing *NW : 5 km :*

Gasthaus Landbrecht, Freisinger Str. 1, ✉ 85354, ℘ (08167) 89 26, – P
Mittwoch - Freitag nur Abendessen, Montag - Dienstag, nach Pfingsten 1 Woche und Ende Aug. - Mitte Sept. geschl. – **Menu** à la carte 33/57.

Im Flughafen Franz-Josef-Strauß *SO : 8 km :*

Kempinski Airport München [M], Terminalstraße/Mitte 20, ✉ 85356 München, ℘ (089) 9 78 20, *Fax (089) 97822610*, , , , – , Zim, TV P – 280. AE E VISA JCB. Rest
Menu à la carte 48/84 – **389 Z** 413/556, 17 Suiten.

Il Mondo, Bereich B - Ebene 07, ✉ 85356 München, ℘ (089) 97 59 32 22, *Fax (089) 97593222*, ≤ – P. AE E VISA
Menu (italienische Küche) à la carte 49/71.

In Hallbergmoos *S : 10 km :*

Mövenpick Hotel München-Airport, Ludwigstr. 43, ✉ 85399, ℘ (0811) 88 80, *Fax (0811) 888444*, , – , Zim, TV ☎ P – 30. AE E VISA
Menu 30 (Lunchbuffet) und à la carte 35/59 – **165 Z** 219/243.

In Hallbergmoos-Goldach *S : 12 km :*

Daniel's [M] garni, Hauptstr. 11, ✉ 85399, ℘ (0811) 5 51 20, *Fax (0811) 551213* – TV ☎ P – 15. AE E VISA
27 Z 115/185.

Landgasthof Alter Wirt (mit Gästehaus), Hauptstr. 66, ✉ 85399, ℘ (0811) 5 51 40 (Hotel), 37 74 (Rest.), *Fax (0811) 95050*, Biergarten – Zim, TV ☎ P
Menu (wochentags nur Abendessen) à la carte 27/56 – **14 Z** 99/149.

In Oberding-Schwaig *SO : 12 km :*

Arabella Sheraton Airport Hotel [M], Freisinger Str. 80, ✉ 85445, ℘ (089) 92 72 20, *Fax (089) 92722800*, , , – , Zim, TV P – 130. AE E VISA JCB
Menu 45 (Lunchbuffet) und à la carte 43/73 – **170 Z** 253/386.

Astron Hotel München Airport [M], Lohstr. 21 (N : 2 km), ✉ 85445, ℘ (08122) 96 70, *Fax (08122) 967100*, , , – , Zim, TV ☎ P – 250. AE E VISA JCB
Menu à la carte 43/68 – **236 Z** 203/366.

FREITAL *Sachsen* 418 *N 24 – 38 000 Ew – Höhe 184 m.*

Possendorf (O : 3 km) (035206) 33 76 51 11.

Fremdenverkehrsbüro, Dresdner Str. 56, 01705, (0351) 6 47 61 12, Fax (0351) 6476111.

Berlin 205 – Dresden 14 – Freiberg 22 – Chemnitz 70.

Stadt Freital, Bahnhofstr. 10, 01705, (0351) 4 76 03 44, *Fax (0351) 4760346,* – – 20. AE E VISA
Menu à la carte 22/45 – **15 Z** 99/140.

In Freital-Wurgwitz *NW : 5 km :*

Solar Parkhotel, Pesterwitzer Str. 8, 01705, (0351) 6 56 60, *Fax (0351) 6502951,* , – , Zim, Rest, – 80
71 Z.

In Rabenau *SO : 2,5 km :*

Rabenauer Mühle, Bahnhofstr. 23, 01734, (0351) 4 60 20 61, *Fax (0351) 4602062,* , Biergarten – Zim, . AE E VISA JCB.
Menu *(Montag - Freitag nur Abendessen)* à la carte 24/43 – **21 Z** 65/160.

König Albert Höhe, Höhenstr. 26, 01734, (0351) 64 47 50, *Fax (0351) 6447555,* , Biergarten – Zim, – 80. AE E VISA
Menu à la carte 25/43 – **43 Z** 75/160.

Rabennest, Nordstr. 8, 01734, (0351) 4 76 03 23, *Fax (0351) 4760325,* – – 40. AE E VISA
Menu à la carte 24/44 – **12 Z** 75/150.

In Kesselsdorf *NW : 6 km :*

Astron, Zschoner Ring 6 (Gewerbegebiet), 01723, (035204) 45 90, *Fax (035204) 459113,* , – , Zim, – 100. AE E VISA
Menu à la carte 32/58 – **126 Z** 105/210.

In Hartha, Kurort *W : 7 km :*

Touristinformation, Talmühlenstr. 11, 01737, (0351) 3 76 16, Fax (0351) 37617

Parkhotel Forsthaus, Am Kurplatz 13, 01737, (035203) 3 40, *Fax (035203) 34150,* , Biergarten, – – 40. AE E VISA. Rest
Menu à la carte 24/46 – **37 Z** 95/130 – ½ P 22.

Kirchner, Talmühlenstr. 14, 01737, (035203) 24 50, *Fax (035203) 2447,* – – 15
Menu *(Donnerstagmittag geschl.)* à la carte 19/34 – **28 Z** 85/140 – ½ P 20.

FREMDINGEN *Bayern* 419 420 *T 15 – 2 200 Ew – Höhe 475 m.*

Berlin 511 – München 143 – Augsburg 88 – Nürnberg 114 – Würzburg 124.

In Fremdingen-Raustetten *SW : 2 km :*

Waldeck, Raustetten 12, 86742, (09086) 2 30, *Fax (09086) 1400,* , (Gebühr), – .
20. Dez. - Ende Feb. geschl. – **Menu** (wochentags nur Abendessen) à la carte 21/42 – **20 Z** 40/74.

FREREN *Niedersachsen* 415 *I 6 – 4 400 Ew – Höhe 45 m.*

Berlin 459 – Hannover 176 – Nordhorn 37 – Lingen 16 – Osnabrück 57.

Am Saller See *N : 7 km, Richtung Lengerich :*

Saller See, Saller See 3, 49832, (05904) 95 50, *Fax (05904) 955222,* , , « Schöne Lage am See », – Zim, – 200. AE E VISA. Rest
Menu à la carte 42/57 – **44 Z** 98/230, 3 Suiten – ½ P 30.

FREUDENBERG *Brandenburg* 416 *H 25 – 315 Ew – Höhe 172 m.*

Berlin 39 – Potsdam 54 – Eberswalde 17 – Frankfurt an der Oder 76.

Gasthaus Am Weiher, Dorfstr. 16, 16259, (033451) 62 29, *Fax (033451) 6229,* , « Schöne Lage an einem Weiher » – . E VISA
Montag geschl. – **Menu** *(Dienstag - Freitag nur Abendessen)* 45/60 und à la carte.

FREUDENBERG *Baden-Württemberg* 417 419 *Q 11 – 4 000 Ew – Höhe 127 m.*

Berlin 559 – Stuttgart 145 – Würzburg 60 – Aschaffenburg 48 – Heidelberg 85.

Rose mit Zim, Hauptstr. 230, ✉ 97896, ✆ (09375) 6 53, *Fax (09375) 1491,* –
Feb. 2 Wochen geschl. – **Menu** *(Dienstag geschl.)* à la carte 33/73 – **6 Z** 78/120.

In Freudenberg-Boxtal *O : 10 km – Erholungsort :*

Rose, Kirchstr. 15, ✉ 97896, ✆ (09377) 12 12, *Fax (09377) 1427,* , –
Nov. 2 Wochen und Feb. geschl. – **Menu** *(Montag geschl.)* à la carte 23/54 – **24 Z** 50/110.

FREUDENBERG *Nordrhein-Westfalen* 417 *N 7 – 18 000 Ew – Höhe 300 m – Luftkurort.*

Sehenswert : *Fachwerkhäuser.*

Ausflugsziel : *Wasserschloß Crottorf* W : 11 km.*

Kultur- und Touristikbüro, Krottorfer Str. 25, ✉ 57258, ✆ (02734) 4 31 64, Fax (02734) 43115.

Berlin 572 – Düsseldorf 119 – Siegen 15 – Dortmund 94 – Hagen 75 – Köln 82.

Zur Altstadt, Oranienstr. 41, ✉ 57258, ✆ (02734) 49 60, *Fax (02734) 49649,* , – – 60. Rest
Menu à la carte 43/83 – **28 Z** 129/180.

Siegerland Hotel Haus im Walde, Schützenstr. 31, ✉ 57258, ✆ (02734) 46 70, *Fax (02734) 467251,* , , , – – 50. Rest
Menu à la carte 38/66 – **40 Z** 105/190.

In Freudenberg-Wilhelmshöhe *O : 3 km :*

Waldhotel, Krumme Birke 7 (an der BAB-Ausfahrt), ✉ 57258, ✆ (02734) 27 80, *Fax (02734) 278100,* , – – 30.
Menu *(Samstagmittag geschl.)* à la carte 40/71 – **25 Z** 120/210.

FREUDENSTADT *Baden-Württemberg* 419 *U 9 – 25 000 Ew – Höhe 735 m – Heilklimatischer Kurort – Wintersport : 660/938 m 4 .*

Sehenswert : *Marktplatz** A *– Stadtkirche (Lesepult**)* AB.

Ausflugsziel : *Schwarzwaldhochstraße (Höhenstraße** von Freudenstadt bis Baden-Baden) ④.*

Freudenstadt, Hohenrieder Straße, ✆ (07441) 30 60.

Tourist-Information, Am Promenadeplatz 1, ✉ 72250, ✆ (07441) 86 40, Fax (07441) 85176.

Berlin 713 ② – Stuttgart 88 ② – Karlsruhe 77 ⑤ – Freiburg im Breisgau 96 ③ – Tübingen 73 ② – Baden-Baden 57 ⑤

Stadtplan siehe gegenüberliegende Seite

Palmenwald, Lauterbadstr. 56, ✉ 72250, ✆ (07441) 80 70, *Fax (07441) 807400,* , Massage, , , , , , – – 60. B s
Menu à la carte 37/71 – **82 Z** 112/255 – ½ P 35.

Schwarzwaldhotel Birkenhof M, Wildbader Str. 95, ✉ 72250, ✆ (07441) 89 20, *Fax (07441) 4763,* , Massage, , , – , Zim, – 100. über ①
Menu à la carte 34/60 *(auch vegetarische Gerichte)* – **62 Z** 139/226 – ½ P 35.

Hohenried, Zeppelinstr. 5, ✉ 72250, ✆ (07441) 24 14, *Fax (07441) 2559,* , « Rosengarten », , , – – 25. über ③
Menu *(Montag geschl.)* à la carte 40/60 – **25 Z** 90/180 – ½ P 35.

Bären, Langestr. 33, ✉ 72250, ✆ (07441) 27 29, *Fax (07441) 2887,* – Zim, A a
Jan. geschl. – **Menu** *(Sonntagabend - Montag geschl.)* à la carte 32/63 – **24 Z** 75/190 – ½ P 28.

Schwanen, Forststr. 6, ✉ 72250, ✆ (07441) 9 15 50, *Fax (07441) 915544,* – Zim, A v
Menu à la carte 25/52 – **15 Z** 65/142 – ½ P 24.

Alte Kanzlei, Straßburger Str. 6, ✉ 72250, ✆ (07441) 8 88 60, *Fax (07441) 888666* – B g
Menu à la carte 28/65 – **17 Z** 65/130 – ½ P 20.

Adler, Forststr. 17, ✉ 72250, ✆ (07441) 9 15 20, *Fax (07441) 915252* – Rest, Zim A t
31. Okt. - 21. Nov. geschl. – **Menu** *(Mittwoch geschl.)* à la carte 26/43 – **13 Z** 59/128 – ½ P 22.

FREUDENSTADT

Alfredstraße .... AB
Bahnhofstraße .... A
Bismarckstraße .... B
Blaicherstraße .... A 2
Christophstaler Steige .... AB 3
Forststraße .... A 4
Friedrich-Ebert-Straße .... B 5
Friedrichstraße .... A 8
Goethestraße .... A
Hartranftstraße .... B
Herrenfelder-Straße ..... B 9
Herzog-Friedrich Straße .... B 10
Hirschkopfstraße .... A 11
Karl-von-Hahn Straße .... A 12
Kasernenstraße .... A 15
Katharinenstraße .... A 16
Kleinrheinstraße .... A 17
Landhausstraße .... B
Lange Straße .... A
Lauterbadstraße .... B
Loßburger Straße ...... AB 18
Ludwig-Jahn-Straße .... A 19
Marktplatz .... A
Martin-Luther-Straße .... A 21
Moosstraße .... A 22
Murgtalstraße .... A
Musbacher Straße ..... A
Palmenwaldstraße ..... B
Rappenstraße .... AB
Reichsstraße .... AB 23
Ringstraße .... A
Straßburger Straße ..... B
Stumpengartenweg .... B 25
Stuttgarter Straße .... A
Tannenstraße .... AB
Turnhallestraße .... AB
Wildbader Straße ...... A 26
Wölperwiesenweg ..... B 27

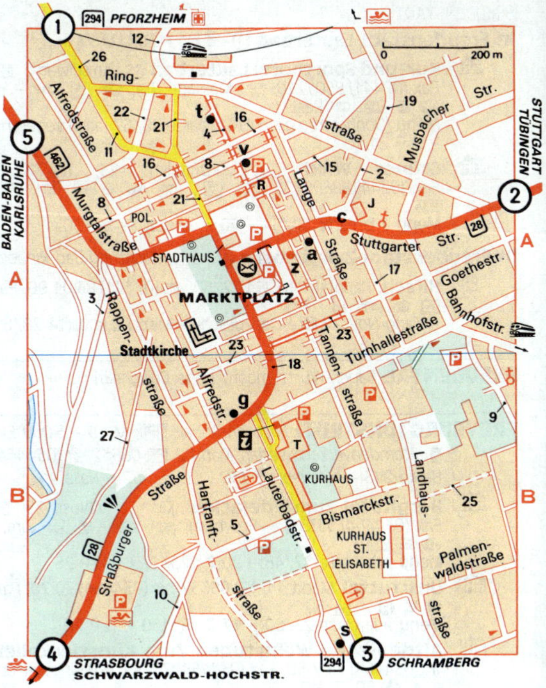

Zum Warteck mit Zim, Stuttgarter Str. 14, ✉ 72250, ✆ (07441) 9 19 20, *Fax (07441) 919293* – TV ☎. E VISA A c
Menu *(Dienstag geschl.)* (bemerkenswerte Weinkarte) à la carte 45/82 – **13 Z** 78/150 – ½ P 25.

Jägerstüble mit Zim, Marktplatz 12, ✉ 72250, ✆ (07441) 23 87, *Fax (07441) 51543*, – E VISA A z
Mitte Okt. - Anfang Nov. geschl. – **Menu** *(Sonntagabend - Montag geschl.)* à la carte 28/58 – **14 Z** 65/144.

An der B 28 ④ : *2 km* :

Langenwaldsee, Straßburger Str. 99, ✉ 72250 Freudenstadt, ✆ (07441) 8 89 30, *Fax (07441) 88936*, <, , , , – Rest, TV ☎ P. E VISA
2. Nov. - 15. Dez. geschl. – **Menu** à la carte 33/74 – **36 Z** 75/250 – ½ P 29.

In Freudenstadt-Igelsberg ① : *11 km – Erholungsort* :

Krone, Hauptstr. 8, ✉ 72250, ✆ (07442) 8 42 80, *Fax (07442) 50372*, , , – ☎ P – 30
1. - 20. Dez. geschl. – **Menu** à la carte 31/75 – **28 Z** 87/188 – ½ P 25.

In Freudenstadt-Kniebis *W : 10 km – Höhe 920 m – Luftkurort.*

Kurverwaltung, Baiersbronner Str. 23, ✉ *72250,* ✆ *(07442) 75 70, Fax (07442) 50632*

Waldblick , Eichelbachstr. 47, ✉ 72250, ✆ (07442) 83 40, *Fax (07442) 3011*, , , – TV ☎ P – 50. E
April - Mai 2 Wochen und Anfang Nov. - Mitte Dez. geschl. – **Menu** *(Dienstag geschl.)* à la carte 43/66 *(auch vegetarische Gerichte)* – **32 Z** 96/253 – ½ P 28.

Kniebishöhe , Alter Weg 42, ✉ 72250, ✆ (07442) 23 97, *Fax (07442) 50276*, , – TV ☎ P
April 2 Wochen und 6. Nov. - 18. Dez. geschl. – **Menu** *(Dienstag geschl.)* à la carte 28/62 – **14 Z** 65/140 – ½ P 22.

Café Günter, Baiersbronner Str. 26, ✉ 72250, ✆ (07442) 8 41 30, *Fax (07442) 4252*, – TV ☎ P. E
15. - 30. April und 2. Nov. - 15. Dez. geschl. – **Menu** *(Montag geschl.)* à la carte 27/55 – **17 Z** 55/130 – ½ P 22.

In Freudenstadt-Lauterbad ③ : *3 km – Luftkurort :*

Kur- und Sporthotel Lauterbad, Amselweg 5, ✉ 72250, ☎ (07441) 86 01 70, *Fax (07441) 8601710*, Massage, – Rest, – 30. AE VISA. Rest
Menu *(Donnerstag geschl.)* à la carte 38/67 *(auch vegetarische Gerichte)* – **37 Z** 106/258 – ½ P 24.

Grüner Wald, Kinzigtalstr. 23, ✉ 72250, ☎ (07441) 86 05 40, *Fax (07441) 8605425*, – Zim, – 25. VISA
Menu à la carte 34/64 – **40 Z** 98/250 – ½ P 30.

In Freudenstadt-Zwieselberg ④ : *8 km Richtung Bad Rippoldsau :*

Hirsch, Hauptstr. 10, ✉ 72250, ☎ (07441) 86 01 90, *Fax (07441) 8601959*, –
Anfang Nov. - Mitte Dez. geschl. – **Menu** à la carte 28/51 – **30 Z** 63/145 – ½ P 19.

FREUDENTAL *Baden-Württemberg siehe Besigheim.*

FREYBURG (UNSTRUT) *Sachsen-Anhalt* 418 *M 19 – 5 000 Ew – Höhe 120 m.*

Fremdenverkehrsverein, Markt 2, ✉ *06632,* ☎ *(034464) 2 72 60, Fax (034464) 27376.*
Berlin 213 – Magdeburg 130 – Leipzig 52 – Halle 41.

Berghotel zum Edelacker M, Schloss 25, ✉ 06632, ☎ (034464) 3 50, *Fax (034464) 35333*, Freyburg, – Zim, – 100. AE VISA
Menu à la carte 27/48 – **80 Z** 125/175 – ½ P 25.

Unstruttal, Markt 11, ✉ 06632, ☎ (034464) 70 70, *Fax (034464) 70740*, – – 50
Menu à la carte 25/50 – **17 Z** 95/150 – ½ P 20.

Altdeutsche Weinstuben Zum Künstlerkeller, Breite Str. 14, ✉ 06632, ☎ (034464) 7 07 50, *Fax (034464) 70799*, « Weinkeller und Innenhofterrasse » – – 50. VISA
Menu à la carte 29/58 – **32 Z** 85/180 – ½ P 20.

Rebschule, Ehrauberge 33, ✉ 06632, ☎ (034464) 30 80, *Fax (034464) 28036*, – – 30. VISA
Menu à la carte 26/45 – **23 Z** 95/145.

FREYSTADT *Bayern* 419 420 *S 17 – 6 600 Ew – Höhe 410 m.*

Berlin 459 – München 134 – Nürnberg 51 – Ingolstadt 61 – Ansbach 67.

Pietsch, Marktplatz 55, ✉ 92342, ☎ (09179) 51 04, *Fax (09179) 2758*, Biergarten – . VISA
Menu *(Sonntag geschl.)* à la carte 24/56 – **60 Z** 73/105.

MICHELIN-REIFENWERKE KGaA. Logistikzentrum ✉ 92342 Freystadt, Am Retteloh 13, ☎ (09179) 94 71 00 Fax (09179) 947199.

FREYUNG *Bayern* 420 *T 24 – 7 500 Ew – Höhe 658 m – Luftkurort – Wintersport : 658/800 m 3.*

Touristinformation im Kurhaus, Rathausplatz 2, ✉ *94078,* ☎ *(08551) 5 88 50, Fax (08551) 58855.*
Berlin 529 – München 205 – Passau 36 – Grafenau 15.

Brodinger-Am Freibad, Zuppinger Str. 3, ✉ 94078, ☎ (08551) 43 42, *Fax (08551) 7973*, – . VISA
März und Nov. jeweils 2 Wochen geschl. – **Menu** *(Sonntagabend - Montag geschl.)* à la carte 23/52 – **20 Z** 55/160 – ½ P 20.

Zur Post, Stadtplatz 2, ✉ 94078, ☎ (08551) 40 25, *Fax (08551) 7752*, – . VISA
Mai - Juni 1 Woche und Nov. 3 Wochen geschl. – **Menu** *(Montag geschl.)* à la carte 23/38 – **42 Z** 48/130 – ½ P 20.

Brodinger, Schulgasse 15, ✉ 94078, ☎ (08551) 40 04, *Fax (08551) 7283*, – . VISA
April und Nov. jeweils 2 Wochen geschl. – **Menu** *(Samstagabend - Sonntag geschl.)* à la carte 24/49 – **18 Z** 55/150 – ½ P 20.

In Freyung-Ort *SW : 1 Km :*

Landgasthaus Schuster, Ort 19, ✉ 94078, ☎ (08551) 71 84, *Fax (08551) 7184* –
Montag - Dienstagmittag und Sept. 2 Wochen geschl. – **Menu** (abends Tischbestellung ratsam) à la carte 36/70.

FRICKENHAUSEN *Bayern 419 420 Q 14 – 1 300 Ew – Höhe 180 m.*

Berlin 495 – München 277 – Würzburg 23 – Ansbach 61.

Meintzinger garni, Babenbergplatz 2, ✉ 97252, ☎ (09331) 8 72 10, *Fax (09331) 7578* – AE E VISA
22 Z 95/240.

Ehrbars Fränkische Weinstube, Hauptstr. 17, ✉ 97252, ☎ (09331) 6 51, *Fax (09331) 5207,*
Montag, Jan. und Mitte - Ende Juni geschl. – **Menu** à la carte 32/66.

FRICKINGEN *Baden-Württemberg 419 W 11 – 2 600 Ew – Höhe 500 m.*

Berlin 721 – Stuttgart 142 – Konstanz 34 – Sigmaringen 41 – Bregenz 67.

Paradies, Kirchstr. 8, ✉ 88699, ☎ (07554) 81 71, *Fax (07554) 1042,* – Zim
Weihnachten - Mitte Jan. geschl. – **Menu** *(Freitagabend - Samstagmittag geschl.)* à la carte 27/49 – **19 Z** 50/110.

Keine bezahlte Reklame im ***Michelin-Führer.***

FRIDINGEN AN DER DONAU *Baden-Württemberg 419 V 10 – 2 900 Ew – Höhe 600 m – Erholungsort.*

Ausflugsziel : *Knopfmacherfelsen : Aussichtskanzel ≤★, O : 3 km.*

Berlin 748 – Stuttgart 118 – Konstanz 70 – Freiburg im Breisgau 107 – Ulm (Donau) 120.

In Fridingen-Bergsteig *SW : 2 km Richtung Mühlheim – Höhe 670 m*

Landhaus Donautal mit Zim, ✉ 78567, ☎ (07463) 4 69, *Fax (07463) 5099,* ≤, – E VISA
Ende Dez. - Ende Jan. geschl. – **Menu** *(Montag und Freitagabend geschl.)* à la carte 33/65 – **7 Z** 95/150.

FRIEDBERG *Bayern 419 420 U 16 – 26 000 Ew – Höhe 514 m.*

Berlin 583 – München 75 – Augsburg 8 – Ulm (Donau) 87.

Zum Brunnen garni, Bauernbräustr. 4 (Passage Brunnenhof/Garage West), ✉ 86316, ☎ (0821) 60 30 23, *Fax (0821) 606640* – E VISA
14 Z 100/170.

Kussmühle garni, Pappelweg 14, ✉ 86316, ☎ (0821) 26 75 80, *Fax (0821) 2675888,* Zim, E VISA.
20. Dez. - 10. Jan. geschl. – **27 Z** 89/138.

Herzog Ludwig, Bauernbräustr.15, ✉ 86316, ☎ (0821) 60 71 27, *Fax (0821) 607126* – AE E VISA
Montag, Jan. - April auch Dienstag geschl. – **Menu** (wochentags nur Abendessen) à la carte 48/65.

FRIEDBERG / HESSEN *Hessen 417 O 10 – 25 000 Ew – Höhe 150 m.*

Sehenswert : *Judenbad★ – Burg (Adolfsturm★) – Stadtkirche (Sakramentshäuschen★).*

Amt für Fremdenverkehr, Am Seebach 2 (in der Stadthalle), ✉ 61169, ☎ (06031) 7 24 60, Fax (06031) 61270.

Berlin 510 – Wiesbaden 61 – Frankfurt am Main 28 – Gießen 36.

Stadt Friedberg, Am Seebach 2, ✉ 61169, ☎ (06031) 60 70, *Fax (06031) 607100,* – 30. AE E VISA
Menu à la carte 26/51 – **85 Z** 132/198.

In Friedberg-Dorheim *NO : 3 km :*

Dorheimer Hof, Wetteraustr. 70, ✉ 61169, ☎ (06031) 7 37 00, *Fax (06031) 737040,* Biergarten – – 20. AE E VISA
Menu (nur Abendessen) à la carte 26/52 – **20 Z** 90/148.

In Rosbach vor der Höhe *SW : 7 km :*

Post garni, Nieder-Rosbacher-Str. 11, ✉ 61191, ✆ (06003) 9 41 00, *Fax (06003) 941010* – AE E VISA
14 Z 110/180.

Garni, Homburger Str. 84 (B 455), ✉ 61191, ✆ (06003) 9 12 20, *Fax (06003) 912240* – AE E VISA
22 Z 99/195.

FRIEDEBURG *Niedersachsen 415 F 7 – 10 500 Ew – Höhe 10 m – Erholungsort.*
Touristinformation, Hauptstr. 60, ✉ 26446, ✆ (04465) 14 15, Fax (04465) 1416.
Berlin 483 – Hannover 224 – Emden 41 – Oldenburg 54 – Wilhelmshaven 25.

An der B 437 *SO : 2,5 km :*

Landhaus Rippen, Hauptstr. 33, ✉ 26446 Friedeburg-Marx, ✆ (04465) 2 32, *Fax (04465) 8603* – Zim, AE E VISA.
Menu *(Sonntagabend geschl.)* (wochentags nur Abendessen) à la carte 28/55 – **14 Z** 75/120.

FRIEDENWEILER *Baden-Württemberg 419 W 8 – 1 600 Ew – Höhe 910 m – Kneippkurort – Wintersport : 920/1 000 m 1.*
Kurverwaltung, Rathausstr. 16, ✉ 79877, ✆ (07651) 50 34, Fax (07651) 4130.
Berlin 771 – Stuttgart 151 – Freiburg im Breisgau 45 – Donaueschingen 25.

Ebi, Klosterstr. 4, ✉ 79877, ✆ (07651) 92 24 90, *Fax (07651) 9224935*, , , – E VISA. Rest
Nov. - 20. Dez. geschl. – **Menu** à la carte 28/62 – **18 Z** 85/196 – ½ P 28.

In Friedenweiler-Rötenbach *SO : 4 km – Erholungsort :*

Rössle (mit Gästehaus,), Hauptstr. 14, ✉ 79877, ✆ (07654) 3 51, *Fax (07654) 7041*, , , – E VISA
15. Nov. - 15. Dez. geschl. – **Menu** *(Dienstag geschl.)* à la carte 24/43 – **28 Z** 50/120 – ½ P 20.

FRIEDEWALD *Hessen 417 418 N 13 – 2 400 Ew – Höhe 388 m.*
Berlin 395 – Wiesbaden 179 – Kassel 87 – Fulda 58 – Gießen 100 – Erfurt 113.

Schloßhotel Prinz von Hessen M, Schloßplatz 1, ✉ 36289, ✆ (06674) 9 22 40, *Fax (06674) 9224250*, , Park, « Schloßanlage a.d. 15. Jh. mit modernem Hotelanbau », Massage, , – , Zim, Rest, – 40. AE E VISA
Prinzenstube *(Montag - Dienstag geschl.)* **Menu** à la carte 83/117 – ***Ritterklause*** **: Menu** à la carte 50/78 – **46 Z** 195/420, 10 Suiten
Spez. Canneloni von der Baby-Languste mit Spinat und Jakobsmuscheln. Variation vom Lamm mit Rotweinreduktion. Ingwersoufflé mit Pfirsichsalat.

Zum Löwen mit Zim, Hauptstr. 17, ✉ 36289, ✆ (06674) 9 22 20, *Fax (06674) 922259*, – – 65. AE E VISA
Menu (bemerkenswerte Weinkarte) à la carte 36/70 *(auch vegetarische Gerichte)* – **30 Z** 79/160 – ½ P 26.

FRIEDLAND *Niedersachsen siehe Göttingen.*

FRIEDRICHRODA *Thüringen 418 N 15 – 6 000 Ew – Höhe 450 m – Erholungsort.*
Kur- und Tourismus-Information, Marktstr. 13, ✉ 99894, ✆ (03623) 20 06 93, Fax (03623) 200694.
Berlin 345 – Erfurt 54 – Bad Hersfeld 97 – Coburg 96.

Treff Hotel Thüringer Wald M, Burchardtsweg 1, ✉ 99894, ✆ (03623) 35 20, *Fax (03623) 352500*, , , , Massage, , – , Zim, – 250. AE E VISA. Rest
Menu à la carte 33/57 – **154 Z** 135/200 – ½ P 30.

Im Grund, Im Grund 3, ✉ 99894, ✆ (03623) 3 34 30, *Fax (03623) 200929*, , , – Zim, – 20. E
Menu à la carte 23/44 – **29 Z** 85/125.

In Friedrichroda-Reinhardsbrunn *N : 1 km :*

Kavaliershaus (im Schloßpark Reinhardsbrunn), ✉ 99894, ✆ (03623) 30 42 53, *Fax (03623) 304251*, Biergarten, « Jagdschloß a.d.J. 1828, Park », – – 15. AE E VISA
Nov. geschl. – **Menu** *(Jan. - März Dienstag geschl.)* à la carte 33/53 – **19 Z** 123/240.

FRIEDRICHSDORF *Hessen* 417 *P 9 – 24 000 Ew – Höhe 220 m.*

Berlin 521 – Wiesbaden 56 – Frankfurt am Main 28 – Bad Homburg v.d.H. 5 – Gießen 42.

[hotel] **Queens Hotel,** Im Dammwald 1, ✉ 61381, ✆ (06172) 73 90, *Fax (06172) 739852*, [garden], [TV] – [lift], [no smoking] Zim, [TV] ☎ [car] [P] – [conference] 80. AE [D] E VISA JCB. [no dogs] Rest
Menu à la carte 43/70 – **125 Z** 170/250.

[hotel] **Lindenhof,** Hugenottenstr. 47, ✉ 61381, ✆ (06172) 76 60, *Fax (06172) 76666*, [terrace] – [lift], [no smoking] Zim, [TV] ☎ [car] [P] – [conference] 20. AE E VISA JCB
Menu *(Samstag - Sonntag, Mitte Juli - Anfang Aug. und 24. Dez. - 10. Jan. geschl.)* (nur Abendessen) à la carte 38/73 – **37 Z** 135/200.

FRIEDRICHSHAFEN *Baden-Württemberg* 419 *X 12 – 56 000 Ew – Höhe 402 m.*

[airport] *Friedrichshafen-Löwental, ① : 2 km, ✆ (07541) 3 00 90.*

Messegelände, am Riedlepark (BY), ✆ (07541) 70 80, Fax (07541) 70810.

[i] *Tourist-Information, Bahnhofplatz 2, ✉ 88045, ✆ (07541) 3 00 10, Fax (07541) 72588.*

Berlin 721 ② – Stuttgart 167 ① – Konstanz 31 ③ – Freiburg im Breisgau 161 ③ – Ravensburg 20 ① – Bregenz 30 ②.

FRIEDRICHSHAFEN

Adenauerplatz	AY	2
Albrechtstraße	AZ	3
Buchhornplatz	AY	4
Charlottenstraße	BZ	5
Dammstraße	AY	6
Eugen-Bolz-Straße	AY	8
Flugplatzstraße	BY	9
Franziskus-Platz	AZ	10
Friedrichstraße	AY	
Gebhardstraße	BZ	12
Goldschmiedstraße	AY	13
Hofener Straße	AZ	18
Karlstraße	AY	
Katharinenstraße	BZ	21
Klosterstraße	AZ	22
Maybachstraße	AZ	23
Meistershofener Straße	BY	25
Montfortstraße	AY	26
Östliche Uferstraße	BZ	28
Olgastraße	AZ	29
Paulinenstraße	AY	30
Ravensburger Straße	BZ	32
Romanshorner Platz	AY	33
Schanzstraße	AY	34
Scheffelstraße	BZ	35
Schloßstraße	AZ	36
Wendelgardstraße	BZ	39
Wilhelmstraße	AY	41
Zeppelinstraße	AZ	42

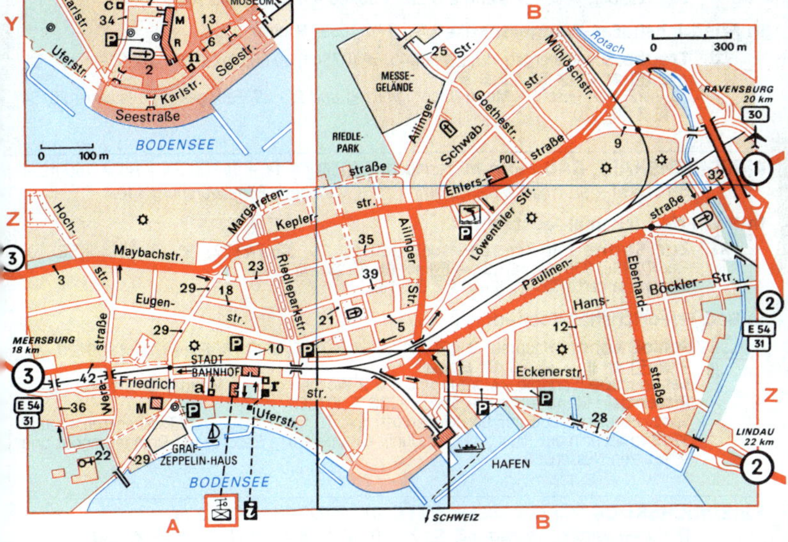

[hotel] **Buchhorner Hof,** Friedrichstr. 33, ✉ 88045, ✆ (07541) 20 50, *Fax (07541) 32663*, [sauna] – [lift], [no smoking] Zim, [minibar] [TV] [phone] [car] – [conference] 140. AE [D] E VISA JCB — AZ a
Menu à la carte 57/92 *(auch vegetarische Gerichte)* – **94 Z** 129/280.

[hotel] **Seehotel** [M], Bahnhofplatz 2, ✉ 88045, ✆ (07541) 30 30, *Fax (07541) 303100*, ≤, « Modern-elegante Einrichtung », [sauna] – [lift], [no smoking] Zim, [minibar] [TV] [phone] [car] [P] – [conference] 80. AE [D] E VISA — AZ r
Menu (nur Abendessen) à la carte 39/60 – **132 Z** 160/265.

Goldenes Rad, Karlstr. 43, ✉ 88045, ☎ (07541) 28 50, Fax (07541) 285285, – Zim, – 25. AY n
22. Dez. - 6. Jan. geschl. – **Menu** (Montag geschl.) à la carte 42/67 – **65 Z** 129/259.

City-Krone, Schanzstr. 7, ✉ 88045, ☎ (07541) 70 50, Fax (07541) 705100, – 30. AY c
Menu (nur Abendessen) à la carte 36/60 – **85 Z** 131/292.

Föhr, Albrechtstr. 73, ✉ 88045, ☎ (07541) 30 50, Fax (07541) 27273, – . über Albrechtstr. AZ
Menu (Okt.- April Sonntag geschl.) (nur Abendessen) à la carte 38/67 (auch vegetarische Gerichte) – **67 Z** 95/220.

In Friedrichshafen-Ailingen N : 6 km, über Ailinger Str. BY – Erholungsort :

Sieben Schwaben, Hauptstr. 37, ✉ 88048, ☎ (07541) 60 90, Fax (07541) 60940 – , Zim, – 25.
Menu (Jan. 2 Wochen geschl.) (wochentags nur Abendessen) à la carte 27/59 – **28 Z** 85/135.

In Friedrichshafen-Fischbach ③ : 5 km :

Traube, Meersburger Str. 13, ✉ 88048, ☎ (07541) 95 80, Fax (07541) 958888, Massage, – – 60.
Menu à la carte 41/73 – **91 Z** 100/260.

Maier, Poststr. 1, ✉ 88048, ☎ (07541) 40 40, Fax (07541) 404100, – .
Menu (Okt.- April Freitag geschl.) à la carte 37/65 (auch vegetarische Gerichte) – **48 Z** 85/195.

In Friedrichshafen-Schnetzenhausen NW : 4 km, über Hochstr. AZ :

Krone, Untere Mühlbachstr. 1, ✉ 88045, ☎ (07541) 40 80, Fax (07541) 43601, (geheizt), (Halle) – , Zim, – 70. Zim
20. - 25. Dez. geschl. – **Menu** à la carte 35/66 – **120 Z** 135/290.

In Friedrichshafen-Waggershausen N : 3 km, über Hochstr. AZ :

Traube, Sonnenbergstr. 12, ✉ 88045, ☎ (07541) 60 60, Fax (07541) 606169, – .
23. - 27. Dez. geschl. – **Menu** (Montagmittag und 9. - 25. Feb. geschl.) à la carte 28/54 – **48 Z** 80/170.

FRIEDRICHSHALL, BAD Baden-Württemberg 417 419 S 11 – 11800 Ew – Höhe 160 m.

Berlin 594 – Stuttgart 62 – Heilbronn 10 – Mannheim 83 – Würzburg 110.

In Bad Friedrichshall-Jagstfeld :

Zur Sonne mit Zim, Deutschordenstr. 16, ✉ 74177, ☎ (07136) 9 56 10, Fax (07136) 956111, – .
Menu à la carte 32/71 – **13 Z** 88/162.

In Bad Friedrichshall-Kochendorf :

Schloß Lehen, Hauptstr. 2, ✉ 74177, ☎ (07136) 9 89 70, Fax (07136) 989720, – – 60.
Lehenstube (Sonntag - Montag und Juli 2 Wochen geschl.) **Menu** à la carte 62/102 – ***Rittersaal*** : **Menu** à la carte 38/83 – **26 Z** 90/260
Spez. Etouffé-Taube auf Gänseleberrösti mit Trüffel. Ragout von Taschenkrebsen und Jakobsmuscheln auf Rigattoni (Dez.-Juni). Karamelisierte Eistorte mit Orangenragout und schwarzen Nüssen.

FRIEDRICHSKOOG Schleswig-Holstein 415 D 10 – 3000 Ew – Höhe 2 m.

Kurverwaltung, Koogstr. 66, ✉ 25718, ☎ (04854) 10 84, Fax (04854) 850.
Berlin 393 – Kiel 116 – Cuxhaven 110 – Hamburg 108 – Itzehoe 52 – Marne 13.

In Friedrichskoog-Spitze NW : 4 km – Seebad :

Möven-Kieker , Strandweg 6, ✉ 25718, ☎ (04854) 9 04 00, Fax (04854) 904033, – .
Menu (Montag geschl.) (abends Tischbestellung ratsam) à la carte 48/76 – **15 Z** 99/178.

FRIEDRICHSRUHE Baden-Württemberg siehe Öhringen.

FRIEDRICHSTADT *Schleswig-Holstein* 415 *C 11 – 2 600 Ew – Höhe 4 m – Luftkurort.*

Tourist-Information, Am Markt 9, ✉ 25840, ☎ (04881) 19433, Fax (04881) 7093.

Berlin 408 – Kiel 82 – Sylt (Westerland) 62 – Heide 25 – Husum 15 – Schleswig 49.

Aquarium, Am Mittelburgwall 4, ✉ 25840, ☎ (04881) 6 91, *Fax (04881) 7064,* – Zim, . VISA
Menu à la carte 36/65 – **38 Z** 100/196.

Holländische Stube mit Zim, Am Mittelburgwall 22, ✉ 25840, ☎ (04881) 9 39 00, *Fax (04881) 939022,* « Holländisches Kaufmannshaus a.d.17.Jh. ; Restaurant in originalgetreu restaurierten Räumen » – . VISA. Rest
Menu *(Nov. - Feb. Montag - Dienstag geschl.)* à la carte 39/69 – **10 Z** 120/180.

FRIESENHEIM *Baden-Württemberg* 419 *U 7 – 10 200 Ew – Höhe 158 m.*

Berlin 759 – Stuttgart 158 – Karlsruhe 88 – Offenburg 12 – Freiburg im Breisgau 54.

In Friesenheim-Oberweier :

Mühlenhof, Oberweierer Hauptstr. 33, ✉ 77948, ☎ (07821) 63 20, *Fax (07821) 632153,* – VISA
Menu *(Dienstag sowie Jan. und Aug. jeweils 3 Wochen geschl.)* à la carte 34/52 – **32 Z** 60/136.

FRITZLAR *Hessen* 417 *M 11 – 15 000 Ew – Höhe 235 m.*

Sehenswert : *Dom★ – Marktplatz★ – Stadtmauer (Grauer Turm★).*

Touristinformation, Rathaus, ✉ 34560, ☎ (05622) 988643, (05622) 988627.

Berlin 409 – Wiesbaden 201 – Kassel 25 – Bad Hersfeld 48 – Marburg 61.

In Fritzlar-Ungedanken *SW : 8 km :*

Zum Büraberg, Bahnhofstr. 5 (B 253), ✉ 34560, ☎ (05622) 99 80, *Fax (05622) 998160,* – Zim, – 50. VISA. Zim
Menu *(Sonntagabend - Montagmittag geschl.)* à la carte 27/52 – **34 Z** 80/130.

FÜRSTENAU *Niedersachsen* 415 *I 7 – 8 000 Ew – Höhe 50 m.*

Berlin 449 – Hannover 195 – Nordhorn 50 – Bielefeld 94 – Bremen 117 – Osnabrück 44.

Stratmann, Große Str. 29, ✉ 49584, ☎ (05901) 31 39, *Fax (05901) 7612,* –
Menu à la carte 28/50 – **12 Z** 58/115.

Wübbel, Osnabrücker Str. 56 (B 214), ✉ 49584, ☎ (05901) 27 89, *Fax (05901) 4155* –
Juli geschl. – **Menu** *(Dienstag geschl.)* à la carte 23/46 – **12 Z** 60/120.

FÜRSTENBERG *Niedersachsen* 417 *K 12 – 1 300 Ew – Höhe 180 m – Erholungsort.*

Fürstenberg Touristik, Meinbrexener Straße (am Schloß), ✉ 37699, ☎ (05271) 956920, Fax (05271) 49274.

Berlin 364 – Hannover 87 – Göttingen 69 – Kassel 66.

Hubertus, Derentaler Str. 58, ✉ 37699, ☎ (05271) 59 11, *Fax (05271) 5652,* – . VISA. Rest
Menu à la carte 32/59 – **24 Z** 75/150 – ½ P 20.

FÜRSTENFELDBRUCK Bayern 419 420 V 17 – 31 000 Ew – Höhe 528 m.

Rottbach, Weiherhaus 5 (N : 13 km), (08135) 3 43.
Berlin 605 – München 35 – Augsburg 46 – Garmisch-Partenkirchen 97.

Post, Hauptstr. 7, 82256, (08141) 3 14 20, Fax (08141) 16755, – – 50. AE E VISA
23. Dez. - 6. Jan. geschl. – **Menu** (Sonntagabend und Samstag sowie 22. Mai - 6. Juni geschl.) à la carte 31/59 – **43 Z** 130/200.

Brucker Gästehaus garni, Kapellenstr. 3, 82256, (08141) 4 09 70, Fax (08141) 409799 – . AE E VISA
13 Z 98/150.

FÜRSTENWALDE Brandenburg 416 I 26 – 33 300 Ew – Höhe 50 m.

Berlin 59 – Potsdam 88 – Frankfurt (Oder) 36.

Kaiserhof M, Eisenbahnstr. 144, 15517, (03361) 55 00, Fax (03361) 550175 – – 80. AE E VISA
Menu à la carte 33/58 – **71 Z** 140/220.

Zille-Stuben (mit Gästehäusern), Schloßstr. 26, 15517, (03361) 5 77 25, Fax (03361) 57726 – . AE E VISA
Menu à la carte 23/40 – **27 Z** 80/145.

Wenn Sie ein ruhiges Hotel suchen,
benutzen Sie zuerst die Übersichtskarte in der Einleitung
oder wählen Sie im Text ein Hotel mit dem Zeichen bzw. .

FÜRSTENZELL Bayern 420 U 23 – 7 000 Ew – Höhe 358 m.

Berlin 604 – München 169 – Passau 15 – Linz 92 – Regensburg 121.

In Fürstenzell-Altenmarkt NO : 4,5 km :

Zur Platte , 94081, (08502) 2 00, Fax (08502) 5200, Neuburger- und Bayerischer Wald, , – . E
Mitte Jan. - Mitte Feb. geschl. – **Menu** (Dienstag geschl.) à la carte 26/45 – **17 Z** 55/105.

FÜRTH Bayern 419 420 R 16 – 104 000 Ew – Höhe 294 m.

Siehe auch Nürnberg (Umgebungsplan).

Tourist-Information, Maxstr. 42, 90762, (0911) 7 40 66 15, Fax (0911) 7406617.
ADAC, Theresienstr. 5, 90762, (0911) 77 60 06, Fax (0911) 774175.
Berlin 453 – München 172 – Nürnberg 7.

Stadtplan siehe gegenüberliegende Seite

Parkhotel garni, Rudolf-Breitscheid-Str. 15, 90762, (0911) 77 66 66, Fax (0911) 7499064 – – 40. AE E VISA JCB — Z a
63 Z 138/228, 6 Suiten.

Astron Suite-Hotel M garni, Königstr. 140, 90762, (0911) 7 40 40, Fax (0911) 7404400, – . AE E VISA JCB — Z b
118 Z 156/307.

Bavaria garni (mit Gästehaus), Nürnberger Str. 54, 90762, (0911) 77 49 41, Fax (0911) 748015, , – . AE E VISA JCB — Z e
58 Z 135/270.

Am Forum M, Foerstermühle 2, 90762, (0911) 7 59 99 99, Fax (0911) 7599991, – , Zim, – 35. AE E VISA JCB — Y r
Menu (Sonntagabend - Montag geschl.) à la carte 28/59 – **61 Z** 120/300.

Werners Appartment Hotel, Friedrichstr. 22, 90762, (0911) 74 05 60, Fax (0911) 7405630, – . AE E VISA — Z c
Bistro (Sonn- und Feiertage geschl.) **Menu** à la carte 24/51 – **26 Z** 115/194.

Baumann, Schwabacher Str. 131, 90763, (0911) 77 76 50, Fax (0911) 746859 – , Zim, . AE E VISA — Z d
Menu siehe Rest. ***Brasserie Baumann*** separat erwähnt – **21 Z0** 90/148.

Brasserie Baumann - Hotel Baumann, Schwabacher Str. 131, 90763, (0911) 77 76 50, Fax (0911) 746859, – . AE E VISA — Z d
Samstagmittag, Sonn- und Feiertage geschl. – **Menu** à la carte 42/81.

Kupferpfanne, Königstr. 85, 90762, (0911) 77 12 77, Fax (0911) 777637 – AE E VISA — Y n
Sonn- und Feiertage geschl. – **Menu** (Tischbestellung ratsam) à la carte 62/85.

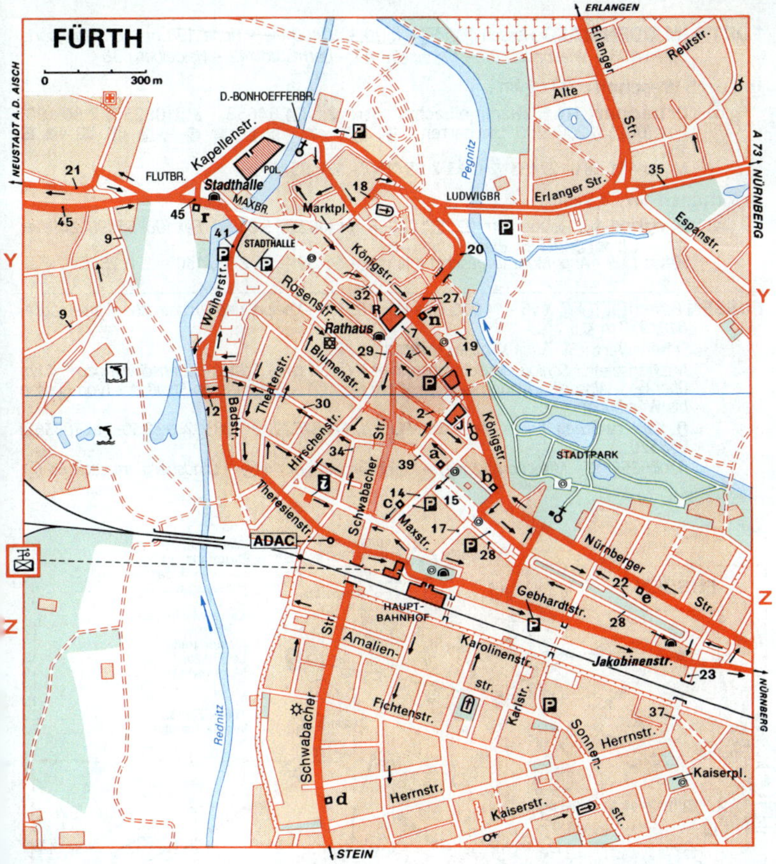

Folgende Häuser finden Sie auf dem Stadtplan Nürnberg :

In Fürth-Dambach :

Astron Hotel Forsthaus, Zum Vogelsang 20, ✉ 90768, ✆ (0911) 77 98 80, *Fax (0911) 720885*, –, Zim, – 160. AE VISA JCB
Menu à la carte 42/77 – **107 Z** 210/290, 3 Suiten. AS g

In Fürth-Höfen :

Pyramide M, Europa-Allee 1, ✉ 90763, ✆ (0911) 9 71 00, *Fax (0911) 9710111*, Massage, – Zim, – 210. AE VISA
Keop's *(nur Abendessen)* **Menu** à la carte 40/70 – ***Setos*** *(nur Mittagessen)* **Menu** 35 (nur Buffet) – **101 Z** 197/279. AS s

In Fürth-Poppenreuth :

Novotel, Laubenweg 6, ✉ 90765, ✆ (0911) 9 76 00, *Fax (0911) 9760100*, (geheizt), – Zim, – 250. AE VISA AS n
Menu à la carte 33/55 – **128 Z** 172/232.

FÜRTH IM ODENWALD *Hessen* 417 419 *R 10 – 10 100 Ew – Höhe 198 m – Erholungsort.*
Berlin 608 – Wiesbaden 83 – Mannheim 43 – Darmstadt 42 – Heidelberg 36.

In Fürth-Weschnitz *NO : 6 km :*

Erbacher Hof, Hammelbacher Str. 2, ✉ 64658, ✆ (06253) 2 00 80, *Fax (06253) 2008200*, Biergarten, – TV ☎ P – 60. AE E VISA
Menu à la carte 27/63 – **43 Z** 85/160 – ½ P 25.

In Rimbach *SW : 4,5 km :*

Berghof, Holzbergstr. 27, ✉ 64668, ✆ (06253) 9 81 80, *Fax (06253) 981849*, ≤, – TV ☎ P. AE E VISA
Menu *(Juli - Aug. Montag geschl.)* à la carte 34/59 – **13 Z** 75/130 – ½ P 25.

FÜSSEN *Bayern* 419 420 *X 16 – 14 000 Ew – Höhe 803 m – Kneipp- und Luftkurort – Wintersport : 810/950 m* 3 .

Sehenswert : *St.-Anna-Kapelle (Totentanz★)* **B.**

Ausflugsziele : *Schloß Neuschwanstein★★★ ② : 4 km – Schloß Hohenschwangau★ 4 km über ② – Alpsee★ : Pindarplatz ≤★ 4 km über ② – Romantische Straße★★ (von Füssen bis Würzburg).*

Kurverwaltung, Kaiser-Maximilian-Platz 1, ✉ 87629, ✆ (08362) 9 38 50, Fax (08362) 938520.

Berlin 659 ② – München 120 ② – Kempten (Allgäu) 44 ④ – Landsberg am Lech 63 ②.

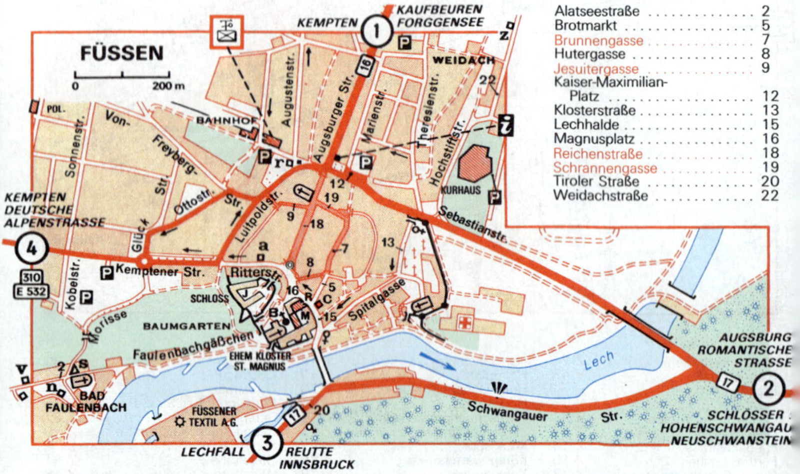

Alatseestraße	2
Brotmarkt	5
Brunnengasse	7
Hutergasse	8
Jesuitergasse	9
Kaiser-Maximilian-Platz	12
Klosterstraße	13
Lechhalde	15
Magnusplatz	16
Reichenstraße	18
Schrannengasse	19
Tiroler Straße	20
Weidachstraße	22

Treff Hotel Luitpoldpark M, Luitpoldstraße, ✉ 87629, ✆ (08362) 90 40, *Fax (08362) 904678*, – Zim, TV – 110. AE E VISA JCB. Rest r
Menu à la carte 44/62 – **131 Z** 159/338 – ½ P 32.

Landhaus Sommer M garni, Weidachstr. 74, ✉ 87629, ✆ (08362) 9 14 70, *Fax (08362) 914714*, ≤, Massage, – TV ☎ P. AE E VISA
38 Z 80/198, 3 Suiten. über Weidachstraße

Christine, Weidachstr. 31, ✉ 87629, ✆ (08362) 72 29, *Fax (08362) 940554*, – TV ☎ P. z
15. Jan. - 15. Feb. geschl. – (nur Abendessen für Hausgäste) – **13 Z** 130/250.

Schlossgasthof Zum Hechten, Ritterstr. 6, ✉ 87629, ✆ (08362) 9 16 00, *Fax (08362) 916099* – TV ☎ P. AE E VISA a
Menu *(Mittwoch geschl.)* à la carte 22/40 – **35 Z** 85/140 – ½ P 22.

Zum Schwanen, Brotmarkt 4, ✉ 87629, ✆ (08362) 61 74, *Fax (08362) 940781* – . VISA c
Sonntagabend - Montag und Nov. geschl. – **Menu** à la carte 25/48.

In Füssen-Bad Faulenbach – *Mineral- und Moorbad :*

Kurhotel Wiedemann, Am Anger 3, ✉ 87629, ✆ (08362) 9 13 00, *Fax (08362) 913077*, Massage, – TV ☎ P. E VISA n
Dez. - 15. Jan. geschl. – (Restaurant nur für Hausgäste) – **45 Z** 72/140 – ½ P 27.

Parkhotel, Fischhausweg 5, ✉ 87629, ✆ (08362) 9 19 80, *Fax (08362) 919849*, « Jugendstilvilla », – TV ☎ P – 25. E VISA. Rest
Mitte Nov. - Mitte Dez. geschl. – (Restaurant nur für Hausgäste) – **21 Z** 95/178 – ½ P 21.

Alpenschlößle, Alatseestr. 28, ✉ 87629, ✆ (08362) 40 17, *Fax (08362) 39847*, – TV ☎ P. E v
Menu *(Dienstag geschl.)* 25 (mittags) und à la carte 53/68 – **11 Z** 75/160 – ½ P 36.

Frühlingsgarten, Alatseestr. 8, ✉ 87629, ✆ (08362) 9 17 30, *Fax (08362) 917340*, – ☎ P s
Nov. - 20. Dez. geschl. – **Menu** *(Dienstag geschl.)* à la carte 27/55 – **13 Z** 65/136 – ½ P 20.

In Füssen-Hopfen am See ① *: 5 km :*

Geiger, Uferstr. 18, ✉ 87629, ✆ (08362) 70 74, *Fax (08362) 38838*, < See und Allgäuer Alpen – TV P
Anfang Nov. - Mitte Dez. geschl. – **Menu** à la carte 30/56 – **25 Z** 70/200 – ½ P 20.

Alpenblick (mit Apparthotel und Residenz), Uferstr. 10, ✉ 87629, ✆ (08362) 5 05 70, *Fax (08362) 505773*, <, Massage, – Zim, TV ☎ P. AE E VISA JCB
Menu à la carte 29/56 – **65 Z** 99/250, 3 Suiten – ½ P 28.

Fischerhütte, Uferstr. 16, ✉ 87629, ✆ (08362) 9 19 70, *Fax (08362) 919718*, <, Biergarten, « Terrasse am See » – P. AE E VISA
Nov. - März Dienstag geschl. – **Menu** à la carte 27/73.

In Füssen-Oberkirch ④ *: 7 km :*

Bergruh, Alte Steige 16 (Hinteregg), ✉ 87629, ✆ (08362) 90 20, *Fax (08362) 90212*, <, Massage, – Rest, TV ☎ P. E VISA. Rest
(Restaurant nur für Hausgäste) – **31 Z** 72/210, 5 Suiten – ½ P 20.

In Rieden-Dietringen ① *: 9 km :*

Schwarzenbach's Landhotel, an der B 16, ✉ 87669, ✆ (08367) 3 43, *Fax (08367) 1061*, < Forggensee und Allgäuer Alpen, – TV P. E VISA
Ende Feb. - Mitte März geschl. – **Menu** *(Dienstag, Nov. - Mai Montag - Dienstag geschl.)* à la carte 31/60 – **24 Z** 65/140 – ½ P 25.

FÜSSING, BAD *Bayern* 420 *U 23 – 6 600 Ew – Höhe 324 m – Kurort.*
Kurverwaltung, Rathausstr. 8, ✉ 94072, ✆ (08531) 97 55 80, Fax (08531) 21367.
Berlin 636 – München 147 – Passau *31 – Salzburg 110.*

Kurhotel Holzapfel, Thermalbadstr. 5, ✉ 94072, ✆ (08531) 95 70, *Fax (08531) 957280*, Massage, direkter Zugang zu den Thermalschwimmbädern – TV ☎ P. E.
Dez. - Jan. geschl. – Menu à la carte 34/67 – **79 Z** 118/336 – ½ P 26.

Parkhotel, Waldstr. 16, ✉ 94072, ✆ (08531) 92 80, *Fax (08531) 2061*, « Gartenterrasse », Massage, (geheizt), (Thermal), – TV ☎ P – 60. Zim
Dez. - Jan. geschl. – **Menu** à la carte 33/59 – **105 Z** 105/304 – ½ P 20.

Am Mühlbach, Bachstr.15 (Safferstetten, S : 1 km), ✉ 94072, ✆ (08531) 27 80, *Fax (08531) 278427*, Saunalandschaft, Massage, (Thermal), (Thermal), – Rest, TV ☎ P.
28. Nov. - 20. Dez. geschl. – (Restaurant nur für Hausgäste) – **62 Z** 150/280 – ½ P 28.

Kurhotel Wittelsbach, Beethovenstr. 8, ✉ 94072, ✆ (08531) 95 20, *Fax (08531) 22256*, Massage, (Thermal), (Thermal), – Zim, TV P – 50. AE E VISA.
6. - 27. Dez. geschl. – (Restaurant nur für Hausgäste) – **69 Z** 140/250, 3 Suiten – ½ P 30.

Apollo, Mozartstr. 1, ✉ 94072, ✆ (08531) 95 10, *Fax (08531) 951232*, Massage, (Thermal), (Thermal), – TV ☎ P.
Menu à la carte 35/59 – **105 Z** 143/268 – ½ P 25.

Promenade garni, Kurallee 20, ✉ 94072, ✆ (08531) 94 40, *Fax (08531) 295800*, – TV ☎
22 Z 77/176.

Kurhotel Sonnenhof, Schillerstr. 4, ✉ 94072, ✆ (08531) 2 26 40, *Fax (08531) 2264207*, Massage, (Thermal), (Thermal), – TV ☎ P. E.
28. Nov. - 7. Jan. geschl. – **Menu** à la carte 30/55 – **99 Z** 114/224 – ½ P 27.

Bayerischer Hof, Kurallee 18, ✉ 94072, ✆ (08531) 95 66, *Fax (08531) 956800*, Massage, (Thermal) – . Rest
Dez. - Jan. geschl. – **Menu** à la carte 26/62 – **59 Z** 121/210 – ½ P 24.

Pension Diana garni, Kurallee 12, ✉ 94072, ✆ (08531) 2 90 60, *Fax (08531) 2906103*, Massage, – .
Weihnachten - Anfang Jan. geschl. – **42 Z** 68/120.

Zur Post, Inntalstr. 36 (Riedenburg, SO : 1 km), ✉ 94072, ✆ (08531) 2 90 90 (Hotel) 2 97 95 (Rest.), *Fax (08531) 2909227*, Massage, – . Zim
10. Nov. - 23. Dez. geschl. – **Menu** *(Donnerstag geschl.)* à la carte 26/50 – **57 Z** 64/148 – ½ P 18.

Schloss-Taverne, Inntalstr. 26 (Riedenburg, SO : 1 km), ✉ 94072, ✆ (08531) 9 24 70, *Fax (08531) 924725*, Biergarten –
Mittwoch und Mitte Jan - Anfang Feb geschl – **Menu** à la carte 34/61

FULDA *Hessen* 417 418 *O 13 – 62 000 Ew – Höhe 280 m.*

Sehenswert : *Dom (Bonifatiusaltar★) Y – St.-Michael-Kirche★ Y B.*

Ausflugsziel : *Kirche auf dem Petersberg (romanische Steinreliefs★★, Lage★, ≤★) O : 4 km (über die B 458 Y).*

Hofbieber (O : 11 km über die B 458), ✆ (06657) 13 34.

Städt. Verkehrsbüro, Schloßstr. 1, ✉ 36037, ✆ (0661) 10 23 46, Fax (0661) 102775.

ADAC, *Karlstr. 19, ✉ 36037, ✆ (0661) 7 71 11, Fax (0661) 70488.*

Berlin 448 ① – Wiesbaden 141 ② – Frankfurt am Main 99 ② – Gießen 109 ① – Kassel 106 ① – Würzburg 108 ②.

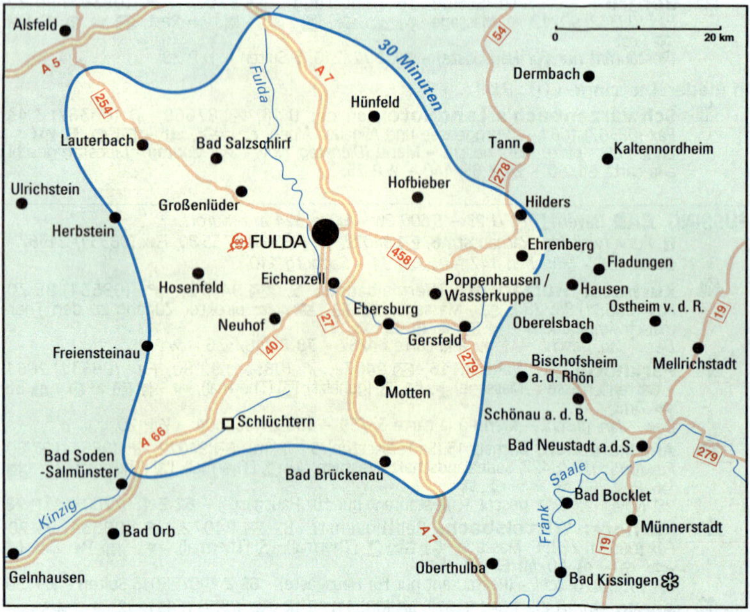

Romantik Hotel Goldener Karpfen, Simpliziusbrunnen 1, ✉ 36037, ✆ (0661) 8 68 00, *Fax (0661) 8680100*, – , Zim, – 50. . Rest Z f
Menu à la carte 50/83 – **50 Z** 180/450, 4 Suiten.

Maritim-Hotel Am Schloßgarten, Pauluspromenade 2, ✉ 36037, ✆ (0661) 28 20, *Fax (0661) 282499*, « Restaurant in einem Gewölbekeller a.d. 17. Jh. », – , Zim, – 500. . Rest Y c
Menu à la carte 44/78 – **113 Z** 218/326.

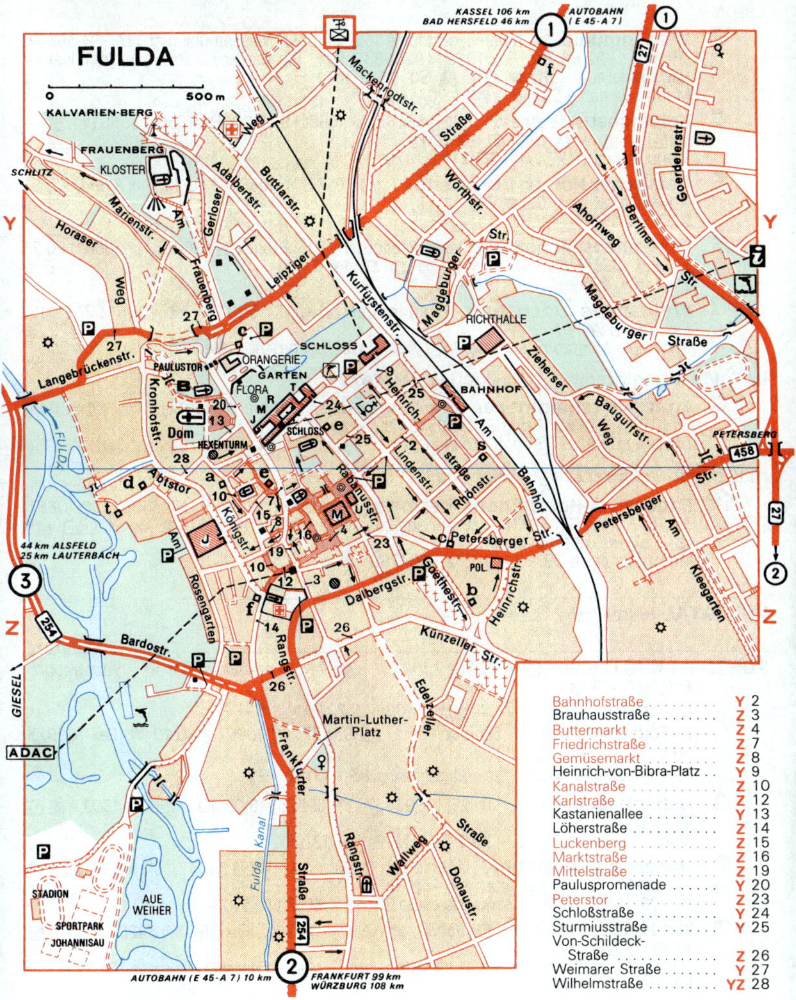

Bahnhofstraße	Y	2
Brauhausstraße	Z	3
Buttermarkt	Z	4
Friedrichstraße	Z	7
Gemüsemarkt	Z	8
Heinrich-von-Bibra-Platz	Y	9
Kanalstraße	Z	10
Karlstraße	Z	12
Kastanienallee	Y	13
Löherstraße	Z	14
Luckenberg	Z	15
Marktstraße	Z	16
Mittelstraße	Z	19
Pauluspromenade	Y	20
Peterstor	Z	23
Schloßstraße	Y	24
Sturmiusstraße	Y	25
Von-Schildeck-Straße	Z	26
Weimarer Straße	Y	27
Wilhelmstraße	YZ	28

Zum Ritter, Kanalstr. 18, ✉ 36037, ✆ (0661) 81 65, *Fax (0661) 71431,* – Zim, – 45. AE VISA Z a
Menu à la carte 26/75 – **33 Z** 149/249.

Holiday Inn, Lindenstr. 45, ✉ 36037, ✆ (0661) 8 33 00, *Fax (0661) 8330555,* – Zim, – 120. AE VISA JCB Z c
Menu à la carte 31/58 – **134 Z** 198/221, 4 Suiten.

Am Dom garni, Wiesenmühlenstr. 6, ✉ 36037, ✆ (0661) 9 79 80, *Fax (0661) 9798500* – – 15. AE VISA. Z d
22. Dez. - 2. Jan. geschl. – **45 Z** 120/170.

Lenz, Leipziger Str. 122, ✉ 36037, ✆ (0661) 6 20 40, *Fax (0661) 6204400,* – Zim, – 40. AE VISA Y f
Menu à la carte 33/58 – **52 Z** 130/200.

Bachmühle (Sandsteinbau a.d.J. 1840), Künzeller Str. 133, ✉ 36043, ✆ (0661) 3 40 01, *Fax (0661) 34465,* – – 70. AE VISA über Künzeller Str. Z
Menu à la carte 39/56 – **50 Z** 80/200.

Wiesenmühle (ehemalige Mühle a.d. 14. Jh.), Wiesenmühlenstr. 13, ✉ 36037, ☎ (0661) 92 86 80, *Fax (0661) 9286839*, Biergarten, « Brauhaus mit kleiner Hausbrauerei » – TV ☎ P – 50. AE E VISA Z t
Menu à la carte 29/56 – **24 Z** 70/160.

Kolpinghaus, Goethestr. 13, ✉ 36043, ☎ (0661) 8 65 00, *Fax (0661) 8650111*, – TV ☎ P – 140. AE E VISA Z b
Menu à la carte 27/64 – **55 Z** 109/170.

Hessischer Hof garni, Nikolausstr. 22, ✉ 36037, ☎ (0661) 7 80 11, *Fax (0661) 72289* – TV ☎. AE E VISA Y s
27 Z 95/150.

Peterchens Mondfahrt garni, Rabanusstr. 7 (5. Etage), ✉ 36037, ☎ (0661) 90 23 50, *Fax (0661) 9023544* – TV ☎ P. AE E VISA Y e
21 Z 105/170.

Weinstube Dachsbau, Pfandhausstr. 8, ✉ 36037, ☎ (0661) 7 41 12, *Fax (0661) 74110* Z e
Sonntag - Montagmittag und Juli - Aug 2 Wochen geschl. – **Menu** à la carte 50/81.

In Fulda-Kämmerzell *N : 6 km über Horaser Weg* Y :

Zum Stiftskämmerer-Gewölbekeller, Kämmerzeller Str. 10, ✉ 36041, ☎ (0661) 5 23 69, *Fax (0661) 59545*, – P. AE E VISA
Dienstag und Juli - Aug. 3 Wochen geschl. – **Menu** à la carte 26/64.

In Künzell *O : 2,5 km über Künzeller Straße* Z :

Bäder-Park-Hotel Rhön Therme M, Harbacher Weg 66, ✉ 36093, ☎ (0661) 39 70, *Fax (0661) 397151*, , Freier Zugang zur Rhön Therme – , Zim, TV P – 180. AE E VISA
Menu à la carte 38/62 – **106 Z** 160/260.

FULDATAL *Hessen siehe Kassel.*

FURTH IM WALD *Bayern* 420 *S 22 – 9 400 Ew – Höhe 410 m – Erholungsort – Wintersport : 610/950 m 3 .*

Gut Voithenberg (NW : 4 km), ☎ (09973) 20 89.

Tourist-Information, Schloßplatz 1, ✉ 93437, ☎ (09973) 80 10 80, Fax (09973) 801081.

Berlin 492 – München 198 – Regensburg 93 – Cham 19.

Hohenbogen, Bahnhofstr. 25, ✉ 93437, ☎ (09973) 15 09, *Fax (09973) 1502* – TV ☎ – 40
Menu à la carte 28/63 – **36 Z** 58/120 – ½ P 12.

Habersaign-Einödhof, Haberseigen 1(NW : 2 km), ✉ 93437, ☎ (09973) 38 23, *Fax (09973) 3284*, , , – ☎ P.
2. - 28. Nov. geschl. – **Menu** à la carte 20/33 – **30 Z** 60/110 – ½ P 12.

Zur Post, Stadtplatz 12, ✉ 93437, ☎ (09973) 8 42 80, *Fax (09973) 842842*, – TV ☎ P. E VISA
Nov. 3 Wochen geschl. – **Menu** *(Sonntagabend - Montag geschl.)* à la carte 33/53 – **13 Z** 52/100 – ½ P 14.

FURTWANGEN *Baden-Württemberg* 419 *V 8,* 987 ㊲ ㊳ *– 10 000 Ew – Höhe 870 m – Erholungsort – Wintersport : 850/1 150 m 4 5.*

Sehenswert : *Deutsches Uhrenmuseum★.*

Ausflugsziel : *Brend★ (★) NW : 5,5 km.*

Kultur- und Verkehrsamt, Rathaus, Marktplatz 4, ✉ 78120, ☎ (07723) 93 91 11, Fax (07723) 93 91 99.

Berlin 767 – Stuttgart 141 – Freiburg im Breisgau 49 – Donaueschingen 29 – Offenburg 71.

Zum Ochsen, Marktplatz 9, ✉ 78120, ☎ (07723) 9 31 16, *Fax (07723) 931155*, – TV ☎ P. E VISA
Menu *(Freitag und Nov. 2 Wochen geschl.)* à la carte 26/54 – **34 Z** 70/148.

FUSCHL AM SEE *Österreich siehe Salzburg.*

GÄGELOW *Mecklenburg-Vorpommern siehe Wismar.*

GÄRTRINGEN *Baden-Württemberg* 419 *U 10 – 10 000 Ew – Höhe 476 m.*
Berlin 657 – Stuttgart 31 – Freudenstadt 59 – Karlsruhe 88.

Bären, Daimlerstr. 11, ✉ 71116, ☎ (07034) 27 60, *Fax (07034) 276222,* – Zim, P – 20
24. Dez. - 2. Jan. geschl. – **Menu** *(Samstag - Sonntag und Anfang bis Mitte Aug. geschl.)* à la carte 26/61 – **31 Z** 88/158.

Kerzenstüble M, Böblinger Str. 2, ✉ 71116, ☎ (07034) 9 24 00, *Fax (07034) 924040,* – P. AE E VISA
Menu *(Samstagmittag und Sonntagabend - Montag geschl.)* à la carte 28/59 – **28 Z** 115/165.

GÄUFELDEN *Baden-Württemberg siehe Herrenberg.*

GAGGENAU *Baden-Württemberg* 419 *T 8 – 30 000 Ew – Höhe 142 m.*
Tourist - Info, Rathausstr. 11 (Bad Rotenfels), ✉ 76571, ☎ (07225) 7 96 69, Fax (07225) 79669.
Berlin 702 – Stuttgart 103 – Karlsruhe 31 – Baden-Baden 16 – Rastatt 14.

In Gaggenau-Michelbach *NO : 3,5 km :*

Zur Traube, Lindenstr. 10, ✉ 76571, ☎ (07225) 7 62 63, *Fax (07225) 70213,* ,
« Restauriertes Fachwerkhaus a.d. 18. Jh. » – P. AE E VISA
Montag und Sept. 1 Woche geschl. – **Menu** (abends Tischbestellung ratsam) à la carte 59/91 – ***Elsässer Stüble*** **Menu** à la carte 41/58.

In Gaggenau-Moosbronn *NO : 8 km :*

Hirsch, Herrenalber Str. 17, ✉ 76571, ☎ (07204) 2 37, *Fax (07204) 8697,* , –
P. AE E VISA
Juli - Aug. 3 Wochen geschl. – **Menu** *(Montagabend - Dienstag geschl.)* à la carte 28/59 – **9 Z** 65/120.

In Gaggenau-Ottenau *SO : 2 km :*

Gasthaus Adler, Hauptstr. 255, ✉ 76571, ☎ (07225) 37 06, *Fax (07225) 3706,* – P
Montag, über Fasching 1 Woche und Aug. 3 Wochen geschl. – **Menu** à la carte 42/70.

In Gaggenau-Bad Rotenfels *NW 2,5 km :*

Ochsen, Murgtalstr. 22, ✉ 76571, ☎ (07225) 9 69 90, *Fax (07225) 969950* –
P. AE E VISA
Anfang Jan. 1 Woche und Aug. - Sep. 2 Wochen geschl. – **Menu** *(Samstagmittag und Sonntag geschl.)* à la carte 34/62 – **24 Z** 100/150 – ½ P 16.

GAIENHOFEN *Baden-Württemberg* 419 *W 10 – 4 200 Ew – Höhe 400 m.*
Kultur-und Gästebüro, Im Kohlgarten 2, ✉ 78343, ☎ (07735) 8 18 23, Fax (07735) 81818.
Berlin 757 – Stuttgart 175 – Konstanz 33 – Singen (Hohentwiel) 23 – Zürich 68 – Schaffhausen 29.

In Gaienhofen-Hemmenhofen – *Erholungsort :*

Seehotel Höri, Uferstr. 20, ✉ 78343, ☎ (07735) 81 10, *Fax (07735) 811222,* <, , , , , , – Zim, – 100. E VISA. Rest
Menu à la carte 51/76 – **78 Z** 110/345 – ½ P 35.

In Gaienhofen-Horn :

Hirschen-Gästehaus Verena, Kirchgasse 1, ✉ 78343, ☎ (07735) 9 33 80, *Fax (07735) 933859,* , – P. E. Zim
Menu à la carte 28/60 – **30 Z** 83/156 – ½ P 19.

GAILDORF *Baden-Württemberg* 419 *S 13 – 12 000 Ew – Höhe 329 m.*
Berlin 557 – Stuttgart 69 – Aalen 43 – Schwäbisch Gmünd 29 – Schwäbisch Hall 17.

In Gaildorf-Unterrot *S : 3 km :*

Kocherbähnle, Schönberger Str. 8, ✉ 74405, ☎ (07971) 70 54, *Fax (07971) 21088,* – P. AE E VISA
Aug. 3 Wochen geschl. – **Menu** *(Sonntagabend - Montag geschl.)* à la carte 24/58 – **9 Z** 68/130 – ½ P 15.

GALLINCHEN *Brandenburg siehe Cottbus.*

GALLMERSGARTEN *Bayern* 420 *R 14 – 820 Ew – Höhe 430 m.*
Berlin 486 – München 208 – Würzburg 59 – Ansbach 34 – Nürnberg 66.

In Gallmersgarten-Steinach :

Landgasthof Sämann, Bahnhofstr. 18, ✉ 91605, ✆ (09843) 93 70, *Fax (09843) 937222,* – Zim, – 100.
Menu à la carte 20/48 – **23 Z** 70/105.

GAMMELBY *Schleswig-Holstein siehe Eckernförde.*

GAMMERTINGEN *Baden-Württemberg* 419 *V 11 – 6 300 Ew – Höhe 665 m.*
Berlin 699 – Stuttgart 77 – Konstanz 95 – Freiburg im Breisgau 160 – Ulm (Donau) 79.

Kreuz, Marktstr. 6, ✉ 72501, ✆ (07574) 9 32 90, *Fax (07574) 932920* – – 50.
Menu à la carte 24/45 – **20 Z** 80/130.

GANDERKESEE *Niedersachsen* 415 *G 9 – 28 900 Ew – Höhe 25 m – Erholungsort.*
Berlin 409 – Hannover 140 – Bremen 22 – Oldenburg 31.

Jägerklause (mit Gästehaus), Neddenhüsen 16, ✉ 27777, ✆ (04222) 9 30 20, *Fax (04222) 930250,* – Zim, – 20.
Ende Dez. - Anfang Jan. geschl. – **Menu** à la carte 27/52 – **25 Z** 75/160.

In Ganderkesee-Stenum *N : 6 km :*

Backenköhler-Stenum, Dorfring 40, ✉ 27777, ✆ (04223) 7 30, *Fax (04223) 8604,* , Biergarten, – Rest, – 350.
1. - 6. Jan. geschl. – **Menu** à la carte 36/60 – **48 Z** 85/155.

GARBSEN *Niedersachsen siehe Hannover.*

GARCHING *Bayern* 419 420 *V 18 – 12 700 Ew – Höhe 485 m.*
Berlin 573 – München 15 – Regensburg 112 – Landshut 64.

Hoyacker Hof garni, Freisinger Landstr. 9a (B 11), ✉ 85748, ✆ (089) 3 20 69 65, *Fax (089) 3207243* –
61 Z 130/200.

Coro garni, Heideweg 1, ✉ 85748, ✆ (089) 3 26 81 60, *Fax (089) 32681640* –
22 Z 100/180.

GARDELEGEN *Sachsen-Anhalt* 416 418 *I 18 – 13 000 Ew – Höhe 49 m.*
Tourist-Information, Im Salzwedeler Tor, ✉ 39638, ✆ (03907) 4 22 66, Fax (03907) 42266.
Berlin 197 – Magdeburg 58 – Stendal 36 – Wolfsburg 38.

In Gardelegen-Zienau *SO : 2 km :*

Heide Hotel, Am Wald 1, ✉ 39638, ✆ (03907) 71 25 94, *Fax (03907) 712594* –
Menu *(Montagmittag geschl.)* à la carte 27/44 – **16 Z** 80/110.

GARLSTORF *Niedersachsen siehe Salzhausen.*

GARMISCH-PARTENKIRCHEN *Bayern* 419 420 *X 17 – 27 000 Ew – Höhe 707 m – Heilklimatischer Kurort – Wintersport : 800/2 950 m 12 40.*
Sehenswert : *St.-Anton-Anlagen ★ X.*
Ausflugsziele : *Wank ★★ O : 2 km und – Partnachklamm★★ 25 min zu Fuß (ab Skistadion) – Zugspitzgipfel★★★ (★★★) mit Zahnradbahn (Fahrzeit 75 min) oder mit ab Eibsee (Fahrzeit 10 min).*
Schwaigwang (N : 2 km), ✆ (08821) 24 73 ; Oberau, Gut Buchwies (NO : 10 km), ✆ (08824) 83 44.
Verkehrsamt, Dr.-Richard-Strauss-Platz, ✉ 82467, ✆ (08821) 18 06, Fax (08821) 180755.
ADAC, *Hindenburgstr. 14, ✉ 82467, ✆ (0180) 5 10 11 12, Fax (08821) 50657.*
Berlin 675 ① – München 89 ① – Augsburg 117 ① – Innsbruck 60 ② – Kempten (Allgäu) 103 ③.

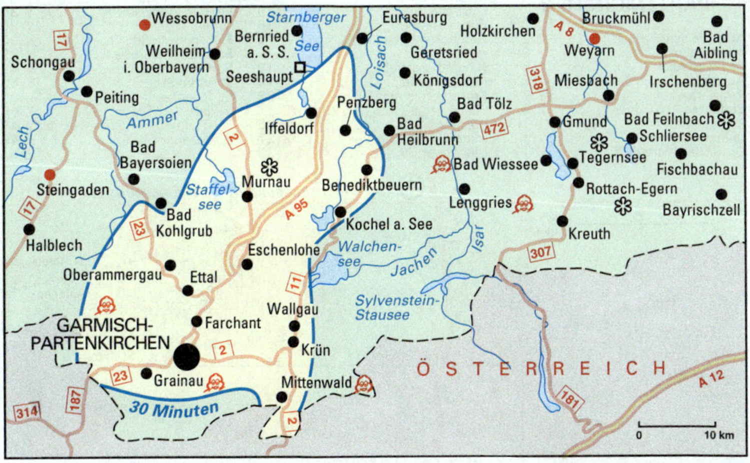

Grand Hotel Sonnenbichl, Burgstr. 97, ✉ 82467, ☎ (08821) 70 20, *Fax (08821) 702131*, Wetterstein und Zugspitze, Massage, – Zim, – 70. AE VISA JCB. Rest X u
Blauer Salon *(Montag - Freitag nur Abendessen)* **Menu** à la carte 57/88 – ***Zirbelstube*** **:** **Menu** à la carte 42/60 – **93 Z** 175/350, 3 Suiten – ½ P 45.

Reindl's Partenkirchner Hof, Bahnhofstr. 15, ✉ 82467, ☎ (08821) 5 80 25, *Fax (08821) 73401*, Wetterstein, – Zim, – 30. AE E VISA JCB Z r
Mitte Nov. - Mitte Dez. geschl. – **Menu** (Tischbestellung ratsam, bemerkenswerte Weinkarte) à la carte 40/77 – **65 Z** 140/210, 7 Suiten – ½ P 38.

Dorint Sporthotel, Mittenwalder Str. 59, ✉ 82467, ☎ (08821) 70 60, *Fax (08821) 706630*, Biergarten, Massage, (Halle) – – 160. AE E VISA JCB. Rest X c
Menu à la carte 48/70 – ***Zirbelstube*** *(nur Abendessen, Sonntag - Montag geschl.)* **Menu** à la carte 56/74 – **154 Z** 245/400 – ½ P 42.

Zugspitze M, Klammstr. 19, ✉ 82467, ☎ (08821) 90 10, *Fax (08821) 901333*, Massage, – – 20. AE E VISA JCB Z d
Menu *(Dienstag geschl.)* à la carte 35/77 – **48 Z** 120/320 – ½ P 35.

Wittelsbach, von-Brug-Str. 24, ✉ 82467, ☎ (08821) 5 30 96, *Fax (08821) 57312*, Waxenstein und Zugspitze, « Gartenterrasse », – Zim, – 30. AE E VISA JCB. Rest Y d
Nov. - 20. Dez. geschl. – **Menu** à la carte 42/91 *(auch vegatarische Gerichte)* – **60 Z** 135/270 – ½ P 35.

Posthotel Partenkirchen, Ludwigstr. 49, ✉ 82467, ☎ (08821) 5 10 67, *Fax (08821) 78568*, « Historische Herberge mit rustikaler Einrichtung » – Zim, – 60. AE E VISA Y u
Menu à la carte 44/75 – **59 Z** 135/260 – ½ P 35.

Obermühle, Mühlstr. 22, ✉ 82467, ☎ (08821) 70 40, *Fax (08821) 704112*, « Gartenterrasse », – Zim, – 100. AE E VISA
Menu à la carte 45/87 – **91 Z** 165/325, 4 Suiten – ½ P 35. X e

Staudacherhof garni, Höllentalstr. 48, ✉ 82467, ☎ (08821) 92 90, *Fax (08821) 929333*, – E VISA Z v
12. - 30. April und 22. Nov. - 17. Dez. geschl. – **37 Z** 120/390.

Alpina, Alpspitzstr. 12, ✉ 82467, ☎ (08821) 78 30, *Fax (08821) 71374*, Massage, – Zim, – 20. AE E VISA. Rest Z b
Menu à la carte 40/64 – **70 Z** 120/330 – ½ P 37.

Queens Hotel Residence, Mittenwalder Str. 2, ✉ 82467, ☎ (08821) 75 60, *Fax (08821) 74268*, – Zim, – 100. AE E VISA
Menu à la carte 43/75 – **117 Z** 155/320, 5 Suiten – ½ P 37. Z m

Garmischer Hof garni, Chamonixstr. 10, ✉ 82467, ☎ (08821) 91 10, *Fax (08821) 51440*, « Garten » – E VISA Y q
(Restaurant nur für Hausgäste) **49 Z** 90/230 – ½ P 20.

3 MOHREN 9130

GARMISCH-PARTENKIRCHEN

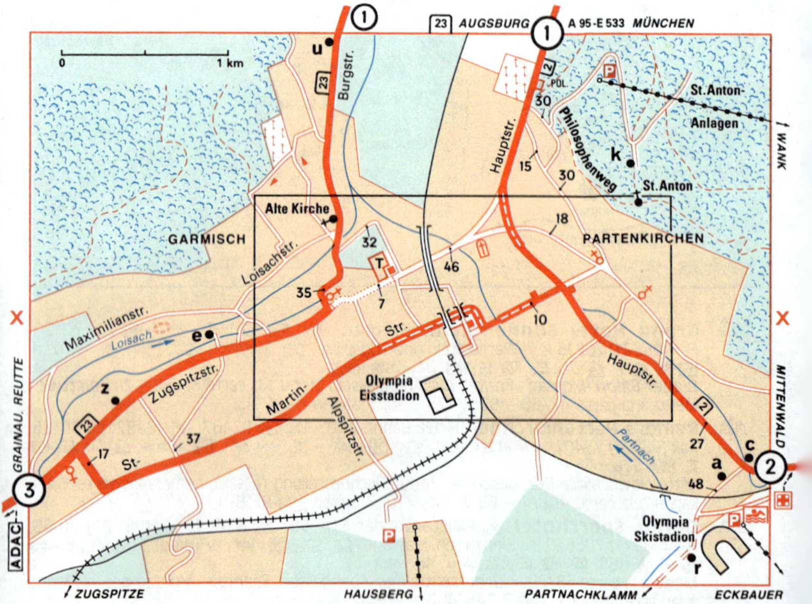

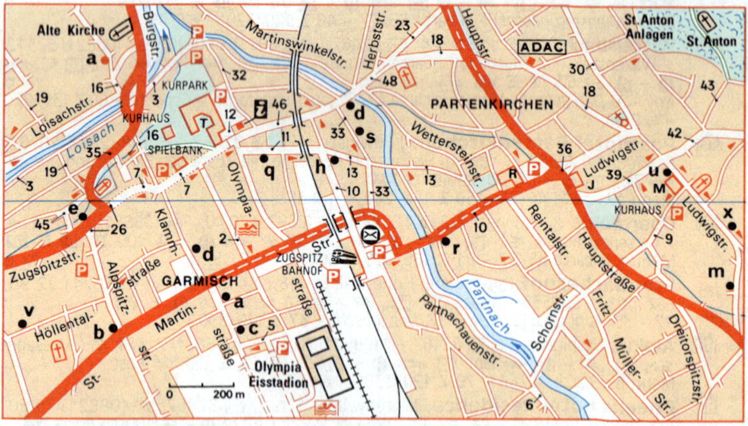

Erfahrungsgemäß werden bei größeren Veranstaltungen, Messen und Ausstellungen in vielen Städten und deren Umgebung erhöhte Preise verlangt.

Rheinischer Hof (mit M Gästehaus), Zugspitzstr. 76, ✉ 82467, ✆ (08821) 91 20, *Fax (08821) 59136*, Massage, – Zim, VISA X z
(Restaurant nur für Hausgäste) – **40 Z** 120/250, 6 Suiten – ½ P 26.

Clausings Romantik Posthotel, Marienplatz 12, ✉ 82467, ✆ (08821) 70 90, *Fax (08821) 709205*, Biergarten – 15. AE VISA JCB Z e
Menu à la carte 32/73 – **42 Z** 120/260 – ½ P 35.

Aschenbrenner garni, Loisachstr. 46, ✉ 82467, ✆ (08821) 9 59 70, *Fax (08821) 959795*, « Renovierte Villa a. d. 19. Jh » – AE VISA
23 Z 98/220.

Boddenberg garni, Wildenauer Str. 21, ✉ 82467, ✆ (08821) 9 32 60, *Fax (08821) 52911*, « Garten », (geheizt), – AE VISA JCB X r
Nov. - 15. Dez. geschl. – **24 Z** 80/190.

Berggasthof Panorama, St. Anton 3, ✉ 82467, ✆ (08821) 25 15, *Fax (08821) 4884*, Garmisch-Partenkirchen und Zugspitzmassiv, Biergarten, « Terrasse » – VISA X k
Menu *(Dez. 3 Wochen geschl.)* à la carte 26/58 – **14 Z** 95/140 – ½ P 27.

Leiner, Wildenauer Str. 20, ✉ 82467, ✆ (08821) 9 52 80, *Fax (08821) 9528100*, Biergarten, « Garten », – Rest, AE VISA. Rest X a
Anfang Nov. - Mitte Dez. geschl. – **Menu** à la carte 35/61 – **50 Z** 85/176 – ½ P 29.

Bavaria, Partnachstr. 51, ✉ 82467, ✆ (08821) 34 66, *Fax (08821) 76466*, – AE VISA. Rest Y s
Nov. - 20. Dez. geschl. – (nur Abendessen für Hausgäste) – **31 Z** 93/162 – ½ P 23.

Brunnthaler garni, Klammstr. 31, ✉ 82467, ✆ (08821) 5 80 66, *Fax (08821) 76696*, – Z a
23 Z 73/176.

Gasthof Fraundorfer, Ludwigstr. 24, ✉ 82467, ✆ (08821) 92 70, *Fax (08821) 92799*, – AE VISA Z x
Menu *(Dienstag - Mittwochmittag, 14. - 30. April und 5. Nov. - 5. Dez. geschl.)* à la carte 26/55 – **33 Z** 70/170 – ½ P 27.

Hilleprandt, Riffelstr. 17, ✉ 82467, ✆ (08821) 28 61, *Fax (08821) 74548*, Massage, – Rest, VISA. Rest Z c
(nur Abendessen für Hausgäste) – **18 Z** 92/146 – ½ P 29.

Husar, Fürstenstr. 25, ✉ 82467, ✆ (08821) 17 13, *Fax (08821) 948190*, – AE VISA JCB Y a
Montag - Dienstagmittag geschl. – **Menu** à la carte 42/68.

Alpenhof, Am Kurpark 10 (in der Spielbank), ✉ 82467, ✆ (08821) 5 90 55, – VISA Y
Nov. 3 Wochen geschl. – **Menu** 26 und à la carte 42/73.

Am Rießersee *S : 2 km über Rießerseestraße* X :

Renaissance Hotel, Am Riess 5, ✉ 82467 Garmisch-Partenkirchen, ✆ (08821) 75 80, *Fax (08821) 3811*, Biergarten, Massage, – Zim, – 120. AE VISA JCB. Rest
Menu à la carte 42/72 – **155 Z** 150/360 – ½ P 38.

Rießersee mit Zim, Riess 6, ✉ 82467 Garmisch-Partenkirchen, ✆ (08821) 9 54 40, *Fax (08821) 72589*, See und Zugspitzmassiv, « Seeterrasse », – AE VISA
Mitte Nov. - Mitte Dez. geschl. – **Menu** *(außer Saison Montag geschl.)* à la carte 25/58 – **5 Z** 120/220.

GARREL *Niedersachsen* 415 *H 8 – 10 000 Ew – Höhe 20 m.*
Thülsfelder Talsperre (SW : 7km) ✆ (04474) 79 95.
Berlin 449 – Hannover 190 – Bremen 73 – Lingen 80 – Osnabrück 88.

Auehof, Nikolausdorfer Str. 21 (NO : 1,5 km), ✉ 49681, ✆ (04474) 9 48 40, *Fax (04474) 948430* – Zim, – 100. VISA
Menu *(Dienstagmittag geschl.)* à la carte 28/53 – **20 Z** 75/135.

Zur Post, Hauptstr. 34, ✉ 49681, ✆ (04474) 80 00, *Fax (04474) 7847*, – AE VISA
Menu *(Freitagmittag und Samstagmittag geschl.)* à la carte 34/59 – **27 Z** 75/145.

In Garrel-Petersfeld *SW : 7,5 km - an der Thülsfelder Talsperre :*

Dreibrücken M, Drei-Brücken-Weg 10, ✉ 49681, ✆ (04495) 8 90, *Fax (04495) 89100*, – Zim, – 150. AE VISA
Menu à la carte 37/65 – **54 Z** 107/262.

GARTOW *Niedersachsen* 416 *G 18 – 1 400 Ew – Höhe 27 m – Luftkurort.*
Kurverwaltung, Nienwalder Weg 1, 29471, (05846) 3 33, Fax (05846) 2288.
Berlin 204 – Hannover 162 – Schwerin 104 – Uelzen 66 – Lüneburg 78.

Seeblick garni, Hauptstr. 36, 29471, (05846) 96 00, *Fax (05846) 96060*, –
25 Z 95/140.

GAU-BISCHOFSHEIM *Rheinland-Pfalz siehe Mainz.*

GAUTING *Bayern* 419 420 *V 18 – 18 000 Ew – Höhe 540 m.*
Berlin 606 – München 22 – Augsburg 79 – Garmisch-Partenkirchen 84 – Starnberg 10.

Zum Bären M, Pippinstr. 1, 82131, (089) 89 32 58 00, *Fax (089) 8508925*, –
Menu à la carte 35/68 – **22 Z** 150/210.

GEESTHACHT *Schleswig-Holstein* 415 416 *F 15 – 25 000 Ew – Höhe 16 m.*
Escheburg, Am Soll (NW : 7 km), (04152) 8 32 04.
Berlin 265 – Kiel 118 – Hamburg 30 – Hannover 167 – Lüneburg 29.

Fährhaus Ziehl, Fährstieg 20, 21502, (04152) 30 41, *Fax (04152) 70788*, –
Menu *(Freitag geschl.)* à la carte 27/59 – **18 Z** 80/150 – ½ P 18.

Lindenhof, Joh.-Ritter-Str. 38, 21502, (04152) 84 67 84, *Fax (04152) 846734*, , « Individuelle Zimmereinrichtung » –
Menu *(Samstagmittag und Sonntag geschl.)* à la carte 39/72 – **24 Z** 85/140.

GEHLBERG *Thüringen* 418 *N 16 – 830 Ew – Höhe 650 m – Wintersport : 600/970*
Fremdenverkehrsverein - Verkehrsamt, Hauptstraße 41, 98559, (036845) 5 05 00, Fax (036845) 50500.
Berlin 337 – Erfurt 45 – Suhl 24.

Daheim, Ritterstr. 16, 98559, (036845) 5 02 39, *Fax (036845) 51091*, , , – – 80.
Nov. 1 Woche geschl. – **Menu** à la carte 22/45 – **24 Z** 65/120.

GEILENKIRCHEN *Nordrhein-Westfalen* 417 *N 2 – 25 000 Ew – Höhe 75 m.*
Berlin 622 – Düsseldorf 69 – Aachen 38 – Mönchengladbach 40.

City Hotel garni, Theodor-Heuss-Ring 15, 52511, (02451) 62 70, *Fax (02451) 627300*, – – 20.
21 Z 118/158.

GEISELWIND *Bayern* 419 420 *Q 15 – 2 200 Ew – Höhe 330 m.*
Geiselwind, Friedrichstr. 10, (09556) 14 84.
Berlin 458 – München 237 – Nürnberg 70 – Bamberg 55 – Würzburg 44.

Landhotel Steigerwald, Friedrichstr. 10, 96160, (09556) 9 22 50, *Fax (09556) 922550*, , – Zim, – 60.
Menu *(Montagmittag geschl.)* à la carte 28/59 – **30 Z** 100/170.

Krone (mit Gästehaus), Kirchplatz 2, 96160, (09556) 9 22 40, *Fax (09556) 922411*, Biergarten –
Menu à la carte 20/42 – **56 Z** 60/98.

Stern, Marktplatz 11, 96160, (09556) 2 17, *Fax (09556) 844* –
Nov. geschl. – **Menu** *(Dez.- März Mittwoch geschl.)* à la carte 22/48 – **30 Z** 56/98.

GEISENHAUSEN *Bayern siehe Schweitenkirchen.*

GEISENHEIM *Hessen* 417 *Q 7 – 11 700 Ew – Höhe 94 m.*
Berlin 590 – Wiesbaden 28 – Bad Kreuznach 68 – Koblenz 68 – Mainz 31.

Beim Kloster Marienthal *N : 4 km :*

Waldhotel Gietz, Marienthaler Str. 20, 65366 Geisenheim, (06722) 99 60 26, *Fax (06722) 996099*, , , , – – 50
Menu à la carte 35/52 – **45 Z** 135/248 – ½ P 25.

In Geisenheim-Johannisberg *N : 4,5 km :*

Haus Neugebauer M, Nahe der Straße nach Presberg, ✉ 65366, (06722) 9 60 50, *Fax (06722) 7443*, – – 20. VISA
Menu à la carte 32/67 – **20 Z** 105/170 – ½ P 30.

GEISING *Sachsen* 418 *N 25 – 3 000 Ew – Höhe 600 m – Wintersport : 690/790 m* *4,* .
Berlin 237 – Dresden 46 – Chemnitz 74 – Freital 36.

Schellhaus Baude , Altenberger Str. 14, ✉ 01778, (035056) 34 60, *Fax (035056) 346111*, , , – . AE VISA
Menu à la carte 25/43 – **24 Z** 80/135.

GEISINGEN *Baden-Württemberg* 419 *W 9 – 5 700 Ew – Höhe 661 m.*
Berlin 754 – Stuttgart 128 – Konstanz 56 – Singen (Hohentwiel) 30 – Tuttlingen 17 – Donaueschingen 15.

In Geisingen - Kirchen-Hausen *SO : 2,5 km :*

Gasthof Sternen (mit Gästehaus Kirchtal), Ringstr. 1 (Kirchen), ✉ 78187, (07704) 80 39, *Fax (07704) 803888*, , « Antonius-Saal », , , – , Zim, – 100. AE VISA
Menu à la carte 28/69 – **85 Z** 78/160.

Burg (mit Gästehäusern), Bodenseestr. 4 (B 31) (Hausen), ✉ 78187, (07704) 9 29 90, *Fax (07704) 6339*, , – . AE .
Menu *(Mittwoch geschl.)* à la carte 32/64 – **25 Z** 70/170.

GEISLINGEN AN DER STEIGE *Baden-Württemberg* 419 420 *U 13 – 28 000 Ew – Höhe 464 m.*
Städt. Verkehrsamt i.d. MAG, Schillerstr. 2, ✉ 73312, (07331) 2 42 66, Fax (07331) 24376.
Berlin 594 – Stuttgart 58 – Göppingen 18 – Heidenheim an der Brenz 30 – Ulm (Donau) 32.

Krone, Stuttgarter Str. 148 (B 10), ✉ 73312, (07331) 6 10 71, *Fax (07331) 61075* – . VISA.
Menu à la carte 28/62 – **34 Z** 76/153.

In Geislingen-Eybach *NO : 4 km :*

Ochsen (mit Gästehaus), von-Degenfeld-Str. 22, ✉ 73312, (07331) 6 20 51, *Fax (07331) 62051*, – .
Menu *(Freitag und Nov. 2 Wochen geschl.)* à la carte 28/60 – **23 Z** 78/150.

In Geislingen-Weiler ob Helfenstein *O : 3 km : – Höhe 640 m*

Burghotel garni, Burggasse 41, ✉ 73312, (07331) 4 10 51, *Fax (07331) 41053*, , , – . VISA.
23 Z 97/210.

Burgstüble, Dorfstr. 12, ✉ 73312, (07331) 4 21 62, *Fax (07331) 941751* – . AE VISA
Sonntag und Aug. 2 Wochen geschl. – **Menu** (nur Abendessen, Tischbestellung erforderlich) à la carte 39/68 *(auch vegetarische Gerichte).*

GEITHAIN *Sachsen* 418 *M 22 – 7 000 Ew – Höhe 165 m.*
Berlin 242 – Dresden 114 – Chemnitz 38 – Leipzig 59.

Andersen garni, Bahnhofstr. 11a, ✉ 04643, (034341) 4 43 17, *Fax (034341) 44316* – , – 25. AE VISA JCB
23 Z 110/145.

GELDERN *Nordrhein-Westfalen* 417 *L 2 – 29 500 Ew – Höhe 25 m.*

Issum, Pauenweg 68 (O : 10 km), (02835) 36 26 ; Schloß Haag, Bartelter Weg 8 (N : 2 km), (02831) 9 47 77.

Berlin 580 – Düsseldorf 64 – Duisburg 43 – Krefeld 30 – Venlo 23 – Wesel 29.

See Hotel M, Danziger Str. 5, 47608, (02831) 92 90, *Fax (02831) 929299*, – , Zim, – 100. AE E VISA
Menu à la carte 37/66 – **64 Z** 107/186.

In Geldern-Walbeck *SW : 6 km :*

Alte Bürgermeisterei, Walbecker Str. 2, 47608, (02831) 8 99 33, *Fax (02831) 980172,* –
Montag und Juli 3 Wochen geschl. – **Menu** à la carte 58/90.

GELNHAUSEN *Hessen* 417 *P 11 – 21 600 Ew – Höhe 159 m.*

Sehenswert : *Marienkirche★ (Chorraum★★).*

Fremdenverkehrsamt, Am Obermarkt, 63571, (06051) 83 03 00, Fax (06051) 830303.

Berlin 508 – Wiesbaden 84 – Fulda 59 – Frankfurt am Main 42 – Würzburg 86.

Burg-Mühle, Burgstr. 2, 63571, (06051) 8 20 50, *Fax (06051) 820554*, , – – 30. E VISA. Zim
Menu *(Sonntagabend geschl.)* à la carte 40/69 – **41 Z** 98/178.

Stadt-Schänke, Fürstenhofstr. 1, 63571, (06051) 1 60 51, *Fax (06051) 16053*, – . AE E VISA. Zim
Menu *(Samstagmittag geschl.)* à la carte 30/63 – **12 Z** 110/190.

Grimmelshausen-Hotel garni, Schmidtgasse 12, 63571, (06051) 9 24 20, *Fax (06051) 924242* – . AE E VISA
27 Z 85/140.

In Gelnhausen-Meerholz *SW : 3,5 km :*

Schießhaus, Schießhausstr. 10, 63571, (06051) 6 69 29, *Fax (06051) 66097*, – . E
Mittwoch, 1. - 15. Jan. und Juni - Juli 2 Wochen geschl. – **Menu** 35 (mittags) und à la carte 44/65.

GELSENKIRCHEN *Nordrhein-Westfalen* 417 *L 5 – 290 000 Ew – Höhe 54 m.*

Gelsenkirchen-Buer, Middelicher Str. 72, (0209) 7 41 81.

Verkehrsverein, Hans-Sachs-Haus, Ebertstr. 13, 45879, (0209) 1 47 40 22, Fax (0209) 29698.

ADAC, *Daimlerstr. 1 (Ecke Emscherstraße), 45891, (0209) 77 70 31, Fax (0209) 779446.*

Berlin 516 ① – Düsseldorf 44 ③ – Dortmund 32 ③ – Essen 11 – Oberhausen 19 ④.

Stadtplan siehe gegenüberliegende Seite

Maritim M, Am Stadtgarten 1, 45879, (0209) 17 60, *Fax (0209) 1762091*, <, , , – , Zim, – 330. AE E VISA JCB. Rest Z a
Menu à la carte 51/82 – **223 Z** 260/320, 28 Suiten.

InterCityHotel M, Ringstr. 1, 45879, (0209) 92550, *Fax (0209) 9255999*, – , Zim, – 50. AE E VISA JCB X n
Menu *(Sonn- und Feiertage geschl.)* à la carte 39/69 – **135 Z** 179/258.

Ibis, Bahnhofsvorplatz 12, 45879, (0209) 1 70 20, *Fax (0209) 209882* – , Zim, – 60. AE E VISA JCB X a
Menu à la carte 28/40 – **104 Z** 115/130.

Hirt, Arminstr. 14, 45879, (0209) 2 32 35, *Fax (0209) 15396* X t
Sonntag geschl. – **Menu** à la carte 30/61.

In Gelsenkirchen-Buer :

Buerer Hof garni, Hagenstr. 4, 45894, (0209) 9 33 43 00, *Fax (0209) 9334350* – . AE E VISA Y c
24 Z 100/216.

Zum Schwan, Urbanusstr. 40, 45894, (0209) 31 83 30, *Fax (0209) 3183310*, – , Zim, . AE E VISA Y b
Menu *(Sonntagabend geschl.)* (wochentags nur Abendessen) à la carte 32/72 – **15 Z** 127/182.

Monopol garni, Springestr. 9, 45894, (0209) 93 06 40, *Fax (0209) 378675* – . AE E VISA JCB Y e
29 Z 130/175.

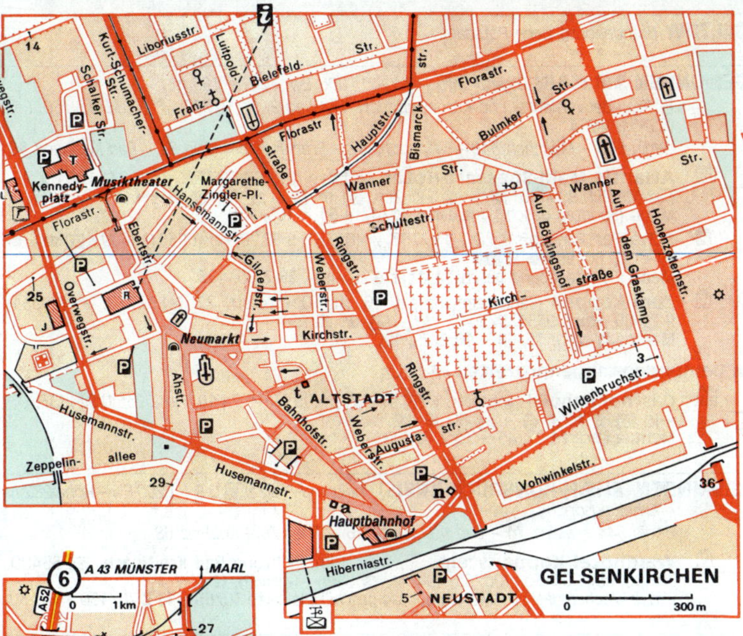

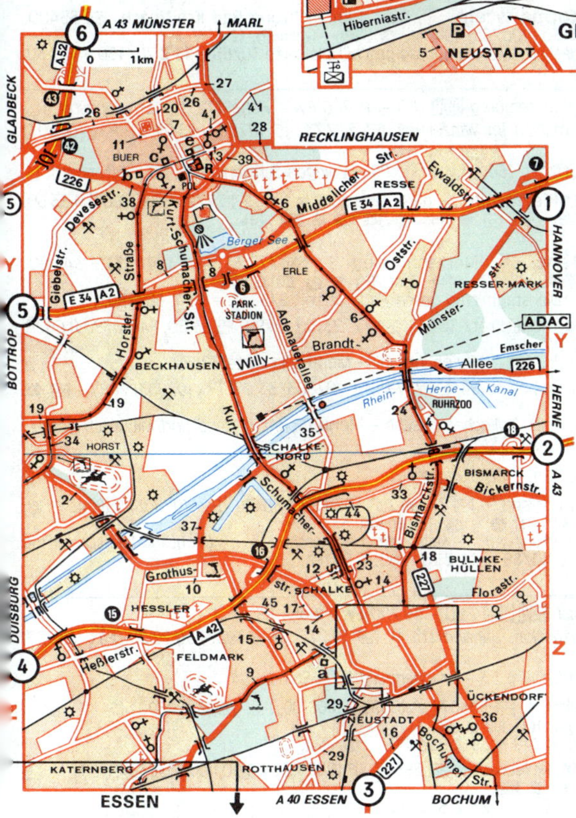

An der Rennbahn	Z	2
Augustastraße	X	3
Bahnhofstraße	X	
Bleckstraße	Y	4
Bochumer Straße	X	5
Cranger Straße	Y	6
De-la-Chevallerie-Straße	Y	7
Emil-Zimmermann-Allee	Y	8
Feldmarkstraße	Z	9
Fersenbruch	Z	10
Freiheit	Y	11
Gewerkenstraße	Z	12
Goldbergstraße	Y	13
Grenzstraße	V, Z	14
Hans-Böckler-Allee	Z	15
Hattinger Straße	Z	16
Herzogstraße	Z	17
Hohenzollernstraße	Z	18
Kärntener Ring	Y	19
Königswiese	Y	20
Magdeburger Str.	Z	23
Münsterstraße	Y	24
Munckelstraße	X	25
Nordring	Y	26
Ostring	Y	27
Ressestraße	Y	28
Rotthauser Straße	X, Z	29
Trinenkamp	Z	33
Turfstraße	Y	34
Uechtingstraße	Y	35
Ückendorfer Straße	X, Z	36
Uferstraße	Z	37
Vinckestraße	Y	38
Vom-Stein-Straße	Y	39
Westerholter Straße	Y	41
Wiesmannstraße	Z	44
Wilhelminenstraße	Z	45

GELTOW *Brandenburg siehe Potsdam.*

GEMÜNDEN AM MAIN *Bayern* 417 *P 13 – 11 000 Ew – Höhe 160 m.*

Fremdenverkehrs- und Kurgesellschaft, Hofweg 9, ✉ 97737, ☎ (09351) 38 30, Fax (09351) 4854.

Berlin 507 – München 319 – Würzburg 42 – Frankfurt am Main 88 – Bad Kissingen 38.

Atlantis Main-Spessart-Hotel, Hofweg 11, ✉ 97737, ☎ (09351) 8 00 40, *Fax (09351) 800430,* – Zim, – 70. E VISA
Menu *(Sonntag geschl.)* à la carte 30/47 – **51 Z** 105/160.

Schäffer, Bahnhofstr. 28, ✉ 97737, ☎ (09351) 5 08 20, *Fax (09351) 4609* – – 60. AE E VISA
Menu *(Sonntagabend geschl.)* à la carte 28/49 – **28 Z** 85/125.

Zum Koppen (Sandsteinhaus a.d. 16. Jh.), Obertorstr. 22, ✉ 97737, ☎ (09351) 9 75 00, *Fax (09351) 975044,* – . AE E
Menu à la carte 35/64 – **10 Z** 75/120.

In Gemünden-Langenprozelten *W : 2 km :*

Gasthof Imhof, Frankenstr. 1, ✉ 97737, ☎ (09351) 9 71 10, *Fax (09351) 971133,* – – 80. E VISA. Rest
Menu à la carte 27/45 – **34 Z** 45/98.

GEMÜNDEN (RHEIN-HUNSRÜCK-KREIS) *Rheinland-Pfalz* 417 *Q 6 – 1 200 Ew – Höhe 282 m – Erholungsort.*

Berlin 644 – Mainz 74 – Bad Kreuznach 46 – Trier 76 – Koblenz 68.

Waldhotel Koppenstein , SO : 1 km Richtung Bad Kreuznach, ✉ 55490, ☎ (06765) 2 04, *Fax (06765) 494,* , , – . E
Jan. 2 Wochen geschl. – **Menu** *(Montag geschl.)* à la carte 30/55 – **13 Z** 70/150 – ½ P 30.

GENGENBACH *Baden-Württemberg* 419 *U 8 – 11 700 Ew – Höhe 172 m – Erholungsort.*

Tourist-Information im Winzerhof, ✉ 77723, ☎ (07803) 93 01 43, Fax (07803) 930142.

Berlin 756 – Stuttgart 160 – Karlsruhe 90 – Villingen-Schwenningen 68 – Offenburg 11.

Gästehaus Pfeffermühle garni, Oberdorfstr. 24a, ✉ 77723, ☎ (07803) 9 33 50, *Fax (07803) 6628* – . AE E VISA JCB
23 Z 68/112.

Gasthaus Benz , Mattenhofweg 3, ✉ 77723, ☎ (07803) 9 34 80, *Fax (07803) 934840,* , – Rest, . AE E VISA
Menu *(Montag - Dienstagmittag geschl.)* à la carte 28/58 – **11 Z** 68/150.

Pfeffermühle, Victor-Kretz-Str. 17, ✉ 77723, ☎ (07803) 9 33 50, *Fax (07803) 6628,* – AE E VISA JCB
Donnerstag und 20. Jan. - 10 Feb. geschl. – **Menu** à la carte 32/72.

Hirsch mit Zim, Grabenstr. 34, ✉ 77723, ☎ (07803) 33 87, *Fax (07803) 7881* – . AE E VISA
Jan. und Aug. jeweils 2 Wochen geschl. – **Menu** *(Sonntagabend und Mittwoch geschl.)* à la carte 29/64 – **6 Z** 63/125.

In Berghaupten *W : 2,5 km – Erholungsort :*

Hirsch M , Dorfstr. 9, ✉ 77791, ☎ (07803) 9 39 70, Fax *(07803) 939749* – , Zim, – 15. E VISA
über Fastnacht und Juli- Aug. jeweils 2 Wochen geschl. – **Menu** *(Montag - Dienstagmittag geschl.)* à la carte 40/66 – **23 Z** 83/160, 3 Suiten.

GENTHIN *Sachsen-Anhalt* 416 418 *I 20 – 16 700 Ew – Höhe 35 m.*

Tourist-Information, Bahnhofstr. 8, ✉ 39307, ☎ (03933) 80 22 25, Fax (03933) 802225.

Berlin 111 – Magdeburg 53 – Brandenburg 31 – Stendal 34.

Müller, Ziegeleistr. 1, ✉ 39307, ☎ (03933) 9 69 00, *Fax (03933) 9690145,* , – – 100. AE E VISA
Menu à la carte 27/48 – **33 Z** 95/180.

Stadt Genthin, Mühlenstr. 3, ✉ 39307, ☎ (03933) 9 00 90, *Fax (03933) 900910* – . AE E VISA
Menu à la carte 26/46 – **25 Z** 85/120.

In Roßdorf-Dunkelforth *O : 5 km*

Rasthof Dunkelforth, an der B 1, ✉ 39307, ✆ (03933) 22 65, *Fax (03933) 2267,* – 25. AE E VISA.
Menu à la carte 20/41 – **21 Z** 90/140.

GEORGENTHAL *Thüringen 418 N 15 – 3 000 Ew – Höhe 460 m.*

Tourist-Information, Tambacher Str. 2, ✉ 99887, ✆ (036253) 3 81 08, Fax (036253) 38102.

Berlin 334 – Erfurt 43 – Gotha 17 – Eisenach 41 – Saalfeld 69 – Suhl 35.

Deutscher Hof, St.-Georg-Str. 2, ✉ 99887, ✆ (036253) 32 50, *Fax (036253) 32551,* – 60. AE E VISA
Menu à la carte 27/41 – **30 Z** 70/145.

An der Straße nach Tambach-Dietharz *SW : 3 km :*

Rodebachmühle, ✉ 99887 Georgenthal, ✆ (036253) 3 40, *Fax (036253) 34511,* – 30. AE E VISA
Menu à la carte 27/48 – **61 Z** 70/195.

GEORGSMARIENHÜTTE *Niedersachsen 417 J 8 – 32 000 Ew – Höhe 100 m.*

Berlin 426 – Hannover 142 – Bielefeld 50 – Münster (Westfalen) 51 – Osnabrück 8,5.

In Georgsmarienhütte-Oesede :

Herrenrest, Teutoburgerwald Str. 100 (B 51, S : 2 km), ✉ 49124, ✆ (05401) 53 83, *Fax (05401) 6951,* – 40. Zim
Menu *(Montag geschl.)* à la carte 27/53 – **25 Z** 75/120.

GERA *Thüringen 418 N 20 – 129 000 Ew – Höhe 205 m.*

Gera-Information, Ernst-Toller-Str.14 ✉ 07545, ✆ (0365) 61 93 01, Fax (0365) 619304.

ADAC, *Reichsstr. 8, ✉ 07546, ✆ (0365) 2 90 01 73, Fax (0365) 8001331.*

Berlin 238 ① – Erfurt 88 ① – Bayreuth 127 ④ – Chemnitz 69 ①.

Stadtpläne siehe nächste Seiten

Dorint M, Berliner Str. 38, ✉ 07545, ✆ (0365) 4 34 40, *Fax (0365) 4344100,* , Massage, – Zim, – 190. AE E VISA JCB BY a
Menu à la carte 32/70 – **176 Z** 205/258.

Courtyard by Marriott M, Gutenbergstr.2a, ✉ 07548, ✆ (0365) 2 90 90, *Fax (0365) 2909100,* – Zim, – 160. AE E VISA JCB AY s
Menu à la carte 27/63 – **165 Z** 149/200.

Stadt-Hotel M garni, Gagarinstr. 81, ✉ 07545, ✆ (0365) 43 44 50, *Fax (0365) 4344511* – – 40. AE E VISA JCB BY c
112 Z 94/128.

Schillerhöhe M garni, Schillerstr.9, ✉ 07545, ✆ (0365) 83 98 80, *Fax (0365) 8398880* – – 15. AE E VISA. CZ b
30 Z 125/185.

Regent M garni, Schülerstr. 22, ✉ 07545, ✆ (0365) 9 18 10, *Fax (0365) 9181100,* – – 70. AE E VISA JCB BZ e
88 Z 155/195, 7 Suiten.

Gewürzmühle M garni, Clara-Viebig-Str. 4, ✉ 07545, ✆ (0365) 82 43 30, *Fax (0365) 8243344* – Zim, – 25. AE E VISA BZ n
29 Z 99/170.

Galerie-Hotel M garni, Leibniz-Str. 21, ✉ 07548, ✆ (0365) 2 01 50, *Fax (0365) 201522,* « Moderne Einrichtung, ständige Bilderausstellung » – . AE E VISA. AY f
17 Z 75/145.

An der Elster M garni, Südstr. 12 (Zugang Georg-Büchner-Straße), ✉ 07548, ✆ (0365) 7 10 61 61, *Fax (0365) 7106171,* – . AE E VISA
23 Z 95/135. über Wiesestraße BZ

Ritterhof, Rittergasse 6, ✉ 07545, ✆ (0365) 2 25 98, *Fax (0365) 22598,* – AE E VISA BZ k
Menu *(Sonntagabend - Montagmittag geschl.)* à la carte 24/56.

GERA

Straße		Nr.
Am Fuhrpark	BZ	2
Bielitzstraße	BY	5
Breitscheidstraße	BYZ	6
Burgstraße	BZ	8
Calvinstraße	CY	9
Christian-Schmidt-Straße	BZ	12
Eisenbahnstraße	BZ	13
Enzianstraße	BZ	15
Erich-Weinert-Straße	CX	16
Fichtestraße	AX	18
Friedrich-Engels-Straße	BCY	20
Greizer Straße	CZ	22
Große Kirchstraße	BZ	23
Gutenbergstraße	AY	24
Heinrich-Schütz-Straße	BZ	26
Heinrichstraße	BZ	27
Hinter der Mauer	BYZ	28
Johanes-R.-Becher-Straße	BCX	29
Johannisstraße	BYZ	30
Joliot-Curie-Straße	ABY	31
Kantstraße	AY	32
Karl-Max-Allee	ABZ	33
Kleiststraße	CZ	35
Küchengartenallee	ABY	36
Leipziger Straße	BY	38
Loreystraße	CY	39
Louis-Schlutter-Straße	BZ	41
Ludwig-Jahn-Straße	CYZ	42
Maler-Reinhold-Straße	AX	44
Markt	BZ	
Mohrenplatz	AY	45
Nicolaistraße	CZ	49
Paul-Felix-Straße	BY	51
Richterstraße	CZ	52
Rudolf-Diener-Straße	BY	55
Schellingstraße	AY	58
Schillerstraße	CZ	59
Schloßstraße	BY	60
Sorge	BCY	
Stadtgraben	BCZ	65
Straße der Deutsch-Sowjetischen Freundschaft	BZ	66
Tobias-Hoppe-Straße	ABY	68
Zschochernstraße	CY	70

Wenn Sie ein ruhiges Hotel suchen, benutzen Sie zuerst die Übersichtskarte in der Einleitung oder wählen Sie im Text ein Hotel mit dem Zeichen 🐎 *bzw.* 🐎.

A 4 - E 40 ERFURT, CHEMNITZ, DRESDEN
2 LEIPZIG, 7 JENA
B
C
X
Y
Z
1
2
3
VOLKS-PARK
BIEBLACH
Siemensstr.
Gaswerkstraße
Berliner Str.
Bieblacher Str.
Schäfereistr.
ALTENBURG
Trebnitzer Str.
Gagarinstr.
Keicher-str.
Eselsweg
Theaterstraße
Herder-Str.
Dornaer Straße
Gerhart-Hauptmann-Str.
des
Petrich-Straße
Feuerbach-str.
Franz-Mehring-Straße
Bergmanns
A 4 - E 40
KÜCHEN GARTEN
Zabelstr.
Goethestr.
Laasener Str.
Platz der Demokratie
Clara-Zetkin-Straße
Ernst-Toller-Str.
Am Stadion
Neue Str.
allee
Altenburger Str.
Karl-Liebknecht-Str.
Bauvereinstr.
Sorge
MUSEUM FÜR NATURKUNDE
KULTUR UND KONGRESSZENTRUM
STADT-MUSEUM
Friederici-straße
De-Smit-str.
Markt
Reichs-str.
BOTAN. GARTEN
MUSEUM FÜR ANGEWANDTE KUNST
Schüler Str.
Tal-str.
PARK DER JUGEND
Schmelzhütten-straße
Sommerbad
Marien-str.
Turmstr.
RONNEBURGER HÖHE
ADAC
Friedens
GERA - SÜD
Erfurt-str.
Plauensche Str.
Südhang
Am
Wiesestr.
GREIZ, PLAUEN
276
296
92

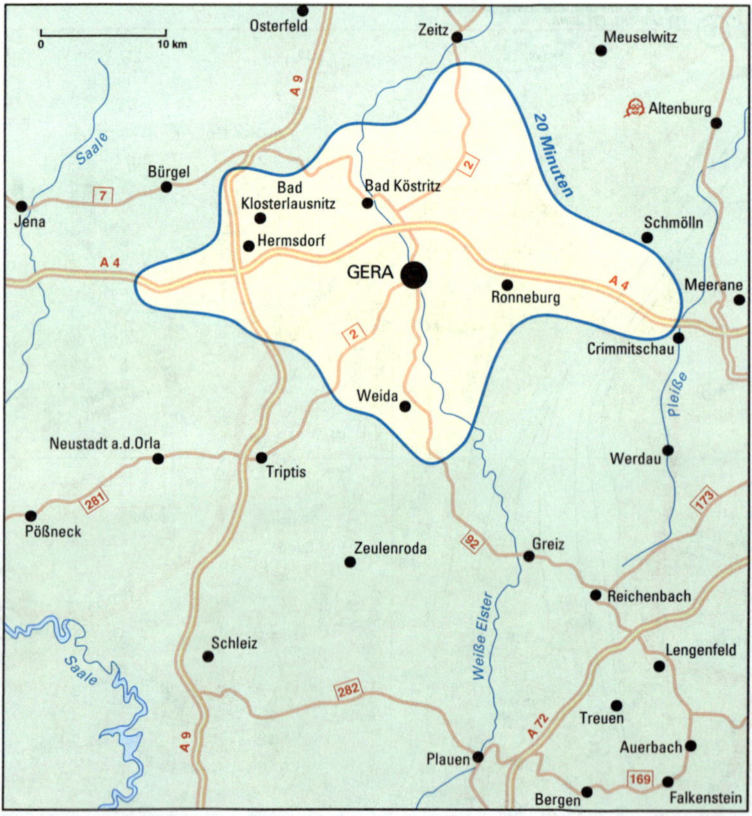

In Gera-Dürrenebersdorf *SW : 4 km über ④ :*

Comfort Inn garni, Hofer Str. 12d (B 2), ✉ 07548, ☎ (0365) 8 21 50, *Fax (0365) 8215200* – 40. AE VISA
70 Z 99/169.

In Gera-Langenberg ① *: 4 km :*

Harmonie M, Platz des Friedens 8, ✉ 07552, ☎ (0365) 41 41 51, *Fax (0365) 414151* – . AE VISA.
(nur Abendessen für Hausgäste) **16 Z** 89/138.

In Großebersdorf *SW : 12 km über ④ :*

Adler, Hauptstr. 22 (B 2), ✉ 07589, ☎ (036607) 50 00, *Fax (036607) 50100*, , – Zim, – 40. AE VISA
Menu à la carte 34/56 – **42 Z** 130/160.

GERETSRIED *Bayern* 419 420 *W 18 – 22 000 Ew – Höhe 593 m.*
Berlin 629 – München 44 – Garmisch-Partenkirchen 64 – Innsbruck 99.

In Geretsried-Gelting *NW : 6 km :*

Zum alten Wirth, Buchberger Str. 4, ✉ 82538, ☎ (08171) 71 94, *Fax (08171) 76758*, Biergarten, – . AE VISA
Menu *(Dienstag und Ende Aug. bis Mitte Sept. geschl.)* à la carte 30/70 – **40 Z** 90/150.

GERHARDTSGEREUTH *Thüringen siehe Hildburghausen.*

GERLINGEN *Baden-Württemberg siehe Stuttgart.*

GERMERING *Bayern* 419 420 *V 18 – 35 200 Ew – Höhe 532 m.*
Berlin 605 – München 20 – Augsburg 53 – Starnberg 18.

Mayer, Augsburger Str. 45, ✉ 82110, ✆ (089) 84 40 71 (Hotel) 8 40 15 15 (Rest.), *Fax (089) 844094,* – 200. AE E VISA
Menu *(Montag geschl.)* à la carte 39/69 – **65 Z** 99/210.

Regerhof garni, Dorfstr. 38, ✉ 82110, ✆ (089) 84 00 40, *Fax (089) 8400445* – . AE E VISA
24. Dez. - 8. Jan. geschl. – **34 Z** 90/160.

In Germering-Unterpfaffenhofen *S : 1 km :*

Huber, Bahnhofplatz 8, ✉ 82110, ✆ (089) 89 41 70 (Hotel), 89 42 98 49 (Rest.), *Fax (089) 89417333,* – 20. AE E VISA
Le Due Ruote (italienische Küche) *(Mittwoch geschl.)* **Menu** à la carte 36/58 – **35 Z** 95/163.

In Puchheim *NW : 2 km :*

Parsberg, Augsburger Str. 1 (B 2), ✉ 82178, ✆ (089) 8 00 99 00, *Fax (089) 80099060,* – . AE E VISA
Menu *(Montag - Dienstag geschl.)* à la carte 30/59 – **43 Z** 86/140.

In Puchheim-Bahnhof *N : 4 km :*

Domicil, Lochhauser Str. 61, ✉ 82178, ✆ (089) 80 00 70 (Hotel) 80 62 99 (Rest.), *Fax (089) 80007400,* – , Zim, – 70. AE E VISA
Cristallo (italienische Küche) **Menu** à la carte 37/64 – **100 Z** 99/180.

GERMERSHEIM *Rheinland-Pfalz* 417 419 *S 9 – 17 000 Ew – Höhe 105 m.*
Berlin 653 – Mainz 111 – Mannheim 47 – Karlsruhe 34 – Landau in der Pfalz 21 – Speyer 18.

Germersheimer Hof, Josef-Probst-Str. 15a, ✉ 76726, ✆ (07274) 50 50, *Fax (07274) 505111,* – – 30. AE E VISA
Menu à la carte 27/62 – **27 Z** 110/180.

Post garni, Sandstr. 8, ✉ 76726, ✆ (07274) 7 01 60, *Fax (07274) 701666* – . AE E
17 Z 90/135.

Kurfürst, Oberamtsstr. 1, ✉ 76726, ✆ (07274) 95 10, *Fax (07274) 951200* – . AE E VISA
Menu *(Samstagmittag geschl.)* à la carte 26/48 – **20 Z** 70/135.

GERNSBACH *Baden-Württemberg* 419 *T 8 – 15 000 Ew – Höhe 160 m – Luftkurort.*
Sehenswert : Altes Rathaus★.
Verkehrsamt, Rathaus, Igelbachstr. 11, ✉ 76593, ✆ (07224) 6 44 44, Fax (07224) 64464.
Berlin 705 – Stuttgart 91 – Karlsruhe 34 – Baden-Baden 11 – Pforzheim 41.

Sonnenhof, Loffenauer Str. 33, ✉ 76593, ✆ (07224) 64 80, *Fax (07224) 64860,* ≤, – 30. AE E VISA
Menu à la carte 34/63 – **40 Z** 90/145.

Stadt Gernsbach garni, Hebelstr. 2, ✉ 76593, ✆ (07224) 9 92 80, *Fax (07224) 9928555* – – 30. AE E VISA
40 Z 108/155.

An der Straße nach Baden-Baden und zur Schwarzwaldhochstr. *SW : 4 km :*

Nachtigall, Müllenbild 1, ✉ 76593 Gernsbach, ✆ (07224) 21 29, *Fax (07224) 69626,* – Zim, . AE E VISA
Feb. geschl. – **Menu** *(Montag geschl.)* à la carte 28/54 – **16 Z** 60/150 – ½ P 20.

In Gernsbach-Kaltenbronn *SO : 16 km – Höhe 900 m – Wintersport : 900/1 000 m 2 1 :*

Sarbacher, Kaltenbronner Str. 598, ✉ 76593, ✆ (07224) 9 33 90, *Fax (07224) 933993,* – – 20. AE E VISA. Rest
Menu à la carte 34/66 – **12 Z** 80/190 – ½ P 30.

In Gernsbach-Staufenberg *W : 2,5 km :*

Sternen, Staufenberger Str. 111, ✉ 76593, ✆ (07224) 33 08, *Fax (07224) 69486,* – . AE E VISA
Nov. geschl. – **Menu** *(Donnerstag geschl.)* à la carte 32/66 – **13 Z** 63/100 – ½ P 26.

GERNSHEIM *Hessen* 417 419 *Q 9 – 8 000 Ew – Höhe 90 m.*

Hof Gräbenbruch, (NO : 6 km) (06157) 8 76 22.

Berlin 587 – Wiesbaden 53 – Mannheim 45 – Darmstadt 21 – Mainz 46 – Worms 20.

Hubertus garni, Waldfrieden (O : 2 km), 64579, (06258) 22 57, *Fax (06258) 52229,* – .
40 Z 78/135.

GEROLSBACH *Bayern* 419 420 *U 18 – 2 600 Ew – Höhe 456 m.*

Gerolsbach, Hof 1 (SO : 4 km), (08445) 7 99.

Berlin 559 – München 65 – Augsburg 57 – Ingolstadt 44.

Zur Post, St.-Andreas-Str. 3, 85302, (08445) 5 02, *Fax (08445) 502,* – .
Montag - Dienstag geschl. – **Menu** (wochentags nur Abendessen, Tischbestellung ratsam) à la carte 58/85.

Benedikt Breitner, Propsteistr. 7, 85302, (08445) 15 93, *Fax (08445) 1594,* , Biergarten – .
Dienstag, Jan. 1. Woche und Ende Aug. bis Anfang Sept. geschl. – **Menu** à la carte 26/57.

GEROLSTEIN *Rheinland-Pfalz* 417 *P 4 – 7 400 Ew – Höhe 362 m – Luftkurort.*

Tourist-Information Gerolsteiner Land, Quellpavillon am Rathaus, 54568, (06591) 13 80, Fax (06591) 1386.

Berlin 678 – Mainz 182 – Trier 73 – Bonn 90 – Koblenz 86 – Prüm 20.

Seehotel , Am Stausee 4, 54568, (06591) 2 22, *Fax (06591) 81114,* , , – . Rest
Mitte Nov. - Jan. geschl. – **Menu** à la carte 25/44 – **50 Z** 57/110 – ½ P 15.

Landhaus Tannenfels, Lindenstr. 68, 54568, (06591) 41 23, *Fax (06591) 4104,* – . Rest
Menu (nur Abendessen) à la carte 24/63 – **12 Z** 58/117 – ½ P 18.

In Gerolstein-Müllenborn *NW : 5 km :*

Landhaus Müllenborn , Auf dem Sand 45, 54568, (06591) 9 58 80, *Fax (06591) 958877,* , , – – 25. . Rest
Menu à la carte 47/68 – **19 Z** 85/208 – ½ P 38.

GEROLZHOFEN *Bayern* 419 420 *Q 15 – 7 000 Ew – Höhe 245 m.*

Verkehrsamt, im alten Rathaus, Marktplatz 20, 97447, (09382) 90 35 12, Fax (09382) 903513.

Berlin 456 – München 262 – Würzburg 45 – Bamberg 52 – Nürnberg 91 – Schweinfurt 22.

Weinstube am Markt, Marktplatz 5, 97447, (09382) 90 09 10, *Fax (09382) 900919,* – .
Menu *(Sonntag geschl.)* à la carte 27/50 – **8 Z** 85/150.

GERSFELD *Hessen* 417 418 420 *O 13 – 5 700 Ew – Höhe 482 m – Kneippheilbad – Luftkurort – Wintersport : 500/950 m 5 .*

Ausflugsziel : *Wasserkuppe : ** N : 9,5 km über die B 284.*

Kurverwaltung, Brückenstr. 1, 36129, (06654) 17 80, Fax (06654) 8321.

Berlin 431 – Wiesbaden 160 – Fulda 28 – Würzburg 96.

Gersfelder Hof , Auf der Wacht 14, 36129, (06654) 18 90, *Fax (06654) 7466,* , Massage, , , , , , – – 70.
Menu à la carte 36/70 – **63 Z** 100/200 – ½ P 30.

Schneeberger Hof M , Henneberger Str. 2, 36129, (06654) 98 20, *Fax (06654) 982200* – Zim, – 60
Nov. geschl. – ***Alte Schule :*** **Menu** à la carte 30/61 – **57 Z** 82/129.

Sonne, Amelungstr. 1, 36129, (06654) 9 62 70, *Fax (06654) 7649,* – – 20
Jan. 2 Wochen geschl. – **Menu** à la carte 25/44 – **27 Z** 51/95 – ½ P 18.

In Gersfeld-Obernhausen *NO : 5 km über die B 284 :*

Peterchens Mondfahrt-Deutscher Flieger, Auf der Wasserkuppe (N : 4 km), 36129, (06654) 3 81, *Fax (06654) 7580,* , – .
Nov. - 15. Dez. geschl. – **Menu** *(Dez. - Mai Montagabend - Dienstag geschl.)* à la carte 26/65 – **22 Z** 40/135.

GERSHEIM *Saarland* 417 *S 5 – 7000 Ew – Höhe 240 m.*

Gersheim-Rubenheim, (06843) 87 97.

Berlin 705 – Saarbrücken 32 – Sarreguemines 13 – Zweibrücken 23.

In Gersheim-Herbitzheim *N : 2 km :*

Bliesbrück, Rubenheimer Str. 13, 66453, (06843) 18 81, *Fax (06843) 8731*, , – , Zim, – 40. Rest
Menu (wochentags nur Abendessen) à la carte 35/60 – **30 Z** 72/160.

GERSTHOFEN *Bayern* 419 420 *U 16 – 16800 Ew – Höhe 470 m.*

Berlin 552 – München 65 – Augsburg 10 – Ulm (Donau) 76.

Römerstadt garni, Donauwörther Str. 42, 86368, (0821) 24 79 00, *Fax (0821) 497156* – .
37 Z 105/145.

GERSWALDE *Brandenburg* 416 *G 25 – 1100 Ew – Höhe 65 m.*

Tourismusverein, Kaakstedter Str. 25, 17268, (039887) 2 89, Fax (039887) 289.

Berlin 100 – Potsdam 137 – Neubrandenburg 76 – Prenzlau 24.

In Gerswalde-Herrenstein *W : 3 km :*

Schloss Herrenstein , 17268, (039887) 7 10, *Fax (039887) 71200*, , , , , , (Halle) – , Zim, – 70.
Menu à la carte 34/52 – **54 Z** 125/190.

GESCHER *Nordrhein-Westfalen* 417 *K 5 – 16000 Ew – Höhe 62 m.*

Berlin 524 – Düsseldorf 107 – Nordhorn 67 – Bocholt 39 – Enschede 45 – Münster (Westfalen) 49.

Domhotel, Kirchplatz 6, 48712, (02542) 9 30 10, *Fax (02542) 7658* – – 40.
Menu *(Montag und Juli - Aug. 2 Wochen geschl.)* à la carte 33/62 – **18 Z** 85/170.

Tenbrock, Hauskampstr. 12, 48712, (02542) 78 18, *Fax (02542) 5067* – .
Juli - Aug. 3 Wochen geschl. – **Menu** *(Sonntag geschl.)* (nur Abendessen) à la carte 25/43 – **10 Z** 70/130.

GESEKE *Nordrhein-Westfalen* 417 *L 9 – 18000 Ew – Höhe 103 m.*

Berlin 441 – Düsseldorf 138 – Arnsberg 51 – Lippstadt 15 – Meschede 46 – Paderborn 18 – Soest 30.

Feldschlößchen M, Salzkotter Str. 42 (B 1), 59590, (02942) 98 90, *Fax (02942) 989399*, , , , – , Zim, – 60. . Zim
Menu *(Dienstag geschl.)* à la carte 27/55 – **62 Z** 95/160.

GETTORF *Schleswig-Holstein* 415 416 *C 13 – 5400 Ew – Höhe 15 m.*

Berlin 364 – Kiel 19 – Hamburg 112 – Schleswig 37.

Stadt Hamburg, Süderstr. 1, 24214, (04346) 4 16 60, *Fax (04346) 416641*, – .
1. - 10. Jan. geschl. – **Menu** *(Sonntag geschl.)* à la carte 32/52 – **9 Z** 100/140.

GEVELSBERG *Nordrhein-Westfalen* 417 *M 6 – 32500 Ew – Höhe 140 m.*

Berlin 516 – Düsseldorf 55 – Hagen 9 – Köln 62 – Wuppertal 17.

Alte Redaktion, Hochstr. 10, 58285, (02332) 7 09 70, *Fax (02332) 709750*, Biergarten – Zim, – 100.
Menu *(Sonntag - Montagmittag geschl.)* à la carte 36/69 – **44 Z** 95/185.

GIENGEN AN DER BRENZ *Baden-Württemberg* 419 420 *U 14 – 20000 Ew – Höhe 464 m.*

Ausflugsziel : *Lonetal★ SW : 7 km.*

Berlin 588 – Stuttgart 95 – Augsburg 88 – Heidenheim an der Brenz 12 – Ulm (Donau) 34.

Lobinger Parkhotel, Steigstr. 110, 89537, (07322) 95 30, *Fax (07322) 953111* – – 100.
(Restaurant nur für Hausgäste) – **75 Z** 115/188.

Salzburger Hof, Richard Wagner Str. 5, 89537, (07322) 9 68 80, *Fax (07322) 968888* – – 15.
Menu à la carte 35/60 – **31 Z** 80/170.

Zum Lamm (mit Gästhaus), Marktstr. 19, 89537, (07322) 9 67 80, *Fax (07322) 9678150* – – 15.
Menu à la carte 28/61 – **38 Z** 79/160.

GIESEN *Niedersachsen siehe Hildesheim.*

GIESSEN *Hessen* **417** *O 10 – 73 000 Ew – Höhe 165 m.*

Ausflugsziel : *Burg Krofdorf-Gleiberg (Bergfried ✳★) (NW : 6 km).*

18 Lich, (SO : 16 km) ✆ (06404) 9 10 71 ; 18 9 Winnerod, Parkstr. 22 (über ④ : 14 km), ✆ (06408) 9 51 30.

Stadt- und Touristikinformation, Berliner Platz 2, ✉ 35390, ✆ (0641) 3 06 24 89, Fax (0641) 76957.

ADAC, *Bahnhofstr. 15, ✉ 35390, ✆ (0641) 7 20 08, Fax (0641) 77856.*

Berlin 495 ④ – Wiesbaden 89 ⑤ – Frankfurt am Main 63 ⑤ – Kassel 139 ④ – Koblenz 106 ②.

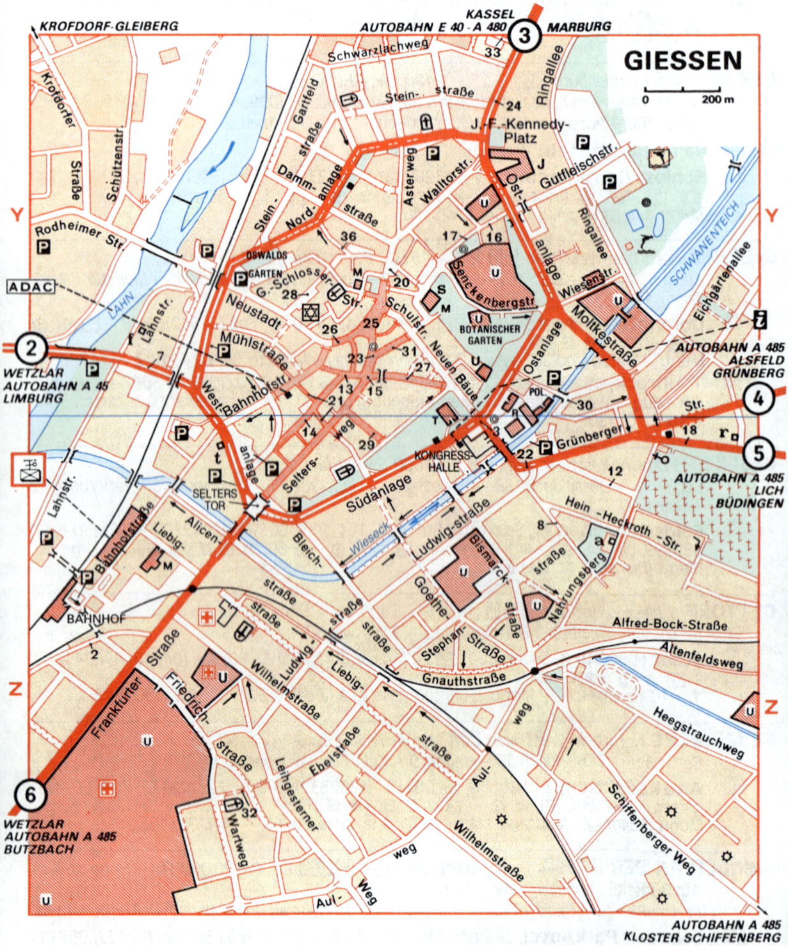

- Alter-Wetzlarer-Weg .... Z 2
- Berliner Platz .... Z 3
- Gabelsbergerstraße .... Y 7
- Gartenstraße .... Z 8
- Gutenbergstraße .... Z 12
- Kaplansgasse .... Y 13
- Katharinengasse .... Z 14
- Kreuzplatz .... Y 15
- Landgrafenstraße .... Y 16
- Landgraf-Philipp-Platz .... Y 17
- Licher Straße .... Z 18
- Lindenplatz .... Y 20
- Löwengasse .... Y 21
- Ludwigsplatz .... Z 22
- Mäusburg .... Y 23
- Marburger Straße .... Y 24
- Marktplatz .... Y 25
- Marktstraße .... Y 26
- Neuen Bäue .... Y
- Neuenweg .... Y 27
- Pfarrgarten .... Y 28
- Plockstraße .... Z 29
- Roonstraße .... Y 30
- Sonnenstraße .... Y 31
- Studentensteg .... Z 32
- Sudetenlandstraße .... Y 33
- Wetzsteinstraße .... Y 36

Tandreas M, Licher Str. 55, ✉ 35394, ☎ (0641) 9 40 70, *Fax (0641) 9407499*, – TV ☎. AE E VISA. über ⑤
Menu *(Aug. 2 Wochen geschl.)* à la carte 58/80 – **32 Z** 158/196.

Steinsgarten, Hein-Heckroth-Str. 20, ✉ 35390, ☎ (0641) 3 89 90, *Fax (0641) 3899200*, , , – , Zim, TV P – 100. AE E VISA JCB Z a
Menu à la carte 44/70 – **126 Z** 180/235.

Residenz Hotel garni, Wiesecker Weg 12, ✉ 35396, ☎ (0641) 3 99 80, *Fax (0641) 399888* – TV ☎. AE E VISA über ③
33 Z 116/207.

Parkhotel Sletz garni, Wolfstr. 26, ✉ 35394, ☎ (0641) 40 10 40, *Fax (0641) 40104140* – TV ☎ P. AE E VISA Z r
20 Z 110/140.

Köhler, Westanlage 35, ✉ 35390, ☎ (0641) 97 99 90, *Fax (0641) 9799977* – TV ☎. AE E VISA JCB Z t
Menu à la carte 35/63 – **42 Z** 95/210.

Hotel an der Lahn garni, Lahnstr. 21, ✉ 35398, ☎ (0641) 7 35 16, *Fax (0641) 77497* – . Y f
22. Dez. - 3. Jan. geschl. – **9 Z** 85/130.

In Wettenberg-Launsbach *NW : 6 km über Krofdorfer Str.* Y :

Schöne Aussicht, Gießener Str. 3, ✉ 35435, ☎ (0641) 98 23 70, *Fax (0641) 98237120*, – , Rest, TV ☎ P – 80. AE E VISA
Menu *(Samstagmittag geschl.)* à la carte 38/63 – **39 Z** 110/150.

In Pohlheim-Watzenborn - Steinberg *SO : 7,5 km über Schiffenberger Weg* Z :

Goldener Stern, Kreuzplatz 6, ✉ 35415, ☎ (06403) 6 16 24, *Fax (06403) 68426* – TV ☎ P. E. Zim
Mitte Juli - Anfang Aug. geschl. – **Menu** *(Freitag - Samstagmittag geschl.)* à la carte 26/49 – **14 Z** 80/120.

GIFHORN *Niedersachsen* 415 416 418 *I 15 – 45 000 Ew – Höhe 55 m.*

Gifhorn, Wilscher Weg 69, ☎ (05371) 1 67 37.

Stadt-Information, Marktplatz 1, ✉ 38518, ☎ (05371) 8 81 75, Fax (05371) 88311.

Berlin 247 – Hannover 82 – Braunschweig 28 – Lüneburg 88.

Heidesee , Celler Str. 159 (B 188, W : 2 km), ✉ 38518, ☎ (05371) 95 10 (Hotel) 43 48 (Rest.), *Fax (05371) 56482*, , , – , Zim, TV ☎ P – 60. AE E VISA
23. - 28. Dez. geschl. – **Menu** *(Anfang Jan. - Mitte Feb. geschl.)* à la carte 36/58 – **45 Z** 123/255.

Morada Hotel Skan-Tours M, Isenbütteler Weg 56, ✉ 38518, ☎ (05371) 93 00, *Fax (05371) 930499*, , – , Zim, TV ☎ P – 60. AE E VISA
(nur Abendessen für Hausgäste) – **63 Z** 149/199.

Deutsches Haus, Torstr. 11, ✉ 38518, ☎ (05371) 81 80, *Fax (05371) 54672*, Biergarten – TV ☎ P – 80. AE E VISA
Menu *(Sonntagabend geschl.)* à la carte 31/60 – **46 Z** 90/160.

Grasshoff garni, Weißdornbusch 4, ✉ 38518, ☎ (05371) 9 46 30, *Fax (05371) 946340* – TV ☎ P. AE E VISA.
19 Z 98/150.

Ratsweinkeller, Cardenap 1, ✉ 38518, ☎ (05371) 5 91 11, *Fax (05371) 3828*, , « Renoviertes Fachwerkhaus a.d. 16. Jh. » AE E
Montag geschl. – **Menu** à la carte 40/74.

In Gifhorn-Winkel *SW : 6 km :*

Landhaus Winkel garni, Hermann-Löns-Weg 2, ✉ 38518, ☎ (05371) 1 29 55, *Fax (05371) 4337*, – TV ☎ P. E
20. Dez. - 4. Jan. geschl. – **17 Z** 80/150.

Am Tankumsee *SO : 7 km :*

Seehotel , Eichenpfad 2, ✉ 38550 Isenbüttel, ☎ (05374) 91 00, *Fax (05374) 91091*, , , , , , – Zim, TV ☎ P – 120. AE E VISA JCB
Menu à la carte 45/75 – **45 Z** 140/220 – ½ P 28.

GILCHING *Bayern* 419 420 *V 17 – 16 000 Ew – Höhe 564 m.*
Berlin 610 – München 26 – Augsburg 49 – Garmisch-Partenkirchen 84.

Thalmeier garni, Sonnenstr. 55, ✉ 82205, ☎ (08105) 50 41, *Fax (08105) 9899* – TV ☎ . E VISA.
Weihnachten - Anfang Jan. geschl. – **16 Z** 110/155.

In Gilching-Geisenbrunn *SO : 3 km :*

Am Waldhang garni, Am Waldhang 22, ✉ 82205, ☎ (08105) 3 72 40, *Fax (08105) 372437* – TV ☎ P. AE ① E VISA.
Weihnachten - Neujahr geschl. – **12 Z** 100/160.

GINSHEIM-GUSTAVSBURG *Hessen siehe Mainz.*

GIRBIGSDORF *Sachsen siehe Görlitz.*

GLADBECK *Nordrhein-Westfalen* 417 *L 5 – 81 000 Ew – Höhe 30 m.*
Berlin 523 – Düsseldorf 53 – Dorsten 11 – Essen 16.

Gladbeck, Bohmertstr. 333, ✉ 45964, ☎ (02043) 69 80, *Fax (02043) 681517,* – TV P – 300. AE ① E VISA. Rest
Menu à la carte 29/60 – **159 Z** 126/181.

GLADENBACH *Hessen* 417 *N 9 – 12 700 Ew – Höhe 340 m – Kneippheilbad – Luftkurort.*
Kur- und Verkehrsgesellschaft, Karl-Waldschmidt-Straße 5 (Haus des Gastes), ✉ 35075, ☎ (06462) 20 12 11, Fax (06462) 201222.
Berlin 491 – Wiesbaden 122 – Marburg 22 – Gießen 28 – Siegen 61.

Zur Post mit Zim, Marktstr. 30 (B 255), ✉ 35075, ☎ (06462) 70 23, *Fax (06462) 3318* – TV ☎. AE ① E VISA
Menu à la carte 26/58 – **8 Z** 65/110.

In Gladenbach-Erdhausen *SW : 2,5 km :*

Künstlerhaus Lenz mit Zim, Blaumühlenweg 10, ✉ 35075, ☎ (06462) 84 84, *Fax (06462) 1056,* – TV ☎ P. E. Zim
Jan. und Juli jeweils 1 Woche geschl. – **Menu** *(Montag geschl.)* à la carte 40/64 – **3 Z** 90/130.

GLASHÜTTEN *Hessen* 417 *P 9 – 5 500 Ew – Höhe 506 m.*
Berlin 549 – Wiesbaden 34 – Frankfurt am Main 31 – Limburg an der Lahn 33.

Glashüttener Hof mit Zim, Limburger Str. 86, ✉ 61479, ☎ (06174) 69 22, *Fax (06174) 6946,* – TV ☎ P. AE E VISA. Zim
Menu *(Montag geschl.)* 25/45 (mittags) und à la carte 54/76 – **9 Z** 90/180.

In Glashütten-Schloßborn *SW : 3,5 km :*

Schützenhof, Langstr. 13, ✉ 61479, ☎ (06174) 6 10 74, *Fax (06174) 964012,* – P.
Dienstag, Mittwoch und Sonntag nur Abendessen, Montag und Juli - Aug. 4 Wochen geschl.
– **Menu** (bemerkenswerte Weinkarte) à la carte 79/104.

GLAUCHAU *Sachsen* 418 *N 21 – 26400 Ew – Höhe 260 m.*

Glauchau-Information, Am Markt 1, ✉ 08371, ✆ (03763) 25 55, Fax (03763) 2555.
Berlin 256 – Dresden 97 – Chemnitz 37 – Gera 47 – Leipzig 77.

Erikson M, Auestr. 16, ✉ 08371, ✆ (03763) 6 60, *Fax (03763) 66666* – Zim, – 80.
Menu à la carte 30/48 – **74 Z** 110/199.

Wettiner Hof M, Wettiner Str. 13, ✉ 08371, ✆ (03763) 50 20, *Fax (03763) 502299*, – Zim, – 50.
Menu à la carte 26/53 – **50 Z** 98/200.

Meyer M, Agricolastr. 6, ✉ 08371, ✆ (03763) 24 55, *Fax (03763) 15038*, – Zim, – 20.
Menu à la carte 24/53 – **20 Z** 99/150.

In Weidensdorf *NW : 4 km, nahe der BAB 4, Abfahrt Glauchau :*

Top Motel M, Hauptstr. 2, ✉ 08373, ✆ (03763) 1 70 80, *Fax (03763) 1708100*, – – 20.
Menu à la carte 28/47 – **80 Z** 96/131.

In Waldenburg-Oberwinkel *NO : 6 km :*

Glänzelmühle, Am Park 9b, ✉ 08396, ✆ (037608) 2 10 15, *Fax (037608) 21017*, Biergarten – – 15.
Menu *(Montag und Jan. 3 Wochen geschl.)* (Dienstag - Freitag nur Abendessen) à la carte 25/46 – **16 Z** 80/150.

GLEISZELLEN-GLEISHORBACH *Rheinland-Pfalz siehe Bergzabern, Bad.*

GLIENICKE (NORDBAHN) *Brandenburg* 416 418 *I 23 – 4440 Ew – Höhe 66 m.*

Berlin 22 – Potsdam 38.

Waldschlößchen, Karl-Liebknecht-Str. 55, ✉ 16548, ✆ (033056) 8 24 04, *Fax (033056) 82406*, Biergarten – .
Menu à la carte 29/58 – **23 Z** 98/138.

GLONN *Bayern* 420 *W 19 – 4000 Ew – Höhe 536 m – Erholungsort.*

Berlin 610 – München 32 – Landshut 99 – Rosenheim 33.

In Glonn-Herrmannsdorf *NO : 3 Km :*

Wirtshaus zum Schweinsbräu, Hermannsdorf 7 (NO : 3 km), ✉ 85625, ✆ (08093) 90 94 45, *Fax (08093) 909410*, Wirtsgarten – .
Montag - Dienstag und Anfang - Mitte Jan. geschl. – **Menu** à la carte 45/74.

GLOTTERTAL *Baden-Württemberg* 419 *V 7 – 2900 Ew – Höhe 306 m – Erholungsort.*

Verkehrsamt, In der Eichberghalle, Rathausweg 12, ✉ 79286, ✆ (07684) 9 10 40, Fax (07684) 910413.
Berlin 810 – Stuttgart 208 – Freiburg im Breisgau 27 – Waldkirch 11.

Hirschen (mit Gästehaus Rebenhof), Rathausweg 2, ✉ 79286, ✆ (07684) 8 10, *Fax (07684) 1713*, « Gemütliche Restauranträume im Schwarzwaldstil », – – 50.
Menu *(Montag geschl.)* à la carte 46/95 – **54 Z** 90/260 – ½ P 40.

Schwarzenberg's Traube, Kirchstr. 25, ✉ 79286, ✆ (07684) 13 13, *Fax (07684) 738*, – – 20.
Menu *(Montag geschl.)* 40/98 und à la carte 58/82 *(auch vegetarische Gerichte)* – **12 Z** 98/190 – ½ P 35.

Zum Kreuz, Landstr. 14, ✉ 79286, ✆ (07684) 8 00 80, *Fax (07684) 800839*, – – 25.
Menu à la carte 41/71 – **34 Z** 85/190 – ½ P 32.

Schloßmühle, Talstr. 22, ✉ 79286, ✆ (07684) 2 29, *Fax (07684) 1485*, – .
Menu *(Mittwoch, Feb.- März 2 Wochen und Nov. 3 Wochen geschl.)* à la carte 35/80 – **12 Z** 88/145.

Tobererhof garni, Kandelstr. 34, ✉ 79286, ✆ (07684) 9 10 50, *Fax (07684) 1013*, – .
17 Z 95/180.

Schwarzenberg, Talstr. 24, ✉ 79286, ✆ (07684) 13 24, *Fax (07684) 1791*, – . Rest *(nur Abendessen für Hausgäste)* – **22 Z** 80/160 – ½ P 28.

Wisser's Sonnenhof, Schurhammerweg 7, 79286, (07684) 2 64, *Fax (07684) 1093*, , – . VISA
Menu *(Montag geschl.)* (wochentags nur Abendessen) à la carte 30/57 – **17 Z** 80/160 – ½ P 25.

Pension Faller garni, Talstr. 9, 79286, (07684) 2 26, *Fax (07684) 1453*, – . E
15. - 29. Nov. und 22. - 26. Dez. geschl. – **11 Z** 65/140.

Zum Goldenen Engel, Friedhofstr. 2, 79286, (07684) 2 50, *Fax (07684) 267* – . VISA
Menu *(Mittwoch geschl.)* à la carte 33/69 – **9 Z** 65/100 – ½ P 30.

Zum Adler mit Zim (Gasthaus mit rustikalen Schwarzwaldstuben), Talstr. 11, 79286, (07684) 10 81, *Fax (07684) 1083*, – – 25. AE E VISA
Menu *(Dienstag geschl.)* (Tischbestellung ratsam) 39/79 und à la carte 42/93 – **12 Z** 80/140.

In Heuweiler *W : 2,5 km*

Grüner Baum (mit Gästehaus), Glottertalstr. 3, 79194, (07666) 9 40 60, *Fax (07666) 940635*, , – – 25. AE E VISA JCB
Jan. 3 Wochen geschl. – **Menu** *(Donnerstag - Freitagmittag geschl.)* à la carte 28/64 – **35 Z** 68/160 – ½ P 25.

Zur Laube mit Zim, Glottertalstr. 1, 79194, (07666) 9 40 80, *Fax (07666) 8120*, , Biergarten, « Restauriertes Fachwerkhaus » – . E VISA
Menu *(Dienstag geschl.)* à la carte 28/77 – **7 Z** 94/158.

GLOWE *Mecklenburg-Vorpommern siehe Rügen (Insel).*

GLÜCKSBURG *Schleswig-Holstein 415 B 12 – 6 500 Ew – Höhe 30 m – Seeheilbad.*

Sehenswert : *Wasserschloß (Lage★).*

Glücksburg-Bockholm (NO : 3 km), (04631) 25 47.

Gästebetreuung, Sandwigstr. 1a (Kurmittelhaus), 24960, (04631) 6 00 710, Fax (04631) 3301.

Berlin 437 – Kiel 100 – Flensburg 10 – Kappeln 40.

Intermar, Fördestr. 2, 24960, (04631) 4 90, *Fax (04631) 49525*, , , Massage, , – , Zim, – 120. AE E VISA. Rest
Menu à la carte 59/83 – ***Zum Dampfer*** **:** **Menu** à la carte 32/47 – **80 Z** 149/241 – ½ P 34.

In Glücksburg-Holnis *NO : 5 km :*

Café Drei, Drei 5, 24960, (04631) 6 10 00, *Fax (04631) 610037*, – . E
Menu *(Mittwoch geschl.)* à la carte 38/62 – **10 Z** 95/160 – ½ P 24.

GLÜCKSTADT *Schleswig-Holstein 415 E 12 – 12 000 Ew – Höhe 3 m.*

Tourist-Information, Große Nübelstr. 31, 25348, (04124) 93 75 85, Fax (04124) 937586.

Berlin 342 – Kiel 91 – Hamburg 65 – Bremerhaven 75 – Itzehoe 22.

Ratskeller, Am Markt 4, 25348, (04124) 24 64, *Fax (04124) 4154*, – AE E VISA
Mitte Nov. - Mitte März Montag geschl. **Menu** (Tischbestellung ratsam) à la carte 40/73.

GMUND AM TEGERNSEE *Bayern 419 420 W 19 – 6 200 Ew – Höhe 739 m – Erholungsort – Wintersport : 700/900 m 3 .*

Marienstein, Gut Steinberg (W : 7 km), (08022) 7 50 60.

Verkehrsamt, Kirchenweg 6 (Rathaus), 83703, (08022) 75 05 27, Fax (08022) 750520.

Berlin 637 – München 48 – Garmisch-Partenkirchen 70 – Bad Tölz 14 – Miesbach 11.

In Gmund-Finsterwald *W : 2 km :*

Feichtner Hof mit Zim, Kaltenbrunner Str. 2, 83703, (08022) 9 68 40, *Fax (08022) 968433*, , Biergarten – . AE E VISA. Zim
Menu à la carte 25/58 – **11 Z** 95/220.

In Gmund-Marienstein *W : 8 km :*

Margarethenhof Golf und Country Club, Gut Steinberg, 83701, (08022) 7 50 60, *Fax (08022) 74818*, ≤, , , , , 18 – TV P – 20. AE E VISA. Rest
13. Dez. - 14. Feb. geschl. – **Menu** à la carte 39/62 – **29 Z** 210/390.

GOCH *Nordrhein-Westfalen* 417 *K 2 – 36 000 Ew – Höhe 18 m.*

Kultur-und Verkehrsamt, Markt 15, 47574, (02823) 32 02 02, Fax (02823) 320251.

Berlin 592 – Düsseldorf 82 – Krefeld 54 – Nijmegen 31.

De Poort, Jahnstr. 6, 47574, (02823) 96 00, *Fax (02823) 80786*, , , , (Halle) – , Zim, TV P – 80. AE E VISA
Menu à la carte 33/66 – **75 Z** 129/215.

Litjes, Pfalzdorfer Str. 2, 47574, (02823) 9 49 90, *Fax (02823) 949949*, – P. AE E VISA
Menu *(Montag geschl.)* à la carte 30/70 – **17 Z** 78/125.

Zur Friedenseiche, Weezer Str. 1, 47574, (02823) 73 58, *Fax (02823) 80947* – P
22. Dez.- 4. Jan. geschl. – **Menu** *(Sonntag geschl.)* (nur Abendessen) à la carte 25/39 – **12 Z** 75/115.

GÖDENSTORF *Niedersachsen siehe Salzhausen.*

GÖHREN *Mecklenburg-Vorpommern siehe Rügen (Insel).*

GÖNNHEIM *Rheinland-Pfalz siehe Wachenheim.*

GÖPPINGEN *Baden-Württemberg* 419 *T 12 – 57 100 Ew – Höhe 323 m.*

Ausflugsziel : *Gipfel des Hohenstaufen* ✻★, *NO : 8 km.*

9 *Donzdorf (O : 13 km), (07162) 2 71 71 ;* 9 *De Franzo Lane 268 (NO : 3 km), (07161) 96 41 40.*

Tourist-Information, Marktstr. 2, 73033, (07161) 65 02 92, Fax (07161) 650299.
ADAC, *Willi-Bleicher-Str. 3, 73033, (07161) 97 80 90, Fax (07161) 9780920.*

Berlin 601 ⑤ – Stuttgart 43 ⑤ – Reutlingen 49 ⑤ – Schwäbisch Gmünd 26 ① – Ulm (Donau) 63 ④.

Stadtplan siehe nächste Seite

Hohenstaufen, Freihofstr. 64, 73033, (07161) 67 00, *Fax (07161) 70070* – Zim, TV P – 20. AE E VISA JCB Y b
Menu *(Samstagmittag und 24. - 30. Dez. geschl.)* à la carte 45/84 – **50 Z** 125/210.

Drei Kaiserberge garni, Schillerplatz 4, 73033, (07161) 9 74 60, *Fax (07161) 974620* – TV. AE E VISA Z s
Ende Dez. - Anfang Jan. geschl. – **36 Z** 102/205.

Park Restaurant Stadthalle, Blumenstr. 41, 73033, (07161) 6 80 06, *Fax (07161) 14264*, – P – 350. E VISA Y a
Montag und Aug. 1 Woche geschl. – **Menu** à la carte 35/58.

In Göppingen-Ursenwang ③ *: 5 km :*

Bürgerhof, Tannenstr. 2, 73037, (07161) 81 12 26, *Fax (07161) 84811* – P
Montag - Dienstag und Aug. 3 Wochen geschl. – **Menu** à la carte 40/70.

In Wangen ⑤ *: 6 km :*

Linde, Hauptstr. 30, 73117, (07161) 91 11 10, *Fax (07161) 9111122*, Biergarten – TV P – 30. AE E VISA.
Menu à la carte 36/65 – **11 Z** 88/150.

Landgasthof Adler, Hauptstr. 103, 73117, (07161) 2 11 95, *Fax (07161) 21195* – AE E
Montag - Dienstag und Juli 2 Wochen geschl. – **Menu** à la carte 60/74.

In Albershausen ⑤ *: 8 km :*

Stern, Uhinger Str. 1, 73095, (07161) 933600, *Fax (07161) 9336074*, – TV P – 30. E VISA
Aug. 2 Wochen geschl. – **Menu** à la carte 36/66 – **41 Z** 103/160.

GÖPPINGEN

Am Fischbergele	Z 2
Geislinger Straße	Z 3
Grabenstraße	Z
Hauptstraße	Z
Heininger Straße	Z 4
Hohenstaufenstraße	Z 6
Kellereistraße	Z 7
Kronengasse	Z 8
Lange Straße	Z 9
Marktplatz	Z 10
Oberhofenstraße	Z 14
Pfarrstraße	Z 16
Poststraße	Z
Rosenplatz	Y 18
Rosenstraße	Y 19
Schloßstraße	Z 21
Spitalstraße	Z 22
Theodor-Heuss-Straße	Z 23
Willi-Bleicher-Str.	Z 24
Wühlestraße	Z 26

When in a hurry use the ***Michelin Main Road Maps:***
970 ***Europe,*** **976** ***Czech Republic/Slovak Republic,*** **980** ***Greece,***
984 ***Germany,*** **985** ***Scandinavia-Finland,*** **986** ***Great Britain and Ireland,***
987 ***Germany-Austria-Benelux,*** **988** ***Italy,*** **989** ***France,***
990 ***Spain-Portugal*** *and* **991** ***Yugoslavia.***

GÖRLITZ *Sachsen* **418** *M 28 – 67 000 Ew – Höhe 200 m.*

Sehenswert: *Dreifaltigkeitskirche (Chorgestühl★, Marienaltar★)* BX – *Untermarkt★* BCX – *Städtische Kunstsammlungen (Bauernschränke★)* CX **M1** – *St. Peter und Paul★* CX – *Reichenbacher Turm* ≤★ BY.

Ausflugsziel: *Ostritz : St. Marienthal★ (S : 15Km).*

Görlitz-Information, Obermarkt 29, ✉ *02826,* ☎ *(03581) 4 75 70, Fax (03581) 475727.*

ADAC, *Wilhelmsplatz 8,* ✉ *02826,* ☎ *(0351) 44 78 80, Fax (03581) 4907029.*

Berlin 215 ⑤ – Dresden 98 ④ – Cottbus 90 ⑤.

Stadtpläne siehe nächste Seiten

Mercure - Parkhotel Görlitz M, Uferstr. 17 f, ✉ 02826, ☎ (03581) 6620, *Fax (03581) 662662,* – Zim, Rest, – 120. AE VISA CY d
Menu à la carte 26/59 – **186 Z** 164/266.

Sorat M, Struvestr. 1, ✉ 02826, ☎ (03581) 40 65 77 (Hotel) 40 66 19 (Rest.), *Fax (03581) 406579,* – Zim, – 20. AE VISA JCB. Rest BY a
Am Goldenen Strauß : **Menu** à la carte 20/45 – **46 Z** 145/205.

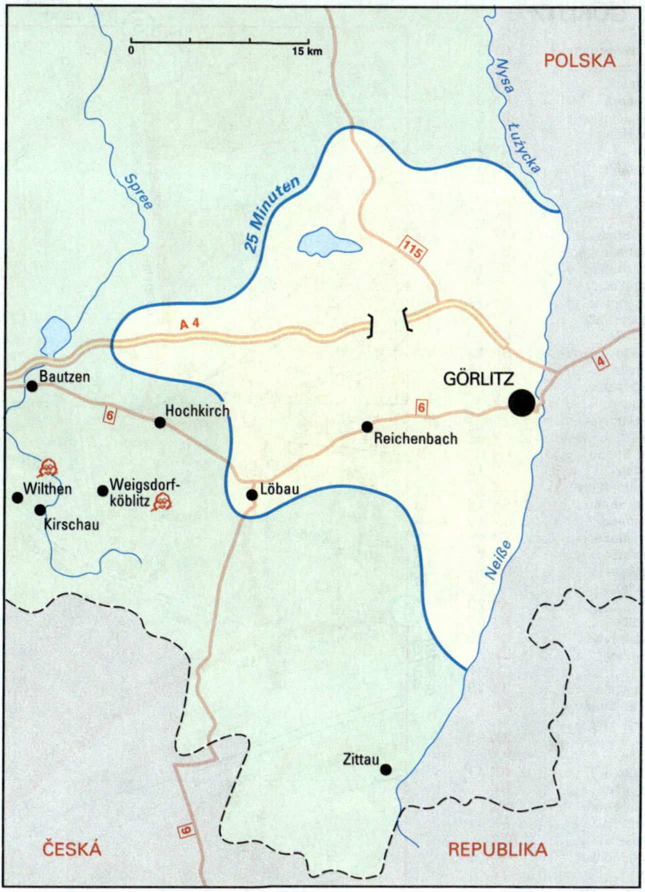

Silesia, Biesnitzer Str. 11, ✉ 02826, ☏ (03581) 4 81 00, *Fax (03581) 481010,* Biergarten – |♿| TV ☎ P – 🏛 25. AE E VISA AZ f
Menu à la carte 24/47 – **26 Z** 113/235.

Schellergrund 🐸, Max-Opitz-Str.2, ✉ 02826, ☏ (03581) 40 16 87, *Fax (03581) 40 16 87,* , , – |♿| TV ☎ 🚗. AE E VISA. Rest über Goethestr. BZ
Menu (wochentags nur Abendessen) à la carte 26/46 – **13 Z** 125/135.

Zum Grafen Zeppelin, Jauernicker Str. 15, ✉ 02826, ☏ (03581) 40 35 74, *Fax (03581) 400447* – Zim, TV ☎ 🚗 P. AE E VISA AZ b
(nur Abendessen für Hausgäste) – **43 Z** 95/160.

Europa garni, Berliner Str. 2, ✉ 02826, ☏ (03581) 4 23 50, *Fax (03581) 423530* – TV ☎ 🚗. AE E VISA BY e
17 Z 105/185.

In Girbigsdorf *NW : 5 km : über Girbigsdorfer Straße* AX :

Mühlenhotel 🐸 garni, Dorfstr. 86, ✉ 02829, ☏ (03581) 31 40 49, *Fax (03581) 315037,* – TV ☎ P. AE E VISA
15. Dez.- 15. Jan. geschl. – **23 Z** 75/110.

In Ludwigsdorf *N : 6 km über* ⑤ :

Gutshof Hedicke 🐸, Dorfstr. 115, ✉ 02829, ☏ (03581) 3 80 00, *Fax (03581) 380020,* , – Zim, TV ☎ ♿ P – 🏛 25. AE E VISA
Menu *(Sonntag - Montag und 2. - 16. Jan. geschl.)* à la carte 48/73 – **14 Z** 124/219.

GÖRLITZ

Am Brautwiesentunnel . . . . AY 3
Am Hirschwinkel . . . . CX 4
Am Stadtpark . . . . CY
Am Stockborn . . . . CX 6
An der Frauenkirche . . . . . . BY 7
An der Weißen Mauer . . . . AY 9
Augustastraße . . . . BZ
Bahnhofstraße . . . . ABYZ
Bautzener Straße . . . . ABY
Berliner Straße . . . . BY
Biesnitzer Straße . . . . ABZ
Bismarckstraße . . . . BY
Blockhausstraße . . . . BZ 10
Blumenstraße . . . . BCZ
Brautwiesenplatz . . . . AY 12
Brautwiesenstraße . . . . AY
Brückenstraße . . . . CZ
Brüderstraße . . . . BX 13
Büttnerstraße . . . . BX 15
Carl-von-Ossietzky-Straße . . . . BZ
Christoph-Lüders-Straße . . . . AX
Cottbuser Straße . . . . AY
Demianiplatz . . . . BY 16
Dr.-Kahlbaum-Allee . . . . . . CYZ
Dresdener Straße . . . . AY 18
Elisabethstraße . . . . BY 19
Emmerichstraße . . . . BCZ
Fleischerstraße . . . . BX 21
Friedhofstraße . . . . BX
Girbigsdorfer Straße . . . . AX 22
Goethestraße . . . . BZ 24
Große Wallstraße . . . . BX 25
Grüner Graben . . . . BX
Hainwald . . . . CX 27
Hartmannstraße . . . . BY 28
Heilige-Grab-Straße . . . . AX
Hildegard-Burjan-Platz . . . . BX 30
Hilgerstraße . . . . AY
Hohe Straße . . . . BX
Hospitalstraße . . . . BY
Hugo-Keller-Straße . . . . BX
Jahnstraße . . . . AX
Jakobstraße . . . . BYZ
James-von-Moltke-Straße . . . . BYZ
Jauernicker Straße . . . . AZ
Johannes-Wüsten-Straße . . . . CY 31
Joliot-Curie-Straße . . . . CY 33
Klosterplatz . . . . BY 34
Konsulstraße . . . . BYZ
Kränzelstraße . . . . CX 36
Krölstraße . . . . AY
Landeskronstraße . . . . AY
Langenstraße . . . . BX
Leipziger Straße . . . . AY
Lindenweg . . . . CY
Löbauer Straße . . . . AY
Luisenstraße . . . . BY
Lunitz . . . . BX
Lutherplatz . . . . AY
Luthersteig . . . . BX
Lutherstraße . . . . AZ
Marienplatz . . . . BY
Melanchthonstraße . . . . AZ
Mittelstraße . . . . BY 37
Mühlweg . . . . CY
Nicolaigraben . . . . BX
Obermarkt . . . . BXY 39
Otto-Buchwitz-Platz . . . . BY 40
Pontestraße . . . . BX
Postplatz . . . . BY 42
Rauschwalder Straße . . . . . AY

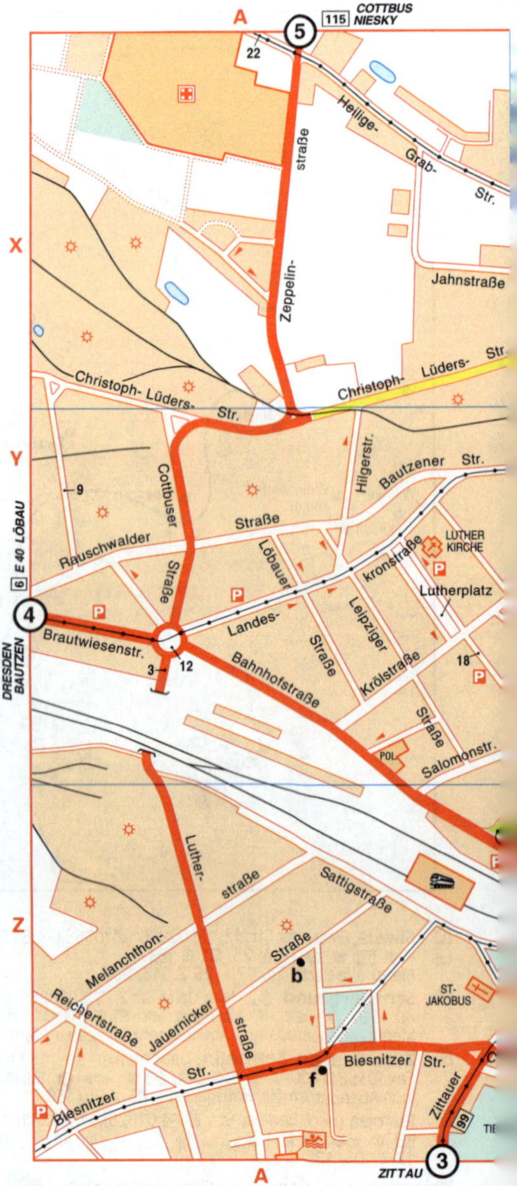

Reichertstraße . . . . AZ
Rothenburger Straße . . . . . BX 43
Salomonstraße . . . . AY
Sattigstraße . . . . ABZ
Schanze . . . . BX 45
Schillerstraße . . . . BZ
Schützenstraße . . . . BCY
Schützenweg . . . . CY
Sonnenstraße . . . . BX 46
Steinweg . . . . BX
Struvestraße . . . . BY
Uferstraße . . . . CXY
Untermarkt . . . . BCX 48
Wilhelmsplatz . . . . BY
Zeppelinstraße . . . . AX
Zittauer Straße . . . . ABZ

Verwechseln Sie nicht :

Komfort der Hotels : ... ,

Komfort der Restaurants : ...

Gute Küche : , , , Menu

In Markersdorf-Holtendorf *W : 7 km über ④ :*

Zum Marschall Duroc, Am Hoterberg 27a (nahe der B 6), ✉ 02829, ✆ (03581) 73 44, *Fax (03581) 734222,* – Zim, – 30.
Menu à la carte 22/51 – **52 Z** 115/165.

GÖSSWEINSTEIN *Bayern 420 Q 18 – 4 400 Ew – Höhe 493 m – Luftkurort.*

Sehenswert : *Barockbasilika (Wallfahrtskirche) – Marienfelsen ≤★★.*

Ausflugsziel : *Fränkische Schweiz★★.*

Verkehrsamt, Burgstr. 6, ✉ 91327, ✆ (09242) 4 56, Fax (09242) 1863.

Berlin 401 – München 219 – Nürnberg 50 – Bayreuth 46 – Bamberg 45.

Fränkischer Hahn garni, Badanger Str. 35, ✉ 91327, ✆ (09242) 4 02, *Fax (09242) 7329* –
11 Z 65/120.

Zur Post, Balthasar-Neumann-Str. 10, ✉ 91327, ✆ (09242) 2 78, *Fax (09242) 578,* –
Anfang Nov. - Mitte Dez. geschl. – **Menu** *(Montag geschl.)* à la carte 27/57 – **15 Z** 48/94 – ½ P 21.

Zur Rose, Pezoldstr. 2, ✉ 91327, ✆ (09242) 9 23 89, *Fax (09242) 92390,* – Zim
Nov. - Mitte Dez. geschl. – **Menu** *(Montag geschl.)* à la carte 24/49 – **18 Z** 50/90 – ½ P 17.

Regina garni, Sachsenmühler Str. 1, ✉ 91327, ✆ (09242) 2 50, *Fax (09242) 7362,* –
16 Z 48/106.

Fränkische Schweiz, Pezoldstr. 20, ✉ 91327, ✆ (09242) 2 90, *Fax (09242) 7234,* –
Menu *(Dienstag geschl.)* à la carte 19/38 – **16 Z** 36/84 – ½ P 15.

Schönblick mit Zim, August-Sieghardt-Str. 8, ✉ 91327, ✆ (09242) 3 77, *Fax (09242) 847,* ≤, –
5. Nov. - 15. Dez. geschl. – **Menu** *(Dienstag geschl., im Winter nur an Wochenenden geöffnet)* (Montag - Freitag nur Abendessen) à la carte 33/61 – **8 Z** 65/110 – ½ P 19.

Krone, Baltahasar-Neumann-Str. 9, ✉ 91327, ✆ (09242) 2 07, *Fax (09242) 7362,* –
Dienstag und Jan. - Feb. 6 Wochen geschl. – **Menu** à la carte 30/62.

In Gössweinstein-Behringersmühle :

Das Schulhaus M, ✉ 91327, ✆ (09242) 98 40, *Fax (09242) 984100,* Biergarten, – Zim, – 100.
Menu à la carte 27/56 – **38 Z** 119/240.

Frankengold, Pottensteiner Str. 29, ✉ 91327, ✆ (09242) 15 05, *Fax (09242) 7114,* –
Menu *(Donnerstag geschl.)* à la carte 33/59 – **17 Z** 88/140 – ½ P 26.

GÖTTINGEN *Niedersachsen 417 418 L 13 – 130 000 Ew – Höhe 159 m.*

Sehenswert : *Fachwerkhäuser (Junkernschänke★)* YZ **B.**

Schloß Levershausen (① : 20 km), ✆ (05551) 6 19 15.

Tourist-Information, Altes Rathaus, Markt 9, ✉ 37073, ✆ (0551) 5 40 00, Fax (0551) 4002998.

Tourist Center, Bahnhofsplatz 5, ✉ 37073, ✆ (0551) 5 60 00.

ADAC, *Kasseler Landstr. 44a, ✉ 37081, ✆ (0551) 9 20 38, Fax (0551) 92017.*

Berlin 340 ③ – Hannover 122 ③ – Kassel 47 ③ – Braunschweig 109 ③.

Stadtplan siehe gegenüberliegende Seite

Gebhards Hotel, Goethe-Allee 22/23, ✉ 37073, ✆ (0551) 4 96 80, *Fax (0551) 4968110,* – Zim, – 70. Y e
Georgia-Augusta Stuben : **Menu** à la carte 50/85 – **60 Z** 160/350.

Eden garni, Reinhäuser Landstr. 22a, ✉ 37083, ✆ (0551) 7 60 07, *Fax (0551) 76761,* – Zim, – 60. Z d
100 Z 140/367.

Stadt Hannover garni, Goethe-Allee 21, ✉ 37073, ✆ (0551) 4 59 57, *Fax (0551) 45470* – Y a
Weihnachten - Anfang Jan. geschl. – **29 Z** 110/175.

GÖTTINGEN

Albanikirchhof . . . . YZ 2
Albaniplatz . . . . Y 3
Barfüßerstraße . . . . YZ 6
Friedrichstraße . . . . Y 8
Goethe Allee . . . . Y
Groner Landstraße . . . . Y 9
Groner Straße . . . . Z
Groner-Tor-Straße . . . . Z 10
Herzberger Landstraße . . . . . . Y 11
Johannisstraße . . . . Z 12
Jüdenstraße . . . . Y 13
Kurze-Geismar-Straße . . . . . . Z
Markt . . . . Z 15
Obere-Masch-Straße . . . . Y 16
Papendiek . . . . YZ 17
Prinzenstraße . . . . Y 19
Ritterplan . . . . Y 20
Rote Straße . . . . Z 22
Theaterstraße . . . . Y
Untere Karspüle . . . . Y 23
Weender Straße . . . . Y
Wilhelmsplatz . . . . Y 25

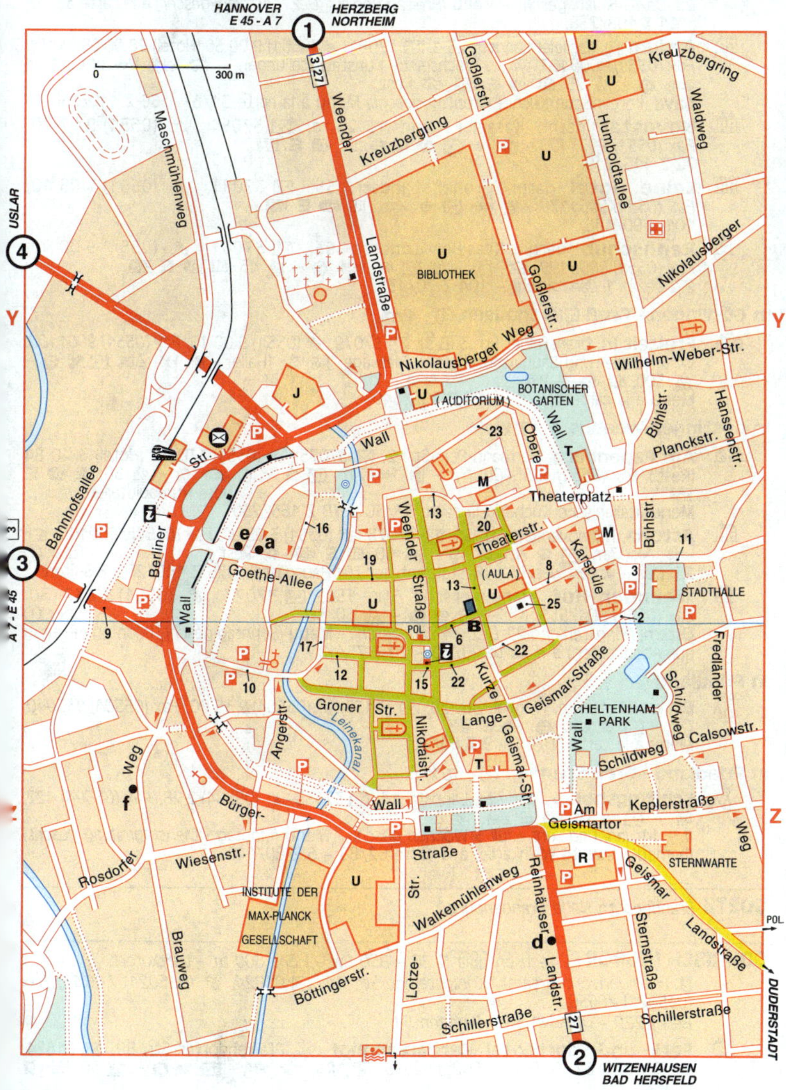

Ganz **EUROPA** auf einer Karte (mit Ortsregister) :
Michelin-Karte Nr. 970.

In Göttingen-Grone *über* ③ :

Clarion Hotel M, Kasseler Landstr. 45, ✉ 37081, ✆ (0551) 90 20, *Fax (0551) 902166,* , Massage, , , – , Zim, – 160.
Menu à la carte 51/84 – **143 Z** 174/250, 3 Suiten.

Schweizer Hof, Kasseler Landstr. 120, ✉ 37081, ✆ (0551) 5 09 60, *Fax (0551) 5096100,* – , Zim, – 20.
23. Dez. - 5. Jan. geschl. – **Menu** *(Freitag und 27. Dez. - 10. Jan. geschl.)* à la carte 33/59 – **44 Z** 108/258.

Atrium M, Kasseler Landstr. 25 c, ✉ 37081, ✆ (0551) 9 00 50 (Hotel) 98 00 00 (Rest.), *Fax (0551) 9005400,* , « Wechselnde Kunstausstellungen », – , Zim, – 25. . Rest
Gaya (koreanische Küche) *(Montag geschl.)* **Menu** à la carte 31/67 – **66 Z** 110/250.

Novostar garni, Kasseler Landstr. 25 d, ✉ 37081, ✆ (0551) 9 97 70, *Fax (0551) 9977400* – .
72 Z 115/219.

Leine Hotel garni, Groner Landstr. 55, ✉ 37081, ✆ (0551) 5 05 10, *Fax (0551) 5051170* – .
101 Z 90/165.

Rennschuh garni, Kasseler Landstr. 93, ✉ 37081, ✆ (0551) 9 00 90, *Fax (0551) 9009199,* , – – 15.
27. Dez. - 1. Jan. geschl. – **104 Z** 70/135.

In Göttingen - Groß-Ellershausen ③ : *4 km* :

Freizeit In, Dransfelder Str. 3 (B 3), ✉ 37079, ✆ (0551) 9 00 10, *Fax (0551) 9001100,* , « Bade- und Saunalandschaft », Massage, , (Halle) – , Zim, – 500.
Menu à la carte 41/71 – **210 Z** 155/349.

In Göttingen-Weende *N : 3 km* :

Am Papenberg, Hermann-Rein-Str. 2, ✉ 37075, ✆ (0551) 3 05 50 (Hotel) 3 40 84 (Rest.), *Fax (0551) 3055400,* – , Zim, – 50.
über Humboldtallee Y
Menu (italienische Küche) à la carte 33/50 – **78 Z** 155/230.

Astoria, Hannoversche Str. 51, ✉ 37075, ✆ (0551) 3 05 00, *Fax (0551) 3050100,* – , Zim, – 60. . Rest über ①
23. Dez. - 4. Jan. geschl. – (Restaurant nur für Hausgäste) – **75 Z** 140/260, 8 Suiten.

Weender Hof, Hannoversche Str. 150, ✉ 37077, ✆ (0551) 50 37 50, *Fax (0551) 5037555,* – – 50. über ①
Ostern, Pfingsten und 22. Dez. - 4. Jan. geschl. – **Menu** *(Sonntag geschl.)* (Montag - Freitag nur Abendessen) à la carte 29/60 – **20 Z** 75/120.

In Friedland ② : *12 km* :

Biewald mit Zim, Weghausstr. 20, ✉ 37133, ✆ (05504) 9 35 00, *Fax (05504) 935040,* – .
Menu à la carte 30/64 – **9 Z** 60/108.

In Friedland - Groß-Schneen ② : *10 km* :

Schillingshof mit Zim, Lappstr. 14, ✉ 37133, ✆ (05504) 2 28, *Fax (05504) 427,* – . Zim
1. - 14. Jan. und Juni - Juli 3 Wochen geschl. – **Menu** *(Montag - Dienstagmittag geschl.)* (bemerkenswerte Weinkarte) à la carte 62/88 – **5 Z** 80/140.

GOETZ *Brandenburg siehe Brandenburg.*

GOHRISCH (KURORT) *Sachsen* 418 *N 26 – 850 Ew – Höhe 300 m – Luftkurort.*

Fremdenverkehrsamt, Königsteiner Str. 14, ✉ 01824, ✆ (035021) 7 66 13, Fax (035021) 76630.

Berlin 229 – Dresden 35 – Bautzen 54.

Park- und Sporthotel Margaretenhof, Pfaffendorfer Str. 89, ✉ 01824, ✆ (035021) 62 30, *Fax (035021) 62599,* , , , – – 30.
Menu à la carte 30/56 – **45 Z** 100/140 – ½ P 20.

Annas Hof, Hauptstr. 118, ✉ 01824, ✆ (035021) 6 82 91, *Fax (035021) 67098,* , – .
Nov. geschl. – **Menu** *(außer Saison Donnerstag geschl.)* à la carte 21/38 – **13 Z** 60/110 – ½ P 15/20.

GOLDBERG *Mecklenburg-Vorpommern 416 F 20 – 5 000 Ew – Höhe 67 m.*
Berlin 170 – Schwerin 52 – Güstrow 28.

Seelust (mit Gästehaus), Am Badestrand 4, ✉ 19399, ☎ (038736) 82 30, *Fax (038736) 82358*, – Zim, – 60.
Menu à la carte 23/40 – **27 Z** 90/145.

GOLDKRONACH *Bayern siehe Berneck im Fichtelgebirge, Bad.*

GOMADINGEN *Baden-Württemberg 419 U 12 – 2 100 Ew – Höhe 675 m – Luftkurort – Wintersport : 680/800 m.*
Tourist Information, Rathaus, Marktplatz 2, ✉ 72532, ☎ (07385) 96 96 33, Fax (07385) 969622.
Berlin 665 – Stuttgart 64 – Reutlingen 23 – Ulm (Donau) 60.

In Gomadingen-Offenhausen *W : 2 km :*

Landhotel Gulewitsch - Gestütsgasthof, Ziegelbergstr. 24, ✉ 72532, ☎ (07385) 9 67 90, *Fax (07385) 967996*, – Zim, – 40
Menu *(Mittwoch geschl.)* à la carte 42/76 – **22 Z** 68/149 – ½ P 25/35.

GOMARINGEN *Baden-Württemberg 419 U 11 – 7 800 Ew – Höhe 640 m.*
Berlin 690 – Stuttgart 59 – Hechingen 17 – Reutlingen 11 – Tübingen 9.

Arcis garni, Bahnhofstr. 10, ✉ 72810, ☎ (07072) 91 80, *Fax (07072) 918191* – – 30.
38 Z 95/138.

GOMMERN *Sachsen-Anhalt 418 J 19 – 6 800 Ew – Höhe 52 m.*
Berlin 153 – Magdeburg 18 – Brandenburg 90 – Dessau 43.

Wasserburg Schloß Gommern, Walter-Rathenau-Str.9, ✉ 39245, ☎ (039200) 4 03 70, *Fax (039200) 52125*, Biergarten, – Zim, – 80.
Burggasthof : **Menu** à la carte 27/57 – **48 Z** 140/190, 5 Suiten.

Robinien Hof, Salzstr. 49, ✉ 39245, ☎ (039200) 6 40, *Fax (039200) 64317*, – – 50.
Menu à la carte 23/46 – **44 Z** 88/140.

Drei Linden, Am Walde 1, ✉ 39245, ☎ (039200) 5 13 28, *Fax (039200) 50180*, – – 20.
Menu *(Montagmittag geschl.)* à la carte 30/45 – **32 Z** 88/133.

GOMPITZ *Sachsen siehe Dresden.*

GOPPELN *Sachsen siehe Dresden.*

GOSLAR *Niedersachsen 418 K 15 – 47 000 Ew – Höhe 320 m.*
Sehenswert : *Fachwerkhäuser★★ in der Altstadt★★★ : Marktplatz★★ Z, Rathaus★ mit Huldigungssaal★★ YZ* **R** *– Kaiserpfalz★ Z – Breites Tor★ Y – Neuwerkkirche★ Y – Pfarrkirche St. Peter und Paul★ Z* **F** *– Mönchehaus★ Y* **M1.**
Ausflugsziel : *Klosterkirche Grauhof★ NO : 3 km über die B 82 X.*
Tourist-Information, Markt 7, ✉ 38640, ☎ (05321) 7 80 60, Fax (05321) 780644.
Kurverwaltung Hahnenklee, Kurhausweg. 7, ✉ 38644, ☎ (05325) 5 10 40, Fax (05325) 510420.
Berlin 252 ① – Hannover 84 ④ – Braunschweig 43 ① – Göttingen 80 ④ – Hildesheim 59 ④.

Stadtplan siehe nächste Seite

Der Achtermann, Rosentorstr. 20, ✉ 38640, ☎ (05321) 2 10 01, *Fax (05321) 42748*, Massage, – – 600. Y r
Menu à la carte 38/68 – **152 Z** 169/348.

Niedersächsischer Hof, Klubgartenstr. 1, ✉ 38640, ☎ (05321) 31 60, *Fax (05321) 316444*, « Ausstellung zeitgenössischer Gemälde » – Zim, – 60. Y a
(Restaurant nur für Hausgäste) – **63 Z** 120/240.

Kaiserworth, Markt 3, ✉ 38640, ☎ (05321) 2 11 11, *Fax (05321) 21114*, « Ehemaliges Gewandhaus a.d.15. Jh. » – Zim, – 80. Z x
Menu à la carte 34/71 – **51 Z** 120/240.

GOSLAR

Astfelder Straße ..... X 2
Berliner Allee .... X 5
Breite Straße .... Y
Brüggemannstraße ... Y 8
Clausthaler Straße ... X 10
Danziger Straße ...... X 14
Dörpkestieg .... Y 17
Fischemäkerstraße ... Y 19
Fleischscharren ...... Y 23
Grauhöfer Landwehr . X 26
Grauhöfer Straße .... X 29
Heinrich-Pieper-Straße .... X 32
Hildesheimer Straße .. X 34
Hoher Weg .... Z 37
Hokenstraße .... Y
Im Schleeke .... X 39
Kaiserbleek .... Z 42
Königstraße .... Z 45
Köppelsbleek .... X 47
Marienburger Straße . X 50
Marktstraße .... Z
Münzstraße .... Y 52
Nonnenweg .... X 55
Obere Kirchstraße .... Y 58
Petersilienstraße ..... Y 61
Rammelsberger Straße .... Z 63
Rosentorstraße .... Y 66
St-Annenhöhe .... Z 69
Schielenstraße .... Y 71
Schreiberstraße .... Z 74
Schuhhof .... Y 76
Vienenburger Straße . X 79
Worthstraße .... Z 82

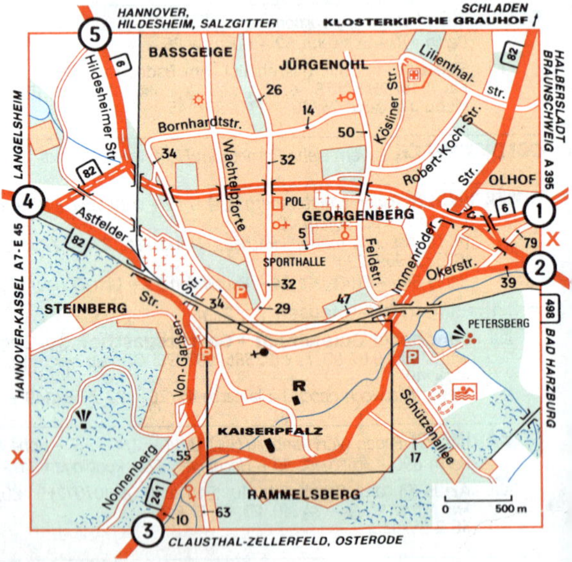

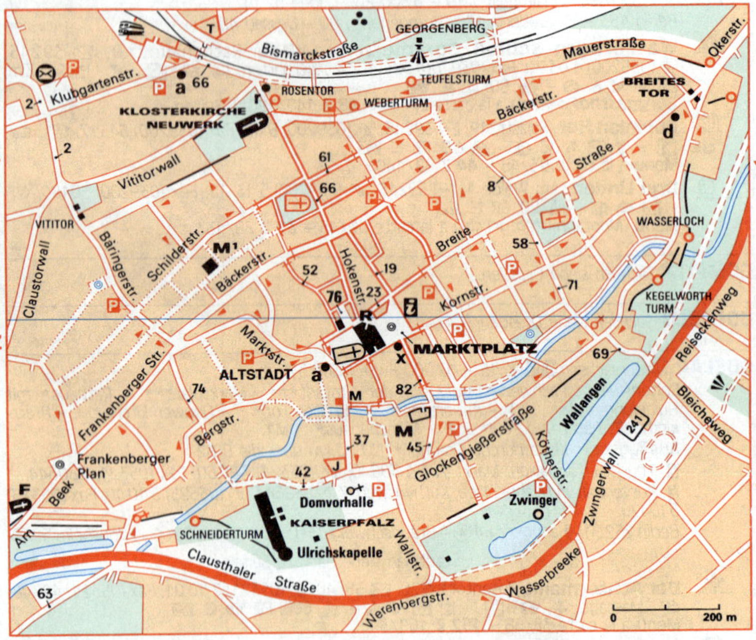

Treff Hotel Das Brusttuch, Hoher Weg 1, ✉ 38640, ✆ (05321) 3 46 00, *Fax (05321) 346099*, « Patrizierhaus a.d. 16. Jh. » – … – **Menu** à la carte 38/67 – **13 Z** 129/229. Z a

Goldene Krone, Breite Str. 46, ✉ 38640, ✆ (05321) 3 44 90, *Fax (05321) 344950* – Zim, … – **Menu** à la carte 38/69 – **18 Z** 85/195. Y d

In Goslar-Hahnenklee *SW : 15 km über ③ – Höhe 560 m – Heilklimatischer Kurort – Wintersport : 560/724 m 1 2*

Dorint Hotel Kreuzeck, Kreuzeck 1 (SO : 3,5 km), ✉ 38644, ✆ (05325) 7 40, *Fax (05325) 74839*, , , , , – , – 80. AE E VISA JCB. Rest
Menu à la carte 38/66 – **104 Z** 167/298 – ½ P 39.

Walpurgishof, Am Bocksberg 1, ✉ 38644, ✆ (05325) 70 90, *Fax (05325) 3081*, , – – 45. AE E VISA
Menu à la carte 30/61 – **57 Z** 125/270 – ½ P 25.

Der Waldgarten , Lautenthaler Str. 36, ✉ 38644, ✆ (05325) 20 81, *Fax (05325) 3502*, « Gartenterrasse », , – . E VISA
Ende Okt. - Mitte Dez. geschl. – **Menu** à la carte 24/42 – **39 Z** 77/155 – ½ P 19.

Bellevue garni, Birkenweg 5 (Bockswiese), ✉ 38644, ✆ (05325) 5 10 70, *Fax (05325) 510741*, , , – . VISA
26 Z 53/140.

In this guide,
*a symbol or a character, printed in **red** or **black**, in **bold** or light type,*
does not have the same meaning.
Please read the explanatory pages carefully.

GOSPITERODA *Thüringen siehe Gotha.*

GOTHA *Thüringen* 418 *N 16 – 50 000 Ew – Höhe 270 m.*

Sehenswert : *Schloß Friedenstein★.*

Ausflugsziele : *Thüringer Wald ★★ (Großer Inselsberg ≤ ★★, Friedrichroda : Marienglashöhle ★).*

Gotha-Information, Blumenbachstr. 1, ✉ 99867, ✆ (03621) 85 40 36, Fax (03621) 222134.

Berlin 326 – Erfurt 22 – Gera 114 – Nordhausen 76.

Am Schloßpark M , Lindenauallee 20, ✉ 99867, ✆ (03621) 44 20, *Fax (03621) 442452*, , – , Zim, – 90. AE E VISA JCB
Menu à la carte 35/49 – **96 Z** 155/205, 12 Suiten.

Der Lindenhof M, Schöne Aussicht 5, ✉ 99867, ✆ (03621) 77 20, *Fax (03621) 772410*, , Biergarten, – , Zim, – 150. AE E VISA. Rest
Menu à la carte 33/52 – **90 Z** 129/188.

Alte Sternwarte , Florschützstr. 10, ✉ 99867, ✆ (03621) 7 23 90, *Fax (03621) 723939*, , Biergarten – . AE E VISA
Menu à la carte 28/71 – **11 Z** 125/240.

Waldbahn Hotel M, Bahnhofstr. 16, ✉ 99867, ✆ (03621) 23 40, *Fax (03621) 234130*, , – , Zim, – 50. AE E VISA
Menu à la carte 28/46 – **56 Z** 102/160.

Turmhotel Gotha M, Am Luftschiffhafen 2 (Gewerbegebiet), ✉ 99867, ✆ (03621) 71 60, *Fax (03621) 716430*, – , Zim, – 130. AE E VISA
Menu à la carte 30/48 – **104 Z** 120/175.

Gothaer Hof, Weimarer Str. 18, ✉ 99867, ✆ (03621) 22 40, *Fax (03621) 224744*, , , – , Zim, – 120. AE E VISA
Menu à la carte 29/48 – **104 Z** 110/180.

Economy Hotel, Ohrdrufer Straße 2b (B 247), ✉ 99867, ✆ (03621) 71 70, *Fax (03621) 717500*, , , – , Zim, – 70. AE E VISA
Menu à la carte 27/40 – **120 Z** 100/130.

Landhaus Hotel, Salzgitterstr. 76 (B 7), ✉ 99867, ✆ (03621) 3 64 90, *Fax (03621) 364949*, « Einrichtung im Landhausstil », – . AE E VISA
(nur Abendessen für Hausgäste) – **14 Z** 96/150.

In Gospiteroda *SW : 6 km, nahe der Pferderennbahn Boxberg :*

Thüringer Waldblick , Am Boxberg 86, ✉ 99880, ✆ (03622) 6 85 77, *Fax (03622) 900234*, ≤, , Biergarten, , , – – 40. AE E VISA
Menu à la carte 23/39 – **19 Z** 80/130.

GOTTLEUBA, BAD *Sachsen siehe Berggießhübel.*

GOTTMADINGEN *Baden-Württemberg* 419 *W 10 – 8 900 Ew – Höhe 432 m.*

Berlin 789 – Stuttgart 159 – Konstanz 47 – Singen (Hohentwiel) 7 – Schaffhausen 17.

Sonne, Hauptstr. 61 (B 34), ✉ 78244, ✆ (07731) 9 71 80, *Fax (07731) 73751,* Biergarten – ⇕, ✈ Zim, TV ☎ ✆ P – 🏔 50. AE ◑ E VISA
Menu *(Freitag geschl.)* à la carte 28/56 – **39 Z** 75/160.

Kranz, Hauptstr. 37 (B 34), ✉ 78244, ✆ (07731) 70 61, *Fax (07731) 73994* – ⇕ TV ☎ ♿ 🚗 P – 🏔 15. ◑ E VISA
Menu *(Sonn- und Feiertage geschl.)* à la carte 22/44 – **20 Z** 80/130.

In Gottmadingen-Bietingen *W : 3 km :*

Landgasthof Wider, Ebringer Str. 11, ✉ 78244, ✆ (07734) 9 40 00, *Fax (07734) 940099,* – ☎ 🚗 P. E VISA
Menu *(Dienstag geschl.)* à la carte 22/51 – **15 Z** 45/110.

GRAACH *Rheinland-Pfalz* 417 *Q 5 – 830 Ew – Höhe 105 m.*

Berlin 678 – Mainz 116 – Trier 46 – Bernkastel-Kues 3 – Wittlich 13.

Weinhaus Pfeiffer garni, Gestade 12, ✉ 54470, ✆ (06531) 40 01, *Fax (06531) 1078,* ⇐ – ☎ 🚗 P
13 Z 55/128.

GRAAL-MÜRITZ *Mecklenburg-Vorpommern* 416 *D 20 – 4 000 Ew – Seeheilbad.*

Tourimus- und Kurbetrieb, Rostocker Str. 3, ✉ *18181,* ✆ *(038206) 70 30, Fax (038206) 70320.*

Berlin 241 – Schwerin 109 – Rostock 28 – Stralsund 59.

IFA Grand Hotel, Waldstr. 1, ✉ 18181, ✆ (038206) 7 30, *Fax (038206) 73227,* Massage, ♆, ≘s, – ⇕ TV ☎ P – 🏔 80. AE E VISA. ✂ Rest
Menu à la carte 35/70 – **110 Z** 125/310, 20 Suiten – ½ P 29.

Residenz an der Seebrücke, Zur Seebrücke 34, ✉ 18181, ✆ (038206) 7 72 07, *Fax (038206) 79246,* ≘s, – TV ☎ P – 🏔 20. AE E VISA. ✂ Rest
Menu à la carte 32/68 – **67 Z** 120/220 – ½ P 25.

Ostseewoge M, An der Seebrücke 35, ✉ 18181, ✆ (038206) 7 10, *Fax (038206) 71777,* ⇐, ≘s – ⇕ TV ☎ P – 🏔 30. AE ◑ E VISA. ✂
Menu à la carte 38/56 – **29 Z** 160/260 – ½ P 20.

Haus am Meer, Zur Seebrücke 36, ✉ 18181, ✆ (038206) 73 90, *Fax (038206) 73939,* ⇐, ≘s – TV ☎ P – 🏔 20. AE E VISA. ✂
Menu à la carte 27/43 – **33 Z** 90/160 – ½ P 20.

Kähler, Zur Seebrücke 18, ✉ 18181, ✆ (038206) 7 98 06, *Fax (038206) 77412* – TV ☎ ♿ P. AE ◑ E VISA. ✂
Menu *(Okt.- Mai Freitag geschl.)* (wochentags nur Abendessen) à la carte 25/38 – **11 Z** 70/130.

GRÄFELFING *Bayern* 419 420 *V 18 – 13 300 Ew – Höhe 540 m.*

siehe Stadtplan München (Umgebungsplan).

Berlin 598 – München 14 – Augsburg 61 – Garmisch-Partenkirchen 81 – Landsberg am Lech 46.

In Gräfelfing-Lochham :

Würmtaler Gästehaus, Rottenbucher Str. 55, ✉ 82166, ✆ (089) 8 54 50 56, *Fax (089) 853897,* ≘s, – TV ☎ 🚗 P. E VISA. ✂ Rest AS c
Menu *(Freitagabend und Samstag geschl.)* à la carte 33/54 – **57 Z** 95/240.

In Planegg *SW : 1 km :*

Planegg garni, Gumstr. 13, ✉ 82152, ✆ (089) 8 57 10 70, *Fax (089) 8596016* – ⇕ ✈ TV ☎ P. E VISA AT a
Weihnachten - Anfang Jan. geschl. – **40 Z** 90/170.

GRÄFENBERG *Bayern* 419 420 *R 17 – 5 000 Ew – Höhe 433 m.*

Berlin 409 – München 190 – Nürnberg 28 – Bamberg 42.

In Gräfenberg-Haidhof *N : 7,5 km :*

Schloßberg, Haidhof 5, ✉ 91322, ✆ (09197) 6 28 40, *Fax (09197) 628462,* ≘s, – TV ☎ 🚗 P – 🏔 100. AE E VISA
Jan. geschl. – **Menu** *(Montag geschl.)* à la carte 28/59 – **28 Z** 67/108.

GRAFENAU *Bayern* **420** *T 24 – 8 600 Ew – Höhe 610 m – Luftkurort – Wintersport : 610/700 m* 2 .

Verkehrsamt im Rathaus, Rathausgasse 1, 94481, (08552) 96 23 43, Fax (08552) 4690.
Berlin 505 – München 190 – Passau 38 – Deggendorf 46.

Parkhotel, Freyunger Str. 51 (am Kurpark), 94481, (08552) 44 90, *Fax (08552) 449161*, ←, , Massage, , , – – 25. Rest
45 Z.

Säumerhof mit Zim, Steinberg 32, 94481, (08552) 40 89 90, *Fax (08552) 4089950*, ←, , , – . AE E VISA
Menu *(Montag - Donnerstag nur Abendessen)* 38/124 und à la carte 54/86 – **9 Z** 75/180 – ½ P 38/48
Spez. Kalbsbriesröschen mit Pfifferlingen und Kresse. Rehrücken mit Lauch im Strudelteig. Holunderblütencreme mit Karamelapfel.

In Grafenau-Grüb *N : 1,5 km :*

Hubertus, Grüb 20, 94481, (08552) 9 64 90, *Fax (08552) 5265*, , , –
Menu à la carte 22/45 – **35 Z** 70/150 – ½ P 20.

*Une voiture bien équipée, possède à son bord des **cartes Michelin** à jour.*

GRAFENBERG *Baden-Württemberg siehe Metzingen.*

GRAFENHAUSEN *Baden-Württemberg* **419** *W 8 – 2 300 Ew – Höhe 895 m – Luftkurort – Wintersport : 900/1 100 m* 1 .

Sehenswert : *Heimatmuseum "Hüsli"★ (in Rothaus, N : 3 km).*
Kurverwaltung, Haus des Gastes, 79865, (07748) 5 20 41, Fax (07748) 52042.
Berlin 788 – Stuttgart 174 – Freiburg im Breisgau 50 – Donaueschingen 41 – Waldshut-Tiengen 30.

Tannenmühle , Tannenmühlenweg 5 (SO : 3 km), 79865, (07748) 2 15, *Fax (07748) 1226*, , « Schwarzwaldgasthof mit Mühlenmuseum, Tiergehege und Forellenzucht », – E
Mitte Nov. - Mitte Dez. geschl. – **Menu** *(Nov. - April Dienstag geschl.)* à la carte 28/63 – **17 Z** 65/130 – ½ P 25.

In Grafenhausen-Rothaus *N : 3 km – Höhe 975 m*

Kurhaus Rothaus (mit Gästehaus), 79865, (07748) 12 51, *Fax (07748) 5542*, , – – 20. E VISA
2. Nov. - 24. Dez. geschl. – **Menu** à la carte 31/65 – **45 Z** 88/195 – ½ P 28.

GRAFENRHEINFELD *Bayern* **420** *P 14 – 2 900 Ew – Höhe 201 m.*

Berlin 461 – München 287 – Würzburg 46 – Bamberg 62 – Schweinfurt 12.

Alte Amtsvogtei, Kirchplatz 4, 97506, (09723) 20 25, *Fax (09723) 2027*, Biergarten – – 80. E
7. - 28. Jan. geschl. – **Menu** à la carte 22/48 – **9 Z** 70/120.

GRAFENWIESEN *Bayern* **420** *S 22 – 1 700 Ew – Höhe 509 m – Erholungsort.*

Verkehrsamt, Rathausplatz 6, 93479, (09941) 16 97, Fax (09941) 4783.
Berlin 501 – München 191 – Passau 98 – Cham 26 – Deggendorf 50.

Birkenhof , Auf der Rast 7, 93479, (09941) 15 82, *Fax (09941) 4961*, ←, , , , , – . Rest
10. - 25. Jan. geschl. – **Menu** (wochentags nur Abendessen) à la carte 23/45 – **50 Z** 70/170 – ½ P 20.

GRAFING *Bayern* **420** *V 19 – 11 000 Ew – Höhe 519 m.*

Oberelkofen (S : 3 km), (08092) 74 94.
Berlin 614 – München 39 – Landshut 80 – Rosenheim 35 – Salzburg 110.

Hasi garni, Griesstr. 5, 85567, (08092) 7 00 70, *Fax (08092) 700780* – – 60. E VISA
19 Z 70/150.

GRAINAU *Bayern* 419 420 *X 17 – 3 800 Ew – Höhe 748 m – Luftkurort – Wintersport : 750/2 950 m 3 5.*

Sehenswert : *Eibsee★ SW : 3 km.*

Ausflugsziel : *Zugspitzgipfel★★★ (★★★) mit Zahnradbahn (40 min) oder ab Eibsee (10 min).*

Kurverwaltung, Parkweg 8, 82491, (08821) 98 18 50, Fax (08821) 981855.

Berlin 682 – München 94 – Garmisch-Partenkirchen 11 – Kempten 94.

Alpenhof M, Alpspitzstr. 34, 82491, (08821) 98 70, *Fax (08821) 98777*, ≤, – Zim, . VISA.
4. Nov. - 16. Dez. geschl. – **Menu** à la carte 39/69 – **36 Z** 110/360 – ½ P 35.

Eibsee - Hotel M, am Eibsee 1 (SW : 3 km), 82491, (08821) 9 88 10, *Fax (08821) 82585*, ≤ Eibsee, – Zim, – 130. AE E VISA JCB
Menu à la carte 49/76 – **120 Z** 140/305, 6 Suiten – ½ P 45.

Waxenstein, Höhnrainweg 3, 82491, (08821) 98 40, *Fax (08821) 8401*, ≤ Waxenstein und Zugspitze, , Massage, – Zim, – 60. AE E VISA. Rest
Menu *(Montagmittag und Dienstagmittag geschl.)* à la carte 42/62 – **48 Z** 108/260 – ½ P 35.

Längenfelder Hof garni, Längenfelder Str. 8, 82491, (08821) 98 58 80, *Fax (08821) 9858830*, ≤, – .
2. Nov. - 15. Dez. geschl. – **20 Z** 71/184.

Alpspitz, Loisachstr. 58, 82491, (08821) 9 82 10, *Fax (08821) 982113*, – . E VISA
Nov. geschl. – **Menu** *(Mittwoch geschl.)* à la carte 28/54 – **20 Z** 65/170 – ½ P 22.

Wetterstein garni, Waxensteinstr. 26, 82491, (08821) 98 58 00, *Fax (08821) 9858013*, – .
15 Z 70/144.

Haus Bayern garni, Zugspitzstr. 72, 82491, (08821) 89 85, *Fax (08821) 8910*, ≤, « Garten », (geheizt), – .
10 Z 70/140.

Gästehaus am Kurpark garni, Am Brücklesbach 3, 82491, (08821) 85 49, *Fax (08821) 82554*, – .
10 Z 47/100.

Gasthaus am Zierwald mit Zim, Zierwaldweg 2, 82491, (08821) 9 82 80, *Fax (08821) 982888*, ≤ Waxenstein und Zugspitze, – . AE E VISA JCB.
15. - 29. April geschl. – **Menu** *(Mittwoch geschl.)* à la carte 26/44 – **5 Z** 78/132 – ½ P 24.

Zugspitze mit Zim, Törlenweg 11, 82491, (08821) 88 89, *Fax (08821) 81317*, – . AE E VISA
Menu à la carte 31/62 – **8 Z** 65/120.

GRASBRUNN *Bayern* 419 420 *V 19 – 4 000 Ew – Höhe 560 m.*

Berlin 596 – München 21 – Landshut 87 – Salzburg 141.

In Grasbrunn-Harthausen *SO : 3 km :*

Landgasthof Forstwirt (mit Gästehaus), Beim Forstwirt 1 (SW : 1 km), 85630, (08106) 3 63 80, *Fax (08106) 363811*, Biergarten – . AE E VISA
Menu *(Montagmittag und Dienstagmittag geschl.)* à la carte 30/61 – **38 Z** 110/260.

Grasbrunner Hof mit Zim, St.-Ulrich-Pl. 1, 85360, (089) 4 62 31 20, *Fax (089) 46202197* –
7 Z.

GRASELLENBACH *Hessen* 417 419 *R 10 – 3 000 Ew – Höhe 420 m – Kneippheilbad – Luftkurort.*

Kurverwaltung, Nibelungenhalle, 64689, (06207) 25 54, Fax (06207) 82333.

Berlin 592 – Wiesbaden 95 – Mannheim 55 – Beerfelden 21 – Darmstadt 55.

Siegfriedbrunnen, Hammelbacher Str. 7, 64689, (06207) 60 80, *Fax (06207) 1577*, , Massage, , (geheizt), – – 60. AE E VISA
Menu à la carte 33/71 – **60 Z** 99/312 – ½ P 20.

Landhaus Muhn, Im Erzfeld 10, 64689, (06207) 9 40 20, *Fax (06207) 940219*, –
(Restaurant nur für Pensionsgäste) – **15 Z** 69/130 – ½ P 15.

Café Gassbachtal, Hammelbacher Str. 16, ✉ 64689, ✆ (06207) 9 40 00, *Fax (06207) 940013*, – Zim
Mitte Jan. - Mitte Feb. geschl. – (Restaurant nur für Pensionsgäste) – **22 Z** 93/166 – ½ P 14.

Landgasthof Dorflinde, Siegfriedstr. 14, ✉ 64689, ✆ (06207) 22 50, *Fax (06207) 81736*, – 50.
Menu à la carte 28/61 – **20 Z** 74/168 – ½ P 20.

Marienhof, Güttersbacher Str. 43, ✉ 64689, ✆ (06207) 60 90, *Fax (06207) 60972*, – 20.
Dez. - Jan. geschl. – (Restaurant nur für Pensionsgäste) – **22 Z** 80/198 – ½ P 25.

In Grasellenbach-Tromm *SW : 7 km – Höhe 577 m*

Zur schönen Aussicht, Auf der Tromm 2, ✉ 64689, ✆ (06207) 33 10, *Fax (06207) 5023*, –
Ende Nov. - 24. Dez. geschl. – **Menu** *(Montag geschl.)* à la carte 23/41 – **16 Z** 55/106 – ½ P 17.

In Grasellenbach-Wahlen *S : 2 km :*

Burg Waldau, Volkerstr. 1, ✉ 64689, ✆ (06207) 94 50, *Fax (06207) 945126*, – Zim, – 35. AE VISA
Menu à la carte 30/55 – **31 Z** 90/165 – ½ P 25.

GRASSAU *Bayern* 420 *W 21 – 6 200 Ew – Höhe 537 m – Luftkurort.*

Verkehrsamt, Kirchplatz 3, ✉ 83224, ✆ (08641) 23 40, Fax (08641) 400841.
Berlin 681 – München 91 – Bad Reichenhall 49 – Traunstein 25 – Rosenheim 32.

Hansbäck, Kirchplatz 18, ✉ 83224, ✆ (08641) 40 50, *Fax (08641) 40580*, – AE VISA
Menu *(Okt. - Mai Dienstag geschl.)* à la carte 24/56 – **35 Z** 85/144 – ½ P 24.

Sperrer, Ortenburger Str. 5, ✉ 83224, ✆ (08641) 20 11, *Fax (08641) 1881*, Biergarten, – 30. VISA
Menu *(Montag und Nov. geschl.)* à la carte 18/38 – **34 Z** 65/130 – ½ P 15.

GREDING *Bayern* 419 420 *S 18 – 7 300 Ew – Höhe 400 m – Erholungsort.*

Verkehrsamt, Marktplatz (Rathaus), ✉ 91171, ✆ (08463) 9 04 20, Fax (08463) 90450.
Berlin 476 – München 113 – Nürnberg 59 – Ingolstadt 39 – Regensburg 61.

Am Markt, Marktplatz 2, ✉ 91171, ✆ (08463) 10 51, *Fax (08463) 1602*, Biergarten – AE VISA
Menu à la carte 24/55 – **29 Z** 50/105.

Schuster, Marktplatz 23, ✉ 91171, ✆ (08463) 90 30, *Fax (08463) 788*, – Zim, – 80. AE VISA
Menu à la carte 27/67 – **62 Z** 85/200.

GREFRATH *Nordrhein-Westfalen* 417 *L 3 – 14 000 Ew – Höhe 40 m.*

Berlin 582 – Düsseldorf 48 – Krefeld 20 – Mönchengladbach 25 – Venlo 16.

Grefrather Hof, Am Waldrand 1 (Nähe Eisstadion), ✉ 47929, ✆ (02158) 40 70, *Fax (02158) 407200*, (Halle) – 60. AE VISA JCB
Menu à la carte 32/67 – **80 Z** 140/220.

GREIFSWALD *Mecklenburg-Vorpommern* 416 *D 23 – 60 000 Ew – Höhe 6 m.*

Sehenswert : *Marktplatz★ (Haus Nr. 11★) – Marienkirche★ (Kanzel★) – Dom St. Nikolai★ – Botanischer Garten★ – Klosterruine Eldena★ – Fischerdorf Wieck★ (Klappbrücke★).*

Fremdenverkehrsverein, Schuhhagen 22, ✉ 17489, ✆ (03834) 34 60, Fax (03834) 3788.

Berlin 214 – Schwerin 178 – Rügen (Bergen) 60 – Rostock 103 – Stralsund 32 – Neubrandenburg 67.

Europa Hotel M, Hans-Beimler-Str. 1, ✉ 17491, ✆ (03834) 80 10, *Fax (03834) 801100*, – Zim, – 60. AE VISA
Menu à la carte 41/62 – **55 Z** 162/197.

Dorint, Am Gorzberg, ✉ 17489, ✆ (03834) 54 40, *Fax (03834) 544444*, – Zim, – 180. AE VISA. Rest
Menu à la carte 32/52 – **116 Z** 148/186, 4 Suiten.

Parkhotel garni, Pappelallee 1, ✉ 17489, ☎ (03834) 87 40, *Fax (03834) 874555* – 🛗 📺 ☎ 📞 ♿ 🅿 – 🏛 100. AE E VISA. ✈
71 Z 119/160.

Kronprinz garni, Lange Straße 22, ✉ 17489, ☎ (03834) 79 00, *Fax (03834) 790111* – 🛗 ⇆ 📺 ☎ 📞 🅿 – 🏛 60. AE E VISA
31 Z 128/186.

Am Dom, Lange Str. 44, ✉ 17489, ☎ (03834) 7 97 50, *Fax (03834) 797511* – 📺 ☎. AE E VISA. ✈ Zim
Menu à la carte 25/48 – **16 Z** 110/160.

In Greifswald-Wieck *O : 4 km :*

Ryck-Hotel, Rosenstr. 17b, ✉ 17493, ☎ (03834) 8 33 00, *Fax (03834) 833032,* 🌳 – 📺 ☎ 🅿. AE E VISA. ✈ Zim
Menu *(Montag - Freitag nur Abendessen)* à la carte 32/40 – **25 Z** 90/170.

Maria, Dorfstr. 45, ✉ 17493, ☎ (03834) 84 14 26, *Fax (03834) 840136,* 🌳 – 📺 ☎ 🅿. E
Menu (Okt. - Mai wochentags nur Abendessen) à la carte 32/54 – **10 Z** 80/130.

In Neuenkirchen *N : 2 km :*

Stettiner Hof, Theodor-Körner-Str. 20, ✉ 17498, ☎ (03834) 89 96 24, *Fax (03834) 899627,* 🌳, 🌳 – 📺 ☎ ♿ 🅿 – 🏛 20. AE ⓓ E VISA
Menu (Montag - Freitag nur Abendessen) à la carte 24/39 – **22 Z** 120/160.

In Mesekenhagen *NW : 6 km :*

Terner garni, Greifswalder Str. 40, ✉ 17498, ☎ (038351) 55 40, *Fax (038351) 554433,* 🌳 – 📺 ☎ 📞 🅿. AE ⓓ E VISA
20. Dez. - Feb. geschl. – **14 Z** 110/190.

In Mesekenhagen-Gristow *NW : 9 km :*

Waldeslust 🐌 mit Zim, Riemser Weg 1, ✉ 17498, ☎ (038351) 2 73, *Fax (038351) 80313,* 🌳 – 📺 ☎ 🅿. ⓓ E VISA. ✈
Menu *(Montag und Jan. geschl.)* à la carte 28/50 – **5 Z** 75/130.

GREIMERATH *Rheinland-Pfalz siehe Zerf.*

GREIZ *Thüringen* **418** *O 20 – 28 000 Ew – Höhe 325 m.*
ℹ Greiz-Information, Burgplatz, ✉ 07973, ☎ (03661) 70 32 92, Fax (03661) 703291.
Berlin 277 – Erfurt 111 – Gera 30 – Plauen 24 – Zwickau 27.

In Greiz-Untergrochlitz *SW : 3 km :*

Am Wald 🐌, Untergrochlitzer Str. 8, ✉ 07973, ☎ (03661) 67 08 03, *Fax (03661) 670805,* 🌳, 🌳 – ⇆ Zim, 📺 ☎ 🅿. E. ✈ Rest
(nur Abendessen für Hausgäste) **13 Z** 110/130.

In Mohlsdorf *NO : 4 Km :*

Gudd 🐌, Raasdorfer Str. 2, ✉ 07987, ☎ (03661) 43 00 25, *Fax (03661) 430027,* 🌳 – 📺 ☎ 📞 🚗 🅿 – 🏛 30. AE E VISA
Menu *(Montagmittag geschl.)* à la carte 27/50 – **15 Z** 88/130.

GREMSDORF *Bayern siehe Höchstadt an der Aisch.*

GRENZACH-WYHLEN *Baden-Württemberg* **419** *X 7 – 13 200 Ew – Höhe 272 m.*
Berlin 868 – Stuttgart 271 – Freiburg im Breisgau 87 – Bad Säckingen 25 – Basel 6.

Im Ortsteil Grenzach :

Eckert, Basler Str. 20, ✉ 79639, ☎ (07624) 9 17 20, *Fax (07624) 2414,* 🌳 – 🛗 📺 ☎ 🚗 🅿. E VISA. ✈ Rest
Menu *(Donnerstagabend - Samstagmittag geschl.)* (Tischbestellung ratsam) à la carte 48/78 – **29 Z** 98/180.

GREUSSEN *Thüringen* **418** *M 16 – 4 500 Ew – Höhe 178 m.*
Berlin 265 – Erfurt 34 – Nordhausen 40 – Göttingen 104.

Am Steingraben garni (mit Gästehaus), Flattigstr. 23, ✉ 99718, ☎ (03636) 70 11 44, *Fax (03636) 701143* – 📺 ☎ 🅿. AE ⓓ E VISA. ✈
20 Z 75/120.

GREVEN *Nordrhein-Westfalen* 417 *J 6 – 33 000 Ew – Höhe 52 m.*

Verkehrsverein, Alte Münsterstr. 23, ✉ 48268, ☎ (02571) 13 00, Fax (02571) 55234.
Berlin 465 – Düsseldorf 141 – Nordhorn 76 – Enschede 59 – Münster (Westfalen) 20 – Osnabrück 43.

Kroner Heide, Kroner Heide 5, ✉ 48268, ☎ (02571) 9 39 60, *Fax (02571) 939666* – 30. *(nur Abendessen für Hausgäste)* – **33 Z** 110/250.

Eichenhof, Hansaring 70, ✉ 48268, ☎ (02571) 5 20 07, *Fax (02571) 52000,* – 25. Rest
Menu *(Samstagmittag und Sonntagmittag geschl.)* (Tischbestellung ratsam) à la carte 30/60 *(auch vegetarische Gerichte)* – **27 Z** 115/165.

Wermelt, Nordwalder Str. 160 (W : 3,5 km), ✉ 48268, ☎ (02571) 92 70, *Fax (02571) 927152* –
Menu (wochentags nur Abendessen) à la carte 25/58 – **28 Z** 80/140.

Altdeutsche Gaststätte Wauligmann, Schiffahrter Damm 22 (B 481, SO : 4,5 km), ✉ 48268, ☎ (02571) 23 88, *Fax (02571) 4500,* – – 30.
Montag - Dienstag, 12. Juli - 3. Aug. und 24. - 31. Dez. geschl. – **Menu** à la carte 29/65.

In Greven-Gimbte *S : 4,5 km :*

Schraeder, Dorfstr. 29, ✉ 48268, ☎ (02571) 92 20, *Fax (02571) 92257,* – – 30.
Menu *(Sonntagabend - Montagmittag geschl.)* à la carte 25/57 – **33 Z** 78/135.

Altdeutsche Schänke, Dorfstr. 18, ✉ 48268, ☎ (02571) 22 61, – .
Dienstag und Aug. 3 Wochen geschl. – **Menu** à la carte 35/70.

GREVENBROICH *Nordrhein-Westfalen* 417 *M 3 – 62 000 Ew – Höhe 60 m.*

Ausflugsziel : *Schloß Dyck★ N : 7 km.*
Berlin 581 – Düsseldorf 28 – Aachen 59 – Köln 31 – Mönchengladbach 26.

Montanushof garni, Montanusstr. 100, ✉ 41515, ☎ (02181) 60 90, *Fax (02181) 609600* – – 120.
114 Z 170/380.

Sonderfeld garni, Bahnhofsvorplatz 6, ✉ 41515, ☎ (02181) 14 33, *Fax (02181) 9628* – – 60.
Weihnachten - Anfang Jan. und Juli 2 Wochen geschl. **46 Z** 91/200.

Zur Traube mit Zim, Bahnstr. 47, ✉ 41515, ☎ (02181) 6 87 67, *Fax (02181) 61122* – . Zim
28. März - 5. April, 15. Juli - 5. Aug. und 24. Dez. - 16. Jan. geschl. – **Menu** *(Sonntag - Montag geschl.)* (Tischbestellung erforderlich, bemerkenswerte Weinkarte) 78 (mittags) und à la carte 97/132 – **6 Z** 230/360
Spez. Lauwarmer Wildlachs mit Kaviarschaum. Taubenbrüstchen und Gänseleber im Spitzkohlblatt. Vanillesoufflé mit marinierten Waldbeeren und weißem Schokoladeneis.

Harlekin, Lilienthalstr. 16 (im Tennis-Center Heiderhof), ✉ 41515, ☎ (02181) 6 35 34, *Fax (02181) 64832,* – .
Montag und Juli - Aug. 3 Wochen geschl. – **Menu** 55 Lunchbuffet und à la carte 59/96.

In Grevenbroich-Kapellen *NO : 6 km :*

Drei Könige, Neusser Str. 49, ✉ 41516, ☎ (02182) 27 84, *Fax (02182) 2784,* – .
Samstagmittag, Montag und nach Karneval 2 Wochen geschl. – **Menu** à la carte 70/92.

GREVESMÜHLEN *Mecklenburg-Vorpommern* 415 416 *E 17 – 11 000 Ew – Höhe 50 m.*

Berlin 235 – Schwerin 32 – Lübeck 37 – Wismar 21.

Hotel am See M, Klützer Str. 17a, ✉ 23936, ☎ (03881) 72 70, *Fax (03881) 727100,* – , Zim, .
Menu à la carte 28/50 – **28 Z** 95/145.

Alte Bäckerei, Große Alleestr. 51 (B 105), ✉ 23936, ☎ (03881) 7 83 00, *Fax (03881) 79069,* – – 20.
1. - 9. Jan. geschl. – **Menu** à la carte 23/41 – **12 Z** 90/160.

Le ottime tavole

Per voi abbiamo contraddistinto alcuni ristoranti con
Menu, ✿, ✿✿ o ✿✿✿.

GRIESBACH IM ROTTAL *Bayern* 420 *U 23 – 8 300 Ew – Höhe 525 m – Luftkurort – Thermalbad.*

Brunnwies (NW : 5,5 km), (08535) 9 60 10 ; Lederbach und Holzhäuser (NW : 3 Km), (08532) 31 35 ; Uttlau (NW : 4,5 km), (08532) 18 49 ; Sagmühle (S : 6 km), (08532) 20 38.

Kurverwaltung, Stadtplatz 1 und Kurallee 6 (Kurzentrum), 94086, (08532) 7 92 40, Fax (08532) 7614.

Berlin 606 – München 153 – Passau 38 – Landshut 95 – Salzburg 116.

Columbia M, Passauer Str. 39a, 94086, (08532) 30 90, *Fax (08532) 309154*, Massage, (geheizt), (Thermal) – Zim, – 50. Rest
Menu à la carte 45/70 – ***El Sotano*** *(nur Abendessen, Montag geschl.)* **Menu** à la carte 29/49 – **119 Z** 145/290 – ½ P 45.

In Bad Griesbach *S : 3 km :*

Golfhotel Maximilian M, Kurallee 1, 94086, (08532) 79 50, *Fax (08532) 795151*, Massage, (geheizt), – Rest, – 50.
Menu à la carte 55/82 – **229 Z** 187/314, 19 Suiten – ½ P 50.

König Ludwig, Am Kurwald 2, 94086, (08532) 79 90, *Fax (08532) 799799*, Massage, (Thermal), (Thermal), (Halle) – Zim, – 140. Rest
Menu à la carte 45/75 – **184 Z** 185/330 – ½ P 30.

Parkhotel, Am Kurwald 10, 94086, (08532) 2 80, *Fax (08532) 28204*, Massage, (geheizt), (Thermal), – Rest
Menu (nur Abendessen) à la carte 56/76 – **162 Z** 212/364, 5 Suiten – ½ P 35.

Fürstenhof, Thermalbadstr. 28, 94086, (08532) 98 10, *Fax (08532) 981135*, Massage, (geheizt), (Thermal), –
148 Z, 8 Suiten.

Drei Quellen Therme, Thermalbadstr. 3, 94086, (08532) 79 80, *Fax (08532) 7547*, Massage, – Rest
Menu à la carte 35/63 – **106 Z** 107/220, 5 Suiten – ½ P 15.

Haus Christl garni, Thermalbadstr. 11, 94086, (08532) 9 60 20, *Fax (08532) 960210*, Massage,
Anfang Dez. - Mitte Jan. geschl. – **20 Z** 70/145.

In Griesbach-Schwaim *S : 4 km :*

Gutshof Sagmühle, Am Golfplatz 1, 94086 Bad Griesbach, (08532) 9 61 40, *Fax (08532) 3435*, – – 30. Zim
20. Nov. - 8. Dez. und 9. - 30. Jan. geschl. – **Menu** *(Feb. - Mitte März Montag - Mittwoch geschl.)* à la carte 27/60 – **22 Z** 110/180.

GRIESHEIM *Hessen* 417 419 *Q 9 – 21 400 Ew – Höhe 145 m.*

Berlin 573 – Wiesbaden 43 – Frankfurt am Main 40 – Darmstadt 7.

Prinz Heinrich, Am Schwimmbad 12, 64347, (06155) 6 00 90, *Fax (06155) 6009288*, « Rustikale Restauranteinrichtung », – Zim, – 30.
Weihnachten - Neujahr geschl. – **Menu** *(Samstagmittag geschl.)* à la carte 34/59 – **80 Z** 106/190.

Achat M, Flughafenstrasse 2, 64347, (06155) 88 20, *Fax (06155) 882999*, – Zim, – 20.
Menu (italienische Küche) à la carte 30/59 – **35 Z** 139/209.

GRIMMA *Sachsen* 418 *M 22 – 19 300 Ew – Höhe 135 m.*

Fremdenverkehrsamt, Markt 23, 04668, (03437) 91 98 53, Fax (03437) 919853.

Berlin 214 – Dresden 84 – Leipzig 36.

In Höfgen *SO : 6 km :*

Zur Schiffsmühle, Zur Schiffsmühle 1, 04668, (03437) 91 02 86, *Fax (03437) 910287*, – – 25.
Menu à la carte 23/51 – **31 Z** 85/200.

GRIMMEN *Mecklenburg-Vorpommern* 416 *D 23 – 13 500 Ew – Höhe 15 m.*

Berlin 219 – Schwerin 161 – Rügen (Bergen) 57 – Neubrandenburg 77 – Rostock 70 – Stralsund 26 – Greifswald 26.

Grimmener Hof, Friedrichstr. 50, 18507, (038326) 5 50, *Fax (038326) 55400* – Zim, Rest
Menu *(Samstag - Sonntag geschl.)* (nur Abendessen) à la carte 30/42 – **38 Z** 105/180.

GRÖDITZ Sachsen 418 L 24 – 10 100 Ew 95 m.

Berlin 175 – Dresden 52 – Cottbus 89 – Leipzig 92 – Potsdam 133.

Spanischer Hof, Hauptstr. 15a, ✉ 01609, ☎ (035263) 4 40, Fax (035263) 44444, , – , Zim, TV ☎ – 120. AE E VISA
Menu à la carte 36/62 – **47 Z** 98/178.

GRÖMITZ Schleswig-Holstein 415 416 D 16 – 7 500 Ew – Höhe 10 m – Seeheilbad.

18 Grömitz, Am Schoor 46, ☎ (04562) 39 92 50.

Kurverwaltung, Kurpromenade, ✉ 23743, ☎ (04562) 25 62 55, Fax (04562) 256246.

Berlin 309 – Kiel 72 – Lübeck 54 – Neustadt in Holstein 12 – Oldenburg in Holstein 21.

Landhaus Langbehn, Neustädter Str. 43, ✉ 23743, ☎ (04562) 18 50, Fax (04562) 18599, , – Zim, TV ☎ – 25. E VISA.
(nur Abendessen für Hausgäste) – **40 Z** 165/250 – ½ P 20.

Golf- und Sporthotel Grömitz , Am Schoor 46, ✉ 23743, ☎ (04562) 39 90, Fax (04562) 399245, , , , , (Halle), 18 – , Zim, TV ☎ – 45. E
Menu (nur Abendessen) à la carte 40/65 – **89 Z** 144/268 – ½ P 30.

Villa am Meer , Seeweg 6, ✉ 23743, ☎ (04562) 25 50, Fax (04562) 255299, , – TV ☎ . AE E VISA. Rest
Ostern - Mitte Okt. – **Menu** à la carte 33/62 – **33 Z** 104/208, 3 Suiten.

Strandidyll , Uferstr. 26, ✉ 23743, ☎ (04562) 18 90, Fax (04562) 18989, < Ostsee, , , – TV ☎ . Zim
Nov. geschl. – **Menu** à la carte 36/69 – **30 Z** 186/242, 5 Suiten – ½ P 27.

Pinguin, Christian-Westphal-Str. 52, ✉ 23743, ☎ (04562) 98 27, Fax (04562) 1717, – TV ☎
6. Jan. - 6. März geschl. – ***La Marée*** (wochentags nur Abendessen) (Montag und 23. Nov. - 6. Dez. geschl. **Menu** à la carte 62/89 – **20 Z** 105/210 – ½ P 35.

Les localités citées dans ce guide sont soulignées de rouge sur les cartes Michelin n° 415-420.

GRÖNENBACH , BAD Bayern 419 420 W 14 – 5 000 Ew – Höhe 680 m – Kneippheilbad.

Kurverwaltung, Haus des Gastes, Marktplatz, ✉ 87730, ☎ (08334) 77 11, Fax (08334) 6133.

Berlin 675 – München 128 – Kempten (Allgäu) 25 – Memmingen 15.

Allgäuer Tor , Sebastian-Kneipp-Allee 7, ✉ 87730, ☎ (08334) 60 80, Fax (08334) 608199, Biergarten, Massage, , , , , – , Rest, TV – 45. AE E VISA.
(Restaurant nur für Hausgäste) – **153 Z** 150/280 – ½ P 20.

Landhotel Grönenbach , Ziegelberger Str. 1, ✉ 87730, ☎ (08334) 9 84 80, Fax (08334) 984858, Massage, , , , – TV ☎ – 25. AE E VISA
(nur Abendessen für Hausgäste) – **20 Z** 110/190 – ½ P 20.

Zur Post, Marktstr. 10, ✉ 87730, ☎ (08334) 2 06, Fax (08334) 9335, –
Menu (Dienstag geschl.) à la carte 26/48 – **7 Z** 60/110.

Badische Weinstube, Marktplatz 8, ✉ 87730, ☎ (08334) 5 05, Fax (08334) 6390, , « Gemütlich-rustikales Restaurant » –
Montag geschl. – **Menu** à la carte 45/80.

GRONAU IN WESTFALEN Nordrhein-Westfalen 417 J 5 – 43 000 Ew – Höhe 40 m.

Touristik Service, Konrad-Adenauer-Str. 45, ✉ 48599, ☎ (02562) 9 90 06, Fax (02562) 99008.

Berlin 509 – Düsseldorf 133 – Nordhorn 35 – Enschede 10 – Münster (Westfalen) 54 – Osnabrück 81.

Gronauer Sporthotel , Jöbkesweg 5 (über Ochtruper Straße), ✉ 48599, ☎ (02562) 70 40, Fax (02562) 70499, , – TV ☎ – 100. E VISA. Rest
Weihnachten - Anfang Jan. geschl. – (Restaurant nur für Hausgäste) – **36 Z** 75/150.

Driland mit Zim, Gildehauser Str. 350 (NO : 4,5 km), ✉ 48599, ☎ (02562) 36 00, Fax (02562) 4147, – TV – 40. AE E VISA
Menu (Dienstag geschl.) à la carte 32/70 – **4 Z** 65/120.

In Gronau-Epe *S : 3,5 km*

Schepers, Ahauser Str. 1, ✉ 48599, ☎ (02565) 9 33 20, *Fax (02565) 93325,* – TV ☎ P – 20. AE ⓓ E VISA
Menu *(Samstagmittag und Sonntag geschl.)* à la carte 37/73 – **25 Z** 98/170.

Ammertmann, Nienborger Str. 23, ✉ 48599, ☎ (02565) 9 33 70, *Fax (02565) 933755,* – TV ☎ P – 30. AE ⓓ E VISA
Menu *(Sonntagabend - Montagmittag und Dienstagmittag geschl.)* à la carte 25/52 – **23 Z** 75/160.

Heidehof, Amtsvenn 1 (W : 4 km), ✉ 48599, ☎ (02565) 13 30, *Fax (02565) 3073,* – P – 60. AE ⓓ E VISA.
Montag, Samstagmittag und 14. - 28. Feb. geschl. – **Menu** à la carte 48/78.

GROSSALMERODE *Hessen* 417 418 *M 13 – 8 000 Ew – Höhe 354 m – Erholungsort.*
Berlin 379 – Wiesbaden 255 – Kassel 24 – Göttingen 39.

Pempel, In den Steinen 2, ✉ 37247, ☎ (05604) 9 34 60, *Fax (05604) 934621* – TV ☎. ⓓ E VISA.
Ende Dez. - Mitte Jan. geschl. – **Menu** *(Samstagmittag und Sonntagabend geschl.)* à la carte 26/72 – **10 Z** 65/130.

GROSSBEEREN *Brandenburg* 416 418 *I 23 – 2 500 Ew – Höhe 40 m.*
Berlin 20 – Potsdam 21.

Großbeeren garni, Dorfaue 9, ✉ 14979, ☎ (033701) 7 70, *Fax (033701) 77100* – Zim, TV ☎ P – 80. E VISA
46 Z 110/155, 3 Suiten.

Süd-Hotel, Berliner Str. 121 (B 101), ✉ 14979, ☎ (033701) 7 00, *Fax (033701) 57604* – Zim, TV ☎ P – 30. AE ⓓ E VISA
23. Dez. - 1. Jan. geschl. – (nur Abendessen für Hausgäste) – **54 Z** 100/165.

GROSSBETTLINGEN *Baden-Württemberg siehe Nürtingen.*

GROSSBOTTWAR *Baden-Württemberg* 419 *T 11 – 7 500 Ew – Höhe 215 m.*
Berlin 605 – Stuttgart 38 – Heilbronn 23 – Ludwigsburg 19.

Pension Bruker garni (mit Gästehaus), Kleinaspacher Str. 18, ✉ 71723, ☎ (07148) 92 10 50, *Fax (07148) 6190,* – TV ☎ P. E VISA
25 Z 58/120.

Stadtschänke mit Zim, Hauptstr. 36, ✉ 71723, ☎ (07148) 80 24, *Fax (07148) 4977,* « Historisches Fachwerkhaus a. d. 15. Jh. » – TV ☎. AE ⓓ E VISA
Menu *(Mittwoch geschl.)* à la carte 32/64 – **4 Z** 70/120.

GROSS BRIESEN *Brandenburg* 416 418 *J 21 – 240 Ew – Höhe 80 m.*
Berlin 93 – Potsdam 55 – Brandenburg 23 – Dessau 65 – Magdeburg 74.

Juliushof , ✉ 14806, ☎ (033846) 4 00 56, *Fax (033846) 40245,* – TV ☎ P – 25. AE E. Rest
Menu à la carte 27/55 – **14 Z** 115/150.

GROSS DÖLLN *Brandenburg siehe Templin.*

GROSSEBERSDORF *Thüringen siehe Gera.*

GROSSEFEHN *Niedersachsen* 415 *F 6 – 11 000 Ew – Höhe 6 m.*
Berlin 496 – Hannover 231 – Emden 24 – Oldenburg 66 – Wilhelmshaven 43.

In Großefehn - Mittegroßefehn :

Landhaus Feyen, Auricher Landstr. 28 (B 72), ✉ 26629, ☎ (04943) 9 19 00, *Fax (04943) 919055* – TV ☎ P. AE ⓓ E VISA JCB
Menu à la carte 30/60 – **26 Z** 70/120.

GROSSENASPE *Schleswig-Holstein siehe Neumünster.*

GROSSENBRODE *Schleswig-Holstein* 415 416 *C 17 – 1 800 Ew – Höhe 5 m – Ostseeheilbad.*
Kurverwaltung im Rathaus, Teichstr. 12, ✉ 23775, ✆ (04367) 99 71 13, Fax (04367) 997126.
Berlin 339 – Kiel 74 – Lübeck 80 – Puttgarden 17 – Oldenburg in Holstein 20.

Ostsee-Hotel garni, Südstrand 8, ✉ 23775, ✆ (04367) 71 90, *Fax (04367) 71950,* – P. E
Anfang Jan. - Anfang März geschl. – **25 Z** 160/280.

GROSSENKNETEN *Niedersachsen* 415 *H 8 – 11 500 Ew – Höhe 35 m.*
Berlin 430 – Hannover 133 – Bremen 50 – Oldenburg 30.

In Großenkneten - Moorbek *O : 5 km :*

Zur Wassermühle-Gut Moorbeck, Amelhauser Str. 56, ✉ 26197, ✆ (04433) 2 55 (Hotel) 9 41 60 (Rest.), *Fax (04433) 255,* « Gartenterrasse am See ; Park », – P. AE E VISA
Menu *(Donnerstag geschl.)* à la carte 36/57 – **14 Z** 110/165.

GROSSENLÜDER *Hessen* 417 418 *O 12 – 7 700 Ew – Höhe 250 m.*
Berlin 456 – Wiesbaden 164 – Fulda 12 – Alsfeld 30.

Landhotel Kleine Mühle, St.-Georg-Str. 21, ✉ 36137, ✆ (06648) 9 51 00, *Fax (06648) 61123* – Zim, P – 30. AE E VISA
(nur Abendessen für Hausgäste) – **15 Z** 105/160 – ½ P 30.

Weinhaus Schmitt, Am Bahnhof 2, ✉ 36137, ✆ (06648) 74 86, *Fax (06648) 8762,* – P
Menu *(Donnerstag geschl.)* à la carte 25/49 – **8 Z** 55/95.

Zum Hirsch, Lauterbacher Str. 16, ✉ 36137, ✆ (06648) 73 07, *Fax (06648) 7095,* Biergarten – Zim, P. AE E VISA
Menu *(Mittwoch geschl.)* (Montag - Freitag nur Abendessen) à la carte 26/54 – **17 Z** 55/120.

In Großenlüder-Kleinlüder *S : 7,5 km :*

Landgasthof Hessenmühle, außerhalb (SO : 2,5 km), ✉ 36137, ✆ (06650) 9 88 00, *Fax (06650) 98888,* – P – 50. E VISA
Menu à la carte 29/54 – **55 Z** 70/120.

GROSSENSEEBACH *Bayern siehe Weisendorf.*

GROSS GAGLOW *Brandenburg siehe Cottbus.*

GROSSHEIRATH *Bayern siehe Coburg.*

GROSSHEUBACH *Bayern* 417 419 *Q 11 – 4 600 Ew – Höhe 125 m – Erholungsort.*
Berlin 570 – München 354 – Würzburg 73 – Aschaffenburg 38 – Heidelberg 77 – Heilbronn 83.

Rosenbusch, Engelbergweg 6, ✉ 63920, ✆ (09371) 81 42, *Fax (09371) 69838,* – P.
20. Jan. - 1. März geschl. – **Menu** *(Donnerstag geschl.)* (wochentags nur Abendessen) à la carte 30/60 – **19 Z** 75/160.

Zur Krone mit Zim, Miltenberger Str. 1, ✉ 63920, ✆ (09371) 26 63, *Fax (09371) 65362,* – P. E
Menu *(Montag und Freitagmittag geschl.)* à la carte 40/73 – **8 Z** 70/130.

GROSSKARLBACH *Rheinland-Pfalz siehe Dirmstein.*

GROSSLIEBRINGEN *Thüringen siehe Stadtilm.*

GROSSMAISCHEID *Rheinland-Pfalz siehe Dierdorf.*

GROSS MECKELSEN *Niedersachsen siehe Sittensen.*

GROSS MOHRDORF *Mecklenburg-Vorpommern siehe Stralsund.*

GROSS NEMEROW *Mecklenburg-Vorpommern siehe Neubrandenburg.*

GROSSOSTHEIM *Bayern* 417 *Q 11 – 14 500 Ew – Höhe 137 m.*
Berlin 558 – München 363 – Frankfurt am Main 47 – Darmstadt 39.

In Großostheim-Ringheim *NW : 4 km :*

Landhaus Hotel, Ostring 8b, ✉ 63762, ☎ (06026) 60 81, *Fax (06026) 2212*, – TV ☎ P. AE ◐ E VISA
Weinstube Zimmermann *(nur Abendessen, Sonntag und Aug. 3 Wochen geschl.)* **Menu** à la carte 31/61 – **20 Z** 92/136.

GROSS PLASTEN *Mecklenburg-Vorpommern siehe Waren (Müritz).*

GROSSSTEINBERG AM SEE *Sachsen siehe Naunhof.*

GROSS-UMSTADT *Hessen* 417 419 *Q 10 – 19 500 Ew – Höhe 160 m.*
Berlin 568 – Wiesbaden 67 – Frankfurt am Main 51 – Darmstadt 22 – Mannheim 75 – Würzburg 108.

Jakob garni, Zimmerstr. 43, ✉ 64823, ☎ (06078) 7 80 00, *Fax (06078) 74156*, – TV ☎ P. AE ◐ E VISA.
34 Z 88/180.

Brüder - Grimm - Hotel garni, Krankenhausstr. 8, ✉ 64823, ☎ (06078) 78 40, *Fax (06078) 784444* – TV ☎ P – 50. AE ◐ E VISA JCB
50 Z 110/250.

GROSSWEITZSCHEN *Sachsen siehe Döbeln.*

GROSS WITTENSEE *Schleswig-Holstein siehe Eckernförde.*

GROSS ZIMMERN *Hessen* 417 *Q 10 – 13 000 Ew – Höhe 168 m.*
Berlin 563 – Wiesbaden 65 – Frankfurt am Main 45 – Darmstadt 16.

An der Waldstraße, Waldstr. 42, ✉ 64846, ☎ (06071) 9 70 00 (Hotel) 45 69 (Rest.), *Fax (06071) 970011* TV ☎ P – 30. ◐ E VISA
Menu *(Montag geschl.)* (wochentags nur Abendessen) à la carte 24/35 – **36 Z** 99/160.

GRÜNBERG *Hessen* 417 *O 10 – 14 200 Ew – Höhe 273 m – Luftkurort.*
Fremdenverkehrsamt, Rabegasse 1 (Marktplatz), ✉ 35305, ☎ (06401) 8 04 54, Fax (06401) 80477.
Berlin 476 – Wiesbaden 102 – Frankfurt am Main 72 – Gießen 22 – Bad Hersfeld 72.

Sporthotel, Am Tannenkopf (O : 1,5 km), ✉ 35305, ☎ (06401) 80 20, *Fax (06401) 802166*, « Park », (Halle) – TV ☎ P – 100. E VISA. Rest
27. - 31. Dez. geschl. – **Menu** *(Sonntagabend geschl.)* à la carte 49/73 – **47 Z** 98/166.

Villa Emilia, Giessener Str. 42, ✉ 35305, ☎ (06401) 64 47, *Fax (06401) 4132*, – TV ☎ P. E VISA.
Menu *(Sonntag und Dienstag geschl.)* (nur Abendessen) à la carte 52/76 – **13 Z** 89/139.

An der Autobahn A 48 *NW : 6 km :*

Raststätte Reinhardshain, Nordseite, ✉ 35305 Grünberg, ☎ (06401) 88 90, *Fax (06401) 88911*, – Zim, TV ☎ P – 30
26 Z.

GRÜNSTADT *Rheinland-Pfalz* 417 419 *R 8 – 13 500 Ew – Höhe 165 m.*
Berlin 632 – Mainz 59 – Mannheim 31 – Kaiserslautern 36 – Neustadt an der Weinstraße 28.

In Grünstadt-Asselheim *N : 2 km :*

Pfalzhotel Asselheim, Holzweg 6, ✉ 67269, ☎ (06359) 8 00 30, *Fax (06359) 800399*, – TV ☎ P – 50. AE ◐ E VISA
Menu *(Sonntagabend - Montagmittag geschl.)* à la carte 43/71 – **32 Z** 98/220.

In Neuleiningen *SW : 3 km :*

Alte Pfarrey, Untergasse 54, ✉ 67271, ☎ (06359) 8 60 66, *Fax (06359) 86060*, « Fachwerkhäuser mit individueller Einrichtung » – ☎. ◐ E VISA
Aug. 2 Wochen geschl. – **Menu** *(Montag - Dienstagmittag geschl.)* à la carte 73/88 – **9 Z** 110/280.

GRÜNWALD *Bayern siehe München.*

GRUNDHOF *Schleswig-Holstein* 415 *B 12 – 1 000 Ew – Höhe 35 m.*

Berlin 421 – Kiel 73 – Flensburg 19 – Schleswig 47.

Grundhof Krug mit Zim, Holnisser Weg 4, ✉ 24977, ☎ (04636) 10 88, *Fax (04636) 1089*, – ⊡ ☎ Ⓟ – 60. AE ⓓ E VISA
Menu *(Mittwoch geschl., Montag - Freitag nur Abendessen)* à la carte 35/60 – **4 Z** 70/110.

GSCHWEND *Baden-Württemberg* 419 *T 13 – 4 300 Ew – Höhe 475 m – Erholungsort.*

Berlin 567 – Stuttgart 60 – Schwäbisch Gmünd 19 – Schwäbisch Hall 27.

Herrengass, Welzheimer Str. 11, ✉ 74417, ☎ (07972) 4 50, *Fax (07972) 6434*, – Ⓟ. AE ⓓ E VISA
Montag, über Fasching und Aug. 2 Wochen geschl. – **Menu** à la carte 39/71 – ***Bistro*** : **Menu** à la carte 29/46.

GSTADT AM CHIEMSEE *Bayern* 420 *W 21 – 1 000 Ew – Höhe 534 m – Erholungsort.*

Sehenswert : *Chiemsee★.*

Verkehrsamt, Seeplatz 5, ✉ 83257, ☎ (08054) 4 42, Fax (08054) 7997.

Berlin 660 – München 94 – Bad Reichenhall 57 – Traunstein 27 – Rosenheim 27.

Gästehaus Grünäugl garni, Seeplatz 7, ✉ 83257, ☎ (08054) 5 35, *Fax (08054) 7743*, ≤ – ☎. ⚹
Mitte Nov. - Mitte Dez. geschl. – **17 Z** 75/170.

Pension Jägerhof garni, Breitbrunner Str. 5, ✉ 83257, ☎ (08054) 2 42, *Fax (08054) 7392*, , – Ⓟ. ⚹
15. Jan. - 15. März und 15. Okt. - 20. Dez. geschl. – **28 Z** 70/140.

GUBEN *Brandenburg* 418 *K 28 – 31 000 Ew – Höhe 58 m.*

Fremdenverkehrsverein, Berliner Str. 26, ✉ 03172, ☎ (03561) 38 67, Fax (03561) 3867.

Berlin 147 – Potsdam 164 – Cottbus 40 – Frankfurt an der Oder 52.

Waldow, Hinter der Bahn 20 (N : 4 km), ✉ 03172, ☎ (03561) 40 60, *Fax (03561) 2171*, , , , – ⊡ ☎ Ⓟ – 60. E VISA
Menu à la carte 24/50 – **45 Z** 80/120.

In Atterwasch *SW : 9 km :*

Waldhotel Seehof , Am Deulowitzer See (SW : 1,5 km), ✉ 03172, ☎ (035692) 2 08, *Fax (035692) 208*, ≤, , , , , – ⊡ ☎ Ⓟ – 30. AE ⓓ E VISA
Menu à la carte 30/50 – **30 Z** 95/150 – ½ P 25.

GÜGLINGEN *Baden-Württemberg* 419 *S 11 – 6 100 Ew – Höhe 220 m.*

Cleebronn, Schloßgut Neumagenheim (SO : 7 km), ☎ (07135) 40 34.

Berlin 609 – Stuttgart 46 – Heilbronn 20 – Karlsruhe 54.

In Güglingen-Frauenzimmern *O : 2 km :*

Gästehaus Löwen, Brackenheimer Str. 23, ✉ 74363, ☎ (07135) 9 83 40 (Hotel) 96 37 42 (Rest.), *Fax (07135) 983440* – ⊡ ☎ Ⓟ
Weihnachten - Mitte Jan. geschl. – **Menu** *(im Gasthof Löwen)* à la carte 25/40 – **14 Z** 75/125.

GÜNZBURG *Bayern* 419 420 *U 14 – 20 000 Ew – Höhe 448 m.*

Schloß Klingenburg (SO : 19 km), ☎ (08225) 30 30.

Berlin 569 – München 112 – Augsburg 53 – Stuttgart 110 – Nürnberg 147 – Ulm (Donau) 29.

Zettler, Ichenhauser Str. 26a, ✉ 89312, ☎ (08221) 3 64 80, *Fax (08221) 6714*, , , – Zim, ⊡ ☎ Ⓟ – 80. AE ⓓ E VISA. ⚹ Rest
1. - 9. Jan. und 9. - 15 Aug. geschl. – **Menu** *(Sonn- und Feiertage abends geschl.)* à la carte 50/85 – **49 Z** 140/210.

Ramada M garni, Am Hofgarten, ✉ 89312, ☎ (08221) 35 10, *Fax (08221) 351333* – , Zim, ⊡ ☎ – 35. AE ⓓ E VISA JCB
100 Z 155/200.

Bettina garni, Augsburger Str. 68, ✉ 89312, ☎ (08221) 3 62 20, *Fax (08221) 362236* – ⊡ ☎ Ⓟ. AE E VISA. ⚹
23. Dez. - 10. Jan. geschl. – **11 Z** 85/140.

In Ichenhausen *S : 11 km über B 16 :*

Zum Hirsch, Heinrich-Sinz-Str. 1, ✉ 89335, ✆ (08223) 9 68 70, *Fax (08223) 9687235,* Biergarten – TV ☎ P – 60. E VISA
1. - 6. Jan. geschl. – **Menu** *(Sonntag geschl.)* à la carte 21/55 – **22 Z** 59/130.

GÜSTROW *Mecklenburg-Vorpommern* 416 *E 20 – 36 000 Ew – Höhe 10 m.*

Sehenswert : Renaissanceschloß★ – Dom★ (Renaissance-Grabmäler★, Apostelstatuen★) – Gertrudenkapelle : Ernst-Barlach-Gedenkstätte★ – Pfarrkirche St. Marien (Hochaltar★).

Güstrow-Information, Domstr. 9, ✉ 18273, ✆ (03843) 68 10 23, Fax (03843) 682079.

Berlin 192 – Schwerin 63 – Rostock 38 – Neubrandenburg 87 – Lübeck 129.

Stadt Güstrow M, Pferdemarkt 58, ✉ 18273, ✆ (03843) 78 00, *Fax (03843) 780100,* – – Zim, TV ☎ P – 60. AE E VISA
Menu à la carte 36/49 – **71 Z** 135/195.

Kurhaus am Inselsee M, Heidberg 1 (SO : 4 km), ✉ 18273, ✆ (03843) 85 00, *Fax (03843) 850100,* – – Zim, TV ☎ P. AE E VISA
Menu à la carte 30/55 – **24 Z** 115/225.

Am Güstrower Schloß M, Schloßberg 1, ✉ 18273, ✆ (03843) 76 70, *Fax (03843) 767100,* – – Zim, TV ☎ P – 50. AE E VISA
Menu à la carte 27/55 – **47 Z** 110/170.

Altstadt garni, Baustr. 10, ✉ 18273, ✆ (03843) 68 60 03, *Fax (03843) 686106* – TV ☎ P – 25. AE E VISA
43 Z 79/129.

Barlach-Stuben, Hageböcker Str. 109, ✉ 18273, ✆ (03843) 68 48 81, *Fax (03843) 82343* – E
Menu à la carte 27/45.

In Kuhs *NO : 7 km :*

Landhotel Kuhs, Güstrower Str. 39 (B 103), ✉ 18276, ✆ (038454) 31 00, *Fax (038454) 20760,* – TV ☎ P – 30. AE E VISA. Rest
Menu *(Montag geschl.)* à la carte 38/61 – **20 Z** 110/160.

In Lalendorf *SO : 16 km :*

Im Wiesengrund, Hauptstr. 3 (B 104), ✉ 18279, ✆ (038452) 2 05 42, *Fax (038452) 20542,* – TV ☎ P. E
Menu *(Mittwochmittag geschl.)* à la carte 24/48 – **12 Z** 65/115.

GÜTERSLOH *Nordrhein-Westfalen* 417 *K 9 – 94 000 Ew – Höhe 94 m.*

Rietberg (③ : 8 km), ✆ (05244) 23 40.

Verkehrsverein, Rathaus, Berliner Str. 70, ✉ 33330, ✆ (05241) 82 27 49, Fax (05241) 822139.

Berlin 412 ③ – Düsseldorf 156 ④ – Bielefeld 18 ② – Münster (Westfalen) 57 ⑤ – Paderborn 45 ④.

Stadtplan siehe gegenüberliegende Seite

Parkhotel Gütersloh, Kirchstr. 27, ✉ 33330, ✆ (05241) 87 70, *Fax (05241) 877400,* « Geschmackvolle, elegante Einrichtung ; Park », – – Zim, Rest, TV – 170. AE E VISA BZ n
Menu *(Samstag geschl.)* à la carte 63/89 – ***Brasserie*** (Montag - Freitag nur Abendessen) *(Juli-August 4 Wochen, Sonn- und Feiertage geschl.)* **Menu** 32 (Buffet) und à la carte 29/59 – **103 Z** 230/320, 5 Suiten.

Stadt Gütersloh, Kökerstr. 23, ✉ 33330, ✆ (05241) 10 50, *Fax (05241) 105100,* « Elegant-rustikale Einrichtung », – – Zim, TV P – 50. AE E VISA
Schiffchen *(nur Abendessen, Sonntag und Juli - Aug. 3 Wochen geschl.)* **Menu** à la carte 68/96 – **55 Z** 169/260. BZ e

Appelbaum, Neuenkirchener Str. 59, ✉ 33332, ✆ (05241) 9 55 10, *Fax (05241) 955123,* Biergarten – TV ☎ P. AE E VISA AZ s
Menu *(Sonn- und Feiertage geschl.)* (nur Abendessen) à la carte 32/52 – **23 Z** 90/175.

Stadt Hamburg, Feuerbornstr. 9, ✉ 33330, ✆ (05241) 5 89 11, *Fax (05241) 58981* – Zim, TV ☎ P. AE E VISA AZ r
Menu *(Sonn- und Feiertage geschl.)* (nur Abendessen) à la carte 35/59 – **30 Z** 115/170.

Sinfonie (in der Stadthalle), Friedrichstr. 10, ✉ 33330, ✆ (05241) 86 42 69, *Fax (05241) 864268,* – P – 1000. AE E VISA AZ
Samstagmittag und Montag geschl. – **Menu** à la carte 40/74.

Gasthaus Bockskrug, Parkstr. 44, ✉ 33332, ✆ (05241) 5 43 70, – P. AE E VISA BZ a
Montag geschl. – **Menu** (wochentags nur Abendessen) à la carte 50/76.

GÜTERSLOH

Berliner Straße	AZ	
Brockhäger Straße	AY	3
Carl-Miele-Straße	BY	4
Dalkestraße	AZ	7
Daltropstraße	AZ	8
Eickhoffstraße	BYZ	11
Feuerbornstraße	AZ	13
Herzebrocker Straße	AZ	15
Kahlertstraße	BY	16
Kökerstraße	BZ	19
Königstraße	AZ	
Lindenstraße	BZ	21
Moltkestraße	AY	22
Münsterstraße	AZ	23
Schulstraße	AY	27
Strengerstraße	BY	28
Theodor-Heuss-Platz	AZ	30
Willy-Brandt-Platz	BY	32

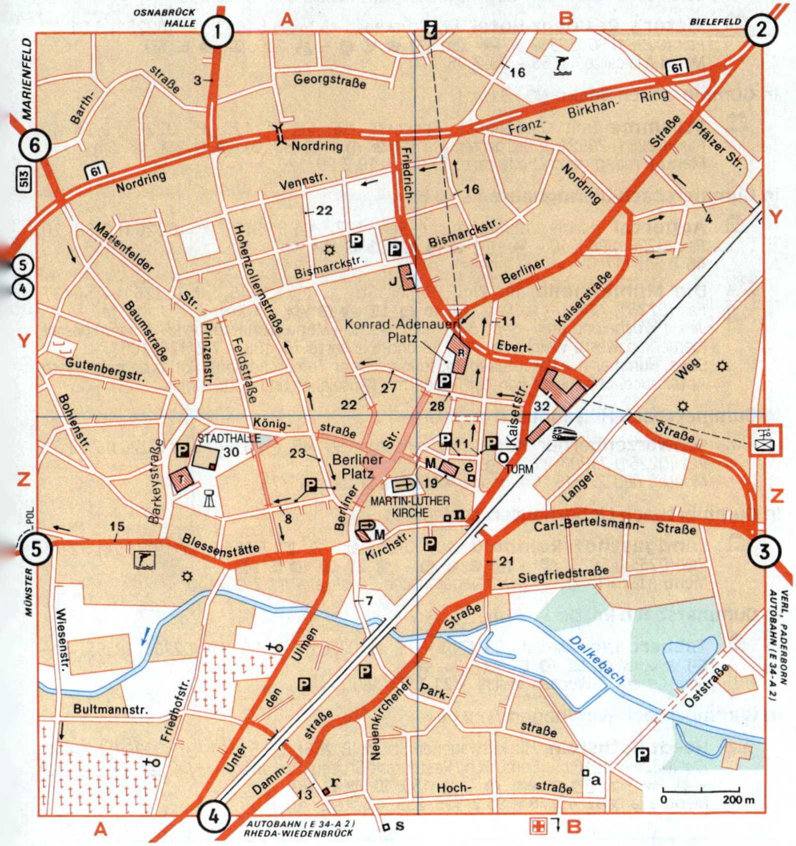

In Gütersloh-Spexard ③ : *2 km* :

Waldklause, Spexarder Str. 205, ✉ 33334, ☎ (05241) 9 76 30, *Fax (05241) 77185,* Biergarten – Zim, TV ☎ P – 80. AE ⓓ E VISA
Juli - Aug. 2 Wochen geschl. – **Menu** *(Sonntagabend geschl.)* (wochentags nur Abendessen) à la carte 32/61 – **25 Z** 80/120.

GULDENTAL *Rheinland-Pfalz* 417 *Q 7 – 2 900 Ew – Höhe 150 m.*
Berlin 612 – Mainz 44 – Bad Kreuznach 12 – Koblenz 67.

Der Kaiserhof, Hauptstr. 2, ✉ 55452, ☎ (06707) 9 44 40, *Fax (06707) 944415,* – TV ☎. E VISA
Menu *(Dienstag geschl.)* (abends Tischbestellung ratsam) à la carte 41/66 – **10 Z** 80/165.

Enk garni, Naheweinstr. 36, ✉ 55452, ☎ (06707) 91 20, *Fax (06707) 91241* – ☎ P.
20. Dez. - Mitte Jan. geschl. – **15 Z** 65/105.

GUMMERSBACH *Nordrhein-Westfalen* 417 *M 6 – 54 000 Ew – Höhe 250 m.*

Fremdenverkehrsamt, Rathausplatz 1, ✉ 51643, ✆ (02261) 8 75 58, Fax (02261) 87600.

ADAC, *Moltkestr. 19, ✉ 51643, ✆ (0221) 47 27 47, Fax (02261) 28497.*

Berlin 557 – Düsseldorf 86 – Köln 54 – Lüdenscheid 44 – Siegen 55.

Victor's Residenz-Hotel M, Brückenstr. 52, ✉ 51643, ✆ (02261) 8 01 09, *Fax (02261) 801599* – Zim, – 200. AE E VISA
Menu à la carte 41/63 – **56 Z** 95/170.

In Gummersbach-Becke *NO : 5 km :*

Stremme (mit Gästehaus), Beckestr. 55, ✉ 51647, ✆ (02261) 9 26 40, *Fax (02261) 29521,* « Biergarten » – – 30. AE E VISA. Zim
Menu *(Freitag geschl.)* à la carte 27/62 – **19 Z** 90/170.

In Gummersbach-Dieringhausen *S : 7 km :*

Aggertal garni, Vollmerhauser Str. 127, ✉ 51645, ✆ (02261) 9 68 20, *Fax (02261) 968260* – . AE E VISA.
46 Z 81/117.

Die Mühlenhelle mit Zim, Hohler Str. 1, ✉ 51645, ✆ (02261) 7 50 97, *Fax (02261) 72401* – Rest, . AE E VISA. Rest
Jan. 1 Woche und Aug. - Sept. 3 Wochen geschl. – **Menu** *(Sonntagabend - Montag geschl.)* (bemerkenswerte Weinkarte) 79/138 und à la carte 75/108 – **7 Z** 120/160
Spez. Hummer mit Ratatouillegemüse in gelierter Tomatenessenz. Rotbarbe mit Kapern-Apfelsauce. Crépinette von der Taube mit Gänseleber und Portweinjus.

In Gummersbach-Hülsenbusch *W : 7 km :*

Schwarzenberger Hof, Schwarzenberger Str. 48, ✉ 51647, ✆ (02261) 2 21 75, *Fax (02261) 21907,* – . E
Montag und 2. - 15. Jan. geschl. – **Menu** à la carte 45/75.

In Gummersbach-Lieberhausen *NO : 10 km :*

Landgasthof Reinhold, Kirchplatz 2, ✉ 51647, ✆ (02354) 52 73, *Fax (02354) 5873,* – – 20. AE E VISA
Menu à la carte 27/49 *(auch vegetarische Gerichte)* – **17 Z** 90/140.

In Gummersbach-Rospe *S : 2 km :*

Tabbert garni, Hardtstr. 28, ✉ 51643, ✆ (02261) 6 02 50, *Fax (02261) 28565,* – . AE E VISA JCB.
über Ostern 2 Wochen geschl. – **21 Z** 70/160.

In Gummersbach-Windhagen *N : 2 km :*

Heedt-Rothstein, Hückeswagener Str. 4 (B 256), ✉ 51647, ✆ (02261) 6 50 21, *Fax (02261) 28161,* « Gemütliche Restaurant-Stuben, Parkanlage », , , , , – Zim, – 150. AE E VISA
Menu à la carte 49/78 – **95 Z** 105/255, 4 Suiten.

GUNDELSHEIM *Baden-Württemberg* 417 419 *S 11 – 6 900 Ew – Höhe 154 m.*

Ausflugsziel : *Burg Guttenberg★ : Greifvogelschutzstation SW : 2 km.*

Berlin 604 – Stuttgart 75 – Mannheim 80 – Heidelberg 50 – Heilbronn 20.

Zum Lamm (mit Gästehaus), Schloßstr. 25, ✉ 74831, ✆ (06269) 4 20 20, *Fax (06269) 420299,* , « Fachwerkhaus a.d. 16. Jh. » – – 45. AE E VISA JCB
Menu *(Donnerstag geschl.)* à la carte 42/84 – **32 Z** 70/180.

GUNZENHAUSEN *Bayern* 419 420 *S 16 – 17 000 Ew – Höhe 416 m.*

Tourist Information, Marktplatz 25, ✉ 91710, ✆ (09831) 5 08 76, Fax (09831) 50879.

Berlin 478 – München 152 – Nürnberg 54 – Ingolstadt 73 – Ansbach 28.

Parkhotel Altmühltal M, Zum Schießwasen 15, ✉ 91710, ✆ (09831) 50 40, *Fax (09831) 89422,* , , – Zim, – 500. AE E VISA
Menu à la carte 42/67 – **67 Z** 150/270, 5 Suiten.

Zur Post, Bahnhofstr. 7, ✉ 91710, ✆ (09831) 6 74 70, *Fax (09831) 6747222,* , « Fränkischer Gasthof a.d. 17. Jh. » – – 30
Menu *(Montag geschl.)* à la carte 41/71 – **26 Z** 90/230.

In Pfofeld-Langlau *O : 10 km :*

Strandhotel Seehof Ⓜ, Seestr. 33, ✉ 91738, ☎ (09834) 98 80, *Fax (09834) 988988,* <, « Lage am kleinen Brombachsee », Massage, ≘s, ▣ – |♦|, Zim, TV ☎ – 75. AE E VISA
Menu à la carte 36/59 – **85 Z** 120/204, 3 Suiten.

GUSTOW *Mecklenburg-Vorpommern siehe Rügen (Insel).*

GUTACH IM BREISGAU *Baden-Württemberg* 419 *V 7 – 3 600 Ew – Höhe 290 m.*

Gutach, Golfstraße, ☎ (07681) 2 31 51.

Tourist-Information Elztal, im Bahnhof Bleibach, ✉ 79261, ☎ (07685) 91 01 28, Fax (07685) 910127.

Berlin 774 – Stuttgart 208 – Freiburg im Breisgau 31 – Offenburg 66.

In Gutach-Bleibach *NO : 2 km – Erholungsort :*

Silberkönig, Am Silberwald 24, ✉ 79261, ☎ (07685) 70 10, *Fax (07685) 701100,* <, , ≘s, , – |♦| TV ☎ – 60. AE E VISA
Menu à la carte 36/71 – **41 Z** 103/192 – ½ P 35.

In Gutach-Siegelau *NW : 3 km :*

Bären, Talstr. 17, ✉ 79261, ☎ (07685) 2 74, *Fax (07685) 7555,* – TV. Zim
16. Feb. - 5. März geschl. – **Menu** *(Dienstag geschl.)* à la carte 24/41 – **12 Z** 50/100.

In Gutach-Stollen *NO : 1 km :*

Romantik Hotel Stollen, Elzacher Str. 2, ✉ 79261, ☎ (07685) 9 10 50, *Fax (07685) 1550,* « Behagliche Einrichtung » – TV ☎. AE E VISA
10. - 25. Jan. geschl. – **Menu** *(Dienstag - Mittwochmittag geschl.)* à la carte 49/85 – **10 Z** 120/220.

GUTACH (SCHWARZWALDBAHN) *Baden-Württemberg* 419 *V 8 – 2 300 Ew – Höhe 300 m – Erholungsort.*

Sehenswert : *Freilichtmuseum Vogtsbauernhof★★ (N : 2 km).*

Ausflugsziel : *Landwassereck <★ SW : 7 km.*

Berlin 750 – Stuttgart 136 – Freiburg im Breisgau 57 – Offenburg 41 – Villingen-Schwenningen 39.

Linde, Ramsbachweg 2, ✉ 77793, ☎ (07833) 3 08, *Fax (07833) 8126,* , ≘s, ▣, – |♦| TV – 120. AE E VISA
11. Jan. - 7. Feb. geschl. – **Menu** à la carte 27/52 – **25 Z** 70/130.

GUTENZELL-HÜRBEL *Baden-Württemberg siehe Ochsenhausen.*

GUTTENBERG (BURG) *Baden-Württemberg siehe Hassmersheim.*

GYHUM *Niedersachsen siehe Zeven.*

HAAN *Nordrhein-Westfalen* 417 *M 5 – 28 000 Ew – Höhe 165 m.*

Berlin 541 – Düsseldorf 19 – Köln 40 – Wuppertal 14.

CM City Class Hotel Savoy garni, Neuer Markt 23, ✉ 42781, ✆ (02129) 92 20, *Fax (02129) 922299,* – 40. AE E VISA JCB
86 **Z** 160/335.

Schallbruch garni, Schallbruch 15 (nahe der B 228, NO : 2 km), ✉ 42781, ✆ (02129) 92 00, *Fax (02129) 920111,* – 20. AE E VISA
46 **Z** 175/280.

HAAR *Bayern siehe München.*

HACHENBURG *Rheinland-Pfalz* 417 *O 7 – 5 400 Ew – Höhe 370 m – Luftkurort.*

beim Dreifelder Weiher (S : 10 km), ✆ (02666) 82 20.

Städt. Verkehrsamt, Mittelstr. 2, (Rathaus), ✉ 57627, ✆ (02662) 30 63, Fax (02662) 5851.

Berlin 569 – Mainz 106 – Siegen 37 – Koblenz 54 – Köln 82 – Limburg an der Lahn 46.

In Limbach *N : 6,5 km – Erholungsort :*

Peter Hilger mit Zim, Hardtweg 5, ✉ 57629, ✆ (02662) 71 06, *Fax (02662) 939231,* – E.
Menu *(Montag - Dienstag geschl.)* à la carte 40/72 – **10 Z** 55/96.

HACKENHEIM *Rheinland-Pfalz siehe Kreuznach, Bad.*

HADAMAR *Hessen* 417 *O 8 – 11 000 Ew – Höhe 130 m.*

Berlin 550 – Wiesbaden 60 – Koblenz 63 – Limburg an der Lahn 8,5.

Nassau-Oranien, Borngasse 21, ✉ 65589, ✆ (06433) 91 90, *Fax (06433) 919100,* – 60. AE E VISA
Menu à la carte 48/58 – **61 Z** 129/220.

In Hadamar-Niederhadamar :

Zur Sonne, Mainzer Landstr. 119, ✉ 65589, ✆ (06433) 42 70, *Fax (06433) 2544* – AE E VISA
Juli - Aug. 2 Wochen geschl. – **Menu** *(Mittwoch geschl.)* à la carte 25/57 – **9 Z** 55/95.

HÄUSERN *Baden-Württemberg* 419 *W 8 – 1 300 Ew – Höhe 875 m – Luftkurort – Wintersport : 850/1 200 m 1.*

Tourist-Information, Spitzacker 1, ✉ 79837, ✆ (07672) 93 14 15, Fax (07672) 931422.

Berlin 806 – Stuttgart 186 – Freiburg im Breisgau 58 – Donaueschingen 60 – Basel 66 – Waldshut-Tiengen 22.

Adler, St.-Fridolin-Str. 15, ✉ 79837, ✆ (07672) 41 70, *Fax (07672) 417150,* – E VISA
22. Nov. - 17. Dez. geschl. – **Menu** *(Montag - Dienstag und 9. Nov. - 17. Dez. geschl.)* 85/134 und à la carte 46/94 – **45 Z** 115/292, 4 Suiten – ½ P 38
Spez. Dorade Royale auf provenzialischem Gemüse. Rinderfilet und Ragout vom Ochsenschwanz "Adlerwirt's Art". Rehmedaillon mit Preißelbeer-Pfeffersauce.

Albtalblick, St. Blasier Str. 9 (W : 1 km), ✉ 79837, ✆ (07672) 9 30 00, *Fax (07672) 930090,* < Albtal mit Albsee, Massage, Zim, – 30. AE E VISA
Menu à la carte 28/58 – **34 Z** 66/180, 4 Suiten – ½ P 28.

HAGEN *Nordrhein-Westfalen* **417** *L 6 – 217 000 Ew – Höhe 105 m.*

Sehenswert : Westf. Freilichtmuseum ★★ (SO : 4 km über Eilper Straße Z).

Hagen-Berchum (über Haldener Str. Y), ☎ (02334) 5 17 78.

Hagen-Information, Friedrich-Ebert-Platz (Rathaus), ✉ 58095, ☎ (02331) 2 07 33 83, Fax (02331) 2072473.

ADAC, *Körnerstr. 62, ✉ 58095, ☎ (02331) 2 43 16, Fax (02331) 23519.*

Berlin 505 ① – Düsseldorf 62 ① – Dortmund 27 ① – Kassel 178 ①.

HAGEN

Alexanderstraße .... Y 2
Am Hauptbahnhof .... Y 3
Bahnhofstraße .... Y 4
Bülowstraße .... Y 6
Eduard-Müller-Straße .... Y 7
Eilper Straße .... Z 8
Elberfelder Straße .... YZ
Gertrudstraße .... Y 12
Kampstraße .... Z
Körnerstraße .... Y
Mittelstraße .... Z 15

Queens Hotel, Wasserloses Tal 4, ✉ 58093, ☎ (02331) 39 10, *Fax (02331) 391153*, Zim, Rest, – 250. AE VISA JCB Z b
Menu à la carte 45/78 – **146 Z** 186/305.

Lex garni, Elberfelder Str. 71, ✉ 58095, ☎ (02331) 3 20 30, *Fax (02331) 27793* – AE VISA. Y e
38 Z 100/190.

Central-Hotel garni, Dahlenkampstr. 2, ✉ 58095, ☎ (02331) 1 63 02, *Fax (02331) 29563* – . Z n
Weihnachten - Neujahr geschl. – **15 Z** 90/150.

In Hagen-Dahl ④ : *9 km* :

Dahler Schweiz, Am Hemker Bach 12, ✉ 58091, ✆ (02337) 10 84, *Fax (02337) 1087*, – 📺 ☎ – 40. AE ⓓ E VISA
Rossini : **Menu** à la carte 58/89 – **14 Z** 110/180.

In Hagen-Hohenlimburg ③ : *8 km* :

Bentheimer Hof, Stennertstr. 20, ✉ 58119, ✆ (02334) 48 26, *Fax (02334) 43568* – 📺 ☎ Ⓟ. AE ⓓ E VISA JCB
Menu *(Sonntag geschl.)* à la carte 41/67 – **26 Z** 108/198.

Reher Hof, Alter Reher Weg 13 (Ortsteil Reh), ✉ 58119, ✆ (02334) 5 11 83, *Fax (02334) 51881* – 📺 ☎ Ⓟ. AE ⓓ E VISA
Menu *(Samstag - Sonntag geschl.)* (nur Abendessen) à la carte 30/56 – **22 Z** 116/170.

In Hagen-Rummenohl ④ : *13 km* :

Dresel, Rummenohler Str. 31 (B 54), ✉ 58091, ✆ (02337) 13 18, *Fax (02337) 8981*, « Gartenterrasse » – 📺 ☎ Ⓟ – 100. AE ⓓ E VISA
Juli geschl. – **Menu** *(Montag - Dienstag geschl.)* à la carte 36/77 – **19 Z** 70/168.

In Hagen-Selbecke *SO : 4 km über Eilper Straße* Z :

Schmidt, Selbecker Str. 220, ✉ 58091, ✆ (02331) 97 83 00, *Fax (02331) 978330*, – Zim, 📺 ☎ Ⓟ.
(nur Abendessen) – **36 Z**.

Dans ce guide
un même symbole, un même mot,
imprimé en ***noir*** *ou en rouge, en maigre ou en* ***gras****,*
n'ont pas tout à fait la même signification.
Lisez attentivement les pages explicatives.

In questa guida
uno stesso simbolo, uno stesso carattere
stampati in rosso o in ***nero****, in magro o in* ***grassetto****,*
hanno un significato diverso.
Leggete attentamente le pagine esplicative.

HAGENOW *Mecklenburg-Vorpommern* 415 416 *F 17 – 14 000 Ew – Höhe 37 m.*

Hagenow-Information, Möllner Str. 61, ✉ 19230, ✆ (03883) 72 90 96.
Berlin 202 – Schwerin 30 – Hamburg 90 – Stendal 133.

Zum Maiwirth mit Zim, Teichstr. 7, ✉ 19230, ✆ (03883) 6 14 10, *Fax (03883) 614117*, – 📺 ☎. E
Menu à la carte 31/58 – **4 Z** 90/120.

In Moraas *O : 11 km* :

Heidehof, Hauptstr. 15, ✉ 19230, ✆ (03883) 72 21 40, *Fax (03883) 729118*, « Gartenterrasse » – 📺 ☎ Ⓟ. E VISA
Menu à la carte 29/46 – **11 Z** 95/145.

HAGNAU *Baden-Württemberg* 419 *W 11 – 1 400 Ew – Höhe 409 m – Erholungsort.*

Verkehrsverein, Seestr. 16, ✉ 88709, ✆ (07532) 43 00 21, Fax (07532) 9641.
Berlin 731 – Stuttgart 196 – Konstanz 17 – Ravensburg 29 – Bregenz 43.

Villa am See garni, Seepromenade, ✉ 88709, ✆ (07532) 4 31 30, *Fax (07532) 6997*, ←, « Gartenanlage », – 📺 ☎ Ⓟ
7 Z 150/390.

Der Löwen (Fachwerkhaus a.d.J. 1696), Hansjakobstr. 2, ✉ 88709, ✆ (07532) 62 41, *Fax (07532) 9048*, , « Garten mit Teichanlage », – 📺 ☎ Ⓟ. Zim
Mitte März - Okt. – **Menu** *(Mittwoch geschl.)* (wochentags nur Abendessen) à la carte 33/63 – **23 Z** 80/190.

Alpina, Höhenweg 10, ✉ 88709, ✆ (07532) 4 50 90, *Fax (07532) 450945* – 📺 ☎ Ⓟ.
Mitte Dez. - Mitte Jan. geschl. – (nur Abendessen für Hausgäste) – **18 Z** 120/190 – ½ P 25.

Landhaus Messmer garni, Meersburger Str. 12, ✉ 88709, ✆ (07532) 43 31 14, *Fax (07532) 6698*, ←, – ☎ Ⓟ.
März - Okt. – **14 Z** 80/190.

Strandhaus Dimmeler garni, Seestr. 19, ✉ 88709, ☎ (07532) 4 33 40, *Fax (07532) 433434*, – TV ☎ P.
5. Nov. - 10. März geschl. – **16 Z** 66/190.

Gästehaus Schmäh garni, Kapellenstr. 7, ✉ 88709, ☎ (07532) 62 10, *Fax (07532) 1403*, – TV ☎ P
April - Okt. – **17 Z** 75/136.

HAIBACH *Bayern siehe Aschaffenburg.*

HAIDMÜHLE *Bayern* **420** *T 25 – 1 700 Ew – Höhe 831 m – Erholungsort – Wintersport : 800/1 300 m 3.*
Ausflugsziel : *Dreisessel : Hochstein ★ SO : 11 km.*
Tourismusbüro, Schulstr. 39, ✉ 94145, ☎ (08556) 1 94 33, Fax (08556) 1032.
Berlin 524 – München 241 – Passau 52 – Freyung 25.

In Haidmühle-Auersbergsreut *NW : 3 km – Höhe 950 m*

Haus Auersperg, ✉ 94145, ☎ (08556) 9 60 60, *Fax (08556) 96069*, , , – Rest, ☎ P. E
Mitte Nov.- Mitte Dez. geschl. – **Menu** *(Dienstag geschl.)* à la carte 23/47 – **17 Z** 45/114 – ½ P 28.

In Haidmühle-Bischofsreut *NW : 7 km – Höhe 950 m*

Märchenwald , Langreut 42, ✉ 94145, ☎ (08550) 2 25, *Fax (08550) 648*, , , – TV P. Zim
Nov. - Mitte Dez. geschl. – **Menu** *(Montag geschl.)* à la carte 23/37 – **18 Z** 65/136 – ½ P 15.

HAIGERLOCH *Baden-Württemberg* **419** *U 10 – 11 000 Ew – Höhe 425 m.*
Sehenswert : *Lage★★ – ★ von der Oberstadtstraße unterhalb der Wallfahrtskirche St. Anna.*
Kultur- und Verkehrsamt, Oberstadtstraße (Rathaus), ✉ 72401, ☎ (07474) 6 97 27, Fax (07474) 6068.
Berlin 697 – Stuttgart 70 – Karlsruhe 126 – Reutlingen 48 – Villingen-Schwenningen 59 – Freudenstadt 40.

Gastschloß Haigerloch , Im Schloß (N : 2,5 km), ✉ 72401, ☎ (07474) 69 30, *Fax (07474) 69382*, , « Terrasse im Schloßhof ; ständige Ausstellung von Kunstobjekten und Gemälden » – TV ☎ P – 40. AE E VISA
Jan. und Juli - Aug. jeweils 2 Wochen geschl. – **Menu** *(Sonntag geschl.)* à la carte 59/84 – **30 Z** 140/260.

Krone, Oberstadtstr. 47, ✉ 72401, ☎ (07474) 9 54 40, *Fax (07474) 954444* – TV ☎. AE E VISA
Aug. 3 Wochen geschl. – **Menu** *(Donnerstag geschl.)* à la carte 29/59 – **8 Z** 75/120.

Schwanen mit Zim und Gästehaus, Marktplatz 5 (Unterstadt), ✉ 72401, ☎ (07474) 9 54 60, *Fax (07474) 954610*, , « Restauriertes Barockhaus a. d. 17. Jh. » – TV ☎ – 18. Rest
Menu *(Montag - Dienstag und Okt. - Nov. 2 Wochen geschl.)* 92/172 und à la carte 89/126 – **23 Z** 135/330
Spez. Pot-au-feu von Krustentieren und St. Jakobsmuscheln. Lammrücken in der Artischockenkruste. Schokoladensoufflé mit eingelegten Kumquats.

HAINBURG *Hessen siehe Hanau am Main.*

HALBERSTADT *Sachsen-Anhalt* **418** *K 17 – 45 000 Ew – Höhe 125 m.*
Sehenswert : *Dom St. Stephanus★★ (Lettner★, Kreuzigungsgruppe★, Domschatz★★) – Liebfrauenkirche (Reliefs★).*
Fremdenverkehrsbüro, Düsterngraben 3, ✉ 38820, ☎ (03941) 55 18 15, Fax (03941) 551089.
ADAC, *Richard-Wagner-Str. 57, ✉ 38820, ☎ (03941) 2 61 39, Fax (03941) 600180.*
Berlin 206 – Magdeburg 55 – Halle 90.

Unter den Linden, Klamrothstr. 2, ✉ 38820, ☎ (03941) 60 00 77, *Fax (03941) 600078*, , – , Zim, TV P – 30. AE E VISA JCB
Menu à la carte 41/60 – **45 Z** 130/210.

Halberstädter Hof, Trillgasse 10, ✉ 38820, ☎ (03941) 2 70 80, *Fax (03941) 26189*, – TV ☎ P. AE E VISA
Menu à la carte 31/47 – **23 Z** 105/190.

Am Grudenberg garni, Grudenberg 10, ✉ 38820, ✆ (03941) 6 91 20, *Fax (03941) 691269,* – TV ☎ P. E VISA
23. Dez.- Anfang Jan. geschl. – **21 Z** 85/155.

Antares M, Sternstr. 6, ✉ 38820, ✆ (03941) 60 02 50, *Fax (03941) 600249,* – Zim, TV ☎ P – 15. AE E VISA
Menu *(Sonntagabend geschl.)* à la carte 32/50 – **24 Z** 98/175.

Gästehaus Abtshof garni, Abtshof 27 a, ✉ 38820, ✆ (03941) 6 88 30, *Fax (03941) 688368* – TV ☎ P. AE E VISA.
26 Z 80/120.

HALBLECH *Bayern* 419 420 *X 16 – 3 400 Ew – Höhe 815 m – Erholungsort – Wintersport : 800/1 500 m 4.*

Verkehrsamt, Bergstraße (Buching), ✉ *87642,* ✆ *(08368) 2 85, Fax (08368) 7221.*

Berlin 646 – München 106 – Garmisch-Partenkirchen 54 – Kempten 56 – Schongau 23 – Füssen 13.

In Halblech-Buching

Bannwaldsee, Sesselbahnstr. 10, ✉ 87642, ✆ (08368) 90 00, *Fax (08368) 900150,* – TV ☎ P – 40. AE E VISA. Rest
Nov. - 20. Dez. geschl. – **Menu** à la carte 27/54 – **65 Z** 100/180 – ½ P 25.

Schäder, Romantische Str. 16, ✉ 87642, ✆ (08368) 13 40, *Fax (08368) 867,* – TV P. AE E VISA. Zim
Jan. 3 Wochen geschl. – **Menu** *(Nov. - April Montag geschl.)* à la carte 29/62 – **12 Z** 85/140 – ½ P 18.

In Halblech-Trauchgau

Sonnenbichl, Sonnenbichl 1, ✉ 87642, ✆ (08368) 9 13 30, *Fax (08368) 7239,* Allgäuer Alpen, (Halle) – TV ☎ P
Menu à la carte 25/53 – **23 Z** 75/220 – ½ P 10.

HALDENSLEBEN *Sachsen-Anhalt* 416 418 *J 18 – 22 000 Ew – Höhe 70 m.*

Haldensleben-Information, Stendaler Turm, ✉ *39340,* ✆ *(03904) 4 04 11, Fax (03904) 71770.*

Berlin 168 – Magdeburg 29 – Brandenburg 117 – Stendal 68.

Behrens (ehemalige Villa), Bahnhofstr. 28, ✉ 39340, ✆ (03904) 34 21, *Fax (03904) 3421* – TV ☎ P. AE E VISA. Rest
Menu *(Sonntag geschl.)* (nur Abendessen) à la carte 29/51 – **19 Z** 105/180.

Waldringhotel, Waldring 115, ✉ 39340, ✆ (03904) 63 33, *Fax (03904) 633422* – Zim, TV ☎ P – 20. AE E VISA
Menu *(Samstag geschl.)* (nur Abendessen) à la carte 23/40 – **36 Z** 95/140.

HALFING *Bayern* 420 *W 20 – 2 000 Ew – Höhe 602 m.*

Berlin 643 – München 68 – Bad Reichenhall 71 – Rosenheim 17 – Salzburg 76 – Wasserburg am Inn 14 – Landshut 78.

Kern, Kirchplatz 5, ✉ 83128, ✆ (08055) 87 11, *Fax (08055) 8018,* – TV ☎ P – 35. E VISA
Menu *(Montag geschl.)* à la carte 28/55 – **34 Z** 65/180.

HALLBERGMOOS *Bayern siehe Freising.*

HALLE *Sachsen-Anhalt* 418 *L 19 – 280 000 Ew – Höhe 94 m.*

Sehenswert : *Händelhaus★* DY *– Staatl. Galerie Moritzburg★★* DY *– Marktplatz★* EY *– Marktkirche★ (Aufsatz des Hochaltars★)* EY *– Moritzkirche (Werke★ von Conrad v. Einbeck)* DZ *– Doppelkapelle in Landsberg (Kapitelle★, Blick★).*

Ausflugsziel : *Merseburg : Dom★★ (Kanzel★, Bronzegrabplatte★ König Rudolfs) S : 16 km über ④.*

Tourist-Information, Marktplatz 1 (Roter Turm), ✉ 06108, ☎ (0345) 2 02 33 40, Fax (0345) 502798.

ADAC, *Joliot-Curie-Platz 1a, ✉ 06108, ☎ (0345) 2 02 64 93, Fax (0345) 5125643.*

Berlin 170 ① – Magdeburg 86 ⑥ – Leipzig 42 ④ – Gera 74 ② – Nordhausen 91 ⑤.

Stadtpläne siehe nächste Seiten

Maritim, Riebeckplatz 4, ✉ 06009, ☎ (0345) 5 10 10, *Fax (0345) 5101777*, Massage, – Zim, – 480. AE VISA JCB FZ a
Menu à la carte 45/85 – **346 Z** 220/311.

Dorint Hotel Charlottenhof M, Dorotheenstr. 12, ✉ 06108, ☎ (0345) 2 92 30, *Fax (0345) 2923100*, – Zim, – 110. AE VISA FZ c
Menu à la carte 34/63 – **166 Z** 246/267, 4 Suiten.

Rotes Ross garni, Leipziger Str. 76, ✉ 06108, ☎ (0345) 2 92 20, *Fax (0345) 2922222*, – – 15. AE VISA JCB EZ s
67 Z 182/339.

Ankerhof M, Ankerstr. 2a, ✉ 06108, ☎ (0345) 2 32 32 00, *Fax (0345) 2323219*, « Ehemaliger Speicher des königlichen Hauptzollamtes », Massage, – Zim, – 70. AE VISA. Rest DY c
Menu *(Sonntag geschl.)* à la carte 32/57 – **49 Z** 135/230.

Europa, Delitzscher Str. 17, ✉ 06112, ☎ (0345) 5 71 20, *Fax (0345) 5712161* – Zim, – 30. AE VISA FZ b
Menu à la carte 31/57 – **109 Z** 170/200.

Schweizer Hof, Waisenhausring 15, ✉ 06108, ☎ (0345) 50 30 68, *Fax (0345) 2026392* – . AE VISA EZ p
Menu *(Sonntagabend - Montagmittag geschl.)* à la carte 30/48 – **18 Z** 125/195.

Apart Hotel garni, Kohlschütterstr. 5, ✉ 06114, ☎ (0345) 5 25 90, *Fax (0345) 5259200*, – – 35. AE VISA BT a
50 Z 135/195.

Am Wasserturm garni, Lessingstr. 8, ✉ 06114, ☎ (0345) 2 98 20, *Fax (0345) 5126543*, – – 35. AE VISA JCB EX f
52 Z 110/180.

Martha-Haus garni, Adam-Kuckhoff-Str. 5, ✉ 06108, ☎ (0345) 5 10 80, *Fax (0345) 5108515*, – – 25. VISA JCB EXY g
20 Z 130/190.

Mönchshof, Talamtstr. 6, ✉ 06108, ☎ (0345) 2 02 17 26, *Fax (0345) 2021726* – AE VISA DY e
Sonntagabend geschl. – **Menu** à la carte 26/53.

In Halle-Neustadt *W : 2 km :*

Steigenberger Esprix Hotel, Neustädter Passage 5, ✉ 06122, ☎ (0345) 6 93 10, *Fax (0345) 6931626*, – Zim, Rest, – 80. AE VISA JCB AU d
Menu à la carte 31/45 – **186 Z** 127/217.

In Halle-Trotha *N : 3 km :*

Am Krähenberg garni, Am Krähenberg 1, ✉ 06118, ☎ (0345) 5 22 55 06, *Fax (0345) 5225559* – . AE VISA BT e
16 Z 118/158.

In Dölbau *SO : 6 km über ② ; an der BAB Ausfahrt Halle-Ost :*

Konsul, Hotelstr. 1, ✉ 06184, ☎ (034602) 6 70, *Fax (034602) 67670*, – Zim, – 50. VISA
Menu à la carte 34/59 – **123 Z** 90/155.

In Peißen *NO : 5 km :*

Treff Hansa Hotel, Hansaplatz 1 (Gewerbegebiet), ✉ 06188, ☎ (0345) 5 64 70, *Fax (0345) 5647550*, – Zim, – 450. AE VISA CT f
Menu à la carte 42/67 – **301 Z** 150/247.

Alba Hotel, An der Mühle 190 (Gewerbegebiet), ✉ 06188, ☎ (0345) 5 75 00, *Fax (0345) 5750100* – Zim, – 200. AE VISA JCB. Rest CT c
Menu à la carte 31/60 – **168 Z** 155/195.

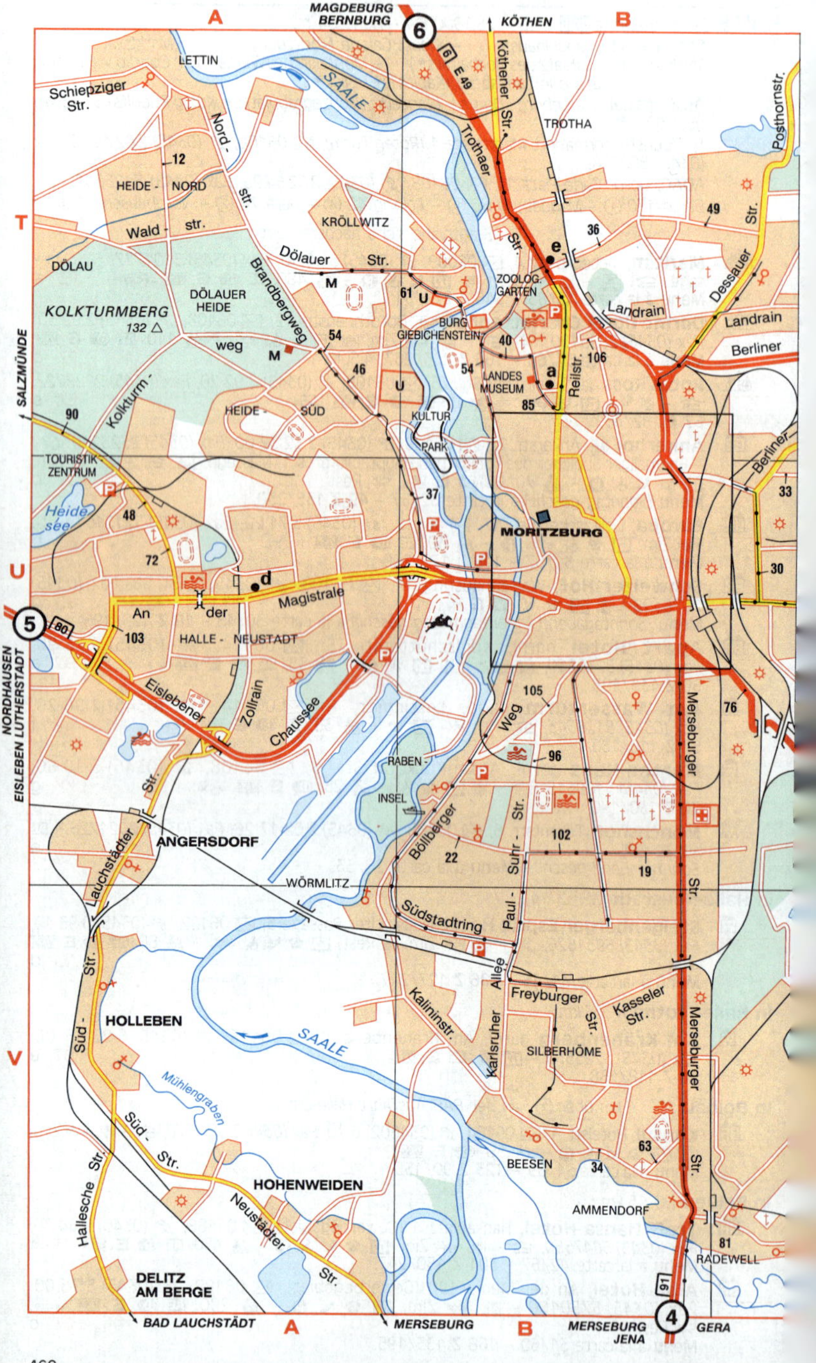

MAGDEBURG
BERNBURG
KÖTHEN
A
B
T
U
V
LETTIN
Schiepziger Str.
SAALE
Köthener Str.
Trothaer Str.
TROTHA
Posthornstr.
Nord-str.
HEIDE - NORD
Wald-str.
KRÖLLWITZ
DÖLAU
Dölauer Str.
Brandbergweg
DÖLAUER HEIDE
KOLKTURMBERG
132
weg
Kolkturm-
ZOOLOG. GARTEN
BURG GIEBICHENSTEIN
LANDES MUSEUM
Reilstr.
Landrain
Dessauer Str.
Berliner
HEIDE - SÜD
KULTUR PARK
SALZMÜNDE
TOURISTIK-ZENTRUM
Heide-see
MORITZBURG
Magistrale
An der
HALLE - NEUSTADT
Eislebener
Zollrain
Chaussee
NORDHAUSEN
EISLEBEN LUTHERSTADT
Weg
Merseburger Str.
RABEN-INSEL
Böllberger
Paul-Suhr-Str.
ANGERSDORF
Lauchstädter Str.
WÖRMLITZ
Südstadtring
Allee
Freyburger Str.
Kasseler Str.
Kalininstr.
Karlsruher
SILBERHÖME
Süd-Str.
HOLLEBEN
Mühlengraben
BEESEN
AMMENDORF
HOHENWEIDEN
Neustädter Str.
Hallesche Str.
RADEWELL
DELITZ AM BERGE
BAD LAUCHSTÄDT
MERSEBURG
MERSEBURG JENA
GERA
E 49
6
5
80
4
91
12
49
36
e
M
61
U
54
40
a
106
46
85
90
37
33
48
72
d
30
103
105
76
96
102
22
19
63
34
81

HALLE

Erfahrungsgemäß werden bei größeren Veranstaltungen, Messen und Ausstellungen in vielen Städten und deren Umgebung erhöhte Preise verlangt.

D
E
X
Y
Z
Mühlweg
Karl-
Liebknecht-
Str.
Bernburger
Str.
Ludwig-
W.- Lohmann- Str.
Carl-
von-
Ossietzky-
Str.
August-
Wucherer-
Straße
67
Am
Kirchtor
Neuwerk
51
Puschkin-
str.
Lessing-
Breite
Str.
Geiststraße
Bebel-
Adam
Kuckhoff-
Straße
BOTANISCHER
GARTEN
Große
Wallstr.
Emil-
Abderhalden-
plan
Weiden-
Str.
Mühlgraben
Jägerplatz
Moritzburgring
Kleine
Ulrichstr.
Große
100
MORITZBURG
31
Joliot-
Curie- Pl.
ADAC
94
Steinstraße
Schimmelstr.
Franzosenweg
Wilhelm-
Külz-
Hanse-
ring
87
18
HÄNDELHAUS
Ulrich-
str.
70
Große
Dom
NEUE RESIDENZ
27
43
43
ROTER
TURM
60
15
58
MARKT-
PLATZ
79
73
e
Halloren-u.
Saline Museum
99
Klausbr.
MARKT-
KIRCHE
R
J
Str.
C
Mansfelder
Str.
73
Schülershof
91
KONZERT-
HALLE
Leipziger
Str.
Hallorenring
POL.
80
Herrenstraße
42
M
Moritzkirche
3
78
42
57
39
p
88
s
39
4
Moritzzwinger
Waisenhausring
SAALE
Gerbersaale
Glauchaer
Platz
4
Francke-
platz
69
Glauchaer
straße
Taubenstraße
Lange
Str.
Bertramstraße
Steinweg
64
Müller-
STADT-
MUSEUM
Torstraße
Rannischer
Platz
Philipp-
13
106

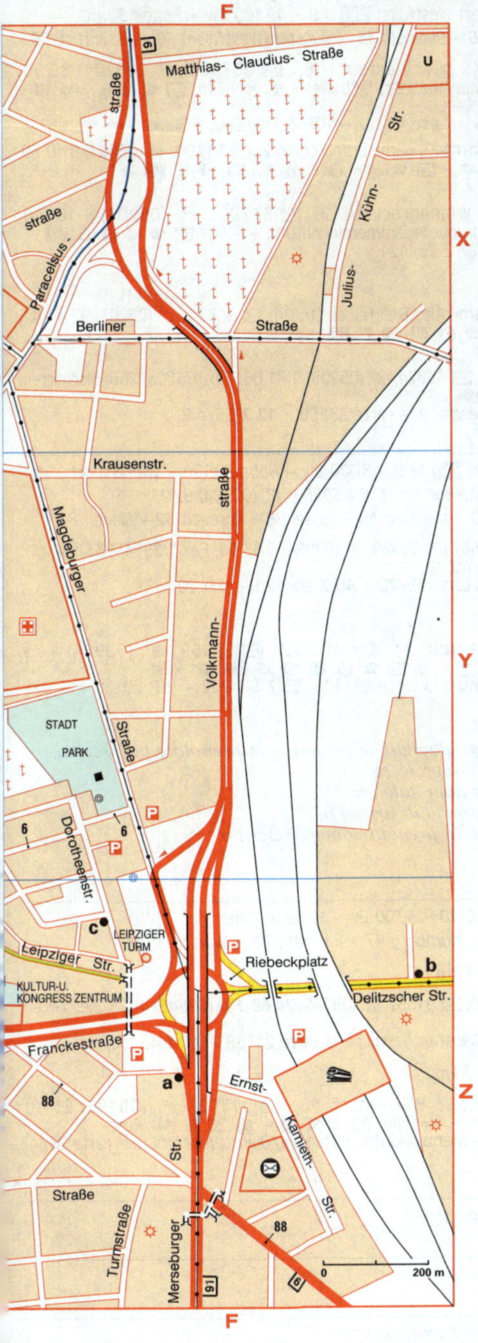

Adam-Kuckhoff-Straße	EXY	
Alter Markt	EZ	3
Am Kirchtor	DX	
An der Waisenhausmauer	DEZ	4
Anhalter Straße	FY	6
August-Bebel-Straße	EXY	
Berliner Straße	FX	
Bernburger Straße	DX	
Bertramstraße	DEZ	
Böllberger Weg	DZ	13
Breite Straße	DX	
Brüderstraße	EY	15
Carl-von-Ossietzky-Straße	EX	
Dachritzstraße	DEY	18
Delitzscher Straße	FZ	
Domstraße	DY	27
Dorotheenstraße	FYZ	
Emil-Abderhalden-Straße	EX	
Ernst-Kamieth-Straße	FZ	
Franckeplatz	EZ	
Franckestraße	FZ	
Franzosenweg	EY	
Fridemann-Bach-Platz	DY	31
Geiststraße	DX	
Glauchaer Platz	DZ	
Glauchaer Straße	DZ	
Große Brauhausstraße	EZ	39
Große Märkerstraße	EYZ	42
Große Nikolaistraße	DEY	43
Große Steinstraße	EY	
Große Ulrichstraße	DEY	
Große Wallstraße	DXY	
Hallorenring	DYZ	
Hansering	EY	
Hermannstraße	DX	51
Herrenstraße	DYZ	
Jägerplatz	DXY	
Joliot-Curie-Platz	EY	
Julius-Kühn-Straße	FX	
Karl-Liebknecht-Straße	DX	
Klausbrücke	DY	
Kleine Brauhausstraße	EYZ	57
Kleine Steinstraße	EY	58
Kleine Ulrichstraße	DY	
Kleinschmieden	EY	60
Krausenstraße	FY	
Lange Straße	DZ	
Leipziger Straße	EFYZ	
Lerchenfeldstraße	DZ	64
Lessingstraße	EFX	
Ludwig-Wucherer-Straße	EX	
Magdeburger Straße	FY	
Mansfelder Straße	DY	
Markplatz	EY	
Martha-Brautzsch-Straße	EX	67
Matthias-Claudius-Straße	FX	
Mauerstraße	EZ	69
Merseburger Straße	FZ	
Mittelstraße	EY	70
Moritzburgring	DY	
Moritzzwinger	DEZ	
Mühlweg	DEX	
Neuwerk	DX	
Oleariusstraße	DY	73
Paracelsusstraße	FX	
Philipp-Müller-Straße	EFZ	
Puschkinstraße	DEX	
Rannischer Platz	EZ	
Rannische Straße	EZ	78
Rathausstraße	EY	79
Riebeckplatz	FZ	
Robert-Franz-Ring	DY	87
Rudolf-Breitscheid-Straße	EFZ	88
Schimmelstraße	EY	
Schmeerstraße	EY	91
Schülershof	EY	
Schulstraße	EY	94
Steinweg	EZ	
Talamtstraße	DY	99
Taubenstraße	DEZ	
Torstraße	DZ	
Turmstraße	FZ	
Universitätsring	DEY	100
Volkmannstraße	FXY	
Waisenhausring	EZ	
Weidenplan	EX	
Wilhelm-Külz-Straße	EY	
Willy-Lohmann-Straße	EX	
Wörmlitzer Straße	EZ	106

HALLE IN WESTFALEN *Nordrhein-Westfalen 417 J 9 – 19 500 Ew – Höhe 130 m.*
Berlin 399 – Düsseldorf 176 – Bielefeld 15 – Münster (Westfalen) 60 – Osnabrück 38.

Sportpark Hotel M, Weststr. 16, ✉ 33790, (05201) 89 90, *Fax (05201) 899440*, Massage, (Halle) – Zim, – 120. Rest
Menu (italienische Küche) à la carte 42/72 – **103 Z** 178/266, 5 Suiten.

Gästehaus Schmedtmann M garni, Bismarckstr. 2, ✉ 33790, (05201) 8 10 50, *Fax (05201) 810526*, – – 40.
12 Z 120/170.

St. Georg garni, Winnebrockstr. 2, ✉ 33790, (05201) 8 10 40, *Fax (05201) 8104132*, « Individuelle Zimmereinrichtung » –
20. Dez. - 7. Jan. geschl. – **27 Z** 76/121.

In Werther *O : 6 km :*

Stadthotel Werther garni, Alte Bielefelder Str. 24, ✉ 33824, (05203) 97 41 41, *Fax (05203) 974159* –
15 Z 80/130.

Kipps Krug, Engerstr. 61, ✉ 33824, (05203) 9 71 80, *Fax (05203) 268*, Biergarten, (Halle) –
Menu *(Donnerstagmittag geschl.)* à la carte 33/58 – **12 Z** 55/130.

HALLENBERG *Nordrhein-Westfalen 417 M 9 – 5 000 Ew – Höhe 385 m – Wintersport :*
Verkehrsverein, Merklinghauser Str. 1, ✉ 59969, (02984) 82 03.
Berlin 467 – Düsseldorf 200 – Marburg 45 – Kassel 86 – Korbach 32 – Siegen 85.

Diedrich, Nuhnestr. 2 (B 236), ✉ 59969, (02984) 9 33 00, *Fax (02984) 933244*, – – 40.
Menu *(Dienstag geschl.)* à la carte 39/70 – **40 Z** 90/170 – ½ P 20.

In Hallenberg-Hesborn *N : 6 km :*

Zum Hesborner Kuckuck, Ölfestr. 22, ✉ 59969, (02984) 4 75, *Fax (02984) 573*, – Rest
Nov. 1 Woche geschl. – **Menu** à la carte 38/52 – **53 Z** 86/202 – ½ P 20.

"Check in (all'arrivo)
Nella maggior parte degli alberghi, le camere non prenotate per iscritto, non sono più disponibili dopo le 18.
Se si prevede di arrivare dopo tale ora, è preferibile precisare l'orario di arrivo o, meglio ancora, effettuare la prenotazione per iscritto."

HALLERNDORF *Bayern 419 420 Q 16 – 3 300 Ew – Höhe 260 m.*
Berlin 426 – München 223 – Nürnberg 47 – Bamberg 22 – Würzburg 97.

In Hallerndorf-Pautzfeld *NO : 3,5 km :*

Kammerer (mit Gästehaus), ✉ 91352, (09545) 74 68, *Fax (09545) 4025*, Biergarten, – Rest
Menu *(Montagmittag und Dienstag geschl.)* à la carte 21/38 – **21 Z** 45/90.

In Hallerndorf-Willersdorf *SW : 3 km :*

Brauerei Rittmayer, Willersdorf 10, ✉ 91352, (09195) 23 10, *Fax (09195) 5971*, Biergarten – Zim, – 20. Rest
Juli - Aug. 2 Wochen geschl. – **Menu** *(Montagmittag und Dienstag geschl.)* à la carte 23/42 – **15 Z** 70/105.

HALLSTADT *Bayern siehe Bamberg.*

HALLWANG *Österreich siehe Salzburg.*

HALSENBACH *Rheinland-Pfalz siehe Emmelshausen.*

HALTERN *Nordrhein-Westfalen* 417 *K 5 – 35 600 Ew – Höhe 35 m.*

Städt. Verkehrsamt, Altes Rathaus, Markt 1, ✉ 45721, ☎ (02364) 93 33 66, Fax (02364) 933364.

Berlin 500 – Düsseldorf 77 – Münster (Westfalen) 46 – Recklinghausen 15.

Ratshotel (mit Gästehaus), Mühlenstr. 3, ✉ 45721, ☎ (02364) 34 65, *Fax (02364) 16117* – TV ☎ P. AE E VISA
Menu *(Mittwoch geschl.)* à la carte 30/58 – **20 Z** 90/135.

In Haltern-Flaesheim *SO : 5,5 km :*

Jägerhof zum Stift Flaesheim, Flaesheimer Str. 360, ✉ 45721, ☎ (02364) 23 27, *Fax (02364) 167523* – TV ☎ P – 30. AE E VISA
Juli - Aug. 3 Wochen geschl. – **Menu** *(Dienstag geschl.)* à la carte 40/63 – **11 Z** 65/140.

In Haltern-Sythen *N : 5 km :*

Pfeiffer, Am Wehr 71, ✉ 45721, ☎ (02364) 9 62 20, *Fax (02364) 962296,* – TV ☎ P. AE E VISA
7. Juni - 3. Juli geschl. – **Menu** *(Donnerstag geschl.)* à la carte 33/63 – **11 Z** 75/140.

HAMBURG

L Stadtstaat Hamburg 415 416 F 14 – 1 650 000 Ew – Höhe 10 m

Berlin 284 ③ – Bremen120 ⑥ – Hannover 151 ⑤

PRAKTISCHE HINWEISE

Tourist-Information im Hauptbahnhof (Ausgang Kirchenallee), ✉ 20099, ✆ (040) 30 05 13 00, Fax (040) 30051333.

Tourist-Information am Hafen, Landungsbrücke 4-5, ✉ 20459 ✆ (040) 30 05 12 00, Fax (040) 30051333

ADAC, *Amsinckstr. 39, ✉ 20097, ✆ (040) 2 39 19 19, Fax (040) 23919289*

18 *Falkenstein, Hamburg-Blankenese, In den Bargen 59, ✆ (040) 81 21 77*

18 *Treudelberg, Hamburg-Lemsahl (N : 16 km), Lemsahler Landstr. 45, ✆ (040) 60 82 25 00*

18 9 *Wendlohe, Oldesloer Str. 251 R, ✆ (040) 5 50 50 14*

18 *Peiner Hof (NW : 22 km), Peiner Hag, ✆ (04101) 7 37 90*

18 *Hittfeld (S : 21 km), Am Golfplatz 24, ✆ (04105) 23 31*

18 9 *Walddörfer (NO : 20 km, Ammersbeck, über ①), ✆ (040) 6 05 13 37*

18 *Escheburg (SO : 25 km, über B5), Am Soll, ✆ (04152) 8 32 04*

18 *Ahrensburg (NO : 22 km, über B75), Am Haidschlag 39, ✆ (04102) 5 13 09*

18 *Wentorf-Reinbek (SO : 20 km), Golfstr. 2, ✆ (040) 72 97 80 66*

18 *Holm, (W : 24 km) Haverkamp 1, ✆ (04103) 9 13 30*

✈ *Hamburg-Fuhlsbüttel (N : 15 km R), ✆ (040) 5 07 50*

Hamburg Altona, Sternenschanze

Hamburg Messe und Congress GmbH EFX Jungiusstr. 13, ✉ 20355, ✆ (040) 3 56 90, Fax (040) 35692181.

HAUPTSEHENSWÜRDIGKEITEN

Museen, Galerien, Sammlungen : *Kunsthalle*★★ HY **M¹** – *Museum für Kunst und Gewerbe*★ HY **M²** – *Museum für Hamburgische Geschichte*★ EYZ **M³** – *Postmuseum*★ FY **M⁴** – *Hamburgisches Museum für Völkerkunde*★ BT **M⁵** – *Norddeutsches Landesmuseum*★★ AT **M⁶**.

Parks, Gärten, Seen : *Außenalster*★★★ *(Alsterrundfahrt*★★★*)* GHXY – *Tierpark Hagenbeckk*★★ R – *Hafen*★★ EZ – *Park „Planten un Blomen"*★ EFX.

Gebäude, Straßen, Plätze : *Fernsehturm*★ (※★★ EX – *Jungfernstieg*★ GY – *St-Michaelis*★ (※★) FZ – *Stintfang* (<★) EZ – *Elbchausse*★ S – *Altonaer Balkon* (<★) AT **S**.

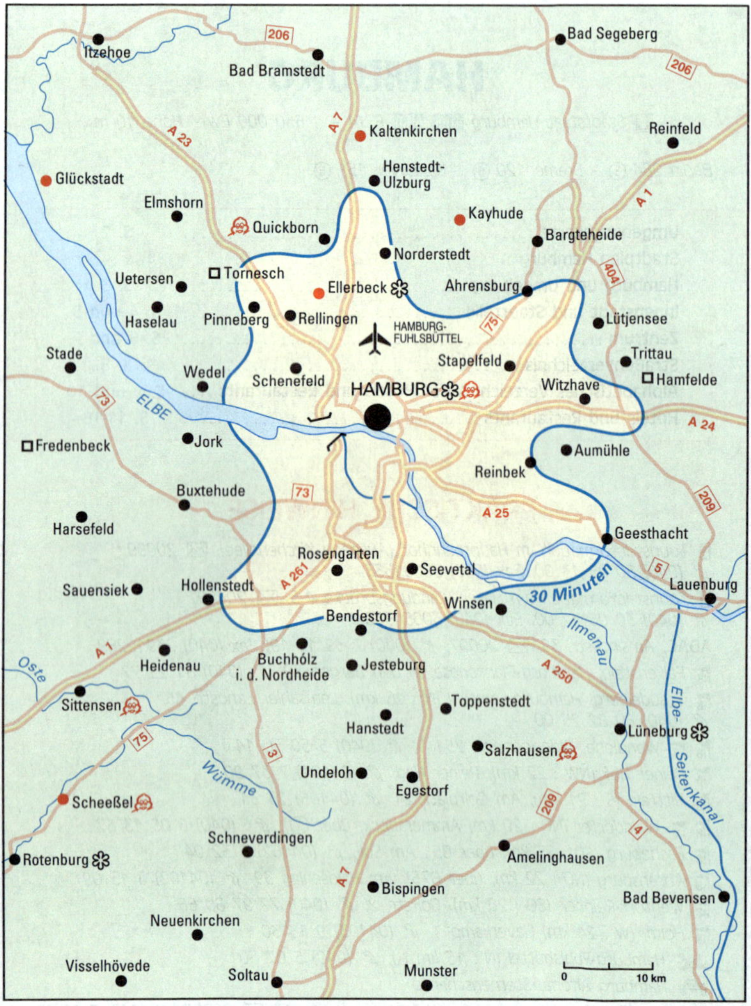

GRÜNE MICHELIN-FÜHRER *in deutsch*

Paris	Korsika	Deutschland
Atlantikküste	Nordfrankreich	Frankreich
Auvergne Perigord	Umgebung von Paris	Italien
Bretagne	Provence	Oberrhein
Burgund Jura	Pyrenäen Roussillon	Österreich
Côte d'Azur (Französische Riviera)	Gorges du Tarn	Schweiz
Elsaß Vogesen Champagne	Schlösser an der Loire	Spanien

Si vous écrivez à un hôtel à l'étranger,
joignez à votre lettre un coupon réponse international
(disponible dans les bureaux de poste).

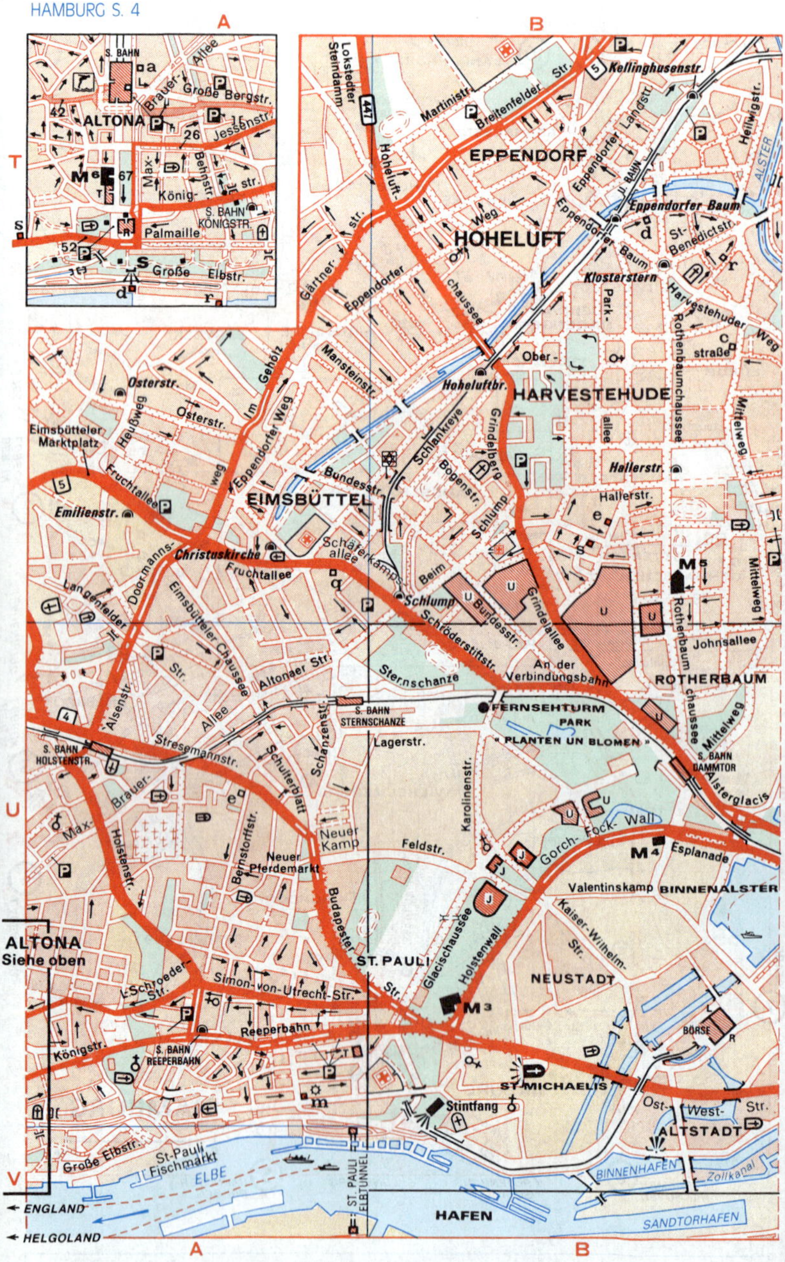

Anckelmannstraße . . . . DU 6
Beim Strohhause . . . . DU 12
Billhorner Brückenstraße . . . DV 15
Ehrenbergstraße . . . . AT 26
Hauptstraße . . . . AT 42
Herbert-Weichmann-Str. . . . . CT 44
Klopstockstraße . . . . AT 52
Krugkoppel . . . . CT 55
Kuhmühle . . . . DU 56
Lübecker Tordamm . . . . DU 61
Platz der Republik . . . . AT 67
Steinhauerdamm . . . . DU 78

Straßenverzeichnis
siehe Hamburg S. 8

HAMBURG
0
500 m
C
D
T
U
V
WINTERHUDE
BARMBEK
UHLENHORST
EILBEK
AUSSENALSTER
ST. GEORG
HAMMERBROOK
HAUPT-BAHNHOF
M1
M2
Sierichstr.
Borgweg
Saarlandstr.
Wiesendamm
Barmbeker Str.
Maria-Louisen-Str.
Dorotheenstr.
Jarrestraße
Osterbek
Weidestraße
Biedermannplatz
Weidestr.
Dehnhaide
Barmbeker Markt
Fernsicht
Gellertstr.
Osterbekkanal
Herderstr.
Bachstraße
Beethovenstraße
Hofweg
Winterhuder Weg
Hamburger Str.
Harvestehuder Weg
Schöne Aussicht
Schwanenwik
Mundsburger Damm
Mundsburg
Lerchenfeld
U. BAHN
Eilenau
Eilbektal
Alte Rabenstr.
Alsterufer
Uhlandstr.
Mühlendamm
Wartenau
Wandsbeker Chaussee
Ritterstr.
Landwehr
S. BAHN LANDWEHR
Sievekingsallee
Sievekingdamm
Lübecker Str.
Sechslingspforte
An der Alster
Lange Reihe
Barcastr.
Wallstr.
Lohmühlenstr.
Bürgerweide
Burgstr.
Steindamm
POL.
Borgfelder Str.
Eiffestr.
Ausschläger Weg
Grevenweg
Ballindamm
Steintorwall
S. BAHN-BERLINER-TOR
Kurt-Schumacher-Allee
Spaldingstr.
Nordkanalstr.
Heidenkampsweg
Hochwasser-Bassin
Wendenstr.
Süderstr.
ADAC
Ost-West-Str.
Amsinckstr.
S. BAHN-HAMMERBROOK
BILLE
OBERHAFEN
BAAKENHAFEN
S. BAHN ROTHENBURGSORT
5
75
4
15
55
44
56
61
78
12
6

E F

X

STERNSCHANZENPARK
Schröderstiftstr.
Rentzelstr.
Grindelallee
Bundesstr.
An der Verbindingsbahn
Johns-
allee
72
Moorweidenstr.
Sternschanze
Sternschanze
FERNSEHTURM
Tiergartenstr.
Edmund-Siemers-Allee
Lagerstr.
CONGRESS CENTRUM HAMBURG
Th-Heuss-Platz
PARK „ PLANTEN UN BLOMEN "
Jungiusstr.
S. BAHN DAMMTOR
Karolinenstr.
Marseiller Str.
MESSEGELÄNDE
Bei den Kirchhöfen
ALTER BOTANISCHER GARTEN
23
Stephanspl.
Messehallen
Marktstraße
46
KLEINE WALLANLAGEN
Wall
Fock-
Gorch-
M4
Feldstr.
Neuer Kamp
Feldstraße
Dammtorwall
STAATSOPER
Colonnaden
Dammtor-str.
Sievekingplatz
MUSIKHALLE
Gänsemarkt
ST-PAULI
Valentinskamp
Gänse-markt
WILHELM-KOCH-STADION
Kaiser-Wilhelm-Str.
ABC
Str.
29
Pilatuspool
Poolstr.
Post-
HEILIGENGEISTFELD
GROSSE WALLANLAGEN
Glacischaussee
Holstenwall
Bleichen
HUMMEL DENKMAL
Hohe
33
Hütten
Thielbek
Budapester Straße
M3
Bleichen-fleet
Wall
Wexstraße
77
St. Pauli
Neuer Steinweg
Alter Steinweg
Neuer
Alster-
Alter Wall
63
70
Ludwig-
Erhard-
Str.
S. BAHN STADTHAUSBR.
31
fleet
BISMARCK-DENKMAL
ST. MICHAELIS
Rödingsmarkt
35
43
54
Ost-
West-
Str.
Seewartenstr.
16
NEUSTADT
Stintfang
Schaarmarkt
Herren-graben-
Deichstr.
fleet
Nikolai-
ALT
Landungsbr.
Ditmar-Koel-Str.
10
Kajen
21
9
Johannisbollwerk
Vorsetzen
Hohe Brücke
Hafenrundfahrt
ELBE
NIEDER-HAFEN
Baumwall
BINNENHAFEN
HAFEN

Y

Z

E F

HAMBURG

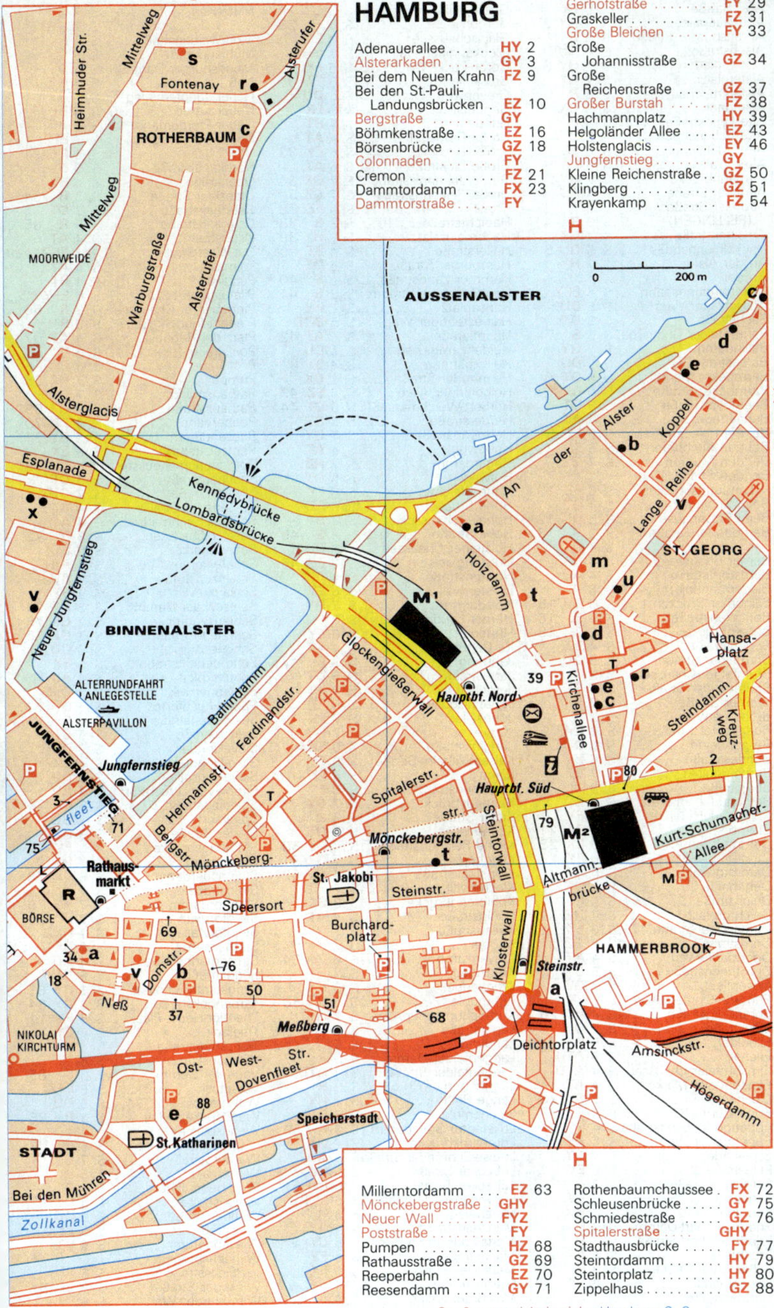

Straßenverzeichnis siehe Hamburg S. 8

ABC Straße S. 6 FY
Adenauerallee S. 7 HY 2
Ahrensburger Straße S. 3 R
Alsenstraße S. 4 AU
Alsterarkaden S. 7 GY 3
Alsterglacis S. 7 GX
Alsterkrugchaussee S. 3 R
Alsterufer S. 7 GX
Alte Landstraße S. 3 R
Alte Rabenstraße S. 5 CT
Alter Steinweg S. 6 FZ
Alter Wall S. 6 FZ
Altmannbrücke S. 7 HYZ
Altonaer Straße S. 4 AU
Altonaer Straße (RELLINGEN) S. 3 R 4
Amsinckstraße S. 7 HZ
Anckelmannstraße S. 5 DU 6
An der Alster S. 7 HX
An der Verbindungsbahn S. 6 EFX
Ausschläger Weg S. 5 DU
Bachstraße S. 5 DT
Bahrenfelder Chaussee S. 3 S 7
Ballindamm S. 7 GY
Barcastraße S. 5 DU
Barmbeker Markt S. 5 DT
Barmbeker Straße S. 5 CDT
Beethovenstraße S. 5 DT
Behnstraße S. 4 AT
Bei dem Neuen Krahn S. 6 FZ 9
Bei den Kirchhöfen S. 6 FX
Bei den Mühren S. 7 GZ
Bei den St.-Pauli-Landungsbrücken S. 6 EZ 10
Beim Schlump S. 4 BT
Beim Strohhause S. 5 DU 12
Bergedorfer Straße S. 3 S 13
Bergstraße S. 7 GY
Berner Chaussee S. 3 R
Bernstorffstraße S. 4 AU
Biedermannplatz S. 5 DT
Billhorner Brückenstr. S. 5 DV 15
Böhmkenstraße S. 6 EZ 16
Börsenbrücke S. 7 GZ 18
Bogenstraße S. 4 BT
Borgfelder Straße S. 5 DU
Bramfelder Chaussee S. 3 R
Breitenfelder Straße S. 4 BT
Bremer Straße S. 3 S
Brombeerweg S. 3 R
Budapester Straße S. 6 EY
Bürgerweide S. 5 DU
Bundesstraße S. 6 FX
Burchardplatz S. 7 GZ
Burgstraße S. 5 DU
Buxtehuder Straße S. 3 S
Colonnaden S. 6 FY
Cremon S. 6 FZ 21
Dammtordamm S. 6 FX 23
Dammtorstraße S. 6 FY
Dammtorwall S. 6 FY
Dehnhaide S. 5 DT
Deichstraße S. 6 FZ
Deichtorplatz S. 7 HZ
Ditmar-Koel-Straße S. 6 EZ
Domstraße S. 7 GZ
Doormannsweg S. 4 AT
Dorotheenstraße S. 5 CT
Dovenfleet S. 7 GZ
Edmund-Siemers-Allee S. 6 FX
Ehrenbergstraße S. 4 AT 26
Eiffestraße S. 5 DU
Eilbektal S. 5 DT
Eilenau S. 5 DTU
Eimsbütteler Chaussee S. 4 ATU
Eimsbütteler Marktpl. S. 4 AT
Elbchaussee S. 3 S 28
Eppendorfer Baum S. 4 BT
Eppendorfer Landstraße S. 4 BT
Eppendorfer Weg S. 4 ABT
Esplanade S. 7 GY
Feldstraße S. 6 EY
Ferdinandstraße S. 7 GY
Fernsicht S. 5 CT
Fontenay S. 7 GX
Friedrich-Ebert-Damm S. 3 R
Friedrich-Ebert-Straße S. 3 R
Fruchtallee S. 4 AT
Fuhlsbüttler Straße S. 3 R
Gänsemarkt S. 6 FY
Gärtnerstraße S. 4 AT
Gellerstraße S. 5 CT
Georg-Wilhelm-Straße S. 3 S
Gerhofstraße S. 6 FY 29
Glacischaussee S. 6 EY
Glockengießerwall S. 7 GHY
Gorch-Fock-Wall S. 6 FY
Graskeller S. 6 FZ 31
Grevenweg S. 5 DU
Grindelallee S. 6 FX
Grindelberg S. 4 BT
Große Bergstraße S. 4 AT
Große Bleichen S. 6 FY 33
Große Elbstraße S. 4 AT
Große Johannisstraße S. 7 GZ 34
Große Reichenstraße S. 7 GZ 37
Großer Burstah S. 6 FZ 38
Habichtstraße S. 3 R 38
Hachmannplatz S. 7 HY 39
Hallerstraße S. 4 BT
Hamburger Straße S. 5 DT
Hammer Landstraße S. 3 S 40
Hannoversche Straße S. 3 S 41
Hansaplatz S. 7 HY
Harvestehuder Weg S. 5 BCT
Hauptstraße S. 4 AT 42
Heidenkampsweg S. 5 DU
Heilwigstraße S. 4 BT
Heimhuder Straße S. 7 GX
Helgoländer Allee S. 6 EZ 43
Herbert-Weichmann-Str. S. 5 CT 44
Herderstraße S. 5 DT
Hermannstraße S. 7 GY
Heußweg S. 4 AT
Högerdamm S. 7 HZ
Hofweg S. 5 DT
Hohe Bleichen S. 6 FY
Hohe Brücke S. 6 FZ
Hoheluftchaussee S. 4 BT
Hohe Straße S. 3 S 45
Holsteiner Chaussee S. 3 R
Holstenglacis S. 6 EY 46
Holstenstraße S. 4 AU
Holstenwall S. 6 EY
Holzdamm S. 7 HY
Horner Landstraße S. 3 S
Hütten S. 6 EY
Im Gehölz S. 4 AT
Jahnring S. 3 R 47
Jarrestraße S. 5 DT
Jessenstraße S. 4 AT
Johannisbollwerk S. 6 EZ
Johnsallee S. 7 FX
Jungfernstieg S. 7 GY
Jungiusstraße S. 6 EFX
Kaiser-Wilhelm-Straße S. 6 FY
Kajen S. 6 FZ
Karolinenstraße S. 6 EX
Kennedybrücke S. 7 GY
Kieler Straße S. 3 R
Kirchenallee S. 7 HY
Kleine Reichenstraße S. 7 GZ 50
Klingberg S. 7 GZ 51
Klopstockstraße S. 4 AT 52
Klosterwall S. 7 HZ
Köhlbrandbrücke S. 3 S
Königstraße S. 4 AT
Kollaustraße S. 3 R
Koppel S. 7 HX
Krayenkamp S. 6 FZ 54
Kreuzweg S. 7 HY
Krugkoppel S. 5 CT 55
Kuhmühle S. 5 DU 56
Kurt-Schumacher-Allee S. 7 HY
Lagerstraße S. 6 EX
Landwehr S. 5 DU
Langenfelder Damm S. 3 R 57
Langenfelder Straße S. 4 ATU
Langenhorner Ch. S. 3 R
Lange Reihe S. 7 HY
Lerchenfeld S. 5 DT
Lokstedter Steindamm S. 3 R 59
Lombardsbrücke S. 7 GY
Louise-Schroeder-Straße S. 4 AU
Lübecker Straße S. 5 DU
Lübecker Tordamm S. 5 DU 61
Ludwig-Erhard-Straße S. 6 EFZ
Maienweg S. 3 R
Mansteinstraße S. 4 ABT
Maria-Louisen-Straße S. 5 CT
Marktstraße S. 6 EY
Marseiller Straße S. 6 FX
Martinistraße S. 4 BT
Max-Brauer-Allee S. 4 AU
Millerntordamm S. 6 EZ 63
Mittelweg S. 7 GX
Mönckebergstraße S. 7 GHY
Moorweidenstraße S. 6 FX
Mühlendamm S. 5 DU
Mundsburger Damm S. 5 DT
Neß S. 7 GZ
Neuer Jungfernstieg S. 7 GY
Neuer Kamp S. 6 EY
Neuer Pferdemarkt S. 4 AU
Neuer Steinweg S. 6 EFZ
Neuer Wall S. 6 FYZ
Nordkanalstraße S. 5 DU
Oberstraße S. 4 BT
Oldesloer Straße S. 3 R 64
Osterbekstraße S. 5 DT
Osterfeldstraße S. 3 R 65
Osterstraße S. 4 AT
Ost-West-Straße S. 6-7 FGZ
Palmaille S. 4 AT
Parkallee S. 4 BT
Pilatuspool S. 6 EFY
Pinneberger Chaussee S. 3 R 66
Pinneberger Straße S. 3 R
Platz der Republik S. 4 AT 67
Poolstraße S. 6 FY
Poststraße S. 6 FY
Pumpen S. 7 HZ 68
Rathausmarkt S. 7 GYZ
Rathausstraße S. 7 GZ 69
Reeperbahn S. 6 EZ 70
Reesendamm S. 7 GY 71
Rentzelstraße S. 6 EX
Rothenbaumchaussee S. 6 FX 72
Saarlandstraße S. 5 DT
Spitalerstraße S. 7 GHY
St.-Benedict-Straße S. 4 BT
St.-Pauli-Fischmarkt S. 4 AV
Saseler Chaussee S. 3 R 73
Schaarmarkt S. 6 EFZ
Schäferkampsallee S. 4 ABT
Schanzenstraße S. 4 AU
Schlankreye S. 4 BT
Schleswiger Damm S. 3 R 74
Schleusenbrücke S. 7 GY 75
Schmiedestraße S. 7 GZ 76
Schöne Aussicht S. 5 CDT
Schröderstiftstraße S. 6 EX
Schulterblatt S. 4 AU
Schwanenwik S. 5 DTU
Sechslingspforte S. 5 DU
Seewartenstraße S. 6 EZ
Sierichstraße S. 5 CT
Sievekingdamm S. 5 DU
Sievekingplatz S. 6 EFY
Sievekingsallee S. 5 DU
Simon-von-Utrecht-Str. S. 4 AU
Spaldingstraße S. 5 DU
Speersort S. 7 GZ
Stader Straße S. 3 S
Stadthausbrücke S. 6 FY 77
Steindamm S. 7 HY
Steinhauerdamm S. 5 DU 78
Steinstraße S. 7 GHZ
Steintordamm S. 7 HY 79
Steintorplatz S. 7 HY 80
Steintorwall S. 7 HYZ
Sternschanze S. 6 EX
Stresemannstraße S. 4 AU
Süderstraße S. 5 DUV
Tangstedter Landstr. S. 3 R 83
Tarpenbekstraße S. 3 R 84
Theodor-Heuss-Platz S. 6 FX
Thielbek S. 6 FY
Tiergartenstraße S. 6 FX
Valentinskamp S. 6 FY
Veddeler Damm S. 3 S 85
Vorsetzen S. 6 EFZ
Wallstraße S. 5 DU
Wandsbeker Allee S. 3 R 86
Wandsbeker Chaussee S. 5 DTU
Warburgstraße S. 7 GX
Wartenau S. 5 DU
Weg beim Jäger S. 3 R
Weidestraße S. 5 DT
Wendenstraße S. 5 DU
Wexstraße S. 6 FYZ
Wiesendamm S. 5 DT
Wilhelmsburger Reichsstraße S. 3 S
Winsener Straße S. 3 S 87
Winterhuder Weg S. 5 DT
Zippelhaus S. 7 GZ 88

Alphabetisches Verzeichnis der Hotels und Restaurants
Liste alphabétique des hôtels et restaurants

Im Zentrum :

Vier Jahreszeiten, Neuer Jungfernstieg 9, ✉ 20354, ☎ (040) 3 49 40, *Fax (040) 3494602,* « Lage mit ← Binnenalster » – |♦|, ⇎ Zim, TV – 🏛 80. AE ① E VISA JCB. ✻ GY v
Menu siehe Rest. ***Haerlin*** separat erwähnt – ***Jahreszeiten Grill :*** Menu à la carte 57/103 – ***Doc Cheng's :*** Menu à la carte 52/82 – ***Condi*** *(nur Mittagessen, Sonntag geschl.)* Menu à la carte 45/60 – **158 Z** 433/700, 12 Suiten.

Kempinski Hotel Atlantic Hamburg, An der Alster 72, ✉ 20099, ☎ (040) 2 88 80, *Fax (040) 247129,* « Lage mit ← Außenalster », Massage, – |♦|, ⇎ Zim, TV – 🏛 300. AE ① E VISA JCB. ✻ Rest HY a
Menu 49 (mittags) und à la carte 74/118 – ***Atlantic-Mühle*** *(nur Abendessen)* Menu à la carte 45/70 – **254 Z** 404/553, 13 Suiten.

Park Hyatt Hamburg, Bugenhagenstr. 8, ✉ 20095, ☎ (040) 33 32 12 34, *Fax (040) 33321235,* Massage, – |♦|, ⇎ Zim, TV ♿ – 🏛 200. AE ① E VISA JCB HYZ t
Apples : Menu à la carte 43/73 – **252 Z** 384/563, 34 Suiten.

Steigenberger Hamburg M, Heiligengeistbrücke 4, ✉ 20459, ☎ (040) 36 80 60, *Fax (040) 36806777* – |♦|, ⇎ Zim, TV ♿ – 🏛 180. AE ① E VISA JCB. ✻ Rest
Calla *(nur Abendessen, Sonntag - Montag und Juli - Aug. geschl.)* Menu à la carte 65/96 – ***Bistro am Fleet :*** Menu à la carte 44/62 – **234 Z** 324/588, 4 Suiten. FZ s

Marriott Hotel M, ABC-Str. 52, ✉ 20354, ☎ (040) 3 50 50, *Fax (040) 35051777,* Massage, – |♦|, ⇎ Zim, TV ♿ – 🏛 160. AE ① E VISA JCB
Menu 28 Lunchbuffet und à la carte 51/79 – **277 Z** 304/555, 4 Suiten. FY b

Renaissance Hamburg Hotel, Große Bleichen, ✉ 20354, ☎ (040) 34 91 80, *Fax (040) 34918919,* Massage, – |♦|, ⇎ Zim, TV Ⓟ – 🏛 100. AE ① E VISA JCB. ✻ Rest FY e
Menu à la carte 49/82 – **205 Z** 297/356, 3 Suiten.

Radisson SAS Hotel, Marseiller Str. 2, ✉ 20355, ☎ (040) 3 50 20, *Fax (040) 35023530,* ← Hamburg, – |♦|, ⇎ Zim, TV ♿ – 🏛 320. AE ① E VISA JCB. ✻ Rest FX a
Vierländer Stuben : Menu à la carte 43/71 – ***Trader Vic's*** *(nur Abendessen, 15. Juli - 16. Aug. geschl.)* Menu à la carte 46/80 – **560 Z** 309/528, 26 Suiten.

Crowne Plaza M, Graumannsweg 10, ✉ 22087, ☎ (040) 22 80 60, *Fax (040) 2208704,* – |♦|, ⇎ Zim, TV ♿ – 🏛 120. AE ① E VISA JCB. ✻ Rest DU r
Lord Nelson : Menu à la carte 50/70 – ***King George Pub :*** Menu à la carte 34/51 – **285 Z** 308/456.

Europäischer Hof M, Kirchenallee 45, ✉ 20099, ☎ (040) 24 82 48, *Fax (040) 24824799,* Massage, Squash – |♦|, ⇎ Zim, Rest, TV – 🏛 150. AE ① E VISA HY e
Menu à la carte 43/70 – **320 Z** 190/440.

Maritim Hotel Reichshof, Kirchenallee 34, ✉ 20099, ☎ (040) 24 83 30, *Fax (040) 24833888,* – |♦|, ⇎ Zim, TV – 🏛 150. AE ① E VISA JCB. ✻ Rest
Menu à la carte 57/75 – **303 Z** 219/376, 6 Suiten. HY d

Prem, An der Alster 9, ✉ 20099, ☎ (040) 24 17 26, *Fax (040) 2803851,* « Einrichtung mit antiken Stil-Möbeln, Gartenterrasse », – |♦| TV Ⓟ. AE ① E VISA JCB HX c
La mer *(Samstagmittag und Sonntagmittag geschl.)* Menu à la carte 72/107 – **53 Z** 290/455, 3 Suiten.

Residenz Hafen Hamburg M, Seewartenstr. 7, ✉ 20459, ☎ (040) 31 11 90, *Fax (040) 314505,* ← – |♦| ⇎ TV Ⓟ – 🏛 60. AE ① E VISA EZ y
Menu siehe Hotel Hafen Hamburg – **125 Z** 220/300.

Berlin M, Borgfelder Str. 1, ✉ 20537, ☎ (040) 25 16 40, *Fax (040) 25164413,* – |♦|, ⇎ Zim, Rest, TV ☎ Ⓟ – 🏛 30. AE ① E VISA. ✻ Rest DU a
Menu à la carte 41/67 – **93 Z** 180/255.

Senator, Lange Reihe 18, ✉ 20099, ☎ (040) 24 12 03, *Fax (040) 2803717* – |♦|, ⇎ Zim, TV ☎ – 🏛 30. AE ① E VISA JCB. ✻ Rest HY u
(nur Abendessen für Hausgäste) – **56 Z** 185/320.

Novotel City Süd, Amsinckstr. 53, ✉ 20097, ☎ (040) 23 63 80, *Fax (040) 234230,* – |♦|, ⇎ Zim, TV ☎ ♿ Ⓟ – 🏛 50 DUV c
185 Z.

Hafen Hamburg, Seewartenstr. 9, ✉ 20459, ☎ (040) 31 11 30, *Fax (040) 31113755,* ←, – |♦| TV ☎ Ⓟ – 🏛 70. AE ① E VISA. ✻ Rest EZ y
Menu à la carte 48/80 – **239 Z** 183/241.

Bellevue, An der Alster 14, ✉ 20099, ☎ (040) 28 44 40, *Fax (040) 28444222* – |♦|, ⇎ Zim, TV ☎ Ⓟ – 🏛 40. AE ① E VISA HX d
Menu à la carte 48/63 – **93 Z** 196/330.

St. Raphael, Adenauerallee 41, ✉ 20097, ☎ (040) 24 82 00, *Fax (040) 24820333,* – Zim, 40. Rest DU m
Menu *(Samstagmittag und Sonntag geschl.)* à la carte 33/50 – **130 Z** 198/308.

Baseler Hof, Esplanade 11, ✉ 20354, ☎ (040) 35 90 60, *Fax (040) 35906918* – – 30. Zim GY x
Menu *(Samstagmittag und Sonntagmittag sowie 19. Juli - 16. Aug. geschl.)* 25 (mittags) und à la carte 49/71 – **153 Z** 150/225.

Alster-Hof garni, Esplanade 12, ✉ 20354, ☎ (040) 35 00 70, *Fax (040) 35007514* – GY x
24. Dez. - 2. Jan. geschl. – **118 Z** 145/220, 3 Suiten.

Aussen Alster Hotel, Schmilinskystr. 11, ✉ 20099, ☎ (040) 24 15 57, *Fax (040) 2803231,* , – HX e
24. - 27. Dez. geschl. – **Menu** *(Samstagmittag und Sonntag geschl.)* (italienische Küche) à la carte 48/65 – **27 Z** 180/310.

Eden garni, Ellmenreichstr. 20, ✉ 20099, ☎ (040) 24 84 80, *Fax (040) 241521* – HY r
63 Z 140/225.

Wedina garni, Gurlittstr. 23, ✉ 20099, ☎ (040) 24 30 11, *Fax (040) 2803894* – HY b
28 Z 155/240.

Kronprinz garni, Kirchenallee 46, ✉ 20099, ☎ (040) 24 32 58, *Fax (040) 2801097* – HY c
73 Z 130/195.

Haerlin - Hotel Vier Jahreszeiten, Neuer Jungfernstieg 9, ✉ 20354, ☎ (040) 3 49 46 41, *Fax (040) 3494602,* < Binnenalster – GY v
Sonntag - Montag, Samstagmittag und 2. Jan. - 2. Feb. geschl. – **Menu** 62 (mittags) und à la carte 95/135.

Cölln's Austernstuben, Brodschrangen 1, ✉ 20457, ☎ (040) 32 60 59, *Fax (040) 326059,* « Verschieden eingerichtete Séparées » – GZ v
Samstagmittag sowie Sonn- und Feiertage geschl. – **Menu** (überwiegend Fischgerichte, Tischbestellung erforderlich) 89/147 und à la carte 74/100
Spez. Ravioli von Austern mit Tomaten-Fondue und Nüssen. Seeteufel mit Kartoffel-Olivenpüree und Ochsenschwanzsauce. Holsteiner Auflauf mit Zwergorangen.

il Ristorante, Große Bleichen 16 (1. Etage), ✉ 20354, ☎ (040) 34 33 35, *Fax (040) 345748* – FY c
Menu (italienische Küche) à la carte 56/83.

Zippelhaus, Zippelhaus 3, ✉ 20457, ☎ (040) 30 38 02 80, *Fax (040) 321777* – GZ e
Samstagmittag, Sonntag und 20. Juli - 10. Aug. geschl. – **Menu** à la carte 39/56 (mittags), 59/79 (abends).

Peter Lembcke, Holzdamm 49, ✉ 20099, ☎ (040) 24 32 90, *Fax (040) 2804123* – HY t
Samstagmittag sowie Sonn- und Feiertage geschl., Okt. - April Sonn- und Feiertage nur Abendessen – **Menu** (Tischbestellung ratsam) à la carte 61/110.

Deichgraf, Deichstr. 23, ✉ 20459, ☎ (040) 36 42 08, *Fax (040) 364268* – FZ a
Sonntag geschl. – **Menu** (Tischbestellung ratsam) à la carte 55/86.

Ratsweinkeller, Große Johannisstr. 2, ✉ 20457, ☎ (040) 36 41 53, *Fax (040) 372201,* « Hanseatisches Restaurant a.d.J. 1896 » – 280. GZ R
Sonntagabend und Feiertage geschl. – **Menu** à la carte 36/75.

Anna, Bleichenbrücke 2, ✉ 20354, ☎ (040) 36 70 14, *Fax (040) 37500736* – FY v
Sonn- und Feiertage geschl. – **Menu** à la carte 67/81.

al Pincio, Schauenburger Str. 59 (1. Etage,), ✉ 20095, ☎ (040) 36 52 55, *Fax (040) 362244* – GZ a
Samstag, Sonn- und Feiertage sowie Juli - Aug. 4 Wochen geschl. – **Menu** (Tischbestellung ratsam, italienische Küche) à la carte 54/80.

San Michele, Englische Planke 8, ✉ 20459, ☎ (040) 37 11 27, *Fax (040) 378121* – EZ n
März - Aug. Montag sowie Mitte Juli - Mitte Aug. geschl. – **Menu** (italienische Küche) à la carte 55/94.

Al Campanile, Spadenteich 1, ✉ 20099, ☎ (040) 24 67 38, *Fax (040) 246738,* – HY m
Samstagmittag, Sonntag und Juli - Aug. 3 Wochen geschl. – **Menu** (italienische Küche) à la carte 49/76.

Vero, Domstr. 17, ✉ 20095, ☎ (040) 33 90 51, *Fax (040) 339052* – GZ b
Sonntag - Montag geschl. – **Menu** (italienische Küche) à la carte 60/68.

Fischmarkt, Ditmar-Koel-Str. 1, ✉ 20459, ✆ (040) 36 38 09, *Fax (040) 37696164,* – AE ⓓ E VISA — EZ r
Samstagmittag sowie Sonn- und Feiertage geschl. – **Menu** à la carte 49/75.

Fischküche (Bistro), Kajen 12, ✉ 20459, ✆ (040) 36 56 31, – AE ⓓ E VISA
Samstag sowie Sonn- und Feiertage geschl. – **Menu** (Tischbestellung erforderlich) à la carte 48/75. — FZ c

Cox, Greifswalder Str. 43, ✉ 20099, ✆ (040) 24 94 22, *Fax (040) 246513* – AE
Menu à la carte 51/63. — HY v

Le Plat du Jour, Dornbusch 4, ✉ 20095, ✆ (040) 32 14 14, *Fax (040) 4105857* – AE ⓓ E VISA JCB — GZ v
Sonntag, Juli - Aug. auch Samstag geschl. – **Menu** (Tischbestellung ratsam) à la carte 43/62.

Jena Paradies, Klosterwall 23, ✉ 20095, ✆ (040) 32 70 08, *Fax (040) 327598*
Menu (Tischbestellung ratsam) à la carte 43/62. — HZ a

In den Außenbezirken :

In Hamburg-Alsterdorf :

Alsterkrug-Hotel, Alsterkrugchaussee 277, ✉ 22297, ✆ (040) 51 30 30, *Fax (040) 51303403,* , – |‡|, ⇔ Zim, TV – 50. AE ⓓ E VISA JCB. — R y
Menu à la carte 48/66 – **105 Z** 215/297.

In Hamburg-Altona :

Rema-Hotel Domicil garni, Stresemannstr. 62, ✉ 22769, ✆ (040) 4 31 60 26, *Fax (040) 4397579* – |‡| ⇔ TV ☎ . AE ⓓ E VISA JCB — AU e
75 Z 200/390.

InterCityHotel, Paul-Nevermann-Platz 17, ✉ 22765, ✆ (040) 38 03 40, *Fax (040) 38034999* – |‡|, ⇔ Zim, TV ☎ – 70. AE ⓓ E VISA — AT
Menu *(Sonntag geschl.)* à la carte 31/56 – **133 Z** 193/272.

Raphael Hotel Altona garni, Präsident-Krahn-Str. 13, ✉ 22765, ✆ (040) 38 02 40, *Fax (040) 38024444,* – |‡|, ⇔ Zim, TV ☎ P. AE ⓓ E VISA — AT a
23. Dez. - 2. Jan. geschl. – **39 Z** 170/260.

Landhaus Scherrer, Elbchaussee 130, ✉ 22763, ✆ (040) 8 80 13 25, *Fax (040) 8806260* – P. AE ⓓ E VISA — S c
Sonn- und Feiertage geschl. – **Menu** (bemerkenswerte Weinkarte) 159/186 und à la carte 81/138 – ***Bistro-Restaurant*** *(nur Mittagessen)* **Menu** à la carte 68/94
Spez. Steinbutt an der Gräte gebraten. Hamburger Pfannfisch mit Senfsauce. Krosse Vierländer Ente im Ganzen gebraten (2 Pers.).

Le Canard, Elbchaussee 139, ✉ 22763, ✆ (040) 8 80 50 57, *Fax (040) 88913259,* ≤, – P. AE ⓓ E VISA. — S d
Sonntag und Anfang Jan. 2 Wochen geschl. – **Menu** (Tischbestellung erforderlich, bemerkenswerte Weinkarte) 60 (mittags) und à la carte 100/129
Spez. Hummer in der Schale gebraten. Steinbutt "Bordelaise". Topfensoufflé mit Rotweineis.

Fischereihafen-Restaurant Hamburg, Große Elbstr. 143, ✉ 22767, ✆ (040) 38 18 16, *Fax (040) 3893021,* ≤ – P. AE ⓓ E VISA — AT d
Menu (nur Fischgerichte, Tischbestellung ratsam) 35 (mittags) und à la carte 49/88.

Landhaus Dill, Elbchaussee 94, ✉ 22763, ✆ (040) 3 90 50 77, *Fax (040) 3900975,* – AE ⓓ E VISA — AT s
Montag geschl. – **Menu** à la carte 55/78.

Saliba, Leverkusenstr. 54, ✉ 22761, ✆ (040) 85 80 71, *Fax (040) 858082* – P — S h
Samstagmittag und Sonntag geschl. – **Menu** (Tischbestellung ratsam, syrische Küche) 33/55 (mittags), 80 (abends).

Rive Bistro, Van-der-Smissen-Str. 1(Kreuzfahrt-Center), ✉ 22767, ✆ (040) 3 80 59 19, *Fax (040) 3894775,* ≤, – AE — AT r
Menu (Tischbestellung ratsam) à la carte 47/79.

In Hamburg-Bahrenfeld :

Novotel Hamburg West M, Albert-Einstein-Ring 2, ✉ 22761, ✆ (040) 89 95 20, *Fax (040) 89952333,* – |‡|, ⇔ Zim, TV ☎ P – 50. AE ⓓ E VISA
Menu à la carte 36/67 – **137 Z** 194/283, 4 Suiten. — R a

Tafelhaus, Holstenkamp 71, ✉ 22525, ✆ (040) 89 27 60, *Fax (040) 8993324,* – P
Samstagmittag, Sonntag - Montag, Jan. 3 Wochen und Ende Juli - Mitte Aug. geschl. – **Menu** (Tischbestellung erforderlich) 63 (mittags) und à la carte 79/85 — S a
Spez. Gänseleberravioli mit karamelisierter Mango. Steinbutt in der Folie (2 Pers.). Holunderblüten auf dreierlei Art (Saison).

In Hamburg-Barmbek :

Rema-Hotel Meridian garni, Holsteinischer Kamp 59, ✉ 22081, ✆ (040) 2 91 80 40, *Fax (040) 2983336*, – 30. DT c
68 Z 290/390.

In Hamburg-Bergedorf ③ *: 18 km über die B 5* S *:*

Treff-Hotel M, Holzhude 2, ✉ 21029, ✆ (040) 72 59 50, *Fax (040) 72595187*, – Zim, – 400.
Menu à la carte 42/66 – **205 Z** 205/350.

Forsthaus Bergedorf, Reinbecker Weg 77, ✉ 21029, ✆ (040) 7 25 88 90, *Fax (040) 72588925*, – Zim.
Menu à la carte 35/72 – **17 Z** 145/230.

Laxy's Restaurant, Bergedorfer Str. 138, ✉ 21029, ✆ (040) 7 24 76 40, *Fax (040) 7247640*, –
Sonntag und Juli - Aug. 2 Wochen geschl. – **Menu** (nur Abendessen) à la carte 53/86.

In Hamburg-Bergstedt *NO : 17 km über die B 434* R *:*

Alte Mühle, Alte Mühle 34, ✉ 22395, ✆ (040) 6 04 91 71, *Fax (040) 6049171*, –
Montag - Dienstag geschl. – **Menu** à la carte 35/59.

In Hamburg-Billbrook :

Böttcherhof, Wöhlerstr. 2, ✉ 22113, ✆ (040) 73 18 70, *Fax (040) 73187899*, – Zim, – 140. Rest S b
Menu à la carte 49/69 – **155 Z** 217/334.

In Hamburg-Billstedt :

Panorama garni, Billstedter Hauptstr. 44, ✉ 22111, ✆ (040) 73 35 90, *Fax (040) 73359950*, – 150. S t
23. - 27. Dez. geschl. – **111 Z** 180/275, 7 Suiten.

In Hamburg-City Nord :

Queens Hotel M, Mexikoring 1, ✉ 22297, ✆ (040) 63 29 40, *Fax (040) 6322472*, – Zim, – 120. Rest R e
Menu *(Sonntagabend geschl.)* à la carte 41/65 – **182 Z** 259/350.

In Hamburg-Duvenstedt *über Alte Landstr.* R *:*

Le Relais de France, Poppenbütteler Chaussee 3, ✉ 22397, ✆ (040) 6 07 07 50, *Fax (040) 6072673*, –
Sonntag - Montag sowie Feb. und Sept. jeweils 2 Wochen geschl. – **Menu** (nur Abendessen, Tischbestellung ratsam) à la carte 59/75 – ***Bistro*** *(auch Mittagessen)* **Menu** à la carte 50/65.

In Hamburg-Eimsbüttel :

Norge, Schäferkampsallee 49, ✉ 20357, ✆ (040) 44 11 50, *Fax (040) 44115577* – Zim, Rest, – 80. AT q
Menu à la carte 43/67 – **130 Z** 199/328.

La Mirabelle (Restaurant im Bistrostil), Bundesstr. 15, ✉ 20146, ✆ (040) 4 10 75 85, *Fax (040) 4107585* FX n
Samstagmittag, Sonntag - Montag und Juli 3 Wochen geschl. – **Menu** à la carte 54/67.

In Hamburg-Eppendorf :

Sellmer, Ludolfstr. 50, ✉ 20249, ✆ (040) 47 30 57, *Fax (040) 4601569* – R n
Menu (überwiegend Fischgerichte) à la carte 52/109.

In Hamburg-Finkenwerder :

Am Elbufer garni, Focksweg 40a, ✉ 21129, ✆ (040) 7 42 19 10, *Fax (040) 74219140*, – S b
24. Dez. - 17. Jan. geschl. – **14 Z** 140/220.

Finkenwerder Elbblick, Focksweg 42, ✉ 21129, ✆ (040) 7 42 70 95, *Fax (040) 7434672*, Elbe, – S b
Menu à la carte 49/85.

In Hamburg-Flottbek :

Landhaus Flottbek, Baron-Voght-Str. 179, ✉ 22607, ✆ (040) 8 22 74 10, *Fax (040) 82274151*, « Hotelanlage aus mehreren Bauernhöfen mit rustikal-eleganter Einrichtung », – 30. S m
Menu *(Sonntag geschl.)* 49 und à la carte 55/80 – **25 Z** 175/295.

In Hamburg-Fuhlsbüttel :

Airport Hotel M, Flughafenstr. 47, ✉ 22415, ✆ (040) 53 10 20, *Fax (040) 53102222*, – Zim, Rest, – 140. AE E VISA R p
Menu à la carte 51/82 – **159 Z** 274/423, 10 Suiten.

top air, Flughafenstr. 1 (im Flughafen, Terminal 4, Ebene 3), ✉ 22335, ✆ (040) 50 75 33 24, *Fax (040) 50751842* – AE E VISA R h
Samstag geschl. – **Menu** à la carte 61/96.

In Hamburg-Gross-Borstel :

Entrée M garni, Borsteler Chaussee 168, ✉ 22453, ✆ (040) 5 57 78 80, *Fax (040) 55778810* – . AE E VISA. R t
20 Z 179/253.

In Hamburg-Hamm :

Hamburg International, Hammer Landstr. 200, ✉ 20537, ✆ (040) 21 14 01, *Fax (040) 211409* – – 20. AE E VISA. Rest S z
Menu *(Sonntag geschl.)* (nur Abendessen) à la carte 60/94 – **112 Z** 130/290.

In Hamburg-Harburg :

Lindtner M, Heimfelder Str. 123, ✉ 21075, ✆ (040) 79 00 90, *Fax (040) 79009482*, , « Modern-elegante Einrichtung ; Sammlung zeitgenössischer Kunst » – , Zim, – 450. AE E VISA. Rest S g
Lilium : **Menu** à la carte 60/81 – ***Hofgarten :*** **Menu** à la carte 53/85 – **115 Z** 245/355, 7 Suiten.

Panorama, Harburger Ring 8, ✉ 21073, ✆ (040) 76 69 50, *Fax (040) 76695183* – , Zim, – 110. AE E VISA S x
Menu *(Sonntagabend geschl.)* à la carte 38/65 – **99 Z** 180/210.

Heimfeld garni, Heimfelder Str. 91, ✉ 21075, ✆ (040) 7 90 67 97, *Fax (040) 7904896*, – . E VISA S f
50 Z 130/170.

Süderelbe garni, Großer Schippsee 29, ✉ 21073, ✆ (040) 7 67 36 40, *Fax (040) 773104* – . AE E VISA JCB. S r
20. Dez. - 5. Jan. geschl. – **21 Z** 125/165.

Marinas, Schellerdamm 26, ✉ 21079, ✆ (040) 7 65 38 28, *Fax (040) 7651491*, – AE E VISA S r
Samstagmittag und Sonntag geschl. – **Menu** (abends Tischbestellung ratsam) 44 (mittags) und à la carte 57/99
Spez. Bouillabaisse von Nordseefischen. Angeldorsch mit Pommery-Senfsauce. Gratiniertes Hamburger Rote Grützeparfait.

In Hamburg-Harvestehude *westlich der Außenalster :*

Inter-Continental, Fontenay 10, ✉ 20354, ✆ (040) 41 41 50, *Fax (040) 41415186*, < Hamburg und Alster, , Massage, , – , Zim, – 350. AE E VISA JCB. Rest GX r
Fontenay-Grill *(nur Abendessen)* **Menu** à la carte 65/117 – ***Orangerie :*** **Menu** 45/55 Buffet und à la carte – **286 Z** 324/454, 12 Suiten.

Garden Hotels M garni, Magdalenenstr. 60, ✉ 20148, ✆ (040) 41 40 40, *Fax (040) 4140420*, « Modern-elegante Einrichtung » – . AE E VISA JCB CT r
60 Z 205/430.

Abtei , Abteistr. 14, ✉ 20149, ✆ (040) 44 29 05, *Fax (040) 449820*, , – Rest, . AE E VISA. Rest BT r
Menu *(Sonntag - Montag, Jan. und Juli jeweils 1 Woche geschl.)* (nur Abendessen, Tischbestellung erforderlich) 120/180 – **11 Z** 260/450
Spez. Wachtel und Gänsestopflebermousse im Morchelgelee (April-Mai). Zander und Jocobsmuscheln auf Gemüsesugo. Ragout vom Deichlammrücken mit Balsamicosauce.

Smolka, Isestr. 98, ✉ 20149, ✆ (040) 48 09 80, *Fax (040) 4809811* – , Zim, . AE E VISA JCB. Rest BT d
Menu *(Sonn- und Feiertage geschl.)* (nur Abendessen) à la carte 48/70 – **40 Z** 171/322.

Mittelweg garni, Mittelweg 59, ✉ 20149, ✆ (040) 4 14 10 10, *Fax (040) 41410120* – . AE E VISA BT c
30 Z 145/260.

Wollenberg, Alsterufer 35, ✉ 20354, ✆ (040) 4 50 18 50, *Fax (040) 45018511*, « Villa am Alsterufer mit modern-eleganter Einrichtung » – 40. AE E VISA. GX c
Samstagmittag geschl. – **Menu** 48 (mittags) und à la carte 70/95.

In Hamburg-Kirchwerder *SO : 19 km :*

XX **Zollenspieker Fährhaus** mit Zim, Zollenspieker Hauptdeich 143, ✉ 21037, ✆ (040) 7 93 13 30, *Fax (040) 79313388*, , Biergarten – – 20
Menu *(Montag - Dienstag geschl.)* (nur Abendessen) à la carte 48/77 – **9 Z** 195/255.

In Hamburg-Langenhorn :

Schümann garni, Langenhorner Chaussee 157, ✉ 22415, ✆ (040) 5 31 00 20, *Fax (040) 53100210* – . AE E VISA R f
45 Z 138/208.

Dorint-Hotel - Airport Ⓜ, Langenhorner Chaussee 183, ✉ 22415, ✆ (040) 53 20 90, *Fax (040) 53209600*, , , – , Zim, – 80. AE E VISA JCB. Rest R c
Menu à la carte 41/68 – **146 Z** 245/408.

XX **Zum Wattkorn,** Tangstedter Landstr. 230, ✉ 22417, ✆ (040) 5 20 37 97, *Fax (040) 5209044*, – über Tangstedter Landstraße R
Montag geschl. – **Menu** à la carte 61/81.

In Hamburg - Lemsahl-Mellingstedt *über Alte Landstraße* R *:*

Marriott Hotel Treudelberg Ⓜ, Lemsahler Landstr. 45, ✉ 22397, ✆ (040) 60 82 20, *Fax (040) 60822444*, ≤, , , Massage, , , , – , Zim, – 150. AE E VISA JCB. Rest
Menu à la carte 56/86 – **135 Z** 245/500.

XXX **Dante,** An der Alsterschleife 3, ✉ 22399, ✆ (040) 6 02 00 43, *Fax (040) 6022826*, – . AE E VISA
Montag geschl., Dienstag - Freitag nur Abendessen – **Menu** (Tischbestellung ratsam, italienische Küche) à la carte 50/85.

In Hamburg-Lohbrügge ③ *: 15 km über die B 5 :*

Alt Lohbrügger Hof, Leuschner Str. 76, ✉ 21031, ✆ (040) 7 39 60 00, *Fax (040) 7390010*, – Zim, – 120. AE E VISA
Menu à la carte 43/74 – **67 Z** 145/199.

In Hamburg-Lokstedt :

Engel, Niendorfer Str. 59, ✉ 22529, ✆ (040) 55 42 60, *Fax (040) 55426500*, , – – 40. AE E VISA JCB. Rest R d
Menu (nur Abendessen) à la carte 40/68 – **95 Z** 177/233.

In Hamburg-Nienstedten *W : 13 km über Elbchaussee* S *:*

Louis C. Jacob Ⓜ, Elbchaussee 401, ✉ 22609, ✆ (040) 82 25 50, *Fax (040) 82255444*, ≤ Hafen und Elbe, « Lage über der Elbe, Lindenterrasse », – , Zim, – 120. AE E VISA JCB. Rest
Menu à la carte 72/116 – ***Weinwirtschaft Kleines Jakob*** *(wochentags nur Abendessen, Sonntagabend - Montag geschl.)* **Menu** à la carte 38/48 – **86 Z** 319/608, 8 Suiten
Spez. Kalbskopf mit Flußkrebsen und Schnittlauchvinaigrette. Seeteufel mit Ratatouille und Kartoffel-Olivenpüree. Tarte Tatin mit Karameleis und Vanilleschaum.

X **Marktplatz,** Nienstedtener Marktplatz 21, ✉ 22609, ✆ (040) 82 98 48, *Fax (040) 828443*, –
Montag geschl. – **Menu** (wochentags nur Abendessen) à la carte 39/60.

In Hamburg-Othmarschen :

Schmidt garni, Reventlowstr. 60, ✉ 22605, ✆ (040) 88 90 70, *Fax (040) 8890715*, – . AE VISA S e
50 Z 150/205, 3 Suiten.

In Hamburg-Poppenbüttel :

Poppenbütteler Hof, Poppenbütteler Weg 236, ✉ 22399, ✆ (040) 60 87 80, *Fax (040) 60878178*, – , Zim, – 45. AE E VISA
Menu (wochentags nur Abendessen) à la carte 38/65 – **32 Z** 155/290.
über Alte Landstraße R

In Hamburg-Rothenburgsort :

Forum Hotel, Billwerder Neuer Deich 14, ✉ 20539, ✆ (040) 78 84 00, *Fax (040) 78841000*, ≤, , , , – , – 90. AE E VISA JCB. Rest S k
Menu à la carte 46/67 – **385 Z** 250/320, 12 Suiten.

Elbbrücken-Hotel, Billhorner Mühlenweg 28, ✉ 20539, ✆ (040) 7 80 90 70, *Fax (040) 780907222* – . AE E VISA
(nur Abendessen für Hausgäste) – **40 Z** 90/159.

In Hamburg-Rotherbaum :

Elysee, Rothenbaumchaussee 10, ✉ 20148, ✆ (040) 41 41 20, *Fax (040) 41412733*, , Massage, , – , Zim, – 350. AE E VISA JCB FX m
Piazza Romana (italienische Küche) **Menu** à la carte 51/71 – ***Brasserie* : Menu** à la carte 39/60 – **305 Z** 276/492, 4 Suiten.

Vorbach garni, Johnsallee 63, ✉ 20146, ✆ (040) 44 18 20, *Fax (040) 44182888* – – 20. AE E VISA FX b
115 Z 170/280.

L'auberge française, Rutschbahn 34, ✉ 20146, ✆ (040) 4 10 25 32, *Fax (040) 4505015* – AE E VISA. BT s
Samstagmittag, Sonntag und Juli - Aug. Samstag - Sonntag geschl. – **Menu** (Tischbestellung ratsam, französische Küche) à la carte 63/95.

Osteria Due, Badestr. 4, ✉ 20148, ✆ (040) 4 10 16 51, *Fax (040) 4101658*, – AE
Menu (abends Tischbestellung ratsam, italienische Küche) à la carte 58/89. GX s

Curio, Rothenbaumchaussee 11, ✉ 20148, ✆ (040) 41 33 48 11, *Fax (040) 41334833*,
Samstagmittag und Sonntag geschl. – **Menu** à la carte 50/68.

Ventana, Grindelhof 77, ✉ 20146, ✆ (040) 45 65 88, *Fax (040) 455882* – AE
Samstag und Feiertage nur Abendessen, Sonntag geschl. – **Menu** (abends Tischbestellung ratsam, europäisch-asiatische Küche) à la carte 60/84. BT e

In Hamburg-St. Pauli :

Astron Suite-Hotel garni, Feldstr. 53, ✉ 20357, ✆ (040) 43 23 20, *Fax (040) 43232300*, – – 15. AE E VISA JCB EY a
119 Z 253/370.

Bavaria-Blick, Bernhard-Nocht-Str. 99 (7. Etage,), ✉ 20359, ✆ (040) 31 16 31 16, *Fax (040) 31163199*, ≤ Hafen – . AE E VISA JCB. AU m
Menu (Tischbestellung ratsam) à la carte 51/81.

In Hamburg-Sasel :

Mellingburger Schleuse (niedersächsisches Bauernhaus a.d.J. 1771), Mellingburgredder 1, ✉ 22395, ✆ (040) 6 02 40 01, *Fax (040) 6027912*, , – – 180. AE E VISA über Saseler Chaussee R
Menu *(Dienstag geschl.)* à la carte 39/73 – **40 Z** 150/225.

In Hamburg-Schnelsen :

Novotel Hamburg Nord, Oldesloer Str. 166, ✉ 22457, ✆ (040) 55 99 30, *Fax (040) 5592020*, , (geheizt) – , Zim, – 200. AE E VISA R u
Menu à la carte 33/68 – **122 Z** 190/232.

Ökotel garni, Holsteiner Chaussee 347, ✉ 22457, ✆ (040) 5 59 73 00, *Fax (040) 55973099* – – 15. AE VISA. R m
21 Z 110/219, 3 Suiten.

In Hamburg-Stellingen :

Helgoland, Kieler Str. 177, ✉ 22525, ✆ (040) 85 70 01, *Fax (040) 8511445* – , Zim, – 150. AE E VISA JCB. R b
Menu *(Sonntag geschl.)* (nur Abendessen) à la carte 35/52 – **110 Z** 160/230.

Holiday Inn, Kieler Str. 333, ✉ 22525, ✆ (040) 54 74 00, *Fax (040) 54740100*, – , Zim, – 25. AE E VISA JCB R r
Menu à la carte 32/51 – **105 Z** 231/254.

In Hamburg-Stillhorn :

Le Méridian, Stillhorner Weg 40, ✉ 21109, ✆ (040)75 01 50, *Fax (040) 75015444*, – , Zim, Rest, – 160. AE E VISA. Rest S v
Menu à la carte 55/80 – **146 Z** 205/355.

In Hamburg-Uhlenhorst :

Nippon (Japanische Einrichtung und Küche), Hofweg 75, ✉ 22085, ✆ (040) 2 27 11 40, *Fax (040) 22711490* – – 20. AE E VISA. DT d
Menu *(Montag geschl.)* (nur Abendessen) à la carte 46/69 – **42 Z** 200/314.

Roma, Hofweg 7, ✉ 22085, ✆ (040) 2 20 25 54, *Fax (040) 2279225*, – AE VISA JCB DT h
Samstagmittag und Sonntag geschl. – **Menu** (italienische Küche) à la carte 53/88.

La Fayette, Zimmerstr. 30, ✉ 22085, ✆ (040) 22 56 30, *Fax (040) 225630*, – . AE DT s
Sonntag und Juli 2 Wochen geschl. – **Menu** (nur Abendessen) à la carte 63/80.

In Hamburg-Veddel :

Carat-Hotel, Sieldeich 5, ✉ 20539, ☎ (040) 78 96 60, *Fax (040) 786196*, – Zim, . 30. AE VISA JCB. — S s
Menu (nur Abendessen) à la carte 36/60 – **90 Z** 215/305.

In Hamburg-Wandsbek :

Ni Hao, Wendemuthstr. 3, ✉ 22041, ☎ (040) 6 52 08 88, *Fax (040) 6520885* – AE VISA — R x
Menu (chinesische Küche) à la carte 31/55.

In Hamburg-Wellingsbüttel :

Rosengarten garni, Poppenbüttler Landstr. 10b, ✉ 22391, ☎ (040) 6 08 71 40, *Fax (040) 60871437*, – . — R s
24. Dez. - 2. Jan. geschl. – **12 Z** 118/188.

Randel, Poppenbüttler Landstr. 1, ✉ 22391, ☎ (040) 6 02 47 66, *Fax (040) 6065298*, , « Großer Park » – . AE VISA — R w
Montag geschl. – **Menu** à la carte 32/92.

In Hamburg-Winterhude :

Hanseatic garni, Sierichstr. 150, ✉ 22299, ☎ (040) 48 57 72, *Fax (040) 485773*, « Elegante, wohnliche Einrichtung » – . AE . — CT c
12 Z 230/380.

Sale e Pepe, Sierichstr. 94, ✉ 22301, ☎ (040) 27 38 80, *Fax (040) 27871443* – AE VISA — CT s
Dienstag und Ende Juli - Mitte Aug. geschl., Montag - Freitag nur Abendessen – **Menu** (italienische Küche) à la carte 58/94.

HAMELN *Niedersachsen* 417 *J 12 – 60 000 Ew – Höhe 68 m.*

Sehenswert : *Rattenfängerhaus★* **N** – *Hochzeitshaus★* **B.**

Ausflugsziel : *Hämelschenburg★ ③ : 11 km.*

Aerzen, Schloß Schwöbber(SW : 10 km), ☎ (05154) 98 71 24.

Tourist-Informationn, Deisterallee 3, ✉ 31785, ☎ (05151) 20 26 17, Fax (05151) 202500.

ADAC, *Ostertorwall 15 A, ✉ 31785, ☎ (05151) 33 35, Fax (05151) 43191.*

Berlin 327 ① – Hannover 45 ① – Bielefeld 80 ⑤ – Hildesheim 48 ② – Paderborn 67 ④ – Osnabrück 110 ⑤.

Stadtplan siehe gegenüberliegende Seite

Stadt Hameln M, Münsterwall 2, ✉ 31787, ☎ (05151) 9010, *Fax (05151) 901333*, « Terrasse mit », , – . – 100. AE VISA — u
Menu à la carte 40/69 – **85 Z** 152/290.

Dorint Hotel, 164er Ring 3, ✉ 31785, ☎ (05151) 79 20, *Fax (05151) 792191*, , , – , Zim, – 500. AE VISA JCB. Rest — s
Menu à la carte 42/67 – **105 Z** 175/424.

Jugendstil M garni, Wettorstr. 15, ✉ 31785, ☎ (05151) 9 55 80, *Fax (05151) 955866* – . AE VISA — e
20. Dez. - 4. Jan. geschl. – **18 Z** 145/190.

Christinenhof garni, Alte Marktstr. 18, ✉ 31785, ☎ (05151) 9 50 80, *Fax (05151) 43611*, – . AE VISA — c
Weihnachten - Anfang Jan. geschl. – **30 Z** 150/195.

Zur Post garni, Am Posthof 6, ✉ 31785, ☎ (05151) 76 30, *Fax (05151) 7641* – . AE VISA — v
34 Z 95/195.

An der Altstadt garni, Deisterallee 16, ✉ 31785, ☎ (05151) 75 91, *Fax (05151) 42025* – . VISA. — a
Ende Dez. - Anfang Jan. geschl. – **17 Z** 89/155.

Bellevue garni, Klütstr. 34, ✉ 31787, ☎ (05151) 9 89 10, *Fax (05151) 989199* – . AE VISA — über Klütstraße
19 Z 98/165.

In Hameln-Klein Berkel ④ : *3 km :*

Klein Berkeler Warte, an der B 1, ✉ 31789, ☎ (05151) 99 00, *Fax (05151) 990222*, – Zim, – 100. AE VISA
3. - 18. Jan. geschl. – **Menu** à la carte 32/60 – **58 Z** 95/220.

Alte Marktstraße 2
Bäckerstraße 3
Bahnhofstraße
Brückenkopf 6
Deisterallee 8
Deisterstraße
Emmernstraße 9
Fischpforten-
straße 12
Mertensplatz 13
Mühlenstraße 14
Münsterkirchhof 15
Neue Marktstraße . . . 16
Neuetorstraße 18
Osterstraße 19
Pferdemarkt 21
Ritterstraße 22
Thietorstraße 24
Wendenstraße 25
Wilhelmstraße 27

Auf dem Klütberg *W : 7 km über ④ :*

Klütturm, ✉ 31787 Hameln, ☎ (05151) 6 16 44, *Fax (05151) 963071,* < Weser und Hameln, – P. AE D E VISA JCB
Dienstag und Mitte Jan. - Mitte Feb. geschl. – **Menu** à la carte 56/76.

In Aerzen-Multhöpen ④ *: 13 km über Königsförde :*

Landluft, Buschweg 7, ✉ 31855, ☎ (05154) 20 01, *Fax (05154) 2003,* <, , – TV ☎ P
Menu *(Montag geschl.)* (wochentags nur Abendessen) à la carte 39/56 – **17 Z** 70/140.

HAMFELDE KREIS HZGT. LAUENBURG *Schleswig-Holstein* 415 416 *F 15 – 450 Ew – Höhe 27 m.*
Berlin 263 – Kiel 94 – Hamburg 40 – Lauenburg 34 – Lübeck 42.

Pirsch-Mühle garni, Möllner Str. 2, ✉ 22929, ☎ (04154) 23 00, *Fax (04154) 4203,* , – TV ☎ P. AE E VISA
14 Z 88/138.

HAMM IN WESTFALEN *Nordrhein-Westfalen* 417 *K 7 – 186 000 Ew – Höhe 63 m.*
Verkehrsverein, Bahnhofsvorplatz (im Kaufhaus Horten), ✉ *59065,* ☎ *(02381) 2 34 00, Fax (02381) 28348.*
ADAC, *Wilhelmstr. 50,* ✉ *59067,* ☎ *(02381) 2 92 88, Fax (02381) 15776.*
Berlin 459 ② – Düsseldorf 111 ③ – Bielefeld 72 ⑥ – Dortmund 44 ③ – Münster (Westfalen) 37 ⑥.

HAMM
IN WESTFALEN

Bahnhofstraße . . . . Z 2
Bismarckstraße . . . . Z 4
Borbergstraße . . . . Z 6
Brückenstraße . . . . Z 7
Dolberger Straße . . . . V 8
Eylertstraße . . . . Y 9
Fährstraße . . . . V 12
Friedrichstraße . . . . Z 14
Grünstraße . . . . Z 17
Gustav-Heinemann-Straße . . . . Y 18
Heinrich-Lübke-Straße . . . . . . Z 20
Lippestraße . . . . V 23
Ludwid-Teleky-Straße . . . . . . V 24
Luisenstraße . . . . Z 25
Marktplatz . . . . Y 26
Martin-Luther-Platz . . . . Y 27
Martin-Luther-Straße . . . . Y 29
Münsterstraße . . . . V 30
Neue Bahnhofstraße . . . . . . Z 32
Nordenstiftsweg . . . . V 33
Nordstraße . . . . Y 34
Oststraße . . . . Y
Otto-Krafft-Platz . . . . Z 37
Richard-Matthaei-Platz . . . . . . Y 39
Richard-Wagner-Straße . . . . . X 40
Schillerplatz . . . . Z 42
Sternstraße . . . . Z 44
Theodor-Heuss-Platz . . . . Z 45
Westentor . . . . Y 46
Westring . . . . Y 49
Weststraße . . . . Y 50
Widumstraße . . . . Y 52
Willy-Brandt-Platz . . . . Y 53

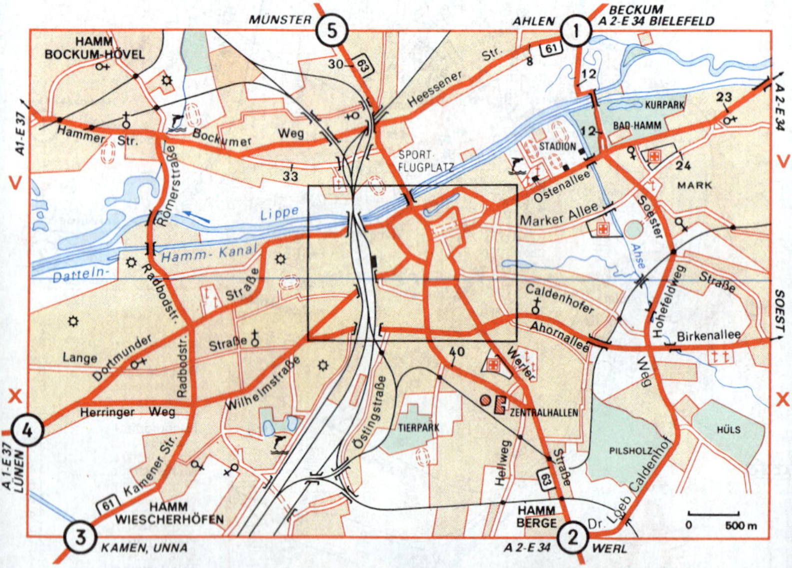

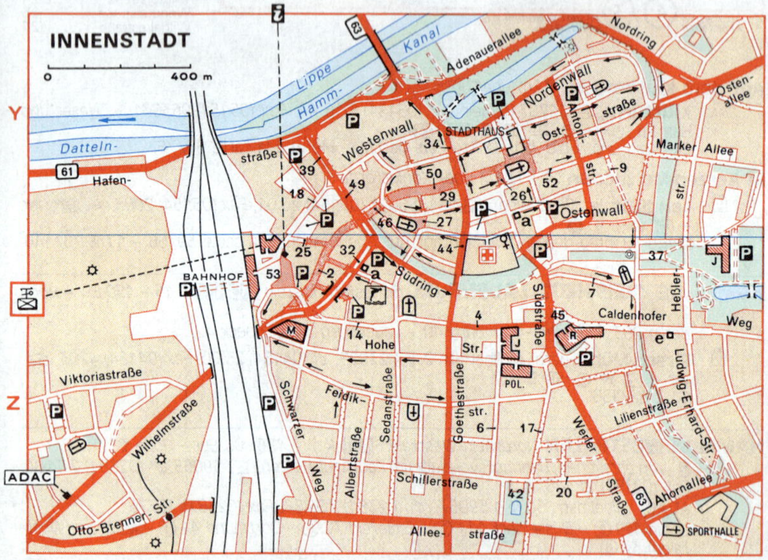

Queens Hotel, Neue Bahnhofstr. 3, ✉ 59065, ☎ (02381) 9 19 20, *Fax (02381) 9192833,* ≘, ▢, – |♦|, ⇔ Zim, ▤ TV ♿ – 🚶 90. AE ⊙ E VISA Z a
Menu à la carte 36/69 – **142 Z** 196/277.

Stadt Hamm, Südstr. 9, ✉ 59065, ☎ (02381) 92 10 50, *Fax (02381) 15210* – |♦| TV ☎ 🚗 – 🚶 25. ✈ Y a
(nur Abendessen, italienische Küche) – **30 Z.**

Herzog garni, Caldenhofer Weg 22, ✉ 59065, ☎ (02381) 92 45 90, *Fax (02381) 9245966* – TV ☎ 🚗 P. AE ⊙ E VISA Z e
25 Z 98/160.

In Hamm-Pelkum ③ : *5 km über die B 61 :*

Selbachpark 🕊, Kamener Straße (B 61, SO : 2 km), ✉ 59077, ☎ (02381) 98 90, *Fax (02381) 989299,* ☂ – |♦| TV ☎ P – 🚶 70. E VISA
Menu à la carte 31/66 – **25 Z** 95/150.

Wieland-Stuben, Wielandstr. 84, ✉ 59077, ☎ (02381) 40 12 17, *Fax (02381) 405659,* ☂, « Elegante-rustikale Einrichtung » – P. AE
Samstagmittag geschl. – **Menu** à la carte 53/81.

In Hamm-Rhynern ② : *7 km :*

Haus Helm mit Zim, Reginenstr. 5, ✉ 59069, ☎ (02385) 80 61, *Fax (02385) 9100520* – TV ☎ P. AE E VISA JCB
Menu *(Samstagmittag, Sonntag - Montag und 20. Juni - 10. Juli geschl.)* à la carte 39/72 – **8 Z** 75/120.

HAMM (SIEG) *Rheinland-Pfalz* 417 *N 7 – 11 500 Ew – Höhe 208 m.*
Berlin 593 – Mainz 124 – Bonn 65 – Limburg an der Lahn 64 – Siegen 48.

Romantik Hotel Alte Vogtei (Fachwerkhaus a.d.J. 1753), Lindenallee 3 (B 256), ✉ 57577, ☎ (02682) 2 59, *Fax (02682) 8956,* ☂, 🌳 – TV ☎ 📞 🚗 – 🚶 16. AE ⊙ E VISA
Menu *(Mittwoch - Donnerstagmittag und 20. Juli - 10. Aug. geschl.)* à la carte 38/68 – **15 Z** 80/210.

An der B 256 *W : 2,5 km :*

Auermühle, ✉ 57577 Hamm, ☎ (02682) 2 51, *Fax (02682) 8438* – TV ☎ 🚗 P. AE ⊙ E VISA
Menu *(Freitag - Samstagmittag, 2. - 16. Jan. und 2. - 17. Juli geschl.)* à la carte 30/68 – **18 Z** 75/140.

In Marienthal *S : 5 km :*

Waldhotel Imhäuser 🕊, Hauptstr. 14, ✉ 57612, ☎ (02682) 2 71, *Fax (02682) 4197,* 🌳 – ☎ 🚗 P – 🚶 40. AE ⊙ E VISA
Menu *(Mai - Okt. Montag, Nov. - April auch Dienstag geschl.)* à la carte 27/57 – **14 Z** 60/150.

HAMMELBURG *Bayern* 417 418 420 *P 13 – 12 800 Ew – Höhe 180 m.*
ℹ *Tourist-Information, Kirchgasse 4, ✉ 97762, ☎ (09732) 90 21 49, Fax (09732) 902184.*
Berlin 487 – München 319 – Würzburg 57 – Bamberg 94 – Fulda 70.

Stadtcafé garni, Am Marktplatz 8, ✉ 97762, ☎ (09732) 9 11 90, *Fax (09732) 1679* – |♦| TV ☎ 📞 🚗
19 Z 65/110.

Kaiser, An der Walkmühle 11, ✉ 97762, ☎ (09732) 9 11 30, *Fax (09732) 9113300,* ☂, 🌳 – TV ☎ 🚗 P. E
Menu *(Montag und Jan. 2 Wochen geschl.)* (wochentags nur Abendessen) à la carte 23/48 🍷 – **11 Z** 63/98.

In Hammelburg-Obererthal *N : 5 km :*

Zum Stern (mit Gästehaus), Obererthaler Str. 23, ✉ 97762, ☎ (09732) 47 07, *Fax (09732) 5400,* ≘ – TV ☎ P
Menu *(Dienstag geschl.)* à la carte 20/39 🍷 – **13 Z** 40/85.

In Wartmannsroth *NW : 10 km :*

Sepp Halbritter's Landhotel, Hauptstr. 4, ✉ 97797, ☎ (09737) 8 90, *Fax (09737) 8940,* « Gartenterrasse », 🌳 – TV ☎ P. E
Mitte Jan. - Mitte Feb. geschl. – ***Gute Stube*** *(wochentags nur Abendessen, Montag - Dienstag geschl.)* **Menu** à la carte 73/104 – ***Weinstube*** *(Montagmittag und Dienstagmittag geschl.)* **Menu** à la carte 34/59 – **11 Z** 150/325, 4 Suiten.

In Wartmannsroth-Neumühle *W : 6 km über Hammelburg-Diebach :*

Neumühle ⛐, Neumühle 54, ✉ 97797, ✆ (09732) 80 30, *Fax (09732) 80379*, 🏠, « Ehemalige Mühle am Ufer der Saale, wertvolle antike Einrichtung », ≘s, ⬚, 🐎, ✂ – TV P – 🏖 30. AE ⓪ E VISA. ✂ Rest
Jan. geschl. – **Menu** (Tischbestellung ratsam) à la carte 54/70 – **28 Z** 190/340.

HAMMINKELN *Nordrhein-Westfalen siehe Wesel.*

HANAU *Hessen* 417 *P 10 – 90 000 Ew – Höhe 105 m.*

Hanau-Wilhelmsbad (über ⑤), ✆ (06181) 8 20 71.

Verkehrsbüro, Am Markt 14, ✉ 63450, ✆ (06181) 25 24 00, Fax (06181) 295602.

ADAC, *Sternstraße (Parkhaus), ✉ 63450, ✆ (06181) 2 45 11, Fax (06181) 20834.*

Berlin 531 ① – Wiesbaden 59 ③ – Frankfurt am Main 20 ④ – Fulda 89 ① – Würzburg 104 ②.

HANAU

Am Freiheitsplatz	Y	2
Am Markt	YZ	3
Bangertstraße	Y	4
Fischerstraße	Z	7
Frankfurter Landstraße	Y	8
Französische Allee	Z	9
Hafenplatz	Z	12
Hammerstraße	Y	13
Hanauer Vorstadt	Y	14
Heinrich-Bott-Straße	Y	15
Heraeusstr.	Z	17
Kanaltorplatz	YZ	18
Kleine Hainstraße	Y	20
Langstraße	Y	
Lindenstraße	Z	23
Lothringer Straße	Z	24
Nordstraße	Y	28
Nürnberger Straße	Z	29
Ramsaystraße	Y	30
Römerstraße	Z	
Rosenstraße	Y	32
Schnurstraße	Z	35
Steinheimer Straße	Y	36
Thomas-Münzer-Straße	Y	37
Vor dem Kanaltor	Z	39

Ramada M garni, Kurt-Blaum-Platz 6, ✉ 63450, ✆ (06181) 3 05 50, *Fax (06181) 3055444*, 🏠, Massage, ≘s – 🛗, ✂ Zim, TV ☎ 📞 🚗 P – 🏖 70. AE ⓪ E VISA
137 Z 176/220. Z a

Zum Riesen garni, Heumarkt 8, ✉ 63450, ✆ (06181) 25 02 50, *Fax (06181) 250259* – 🛗 ✂ TV ☎ 📞 ♿ – 🏖 25. E VISA JCB. ✂
34 Z 140/200. Y c

Café Menges garni, Hirschstr. 16, ✉ 63450, ✆ (06181) 92 05 00, *Fax (06181) 920550* – TV ☎ 🚗 P. AE ⓪ E VISA
28 Z 80/170. Y r

In Hanau-Mittelbuchen ⑥ : *7 km :*

Sonnenhof garni, Alte Rathausstr. 6, ✉ 63454, ☏ (06181) 9 79 90, *Fax (06181) 979930,* – TV ☎ P. AE ⓓ E VISA
18 Z 90/130.

In Hanau-Steinheim ③ : *4 km :*

Villa Stokkum M, Steinheimer Vorstadt 70, ✉ 63456, ☏ (06181) 66 40, *Fax (06181) 661580,* – |‡|, ⇹ Zim, ▤ TV ☎ 🚗 P – 🏛 110. AE ⓓ E VISA JCB
Menu à la carte 62/84 – **136 Z** 179/235.

Zur Linde (mit Gästehaus), Steinheimer Vorstadt 31, ✉ 63456, ☏ (06181) 96 43 20, *Fax (06181) 659074,* Biergarten, – TV ☎ P. E VISA
Menu *(Donnerstag - Freitagmittag und Samstagmittag geschl.)* à la carte 33/61 – **30 Z** 90/180.

Birkenhof (mit Gästehaus), von-Eiff-Str. 37, ✉ 63456, ☏ (06181) 6 48 80, *Fax (06181) 648839,* – ⇹ TV ☎ 🚗 P. AE E VISA
20. Dez. - 4. Jan. geschl. – (nur Abendessen für Hausgäste) – **23 Z** 130/180.

In Hainburg-Hainstadt ③ : *6 km :*

Hessischer Hof, Hauptstr. 56, ✉ 63512, ☏ (06182) 44 11, *Fax (06182) 7547,* – |‡| TV ☎ P. AE E VISA
Menu *(Montag geschl.)* à la carte 35/67 – **13 Z** 110/170.

When in a hurry use the ***Michelin Main Road Maps :***
970 ***Europe,*** **976** ***Czech Republic/Slovak Republic,*** **980** ***Greece,***
984 ***Germany,*** **985** ***Scandinavia-Finland,*** **986** ***Great Britain and Ireland,***
987 ***Germany-Austria-Benelux,*** **988** ***Italy,*** **989** ***France,***
990 ***Spain-Portugal*** *and* **991** ***Yugoslavia.***

HANERAU-HADEMARSCHEN *Schleswig-Holstein* 415 *D 12 – 3 000 Ew – Höhe 68 m.*

Berlin 367 – Kiel 64 – Cuxhaven 120 – Itzehoe 25 – Neumünster 48 – Rendsburg 33.

Landgasthof Köhlbarg, Kaiserstr. 33, ✉ 25557, ☏ (04872) 33 33, *Fax (04872) 9119,* , – TV ☎ ☏ ♿ 🚗 P. E VISA. ⚡
Menu *(Dienstag und Feb. 2 Wochen geschl.)* (Montag - Freitag nur Abendessen) à la carte 31/52 – **14 Z** 68/125.

HANN. MÜNDEN *Niedersachsen* 417 418 *L 12 – 28 000 Ew – Höhe 125 m – Erholungsort.*

Sehenswert : *Fachwerkhäuser★★* Y – *Rathaus★* Y R – *Altstadt★* YZ.

Ausflugsziel : *Wesertal★ (von Hann. Münden bis Höxter).*

⛳9 *Staufenberg-Speele, (SW : 10 km),* ☏ *(05543) 5 14.*

ℹ *Touristik Naturpark Münden, Rathaus, Lotzestr. 2,* ✉ *34346,* ☏ *(05541) 7 53 13, Fax (05541) 75404.*

Berlin 364 ① *– Hannover 151* ① *– Kassel 23* ② *– Göttingen 34* ① *– Braunschweig 138* ①.

Stadtplan siehe nächste Seite

Schlosschänke, Vor der Burg 3, ✉ 34346, ☏ (05541) 7 09 40, *Fax (05541) 709440,* « Geschmackvolle Zimmereinrichtung » – |‡| TV ☎ – 🏛 25. E VISA Y c
Menu à la carte 34/60 – **15 Z** 105/166.

Berghotel Eberburg , Tillyschanzenweg 14, ✉ 34346, ☏ (05541) 50 88, *Fax (05541) 4685,* ←, – TV ☎ P. AE ⓓ E VISA Z a
Menu *(Sonntag und Mitte Dez. - Ende Feb. geschl.)* (nur Abendessen) à la carte 33/47 – **25 Z** 105/165.

Schmucker Jäger, Wilhelmshäuser Str. 45 (B 3), ✉ 34346, ☏ (05541) 9 81 00, *Fax (05541) 2901* – TV ☎ ☏ 🚗 P – 🏛 60. AE ⓓ E VISA Z r
2. - 14. Jan. geschl. – **Menu** *(Sonntagabend - Montagmittag geschl.)* à la carte 26/65 – **30 Z** 62/150 – ½ P 22.

Letzter Heller mit Zim, Am letzten Heller (B 80, ① : 4 km), ✉ 34346, ☏ (05541) 64 46, *Fax (05541) 6071,* – 🚗 P. AE ⓓ E VISA
Feb. 3 Wochen geschl. – **Menu** *(Donnerstag geschl.)* (Montag - Freitag nur Abendessen) 38/72 und à la carte – **9 Z** 50/100.

HANN. MÜNDEN

Bremer Schlagd	Y	3
Burgstraße	Z	6
Friedrich-Ludwig-Jahn-Straße	Y	8
Fuldabrückenstraße	Z	9
Hedemündener Straße	Y	12
Kasseler Schlagd	Y	13
Kattenbühl	Z	14
Lange Straße	YZ	16
Markt	Y	17
Marktstraße	Y	19
Rosenstraße	Z	20
Tanzwerderstraße	Z	22
Vogelsangweg	Z	24
Wallstraße	Z	26
Wanfrieder Schlagd	Y	27
Ziegelstraße	Z	30

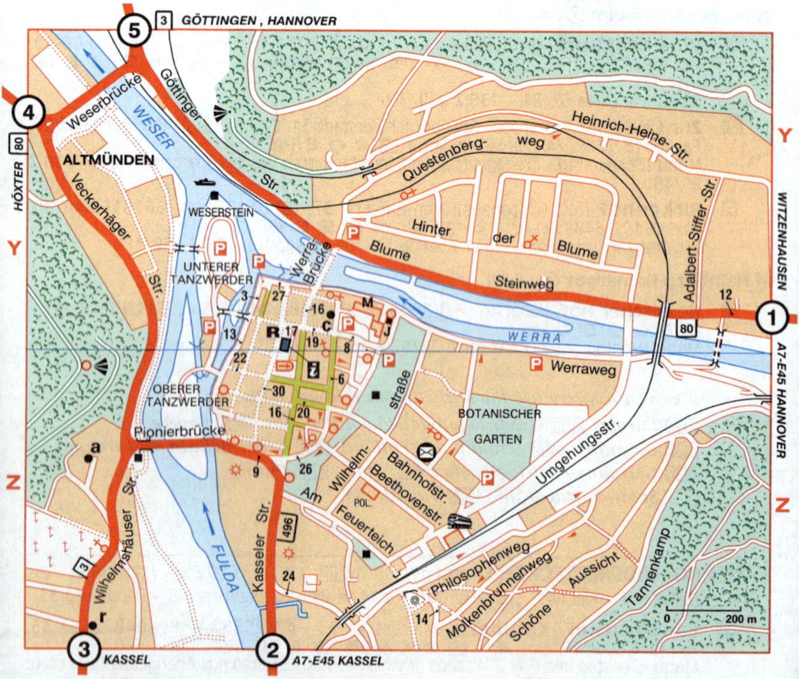

In Hann. Münden-Gimte *N : 3 km über ⑤ :*

Freizeit Auefeld, Hallenbadstr. 33 (nahe der B 3), ✉ 34346, ✆ (05541) 70 50, *Fax (05541) 1010,* (Halle) – Zim, – 80. AE VISA
Menu à la carte 42/65 – **56 Z** 110/180 – ½ P 25.

In Hann. Münden-Laubach ① *: 6 km :*

Werratal Hotels, Buschweg 41, ✉ 34346, ✆ (05541) 99 80, *Fax (05541) 998140,* – Zim, – 20. AE VISA
Menu *(Nov. - April Dienstag geschl.)* à la carte 29/65 – **41 Z** 90/160 – ½ P 30.

HANNOVER

[L] *Niedersachsen* **415 416 417 418** *I 13 – 510 000 Ew – Höhe 55 m*

Berlin 289 ② – Bremen 123 ① – Hamburg 151 ①

PRAKTISCHE HINWEISE

Hannover Tourist-Information, Ernst-August-Platz 2 ✉ 30159, ☎ (0511) 3 01 40, Fax (0511) 301414

ADAC, *Nordmann Passage 4, ✉ 30159, ☎ (0511) 1 24 05 60, Fax (0511) 8500333*

ADAC, *Laatzen ✉ 30880, Lübecker Str. 17, ☎ (05102) 9 00*

Hannover-Langenhagen (① : 11 km), ☎ (0511) 9 77 12 23

Raschplatz EX

Messegelände (über ④ und die B 6) Laatzener Straße, ☎ (0511) 8 90, Fax (0511) 8931216

18 Garbsen, Am Blauen See (⑧ : 14 km) ☎ (05137) 7 30 68

18 Isernhagenen, Gut Lohne (② : 17 km) ☎ (05139) 89 31 85

18 Langenhagen, Hainhaus 22 (① : 19 km), ☎ (0511) 79 93 00

Sehenswert : *Herrenhäuser Gärten★★ (großer Garten★★, Berggarten★)* A – *Kestner-Museum★* DY **M¹** – *Marktkirche (Schnitzaltar★★* DY – *Niedersächsisches Landesmuseum (Urgeschichtliche Abteilung★)* EZ **M²**.

Kastens Hotel Luisenhof, Luisenstr. 1, ✉ 30159, ☏ (0511) 3 04 40, *Fax (0511) 3044807* – |$|, ⊁ Zim, ▤ Rest, TV ☏ ♿ ⇔ Ⓟ – 🚶 100. AE ⓓ E *VISA* JCB. ✗ Rest
Menu *(Juli - Aug. Sonntag geschl.)* 36 (mittags) und à la carte 59/83 – **158 Z** 219/598, 5 Suiten. EX b

Maritim Grand Hotel, Friedrichswall 11, ✉ 30159, ☏ (0511) 3 67 70, *Fax (0511) 325195* – |$|, ⊁ Zim, ▤ Rest, TV ♿ – 🚶 250. AE ⓓ E *VISA* JCB. ✗ Rest DY a
L'Adresse - Brasserie : **Menu** à la carte 54/90 – ***Wilhelm-Busch-Stube*** *(nur Abendessen, Samstag - Sonntag und Feiertage sowie Aug. geschl.)* **Menu** à la carte 36/53 – **285 Z** 255/598, 15 Suiten.

Maritim Stadthotel, Hildesheimer Str. 34, ✉ 30169, ☏ (0511) 9 89 40, *Fax (0511) 9894900*, ☂, ≘s, ▣ – |$|, ⊁ Zim, ▤ TV ♿ ⇔ Ⓟ – 🚶 380. AE ⓓ E *VISA* JCB. ✗ Rest EZ b
Menu à la carte 56/83 – **291 Z** 245/678.

Forum Hotel Schweizerhof, Hinüberstr. 6, ✉ 30175, ☏ (0511) 3 49 50, *Fax (0511) 3495123* – |$|, ⊁ Zim, ▤ TV ☏ ♿ ⇔ – 🚶 280. AE ⓓ E *VISA* JCB EX d
Menu *(Sonntag - Montag sowie Juli - Aug. geschl.)* (nur Abendessen) à la carte 55/86 – ***Gourmet's Buffet :*** **Menu** à la carte 48/77 – **200 Z** 330/521, 3 Suiten.

Congress-Hotel am Stadtpark Ⓜ, Clausewitzstr. 6, ✉ 30175, ☏ (0511) 2 80 50, *Fax (0511) 814652*, ☂, Massage, ≘s, ▣ – |$|, ⊁ Zim, TV ☎ Ⓟ – 🚶 1300. AE ⓓ E *VISA* B e
Menu à la carte 43/70 *(auch Diät)* – **252 Z** 190/498, 4 Suiten.

Grand Hotel Mussmann garni, Ernst-August-Platz 7, ✉ 30159, ☏ (0511) 3 65 60, *Fax (0511) 3656145*, ≘s – |$| ⊁ TV ☎ ☏ – 🚶 50. AE ⓓ E *VISA* EX v
134 Z 178/598.

Königshof garni, Königstr. 12, ✉ 30175, ☏ (0511) 31 20 71, *Fax (0511) 312079* – |$| ⊁ TV ☎ ⇔ – 🚶 30. AE ⓓ E *VISA*
79 Z 158/398, 3 Suiten. EX c

Mercure, Willy-Brandt-Allee 3, ✉ 30169, ☏ (0511) 8 00 80, *Fax (0511) 8093704*, ☂, Fø, ≘s – |$|, ⊁ Zim, TV ☎ ☏ ⇔ – 🚶 110. AE ⓓ E *VISA* EZ n
Menu à la carte 38/73 – **145 Z** 239/279.

Loccumer Hof, Kurt-Schumacher-Str. 16, ✉ 30159, ☏ (0511) 1 26 40, *Fax (0511) 131192* – |$|, ⊁ Zim, TV ☎ ⇔ Ⓟ – 🚶 35. AE ⓓ E *VISA* DX s
Menu *(Samstagabend und Sonntagabend geschl.)* à la carte 42/83 *(auch vegetarische Gerichte)* – **87 Z** 145/430.

Körner, Körnerstr. 24, ✉ 30159, ☏ (0511) 1 63 60, *Fax (0511) 18048*, ☂, ▣ – |$|, ⊁ Zim, TV ☎ ⇔ – 🚶 50. AE ⓓ E *VISA* JCB DX e
Weihnachten - Neujahr geschl. – **Menu** *(Sonntag geschl.)* 22 (mittags) und à la carte 43/63 – **75 Z** 160/250.

Am Rathaus, Friedrichswall 21, ✉ 30159, ☏ (0511) 32 62 68, *Fax (0511) 328868*, ≘s – |$| TV ☎. AE ⓓ E *VISA* EY y
Menu *(Samstagmittag und Sonntag geschl.)* à la carte 33/66 – **40 Z** 140/240.

Atlanta garni, Hinüberstr. 1, ✉ 30175, ☏ (0511) 3 38 60, *Fax (0511) 345928* – |$| ⊁ TV ☎ ⇔. AE E *VISA*. ✗ EX t
22. Dez. - 2. Jan. geschl. – **36 Z** 135/350.

Alpha-Tirol garni, Lange Laube 20, ✉ 30159, ☏ (0511) 13 10 66, *Fax (0511) 341588* – TV ☎ ⇔. AE ⓓ E *VISA* DX f
15 Z 138/398.

XXX **Landhaus Ammann** mit Zim, Hildesheimer Str. 185, ✉ 30173, ☎ (0511) 83 08 18, *Fax (0511) 8437749,* « Elegante Einrichtung, Innenhofterrasse », – |‡| TV ☎ ♿ – P – 100. AE ⓓ E VISA JCB. Rest B b
Menu (bemerkenswerte Weinkarte) à la carte 84/124 *(auch vegetarisches Menu)* – **15 Z** 275/450.

XXX **Feuchters lila Kranz** mit Zim, Berliner Allee 33, ✉ 30175, ☎ (0511) 85 89 21, *Fax (0511) 854383,* – TV ☎ P. AE ⓓ VISA FX b
Menu *(Sonntag und Samstagmittag geschl.)* à la carte 71/94 – **5 Z** 180/320.

XXX **Romantik Hotel Georgenhof-Stern's Restaurant** mit Zim, Herrenhäuser Kirchweg 20, ✉ 30167, ☎ (0511) 70 22 44, *Fax (0511) 708559,* « Niederdeutsches Landhaus, Gartenterrasse » – TV ☎ P. AE ⓓ E VISA B r
Menu (bemerkenswerte Weinkarte) 36/63 (mittags) und à la carte 87/137 – **14 Z** 196/332.

XX **Clichy,** Weißekreuzstr. 31, ✉ 30161, ☎ (0511) 31 24 47, *Fax (0511) 318283* – AE VISA
Samstagmittag und Sonntag geschl. – **Menu** à la carte 63/96. EV d

XX **Gattopardo,** Hainhölzer Str. 1 / Ecke Postkamp, ✉ 30159, ☎ (0511) 1 43 75, *Fax (0511) 318283,* – AE VISA DV f
Menu (nur Abendessen, italienische Küche) à la carte 48/68.

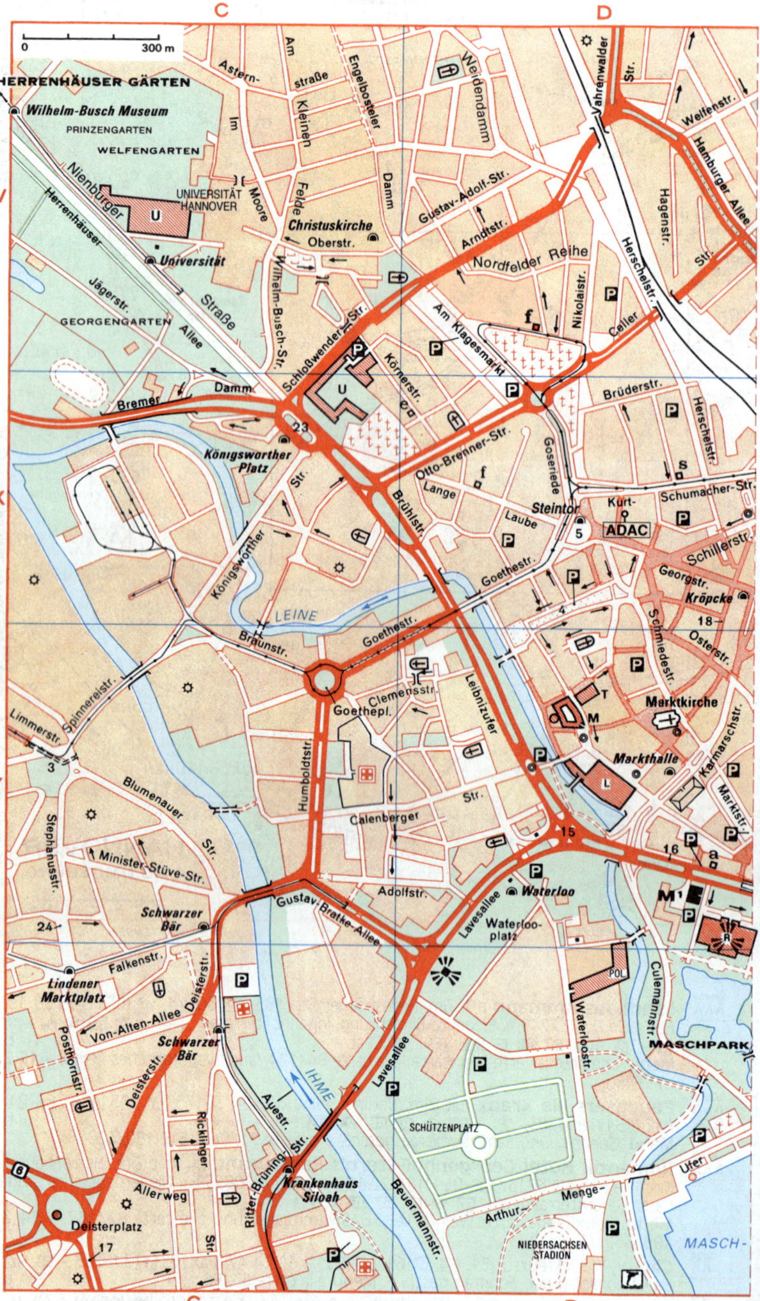
C
D
0
300 m
HERRENHÄUSER GÄRTEN
Wilhelm-Busch Museum
PRINZENGARTEN
WELFENGARTEN
UNIVERSITÄT HANNOVER
U
Universität
GEORGENGARTEN
Astern-
Am
straße
Kleinen
Felde
Engelbosteler
Damm
Weidendamm
Vahrenwalder
Str.
Welfenstr.
Hamburger Allee
Hagenstr.
Str.
Im
Moore
Nienburger
Herrenhäuser
Jägerstr.
Allee
Straße
Wilhelm-Busch-Str.
Christuskirche
Oberstr.
Gustav-Adolf-Str.
Arndtstr.
Nordfelder Reihe
Herschelstr.
Nikolaistr.
Celler
Am Klagesmarkt
Schloßwender-Str.
Körnerstr.
Bremer
Damm
Königsworther Platz
Otto-Brenner-Str.
Lange
Laube
Goseriede
Steintor
Brüderstr.
Herschelstr.
Kurt-
Schumacher-Str.
ADAC
Schillerstr.
Georgstr.
Kröpcke
Osterstr.
Schmiedestr.
Brühlstr.
Str.
Königsworther
LEINE
Goethestr.
Goethestr.
Braunstr.
Goethepl.
Clemensstr.
Leibnizufer
Marktkirche
Markthalle
Karmarschstr.
Marktstr.
Spinnereistr.
Limmerstr.
Blumenauer
Str.
Humboldtstr.
Calenberger
Str.
Stephanusstr.
Minister-Stüve-Str.
Schwarzer Bär
Adolfstr.
Gustav-Bratke-Allee
Lavesallee
Waterloo
Waterlooplatz
Falkenstr.
Lindener Marktplatz
Von-Alten-Allee
Deisterstr.
Schwarzer Bär
Deisterstr.
Posthornstr.
IHME
Auestr.
Ricklinger
Str.
Lavesallee
SCHÜTZENPLATZ
Waterloostr.
Culemannstr.
MASCHPARK
Allerweg
Deisterplatz
Ritter-Brüning-Str.
Krankenhaus Siloah
Beuermannstr.
Arthur-
Menge-
Ufer
NIEDERSACHSEN STADION
MASCH-
V
X
Y
Z
T
M
L
R
POL
M¹
f
e
s
a
3
4
5
6
15
16
17
18
23
24
P

HANNOVER

Aegidientorplatz	EY	2
Am Küchengarten	CY	3
Am Marstall	DX	4
Am Steintor	DX	5
Bahnhofstraße	EX	7
Bischofsholer Damm	FY	8
Braunschweiger Platz	FY	9
Emmichplatz	FX	12
Ernst-August-Platz	EX	13
Friederikenplatz	DY	15
Friedrichswall	DEY	16
Georgstraße	DEX	
Göttinger Straße	CZ	17
Große Packhofstraße	DX	18
Hans-Böckler-Allee	FY	19
Hartmannstraße	FZ	20
Joachimstraße	EX	21
Karmarschstraße	DY	
Königsworther Platz	CX	23
Lindener Marktplatz	CY	24
Opernplatz	EY	25
Scharnhorststraße	FX	28
Thielenplatz	EX	29
Volgersweg	EX	30

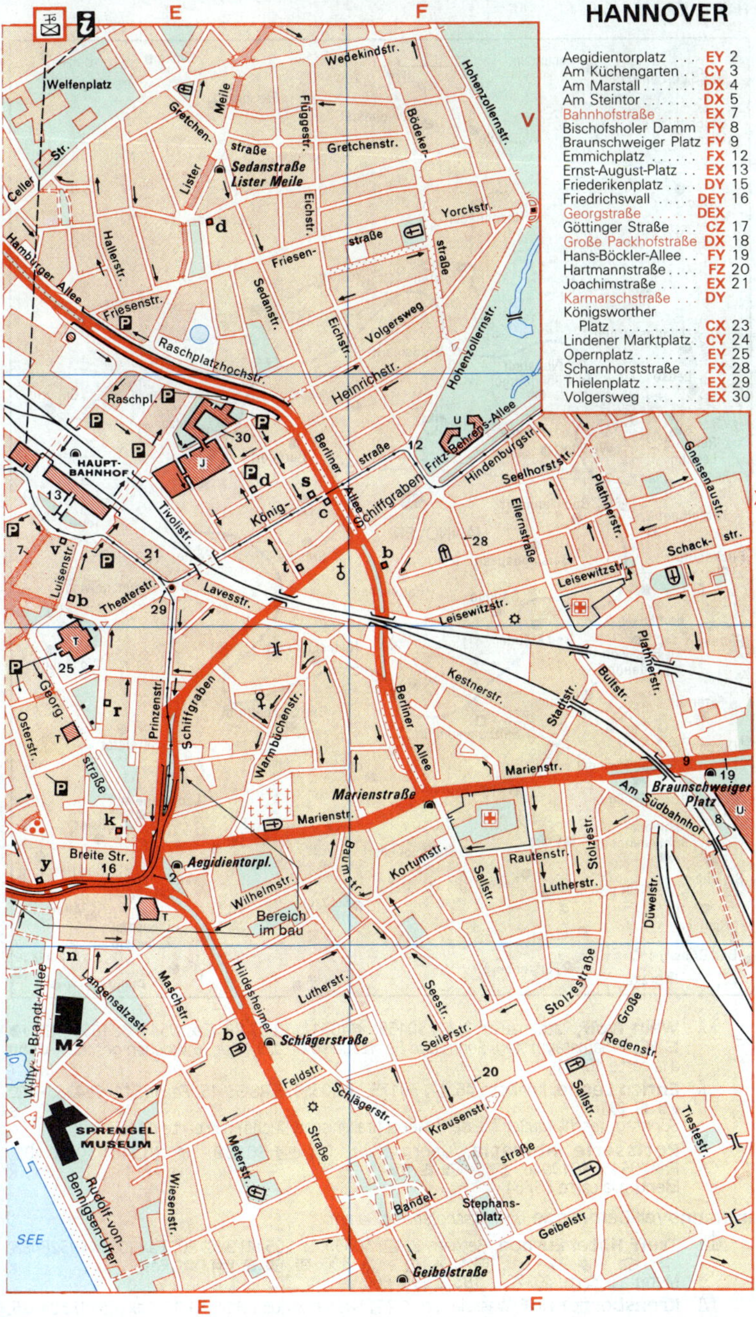

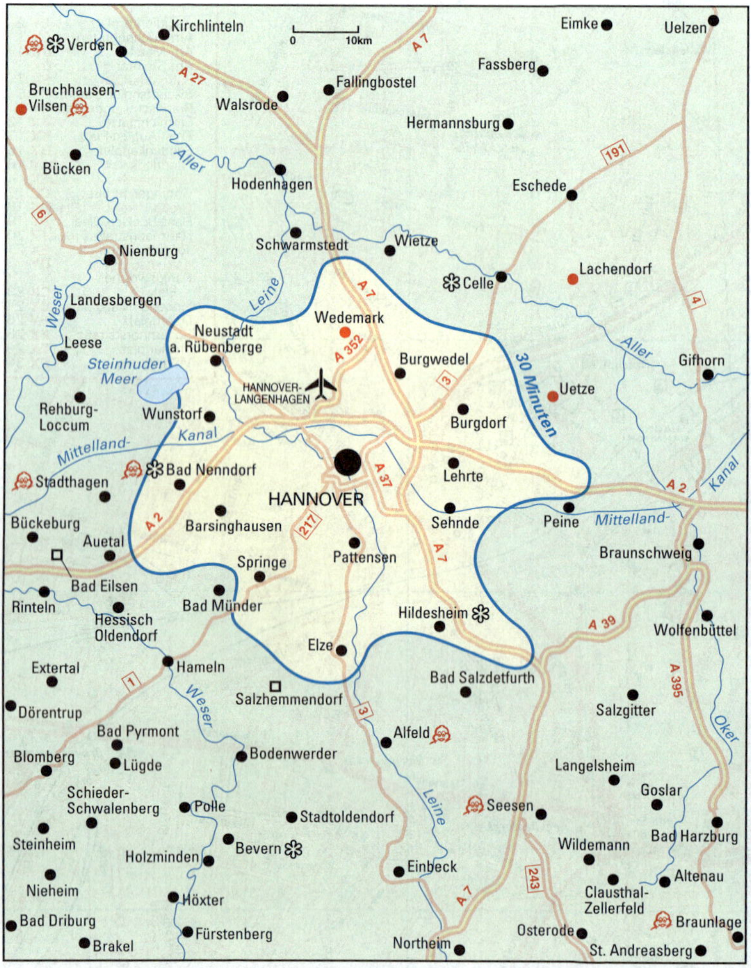

XX **Wein-Wolf,** Rathenaustr. 2, ✉ 30159, ✆ (0511) 32 07 88, *Fax (0511) 321660* – AE ⓓ E VISA – *Samstagmittag, Sonn- und Feiertage sowie Juli - Aug. 6 Wochen geschl.* – **Menu** à la carte 46/71. EY r

X **Enrico Leone,** Königstr. 46, ✉ 30175, ✆ (0511) 3 88 53 45, *Fax (0511) 854383* – AE ⓓ E VISA EX s
Sonntag geschl. (außer Messen) **Menu** (italienische Küche) à la carte 44/67.

X **Rôtisserie Helvetia,** Georgsplatz 11, ✉ 30159, ✆ (0511) 30 10 00, *Fax (0511) 3010046*, 🏕 – ⓓ E VISA EY k
Menu à la carte 33/64.

In Hannover-Bemerode *über Bischofsholer Damm* B :

Treff Hotel Europa, Bergstr. 2, ✉ 30539, ✆ (0511) 9 52 80, *Fax (0511) 9528488*, 🏕, ≘s – 🛗, ⇌ Zim, TV ☎ ♿ P – 🎤 300. AE ⓓ E VISA. ✂ Rest
Menu à la carte 40/72 – **183 Z** 195/600.

Kronsberger Hof, Wasseler Str. 1, ✉ 30539, ✆ (0511) 95 39 90, *Fax (0511) 525025*, 🏕, 🌳 – TV ☎ P – 🎤 100. AE ⓓ E VISA
Menu *(Sonn- und Feiertage abends geschl.)* à la carte 39/70 – **25 Z** 130/360.

In Hannover-Bothfeld *über Podbielskistr.* B :

Residenz Hotel garni, Im Heidkampe 80, ✉ 30659, ✆ (0511) 64 75 50, *Fax (0511) 6475515*, – TV ☎ P. AE E VISA
20. Dez. - 3. Jan. geschl. – **44 Z** 140/390.

In Hannover-Buchholz :

Pannonia Atrium Hotel M, Karl-Wiechert-Allee 68, ✉ 30625, ✆ (0511) 5 40 70, *Fax (0511) 5407826*, – Zim, TV P – 140. AE E VISA
Menu à la carte 40/77 – **222 Z** 220/600, 6 Suiten. B v

Gallo Nero, Groß Buchholzer Kirchweg 72b, ✉ 30655, ✆ (0511) 5 46 34 34, *Fax (0511) 548283*, « Bauernhaus a.d. 18.Jh. mit moderner Einrichtung, ständige Bilderausstellung » – P. AE E VISA über Podbielskistraße B
Sonntag, Jan. 1 Woche und Juli - Aug. 3 Wochen geschl. – **Menu** (italienische Küche, bemerkenswerte ital. Wein- und Grappaauswahl) à la carte 64/91.

Buchholzer Windmühle, Pasteurallee 30, ✉ 30655, ✆ (0511) 64 91 38, *Fax (0511) 6478930*, – P. AE. über Podbielskistraße B
Montag, Sonn- und Feiertage sowie 22. Dez. - 5. Jan. geschl. – **Menu** à la carte 52/78.

Steuerndieb mit Zim, Steuerndieb 1 (im Stadtwald Eilenriede), ✉ 30655, ✆ (0511) 90 99 60, *Fax (0511) 9099629*, « Terrasse » – TV ☎ P. AE E VISA JCB B c
Menu *(Sonntagabend geschl.)* à la carte 49/79 *(auch vegetarisches Menu)* – **5 Z** 139/280.

In Hannover-Döhren :

Wichmann, Hildesheimer Str. 230, ✉ 30519, ✆ (0511) 83 16 71, *Fax (0511) 8379811*, « Innenhof » B s
Menu à la carte 71/102.

Die Insel, Rudolf-von-Bennigsen-Ufer 81, ✉ 30519, ✆ (0511) 83 12 14, *Fax (0511) 831322*, – P. AE VISA B k
Montag geschl. (an Messen Montag nur Abendessen) – **Menu** (Tischbestellung ratsam) à la carte 53/99.

Titus, Wiehbergstr. 98, ✉ 30519, ✆ (0511) 83 55 24, *Fax (0511) 8386538*, – AE E VISA B z
Menu à la carte 60/78.

da Vinci, Hildesheimer Str. 228, ✉ 30519, ✆ (0511) 8 43 65 56, *Fax (0511) 8437208* P. AE VISA B s
Sonntag geschl. – **Menu** (italienische Küche) à la carte 41/64.

In Hannover-Flughafen ① *: 11 km :*

Maritim Airport Hotel M, Flughafenstr. 5, ✉ 30669, ✆ (0511) 9 73 70, *Fax (0511) 9737590*, – Zim, TV – 850. AE E VISA JCB. Rest
Menu 47/52 (nur Buffet) – ***Bistro Bottaccio*** *(Sonntag - Montag geschl.)* **Menu** à la carte 46/85 – **527 Z** 270/620, 30 Suiten.

Holiday Inn Crowne Plaza M, Petzelstr. 60, ✉ 30855 Langenhagen, ✆ (0511) 7 70 70, *Fax (0511) 737781*, – Zim, TV P – 150. AE E VISA JCB
Menu 37 Lunchbuffet und à la carte 58/83 – **210 Z** 239/626.

In Hannover-Herrenhausen :

Am Entenfang garni, Eichsfelder Str. 4, ✉ 30419, ✆ (0511) 9 79 50, *Fax (0511) 9795299*, – TV ☎ P. VISA
63 Z 130/312. über Stöckener Straße und Fuhsestraße A

In Herrenhausen garni, Markgrafstr. 5, ✉ 30419, ✆ (0511) 7 90 76 00, *Fax (0511) 2795766* – TV ☎ P. AE E VISA A a
42 Z 125/180.

In Hannover-Isernhagen Süd *N : 12 km über Podbielskistr.* B :

Parkhotel Welfenhof, Prüssentrift 85, ✉ 30657, ✆ (0511) 6 54 06, *Fax (0511) 651050*, – Zim, TV ☎ P – 80. AE E VISA
Menu à la carte 36/71 – **110 Z** 145/385.

In Hannover-Kirchrode *über* ③ *:*

Queens Hotel , Tiergartenstr. 117, ✉ 30559, ✆ (0511) 5 10 30, *Fax (0511) 526924*, – Zim, TV P – 160. AE E VISA JCB. Rest
Menu à la carte 42/75 – **178 Z** 236/520, 3 Suiten.

In Hannover-Kleefeld :

Kleefelder Hof garni, Kleestr. 3a, ✉ 30625, ✆ (0511) 5 30 80, *Fax (0511) 5308333* – 20. B d
86 **Z** 165/250.

In Hannover-Lahe *über Podbielskistr.* B

Holiday Inn, Oldenburger Allee 1, ✉ 30659, ✆ (0511) 6 15 50, *Fax (0511) 6155555,* – , Zim, – 280.
Menu à la carte 36/66 – **150 Z** 217/267.

Der Föhrenhof, Kirchhorster Str. 22, ✉ 30659, ✆ (0511) 6 15 40, *Fax (0511) 619719,* , – , Zim, – 90.
Menu *(27. Dez. - 4. Jan. geschl.)* à la carte 35/66 – **78 Z** 150/380.

In Hannover-List :

ArabellaSheraton Pelikan Ⓜ, Podbielskistr. 145, ✉ 30177, ✆ (0511) 9 09 30, *Fax (0511) 9093555,* , « Designer-Hotel in ehemaliger Fabrik », , – , Zim, – 140. Rest B p
Dez. 2 Wochen geschl. – ***Signatur*** *(Dez. 2 Wochen geschl.)* **Menu** à la carte 44/83 – ***Edo*** (japanische Küche) *(nur Abendessen, Sonntag und Juli - Aug. 3 Wochen geschl.)* **Menu** 68/150 – **138 Z** 263/612, 8 Suiten.

Dorint Ⓜ, Podbielskistr. 21, ✉ 30163, ✆ (0511) 3 90 40, *Fax (0511) 3904100,* – , Zim, – 250. B u
Menu à la carte 39/79 – **206 Z** 229/642.

Waldersee garni, Walderseestr. 39, ✉ 30177, ✆ (0511) 90 99 10, *Fax (0511) 9099149,* , , – . B m
31 Z 120/370.

Martens garni, Waldstr. 38a, ✉ 30163, ✆ (0511) 96 57 70, *Fax (0511) 9657777* – . B t
36 Z 138/185.

Grüner Pelikan, Podbielskistr. 143a, ✉ 30177, ✆ (0511) 3 94 23 00, *Fax (0511) 3942302,* B p
Menu (nur Abendessen) à la carte 47/69.

Neue Zeiten, Jakobistr. 24, ✉ 30163, ✆ (0511) 39 24 47 B x
Sonntag - Montag und Juli - Aug. 2 Wochen geschl. – **Menu** (nur Abendessen) à la carte 58/74 *(auch vegetarische Gerichte).*

In Hannover-Messe *über ④ :*

Parkhotel Kronsberg, Laatzener Str. 18 (am Messegelände), ✉ 30539, ✆ (0511) 8 74 00, *Fax (0511) 867112,* , , , , – , Zim, Rest, – 150.
Menu *(27. Dez. - 4. Jan. geschl.)* à la carte 46/71 – **169 Z** 190/480.

In Hannover-Roderbruch : ② *: 7 km*

Novotel, Feodor-Lynen-Str. 1, ✉ 30625, ✆ (0511) 9 56 60, *Fax (0511) 9566333,* , , (geheizt) – , Zim, – 100.
Menu à la carte 47/72 – **112 Z** 187/350.

Ibis, Feodor-Lynen-Str. 1, ✉ 30625, ✆ (0511) 9 56 70, *Fax (0511) 576128* – , Zim, – 30.
Menu (nur Abendessen) 26 – **96 Z** 136/210.

In Hannover-Vahrenwald *über ① :*

Fora, Großer Kolonnenweg 19, ✉ 30163, ✆ (0511) 6 70 60, *Fax (0511) 6706111,* , – , Zim, Rest, – 100.
Menu à la carte 37/56 – **142 Z** 195/285.

Vahrenwalder Hotel 181 garni, Vahrenwalder Str. 181, ✉ 30165, ✆ (0511) 35 80 60, *Fax (0511) 3505250,* – . B a
35 Z 140/320.

Vahrenwald garni, Vahrenwalder Str. 205, ✉ 30165, ✆ (0511) 63 30 77, *Fax (0511) 673163* – – 60. B a
26 Z 140/320.

Basil, Dragonerstr. 30a, ✉ 30163, ✆ (0511) 62 26 36, *Fax (0511) 3941434,* B y
Sonntag geschl. – **Menu** (nur Abendessen) à la carte 50/65.

Hannover-Waldhausen :

Hubertus , Adolf-Ey-Str. 11, ✉ 30519, ✆ (0511) 98 49 70, *Fax (0511) 830681,* « Garten » – . B f
(nur Abendessen für Hausgäste) – **25 Z** 120/160.

In Hannover-Wülfel :

Wiehbergers Hotel garni, Wiehbergstr. 55a, ✉ 30519, ✆ (0511) 87 99 90, *Fax (0511) 8799999*, « Einrichtung mit Designermöbeln », - TV ☎ P. AE E VISA B n
18 Z 195/320.

In Hemmingen-Westerfeld ⑤ : *8 km :*

Berlin garni, Berliner Str. 4, ✉ 30966, ✆ (0511) 42 30 14, *Fax (0511) 232870*, - TV ☎ P. AE E VISA
39 Z 135/380.

In Laatzen *SO : 9 km über Hildesheimer Straße* B

Copthorne M, Würzburger Str. 21, ✉ 30880, ✆ (0511) 9 83 60, *Fax (0511) 9836666*, - Zim, TV P - 280. AE E VISA JCB
Menu à la carte 45/69 - **222 Z** 275/534.

Europa-Congress-Hotel M, Karlsruher Str. 8 a, ✉ 30880, ✆ (0511) 87 57 30, *Fax (0511) 87573555* - Zim, TV ☎ P - 100. AE E VISA. Rest
Menu à la carte 48/66 - **120 Z** 189/476.

Treff-Hotel Britannia, Karlsruher Str. 26, ✉ 30880, ✆ (0511) 8 78 20, *Fax (0511) 863466*, (Halle) Indoor Golf - Zim, TV ☎ P - 150. AE E VISA. Rest
Menu à la carte 40/72 - **100 Z** 195/600.

Am Kamp garni, Am Kamp 12 (Ortsteil Grasdorf), ✉ 30880, ✆ (0511) 98 29 40, *Fax (0511) 9829466* - TV ☎ P - 20. AE E VISA
Juli geschl. - **45 Z** 169/445.

Haase, Am Thie 4 (Ortsteil Grasdorf), ✉ 30880, ✆ (0511) 82 01 60, *Fax (0511) 8201666* - TV ☎ P. AE E VISA
Menu *(Montagmittag und Dienstagmittag geschl.)* à la carte 30/49 - **43 Z** 140/290.

In Langenhagen ① : *10 km :*

Grethe, Walsroder Str. 151, ✉ 30853, ✆ (0511) 7 26 29 10, *Fax (0511) 772418*, - Zim, TV ☎ P - 40. AE E VISA
22. Dez. - 6. Jan. geschl. - **Menu** *(Samstag - Sonntag geschl.)* à la carte 37/66 - **51 Z** 140/185.

Zollkrug garni, Walsroder Str. 36, ✉ 30851, ✆ (0511) 78 67 10, *Fax (0511) 744375* - TV ☎ P. AE E VISA.
24. Dez. - 2. Jan. geschl. - **23 Z** 120/185.

In Langenhagen-Krähenwinkel ① : *11 km :*

Jägerhof, Walsroder Str. 251, ✉ 30855, ✆ (0511) 7 79 60, *Fax (0511) 7796111*, - Zim, TV ☎ P - 60. AE E VISA
24. Dez. - 4. Jan. geschl. - **Menu** *(Samstagmittag sowie Sonn- und Feiertage geschl.)* à la carte 40/70 - **77 Z** 90/380.

In Ronnenberg-Benthe ⑦ : *10 km über die B 65 :*

Benther Berg , Vogelsangstr. 18, ✉ 30952, ✆ (05108) 6 40 60, *Fax (05108) 640650*, - Rest, TV P - 60. AE E VISA
Menu à la carte 65/98 - **70 Z** 145/240.

In Seelze-Lohnde *W : 12 km über Wunstorfer Straße (B 441)* A :

Krumme Masch garni, Krumme Masch 16, ✉ 30926, ✆ (05137) 9 26 57, *Fax (05137) 91120* - TV ☎ P. AE E.
12 Z 110/170.

In Isernhagen KB *N : 14 km über Podbielskistraße* B :

Hopfenspeicher, Dorfstr. 16, ✉ 30916, ✆ (05139) 89 29 15, *Fax (05139) 892913*, - P. E
Sonntag, Jan. und Juli jeweils 2 Wochen geschl. - **Menu** (nur Abendessen) à la carte 60/92.

In Garbsen-Havelse ⑧ : *12 km über die B 6 :*

Wildhage, Hannoversche Str. 45, ✉ 30823, ✆ (05137) 7 03 70, *Fax (05137) 703730*, - TV ☎ P - 80. AE E VISA
Menu *(Samstagmittag und Sonntag geschl., außer Messen)* à la carte 43/73 - **25 Z** 170/240.

In Garbsen-Berenbostel ⑧ : *13 km über die B 6 :*

Landhaus am See , Seeweg 27, ✉ 30827, ✆ (05131) 4 68 60, *Fax (05131) 468666*, ←, « Gartenterrasse », - Zim, TV ☎ P - 30. AE E VISA JCB
Menu *(Sonntag geschl.)* à la carte 51/78 - **38 Z** 150/260.

In Garbsen-Altgarbsen ⑧ *: 14,5 km über die B 6 :*

Waldhotel Garbsener Schweiz, Alte Ricklinger Str. 66, ✉ 30823, ✆ (05137) 8 98 10, *Fax (05137) 13620*, – Zim – 80. AE E VISA
23. Dez. - 8. Jan. geschl. – **Menu** à la carte 34/67 – **55 Z** 98/210.

In Garbsen-Frielingen ⑧ *: 19 km über die B 6 :*

Bullerdieck, Bgm.-Wehrmann-Str. 21, ✉ 30826, ✆ (05131) 45 80, *Fax (05131) 458222*, Biergarten, – Zim, – 45. AE E VISA
Menu à la carte 37/65 – **52 Z** 99/240.

An der Autobahn A 2 Richtung Dortmund ⑧ *: 15 km :*

Autobahnrasthaus-Motel Garbsen-Nord, ✉ 30823 Garbsen, ✆ (05137) 7 20 21, *Fax (05137) 71819*, – Zim, – 30. AE E VISA
Menu (auch Self-service) à la carte 31/62 – **39 Z** 99/296.

HANSTEDT *Niedersachsen* 415 416 *G 14 – 4 600 Ew – Höhe 40 m – Erholungsort.*

Verkehrsverein, Am Steinberg 2, ✉ 21271, ✆ (04184) 1 94 33, Fax (04184)525.

Berlin 321 – Hannover 118 – Hamburg 56 – Lüneburg 31.

Sellhorn, Winsener Str. 23, ✉ 21271, ✆ (04184) 80 10, *Fax (04184) 801333*, « Gartenterrasse », – Zim, – 30. AE E VISA
Menu à la carte 43/72 – **58 Z** 133/216, 3 Suiten – ½ P 30.

In Hanstedt-Ollsen *S : 4 km :*

Landgasthof Zur Eiche, Am Naturschutzpark 3, ✉ 21271, ✆ (04184) 8 83 00, *Fax (04184) 8830140*, – – 15. AE E VISA
Mitte Jan. - Ende Feb. geschl. – **Menu** *(Montag geschl.)* à la carte 36/63 – **19 Z** 85/180 – ½ P 21.

HAPPURG-KAINSBACH *Bayern siehe Hersbruck.*

HARBURG (SCHWABEN) *Bayern* 419 420 *T 16 – 6 100 Ew – Höhe 413 m.*

Sehenswert : *Schloß (Sammlungen★).*

Berlin 525 – München 111 – Augsburg 55 – Ingolstadt 67 – Nürnberg 102 – Stuttgart 129.

Zum Straußen, Marktplatz 2, ✉ 86655, ✆ (09080) 13 98, *Fax (09080) 4324*, – Zim,
Anfang - Mitte Sept. geschl. – **Menu** *(Sonntagabend - Montag geschl.)* à la carte 19/41 – **17 Z** 45/100.

HARDEGSEN *Niedersachsen* 417 418 *L 13 – 3 800 Ew – Höhe 173 m – Luftkurort.*

Fremdenverkehrs GmbH, Vor dem Tore 1, ✉ 37181, ✆ (05505) 5 03 17, Fax (05505) 50333.

Berlin 335 – Hannover 115 – Kassel 64 – Göttingen 21 – Braunschweig 102.

In Hardegsen-Goseplack *SW : 5 km :*

Altes Forsthaus, an der B 241, ✉ 37181, ✆ (05505) 94 00, *Fax (05505) 940444*, – – 40. AE E VISA
Mitte Jan. - Anfang Feb. geschl. – **Menu** *(Dienstag geschl.)* à la carte 36/75 *(auch vegetarische Gerichte)* – **19 Z** 88/240, 3 Suiten.

HARDERT *Rheinland-Pfalz siehe Rengsdorf.*

HARDHEIM *Baden-Württemberg* 419 *R 12 – 6 700 Ew – Höhe 271 m – Erholungsort.*

Eichenbühl-Guggenberg, Ortsstr. 12 (NW : 7 km), ✆ (06282) 4 06 62.

Berlin 545 – Stuttgart 116 – Würzburg 50 – Aschaffenburg 70 – Heilbronn 74.

In Hardheim-Schweinberg *O : 4 km :*

Landgasthof Ross, Königheimer Str. 23, ✉ 74736, ✆ (06283) 10 51, *Fax (06283) 50322* –
Feb. 1 Woche und Juli-Aug. 2 Wochen geschl. – **Menu** *(Sonntagabend - Montag geschl.)* à la carte 29/56 – **25 Z** 60/100.

HARPSTEDT *Niedersachsen* 415 *H 9 – 3 500 Ew – Höhe 20 m – Erholungsort.*
Berlin 390 – Hannover 103 – Bremen 30 – Osnabrück 95.

Zur Wasserburg (mit Gästehaus), Amtsfreiheit 4, ✉ 27243, ✆ (04244) 10 08, *Fax (04244) 8094*, – Zim, – 40. *4.- 15. Jan. geschl.* – **Menu** à la carte 28/60 – **30 Z** 85/170 – ½ P 25.

HARSEFELD *Niedersachsen* 415 *F 12 – 9 500 Ew – Höhe 30 m.*
Berlin 346 – Hannover 176 – Hamburg 56 – Bremen 82.

Meyers Gasthof, Marktstr. 17, ✉ 21698, ✆ (04164) 8 14 60, *Fax (04164) 3022* – Zim, .
Menu à la carte 25/55 – **26 Z** 83/180.

HARSEWINKEL *Nordrhein-Westfalen* 417 *K 8 – 19 000 Ew – Höhe 65 m.*
Marienfeld (SO : 4 km), ✆ (05247) 88 80.
Berlin 424 – Düsseldorf 158 – Bielefeld 30 – Münster (Westfalen) 46.

Poppenborg mit Zim, Brockhäger Str. 9, ✉ 33428, ✆ (05247) 22 41, *Fax (05247) 1721*, « Modern-elegantes Restaurant mit Art-Deco Elementen ; Gartenrestaurant » – . Zim
Menu *(Mittwoch sowie Jan., April und Okt. jeweils 1 Woche geschl.)* (bemerkenswerte Weinkarte) à la carte 62/110 – **18 Z** 90/160
Spez. Salat von mediterranen Gemüsen mit Kaninchenrücken. Sautierte Waldpilze in der Strudelblüte. Dorade mit Kalbsjus auf Safran-Kartoffelpüree.

In Harsewinkel-Greffen *W : 6 km :*

Zur Brücke, Hauptstr. 38 (B 513), ✉ 33428, ✆ (02588) 8 90, *Fax (02588) 8989*, , – – 40.
Menu *(Sonntagabend geschl.)* à la carte 33/65 – **45 Z** 100/160.

In Marienfeld *SO : 4 km :*

Klosterpforte, Klosterhof 3, ✉ 33428, ✆ (05247) 70 80, *Fax (05247) 80484*, – , Zim, – 40.
Menu *(Dienstag und Juli 3 Wochen geschl.)* (wochentags nur Abendessen) à la carte 38/66 – **87 Z** 116/220 (Erweiterung um 30 Z bis Frühjahr 1999).

HARTENSTEIN *Sachsen* 418 *O 22 – 2 800 Ew – Höhe 405 m.*
Berlin 304 – Dresden 109 – Chemnitz 32 – Gera 66 – Leipzig 94.

Romantik Hotel Jagdhaus Waldidyll , Talstr. 1, ✉ 08118, ✆ (037605) 8 40, *Fax (037605) 84444*, , , – , Zim, – 30.
Menu à la carte 31/57 – **28 Z** 120/240 – ½ P 35.

HARTHA KREIS DOEBELN *Sachsen* 418 *M 22 – 8 600 Ew – Höhe 200 m.*
Berlin 241 – Dresden 67 – Leipzig 67 – Gera 91.

Flemmingener Hof, Leipziger Str. 1, ✉ 04746, ✆ (034328) 5 30, *Fax (034328) 53444*, Biergarten, – , Zim, – 25.
Menu *(Samstagmittag und Sonntag geschl.)* à la carte 24/44 – **40 Z** 95/130.

HARTHA (KURORT) *Sachsen siehe Freital.*

HARTMANNSDORF *Sachsen siehe Chemnitz.*

HARZBURG, BAD *Niedersachsen* 418 *K 15 – 26 000 Ew – Höhe 300 m – Heilbad – Heilklimatischer Kurort – Wintersport : 480/800 m 1 3 (Torfhaus).*
Am Breitenberg, ✆ (05322) 67 37.
Touristinformatin Bad Harzberg, Herzog-Wilhelm-Str. 86, ✉ 38667, ✆ (05322) 7 53 30, Fax (05322) 75329.
Berlin 253 – Hannover 96 – Braunschweig 46 – Göttingen 90 – Goslar 10.

Braunschweiger Hof, Herzog-Wilhelm-Str. 54, ✉ 38667, ✆ (05322) 78 80, *Fax (05322) 788499*, , , , – , Rest, – 100. Rest
Menu à la carte 45/89 – **88 Z** 148/268, 4 Suiten – ½ P 38.

Germania garni, Berliner Platz 2, ✉ 38667, ✆ (05322) 95 00, *Fax (05322) 950195*, « Gemütliche, stilvolle Einrichtung », – .
35 Z 150/250.

Seela, Nordhäuser Str. 5 (B 4), ✉ 38667, ✆ (05322) 79 60, *Fax (05322) 796199,* Massage, Zim, – 80. E VISA
Menu à la carte 37/70 *(auch Diät u. vegetar. Gerichte)* – **120 Z** 103/326 – ½ P 34.

Park Hotel, Hindenburgring 12a, ✉ 38667, ✆ (05322) 78 60, *Fax (05322) 786228,* (geheizt), – – 50. AE E VISA
Menu à la carte 36/68 – **46 Z** 125/270 – ½ P 25.

Am Eichenberg, Fritz-König-Str. 17, ✉ 38667, ✆ (05322) 9 62 10, *Fax (05322) 962196,* – Rest, – 20. AE E VISA. Rest
Menu (Montag - Freitag nur Abendessen) à la carte 36/57 – **27 Z** 90/185 – ½ P 24.

Tannenhof, Nordhäuser Str. 6, ✉ 38667, ✆ (05322) 9 68 80, *Fax (05322) 968899* – . AE E VISA
Menu à la carte 30/60 – **16 Z** 89/160.

Marxmeier garni, Am Stadtpark 41, ✉ 38667, ✆ (05322) 23 67, *Fax (05322) 2182,* – . E
10. Nov. - 20. Dez. geschl. – **22 Z** 69/142.

HARZGERODE *Sachsen-Anhalt* 418 *L 17 – 5 100 Ew – Höhe 400 m.*

Fremden-Verkehrsverein, Markt 7, ✉ 06493, ✆ (039484) 23 24.

Berlin 230 – Magdeburg 79 – Erfurt 105 – Nordhausen 44 – Quedlinburg 22 – Halle 68.

In Alexisbad *NW : 4 km :*

Habichtstein, Kreisstr. 4, ✉ 06493, ✆ (039484) 7 80, *Fax (039484) 78380,* – – 40. AE E VISA
Menu à la carte 30/53 – **68 Z** 100/180 – ½ P 20.

HASELAU *Schleswig-Holstein* 415 416 *F 12 – 950 Ew – Höhe 2 m.*

Berlin 315 – Kiel 96 – Hamburg 39 – Itzehoe 47.

Haselauer Landhaus, Dorfstr. 10, ✉ 25489, ✆ (04122) 9 87 10, *Fax (04122) 987197* – . E VISA
Menu *(Mittwoch geschl.)* à la carte 30/59 – **8 Z** 80/125.

HASELÜNNE *Niedersachsen* 415 *H 6 – 12 400 Ew – Höhe 25 m.*

Verkehrsamt (Rathaus), Krummer Dreh 18, ✉ 49740, ✆ (05961) 5 09 32, Fax (05961) 50950.

Berlin 490 – Hannover 224 – Nordhorn 47 – Bremen 113 – Enschede 69 – Osnabrück 68.

Burghotel garni (Stadtpalais a.d. 18. Jh.), Steintorstr. 7, ✉ 49740, ✆ (05961) 9 43 30, *Fax (05961) 943340,* – – 15. E VISA
32 Z 109/218.

Parkhotel am See, am See 2 (im Erholungsgebiet), ✉ 49740, ✆ (05961) 9 42 50, *Fax (05961) 942525,* <, – Zim, . E VISA
Menu à la carte 32/62 – **11 Z** 80/135.

Jagdhaus Wiedehage, Steintorstr. 9, ✉ 49740, ✆ (05961) 79 22, *Fax (05961) 4141,* –
Montag geschl. – **Menu** à la carte 36/63.

In Herzlake-Aselage *O : 13 km :*

Romantik Hotel Aselager Mühle, ✉ 49770, ✆ (05962) 20 21, *Fax (05962) 2026,* Massage, (Halle) – – 120. AE E VISA. Rest
Menu à la carte 51/74 – **65 Z** 150/340 – ½ P 42.

HASLACH IM KINZIGTAL *Baden-Württemberg* 419 *V 8 – 6 600 Ew – Höhe 222 m – Erholungsort.*

Sehenswert : *Schwarzwälder Trachtenmuseum★.*

Tourist-Information, Im Alten Kapuziner Kloster, ✉ 77716, ✆ (07832) 80 80, Fax (07832) 5909.

Berlin 774 – Stuttgart 174 – Freiburg im Breisgau 54 – Freudenstadt 50 – Offenburg 28.

Ochsen mit Zim, Mühlenstr. 39, ✉ 77716, ✆ (07832) 99 58 90, *Fax (07832) 995899,* –
Menu *(Montag, Donnerstagabend sowie März und Sept. jeweils 2 Wochen geschl.)* à la carte 33/58 – **7 Z** 65/140.

In Haslach-Schnellingen *N : 2 km :*

Zur Blume, Schnellinger Str. 56, ✉ 77716, ✆ (07832) 9 12 50, *Fax (07832) 912599,* – P. E VISA
Nov. geschl. – **Menu** à la carte 23/54 – **26 Z** 38/100 – ½ P 15.

HASSELFELDE *Sachsen-Anhalt* 418 *K 16 – 2 700 Ew – Höhe 470 m.*

Kurverwaltung, Lindenstr. 3a, ✉ 38899, ✆ (039459) 7 13 69, Fax (039459) 76055.
Berlin 238 – Magdeburg 87 – Erfurt 100 – Nordhausen 26 – Halberstadt 33.

Hagenmühle, Hagenstr. 6, ✉ 38899, ✆ (039459) 7 13 39, *Fax (039459) 71336,* Biergarten, – TV ☎ P – 40. E
Nov. 2 Wochen geschl. – **Menu** à la carte 27/53 – **17 Z** 83/152.

HASSFURT *Bayern* 420 *P 15 – 11 500 Ew – Höhe 225 m.*

Verkehrsamt, Hauptstr. 5, ✉ 97437, ✆ (09521) 68 82 27, Fax (09521) 688280.
Berlin 436 – München 276 – Coburg 52 – Schweinfurt 20 – Bamberg 34.

Das Altstadthotel M, Pfarrgasse 2, ✉ 97437, ✆ (09521) 92 80, *Fax (09521) 928301,* – TV ☎ – 30. AE E VISA
Menu à la carte 24/54 – **36 Z** 69/99.

Walfisch, Obere Vorstadt 8, ✉ 97437, ✆ (09521) 9 22 70, *Fax (09521) 922750* – TV ☎ . E VISA
Menu *(Freitagmittag geschl.)* à la carte 22/43 – **18 Z** 50/98.

HASSLOCH *Rheinland-Pfalz* 417 419 *R 8 – 20 000 Ew – Höhe 115 m.*

Berlin 642 – Mainz 89 – Mannheim 27 – Neustadt an der Weinstraße 9,5 – Speyer 16.

Sägmühle, Sägmühlweg 140, ✉ 67454, ✆ (06324) 9 29 10, *Fax (06324) 929160,* – TV ☎ P – 20. AE E VISA
Menu *(Montagmittag und Dienstagmittag geschl.)* à la carte 37/70 – **27 Z** 85/170.

Pfalz-Hotel garni, Lindenstr. 50, ✉ 67454, ✆ (06324) 40 47, *Fax (06324) 82503,* – TV ☎ P. AE E VISA
24. Dez. - 3. Jan. und 12. - 21. Feb. geschl. – **38 Z** 96/180.

Gasthaus am Rennplatz, Rennbahnstr. 149, ✉ 67454, ✆ (06324) 9 24 70, *Fax (06324) 924713,* – TV ☎ P. Zim
Okt. - Nov. 4 Wochen geschl. – **Menu** *(Montag geschl.)* à la carte 24/50 – **13 Z** 70/120.

HASSMERSHEIM *Baden-Württemberg* 417 419 *S 11 – 4 500 Ew – Höhe 152 m.*

Ausflugsziel : *Burg Guttenberg★ : Greifvogelschutzstation S : 5 km.*
Berlin 609 – Stuttgart 78 – Mannheim 84 – Heilbronn 27 – Mosbach 13.

Auf Burg Guttenberg *S : 5 km – Höhe 279 m 605*

Burgschenke, ✉ 74855 Hassmersheim-Neckarmühlbach, ✆ (06266) 2 28, *Fax (06266) 1697,* ← Gundelsheim und Neckartal, – P. E VISA
Montag - Dienstag und Dez. - Mitte März geschl. – **Menu** à la carte 37/60.

HATTEN *Niedersachsen* 415 *G 9 – 11 000 Ew – Höhe 20 m.*

Berlin 426 – Hannover 166 – Bremen 39 – Oldenburg 15 – Delmenhorst 25.

In Hatten-Streekermoor :

Gasthof Ripken (mit Gästehaus), Borchersweg 150, ✉ 26209, ✆ (04481) 87 27, *Fax (04481) 7874,* – Zim, TV ☎ P. E VISA
Juli - Aug. 3 Wochen geschl. – **Menu** (wochentags nur Abendessen) à la carte 27/45 – **25 Z** 70/110.

HATTERSHEIM *Hessen* 417 *P 9 – 24 100 Ew – Höhe 100 m.*

Berlin 548 – Wiesbaden 20 – Frankfurt am Main 21 – Mainz 20.

Parkhotel garni, Am Markt 17, ✉ 65795, ✆ (06190) 8 99 90, *Fax (06190) 899999,* – TV ☎ P – 80. AE E VISA.
58 Z 155/348.

Am Schwimmbad garni, Staufenstr. 35, ✉ 65795, ✆ (06190) 9 90 50, *Fax (06190) 9905155* – TV ☎ P. E VISA.
17 Z 100/195.

In Hattersheim-Eddersheim *S : 6 km :*

Steinbrech garni, Bahnhofstr. 44a, ✉ 65795, ☎ (06145) 9 34 10, *Fax (06145) 934199* – . AE E VISA.
18 Z 110/140.

HATTGENSTEIN *Rheinland-Pfalz* 417 *Q 5 – 300 Ew – Höhe 550 m – Wintersport (am Erbeskopf) : 680/800 m* 4.
Berlin 680 – Mainz 114 – Trier 53 – Birkenfeld 8 – Morbach 15.

An der B 269 *NW : 4 km :*

Gethmann's Hochwaldhotel, ✉ 55743 Hüttgeswasen, ☎ (06782) 8 88, *Fax (06782) 880,* , , , – . AE E VISA
5. - 25. Dez. geschl. – **Menu** à la carte 25/56 – **26 Z** 110/170.

HATTINGEN *Nordrhein-Westfalen* 417 *L 5 – 61 000 Ew – Höhe 80 m.*
Verkehrsverein, Bahnhofstr. 5, ✉ 45525, ☎ (02324) 20 12 28, Fax (02324) 25056.
Berlin 524 – Düsseldorf 50 – Bochum 10 – Wuppertal 24.

Avantgarde Hotel garni, Welperstr. 49, ✉ 45525, ☎ (02324) 5 09 70, *Fax (02324) 23827,* – – 40. AE E VISA
23. Dez.- 4. Jan. geschl. – **37 Z** 99/180.

Zum Kühlen Grunde, Am Büchsenschütz 15, ✉ 45527, ☎ (02324) 9 60 30, *Fax (02324) 960333,* Biergarten, « Elegantes Restaurant mit Zirbelholztäfelung » – . E VISA
Donnerstag und Juli - Aug. 2 Wochen geschl. – **Menu** à la carte 41/78.

In Hattingen-Bredenscheid *S : 5,5 km :*

Zum Hackstück , Hackstückstr. 123, ✉ 45527, ☎ (02324) 9 06 60, *Fax (02324) 906655,* « Gartenterrasse » – Zim, – – 30
Menu *(Dienstag und Mitte - Ende Juli geschl.)* à la carte 38/76 – **23 Z** 120/198.

In Hattingen-Holthausen *O : 2 km :*

An de Krüpe , Dorfstr. 27, ✉ 45527, ☎ (02324) 9 33 50, *Fax (02324) 933555,* –
Menu *(Mittwoch geschl.)* (Montag - Freitag nur Abendessen) à la carte 33/55 – **20 Z** 90/150.

In Hattingen-Oberelfringhausen *S : 10 km :*

Landhaus Felderbachtal, Felderbachstr. 133, ✉ 45529, ☎ (0202) 52 20 11, *Fax (0202) 526702,* « Gartenterrasse » – – 50. AE E VISA
Menu (Tischbestellung ratsam) à la carte 56/81. siehe Stadtplan Wuppertal BX t

---

HATTORF AM HARZ *Niedersachsen* 418 *L 14 – 4 400 Ew – Höhe 178 m – Erholungsort.*
Berlin 334 – Hannover 108 – Erfurt 121 – Göttingen 37 – Braunschweig 95.

Harzer Landhaus , Gerhart-Hauptmann-Weg 1, ✉ 37197, ☎ (05584) 9 58 60, *Fax (05584) 958644,* – – 30. AE E VISA
Jan. 2 Wochen und Juli - Aug. 3 Wochen geschl. – **Menu** *(Dienstag geschl.)* à la carte 32/60 – **10 Z** 60/100 – ½ P 20.

HATTSTEDTER MARSCH *Schleswig-Holstein siehe Husum.*

HAUENSTEIN *Rheinland-Pfalz* 417 419 *S 7 – 4 300 Ew – Höhe 249 m – Luftkurort.*
Fremdenverkehrsbüro, Schulstr. 4, ✉ 76846, ☎ (06392) 91 51 10, Fax (06392) 915160.
Berlin 686 – Mainz 124 – Karlsruhe 66 – Pirmasens 24 – Landau in der Pfalz 26.

Felsentor, Bahnhofstr. 88, ✉ 76846, ☎ (06392) 40 50, *Fax (06392) 405145,* , , – – 60. AE E VISA JCB. Rest
Menu *(Montag und Feb. 2 Wochen geschl.)* à la carte 30/75 – **20 Z** 95/187 – ½ P 38.

Zum Ochsen, Marktplatz 15, ✉ 76846, ☎ (06392) 5 71, *Fax (06392) 7235,* – – 50. E VISA
Menu *(Nov. - März Donnerstag geschl.)* à la carte 24/54 – **17 Z** 70/160 – ½ P 25.

In Schwanheim *SO : 7,5 km :*

Zum alten Nußbaum mit Zim, Wasgaustr. 17, ✉ 76848, ☎ (06392) 99 31 46, *Fax (06392) 993147,* – . E
Feb. 3 Wochen geschl. – **Menu** *(Dienstag, Nov. - März auch Montag geschl.)* à la carte 40/65 *(auch vegetarisches Menu)* – **4 Z** 60/100.

HAUSACH *Baden-Württemberg* 419 *V 8 – 5 700 Ew – Höhe 239 m.*

Verkehrsamt, Rathaus, Hauptstr. 40, ✉ 77756, ☏ (07831) 79 75, Fax (07831) 7956.
Berlin 755 – Stuttgart 132 – Freiburg im Breisgau 62 – Freudenstadt 40 – Karlsruhe 110 – Strasbourg 62.

Zur Blume, Eisenbahnstr. 26, ✉ 77756, ☏ (07831) 2 86, *Fax (07831) 8933,* – TV ☎ P. AE E VISA
Jan. 2 Wochen geschl. – **Menu** *(Nov. - Ostern Samstag geschl.)* à la carte 27/60 – **16 Z** 75/98 – ½ P 23.

HAUSEN *Bayern* 418 420 *O 14 – 850 Ew – Höhe 450 m.*

Berlin 410 – München 340 – Fulda 52 – Frankfurt 142 – Bad Kissingen 57.

In Hausen-Roth *SW : 4 km :*

Landhaus König, Rhönweg 7, ✉ 97647, ☏ (09779) 8 11 80, *Fax (09779) 811818,* – TV ☎ P. E VISA
Menu *(Montag geschl.)* (nur Abendessen) à la carte 27/47 – **17 Z** 60/106.

HAUSEN OB VERENA *Baden-Württemberg siehe Spaichingen.*

HAUZENBERG *Bayern* 420 *U 24 – 12 350 Ew – Höhe 545 m – Erholungsort – Wintersport : 700/830 m 2.*

Verkehrsamt im Rathaus, Schulstr. 2, ✉ 94051, ☏ (08586) 30 30, Fax (08586) 3058.
Berlin 625 – München 195 – Passau 18.

In Hauzenberg-Freudensee *NO : 1 km :*

Seehof, Freudensee 22, ✉ 94051, ☏ (08586) 12 28, *Fax (08586) 6631,* – TV P. Rest
Aug. - Sept. 2 Wochen geschl. – **Menu** *(Montag geschl.)* à la carte 23/43 – **10 Z** 68/128 – ½ P 8.

In Hauzenberg-Penzenstadl *NO : 4 km :*

Landhotel Rosenberger, Penzenstadl 31, ✉ 94051, ☏ (08586) 97 00, *Fax (08586) 5563,* Massage, – TV ☎ P. Rest
Mitte Nov. - 24. Dez. geschl. – **Menu** à la carte 24/45 – **50 Z** 82/144.

HAVELBERG *Sachsen-Anhalt* 416 *H 20 – 7 100 Ew – Höhe 25 m.*

Sehenswert : *Dom St. Marien★ (Reliefs★★).*
Tourist-Information, Salzmarkt 1, ✉ 39539, ☏ (039387) 8 82 24, Fax (039387) 88224.
Berlin 119 – Magdeburg 107 – Schwerin 109 – Stendal 47 – Wittenberge 34 – Brandenburg 69.

Am Schmokenberg, Schönberger Weg 6, ✉ 39539, ☏ (039387) 8 91 77, *Fax (039387) 21444,* – Zim, TV ☎ P. AE E VISA
Menu à la carte 20/44 – **28 Z** 75/130.

HAVERLAH *Niedersachsen siehe Salzgitter.*

HAVIXBECK *Nordrhein-Westfalen* 417 *K 6 – 10 600 Ew – Höhe 100 m.*

Berlin 496 – Düsseldorf 123 – Nordhorn 69 – Enschede 57 – Münster (Westfalen) 17.

Gasthof Kemper, Altenberger Str. 14, ✉ 48329, ☏ (02507) 12 40, *Fax (02507) 9262,* – TV ☎ P. AE E VISA
Menu *(Dienstag geschl.)* à la carte 31/55 – **16 Z** 89/155.

Beumer, Hauptstr. 46, ✉ 48329, ☏ (02507) 9 85 40, *Fax (02507) 9181,* – TV ☎ P – 40. AE E VISA
15. - 29. Dez. geschl. – **Menu** *(Montag geschl.)* à la carte 35/58 – **21 Z** 85/170.

HAWANGEN *Bayern siehe Memmingen.*

HAYINGEN *Baden-Württemberg* 419 *V 12 – 2 200 Ew – Höhe 550 m – Luftkurort.*

Gäste-Information, Kirchstr. 15, ✉ 72534, ☏ (07386) 97 77 23, Fax (07386) 977733.
Berlin 675 – Stuttgart 85 – Konstanz 111 – Ulm (Donau) 49 – Reutlingen 40.

In Hayingen-Indelhausen *NO : 3 km :*

Zum Hirsch (mit Gästehäusern), Wannenweg 2, ✉ 72534, ☏ (07386) 9 77 80, *Fax (07386) 977899,* – TV ☎ P
Mitte Nov. - Mitte Dez. geschl. – **Menu** *(Montag, Nov. - April auch Donnerstag geschl.)* à la carte 28/60 – **35 Z** 57/130 – ½ P 21.

HEBERTSHAUSEN *Bayern siehe Dachau.*

HECHINGEN *Baden-Württemberg* 419 *U 10 – 19 000 Ew – Höhe 530 m.*

Ausflugsziel : *Burg Hohenzollern★ (Lage★★★, ★) S : 6 km.*

Hechingen Auf dem Hagelwasen, (07471) 26 00.

Kultur- und Verkehrsamt, Rathaus, Marktplatz 1, 72379, (07471) 94 01 14, Fax (07471) 940108.

Berlin 701 – Stuttgart 67 – Konstanz 123 – Freiburg im Breisgau 131 – Ulm (Donau) 119.

Café Klaiber, Obertorplatz 11, 72379, (07471) 22 57, Fax (07471) 13918 –
Menu *(bis 20 Uhr geöffnet, Samstag geschl.)* à la carte 28/42 – **28 Z** 85/140.

In Hechingen-Stetten *SO : 1,5 km :*

Brielhof, an der B 27, 72379, (07471) 40 97, Fax (07471) 16908, « Geschmackvolle, moderne Zimmereinrichtung » – – 40. *22. - 30. Dez. geschl.* – **Menu** à la carte 40/71 – **25 Z** 90/220.

In Bodelshausen *N : 6,5 km :*

Zur Sonne garni, Hechinger Str. 5, 72411, (07471) 9 59 60, Fax (07471) 959669, – .
15 Z 47/108.

HEIDE *Schleswig-Holstein* 415 *D 11 – 21 000 Ew – Höhe 14 m.*

Hennstedt, Gut Apeldör (NO : 13 km), (04836) 84 08.

Tourist-Information, Rathaus, Postelweg 1, 25746, (0481) 6 85 01 17, Fax (0481) 67767.

Berlin 389 – Kiel 81 – Cuxhaven 120 – Husum 40 – Itzehoe 51 – Rendsburg 45.

Berlin, Österstr. 18, 25746, (0481) 8 54 50, Fax (0481) 8545300, « Modernes Restaurant im Bistrostil », , – Zim, – 30.
Österegg *(Sonntagmittag geschl.)* **Menu** à la carte 36/59 – **70 Z** 111/267.

Berliner Hof, Berliner Str. 46, 25746, (0481) 55 51, Fax (0481) 5551, – *(wochentags nur Abendessen).*

HEIDELBERG *Baden-Württemberg* 417 419 *R 10 – 132 000 Ew – Höhe 114 m.*

Sehenswert : *Schloß★★★ Z (Rondell ★, Gärten★, Friedrichsbau★★, Großes Faß★, Deutsches Apothekenmuseum★ Z* **M1**) *– Universitätsbibliothek (Buchausstellung★) Z* **A** *– Kurpfälzisches Museum★ (Riemenschneider-Altar★★, Gemälde und Zeichnungen der Romantik★★) Z* **M2** *– Haus zum Ritter★ Z* **N** *– Alte Brücke ★★ Y.*

Lobbach-Lobenfeld (② : 20 km), (06226) 4 04 90.

Tourist-Information, Willy-Brandt-Platz 2, (Bahnhofsvorplatz), 69115, (06221) 1 94 33, Fax (06221) 167318.

ADAC, *Heidelberg-Kirchheim (über ④), Carl-Diem-Str. 2, 69124, (0621) 41 00 10, Fax (06221) 711020.*

Berlin 627 ⑤ – Stuttgart 122 ④ – Mannheim 21 ⑤ – Darmstadt 59 ④ – Karlsruhe 59 ④.

Stadtplan siehe gegenüberliegende Seite

Der Europäische Hof - Hotel Europa, Friedrich-Ebert-Anlage 1, 69117, (06221) 51 50, Fax (06221) 515506, , « Gartenanlage im Innenhof » – , Zim, Rest, – 120. V u
Menu à la carte 82/94 – **134 Z** 409/570, 4 Suiten.

Marriott, Vangerowstr. 16, 69115, (06221) 90 80, Fax (06221) 908633, , , Bootssteg, Massage, , – , Zim, – 240. , Rest V d
Menu 43 Lunchbuffet und à la carte 47/70 – **251 Z** 263/436, 3 Suiten.

Crowne Plaza M, Kurfürstenanlage 1, 69115, (06221) 91 70, Fax (06221) 21007, Massage, , – , Zim, – 160. X s
Menu 39 (Buffet) und à la carte 31/56 – **232 Z** 303/396.

Hirschgasse (historisches Gasthaus a.d.J. 1472), Hirschgasse 3, 69120, (06221) 45 40, Fax (06221) 454111, – . Rest Y s
Menu *(Sonn- und Feiertage sowie 1. - 21. Feb. geschl.) (nur Abendessen)* à la carte 70/89 – ***Mensurstube*** : **Menu** à la carte 53/65 – **19 Z** 320/600.

HEIDELBERG

Bahnhofstraße .... X 2
Bauamtsgasse .... Z 5
Bismarckplatz V
Bismarcksäulenweg .... V 10
Bismarckstraße .... V 13
Brückenstraße .... V 16
Burgweg .... Z 19
Carl-Benz-Straße .... X 20
Czernyring .... X 22
Eppelheimer Straße .... X 25
Ernst-Walz-Brücke .... V 28
Franz-Knauff-Straße .... X 31
Gaiberger Weg .... X 34
Grabengasse .... Z 36
Graimbergweg .... Z 39
Häusserstraße .... X 41
Hauptstraße .... YZ
Heiliggeiststraße .... Y 44
Jubiläumsplatz .... YZ 47
Kaiserstraße .... X 49
Karlsplatz .... YZ 55
Kornmarkt .... Z 57
Kurfüsten-Anlage .... X 60
Marktplatz .... Y 63
Marstallstraße .... Y 66
Mittermaierstraße .... X 69
Montpellierbrücke .... X 71
Neue Schloßstraße .... Z 74
Quinckestraße .... V 76
Ringstraße .... X 79
Rohrbacher Straße .... X 81
Schloßberg .... Z 84
Schurmanstraße .... V 86
Sofienstraße .... V 88
Speyerer Straße .... X 90
Steingasse .... Y 92
Universitätsplatz .... Z 94
Vangerowstraße .... V 96
Zähringerstraße .... X 97
Zwingerstraße .... Z 99

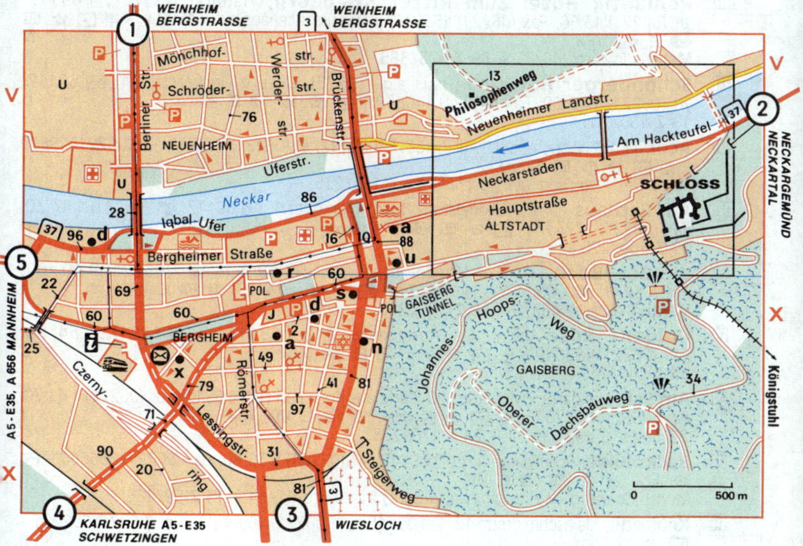

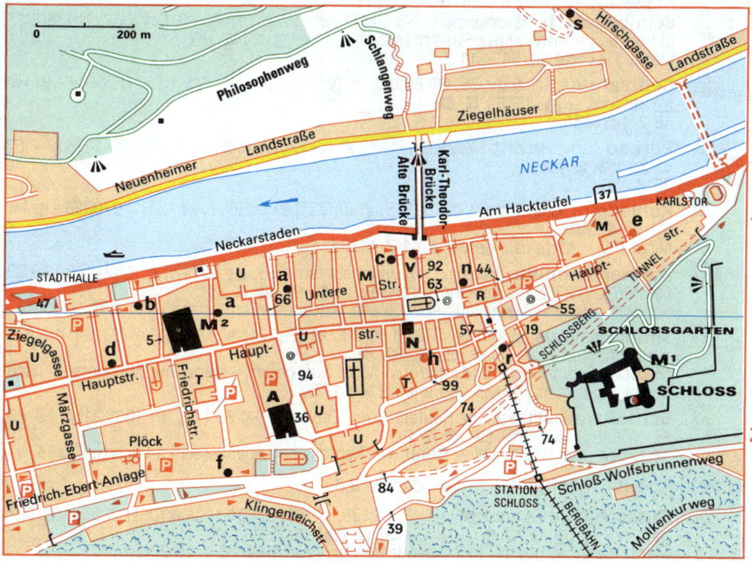

Rega-Hotel Heidelberg, Bergheimer Str. 63, ✉ 69115, ☎ (06221) 50 80, *Fax (06221) 508500*, – Zim, – 50. VX r
Menu *(Samstag - Sonntag geschl.)* à la carte 37/60 – **124 Z** 235/310.

Holländer Hof garni, Neckarstaden 66, ✉ 69117, ☎ (06221) 6 05 00, *Fax (06221) 605060*, – . Y v
40 Z 145/290.

Alt Heidelberg, Rohrbacher Str. 29, ✉ 69115, ☎ (06221) 91 50, *Fax (06221) 164272*, – – 30. X n
Menu *(Samstagmittag sowie Sonn- und Feiertage geschl.)* à la carte 42/66 – **78 Z** 216/258.

Romantik Hotel Zum Ritter St. Georg, Hauptstr. 178, ✉ 69117, ☎ (06221) 13 50, *Fax (06221) 135230*, « Renaissancehaus a.d.J. 1592 » – . Z N
Menu à la carte 46/77 – **39 Z** 175/385.

Schönberger Hof garni (Haus a.d.J. 1772), Untere Neckarstr. 54, ✉ 69117, ☎ (06221) 1 40 60, *Fax (06221) 140639* – . Y b
18 Z 150/205.

Acor garni, Friedrich-Ebert-Anlage 55, ✉ 69117, ☎ (06221) 2 20 44, *Fax (06221) 28609* – . Z f
Mitte Dez. - Anfang Jan. geschl. – **18 Z** 155/235.

Am Rathaus garni, Heiliggeiststr. 1 (am Marktplatz), ✉ 69117, ☎ (06221) 1 47 30, *Fax (06221) 147337* – . Y n
17 Z 160/225.

Weißer Bock, Große Mantelgasse 24, ✉ 69117, ☎ (06221) 9 00 00, *Fax (06221) 900099*, – , Zim, – 20. Y f
Menu à la carte 46/78 – **18 Z** 155/240.

Goldene Rose garni, St. Annagasse 7, ✉ 69117, ☎ (06221) 90 54 90, *Fax (06221) 182040* – . V a
33 Z 140/230.

Am Schloss garni, Zwingerstr. 20 (Parkhaus Kornmarkt), ✉ 69117, ☎ (06221) 1 41 70, *Fax (06221) 141737* – . Z r
22. Dez. - 6. Jan. geschl. – **24 Z** 170/265.

Backmulde, Schiffgasse 11, ✉ 69117, ☎ (06221) 5 36 60, *Fax (06221) 536660* – – 40. YZ a
Menu *(Sonntag - Montagmittag geschl.)* à la carte 41/64 – **13 Z** 99/165.

Krokodil, Kleinschmidtstr. 12, ✉ 69115, ☎ (06221) 16 64 72, *Fax (06221) 602221* – . Zim X a
24.Dez. - 3.Jan. geschl. – **Menu** à la carte 35/57 – **16 Z** 130/195.

Schnookeloch, Haspelgasse 8, ✉ 69117, ☎ (06221) 13 80 80, *Fax (06221) 1380813*, Biergarten, « Historisches Studentenlokal » – . Y c
Menu à la carte 32/54 – **11 Z** 150/190.

Central garni, Kaiserstr. 75, ✉ 69115, ☎ (06221) 2 06 41, *Fax (06221) 20642* – – 40. X x
48 Z 145/230.

Perkeo garni, Hauptstr. 75, ✉ 69117, ☎ (06221) 1 41 30, *Fax (06221) 141337* – . Z d
25 Z 150/205.

Kohler garni, Goethestr. 2, ✉ 69115, ☎ (06221) 97 00 97, *Fax (06221) 970096* – . X d
Mitte Dez. - Mitte Jan. geschl. – **41 Z** 113/174.

Zur Herrenmühle (Haus a.d. 17. Jh.), Hauptstr. 239, ✉ 69117, ☎ (06221) 60 29 09, *Fax (06221) 22033*, « Innenhofterrasse » – . Y e
Sonntag geschl. – **Menu** (nur Abendessen, Tischbestellung ratsam) à la carte 78/102.

Simplicissimus, Ingrimstr. 16, ✉ 69117, ☎ (06221) 18 33 36, *Fax (06221) 181980*, « Innenhofterrasse » – . Z h
Dienstag, Feb. 1 Woche und Ende Juli - Mitte Aug. geschl. – **Menu** (nur Abendessen, Tischbestellung ratsam) 49/85 und à la carte 64/85.

Schloßweinstube (im Heidelberger Schloss), ✉ 69117, ☎ (06221) 9 79 70, *Fax (06221) 167969* – . Z
Mittwoch und Jan. geschl. – **Menu** (wochentags nur Abendessen) à la carte 63/93.

In Heidelberg-Grenzhof *NW : 8 km über die B 37* V *:*

Gutsschänke Grenzhof, ✉ 69123, ☎ (06202) 94 30, *Fax (06202) 943100*, Biergarten – – 20. Zim
Menu *(Sonntag geschl.)* (nur Abendessen) à la carte 69/85 – **28 Z** 150/280.

In Heidelberg-Handschuhsheim ① *: 3 km :*

Gasthof Lamm, Pfarrgasse 3, ✉ 69121, ✆ (06221) 4 79 30, *Fax (06221) 479333,* « Gasthof a. d. 17. Jh., Innenhofterrasse » – Zim, – 25. E VISA
Menu (nur Abendessen, Feiertage auch Mittagessen, Tischbestellung ratsam) à la carte 53/75 – **11 Z** 155/210. über Brückenstr. V

In Heidelberg-Kirchheim ④ *: 3 km :*

Queens Hotel, Pleikartsförster Str. 101, ✉ 69124, ✆ (06221) 78 80, *Fax (06221) 788499,* – , Zim, Rest, – 220. AE E VISA. Rest
Menu à la carte 50/80 – **169 Z** 244/448.

In Heidelberg-Pfaffengrund *W : 3,5 km über Eppelheimer Straße* X *:*

Neu Heidelberg, Kranichweg 15, ✉ 69123, ✆ (06221) 70 70 05 (Hotel) 73 42 22 (Rest.), *Fax (06221) 700381,* – Zim, . Zim
Menu *(Freitag - Samstagmittag und Juli - Aug. 2 Wochen geschl.)* à la carte 27/61 – **22 Z** 99/188.

In Heidelberg-Rohrbach *über Rohrbacher Str.* X *:*

Ristorante Italia, Karlsruher Str. 82, ✉ 69126, ✆ (06221) 31 48 61, *Fax (06221) 337198* – AE E VISA
Mittwochmittag und Samstagmittag geschl. – **Menu** à la carte 42/70.

HEIDENAU *Niedersachsen* 415 416 *G 12 – 1 600 Ew – Höhe 35 m.*

Berlin 326 – Hannover 126 – Hamburg 49 – Bremen 76.

Heidenauer Hof (mit Gästehaus,), Hauptstr. 23, ✉ 21258, ✆ (04182) 41 44, *Fax (04182) 4744,* , – Zim, . E VISA. Zim
Menu *(Dienstagmittag geschl.)* à la carte 33/53 – **35 Z** 75/170.

HEIDENHEIM AN DER BRENZ *Baden-Württemberg* 419 420 *T 14 – 53 000 Ew – Höhe 491 m.*

Tourist-Information, Hauptstr. 34 (Elmar-Doch-Haus), ✉ *89522,* ✆ *(07321) 32 73 40, Fax (07321) 327687.*

Berlin 583 – Stuttgart 82 – Augsburg 90 – Nürnberg 132 – Ulm (Donau) 46 – Würzburg 177.

Astron - Aquarena Ⓜ, Friedrich-Pfenning-Str. 30, ✉ 89518, ✆ (07321) 98 00, *Fax (07321) 980100,* , direkter Zugang zum Freizeitbad – , Zim, – 200
84 Z.

Linde, St.-Pöltener-Str. 53, ✉ 89522, ✆ (07321) 9 59 20, *Fax (07321) 959258,* – . E VISA
Aug. und 24. Dez. - 1. Jan. geschl. – **Menu** *(Samstag geschl.)* à la carte 25/53 – **35 Z** 95/170.

Raben, Erchenstr. 1, ✉ 89522, ✆ (07321) 2 18 39, *Fax (07321) 25525* – . AE E VISA
23. Dez. - 6. Jan. geschl. – **Menu** *(Freitag geschl.)* à la carte 25/54 – **15 Z** 75/140.

Weinstube zum Pfauen, Schloßstr. 26, ✉ 89518, ✆ (07321) 4 52 95 – E VISA
Samstagmittag, Sonntag - Montagmittag, Feiertage sowie Jan. und Aug. jeweils 2 Wochen geschl. – **Menu** (abends Tischbestellung ratsam) à la carte 40/69.

In Heidenheim-Mergelstetten *S : 2 km über die B 19 :*

Hirsch, Buchhofsteige 3, ✉ 89522, ✆ (07321) 95 40, *Fax (07321) 954330* – , Zim, . AE E VISA
(Restaurant nur für Hausgäste) – **40 Z** 134/175.

In Steinheim am Albuch *W : 6 km :*

Zum Kreuz, Hauptstr. 26, ✉ 89555, ✆ (07329) 60 07, *Fax (07329) 1253,* , – , Zim, – 40. AE E VISA
Menu *(Juni - Aug. Sonn- und Feiertage geschl.)* à la carte 37/78 *(auch vegetarische Gerichte)* – **30 Z** 95/188.

In Steinheim-Sontheim i. St. *W : 7 km :*

Sontheimer Wirtshäusle, an der B 466, ✉ 89555, ✆ (07329) 50 41, *Fax (07329) 1770,* – Zim, . E VISA.
Jan. und Aug. jeweils 2 Wochen geschl. – **Menu** *(Samstag geschl.)* à la carte 33/74 – **11 Z** 89/150.

HEIGENBRÜCKEN *Bayern* 417 *P 12 – 2600 Ew – Höhe 300 m – Luftkurort.*

Kur- und Verkehrsamt, Rathaus, Hauptstr. 7, ✉ 63869, ☎ (06020) 1381, Fax (06020) 971050.

Berlin 542 – München 350 – Würzburg 71 – Aschaffenburg 26.

Landgasthof Hochspessart, Lindenallee 40, ✉ 63869, ☎ (06020) 9 72 00, *Fax (06020) 2630*, – Zim, – 70. VISA
Menu *(Okt. - März Dienstag geschl.)* à la carte 28/53 – **34 Z** 69/138 – ½ P 29.

HEILBRONN *Baden-Württemberg* 417 419 *S 11 – 120000 Ew – Höhe 158 m.*

Information und Tourismus, Rathaus, ✉ 74072, ☎ (07131) 562270, Fax (07131) 563349.

ADAC, *Bahnhofstr. 19-23, ✉ 74072, ☎ (07131) 967511, Fax (07131) 967533.*

Berlin 591 ① – Stuttgart 60 ③ – Heidelberg 68 ① – Karlsruhe 94 ① – Würzburg 105 ①.

Stadtplan siehe gegenüberliegende Seite

Insel-Hotel, Friedrich-Ebert-Brücke, ✉ 74072, ☎ (07131) 63 00, *Fax (07131) 626060*, – Zim, – 100. AE VISA Y r
Menu à la carte 44/81 – **120 Z** 148/268, 4 Suiten.

Götz, Moltkestr. 52, ✉ 74076, ☎ (07131) 98 90, *Fax (07131) 989890*, – – 50. AE VISA Z a
Menu à la carte 38/65 – **76 Z** 130/220.

Park-Villa garni (mit Gästehaus), Gutenbergstr. 30, ✉ 74074, ☎ (07131) 9 57 00, *Fax (07131) 957020*, « Geschmackvolle Einrichtung, Park » – . AE VISA Z p
Weihnachten - Anfang Jan. geschl. – **25 Z** 148/235.

Burkhardt, Lohtorstr. 7, ✉ 74072, ☎ (07131) 6 22 40, *Fax (07131) 627828* – – 100. AE VISA Y b
Menu à la carte 33/74 – **82 Z** 145/240.

Nestor-Hotel garni, Jakobgasse 9, ✉ 74072, ☎ (07131) 65 60, *Fax (07131) 656113* – – 25. AE VISA Y s
42 Z 140/185.

Stadthotel M garni, Neckasulmer Str. 36, ✉ 74076, ☎ (07131) 9 52 20, *Fax (07131) 952270* – – 25. AE VISA Y c
44 Z 108/160.

City-Hotel garni, Allee 40 (14. Etage), ✉ 74072, ☎ (07131) 9 35 30, *Fax (07131) 935353*, – . AE VISA JCB Y v
16 Z 120/150.

Ratskeller, Marktplatz 7, ✉ 74072, ☎ (07131) 8 46 28, *Fax (07131) 963015*, – AE VISA Y R
Sonn- und Feiertag geschl. – **Menu** à la carte 38/62.

Haus des Handwerks, Allee 76, ✉ 74072, ☎ (07131) 8 44 68, *Fax (07131) 85740* – 140. AE VISA Y u
Menu à la carte 31/62.

Am Stadtgarten, Allee 28, ✉ 74072, ☎ (07131) 8 79 54, *Fax (07131) 620236*, – 40. AE VISA YZ d
Dienstag und Aug. geschl. – **Menu** à la carte 26/58.

Rauers Weinstube, Fischergasse 1, ✉ 74072, ☎ (07131) 96 29 20, Z e
Menu à la carte 36/61.

Auf dem Wartberg ② *: 5 km – Höhe 303 m*

Höhenrestaurant Wartberg, ✉ 74076 Heilbronn, ☎ (07131) 17 32 74, *Fax (07131) 165318*, Heilbronn und Weinberge, – – 30. AE VISA
Dienstag und Jan. - Anfang Feb. geschl. – **Menu** à la carte 34/64.

In Heilbronn-Böckingen *über ⑤ : 2 km :*

Am Kastell M, Kastellstr. 64, ✉ 74080, ☎ (07131) 91 33 10, *Fax (07131) 91331299*, – , Zim, – 40. AE VISA
Menu à la carte 29/63 – **72 Z** 118/158.

Rebstock, Eppinger Str. 43 (Ecke Ludwigsburger Str.), ✉ 74080, ☎ (07131) 3 09 09, *Fax (07131) 30909*, –
Samstagmittag, Montag, jedes 1. Wochenende im Monat, Mai 2 Wochen und Ende Dez. - Anfang Jan. geschl. – **Menu** à la carte 38/70.

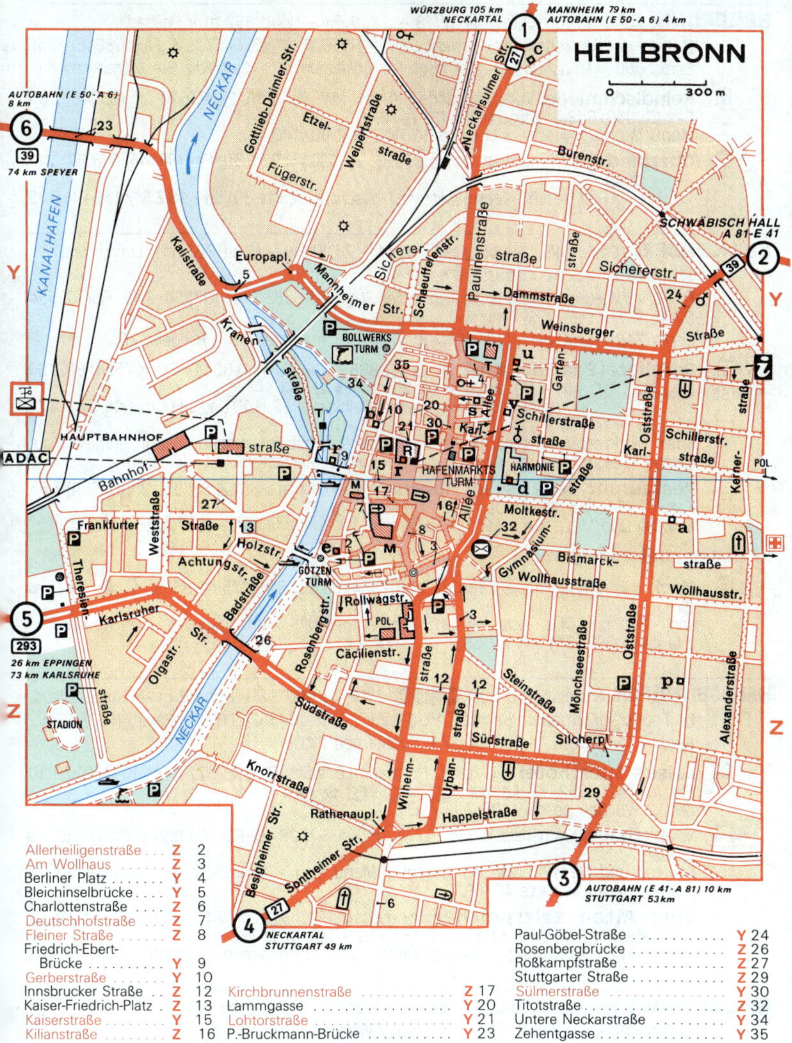

In Flein *S : 5,5 km über Charlottenstr.* Z :

Wo der Hahn kräht, Altenbergweg 11, ✉ 74223, ☎ (07131) 5 08 10, *Fax (07131) 508166*, ⩽, – Zim, TV ☎ P – 40. E VISA
Menu à la carte 45/67 – **40 Z** 135/180 – ½ P 35.

In Leingarten ⑤ : *7 km* :

Löwen, Heilbronner Str. 43, ✉ 74211, ☎ (07131) 40 36 78, *Fax (07131) 900060*, – AE
Montag geschl. – **Menu** (wochentags nur Abendessen, Tischbestellung ratsam) à la carte 68/95 – ***Dorfkrug*** *(Samstagmittag und Monntag geschl.)* **Menu** à la carte 30/51.

HEILBRUNN, BAD *Bayern 419 420 W 18 – 3 300 Ew – Höhe 682 m – Heilbad.*

Kur- und Verkehrsamt, Wörnerweg 4, ✉ 83670, ✆ (08046) 3 23, Fax (08046) 8239.
Berlin 650 – München 63 – Garmisch-Partenkirchen 46 – Bad Tölz 8 – Mittenwald 48.

Reindlschmiede, Reindlschmiede 8 (B 11, NW : 3,5 Km), ✉ 83670, ✆ (08046) 2 85, *Fax (08046) 8484,* Biergarten – TV P. E
Menu *(Montag geschl.)* à la carte 24/40 – **9 Z** 60/140.

Oberland, Wörnerweg 45, ✉ 83670, ✆ (08046) 9 18 30, *Fax (08046) 918310,* – ☎ P
20. Dez. - 1. Feb. geschl. – **Menu** *(Mittwoch geschl.)* à la carte 29/56 – **18 Z** 51/130 – ½ P 25.

HEILIGENBERG *Baden-Württemberg 419 W 11 – 2 700 Ew – Höhe 726 m – Luftkurort.*

Sehenswert : *Schloßterrasse ≤★.*
Kurverwaltung, Rathaus, Pfullendorfer Str.1, ✉ 88633, ✆ (07554) 2 46, Fax (07554) 9260.
Berlin 718 – Stuttgart 139 – Konstanz 36 – Sigmaringen 38 – Bregenz 70.

Berghotel Baader, Salemer Str. 5, ✉ 88633, ✆ (07554) 80 20, *Fax (07554) 802100,* – TV ☎ P – 25. AE E VISA
Menu *(Dienstag geschl.)* (bemerkenswerte Weinkarte) 38/145 und à la carte 46/78 – **17 Z** 75/170 – ½ P 35
Spez. Marinierter Ochsenschwanz und Gänseleber mit Zuckerschotensalat. Hummermaultasche in eigener Sauce. Bodensee-Zander in der Kartoffelnudel mit Pilzen.

Restaurant de Weiss im Hohenstein, Postplatz 5, ✉ 88633, ✆ (07554) 7 65, *Fax (07554) 765,* « Gemälde-Galerie » – P. E
Montag und Mitte Jan. - Mitte Feb. geschl. – **Menu** à la carte 39/72.

In Heiligenberg-Steigen :

Hack, Am Bühl 11, ✉ 88633, ✆ (07554) 86 86, *Fax (07554) 8369,* ≤, – ☎ P
Jan. - Feb. und Okt. - Nov. jeweils 3 Wochen geschl. – **Menu** *(Montag - Dienstag geschl.)* à la carte 29/56 – **11 Z** 65/118 – ½ P 23.

HEILIGENHAFEN *Schleswig-Holstein 415 416 C 16 – 9 000 Ew – Höhe 3 m – Ostseeheilbad.*

Tourist-Information, Bergstr. 43, ✉ 23774, ✆ (04362) 9 07 20, Fax (04362) 3938.
Berlin 331 – Kiel 67 – Lübeck 77 – Puttgarden 24.

Luise's Sporthotel garni, Hermann-Löns-Str. 7, ✉ 23774, ✆ (04362) 70 10, *Fax (04362) 5852,* ≤, – TV ☎ P
Dez. 2 Wochen geschl. – **23 Z** 80/160.

Weberhaus, Kirchenstr. 4, ✉ 23774, ✆ (04362) 28 40, *Fax (04362) 900180* – AE E VISA
Montag und Mitte - Ende Jan. geschl. – **Menu** (Jan. - April Dienstag - Donnerstag nur Abendessen) à la carte 40/68.

Zum Alten Salzspeicher, Hafenstr. 2, ✉ 23774, ✆ (04362) 28 28, *Fax (04362) 6326,* « Haus a.d. 16. Jh. » – AE E VISA
Okt. - April Dienstag geschl., Montag - Donnerstag nur Abendessen – **Menu** à la carte 42/63.

HEILIGENHAUS *Nordrhein-Westfalen 417 M 4 – 28 900 Ew – Höhe 174 m.*

Berlin 549 – Düsseldorf 30 – Essen 22 – Wuppertal 25.

Waldhotel M, Parkstr. 38, ✉ 42579, ✆ (02056) 59 70, *Fax (02056) 597260,* « Gartenterrasse », – Zim, TV – P – 50. AE E VISA. Rest
Menu à la carte 46/82 – **78 Z** 158/306, 3 Suiten.

Kuhs-Deutscher Hof, Velberter Str. 146 (O : 2 km), ✉ 42579, ✆ (02056) 65 28, *Fax (02056) 68513* – P
Montag - Dienstag, Anfang Jan. 1 Woche und Juli - Aug. 4 Wochen geschl. – **Menu** à la carte 41/62.

HEILIGENSTADT *Bayern 420 Q 17 – 3 700 Ew – Höhe 367 m.*

Berlin 394 – München 231 – Coburg 70 – Bayreuth 36 – Nürnberg 60 – Bamberg 24.

Heiligenstadter Hof, Marktplatz 9, ✉ 91332, ✆ (09198) 7 81, *Fax (09198) 8100,* – TV ☎ – 50. E VISA
Jan. - Feb. 2 Wochen geschl. – **Menu** *(Okt. - April Montag geschl.)* à la carte 21/45 – **24 Z** 60/110.

In Heiligenstadt-Veilbronn *SO : 3 km – Erholungsort :*

Sponsel-Regus (mit -Anbau), 91332, (09198) 9 29 70, *Fax (09198) 1483*, , – , Rest, *Mitte Jan. - Mitte Feb. geschl.* – **Menu** *(Nov. - April Dienstag geschl.)* à la carte 21/36 – **56 Z** 49/102 – ½ P 12.

HEILIGENSTADT

Thüringen 418 *L 14 – 17 500 Ew – Höhe 250 m – Heilbad.*

Tourist-Information, Rathaus, Wilhelmstr. 50, 37308, (03606) 67 71 41, Fax (03606) 677140.

Berlin 315 – Erfurt 96 – Kassel 59 – Göttingen 38 – Bad Hersfeld 93.

Stadthotel, Dingelstädter Str. 43, 37308, (03606) 66 60, *Fax (03606) 666222*, – Zim, – 25. AE E VISA
Menu à la carte 32/60 – **24 Z** 70/160 – ½ P 20.

Eichsfelder Hof, Wilhelmstr. 56, 37308, (03606) 6 60 30, *Fax (03606) 660383* – – 100. E VISA
Menu à la carte 23/45 – **33 Z** 98/150 – ½ P 20.

Traube, Bahnhofstr. 2, 37308, (03606) 61 22 53, *Fax (03606) 604509*, , Biergarten – – 20
Menu à la carte 25/40 – **11 Z** 70/120 – ½ P 15/20.

HEILIGENSTEDTEN

Schleswig-Holstein siehe Itzehoe.

HEILIGKREUZSTEINACH

Baden-Württemberg 417 419 *R 10 – 2 900 Ew – Höhe 280 m – Erholungsort.*

Berlin 632 – Stuttgart 119 – Mannheim 40 – Heidelberg 21.

In Heiligkreuzsteinach - Eiterbach *N : 3 km :*

Goldener Pflug, Ortsstr. 40, 69253, (06220) 85 09, *Fax (06220) 74 80*, – .
AE E VISA
Montag - Dienstag geschl., Mittwoch - Freitag nur Abendessen – **Menu** (Tischbestellung ratsam) 80/132 und à la carte 78/98
Spez. Kräuter-Kressesalat mit Jakobsmuscheln. Loup de mer mit Rotweinrisotto und Trüffelbutter. Lammrücken auf Olivenöl-Kartoffeltarte mit Rotweinessig-Kapernjus.

HEIMBACH

Nordrhein-Westfalen 417 *O 3 – 4 600 Ew – Höhe 241 m – Luftkurort.*

Verkehrsamt, Seerandweg, 52396, (02446) 8 08 18, Fax (02446) 80888.

Berlin 634 – Düsseldorf 91 – Aachen 64 – Düren 26 – Euskirchen 26.

Klostermühle M, Hengebachstr. 106a, 52396, (02446) 8 06 00, *Fax (02446) 8060500*, – , Zim, – 30. E. Zim
Menu à la carte 33/58 – **49 Z** 85/155 – ½ P 23.

In Heimbach-Hasenfeld *W : 1,5 km :*

Haus Diefenbach , Brementhaler Str. 44, 52396, (02446) 31 00, *Fax (02446) 3825*, , , , – – 20.
Mitte Nov. - 27. Dez. geschl. – (nur Abendessen für Hausgäste) – **14 Z** 68/136 – ½ P 16.

Landhaus Weber mit Zim, Schwammenaueler Str. 8, 52396, (02446) 2 22, *Fax (02446) 3850*, , –
Feb. 2 Wochen geschl. – **Menu** *(Dienstag - Mittwoch geschl.)* à la carte 48/72 – **11 Z** 62/118 – ½ P 30.

HEIMBUCHENTHAL

Bayern 417 419 *Q 11 – 2 100 Ew – Höhe 171 m – Erholungsort.*

Berlin 565 – München 346 – Würzburg 66 – Aschaffenburg 19.

Lamm (mit Gästehäusern), St.-Martinus-Str. 1, 63872, (06092) 94 40, *Fax (06092) 944100*, , , , – – 80. Zim
Menu à la carte 30/65 – **66 Z** 79/164 – ½ P 15.

Panorama Hotel Heimbuchenthaler Hof , Am Eichenberg 1, 63872, (06092) 60 70, *Fax (06092) 6802*, , , , , , – – 40.
AE E VISA. Zim
Menu à la carte 25/54 – **35 Z** 90/174 – ½ P 18.

In Heimbuchenthal-Heimathen *SW : 1,5 km :*

Heimathenhof , 63872, (06092) 9 71 50, *Fax (06092) 5683*, , –
Jan. 3 Wochen geschl. – **Menu** *(Montag geschl.)* à la carte 24/46 – **10 Z** 66/122 – ½ P 8.

HEIMSHEIM *Baden-Württemberg* 419 *T 10 – 4 700 Ew – Höhe 390 m.*
Berlin 645 – Stuttgart 31 – Karlsruhe 50 – Pforzheim 21 – Sindelfingen 28 – Tübingen 54.

Hirsch, Hirschgasse 1, ✉ 71296, ☏ (07033) 5 39 90, *Fax (07033) 539929* – Zim, TV P. E VISA
Menu *(Mittwochmittag und Samstagmittag sowie Jan. geschl.)* à la carte 31/59 – **22 Z** 80/135.

HEINSBERG *Nordrhein-Westfalen* 417 *M 2 – 38 000 Ew – Höhe 45 m.*
Berlin 617 – Düsseldorf 69 – Aachen 36 – Mönchengladbach 33 – Roermond 20.

Corsten, Hochstr. 160, ✉ 52525, ☏ (02452) 18 60, *Fax (02452) 186400,* – Zim, TV ☎ P – 60. AE E VISA. Rest
Menu *(Sonntagabend geschl.)* à la carte 40/70 – **36 Z** 70/150.

In Heinsberg-Randerath *SO : 8 km :*

Burgstuben - Residenz, Feldstr. 50, ✉ 52525, ☏ (02453) 8 02, *Fax (02453) 3526* – P. AE E VISA
Montag und Juni - Juli 3 Wochen geschl. – **Menu** (wochentags nur Abendessen, Tischbestellung ratsam) à la carte 69/106.

In Heinsberg-Unterbruch *NO : 3 km :*

Altes Brauhaus, Wurmstr. 4, ✉ 52525, ☏ (02452) 6 10 35, *Fax (02452) 67486,* « Täfelung a.d.16.Jh. ». AE E VISA
Montag geschl. – **Menu** à la carte 48/77.

HEITERSHEIM *Baden-Württemberg* 419 *W 6 – 4 700 Ew – Höhe 254 m.*
Berlin 821 – Stuttgart 223 – Freiburg im Breisgau 23 – Basel 48.

Landhotel Krone, Hauptstr. 12, ✉ 79423, ☏ (07634) 5 10 70, *Fax (07634) 510766,* , « Historischer Gewölbekeller », – Zim, TV ☎ P – 20
Menu *(Dienstagmittag und Mittwochmittag geschl.)* à la carte 42/78 – **25 Z** 90/210.

Ochsen, Ochsenplatz 1, ✉ 79423, ☏ (07634) 22 18, *Fax (07634) 3025* – TV ☎ P. E VISA
22. Dez. - 23. Jan. geschl. – **Menu** *(Montagmittag und Freitagmittag geschl.)* à la carte 34/66 – **30 Z** 90/180.

HELGOLAND (Insel) *Schleswig-Holstein* 415 *D 7 – 1 700 Ew – Höhe 5 m – Seebad – Zollfreies Gebiet, Autos nicht zugelassen.*
Sehenswert : *Felseninsel★★ aus rotem Sandstein in der Nordsee.*
von Cuxhaven, Bremerhaven, Wilhelmshaven, Bensersiel, Büsum und Ausflugsfahrten von den Ost- und Nordfriesischen Inseln.
Helgoland-Touristic, Rathaus, Lung Wai 28, ✉ 27498, ☏ (04725) 8 13 70, Fax (04725) 813725.
Auskünfte über Schiffs- und Flugverbindungen, ☏ (04725) 8 13 70, Fax (04725) 813725.
ab Fährhafen Cuxhaven : Berlin 419 – Hannover 223 – Cuxhaven 2.

Auf dem Unterland :

Insulaner , Am Südstrand 2, ✉ 27498, ☏ (04725) 8 14 10, *Fax (04725) 814181,* ≤, , – Zim, TV ☎.
Menu à la carte 38/86 – **37 Z** 95/240 – ½ P 38.

Seehotel , Lung Wai 23, ✉ 27498, ☏ (04725) 8 13 10, *Fax (04725) 813118,* ≤, – TV ☎. – **15 Z.**

Hanseat garni, Am Südstrand 21, ✉ 27498, ☏ (04725) 6 63, *Fax (04725) 7404,* ≤ – TV ☎. – **20 Z** 85/190.

Helgoland - Schwan , Am Südstrand 16, ✉ 27498, ☏ (04725) 8 15 30, *Fax (04725) 815355,* ≤, – TV ☎ – 20. E VISA.
Menu *(Ende Okt. - Mitte März und Sept. - Okt. Montag geschl.)* à la carte 43/73 – **32 Z** 88/196 – ½ P 25.

HELLENTHAL *Nordrhein-Westfalen* 417 *O 3 – 8 700 Ew – Höhe 420 m.*
Verkehrsamt, Rathausstr. 2, ✉ 53940, ☏ (02482) 8 51 15, Fax (02482) 85114.
Berlin 645 – Düsseldorf 109 – Aachen 56 – Düren 44 – Euskirchen 36.

Haus Lichtenhardt , Lichtenhardt 26, ✉ 53940, ☏ (02482) 6 14, *Fax (02482) 1868,* ≤, , – ☎ P – 15. AE E VISA
18. - 26. Dez. geschl. – **Menu** à la carte 26/57 – **16 Z** 50/110 – ½ P 20.

Pension Haus Berghof , Bauesfeld 16, ✉ 53940, ☏ (02482) 71 54, *Fax (02482) 7154,* ≤, – P
(Restaurant nur für Pensionsgäste) – **12 Z** 55/90 – ½ P 15/18.

In Hellenthal-Hollerath *SW : 5,5 km – Wintersport : 600/690 m 1 1 :*

Hollerather Hof, Luxemburger Str. 44 (B 265), ✉ 53940, ✆ (02482) 71 17, *Fax (02482) 7834*, – P
Nov. 3 Wochen geschl. – **Menu** à la carte 26/55 – **11 Z** 55/130 – ½ P 20.

HELLWEGE *Niedersachsen siehe Rotenburg (Wümme).*

HELMBRECHTS *Bayern 418 420 P 19 – 10 800 Ew – Höhe 615 m – Wintersport : 620/725 m .*
Berlin 320 – München 277 – Hof 25 – Bayreuth 43.

Zeitler, Kulmbacher Str. 13, ✉ 95233, ✆ (09252) 96 20, *Fax (09252) 962113*, – P
Menu à la carte 30/55 – **24 Z** 78/145.

Deutsches Haus, Friedrichstr. 6, ✉ 95233, ✆ (09252) 10 68, *Fax (09252) 6011*, – P. E
20. Dez. - 6. Jan. geschl. – **Menu** *(Samstag - Sonntag geschl.)* (nur Abendessen) à la carte 27/53 – **16 Z** 88/130.

HELMSTEDT *Niedersachsen 416 418 J 16 – 28 600 Ew – Höhe 110 m.*
Klostergut, Schöningen (S : 12 km), ✆ (05352) 16 97.
Fremdenverkehrsamt, Rathaus, Markt 1 (Eingang Holzberg), ✉ 38350, ✆ (05351) 1 73 33, Fax (05351) 17370.
Berlin 190 – Hannover 96 – Magdeburg 52 – Braunschweig 41 – Wolfsburg 30.

Holiday Inn Garden Court M garni, Chardstr 2, ✉ 38350, ✆ (05351) 12 80, *Fax (05351) 128128*, – P – 25. AE E VISA JCB
63 Z 150/230.

HEMMINGEN *Niedersachsen siehe Hannover.*

HEMSBACH *Baden-Württemberg 417 419 R 9 – 13 000 Ew – Höhe 100 m.*
Berlin 602 – Stuttgart 141 – Mannheim 28 – Darmstadt 40 – Heidelberg 25.

In Hemsbach-Balzenbach *O : 3 km :*

Watzenhof , ✉ 69502, ✆ (06201) 77 67, *Fax (06201) 73777*, , – P – 30. AE E VISA
Jan. geschl. – **Menu** *(Sonntagabend - Montagmittag geschl.)* à la carte 43/71 – **13 Z** 125/165.

HENGERSBERG *Bayern 420 T 23 – 7 400 Ew – Höhe 345 m – Erholungsort.*
Touristinformation, Mimminger Str. 2, ✉ 94491, ✆ (09901) 9 30 70, Fax (09901) 930740.
Berlin 573 – München 153 – Passau 40 – Landshut 79 – Regensburg 79.

Erika, Am Ohewehr 13, ✉ 94491, ✆ (09901) 60 01, *Fax (09901) 6762*, – P. AE E VISA
Menu à la carte 30/60 – **25 Z** 58/98 – ½ P 18.

Niederalteicher Hof (mit modernem Anbau,), Marktplatz 9, ✉ 94491, ✆ (09901) 61 12, *Fax (09901) 3811* – P – 250. E
Aug. 3 Wochen geschl. – **Menu** *(Sonntagabend - Montagmittag geschl.)* à la carte 22/45 – **29 Z** 50/100.

HENNEF (SIEG) *Nordrhein-Westfalen 417 N 5 – 40 000 Ew – Höhe 70 m.*
Hennef, Haus Dürresbach, ✆ (02242) 65 01.
Verkehrsamt, Rathaus, Frankfurter Straße 97, ✉ 53773, ✆ (02242) 1 94 33, Fax (02242) 888157.
Berlin 594 – Düsseldorf 75 – Bonn 18 – Limburg an der Lahn 89 – Siegen 75.

Hotel im Euro Park, Reutherstr. 1a (Gewerbegebiet), ✉ 53773, ✆ (02242) 87 60, *Fax (02242) 876199* – , Zim, P – 50. AE E VISA JCB. Rest
Menu à la carte 34/55 – **77 Z** 122/249.

Stadt Hennef, Wehrstr. 46, ✉ 53773, ✆ (02242) 9 21 30, *Fax (02242) 921340* – P.
Menu *(Samstag geschl.)* (nur Abendessen) à la carte 40/61 – **21 Z** 86/130.

Marktterrassen garni, Frankfurter Str. 98, ✉ 53773, ✆ (02242) 91 33 70, *Fax (02242) 9133729* – . E VISA
15 Z 97/200.

Johnel, Frankfurter Str. 152, ✉ 53773, ✆ (02242) 16 33, *Fax (02242) 82280* –
Menu *(Freitagabend, Sonntagabend und Juni 3 Wochen geschl.)* à la carte 37/68 – **35 Z** 95/150.

Haus Steinen, Hanftalstr. 94, ✉ 53773, ✆ (02242) 32 16, *Fax (02242) 83209*, – . AE E
Montagmittag und Dienstagmittag geschl. – **Menu** à la carte 50/75.

In Hennef-Stadt Blankenberg *O : 7 km :*

Galerie-Hotel garni, Mechtildisstr. 13, ✉ 53773, ✆ (02248) 92 00, *Fax (02248) 92017* – – 30. AE E VISA
13 Z 99/140.

Haus Sonnenschein, Mechtildisstr. 16, ✉ 53773, ✆ (02248) 92 00, *Fax (02248) 92017,* – – 60. AE E VISA
Menu à la carte 37/60 – **14 Z** 99/130.

HENNIGSDORF *Brandenburg* 416 418 *I 23 – 25 000 Ew – Höhe 45 m.*

Stolper Heide, Frohnauer Weg 3, (NO : 3 km), ✆ (03303) 54 90.

Berlin 37 – Potsdam 59.

Pannonia M, Fontanestr. 110, ✉ 16761, ✆ (03302) 87 50, *Fax (03302) 875445*, , , – , Zim, Rest, – 60. AE E VISA JCB
Menu à la carte 38/56 – **112 Z** 147/250.

HENNSTEDT KREIS STEINBURG *Schleswig-Holstein* 415 416 *D 13 – 600 Ew – Höhe 30 m.*

Berlin 349 – Kiel 53 – Hamburg 71 – Itzehoe 19.

Seelust , Seelust 6 (S : 1 km), ✉ 25581, ✆ (04877) 6 77, *Fax (04877) 766*, ←, , , –
Menu *(Dienstag und Mitte Feb. - Mitte März geschl.)* (Montag - Freitag nur Abendessen) à la carte 34/50 – **13 Z** 90/130.

HENSTEDT-ULZBURG *Schleswig-Holstein* 415 416 *E 14 – 21 500 Ew – Höhe 38 m.*

Alveslohe (W : 6 km), ✆ (04193) 9 92 90.

Berlin 314 – Kiel 68 – Hamburg 37 – Hannover 187 – Lübeck 56.

Im Stadtteil Henstedt :

Scheelke, Kisdorfer Str. 11, ✉ 24558, ✆ (04193) 9 83 00, *Fax (04193) 983040* – . AE E VISA
Menu *(Mittwoch geschl.)* à la carte 29/62 – **11 Z** 70/122.

Im Stadtteil Ulzburg :

Wiking garni, Hamburger Str. 81 (B 433), ✉ 24558, ✆ (04193) 90 80, *Fax (04193) 92323,* – – 80. AE E VISA
68 Z 98/180.

HEPPENHEIM AN DER BERGSTRASSE *Hessen* 417 419 *R 9 – 25 000 Ew – Höhe 100 m.*

Sehenswert : *Marktplatz★.*

Fremdenverkehrsbüro, Großer Markt 3, ✉ 64646, ✆ (06252) 1 31 71, Fax (06252) 13123.

Berlin 596 – Wiesbaden 69 – Mannheim 29 – Darmstadt 33 – Heidelberg 32 – Mainz 62.

Ramada M garni, Siegfriedstr. 1, ✉ 64646, ✆ (06252) 12 90, *Fax (06252) 129100* – – 60. AE E VISA
112 Z 163/206.

Am Bruchsee , Am Bruchsee 1, ✉ 64646, ✆ (06252) 96 00, *Fax (06252) 960250*, , , – , Zim, – 130. AE E VISA
Menu à la carte 44/69 – **72 Z** 145/210.

Goldener Engel (Fachwerkhaus a.d.J. 1782), Großer Markt 2, ✉ 64646, ✆ (06252) 25 63, *Fax (06252) 4071,* – . E VISA
22. Dez. - 7. Jan. geschl. – **Menu** *(Nov. - März Samstag geschl.)* à la carte 29/58 – **30 Z** 75/150.

HERBOLZHEIM *Baden-Württemberg* 419 *V 7 – 8 800 Ew – Höhe 179 m.*

Berlin 777 – Stuttgart 178 – Freiburg im Breisgau 32 – Offenburg 36.

Highway-Hotel M garni, Breisgauallee 6 (nahe der BAB, im Autohof), ✉ 79336, ✆ (07643) 4 00 31, *Fax (07643) 40038,* – – 40. AE E VISA
76 Z 135/180.

HERBORN IM DILLKREIS *Hessen 417 N 8 – 21 500 Ew – Höhe 210 m.*

Verkehrsamt, Rathaus, ✉ 35745, ☎ (02772) 70 82 23, Fax (02772) 708500.
Berlin 531 – Wiesbaden 118 – Siegen 68 – Gießen 38 – Limburg an der Lahn 49.

Schloß-Hotel, Schloßstr. 4, ✉ 35745, ☎ (02772) 70 60, *Fax (02772) 706630,* – Zim, . 100. AE E VISA
Menu à la carte 46/76 – **70 Z** 139/253.

Hohe Schule mit Zim, Schulhofstr. 5, ✉ 35745, ☎ (02772) 28 15, *Fax (02772) 927921,* « Innenhofterrasse » – . AE E VISA
Menu *(Sonntagabend - Montag und Samstagmittag geschl.)* à la carte 47/70 – **9 Z** 115/180.

In Breitscheid-Gusternhain *SW : 10 km :*

Ströhmann, Gusternhainer Str. 11, ✉ 35767, ☎ (02777) 3 04, *Fax (02777) 7080* – . E VISA. Zim
Menu *(Mittwoch geschl.)* à la carte 19/59 – **12 Z** 80/140.

HERBRECHTINGEN *Baden-Württemberg 419 420 U 14 – 12 000 Ew – Höhe 470 m.*

Berlin 587 – Stuttgart 91 – Augsburg 89 – Heidenheim an der Brenz 8 – Ulm (Donau) 28.

Grüner Baum, Lange Str. 46 (B 19), ✉ 89542, ☎ (07324) 95 40, *Fax (07324) 954400,* – . AE E VISA
Menu *(Sonntag - Montagmittag und Aug. 3 Wochen geschl.)* à la carte 30/59 – **40 Z** 85/150.

Hoffmann , Ostpreußenstr. 1, ✉ 89542, ☎ (07324) 9 61 20, *Fax (07324) 9612230,* , , – Zim, . AE E VISA
Menu *(Samstagmittag, Sonntagabend, 1. - 6. Jan. und Aug. 2 Wochen geschl.)* à la carte 27/52 – **14 Z** 80/140.

HERBSTEIN *Hessen 417 O 12 – 2 000 Ew – Höhe 434 m – Luftkurort.*

Berlin 467 – Wiesbaden 141 – Fulda 35 – Alsfeld 27.

Landhotel Weismüller, Blücherstr. 4, ✉ 36358, ☎ (06643) 9 62 30, *Fax (06643) 7518,* , – – 80. E
Menu *(Dienstag geschl.)* à la carte 26/52 – **24 Z** 75/140.

HERDECKE *Nordrhein-Westfalen 417 L 6 – 27 000 Ew – Höhe 98 m.*

Verkehrsamt, Kirchplatz 3, ✉ 58313, ☎ (02330) 61 13 25, Fax (02330) 12614.
Berlin 504 – Düsseldorf 61 – Dortmund 16 – Hagen 6.

Zweibrücker Hof, Zweibrücker Hof 4, ✉ 58313, ☎ (02330) 60 50, *Fax (02330) 605555,* , , – – 150. AE E VISA
Menu à la carte 43/67 – **71 Z** 153/210.

Schiffswinkel, Im Schiffswinkel 35, ✉ 58313, ☎ (02330) 21 55, *Fax (02330) 129577,* , Biergarten, « Gartenterrasse ; elegante Einrichtung » – . AE E VISA.
Menu à la carte 80/118.

HERFORD *Nordrhein-Westfalen 417 J 10 – 64 000 Ew – Höhe 71 m.*

Sehenswert : *Johanniskirche (Geschnitzte Zunftemporen★) Y B.*
Finnebachstr. 31 (östlich der A 2), ☎ (05228) 74 53 ; 18, 9 Enger-Pödinghausen, (W : 9,5 km), ☎ (05224) 9 90 10.
Info-Center, Hämelinger Str. 4, ✉ 32052, ☎ (05221) 5 00 07, Fax (05221) 189694.
Berlin 373 ② – Düsseldorf 192 ④ – Bielefeld 18 ⑤ – Hannover 91 ② – Osnabrück 59 ⑥.

Stadtplan siehe nächste Seite

Dohm-Hotel, Löhrstr. 4, ✉ 32052, ☎ (05221) 1 02 50, *Fax (05221) 102550,* Biergarten – , Zim, – 80. AE E VISA Y e
Menu *(Samstag geschl.)* à la carte 39/63 – **36 Z** 145/195.

Stadthotel Pohlmann, Mindener Str. 1, ✉ 32049, ☎ (05221) 98 00, *Fax (05221) 980162,* – , Zim, – 50. AE E VISA Y r
Menu *(Donnerstagmittag und Samstagmittag geschl.)* à la carte 30/69 – **37 Z** 125/170.

Münchner Hof, Berliner Str. 29, ✉ 32052, ☎ (05221) 1 05 80, *Fax (05221) 529102* – . AE E VISA Y c
Menu à la carte 27/64 – **17 Z** 98/185.

Hansa garni, Brüderstr. 40, ✉ 32052, ☎ (05221) 5 97 20, *Fax (05221) 597259* – . AE E. Z a
28. Juni - 25. Juli geschl. – **16 Z** 60/140.

HERFORD

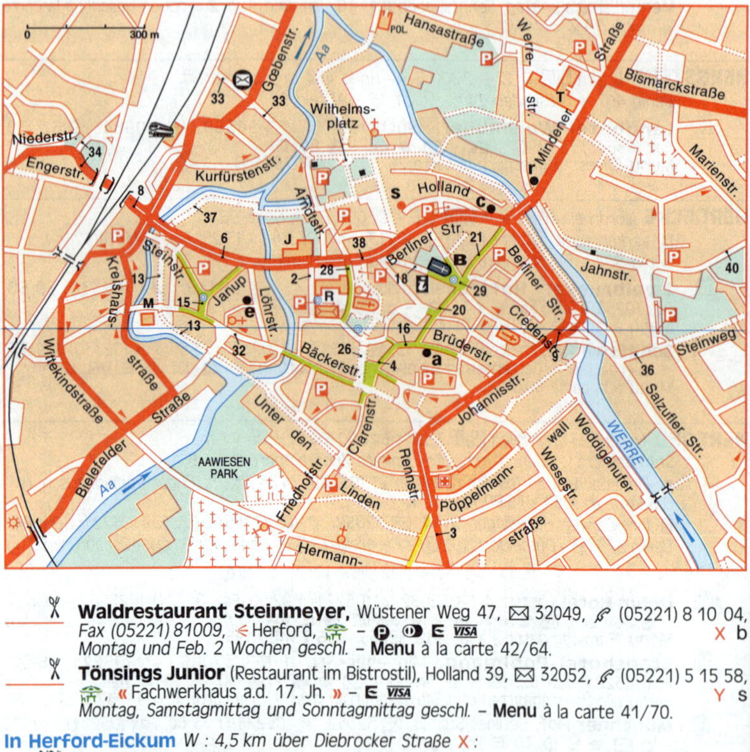

Waldrestaurant Steinmeyer, Wüstener Weg 47, ✉ 32049, ☎ (05221) 8 10 04, *Fax (05221) 81009,* ← Herford, 🍴 – P. AE E VISA — X b
Montag und Feb. 2 Wochen geschl. – **Menu** à la carte 42/64.

Tönsings Junior (Restaurant im Bistrostil), Holland 39, ✉ 32052, ☎ (05221) 5 15 58, 🍴, « Fachwerkhaus a.d. 17. Jh. » – E VISA — Y s
Montag, Samstagmittag und Sonntagmittag geschl. – **Menu** à la carte 41/70.

In Herford-Eickum *W : 4,5 km über Diebrocker Straße* X :

Tönsings Kohlenkrug, Diebrocker Str. 316, ✉ 32051, ☎ (05221) 3 28 36, *Fax (05221) 33883,* 🍴 – P – 50. AE
Montag - Dienstag geschl. – **Menu** (wochentags nur Abendessen, bemerkenswerte Weinkarte) 39 und à la carte 53/82.

In Herford-Schwarzenmoor :

Waldesrand, Zum Forst 4, ✉ 32049, ✆ (05221) 9 23 20, *Fax (05221) 9232429*, Massage, – 35. X n
Menu à la carte 35/63 – **52 Z** 75/180.

Schinkenkrug, Paracelsusstr. 14, ✉ 32049, ✆ (05221) 92 00, *Fax (05221) 920200*, – 70. X c
Menu (wochentags nur Abendessen) à la carte 33/62 – **21 Z** 90/140.

In Hiddenhausen - Schweicheln-Bermbeck ⑥ *: 6 km :*

Freihof, Herforder Str. 118 (B 239), ✉ 32120, ✆ (05221) 6 12 75, *Fax (05221) 67643*, – 40. Rest
Menu *(Sonntagabend geschl.)* (wochentags nur Abendessen) à la carte 35/62 – **25 Z** 80/140.

In Hiddenhausen-Sundern *N : 2 km :*

Am Felsenkeller, Bünder Str. 38, ✉ 32120, ✆ (05221) 6 22 24, *Fax (05221) 690814*, X e
Dienstagabend und Mittwochabend geschl. – **Menu** à la carte 44/75.

HERINGSDORF *Mecklenburg-Vorpommern siehe Usedom (Insel).*

HERLESHAUSEN *Hessen* 418 *M 14 – 3 400 Ew – Höhe 225 m.*
Berlin 367 – Wiesbaden 212 – Kassel 73 – Bad Hersfeld 49 – Erfurt 78.

Schneider, Am Anger 7, ✉ 37293, ✆ (05654) 64 28, *Fax (05654) 1447*, – Rest
Menu *(Sonntagabend geschl.)* à la carte 31/41 – **19 Z** 70/90.

In Herleshausen-Holzhausen *NW : 8 km über Nesselröden :*

Hohenhaus (Hotelanlage in einem Gutshof), ✉ 37293, ✆ (05654) 98 70, *Fax (05654) 1303*, « Park », – Rest, – 40. Rest
Menu *(Sonntagabend - Dienstag geschl.)* à la carte 75/96 – **26 Z** 200/400
Spez. Komposition von Entenbrust und Gänseleber. Canneloni vom Kaisergranat mit asiatischem Gemüse. Lammrücken im Kartoffelmantel.

HERMANNSBURG *Niedersachsen* 415 416 *H 14 – 8 000 Ew – Höhe 50 m – Erholungsort.*
Verkehrsverein, Harmsstr. 3 a, ✉ 29320, ✆ (05052) 80 55, Fax (05052) 8423.
Berlin 303 – Hannover 78 – Celle 32 – Lüneburg 79.

Heidehof, Billingstr. 29, ✉ 29320, ✆ (05052) 97 00, *Fax (05052) 3332*, – Zim, – 120. Rest
Menu à la carte 42/72 – **104 Z** 129/219 – ½ P 30.

Völkers Hotel, Billingstr. 7, ✉ 29320, ✆ (05052) 9 87 40, *Fax (05052) 987474*, – Zim, – 25.
Menu à la carte 36/56 – **17 Z** 70/168 – ½ P 30.

In Hermannsburg-Oldendorf *S : 4 km :*

Gutshof Im Oertzetal, Eschedeer Str. 2, ✉ 29320, ✆ (05052) 97 90, *Fax (05052) 979179*, Biergarten – – 20.
Menu *(Nov. - März Mittwoch geschl.)* à la carte 35/67 – **22 Z** 80/180.

Zur Alten Fuhrmanns-Schänke, Dehningshof 1 (O : 3,5 km), ✉ 29320, ✆ (05054) 9 89 70, *Fax (05054) 989798*, « Einrichtung im Bauernstil », –
Jan. 2 Wochen geschl. – **Menu** *(im Winter Montag - Donnerstag geschl.)* à la carte 38/59 – **19 Z** 70/140.

HERMESKEIL *Rheinland-Pfalz* 417 *R 4 – 6 000 Ew – Höhe 613 m.*
Tourist-Information, Langer Markt 17, ✉ 54411, ✆ (06503) 80 92 90, Fax (06503) 809200.
Berlin 699 – Mainz 135 – Trier 39 – Bonn 160 – Saarbrücken 57.

Beyer, Saarstr. 95, ✉ 54411, ✆ (06503) 72 27, *Fax (06503) 8687*, – Zim,
Menu à la carte 30/51 – **12 Z** 65/160.

In Neuhütten *SO : 8 km :*

Le temple du gourmet, Saarstr. 2, ✉ 54422, ✆ (06503) 76 69, *Fax (06503) 7669* – P. E
Mittwoch und Juli 3 Wochen geschl. – **Menu** (wochentags nur Abendessen) 85/105 und à la carte
Spez. Zander mit Morchelkruste und Spargel (April-Juni). Schottischer Lammrücken mit Kräuterkruste und Thymianjus. Zitronensoufflé mit Pfefferminzeis und Beeren.

HERMSDORF *Sachsen* 418 *N 24 – 1 000 Ew – Höhe 750 m – Erholungsort – Wintersport : 600/800 m* ⛷1, ⛷.
Berlin 238 – Dresden 47 – Marienberg 53.

In Hermsdorf-Neuhermsdorf *SO : 3,5 km :*

Altes Zollhaus M, Altenberger Str. 7, ✉ 01776, ✆ (035057) 5 40, *Fax (035057) 51264,* « Restaurant mit Kreuzgewölbe a.d. 17. Jh. », – Zim, TV ☎ P – 100. AE E VISA
Menu à la carte 32/61 – **41 Z** 120/160.

HERMSDORF *Thüringen* 418 *N 19 – 10 400 Ew – Höhe 350 m.*
Berlin 234 – Erfurt 76 – Gera 27 – Halle 84 – Leipzig 73.

Zur Linde, Alte Regensburger Str. 45, ✉ 07629, ✆ (036601) 8 36 95, *Fax (036601) 83695* – TV ☎ P – 35. E VISA
Menu à la carte 19/39 – **9 Z** 75/100.

Am Hermsdorfer Kreuz *S : 4 km Autobahnkreuz A 9/A 4 :*

Autobahnhotel Hermsdorfer Kreuz, ✉ 07629 Hermsdorf, ✆ (036601) 8 29 61, *Fax (036601) 82961,* – Zim, TV ☎ P – 150. AE E VISA
Menu à la carte 25/41 – **41 Z** 99/129.

HERNE *Nordrhein-Westfalen* 417 *L 5 – 173 000 Ew – Höhe 59 m.*
Tourist-Information, Berliner Platz 11, ✉44623, ✆ (02323) 16 28 12, 02323) 162977.
Berlin 508 – Düsseldorf 56 – Bochum 6 – Dortmund 25 – Essen 21 – Recklinghausen 12.

Parkhotel, Schaeferstr. 111, ✉ 44623, ✆ (02323) 95 50 (Hotel) 95 53 33 (Rest.), *Fax (02323) 955222,* <, Biergarten, – TV ☎ P – 30. AE E VISA
***Parkhaus* : Menu** à la carte 42/72 – **62 Z** 120/180.

HEROLDSBERG *Bayern* 419 420 *R 17 – 7 400 Ew – Höhe 362 m.*
Berlin 433 – München 177 – Nürnberg 12 – Bayreuth 82.

Rotes Roß, Hauptstr. 10, ✉ 90562, ✆ (0911) 9 56 50, *Fax (0911) 9565200,* Biergarten, – TV ☎ P – 100. AE E VISA
24. Dez. - 6. Jan. geschl. – **Menu** *(Freitag und Aug. 3 Wochen geschl.)* à la carte 33/63 – **44 Z** 92/160.

Schwarzer Adler, Hauptstr. 19, ✉ 90562, ✆ (0911) 5 18 17 02, *Fax (0911) 5181703,* « Fränkischer Landgasthof a.d.J. 1536 » – P. AE E VISA
Montag geschl. – **Menu** (bemerkenswerte Weinkarte) à la carte 46/60.

HEROLDSTATT *Baden-Württemberg* 419 *U 13 – 2 200 Ew – Höhe 777 m.*
Berlin 647 – Stuttgart 78 – Reutlingen 40 – Ulm (Donau) 34.

In Heroldstatt-Sontheim :

Landhotel Wiesenhof, Lange Str. 35, ✉ 72535, ✆ (07389) 9 09 50, *Fax (07389) 1501,* (Halle) – Zim, TV ☎ P
Menu *(Dienstag geschl.)* à la carte 32/66 – **16 Z** 75/180.

HERRENALB, BAD *Baden-Württemberg* 419 *T 9 – 7 800 Ew – Höhe 365 m – Heilbad – Heilklimatischer Kurort – Wintersport : 400/700 m* ⛷1.
Bad Herrenalb, Bernbacher Straße, ✆ (07083) 88 98.
Kur- und Tourismusbüro, Rathaus, ✉ 76332, ✆ (07083) 50 05 55 Fax (07083) 500544.
Berlin 698 – Stuttgart 80 – Karlsruhe 30 – Baden-Baden 22 – Pforzheim 30.

Mönchs Posthotel, Dobler Str. 2, ✉ 76328, ✆ (07083) 74 40, *Fax (07083) 744122,* « Park », (geheizt) – TV P – 50. AE E VISA. Zim
Klosterschänke (Tischbestellung ratsam) **Menu** 38/42 (mittags) und à la carte 67/108 – ***Locanda*** *(Montag - Dienstag und Nov. - Ende März geschl.)* **Menu** à la carte 56/60 – **24 Z** 248/576 – ½ P 50.

Landhaus Marion (mit Gästehäusern), Bleichweg 31, ✉ 76332, ☎ (07083) 74 00, *Fax (07083) 740602*, – 50.
Menu à la carte 36/73 *(auch vegetarisches Menu)* – **62 Z** 80/280 – ½ P 30.

Harzer, Kurpromenade 1, ✉ 76332, ☎ (07083) 9 25 60, *Fax (07083) 925699*, ≤, Massage, – .
20. Nov. - 15. Dez. geschl. – (nur Abendessen für Hausgäste) – **27 Z** 96/190 – ½ P 28.

Thoma, Gaistalstr. 46, ✉ 76332, ☎ (07083) 40 41, *Fax (07083) 51423*, – .
(Restaurant nur für Hausgäste) – **20 Z** 55/128 – ½ P 20.

In Bad Herrenalb-Rotensol *NO : 5 km :*

Lamm, Mönchstr. 31, ✉ 76332, ☎ (07083) 9 24 40, *Fax (07083) 924444*, – Zim, – 15.
Menu *(Montag geschl.)* à la carte 43/70 – **23 Z** 85/170 – ½ P 30.

In Marxzell *N : 8 km :*

Marxzeller Mühle M, Albtalstr. 1, ✉ 76359, ☎ (07248) 9 19 60, *Fax (07248) 919649*, – – 50. Zim
Menu à la carte 45/82 – **16 Z** 120/210.

In Marxzell-Frauenalb *N : 4,5 km :*

König von Preussen, Klosterstr. 10, ✉ 76359, ☎ (07248) 16 17, *Fax (07248) 4130*, – .
Menu à la carte 31/62.

HERRENBERG *Baden-Württemberg* 419 *U 10 – 30 000 Ew – Höhe 460 m.*

Tourist-Information, Marktplatz 5, ✉ 71083, ☎ (07032) 92 42 24, Fax (07032) 924333.

Berlin 662 – Stuttgart 38 – Karlsruhe 90 – Freudenstadt 53 – Reutlingen 33.

Residence M, Daimlerstr. 1, ✉ 71083, ☎ (07032) 27 10, *Fax (07032) 271100*, – , Zim, – 100.
Menu à la carte 36/79 – **159 Z** 215/240, 24 Suiten.

Hasen, Hasenplatz 6, ✉ 71083, ☎ (07032) 20 40, *Fax (07032) 204100*, – , Zim, – 70.
Menu à la carte 30/62 – **68 Z** 141/250.

In Herrenberg-Affstätt :

Linde, Kuppinger Str. 14, ✉ 71083, ☎ (07032) 3 16 70, *Fax (07032) 32345*, – .
Dienstag - Mittwoch geschl. – **Menu** à la carte 33/61.

In Herrenberg-Mönchberg *SO : 4 km über die B 28 :*

Kaiser, Kirchstr. 10, ✉ 71083, ☎ (07032) 9 78 80, *Fax (07032) 978830*, ≤, – Zim, – 20.
Ende Dez. - Mitte Jan. geschl. – **Menu** *(Freitag - Samstag geschl.)* à la carte 29/68 – **28 Z** 115/185.

In Gäufelden-Nebringen *SW : 5 km über die B 14 :*

Aramis, Siedlerstr. 40 (im Gewerbegebiet), ✉ 71126, ☎ (07032) 78 10, *Fax (07032) 781555*, (Halle) – – 100.
21. Dez. - 8. Jan. geschl. – **Menu** à la carte 35/66 – **54 Z** 138/215.

HERRIEDEN *Bayern* 419 420 *S 15 – 5 800 Ew – Höhe 420 m.*

Berlin 491 – München 212 – Nürnberg 67 – Ansbach 11 – Schwäbisch Hall 73 – Aalen 72.

Zur Sonne, Vordere Gasse 5, ✉ 91567, ☎ (09825) 9 24 60, *Fax (09825) 924621*, – – 50
Anfang Jan. 1 Woche und Aug. 2 Wochen geschl. – **Menu** *(Freitag geschl.)* à la carte 29/61 – **10 Z** 65/110.

Gasthaus Limbacher, Vordere Gasse 34, ✉ 91567, ☎ (09825) 53 73
Montag - Dienstagmittag, Jan. - Feb. 1 Woche und Sept. - Okt. 2 Wochen geschl., – **Menu** à la carte 46/62.

In Herrieden-Schernberg *N : 1,5 km :*

Zum Bergwirt, ✉ 91567, ☎ (09825) 84 69, *Fax (09825) 4925*, – – 100
Menu à la carte 23/41 – **28 Z** 65/95.

HERRISCHRIED *Baden-Württemberg* 419 *W 8 – 2 500 Ew – Höhe 874 m – Luftkurort – Wintersport : 874/1 000 m 4.*

Kurverwaltung, Hauptstr. 28, 79737, (07764) 92 00 41, Fax (07764) 920049.

Berlin 829 – Stuttgart 210 – Freiburg im Breisgau 60 – Bad Säckingen 20 – Todtmoos 11 – Basel 60.

Zum Ochsen (mit Gästehaus), Hauptstr. 14, 79737, (07764) 2 10, *Fax (07764) 6626*, , – . Zim
25 Z.

HERRSCHING AM AMMERSEE *Bayern* 419 420 *W 17 – 10 000 Ew – Höhe 568 m – Erholungsort.*

Sehenswert : *Ammersee★.*

Ausflugsziel : *Klosterkirche Andechs★★ S : 6 km.*

Verkehrsbüro, Bahnhofsplatz 3, 82211, (08152) 52 27, Fax (08152) 40519.

Berlin 623 – München 39 – Augsburg 73 – Garmisch-Partenkirchen 65 – Landsberg am Lech 35.

Piushof , Schönbichlstr. 18, 82211, (08152) 9 68 20, *Fax (08152) 968270*, , – – 30. VISA
Menu *(Montag geschl.)* à la carte 38/80 – **22 Z** 105/220.

Promenade, Summerstr. 6 (Seepromenade), 82211, (08152) 10 88, *Fax (08152) 5981*, , – . VISA. Zim
20. Dez. - 20. Jan. geschl. – **Menu** *(Nov. - März Mittwoch geschl.)* à la carte 36/64 – **11 Z** 120/208.

Ammersee-Hotel, Summerstr. 32 (Seepromenade), 82211, (08152) 9 68 70, *Fax (08152) 5374*, , , , – – 60. VISA
Menu à la carte 32/54 – **40 Z** 140/235 – ½ P 35.

Seehof, Seestraße 58, 82211, (08152) 93 50, *Fax (08152) 935100*, , – 30. VISA. Zim
Menu à la carte 22/46 – **40 Z** 103/160 – ½ P 23.

Landgasthaus Mühlfeld-Bräu, Mühlfeld 13, 82211, (08152) 55 78, *Fax (08152) 8018*, , « Gasthof mit Hausbrauerei » – . VISA
Menu à la carte 32/57.

HERSBRUCK *Bayern* 419 420 *R 18 – 12 000 Ew – Höhe 345 m.*

Verkehrsamt, Schloßplatz 4 a, 91217, (09151) 47 55, Fax (09151) 4473.

Berlin 424 – München 181 – Nürnberg 35 – Bayreuth 70 – Amberg 36.

Café Bauer, Martin-Luther-Str. 16, 91217, (09151) 8 18 80, *Fax (09151) 818810*, – . VISA
4. - 14. Jan. und 30. Aug. - 14. Sept. geschl. – **Menu** *(Mittwoch geschl.)* à la carte 28/57 – **9 Z** 70/125.

Schwarzer Adler, Martin-Luther-Str. 26, 91217, (09151) 22 31, *Fax (09151) 2236* – . VISA. Rest
Juni 2 Wochen geschl. – **Menu** *(Donnerstag - Freitag geschl.)* à la carte 23/45 – **20 Z** 50/100.

In Engelthal *SW : 6 km :*

Grüner Baum mit Zim, Hauptstr. 9, 91238, (09158) 2 62, *Fax (09158) 1615*, – .
Feb., Juli und Nov. jeweils 1 Woche geschl. – **Menu** *(Montag - Dienstag geschl.)* à la carte 27/59 – **5 Z** 50/90.

In Happurg-Kainsbach *SO : 6,5 km – Luftkurort :*

Kainsbacher Mühle , 91230, (09151) 72 80, *Fax (09151) 728162*, « Gartenterrasse », , , , , – , Zim, – 20. VISA
Menu à la carte 46/81 – **34 Z** 125/240 – ½ P 45.

In Kirchensittenbach-Kleedorf *N : 7 km :*

Zum alten Schloß , 91241, (09151) 86 00, *Fax (09151) 860146*, , , – , Zim, – 70. VISA
Menu à la carte 22/60 – **57 Z** 95/180 – ½ P 25.

In Pommelsbrunn-Hubmersberg *NO : 7,5 km :*

Lindenhof , 91224, (09154) 2 70, *Fax (09154) 27370*, , , – , Zim, – 60. VISA
Menu *(Montag geschl.)* à la carte 38/76 – **44 Z** 90/240 – ½ P 34.

In Reichenschwand *W : 3 km :*

Schlosshotel Reichenschwand garni, Schlossweg 6, ✉ 91244, ✆ (09151) 86 93 40, *Fax (09151) 869390*, « Park » – Zim, – 50. AE E VISA
21 Z 99/150.

HERSCHEID *Nordrhein-Westfalen* 417 *M 7 – 7 250 Ew – Höhe 450 m.*
Berlin 533 – Düsseldorf 105 – Arnsberg 49 – Lüdenscheid 11 – Plettenberg 12.

In Herscheid-Reblin *S : 3 km :*

Jagdhaus Weber, Reblin 11, ✉ 58849, ✆ (02357) 9 09 00, *Fax (02357) 909090*, – – 25. AE E VISA
über Weihnachten geschl. – **Menu** *(Dienstag geschl.)* à la carte 35/62 – **13 Z** 90/160.

An der Straße nach Werdohl *NW : 3 km über Lüdenscheider Straße :*

Herscheider Mühle, ✉ 58849 Herscheid, ✆ (02357) 23 25, *Fax (02357) 2305*, , – – 15
Menu *(Freitag geschl.)* à la carte 30/64 – **11 Z** 85/140.

In Herscheid-Wellin *N : 5 km :*

Waldhotel Schröder, ✉ 58849, ✆ (02357) 41 88, *Fax (02357) 1078*, , – – 15. E VISA
Menu *(Montag geschl.)* à la carte 36/62 – **13 Z** 79/140.

HERSFELD, BAD *Hessen* 417 418 *N 13 – 33 000 Ew – Höhe 209 m – Heilbad.*
Sehenswert : *Ruine der Abteikirche* ★ – *Rathaus* <★.
Verkehrsbüro, Am Markt 12, ✉ 36251, ✆ (06621) 20 12 74, Fax (06621) 201244.
ADAC, *Benno-Schilde-Str. 11, ✉ 36251, ✆ (06621) 7 67 77, Fax (06621) 64485.*
Berlin 408 – Wiesbaden 167 – Kassel 76 – Fulda 46 – Gießen 88 – Erfurt 126.

Romantik Hotel Zum Stern (historisches Gebäude a.d. 15. Jh.), Linggplatz 11, ✉ 36251, ✆ (06621) 18 90, *Fax (06621) 189260*, , , – , Zim, – 80. AE E VISA JCB
Menu *(3. - 22. Jan. geschl.)* à la carte 43/73 – **45 Z** 100/250, 4 Suiten – ½ P 38.

Am Kurpark, Am Kurpark 19, ✉ 36251, ✆ (06621) 16 40, *Fax (06621) 164710*, , , – , Zim, – 80. AE E VISA
Menu à la carte 46/75 – **93 Z** 155/320 – ½ P 30.

Vitalis garni, Lüderitzstr. 37, ✉ 36251, ✆ (06621) 9 29 20, *Fax (06621) 929215* – . E.
24. Dez. - 7. Jan. geschl. – **9 Z** 95/140.

Haus am Park garni, Am Hopfengarten 2, ✉ 36251, ✆ (06621) 9 26 20, *Fax (06621) 926230* – – 20. AE E VISA
15 Z 89/195.

Parkhotel Rose, Am Kurpark 9, ✉ 36251, ✆ (06621) 1 44 54, *Fax (06621) 15656*, – – 30. AE E VISA
Menu *(Sonntag geschl.)* à la carte 34/71 – **17 Z** 98/180 – ½ P 25.

Wenzel, Nachtigallenstr. 3, ✉ 36251, ✆ (06621) 9 22 00, *Fax (06621) 51116*, – – 20. AE E VISA JCB
Menu *(Sept. - April Sonntagabend geschl.)* à la carte 32/57 – **30 Z** 80/175 – ½ P 21.

Am Klausturm, Friedloser Str. 1, ✉ 36251, ✆ (06621) 5 09 60, *Fax (06621) 509610* – , Zim, – 110. AE E VISA
Menu à la carte 36/50 – **44 Z** 89/169.

Schönewolf, Brückenmüllerstr. 5, ✉ 36251, ✆ (06621) 9 23 30, *Fax (06621) 9233111*, – . AE E VISA. Rest
Ende März - Anfang April geschl. – **Menu** *(Sonntagabend geschl.)* à la carte 34/60 – **20 Z** 99/210.

HERTEN *Nordrhein-Westfalen* 417 *L 5 – 70 000 Ew – Höhe 60 m.*
Berlin 513 – Düsseldorf 64 – Gelsenkirchen 12 – Recklinghausen 6.

Am Schlosspark, Resser Weg 36, ✉ 45699, ✆ (02366) 8 00 50, *Fax (02366) 83496*, – Zim, . AE E VISA
Menu *(Sonntagabend geschl.)* à la carte 32/67 – **47 Z** 120/180.

HERXHEIM *Rheinland-Pfalz* 417 419 *S 8 – 9 000 Ew – Höhe 120 m.*

Berlin 676 – Mainz 125 – Karlsruhe 31 – Landau in der Pfalz 10 – Speyer 31.

In Herxheim-Hayna *SW : 2,5 km :*

Krone, Hauptstr. 62, ✉ 76863, ✆ (07276) 50 80, *Fax (07276) 50814*, – Zim, 50. Rest
Hotel : über Weihnachten geschl., Restaurant : Jan. und Juli - Aug. jeweils 2 Wochen geschl. – **Menu** *(Montag - Dienstag geschl.)* (nur Abendessen, Tischbestellung erforderlich) 122/145 und à la carte 77/108 – ***Pfälzer Stube*** *(auch Mittagessen, Dienstag geschl.)* Menu à la carte 44/80 – **50 Z** 138/238
Spez. Dreierlei Paprikaparfait mit warmgeräucherter Rotbarbe. Steinbutt mit Gänseleber in der Kohlrabischale soufflierte. Variation von Erdbeeren und Rhabarber mit Topfenauflauf.

HERZBERG AM HARZ *Niedersachsen* 418 *L 15 – 18 000 Ew – Höhe 233 m.*

Amt für Touristik und Kultur, Marktplatz 30, ✉ 37412, ✆ (05521) 85 21 11, Fax (05521) 852120.

Berlin 327 – Hannover 105 – Erfurt 113 – Göttingen 38 – Braunschweig 92.

Gasthof zum Schloß, Osteroder Str. 7 (B 243), ✉ 37412, ✆ (05521) 8 99 40, *Fax (05521) 899438*,
Jan. 1 Woche, Juli - Aug. 2 Wochen und Okt. - Nov. 1 Woche geschl. – **Menu** *(Sonntagabend - Montagmittag geschl.)* à la carte 40/70 – **20 Z** 83/165.

Englischer Hof, Vorstadt 10 (B 243/B 27), ✉ 37412, ✆ (05521) 8 96 90, *Fax (05521) 896914* – 30.
Menu *(Sonntagabend geschl.)* à la carte 27/57 – **32 Z** 78/134 – ½ P 18.

In Herzberg-Scharzfeld *SO : 4 km – Erholungsort :*

Harzer Hof, Harzstr. 79, ✉ 37412, ✆ (05521) 50 96, *Fax (05521) 1854*, – 25.
Menu à la carte 30/54 – **18 Z** 65/145 – ½ P 20.

HERZLAKE *Niedersachsen siehe Haselünne.*

HERZOGENAURACH *Bayern* 419 420 *R 16 – 21 000 Ew – Höhe 295 m.*

Herzogenaurach (NO : 2 km) ✆ (09132) 4 05 86 ; Puschendorf, Forstweg 2 (SW : 8 km), ✆ (09101) 75 52.

Berlin 451 – München 195 – Nürnberg 26 – Bamberg 52 – Würzburg 95.

Herzogs Park Ⓜ, Beethovenstr. 6, ✉ 91074, ✆ (09132) 77 80, *Fax (09132) 40430*, Massage, – Zim, – 130. Rest
Menu à la carte 40/71 – **80 Z** 230/270, 3 Suiten.

Akazienhaus garni, Beethovenstr. 16, ✉ 91074, ✆ (09132) 7 84 50, *Fax (09132) 40430* –
27 Z 120/160.

Auracher Hof, Welkenbacher Kirchweg 2, ✉ 91074, ✆ (09132) 20 80, *Fax (09132) 40758*, – 25. Rest
27. Dez. - 6. Jan. und Aug. 3 Wochen geschl. – **Menu** *(Freitagabend - Samstag und Sonntagabend geschl.)* à la carte 30/53 – **13 Z** 89/129.

Gästehaus in der Engelgasse garni, Engelgasse 2, ✉ 91074, ✆ (09132) 7 86 90, *Fax (09132) 75787* –
9 Z 90/140.

HERZOGENRATH *Nordrhein-Westfalen* 417 *N 2 – 43 000 Ew – Höhe 112 m.*

Berlin 633 – Düsseldorf 77 – Aachen 12 – Düren 37 – Geilenkirchen 13.

Stadthotel, Rathausplatz 5, ✉ 52134, ✆ (02406) 30 91, *Fax (02406) 4189* –
Menu *(Sonntagabend und Freitag - Samstag geschl.)* (wochentags nur Abendessen) à la carte 26/50 – **9 Z** 80/120.

In Herzogenrath-Kohlscheid *SW : 4 km :*

Parkrestaurant Laurweg, Kaiserstr. 101, ✉ 52134, ✆ (02407) 9 09 10, *Fax (02407) 909123*, « Park » –
Montag geschl. – **Menu** à la carte 52/81.

HESEL *Niedersachsen* 415 *G 6 – 3 600 Ew – Höhe 10 m.*

Tourist-Information, Leeraner Str. 1, ✉ 26835, ✆ (04950) 93 70 80, Fax (04950) 937081.

Berlin 485 – Hannover 220 – Emden 91 – Bremen 98 – Groningen 84 – Wilhelmshaven 52.

Jagdhaus Kloster Barthe, Stiekelkamper Str. 21, ✉ 26835, ✆ (04950) 9 39 60, *Fax (04950) 939696* – – 60. AE E VISA JCB
Menu à la carte 34/62 – **43 Z** 63/108.

HESSISCH OLDENDORF *Niedersachsen* 417 *J 11 – 17 900 Ew – Höhe 62 m.*

Berlin 337 – Hannover 55 – Hameln 12 – Osnabrück 98.

Baxmann garni, Segelhorster Str. 3, ✉ 31840, ✆ (05152) 9 41 00, *Fax (05152) 941099,* – . AE E VISA
29 Z 80/160.

Lichtsinn, Bahnhofsallee 2, ✉ 31840, ✆ (05152) 24 62, *Fax (05152) 51071,* , – . E
Menu *(Donnerstag geschl.)* à la carte 37/49 – **11 Z** 68/115.

HETZDORF *Sachsen siehe Freiberg.*

HEUSENSTAMM *Hessen* 417 *P 10 – 19 000 Ew – Höhe 119 m.*

Berlin 553 – Wiesbaden 46 – Frankfurt am Main 14 – Aschaffenburg 31.

Rainbow-Hotel, Seligenstädter Grund 15, ✉ 63150, ✆ (06104) 93 30, *Fax (06104) 933120,* – , Zim, – 60. AE E VISA JCB
Menu *(Samstagmittag geschl.)* à la carte 36/67 – **69 Z** 145/248.

Schloßhotel, Frankfurter Str. 9, ✉ 63150, ✆ (06104) 31 31, *Fax (06104) 61532,* – . AE E VISA
Menu *(Donnerstag geschl.)* à la carte 29/61 – **30 Z** 98/176.

HEUSWEILER *Saarland* 417 *R 4 – 19 200 Ew – Höhe 233 m.*

Berlin 715 – Saarbrücken 29 – Neunkirchen/Saar 25 – Saarlouis 21.

In Heusweiler-Eiweiler *N : 2 km :*

Elsässische Stuben, Lebacher Str. 73, ✉ 66265, ✆ (06806) 9 18 90, , « Villa mit privat-wohnlicher Atmosphäre, Garten » – . AE E VISA
Samstagmittag und Sonntag - Montag geschl. – **Menu** à la carte 44/64.

HEUWEILER *Baden-Württemberg siehe Glottertal.*

HIDDENHAUSEN *Nordrhein-Westfalen siehe Herford.*

HIDDENSEE (Insel) *Mecklenburg-Vorpommern* 416 *C 23 – 1 300 Ew Ostseeinsel, Autos nicht zugelassen.*

von Stralsund (ca. 1 h 45 min), von Schaprode/Rügen (ca. 45 min).

Insel Information in Vitte, Norderende 162, ✉ 18565, ✆ (038300) 6 42 26, Fax (038300) 64225.

Berlin 296 – Schwerin 196 – Rügen (Bergen) 29 – Stralsund 36.

In Hiddensee-Vitte

Post Hiddensee garni, Wiesenweg 26, ✉ 18565, ✆ (038300) 64 30, *Fax (038300) 64333* – .
12 Z 160/250, 6 Suiten.

Zum Hiddenseer mit Zim, Wiesenweg 22, ✉ 18565, ✆ (038300) 4 19, *Fax (038300) 419,* , « Gemütliche Restaurantausstattung » –
Okt. - Nov. 3 Wochen geschl. – **Menu** *(Okt.- Mai Dienstag geschl.)* à la carte 29/50 – **3 Z** 95/140 – ½ P 18.

HILCHENBACH *Nordrhein-Westfalen* 417 *N 8 – 17 000 Ew – Höhe 400 m – Wintersport (in Hilchenbach-Lützel) : 500/680 m 2, .*

Verkehrsverein, Markt 13, (Rathaus), ✉ 57271, ✆ (02733) 28 81 33, Fax (02733) 288288.

Berlin 523 – Düsseldorf 130 – Siegen 21 – Olpe 28.

Haus am Sonnenhang , Wilhelm-Münker-Str. 21, ✉ 57271, ✆ (02733) 70 04, *Fax (02733) 4260,* , , – – 20. AE E VISA. Rest
Menu *(Freitag geschl.)* (nur Abendessen) à la carte 34/55 – **22 Z** 92/200.

In Hilchenbach-Müsen *W : 7 km :*

Stahlberg, Hauptstr. 85, ✉ 57271, ✆ (02733) 62 97, *Fax (02733) 60329*, « Kärntnerstube », – . *Ende Jan. 2 Wochen geschl.* – **Menu** *(Montag geschl.)* à la carte 40/66 – **11 Z** 85/175.

In Hilchenbach-Vormwald *SO : 2 km :*

Landhotel Siebelnhof, Vormwalder Str. 54, ✉ 57271, ✆ (02733) 8 94 30, *Fax (02733) 7006*, Biergarten, , , , , – Zim, .
Juli - Aug. 2 Wochen geschl. – ***Chesa*** *(nur Abendessen)* **Menu** à la carte 62/85 – ***Ginsburg Stuben* : Menu** à la carte 50/80 – **20 Z** 138/250.

HILDBURGHAUSEN *Thüringen* **418 420** *O 16 – 12 000 Ew – Höhe 372 m.*
Berlin 356 – Erfurt 80 – Coburg 29.

Eschenbach garni, Häselriether Str. 19, ✉ 98646, ✆ (03685) 7 94 30, *Fax (03685) 7943434* – – 15.
27 Z 85/150.

In Gerhardtsgereuth *N : 6 km :*

Am Schwanenteich , Am Schwanenteich, ✉ 98646, ✆ (03685) 70 07 44, *Fax (03685) 700746*, , , – – 20.
Menu à la carte 28/45 – **25 Z** 105/150.

HILDEN *Nordrhein-Westfalen* **417** *M 4 – 54 000 Ew – Höhe 46 m.*
Berlin 547 – Düsseldorf 18 – Köln 40 – Solingen 12 – Wuppertal 26.

Am Stadtpark, Klotzstr. 22, ✉ 40721, ✆ (02103) 57 90, *Fax (02103) 579102*, , – – 40. Rest
Menu *(Samstagmittag geschl.)* à la carte 49/77 – **110 Z** 139/315.

Rema-Hotel Forum garni, Liebigstr. 19, ✉ 40721, ✆ (02103) 5 60 32, *Fax (02103) 52841*, , – – 30.
50 Z 170/390.

Amber Hotel Bellevue, Schwanenstr. 27 (Ecke Berliner Str.), ✉ 40721, ✆ (02103) 50 30, *Fax (02103) 503444* – , Zim, – 80.
Menu à la carte 45/71 – **93 Z** 169/349.

HILDERS *Hessen* **418 420** *O 14 – 5 200 Ew – Höhe 460 m – Luftkurort – Wintersport : 500/700 m* 1 .
Verkehrsamt, Schulstr. 2, ✉ 36115, ✆ (06681) 76 12, Fax (06681) 7613.
Berlin 427 – Wiesbaden 200 – Fulda 29 – Bad Hersfeld 54.

Engel, Marktstr. 12, ✉ 36115, ✆ (06681) 97 70, *Fax (06681) 977300*, – Zim, – 80.
Menu *(Sonntagabend geschl.)* à la carte 28/50 – **27 Z** 66/132.

Hohmann, Obertor 2, ✉ 36115, ✆ (06681) 2 96, *Fax (06681) 7161*, Biergarten –
15. Nov. - 15. Dez. geschl. – **Menu** *(Nov. - März Mittwoch geschl.)* à la carte 24/43 – **16 Z** 58/98.

HILDESHEIM *Niedersachsen* **416 417 418** *J 13 – 110 000 Ew – Höhe 89 m.*
Sehenswert : *Dom★ (Kunstwerke★, Kreuzgang★) Z – St. Michaelis-Kirche★ Y – Roemer-Pelizaeus-Museum★ Z* **M1** *– St. Andreas-Kirche (Fassade★) Z* **B** *– Antoniuskapelle (Lettner★) Z* **A** *– St. Godehardikirche★ Z – Marktplatz★ (Knochenhaueramtshaus★, Renaisanceerker★ am Tempelhaus) Y.*
Verkehrsverein, Am Ratsbauhof 1c, ✉ 31134, ✆ (05121) 1 79 80, Fax (05121) 179888.
ADAC, *Zingel 39, ✉ 31134, ✆ (05121) 1 20 43, Fax (05121) 39970.*
Berlin 276 ④ – Hannover 36 ② – Braunschweig 51 ④ – Göttingen 91 ④.

Stadtplan siehe nächste Seite

Le Méridien, Markt 4, ✉ 31134, ✆ (05121) 30 00, *Fax (05121) 300444*, , , , – , Zim, – 120. Y e
Menu à la carte 44/65 – **109 Z** 265/335.

Schweizer Hof garni, Hindenburgplatz 6, ✉ 31134, ✆ (05121) 3 90 81, *Fax (05121) 38757* – . Z a
54 Z 165/365.

HILDESHEIM

Almsstraße	Y	
Am Propsteihof	X	2
Bahnhofsallee	Y	
Bavenstedter Str.	X	5
Bergsteinweg	XZ	8
Bernwardstraße	Y	
Bischof-Janssen-Str.	Y	12
Bückebergstraße	X	15
Cheruskerring	X	17
Domhof	Z	20
Eckemekerstraße	YZ	23
Elzer Straße	X	25
Gelber Stern	Z	28
Godehardsplatz	Z	31
Hannoversche Str.	Y	33
Hoher Weg	Z	36
Hohnsen	Z	39
Jacobistraße	Y	41
Judenstraße	Y	44
Kardinal-Bertram-Str.	Y	47
Kläperhagen	Z	49
Königstraße	X	52
Kurt-Schumacher-Straße	X	55
Martin-Luther-Straße	X	58
Mühlenstraße	Z	61
Neue Straße	Z	64
Osterstraße	Y	
Pfaffenstieg	Z	69
Rathausstraße	Y	72
Robert-Bosch-Straße	X	75
Sachsenring	X	78
Scheelenstraße	Z	80
Schuhstraße	Z	83
Senator-Braun-Allee	X	85
Struckmannstraße	X	88
Theaterstraße	Y	91
Zingel	YZ	

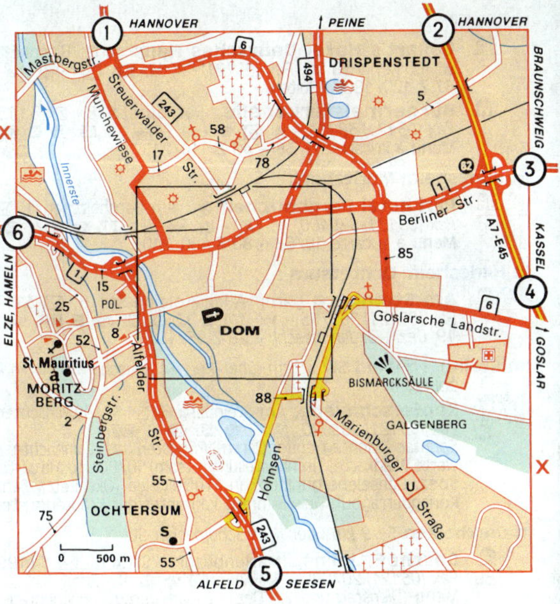

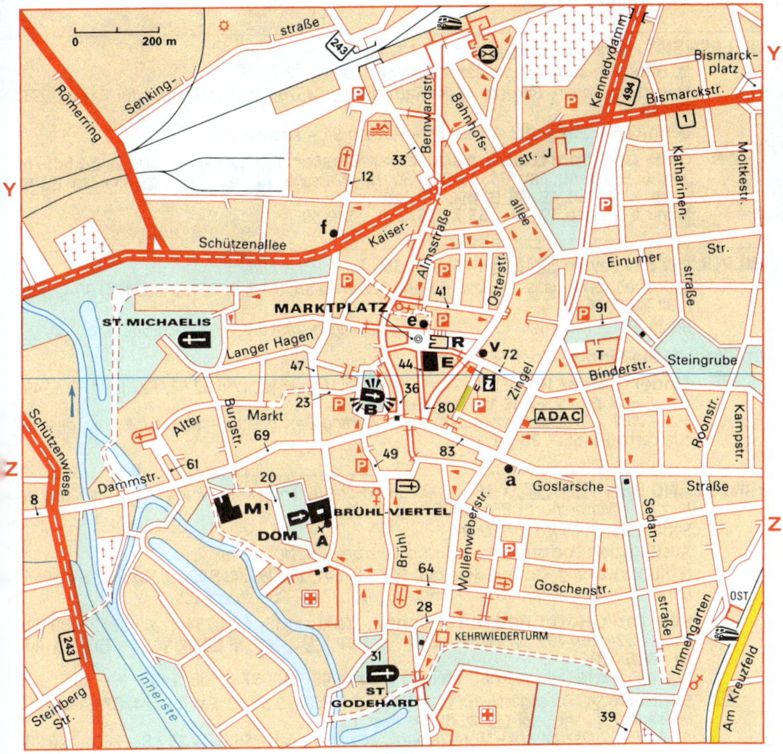

Gollart's Hotel Deutsches Haus garni, Bischof-Janssen-Str. 5, ✉ 31134, ✆ (05121) 1 58 90, *Fax (05121) 34064*, – 📺 ☎ 🅿. AE E VISA
47 Z 120/180, 3 Suiten. Y f

Bürgermeisterkapelle, Rathausstr. 8, ✉ 31134, ✆ (05121) 1 40 21, *Fax (05121) 38813* – 📺 ☎ – 20. AE E VISA Y v
Menu à la carte 32/56 – **40 Z** 110/240.

In Hildesheim-Moritzberg :

Parkhotel Berghölzchen, Am Berghölzchen 1, ✉ 31139, ✆ (05121) 97 90, *Fax (05121) 979400*, ≤, – Zim, 📺 ☎ 🅿 – 300. AE E VISA
Menu à la carte 38/62 – **80 Z** 180/240. X a

In Hildesheim-Ochtersum :

Am Steinberg garni, Adolf-Kolping-Str. 6, ✉ 31139, ✆ (05121) 26 11 42, *Fax (05121) 267755* – 📺 ☎ 🅿. AE E VISA. X s
19. Dez. - 3. Jan. geschl. – **28 Z** 95/150.

Im Steinberg-Wald *SW : 5 km, über Kurt-Schumacher-Str. X , 1 km hinter Ochtersum rechts abbiegen :*

XXX **Kupferschmiede,** Am Steinberg 6, ✉ 31139 Hl-Ochtersum, ✆ (05121) 26 30 25, *Fax (05121) 263070*, – 🅿. AE E VISA
Sonntag - Montag (außer Ostern, Pfingsten und Weihnachten) geschl. – **Menu** (bemerkenswerte Weinkarte, Tischbestellung ratsam) 50/80 und à la carte *(auch vegetarisches Menu)*
Spez. Gänseleberguglhupf in Trüffelgelee (Okt.-Feb.). Zanderfilet mit Bohnenkernen-Korianderragout. Deichlammrücken unter der Kräuterkruste.

In Diekholzen *S : 9 km über Kurt-Schumacher-Str. X :*

Gasthof Jörns, Marienburger Str.41, ✉ 31199, ✆ (05121) 2 07 00, *Fax (05121) 207090* – Zim, 📺 ☎ 🅿. Zim
Menu *(Dienstag und 22. Dez. - 6. Jan. geschl.)* (wochentags nur Abendessen) à la carte 24/46 – **19 Z** 75/150.

HILLESHEIM *Rheinland-Pfalz 417 P 4 – 2 300 Ew – Höhe 485 m.*

Hillesheim-Berndorf, Kölner Straße, ✆ (06593) 12 41.
Verkehrsverein, Burgstr. 6, (im Rathaus) ✉ 54576, ✆ (06593) 80 116, Fax (06593) 80118.
Berlin 666 – Mainz 182 – Trier 68 – Aachen 91 – Koblenz 91.

Golf- und Sporthotel Augustiner Kloster M, Augustiner Str. 2, ✉ 54576, ✆ (06593) 98 10, *Fax (06593) 981450*, Massage, – Zim, 📺 🅿 – 150. AE E VISA. Rest
Menu à la carte 39/74 – **53 Z** 135/260 – ½ P 30.

HILPOLTSTEIN *Bayern 419 420 S 17 – 11 500 Ew – Höhe 384 m.*

Verkehrsamt, Haus des Gastes, Maria-Dorothea-Str. 8, ✉ 91161, ✆ (09174) 90 42, Fax (09174) 9044.
Berlin 457 – München 134 – Nürnberg 40 – Ingolstadt 59 – Ansbach 54.

In Hilpoltstein-Sindersdorf *SO : 6 km :*

Sindersdorfer Hof, Sindersdorf 26, ✉ 91161, ✆ (09179) 62 56, *Fax (09179) 6549*, – 🅿. AE E VISA. Rest
Mai - Juni 2 Wochen und Mitte Nov. - Anfang Dez. geschl. – **Menu** *(Montag geschl.)* à la carte 25/55 – **25 Z** 60/120.

HINDELANG *Bayern 419 420 X 15 – 5 000 Ew – Höhe 850 m – Kneippkurort – Heilklimatischer Kurort – Wintersport : 850/1600 m 16 .*

Sehenswert : *Lage★ des Ortes.*
Ausflugsziel : *Jochstraße★★ : Aussichtskanzel ≤★, NO : 8 km.*
Kurverwaltung, Rathaus, Marktstr. 9, ✉ 87541, ✆ (08324) 8 92 19, Fax (08324) 8055.
Berlin 730 – München 161 – Kempten (Allgäu) 34 – Oberstdorf 22.

Romantik Hotel Bad-Hotel Sonne, Marktstr. 15, ✉ 87541, ✆ (08324) 89 70, *Fax (08324) 897499*, Massage, – 📺 ☎ 🅿 – 40. AE E VISA
Anfang - Mitte Dez. geschl. – **Menu** à la carte 48/78 – **57 Z** 105/248 – ½ P 38.

Sonneck, Rosengasse 10, ✉ 87541, ✆ (08324) 9 31 10, *Fax (08324) 8798*, ≤, Massage, – 📺 ☎ 🅿. Rest
15. Nov. - 20. Dez. geschl. – **Menu** *(Montag geschl.)* à la carte 35/65 – **23 Z** 88/260 – ½ P 20.

In Hindelang-Bad Oberdorf *O : 1 km :*

Prinz-Luitpold-Bad, ✉ 87541, ✆ (08324) 89 00, *Fax (08324) 890379*, ≤ Allgäuer Alpen und Bad Oberdorf, Massage, Rest, . Rest
Menu à la carte 38/68 – **114 Z** 130/344 – ½ P 20.

Café Haus Helgard garni, Luitpoldstr. 20, ✉ 87541, ✆ (08324) 20 64, *Fax (08324) 1530*, ≤, –
20. April - 1. Mai und 1. Nov. - 18. Dez. geschl. – **17 Z** 58/170.

Alte Schmiede, Schmittenweg 14, ✉ 87541, ✆ (08324) 25 52, *Fax (08324) 1555*, –
Ende Okt. - Mitte Dez. geschl. – **Menu** *(Mittwoch geschl.)* à la carte 36/53 *(auch vegetarische Gerichte)* – **14 Z** 65/130 – ½ P 22.

Alpengasthof Hirsch mit Zim, Kurze Gasse 18, ✉ 87541, ✆ (08324) 3 08, *Fax (08324) 8193*, Biergarten – . E VISA JCB
12. - 30. April und 1. Nov. - 20. Dez. geschl. – **Menu** *(Donnerstag - Freitagmittag geschl.)* à la carte 30/59 – **8 Z** 60/160 – ½ P 20.

Obere Mühle, Ostrachstr. 40, ✉ 87541, ✆ (08324) 28 57, *Fax (08324) 8635*, « Urig-gemütliches Landgasthaus a.d.J. 1433 » –
Dienstag geschl. – **Menu** (nur Abendessen, Tischbestellung erforderlich) à la carte 43/69.

In Hindelang-Oberjoch *NO : 7 km – Höhe 1 130 m*

Alpenhotel, Am Prinzenwald 3, ✉ 87541, ✆ (08324) 70 90, *Fax (08324) 709200*, ≤ Allgäuer Alpen, Massage, – – 20.
AE E VISA.
Menu à la carte 37/62 – **71 Z** 138/296 – ½ P 39.

Lanig, Ornachstr. 11, ✉ 87541, ✆ (08324) 70 80, *Fax (08324) 708200*, ≤ Allgäuer Alpen, « Einrichtung im Landhausstil », (geheizt), – .
AE E VISA
Mitte April - Mitte Mai und Mitte Nov. - Mitte Dez. geschl. – **Menu** à la carte 30/56 – **42 Z** (nur ½ P) 145/400.

Pension Sepp Heckelmiller garni, Ornachstr. 8, ✉ 87541, ✆ (08324) 98 20 30, *Fax (08324) 9820330*, ≤ Allgäuer Alpen, – .
30. Okt. - 15. Dez. geschl. – **23 Z** 69/160.

Alpengasthof Löwen, Paßstr. 17, ✉ 87541, ✆ (08324) 97 30, *Fax (08324) 7515*, – Zim, . Zim
Mitte Nov. - Mitte Dez. geschl. – **Menu** *(Mai - Nov. Montag geschl.)* à la carte 27/54 – **37 Z** 70/190 – ½ P 20.

Haus Schönblick, Iselerstr. 2, ✉ 87541, ✆ (08324) 9 80 40, *Fax (08324) 7521*, ≤, – . E
Mitte Nov. - Mitte Dez. geschl. – **Menu** à la carte 30/56 – **19 Z** 58/142 – ½ P 35.

In Hindelang-Unterjoch *NO : 11 km :*

Edelsberg, Am Edelsberg 10, ✉ 87541, ✆ (08324) 98 00 00, *Fax (08324) 980050*, ≤, Massage, –
Mitte Nov. - 21. Dez. geschl. – **Menu** à la carte 31/49 – **26 Z** 87/210 – ½ P 25.

Alpengasthof Krone, Sorgschrofenstr. 42, ✉ 87541, ✆ (08324) 98 20 10, *Fax (08324) 9820199*, – . Rest
Anfang Nov. - Mitte Dez. geschl. – **Menu** à la carte 24/66 *(auch vegetarische Gerichte)* – **42 Z** 76/186 – ½ P 27.

HINTE *Niedersachsen* 415 *F 5 – 7 200 Ew – Höhe 3 m.*
Berlin 523 – Hannover 236 – Emden 6 – Oldenburg 88 – Wilhelmshaven 84

Novum, Am Tennis-Treff 1, ✉ 26759, ✆ (04925) 9 21 80, *Fax (04925) 921877*, (Halle) Squash – Zim, – 120. E VISA
Menu à la carte 32/59 – **33 Z** 130/240, 4 Suiten.

Les hôtels ou restaurants agréables
sont indiqués dans le Guide par un signe rouge.
Aidez-nous en nous signalant les maisons où,
par expérience, vous savez qu'il fait bon vivre.
Votre Guide Michelin sera encore meilleur.

HINTERZARTEN *Baden-Württemberg* 419 *W 8 – 2 200 Ew – Höhe 885 m – Heilklimatischer Kurort – Wintersport : 900/1 230 m* ⛷3 ⛷.

Ausflugsziel : *Titisee★★ O : 5 km.*

Tourist-Information, Freiburger Straße 1, ✉ 79856, ✆ (07652) 12 06 42, Fax (07652) 120649.

Berlin 785 – Stuttgart 161 – Freiburg im Breisgau 24 – Donaueschingen 38.

Park-Hotel Adler , Adlerplatz 3, ✉ 79856, ✆ (07652) 12 70, *Fax (07652) 127717*, , « Park mit Wildgehege », Massage, , – , Zim, – 80. AE VISA
Menu à la carte 53/95 – ***Adler-Eck :*** (auch vegetarische Gerichte) **Menu** à la carte 48/68 – **78 Z** 185/480, 12 Suiten – ½ P 68.

Reppert , Adlerweg 21, ✉ 79856, ✆ (07652) 1 20 80, *Fax (07652) 120811*, , , , – – 15. AE VISA JCB. Rest
14. Nov. - 10. Dez. geschl. – (Restaurant nur für Hausgäste) – **39 Z** 130/396, 3 Suiten – ½ P 40.

Kesslermühle , Erlenbrucker Str. 45, ✉ 79856, ✆ (07652) 12 90, *Fax (07652) 129159*, , Massage, , , , – , Rest, . VISA.
Mitte Nov. - Mitte Dez. geschl. – (Restaurant nur für Hausgäste) – **35 Z** 113/296 – ½ P 20.

Thomahof, Erlenbrucker Str. 16, ✉ 79856, ✆ (07652) 12 30, *Fax (07652) 123239*, , , , , – . VISA. Rest
Menu 31 (mittags) und à la carte 48/74 – **48 Z** 125/344 – ½ P 30.

Sonnenberg garni, Am Kesslerberg 9, ✉ 79856, ✆ (07652) 1 20 70, *Fax (07652) 120791*, , , – . AE
20 Z 115/230.

Bergfried , Sickinger Str. 28, ✉ 79856, ✆ (07652) 12 80, *Fax (07652) 12888*, , , , – , Zim, . VISA. Rest
9. Nov. - 15. Dez. geschl. – (nur Abendessen für Hausgäste) – **37 Z** 110/290 – ½ P 29.

Sassenhof garni, Adlerweg 17, ✉ 79856, ✆ (07652) 15 15, *Fax (07652) 484*, , , – . VISA
15. Nov. - 15. Dez. geschl. – **22 Z** 98/208.

Schwarzwaldhof - Gästehaus Sonne, Freiburger Str. 2, ✉ 79856, ✆ (07652) 1 20 30, *Fax (07652) 120322*, , – – 15. VISA
April 1 Woche und Mitte Nov. - Mitte Dez. geschl. – **Menu** *(Dienstag geschl.)* à la carte 29/60 – **40 Z** 90/190 – ½ P 28.

Imbery (mit Gästehaus,), Rathausstr. 14, ✉ 79856, ✆ (07652) 9 10 30, *Fax (07652) 1095*, , , – , Rest,
6. - 30. April geschl. – **Menu** *(Donnerstag geschl.)* 22 (mittags) und à la carte 32/64 – **27 Z** 60/188 – ½ P 24.

In Hinterzarten-Alpersbach *W : 5 km :*

Esche , Alpersbach 9, ✉ 79856, ✆ (07652) 2 11, *Fax (07652) 1720*, , , , – Zim,
22. Nov. - 10. Dez. geschl. – **Menu** *(Mittwoch geschl.)* à la carte 38/65 – **14 Z** 70/156 – ½ P 28.

In Hinterzarten-Bruderhalde *SO : 4 km :*

Alemannenhof , Bruderhalde 21 (am Titisee), ✉ 79856, ✆ (07652) 9 11 80, *Fax (07652) 705*, Titisee, , , , , – , Rest, – 15. AE VISA JCB
Menu à la carte 46/77 – **22 Z** 147/270 – ½ P 38.

Heizmannshof , Bruderhalde 35, ✉ 79856, ✆ (07652) 14 36, *Fax (07652) 5468*, , , , – . AE VISA
Menu à la carte 28/60 – **14 Z** 120/198 – ½ P 28.

HIRSCHAID *Bayern* 419 420 *Q 16 – 9 600 Ew – Höhe 250 m.*

Berlin 415 – München 218 – Coburg 58 – Nürnberg 47 – Bamberg 13.

Göller, Nürnberger Str. 96, ✉ 96114, ✆ (09543) 82 40, *Fax (09543) 824428*, , , , – – 60. AE VISA
2. - 10. Jan. geschl. – **Menu** *(Sonntagabend geschl.)* à la carte 25/58 – **63 Z** 75/150.

Brauerei-Gasthof Kraus, Luitpoldstr. 11, ✉ 96114, ✆ (09543) 8 44 40, *Fax (09543) 844444*, –
Sept.- Okt. 3 Wochen geschl. – **Menu** *(Dienstag geschl.)* à la carte 18/37 – **20 Z** 50/110.

In Buttenheim *SO : 3,5 km :*

Landhotel Schloß Buttenheim garni, Schloßstr. 16, ✉ 96155, ✆ (09545) 9 44 70, *Fax (09545) 5314* – . VISA
24. Dez. - 7. Jan. geschl. – **8 Z** 80/130.

HIRSCHAU *Bayern* 420 *R 19 – 6 500 Ew – Höhe 412 m.*
Berlin 429 – München 70 – Weiden in der Oberpfalz 32 – Amberg 18 – Regensburg 80.

Schloß-Hotel, Hauptstr. 1, ✉ 92242, ✆ (09622) 7 01 00, *Fax (09622) 701040*, Biergarten – TV ☎ 🚗 P. AE D E VISA JCB
Menu *(Donnerstag geschl.)* à la carte 23/52 – **12 Z** 90/165.

Josefshaus, Kolpingstr. 8, ✉ 92242, ✆ (09622) 16 86, *Fax (09622) 5029*, Biergarten, – TV ☎ 🚗 P. AE D E VISA.
Menu *(Montag geschl.)* à la carte 26/56 – **12 Z** 70/130.

HIRSCHBACH *Bayern siehe Königstein.*

HIRSCHBACH *Thüringen siehe Suhl.*

HIRSCHBERG *Baden-Württemberg* 417 419 *R 9 – 9 800 Ew – Höhe 110 m.*
Berlin 613 – Stuttgart 131 – Mannheim 29 – Darmstadt 50 – Heidelberg 15.

In Hirschberg-Großsachsen :

Krone, Landstr. 9 (B 3), ✉ 69493, ✆ (06201) 50 50, *Fax (06201) 505400*, , , – |♦| TV ☎ P – 🔬 80. AE D E VISA
Menu à la carte 49/80 – **95 Z** 100/200.

Haas'sche Mühle, Talstr. 10, ✉ 69493, ✆ (06201) 5 10 41, *Fax (06201) 54961*, , – |♦| ☎ P – 🔬 30. AE E VISA
Menu *(Dienstag, Jan. und Juli - Aug. jeweils 2 Wochen geschl.)* à la carte 27/53 – **19 Z** 85/120.

In Hirschberg-Leutershausen :

Astron M, Brandenburger Str. 30, ✉ 69493, ✆ (06201) 50 20, *Fax (06201) 57176*, , – |♦|, Zim, TV ☎ P – 🔬 60. AE D E VISA JCB
Menu à la carte 43/66 – **114 Z** 203/246.

Hirschberg, Goethestr. 2 (an der B 3), ✉ 69493, ✆ (06201) 5 96 70, *Fax (06201) 58137*, – TV ☎ 🚗 P. AE E VISA
Menu *(Nov. - März Sonntag geschl.)* (nur Abendessen) à la carte 28/52 – **33 Z** 90/130.

HIRSCHEGG *Österreich siehe Kleinwalsertal.*

HIRSCHHORN AM NECKAR *Hessen* 417 419 *R 10 – 4 100 Ew – Höhe 131 m – Luftkurort.*
Sehenswert : *Burg (Hotelterrasse ≤★).*
Tourist-Information, Alleeweg 2, ✉ 69434, ✆ (06272) 92 31 40, Fax (06272) 1742.
Berlin 621 – Wiesbaden 120 – Mannheim 52 – Heidelberg 23 – Heilbronn 63.

Schloß-Hotel, Auf Burg Hirschhorn, ✉ 69434, ✆ (06272) 13 73, *Fax (06272) 3267*, ≤ Neckartal, – |♦| TV ☎ P – 🔬 20. AE E VISA JCB. Rest
Mitte Dez. - Anfang Feb. geschl. – **Menu** *(im Winter Montag geschl.)* à la carte 43/69 – **25 Z** 125/240.

Haus Burgblick garni, Zur schönen Aussicht 3 (Hirschhorn-Ost), ✉ 69434, ✆ (06272) 14 20, ≤ – P.
Dez. - Jan. geschl. – **8 Z** 55/100.

In Hirschhorn-Langenthal *NW : 5 km :*

Zur Krone, Waldmichelbacher Str. 29, ✉ 69434, ✆ (06272) 25 10, *Fax (06272) 930293*, – Zim, TV ☎ P. E VISA. Zim
6. - 21. Jan. geschl. – **Menu** *(Dienstag geschl.)* à la carte 25/54 – **12 Z** 55/98 – ½ P 15.

HITZACKER *Niedersachsen* 415 416 *G 17 – 5 700 Ew – Höhe 25 m – Luftkurort.*
Kurverwaltung, Weinbergsweg 2, ✉ 29456, ✆ (05862) 9 69 70, Fax (05862) 969724.
Berlin 232 – Hannover 142 – Schwerin 89 – Lüneburg 48 – Braunschweig 129.

Parkhotel, Am Kurpark 3, ✉ 29456, ✆ (05862) 80 81, *Fax (05862) 8350*, , , , , – |♦|, Zim, TV ☎ ♿ P – 🔬 80. AE D VISA
Menu à la carte 39/66 – **90 Z** 120/210 – ½ P 24.

Scholz, Prof.-Borchling-Str. 2, ✉ 29456, ✆ (05862) 95 91 00, *Fax (05862) 959222*, , – |♦|, Zim, TV ☎ ♿ P – 🔬 30. Rest
Menu à la carte 34/49 – **33 Z** 89/199.

Zur Linde, Drawehnertorstr. 22, ✉ 29456, ✆ (05862) 3 47, *Fax (05862) 345*, – TV ☎ 🚗 P
Ende Feb. - Ende März geschl. – **Menu** *(Donnerstag geschl.)* à la carte 27/60 – **10 Z** 68/115 – ½ P 20.

HOCHDORF *Baden-Württemberg siehe Biberach an der Riß.*

HOCHHEIM AM MAIN *Hessen 417 P 9 – 17 000 Ew – Höhe 129 m.*
Berlin 559 – Wiesbaden 12 – Frankfurt am Main 31 – Darmstadt 32 – Mainz 7.

Rheingauer Tor garni, Taunusstr. 9, ✉ 65239, ☎ (06146) 8 26 20, *Fax (06146) 4000* – *24. Dez. - 10. Jan. geschl.* – **25 Z** 115/155.

HOCHKIRCH *Sachsen 418 M 27 – 3 200 Ew – Höhe 300 m.*
Berlin 213 – Dresden 78 – Görlitz 32 – Bautzen 12.

Zur Post, Schulstr. 1, ✉ 02627, ☎ (035939) 82 40, *Fax (035939) 82410*, Biergarten – **Menu** à la carte 21/36 – **22 Z** 90/120.

HOCKENHEIM *Baden-Württemberg 417 419 S 9 – 17 000 Ew – Höhe 101 m.*
Berlin 630 – Stuttgart 113 – Mannheim 24 – Heidelberg 23 – Karlsruhe 50 – Speyer 12.

Hotel am Hockenheim-Ring, Hockenheimring, ✉ 68766, ☎ (06205) 29 80, *Fax (06205) 298222*, – 100. *27. Dez.- 31. Jan. geschl.* – **Menu** à la carte 36/64 – **55 Z** 140/200.

Treff Page Hotel M, Heidelberger Str. 8, ✉ 68766, ☎ (06205) 29 40 (Hotel), 2 11 54 (Rest.), *Fax (06205) 294150*, – Zim, – 800. **Menu** à la carte 37/59 – **80 Z** 150/450.

In Hockenheim-Talhaus *NW : 1,5 km :*

Achat M, Gleisstr. 8/1 (nahe der B 36), ✉ 68766, ☎ (06205) 29 70 (Hotel), 10 03 27 (Rest.), *Fax (06205) 297999* – Zim, – 15. *23. Dez. - 3. Jan. geschl.* – ***La Piazza*** (italienische Küche) *(Samstagmittag geschl.)* **Menu** à la carte 26/66 – **64 Z** 142/265.

In Reilingen *SO : 3 km :*

Walkershof M, Hockenheimer Str. 86, ✉ 68799, ☎ (06205) 95 90, *Fax (06205) 959444*, Massage, Zim, Rest, – 25. Rest *26. Dez. - Mitte Jan. geschl.* – **Menu** (nur Abendessen) à la carte 55/79 – **118 Z** 260/390.

HODENHAGEN *Niedersachsen 415 416 H 12 – 2 000 Ew – Höhe 26 m.*
Berlin 322 – Hannover 62 – Braunschweig 99 – Bremen 70 – Hamburg 106.

Domicil Hotel Hudemühle M, Hudemühlen-Burg 18, ✉ 29693, ☎ (05164) 80 90, *Fax (05164) 809199*, – Zim, – 140. Rest **Menu** à la carte 41/63 – **128 Z** 140/380.

HÖCHBERG *Bayern siehe Würzburg.*

HÖCHENSCHWAND *Baden-Württemberg 419 W 8 – 2 100 Ew – Höhe 1 015 m – Heilklimatischer Kurort – Wintersport : 920/1 015 m 1.*
Kurverwaltung, Haus des Gastes, ✉ 79862, ☎ (07672) 25 47, Fax (07672) 9489.
Berlin 809 – Stuttgart 186 – Freiburg im Breisgau 56 – Donaueschingen 63 – Waldshut-Tiengen 19.

Pension Nägele, Bürgermeister-Huber-Str. 11, ✉ 79862, ☎ (07672) 9 30 30, *Fax (07672) 9303154*, – Rest, – 15. *Mitte Nov. - Mitte Dez. geschl.* – **Menu** à la carte 28/60 – **25 Z** 58/140 – ½ P 22.

Porten's Hotel Fernblick garni, Im Grün 15, ✉ 79862, ☎ (07672) 9 30 20, *Fax (07672) 411240* – *15. Nov. - 20. Dez. geschl.* **40 Z** 70/160.

Steffi, Panoramastr. 22, ✉ 79862, ☎ (07672) 8 55, *Fax (07672) 9557*, – Rest *(nur Abendessen für Hausgäste)* – **16 Z** 80/160 – ½ P 25.

Hubertusstuben, Kurhausplatz 1 (Eingang St.-Georg-Straße), ✉ 79862, ☎ (07672) 41 10, *Fax (07672) 411240*, – *Dienstag und 7. Jan. - 3. Feb. geschl.* – **Menu** à la carte 39/73.

HÖCHST IM ODENWALD *Hessen* 417 419 *Q 10 – 9 800 Ew – Höhe 175 m – Erholungsort.*

Verkehrsamt im Rathaus, Montmelianer Platz 4, ✉ 64739, ✆ (06163) 7 08 23, Fax (06163) 70832.

Berlin 578 – Wiesbaden 78 – Frankfurt am Main 61 – Mannheim 78 – Darmstadt 33 – Heidelberg 72 – Aschaffenburg 37.

Burg Breuberg, Aschaffenburger Str. 4, ✉ 64739, ✆ (06163) 51 33, *Fax (06163) 5138,* – ☎ **P**. Zim
Menu à la carte 25/60 – **23 Z** 90/144.

In Höchst-Hetschbach *NW : 2 km :*

Zur Krone, Rondellstr. 20, ✉ 64739, ✆ (06163) 93 10 00, *Fax (06163) 81572,* – ☎ **P** – 25. AE E VISA.
Jan. und Nov. jeweils 1 Woche, Juli - Aug. 2 Wochen geschl. – **Menu** *(Donnerstagmittag und Montag geschl.)* à la carte *43/83 (auch vegetarisches Menu)* – **20 Z** 78/145 – ½ P 40.

HÖCHSTADT AN DER AISCH *Bayern* 419 420 *Q 16 – 13 600 Ew – Höhe 272 m.*

Berlin 435 – München 210 – Nürnberg 43 – Bamberg 31 – Würzburg 71.

Alte Schranne, Hauptstr. 3, ✉ 91315, ✆ (09193) 34 41, *Fax (09193) 3441* – .
(nur Abendessen für Hausgäste) – **17 Z** 80/140.

In Gremsdorf *O : 3 km :*

Landgasthof Scheubel, Hauptstr. 1 (B 470), ✉ 91350, ✆ (09193) 6 39 80, *Fax (09193) 639855,* – ☎ **P** – 50. E VISA
Menu à la carte 22/56 – **33 Z** 80/118.

An der Autobahn A 3 *NW : 12 km :*

Rasthaus-Motel Steigerwald, Autobahn-Südseite, ✉ 96193 Wachenroth, ✆ (09548) 4 33, *Fax (09548) 435,* – , Rest, ☎ **P**. AE E VISA
Menu *(auch Self-Service)* à la carte 28/59 – **43 Z** 120/170.

HÖFEN AN DER ENZ *Baden-Württemberg* 419 *T 9 – 1 900 Ew – Höhe 366 m – Luftkurort.*

Verkehrsbüro, Rathaus, ✉ 75339, ✆ (07081) 7 84 23, Fax (07081) 78450.

Berlin 680 – Stuttgart 68 – Karlsruhe 44 – Freudenstadt 48 – Pforzheim 18 – Baden-Baden 38.

Ochsen, Bahnhofstr. 2, ✉ 75339, ✆ (07081) 79 10, *Fax (07081) 791100,* , , – ☎ **P** – 35. E VISA
Menu à la carte 34/65 – **58 Z** 70/160, 3 Suiten – ½ P 26.

Bussard garni, Bahnhofstr. 24, ✉ 75339, ✆ (07081) 52 68, *Fax (07081) 7493,* – ☎ **P**
24 Z 56/100.

An der Straße nach Bad Herrenalb *N : 2 km :*

Zur alten Mühle, Im Gänzbrunnen, ✉ 75305 Neuenbürg, ✆ (07082) 9 24 00, *Fax (07082) 924099,* , – ☎ **P** – 15. AE E VISA
Menu *(Montag geschl.) (überwiegend Fischgerichte)* à la carte 38/70 – **28 Z** 93/148.

HÖFGEN *Sachsen siehe Grimma.*

HÖGERSDORF *Schleswig-Holstein siehe Segeberg, Bad.*

HÖHR-GRENZHAUSEN *Rheinland-Pfalz* 417 *O 7 – 9 100 Ew – Höhe 260 m.*

Berlin 584 – Mainz 94 – Koblenz 19 – Limburg an der Lahn 35.

Heinz, Bergstr. 77, ✉ 56203, ✆ (02624) 30 33, *Fax (02624) 5974,* , Massage, , , , , – ☎ **P** – 40. AE E VISA
22. - 26. Dez. geschl. – **Menu** à la carte 42/67 – **64 Z** 95/275.

Im Stadtteil Grenzau *N : 1,5 km :*

Sporthotel Zugbrücke, Brexbachstr. 11, ✉ 56203, ✆ (02624) 10 50, *Fax (02624) 105462,* , Massage, , , , – , Zim, ☎ **P** – 140. AE E VISA
Menu à la carte 38/64 – **138 Z** 95/269.

HÖNNINGEN, BAD *Rheinland-Pfalz* 417 *O 5 – 6 000 Ew – Höhe 65 m – Heilbad.*
Verkehrsamt, Neustr. 2a, ✉ 53557, ✆ (02635) 22 73, Fax (02635) 2736.
Berlin 617 – Mainz 125 – Koblenz 37 – Bonn 35.

St. Pierre, Hauptstr. 138, ✉ 53557, ✆ (02635) 9 52 90, *Fax (02635) 2093* – TV ☎ P. AE VISA JCB
(Restaurant nur für Hausgäste) – **20 Z** 90/180 – ½ P 25.

HÖNOW *Brandenburg* 416 418 *I 24 – 3 000 Ew – Höhe 45 m.*
Berlin 19 – Potsdam 60 – Frankfurt (Oder) 82.

Andersen garni (3. Etage), Mahlsdorfer Str. 61a, ✉ 15366, ✆ (030) 99 23 20, *Fax (030) 99232300* – TV ☎. AE VISA JCB
50 Z 149/210.

Landhaus Hönow, Dorfstr. 23, ✉ 15366, ✆ (03342) 8 32 16 (Hotel) 36 92 27 (Rest.), *Fax (03342) 300938* – TV ☎ P. VISA
Menu à la carte 26/48 – **19 Z** 96/152.

HÖRBRANZ *Österreich siehe Bregenz.*

HÖRNITZ *Sachsen siehe Zittau.*

HÖRSTEL *Nordrhein-Westfalen* 415 *J 6 – 17 000 Ew – Höhe 45 m.*
Berlin 464 – Düsseldorf 178 – Nordhorn 45 – Münster (Westfalen) 44 – Osnabrück 46 – Rheine 10.

In Hörstel-Bevergern *SW : 3 km :*

Saltenhof, Kreimershoek 71, ✉ 48477, ✆ (05459) 40 51, *Fax (05459) 1251*, – TV ☎ P. AE VISA
Menu *(Donnerstagmittag und 3. - 22. Jan. geschl.)* à la carte 41/67 *(auch vegetarische Gerichte)* – **12 Z** 95/185.

In Hörstel-Riesenbeck *SO : 6 km :*

Schloßhotel Surenburg, Surenburg 13 (SW : 1,5 km), ✉ 48477, ✆ (05454) 70 92, *Fax (05454) 7251*, , , – TV ☎ P – 50. AE VISA
Menu à la carte 38/74 – **23 Z** 115/180.

HÖSBACH *Bayern siehe Aschaffenburg.*

HÖVELHOF *Nordrhein-Westfalen* 417 *K 9 – 12 000 Ew – Höhe 100 m.*
Berlin 413 – Düsseldorf 189 – Bielefeld 33 – Detmold 30 – Hannover 129 – Paderborn 14.

Gasthof Förster - Hotel Victoria, Bahnhofstr. 35, ✉ 33161, ✆ (05257) 30 18, *Fax (05257) 6578*, – Zim, TV ☎ P – 200. AE VISA.
Menu *(Juli 3 Wochen geschl.)* à la carte 43/62 – **24 Z** 85/175.

Gasthof Brink mit Zim, Allee 38, ✉ 33161, ✆ (05257) 32 23, *Fax (05257) 932937* – TV ☎ P.
Anfang - Mitte Jan. und Juli geschl. – **Menu** *(Montag geschl.)* (nur Abendessen, Tischbestellung ratsam) à la carte 42/97 – **9 Z** 85/165.

HÖXTER *Nordrhein-Westfalen* 417 *K 12 – 35 000 Ew – Höhe 90 m.*
Sehenswert : *Kilianskirche (Kanzel★★) – Fachwerkhäuser★.*
Ausflugsziele : *Wesertal★ (von Höxter bis Hann. Münden) – Corvey : Westwerk★.*
Fremdenverkehrsamt (Historisches Rathaus) Weserstr. 11, ✉ 37671, ✆ (05271) 1 94 33, Fax (05271) 963435.
Berlin 362 – Düsseldorf 225 – Hannover 86 – Kassel 70 – Paderborn 55.

Niedersachsen, Grubestr. 7, ✉ 37671, ✆ (05271) 68 80, *Fax (05271) 688444*, , , – , Zim, TV ☎ – 45. AE VISA
Menu à la carte 42/57 – **80 Z** 105/238.

Weserberghof, Godelheimer Str. 16, ✉ 37671, ✆ (05271) 9 70 80, *Fax (05271) 970888*, – TV ☎ P – 25. AE VISA.
Entenfang *(Montag geschl.)* **Menu** à la carte 39/77 – **18 Z** 85/180.

In Höxter-Ovenhausen *W : 7 km – Erholungsort :*

Haus Venken, Hauptstr. 11, ✉ 37671, ☎ (05278) 9 89 90, *Fax (05278) 989940,* – . Rest
Feb. geschl. – **Menu** *(Dienstag geschl.)* à la carte 23/45 – **28 Z** 64/120.

In Höxter-Stahle *NO : 9 km :*

Kiekenstein, Heinser Str. 74 (B 83), ✉ 37671, ☎ (05531) 40 08, *Fax (05531) 3197,* – 60
Menu à la carte 30/62 – **13 Z** 60/130.

HOF *Bayern* 418 420 *P 19 – 53 000 Ew – Höhe 495 m.*

Gattendorf-Haidt (über die B 173 Y), ☎ (09281) 4 37 49.

Hof, SW : 5 Km, über ① und B 2, ☎ (09292) 54 09.

Tourist-Information, Karolinenstr. 40, ✉ 95028, ☎ (09281) 81 52 70, Fax (09281) 815499.

Berlin 317 ③ – München 283 ② – Bayreuth 55 ② – Nürnberg 133 ②.

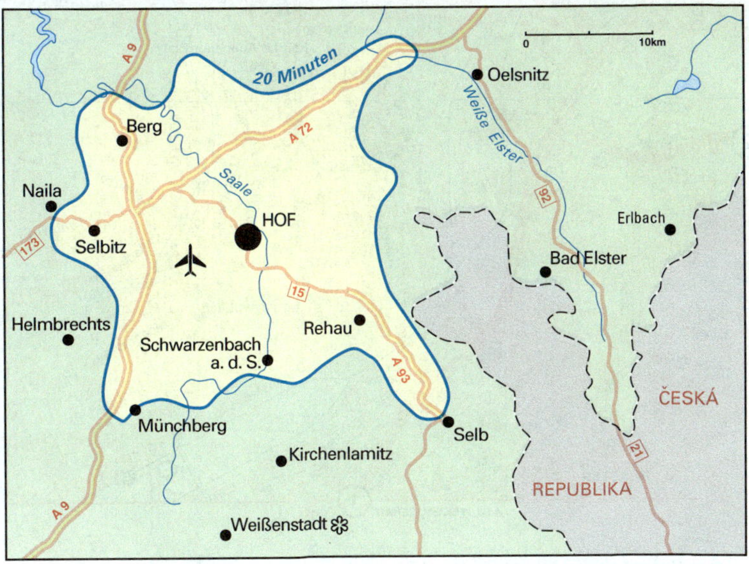

Central, Kulmbacher Str. 4, ✉ 95030, ☎ (09281) 60 50, *Fax (09281) 62440,* – , Zim, – 400. Rest Y h
Hofer Stuben : **Menu** à la carte 31/51 – ***Kastaniengarten*** *(nur Abendessen, Sonntag geschl.)* **Menu** à la carte 41/65 – **104 Z** 130/230.

Economy M, Ernst-Reuter-Straße 137, ✉ 95030, ☎ (09281) 70 30, *Fax (09281) 703113,* , – , Zim, Zim, – 70. Y s
Menu à la carte 27/60 – **111 Z** 135/175.

Strauß (mit Gästehaus), Bismarckstr. 31, ✉ 95028, ☎ (09281) 20 66, *Fax (09281) 84474,* Biergarten – – 50. Z u
Menu à la carte 26/61 – **54 Z** 82/170.

Am Maxplatz garni, Maxplatz 7, ✉ 95028, ☎ (09281) 17 39, *Fax (09281) 87913* – . Y r
18 Z 95/155.

In Hof-Haidt *NO : 3,5 km :*

Gut Haidt, Plauener Str. 123 (B 173), ✉ 95028, ☎ (09281) 73 10, *Fax (09281) 731100,* Biergarten, – , Zim, – 50.
Menu à la carte 37/75 – **47 Z** 140/180, 4 Suiten.

HOF

Altstadt . . . . . Z
Bayreuther Straße . . . . . Z 2
Enoch-Widman-Straße . . . . . Y 3
Hallstraße . . . . . Y 5
Karolinenstraße . . . . . Y 6
Kurt-Schuhmacher-Platz . . . . . Z 7
Lorenzstraße . . . . . Z
Ludwigstraße . . . . . Y
Luitpoldstraße . . . . . Z
Marienstraße . . . . . Z
Michaelisbrücke . . . . . Y 8
Mittlerer Anger . . . . . Y 9
Oberer Anger . . . . . Z 10
Ossecker Straße . . . . . Z 13
Pestalozziplatz . . . . . Z 15
Schützenstraße . . . . . Y 16
Unteres Tor . . . . . Y 18

In Hof-Unterkotzau ③ *: 3 km, über Hofecker Straße Richtung Hirschberg :*

Brauereigasthof Falter, Hirschberger Str. 6, ✉ 95030, ℘ (09281) 7 67 50, *Fax (09281) 61178,* Biergarten – TV ☎ P – 80
Menu à la carte 24/50 – **26 Z** 85/170.

HOF *Österreich siehe Salzburg.*

HOFBIEBER *Hessen* 417 418 420 *O 13 – 5 500 Ew – Höhe 400 m – Luftkurort.*

Hofbieber ℘ (06657) 13 34.

Tourist-Information, im Haus des Gastes, Schulweg 5, ✉ 36145, ℘ (06657) 9 87 31, Fax (06657) 98732.

Berlin 434 – Wiesbaden 209 – Fulda 14 – Bad Hersfeld 40.

Sondergeld, Lindenplatz 4, ✉ 36145, ℘ (06657) 3 76, *Fax (06657) 376,* – TV P
Nach Fastnacht 2 Wochen geschl. – **Menu** *(Mittwoch geschl.)* à la carte 23/53 – **14 Z** 60/96.

Kiesbergquelle, Langenbieberer Str. 3, ✉ 36145, ℘ (06657) 2 38, *Fax (06657) 1808,* Biergarten – TV P. E
Jan. 3 Wochen und Sep. - Okt. 1 Woche geschl. – **Menu** *(Dienstag geschl.)* à la carte 21/40 – **10 Z** 58/100.

In Hofbieber-Fohlenweide *SO : 5 km über Langenbieber :*

Fohlenweide, ✉ 36145, ☎ (06657) 98 80, *Fax (06657) 988100*, – 25
Menu à la carte 40/63 – **27 Z** 115/199 – ½ P 45.

HOFGEISMAR *Hessen 417 L 12 – 17 000 Ew – Höhe 156 m.*

Fremdenverkehrsamt, Markt 1, ✉ 34369, ☎ (05671) 99 90 34, Fax (05671) 999200.
Berlin 407 – Wiesbaden 245 – Kassel 24 – Paderborn 63.

Zum Alten Brauhaus, Marktstr. 12, ✉ 34369, ☎ (05671) 30 81, *Fax (05671) 3083* – AE E VISA
27. Dez. - 10. Jan. geschl. – **Menu** *(Sonntagabend und Dienstag geschl.)* à la carte 24/46 – **21 Z** 65/125.

In Hofgeismar-Sababurg *NO : 14 km :*

Dornröschenschloß Sababurg (Burganlage a.d. 14. Jh. mit Trauzimmer, Standesamt und Burgtheater), ✉ 34369, ☎ (05671) 80 80, *Fax (05671) 808200*, ≤, Tierpark mit Jagdmuseum, « Burgterrasse », – 30. AE E VISA
Menu à la carte 56/75 – **17 Z** 185/380.

In Hofgeismar-Schöneberg *NO : 4 km :*

Reitz, Bremer Str. 17 (B 83), ✉ 34369, ☎ (05671) 55 91, *Fax (05671) 40699* – . E VISA
Menu *(Montag geschl.)* à la carte 29/57 – **9 Z** 55/98.

HOFHEIM AM TAUNUS *Hessen 417 P 9 – 37 000 Ew – Höhe 150 m.*

Kulturamt, Chinonplatz 2 (Rathaus), ✉ 65719, ☎ (06192) 20 23 94, Fax (06192) 900331.
Berlin 550 – Wiesbaden 20 – Frankfurt am Main 22 – Limburg an der Lahn 54 – Mainz 20.

Burkartsmühle, Kurhausstr. 71, ✉ 65719, ☎ (06192) 96 80, *Fax (06192) 968261*, , , , (Halle) – – 30. AE E VISA
Menu *(Sonntag geschl.)* (Tischbestellung ratsam) à la carte 47/75 – **28 Z** 188/260.

Dreispitz, In der Dreispitz 6 (an der B 519), ✉ 65719, ☎ (06192) 9 65 20, *Fax (06192) 26910*, – . E VISA
Juli - Aug. 4 Wochen geschl. – **Menu** *(Donnerstag - Freitag geschl.)* (wochentags nur Abendessen) à la carte 28/56 – **24 Z** 105/195.

Die Scheuer, Burgstr. 12, ✉ 65719, ☎ (06192) 2 77 74, *Fax (06192) 1892*, , « Gemütlich-rustikale Einrichtung » – AE E VISA
Montag geschl. – **Menu** (abends Tischbestellung erforderlich) à la carte 65/91 *(auch vegetarisches Menu).*

L' Opera, Langgasse 3 (Kramer-Passage), ✉ 65719, ☎ (06192) 55 80, *Fax (06192) 5580*, – AE E VISA
Mittwoch geschl. – **Menu** (italienische Küche) à la carte 48/68.

In Hofheim-Diedenbergen *SW : 3 km :*

Treff Hansa Hotel Rhein-Main, Casteller Str. 106, ✉ 65719, ☎ (06192) 95 00, *Fax (06192) 3000*, , – , Zim, Rest, – 200. AE E VISA JCB
Menu à la carte 41/69 – **157 Z** 199/315.

Völker's mit Zim, Marxheimer Str. 4, ✉ 65719, ☎ (06192) 30 65, *Fax (06192) 39060*, Biergarten – . AE E VISA
Menu *(Samstagmittag und Mittwoch geschl.)* à la carte 63/92 – ***Bistro Taunusstuben :*** **Menu** à la carte 38/61 – **12 Z** 95/190.

Romano, Casteller Str. 68, ✉ 65719, ☎ (06192) 3 71 08, *Fax (06192) 31576*, . AE E VISA
Montag, Samstagmittag und Weihnachten - Anfang Jan. geschl. – **Menu** à la carte 39/65.

In Hofheim-Marxheim *S : 2 km :*

Löwenhof, Schulstr. 5, ✉ 65719, ☎ (06192) 9 93 00, *Fax (06192) 993099* – – 20
Menu *(Sonntagabend und Mitte Juli - Mitte Aug. geschl.)* (wochentags nur Abendessen) à la carte 31/62 – **20 Z** 130/255.

In Hofheim-Wildsachsen *NW : 9 km :*

Alte Rose, Altwildsachsen 37, ✉ 65719, ☎ (06198) 83 82, *Fax (06198) 34169*, « Gartenterrasse » – . AE E VISA
Menu (wochentags nur Abendessen) à la carte 59/75 *(auch vegetarische Gerichte).*

In Kriftel *SO : 2 km :*

Mirabell garni, Richard-Wagner-Str. 33, ✉ 65830, ✆ (06192) 4 20 88, *Fax (06192) 45169*, – , Zim, . *VISA*.
Weihnachten - Anfang Jan. geschl. – **45 Z** 115/205.

HOFHEIM IN UNTERFRANKEN *Bayern* 418 420 *P 15 – 6 500 Ew – Höhe 265 m.*
Berlin 450 – München 284 – Coburg 42 – Bamberg 49 – Schweinfurt 30.

In Hofheim-Rügheim *S : 3 km :*

Landhotel Hassberge, Schloßweg 1, ✉ 97461, ✆ (09523) 92 40, *Fax (09523) 924100*, , – – 40. *VISA*. Rest
Anfang - Mitte Aug. geschl. – **Menu** *(Sonntag geschl.)* à la carte 29/44 – **56 Z** 92/135.

HOHENAU *Bayern* 420 *T 24 – 3 600 Ew – Höhe 806 m.*
Tourismusbüro, Rathaus, Dorfplatz 22, ✉ 94545, ✆ (08558) 96 04 44, Fax (08558) 960440.
Berlin 514 – München 198 – Passau 41 – Regensburg 135.

Gasthof Schreiner, Dorfplatz 17, ✉ 94545, ✆ (08558) 10 62, *Fax (08558) 2717* –
Nov. geschl. – **Menu** à la carte 20/47 – **45 Z** 43/78 – ½ P 16.

In Hohenau-Bierhütte *SO : 3 km :*

Romantik Hotel Bierhütte (bäuerlicher Barockbau a.d. 16. Jh. mit 2 Gästehäusern), (nahe der B 533), ✉ 94545, ✆ (08558) 9 61 20, *Fax (08558) 961270*, « Terrasse mit », Massage, , – – 50. *VISA* JCB
Menu à la carte 34/68 – **43 Z** 99/220, 4 Suiten – ½ P 32.

HOHENKIRCHEN *Thüringen* 418 *N 16 – 650 Ew – Höhe 360 m.*
Berlin 330 – Erfurt 39 – Gotha 14 – Ilmenau 27 – Suhl 30.

Debes garni, Hauptstr. 89, ✉ 99887, ✆ (036253) 32 20, *Fax (036253) 32216*, – . *VISA*
12 Z 85/120.

HOHEN NEUENDORF *Brandenburg* 416 418 *H 23 – 9 000 Ew – Höhe 54 m.*
Berlin 35 – Potsdam 47.

Am Lunik Park, Stolper Str. 8, ✉ 16540, ✆ (03303) 29 10, *Fax (03303) 291444*, , Massage, – , Zim, – 40. *VISA*
Menu à la carte 30/56 – **57 Z** 165/195.

In Hohen Neuendorf-Bergfelde :

Am Hofjagdrevier M, Hohen Neuendorferstr. 48, ✉ 16562, ✆ (03303) 5 31 20, *Fax (03303) 5312260*, – – 30. *VISA*. Rest
Menu à la carte 28/50 – **36 Z** 90/150.

HOHENRODA *Hessen* 417 418 *N 13 – 4 000 Ew – Höhe 311 m.*
Berlin 407 – Wiesbaden 185 – Kassel 91 – Bad Hersfeld 26 – Fulda 39.

In Hohenroda-Oberbreitzbach :

Hessen-Hotelpark Hohenroda , Schwarzengrund 9, ✉ 36284, ✆ (06676) 1 81, *Fax (06676) 1487*, , , , , , , (Halle) – , Zim, – 300. *VISA*. Rest
Menu à la carte 34/58 – **207 Z** 115/180.

HOHENROTH *Bayern siehe Neustadt a.d. Saale, Bad.*

HOHENSTEIN *Hessen siehe Schwalbach, Bad.*

HOHENTENGEN AM HOCHRHEIN *Baden-Württemberg* 419 *X 9 – 3 460 Ew – Höhe 350 m.*
Fremdenverkehrsamt, Kirchstr. 4, ✉ 79801, ✆ (07742) 8 53 50, Fax (07742) 85315.
Berlin 802 – Stuttgart 176 – Freiburg im Breisgau 79 – Baden 33 – Basel 74 – Zürich 37.

Wasserstelz, Guggenmühle 15 (NW : 3 km, unterhalb der Burgruine Weißwasserstelz), ✉ 79801, ✆ (07742) 9 23 00, *Fax (07742) 923050*, , « Restauriertes ehemaliges Zehnthaus » – . *VISA*
23. Feb. - 10. März geschl. – **Menu** *(Montag - Dienstag geschl., Mittwoch - Freitag nur Abendessen)* à la carte 38/69 – **11 Z** 80/200.

HOHENWESTEDT *Schleswig-Holstein* 415 416 *D 12 – 4 600 Ew – Höhe 48 m.*
Berlin 352 – Kiel 56 – Hamburg 80 – Lübeck 81 – Rendsburg 23.

Landhaus, Itzehoer Str. 39, ✉ 24594, ☏ (04871) 9 44, *Fax (04871) 4327*, – – 40.
Menu à la carte 38/78 – **28 Z** 95/185.

HOHNSTEIN *Sachsen* 418 *N 26 – 1 100 Ew – Höhe 335 m.*
Berlin 223 – Dresden 32 – Pirna 16 – Bad Schandau 10.

Zur Aussicht, Am Bergborn 7, ✉ 01848, ☏ (035975) 8 12 13, *Fax (035975) 81213*, ≤ Sächsische Schweiz, – – – 15.
Jan. 2 Wochen geschl. – **Menu** *(Montag geschl.)* à la carte 23/42 – **15 Z** 90/150.

Gasthof Rußigmühle mit Zim, Polenztal 4 (NW : 2 km), ✉ 01848, ☏ (035975) 8 16 95, *Fax (035975) 81695*, –
2. - 31. Jan. geschl. – **Menu** *(Nov. - April Donnerstag)* à la carte 27/47 *(auch vegetarische Gerichte)* – **8 Z** 80/115.

In Hohnstein-Rathewalde *NW : 5 km :*

Luk-Das Kleine Landhotel, Basteiweg 12, ✉ 01847, ☏ (035975) 8 00 13, *Fax (035975) 80014*, « Geschmackvolle Einrichtung », – Zim,
(nur Abendessen für Hausgäste) – **8 Z** 90/160.

HOHWACHT *Schleswig-Holstein* 415 416 *D 16 – 900 Ew – Höhe 15 m – Seeheilbad.*
18 Hohwachter Bucht (SW : 4 km), ☏ (04381) 96 90.
Tourist-Information, Berliner Platz 1, ✉ 24321, ☏ (04381) 9 05 50, Fax (04381) 905555.
Berlin 335 – Kiel 41 – Lübeck 81 – Oldenburg in Holstein 21 – Plön 27.

Hohe Wacht, Ostseering, ✉ 24321, ☏ (04381) 9 00 80, *Fax (04381) 900888*, , , , – – – 60.
7. - 24. Jan. geschl. – **Menu** à la carte 42/75 – **56 Z** 230/360 – ½ P 40.

Seeschlößchen, Dünenweg 4, ✉ 24321, ☏ (04381) 4 07 60, *Fax (04381) 407650*, , , – – – 50.
(Restaurant nur für Hausgäste) – **34 Z** 116/276 – ½ P 28.

Haus am Meer, Dünenweg 1, ✉ 24321, ☏ (04381) 4 07 40, *Fax (04381) 407474*, ≤, « Terrasse am Strand », , – – 25.
Menu *(Okt. - April Donnerstag und Nov. - Anfang Dez. geschl.)* à la carte 30/52 – **24 Z** 150/260 – ½ P 28.

Hohwachter Hof, Strandstr. 6, ✉ 24321, ☏ (04381) 4 02 80, *Fax (04381) 402830*, – Rest, . . Zim
Nov. - 15. Dez. geschl. – **Menu** *(Dienstag geschl.)* à la carte 35/60 – **14 Z** 87/144 – ½ P 23.

Genueser Schiff mit Zim, Seestr. 18, ✉ 24321, ☏ (04381) 75 33, *Fax (04381) 5802*, ≤ Ostsee –
10 Jan. - 10. März und 10. Nov. - 16. Dez. geschl. – **Menu** *(Dienstag - Mittwoch geschl.)* (wochentags nur Abendessen) 68/112 – **12 Z** 125/250.

HOLDORF *Niedersachsen* 415 *I 8 – 5 000 Ew – Höhe 36 m.*
Berlin 414 – Hannover 129 – Bielefeld 90 – Bremen 85 – Oldenburg 65 – Osnabrück 40.

Zur Post, Große Str. 11, ✉ 49451, ☏ (05494) 2 34, *Fax (05494) 8270*, – – 100.
27. Dez. - 6. Jan. geschl. – **Menu** *(Mittwoch geschl.)* à la carte 28/57 – **11 Z** 75/130.

HOLLENSTEDT *Niedersachsen* 415 416 *F 13 – 1 900 Ew – Höhe 25 m.*
Berlin 319 – Hannover 150 – Hamburg 43 – Bremen 78.

Hollenstedter Hof, Am Markt 1, ✉ 21279, ☏ (04165) 2 13 70, *Fax (04165) 8382*, – Zim, – 50.
Menu à la carte 38/74 – **32 Z** 95/150.

HOLLFELD *Bayern* 420 *Q 17 – 5 500 Ew – Höhe 402 m – Erholungsort.*
Ausflugsziel : *Felsengarten Sanspareil★ N : 7 km.*
Berlin 378 – München 254 – Coburg 60 – Bayreuth 23 – Bamberg 38.

Wittelsbacher Hof, Langgasse 8 (B 22), ✉ 96142, ☏ (09274) 6 11, *Fax (09274) 80516*, –
Menu *(Montag geschl.)* à la carte 23/47 – **8 Z** 70/120 – ½ P 20.

Bettina, Treppendorf 22 (SO : 1 km), ✉ 96142, ☏ (09274) 7 47, *Fax (09274) 1408*, , Biergarten, , , – Zim, – 40. .
Menu *(Montag geschl.)* à la carte 34/61 – **23 Z** 65/160 – ½ P 25.

HOLZAPPEL *Rheinland-Pfalz* 417 *O 7 – 1 100 Ew – Höhe 270 m.*

Berlin 566 – Mainz 77 – Koblenz 60 – Limburg an der Lahn 16.

Altes Herrenhaus zum Bären (Historisches Fachwerkhaus a.d.16. Jh.), Hauptstr. 15, ✉ 56379, ✆ (06439) 9 14 50, *Fax (06439) 914511*, , « Geschmackvolle, elegante Einrichtung » – . *Jan. geschl.* – **Menu** à la carte 30/53 – **10 Z** 95/170.

HOLZERATH *Rheinland-Pfalz* 417 *Q 4 – 380 Ew – Höhe 450 m.*

Berlin 711 – Mainz 147 – Trier 16 – Saarbrücken 72.

Berghotel Becker, Römerstr. 34, ✉ 54316, ✆ (06588) 71 46, *Fax (06588) 3486*, , , – . *6. Jan. - 15. Feb. geschl.* – **Menu** *(Dienstag geschl.)* à la carte 30/55 – **14 Z** 50/100.

HOLZGERLINGEN *Baden-Württemberg* 419 *U 11 – 11 000 Ew – Höhe 464 m.*

Schaichhof (S : 3 km) ✆ (07157) 6 62 93, Fax 66429.

Berlin 654 – Stuttgart 28 – Böblingen 6 – Herrenberg 12 – Nürtingen 31 – Tübingen 19.

Gärtner M, Römerstr. 29, ✉ 71088, ✆ (07031) 74 56, *Fax (07031) 745700* – – 80. **Menu** *(Anfang Jan. 1 Woche geschl.)* à la carte 28/64 – **50 Z** 100/175, 4 Suiten.

Bühleneck garni, Bühlenstr. 81, ✉ 71088, ✆ (07031) 7 47 50, *Fax (07031) 747530*, – . **15 Z** 95/145.

HOLZHAU *Sachsen* 418 *N 24 – 500 Ew – Höhe 620 m – Erholungsort – Wintersport : 600/805 m 1 .*

Fremdenverkehrsamt, Bergstr. 9, ✉ 09623, ✆ (037327) 15 04, Fax (037327) 1619.

Berlin 244 – Dresden 53 – Zinnwald 20.

Lindenhof , Bergstr. 4, ✉ 09623, ✆ (037327) 8 20, *Fax (037327) 7395*, , , , – – 100. **Menu** à la carte 31/58 – **62 Z** 92/160 – ½ P 26.

Berghotel Talblick , Alte Str. 32, ✉ 09623, ✆ (037327) 74 16, *Fax (037327) 7429*, , , , – – 25. **Menu** à la carte 24/49 – **26 Z** 90/140 – ½ P 22.

HOLZHAUSEN *Thüringen siehe Arnstadt.*

HOLZKIRCHEN *Bayern* 419 420 *W 19 – 11 500 Ew – Höhe 667 m.*

Berlin 623 – München 34 – Garmisch-Partenkirchen 73 – Bad Tölz 19 – Rosenheim 41.

Alte Post, Marktplatz 10a, ✉ 83607, ✆ (08024) 3 00 50, *Fax (08024) 3005555* – – 40. Rest *Jan. 1 Wochen geschl.* – **Menu** *(Dienstag und Aug. 2 Wochen geschl.)* à la carte 33/57 – **44 Z** 140/180.

Landhotel Konrad M garni, Rosenheimer Str. 16, ✉ 83607, ✆ (08024) 90 50, *Fax (08024) 905215* – . **36 Z** 130/190.

HOLZMINDEN *Niedersachsen* 417 418 *K 12 – 24 000 Ew – Höhe 99 m.*

Stadtinformation, Obere Str. 30, ✉ 37603, ✆ (05531) 93 64 12, Fax (05531) 936430.

Kurverwaltung (Neuhaus im Solling), Lindenstr. 8 (Haus des Gastes), ✉ 37603, ✆ (05536) 1 94 33, Fax (05536) 1350.

Verkehrsamt Silberborn (Dorfgemeinschaftshaus Silberborn), Am Kurgarten 1, ✉ 37603, ✆ (05536) 2 23, Fax (05536) 1527.

Berlin 352 – Hannover 75 – Hameln 50 – Kassel 80 – Paderborn 65.

Parkhotel Interopa garni, Altendorfer Str. 19, ✉ 37603, ✆ (05531) 9 36 70, *Fax (05531) 61266*, – . 38 Z.

Buntrock, Karlstr. 23, ✉ 37603, ✆ (05531) 9 37 30, *Fax (05531) 120221* – – 60. **Menu** *(Sonntagabend und Samstag geschl.)* à la carte 36/54 – **18 Z** 88/145.

Schleifmühle, Schleifmühle 3, 37603, (05531) 50 98, *Fax (05531) 120660*, , , - .
Menu *(Sonntag geschl.)* (nur Abendessen) à la carte 29/44 - **17 Z** 88/145.

Hellers Krug, Altendorfer Str. 19, 37603, (05531) 21 15, *Fax (05531) 2115* - .
AE VISA
Samstagmittag und Sonntag geschl. - **Menu** à la carte 59/86.

In Holzminden-Neuhaus im Solling *SO : 12 km - Höhe 365 m - Heilklimatischer Kurort*

Schatte, Am Wildenkiel 15, 37603, (05536) 10 55, *Fax (05536) 1560*, , Massage, , , - . AE E VISA
Jan. und Nov. jeweils 2 Wochen geschl. - **Menu** à la carte 27/65 - **38 Z** 73/165 - ½ P 24.

Zur Linde, Lindenstr. 4, 37603, (05536) 10 66, *Fax (05536) 1089*, « Gartenterrasse », - . E
Menu à la carte 27/46 - **23 Z** 65/136 - ½ P 18.

Am Wildenkiel garni, Am Wildenkiel 18, 37603, (05536) 10 47, *Fax (05536) 1286*, , -
Mitte Nov. - Mitte Dez. geschl. - **23 Z** 70/135.

In Holzminden-Silberborn *SO : 12 km - Luftkurort :*

Sollingshöhe, Dasseler Str. 15, 37603, (05536) 9 50 80, *Fax (05536) 1422*, , , , - . E
Menu *(Nov. - März Dienstag geschl.)* à la carte 32/60 - **21 Z** 63/140 - ½ P 25.

HOMBURG/SAAR *Saarland* 417 *S 6 - 44 000 Ew - Höhe 233 m.*

Websweiler Hof (NW : 10 kM) (06841) 7 11 11.

Kultur- und Verkehrsamt, Am Forum 5, 66424, (06841) 20 66, Fax (06841) 120899.

Berlin 680 - Saarbrücken 33 - Kaiserslautern 42 - Neunkirchen/Saar 15 - Zweibrücken 11.

Schlossberg Hotel M, Schloßberg-Höhenstraße, 66424, (06841) 66 60, *Fax (06841) 62018*, Homburg, , , - - 100. AE E VISA
Menu à la carte 50/78 - **76 Z** 150/280.

Schweizerstuben, Kaiserstr. 72, 66424, (06841) 9 24 00, *Fax (06841) 9240220*, , , - - 40. AE E VISA
Menu *(Samstag, Sonn- und Feiertage geschl.)* (nur Abendessen) à la carte 46/75 - **28 Z** 122/278, 3 Suiten.

Stadt Homburg, Ringstr. 80, 66424, (06841) 9 23 70, *Fax (06841) 64994*, , , - - 70. E VISA
Menu *(Samstagmittag geschl.)* à la carte 38/77 - **40 Z** 114/250.

Euler garni, Talstr. 40, 66424, (06841) 9 33 30, *Fax (06841) 9333222* - .
AE E VISA JCB
Ende Dez. - Anfang Jan. geschl. - **50 Z** 90/140.

Petit St. Michel (Restaurant im Bistro-Stil), St. Michael-Str. 6-8, 66424, (06841) 6 06 07 - E VISA
Samstagmittag und Montag geschl. - **Menu** (April - Sept. nur Abendessen) à la carte 45/75.

In Homburg-Erbach *N : 2 km :*

Ruble, Dürerstr. 164, 66424, (06841) 9 70 50, *Fax (06841) 78972*, , - . AE E VISA
Menu *(Samstagmittag geschl.)* à la carte 31/65 - **19 Z** 84/130.

MICHELIN-REIFENWERKE KGaA. 66424 Homburg Berliner Straße, (06841) 7 70 Fax (06841) 772733.

HOMBURG VOR DER HÖHE, BAD *Hessen* 417 *P 9 - 52 000 Ew - Höhe 197 m - Heilbad.*

Sehenswert : *Kurpark★ Y.*

Ausflugsziel : *Saalburg (Rekonstruktion eines Römerkastells)★ 6 km über ④.*

Saalburgchaussee 2a (über B456 YNW : 4 km), (06172) 30 68 08.

Verkehrsamt im Kurhaus, Louisenstr. 58, 61348, (06172) 67 51 10, Fax (06172) 675127.

ADAC, *Haingasse 9, 61348, (06172) 2 10 93, Fax (06172) 25711.*

Berlin 526 ③ - Wiesbaden 45 ② - Frankfurt am Main 18 ② - Gießen 48 ① - Limburg an der Lahn 54 ③.

BAD HOMBURG
VOR DER HÖHE

Am Hohlebrunnen .... Z 3
Burggasse .... Y 4
Ferdinandstraße .... Z 8
Frankfurter Landstraße .... Z 9
Haingasse .... Y
Herrngasse .... Y 10
Heuchelheimer Straße .... Y 12
Louisenstraße .... YZ
Ludwigstraße .... Y 16
Meiereiberg .... YZ 17
Neue Mauerstraße .... Y 20
Obergasse .... Y 22
Orangeriegasse .... Y 23
Rathausstraße .... Y 26
Rind'sche Stiftstraße ...... Y 27
Tannenwaldallee .... Y 29
Thomasstraße .... Z
Waisenhausstraße .... Y 30

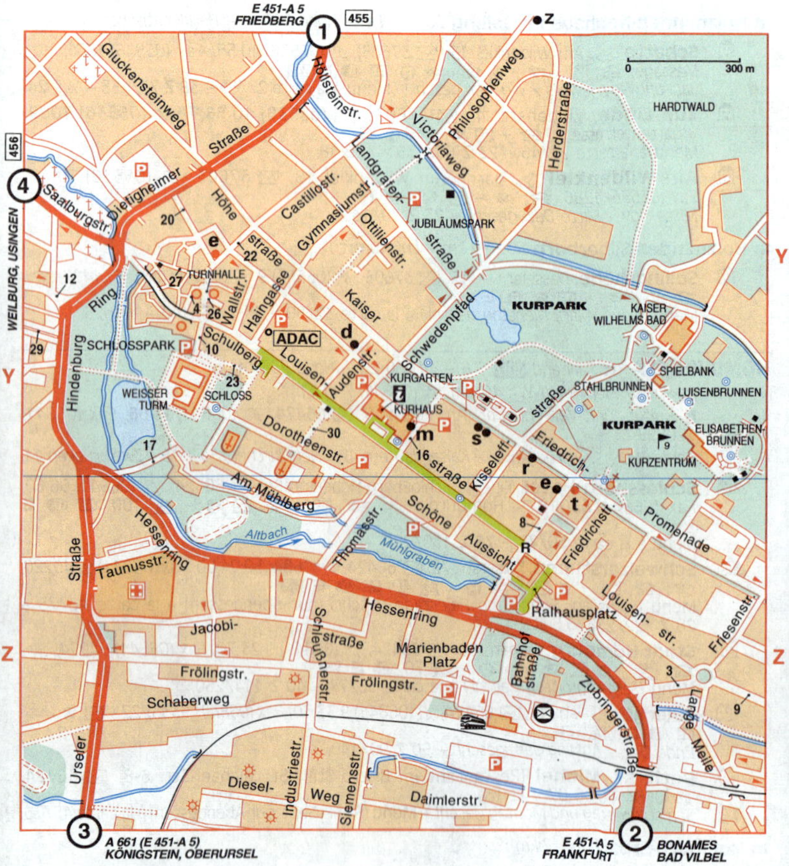

Steigenberger Bad Homburg, Kaiser-Friedrich-Promenade 69, ✉ 61348, ✆ (06172) 18 10, *Fax (06172) 181630,* « Modern-elegantes Hotel mit Einrichtung im Stil des Art Deco », – , Zim, – 160. AE VISA JCB Y r
Menu à la carte 42/79 – **169 Z** 286/484, 14 Suiten – ½ P 45.

Maritim Kurhaus-Hotel M, Ludwigstraße 3, ✉ 61348, ✆ (06172) 66 00, *Fax (06172) 660100,* – , Zim, Rest, – 420. AE VISA JCB Y m
Menu à la carte 47/65 – **148 Z** 261/359 – ½ P 40.

Parkhotel Bad Homburg, Kaiser-Friedrich-Promenade 53, ✉ 61348, ✆ (06172) 80 10, *Fax (06172) 801400,* – , Zim, – 60. AE VISA JCB. Rest Y s
Menu à la carte 33/70 – **120 Z** 210/348, 10 Suiten.

Hardtwald, Philosophenweg 31, ✉ 61350, ✆ (06172) 98 80, *Fax (06172) 82512,* « Gartenterrasse » – – 25. AE VISA Y z
Menu *(Sonntagabend und 20. Dez. - 10. Jan. geschl.)* à la carte 43/69 – **42 Z** 135/355.

Villa am Kurpark garni, Kaiser-Friedrich-Promenade 57, ✉ 61348, ✆ (06172) 1 80 00, *Fax (06172) 180020* – 🛗 📺 ☎ 📞 🅿 – 🏛 20. AE E VISA Y s
Ende Dez. - Anfang Jan. geschl. – **24 Z** 130/275.

Comfort-Hotel M garni, Ferdinandstr. 2, ✉ 61348, ✆ (06172) 92 63 00, *Fax (06172) 926399* – 🛗 ⇆ 📺 ☎ 📞 – 🏛 20. AE E VISA Z e
40 Z 159/299.

Haus Daheim garni, Elisabethenstr. 42, ✉ 61348, ✆ (06172) 67 73 50, *Fax (06172) 67735500* – 📺 ☎ 🚗. AE ⓓ E VISA JCB Y d
19 Z 105/285.

Sänger's Restaurant, Kaiser-Friedrich-Promenade 85, ✉ 61348, ✆ (06172) 92 88 39, *Fax (06172) 928859,* 🏠 – AE E VISA Z t
Sonntag - Montagmittag, Samstagmittag und Jan. 2 Wochen geschl. – **Menu** 50 (mittags) und à la carte 81/114
Spez. Gebackener Risotto mit Trüffel (Saison). Soufflierter Steinbutt mit Hummer. Gefüllter Oschenschwanz.

Oberle's, Obergasse 1, ✉ 61348, ✆ (06172) 2 46 62, *Fax (06172) 24662,* 🏠 – AE E VISA Y e
Samstagmittag und Montag geschl. – **Menu** à la carte 68/89.

In Bad Homburg-Dornholzhausen *über ④ und die B 456 :*

Sonne, Landwehrweg 3, ✉ 61350, ✆ (06172) 9 65 20, *Fax (06172) 965213* – 📺 ☎ 📞 🚗 🅿
(nur Abendessen) – **30 Z.**

In Bad Homburg-Ober-Erlenbach *über Frankfurter Landstraße Z :*

Katharinenhof 🐌 garni, Ober-Erlenbacher Str. 16, ✉ 61352, ✆ (06172) 40 00, *Fax (06172) 400300* – 📺 ☎ 📞 🚗 🅿. AE ⓓ E VISA. ✂
24. - 31. Dez. geschl. – **31 Z** 120/280.

Europe

Wenn der Name eines Hotels dünn gedruckt ist, hat uns der Hotelier Preise und Öffnungszeiten nicht angegeben.

HONNEF, BAD *Nordrhein-Westfalen* 417 *O 5 – 24 000 Ew – Höhe 72 m.*

🏌18 *Windhagen-Rederscheid (SO : 10 km),* ✆ *(02645) 1 56 21.*
ℹ *Tourist-Information, Hauptstr. 30,* ✉ *53604,* ✆ *(02224) 1 94 33, Fax (02224) 79687.*
Berlin 605 – Düsseldorf 86 – Bonn 17 – Koblenz 51.

Seminaris, Alexander-von-Humboldt-Str. 20, ✉ 53604, ✆ (02224) 77 10, *Fax (02224) 771555,* 🏠, (kleiner Park), 🏋, ♨, 🏊 – 🛗, ⇆ Zim, ▤ Rest, 📺 🚗 🅿 – 🏛 250. AE ⓓ E VISA. ✂ Rest
Menu à la carte 46/62 *(auch vegetarische Gerichte)* – **213 Z** 139/221, 9 Suiten.

Markt 3 mit Zim, Markt 3, ✉ 53604, ✆ (02224) 9 33 20, *Fax (02224) 933232,* 🏠 – 📺 ☎. E VISA
Menu *(Sonntag geschl.)* à la carte 46/78 – **6 Z** 140/195.

An der Straße nach Asbach *O : 2,5 km :*

Jagdhaus im Schmelztal, Schmelztalstr. 50, ✉ 53604 Bad Honnef, ✆ (02224) 26 26, *Fax (02224) 75443,* 🏠 – 🅿 – 🏛 40. E
Menu à la carte 44/62.

In Bad Honnef-Rhöndorf *N : 1,5 km :*

Bellevue, Karl-Broel-Str. 43, ✉ 53604, ✆ (02224) 30 11, *Fax (02224) 3031,* ≤ Rhein und Drachenfels – 🛗, ⇆ Zim, 📺 ☎ 📞 🚗 🅿 – 🏛 150. AE E VISA
20. Dez. - 10. Jan. geschl. – (Restaurant nur für Hausgäste) – **85 Z** 159/360.

Caesareo, Rhöndorfer Str. 39, ✉ 53604, ✆ (02224) 7 56 39, *Fax (02224) 75639,* 🏠 – AE ⓓ E VISA. ✂
Montag geschl. – **Menu** (Tischbestellung ratsam) à la carte 56/83.

In Windhagen-Rederscheid *SO : 10 km :*

Dorint Sporthotel Waldbrunnen 🐌, Brunnenstr. 7, ✉ 53578, ✆ (02645) 1 50, *Fax (02645) 15548,* 🏠, Massage, ♨, 🏊 (geheizt), 🏊, 🎾(Halle), 🏇 (Halle u.Schule) – 🛗, ⇆ Zim, 📺 📞 ♿ 🚗 🅿 – 🏛 120. AE ⓓ E VISA JCB. ✂ Rest
Il Camino : (italienische Küche) **Menu** à la carte 42/75 – ***Wintergarten :*** **Menu** à la carte 38/69 – **125 Z** 223/324.

HOPSTEN *Nordrhein-Westfalen* 415 *I 6 – 6 400 Ew – Höhe 43 m.*
Berlin 467 – Düsseldorf 197 – Nordhorn 51 – Lingen 26 – Osnabrück 39 – Rheine 16.

Kiepenkerl, Ibbenbürener Str. 2, ✉ 48496, ☎ (05458) 9 31 10, *Fax (05458) 931111,* – 200
Weihnachten - Neujahr geschl. – **Menu** *(Dienstag geschl.)* à la carte 25/50 – **9 Z** 50/120.

Kerssen-Brons mit Zim, Marktplatz 1, ✉ 48496, ☎ (05458) 70 06, *Fax (05458) 1395,*
Juli 2 Wochen geschl. – **Menu** *(Montag und Freitag geschl.)* (Dienstag - Donnerstag nur Abendessen) à la carte 30/55 – **8 Z** 50/90.

HORB *Baden-Württemberg* 419 *U 10 – 24 000 Ew – Höhe 423 m.*
Stadtinformation, Marktplatz 12, ✉ 72160, ☎ (07451) 36 11, Fax (07451) 901290.
Berlin 690 – Stuttgart 63 – Karlsruhe 119 – Tübingen 36 – Freudenstadt 24.

In Horb-Hohenberg *N : 1 km :*

Steiglehof (ehemaliger Gutshof), Steigle 35, ✉ 72160, ☎ (07451) 5 55 00, *Fax (07451) 555015* –
Menu *(Samstag - Sonntag und Ende Dez. - Mitte Jan. geschl.)* (nur Abendessen) à la carte 23/37 – **13 Z** 70/105.

Hahner Stüble, Hahnerstr. 3, ✉ 72160, ☎ (07451) 76 46, *Fax (07451) 7658* –
Dienstag, Feb. 1 Woche und Aug. geschl. – **Menu** à la carte 33/65.

In Horb-Isenburg *S : 3 km :*

Waldeck, Mühlsteige 33, ✉ 72160, ☎ (07451) 38 80, *Fax (07451) 4950,* – 60. VISA
Anfang - Mitte Aug. und 23. Dez. - 10. Jan. geschl. – **Menu** *(Montag geschl.)* à la carte 29/62 – **23 Z** 95/170.

HORBEN *Baden-Württemberg* 419 *W 7 – 850 Ew – Höhe 600 m.*
Berlin 815 – Stuttgart 216 – Freiburg im Breisgau 10.

In Horben-Langackern :

Luisenhöhe, ✉ 79289, ☎ (0761) 2 96 90, *Fax (0761) 290448,* Schauinsland und Schwarzwald, « Gartenterrasse », – 20. VISA. Rest
Menu à la carte 47/78 – **45 Z** 145/230 – ½ P 35.

Engel, ✉ 79289, ☎ (0761) 29 29 90, *Fax (0761) 290627,* « Terrasse », – 20
Menu *(Montag geschl.)* à la carte 36/67 – **22 Z** 85/155.

HORBRUCH *Rheinland-Pfalz siehe Morbach.*

HORHAUSEN *Rheinland-Pfalz* 417 *O 7 – 1 400 Ew – Höhe 365 m.*
Verkehrsverein, Rheinstraße (Raiffeisenbank), ✉ 56593, ☎ (02687) 9 15 00, Fax (02687) 915050.
Berlin 567 – Mainz 111 – Koblenz 37 – Köln 68 – Bonn 52 – Limburg an der Lahn 52.

Grenzbachmühle, Grenzbachstr. 17 (O : 1,5 km), ✉ 56593, ☎ (02687) 10 83, *Fax (02687) 26 76,* Damwildgehege, – Rest, VISA
Anfang Nov. 1 Woche und Jan. 3 Wochen geschl. – **Menu** *(Dienstag geschl.)* à la carte 38/68 – **14 Z** 80/140.

HORN-BAD MEINBERG *Nordrhein-Westfalen* 417 *K 10 – 18 300 Ew – Höhe 220 m.*
Ausflugsziel : *Externsteine★ (Flachrelief★★ a.d. 12. Jh.) SW : 2 km.*
Verkehrsbüro in Horn, Rathausplatz 2, ✉ 32805, ☎ (05234) 20 12 62, Fax (05234) 201222.
Verkehrsbüro in Bad Meinberg, Parkstraße, ✉ 32805, ☎ (05234) 9 89 03, Fax (05234) 9577.
Berlin 369 – Düsseldorf 197 – Bielefeld 37 – Detmold 10 – Hannover 85 – Paderborn 27.

Im Stadtteil Horn :

Garre mit Zim, Bahnhofstr. 55, ✉ 32805, ☎ (05234) 8 49 40, *Fax (05234) 849491* –
Juli 3 Wochen und 22. Dez. - 10. Jan. geschl. – **Menu** *(Samstagmittag und Sonntag geschl.)* à la carte 31/53 – **7 Z** 68/116 – ½ P 20.

Im Stadtteil Bad Meinberg – *Heilbad* :

Kurhotel Parkblick, Parkstr. 63, 32805, (05234) 90 90, *Fax (05234) 909150*, , Massage, , , , – – 75. AE E VISA
Menu à la carte 39/67 – **78 Z** 120/210, 4 Suiten – ½ P 29.

Kurhaus zum Stern, Brunnenstr. 84, 32805, (05234) 90 50, *Fax (05234) 905300*, direkter Zugang zum Kurmittelhaus, , – , Zim, – 180. AE E VISA. Rest
Menu à la carte 42/77 – **129 Z** 125/250 – ½ P 35.

Gästehaus Mönnich garni, Brunnenstr. 55, 32805, (05234) 8 40 00, *Fax (05234) 840040*, « Galerie für Fotokunst und Keramik, Garten », –
16. März - 14. Nov. – **12 Z** 78/165.

Im Stadtteil Billerbeck :

Zur Linde, Steinheimer Str. 219, 32805, (05233) 94 40, *Fax (05233) 6404*, , – – 150. E VISA
Menu *(Dienstag geschl.)* à la carte 23/55 – **54 Z** 79/158.

Im Stadtteil Holzhausen-Externsteine – *Luftkurort* :

Kurhotel Bärenstein, Am Bärenstein 44, 32805, (05234) 20 90, *Fax (05234) 209269*, , Massage, , , , , , – , Rest, 20
Menu *(Montag geschl.)* à la carte 27/53 – **80 Z** 78/174 – ½ P 15.

HORNBERG (SCHWARZWALDBAHN) *Baden-Württemberg* 419 *V 8 – 4 800 Ew – Höhe 400 m – Erholungsort.*

Städt. Verkehrsamt, Bahnhofstr. 3, 78132, (07833) 7 93 44, Fax (07833) 79329.

Berlin 745 – Stuttgart 132 – Freiburg im Breisgau 58 – Offenburg 45 – Villingen-Schwenningen 34.

Adler, Hauptstr. 66, 78132, (07833) 3 67, *Fax (07833) 548* – , Zim, . AE E VISA
Feb. geschl. – **Menu** *(Freitag geschl.)* à la carte 31/64 – **19 Z** 70/140 – ½ P 22.

In Hornberg-Fohrenbühl *NO : 8 km* :

Café Lauble garni, Haus 65, 78132, (07833) 9 36 60, *Fax (07833) 936666*, – . E VISA
Ende Nov. - 24. Dez. geschl. – **18 Z** 50/120.

Schwanen, Haus 66, 78132, (07833) 3 17, *Fax (07833) 8621*, , , – Zim,
Mitte Nov. - Mitte Dez. geschl. – **Menu** *(Dienstag geschl.)* à la carte 24/49 – **16 Z** 60/130 – ½ P 23.

Am Karlstein *SW : 9 km, über Niederwasser – Höhe 969 m*

Schöne Aussicht, 78132 Hornberg, (07833) 14 90, *Fax (07833) 1603*, < Schwarzwald, , , , , , – – 80. AE E VISA
Menu à la carte 29/69 – **23 Z** 80/180 – ½ P 32.

HOSENFELD *Hessen* 417 418 *O 12 – 4 000 Ew – Höhe 374 m.*

Berlin 465 – Wiesbaden 147 – Fulda 17.

An der Straße nach Fulda *O : 3 km* :

Sieberzmühle, 36154 Hosenfeld, (06650) 81 91, *Fax (06650) 8193*, , – – 30. AE E VISA
Mitte Jan. - Mitte Feb. geschl. – **Menu** *(Montag geschl.)* à la carte 21/62 – **31 Z** 65/125.

Verwechseln Sie nicht :

Komfort der Hotels	: ... ,
Komfort der Restaurants	: XXXXX ... X
Gute Küche	: ✿✿✿, ✿✿, ✿, **Menu**

HOYERSWERDA *Sachsen 418 L 26 – 70 000 Ew – Höhe 130 m.*

Tourist- und Stadtinformation, Schlossergasse 1, ✉ 02977, ✆ (03571) 45 69 20, Fax 456925.

Berlin 165 – Dresden 65 – Cottbus 44 – Görlitz 80 – Leipzig 166.

Congresshotel Lausitz M, Dr.-Külz-Str. 1, ✉ 02977, ✆ (03571) 46 30, *Fax (03571) 463444,* – Zim, – 400. AE VISA JCB
Menu *(Samstag - Sonntag geschl.)* (nur Abendessen) à la carte 30/50 – **138 Z** 125/210.

Achat, Bautzener Allee 1a, ✉ 02977, ✆ (03571) 47 00, *Fax (03571) 470999* – Zim,
Menu à la carte 22/42 – **92 Z** 110/175.

Zum Gewölbe, Dresdener Str. 36, ✉ 02977, ✆ (03571) 4 84 00, *Fax (03571) 484029,* – AE
Menu *(Montagmittag geschl.)* à la carte 25/50 – **10 Z** 90/130.

In Elsterheide-Neuwiese *NW : 3,5 km :*

Landhotel Neuwiese, Dorfstr. 40, ✉ 02979, ✆ (03571) 4 29 80, *Fax (03571) 428221,* – AE VISA
Menu à la carte 22/39 – **18 Z** 90/200.

In Spohla *S : 4 km :*

Im Schweinekoben mit Zim (ehemaliger Bauernhof), Dorfstr. 12, ✉ 02979, ✆ (035725) 75 20, *Fax (035725) 752104,* « Innenhofterrasse » – AE VISA
Jan. 2 Wochen geschl. – **Menu** *(Montagmittag geschl.)* à la carte 44/67 – **7 Z** 95/170.

HÜCKESWAGEN *Nordrhein-Westfalen 417 M 6 – 15 000 Ew – Höhe 258 m.*

Berlin 544 – Düsseldorf 66 – Köln 44 – Lüdenscheid 27 – Remscheid 14.

In Hückeswagen-Kleineichen *SO : 1 km :*

Kleineichen, Bevertalstr. 44, ✉ 42499, ✆ (02192) 43 75, *Fax (02192) 6433,* –
Montag - Dienstag und Ende Feb. - Mitte März geschl. – **Menu** à la carte 36/61.

HÜFINGEN *Baden-Württemberg 419 W 9 – 6 900 Ew – Höhe 686 m.*

Berlin 751 – Stuttgart 126 – Freiburg im Breisgau 59 – Donaueschingen 3 – Schaffhausen 38.

Zum Baptistle, Grabengasse 6, ✉ 78183, ✆ (0771) 6 30 62, – AE VISA
Dienstag und Juli - Aug. 3 Wochen geschl. – **Menu** (wochentags nur Abendessen) à la carte 52/72.

In Hüfingen-Fürstenberg *SO : 9,5 km :*

Gasthof Rössle (mit Gästehaus), Zähringer Str. 12, ✉ 78183, ✆ (0771) 6 00 10, *Fax (0771) 600122* – AE VISA
Jan. - Feb. 2 Wochen geschl. – **Menu** *(Montag - Freitag nur Abendessen, Donnerstag geschl.)* à la carte 25/60 – **36 Z** 70/120 – ½ P 22.

HÜGELSHEIM *Baden-Württemberg 419 T 8 – 1 800 Ew – Höhe 121 m.*

Berlin 707 – Stuttgart 108 – Karlsruhe 36 – Rastatt 10 – Baden Baden 14 – Strasbourg 43.

Hirsch, Hauptstr. 28 (B 36), ✉ 76549, ✆ (07229) 3 02 60 (Hotel) 42 55 (Rest.), *Fax (07229) 2229,* – AE VISA
Menu *(Mittwoch sowie Feb. und Aug. jeweils 2 Wochen geschl.)* à la carte 39/68 – **24 Z** 80/160.

Waldhaus garni, Am Hecklehamm 20, ✉ 76549, ✆ (07229) 3 04 30, *Fax (07229) 304343,* – VISA
Weihnachten - Anfang Jan. geschl. – **14 Z** 99/140.

Zum Schwan, Hauptstr. 45 (B 36), ✉ 76549, ✆ (07229) 3 06 90, *Fax (07229) 306969,* – AE VISA
Menu *(Sonntagabend - Montag geschl.)* à la carte 47/69 – **21 Z** 70/120.

HÜLLHORST *Nordrhein-Westfalen siehe Lübbecke.*

HÜNFELD *Hessen* 417 418 *N 13 – 14 300 Ew – Höhe 279 m.*
Berlin 429 – Wiesbaden 179 – Fulda 20 – Bad Hersfeld 27 – Kassel 102.

In Hünfeld-Michelsrombach *W : 7 km :*

Zum Stern, Biebergasse 2, ✉ 36088, ✆ (06652) 25 75, *Fax (06652) 72851* – – 30. . Rest
Menu *(Mittwochmittag geschl.)* à la carte 23/46 – **31 Z** 54/86.

HÜRTGENWALD *Nordrhein-Westfalen* 417 *N 3 – 8 800 Ew – Höhe 325 m.*
Tourist-Information, Rathaus, Hürtgenwald-Kleinhau, ✉ 52393, ✆ (02429) 30 90, Fax (02429) 30970.
Berlin 625 – Düsseldorf 88 – Aachen 46 – Bonn 70 – Düren 8,5 – Monschau 35.

In Hürtgenwald-Simonskall :

Landhotel Kallbach, ✉ 52393, ✆ (02429) 9 44 40, *Fax (02429) 2069*, , , , – , Zim, – 120. VISA
Menu *(im Winter Sonntagabend geschl.)* à la carte 33/68 – **46 Z** 120/180.

Im Wiesengrund, Simonskall 12, ✉ 52393, ✆ (02429) 71 55, *Fax (02429) 2842*, – – 30. VISA
Menu à la carte 29/58 – **18 Z** 75/150.

Talschenke, ✉ 52393, ✆ (02429) 71 53, *Fax (02429) 2063*, – – 20.
Jan. geschl. – **Menu** *(im Winter Montag geschl.)* à la carte 28/58 – **12 Z** 80/130.

In Hürtgenwald-Vossenack :

Zum alten Forsthaus, Germeter Str. 49 (B 399), ✉ 52393, ✆ (02429) 78 22, *Fax (02429) 2104*, , , , – – 65. AE VISA
Menu à la carte 31/63 – **38 Z** 98/198.

HÜRTH *Nordrhein-Westfalen* 417 *N 4 – 51 000 Ew – Höhe 96 m.*
Berlin 583 – Düsseldorf 51 – Bonn 27 – Aachen 70 – Köln 8.

Treff Hansa Hotel M, Theresienhöhe, ✉ 50354, ✆ (02233) 9 44 00, *Fax (02233) 9440150*, Biergarten, – , Zim, – 200. AE VISA
Menu à la carte 46/77 – **163 Z** 205/265, 9 Suiten.

In Hürth-Fischenich :

Breitenbacher Hof, Raiffeisenstr. 64/Eingang Bonnstraße, ✉ 50354, ✆ (02233) 4 70 10, *Fax (02233) 470111*, Biergarten – – 100. AE VISA
Menu à la carte 35/67 – **36 Z** 95/220.

In Hürth-Kalscheuren :

Euromedia M, Ursulastr. 29, ✉ 50354, ✆ (02233) 97 40 20, *Fax (02233) 9740299* – , Zim, – 85. AE VISA. Rest
Menu à la carte 37/58 – **57 Z** 159/209.

HUPPERATH *Rheinland-Pfalz siehe Wittlich.*

HUSUM *Schleswig-Holstein* 415 *C 11 – 21 000 Ew – Höhe 5 m.*
Sehenswert : *Nordfriesisches Museum★.*
Ausflugsziel : *Die Halligen★ (per Schiff).*
Schwesing-Hohlacker, ✆ (04841) 7 22 38.
Touristinformation, Großstr. 27, ✉ 25813, ✆ (04841) 8 98 70, Fax (04841) 4728.
Berlin 424 – Kiel 84 – Sylt (Westerland) 42 – Flensburg 42 – Heide 40 – Schleswig 34.

Romantik Hotel Altes Gymnasium M, Süderstr. 6, ✉ 25813, ✆ (04841) 83 30, *Fax (04841) 83312*, , « Hotel in historischem Schulgebäude ; Badelandschaft », , , – , Zim, Zim, – 50. AE VISA. Rest
Eucken (auch vegetarisches Menu) *(Montag - Dienstag geschl., Mittwoch - Freitag nur Abendessen)* **Menu** à la carte 61/100 – ***Wintergarten*** **: Menu** à la carte 39/63 – **72 Z** 215/310.

Theodor-Storm-Hotel M garni, Neustadt 66, ✉ 25813, ✆ (04841) 8 96 60, *Fax (04841) 81933* – , Zim, – 40. VISA JCB
56 Z 140/200.

Osterkrug, Osterende 56, ✉ 25813, ✆ (04841) 28 80, *Fax (04841) 2881* – Zim, – 40.
Menu à la carte 32/63 – **32 Z** 90/150.

Am Schloßpark garni, Hinter der Neustadt 76, ✉ 25813, ✆ (04841) 20 22, *Fax (04841) 62062*, – TV ☎ P. AE E VISA
36 Z 85/180.

Rosenburg, Schleswiger Chaussee 65 (B 201), ✉ 25813, ✆ (04841) 9 60 50, *Fax (04841) 73893*, , – TV ☎ P. AE E VISA
Menu à la carte 42/71 – **15 Z** 85/150.

Zur grauen Stadt am Meer, Schiffbrücke 9, ✉ 25813, ✆ (04841) 8 93 20, *Fax (04841) 893299*, – TV ☎. AE E VISA
Nov. geschl. – **Menu** *(Okt. - März Montag geschl.)* à la carte 38/60 – **15 Z** 68/155.

In Schobüll-Hockensbüll *NW : 3 km :*

Zum Krug, Alte Landstr. 2a, ✉ 25875, ✆ (04841) 6 15 80, *Fax (04841) 61540*, « Historisches Gasthaus a.d.J. 1707, gemütliche Gaststuben mit ursprünglichem Ambiente » – P. AE E VISA
Montag, Nov. - März auch Dienstag sowie Mitte Jan. - Mitte Feb. 4 Wochen geschl. – **Menu** (nur Abendessen) à la carte 47/71.

In Simonsberger Koog *SW : 7 km :*

Lundenbergsand , Lundenbergweg 3, ✉ 25813, ✆ (04841) 8 39 30, *Fax (04841) 839350*, , – TV ☎ P. E VISA
Menu *(Nov. - März Montag geschl.)* à la carte 32/56 – **17 Z** 90/170.

In Witzwort-Adolfskoog *SW : 11 km, über die B 5 :*

Roter Haubarg, ✉ 25889, ✆ (04864) 8 45, *Fax (04864) 104357*, « Ehem. nordfriesischer Bauernhof a.d. 18. Jh. mit Hof-Museum ; stilvolle Gaststuben ; Gartenterrasse » – P
Mitte Jan. - Mitte Feb. geschl. – **Menu** à la carte 35/59.

In Hattstedter Marsch *NW : 14 km, 9 km über die B 5, dann links ab :*

Arlauschleuse (Urlaubshotel im Vogelschutzgebiet), ✉ 25856, ✆ (04846) 6 99 00, *Fax (04846) 1095*, , – Zim, TV ☎ P
Menu à la carte 34/63 – **28 Z** 85/155.

IBACH *Baden-Württemberg siehe St. Blasien.*

IBBENBÜREN *Nordrhein-Westfalen* 417 *J 7 – 49 000 Ew – Höhe 79 m.*

Tourist-Information, Rathaus, Alte Münsterstr. 16, ✉ 49477, ✆ (05451) 93 17 77, Fax (05451) 931198.

Berlin 452 – Düsseldorf 173 – Nordhorn 59 – Bielefeld 73 – Bremen 143 – Osnabrück 30 – Rheine 22.

Hubertushof, Münsterstr. 222 (B 219, S : 2,5 km), ✉ 49479, ✆ (05451) 9 41 00, *Fax (05451) 941090*, « Gartenterrasse » – TV ☎ P – 20. AE E VISA
Menu *(Dienstag und Jan. geschl.)* à la carte 34/73 – **25 Z** 90/195.

Brügge, Münsterstr. 201 (B 219), ✉ 49479, ✆ (05451) 9 40 50, *Fax (05451) 940532*, – TV ☎ P. E VISA
Menu *(Montag und Juli - Aug. 4 Wochen geschl.)* à la carte 30/62 – **16 Z** 80/135.

IBURG, BAD *Niedersachsen* 417 *J 8 – 11 000 Ew – Höhe 140 m – Kneippheilbad.*

Kurverwaltung, Schloßstrasse 20, ✉ 49186, ✆ (05403) 40 16 12, Fax (05403) 60 25.

Berlin 430 – Hannover 147 – Bielefeld 43 – Nordhorn 94 – Münster (Westfalen) 43 – Osnabrück 16.

Hotel im Kurpark , Philipp-Sigismund-Allee 4, ✉ 49186, ✆ (05403) 40 10, *Fax (05403) 401444*, « Gartenterrasse », direkter Zugang zum Kurmittelhaus – , Zim, TV ☎ P – 200. AE E VISA JCB
Menu à la carte 35/54 – **51 Z** 98/155 – ½ P 25.

Zum Freden , Zum Freden 41, ✉ 49186, ✆ (05403) 40 50, *Fax (05403) 1706*, , , – TV ☎ P – 30. AE E VISA. Zim
Menu *(Donnerstag geschl.)* à la carte 32/63 – **39 Z** 70/130 – ½ P 25.

Altes Gasthaus Fischer-Eymann, Schloßstr. 1, ✉ 49186, ✆ (05403) 3 11, *Fax (05403) 5231* – TV ☎ P
Menu *(im Winter Mittwoch geschl.)* à la carte 24/47 – **12 Z** 60/130 – ½ P 10.

ICHENHAUSEN *Bayern siehe Günzburg.*

IDAR-OBERSTEIN *Rheinland-Pfalz* 417 *Q 5 – 36 000 Ew – Höhe 260 m.*

Sehenswert : *Edelsteinmuseum★★.*

Ausflugsziel : *Felsenkirche★ 10 min zu Fuß (ab Marktplatz Oberstein).*

Städt. Verkehrsamt, im Ortsteil Oberstein, Georg-Maus-Str. 2, ✉ 55743, ✆ (06781) 6 44 21, Fax (06781) 64425.

ADAC, *Bahnhofstr. 13 (im Nahe-Center), ✉ 55743, ✆ (06781) 2 09 90, Fax (06781) 209929.*

Berlin 661 – Mainz 92 – Trier 81 – Bad Kreuznach 49 – Saarbrücken 79.

Im Stadtteil Idar :

Berghotel Kristall, Wiesenstr. 50, ✉ 55743, ✆ (06781) 9 69 60, *Fax (06781) 969649*, ←, – Zim, TV ☎ P – 80. AE VISA
Menu à la carte 28/60 – **13 Z** 95/240.

Zum Schwan, Hauptstr. 25, ✉ 55743, ✆ (06781) 9 44 30, *Fax (06781) 41440* – TV ☎ – 100. AE VISA
Menu *(Sonn- und Feiertage geschl.)* à la carte 38/58 – **15 Z** 95/160 – ½ P 21.

Im Stadtteil Oberstein :

City-Hotel garni, Otto-Decker-Str. 15, ✉ 55743, ✆ (06781) 5 05 50, *Fax (06781) 505550* – TV ☎. AE VISA
Weihnachten - Anfang Jan. geschl. – **15 Z** 90/130.

Edelstein-Hotel garni, Hauptstr. 302, ✉ 55743, ✆ (06781) 5 02 50, *Fax (06781) 502550*, – TV ☎ P – 15. AE VISA
21. Dez. - 2. Jan. geschl. – **17 Z** 100/145.

In Idar-Oberstein-Tiefenstein *NW : 3,5 km ab Idar :*

Handelshof, Tiefensteiner Str. 235 (B 422), ✉ 55743, ✆ (06781) 9 33 70, *Fax (06781) 933750*, – TV ☎ P
Menu *(Montag - Dienstagmittag und über Karneval 2 Wochen geschl.)* à la carte 35/64 – **15 Z** 80/150.

In Idar-Oberstein - Weierbach *NO : 8,5 km :*

Hosser, Weierbacher Str. 70, ✉ 55743, ✆ (06784) 22 21, *Fax (06784) 9614*, – TV ☎ P – 80. AE VISA. Rest
Menu *(Freitag geschl.)* à la carte 23/56 – **14 Z** 70/160.

In Veitsrodt *N : 4 km ab Idar :*

Sonnenhof, Hauptstr. 16a, ✉ 55758, ✆ (06781) 3 10 38, *Fax (06781) 33221*, – TV ☎ P. AE VISA. Rest
Jan. geschl. – **Menu** *(Mittwoch geschl.)* (wochentags nur Abendessen) à la carte 27/55 – **26 Z** 58/130.

In Allenbach *NW : 13 km ab Idar :*

Steuer (mit Gästehaus Rehwinkel), Hauptstr. 10, ✉ 55758, ✆ (06786) 20 89, *Fax (06786) 2551*, – TV ☎ P – 20. AE VISA
Menu à la carte 27/65 – **33 Z** 55/95.

IDSTEIN *Hessen* 417 *P 8 – 21 000 Ew – Höhe 266 m.*

Henriettenthal, Am Nassen Berg, ✆ 88 66.

Fremdenverkehrsamt, König-Adolf-Platz (Killingerhaus), ✉ 65510, ✆ (06126) 7 82 15, Fax (06126) 78280.

Berlin 548 – Wiesbaden 21 – Frankfurt am Main 50 – Limburg an der Lahn 28.

Höerhof, Obergasse 26, ✉ 65510, ✆ (06126) 5 00 26, *Fax (06126) 500226*, « Renaissance-Hofreite a.d.J. 1620, Innenhofterrasse » – Zim, TV ☎ P – 20. AE VISA JCB.
Bel-Etage (wochentags nur Abendessen) *(Montag - Dienstag und Feb.-März 4 Wochen geschl.)* **Menu** à la carte 75/93 – ***Gutsstube* : Menu** à la carte 46/64 – **14 Z** 190/290.

Goldenes Lamm garni, Himmelsgasse 7, ✉ 65510, ✆ (06126) 93120, *Fax (06126) 1366* – TV ☎. AE VISA.
20 Z 80/130.

Felsenkeller, Schulgasse 1, ✉ 65510, ✆ (06126) 9 31 10, *Fax (06126) 9311193* – TV ☎ P. VISA
24. Dez. - 1. Jan. und 1. - 18. April geschl. – **Menu** *(Freitag und Sonntagmittag geschl.)* à la carte 24/40 – **16 Z** 70/150.

Zur Peif (Fachwerkhaus a.d.J. 1615), Himmelsgasse 2, ✉ 65510, ✆ (06126) 5 73 57, – VISA
Mittwoch, Jan. 1 Woche und Okt. 3 Wochen geschl. – **Menu** (nur Abendessen) à la carte 34/58.

In Idstein-Oberauroff *W : 2 km :*

Gasthof Kern, Am Dorfbrunnen 6, ✉ 65510, ℰ (06126) 84 74, *Fax (06126) 71164* – *Feb. - März 2 Wochen geschl.* – **Menu** *(Montagmittag, Dienstag und Freitagmittag geschl.)* à la carte 26/54 – **20 Z** 50/130.

IFFELDORF *Bayern* 419 420 *W 17 – 2 400 Ew – Höhe 603 m.*

Iffeldorf-St.Eurach (NO : 2 km), ℰ (08801) 13 32 ; Beuerberg, Gut Sterz (NO : 12 km), ℰ (08179) 6 17 ; Gut Rettenberg, ℰ (08856) 8 18 09.

Verkehrsamt, Hofmark 9, ✉ 82393, ℰ (08856) 37 46, Fax (08856) 82222.

Berlin 638 – München 52 – Garmisch-Partenkirchen 41 – Weilheim 22.

Landgasthof Osterseen, Hofmark 9, ✉ 82393, ℰ (08856) 9 28 60, *Fax (08856) 928645,* « Terrasse mit ≤ Osterseen », – – 20. AE VISA
7. - 24. Jan. geschl. – **Menu** *(Dienstag geschl.)* à la carte 39/60 – **24 Z** 109/212.

IGEL *Rheinland-Pfalz siehe Trier.*

IHRINGEN *Baden-Württemberg* 419 *V 6 – 4 600 Ew – Höhe 225 m.*

Berlin 802 – Stuttgart 204 – Freiburg im Breisgau 19 – Colmar 29.

Bräutigam (mit Hotel Luise), Bahnhofstr. 1, ✉ 79241, ℰ (07668) 9 03 50, *Fax (07668) 903569,* – Zim, – 25. AE VISA
15. - 31. Jan. geschl. – **Menu** *(außer Saison Montag geschl.)* à la carte 44/78 – **39 Z** 90/180.

Winzerstube mit Zim, Wasenweiler Str. 36, ✉ 79241, ℰ (07668) 50 51, *Fax (07668) 9379,* – . AE VISA
Ende Jan. - Anfang Feb. geschl. – **Menu** *(Montagmittag und Dienstag geschl.)* à la carte 40/83 – **7 Z** 65/110.

ILFELD *Thüringen* 418 *L 16 – 3 000 Ew – Höhe 220 m.*

Berlin 255 – Erfurt 84 – Bad Hersfeld 143 – Göttingen 68.

Zur Tanne (mit Anbau), Ilgerstr. 8 (B 4), ✉ 99768, ℰ (036331) 38 38, *Fax (036331) 38340,* , , – , Zim, – 80. AE VISA
Menu *(Montag geschl.)* à la carte 21/38 – **27 Z** 60/150.

ILLERTISSEN *Bayern* 419 420 *V 14 – 13 100 Ew – Höhe 513 m.*

Wain-Reischenhof (SW : 13 km), ℰ (07353) 17 32.

Berlin 633 – München 151 – Augsburg 72 – Bregenz 106 – Kempten 66 – Ulm (Donau) 27.

Am Schloß , Schloßallee 17, ✉ 89257, ℰ (07303) 9 64 00, *Fax (07303) 42268,* , – Zim, . VISA. Rest
(nur Abendessen für Hausgäste) – **17 Z** 95/160.

Vogt am Bahnhof, Bahnhofstr. 11, ✉ 89257, ℰ (07303) 9 61 30, *Fax (07303) 42630* – – 30. VISA
Menu *(Samstag und Mitte Aug. - Anfang Sept. geschl.)* à la carte 25/54 – **27 Z** 70/150.

Illertisser Hof, Carnac-Platz 9, ✉ 89257, ℰ (07303) 95 00, *Fax (07303) 950500* – . VISA
Menu *(Sonntag geschl.)* (nur Abendessen) à la carte 29/42 – **26 Z** 91/152.

Krone, Auf der Spöck 2, ✉ 89257, ℰ (07303) 34 01, *Fax (07303) 42594,* – – 15.
Mittwoch und Jan. 1 Woche geschl. – **Menu** à la carte 40/83.

In Illertissen-Dornweiler :

Dornweiler Hof mit Zim, Dietenheimer Str. 93, ✉ 89257, ℰ (07303) 27 81, *Fax (07303) 7811,* – – 30. AE VISA.
Dienstag und Jan. 2 Wochen geschl. – **Menu** à la carte 43/75 – **16 Z** 98/180.

ILLSCHWANG *Bayern* 419 420 *R 19 – 1 500 Ew – Höhe 500 m.*

Berlin 429 – München 202 – Weiden in der Oberpfalz 60 – Amberg 16 – Nürnberg 49.

Weißes Roß, Am Kirchberg 1, ✉ 92278, ℰ (09666) 13 34, *Fax (09666) 284,* , Biergarten, – – 50. AE VISA
Menu *(Montag geschl.)* à la carte 24/64 – **32 Z** 65/130.

ILMENAU Thüringen 418 N 16 – 29 000 Ew – Höhe 540 m.

Fremdenverkehrsamt, Lindenstr. 12, 98693, (03677) 20 23 58, Fax (03677) 202502.

Berlin 325 – Erfurt 42 – Coburg 67 – Eisenach 65 – Gera 105.

Lindenhof M, Lindenstr. 7, 98693, (03677) 6 80 00, Fax (03677) 680088, – Zim, – 45. AE VISA
Menu (Sonntagabend - Montag geschl.) à la carte 34/56 – **45 Z** 100/160.

Tanne M, Lindenstr. 38, 98693, (03677) 65 90, Fax (03677) 659503, – Zim, – 120. AE VISA
Menu à la carte 25/41 – **115 Z** 95/150, 4 Suiten.

In Ilmenau-Manebach SW : 4 km :

Moosbach, Schmücker Str. 112, 98693, (03677) 6 19 79, Fax (03677) 894272, Rest
Menu à la carte 25/55 – **24 Z** 89/158.

Nahe der Straße nach Neustadt SW : 4 km :

Berg- und Jagdhotel Gabelbach, Waldstr. 23a, 98693 Ilmenau, (03677) 20 25 55, Fax (03677) 893106, – Zim, – 90. AE VISA. Rest
La Cheminée (Sonntag - Montag geschl., nur Abendessen) **Menu** à la carte 63/85 – ***Ilmenau :*** **Menu** à la carte 36/59 – **91 Z** 110/170, 17 Suiten.

ILSENBURG Sachsen-Anhalt 418 K 16 – 7 000 Ew – Höhe 253 m.

Fremdenverkehrsamt, Marktplatz 1, 38871, (039452) 8 41 52, Fax (039452) 84154.

Berlin 237 – Magdeburg 86 – Braunschweig 59 – Göttingen 98 – Goslar 23 – Wernigerode 8.

Zu den Rothen Forellen, Marktplatz 2, 38871, (039452) 93 93, Fax (039452) 9399, Biergarten, « Haus a.d. 16.Jh. mit modernem Hotelanbau », – Zim, – 80. AE VISA JCB
Menu à la carte 60/77 – **52 Z** 190/410 – ½ P 55.

Kurpark-Hotel, Ilsetal 16, 38871, (039452) 95 60, Fax (039452) 95666, – Zim, – 20. AE VISA
Menu à la carte 26/42 – **32 Z** 90/160 – ½ P 22.

Stadt Stolberg, Faktoreistr. 5, 38871, (039452) 95 10, Fax (039452) 95155 – – 30. VISA
Menu à la carte 20/47 – **28 Z** 80/145.

ILSFELD Baden-Württemberg 419 S 11 – 7 400 Ew – Höhe 252 m.

Berlin 596 – Stuttgart 40 – Heilbronn 12 – Schwäbisch Hall 45.

Zum Lamm, Auensteiner Str. 6, 74360, (07062) 6 15 27, Fax (07062) 63802, – Zim, – 20. Zim
Menu à la carte 27/63 – **22 Z** 88/150.

Ochsen, König-Wilhelm-Str. 31, 74360, (07062) 68 01, Fax (07062) 64996 – – 20
Jan. 2 Wochen geschl. – **Menu** (Mittwochmittag geschl.) à la carte 26/42 – **30 Z** 75/110.

ILSHOFEN Baden-Württemberg 419 420 S 13 – 4 300 Ew – Höhe 441 m.

Berlin 536 – Stuttgart 99 – Crailsheim 13 – Schwäbisch Hall 19.

Park-Hotel, Parkstr. 2, 74532, (07904) 70 30, Fax (07904) 703222, Biergarten, – Zim, – 200. AE VISA. Rest
Panorama : **Menu** à la carte 42/62 – ***Kutscherstube :*** **Menu** à la carte 33/53 – **70 Z** 139/225, 6 Suiten.

Post, Hauptstr. 5, 74532, (07904) 7 03 55, Fax (07904) 703222 – – 25
Aug. 2 Wochen geschl. – **Menu** à la carte 28/42 – **17 Z** 65/95.

IMMENDINGEN Baden-Württemberg 419 W 10 – 5 500 Ew – Höhe 658 m.

Berlin 757 – Stuttgart 130 – Konstanz 58 – Singen (Hohentwiel) 32 – Donaueschingen 20.

Landgasthof Kreuz, Donaustr. 1, 78194, (07462) 62 75, Fax (07462) 1830 –
Menu (Montag geschl.) à la carte 26/57 – **12 Z** 60/110.

IMMENSTAAD AM BODENSEE *Baden-Württemberg 419 W 12 – 5 900 Ew – Höhe 407 m – Erholungsort.*

Tourist-Information, Rathaus, Dr.-Zimmermann-Str. 1, ✉ 88090, ☎ (07545) 20 11 10, Fax (07545) 201208.

Berlin 728 – Stuttgart 199 – Konstanz 21 – Freiburg im Breisgau 152 – Ravensburg 29 – Bregenz 39.

Strandcafé Heinzler, Strandbadstr. 10, ✉ 88090, ☎ (07545) 9 31 90, *Fax (07545) 3261*, ←, Bootssteg, « Gartenterrasse », Massage – TV ☎ P. AE E VISA.
Jan. geschl. – **Menu** *(Mitte Okt. - Mitte April Montag geschl.)* à la carte 45/70 – **22 Z** 110/305 – ½ P 39.

Seehof, Am Yachthafen, ✉ 88090, ☎ (07545) 93 60, *Fax (07545) 936133*, ←, – TV ☎ P. AE E VISA
Menu *(Montag und Feb. geschl.)* 33/68 und à la carte 45/72 – **38 Z** 99/215.

Hirschen, Bachstr. 1, ✉ 88090, ☎ (07545) 62 38, *Fax (07545) 6583* – TV P. E
Anf. Nov. - Mitte Jan. geschl. – **Menu** *(Montag geschl.)* à la carte 30/52 – **14 Z** 70/120.

IMMENSTADT IM ALLGÄU *Bayern 419 420 X 14 – 14 000 Ew – Höhe 732 m – Erholungsort – Wintersport : 750/1 450 m 8.*

Gästeamt, Marienplatz 3, ✉ 87509, ☎ (08323) 91 41 76, Fax (08323) 914195.

Berlin 719 – München 148 – Kempten (Allgäu) 21 – Oberstdorf 20.

Hirsch, Hirschstr. 11, ✉ 87509, ☎ (08323) 62 18, *Fax (08323) 80965* – TV ☎ P. E VISA
Menu à la carte 30/60 – **26 Z** 73/150.

Lamm, Kirchplatz 2, ✉ 87509, ☎ (08323) 61 92, *Fax (08323) 51217* – P. Rest
(nur Abendessen für Hausgäste) – **26 Z** 50/140.

Deutsches Haus, Färberstr. 10, ✉ 87509, ☎ (08323) 89 94, – P. E
Dienstagabend - Mittwoch geschl. – **Menu** à la carte 26/58.

In Immenstadt-Bühl am Alpsee *NW : 3 km – Luftkurort :*

Terrassenhotel Rothenfels, Missener Str. 60, ✉ 87509, ☎ (08323) 91 90, *Fax (08323) 919191*, ←, – TV ☎ P
Mitte Nov. - Mitte Dez. geschl. – **Menu** *(Okt. - Mai Freitag geschl.)* à la carte 28/56 – **33 Z** 86/218 – ½ P 26.

In Immenstadt-Knottenried *NW : 7 km :*

Bergstätter Hof, ✉ 87509, ☎ (08320) 92 30, *Fax (08320) 92346*, ←, Massage, – TV ☎ P
Nov. - Mitte Dez. geschl. – **Menu** *(Montag - Dienstagmittag geschl.)* à la carte 36/57 – **21 Z** 70/150 – ½ P 29.

In Immenstadt-Stein *N : 3 km :*

Eß garni, Daumenweg 9, ✉ 87509, ☎ (08323) 81 04, *Fax (08323) 962120*, ←, – TV ☎ P
16 Z 60/135.

INGELFINGEN *Baden-Württemberg 419 S 12 – 5 800 Ew – Höhe 218 m – Erholungsort.*

Verkehrsamt, Schloßstr. 12 (Rathaus), ✉ 74653, ☎ (07940) 1 30 90, Fax (07940) 6716.

Berlin 564 – Stuttgart 98 – Würzburg 73 – Heilbronn 56 – Schwäbisch Hall 27.

Schloß-Hotel, Schloßstr. 14, ✉ 74653, ☎ (07940) 60 77 (Hotel), 5 80 30 (Rest.), *Fax (07940) 57578* – TV ☎ – 20. AE E VISA
Juli - Aug. 3 Wochen geschl. – **Menu** *(Dienstag und Jan. - Feb. 4 Wochen geschl.)* à la carte 33/58 – **20 Z** 110/150.

Haus Nicklass (mit Gästehaus), Mariannenstr. 47, ✉ 74653, ☎ (07940) 9 10 10, *Fax (07940) 910199*, – TV ☎ P. AE E VISA
Menu *(Freitag und 27. Dez. - 15. Jan. geschl.)* à la carte 25/66 – **31 Z** 70/160.

INGELHEIM AM RHEIN *Rheinland-Pfalz 417 Q 8 – 24 000 Ew – Höhe 120 m.*

Berlin 587 – Mainz 18 – Bad Kreuznach 29 – Bingen 13 – Wiesbaden 23.

Rheinkrone garni, Dammstr. 14, ✉ 55218, ☎ (06132) 98 21 10, *Fax (06132) 9821133* – TV ☎ P. AE E VISA.
Weihnachten - Anfang Jan. geschl. – **22 Z** 120/198.

Erholung garni, Binger Str. 92, ✉ 55218, ☎ (06132) 7 30 63, *Fax (06132) 73159* – TV ☎. AE E VISA
Mitte Dez. - Anfang Jan. geschl. – **13 Z** 98/146.

In Schwabenheim *SO : 6 km :*

Pfaffenhofen, Bubenheimer Str. 10, ✉ 55270, ✆ (06130) 2 96, *Fax (06130) 1468* – Zim, TV ☎ P. AE E VISA. Rest
Menu *(Mittwoch geschl.)* (wochentags nur Abendessen) à la carte 34/64 – **26 Z** 95/135.

Zum alten Weinkeller mit Zim, Schulstr. 6, ✉ 55270, ✆ (06130) 94 18 00, *Fax (06130) 9418080*, « Gartenterrasse » – TV ☎ P
Menu *(Montag -Dienstag und über Fastnacht 2 Wochen geschl.)* (wochentags nur Abendessen) à la carte 47/72 – **7 Z** 85/125.

Landgasthof Engel, Markt 8, ✉ 55270, ✆ (06130) 92 93 94, *Fax (06130) 9418080*, « Innenhofterrasse »
Menu (abends Tischbestellung ratsam) à la carte 34/48.

INGOLSTADT *Bayern* 419 420 *T 18 – 112 200 Ew – Höhe 365 m.*

Sehenswert : *Maria-de-Victoria-Kirche*★ A **A** – *Liebfrauenmünster (Hochaltar*★*)* A **B** – *Bayerisches Armeemuseum*★ B **M1.**

Ingolstadt, Gerolfinger Str. (über ④), ✆ (0841) 8 57 78.

Tourist Information, Rathaus, Rathausplatz 2, ✉ 85049, ✆ (0841) 3 05 10 98 Fax (0841) 3051099.

ADAC, *Milchstr. 23, ✉ 85049, ✆ (0841) 3 52 69, Fax (0841) 33873.*

Berlin 512 ① – München 80 ① – Augsburg 75 ① – Nürnberg 91 ① – Regensburg 76 ①.

Stadtplan siehe nächste Seite

Ambassador, Goethestr. 153, ✉ 85055, ✆ (0841) 50 30, *Fax (0841) 5037*, – Zim, TV ☎ P – 100. AE E VISA. Rest über ①
Menu à la carte 49/73 – **119 Z** 198/296.

Domizil Hummel, Feldkirchner Str. 69, ✉ 85055, ✆ (0841) 95 45 30, *Fax (0841) 59211*, – TV ☎ P – 80. AE E VISA JCB
Menu *(Sonntag geschl.)* à la carte 33/76 – **42 Z** 98/145. über Feldkirchner Straße B

Pius Hof, Gundekarstr. 4, ✉ 85057, ✆ (0841) 4 30 11, *Fax (0841) 44533*, – TV ☎ P – 20. AE E VISA über Ettinger Straße A
20. Dez. - 7. Jan. geschl. – **Menu** *(Sonntagmittag geschl.)* à la carte 32/62 – **50 Z** 142/187.

Ara Comfort M, Theodor-Heuss Str. 30, ✉ 85055, ✆ (0841) 9 55 50, *Fax (0841) 9555100*, – Zim, TV ☎ P – 80. AE E VISA JCB über Schillerstraße B
Menu à la carte 33/66 – **96 Z** 178/258.

Ebner M garni, Manchinger Str. 78, ✉ 85053, ✆ (0841) 96 65 00, *Fax (0841) 9665044*, – TV ☎ P – 20. AE E VISA B s
23. Dez. - 6. Jan. geschl. **27 Z** 95/135.

Donau-Hotel, Münchner Str. 10, ✉ 85051, ✆ (0841) 96 51 50, *Fax (0841) 68744* – TV ☎ P – 70. AE E VISA. B a
29. Dez. - 6. Jan. geschl. – **Menu** *(Sonntagabend, Samstag und Aug. geschl.)* à la carte 49/74 – **52 Z** 95/157.

Bavaria garni, Feldkirchener Str. 67, ✉ 85055, ✆ (0841) 9 53 40, *Fax (0841) 58802*, – TV ☎ P. AE E VISA über Feldkirchner Straße B
40 Z 75/140.

Ara, Schollstr. 10a, ✉ 85055, ✆ (0841) 9 54 30, *Fax (0841) 9543444*, – Zim, TV ☎ P – 40. AE E VISA über Friedrich-Ebert-Straße B
Menu *(Samstag - Sonntagmittag geschl.)* (italienische Küche) à la carte 39/61 – **95 Z** 145/169.

Bayerischer Hof, Münzbergstr. 12, ✉ 85049, ✆ (0841) 93 40 60, *Fax (0841) 17702*, – TV ☎ P. AE E VISA. B n
Menu *(Samstagabend - Sonntag geschl.)* à la carte 21/48 – **34 Z** 95/150.

Ammerland garni, Ziegeleistr. 64, ✉ 85055, ✆ (0841) 95 34 50, *Fax (0841) 9534545* – TV ☎ P. AE E VISA über Friedrich-Ebert-Straße B
23. Dez. - 10. Jan. geschl. – **28 Z** 98/170.

Pfeffermühle, Manchinger Str. 68, ✉ 85053, ✆ (0841) 96 50 20, *Fax (0841) 66142*, – TV ☎ P – 35. AE E VISA über ②
Menu à la carte 33/59 – **28 Z** 108/160.

Im Stadttheater, Schloßlände 1, ✉ 85049, ✆ (0841) 93 51 50, *Fax (0841) 9351520*, – – 100. E VISA B T
Sonntagabend - Montag und Aug. - Sept. 4 Wochen geschl. – **Menu** à la carte 41/69.

In Ingolstadt-Spitalhof *über ③ : 6 km :*

Mercure-Gasthof Widmann M, Hans-Denk-Str. 21, ✉ 85051, ✆ (08450) 92 20, *Fax (08450) 922100*, – Zim, TV ☎ P – 35. AE E VISA JCB
Menu (Tischbestellung ratsam) à la carte 36/68 – **70 Z** 110/184.

INGOLSTADT

Straße		
Adolf-Kolping Straße	B	2
Am Stein	B	4
Anatomiestraße	A	5
Bergbräustraße	A	6
Donaustraße	B	7
Ettinger Straße	A	8
Feldkirchner Straße	B	9
Friedrich-Ebert-Straße	B	10
Kanalstraße	A	11
Kelheimer Straße	B	12
K.-Adenauer-Brücke	B	13
Kreuzstraße	A	14
Kupferstraße	A	15
Ludwigstraße	B	
Manchinger Straße	B	18
Mauthstraße	B	19
Moritzstraße	B	23
Münzbergtor	B	24
Neubaustraße	A	25
Neuburger Straße	A	28
Proviantstraße	B	29
Rathausplatz	B	30
Roßmühlstraße	B	34
Schillerbrücke	B	36
Schrannenstraße	B	39
Schutterstraße	B	40
Theresienstraße	A	42
Tränktorstraße	B	43

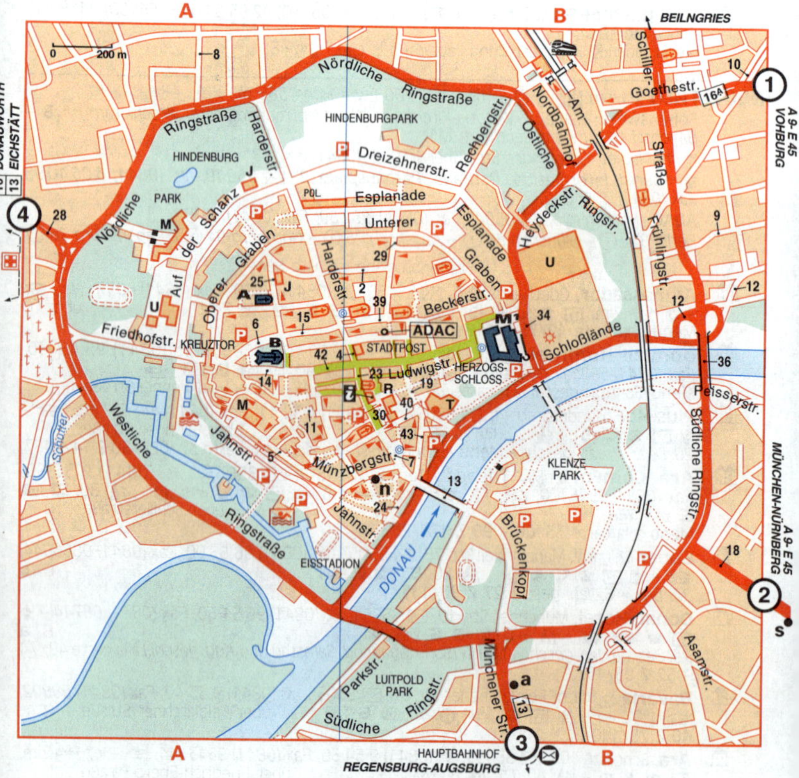

An der B 13 ④ : *4 km* :

Parkhotel Heidehof, Ingolstädter Str. 121, ✉ 85080 Gaimersheim, ✆ (08458) 6 40, *Fax (08458) 64230,* « Badelandschaft », Massage, (geheizt), – Zim, – 80. Menu à la carte 37/70 – **117 Z** 159/251.

In Wettstetten *N : 7 km* :

Provinz-Restaurant im Raffelwirt, Kirchplatz 9 (1. Etage), ✉ 85139, ✆ (0841) 3 81 73, *Fax (0841) 992173* – E. Zim *Sonntag - Montag geschl.* – **Menu** (nur Abendessen) à la carte 47/71.

INSEL POEL *Mecklenburg-Vorpommern* 415 416 *D 18 – 2 800 Ew – Höhe 17 m.*

Berlin 248 – Schwerin 46 – Rostock 58 – Wismar 14 – Lübeck 70.

In Insel Poel-Gollwitz *NO : 4 km* :

Inselhotel Poel, ✉ 23999, ✆ (038425) 2 40, *Fax (038425) 24222,* – Zim, – 25. Menu à la carte 36/50 – **46 Z** 130/220.

INZELL *Bayern* 420 *W 22 – 4 200 Ew – Höhe 693 m – Luftkurort – Wintersport : 700/1 670 m* 2.

Touristik-Information, Haus des Gastes, Rathausplatz 5, 83334, (08665) 9 88 50, Fax (08665) 988530.

Berlin 707 – München 118 – Bad Reichenhall 19 – Traunstein 18.

Sport- und Kurhotel Zur Post, Reichenhaller Str. 2, 83334, (08665) 98 50, *Fax (08665) 985100*, , Massage, , , , – – 60.

Menu à la carte 26/61 – **43 Z** 90/190 – ½ P 30.

In Inzell-Schmelz *SW : 2,5 km :*

Gasthof Schmelz, Schmelzer Str. 132, 83334, (08665) 98 70, *Fax (08665) 1718,* , , , – , Rest, – 30

Mitte Nov. - Mitte Dez. geschl. – **Menu** à la carte 26/55 – **36 Z** 85/170 – ½ P 25.

In Schneizlreuth-Weißbach a.d. Alpenstraße *SO : 6 km :*

Alpenhotel Weißbach, Berchtesgadener Str. 17, 83458, (08665) 9 88 60, *Fax (08665) 6351,* , –

Nov. - Anfang Dez. geschl. – **Menu** *(Sept. - Mai Donnerstag geschl.)* à la carte 23/44 – **21 Z** 56/102 – ½ P 15.

"Check in (all'arrivo)
Nella maggior parte degli alberghi, le camere non prenotate per iscritto, non sono più disponibili dopo le 18.
Se si prevede di arrivare dopo tale ora,
è preferibile precisare l'orario di arrivo o,
meglio ancora, effettuare la prenotazione per iscritto."

INZLINGEN *Baden-Württemberg siehe Lörrach.*

IPHOFEN *Bayern* 419 420 *Q 14 – 4 000 Ew – Höhe 252 m.*

Verkehrsbüro, Marktplatz 26, 7346, (09323) 87 15 44, Fax (09323) 871555.

Berlin 479 – München 248 – Würzburg 34 – Ansbach 67 – Nürnberg 72.

Romantik Hotel Zehntkeller, Bahnhofstr. 12, 97346, (09323) 84 40, *Fax (09323) 844123,* , – – 30.

Jan. 3 Wochen geschl. – **Menu** (Tischbestellung ratsam) 39/97 und à la carte 48/75 – **50 Z** 120/240.

Goldene Krone, Marktplatz 2, 97346, (09323) 33 30, *Fax (09323) 6341,* – – 30.

Ende Dez. - Mitte Jan. geschl. – **Menu** *(Dienstag geschl.)* à la carte 27/65 – **22 Z** 75/130.

Huhn garni, Mainbernheimer Str. 10, 97346, (09323) 12 46, *Fax (09323) 1076,* – .

8 Z 55/130.

Wirtshaus zum Kronsberg mit Zim, Schwanbergweg 14, 97346, (09323) 8 02 03, *Fax (09323) 80204,* – .

Feb. 2 Wochen geschl. – **Menu** *(Montag geschl.)* à la carte 29/49 – **8 Z** 75/115.

In Mainbernheim *NW : 3 km :*

Zum Falken, Herrnstr. 27, 97350, (09323) 8 72 80, *Fax (09323) 872828,* –

22. Feb. - 18. März und 26. Aug.- 9. Sept. geschl. – **Menu** *(Dienstag geschl.)* à la carte 27/46 – **14 Z** 70/120.

In Rödelsee *NW : 3,5 km :*

Zum Rödelseer Schwan, Am Buck 1, 97348, (09323) 8 71 40, *Fax (09323) 871440,* – .

Anfang Jan. 1 Woche geschl. – **Menu** *(Sonntagabend geschl.)* à la carte 28/52 – **25 Z** 68/130.

Gasthof und Gästehaus Stegner, Mainbernheimer Str. 26, 97348, (09323) 34 15, *Fax (09323) 6335,* , –

22. Dez. - 16. Jan. geschl. – **Menu** *(Sonntagabend, Dienstag und Aug. 2 Wochen geschl.)* à la carte 25/46 – **17 Z** 50/95.

In Willanzheim-Hüttenheim *S : 10 km :*

Landgasthof May mit Zim, Marktplatz 6, ✉ 97348, ✆ (09326) 2 55, *Fax (09326) 205,* –
Menu *(Mittwoch geschl.)* à la carte 25/47 – **5 Z** 50/90.

IRREL *Rheinland-Pfalz* 417 *Q 3 – 1 400 Ew – Höhe 178 m – Luftkurort.*
Tourist-Information, Hauptstr. 4, ✉ 54666, ✆ (06525) 5 00, Fax (06525) 500.
Berlin 722 – Mainz 179 – Trier 38 – Bitburg 15.

Koch-Schilt, Prümzurlayer Str. 1, ✉ 54666, ✆ (06525) 92 50, *Fax (06525) 925222,* –
Menu à la carte 27/58 – **45 Z** 75/120 – ½ P 20.

Irreler Mühle, Talstr. 17, ✉ 54666, ✆ (06525) 8 26, *Fax (06525) 866,* , –
Ende Jan. - Feb. und Mitte Juni 2 Wochen geschl. – **Menu** *(Montag - Dienstag geschl.)* à la carte 36/71 – **8 Z** 50/100 – ½ P 25.

IRSCHENBERG *Bayern* 420 *W 19 – 2 600 Ew – Höhe 730 m.*
Berlin 637 – München 46 – Garmisch-Partenkirchen 85 – Rosenheim 23 – Miesbach 8.

Landhotel Irschenberg, Loiderdinger Str. 12, ✉ 83737, ✆ (08062) 7 09 80, *Fax (08062) 8418,* , – – 20.
Menu à la carte 33/50 – **28 Z** 130/190.

An der Autobahn A 8 Richtung Salzburg *SW : 1,5 km :*

Autobahn-Rasthaus Irschenberg, ✉ 83737 Irschenberg, ✆ (08025) 20 71, *Fax (08025) 5250,* Alpen, – Rest, .
Menu à la carte 26/62 – **18 Z** 104/138 - Erweiterung auf 50 Zim. bis Frühjahr 1999.

IRSEE *Bayern siehe Kaufbeuren.*

ISENBURG *Rheinland-Pfalz siehe Dierdorf.*

ISERLOHN *Nordrhein-Westfalen* 417 *L 7 – 100 000 Ew – Höhe 247 m.*
Stadtinformation, Theodor-Heuss-Ring 24, ✉ 58636, ✆ (02371) 2 17 18 20, Fax (02371) 2171822.
ADAC, *Hans-Böckler-Str. 22, ✉ 58638, ✆ (02371) 2 40 47, Fax (02371) 26533.*
Berlin 499 ② – Düsseldorf 80 ④ – Dortmund 26 ⑤ – Hagen 18 ④ – Lüdenscheid 30 ③.

Stadtplan siehe gegenüberliegende Seite

An der Isenburg garni, Theodor-Heuss-Ring 54, ✉ 58636, ✆ (02371) 2 64 51, *Fax (02371) 26454* – , Zim, – 20. Y e
36 Z 160/235.

Engelbert garni, Poth 4, ✉ 58638, ✆ (02371) 1 23 45, *Fax (02371) 22158,* –
– 15. Z c
Weihnachten - Anfang Jan. geschl. – **30 Z** 150/230.

Korth, In der Calle 4, ✉ 58636, ✆ (02371) 9 78 70, *Fax (02371) 978767,* , Biergarten, , – – 20. Zim
Menu *(Freitag - Samstagmittag geschl.)* à la carte 43/78 – ***Puntino*** (italienische Küche) *(Sonntag - Montag und Mitte Juni - Ende Juli geschl.)* **Menu** à la carte 55/82 – **21 Z** 120/205. über Seilerseestr. und ① X

In Iserlohn-Grüne ③ *: 5 km :*

Zur Dechenhöhle mit Zim, Untergrüner Str. 8, ✉ 58644, ✆ (02374) 73 34, *Fax (02374) 7336,* – .
Menu *(Sonntagabends geschl.)* à la carte 33/82 – **11 Z** 95/155.

In Iserlohn-Kesbern *S : 8 km über Obere Mühle* X *:*

Zur Mühle, Grüner Talstr. 400 (Richtung Letmathe), ✉ 58644, ✆ (02352) 9 19 60, *Fax (02352) 21609,* – – 30.
Menu *(Montag geschl.)* à la carte 42/63 – **18 Z** 75/185.

In Iserlohn-Lössel ③ *: 6 km :*

Neuhaus mit Zim, Lösseler Str. 149, ✉ 58644, ✆ (02374) 9 78 00, *Fax (02374) 7664,* , – .
Menu *(Dienstag geschl.)* (Montag - Freitag nur Abendessen) à la carte 35/77 – **19 Z** 110/190.

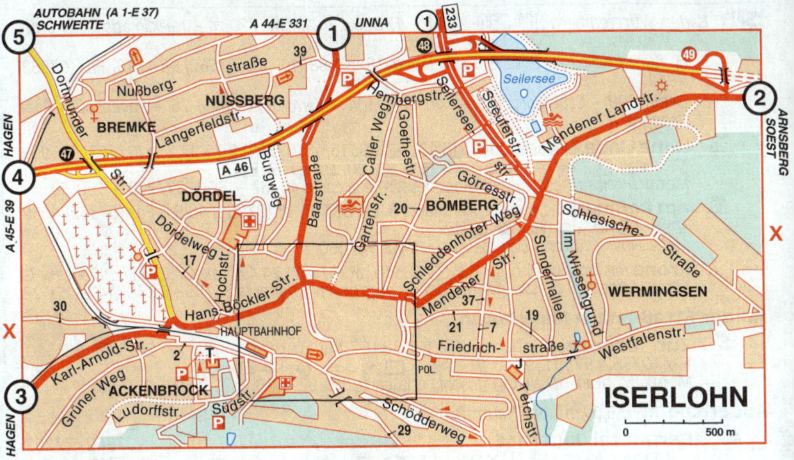

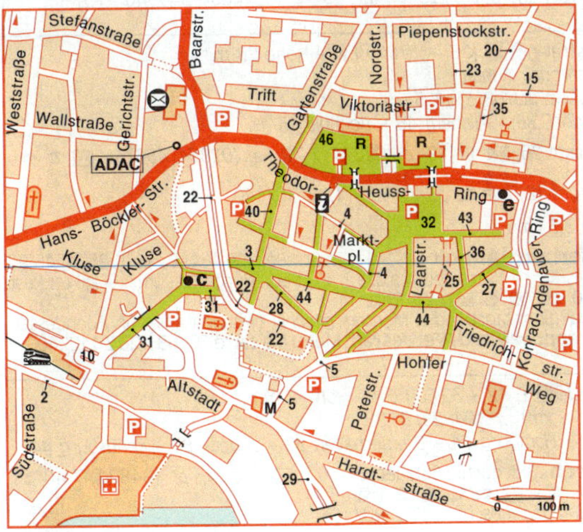

Alexanderstraße . X, Z 2
Alter Rathausplatz Y 3
Am Dicken Turm . YZ 4
An der Schlacht . Z 5
Arnsberger Straße . . . . X 7
Bahnhofsplatz . . . Z 10
Elisabethstraße . . Y 15
Gerlingser Weg . . X 17
Hansaallee . . . . . . X 19
Hindenburgstr. . X, Y 20
Karnacksweg . . . . X 21
Kurt-Schumacher-Ring . . . . YZ 22
Laarstraße . . . . . . YZ
Lange Straße . . . . Y 23
Marktpassage . . . Z 25
Mendener Straße . Z 27
Mühlentor . . . . . . Z 28
Obere Mühle . . . X, Z 29
Oestricher Straße . X 30
Poth . . . . Z 31
Schillerplatz . . . . . Y 32
Sofienstraße . . . . . Y 35
Stahlschmiede . . . Y 36
Teutoburger Str. . X 37
Theodor-Fleitmann-Straße . . . . X 39
Theodor-Heuss-Ring . . . . Y
Unnaer Straße . . . Y 40
Vinckestraße . . . . Y 43
Wermingser Straße Z 44
Werner-Jacobi-Pl. . Y 46

ISERNHAGEN *Niedersachsen siehe Hannover.*

ISMANING *Bayern* 419 420 *V 19 – 13 500 Ew – Höhe 490 m.*
Berlin 577 – München 17 – Ingolstadt 69 – Landshut 58 – Nürnberg 157.

Am Schloßpark-Gasthof Neuwirt (mit Gästehäusern), Schloßstr. 7, ✉ 85737, (089) 96 10 20, *Fax (089) 9612681*, Biergarten, – – 120. AE E VISA – **Menu** à la carte 27/56 – **102 Z** 145/260, 3 Suiten.

Zur Mühle, Kirchplatz 5, ✉ 85737, (089) 96 09 30, *Fax (089) 96093110*, Biergarten, – – 30. AE E VISA
Menu à la carte 31/66 – **110 Z** 145/260.

Frey garni, Hauptstr. 15, ✉ 85737, (089) 9 62 42 30, *Fax (089) 96242340*, « Einrichtung im alpenländischen Stil », – . AE E VISA
23 Z 140/250.

Fischerwirt, Schloßstr. 17, ✉ 85737, (089) 9 62 62 60 (Hotel) 9 61 39 16 (Rest.), *Fax (089) 96262610*, – – 35. AE E VISA JCB. Zim
22. Dez. - 8. Jan. geschl. **Menu** à la carte 25/56 – **41 Z** 110/260.

ISNY *Baden-Württemberg* 419 420 *W 14 – 13 800 Ew – Höhe 720 m – Heilklimatischer Kurort – Wintersport : 700/1 120 m 9.*

Kurverwaltung, Unterer Grabenweg 18, ✉ 88316, ✆ (07562) 98 41 10, Fax (07562) 984172.

Berlin 698 – Stuttgart 189 – Konstanz 104 – Kempten (Allgäu) 25 – Ravensburg 41 – Bregenz 42.

Hohe Linde, Lindauer Str. 75 (B 12), ✉ 88316, ✆ (07562) 9 75 97, *Fax (07562) 975969,* – TV ☎ P – 20. AE E VISA
Menu *(Freitag geschl.)* (nur Abendessen) à la carte 40/62 – **36 Z** 87/200 – ½ P 30.

Am Roßmarkt garni, Roßmarkt 8, ✉ 88316, ✆ (07562) 40 51, *Fax (07562) 4052,* – TV ☎ P. E VISA
Mitte Nov. - Anfang Dez. geschl. – **14 Z** 76/150.

Krone mit Zim, Bahnhofstr. 13, ✉ 88316, ✆ (07562) 24 42, *Fax (07562) 56117* – . E
Mitte - Ende Juni geschl. – **Menu** *(Donnerstag geschl.)* à la carte 33/69 – **6 Z** 60/140 – ½ P 28.

An der Straße nach Maierhöfen *S : 2 km :*

Zur Grenze, Schanz 2, ✉ 88167 Maierhöfen, ✆ (07562) 97 55 10, *Fax (07562) 9755129,* – TV ☎ P. Zim
Menu *(Montag - Dienstag geschl.)* à la carte 28/52 – **16 Z** 75/150 – ½ P 28.

Außerhalb *NW : 6,5 km über Neutrauchburg.*

Berghotel Jägerhof , ✉ 88316 Isny, ✆ (07562) 7 70, *Fax (07562) 77202,* Allgäuer Alpen, , Massage, – , Zim, TV ☎ P – 90. AE E VISA
Menu 35 (Lunchbuffet) und à la carte 44/69 – **92 Z** 135/405 – ½ P 40.

ISSELBURG *Nordrhein-Westfalen* 417 *K 3 – 10 500 Ew – Höhe 23 m.*

Sehenswert : *Wasserburg Anholt★.*

Isselburg-Anholt, Am Schloß 3, ✆ 34 44.

Berlin 579 – Düsseldorf 86 – Arnhem 46 – Bocholt 13.

Nienhaus, Minervastr. 26, ✉ 46419, ✆ (02874) 7 70, *Fax (02874) 45673* – TV ☎ . AE E VISA
Menu *(Donnerstag geschl.)* à la carte 40/66 – **12 Z** 75/140.

In Isselburg-Anholt *NW : 3,5 km :*

Parkhotel Wasserburg Anholt , Klever Straße, ✉ 46419, ✆ (02874) 45 90, *Fax (02874) 4035,* , « Wasserburg a.d. 12. Jh., Park, Burg-Museum » – , Rest, TV P – 50. AE E VISA. Rest
Jan. geschl. – **Menu** *(Sonntagabend - Montag geschl.)* (wochentags nur Abendessen) à la carte 72/92 – ***Treppchen und Pferdestall :*** **Menu** à la carte 50/68 – **28 Z** 110/400.

ITZEHOE *Schleswig-Holstein* 415 *E 12 – 32 600 Ew – Höhe 7 m.*

Breitenburg (SO : 5 km), ✆ (04828) 81 88.

Berlin 343 – Kiel 69 – Hamburg 61 – Bremerhaven 97 – Lübeck 87 – Rendsburg 44.

Gästehaus Hinsch garni, Schillerstr. 27, ✉ 25524, ✆ (04821) 7 40 51, *Fax (04821) 71330,* – TV ☎ P. E VISA
Weihnachten - Anfang Jan. geschl. – **15 Z** 98/166.

In Heiligenstedten *W : 2 km :*

Schloß Heiligenstedten , Schloßstr. 13, ✉ 25524, ✆ (04821) 8 73 35, *Fax (04821) 87338,* – TV P – 30. AE E VISA
Orangerie : **Menu** à la carte 71/91 – **19 Z** 180/280, 4 Suiten.

JENA *Thüringen* 418 *N 18 – 101 000 Ew – Höhe 144 m.*

Sehenswert : *Planetarium★* AY – *Optisches Museum★* AY **M1.**

Jena-Information, Johannisstr. 23, ✉ 07743, ✆ (03641) 5 86 30, Fax (03641) 586322.

ADAC, *Teichgraben (Eulenhaus), ✉ 07743, ✆ (03641) 44 31 38, Fax (03641) 443139.*

Berlin 246 ③ – Erfurt 59 ⑤ – Gera 44 ③ – Chemnitz 112 ③ – Bayreuth 147 ③.

Stadtplan siehe gegenüberliegende Seite

Esplanade M, Carl-Zeiss-Platz 4, ✉ 07743, ✆ (03641) 80 00, *Fax (03641) 800150,* , – , Zim, TV – 850. AE E VISA JCB AY a
Rotonda : **Menu** à la carte 36/57 – **179 Z** 195/280, 7 Suiten.

Schwarzer Bär, Lutherplatz 2, ✉ 07743, ✆ (03641) 40 60, *Fax (03641) 406113,* – TV ☎ P – 60. AE E VISA JCB BY b
Menu à la carte 30/44 – **66 Z** 120/200.

JENA

Alexander-Puschkin-Platz . . AZ 3
Am Kochersgraben . . . . BZ 4
Am Planetarium . . . . AY 6
Bachstraße . . . . AY 9
Engelplatz . . . . AZ 13
Goethestraße . . . . AY
Hainstraße . . . . AZ 18
Johannisplatz . . . . AY 24
Johannisstraße . . . . AY 25
Löbdergraben . . . . AZ 30
Lutherstraße . . . . AZ 31
Markt . . . . AY 34
Neugasse . . . . AZ 37
Oberlauengasse . . . . BY 39
Rathenaustraße . . . . AZ 40
Saalstraße . . . . BY 42
Schillerstraße . . . . AZ 43
Unterm Markt . . . . ABY 45
Vor dem Neutor . . . . AZ 46
Weigelstraße . . . . AY 48
Westbahnhofstraße . . . . . . AZ 49

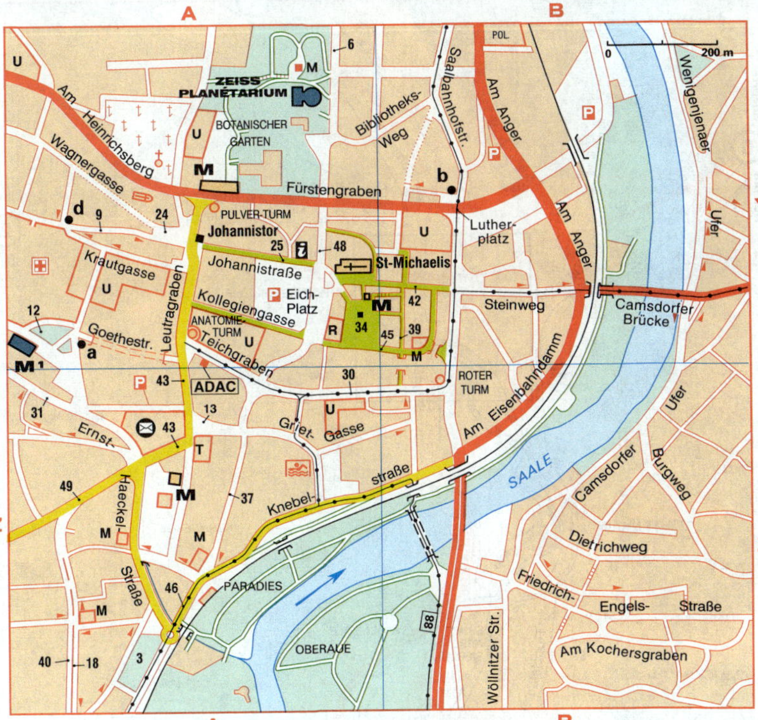

Papiermühle, Erfurter Str. 102, ✉ 07743, ✆ (03641) 4 59 80, *Fax (03641) 459845,* Biergarten, « Braugasthof a.d.J. 1737 mit Hausbrauerei » – TV ☎ ✆ P. AE ⓓ E VISA T c
Menu à la carte 23/35 – **18 Z** 90/140.

Zur Schweiz, Quergasse 15, ✉ 07743, ✆ (03641) 44 93 55, *Fax (03641) 449354,* – TV ☎ AY d
Menu à la carte 24/40 – **19 Z** 95/140.

In Jena - Lobeda-Ost *S : 3,5 km :*

Holiday Inn, Otto-Militzer-Str. 1, ✉ 07747, ✆ (03641) 30 10, *Fax (03641) 334575,* ←, Biergarten, – |‡|, ⇌ Zim, TV ✆ ♿ P – 80. AE ⓓ E VISA JCB V f
Menu à la carte 32/64 – **170 Z** 149/200, 11 Suiten.

In Jena - Lobeda-West *S : 4 km :*

Steigenberger Maxx Hotel M, Stauffenbergstr. 59, ✉ 07747, ✆ (03641) 30 00, *Fax (03641) 300888,* Massage, – |‡|, ⇌ Zim, TV ☎ ✆ ♿ – 100. AE ⓓ E VISA JCB V h
Menu à la carte 33/48 *(auch vegetarische Gerichte)* – **220 Z** 159/203.

In Jena-Winzerla :

Jena M, Rudolstädter Str. 82 (B 88), ✉ 07745, ✆ (03641) 6 60, *Fax (03641) 661010,* – |‡|, ⇌ Zim, TV ☎ ✆ ♿ P – 250. AE ⓓ E VISA JCB. ⇌ Rest V k
Menu à la carte 32/56 – **160 Z** 159/219.

JENA

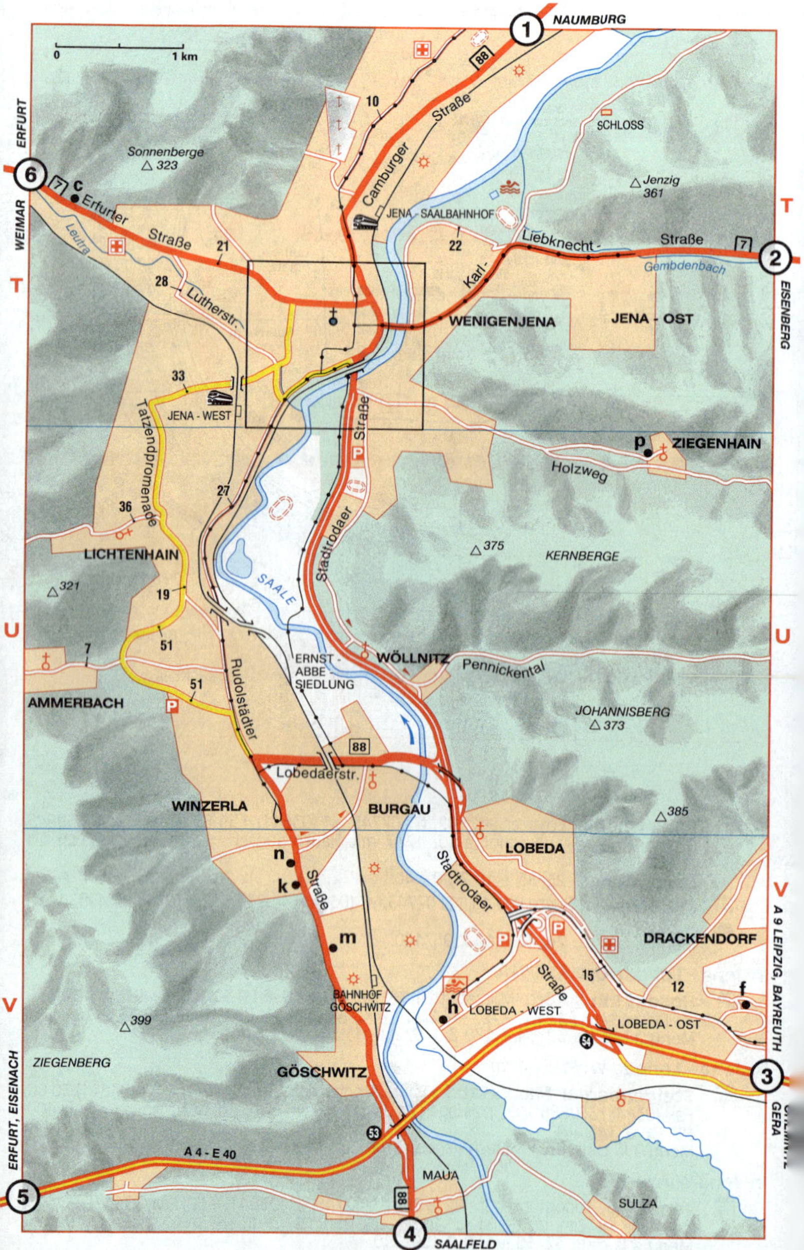

NAUMBURG
0
1 km
ERFURT
WEIMAR
EISENBERG
A 9 LEIPZIG, BAYREUTH
GERA
ERFURT, EISENACH
SAALFELD
T
U
V
Camburger Straße
SCHLOSS
Jenzig 361
Sonnenberge 323
Erfurter Straße
Leutra
JENA - SAALBAHNHOF
Karl-Liebknecht-Straße
Gembdenbach
Lutherstr.
WENIGENJENA
JENA - OST
JENA - WEST
Tatzendpromenade
Stadtrodaer Straße
ZIEGENHAIN
Holzweg
LICHTENHAIN
SAALE
375
KERNBERGE
321
AMMERBACH
Rudolstädter
ERNST - ABBE - SIEDLUNG
WÖLLNITZ
Pennickental
JOHANNISBERG 373
Lobedaerstr.
WINZERLA
BURGAU
385
LOBEDA
Straße
Stadtrodaer Straße
DRACKENDORF
BAHNHOF GÖSCHWITZ
LOBEDA - WEST
LOBEDA - OST
399
ZIEGENBERG
GÖSCHWITZ
A 4 - E 40
MAUA
SULZA

Jembo Park Motel, Rudolstädter Str. 93, ✉ 07745, ☎ (03641) 68 50, Fax (03641) 685299, Biergarten, – Zim, – 150. AE D E VISA V m
Menu à la carte 23/42 – **48 Z** 94/129.

Zur Weintraube, Rudolstädter Str. 76 (B 88), ✉ 07745, ☎ (03641) 60 57 70, Fax (03641) 606583, Biergarten – – 20. AE E VISA V n
Menu à la carte 23/56 – **18 Z** 110/155.

In Jena-Ziegenhain :

Ziegenhainer Tal, Ziegenhainer Str. 107, ✉ 07749, ☎ (03641) 39 58 40, Fax (03641) 395842, , – . AE E VISA. Rest U p
(nur Abendessen für Hausgäste) – **20 Z** 90/140.

JESSEN (ELSTER) *Sachsen-Anhalt* 418 *K 22 – 6 800 Ew – Höhe 70 m.*
Berlin 112 – Magdeburg 110 – Leipzig 69 – Wittenberg 25.

Schwarzenbach garni, Rosa-Luxemburg-Str. 36, ✉ 06917, ☎ (03537) 27 60, Fax (03537) 212231, , – – 25. AE E VISA – **36 Z** 115/168.

JESSERN *Brandenburg* 418 *J 26 – 250 Ew – Höhe 50 m.*
Berlin 101 – Potsdam 133 – Cottbus 43 – Frankfurt an der Oder 54.

Haus Babenberg, Am Babenberg 6, ✉ 15913, ☎ (035478) 3 12, Fax (035478) 306, , , , – – 140. AE E VISA
Menu à la carte 26/46 – **55 Z** 78/160.

JESTEBURG *Niedersachsen* 415 416 *G 13 – 6 500 Ew – Höhe 25 m – Luftkurort.*
Berlin 311 – Hannover 126 – Hamburg 42 – Lüneburg 39.

Niedersachsen, Hauptstr. 60, ✉ 21266, ☎ (04183) 9 30 30, *Fax (04183) 930311*, , Massage, , , , – , Zim, – 60. AE D E VISA
Menu à la carte 42/78 – **40 Z** 116/190.

Jesteburger Hof, Kleckerwaldweg 1, ✉ 21266, ☎ (04183) 20 08, *Fax (04183) 3311*, – – 35. AE D E VISA
Menu à la carte 32/51 – **21 Z** 85/170 – ½ P 22.

In Asendorf *SO : 4,5 km :*

Zur Heidschnucke, Im Auetal 14, ✉ 21271, ☎ (04183) 97 60, *Fax (04183) 4472*, , , , – – 60. AE D E VISA
Menu à la carte 40/73 – **50 Z** 125/245 – ½ P 36.

JESTETTEN *Baden-Württemberg* 419 *X 9 – 4 200 Ew – Höhe 438 m – Erholungsort.*
Berlin 792 – Stuttgart 174 – Freiburg im Breisgau 102 – Waldshut-Tiengen 34 – Schaffhausen 8 – Zürich 42.

Zum Löwen garni, Hauptstr. 22, ✉ 79798, ☎ (07745) 9 21 10, *Fax (07745) 921188* – – 20. AE E VISA – **15 Z** 80/140.

JETTINGEN-SCHEPPACH *Bayern* 420 *U 15 – 6 800 Ew – Höhe 468 m.*
Berlin 587 – München 100 – Augsburg 41 – Ulm (Donau) 33.

Best Hotel Mindeltal M garni, Robert-Bosch-Str. 3 (Scheppach), ✉ 89343, ☎ (08225) 99 70, *Fax (08225) 997100* – , Zim, – 40. AE D E VISA
74 Z 89/149.

JEVER *Niedersachsen* 415 *F 7 – 13 000 Ew – Höhe 10 m.*
Verkehrsbüro, Alter Markt 18, ✉ 26441, ☎ (04461) 7 10 10, Fax (04461) 939299.
Berlin 488 – Hannover 229 – Emden 59 – Oldenburg 59 – Wilhelmshaven 18.

Friesen-Hotel garni, Harlinger Weg 1, ✉ 26441, ☎ (04461) 93 40, *Fax (04461) 934111* – Zim, . AE D E VISA.
37 Z 76/169.

Marienstadt, Schützenhofstr. 47, ✉ 26441, ☎ (04461) 93 70, *Fax (04461) 937299*, Biergarten – Zim, – 80. AE E VISA JCB
Menu à la carte 27/45 – **32 Z** 85/130.

Alte Apotheke, Apothekerstr. 1, ✉ 26441, ☎ (04461) 40 88, *Fax (04461) 73857*, – AE D E VISA
Montag geschl. – **Menu** à la carte 37/68.

Haus der Getreuen, Schlachtstr. 1, ✉ 26441, ☎ (04461) 30 10, *Fax (04461) 72373*, – AE D E VISA
Menu à la carte 37/61.

JOACHIMSTHAL *Brandenburg* 416 *H 25 – 3 000 Ew – Höhe 100 m.*
Berlin 67 – Potsdam 126 – Brandenburg 142 – Frankfurt an der Oder 119.

Am Werbellinsee :

Der Hubertusstock, an der B 198 (SW : 10 km), ✉ 16244 Hubertusstock, ☎ (033363) 5 00, *Fax (033363) 50255*, – TV ☎ P – 30. AE ◑ E VISA JCB
11. - 31. Jan. geschl. – **Menu** à la carte 44/64 – **22 Z** 150/250 – ½ P 35.

JÖHSTADT *Sachsen* 418 *O 23 – 1 700 Ew – Höhe 800 m – Wintersport : 750/899 m* 1.
Fremdenverkehrsamt, Markt 185, ✉ 09477, ☎ (037343) 26 12, Fax (037343) 2615.
Berlin 308 – Dresden 107 – Chemnitz 44.

Schlösselmühle, Schlösselstr. 60, ✉ 09477, ☎ (037343) 26 66, *Fax (037343) 2665*, – TV ☎ P. E.
Menu à la carte 19/34 – **12 Z** 52/104 – ½ P 15.

JOHANNESBERG *Bayern siehe Aschaffenburg.*

JOHANNGEORGENSTADT *Sachsen* 418 420 *O 22 – 7 500 Ew – Höhe 900 m – Erholungsort – Wintersport : 700/1000 m* 2.
Fremdenverkehrsamt, Eibenstocker Str. 52, ✉ 08349, ☎ (03773) 30 30, Fax (03773) 8280.
Berlin 317 – Dresden 144 – Chemnitz 57 – Chomutov 86 – Karlovy Vary 59 – Hof 97.

Erzgebirgshotel an der Kammloipe, Schwefelwerkstr. 28, ✉ 08349, ☎ (03773) 88 29 59, *Fax (03773) 882959*, – TV ☎ P – 30. AE ◑ E VISA
Menu à la carte 21/52 – **23 Z** 65/100 – ½ P 15.

In Johanngeorgenstadt-Steinbach *NW : 2 km :*

Steinbach, Steinbach 22, ✉ 08349, ☎ (03773) 88 22 28, *Fax (03773) 882228*, Biergarten, – TV ☎ P. AE ◑ E VISA
Nov. 1 Woche geschl. – **Menu** *(Donnerstag geschl.)* à la carte 18/33 – **15 Z** 65/95.

JORK *Niedersachsen* 415 416 *F 13 – 10 500 Ew – Höhe 1 m.*
Sehenswert : *Bauernhäuser* ★.
Berlin 318 – Hannover 167 – Hamburg 63 – Bremen 108.

Zum Schützenhof, Schützenhofstr. 16, ✉ 21635, ☎ (04162) 9 14 60, *Fax (04162) 914691*, – TV ☎ P – 30. AE ◑ E VISA
Ollanner Buurhuus *(Donnerstag geschl.)* **Menu** à la carte 38/52 – **15 Z** 88/150.

JÜLICH *Nordrhein-Westfalen* 417 *N 3 – 31 000 Ew – Höhe 78 m.*
Berlin 607 – Düsseldorf 55 – Aachen 31 – Köln 53.

Kaiserhof, Bahnhofstr. 5, ✉ 52428, ☎ (02461) 6 80 70, *Fax (02461) 680777*, – Zim, TV ☎ P – 15. AE ◑ E VISA
Menu à la carte 48/78 – **41 Z** 120/190.

JÜRGENSTORF *Mecklenburg-Vorpommern siehe Stavenhagen.*

JÜTERBOG *Brandenburg* 418 *K 23 – 14 950 Ew – Höhe 75 m.*
Stadtinformation, Markt (Rathaus), ✉ 14913, ☎ (03372) 46 31 13, Fax (03372) 463113.
Berlin 71 – Potsdam 58 – Cottbus 105 – Dessau 82 – Wittenberg 51.

In Kloster Zinna *NO : 4,5 km :*

Romantik Hotel Alte Försterei, Markt 7, ✉ 14913, ☎ (03372) 46 50, *Fax (03372) 465222*, « Ehem. Forsthaus a.d.J.1765 » – Zim, TV ☎ P – 55. AE E VISA
Friedrichs Stuben **:** **Menu** à la carte 38/60 – ***12 Mönche*** **:** **Menu** à la carte 28/40 – **20 Z** 108/198 – ½ P 30.

JUIST (Insel) *Niedersachsen* 415 *E 4 – 1 700 Ew - Insel der Ostfriesischen Inselgruppe, Autos nicht zugelassen – Seeheilbad.*
von Norddeich (ca. 1 h 15 min), ☎ (04935) 9 10 10, Fax (04935) 910134.
Kurverwaltung, Friesenstr. 18 (Altes Warmbad), ✉ 26571, ☎ (04935) 80 90, Fax (04935) 809223.
Berlin 537 – Hannover 272 – Emden 37 – Aurich/Ostfriesland 31.

Romantik Hotel Achterdiek, Wilhelmstr. 36, ✉ 26571, ☎ (04935) 80 40, *Fax (04935) 1754*, – Rest, TV – 30.
Nov. - Mitte Dez. geschl. – ***Gute Stube*** (nur Abendessen, Tischbestellung ratsam) *(Montag und Nov. - März geschl.)* **Menu** à la carte 67/81 – **52 Z** 145/450 – ½ P 40.

Historisches Kurhaus Juist M, Strandpromenade 1, ✉ 26571, ✆ (04935) 91 60, *Fax (04935) 916222*, ←, Fö, ≘s – |☰|, ⇹ Zim, TV – 40. AE ◑ E VISA JCB. ✂ Rest
4. Jan. - 7. Feb. geschl. – **Menu** à la carte 42/77 – **75 App** 293/722.

Pabst, Strandstr. 15, ✉ 26571, ✆ (04935) 80 50, *Fax (04935) 805155*, , Massage, ‡, ≘s, ▢, – |☰| TV ☎. AE ◑ E VISA. ✂ Rest
18. Jan. - 9. Feb. und 1. - 20. Dez. geschl. – **Menu** à la carte 42/72 – **61 Z** 165/520, 5 Suiten – ½ P 30.

Juister Hof garni, Strandpromenade 2, ✉ 26571, ✆ (04935) 9 20 40, *Fax (04935) 920433*, ≘s – |☰| ⇹ TV ☎. AE E VISA. ✂ Rest
39 Z 275/450.

Friesenhof, Strandstr. 21, ✉ 26571, ✆ (04935) 80 60, *Fax (04935) 1812*, – |☰| TV ☎. ✂
5. Jan. - 24. März und 18. Okt. - 25. Dez. geschl. – **Menu** à la carte 37/78 *(auch vegetarische Gerichte)* – **78 Z** 116/272 – ½ P 27.

Westfalenhof, Friesenstr. 24, ✉ 26571, ✆ (04935) 9 12 20, *Fax (04935) 912250* – TV ☎. ✂ Rest
10. Jan. - 12. März und 1. Nov. - 26. Dez. geschl. – (Restaurant nur für Hausgäste) – **27 Z** 139/280 – ½ P 20.

JUNGHOLZ IN TIROL *Österreich* 419 420 *X 15 – Österreichisches Hoheitsgebiet, wirtschaftlich der Bundesrepublik Deutschland angeschlossen. Deutsche Währung – 370 Ew – Höhe 1 058 m – Wintersport : 1 150/1 600 m ≴6 ⛷.*
ℹ *Verkehrsamt, Rathaus,* ✉ *87491,* ✆ *(08365) 81 20, Fax (08365) 8287.*
Füssen 31 – Kempten (Allgäu) 31 – Immenstadt im Allgäu 25.

Vital-Hotel Tirol, ✉ 87491, ✆ (08365) 81 61, *Fax (08365) 8210*, ← Sorgschrofen und Allgäuer Berge, , Massage, , ≘s, ▢, – |☰| ⇹ TV 🚗 P – 70. AE ◑ E VISA. ✂ Rest
Anfang Nov. - Mitte Dez. geschl. – **Menu** (Tischbestellung ratsam) à la carte 36/50 – **86 Z** (nur ½ P) 145/310, 3 Suiten.

Alpenhof, ✉ 87491, ✆ (08365) 8 11 40, *Fax (08365) 820150*, ←, , Fö, ≘s, – ⇹ Rest, TV ☎ 🚗 P – 20. AE E VISA
Mitte April - Anfang Mai und Anfang Nov. - Mitte Dez. geschl. – **Menu** à la carte 30/65 – **26 Z** 85/170 – ½ P 25.

In Jungholz-Langenschwand :

Sporthotel Waldhorn, ✉ 87491, ✆ (08365) 81 35, *Fax (08365) 8265*, ←, , Massage, Fö, ≘s, ▢, – TV ☎ 🚗 P. ◑. ✂ Rest
Anfang Nov. - 15. Dez. geschl. – **Menu** *(Montagmittag geschl.)* à la carte 32/64 – **26 Z** 85/220 – ½ P 20.

KAARST *Nordrhein-Westfalen siehe Neuss.*

KAHL AM MAIN *Bayern* 417 *P 11 – 7 200 Ew – Höhe 107 m.*
Berlin 538 – München 369 – Frankfurt am Main 36 – Aschaffenburg 16.

Zeller, Aschaffenburger Str. 2 (B 8), ✉ 63796, ✆ (06188) 91 80, *Fax (06188) 918100*, , ≘s – ⇹ Zim, TV ☎ P – 25. AE E VISA JCB
22. Dez. - 6. Jan. geschl. – **Menu** *(Samstagmittag und Sonntag geschl.)* à la carte 34/69 – **60 Z** 116/174.

Dörfler, Westring 10, ✉ 63796, ✆ (06188) 9 10 10, *Fax (06188) 910133* – TV ☎ P. AE ◑ E VISA JCB. ✂ Rest
Menu à la carte 33/60 – **18 Z** 100/160.

Am Leinritt garni, Leinrittstr. 2 (Gewerbegebiet Mainfeld), ✉ 63796, ✆ (06188) 91 18 80, *Fax (06188) 9118888* – ⇹ TV ☎ P. AE E VISA – **23 Z** 105/180.

Mainlust garni, Aschaffenburger Str. 12 (B 8), ✉ 63796, ✆ (06188) 20 07, *Fax (06188) 2008* – TV ☎ P – **23 Z** 88/128.

KAISERSBACH *Baden-Württemberg* 419 *T 12 – 2 100 Ew – Höhe 565 m – Erholungsort.*
Berlin 575 – Stuttgart 56 – Heilbronn 53 – Schwäbisch Gmünd 50.

In Kaisersbach-Ebni *SW : 3 km :*

Schassbergers Kur- und Sporthotel, ✉ 73667, ✆ (07184) 29 20, *Fax (07184) 292204*, , Massage, Fö, , ≘s, ▢, , (Halle) – |☰| TV P – 30. AE E VISA
Menu à la carte 44/82 – **47 Z** 155/360 – ½ P 43.

Schwobastüble (mit Gästehaus), Winnender Str. 81, ✉ 73667, ✆ (07184) 6 01, *Fax (07184) 678*, , – ⇹ Zim, P
Dienstag - Mittwoch und Jan. geschl. – **Menu** à la carte 31/63 – **5 Z** 60/110.

KAISERSESCH *Rheinland-Pfalz* **417** *P 5 – 2 600 Ew – Höhe 455 m.*

Berlin 633 – Mainz 134 – Koblenz 43 – Trier 89 – Cochem 14 – Mayen 18.

Kurfürst, Auf der Wacht 21, ✉ 56759, ☎ (02653) 9 89 10, *Fax (02653) 989119*, – Zim, – **Menu** à la carte 27/49 – **25 Z** 75/130.

KAISERSLAUTERN *Rheinland-Pfalz* **417** *R 7 – 102 000 Ew – Höhe 235 m.*

Tourist Information, Rathaus, Willy-Brandt-Platz 1, ✉ 67657, ☎ (0631) 3 65 23 17, Fax (0631) 3652723.

ADAC, *Altstadt-Parkhaus, Salzstraße, ✉ 67657, ☎ (0631) 6 30 81, Fax (0631) 60087.*

Berlin 642 ① – Mainz 90 ① – Saarbrücken 70 ③ – Karlsruhe 88 ② – Mannheim 61 ① – Trier 115 ③.

Dorint-Hotel, St.-Quentin-Ring 1, ✉ 67663, ☎ (0631) 2 01 50, *Fax (0631) 27640*, Massage, – Zim, Rest, – 160. AE VISA JCB. Rest – **Menu** à la carte 48/73 – **149 Z** 233/299. über Kantstr. D

KAISERSLAUTERN

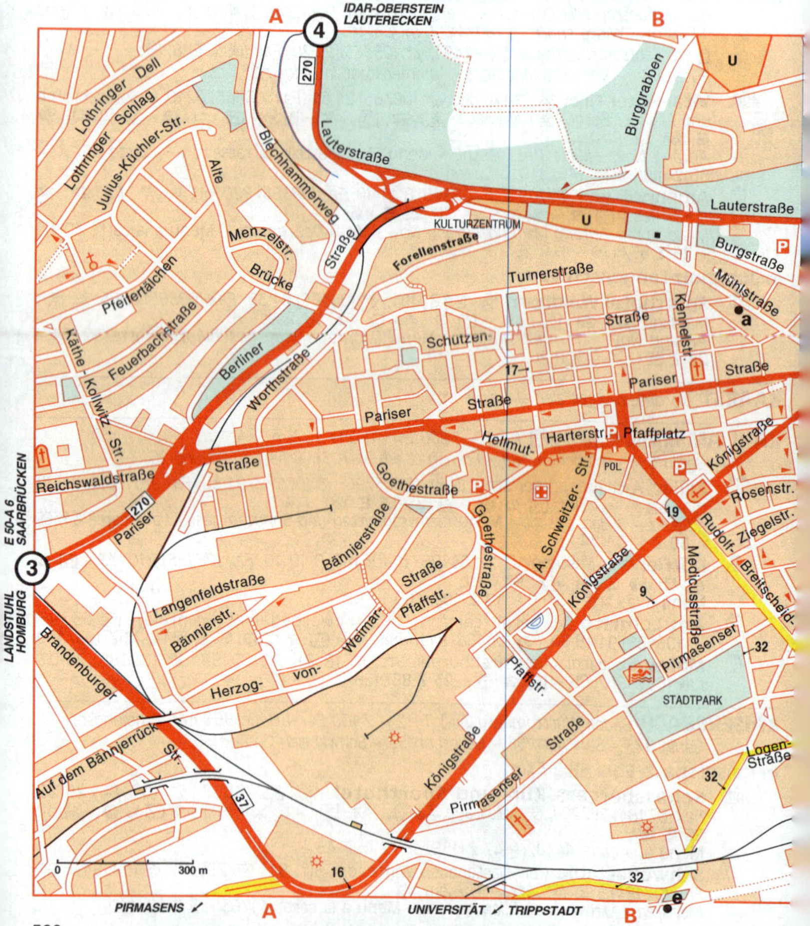

Schulte garni (Appartementhaus), Malzstr. 7, ✉ 67663, ✆ (0631) 20 16 90, *Fax (0631) 2016919*, « Elegante Einrichtung », – TV ☎ P – 20. AE VISA — C b
20. Dez. - 7. Jan. geschl. – **14 Suiten** 200/350, 2 Z 175/200.

Blechhammer, Am Hammerweiher 1, ✉ 67659, ✆ (0631) 3 72 50, *Fax (0631) 3725100*, – TV ☎ P – 40. AE VISA JCB
Menu à la carte 28/58 – **30 Z** 117/175. — über Blechhammerweg — A

Stadthotel, Friedrichstr. 39, ✉ 67655, ✆ (0631) 36 26 30, *Fax (0631) 3626350*, – TV ☎. AE VISA. — D c
Menu *(Samstagmittag geschl.)* à la carte 33/60 – **9 Z** 100/140.

Altes Zollamt garni, Buchenlochstr. 1, ✉ 67663, ✆ (0631) 3 16 66 00, *Fax (0631) 3166666* – TV ☎ – 20. AE VISA — B e
20 Z 125/200.

Lautertalerhof garni, Mühlstr. 31, ✉ 67659, ✆ (0631) 3 72 60, *Fax (0631) 73033* – TV ☎. AE VISA — B a
19 Z 100/140.

Hohenecker Straße .... A 16	Martin-Luther-Str. .... C 20	Schneiderstraße .... C 28
Kammgarnstraße .... B 17	Ottostraße .... C 23	Spittelstraße .... C 29
Kerststraße .... C 18	Riesenstraße .... C 25	Stiftsplatz .... C 31
Marienplatz .... B 19	Salzstraße .... C 26	Trippstadter Straße .... B 32
Marktstraße C	Schillerplatz .... C 27	Willy-Brandt-Platz .... C 35

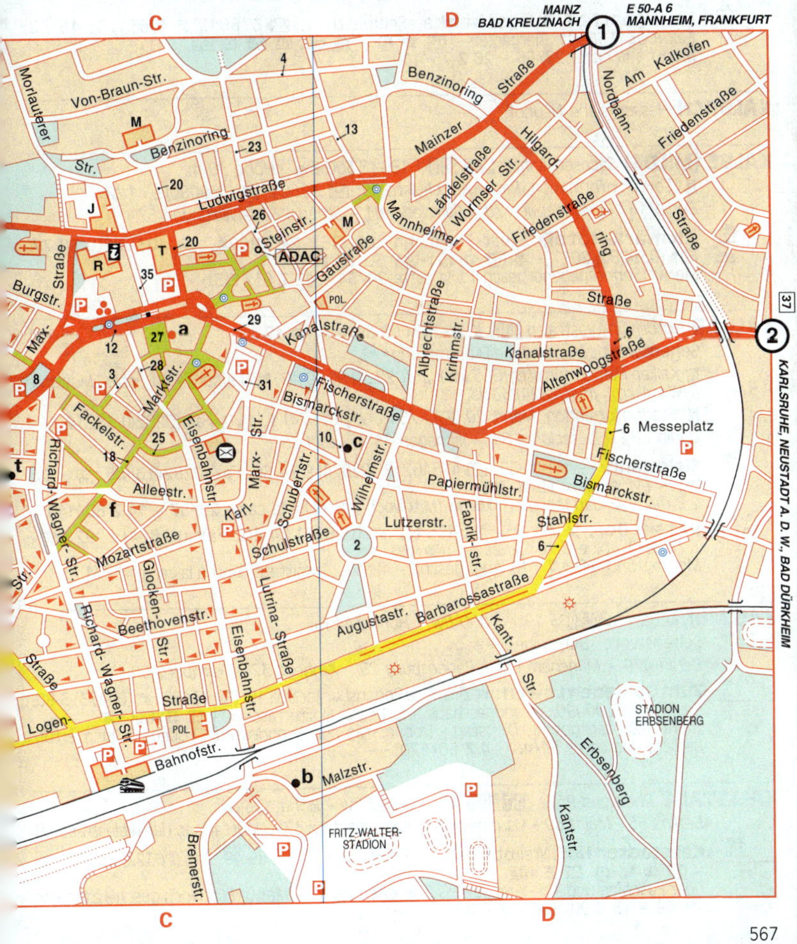

City-Hotel garni, Rosenstr. 28, ✉ 67655, ☎ (0631) 1 30 25, *Fax (0631) 13341*, – **18 Z** 110/150. C t

Uwe's Tomate (modernes Restaurant im Bistro-Stil), Schillerplatz 4, ✉ 67655, ☎ (0631) 9 34 06, *Fax (0631) 696187*, – E. C a
Sonntag - Montag und Sept. 3 Wochen geschl. – **Menu** 65/110 und à la carte 55/92
Spez. Komposition von der Gänsestopfleber mit glacierten Apfelspalten. Gegrillter Loup de mer mit Olivenemulsion. Quark-Rhabarbermaultaschen mit Champagnersabayon und Pralineneis.

Bistro 1A, Pirmasenser Str. 1a, ✉ 67655, ☎ (0631) 6 30 59, *Fax (0631) 92104*, – E
Sonn- und Feiertage geschl. – **Menu** à la carte 26/51. C f

In Kaiserslautern-Eselsfürth *NO : 6 km über Mainzer Str.* D :

Barbarossahof, Eselsfürth 10, ✉ 67657, ☎ (0631) 4 30 18, *Fax (0631) 470785*, – 100. AE E VISA
Menu à la carte 30/59 – **130 Z** 85/225.

In Kaiserslautern-Dansenberg *SW : 6 km über Hohenecker Str.* A :

Landhaus Woll, Dansenberger Str. 64, ✉ 67661, ☎ (0631) 5 16 02, *Fax (0631) 91061*, – . AE E VISA – *Dienstag geschl.* – **Menu** à la carte 36/68.

In Kaiserslautern-Hohenecken *SW : 7 km über Hohenecker Str.* A :

Landgasthof Burgschänke, Schloßstr. 1, ✉ 67661, ☎ (0631) 35 15 30, *Fax (0631) 56301*, Biergarten – – 50. AE E VISA
Menu à la carte 27/66 – **26 Z** 75/140.

KALBACH *Hessen siehe Neuhof.*

KALBE (MILDE) *Sachsen-Anhalt* 416 418 *I 18 – 3 300 Ew – Höhe 30 m.*
Touristinformation, Rathaus, Schulstr. 11, ✉ 39624, ☎ (039080) 9 71 22.
Berlin 167 – Magdeburg 78 – Salzwedel 41 – Stendal 36 – Wittingen 52.

Altmark-Hotel, Ernst-Thälmann-Str. 96, ✉ 39624, ☎ (039080) 30 77, *Fax (039080) 2077* – – 50. AE E VISA
Menu *(Sonntagabend geschl.)* à la carte 24/34 – **42 Z** 95/135.

KALKAR *Nordrhein-Westfalen* 417 *K 2 – 12 600 Ew – Höhe 18 m.*
Sehenswert : *Nikolaikirche (Ausstattung★★).*
Kalkar-Niedermörmter (O : 5 km), ☎ (02824) 92 40 40 ; Bedburg-Hau, Schloß Moyland, (NW : 4 km) ☎ (02824) 33 55.
Stadtinformation, Markt 20, ✉ 47546, ☎ (02824) 1 31 20, Fax (02824) 13234.
Berlin 587 – Düsseldorf 81 – Nijmegen 35 – Wesel 35.

Siekmann, Kesselstr. 32, ✉ 47546, ☎ (02824) 9 24 50, *Fax (02824) 3105*, – . AE E VISA
23. Dez. - 2. Jan. geschl. – **Menu** *(Mittwoch geschl.)* à la carte 29/57 – **14 Z** 60/140.

Ratskeller, Markt 20, ✉ 47546, ☎ (02824) 24 60, *Fax (02824) 2092*, « Ziegelgewölbe a. d. 15. Jh. » – VISA.
Montag und 31. Juli - 10. Aug. geschl. – **Menu** 24 (mittags) und à la carte 45/71.

KALLMÜNZ *Bayern* 420 *S 19 – 3 000 Ew – Höhe 344 m.*
Sehenswert : *Burgruine : ★.*
Berlin 479 – München 151 – Regensburg 29 – Amberg 37 – Nürnberg 80.

Zum Goldenen Löwen mit Zim, Alte Regensburger Str. 18, ✉ 93183, ☎ (09473) 3 80, *Fax (09473) 90090*, « Landgasthaus a.d. 17.Jh. ; Hofterrasse » – AE E VISA.
Menu *(Montag geschl., Dienstag - Donnerstag nur Abendessen)* (Tischbestellung erforderlich) à la carte 33/48 – **4 Z** 60/120.

KALLSTADT *Rheinland-Pfalz* 417 419 *R 8 – 1 200 Ew – Höhe 196 m.*
Berlin 636 – Mainz 69 – Mannheim 26 – Kaiserslautern 37 – Neustadt an der Weinstraße 18.

Kallstadter Hof, Weinstr. 102, ✉ 67169, ☎ (06322) 89 49, *Fax (06322) 66040*, – . AE E VISA
über Fasching und Juli - Aug. jeweils 2 Wochen geschl. – **Menu** *(Mittwoch geschl.)* à la carte 29/59 – **13 Z** 90/190 – ½ P 40.

Weinkastell Zum Weißen Roß mit Zim, Weinstr. 80, ✉ 67169, ✆ (06322) 50 33, *Fax (06322) 66091* – TV ☎. AE E
Jan. - Feb. 4 Wochen geschl. – **Menu** *(Montag - Dienstag und Ende Juli - Anfang Aug. 1 Woche geschl.)* 50 und à la carte 70/90 – **13 Z** 100/190.

Breivogel, Neugasse 59, ✉ 67169, ✆ (06322) 6 11 08, *Fax (06322) 980950,* – P
Menu à la carte 30/65.

KALTENBORN *Rheinland-Pfalz siehe Adenau.*

KALTENENGERS *Rheinland-Pfalz 417 O 6 – 1 800 Ew – Höhe 60 m.*
Berlin 589 – Mainz 111 – Koblenz 11 – Bonn 52 – Wiesbaden 113.

Rheinhotel Larus M, In der Obermark 7, ✉ 56220, ✆ (02630) 9 89 80, *Fax (02630) 989898,* – |♦|, Zim, TV ☎ & – 50. AE E VISA. Rest
Menu à la carte 41/67 – **32 Z** 135/250.

KALTENKIRCHEN *Schleswig-Holstein 415 416 E 13 – 17 700 Ew – Höhe 30 m.*
Kisdorferwohld (O : 13 km), ✆ (04194) 9 97 40.
Berlin 316 – Kiel 61 – Hamburg 42 – Itzehoe 40 – Lübeck 63.

Kleiner Markt mit Zim, Königstr. 7, ✉ 24568, ✆ (04191) 9 99 20, *Fax (04191) 89785* – TV ☎ P. AE E VISA.
Menu *(Samstag - Sonntagmittag, Feb. - März und Okt. jeweils 1 Woche geschl.)* à la carte 34/60 – **9 Z** 90/130.

KALTENNORDHEIM *Thüringen 418 O 14 – 2 100 Ew – Höhe 460 m.*
Berlin 395 – Erfurt 115 – Fulda 44 – Bad Hersfeld 74.

Auf dem Ellenbogen *SW : 12 km – Höhe 814 m*

Eisenacher Haus, ✉ 98634 Erbenhausen, ✆ (036946) 3 02 31, *Fax (036946) 30233,* ←, Biergarten, – TV ☎ & P – 50. AE E VISA
Menu *(Montag - Dienstag geschl.)* à la carte 25/48 – **44 Z** 65/130 – ½ P 25.

KAMEN *Nordrhein-Westfalen 417 L 6 – 47 000 Ew – Höhe 62 m.*
Berlin 476 – Düsseldorf 89 – Dortmund 25 – Hamm in Westfalen 15 – Münster (Westfalen) 48.

Stadt Kamen, Markt 11, ✉ 59174, ✆ (02307) 97 29 00, *Fax (02307) 9729010,* Biergarten – Rest, TV ☎ – 20. E VISA. Zim
Menu *(Samstagmittag geschl.)* à la carte 28/62 – **35 Z** 109/180.

Gasthaus Kautz, Ängelholmer Str. 16, ✉ 59174, ✆ (02307) 1 80 15, *Fax (02307) 18017* – TV ☎ P. AE E VISA
Menu *(Montag geschl.)* à la carte 36/56 – **11 Z** 85/165.

Nahe der A 1 - Ausfahrt Kamen-Zentrum *S : 2 km :*

Holiday Inn M, Kamen Karree 2/3, ✉ 59174 Kamen, ✆ (02307) 96 90, *Fax (02307) 969666,* – |♦|, Zim, Rest, TV ☎ & P – 120. AE E VISA JCB
Menu à la carte 43/62 – **120 Z** 201/243.

KAMENZ *Sachsen 418 M 26 – 18 000 Ew – Höhe 200 m.*
Kamenz-Information, Kirchstr. 1, ✉ 01917, ✆ (03578) 30 43 00.
Berlin 171 – Dresden 47 – Bautzen 24.

Goldner Hirsch, Markt 10, ✉ 01917, ✆ (03578) 30 12 21, *Fax (03578) 304497* – |♦| TV P – 30. AE E VISA. Rest
Menu *(Montag - Freitag nur Abendessen)* à la carte 43/60 – **40 Z** 200/400.

Westlausitz, Nebelschützer Str. 11, ✉ 01917, ✆ (03578) 30 13 13, *Fax (03578) 315301,* – |♦| TV ☎ P – 60. AE E VISA
Menu à la carte 28/52 – **35 Z** 99/140.

Lessingstuben, Rosa-Luxemburg-Str. 9, ✉ 01917, ✆ (03578) 30 42 11, *Fax (03578) 304211* – AE E VISA
Menu à la carte 28/52.

KAMPEN *Schleswig-Holstein siehe Sylt (Insel).*

KAMP-LINTFORT *Nordrhein-Westfalen* 417 *L 3 – 40 300 Ew – Höhe 28 m.*
Berlin 558 – Düsseldorf 46 – Duisburg 24 – Krefeld 24.

Parkhotel Niederrhein, Neuendickstr. 96, ✉ 47475, ☎ (02842) 21 04, *Fax (02842) 2109,* « Gartenterrasse an einem Teich », (geheizt), – P – 60. AE VISA.
Menu à la carte 47/85 – **42 Z** 140/250.

KANDERN *Baden-Württemberg* 419 *W 7 – 6 800 Ew – Höhe 352 m.*
Kandern, Feuerbacher Str.35, ☎ (07626) 10 43.
Städt. Verkehrsamt, Hauptstr. 18, ✉ 79400, ☎ (07626) 8 99 60.
Berlin 845 – Stuttgart 252 – Freiburg im Breisgau 46 – Basel 21 – Müllheim 15.

Zur Weserei (mit Gästehaus), Hauptstr. 70, ✉ 79400, ☎ (07626) 70 00, *Fax (07626) 6581,* – P. AE E VISA
Menu *(Montag - Dienstagmittag und Feb. 1 Woche geschl.)* à la carte 41/84 – **25 Z** 94/250 – ½ P 38.

Villa Umbach mit Zim, Am Golfplatz 1 (W : 1 km), ✉ 79400, ☎ (07626) 91 41 30, *Fax (07626) 9141323,* « Gartenterrasse » – P. VISA
Menu *(Dienstag geschl.)* (italienische Küche) à la carte 62/84 – **4 Z** 100/170.

In Kandern-Egerten *S : 8 km über Wollbach :*

Jägerhaus, Wollbacher Str. 24, ✉ 79400, ☎ (07626) 87 15, *Fax (07626) 8715,* « Ausstellung des Lebenswerks von Max Böhlen ; Museum » – P
Sonntagabend - Dienstag sowie Jan. und Aug. 3 Wochen geschl. – **Menu** (wochentags nur Abendessen, Tischbestellung ratsam) à la carte 65/85.

KAPPEL-GRAFENHAUSEN *Baden-Württemberg* 419 *V 7 – 4 200 Ew – Höhe 162 m.*
Berlin 772 – Stuttgart 165 – Freiburg 39 – Offenburg 31 – Strasbourg 45.

Im Ortsteil Grafenhausen :

Engel garni, Hauptstr. 92, ✉ 77966, ☎ (07822) 6 10 51, *Fax (07822) 61056* – P. AE E VISA
14 Z 80/120.

KAPPELN *Schleswig-Holstein* 415 *C 13 – 10 000 Ew – Höhe 15 m.*
Touristinformation, Schleswiger Str. 1, ✉ 24376, ☎ (04642) 40 27, Fax (04642) 5441.
Berlin 404 – Kiel 60 – Flensburg 48 – Schleswig 32.

Thomsen's Motel garni, Theodor-Storm-Str. 2, ✉ 24376, ☎ (04642) 10 52, *Fax (04642) 7154* – P. E.
26 Z 80/160.

Stadt Kappeln mit Zim, Schmiedestr. 36, ✉ 24376, ☎ (04642) 40 21, *Fax (04642) 5555* – P – 200. AE E VISA
Menu *(Jan. - Feb. Sonntagabend geschl.)* à la carte 40/62 – **8 Z** 85/145.

KAPPELRODECK *Baden-Württemberg* 419 *U 8 – 5 900 Ew – Höhe 219 m – Erholungsort.*
Tourist-Information, Hauptstr. 65 (Rathaus), ✉ 77876, ☎ (07842) 8 02 10, Fax (07842) 80275.
Berlin 731 – Stuttgart 132 – Karlsruhe 60 – Freudenstadt 40 – Offenburg 31 – Baden-Baden 38.

Zum Prinzen, Hauptstr. 86, ✉ 77876, ☎ (07842) 9 47 50, *Fax (07842) 947530,* – P. AE E VISA
4. - 21. Jan. geschl. – **Menu** *(Montag und 21. Juni - 6. Juli geschl.)* à la carte 30/60 – **14 Z** 80/125 – ½ P 28.

Hirsch, Grüner Winkel 24, ✉ 77876, ☎ (07842) 21 90, *Fax (07842) 3690,* – P. AE E VISA. Zim
März 1 Woche und Mitte Nov. - Mitte Dez. geschl. – **Menu** *(Montag geschl.)* à la carte 25/50 – **19 Z** 62/124 – ½ P 22.

In Kappelrodeck-Waldulm *SW : 2,5 km :*

Zum Rebstock mit Zim (Fachwerkhaus a.d.J. 1750), Kutzendorf 1, ✉ 77876, ☎ (07842) 94 80, *Fax (07842) 94820,* – P. VISA
Feb. 2 Wochen geschl. – **Menu** *(Montag geschl.)* à la carte 34/66 *(auch vegetarische Gerichte)* – **11 Z** 55/144 – ½ P 28.

KARLSDORF-NEUTHARD *Baden-Württemberg siehe Bruchsal.*

KARLSFELD *Bayern* 419 420 *V 18 – 16 000 Ew – Höhe 490 m.*
Berlin 585 – München 19 – Augsburg 55.

Schwertfirm garni, Adalbert-Stifter-Str. 5, ✉ 85757, ☎ (08131) 9 00 50, *Fax (08131) 900570*, – – 20. AE E VISA.
Weihnachten - 6. Jan. geschl. – **50 Z** 110/190.

In Karlsfeld-Rotschwaige *NW : 2 km :*

Hubertus garni, Münchner Str. 7, ✉ 85757, ☎ (08131) 9 80 01, *Fax (08131) 97677*, , , – . AE E VISA JCB
76 Z 110/160.

KARLSHAFEN, BAD *Hessen* 417 418 *L 12 – 4 700 Ew – Höhe 96 m – Soleheilbad.*
Sehenswert : *Hugenottenturm ≤★.*
Kurverwaltung, Rathaus, ✉ 34385, ☎ (05672) 99 99 24, Fax (05672) 999925.
Berlin 376 – Wiesbaden 276 – Kassel 48 – Hameln 79 – Göttingen 65.

Zum Schwan (Jagdschloß, um 1765 erbaut), Conradistr. 3, ✉ 34385, ☎ (05672) 10 44, *Fax (05672) 1046*, , « Blumengarten, Rokoko-Zimmer », – – 20. AE E VISA
Menu à la carte 45/67 – **31 Z** 85/210 – ½ P 40.

Hessischer Hof, Carlstr. 13, ✉ 34385, ☎ (05672) 10 59, *Fax (05672) 2515*, – . AE E VISA
Feb. - März 3 Wochen geschl. – **Menu** à la carte 26/50 – **17 Z** 70/120.

Zum Weserdampfschiff, Weserstr. 25, ✉ 34385, ☎ (05672) 24 25, *Fax (05672) 8119*, ≤, –
Menu *(Montag geschl., Nov. - Feb. garni)* à la carte 25/50 – **14 Z** 60/140.

KARLSRUHE *Baden-Württemberg* 419 *S 9 – 276 000 Ew – Höhe 116 m.*
Sehenswert : *Staatliche Kunsthalle★ (Gemälde altdeutscher Meister★★, Hans-Thoma-Museum★, Sammlung klassischer Moderne★)* EX **M1** – *Schloß★ (Badisches Landesmuseum★)* EX **M3** – *Botanischer Garten (Pflanzenschauhäuser★)* EX – *Staatl.Museum für Naturkunde★* EY – *Museum beim Markt (Jugendstilsammlung★)* **M4** EX.
Karlsruhe, Gut Scheibenhardt AV, ☎ *(0721) 86 74 63 ; Königsbach-Stein, Johannestaler Hof (③ : 23 km), ☎ (07232) 5 00 66.*
Karlsruher Kongreß- und Ausstellungszentrum (EY), *Festplatz 3 (Ettlinger Straße), ☎ (0721) 3 72 00.*
Tourist-Information, Bahnhofplatz 6, ✉ 76137, ☎ (0721) 3 55 30, Fax (0721) 35534399.
Stadt-Information, Karl-Friedrich-Str. 22, ✉ 76133, ☎ (0721) 35 53 43 76, Fax (0721) 35534389.
ADAC, *Steinhäuserstr. 22, ✉ 76135, ☎ (0721) 8 10 40, Fax (0721) 8104111.*
Berlin 675 ② – Stuttgart 88 ④ – Mannheim 71 ② – Saarbrücken 143 ⑦ – Strasbourg 82 ⑤.

Stadtpläne siehe nächste Seiten

Renaissance Hotel, Mendelssohnplatz, ✉ 76131, ☎ (0721) 3 71 70, *Fax (0721) 377156* – , Zim, – 200. AE E VISA JCB. Rest
Menu à la carte 48/66 – **215 Z** 226/383. EY a

Schlosshotel, Bahnhofplatz 2, ✉ 76137, ☎ (0721) 3 83 20, *Fax (0721) 3832333*, – , Zim, – 80. AE E VISA EZ a
Menu *(Sonntagabend und Aug. geschl.)* à la carte 57/83 – ***Schwarzwaldstube*** : Menu à la carte 44/62 – **96 Z** 222/344.

Queens Hotel, Ettlinger Str. 23, ✉ 76137, ☎ (0721) 3 72 70, *Fax (0721) 3727170*, – , Zim, Rest, – 200. AE E VISA EY t
Menu à la carte 43/73 – **147 Z** 274/348.

Residenz, Bahnhofplatz 14, ✉ 76137, ☎ (0721) 3 71 50, *Fax (0721) 3715113*, – , Zim, Rest, – 100. AE E VISA DZ c
Menu à la carte 48/75 – **103 Z** 182/234.

Rio, Hans-Sachs-Str. 2, ✉ 76133, ☎ (0721) 8 40 80, *Fax (0721) 8408100* – – 15. AE E VISA JCB. Rest DX q
Menu *(Freitag - Sonntagmittag geschl.)* à la carte 40/50 – **119 Z** 151/212.

Kübler garni, Bismarckstr. 39, ✉ 76133, ☎ (0721) 14 40, *Fax (0721) 22639*, – – 25. AE E VISA JCB DX s
130 Z 118/250.

Ambassador garni (mit Gästehaus Alte Münze), Hirschstr. 34, ✉ 76133, ☎ (0721) 1 80 20, *Fax (0721) 1802170* – . AE E VISA DX a
77 Z 110/270.

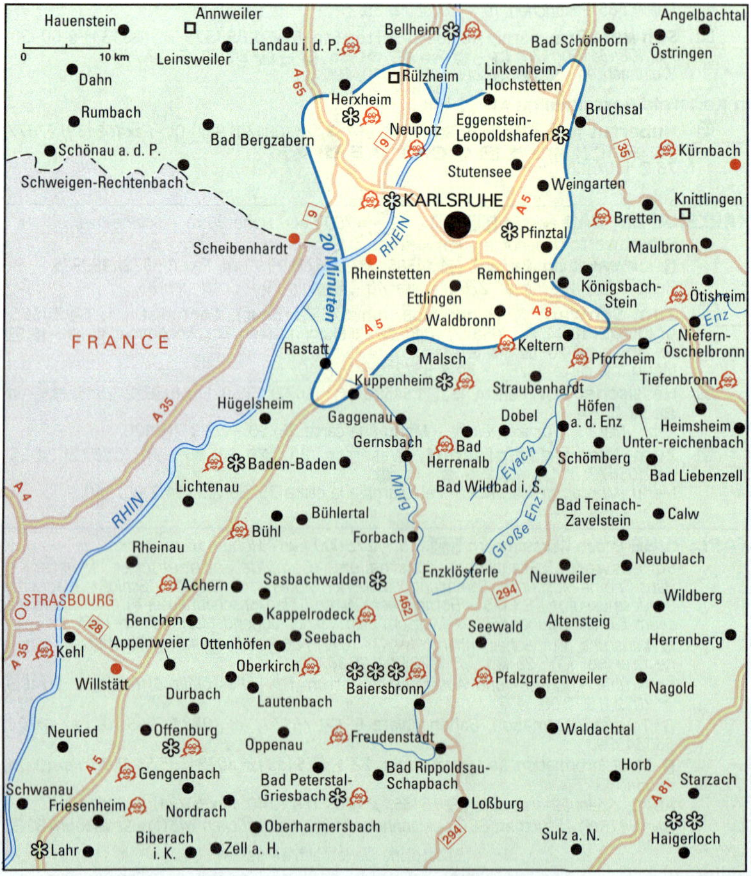

Allee Hotel M, Kaiserallee 91, ✉ 76185, ✆ (0721) 98 56 10, *Fax (0721) 9856111*, – |$| Zim, TV ☎ – 40. AE ⓓ E VISA. Zim CX a
Menu *(Sonntag geschl.)* à la carte 42/67 – **27 Z** 148/230.

Kaiserhof, Karl-Friedrich-Str. 12, ✉ 76133, ✆ (0721) 9 17 00, *Fax (0721) 9170150*, – |$| TV ☎ – 45. AE ⓓ E VISA JCB. Rest EX b
Menu à la carte 44/76 – **49 Z** 160/220.

Alfa garni, Bürgerstr. 4, ✉ 76133, ✆ (0721) 2 99 26, *Fax (0721) 29929* – |$| TV ☎ . AE E VISA JCB – **38 Z** 170/240. DX u

Eden, Bahnhofstr. 15, ✉ 76137, ✆ (0721) 1 81 80, *Fax (0721) 1818222*, « Gartenterrasse » – |$| TV ☎ – 40. AE ⓓ E VISA DY d
Menu à la carte 43/63 – **68 Z** 150/218.

Santo, Karlstr. 69, ✉ 76137, ✆ (0721) 3 83 70, *Fax (0721) 3837250* – |$| TV ☎ – 60. AE E VISA DY s
Menu *(Samstagmittag geschl.)* à la carte 46/74 – **52 Z** 140/185.

Avisa garni, Am Stadtgarten 5, ✉ 76137, ✆ (0721) 3 49 77, *Fax (0721) 34979* – |$| TV ☎. AE E VISA JCB EZ c
27 Z 130/240.

Hasen, Gerwigstr. 47, ✉ 76131, ✆ (0721) 9 63 70, *Fax (0721) 9637123* – |$| TV ☎ – 15. AE E VISA. Rest BU r
23. Dez. - 2. Jan. geschl. – **Menu** *(Samstag - Sonntag und 15. Juli - 25. Aug. geschl.)* (nur Abendessen) à la carte 46/85 – **34 Z** 100/225.

KARLSRUHE

Adenauerring	AT	
Allmendstraße	AV	5
Am Sportpark	BT	6
Am Wald	AT	9
Belchenstraße	AV	19
Breslauer Straße	BT	20
Daxlander Straße	AU	22
Durlacher Allee	BU	23
Durmersheimer Straße	AU	25
Eckenerstraße	AU	26
Erzbergerstraße	AT	
Ettlinger Allee	AV	31
Gerwigstraße	BU	35
Haid-und-Neu-Straße	BTU	38
Hardtstraße	AU	41
Herrenalber Straße	AV	
Hertzstraße	AT	
Hirtenweg	BT	
Honsellstraße	AU	47
Kapellenstraße	BU	53
Karl-Wilhelm-Straße	BU	55
Killisfeldstraße	BU	56
Kriegsstraße	BU	
Lameystraße	AU	58
Lange Straße	AV	59
Linkenheimer Landstraße	AT	61
Michelinstraße	AU	62
Mitteltorstraße	AT	73
Neureuter Hauptstraße	AT	77
Neureuter Querallee	AT	79
Neureuter Straße	AT	
Nürnberger Straße	AV	82
Ostring	BU	83
Ottostraße	BU	
Pulverhausstraße	AU	
Rastatter Straße	AV	87
Rheinbrückenstraße	AT	90
Rheinhafenstraße	AU	92
Rheinstraße	AT	93
Rintheimer Querallee	BT	94
Siemensallee	AT	100
Starckstraße	AU	101
Steinkreuzstraße	BV	103
Stuttgarter Straße	BU	106
Sudetenstraße	AT	
Theodor-Heuss-Allee	BT	
Tullastraße	BU	107
Welschneureuter Straße	AT	115
Willy-Brandt-Allee	AT	
Wolfartsweierer Straße	BU	124
Zeppelinstraße	AU	126

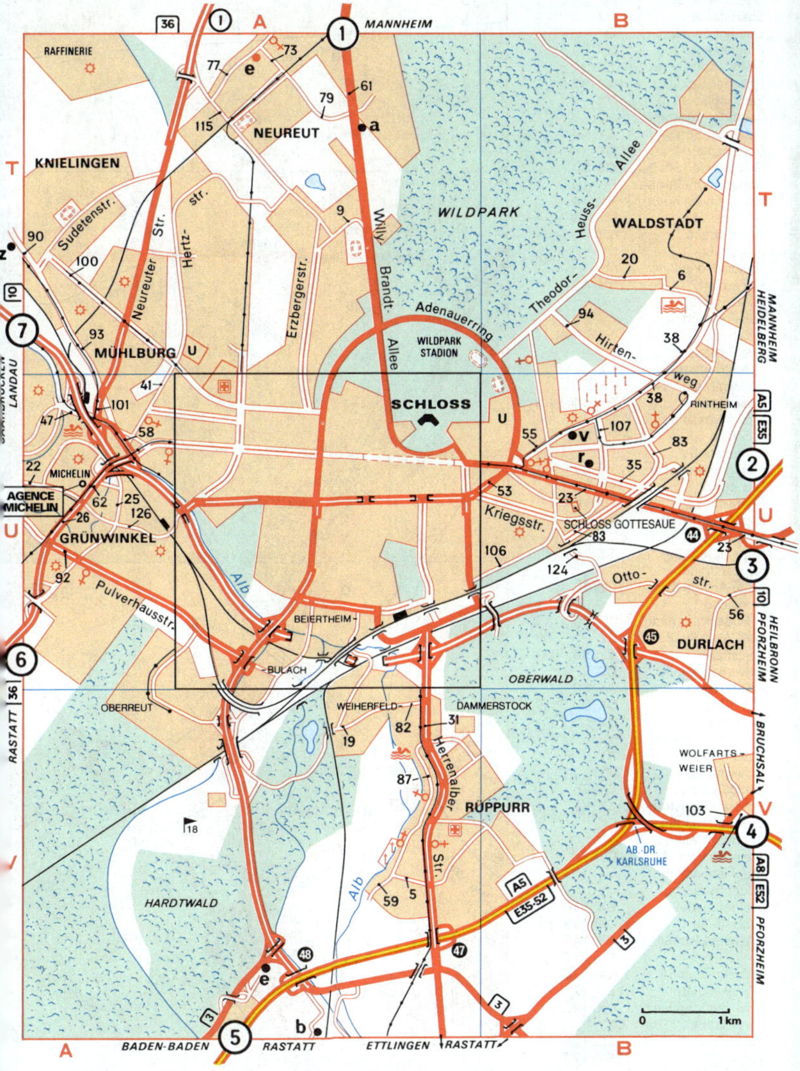

KARLSRUHE

Adenauerring . . . . . . DX 2
Akademiestraße . . . . DX 3
Am Stadtgarten . . . . EZ 8
Amalienstraße . . . . . . DX 12
Bahnhofplatz . . . . EZ 13
Bahnhofstraße . . . . . . EZ 14
Bannwaldallee . . . . . CYZ
Baumeisterstraße . . . EY 16
Beiertheimer Allee . . DYZ 17
Bismarckstraße . . . . . DX
Blücherstraße CX
Brauerstraße . . . . DY
Breite Straße . . . . DZ
Bulacher Straße . . . . DZ 21
Ebertstraße . . . . DZ
Eisenlohrstraße . . . . . CY
Erbprinzenstraße . . . . DX 29
Ettlinger Allee . . . . . . EZ 31
Ettlinger Straße . . . . EYZ 32
Europaplatz . . . . DX
Fautenbruchstraße . . EZ
Fritz-Erler-Straße . . . . EY 34
Gartenstraße . . . . . . CDY
Grünwinkler Straße . . CZ 37
Hans-Thoma-Straße . . EX 40
Hermann-Billing-Str. . EY 44
Herrenstraße . . . . DY 46
Hirschstraße . . . . DYZ
Jollystraße . . . . DY
Kaiserallee CX
Kaiserplatz . . . . DX 49
Kaiserstraße . . . DEX 50
Karl-Friedrich-Str. . . . . EY 52
Karlstraße . . . . DYZ
Kriegsstraße . . . . . . CDEY
Litzenhardtstraße . . . CZ
Ludwig-Marum-Str. . . . CX
Luisenstraße . . . . EY 64
Marie-Alexandra-
Straße . . . . DZ 65
Marienstraße . . . . EY
Markgrafenstraße . . . EXY 67
Marktpltz . . . . EX 68
Mathystraße . . . . DY 70
Mittelbruchstraße . . . . EZ 71
Moltkestraße . . . . CDX
Nebeniusstraße . . . . . EZ 74
Neckarstraße . . . . DZ
Neue-Anlage-Str. . . . . CZ 76
Nördliche
Hildapromenade . . CX 80
Otto-Wels-Straße . . . . CZ
Poststraße . . . . EZ 86
Pulverhausstraße . . . . CZ
Reinhold-Frank-Str. . . DX 89
Rheinstraße . . . . CX 90
Ritterstraße . . . . DY
Rüppurrer Straße . . . EYZ
Scheffelstraße . . . . . CXY
Schillerstraße . . . . . . CXY
Schloßplatz . . . . EX 95
Schwarzwaldstraße . . EZ 98
Seldeneckstraße CX
Sophienstraße . . . . CDXY
Steinhäuserstraße . . . CY
Stephanienstraße . . . DX 104
Südendstraße . . . . . CDY
Waldhornstraße . . . . EX 110
Waldstraße . . . . DX 112
Weiherfeldstraße . . . . DZ 113
Werderplatz . . . . EY 116
Wilhelm-Baur-Str. . . . CY 119
Wilhelmstraße . . . . . . EY 121
Willy-Brandt-Allee . . . . DX 122
Yorckstraße . . . . CXY
Zeppelinstraße . . . . . CY 126
Zirkel . . . . EX 127

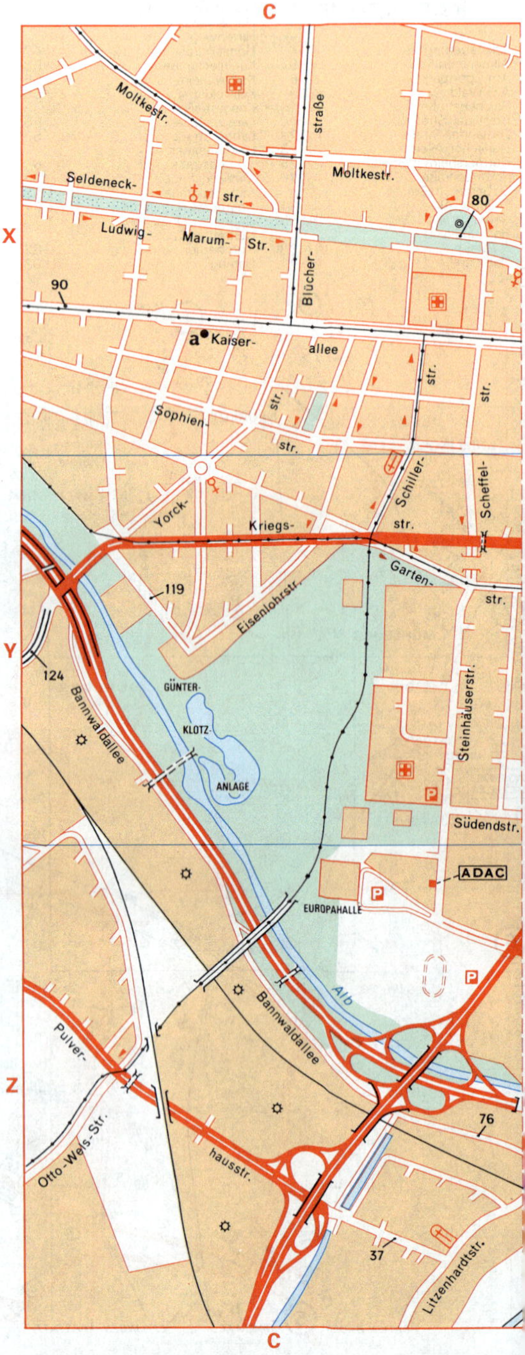

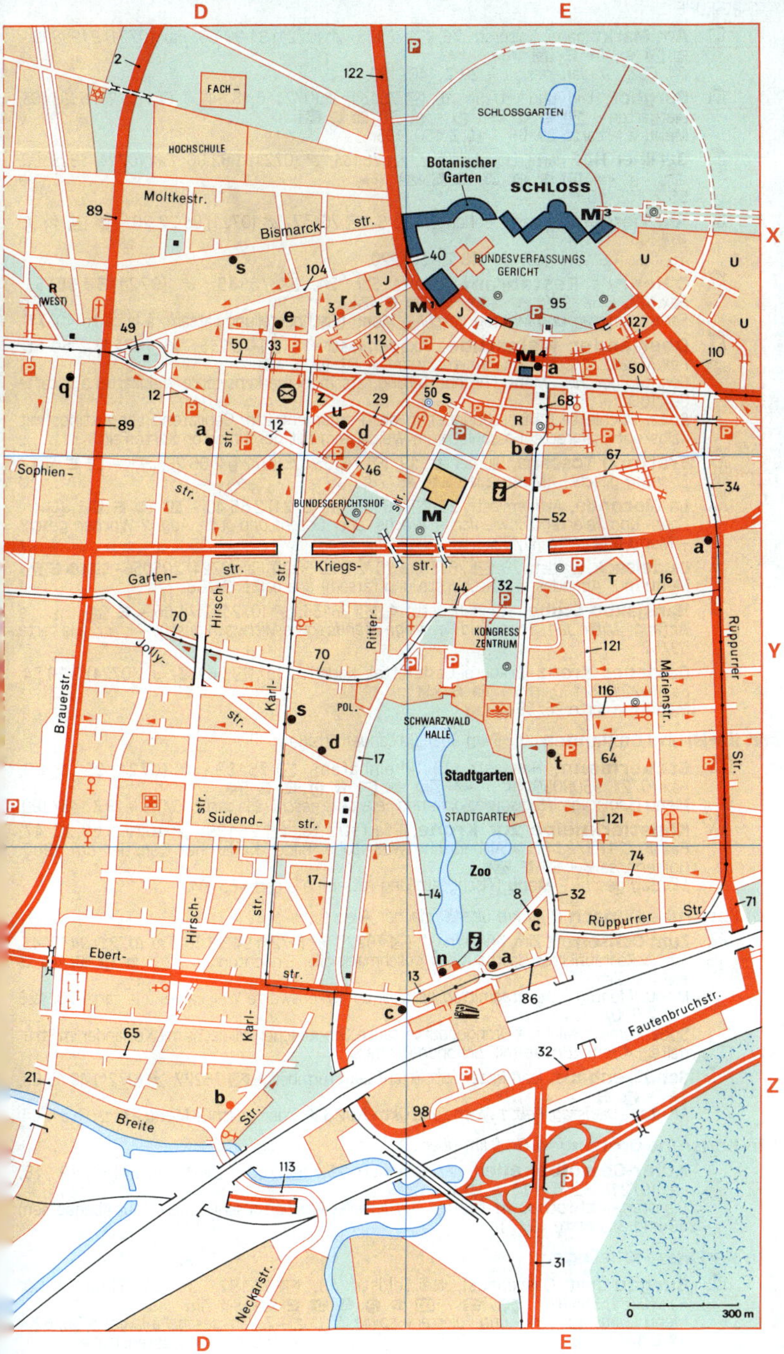
D
E
X
Y
Z
FACH-
HOCHSCHULE
SCHLOSSGARTEN
Botanischer Garten
SCHLOSS
M³
Moltkestr.
Bismarck- str.
BUNDESVERFASSUNGS GERICHT
R (WEST)
M¹
M⁴
Sophien- str.
BUNDESGERICHTSHOF
M
Kriegs- str.
Garten- str.
Hirsch-
Karl- str.
Ritter-
KONGRESS ZENTRUM
T
Rüppurrer Str.
Marienstr.
Jolly- str.
Brauerstr.
POL.
SCHWARZWALD HALLE
Stadtgarten
STADTGARTEN
Zoo
Südend- str.
Hirsch- str.
Ebert- str.
Rüppurrer Str.
Fautenbruchstr.
Breite Str.
Neckarstr.
0 300 m

Am Markt garni, Kaiserstr. 76, ✉ 76133, ✆ (0721) 91 99 80, *Fax (0721) 9199899* – 🛗 TV ☎. AE E VISA JCB — EX a
24. Dez. - 7. Jan. geschl. – **29 Z** 140/190.

Burghof, Haid- und Neu- Str. 18, ✉ 76131, ✆ (0721) 6 18 34 00, *Fax (0721) 6183403*, Biergarten – TV ☎ 📞 🚗 P – 🏛 30. AE E VISA — BU v
Menu à la carte 29/66 – **16 Z** 150/195.

Berliner Hof garni, Douglasstr. 7, ✉ 76133, ✆ (0721) 1 82 80, *Fax (0721) 1828100*, – 🛗 TV ☎ P. AE E VISA JCB — DX e
55 Z 105/180.

Am Tiergarten garni, Bahnhofplatz 6, ✉ 76137, ✆ (0721) 93 22 20 – 🛗 TV ☎. E VISA. — EZ n
18. Dez. - 6. Jan. geschl. – **18 Z** 130/220.

O'Henry's Restaurant, Breite Str. 24, ✉ 76135, ✆ (0721) 38 55 51, *Fax (0721) 387930*, – P. AE E VISA — DZ b
Samstagmittag und Montag geschl. – **Menu** (Tischbestellung ratsam) à la carte 40/71.

Oberländer Weinstube, Akademiestr. 7, ✉ 76133, ✆ (0721) 2 50 66, *Fax (0721) 21157*, « Innenhofterrasse » – AE E VISA — DX t
Sonntag geschl. – **Menu** (Tischbestellung ratsam, bemerkenswerte Weinkarte) à la carte 80/105
Spez. Pochierte Gänsestopfleber in der Pergamenttüte. Gebratene Langustinos mit Kalbskopfvinaigrette. Cassoulet vom Weidelamm mit geschmorten Kartoffeln.

Trattoria Toscana, Blumenstr. 19, ✉ 76133, ✆ (0721) 2 06 28, – AE E VISA
Sonntag geschl. – **Menu** à la carte 48/78. — DX d

La Gioconda, Akademiestr. 26, ✉ 76133, ✆ (0721) 2 55 40 – AE E VISA JCB
Sonn- und Feiertage sowie Jan. 1 Woche, über Ostern und Juli - Aug. 2 Wochen geschl. – **Menu** à la carte 61/82. — DX r

Dudelsack, Waldstr. 79, ✉ 76133, ✆ (0721) 20 50 00, *Fax (0721) 205056* – AE E VISA
Menu (nur Abendessen, Tischbestellung ratsam) à la carte 49/68. — DY f

Hansjakob Stube, Ständehausstr. 4, ✉ 76133, ✆ (0721) 2 71 66 – E VISA — EX s
Anfang - Mitte Jan., Sonn- und Feiertage abends sowie Mittwoch geschl. – **Menu** à la carte 39/62.

Goldenes Kreuz (Brauerei-Gaststätte), Karlstr. 21a, ✉ 76133, ✆ (0721) 2 20 54, *Fax (0721) 22130*, – E VISA — DX z
Menu à la carte 26/59.

In Karlsruhe-Daxlanden *W : 5 km über Daxlander Straße* AU *:*

Steuermann, Hansastr. 13 (Rheinhafen), ✉ 76189, ✆ (0721) 95 09 00, *Fax (0721) 9509050*, – Zim, TV ☎ P. AE E VISA
Menu *(Samstagmittag sowie Sonn- und Feiertage geschl.)* à la carte 46/75 – **18 Z** 135/190.

Künstlerkneipe Zur Krone, Pfarrstr. 18, ✉ 76189, ✆ (0721) 57 22 47, *Fax (0721) 572341*, « Altbadische Weinstube, Bilder Karlsruher Künstler um 1900, Hofterrasse » – AE E VISA
Montag geschl. – **Menu** (Tischbestellung ratsam) à la carte 65/94.

In Karlsruhe-Durlach *O : 7 km über Durlacher Allee* BU *:*

Zum Ochsen mit Zim, Pfinzstr. 64, ✉ 76227, ✆ (0721) 94 38 60, *Fax (0721) 9438643*, , « Restauriertes Gasthaus mit geschmackvoller Einrichtung » – TV ☎ P. AE E VISA. Zim
Menu *(Montag - Dienstagmittag geschl.)* (bemerkenswerte Weinkarte) à la carte 78/126 – **6 Z** 220/330
Spez. Hummersalat mit Orangenbuttersauce. Schottischer Wildlachs mit Koriander im Strudelteig. Crème Brulée mit Zichorien-Rahmeis.

Schützenhaus, Jean-Ritzert-Str. 8 (auf dem Turmberg), ✉ 76227, ✆ (0721) 49 13 68, – P. E
Montag - Dienstag, Feb. 1 Woche und Okt. - Nov. 3 Wochen geschl. – **Menu** à la carte 31/64.

In Karlsruhe-Grötzingen *O : 8 km über ③ :*

Adler-Gewölbekeller, Friedrichstr. 6, ✉ 76229, ✆ (0721) 48 19 18, *Fax (0721) 482457*, – AE E
Dienstag - Mittwoch sowie Jan. und Aug. jeweils 3 Wochen geschl. – **Menu** (nur Abendessen) 45 und à la carte 49/71.

In Karlsruhe-Knielingen :

Burgau (mit Gästehaus), Neufeldstr. 10, ✉ 76187, ✆ (0721) 56 51 00, *Fax (0721) 5651035*, , – TV ☎ P. AE E VISA. Zim
Menu *(Samstag, Sonn- und Feiertage sowie 23. Dez. - 7. Jan. geschl.)* à la carte 36/62 – **17 Z** 143/230. — über Rheinbrückenstraße AT

In Karlsruhe-Neureut :

Achat garni, An der Vogelhardt 10, ✉ 76149, ✆ (0721) 7 83 50, *Fax (0721) 7835333* - AE E VISA AT a
24. Dez. - 4. Jan. geschl. - **83 Z** 134/189.

Nagel's Kranz, Neureuter Hauptstr. 210, ✉ 76149, ✆ (0721) 70 57 42, *Fax (0721) 7836254*, - AT e
Samstagmittag und Montagmittag, Sonn- und Feiertage sowie Ostern 1 Woche geschl. - **Menu** (Tischbestellung ratsam) à la carte 47/84.

An der Autobahn A 5 *(Anschlußstelle Karlsruhe Süd) :* ***Hotel Holiday Inn*** *siehe unter Ettlingen*

MICHELIN-REIFENWERKE KGaA. ✉ 76185 Karlsruhe Werk : Michelinstraße 4 (AU), ✆ (0721) 53 00 Fax (0721) 5301290.

KARLSTADT *Bayern* **417** *Q 13 – 15 300 Ew – Höhe 163 m.*

Städtisches Fremdenverkehrsbüro, Hauptstr. 24, ✉ 97753, ✆ (09353) 79 02 88, Fax (09353) 2576.

Berlin 498 – München 304 – Würzburg 26 – Aschaffenburg 52 – Bad Kissingen 45.

Alte Brauerei, Hauptstr. 58, ✉ 97753, ✆ (09353) 9 77 10, *Fax (09353) 977171* – – 40. AE E VISA
Menu à la carte 33/54 – **20 Z** 95/160.

KARNIN *Mecklenburg-Vorpommern siehe Barth.*

KARSDORF *Sachsen-Anhalt* **418** *M 18 – 3 000 Ew – Höhe 116 m.*

Berlin 230 – Magdeburg 118 – Erfurt 90 – Leipzig 68 – Weimar 48 – Naumburg 31 – Sangerhausen 43.

Trias, Straße der Einheit 29, ✉ 06638, ✆ (034461) 7 00, *Fax (034461) 70104* – – 50. AE E VISA
Menu *(Sonntagabend geschl.)* (Montag - Freitag nur Abendessen) à la carte 25/37 – **53 Z** 85/120.

KARWITZ *Niedersachsen* **416** *G 17 – 800 Ew – Höhe 80 m.*

Berlin 231 – Hannover 130 – Schwerin 88 – Dannenberg 8 – Ludwigslust 51 – Salzwedel 36 – Uelzen 35.

Landgasthof Karwitz, An der Bundesstr. 5 (B 191), ✉ 29481, ✆ (05861) 67 00, *Fax (05861) 6720*, , , (Halle) – – – 20. AE E VISA
Menu *(Dienstag geschl.)* à la carte 32/64 – **13 Z** 79/135.

KASENDORF *Bayern* **420** *P 18 – 2 400 Ew – Höhe 367 m – Wintersport : 400/500 m 1 (in Zultenberg).*

Berlin 369 – München 260 – Coburg 56 – Bayreuth 25 – Kulmbach 11 – Bamberg 43.

Goldener Anker, Marktplatz 9, ✉ 95359, ✆ (09228) 6 22, *Fax (09228) 674*, , , –
Menu à la carte 22/47 – **53 Z** 55/140.

KASSEL *Hessen* **417** **418** *M 12 – 205 000 Ew – Höhe 163 m.*

Sehenswert : *Wilhelmshöhe★★ (Schloßpark★★ : Wasserkünste★, Herkules★, ≤★★)* X – *Schloß Wilhelmshöhe (Gemäldegalerie★★★, Antikensammlung★)* X **M** – *Neue Galerie★* Z **M2** – *Park Karlsaue★* Z – *Hessisches Landesmuseum★ (Deutsches Tapetenmuseum★★, Astronomisch-Physikalisches Kabinett★★)* Z **M1** – *Museum für Astronomie und Technikgeschichte (Sammlung astronomischer Instrumente★★)* Z.

Ausflugsziel : *Schloß Wilhelmsthal★ N : 12 km.*

Kassel-Wilhelmshöhe, Am Habichtswald 1 (X), ✆ (0561) 3 35 09.

Ausstellungsgelände Messeplatz (Z), ✆ 1 49 23.

Service Gesellschaft für Tourismus und Marketing, Königplatz 53, ✉ 34117, ✆ (0561) 7 07 71 63, Fax (0561) 7077169.

Tourist-Information im Intercity-Bahnhof Wilhelmshöhe, ✉ 34131, ✆ (0561) 3 40 54, Fax (0561) 315216.

ADAC, *Rudolf-Schwander-Str. 17, ✉ 34117, ✆ (0561) 10 34 64, Fax (0561) 103768.*

Berlin 383 ② – Wiesbaden 215 ④ – Dortmund 167 ⑤ – Erfurt 150 ③ – Frankfurt am Main 187 ② – Hannover 164 ②.

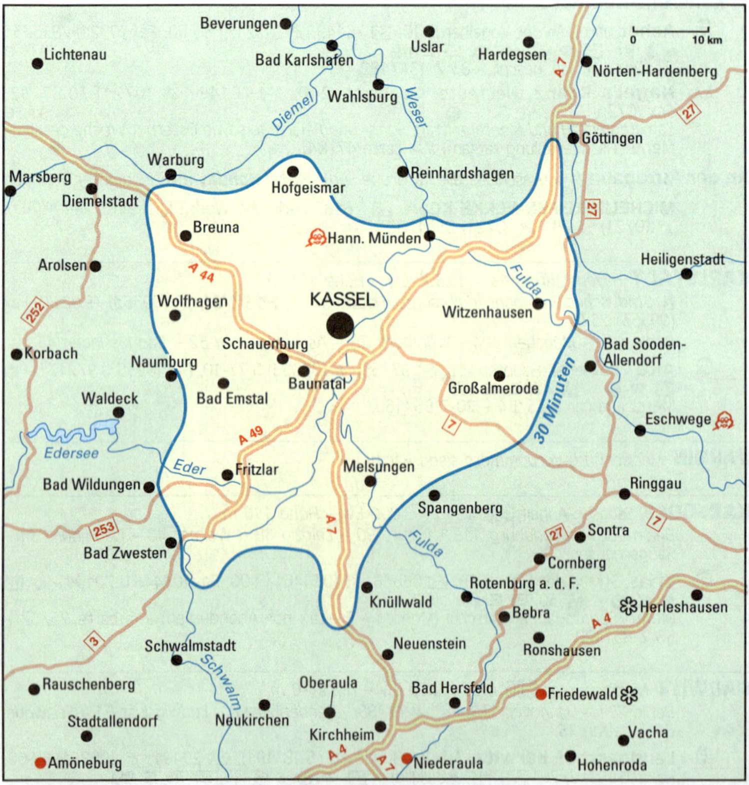

Mövenpick, Spohrstr. 4, ✉ 34117, ✆ (0561) 7 28 50, *Fax (0561) 7285118* – |‡|, ⇹ Zim, ▤ TV ✆ – 🎤 200. AE ⓓ E VISA JCB Y b
Menu à la carte 35/51 – **128 Z** 229/338.

Mercure-Hessenland garni, Obere Königsstr. 2, ✉ 34117, ✆ (0561) 9 18 10, *Fax (0561) 9181160* – |‡| ⇹ TV ☎ ✆. AE ⓓ E VISA Z e
48 Z 169/219.

City-Hotel M, Wilhelmshöher Allee 38, ✉ 34119, ✆ (0561) 7 28 10, *Fax (0561) 7281199*, ≘s – |‡|, ⇹ Zim, TV ☎ 🚗 Ⓟ – 🎤 25. AE ⓓ E VISA X v
Himmelstürmer : Menu à la carte 32/70 – **43 Z** 118/248.

Residenz Domus, Erzbergerstr. 1, ✉ 34117, ✆ (0561) 7 29 60, *Fax (0561) 7296498* – |‡| TV ☎ ✆ Ⓟ – 🎤 50. AE ⓓ E VISA. ✻ Rest Y d
Menu *(Samstag - Sonntag geschl.)* (nur Abendessen) à la carte 39/54 – **55 Z** 130/245.

Excelsior garni, Erzbergerstr. 2, ✉ 34117, ✆ (0561) 10 29 84, *Fax (0561) 15110* – |‡| TV ☎ ✆ – 🎤 60. AE E VISA Y v
73 Z 98/170.

Stadthotel M garni, Wolfsschlucht 21, ✉ 34117, ✆ (0561) 78 88 80, *Fax (0561) 78888100* – |‡| ⇹ TV ☎ ✆. AE ⓓ E VISA JCB Z a
42 Z 130/195.

Astoria garni, Friedrich-Ebert-Str. 135, ✉ 34119, ✆ (0561) 7 28 30, *Fax (0561) 7283199* – |‡| ⇹ TV ☎. AE ⓓ E VISA JCB X s
Weihnachten - 5. Jan. geschl. – **40 Z** 108/248.

Chassalla, Wilhelmshöher Allee 99, ✉ 34121, ✆ (0561) 9 27 90, *Fax (0561) 9279101* – |‡| ⇹ TV ☎ 🚗 Ⓟ – 🎤 50. AE ⓓ E VISA X e
(Restaurant nur für Hausgäste) **44 Z** 135/200.

Kö 78 garni, Kölnische Str. 78, ✉ 34117, ✆ (0561) 7 16 14, *Fax (0561) 17982*, 🌳 – TV ☎. AE E VISA – **23 Z** 89/145. X p

KASSEL

Baunsbergstraße . . . . X 2
Brüder-Grimm-Platz . . . . Z 3
Bürgerm.-Brunner-Str. . . . . . . Z 5
Dag-Hammarskjöld-Str. . . . . . X 6
Damaschkestr. . . . . X 7
Dresdener Straße . . . . X 8
Fünffensterstraße . . . . Z 12
Fuldabrücke . . . . Z 13
Harleshäuser Str. . . . . X 16
Hugo-Preuß-Str. . . . . X 18
Kölnische Straße . . . . X 20
Königsplatz . . . . Z 21
Kurfürstenstraße . . . . Y 22
Landgraf-Karl-Str. . . . . X 23
Neue Fahrt . . . . Z 25
Obere Königsstraße . . . . Z
Rudolf-Schwander-Str. . . . . . . Y 27
Scheidemannplatz . . . . Z 28
Schönfelder Str. . . . . X 29
Schützenstraße . . . . X 32
Standeplatz . . . . Z
Treppenstraße . . . . Z
Tulpenallee . . . . X 33
Untere Königsstraße . . . . Y
Werner-Hilpert-Str. . . . . Y 34
Wilhelmstraße . . . . Z 35

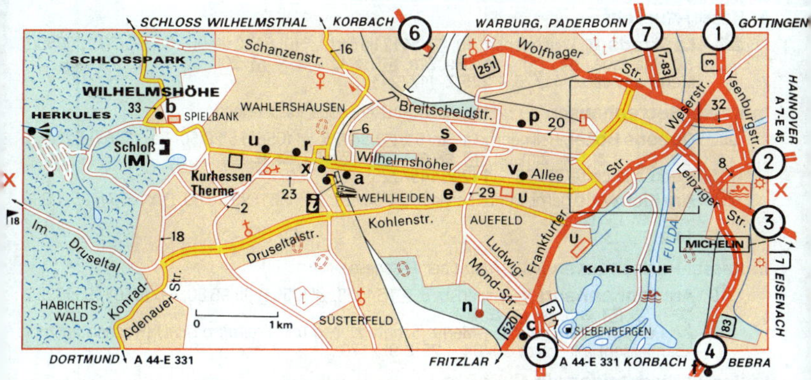

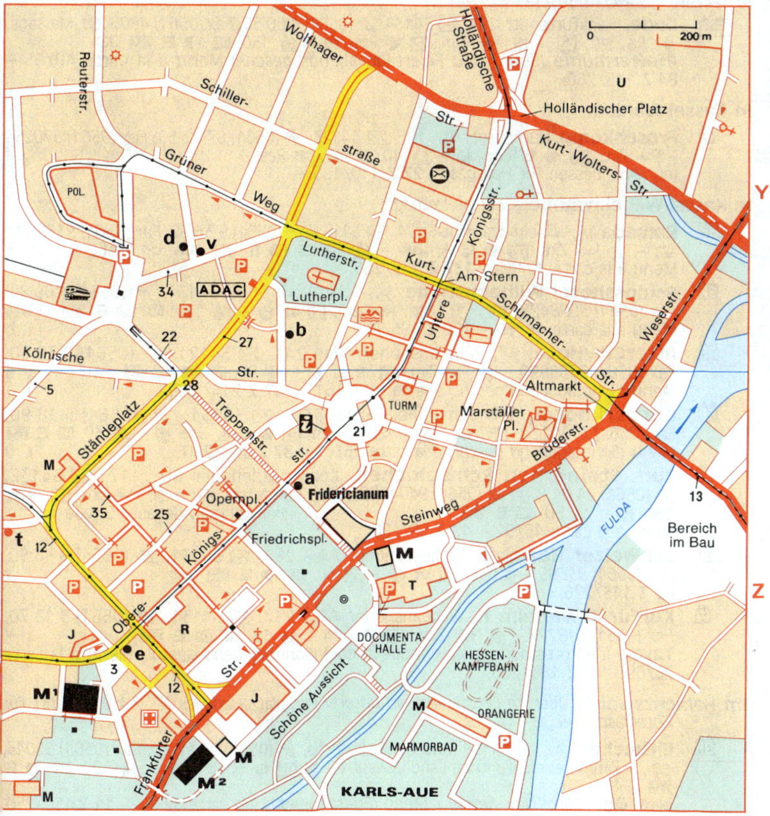

Park Schönfeld, Bosestr. 13 (Wehlheiden), ✉ 34121, ✆ (0561) 2 20 50, *Fax (0561) 27551*, « Kleines Schloß a.d.J. 1777 mit moderner Einrichtung » – AE E X n
Sonntag geschl. – **Menu** (abends Tischbestellung ratsam) 40 (mittags) und à la carte 55/78.

La Frasca, Jordanstr. 11, ✉ 34117, ✆ (0561) 1 44 94 – VISA Z t
Sonntag geschl. – **Menu** (nur Abendessen, Tischbestellung ratsam) à la carte 56/82.

In Kassel-Auefeld :

La Strada M, Raiffeisenstr. 10, ✉ 34121la cart, ✆ (0561) 2 09 00, *Fax (0561) 2090500*, Massage, – Zim, – 200. AE E VISA JCB
Menu à la carte 41/75 – **225 Z** 117/243. X c

In Kassel-Bettenhausen ② *: 4 km, nahe BAB-Anschluß Kassel-Nord :*

Queens Hotel, Heiligenröder Str. 61, ✉ 34123, ✆ (0561) 5 20 50, *Fax (0561) 527400*, – Zim, – 120. AE E VISA
Menu à la carte 37/68 – **142 Z** 145/225.

Am Eichwald garni, Bunte Berna 6, ✉ 34123, ✆ (0561) 95 20 60, *Fax (0561) 9520666* – E VISA
14 Z 95/150.

In Kassel-Harleshausen *NW : 7 km über Rasenallee* X *:*

Am Sonnenhang, Aspenstr. 6, ✉ 34128, ✆ (0561) 96 98 80, *Fax (0561) 9698855*, – E VISA
27. Dez. - 15. Jan. geschl. – **Menu** *(Sonntagabend und Freitag geschl.)* (wochentags nur Abendessen) à la carte 36/64 – **25 Z** 95/170.

In Kassel-Niederzwehren ⑤ *: 3,5 km :*

Gude, Frankfurter Str. 299, ✉ 34134, ✆ (0561) 4 80 50, *Fax (0561) 4805101*, Massage, – Zim, – 150. AE E VISA JCB
Pfeffermühle *(Sonn- und Feiertage abends geschl.)* **Menu** à la carte 40/65 – **84 Z** 145/260.

In Kassel-Waldau :

Froschkönig, Nürnberger Str. 106, ✉ 34123, ✆ (0561) 57 02 50, *Fax (0561) 570251* – Zim, – 40. E VISA. Rest X f
(nur Abendessen für Hausgäste) **27 Z** 110/185.

In Kassel-Wilhelmshöhe – *Kneipp-Heilbad :*

Ramada M, Wilhelm-Schmidt-Str. 4, ✉ 34131, ✆ (0561) 9 33 90, *Fax (0561) 9339100*, – Zim, – 40. AE E VISA JCB. Rest X x
Menu à la carte 32/70 – **137 Z** 175/235.

Schlosshotel Wilhelmshöhe, Schloßpark 8, ✉ 34131, ✆ (0561) 3 08 80, *Fax (0561) 3088428*, – Zim, – 120. AE E VISA JCB
Menu à la carte 45/66 – **106 Z** 195/270. X b

InterCityHotel M, Wilhelmshöher Allee 241, ✉ 34121, ✆ (0561) 9 38 80, *Fax (0561) 9388999* – Zim, – 80. AE E VISA X a
Menu *(Sonntagabend geschl.)* à la carte 45/61 – **147 Z** 214/272.

Kurparkhotel, Wilhelmshöher Allee 336, ✉ 34131, ✆ (0561) 3 18 90, *Fax (0561) 3189124*, – Zim, – 30. AE E VISA
Menu *(Sonntagabend geschl.)* à la carte 36/67 – **87 Z** 160/280. X u

Zum Steinernen Schweinchen, Konrad-Adenauer Str. 117, ✉ 34132, ✆ (0561) 94 04 80, *Fax (0561) 94048555*, Biergarten, – Zim, – 50. AE E VISA über Konrad-Adenauer-Straße X
Menu à la carte 45/82 – **42 Z** 95/180.

Schweizer Hof garni, Wilhelmshöher Allee 288, ✉ 34131, ✆ (0561) 9 36 90, *Fax (0561) 93699* – – 50. AE E VISA X r
63 Z 143/226.

Kurfürst Wilhelm I., Wilhelmshöher Allee 257, ✉ 34131, ✆ (0561) 3 18 70, *Fax (0561) 318777* – Zim, – 18. AE E VISA X x
Tavola (Bistrorestaurant, italienische Küche) *(Sonntagabend geschl.)* **Menu** à la carte 26/59 – **42 Z** 180/250.

Im Habichtswald *: über Im Druseltal* X*, ab unterer Parkplatz Herkules N : 2 km, Zufahrt für Hotelgäste frei*

Elfbuchen, ✉ 34131 Kassel-Wilhelmshöhe, ✆ (0561) 96 97 60, *Fax (0561) 62043*, « Zimmereinrichtung im Landhausstil » – – 100. AE E VISA
Mitte Okt. - Mitte Nov. geschl. – **Menu** *(Freitag geschl.)* à la carte 32/56 – **11 Z** 150/250.

In Niestetal-Heiligenrode ② : *6 km, nahe BAB-Anschluß Kassel-Nord :*

Zum Niestetal, Niestetalstr. 16, ✉ 34266, ✆ (0561) 95 22 60, *Fax (0561) 9522634* – TV ☎ P. AE ⓪ E VISA
Menu à la carte 29/53 – **19 Z** 95/140.

Althans garni, Friedrich-Ebert-Str. 65, ✉ 34266, ✆ (0561) 52 27 09, *Fax (0561) 526981* – TV ☎ P. E.
21. Dez. - 6. Jan. geschl. – **22 Z** 70/150.

In Fuldatal-Simmershausen ① : *7 km :*

Haus Schönewald, Wilhelmstr. 17, ✉ 34233, ✆ (0561) 98 10 50, *Fax (0561) 9810522,* – Zim, TV P. AE ⓪ E VISA.
Menu *(Sonntagabend, Mittwoch und 7. - 21. Juli sowie 9. - 23. Okt. geschl.)* (wochentags nur Abendessen) à la carte 27/43 – **26 Z** 70/120.

In Kaufungen-Niederkaufungen *O : 9 km über* ③ *:*

Gasthaus am Steinertsee, Am Steinertsee 1, ✉ 34260, ✆ (05605) 30 02, *Fax (05605) 70515,* – TV ☎ P. ⓪ E VISA
Menu *(Montag geschl.)* à la carte 26/49 – **14 Z** 90/150.

In Espenau-Schäferberg ⑦ : *10 km :*

Waldhotel Schäferberg, Wilhelmsthaler Str. 14 (B 7), ✉ 34314, ✆ (05673) 99 65 55, *Fax (05673) 996555,* , – , Zim, TV ☎ P – 100. AE ⓪ E VISA
Menu à la carte 40/67 – **98 Z** 150/240, 6 Suiten.

MICHELIN-REIFENWERKE KGaA. Regionale Vetriebsniederlassung ✉ 34123 Kassel, Osterholzstr. 50 über ③, ✆ (0561) 5 70 99 11 Fax (0561) 5709999.

KASTELLAUN *Rheinland-Pfalz* 417 *P 6 – 4 200 Ew – Höhe 435 m.*

Verkehrsamt, Rathaus, Kirchstr. 1, ✉ *56288,* ✆ *(06762) 4 03 20, Fax (06762) 40340.*
Berlin 645 – Mainz 80 – Bad Kreuznach 63 – Trier 86 – Koblenz 44.

Zum Rehberg garni, Mühlenweg 1, ✉ 56288, ✆ (06762) 13 31, *Fax (06762) 2640,* , – TV ☎ P. E VISA
50 Z 75/200.

Altes Stadttor, Marktstr. 4a, ✉ 56288, ✆ (06762) 9 31 30, *Fax (06762) 931322,* , « Fachwerkhaus a.d.J. 1850 mit rustikal-gemütlicher Einrichtung » – Zim, TV ☎. ⓪ E VISA
Menu *(Dienstag geschl.)* (Okt. - April nur Abendesssen) à la carte 39/59 – **10 Z** 85/155.

KASTL *Bayern* 419 420 *R 19 – 2 800 Ew – Höhe 430 m – Erholungsort.*

Berlin 449 – München 159 – Weiden in der Oberpfalz 69 – Regensburg 92 – Amberg 22.

Forsthof, Amberger Str. 2, ✉ 92280, ✆ (09625) 9 20 30, *Fax (09625) 920344,* Biergarten – TV ☎ P – 25. AE ⓪ E VISA
Menu *(Dienstag geschl.)* à la carte 23/45 – **18 Z** 70/110.

KATZENELNBOGEN *Rheinland-Pfalz* 417 *P 7 – 1 700 Ew – Höhe 300 m.*

Berlin 571 – Mainz 51 – Koblenz 50 – Limburg an der Lahn 21 – Wiesbaden 46.

In Berghausen *SO : 2,5 km :*

Berghof, Bergstr. 3, ✉ 56368, ✆ (06486) 9 12 10, *Fax (06486) 1837,* Biergarten, – ☎ P – 20. E
Menu *(Montag geschl.)* à la carte 23/44 – **38 Z** 52/98.

KAUB *Rheinland-Pfalz* 417 *P 7 – 1 300 Ew – Höhe 79 m.*

Sehenswert : *Die Pfalz★ (Insel).*

Verkehrsamt, im Rathaus, Metzgergasse 26, ✉ *56349,* ✆ *(06774) 2 22, Fax (06774) 8230.*
Berlin 612 – Mainz 54 – Bad Kreuznach 40 – Koblenz 55 – Wiesbaden 51.

Deutsches Haus mit Zim, Schulstr. 1, ✉ 56349, ✆ (06774) 2 66, *Fax (06774) 919220* – P
Mitte Jan. - Anfang Feb. geschl. – **Menu** *(Montag geschl.)* à la carte 25/62 – **9 Z** 40/100.

KAUFBEUREN *Bayern* 419 420 *W 15 – 43 500 Ew – Höhe 680 m – Wintersport : 707/849 m* ⛷.

Pforzen, Lettensteige (N : 7 km), ✆ (08346) 2 77.

Verkehrsverein, Kaiser-Max-Str. 1 (Rathaus), ✉ 87600, ✆ (08341) 4 04 05, Fax (08341) 73962.

ADAC, *Kaiser-Max-Str. 3b, ✉ 87600, ✆ (08341) 24 07, Fax (08341) 74604.*

Berlin 627 – München 87 – Kempten (Allgäu) 38 – Landsberg am Lech 30 – Schongau 26.

Goldener Hirsch, Kaiser-Max-Str. 39, ✉ 87600, ✆ (08341) 4 30 30, *Fax (08341) 430375*, – 80. AE E VISA
Menu à la carte 34/55 – **42 Z** 70/167.

Am Kamin, Füssener Str. 62 (B 16), ✉ 87600, ✆ (08341) 93 50, *Fax (08341) 935222*, – 45. AE E VISA
Menu *(Montagmittag geschl.)* à la carte 38/53 – **32 Z** 115/149.

Am Turm garni, Josef-Landes-Str. 1, ✉ 87600, ✆ (08341) 9 37 40, *Fax (08341) 937460* – AE E VISA
33 Z 80/150.

Leitner, Neugablonzer Str. 68, ✉ 87600, ✆ (08341) 33 44, *Fax (08341) 3344*, –
Menu *(Freitag - Samstag, 23. Dez. - 1. Jan. und Aug. 2 Wochen geschl.)* à la carte 25/39 – **22 Z** 40/95.

In Frankenried *O : 3,5 km :*

Zum goldenen Schwanen, Paul-Gaupp-Str. 1, ✉ 87665, ✆ (08341) 9 39 60, *Fax (08341) 939630*, – 30. AE E VISA
Menu (Montag - Freitag nur Abendessen) à la carte 35/52 – **11 Z** 70/110 – ½ P 30.

In Irsee *NW : 7 km :*

Irseer Klosterbräu, Klosterring 1, ✉ 87660, ✆ (08341) 43 22 00, *Fax (08341) 432269*, Brauereimuseum – 15
8. Jan. - Mitte Feb. geschl. – **Menu** à la carte 38/53 – **55 Z** 92/168.

KAUFUNGEN *Hessen siehe Kassel.*

KAYHUDE *Schleswig-Holstein* 415 416 *E 14 – 1 000 Ew – Höhe 25 m.*

Berlin 307 – Kiel 82 – Hamburg 36 – Lübeck 50 – Bad Segeberg 26.

Alter Heidkrug, Segeberger Str. 10 (B 432), ✉ 23863, ✆ (040) 6 07 02 52, , Biergarten –
Sonntagabend, Donnerstag und Juli 2 Wochen geschl. – **Menu** à la carte 39/77.

KEHL *Baden-Württemberg* 419 *U 7 – 33 000 Ew – Höhe 139 m.*

Verkehrsamt, Hauptstr. 63 (Marktplatz), ✉ 77694, ✆ (07851) 8 82 26 Fax (07851) 2140.

ADAC, *Grenzbüro, Europabrücke, ✉ 77694, ✆ (07851) 21 88, Fax (07851) 481547.*

Berlin 748 – Stuttgart 149 – Karlsruhe 78 – Freiburg im Breisgau 81 – Baden-Baden 55 – Strasbourg 6.

Urbi Aparthotel M garni, Fabrikstr. 1, ✉ 77694, ✆ (07851) 7 90 30, *Fax (07851) 7903444* – AE E VISA
25 Z 120/200.

Rebstock, Hauptstr. 183, ✉ 77694, ✆ (07851) 9 10 40, *Fax (07851) 78568*, – E VISA
Menu *(Sonntagabend - Montag, Feb. und Juli jeweils 2 Wochen geschl.)* (wochentags nur Abendessen) à la carte 36/60 – **30 Z** 70/135.

Milchkutsch, Hauptstr. 147a, ✉ 77694, ✆ (07851) 7 61 61, *Fax (07851) 621*, – AE E VISA
Samstag - Sonntag geschl. – **Menu** (Tischbestellung ratsam) à la carte 45/63.

In Kehl-Kork *SO : 4 km :*

Hirsch (mit Gästehaus), Gerbereistr. 20, ✉ 77694, ✆ (07851) 36 00, *Fax (07851) 73059*, – AE E VISA
19. Dez. - 7. Jan. geschl. – **Menu** *(Sonntag und 19. Dez. - 29. Jan. geschl.)* (nur Abendessen) à la carte 30/66 – **65 Z** 75/220 – ½ P 25.

Schwanen, Landstr. 3, ✉ 77694, ✆ (07851) 79 60, *Fax (07851) 796222* – E VISA
Menu *(Montag und Juli - Aug. 3 Wochen geschl.)* à la carte 25/58 – **39 Z** 65/118.

In Kehl-Sundheim *SO : 2 km :*

Schwanen garni, Hauptstr. 329, ✉ 77694, ✆ (07851) 34 62, *Fax (07851) 73478* – TV ☎ P. AE ◑ E VISA
23 Z 85/155.

KEITUM *Schleswig-Holstein siehe Sylt (Insel).*

KELBRA *Sachsen-Anhalt 418 L 17 – 3 150 Ew – Höhe 98 m.*

Stadtinformation, Lange Str. 10, ✉ 06537, ✆ (034651) 65 28, Fax (034651) 53253.
Berlin 244 – Magdeburg 126 – Erfurt 72 – Nordhausen 20 – Weimar 61 – Halle 72.

Kaiserhof, Frankenhäuser Str. 1 (B 85), ✉ 06537, ✆ (034651) 65 31, *Fax (034651) 6215*, , , – TV ☎ P – 30. AE ◑ E VISA
Menu à la carte 24/59 – **40 Z** 80/190.

Heinicke, Jochstr. 14, ✉ 06537, ✆ (034651) 61 89, *Fax (034651) 6383*, , – TV ☎ P – 25. ◑ E VISA
Menu à la carte 24/38 – **16 Z** 75/110.

Sachsenhof, Marktstr. 38 (B 85), ✉ 06537, ✆ (034651) 41 40, *Fax (034651) 6289*, Biergarten – TV ☎ P – 20. AE ◑ E VISA
Menu à la carte 21/35 – **18 Z** 75/115.

Am Stausee *W : 2,5 km :*

Barbarossa , Am Stausee, ✉ 06537 Kelbra, ✆ (034651) 61 25, *Fax (034651) 4233*, < Stausee und Süd-Harz, , , – TV ☎ P – 20. AE E VISA. Rest
Menu à la carte 25/49 – **30 Z** 80/140.

KELHEIM *Bayern 420 T 19 – 15 000 Ew – Höhe 354 m.*

Ausflugsziele : Befreiungshalle★ W : 3 km – Weltenburg : Klosterkirche★ SW : 7 km – Schloß Prunn : Lage★, W : 11 km.
Tourist-Information, Ludwigsplatz, ✉ 93309, ✆ (09441) 70 12 34, Fax (09441) 701207.
Berlin 512 – München 106 – Regensburg 31 – Ingolstadt 56 – Nürnberg 108.

Stockhammer, Am oberen Zweck 2, ✉ 93309, ✆ (09441) 7 00 40, *Fax (09441) 700431*, – Zim, TV ☎ P. AE ◑ E VISA. Zim
9. - 29. Aug. geschl. – ***Ratskeller*** *(Montag geschl.)* **Menu** à la carte 26/63 – **15 Z** 65/160.

Aukoferbräu, Alleestr. 27, ✉ 93309, ✆ (09441) 20 20, *Fax (09441) 21437*, – TV ☎ P – 60
23. Dez. - 6. Jan geschl. – **Menu** à la carte 22/45 – **50 Z** 56/134.

Weißes Lamm, Ludwigstr. 12, ✉ 93309, ✆ (09441) 2 00 90, *Fax (09441) 21442*, Biergarten – TV ☎ P. Zim
27. März - 16. April und 1. - 6. Nov. geschl. – **Menu** *(Jan. - Mai Samstag, Juni - Dez. Sonntagabend geschl.)* à la carte 23/48 – **31 Z** 65/110 – ½ P 24.

In Essing *W : 8 km :*

Brauereigasthof Schneider (mit Gästehaus), Altmühlgasse 10, ✉ 93343, ✆ (09447) 9 18 00, *Fax (09447) 918020*, – P
Nov. 1 Woche und Mitte Jan. - Anfang Feb. geschl. – **Menu** *(Nov. - März Montag geschl.)* à la carte 31/62 – **14 Z** 60/130.

KELKHEIM *Hessen 417 P 9 – 27 000 Ew – Höhe 202 m.*

Berlin 552 – Wiesbaden 27 – Frankfurt am Main 25 – Limburg an der Lahn 47.

Arkadenhotel, Frankenallee 12, ✉ 65779, ✆ (06195) 20 88, *Fax (06195) 2055*, , – TV ☎ – 25. AE ◑ E VISA
Menu à la carte 29/61 – **35 Z** 129/189.

Post garni, Breslauer Str. 42, ✉ 65779, ✆ (06195) 20 58, *Fax (06195) 2055* – TV ☎ P. AE ◑ E VISA
18 Z 115/160.

Kelkheimer Hof garni, Großer Haingraben 7, ✉ 65779, ✆ (06195) 9 93 20, *Fax (06195) 4031* – TV ☎ P. AE E VISA
23 Z 118/158.

Waldhotel garni, Unter den Birken 19, ✉ 65779, ✆ (06195) 9 90 40, *Fax (06195) 990444*, – TV ☎ P. ◑ E VISA
20 Z 115/165.

In Kelkheim-Münster :

Zum goldenen Löwen, Alte Königsteiner Str. 1, ✉ 65779, ✆ (06195) 9 90 70, *Fax (06195) 73917*, Biergarten – TV ☎ P – 50. AE ⓞ E VISA
Juni - Juli 3 Wochen und Weihnachten - Anfang Jan. geschl. – **Menu** (*Donnerstag geschl.*) à la carte 31/63 – **26 Z** 94/145.

Außerhalb *NW : 5 km über Fischbach und die B 455 Richtung Königstein :*

Schloßhotel Rettershof (Schlößchen mit modernem Hotelanbau), ✉ 65779 Kelkheim, ✆ (06174) 2 90 90, *Fax (06174) 25352*, , Park, , – TV – P – 30. AE ⓞ E VISA
Menu (*Sonntag geschl.*) à la carte 53/86 – **35 Z** 180/300.

KELL AM SEE *Rheinland-Pfalz* 417 *R 4 – 2 000 Ew – Höhe 441 m – Luftkurort.*
Tourist-Information, Alte Mühle, ✉ 54427, ✆ (06589) 10 44, Fax (06589) 1002.
Berlin 708 – Mainz 148 – Trier 44 – Saarburg 27.

St. Michael, Kirchstr. 3, ✉ 54427, ✆ (06589) 9 15 50, *Fax (06589) 915550*, , , – TV ☎ P – 150. E
Menu à la carte 24/48 – **38 Z** 65/130.

Haus Doris , Nagelstr. 8, ✉ 54427, ✆ (06589) 71 10, *Fax (06589) 1416*, , – TV ☎ P – 15. E VISA.
Nov. geschl. – **Menu** (*Mittwoch geschl.*) à la carte 23/47 – **16 Z** 60/100.

Zur Post, Hochwaldstr. 2, ✉ 54427, ✆ (06589) 16 00, *Fax (06589) 2235*, , – TV ☎ P – 30. AE ⓞ E VISA.
1. - 10. Jan. geschl. – **Menu** (*Samstag geschl.*) à la carte 24/53 – **9 Z** 70/120 – ½ P 20.

Fronhof mit Zim, am Stausee (N : 2 km), ✉ 54427, ✆ (06589) 16 41, *Fax (06589) 2162*, <, , , , – TV P
10. Nov. - 1. Dez. geschl. – **Menu** (*Montag geschl.*) à la carte 23/50 – **6 Z** 60/120.

KELLENHUSEN *Schleswig-Holstein* 415 416 *D 17 – 1 260 Ew – Höhe 10 m – Ostseeheilbad.*
Kurverwaltung, Strandpromenade, ✉ 23746, ✆ (04364) 4 97 50, Fax (04364) 497522.
Berlin 320 – Kiel 83 – Lübeck 65 – Grömitz 11 – Heiligenhafen 25.

Erholung (mit Gästehaus), Am Ring 31, ✉ 23746, ✆ (04364) 2 36, *Fax (04364) 1705* – TV ☎ P. Rest
Nov. - 26. Dez. und 7. Jan. - 25. März geschl. – **Menu** (*Dienstag geschl.*) à la carte 30/58 – **35 Z** 75/150.

KELSTERBACH *Hessen* 417 *P 9 – 15 000 Ew – Höhe 107 m.*
Berlin 551 – Wiesbaden 26 – Frankfurt am Main 19 – Darmstadt 33 – Mainz 26.

Astron Hotel Frankfurt-Airport M, Mörfelder Str. 113, ✉ 65451, ✆ (06107) 93 80, *Fax (06107) 938100*, , , – , Zim, TV ☎ P – 20. AE ⓞ E VISA JCB
Menu à la carte 45/68 – **154 Z** 276/396.

Novotel Frankfurt Airport , Am Weiher 20, ✉ 65451, ✆ (06107) 76 80, *Fax (06107) 8060*, , , – , Zim, TV ☎ P – 200. AE ⓞ E VISA
Menu à la carte 37/64 – **150 Z** 237/304.

Tanne, Tannenstr. 2, ✉ 65451, ✆ (06107) 93 40, *Fax (06107) 5484* – Zim, TV ☎ P. AE ⓞ E VISA
Menu (nur Abendessen) à la carte 32/52 – **36 Z** 124/200.

Alte Oberförsterei, Staufenstr. 16 (beim Bürgerhaus), ✉ 65451, ✆ (06107) 6 16 73, *Fax (06107) 64627*, – P. AE ⓞ E VISA
Samstagmittag, Montag, Jan. 1 Woche und Juni - Juli 3 Wochen geschl. – **Menu** (Tischbestellung ratsam) à la carte 38/67.

KELTERN *Baden-Württemberg* 419 *T 9 – 7 850 Ew – Höhe 190 m.*
Berlin 675 – Stuttgart 61 – Karlsruhe 26 – Pforzheim 11.

In Keltern-Dietlingen :

Zum Kaiser, Bachstr. 41, ✉ 75210, ✆ (07236) 62 89, *Fax (07236) 2459*, P
Sonntagabend - Montagmittag und Mittwoch geschl. – **Menu** (Ende Juli - Anfang Sept. wochentags nur Abendessen) à la carte 48/76.

In Keltern-Ellmendingen :

Zum Löwen, Durlacher Str. 10, ✉ 75210, ✆ (07236) 81 31, *Fax (07236) 2282,* – Rest, – 50
Jan. und Juni - Juli jeweils 2 Wochen geschl. – **Menu** *(Montag geschl.)* à la carte 28/54 – **12 Z** 50/130.

Goldener Ochsen mit Zim, Durlacher Str. 8, ✉ 75210, ✆ (07236) 81 42, *Fax (07236) 7108,* – .
Feb. - März 2 Wochen und Juni 3 Wochen geschl. – **Menu** *(Donnerstag geschl.)* à la carte 43/71 – **12 Z** 75/150.

KEMBERG *Sachsen-Anhalt* 418 *K 21 – 3 000 Ew – Höhe 75 m.*
Berlin 121 – Magdeburg 102 – Leipzig 53.

In Ateritz-Lubast *S : 2 km (an der B 2) :*

Heidehotel Lubast, Leipziger Str. 1, ✉ 06901, ✆ (034921) 7 20, *Fax (034921) 72120,* , – , Zim, – 80. VISA
Menu à la carte 29/50 – **50 Z** 115/178.

Im Naturpark Dübener Heide *S : 8 km, 6 km über die B2, dann links ab :*

Sackwitzer Mühle , Dorfstr. 35, ✉ 06905 Meuro-Sackwitz, ✆ (034925) 7 05 11, *Fax (034925) 71156,* , Biergarten, , – , Zim, – 30.
Rest
Menu à la carte 30/50 – **36 Z** 99/180.

KEMMENAU *Rheinland-Pfalz siehe Ems, Bad.*

KEMMERN *Bayern siehe Bamberg.*

KEMPEN *Nordrhein-Westfalen* 417 *L 3 – 34 100 Ew – Höhe 35 m.*
Berlin 576 – Düsseldorf 61 – Geldern 21 – Krefeld 13 – Venlo 22.

et kemp'sche huus (restauriertes Fachwerkhaus a.d.J. 1725), Neustr. 31, ✉ 47906, ✆ (02152) 5 44 65, *Fax (02152) 558923,* – AE VISA
Samstagmittag und Montag geschl. – **Menu** (Tischbestellung ratsam) à la carte 42/70.

KEMPENICH *Rheinland-Pfalz* 417 *O 5 – 1 500 Ew – Höhe 455 m – Erholungsort.*
Berlin 629 – Mainz 144 – Koblenz 53 – Bonn 55 – Trier 106.

Eifelkrone, In der Hardt 1 (nahe der B 412), ✉ 56746, ✆ (02655) 13 01, *Fax (02655) 959040,* , –
Nov. - 15. Dez. geschl. – **Menu** à la carte 27/48 – **15 Z** 60/130.

KEMPFELD *Rheinland-Pfalz* 417 *Q 5 – 950 Ew – Höhe 530 m – Erholungsort.*
Berlin 669 – Mainz 111 – Trier 58 – Bernkastel-Kues 23 – Idar-Oberstein 15.

Hunsrücker Faß, Hauptstr. 70, ✉ 55758, ✆ (06786) 97 00, *Fax (06786) 970100,* , , – – 25. AE VISA
Menu à la carte 40/82 – **20 Z** 140/196 – ½ P 35.

Wildenburger Hof , Wildenburger Str. 17, ✉ 55758, ✆ (06786) 70 33, *Fax (06786) 7131,* –
Menu *(Nov. - April Mittwochabend geschl.)* à la carte 25/57 – **10 Z** 60/120.

KEMPTEN (ALLGÄU) *Bayern* 419 420 *W 14 – 62 000 Ew – Höhe 677 m.*
Amt für Tourismus, Rathausplatz 24, ✉ 87435, ✆ (0831) 2 52 52 37, Fax (0831) 2525427.
ADAC, *Bahnhofstr. 55, ✉ 87435, ✆ (0831) 2 90 31, Fax (0831) 18799.*
Berlin 695 ② – München 127 ② – Augsburg 102 ② – Bregenz 73 ④ – Konstanz 135 ④ – Ulm (Donau) 89 ①.

Stadtpläne siehe nächste Seiten

Bayerischer Hof garni, Füssener Str. 96, ✉ 87437, ✆ (0831) 5 71 80, *Fax (0831) 5718100,* , – – 30. AE VISA AY s
52 Z 104/270.

Park Hotel Kempten M, Bahnhofstr. 1, ✉ 87435, ✆ (0831) 2 52 75, *Fax (0831) 2527777,* Kempten – , Zim, – 80. AE VISA AY c
Menu *(Sonntagabend geschl.)* à la carte 33/69 – **30 Z** 115/190.

Sonnenhang, Mariaberger Str. 78, ✉ 87439, ✆ (0831) 9 37 56, *Fax (0831) 97525*, ≤, – TV ☎ P. E VISA über Äußere Rottach BY
Menu *(Mittwochmittag, Sonntagabend und Donnerstag geschl.)* à la carte 35/60 – **16 Z** 83/146.

Auf'm Lotterberg garni, Königsberger Str. 31, ✉ 87439, ✆ (0831) 59 20 40, *Fax (0831) 5920440*, ≤ – TV ☎ P. AE ⦿ E VISA über Lotterbergstr. BY
10. Dez. - 10. Jan. geschl. – **26 Z** 83/120.

M und M, Mozartstr. 8, ✉ 87435, ✆ (0831) 2 63 69, *Fax (0831) 26369*, – E VISA AY z
Samstagmittag und Sonntag - Montag geschl. – **Menu** (Tischbestellung ratsam) à la carte 46/70.

Haubenschloß, Haubenschloßstr. 37, ✉ 87435, ✆ (0831) 2 35 10, *Fax (0831) 16082*, – P. AE ⦿ E VISA BZ t
Montag geschl. – **Menu** à la carte 33/64.

In Lauben-Moos *N : 6 km über Memminger Str.* ABY :

Andreashof, Sportplatzstr. 15, ✉ 87493, ✆ (08374) 9 30 20, *Fax (08374) 9302300*, , « Römisches Vital-Bad », – |♦|, ⇔ Zim, TV ☎ P – 75. E VISA.
Menu à la carte 33/59 – **41 Z** 127/235 – ½ P 25.

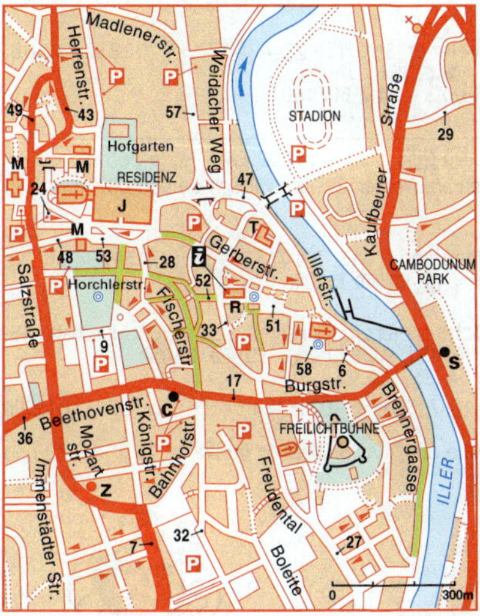

KEMPTEN (ALLGÄU)

Äußere Rottach BY 2
Am Göhlenbach AZ 3
Aybühlweg AZ 4
Bäckerstraße AY 6
Bahnhofstraße AY 7
Berliner Platz BY 8
Bodmanstraße ABY 9
Dornierstraße BZ 10
Duracher Str. BZ 12
Eicher Straße BZ 13
Ellharter Str. BZ 14
Fischerstraße AY
Freudenberg AY 17
Füssener Str. BZ 18
Gerberstraße AY
Haubenschloßstraße BZ 23
Hildegardplatz AY 24
Immenstädter Straße BZ 25
Keselstraße AY 27
Klostersteige AY 28
Knussertstr AY 29
Kotterner Str. AY 32
Kronenstr. AY 33
Lenzfrieder Straße BY 34
Lindauer Str. AYZ 36
Lotterbergstraße BY 37
Ludwigstraße BZ 38
Maler-Lochbihler-Straße BZ 42

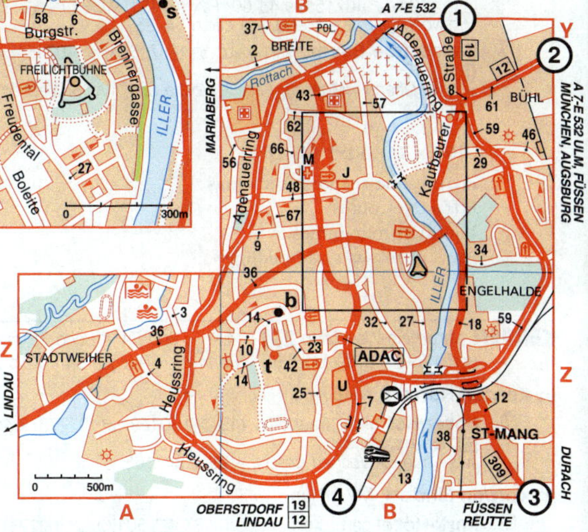

Memminger Straße ABY 43
Ostbahnhofstraße BY 46
Pfeilergraben AY 47
Poststraße ABY 48
Prälat-Götz-Straße AY 49
Rathausplatz AY 51
Rathausstraße AY 52
Residenzplatz AY 53
Robert-Weixler-Str. BY 56
Rottachstraße ABY 57
Sankt-Mang-Platz AY 58
Schumacherring BYZ 59
Stephanstraße BY 61
Stiftskellerweg BY 62
Weiherstraße BY 66
Westendstraße BY 67

In Sulzberg *S : 7 km über Ludwigstraße* BZ :

Sulzberger Hof, Sonthofener Str. 17, ✉ 87477, ☎ (08376) 3 01, *Fax (08376) 8660,* ≤, , , , – TV ☎ ⊜ P – 🏖 20. ✄ Zim
Menu *(Montag - Freitag nur Abendessen)* à la carte 30/62 – **23 Z** 90/198.

KENZINGEN *Baden-Württemberg* **419** *V 7 – 7 200 Ew – Höhe 179 m.*
Sehenswert : *Rathaus★.*
Berlin 781 – Stuttgart 182 – Freiburg im Breisgau 29 – Offenburg 40.

Schieble, Offenburger Str. 6 (B 3), ✉ 79341, ☎ (07644) 84 13, *Fax (07644) 4330,* , – TV ☎ P. AE E VISA. ✄ Zim
Feb. 2 Wochen und Ende Juni - Anfang Juli geschl. – **Menu** *(Sonntagabend - Montag geschl.)* à la carte 34/62 ♂ – **27 Z** 75/130.

Scheidels Restaurant zum Kranz mit Zim, Offenburger Str. 18, ✉ 79341, ☎ (07644) 68 55, *Fax (07644) 931077,* – P. AE E VISA. ✄ Zim
über Fastnacht 2 Wochen geschl. – **Menu** *(Montagabend - Dienstag geschl.)* à la carte 36/68 – **4 Z** 95/130.

KERKEN *Nordrhein-Westfalen* **417** *L 3 – 11 700 Ew – Höhe 35 m.*
Berlin 572 – Düsseldorf 50 – Duisburg 31 – Krefeld 17 – Venlo 22.

In Kerken-Aldekerk :

Haus Thoeren, Marktstr. 14, ✉ 47647, ☎ (02833) 44 31, *Fax (02833) 4987* – TV ☎. E VISA. ✄ Zim
Menu *(Samstagmittag und Montag geschl.)* à la carte 37/62 *(auch vegetarische Gerichte)* – **11 Z** 95/150.

In Kerken-Nieukerk :

Landgasthaus Wolters, Sevelener Str. 15, ✉ 47647, ✆ (02833) 22 06, *Fax (02833) 5154* – TV ☎ 🚗 P. AE Ⓓ E VISA
Menu *(Samstag geschl.)* à la carte 48/72 – **14 Z** 60/160.

KERNEN IM REMSTAL *Baden-Württemberg* 419 *T 12 – 14 000 Ew – Höhe 265 m.*
Berlin 615 – Stuttgart 21 – Esslingen am Neckar 9 – Schwäbisch Gmünd 43.

In Kernen-Stetten :

Gästehaus Schlegel garni, Tannäckerstr. 13, ✉ 71394, ✆ (07151) 94 36 20, *Fax (07151) 9436380* – TV ☎ 🚗 P. AE Ⓓ E VISA
27 Z 95/170.

Romantik Restaurant Zum Ochsen (ehem. Herberge a.d.J. 1763), Kirchstr. 15, ✉ 71394, ✆ (07151) 9 43 60, *Fax (07151) 943619* – P. AE Ⓓ E VISA
Mittwoch geschl. – **Menu** à la carte 54/83.

Weinstube Bayer, Gartenstr. 5, ✉ 71394, ✆ (07151) 4 52 52, *Fax (07151) 43380* – P
Sonntagabend - Montag, Feb. 1 Woche und Aug. 3 Wochen geschl. – **Menu** 45/79 und à la carte.

GREEN TOURIST GUIDES
Picturesque scenery, buildings
Attractive routes
Touring programmes
Plans of towns and buildings.

KERPEN *Nordrhein-Westfalen* 417 *N 4 – 56 000 Ew – Höhe 75 m.*
Berlin 592 – Düsseldorf 60 – Bonn 48 – Aachen 54 – Köln 26 – Düren 17.

In Kerpen-Horrem *N : 6 km :*

Rosenhof garni, Hauptstr. 119, ✉ 50169, ✆ (02273) 9 34 40, *Fax (02273) 934449* – TV ☎ 🚗 P.
Juli - Aug. 3 Wochen geschl. – **25 Z** 84/165.

In Kerpen-Sindorf *NW : 4 km :*

Park-Hotel garni, Kerpener Str. 183, ✉ 50170, ✆ (02273) 9 85 80, *Fax (02273) 54985* – TV ☎ 🚗 P. AE Ⓓ E VISA JCB
25 Z 89/165.

Zum alten Brauhaus garni, Herrenstr. 76, ✉ 50170, ✆ (02273) 9 86 50, *Fax (02273) 54570* – TV ☎ 🚗 P – 20. AE Ⓓ E VISA
53 Z 89/129.

Nahe der Straße von Kerpen nach Sindorf :

Schloß Loersfeld, ✉ 50171 Kerpen, ✆ (02273) 5 77 55, *Fax (02273) 57466*, « Lage in einem Park » – P
Sonntag - Montag, Weihnachten - Mitte Jan. und Juli - Aug. 3 Wochen geschl. – **Menu** (Tischbestellung ratsam, bemerkenswerte Weinkarte) à la carte 80/98.

KESSELSDORF *Sachsen siehe Freital.*

KESTERT *Rheinland-Pfalz* 417 *P 6 – 900 Ew – Höhe 74 m.*
Berlin 604 – Mainz 68 – Koblenz 31 – Lorch 21.

Krone, Rheinstr. 37 (B 42), ✉ 56348, ✆ (06773) 71 42, *Fax (06773) 7124*, ← – ☎ 🚗 P – 60. AE Ⓓ E VISA
März geschl. – **Menu** *(Montag geschl.)* à la carte 26/58 – **30 Z** 55/120.

Goldener Stern, Rheinstr. 38 (B 42), ✉ 56348, ✆ (06773) 71 02, *Fax (06773) 7104*, ← – TV P. E VISA
Jan. geschl. – **Menu** *(Montag geschl.)* à la carte 25/56 – **12 Z** 55/110.

KETSCH *Baden-Württemberg siehe Schwetzingen.*

KEVELAER *Nordrhein-Westfalen* 417 *L 2 – 26 000 Ew – Höhe 21 m – Wallfahrtsort.*
Verkehrsverein, Rathaus, ✉ 47623, ✆ (02832) 12 21 51, Fax (02832) 4387.
Berlin 581 – Düsseldorf 73 – Krefeld 41 – Nijmegen 42.

Parkhotel, Neustr. 3 (Luxemburger Galerie), ✉ 47623, ✆ (02832) 9 53 30, *Fax (02832) 799379,* , , – , – 50. AE E VISA
Menu à la carte 40/63 – **49 Z** 110/150.

Am Bühnenhaus garni, Bury-St.Edmunds-Str. 13, ✉ 47623, ✆ (02832) 9 32 40, *Fax (02832) 404239* – TV ☎ P. E VISA
22. Dez. - 4. Jan. geschl. – **27 Z** 75/150.

Zur Brücke mit Zim, Bahnstr. 44, ✉ 47623, ✆ (02832) 23 89, *Fax (02832) 2388,* « Gartenterrasse » – TV ☎ P. AE E VISA.
Menu *(Dienstag geschl.)* à la carte 48/72 – **10 Z** 110/160.

KIEDRICH *Hessen* 417 *P 8 – 3 500 Ew – Höhe 165 m – Erholungsort.*
Sehenswert : *Pfarrkirche (Kirchengestühl★★, Madonna★).*
Ausflugsziel : *Kloster Eberbach : Sammlung alter Keltern★★, W : 4 km.*
Berlin 579 – Wiesbaden 17 – Bad Kreuznach 57 – Mainz 20.

Nassauer Hof, Bingerpfortenstr. 17, ✉ 65399, ✆ (06123) 24 76, *Fax (06123) 62220,* , – TV ☎ P – 20. AE E VISA
Menu *(Mittwoch und Jan.- Mitte Feb. Montag - Freitag geschl.)* à la carte 40/77 – **27 Z** 105/220 – ½ P 35.

Weinschänke Schloss Groenesteyn, Oberstr. 36, ✉ 65399, ✆ (06123) 15 33, *Fax (06123) 899899,* , « Gemütliche Weinstuben » – P
Montag - Dienstag, Mitte Dez. - Ende Jan., über Fastnacht und Juli - Aug. 1 Wochen geschl. – **Menu** (nur Abendessen) à la carte 31/49.

KIEFERSFELDEN *Bayern* 420 *X 20 – 6 800 Ew – Höhe 495 m – Luftkurort – Wintersport : 500/800 m* 2 .
Verkehrsamt, Dorfstr. 23, ✉ 83088, ✆ (08033) 97 65 27, Fax (08033) 976544.
Berlin 675 – München 86 – Bad Reichenhall 84 – Rosenheim 31 – Innsbruck 78.

Zur Post, Bahnhofstr. 26, ✉ 83088, ✆ (08033) 70 51, *Fax (08033) 8573,* Biergarten – TV ☎ P. AE E VISA
Menu à la carte 25/51 – **39 Z** 97/147.

Schaupenwirt , Kaiser-Franz-Josef-Allee 26, ✉ 83088, ✆ (08033) 82 15, Biergarten, – P
Mitte Okt. - Mitte Nov. geschl. – **Menu** *(Dienstag geschl.)* à la carte 23/37 – **10 Z** 40/80.

KIEL L *Schleswig-Holstein* 415 416 *D 14 – 240 000 Ew – Höhe 5 m.*
Sehenswert : *Hindenburgufer★★, ≤★* R – *Rathaus (Turm ≤★)* Y R.
Ausflugsziele : *Freilichtmuseum★★ ④ : 6 km – Kieler Förde★★* R.
Heikendorf-Kitzeberg (① : 10 km), ✆ (0431) 2 34 04 ; Gut Uhlenhorst (⑦ : 13 km), ✆ (04349) 9 17 00 ; Havighorst (③ : 9 km), ✆ (04302) 96 59 80.
Ausstellungsgelände Ostseehalle (Y), ✆ (0431) 9 01 23 05.
Touristinformation, Andreas-Gayk--Str. 31, ✉ 24103, ✆ (0431) 67 91 00, Fax (0431) 675439.
ADAC, *Saarbrückenstr. 54, ✉ 24114, ✆ (0431) 6 60 20, Fax (0431) 6602111.*
Berlin 346 ⑤ – Flensburg 88 ⑤ – Hamburg 96 ⑤ – Lübeck 92 ③.

Stadtpläne siehe nächste Seiten

Steigenberger Conti-Hansa, Schloßgarten 7, ✉ 24103, ✆ (0431) 5 11 50, *Fax (0431) 5115444,* , – , Zim, TV – 120. AE E VISA X e
Jakob : **Menu** à la carte 48/66 – **166 Z** 237/353.

Maritim-Bellevue , Bismarckallee 2, ✉ 24105, ✆ (0431) 3 89 40, *Fax (0431) 338490,* ≤ Kieler Förde, , , – , Zim, TV P – 200. AE E VISA. Rest R e
Menu à la carte 48/78 – **89 Z** 200/450.

Parkhotel Kieler Kaufmann , Niemannsweg 102, ✉ 24105, ✆ (0431) 8 81 10, *Fax (0431) 8811135,* , « Park », , – TV ☎ P – 40. AE E VISA JCB. Rest R k
Menu à la carte 53/76 – **46 Z** 185/270.

Kieler Yacht-Club, Hindenburgufer 70, ✉ 24105, ✆ (0431) 8 81 30, *Fax (0431) 8813444,* ≤ Kieler Förde, – , Zim, TV ☎ P – 200. AE E VISA R m
Menu à la carte 48/75 – **58 Z** 190/330.

Berliner Hof garni, Ringstr. 6, ✉ 24103, ✆ (0431) 6 63 40, *Fax (0431) 6634345* – AE E VISA – **103 Z** 110/180. Z d

InterCityHotel M, Kaistr. 54, ✉ 24114, ✆ (0431) 6 64 30, *Fax (0431) 6643499* – 70 Z n
Menu *(Sonntag geschl.)* (nur Abendessen) à la carte 31/52 – **124 Z** 185/255.

Consul, Walkerdamm 11, ✉ 24103, ✆ (0431) 53 53 70, *Fax (0431) 5353770* – AE E VISA Y k
Menu *(Samstag - Sonntag geschl.)* à la carte 39/67 – **35 Z** 120/200.

KIEL
UND UMGEBUNG

Adalbertstraße	R	2
Alte Lübecker Chaussee	Z	3
Alter Markt	Y	4
Andreas-Gayk-Straße	Y	6
Arkonastraße	R	7
Arndtplatz	X	8
Asmusstraße	Z	9
Auguste-Viktoria-Straße	Y	10
Bartelsallee	R	12
Brunswiker Straße	X	
Chemnitzstraße	Y	16
Dänische Straße	XY	17
Dreiecksplatz	X	19
Dresdener Straße	R	20
Düppelstraße	R	21
Düsternbrooker Weg	RS	23
Eckernförder Straße	XY	25
Europaplatz	Y	29
Exerzierplatz	Y	30
Finkelberg	T	31
Friedrich-Voß-Ufer	R	32
Gartenstraße	X	35
Gutenbergstraße	S	37
Hafenstraße	Y	39
Hasseldieksdammer Weg	S, Y	41
Hebbelstraße	X	42
Heckenrosenweg	T	43
Hegewischstraße	X	44
Helmholtzstraße	Z	45
Hermann-Weigmann Straße	S, Y	47
Herthastraße	R	48
Holstenbrücke	Y	49
Holstenstraße	Y	51
Holtenauer Straße	X	
Hornheimer Weg	T	52
Hummelwiese	Z	53
Karolinenweg	X	56
Kehdenstraße	Y	57
Kleiner Kuhberg	Y	59
Knooper Weg	R	60
Königsweg	YZ	61
Koesterallee	R	62
Konrad-Adenauer-Damm	T	63
Kronshagener Weg	S	64
Krusenrotter Weg	T	65
Küterstraße	Y	67
Lehmberg	S, X	68
Lessingplatz	X	69
Lindenallee	R	70
Martensdamm	Y	74
Mecklenburger Straße	R	75
Moltkestraße	R	76
Niebuhrstraße	R	77
Olshausenstraße	X	80
Paul-Fuß-Straße	R	81
Petersburger Weg	T	83
Poppenbrügger Weg	T	84
Prinzengarten	X	85
Prinz-Heinrich-Straße	R	86
Raiffeisenstraße	YZ	87
Rendsburger Landstraße	S	88
Richthofenstraße	R	89
Saarbrückenstraße	S, Z	91
Sachaustraße	Z	92
Saldernstraße	X	93
Schevenbrücke	Y	95
Schlieffenallee	R	96
Schloßgarten	X	97
Schülperbaum	Y	100
Schützenwall	S	101
Schuhmacherstraße	Y	102
Sophienblatt	Z	
Stephan-Heinzel-Str.	S, XY	104
Stresemannplatz	Y	105
Theodor-Heuss-Ring	S	106
Tiessenkai	R	107
Walkerdamm	Y	108
Wall	Y	109
Warnemünder Straße	R	110
Weimarer Straße	R	111
Westring	RS	112
Wilhelminenstraße	X	113
Winterbeker Weg	S, Z	116
Wulfsbrook	S	117
Ziegelteich	Y	118

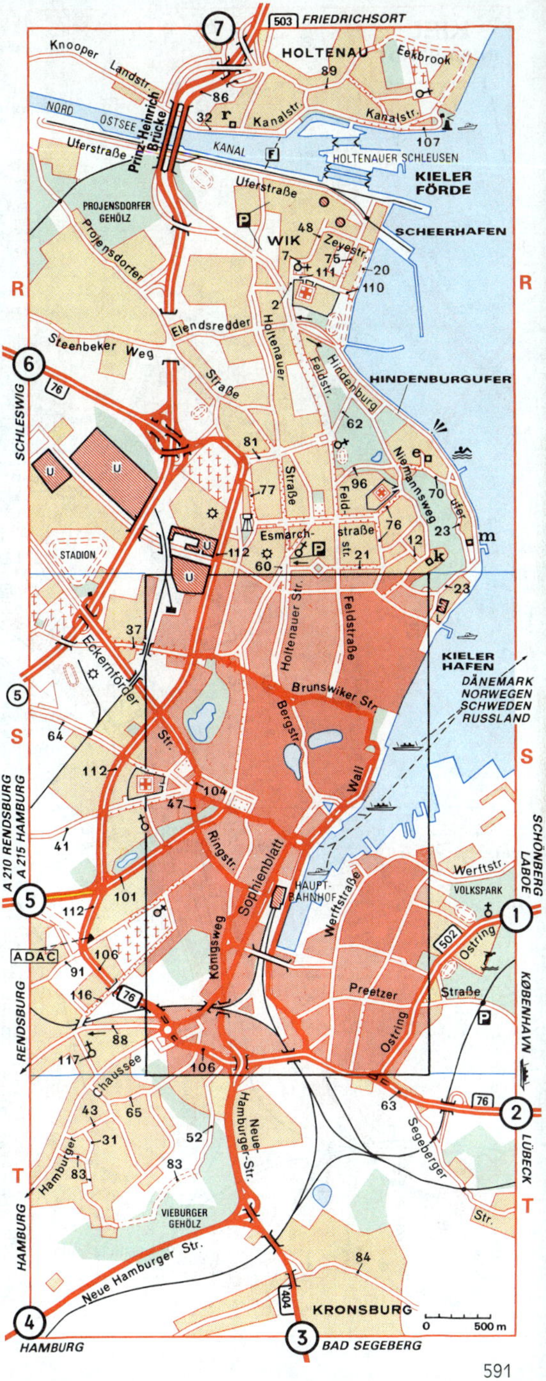

KIEL
INNENSTADT
0
300 m
Beselerallee
Waitzstraße
Reventlouallee
Niemannsweg
Westring
Schauenburger-
Knooper
Weg
Straße
straße
Holtenauer
Feldstraße
Gutenberg-
straße
Hansa-
Schillerstraße
SCHREVEN PARK
Schreventeich
Goethestraße
Mittelstraße
Brunswiker
Legien-
Bergstraße
Hospital-
str.
Schittenhelm-
str.
BOTANISCHER GARTEN
Kiellinie
Düsternbrooker
Lorentzendamm
Kleiner Kiel
Jensendamm
SCHLOSS
Wall
OSTSEEKAI
DÄNEMARK
SCHWEDEN
RUSSLAND
NORWEGEN
SEEGARTEN-
BRÜCKEN
Kronshagener
Wilhelm-
platz
Mölling-
Dammstr.
Fleethörn
OSTSEEHALLE
Harms-
Schützen-
Herzog-
Friedrich-
Kirchhofallee
Ringstr.
Kaistr.
SCHWEDENKAI
BOLLHÖRNKAI
NORWEGEN-
KAI
Werftstr.
Elisabethstr.
HAUPT-
BAHNHOF
Kaistraße
DIE HÖRN
Willy - Brandt - Ufer
Papenkamp
Michelsenstr.
Sophienblatt
MOORTEICHWIESE
Gablenzstraße
Bahnhofstr.
Karlstal
GAARDEN
Werftstraße
Preetzer
Straße
Hamburger Chaussee
Schwedendamm
Sörensenstraße
Bielenbergstraße
Theodor-
Heuss-
"Hochstraße" 1999
Ring
Ostring
Krusenrotter
Weg
76
502
X
Y
Z

An der Hörn, Gablenzstr. 8, ✉ 24114, ☎ (0431) 66 30 30, Fax *(0431) 6630390*, - **AE** **E** **VISA** Z b
Menu *(Samstag - Sonntag und Feiertage geschl.)* (nur Abendessen) à la carte 27/44 - **34 Z** 105/200.

Restaurant im Schloß, Wall 80, ✉ 24103, ☎ (0431) 9 11 55, Fax *(0431) 91157*, - 120. **AE** **E** **VISA** XY
Samstagmittag, Sonntagabend - Montagmittag und Juli - Aug. Montag ganztägig geschl. - **Menu** à la carte 50/80.

September, Alte Lübecker Chaussee 27, ✉ 24113, ☎ (0431) 68 06 10, Fax *(0431) 688830* - Z t
Sonn- und Feiertage, Dez. - März auch Montag und Juli - Aug. 3 Wochen geschl. - **Menu** (nur Abendessen) 74/92 - ***Bistro*** **: Menu** à la carte 41/62.

Lüneburg-Haus, Dänische Str. 22, ✉ 24103, ☎ (0431) 9 23 27, Fax *(0431) 979322* - **AE** **VISA** Y c
Menu à la carte 47/75.

In Kiel-Hasseldieksdamm *über Hasseldieksdammer Weg* S :

Birke, Martenshofweg 8, ✉ 24109, ☎ (0431) 5 33 10 (Hotel) 52 00 01 (Rest.), Fax *(0431) 5331333*, - , Zim, - 20. **AE** **E** **VISA**
Waldesruh *(Sonntag geschl., nur Abendessen)* **Menu** à la carte 42/60 - **64 Z** 137/282.

In Kiel-Holtenau :

Zur Waffenschmiede, Friedrich-Voss-Ufer 4, ✉ 24159, ☎ (0431) 36 96 90, Fax *(0431) 363994*, « Gartenterrasse » - . **E** **VISA** R r
20. Dez. - 10. Jan. geschl. - **Menu** à la carte 33/66 - **12 Z** 98/195.

In Kiel-Schilksee ⑦ *: 17 km :*

Restaurant am Olympiahafen, Fliegender Holländer 45, ✉ 24159, ☎ (0431) 37 17 17, Fax *(0431) 372957*, - . **AE** **E**
Menu à la carte 38/68.

In Kiel-Wellsee ③ *: 5 km :*

Sporthotel Avantage, Braunstr. 40 (Gewerbegebiet), ✉ 24145, ☎ (0431) 71 79 80, Fax *(0431) 7179820*, (Halle) - **AE** **E** **VISA**. Rest
Menu *(Sonntag geschl.)* (nur Abendessen) à la carte 25/50 - **18 Z** 120/185.

In Altenholz ⑦ *: 8 km.*

Wormeck Hotel Kronsberg M, Kronsberg 31, ✉ 24161, ☎ (0431) 32 36 46, Fax *(0431) 324215*, Massage, , - , Zim, - 100. **AE** **E** **VISA**.
Menu à la carte 39/78 - **42 Z** 150/235.

In Molfsee *SW : 6 km über* ④ *:*

Bärenkrug (mit Gästehaus), Hamburger Chausee 10 (B 4), ✉ 24113, ☎ (04347) 7 12 00, Fax *(04347) 712013*, - Zim, . **AE** **E** **VISA**
23. Dez. - 4. Jan. geschl. - **Menu** à la carte 42/64 - **22 Z** 90/200.

In Molfsee-Rammsee *SW : 5 km über* ④ *:*

Drathenhof, Hamburger Landstr. 99 (beim Freilichtmuseeum), ✉ 24113, ☎ (0431) 65 08 89, Fax *(0431) 650723*, « Ehemaliges Bauernhaus a.d.J. 1740 ; rustikale Einrichtung » - **E**
Sonntagabend - Montag und Jan. geschl. - **Menu** à la carte 40/66.

In Raisdorf-Vogelsang ② *: 10 km :*

Rosenheim, Preetzer Str. 1, ✉ 24223, ☎ (04307) 83 80, Fax *(04307) 838111*, - , Zim, - 40. **AE** **E** **VISA** **JCB**. Zim
Menu à la carte 35/62 - **40 Z** 100/165.

KINDING *Bayern* **419** **420** *S 18 - 2 900 Ew - Höhe 374 m.*
Berlin 482 - München 107 - Augsburg *110 - Ingolstadt 34 - Nürnberg 62 - Regensburg 61.*

Krone, Marktplatz 14, ✉ 85125, ☎ (08467) 2 68, Fax *(08467) 729*, Biergarten -
Ende Okt. - Mitte Nov. geschl. - **Menu** *(Okt.- April Dienstag geschl.)* à la carte 19/46 - **28 Z** 55/98.

In Enkering *SW : 1,5 km :*

Zum Bräu, Rumburgstr. 1a, ✉ 85125, ☎ (08467) 85 00, Fax *(08467) 85057*, - - 50
19. - 25. Dez. geschl. - **Menu** *(Montag geschl.)* à la carte 24/56 - **16 Z** 75/125.

KINHEIM *Rheinland-Pfalz* 417 *Q 5 – 1 000 Ew – Höhe 105 m – Erholungsort.*

Berlin 694 – Mainz 127 – Trier 54 – Bernkastel-Kues 14 – Wittlich 15.

Pohl-Zum Rosenberg, Moselweinstr. 3 (B 53), ✉ 54538, ✆ (06532) 21 96, *Fax (06532) 1054,* ≤, –
10. Jan. - 10. Feb. geschl. – **Menu** *(Nov. - April Donnerstag geschl.)* à la carte 28/57 –
31 Z 64/135 – ½ P 20.

KIPFENBERG *Bayern* 419 420 *T 18 – 5 100 Ew – Höhe 400 m – Erholungsort.*

Tourist-Information, Marktplatz 2, ✉ 85110, ✆ (08465) 94 10 41, Fax (08465) 941043.

Berlin 490 – München 102 – Augsburg 105 – Ingolstadt 28 – Nürnberg 69.

In Kipfenberg-Arnsberg *SW : 5 km :*

Landgasthof zum Raben, Schloßleite 1, ✉ 85110, ✆ (08465) 9 40 40, *Fax (08465) 940450,* – Zim, – 20
Menu à la carte 22/47 – **26 Z** 65/116.

In Kipfenberg-Pfahldorf *W : 6 km :*

Landhotel Geyer (mit Gästehaus), Alte Hauptstr. 10, ✉ 85110, ✆ (08465) 90 50 11, *Fax (08465) 3396,* – . Rest
Mitte - Ende Nov. geschl. – **Menu** *(Donnerstag geschl.)* à la carte 24/41 – **45 Z** 60/100 – ½ P 20.

In Kipfenberg-Schambach *SW : 7 km :*

Zur Linde (mit Gästehaus), Bachweg 2, ✉ 85110, ✆ (08465) 9 41 50, *Fax (08465) 941540,* – Zim,
Nov. 3 Wochen geschl. – **Menu** *(Mittwoch, Dez. - März Montag - Mittwoch geschl.)* à la carte 22/40 – **25 Z** 60/116.

KIRCHDORF KREIS MÜHLDORF AM INN *Bayern* 420 *V 20 – 1 200 Ew – Höhe 428 m.*

Berlin 624 – München 50 – Mühldorf am Inn 31 – Wasserburg am Inn 31.

Christian's Restaurant (im Gasthaus Grainer), Dorfstr. 1, ✉ 83527, ✆ (08072) 85 10, *Fax (08072) 3304* –
Montag - Dienstag geschl. – **Menu** *(wochentags nur Abendessen)* (Tischbestellung erforderlich, bemerkenswerte Weinkarte) 59/99.

KIRCHEN (SIEG) *Rheinland-Pfalz siehe Betzdorf.*

KIRCHENLAMITZ *Bayern* 418 420 *P 19 – 4 700 Ew – Höhe 590 m.*

Berlin 337 – München 270 – Hof 20 – Bayreuth 45 – Weiden in der Oberpfalz 69.

In Kirchenlamitz-Fahrenbühl *NO : 5 km :*

Jagdschloß Fahrenbühl, ✉ 95158, ✆ (09284) 3 64, *Fax (09284) 358,* , , , – . AE E VISA
Nov. geschl. – (Restaurant nur für Hausgäste) – **17 Z** 74/118 – ½ P 16.

KIRCHENSITTENBACH *Bayern siehe Hersbruck.*

KIRCHHAM *Bayern* 420 *U 23 – 2 300 Ew – Höhe 335 m – Erholungsort.*

Gästeinformation, Rathaus, Kirchplatz 3, ✉ 94148, ✆ (08533) 28 29, Fax (08533) 7146.

Berlin 634 – München 145 – Passau 34 – Salzburg 107.

Haslinger Hof , Ed 1 (NO : 1,5 km), ✉ 94148, ✆ (08531) 29 50, *Fax (08531) 295200,* , Biergarten, « Ehemaliges Hofgut mit Hotelanlage ; rustikal-ländlicher Restaurantbereich », Massage, , – , Rest, – 50
Menu à la carte 25/52 – **110 Z** 65/150.

KIRCHHEIM *Hessen* 417 418 *N 12 – 4 000 Ew – Höhe 245 m – Luftkurort.*

Berlin 417 – Wiesbaden 156 – Kassel 65 – Gießen 76 – Fulda 42.

Hattenberg, Am Hattenberg 1, ✉ 36275, ✆ (06625) 80 01, *Fax (06625) 8311,* – , Zim, – 110. E VISA
Menu *(Sonntag geschl.)* (nur Abendessen) à la carte 39/57 – **45 Z** 109/159.

Eydt, Hauptstr. 19, ✉ 36275, ✆ (06625) 70 01, *Fax (06625) 5333,* – , Zim, – 80. E VISA
Menu à la carte 31/56 – **60 Z** 79/139.

An der Autobahnausfahrt *S : 1,5 km :*

Motel-Center Kirchheim, ✉ 36275 Kirchheim, ☎ (06625) 10 80, *Fax (06625) 8656,* ≤, 🏞, Lō, ≘s, 🏊, 🌳 – ⇔ Zim, ▤ Rest, TV ☎ 📞 ♿ P – 🏛 70. AE ⓓ E VISA
Menu à la carte 39/60 – **140 Z** 113/182.

KIRCHHEIM BEI MÜNCHEN *Bayern* 420 *V 19 – 11 700 Ew – Höhe 524 m.*
Berlin 587 – München 19 – Landshut 86 – Rosenheim 74.

In Kirchheim-Heimstetten :

Räter-Park Hotel, Räterstr. 9, ✉ 85551, ☎ (089) 90 50 40, *Fax (089) 9044642,* 🏞, Massage, Lō, ≘s – |♦|, ⇔ Zim, TV ☎ 📞 🚗 P – 🏛 90. AE ⓓ E VISA JCB
20. Dez. - 10. Jan. geschl. – ***Räter Stuben :*** **Menu** à la carte 36/66 – **150 Z** 185/360.

KIRCHHEIM UNTER TECK *Baden-Württemberg* 419 *U 12 – 38 000 Ew – Höhe 311 m.*
Kirchheim-Wendlingen, (NW : 3 km), ☎ (07024) 92 08 20.
Verkehrsamt, Max-Eyth-Str. 15, ✉ 73230, ☎ (07021) 30 27, Fax (07021) 480538.
Berlin 622 – Stuttgart 38 – Göppingen 19 – Reutlingen 30 – Ulm (Donau) 59.

Zum Fuchsen, Schlierbacher Str. 28, ✉ 73230, ☎ (07021) 57 80, *Fax (07021) 578444,* 🏞, ≘s – |♦|, ⇔ Zim, TV P – 🏛 60. AE ⓓ E VISA
Menu *(Sonntagabend geschl.)* à la carte 37/63 – **80 Z** 148/250.

Holiday Inn Garden Court, Eichendorffstr. 99, ✉ 73230, ☎ (07021) 8 00 80, *Fax (07021) 800888,* 🏞, Massage, ≘s – |♦|, ⇔ Zim, TV ☎ 📞 ♿ 🚗 P – 🏛 40. AE ⓓ E VISA JCB
Menu à la carte 34/62 – **52 Z** 138/220.

Waldhorn, Am Marktplatz 8, ✉ 73230, ☎ (07021) 9 22 40, *Fax (07021) 922450,* 🏞, « Restauriertes Fachwerkhaus a.d. 16.Jh. » – |♦|, ⇔ Zim, TV ☎. AE ⓓ E VISA
Menu *(Freitag geschl.)* à la carte 35/62 – **15 Z** 130/190.

Schwarzer Adler, Alleenstr. 108, ✉ 73230, ☎ (07021) 4 63 53, *Fax (07021) 71985,* 🏞 – |♦|, ⇔ Zim, TV ☎ 🚗 P
Jan. 3 Wochen geschl. – **Menu** *(Samstag, Mai - Okt. auch Sonntag geschl.)* à la carte 35/65 – **30 Z** 95/180.

In Kirchheim-Nabern *SO : 6 km :*

Arthotel Billie Strauss, Weilheimer Str. 18, ✉ 73230, ☎ (07021) 95 05 90, *Fax (07021) 53242,* 🏞, « Zimmereinrichtung in modernem Design » – TV ☎ P – 🏛 20
Menu *(Montag - Dienstag und Jan. 2 Wochen geschl.)* (nur Abendessen) à la carte 40/63 – **13 Z** 170/320.

In Ohmden *O : 6 km :*

Landgasthof am Königsweg mit Zim, Hauptstr. 58, ✉ 73275, ☎ (07023) 20 41, *Fax (07023) 8266,* 🏞, « Renoviertes Fachwerkhaus a.d.J. 1672 mit moderner Einrichtung » – TV ☎. AE E
23. Feb. - 6. März geschl. – **Menu** *(Montag - Dienstagmittag und Samstagmittag geschl.)* 69/149 und à la carte 59/94 – **7 Z** 140/270
Spez. Halber Hummer mit Champagner-Kaviarbutter. Blutwursttartlette mit Zwiebelconfit und Honigsauce (Saison). Ochsenfilet mit getrüffeltem Kartoffelmousse.

KIRCHHEIMBOLANDEN *Rheinland-Pfalz* 417 *QR 8 – 7 300 Ew – Höhe 285 m – Erholungsort.*
Donnersberg-Touristik-Verband, Uhlandstr. 2, ✉ 67292, ☎ (06352) 17 12, Fax (06352) 710262.
Berlin 610 – Mainz 50 – Bad Kreuznach 43 – Mannheim 58 – Kaiserslautern 36 – Worms 33.

Schillerhain 🐦, Schillerhain 1, ✉ 67292, ☎ (06352) 71 20, *Fax (06352) 712139,* 🏞, « Park », 🌳 – |♦| TV ☎ 🚗 P – 🏛 50
Jan. 3 Wochen geschl. – **Menu** *(Sonntagabend - Montag geschl.)* à la carte 31/51 🍷 – **22 Z** 80/150 – ½ P 25.

Braun garni, Uhlandstr. 1, ✉ 67292, ☎ (06352) 23 43, *Fax (06352) 6228,* ≘s, 🌳 – |♦| ⇔ TV ☎ 🚗 P – 🏛 20. AE ⓓ E VISA
40 Z 84/135.

In Dannenfels-Bastenhaus *SW : 9 km – Erholungsort :*

Bastenhaus, ✉ 67814, ☎ (06357) 97 59 00, *Fax (06357) 97590300,* ≤, 🏞, ≘s, 🌳 – ⇔ Zim, TV ☎ P – 🏛 40. AE E VISA
Jan. 3 Wochen und Aug. 2 Wochen geschl. – **Menu** à la carte 28/60 🍷 – **25 Z** 79/148.

KIRCHHUNDEM *Nordrhein-Westfalen 417 M 8 – 13 000 Ew – Höhe 308 m.*

Verkehrsamt, Gemeindeverwaltung, Hundemstr. 35, ✉ 57399, ☎ (02723) 4 0938, Fax (02723) 40955.

Berlin 532 – Düsseldorf 136 – Siegen 34 – Meschede 51 – Olpe 22.

In Kirchhundem-Heinsberg *S : 8 km :*

Schwermer (mit Gästehaus Dorfschänke), Talstr. 60, ✉ 57399, ☎ (02723) 76 38, *Fax (02723) 73300*, – Zim, P – 40. E VISA
Menu à la carte 26/68 – **25 Z** 75/170.

Am Panorama-Park Sauerland *SO : 12 km, Richtung Erndtebrück :*

Pano's Hotel, ✉ 57399 Kirchhundem, ☎ (02723) 9 74 20, *Fax (02723) 97426*, – P – 25. AE E VISA. Zim
Ostern - Mitte Okt. – **Menu** à la carte 38/67 – **12 Z** 125/220.

KIRCHLINTELN *Niedersachsen 415 H 11 – 8 000 Ew – Höhe 40 m.*

Berlin 353 – Hannover 94 – Bremen 46 – Rotenburg (Wümme) 28.

In Kirchlinteln-Schafwinkel *O : 10 km :*

Landhaus Badenhoop, Zum Keenmoor 13, ✉ 27308, ☎ (04237) 93 90, *Fax (04237) 939300*, – P – 60. AE E VISA
Menu à la carte 28/68 – **18 Z** 90/160.

In some towns and their surrounding areas, hoteliers are liable to increase their prices during certain trade exhibitions and tourist events.

KIRCHZARTEN *Baden-Württemberg 419 W 7 – 9 300 Ew – Höhe 392 m – Luftkurort.*

Ausflugsziel : *Hirschsprung★ SO : 10 km (im Höllental).*

Kirchzarten, Krüttweg 1, ☎ (07661) 9 84 70.

Verkehrsamt, Hauptstr. 24, ✉ 79199, ☎ (07661) 39 39, Fax (07661) 39345.

Berlin 800 – Stuttgart 177 – Freiburg im Breisgau 9 – Donaueschingen 54.

Sonne, Hauptstr. 28, ✉ 79199, ☎ (07661) 6 20 15, *Fax (07661) 7535*, – P. AE E VISA
Ende Okt. - Mitte Nov. geschl. – **Menu** *(Freitag - Samstagmittag geschl.)* à la carte 37/65 – **24 Z** 80/145 – ½ P 28.

Zur Krone, Hauptstr. 44, ✉ 79199, ☎ (07661) 42 15, *Fax (07661) 2457*, – P. Zim
Mitte Jan. - Mitte Feb. geschl. – **Menu** *(Mittwoch - Donnerstagmittag geschl.)* à la carte 33/87 – **12 Z** 65/130 – ½ P 25.

In Kirchzarten-Burg-Höfen *O : 1 km :*

Gasthaus Schlegelhof, Höfener Str. 92, ✉ 79199, ☎ (07661) 50 51, *Fax (07661) 62312*, – P. E VISA
Menu *(Mittwoch sowie Juni und Nov. jeweils 2 Wochen geschl.)* (wochentags nur Abendessen) à la carte 36/62 – **12 Z** 80/160.

In Stegen-Eschbach *N : 4 km :*

Landhotel Reckenberg mit Zim, Reckenbergstr. 2, ✉ 79252, ☎ (07661) 6 11 12, *Fax (07661) 61221*, – Zim, P. E VISA
Mitte Feb. - Anfang März und Nov. 1 Woche geschl. – **Menu** *(Dienstag - Mittwochmittag geschl.)* à la carte 57/87 – **9 Z** 75/200.

KIRKEL *Saarland 417 S 5 – 9 100 Ew – Höhe 240 m.*

Berlin 690 – Saarbrücken 24 – Homburg/Saar 10 – Kaiserslautern 48.

In Kirkel-Neuhäusel :

Ressmann's Residence M, Kaiserstr. 87, ✉ 66459, ☎ (06849) 9 00 00, *Fax (06849) 900050* – Zim, Rest, P – 50. E VISA
Menu *(Samstagmittag, Dienstag und Feb. - März 2 Wochen geschl.)* à la carte 55/80 – **20 Z** 110/150.

Rützelerie Geiß, Brunnenstraße, ✉ 66459, ☎ (06849) 13 81, *Fax (06849) 91371* – P. E VISA
Sonntag - Montag, März - April 2 Wochen und Juli - Aug. 3 Wochen geschl. – **Menu** (nur Abendessen) à la carte 59/88.

KIRN Rheinland-Pfalz 417 Q 6 – 9 500 Ew – Höhe 200 m.

Ausflugsziel : *Schloß Dhaun (Lage★) NO : 5 km.*

Verkehrsamt, Am Bahnhof, ✉ 55606, ☎ (06752) 9 34 00, Fax (06752) 934030.

Berlin 649 – Mainz 76 – Bad Kreuznach 37 – Trier 77 – Idar-Oberstein 16.

Parkhotel, Kallenfelser Str. 40, ✉ 55606, ☎ (06752) 9 50 90, *Fax (06752) 950911*, – . Rest
Jan. 3 Wochen geschl. – **Menu** *(Sonntagabend - Montag geschl.)* à la carte 36/67 – **16 Z** 75/160.

In Bruschied-Rudolfshaus *NW : 9 km :*

Forellenhof Reinhartsmühle, ✉ 55606, ☎ (06544) 3 73, *Fax (06544) 1080*, « Terrasse am Teich » – Zim, . AE E VISA.
Jan. - Feb. geschl. – **Menu** *(Montag geschl.)* à la carte 36/74 – **30 Z** 90/170.

KIRRWEILER *Rheinland-Pfalz siehe Maikammer.*

KIRSCHAU *Sachsen 418 M 27 – 2 300 Ew 310 m.*

Berlin 228 – Dresden 54 – Görlitz 47 – Bautzen 11.

Zum Weber M, Bautzener Str. 20, ✉ 02681, ☎ (03592) 52 00, *Fax (03592) 520599*, Biergarten, – , Zim, – 100. AE E VISA
Schwanenzimmer *(Sonntag - Montag geschl.)* **Menu** à la carte 48/64 – ***Weber-und Bauernstube :*** **Menu** à la carte 34/58 – **37 Z** 120/180, 2 Suiten.

KISSINGEN, BAD *Bayern 418 420 P 14 – 23 200 Ew – Höhe 201 m – Heilbad.*

Ausflugsziel : *Schloß Aschach : Graf-Luxburg-Museum★ 7 km über ① (Mai - Okt. Fahrten mit hist. Postkutsche).*

Euerdorfer Str. 11 (über ④), ☎ (0971) 36 08.

Staatl. Kurverwaltung, Am Kurgarten 1, ✉ 97688, ☎ (0971) 8 04 80, Fax (0971) 804840.

Berlin 480 ③ – München 329 ④ – Fulda 62 ⑤ – Bamberg 81 ③ – Würzburg 61 ④.

Stadtplan siehe nächste Seite

Steigenberger Kurhaushotel, Am Kurgarten 3, ✉ 97688, ☎ (0971) 8 04 10, *Fax (0971) 8041597*, Massage, direkter Zugang zum Kurhausbad, – , Zim, – 60. AE E VISA JCB. Rest a
Menu à la carte 38/83 *(auch Diät)* – **100 Z** 193/420 – ½ P 60.

Bristol-Hotel, Bismarckstr. 8, ✉ 97688, ☎ (0971) 82 40, *Fax (0971) 8245824*, Massage, – – 60. AE E VISA. h
Menu à la carte 48/72 – **48 Z** 130/275, 10 Suiten – ½ P 45.

Frankenland, Frühlingstr. 11, ✉ 97688, ☎ (0971) 8 10, *Fax (0971) 812810*, Massage, – , Zim, – 380. AE E VISA. Rest
Menu à la carte 33/65 – **250 Z** 108/246 – ½ P 30. r

Landhaus Baunach M, Bismarckstr. 44, ✉ 97688, ☎ (0971) 91 64 00, *Fax (0971) 916430*, Massage, – – 40. AE E VISA c
Menu à la carte 31/63 – **54 Z** 148/268, 3 Suiten.

Laudensacks Parkhotel, Kurhausstr. 28, ✉ 97688, ☎ (0971) 7 22 40, *Fax (0971) 722444*, « Parkanlage mit Teich und Terrasse », Massage, – . AE E VISA JCB n
Mitte Dez. - Mitte Jan. geschl. – **Menu** *(Donnerstag, Nov. - März auch Dienstag - Mittwoch geschl.)* (wochentags nur Abendessen) 55/108 und à la carte – **19 Z** 125/270 – ½ P 50
Spez. Kalbsbries-Basilikumsoufflé mit Hummerfricassée. Steinbutt mit Räucherlachsraviolis. Lammrücken mit Rosmarinkruste und Räucherlamm-Crépinettes.

Kissinger Hof, Bismarckstr. 14, ✉ 97688, ☎ (0971) 92 70, *Fax (0971) 927555*, Massage, – , Rest, – 30. AE E VISA. h
Menu à la carte 39/53 – **99 Z** 118/196 – ½ P 25.

Rixen, Frühlingstr. 18, ✉ 97688, ☎ (0971) 82 30, *Fax (0971) 823600*, – , Zim, – 60. AE E VISA. Rest r
Menu à la carte 30/50 – **94 Z** 120/226 – ½ P 28.

Kurhaus Tanneck, Altenbergweg 6, ✉ 97688, ☎ (0971) 7 16 00, *Fax (0971) 68614*, Massage, – . Rest m
Ende Feb. - Anfang Nov. – (Restaurant nur für Hausgäste) – **48 Z** 90/260 – ½ P 30.

Bayerischer Hof - Kurheim Dösch, Maxstr. 9, ✉ 97688, ☎ (0971) 8 04 50, *Fax (0971) 8045133*, Massage, – . AE E. Zim b
Dez. - Mitte Jan. geschl. – **Menu** *(Donnerstag geschl.)* à la carte 27/52 – **60 Z** 88/160.

BAD KISSINGEN

Bahnhofstraße 4
Berliner Platz 6
Brunnengasse 7
Dapperstraße 8
Hemmerichstraße 12
Kirchgasse 14
Kurhausstraße
Ludwigbrücke 15
Ludwigstraße 16
Marktplatz 17
Martin-Luther-Straße 21
Münchner Straße 22
Obere Marktstraße 23
Prinzregentenstraße 25
Rathausplatz 26
Schönbornstraße 28
Spitalgasse 29
Theaterplatz 30
Theresienstraße 31
Untere Marktstraße 32
Von-der-Tann-Straße 33
Von-Hessing-Straße 34

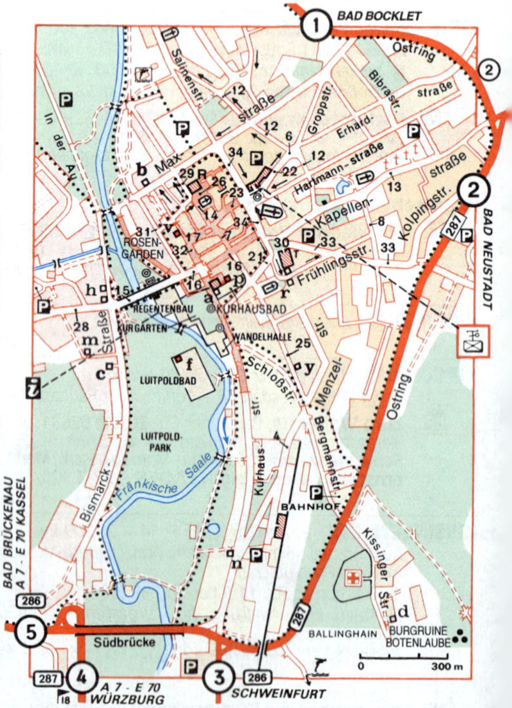

Achtung,
die Stadt ist in drei Kurzonen unterteilt, die von 22°° Uhr bis 6°° Uhr mit dem Auto untereinander nicht erreichbar sind.
Kurzone: Ost, West, Süd
Jede ist in dieser Zeit nur über die ausgeschilderte Zufahrt zu erreichen.

Kurhotel Erika, Prinzregentenstr. 23, ✉ 97688, ✆ (0971) 7 10 40, *Fax (0971) 710499*, Massage, – Zim, – 40. Rest
Dez. - Mitte Feb. geschl. – (Restaurant nur für Hausgäste) – **30 Z** 85/180 – ½ P 35. y

Casino-Restaurant "le jeton", im Luitpold-Park 1, ✉ 97688, ✆ (0971) 40 81, *Fax (0971) 97109*, – AE E VISA f
Dienstag und Nov. geschl. – **Menu** (wochentags nur Abendessen) à la carte 41/75.

Kissinger Stüble, Am Kurgarten 1, ✉ 97688, ✆ (0971) 8 04 15 40, – AE E VISA JCB p
Nov. - März Mittwoch geschl. – **Menu** à la carte 30/58.

Werner-Bräu mit Zim, Weingasse 1, ✉ 97688, ✆ (0971) 23 72, *Fax (0971) 97369*,
Dez. - Mitte Jan. geschl. – **Menu** *(Sonntagabend - Montag geschl.)* à la carte 21/49 – **5 Z** 68/95. v

In Bad Kissingen-Reiterswiesen :

Am Ballinghain, Kissinger Str. 129, ✉ 97688, ✆ (0971) 27 63, *Fax (0971) 2495* – d
Feb. geschl. – (Restaurant nur für Hausgäste) – **11 Z** 75/150 – ½ P 25.

KISSLEGG *Baden-Württemberg* 419 420 *W 13 – 8 700 Ew – Höhe 650 m – Luftkurort.*

Gäste- und Kulturamt, Im Neuen Schloß, ✉ 88353, ✆ (07563) 93 61 42, Fax (07563) 936199.

Berlin 697 – Stuttgart 185 – Konstanz 100 – Kempten (Allgäu) 46 – Ulm (Donau) 93 – Bregenz 42.

Gasthof Ochsen (mit Gästehaus), Herrenstr. 21, ✉ 88353, ✆ (07563) 9 10 90, *Fax (07563) 910950*, – E VISA
Menu *(Nov. - April Dienstag - Mittwoch geschl.)* à la carte 22/54 – **34 Z** 65/100 – ½ P 20.

KITTENDORF *Mecklenburg-Vorpommern siehe Stavenhagen.*

KITZINGEN *Bayern* 419 420 *Q 14 – 20 000 Ew – Höhe 187 m.*

Larson Barracks, ✆ (09321) 49 56.

Verkehrsbüro, Schrannenstr. 1, ✉ 97318, ✆ (09321) 2 02 05, Fax (09321) 21146.

Berlin 482 – München 263 – Würzburg 22 – Bamberg 80 – Nürnberg 92.

Esbach-Hof, Repperndorfer Str. 3 (B 8), ✉ 97318, ✆ (09321) 22 09 00, *Fax (09321) 2209091,* , Biergarten – – 30. AE VISA
über Fasching 1 Woche geschl. – **Menu** à la carte 28/55 – **32 Z** 98/198.

In Sulzfeld *SW : 4 km :*

Zum Stern, Pointstr. 5, ✉ 97320, ✆ (09321) 1 33 50, *Fax (09321) 133510,* – – 20
Menu *(Dienstag - Mittwochmittag, 20. Jan. - 10. Feb. und Anfang - Mitte Aug. geschl.)* à la carte 23/54 – **11 Z** 60/120.

KLEINBLITTERSDORF *Saarland siehe Saarbrücken.*

KLEINICH *Rheinland-Pfalz* 417 *Q 5 – 200 Ew – Höhe 420 m.*

Berlin 662 – Mainz 98 – Trier 60 – Bernkastel-Kues 18 – Birkenfeld 35.

Landhaus Arnoth (mit Gästehaus), Auf dem Pütz, ✉ 54483, ✆ (06536) 9 39 90, *Fax (06536) 12 17,* , , – – 30
Menu *(Sonntagabend - Montag geschl.)* (wochentags nur Abendessen) à la carte 43/67 – **24 Z** 100/160.

KLEIN KÖRIS *Brandenburg siehe Teupitz.*

KLEINMACHNOW *Brandenburg* 416 418 *I 23 – 11 800 Ew – Höhe 60 m.*

Siehe Stadtplan Berlin (Umgebungsplan).

Berlin 34 – Potsdam 15 – Brandenburg 66.

Astron M, Zehlendorfer Damm 190, ✉ 14532, ✆ (033203) 4 90, *Fax (033203) 49900,* , – , Zim, Rest, – 180. AE VISA
Menu à la carte 32/58 – **243 Z** 210/270. AV c

KLEIN SCHWECHTEN *Sachsen-Anhalt siehe Stendal.*

KLEINWALSERTAL *Österreich* 419 420 *X 14 – Österreichisches Hoheitsgebiet, wirtschaftlich der Bundesrepublik Deutschland angeschlossen, deutsche Währung – 5 500 Ew – Wintersport : 1 100/2 000 m 2 34 .*

Sehenswert : *Tal★.*

Hotels und Restaurants : Außerhalb der Saison variable Schließungszeiten.

Kleinwalsertal Tourismus, Hirschegg, im Walserhaus, ✉ 87568, ✆ (08329) 5 11 40, Fax (08329) 511421.

Kleinwalsertal Tourismus, Mittelberg, Walserstr. 89, ✉ 87569, ✆ (08329) 51 14 19, Fax (08329) 6602.

Kleinwalsertal Tourismus, Riezlern, Walserstr. 54, ✉ 87567, ✆ (08329) 51 14 18, Fax (08329) 6603.

Kempten (Allgäu) 48 – Oberstdorf 12.

In Riezlern *– Höhe 1 100 m*

Jagdhof, Walserstr. 27, ✉ 87567, ✆ (08329) 5 60 30, *Fax (08329) 3348,* , « Badelandschaft », Massage, , , , , – , Rest,
Menu à la carte 36/69 – **45 Z** (nur ½P) 119/388.

Almhof Rupp , Walserstr. 83, ✉ 87567, ✆ (08329) 50 04, *Fax (08329) 3273,* , , , Massage, , – , Zim, . Rest
Mitte April - Mitte Mai und Anfang Nov. - Mitte Dez. geschl. – **Menu** *(Montag geschl.)* (Mitte Mai - Ende Okt. nur Abendessen, Tischbestellung erforderlich) à la carte 42/72 – **30 Z** 115/338 – ½ P 35.

Riezler Hof, Walserstr. 57, ✉ 87567, ✆ (08329) 5 37 70, *Fax (08329) 537750,* – – 25. AE VISA
2. Nov. - 18. Dez. geschl. – **Menu** *(Juni - Okt. Mittwoch geschl.)* à la carte 33/60 – **27 Z** 125/250 – ½ P 25.

Wagner, Walserstr. 1, ✉ 87567, ✆ (08329) 52 48, *Fax (08329) 3266,* , , , , – . Rest
Ende April - Mitte Mai und 3. Nov. - 10. Dez. geschl. (Restaurant nur für Hausgäste) – **22 Z** 115/250.

Traube, Walserstr. 56, ✉ 87567, ✆ (08329) 52 07, *Fax (08329) 6126*, – Zim
Mitte Okt. - 20. Dez. und Ostern - 17. Mai geschl. – **Menu** *(Mittwoch geschl.)* (nur Abendessen) à la carte 32/61 – **23 Z** 110/230 – ½ P 20.

Haus Böhringer garni, Westeggweg 6, ✉ 87567, ✆ (08329) 53 38, *Fax (08329) 533813*, ≤, –
Mitte April - Mitte Mai und Mitte Okt. - Mitte Dez. geschl. – **19 Z** 84/174.

Alpenhof Kirsch mit Zim, Zwerwaldstr. 28, ✉ 87567, ✆ (08329) 52 76, *Fax (08329) 5 27 63*, –
6. - 30. April, 7. Juni - 10. Juli und 25. Okt. - 20. Dez. geschl. – **Menu** *(Mittwoch - Donnerstagmittag geschl.)* à la carte 43/70 – **5 Z** 77/238 – ½ P 20.

In Riezlern-Egg *W : 1 km :*

Erlebach, Eggstr. 21, ✉ 87567, ✆ (08329) 53 69, *Fax (08329) 3444*, ≤, , Massage, –
Mitte April - Ende Mai und Mitte Nov. - Mitte Dez. geschl. – **Menu** à la carte 39/66 – **47 Z** 110/308 – ½ P 25.

In Hirschegg – *Höhe 1 125 m*

Ifen-Hotel, Oberseitestr. 6, ✉ 87568, ✆ (08329) 5 07 10, *Fax (08329) 3475*, ≤, , Massage, – – 80. Rest
Mai geschl. – **Menu** à la carte 56/86 – **54 Z** (nur ½P) 179/498, 6 Suiten.

Walserhof, Walserstr. 11, ✉ 87568, ✆ (08329) 56 84, *Fax (08329) 5938*, ≤, , « Rustikal-gemütliche Einrichtung », Massage, –
6. Nov. - 18. Dez. geschl. – **Menu** à la carte 34/68 – **38 Z** (nur ½P) 139/318, 5 Suiten.

Gemma, Schwarzwassertalstr. 21, ✉ 87568, ✆ (08329) 53 60, *Fax (08329) 6861*, ≤, Massage, – Rest
Anfang Nov. - Mitte Dez. geschl. – (nur Abendessen für Hausgäste) – **26 Z** (nur ½P) 97/312.

Sonnenberg (Bauernhaus a. d. 16. Jh.), Am Berg 26, ✉ 87568, ✆ (08329) 54 33, *Fax (08329) 543333*, ≤ Kleinwalsertal, « Gartenanlage », – Rest
Mitte April - Mitte Mai und Ende Okt. - Mitte Dez. geschl. – (nur Abendessen für Hausgäste) – **17 Z** (nur ½P) 116/300.

Adler (mit Gästehaus), Walserstr. 51, ✉ 87568, ✆ (08329) 5 42 40, *Fax (08329) 3621*, ≤, –
12. April - 12. Mai und 2. Nov. - 18. Dez. geschl. – **Menu** *(Mittwoch - Donnerstagmittag geschl.)* (Dez. - April nur Abendessen) à la carte 35/63 – **21 Z** 103/183 – ½ P 18.

In Mittelberg – *Höhe 1 220 m*

Reinhard Leitner, Walserstr. 55, ✉ 87569, ✆ (08329) 5 78 80, *Fax (08329) 578839*, ≤, Massage, –
10. April - 20. Mai und 29. Okt. - 15. Dez. geschl. – (nur Abendessen für Hausgäste) – **33 Z** 114/280, 4 Suiten – ½ P 20/26.

Rosenhof (mit Gästehäusern), An der Halde 15, ✉ 87569, ✆ (08329) 51 94, *Fax (08329) 658540*, ≤, Massage, – Rest
11. April - 13. Mai und Anfang Nov. - Anfang Dez. geschl. – (Restaurant nur für Hausgäste) – **40 Z** (nur ½P) 135/380.

IFA-Hotel Alpenrose, Walserstr. 46, ✉ 87569, ✆ (08329) 3 36 40, *Fax (08329) 3364888*, – Zim,
Mitte April - Mitte Mai und Nov. - 20. Dez. geschl. – (nur Abendessen für Hausgäste) – **99 Z** (nur ½P) 138/302.

Lärchenhof, Schützabühl 2, ✉ 87569, ✆ (08329) 65 56, *Fax (08329) 6500*, –
nach Ostern 6 Wochen und Anfang Nov. - 20. Dez. geschl. (nur Abendessen für Hausgäste) – **24 Z** (nur ½P) 130/194.

Schwendle, Schwendlestr. 5, ✉ 87569, ✆ (08329) 59 88, *Fax (08329) 59884*, ≤ Kleinwalsertal, –
Montag - Dienstagmittag, 12. April - 12. Mai und 20. Okt. - 20. Dez. geschl. – **Menu** à la carte 25/48.

In Mittelberg-Höfle *S : 2 km, Zufahrt über die Straße nach Baad :*

IFA-Hotel Alpenhof Wildental, Höfle 8, ✉ 87569, ✆ (08329) 6 54 40, *Fax (08329) 65448*, ≤, , Massage, – Zim,
Mitte April - Anfang Mai und Ende Okt. - Mitte Dez. geschl. – **Menu** à la carte 37/51 – **57 Z** (nur ½P) 155/368.

In Mittelberg-Baad *SW : 4 km – Höhe 1 250 m*

Haus Hoeft garni, Starzelstr. 18, ✉ 87569, ✆ (08329) 50 36, *Fax (08329) 5036*, ≤, ≘s, ⊡, 🌳 – TV P
Mitte April - Mitte Mai und Mitte Okt. - Mitte Dez. geschl. – **19 Z** 59/118.

KLEIN WITTENSEE *Schleswig-Holstein siehe Eckernförde.*

KLETTGAU *Baden-Württemberg* **419** *X 9 – 6 Ew – Höhe 345 m.*
Berlin 799 – Stuttgart 170 – Freiburg im Breisgau 89 – Donaueschingen 56 – Schaffhausen 23 – Waldshut-Tiengen 13.

In Klettgau-Griessen :

Landgasthof Mange, Kirchstr. 2, ✉ 79771, ✆ (07742) 54 17, *Fax (07742) 3169*, 🌳 P. AE ⊕ E VISA
Donnerstag und Feb. - März 2 Wochen geschl. – **Menu** à la carte 30/76.

KLEVE *Nordrhein-Westfalen* **417** *K 2 – 47 200 Ew – Höhe 46 m.*
Bedburg-Hau, Moylandänder Allee 1 (SO : 8 km), ✆ (02824) 48 40 ; Bedburg-Hau, Kalkarer Str. 4, (SO : 8 km) ✆ (02824) 33 55.
ADAC, *Großer Markt 19, ✉ 47533, ✆ (0221) 47 27 47, Fax (02821) 14374.*
Berlin 599 – Düsseldorf 99 – Emmerich 11 – Nijmegen 23 – Wesel 43.

Cleve M, Tichelstr. 11, ✉ 47533, ✆ (02821) 71 70, *Fax (02821) 717100*, 🌳, ≘s, ⊡ – |‡|, ⇔ Zim, ▤ Zim, TV ✆ ♿ ⇔ P – 🏛 120. AE ⊕ E VISA. ⚘ Rest
Lohengrin *(nur Abendessen, Sonn- und Feiertags geschl., Tischbestellung ratsam)* **Menu** à la carte 61/86 – ***Bistro*** **: Menu** à la carte 37/65 – **118 Z** 145/210, 8 Suiten.

Parkhotel Schweizerhaus, Materborner Allee 3, ✉ 47533, ✆ (02821) 80 70, *Fax (02821) 807100*, 🌳 – |‡|, ⇔ Zim, TV ☎ P – 🏛 120. AE ⊕ E VISA
Menu *(Sonntagabend geschl.)* à la carte 41/71 – **136 Z** 120/165.

Heek garni, Lindenallee 37, ✉ 47533, ✆ (02821) 7 26 30, *Fax (02821) 12198*, ⊡ – |‡| TV ☎ P. AE E VISA JCB
33 Z 102/160.

KLIEKEN *Sachsen-Anhalt* **418** *K 21 – 1 000 Ew – Höhe 75 m.*
Berlin 110 – Magdeburg 68 – Leipzig 82.

Waldschlößchen, Hauptstr. 10, ✉ 06869, ✆ (034903) 6 84 80, *Fax (034903) 62502*, 🌳, ≘s – TV ☎ P – 🏛 60. AE E VISA
Menu à la carte 24/44 – **35 Z** 95/130.

In Klieken-Buro *SO : 3 km nahe der A 9 :*

Motel 5, Fichtenbreite 5, ✉ 06869, ✆ (034903) 6 61 50, *Fax (034903) 66153*, 🌳 – TV ☎ P. AE ⊕ E VISA
Menu à la carte 21/36 – **30 Z** 89/165.

KLINGENBERG AM MAIN *Bayern* **417** **419** *Q 11 – 6 000 Ew – Höhe 141 m – Erholungsort.*
Kultur- und Verkehrsamt, Bahnhofstr. 3, ✉ 63911, ✆ (09372) 92 12 59, Fax (09372) 12354.
Berlin 576 – München 354 – Würzburg 81 – Amorbach 18 – Aschaffenburg 29.

Schöne Aussicht, Bahnhofstr. 18 (am linken Mainufer), ✉ 63911, ✆ (09372) 30 07, *Fax (09372) 3012*, ≤, 🌳 – |‡| TV ☎ ⇔ P – 🏛 20. AE E VISA. ⚘
8. Feb. - 3. März geschl. – **Menu** *(Donnerstagmittag und Freitagmittag geschl.)* à la carte 40/68 🍷 – **28 Z** 84/150.

Fränkischer Hof, Lindenstr. 13, ✉ 63911, ✆ (09372) 23 55, *Fax (09372) 12647* – TV ☎. AE E VISA
Menu *(Mittwoch geschl.)* à la carte 32/69 🍷 – **17 Z** 80/150.

Zum Alten Rentamt, Hauptstr. 25a, ✉ 63911, ✆ (09372) 26 50, *Fax (09372) 2977*, 🌳 – AE ⊕ E VISA. ⚘
Montag - Dienstag geschl., Mittwoch - Freitag nur Abendessen – **Menu** 85/155 und à la carte 89/113
Spez. Karamelisierter Rettich mit gebratener Gänsestopfleber. Fränkisches Milchkalbskotelett mit Trüffel gespickt und Portweinjus. Holunderblütensoufflé mit Moscatosabayon und marinierten Erdbeeren.

In Klingenberg-Röllfeld *S : 2 km :*

Paradeismühle, Paradeismühle 1 (O : 2 km), ✉ 63911, ☎ (09372) 25 87, *Fax (09372) 1587*, Wildgehege, – 25.
Menu à la carte 37/76 – **37 Z** 77/170 – ½ P 28.

KLINGENTHAL *Sachsen 418 420 O 21 – 11 600 Ew – Höhe 540 m.*
Tourist-Information, Schloßstr. 3, ✉ 08248, ☎ (037467) 6 48 32, Fax (037467) 64825.
Berlin 337 – Dresden 169 – Chemnitz 86 – Plauen 43.

Zum Döhlerwald, Markneukircher Str. 80, ✉ 08248, ☎ (037467) 2 21 09, *Fax (037467) 22109*, –
Menu *(Mittwoch geschl.)* à la carte 20/37 – **12 Z** 56/90.

In Zwota *SW : 2,5 km :*

Gasthof Zwota, Klingenthaler Str. 56, ✉ 08267, ☎ (037467) 56 70, *Fax (037467) 56767*, (Gebühr) –
Menu à la carte 22/38 – **36 Z** 54/112.

KLIPPENECK *Baden-Württemberg siehe Denkingen.*

KLOETZE *Sachsen-Anhalt 416 418 I 17 – 7 000 Ew – Höhe 60 m.*
Berlin 222 – Magdeburg 82 – Salzwedel 30.

Braunschweiger Hof, Neustädter Str. 49, ✉ 38486, ☎ (03909) 4 11 13, *Fax (03909) 41114*, Biergarten –
Menu *(Sonntagabend - Montagmittag geschl.)* à la carte 33/51 – **14 Z** 65/115.

Alte Schmiede garni, Neustädter Str. 37, ✉ 38486, ☎ (03909) 21 71, *Fax (03909) 42488* –
16 Z 65/110.

KLOSTERLAUSNITZ, BAD *Thüringen 418 N 19 – 3 000 Ew – Höhe 325 m.*
Kurbetriebsgesellschaft, Hermann-Sachse-Str. 44, ✉ 07639, ☎ (036601) 8 00 50, Fax (036601) 80051.
Berlin 235 – Erfurt 68 – Gera 27.

Zu den drei Schwänen, Köstritzer Str. 13, ✉ 07639, ☎ (036601) 4 11 22, *Fax (036601) 80158*, – Zim,
Menu *(Montagmittag geschl.)* à la carte 30/64 – **13 Z** 93/146.

Lausnitzer Hof, Bahnhofstr. 6, ✉ 07639, ☎ (036601) 4 45 50, *Fax (036601) 44549*, – 40.
Menu à la carte 24/40 – **21 Z** 90/130.

Waldhaus zur Köppe, Jenaer Str.21, ✉ 07639, ☎ (036601) 4 11 93, *Fax (036601) 41194*, – 60.
Menu à la carte 24/38 – **15 Z** 90/130.

KLOSTERMANSFELD *Sachsen-Anhalt 418 L 18 – 3 400 Ew – Höhe 230 m.*
Berlin 209 – Magdeburg 76 – Erfurt 97 – Nordhausen 56 – Halle 37.

Am Park, Siebigeröder Str. 3, ✉ 06308, ☎ (034772) 5 40, *Fax (034772) 25319*, Massage, – – 30.
Weihnachten - Neujahr geschl. – **Menu** à la carte 26/43 – **31 Z** 95/140.

KLOSTER ZINNA *Brandenburg siehe Jüterbog.*

KLÜTZ *Mecklenburg-Vorpommern 415 416 E 17 – 3 500 Ew – Höhe 9 m.*
Fremdenverkehrs- und Informationszentrum, Schloßstr. 34, ✉ 23948, ☎ (038825) 2 22 95, Fax (038825) 22295.
Berlin 246 – Schwerin 43 – Lübeck 40 – Rostock 77.

Klützer Mühle, An der Mühle, ✉ 23948, ☎ (038825) 2 21 02, *Fax (038825) 22105*, –
Menu à la carte 29/53.

In Wohlenberg *SO : 7 km :*

Landhaus Wohlenberg, An der Chaussee 11, ✉ 23948, ☎ (038825) 31 30, *Fax (038825) 22326*, – – 40. Rest
Mitte März - Okt. – **Menu** (nur Abendessen) à la carte 28/46 – **13 Z** 120/160.

KNITTELSHEIM *Rheinland-Pfalz siehe Bellheim.*

KNITTLINGEN *Baden-Württemberg* **419** *S 10 – 7 300 Ew – Höhe 195 m.*
Berlin 637 – Stuttgart 49 – Karlsruhe 32 – Heilbronn 50 – Pforzheim 23.

Postillion garni, Stuttgarter Str. 27, ✉ 75438, ✆ (07043) 3 18 58, *Fax (07043) 33288* – TV ☎ 🚗. AE E
8 **Z** 79/145.

KNÜLLWALD *Hessen* **417** **418** *N 12 – 5 300 Ew – Höhe 265 m.*
Berlin 426 – Wiesbaden 180 – Kassel 49 – Fulda 59 – Bad Hersfeld 27 – Marburg 75.

In Knüllwald-Rengshausen – *Luftkurort :*

Sonneck, Zu den einzelnen Bäumen 13, ✉ 34593, ✆ (05685) 9 99 57, *Fax (05685) 9995601*, ←, Massage, ♆, ≘s, ⛋, 🌳 – |♦|, ⟷ Zim, TV ☎ ♿ 🚗 P – 🎿 40. AE E VISA
Jan. 2 Wochen geschl. – (Restaurant nur für Hausgäste) – **54 Z** 75/160.

Places listed in the **Michelin** *Red Guide*
are underlined in red on **maps** *no* **415-420**.

KOBERN-GONDORF *Rheinland-Pfalz* **417** *P 6 – 3 300 Ew – Höhe 70 m.*
Berlin 612 – Mainz 100 – Koblenz 23 – Trier 117 – Cochem 33.

Simonis, Marktplatz 4 (Kobern), ✉ 56330, ✆ (02607) 2 03, *Fax (02607) 204* – TV ☎.
⟷ Rest
2. - 30. Jan. geschl. – **Menu** *(Montag geschl.)* à la carte 34/65 – **17 Z** 99/199.

Marais, Auf der Ruine Oberburg (N : 2km), ✉ 56330, ✆ (02607) 86 11, *Fax (02607) 8647*, ← Moseltal, 🌳 – P. AE E
Montag - Dienstag und Mitte Jan. - Mitte Feb. geschl. – **Menu** (Tischbestellung erforderlich) à la carte 61/84.

KOBLENZ *Rheinland-Pfalz* **417** *O 6 – 108 000 Ew – Höhe 60 m.*
Sehenswert : *Deutsches Eck★ ←★ X.*
Ausflugsziele : *Festung Ehrenbreitstein★ (Terrasse ←★) X – Rheintal★★★ (von Koblenz bis Bingen) – Moseltal★★★ (von Koblenz bis Trier) – Schloß Stolzenfels (Einrichtung★) S : 6 km.*
ℹ *Koblenz-Touristik, Bahnhofsplatz,* ✉ *56068,* ✆ *(0261) 3 13 04, Fax (0261) 1293800.*
ADAC, *Hohenzollernstr. 34,* ✉ *56068,* ✆ *(0261) 1 30 30, Fax (0261) 130378.*
Berlin 600 ① – Mainz 100 ⑤ – Bonn 63 ① – Wiesbaden 102 ⑤.

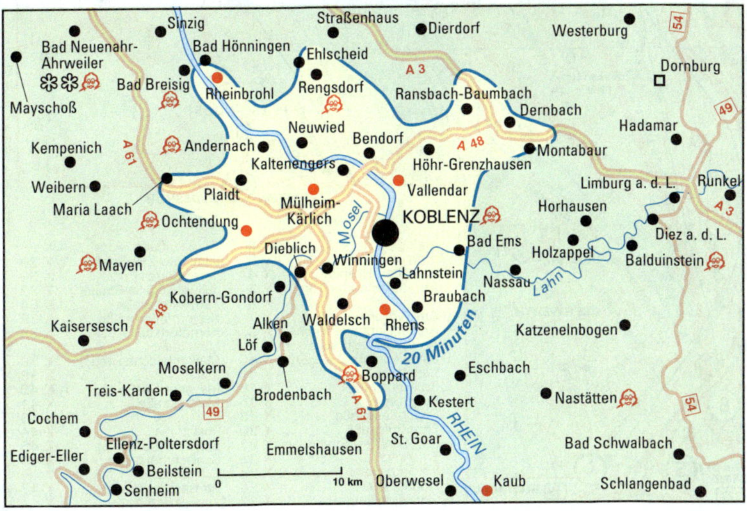

KOBLENZ

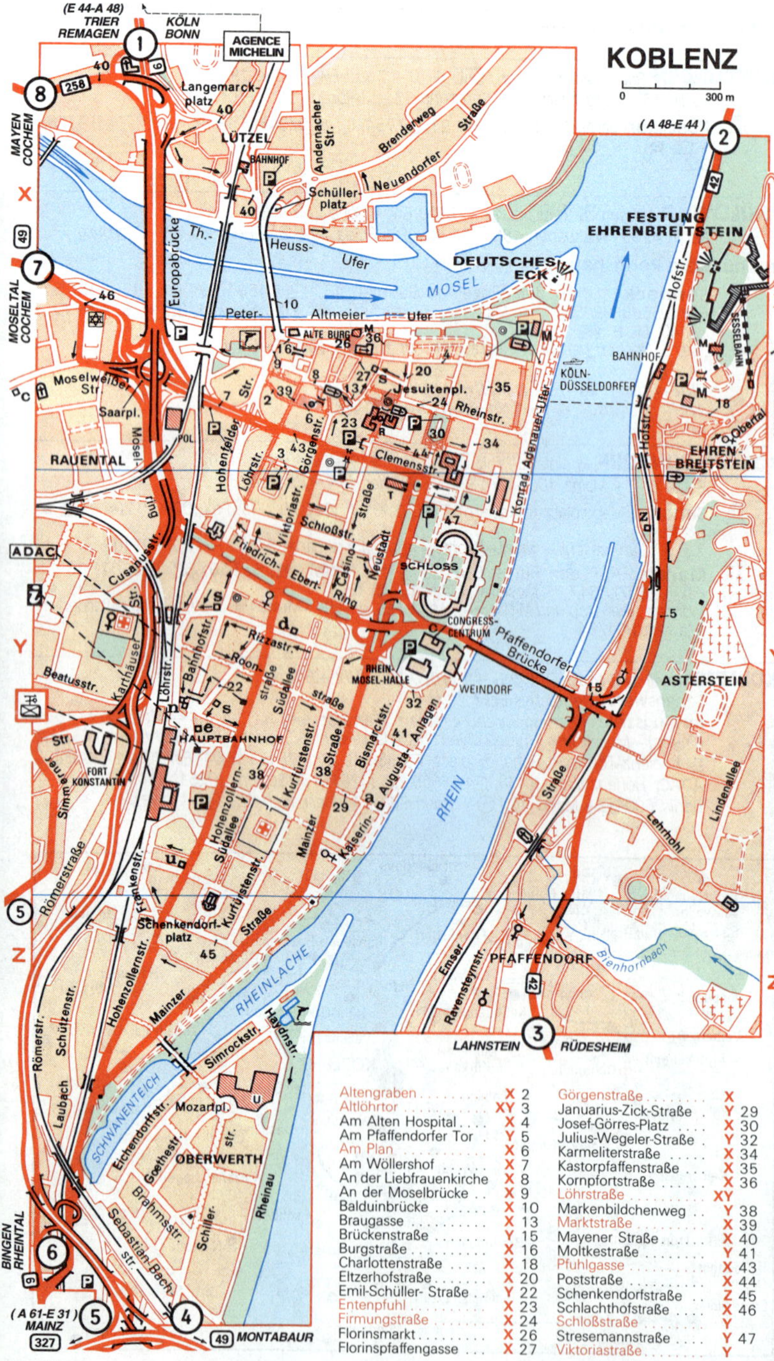

KOBLENZ
0
300 m
(E 44-A 48)
TRIER
REMAGEN
KÖLN
BONN
AGENCE MICHELIN
(A 48-E 44)
MAYEN
COCHEM
MOSELTAL
COCHEM
MONTABAUR
BINGEN
RHEINTAL
(A 61-E 31)
MAINZ
327
49
MONTABAUR
LAHNSTEIN
RÜDESHEIM
X
Y
Z
Langemarck-platz
LÜTZEL
BAHNHOF
Andernacher Str.
Brenderweg
Straße
Neuendorfer
Schüller-platz
Europabrücke
Th.-Heuss-Ufer
MOSEL
DEUTSCHES ECK
FESTUNG EHRENBREITSTEIN
Peter-Altmeier-Ufer
ALTE BURG
Moselweißer Str.
Saarpl.
Jesuitenpl.
Rheinstr.
KÖLN-DÜSSELDORFER
Konrad-Adenauer-Ufer
BAHNHOF
Hofstr.
SESSELBAHN
Obertal
EHRENBREITSTEIN
RAUENTAL
POL
Hohenfelder Str.
Löhrstr.
Görgenstr.
Viktoriastr.
Clemensstr.
Schloßstr.
Moselring
Friedrich-Ebert-Ring
Casino-straße
Neustadt
SCHLOSS
ADAC
Cusanusstr.
CONGRESS-CENTRUM
Pfaffendorfer Brücke
ASTERSTEIN
Beatusstr.
Karthäuserstr.
Bahnhofstr.
Rizzastr.
Roonstr.
Südallee
RHEIN-MOSEL-HALLE
WEINDORF
HAUPTBAHNHOF
FORT KONSTANTIN
Simmerner Str.
Kurfürstenstr.
Bismarckstr.
Augusta-Anlagen
Kaiserin-
RHEIN
Hohenzollern-str.
Hohenzollern-Südallee
Mainzer
Römerstraße
Frankenstr.
Schenkendorf-platz
Lehrhohl
Lindenallee
Straße
Emser
Ravensteynstr.
PFAFFENDORF
Bienhornbach
RHEINLACHE
Hohenzollernstr.
Schützenstr.
Römerstr.
Laubach
Simrockstr.
Haydnstr.
SCHWANENTEICH
Mozartpl.
Eichendorffstr.
Goethestr.
OBERWERTH
Brahmsstr.
Schillerstr.
Rheinau
Sebastian-Bach-str.

Mercure, Julius-Wegeler-Str. 6, ✉ 56068, ☎ (0261) 13 60, *Fax (0261) 1361199,* ←, – , Zim, – 80. AE ⓓ E VISA JCB. Rest Y c
Menu à la carte 37/75 – **169 Z** 215/258.

Brenner garni, Rizzastr. 20, ✉ 56068, ☎ (0261) 91 57 80, *Fax (0261) 36278,* « Garten » – . AE ⓓ E VISA Y d
24 Z 130/260.

Kleiner Riesen garni, Kaiserin-Augusta-Anlagen 18, ✉ 56068, ☎ (0261) 30 34 60, *Fax (0261) 160725,* ← – . AE ⓓ E VISA JCB Y a
28 Z 100/220.

Continental-Pfälzer Hof garni, Bahnhofsplatz 1, ✉ 56068, ☎ (0261) 3 01 60, *Fax (0261) 301610,* – – 30. AE ⓓ E VISA JCB Y n
20. Dez. - 20. Jan. geschl. – **32 Z** 100/350.

Hohenstaufen garni, Emil-Schüller-Str. 41, ✉ 56068, ☎ (0261) 3 01 40, *Fax (0261) 3014444* – . AE ⓓ E VISA Y s
53 Z 115/235.

Höhmann garni, Bahnhofsplatz 5, ✉ 56068, ☎ (0261) 30 37 80, *Fax (0261) 3037810* – . AE ⓓ E VISA JCB Y e
41 Z 98/180.

Hamm garni, St.-Josef-Str. 32, ✉ 56068, ☎ (0261) 30 32 10, *Fax (0261) 3032160* – – 15. AE ⓓ E VISA JCB Y u
32 Z 85/180.

Reinhard garni, Bahnhofstr. 60, ✉ 56068, ☎ (0261) 3 48 35, *Fax (0261) 160338* – . AE ⓓ E. Y n
Jan. - Feb. 3 Wochen geschl. – **20 Z** 85/140.

Ibis, Rizzastr. 42, ✉ 56068, ☎ (0261) 3 02 40, *Fax (0261) 3024240* – , Zim, – 35. AE ⓓ E VISA JCB Y s
Menu à la carte 26 – **106 Z** 126/141.

Kornpforte garni, Kornpfortstr. 11, ✉ 56068, ☎ (0261) 3 11 74, *Fax (0261) 31176.* X s
23. Dez. - 12. Jan. geschl. – **20 Z** 60/145.

In Koblenz-Ehrenbreitstein :

Diehls Hotel, Am Pfaffendorfer Tor 10 (B 42), ✉ 56077, ☎ (0261) 9 70 70, *Fax (0261) 9707213,* ← Rhein, , – , Zim, – 90. AE ⓓ E VISA JCB Y z
Menu à la carte 44/78 – **60 Z** 138/280.

In Koblenz-Güls *über ⑧ :*

Avantgarde Ⓜ, Stauseestr. 27, ✉ 56072, ☎ (0261) 46 09 00, *Fax (0261) 4609040* – – 50. AE E VISA
Menu à la carte 30/48 – **20 Z** 115/180.

Gülser Weinstube, In der Laach 3 (B 416), ✉ 56072, ☎ (0261) 40 15 88, *Fax (0261) 42732* – . AE E VISA JCB
Menu *(Montag geschl.)* (nur Abendessen) à la carte 27/57 – **14 Z** 80/150.

Weinhaus Kreuter, Stauseestr. 31, ✉ 56072, ☎ (0261) 94 14 70, *Fax (0261) 48327,* – – 50. AE E VISA
Menu *(Freitag, Sept. - Okt. Donnerstag und 18. Dez. - 20. Jan. geschl.)* à la carte 29/52 – **34 Z** 78/180.

In Koblenz-Metternich *über ⑧ :*

Fährhaus am Stausee , An der Fähre 3, ✉ 56072, ☎ (0261) 92 72 90, *Fax (0261) 9272990,* ←, – – 50. AE ⓓ E VISA JCB
22. - 30. Dez. geschl. – **Menu** *(Montag geschl.)* à la carte 42/69 – **20 Z** 85/160.

In Koblenz-Moselweiß *über Moselweißer Str. X :*

Oronto garni, Ferd.-Sauerbruch-Str. 27, ✉ 56073, ☎ (0261) 4 80 81, *Fax (0261) 403192* – , Zim,
41 Z.

Zum schwarzen Bären, Koblenzer Str. 35, ✉ 56073, ☎ (0261) 4 60 27 00, *Fax (0261) 4602713,* – Zim, . AE ⓓ E VISA
über Karneval 1 Woche und 3 Wochen Juli - Aug. geschl. – **Menu** *(Sonntagabend - Montag geschl.)* à la carte 36/72 – **23 Z** 85/150.

In Koblenz-Rauental :

An der Mosel M, Pastor-Klein-Str. 11, ✉ 56073, ✆ (0261) 4 06 50, *Fax (0261) 4065188*, , – Zim, – 170. AE E VISA über ⑦
Menu à la carte 33/58 – **185 Z** 147/191.

Scholz, Moselweißer Str. 121, ✉ 56073, ✆ (0261) 9 42 60, *Fax (0261) 408026* – – 40. AE E VISA X c
20. Dez. - 7. Jan. geschl. – **Menu** *(Samstag - Sonntag geschl.)* à la carte 26/49 – **65 Z** 95/150.

MICHELIN-REIFENWERKE KGaA. Regionale Vetriebsniederlassung ✉ 56218 Mülheim-Kärlich, Urmitzer Str. 9 über ①, ✆ (02630) 98 64 64 Fax (02630) 986498.

KOCHEL AM SEE *Bayern* 419 420 *X 18 – 4 000 Ew – Höhe 605 m – Luftkurort – Wintersport : 610/1 760 m 5 .*

Ausflugsziele : *Walchensee★ (S : 9 km) – Herzogstand Gipfel ★★ (SW : 13,5 km, mit Sessellift ab Walchensee).*

Verkehrsamt, Kalmbachstr. 11, ✉ 82431, ✆ (08851) 3 38, Fax (08851) 5588.
Berlin 658 – München 70 – Garmisch-Partenkirchen *35 – Bad Tölz 23.*

Seehotel Grauer Bär, Mittenwalder Str. 82 (B 11, SW : 2 km), ✉ 82431, ✆ (08851) 9 25 00, *Fax (08851) 925015*, ≤ Kochelsee, « Terrasse am See », , – . AE E VISA
Mitte Jan. - Ende Feb. geschl. – **Menu** *(Mittwoch geschl.)* à la carte 30/61 – **26 Z** 75/170 – ½ P 29.

Waltraud, Bahnhofstr. 20, ✉ 82431, ✆ (08851) 3 33, *Fax (08851) 5219*, – – 25. Zim
Menu *(Dienstag geschl.)* à la carte 25/50 – **26 Z** 70/140 – ½ P 20.

Herzogstand, Herzogstandweg 3, ✉ 82431, ✆ (08851) 3 24, *Fax (08851) 1066*, , –
Mitte März - Okt. – **Menu** *(Dienstag geschl.)* (nur Abendessen) à la carte 25/36 – **11 Z** 75/140 – ½ P 19.

In Kochel-Ried *NO : 5 km :*

Rabenkopf, Kocheler Str. 23 (B 11), ✉ 82431, ✆ (08857) 82 85, *Fax (08857) 9167*, , – . AE E VISA
Mitte Jan. - Mitte Feb. und Okt. - Nov. 2 Wochen geschl. – **Menu** *(Donnerstag geschl.)* (böhmische Küche) à la carte 36/60 – **18 Z** 68/136 – ½ P 23.

KÖLN

Nordrhein-Westfalen **417** *N 4 – 1 005 000 Ew – Höhe 65 m*

Berlin 566 – Düsseldorf 39 – Bonn 32 ⑥ – Aachen 69 ⑨ – Essen 68

PRAKTISCHE HINWEISE

Verkehrsamt, Am Dom ✉ 50667, ✆ (0221) 2 21 33 45, Fax (0221) 2213320
ADAC, *Luxemburger Str. 169, ✉ 50963, ✆ (0221) 47 27 47, Fax (0221) 4727452*
Köln-Bonn in Wahn (⑤ : 17 km), ✆ (02203) 40 40 01
Köln-Deutz, Barmer Straße R vis a vis Messe
Messe- und Ausstellungsgelände S, ✆ (0221) 82 11, Fax (0221) 8212574

Köln-Marienburg, Schillingsrotter Weg T, ✆ (0261) 38 40 33
Köln-Roggendorf, Paralleleweg 1 (① : 16 km), ✆ (0221) 78 40 18
BergischGladbach-Refrath (③ : 17 km), ✆ (02204) 6 31 14
Pulheim Gut Lärchenhof (② : 19 km über Stommeln), ✆ (02238) 92 39 00
Pulheim Velderhof (② : 20 km über Stommeln), ✆ (02238) 92 39 40

HAUPTSEHENSWÜRDIGKEITEN

Sehenswert : *Dom★★★ (Dreikönigsschrein★★★, Gotische Fenster★ im linken Seitenschiff, Gerokreuz★, Marienkapelle : Altarbild★★★, Chorgestühl★, Domschatzkammer★) GY – Römisch-Germanisches Museum★★ (Dionysosmosaik★, Römische Glassammlung★★) GY* **M¹** *– Wallraf-Richartz-Museum und Museum Ludwig★★★ (Agfa-Foto-Historama) GY* **M²** *– Diözesan-Museum★ GY* **M³** *– Schnütgen-Museum★★ GZ* **M⁴** *– Museum für Ostasiatische Kunst★★ S* **M⁵** *– Museum für Angewandte Kunst★ GYZ* **M⁶** *– St. Maria Lyskirchen (Fresken★★) FX – St. Severin (Inneraum★) FX – St. Pantaleon (Lettner★) EX – St. Aposteln (Chorabschluß★) EV* **K** *– St. Ursula (Goldene Kammer★) FU – St. Kunibert (Chorfenster★ FU – St. Maria-Königin (Glasfenster★) T* **D** *– St. Maria im Kapitol★ (Romanische Holztür★, Dreikonchenchor★) GZ – St. Gereon★ (Dekagon★) EV – Imhoff-Stollwerk-Museum★ FX – Altes Rathaus★ GZ – Botanischer Garten Flora★ S* **B**.

Aachener Straße S. 3 **S**
Agrippina-Ufer S. 3 **S** 2
Albertusstraße S. 4 **EV**
Alter Markt S. 5 **GZ**
Am Bayenturm S. 4 **FX** 3
Am Hof S. 5 **GY**
Am Leystapel S. 5 **GZ** 4
Am Malzbüchel S. 5 **GZ** 5
Amsterdamer Straße S. 3 **RS**
An den Dominikanern S. 5 **GY** 8
An der Malzmühle S. 4 **FX** 9
An der Rechtschule S. 5 **GY**
An der Schanz S. 3 **S** 12
Annostraße S. 4 **FX**
An St. Agatha S. 5 **GZ**
An St.-Katharinen S. 4 **FX** 14
Apostelnstraße S. 4 **EV** 15
Auf dem Berlich S. 4 **EV** 16
Augustinerstraße S. 5 **GZ** 19
Barbarossaplatz S. 4 **EX**
Bayenstraße S. 4 **FX**
Bechergasse S. 5 **GZ** 22
Bergischer Ring S. 3 **S** 23
Bergisch-Gladbacher-Straße S. 3 **R** 24
Berliner Straße S. 3 **R** 25
Bischofsgarten-Straße S. 5 **GY** 26
Blaubach S. 4 **FX** 28
Boltensternstraße S. 3 **S** 29
Bonner Str. S. 4 **FX**
Breite Straße S. 5 **GZ**
Bremerhavener Str. S. 3 **R** 30
Brückenstraße S. 5 **GZ** 32
Brühler Straße S. 3 **T**
Buchheimer Ring S. 3 **R** 33
Burgmauer S. 5 **GY**
Butzweiler Straße S. 3 **S** 34
Cäcilienstraße S. 5 **GZ**
Christophstraße S. 4 **EV**
Clevischer Ring S. 3 **S** 35
Deutzer Brücke S. 5 **GZ**
Domstraße S. 4 **FU**
Dompropst-Ketzer-Str. S. 5 **GY** 38
Drususgasse S. 5 **GY** 39
Dürener Straße S. 3 **S**
Ebertplatz S. 4 **FU**
Ehrenfeldgürtel S. 3 **S** 40
Ehrenstraße S. 4 **EV**
Eifelstraße S. 4 **EX**
Eigelstein S. 4 **FU**
Eintrachtstraße S. 4 **FU**
Erftstraße S. 4 **EU**
Follerstraße S. 4 **FX**
Frankfurter Straße S. 3 **S**
Gereonstraße S. 4 **EV**
Gladbacher Straße S. 4 **EU** 48
Glockengasse S. 5 **GZ** 50
Goldgasse S. 5 **GY**
Große Budengasse S. 5 **GZ** 52
Große Neugasse S. 5 **GY** 54
Gürzenichstraße S. 5 **GZ** 55
Gustav-Heinemann-Ufer S. 3 **T** 56
Habsburgerring S. 4 **EV** 57
Hahnenstraße S. 4 **EV**
Hansaring S. 4 **EFU**
Hauptstraße S. 3 **T**
Heinrich-Böll-Platz S. 5 **GY** 58
Heumarkt S. 5 **GZ**
Hohenstaufenring S. 4 **EX**
Hohenzollernbrücke S. 5 **GY**
Hohenzollernring S. 4 **EV**
Hohe Pforte S. 4 **FX**
Hohe Straße S. 5 **GYZ**
Holzmarkt S. 4 **FX**
Im Sionstal S. 4 **FX**
Industriestraße S. 3 **R** 59
Innere Kanalstraße S. 3 **S** 60
Jahnstraße S. 4 **EX**
Kaiser-Wilhelm-Ring S. 4 **EV** 62
Kalker Hauptstraße S. 3 **S** 63
Kapellenstraße S. 3 **S** 64
Kardinal-Frings-Str. S. 4 **EV** 65
Karolingerring S. 4 **FX** 66
Kattenbug S. 4 **EV** 67
Kleine Budengasse S. 5 **GZ** 68
Kleine Witschgasse S. 4 **FX** 69
Klettenberggürtel S. 3 **T** 70
Kölner Straße S. 3 **T**
Komödienstraße S. 5 **GY** 71
Konrad-Adenauer-Ufer S. 5 **GY**
Krefelder Straße S. 4 **FU**
Kurt-Hackenberg-Platz S. 5 **GY** 72
Kyotostraße S. 4 **EU**
Luxemburger Straße S. 4 **EX**
Machabäerstraße S. 4 **FU**
Martinstraße S. 5 **GZ**
Marzellenstraße S. 5 **GY**
Mathiasstraße S. 4 **FX** 74
Mauenheimer Gürtel S. 3 **R** 75
Mauritiussteinweg S. 4 **EVX**
Maybachstraße S. 4 **EU**
Mechtildisstraße S. 4 **FX** 76
Mercatorstraße S. 3 **R** 77
Militärringstraße S. 3 **RST**
Minoritenstraße S. 5 **GZ** 79
Mittelstraße S. 4 **EV**
Mühlenbach S. 4 **FX**
Mülheimer Brücke S. 3 **S** 85
Mülheimer Straße S. 3 **R**
Neue Weyerstraße S. 4 **EX**
Neumarkt S. 4 **EV**
Neusser Landstraße S. 3 **R**
Neusser Straße S. 4 **FU** 86
Niederländer Ufer S. 3 **S** 87
Niehler Damm S. 3 **R** 88
Nord-Süd-Fahrt S. 5 **GZ**
Obenmarspforten S. 5 **GZ**
Offenbachplatz S. 5 **GZ** 90
Olpener Straße S. 3 **S**
Opladener Straße S. 3 **S** 91
Ostheimer Straße S. 3 **S** 92
Parkgürtel S. 3 **S** 93
Perlengraben S. 4 **FX**
Pfälzer Straße S. 4 **EX** 96
Pfälzischer Ring S. 3 **S** 97
Pipinstraße S. 5 **GZ**
Poststraße S. 4 **EX**
Quatermarkt S. 5 **GZ** 99
Richmodstraße S. 4 **EV** 100
Riehler Straße S. 4 **FU** 102
Rösrather Straße S. 3 **S** 103
Roonstraße S. 4 **EX** 104
Rothgerberbach S. 4 **EFX**
Sachsenring S. 4 **EFX**
Salierring S. 4 **EX**
Sankt-Apern-Straße S. 4 **EV** 108
Schildergasse S. 5 **GZ**
Severinstraße S. 4 **FX**
Severinswall S. 4 **FX**
Stadtautobahn S. 3 **R** 109
Stadtwaldgürtel S. 3 **S** 110
Stolkgasse S. 5 **GY**
Tel-Aviv-Straße S. 4 **FX** 111
Theodor-Heuss-Ring S. 4 **FU**
Trierer Straße S. 4 **EX**
Tunisstraße S. 5 **GY**
Turiner Straße S. 4 **FU**
Ubierring S. 4 **FX**
Ulrichgasse S. 4 **FX**
Universitätsstraße S. 3 **S** 113
Unter Goldschmied S. 5 **GZ** 114
Unter Sachsenhausen S. 5 **GY** 115
Ursulastraße S. 4 **FU** 116
Venloer Straße S. 3 **R**
Victoriastraße S. 4 **FU** 117
Volksgartenstraße S. 4 **EX**
Vorgebirgstraße S. 4 **FX**
Waisenhausgasse S. 4 **EX**
Weidengasse S. 4 **FU**
Zeppelinstraße S. 4 **EV** 118
Zeughausstraße S. 4 **EV** 122
Zoobrücke S. 3 **S** 123
Zülpicher Straße S. 3 **S** 124

Excelsior Hotel Ernst, Domplatz, ✉ 50667, ✆ (0221) 27 01, *Fax (0221) 135150* – |$|, ⇆ Zim, ▤ TV – 🏛 80. AE ◑ E VISA — GY a
Menu siehe Rest. ***Hanse-Stube*** separat erwähnt – **161 Z** 350/765, 8 Suiten.

Maritim M, Heumarkt 20, ✉ 50667, ✆ (0221) 2 02 70, *Fax (0221) 2027826,* Massage, Fo, ≘s, ⊠ – |$|, ⇆ Zim, ▤ TV ✆ ♿ 🚗 – 🏛 1300. AE ◑ E VISA JCB — GZ m
Bellevue « Terrasse mit < Köln » **Menu** à la carte 65/96 – ***La Galerie*** *(nur Abendessen, Sonntag - Montag und Juli - Mitte Aug. geschl.)* **Menu** à la carte 56/83 – **454 Z** 405/531, 28 Suiten.

Hotel im Wasserturm (ehem. Wasserturm a.d. 19. Jh. mit modern-eleganter Einrichtung), Kaygasse 2, ✉ 50676, ✆ (0221) 2 00 80, *Fax (0221) 2008888,* Dachgartenterrasse mit < Köln, ≘s – |$|, ⇆ Zim, ▤ Rest, TV 🚗 – 🏛 25. AE ◑ E VISA JCB. Rest — FX c
Menu à la carte 72/105 – **90 Z** 449/648, 42 Suiten.

Dom-Hotel, Domkloster 2a, ✉ 50667, ✆ (0221) 2 02 40, *Fax (0221) 2024444,* « Terrasse mit < » – |$| TV – 🏛 60. AE ◑ E VISA JCB — GY d
Menu à la carte 65/98 – **125 Z** 385/795.

Dorint Kongress-Hotel, Helenenstr. 14, ✉ 50667, ✆ (0221) 27 50, *Fax (0221) 2751301,* Massage, ≘s, ⊠ – |$|, ⇆ Zim, ▤ TV ✆ ♿ 🚗 – 🏛 500. AE ◑ E VISA JCB. Rest — EV p
Menu à la carte 66/95 – ***Kabuki*** (japanische Küche) *(Montagmittag geschl.)* **Menu** à la carte 42/64 – **285 Z** 299/417, 15 Suiten.

Renaissance Köln Hotel, Magnusstr. 20, ✉ 50672, ✆ (0221) 2 03 40, *Fax (0221) 2034777,* Massage, ≘s, ⊠ – |$|, ⇆ Zim, ▤ TV ✆ ♿ 🚗 – 🏛 220. AE ◑ E VISA JCB. Rest — EV b
Menu à la carte 48/72 – **236 Z** 268/378.

Agrippina-Ufer	S 2	Ehrenfeldgürtel	S 40	Niehler Damm	R 88
An der Schanz	S 12	Gustav-Heinemann-Ufer	T 56	Opladener Str.	S 91
Bergischer Ring	S 23	Industriestraße	R 59	Ostheimer Str.	S 92
Bergisch-Gladbacher-Straße	R 24	Innere Kanalstraße	S 60	Parkgürtel	S 93
Berliner Straße	R 25	Kalker Hauptstraße	S 63	Pfälzischer Ring	S 97
Boltensternstr.	S 29	Kapellenstraße	S 64	Rösrather Str.	S 103
Bremerhavener Str.	R 30	Klettenberggürtel	T 70	Stadtautobahn	R 109
Buchheimer Ring	R 33	Mauenheimer Gürtel	R 75	Stadtwaldgürtel	S 110
Butzweiler Str.	S 34	Mercatorstraße	R 77	Universitätsstraße	S 113
Clevischer Ring	S 35	Mülheimer Brücke	S 85	Zoobrücke	S 123
		Niederländer Ufer	S 87	Zülpicher Str.	S 124

Straßenverzeichnis siehe Köln S. 2

Crowne Plaza, Habsburger Ring 9, ✉ 50674, ✆ (0221) 22 80, *Fax (0221) 251206*, Massage, ≘s, 🏊 – 🛗, ⇹ Zim, ▤ TV ✆ ♿ 🚗 – 🏛 230. AE ⓓ E VISA JCB. ⨯ Rest
Menu à la carte 47/75 – ***Die Auster*** (nur Abendessen) **Menu** à la carte 52/83 – **301 Z** 334/658. S j

Savoy, Turiner Str. 9, ✉ 50668, ✆ (0221) 1 62 30, *Fax (0221) 1623200*, ≘s – 🛗 ⇹ TV ☎ ✆ 🚗 P – 🏛 70. AE ⓓ E VISA FU s
24. Dez. - 2. Jan. geschl. – **Menu** à la carte 40/56 – **103 Z** 175/550.

Mondial am Dom, Kurt-Hackenberg-Platz 1, ✉ 50667, ✆ (0221) 2 06 30, *Fax (0221) 2063522*, 🍴 – 🛗, ⇹ Zim, TV ♿ 🚗 – 🏛 180. AE ⓓ E VISA JCB. ⨯ Rest
Menu à la carte 43/75 – **205 Z** 268/464. GY f

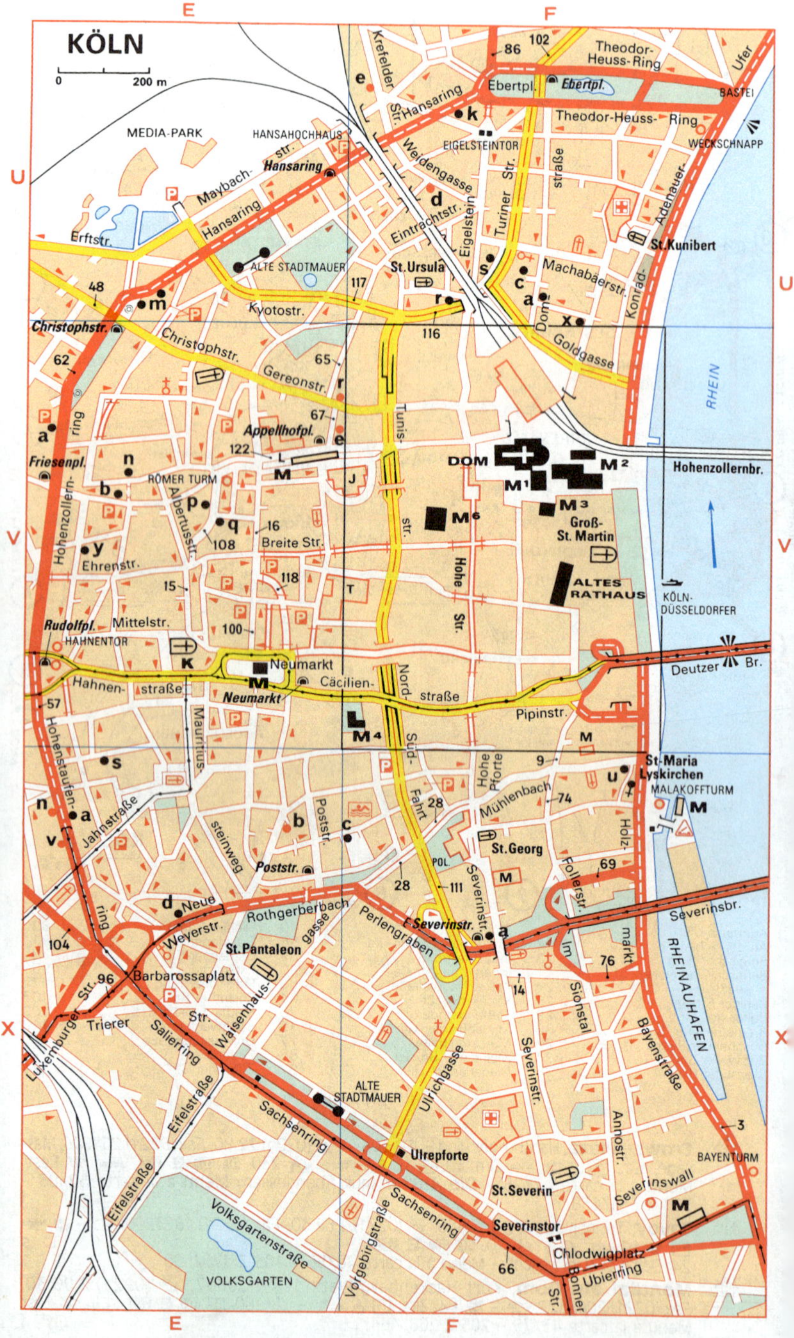
KÖLN
0
200 m
E
F
U
V
X
MEDIA-PARK
HANSAHOCHHAUS
Maybach-
str.
Hansaring
Erftstr.
ALTE STADTMAUER
Kyotostr.
Christophstr.
Gereonstr.
Appellhofpl.
Friesenpl.
Hohenzollern-
ring
RÖMER TURM
Albertusstr.
Breite Str.
Ehrenstr.
Mittelstr.
Rudolfpl.
HAHNENTOR
Hahnen-
straße
Neumarkt
Cäcilien-
straße
Mauritius-
steinweg
Hohenstaufen-
ring
Jahnstraße
Poststr.
Neue
Weyerstr.
Rothgerberbach
gasse
St.Pantaleon
Barbarossaplatz
Salierring
Trierer
Str.
Luxemburger
Str.
Waisenhaus-
Eifelstraße
Sachsenring
ALTE STADTMAUER
Volksgartenstraße
VOLKSGARTEN
Vorgebirgstraße
Ulrichgasse
Ulrepforte
Perlengraben
Severinstr.
St.Severin
Severinstor
Chlodwigplatz
Ubierring
Bonner
Str.
Krefelder
Str.
Hansaring
Weidengasse
EIGELSTEINTOR
Eintrachtstr.
Eigelstein
St.Ursula
Ebertpl.
Theodor-
Heuss-Ring
Theodor-Heuss-
Ring
BASTEI
Ufer
WECKSCHNAPP
Turiner
Str.
Dom-
straße
Machabäerstr.
St.Kunibert
Konrad-
Adenauer-
Goldgasse
RHEIN
Hohenzollernbr.
DOM
M¹
M²
M³
M⁴
M⁶
Groß-
St. Martin
ALTES
RATHAUS
Tunis-
str.
Hohe
Str.
Nord-
Süd-
Fahrt
KÖLN-
DÜSSELDORFER
Deutzer
Br.
Pipinstr.
St-Maria
Lyskirchen
MALAKOFFTURM
Hohe
Pforte
Mühlenbach
St.Georg
POL.
Follerstr.
Holz-
markt
Im
Sionstal
Severinsbr.
RHEINAUHAFEN
Bayenstraße
Annostr.
BAYENTURM
Severinswall
Severinstr.
Severinstr.
Poststr.
Neumarkt
Christophstr.

KÖLN

Am Bayenturm	FX	3
Am Leystapel	GZ	4
Am Malzbüchel	GZ	5
An den Dominikanern	GY	8
An der Malzmühle	FX	9
An St-Katharinen	FX	14
Apostelnstraße	EV	15
Auf dem Berlich	EV	16
Augustinerstraße	GZ	19
Bechergasse	GZ	22
Bischofsgarten-Straße	GY	26
Blaubach	FX	28
Breite Straße	GZ	
Brückenstraße	GZ	32
Dompropst-Ketzer-Straße	GY	38
Drususgasse	GY	39
Ehrenstraße	EV	
Eigelstein	FU	
Gladbacher Straße	EU	48
Glockengasse	GZ	50
Große Budengasse	GZ	52
Große Neugasse	GY	54
Gürzenichstraße	GZ	55
Habsburgerring	EV	57
Hahnenstraße	EV	
Heinrich-Böll-Platz	GY	58
Hohenstaufenring	EX	
Hohenzollernring	EV	
Hohe Straße	GYZ	
Kaiser-Wilhelm Ring	EV	62
Kardinal-Frings-Straße	EV	65
Karolingerring	FX	66
Kattenbug	EV	67
Kleine Budengasse	GZ	68
Kleine Witschgasse	FX	69
Komödienstraße	GY	71
Kurt-Hackenberg-Platz	GY	72
Mathiasstraße	FX	74
Mechtildisstraße	FX	76
Minoritenstraße	GZ	79
Mittelstraße	EV	
Neumarkt	EV	
Neusser Straße	FU	86
Offenbachplatz	GZ	90
Pfälzer Straße	EX	96
Quatermarkt	GZ	99
Richmodstraße	EV	100
Riehler Straße	FU	102
Roonstraße	EX	104
Sankt-Apern-Straße	EV	108
Schildergasse	GZ	
Severinstraße	FX	
Tel-Aviv-Straße	FX	111
Unter Goldschmied	GZ	114
Unter Sachsenhausen	GY	115
Ursulastraße	FU	116
Victoriastraße	FU	117
Zeppelinstraße	EV	118
Zeughausstraße	EV	122

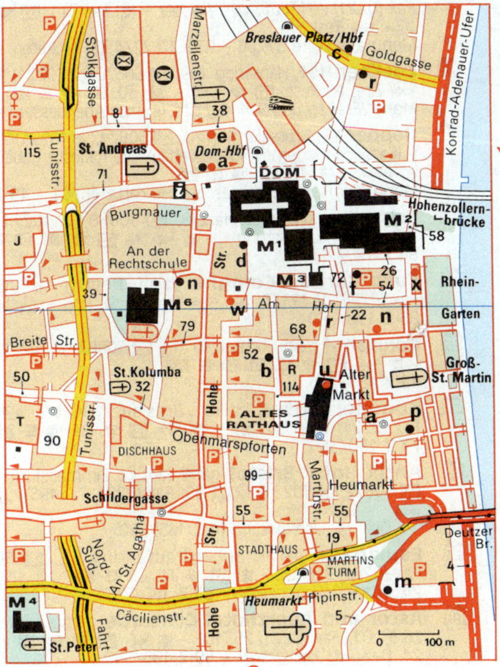

Straßenverzeichnis siehe Köln S.2

Haus Lyskirchen, Filzengraben 32, ✉ 50676, ✆ (0221) 2 09 70, *Fax (0221) 2097718*, – 🛗, ⇹ Zim, Rest, TV ☎ – 🏋 60. AE ⓓ E VISA JCB. FX u
Menu *(Samstagmittag sowie Sonn- und Feiertage geschl.)* à la carte 42/64 – **94 Z** 185/380.

Euro Plaza Cologne, Breslauer Platz 2, ✉ 50668, ✆ (0221) 1 65 10, *Fax (0221) 1651333* – 🛗, ⇹ Zim, TV ☎ – 🏋 20. AE ⓓ E VISA GY c
Menu à la carte 40/55 – **118 Z** 198/260, 6 Suiten.

Ascot garni, Hohenzollernring 95, ✉ 50672, ✆ (0221) 9 52 96 50, *Fax (0221) 952965100*, – 🛗 ⇹ TV ☎. AE ⓓ E VISA EV a
23. Dez. - 2. Jan. geschl. – **46 Z** 194/418.

Flandrischer Hof, Flandrische Str. 3, ✉ 50674, ✆ (0221) 25 20 95, *Fax (0221) 251052* – 🛗, ⇹ Zim, TV ☎ P – 🏋 20. AE ⓓ E VISA S j
Menu à la carte 44/68 – **143 Z** 125/380.

Senats Hotel, Unter Goldschmied 9, ✉ 50667, ✆ (0221) 2 06 20, *Fax (0221) 2062200* – 🛗, ⇹ Zim, TV ☎ – 🏋 200. AE E VISA JCB GZ b
23. Dez. - 3. Jan. geschl. – ***Falstaff*** *(Samstagmittag und Sonntag geschl.)* **Menu** à la carte 41/66 – **59 Z** 170/440.

Dorint, Friesenstr. 44, ✉ 50670, ✆ (0221) 1 61 40, *Fax (0221) 1614100*, – 🛗, ⇹ Zim, TV ☎ – 🏋 100. AE ⓓ E VISA JCB EV n
Menu *(Samstagabend und Sonntagabend geschl.)* à la carte 38/54 – **103 Z** 225/445.

Viktoria garni, Worringer Str. 23, ✉ 50668, ✆ (0221) 9 73 17 20, *Fax (0221) 727067* – 🛗 ⇹ TV ☎ P. AE ⓓ E VISA JCB. S t
24. Dez. - 1. Jan. geschl. – **47 Z** 175/485.

Mercure Severinshof, Severinstr. 199, ✉ 50676, ✆ (0221) 2 01 30, *Fax (0221) 2013666,* – Zim, – 120. Rest FX a
Menu à la carte 37/66 – **252 Z** 222/450, 11 Suiten.

Coellner Hof, Hansaring 100, ✉ 50670, ✆ (0221) 1 66 60, *Fax (0221) 1666166* – Zim, Rest, – 30. Rest FU k
Menu *(Freitag und Sonntag geschl.)* (nur Abendessen) à la carte 28/65 – **70 Z** 140/360.

Hopper M, Brüsseler Str. 26, ✉ 50674, ✆ (0221) 92 44 00, *Fax (0221) 924406,* « Klassisch-modernes Hotel in ehemaligem Klostergebäude », – Zim, – 10. S j
Menu *(Samstagmittag geschl.)* à la carte 46/61 – **49 Z** 158/237.

Cristall garni, Ursulaplatz 9, ✉ 50668, ✆ (0221) 1 63 00, *Fax (0221) 1630333,* « Designer-Ausstattung » – FU r
84 Z 190/250.

Euro Garden Cologne garni, Domstr. 10, ✉ 50668, ✆ (0221) 1 64 90, *Fax (0221) 1649333,* – – 50. FU a
85 Z 198/260.

Königshof garni, Richartzstr. 14, ✉ 50667, ✆ (0221) 2 57 87 71, *Fax (0221) 2578762* – GY n
82 Z 155/395.

Kommerzhotel garni, Breslauer Platz, ✉ 50668, ✆ (0221) 1 61 00, *Fax (0221) 1610122,* – GY r
77 Z 190/366.

Antik Hotel Bristol garni (antike Zimmereinrichtung), Kaiser-Wilhelm-Ring 48, ✉ 50672, ✆ (0221) 12 01 95, *Fax (0221) 131495* – EU m
24. Dez. - 2. Jan. geschl. **44 Z** 165/220.

Esplanade garni, Hohenstaufenring 56, ✉ 50674, ✆ (0221) 9 21 55 70, *Fax (0221) 216822* – EX a
24. Dez. - 2. Jan. geschl. – **33 Z** 185/235.

Astor und Aparthotel Concorde garni, Friesenwall 68, ✉ 50672, ✆ (0221) 25 31 01, *Fax (0221) 253106* – EV y
24. Dez. - 1. Jan. geschl. – **50 Z** 185/360.

Leonet garni, Rubensstr. 33, ✉ 50676, ✆ (0221) 23 60 16, *Fax (0221) 210893,* – – 20. EX s
78 Z 148/195.

Conti garni, Brüsseler Str. 40, ✉ 50674, ✆ (0221) 9 25 92 80, *Fax (0221) 252107* – S j
43 Z 168/386.

Merian-Hotel garni, Allerheiligenstr. 1, ✉ 50668, ✆ (0221) 1 66 50, *Fax (0221) 1665200* – FU c
31 Z 120/375.

Metropol garni, Hansaring 14, ✉ 50670, ✆ (0221) 13 33 77, *Fax (0221) 138307* – EU m
22. Dez. - 2. Jan. geschl. – **26 Z** 145/320.

Altstadt Hotel garni, Salzgasse 7, ✉ 50667, ✆ (0221) 2 57 78 51, *Fax (0221) 2577853,* – GZ p
20. Dez. - 4. Jan. geschl. – **28 Z** 110/180.

Kolpinghaus International, St.-Apern-Str. 32, ✉ 50667, ✆ (0221) 2 09 30, *Fax (0221) 2578081* – – 110. EV q
Menu à la carte 33/66 – **55 Z** 130/210.

Ludwig garni, Brandenburger Str. 24, ✉ 50668, ✆ (0221) 16 05 40, *Fax (0221) 16054444* – FU x
23. Dez. - 3. Jan. geschl. – **61 Z** 135/320.

Ibis, Neue Weyerstr. 4, ✉ 50676, ✆ (0221) 2 09 60, *Fax (0221) 2096199* – Zim, – 25. EX d
Menu à la carte 42/70 – **208 Z** 134/149.

Hanse Stube - Excelsior Hotel Ernst, Dompropst-Ketzer-Str. 2, ✉ 50667, ✆ (0221) 2 70 34 02, *Fax (0221) 135150* – GY e
Menu 55 (mittags) und à la carte 88/120.

Ambiance am Dom - im Excelsior Hotel Ernst, Trankgasse 1, ✉ 50667, ✆ (0221) 1 39 19 12 – GY a
Samstag, Sonn- und Feiertage sowie Juli - Aug. 3 Wochen geschl. – **Menu** à la carte 81/104.

XXX **Börsen-Restaurant Maître,** Unter Sachsenhausen 10, ✉ 50667, ☎ (0221) 13 30 21, *Fax (0221) 133040,* – ▤. AE ⓓ E VISA. ✈ EV r
Samstagmittag, Sonn- und Feiertage sowie 5. Juli - 1. Aug. geschl. – **Menu** à la carte 73/90 – ***Börsenstube*** (*Samstagabend, sowie Sonn- und Feiertage geschl.*) **Menu** à la carte 50/75.

XXX **Grande Milano,** Hohenstaufenring 37, ✉ 50674, ☎ (0221) 24 21 21, *Fax (0221) 244846,* – ▤. AE ⓓ E VISA EX v
Samstagmittag und Sonntag sowie Juli - Aug. 2 Wochen geschl. – **Menu** (italienische Küche) à la carte 64/100 – ***Pinot di Pinot :*** **Menu** à la carte 38/59.

XX **Em Krützche,** Am Frankenturm 1, ✉ 50667, ☎ (0221) 2 58 08 39, *Fax (0221) 253417,* – AE ⓓ E VISA GY x
Montag geschl. – **Menu** (abends Tischbestellung ratsam) à la carte 52/85.

XX **Fischers Restaurant,** Hohenstaufenring 53, ✉ 50674, ☎ (0221) 9 23 15 23, *Fax (0221) 9231524,* EX n
Samstagmittag und Sonn- und Feiertage geschl. – **Menu** à la carte 52/80.

XX **Bizim,** Weidengasse 47, ✉ 50668, ☎ (0221) 13 15 81 – AE ⓓ E. ✈ FU d
Sonntag - Montag, Feb. 2 Wochen und Juli - Aug. 3 Wochen geschl. – **Menu** (abends Tischbestellung ratsam, türkische Küche) à la carte 66/93.

XX **Ratskeller,** Rathausplatz 1 (Eingang Alter Markt), ✉ 50667, ☎ (0221) 2 57 69 29, *Fax (0221) 2576946,* « Innenhofterrasse » – ▤ ♿ – 🏛 80. AE ⓓ E VISA GZ u
Menu à la carte 38/75.

X ✿ **Le Moissonnier** (Typisches franz. Bistro), Krefelder Str. 25, ✉ 50670, ☎ (0221) 72 94 79, *Fax (0221) 7325461* FU e
Feiertage mittags und Sonntag - Montag geschl. – **Menu** (Tischbestellung ratsam) à la carte 58/86
Spez. Foie gras "Maison". Ris de veau glacé. Pigeon mariné.

X **Bistro Schönberner,** Kleiner Griechenmarkt 23, ✉ 50676, ☎ (0221) 21 45 12, *Fax (0221) 214512* – ▤. ⓓ E VISA EX b
Sonntag - Montag geschl. – **Menu** (Tischbestellung ratsam) 45 (mittags) und à la carte 55/107.

X **Daitokai,** Kattenbug 2, ✉ 50667, ☎ (0221) 12 00 48, *Fax (0221) 137503* – ▤. AE ⓓ E VISA JCB. ✈ EV e
Menu (japanische Küche) 68/118 und à la carte 58/84.

Kölsche Wirtschaften :

X **Peters Brauhaus,** Mühlengasse 1, ✉ 50667, ☎ (0221) 2 57 39 50, *Fax (0221) 2573962,* – ✈ GZ n
Menu à la carte 31/45.

X **Gaffel-Haus,** Alter Markt 20, ✉ 50667, ☎ (0221) 2 57 76 92, *Fax (0221) 253879,* – AE ⓓ E VISA GZ a
Menu à la carte 34/57.

X **Brauhaus Sion,** Unter Taschenmacher 5, ✉ 50667, ☎ (0221) 2 57 85 40, *Fax (0221) 2081750,* GZ r
Menu à la carte 27/48.

X **Früh am Dom,** Am Hof 12, ✉ 50667, ☎ (0221) 2 58 03 97, *Fax (0221) 256326,* Biergarten GY w
Menu à la carte 28/57.

X **Alt Köln Am Dom,** Trankgasse 7, ✉ 50667, ☎ (0221) 13 74 71, *Fax (0221) 136885* – AE ⓓ E VISA GY a
Menu à la carte 31/51.

In Köln-Braunsfeld :

🏨 **Regent** garni, Melatengürtel 15, ✉ 50933, ☎ (0221) 5 49 90, *Fax (0221) 5499998,* ≘s – |♦| ⇹ TV ☎ Ⓟ – 🏛 80. AE ⓓ E VISA (Köln S. 3) S d
21. Dez. - 4. Jan. geschl. – **148 Z** 228/492, 5 Suiten.

XX **Marienbild,** Aachenerstr. 561, ✉ 50933, ☎ (0221) 9 49 88 30, *Fax (0221) 94988333* S x
Menu à la carte 55/76.

In Köln-Brück *über Olpener Str.* S :

🏨 **Silencium** garni, Olpener Str. 1031, ✉ 51109, ☎ (0221) 89 90 40, *Fax (0221) 8990489* – |♦| ⇹ TV ☎ ☎ Ⓟ – 🏛 25. AE ⓓ E VISA
23. Dez. - 2. Jan. und über Ostern geschl. – **69 Z** 165/255.

In Köln-Buchforst :

🏨 **Kosmos** M, Waldecker Str. 11, ✉ 51065, ☎ (0221) 6 70 90, *Fax (0221) 6709321,* ≘s, 🏊 – |♦|, ⇹ Zim, ▤ Rest, TV ☎ ☎ ♿ Ⓟ – 🏛 120. AE ⓓ E VISA (Köln S. 3) S s
Menu *(Juli geschl.)* (nur Abendessen) à la carte 40/71 – **161 Z** 175/440.

In Köln-Dellbrück :

Uhu garni, Dellbrücker Hauptstr. 201, ✉ 51069, ✆ (0221) 6 80 40 86, *Fax (0221) 6805037* – TV ☎. AE D E VISA — R c
Weihnachten - Anfang Jan. geschl. – **35 Z** 96/220.

In Köln-Deutz :

Hyatt Regency, Kennedy-Ufer 2a, ✉ 50679, ✆ (0221) 8 28 12 34, *Fax (0221) 8281370,* ≤, Biergarten, Massage, – Zim, TV ☎ P – 330. AE D E VISA JCB. Rest — (Köln S. 3) S y
Graugans *(Samstagmittag und Sonntagmittag geschl.)* **Menu** à la carte 77/106 – ***Glashaus*** *(italienische Küche)* **Menu** à la carte 65/80 – **305 Z** 343/703, 17 Suiten.

Ilbertz garni, Mindener Str. 6, ✉ 50679, ✆ (0221) 88 20 49, *Fax (0221) 883484* – TV ☎. AE E VISA — (Köln S. 3) S z
22. Dez. - 2. Jan. und Juli - Aug. 3 Wochen geschl. – **29 Z** 130/310.

Der Messeturm, Kennedy-Ufer (18. Etage,), ✉ 50679, ✆ (0221) 88 10 08, *Fax (0221) 818575,* ≤ Köln – – 30. AE D E VISA. — (Köln S. 3) S y
Samstagmittag geschl. – **Menu** à la carte 58/87.

In Köln-Ehrenfeld :

Imperial, Barthelstr. 93, ✉ 50823, ✆ (0221) 51 70 57, *Fax (0221) 520993,* – Zim, Rest, TV ☎. AE D E VISA. Rest — (Köln S. 3) S a
Menu *(Samstag - Sonntag geschl.)* (nur Abendessen) à la carte 39/65 – **36 Z** 198/360.

In Köln-Holweide :

Rema-Hotel Bergischer Hof garni, Bergisch Gladbacher Str. 406 (B 506), ✉ 51067, ✆ (0221) 96 37 90, *Fax (0221) 639085* – TV ☎ P. AE D E VISA JCB
23. Dez. - 2. Jan. geschl. – **56 Z** 140/350. — (Köln S. 3) S u

Isenburg, Johann-Bensberg-Str. 49, ✉ 51067, ✆ (0221) 69 59 09, *Fax (0221) 698703,* « Gartenterrasse » – P. AE VISA — (Köln S. 3) S b
Samstagmittag, Sonntag - Montag, Mitte Juli - Mitte Aug. sowie über Weihnachten und Karneval geschl. – **Menu** (Tischbestellung ratsam) à la carte 67/95.

In Köln-Immendorf :

Bitzerhof mit Zim (Gutshof a.d.J. 1821), Immendorfer Hauptstr. 21, ✉ 50997, ✆ (02236) 6 19 21, *Fax (02236) 62987,* « Rustikale Einrichtung, Innenhofterrasse » – TV ☎ P. AE E. Zim — (Köln S. 3) T c
Menu (Tischbestellung ratsam) à la carte 51/75 – **3 Z** 145/190.

In Köln-Junkersdorf :

Brenner'scher Hof, Wilhelm-v.-Capitaine-Str. 15, ✉ 50858, ✆ (0221) 9 48 60 00 (Hotel) 9 48 34 00 (Rest.), *Fax (0221) 94860010,* « Einrichtung im Landhausstil » – TV ☎ – 50. AE D E VISA. Zim — S f
Menu *(Montag geschl.)* à la carte 65/78 – **40 Z** 255/580, 6 Suiten.

Vogelsanger Stübchen, Vogelsanger Weg 28, ✉ 50858, ✆ (0221) 48 14 78, AE E — (Köln S. 3) S v
Sonntag - Montag sowie März und Aug. jeweils 2 Wochen geschl. – **Menu** (Tischbestellung ratsam) à la carte 68/80.

In Köln-Lindenthal :

Queens Hotel, Dürener Str. 287, ✉ 50935, ✆ (0221) 4 67 60, *Fax (0221) 433765,* « Gartenterrasse » – Zim, Rest, TV P – 350. AE D E VISA
Menu à la carte 52/79 – **147 Z** 266/430. — (Köln S. 3) S h

Bremer, Dürener Str. 225, ✉ 50931, ✆ (0221) 4 06 80, *Fax (0221) 406810,* – TV ☎. AE D E VISA — (Köln S. 3) S g
1.- 5. April, 21. - 24. Mai und 23. Dez.- 3. Jan. geschl. – (Mahlzeiten in Bremers-Pub) – **70 Z** 140/290.

In Köln-Marienburg :

Marienburger Bonotel, Bonner Str. 478, ✉ 50968, ✆ (0221) 3 70 20, *Fax (0221) 3702132,* – Zim, TV ☎ P – 40. AE D E VISA
Menu (nur Abendessen) à la carte 44/61 – **93 Z** 195/235, 4 Suiten. (Köln S. 3) T x

In Köln-Marsdorf :

Novotel Köln-West, Horbeller Str. 1, ✉ 50858, ✆ (02234) 51 40, *Fax (02234) 514106,* Biergarten, (geheizt), – Zim, Rest, TV ☎ P – 120. AE D E VISA JCB — (Köln S. 3) S p
Menu à la carte 43/76 – **199 Z** 199/324.

In Köln-Müngersdorf :

XXX **Landhaus Kuckuck,** Olympiaweg 2, ✉ 50933, ☎ (0221) 4 91 23 23, *Fax (0221) 4972847,* – 100. AE ⓓ E VISA (Köln S. 3) S r
Sonntagabend - Montag und 8. - 17. Feb. geschl. – **Menu** (Tischbestellung ratsam) 45 (mittags) und à la carte 65/85.

In Köln-Nippes :

XX **Paul's Restaurant,** Bülowstr. 2, ✉ 50733, ☎ (0221) 76 68 39, *Fax (0221) 7390354* – AE E (Köln S. 3) S n
Montag, über Karneval 1 Woche und Juli - Aug. 2 Wochen geschl. – **Menu** (nur Abendessen) à la carte 60/74.

In Köln-Porz :

Mercure garni, Hauptstr. 369, ✉ 51143, ☎ (02203) 5 50 36, *Fax (02203) 55931* – TV ☎ – 50. AE ⓓ E VISA JCB (Köln S. 3) T q
23. Dez. - 3. Jan. geschl. – **59 Z** 129/399.

Lemp M garni, Bahnhofstr. 44, ✉ 51143, ☎ (02203) 9 54 40, *Fax (02203) 9544400* – TV ☎ – 50. AE ⓓ E VISA JCB. T e
41 Z 160/295.

In Köln-Porz-Grengel ⑤ *: 15 km über die A 59 :*

Holiday Inn, Waldstr. 255, ✉ 51147, ☎ (02203) 56 10, *Fax (02203) 5619,* – Zim, TV – 90. AE ⓓ E VISA JCB
Menu à la carte 52/80 – **177 Z** 288/550.

Spiegel, Hermann-Löns-Str. 122, ✉ 51147, ☎ (02203) 6 10 46, *Fax (02203) 695653,* – Zim, TV ☎. AE E VISA
Menu *(Freitag - Samstagmittag und Juli 3 Wochen geschl.)* à la carte 50/78 – **27 Z** 110/300.

In Köln - Porz-Langel *S : 17 km über Hauptstr.* T :

XX **Zur Tant,** Rheinbergstr. 49, ✉ 51143, ☎ (02203) 8 18 83, *Fax (02203) 87327,* ≤, – . AE ⓓ E VISA
Donnerstag und über Karneval 2 Wochen geschl. – **Menu** à la carte 70/106 – ***Hütter's Piccolo :*** **Menu** à la carte 42/62.

In Köln - Porz-Wahn ⑤ *: 17 km über die A 59 :*

Geisler garni, Frankfurter Str. 172, ✉ 51147, ☎ (02203) 6 10 20, *Fax (02203) 61597,* – TV ☎ – 30. AE ⓓ E VISA
52 Z 100/235.

In Köln - Porz-Wahnheide ⑤ *: 17 km über die A 59*

Karsten garni, Linder Weg 4, ✉ 51147, ☎ (02203) 96 61 90, *Fax (02203) 62229* – TV ☎ . AE ⓓ E VISA
24 Z 115/265.

In Köln - Porz-Westhoven :

Ambiente garni, Oberstr. 53, ✉ 51149, ☎ (02203) 91 18 60, *Fax (02203) 9118636* – TV ☎ – 25. AE ⓓ E VISA. (Köln S. 3) T d
24. Dez. - 3. Jan. geschl. – **27 Z** 125/230.

XX **bon ami,** Aggerweg 17 (Ensen), ✉ 51149, ☎ (02203) 1 34 88, *Fax (02203) 12740* – AE ⓓ E VISA T r
Samstagmittag, Sonntagabend - Montag geschl. – **Menu** (abends Tischbestellung ratsam) à la carte 57/84.

In Köln-Rheinkassel *N : 15 km über Neusser Landstr.* R :

Rheinkasseler Hof, Amandusstr. 6, ✉ 50769, ☎ (0221) 70 92 70, *Fax (0221) 701073,* , – TV ☎ – 30. AE E VISA
Menu *(Freitagmittag und Samstagmittag geschl.)* à la carte 52/74 – **47 Z** 157/197, 6 Suiten.

In Köln-Rodenkirchen

Rheinblick garni, Uferstr. 20, ✉ 50996, ☎ (0221) 39 12 82, *Fax (0221) 392139,* ≤, , – TV ☎ . AE ⓓ E VISA (Köln S. 3) T a
16 Z 120/170.

Schmitte, Großrotter Weg 1 (Hochkirchen), ✉ 50997, ☎ (02233) 92 10 00, *Fax (02233) 23961,* , (Halle) – TV ☎ . AE ⓓ E VISA. Zim (Köln S. 3) T b
Menu *(Samstagmittag geschl.)* à la carte 33/56 – **18 Z** 118/220.

In Köln-Sürth :

Falderhof, Falderstr. 29, ✉ 50999, ✆ (02236) 96 69 90 (Hotel), 6 87 16 (Rest.), *Fax (02236) 966998*, « Ehem. Gutshof mit geschmackvoller Einrichtung » – Zim, – 60. (Köln S. 3) T f
23. Dez. - 4. Jan. geschl. – **Altes Fachwerkhaus** *(Samstagmittag geschl.)* **Menu** à la carte 50/72 – **33 Z** 160/215.

In Köln-Weiden :

Garten-Hotel garni, Königsberger Str. 5, ✉ 50858, ✆ (02234) 4 08 70, *Fax (02234) 408787*, – . (Köln S. 3) S n
23. - 31. Dez. geschl. – **33 Z** 120/190.

Ischia mit Zim, Bahnstr. 12, ✉ 50858, ✆ (02234) 7 86 54, *Fax (02234) 75490* – . Zim S c
Menu (italienische Küche) à la carte 52/75 – **5 Z** 130/160.

In Köln-Worringen *N : 18 km über die B 9* R *:*

Matheisen, In der Lohn 45, ✉ 50769, ✆ (0221) 9 78 00 26, *Fax (0221) 9780026* – .
Menu *(Samstagmittag und Mittwoch geschl.)* à la carte 28/60 – **12 Z** 82/178.

MICHELIN-REIFENWERKE KGaA. Regionale Vetriebsniederlassung ✉ 50827 Köln-Ossendorf, Bleriotstr. 9 (R), ✆ (0221) 9 15 41 00 Fax (0221) 9154199.

KÖNGEN *Baden-Württemberg* 419 *T 12 – 9 000 Ew – Höhe 280 m.*
Berlin 626 – Stuttgart 26 – Reutlingen 28 – Ulm (Donau) 67.

Schwanen, Schwanenstr. 1, ✉ 73257, ✆ (07024) 88 64, *Fax (07024) 83607* – – 40.
1.- 7. Jan. geschl. – **Menu** *(Sonntag - Montag geschl.)* à la carte 40/68 – **44 Z** 105/175.

KÖNIG, BAD *Hessen* 417 419 *Q 11 – 8 500 Ew – Höhe 183 m – Heilbad.*
Kurverwaltung, Elisabethenstr. 13, ✉ 64732, ✆ (06063) 5 81 82, Fax (06063) 5517.
Berlin 584 – Wiesbaden 85 – Mannheim 71 – Aschaffenburg 44 – Darmstadt 40 – Heidelberg 65.

Büchner, Frankfurter Str. 6 (Eingang Schwimmbadstr.), ✉ 64732, ✆ (06063) 7 29, *Fax (06063) 57101*, – – 25.
Menu *(Mittwochabend und Donnerstag geschl.)* à la carte 37/61 – **31 Z** 76/150.

Mümlingtal, Waldstr. 22, ✉ 64732, ✆ (06063) 50 90, *Fax (06063) 509213*, Massage, – – 30.
Jan. geschl. – **Menu** *(Sonntagabend - Montag geschl.)* à la carte 32/61 – **43 Z** 85/148 – ½ P 25.

Haus Stefan garni, Friedr.-Ebert-Str. 4, ✉ 64732, ✆ (06063) 30 48, *Fax (06063) 912221*, –
9 Z 49/98.

In Bad König-Momart *SO : 2 km über Weyprechtstraße :*

Zur Post, Hauswiesenweg 16, ✉ 64732, ✆ (06063) 15 10, *Fax (06063) 3785*, ←, –
Mitte Jan. - Mitte Feb. geschl. – **Menu** *(Montag geschl.)* à la carte 23/45 – **11 Z** 58/106 – ½ P 13.

KÖNIGHEIM *Baden-Württemberg siehe Tauberbischofsheim.*

KÖNIGSBACH-STEIN *Baden-Württemberg* 419 *T 9 – 8 200 Ew – Höhe 192 m.*
Königsbach-Stein, Johannestaler Hof, ✆ (07232) 5 00 66.
Berlin 647 – Stuttgart 65 – Karlsruhe 25 – Pforzheim 16.

Im Ortsteil Königsbach :

Europäischer Hof, Steiner Str. 100, ✉ 75203, ✆ (07232) 10 05, *Fax (07232) 4697* – – 30.
Feb. 2 Wochen und Juli - Aug. 3 Wochen geschl. – **Menu** *(Samstagmittag und Sonntagabend - Montag geschl.)* (abends Tischbestellung ratsam) à la carte 60/85 – **20 Z** 95/160.

Im Ortsteil Stein :

Landgasthof Krone, Königsbacher Str. 2, ✉ 75203, ☎ (07232) 3 04 20, *Fax (07232) 304242* – TV ☎ P – 30. E VISA
Menu à la carte 30/64 – **20 Z** 95/160.

KÖNIGSBRONN *Baden-Württemberg* 419 420 *T 14 – 7 800 Ew – Höhe 500 m – Erholungsort – Wintersport :* .
Berlin 572 – Stuttgart 90 – Augsburg 106 – Aalen 14 – Heidenheim an der Brenz 9.

In Königsbronn-Zang *SW : 6 km :*

Löwen mit Zim, Struthstr. 17, ✉ 89551, ☎ (07328) 9 62 70, *Fax (07328) 962710,* , , – TV ☎ P. E VISA
Anfang - Mitte Sept. geschl. – **Menu** *(Dienstag - Mittwochmittag geschl.)* à la carte 32/69 – **8 Z** 75/125 – ½ P 20.

KÖNIGSBRUNN *Bayern* 419 420 *V 16 – 20 500 Ew – Höhe 520 m.*
Königsbrunn, Föllstr. 32a, ☎ (08231) 3 26 37 ; Königsbrunn, Benzstr. 23, ☎ (08231) 3 42 04.
Berlin 572 – München 66 – Augsburg 14 – Ulm (Donau) 94.

Arkadenhof garni, Rathausstr. 2, ✉ 86343, ☎ (08231) 9 68 30, *Fax (08231) 86020* – , Zim, TV ☎ P. AE E VISA JCB
24. - 31. Dez. geschl. – **58 Z** 90/170.

Zeller, Bgm. - Wohlfarth - Str. 78, ✉ 86343, ☎ (08231) 99 60, *Fax (08231) 996222,* – , Zim, TV ☎ P – 160. AE E VISA
Menu à la carte 31/66 – **80 Z** 88/170.

KÖNIGSDORF *Bayern* 419 420 *W 18 – 2 100 Ew – Höhe 625 m.*
Beuerberg, Gut Sterz (W : 5 km), ☎ (08179) 6 17.
Berlin 633 – München 45 – Garmisch-Partenkirchen 54 – Weilheim 29 – Bad Tölz 11.

Posthotel Hofherr (mit Gasthof), Hauptstr. 31 (B 11), ✉ 82549, ☎ (08179) 50 90, *Fax (08179) 659,* Biergarten, – TV ☎ P – 25. AE E VISA
Menu à la carte 27/62 – **60 Z** 70/176.

KÖNIGSFELD IM SCHWARZWALD *Baden-Württemberg* 419 *V 9 – 6 000 Ew – Höhe 761 m – Heilklimatischer Kurort – Kneippkurort – Wintersport :* .
Königsfeld-Martinsweiler, Angelmoos 20, ☎ (07725) 9 39 60.
Tourist-Information, Friedrichstr. 5, ✉ 78126, ☎ (07725) 80 09 45, Fax (07725) 800944.
Berlin 752 – Stuttgart 126 – Freiburg im Breisgau 79 – Triberg 19 – Villingen-Schwenningen 13 – Schramberg 12.

Fewotel Schwarzwald Treff (mit Gästehäusern), Klimschpark, ✉ 78126, ☎ (07725) 80 80, *Fax (07725) 808808,* , Massage, , , , , (Halle) – , Zim, TV ☎ P – 120. AE E VISA JCB. Rest
Menu à la carte 42/68 – **127 Z** 128/319.

KÖNIGSHOFEN, BAD *Bayern* 418 420 *P 15 – 6 900 Ew – Höhe 277 m – Heilbad.*
Kurverwaltung, Am Kurzentrum 1, ✉ 97631, ☎ (09761) 9 12 00, Fax (09761) 912040.
Berlin 381 – München 296 – Coburg 49 – Bamberg 61 – Fulda 82.

Schlundhaus mit Zim (historisches Gasthaus a.d. 16. Jh.), Marktplatz 25, ✉ 97631, ☎ (09761) 15 62, *Fax (09761) 1562* – TV ☎. AE E VISA
Menu *(Dienstag geschl.)* à la carte 24/54 – **6 Z** 75/140.

KÖNIGSLUTTER AM ELM *Niedersachsen* 416 418 *J 16 – 16 500 Ew – Höhe 125 m.*
Sehenswert : *Ehemalige Abteikirche★ (Plastik der Hauptapsis★★, Nördlicher Kreuzgangflügel★).*
Fremdenverkehrsamt, Rathaus, Am Markt 1, ✉ 38154, ☎ (05353) 91 21 29, Fax (05353) 912155.
Berlin 204 – Hannover 85 – Magdeburg 74 – Braunschweig 22 – Wolfsburg 23.

Avalon Hotelpark Königshof, Braunschweiger Str. 21a (B 1), 38154, (05353) 50 30, *Fax (05353) 503244,* (Halle) – Zim, – 350.
Menu siehe Rest. ***La Trevise*** separat erwähnt – ***Benjamin*** (nur Mittagessen) *(Sonntag - Montag, Jan. 2 Wochen, Aug. 3 Wochen geschl.)* **Menu** à la carte 40/57 – ***Grillstube*** *(wochentags nur Abendessen)* **Menu** à la carte 30/49 – **175 Z** 120/245.

Kärntner Stub'n, Fallersleber Str. 23, 38154, (05353) 9 54 60, *Fax (05353) 954695* – Zim,
26. Dez. - 6. Jan. geschl. – **Menu** à la carte 27/47 – **26 Z** 75/140.

La Trevise - Hotel Königshof, Braunschweiger Str. 21a (B 1), 38154, (05353) 50 30, *Fax (05353) 503244* –
Sonntag - Montag, Jan. 2 Wochen und Aug. 3 Wochen geschl. – **Menu** (nur Abendessen) à la carte 66/91
Spez. Soufflierte Jakobsmuscheln mit Corailbutter. Scheiben aus der Rehkeule mit Gänselebersauce. Marzipan-Kirschstrudel mit Mokkaeis.

In Königslutter-Bornum *W : 5 km über die B 1 :*

Lindenhof, Im Winkel 23, 38154, (05353) 92 00, *Fax (05353) 92020* – Zim,
Menu *(Montagmittag geschl.)* à la carte 30/52 – **17 Z** 86/140.

Benutzen Sie für weite Fahrten in Europa die ***Michelin-Länderkarten :***
970 ***Europa,*** **976** ***Tschechische Republik-Slowakische Republik,***
980 ***Griechenland,*** **984** ***Deutschland,*** **985** ***Skandinavien-Finnland,***
986 ***Großbritannien-Irland,*** **987** ***Deutschland-Österreich-Benelux,***
988 ***Italien,*** **989** ***Frankreich,*** **990** ***Spanien-Portugal,*** **991** ***Jugoslawien.***

KÖNIGSTEIN *Bayern* 419 420 *R 18 – 1 600 Ew – Höhe 500 m – Erholungsort.*

Fremdenverkehrsverein, Oberer Markt 20, 92281, (09665) 17 64, Fax (09665) 219.
Berlin 407 – München 202 – Nürnberg 54 – Bayreuth 52 – Amberg 29.

Wilder Mann, Oberer Markt 1, 92281, (09665) 2 37, *Fax (09665) 647,*
Menu *(7. Jan. - 15. Feb. geschl.)* à la carte 22/51 – **22 Z** 55/106 – ½ P 12.

Königsteiner Hof, Marktplatz 10, 92281, (09665) 9 14 20, *Fax (09665) 914270,*
15. Nov. - 15. Dez. geschl. – **Menu** à la carte 18/34 – **20 Z** 48/92 – ½ P 10.

Reif, Oberer Markt 5, 92281, (09665) 2 52, *Fax (09665) 8672,*
10. Nov. - 15. Dez. geschl. – **Menu** à la carte 18/47 – **20 Z** 45/94 – ½ P 11.

Zur Post, Marktplatz 2, 92281, (09665) 7 41, *Fax (09665) 953187,*
5. - 31. Jan. geschl. – **Menu** à la carte 16/42 – **16 Z** 35/90 – ½ P 8.

In Edelsfeld *SO : 7,5 km :*

Goldener Greif, Sulzbacher Str. 5, 92265, (09665) 9 14 90, *Fax (09665) 9149100,*
Menu *(Dienstag geschl.)* à la carte 19/44 – **24 Z** 58/100 – ½ P 18.

In Hirschbach *SW : 10 km :*

Goldener Hirsch (Gasthof a.d.J. 1630), Hirschbacher Dorfplatz 1, 92275, (09152) 85 07, *Fax (09152) 8524,*
18. Jan. - 5. März geschl. – **Menu** *(Montag geschl.)* à la carte 16/27 – **16 Z** 36/72 – ½ P 12.

KÖNIGSTEIN *Sachsen* 418 *N 26 – 3 200 Ew – Höhe 120 m.*

Touristinformation, Schreiberberg 2 (Haus des Gastes), 01824, (035021) 6 82 61, Fax (035021) 68887.
Berlin 226 – Dresden 33 – Chemnitz 101 – Görlitz 87.

Lindenhof, Gohrischer Str. 2, 01824, (035021) 6 82 43, *Fax (035021) 66214,* – – 30.
Menu à la carte 25/45 – **34 Z** 95/190.

In Struppen-Weißig *NW : 7,5 km :*

Rathener Hof, Nr. 7 d, ✉ 01824, ☎ (035021) 7 20, *Fax (035021) 72444*, ≤, – 🛗 TV ☎ P – 🏠 50. AE E VISA
Menu à la carte 26/39 – **29 Z** 90/200.

KÖNIGSTEIN IM TAUNUS *Hessen 417 P 9 – 16 500 Ew – Höhe 362 m – Heilklimatischer Kurort.*

Sehenswert : *Burgruine★.*

Kur-Stadtinformation, Hauptstr. 21a, ✉ *61462,* ☎ *(06174) 20 22 51, Fax (06174) 202284.*

Berlin 542 – Wiesbaden 27 – Frankfurt am Main 24 – Bad Homburg vor der Höhe 14 – Limburg an der Lahn 40.

Sonnenhof, Falkensteiner Str. 9, ✉ 61462, ☎ (06174) 2 90 80, *Fax (06174) 290875*, ≤, « Park », – TV P – 🏠 40. AE E VISA
Menu (bemerkenswerte Weinkarte) à la carte 55/91 – **43 Z** 185/340 – ½ P 42.

Königshof garni, Wiesbadener Str. 30, ✉ 61462, ☎ (06174) 2 90 70, *Fax (06174) 290752*, – TV ☎ P – 🏠 30. AE E VISA
Ende Juli - Anfang Aug. und 21. Dez. - 6. Jan. geschl. – **26 Z** 140/220.

Zum Hirsch garni, Burgweg 2, ✉ 61462, ☎ (06174) 50 34, *Fax (06174) 5019* – TV ☎
28 Z 85/190.

Weinstube Leimeister, Hauptstr. 27, ✉ 61462, ☎ (06174) 2 18 37, *Fax (06174) 22841* – AE E VISA
Samstagmittag und Sonntagabend geschl. – **Menu** à la carte 48/80.

KÖNIGSWINTER *Nordrhein-Westfalen 417 N 5 – 39 000 Ew – Höhe 60 m.*

Ausflugsziel : *Siebengebirge★ : Burgruine Drachenfels★ (nur zu Fuß, mit Zahnradbahn oder Kutsche erreichbar) ★★.*

Tourismus-Siebengebirge GmbH Bad Honnef-Königswinter, Drachenfelsstr. 11, ✉ *53639,* ☎ *(02223) 91 77 11, Fax (02223) 917720.*

Berlin 597 – Düsseldorf 83 – Bonn 10 – Koblenz 57 – Siegburg 20.

Maritim, Rheinallee 3, ✉ 53639, ☎ (02223) 70 70, *Fax (02223) 707811*, ≤, – 🛗, Zim, TV P – 🏠 330. AE E VISA. Rest
Menu à la carte 65/82 – **248 Z** 235/516, 32 Suiten.

Auf dem Petersberg *NO : 3 km :*

Gästehaus Petersberg M (mit Gästehaus der Bundesregierung), ✉ 53639 Königswinter, ☎ (02223) 7 40 (Hotel) 7 47 80 (Rest.), *Fax (02223) 74443*, « Herrliche Lage mit ≤ Rheintal », – 🛗, Zim, Rest, TV P – 🏠 200. AE E VISA JCB. Rest
Rheinterrassen *(nur Abendessen, Tischbestellung ratsam)* **Menu** à la carte 82/103 –
Bistro : **Menu** à la carte 42/70 – **92 Z** 205/525, 5 Suiten.

In Königswinter-Margarethenhöhe *O : 5 km :*

Im Hagen, Oelbergringweg 45, ✉ 53639, ☎ (02223) 9 21 30, *Fax (02223) 921399*, ≤, – TV ☎ P. AE E VISA
Menu *(Freitag geschl.)* à la carte 33/66 – **20 Z** 90/180.

In Königswinter-Oberdollendorf *N : 2,5 km :*

Tour de France, Malteser Str. 19, ✉ 53639, ☎ (02223) 2 40 58, *Fax (02223) 4121*, – E
Montag geschl. – **Menu** (Wochentags nur Abendessen ; Tischbestellung ratsam) à la carte 60/79.

Bauernschenke, Heisterbacher Str. 123, ✉ 53639, ☎ (02223) 2 12 82, *Fax (02223) 21282* – AE E VISA
Menu à la carte 26/60.

In Königswinter-Stieldorf *N : 8 km :*

Gasthaus Sutorius, Oelinghovener Str. 7, ✉ 53639, ☎ (02244) 91 22 40, *Fax (02244) 912241*, « Rustikale Einrichtung » – P. AE E.
Montag geschl. – **Menu** (wochentags nur Abendessen, Tischbestellung ratsam) à la carte 68/84.

KÖNIGS WUSTERHAUSEN *Brandenburg 416 418 J 24 – 18 000 Ew – Höhe 51 m.*

Fremdenverkehrsverband Dahmeland, Am Nottekanal, 15711, (03375) 29 12 69, Fax (03375) 294637.

Berlin 38 – Potsdam 57 – Cottbus 107 – Frankfurt an der Oder 70.

Brandenburg garni, Karl-Liebknecht-Str. 10, 15711, (03375) 67 60, *Fax (03375) 67666* – 15. *Weihnachten - Neujahr geschl.* – **34 Z** 98/140.

KÖSEN, BAD *Sachsen-Anhalt 418 M 19 – 7 000 Ew – Höhe 115 m.*

Kurverwaltung, Loreleypromenade, 06628, (034463) 2 82 89, Fax (034463) 28280.

Berlin 229 – Magdeburg 144 – Leipzig 68 – Gera 62 – Weimar 42.

Villa Ilske, Ilskeweg 2, 06628, (034463) 2 73 63, *Fax (034463) 27363*, Bad Kösen und Saale, –
Menu à la carte 25/36 – **16 Z** 70/140.

Berghotel Wilhelmsburg, Eckartsbergaer Str. 20 (NW : 2,5 km), 06628, (034463) 2 76 79, *Fax (034463) 27347*, Bad Kösen und Saale, « Innenhofterrasse », – – 30.
Menu à la carte 25/37 – **39 Z** 70/140.

Kurgarten am Walde, Eckartsbergaer Str. 4, 06628, (034463) 2 73 34, *Fax (034463) 27289*, – – 200
Menu à la carte 26/38 – **11 Z** 78/145.

Zum Wehrdamm, Loreleypromenade 3, 06628, (034463) 2 84 05, *Fax (034463) 28396*, –
Menu à la carte 22/33 – **8 Z** 75/120.

In Kreipitzsch *S : 5 km :*

Rittergut, Dorfstraße 65, 06628, (034466) 60 00, *Fax (034466) 60050*, Saaletal mit Burg Saaleck und Rudelsburg, – – 35.
Menu *(Nov. - April Montag geschl.)* à la carte 27/42 – **20 Z** 75/140.

KÖSSEN *Österreich 420 W 21 – 3 600 Ew – Höhe 591 m – Wintersport : 600/1 700 m 7 10.*

Kössen, Mühlau 1, (05375) 21 22.

Verkehrsbüro, Dorf 15, A-6345, (05375) 62 87, Fax (05375) 6989.

Wien 358 – Kitzbühel 29 – Bad Reichenhall 55 – München 111.

Die Preise sind in der Landeswährung (Ö.S.) angegeben

Auf dem Moserberg *O : 6 km, Richtung Reit im Winkl, dann links ab :*

Peternhof, Moserbergweg 60, A-6345 Kössen, (05375) 62 85, *Fax (05375) 6944*, Reit im Winkl, Kaisergebirge und Unterberg, Massage, (Halle), –
11. - 30. April und 2. Nov. - 18. Dez. geschl. – **Menu** à la carte 210/450 – **123 Z** 840/1750, 5 Suiten – ½ P 140.

In Kössen-Kranzach *W : 6 km :*

Seehof und Panorama, Kranzach 20, A-6344 Walchsee, (05374) 56 61, *Fax (05374) 5665*, Massage, (geheizt), (Halle), – Rest, – 35
5. - 30. April und 30. Okt. - 18. Dez. geschl. – **Menu** à la carte 270/460 – **150 Z** 840/1890, 8 Suiten – ½ P 110.

In Walchsee *W : 7 km :*

Schick, Johannesstr. 1, A-6344, (05374) 53 31, *Fax (05374) 5334550*, Massage, (Halle) – Zim, – 50. Rest
April und Nov. geschl. – **Menu** à la carte 270/420 – **100 Z** 965/2700 – ½ P 175.

KÖSTRITZ, BAD *Thüringen 418 N 20 – 3 500 Ew – Höhe 299 m.*

Berlin 238 – Erfurt 89 – Gera 8 – Jena 44 – Plauen 61 – Zwickau 51.

Schlosshotel, Julius-Sturm-Platz 9 (B 7), 07586, (036605) 3 30, *Fax (036605) 33333*, – Zim, – 60.
Menu à la carte 32/62 – **88 Z** 110/130 – ½ P 30.

Pension Egerer garni, Bahnhofstr. 60 (B 7), 07586, (036605) 26 71, *Fax (036605) 80 23*, –
13 Z 75/115.

KÖTHEN *Sachsen-Anhalt* 418 *K 19 – 32 600 Ew – Höhe 75 m.*

Köthen-Information, Hallesche Str. 10 (Hallescher Turm), ✉ 06366, ✆ (03496) 21 62 17, Fax (03496) 216217.

Berlin 142 – Magdeburg 62 – Leipzig 63 – Halle 38 – Dessau 20.

Anhalt, Ludwigstr. 53, ✉ 06366, ✆ (03496) 55 00 10 (Hotel) 55 00 14 (Rest.), *Fax (03496) 550010* – |ǂ|, Zim, TV ☎ P – 35. AE E VISA
Menu *(Sonntag geschl.)* (italienische Küche) à la carte 33/60 – **68 Z** 110/130.

KÖTZTING *Bayern* 420 *S 22 – 7 200 Ew – Höhe 408 m – Kneippkurort.*

Tourist-Information, Herrenstr. 10, ✉ 93444, ✆ (09941) 60 21 50, Fax (09941) 602155.

Berlin 496 – München 189 – Regensburg 78 – Passau 104 – Cham 23 – Deggendorf 46.

Amberger Hof, Torstr. 2, ✉ 93444, ✆ (09941) 95 00, *Fax (09941) 950110*, Massage, – |ǂ| TV ☎ P. E
Menu *(Samstag geschl.)* à la carte 22/45 – **33 Z** 75/124 – ½ P 5.

In Kötzting-Bonried *SO : 7 km :*

Gut Ulmenhof, Bonried 2, ✉ 93444, ✆ (09945) 6 32, « Park », – P. E.
(nur Abendessen für Hausgäste) – **18 Z** 60/110 – ½ P 23.

In Kötzting-Liebenstein *N : 6 km, nach Ramsried links ab – Höhe 650 m*

Bayerwaldhof, Liebenstein 25, ✉ 93444, ✆ (09941) 13 97, *Fax (09941) 4806*, (Halle) – |ǂ| TV ☎ P. Rest
Menu (nur Abendessen) à la carte 22/53 – **48 Z** 82/224 – ½ P 12.

In Blaibach *SW : 4 km – Erholungsort :*

Blaibacher Hof, Kammleiten 6b, ✉ 93476, ✆ (09941) 85 88, *Fax (09941) 7277*, – P
Nov. - 20. Dez. geschl. – **Menu** *(Dienstagmittag geschl.)* à la carte 21/40 – **18 Z** 55/100 – ½ P 13.

KOHLBERG *Baden-Württemberg siehe Metzingen.*

KOHLGRUB, BAD *Bayern* 419 420 *W 17 – 2 200 Ew – Höhe 815 m – Moorheilbad – Wintersport : 820/1 406 m 4.*

Kurverwaltung im Haus der Kurgäste, Hauptstr. 27, ✉ 82433, ✆ (08845) 7 42 20, Fax (08845) 75136.

Berlin 668 – München 83 – Garmisch-Partenkirchen 32 – Kempten (Allgäu) 78 – Landsberg am Lech 51.

Astron Resorthotel Schillingshof, Fallerstr. 11, ✉ 82433, ✆ (08845) 70 10, *Fax (08845) 8349*, Massage, – |ǂ|, Zim, TV ☎ P – 50
131 Z.

Pfeffermühle, Trillerweg 10, ✉ 82433, ✆ (08845) 7 40 60, *Fax (08845) 1047*, – ☎ P. Zim
Anfang Nov. - Weihnachten und Jan. 2 Wochen geschl. – **Menu** *(Donnerstag geschl.)* à la carte 34/61 *(auch vegetarische Gerichte)* – **9 Z** 60/140 – ½ P 27.

KOHREN-SAHLIS *Sachsen* 418 *M 21 – 2 200 Ew – Höhe 255 m.*

Berlin 231 – Dresden 117 – Chemnitz 39 – Altenburg 21 – Leipzig 43 – Zwickau 54.

In Kohren-Sahlis-Terpitz *O : 2 km :*

Elisenhof (modernisierter ehem. Bauernhof), ✉ 04655, ✆ (034344) 6 14 39, *Fax (034344) 62815*, – TV ☎ P – 20. E
Menu *(2.- 24. Jan. geschl.)* à la carte 24/49 – **8 Z** 120/160.

KOLBERMOOR *Bayern* 420 *W 20 – 16 000 Ew – Höhe 465 m.*

Berlin 641 – München 68 – Bad Reichenhall 80 – Rosenheim 5.

Heider garni, Rosenheimer Str. 35, ✉ 83059, ✆ (08031) 9 60 76, *Fax (08031) 91410* – |ǂ| TV ☎ P. E VISA.
Mitte Dez. - Mitte Jan. geschl. – **38 Z** 85/149, 3 Suiten.

KOLKWITZ *Brandenburg siehe Cottbus.*

KOLLNBURG *Bayern* **420** *S 22 – 2 900 Ew – Höhe 670 m – Erholungsort – Wintersport : 600/1 000 m 2.*

Tourist-Information, Schulstr. 1, ✉ 94262 ☎ (09942) 94 12 14, Fax (09942) 94 12 99.
Berlin 510 – München 177 – Regensburg 75 – Passau 85 – Cham 30 – Deggendorf 34.

Burggasthof (mit Gästehaus), Burgstr. 11, ✉ 94262, ☎ (09942) 86 86, *Fax (09942) 7146, ←, –*
12. - 22. April und Mitte Nov. - Anfang Dez. geschl. – **Menu** *(Nov. - April Dienstag geschl.)* à la carte 21/40 – **20 Z** 41/90 – ½ P 17.

Zum Bräu, Viechtacher Str. 6, ✉ 94262, ☎ (09942) 50 71, *Fax (09942) 5074,* – Zim
Nov. geschl. – **Menu** à la carte 24/43 – **46 Z** 49/88 – ½ P 17.

KONKEN *Rheinland-Pfalz siehe Kusel.*

Die im ***Michelin-Führer***
verwendeten Schrifttypen und Symbole haben -
fett *oder dünn gedruckt, rot oder* ***schwarz*** *-*
jeweils eine andere Bedeutung. Lesen Sie daher die Erklärungen aufmerksam durch.

KONSTANZ *Baden-Württemberg* **419** *X 11 – 75 000 Ew – Höhe 407 m.*

Sehenswert : *Lage★ – Seeufer★ – Münster★ (Türflügel★, Heiliges Grab★)* **Y.**
Ausflugsziel : *Insel Mainau★★ ② : 7 km.*
Allensbach-Langenrain (NW : 15 km), ☎ (07533) 51 24.
Tourist-Information, Bahnhofplatz 13, ✉ 78462, ☎ (07531) 13 30 30, Fax (07531) 133080.
ADAC, *Wollmatinger Str. 6, ✉ 78467, ☎ (07531) 81 74 10, Fax (07531) 817440.*
Berlin 763 ② – Stuttgart 180 ① – Bregenz 62 ③ – Ulm (Donau) 146 ① – Zürich 76 ④.

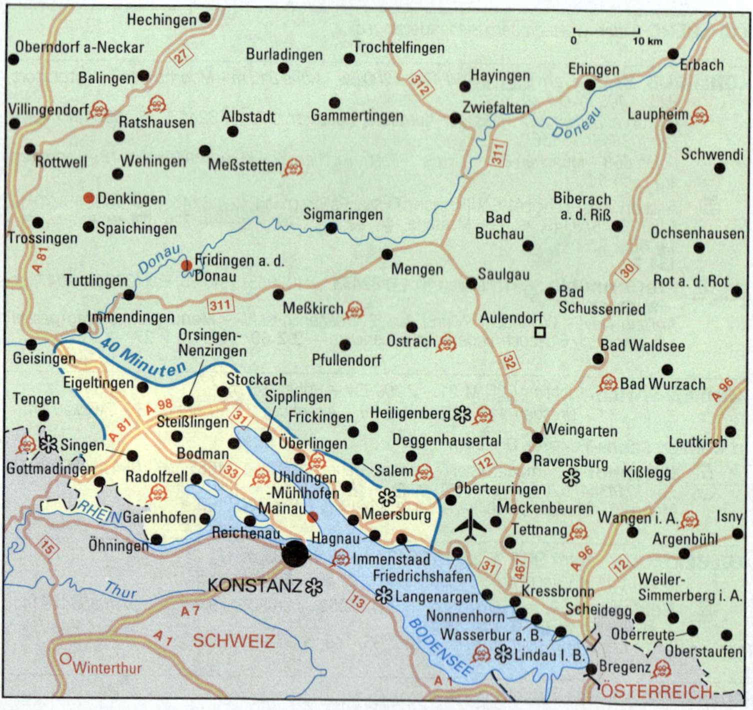

KONSTANZ

Augustinerplatz . . . . Z
Bahnhofplatz . . . . Z 2
Bahnhofstraße . . . . Z 3
Benediktinerplatz . . . . Y 4
Bodanplatz . . . . Z
Bodanstraße . . . . Z
Brauneggerstraße . . . . Y
Emmishoferstraße . . . . Z 5
Gartenstraße . . . . Y 8
Glärnischstraße . . . . Y 9
Gottlieber Str. . . . . Z 12
Hafenstraße . . . . Z
Hussenstraße . . . . Z 13
Inselgasse . . . . Y
Kanzleistraße . . . . Z 17
Katzgasse . . . . Y 18
Konzilstraße . . . . YZ
Kreuzlinger Str. . . . . Z 20
Lutherplatz . . . . Z
Mainaustraße . . . . Y 22
Marktstätte . . . . Z 23
Münsterplatz . . . . Y
Munzgasse . . . . Z 25
Neugasse . . . . Z 26
Obere Laube . . . . Z
Obermarkt . . . . Z 28
Paradiesstraße . . . . Z 29
Rheinsteig . . . . Y
Rheinbrücke . . . . Y
Rheingutstraße . . . . Y
Rosgartenstraße . . . . Z 32
St-Stephans-Platz . . . . Z 33
Schottenstraße . . . . Y
Schützenstraße . . . . Z 35
Seestraße . . . . Y 36
Spanierstraße . . . . Y 38
Theodor-Heuss-Str. . . . . Y 39
Torgasse . . . . Y 42
Untere Laube . . . . Y
Webersteig . . . . Y
Wessenbergstraße . . . . Z 43
Wissenstraße . . . . Z
Zollernstraße . . . . Z 45

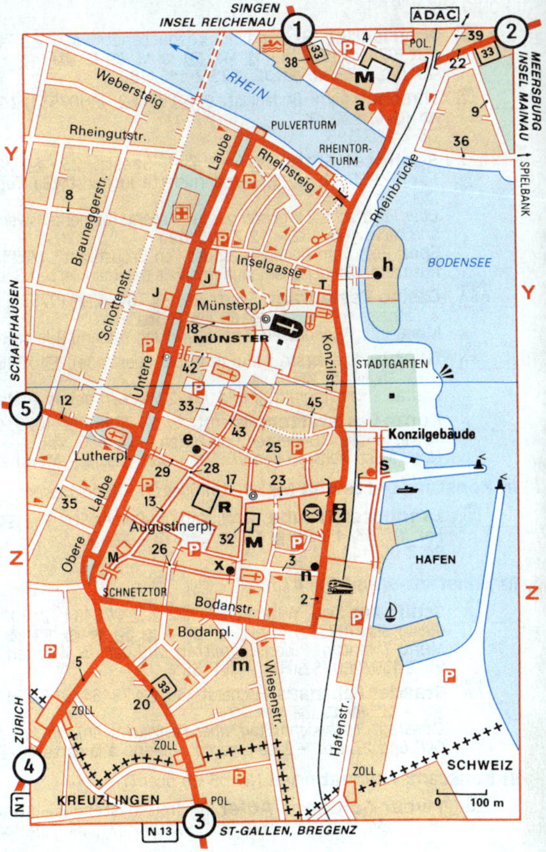

Steigenberger Inselhotel, Auf der Insel 1, ✉ 78462, ☎ (07531) 12 50, *Fax (07531) 26402,* ≤ Bodensee, « Kreuzgang des ehem. Klosters, Seeterrasse », – Zim, – 200. AE VISA JCB — Y h
Seerestaurant** (5. Jan. - 10. März geschl.)* **Menu** à la carte 60/89 – ***Dominikanerstube : **Menu** à la carte 48/69 – **102 Z** 220/460 – ½ P 65.

Ramada Hotel Halm M, Bahnhofplatz 6, ✉ 78462, ☎ (07531) 12 10, *Fax (07531) 21803,* – Zim, – 80. AE VISA JCB. Rest
Menu à la carte 37/64 – **99 Z** 189/330, 3 Suiten – ½ P 38. — Z n

Parkhotel am See, Seestr. 25a, ✉ 78464, ☎ (07531) 89 90, *Fax (07531) 899400,* ≤, « Seeterrasse », – 25. AE VISA — über ②
Menu *(Jan. - März Montag geschl.)* à la carte 42/70 *(auch vegetarische Gerichte)* – **39 Z** 189/380, 6 Suiten – ½ P 35.

Buchner Hof garni, Buchnerstr.6, ✉ 78464, ☎ (07531) 8 10 20, *Fax (07531) 810240,* – AE VISA — über ②
20. Dez. - 10. Jan. geschl. – **13 Z** 130/210.

Petershof, St. Gebhard-Str. 14, ✉ 78467, ☎ (07531) 99 33 99, *Fax (07531) 993398* – Zim, AE VISA JCB — über ①
Menu *(Montag - Dienstag geschl.)* (wochentags nur Abendessen) à la carte 34/62 – **27 Z** 126/190 – ½ P 25.

Barbarossa, Obermarkt 8, ✉ 78462, ☎ (07531) 2 20 21, *Fax (07531) 27630* – AE VISA — Z e
Menu à la carte 37/73 – **50 Z** 70/200.

Bayrischer Hof garni, Rosgartenstr. 30, ✉ 78462, ☎ (07531) 1 30 40, *Fax (07531) 130413* – TV ☎. AE E VISA. Z x
23. Dez. - 7. Jan. geschl. – **25 Z** 115/186.

Hirschen garni, Bodanplatz 9, ✉ 78462, ☎ (07531) 2 22 38, *Fax (07531) 22120* – TV ☎ P. E VISA. Z m
33 Z 110/198.

Seehotel Siber mit Zim, Seestr. 25, ✉ 78464, ☎ (07531) 6 30 44, *Fax (07531) 64813*, ≤, « Modernisierte Jugendstilvilla, Terrasse » – TV ☎ P. E VISA über ②
über Fastnacht 2 Wochen geschl. – **Menu** (bemerkenswerte Weinkarte) 70 (mittags) und à la carte 105/152 – **12 Z** 305/490
Spez. Filet vom Bodenseezander "en Croustillant". Milchlammkarree mit Brochette von Rosmarin. Mandel-Champagnerparfait mit marinierten Beerenfrüchten.

Casino-Restaurant, Seestr. 21, ✉ 78464, ☎ (07531) 81 57 65, *Fax (07531) 815770*, « Terrasse mit ≤ » – P. AE E VISA über ②
Menu (nur Abendessen, Tischbestellung ratsam) à la carte 49/78.

Neptun, Spanierstr. 1 (Zufahrt über Seestraße), ✉ 78467, ☎ (07531) 5 32 33, ≤, – P. AE E VISA Y a
Freitag - Samstagmittag und Jan. 2 Wochen geschl. – **Menu** à la carte 58/80.

Konzil-Gaststätten, Hafenstr. 2, ✉ 78462, ☎ (07531) 2 12 21, *Fax (07531) 17467*, Terrasse mit ≤ Bodensee und Hafen – 350. VISA Z s
Nov.- März Dienstag und 16. Dez. - Jan. geschl. – **Menu** à la carte 36/63.

In Konstanz-Dettingen *NW : 10 km über ① – Erholungsort :*

Landhotel Traube garni, Kapitän-Romer-Str. 9b, ✉ 78465, ☎ (07533) 9 32 20, *Fax (07533) 4565* – TV ☎ P – 30
20 Z 65/140.

In Konstanz-Staad ② *: 4 km :*

Schiff am See, William-Graf-Platz 2, ✉ 78464, ☎ (07531) 3 10 41 (Hotel), 3 44 24 (Rest.), *Fax (07531) 31981*, ≤, – TV ☎ P. AE E VISA
Menu *(Montag - Dienstagmittag und Jan. 3 Wochen geschl.)* à la carte 41/62 – **28 Z** 130/260, 5 Suiten – ½ P 35.

Staader Fährhaus, Fischerstr. 30, ✉ 78464, ☎ (07531) 3 31 18, *Fax (07531) 33118*, – AE E VISA
Dienstag - Mittwochmittag, über Fastnacht, Anfang Juni 1 Woche, Ende Sept. - Anfang Okt. und 27. Dez. - 2. Jan. geschl. – **Menu** à la carte 48/81.

In Konstanz-Wollmatingen *NW : 5 km über ① :*

Tweer-Goldener Adler M (mit Gästehaus), Fürstenbergstr. 70, ✉ 78467, ☎ (07531) 9 75 00, *Fax (07531) 975090*, , – , Zim, TV ☎ – 20.
Menu *(Sonntag geschl.)* à la carte 47/70 – **49 Z** 110/278 – ½ P 36.

KONZ *Rheinland-Pfalz* **417** *Q 3 – 20 000 Ew – Höhe 137 m.*

Fremdenverkehrsgemeinschaft Obermosel - Saar, Granastr. 24, ✉ 54329, ☎ (06501) 77 90, Fax (06501) 4718.
Berlin 729 – Mainz 171 – Trier 12 – Luxembourg 42 – Merzig 40.

Alt Conz, Gartenstr. 8, ✉ 54329, ☎ (06501) 9 36 70, *Fax (06501) 7775*, – TV ☎ P. E VISA.
Menu *(Montagmittag geschl.)* à la carte 32/67 – **14 Z** 85/120.

KORB *Baden-Württemberg siehe Waiblingen.*

KORBACH *Hessen* **417** *M 10 – 24 000 Ew – Höhe 379 m.*

Tourist-Information, Rathaus, Stechbahn 1, ✉ 34497, ☎ (05631) 5 32 32, Fax (05631) 53200.
Berlin 447 – Wiesbaden 187 – Kassel 64 – Marburg 67 – Paderborn 73.

Touric, Medebacher Landstr. 10, ✉ 34497, ☎ (05631) 95 85, *Fax (05631) 958450*, direkter Zugang zum Städt. – TV ☎ – 40. AE E VISA
Menu *(Sonntagabend geschl.)* à la carte 34/57 – **36 Z** 88/166.

Zum Rathaus, Stechbahn 8, ✉ 34497, ☎ (05631) 5 00 90, *Fax (05631) 500959*, – TV ☎ P – 30. AE E VISA
Menu *(Sonntagabend geschl.)* à la carte 39/65 – **40 Z** 99/170.

KORDEL *Rheinland-Pfalz* **417** *Q 3 – 2 500 Ew – Höhe 145 m.*
Berlin 719 – Mainz 167 – Trier 18 – Bitburg 21 – Wittlich 39.

Neyses am Park, Am Kreuzfeld 1, ✉ 54306, ✆ (06505) 9 14 00, *Fax (06505) 914040,* – ☎ . AE E
22. März - 1. April und 15. - 25. Nov. geschl. – **Menu** *(Montagmittag und Donnerstag geschl.)* à la carte 26/65 – **15 Z** 65/128.

In Zemmer-Daufenbach *N : 5 km :*

Landhaus Mühlenberg, Mühlenberg 2, ✉ 54313, ✆ (06505) 87 79, *Fax (06505) 8779,* ←, – . E VISA
Montag - Dienstag, Jan. und Juli jeweils 2 Wochen sowie Sept. 1 Woche geschl. – **Menu** (wochentags nur Abendessen, Tischbestellung erforderlich) 92/115 und à la carte 69/94
Spez. Zander und Langostinos mit Kartoffel-Sellerievinaigrette und Trüffeln. Loup de mer auf Auberginen und Zucchini mit Tomatenconfit. Barbarie-Entenbrust mit Madras-Currysauce.

KORNTAL-MÜNCHINGEN *Baden-Württemberg siehe Stuttgart.*

KORNWESTHEIM *Baden-Württemberg* **419** *T 11 – 28 000 Ew – Höhe 297 m.*
18 Aldinger Straße (O : 1 km), ✆ (07141) 87 13 19.
Eastleighstraße.
Berlin 622 – Stuttgart 13 – Heilbronn 41 – Ludwigsburg 5 – Pforzheim 47.

Domizil, Stuttgarter Str. 1, ✉ 70806, ✆ (07154) 80 90, *Fax (07154) 809200,* – , Zim, ☎ – 40. AE E VISA
Menu *(Samstag - Sonntag und Juli - Aug. 2 Wochen geschl.)* à la carte 38/65 – **42 Z** 139/165.

Stuttgarter Hof garni, Stuttgarter Str. 130, ✉ 70806, ✆ (07154) 81 38 00, *Fax (07154) 813870* – ☎ . E VISA
20 Z 75/125.

Zum Hasen, Christofstr. 22, ✉ 70806, ✆ (07154) 81 35 00, *Fax (07154) 813870* – ☎ . E VISA
Menu *(Montag, Dez. - Jan. 2 Wochen und Juli - Aug. 3 Wochen geschl.)* à la carte 28/61 – **22 Z** 78/125.

Gästehaus Im Kirchle garni, Zügelstr. 1, ✉ 70806, ✆ (07154) 8 20 70, *Fax (07154) 820730,* – ☎
10 Z 75/125.

Gästehaus Bäuerle garni, Wilhelmstr. 5, ✉ 70806, ✆ (07154) 81 60 30, *Fax (07154) 8160313* – ☎. E
12 Z 75/135.

KORSCHENBROICH *Nordrhein-Westfalen siehe Mönchengladbach.*

KORSWANDT *Mecklenburg-Vorpommern siehe Usedom (Insel).*

KRÄHBERG *Hessen siehe Beerfelden.*

KRAIBURG AM INN *Bayern* **420** *V 21 – 3 300 Ew – Höhe 450 m.*
9 Kraiburg, Guttenburg 3 (NO : 3 km), ✆ (08638) 88 74 88.
Berlin 650 – München 78 – Bad Reichenhall 77 – Landshut 67 – Rosenheim 53 – Salzburg 92 – Altötting 30.

Hardthaus, Marktplatz 31, ✉ 84559, ✆ (08638) 7 30 67, *Fax (08638) 73068,* ,
« Restaurant in einem ehemaligen Kolonialwarengeschäft »
Montag - Dienstag und Jan. 2 Wochen geschl. – **Menu** (wochentags nur Abendessen) à la carte 38/74.

KRAKOW AM SEE *Mecklenburg-Vorpommern* **416** *F 20 – 3 500 Ew – Höhe 60 m – Luftkurort.*
Berlin 170 – Schwerin 74 – Rostock 63 – Neubrandenburg 84.

In Krakow-Seegrube *NO : 4,5 km :*

Ich weiß ein Haus am See mit Zim, Altes Forsthaus 2, ✉ 18292, ✆ (038457) 2 32 73, *Fax (038457) 23274,* ←, « Malerische Lage am See », , – ☎
Menu *(Montag geschl.)* (nur Abendessen, Tischbestellung ratsam, bemerkenswerte Weinkarte) 88/110 und à la carte 70/87 – **8 Z** 180/220 – ½ P 48
Spez. Wildkräutersalat mit Flußkrebsen (Saison). Mecklenburger Fische in Brioche. Kaninchenrücken mit getrüffeltem Grünkohl gefüllt (Okt.-Feb.).

KRANICHFELD *Thüringen* 418 *N 17 – 3 500 Ew – Höhe 300 m.*

Kultur- und Tourismussamt, Markt 4, ✉ 99448, ☎ (036450) 4 20 21, Fax (06450) 42021.

Berlin 294 – Erfurt 22 – Coburg 98 – Suhl 60 – Weimar 20.

Zum alten Kurhaus, Ilmenauer Str. 21, ✉ 99448, ☎ (036450) 3 12 15, *Fax (036450) 31218,* – TV ☎ P. AE VISA.
Menu *(Montag geschl.)* (Dienstag - Freitag nur Abendessen) à la carte 24/35 – **13 Z** 100/180.

KRANZBERG *Bayern* 419 420 *U 18 – 3 200 Ew – Höhe 486 m.*

Berlin 556 – München 40 – Regensburg 93 – Ingolstadt 46 – Landshut 50.

Landgasthof Kohlmeier, Obere Dorfstr. 11, ✉ 85402, ☎ (08166) 97 61, *Fax (08166) 5261,* – TV P
Weihnachten - 6. Jan. geschl. – **Menu** *(Montag geschl.)* à la carte 24/49 – **50 Z** 60/160.

KRAUSCHWITZ *Sachsen* 418 *L 28 – 3 000 Ew – Höhe 110 m.*

Berlin 163 – Dresden 121 – Cottbus 41 – Bautzen 58 – Görlitz 54 – Lubsko 85.

Krauschwitz M, Görlitzer Str. 26, ✉ 02957, ☎ (035771) 5 70, *Fax (035771) 57199* – Zim, TV ☎ P – 25. AE VISA
Menu à la carte 25/43 – **45 Z** 88/138.

KRAUSNICK *Brandenburg* 418 *J 25 – 500 Ew – Höhe 64 m.*

Berlin 77 – Potsdam 111 – Cottbus 71 – Frankfurt an der Oder 66.

Landhotel Krausnick , Dorfstr. 94, ✉ 15910, ☎ (035472) 6 10, *Fax (035472) 61122,* – TV ☎ P – 50. AE VISA
Menu *(Okt. - März Montag geschl.)* à la carte 28/38 – **38 Z** 85/130.

KREFELD *Nordrhein-Westfalen* 417 *M 3 – 242 000 Ew – Höhe 40 m.*

Krefeld-Linn (Y), ☎ (02151) 57 00 71 ; Krefeld-Bockum, Stadtwald (Y), ☎ (02151) 59 02 43 ; Krefeld-Traar, über die B 509 (Y) NO : 5 km : ☎ (02151) 49 69 22.

ADAC, *Friedrichsplatz 14, ✉ 47798, ☎ (0221) 47 27 47, Fax (02151) 608103.*

Berlin 571 ① – Düsseldorf 28 ④ – Eindhoven 86 ⑦ – Essen 38 ②.

Stadtplan siehe gegenüberliegende Seite

Parkhotel Krefelder Hof , Uerdinger Str. 245, ✉ 47800, ☎ (02151) 58 40, *Fax (02151) 58435,* « Gartenterrassen, Park », – Zim, TV P – 110. AE VISA Y a
Menu à la carte 55/86 – **150 Z** 230/350, 9 Suiten.

Hansa Hotel garni, Am Hauptbahnhof 2, ✉ 47798, ☎ (02151) 82 90, *Fax (02151) 829150,* – Zim, TV ☎ . AE VISA JCB Z c
107 Z 165/409.

City-Hotel garni, Philadelphiastr. 63, ✉ 47799, ☎ (02151) 62 60, *Fax (02151) 626100* – TV ☎ . AE VISA Z x
72 Z 140/180.

Garden Hotel garni, Schönwasserstr. 12a, ✉ 47800, ☎ (02151) 59 02 96, *Fax (02151) 590299* – TV ☎ P. AE VISA Y v
24. Dez. - 1. Jan. geschl. – **51 Z** 107/235.

Villa Medici mit Zim, Schönwasserstr. 73, ✉ 47800, ☎ (02151) 5 06 60, *Fax (02151) 506650,* « Restaurierte Villa, Gartenterrasse » – TV ☎ P. AE VISA Y n
Juli 3 Wochen geschl. – **Menu** *(Samstag geschl.)* (italienische Küche) à la carte 47/82 – **9 Z** 100/150.

Aquilon, Ostwall 199, ✉ 47798, ☎ (02151) 80 02 07, *Fax (02151) 800207* – AE Z r
Samstagmittag und Sonntag geschl. – **Menu** à la carte 55/69.

St. Urbanshof, Ostwall 48, ✉ 47798, ☎ (02151) 31 17 89, *Fax (02151) 394424* – AE VISA Z e
Sonn- und Feiertage geschl. – **Menu** (nur Abendessen) à la carte 49/73.

Et Bröckske (Brauerei-Gaststätte), Marktstr. 41, ✉ 47798, ☎ (02151) 2 97 40, *Fax (02151) 20279,* – AE VISA Z s
Montagabend geschl. – **Menu** à la carte 35/58.

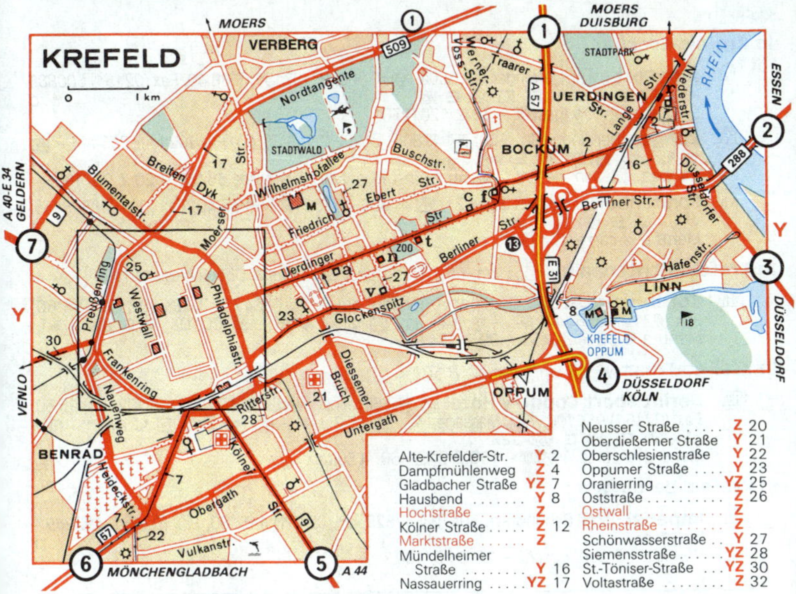

- Alte-Krefelder-Str. Y 2
- Dampfmühlenweg Z 4
- Gladbacher Straße YZ 7
- Hausbend Y 8
- Hochstraße Z
- Kölner Straße Z 12
- Marktstraße Z
- Mündelheimer Straße Y 16
- Nassauerring YZ 17
- Neusser Straße Z 20
- Oberdießemer Straße Y 21
- Oberschlesienstraße Y 22
- Oppumer Straße Y 23
- Oranierring YZ 25
- Oststraße Z 26
- Ostwall Z
- Rheinstraße Z
- Schönwasserstraße Y 27
- Siemensstraße YZ 28
- St.-Töniser-Straße YZ 30
- Voltastraße Z 32

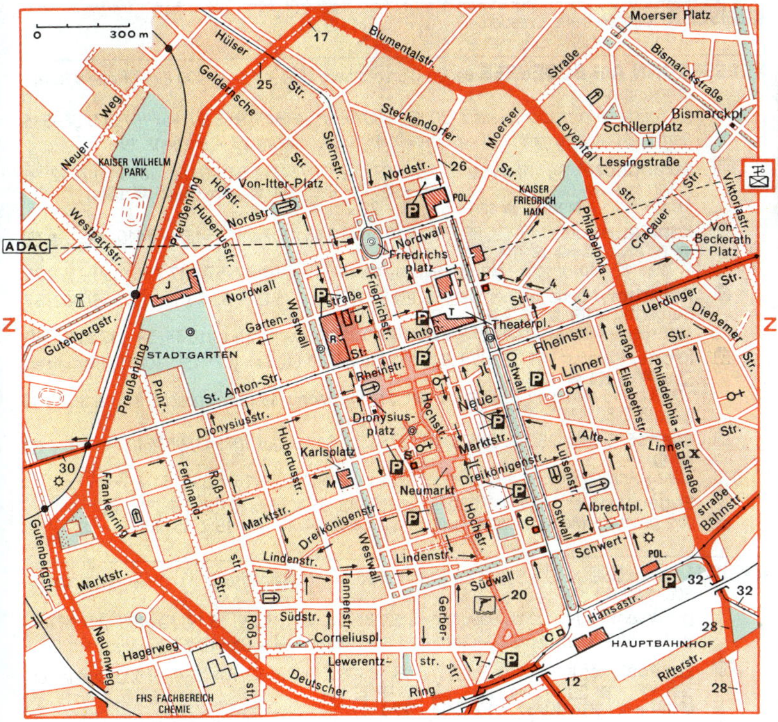

In Krefeld-Bockum :

Alte Post garni, Uerdinger Str. 550a, ✉ 47800, ☎ (02151) 5 88 40, *Fax (02151) 500888* – VISA Y c
24. Dez. - 2. Jan. geschl. – **33 Z** 120/230.

Benger, Uerdinger Str. 620, ✉ 47800, ☎ (02151) 9 55 40, *Fax (02151) 955444* – VISA JCB Y f
24. Dez. - 3. Jan. geschl. – **Menu** *(Samstag geschl.)* à la carte 36/68 – **20 Z** 95/190.

Sonnenhof, Uerdinger Str. 421, ✉ 47800, ☎ (02151) 59 35 40, *Fax (02151) 505165,* – VISA Y t
Menu à la carte 47/93.

In Krefeld-Fichtenhain *S : 2,5 km, über Gladbacher Straße und Oberschlesienstraße Y :*

Sol Inn Hotel M, Europark Fichtenhain A 1, ✉ 47807, ☎ (02151) 83 60, *Fax (02151) 836444,* – Zim, – 80. VISA JCB
Menu à la carte 30/55 – **99 Z** 154/244.

In Krefeld-Traar *NO : 5 km, über die B 509 Y :*

Dorint Sport Country Hotel M, Elfrather Weg 5, ✉ 47802, ☎ (02151) 95 60, *Fax (02151) 956100,* , Massage, , , , – Zim, – 250. VISA JCB
Menu à la carte 49/76 – **158 Z** 245/430, 4 Suiten.

In Krefeld-Uerdingen :

Imperial garni, Bahnhofstr. 60a, ✉ 47829, ☎ (02151) 4 92 80, *Fax (02151) 492849* – Y r
25. Dez. - 2. Jan. geschl. – **26 Z** 95/180.

KREIPITZSCH *Sachsen-Anhalt siehe Kösen, Bad.*

KREISCHA *Sachsen siehe Dresden.*

KRESSBRONN AM BODENSEE *Baden-Württemberg 419 X 12 – 7 400 Ew – Höhe 410 m – Erholungsort.*

Tourist-Information, Seestr. 20, ✉ 88079, ☎ (07543) 9 66 50, Fax (07543) 966515.
Berlin 731 – Stuttgart 170 – Konstanz 41 – Ravensburg 23 – Bregenz 19.

Strandhotel , Uferweg 5, ✉ 88079, ☎ (07543) 9 61 00, *Fax (07543) 7002,* ≤, « Terrasse am Seeufer », , – Rest, VISA
März - Nov. – **Menu** à la carte 37/68 – **29 Z** 134/233.

Kapelle, Hauptstr. 15, ✉ 88079, ☎ (07543) 9 63 40, *Fax (07543) 963410,* – VISA
7. Jan. - 12. Feb. geschl. – **Menu** *(Dienstag geschl.)* à la carte 32/57 – **17 Z** 85/150 – ½ P 25.

Peterhof, Nonnenbacher Weg 33, ✉ 88079, ☎ (07543) 9 62 70, *Fax (07543) 962733,* Biergarten – VISA
Mitte Feb. - Mitte März geschl. – **Menu** *(Donnerstag geschl.)* à la carte 33/59 – **17 Z** 98/160.

Krone, Hauptstr. 41, ✉ 88079, ☎ (07543) 9 60 80, *Fax (07543) 960815,* Biergarten, , –
20. Okt. - 15. Nov. und 20. Dez. - 5. Jan. geschl. – **Menu** *(Mittwoch geschl.)* à la carte 28/48 – **23 Z** 80/160 – ½ P 18.

Seehof, Seestr. 25, ✉ 88079, ☎ (07543) 9 63 60, *Fax (07543) 963640,* ≤, –
März - Anfang Nov. – (nur Abendessen für Hausgäste) – **16 Z** 85/154 – ½ P 27.

Engel, Lindauer Str. 2, ✉ 88079, ☎ (07543) 65 42, *Fax (07543) 5627* –
Jan. geschl. – **Menu** *(Montag geschl.)* à la carte 24/43 – **18 Z** 35/100.

KREUTH *Bayern 420 X 19 – 3 700 Ew – Höhe 786 m – Heilklimatischer Kurort – Wintersport : 800/1 600 m 8 .*

Kurverwaltung, Nördl. Hauptstr. 3, ✉ 83708, ☎ (08029) 18 19, Fax (08029) 1828.
Berlin 652 – München 63 – Garmisch-Partenkirchen 64 – Bad Tölz 29 – Miesbach 28.

Zur Post, Nördl. Hauptstr. 5, ✉ 83708, ☎ (08029) 9 95 50, *Fax (08029) 322,* Biergarten, , – – 70. VISA
Menu à la carte 30/57 – **82 Z** 115/220.

In Kreuth-Scharling *N : 2 km :*

X **Landgasthof Hirschberg,** Nördliche Hauptstr. 89, ✉ 83708, ✆ (08029) 3 15, *Fax (08029) 10 04,* 🌳 – Ⓟ
Montag - Dienstag geschl. – **Menu** à la carte 34/72.

KREUZAU *Nordrhein-Westfalen siehe Düren.*

KREUZNACH, BAD *Rheinland-Pfalz* 417 *Q 7 – 43 000 Ew – Höhe 105 m – Heilbad.*

Sehenswert : *Römerhalle★ (Fußboden-Mosaiken★★)* Y **M.**

ℹ *Kurverwaltung, Kurhausstr. 23 (Bäderkolonnade),* ✉ *55543,* ✆ *(0671) 8 36 00 50, Fax (0671) 8360080.*

ADAC, *Kreuzstr. 15,* ✉ *55543,* ✆ *(0671) 22 33, Fax (0671) 42275.*

Berlin 612 ② – Mainz 45 ① – Idar-Oberstein 50 ⑤ – Kaiserslautern 56 ④ – Koblenz 81 ① – Worms 55 ①.

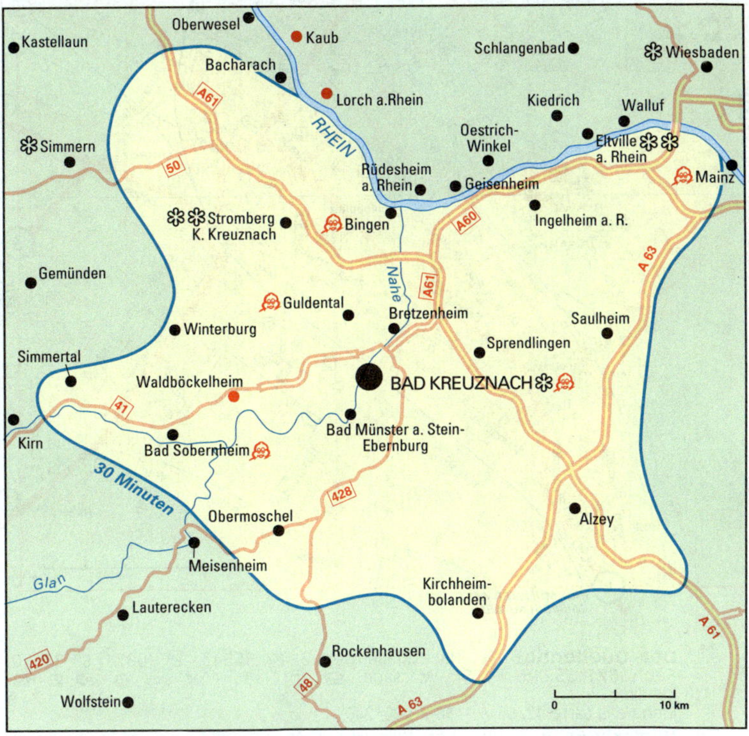

Parkhotel-Kurhaus 🐦, Kurhausstr. 28, ✉ 55543, ✆ (0671) 80 20, *Fax (0671) 35477,* 🌳, Massage, ≘s, 🛋 direkter Zugang zum Thermal-Sole-Bad – 🛗, ⇝ Zim, 📺 ♿ Ⓟ – 🏛 400. AE ⓓ E VISA Z
Menu à la carte 48/66 – **105 Z** 155/260, 6 Suiten – ½ P 39.

Landhotel Kauzenberg 🐦, Auf dem Kauzenberg, ✉ 55545, ✆ (0671) 3 80 00, *Fax (0671) 3800124,* ≘s, 🛋 – 📺 ☎ Ⓟ – 🏛 30. AE ⓓ E VISA Y t
Menu siehe Rest. ***Die Kauzenburg*** separat erwähnt – **46 Z** 145/225 – ½ P 38.

Insel-Stuben 🐦, Kurhausstr. 10, ✉ 55543, ✆ (0671) 83 79 90, *Fax (0671) 8379955,* 🌳 – 🛗, ⇝ Zim, 📺 ☎ Ⓟ – 🏛 20. E VISA Y c
über Fasnacht und Okt. - Nov. 2 Wochen geschl. – **Menu** *(Sonntagabend - Montagmittag geschl.)* à la carte 31/60 – **22 Z** 115/190 – ½ P 35.

BAD KREUZNACH

Am Römerkastell	Y	2	Mannheimer Str.	YZ	
Baumstraße	Z	3	Nahestraße	Y	12
Eiermarkt	Y	4	Poststraße	Y	13
Gerbergasse	Y	5	Römerstraße	Y	14
Hochstraße	Y		Salinenstraße	YZ	
Holzmarkt	Y	7	Stromberger Straße	Y	16
Hospitalgasse	Y	8	Wilhelmsbrücke	Y	17
Kornmarkt	Y	9	Wilhelmstraße	Y	
Kreuzstraße	Y	10	Wormser Str.	Y	18

Der Quellenhof 🐎, Nachtigallenweg 2, ✉ 55543, ✆ (0671) 83 83 30, *Fax (0671) 35218*, ≤, 🌳, Massage, ≦s, 🏊, 🌲 – ☎ 🚗 **P**. ⓓ E VISA. ⚒ Zim — Z e
Menu à la carte 42/65 🌡 – **36 Z** 100/240.

Viktoria M 🐎 garni, Kaiser-Wilhelm-Str. 16, ✉ 55543, ✆ (0671) 84 45 00, *Fax (0671) 8445010* – 🛗 ✈ TV ☎ 🚗 – 🏛 20. AE E VISA — Z r
21 Z 115/210.

Engel im Salinental garni, Heinrich-Held-Str. 10, ✉ 55543, ✆ (0671) 38 10, *Fax (0671) 43805*, ≦s – 🛗 TV ☎ **P** – 🏛 25. AE ⓓ E VISA. ⚒ — über ④
28 Z 95/168.

Michel Mort, Eiermarkt 9, ✉ 55545, ✆ (0671) 83 93 30, *Fax (0671) 8393310*, 🌳 – TV ☎. AE ⓓ E VISA — Y s
Menu à la carte 31/52 🌡 – **18 Z** 99/149 – ½ P 18.

Im Gütchen, Hüffelsheimer Str. 1, ✉ 55545, ✆ (0671) 4 26 26, *Fax (0671) 480435*, 🌳, « Restaurant in einem ehemaligen Hofgut » – **P**. AE E — Y r
Dienstag und über Karneval 2 Wochen geschl. – **Menu** (wochentags nur Abendessen) à la carte 53/84.

Die Kauzenburg (modernes Restaurant in einer Burgruine), Auf dem Kauzenberg, ✉ 55545, ✆ (0671) 3 80 00, *Fax (0671) 3800804*, ≤ Bad Kreuznach, « Rittersaal in einem 800 J. alten Gewölbe, Aussichtsterrassen » – Ⓟ. AE ⓓ E VISA Y u
Menu à la carte 39/50.

Historisches Dr.-Faust-Haus (Weinstube), Magister-Faust-Gasse 47, ✉ 55545, ✆ (0671) 2 87 58, , « Fachwerkhaus a.d.J. 1492 » – Y a
Dienstag geschl., Montag - Freitag nur Abendessen – **Menu** à la carte 24/44 .

Weinwelt im Dienheimer Hof, Mannheimer Str. 6, ✉ 55545, ✆ (0671) 4 44 42, *Fax (0671) 4820326*, , « Renaissancebau a.d. 15.Jh. » – ⓓ VISA Y n
Sonn- und Feiertage, 22. Dez. - 10 Jan., über Karneval und Aug. jeweils 1 Woche geschl.
Menu (nur Abendessen) à la carte 35/56.

In Hackenheim *SO : 2 km über Mannheimer Straße* Z :

Metzlers Gasthof, Hauptstr. 69, ✉ 55546, ✆ (0671) 6 53 12, *Fax (0671) 65310*, – Ⓟ. AE E
Montag und Juli - Aug. 4 Wochen geschl. – **Menu** (wochentags nur Abendessen, Sonntag nur Mittagessen) 120 und à la carte 61/87 – ***Weinstube*** *(Montag geschl., auch Mittagessen)* Menu à la carte 44/60
Spez. Steinbutt und gestreifte Langostinomaultaschen mit Kerbelbutter. Kalbsnierchen und -leber mit gebackenem Gemüse. Ananastarte mit Passionsfruchtcreme und Mandeleis.

MICHELIN-REIFENWERKE KGaA. ✉ 55543 Bad Kreuznach Michelinstraße (über Gensinger Straße), ✆ (0671) 85 50 Fax 8551523.

KREUZTAL *Nordrhein-Westfalen* 417 *N 7 – 30 100 Ew – Höhe 310 m.*
Berlin 574 – Düsseldorf 120 – Siegen 12 – Hagen 78 – Köln 83.

In Kreuztal-Krombach *NW : 5 km :*

Zum Anker, Hagener Str. 290, ✉ 57223, ✆ (02732) 8 95 50, *Fax (02732) 895533* – TV ☎ Ⓟ – 25. E
Menu à la carte 35/81 – **17 Z** 90/210.

KREUZWERTHEIM *Bayern siehe Wertheim.*

KRIFTEL *Hessen siehe Hofheim am Taunus.*

KRÖV *Rheinland-Pfalz* 417 *Q 5 – 2 500 Ew – Höhe 105 m – Erholungsort.*
Verkehrsbüro, Robert-Schuman-Str. 63, ✉ 54536, ✆ (06541) 94 86, Fax (06541) 6799.
Berlin 678 – Mainz 131 – Trier 58 – Bernkastel-Kues 18 – Wittlich 19.

Ratskeller (mit Gästehaus), Robert-Schuman-Str. 49, ✉ 54536, ✆ (06541) 99 97, *Fax (06541) 3202* – TV Ⓟ. E VISA
10. Jan. - 10. Feb. geschl. – **Menu** *(Dienstagmittag, Nov. - März auch Dienstagabend geschl.)* à la carte 28/56 – **27 Z** 65/140 – ½ P 25.

Springiersbacher Hof, Robert-Schuman-Str. 44, ✉ 54536, ✆ (06541) 14 51, *Fax (06541) 4238*, , , – TV Ⓟ.
März - Mitte Nov. – **Menu** à la carte 29/54 – **27 Z** 90/150 – ½ P 20/27.

KRONACH *Bayern* 418 420 *P 17 – 19 500 Ew – Höhe 325 m.*
Sehenswert : *Festung Rosenberg (Fränkische Galerie).*
Fremdenverkehrsbüro, Lucas-Cranach-Str. 19, ✉ 96317, ✆ (09261) 9 72 36, Fax (09261) 97236.
Berlin 352 – München 279 – Coburg 33 – Bayreuth 44 – Bamberg 58.

Bauer, Kulmbacher Str. 7, ✉ 96317, ✆ (09261) 9 40 58, *Fax (09261) 52298*, – TV ☎ Ⓟ. AE ⓓ E VISA. Rest
Menu *(Samstagmittag, Sonntagabend, Anfang Jan. 1 Woche und 12. - 22. Aug. geschl.)* à la carte 33/59 – **18 Z** 88/147.

In Kronach-Gehülz *W : 5 km :*

Pension Elke garni, Zollbrunn 68a, ✉ 96317, ✆ (09261) 6 01 20, *Fax (09261) 601223*, – TV ☎ Ⓟ.
11 Z 50/90.

In Marktrodach-Unterrodach *O : 7 km :*

Flößerhof , Kreuzbergstr. 35, ✉ 96364, ✆ (09261) 6 06 10, *Fax (09261) 606162*, , Massage, , , , , (Halle) – TV ☎ Ⓟ – 30. AE E VISA
Menu à la carte 30/56 – **50 Z** 75/192.

KRONBERG IM TAUNUS Hessen 417 P 9 – 18 000 Ew – Höhe 257 m – Luftkurort.

Kronberg/Taunus, Schloß Friedrichshof, (06173) 14 26.

Verkehrs- und Kulturamt, Rathaus, Katharinenstr. 7, 61476, (06173) 70 32 20, Fax (06173) 703200.

Berlin 540 – Wiesbaden 28 – Frankfurt am Main 17 – Bad Homburg vor der Höhe 13 – Limburg an der Lahn 43.

Schloßhotel, Hainstr. 25, 61476, (06173) 7 01 01, *Fax (06173) 701267*, Schloßpark, « Einrichtung mit wertvollen Antiquitäten » – 60. AE E VISA JCB. Rest
Menu à la carte 78/112 – **58 Z** 325/860, 7 Suiten.

Concorde Hotel Viktoria garni, Viktoriastr. 7, 61476, (06173) 9 21 00, *Fax (06173) 2863*, – 20. AE E VISA
42 Z 195/370, 3 Suiten.

Kronberger Hof mit Zim, Bleichstr. 12, 61476, (06173) 7 90 71, *Fax (06173) 5905*, – 30. AE E VISA
Menu *(Samstag geschl.)* à la carte 35/67 – **10 Z** 100/200.

KROZINGEN, BAD Baden-Württemberg 419 W 7 – 13 000 Ew – Höhe 233 m – Heilbad.

Tourist-Information, Herbert-Hellmann-Allee 12, 79189, (07633) 40 08 63, Fax (07633) 400841.

Berlin 816 – Stuttgart 217 – Freiburg im Breisgau 18 – Basel 63.

Hofmann zur Mühle garni, Litschgistr. 6, 79189, (07633) 9 08 85 90, *Fax (07633) 9088599*, Massage, – . AE E VISA
21 Z 85/190.

Biedermeier garni, In den Mühlenmatten 12, 79189, (07633) 91 03 00, *Fax (07633) 91 03 40*, – . E VISA
Mitte Dez. - Jan. geschl. – **24 Z** 70/150.

Im Kurgebiet :

Barthel's Hotellerie an den Thermen (mit Gästehaus,), Thürachstr. 1, 79189, (07633) 1 00 50, *Fax (07633) 100550*, – , Zim, – 30. AE E VISA
Menu à la carte 41/77 – **55 Z** 110/260 – ½ P 35.

Haus Pallotti, Thürachstr. 3, 79189, (07633) 4 00 60, *Fax (07633) 400610*, , Massage, – – 30. AE E VISA
Menu *(Sonntagabend - Montag und Dez. - Jan. geschl.)* à la carte 36/51 – **60 Z** 70/180 – ½ P 27.

In Bad Krozingen-Biengen *NW : 4 km :*

Krone, Hauptstr. 18, 79189, (07633) 39 66, *Fax (07633) 101177*, « Innenhofterrasse » . AE E VISA
Sonntag - Montag geschl. – **Menu** à la carte 52/93.

In Bad Krozingen-Schmidhofen *S : 3,5 km :*

Storchen, Felix- und Nabor-Str. 2, 79189, (07633) 53 29, *Fax (07633) 7019* – .
Montag - Dienstagmittag sowie Jan. und Sept. jeweils 2 Wochen geschl. – **Menu** à la carte 47/82.

KRÜN Bayern 419 420 X 17 – 1 700 Ew – Höhe 875 m – Erholungsort – Wintersport : 900/1 200 m 2.

Verkehrsamt, Schöttlkarspitzstr. 15, 82494, (08825) 10 94, Fax (08825) 2244.

Berlin 683 – München 96 – Garmisch-Partenkirchen 17 – Mittenwald 8.

Alpenhof, Edelweißstr. 11, 82494, (08825) 10 14, *Fax (08825) 1016*, Karwendel- und Wettersteinmassiv, , , – . AE VISA. Rest
15. - 30. April und 1. Nov. - 17. Dez. geschl. – (Restaurant nur für Hausgäste) – **36 Z** 65/165 – ½ P 15/20.

In Krün-Barmsee *W : 2 km :*

Alpengasthof Barmsee, Am Barmsee 4, 82494, (08825) 20 34, *Fax (08825) 879*, Karwendel- und Wettersteinmassiv, , , , –
12. - 30. April und 25. Okt. - 19. Dez. geschl. – **Menu** *(Mittwoch geschl.)* à la carte 27/58 – **23 Z** 58/145 – ½ P 18.

In Krün-Klais *SW : 4 km :*

Post, Bahnhofstr. 7, ✉ 82493, ✆ (08823) 22 19, *Fax (08823) 94055*, Biergarten, – P
12. - 29. April und 3. Nov. - 17. Dez. geschl. – **Menu** *(Montag geschl.)* à la carte 29/58 – **10 Z** 50/150 – ½ P 18.

Gästehaus Ingeborg garni, An der Kirchleiten 7, ✉ 82493, ✆ (08823) 81 68, ≤, – P.
Nov. - Mitte Dez. geschl. – **10 Z** 45/90.

An der Straße nach Schloß Elmau *SW : 5km, ab Klais (Gebührenpflichtige Zufahrt) :*

Schlosshotel Kranzbach, ✉ 82493 Krün-Klais, ✆ (08823) 9 25 20, *Fax (08823) 925292*, ≤ Wetterstein und Zugspitze, , Biergarten, « Restauriertes Schloß aus der Jahrhundertwende », , – P – 20. E
Menu *(Dienstagmittag geschl.)* à la carte 33/61 – **46 Z** (nur ½ P) 85/200.

Les prix — Pour toutes précisions sur les prix indiqués dans ce guide, reportez-vous aux pages de l'introduction.

KRUGSDORF *Mecklenburg-Vorpommern siehe Pasewalk.*

KRUMBACH *Bayern* 419 420 *V 15 – 11 000 Ew – Höhe 512 m.*

Berlin 596 – München 124 – Augsburg 49 – Memmingen 38 – Ulm (Donau) 41.

Traubenbräu, Marktplatz 14, ✉ 86381, ✆ (08282) 20 93, *Fax (08282) 5873* – P – 40. AE E VISA
Menu à la carte 29/51 – **10 Z** 69/112.

Diem, Kirchenstr. 5, ✉ 86381, ✆ (08282) 8 88 20, *Fax (08282) 888250*, , – P – 20. E VISA
Menu à la carte 23/48 *(auch vegetarische Gerichte)* – **27 Z** 60/135.

Falk, Heinrich-Sinz-Str. 4, ✉ 86381, ✆ (08282) 20 11, *Fax (08282) 2024*, Biergarten, – P. AE E VISA
Menu *(Samstagabend geschl.)* à la carte 24/43 – **18 Z** 62/112.

KRUMMHÖRN *Niedersachsen* 415 *F 5 – 15 000 Ew – Höhe 5 m.*

Fremdenverkehrs-GmbH, Zur Hauener Hooge 15 (Greetsiel), ✉ 26736, ✆ (04926) 9 18 80, Fax (04926) 2029.

Berlin 528 – Hannover 265 – Emden 14 – Groningen 112.

In Krummhörn-Greetsiel – *Erholungsort :*

Landhaus Steinfeld, Kleinbahnstr. 16, ✉ 26736, ✆ (04926) 9 18 10, *Fax (04926) 2039*, , , , – P
15. - 31. Jan. geschl. – (Restaurant nur für Hausgäste) – **25 Z** 165/325 – ½ P 45.

Witthus (mit Gästehaus), Kattrepel 7, ✉ 26736, ✆ (04926) 9 20 00, *Fax (04926) 920092*, « Gartenterrasse » – P. E VISA.
27. Nov. - 20. Dez. geschl. – **Menu** *(Nov. - April Donnerstag geschl. und Montag - Mittwoch nur Abendessen)* à la carte 34/60 – **18 Z** 125/210 – ½ P 30.

Hohes Haus, Hohe Str. 1, ✉ 26736, ✆ (04926) 18 10, *Fax (04926) 18199*, , « Restauriertes, historisches Gebäude aus dem 17. Jh. mit rustikaler Einrichtung » – P – 60. AE E VISA
Menu à la carte 34/55 – **33 Z** 90/210 – ½ P 30.

KUCHELMISS *Mecklenburg-Vorpommern* 416 *E 21 – 880 Ew – Höhe 60 m.*

Serrahn, Dobbiner Weg 24 (S : 3 km), ✆ (038456) 6 50.

Berlin 160 – Schwerin 78 – Rostock 50 – Neubrandenburg 84.

In Kuchelmiss-Serrahn *S : 3 km :*

Das Landhaus am Serrahner See, Dobbiner Weg 24, ✉ 18292, ✆ (038456) 6 50, *Fax (038456) 65255*, , Biergarten, , , , , , – Zim, P – 50. AE E VISA
Menu à la carte 35/61 – **28 Z** 119/280.

KÜHLUNGSBORN *Mecklenburg-Vorpommern* 415 416 *D 19 – 7 300 Ew – Höhe 2 m – Seebad.*

Wittenbeck (SO : 3 km), (038293) 66 26.

Kurverwaltung, Ostseeallee 19, 18225, (038293) 8 49 20, Fax (038293) 84930.

Berlin 251 – Schwerin 70 – Rostock 31 – Wismar 39.

Aquamarin M, Hermannstr. 33, 18225, (038293) 40 20, *Fax (038293) 40277*, – Zim, – 25. VISA. Rest
Menu à la carte 37/58 – **59 Z** 150/250 – ½ P 30.

Neptun Hotel M, Strandstr. 37, 18225, (038293) 6 30, *Fax (038293) 63299*, – Zim, – 50. AE E VISA
Menu *(Jan. geschl.)* à la carte 38/60 – **25 Z** 150/220 – ½ P 30.

Schweriner Hof M, Ostseeallee 46, 18225, (038293) 7 90, *Fax (038293) 79410*, – Zim, – 20. AE E VISA. Rest
Menu (nur Abendessen) à la carte 30/37 – **30 Z** 119/265.

Europa Hotel M, Ostseeallee 8, 18225, (038293) 8 80, *Fax (038293) 88444*, – Zim, – 80. AE E VISA JCB
Menu à la carte 34/75 – **62 Z** 165/235 – ½ P 30.

Strandhotel Sonnenburg, Ostseeallee 15, 18225, (038293) 83 90, *Fax (038293) 83913*, – Zim, . AE E VISA. Rest
Menu à la carte 30/57 – **29 Z** 110/195 – ½ P 20.

Seeschloss M garni, Ostseeallee 7, 18225, (038293) 1 80, *Fax (038293) 18444*, – – 20. AE E VISA
52 Z 125/260, 12 Suiten.

Strandblick M, Ostseeallee 6, 18225, (038293) 6 33, *Fax (038293) 63500*, – Zim, – 40. AE E VISA.
Menu (nur Abendessen) à la carte 25/54 – **39 Z** 110/240, 4 Suiten – ½ P 28.

Westfalia garni, Ostseeallee 17, 18225, (038293) 1 21 95, *Fax (038293) 12196*, « Garten » – .
14 Z 135/195.

Esplanade garni, Hermann-Häcker-Str. 44, 18225, (038293) 83 50, *Fax (038293) 83532*, – – 15.
25 Z 100/170.

Rosenhof, Poststr. 18, 18225, (038293) 7 86, *Fax (038293) 78787*, , – Rest, . AE E VISA JCB
Menu *(Montag - Freitag nur Abendessen)* à la carte 29/50 – **45 Z** 115/190 – ½ P 25.

Am Strand, Ostseeallee 16, 18225, (038293) 8 00, *Fax (038293) 80118*, , – – 20. AE E VISA
Menu à la carte 33/54 – **38 Z** 115/200.

Villa Patricia garni, Ostseeallee 2, 18225, (038293) 85 40, *Fax (038293) 85485*, « Haus im Stil der Jahrhundertwende » – . AE E VISA
27 Z 105/190.

Strandhotel Nordischer Hof, Ostseeallee 25, 18225, (038293) 76 00, *Fax (038293) 7604*, – . AE E VISA. Rest
(Restaurant nur für Hausgäste) – **38 Z** 100/200.

Polar-Stern, Ostseeallee 24, 18225, (038293) 82 90, *Fax (038293) 82999*, , Biergarten – – 25. AE E VISA
Menu à la carte 25/51 – **23 Z** 100/165 – ½ P 20.

Scandinavia, Friedrich-Borgwardt-Str. 1, 18225, (038293) 61 93, *Fax (038293) 7219*, – – 15. AE E VISA
4. - 20. Jan. geschl. – **Menu** (nur Abendessen) à la carte 28/44 – **23 Z** 99/199 – ½ P 22.

Poseidon, Hermannstr. 6, 18225, (038293) 71 82, *Fax (038293) 7525*, – . Zim
Nov. 3 Wochen geschl. – **Menu** *(Jan. - April Mittwoch geschl.)* à la carte 28/40 – **23 Z** 105/180 – ½ P 20.

Nordwind, Hermannstr. 23, 18225, (038293) 72 07, *Fax (038293) 12211*, – . AE E VISA
Jan. geschl. – **Menu** *(Feb. - März geschl.)* à la carte 27/45 – **28 Z** 95/160 – ½ P 20.

Brunshöver Möhl, An der Mühle 3, 18225, (038293) 9 37, *Fax (038293) 937* – . AE E VISA
Okt. - April wochentags nur Abendessen und Montag geschl. – **Menu** à la carte 32/56.

In Wittenbeck *SO : 3 km :*

Landhotel Wittenbeck, Straße zur Kühlung 21a, 18209, (038293) 66 26, *Fax (038293) 7549*, , – – 40. AE E VISA.
Menu à la carte 24/42 – **45 Z** 99/150 – ½ P 20.

KÜMMERSBRUCK *Bayern* 420 *R 19 – 7 900 Ew – Höhe 370 m.*
Berlin 438 – München 186 – Weiden in der Oberpfalz 66 – Bayreuth 82 – Nürnberg 68 – Regensburg 62.

In Kümmersbruck-Haselmühl :

Zur Post, Vilstalstr. 82, ✉ 92245, ✆ (09621) 77 50, Fax (09621) 74730 – TV ☎ P. AE ◑ E VISA
Menu à la carte 28/56 – **29 Z** 95/155.

KÜNZELL *Hessen siehe Fulda.*

KÜNZELSAU *Baden-Württemberg* 419 *S 13 – 14 000 Ew – Höhe 218 m.*
Berlin 561 – Stuttgart 94 – Würzburg 73 – Heilbronn 52 – Schwäbisch Hall 23.

Comburgstuben, Komburgstr. 12, ✉ 74653, ✆ (07940) 35 70, Fax (07940) 544947, – TV ☎
Menu *(Freitagabend - Samstag und 23. Dez. - 6. Jan. sowie Juli - Aug. 2 Wochen geschl.)* à la carte 28/52 – **11 Z** 80/130.

Frankenbach, Bahnhofstr. 10, ✉ 74653, ✆ (07940) 23 33, Fax (07940) 54005 – P
Aug. 3. Wochen geschl. – **Menu** *(Sonn- und Feiertage abends, sowie Dienstag geschl.)* à la carte 28/47 – **11 Z** 40/100.

KÜPS *Bayern* 418 420 *P 17 – 7 500 Ew – Höhe 299 m.*
Berlin 355 – München 278 – Coburg 33 – Bayreuth 50 – Hof 59 – Bamberg 52.

Werners Restaurant, Griesring 16, ✉ 96328, ✆ (09264) 64 46, Fax (09264) 7850
Sonntag, Juli 1 Woche und Aug. 2 Wochen geschl. – **Menu** (nur Abendessen) à la carte 44/67.

In Küps-Oberlangenstadt :

Hubertus, Hubertusstr. 7, ✉ 96328, ✆ (09264) 96 00, Fax (09264) 96055, ≤, , , – Zim, TV ☎ P – 40. ◑ E VISA
3. - 10. Jan. geschl. – **Menu** *(Sonntagabend geschl.)* à la carte 33/67 – **24 Z** 81/131.

KÜRNBACH *Baden-Württemberg* 419 *S 10 – 2 600 Ew – Höhe 203 m.*
Berlin 625 – Stuttgart 67 – Karlsruhe 47 – Heilbronn 37.

Weiss, Austr. 63, ✉ 75057, ✆ (07258) 65 60, – E.
Dienstag sowie Jan. und Juli - Aug. jeweils 2 Wochen geschl. – **Menu** (wochentags nur Abendessen, Tischbestellung ratsam) à la carte 34/53.

KÜRTEN *Nordrhein-Westfalen* 417 *M 5 – 17 000 Ew – Höhe 250 m – Luftkurort.*
Berlin 565 – Düsseldorf 62 – Köln 35 – Lüdenscheid 47.

In Kürten-Hungenbach *SW : 2 km :*

Gut Hungenbach, ✉ 51515, ✆ (02268) 60 71, Fax (02268) 6073, , « Historische Fachwerkhäuser a.d. 17. und 18. Jh. », – Zim, TV ☎ P – 40
23. Dez. - Mitte Jan. geschl. – **Menu** *(Montag geschl.)* à la carte 42/68 – **35 Z** 130/280.

KÜSTEN *Niedersachsen siehe Lüchow.*

KUFSTEIN *Österreich* 420 *X 20 – 14 500 Ew – Höhe 500 m – Wintersport : 515/1 600 m 2* .
Sehenswert : *Festung : Lage★, ≤★, Kaiserturm★.*
Ausflugsziel : *Ursprungpaß-Straße★ (von Kufstein nach Bayrischzell).*
Tourismusverband, Unterer Stadtplatz 8, ✉A-6330, ✆ (05372) 6 22 07, Fax (05372) 61455.
Wien 401 – Innsbruck 72 – Bad Reichenhall 77 – München 90 – Salzburg 106.
Die Preise sind in der Landeswährung (Ö. S.) angegeben.

Alpenrose , Weißachstr. 47, ✉ A-6330, ✆ (05372) 6 21 22, Fax (05372) 621227, , – , Zim, TV ☎ P – 30. AE ◑ E VISA
über Ostern geschl. – **Menu** à la carte 270/495 – **22 Z** 750/1520 – ½ P 300.

Andreas Hofer, Georg-Pirmoser-Str. 8, ✉ A-6330, ✆ (05372) 69 80, Fax (05372) 698090, – TV ☎ P – 200. AE ◑ E VISA JCB
Menu *(Sonntag geschl.)* à la carte 220/510 – **95 Z** 500/1295 – ½ P 150.

Zum Bären, Salurner Str. 36, ✉ A-6330, ℰ (05372) 6 22 29, *Fax (05372) 636894,* – 30. AE ⓓ E VISA
Menu *(Sonntag geschl.)* à la carte 200/420 – **33 Z** 570/1250 – ½ P 150.

Goldener Löwe, Oberer Stadtplatz 14, ✉ A-6330, ℰ (05372) 6 21 81, *Fax (05372) 621818* – AE ⓓ E VISA JCB
April 2 Wochen geschl. – **Menu** à la carte 200/390 – **40 Z** 560/980 – ½ P 150.

Auracher Löchl, Römerhofgasse 3, ✉ A-6330, ℰ (05372) 6 21 38, *Fax (05372) 6493951,* « Terrasse am Inn » – 25. AE ⓓ E VISA
Menu à la carte 170/380 – **32 Z** 595/1040 – ½ P 135.

Tiroler Hof, Am Rain 16, ✉ A-6330, ℰ (05372) 6 23 31, *Fax (05372) 61909,* – E VISA JCB
März - April und Nov. jeweils 3 Wochen geschl. – **Menu** *(Montag geschl.)* à la carte 175/410 – **11 Z** 490/840.

KUHS *Mecklenburg-Vorpommern siehe Güstrow.*

KULMBACH *Bayern* 418 420 *P 18 – 30 000 Ew – Höhe 306 m.*

Sehenswert : *Plassenburg★ (Schöner Hof★★, Zinnfigurenmuseum★) YZ.*

Tourist-Information, Sutte 2 (Stadthalle) ✉ 95326, ℰ (09221) 9 58 80, Fax (09221) 958844.

Berlin 355 ① – München 257 ② – Coburg 46 ④ – Bayreuth 22 ② – Bamberg 60 ② – Hof 49 ①.

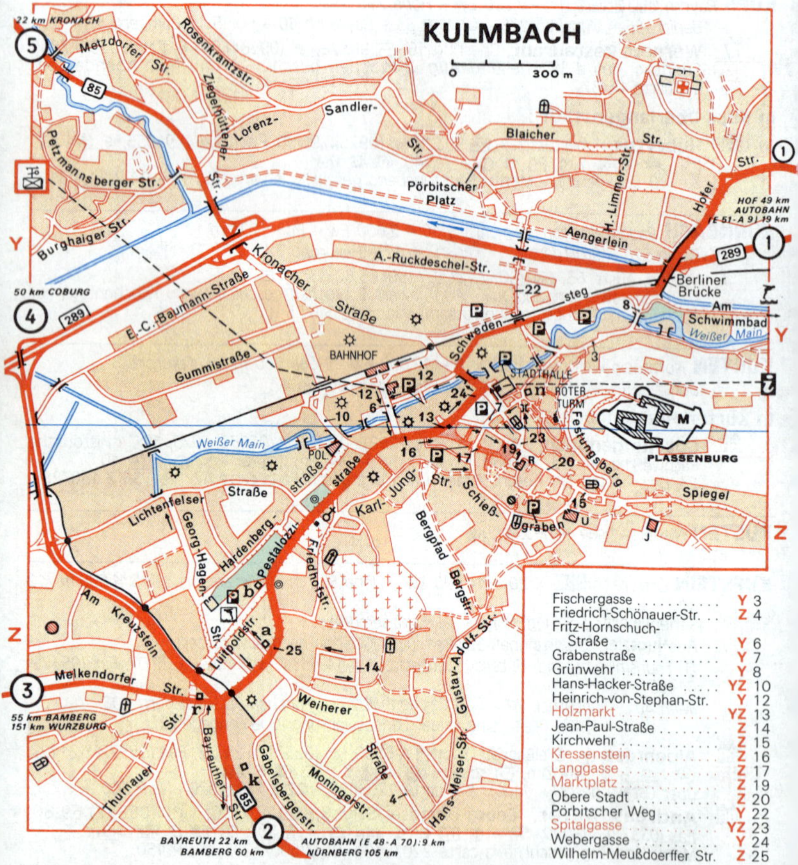

Fischergasse	Y	3
Friedrich-Schönauer-Str.	Z	4
Fritz-Hornschuch-Straße	Y	6
Grabenstraße	Y	7
Grünwehr	Y	8
Hans-Hacker-Straße	YZ	10
Heinrich-von-Stephan-Str.	Y	12
Holzmarkt	YZ	13
Jean-Paul-Straße	Z	14
Kirchwehr	Z	15
Kressenstein	Z	16
Langgasse	Z	17
Marktplatz	Z	19
Obere Stadt	Z	20
Pörbitscher Weg	Y	22
Spitalgasse	YZ	23
Webergasse	Y	24
Wilhelm-Meußdoerffer Str.	Z	25

Astron, Luitpoldstr. 2, ✉ 95326, ☏ (09221) 60 30, *Fax (09221) 603100*, Massage, – Zim, – 170. AE VISA JCB Z b
Menu à la carte 34/65 – **103 Z** 170/190.

Hansa-Hotel M, Weltrichstr. 2a, ✉ 95326, ☏ (09221) 79 95, *Fax (09221) 66887*, « Einrichtung in modernem Design » – Zim, – 20. AE VISA. Rest Z a
Menu *(Samstag - Sonntag geschl.)* à la carte 35/60 – **30 Z** 130/235.

Kronprinz, Fischergasse 4, ✉ 95326, ☏ (09221) 9 21 80, *Fax (09221) 921836* – – 20. AE VISA. Y n
(Restaurant nur für Hausgäste) **19 Z** 98/175.

Purucker, Melkendorfer Str. 4, ✉ 95326, ☏ (09221) 9 02 00, *Fax (09221) 902090*, – . AE VISA. Zim Z r
Aug. 3 Wochen geschl. – **Menu** *(Samstag - Sonntag geschl.)* à la carte 31/59 – **23 Z** 98/170.

Christl garni, Bayreuther Str. 7 (B 85), ✉ 95326, ☏ (09221) 79 55, *Fax (09221) 66402* – . AE VISA JCB Z k
26 Z 65/125.

In Kulmbach-Höferänger ⑤ : *4 km* :

Dobrachtal, Höferänger 10, ✉ 95326, ☏ (09221) 94 20, *Fax (09221) 942355*, – – 60. AE VISA. Rest
21. Dez. - 5. Jan. geschl. – **Menu** *(Freitag geschl.)* à la carte 33/61 – **57 Z** 75/200.

KUNREUTH-REGENSBERG *Bayern siehe Forchheim.*

KUPFERZELL *Baden-Württemberg* 419 *S 13 – 5 000 Ew – Höhe 345 m.*
Berlin 555 – Stuttgart 85 – Heilbronn 46 – Schwäbisch Hall 17 – Würzburg 91.

In Kupferzell-Eschental *SO : 6 km* :

Landgasthof Krone, Hauptstr. 40, ✉ 74635, ☏ (07944) 6 70, *Fax (07944) 6767*, – – 40. VISA
Feb. und Aug. jeweils 2 Wochen geschl. – **Menu** *(Dienstag geschl.)* à la carte 24/46 *(auch vegetarische Gerichte)* – **30 Z** 60/120.

KUPPENHEIM *Baden-Württemberg* 419 *T 8 – 6 200 Ew – Höhe 126 m.*
Berlin 698 – Stuttgart 98 – Karlsruhe 27 – Baden-Baden 12 – Rastatt 5,5.

Blume, Rheinstr. 7, ✉ 76456, ☏ (07222) 9 47 80, *Fax (07222) 947880* – . VISA
Juli - Aug. 3 Wochen und Weihnachten - Anfang Jan. geschl. – **Menu** *(Montag geschl.)* à la carte 28/56 – **15 Z** 80/140.

Ochsen, Friedrichstr. 53, ✉ 76456, ☏ (07222) 4 15 30, *Fax (07222) 48750*, – . VISA.
Sonntag - Montag, 17. Feb. - 2. März und 1. - 26. Aug. geschl. – **Menu** à la carte 33/58.

In Kuppenheim-Oberndorf *SO : 2 km* :

Raub's Restaurant (modern-elegantes Restaurant), Hauptstr. 41, ✉ 76456, ☏ (07225) 7 56 23, *Fax (07225) 79378* –
Sonntag - Montag geschl. – **Menu** (bemerkenswerte Weinkarte) 102/166 und à la carte 81/120 – ***Kreuz-Stübl,*** *(auch vegetarische Gerichte)* Menu 42/84 und à la carte
Spez. Rinderfiletröllchen mit Gemüse-Wasabifüllung auf marinierten Sprossen. Strudel von St. Petersfisch und Langustinen mit Ingwer-Peperonisauce. Auflauf und Eiskrem von Ziegenfrischkäse mit Balsamico-Schattenmorellen.

KUPPENTIN *Mecklenburg-Vorpommern* 416 *F 20 – 220 Ew – Höhe 60 m.*
Berlin 172 – Schwerin 64 – Rostock 77 – Stendal 146.

In Kuppentin-Daschow *NO : 2 km* :

Landhotel Schloß Daschow, Schloßstr. 5, ✉ 19386, ☏ (038732) 50 00, *Fax (038732) 50091*, « Englischer Landschaftspark mit See » – – 15. VISA
Menu à la carte 24/38 – **16 Z** 98/158.

KUSEL *Rheinland-Pfalz* **417** *R 6 – 6 000 Ew – Höhe 240 m.*
Berlin 682 – Mainz 107 – Saarbrücken 72 – Trier 84 – Kaiserslautern 40.

In Blaubach *NO : 2 km :*

Reweschnier, Kuseler Str. 5, ✉ 66869, ☎ (06381) 92 38 00, *Fax (06381) 923880*, , – TV ☎ P – 30. VISA.
5. - 11. Jan. geschl. – **Menu** à la carte 27/65 – **29 Z** 88/158 – ½ P 28.

In Thallichtenberg *NW : 5 km :*

Burgblick, Ringstr. 6, ✉ 66871, ☎ (06381) 15 26, *Fax (06381) 47440*, ←, ,
– ☎ P
Menu *(Montag geschl.)* (Dienstag - Freitag nur Abendessen) à la carte 23/49 –
17 Z 65/120 – ½ P 18.

In Konken *SW : 6 km :*

Haus Gerlach, Hauptstr. 39 (B 420), ✉ 66871, ☎ (06384) 3 27 – P
Menu *(Montag geschl.)* à la carte 23/47 – **9 Z** 45/90.

KYRITZ *Brandenburg* **416** *H 21 – 9 200 Ew – Höhe 34 m.*
Fremdenverkehrsverein, Bahnhofstr. 5, ✉ 16866, ☎ (033971) 5 23 31.
Berlin 96 – Potsdam 85 – Schwerin 113.

Landhaus Muth, Pritzwalker Str. 40, ✉ 16866, ☎ (033971) 7 15 12,
Fax (033971) 71513, – TV ☎ P – 20. AE VISA
Menu *(Sonntagabend geschl.)* à la carte 31/44 – **19 Z** 85/135.

In Bantikow *O : 12 km über Wusterhausen :*

Am Untersee, Dorfstr. 48, ✉ 16868, ☎ (033979) 1 45 90, *Fax (033979) 14622*,
, , , – TV ☎ P – 25. AE VISA
Menu à la carte 24/39 – **36 Z** 80/120 – ½ P 20.

LAASPHE, BAD *Nordrhein-Westfalen* **417** *N 9 – 16 000 Ew – Höhe 335 m – Kneippheilbad.*
Kurverwaltung, Haus des Gastes, ✉ 57334, ☎ (02752) 8 98, Fax (02752) 7789.
Berlin 489 – Düsseldorf 174 – Siegen 34 – Kassel 108 – Marburg 43.

In Bad Laasphe-Feudingen *W : 9 km*

Landhotel Doerr, Sieg-Lahn-Str. 8, ✉ 57334, ☎ (02754) 37 00, *Fax (02754) 370100*,
, , , – , Zim, TV P – 60. AE VISA JCB. Rest
Menu à la carte 38/69 – **42 Z** 103/290 – ½ P 35.

Lahntal-Hotel, Sieg-Lahn-Str. 23, ✉ 57334, ☎ (02754) 12 85, *Fax (02754) 1286*,
– , Zim, TV ☎ P – 80. AE VISA.
Menu *(Dienstag geschl.)* à la carte 35/81 – **22 Z** 115/310 – ½ P 25.

Im Auerbachtal, Wiesenweg 5, ✉ 57334, ☎ (02754) 5 88, *Fax (02754) 8198*, ,
, – TV ☎ P. Zim
Dez.- Jan. geschl. – (Restaurant nur für Hausgäste) – **16 Z** 70/128 – ½ P 22.

In Bad Laasphe-Glashütte *W : 14 km über Bad Laasphe-Volkholz :*

Jagdhof Glashütte, Glashütter Str. 20, ✉ 57334, ☎ (02754) 39 90,
Fax (02754) 399222, , « Einrichtung im alpenländischen Stil », , , – TV
P – 70. AE VISA
Menu à la carte 52/92 – **29 Z** 198/660 – ½ P 50.

In Bad Laasphe-Hesselbach *SW : 10 km :*

XXX ✿✿ **L'école,** Hesselbacher Str. 23, ✉ 57334, ☎ (02752) 53 42, *Fax (02752) 6900*, ,
« Elegante Einrichtung » – P. AE
Montag - Dienstag, Jan. und Sept. 2 Wochen geschl. – **Menu** (nur Abendessen, Tischbestellung erforderlich) 98/145 und à la carte 80/112
Spez. Gebratene Gänseleber mit glacierten Apfelspalten. Wittgensteiner Rehrücken mit schwarzer Pfeffersauce. Sorbetteller mit gefüllter Babyananas.

LAATZEN *Niedersachsen siehe Hannover.*

LABOE *Schleswig-Holstein* **415** **416** *C 14 – 4 900 Ew – Höhe 5 m – Seebad.*
Sehenswert: *Marine-Ehrenmal* (Turm ←**).*
Kurverwaltung, im Meerwasserbad, ✉ 24235, ☎ (04343) 42 75 53, Fax (04343) 1781.
Berlin 366 – Kiel 18 – Schönberg 13.

Seeterrassen, Strandstr. 86, ✉ 24235, ☎ (04343) 60 70, *Fax (04343) 60770*, ←, ,
– TV ☎ P. AE . Zim
Dez. - Jan. geschl. – **Menu** à la carte 28/52 – **40 Z** 70/154.

In Stein *NO : 4 km :*

Bruhn's Deichhotel, Dorfring 36, ✉ 24235, ✆ (04343) 49 50, *Fax (04343) 495299*, ≤ Kieler Förde, , – Zim, ☎
Feb. geschl. – **Menu** *(Montag geschl., Dienstag - Freitag nur Abendessen)* à la carte 42/78 – **35 Z** 150/220, 5 Suiten – ½ P 35.

LACHENDORF *Niedersachsen 415 416 418 I 14 – 4 400 Ew – Höhe 45 m.*

Berlin 278 – Hannover 63 – Braunschweig 54 – Celle 12 – Lüneburg 84.

In Beedenbostel *N : 4 km :*

Schulz mit Zim, Ahnsbecker Str. 6, ✉ 29355, ✆ (05145) 9 88 70, *Fax (05145) 988743* – ☎ – 60. E. Zim
Menu *(Sonntagabend - Montag geschl.)* (wochentags nur Abendessen) à la carte 36/65 – **7 Z** 68/98.

LADBERGEN *Nordrhein-Westfalen 417 J 7 – 6 450 Ew – Höhe 50 m.*

Berlin 456 – Düsseldorf 149 – Nordhorn 79 – Bielefeld 83 – Enschede 66 – Münster (Westfalen) 28 – Osnabrück 33.

Zur Post, Dorfstr. 11, ✉ 49549, ✆ (05485) 9 39 30, *Fax (05485) 939392*, , « Gasthaus a.d. 17. Jh. », – ☎ – 20. AE E VISA
Menu à la carte 38/64 – **25 Z** 80/170.

Rolinck's Alte Mühle, Mühlenstr. 17, ✉ 49549, ✆ (05485) 14 84, , « Rustikale Einrichtung » – . AE
Dienstag und Anfang - Mitte Jan. geschl. – **Menu** (wochentags nur Abendessen, Tischbestellung ratsam) à la carte 68/99.

Waldhaus an de Miälkwellen mit Zim, Grevener Str. 43, ✉ 49549, ✆ (05485) 9 39 90, *Fax (05485) 939993*, , – ☎ – 100. AE E VISA
Menu à la carte 32/63 – **7 Z** 95/155.

LADENBURG *Baden-Württemberg 417 419 R 9 – 12 000 Ew – Höhe 98 m.*

Bürgermeisteramt, Hauptstr. 7, ✉ 68526, ✆ (06203) 7 00, Fax (06203) 70250.

Berlin 618 – Stuttgart 130 – Mannheim 15 – Heidelberg 13 – Mainz 82.

Nestor M, Benzstr. 21, ✉ 68526, ✆ (06203) 93 90, *Fax (06203) 939113*, , – , Zim, ☎ – 120. AE E VISA
Menu à la carte 37/65 – **128 Z** 185/239.

Cronberger Hof garni, Cronbergergasse 10, ✉ 68526, ✆ (06203) 9 26 10, *Fax (06203) 926150* – ☎ . AE E VISA
18 Z 135/195.

Im Lustgarten, Kirchenstr. 6, ✉ 68526, ✆ (06203) 9 51 60, *Fax (06203) 951636*, – ☎ . AE E VISA.
Dez. - Jan. und Juli - Aug. jeweils 3 Wochen geschl. – **Menu** *(Freitag sowie Sonn- und Feiertage geschl.)* (nur Abendessen) à la carte 34/59 – **19 Z** 75/150.

Zur Sackpfeife, Kirchenstr. 45, ✉ 68526, ✆ (06203) 31 45, *Fax (06203) 3145*, « Fachwerkhaus a.d.J. 1598 ; historische Weinstube ; Innenhof »
Samstagmittag, Sonn- und Feiertage sowie 22. Dez. - 10. Jan. geschl. – **Menu** (abends Tischbestellung ratsam) à la carte 44/74.

LAER, BAD *Niedersachsen 417 J 8 – 8 000 Ew – Höhe 79 m – Heilbad.*

Kurverwaltung, Glandorfer Str. 5, ✉ 49196, ✆ (05424) 29 11 88, Fax (05424) 291189.

Berlin 419 – Hannover 141 – Bielefeld 37 – Münster (Westfalen) 39 – Bad Rothenfelde 5,5.

Haus Große Kettler, Remseder Str. 1 (am Kurpark), ✉ 49196, ✆ (05424) 80 70, *Fax (05424) 80777*, , , – ☎ – 50. AE E VISA. Rest
20. Dez. - 5. Jan. geschl. – (Restaurant nur für Hausgäste) – **31 Z** 80/146 – ½ P 15.

Storck, Paulbrink 4, ✉ 49196, ✆ (05424) 90 08, *Fax (05424) 7944*, , , – ☎ . Zim
Menu *(Montag geschl.)* à la carte 26/52 – **14 Z** 67/126.

Landhaus Meyer zum Alten Borgloh, Iburger Str. 23, ✉ 49196, ✆ (05424) 2 92 10, *Fax (05424) 292155*, , , – ☎ . AE E VISA.
(Restaurant nur für Hausgäste) – **22 Z** 65/130 – ½ P 10.

LAGE (LIPPE) *Nordrhein-Westfalen* 417 *K 10 – 33 500 Ew – Höhe 103 m.*

Lage, Ottenhauser Str. 100, (05232) 6 68 29.

Berlin 388 – Düsseldorf 189 – Bielefeld 21 – Detmold 9 – Hannover 106.

In Lage-Stapelage *SW : 7 km – Luftkurort :*

Haus Berkenkamp, Im Heßkamp 50 (über Billinghauser Straße), ✉ 32791, (05232) 7 11 78, *Fax (05232) 961033,* « Garten », – *(Restaurant nur für Hausgäste)* – **20 Z** 58/112.

LAHNAU *Hessen siehe Wetzlar.*

LAHNSTEIN *Rheinland-Pfalz* 417 *P 6 – 19 500 Ew – Höhe 70 m.*

Tourist-Information, Stadthalle (Passage), ✉ 56112, (02621) 91 41 71, Fax (02621) 914340.

Berlin 596 – Mainz 102 – Koblenz 9 – Bad Ems 13.

Dorint Hotel Rhein Lahn, im Kurzentrum (SO : 3,5 km), ✉ 56112, (02621) 91 20, *Fax (02621) 912101,* Panorama-Café und Restaurant (15. Etage) mit Rhein und Lahntal, Massage, (geheizt), (Halle) – Zim, – 380. Rest
Menu à la carte 48/67 – **210 Z** 190/290, 4 Suiten – ½ P 40.

Bock mit Zim, Westallee 11, ✉ 56112, (02621) 26 61, *Fax (02621) 2721,* –
Menu *(Montag geschl.)* à la carte 34/64 – **7 Z** 75/130.

LAHR (SCHWARZWALD) *Baden-Württemberg* 419 *U 7 – 41 000 Ew – Höhe 168 m.*

Ausflugsziel : *Ettenheimmünster★, SO : 18 km.*

Lahr-Reichenbach (O : 4 km), (07821) 7 72 27.

Tourist-Information, Neues Rathaus, Rathausplatz 4, ✉ 77933, (07821) 9 10 01 30, Fax (07821) 9100132.

Berlin 767 – Stuttgart 168 – Karlsruhe 96 – Offenburg 26 – Freiburg im Breisgau 54.

Schulz, Alte Bahnhofstr. 6, ✉ 77933, (07821) 91 50, *Fax (07821) 22674,* –
Menu *(Samstagmittag geschl.)* à la carte 40/73 – **36 Z** 112/185.

Schwanen, Gärtnerstr. 1, ✉ 77933, (07821) 91 20, *Fax (07821) 912320,* –
Menu *(Samstagmittag und Sonntag geschl.)* à la carte 40/68 – **60 Z** 125/165.

Am Westend, Schwarzwaldstr. 97, ✉ 77933, (07821) 9 50 40, *Fax (07821) 51709,* – Zim,
24. Dez. - 6. Jan. geschl. – **Menu** *(Sonntag geschl.)* (nur Abendessen) à la carte 29/42 – **34 Z** 108/148.

Zum Löwen (Fachwerkhaus a.d. 18. Jh.), Obertorstr. 5, ✉ 77933, (07821) 2 30 22, *Fax (07821) 1514* –
24. Dez. - 7. Jan. geschl. – **Menu** *(Sonntag geschl.)* à la carte 31/72 – **30 Z** 85/130.

In Lahr-Langenhard *SO : 5 km :*

Berggasthof Schöne Aussicht, ✉ 77933, (07821) 73 66, *Fax (07821) 76761,* –
Nov. 2 Wochen geschl. – **Menu** *(Donnerstag, Nov.- März Montag und Donnerstag geschl.)* (wochentags nur Abendessen) à la carte 28/53 – **15 Z** 85/160.

In Lahr-Reichenbach *O : 3,5 km – Erholungsort :*

Adler, Reichenbacher Hauptstr. 18 (B 415), ✉ 77933, (07821) 90 63 90, *Fax (07821) 9063933,* – – 20.
über Fastnacht 3 Wochen geschl. – **Menu** *(Dienstag geschl.)* à la carte 61/90 – **24 Z** 105/220
Spez. Pot-au-feu von der Taube mit Gänseleberraviolis. Loup de mer auf der Haut gebraten mit Artischockentörtchen. Mille Feuille von Jakobsmuscheln mit Maximkartoffeln und Olivenpürée.

An der Straße nach Sulz *S : 2 km :*

Dammenmühle (mit 3 Gästehäusern), ✉ 77933 Lahr-Sulz, (07821) 9 39 30, *Fax (07821) 939393,* « Terrasse am See », (geheizt), –
Menu *(Montag, Ende Jan. - Anfang Feb. und Ende Sept. - Anfang Okt. geschl.)* à la carte 38/58 *(auch vegetarische Gerichte)* – **18 Z** 80/210.

LAICHINGEN *Baden-Württemberg* 419 *U 13 – 9 100 Ew – Höhe 756 m – Wintersport : 750/810m, 2.*

Berlin 635 – Stuttgart 79 – Reutlingen 46 – Ulm (Donau) 33.

Krehl, Radstr. 7, ✉ 89150, ✆ (07333) 96650, *Fax (07333) 966511*, – – 40.
Menu *(Samstag - Sonntag geschl.)* (nur Abendessen) à la carte 31/52 – **31 Z** 72/124 – ½ P 24/28.

LALENDORF *Mecklenburg-Vorpommern siehe Güstrow.*

LAM *Bayern* 420 *S 23 – 3 000 Ew – Höhe 576 m – Luftkurort – Wintersport : 520/620 m .*

Kurverwaltung, Marktplatz 1, ✉ 93462, ✆ (09943) 7 77, Fax (09943) 8177.

Berlin 513 – München 196 – Passau 94 – Cham 39 – Deggendorf 53.

Steigenberger, Himmelreich 13, ✉ 93462, ✆ (09943) 3 70, *Fax (09943) 8191*, , Massage, , , , (geheizt), , , (Halle) – , Zim, – 80. Rest
Menu à la carte 42/69 *(auch vegetarisches Menu)* – **173 Z** 148/286 – ½ P 40.

Ferienhotel Bayerwald (mit Gästehäusern), Arberstr. 73, ✉ 93462, ✆ (09943) 95 30, *Fax (09943) 8366*, , Massage, , , – Rest,
Mitte Nov. - Mitte Dez. geschl. – **Menu** *(Sonntagabend geschl.)* à la carte 22/55 – **54 Z** 60/170 – ½ P 21.

Sonnbichl, Lambacher Str. 31, ✉ 93462, ✆ (09943) 7 33, *Fax (09943) 8249*, , , , – , Zim, Rest
5. Nov. - 15. Dez. geschl. – **Menu** *(Montag geschl.)* à la carte 21/46 – **32 Z** 70/150 – ½ P 10.

LAMPERTHEIM *Hessen* 417 419 *R 9 – 31 500 Ew – Höhe 96 m.*

Berlin 605 – Wiesbaden 78 – Mannheim 27 – Darmstadt 42 – Worms 11.

Treff Page Hotel garni, Andreasstr. 4 (B 44), ✉ 68623, ✆ (06206) 5 20 97, *Fax (06206) 52098* – – 25.
67 Z 135/175.

Deutsches Haus, Kaiserstr. 47, ✉ 68623, ✆ (06206) 93 60, *Fax (06206) 936100*, – , Zim,
1. - 10. Jan. geschl. – **Menu** *(Freitag - Samstagmittag geschl.)* à la carte 40/66 – **30 Z** 80/150.

Kaiserhof, Bürstädter Str. 2, ✉ 68623, ✆ (06206) 26 93, *Fax (06206) 12343* – .
Juli - Aug. 4 Wochen geschl. – **Menu** *(Samstagmittag und Sonntagabend geschl.)* à la carte 37/60 – **10 Z** 72/110.

Waldschlöss'l, Luisenstr. 2a, ✉ 68623, ✆ (06206) 5 12 21, *Fax (06206) 12630*, « Ständig wechselnde Bilderausstellung, Terrasse » – . . Rest
Sonntag - Montag und Feb. 2 Wochen geschl. – **Menu** (nur Abendessen, Tischbestellung ratsam) à la carte 85/108 – ***Geo's Stube*** *(Samstagmittag und Sonntag - Montag geschl.)* **Menu** à la carte 46/77
Spez. Mosaik von Gänseleber und Trüffel. Bretonische Rotbarbe mit mediterranem Gemüse. Lammcarré mit Aromaten gebraten (2 Pers.).

LANDAU AN DER ISAR *Bayern* 420 *T 22 – 11 500 Ew – Höhe 390 m.*

Berlin 566 – München 115 – Regensburg 77 – Deggendorf 31 – Landshut 46 – Straubing 28.

Aparthotel Isar Park garni, Straubinger Str. 36, ✉ 94405, ✆ (09951) 9 81 90, *Fax (09951) 981931* – .
15 Z 79/139.

Gästehaus Numberger garni (ehemalige Villa), Dr.-Aicher-Str. 2, ✉ 94405, ✆ (09951) 9 80 20, *Fax (09951) 9802200*, – .
19 Z 70/128.

In Eichendorf-Exing *SO : 9 km :*

Zum Alten Brauhaus, ✉ 94428, ✆ (09956) 3 50, *Fax (09956) 371*, Biergarten –
Menu *(Mittwoch geschl.)* à la carte 19/42 – **16 Z** 54/100.

LANDAU IN DER PFALZ *Rheinland-Pfalz 417 419 S 8 – 38 500 Ew – Höhe 188 m.*

Sehenswert : *Stiftskirche★ – Ringstraßen★.*

Büro für Tourismus, Rathaus, Marktstr. 50, ✉ 76829, ☏ (06341) 1 31 80, Fax (06341) 13195.

ADAC, *Waffenstr. 14, ✉ 76829, ☏ (06341) 8 44 01, Fax (06341) 80863.*

Berlin 668 – Mainz 109 – Karlsruhe 38 – Mannheim 50 – Pirmasens 45 – Wissembourg 25.

Parkhotel M, Mahlastr. 1 (an der Festhalle), ✉ 76829, ☏ (06341) 14 50, *Fax (06341) 145444*, – Zim, – 60. **Menu** à la carte 42/64 – **78 Z** 145/220.

Kurpfalz, Horstschanze 8, ✉ 76829, ☏ (06341) 45 23, *Fax (06341) 85724* – – 20. **Menu** *(Sonntag geschl.)* à la carte 31/55 – **19 Z** 90/155.

Augustiner, Königstr. 26, ✉ 76829, ☏ (06341) 44 05 – *Mittwoch, Ende Jan. 1 Woche und Juli 3 Wochen geschl.* – **Menu** à la carte 30/59.

In Landau-Godramstein *W : 4 km :*

Keller, Bahnhofstr. 28, ✉ 76829, ☏ (06341) 6 03 33, *Fax (06341) 62792*, – . *Mittwoch - Donnerstag, Juli - Aug 3 Wochen und 21. Dez. - 6. Jan. geschl.* – **Menu** (Tischbestellung ratsam) 25/65 und à la carte.

In Landau-Nußdorf *NW : 3 km :*

Landhaus Herrenberg, Lindenbergstr. 72, ✉ 76829, ☏ (06341) 6 02 05, *Fax (06341) 60709*, – – 20. **Menu** (nur Abendessen) à la carte 37/58 – **9 Z** 115/170.

In Landau-Queichheim *O : 2 km :*

Provencal, Queichheimer Hauptstr. 136, ✉ 76829, ☏ (06341) 5 05 57, *Fax (06341) 50711* – . *Montag und Juli - Aug. 3 Wochen geschl.* – **Menu** (Tischbestellung ratsam) 55/75 und à la carte.

In Bornheim *NO : 5,5 km :*

Zur Weinlaube garni (mit Gästehaus), Wiesenstr. 31, ✉ 76879, ☏ (06348) 15 84, *Fax (06348) 5153*, – . **23 Z** 80/140.

MICHELIN-REIFENWERKE KGaA. Logistikzentrum ✉ 76829 Landau-Mörlheim, Landkommisärstraße 3, ☏ (06341) 59 51 10 Fax (06341) 54577.

LANDESBERGEN *Niedersachsen 415 I 11 – 2 800 Ew – Höhe 28 m.*

Berlin 341 – Hannover 59 – Bremen 73 – Minden 37.

In Landesbergen-Brokeloh *SO : 6 km :*

Der Dreschhof, Haus Nr. 48, ✉ 31628, ☏ (05027) 9 80 80, *Fax (05027) 980855*, – – 25. *27. Dez. - 6. Jan. geschl.* – **Menu** *(Dienstag und Ende Juli - Anfang Aug. geschl.)* (wochentags nur Abendessen) à la carte 29/60 – **23 Z** 75/175.

LANDSBERG *Sachsen-Anhalt 418 L 20 – 3 500 Ew – Höhe 90 m.*

Berlin 156 – Magdeburg 100 – Leipzig 35 – Halle 17 – Dessau 38.

In Landsberg-Gütz *NW : 1 km :*

Landsberg, Florian-Geyer-Str. 4, ✉ 06188, ☏ (034602) 3 26 00, *Fax (034602) 32700* – . *(nur Abendessen für Hausgäste)* – **31 Z** 85/145.

LANDSBERG AM LECH *Bayern 419 420 V 16 – 22 000 Ew – Höhe 580 m.*

Sehenswert : *Lage★ – Marktplatz★.*

Igling (NW : 7 km), ☏ (08248) 10 03.

Kultur- und Fremdenverkehrsamt, Rathaus, Hauptplatz, ✉ 86899, ☏ (08191) 12 82 46, Fax (08191) 128160.

Berlin 597 – München 57 – Augsburg 41 – Kempten (Allgäu) 68 – Garmisch-Partenkirchen 78.

Ramada [M], Graf Zeppelin Str. 6 (nahe der BAB-Ausfahrt Landsberg Nord), ✉ 86899, ✆ (08191) 9 29 00, *Fax (08191) 9290444* – Zim, – 120. AE ⓓ E VISA JCB
(nur Abendessen für Hausgäste) – **107 Z** 127/216.

Goggl, Herkomerstr. 19, ✉ 86899, ✆ (08191) 32 40, *Fax (08191) 324100*, – Zim, – 30. AE ⓓ E VISA
Menu *(Sonntagabend - Montag geschl.)* à la carte 33/65 – **56 Z** 70/195.

Landhotel Endhart [M] garni, Erpftinger Str. 19, ✉ 86899, ✆ (08191) 9 20 74, *Fax (08191) 32346* – . E VISA
16 Z 82/125.

Landsberger Hof garni, Weilheimer Str. 5, ✉ 86899, ✆ (08191) 3 20 20, *Fax (08191) 3202100*, – . AE ⓓ E VISA
33 Z 80/170.

Zederbräu, Hauptplatz 155, ✉ 86899, ✆ (08191) 4 22 41, *Fax (08191) 324241*,
Menu à la carte 24/45.

In Landsberg-Pitzling *S : 5 km :*

Pension Aufeld garni, Aufeldstr. 3, ✉ 86899, ✆ (08191) 9 47 50, *Fax (08191) 947550*, – . E VISA
20 Z 60/110.

LANDSHUT *Bayern* 420 *U 20 – 59 000 Ew – Höhe 393 m.*

Sehenswert : *St. Martinskirche★ (Turm★★)* Z – *"Altstadt"★* Z.

Vilsbiburg, Trauterfing (SO : 25 km), (08741) 44 67.

Verkehrsverein, Altstadt 315, ✉ 84028, ✆ (0871) 92 20 50, Fax (0871) 89275.

ADAC, *Kirchgasse 250, ✉ 84028, ✆ (0871) 2 68 36, Fax (0871) 24039.*

Berlin 556 ② – München 75 ⑤ – Regensburg 75 ② – Ingolstadt 83 ① – Salzburg 128 ③.

Stadtplan siehe nächste Seite

Romantik Hotel Fürstenhof, Stethaimer Str. 3, ✉ 84034, ✆ (0871) 9 25 50, *Fax (0871) 925544*, « Restaurants Herzogstüberl und Fürstenzimmer », – Zim, . AE ⓓ E VISA Y d
Menu *(Sonntag geschl.)* 49 (mittags) und à la carte 52/83 *(auch vegetarisches Menu)* – **24 Z** 145/250
Spez. Zander mit karamelisiertem Chicorée. Kalbskotelett mit Pfifferlingen und Briesravioli (Saison). Falscher Capuccino mit Orangenkompott.

Life Style, Flurstr. 2 (B 299), ✉ 84032, ✆ (0871) 9 72 70, *Fax (0871) 972727*, « Einrichtung in modernem Design » – Zim, – 80. AE ⓓ E VISA über ①
(Restaurant nur für Hausgäste) – **56 Z** 130/280, 4 Suiten.

Lindner Hotel Kaiserhof, Papiererstr. 2, ✉ 84034, ✆ (0871) 68 70, *Fax (0871) 687403*, – Zim, – 140. AE ⓓ E VISA JCB
Menu 38 (Lunchbuffet) und à la carte 41/66 – **144 Z** 170/305. Z r

Goldene Sonne, Neustadt 520, ✉ 84028, ✆ (0871) 9 25 30, *Fax (0871) 9253350*, , Biergarten – Zim, – 30. AE ⓓ E VISA JCB Z e
Menu *(Freitagabend geschl.)* à la carte 30/60 – **55 Z** 118/190.

Bernlochner, Ländtorplatz 2, ✉ 84028, ✆ (0871) 8 99 90, *Fax (0871) 89994*, – 300 Z T
Menu à la carte 33/65.

Stegfellner, Altstadt 71 (1. Etage), ✉ 84028, ✆ (0871) 2 80 15, *Fax (0871) 26797* – E. Z b
Sonntag geschl. – **Menu** (nur Mittagessen) à la carte 30/55.

In Landshut-Löschenbrand *W : 2,5 km über Rennweg* Y *:*

Landshuter Hof, Löschenbrandstr. 23, ✉ 84032, ✆ (0871) 96 27 20, *Fax (0871) 9627237*, – Zim, .
Menu *(Montagmittag und Dienstag geschl.)* à la carte 27/53 – **30 Z** 90/150.

In Landshut-Schönbrunn *über ③ : 2 km :*

Schloß Schönbrunn, Schönbrunn 1, ✉ 84036, ✆ (0871) 9 52 20, *Fax (0871) 9522222*, Biergarten – – 60. AE ⓓ E VISA JCB
Menu *(Dienstag geschl.)* à la carte 30/56 – **33 Z** 110/190.

In Ergolding *über ② : 4 Km :*

Rosenhof [M] , Festplatzstr. 3, ✉ 84030, ✆ (0871) 97 58 00, *Fax (0871) 9758052* –
17 Z.

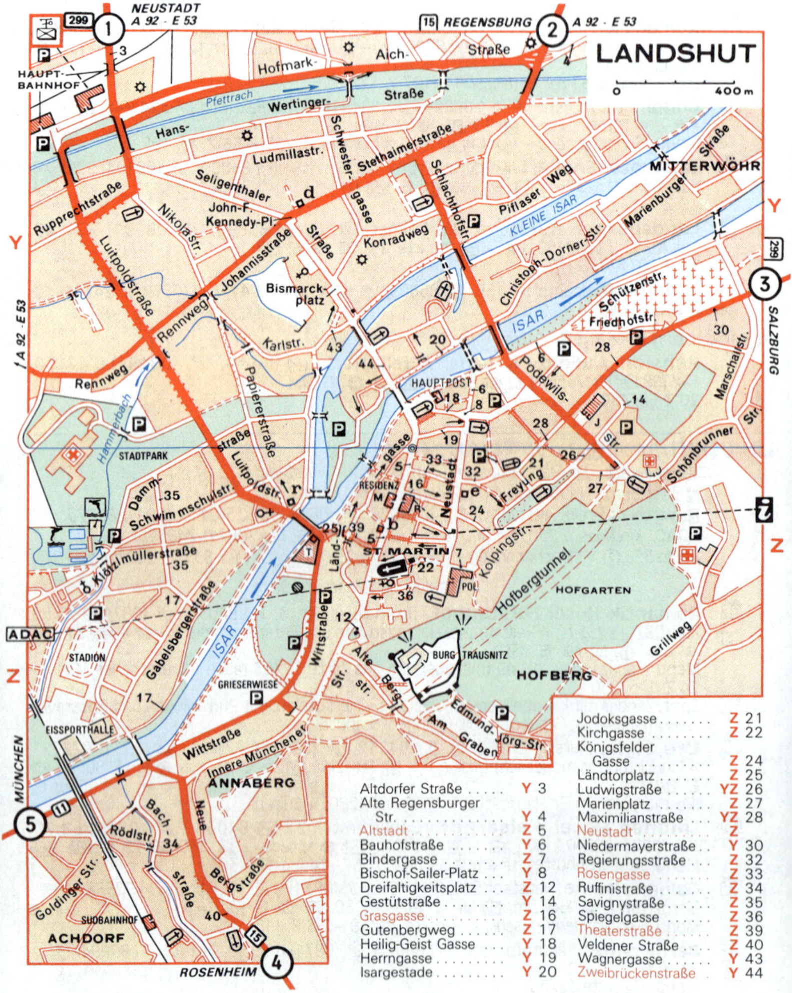

Altdorfer Straße	Y	3
Alte Regensburger Str.	Y	4
Altstadt	Z	5
Bauhofstraße	Y	6
Bindergasse	Z	7
Bischof-Sailer-Platz	Y	8
Dreifaltigkeitsplatz	Z	12
Gestütstraße	Y	14
Grasgasse	Z	16
Gutenbergweg	Z	17
Heilig-Geist Gasse	Y	18
Herrngasse	Y	19
Isargestade	Y	20
Jodoksgasse	Z	21
Kirchgasse	Z	22
Königsfelder Gasse	Z	24
Ländtorplatz	Z	25
Ludwigstraße	YZ	26
Marienplatz	Z	27
Maximilianstraße	YZ	28
Neustadt	Z	
Niedermayerstraße	Y	30
Regierungsstraße	Z	32
Rosengasse	Z	33
Ruffinistraße	Z	34
Savignystraße	Z	35
Spiegelgasse	Z	36
Theaterstraße	Z	39
Veldener Straße	Z	40
Wagnergasse	Y	43
Zweibrückenstraße	Y	44

In Ergolding-Piflas *NO : 2 km über Alte Regensburger Straße* Y :

Ulrich Meyer, Dekan-Simbürger-Str. 22, ✉ 84030, ✆ (0871) 97 42 40, *Fax (0871) 13325*, – ⊖ Ⓟ
Mitte Aug. - Anfang Sept. geschl. – **Menu** *(Sonntagabend - Montag geschl.)* (wochentags nur Abendessen) à la carte 24/42 – **30 Z** 60/130.

In Altdorf ① *: 5 km :*

Gästehaus Elisabeth, Bernsteinstr. 40, ✉ 84032, ✆ (0871) 93 25 00, *Fax (0871) 34609*, , (Halle) – , Zim, TV ☎ ⊖ Ⓟ – 100. AE E VISA.
Rest
Menu *(Sonntagabend geschl.)* (wochentags nur Abendessen) à la carte 32/55 – **33 Z** 65/170.

Wadenspanner, Kirchgasse 2 (B 299), ✉ 84032, ✆ (0871)93 21 30, *Fax (0871) 9321370*, – TV ☎ Ⓟ. E VISA
Menu *(Montag geschl.)* à la carte 24/62 – **23 Z** 88/168.

In Eching-Kronwinkl *SW : 12 km über ⑤ und B 11 :*

Schloßwirtschaft, Hofmark 1, ✉ 84174, ✆ (08709) 91 30, *Fax (08709) 91313,* Biergarten – . AE E VISA
Menu *(Montag geschl.)* à la carte 27/62 – **14 Z** 88/158.

LANDSTUHL *Rheinland-Pfalz 417 R 6 – 9 000 Ew – Höhe 248 m – Erholungsort.*

Berlin 660 – Mainz 100 – Saarbrücken 54 – Kaiserslautern 17.

Moorbad garni, Hauptstr.39, ✉ 66849, ✆ (06371) 1 40 66, *Fax (06371) 17990* – . AE E VISA.
24 Z 120/170.

Schloßcafé, Burgweg 10, ✉ 66849, ✆ (06371) 9 21 40, *Fax (06371) 921429,* – 40. AE E VISA. Rest
Menu à la carte 30/69 – **39 Z** 105/170.

Christine garni (mit Gästehaus), Kaiserstr. 3, ✉ 66849, ✆ (06371) 90 20, *Fax (06371) 902222* – . AE E VISA
41 Z 90/140.

LANGDORF *Bayern 420 S 23 – 2 000 Ew – Höhe 675 m – Erholungsort – Wintersport : 650/700 m*

Tourist-Information, Rathaus, Hauptstr. 8, ✉ 94264, ✆ (09921) 94 11 13, Fax (09921) 941120.

Berlin 527 – München 175 – Passau 64 – Cham 55 – Deggendorf 32.

Zur Post (mit Gästehaus,), Regener Straße 2, ✉ 94264, ✆ (09921) 30 43, *Fax (09921) 8278,* Wildgehege, , , – . Zim
20. Nov.- 24. Dez. geschl. – **Menu** *(Dienstag geschl.)* à la carte 23/44 – **45 Z** 59/144 – ½ P 16.

LANGELSHEIM *Niedersachsen 418 K 14 – 14 700 Ew – Höhe 212 m.*

Tourist-Information, in Wolfshagen, Im Tölletal 21, ✉ 38685, ✆ (05326) 40 88, Fax (05326) 70 14.

Berlin 255 – Hannover 81 – Braunschweig 41 – Göttingen 71 – Goslar 9.

In Langelsheim-Wolfshagen *S : 4 km – Höhe 300 m – Erholungsort :*

Wolfshof (mit Gästehäusern), Kreuzallee 22, ✉ 38685, ✆ (05326) 79 90, *Fax (05326) 799119,* , , Massage, , , , (Halle) – – 20. AE E VISA. Rest
Menu à la carte 42/57 – **53 Z** 110/260 – ½ P 35.

Berg-Hotel (mit Gästehaus), Heimbergstr. 1, ✉ 38685, ✆ (05326) 40 62, *Fax (05326) 4432,* , – – 50. E
Menu à la carte 30/61 – **51 Z** 80/153 – ½ P 25.

LANGEN *Hessen 417 Q 10 – 34 700 Ew – Höhe 142 m.*

Städt. Information, Südliche Ringstr. 80, ✉ 63225, ✆ (06103) 20 30, Fax (06103) 26302.

Berlin 557 – Wiesbaden 42 – Frankfurt am Main 22 – Darmstadt 14 – Mainz 36.

Steigenberger MAXX Hotel M, Robert-Bosch-Str. 26 (Industriegebiet), ✉ 63225, ✆ (06103) 97 20, *Fax (06103) 972555,* – , Zim, – 60. AE E VISA JCB
Menu *(Samstagmittag und Sonntagmittag geschl.)* à la carte 33/69 – **208 Z** 199/239.

Victoria Park Inn, Rheinstr. 25, ✉ 63225, ✆ (06103) 50 50, *Fax (06103) 505100,* – . AE E VISA JCB
Menu *(Sonntag geschl.)* à la carte 40/70 – **90 Z** 173/296.

Achat, Robert-Bosch-Str. 58 (Industriegebiet), ✉ 63225, ✆ (06103) 75 60, *Fax (06103) 756999* – , Zim, . AE E VISA JCB
Weihnachten - Anfang Jan. geschl. – **Menu** *(Freitagabend - Sonntag geschl.)* à la carte 32/56 – **180 Z** 184/224, 10 Suiten.

Deutsches Haus, Darmstädter Str. 23, ✉ 63225, ✆ (06103) 2 20 51 (Hotel) 2 77 07 (Rest.), *Fax (06103) 54295* – . AE E VISA
24. Dez. - 3. Jan. geschl. – **Menu** *(Freitag - Samstagmittag geschl.)* à la carte 28/45 – **40 Z** 108/178.

Dreieich garni, Frankfurter Str. 49 (B 3), ✉ 63225, ✆ (06103) 91 50, *Fax (06103) 52030* – . AE E VISA.
70 Z 80/150.

Nahe der Straße nach Dieburg *O : 2 km :*

Merzenmühle, Außerhalb 12, ✉ 63225, ✆ (06103) 5 35 33, *Fax (06103) 53655,* – P. AE E VISA
Samstagmittag und Montag geschl. – **Menu** à la carte 58/86.

LANGEN BRÜTZ *Mecklenburg-Vorpommern siehe Schwerin.*

LANGENARGEN *Baden-Württemberg* 419 *X 12 – 7 000 Ew – Höhe 398 m – Erholungsort.*

Verkehrsamt, Obere Seestr. 2/2, ✉ 88085, ✆ (07543) 93 30 92, Fax (07543) 4696.

Berlin 726 – Stuttgart 175 – Konstanz 40 – Ravensburg 27 – Ulm (Donau) 116 – Bregenz 24.

Engel, Marktplatz 3, ✉ 88085, ✆ (07543) 24 36, *Fax (07543) 4201,* « Terrasse am See », – TV. E VISA. Zim
23. Dez. - 20. März geschl. – **Menu** *(Mittwoch - Donnerstagmittag geschl.)* à la carte 30/58 – **38 Z** 90/230 – ½ P 28.

Löwen, Obere Seestr. 4, ✉ 88085, ✆ (07543) 30 10, *Fax (07543) 30151,* ←, – Rest, TV P – 20. AE E VISA JCB
Jan. - Feb. 4 Wochen geschl. – **Menu** *(Dienstag, Nov. - Dez. auch Montag geschl.)* à la carte 32/63 *(auch vegetarische Gerichte)* – **27 Z** 140/250 – ½ P 29.

Schiff, Marktplatz 1, ✉ 88085, ✆ (07543) 24 07, *Fax (07543) 4546,* ←, , – TV. E VISA. Zim
April - Okt. – **Menu** *(Donnerstagmittag geschl.)* à la carte 28/60 – **49 Z** 110/370 – ½ P 25.

Adler, Oberdorfer Str. 11, ✉ 88085, ✆ (07543) 30 90, *Fax (07543) 30950,* – TV P. AE E VISA JCB
März 2 Wochen geschl. – **Menu** *(Mai - Okt. Sonntag - Montagmittag und Nov. - April Sonntag - Montag geschl.)* 69/125 und à la carte 64/106 – **15 Z** 95/200 – ½ P 50
Spez. Bouillabaisse von Bodenseefischen. Zanderfilet mit Tomaten-Kräuter-Olivenölnage. Bresse Taube mit eigenen Ravioli.

Seeterrasse, Obere Seestr. 52, ✉ 88085, ✆ (07543) 9 32 90, *Fax (07543) 932960,* ←, « Terrasse am See », (geheizt), – TV P – 20. E VISA. Rest
Feb. und Nov. geschl. – **Menu** *(Montag geschl.)* à la carte 38/60 – **48 Z** 120/300 – ½ P 30.

Litz, Obere Seestr. 11, ✉ 88085, ✆ (07543) 9 31 10, *Fax (07543) 9311200,* ← – TV P. E VISA.
März - Okt. – (nur Abendessen für Hausgäste) – **40 Z** 90/250 – ½ P 28.

Klett, Obere Seestr. 15, ✉ 88085, ✆ (07543) 22 10, *Fax (07543) 912377,* ←, – TV. VISA. Zim
6. Jan. - Feb. und 27. Okt. - 8. Nov. geschl. – **Menu** *(Montag geschl.)* (nur Abendessen) à la carte 26/54 – **18 Z** 98/195.

Im Winkel garni, Im Winkel 9, ✉ 88085, ✆ (07543) 93 40 10, *Fax (07543) 49587,* , – TV.
– **10 Z** 115/200.

Strand-Café garni (mit Gästehaus Charlotte), Obere Seestr. 32, ✉ 88085, ✆ (07543) 9 32 00, *Fax (07543) 932040,* ←, – TV P. E VISA
Jan. geschl. – **16 Z** 75/180.

Schloß Montfort, Untere Seestr. 3, ✉ 88085, ✆ (07543) 91 27 12, *Fax (07543) 912714,* « Fürstenschlößchen a.d.J. 1866 im maurischen Stil ; Terrasse am See » – 150. E VISA
Mitte Okt. - April Montag - Dienstag und Jan. - Feb. geschl. – **Menu** à la carte 38/62.

In Langenargen-Oberdorf *NO : 3 km :*

Hirsch, Ortsstr. 1, ✉ 88085, ✆ (07543) 9 30 30, *Fax (07543) 1620,* – TV P. AE E VISA.
20. Dez. - 1. Feb. geschl. – **Menu** *(Freitag geschl.)* (wochentags nur Abendessen) à la carte 28/57 *(auch vegetarische Gerichte)* – **25 Z** 75/150 – ½ P 25.

In Langenargen-Schwedi *NW : 2 km :*

Schwedi, Schwedi 1, ✉ 88085, ✆ (07543) 21 42, *Fax (07543) 4667,* ←, « Gartenterrasse am See », , , – TV P. E
Anfang Nov.- Jan. geschl. – **Menu** *(Dienstag geschl.)* à la carte 34/64 – **29 Z** 110/220 – ½ P 28.

LANGENAU *Baden-Württemberg* 419 420 *U 14 – 11 600 Ew – Höhe 467 m.*
Berlin 603 – Stuttgart 86 – Augsburg 71 – Heidenheim an der Brenz 32 – Ulm (Donau) 18.

Lobinger Hotel Weisses Ross, Hindenburgstr. 29, ✉ 89129, ☎ (07345) 80 10, *Fax (07345) 801551,* – – 80. AE VISA
(Restaurant nur für Hausgäste) – **75 Z** 98/165.

Zum Bad, Burghof 11, ✉ 89129, ☎ (07345) 9 60 00, *Fax (07345) 960050* – – 80. VISA.
Aug. 2 Wochen und 24. Dez. - 1. Jan. geschl. – **Menu** *(Montag geschl.)* à la carte 23/49 – **16 Z** 72/112.

Pflug garni, Hindenburgstr.56, ✉ 89129, ☎ (07345) 95 00, *Fax (07345) 950150* – . VISA.
24. Dez. - 6. Jan. geschl. – **27 Z** 60/110.

In Rammingen *NO : 4 km :*

Romantik Hotel Landgasthof Adler, Riegestr. 15, ✉ 89192, ☎ (07345) 9 64 10, *Fax (07345) 964110,* – . AE VISA
Menu *(Montag - Dienstagmittag, 5. - 19. Jan. und 27. Juli - 17. Aug. geschl.)* à la carte 39/75 – **14 Z** 80/189.

LANGENBURG *Baden-Württemberg* 419 420 *S 13 – 1 900 Ew – Höhe 439 m.*
Berlin 576 – Stuttgart 91 – Würzburg 81 – Ansbach 96 – Heilbronn 78.

Zur Post, Hauptstr. 55, ✉ 74595, ☎ (07905) 54 32, *Fax (07905) 5547* –
Ende Dez. - Anfang Feb. geschl. – **Menu** *(Montag geschl.)* à la carte 30/59 – **13 Z** 65/120.

LANGENFELD *Nordrhein-Westfalen* 417 *M 4 – 56 000 Ew – Höhe 45 m.*
Berlin 556 – Düsseldorf 22 – Aachen 92 – Köln 26 – Solingen 13.

Romantik Hotel Gravenberg, Elberfelder Str. 45 (B 229, NO : 4 km), ✉ 40764, ☎ (02173) 9 22 00, *Fax (02173) 22777,* , Damwildgehege, « Gediegene Einrichtung im Landhaus-Stil », , , – – 30. AE VISA
23. Dez.- 6. Jan. geschl. – **Menu** *(Sonntagabend - Montag und Juni - Juli 3 Wochen geschl.)* à la carte 50/76 – **48 Z** 150/280.

Rema-Hotel Mondial garni, Solinger Str. 188 (B 229), ✉ 40764, ☎ (02173) 2 30 33, *Fax (02173) 22297,* , – – 30. AE VISA
62 Z 135/300, 7 Suiten.

In Langenfeld-Reusrath *S : 4 km :*

Landhotel Lohmann, Opladener Str. 19 (B 8), ✉ 40764, ☎ (02173) 9 16 10, *Fax (02173) 14543,* – Zim, – 50. AE VISA
Menu *(Mittwoch und 15. Feb. - 3. März geschl.)* à la carte 38/65 – **24 Z** 145/215.

LANGENHAGEN *Niedersachsen siehe Hannover.*

LANGENSALZA, BAD *Thüringen* 418 *M 15 – 21 000 Ew – Höhe 209 m.*
Gäste-Information, Kurpromenade 5, ✉ 99947, ☎ (03603) 84 25 68, Fax (03603) 842572.
Berlin 301 – Erfurt 34 – Nordhausen 58 – Göttingen 82.

Alpha-Hotel Hermann von Salza, Kurpromenade 1, ✉ 99947, ☎ (03603) 8 58 00, *Fax (03603) 815692,* Biergarten – , Zim, – 50. AE VISA
Menu *(Montag geschl.)* à la carte 26/48 – **73 Z** 95/150 – ½ P 20.

Zur Weinstube mit Zim, Töpfermarkt 4, ✉ 99947, ☎ (03603) 8 26 30, *Fax (03603) 826323* – . AE VISA
Menu à la carte 21/37 – **9 Z** 73/118.

LANGENSELBOLD *Hessen* 417 *P 11 – 12 200 Ew – Höhe 122 m.*
Berlin 521 – Wiesbaden 75 – Frankfurt am Main 32 – Aschaffenburg 31.

Holiday Inn Garden Court, Gelnhäuser Str. 5, ✉ 63505, ☎ (06184) 92 60, *Fax (06184) 926110,* , – , Zim, – 100. AE VISA JCB
Menu à la carte 30/57 – **81 Z** 201/362.

LANGEOOG (Insel) *Niedersachsen* 415 *E 6 – 2 100 Ew Insel der Ostfriesischen Inselgruppe, Autos nicht zugelassen – Seeheilbad.*
von Esens-Bensersiel (ca. 45 min), ☎ (04971) 9 28 90.
Kurverwaltung, Hauptstr. 28, ✉ 26465, ☎ (04972) 69 30, Fax (04972) 693116.
Berlin 525 – Hannover 266 – Emden 57 – Aurich/Ostfriesland 28 – Wilhelmshaven 54.

La Villa, Vormann-Otten-Weg 12, ✉ 26465, ✆ (04972) 7 77, *Fax (04972) 1390*, – 10.
Dez. - Jan. geschl. – (nur Abendessen für Hausgäste) – **11 Z** 165/260 – ½ P 49.

Flörke, Hauptstr. 17, ✉ 26465, ✆ (04972) 9 22 00, *Fax (04972) 1690*, – Rest
Mitte März - Anfang Nov. – (nur Abendessen für Hausgäste) – **50 Z** 125/220.

Inselhotel, Barkhausenstr. 2, ✉ 26453, ✆ (04972) 9 69 70, *Fax (04972) 969788*, –
Mitte Nov. - Mitte Dez. geschl. – **Menu** *(Mittwoch geschl.)* (Nov. - April nur Abendessen) à la carte 42/60 – **47 Z** 95/230 – ½ P 28.

Lamberti, Hauptstr. 31, ✉ 26465, ✆ (04972) 9 10 70, *Fax (04972) 910770*, – VISA
Menu à la carte 38/69 – **18 Z** 130/260 – ½ P 32.

Strandeck, Kavalierspad 2, ✉ 26465, ✆ (04972) 68 80, *Fax (04972) 688222*, – Rest
15. Nov. - 27. Dez. und 8. Jan. - 20. Feb. geschl. – **Menu** (nur Abendessen, Tischbestellung erforderlich) à la carte 40/68 – **36 Z** 115/320 – ½ P 40.

LANGERRINGEN *Bayern siehe Schwabmünchen.*

LANKE *Brandenburg siehe Bernau.*

LAUBACH *Hessen 417 O 10 – 10 300 Ew – Höhe 250 m – Luftkurort.*

Kultur- und Tourismusbüro, Friedrichstr. 11 (Rathaus), ✉ 35321, ✆ (06405) 92 13 21, Fax (06405) 921313.

Berlin 478 – Wiesbaden 101 – Frankfurt am Main 71 – Gießen 28.

Waldhaus, An der Ringelshöhe 7 (B 276, O : 2 km), ✉ 35321, ✆ (06405) 9 14 00, *Fax (06405) 914044*, – – 40. VISA
Menu *(Sonntagabend geschl.)* à la carte 29/69 – **31 Z** 98/160 – ½ P 28.

In Laubach-Gonterskirchen *SO : 4 km :*

Tannenhof mit Zim, Am Giebel 1, ✉ 35321, ✆ (06405) 9 15 00, *Fax (06405) 915020*, – Zim,
Menu *(Montag geschl.)* à la carte 34/64 – **9 Z** 65/128 – ½ P 20.

In Laubach-Münster *W : 5,5 km :*

Zum Hirsch, Licher Str. 32, ✉ 35321, ✆ (06405) 14 56, *Fax (06405) 7467*, Biergarten, – . VISA
1. - 15. Feb. und 19. Juli - 4. Aug. geschl. – **Menu** *(Montag geschl.)* à la carte 22/43 – **18 Z** 45/100 – ½ P 15.

LAUBEN *Bayern siehe Kempten.*

LAUBENHEIM *Rheinland-Pfalz siehe Bingen.*

LAUCHHAMMER *Brandenburg 418 L 25 – 22 000 Ew – Höhe 107 m.*

Berlin 151 – Potsdam 137 – Cottbus 64 – Dresden 60.

In Lauchhammer-West :

Mückenberger Hof, Senftenberger Str. 2, ✉ 01979, ✆ (03574) 76 80, *Fax (03574) 7680*, Biergarten, – – 30. Rest
Menu *(Samstag - Sonntag geschl.)* (nur Abendessen) à la carte 23/40 – **28 Z** 95/150.

LAUCHRINGEN *Baden-Württemberg siehe Waldshut-Tiengen.*

LAUDA-KÖNIGSHOFEN *Baden-Württemberg 419 R 13 – 14 700 Ew – Höhe 192 m.*

Berlin 535 – Stuttgart 120 – Würzburg 40 – Bad Mergentheim 12.

Ratskeller, Josef-Schmitt-Str. 17 (Lauda), ✉ 97922, ✆ (09343) 6 20 70, *Fax (09343) 2820*, – Rest, . VISA.
Aug. 2 Wochen und 21. - 25. Dez. geschl. – **Menu** *(Montagmittag geschl.)* à la carte 33/64 – **11 Z** 70/135.

Landhaus Gemmrig mit Zim, Hauptstr. 68 (Königshofen), ✉ 97922, ✆ (09343) 70 51, *Fax (09343) 7053*, –
1. - 10. Jan. und Aug. 2 Wochen geschl. – **Menu** *(Sonntagabend - Montag geschl.)* à la carte 25/52 *(auch vegetarische Gerichte)* – **5 Z** 58/120.

In Lauda-Königshofen - Beckstein *SW : 2 km ab Königshofen – Erholungsort :*

Adler, Weinstr. 24, ✉ 97922, ℘ (09343) 20 71, *Fax (09343) 8907,* – TV ☎ P. E VISA
Menu à la carte 24/59 – **28 Z** 58/120.

Gästehaus Birgit garni, Am Nonnenberg 12, ✉ 97922, ℘ (09343) 9 98, *Fax (09343) 990,* – TV ☎ P
Jan. geschl. – **16 Z** 70/115.

LAUDENBACH *Bayern* 417 419 *Q 11 – 1 200 Ew – Höhe 129 m.*
Berlin 580 – München 358 – Würzburg 51 – Amorbach 14 – Aschaffenburg 32.

Romantik Hotel Zur Krone (Gasthof a.d.J. 1726), Obernburger Str. 4, ✉ 63925, ℘ (09372) 24 82, *Fax (09372) 10112,* « Hübsches bäuerliches Restaurant, Gartenterrasse » – Zim, TV ☎ P. AE E VISA JCB
20. Feb. - 13. März geschl. – **Menu** *(Donnerstag - Freitagmittag geschl.)* à la carte 41/78 – **16 Z** 100/220, 10 Suiten.

Goldner Engel, Miltenberger Str. 5, ✉ 63925, ℘ (09372) 9 99 30, *Fax (09372) 999340* – ☎ P. AE E
Menu *(Mittwoch und Jan. 3 Wochen geschl.)* à la carte 37/72 – **10 Z** 69/115.

LAUENBURG AN DER ELBE *Schleswig-Holstein* 415 416 *F 15 – 11 500 Ew – Höhe 45 m.*
Touristik und Kultur, Amtsplatz 6, (im Schloß), ✉ 21481, ℘ (04153) 59 09 81, Fax (04153) 582422.
Berlin 249 – Kiel 121 – Hamburg 60 – Hannover 149 – Lüneburg 25.

Lauenburger Mühle M, Bergstr. 17, ✉ 21481, ℘ (04153) 58 90, *Fax (04153) 55555,* – TV ☎ P – 55. E VISA
Menu à la carte 32/59 – **34 Z** 110/185.

Möller, Elbstr. 44 (Unterstadt), ✉ 21481, ℘ (04153) 5 90 80, *Fax (04153) 590859,* « Elbterrasse » – TV ☎ – 25. AE E VISA
Menu à la carte 33/50 – **36 Z** 90/175.

LAUF AN DER PEGNITZ *Bayern* 419 420 *R 17 – 25 000 Ew – Höhe 310 m.*
Tourist-Information, Urlasstr. 22 (Rathaus), ✉ 91207, ℘ (09123) 18 41 13, Fax (09123) 184184.
Berlin 417 – München 173 – Nürnberg 20 – Bayreuth 62.

Zur Post M, Friedensplatz 8, ✉ 91207, ℘ (09123) 95 90, *Fax (09123) 959400,* Biergarten – Zim, TV ☎ P – 30. AE E VISA JCB. Rest
Menu *(Montag geschl.)* à la carte 30/60 – **40 Z** 112/160.

Altes Rathaus, Marktplatz 1, ✉ 91207, ℘ (09123) 27 00, – AE E VISA
Montag geschl. – **Menu** à la carte 28/59.

An der Straße nach Altdorf *S : 2,5 km :*

Waldgasthof Am Letten, Letten 13, ✉ 91207 Lauf an der Pegnitz, ℘ (09123) 95 30, *Fax (09123) 2064,* Biergarten, – TV ☎ P – 70. AE E
23. Dez. - 11. Jan. geschl. – **Menu** *(Sonn- und Feiertage geschl.)* à la carte 37/67 – **52 Z** 115/159.

LAUFELD *Rheinland-Pfalz siehe Manderscheid.*

LAUFENBURG (BADEN) *Baden-Württemberg* 419 *X 8 – 7 500 Ew – Höhe 337 m.*
Kultur- und Verkehrsamt, Haupstr. 30, ✉ 79725, ℘ (07763) 8 06 51, Fax(07763) 80625.
Berlin 812 – Stuttgart 195 – Freiburg im Breisgau 83 – Waldshut-Tiengen 15 – Basel 39.

Alte Post, Andelsbachstr. 6, ✉ 79725, ℘ (07763) 9 24 00, *Fax (07763) 924040,* – TV ☎ P. AE E VISA
Menu *(Montag - Dienstagmittag und Ende Okt. - Anfang Nov. 2 Wochen geschl.)* à la carte 35/57 – **9 Z** 73/160.

In Laufenburg-Luttingen *O : 2,5 km :*

Kranz, Luttinger Str. 22 (B 34), ✉ 79725, ℘ (07763) 9 39 90, *Fax (07763) 939929,* – Zim, TV ☎ P. E VISA
über Fastnacht 1 Woche geschl. – **Menu** *(Dienstagabend - Mittwoch geschl.)* à la carte 28/54 – **12 Z** 60/120.

LAUFFEN AM NECKAR *Baden-Württemberg* 419 *S 11 – 9 000 Ew – Höhe 172 m.*
Berlin 613 – Stuttgart 49 – Heilbronn 10 – Ludwigsburg 33.

Elefanten, Bahnhofstr. 12, ✉ 74348, ✆ (07133) 51 23, *Fax (07133) 17817* – . AE VISA
1. - 20. Jan. geschl. – **Menu** *(Freitag geschl.)* à la carte 39/82 – **13 Z** 110/190.

LAUINGEN AN DER DONAU *Bayern* 419 420 *U 15 – 10 000 Ew – Höhe 439 m.*
Berlin 550 – München 113 – Augsburg 59 – Donauwörth 31 – Ulm (Donau) 48.

Kannen Keller, Dillinger Str. 26, ✉ 89415, ✆ (09072) 70 70, *Fax (09072) 707707,* Biergarten – – 30. AE VISA
Menu *(Freitagmittag geschl.)* à la carte 26/68 – **27 Z** 120/160.

LAUPHEIM *Baden-Württemberg* 419 420 *V 13 – 18 000 Ew – Höhe 515 m.*
Berlin 637 – Stuttgart 118 – Konstanz 136 – Ulm (Donau) 26 – Ravensburg 62.

Laupheimer Hof, Rabenstr. 13, ✉ 88471, ✆ (07392) 97 50, *Fax (07392) 975222* – – 25. AE VISA JCB
Menu à la carte 33/56 – **32 Z** 98/160.

Krone, Marktplatz 15, ✉ 88471, ✆ (07392) 1 80 88, *Fax (07392) 17144,* – . AE VISA
Menu à la carte 28/52 – **15 Z** 98/160.

Schildwirtschaft zum Rothen Ochsen mit Zim (restauriertes Haus a.d.J. 1808), Kapellenstr. 23, ✉ 88471, ✆ (07392) 60 41, *Fax (07392) 16765,* –
1. - 11. Jan. geschl. – **Menu** *(Samstagmittag und Dienstag geschl.)* (abends Tischbestellung ratsam) à la carte 43/76 – **7 Z** 82/125.

LAUSICK, BAD *Sachsen* 418 *M 21 – 8 500 Ew – Höhe 176 m – Heilbad.*
Kurverwaltung, Straße der Einheit 17, ✉ 04651, ✆ (034345) 1 94 33, Fax (034345) 22466.
Berlin 228 – Dresden 92 – Leipzig 39 – Chemnitz 50 – Zwickau 63.

Kurhaus und Kurhotel, Badstr. 35, ✉ 04651, ✆ (034345) 3 21 00, *Fax (034345) 32200,* Massage, , , , , – , Zim, – 160. AE VISA. Rest
(Restaurant nur für Hausgäste) – **120 Z** 115/185, 5 Suiten – ½ P 22.

Am Kurpark (ehemalige Villa), Badstr. 36, ✉ 04651, ✆ (034345) 70 70, *Fax (034345) 70788,* – Zim, – 15. VISA. Zim
Menu à la carte 25/42 – **21 Z** 75/120 – ½ P 25.

LAUTENBACH (ORTENAUKREIS) *Baden-Württemberg* 419 *U 8 – 1 900 Ew – Höhe 210 m – Luftkurort.*
Sehenswert : *Wallfahrtskirche Mariä Himmelfahrt (Hochaltar★).*
Verkehrsamt, Hauptstr. 48, ✉ 77794, ✆ (07802) 92 59 50, Fax (07802) 925959.
Berlin 742 – Stuttgart 143 – Karlsruhe 72 – Offenburg 19 – Freudenstadt 39 – Strasbourg 33.

Sonne (mit Gästehaus Sonnenhof), Hauptstr. 51 (B 28), ✉ 77794, ✆ (07802) 9 27 60, *Fax (07802) 927662,* , – – 25
Menu *(Mittwoch geschl.)* à la carte 25/63 – **25 Z** 62/150 – ½ P 27.

Auf dem Sohlberg *NO : 6 km – Höhe 780 m*

Berggasthaus Wandersruh , Sohlbergstr. 34, ✉ 77794 Lautenbach, ✆ (07802) 24 73, *Fax (07802) 50915,* ≤ Schwarzwald und Rheinebene, , – – 30. Zim
10. Jan. - Feb. geschl. – **Menu** *(Dienstag geschl.)* à la carte 23/41 – **21 Z** 40/90 – ½ P 16.

LAUTER *Sachsen* 418 420 *O 22 – 5 100 Ew – Höhe 480 m.*
Berlin 299 – Dresden 113 – Chemnitz 40 – Plauen 56 – Zwickau 30.

Außerhalb *SW : 2 km :*

Danelchristelgut , Antonsthaler Str. 44, ✉ 08312, ✆ (03771) 2 22 57, *Fax (03771) 22977,* ≤, Biergarten, , – – 40. Rest
Menu à la carte 22/53 – **37 Z** 95/130 – ½ P 20.

Reifen o.k. – alles o.k.

Tips und Informationen zum Thema Reifen

PKW-Reifen Programm

Fahrradreifen Programm

Tips und Informationen zum Thema Reifen

ABE *= Allgemeine Betriebserlaubnis für ein Fahrzeugmodell oder ein Zubehörteil.*
Vorsicht: *bei der Verwendung nicht freigegebener Räder oder Reifen erlischt die Betriebserlaubnis, d.h. die komplette Fahrzeugzulassung samt Versicherung!*

Das ***Abriebsbild*** *eines Reifens gibt dem Fachkundigen wertvolle Hinweise auf eventuelle Störungen am Fahrwerk (Achsgeometrie, Stoßdämpferdefekt etc.). Sinnvoll ist daher die regelmäßige Reifenkontrolle bei einem Reifenfachbetrieb (alle 10-15.000 km).*

Fabrikatsbindung *bedeutet, daß für ein Fahrzeugmodell vom Fahrzeughersteller nur bestimmte Reifenfabrikate zugelassen sind. Dies trifft insbesondere für sehr schnelle Fahrzeuge zu, die W- oder ZR-Reifen benötigen. Zulässige Reifenfabrikate und Reifentypen sind im Kfz-Schein angegeben – oder bei späterer Umrüstung im Rädergutachten genannt.*

Homologation *ist die technische Freigabe eines Reifens für ein bestimmtes Automodell. Sie umfaßt rund 60 Prüfpunkte und wird von den Fahrzeugherstellern sehr streng gehandhabt. Für den Reifenproduzenten bedeutet sie eine Qualitäts-bestätigung! MICHELIN besitzt in Deutschland, wo die Konstrukteure besonders anspruchsvoll sind, Freigaben aller Fahrzeughersteller für nahezu alle Fahrzeugtypen.*

Mischbereifung *sollte man nach Möglichkeit vermeiden. Unterschiedliche Reifentypen auf Vorder- und Hinterachse können das Fahrverhalten negativ beeinflussen. Auch Winterreifen gehören "rundum" montiert.*

Räderwechsel *von vorn nach hinten (und umgekehrt!) nach ca. 10 bis 15.000 km ist immer sinnvoll! Dadurch werden die Reifen gleichmäßig abgefahren und können später komplett ausgetauscht werden. Falls Sie dennoch einmal nur zwei neue Reifen montieren lassen, gehören die immer auf die Hinterachse! Weil sie dort für die Sicherheit besonders wichtig sind (Haftung der Hinterachse stabilisiert das Fahrzeug!)*

*Das **Reserverad** führt häufig ein Dornröschendasein. Im Ernstfall fehlt ihm oft ausreichend Luft – oder die Radmuttern der Aluräder passen nicht auf das übliche Stahlrad...!*
Unser Tip: *Reserverad regelmäßig auf Luftdruck prüfen und in den turnusmäßigen Reifenwechsel mit einbeziehen (Ausnahme: Notrad).*

***Rollwiderstand** nennt man die Kraft, die ein rollender Reifen dem Vortrieb entgegensetzt. Im wesentlichen bedingt durch seine "Walkarbeit", d.h. Verformung beim Durchlaufen der Bodenaufstandsfläche. Bis etwa 100 km/h ist der Rollwider-stand übrigens größer als der Luftwiderstand! "Grüne Reifen" mit geringem Rollwiderstand (wie z.B. der MICHELIN Energy) tragen somit zu einer Reduzierung des Treibstoffverbrauchs und damit zu weniger Umweltbelastung bei!*

***Speed Index** = Geschwindigkeitssymbol. Buchstabe am Ende der Größenbezeichnung, der über die maximal erlaubte Höchstgeschwindigkeit des Reifens Auskunft gibt.*
Beispiel: *S=180 km/h, T=190, H=210, V=240, W=270 und ZR=über 240 km/h.*

***Überluftdruck** ist fast genauso schädlich wie Unterluftdruck. Stoßdämpfer und Komfort leiden – die Bodenhaftung verschlechtert sich – und die Reifen nutzen sich ungleichmäßig ab (Mittenabrieb).*

***Unterluftdruck** ist heute eher die Regel als die Ausnahme! Immer bessere Reifen führen zu Nachlässigkeit bei der Wartung. Wer mit zuwenig Luft fährt, hat viele Nachteile: schwammiges Fahrverhalten – Sicherheitsrisiko bei Schnellfahrt – reduzierte km-Leistung der Reifen.*

***Ventile** ermüden genauso wie Reifen! Vor allem dann, wenn es (wie bei Stahlrädern durchweg üblich) Gummiventile sind. Starke Zentrifugalkräfte, Straßenschmutz und Bremsabrieb setzen den Ventilen zu.*
Unser Tip: *Ventile bei jedem Reifenwechsel ersetzen lassen.*

***Ventilkappen** sind die unscheinbarsten Teile am Rad – und dennoch von großer Bedeutung! Sie schützen das eigentliche Ventil vor Schmutz und Feuchtigkeit – und garantieren völlige Dichtheit des Reifens.*

Michelin Pilot

PILOT SPORT

Y/ZR-Reifen

Der Michelin Pilot Sport bietet Fahrern von Sportwagen und sportlich orientierten Reiselimousinen enorme Leistungsreserven und vermittelt in allen Fahrsituationen Spaß am Autofahren.
Er sorgt auch in Grenzbereichen für sicheres Fahrverhalten, ist leistungsfähig und gutmütig bei Nässe.

PILOT SX

MXX 3 — **Y/ZR-Reifen**

GT — **V/W-Reifen**

Sportliche Hochleistungsreifen für engagierte Autofahrer. Souveräner Grip, geringe Spurrillenempfindlichkeit, äußerst lenkgenau.

PILOT CX

KA — V/W/ZR-Reifen

KL — V/W/ZR-Reifen

Komfortbetonte Hochleistungsreifen für die Prestige-Limousinen der Oberklasse sowie für die gehobene Mittelklasse. Leise, sanft und sicher: für allerhöchsten Fahrkomfort.

PILOT HX

MXM — V/W/ZR-Reifen

MXV 3A — V/W/ZR-Reifen

Harmonische Hochleistungsreifen für den Vielfahrer. Hohe Lebensdauer, sicherer Nässegriff, lenkpräzise – bei geringem Rollwiderstand.

V = bis 240 km/h	Y = bis 300 km/h
W = bis 270 km/h	Z(ZR) = über 240 km/h

*Die Reifen der **Pilot-Serie** haben sich kompromißlos dem Hochleistungsprinzip verschrieben – und bieten in puncto Nässegriff, Hochgeschwindigkeitsfestigkeit und Verarbeitungsqualität einen Standard, wie er den Anforderungen von Fahrern leistungsstarker Fahrzeuge entspricht.*

Michelin Energy

XT 1 XT 2 XH 1/XV 1

T-Reifen bis 190 km/h **H-Reifen bis 210/240 km/h**

2. GENERATION Durch die asymmetrische Lauffläche und völlig neuartige Lamellen bietet der neue Energy höhere Haftung auf trockener, nasser und rutschiger Fahrbahn und in der kalten Jahreszeit. Zudem verfügt er über eine bessere Lenkpräzision und ein gutmütiges Fahrverhalten. Die Silica-Mischung trägt zur weiteren Verringerung des Rollwiderstands und damit auch des Kraftstoffverbrauchs bei.

MXT 80 MXT

Serie 80 Serie 70, 65

T-Reifen bis 190 km/h

Weiterentwicklung des bekannten MXT-Reifens unter Beibehaltung bzw. Verbesserung der Fahreigenschaften. Dazu spürbare Senkung des Kraftstoffverbrauchs.

MXV 3A

H-Reifen bis 210 km/h

Bietet exzellente Nässesicherheit, hohen Komfort und ausgewogenes Fahrverhalten. Dazu spürbare Senkung des Kraftstoffverbrauchs.

Michelin Classic

CLASSIC

Serie 80 **Serie 70, 65**

T-Reifen bis 190 km/h

Klassische Michelin-Eigenschaften: Langlebigkeit, Sicherheit und Rundlaufgenauigkeit. Speziell für den Ersatzbedarf der Kompaktklasse.

CLASSIC H

H-Reifen bis 210 km/h

Klassische, vom Verbraucher geschätzte Michelin- Eigenschaften wie Nässehaftung, Laufleistung und Look. Vermittelt Freude am Fahren.

Die Reifen der ***Classic-Serie*** *bieten alle Michelin-Leistungsmerkmale bei einem besonders günstigen Preis-Leistungs-Verhältnis.*

Energy-Reifen *sind ein Markenzeichen für Energie-Sparreifen von Michelin. Sie verfügen über spezielle Gummimischungen mit geringem Rollwiderstand. Dies führt zu einer Senkung des Treibstoffverbrauchs. Energy-Reifen zeichnen sich außer durch geringen Rollwiderstand und Kraftstoffverbrauch auch durch das mindestens gleich hohe Leistungsniveau in allen anderen Kriterien aus.*

Michelin M+S

ALPIN

Q-Reifen bis 160 km/h

Der einzige Winterreifen mit Y-Lamellen, bringt enorme Traktion auf Schnee und Eis, geringer Rollwiderstand.

X M+S 130

T-Reifen bis 190 km/h

Allroundreifen für den Winter, mit ausgezeichneter Haftung auf Schnee und bei Nässe, niedriger Rollwiderstand.

NEU!

PILOT ALPIN

H-Reifen bis 210 km/h

Als echter Winterreifen für den Hochleistungsbereich bietet der neue Pilot Alpin allen sportlich orientierten Autofahrern die Sicherheit, auch bei Schnee mobil zu sein und auf der Autobahn flott voranzukommen. Er beeindruckt mit ausgezeichneter Haftung bei allen winterlichen Wetterbedingungen und sehr gutem Handling auf Schnee und bei Nässe.

„Für jeden Einsatz die richtige Lamelle, für jedes Auto den richtigen Winterreifen." Unter diesem Motto kommen bei Michelin-Winterreifen ausgeklügelte Lamellen zum Einsatz. So verfügt der X M+S Alpin über ***Y-Lamellen****, die eine hohe Leistungsfähigkeit über die gesamte Lebensdauer sichern. Der X M+S 130 weist ein raffiniertes System* ***selbstschärfender Lamellen*** *auf, und der neue Pilot Alpin bietet durch seine* ***Z-Lamellen*** *ausgezeichnete Haftungswerte bei allen winterlichen Straßenbedingungen.*

Michelin Off-Road

4x4 XRH

Straßenversion unter den Michelin Off-Road-Reifen, für Stadtverkehr und Fernstraßen, stark bei Nässe und flotter Kurvenfahrt

4x4 XPC

Typische Serienbereifung für Geländewagen, Allround-Reifen für jedes Wetter, sicher auf der Straße, gutes Fahrverhalten bei Nässe und winterlichen Bedingungen.

4x4 XTT

Mit seinem vielseitigen Leistungsspektrum ein echter Hansdampf auf allen Wegen, Reifen für den gemischten Einsatz Straße/Off-Road

4x4 XZL

Eigens für den harten Off-Road-Einsatz konzipierter Reifen mit viel Traktion auf weichem Untergrund

NEU!

4x4 Alpin

Winterreifen für Geländewagen, die auf der Straße eingesetzt werden, speziell ausgelegt für schwierige winterliche Straßenverhältnisse

Michelin MTB-Reifen

WildGripper

WildGripper Lite S

Cross-Country-Rennreifen für gemischtes und schlammiges Gelände, gute Haftung durch Silica-Gummimischung, kombinierbar mit WildGripper Comp S, für Vorder- und Hinterrad

NEU! WildGripper Comp S

Cross-Country-Rennreifen für gemischtes bis hartes Gelände, gute Haftung durch Silica-Gummimischung, kombinierbar mit WildGripper Lite S und Sprint S, für Vorder- und Hinterrad

WildGripper Sprint S

Cross-Country-Rennreifen für trockenes und festes Gelände, gute Haftung durch Silica-Gummimischung, kombinierbar mit WildGripper Comp S, für Vorder- und Hinterrad

NEU! WildGripper Hot S

Freeride-Reifen für alle Geländearten, gute Traktion bei maximaler Bremskraftübertragung, widerstandsfähige Silica-Gummimischung, für Vorder- und Hinterrad

Michelin Rennradreifen

AXIAL

NEU! AXIAL PRO

Reifen für den professionellen Renneinsatz, bietet die Roll- und Haftungseigenschaften, die im harten Wettbewerb den Unterschied machen

NEU! AXIAL SUPER COMP

Reifen fürs Rennen und das Training auf hohem Niveau, Zwei-Komponenten-Lauffläche auf Silicabasis, besonders pannensicher

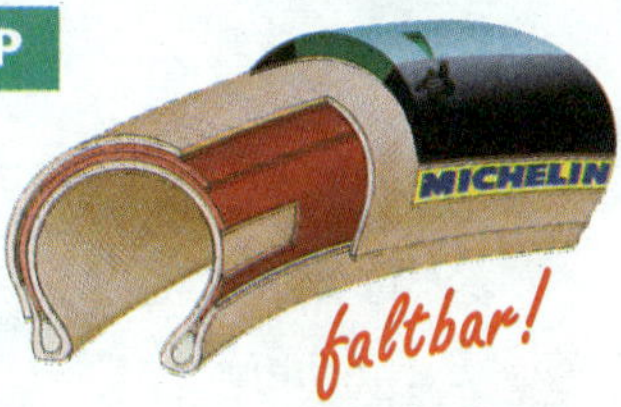

NEU! AXIAL SELECT KEVLAR

Der Reifen für den sportlichen Rennradfahrer, Karkasse mit 420 Fäden/dm, Kevlar-Schutzlage für hohe Pannensicherheit, sehr geringer Rollwiderstand

NEU! AXIAL BI-SPORT

Rennradreifen mit spezieller Profilgestaltung, bietet sichere Haftung bei allen Witterungs- und Straßenverhältnissen, niedriger Rollwiderstand

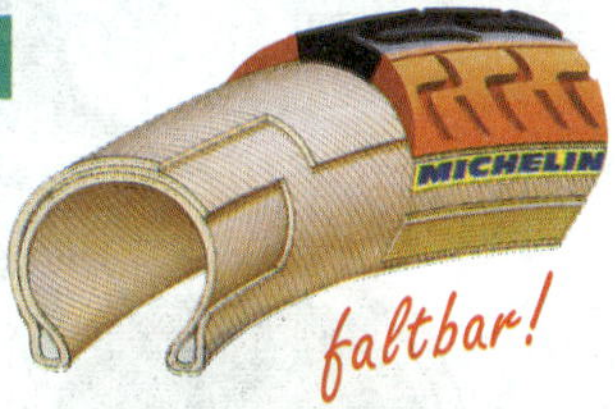

NEU! AXIAL SPORT

In Karkaßaufbau und Profilgestaltung mit dem BI-SPORT identischer Reifen mit klassischer Rennradreifen-Optik

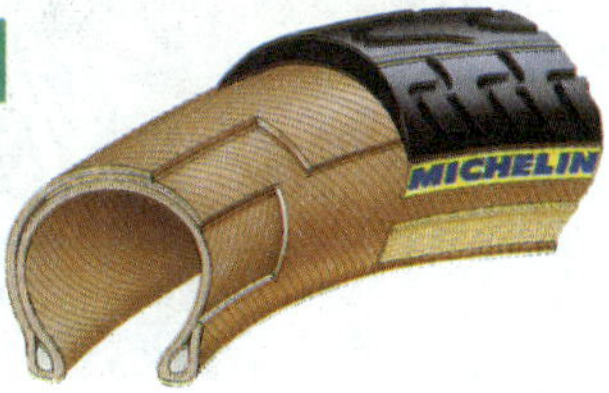

Michelin Transworld

TRANSWORLD **NEU!**

Besonders pannensicherer Tourenreifen mit hoher Kilometerleistung, sehr leichtlaufend, ausgezeichnete Haftung durch Allwetterprofil, dynamisch in der Optik, auch mit retroreflektierenden Flanken lieferbar, zusätzliche Nylon-Schutzlage und neuentwickelte, sehr ozonresistente Gummimischung, auch bei Nässe kein Durchrutschen des Dynamos dank der innovativen Profilierung der Dynamorille

1. **Rollwiderstandsoptimiert**
   leichtlaufendes Semi-Slick Profil
2. ***Sicherheit***
   große Profiltiefe: Haftung bei Nässe
3. **Pannensicherheit**
   Pannenschutzlage starker Untergummi
4. **Komfort**
   geschmeidige Flanken

5. **Durchrutschsichere Dynamorille**

LAUTERBACH *Baden-Württemberg* **419** *V 9 – 3 500 Ew – Höhe 575 m – Luftkurort – Wintersport : 800/900 m 1.*

Kurverwaltung, Schramberger Str. 5 (Rathaus), ✉ 78730, ☎ (07422) 94 97 30, Fax (07422) 949740.

Berlin 734 – Stuttgart 122 – Freiburg im Breisgau 61 – Freudenstadt 41 – Offenburg 55 – Schramberg 4.

Tannenhof, Schramberger Str. 61, ✉ 78730, ☎ (07422) 94 90 20, *Fax (07422) 3775* – 30. AE E VISA. Zim
über Fastnacht 1 Woche geschl. – **Menu** *(Sonntagabend geschl.) (wochentags nur Abendessen)* à la carte 30/60 – **38 Z** 79/138 – ½ P 28.

LAUTERBACH *Hessen* **417** *O 12 – 15 000 Ew – Höhe 296 m – Luftkurort.*

18 Schloß Sickendorf(in Sickendorf), ☎ (06641) 9 61 30,.

Verkehrsbüro, Rathaus, Marktplatz 14, ✉ 36341, ☎ (06641) 18 41 12, Fax (06641) 184167.

Berlin 457 – Wiesbaden 151 – Fulda 24 – Gießen 68 – Kassel 110.

Schubert, Kanalstr. 12, ✉ 36341, ☎ (06641) 9 60 70, *Fax (06641) 5171*, Biergarten – Zim, Rest, – 25. AE E VISA. Rest
Menu *(Sonntag - Montag geschl.)* à la carte 38/69 – **40 Z** 110/280 – ½ P 35.

In Lauterbach-Maar *NW : 3 km :*

Jägerhof, Hauptstr. 9, ✉ 36341, ☎ (06641) 9 65 60, *Fax (06641) 62132*, Biergarten – – 40. AE E VISA
Menu à la carte 31/58 – **28 Z** 85/135 – ½ P 30.

LAUTERBERG, BAD *Niedersachsen* **418** *L 15 – 14 000 Ew – Höhe 300 m – Kneippheilbad und Schrothkurort.*

Kurverwaltung, Ritscherstr. 4 (im Haus des Kurgastes), ✉ 37431, ☎ (05524) 9 20 40, Fax (05524) 5506.

Berlin 272 – Hannover 116 – Erfurt 104 – Göttingen 49 – Braunschweig 87.

Revita, Am Kurpark, ✉ 37431, ☎ (05524) 8 31, *Fax (05524) 80412*, , Massage, , , , , , (Halle) – – 500. Rest
Dachgarten *(nur Abendessen)* **Menu** à la carte 56/80 – ***Kurpark :*** **Menu** à la carte 40/55 – **276 Z** 134/282, 5 Suiten – ½ P 25.

LAUTERECKEN *Rheinland-Pfalz* **417** *R 6 – 2 300 Ew – Höhe 165 m.*

Berlin 649 – Mainz 83 – Bad Kreuznach 40 – Kaiserslautern 32 – Saarbrücken 85.

Pfälzer Hof, Hauptstr. 12, ✉ 67742, ☎ (06382) 73 38, *Fax (06382) 6652*, – . Rest
Juli - Aug. 3 Wochen geschl. – **Menu** *(Freitagmittag und Sonntagabend geschl.)* à la carte 25/58 – **19 Z** 70/96 – ½ P 18.

LAUTERSEE *Bayern siehe Mittenwald.*

LAUTERSTEIN *Baden-Württemberg* **419** **420** *T 13 – 3 000 Ew – Höhe 542 m.*

Berlin 589 – Stuttgart 60 – Göppingen 20 – Heidenheim an der Brenz 20 – Ulm (Donau) 51.

In Lauterstein-Weissenstein :

Silberdistel garni, Kreuzbergstr. 32, ✉ 73111, ☎ (07332) 37 32, *Fax (07332) 3736* –
11 Z 70/117.

Linde, Im Städtle 17, ✉ 73111, ☎ (07332) 53 69, *Fax (07332) 3951*, –
Montag, 15. - 30. Jan. und Nov. 1 Woche geschl. – **Menu** à la carte 27/54 .

LEBACH *Saarland* **417** *R 4 – 23 400 Ew – Höhe 275 m.*

Berlin 722 – Saarbrücken 26 – Saarlouis 19 – St. Wedel 28 – Trier 72.

Locanda Grappolo d'Oro, Mottener Str. 94, ✉ 66822, ☎ (06881) 33 39, *Fax (06881) 53523*, – . E VISA
Montag und Samstagmittag geschl. – **Menu** à la carte 55/80.

LECK *Schleswig-Holstein* 415 *B 10 – 7 700 Ew – Höhe 6 m.*

Stadum, Hof Berg (SO : 4 km), (04662) 7 05 77.

Berlin 453 – Kiel 110 – Sylt (Westerland) 36 – Flensburg 33 – Husum 36 – Niebüll 11.

Deutsches Haus (mit Gästehaus), Hauptstr. 8 (B 199), 25917, (04662) 8 71 10, *Fax (04662) 7341* –
Menu à la carte 29/49 – **26 Z** 58/120.

Friesland garni, Hauptstr. 31 (B 199), 25917, (04662) 8 70 10, *Fax (04662) 870144* –
18 Z 68/120.

In Enge-Sande *N : 4 km :*

Dörpskrog - De ole Stuuv mit Zim, Dorfstr. 28 (Enge), 25917, (04662) 31 90 – – 250.
März - April und Okt. jeweils 2 Wochen geschl. – **Menu** *(Montag geschl.)* (wochentags nur Abendessen) à la carte 39/69 – **6 Z** 50/140.

LEER *Niedersachsen* 415 *G 6 – 31 000 Ew – Höhe 7 m.*

Verkehrsbüro, Rathausstr. 1, 26789, (0491) 9 78 25 00, Fax (0491) 9782511.

Berlin 495 – Hannover 234 – Emden 31 – Groningen 69 – Oldenburg 63 – Wilhelmshaven 66.

Frisia garni, Bahnhofsring 16, 26789, (0491) 9 28 40, *Fax (0491) 9284400*, – – – 30.
78 Z 119/183.

Ostfriesen Hof, Groniger Str. 109, 26789, (0491) 6 09 10, *Fax (0491) 6091199*, , , – – 160.
Menu à la carte 39/73 – **60 Z** 108/200.

Zur Waage und Börse, Neue Str. 1, 26789, (0491) 6 22 44, *Fax (0491) 4665*,
Montag - Dienstag und Ende Okt. - Mitte Nov. geschl. – **Menu** (Tischbestellung ratsam) à la carte 47/65.

Nahe der B 70, Richtung Papenburg *SO : 4,5 km :*

Lange, Zum Schöpfwerk 3, 26789, (0491) 1 20 11, *Fax (0491) 12016*, , , , , – – – 50.
Menu à la carte 32/65 – **48 Z** 95/240.

LEESE *Niedersachsen* 415 *I 11 – 1 900 Ew – Höhe 30 m.*

Berlin 336 – Hannover 54 – Bremen 80 – Minden 30.

Asche, Loccumer Str. 35, 31633, (05761) 22 62, *Fax (05761) 7770*, – – – 40.
20. Dez. - 15. Jan. geschl. – **Menu** *(Freitag geschl.)* à la carte 26/56 – **13 Z** 80/140.

LEEZEN *Schleswig-Holstein siehe Segeberg, Bad.*

LEGDEN *Nordrhein-Westfalen* 417 *J 5 – 5 500 Ew – Höhe 71 m.*

Berlin 525 – Düsseldorf 113 – Nordhorn 55 – Münster (Westfalen) 49.

Hermannshöhe, Haulingort 30 (B 474, SO : 1 km), 48739, (02566) 9 30 00, *Fax (02566) 930060*, , , – . Zim
Menu *(Mittwoch geschl.)* à la carte 24/69 – **39 Z** 55/170.

LEHMKUHLEN *Schleswig-Holstein – siehe Preetz.*

LEHNIN *Brandenburg* 416 418 *J 22 – 3 500 Ew – Höhe 52 m.*

Berlin 65 – Potsdam 26 – Brandenburg 23.

Markgraf, Friedensstr. 13, 14797, (03382) 76 50, *Fax (03382) 765430* – , Zim, – 60.
Menu à la carte 24/50 – **39 Z** 90/160.

LEHRTE *Niedersachsen* 415 416 417 418 *I 13 – 41 500 Ew – Höhe 66 m.*

Berlin 268 – Hannover 22 – Braunschweig 47 – Celle 33.

Median Hotel, Zum Blauen See 3 (an der B 443), 31275, (05132) 8 29 00, *Fax (05132) 829099*, , – , Zim, – 80.
Menu à la carte 30/73 – **56 Z** 140/240, 5 Suiten.

In Lehrte-Ahlten *SW : 4 km :*

Trend Hotel M garni, Raiffeisenstr. 18, ✉ 31275, ✆ (05132) 8 69 10, *Fax (05132) 869170,* – 20. E VISA
Weihnachten - Anfang Jan. geschl. – **46 Z** 120/170.

Zum Dorfkrug, Hannoversche Str. 29, ✉ 31275, ✆ (05132) 60 03, *Fax (05132) 7833,* (Gebühr) – Zim, AE E VISA
Mitte Dez. - Anfang Jan. und Mitte Juli - Anfang Aug. geschl. – **Menu** *(Sonntag geschl.)* (nur Abendessen) à la carte 27/50 – **35 Z** 105/160.

LEICHLINGEN *Nordrhein-Westfalen* 417 *M 5 – 27 000 Ew – Höhe 60 m.*
Berlin 556 – Düsseldorf 31 – Köln 23 – Solingen 11.

In Leichlingen-Witzhelden *O : 8,5 km :*

Landhaus Lorenzet, Neuenhof 1, ✉ 42799, ✆ (02174) 3 86 86, *Fax (02174) 39518,* – AE E VISA
Menu à la carte 45/79.

LEIMEN *Baden-Württemberg* 417 419 *R 10 – 22 000 Ew – Höhe 120 m.*
Berlin 634 – Stuttgart 109 – Mannheim 25 – Heidelberg 7 – Bruchsal 28.

Engelhorn M garni, Ernst-Naujoks-Str. 2, ✉ 69181, ✆ (06224) 70 70, *Fax (06224) 707200* – AE E VISA. Rest
22. Dez.- 7. Jan. geschl. – **40 Z** 120/160.

Kurpfalz-Residenz und Markgrafen, Markgrafenstr. 2, ✉ 69181, ✆ (06224) 70 80, *Fax (06224) 708114,* – Zim, – 50. AE E VISA
Menu *(Samstag - Sonntagmittag geschl.)* à la carte 38/60 – **153 Z** 140/180, 10 Suiten.

Zum Bären, Rathausstr. 20, ✉ 69181, ✆ (06224) 98 10, *Fax (06224) 981222,* – Zim, – 20. AE E VISA.
23. Dez. - 1. Jan. geschl. – **Menu** *(Montag geschl.)* à la carte 42/73 – **26 Z** 110/165.

Seipel garni, Bürgermeister-Weidemaier-Str. 26 (Am Sportpark), ✉ 69181, ✆ (06224) 98 20, *Fax (06224) 982222,* – AE E VISA
23. Dez. - 7. Jan. geschl. – **23 Z** 125/175.

Traube, St.-Ilgener-Str. 7, ✉ 69181, ✆ (06224) 98 30, *Fax (06224) 75824* – AE E VISA.
Menu *(Sonntag geschl.)* à la carte 30/68 – **38 Z** 105/185.

Herrenberg garni, Bremer Str. 7, ✉ 69181, ✆ (06224) 9 70 60, *Fax (06224) 74289* – AE E VISA
16 Z 95/140.

Seeger's Weinstube, Joh.-Reidel-Str. 2, ✉ 69181, ✆ (06224) 7 14 96, *Fax (06224) 72400* – AE E VISA
Samstagmittag, Dienstag und Mitte Juli - Mitte Aug. geschl. – **Menu** à la carte 40/62.

Weingut Jägerlust, Rohrbacher Str. 101, ✉ 69181, ✆ (06224) 7 72 07, *Fax (06224) 78363,*
Samstag - Montag, 24. Dez.- 10. Jan. und Juli - Aug. 3 Wochen geschl. – **Menu** (nur Abendessen, Tischbestellung erforderlich) à la carte 40/72.

In Leimen-Gauangelloch *SO : 8 km :*

Zum Schwanen mit Zim, Hauptstr. 38, ✉ 69181, ✆ (06226) 32 19, *Fax (06226) 6919* – AE E VISA
Feb. geschl. – **Menu** *(Dienstag geschl.)* (wochentags nur Abendessen) 49/95 und la carte *(auch vegetarisches Menu)* – **5 Z** 110/165.

In Leimen-Lingental *O : 3 km :*

Lingentaler Hof, Kastanienweg 2, ✉ 69181, ✆ (06224) 9 70 10, *Fax (06224) 970119,* – Zim
Jan. 2 Wochen und Aug. geschl. – **Menu** *(Sonntagabend - Montag geschl.)* à la carte 37/71 – **14 Z** 95/160.

LEINEFELDE *Thüringen* 418 *L 14 – 17 000 Ew – Höhe 347 m.*
Bürgerbüro, Triftstr. 2, ✉ 37327, ✆ (03605) 50 54 01, Fax (03605) 505499.
Berlin 300 – Erfurt 82 – Göttingen 43 – Nordhausen 40.

In Reifenstein *SO : 5 km :*

Reifenstein, Am Sonder, ✉ 37355, ✆ (036076) 4 70, *Fax (036076) 47202,* – Zim, – 160. AE E
Menu (Montag - Freitag nur Abendessen) à la carte 27/50 – **43 Z** 90/140.

LEINFELDEN-ECHTERDINGEN *Baden-Württemberg siehe Stuttgart.*

LEINGARTEN *Baden-Württemberg siehe Heilbronn.*

LEINSWEILER *Rheinland-Pfalz 417 419 S 8 – 450 Ew – Höhe 260 m.*

Büro für Tourismus, Rathaus, ✉ 76829, ✆ (06345) 35 31, Fax (06345) 2457.

Berlin 673 – Mainz 122 – Karlsruhe 52 – Pirmasens 46 – Wissembourg 20 – Landau in der Pfalz 9.

Leinsweiler Hof, An der Straße nach Eschbach (S : 1 km), ✉ 76829, ✆ (06345) 40 90, *Fax (06345) 3614*, < Weinberge und Rheinebene, « Gartenterrasse », – Zim, – 40. Rest Menu *(Sonntagabend - Montag geschl.)* à la carte 40/74 – **67 Z** 110/238 – ½ P 38.

Castell, Hauptstr. 24a, ✉ 76829, ✆ (06345) 70 03, *Fax (06345) 7004*, – . – **Menu** *(Dienstag geschl.)* à la carte 38/62 – **16 Z** 95/185.

Rebmann, Weinstr. 8, ✉ 76829, ✆ (06345) 25 30, *Fax (06345) 7728*, – . *Jan. - Feb. 4 Wochen geschl.* – **Menu** *(Nov.- März Mittwoch geschl.)* à la carte 36/64 – **10 Z** 80/140.

LEIPE *Brandenburg siehe Burg/Spreewald.*

LEIPHEIM *Bayern 419 420 U 14 – 6 500 Ew – Höhe 470 m.*

Berlin 574 – München 117 – Stuttgart 105 – Augsburg 58 – Günzburg 5 – Ulm (Donau) 24.

Zur Post, Bahnhofstr. 6, ✉ 89340, ✆ (08221) 27 70, *Fax (08221) 277200*, – – 60. Menu à la carte 23/51 – **54 Z** 75/130.

Landgasthof Waldvogel, Grüner Weg 1, ✉ 89340, ✆ (08221) 2 79 70, *Fax (08221) 279734*, Biergarten – – 50. Menu à la carte 22/41 – **32 Z** 75/118.

An der Autobahn A 8 *Richtung Augsburg :*

7-Schwaben Rasthaus und Motel, ✉ 89340 Leipheim, ✆ (08221) 7 20 37, *Fax (08221) 71414*, – Zim, – 30. Menu à la carte 29/46 – **26 Z** 63/144.

LEIPZIG

Sachsen 418 *L 21 – 480 000 Ew – Höhe 118 m*

Berlin 180 ⑨ – Dresden 109 ④ – Erfurt 126 ⑨

PRAKTISCHE HINWEISE

Tourist-Information, Richard-Wagner Str. 1 ✉ 04109, ☎ (0341) 7 10 40, Fax (0341) 7104271

ADAC, *Augustaplatz 5/6, ✉ 4109, ☎ (0351) 44 78 80, Fax (0341) 2110540*

Leipzig-Halle (⑨ : 15 km), ☎ (0341) 22 40
Neue Messe, Messe Allee 1, ✉ 04356, ☎ (0341) 67 80, Fax (0341) 6788762

Noitzsch (② : 29 km, über B2), ☎ (034242) 5 03 02

Sehenswert : *Altes Rathaus★* BY *– Alte Börse★ (Naschmarkt)* BY *– Museum der bildenden Künste★★* ABZ *– Thomaskirche★* BZ *– Ägyptisches Museum★* BZ.

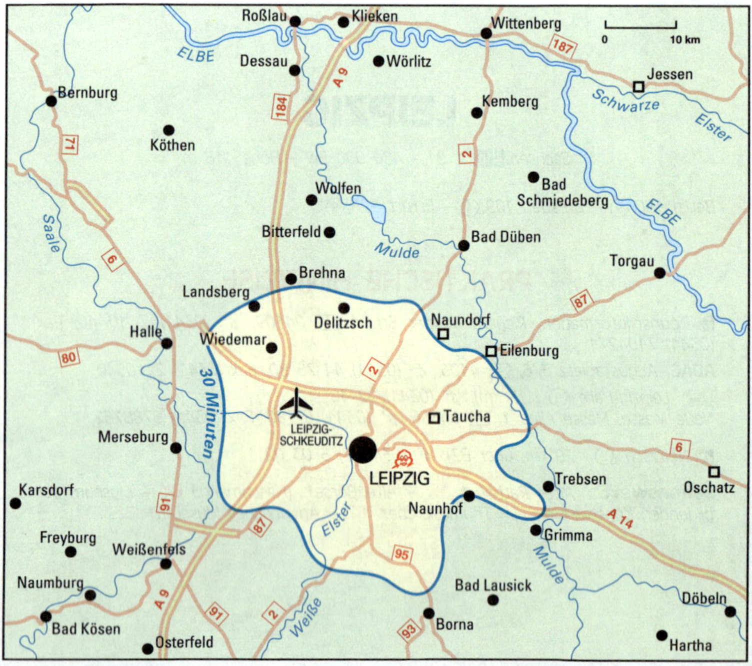

Kempinski Hotel Fürstenhof, Tröndlinring 8, ✉ 04105, ✆ (0341) 14 00, *Fax (0341) 1403700*, « Patrizierpalais a.d.J. 1770, Badelandschaft », Massage, – 60. AE VISA JCB BY c
Menu à la carte 53/74 – **92 Z** 381/592, 4 Suiten.

Inter-Continental, Gerberstr. 15, ✉ 04105, ✆ (0341) 98 80, *Fax (0341) 9881229*, Biergarten, Massage, – Zim, – 400. AE VISA JCB. Rest BY a
Menu à la carte 55/77 – **447 Z** 327/465, 21 Suiten.

Marriott M, Am Hallischen Tor 1, ✉ 04109, ✆ (0341) 9 65 30, *Fax (0341) 9653999*, – Zim, – 220. AE VISA JCB. Rest BY n
Menu (wochentags nur Abendessen) à la carte 41/56 – **231 Z** 195/325, 11 Suiten.

Renaissance M, Querstr. 12, ✉ 04103, ✆ (0341) 1 29 20, *Fax (0341) 1292800*, – Zim, – 350. AE VISA JCB DY a
Menu à la carte 41/58 – **356 Z** 186/322.

Dorint M, Stephanstr. 6, ✉ 04103, ✆ (0341) 9 77 90, *Fax (0341) 9779100*, Biergarten, – Zim, – 150. AE VISA JCB DZ n
Menu à la carte 46/72 – **177 Z** 220/325.

Park Hotel SeaSide M, Richard-Wagner-Str.7, ✉ 04109, ✆ (0341) 9 85 20, *Fax (0341) 9852750*, – Rest, – 80. AE VISA. Rest CY s
Menu *(Sonntag und 1. Juli - 15. Aug. geschl.)* à la carte 42/68 – **288 Z** 195/268, 9 Suiten.

Michaelis M, Paul-Gruner-Str. 44, ✉ 04107, ✆ (0341) 2 67 80, *Fax (0341) 2678100*, – Zim, – 45. AE VISA V u
Menu *(Samstagmittag und Sonntag geschl.)* à la carte 41/66 – **59 Z** 160/195.

Ramada Hotel M garni, Gutenbergplatz 1, ✉ 04103, ✆ (0341) 1 29 30, *Fax (0341) 1293444* – – 20. AE VISA JCB DZ s
122 Z 136/209.

Markgraf M garni, Körnerstr. 36, ✉ 04107, ✆ (0341) 30 30 30, *Fax (0341) 3030399* – . AE VISA V u
54 Z 109/275.

LEIPZIG

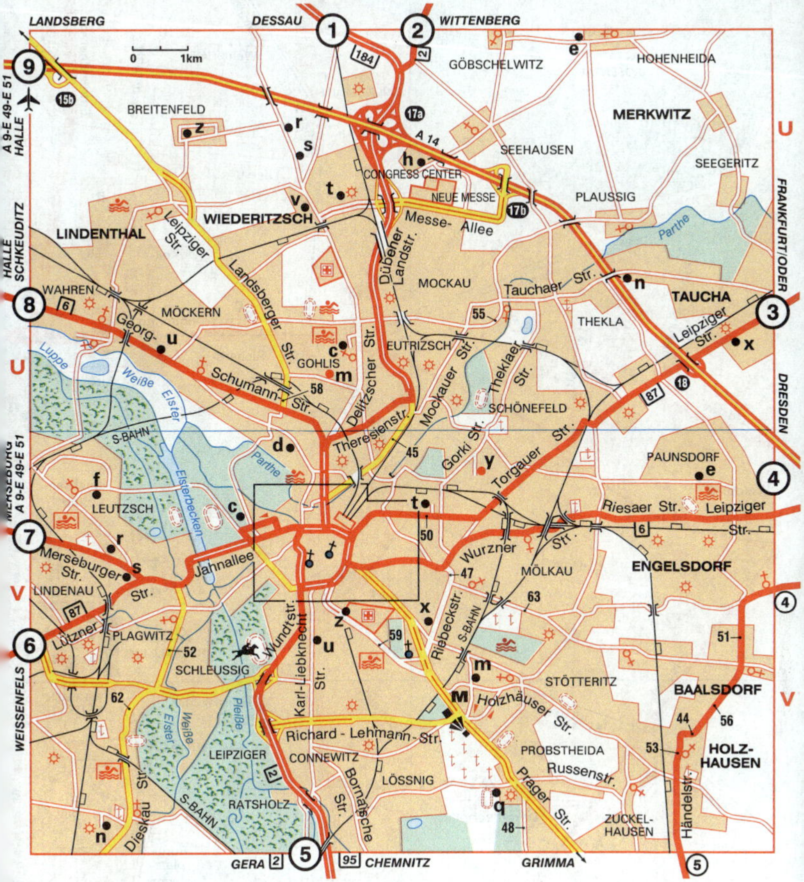

Novotel M, Goethestr. 11, ✉ 04109, ✆ (0341) 9 95 80, *Fax (0341) 9958200*, – Zim, – 100. AE VISA CY n
Menu à la carte 34/65 – **200 Z** 193/225.

Mercure, Augustusplatz 5, ✉ 04109, ✆ (0341) 2 14 60, *Fax (0341) 9604916* – Zim, – 120. AE VISA JCB CZ f
Menu à la carte 31/57 – **283 Z** 140/200, 10 Suiten.

Deutscher Hof M, Waldstr. 31, ✉ 04105, ✆ (0341) 7 11 00, *Fax (0341) 7110222* – AE VISA JCB V c
Menu *(Sonntag geschl., außer Messen)* (nur Abendessen) à la carte 32/65 – **39 Z** 138/198.

Holiday Inn Garden Court, Rudolf-Breitscheid-Str. 3, ✉ 04105, ✆ (0341) 1 25 10, *Fax (0341) 1251100*, – Zim, P. AE VISA JCB. Rest CY g
Menu à la carte 28/51 – **121 Z** 190/250, 6 Suiten.

Am Bayrischen Platz garni, Paul-List-Str. 5, ✉ 04103, ✆ (0341) 14 08 60, *Fax (0341) 1408648* – P. AE VISA V z
32 Z 108/148.

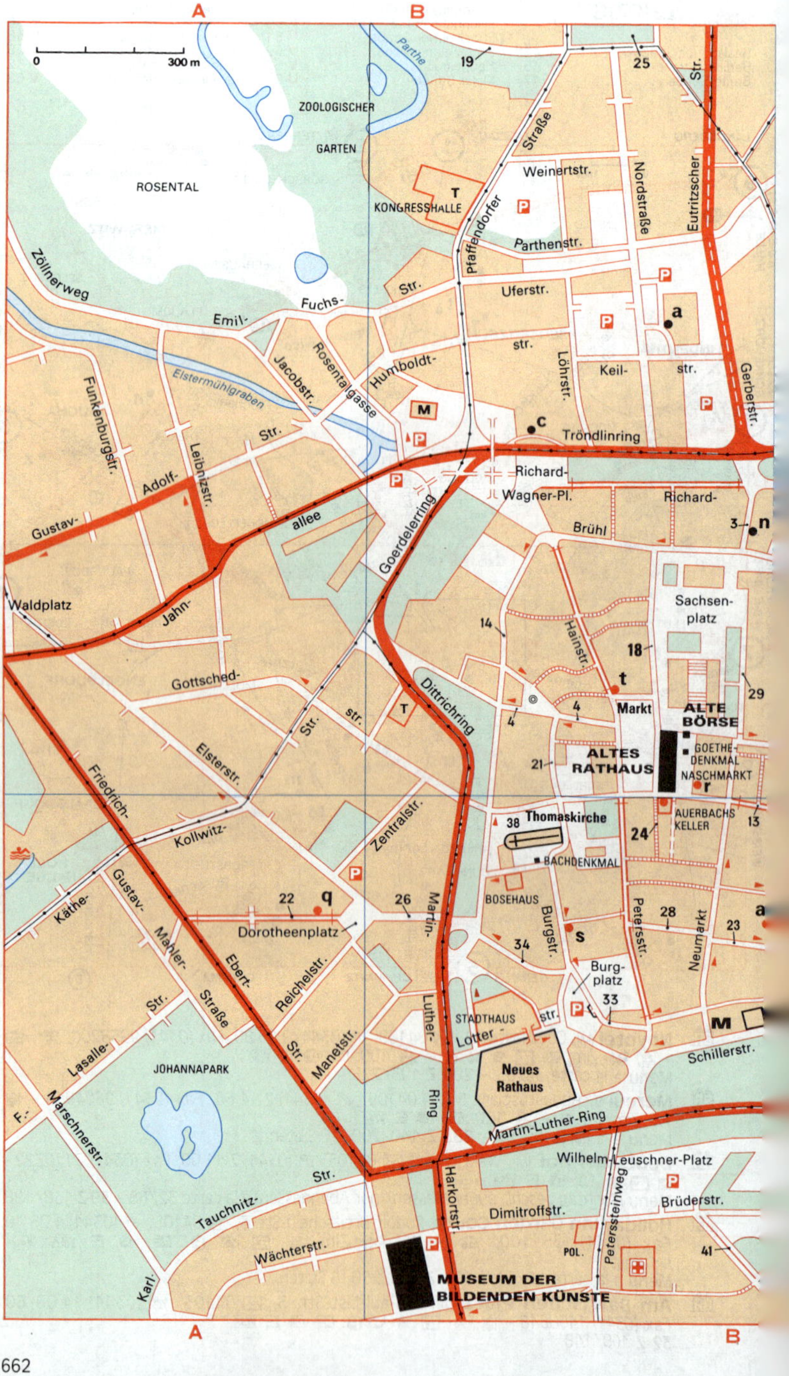
A
B
0
300 m
Parthe
ZOOLOGISCHER
GARTEN
ROSENTAL
KONGRESSHALLE
Weinertstr.
Nordstraße
Eutritzscher
Str.
Straße
Pfaffendorfer
Parthenstr.
Zöllnerweg
Fuchs-
Emil-
Str.
Uferstr.
str.
Keil-
Löhrstr.
Gerberstr.
Elstermühlgraben
Jacobstr.
Rosentalgasse
Humboldt-
Funkenburgstr.
Leibnizstr.
Tröndlinring
Richard-
Wagner-Pl.
Adolf-
Gustav-
allee
Goerdelerring
Brühl
Waldplatz
Jahn-
Sachsenplatz
Hainstr.
Gottsched-
Dittrichring
Markt
ALTE BÖRSE
GOETHE-DENKMAL
NASCHMARKT
ALTES RATHAUS
Elsterstr.
Friedrich-
Kollwitz-
Zentralstr.
Thomaskirche
AUERBACHS KELLER
BACHDENKMAL
BOSEHAUS
Burgstr.
Petersstr.
Neumarkt
Gustav-
Käthe-
Mahler-
Straße
Ebert-
Dorotheenplatz
Reichelstr.
Martin-
Luther-
Ring
Burgplatz
STADTHAUS
Lotter-
str.
Schillerstr.
Neues Rathaus
Str.
Lasalle-
JOHANNAPARK
Marschnerstr.
F.-
Manetstr.
Martin-Luther-Ring
Wilhelm-Leuschner-Platz
Harkortstr.
Str.
Tauchnitz-
Dimitroffstr.
Brüderstr.
Petersteinweg
Wächterstr.
POL.
Karl-
MUSEUM DER
BILDENDEN KÜNSTE
Y
Z
19
25
3
14
18
29
4
21
38
24
13
22
26
28
23
34
33
41
a
c
n
t
r
q
s
T
M
P

LEIPZIG

Althner Straße	DY	2	Kolonnadenstr.	AZ	22
Am Hallischen Tor	BY	3	Kupfergasse	BZ	23
Barfußgäßchen	BY	4	Mädlerpassage	BZ	24
Dörrienstraße	DY	8	Nordplatz	BY	25
Grimmaischer Steinweg	CZ	12	Otto-Schill-Str.	BZ	26
Grimmaische Str.	BCYZ	13	Preußergäßchen	BZ	28
Große Fleischergasse	BY	14	Reichsstraße	BY	29
Katharinenstraße	BY	18	Reudnitzer Str.	DY	32
Kickerlingsberg	BY	19	Schloßgasse	BZ	33
Klostergasse	BY	21	Schulstraße	BZ	34
			Schützenstraße	DY	37
			Thomaskirchhof	BYZ	38
			Universitätsstr.	CZ	39
			Windmühlenstr.	BCZ	41
			Wintergartenstr.	CY	42

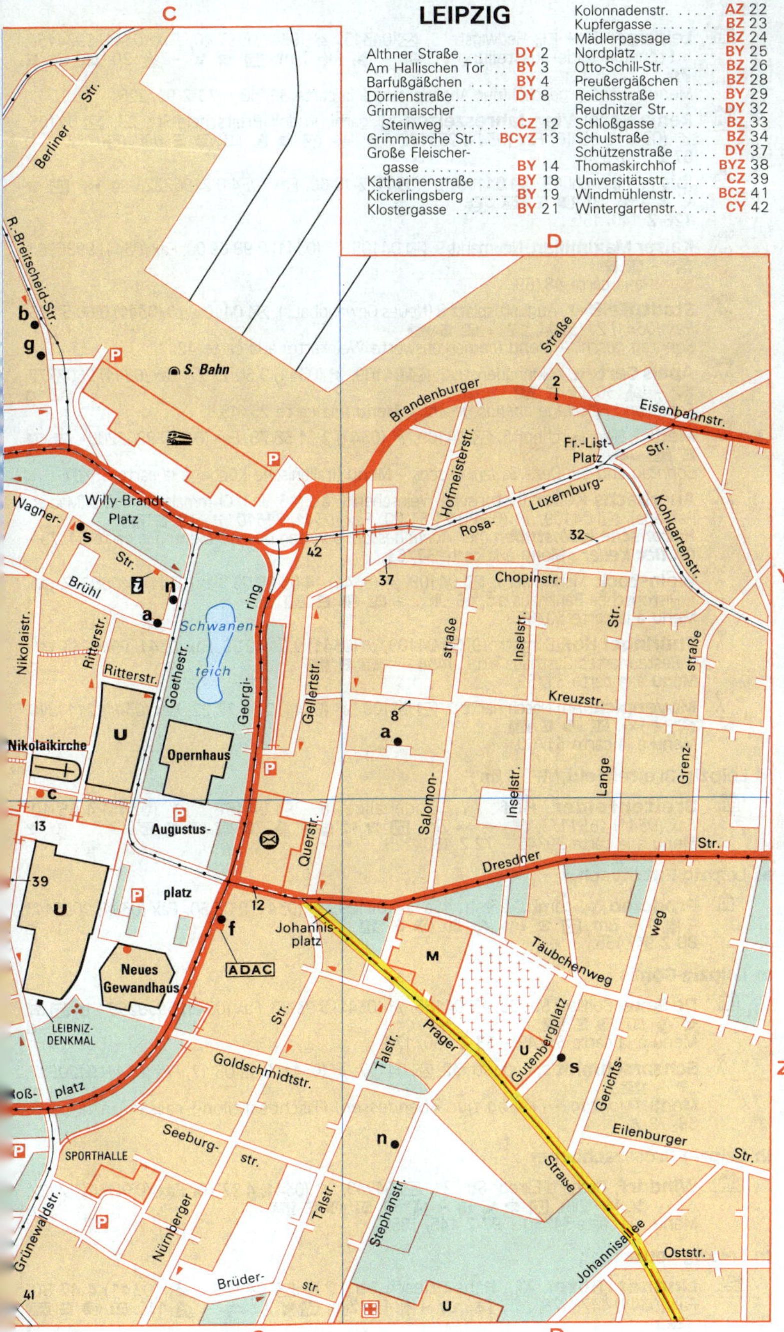

Leipziger Hof M, Hedwigstr. 3, ✉ 04315, (0341) 6 97 40, *Fax (0341) 6974150*, « Ständige Bilderausstellung », – , Zim, – 20. AE E VISA V t
Menu *(Sonntag geschl.)* (nur Abendessen) à la carte 36/48 – **73 Z** 99/225.

Rema-Hotel Vier Jahreszeiten M garni, Rudolf-Breitscheid-Str. 23, ✉ 04105, (0341) 9 85 10, *Fax (0341) 985122* – . AE E VISA JCB CY b
67 Z 150/330.

Ibis garni, Brühl 69, ✉ 04109, (0341) 2 18 60, *Fax (0341) 2186222* – . AE E VISA JCB CY a
126 Z 140/155.

Kaiser Maximilian, Neumarkt 9, ✉ 04105, (0341) 9 98 69 00, *Fax (0341) 9986901*, – AE E BZ a
Menu à la carte 48/69.

Stadtpfeiffer, Augustusplatz 8 (Neues Gewandhaus), ✉ 04109, (0341) 9 60 51 86, *Fax (0341) 2113594*, – AE E VISA CZ
Sonntag geschl. – **Menu** (bemerkenswerte Weinkarte) à la carte 42/72.

Apels Garten, Kolonnadenstr. 2, ✉ 04109, (0341) 9 60 77 77, *Fax (0341) 9607777*, – 30. AE E VISA AZ q
Sonn- und Feiertage abends geschl. – **Menu** à la carte 25/45.

Medici, Nikolaikirchhof 5, ✉ 04109, (0341) 2 11 38 78, *Fax (0341) 9262200* – AE E VISA JCB CY c
Sonntag und 22. Dez.- 3. Jan. geschl. – **Menu** (italienische Küche) à la carte 53/67.

Auerbachs Keller (historische Weinschenke a.d. 16. Jh.), Grimmaische Str. 2 (Mädler-Passage), ✉ 04109, (0341) 21 61 00, *Fax (0341) 2161011* – AE E VISA BYZ
Historische Weinstuben *(nur Abenddessen, Sonntag geschl.)* **Menu** à la carte 54/75 – ***Großer Keller*** **: Menu** à la carte 37/63.

Weinstock, Marktplatz 7, ✉ 04109, (0341) 14 06 06 06, *Fax (0341) 14060607*, , « Historisches Bankhaus a.d. 16. Jh. » – AE E VISA BY t
Menu à la carte 30/63.

Thüringer Hof, Burgstr. 19, ✉ 04109, (0341) 9 94 49 99, *Fax (0341) 9944933*, , « Restauriertes Gasthaus a.d.J. 1454 » – AE E VISA BZ s
Menu à la carte 31/59.

Mövenpick, Am Naschmarkt 1, ✉ 04109, (0341) 2 11 77 22, *Fax (0341) 2114810*, – . AE E VISA BY r
Menu à la carte 31/60.

In Leipzig-Breitenfeld *NW : 8 km :*

Breitenfelder Hof , Lindenallee 8, ✉ 04466, (0341) 4 65 10, *Fax (0341) 4651133*, – Zim, – 70. AE E VISA U z
Menu à la carte 29/45 – **72 Z** 180/225.

In Leipzig-Eutritzsch :

Prodomo garni, Gräfestr. 15a, ✉ 04129, (0341) 9 03 50, *Fax (0341) 9035113* – , Zim, . AE E VISA U c
80 Z 94/155.

In Leipzig-Gohlis :

De Saxe, Gohliser Str. 25, ✉ 04155, (0341) 5 93 80, *Fax (0341) 5938299* – . AE E VISA V d
Menu à la carte 31/49 – **33 Z** 130/170.

Schaarschmidt's, Coppistr. 32, ✉ 04157, (0341) 9 12 05 17, *Fax (0341) 9120517*, – VISA U m
Menu *(Montag - Freitag nur Abendessen)* (Tischbestellung ratsam) à la carte 36/72.

In Leipzig-Grosszschocher :

Windorf, Gerhard-Ellrodt-Str. 21, ✉ 04249, (0341) 4 27 70, *Fax (0341) 4277222*, – , Zim, – 50. AE E VISA V n
Menu à la carte 31/50 – **97 Z** 145/185.

In Leipzig-Leutzsch :

Lindner Hotel M, Hans-Driesch-Str. 27, ✉ 04179, (0341) 4 47 80, *Fax (0341) 4478478*, , , – , Zim, – 110. AE E VISA JCB V f
Menu à la carte 36/68 – **200 Z** 185/320, 15 Suiten.

In Leipzig-Lindenau :

City-Hotel Lindenau M, Georg-Schwarz-Str. 33, ✉ 04177, ✆ (0341) 4 48 03 10, *Fax (0341) 4480300*, – |‡|, ⇹ Zim, TV ☎ – 25. AE E VISA V r
Menu à la carte 35/47 – **52 Z** 135/190.

Merseburger Hof, Merseburger Str. 107, ✉ 04177, ✆ (0341) 4 77 44 62, *Fax (0341) 4774413*, Biergarten – |‡|, ⇹ Zim, TV ☎ ♿ P. AE ⓓ E VISA V s
Menu à la carte 29/48 – **50 Z** 99/198.

In Leipzig-Möckern :

Silencium M garni, Georg-Schumann-Str. 268, ✉ 04159, ✆ (0341) 9 01 29 90, *Fax (0341) 9012991* – |‡|, ⇹ Zim, TV ☎ – 40. AE E VISA U u
24. Dez. - 6. Jan. geschl. – **35 Z** 99/169.

In Leipzig-Paunsdorf :

Treff Hotel M, Schongauer Str. 39, ✉ 04329, ✆ (0341) 25 40, *Fax (0341) 2541550*, , – |‡|, ⇹ Zim, TV ♿ P – 600. AE ⓓ E VISA JCB V e
Menu à la carte 36/73 – **291 Z** 129/339.

In Leipzig-Portitz :

Accento M, Tauchaer Str. 260, ✉ 04349, ✆ (0341) 9 26 20, *Fax (0341) 9262100*, – |‡|, ⇹ Zim, Rest, TV ☎ P – 60. AE ⓓ E VISA JCB U n
18. - 28. Jan. geschl. – **Menu** *(Samstag - Sonntag geschl.)* (nur Abendessen) à la carte 27/48 – **115 Z** 179/249.

In Leipzig-Probstheida :

Parkhotel Diani M, Connewitzer Str. 19, ✉ 04289, ✆ (0341) 8 67 40, *Fax (0341) 8674250*, , , – |‡|, ⇹ Zim, TV ☎ P – 50. AE ⓓ E VISA V q
Menu à la carte 32/50 – **69 Z** 130/195.

In Leipzig-Reudnitz :

Berlin M garni, Riebeckstr. 30, ✉ 04317, ✆ (0341) 2 67 30 00, *Fax (0341) 2673280* – |‡| ⇹ TV ☎ – 10. AE ⓓ E VISA V x
51 Z 129/199.

In Leipzig-Schönefeld :

Stottmeister mit Zim, Kohlweg 45, ✉ 04347, ✆ (0341) 2 31 10 67, *Fax (0341) 2323456*, – P – 40. E V y
Menu à la carte 28/56 – **3 Z** 55/110.

In Leipzig-Seehausen *N : 8 km :*

Im Sachsenpark M, Walther-Köhn-Str. 3, ✉ 04356, ✆ (0341) 5 25 20, *Fax (0341) 5252528*, – |‡|, ⇹ Zim, Zim, TV ☎ ♿ P – 60. AE ⓓ E VISA. Rest U h
Menu à la carte 33/55 – **112 Z** 169/298.

Residenz M, Residenzstr. 43 (OT Hohenheida), ✉ 04448, ✆ (034298) 4 50, *Fax (034298) 69241*, , – |‡|, ⇹ Zim, TV ☎ P – 40. AE E VISA U e
Menu à la carte 27/50 – **53 Z** 115/180.

In Leipzig-Stötteritz :

Balance Hotel M, Wasserturmstr. 33, ✉ 04299, ✆ (0341) 8 67 90, *Fax (0341) 8679444*, , – |‡|, ⇹ Zim, Rest, TV ☎ ♿ – 25. AE ⓓ E VISA JCB. Rest V m
Menu à la carte 31/53 – **126 Z** 195/395, 16 Suiten.

Leipzig-Wiederitzsch *N : 7 km :*

Atrium M, Seehausener Str. 29, ✉ 04448, ✆ (0341) 5 24 00, *Fax (0341) 5240133*, – |‡|, ⇹ Zim, TV ☎ ♿ P – 70. AE ⓓ E VISA U t
Menu *(Sonntag geschl.)* (nur Abendessen) à la carte 27/41 – **54 Z** 140/180.

Hiemann M, Delitzscher Landstr. 75, ✉ 04448, ✆ (0341) 5 25 30, *Fax (0341) 5253154*, , – |‡|, ⇹ Zim, TV ☎ ♿ P – 25. AE ⓓ E VISA U v
Menu à la carte 29/54 – **37 Z** 115/185.

Achat M, Rosmarinweg 2, ✉ 04448, ✆ (0341) 5 24 60, *Fax (0341) 5246999*, – |‡|, ⇹ Zim, TV ☎ ♿ P – 30. AE E VISA U s
23. Dez. - 1. Jan. geschl. – **Menu** à la carte 27/43 – **99 Z** 123/163.

Papilio M, Delitzscher Landstr. 100, ✉ 04448, ✆ (0341) 52 61 10, *Fax (0341) 5261110*, – TV ☎ P – 20. AE ⓓ E VISA. Rest U r
(Restaurant nur für Hausgäste) – **30 Z** 95/160.

In Markkleeberg *S : 8 km über ⑤ :*

Markkleeberger Hof M, Städtelner Str. 122, ✉ 04416, ✆ (034299) 1 20, *Fax (034299) 12222* – Zim, . AE E VISA JCB
Menu à la carte 27/57 – **60 Z** 135/165.

In Wachau *SO : 8 km, über Prager Straße V :*

Atlanta Park Inn M, Südring 21, ✉ 04445, ✆ (034297) 8 40, *Fax (034297) 84999*, – Zim, – 220. AE E VISA
Menu à la carte 39/57 – **197 Z** 130/180, 6 Suiten.

In Rückmarsdorf *W : 12 km über ⑦ :*

3 Linden, Merseburger Str. 12, ✉ 04430, ✆ (0341) 9 41 01 24, *Fax (0341) 9410129*, – Zim, – 30. AE E VISA
Menu *(Montag - Freitag nur Abendessen)* à la carte 25/39 – **40 Z** 135/165.

In Dölzig *W : 13 km über ⑦ :*

Ibis, Ringstr. 83 (Gewerbepark), ✉ 04430, ✆ (034205) 6 20, *Fax (034205) 62222*, – Zim, – 40. AE E VISA JCB
Menu *(Samstag - Sonntag geschl.)* à la carte 26 – **70 Z** 95/110.

In Markranstädt *SW : 13 km über ⑥ :*

Consul Park Hotel M, Krakauer Str. 49, ✉ 04420, ✆ (034205) 6 00, *Fax (034205) 60200*, – Zim, – 100
58 Z.

LEIWEN *Rheinland-Pfalz 417 Q 4 – 1 700 Ew – Höhe 114 m.*

Tourist-Information, Römerstr. 1, ✉ 54340, ✆ (06507) 31 00, Fax (06507) 3052.
Berlin 705 – Mainz 142 – Trier 40 – Bernkastel-Kues 29.

Wappen von Leiwen, Klostergartenstr. 52, ✉ 54340, ✆ (06507) 35 79, *Fax (06507) 3579*, –
Menu à la carte 30/60 – **14 Z** 55/100 – ½ P 24.

Außerhalb *O : 2,5 km :*

Zummethof , Panoramaweg 1, ✉ 54340 Leiwen, ✆ (06507) 9 35 50, *Fax (06507) 935544*, < Trittenheim und Moselschleife, « Terrasse », – – 60. E VISA
28. Dez. - 6. März geschl. – **Menu** à la carte 26/58 – **25 Z** 75/140.

LEMBERG *Rheinland-Pfalz 417 419 S 6 – 4 000 Ew – Höhe 320 m – Erholungsort.*

Berlin 689 – Mainz 129 – Saarbrücken 68 – Pirmasens 5,5 – Landau in der Pfalz 42.

Gasthaus Neupert mit Zim, Hauptstr. 2, ✉ 66969, ✆ (06331) 4 09 12, *Fax (06331) 40936*, – . AE E VISA.
Juli - Aug. 2 Wochen geschl. – **Menu** *(Montag geschl.)* à la carte 28/55 – **7 Z** 65/95 – ½ P 18.

LEMBRUCH *Niedersachsen 415 I 9 – 900 Ew – Höhe 40 m – Erholungsort.*

Berlin 407 – Hannover 119 – Bielefeld 88 – Bremen 77 – Osnabrück 42.

Seeschlößchen, Große Str. 73, ✉ 49459, ✆ (05447) 9 94 40, *Fax (05447) 1796*, , – – 100. AE E VISA
Menu à la carte 32/74 – **20 Z** 98/170 – ½ P 28.

Seeblick (mit Gästehaus), Birkenallee 41, ✉ 49459, ✆ (05447) 9 95 80, *Fax (05447) 1441*, <, , , – – 40. E VISA
Menu à la carte 41/68 – **17 Z** 105/200 – ½ P 28.

Dümmerhotel Strandlust , Seestr. 51, ✉ 49459, ✆ (05447) 9 93 30, *Fax (05447) 993344*, <, , – Rest, – 15. Zim
Menu *(Okt. - März Dienstag geschl.)* à la carte 33/60 – **13 Z** 90/180 – ½ P 20.

Landhaus Götker, Tiemanns Hof 1, ✉ 49459, ✆ (05447) 12 57, *Fax (05447) 1057*, – . AE E VISA
Montag - Dienstag, 2. - 18. Jan. und Okt. 2 Wochen geschl. – **Menu** (bemerkenswerte Weinkarte) 70/155 und à la carte 76/100
Spez. Dümmerhechtterrine und zweierlei Aal. Wildhasenbratwurst mit Grünkohl. Stippmilch mit Beeren.

LEMFÖRDE *Niedersachsen* 415 *I 9 – 2 100 Ew – Höhe 44 m.*
Berlin 389 – Hannover 126 – Bielefeld 83 – Bremen 84 – Osnabrück 36.

In Lemförde-Stemshorn *SW : 2,5 km :*

Tiemann's Hotel, An der Brücke 26, ✉ 49448, ✆ (05443) 99 90, *Fax (05443) 99950,* « Kleiner Garten, Terrasse », – – 40. AE E VISA. Rest
April und Juli jeweils 2 Wochen geschl. – **Menu** *(Samstagmittag und Sonntagabend geschl.)* à la carte 36/69 – **28 Z** 90/185 – ½ P 25.

LEMGO *Nordrhein-Westfalen* 417 *J 10 – 44 000 Ew – Höhe 98 m.*
Sehenswert : *Altstadt★ (Rathaus★★, Junkerhaus★).*
Lemgo-Information, Papenstr. 7, ✉ 32657, ✆ (05261) 21 33 47, Fax (05261) 213492.
Berlin 372 – Düsseldorf 198 – Bielefeld 33 – Detmold 12 – Hannover 88.

Lemgoer Hof garni, Detmolder Weg 14 (B 238), ✉ 32657, ✆ (05261) 9 76 70, *Fax (05261) 976720* – . AE E VISA JCB
Weihnachten - Neujahr geschl. – **16 Z** 110/175.

In Lemgo-Kirchheide *N : 8 km :*

Im Borke, Salzufler Str. 132, ✉ 32657, ✆ (05266) 16 91, *Fax (05266) 1231,* « Garten », – – 60. E VISA
Menu *(Mittwoch - Donnerstagmittag und Juli 2 Wochen geschl.)* à la carte 29/58 – **36 Z** 80/150.

In Lemgo-Matorf *N : 5,5 km :*

Gasthof Hartmann - Hotel An der Ilse, Vlothoer Str. 77, ✉ 32657, ✆ (05266) 80 90, *Fax (05266) 1071,* Biergarten, , , – – 100. E VISA
Menu *(Montagmittag, Dienstagmittag und Feb. 2 Wochen geschl.)* à la carte 23/63 – **44 Z** 74/119.

LENGEFELD KREIS MARIENBERG *Sachsen* 418 *N 23 – 3 400 Ew – Höhe 514 m.*
Berlin 274 – Desden 68 – Chemnitz 31 – Chomutov 47.

In Lengefeld-Obervorwerk *SW : 1,5 km :*

Waldesruh, Obervorwerk 1, ✉ 09514, ✆ (037367) 30 90, *Fax (037367) 309252,* , – . AE E VISA
Menu à la carte 25/52 – **23 Z** 82/144.

LENGENFELD (Vogtland) *Sachsen* 418 420 *O 21 – 7 800 Ew – Höhe 387 m.*
Fremdenverkehrsamt, Hauptstr. 1, ✉ 08485, ✆ (037606) 3 05 12, Fax (037606) 30546.
Berlin 298 – Dresden 126 – Gera 51 – Plauen 26.

Lengenfelder Hof [M], Auerbacher Str. 2, ✉ 08485, ✆ (037606) 87 70, *Fax (037606) 2243,* , – 120. AE E VISA
Menu à la carte 20/42 – **53 Z** 95/135.

LENGERICH *Nordrhein-Westfalen* 417 *J 7 – 22 500 Ew – Höhe 80 m.*
Verkehrsamt, Rathausplatz 1, ✉ 49525, ✆ (05481) 8 24 22, Fax (05481) 7880.
Berlin 438 – Düsseldorf 173 – Bielefeld 57 – Nordhorn 74 – Münster (Westfalen) 39 – Osnabrück 17.

Hinterding mit Zim, Bahnhofstr. 72, ✉ 49525, ✆ (05481) 9 42 40, *Fax (05481) 942421,* – . E VISA.
Menu *(Donnerstag - Freitagmittag geschl.)* (Tischbestellung ratsam) à la carte 65/92 – **6 Z** 130/180
Spez. Warmer Salat von Artischocken und weißen Bohnen mit Jakobsmuscheln. Taubenkotelette mit Stopfleber und Kohl. Quarktörtchen mit Beeren.

LENGGRIES *Bayern* 419 420 *W 18 – 9 000 Ew – Höhe 679 m – Luftkurort – Wintersport : 680/1 700 m 1 19.*
Verkehrsamt, Rathausplatz 1, ✉ 83661, ✆ (08042) 50 08 20, Fax (08042) 500840.
Berlin 649 – München 60 – Garmisch-Partenkirchen 62 – Bad Tölz 9 – Innsbruck 88.

Alpenrose garni, Brauneckstr. 1, ✉ 83661, ✆ (08042) 9 15 50, *Fax (08042) 5200,* , – . E VISA
Ende Nov. - Anfang Dez. geschl. – **21 Z** 71/130.

Altwirt, Marktstr. 13, ✉ 83661, ✆ (08042) 80 85, *Fax (08042) 5357,* , –
Mitte Nov. - 20. Dez. geschl. – **Menu** *(Montag geschl.)* à la carte 28/57 – **19 Z** 75/125 – ½ P 25.

In Lenggries-Schlegldorf *NW : 5 km :*

Schweizer Wirt, ✉ 83661, ✆ (08042) 89 02, *Fax (08042) 3483,* « Ehemaliger Bauernhof a. d. J. 1632 » – AE E VISA
Montag - Dienstagmittag, im Winter auch Dienstagabend geschl. – **Menu** à la carte 42/79.

In Lenggries-Fall *SW : 14 km :*

Jäger von Fall, Ludwig-Ganghofer-Str. 8, ✉ 83661, ✆ (08045) 1 30, *Fax (08045) 13222,* – 120. AE E VISA JCB
Menu à la carte 32/47 – **70 Z** 115/175 – ½ P 30.

LENNESTADT *Nordrhein-Westfalen* 417 *M 8 – 28 500 Ew – Höhe 285 m.*

Verkehrsamt, Rathaus, Helmut-Kumpf-Str. 25 (Altenhundem), ✉ 57368, ✆ (02723) 60 88 01, Fax (02723) 608119.

Berlin 526 – Düsseldorf 130 – Siegen 42 – Meschede 48 – Olpe 19.

In Lennestadt-Altenhundem :

Cordial, Hundemstr. 93 (B 517), ✉ 57368, ✆ (02723) 67 71 00, *Fax (02723) 677101,* – Zim, – 70. E VISA.
Menu *(Sonntagabend - Montagmittag geschl.)* à la carte 34/66 – **22 Z** 68/180 – ½ P 22.

In Lennestadt-Bilstein *SW : 6 km ab Altenhundem :*

Faerber-Luig, Freiheit 42 (B 55), ✉ 57368, ✆ (02721) 98 30, *Fax (02721) 983299,* – 80. AE E VISA. Rest
Menu 28 (mittags) und à la carte 49/78 – **75 Z** 98/226.

In Lennestadt-Bonzel *W : 9 km ab Altenhundem :*

Haus Kramer, Bonzeler Str. 7, ✉ 57368, ✆ (02721) 9 84 20, *Fax (02721) 984220,* – 20. AE E. Rest
– **Menu** *(Montag geschl.)* à la carte 28/48 – **24 Z** 69/126.

In Lennestadt-Kirchveischede *SW : 7 km ab Altenhundem :*

Landhotel Laarmann, Westfälische Str. 52 (B 55), ✉ 57368, ✆ (02721) 98 50 30, *Fax (02721) 9850355,* – 30. AE E VISA
Menu à la carte 43/78 – **20 Z** 80/160.

In Lennestadt-Oedingen *NO : 11 km ab Altenhundem :*

Haus Buckmann , Rosenweg 10, ✉ 57368, ✆ (02725) 2 51, *Fax (02725) 7340,* – 40. AE E VISA.
Menu *(Mittwoch geschl.)* à la carte 38/70 – **16 Z** 78/180 – ½ P 28.

In Lennestadt-Saalhausen *O : 8 km ab Altenhundem – Luftkurort :*

Haus Hilmeke , Störmecke (O : 2 km), ✉ 57368, ✆ (02723) 9 14 10, *Fax (02723) 80016,*
21. - 26. Juni und 8. Nov. - 26. Dez. geschl. – **Menu** (Abendessen nur für Hausgäste) à la carte 37/59 – **30 Z** 99/252 – ½ P 15/30.

Landhotel Voss, Winterberger Str. 36 (B 236), ✉ 57368, ✆ (02723) 81 14, *Fax (02723) 8287,* E VISA. Zim
Ende Nov. - 25. Dez. geschl. – **Menu** *(Mittwochabend geschl.)* à la carte 32/60 – **19 Z** 80/190 – ½ P 25.

LENNINGEN *Baden-Württemberg* 419 *U 12 – 9 400 Ew – Höhe 530 m – Wintersport : 700/870 m* 3.

Berlin 631 – Stuttgart 49 – Reutlingen 27 – Ulm (Donau) 66.

In Lenningen-Unterlenningen :

Lindenhof, Kirchheimer Str. 29, ✉ 73252, ✆ (07026) 29 30, *Fax (07026) 7473* –
Montagabend - Dienstag sowie Feb. - März und Aug. - Sept. jeweils 2 Wochen geschl. – **Menu** à la carte 39/72.

LENZEN (ELBE) *Brandenburg* 416 *G 18 – 2 500 Ew – Höhe 20 m.*

Berlin 181 – Potsdam 156 – Schwerin 67 – Ludwigslust 30 – Salzwedel 63.

Am Rudower See, Mühlenweg 6, ✉ 19309, ✆ (038792) 99 10, *Fax (038792) 991124,* – Zim, – 20. AE E VISA
Menu à la carte 28/41 – **16 Z** 80/120.

LENZKIRCH *Baden-Württemberg* 419 *W 8 – 4 800 Ew – Höhe 810 m – Heilklimatischer Kurort – Wintersport : 800/1 192 m* 3.

Kur und Touristik, Am Kurpark 2, ✉ 79853, ✆ (07653) 6 84 39, Fax (07653) 68420, in Saig : Dorfplatz 9, ✉ 79853, ✆ (07653) 96 20 40, Fax (07653) 962042.

Berlin 788 – Stuttgart 158 – Freiburg im Breisgau 40 – Donaueschingen 35 – Schaffhausen 50.

Vogt, Am Kurpark 7, ✉ 79853, ✆ (07653) 7 06, *Fax (07653) 6778*, – ✆ P. E VISA
Anfang Nov. - Anfang Dez. geschl. – **Menu** *(Montag geschl.)* à la carte 28/58 – **13 Z** 85/250 – ½ P 30.

In Lenzkirch-Kappel *NO : 3 km – Luftkurort :*

Straub (mit Gästehaus), Neustädter Str. 3, ✉ 79853, ✆ (07653) 64 08, *Fax (07653) 9429*, – Rest, ✆ P
Mitte Nov. - Mitte Dez. geschl. – **Menu** *(Samstag geschl.)* à la carte 26/55 – **33 Z** 60/150 – ½ P 22.

Zum Pfauen, Mühlhaldenweg 1, ✉ 79853, ✆ (07653) 7 88, *Fax (07653) 6257*, Biergarten, – ✆ P. AE E VISA
Mitte Nov. - Mitte Dez. geschl. – **Menu** *(Montag geschl.)* à la carte 26/48 – **25 Z** 55/120 – ½ P 25.

In Lenzkirch-Raitenbuch *W : 4 km :*

Grüner Baum, Raitenbucher Str. 17, ✉ 79853, ✆ (07653) 2 63, *Fax (07653) 466*, – P. E VISA
18. April - 1. Mai und Nov. - 18. Dez. geschl. – **Menu** *(Montag geschl.)* à la carte 28/55 – **17 Z** 62/112 – ½ P 21.

In Lenzkirch-Saig *NW : 7 km – Heilklimatischer Kurort :*

Saigerhöh, ✉ 79853, ✆ (07653) 68 50, *Fax (07653) 741*, Massage, (Halle) – ✆ P – 90. AE E VISA
Menu à la carte 42/75 – **106 Z** 120/330, 16 Suiten – ½ P 15.

Ochsen, Dorfplatz 1, ✉ 79853, ✆ (07653) 9 00 10, *Fax (07653) 900170*, « Schwarzwaldgasthof a.d. 17.Jh. », – ✆ P. AE E VISA
9. Nov. - 18. Dez. geschl. – **Menu** *(Dienstag - Mittwochmittag geschl.)* à la carte 31/62 – **36 Z** 88/204 – ½ P 29.

Hochfirst, Dorfplatz 5, ✉ 79853, ✆ (07653) 7 51, *Fax (07653) 505*, « Gartenterrasse », – ✆ P
12. April - 7. Mai und 2. Nov. - 20. Dez. geschl. – **Menu** *(Mittwochabend - Donnerstag geschl.)* à la carte 28/52 – **24 Z** 70/185 – ½ P 28.

Sporthotel Sonnhalde, Hochfirstweg 24, ✉ 79853, ✆ (07653) 6 80 80, *Fax (07653) 6808100*, – ✆ P – 60. E VISA
Menu *(Sonntagabend- Montag geschl.)* à la carte 25/52 – **42 Z** 65/200 – ½ P 30.

LEONBERG *Baden-Württemberg* 419 *T 11 – 45 000 Ew – Höhe 385 m.*

Verkehrsverein, Römerstr. 110 (Stadthalle), ✉ 71229, ✆ (07152) 7 30 22, Fax (07152) 975597.

Berlin 631 – Stuttgart 15 – Heilbronn 55 – Pforzheim 33 – Tübingen 43.

Amber Hotel Panorama, Römerstr. 102, ✉ 71229, ✆ (07152) 30 33, *Fax (07152) 303499*, – Zim, ✆ P – 25. AE E VISA. Rest
Menu à la carte 35/56 – **145 Z** 155/205.

In Leonberg-Eltingen :

Hirsch (mit Gästehäusern), Hindenburgstr. 1, ✉ 71229, ✆ (07152) 9 76 60, *Fax (07152) 976688*, « Weinstube mit Innenhof », – Zim, ✆ P – 30. AE E VISA. Zim
Menu à la carte 42/71 *(auch vegetarische Gerichte)* – **60 Z** 100/180.

Kirchner, Leonberger Str. 14, ✉ 71229, ✆ (07152) 6 06 30, *Fax (07152) 606360*, – ✆ P – 40. AE E VISA
Menu à la carte 25/62 – **37 Z** 104/170.

In Leonberg-Höfingen *N : 4 km :*

Schloß Höfingen mit Zim (Schloß a.d. 11. Jh.), Am Schloßberg 17, ✉ 71229, ✆ (07152) 2 10 49, *Fax (07152) 28141* – ✆ P. AE E VISA
Aug. 3 Wochen geschl. – **Menu** *(Sonntag - Montag und Feiertage geschl.)* 118/148 und à la carte 77/103 – **9 Z** 95/140
Spez. Gebackene Langostinos mit Pesto-Couscous. Variation vom Ochsenschwanz. Holunderblütenkaltschale mit Himbeersorbet.

In Leonberg-Ramtel :

Eiss, Neue Ramtelstr. 28, ✉ 71229, ✆ (07152) 94 40, *Fax (07152) 944440,* , , – , Zim, – 110. VISA JCB
Menu *(2. - 10. Jan. geschl.)* à la carte 35/76 – **82 Z** 154/280, 3 Suiten.

In Renningen *SW : 6,5 km :*

Walker, Rutesheimer Str. 62, ✉ 71272, ✆ (07159) 60 45, *Fax (07159) 7455,* – – 30. VISA
Menu *(Sonntagabend geschl.)* à la carte 50/71 – **23 Z** 155/185.

LEUTERSHAUSEN *Bayern 419 420 S 15 – 5 200 Ew – Höhe 420 m.*

Berlin 500 – München 199 – Nürnberg 76 – Rothenburg ob der Tauber 20 – Würzburg 85 – Ansbach 12.

Neue Post, Mühlweg 1, ✉ 91578, ✆ (09823) 89 11, *Fax (09823) 8268* –
Menu *(Montag geschl.)* à la carte 22/45 – **14 Z** 45/100.

LEUTKIRCH *Baden-Württemberg 419 420 W 14 – 22 000 Ew – Höhe 655 m.*

Gästeamt, Gänsbühl 6, ✉ 88299, ✆ (07561) 8 71 54, Fax (07561) 87186.
Berlin 681 – Stuttgart 171 – Konstanz 108 – Kempten (Allgäu) 31 – Ulm (Donau) 79 – Bregenz 50.

Linde, Lindenstr. 1, ✉ 88299, ✆ (07561) 24 15, *Fax (07561) 70230,* – . VISA
Menu *(Samstag - Sonntag geschl.)* à la carte 33/57 – **8 Z** 85/150.

Zum Rad, Obere Vorstadtstr. 5, ✉ 88299, ✆ (07561) 9 85 60, *Fax (07561) 2067* –
März 1 Woche geschl. – **Menu** *(Freitag geschl.)* à la carte 31/51 – **25 Z** 70/150.

LEVERKUSEN *Nordrhein-Westfalen 417 M 4 – 165 000 Ew – Höhe 45 m.*

ADAC, *Dönhoffstr. 40, ✉ 51373, ✆ (0221) 47 27 47, Fax (0214) 43724.*
Berlin 567 ③ – Düsseldorf 30 ① – Köln 16 ⑥ – Wuppertal 41 ①.

Stadtplan siehe gegenüberliegende Seite

Ramada, Am Büchelter Hof 11, ✉ 51373, ✆ (0214) 38 30, *Fax (0214) 383800,* , , – , Zim, – 110. VISA JCB. Rest AZ h
Menu à la carte 40/72 – **200 Z** 205/260.

City Hotel garni, Wiesdorfer Platz 8, ✉ 51373, ✆ (0214) 4 20 46, *Fax (0214) 43025* – , Zim, – 20. VISA AZ e
20. Dez. - 6. Jan. geschl. – **71 Z** 155/195.

La Concorde, Hardenbergstr. 91, ✉ 51373, ✆ (0214) 6 39 38, *Fax (0214) 63938* – VISA AY s
Samstagmittag, Sonn- und Feiertage sowie Juli - Aug. 3 Wochen geschl. – **Menu** (Tischbestellung ratsam) à la carte 54/81.

In Leverkusen-Fettehenne ④ *: 8 km :*

Fettehenne garni, Berliner Str. 40 (B 51), ✉ 51377, ✆ (0214) 9 10 43, *Fax (0214) 91045,* , – . VISA
37 Z 90/180.

In Leverkusen-Küppersteg :

Haus Janes garni, Bismarckstr. 71, ✉ 51373, ✆ (0214) 6 40 43, *Fax (0214) 69642* – AY a
31 Z 95/160, 3 Suiten.

Haus am Park, Bismarckstr. 186, ✉ 51373, ✆ (0214) 4 63 70, *Fax (0214) 49788,* – . VISA AY u
Menu à la carte 33/70 *(auch vegetarische Gerichte).*

In Leverkusen-Manfort :

Fück, Kalkstr. 127, ✉ 51377, ✆ (0214) 87 60 90, *Fax (0214) 8760950* – . VISA BY u
Menu *(Sonntag geschl.)* à la carte 35/60 – **19 Z** 85/200.

In Leverkusen-Pattscheid :

Landhotel May-Hof, Burscheider Str. 285 (B 232), ✉ 51381, ✆ (02171) 3 09 39, *Fax (02171) 33872,* Biergarten – BX r
Anfang Jan. und Juli - Aug. jeweils 2 Wochen geschl. – **Menu** *(Montag - Dienstagmittag geschl.)* à la carte 24/55 – **16 Z** 80/150.

LEVERKUSEN

Alkenrather Straße	BY	2
Am Abtshof	BZ	3
Bahnallee	BZ	5
Bahnhofstraße	BZ	7
Bergische Landstr.	BY	8
Bismarckstraße	AY	10
Bracknellstraße	BZ	12
Breidenbachstraße	AZ	13
Carl-Leverkus-Straße	AZ	14
Düsseldorfer Str.	AX, BZ	17
Europaring	AY, AZ	18
Freiherr-vom-Stein-Straße	BZ	19
Friedlieb-Ferdinand-Runge-Straße	AZ	20
Friedrich-Ebert-Str.	AZ	21
Gartenstraße	BZ	22
Gerichtstraße	BZ	23
Goethestraße	BZ	24
Gustav-Heinemann-Straße	ABY	25
Hauptstraße	AZ	
Herbert-Wehner-Straße	BY	26
Herzogstraße	BZ	27
Manforter-Str.	AY, AZ	37
Olof-Palme-Str.	AY	40
Opladener Platz	BZ	41
Raoul-Wallenberg-Straße	AX	43
Rat-Deycks-Straße	BZ	44
Rennbaumstraße	AX	45
Robert-Blum-Str.	AY	49
Robert-Koch-Straße	BZ	50
Uhlandstraße	BX	52
Von-Knoeringen-Str.	BX	54
Wiesdorfer Platz	AZ	56

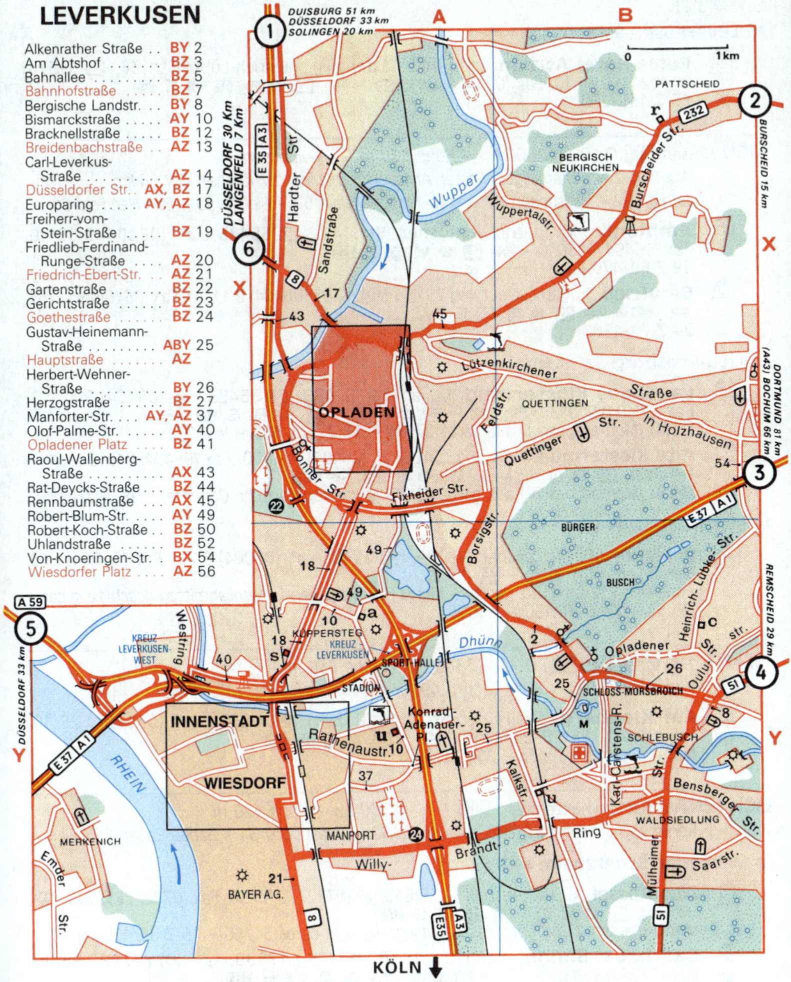

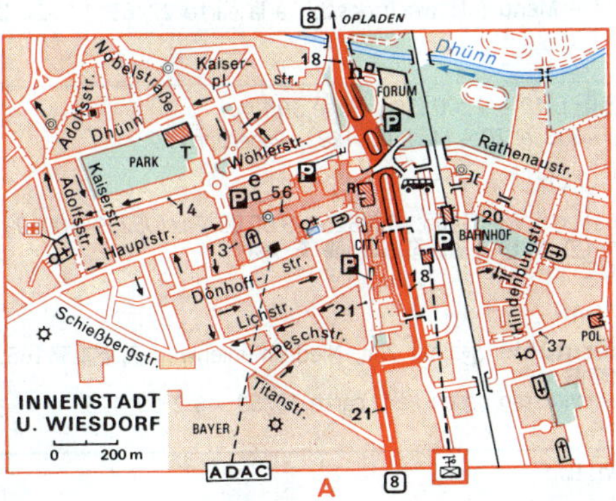

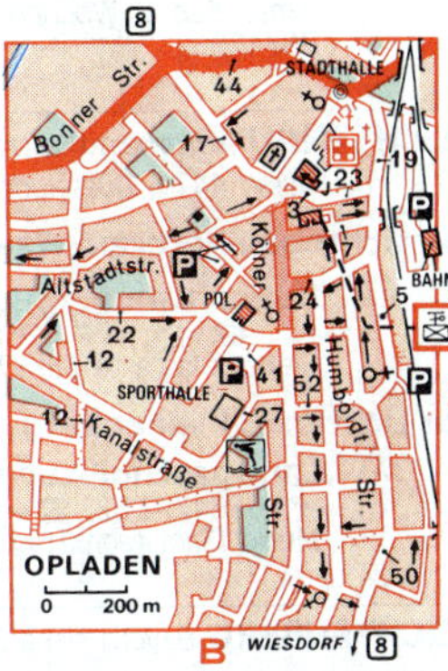

In Leverkusen-Schlebusch :

Rema-Hotel Atrium garni (mit Gästehaus), Heinrich-Lübke-Str. 36, ✉ 51375, ✆ (0214) 5 60 10, *Fax (0214) 56011*, – . AE E VISA BY c
55 Z 135/280.

LICH *Hessen* 417 *O 10 – 12 500 Ew – Höhe 170 m – Erholungsort.*

Ausflugsziel : *Ehemaliges Kloster Arnsburg★ : Ruine der Kirche★ SW : 4 km.*

Berlin 492 – Wiesbaden 87 – Frankfurt am Main 57 – Gießen 13 – Bad Hersfeld 90.

Ambiente M garni, Hungener Str. 46, ✉ 35423, ✆ (06404) 9 15 00, *Fax (06404) 915050* – . E VISA
19 Z 99/170.

Bergfried garni, Kreuzweg 25, ✉ 35423, ✆ (06404) 9 11 70, *Fax (06404) 911755*, , – . AE E VISA
24 Z 70/150.

In Lich-Arnsburg *SW : 4 km :*

Landhaus Klosterwald M, an der B 488, ✉ 35423, ✆ (06404) 9 10 10, *Fax (06404) 910134*, , – – 80. AE E VISA JCB
Menu *(Montag geschl.)* à la carte 27/79 – **18 Z** 115/180 – ½ P 25.

Alte Klostermühle , ✉ 35423, ✆ (06404) 9 19 00, *Fax (06404) 919091*, – Rest, – 30. AE E VISA. Rest
Menu *(Montag geschl.)* à la carte 42/76 *(auch vegetarische Gerichte)* – **26 Z** 92/235.

In Lich-Eberstadt *SW : 6 km :*

Pfaffenhof, Butzbacher Str. 25, ✉ 35423, ✆ (06004) 6 29, *Fax (06004) 530*, Biergarten – – 15. E
Ende Dez. - Anfang Jan. geschl. – **Menu** *(Sonntagabend - Montagmittag geschl.)* à la carte 32/52 – **17 Z** 40/130 – ½ P 25.

LICHTE *Thüringen* 418 420 *O 17 – 2 300 Ew – Höhe 630 m.*

Berlin 316 – Erfurt 88 – Coburg 49 – Suhl 43.

Am Kleeberg, Saalfelder Str. 115 (B 281), ✉ 98739, ✆ (036701) 26 10, *Fax (036701) 26128*, Biergarten, – . E VISA
Menu à la carte 18/35 – **20 Z** 50/90.

LICHTENAU *Baden-Württemberg* 419 *T 7 – 4 300 Ew – Höhe 129 m.*

Berlin 723 – Stuttgart 122 – Karlsruhe 52 – Strasbourg 31 – Baden-Baden 28.

In Lichtenau-Scherzheim *S : 2,5 km :*

Zum Rössel , Rösselstr. 6, ✉ 77839, ✆ (07227) 9 59 50, *Fax (07227) 959550*, , – – 40. AE E VISA
Menu *(Dienstag und über Fastnacht geschl.)* à la carte 31/60 – **16 Z** 85/130.

Gasthaus Blume, Landstr. 18 (B 36), ✉ 77839, ✆ (07227) 97 96 80, *Fax (07227) 9796868*, – . AE E VISA
Jan. - Feb. 3 Wochen geschl. – **Menu** *(Mittwoch geschl.)* à la carte 22/63 – **24 Z** 70/120.

LICHTENAU *Nordrhein-Westfalen* 417 *L 10 – 9 200 Ew – Höhe 308 m.*

Berlin 447 – Düsseldorf 186 – Kassel 70 – Marburg 118 – Paderborn 17.

In Lichtenau-Herbram-Wald *NO : 9 km :*

Hubertushof , Hubertusweg 5, ✉ 33165, ✆ (05259) 8 00 90, *Fax (05259) 800999*, , , , – Zim, – 30. AE E VISA
Menu à la carte 33/57 – **50 Z** 105/150.

In Lichtenau-Kleinenberg *SO : 7 km :*

Landgasthof zur Niedermühle mit Zim, Niedermühlenweg 7, ✉ 33165, ✆ (05647) 2 52, – . AE E
Menu *(Samstagmittag und Donnerstag geschl.)* à la carte 33/59 – **5 Z** 59/125.

LICHTENBERG *Bayern siehe Steben, Bad.*

LICHTENFELS *Bayern* 418 420 *P 17 – 21 000 Ew – Höhe 272 m.*

Ausflugsziel : Wallfahrtskirche Vierzehnheiligen★★ (Nothelfer-Altar★★) S : 5 km.

Städt. Verkehrsamt, Marktplatz 1, 96215, (09571) 79 50, Fax (09571) 795192.

Berlin 372 – München 268 – Coburg 18 – Bayreuth 53 – Bamberg 33.

Preussischer Hof, Bamberger Str. 30, 96215, (09571) 50 15, *Fax (09571) 2802,* – Zim, – 20. *24. - 30. Dez. geschl.* – **Menu** *(Freitag und Juli - August 3 Wochen geschl.)* à la carte 21/52 – **40 Z** 59/128.

City-Hotel garni, Bahnhofsplatz 5, 96215, (09571) 9 24 30, *Fax (09571) 924340* – **26 Z** 73/156.

In Lichtenfels-Reundorf *SW : 5 km :*

Müller, Kloster-Banz-Str. 4, 96215, (09571) 60 21, *Fax (09571) 70947,* , – . Zim *Ende Okt. - Mitte Nov. geschl.* – **Menu** *(Mittwoch - Donnerstag geschl.)* à la carte 20/38 – **40 Z** 53/96.

In Michelau *NO : 5 km :*

Spitzenpfeil, Alte Poststraße 4 (beim Hallenbad), 96247, (09571) 8 80 81, *Fax (09571) 83630,* Biergarten – . Zim *Anfang - Mitte Jan. und Mitte - Ende Aug. geschl.* – **Menu** *(Montag geschl.)* à la carte 21/35 – **18 Z** 49/112.

In Marktzeuln *NO : 9 km :*

Mainblick, Schwürbitzer Str. 25, 96275, (09574) 30 33, *Fax (09574) 4005,* , , – – 15. **Menu** à la carte 29/59 – **18 Z** 65/110.

LICHTENSTEIN *Sachsen* 418 *N 21 – 12 200 Ew – Höhe 330 m.*

Berlin 263 – Dresden 117 – Chemnitz 18 – Zwickau 10.

Goldener Helm M, Innere Zwickauer Str. 6, 09350, (037204) 6 20, *Fax (037204) 62110,* , Biergarten, Massage, – , Zim, – 120. **Menu** à la carte 26/50 – **42 Z** 120/170.

LICHTENSTEIN *Baden-Württemberg* 419 *U 11 – 8 200 Ew – Höhe 565 m – Wintersport : 700/820 m 4.*

Berlin 687 – Stuttgart 51 – Reutlingen 16 – Sigmaringen 48.

In Lichtenstein-Honau :

Adler (mit Gästehaus Herzog Ulrich), Heerstr. 26 (B 312), 72805, (07129) 40 41, *Fax (07129) 60220,* , , – – 100. **Menu** à la carte 32/72 – **65 Z** 85/180 – ½ P 35/40.

Forellenhof Rössle, Heerstr. 20 (B 312), 72805, (07129) 9 29 70, *Fax (07129) 929750,* – Zim, – 20 **Menu** à la carte 34/62 – **28 Z** 75/140 – ½ P 25.

LIEBENSTEIN, BAD *Thüringen* 418 *N 15 – 4 100 Ew – Höhe 310 m.*

Tourist-Information, Ruhlaer Str. 2 (Stadthalle), 36448, (036961) 7 27 33, Fax (036961) 72756.

Berlin 377 – Erfurt 71 – Eisenach 25 – Bad Hersfeld 50 – Fulda 70.

Herzog Georg M, Herzog-Georg- Str. 36, 36448, (036961) 5 50, *Fax (036961) 55222,* – , Zim, – 20. **Menu** (wochentags nur Abendessen) à la carte 23/49 – **38 Z** 95/170 – ½ P 22.

Fröbelhof garni, Heinrich-Mann-Str. 34, 36448, (036961) 5 10, *Fax (036961) 51277,* « Innenhofgarten » – Zim, . **30 Z** 77/140.

LIEBENWERDA, BAD *Brandenburg* 418 *L 24 – 12 000 Ew – Höhe 88 m.*

Haus des Gastes, Dresdener Str. 23, 04924, (035341) 62 80, Fax (035341) 62828.

Berlin 128 – Potsdam 122 – Cottbus 89 – Dresden 79 – Leipzig 84.

Norddeutscher Hof, Dresdener Str. 2, 04924, (035341) 62 30, *Fax (035341) 623666,* – . **Menu** *(Mittwochmittag und Donnerstagmittag geschl.)* à la carte 24/45 – **14 Z** 70/140 – ½ P 20.

LIEBENZELL, BAD *Baden-Württemberg* 419 *T 10 – 9 100 Ew – Höhe 321 m – Heilbad und Luftkurort.*

Bad Liebenzell-Monakam, (07052) 15 74.

Kurverwaltung, Kurhausdamm 4, 75378, (07052) 40 80, Fax (07052) 408108.

Berlin 666 – Stuttgart 46 – Karlsruhe 47 – Pforzheim 19 – Calw 7,5.

Kronen-Hotel, Badweg 7, 75378, (07052) 40 90, *Fax (07052) 409420*, – 35. AE E VISA
Menu 29/45 (mittags) und à la carte 43/85 – **43 Z** 117/292 – ½ P 25.

Waldhotel-Post, Hölderlinstr. 1, 75378, (07052) 9 32 00, *Fax (07052) 932099*, – – 25. AE E VISA
Menu à la carte 40/68 – **52 Z** 95/190 – ½ P 20.

Am Bad-Wald garni, Reuchlinweg 19, 75378, (07052) 92 70, *Fax (07052) 3014*, – . E VISA
7. - 25. Dez. geschl. – **36 Z** 49/118.

Gästehaus Koch garni, Sonnenweg 3, 75378, (07052) 13 06, *Fax (07052) 3345*, – .
16 Z 54/98.

LIEDERBACH AM TAUNUS *Hessen* 417 *P 9 – 7 300 Ew – Höhe 120 m.*

Berlin 551 – Wiesbaden 23 – Frankfurt am Main 24 – Limburg an der Lahn 51.

Liederbacher Hof garni, Höchster Str. 9 (Eingang Taunusstr.), 65835, (069) 31 00 74, *Fax (069) 310075* – . E VISA
20. Dez. - 6. Jan. geschl. – **20 Z** 120/195.

LIESER *Rheinland-Pfalz* 417 *Q 5 – 1 300 Ew – Höhe 107 m.*

Berlin 680 – Mainz 117 – Trier 44 – Bernkastel-Kues 4 – Wittlich 14.

Weinhaus Stettler garni, Moselstr. 41, 54470, (06531) 23 96, *Fax (06531) 7325*, Massage, – . AE E VISA
15 Z 75/130.

Mehn zum Niederberg (mit Gästehaus), Moselstr. 2, 54470, (06531) 95 70, *Fax (06531) 7926*, – . E VISA
Mitte Dez. - Mitte Feb. geschl. – **Menu** *(Mittwoch geschl.)* à la carte 34/63 – **16 Z** 60/140.

In Maring-Noviand *NW : 2 km :*

Weinhaus Liesertal, Moselstr. 39 (Maring), 54484, (06535) 8 48, *Fax (06535) 1245*, – . AE VISA. Zim
3. Jan. - 10. Feb. geschl. – **Menu** *(Nov. - März Montag - Dienstag geschl.)* à la carte 30/58 – **26 Z** 90/150 – ½ P 20.

LIETZOW *Mecklenburg-Vorpommern siehe Rügen (Insel).*

LILIENTHAL *Niedersachsen siehe Bremen.*

LIMBACH *Baden-Württemberg* 417 419 *R 11 – 4 400 Ew – Höhe 385 m – Luftkurort.*

Berlin 573 – Stuttgart 101 – Würzburg 76 – Amorbach 22 – Heidelberg 57 – Heilbronn 47.

Volk, Baumgarten 3, 74838, (06287) 93 00, *Fax (06287) 930180*, – – 30. AE E VISA. Zim
Menu à la carte 32/59 – **23 Z** 85/160 – ½ P 30.

In Limbach-Krumbach *SW : 2 km :*

Engel, Engelstr. 19, 74838, (06287) 7 01, *Fax (06287) 704*, – – 30. E
Alte Scheune *(Montag geschl.; wochentags nur Abendessen)* **Menu** à la carte 30/59 – **20 Z** 60/140.

LIMBACH *Rheinland-Pfalz siehe Hachenburg.*

LIMBACH-OBERFROHNA *Sachsen* 418 *N 22 – 21 500 Ew – Höhe 365 m.*
Berlin 269 – Dresden 83 – Chemnitz 13 – Plauen 82 – Gera 64 – Leipzig 74.

Lay-Haus, Markt 3, ✉ 09212, ☎ (03722) 7 37 60, *Fax (03722) 737699*, – , Zim, – 60. AE ① E VISA
Menu à la carte 30/52 – **48 Z** 95/130.

LIMBERG *Brandenburg siehe Cottbus.*

LIMBURG AN DER LAHN *Hessen* 417 *O 8 – 31 100 Ew – Höhe 118 m.*
Sehenswert : *Dom★ (Lage★★)* A *– Friedhofterrasse* ≤★ *– Diözesanmuseum★* A **M1.**
Ausflugsziel : *Burg Runkel★ (Lage★★) O : 7 km.*
Städt. Verkehrsamt, Hospitalstr. 2, ✉ 65549, ☎ (06431) 61 66, Fax (06431) 3293.
Berlin 551 ① – Wiesbaden 52 ② – Koblenz 57 ④ – Gießen 56 ① – Frankfurt am Main 74 ② – Siegen 70 ①.

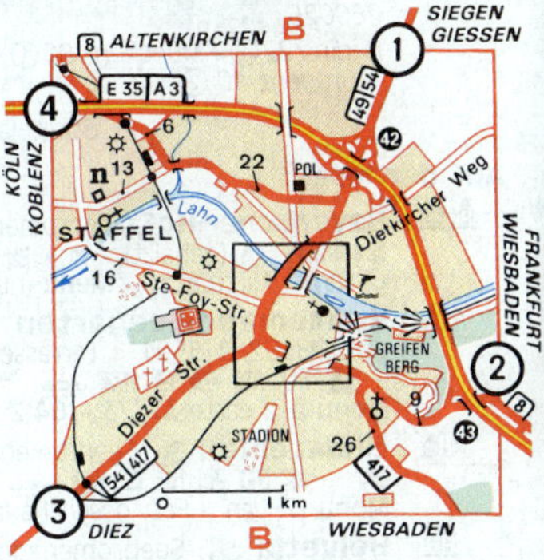

LIMBURG AN DER LAHN

Bahnhofstraße . . A 3
Diezer Straße . . A
Eisenbahnstr. . . . A 4
Elzer Straße . . . B 6
Fleischgasse . . . A 8
Frankfurter Str. . . . . . AB 9
Grabenstraße . . A
Holzheimer Str. . A 10
Hospitalstraße . . A 12
Koblenzer Str. . . B 13
Kolpingstraße . . A 14
Kornmarkt . . . . A 15
Limburger Weg . B 16
Neumarkt . . . . A 17
Salzgasse . . . . A 20
Schiede . . . . . . A
Verbindungsstr. B 22
Werner-Senger-Straße A 23
Wiesbadener Straße . . . . . B 26

Dom Hotel M, Grabenstr. 57, ✉ 65549, ☎ (06431) 90 10, *Fax (06431) 6856*, « Modern-elegante Einrichtung » – , Zim, Rest, – 70. AE ① E VISA. Rest A v
Weihnachten - Anfang Jan. geschl. – ***Restaurant de Prusse*** *(Sonntagabend - Montagmittag und Juli - Aug. 2 Wochen geschl.)* **Menu** à la carte 39/67 – **48 Z** 140/270.

Romantik Hotel Zimmermann, Blumenröder Str. 1, ✉ 65549, ☎ (06431) 46 11, *Fax (06431) 41314* – . AE ① E VISA. Rest A h
Weinachten - Anfang Jan. geschl. – (nur Abendessen für Hausgäste) – **24 Z** 138/295.

Ramada M garni, Schiede 10, ✉ 65549, ☎ (06431) 20 70, *Fax (06431) 207444* – – 60. AE ① E VISA A e
100 Z 161/222.

Nassauer Hof, Brückengasse 1, ✉ 65549, ☎ (06431) 99 60, *Fax (06431) 996555*, – – 30. AE E VISA A a
Menu à la carte 44/75 – **37 Z** 99/220.

Martin, Holzheimer Str. 2, ✉ 65549, ☎ (06431) 9 48 40, *Fax (06431) 43185* – . AE ① VISA A s
Menu *(Sonntagabend und Mittwoch geschl.)* (wochentags nur Abendessen) à la carte 38/54 – **30 Z** 93/158.

In Limburg-Staffel *NW : 3 km :*

Alt-Staffel, Koblenzer Str. 56, ✉ 65556, ☎ (06431) 9 19 10, *Fax (06431) 919191* – . AE ① E VISA B n
Menu *(Sonntagabend - Montagmittag geschl.)* à la carte 27/51 – **17 Z** 75/125.

LIMBURGERHOF Rheinland-Pfalz 417 419 R 9 – 10 600 Ew – Höhe 95 m.

Birkenweg (S : 2 km), (06236) 80 43.

Berlin 635 – Mainz 84 – Mannheim 13 – Kaiserslautern 63 – Speyer 16.

Residenz Limburgerhof M, Rheingönheimer Weg 1, 67117, (06236) 47 10, *Fax (06236) 471100* – – 60. AE E VISA
Menu à la carte 41/60 – **133 Z** 135/200, 9 Suiten.

LINDAU IM BODENSEE Bayern 419 X 13 – 24 000 Ew – Höhe 400 m.

Sehenswert : *Hafen mit Römerschanze* ★ Z.

Ausflugsziel : *Deutsche Alpenstraße*★★★ *(von Lindau bis Berchtesgaden).*

Lindau, Am Schönbühl 5 (über ①), (08382) 7 80 90 ; Weißensberg (NO : 7 km über ①), (08389) 8 91 90.

Lindau-Reutin, Ladestr..

Tourist-Information, am Hauptbahnhof, 88131, (08382) 26 00 30, Fax (08382) 260026.

Berlin 722 ① – München 180 ① – Konstanz 59 ③ – Ravensburg 33 ③ – Ulm (Donau) 123 ① – Bregenz 10 ②.

Stadtplan siehe gegenüberliegende Seite

Auf der Insel :

Bayerischer Hof, Seepromenade, 88131, (08382) 91 50, *Fax (08382) 915591,* Massage, (geheizt), – – 180. AE E VISA JCB. Z b
Ostern - Mitte Nov. – **Menu** (nur Abendessen) à la carte 47/80 – **100 Z** 200/550.

Reutemann-Seegarten, Seepromenade, 88131, (08382) 91 50, *Fax (08382) 915591,* « Terrasse mit », Massage, , (geheizt), – – 50. AE E VISA JCB Z k
Menu à la carte 37/73 – **64 Z** 130/370.

Lindauer Hof, Seepromenade, 88131, (08382) 40 64, *Fax (08382) 24203,* , – . AE E VISA JCB Z y
Menu *(7. Jan. - Feb. geschl.)* à la carte 31/68 – **25 Z** 130/349.

Helvetia, Seepromenade 3, 88131, (08382) 91 30, *Fax (08382) 4004,* « Terrasse mit », , – . E VISA Z x
Mitte März - Ende Okt. – **Menu** à la carte 36/56 – **46 Z** 120/380.

Brugger garni, Bei der Heidenmauer 11, 88131, (08382) 9 34 10, *Fax (08382) 4133* – . AE E VISA JCB Y r
23 Z 80/170.

Insel-Hotel garni, Maximilianstr. 42, 88131, (08382) 50 17, *Fax (08382) 6756* – . AE E VISA JCB Z a
28 Z 102/194.

Alte Post mit Zim, Fischergasse 3, 88131, (08382) 9 34 60, *Fax (08382) 934646* – Y s
Weihnachten - Ende Feb. geschl. – **Menu** à la carte 27/58 *(auch vegetarische Gerichte)* – **12 Z** 90/204.

Zum Sünfzen, Maximilianstr. 1, 88131, (08382) 58 65, *Fax (08382) 4951,* – AE E VISA JCB Z v
Menu à la carte 31/60.

In Lindau-Aeschach :

Café Ebner garni, Friedrichshafener Str. 19, 88131, (08382) 9 30 70, *Fax (08382) 930740,* – . AE E VISA JCB X z
18 Z 88/195.

Am Holdereggenpark, Giebelbachstr. 1, 88131, (08382) 60 66, *Fax (08382) 5679* – Zim, . E X a
April - Okt. – (nur Abendessen für Hausgäste) – **29 Z** 85/168.

In Lindau - Hoyren :

Villino, Hoyerberg 34, 88131, (08382) 9 34 50, *Fax (08382) 934512,* « Gartenanlage mit Terrasse », Massage, – . E VISA X r
Jan. 2 Wochen geschl. – **Menu** *(Montag geschl.)* (nur Abendessen, Tischbestellung ratsam) à la carte 91/102 – **16 Z** 150/400 – ½ P 70
Spez. Sizilianische Fischsuppe. Lammrücken mit Kräutern gratiniert. Vanillesoufflé mit Sauerrahmeis.

Schöngarten garni, Schöngartenstr. 15, 88131, (08382) 9 34 00, *Fax (08382) 934030,* , – . E VISA X n
12 Z 85/150.

LINDAU IM BODENSEE

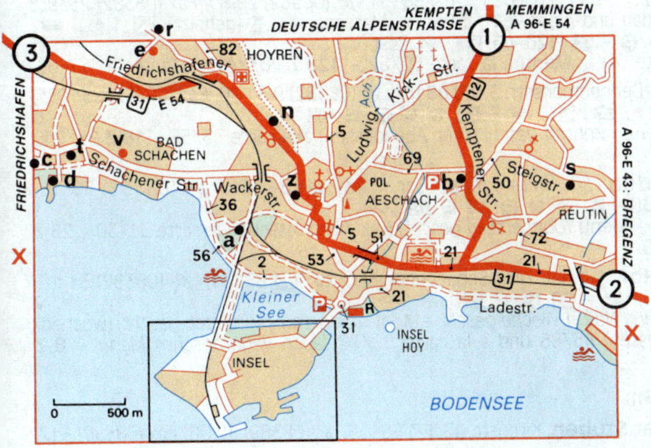

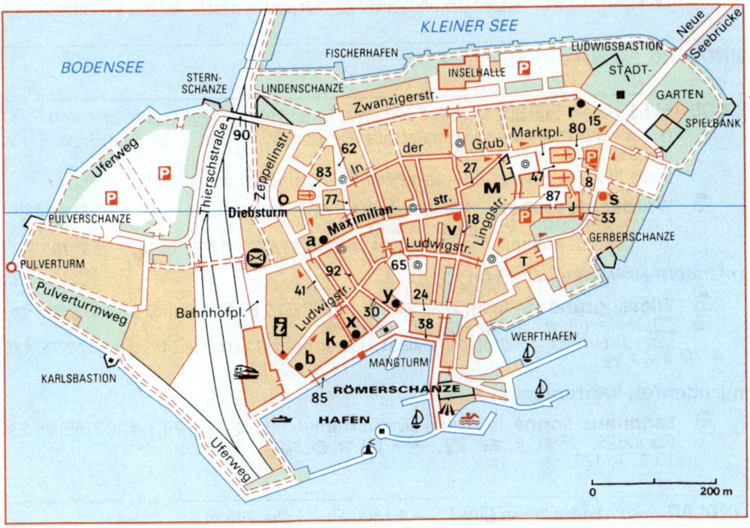

XXX ✿ **Hoyerberg Schlössle,** Hoyerbergstr. 64 (auf dem Hoyerberg), ✉ 88131, ✆ (08382) 2 52 95, *Fax (08382) 1837,* « Terrasse mit ≤ Bodensee und Alpen » – **P**. AE ⊙ E VISA. ✂ Rest X e

Montag - Dienstagmittag und Feb. geschl. – **Menu** (Tischbestellung ratsam, bemerkenswerte Weinkarte) 98/118 und à la carte 84/115

Spez. Gebratene Perigord-Gänseleber mit Feldsalat und Feigen. Bodenseezander mit Weißbrotkruste gratiniert und Chablissauce. Allgäuer Rehrücken mit Pfifferlingen.

In Lindau-Reutin :

Reulein garni, Steigstr. 28, ✉ 88131, ✆ (08382) 9 64 50, *Fax (08382) 75262,* ≤, – |♦| ✂ TV ☎ **P**. AE E VISA X s

23. Dez. - Jan. geschl. – **26 Z** 135/280.

Köchlin (ehemaliges Zollhaus), Kemptener Str. 41 (B 12), ✉ 88131, ✆ (08382) 9 66 00, *Fax (08382) 966043,* Biergarten – ✂ Rest, TV ☎ **P**. AE ⊙ E VISA JCB X b

Nov. 2 Wochen geschl. – **Menu** *(Montag geschl.)* à la carte 29/54 – **22 Z** 65/150.

In Lindau-Bad Schachen :

Bad Schachen, Bad Schachen 1, ✉ 88131, ☎ (08382) 29 80, *Fax (08382) 25390*, ≤ Bodensee, Lindau und Alpen, « Park », Massage, (geheizt), – TV – 120. AE VISA. Rest X d
Mitte April - Mitte Okt. – **Menu** à la carte 62/82 – **128 Z** 203/412, 4 Suiten – ½ P 63.

Lindenhof, Dennenmoosstr. 3, ✉ 88131, ☎ (08382) 9 31 90, *Fax (08382) 931931*, « Gartenterrasse », – TV. E VISA X c
März - Nov. – **Menu** *(Montag geschl.)* (nur Abendessen) à la carte 33/58 – **18 Z** 95/240 – ½ P 33.

Parkhotel Eden, Schachener Str. 143, ✉ 88131, ☎ (08382) 58 16, *Fax (08382) 23730* – TV. AE E VISA. X t
Mitte März - Okt. – **Menu** *(Donnerstag geschl.)* (nur Abendessen) à la carte 31/50 – **26 Z** 90/180 – ½ P 30.

Schachener Hof mit Zim, Schachener Str. 76, ✉ 88131, ☎ (08382) 31 16, *Fax (08382) 5495*, – TV. E VISA X v
Jan. - Mitte Feb. und Nov. 1 Woche geschl. – **Menu** *(Dienstag - Mittwoch geschl.)* (wochentags nur Abendessen) 45/85 und à la carte 58/78 *(auch vegetarisches Menu)* – **8 Z** 140/180.

In Weißensberg *N : 6 km :*

Weißensberger Stuben, Kirchstr. 42, ✉ 88138, ☎ (08389) 12 96, *Fax (08389) 617*, –
Donnerstag, Mitte - Ende März und Ende Okt. - Mitte Nov. geschl. – **Menu** à la carte 29/56.

LINDBERG *Bayern siehe Zwiesel.*

LINDENFELS *Hessen* 417 419 *Q 10 – 5 500 Ew – Höhe 364 m – Heilklimatischer Kurort.*

Kur- und Touristikservice im Rathaus, Burgstr. 37, ✉ 64678, ☎ (06255) 24 25, Fax (06255) 2780.

Berlin 592 – Wiesbaden 86 – Mannheim 52 – Darmstadt 46.

Waldschlösschen, Nibelungenstr. 102, ✉ 64678, ☎ (06255) 24 60, *Fax (06255) 2016*, – TV
Nov. geschl. – **Menu** *(Montag geschl.)* à la carte 31/72 – **12 Z** 70/130 – ½ P 20.

In Lindenfels-Winkel *NW : 3 km :*

Wiesengrund, Talstr. 3, ✉ 64678, ☎ (06255) 9 60 10, *Fax (06255) 3469*, – TV – 30. E VISA
Mitte Jan. - Anfang Feb. geschl. – **Menu** *(Montag geschl.)* à la carte 24/51 – **37 Z** 73/135 – ½ P 19.

In Lindenfels-Winterkasten *N : 6 km :*

Landhaus Sonne garni, Bismarckturmstr. 24, ✉ 64678, ☎ (06255) 25 23, *Fax (06255) 2586*, ≤, – TV.
10 Z 74/170.

LINDLAR *Nordrhein-Westfalen* 417 *M 6 – 21 500 Ew – Höhe 246 m.*

Schloß Georghausen (SW : 8 km), ☎ (02207) 49 38.

Lindlar Touristik, Hauptstr. 12, ✉ 51789, ☎ (02266) 9 64 07, Fax (02266) 470543.

Berlin 583 – Düsseldorf 73 – Gummersbach 25 – Köln 32 – Wipperfürth 13.

Zum Holländer, Kölner Str. 6, ✉ 51789, ☎ (02266) 66 05, *Fax (02266) 44388* – TV – 30. E VISA JCB
Menu à la carte 34/62 – **12 Z** 90/160.

In Lindlar-Kapellensüng *N : 5 km :*

Landhotel Schulte (mit Gästehaus), Anton-Esser-Str. 41, ✉ 51789, ☎ (02266) 65 65, *Fax (02266) 45450*, – TV. Zim
Ende Juli - Mitte Aug. geschl. – **Menu** *(Montagmittag und Donnerstag geschl.)* à la carte 28/50 – **11 Z** 70/120.

In Lindlar-Schmitzhöhe *SW : 9 km :*

Landhaus Bleeker, Hochstr. 19, ✉ 51789, ☎ (02207) 91 91 90, *Fax (02207) 81252*, – Zim, TV – 25. AE E VISA
Menu *(Mittwoch geschl.)* à la carte 30/61 – **23 Z** 80/140.

LINDOW *Brandenburg* **416** *H 22 – 2 700 Ew – Höhe 48 m.*

Berlin 71 – Potsdam 110 – Eberswalde 76.

Krone mit Zim, Straße des Friedens 11, ✉ 16835, ✆ (033933) 6110, *Fax (033933) 61121*, – ☎ **P**. AE E VISA
Menu à la carte 23/41 – **6 Z** 70/150.

LINGEN *Niedersachsen* **415** *I 5 – 55 000 Ew – Höhe 33 m.*

Altenlingen, Gut Beversundern, ✆ (0591) 6 38 37.

Städt. Verkehrsbüro, Rathaus, Elisabethstr. 14, ✉ 49808, ✆ (0591) 9 14 41 46, Fax (0591) 9144149.

Berlin 498 – Hannover 204 – Nordhorn 21 – Bremen 135 – Enschede 47 – Osnabrück 65.

Parkhotel, Marienstr. 29, ✉ 49808, ✆ (0591) 91 21 60, *Fax (0591) 54455*, – Rest, ☎ **P** – 60. AE E VISA. Rest
Menu à la carte 38/86 – **31 Z** 125/200.

Altes Landhaus, Lindenstr. 45, ✉ 49808, ✆ (0591) 80 40 90, *Fax (0591) 59134*, Biergarten – ☎ **P**. AE E VISA
Menu à la carte 36/67 – **22 Z** 95/235.

Van Olfen garni, Frerener Str. 4, ✉ 49809, ✆ (0591) 80 01 00, *Fax (0591) 59052*, – ☎ **P**. AE E VISA
Weihnachten - Anfang Jan. geschl. – **21 Z** 77/128.

Altes Forsthaus, Georgstr. 22, ✉ 49809, ✆ (0591) 37 98, *Fax (0591) 51095* – **P**
Jan. und Juli - Aug. jeweils 2 Wochen geschl. – **Menu** *(Sonntagabend - Montag geschl.)* (wochentags nur Abendessen) à la carte 53/71.

In Lingen-Darme *S : 4,5 km :*

Am Wasserfall, Hanekenfähr, ✉ 49808, ✆ (0591) 80 90, *Fax (0591) 2278*, – ☎ **P** – 200. AE E VISA
Fährrestaurant : **Menu** à la carte 41/77 – ***Zur Lachstreppe*** *(Sept. - Juli Montag - Freitag nur Abendessen)* **Menu** à la carte 28/57 – **61 Z** 79/151.

In Lingen-Schepsdorf *SW : 3 km :*

Hubertushof, Nordhorner Str. 18, ✉ 49808, ✆ (0591) 91 29 20, *Fax (0591) 9129290*, – Zim, ☎ **P** – 40. E VISA.
Juli - Aug. 3 Wochen geschl. – **Menu** *(Sonntagabend geschl.)* à la carte 32/54 – **40 Z** 80/160.

LINKENHEIM-HOCHSTETTEN *Baden-Württemberg* **419** *S 9 – 10 000 Ew – Höhe 109 m.*

Berlin 656 – Stuttgart 89 – Karlsruhe 15 – Mannheim 50 – Mainz 122 – Landau in der Pfalz 49.

Auf der Insel Rott : *NW : 4,5 Km, über Hochstetten :*

Waldfrieden, Insel Rott 2, ✉ 76351 Linkenheim-Hochstetten, ✆ (07247) 17 79, *Fax (07247) 1779*, – **P**
Menu *(Montag - Dienstag geschl.)* (überwiegend Fischgerichte) à la carte 21/40 – **10 Z** 70/120.

LINNICH *Nordrhein-Westfalen* **417** *N 2 – 13 000 Ew – Höhe 67 m.*

Berlin 610 – Düsseldorf 59 – Aachen 37 – Köln 76.

Rheinischer Hof, Rurstr. 21, ✉ 52441, ✆ (02462) 10 32, *Fax (02462) 7137* – E VISA
Montag - Dienstag und Juli - Aug. 3 Wochen geschl. – **Menu** à la carte 38/68.

Waldrestaurant Ivenhain, Ivenhain 1 (O : 1 km), ✉ 52441, ✆ (02462) 90 51 26, *Fax (02462) 905128* – **P**. E VISA.
Donnerstag, über Karneval und Juli - Aug. 3 Wochen geschl. – **Menu** à la carte 46/79.

LINZ AM RHEIN *Rheinland-Pfalz* **417** *O 5 – 6 000 Ew – Höhe 60 m.*

Touristinformation, Rathaus, Marktplatz, ✉ 53545, ✆ (02644) 25 26, Fax (02644) 981126.

Berlin 615 – Mainz 131 – Bonn 28 – Koblenz 40.

Café Weiß garni, Mittelstr. 7, ✉ 53545, ✆ (02644) 96 24 12, *Fax (02644) 962430* – ☎
8 Z 105/155.

LIPPETAL *Nordrhein-Westfalen* 417 *K 8 – 11 000 Ew – Höhe 64 m.*

Berlin 453 – Düsseldorf 131 – Arnsberg 42 – Bielefeld 78 – Dortmund 62 – Paderborn 47 – Soest 16.

In Lippetal-Lippborg :

Gasthof Willenbrink mit Zim, Hauptstr. 10, ✉ 59510, ✆ (02527) 2 08, *Fax (02527) 1402,* – Zim, . Zim
Mitte Juli - Mitte Aug. und 23. Dez. - 8. Jan. geschl. – **Menu** *(Montag und Feiertage geschl.)* (nur Abendessen) à la carte 42/62 – **6 Z** 80/135.

LIPPSPRINGE, BAD *Nordrhein-Westfalen* 417 *K 10 – 13 500 Ew – Höhe 123 m – Heilbad – Heilklimatischer Kurort.*

Sennelager, ✆ (05252) 5 37 94.

Tourist-Information, Peter-Hartmann-Allee 1, ✉ 33175, ✆ (05252) 95 10 42, Fax (05252) 930183.

Berlin 385 – Düsseldorf 179 – Bielefeld 54 – Detmold 18 – Hannover 103 – Paderborn 9.

Parkhotel , Peter-Hartmann-Allee 4, ✉ 33175, ✆ (05252) 96 30, *Fax (05252) 963111,* , , – , Zim, – 120. . Rest
Menu à la carte 42/71 – **100 Z** 178/285 – ½ P 35.

Vital Hotel , Schwimmbadstr. 14, ✉ 33175, ✆ (05252) 96 41 00, *Fax (05252) 964170,* , , Massage, , , (Therme), – , Zim, – 115.
Menu à la carte 34/56 – **48 Z** 145/190 – ½ P 25.

Gästehaus Scherf garni, Arminiusstr. 23, ✉ 33175, ✆ (05252) 20 40, *Fax (05252) 204188,* , , – .
43 Z 75/180.

Zimmermann garni, Detmolder Str. 180, ✉ 33175, ✆ (05252) 9 29 06, *Fax (05252) 930727* – .
22. Dez. - 10. Jan. geschl. – **23 Z** 78/140.

LIPPSTADT *Nordrhein-Westfalen* 417 *K 9 – 70 000 Ew – Höhe 77 m.*

bei Büren-Ahden, SO : 17 km über Geseke, ✆ (02955) 7 70.

Stadtinformation, Rathaus, Lange Str. 14, ✉ 59555, ✆ (02941) 5 85 15, Fax (02941) 79717.

Kurverwaltung, Bad Waldliesborn, Quellenstr. 60, ✉ 59559, ✆ (02941) 80 00, Fax (02941) 8001201.

Berlin 436 – Düsseldorf 142 – Bielefeld 55 – Meschede 43 – Paderborn 31.

Lippe Residenz , Lippertor 1, ✉ 59555, ✆ (02941) 98 90, *Fax (02941) 989529,* – , Zim, Rest, – 130.
Menu à la carte 38/60 – **80 Z** 160/240, 3 Suiten.

Lippischer Hof, Cappelstr. 3, ✉ 59555, ✆ (02941) 9 72 20, *Fax (02941) 9722499* – , Zim, – 80.
Menu *(Samstag - Sonntag geschl.)* (nur Abendessen) à la carte 34/51 – **49 Z** 130/160.

Drei Kronen mit Zim, Marktstr. 2, ✉ 59555, ✆ (02941) 31 18, *Fax (02941) 59557* – – 50.
Montag und Juni - Juli 2 Wochen geschl. – **Menu** 45/69 und à la carte 53/82 – **9 Z** 105/145.

In Lippstadt-Bad Waldliesborn *N : 5 km – Heilbad :*

Kurhotel Provinzial, Im Eichholz 1, ✉ 59556, ✆ (02941) 95 50, *Fax (02941) 955455,* , – – 60.
Menu à la carte 38/75 – **65 Z** 110/195 – ½ P 30.

Jonathan, Parkstr. 13, ✉ 59556, ✆ (02941) 88 80, *Fax (02941) 82310,* – – 60.
Menu *(Montagmittag geschl.)* à la carte 36/69 – **67 Z** 98/170.

Parkhotel Ortkemper , Im Kreuzkamp 10, ✉ 59556, ✆ (02941) 88 20, *Fax (02941) 88240,* , , – – 40. . Rest
Menu à la carte 29/56 – **59 Z** 75/170 – ½ P 10.

Hubertushof, Holzstr. 8, ✉ 59556, ✆ (02941) 85 40, *Fax (02941) 82585,* – – 120. . Zim
20. Dez. - 15. Jan. geschl. – **Menu** *(Montag geschl.)* à la carte 34/61 – **14 Z** 85/160 – ½ P 15.

LIST *Schleswig-Holstein* *siehe Sylt (Insel).*

LOBENSTEIN *Thüringen* 418 420 *O 18 – 7 500 Ew – Höhe 560 m.*

Fremdenverkehrsamt, Graben 18, ✉ 07356, ☎ (036651) 25 43, Fax (036651) 2543.

Berlin 296 – Erfurt 143 – Coburg 74 – Plauen 55 – Hof 33.

Oberland, Topfmarkt 2, ✉ 07356, ☎ (036651) 24 94, Fax (036651) 2577, – 30. E VISA
Menu (wochentags nur Abendessen) à la carte 24/45 – **19 Z** 85/150.

Markt-Stuben, Markt 24, ✉ 07356, ☎ (036651) 24 88, *Fax (036651) 30025* –. AE E VISA
Menu *(Sonntagabend geschl.)* à la carte 22/62 – **13 Z** 65/150.

Schwarzer Adler, Wurzbacher Str. 1 (B 90), ✉ 07356, ☎ (036651) 8 89 29, *Fax (036651) 88931*, – – 20. AE E VISA
Menu à la carte 20/34 – **16 Z** 70/140.

LOCHAU *Österreich siehe Bregenz.*

LODDIN *Mecklenburg-Vorpommern siehe Usedom (Insel).*

LÖBAU *Sachsen* 418 *M 28 – 17 000 Ew – Höhe 260 m.*

Löbau-Information, Altmarkt 1, ✉ 02708, ☎ (03585) 45 04 50, Fax (03585) 450452.

Berlin 220 – Dresden 84 – Görlitz 25 – Bautzen 21.

Stadt Löbau, Elisenstr. 1, ✉ 02708, ☎ (03585) 86 18 30, *Fax (03585) 862086* – . E VISA
Menu à la carte 21/38 – **35 Z** 95/150.

Auf dem Rotstein *O : 6 km über die B 6 - Höhe 455 m :*

Berghotel Rotstein, ✉ 02894 Sohland, ☎ (035828) 7 07 77, *Fax (035828) 70777*, ≤, , – – 45. AE E
Menu *(Montagmittag geschl.)* à la carte 26/38 – **18 Z** 80/140 – ½ P 20.

In Schönbach *SW : 7,5 Km :*

Kretscham, Löbauer Str. 1, ✉ 02708, ☎ (035872) 36 50, *Fax (035872) 36555*, – . E
Menu à la carte 16/28 – **11 Z** 60/90.

In Eibau *S : 13 km :*

Landgasthof zum Hirsch, Hauptstr. 118 (B 96), ✉ 02739, ☎ (03586) 7 83 70, *Fax (03586) 783711*, Biergarten – . E VISA
Menu à la carte 23/45 – **14 Z** 85/140.

LÖF *Rheinland-Pfalz* 417 *P 6 – 2 100 Ew – Höhe 85 m.*

Berlin 619 – Mainz 94 – Koblenz 30 – Trier 112 – Cochem 26.

In Löf-Kattenes :

Langen, Oberdorfstr. 6, ✉ 56332, ☎ (02605) 45 75, *Fax (02605) 4348*, , – . Zim
Weihnachten - Anfang Jan. geschl. – **Menu** *(Dienstagmittag, Nov.- März Dienstag - Mittwoch geschl.)* à la carte 20/46 – **29 Z** 55/95.

LÖFFINGEN *Baden-Württemberg* 419 *W 9 – 7 000 Ew – Höhe 802 m – Erholungsort – Wintersport : 800/900 m 1.*

Kurverwaltung, Rathausplatz 14, ✉ 79843, ☎ (07654) 4 00, Fax (07654) 77250.

Berlin 762 – Stuttgart 139 – Freiburg im Breisgau 47 – Donaueschingen 16 – Schaffhausen 51.

In Löffingen-Reiselfingen *S : 3,5 km :*

Schwarzwaldgasthof Sternen, Mühlezielstr. 5, ✉ 79843, ☎ (07654) 3 41, *Fax (07654) 7363*, , –
März geschl. – **Menu** *(Mittwoch - Donnerstagmittag geschl.)* (Jan. - Feb. nur Abendessen) à la carte 33/68 – **14 Z** 60/120 – ½ P 20.

LÖHNBERG *Hessen siehe Weilburg.*

LÖHNE *Nordrhein-Westfalen* 417 *J 10 – 39 000 Ew – Höhe 60 m.*

Löhne-Wittel, Auf dem Stickdorn 65, (05228) 70 50.

Berlin 370 – Düsseldorf 208 – Bielefeld 39 – Hannover 85 – Herford 12 – Osnabrück 53.

In Löhne-Ort :

Entenhof, Bünder Str. 290, ✉ 32584, (05732) 98 30, *Fax (05732) 891744*, – AE E VISA. Rest
Menu à la carte 37/76 – **41 Z** 110/250.

Schewe, Dickendorner Weg 48, ✉ 32584, (05732) 9 80 30, *Fax (05732) 980399* – Zim, . AE E VISA. Rest
Menu *(Freitag - Samstag nur Abendessen)* à la carte 36/75 – **22 Z** 79/150.

LÖNINGEN *Niedersachsen* 415 *H 7 – 13 000 Ew – Höhe 35 m.*

Tourist Information, Poststr. 21, ✉ 49624, (05432) 42 22, Fax (05432) 92078.

Berlin 290 – Bremen 88 – Nordhorn 65 – Enschede 101 – Osnabrück 60 – Hannover 170.

Rüwe, Kurt-Schmücker-Platz 10, ✉ 49624, (05432) 9 42 00, *Fax (05432) 942011*, – Zim, . AE E VISA. Zim
Anfang Jan. 1 Woche geschl. – **Menu** *(Montag geschl.)* à la carte 33/55 – **10 Z** 70/140.

Le Cha Cha Cha, Langenstr. 53, ✉ 49624, (05432) 5 85 60, *Fax (05432) 58562*, – – 360. E VISA
Montag und 23. Juli - 2. Sept. geschl. – **Menu** à la carte 56/72 – ***Flo's Bistro*** *(Montag geschl.)* **Menu** à la carte 34/60.

LÖRRACH *Baden-Württemberg* 419 *X 7 – 44 000 Ew – Höhe 294 m.*

Ausflugsziel : Burg Rötteln★ N : 3 km.

Schwarzwaldstraße.

Tourist- und Stadtinformation, Herrenstr. 5, ✉ 79539, (07621) 94 08 90.

ADAC, *Bahnhofsplatz 2-3, ✉ 79539, (07621) 92 74 10, Fax (07621) 927440.*

Berlin 862 – Stuttgart 265 – Freiburg im Breisgau 70 – Basel 9 – Donaueschingen 96 – Zürich 83.

Villa Elben garni, Hünerbergweg 26, ✉ 79539, (07621) 20 66, *Fax (07621) 43280*, «Park», – . AE E VISA JCB
34 Z 120/180.

Parkhotel David garni, Turmstr. 24, ✉ 79539, (07621) 3 04 10, *Fax (07621) 88827* – – 40. AE E VISA
24. Dez. - 2. Jan. geschl. **34 Z** 125/160.

Stadt-Hotel garni, Weinbrennerstr. 2, ✉ 79539, (07621) 4 00 90, *Fax (07621) 400966* – . AE E VISA
29 Z 115/160.

Meyerhof M garni, Basler Str. 162, ✉ 79539, (07621) 9 34 30, *Fax (07621) 934343* – . AE E VISA.
31 Z 115/195.

Zum Kranz mit Zim, Basler Str. 90 (B 317), ✉ 79540, (07621) 8 90 83, *Fax (07621) 14843*, – . AE E VISA
Menu *(Sonntag - Montag geschl.)* (Tischbestellung ratsam) à la carte 45/78 – **9 Z** 95/180.

In Lörrach-Brombach *NO : 4 km :*

Sporthotel garni, Beim Haagensteg 5 (im Freizeitcenter), ✉ 79541, (07621) 95 41 10, *Fax (07621) 9541133*, , , (Halle) Squash – . AE E VISA
21 Z 105/150.

In Lörrach-Haagen *NO : 3,5 km :*

Burgschenke Rötteln, in der Burg Rötteln, ✉ 79541, (07621) 5 21 41, *Fax (07621) 52108*, , , Biergarten – . E
Sonntag - Montag und Jan. geschl. – **Menu** à la carte 57/84.

An der B 316 *SO : 4 km :*

Landgasthaus Waidhof, ✉ 79594 Inzlingen, (07621) 26 29, *Fax (07621) 166265* –
Samstagmittag, Sonntagabend - Montag sowie Feb. und Juli jeweils 2 Wochen geschl. – **Menu** à la carte 52/96.

In Inzlingen *SO : 6 km :*

Krone, Riehenstr. 92, ✉ 79594, ✆ (07621) 22 26, *Fax (07621) 22 45,* –
. E VISA
Menu *(Montag geschl.)* à la carte 31/66 – **15 Z** 90/140.

Inzlinger Wasserschloß (mit Gästehaus), Riehenstr. 5, ✉ 79594, ✆ (07621) 4 70 57 (Rest.) 20 64 (Hotel), *Fax (07621) 13555,* « Wasserschloß a.d.15.Jh. » – . E VISA
Menu *(Dienstag - Mittwoch und über Fastnacht 2 Wochen geschl.)* (Tischbestellung ratsam) 112/142 und à la carte – **12 Z** 110/180
Spez. Kalbsbriesmaultasche in Limonencrème mit Hummer. Steinbutt mit Champagnersauce. Milchlammcarré "provençale".

LÖWENBRUCH *Brandenburg* 416 *J 23 – 300 Ew – Höhe 45 m.*
Berlin 27 – Potsdam 27.

Landhotel Löwenbruch, Dorfstr. 3, ✉ 14974, ✆ (03378) 8 62 70, *Fax (03378) 862777,* , – Zim, – 30. AE E VISA
Menu à la carte 22/38 – **30 Z** 99/165.

LÖWENSTEIN *Baden-Württemberg* 419 *S 12 – 3 000 Ew – Höhe 384 m.*
Berlin 595 – Stuttgart 58 – Heilbronn 18 – Schwäbisch Hall 30.

Lamm, Maybachstr. 43, ✉ 74245, ✆ (07130) 5 42, *Fax (07130) 514* –
über Fasching 1 Woche und Aug. 2 Wochen geschl. – **Menu** *(Montag geschl.)* à la carte 32/61 – **8 Z** 70/120.

In Löwenstein-Hösslinsülz *NW : 3,5 km :*

Landgasthof Roger, Heiligenfeld 56 (nahe der B 39), ✉ 74245, ✆ (07130) 2 30, *Fax (07130) 6033,* , – , Zim, – 60. E VISA
Menu à la carte 32/52 – **42 Z** 80/170.

LOHBERG *Bayern* 420 *S 23 – 2 100 Ew – Höhe 650 m – Erholungsort – Wintersport : 550/850* .
Tourist Information, Rathaus, Rathausweg 1, ✉ 93470, ✆ (09943) 94 13 13, Fax (09943) 941314.
Berlin 519 – München 205 – Passau 88 – Cham 44 – Deggendorf 62.

In Lohberg-Altlohberghütte *O : 3 km – Höhe 900 m*

Berghotel Kapitän Goltz , ✉ 93470, ✆ (09943) 13 87, *Fax (09943) 2236,* , , , , – . AE E VISA
Menu à la carte 34/59 *(auch vegetarische Gerichte)* – **13 Z** 48/96 – ½ P 16.

In Lohberg-Lohberghütte *SW : 2,5 km :*

Pension Grüne Wiese , Sommerauer Str. 10, ✉ 93470, ✆ (09943) 12 08, *Fax (09943) 8110,* Wildgehege, , , – .
Nov.- 24. Dez. geschl. – (nur Abendessen für Hausgäste) – **26 Z** 55/100 – ½ P 15.

In Lohberg-Silbersbach *NW : 6 km :*

Osserhotel , ✉ 93470, ✆ (09943) 9 40 60, *Fax (09943) 2881,* , , Wildgehege, « Restaurant mit Ziegelgewölbe », , – . E. Rest
6. - 28. April und 2. Nov. - 20. Dez. geschl. – **Menu** *(Montagmittag, Dienstagmittag und Mittwoch geschl.)* à la carte 23/41 – **40 Z** 68/124 – ½ P 19.

LOHMAR *Nordrhein-Westfalen* 417 *N 5 – 26 800 Ew – Höhe 75 m.*
Berlin 587 – Düsseldorf 63 – Bonn 16 – Siegburg 5 – Köln 23.

In Lohmar-Wahlscheid *NO : 4 km*

Landhotel Naafs-Häuschen, an der B 484 (NO : 2 km), ✉ 53797, ✆ (02206) 60 80, *Fax (02206) 608100,* , Biergarten, , – – 50. AE E VISA.
 Zim
Menu *(Donnerstag geschl.)* à la carte 44/75 – **44 Z** 149/210.

Schloss Auel, an der B 484 (NO : 1 km), ✉ 53797, ✆ (02206) 6 00 30, *Fax (02206) 6003222,* , « Park, Schloßkapelle », , – – 60. AE E VISA
1. - 12. Jan. geschl. – **Menu** *(Montag geschl.)* (nur Abendessen, Tischbestellung ratsam) à la carte 58/72 – **20 Z** 175/280.

Aggertal-Hotel Zur alten Linde, Bartholomäusstr. 8, ✉ 53797, ✆ (02206) 95 93 40, *Fax (02206) 959345*, - TV ☎ P - 35. AE D E VISA JCB. Rest
Juli - Aug. 2 Wochen geschl. – **Menu** *(Sonn- und Feiertage sowie Weihnachten - Anfang Jan. geschl.)* à la carte 53/77 – **27 Z** 125/250.

Haus Säemann, Am alten Rathaus 17, ✉ 53797, ✆ (02206) 8 30 11, *Fax (02206) 83017*, Biergarten – TV ☎ P. AE D E
Menu *(Montag geschl.)* à la carte 35/63 – **15 Z** 75/170.

LOHME *Mecklenburg-Vorpommern siehe Rügen (Insel).*

LOHMEN *Mecklenburg-Vorpommern* 416 *E 20 – 600 Ew – Höhe 50 m.*
Berlin 182 – Schwerin 60 – Rostock 57 – Güstrow 15.

Mecklenburg Hotel, Zum Suckwitzer See 1, ✉ 18276, ✆ (038458) 30 10, *Fax (038458) 30155*, – Zim, TV ☎ P – 50. AE D E VISA
Menu à la carte 29/44 – **32 Z** 70/100.

LOHMEN KREIS SEBNITZ *Sachsen* 418 *N 26 – 3 400 Ew – Höhe 237 m.*
Berlin 220 – Dresden 27 – Pirna 7.

Landhaus Nicolai, Basteistr. 122, ✉ 01847, ✆ (03501) 5 81 20, *Fax (03501) 581288* – TV ☎ P. AE E VISA. Rest
(Restaurant nur für Hausgäste) – **40 Z** 96/128.

LOHNE *Niedersachsen* 415 *I 8 – 20 200 Ew – Höhe 34 m.*
Berlin 409 – Hannover 123 – Bremen 80 – Oldenburg 61 – Osnabrück 50.

Schützenhof, Steifelderstr. 7, ✉ 49393, ✆ (04442) 9 22 80, *Fax (04442) 922815*, – TV ☎ P. E VISA
Menu à la carte 27/48 – **11 Z** 85/130.

Wilke mit Zim, Brinkstr. 43, ✉ 49393, ✆ (04442) 7 33 70, *Fax (04442) 73372* – TV ☎ P. AE D E VISA. Rest
Menu *(Samstagmittag und Donnerstag geschl.)* à la carte 37/68 – **5 Z** 80/120.

LOHR AM MAIN *Bayern* 417 *Q 12 – 17 000 Ew – Höhe 162 m.*
Tourist-Information, Schloßplatz 5, ✉ 97816, ✆ (09352) 84 84 60, Fax (09352) 70295.
Berlin 521 – München 321 – Würzburg 56 – Aschaffenburg 35 – Bad Kissingen 51.

Bundschuh, Am Kaibach 7, ✉ 97816, ✆ (09352) 25 06, *Fax (09352) 6885*, – , Zim, TV ☎ P. AE D E VISA
22. Dez. - 15. Jan. geschl. – (nur Abendessen für Hausgäste) – **34 Z** 99/220.

In Lohr-Sendelbach *SO : 1 km :*

Zur alten Post, Steinfelder Str. 1, ✉ 97816, ✆ (09352) 8 75 20, *Fax (09352) 875224*, Biergarten – TV ☎ P. AE D E VISA
Jan. 3 Wochen geschl. – **Menu** *(Montagmittag und Mittwoch geschl.)* à la carte 31/59 – ***Postillion-Stuben*** *(Mittwoch geschl., nur Abendessen, Tischbestellung erforderlich)* **Menu** à la carte 43/73 – **12 Z** 72/145.

In Lohr-Steinbach *NO : 3 km :*

Buchenmühle (Sandsteinbau a.d. 18. Jh.), Buchentalstraße (S : 2,5 km), ✉ 97816, ✆ (09352) 8 79 90, *Fax (09352) 879987*, , Biergarten, – ☎ P – 25. E
Menu *(Montag und Jan. geschl.)* à la carte 30/63 – **16 Z** 85/150.

LOICHING *Bayern siehe Dingolfing.*

LOITZ *Mecklenburg-Vorpommern siehe Demmin.*

LONGUICH *Rheinland-Pfalz* 417 *Q 4 – 1 200 Ew – Höhe 150 m.*
Berlin 708 – Mainz 151 – Trier 15 – Bernkastel-Kues 38 – Wittlich 26.

Zur Linde, Cerisiersstr. 10, ✉ 54340, ✆ (06502) 55 82, *Fax (06502) 7817*, – Rest, TV ☎ P
Feb. 2 Wochen geschl. – **Menu** *(Montag geschl.)* à la carte 27/54 – **12 Z** 56/95.

LONSHEIM *Rheinland-Pfalz siehe Alzey.*

LORCH *Baden-Württemberg* 419 *T 13 – 9 200 Ew – Höhe 288 m.*

Berlin 592 – Stuttgart 45 – Göppingen 18 – Schwäbisch Gmünd 8.

Sonne (Fachwerkhaus a.d.J. 1724), Stuttgarter Str. 5, ✉ 73547, ☎ (07172) 73 73, *Fax (07172) 8377*, Biergarten – 📺 ☎ 🅿
Okt. - Nov. 3 Wochen geschl. – **Menu** *(Freitag geschl.)* à la carte 25/49 – **27 Z** 70/140.

In Lorch-Weitmars *W : 2 km :*

Ambiente garni, Teckstr. 62, ✉ 73547, ☎ (07172) 1 80 90, *Fax (07172) 180999* – 📺 ☎ 🅿. AE VISA
Aug. 3 Wochen und Weihnachten - Anfang Jan. geschl. – **13 Z** 98/148.

LORCH AM RHEIN *Hessen* 417 *P 7 – 5 000 Ew – Höhe 85 m – Erholungsort.*

Sehenswert : *Pfarrkirche (Kruzifix★).*

Berlin 607 – Wiesbaden 45 – Bad Kreuznach 46 – Koblenz 51 – Limburg an der Lahn 68 – Mainz 48.

An der Straße nach Bad Schwalbach, im Wispertal *NO : 13 km :*

Alte Villa, (NO : 9 km), ✉ 65391 Lorch, ☎ (06726) 12 62, – 🅿. AE E VISA
Dienstag geschl. – **Menu** à la carte 51/75.

LORSCH *Hessen* 417 419 *R 9 – 11 000 Ew – Höhe 100 m.*

Sehenswert : *Königshalle★.*

Kultur- und Verkehrsamt, Marktplatz 1, (Rathaus) ✉ 64653, ☎ (06251) 59 67 51, Fax (06251) 596760.

Berlin 595 – Wiesbaden 65 – Mannheim 35 – Darmstadt 29 – Heidelberg 34 – Worms 15.

Zum Schwanen, Nibelungenstr. 52, ✉ 64653, ☎ (06251) 5 22 53, *Fax (06251) 588842* – AE
Montag und Juli - Aug. 2 Wochen geschl. – **Menu** (nur Abendessen, Tischbestellung ratsam) à la carte 65/91.

LOSHEIM *Saarland* 417 *R 4 – 16 500 Ew – Höhe 300 m – Erholungsort.*

Verkehrsbüro, Saarbrücker Str. 13, ✉ 66679, ☎ (06872) 61 69, Fax (06872) 8489.

Berlin 745 – Saarbrücken 58 – Trier 40 – Luxembourg 55.

Am Stausee *N : 1 km :*

Seehotel , Zum Stausee 202, ✉ 66679 Losheim, ☎ (06872) 6 00 80, *Fax (06872) 600811*, ←, – 📺 ☎ 🅿 – 40. AE E VISA
Menu à la carte 31/61 – **42 Z** 90/150 – ½ P 25.

LOSSBURG *Baden-Württemberg* 419 *U 9 – 6 000 Ew – Höhe 666 m – Luftkurort – Wintersport : 650/800 m 1 .*

Lossburg-Information, Hauptstr. 46 (KinzigHaus), ✉ 72290, ☎ (07446) 9 50 60, Fax (07446) 950614.

Berlin 718 – Stuttgart 100 – Karlsruhe 86 – Freudenstadt 8,5 – Villingen-Schwenningen 60.

Hirsch, Hauptstr. 5, ✉ 72290, ☎ (07446) 9 50 50, *Fax (07446) 950555*, – 📺 ☎ 🅿. E VISA
3. - 10. Jan. geschl. – **Menu** *(11. - 24. Jan. geschl.)* à la carte 32/59 – **45 Z** 78/180 – ½ P 25.

Traube , Gartenweg 3, ✉ 72290, ☎ (07446) 15 14, *Fax (07446) 3297*, , , – 🅿
Mitte Nov. - Mitte Dez. geschl. – **Menu** *(Montag geschl.)* à la carte 27/52 – **34 Z** 65/140 – ½ P 15.

In Lossburg-Oedenwald *W : 3 km :*

Adrionshof , ✉ 72290, ☎ (07446) 20 41, *Fax (07446) 2042*, , – 📺 ☎ 🅿
Mitte Okt. - Nov. geschl. – **Menu** à la carte 26/57 – **19 Z** 66/126 – ½ P 16.

In Lossburg-Rodt :

Landhaus Hohenrodt , Obere Schulstr. 20, ✉ 72290, ☎ (07446) 9 55 00, *Fax (07446) 955060*, – 📺 ☎ 🅿. Rest
15. - 31. Jan. geschl. – (Restaurant nur für Hausgäste) – **34 Z** 65/120 – ½ P 17.

LUCKENWALDE *Brandenburg* **416** **418** *J 23 – 26 000 Ew – Höhe 42 m.*

Tourist-Information, Markt 12, ✉ 14943, ✆ (03371) 63 21 12, Fax (03371) 632112.

Berlin 58 – Potsdam 45 – Brandenburg 74 – Cottbus 108 – Dessau 96.

Vierseithof Ⓜ, Haag 20/Am Herrenhaus 1, ✉ 14943, ✆ (03371) 6 26 80, *Fax (03371) 626868,* « Ehemalige Tuchfabrik im preussischen Barock und moderner Architektonik ; Innenhofterrasse », – Zim, – 50. AE E VISA
Menu à la carte 46/61 – ***Weberstube :*** **Menu** à la carte 26/48 – **43 Z** 145/245.

Luckenwalder Hof, Dahmer Str. 34, ✉ 14943, ✆ (03371) 61 01 45, *Fax (03371) 610146,* « Geschmackvolle Zimmereinrichtung » – Zim. AE E VISA JCB.
Menu *(Samstag - Sonntag geschl.)* (nur Abendessen) à la carte 32/64 – **19 Z** 125/159.

Märkischer Hof garni, Poststr. 8, ✉ 14943, ✆ (03371) 60 40, *Fax (03371) 604444* – – 40. AE E VISA
49 Z 90/140.

Pelikan, Puschkinstr. 27 (Eingang Goethestraße), ✉ 14943, ✆ (03371) 61 29 96, *Fax (03371) 612996* – – 15. E VISA
(Restaurant nur für Hausgäste) – **19 Z** 90/150.

In Luckenwalde-Kolzenburg *S : 5 km :*

Zum Eichenkranz, Unter den Eichen 1, ✉ 14943, ✆ (03371) 61 07 29, *Fax (03371) 610730,* – – 30. E
Menu *(Montag geschl.)* à la carte 23/42 – **21 Z** 90/130.

Keine Aufnahme in den ***Michelin-Führer*** *durch*
– Beziehungen oder
– Bezahlung

LUDWIGSBURG *Baden-Württemberg* **419** *T 11 – 86 000 Ew – Höhe 292 m.*

Sehenswert : *Blühendes Barock : Schloß★, Park★ (Märchengarten★★)* Y.

Ludwigsburg, Beim Schloß Monrepos ✆ (07141) 22 00 30.

Tourist-Information, Wilhelmstr. 10, ✉ 71638, ✆ (07141) 9 10 22 52, Fax (07141) 9102774.

ADAC, *Heinkelstr. 11 (Breuningerland), ✉ 71634, ✆ (07141) 23 10 10, Fax (07141) 224930.*

Berlin 617 ⑥ – Stuttgart 15 ③ – Heilbronn 36 ⑥ – Karlsruhe 86 ④.

Stadtpläne siehe nächste Seiten

Nestor Ⓜ, Stuttgarter Str. 35/2, ✉ 71638, ✆ (07141) 96 70, *Fax (07141) 967113,* « Historischer, sanierter Backsteinbau mit moderner Einrichtung », – Zim, – 180. AE E VISA Z n
Menu à la carte 41/66 – **151 Z** 188/230.

Favorit garni, Gartenstr. 18, ✉ 71638, ✆ (07141) 9 00 51, *Fax (07141) 902991,* – Zim, – 20. AE E VISA Y r
91 Z 120/200.

Westend, Friedrich-List-Str. 26, ✉ 71636, ✆ (07141) 45 17 10, *Fax (07141) 4517129* – AE E VISA. Zim Z d
Menu *(Freitagabend - Samstag, Sonntagabend und Juli - Aug. 3 Wochen geschl.)* à la carte 34/65 – **15 Z** 110/160.

Le Carat, Schwieberdinger Str. 60, ✉ 71636, ✆ (07141) 4 76 00, *Fax (07141) 476060* – – 20. AE E VISA Z s
Samstagmittag, Sonntag und Aug. - Sep. 2 Wochen geschl. – **Menu** à la carte 67/84.

Alte Sonne, Bei der kath. Kirche 3, ✉ 71634, ✆ (07141) 92 52 31, *Fax (07141) 902635* – – 40. AE E VISA Y n
Sonntag geschl. – **Menu** 82/128 und à la carte 72/95
Spez. Seeigelsamtsuppe mit Krustentierbonbon. Loup de mer mit Tomaten und Mozzarella gratiniert. Ente in zwei Gängen serviert (2 Pers.).

Post-Cantz, Eberhardstr. 6, ✉ 71634, ✆ (07141) 92 35 63, *Fax (07141) 905607* – AE E VISA Y e
Mittwoch geschl. – **Menu** à la carte 43/72.

Zum Postillion, Asperger Str. 12, ✉ 71634, ✆ (07141) 92 47 77, *Fax (07141) 924770* – AE E VISA Y c
Samstagmittag, Sonntagabend - Montagmittag, Feiertage und Aug. - Sep. 2 Wochen geschl. – **Menu** à la carte 29/60.

LUDWIGSBURG

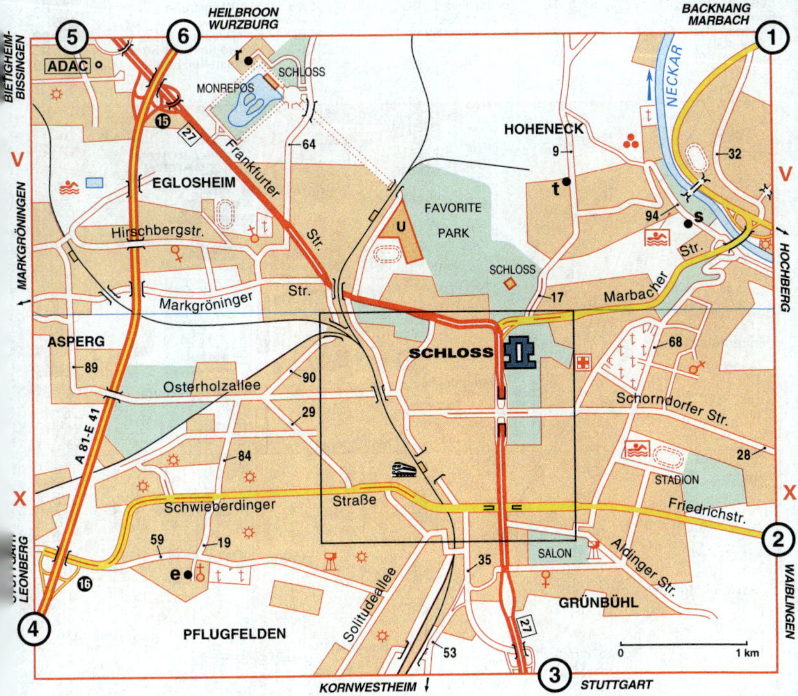

Württemberger Hof, Bismarckstr. 24, ✉ 71634, ✆ (07141) 90 16 02, *Fax (07141) 901568,* – 70. Y s
Sonntagabend und Dienstag geschl. – **Menu** à la carte 36/61 *(auch vegetarische Gerichte).*

In Ludwigsburg-Hoheneck :

Krauthof, Beihinger Str. 27, ✉ 71642, ✆ (07141) 5 08 80, *Fax (07141) 508877,* – Zim, – 80. V t
Menu à la carte 30/62 – **40 Z** 125/200.

Hoheneck, Uferstraße (beim Heilbad), ✉ 71642, ✆ (07141) 5 11 33, *Fax (07141) 52077,* – V s
20. Dez. - 7. Jan. geschl. – **Menu** *(Samstagabend sowie Sonn- und Feiertage geschl.)* à la carte 30/61 – **15 Z** 116/180.

In Ludwigsburg-Pflugfelden :

Stahl, Dorfstr. 4, ✉ 71636, ✆ (07141) 4 41 10, *Fax (07141) 441142* – X e
Menu à la carte 37/63 **24 Z** 140/190.

Beim Schloß Monrepos :

Schlosshotel Monrepos, Domäne Monrepos 22, ✉ 71634, ✆ (07141) 30 20, *Fax (07141) 302200,* « Gartenterrasse », – Zim, – 100. V r
Menu à la carte 44/77 – **81 Z** 180/340.

LUDWIGSBURG

Straße	Planquadrat	Nr.
Alleenstraße	Z	4
Arsenalstraße	Y	7
Bahnhofstraße	Z	8
Belschnerstraße	Z	12
Bietigheimer Straße	Y	13
Bogenstraße	Y	14
Eberhardstraße	Y	18
Friedenstraße	Z	24
Friedrich-Ebert- Straße	Z	27
Gänsfußallee	Z	29
Gartenstraße	Y	31
Heinrich-Schweitzer-Straße	Y	33
Hindenburgstraße	Z	34
Hohenzollernstraße	Z	35
Holzmarkt	Y	37
Hospitalstraße	Y	38
Imbröderstraße	Y	39
Kaffeeberg	Y	42
Kaiserstraße	Y	43
Kirchstraße	Y	44
Königsallee	Z	48
Körnerstraße	Y	49
Leonberger Straße	Z	50
Marienstraße	Y	55
Markplatz	Y	58
Mömpelgardstraße	Y	60
Mörikestraße	YZ	63
Myliusstraße	Z	65
Pflugfelder Straße	Z	69
Richard-Wagner-Straße	Z	74
Schillerplatz	Y	79
Schillerstraße	Z	80
Schlachthofstraße	Y	83
Schützenstraße	Y	85
Seestraße	YZ	
Solitudeallee	Z	88
Untere-Reithaus-Straße	Y	96
Wilhelm-Keil-Straße	Y	99

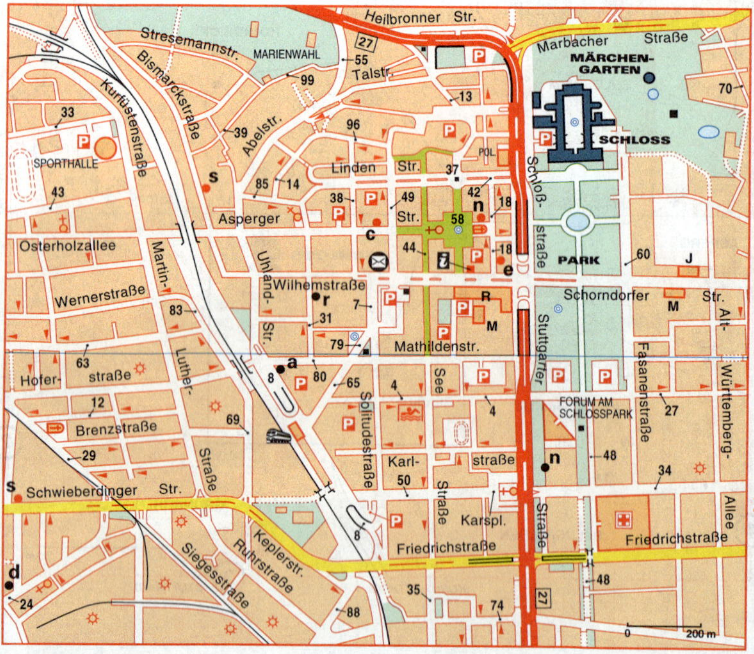

In Freiberg *N : 4 km :*

Am Wasen - Gasthof Adler, Wasenstr. 7, ✉ 71691, ✆ (07141) 2 74 70, *Fax (07141) 274767* – Zim, TV ☎ – 15. AE E VISA
Menu *(Donnerstagabend - Freitag und Ende Jan. - Anfang Feb. geschl.)* à la carte 27/52 – **25 Z** 98/170.

Rössle, Benninger Str. 11, ✉ 71691, ✆ (07141) 2 74 90, *Fax (07141) 270739* – TV ☎ E
Menu *(Freitag - Samstagmittag und Aug. 3 Wochen geschl.)* à la carte 28/52 – **25 Z** 68/145.

Gästehaus Baumann, Ruitstr. 67 (Gewerbegebiet Ried), ✉ 71691, ✆ (07141) 7 81 50, *Fax (07141) 781550,* – TV ☎ E VISA. Rest *(nur Abendessen für Hausgäste)* – **24 Z** 80/120.

Schwabenstuben, Marktplatz 5, ✉ 71691, ✆ (07141) 7 50 37, *Fax (07141) 75038,* – AE E VISA
Samstagmittag, Montag, Jan. - Feb. 2 Wochen und Juli - Aug. 3 Wochen geschl., – **Menu** à la carte 40/74.

LUDWIGSDORF *Sachsen siehe Görlitz.*

LUDWIGSHAFEN AM RHEIN *Rheinland-Pfalz* 417 419 *R 9 – 171 000 Ew – Höhe 92 m.*

Siehe auch Mannheim-Ludwigshafen (Übersichtsplan).

Tourist-Information, Bahnhofstr. 119, ✉ *67059,* ✆ *(0621) 51 20 35, Fax (0621) 624295.*

ADAC, *Theaterplatz 10,* ✉ *67059,* ✆ *(0621) 51 93 61, Fax (0621) 521661.*

Berlin 615 – Mainz 82 – Mannheim 6 – Kaiserslautern 55 – Speyer 22.

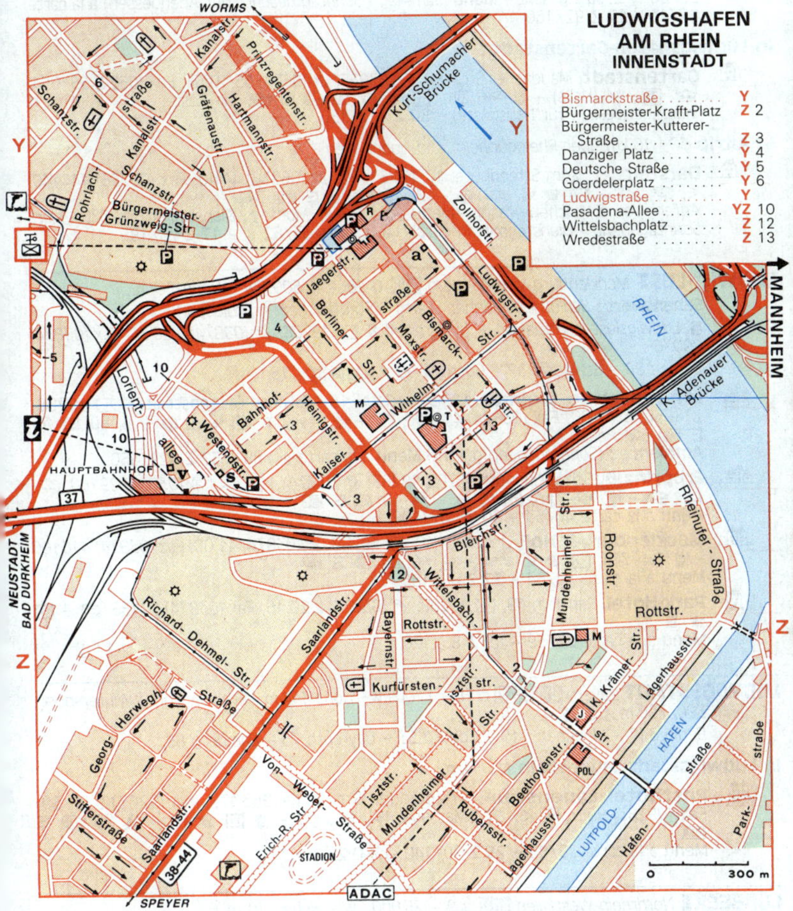

Ramada M, Pasadena-Allee 4, ✉ 67059, ✆ (0621) 5 95 10, *Fax (0621) 511913*, – Zim, – 110. AE VISA — Z v
Menu à la carte 38/60 – **192 Z** 205/230, 3 Suiten.

Europa Hotel, Am Ludwigsplatz 5, ✉ 67059, ✆ (0621) 5 98 70, *Fax (0621) 5987122*, – Zim, – 250. AE VISA — Y a
Menu *(Samstag - Sonntag geschl.)* à la carte 56/77 – **113 Z** 195/288.

Excelsior garni, Lorientallee 16, ✉ 67059, ✆ (0621) 5 98 50, *Fax (0621) 5985500* – – 35. AE VISA — Z s
160 Z 90/160.

Folgende Häuser finden Sie auf dem Stadtplan Mannheim-Ludwigshafen :

In Ludwigshafen-Friesenheim :

Ebert Park Hotel garni, Kopernikusstr. 67, ✉ 67063, ☎ (0621) 6 90 60, *Fax (0621) 6906601* – AE E VISA JCB. BV a
25. Dez. - 3. Jan. geschl. – **94 Z** 130/166.

Karpp, Rheinfeldstr. 56, ✉ 67063, ☎ (0621) 69 10 78, *Fax (0621) 632413,* – AE E VISA BV e
23. Dez. - 2. Jan. geschl. – **Menu** *(Samstag - Sonntag geschl.)* (nur Abendessen) à la carte 25/43 – **17 Z** 92/160.

In Ludwigshafen-Gartenstadt :

Gartenstadt, Maudacher Str. 188, ✉ 67065, ☎ (0621) 55 10 51, *Fax (0621) 551054,* (Halle) – Zim, AE E VISA. Rest BV h
(nur Abendessen für Hausgäste) – **50 Z** 112/180.

In Altrip *SO : 10 km über Rheingönheim und Hoher Weg* BCV *:*

Darstein, Zum Strandhotel 10, ✉ 67122, ☎ (06236) 44 40, *Fax (06236) 444140,* – 45. AE E VISA JCB
Anfang Jan. 3 Wochen geschl. – **Menu** *(April - Sept. Montag - Dienstagmittag, Okt. - März Sonntagabend - Dienstagmittag geschl.)* à la carte 33/62 – **17 Z** 73/195.

LUDWIGSLUST *Mecklenburg-Vorpommern* 416 *G 18 – 12 500 Ew – Höhe 36 m.*

Sehenswert : Schloß★ (Goldener Saal★) – Stadtkirche★ – Schloßpark★.

Ludwigslust-Information, Schloßfreiheit 8, ✉ 19288, ☎ (03874) 2 90 76, Fax (03874) 29076.

Berlin 180 – Schwerin 38 – Güstrow 98 – Hamburg 118.

Landhotel de Weimar, Schloßstr. 15 (Zufahrt Gartenstraße), ✉ 19288, ☎ (03874) 41 80, *Fax (03874) 418190,* – Zim, – 80. AE E VISA. Rest
Ambiente : *(Sonntagabend geschl.)* **Menu** à la carte 44/88 – **52 Z** 129/350.

Erbprinz, Schweriner Str. 38, ✉ 19288, ☎ (03874) 4 71 74, *Fax (03874) 29160,* – Zim, – 40. AE E VISA
Menu à la carte 40/53 – **40 Z** 105/198.

Mecklenburger Hof, Lindenstr. 40, ✉ 19288, ☎ (03874) 41 00, *Fax (03874) 410100* – Zim, – 40. AE E VISA
Menu à la carte 34/64 – **37 Z** 88/185.

Park-Hotel, Kanalstr. 19, ✉ 19288, ☎ (03874) 2 20 15, *Fax (03874) 20156,* – E
Menu à la carte 29/39 – **19 Z** 85/120.

LUDWIGSSTADT *Bayern* 418 420 *O 18 – 4 100 Ew – Höhe 444 m – Erholungsort – Wintersport : 500/700 m 3.*

Berlin 317 – München 310 – Coburg 55 – Bayreuth 75 – Bamberg 89.

In Ludwigsstadt-Lauenstein *N : 3 km :*

Posthotel Lauenstein, Orlamünder Str. 2, ✉ 96337, ☎ (09263) 9 91 30, *Fax (09263) 991399,* Massage, – – 20. E VISA
Menu à la carte 28/55 – **25 Z** 70/140 – ½ P 25.

LÜBBECKE *Nordrhein-Westfalen* 417 *J 9 – 25 000 Ew – Höhe 110 m.*

Berlin 373 – Düsseldorf 215 – Bielefeld 42 – Bremen 105 – Hannover 95 – Osnabrück 45.

Quellenhof, Obernfelder Allee 1, ✉ 32312, ☎ (05741) 3 40 60, *Fax (05741) 340659,* « Gartenterrasse », – – 40. E VISA. Zim
Menu *(Freitag - Samstagmittag, Sonntagabend und 10. - 27. Juli geschl.)* à la carte 39/60 – **24 Z** 101/200.

In Hüllhorst-Niedringhausen *S : 4 km :*

Berghotel-Meinert, Buchenweg 1 (nahe der B 239), ✉ 32609, ☎ (05741) 9 03 03, *Fax (05741) 90501,* – AE E VISA
Menu *(Freitagmittag, Sonntagabend und Mitte - Ende Juli geschl.)* à la carte 26/66 – **13 Z** 85/150 – ½ P 15.

LÜBBEN *Brandenburg* 418 *K 25 – 15 500 Ew – Höhe 53 m.*

Tourismus Kultur- und Stadtmarketing GmbH Lübben, Ernst-von-Houwald-Damm 14, ✉ 15907, ☎ (03546) 30 90, Fax (03546) 2543.

Berlin 84 – Potsdam 99 – Cottbus 53.

Spreewaldhotel Stephanshof, Lehnigksbergerweg 1, ✉ 15907, ☎ (03546) 2 72 10, *Fax (03546) 272160,* – – 20
31 Z.

Spreeufer garni, Hinter der Mauer 4, ✉ 15907, ☎ (03546) 2 72 60, *Fax (03546) 272634* –
23 Z 98/148.

Spreeblick, Gubener Str. 53, ✉ 15907, ☎ (03546) 23 20, *Fax (03546) 232200,* – – 50. Zim
Menu *(Sonntagabend und Feb. geschl.)* à la carte 27/50 – **28 Z** 80/140.

Historischer Weinkeller, E.-von-Houwald-Damm 14, ✉ 15907, ☎ (03546) 40 78, *Fax (03546) 182521,* – AE E VISA.
Montag, und Okt.- April auch Sonntagabend und Jan. geschl. – **Menu** à la carte 32/63.

In Niewitz-Rickshausen *W : 8 km :*

Spreewald Park-Hotel M, ✉ 15910, ☎ (035474) 2 70, *Fax (035474) 27444,* – , Zim, – 220. AE E VISA JCB
Menu à la carte 29/45 – **91 Z** 140/170.

Wenn Sie ein ruhiges Hotel suchen,
benutzen Sie zuerst die Übersichtskarte in der Einleitung
oder wählen Sie im Text ein Hotel mit dem Zeichen bzw.

LÜBBENAU *Brandenburg* 418 *K 25 – 19 500 Ew – Höhe 54 m.*

Sehenswert : *St. Nicolai★.*

Ausflugsziel : *Spreewald★★ (Freilandmuseum Lehde★, per Kahn).*

Fremdenverkehrsverein, Ehm-Welk-Str. 15, ✉ 03222, ☎ (03542) 36 68, Fax (03542) 46770.

Berlin 95 – Potsdam 113 – Cottbus 35.

Schloß Lübbenau, Schloßbezirk 6, ✉ 03222, ☎ (03542) 87 30, *Fax (03542) 873666,* – – 60. AE E VISA
Jan. geschl. – **Menu** à la carte 37/60 – **47 Z** 150/290, 6 Suiten.

Turm-Hotel, Nach Stottoff 1, ✉ 03222, ☎ (03542) 8 91 00, *Fax (03542) 891047,* « Geschmackvolle Einrichtung », – Zim, – 20. E
Menu à la carte 34/50 – **12 Z** 140/200.

Spreewaldeck, Dammstr. 31, ✉ 03222, ☎ (03542) 8 90 10, *Fax (03542) 890110* – , Rest, – 40. AE E VISA
Menu à la carte 21/40 – **27 Z** 110/190.

In Lübbenau-Groß Beuchow *SW : 3 km :*

Acron Landhaushotel, LPG-Straße, ✉ 03222, ☎ (03542) 87 50, *Fax (03542) 875125,* Biergarten – , Zim, – 100. AE E VISA
Menu à la carte 30/48 – **90 Z** 133/198.

LÜBBOW *Niedersachsen siehe Lüchow.*

LÜBECK *Schleswig-Holstein* 415 416 *E 16 – 215 000 Ew – Höhe 15 m.*

Sehenswert : *Altstadt★★★ – Holstentor★★* Y *– Marienkirche★★* Y *– Haus der Schiffergesellschaft★ (Innenausstattung★★)* X **E** *– Rathaus★* Y **R** *– Heiligen-Geist-Hospital★* X *– St.-Annen-Museum★* Z **M1** *– Burgtor★* X *– Füchtingshof★* Y **S** *– Jakobikirche★ (Orgel★★)* X **K** *– Katharinenkirche★ (Figurenreihe★ von Barlach)* Y *– Petrikirche (Turm ≤★)* Y **A** *– Dom (Triumphkreuzanlage★)* Z.

Lübeck-Travemünde (über Kaiserallee C), ☎ (04502) 7 40 18.

Lübeck-Informations-Zentrum, Breite Str. 62, ✉ 23552, ☎ (0451) 1 22 81 06.

Touristbüro, Beckergrube 95, ✉ 23552, ☎ (0451) 1 22 81 09, Fax (0451) 1228190.

Tourist-Information im Hauptbahnhof, ✉ 23558, ☎ (0451) 86 46 75, Fax (0451) 863024.

ADAC, *Katharinenstr. 11, ✉ 23554, ☎ (0451) 4 39 39, Fax (0451) 477405.*

Berlin 263 ③ – Kiel 92 ⑥ – Schwerin 66 ④ – Neumünster 58 ⑥ – Hamburg 66 ⑤.

Radisson SAS Senator Hotel M, Willy-Brandt-Allee 6, 23554, (0451) 14 20, *Fax (0451) 1422222*, , Massage, , – , Zim, – 280. AE VISA
Menu *(Sonntag und Montag geschl.)* à la carte 45/75 – **224 Z** 204/308, 3 Suiten. Y s

Holiday Inn M, Travemünder Allee 3, 23568, (0451) 3 70 60, *Fax (0451) 3706666*, , , , – , Zim, – 200. AE VISA JCB. Rest – **Menu** à la carte 46/68 – **158 Z** 195/325, 3 Suiten. X a

Kaiserhof garni (mit Gästehaus), Kronsforder Allee 11, 23560, (0451) 70 33 01, *Fax (0451) 795083*, « Restaurierte Patrizierhäuser mit geschmackvoller Einrichtung », , , – – 20. AE VISA – **60 Z** 145/290, 5 Suiten. V f

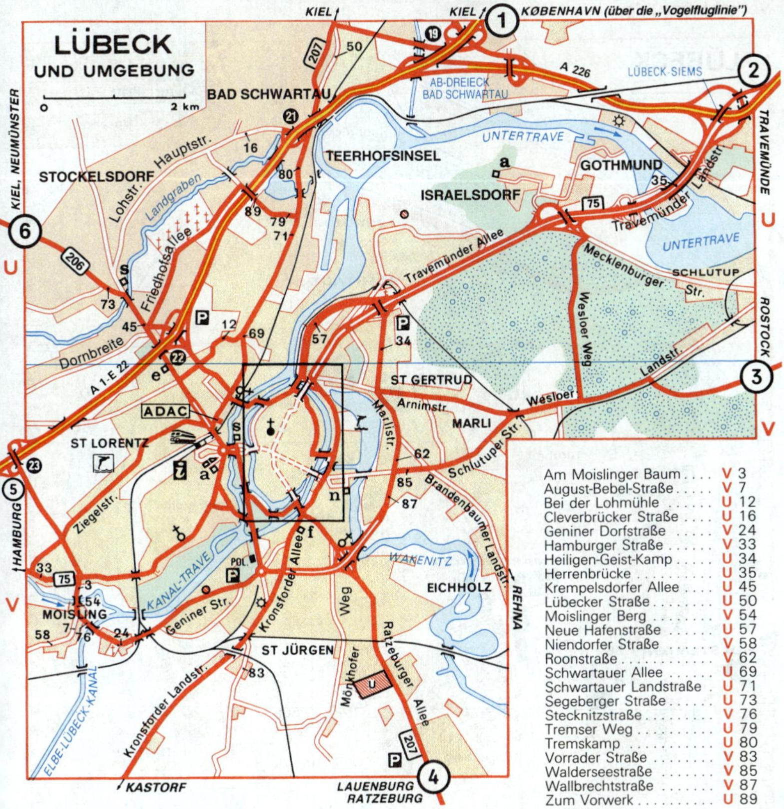

Mövenpick Hotel M, Willi-Brandt-Allee 3, ✉ 23554, ☎ (0451) 1 50 40, *Fax (0451) 1504111*, – Zim, – 250. AE E VISA — V s
Menu à la carte 41/73 – **197 Z** 172/344, 3 Suiten.

Excelsior garni, Hansestr. 3, ✉ 23558, ☎ (0451) 8 80 90, *Fax (0451) 880999* – – 40. AE E VISA. — V a
63 Z 110/190.

Lindenhof garni, Lindenstr. 1a, ✉ 23558, ☎ (0451) 8 40 15, *Fax (0451) 864023* – – 20. AE E VISA — V a
62 Z 125/220.

Jensen, Obertrave 4, ✉ 23552, ☎ (0451) 7 16 46, *Fax (0451) 73386*, – – 40. AE E VISA JCB — Y k
Menu à la carte 43/78 – **42 Z** 125/210.

Klassik Altstadt Hotel garni, Fischergrube 52, ✉ 23552, ☎ (0451) 70 29 80, *Fax (0451) 73778* – – 20. AE E VISA — X n
22. Dez. - 10. Jan. geschl. – **28 Z** 135/240.

Park Hotel garni, Lindenplatz 2, ✉ 23554, ☎ (0451) 87 19 70, *Fax (0451) 8719729* – . AE E VISA — V a
18 Z 115/198.

Zum Ratsherrn, Herrendamm 2, ✉ 23556, ☎ (0451) 4 33 39, *Fax (0451) 4791662*, – Zim, . AE E VISA — UV e
Menu à la carte 31/67 – **30 Z** 105/175.

Wakenitzblick, Augustenstr. 30, ✉ 23564, ☎ (0451) 7 02 63 00, *Fax (0451) 792645*, ←, – . AE E VISA — V n
Menu à la carte 30/57 – **23 Z** 95/175.

Verkehrsberuhigte Altstadt

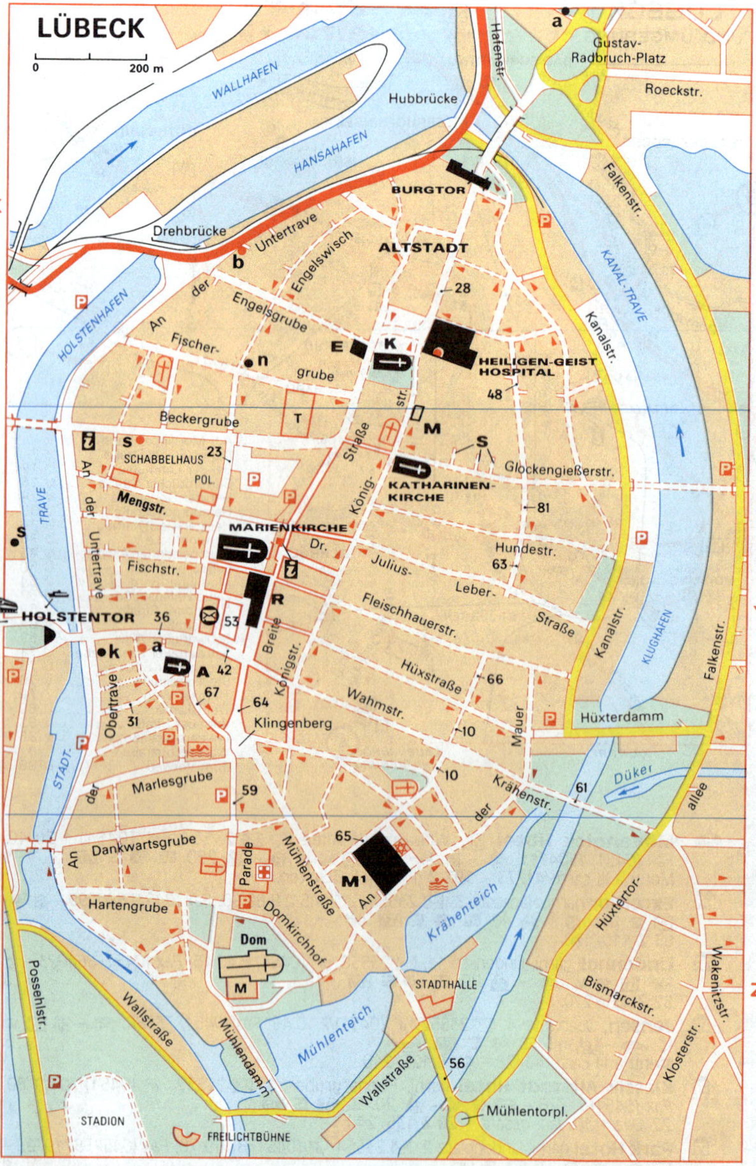

Balauerfohr	Y	10	Klingenberg	Y		Rehderbrücke	Y	61
Beckergrube	Y		Königstraße	XY		Rosengarten	Y	63
Breite Straße	Y		Kohlmarkt	Y	42	Sandstraße	Y	64
Fleischhauerstraße	Y		Langer Lohberg	X	48	St.-Annen-Straße	Z	65
Fünfhausen	Y	23	Marktplatz	Y	53	Schlumacherstraße	Y	66
Große Burgstraße	X	28	Mühlenstraße	Z		Schmiedestraße	Y	67
Große Petersgrube	Y	31	Mühlentorbrücke	Z	56	Tünkenhagen	Y	81
Holstenstraße	Y	36	Pferdemarkt	Y	59	Wahmstraße	Y	
Hüxstraße	Y							

LÜBECK-TRAVEMÜNDE

Am Fahrenberg 3
Am Lotsenberg 4
Auf dem Baggersand 5
Bertlingstraße 6
Brodtener Kirchsteig 7
Fallreep 8
Godewind 9
Kirchenstraße 12
Kurgartenstraße
Mecklenburger Landstraße 13
Mittschiffs 15
Parkallee 16
Steuerbord 17
Vorderreihe 18

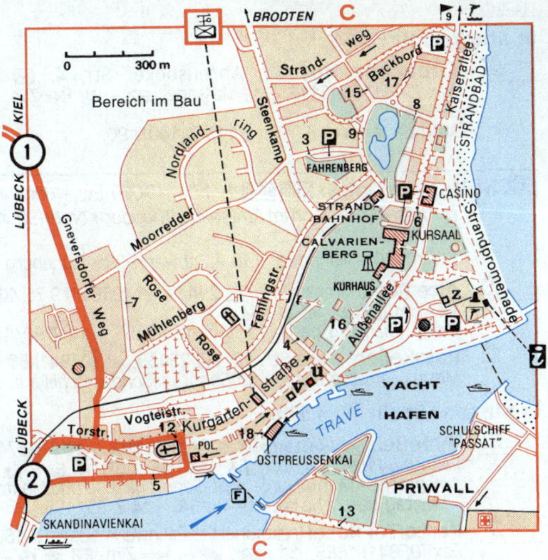

Die Hotelbesitzer sind gegenüber den Lesern dieses Führers Verpflichtungen eingegangen. Zeigen Sie deshalb dem Hotelier Ihren Michelin-Führer des laufenden Jahres.

Wullenwever, Beckergrube 71, ✉ 23552, ✆ (0451) 70 43 33, *Fax (0451) 7063607*, « Patrizierhaus a.d. 16. Jh. » – AE VISA — Y s
Sonntag - Montag, März 2 Wochen und Okt. 3 Wochen geschl. – **Menu** (nur Abendessen, Tischbestellung ratsam) 85/135 und à la carte 73/111
Spez. Gemüsestrudel mit mariniertem Thunfisch. Schaumsuppe von roten Linsen und Curryblättern mit Langustine. Wildperlhuhn mit Trüffeln poëliert, in zwei Gängen serviert.

Historischer Weinkeller, Koberg 8, ✉ 23552, ✆ (0451) 7 62 34, *Fax (0451) 75344*, « Gewölbekeller des Heiligen-Geist-Hospitals, erbaut i.J. 1286 » – E VISA
Menu *(Sonntag und Dienstag geschl.)* (nur Abendessen) à la carte 44/75 – ***Kartoffelkeller*** *(auch mittags geöffnet)* **Menu** à la carte 31/42. — X

Schiffergesellschaft, Breite Str. 2, ✉ 23552, ✆ (0451) 7 67 76, *Fax (0451) 73279*, « Historische Gaststätte a.d.J. 1535 mit zahlreichen Andenken an Lübecker Seefahrer » – 100 — X E
Menu (Tischbestellung ratsam) à la carte 43/74.

Das kleine Restaurant, An der Untertrave 39, ✉ 23552, ✆ (0451) 70 59 59, *Fax (0451) 705959* – AE E VISA — X b
Sonntag geschl. – **Menu** (nur Abendessen) à la carte 59/85.

Zimmermann's Lübecker Hanse, Kolk 7, ✉ 23552, ✆ (0451) 7 80 54, *Fax (0451) 71326*, – AE E VISA — Y a
Samstag (Jan. - Okt.), Sonn- und Feiertage sowie Anfang Jan. 1 Woche geschl. – **Menu** (Tischbestellung ratsam) à la carte 43/69.

In Lübeck-Israelsdorf :

Waldhotel Twiehaus, Waldstr. 41, ✉ 23568, ✆ (0451) 39 87 40, *Fax (0451) 3987430*, – Zim, TV – 20. AE E VISA. Zim
Menu *(Dienstag - Mittwochmittag und Jan. - 15. Feb. geschl.)* à la carte 30/56 – **11 Z** 105/170. — U a

In Lübeck-Travemünde ② : *19 km – Seeheilbad.*

Tourismus-Zentrale, Strandpromenade 1b, ✉ 23570, ✆ (04502) 80 40, Fax (04502) 80460

Maritim, Trelleborgallee 2, ✉ 23570, ✆ (04502) 8 90, *Fax (04502) 892020*, < Lübecker Bucht und Travemündung, – Zim, TV – 700. AE E VISA. Rest — C z
Menu à la carte 45/99 – **240 Z** 199/388, 10 Suiten – ½ P 45.

Deutscher Kaiser, Vorderreihe 52, ✉ 23570, ✆ (04502) 84 20, *Fax (04502) 842199*, – Zim, TV. AE E VISA — C v
Menu *(im Winter Mittwoch geschl.)* à la carte 31/53 – **50 Z** 125/265 – ½ P 25.

Lord Nelson (Restaurant im Pub-Stil), Vorderreihe 56 (Passage), ✉ 23570, ✆ (04502) 63 69, *Fax (04502) 6337* – AE E VISA JCB — C u
Menu à la carte 31/70.

In Stockelsdorf :

Lübecker Hof M, Ahrensböker Str. 4, ✉ 23617, ☎ (0451) 49 07 07, *Fax (0451) 4946112*, Massage, – Zim, – 150.
U s
Menu à la carte 37/49 – **113 Z** 140/190.

LÜCHOW *Niedersachsen* 415 416 *H 17 – 10 000 Ew – Höhe 18 m.*

Gästeinformation im Amtshaus, Theodor-Körner-Str. 4, ✉ 29439, ☎ (05841) 12 62 49, Fax (05841) 126281.

Berlin 190 – Hannover 138 – Schwerin 98 – Lüneburg 66 – Braunschweig 125.

Alte Post, Kirchstr. 15, ✉ 29439, ☎ (05841) 9 75 40, *Fax (05841) 5048*, Biergarten – Zim,
Menu *(Dienstag geschl.)* à la carte 43/63 – **14 Z** 90/150.

Ratskeller, Lange Str. 56, ✉ 29439, ☎ (05841) 55 10, *Fax (05841) 5518* –
Menu *(Samstagmittag und Sonntagabend geschl.)* à la carte 31/56 – **12 Z** 50/120.

In Küsten-Lübeln *W : 4,5 km :*

Avoeßel (Restauriertes Fachwerkhaus a.d.J. 1874), ✉ 29482, ☎ (05841) 93 40, *Fax (05841) 93444*, – 80.
Jan. geschl. – **Menu** *(Juni - Sept. Sonntagabend und Montagabend, Okt. - Mai Sonntagabend - Montag geschl.)* à la carte 45/64 – **24 Z** 85/195.

Kartoffel-Hotel (restauriertes Fachwerkhaus a.d.J. 1805), ✉ 29482, ☎ (05841) 13 60, *Fax (05841) 1688*, – Zim, – 20.
Menu à la carte 29/55 – **33 Z** 95/210.

In Lübbow-Dangenstorf *S : 9 km :*

Landgasthof Rieger, Dörpstroat 33, ✉ 29488, ☎ (05883) 6 38, *Fax (05883) 1330*,
Menu *(Nov. - März Montag - Freitag nur Abendessen)* à la carte 26/43 – **11 Z** 70/140.

LÜDENSCHEID *Nordrhein-Westfalen* 417 *M 6 – 80 000 Ew – Höhe 420 m.*

Schalksmühle-Gelstern (N : 5 km), ☎ (02351) 5 64 60.

ADAC, *Knapper Str. 26, ✉ 58507, ☎ (02351) 2 66 87, Fax (02351) 38591.*

Berlin 523 – Düsseldorf 76 – Hagen 30 – Dortmund 47 – Siegen 59.

Queens Hotel Lüdenscheid, Parkstr. 66, ✉ 58509, ☎ (02351) 15 60, *Fax (02351) 39157*, – Zim, – 200.
Menu à la carte 45/68 – **169 Z** 219/340, 6 Suiten.

LÜDINGHAUSEN *Nordrhein-Westfalen* 417 *K 6 – 20 000 Ew – Höhe 50 m.*

Ausflugsziel : *Wasserburg Vischering ★ (N : 1 km).*

Verkehrsverein, Münsterstr. 37, ✉ 59348, ☎ (02591) 7 80 08, Fax (02591)78010.

Berlin 482 – Düsseldorf 95 – Dortmund 37 – Münster (Westfalen) 28.

Borgmann, Münsterstr. 17, ✉ 59348, ☎ (02591) 9 18 10, *Fax (02591) 918130*, Biergarten, « Restaurant mit altdeutscher Einrichtung » –
Menu *(Sonntag geschl.)* (nur Abendessen) à la carte 31/54 – **14 Z** 85/150.

In Lüdinghausen-Seppenrade *W : 4 km :*

Schulzenhof mit Zim, Alter Berg 2, ✉ 59348, ☎ (02591) 9 86 50, *Fax (02591) 88082*, – 30.
Menu *(Dienstagabend - Mittwoch geschl.)* à la carte 35/55 – **10 Z** 75/150.

LÜGDE *Nordrhein-Westfalen* 417 *K 11 – 11 700 Ew – Höhe 106 m.*

Lügde, Auf dem Winzenberg 2, ☎ (05281) 81 96.

Touristik-Information, Vordere Str. 81, ✉ 32676, ☎ (05281) 7 80 29.

Berlin 352 – Düsseldorf 219 – Hannover 70 – Detmold 32 – Paderborn 49.

Stadt Lügde, Vordere Str. 35, ✉ 32676, ☎ (05281) 9 80 70, *Fax (05281) 980734*,
Menu à la carte 27/55 – **17 Z** 65/130.

Berggasthaus Kempenhof, Am Golfplatz 1 (W : 1,5 km), ✉ 32676, ☎ (05281) 86 47, *Fax (05281) 5637*, –
Menu à la carte 27/60 – **12 Z** 70/120.

In Lügde-Elbrinxen *S : 6,5 km :*

Landhotel Lippischer Hof, Untere Dorfstr. 3, ✉ 32676, ☎ (05283) 98 70, *Fax (05283) 987189,* – – 80. VISA
Menu *(Montag geschl.) (Dienstag - Freitag nur Abendessen)* à la carte 28/47 – **36 Z** 77/148.

LÜNEBURG *Niedersachsen* 415 416 *G 15 – 65 000 Ew – Höhe 17 m – Sole- und Moorkurbetrieb.*

Sehenswert : *Rathaus★★ (Große Ratsstube★★)* Y **R** *– Am Sande★ (Stadtplatz)* Z *– Wasserviertel : ehemaliges Brauhaus★* Y **F.**

Lüdersburg (NO : 16 km über ①), ☎ *(04153) 6 97 00 ;* *St. Dionys (N : 11 km über ①),* ☎ *(04133) 62 77.*

Verkehrsverein, Am Markt, ✉ *21335,* ☎ *(04131) 3 22 00, Fax (04131) 309598.*

ADAC, *Bei der St. Lambertikirche 9,* ✉ *21335,* ☎ *(04131) 77 93 20, Fax (04131) 779316.*

Berlin 270 ① – Hannover 124 ③ – Hamburg 58 ① – Braunschweig 116 ③ – Bremen 132 ①.

LÜNEBURG

Altenbrücker Damm ...... Y 2
Altenbrückertor-Straße .... Z 3
Am Markt .... Y 5
Am Ochsenmarkt .... Y 6
Am Sande .... Z
Am Schifferwall .... Y 7
Am Werder .... Y 8
An den Brodbänken ...... Y 9
An den Reeperbahnen .... Z 10
An der Münze .... Y 12
Auf dem Meere .... Y 14
Bahnhofstraße .... Y 16
Bardowicker Str. .... Y 17
Bei der Abtspferdetränke .. Y 18
B. d. St. Johanniskirche ... Z 19
Beim Benedikt .... YZ 21
Bockelmannstraße .... Y 24
Egersdorffstraße .... Y 27
Görgesstraße .... Y 28
Grapengießerstraße ...... Z
Große Bäckerstraße ...... Y 30
Kaufhausstraße .... Y 32
Kleine Bäckerstraße ..... Z 34
Kuhstraße .... Z 35
Lüner Str. .... Y 36
Neue Torstraße .... Y 38
Reitende-Diener-Str. ...... Y 40
Rosenstraße .... Y 42
Rotehahnstraße .... Y 43
Rote Str. .... Z
Schießgrabenstraße ...... YZ 44
Schröderstraße .... YZ 45
Sülfmeisterstraße .... Z 46
Uelzener Str. .... Z 47
Vor dem Bardowicker Tore . Y 48
Waagestraße .... Y 49

Mövenpick Hotel Bergström, Bei der Lüner Mühle, ✉ 21335, ☎ (04131) 30 80, *Fax (04131) 308499*, ≤, 🍴, « Lage an der Ilmenau », Fb, ≘s - |♦|, ⇔ Zim, TV ☎ ♿, 🚗 P - 🏛 80. AE ⊙ E VISA Y t
Menu à la carte 43/66 - **75 Z** 197/279 - ½ P 35.

Bargenturm, Lambertiplatz, ✉ 21335, ☎ (04131) 72 90, *Fax (04131) 729499*, 🍴 - |♦|, ⇔ Zim, TV ☎ 🚗 P - 🏛 40. AE ⊙ E VISA Z b
Menu *(Sonntag geschl.)* (nur Abendessen) à la carte 43/71 - **40 Z** 144/179.

Residenz, Munstermannskamp 10, ✉ 21335, ☎ (04131) 75 99 10, *Fax (04131) 7599175*, 🍴 - |♦|, ⇔ Zim, TV ☎ 🚗 P - 🏛 20. AE ⊙ E VISA JCB über Uelzener Str. Z
Menu *(Sonntag geschl.)* à la carte 45/86 - **30 Z** 145/240 - ½ P 28.

Bremer Hof ⛰, Lüner Str. 12, ✉ 21335, ☎ (04131) 22 40, *Fax (04131) 224224* - |♦|, ⇔ Zim, TV ☎ P. AE ⊙ E VISA JCB. ✻ Rest Y v
Menu à la carte 31/63 - **54 Z** 88/213.

Zum Heidkrug mit Zim, Am Berge 5, ✉ 21335, ☎ (04131) 2 41 60, *Fax (04131) 241620*, 🍴, « Gotischer Backsteinbau a.d. 15. Jh. » - TV ☎. E VISA. ✻ Rest
Menu *(Sonntag und Aug. 2 Wochen geschl.)* à la carte 46/73 - **4 Z** 130/160. Y a

Ratskeller, Am Markt 1, ✉ 21335, ☎ (04131) 3 17 57, *Fax (04131) 34526* - AE E VISA
Mittwoch und 6. - 20. Jan. geschl. - **Menu** à la carte 33/59. Y R

Kronen-Brauhaus (Brauerei-Gaststätte mit Museum), Heiligengeiststr. 39, ✉ 21335, ☎ (04131) 71 32 00, *Fax (04131) 41861*, Biergarten - AE ⊙ E VISA Z u
Menu à la carte 34/66.

In Brietlingen ① *: 10 km :*

Landhotel Franck, an der B 209, ✉ 21382, ☎ (04133) 4 00 90, *Fax (04133) 400933*, 🍴, ≘s, 🏊, 🌳, ✂ - TV ☎ 🚗 P - 🏛 120. AE ⊙ E VISA
Menu à la carte 38/70 - **36 Z** 80/185 - ½ P 26.

In Deutsch-Evern ③ *: 7 km :*

Niedersachsen, Bahnhofstr. 1, ✉ 21407, ☎ (04131) 7 93 74, *Fax (04131) 79726*, « Gartenterrasse » - P. ⊙ E VISA
Donnerstag geschl. - **Menu** à la carte 32/61.

In Embsen *SW : 10 km über Soltauer Str.* Z *:*

Stumpf (mit Gästehaus), Ringstr.6, ✉ 21409, ☎ (04134) 2 15, *Fax (04134) 8343*, 🍴, « Historische Waffensammlung », ≘s - 🚗 P - 🏛 15. ✻ Zim
Menu *(Montagmittag geschl.)* à la carte 24/45 - **16 Z** 45/115 - ½ P 18.

In Reinstorf *O : 13 km über Altenbrückertor-Straße* Z *:*

Hof Reinstorf ⛰, Alte Schulstr. 6, ✉ 21400, ☎ (04137) 80 90, *Fax (04137) 809100*, « Restaurierte Hofanlage a. d. 19. Jh. mit modernem Hotelanbau », Massage, ≘s, 🏊, 🌳 - |♦|, ⇔ Zim, TV 🚗 P - 🏛 300. AE ⊙ E VISA
Menu siehe Rest. ***Vitus*** separat erwähnt - **86 Z** 145/224 - ½ P 40.

Vitus - Hotel Hof Reinstorf, Alte Schulstr. 6, ✉ 21400, ☎ (04137) 80 90, *Fax (04137) 809100*, 🍴 - P. AE ⊙ E VISA
Mittwoch - Freitag nur Abendessen, Sonntagabend - Dienstag und Anfang Jan. 2 Wochen geschl. - **Menu** à la carte 68/77
Spez. Jakobsmuscheln vom Grill mit Zitronenpfeffer und marinierten Tomaten. Kaisergranat im Reisblatt auf Basilikum. Etouffé-Taube mit Blutwurst und Balsamessigjus.

LÜNEN *Nordrhein-Westfalen* 417 *L 6 - 90 000 Ew - Höhe 45 m.*
Berlin 481 - Düsseldorf 84 - Dortmund 15 - Münster (Westfalen) 50.

Am Stadtpark, Kurt-Schumacher-Str. 43, ✉ 44532, ☎ (02306) 2 01 00, *Fax (02306) 201055*, 🍴, Fb, ≘s, 🏊 - |♦|, ⇔ Zim, TV ☎ ♿ 🚗 P - 🏛 300. AE ⊙ E VISA JCB
Menu à la carte 42/68 - **70 Z** 153/198, 5 Suiten.

Beim Schloß Schwansbell *SO : 2 km über Kurt-Schumacher-Straße :*

Schwansbell, Schwansbeller Weg 32, ✉ 44532 Lünen, ☎ (02306) 20 68 10, *Fax (02306) 23454*, 🍴 - ▤ P. AE E
Montag geschl. - **Menu** (wochentags nur Abendessen) 72/125 und à la carte 75/91.

In Selm *NW : 12 km :*

Haus Knipping, Ludgeristr. 32, ✉ 59379, ☎ (02592) 30 09, *Fax (02592) 24752*, Biergarten - TV ☎ P. AE ⊙ E VISA
Menu *(Freitagmittag, Samstagmittag und Mittwoch geschl.)* à la carte 37/64 - **18 Z** 80/130.

In Selm-Cappenberg *N : 5 km :*

XX **Kreutzkamp** mit Zim, Cappenberger Damm 3, ✉ 59379, ☎ (02306) 75 04 10, *Fax (02306) 7504110*, « Historisches Restaurant in altdeutschem Stil » – 40.
Menu à la carte 36/76 – **15 Z** 100/130.

LÜSSE *Brandenburg siehe Belzig.*

LÜSSOW *Mecklenburg-Vorpommern siehe Stralsund.*

LÜTJENBURG *Schleswig-Holstein* 415 416 *D 15 – 6 000 Ew – Höhe 25 m – Luftkurort.*

Hohwacht (NO : 3 km), ☎ (04381) 96 90.

Tourist-Information, Markt 4, ✉ 24321, ☎ (04381) 41 99 41, Fax (04381) 419943.

Berlin 326 – Kiel 34 – Lübeck 85 – Neumünster 56 – Oldenburg in Holstein 21.

Ostseeblick garni, Am Bismarckturm, ✉ 24321, ☎ (04381) 66 88, *Fax (04381) 7240*, ,
Anfang Jan. - Mitte Feb. geschl. – **24 Z** 125/175.

In Panker *N : 4,5 km :*

XX **Ole Liese** mit Zim, ✉ 24321, ☎ (04381) 43 74, *Fax (04381) 4266*, , « Historischer Gasthof a.d.J. 1797 »
Menu *(Montag, Okt. - Ostern Montag und Dienstag geschl. sowie Mittwoch - Freitag nur Abendessen)* 60/140 und à la carte – **7 Z** 150/240
Spez. Perlhuhntörtchen mit Apfel-Honig-Salat. Flußkrebse mit gebratenen Artischocken und Lauchzwiebeln. Ostsee-Steinbutt mit Spargelspitzen und Gänseleber.

LÜTJENSEE *Schleswig-Holstein* 415 416 *F 15 – 2 500 Ew – Höhe 50 m.*

Hoisdorf-Hof Bornbek (W : 2 km), ☎ (04107) 78 31 ; Großensee (S : 5 km), ☎ (04154) 64 73.

Berlin 268 – Kiel 85 – Hamburg 39 – Lübeck 43.

Fischerklause, Am See 1, ✉ 22952, ☎ (04154) 79 22 00, *Fax (04154) 75185*, Lütjensee, « Terrasse am See »
Menu *(Donnerstag geschl.)* à la carte 42/87 – **15 Z** 100/160.

XX **Forsthaus Seebergen** (mit Gästehaus), Seebergen 9, ✉ 22952, ☎ (04154) 7 92 90, *Fax (04154) 70645*, , « Terrasse am See » – 25.
Menu *(Montag geschl.)* à la carte 52/103 – **11 Z** 65/170.

XX **Seehof** (mit Gästehaus), Seeredder 22, ✉ 22952, ☎ (04154) 71 00, *Fax (04154) 7101*, Damwildgehege, « Gartenterrasse am See mit », Zim
1. - 25. Feb. geschl. – **Menu** à la carte 37/81 – **6 Z** 95/190.

LUISENBURG *Bayern siehe Wunsiedel.*

LUISENTHAL *Thüringen* 418 *N 16 – 1 600 Ew – Höhe 420 m.*

Berlin 338 – Erfurt 47 – Bad Hersfeld 115 – Coburg 78.

Der Berghof, Langenburgstr. 18, ✉ 99885, ☎ (03624) 37 70, *Fax (03624) 377444*, , , , Zim, 200.
Menu à la carte 31/73 – **105 Z** 110/220 – ½ P 25.

Zum Luchs, Friedrich-Engels-Str. 59 (B 247), ✉ 99885, ☎ (036257) 4 01 00, *Fax (036257) 40433*, 20.
Menu à la carte 32/42 – **36 Z** 80/150 – ½ P 18.

MAASHOLM *Schleswig-Holstein* 415 *B 13 – 650 Ew – Höhe 5 m – Erholungsort.*

Berlin 418 – Kiel 70 – Flensburg 36 – Schleswig 68.

Martensens Gasthaus (mit Gästehaus Massholm), Hauptstr. 38, ✉ 24404, ☎ (04642) 60 42, *Fax (04642) 69137*
Jan. - Feb. 4 Wochen geschl. – **Menu** *(Nov. - Ostern Montag geschl.)* à la carte 30/58 – **16 Z** 100/150.

MAGDEBURG L *Sachsen-Anhalt* 416 418 *J 18 – 260 000 Ew – Höhe 55 m.*

Sehenswert : *Dom★★★ (Jungfrauen-Portal : Statuen★★, Statue★ des Hl. Mauritius, Bronze-Grabplatten★★, Thronendes Herrscherpaar★, Deckplatte★ der Tumba des Erzbischofs Ernst) Z – Kloster Unser Lieben Frauen★★ (Kreuzgang★) Z.*

Magdeburg-Information, Alter Markt 12, ✉ 39104, ✆ (0391) 5 40 49 03, Fax (0391) 5404910.

ADAC, *Walther-Rathenau-Str. 30, ✉ 39106, ✆ (0391) 5 61 66 44, Fax (0391) 5616646.*

Berlin 151 – Braunschweig 89 ⑤ – Dessau 63 ②.

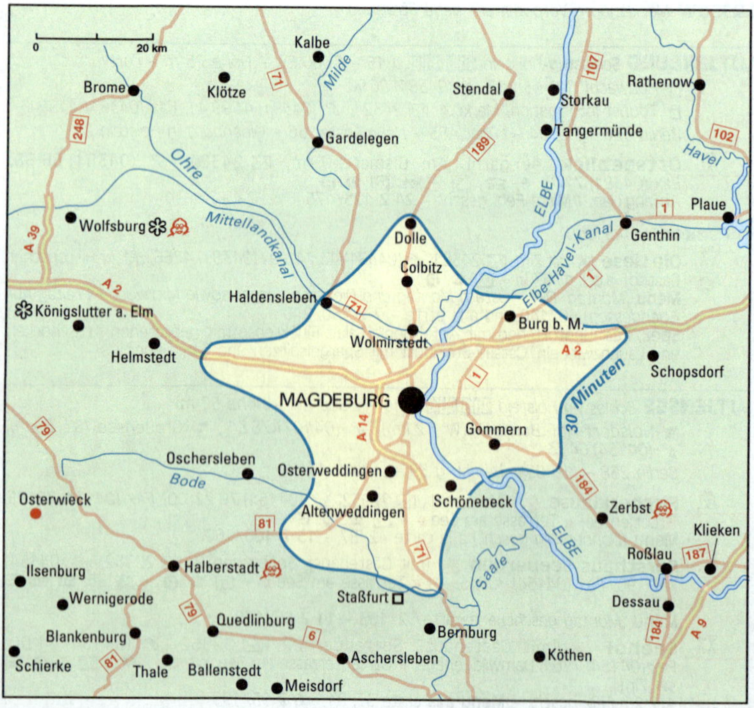

Maritim M, Otto-von-Guericke-Str. 87, ✉ 39104, ✆ (0391) 5 94 90, *Fax (0391) 5949990*, – Zim, – 900. AE VISA. Rest
Menu à la carte 44/70 – **514 Z** 265/320, 3 Suiten. Y e

Parkhotel Herrenkrug, Herrenkrug 3, ✉ 39114, ✆ (0391) 8 50 80, *Fax (0391) 8508501*, « Park », – Zim, – 200. AE VISA
über Herrenkrugstraße R
Die Saison : Menu à la carte 43/76 – **154 Z** 189/298.

Upstalsboom Hotel Ratswaage M, Ratswaageplatz 1, ✉ 39104, ✆ (0391) 5 92 60, *Fax (0391) 5619615*, – Zim, Rest, – 270. AE VISA Y a
Menu à la carte 33/56 – **174 Z** 236/288, 7 Suiten.

Treff Hansa Hotel M, Hansapark 2, ✉ 39116, ✆ (0391) 6 36 30, *Fax (0391) 6363550*, – Zim, Rest, – 300. AE VISA JCB S c
Menu à la carte 34/60 – **243 Z** 199/313, 6 Suiten.

Plaza Hotel M, Halberstädter Str. 146, ✉ 39112, ✆ (0391) 6 05 10, *Fax (0391) 6051100*, – 90. AE VISA S e
Menu à la carte 36/62 – **104 Z** 130/235, 4 Suiten.

MAGDEBURG

Erzbergerstr.	R	6
Herrenkrugstr.	R	7
Hundisburger Str.	R	9
Kastanienstr.	R	10
Leipziger Str.	S	12
Mittagstr.	R	15
Olvenstedter Str.	RS	18
Pechauer Str.	S	19
Pettenkoferstr.	R	21
Schanzenweg	S	25
Schmidtstr.	R	27
Schönebecker Straße	S	30
Schöppensteg	R	33
Sternstr.	S	35
Wasserkunststr.	R	41

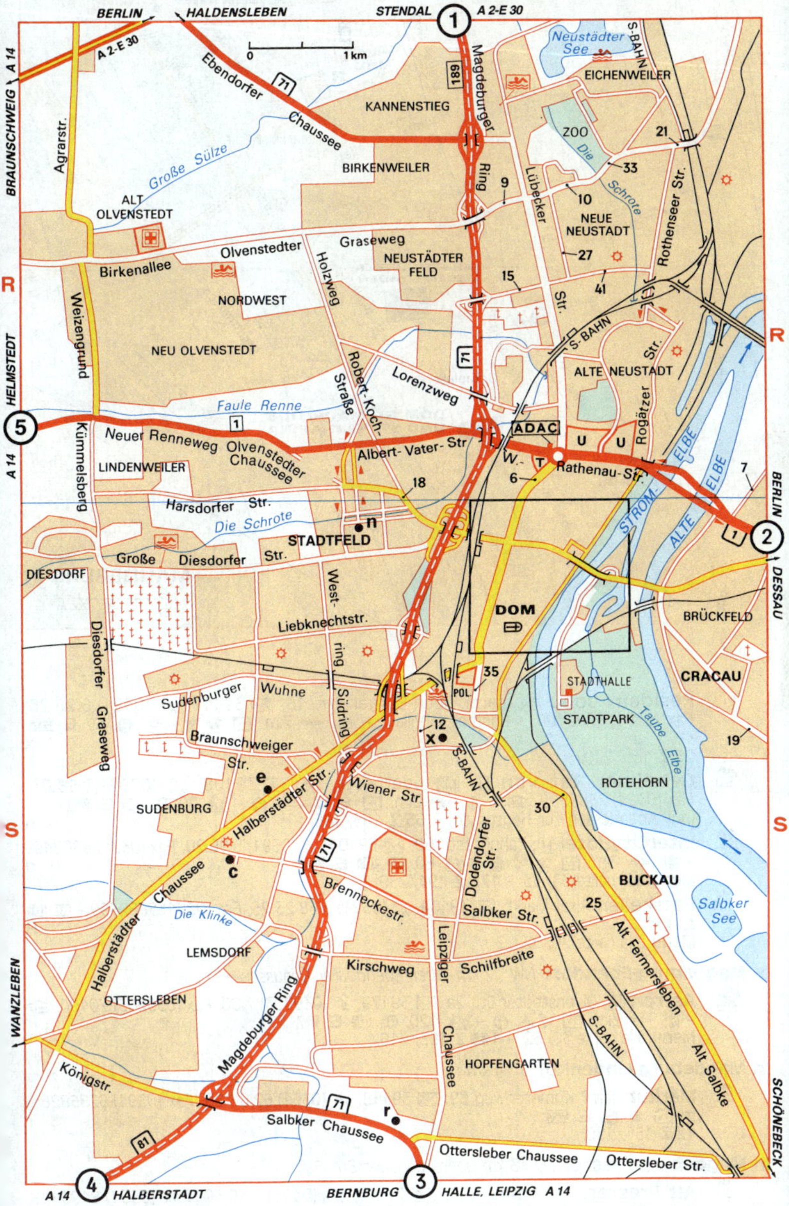

Die Stadtpläne sind eingenordet (Norden = oben).

Residenz Joop garni, Jean-Burger-Str. 16, ✉ 39112, ☎ (0391) 6 26 20, *Fax (0391) 6262100*, « Ehemalige Villa » – |♦|, Zim, TV ☎ 📞 🚗 P. AE E VISA. S x

25 Z 165/270.

Geheimer Rat von G. M, Goethestr. 38, ✉ 39108, ☎ (0391) 7 38 03, *Fax (0391) 7380599*, – |♦|, Zim, TV ☎ 📞 🚗 P – 20. AE ⓓ E VISA (nur Abendessen für Hausgäste) – **65 Z** 165/195. S n

InterCityHotel M, Bahnhofstr. 69, ✉ 39104, ☎ (0391) 5 96 20, *Fax (0391) 5962499* – |♦|, Zim, TV ☎ 📞 P – 60. AE ⓓ E VISA Y d

Menu à la carte 33/53 – **175 Z** 194/250.

Ratskeller, Alter Markt, ✉ 39104, ☎ (0391) 5 68 23 23, *Fax (0391) 5682399* – AE ⓓ E VISA Y R

Menu à la carte 29/52.

In Magdeburg-Ebendorf *NW : 7 km über Ebendorfer Chaussee* R

Astron M, Olvenstedter Str. 2a, ✉ 39179, ☎ (039203) 7 00, *Fax (039203) 70100*, – |♦|, Zim, TV 📞 ♿ P – 120. AE ⓓ E VISA

Menu à la carte 30/62 – **143 Z** 193/216.

In Magdeburg-Lindenhof *S : 4 km :*

Merkur garni, Kometenweg 69, ✉ 39118, ☎ (0391) 62 86 80, *Fax (0391) 6286826* – |♦| TV ☎ P. E VISA S r

12 Z 135/158.

In Magdeburg-Prester *SO : 3 km über Pechauer Str.* S :

Alt Prester, Alt Prester 102, ✉ 39114, ☎ (0391) 8 19 30, *Fax (0391) 8193118*, Biergarten – |♦|, Zim, TV ☎ P – 30. E VISA

Menu à la carte 22/47 – **32 Z** 125/170.

In Biederitz-Heyrothsberge ② : *7 km :*

Zwei Eichen garni, Königsborner Str. 17a, ✉ 39175, ☎ (039292) 2 78 82, *Fax (039292) 27882* – TV ☎ P. AE E VISA
24. Dez. - 1. Jan. geschl. – **20 Z** 130/205.

In Barleben ① : *8 km :*

Sachsen Anhalt M, Ebendorfer Str., ✉ 39179, ☎ (039203) 6 13 63, *Fax (039203) 61373,* – Zim, TV ☎ P – 80. AE E VISA.
Rest
Menu à la carte 28/43 – **118 Z** 149/229.

In Beyendorf ③ : *8 km :*

Classik Hotel M, Leipziger Chaussee 13 (B 71), ✉ 39171, ☎ (0391) 6 29 00, *Fax (0391) 6290519,* – Zim, TV ☎ P – 60. AE E VISA.
Rest
Menu à la carte 36/57 – **109 Z** 94/118.

MAHLBERG *Baden-Württemberg* 419 *V 7 – 3 300 Ew – Höhe 170 m.*

Berlin 771 – Stuttgart 173 – Freiburg im Breisgau 40 – Karlsruhe 98 – Strasbourg 51.

Löwen, Karl-Kromer-Str. 8, ✉ 77972, ☎ (07825) 10 06, *Fax (07825) 2830,* – TV ☎ P – 30. AE E VISA
Menu *(Samstagmittag geschl.)* à la carte 62/78 – **26 Z** 115/180.

MAHLOW *Brandenburg* 416 418 *I 24 – 4 900 Ew – Höhe 60 m.*

Mahlow, Kiefernweg, ☎ (03379) 37 05 95.

Berlin 18 – Potsdam 28.

Mahlow garni, Bahnhofstr. 3, ✉ 15831, ☎ (03379) 33 60, *Fax (03379) 336400* – Zim, TV ☎ P – 40. AE E VISA
24. Dez. - 2. Jan. geschl. – **103 Z** 120/160.

MAIKAMMER *Rheinland-Pfalz* 417 419 *S 8 – 3 700 Ew – Höhe 180 m – Erholungsort.*

Sehenswert : *Alsterweilerer Kapelle (Flügelaltar★).*

Ausflugsziel : *Kalmit★ ★ NW : 6 km.*

Büro für Tourismus, Marktstr. 1, ✉ 67487, ☎ (06321) 58 99 17, Fax (06321) 589916.

Berlin 657 – Mainz 101 – Mannheim 42 – Landau in der Pfalz 15 – Neustadt an der Weinstraße 6.

Immenhof (Gästehaus mit), Immengartenstr. 26, ✉ 67487, ☎ (06321) 95 50, *Fax (06321) 955200,* – TV ☎ P – 30. AE E VISA
Menu à la carte 31/60 – **51 Z** 93/155.

Am Immengarten garni, Marktstr. 71, ✉ 67487, ☎ (06321) 95 83 00, *Fax (06321) 958320,* – TV ☎ P. VISA.
24. Dez. - 10. Jan. geschl. – **13 Z** 80/118.

Goldener Ochsen, Marktstr. 4, ✉ 67487, ☎ (06321) 5 81 01, *Fax (06321) 58673* – TV ☎ P – 20. E VISA
20. Dez. - Jan. geschl. – **Menu** *(Donnerstag - Freitagmittag geschl.)* à la carte 31/65 – **24 Z** 72/132.

Außerhalb *W : 2,5 km :*

Waldhaus Wilhelm , Kalmithöhenstr. 6, ✉ 67487, ☎ (06321) 5 80 44, *Fax (06321) 58564,* – TV ☎ P. AE E VISA
Menu *(Montag, Dez. - Feb. auch Sonntagabend geschl.)* à la carte 35/73 – **22 Z** 75/160 – ½ P 30.

In Kirrweiler *O : 2,5 km :*

Zum Schwanen, Hauptstr. 3, ✉ 67489, ☎ (06321) 5 80 68, *Fax (06321) 58521* – TV P
Ende Jan. - Mitte Feb. geschl. – **Menu** *(Montagmittag und Mittwoch - Donnerstagmittag geschl.)* à la carte 34/56 – **17 Z** 60/100 – ½ P 20.

Sebastian garni, Hauptstr. 77, ✉ 67489, ☎ (06321) 5 99 76, *Fax (06321) 57200,* – TV ☎ P.
13 Z 75/150.

MAINAU (Insel) *Baden-Württemberg* 419 *W 11 – Insel im Bodensee (tagsüber für PKW gesperrt, Eintrittspreis bis 18 Uhr DM 17.-, Nov.- Feb. DM 8.50, ab 18 Uhr Zufahrt für Restaurantgäste kostenlos möglich) – Höhe 426 m.*

Sehenswert : *"Blumeninsel"★★.*

Berlin 764 – Stuttgart 191 – Konstanz 9 – Singen (Hohentwiel) 34.

Schwedenschenke, ✉ 78465, ✆ (07531) 30 31 56, *Fax (07531) 303248,* – P – 100. AE VISA
Nov. - Mitte März Sonntagabend, Jan. - Feb. auch Montag - Dienstag geschl. – **Menu** à la carte 34/74.

MAINBERNHEIM *Bayern siehe Iphofen.*

MAINBURG *Bayern* 420 *U 19 – 11 800 Ew – Höhe 456 m.*

Rudelzhausen-Weihern (S : 8 km), ✆ (08756) 15 61.

Berlin 548 – München 70 – Regensburg 54 – Ingolstadt 42 – Landshut 36.

Seidlbräu (mit Gästehaus), Liebfrauenstr. 3, ✉ 84048, ✆ (08751) 8 62 90, *Fax (08751) 4000* – TV P. AE VISA
Weihnachten - 6. Jan. und Aug. 2 Wochen geschl. – **Menu** *(Samstag geschl.)* à la carte 21/49 – **36 Z** 60/93.

MAINHARDT *Baden-Württemberg* 419 *S 12 – 5 300 Ew – Höhe 500 m – Luftkurort.*

Bürgermeisteramt, Hauptstraße 1, ✉ 74535, ✆ (07903) 9 15 00, Fax (07903) 915050.

Berlin 566 – Stuttgart 59 – Heilbronn 35 – Schwäbisch Hall 16.

In Mainhardt-Ammertsweiler *NW : 4 km :*

Zum Ochsen, Löwensteiner Str. 15 (B 39), ✉ 74535, ✆ (07903) 23 91, *Fax (07903) 7618,* , – P
Jan. 3 Wochen geschl. – **Menu** *(Montag geschl.)* à la carte 26/50 – **19 Z** 50/150.

In Mainhardt-Stock *O : 2,5 km :*

Löwen, an der B 14, ✉ 74535, ✆ (07903) 93 10, *Fax (07903) 1498,* , , , – TV P – 120. AE VISA
Menu à la carte 23/45 – **40 Z** 85/138.

MAINTAL *Hessen* 417 *P 10 – 40 000 Ew – Höhe 95 m.*

Berlin 537 – Wiesbaden 53 – Frankfurt am Main 12.

In Maintal-Bischofsheim :

Hübsch , Griesterweg 12, ✉ 63477, ✆ (06109) 76 96 00, *Fax (06109) 64009,* Biergarten – Zim, TV P – 30. AE VISA
24. Dez. - 2. Jan. geschl. – **Menu** *(Juli 2 Wochen und außer Messen Samstag - Sonntag geschl.)* à la carte 35/74 – **78 Z** 128/180.

Ratsstuben, Dörnigheimer Weg 21 (Bürgerhaus), ✉ 63477, ✆ (06109) 6 36 84, *Fax (06109) 68680,* – P – 300. AE VISA
Sonntagabend - Montag und Juli - Aug. 2 Wochen geschl. – **Menu** à la carte 52/82.

In Maintal-Dörnigheim :

Doorm Hotel M, Westendstr. 77, ✉ 63477, ✆ (06181) 94 80, *Fax (06181) 948277,* , Massage, Badelandschaft, – , Zim, TV P – 90. AE VISA
Menu à la carte 47/68 – **140 Z** 195/370.

Zum Schiffchen , Untergasse 21, ✉ 63477, ✆ (06181) 9 40 60, *Fax (06181) 940616,* , – TV P.
27. Dez. - 2. Jan. geschl. – **Menu** *(Samstag geschl., Sonntag nur Mittagessen)* (wochentags nur Abendessen) à la carte 39/72 – **29 Z** 95/165.

Pension Irmchen garni, Berliner Str. 4, ✉ 63477, ✆ (06181) 4 30 00, *Fax (06181) 430043* – TV P. AE VISA
24 Z 120/160.

Hessler mit Zim, Am Bootshafen 4, ✉ 63477, ✆ (06181) 4 30 30, *Fax (06181) 430333,* – TV P. AE VISA
Juli 3 Wochen geschl. – **Menu** *(Montag - Dienstag geschl.)* (Tischbestellung ratsam, bemerkenswerte Weinkarte) 108/175 und à la carte 88/105 – ***Kathis Bistro*** *(Montag - Dienstag geschl.)* **Menu** 49 und à la carte 54/66 – **6 Z** 180/295
Spez. Marinierter Seeteufel mit schwarzem Kokosreis und Erdnußbuttersauce. Gefüllte Taube im Strudelteig mit Trüffeljus. Rehrücken mit Walnußkruste und Kirsch-Holundersauce.

MAINZ Rheinland-Pfalz 417 Q 8 – 188 000 Ew – Höhe 82 m.

Sehenswert : Gutenberg-Museum★★ (Gutenberg-Bibel★★★) Z **M1** – Leichhof ≤★★ auf den Dom Z – Dom★ (Grabdenkmäler der Erzbischöfe★, Kreuzgang★) – Mittelrheinisches Landesmuseum★ Z **M3** – Römisch-Germanisches Museum★ BV **M2** – Ignazkirche (Kreuzigungsgruppe★) BY – Stefanskirche (Chagall-Fenster★★ Kreuzgang★) ABY.

Mommenheim, Am Golfplatz 1 (⑥ : 14 km), (06138) 94 11 94.

Ausstellungsgelände Stadtpark BY, (06131) 8 10 44.

Touristik Centrale, Brückenturm 28, ✉ 55116, (06131) 28 62 10, Fax (06131) 2862155.

ADAC, Große Langgasse 3a, ✉ 55116, (06131) 23 46 01, Fax (06131) 237314.

Berlin 568 ② – Frankfurt am Main 42 ② – Bad Kreuznach 44 ⑦ – Mannheim 82 ⑤ – Wiesbaden 13 ⑧.

Stadtplan siehe nächste Seite

Hilton (mit Rheingoldhalle), Rheinstr. 68, ✉ 55116, (06131) 24 50, Fax (06131) 245589, ≤, , Massage, – , Zim, – 350. AE VISA JCB Z k
Römische Weinstube : **Menu** à la carte 35/71 – ***Brasserie :*** **Menu** à la carte 30/55 – **433 Z** 373/501.

Hyatt Regency M, Malakoff-Terrasse 1, ✉ 55116, (06131) 73 12 34, Fax (06131) 731235, – , Zim, – 280. AE VISA JCB. Rest BY s
Menu à la carte 49/88 – **268 Z** 289/408, 3 Suiten.

City Hilton M, Münsterstr. 11, ✉ 55116, (06131) 27 80, Fax (06131) 278567, – , Zim, – 60. AE VISA JCB Z v
Menu à la carte 41/80 – **124 Z** 356/502.

Favorite Parkhotel M, Karl-Weiser-Str. 1, ✉ 55131, (06131) 8 01 50, Fax (06131) 8015420, ≤, Biergarten, – , Zim, – 130. AE VISA JCB BY k
Menu *(Sonntagabend - Montag geschl.)* à la carte 55/85 – **46 Z** 218/295, 3 Suiten.

Dorint Hotel Mainz M, Augustusstr. 6, ✉ 55131, (06131) 95 40, Fax (06131) 954100, – , Zim, – 120. AE VISA JCB. Rest AX a
Menu à la carte 44/69 – **217 Z** 245/370, 5 Suiten.

Europahotel, Kaiserstr. 7, ✉ 55116, (06131) 97 50, Fax (06131) 975555 – , Zim, Rest, – 100. AE VISA JCB AX r
Menu à la carte 44/72 – **98 Z** 162/299.

Mainzer Hof garni, Kaiserstr. 98, ✉ 55116, (06131) 28 89 90, Fax (06131) 228255, – – 35. AE VISA AV e
93 Z 160/300.

Hammer garni, Bahnhofsplatz 6, ✉ 55116, (06131) 96 52 80, Fax (06131) 9652888, – – 30. AE VISA JCB AX z
23. Dez. - 1. Jan. geschl. – **40 Z** 138/220.

Stiftswingert garni, Am Stiftswingert 4, ✉ 55131, (06131) 98 26 40, Fax (06131) 832478 – . AE VISA BY w
30 Z 128/240.

Ibis, Holzhofstr. 2 /Ecke Rheinstraße (B 9), ✉ 55116, (06131) 24 70, Fax (06131) 234126, – , Zim, – 70. AE VISA BY b
Menu 26 – **144 Z** 136/181.

Moguntia garni, Nackstr. 48, ✉ 55118, (06131) 67 10 41, Fax (06131) 671058 – . AE VISA AV a
21 Z 112/180.

Schottenhof garni, Schottstr. 6, ✉ 55116, (06131) 23 29 68, Fax (06131) 221970 – , Zim, . AE VISA AX s
38 Z 118/189.

Drei Lilien, Ballplatz 2, ✉ 55116, (06131) 22 50 68, Fax (06131) 237723 – AE VISA Z r
Sonntag - Montag geschl. – **Menu** (nur Abendessen, Tischbestellung ratsam) à la carte 48/83.

Geberts Weinstuben, Frauenlobstr. 94, ✉ 55118, (06131) 61 16 19, Fax (06131) 611662 – AE VISA AV d
Samstag - Sonntagmittag und Juli 3 Wochen geschl. – **Menu** à la carte 46/64.

MAINZ

Admiral-Scheer-Str.	BV	2
Am Linsenberg	AY	3
An der Favorite	BY	5
Augustinerstr.	Z	6
Augustusstr.	AX	8
Bahnhofstr.	AX	10
Bischofsplatz	Z	12
Boelckestr.	BV	13
Bonifaziusstr.	AX	15
Christofsstr.	Z	16
Deutschhaus-Platz	BV	17
Fischtorstr.	Z	21
Flachsmarktstr.	Z	
Göttelmannstr.	BY	20
Große Bleiche	Z	
Gutenbergplatz	Z	23
Hechtsheimer-Str.	BY	24
Höfchen	Z	26
Karmeliterstr.	Z	27
Kirschgarten	Z	29
Kostheimer Landstr.	BV	30
Liebfrauenplatz	Z	32
Ludwigsstr.	Z	
Markt	Z	
Obere Zahlbacher Straße	AY	33
Peter-Altmeier-Allee	Z	35
Quintinsstr	Z	36
Römerwall	AX	38
Salvatorstr.	BY	39
Schillerstr.	Z	
Schöfferstr	Z	40
Schusterstr.	Z	
Zeughausgasse	Z	43

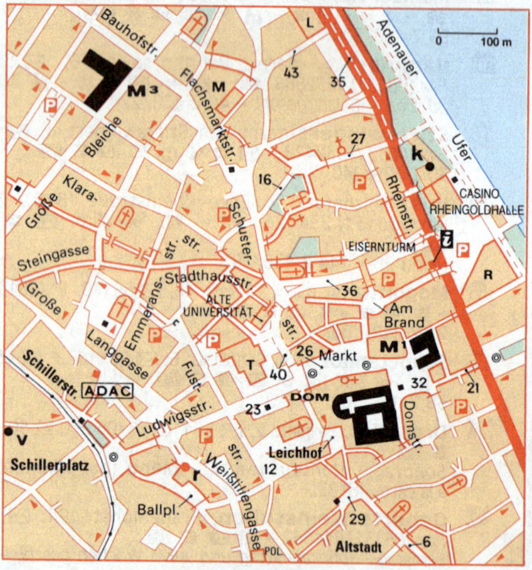

In Mainz-Bretzenheim ⑥ : *3 km*

Novotel, Haifa Allee 8, ✉ 55128, ✆ (06131) 93 42 40, *Fax (06131) 366755,* – Zim, . 250. AE E VISA
Menu à la carte 36/65 – **121 Z** 152/193.

Römerstein, Draiser Str. 136 f, ✉ 55128, ✆ (06131) 93 66 60, *Fax (06131) 9355335,* – . AE E VISA
Menu *(Sonntagabend geschl.)* (wochentags nur Abendessen) à la carte 29/63 – **25 Z** 117/188.

In Mainz-Finthen ⑦ : *7 km :*

Atrium Hotel Kurmainz M, Flugplatzstr. 44, ✉ 55126, ✆ (06131) 49 10, *Fax (06131) 491128,* « Gartenterrasse », Massage, – Zim, – 60. AE E VISA. Rest
19. Dez. - 5. Jan. geschl. – **Menu** *(Sonntag geschl.)* (nur Abendessen) à la carte 43/76 – **79 Z** 175/272.

Stein's Traube, Poststr. 4, ✉ 55126, ✆ (06131) 4 02 49, *Fax (06131) 40249,* – E VISA
Montag, über Fasching und Ende Juli - Anfang Aug. 3 Wochen geschl. – **Menu** à la carte 33/62.

Gänsthaler's Kuchlmasterei, Kurmainzstr. 35, ✉ 55126, ✆ (06131) 47 42 75, *Fax (06131) 474278,* – E
Samstagmittag, Sonntag - Montag und Juli - Aug. 3 Wochen geschl. – **Menu** à la carte 48/78.

In Mainz-Hechtsheim *S : 5 km über Hechtsheimer Straße* BY :

Hechtsheimer Hof garni, Alte Mainzer Str. 31, ✉ 55129, ✆ (06131) 91 60, *Fax (06131) 916100* – . AE E VISA
Weihnachten - Neujahr geschl. – **24 Z** 108/165.

Am Hechenberg garni (mit Gästehaus), Am Schinnergraben 82, ✉ 55129, ✆ (06131) 50 70 01, *Fax (06131) 507003,* – . AE E VISA
68 Z 71/135.

In Mainz-Kastel :

Alina garni, Wiesbadener Str. 124 (B 42), ✉ 55252, ✆ (06134) 29 50, *Fax (06134) 69312* über ①
– . AE E VISA
Weihnachten - Anfang Jan. geschl. – **47 Z** 125/180.

In Mainz-Weisenau *SO : 3 km über Göttelmannstraße* BY :

Bristol Hotel Mainz garni, Friedrich-Ebert-Str. 20, ✉ 55130, ✆ (06131) 80 60, *Fax (06131) 806100,* – Zim, – 80. AE E VISA JCB
75 Z 175/320.

In Ginsheim-Gustavsburg ④ : *9 km :*

Alte Post garni, Dr.-Hermann-Str. 28 (Gustavsburg), ✉ 65462, ✆ (06134) 7 55 50, *Fax (06134) 52645,* – . AE E VISA.
24. Dez.- 4. Jan. geschl. – **38 Z** 90/180.

In Bodenheim ⑤ : *9 km :*

Landhotel Battenheimer Hof, Rheinstr. 2, ✉ 55294, ✆ (06135) 70 90, *Fax (06135) 70950,* – – 35
Weihnachten - Anfang Jan. geschl. – **Menu** *(Montag geschl.)* (nur Abendessen) à la carte 25/45 – **22 Z** 95/140.

Gutsausschank Kapellenhof, Kirchbergstr. 22, ✉ 55294, ✆ (06135) 22 57, *Fax (06135) 6538* – . Zim
über Weihnachten und Neujahr geschl. – **Menu** *(Montag - Dienstag geschl.)* (nur Abendessen) à la carte 31/40 – **14 Z** 60/110.

In Gau-Bischofsheim ⑥ : *10 km :*

Weingut Nack, Pfarrstr. 13, ✉ 55296, ✆ (06135) 30 43, *Fax (06135) 8382,* « Restaurant mit geschmackvoller Einrichtung in einem ehem. Weinguts-Keller » – . AE E VISA
Dienstag geschl. – **Menu** (wochentags nur Abendessen) à la carte 52/78.

In Nieder-Olm ⑥ : *10 km :*

Dietrich garni, Maler-Metten-Weg 20, ✉ 55268, ✆ (06136) 50 85, *Fax (06136) 3887,* – – 20. E VISA.
29 Z 160/190.

CB-Hotel, Backhausstr. 12, ✉ 55268, ✆ (06136) 75 55, *Fax (06136) 7500* – . AE E VISA
Menu *(Samstagmittag geschl.)* à la carte 27/47 – **9 Z** 120/180.

In Stadecken-Elsheim ⑦ : *13 km :*

Christian garni, Christian-Reichert-Str. 3 (Stadecken), 55271, (06136) 36 11, *Fax (06136) 6419,* . VISA
12 Z 120/195.

MAISACH *Bayern* 419 420 *V 17 – 10 000 Ew – Höhe 516 m.*

Rottbach, Weiherhaus 5 (N : 6 km), (08135) 3 43.
Berlin 606 – München 41 – Augsburg 43 – Landsberg am Lech 44.

In Maisach-Gernlinden *SO : 2 km :*

Park Hotel, Hermann-Löns-Str. 27, 82216, (08142) 28 50, *Fax (08142) 12804,* Zim, 50. VISA. Rest
Menu à la carte 30/66 – **67 Z** 120/240.

MALCHOW *Mecklenburg-Vorpommern* 416 *F 21 – 8 000 Ew – Höhe 88 m.*

Verkehrsverein, An der Drehbrücke, 17213, (039932) 8 31 86, Fax (039932) 83125.
Berlin 148 – Schwerin 77 – Neubrandenburg 74 – Rostock 79.

Sporthotel, Friedensstr. 56b, 17213, (039932) 8 90, *Fax (039932) 89222,* Biergarten, (Halle) – Zim, 25. VISA
Menu à la carte 24/48 – **40 Z** 90/140.

Insel-Hotel, Lange Straße 7 (an der Drehbrücke), 17213, (039932) 86 00, *Fax (039932) 86030* –
Menu *(Nov. - März Montag geschl.)* à la carte 24/45 – **16 Z** 100/140.

Am Fleesensee , Strandstr. 4a, 17213, (039932) 16 30, *Fax (039932) 16310,* VISA
Jan. geschl. – **Menu** à la carte 25/55 – **11 Z** 80/140.

In Roez *SO : 7 km :*

Zur Schmiede, Malchower Str. 6a (B 192), 17213, (039932) 1 33 15, *Fax (039932) 13319,* – Zim,
Menu à la carte 22/39 – **22 Z** 80/110.

MALENTE-GREMSMÜHLEN, BAD *Schleswig-Holstein* 415 416 *D 15 – 11 500 Ew – Höhe 35 m – Kneippheilbad – Luftkurort.*

Touristik- und Kneippverein, Bahnhofstr. 3, 23714, (04523) 9 89 90, Fax (04523) 989999.
Berlin 306 – Kiel 41 – Lübeck 55 – Oldenburg in Holstein 36.

Dieksee , Diekseepromenade 13, 23714, (04523) 99 50, *Fax (04523) 995200,* « Gartenterrasse », 30. VISA
Mitte Jan. - Anfang März geschl. – **Menu** à la carte 33/77 – **70 Z** 115/215 – ½ P 26.

Weißer Hof, Voßstr. 45, 23714, (04523) 9 92 50, *Fax (04523) 6899,* « Garten ; Terrasse », . Rest
3. - 30. Nov. geschl. – **Menu** à la carte 47/78 – **18 Z** 120/260, 3 Suiten – ½ P 35.

See-Villa garni, Frahmsallee 11, 23714, (04523) 18 71, *Fax (04523) 997814,* « Garten »,
Dez. - Jan. geschl. – **12 Z** 100/190, 3 Suiten.

Café Raven , Janusallee 16, 23714, (04523) 33 56, *Fax (04523) 1059,*
Mitte Jan. - Feb. geschl. – (nur Abendessen für Hausgäste) – **21 Z** 50/125 – ½ P 19.

Pfeffermühle, Kampstr. 12, 23714, (04523) 33 23, *Fax (04523) 7512,*
Mittwoch und Nov. 2 Wochen geschl. – **Menu** à la carte 37/56.

MALLERSDORF-PFAFFENBERG *Bayern* 420 *T 20 – 6 000 Ew – Höhe 411 m.*

Berlin 529 – München 100 – Regensburg 41 – Landshut 31 – Straubing 28.

Im Ortsteil Steinrain :

Steinrain, 84066, (08772) 3 66, *Fax (08772) 91056,*
28. Dez. - 6. Jan. und Aug. 2 Wochen geschl. – **Menu** *(Samstag geschl.)* à la carte 18/43 – **15 Z** 60/120.

MALSCH *Baden-Württemberg* **419** *T 9 – 12 000 Ew – Höhe 147 m.*
Berlin 690 – Stuttgart 90 – Karlsruhe 18 – Rastatt 13.

In Malsch-Waldprechtsweier *S : 3 km :*

Waldhotel Standke, Talstr. 45, ✉ 76316, ✆ (07246) 9 20 10, *Fax (07246) 920155*, , , , – – 40. E VISA
23. Dez. - 10. Jan. geschl. – **Menu** *(Sonntagabend und Dienstag geschl.)* à la carte 31/68 – **28 Z** 84/164.

MALSFELD *Hessen siehe Melsungen.*

MALTERDINGEN *Baden-Württemberg siehe Riegel.*

MANDELBACHTAL *Saarland* **417** *S 5 – 11 800 Ew – Höhe 240 m.*
Berlin 698 – Saarbrücken 24 – Sarreguemines 23 – Zweibrücken 24.

In Mandelbachtal-Gräfinthal : *SW : 4 km ab Mandelbachtal-Ormesheim :*

Klosterschenke, Gräfinthal 3, ✉ 66399, ✆ (06804) 9 94 10, *Fax (06804) 994126*, – . E VISA
Menu à la carte 28/54 – **9 Z** 95/150.

MANDERSCHEID *Rheinland-Pfalz* **417** *P 4 – 1 500 Ew – Höhe 388 m – Heilklimatischer Kurort und Kneippkurort.*
Sehenswert : *≤★★ (vom Pavillon Kaisertempel) – Niederburg★, ≤★.*
Kurverwaltung, im Kurhaus, Grafenstraße, ✉ 54531, ✆ (06572) 92 15 49, Fax (06572) 921551.
Berlin 679 – Mainz 168 – Trier 62 – Bonn 98 – Koblenz 78.

Haus Burgblick, Klosterstr. 18, ✉ 54531, ✆ (06572) 7 84, *Fax (06572) 784*, ≤, – . E. Rest
Mitte März - Mitte Nov. – (Restaurant nur für Hausgäste) – **22 Z** 50/98 – ½ P 18.

In Laufeld *SO : 9 km – Erholungsort :*

Laufelder Hof, Hauptstr. 7, ✉ 54533, ✆ (06572) 9 21 30, *Fax (06572) 921345*, , , – – 30. AE E. Rest
Menu à la carte 33/67 – **25 Z** 75/130 – ½ P 30.

MANNHEIM *Baden-Württemberg* **417** **419** *R 9 – 322 000 Ew – Höhe 95 m.*
Sehenswert : *Städtische Kunsthalle★★* DZ **M1** – *Landesmuseum für Technik und Arbeit★* CV – *Städtisches Reiß-Museum★ (im Zeughaus)* CY **M2** – *Museum für Archäologie und Völkerkunde★ (Völkerkundliche Abteilung★, Benin-Sammlung★)* CY **M3** – *Museum für Kunst-, Stadt- und Theatergeschichte im Reiß-Museum (Porzellan- und Fayancesammlung★)* CY **M2** – *Jesuitenkirche★* CZ.
Viernheim, Alte Mannheimer Str. 3 (DU), ✆ (06204) 7 87 37.
Ausstellungsgelände (CV), ✆ (0621) 42 50 90, Fax (0621) 4250934.
Tourist-Information, Willy-Brandt-Platz 3, ✉ 68161, ✆ (0621) 21 44 99, Fax (0621) 24141.
ADAC, *Am Friedensplatz 6, ✉ 68165, ✆ (0621) 41 00 10, Fax (0621) 4100111.*
Berlin 614 ② – Stuttgart 133 ④ – Frankfurt am Main 79 ② – Strasbourg 145 ④.

Stadtpläne siehe nächste Seiten

Dorint Kongress Hotel M, Friedrichsring 6, ✉ 68161, ✆ (0621) 1 25 10, *Fax (0621) 1251100*, – , Zim, – 450. AE E VISA JCB DZ x
Menu à la carte 46/75 – **287 Z** 284/430, 5 Suiten.

Maritim Parkhotel, Friedrichsplatz 2, ✉ 68165, ✆ (0621) 1 58 80, *Fax (0621) 1588800*, Massage, , – , Zim, – 120. AE E VISA. Rest DZ y
Menu (wochentags nur Abendessen) à la carte 50/84 – **187 Z** 230/420, 3 Suiten.

Delta Park Hotel, Keplerstr. 24, ✉ 68165, ✆ (0621) 4 45 10, *Fax (0621) 4451888*, – , Zim, – 130. AE E VISA JCB. DZ c
Menu *(Samstag, Sonn- und Feiertage geschl.)* à la carte 41/67 – **129 Z** 232/390, 4 Suiten.

Steigenberger Mannheimer Hof, Augustaanlage 4, ✉ 68165, ✆ (0621) 4 00 50, *Fax (0621) 4005190*, « Atriumgarten » – , Zim, – 190. AE E VISA JCB. Rest DZ n
Menu à la carte 47/65 – **155 Z** 250/405.

Holiday Inn, N 6 (Kurfürsten Arkade), ✉ 68161, ☎ (0621) 1 07 10, *Fax (0621) 1071167*, – Zim, – 120 – **146 Z.** DZ p

Wartburg, F 4,4 - 11, ✉ 68159, ☎ (0621) 2 89 91, *Fax (0621) 101337* – Zim, – 180. AE VISA JCB CY k
Menu *(Sonntagabend geschl.)* 25/36 und à la carte 44/74 – **140 Z** 145/230.

Augusta-Hotel, Augustaanlage 43, ✉ 68165, ☎ (0621) 4 20 70, *Fax (0621) 4207199* – Zim, – 30. AE E VISA CV c
Menu *(Samstag, Sonn- und Feiertage geschl.)* à la carte 48/76 – **106 Z** 170/225.

Novotel, Am Friedensplatz 1, ✉ 68165, ☎ (0621) 4 23 40, *Fax (0621) 417343*, – Zim, Rest, – 300. AE E VISA JCB CV t
Menu à la carte 30/55 – **180 Z** 185/264.

Treff Page Hotel garni, L 12,15 - 16, ✉ 68161, ☎ (0621) 12 74 00, *Fax (0621) 1274099* – Zim, – 20. AE E VISA DZ e
62 Z 162/210.

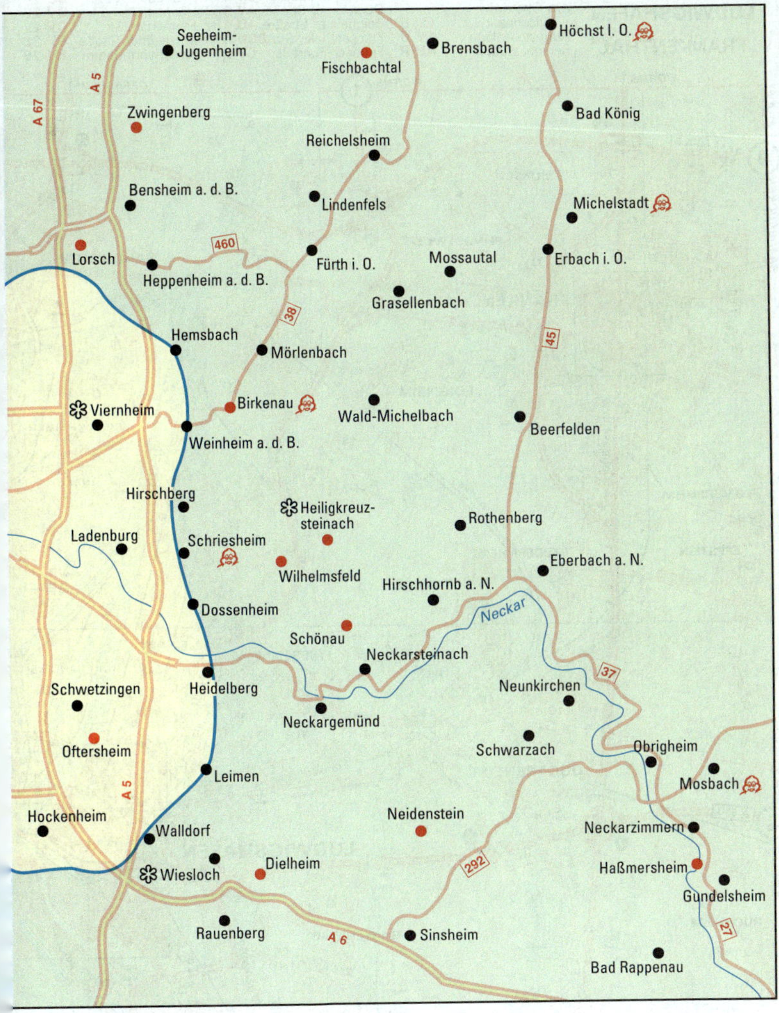

Acora, C 7,9 - 11, ✉ 68159, ✆ (0621) 1 59 20, *Fax (0621) 22248*, – |♦|, ✂ Zim, TV ☎ 🚗 – 15. AE ⊙ E VISA — CY a
Menu *(Samstag - Sonntag geschl.)* à la carte 32/57 – **162 Z** 170/205.

Mack garni, Mozartstr. 14, ✉ 68161, ✆ (0621) 1 24 20, *Fax (0621) 1242399* – |♦| ✂ TV ☎ 🚗. AE ⊙ E VISA — DX a
Aug. 2 Wochen geschl. – **50 Z** 108/188.

Am Bismarck garni, Bismarckplatz 9, ✉ 68165, ✆ (0621) 40 30 96, *Fax (0621) 444605* – |♦| TV ☎. AE ⊙ VISA. ✂ — DZ m
24. Dez. - 1. Jan. gesch. – **48 Z** 118/175.

City Hotel garni, Tattersallstr. 20, ✉ 68165, ✆ (0621) 40 80 08, *Fax (0621) 449948* – |♦| TV ☎ 🚗. AE ⊙ E VISA – **45 Z** 95/130. — DZ m

Wegener garni, Tattersallstr. 16, ✉ 68165, ✆ (0621) 4 40 90, *Fax (0621) 406948* – |♦| TV ☎. VISA — DZ a
24. Dez. - 7. Jan. geschl. – **53 Z** 72/195.

MANNHEIM
LUDWIGSHAFEN
FRANKENTHAL

Adlerdamm	BV	2
Am Aubuckel	CV	3
Am Oberen Luisenpark	CV	5
Augusta-Anlage	CV	6
Berliner Straße	AU	8
Carl-Bosch-Straße	BV	13
Casterfeldstraße	CV	14
Dürkheimer Straße	AV	16
Edigheimer Straße	AU	18
Frankenthaler Str.	BCU	19
Friedrich-Ebert-Str.	CV	22
Friesenheimer Straße	BU	24
Hauptstraße	DV	26
Helmertstraße	CV	27
Ilvesheimer Straße	DV	28
Kaiserwörthdamm	BV	29

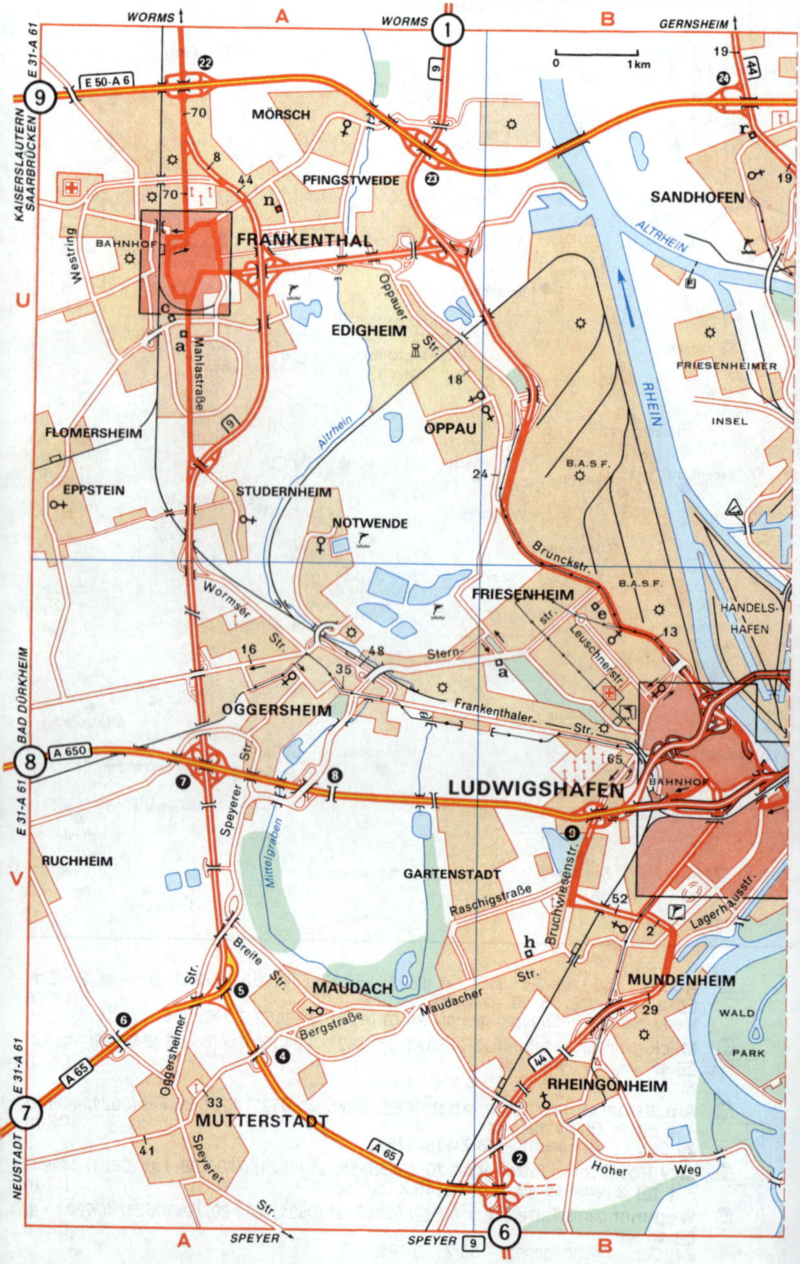

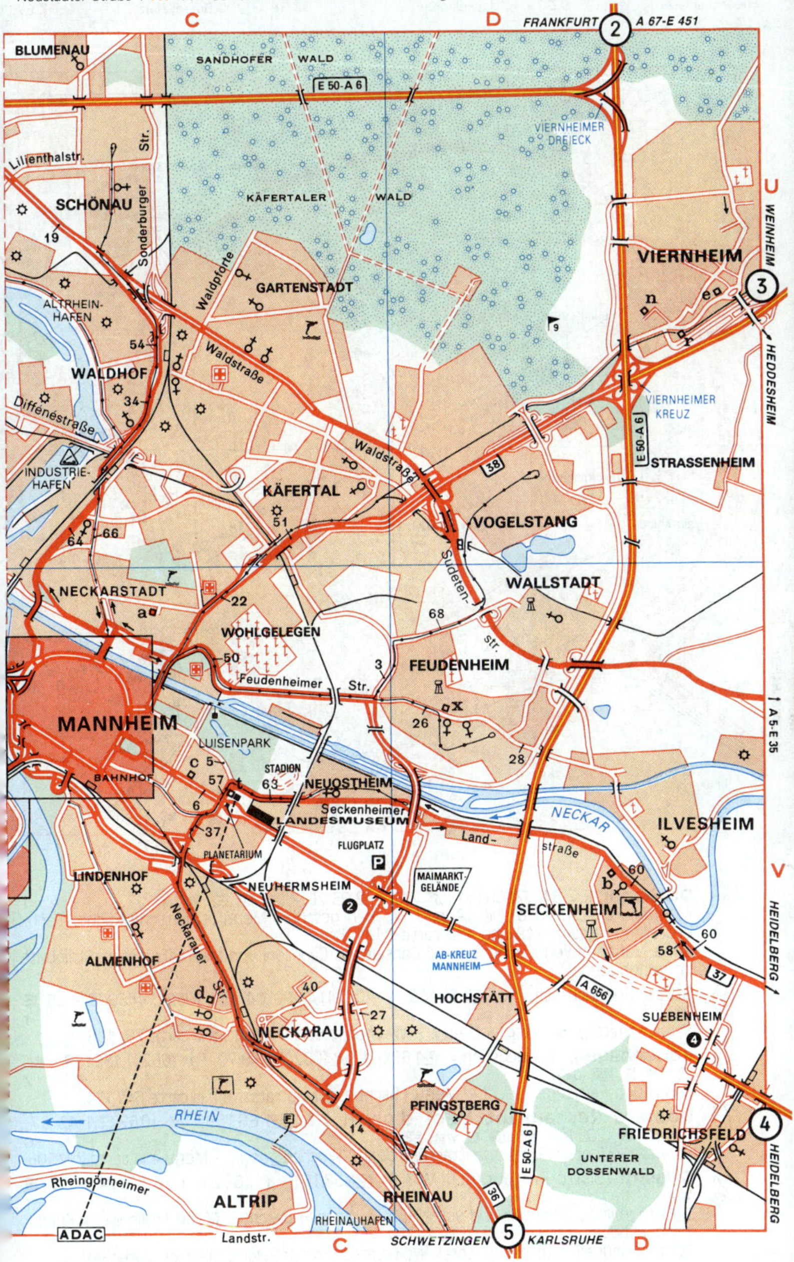

C
D
FRANKFURT
A 67-E 451
BLUMENAU
SANDHOFER WALD
E 50-A 6
VIERNHEIMER DREIECK
Lilienthalstr.
Sonderburger Str.
SCHÖNAU
KÄFERTALER WALD
U
WEINHEIM
VIERNHEIM
ALTRHEIN-HAFEN
GARTENSTADT
Waldpforte
Waldstraße
WALDHOF
HEDDESHEIM
VIERNHEIMER KREUZ
Diffenéstraße
INDUSTRIE-HAFEN
KÄFERTAL
STRASSENHEIM
VOGELSTANG
NECKARSTADT
Sudeten-str.
WALLSTADT
WOHLGELEGEN
Feudenheimer Str.
FEUDENHEIM
MANNHEIM
LUISENPARK
A 5-E 35
BAHNHOF
STADION
NEUOSTHEIM
Seckenheimer Landstraße
LANDESMUSEUM
NECKAR
ILVESHEIM
FLUGPLATZ
PLANETARIUM
MAIMARKT-GELÄNDE
LINDENHOF
NEUHERMSHEIM
V
SECKENHEIM
HEIDELBERG
ALMENHOF
Neckarauer Str.
AB-KREUZ MANNHEIM
A 656
HOCHSTÄTT
SUEBENHEIM
NECKARAU
RHEIN
PFINGSTBERG
FRIEDRICHSFELD
UNTERER DOSSENWALD
Rheingönheimer Landstr.
ALTRIP
RHEINAU
RHEINAUHAFEN
ADAC
SCHWETZINGEN
KARLSRUHE

MANNHEIM

Bismarckplatz	DZ	10
Dalbergstraße	CY	15
Freherstraße	CY	20
Friedrichsplatz	DZ	23
Goethestraße	DY	25
Heidelberger Str.	DZ	
Kaiserring	DZ	
Konrad-Adenauer-Brücke	CZ	30
Kurpfalzbrücke	DY	31
Kurpfalzstraße	CDYZ	
Moltkestraße	DZ	38
Planken	CDYZ	
Reichskanzler-Müller-Str.	DZ	49
Schanzestraße	CY	53
Schloßgartenstraße	CZ	56
Seilerstraße	CY	61
Spatzenbrücke	CY	62
Willy-Brandt-Platz	DZ	67

XXX ✿✿ **Da Gianni,** R 7,34, ✉ 68161, ✆ (0621) 2 03 26 – ▤. AE E. ✈ DZ f
Montag, Feiertage und Juli - Aug. 3 Wochen geschl. – **Menu** (italienische Küche, Tischbestellung ratsam) 149 und à la carte 91/115
Spez. Variation von Kaninchen und Gänseleber. Canelloni von Meeresfrüchten. Steinbutt im Vongolesud.

XXX **Blass,** Friedrichsplatz 12, ✉ 68165, ✆ (0621) 44 80 04, *Fax (0621) 448005* – AE E VISA DZ r
Samstagmittag, Sonntag und Aug. 2 Wochen geschl. – **Menu** à la carte 78/106.

XX **Kopenhagen,** Friedrichsring 4, ✉ 68161, ✆ (0621) 1 48 70, *Fax (0621) 155169* – ▤. AE ◑ E VISA JCB DZ z
Sonn- und Feiertage geschl. – **Menu** (Tischbestellung ratsam) à la carte 64/124.

XX **Doblers Restaurant L'Epi d'or,** H 7,3, ✉ 68159, ✆ (0621) 1 43 97, *Fax (0621) 20513* – AE ◑ E VISA. ✈ CY c
Sonntag - Montag, Samstagmittag und Juni 2 Wochen geschl. – **Menu** à la carte 74/106.

XX ✿ **Grissini** (Bistro-Restaurant), M 3,6, ✉ 68161, ✆ (0621) 1 56 57 24 – AE E VISA CZ r
Samstagmittag, Sonntag und Juli - Aug. 3 Wochen geschl. – **Menu** (italienische Küche, Tischbestellung ratsam) à la carte 74/94
Spez. Gemüserisotto mit Wachtel. Wolfsbarsch mit Kräutern. Melonen-Variation.

Martin, Lange Rötterstr. 53, ✉ 68167, ☎ (0621) 33 38 14, *Fax (0621) 335242,* – AE ⓓ E VISA. CV a
Samstagmittag, Mittwoch und 25. Aug. - 25. Sept. geschl. – **Menu** (überwiegend Fischgerichte) 24/98 und à la carte 45/95.

Saigon, Goethestr. 4, ✉ 68161, ☎ (0621) 1 46 04, *Fax (0621) 291163* – AE ⓓ E VISA DYZ s
Samstagmittag geschl. – **Menu** (vietnamesische Küche) à la carte 35/54 *(auch vegetarische Gerichte).*

Henninger's Gutsschänke (Pfälzer Weinstube), T 6,28, ✉ 68161, ☎ (0621) 1 49 12 – AE ⓓ E VISA DY u
Menu (nur Abendessen) à la carte 32/65 .

In Mannheim-Feudenheim :

Zum Ochsen mit Zim (Gasthof a.d.J. 1632), Hauptstr. 70, ✉ 68259, ☎ (0621) 79 95 50, *Fax (0621) 7995533,* – TV ☎ P. AE ⓓ E VISA JCB DV x
Menu (abends Tischbestellung ratsam) à la carte 38/77 – **12 Z** 125/175.

In Mannheim-Neckarau :

Axt garni, Katharinenstr. 36, ✉ 68199, ☎ (0621) 85 14 77, *Fax (0621) 8620715* – TV CV d
Aug. 3 Wochen geschl. – **14 Z** 70/100.

In Mannheim-Sandhofen :

Weber-Hotel, Frankenthaler Str. 85 (B 44), ✉ 68307, ☎ (0621) 7 70 10, *Fax (0621) 7701113,* – TV ☎ P – 50. AE E VISA. Rest BU r
Menu siehe Rest. ***Reblaus*** separat erwähnt – **140 Z** 118/225.

Reblaus - Weber-Hotel, Frankenthaler Str. 85 (B 44), ✉ 68307, ☎ (0621) 78 77 91, *Fax (0621) 772200,* – P. E BU r
Samstagmittag sowie Sonn- und Feiertage geschl. – **Menu** à la carte 55/87.

In Mannheim-Seckenheim :

Löwen, Seckenheimer Hauptstr. 159 (B 37), ✉ 68239, ☎ (0621) 4 80 80, *Fax (0621) 4814154,* – , Zim, TV ☎ P – 30. AE E VISA DV b
22. Dez. - 7. Jan. geschl. – **Menu** *(Samstagmittag, Montagmittag, Sonn- und Feiertage sowie Juli - Aug. 3 Wochen geschl.)* à la carte 34/67 – **67 Z** 99/215.

If you find you cannot take up a hotel booking you have made, please let the hotel know immediately.

MARBACH AM NECKAR *Baden-Württemberg* 419 *T 11 – 13 500 Ew – Höhe 229 m.*

Tourist Information, Marktstr. 23, ✉ 71672, ☎ (07144) 10 20, Fax (07144) 102300.

Berlin 610 – Stuttgart 33 – Heilbronn 32 – Ludwigsburg 8,5.

Parkhotel garni, Schillerhöhe 14, ✉ 71672, ☎ (07144) 90 50, *Fax (07144) 90588* – TV ☎ P. AE E VISA
44 Z 105/200.

Goldener Löwe, Niklastorstr. 39, ✉ 71672, ☎ (07144) 66 63, , « Historisches Fachwerkhaus a.d. 17. Jh. mit gemütlicher Einrichtung »
Sonntagabend - Montag und Juli - Aug. 3 Wochen geschl. – **Menu** à la carte 35/63.

In Benningen *NW : 2 km :*

Mühle garni, Ostlandstr. 2 (Zufahrt über Neckargasse), ✉ 71726, ☎ (07144) 50 21, *Fax (07144) 4166* – TV ☎ P. AE E VISA
20 Z 90/155.

MARBURG *Hessen* 417 *N 10 – 75 000 Ew – Höhe 180 m.*

Sehenswert : *Elisabethkirche★★ (Kunstwerke★★★ : Elisabethschrein★★)* BY – *Marktplatz★* AY – *Schloß★* AY – *Museum für Kulturgeschichte★ (im Schloß)* AY.

Ausflugsziel : *Spiegelslustturm ≤★, O : 9 km.*

Cölbe-Bernsdorf (① : 8 km), ☎ (06427) 85 58.

Tourist-Information, Pilgrimstein 26, ✉ 35037, ☎ (06421) 9 91 20, Fax (06421) 991212.

ADAC, *Bahnhofstr. 6b, ✉ 35037, ☎ (06421) 6 70 67, Fax (06421) 681432.*

Berlin 473 ② – Wiesbaden 121 ② – Gießen 30 ② – Kassel 93 ① – Paderborn 140 ① – Siegen 81 ②.

Sorat M, Pilgrimstein 29, ✉ 35037, ✆ (06421) 91 80, *Fax (06421) 918444*, , , – , Zim, – 190. AE D E VISA JCB AY s
Menu *(Sonntag geschl.)* à la carte 42/70 – **146 Z** 185/285.

Europäischer Hof, Elisabethstr. 12, ✉ 35037, ✆ (06421) 69 60 (Hotel) 6 22 55 (Rest.), *Fax (06421) 66404* – – 25. AE D E VISA JCB BY a
Atelier (italienische Küche) **Menu** à la carte 40/65 – **95 Z** 80/270.

Waldecker Hof garni, Bahnhofstr. 23, ✉ 35037, ✆ (06421) 6 00 90, *Fax (06421) 600959*, , – , Zim, . AE D E VISA BY d
40 Z 135/260.

Das kleine Restaurant, Barfüßertor 25 (Am Wilhelmsplatz), ✉ 35037, ✆ (06421) 2 22 93, *Fax (06421) 51495* – E über Universitätsstraße BZ
Montag geschl. – **Menu** à la carte 50/68.

Alter Ritter, Steinweg 44, ✉ 35037, ✆ (06421) 6 28 38, *Fax (06421) 66720* – AE D E VISA BY c
Menu à la carte 36/72.

Zur Sonne mit Zim, Marktplatz 14, ✉ 35037, ✆ (06421) 1 71 90, *Fax (06421) 171940*, , « Gasthaus aus dem 17. Jh.; urig-originelle Gaststuben » – AY n
9 Z.

Milano, Biegenstr. 19, ✉ 35037, ✆ (06421) 2 24 88, *Fax (06421) 22495* – AE D E VISA BZ e
Menu (italienische Küche) à la carte 41/64.

In Marburg-Gisselberg ② *: 5 km :*

Fasanerie , Zur Fasanerie 13, ✉ 35043, ✆ (06421) 9 74 10, *Fax (06421) 974177*, , , , – , Zim, – 45. E VISA
Menu *(Sonntagabend, Freitag und 20. Dez. - 10. Jan. geschl.)* (Montag - Donnerstag nur Abendessen) à la carte 28/63 – **40 Z** 95/250.

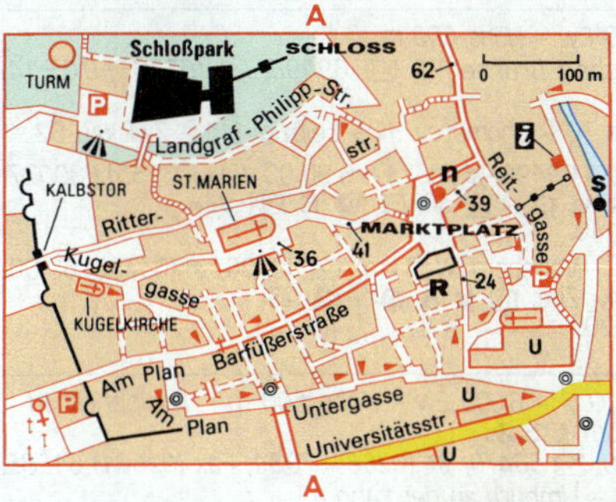

MARBURG

Bahnhofstraße	BY	4
Barfüßerstraße	AY	
Bunsenstraße	BY	9
Deutschhausstraße	BY	10
Elisabethstraße	BY	12
Erlenring	BZ	13
Firmaneistraße	BY	14
Hirschberg	AY	24
Jägerstraße	BZ	25
Ketzerbach	BY	28
Kurt-Schumacher Brücke	BZ	34
Lutherischer Kirchhof	AY	36
Marktgasse	AY	39
Neustadt	BZ	40
Nicolaistraße	AY	41
Robert-Koch-Straße	BY	49
Schulstraße	BZ	55
Steinweg	BY	56
Universitätsstraße	AY	
Wettergasse	AY	62
Wilhelm-Röpke-Straße	BZ	63

In Marburg-Michelbach *NW : 7 km über Ketzerbach BY :*

Stümpelstal, Stümpelstal 2, ✉ 35041, ☎ (06420) 90 70, *Fax (06420) 514*, – 80. E VISA. Rest
Menu *(Sonntag geschl.)* (nur Abendessen) à la carte 33/60 – **50 Z** 90/180.

In Marburg - Wehrshausen-Dammühle *W : 5 km über Barfüßertor BZ :*

Dammühle (mit Gästehaus), Dammühlenstr. 1, ✉ 35041, ☎ (06421) 9 35 60, *Fax (06421) 36118*, – Zim, – 25. E VISA
Menu *(Freitag geschl.)* à la carte 28/60 – **21 Z** 85/180.

In Ebsdorfergrund-Frauenberg *SO : 8 km über Erlenring und Cappeler Straße BZ :*

Zur Burgruine (mit Gästehaus), Cappeler Str. 10, ✉ 35085, ☎ (06424) 13 79, *Fax (06424) 4472*, Biergarten, – – 40. E VISA
Menu *(Montag geschl.)* à la carte 30/65 – **34 Z** 65/190.

In Weimar-Wolfshausen ② *: 10 km :*

Bellevue (mit Gästehaus), Hauptstr. 30 (B 3), ✉ 35096, ☎ (06421) 7 90 90, *Fax (06421) 790915*, – Zim, – 30. AE E VISA
Menu à la carte 30/68 – **54 Z** 115/350.

MARGETSHÖCHHEIM *Bayern siehe Würzburg.*

MARIA LAACH *Rheinland-Pfalz* 417 *O 5 – Höhe 285 m – Benediktiner-Abtei.*
Sehenswert : Abteikirche★.
Berlin 617 – Mainz 121 – Koblenz 31 – Bonn 51 – Mayen 13.

Seehotel Maria Laach, ✉ 56653, ☎ (02652) 58 40, *Fax (02652) 584522*, – – 130. AE E VISA
Menu à la carte 46/80 – **61 Z** 150/290.

MARIENBERG *Sachsen* 418 *O 23 – 12 700 Ew – Höhe 600 m.*

Fremdenverkehrsamt, Am Frischen Brunnen 1, ✉ 09496, ✆ (03735) 9 05 14, Fax (03735) 90565.

Berlin 280 – Dresden 94 – Chemnitz 30 – Chomutov 31 – Leipzig 111 – Zwickau 62.

Weißes Roß, Annaberger Str. 12, ✉ 09496, ✆ (03737) 6 80 00, *Fax (03735) 680077,* Biergarten, – , Zim, – 30.
Menu à la carte 27/54 – **50 Z** 85/140.

Berghotel Drei Brüder Höhe , Wolfsberg (W : 3 km), ✉ 09496, ✆ (03735) 60 00, *Fax (03735) 60050,* , – , Zim, – 25
Menu à la carte 24/48 – **33 Z** 75/120.

MARIENBERG, BAD *Rheinland-Pfalz* 417 *O 7 – 6 000 Ew – Höhe 500 m – Kneippheilbad – Luftkurort – Wintersport : 500/572 m 1 .*

Touristinformation, Wilhelmstr. 10, ✉ 56470, ✆ (02661) 70 31, Fax (02661) 61565.

Berlin 557 – Mainz 102 – Siegen 38 – Limburg an der Lahn 43.

Kristall , Goethestr. 21, ✉ 56470, ✆ (02661) 9 57 60, *Fax (02661) 957650,* , , – .
Menu 20/38 und à la carte 34/62 – **20 Z** 77/170 – ½ P 20.

Westerwälder Hof, Wilhelmstr. 21, ✉ 56470, ✆ (02661) 9 11 10, *Fax (02661) 911110,* – .
Menu à la carte 34/56 – **15 Z** 65/140 – ½ P 20.

MARIENFELD *Nordrhein-Westfalen siehe Harsewinkel.*

MARIENHEIDE *Nordrhein-Westfalen* 417 *M 6 – 14 000 Ew – Höhe 317 m.*

Berlin 561 – Düsseldorf 74 – Gummersbach 10 – Lüdenscheid 31 – Wipperfürth 12.

In Marienheide-Rodt *SO : 3 km :*

Landhaus Wirth , Friesenstr. 8 (B 256), ✉ 51709, ✆ (02264) 2 70, *Fax (02264) 2788,* , , , – Zim, – 50.
Im Krug *(Samstagmittag und Sonntagabend geschl.)* **Menu** 30 und à la carte 38/79 – **50 Z** 110/280.

MARIENTHAL *Rheinland-Pfalz siehe Hamm (Sieg).*

MARIENTHAL, KLOSTER *Hessen siehe Geisenheim.*

MARING-NOVIAND *Rheinland-Pfalz siehe Lieser.*

MARKERSDORF KREIS GOERLITZ *Sachsen siehe Görlitz.*

MARKGRÖNINGEN *Baden-Württemberg* 419 *T 11 – 12 350 Ew – Höhe 286 m.*

Sehenswert : *Rathaus★.*

Berlin 621 – Stuttgart 26 – Heilbronn 42 – Pforzheim 34.

Schwäbischer Hof, Bahnhofstr. 39, ✉ 71706, ✆ (07145) 53 83, *Fax (07145) 3280,* – .
Menu *(Montag geschl.)* à la carte 35/55 – **11 Z** 90/150.

MARKKLEEBERG *Sachsen siehe Leipzig.*

MARKLOHE *Niedersachsen siehe Nienburg (Weser).*

MARKRANSTÄDT *Sachsen siehe Leipzig.*

MARKTBREIT *Bayern* 419 420 *Q 14 – 4 000 Ew – Höhe 191 m.*

Sehenswert : *Maintor und Rathaus★.*

Berlin 491 – München 272 – Würzburg 28 – Ansbach 58 – Bamberg 89.

Löwen (Gasthof a.d.J. 1450 mit Gästehaus), Marktstr. 8, ✉ 97340, ✆ (09332) 5 05 40, *Fax (09332) 9438,* – Rest, – 30. Rest
Mitte Jan. - Mitte Feb. geschl. – **Menu** *(Nov. - März Montag geschl.)* à la carte 29/53 – **29 Z** 88/140.

MARKT ERLBACH *Bayern* 419 420 *R 15 – 4 000 Ew – Höhe 382 m.*
Berlin 476 – München 208 – Nürnberg 40 – Bamberg 70 – Würzburg 80.

In Markt Erlbach-Linden *W : 6 km :*

Zum Stern, Hauptstr. 60, ✉ 91459, ✆ (09106) 8 91, *Fax (09106) 6666,* – Zim
Feb. geschl. – **Menu** *(Mittwoch geschl.)* à la carte 19/39 – **17 Z** 53/96.

MARKTHEIDENFELD *Bayern* 417 419 *Q 12 – 10 300 Ew – Höhe 153 m.*
Golf-Club Main-Spessart, Eichenfürst (W : 2 km), ✆ *(09391) 84 35.*
Fremdenverkehrsamt, Luitpoldstr. 17, Rathaus, ✉ *97828,* ✆ *(09391) 50 04 41, Fax (09391) 79 40.*
Berlin 533 – München 322 – Würzburg 32 – Aschaffenburg 46.

Anker garni (siehe auch Restaurant Weinhaus Anker), Obertorstr. 6, ✉ 97828, ✆ (09391) 6 00 40, *Fax (09391) 600477* – 60.
39 Z 119/295.

Zum Löwen, Marktplatz 3, ✉ 97828, ✆ (09391) 15 71, *Fax (09391) 1721* –
Menu *(Mittwoch und Nov. 2 Wochen geschl.)* à la carte 32/55 – **30 Z** 68/130.

Mainblick, Mainkai 11, ✉ 97828, ✆ (09391) 9 86 50, *Fax (09391) 986544,* –
Menu *(Montag geschl.)* à la carte 31/53 – **12 Z** 90/130.

Zur schönen Aussicht, Brückenstr. 8, ✉ 97828, ✆ (09391) 30 55, *Fax (09391) 3722* –
Menu à la carte 28/63 – **46 Z** 85/150.

Weinhaus Anker, Obertorstr. 13, ✉ 97828, ✆ (09391) 17 36, *Fax (09391) 1742* –
Montag - Dienstagmittag geschl. – **Menu** (Tischbestellung ratsam, bemerkenswerte Weinkarte) 50/120 und à la carte 69/102 – ***Weinstube*** *(Montag - Dienstagmittag und Samstagabend geschl.)* **Menu** à la carte 48/66
Spez. Pot-au-feu von Kalbskopf, Hummer und Schnecken. Zandergratin mit Flußkrebsen. Das Beste vom Reh (Mai-Feb.).

In Marktheidenfeld-Altfeld *W : 5 km :*

Spessarttor garni, Michelriether Str. 38, ✉ 97828, ✆ (09391) 6 00 30, *Fax (09391) 600399,* –
20 Z 110/200.

MARKTLEUGAST *Bayern* 418 420 *P 18 – 4 100 Ew – Höhe 555 m.*
Berlin 336 – München 261 – Coburg 63 – Hof 32 – Kulmbach 19 – Bayreuth 33.

In Marktleugast-Hermes *SW : 4 km :*

Landgasthof Haueis, Hermes 1, ✉ 95352, ✆ (09255) 2 45, *Fax (09255) 7263,* – 20.
10. Jan. - Feb. geschl. – **Menu** à la carte 21/50 – **42 Z** 53/110.

MARKTOBERDORF *Bayern* 419 420 *W 15 – 18 000 Ew – Höhe 758 m – Erholungsort.*
Berlin 638 – München 99 – Kempten (Allgäu) 28 – Füssen 29 – Kaufbeuren 13.

Sepp, Bahnhofstr. 13, ✉ 87616, ✆ (08342) 70 90, *Fax (08342) 709100,* – 100. Rest
Menu *(Samstag geschl.)* à la carte 31/56 – **64 Z** 95/160 – ½ P 16.

St. Martin garni, Wiesenstr. 21, ✉ 87616, ✆ (08342) 9 62 60, *Fax (08342) 962696,*
27 Z 80/140.

MARKTREDWITZ *Bayern* 420 *P 20 – 20 000 Ew – Höhe 539 m.*
Fremdenverkehrsbüro, Markt 29, ✉ *95615,* ✆ *(09231) 50 11 28, Fax (09231) 501129.*
Berlin 365 – München 288 – Weiden in der Oberpfalz 47 – Bayreuth 54 – Hof 48.

Marktredwitzer Hof, Scherdelstr. 7 (am Bahnhof), ✉ 95615, ✆ (09231) 95 60, *Fax (09231) 956150,* – Zim, – 40.
Menu à la carte 28/60 – **50 Z** 88/218.

Bairischer Hof, Markt 40, ✉ 95615, ✆ (09231) 6 20 11, *Fax (09231) 63550,* – Zim, – 60.
Menu à la carte 27/46 – **55 Z** 85/190.

MARKTRODACH *Bayern siehe Kronach.*

MARKTSCHELLENBERG *Bayern* 420 *W 23 – 1 800 Ew – Höhe 480 m – Heilklimatischer Kurort – Wintersport : 800/1 000 m* .

Verkehrsamt, Rathaus, ✉ 83487, ✆ (08650) 98 88 30, Fax (08650) 9888831.
Berlin 734 – München 144 – Bad Reichenhall 22 – Salzburg 13 – Berchtesgarden 10.

Am Eingang der Almbachklamm *S : 3 km über die B 305 :*

Zur Kugelmühle mit Zim, Kugelmühlweg 18, ✉ 83487 Marktschellenberg, ✆ (08650) 4 61, *Fax (08650) 416*, ≤, « Gartenterrasse, Sammlung von Versteinerungen » – Zim
Mitte Jan.- Anfang März und Ende Okt. - 25. Dez. geschl. – **Menu** *(im Winter Montag geschl.)* à la carte 23/46 – **7 Z** 63/150.

MARKT SCHWABEN *Bayern* 420 *V 19 – 9 700 Ew – Höhe 509 m.*
Berlin 599 – München 24 – Erding 13.

Georgenhof, Bahnhofstr. 39, ✉ 85570, ✆ (08121) 92 00 (Hotel) 4 54 66 (Rest.), *Fax (08121) 92060*, Biergarten – Zim, – 40. AE VISA
Weihnachten - Anfang Jan. geschl. – ***Georgenstuben*** (italienische Küche) *(Samstag geschl.)* **Menu** à la carte 34/62 – **34 Z** 100/280.

MARKTZEULN *Bayern siehe Lichtenfels.*

MARL *Nordrhein-Westfalen* 417 *L 5 – 92 000 Ew – Höhe 62 m.*
Berlin 521 – Düsseldorf 72 – Gelsenkirchen 17 – Gladbeck 12 – Münster (Westfalen) 62 – Recklinghausen 10.

Novotel, Eduard-Weitsch-Weg 2, ✉ 45768, ✆ (02365) 10 20, *Fax (02365) 102488*, , , – , Zim, – 220. AE VISA
Menu à la carte 30/58 – **93 Z** 157/199.

In Marl-Hüls :

Loemühle , Loemühlenweg 221, ✉ 45770, ✆ (02365) 4 14 50, *Fax (02365) 4145199*, « Park, Gartenterrasse », Massage, , (geheizt), , – Zim, – 40. AE VISA
Menu à la carte 38/74 – **54 Z** 105/235.

MARLOFFSTEIN *Bayern siehe Erlangen.*

MARNE *Schleswig-Holstein* 415 *E 11 – 6 000 Ew – Höhe 3 m.*
Berlin 378 – Kiel 110 – Cuxhaven 97 – Flensburg 111 – Hamburg 95 – Neumünster 77.

Gerson, Königstr. 45 (B 5), ✉ 25709, ✆ (04851) 5 34, *Fax (04851) 2011* – . AE VISA.
6. - 16. Jan. geschl. – **Menu** *(im Winter Sonntag geschl.)* (nur Abendessen) à la carte 23/45 – **10 Z** 75/130.

MARQUARTSTEIN *Bayern* 420 *W 21 – 3 400 Ew – Höhe 545 m – Luftkurort – Wintersport : 600/1 200 m* 2 .

Verkehrsamt, Bahnhofstr. 3, ✉ 83250, ✆ (08641) 82 36, Fax (08641) 61701.
Berlin 686 – München 96 – Bad Reichenhall 50 – Salzburg 55 – Traunstein 23 – Rosenheim 37.

Gästehaus am Schnappen garni, Freiweidacher Str. 32, ✉ 83250, ✆ (08641) 82 29, *Fax (08641) 8421*, ≤, (geheizt), – .
Nov. - 20. Dez. geschl. – **14 Z** 55/110.

Prinzregent, Loitshauser Str. 5, ✉ 83250, ✆ (08641) 82 56, *Fax (08641) 8710*, , – Rest, .
Mitte - Ende Nov. geschl. – **Menu** *(Montagabend und Dienstagabend geschl.)* à la carte 24/47 – **15 Z** 70/118.

In Marquartstein-Pettendorf *N : 2 km :*

Weßnerhof, Pettendorf 11, ✉ 83250, ✆ (08641) 9 78 40, *Fax (08641) 61962*, Biergarten, –
Menu *(Mittwoch und Nov. - 10. Dez. geschl.)* à la carte 26/61 – **39 Z** 58/154 – ½ P 25.

MARSBERG *Nordrhein-Westfalen* **417** *L 10 – 22 500 Ew – Höhe 255 m.*
Berlin 450 – Düsseldorf 185 – Kassel 66 – Brilon 22 – Paderborn 44.

In Marsberg-Bredelar *SW : 7 km :*

Haus Nolte, Mester-Everts-Weg 6, ✉ 34431, ✆ (02991) 3 29, *Fax (02991) 1036,* – ☎ Ⓟ. Rest
Menu *(Montag geschl.)* à la carte 39/64 – **9 Z** 70/130.

In Marsberg-Helminghausen *SW : 14 km, an der Diemeltalsperre :*

Seehotel Sonnengruss, Am See 3, ✉ 34431, ✆ (02991) 9 63 60, *Fax (02991) 963696,* <, , , , – Rest, Ⓟ – 40
Dez. - Jan. geschl. – **Menu** *(im Winter Montag geschl.)* à la carte 29/49 *(auch vegetarische Gerichte)* – **18 Z** 80/140.

MARXZELL *Baden - Württemberg – siehe Herrenalb, Bad.*

MASELHEIM *Baden-Württemberg siehe Biberach an der Riss..*

MASSERBERG *Thüringen* **418 420** *O 16 – 900 Ew – Höhe 803 m – Wintersport : 650/841 m* 1 .
Kurverwaltung, Kurhausstr. 8, ✉ 98666, ✆ (036870) 5 33 73, Fax (036870) 53375.
Berlin 343 – Erfurt 63 – Coburg 37 – Saalfeld 51 – Suhl 36.

Rennsteig , Rennsteigstr. 5, ✉ 98666, ✆ (036870) 5 04 31, *Fax (036870) 50388,* , freier Zugang zum Sinn Bad – ☎ Ⓟ – 120. AE E VISA
Menu à la carte 31/51 – **92 Z** 150/180, 5 Suiten.

MASSWEILER *Rheinland-Pfalz* **417** *S 6 – 1 100 Ew – Höhe 340 m.*
Berlin 682 – Mainz 138 – Saarbrücken 59 – Pirmasens 15 – Zweibrücken 23 – Kaiserslautern 48.

Borst mit Zim, Luitpoldstr. 4, ✉ 66506, ✆ (06334) 14 31, *Fax (06334) 1431,* – .
Menu *(Montag - Dienstag geschl.)* 30/98 und à la carte – **5 Z** 60/105.

MAULBRONN *Baden-Württemberg* **419** *S 10 – 6 200 Ew – Höhe 250 m.*
Sehenswert : *Ehemaliges Zisterzienserkloster★★ (Kreuzgang★★, Brunnenkapelle★★, Klosterräume★★, Klosterkirche★).*
Berlin 642 – Stuttgart 45 – Karlsruhe 37 – Heilbronn 55 – Pforzheim 20.

Klosterpost, Frankfurter Str. 2, ✉ 75433, ✆ (07043) 10 80, *Fax (07043) 108299,* – ☎ – 30. E VISA
Menu *(Nov. - März Sonntagabend - Montag geschl.)* à la carte 32/82 *(auch vegetarische Gerichte)* – **40 Z** 108/199.

Birkenhof, Birkenplatz 1, ✉ 75429, ✆ (07043) 67 63, *Fax (07043) 7726,* – ☎ Ⓟ – 25
Feb. 2 Wochen geschl. – **Menu** *(Dienstag geschl.)* à la carte 30/59 – **20 Z** 85/140.

MAULBURG *Baden-Württemberg siehe Schopfheim.*

MAUTH *Bayern* **420** *T 24 – 2 800 Ew – Höhe 820 m – Erholungsort – Wintersport : 820/1 341 m* 1 .
Verkehrsamt, Giesekestr.2, ✉ 94151, ✆ (08557) 96 00 85, Fax (08557) 960015.
Berlin 536 – München 211 – Grafenau 21 – Passau 43.

In Mauth-Finsterau *N : 7 km – Höhe 998 m*

Bärnriegel (mit Gästehaus), Halbwaldstr. 32, ✉ 94151, ✆ (08557) 9 60 20, *Fax (08557) 960249,* <, , , – ☎ Ⓟ. Zim
11. Nov. - 9. Dez. geschl. – **Menu** à la carte 25/62 – **26 Z** 62/120 – ½ P 19.

We have established for your use a classification of certain restaurants by awarding them the mention **Menu** , ✿, ✿✿ or ✿✿✿.

MAYEN *Rheinland-Pfalz* 417 *O 5 – 19 500 Ew – Höhe 240 m.*

Ausflugsziel : *Schloß Bürresheim★ NW : 5 km.*

Städtisches Verkehrsamt (im alten Rathaus), Markt, ✉ 56727, ☎ (02651) 8 82 60, Fax (02651) 88366.

Berlin 625 – Mainz 126 – Koblenz 35 – Bonn 63 – Trier 99.

Maifelder Hof, Polcher Str. 74, ✉ 56727, ☎ (02651) 9 60 40, *Fax (02651) 76558,* Biergarten – ☎ . AE E VISA
Menu *(Samstag und 23. Dez. - 3. Jan. geschl.)* (wochentags nur Abendessen, Sonn - und Feiertage nur Mittagessen) à la carte 29/63 – **13 Z** 82/180.

Katzenberg garni, Koblenzer Str. 174, ✉ 56727, ☎ (02651) 4 35 85, *Fax (02651) 48855,* – ☎ . AE E VISA.
24 Z 95/160.

Zur Traube garni, Bäckerstr. 6, ✉ 56727, ☎ (02651) 9 60 10, *Fax (02651) 72187* – ☎ . E VISA
18 Z 85/125.

Zum Alten Fritz mit Zim, Koblenzer Str. 56, ✉ 56727, ☎ (02651) 4 32 72, *Fax (02651) 41629* – ☎ . AE E VISA
Menu *(Dienstag und 1. - 21. Juli geschl.)* à la carte 30/59 – **19 Z** 50/120.

In Mayen-Kürrenberg *NW : 7 km – Höhe 525 m – Erholungsort :*

Wasserspiel, Im Weiherhölzchen 7, ✉ 56727, ☎ (02651) 30 81, *Fax (02651) 5233,* – . AE E VISA
Menu *(Dienstag geschl.)* à la carte 43/71 – **19 Z** 70/120.

In Ettringen *NW : 8 km :*

Parkhotel am Schloss, im Nettetal, ✉ 56729 Ettringen, ☎ (02651) 80 84 04, *Fax (02651) 808400,* « Idyllische Lage im Nettetal, Garten » – ☎ – 16. E VISA
Menu *(Montag geschl.)* à la carte 56/81 – **16 Z** 125/434.

MAYSCHOSS *Rheinland-Pfalz* 417 *O 5 – 1 100 Ew – Höhe 141 m.*

Berlin 628 – Mainz 158 – Bonn 35 – Koblenz 56 – Adenau 22.

Zur Saffenburg, Ahr-Rotwein-Str. 43 (B 267), ✉ 53508, ☎ (02643) 83 92, *Fax (02643) 8100,* – . Rest
Dez. - 20. Jan. geschl. – **Menu** *(Mittwoch geschl.)* à la carte 36/69 – **17 Z** 65/130.

In Mayschoß-Laach :

Lochmühle, Ahr-Rotwein-Str. 62 (B 267), ✉ 53508, ☎ (02643) 80 80, *Fax (02643) 808445,* , , , – ☎ – 60. AE E VISA
Menu à la carte 47/82 – **104 Z** 109/242.

MECHERNICH *Nordrhein-Westfalen* 417 *O 3 – 25 000 Ew – Höhe 298 m.*

Stadtinformation, Rathausplatz, ✉ 53894, ☎ (02443) 4 91 67, Fax (02443) 49250.

Berlin 623 – Düsseldorf 94 – Bonn 62 – Aachen 70 – Düren 33 – Köln 52.

In Mechernich-Kommern *NW : 4 km :*

Sporthotel Kommern am See, an der B 266/477, ✉ 53894, ☎ (02443) 9 90 90, *Fax (02443) 990955,* , , , , (Halle) – Zim, ☎ – 30. AE E VISA JCB
Menu à la carte 52/96 – **30 Z** 85/210.

MECKENBEUREN *Baden-Württemberg* 419 *W 12 – 9 900 Ew – Höhe 417 m.*

Berlin 712 – Stuttgart 158 – Konstanz 40 – Ravensburg 11 – Bregenz 32.

In Meckenbeuren-Liebenau *NO : 4,5 km :*

Amselhof, Berger Halde 50, ✉ 88074, ☎ (07542) 9 40 10, *Fax (07542) 940148,* , , , , (Halle) – Zim, ☎ – 20. AE E
Menu (wochentags nur Abendessen) à la carte 32/60 – **20 Z** 110/160.

In Meckenbeuren-Madenreute *NO : 5 km über Liebenau :*

Jägerhaus, Madenreute 13, ✉ 88074, ☎ (07542) 9 45 50 (Hotel) 46 32 (Rest.), *Fax (07542) 945556,* , – , Zim, ☎ . E VISA
Menu *(Mittwoch und Feb.- März 2 Wochen geschl.)* (Montag - Freitag nur Abendessen) à la carte 28/57 – **40 Z** 95/160.

MECKENHEIM *Nordrhein-Westfalen* 417 *O 5 – 24 200 Ew – Höhe 160 m.*

Berlin 612 – Düsseldorf 94 – Bonn 19 – Koblenz 65.

Zwei Linden garni, Merler Str. 1, ✉ 53340, ✆ (02225) 60 22, *Fax (02225) 12892* – TV ☎ 📞 ♿ P. AE E VISA
18 Z 105/160.

MECKLENBURGISCHE SEENPLATTE *Mecklenburg-Vorpommern* 416 *F 20 bis F 22,* 987 ⑦.

Sehenswert : *Seenplatte★★★ zwischen Elbe-Lübeck-Kanal und der Uckermark mit über 1000 Seen – Müritz-Nationalpark★.*

MEDDERSHEIM *Rheinland-Pfalz siehe Sobernheim, Bad.*

MEDEBACH *Nordrhein-Westfalen* 417 *M 10 – 7 900 Ew – Höhe 411 m.*

Berlin 463 – Düsseldorf 195 – Arnsberg 66 – Kassel 76 – Marburg 61 – Paderborn 89 – Siegen 101.

Brombach, Oberstr. 6, ✉ 59964, ✆ (02982) 85 70, *Fax (02982) 3452,* – TV P. AE E VISA
Menu *(Montag geschl.)* à la carte 26/64 – **8 Z** 60/120.

In Medebach-Küstelberg *NW : 8,5 km :*

Schloßberghotel, Im Siepen 1, ✉ 59964, ✆ (02981) 9 29 10, *Fax (02981) 929120,* ≤, – ☎ P.
Mitte - Ende Jan. geschl. – **Menu** *(Mittwoch geschl.)* à la carte 31/62 – **16 Z** 85/170.

MEERANE *Sachsen* 418 *N 21 – 22 000 Ew – Höhe 320 m.*

Berlin 246 – Dresden 114 – Chemnitz 41 – Gera 38 – Zwickau 18 – Leipzig 67.

Meerane M, An der Hohen Str. 3 (Gewerbegebiet), ✉ 08393, ✆ (03764) 59 10, *Fax (03764) 591591,* Massage, – Zim, TV 📞 ♿ P – 140. AE E VISA. Rest
Menu 28/32 (Buffet) und à la carte 30/50 – **137 Z** 190/240, 20 Suiten.

Schwanefeld M, Schwanefelder Str. 22 (an der B 93), ✉ 08393, ✆ (03764) 40 50, *Fax (03764) 4367,* – TV ☎ 📞 P – 200. AE E VISA
Menu à la carte 32/65 – **49 Z** 120/155.

MEERBUSCH *Nordrhein-Westfalen siehe Düsseldorf.*

MEERSBURG *Baden-Württemberg* 419 *W 11 – 5 500 Ew – Höhe 444 m – Erholungsort.*

Sehenswert : *Oberstadt (Marktplatz★* B, *Steigstraße★* A*) – Neues Schloß (Terrasse ≤★)* AB.

Kur- und Verkehrsamt, Kirchstr. 4, ✉ 88709, ✆ (07532) 43 11 10, Fax (07532) 431120.

Berlin 730 ① – Stuttgart 191 ① – Konstanz 12 ② – Freiburg im Breisgau 143 ① – Ravensburg 31 ① – Bregenz 48 ①.

Stadtplan siehe nächste Seite

3 Stuben, Kirchstr. 7, ✉ 88709, ✆ (07532) 8 00 90 (Hotel) 8 00 20 (Rest.), *Fax (07532) 1367,* « Restauriertes Fachwerkhaus mit moderner Einrichtung », – TV ☎ 📞 P. AE E VISA. B v
Hotel : 15. Dez. - 1. März geschl. – **Menu** *(Dienstag und 15. Dez. - 1. Feb. geschl.)* (wochentags nur Abendessen) à la carte 96/117 – **31 Z** 145/275
Spez. Lasagne von Krake und Bohnen mit Safrangemüse. Bodenseezander mit Kräutern gebraten. Rhabarbersülze mit weißem Aceto Balsamico-Eis (Saison).

Romantik Hotel Residenz am See, Uferpromenade 11, ✉ 88709, ✆ (07532) 8 00 40, *Fax (07532) 800470,* ≤, – Zim, TV ☎ P. AE E VISA B r
Menu à la carte 66/84 *(auch vegetarisches Menu)* – **18 Z** 136/312 – ½ P 54.

Villa Bellevue garni, Am Rosenhag 5, ✉ 88709, ✆ (07532) 97 70, *Fax (07532) 1367,* ≤, – TV ☎. AE E VISA. über Stefan-Lochner-Str. B
April - Sept. – **12 Z** 140/240.

Seehof garni, Unterstadtstr. 36, ✉ 88709, ✆ (07532) 4 33 50, *Fax (07532) 2406* – TV ☎ P. E VISA. B s
15. Feb. - 1. März geschl. – **24 Z** 95/200.

Löwen (Gasthof a.d. 15. Jh.), Marktplatz 2, ✉ 88709, ✆ (07532) 4 30 40, *Fax (07532) 430410,* – Zim, TV ☎. AE E VISA JCB B e
Menu *(Nov. - April Mittwoch geschl.)* à la carte 47/70 – **21 Z** 85/220 – ½ P 35.

MEERSBURG

Bären (Historischer Gasthof a.d. 17. Jh.), Marktplatz 11, ✉ 88709, ✆ (07532) 4 32 20, *Fax (07532) 432244* – TV ☎ – B u
Mitte März - Mitte Nov. – **Menu** *(Montag, März - Juni auch Dienstag geschl.)* à la carte 29/55 *(auch vegetarische Gerichte)* – **19 Z** 90/175 – ½ P 28.

Zum Schiff, Bismarckplatz 5, ✉ 88709, ✆ (07532) 4 50 00, *Fax (07532) 1537*, ←, – TV ☎ P. AE E VISA A n
Ostern - Mitte Okt. – **Menu** à la carte 32/55 – **40 Z** 75/175.

Café Off, Uferpromenade 51, ✉ 88709, ✆ (07532) 4 47 40, *Fax (07532) 447444*, ←, – TV ☎ P. E VISA über Uferpromenade B
7. - 31. Jan. geschl. – **Menu** à la carte 40/63 – **21 Z** 99/215 – ½ P 33.

Winzerstube zum Becher, Höllgasse 4, ✉ 88709, ✆ (07532) 90 09, *Fax (07532) 1699* – AE VISA B t
Montag und Mitte Dez. - Mitte Jan. geschl. – **Menu** (Tischbestellung ratsam) à la carte 43/89.

MEHRING *Rheinland-Pfalz* **417** *Q 4 – 2 000 Ew – Höhe 122 m.*

Ensch-Birkenheck (N : 7 km), ✆ (06507) 43 74.

Heimat- und Verkehrsverein, Bachstr. 47, ✉ 54346, ✆ (06502) 14 13, Fax (06502) 1253.

Berlin 714 – Mainz 153 – Trier 20 – Bernkastel-Kues 40.

Weinhaus Molitor garni (mit Wein- und Bierstube), Maximinstr. 9, ✉ 54346, ✆ (06502) 27 88, *Fax (06502) 988822*, – TV P. E
11 Z 65/120.

In Pölich *O : 3 km :*

Pölicher Held, Hauptstr. 5 (B 53), ✉ 54340, ✆ (06507) 9 36 00, *Fax (06507) 936011*, ←, – P. E
24. Dez.- 10. Feb. geschl. – **Menu** *(Montag geschl.)* à la carte 27/47 – **9 Z** 55/95.

MEHRING KREIS ALTÖTTING *Bayern* **420** *V 22 – 2 100 Ew – Höhe 126 m.*

Berlin 632 – München 103 – Bad Reichenhall 70 – Passau 84.

In Mehring-Hohenwart *N : 1,5 km :*

Schwarz, Hohenwart 10, ✉ 84561, ✆ (08677) 9 84 00, *Fax (08677) 1440*, – TV ☎ P – 200. E VISA
Menu *(Dienstag, Karwoche und Aug. 3 Wochen geschl.)* à la carte 24/47 – **22 Z** 68/128.

MEHRSTETTEN *Baden-Württemberg siehe Münsingen.*

MEINERZHAGEN *Nordrhein-Westfalen* 417 *M 6 – 22 000 Ew – Höhe 385 m – Wintersport : 400/500 m ⛷3 ⛷.*

Kierspe-Varmert, an der B 237 (W : 9 km), ☎ (02269) 72 99.

Verkehrsamt, Bahnhofstr. 11, ✉ 58540, ☎ (02354) 7 71 32, Fax (02354) 77220.

Berlin 543 – Düsseldorf 78 – Lüdenscheid 19 – Olpe 21 – Siegen 47.

La Provence, Kirchstr. 11, ✉ 58540, ☎ (02354) 1 21 06, – P. AE O E VISA
Montag und Juli – Aug. 2 Wochen geschl. – **Menu** à la carte 39/63.

MEINHARD *Hessen siehe Eschwege.*

MEININGEN *Thüringen* 418 420 *O 15 – 24 000 Ew – Höhe 286 m.*

Tourist-Information, Bernhardstr. 6, ✉ 98617, ☎ (03693) 4 46 50, Fax (03693) 446544.

Berlin 371 – Erfurt 80 – Coburg 69 – Fulda 63.

Romantik Hotel Sächsischer Hof, Georgstr. 1, ✉ 98617, ☎ (03693) 45 70, *Fax (03693) 457401,* – , Zim, TV ☎ P – 80. AE O E VISA. Rest
***Posthalterei* : Menu** à la carte 43/66 – ***Schänke* : Menu** à la carte 25/38 – **40 Z** 135/195, 3 Suiten.

Schloß Landsberg , Landsberger Straße 150 (NW : 4 km), ✉ 98617, ☎ (03693) 4 40 90, *Fax (03693) 440944,* <, , « Schloß im gotischen Stil a.d.J. 1840 mit stilvoller Einrichtung » – TV ☎ P – 20. AE O E VISA
Menu à la carte 35/54 – **18 Z** 130/250, 6 Suiten.

Im Kaiserpark garni, Günther-Raphael-Str. 9, ✉ 98617, ☎ (03693) 47 18 16, *Fax (03693) 471820* – TV ☎ P – 80. AE O E VISA
37 Z 90/150.

Schlundhaus (mit Gästehaus), Schlundgasse 4, ✉ 98617, ☎ (03693) 81 38 38, *Fax (03693) 813839,* – TV ☎ – 50. AE O E VISA
Menu à la carte 23/40 – **20 Z** 95/180.

An der Kapelle, Anton-Ulrich-Str. 19, ✉ 98617, ☎ (03693) 4 49 20, *Fax (03693) 470174* – ☎. AE O E VISA
Menu à la carte 24/41 – **17 Z** 80/120.

MEISDORF *Sachsen-Anhalt* 418 *K 17 – 1 200 Ew – Höhe 150 m.*

Petersberger Trift 33, ☎ (034743) 9 84 50.

Fremdenverkehrsverein, Hauptstr. 31, ✉ 06463, ☎ (034743) 82 00.

Berlin 213 – Magdeburg 62 – Quedlinburg 19.

Parkhotel Schloß Meisdorf M (mit Gästehäusern), Allee 5, ✉ 06463, ☎ (034743) 9 80, *Fax (034743) 98222,* , « Hotelanlage in einem Park », , , – Zim, TV P – 80. AE O E VISA JCB
Menu à la carte 31/64 – ***Chateau Neuf*** *(Sonntagabend – Montag geschl.)* **Menu** à la carte 47/89 – **72 Z** 160/285.

Forsthaus Meisdorf , Allee 4, ✉ 06463, ☎ (034743) 81 38, *Fax (034743) 8231,* , , – TV ☎ P. AE O E VISA JCB
Jan. – Ende März geschl. – **Menu** *(Sonntagabend – Montag geschl.)* (Dienstag – Freitag nur Abendessen) à la carte 41/83 – **11 Z** 170/233.

Thalmühle , Falkensteiner Weg 1 (SW : 3,5 km), ✉ 06463, ☎ (034743) 9 68 00, *Fax (034743) 96888,* , – TV ☎ P – 40. AE O E VISA JCB
Menu à la carte 29/56 – **13 Z** 120/166.

MEISENHEIM *Rheinland-Pfalz* 417 *Q 7 – 3 400 Ew – Höhe 162 m – Erholungsort.*

Berlin 642 – Mainz 72 – Bad Kreuznach 31 – Kaiserslautern 43.

Hotel am Markt, Untergasse 40, ✉ 55590, ☎ (06753) 9 33 90, *Fax (06753) 933960,* – Zim, TV ☎ P – 25. AE O E VISA
Jan. – Feb. 3 Wochen geschl. – **Menu** *(Montag geschl.)* à la carte 44/60 – **11 Z** 75/130 – ½ P 25.

MEISSEN *Sachsen* 418 *M 24 – 34 000 Ew – Höhe 110 m.*

Sehenswert : *Staatliche Porzellanmanufaktur★ – Albrechtsburg★ – Dom★ (Grabplatten★ in der Fürstenkapelle, Laienaltar★, Stifterfiguren★★).*

Tourist-Information, Markt 3, ✉ 01662, ☎ (03521) 45 44 70, Fax (03521) 458240.

Berlin 194 ① – Dresden 23 ② – Chemnitz 61 ④ – Leipzig 85 ⑤.

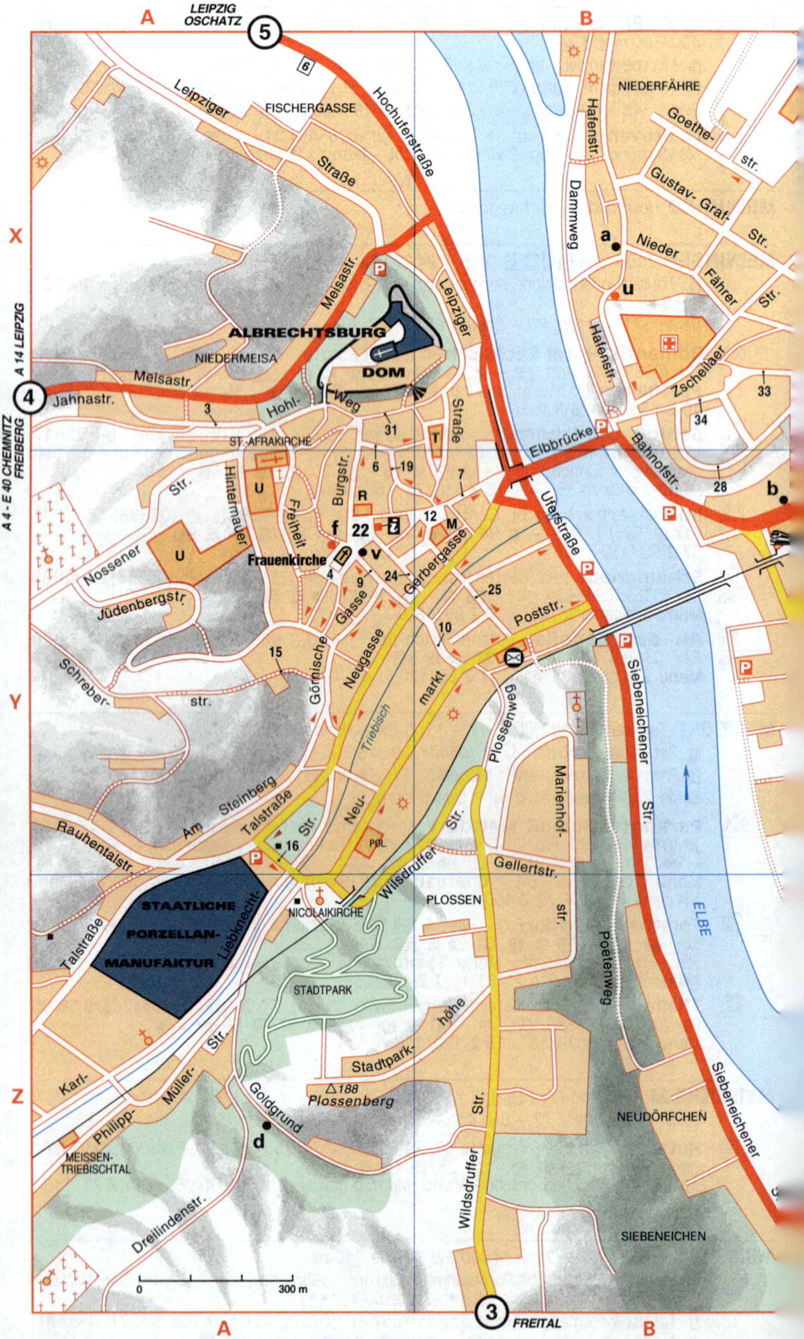

A
B
LEIPZIG
OSCHATZ
5
6
X
Y
Z
A 14 LEIPZIG
A 4 - E 40 CHEMNITZ
FREIBERG
4
3
FREITAL
Leipziger
FISCHERGASSE
Straße
Hochuferstraße
Meisastr.
ALBRECHTSBURG
DOM
NIEDERMEISA
Meisastr.
Jahnastr.
Hohl-
Weg
ST.-AFRAKIRCHE
Leipziger
Straße
Burgstr.
Freiheit
Hintermauer
Str.
Nossener
Jüdenbergstr.
Frauenkirche
Gerbergasse
Gasse
Neugasse
Görnische
Schreber-
str.
Poststr.
markt
Triebisch
Neu-
Str.
Talstraße
Am Steinberg
Rauhentalstr.
Talstraße
STAATLICHE
PORZELLAN-
MANUFAKTUR
Liebknecht-
NICOLAIKIRCHE
POL
Wildsdruffer
Str.
Plossenweg
PLOSSEN
Gellertstr.
Marienhof-
str.
STADTPARK
Stadtpark-
höhe
△188
Plossenberg
Goldgrund
Karl-
Philipp-
Müller-
Str.
MEISSEN-
TRIEBISCHTAL
Dreilindenstr.
Wildsdruffer
Str.
0
300 m
NIEDERFÄHRE
Hafenstr.
Dammweg
Goethe-
str.
Gustav- Graf-
Str.
Nieder
Fährer
Str.
Hafenstr.
Zscheilaer
Elbbrücke
Bahnofstr.
Uferstraße
Siebeneichener
Str.
ELBE
Poetenweg
NEUDÖRFCHEN
Siebeneichener
SIEBENEICHEN
a
u
b
d
f
v
R
T
U
M
22
33
34
28
31
6
19
7
12
4
9
24
25
10
15
16

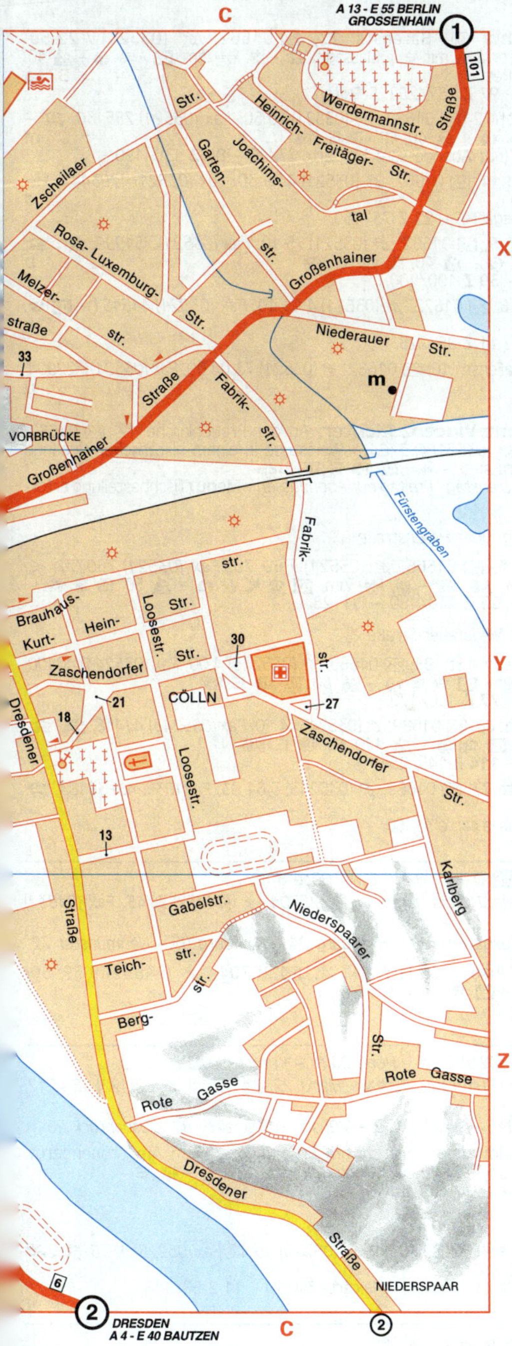

MEISSEN

Am Lommatzscher Tor . . AX 3
Am Steinberg . . . . AY
An der Frauenkirche . . AY 4
Baderberg . . . . AXY 6
Bahnhofstraße . . . . BY
Bergstraße . . . . CZ
Brauhausstraße . . . . . . CY
Burgstraße . . . . AY
Dammweg . . . . BX
Dreilindenstr. . . . . AZ
Dresdener Str. . . . . . . CYZ
Elbbrücke . . . . BXY
Elbstraße . . . . BY 7
Fabrikstraße CX
Fleischergasse . . . . . . AY 9
Freiheit . . . . AY
Gabelstraße . . . . CZ
Gartenstraße CX
Gellertstraße . . . . BY
Gerbergasse . . . . BY
Görnische Gasse . . . . . AY
Goethestraße . . . . BX
Goldgrund . . . . AZ
Großenhainer Str. . . . . CXY
Gustav-Graf-Str. . . . . . BX
Hafenstraße . . . . BX
Hahnemannspl. . . . . . . BY 10
Heinrich-Freitäger-Straße CX
Heinrichtsplatz . . . . BY 12
Herbert-Böhme-Str. . . . CY 13
Hintermauer . . . . AY
Hochuferstraße . . . . . . ABX
Hohlweg . . . . AX
Jahnastraße . . . . AX
Joachimstal CX
Jüdenbergstr. . . . . AY
Justusstufen . . . . AY 15
Karl-Liebknecht-Str. . . . AZ
Karlberg . . . . CYZ
Kerstingstraße . . . . . . AY 16
Kirchgasse . . . . CY 18
Kurt-Hein-Straße . . . . . CY
Leipziger Straße . . . . . ABX
Loosestraße . . . . CY
Lorenzgasse . . . . AY 19
Lutherplatz . . . . CY 21
Marienhofstraße . . . . . . BY
Markt . . . . AY 22
Marktgasse . . . . ABY 24
Martinstraße . . . . BY 25
Meisastraße . . . . AX
Melzerstraße CX
Moritzburger Platz . . . . CY 27
Neugasse . . . . AY
Neumarkt . . . . AY
Niederauer Straße CX
Niederfährer Str. . . . . . BCX
Niederspaarer Str. . . . . CZ
Nossener Str. . . . . AY
Philipp-Müller-Str. . . . . AZ
Plossenweg . . . . BY
Poetenweg . . . . BZ
Poststraße . . . . BY
Ratsweinberg . . . . BY 28
Robert-Koch-Platz . . . . CY 30
Rosa-Luxemburg-Str. . . CX
Rote Gasse . . . . CZ
Schloßberg . . . . AX 31
Schreberstraße . . . . . . AY
Siebeneichener Str. . . . BYZ
Stadtparkhöhe . . . . ABZ
Talstraße . . . . AYZ
Teichstraße . . . . CZ
Uferstraße . . . . BY
Walter-Sammet-Str. . . . BCX 33
Weinberggasse . . . . . . BX 34
Werdermannstr. CX
Wildsdruffer Str. . . . . . BYZ
Zaschendorfer Str. . . . . CY
Zscheilaer Str. . . . . BCX

Nos guides hôteliers, nos guides touristiques et nos cartes routières sont complémentaires. Utilisez-les ensemble.

Parkhotel Pannonia M, Hafenstr. 27, ✉ 01662, ✆ (03521) 7 22 50, *Fax (03521) 722904*, « Terrasse mit ≤ », Massage, ≘s – |♦|, ⇔ Zim, TV ⇐ P – 40. AE ① E VISA JCB. ⇎ Rest BX a
Menu à la carte 46/64 – **97 Z** 157/232, 5 Suiten.

Andree M, Ferdinandstr. 2, ✉ 01662, ✆ (03521) 75 50, *Fax (03521) 755130*, 🏞 – |♦|, ⇔ Zim, TV ☎ ✆ ♿ P – 40. AE ① E VISA CX m
Menu *(Sonntag geschl.)* (nur Abendessen) à la carte 27/46 – **86 Z** 130/190.

Goldgrund, Goldgrund 14, ✉ 01662, ✆ (03521) 4 79 30, *Fax (03521) 479344* – ⇔ TV ☎ P. AE ① E VISA AZ d
(Restaurant nur für Hausgäste) – **22 Z** 75/150.

Ross, Grossenhainer Str. 9, ✉ 01662, ✆ (03521) 75 10, *Fax (03521) 751999*, 🏞, ≘s – |♦|, ⇔ Zim, TV ☎ ✆ P – 40. AE ① E VISA BY b
Menu à la carte 25/47 – **39 Z** 100/200.

Am Markt, Am Markt 6, ✉ 01622, ✆ (03521) 4 15 10, *Fax (03521) 415151* – TV ☎. AE ① E VISA JCB AY v
Menu à la carte 24/40 – **11 Z** 95/225.

Zum alten Fährhaus, Hafenstr. 16, ✉ 01662, ✆ (03521) 73 04 00, *Fax (03521) 722904*, 🏞 – P – 80. ⇎ BX u
(nur Abendessen).

Romantik Restaurant Vincenz Richter, An der Frauenkirche 12, ✉ 01662, ✆ (03521) 45 32 85, *Fax (03521) 453763*, « Weinstube in einem historischen Gebäude a.d.J. 1523, Innenhofterrasse » – ⇔. AE ① E VISA JCB AY f
Montag und Jan. geschl., Dienstag - Freitag nur Abendessen – **Menu** (Tischbestellung erforderlich) à la carte 35/51.

In Meissen-Winkwitz *N : 4 Km über Hafenstraße BX :*

Knorre M, Elbtalstr. 3, ✉ 01665, ✆ (03521) 7 60 70, *Fax (03521) 760777*, ≤, « Terrasse an der Elbe », Ⅎ6, ≘s – |♦|, ⇔ Zim, TV ☎ ✆ ♿ P – 50. AE E VISA
Menu à la carte 27/47 – **23 Z** 110/180 – ½ P 25.

In Weinböhla *NO : 11 km über Niederauer Straße CX :*

Elbland Hotel M, Dresdner Str. 93, ✉ 01689, ✆ (035243) 4 00, *Fax (035243) 40400*, 🏞, Ⅎ6, ≘s – |♦|, ⇔ Zim, TV ☎ ✆ P – 60. AE ① E VISA
Menu à la carte 28/51 – **77 Z** 110/170.

Waldhotel ⛰, Forststr. 66, ✉ 01689, ✆ (035243) 4 10, *Fax (035243) 41418*, 🏞, ≘s, 🎾(Halle) – |♦|, ⇔ Zim, TV ☎ P – 120. AE ① E VISA
Menu à la carte 34/58 – **114 Z** 145/255.

Laubenhöhe, Köhlerstr. 77, ✉ 01689, ✆ (035243) 3 61 83, *Fax (035243) 36183*, 🏞 – ⇎
Montag geschl. – **Menu** à la carte 31/60.

MELDORF *Schleswig-Holstein* 415 *D 11 – 8 000 Ew – Höhe 6 m.*

ℹ Fremdenverkehrsverein, Nordermarkt 10, ✉ 25704, ✆ (04832) 70 45, Fax (04832) 7046.

Berlin 385 – Kiel 93 – Cuxhaven 108 – Flensburg 94 – Hamburg 95 – Neumünster 72.

Zur Linde (mit Gästehaus), Südermarkt 1, ✉ 25704, ✆ (04832) 9 59 50, *Fax (04832) 43 12*, 🏞 – TV ☎ – 100
17 Z.

MELLE *Niedersachsen* 417 *J 9 – 42 000 Ew – Höhe 80 m – Kurort (Solbad).*

ℹ Fremdenverkehrs- und Kulturamt, Rathaus, Markt 22, ✉ 49324, ✆ (05422) 96 53 12, Fax (05422) 965320.

Berlin 399 – Hannover 115 – Bielefeld 39 – Münster (Westfalen) 80 – Osnabrück 26.

Heimathof, Friedr.-Ludwig-Jahn-Str. 10 (im Erholungszentrum Am Grönenberg), ✉ 49324, ✆ (05422) 55 61, 🏞, « Fachwerkhaus a.d.J. 1620 » – P. E
Montag geschl. – **Menu** à la carte 39/63.

In Melle-Riemsloh *SO : 7 km :*

Alt Riemsloh, Alt-Riemsloh 51, ✉ 49328, ✆ (05226) 55 44, *Fax (05226) 1556*, 🏞, 🏞 – TV ☎ ⇐ P – 50. E. ⇎
Menu *(Freitagabend - Samstag geschl.)* à la carte 30/57 – **11 Z** 68/118.

MELLINGHAUSEN *Niedersachsen siehe Sulingen.*

MELLRICHSTADT *Bayern* 418 420 *O 14 – 6 300 Ew – Höhe 270 m.*

Verein für Tourismus und Stadtmarketing, Altes Rathaus, Marktplatz 2, ✉ 97638, (09776) 92 41 Fax (09776) 7342.

Berlin 392 – München 359 – Fulda 57 – Bamberg 89 – Würzburg 91.

Sturm, Ignaz-Reder-Str. 3, ✉ 97638, (09776) 8 18 00, *Fax (09776) 818040,* – Zim, – 30. AE E VISA. Rest
2. - 14. Jan. geschl. – **Menu** à la carte 31/55 – **48 Z** 85/148.

In Oberstreu-Mittelstreu *SW : 4 km :*

Gästehaus Storath garni, Hauptstr. 18, ✉ 97640, (09773) 50 17, *Fax (09773) 890199* – . AE E VISA
13 Z 60/120.

MELSUNGEN *Hessen* 417 418 *M 12 – 14 900 Ew – Höhe 182 m – Luftkurort.*

Sehenswert : *Rathaus★ – Fachwerkhäuser★.*

Tourist-Information im Rathaus, Am Markt 1, ✉ 34212, (05661) 70 81 09, Fax (05661) 708119.

Berlin 407 – Wiesbaden 198 – Kassel 30 – Bad Hersfeld 45.

Sonnenhof, Franz-Gleim-Str. 11, ✉ 34212, (05661) 73 89 99, *Fax (05661) 73 89 98* – – 40. AE E VISA
(nur Abendessen für Hausgäste) – **24 Z** 95/190.

Comfort Hotel garni, Am Bürstoß 2a (B 253), ✉ 34212, (05661) 73 91 00, *Fax (05661) 739299* – – 15. AE E VISA
99 Z 119/139.

Frank Schicker-Alte Apotheke, Brückenstr. 5, ✉ 34212, (05661) 73 81 18, *Fax (05661) 738112,* « Elegantes Restaurant mit Einrichtung einer ehemaligen Apotheke ; Innenhofterrasse » AE.
Sonntag - Montagmittag geschl. – **Menu** à la carte 49/84.

In Malsfeld-Beiseförth *S : 7 km :*

Park-Hotel, Bahnhofstr. 19, ✉ 34323, (05664) 9 48 20, *Fax (05664) 948282,* – – 25. AE E VISA
Menu à la carte 35/61 – **14 Z** 70/100.

MEMMELSDORF *Bayern* 420 *Q 16 – 8 100 Ew – Höhe 285 m.*

Berlin 398 – München 240 – Coburg 47 – Bamberg 7.

Brauerei-Gasthof Drei Kronen, Hauptstr. 19, ✉ 96117, (0951) 94 43 30, *Fax (0951) 9443366,* – Zim, – 30. AE E VISA.
Menu *(Sonntagabend - Montagmittag geschl.)* à la carte 26/54 – **28 Z** 86/172.

MEMMINGEN *Bayern* 419 420 *W 14 – 40 000 Ew – Höhe 595 m.*

Sehenswert : *Pfarrkirche St. Martin (Chorgestühl★)* Y **A.**

Fremdenverkehrsamt, Marktplatz 3, ✉ 87700, (08331) 85 01 72, Fax (08331) 850178.

Berlin 661 ⑤ – München 114 ② – Kempten (Allgäu) 35 ③ – Augsburg 95 ② – Bregenz 74 ④ – Ulm (Donau) 55 ⑤.

Stadtplan siehe nächste Seite

Park-Hotel an der Stadthalle, Ulmer Str. 7, ✉ 87700, (08331) 93 20, *Fax (08331) 48439,* Biergarten, – Zim, – 40. AE E VISA Y r
Schwarzer Ochsen : **Menu** à la carte 32/61 – **89 Z** 133/184.

Falken garni, Roßmarkt 3, ✉ 87700, (08331) 4 70 81, *Fax (08331) 47086* – Zim, . AE E VISA. Z v
Aug. und 20. Dez. - 6. Jan. geschl. – **39 Z** 115/205.

Weisses Ross, Kalchstr. 16, ✉ 87700, (08331) 93 60, *Fax (08331) 936150* – – 40. Rest Y e
Menu à la carte 25/70 – **50 Z** 80/160.

Lug ins Land, Rennweg 14, ✉ 87700, (08331) 29 32, *Fax (08331) 2932* – . E Y n
Montag - Dienstag geschl. – **Menu** (wochentags nur Abendessen) 52/85 à la carte 64/77.

Weinstube Weber am Bach, Untere Bachgasse 2, ✉ 87700, (08331) 24 14, *Fax (08331) 495658,* Z c
Menu (Tischbestellung ratsam) à la carte 36/77.

Weinhaus Knöringer, Weinmarkt 6, ✉ 87700, (08331) 27 15, *Fax (08331) 84201* Z t
Samstagmittag und Dienstag geschl. – **Menu** à la carte 33/66.

MEMMINGEN

Am Kuhberg	Y	2
Am Luginsland	Y	3
An der Hohen Wacht	Z	5
An der Kaserne	Z	6
An der Mauer	Z	7
Augsburger Straße	Y	8
Baumstraße	Z	10
Benninger Straße	Y	12
Buxacher Straße	Y	14
Donaustraße	Y	15
Frauenkirchplatz	Z	16
Hallhof	YZ	17
Herrenstraße	Z	18
Hindenburgring	Z	19
Hirschgasse	Z	20
Kalchstraße	Y	
Königsgraben	YZ	21
Kohlschanzstraße	Y	22
Kramerstraße	Z	23
Kreuzstraße	Z	24
Kuttelgasse	Z	25
Lindauer Straße	Z	26
Lindentorstraße	Z	27
Marktplatz	Y	28
Martin-Luther-Platz	Z	29
Maximilianstraße	Z	30
Münchner Straße	Y	33
Ratzengraben	Y	34
Roßmarkt	Z	35
Salzstraße	Y	36
St.-Joseph-Kirchplatz	Z	37
Schießstattstraße	Z	38
Schleiferplatz	Z	39
Schrannenplatz	Z	41
Steinbogenstraße	Z	43
Tiroler Ring	Z	46
Weberstraße	Z	49
Weinmarkt	Z	50
Westertorplatz	YZ	51
Zangmeisterstraße	Y	52
Zellerbachstraße	Z	53

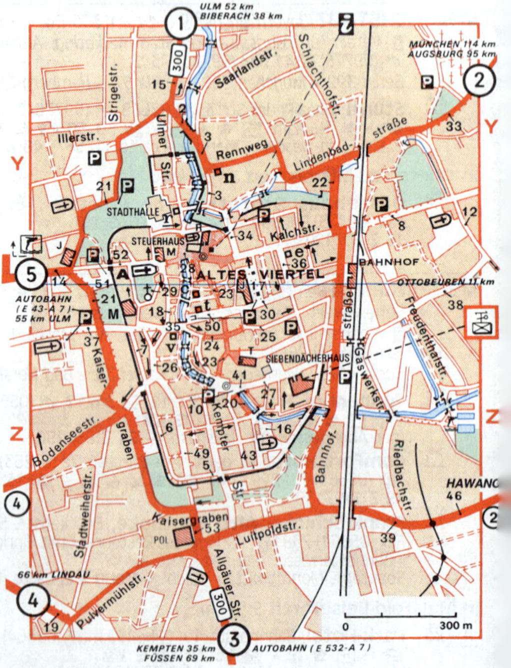

In Memmingen-Amendingen ① : 2 km :

Hiemer, Obere Str. 24, ✉ 87700, ✆ (08331) 8 79 51, *Fax (08331) 87954,* – |♦| TV ☎ P – 100. AE ⊕ E VISA
Menu à la carte 28/53 – **30 Z** 80/150.

In Buxheim ⑤ : 4,5 km :

Weiherhaus, Am Weiherhaus 13, ✉ 87740, ✆ (08331) 7 21 23, *Fax (08331) 73935,* – ☎ P – 30. AE E
Menu *(Okt. - April Montag geschl.)* à la carte 23/55 – **8 Z** 78/122.

In Hawangen O : 5 km :

D'Rescht, Bahnhofstr. 63, ✉ 87749, ✆ (08332) 2 69, *Fax (08332) 5383,* « Ehemaliger Bahnhof mit wechselnden Ausstellungen zeitgenössischer Kunst » – *Montag - Dienstag und 10. - 20. Feb sowie 10. Aug. - 10. Sept. geschl.* – **Menu** (wochentags nur Abendessen) à la carte 65/87.

MENDEN *Nordrhein-Westfalen* **417** *L 7 – 56 900 Ew – Höhe 145 m.*
Fröndenberg, Eulenstr. 58 (NW : 7 km), ✆ (02373) 7 64 89.
Berlin 488 – Düsseldorf 92 – Arnsberg 33 – Dortmund 34 – Iserlohn 12.

Central garni, Unnaer Str. 33, ✉ 58706, ✆ (02373) 92 84 50, *Fax (02373) 5531* – |♦| TV ☎. AE ⊕ E VISA
über Ostern und Weihnachten - Neujahr geschl. – **16 Z** 98/150.

MENGEN *Baden-Württemberg* **419** *V 12 – 9 500 Ew – Höhe 560 m.*
Berlin 690 – Stuttgart 116 – Konstanz 73 – Freiburg im Breisgau 138 – Ulm (Donau) 72 – Bregenz 89.

Zum Lamm, Hauptstr 131 (B 313), ✉ 88512, ✆ (07572) 7 66 10, *Fax (07572) 766123,* – |♦|, Zim, TV ☎ P – 15. E VISA
Menu à la carte 32/66 – **10 Z** 73/150.

Rebstock, Hauptstr. 93 (B 311), ✉ 88512, ✆ (07572) 7 66 80, *Fax (07572) 766837,* – TV ☎ P. ⊕ E VISA JCB
24. Dez. - 6. Jan. und Mai 2 Wochen geschl. – **Menu** *(Samstagmittag und Montag geschl.)* à la carte 33/65 – **11 Z** 70/130.

MENGERSKIRCHEN *Hessen siehe Weilburg.*

MENGKOFEN KREIS DINGOLFING *Bayern* 420 *T 21 – 4 700 Ew – Höhe 393 m.*

Berlin 556 – München 106 – Regensburg 65 – Dingolfing 10 – Passau 80.

Zur Post, Hauptstr. 20, ✉ 84152, ✆ (08733) 9 22 70, *Fax (08733) 9227170,* , « Gasthof aus dem 18.Jh. mit moderner Einrichtung, ständig wechselnde Kunstausstellungen » – – 120. AE VISA
Jan. 1 Woche geschl. – **Menu** *(Freitag geschl.)* à la carte 43/60 – **22 Z** 80/180.

MEPPEN *Niedersachsen* 415 *H 5 – 33 000 Ew – Höhe 20 m.*

Gut Düneburg, (NW : 14 km), ✆ (05932) 7 27 40.

Verkehrsverein, Rathaus, Markt 43, ✉ 49716, ✆ (05931) 15 31 06, Fax (05931) 153330.

Berlin 504 – Hannover 240 – Nordhorn 43 – Bremen 129 – Groningen 96 – Osnabrück 85.

Pöker, Herzog-Arenbergstr. 15a, ✉ 49716, ✆ (05931) 49 10, *Fax (05931) 491100,* , – – 60. AE VISA
Menu à la carte 27/66 – **40 Z** 80/160.

Parkhotel, Lilienstr. 21 (nahe der Freilichtbühne), ✉ 49716, ✆ (05931) 9 79 00, *Fax (05931) 89494* – . AE VISA
(nur Abendessen für Hausgäste) – **29 Z** 85/190.

Hülsmann am Bahnhof, Hüttenstr. 2, ✉ 49716, ✆ (05931) 92 22 00, *Fax (05931) 922213* – – 30. Zim
Menu *(Samstagmittag geschl.)* à la carte 28/63 – **28 Z** 80/150.

Altstadt Hotel garni, Nicolaus-Augustin-Str. 3, ✉ 49716, ✆ (05931) 1 80 48, *Fax (05931) 87214* – . VISA
15 Z 80/140.

Schmidt, Markt 17, ✉ 49716, ✆ (05931) 9 81 00, *Fax (05931) 981010,* – . AE VISA
Menu *(Montag geschl.)* à la carte 32/62 – **20 Z** 70/160.

The overnight or full board prices may in some cases be increased by the addition of a local bed tax. Before making your reservation confirm with the hotelier the exact price that will be charged.

MERCHING *Bayern siehe Mering.*

MERGENTHEIM, BAD *Baden-Württemberg* 419 *R 13 – 22 500 Ew – Höhe 210 m – Heilbad.*

Ausflugsziel : *Stuppach : Pfarrkirche (Stuppacher Madonna★★ von Grünewald) S : 6 km.*

Igersheim, Erlenbachtal 36, ✆ (07931) 56 11 09.

Kultur- und Verkehrsamt, Marktplatz 3, ✉ 97980, ✆ (07931) 5 71 31, Fax (07931) 57300.

Berlin 539 – Stuttgart 117 – Würzburg 46 – Ansbach 78 – Heilbronn 75.

Victoria, Poststr. 2, ✉ 97980, ✆ (07931) 59 30, *Fax (07931) 593500,* « Terrasse », Massage, – , Zim, – 150. AE VISA JCB. Rest
Zirbelstuben (Sonntag - Montag, Feiertage, Jan. 2 Wochen und Aug. geschl.) *(nur Abendessen, bemerkenswerte Weinkarte)* **Menu** 88/128 und à la carte 79/103 – ***Markthalle und Vinothek* : Menu** à la carte 42/53 – **78 Z** 160/330, 3 Suiten – ½ P 45
Spez. Gedämpfter Seewolf mit Thymian und getrockneten Tomaten im Olivenölfond. Hohenloher Taube mit Trüffelsauce und kleinen Kartoffelknödeln. Mohnravioli mit Marzipansauce und weißem Sckokoladeneis.

Maritim Parkhotel, Lothar-Daiker-Str. 6 (im Kurpark), ✉ 97980, ✆ (07931) 53 90, *Fax (07931) 539100,* , Massage, , , , , – , Zim, – 170. AE VISA JCB. Rest
Menu à la carte 42/86 – **117 Z** 195/288 – ½ P 40.

Bundschu, Cronbergstr. 15, ✉ 97980, ✆ (07931) 93 30, *Fax (07931) 933633,* , « Innenhofterrasse », – Zim, – 20. AE VISA
3. - 20. Jan. geschl. – **Menu** *(Montag geschl.)* à la carte 35/78 – **50 Z** 105/198 – ½ P 35.

Alte Münze garni, Münzgasse 12, ✉ 97980, ✆ (07931) 56 60, *Fax (07931) 566222* – . VISA
32 Z 88/148.

In Bad Mergentheim-Markelsheim *SO : 6 km :*

Weinstube Lochner, Hauptstr. 39, ✉ 97980, ☎ (07931) 93 90, *Fax (07931) 939193,* – 60. VISA
Menu *(Montag geschl.)* à la carte 28/58 – **55 Z** 90/180 – ½ P 35.

Gästehaus Birgit garni, Scheuerntorstr. 25, ✉ 97980, ☎ (07931) 9 09 00, *Fax (07931) 909040,* – – 20. VISA.
15 Z 69/120.

Schurk, Hauptstr. 57, ✉ 97980, ☎ (07931) 21 32, *Fax (07931) 46600,* « Weinlaube » – . VISA
Mittwoch geschl. – **Menu** (wochentags nur Abendessen) à la carte 28/47.

In Bad Mergentheim-Neunkirchen *S : 2 km :*

Landgasthof Rummler (mit Gästehaus), Althäuser Str. 18, ✉ 97980, ☎ (07931) 4 50 25, *Fax (07931) 45029,* Biergarten, – . AE VISA.
Zim
23. Dez. - 1. Jan. und 31. Aug. - 19. Sept. geschl. – **Menu** *(Montag geschl.)* à la carte 32/51 – **9 Z** 72/130 – ½ P 18.

MERING *Bayern* **419 420** *V 16 – 9 100 Ew – Höhe 526 m.*
Berlin 576 – München 53 – Augsburg 17 – Landsberg am Lech 29.

Schlosserwirt, Münchner Str. 29, ✉ 86415, ☎ (08233) 95 04 –
Ende Juli - Mitte Aug. geschl. – **Menu** *(Samstag - Sonntag geschl.)* à la carte 21/39 – **19 Z** 65/120.

In Merching-Steinach *SO : 6 km :*

Dominikus Hof garni, Kapellenweg 1, ✉ 86504, ☎ (08202) 9 60 90, *Fax (08202) 960940,* – Zim,
16 Z 65/120.

MERKLINGEN *Baden-Württemberg* **419** *U 13 – 1 600 Ew – Höhe 699 m.*
Berlin 629 – Stuttgart 73 – Reutlingen 53 – Ulm (Donau) 26.

Ochsen, Hauptstr. 12, ✉ 89188, ☎ (07337) 2 83, *Fax (07337) 200,* – Zim, . AE VISA
Juni und Nov. jeweils 2 Wochen geschl. – **Menu** *(Sonntag - Montagmittag geschl.)* à la carte 26/52 – **19 Z** 98/150.

In Berghülen *S : 8 km :*

Ochsen, Blaubeurer Str. 14, ✉ 89180, ☎ (07344) 9 60 90, *Fax (07344) 960960,* – – 25. AE VISA.
Menu *(Montag und Juli - Aug. 3 Wochen geschl.)* à la carte 22/46 – **35 Z** 55/120.

MERSEBURG *Sachsen-Anhalt* **418** *L 19 – 43 000 Ew – Höhe 86 m.*
Sehenswert : *Dom★★ (Kanzel★, Bronzegrabplatte★ König Rudolfs).*
Tourist-Information, Burgstr. 5, ✉ 06217, ☎ (03461) 21 41 70, Fax (03461) 214177.
Berlin 189 – Magdeburg 104 – Leipzig 27 – Halle 16 – Weimar 79.

Radisson SAS Hotel [M], Oberaltenburg 4, ✉ 06217, ☎ (03461) 4 52 00, *Fax (03461) 452100,* – , Zim, Rest, – 120. AE VISA JCB
Menu à la carte 40/69 – **135 Z** 185/280, 4 Suiten.

C'est la vie garni, König-Heinrich-Str. 47, ✉ 06217, ☎ (03461) 20 44 20, *Fax (03461) 204444* – . AE
9 Z 95/150.

Check-Inn, Dorfstr. 12 (O : 1,5 km, nahe der B 181), ✉ 06217, ☎ (03461) 44 70, *Fax (03461) 447120,* – , Zim, – 40. AE VISA
Menu *(Samstagmittag geschl.)* à la carte 31/46 – **54 Z** 139/169.

MERTESDORF *Rheinland-Pfalz siehe Trier.*

MERZENICH *Nordrhein-Westfalen* **417** *N 3 – 6 000 Ew – Höhe 54 m.*
Berlin 607 – Düsseldorf 83 – Aachen 36 – Düren 4 – Köln 46.

Fuhs-Schöne Aussicht, Kölner Landstr. 18 (B 264), ✉ 52399, ☎ (02421) 7 36 35, *Fax (02421) 75689,* –
Dienstag sowie Jan. - Feb. 2 Wochen und Juli - Aug. 3 Wochen geschl. – **Menu** (wochentags nur Abendessen, Tischbestellung ratsam) à la carte 59/78.

MERZIG *Saarland* 417 *R 3 – 31 000 Ew – Höhe 174 m.*

Tourist-Information (Fremdenverkehrsverband), Schankstr. 1, ✉ 66663, ✆ (06861) 7 38 74, Fax (06861) 73875.

Berlin 746 – Saarbrücken 47 – Luxembourg 56 – Saarlouis 21 – Trier 49.

Roemer M, Schankstr. 2, ✉ 66663, ✆ (06861) 9 33 90, *Fax (06861) 933930*, Biergarten – Zim, TV. E VISA
Menu *(Samstagmittag, Okt. - April auch Sonntagabend und Jan. 2 Wochen geschl.)* à la carte 31/68 – **18 Z** 108/170.

Merll-Rieff, Schankstr. 27, ✉ 66663, ✆ (06861) 93 95 20, *Fax (06861) 9395226* – TV. AE E VISA
Menu *(Sonntagabend und Mittwoch geschl.)* à la carte 24/63 – **12 Z** 70/130.

In Beckingen-Honzrath *SO : 7 km :*

Sporthotel Honzrath, beim Sportzentrum Hellwies, ✉ 66701, ✆ (06835) 40 41, *Fax (06835) 4042*, (Halle) – TV. AE E VISA
Menu *(Mittwoch geschl., Montag - Freitag nur Abendessen)* à la carte 26/65 – **9 Z** 60/120.

MESCHEDE *Nordrhein-Westfalen* 417 *L 8 – 34 000 Ew – Höhe 262 m.*

Städt. Verkehrsamt, Rathaus, Rathausstr. 2, ✉ 59872, ✆ (0291) 20 52 77, Fax(0291) 205135.

Berlin 481 – Düsseldorf 150 – Arnsberg 19 – Brilon 22 – Lippstadt 43 – Siegen 97.

Von Korff mit Zim, Le-Puy-Str. 19, ✉ 59853, ✆ (0291) 9 91 40, *Fax (0291) 991424*, – Zim, TV. AE E VISA. Zim
Menu à la carte 35/66 – **11 Z** 100/225.

In Meschede-Freienohl *NW : 10 km :*

Haus Luckai, Christine-Koch-Str. 11, ✉ 59872, ✆ (02903) 9 75 20, *Fax (02903) 975252*, – Zim, TV – 30. E. Rest
Menu *(Mittwoch geschl.)* à la carte 33/66 – **11 Z** 75/145.

In Meschede-Grevenstein *SW : 13,5 km – Wintersport : 450/600 m 1 :*

Gasthof Becker, Burgstr. 9, ✉ 59872, ✆ (02934) 9 60 10, *Fax (02934) 1606*, – TV. AE E VISA
Menu à la carte 37/75 – **8 Z** 95/160.

In Meschede-Olpe *W : 9 km :*

Landgasthof Hütter, Freienohler Str. 31, ✉ 59872, ✆ (02903) 96 00, *Fax (02903) 960111*, Biergarten, – Zim, TV. E VISA
Menu *(Freitag geschl.)* à la carte 31/79 – **13 Z** 59/130.

MESEKENHAGEN *Mecklenburg-Vorpommern siehe Greifswald.*

MESPELBRUNN *Bayern* 417 *Q 11 – 2 500 Ew – Höhe 269 m – Erholungsort.*

Verkehrsverein, Hauptstr. 164 (im "Mespotherm"), ✉ 63875, ✆ (06092) 3 19, Fax (06092) 5537.

Berlin 561 – München 342 – Würzburg 62 – Aschaffenburg 16.

Schloß-Hotel, Schloßallee 25, ✉ 63875, ✆ (06092) 60 80, *Fax (06092) 608100*, – TV – 35. AE E VISA. Zim
Jan. und Nov. jeweils 1 Woche geschl. – **Menu** à la carte 28/57 – **42 Z** 115/325 – ½ P 32.

Zum Engel, Hauptstr. 268, ✉ 63875, ✆ (06092) 9 73 80, *Fax (06092) 97380*, – Zim
Menu *(Nov. - April Montag geschl.)* à la carte 24/54 – **23 Z** 85/160 – ½ P 16.

MESSKIRCH *Baden-Württemberg* 419 *W 11 – 8 000 Ew – Höhe 605 m.*

Städt. Verkehrsamt, Schloßstr. 1, ✉ 88605, ✆ (07575) 2 06 46, Fax (07575) 4732.

Berlin 708 – Stuttgart 118 – Konstanz 55 – Freiburg im Breisgau 119 – Ulm (Donau) 91.

In Messkirch-Menningen *NO : 5 km :*

Zum Adler Leitishofen, Leitishofen 35 (B 311), ✉ 88605, ✆ (07575) 31 57, *Fax (07575) 4756*, – TV. E
Ende Jan. - Anfang Feb. geschl. – **Menu** *(Dienstag geschl.)* à la carte 37/58 – **15 Z** 68/120 – ½ P 28.

MESSSTETTEN *Baden-Württemberg* 419 *V 10 – 10 500 Ew – Höhe 907 m.*

Berlin 736 – Stuttgart 91 – Konstanz 88 – Albstadt 8 – Sigmaringen 35 – Villingen-Schwenningen 65.

Schwane, Hauptstr. 11, ✉ 72469, ℘ (07431) 9 49 40, *Fax (07431) 949494*, « Restaurierter Gasthof mit moderner Einrichtung » – 100. VISA

Anfang Aug. 1 Woche geschl. – **Menu** *(Samstagmittag geschl.)* à la carte 40/70 – **22 Z** 90/160.

METELEN *Nordrhein-Westfalen* 417 *J 5 – 6 100 Ew – Höhe 58 m.*

Verkehrsverein, Sendplatz 14, ✉ 48629, ℘ (02556) 77 88, Fax (02556) 533.

Berlin 497 – Düsseldorf 136 – Nordhorn 46 – Enschede 30 – Münster (Westfalen) 42 – Osnabrück 69.

Haus Herdering-Hülso garni, Neutor 13, ✉ 48629, ℘ (02556) 9 39 50, *Fax (02556) 1011*, – .

23. Dez. - 2. Jan. geschl. – **14 Z** 72/120.

Pfefferkörnchen, Viehtor 2, ✉ 48629, ℘ (02556) 13 99, – .

Samstagmittag, Dienstag, Jan. 1 Woche und Juni 2 Wochen geschl. – **Menu** (Tischbestellung ratsam) à la carte 51/74.

METTINGEN *Nordrhein-Westfalen* 415 *J 7 – 10 000 Ew – Höhe 90 m.*

Berlin 450 – Düsseldorf 185 – Nordhorn 63 – Bielefeld 71 – Bremen 132 – Enschede 75 – Osnabrück 21.

Romantik Hotel Telsemeyer, Markt 6, ✉ 49497, ℘ (05452) 91 10, *Fax (05452) 911121*, , – , Zim, – 80. VISA.

Menu 27 (mittags) und à la carte 43/77 – **50 Z** 120/280.

METTLACH *Saarland* 417 *R 3 – 13 000 Ew – Höhe 165 m.*

Ausflugsziel : *Cloef* ≤★★, *W : 7 km.*

Saarschleife Touristik, Freiherr-vom-Stein-Str. 64, ✉ 66693, ℘ (06864) 83 34, Fax (06864) 8329.

Berlin 754 – Saarbrücken 55 – Trier 43 – Saarlouis 29.

Saarpark M, Bahnhofstr. 31, ✉ 66693, ℘ (06864) 92 00, *Fax (06864) 920299*, , – , Zim, – 140. VISA

Menu à la carte 32/65 – **46 Z** 130/185, 4 Suiten.

Zum Schwan, Freiherr-vom-Stein-Str. 34, ✉ 66693, ℘ (06864) 72 79, *Fax (06864) 7277*, – . VISA. Rest

Menu à la carte 35/60 – **21 Z** 100/150.

Haus Schons garni, von-Boch-Liebig-Str. 1, ✉ 66693, ℘ (06864) 12 14, *Fax (06864) 7557* –

9 Z 60/100.

In Mettlach-Orscholz *NW : 6 km* :

Zur Saarschleife (mit Gästehaus), Cloefstr. 44, ✉ 66693, ℘ (06865) 17 90, *Fax (06865) 17930*, , Biergarten, , , , – , Zim, – 40. VISA

Menu à la carte 46/67 – **49 Z** 90/210.

METTMANN *Nordrhein-Westfalen* 417 *M 4,* 987 ㉕ ㉖ *– 40 000 Ew – Höhe 131 m.*

Berlin 540 – Düsseldorf 12 – Essen 33 – Wuppertal 16.

Hansa Hotel, Peckhauser Str. 5, ✉ 40822, ✆ (02104) 98 60, *Fax (02104) 986150*, – Zim, – 180. AE E VISA. Rest
Menu à la carte 45/70 – **178 Z** 205/265.

Alberga garni, Schwarzbachstr. 22, ✉ 40822, ✆ (02104) 9 27 20, *Fax (02104) 927252* – . AE E VISA
47 Z 140/280.

An der B 7 *W : 3 km :*

Gut Höhne, Düsseldorfer Str. 253, ✉ 40822 Mettmann, ✆ (02104) 77 80, *Fax (02104) 75625*, « Rustikale Hotelanlage in einem ehemaligen Landgut », – 90. AE E VISA
Gutshofrestaurant : Menu à la carte 50/78 – ***Tenne*** *(nur Abendessen)* Menu à la carte 45/71 – **131 Z** 170/440, 5 Suiten.

METTNAU (Halbinsel) *Baden-Württemberg siehe Radolfzell.*

METZINGEN *Baden-Württemberg* 419 *U 11 – 20 000 Ew – Höhe 350 m.*

Berlin 673 – Stuttgart 34 – Reutlingen 8 – Ulm (Donau) 79.

Schwanen, Bei der Martinskirche 10, ✉ 72555, ✆ (07123) 94 60, *Fax (07123) 946100*, « Individuelle, moderne Zimmereinrichtung », – – 40. AE E VISA JCB
Menu à la carte 44/76 – **56 Z** 110/255.

In Metzingen-Glems *S : 4 km :*

Stausee-Hotel, Unterer Hof 3 (am Stausee, W : 1,5 km), ✉ 72555, ✆ (07123) 9 23 60, *Fax (07123) 923663*, ← Stausee und Schwäbische Alb, – – 40. AE E VISA
Menu *(Sonntagabend - Montag geschl.)* à la carte 43/67 – **20 Z** 98/150.

Waldhorn, Neuhauser Str. 32, ✉ 72555, ✆ (07123) 9 63 50, *Fax (07123) 963511* – . Zim
Feb. 2 Wochen und Aug. 3 Wochen geschl. – **Menu** *(Dienstag geschl.)* à la carte 27/60 – **10 Z** 65/145.

In Grafenberg *NO : 5 km :*

Gasthaus Krone, Bergstr. 48, ✉ 72661, ✆ (07123) 3 13 03, *Fax (07123) 32491*, –
Montag und Aug. 3 Wochen geschl. – **Menu** à la carte 29/56.

In Kohlberg *NO : 5 km :*

Beim Schultes, Neuffener Str. 1, ✉ 72664, ✆ (07025) 24 27, *Fax (07025) 4546*, « Ehem. Rathaus a.d.J. 1665 » – E.
Dienstag und Jan. 1 Woche geschl. – **Menu** à la carte 50/82.

MEURO *Sachsen-Anhalt siehe Kemberg.*

MEUSELBACH-SCHWARZMÜHLE *Thüringen* 418 420 *O 17 – 1 800 Ew – Höhe 550 m.*

Berlin 320 – Erfurt 57 – Coburg 55 – Suhl 61.

Im Ortsteil Schwarzmühle :

Waldfrieden, Mellenbacher Str. 2, ✉ 98746, ✆ (036705) 6 10 00, *Fax (036705) 61013*, – – 30. AE E VISA
Nov. 2 Wochen geschl. – **Menu** *(Montag - Freitag nur Abendessen)* à la carte 26/47 – **20 Z** 85/150.

MEUSELWITZ *Thüringen* 418 *M 20 – 9 400 Ew – Höhe 197 m.*

Berlin 218 – Erfurt 96 – Gera 31 – Zwickau 46.

Zur Börse, Friedrich-Naumann-Str. 1, ✉ 04610, ✆ (03448) 80 31, *Fax (03448) 8032*, – . E VISA
Menu à la carte 20/32 **10 Z** 80/120.

MICHELAU *Bayern siehe Lichtenfels.*

MICHELSTADT *Hessen* 417 419 *Q 11 – 18300 Ew – Höhe 208 m.*

Sehenswert : *Rathaus*★.

Ausflugsziel : *Jagdschloß Eulbach : Park*★ *O : 9 km.*

Michelstadt-Vielbrunn (NO : 13,5 km), (06066) 2 58.

Verkehrsamt, Marktplatz 1, 64720, (06061) 7 41 46, Fax (06061) 74130.

Berlin 592 – Wiesbaden 92 – Mannheim 66 – Aschaffenburg 51 – Darmstadt 47 – Würzburg 99.

Drei Hasen (Sandsteinbau a.d.J. 1813), Braunstr. 5, 64720, (06061) 7 10 17, *Fax (06061) 72596*, Biergarten – . Zim
1. - 24. Jan. und 20. - 27. Juli geschl. – **Menu** *(Montag geschl.)* à la carte 33/59 – **21 Z** 85/150.

Mark Michelstadt garni, Friedrich-Ebert-Str. 85, 64720, (06061) 7 00 40, *Fax (06061) 12269* –
49 Z 99/165.

In Michelstadt-Vielbrunn *NO : 13,5 km – Luftkurort*

Weyrich, Limesstr. 5, 64720, (06066) 2 71, *Fax (06066) 1017*, , – .
Menu à la carte 25/40 – **29 Z** 65/135.

Talblick garni, Ohrnbachtalstr. 61, 64720, (06066) 2 15, *Fax (06066) 1673*, –
Mitte Nov. - Anfang Dez. geschl. – **13 Z** 65/140.

Geiersmühle mit Zim (ehem. Getreidemühle), Im Ohrnbachtal (O : 2 km), 64720, (06066) 7 21, *Fax (06066) 721*, , –
Menu *(Montag - Dienstag geschl.)* à la carte 45/83 – **8 Z** 100/150 – ½ P 30.

In Michelstadt - Weiten-Gesäß *NO : 6 km – Luftkurort :*

Berghof , Dorfstr. 106, 64720, (06061) 37 01, *Fax (06061) 73508*, ←, , – – 20.
Mitte Feb. - Mitte März und 20. - 24. Dez. geschl. – **Menu** *(Dienstag geschl.)* à la carte 34/67 *(auch vegetarische Gerichte)* – **16 Z** 70/130 – ½ P 20.

MICHENDORF *Brandenburg siehe Potsdam.*

MIDDELHAGEN *Mecklenburg-Vorpommern siehe Rügen (Insel).*

MIESBACH *Bayern* 420 *W 19 – 10300 Ew – Höhe 686 m.*

Berlin 644 – München 56 – Garmisch-Partenkirchen 77 – Salzburg 101 – Bad Tölz 23 – Rosenheim 29.

Bayerischer Hof, Oskar-von-Miller-Str. 2, 83714, (08025) 28 80, *Fax (08025) 288288*, , Biergarten, Massage – , Zim, – 220.
Menu à la carte 46/72 – **134 Z** 150/300.

MIESITZ *Thüringen siehe Triptis.*

MILTENBERG *Bayern* 417 419 *Q 11 – 9900 Ew – Höhe 127 m.*

Sehenswert : *Marktplatz*★.

Eichenbühl-Guggenberg, Ortsstr. 12 (SO : 15 km), (06282) 4 06 62.

Tourist Information, Rathaus, Engelplatz 69, 63897, (09371) 40 41 19, Fax (09371) 404105.

Berlin 566 – München 347 – Würzburg 69 – Aschaffenburg 44 – Heidelberg 78 – Heilbronn 84.

Brauerei Keller, Hauptstr. 66, 63897, (09371) 50 80, *Fax (09371) 508100* – – 60.
Menu *(Montag und 4. - 26. Jan. geschl.)* à la carte 32/61 *(auch vegetarische Gerichte)* – **32 Z** 95/168.

Jagd-Hotel Rose (Haus a.d. 17.Jh.), Hauptstr. 280, 63897, (09371) 4 00 60, *Fax (09371) 400617*, – – 50.
Menu *(Sonntagabend - Montagmittag geschl.)* à la carte 41/71 – **23 Z** 118/195.

Riesen garni, Hauptstr. 97, 63897, (09371) 36 44, « Fachwerkhaus a.d.J. 1590 » – .
Anfang Dez. - Mitte März geschl. – **14 Z** 80/198.

Altes Bannhaus, Hauptstr. 211, ✉ 63897, ✆ (09371) 30 61, *Fax (09371) 68754,* « Restaurant in einem historischen Gewölbekeller » – 🛗 TV ☎. AE ⓓ E VISA. ✈ Zim
Jan. 3 Wochen geschl. – **Menu** *(Dienstag geschl.)* à la carte 51/74 – **10 Z** 88/184.

Hopfengarten, Ankergasse 16, ✉ 63897, ✆ (09371) 9 73 70, *Fax (09371) 69758,* – TV ☎. E VISA
Menu *(Dienstag - Mittwochmittag, Feb. und Nov. jeweils 2 Wochen geschl.)* à la carte 33/55 – **13 Z** 65/150.

Weinhaus am Alten Markt garni, Marktplatz 185, ✉ 63897, ✆ (09371) 55 00, *Fax (09371) 65511,* « Fachwerkhaus a.d.J. 1508 » – TV ☎. ✈
Feb. geschl. – **9 Z** 69/161.

Mildenburg, Mainstr. 77, ✉ 63897, ✆ (09371) 27 33, *Fax (09371) 80227,* ≤, – TV. AE ⓓ E VISA JCB
Feb. geschl. – **Menu** *(Montag geschl.)* à la carte 27/57 *(auch vegetarische Gerichte)* – **14 Z** 48/150.

MINDELHEIM *Bayern* 419 420 *V 15 – 12 500 Ew – Höhe 600 m.*

Verkehrsbüro, Lautenstr. 2, ✉ 87719, ✆ (08261) 99 15 69, Fax (08261) 991570.

Berlin 614 – München 86 – Augsburg 69 – Kempten (Allgäu) 69 – Memmingen 28 – Ulm (Donau) 66.

Stern, Frundsbergstr. 17, ✉ 87719, ✆ (08261) 50 55, *Fax (08261) 1803,* – TV ☎ 🚗 P – 🏛 60
Menu *(Sonntagabend geschl.)* à la carte 25/48 – **55 Z** 75/150.

Zur Laute, Lautenstr. 8, ✉ 87719, ✆ (08261) 39 58, *Fax (08261) 5391* – TV ☎ P. E VISA. ✈
Aug. 2 Wochen geschl. – **Menu** *(Donnerstag geschl.)* à la carte 41/67 – **9 Z** 85/125.

Weberhaus, Mühlgasse 1 (1. Etage), ✉ 87719, ✆ (08261) 36 35, *Fax (08261) 21534,*
Dienstag, Feb. und Sept. jeweils 2 Wochen geschl. – **Menu** à la carte 49/68.

MINDEN *Nordrhein-Westfalen* 417 *J 10 – 84 000 Ew – Höhe 46 m.*

Sehenswert : *Dom★ (Westwerk★★, Domschatzkammer★ mit Bronze-Kruzifix★★)* Y A – *Schachtschleuse★★* Y – *Wasserstraßenkreuz★* Y.

Informationsstelle, Großer Domhof 3, ✉ 32423, ✆ (0571) 8 29 06 59, Fax (0571) 8290663.

ADAC, *Königstr. 105, ✉ 32427, ✆ (0571) 2 31 56, Fax (0571) 87501.*

Berlin 353 ③ – Düsseldorf 220 ③ – Bielefeld 54 ③ – Bremen 100 ① – Hannover 72 ② – Osnabrück 81 ④

Stadtplan siehe nächste Seite

Holiday Inn, Lindenstr. 52, ✉ 32429, ✆ (0571) 8 70 60, *Fax (0571) 8706160,* – 🛗, ✈ Zim, ▤ Rest, TV ✆ ♿ 🚗 P – 🏛 80. AE ⓓ E VISA. ✈ Rest Z e
Menu à la carte 41/64 – **101 Z** 195/265.

Bad Minden, Portastr. 36, ✉ 32429, ✆ (0571) 9 56 33 00, *Fax (0571) 9563369,* Massage, – ✈ Zim, TV ☎ ✆ P – 🏛 100. AE ⓓ E VISA. ✈ Zim Z m
Menu *(Samstagmittag geschl.)* à la carte 31/66 – **30 Z** 106/238.

Altes Gasthaus Grotehof, Wettinerallee 14, ✉ 32429, ✆ (0571) 5 04 50, *Fax (0571) 5045150,* – 🛗, ✈ Zim, TV ☎ ✆ P – 🏛 40. AE ⓓ E VISA über ⑤
Menu (nur Abendessen) à la carte 41/74 – **34 Z** 98/265.

Silke garni, Fischerglacis 21, ✉ 32423, ✆ (0571) 82 80 70, *Fax (0571) 8280712,* – TV ☎ 🚗 P. ⓓ E VISA Y u
20 Z 116/200.

Alte Kirchstraße	Y	2
Bäckerstraße	Y	3
Brüderstraße	Y	4
Greisenbruchstraße	Y	5
Hausberger Straße	Y	6
Hohe Straße	Z	7
Hufschmiede	Y	8
Kampstraße	Y	9
Kleiner Domhof	Y	13
Lindenstraße	Z	14
Markt	Y	15
Martinkirchhof	Y	16
Obermarktstraße	Z	17
Papenmarkt	Z	18
Poststraße	Y	19
Ritterstraße	Z	20
Scharn	Y	
Schwichowwall	Z	21
Simeonstraße	Z	22
Tonhallenstraße	Z	23
Videbullenstraße	Z	24
Viktoriastraße	Y	25
Vinckestraße	Y	26

Teilen Sie uns Ihre Meinung
über die von uns empfohlenen Hotels und Restaurants
sowie über ihre Spezialitäten mit.

MITTELBACH *Sachsen siehe Chemnitz.*

MITTELBERG *Österreich siehe Kleinwalsertal.*

MITTENAAR *Hessen* 417 *N 9 – 5 000 Ew – Höhe 230 m.*
Berlin 526 – Wiesbaden 126 – Siegen 41 – Gießen 47 – Limburg an der Lahn 58.

In Mittenaar-Ballersbach :

Berghof, Bergstr. 4, ✉ 35756, ℘ (02772) 6 20 55, *Fax (02772) 64186*, – . AE E VISA
Anfang März 2 Wochen geschl. – (nur Abendessen für Hausgäste) – **17 Z** 65/120.

In Mittenaar-Bicken :

Thielmann, Wiesenstr. 5, ✉ 35756, ℘ (02772) 65 90 20, *Fax (02772) 6590244*, – – 25. AE E VISA
Menu *(Freitag - Samstagmittag geschl.)* à la carte 37/74 – **18 Z** 75/190.

MITTENWALD *Bayern* 419 420 *X 17 – 8 300 Ew – Höhe 920 m – Luftkurort – Wintersport : 920/2 244 m 1 7.*
Sehenswert : *Häuser am Obermarkt mit Freskenmalerei★★.*
Ausflugsziel : *Karwendel, Höhe 2 244 m, 10 Min. mit , ★★.*
Kurverwaltung, Dammkarstr. 3, ✉ 82481, ℘ (08823) 3 39 81, Fax (08823) 2701.
ADAC, *Grenzbüro, Am Brunnstein 2, ✉ 82481, ℘ (08823) 59 50, Fax (08823) 5950.*
Berlin 698 – München 103 – Garmisch-Partenkirchen 23 – Innsbruck 37.

Post, Karwendelstr. 14, ✉ 82481, ℘ (08823) 10 94, *Fax (08823) 1096*, , Massage, , , , – , Zim, – 80
Menu *(22. Nov. - 19. Dez. geschl.)* à la carte 24/55 – **81 Z** 95/240, 6 Suiten – ½ P 25.

Rieger, Dekan-Karl-Platz 28, ✉ 82481, ℘ (08823) 9 25 00, *Fax (08823) 9250250*, , , , , – . AE E VISA
Nov. - Mitte Dez. geschl. – **Menu** *(Montagabend geschl.)* à la carte 34/67 – **45 Z** 87/210 – ½ P 22.

Alpengasthof Gröblalm, Gröblalm (N : 2 km), ✉ 82481, ℘ (08823) 91 10, *Fax (08823) 2921*, Mittenwald und Karwendel, , , –
Nov. - 20. Dez. geschl. – **Menu** *(Montag geschl.)* à la carte 34/53 – **27 Z** 90/180.

Bichlerhof garni, Adolf-Baader-Str. 5, ✉ 82481, ℘ (08823) 91 90, *Fax (08823) 4584*, , , – . AE E VISA JCB
26 Z 95/210.

Alpenrose, Obermarkt 1, ✉ 82481, ℘ (08823) 9 27 00, *Fax (08823) 3720*, – . AE E VISA JCB
Menu à la carte 27/68 – **18 Z** 85/192 – ½ P 17.

Pension Hofmann garni, Partenkirchner Str. 25, ✉ 82481, ℘ (08823) 9 23 40, *Fax (08823) 923440*, – .
Nov. - 20. Dez. geschl. – **13 Z** 65/140.

Arnspitze, Innsbrucker Str. 68, ✉ 82481, ℘ (08823) 24 25, – . AE
Dienstag - Mittwochmittag, nach Ostern 3 Wochen und 25. Okt. - 19. Dez. geschl. – **Menu** 43/83 und à la carte.

Am Lautersee *SW : 3 km (Zufahrt nur für Hotelgäste) :*

Lautersee, ✉ 82481 Mittenwald, ℘ (08823) 10 17, *Fax (08823) 5246*, See und Karwendel, « Schöne Lage am See ; Gartenterrasse », , –
nach Ostern 2 Wochen und Anfang Nov. - 20. Dez. geschl. – **Menu** à la carte 32/61 – **8 Z** 95/190 – ½ P 35.

Außerhalb *N : 4 km, Richtung Klais bis zum Schmalensee, dann rechts ab – Höhe 1 007 m*

Tonihof, Buckelwiesen 3, ✉ 82481 Mittenwald, ℘ (08823) 50 31, *Fax (08823) 1783*, Karwendel und Wettersteinmassiv, , , , –
Nov. - 20. Dez. geschl. – **Menu** *(Mittwoch geschl.)* à la carte 31/59 – **18 Z** 98/196 – ½ P 26.

MITWITZ *Bayern* 418 420 *P 17 – 3 000 Ew – Höhe 313 m.*
Berlin 360 – München 285 – Coburg 23 – Bayreuth 47 – Bamberg 57 – Hof 65.

In Mitwitz-Bächlein *NO : 4 km :*

Waldhotel, ✉ 96268, ℘ (09266) 96 00, *Fax (09266) 96060*, , , , , – – 30. AE E VISA
Menu *(Montagmittag geschl.)* à la carte 32/62 – **70 Z** 80/200.

MÖCKMÜHL *Baden-Württemberg* 417 419 *S 12 – 7 000 Ew – Höhe 179 m.*
Berlin 582 – Stuttgart 77 – Würzburg 85 – Heilbronn 35.

Württemberger Hof, Bahnhofstr. 11, ✉ 74219, ☎ (06298) 50 02, *Fax (06298) 7779,* – TV ☎ P. AE E VISA
Mitte Dez. - Anfang Jan. geschl. – **Menu** *(Sonntagabend und Samstag geschl.)* à la carte 30/59 – **16 Z** 70/112.

In Möckmühl-Korb *NO : 6 km :*

Krone, Widderner Str. 2, ✉ 74219, ☎ (06298) 9 24 90, *Fax (06298) 4573,* – TV ☎ P. E VISA
Menu *(Mittwoch geschl.)* à la carte 26/51 – **12 Z** 60/92.

In Roigheim *N : 6 km :*

Hägele, Gartenstr. 6, ✉ 74255, ☎ (06298) 52 05, *Fax (06298) 5535* – P. E.
Samstagmittag und Montag geschl. – **Menu** à la carte 32/57.

MÖGLINGEN *Baden-Württemberg* 419 *T 11 – 11 000 Ew – Höhe 270 m.*
Berlin 618 – Stuttgart 19 – Heilbronn 38 – Karlsruhe 70 – Pforzheim 38.

Zur Traube garni, Rathausplatz 5, ✉ 71696, ☎ (07141) 2 44 70, *Fax (07141) 244740* – TV ☎. AE E VISA
18 Z 116/150.

MÖHNESEE *Nordrhein-Westfalen* 417 *L 8 – 9 200 Ew – Höhe 244 m.*
Sehenswert : *10 km langer Stausee★ zwischen Haarstrang und Arnsberger Wald.*
Tourist-Information (in Möhnesee-Körbecke), Küerbiker Str. 1 (Haus des Gastes), ✉ 59519, ☎ (02924) 4 97, Fax (02924) 1771.
Berlin 471 – Düsseldorf 122 – Arnsberg 12 – Soest 10.

In Möhnesee-Delecke :

Haus Delecke, Linkstr. 12, ✉ 59519, ☎ (02924) 80 90, *Fax (02924) 80967,* ←, , « Park », Massage, , , (Halle) – , Zim, TV P – 120. AE E VISA
Menu à la carte 65/88 – **26 Z** 140/290.

In Möhnesee-Günne :

Der Seehof, Möhnestr. 10, ✉ 59519, ☎ (02924) 3 76, *Fax (02924) 1768,* ←, – P – 60. E VISA
Nov. - Mai Montagabend, Dienstagabend und Mittwoch geschl. – **Menu** à la carte 36/61.

In Möhnesee-Körbecke :

Haus Griese, Seestr. 5 (am Freizeitpark), ✉ 59519, ☎ (02924) 98 20, *Fax (02924) 982170,* ←, – TV ☎ P – 130. AE E VISA JCB
Mitte Feb. - Mitte März geschl. – **Menu** *(Montag - Mittwoch nur Abendessen, Donnerstag geschl.)* à la carte 44/69 – **34 Z** 95/240.

MOEHRENDORF *Bayern siehe Erlangen.*

MÖLLN *Schleswig-Holstein* 415 416 *F 16 – 17 000 Ew – Höhe 19 m – Kneippkurort.*
Sehenswert : *Seenlandschaft (Schmalsee★).*
Grambek, Schloßstr. 21 (S : 7 km), ☎ (04542) 84 14 74.
Städt. Kurverwaltung, im Kurzentrum, ✉ 23879, ☎ (04542) 70 90, Fax (04542) 88656.
Berlin 248 – Kiel 112 – Schwerin 59 – Lübeck 29 – Hamburg 55.

Schwanenhof, Am Schulsee, ✉ 23879, ☎ (04542) 8 48 30, *Fax (04542) 848383,* ←, , , , – TV ☎ P – 30. AE E VISA
Menu à la carte 36/73 – **32 Z** 110/180 – ½ P 28.

Waldhalle M, Waldhallenweg, ✉ 23879, ☎ (04542) 8 58 80 (Hotel) 60 80 (Rest.), *Fax (04542) 858888,* , – TV ☎ P – 40. AE E VISA
Menu à la carte 39/72 – **15 Z** 120/230 – ½ P 40.

Quellenhof, Hindenburgstr. 16, ✉ 23879, ☎ (04542) 30 28, *Fax (04542) 7226,* – TV ☎ P – 160. AE E VISA
Menu à la carte 31/54 – **18 Z** 90/170 – ½ P 22.

Beim Wasserkrüger garni, Wasserkrüger Weg 115, ✉ 23879, ☎ (04542) 70 91, *Fax (04542) 1811,* , – TV ☎ P. AE E VISA
28 Z 95/150.

Historischer Ratskeller, Am Markt 12, ✉ 23879, ☎ (04542) 83 55 75, *Fax (04542) 86657,* –
Dienstag geschl. – **Menu** à la carte 37/62.

MÖMBRIS *Bayern* **417** *P 11 – 11 500 Ew – Höhe 175 m.*
Berlin 534 – München 358 – Frankfurt am Main 45 – Aschaffenburg 15 – Fulda 83.

Ölmühle, Markthof 2, ✉ 63776, ℘ (06029) 95 00, *Fax (06029) 950509,* – – 35. VISA
Menu *(Sonntagabend geschl.)* à la carte 48/81 – **26 Z** 90/190.

MÖNCHBERG *Bayern* **417 419** *Q 11 – 2 200 Ew – Höhe 252 m – Luftkurort.*
Berlin 574 – München 351 – Würzburg 75 – Aschaffenburg 32 – Miltenberg 13.

Schmitt, Urbanusstr. 12, ✉ 63933, ℘ (09374) 20 90, *Fax (09374) 209250,* <, , « Gartenanlage mit Teich », , , – – 25. VISA. Zim
8. - 31. Jan. geschl. – **Menu** à la carte 34/63 – **40 Z** 76/144 – ½ P 20.

Krone, Mühlweg 7, ✉ 63933, ℘ (09374) 5 39, – . Zim
Feb. geschl. – **Menu** *(Sonntagabend und Donnerstag geschl.)* à la carte 20/38 – **29 Z** 56/98 – ½ P 18.

Le località citate nella guida rossa Michelin sono sottolineate in rosso sulle carte nº **415-420**.

MÖNCHENGLADBACH *Nordrhein-Westfalen* **417** *M 3 – 260 000 Ew – Höhe 50 m.*
Sehenswert : *Städt. Museum Abteiberg*★ Y **M.**
Korschenbroich, Schloß Myllendonk (② : *5 km),* ℘ *(02161) 64 10 49 ;* *Mönchengladbach-Wanlo, (⑤* : *13 km),* ℘ *(02166) 95 49 54.*
Düsseldorf Express Airport (NO : *6 km, über Krefelder Straße),* ℘ *(02161) 68 98 31, Fax (02161) 689822.*
Verkehrsverein, Bismarckstr. 23-27, ✉ *41061,* ℘ *(02161) 2 20 01, Fax (02161) 274222.*
ADAC, *Bismarckstr. 17,* ✉ *41061,* ℘ *(0221) 47 27 47, Fax (02161) 12663.*
Berlin 585 ① – Düsseldorf 38 ① – Aachen 64 ⑤ – Duisburg 50 ① – Eindhoven 88 ⑧ – Köln 63 ⑤ – Maastricht 81 ⑦.

MÖNCHEN-GLADBACH

Aachener Straße	X	2
Dohler Straße	X	20
Gingterstraße	X	26
Grevenbroicher Str.	X	30
Großheide	X	31
Hardterbroicher Straße	X	32
Konstantinstraße	X	36
Korschenbroicher Straße	X	37
Künkelstraße	X	38
Metzenweg	X	46
Monschauer Straße	X	47
Neußer Straße	X	50
Nordring	X	52
Reststrauch	X	58
Stapper Weg	X	68
Stationsweg	X	70
Waldnieler Straße	X	82
Wickrather Straße	X	83
Willicher Damm	X	87
Zeppelinstraße	X	88

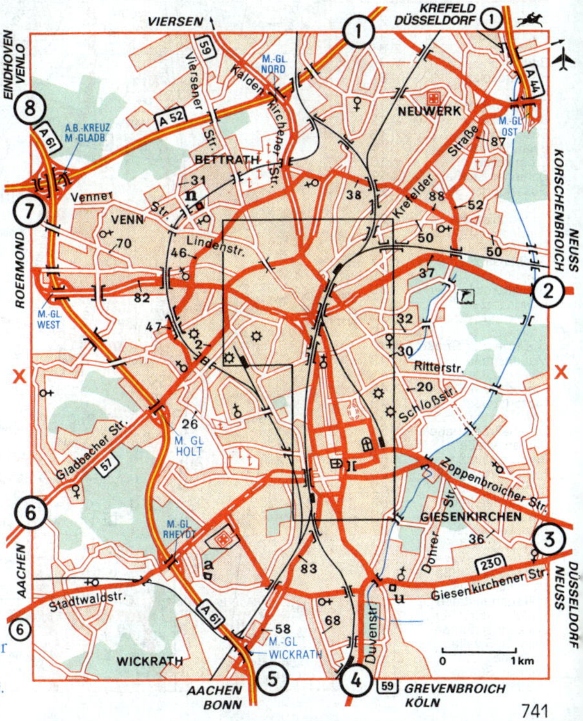

Benachrichtigen Sie sofort das Hotel, wenn Sie ein bestelltes Zimmer nicht belegen können

Prévenez immédiatement l'hôtelier si vous ne pouvez pas occuper la chambre que vous avez retenue.

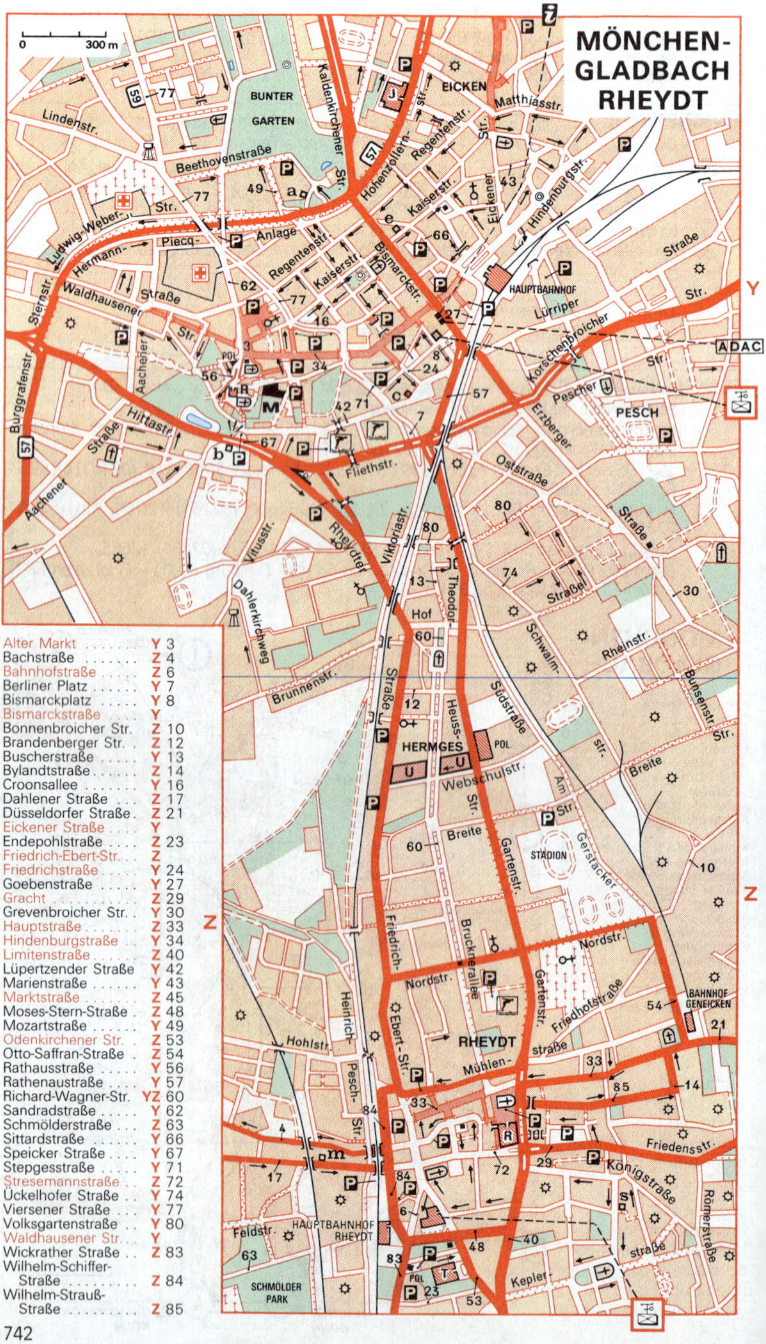
MÖNCHEN-
GLADBACH
RHEYDT
0 300 m
BUNTER
GARTEN
EICKEN
Matthiasstr.
Lindenstr.
Beethovenstraße
Kaldenkirchener Str.
Hohenzollern-str.
Regentenstr.
Kaiserstr.
Eickener Str.
Hindenburgstr.
Ludwig-Weber-Str.
Hermann-Piecq-Anlage
Waldhausener Str.
Sternstr.
Burggrafenstr.
Bismarckstr.
HAUPTBAHNHOF
Lürriper Str.
Korschenbroicher Str.
ADAC
Pescher Str.
PESCH
Erzberger
Oststraße
Aachener Str.
Hittastr.
Fliethstr.
Rheydter
Viktoriastr.
Vitusstr.
Dahlerkirchweg
Theodor-Heuss-Str.
Hof
Schwalm-Straße
Rheinstr.
Bunsenstr.
Brunnenstr.
Südstraße
HERMGES
POL
Webschulstr.
Breite Str.
Am Gerstacker
STADION
Gartenstr.
Friedrich-Ebert-Str.
Brucknerallee
Nordstr.
Friedhofstraße
BAHNHOF GENEICKEN
RHEYDT
Hohlstr.
Heinrich-Pesch-Str.
Mühlen-straße
Friedensstr.
Königstraße
Römerstraße
HAUPTBAHNHOF RHEYDT
Feldstr.
SCHMÖLDER PARK
Kepler-straße
Y
Z

Dorint-Hotel, Hohenzollernstr. 5, ✉ 41061, ✆ (02161) 89 30, *Fax (02161) 87231*, , , – , Zim, – 100. AE E VISA JCB Y a
Menu à la carte 40/68 – **161 Z** 342/397, 5 Suiten.

Queens Hotel, Speicker Str. 49, ✉ 41061, ✆ (02161) 93 80, *Fax (02161) 938807*, , – , Zim, – 120. AE E VISA. Rest Y b
Menu à la carte 44/67 – **126 Z** 215/440.

Burgund garni, Kaiserstr. 85, ✉ 41061, ✆ (02161) 18 59 70, *Fax (02161) 1859740* – . AE E VISA Y e
Ende Juli - Mitte Aug. und 24. Dez. - 12. Jan. geschl. – **14 Z** 95/170.

Michelangelo, Lüpertzender Str. 133, ✉ 41061, ✆ (02161) 20 85 83 – AE E VISA
Dienstag geschl. – **Menu** (italienische Küche) à la carte 43/68. Y c

Haus Baues, Bleichgrabenstr. 23, ✉ 41063, ✆ (02161) 8 73 73, *Fax (02161) 896321*, – – 180. AE E VISA X n
Dienstag und Anfang - Mitte Aug. geschl. – **Menu** à la carte 37/72.

In Mönchengladbach-Hardt *über* ⑦ :

Lindenhof, Vorster Str. 535, ✉ 41169, ✆ (02161) 55 93 40, *Fax (02161) 551122* –
Menu *(Donnerstag - Freitag geschl.)* (wochentags nur Abendessen) à la carte 43/97 – **10 Z** 86/149.

In Mönchengladbach-Rheydt

Coenen, Giesenkirchener Str. 41 (B 230), ✉ 41238, ✆ (02166) 1 60 06, *Fax (02166) 186795*, , « Garten » – , Zim, – 80. AE E VISA X u
Juni - Juli 3 Wochen geschl. – **Menu** *(Mittwoch geschl.)* (wochentags nur Abendessen) à la carte 63/94 – **50 Z** 179/278.

Rheydter Residenz, Lehwaldstr. 27, ✉ 41236, ✆ (02166) 6 29 60, *Fax (02166) 629699*, – – 30. AE E VISA JCB Z s
Weinkirch Gewölbekeller *(nur Abendessen, Sonntag geschl.)* **Menu** à la carte 39/70 – **21 Z** 119/223.

Elisenhof , Klusenstr. 97 (in Hockstein), ✉ 41239, ✆ (02166) 93 30, *Fax (02166) 933400*, , – – 40. AE E VISA X a
Menu à la carte 33/73 – **66 Z** 100/198.

Spickhofen, Dahlener Str. 88, ✉ 41239, ✆ (02166) 4 30 71, *Fax (02166) 42234* – . AE E VISA Z m
Menu à la carte 21/57 – **42 Z** 99/169.

In Korschenbroich-Kleinenbroich ② : *7 km* :

Gästehaus Bienefeld garni, Im Kamp 5, ✉ 41352, ✆ (02161) 99 83 00, *Fax (02161) 9983099* – . AE E VISA.
13. - 30 Juli geschl. – **16 Z** 99/190.

Zur Traube, Haus-Randerath-Str. 15, ✉ 41352, ✆ (02161) 67 04 04, *Fax (02161) 670010*, – . AE E VISA
Mittwoch, Jan. 2 Wochen und Juli - Aug. 3 Wochen geschl. – **Menu** à la carte 43/75.

MÖRFELDEN-WALLDORF *Hessen* 417 *Q 9 – 29 800 Ew – Höhe 95 m.*

Berlin 556 – Wiesbaden 35 – Frankfurt am Main 24 – Darmstadt 19.

Im Stadtteil Moerfelden :

Astron M, Hessenring 9, ✉ 64546, ✆ (06105) 20 40, *Fax (06105) 204100*, , , – , Zim, – 350. AE E VISA JCB
Menu à la carte 35/76 – **299 Z** 220/495.

Im Stadtteil Walldorf :

Airport Domizil-Hotel garni, Nordendstr. 4a, ✉ 64546, ✆ (06105) 95 70, *Fax (06105) 957222* – . AE E VISA
65 Z 190/260.

Feger garni, Am Zollstock 10, ✉ 64546, ✆ (06105) 70 50, *Fax (06105) 70580* – – 40. AE E VISA
39 Z 160/240.

Zum Löwen garni, Langstr. 68, ✉ 64546, ✆ (06105) 94 90, *Fax (06105) 949144*, , – – 90. AE E VISA
55 Z 130/220.

MÖRLENBACH *Hessen* 417 419 *R 10 – 9 200 Ew – Höhe 160 m.*
Berlin 611 – Wiesbaden 81 – Mannheim 35 – Darmstadt 45 – Heidelberg 28.

In Mörlenbach-Juhöhe *NW : 5 km – Erholungsort :*

Waldschenke Fuhr, Auf der Juhöhe 25, ✉ 69509, ☎ (06252) 49 67, *Fax (06252) 68376,* ←, – ⫶ TV ☎ ♿ P
Menu *(Montag - Dienstag geschl.)* à la carte 27/55 – **18 Z** 75/140.

MÖRNSHEIM *Bayern* 419 420 *T 17 – 2 000 Ew – Höhe 420 m.*
Berlin 511 – München 127 – Augsburg 72 – Ingolstadt 47 – Nürnberg 86.

Lindenhof (mit Gästehaus), Marktstr. 25, ✉ 91804, ☎ (09145) 8 38 00, *Fax (09145) 7159,* – TV ☎ P. AE E VISA
Jan. 3 Wochen geschl. – **Menu** *(Dienstag, Okt. - April auch Montagabend geschl.)* à la carte 37/72 – **15 Z** 65/130.

Zum Brunnen, Brunnenplatz 1, ✉ 91804, ☎ (09145) 71 27, *Fax (09145) 1079,* – TV. E
Nov. 2 Wochen geschl. – **Menu** *(Mittwoch geschl.)* à la carte 23/35 – **9 Z** 50/80.

MOERS *Nordrhein-Westfalen* 417 *L 3 – 105 700 Ew – Höhe 29 m.*
Stadtinformation, Unterwallstr. 9, ✉ 47441, ☎ (02841) 20 17 77, Fax (02841) 201721.
Berlin 556 – Düsseldorf 41 – Duisburg 12 – Krefeld 17.

Kurlbaum, Burgstr. 7 (1. Etage), ✉ 47441, ☎ (02841) 2 72 00 – AE
Samstagmittag, Sonntagmittag, Dienstag und Juli. 3 Wochen geschl. – **Menu** (Tischbestellung ratsam) à la carte 65/83.

In Moers-Asberg :

Moerser Hof garni, Römerstr. 464, ✉ 47441, ☎ (02841) 9 52 10, *Fax (02841) 952144* – ⫶ TV ☎ P. AE E VISA
33 Z 118/148.

Nahe dem Autobahnkreuz Moers der A 40 - Ausfahrt Moers *SW : 2 km :*

Motel Moers, Krefelder Str. 169, ✉ 47447 Moers, ☎ (02841) 14 60, *Fax (02841) 146239,* – ⫶ TV ☎ ♿ P – 170. AE E VISA
Menu à la carte 32/64 – **130 Z** 120/195.

In Moers-Repelen *N : 3,5 km :*

Zur Linde, An der Linde 2, ✉ 47445, ☎ (02841) 97 60, *Fax (02841) 97666,* Biergarten, « Rustikal-gemütliche Einrichtung », – ⫶, Zim, TV ☎ ♿ P – 40. AE E VISA JCB. Zim
Wildente *(Samstagmittag, Sonntagabend und Juli geschl.)* **Menu** à la carte 49/78 – ***Grafschafter*** : **Menu** à la carte 41/65 – **32 Z** 130/280.

In Moers-Schwafheim *S : 4 km :*

Schwarzer Adler, Düsseldorfer Str. 309 (B 57), ✉ 47447, ☎ (02841) 38 21, *Fax (02841) 34630* – ⫶, Zim, TV ☎ P – 40. AE E VISA
Menu à la carte 34/70 – **39 Z** 96/155.

MÖSSINGEN *Baden-Württemberg* 419 *U 11 – 18 100 Ew – Höhe 475 m.*
Reise- und Verkehrsbüro, Rathaus, Freiherr-vom-Stein-Str. 20, ✉ 72116, ☎ (07473) 94 88 11, Fax (07473) 948824.
Berlin 695 – Stuttgart 63 – Tübingen 14 – Ulm (Donau) 112 – Villingen-Schwenningen 65.

Brauhaus Mössingen garni, Auf der Lehr 30, ✉ 72116, ☎ (07473) 60 23, *Fax (07473) 26673* – ⫶ TV ☎ P
30 Z 78/125.

MOHLSDORF *Thüringen siehe Greiz.*

MOLBERGEN *Niedersachsen* 415 *H 7 – 5 000 Ew – Höhe 32 m.*
Berlin 453 – Hannover 189 – Bremen 76 – Nordhorn 85.

Thole-Vorwerk, Cloppenburger Str. 4, ✉ 49696, ☎ (04475) 9 49 50, *Fax (04475) 949535* – TV ☎ P. AE E VISA
Menu *(Montagmittag und Samstagmittag geschl.)* (bemerkenswerte Weinkarte) à la carte 26/54 – **10 Z** 50/110.

In Molbergen-Dwergte *N : 3 km :*

XX **Zum Dorfkrug** mit Zim, Molberger Str. 1, ✉ 49696, ☏ (04475) 18 07, *Fax (04475) 5394*, , , – TV ☎ P
Sept. - Okt. 2 Wochen geschl. – **Menu** *(Montag geschl.)* à la carte 30/53 – **5 Z** 65/95.

MOLFSEE *Schleswig-Holstein siehe Kiel.*

MOMMENHEIM *Rheinland-Pfalz siehe Nierstein.*

MONDSEE *Österreich siehe Salzburg.*

En Allemagne, les hôteliers vous logent même si vous ne prenez pas chez eux le repas du soir. Mais naturellement, vous leur ferez plaisir en dînant à leur restaurant.

MONHEIM *Nordrhein-Westfalen* 417 *M 4 – 44 000 Ew – Höhe 40 m.*
Berlin 567 – Düsseldorf 23 – Aachen 88 – Köln 28 – Solingen 19.

Zum Vater Rhein, An d'r Kapell 4, ✉ 40789, ☏ (02173) 59 80, *Fax (02173) 52368* – TV ☎ P. AE E VISA
Menu *(Dienstag geschl.)* à la carte 30/64 – **19 Z** 130/220.

Am Wald, An der alten Ziegelei 4, ✉ 40789, ☏ (02173) 3 30 70, *Fax (02173) 30076* – TV ☎ ♿ P – 35. AE E VISA
Menu *(Sonntagabend geschl.)* (wochentags nur Abendessen) à la carte 26/44 – **45 Z** 119/159.

In Monheim-Baumberg *N : 3 km :*

Sport-Hotel, Sandstr. 84, ✉ 40789, ☏ (02173) 68 80, *Fax (02173) 688110* – TV ☎ P. AE E VISA JCB.
Menu *(Montag - Freitag nur Abendessen)* à la carte 29/68 – **40 Z** 140/180.

Lehmann garni (mit Gästehaus), Thomasstr. 24, ✉ 40789, ☏ (02173) 9 66 10, *Fax (02173) 966111*, – TV ☎ P
24 Z 99/130.

MONREPOS (Schloss) *Baden-Württemberg siehe Ludwigsburg.*

MONSCHAU *Nordrhein-Westfalen* 417 *O 2 – 13 200 Ew – Höhe 405 m.*
Sehenswert : *Fachwerkhäuser★★ – Rotes Haus (Innenausstattung★) – Friedhofkapelle ≤★.*
Ausflugsziel : *≤★★ vom oberen Aussichtsplatz an der B 258, NW : 2 km.*
Tourist-Information, Stadtstr. 1, ✉ 52156, ☏ (02472) 33 00, Fax (02472) 4534.
Berlin 649 – Düsseldorf 110 – Aachen 49 – Düren 43 – Euskirchen 53.

Carat, Laufenstr. 82, ✉ 52156, ☏ (02472) 8 60, *Fax (02472) 86199*, , , – , Zim, TV ☎ ♿ P – 120. AE E VISA. Rest
Menu à la carte 38/64 – **98 Z** 155/195.

Lindenhof garni, Laufenstr. 77, ✉ 52156, ☏ (02472) 41 86, *Fax (02472) 3134* – TV ☎ P.
12 Z 75/120.

Royal garni, Stadtstr. 6, ✉ 52156, ☏ (02472) 20 33, *Fax (02472) 4752* – TV ☎
Anfang Jan. - Anfang Feb. geschl. – **14 Z** 65/150.

XXX **Remise,** Stadtstr. 14, ✉ 52156, ☏ (02472) 80 08 00, *Fax (02472) 8008020* – AE E VISA.
Dienstag geschl. – **Menu** (nur Abendessen) à la carte 74/99 – ***Altes Getreidehaus*** (auch Mittagessen) *(Ende Okt. - Mitte Nov. und Ende Jan. - Mitte Feb. geschl.)* **Menu** à la carte 30/60
Spez. Gänselebermousse- und Roulade im Sauternessgelee. Rücken- und Kotelette vom Salzwiesenlamm mit Minzbohnen. Karamelisierte Moscatocreme mit Walnußeis.

XX **Alte Herrlichkeit,** Stadtstr. 7, ✉ 52156, ☏ (02472) 22 84, *Fax (02472) 4962*. AE E VISA
Dienstag geschl. – **Menu** à la carte 32/62.

MONTABAUR *Rheinland-Pfalz* 417 *O 7 – 13 000 Ew – Höhe 230 m.*

Westerwald Gäste-Service, Kirchstr. 48a, ✉ 56410, ✆ (02602) 30 00 10, Fax (02602) 300115.

Berlin 571 – Mainz 71 – Koblenz 34 – Bonn 80 – Limburg an der Lahn 22.

Am Peterstor garni, Peterstorstr. 1, ✉ 56410, ✆ (02602) 16 07 20, *Fax (02602) 160730* – – 30. E VISA
16 Z 110/170.

Schlemmer (Gasthof seit 1673), Kirchstr. 18, ✉ 56410, ✆ (02602) 15 40, *Fax (02602) 154200* – . AE E VISA
Jan. 1 Woche geschl. – **Menu** *(Dienstag geschl.)* à la carte 45/65 – **20 Z** 95/160.

Zur Post, Bahnhofstr. 30, ✉ 56410, ✆ (02602) 10 14 30, *Fax (02602) 10143150* – . AE E VISA
Jan. 2 Wochen geschl. – **Menu** *(Donnerstag geschl.)* à la carte 29/55 – **17 Z** 76/122.

An der Autobahn A 3 *NO : 4,5 km, Richtung Frankfurt :*

Heiligenroth, ✉ 56412 Heiligenroth, ✆ (02602) 10 30, *Fax (02602) 103460,* – – 45. AE E VISA
Menu à la carte 32/63 – **30 Z** 136/232.

In Wirges *NW : 5 km :*

Paffhausen, Bahnhofstr. 100, ✉ 56422, ✆ (02602) 9 42 10, *Fax (02602) 9421110,* , – Zim, – 120. AE E VISA
Menu *(Sonntagabend geschl.)* à la carte 43/63 – **32 Z** 108/198.

MOOS *Baden-Württemberg siehe Radolfzell.*

MORAAS *Mecklenburg-Vorpommern siehe Hagenow.*

MORBACH/HUNSRÜCK *Rheinland-Pfalz* 417 *Q 5 – 11 000 Ew – Höhe 450 m – Luftkurort.*

Ausflugsziel : *Hunsrück-Höhenstraße★.*

Tourist-Information, Unterer Markt 1, ✉ 54497, ✆ (06533) 71 18, Fax (06533) 3003.

Berlin 669 – Mainz 107 – Trier 48 – Bernkastel-Kues 17 – Birkenfeld 21.

Landhaus am Kirschbaum M , Am Kirschbaum 55 a, ✉ 54497, ✆ (06533) 9 39 50, *Fax (06533) 939522,* , , – . E
Menu (nur Abendessen) à la carte 25/42 – **20 Z** 65/120 – ½ P 20.

St. Michael, Bernkasteler Str. 3, ✉ 54497, ✆ (06533) 30 25, *Fax (06533) 1211,* , – – 80. AE E VISA
Menu à la carte 28/60 – **45 Z** 80/140 – ½ P 10.

In Horbruch *NO : 12 km über die B 327 :*

Historische Schloßmühle (mit Gästehaus), ✉ 55483, ✆ (06543) 40 41, *Fax (06543) 3178,* , « Ehemalige Mühle a.d. 17. Jh. », – – 20.
Menu *(Montag geschl.)* (wochentags nur Abendessen) à la carte 54/79 *(auch vegetarisches Menu)* – **18 Z** 110/265.

Alter Posthof mit Zim, Oberdorf 2, ✉ 55483, ✆ (06543) 40 60, *Fax (06543) 6848,* , – . AE E VISA. Zim
Anfang Jan. - Anfang Feb. geschl. – **Menu** *(Dienstag geschl.)* à la carte 30/60 – **4 Z** 70/140.

MORITZBURG *Sachsen* 418 *M 25 – 3 000 Ew – Höhe 200 m.*

Sehenswert : *Schloß Moritzburg★.*

Tourist-Information, Schlossallee 3b, ✉ 01468, ✆ (035207) 8 54 10, Fax (035207) 85420.

Berlin 181 – Dresden 16 – Cottbus 85 – Meißen 16.

Eisenberger Hof, Kötzschenbrodaer Str. 8, ✉ 01468, ✆ (035207) 8 16 73, *Fax (035207) 81684,* , , – – 25. AE E VISA
Menu *(Montag - Freitag nur Abendessen)* à la carte 30/39 – **21 Z** 100/180.

MORSBACH *Nordrhein-Westfalen* 417 *N 7 – 10 500 Ew – Höhe 250 m.*

Ausflugsziel : *Wasserschloß Crottorf★ NO : 10 km.*

Berlin 587 – Düsseldorf 107 – Bonn 63 – Siegen 33 – Köln 70.

Goldener Acker , Zum goldenen Acker 44, ✉ 51597, ✆ (02294) 80 24, *Fax (02294) 7375,* , , – – 45. VISA
Menu *(Sonntagabend - Montag, 3. - 10. Jan. und 19. Juli - 8. Aug. geschl.)* à la carte 38/68 – **32 Z** 89/150.

MORSUM *Schleswig-Holstein siehe Sylt (Insel).*

MOSBACH *Baden-Württemberg* 417 419 *R 11 – 25 000 Ew – Höhe 151 m.*

Verkehrsamt, Hauptstr. 29, 74821, (06261) 8 22 36, Fax (06261) 82249.
Berlin 587 – Stuttgart 87 – Mannheim 79 – Heidelberg 45 – Heilbronn 33.

Goldener Hirsch garni, Hauptstr. 13, 74821, (06261) 1 70 37, *Fax (06261) 17038*
23 Z 85/130.

Zum Amtsstüble, Lohrtalweg 1, 74821, (06261) 9 34 60, *Fax (06261) 934610* – Zim,
Menu *(Montag geschl.)* à la carte 28/58 – **19 Z** 85/150.

Lamm (Fachwerkhaus a.d. 18.Jh.), Hauptstr. 59, 74821, (06261) 8 90 20, *Fax (06261) 890291*
Menu à la carte 26/50 – **52 Z** 75/145.

Gärkammer, Hauptstr. 12, 74821, (06261) 1 69 14,
Montag und Aug. 2 Wochen geschl. – **Menu** (italienische Küche) à la carte 37/56.

In Mosbach-Neckarelz *SW : 4 km :*

Lindenhof, Martin-Luther-Str. 3, 74821, (06261) 6 00 66
Juli - Aug. 2 Wochen geschl. – **Menu** *(Mittwoch geschl.)* à la carte 27/58 – **22 Z** 72/115.

In Mosbach-Nüstenbach *NW : 4 km :*

Landgasthof zum Ochsen, Im Weiler 6, 74821, (06261) 1 54 28, *Fax (06261) 15428*, « Stilvoll eingerichtetes Restaurant mit Weinstube »
Dienstag geschl. – **Menu** (wochentags nur Abendessen, Tischbestellung ratsam) à la carte 43/76.

In Elztal-Dallau *NO : 5,5 km :*

Zur Pfalz mit Zim, Hauptstr. 5 (B 27), 74834, (06261) 22 93, *Fax (06261) 37293*, – Zim
Jan. und Mitte - Ende Aug. geschl. – **Menu** *(Montag geschl.)* à la carte 32/59 – **13 Z** 55/110.

MOSELKERN *Rheinland-Pfalz* 417 *P 6 – 600 Ew – Höhe 83 m.*

Ausflugsziel : *Burg Eltz★★, Lage★★ NW : 1 km und 30 min zu Fuß.*
Berlin 627 – Mainz 106 – Koblenz 38 – Trier 109 – Cochem 17.

Anker-Pitt, Moselstr. 15, 56254, (02672) 13 03, *Fax (02672) 8944*
Jan. geschl. – **Menu** *(Montag geschl.)* à la carte 22/52 – **25 Z** 63/110.

MOSELTAL *Rheinland-Pfalz* 417 *R 3 bis O 6.*

Sehenswert : *Tal★★ von Trier bis Koblenz (Details siehe unter den erwähnten Mosel-Orten).*

MOSSAUTAL *Hessen* 417 419 *R 10 – 2 500 Ew – Höhe 390 m – Erholungsort.*

Berlin 592 – Wiesbaden 99 – Mannheim 55 – Beerfelden 12 – Darmstadt 59.

In Mossautal-Güttersbach :

Zentlinde, Hüttenthaler Str. 37, 64756, (06062) 20 80, *Fax (06062) 5900*, Massage, – Rest, – 40. Zim
Jan. 3 Wochen geschl. – **Menu** *(Montag geschl.)* à la carte 25/51 – **36 Z** 90/160 – ½ P 20.

Haus Schönblick, Hüttenthaler Str. 30, 64756, (06062) 53 80, *Fax (06062) 61242*, Massage, – – 35. Zim
Jan. 2 Wochen geschl. – **Menu** *(Dienstag geschl.)* à la carte 27/42 – **35 Z** 55/130.

MOTTEN *Bayern* 417 418 *O 13 – 1 800 Ew – Höhe 450 m.*

Berlin 469 – München 358 – Fulda 19 – Würzburg 93.

In Motten-Speicherz *S : 7 km :*

Zum Biber, Hauptstr. 15 (B 27), 97786, (09748) 9 12 20, *Fax (09748) 912266*, – Rest, – 35.
Jan. 3 Wochen geschl. – **Menu** à la carte 24/48 – **42 Z** 46/96.

MOTZEN *Brandenburg siehe Teupitz*

MUCH *Nordrhein-Westfalen* 417 *N 6 – 13 900 Ew – Höhe 195 m.*

Burg Overbach, (02245) 55 50.

Berlin 580 – Düsseldorf 77 – Bonn 33 – Köln 40.

In Much-Bövingen *NW : 3 km :*

Activotel, Bövingen 129 (Gewerbegebiet), 53804, (02245) 60 80, *Fax (02245) 608100*, (Halle) – Zim, – 100. Rest
Menu à la carte 42/68 – **115 Z** 159/298.

In Much-Sommerhausen *SW : 3 km :*

Herrmanns Stuben, Sommerhausener Weg 97, 53804, (02245) 14 26, *Fax (02245) 1427*, – – 30
Montag - Dienstag geschl. – **Menu** à la carte 48/78.

MÜCKE *Hessen* 417 *O 11 – 9 500 Ew – Höhe 300 m.*

Berlin 461 – Wiesbaden 107 – Marburg 63 – Alsfeld 31 – Gießen 28.

In Mücke-Atzenhain :

Zur Linde, Lehnheimer Str. 2, 35325, (06401) 64 65, *Fax (06401) 6495*, –
Menu *(Sonntagabend geschl.)* à la carte 23/36 – **22 Z** 50/110.

In Mücke-Flensungen :

Landhotel Gärtner, Bahnhofstr. 116, 35325, (06400) 81 91, *Fax (06400) 6360*, Biergarten, – – 30.
Menu *(Montagabend geschl.)* à la carte 36/58 – **14 Z** 89/150.

MÜDEN *Rheinland-Pfalz siehe Treis-Karden.*

MÜHLBERG AN DER ELBE *Brandenburg* 418 *L 23 – 3 500 Ew – Höhe 94 m.*

Berlin 143 – Potsdam 155 – Dresden 74.

Pension Wendland, Am Viertelfeld 2, 04931, (035342) 7 00 24, *Fax (035342) 70025*, –
Menu (nur Abendessen) à la carte 19/39 – **9 Z** 75/140 – ½ P 20.

MÜHLDORF AM INN *Bayern* 420 *V 21 – 16 000 Ew – Höhe 383 m.*

Kraiburg, Guttenburg 3 (SW : 9 km), (08638) 88 74 88.

Berlin 611 – München 80 – Regensburg 114 – Landshut 57 – Passau 95 – Salzburg 77.

Komfort Hotel garni, Rheinstr. 44 (Industriegebiet Süd), 84453, (08631) 38 10, *Fax (08631) 381481* – – 40.
102 Z 95/140.

Bastei (mit Gästehaus), Münchener Str. 69, 84453, (08631) 58 02, *Fax (08631) 15158* – – 30.
Menu à la carte 23/50 – **25 Z** 75/120.

Wetzel garni, Stadtplatz 36, 84453, (08631) 3 65 10, *Fax (08631) 5893* –
22 Z 75/130.

MÜHLHAUSEN IM TÄLE *Baden-Württemberg siehe Wiesensteig.*

MÜHLHAUSEN *Thüringen* 418 *M 15 – 41 000 Ew – Höhe 253 m.*

Sehenswert : *Altstadt★ (Stadtmauer★, Kirche St. Marien★).*

Fremdenverkehrsamt, Ratsstr. 20, 99974, (03601) 45 23 35, Fax (03601) 452316.

Berlin 301 – Erfurt 54 – Eisenach 32 – Kassel 103.

Mirage garni, Karl-Marx-Str. 9, 99974, (03601) 43 90, *Fax (03601) 439100* – – 90.
77 Z 89/149.

Brauhaus Zum Löwen, Kornmarkt 3, 99974, (03601) 47 10, *Fax (03601) 440759*, – – 40.
Menu à la carte 27/52 – **38 Z** 110/160.

Zum Nachbarn, Steinweg 65, 99974, (03601) 81 25 13, *Fax (03601) 812513* –
Menu à la carte 25/40.

In Struth *W : 12 km :*

Zur grünen Linde, Lange Str. 93, ✉ 99976, ✆ (036026) 9 02 04, *Fax (036026) 90050* - TV ☎. AE ⓓ E VISA
Menu *(Montagmittag und Dienstagmittag sowie Freitag geschl.)* à la carte 19/32 - **11 Z** 55/90.

MÜHLHAUSEN (VOGTLAND) *Sachsen siehe Elster, Bad.*

MÜHLHEIM AM MAIN *Hessen* 417 *P 10 - 24 500 Ew - Höhe 105 m.*
Berlin 537 - Wiesbaden 51 - Frankfurt am Main 15 - Hanau 8.

In Mühlheim-Lämmerspiel *SO : 5 km :*

Landhaus Waitz, Bischof-Ketteler-Str. 26, ✉ 63165, ✆ (06108) 60 60, *Fax (06108) 606488,* « Gartenterrasse » - TV - 80. AE ⓓ E VISA
27. Dez. - 6. Jan. geschl. - **Menu** *(Samstagmittag und Sonntagabend geschl.)* à la carte 56/82 - **74 Z** 165/380.

MÜHLTAL *Hessen siehe Darmstadt.*

MÜLHEIM AN DER RUHR *Nordrhein-Westfalen* 417 *L 4 - 177 000 Ew - Höhe 40 m.*
City-Shop, Kurt-Schumacher-Platz (im Forum-City-Center), ✉ 45468, ✆ (0208) 4 55 80 80, Fax (0208) 4558088.
ADAC, *Löhstr. 6, ✉ 45468, ✆ (0221) 47 27 47, Fax (0208) 448180.*
Berlin 539 - Düsseldorf 36 ① - Duisburg 9 ② - Essen 10 - Oberhausen 5,5.

Stadtplan siehe nächste Seite

Thiesmann M, Dimbeck 54, ✉ 45470, ✆ (0208) 30 68 90, *Fax (0208) 3068990,* - TV ☎ - 40. AE ⓓ E VISA Z e
Menu *(Sonntag geschl.)* (nur Abendessen) à la carte 35/57 - **34 Z** 145/235.

Clipper Hotel M garni, Hans-Böckler-Platz 19 (Forum-City-Center), ✉ 45468, ✆ (0208) 30 86 30, *Fax (0208) 30863113,* - TV ☎. AE ⓓ E VISA Y c
51 Z 155/235.

Gartenhotel Luisental M garni, Trooststr. 2, ✉ 45468, ✆ (0208) 99 21 40, *Fax (0208) 9921440* - TV ☎. AE E VISA Z a
20 Z 138/218.

Friederike garni (ehemalige Villa), Friedrichstr. 32, ✉ 45468, ✆ (0208) 99 21 50, *Fax (0208) 9921545,* « Garten » - TV ☎. AE E VISA Z f
28 Z 110/198.

Noy garni, Schloßstr. 28, ✉ 45468, ✆ (0208) 4 50 50, *Fax (0208) 4505300* - TV ☎ - 30. AE ⓓ E VISA. Y a
50 Z 148/276.

Am Ruhrufer, Dohne 74, ✉ 45468, ✆ (0208) 99 18 50, *Fax (0208) 9918599,* ≤, - TV ☎ - 35. AE ⓓ E VISA Z c
Menu à la carte 39/65 - **46 Z** 139/329.

Am Schloß Broich garni, Am Schloß Broich 27, ✉ 45479, ✆ (0208) 99 30 80, *Fax (0208) 9930850,* - TV ☎. AE ⓓ E VISA Y v
26 Z 125/220.

Am Kamin (Fachwerkhaus a.d.J. 1732), Striepensweg 62, ✉ 45473, ✆ (0208) 76 00 36, *Fax (0208) 760769,* « Gartenterrasse mit offenem Kamin » - . AE ⓓ E VISA X s
Samstagmittag geschl. - **Menu** à la carte 56/84.

In Mülheim-Dümpten :

Kuhn, Mellinghofer Str. 277, ✉ 45475, ✆ (0208) 79 00 10, *Fax (0208) 7900168,* - TV ☎ X z
Menu *(Sonntag und Juli - Aug. 4 Wochen geschl.)* (nur Abendessen) à la carte 39/68 - **61 Z** 98/180.

In Mülheim-Menden :

Müller-Menden, Mendener Str. 109, ✉ 45470, ✆ (0208) 37 40 15, *Fax (0208) 37933,* - . E VISA über Mendener Straße X
Menu à la carte 40/72.

In Mülheim-Mintard *über Mendener Brücke* X *:*

Mintarder Wasserbahnhof, August-Thyssen-Str. 129, ✉ 45481, ✆ (02054) 9 59 50, *Fax (02054) 959555,* « Terrasse mit ≤ » - TV ☎ . AE ⓓ E VISA
Menu *(Donnerstag - Freitag geschl.)* (Abendessen nur für Hausgäste) à la carte 35/62 - **33 Z** 87/185.

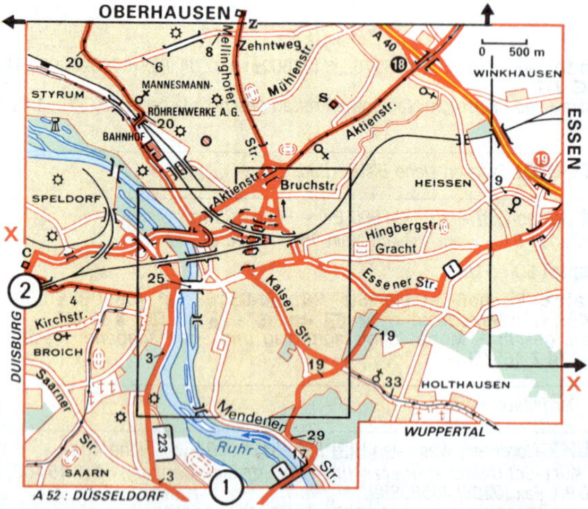

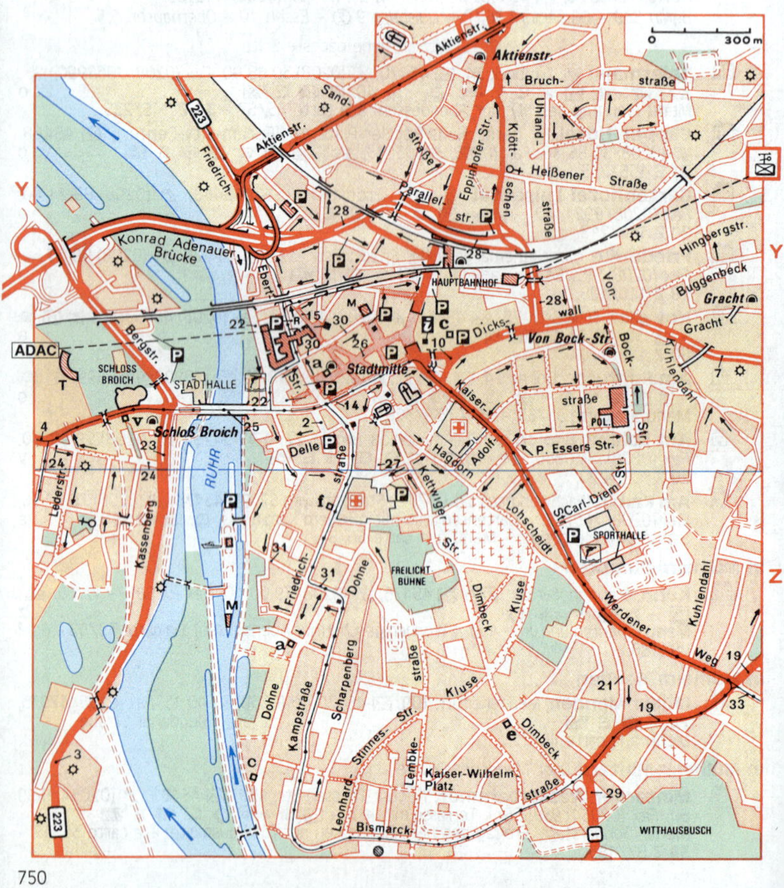

MÜLHEIM AN DER RUHR

Berliner Platz	Y	2
Düsseldorfer Straße	X, Z	3
Duisburger Straße	X, Y	4
Dümptener Straße	X	6
Essener Straße	Y	7
Friedrichstraße	Z	
Fritz-Thyssen-Str.	X	8
Heinrich-Lemberg-Str.	X	9
Kaiserplatz	Y	10
Leineweberstraße	Y	14
Löhberg	Y	15
Mendener Brücke	X	17
Obere Saarlandstr	X, Z	19
Oberhausener Str.	X	20
Reichspräsidentenstr.	Z	21
Ruhrstraße	Y	22
Ruhrufer	Y	23
Schloßberg	YZ	24
Schloßbrücke	X, Y	25
Schloßstraße	Y	26
Teinerstraße	YZ	27
Tourainer Ring	Y	28
Untere Saarlandstr.	X, Z	29
Wallstraße	Y	30
Wilhelmstraße	Z	31
Zeppelinstraße	X, Z	33

In Mülheim-Saarn *über Mendener Brücke* X :

XX **Henzek's Restaurant,** Düsseldorfer Str. 9, ✉ 45481, ☎ (0208) 48 84 59, *Fax (0208) 486454,*
Mittwoch - Donnerstag geschl. – **Menu** (wochentags nur Abendessen, Tischbestellung ratsam) à la carte 65/75.

In Mülheim-Speldorf :

XX **Altes Zollhaus,** Duisburger Str. 228, ✉ 45478, ☎ (0208) 5 03 49, *Fax (0208) 50349* X c
Samstagmittag und Montag geschl. – **Menu** à la carte 49/69.

MÜLHEIM-KÄRLICH *Rheinland-Pfalz* 417 *O 6 – 10 000 Ew – Höhe 80 m.*
Berlin 599 – Mainz 109 – Koblenz 10.

In Mülheim :

XX **Zur Linde,** Bachstr. 12, ✉ 56218, ☎ (02630) 41 30, *Fax (02630) 4129,* – P. E VISA
Samstagmittag, Dienstag und über Karneval geschl. – **Menu** à la carte 42/79.

MÜLHEIM (MOSEL) *Rheinland-Pfalz* 417 *Q 5 – 900 Ew – Höhe 110 m.*
Berlin 681 – Mainz 119 – Trier 44 – Bernkastel-Kues 6 – Wittlich 14.

Landhaus Schiffmann, Veldenzer Str. 49a, ✉ 54486, ☎ (06534) 9 39 40, *Fax (06534) 18201,* <, Massage, , – TV ☎ P.
Dez. geschl. – (Restaurant nur für Hausgäste) – **15 Z** 95/150.

Zur Post, Hauptstr. 65, ✉ 54486, ☎ (06534) 9 39 20, *Fax (06534) 939291,* , – TV ☎ P. Rest
3. Jan. - 12. Feb. geschl. – **Menu** *(Dienstag geschl.)* (wochentags nur Abendessen) à la carte 31/44 – **10 Z** 75/112.

MÜLLHEIM *Baden-Württemberg* 419 *W 6 – 16 000 Ew – Höhe 230 m.*
Tourist-Information, Werderstr. 48, ✉ 79379, ☎ (07631) 40 70, Fax (07631) 16654.
Berlin 831 – Stuttgart 238 – Freiburg im Breisgau 33 – Basel 41 – Mulhouse 26.

Alte Post, an der B 3, ✉ 79379, ☎ (07631) 1 78 70, *Fax (07631) 178787,* « Gartenterrasse » – Zim, TV ☎ P – 60. AE E VISA
Menu *(Sonntag geschl.)* à la carte 45/82 *(auch vegetarisches Menue)* – **50 Z** 97/260.

Gästehaus im Weingarten garni (Appartementhotel), Kochmatt 8, ✉ 79379, ☎ (07631) 3 69 40, *Fax (07631) 369425,* <, , , – TV ☎ P
13 Z 95/180.

Bauer, Eisenbahnstr. 2, ✉ 79379, ☎ (07631) 24 62, *Fax (07631) 4073,* , – ☎ P. E VISA
22. Dez. - 15. Jan. geschl. – **Menu** *(Samstagmittag und Sonntag geschl.)* à la carte 26/64 – **54 Z** 65/150.

X **Parkrestaurant im Bürgerhaus,** Hauptstr. 122, ✉ 79379, ☎ (07631) 3 64 90, *Fax (07631) 15428,* « Gartenterrasse » – P – 600. E VISA
Dienstag geschl. – **Menu** à la carte 32/65 *(auch vegetarische Gerichte)*.

In Müllheim-Britzingen *NO : 5 km – Erholungsort :*

X **Krone** mit Zim, Markgräfler Str. 32, ✉ 79379, ☎ (07631) 20 46, *Fax (07631) 15442,* – P. AE E
Jan. geschl. – **Menu** *(Mittwochabend - Donnerstag geschl.)* à la carte 27/56 – **8 Z** 50/105.

In Müllheim-Feldberg *SO : 6 km :*

X **Ochsen** mit Zim (Landgasthof a.d.J. 1763), Bürgelnstr. 32, ✉ 79379, ☎ (07631) 35 03, *Fax (07631) 10935,* , , – ☎ P. E VISA
Jan. 3 Wochen geschl. – **Menu** *(Donnerstag geschl.)* à la carte 42/78 – **8 Z** 75/145.

MÜNCHBERG *Bayern* 418 420 *P 19 – 12 500 Ew – Höhe 553 m.*
Fremdenverkehrsamt, Ludwigstr. 15, Rathaus, ✉ 95213, ☎ (09251) 8 74 12, Fax (09251) 87424.
Berlin 323 – München 266 – Hof 21 – Bayreuth 37.

Seehotel Hintere Höhe , Hintere Höhe 7, ✉ 95213, ☎ (09251) 9 46 10, *Fax (09251) 3976,* <, , , – Zim, TV ☎ P – 70. AE E VISA. Rest
Menu *(Nov. - März Freitag - Samstagmittag geschl.)* à la carte 34/62 – **33 Z** 115/205.

Braunschweiger Hof, Bahnhofstr. 13, ✉ 95213, ☎ (09251) 9 94 00, *Fax (09251) 6404* – TV ☎ P. E VISA
Ende Jan. 2 Wochen geschl. – **Menu** à la carte 27/56 – **21 Z** 70/150.

In Sparneck *SO : 7 km :*

Waldhotel Heimatliebe , ✉ 95234, ✆ (09251) 9 95 90, *Fax (09251) 7598*, « Gartenterrasse », , – – 40.
Menu *(Montagmittag und Freitagmittag geschl.)* à la carte 33/78 – **25 Z** 98/180.

In Zell am Waldstein *S : 7 km :*

Zum Waldstein, Marktplatz 16, ✉ 95239, ✆ (09257) 5 01, *Fax (09257) 7179*, , –
Menu *(Mittwoch geschl.)* à la carte 22/48 – **18 Z** 50/85.

MÜNCHEBERG *Brandenburg* 416 418 *I 26 – 5 000 Ew – Höhe 120 m.*

Stadtinformation, Rathausstr. 1, ✉ 15374, ✆ (033432) 7 09 31, Fax (033432) 81143.
Berlin 55 – Potsdam 79 – Frankfurt (Oder) 37 – Eberswalde 60.

Landhotel Sternthaler, Poststr. 6, ✉ 15374, ✆ (033432) 8 94 40, *Fax (033432) 89443*, – – 20.
Menu *(Montag geschl.)* à la carte 36/54 – **13 Z** 86/146.

Mönchsberg , Florastr. 25c, ✉ 15374, ✆ (033432) 3 67, *Fax (033432) 505*, , – .
20. Dez. - 2. Jan. geschl. – **Menu** à la carte 24/35 – **12 Z** 85/130.

In Wulkow bei Seelow *NO : 13 km :*

Parkhotel Schloß Wulkow, Hauptstr. 24, ✉ 15320, ✆ (033476) 5 80, *Fax (033476) 58444*, , « Ehemaliger Herrensitz ; elegante Einrichtung », , – – 70.
Menu à la carte 53/64 – **34 Z** 138/228.

Remise garni, Hauptstr. 24, ✉ 15320, ✆ (033476) 5 80, *Fax (033476) 58444* – – 20.
14 Z 98/148.

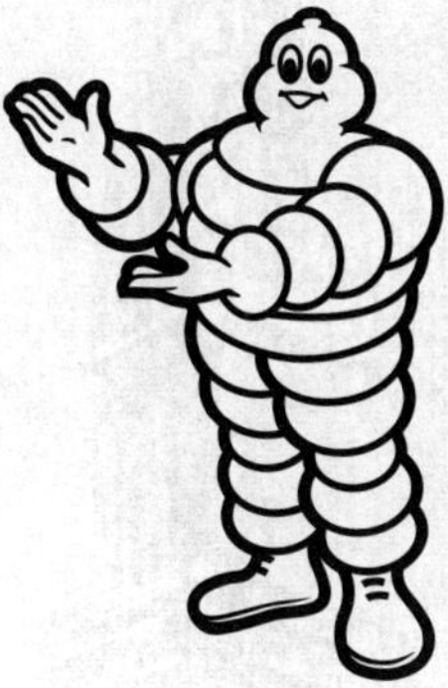

MÜNCHEN

🄻 *Bayern* **419** **420** *V 18 – 1 300 000 Ew – Höhe 520 m*

Berlin 586 ② – Innsbruck 162 ⑤ – Nürnberg 165 ② – Salzburg 140 ② – Stuttgart 222 ⑨

PRAKTISCHE HINWEISE

Tourist Information am Hauptbahnhof, Bahnhofsplatz JY, ✉ *80335,* ✆ *(089) 2 33 03 00, Fax (089) 23330233*

Tourist Information am Marienplatz, Neues Rathaus, KZ, ✉ *80331,* ✆ *(089) 2 33 03 00, Fax (089) 23330233*

ADAC, *Sendlinger-Tor-Platz 9,* ✉ *80336,* ✆ *(089) 54 91 72 51, Fax (089) 54917244*

9 *München-Thalkirchen, Zentralländestr. 40* CT, ✆ *(089) 7 23 13 04*

9 *Aschheim (NO : 14 km, über B471), Fasanenweg,* ✆ *(089) 9 90 24 20*

9 *Straßlach (S : 17 km, über Geiselgasteigstraße.),* ✆ *(08170) 4 50*

18 9 *Eschenried (NW : 16 km), Kurfürstenweg 10,* ✆ *(08131) 8 72 38*

18 *Eschenhof (NW : 16 km), Kurfürstenweg 13,* ✆ *(08131) 56 74 56/ 8 03 38*

18 *Olching (NW : 22 km, über ⑨), Feuersstr. 89,* ✆ *(08142) 4 82 90*

9 *Dachau (NW : 20 km, über B304), An der Floßlände 1,* ✆ *(08131) 1 08 79*

9 *Kirchstockach (SO : 15 km, über ③) Am Golfplatz 1,* ✆ *(08102) 74 74 79*

18 *Eichenried (NO : 24 km, über B388), Münchener Str. 57,* ✆ *(08123) 10 05*

9 *Eicherloh (NO : 26 km, über B388), Vordere Moosstr. 20,* ✆ *(08106) 3 33 94*

✈ *Flughafen Franz-Josef Strauß (NO : 29 km, über ②),* ✆ *(089) 9 75 00, Fax (089) 97557906. City Air Terminal, Arnulfstraße, (Hauptbahnhof Nordseite)*

Ostbahnhof, Friedenstraße HX

Messe München GmbH Messegelände (über ③), ✉ *81823,* ✆ *(089) 9 49 01, Fax (089) 94909*

HAUPTSEHENSWÜRDIGKEITEN

Museen, Galerien, Sammlungen : *Alt Pinakothek★★★* KY – *Deutsches Museum★★★* LZ – *Bayerisches Nationalmuseum★★* LY **M5** – *Nymphenburg★★* BS *(Schloß★, Park★, Amalienburg★★, Botanischer Garten★★)* – *Neue Pinakothek★* KY – *Münchner Stadtmuseum★ (Moriskentänzer★★)* KZ **M7** – *Galerie im Lenbachhaus★* JY **M4** – *Antikensammlungen★* JY **M3** – *Glyptothek★* JY **M2** – *Deutsches Jagd- und Fischereimuseum★* KZ **M1** – *Residenz★ (Schatzkammer★★, Altes Residenztheater★)* KY

Parks, Gärten, Seen : *Englischer Garten★ (Monopteros <★)* LY – *Tierpark Hellabrunn★* CT – *Olympiapark (Olympiaturm ✲★★★)* CR.

Gebäude, Straßen, Plätze : *Die Altstadt★★* KYZ – *Frauenkirche★ Turm <★)* KZ – *Marienplatz★* KZ – *Asamkirche★* KZ.

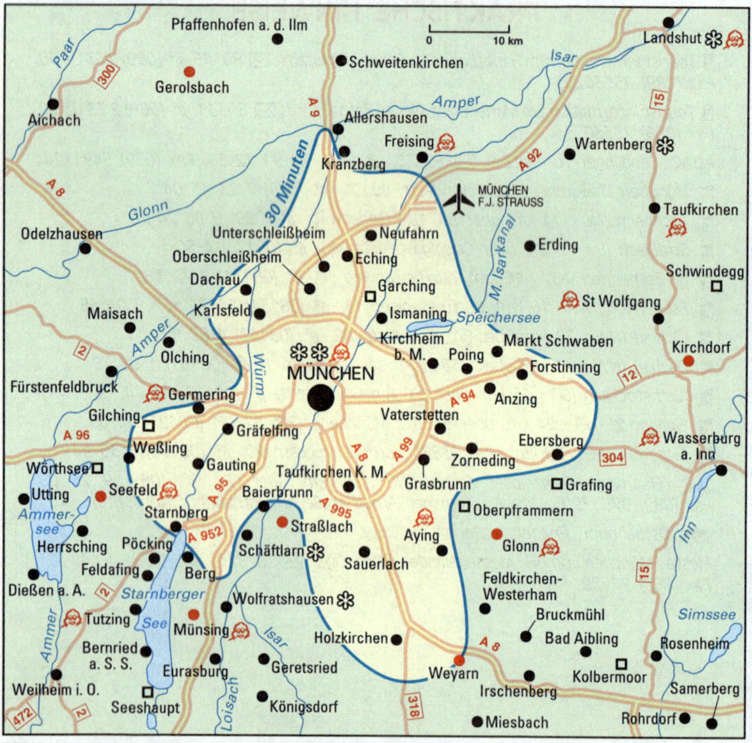

Alphabetisches Verzeichnis der Hotels und Restaurants
Liste alphabétique des hôtels et restaurants

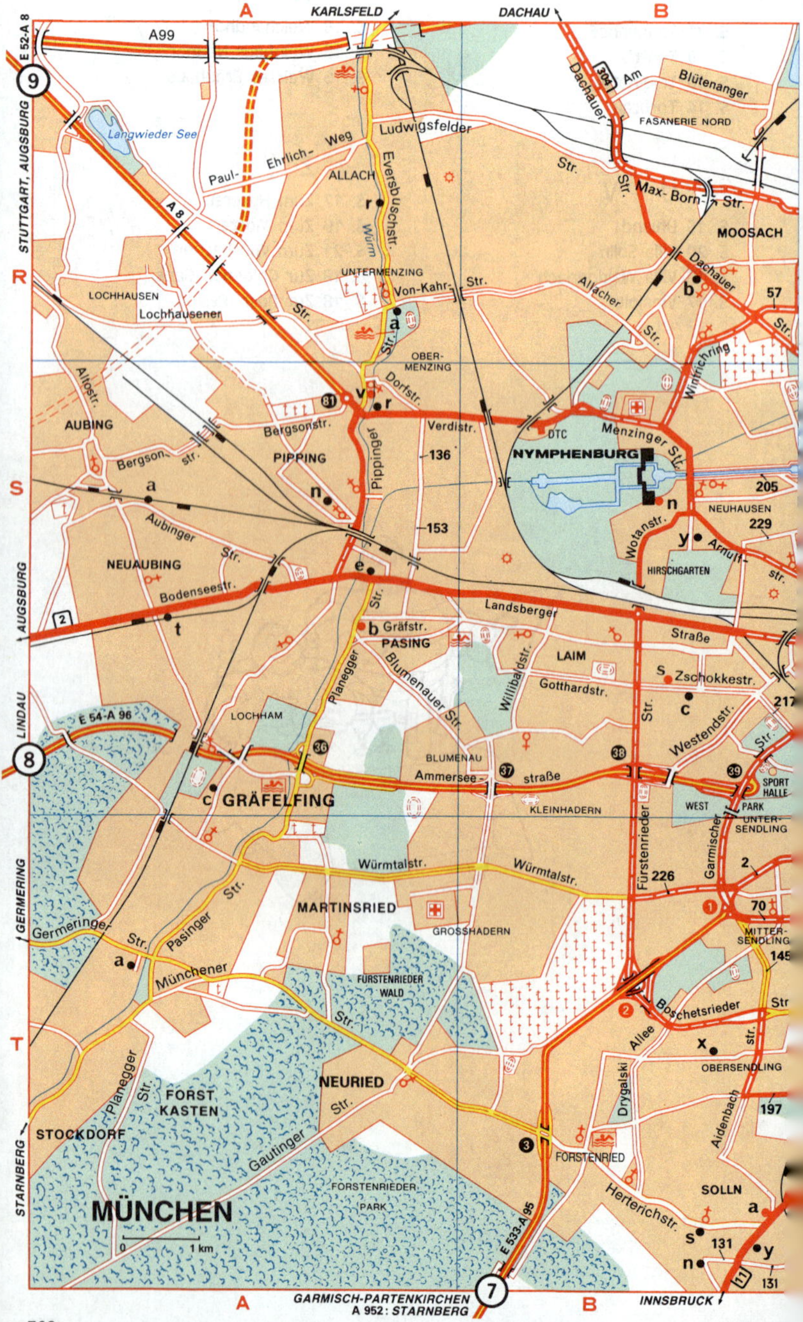
A
KARLSFELD
DACHAU
B
E 52-A 8
A99
9
STUTTGART, AUGSBURG
Langwieder See
Paul-
Ehrlich-
Weg
Ludwigsfelder
Str.
ALLACH
Eversbuschstr.
Würm
Dachauer
Str.
Am
Blütenanger
FASANERIE NORD
Max-
Born-
Str.
MOOSACH
A 8
R
LOCHHAUSEN
Lochhausener
Str.
UNTERMENZING
Von-Kahr-
Str.
Allacher
Str.
Dachauer
Str.
57
Wintrichring
OBER-
MENZING
Dorfstr.
Allostr.
AUBING
Bergsonstr.
Bergson-
str.
PIPPING
Pippinger
Verdistr.
136
DTC
Menzinger Str.
NYMPHENBURG
205
NEUHAUSEN
229
S
Aubinger
Str.
NEUAUBING
153
Wotanstr.
Arnulf-
str.
HIRSCHGARTEN
Bodenseestr.
2
AUGSBURG
Landsberger
Straße
Gräfstr.
PASING
Blumenauer Str.
Planegger
LAIM
Willibaldstr.
Gotthardstr.
Zschokkestr.
Westendstr.
217
LINDAU
E 54-A 96
8
LOCHHAM
BLUMENAU
Ammersee-
straße
SPORT
HALLE
GRÄFELFING
KLEINHADERN
WEST
PARK
UNTER-
SENDLING
Garmischer
Fürstenrieder
Str.
Würmtalstr.
Würmtalstr.
226
2
70
MARTINSRIED
GROSSHADERN
MITTER-
SENDLING
145
GERMERING
Germeringer
Str.
Pasinger
Str.
Münchener
Str.
FÜRSTENRIEDER
WALD
Boschetsrieder
Str.
Allee
str.
T
OBERSENDLING
Planegger
Str.
FORST
KASTEN
NEURIED
Str.
Drygalski
Aidenbach
197
STOCKDORF
STARNBERG
Gautinger
FORSTENRIED
FORSTENRIEDER
PARK
Herterichstr.
SOLLN
MÜNCHEN
0
1 km
E 533-A 95
131
131
7
A
GARMISCH-PARTENKIRCHEN
A 952: STARNBERG
B
INNSBRUCK

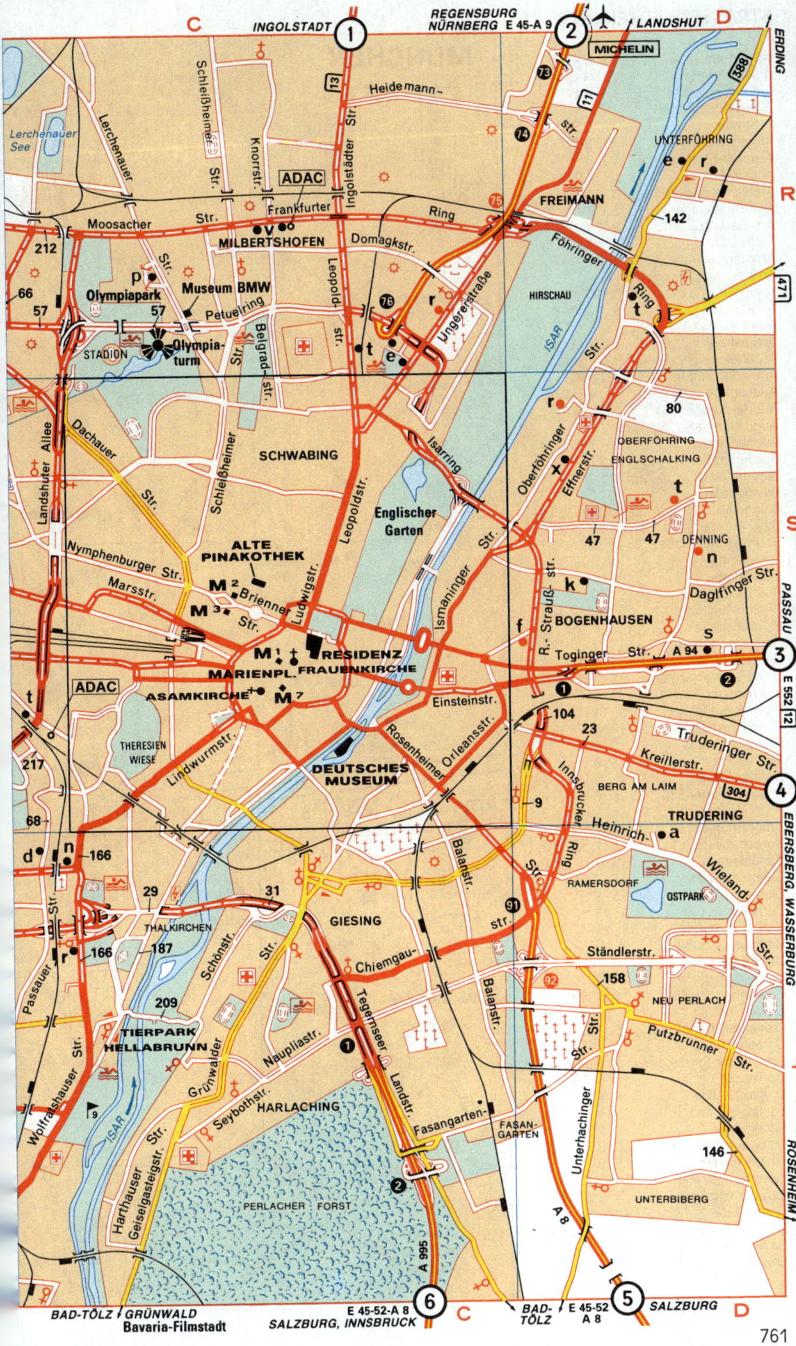

C
D
INGOLSTADT 1
REGENSBURG NÜRNBERG E 45-A 9 2
LANDSHUT
MICHELIN
ERDING
Heidemann-
Lerchenauer See
Lerchenauer
Schleißheimer Str.
Knorrstr.
Ingolstädter Str.
ADAC
Frankfurter
Ring
Moosacher Str.
MILBERTSHOFEN
Domagkstr.
UNTERFÖHRING
FREIMANN
Föhringer Ring
HIRSCHAU
Olympiapark
Museum BMW
Petuelring
STADION
Olympia-turm
Belgrad-str.
Leopold-str.
Ungererstraße
ISAR
Dachauer Str.
SCHWABING
Schleißheimer Str.
Isarring
Landshuter Allee
Leopoldstr.
Englischer Garten
Oberföhringer Str.
Effnerstr.
OBERFÖHRING
ENGLSCHALKING
DENNING
Daglfinger Str.
ALTE PINAKOTHEK
Nymphenburger Str.
Marsstr.
Brienner Str.
Ludwigstr.
Ismaninger Str.
R.-Strauß-str.
BOGENHAUSEN
PASSAU
Toginger Str.
A 94
3
RESIDENZ
MARIENPL.
FRAUENKIRCHE
ADAC
ASAMKIRCHE
Einsteinstr.
E 552
THERESIEN WIESE
Lindwurmstr.
Rosenheimer
Orleansstr.
Truderinger Str.
Kreillerstr.
DEUTSCHES MUSEUM
BERG AM LAIM
4
TRUDERING
Innsbrucker Ring
Heinrich-
Wieland-Str.
EBERSBERG, WASSERBURG
RAMERSDORF
OSTPARK
Balanstr.
GIESING
THALKIRCHEN
Schönstr.
Chiemgau-str.
Ständlerstr.
NEU PERLACH
Putzbrunner Str.
Passauer Str.
Tegernseer Landstr.
TIERPARK HELLABRUNN
Naupliastr.
Wolfratshauser Str.
Grünwalder Str.
Seybothstr.
HARLACHING
Fasangarten-
FASAN-GARTEN
Unterhachinger Str.
ROSENHEIM
UNTERBIBERG
PERLACHER FORST
Harthauser Str.
Geiselgasteigstr.
A 995
A 8
BAD-TÖLZ
GRÜNWALD
Bavaria-Filmstadt
E 45-52-A 8
SALZBURG, INNSBRUCK
6
BAD-TÖLZ
E 45-52 A 8
5
SALZBURG
R
S
T

STRASSENVERZEICHNIS

Ackermannstraße . . . . . . S. 8 FU
Adalbertstraße . . . . S. 9 GU
Aidenbachstraße . . . . . . S. 6 BT
Albert-Roßhaupter-
Straße . . . . S. 6 BT 2
Albrechtstraße . . . . S. 8 EU
Allacher Straße . . . . S. 6 BR
Altostraße . . . . S. 6 AS
Amalienstraße . . . . S. 11 KY
Am Blütenanger . . . . S. 6 BR
Am Gasteig . . . . S. 11 LZ 4
Amiraplatz . . . . S. 11 KY 6
Ammerseestraße . . . . . . S. 6 ABS
An der Hauptfeuer-
wache . . . . S. 10 JZ 7
Arcisstraße . . . . S. 10 JY
Arnulfstraße . . . . S. 8 EV
Asamstraße . . . . S. 9 GX
Aschheimer Straße . . . . . S. 7 DS 9
Aubinger Straße . . . . S. 6 AS
Auenstraße . . . . S. 9 GX
Auerfeldstraße . . . . S. 9 GX
Augustenstraße . . . . . . S. 10 JY
Aventinstraße . . . . S. 11 KZ
Baaderstraße . . . . S. 11 KLZ
Bahnhofplatz . . . . S. 10 JY
Balanstraße . . . . S. 7 CT
Baldeplatz . . . . S. 9 GX 14
Barer Straße . . . . . . S. 10-11 JKY
Baumgartnerstraße . . . . . S. 8 EX 17
Bavariaring . . . . S. 8 EFX
Bayerstraße . . . . S. 10 JY
Beethovenplatz . . . . S. 10 JZ
Beethovenstraße . . . . . S. 10 JZ 20
Belgradstraße . . . . S. 9 GU
Berg-am-Laim-Str. . . . . . . S. 7 DS 23
Bergsonstraße . . . . S. 6 AS
Biedersteiner Straße . . . . S. 9 HU 25
Blumenauer Straße . . . . . S. 6 AS
Blumenstraße . . . . S. 11 KZ
Blutenburgstraße . . . . S. 8 EV
Bodenseestraße . . . . S. 6 AS
Bonner Platz . . . . S. 9 GU
Bonner Straße . . . . S. 9 GU 26
Boschetsrieder Str. . . . . . S. 6 BT
Brienner Straße . . . S. 10-11 JKY
Brudermühlstraße . . . . . . S. 7 CT 29
Burgstraße . . . . S. 11 KZ 30
Candidstraße . . . . S. 7 CT 31
Chiemgaustraße . . . . S. 7 CT
Clemensstraße . . . . S. 9 GU
Corneliusbrücke . . . . . . S. 11 KZ
Corneliusstraße . . . . S. 11 KZ
Dachauer Straße . . . . . S. 10 JY
Daglfinger Straße . . . . . . S. 7 DS
Damenstiftstraße . . . . . S. 10 JZ 32
Denninger Straße . . . . . . S. 9 HV 34
Dienerstraße . . . . S. 11 KZ 36
Dietlindenstraße . . . . S. 9 GHU
Domagkstraße . . . . S. 7 CR
Dom-Pedro-Straße . . . . . . S. 8 EU
Dorfstraße . . . . S. 6 AS
Drygalski-Allee . . . . S. 6 BT
Eduard-Schmid-Str. . . . . S. 11 KLZ
Effnerstraße . . . . S. 7 DS
Ehrengutstraße . . . . S. 8 FX
Einsteinstraße . . . . S. 9 HX
Eisenmannstraße . . . . . S. 11 KZ 39
Elisabethstraße . . . . S. 8 FGU
Elisenstraße . . . . S. 10 JY
Elsässer Straße . . . . S. 9 HX 42
Emil-Riedel-Straße . . . . . . S. 9 HV 45
Englschalkinger Str. . . . . S. 7 DS 47

Fortsetzung
siehe München S. 10-11 und 12

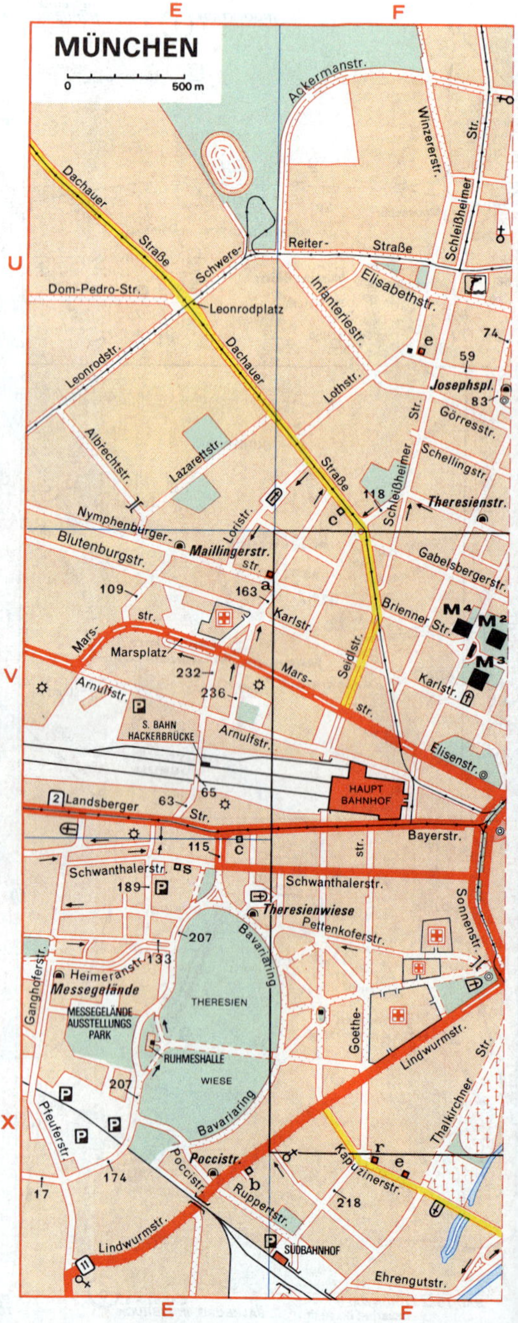

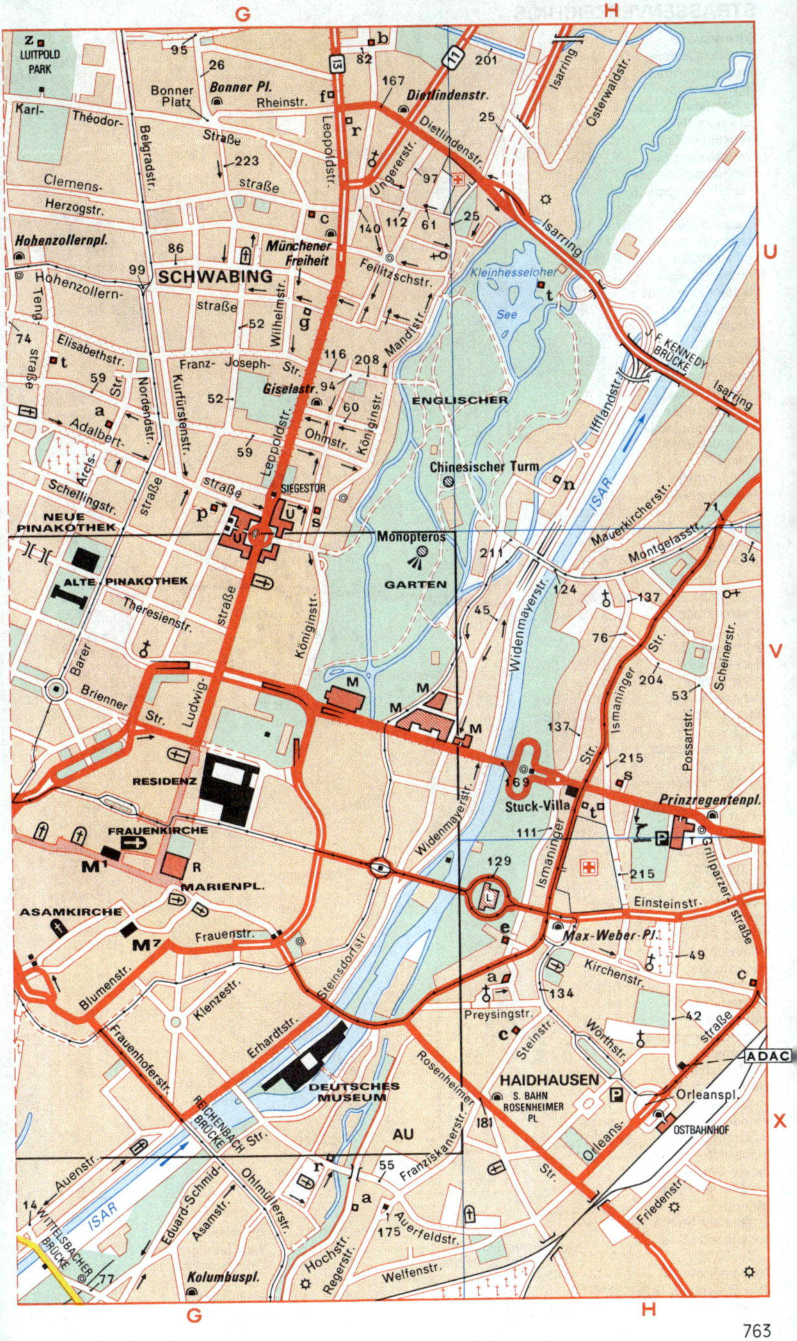
G
H
U
V
X
LUITPOLD PARK
Karl-
Théodor-
Straße
Bonner Platz
Bonner Pl.
Rheinstr.
Leopoldstr.
Dietlindenstr.
Isarring
Osterwaldstr.
Belgradstr.
Clemens-
straße
Herzogstr.
Ungererstr.
Hohenzollernpl.
Münchener Freiheit
SCHWABING
Hohenzollern-
straße
Feilitzschstr.
Kleinhesseloher See
Teng-
straße
Wilhelmstr.
Mandlstr.
Elisabethstr.
Franz- Joseph- Str.
Giselastr.
Nordendstr.
Kurfürstenstr.
Königinstr.
ENGLISCHER
J. F. KENNEDY BRÜCKE
Ifflandstr.
Adalbert-
straße
Arcis-
Ohmstr.
Leopoldstr.
Chinesischer Turm
Schellingstr.
SIEGESTOR
ISAR
Mauerkircherstr.
NEUE PINAKOTHEK
Monopteros
Montgelasstr.
ALTE PINAKOTHEK
GARTEN
Theresienstr.
Widenmayerstr.
Ismaninger Str.
Scheinerstr.
Barer
Brienner
Str.
Ludwig-
Str.
RESIDENZ
Stuck-Villa
Prinzregentenpl.
Possartstr.
FRAUENKIRCHE
Widenmayerstr.
Ismaninger
Grillparzer-
straße
MARIENPL.
Einsteinstr.
ASAMKIRCHE
Max-Weber-Pl.
Frauenstr.
Kirchenstr.
Blumenstr.
Steinsdorfstr.
Klenzestr.
Preysingstr.
Steinstr.
Wörthstr.
Frauenhoferstr.
Erhardtstr.
DEUTSCHES MUSEUM
Rosenheimer
HAIDHAUSEN
S. BAHN ROSENHEIMER PL.
ADAC
Orleanspl.
Orleans-
OSTBAHNHOF
REICHENBACH BRÜCKE
Str.
AU
Auenstr.
Ohlmüllerstr.
Franziskanerstr.
Str.
Friedenstr.
WITTELSBACHER BRÜCKE
ISAR
Eduard-Schmid-
Asamstr.
Hochstr.
Regerstr.
Auerfeldstr.
Welfenstr.
Kolumbuspl.

STRASSENVERZEICHNIS

Erhardtstraße . . . . . S. 11 KLZ
Eversbuschstraße . . . S. 6 AR
Fasangartenstraße . . S. 7 CDT
Feilitzschstraße . . . . S. 9 GU
Flurstraße . . . . S. 9 HX 49
Föhringer Ring . . . . . S. 7 DR
Frankfurter Ring . . . . S. 7 CR
Franziskanerstraße . . S. 9 GX
Franz-Joseph-Straße . S. 9 GU
Franz-Joseph-Strauß-
Ring . . . . S. 11 LY 50
Frauenstraße . . . . . S. 11 KZ
Fraunhoferstraße . . S. 11 KZ
Friedenstraße . . . . . . S. 9 HX
Friedrichstraße . . . . . S. 9 GU 52
Fürstenrieder Straße . S. 6 BST
Gabelsbergerstr. S. 10-11 JKY
Gärtnerplatz . . . . . . S. 11 KZ
Galileiplatz . . . . S. 9 HV 53
Ganghoferstraße . . . S. 8 EX
Garmischer Straße . . S. 6 BST
Gautinger Straße . . . S. 6 AT
Gebsattelstraße . . . . S. 9 GX 55
Geiselgasteigstraße . S. 7 CT
Georg-Brauchle-
Ring . . . . S. 7 BCR 57
Georgenstraße . . . S. 8-9 FGU 59
Germeringer Straße . S. 6 AT
Giselastraße . . . . S. 9 GU 60
Görresstraße . . . . S. 8 FU
Goethestraße . . . . . S. 10 JZ
Gohrenstraße . . . . . . S. 9 GU 61
Gotthardstraße . . . . . S. 6 BS
Gräfstraße . . . . S. 6 AS
Grasserstraße . . . . . . S. 8 EV 63
Grillparzerstraße . . . . S. 9 HX
Grünwalder Straße . . S. 7 CT
Hackerbrücke . . . . . . S. 8 EV 65
Häberlstraße . . . . . S. 10 JZ
Hanauer Straße . . . . S. 7 CR 66
Hansastraße . . . . S. 7 CS 68
Hans-Sachs-Straße . S. 11 KZ
Harthauser Straße . . S. 7 CT
Haydnstraße . . . . . S. 10 JZ
Heckenstallerstraße . S. 6 BT 70
Heidemannstraße . . . S. 7 CR
Heimeranstraße . . . . S. 8 EX
Heinrich-Wieland-Str. S. 7 DT
Herkomerplatz . . . . . S. 9 HU 71
Herrnstraße . . . . . . S. 11 LZ
Herterichstraße . . . . S. 6 BT
Herzog-Heinrich-Str. S. 10 JZ
Herzogstraße . . . . . . S. 9 GU
Herzog-Wilhelm-Str. S. 10 JZ
Hiltenspergerstraße S. 8-9 FGU 74
Hirtenstraße . . . . . . S. 10 JY
Hochstraße . . . . . . S. 11 LZ
Hofgartenstraße . . . S. 11 KY
Hofgraben . . . . S. 11 KZ 75
Hohenzollernstraße . S. 9 GU
Holzstraße . . . . S. 10 JZ
Hompeschstraße . . . S. 9 HV 76
Humboldtstraße . . . . S. 9 GX 77
Ickstattstraße . . . . . S. 11 KZ
Ifflandstraße . . . . S. 9 HU
Infanteriestraße . . . . S. 8 FU
Ingolstädter Straße . S. 7 CR
Innere Wiener Str. . S. 11 LZ 79
Innsbrucker Ring . . . S. 7 DST
Isarring . . . . S. 9 HU
Ismaninger Straße . . S. 9 HVX
Johanneskirchner
Straße . . . . S. 7 DS 80
Johann-Fichte-Str. . . S. 9 GU 82
John-F.-Kennedy-Br. . S. 9 HU
Josephsplatz . . . . . . S. 8 FU 83

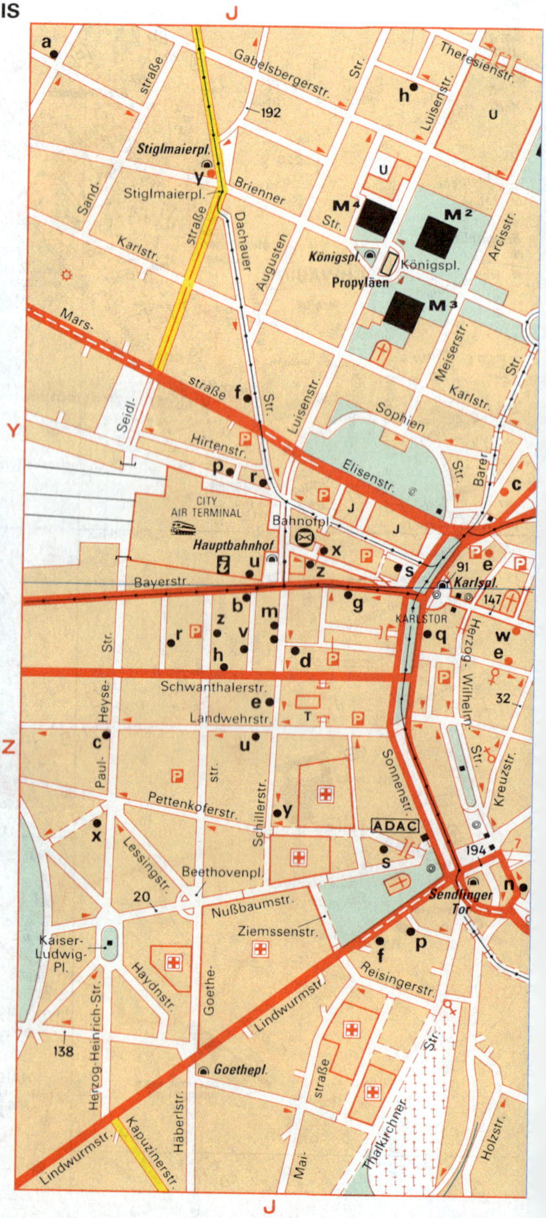

Kaiser-Ludwigs-Pl. . . . . S. 10 JZ
Kaiserstraße . . . . S. 9 GU 86
Kapuzinerstraße . . . . . . S. 10 JZ
Kardinal-Faulhaber-
Straße . . . . S. 11 KY 88
Karlsplatz (Stachus) . . . S. 10 JY 91

Karlstraße . . . . S. 10 JY
Karl-Theodor-Straße . . . . S. 9 GU
Karolinenplatz . . . . S. 11 KY
Kaufingerstraße . . . . . . S. 11 KZ
Kirchenstraße . . . . S. 9 HX
Kißkaltplatz . . . . S. 9 GU 94

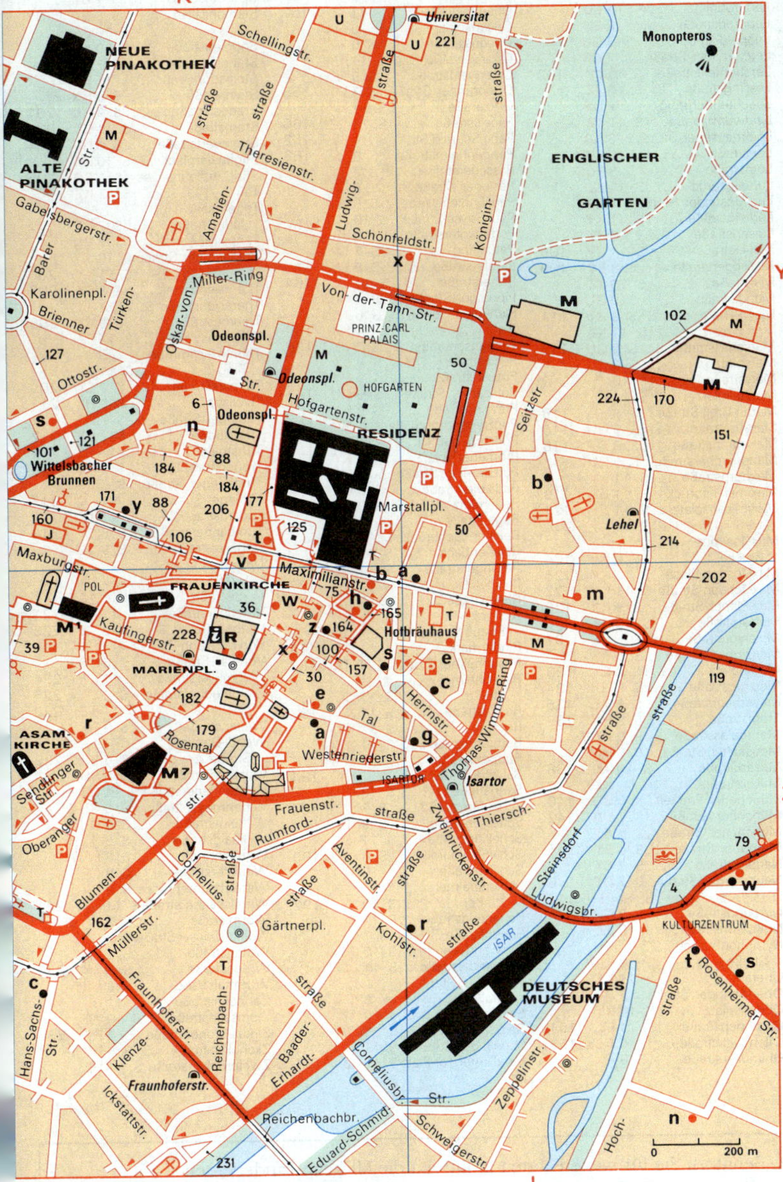

Fortsetzung siehe München S. 12

STRASSENVERZEICHNIS (Anfang siehe München S. 8-10-11)

Benutzen Sie für weite Fahrten in Europa die Michelin-Länderkarten :
970 Europa, 974 Polen, 976 Tschechische Republik-Slowakische Republik, 980 Griechenland, 984 Deutschland, 985 Skandinavien-Finnland, 986 Großbritannien-Irland, 987 Deutschland-Österreich-Benelux, 988 Italien, 989 Frankreich, 990 Spanien-Portugal, 991 Jugoslawien.

Messe-Preise : siehe S. 8 Foires et salons : voir p. 20
Fairs : see p. 32 Fiere : vedere p. 44

Bayerischer Hof, Promenadeplatz 2, ✉ 80333, ✆ (089) 2 12 00, *Fax (089) 2120906*, Massage, – |♦|, Zim, – 600. AE E VISA JCB
Garden-Restaurant (Tischbestellung ratsam) **Menu** à la carte 72/116 – ***Trader Vic's*** (polynesische Küche) *(nur Abendessen)* **Menu** à la carte 50/87 – ***Palais Keller*** (bayerisches Bierlokal) **Menu** à la carte 31/54 – **396 Z** 377/612, 45 Suiten. KY y

Rafael, Neuturmstr. 1, ✉ 80331, ✆ (089) 29 09 80, *Fax (089) 222539*, « Dachterrasse mit » – |♦|, Zim, – 35. AE E VISA JCB. Rest KZ s
Menu 48 (mittags) und à la carte 70/90 – **73 Z** 508/825, 6 Suiten.

Kempinski Hotel Vier Jahreszeiten, Maximilianstr. 17, ✉ 80539, ✆ (089) 2 12 50, *Fax (089) 21252000*, Massage, – |♦|, Zim, – 450. AE E VISA JCB LZ a
Menu *(Aug. geschl.)* à la carte 65/106 – ***Bistro-Eck* : Menu** à la carte 46/81 – **316 Z** 383/866, 50 Suiten.

Königshof, Karlsplatz 25, ✉ 80335, ✆ (089) 55 13 60, *Fax (089) 55136113* – |♦|, Zim, – 80. AE E VISA JCB. Rest JY s
Menu (Tischbestellung ratsam, bemerkenswerte Weinkarte) à la carte 83/126 – **90 Z** 382/619, 9 Suiten.

Excelsior, Schützenstr. 11, ✉ 80335, ✆ (089) 55 13 70, *Fax (089) 55137121* – |♦|, Zim, – 25. AE E VISA JCB JY z
***Vinothek* : Menu** à la carte 45/57 – **113 Z** 252/429.

Park Hilton, Am Tucherpark 7, ✉ 80538, ✆ (089) 3 84 50, *Fax (089) 38452555*, Biergarten, Massage, – |♦|, Zim, – 750. AE E VISA JCB. Rest HU n
Hilton Grill *(Samstagmittag, 2. - 16 Jan., Karwoche und Ende Juli - Mitte Aug. gesch.)* **Menu** à la carte 77/109 – ***Tse Yang*** (chinesische Küche) *(Montag geschl.)* **Menu** à la carte 47/88 – ***Isar Terrassen* : Menu** à la carte 51/79 – **477 Z** 337/592, 23 Suiten.

Maritim M, Goethestr. 7, ✉ 80336, ✆ (089) 55 23 50, *Fax (089) 55235900*, – |♦|, Zim, – 250. AE E VISA JCB JZ z
Menu à la carte 53/86 – **339 Z** 303/610, 5 Suiten.

ArabellaSheraton Westpark, Garmischer Str. 2, ✉ 80339, ✆ (089) 5 19 60, *Fax (089) 51963000*, – |♦|, Zim, Rest, – 80. AE E VISA JCB CS t
18. Dez. - 6. Jan. geschl. – **Menu** à la carte 44/71 – **258 Z** 245/471, 6 Suiten.

Eden-Hotel-Wolff, Arnulfstr. 4, ✉ 80335, ✆ (089) 55 11 50, *Fax (089) 55115555* – |♦|, Zim, – 140. AE E VISA JCB JY p
Menu à la carte 34/65 – **211 Z** 220/460.

King's Hotel garni, Dachauer Str. 13, ✉ 80335, ✆ (089) 55 18 70, *Fax (089) 55187300* – |♦| – 30. AE E VISA JCB JY f
96 Z 220/305, 5 Suiten.

Drei Löwen garni, Schillerstr. 8, ✉ 80336, ✆ (089) 55 10 40, *Fax (089) 55104905* – |♦| – 15. AE E VISA JCB JZ m
97 Z 175/245, 3 Suiten.

Exquisit garni, Pettenkoferstr. 3, ✉ 80336, ✆ (089) 5 51 99 00, *Fax (089) 55199499*, – |♦| – 30. AE E VISA JZ s
50 Z 195/340, 5 Suiten.

Platzl, Platzl 1 (Eingang Sparkassenstraße), ✉ 80331, ✆ (089) 23 70 30, *Fax (089) 23703800*, – |♦|, Zim, – 60. AE E VISA
Pfistermühle *(Sonntag und Aug. 2 Wochen geschl.)* **Menu** à la carte 44/66 – **167 Z** 235/430. KZ z

Four Points Hotel München Central garni, Schwanthalerstr. 111, ✉ 80339, ✆ (089) 51 08 30, *Fax (089) 51083800*, – |♦| – 30. AE E VISA
23. Dez. - 6. Jan. geschl. – **102 Z** 205/427. EX s

Europa M, Dachauer Str. 115, ✉ 80335, ✆ (089) 54 24 20, *Fax (089) 54242500*, – |♦|, Zim, – 60. AE E VISA FU c
Isola Bella *(italienische Küche)* **Menu** à la carte 30/56 – **180 Z** 155/350, 7 Suiten.

Erzgießerei-Europe, Erzgießereistr. 15, ✉ 80335, ✆ (089) 12 68 20, *Fax (089) 1236198*, – |♦|, Zim, – 50. AE E VISA JY a
Menu *(Samstag - Sonntagmittag geschl.)* à la carte 33/58 – **106 Z** 175/300.

Ambiente M garni, Schillerstr. 12, ✉ 80336, ✆ (089) 54 51 70, *Fax (089) 54517200* – |♦|. AE E VISA JCB JZ m
46 Z 182/250.

Residence Drei Löwen garni, Aldolf-Kolping-Str. 11, ✉ 80336, ✆ (089) 55 10 40, *Fax (089) 55104905* – . AE E VISA JCB — JZ d
63 Z 145/205.

Astron Hotel Deutscher Kaiser Ⓜ garni, Arnulfstr. 2, ✉ 80335, ✆ (089) 5 45 30, *Fax (089) 54532255* – – 80. AE E VISA JCB — JY r
174 Z 256/390.

InterCityHotel, Bayerstr. 10, ✉ 80335, ✆ (089) 54 55 60, *Fax (089) 54556610* – , Zim, – 100. AE E VISA JCB — JY u
Menu *(Sonntag geschl.)* à la carte 41/67 – **200 Z** 203/430, 4 Suiten.

Mercure City Ⓜ garni, Senefelder Str. 9, ✉ 80336, ✆ (089) 55 13 20, *Fax (089) 596444* – – 50. AE E VISA JCB — JZ v
167 Z 205/285.

Admiral garni, Kohlstr. 9, ✉ 80469, ✆ (089) 21 63 50, *Fax (089) 293674* – . AE E VISA JCB — LZ r
33 Z 215/315.

Torbräu garni, Tal 41, ✉ 80331, ✆ (089) 22 50 16, *Fax (089) 225019* – – 15. AE E VISA JCB — LZ g
86 Z 265/410, 3 Suiten.

Sol Inn Hotel Ⓜ, Paul-Heyse-Str. 24, ✉ 80336, ✆ (089) 51 49 00, *Fax (089) 51490701* – , Zim, – 35. AE E VISA JCB — JZ c
Menu *(Samstagmittag und Sonntagmittag geschl.)* à la carte 38/52 – **207 Z** 189/219.

Domus garni, St.-Anna-Str. 31, ✉ 80538, ✆ (089) 22 17 04, *Fax (089) 2285359* – . AE E VISA — LY b
23. - 28. Dez. geschl. – **45 Z** 198/290.

Carathotel Ⓜ garni, Lindwurmstr. 13, ✉ 80337, ✆ (089) 23 03 80, *Fax (089) 23038199* – . AE E VISA — JZ f
70 Z 205/320.

Kraft garni, Schillerstr. 49, ✉ 80336, ✆ (089) 59 48 23, *Fax (089) 5503856* – . AE E VISA — JZ y
23. - 26. Dez. geschl. – **35 Z** 140/260.

Concorde garni, Herrnstr. 38, ✉ 80539, ✆ (089) 22 45 15, *Fax (089) 2283282* – . AE E VISA — LZ c
Weihnachten - Anfang Jan. geschl. – **71 Z** 180/300.

Cristal Ⓜ garni, Schwanthalerstr. 36, ✉ 80336, ✆ (089) 55 11 10, *Fax (089) 55111992* – – 75. AE E VISA — JZ h
100 Z 215/370.

Apollo garni, Mittererstr. 7, ✉ 80336, ✆ (089) 53 95 31, *Fax (089) 534033* – . AE E VISA — JZ r
74 Z 130/295.

An der Oper garni, Falkenturmstr. 10, ✉ 80331, ✆ (089) 2 90 02 70, *Fax (089) 29002729* – . AE E VISA JCB — KZ h
68 Z 150/320.

Schlicker garni, Tal 8, ✉ 80331, ✆ (089) 22 79 41, *Fax (089) 296059* – . AE E VISA — KZ a
20. Dez. - 7. Jan. geschl. – **69 Z** 130/390.

Brack garni, Lindwurmstr. 153, ✉ 80337, ✆ (089) 7 47 25 50, *Fax (089) 74725599* – . AE E VISA JCB — EX b
50 Z 150/298.

Europäischer Hof garni, Bayerstr. 31, ✉ 80335, ✆ (089) 55 15 10, *Fax (089) 55151222* – – 20. AE E VISA JCB — JZ b
148 Z 199/441.

Astor garni, Schillerstr. 24, ✉ 80336, ✆ (089) 54 83 70, *Fax (089) 54837666* – . AE E VISA JCB — JZ e
46 Z 120/280.

Olympic garni, Hans-Sachs-Str. 4, ✉ 80469, ✆ (089) 23 18 90, *Fax (089) 23189199* – . AE E VISA — KZ c
32 Z 175/280.

Daniel garni, Sonnenstr. 5, ✉ 80331, ✆ (089) 54 82 40, *Fax (089) 553420* – . AE E VISA — JZ q
77 Z 139/490.

Acanthus garni, An der Hauptfeuerwache 14, ✉ 80331, ✆ (089) 23 18 80, *Fax (089) 2607364* – . AE E VISA — JZ n
23. - 25. Dez. geschl. – **36 Z** 155/350.

Andi garni, Landwehrstr. 33, ✉ 80336, ✆ (089) 5 52 55 60, *Fax (089) 55255666* – 🛗 JZ u
TV ☎ P. AE ⓓ E VISA JCB
30 Z 125/290.

Müller garni, Fliegenstr. 4, ✉ 80337, ✆ (089) 26 60 63, *Fax (089) 268624* – 🛗 TV ☎ JZ p
P. AE ⓓ E VISA
23. Dez. - 6. Jan. geschl. – **44 Z** 111/261.

Luitpold garni, Schützenstr. 14 (Eingang Luitpoldstr.), ✉ 80335, ✆ (089) 59 44 61, JY x
Fax (089) 554520 – 🛗 TV ☎. AE ⓓ E VISA JCB
48 Z 120/290.

Uhland garni (ehemalige Villa), Uhlandstr. 1, ✉ 80336, ✆ (089) 54 33 50, JZ x
Fax (089) 54335250 – 🛗 TV ☎ ✆ P. AE ⓓ E VISA
25 Z 120/290.

Jedermann garni, Bayerstr. 95, ✉ 80335, ✆ (089) 53 36 39, *Fax (089) 536506* – 🛗 EVX c
TV ☎ ✆ 🚗. E VISA
55 Z 95/240.

Stachus garni, Bayerstr. 7, ✉ 80335, ✆ (089) 59 28 81, *Fax (089) 5503833* – 🛗 TV ☎. JZ g
AE ⓓ E VISA
64 Z 120/245.

XXX ✿ **Am Marstall,** Maximilianstr. 16, ✉ 80539, ✆ (089) 29 16 55 11, *Fax (089) 29165512* KZ b
– AE ⓓ E VISA JCB.
Sonntag - Montag geschl. – **Menu** 59 (mittags) und à la carte 83/122
Spez. Pochiertes Kalbsfilet mit Bohnen. Rochenflügel gebraten mit Muscheln. Schokoladenvariation.

XX ✿ **Gasthaus Glockenbach** (ehemalige altbayerische Bierstube), Kapuzinerstr. 29, FX e
✉ 80337, ✆ (089) 53 40 43, *Fax (089) 534043* – AE E VISA
Sonntag - Montag, Feiertage und Aug. 2 Wochen geschl. – **Menu** (Tischbestellung erforderlich) 45 (mittags) und à la carte 73/108
Spez. Rote Beete-Sülze mit marinierten Fischen. Geschmorte Kutteln mit Octopus. Fasanenbrust mit ihrer Farce im Netz gebraten (Saison).

XX **Boettner's,** Pfisterstr. 9, ✉ 80331, ✆ (089) 22 12 10, *Fax (089) 29162024* – AE ⓓ KZ h
E VISA
Sonn- und Feiertage geschl. – **Menu** (Tischbestellung ratsam) à la carte 68/120.

XX **Halali,** Schönfeldstr. 22, ✉ 80539, ✆ (089) 28 59 09, *Fax (089) 282786* – AE E VISA JCB
Samstagmittag, Sonn - und Feiertage sowie Aug. 2 Wochen geschl. – **Menu** (Tischbestellung ratsam) (mittags) und à la carte 52/74. LY x

XX **Nymphenburger Hof,** Nymphenburger Straße 24, ✉ 80335, ✆ (089) 1 23 38 30, EV a
Fax (089) 1233852, 🌳 – AE E VISA.
Samstagmittag sowie Sonn- und Feiertage geschl. – **Menu** à la carte 53/89.

XX **Weinhaus Neuner** (Weinhaus a.d.J. 1852), Herzogspitalstr. 8, ✉ 80331, JZ e
✆ (089) 2 60 39 54, *Fax (089) 266933* – AE E VISA JCB
Sonn- und Feiertage geschl. – **Menu** à la carte 44/67.

XX **Galleria,** Ledererstr. 2/Ecke Sparkassenstr., ✉ 80331, ✆ (089) 29 79 95, KZ x
Fax (089) 2913653 – AE ⓓ E VISA JCB
Sonntag und 10. - 24. Juli geschl. – **Menu** (Tischbestellung ratsam, italienische Küche) à la carte 62/80.

XX **Austernkeller,** Stollbergstr. 11, ✉ 80539, ✆ (089) 29 87 87, *Fax (089) 223166,* LZ e
« Sammlung von Porzellantellern » – AE ⓓ E VISA JCB
23. - 26. Dez. geschl. – **Menu** (nur Abendessen, Tischbestellung erforderlich) à la carte 53/81.

XX **Lenbach,** Ottostr. 6, ✉ 80333, ✆ (089) 5 49 13 00, *Fax (089) 54913075,* 🌳, « Palais mit Designer-Einrichtung » – AE ⓓ E VISA JY c
Menu à la carte 54/87.

XX **Hunsinger's Pacific,** Maximiliansplatz 5, ✉ 80333, ✆ (089) 55 02 97 41, KY s
Fax (089) 55029742 – ▤. AE ⓓ E VISA
Samstagmittag und Sonntagmittag, Mai - Sept. auch Sonntagabend geschl. – **Menu** (asiatisch-pazifische Küche) à la carte 47/67.

XX **Dallmayr,** Dienerstr. 14 (1. Etage, 🛗), ✉ 80331, ✆ (089) 2 13 51 00, KZ w
Fax (089) 2135167 – ⨯. AE ⓓ E VISA JCB
Montag - Freitag ab 20 Uhr, Samstag ab 16 Uhr sowie Sonn- und Feiertage geschl. – **Menu** à la carte 53/92.

X **Mövenpick** (1. Etage), Lenbachplatz 8, ✉ 80333, ✆ (089) 5 45 94 90, JY e
Fax (089) 54594930, 🌳 – ⨯ – 🏛 230. AE ⓓ E VISA JCB
Menu à la carte 40/71.

X **Dukatz,** Salvatorplatz 1, ✉ 80333, ✆ (089) 2 91 96 00, *Fax (089) 29196028* KY n
Sonntag geschl. – **Menu** à la carte 49/72.

Ratskeller, Marienplatz 8, ✉ 80331, ✆ (089) 2 19 98 90, *Fax (089) 21998930,* – AE E VISA JCB KZ R
Menu à la carte 35/64.

Zum Klösterl, St.-Anna-Str. 2, ✉ 80538, ✆ (089) 22 50 86, *Fax (089) 29161864* – E
Sonn- und Feiertage geschl. – **Menu** (nur Abendessen, Tischbestellung ratsam) à la carte 39/65. LZ m

Straubinger Hof Blumenstr. 5, ✉ 80331, ✆ (089) 2 60 84 44, *Fax (089) 2608917,* (bayerisches Wirtshaus), Biergarten – AE E VISA JCB KZ v
Samstagabend sowie Sonn- und Feiertage geschl. – **Menu** à la carte 24/55.

Brauerei-Gaststätten :

Spatenhaus-Bräustuben, Residenzstr. 12, ✉ 80333, ✆ (089) 2 90 70 60, *Fax (089) 2913054,* , « Einrichtung im alpenländischen Stil » – AE E VISA KY t
Menu à la carte 42/74.

Weisses Bräuhaus, Tal 7, ✉ 80331, ✆ (089) 29 98 75, *Fax (089) 29013815,* – 30. AE KZ e
Menu à la carte 27/48.

Augustiner Gaststätten, Neuhauser Str. 27, ✉ 80331, ✆ (089) 23 18 32 57, *Fax (089) 2605379,* « Biergarten » – AE E VISA JZ w
Menu à la carte 29/59.

Altes Hackerhaus, Sendlinger Str. 14, ✉ 80331, ✆ (089) 2 60 50 26, *Fax (089) 2605027,* – AE E VISA JCB KZ r
Menu à la carte 30/67.

Franziskaner Fuchsenstuben, Perusastr. 5, ✉ 80333, ✆ (089) 2 31 81 20, *Fax (089) 23181244,* – AE E VISA JCB KY v
Menu à la carte 33/66.

Paulaner Bräuhaus, Kapuzinerplatz 5, ✉ 80337, ✆ (089) 5 44 61 10, *Fax (089) 54461118,* Biergarten – E VISA FX r
Menu à la carte 36/62.

Löwenbräukeller, Nymphenburger Str. 2, ✉ 80335, ✆ (089) 52 60 21, *Fax (089) 528933,* Biergarten. AE E VISA JY y
Menu à la carte 32/54.

In München-Allach :

Lutter garni, Eversbuschstr. 109, ✉ 80999, ✆ (089) 8 92 67 80, *Fax (089) 89267810* – TV ☎ P. E VISA. AR r
20. Dez. - 9. Jan. geschl. – **22 Z** 110/200.

In München-Au :

Prinz M, Hochstr. 45, ✉ 81541, ✆ (089) 4 80 29 81, *Fax (089) 484137* – TV ☎ . AE E VISA. Rest GX a
Menu *(Samstag - Sonntag geschl.)* (nur Abendessen) à la carte 33/65 – **40 Z** 195/365.

Blattl's Hotel Altmünchen, Mariahilfplatz 4, ✉ 81541, ✆ (089) 45 84 40, *Fax (089) 45844400* – TV ☎ . AE E VISA GX r
Menu à la carte 30/61 – **31 Z** 190/240.

In München-Aubing :

Pollinger garni, Aubinger Str. 162, ✉ 81243, ✆ (089) 8 71 40 44, *Fax (089) 8712203,* – TV ☎ – 35. AE E VISA AS a
55 Z 130/250.

In München-Berg am Laim :

Am Ostpark garni, Michaeliburgstr. 21, ✉ 81671, ✆ (089) 49 10 13, *Fax (089) 491016,* – TV ☎ P. AE E VISA DT a
Weihnachten - 6. Jan. geschl. – **21 Z** 144/188.

In München-Bogenhausen :

Palace M, Trogerstr. 21, ✉ 81675, ✆ (089) 41 97 10, *Fax (089) 41971819,* « Elegante Einrichtung mit Stilmöbeln », , , – , Zim, TV – 40. AE E VISA JCB. Rest HV t
Menu à la carte 49/74 – **71 Z** 272/573, 7 Suiten.

Prinzregent garni, Ismaninger Str. 42, ✉ 81675, ✆ (089) 41 60 50, *Fax (089) 41605466,* – TV – 35. AE E VISA JCB HV t
23. Dez. - 7. Jan. geschl. – **64 Z** 295/405.

Rothof garni, Denninger Str. 114, ✉ 81925, ✆ (089) 9 10 09 50, *Fax (089) 915066,* – TV . AE E VISA DS k
19. Dez. - 10. Jan. geschl. – **37 Z** 198/390.

Queens Hotel, Effnerstr. 99, ✉ 81925, ☎ (089) 92 79 80, *Fax (089) 983813*, – Zim, – 200. AE VISA. Rest — DS x
Menu à la carte 31/69 – **152 Z** 265/340.

Bogenhauser Hof (ehemaliges Jagdhaus a.d.J. 1825), Ismaninger Str. 85, ✉ 81675, ☎ (089) 98 55 86, *Fax (089) 9810221*, « Gartenterrasse » – AE VISA — HV c
Sonn- und Feiertage sowie Weihnachten - 12. Jan. geschl. – **Menu** (Tischbestellung erforderlich) à la carte 69/106.

Acquarello, Mühlbaurstr. 36, ✉ 81677, ☎ (089) 4 70 48 48, *Fax (089) 476464*, – AE — DS f
Samstagmittag und Sonntagmittag geschl. – **Menu** (italienische Küche) à la carte 68/87.

Käfer Schänke, Prinzregentenstr. 73, ✉ 81675, ☎ (089) 4 16 82 47, *Fax (089) 4168623*, , « Mehrere Stuben mit rustikaler Einrichtung » – AE VISA
Sonn- und Feiertage geschl. – **Menu** (Tischbestellung erforderlich) 48 (mittags) und à la carte 58/111. — HV s

In München-Denning :

Casale, Ostpreußenstr. 42, ✉ 81927, ☎ (089) 93 62 68, *Fax (089) 9306722*, – . AE VISA — DS n
Menu (italienische Küche) à la carte 56/76.

In München-Englschalking :

La Vigna, Wilhelm-Dieß-Weg 2, ✉ 81927, ☎ (089) 93 14 16, *Fax (089) 92401649*, – AE VISA — DS t
Samstag und Weihnachten geschl. – **Menu** (italienische Küche) 89 und à la carte 63/80.

In München-Haidhausen :

City Hilton M, Rosenheimer Str. 15, ✉ 81667, ☎ (089) 4 80 40, *Fax (089) 48044804*, – , Zim, – 180. AE VISA JCB — LZ s
Menu à la carte 54/78 – **479 Z** 493/616, 4 Suiten.

Preysing, Preysingstr. 1, ✉ 81667, ☎ (089) 45 84 50, *Fax (089) 45845444*, – – 40. AE VISA — LZ w
23. Dez. - 6. Jan. geschl. – **Menu** siehe Rest. ***Preysing-Keller*** separat erwähnt – **76 Z** 169/298, 5 Suiten.

Forum Hotel, Hochstr. 3, ✉ 81669, ☎ (089) 4 80 30, *Fax (089) 4488277*, – , Zim, – 350. AE VISA JCB — LZ t
Menu à la carte 51/83 – **582 Z** 265/505, 12 Suiten.

Preysing-Keller - Hotel Preysing, Innere-Wiener-Str. 6, ✉ 81667, ☎ (089) 45 84 52 60, *Fax (089) 45845444* – . AE VISA — LZ w
Sonn- und Feiertage sowie 23. Dez. - 6. Jan. geschl. – **Menu** (nur Abendessen, bemerkenswerte Weinkarte) 89/125 und à la carte 69/103
Spez. Rotbarbe mit Artischocken-Lauchsalat. Taubenbrust mit Portweinsauce und Kartoffel-Mohnravioli. Mille-feuille mit Haselnusscreme und Karameleis.

Massimiliano, Rablstr. 10, ✉ 81699, ☎ (089) 4 48 44 77, *Fax (089) 4484405*, – . VISA JCB — LZ n
Samstagmittag geschl. – **Menu** 39 (mittags) und à la carte 70/110
Spez. Artischockenvariation mit Trüffelvinaigrette. Gefüllte Lammkeule mit Thymian-Salzkruste. Pusterthaler Apfelcrêpe.

Vinaiolo, Steinstr. 42, ✉ 81667, ☎ (089) 48 95 03 56, « Bistro-Vinothek mit Einrichtung einer ehemaligen Apotheke » – — HX c
Menu (abends Tischbestellung erforderlich) à la carte 57/68.

Zum Huterer, Grütznerstr. 8 (am Wiener Platz), ✉ 81667, ☎ (089) 4 89 12 87, *Fax (089) 4891497*, Biergarten — HX e
Samstagmittag sowie Sonn- und Feiertage geschl. – **Menu** à la carte 51/70.

Rue Des Halles (Restaurant im Bistro-Stil), Steinstr. 18, ✉ 81667, ☎ (089) 48 56 75, *Fax (089) 43987378* – VISA — HX a
Menu (nur Abendessen, Tischbestellung ratsam) à la carte 61/85.

In München-Johanneskirchen :

Country Inn M, Musenbergstr. 25, ✉ 81929, ☎ (089) 95 72 90, *Fax (089) 95729400*, , – , Zim, . AE VISA JCB. Rest über B 417 — DR
Menu (wochentags nur Abendessen) à la carte 29/71 – **168 Z** 189/329.

In München-Laim :

Park Hotel Laim garni, Zschokkestr. 55, ✉ 80686, ☎ (089) 57 93 60, *Fax (089) 57936100*, – – 30. AE VISA — BS c
68 Z 180/340.

IL Sorriso, Gotthartstr. 8, ✉ 80686, ☎ (089) 5 80 31 70, *Fax (089) 5803170*, – . AE VISA — BS s
Sonntag geschl. – **Menu** 39 und à la carte 46/68.

In München-Milbertshofen :

Country Inn garni, Frankfurter Ring 20, ✉ 80807, ✆ (089) 35 71 70, *Fax (089) 35717700* – **81 Z** 189/329. CR v

Königstein garni, Frankfurter Ring 28, ✉ 80807, ✆ (089) 35 03 60, *Fax (089) 35036100* – *20. Dez. - 6. Jan. geschl.* – **42 Z** 160/280. CR v

In München-Moosach :

Mayerhof garni, Dachauer Str. 421, ✉ 80992, ✆ (089) 14 36 60, *Fax (089) 1402417* – 30. **70 Z** 168/299. BR b

In München-Neu Perlach :

Mercure, Karl-Marx-Ring 87, ✉ 81735, ✆ (089) 6 32 70, *Fax (089) 6327407,* – Zim, Rest, – 100. Menu à la carte 37/68 – **184 Z** 205/350, 3 Suiten. über Ständlerstr. DT

Villa Waldperlach garni, Putzbrunner Str. 250 (Waldperlach), ✉ 81739, ✆ (089) 6 60 03 00, *Fax (089) 66003066* – **21 Z** 150/250. über Putzbrunner Str. DT

In München-Nymphenburg :

Kriemhild garni, Guntherstr. 16, ✉ 80639, ✆ (089) 1 71 11 70, *Fax (089) 17111755* – **18 Z** 120/200. BS y

Schloßwirtschaft zur Schwaige, Schloß Nymphenburg Eingang 30, ✉ 80638, ✆ (089) 17 44 21, *Fax (089) 1784101,* Biergarten – Menu à la carte 32/70. BS n

In München-Obermenzing :

Blutenburg garni, Verdistr. 130, ✉ 81247, ✆ (089) 8 11 20 35, *Fax (089) 8111925* – **19 Z** 110/180. AS r

Weichandhof, Betzenweg 81, ✉ 81247, ✆ (089) 8 91 16 00, *Fax (089) 89116012,* « Hübscher Landgasthof, Gartenterrasse » – *Samstag geschl.* – **Menu** (Tischbestellung ratsam) à la carte 34/73. AS v

In München-Pasing :

Econtel garni, Bodenseestr. 227, ✉ 81243, ✆ (089) 87 18 90, *Fax (089) 87189400* – 70. **69 Z** 160/273. AS t

Jagdschloß, Alte Allee 21, ✉ 81245, ✆ (089) 82 08 20, *Fax (089) 82082100,* Biergarten – Menu à la carte 24/48 – **25 Z** 114/185. AS n

Zur Post, Bodenseestr. 4, ✉ 81241, ✆ (089) 89 69 50, *Fax (089) 837319,* Biergarten – Zim, – 200. Menu à la carte 27/62 – **96 Z** 135/270. AS e

Zur Goldenen Gans, Planegger Str. 31, ✉ 81241, ✆ (089) 83 70 33, *Fax (089) 8204680,* « Bayerisches Gasthaus mit gemütlicher Einrichtung » – *Sonn- und Feiertage geschl.* – **Menu** 25 (mittags) und à la carte 47/71. AS b

In München-Riem *über ③ und die A 94* DS *:*

Landhotel Martinshof, Martin-Empl-Ring 8, ✉ 81829, ✆ (089) 92 20 80, *Fax (089) 92208400,* « Gemütlich-rustikale Einrichtung » – ***Antica Trattoria Nonnino*** (italienische Küche) *(Samstagmittag und Sonntag geschl.)* Menu à la carte 45/71 – **58 Z** 165/310.

In München-Schwabing :

Marriott-Hotel , Berliner Str. 93, ✉ 80805, ✆ (089) 36 00 20, *Fax (089) 36002200,* Massage, – Zim, – 320. Rest Menu à la carte 47/62 – **348 Z** 454/533, 16 Suiten. CR e

Holiday Inn Crowne Plaza, Leopoldstr. 194, ✉ 80804, ✆ (089) 38 17 90, *Fax (089) 38179888,* Massage, – Zim, – 320. Menu à la carte 55/87 – **365 Z** 330/619. CR t

Renaissance Hotel, Theodor-Dombart-Str. 4 (Ecke Berliner Straße), 80805, (089) 36 09 90, *Fax (089) 36099684*, , – , Zim, – 40. AE D E VISA JCB CR e
Menu à la carte 36/66 – **260 Z** 290/320, 80 Suiten.

Four Points Hotel München Olympiapark, Helene-Mayer-Ring 12, 80809, (089) 35 75 10, *Fax (089) 35751800* – , Zim, – 30. AE D E VISA
20. Dez. - 6. Jan. geschl. – **Menu** *(Samstagmittag und Sonntag geschl.)* à la carte 34/62 – **105 Z** 201/427. CR p

Cosmopolitan garni, Hohenzollernstr. 5, 80801, (089) 38 38 10, *Fax (089) 38381111* – . AE D E VISA JCB GU g
71 Z 160/220.

Mercure garni, Leopoldstr. 120, 80802, (089) 39 05 50, *Fax (089) 349344* – . AE D E VISA GU r
65 Z 172/294.

Leopold, Leopoldstr. 119, 80804, (089) 36 04 30, *Fax (089) 36043150*, , – . AE D E VISA JCB. Rest GU f
23. - 30. Dez. geschl. – **Menu** à la carte 31/63 – **75 Z** 165/295.

Tantris, Johann-Fichte-Str. 7, 80805, (089) 3 61 95 90, *Fax (089) 3618469*, – . AE D E VISA. GU b
Sonntag - Montag, Feiertage und Jan. 1 Woche geschl. – **Menu** (Tischbestellung ratsam) 198/225 und à la carte 89/145
Spez. Gefüllte Ofenkartoffel mit Wildlachs und Imperial-Caviar. Rehrückenmedaillon mit Steinpilz-Radicchio-Nudeln. Gelierte Champagner-Suppe mit Waldbeeren und Sauerrahmeis.

Savoy, Tengstr. 20, 80798, (089) 2 71 14 45 – AE E GU t
Sonntag geschl. – **Menu** (abends Tischbestellung ratsam, italienische Küche) à la carte 47/73.

Spago, Neureutherstr. 15, 80799, (089) 2 71 24 06, *Fax (089) 2780448*, – AE D E VISA GU a
Samstagmittag und Sonntagmittag geschl. – **Menu** (italienische Küche) à la carte 50/74.

Seehaus, Kleinhesselohe 3, 80802, (089) 3 81 61 30, *Fax (089) 341803*, , « Terrasse am See » – . AE E VISA HU t
Menu à la carte 39/73.

Il Borgo, Georgenstr. 144, 80797, (089) 1 29 21 19, *Fax (089) 12391575* – AE FU e
Samstagmittag und Sonntagabend geschl. – **Menu** (italienische Küche) à la carte 45/64.

Der Katzlmacher, Kaulbachstr. 48, 80539, (089) 34 81 29, *Fax (089) 331104*, – E. GU s
Sonntag - Montag und Mai 2 Wochen geschl. – **Menu** (italienische Küche) à la carte 48/73.

Locanda Picolit, Siegfriedstr.11, 80803, (089) 39 64 47, *Fax (089) 346653*, – AE D E VISA GU c
Samstagmittag und Sonntagmittag geschl. – **Menu** (italienische Küche) à la carte 56/74.

Bistro Terrine, Amalienstr. 89 (Amalien-Passage), 80799, (089) 28 17 80, *Fax (089) 2809316*, – AE E VISA GU p
Montagmittag, Samstagmittag sowie Sonn- und Feiertage geschl. – **Menu** (abends Tischbestellung ratsam) 43 (mittags) und à la carte 48/73
Spez. Rochen mit Artischocken und Tomaten-Basilikum. Lammcarré mit Kräutern und Bohnen. Crème brûlée.

Bamberger Haus, Brunnerstr. 2 (im Luitpoldpark), 80804, (089) 3 08 89 66, *Fax (089) 3003304*, « Ehemaliges Bürgerpalais a.d. 18.Jh., Terrasse » – . AE D E VISA GU z
Menu à la carte 31/55.

Bei Grazia, Ungererstr. 161, 80805, (089) 36 69 31, *Fax (089) 3164316* – AE E VISA
Samstag - Sonntag geschl. – **Menu** (Tischbestellung ratsam, italienische Küche) à la carte 46/62. CR r

In München-Sendling :

Holiday Inn München-Süd, Kistlerhofstr. 142, 81379, (089) 78 00 20, *Fax (089) 78002672*, Biergarten, Massage, , – , Zim, – 90. AE D E VISA JCB BT x
Menu à la carte 43/64 – **320 Z** 284/440, 7 Suiten.

Ambassador Parkhotel, Plinganserstr. 102, 81369, (089) 72 48 90, *Fax (089) 72489100*, Biergarten – , Zim, . AE D E VISA CT r
24. Dez. - 6. Jan. geschl. – **Menu** *(Samstag geschl.)* (italienische Küche) à la carte 38/69 – **42 Z** 175/425.

K+K Hotel am Harras garni, Albert-Rosshaupter-Str. 4, 81369, (089) 74 64 00, *Fax (089) 7212820* – . AE D E VISA JCB CT n
120 Z 205/390.

In München-Solln :

Pegasus garni, Wolfratshauser Str. 211, ✉ 81479, ℘ (089) 7 49 15 30, *Fax (089) 7912970*, – . AE E VISA BT y
22 Z 128/168.

Sollner Hof garni, Herterichstr. 63, ✉ 81479, ℘ (089) 7 49 82 90, *Fax (089) 7900394* – . AE E VISA JCB BT s
29 Z 115/210.

Villa Solln garni, Wilh.-Leibl-Str. 16, ✉ 81479, ℘ (089) 7 49 82 80, *Fax (089) 7900428*, – . AE E VISA JCB BT n
Weihnachten - Anfang Jan. geschl. – **19 Z** 115/210.

Al Pino, Franz-Hals-Str. 3, ✉ 81479, ℘ (089) 79 98 85, *Fax (089) 799872*, – . AE E BT a
Samstagmittag geschl. – **Menu** (italienische Küche) à la carte 55/85.

In München-Trudering :

Am Moosfeld (mit Gästehäusern), Am Moosfeld 35, ✉ 81829, ℘ (089) 42 91 90, *Fax (089) 424662*, , , – , Zim, – 40. AE E VISA über ④
Menu (nur Abendessen) à la carte 33/59 – **168 Z** 190/368.

Obermaier garni, Truderinger Str. 304b, ✉ 81825, ℘ (089) 42 90 21, *Fax (089) 426400* – . AE E VISA über Truderinger Str. DS
35 Z 135/185.

Am Schatzbogen garni, Truderinger Str. 198, ✉ 81825, ℘ (089) 4 20 90 40, *Fax (089) 42090430*, – . AE E VISA über Truderinger Str. DS
Weihnachten - Anfang Jan. geschl. – **20 Z** 145/320.

In München-Untermenzing :

Romantik Hotel Insel Mühle, Von-Kahr-Str. 87, ✉ 80999, ℘ (089) 8 10 10, *Fax (089) 8120571*, , Biergarten, « Restaurierte Mühle a.d. 16. Jh. », – – 40. E VISA AR a
Menu *(Sonn- und Feiertage geschl.)* à la carte 56/77 – **37 Z** 185/380.

In München-Untersendling :

Carmen, Hansastr. 146, ✉ 81373, ℘ (089) 7 60 10 99, *Fax (089) 7605843* – , Zim, – 25. AE E VISA JCB CT d
Menu *(Samstagmittag und Sonntagmittag geschl.)* (asiatische Küche) à la carte 32/47 – **63 Z** 199/389.

In München-Zamdorf :

Astron, Eggenfeldener Str. 100, ✉ 81929, ℘ (089) 99 34 50, *Fax (089) 99345400*, , , – , Zim, – 200. AE E VISA JCB DS s
Menu à la carte 46/71 – **261 Z** 253/451.

In Unterföhring

Lechnerhof garni (mit Gästehaus), Eichenweg 4, ✉ 85774, ℘ (089) 95 82 80, *Fax (089) 95828140*, , , – – 20. AE E VISA JCB DR e
24. Dez. - 2. Jan. geschl. – **52 Z** 185/380.

Nestor Hotel Feringapark, Feringastr. 2, ✉ 85774, ℘ (089) 95 71 60, *Fax (089) 95716111*, – , Zim, – 70. AE E VISA JCB DR t
Menu à la carte 39/67 – **104 Z** 202/254.

Tele-Hotel, Bahnhofstr. 15, ✉ 85774, ℘ (089) 9 58 46 50, *Fax (089) 958465550*, – . AE E VISA DR r
Menu *(Samstag und 23. Dez. - 2. Jan. geschl.)* à la carte 33/60 – **61 Z** 158/210.

In Unterhaching *S : 10 km über Tegernseer Landstraße und B 13* CT

Schrenkhof garni, Leonhardsweg 6, ✉ 82008, ℘ (089) 6 10 09 10, *Fax (089) 61009150*, « Einrichtung im alpenländischen Stil », – – 40. AE E VISA
Weihnachten - Anfang Jan. und über Ostern geschl. – **25 Z** 185/240.

Holiday Inn Garden Court M, Inselkammer Str. 7, ✉ 82008, ℘ (089) 66 69 10, *Fax (089) 66691600*, Biergarten, , – , Zim, – 230. AE E VISA JCB
Menu à la carte 36/85 – **282 Z** 234/420, 6 Suiten.

Astron Suite-Hotel garni, Leipziger Str. 1, ✉ 82008, ☎ (089) 66 55 20, *Fax (089) 66552200*, – TV ☎ P. AE D E VISA JCB
80 Z 230/400.

Huber garni, Kirchfeldstr. 8, ✉ 82008, ☎ (089) 61 04 00, *Fax (089) 6113842*, – TV ☎ P – 40. AE D E VISA
20. Dez. - 10. Jan. geschl. – **75 Z** 140/220, 3 Suiten.

In Haar *SO : 12 km über ④ :*

Zum Wiesbacher, Waldluststr. 25, ✉ 85540, ☎ (089) 4 56 04 40, *Fax (089) 45604460*, Zugang zum öffentlichen – TV ☎ P – 20. AE E VISA
26. Dez. - 6. Jan. geschl. – **Menu** *(Sonntag geschl.)* (nur Abendessen) à la carte 33/64 – **32 Z** 145/215.

In Ottobrunn *SO : 12 km über Neubiberger Str.* DT :

Pazific, Rosenheimer Landstr. 91, ✉ 85521, ☎ (089) 6 09 10 51, *Fax (089) 6083243*, – Zim, TV ☎ P – 40. AE E VISA JCB
Weihnachten - Neujahr geschl. – ***Jasmin :*** à la carte 29/51 – **60 Z** 148/268.

Aigner garni, Rosenheimer Landstr. 118, ✉ 85521, ☎ (089) 60 81 70, *Fax (089) 6083213* – TV ☎ P. AE D E VISA
73 Z 195/280.

In Feldkirchen ③ : *10 km :*

Bauer, Münchner Str. 6, ✉ 85622, ☎ (089) 9 09 80, *Fax (098) 9098414*, – TV ☎ P – 200. AE D E VISA
Menu à la carte 34/65 – **102 Z** 196/236.

In Aschheim ③ : *13 km über Riem :*

Schreiberhof , Erdinger Str. 2, ✉ 85609, ☎ (089) 90 00 60, *Fax (089) 90006459*, Massage, – Zim, TV ☎ P – 90. AE D E VISA
Weihnachten - Anfang Jan. geschl. – ***Alte Gaststube :*** Menu à la carte 49/84 – **87 Z** 235/385.

Gästehaus Gross garni, Ismaninger Str. 9a, ✉ 85609, ☎ (089) 9 04 40 84, *Fax (089) 9045214* – TV ☎ P. E VISA
15 Z 110/200.

Gasthof zur Post, Ismaninger Str. 11 (B 471), ✉ 85609, ☎ (089) 9 03 20 27, *Fax (089) 9044669*, – TV ☎ P – 30. E VISA
Menu à la carte 31/57 – **50 Z** 110/255.

In Grünwald *S : 13 km über Geiselgasteigstr.* CT

Tannenhof garni, Marktplatz 3, ✉ 82031, ☎ (089) 6 41 89 60, *Fax (089) 6415608*, « Modernisiertes Jugendstilhaus » – TV ☎ P. AE D E VISA.
20. Dez. - 6. Jan. geschl. – **21 Z** 150/210.

Alter Wirt, Marktplatz 1, ✉ 82031, ☎ (089) 6 41 93 40, *Fax (089) 64193499*, « Bayerischer Landgasthof » – Zim, TV ☎ P – 80. AE E VISA
Menu à la carte 34/66 – **50 Z** 130/230.

Forsthaus Wörnbrunn, Im Grünwalder Forst (O : 2,5 km), ✉ 82031, ☎ (089) 6 41 82 80, *Fax (089) 6413968*, Biergarten – P – 40. AE E VISA
Menu à la carte 36/72.

In Grünwald-Geiselgasteig *S : 12 km über Geiselgasteigstr.* CT :

Ritterhof garni, Nördliche Münchner Str. 6, ✉ 82031, ☎ (089) 6 49 00 90, *Fax (089) 6493012*, – TV ☎ P. AE E VISA
12 Z 125/195.

In Oberhaching *S : 14 km über ⑥ :*

Hachinger Hof , Pfarrer-Socher-Str. 39, ✉ 82041, ☎ (089) 61 37 80, *Fax (089) 61378200*, – Zim, TV ☎ P. AE D E VISA
24. Dez. - 6. Jan. geschl. – **Menu** (nur Abendessen) à la carte 32/59 – **75 Z** 138/220.

München-Flughafen *siehe unter Freising*

MICHELIN-REIFENWERKE KGaA. Regionales Vertriebszentrum ✉ 85748 Garching (über ② und die A 9), Gutenbergstr. 4, ☎ (089) 32 67 21 00 Fax (089) 32672199.

MÜNDER AM DEISTER, BAD *Niedersachsen* 417 418 *J 12 – 19 000 Ew – Höhe 120 m – Heilbad.*

Tourist-Information, Hannoversche Str. 14a, ✉ 31848, ☎ (05042) 1 94 33, Fax (05042) 929805.

Berlin 317 – Hannover 35 – Hameln 16 – Hildesheim 38.

Kastanienhof, Am Stadtbahnhof 11 (am Süntel), ✉ 31848, ☎ (05042) 30 63, *Fax (05042) 3885*, , , , – – 30. **Menu** à la carte 34/71 – **40 Z** 155/200 – ½ P 40.

In Bad Münder-Klein Süntel *SW : 9 km :*

Landhaus zur schönen Aussicht, Klein-Sünteler-Str. 6, ✉ 31848, ☎ (05042) 9 55 90, *Fax (05042) 955966*, ≤, « Gartenterrasse », – .

Nov. 2 Wochen geschl. – **Menu** *(Dienstag geschl.)* à la carte 38/67 – **17 Z** 95/150.

MÜNNERSTADT *Bayern* 418 420 *P 14 – 8 300 Ew – Höhe 234 m.*

Sehenswert : *Stadtpfarrkirche (Werke★ von Veit Stoss und Riemenschneider).*

Rindhof (NO : 11 km), ☎ (09766) 16 01.

Tourist-Information, Marktplatz 1, ✉ 97702, ☎ (09733) 81 05 28, Fax (09733) 810545.

Berlin 417 – München 331 – Fulda 71 – Bamberg 86 – Schweinfurt 29.

Bayerischer Hof (Fachwerkhaus a.d. 17. Jh.), Marktplatz 9, ✉ 97702, ☎ (09733) 2 25, *Fax (09733) 227*, , – – 40. **Menu** (bemerkenswerte Weinkarte) à la carte 37/68 – **23 Z** 94/138.

Tilman, Riemenschneiderstr. 42, ✉ 97702, ☎ (09733) 8 13 30, *Fax (09733) 813366*, – – 30. Rest **Menu** *(Sonntagabend geschl.)* à la carte 22/42 – **21 Z** 64/104.

Gasthof Hellmig, Meiningerstr. 1, ✉ 97702, ☎ (09733) 30 72, – . *Ende Juli - Anfang Aug. geschl.* – **Menu** *(Dienstag geschl.)* à la carte 22/39 – **9 Z** 47/92.

MÜNSING *Bayern* 419 420 *W 18 – 3 600 Ew – Höhe 666 m.*

Berlin 623 – München 36 – Garmisch-Partenkirchen 57 – Bad Tölz 23 – Weilheim 40.

Limm - Zum Neuwirt, Hauptstr. 29, ✉ 82541, ☎ (08177) 4 11, *Fax (08177) 8868*, – . *Sonntagabend, Mittwoch, Aug. - Sept. 3 Wochen und Weihnachten - Neujahr geschl.* – **Menu** à la carte 36/75.

MÜNSINGEN *Baden-Württemberg* 419 *U 12 – 13 500 Ew – Höhe 707 m – Wintersport : 700/850 m 8.*

Tourist-Information, Rathaus, Bachwiesenstr. 7, ✉ 72525, ☎ (07381) 18 21 45, Fax(07381) 182101.

Berlin 657 – Stuttgart 58 – Reutlingen 32 – Ulm (Donau) 51.

Herrmann (mit Gästehäusern), Ernst-Bezler-Str. 1, ✉ 72525, ☎ (07381) 22 02, *Fax (07381) 6282*, – , Zim, – 15. **Menu** *(Freitag geschl.)* à la carte 31/63 – **33 Z** 78/160.

In Münsingen-Gundelfingen *S : 13 km :*

Wittstaig, Wittstaig 10, ✉ 72525, ☎ (07383) 9 49 60, *Fax (07383) 949699*, , , , – *Anfang Jan. - Anfang Feb. geschl.* – **Menu** *(Dienstag geschl.)* à la carte 24/55 – **27 Z** 57/116.

MÜNSTER AM STEIN - EBERNBURG, BAD *Rheinland-Pfalz* 417 *Q 7 – 4 500 Ew – Höhe 120 m – Heilbad – Heilklimatischer Kurort.*

Sehenswert : *Rheingrafenstein★★, ≤★ – Kurpark★.*

Drei Buchen (SW : 2 km), ☎ (06708) 21 45.

Verkehrsverein, Berliner Str. 60, ✉ 55583, ☎ (06708) 39 93, Fax (06708) 3999.

Berlin 617 – Mainz 51 – Bad Kreuznach 6 – Kaiserslautern 52.

Hotel am Kurpark, Kurhausstr.10, ✉ 55583, ☎ (06708) 62 90 00, *Fax (06708) 6290029*, Massage, , – . *6. Jan. - Feb. und Nov. - 22. Dez. geschl.* – (nur Abendessen für Hausgäste) – **30 Z** 75/190.

Krone, Berliner Str. 73, ✉ 55583, ☎ (06708) 8 40, *Fax (06708) 84189*, , – – 100. **Menu** à la carte 32/54 – **66 Z** 95/159 – ½ P 25.

Haus Lorenz, Kapitän-Lorenz-Ufer 18, ✉ 55583, ☎ (06708) 18 41, *Fax (06708) 1281*, – *Mitte Dez. - Mitte Feb. geschl.* – **Menu** *(Dienstag geschl.)* à la carte 33/52 – **16 Z** 68/122 – ½ P 20.

Gästehaus Weingut Rapp garni, Schloßgartenstraße 100 (Ebernburg), ✉ 55583, ☎ (06708) 23 12, *Fax (06708) 3074*, –
12 Z 68/104.

MÜNSTER (WESTFALEN) *Nordrhein-Westfalen 417 K 6 – 278 000 Ew – Höhe 62 m.*

Sehenswert : *Prinzipalmarkt★* YZ – *Dom★ (Domkammer★★, astronomische Uhr★, Sakramentskapelle★)* Y **M2** – *Rathaus (Friedenssaal★)* YZ – *Residenz-Schloß★* Y – *Landesmuseum für Kunst und Kulturgeschichte★ (Altarbilder★★)* YZ **M1** – *Lambertikirche (Turm★)* Y – *Westfälisches Museum für Naturkunde★ (größter Ammonit★, Planetarium★)* X **M3**.

Ausflugsziel : *Wasserschloß Hülshoff★ (W : 9 km, über Albert-Schweitzer-Str.* E*).*

Münster, Steinfurter Str. 448 (X), ☎ (0251) 21 12 01.

bei Greven, N : 31 km über ⑤ und die A 1, ☎ (02571) 50 30.

Ausstellungsgelände Halle Münsterland (X), ☎ (0251) 6 60 00, Fax (0251) 6600121.

Stadtwerbung und Touristik, Klemensstr. 9, ✉ 48127, ☎ (0251) 4 92 27 10, Fax (0251) 4927743.

ADAC, *Ludgeriplatz 11, ✉ 48151, ☎ (0251) 53 10 71, Fax (0251) 527824.*

Berlin 480 ② – Düsseldorf 124 ④ – Nordhorn 75 ⑤ – Bielefeld 87 ② – Dortmund 70 ④ – Enschede 64 ⑤ – Essen 86 ④.

Stadtplan siehe nächste Seite

Schloß Wilkinghege, Steinfurter Str. 374 (B 54), ✉ 48159, ☎ (0251) 21 30 45, *Fax (0251) 212898*, « Wasserschloß a.d. 16. Jh. in einer Parklandschaft », – – 30. AE E VISA. Rest X r
Menu à la carte 76/102 – **35 Z** 195/350, 12 Suiten
Spez. Variation von der Gänseleber. Crêpinette von Kaninchen und Pfifferlingen mit Korianderschaum. Passionsfruchtterrine im Baumkuchenmantel.

Mövenpick Hotel M, Kardinal-von-Galen-Ring 65, ✉ 48149, ☎ (0251) 8 90 20, *Fax (0251) 8902616*, – , Zim, – 260. AE E VISA JCB X s
Menu à la carte 35/65 – ***Chesa Rössli*** *(Samstagmittag geschl.)* **Menu** à la carte 55/87 – **222 Z** 242/341, 4 Suiten.

Dorint Hotel M, Engelstr. 39, ✉ 48143, ☎ (0251) 4 17 10, *Fax (0251) 4171100*, – , Zim, – 180. AE E VISA JCB. Rest Z v
Menu à la carte 37/76 – **156 Z** 245/380.

Central M garni, Aegidiistr. 1, ✉ 48143, ☎ (0251) 51 01 50, *Fax (0251) 5101550* – . AE E VISA. Z n
20. Dez. - 2. Jan. geschl. – **25 Z** 155/225, 4 Suiten.

Mauritzhof garni, Eisenbahnstr. 15, ✉ 48143, ☎ (0251) 4 17 20, *Fax (0251) 46686* – – 40. AE E VISA Z s
39 Z 195/380.

Windsor, Warendorfer Str. 177, ✉ 48145, ☎ (0251) 13 13 30, *Fax (0251) 391610* – . AE E VISA X v
Menu siehe Rest. ***Il Cuchiaio D'argento*** separat erwähnt – **28 Z** 128/188.

Kolping M, Aegidiistr. 21, ✉ 48143, ☎ (0251) 4 81 20, *Fax (0251) 4812123* – , Zim, – 160. AE E VISA. Rest Z x
Menu à la carte 29/51 – **107 Z** 145/190.

Am Schloßpark garni, Schmale Str. 2, ✉ 48149, ☎ (0251) 2 05 41, *Fax (0251) 22977* – . AE E VISA X e
28 Z 145/245, 3 Suiten.

Europa M garni, Kaiser-Wilhelm-Ring 26, ✉ 48145, ☎ (0251) 3 70 62, *Fax (0251) 394339* – – 40. AE E VISA X c
59 Z 159/269.

Überwasserhof garni, Überwasserstr. 3, ✉ 48143, ☎ (0251) 4 17 70, *Fax (0251) 4177100* – – 40. AE E VISA Y k
Weihnachten - Anfang Jan. geschl. – **61 Z** 150/260.

Feldmann, An der Clemenskirche 14, ✉ 48143, ☎ (0251) 41 44 90, *Fax (0251) 4144910* – . AE E VISA Z m
Menu *(Sonn- und Feiertage sowie Juli geschl.)* à la carte 48/79 – **24 Z** 118/218.

Windthorst garni, Windthorststr. 19, ✉ 48143, ☎ (0251) 48 45 90, *Fax (0251) 40837* – Z a
20 Z.

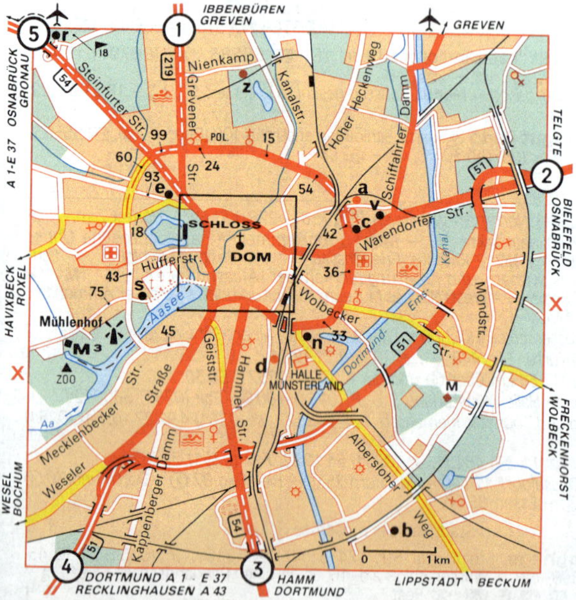
IBBENBÜREN
GREVEN
GREVEN
OSNABRÜCK
GRONAU
A 1-E 37
TELGTE
BIELEFELD
OSNABRÜCK
HAVIXBECK
ROXEL
FRECKENHORST
WOLBECK
WESEL
BOCHUM
DORTMUND A 1 - E 37
RECKLINGHAUSEN A 43
HAMM
DORTMUND
LIPPSTADT
BECKUM
Nienkamp
Grevener Str.
Kanalstr.
Hoher Heckenweg
Schiffahrter Damm
Steinfurter Str.
POL.
Warendorfer Str.
SCHLOSS
DOM
Hüfferstr.
Aasee
Mühlenhof
ZOO
Wolbecker Str.
Mondstr.
Kanal
Ems
Dortmund-Ems
HALLE MÜNSTERLAND
Geiststr.
Hammer Str.
Mecklenbecker Str.
Weseler Straße
Kappenberger Damm
Albersloher Weg
Weseler
Aa
0
1 km

MÜNSTER

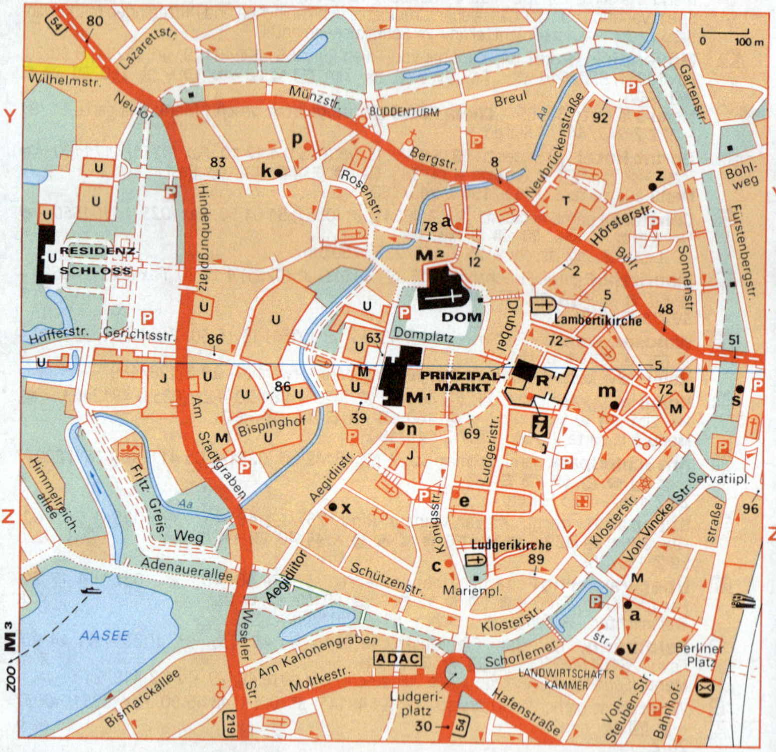
Lazarettstr.
Wilhelmstr.
Neutor
Münzstr.
BUDDENTURM
Breul
Bergstr.
Rosenstr.
Neubrückenstraße
Gartenstr.
Bohlweg
Fürstenbergstr.
Hindenburgplatz
RESIDENZ-SCHLOSS
Hörsterstr.
Bült
Sonnenstr.
DOM
Domplatz
Drubbel
Lambertikirche
PRINZIPALMARKT
Hüfferstr.
Gerichtsstr.
Am Stadtgraben
Bispinghof
Aegidiistr.
Ludgeristr.
Königsstr.
Servatiipl.
Himmelreichallee
Fritz-Greis-Weg
Adenauerallee
Aegidiitor
Schützenstr.
Ludgerikirche
Marienpl.
Klosterstr.
Von-Vincke-Str.
AASEE
Weseler Str.
Am Kanonengraben
ADAC
Moltkestr.
Schorlemer-str.
LANDWIRTSCHAFTSKAMMER
Berliner Platz
Bismarckallee
Ludgeriplatz
Hafenstraße
Von-Steuben-Str.
Bahnhof-str.
ZOO
0
100 m

Martinihof, Hörster Str. 25, ✉ 48143, ✆ (0251) 41 86 20, *Fax (0251) 54743* – TV ☎ P. E VISA Y z
15. Juli - 15. Aug. und 22. Dez. - 8. Jan. geschl. **Menu** *(Sonntag geschl.)* (Montag - Donnerstag nur Abendessen) à la carte 32/45 – **54 Z** 73/175.

Hansa-Haus garni, Albersloher Weg 1, ✉ 48155, ✆ (0251) 60 92 50, *Fax (0251) 67665,* – TV ☎ P. AE E VISA X n
20. Dez. - 6. Jan. geschl. – **13 Z** 116/210.

Villa Medici, Ostmarkstr. 15, ✉ 48145, ✆ (0251) 3 42 18, *Fax (0251) 393094,* « Moderne Einrichtung » – AE X a
Sonntag - Montag, Feb. und Aug. jeweils 2 Wochen sowie Weihnachten geschl. – **Menu** (italienische Küche) à la carte 70/86.

Kleines Restaurant im Oer'schen Hof, Königsstr. 42, ✉ 48143, ✆ (0251) 4 20 61, *Fax (0251) 42061,* Z c
Sonntag - Montag geschl. – **Menu** à la carte 62/86.

Il Cucchiaio d'argento -Hotel Windsor, Warendorfer Str. 177, ✉ 48145, ✆ (0251) 39 20 45 – AE E VISA X v
Samstagmittag, Montag und Juli - Aug. 2 Wochen geschl. – **Menu** (italienische Küche) à la carte 38/68.

Giverny, Hötteweg 9 (Königspassage), ✉ 48143, ✆ (0251) 51 14 35, *Fax (0251) 511752,* – E VISA Z e
Montag und Samstagmittag geschl. – **Menu** à la carte 54/76.

Wienburg mit Zim, Kanalstr. 237, ✉ 48147, ✆ (0251) 2 01 28 00, *Fax (0251) 2012815,* Biergarten, « Gartenterrasse » – TV ☎ P – 40. AE E VISA X z
Menu *(Montag geschl.)* à la carte 43/79 – **7 Z** 98/160.

Tokio Acacia, Friedrich-Ebert-Platz 2, ✉ 48153, ✆ (0251) 52 79 95, *Fax (0251) 533525* – AE E VISA X d
Sontag - Montag, 24. Dez. - 7. Jan. und März - April 2 Wochen geschl. – **Menu** (nur Abendessen, japanische Küche) 65/95.

Brauerei-Gaststätten :

Altes Gasthaus Leve, Alter Steinweg 37, ✉ 48143, ✆ (0251) 4 55 95, *Fax (0251) 57837,* « Gemütliche, altdeutsche Bierstuben » Z u
Montag geschl. – **Menu** à la carte 28/51.

Restaurant Wielers-Kleiner Kiepenkerl, Spiekerhof 47, ✉ 48143, ✆ (0251) 4 34 16, *Fax (0251) 43417,* – AE E VISA JCB Y a
Montag geschl. – **Menu** à la carte 29/68.

Pinkus Müller (Historisches Studentenlokal), Kreuzstr. 4, ✉ 48143, ✆ (0251) 4 51 51, *Fax (0251) 57136* Y p
Sonn- und Feiertage geschl. – **Menu** (westfälische und münstersche Spezialitäten) à la carte 33/61.

In Münster-Amelsbüren ③ : *11 km* :

Davert Jagdhaus, Wiemannstr. 4, ✉ 48163, ✆ (02501) 5 80 58, *Fax (02501) 58059,* « Gartenterrasse » – P. AE E VISA
Montag - Dienstag und Juli - Aug. 3 Wochen geschl. – **Menu** à la carte 60/97.

In Münster-Gremmendorf :

Münnich (mit Gästehaus,), Heeremansweg 11, ✉ 48167, ✆ (0251) 6 18 70 (Hotel) 6 18 74 90 (Rest.), *Fax (0251) 6187199,* , Biergarten – TV ☎ P – 50 X b
Menu à la carte 30/56 – **70 Z** 95/150.

In Münster-Handorf ② : *7 km* :

Romantik Hotel Hof zur Linde (westfälischer Bauernhof mit Gästehaus), Handorfer Werseufer 1, ✉ 48157, ✆ (0251) 3 27 50, *Fax (0251) 328209,* , – , Zim, TV ☎ P – 30. AE E VISA. Zim
Menu à la carte 69/107 – **48 Z** 150/350, 7 Suiten.

Haus Eggert , Zur Haskenau 81 (N : 5 km über Dorbaumstr.), ✉ 48157, ✆ (0251) 32 80 40, *Fax (0251) 3280459,* , , , – TV ☎ P – 45. AE E VISA
Menu à la carte 54/81 – **38 Z** 135/240, 3 Suiten.

Deutscher Vater, Petronillaplatz 9, ✉ 48157, ✆ (0251) 93 20 90, *Fax (0251) 9320944,* , – , Zim, TV ☎ P – 40. AE E VISA. Zim
Menu *(Freitag geschl.)* à la carte 39/66 – **25 Z** 90/190.

Handorfer Hof, Handorfer Str. 22, ✉ 48157, ✆ (0251) 93 20 50, *Fax (0251) 9320555,* – TV ☎ P – 50. E VISA.
Ende März - Anfang April 2 Wochen geschl. – **Menu** *(Montag - Dienstagmittag geschl.)* à la carte 30/57 – **15 Z** 85/150.

In Münster-Hiltrup ③ : *6 km*

Waldhotel Krautkrämer , Zum Hiltruper See 173 (S : 2,5 km), ✉ 48165, ℘ (02501) 80 50, *Fax (02501) 805104*, ←, , , , – , , , Ⓟ – 100. AE VISA. Rest
22. - 26. Dez. geschl. – **Menu** (bemerkenswerte Weinkarte) 58/69 (mittags) und à la carte 80/105 – **72 Z** 190/320, 4 Suiten.

Zur Prinzenbrücke M, Osttor 16, ✉ 48165, ℘ (02501) 4 49 70 (Hotel), 1 69 14 (Rest.), *Fax (02501) 449797*, – , Zim, Ⓟ – 40. AE E VISA
***Bella Italia* : Menu** à la carte 31/66 – **36 Z** 139/179.

Ambiente M garni, Marktallee 44, ✉ 48165, ℘ (02501) 2 77 60, *Fax (02501) 277610* – , Ⓟ. AE E VISA JCB
21 Z 120/180.

Gästehaus Landgraf, Thierstr. 26, ✉ 48165, ℘ (02501) 12 36, *Fax (02501) 3473*, « Terrasse » – Ⓟ. AE E VISA
Menu *(Montag geschl.)* à la carte 49/78 – **10 Z** 100/140.

In Münster-Mecklenbeck *SW : 4 km über Weseler Straße* X :

Landhaus Kahl mit Zim, Untietheide 2 (B 51), ✉ 48163, ℘ (0251) 97 10 30, *Fax (0251) 9710325*, – Ⓟ. AE E VISA
Menu à la carte 32/64 – **7 Z** 110/160.

In Münster-Roxel *W : 6,5 km über Einsteinstraße* X*, vor der Autobahn links ab :*

Parkhotel Schloß Hohenfeld , Dingbänger Weg 400, ✉ 48161, ℘ (02534) 80 80, *Fax (02534) 7114*, « Gartenterrasse », , , – , Zim, Ⓟ – 120. AE E VISA. Rest
Menu à la carte 45/79 – **94 Z** 155/295.

In Münster-Wolbeck *SO : 9 km über Wolbecker Straße* X :

Thier-Hülsmann (westfälisches Bauernhaus a. d. J. 1676), Münsterstr. 33, ✉ 48167, ℘ (02506) 8 31 00, *Fax (02506) 831035*, – Zim, Ⓟ – 40. AE E VISA.
Menu *(Samstag - Sonntag und Juni - Juli 2 Wochen geschl.)* à la carte 53/79 – **37 Z** 98/255.

MÜNSTEREIFEL, BAD *Nordrhein-Westfalen* 417 *O 4 – 17 800 Ew – Höhe 290 m – Kneippheilbad.*

Sehenswert : *Ehemalige Stadtbefestigung*★.
Kurverwaltung, Langenhecke 2, ✉ 53902, ℘ (02253) 50 51 82, Fax (02253) 505114.
Berlin 621 – Düsseldorf 91 – Bonn 42 – Aachen 74 – Düren 43 – Köln 50.

Kur- und Kongresshotel, Nöthener Str. 10, ✉ 53902, ℘ (02253) 5 40 00, *Fax (02253) 6408*, , Massage, , , , , – , Ⓟ – 200. AE E VISA. Zim
Menu à la carte 38/69 – **34 Z** 110/218 – ½ P 38.

Amber Parkhotel, Im Kurpark Schleid, ✉ 53902, ℘ (02253) 31 40, *Fax (02253) 314180*, , , – Ⓟ – 60. AE E VISA. Rest
Menu à la carte 42/66 – **45 Z** 135/250 – ½ P 30.

Waldhotel Brezing, Am Quecken, ✉ 53902, ℘ (02253) 9 53 00, *Fax (02253) 953030*, , – Ⓟ. AE E VISA
1. - 22. Dez. und 5. - 31. Jan. geschl. – (Restaurant nur für Hausgäste) – **20 Z** 80/180 – ½ P 22.

In Bad Münstereifel - Eicherscheid *S : 3 km :*

Café Oberfollmühle, Ahrweiler Str. 41, ✉ 53902, ℘ (02253) 79 04, , – Ⓟ. Rest
Menu *(Nov. - März Mittwoch geschl.)* à la carte 31/45 – **12 Z** 80/150 – ½ P 20.

MÜNSTER-SARMSHEIM *Rheinland-Pfalz siehe Bingen.*

MÜNSTERTAL *Baden-Württemberg* 419 *W 7 – 5 000 Ew – Höhe 400 m – Luftkurort – Wintersport : 800/1 300 m* 5 .

Sehenswert : *St. Trudpert (Kirchenschiff*★*, Kanzel*★*).*
Ausflugsziel : *Belchen* ★★★ *S : 18 km.*
Kurverwaltung, Untermünstertal, ✉ 79244, ℘ (07636) 7 07 30, Fax (07636) 70748.
Berlin 826 – Stuttgart 229 – Freiburg im Breisgau 30 – Basel 65.

In Untermünstertal :

Adler-Stube, Münster 59, ✉ 79244, ✆ (07636) 2 34, *Fax (07636) 7390,* 🌳, ≘s, 🌿 – TV ☎ P. AE E VISA
Menu *(Dienstag geschl.)* à la carte 36/73 – **19 Z** 99/196 – ½ P 34.

Schmidt's Gasthof zum Löwen, Wasen 54, ✉ 79244, ✆ (07636) 5 42, *Fax (07636) 77919,* « Gartenterrasse » – P VISA
Dienstag - Mittwoch und 20. Jan. - 25. Feb. geschl. – **Menu** 68/88 und à la carte.

In Obermünstertal :

Romantik Hotel Spielweg (Schwarzwaldgasthof mit 2 Gästehäusern), Spielweg 61, ✉ 79244, ✆ (07636) 7 09 77, *Fax (07636) 70966,* 🌳, Massage, ≘s, (geheizt), , 🌿, – TV P – 15. AE E VISA
Menu *(Montag - Dienstag geschl.)* (Tischbestellung ratsam) 79/105 und à la carte 57/104 – **42 Z** 150/450, 5 Suiten – ½ P 70.

Landgasthaus zur Linde (Historischer Gasthof a.d. 17. Jh.), Krumlinden 13, ✉ 79244, ✆ (07636) 4 47, *Fax (07636) 1632,* 🌳, « Gemütliche, individuelle Einrichtung » – TV ☎ P. E VISA. Rest
Menu *(außer Saison Montag geschl.)* à la carte 34/57 – **12 Z** 98/190.

MULFINGEN *Baden-Württemberg* 419 *R 13 – 3 400 Ew – Höhe 250 m.*
Berlin 564 – Stuttgart 100 – Würzburg 67 – Heilbronn 68 – Schwäbisch Hall 39.

In Mulfingen-Ailringen *NW : 7,5 km :*

Altes Amtshaus M, Kirchberg Weg 3, ✉ 74673, ✆ (07937) 97 00, *Fax (07937) 97030,* « Ehemaliger Sitz der Deutschordensritter a.d. 16. Jh. ; Designereinrichtung » – Rest, TV ☎ P – 10. AE E VISA.
Menu *(Montag - Dienstag geschl.)* (wochentags nur Abendessen) à la carte 48/72 – **15 Z** 98/165.

In Mulfingen-Heimhausen *S : 4 km :*

Jagstmühle, Jagstmühlenweg 10, ✉ 74673, ✆ (07938) 9 03 00, *Fax (07938) 7569,* 🌳, « Idyllische Lage im Jagsttal » – TV ☎ P – 25. AE E VISA JCB
Menu (Montag - Donnerstag nur Abendessen) à la carte 29/56 – **21 Z** 118/148.

MUNKMARSCH *Schleswig-Holstein siehe Sylt (Insel).*

MUNSTER *Niedersachsen* 415 416 *H 14 – 17 000 Ew – Höhe 73 m.*
Munster-Kohlenbissen (SO : 6 km), ✆ *(05192) 22 43.*
Tourist-Information, Rathaus, ✉ *29633,* ✆ *(05192) 13 02 48, Fax (05192) 130215.*
Berlin 267 – Hannover 92 – Hamburg 78 – Bremen 106 – Lüneburg 48.

Kaiserhof, Breloher Str. 50, ✉ 29633, ✆ (05192) 9 85 50, *Fax (05192) 7079,* ≘s, 🌿 – TV ☎ P – 80. AE E VISA
Menu *(Montag geschl.)* à la carte 29/52 – **20 Z** 75/150.

MURNAU *Bayern* 419 420 *W 17 – 11 000 Ew – Höhe 700 m – Luftkurort.*
Verkehrsamt, Kohlgruber Str. 1, ✉ *82418,* ✆ *(08841) 61 41 11, Fax (08841) 3491.*
Berlin 656 – München 70 – Garmisch-Partenkirchen 25 – Weilheim 20.

Alpenhof Murnau, Ramsachstr. 8, ✉ 82418, ✆ (08841) 49 10, *Fax (08841) 5438,* < Ammergauer Alpen und Estergebirge, « Gartenterrasse », (geheizt), 🌿 – TV P – 40. AE E VISA
Mitte Jan. - Mitte Feb. geschl. – **Menu** *(Nov. - April Montag geschl.)* (bemerkenswerte Weinkarte) 69/149 und à la carte 67/108 – **30 Z** 170/395 – ½ P 62
Spez. Schollenfilet mit Speck und Croûtons. Bayrische Kalbslende mit Pfifferlingen und Nudeln. Entenbrust mit Balsamicojus.

Gästehaus Steigenberger garni, Ramsachstr. 10, ✉ 82418, ✆ (08841) 48 80 30, *Fax (08841) 4880334,* <, ≘s, 🌿 – TV ☎ P. E VISA
14 Z 80/140.

Klausenhof am Kurpark, Burggraben 10, ✉ 82418, ✆ (08841) 6 11 60, *Fax (08841) 5043,* 🌳, ≘s – TV ☎ P – 20. E VISA. Zim
Menu à la carte 30/54 – **23 Z** 86/190 – ½ P 23.

Post garni, Obermarkt 1, ✉ 82418, ✆ (08841) 18 61, *Fax (08841) 99411* – ☎. AE E VISA
7. Nov. - 7. Dez. geschl. – **20 Z** 90/150.

Griesbräu, Obermarkt 37, ✉ 82418, ✆ (08841) 14 22, *Fax (08841) 3913* – ☎ P
15. Jan. - 15. Feb. geschl. – **Menu** à la carte 24/43 – **14 Z** 65/95.

MURR AN DER MURR *Baden-Württemberg* 419 *T 11 – 4 800 Ew – Höhe 202 m.*
Berlin 607 – Stuttgart 30 – Heilbronn 32 – Ludwigsburg 11.

XX **Trollinger,** Dorfplatz 2, ✉ 71711, ✆ (07144) 20 84 76, *Fax (07144) 281836,* – AE ⓓ E VISA
Samstagmittag, Mittwoch und Aug. 3 Wochen geschl. – **Menu** à la carte 44/76.

MURRHARDT *Baden-Württemberg* 419 *T 12 – 14 000 Ew – Höhe 291 m – Erholungsort.*
Sehenswert : *Stadtkirche (Walterichskapelle★).*
Verkehrsamt, Marktplatz 10, ✉ *71540,* ✆ *(07192) 21 31 24, Fax (07192) 5283.*
Berlin 576 – Stuttgart 55 – Heilbronn 41 – Schwäbisch Gmünd 34 – Schwäbisch Hall 34.

Sonne-Post, Walterichsweg 1, ✉ 71540, ✆ (07192) 9 24 20, *Fax (07192) 9242197,* – TV ☎ P – 50. AE E VISA
Menu à la carte 37/72 – **30 Z** 85/120 – ½ P 20.

In Murrhardt-Fornsbach *O : 6 km :*

Landgasthof Krone, Rathausplatz 3, ✉ 71540, ✆ (07192) 54 01, *Fax (07192) 20761,* – TV ☎ P. AE E VISA
12. - 23. Feb. und 21. Mai - 1. Juni geschl. – **Menu** *(Montag - Dienstag geschl.)* à la carte 24/58 – **7 Z** 62/125 – ½ P 15.

MUSKAU, BAD *Sachsen* 418 *L 28 – 3 800 Ew – Höhe 110 m – Moorbad.*
Sehenswert : *Muskauer Park★★.*
Berlin 161 – Dresden 111 – Cottbus 40 – Görlitz 63.

Am Schloßbrunnen, Köbelner Str. 68, ✉ 02953, ✆ (035771) 52 30, *Fax (035771) 52350,* – TV ☎ P. AE ⓓ E VISA
Menu à la carte 23/45 – **10 Z** 85/130 – ½ P 15.

MUTTERSTADT *Rheinland-Pfalz* 417 419 *R 9 – 12 800 Ew – Höhe 95 m.*
Berlin 629 – Mainz 77 – Mannheim 14 – Kaiserslautern 58 – Speyer 22.

Jägerhof, An der Fohlenweide 29 (Gewerbegebiet-Süd), ✉ 67112, ✆ (06234) 9 45 00, *Fax (06234) 945094,* – TV ☎ P. E VISA
Menu *(Sonntagabend und Freitag geschl.)* (wochentags nur Abendessen) à la carte 28/50 – **27 Z** 75/160.

X **Ebnet,** Neustadter Str. 53, ✉ 67112, ✆ (06234) 9 46 00, *Fax (06234) 946060,* – P. AE E VISA.
Donnerstag - Freitagmittag, Samstagmittag und Jan. 2 Wochen geschl. – **Menu** à la carte 32/60.

NABBURG *Bayern* 420 *R 20 – 6 500 Ew – Höhe 385 m.*
Berlin 434 – München 184 – Weiden in der Oberpfalz 29 – Nürnberg 92 – Regensburg 62.

Pension Ruhland garni, Am Kastanienbaum 1, ✉ 92507, ✆ (09433) 5 34, *Fax (09433) 535,* ≤, – ☎ P
15 Z 40/75.

NÄCHST-NEUENDORF *Brandenburg siehe Zossen.*

NAGOLD *Baden-Württemberg* 419 *U 10 – 22 300 Ew – Höhe 411 m.*
Berlin 675 – Stuttgart 52 – Karlsruhe 81 – Tübingen 34 – Freudenstadt 39.

Adler, Badgasse 1, ✉ 72202, ✆ (07452) 6 75 34, *Fax (07452) 67080* – TV ☎ P – 25. AE E
Menu *(Montag geschl.)* à la carte 29/61 – **22 Z** 100/180.

XX **Alte Post,** Bahnhofstr. 2 (1. Etage), ✉ 72202, ✆ (07452) 8 45 00, *Fax (07452) 845050,* « Fachwerkhaus a.d.J. 1697 » – P. ⓓ E VISA
Montag, Jan. 2 Wochen und Aug. - Sept. 3 Wochen geschl. – **Menu** à la carte 57/88 – ***Kutscherstube :*** **Menu** à la carte 36/66.

XX **Eles Restaurant,** Neuwiesenweg 44, ✉ 72202, ✆ (07452) 54 85, *Fax (07452) 970898,* – P
Sonntag - Montag geschl. – **Menu** (nur Abendessen, Tischbestellung ratsam) à la carte 47/69.

XX **Zur Burg,** Burgstr. 2, ✉ 72202, ✆ (07452) 37 35, *Fax (07452) 66291,* Biergarten – P. E VISA
Montagabend - Dienstag und 22. Mai - 6. Juni geschl. – **Menu** à la carte 39/64.

In Nagold-Pfrondorf *N : 4,5 km :*

Pfrondorfer Mühle, an der B 463, ✉ 72202, ✆ (07452) 8 40 00, *Fax (07452) 840048*, – TV ☎ P. AE ⓓ E VISA
Menu à la carte 31/76 – **21 Z** 98/200.

NAILA *Bayern* 418 420 *P 19 – 9 100 Ew – Höhe 511 m – Wintersport : 500/600 m 1.*
Tourist-Information, Peunthgasse 5, ✉ 95119, ✆ (09282) 68 29, Fax (09282) 8637.
Berlin 314 – München 288 – Hof 22 – Bayreuth 59.

Grüner Baum, Marktplatz 5, ✉ 95119, ✆ (09282) 70 61, *Fax (09282) 7356*, – Zim, TV ☎ P. E VISA JCB
18. Aug. - 10. Sept. geschl. – **Menu** *(Donnerstag geschl.)* à la carte 23/40 – **29 Z** 75/120 – ½ P 18.

In Naila-Culmitzhammer *SW : 4 km :*

Gutshof Culmitzhammer, ✉ 95119, ✆ (09282) 9 81 10, *Fax (09282) 9811200*, – TV ☎ P – 30. AE ⓓ E VISA
Menu à la carte 26/59 – **24 Z** 80/170 – ½ P 30.

In Naila-Culmitz *SW : 5 km :*

Zur Mühle, Zur Mühle 6, ✉ 95119, ✆ (09282) 63 61, *Fax (09282) 6384*, – ☎ P. E
Menu *(Montag und Mitte Okt. - Anfang Nov. geschl.)* à la carte 21/35 – **16 Z** 50/100 – ½ P 12.

NAKENSTORF *Mecklenburg-Vorpommern siehe Neukloster.*

NASSAU *Rheinland-Pfalz* 417 *O 7 – 5 300 Ew – Höhe 80 m – Luftkurort.*
Touristik Nassauer Land, Schloßstr. 6, ✉ 56377, ✆ (02604) 97 02 30, Fax (02604) 970224.
Berlin 581 – Mainz 57 – Koblenz 27 – Limburg an der Lahn 49 – Wiesbaden 52.

Rüttgers garni, Dr.-Haupt-Weg 4, ✉ 56377, ✆ (02604) 9 53 70, *Fax (02604) 953730* – TV ☎ P. AE E VISA
15 Z 67/124.

In Weinähr *NO : 6 km :*

Landhotel Weinhaus Treis, Hauptstr. 1, ✉ 56379, ✆ (02604) 97 50, *Fax (02604) 4543*, (geheizt), – TV ☎ P – 50. AE ⓓ E VISA
Menu à la carte 29/65 – **50 Z** 60/146 – ½ P 28.

NASTÄTTEN *Rheinland-Pfalz* 417 *P 7 – 3 300 Ew – Höhe 250 m.*
Berlin 585 – Mainz 46 – Koblenz 35 – Limburg an der Lahn 34 – Wiesbaden 41.

Oranien, Oranienstr. 10, ✉ 56355, ✆ (06772) 10 35, *Fax (06772) 2962*, – TV ☎ P – 80. AE E
Juli 2 Wochen geschl. – **Menu** *(Montag geschl.)* à la carte 30/59 – **18 Z** 55/180.

NAUHEIM, BAD *Hessen* 417 *O 10 – 28 000 Ew – Höhe 145 m – Heilbad.*
Ausflugsziel : *Burg Münzenberg*★, N : 13 km.*
Bad Nauheim, Am Golfplatz, ✆ (06032) 21 53.
Kur- und Verkehrsvereinigung, Neue Kurkolonnade, ✉ 61231, ✆ (06032) 21 20, Fax (06032) 35142.
Berlin 507 – Wiesbaden 64 – Frankfurt am Main 38 – Gießen 31.

Parkhotel am Kurhaus, Nördlicher Park 16, ✉ 61231, ✆ (06032) 30 30, *Fax (06032) 303419*, – Zim, TV P – 250. AE ⓓ E VISA
Menu à la carte 47/79 *(auch Diät und vegetar. Gerichte)* – **159 Z** 189/299, 13 Suiten – ½ P 36.

Im Sportpark, Friedberger Str. 30, ✉ 61231, ✆ (06032) 40 04, *Fax (06032) 1815*, Massage, (Halle) – TV ☎ P – 50. AE ⓓ E VISA
Menu à la carte 29/77 – **25 Z** 164/218 – ½ P 26.

Rosenau, Steinfurther Str. 1, ✉ 61231, ☎ (06032) 9 64 60, *Fax (06032) 9646666*, Biergarten, – – 60. AE E VISA
Menu à la carte 46/72 – **54 Z** 155/225 – ½ P 30.

Spöttel, Luisenstr. 5, ✉ 61231, ☎ (06032) 93 04 0, *Fax (06032) 930459* – . Rest
(Restaurant nur für Hausgäste) – **35 Z** 90/140.

Elsass, Mittelstr. 17, ✉ 61231, ☎ (06032) 12 10 – AE E VISA
Dienstag und Anfang Jan. 1 Woche geschl. – **Menu** (wochentags nur Abendessen) 42.

In Bad Nauheim-Steinfurth *N : 3 km :*

Herrenhaus von Löw (mit Gästehaus), Steinfurther Hauptstr. 36, ✉ 61231, ☎ (06032) 9 69 50, *Fax (06032) 969550*, , « Herrenhaus a.d.19. Jh. mit geschmackvoller Einrichtung ; Restaurant in einem Gewölbekeller », – Zim, – 15. AE E VISA
Menu (wochentags nur Abendessen) à la carte 44/71 – **20 Z** 190/240 – ½ P 45.

NAUMBURG *Hessen* 417 *M 11 – 5 660 Ew – Höhe 280 m – Kneippkurort.*

Kur- und Kurverwaltung im Haus des Gastes, Hattenhäuser Weg 10, ✉ 34311, ☎ (05625) 79 09 15, Fax (05625) 790950.

Berlin 420 – Wiesbaden 218 – Kassel 36 – Korbach 27 – Fritzlar 17.

Weinrich, Bahnhofstr. 7, ✉ 34311, ☎ (05625) 2 23, *Fax (05625) 7321*, Massage, , – . AE E VISA. Zim
15. Okt. - 15. Nov. geschl. – **Menu** *(Jan. - April Mittwoch geschl.)* à la carte 30/50 – **19 Z** 70/130 – ½ P 18.

In Naumburg-Heimarshausen *SO : 9 km :*

Ferienhof Schneider , Kirschhäuserstr. 7, ✉ 34311, ☎ (05622) 91 51 12, *Fax (05622) 915113*, , , , , (Reitplatz) –
4. Jan. - 7. Feb. geschl. – **Menu** *(Okt. - März Montag geschl.)* à la carte 27/55 – **30 Z** 55/126 – ½ P 10.

NAUMBURG *Sachsen-Anhalt* 418 *M 19 – 31 000 Ew – Höhe 108 m.*

Sehenswert : *Dom St. Peter und Paul (Naumburger Stifterfiguren★★★, Westlettner★★) – St. Wenzel★.*

Ausflugsziele : *Freyburg : Schloß Neuenburg★ (Doppelkapelle★, Kapitelle★) N : 6 km – Schulpforta : Panstermühle★ SW : 3 km – Bad Kösen : Soleförderanlage★, Lage von Rudelsburg und Burg Saaleck★ SW : 7 km.*

Fremdenverkehrsamt, Markt 6, ✉ 06618, ☎ (03445) 20 16 14, Fax (03445) 266047.

Berlin 223 – Magdeburg 135 – Leipzig 62 – Weimar 49.

Stadt Aachen, Markt 11, ✉ 06618, ☎ (03445) 24 70, *Fax (03445) 247130* – , Zim, . AE E VISA. Rest
Menu à la carte 29/50 – **40 Z** 95/175.

Kaiserhof, Bahnhofstr. 35, ✉ 06618, ☎ (03445) 24 40, *Fax (03445) 244100*, – , Zim, – 60. AE E VISA
Menu *(Sonntag geschl.)* à la carte 26/43 – **80 Z** 89/155.

Zur Alten Schmiede, Lindenring 36, ✉ 06618, ☎ (03445) 2 43 60, *Fax (03445) 243666*, – – 80. AE E VISA
Menu *(Sonntag geschl.)* (im Winter nur Abendessen) à la carte 32/45 – **41 Z** 115/160.

Sankt Wenzel, Friedrich-Nietzsche-Str. 21a, ✉ 06618, ☎ (03445) 7 17 90, *Fax (03445) 7179301*, – . Rest
Menu à la carte 23/41 – **14 Z** 80/140.

Ratskeller, Markt 1, ✉ 06618, ☎ (03445) 20 20 63, *Fax (03445) 202063* – AE E VISA
Sonntagabend geschl. – **Menu** à la carte 27/48.

NAUNDORF *Sachsen* 418 *L 21 – 1 300 Ew – Höhe 106 m.*

Berlin 157 – Dresden 121 – Dessau 54 – Halle 48 – Leipzig 27.

In Naundorf-Krippehna *SO : 2,5 Km :*

Alpha garni, Am Dorfplatz 4, ✉ 04838, ☎ (03423) 60 26 13, *Fax (03423) 602614*, – .
20 Z.

NAUNHOF *Sachsen* **418** *M 21 – 6 300 Ew – Höhe 130 m.*
Berlin 203 – Dresden 95 – Leipzig 27.

Estrela Ⓜ, Mühlgasse 2, ✉ 04683, ✆ (034293) 3 20 45, *Fax (034293) 32049,* – Zim, – 20. Rest
Menu (Montag - Freitag nur Abendessen) à la carte 28/49 – **34 Z** 105/160.

Carolinenhof, Bahnhofstr. 32, ✉ 04683, ✆ (034293) 6 13 00, *Fax (034293) 30835,* – Zim, – 50.
Menu *(Montagmittag geschl.)* à la carte 30/52 – **33 Z** 89/220.

NAURATH / WALD *Rheinland-Pfalz siehe Trittenheim.*

NEBRA *Sachsen-Anhalt* **418** *M 18 – 3 400 Ew – Höhe 240 m.*
Berlin 220 – Magdeburg 117 – Erfurt 84 – Sangerhausen 39 – Weimar 48 – Naumburg 37.

Schlosshotel, Schloßhof 4, ✉ 06642, ✆ (034461) 2 27 50, *Fax (034461) 22759,* – – 50
21 Z.

NECKARGEMÜND *Baden-Württemberg* **417 419** *R 10 – 15 000 Ew – Höhe 124 m.*
Ausflugsziel : *Dilsberg : Burg (Turm ★) NO : 5 km.*
Verkehrsamt, Hauptstr. 25, ✉ 69151, ✆ (06223) 35 53, Fax (06223) 804280.
Berlin 635 – Stuttgart 107 – Mannheim 41 – Heidelberg 10 – Heilbronn 53.

In Neckargemünd-Dilsberg *NO : 4,5 km :*

Sonne, Obere Str. 14, ✉ 69151, ✆ (06223) 22 10, *Fax (06223) 6452,*
Menu à la carte 41/70.

In Neckargemünd-Kleingemünd *N : 1 km :*

Zum Schwanen, Uferstr. 16, ✉ 69151, ✆ (06223) 9 24 00, *Fax (06223) 2413,* – – 40.
Menu à la carte 36/72 – **21 Z** 140/230.

In Neckargemünd-Waldhilsbach *SW : 5 km :*

Zum Rössl mit Zim, Heidelberger Str. 15, ✉ 69151, ✆ (06223) 26 65, *Fax (06223) 6859,* –
Juli 2 Wochen geschl. – **Menu** *(Montag - Dienstag geschl.)* à la carte 29/61 – **14 Z** 59/120.

NECKARSTEINACH *Hessen* **417 419** *R 10 – 3 900 Ew – Höhe 127 m.*
Berlin 639 – Wiesbaden 111 – Mannheim 45 – Heidelberg 14 – Heilbronn 57.

Vierburgeneck, Heiterswiesenweg 11 (SW : 1 km, B 37), ✉ 69239, ✆ (06229) 5 42, *Fax (06229) 396,* « Terrasse über dem Neckar », –
20. Dez. - 5. Feb. geschl. – **Menu** *(Dienstag geschl.)* (nur Abendessen) à la carte 32/70 – **17 Z** 75/150.

NECKARSULM *Baden-Württemberg* **417 419** *S 11 – 22 000 Ew – Höhe 150 m.*
Berlin 590 – Stuttgart 59 – Heilbronn 5,5 – Mannheim 78 – Würzburg 106.

An der Linde, Stuttgarter Str. 11, ✉ 74172, ✆ (07132) 9 86 60, *Fax (07132) 9866222,* – – 20.
Menu *(Freitagabend - Samstag geschl.)* à la carte 37/74 – **28 Z** 103/180.

Astron, Sulmstr. 2, ✉ 74172, ✆ (07132) 38 80, *Fax (07132) 388113,* – Zim, – 100.
Menu à la carte 41/69 – **84 Z** 177/229.

Ramada Ⓜ garni, Heiner-Fleischmann-Str. 8, ✉ 74172, ✆ (07132) 91 00, *Fax (07132) 910444* – – 60.
(nur Abendessen für Hausgäste) – **96 Z** 162/205.

Post, Neckarstr. 8, ✉ 74172, ✆ (07132) 9 32 10, *Fax (07132) 932199* – – 25.
1. - 15. Aug. und 24. Dez. - 10. Jan. geschl. – **Menu** *(Samstag geschl.)* à la carte 31/67 – **41 Z** 100/140.

Villa Sulmana garni, Ganzhornstr. 21, ✉ 74172, ✆ (07132) 9 36 00, *Fax (07132) 936066* –
30 Z 79/160.

Ballei, Deutschordensplatz, ✉ 74172, ✆ (07132) 60 11, *Fax (07132) 37713,* – – 100.
Montag und Aug. 2 Wochen geschl. – **Menu** à la carte 30/66.

NECKARWESTHEIM Baden-Württemberg 419 S 11 – 2 700 Ew – Höhe 266 m.

18 Neckarwestheim, Schloß Liebenstein, (07133) 1 60 19.
Berlin 602 – Stuttgart 38 – Heilbronn 13 – Ludwigsburg 25.

Schloßhotel Liebenstein (mit Renaissancekapelle a.d.J. 1600), S : 2 km, 74382, (07133) 9 89 90, *Fax (07133) 6045*, ←, – , Zim, – 80
Menu (nur Abendessen) à la carte 59/80 – ***Kurfürst*** **: Menu** à la carte 46/77 – **24 Z** 155/290.

Am Markt garni, Marktplatz 2, 74382, (07133) 9 81 00, *Fax (07133) 14423* – , . AE E VISA
14 Z 90/140.

NECKARZIMMERN Baden-Württemberg 417 419 S 11 – 1 650 Ew – Höhe 151 m.

Sehenswert : *Burg Hornberg (Turm ← ★).*
Berlin 593 – Stuttgart 80 – Mannheim 79 – Heilbronn 25 – Mosbach 8.

Burg Hornberg (Burg Götz von Berlichingens), 74865, (06261) 9 24 60, *Fax (06261) 924644*, ← Neckartal, – – 40. E VISA
Jan. - Feb. geschl. – **Menu** à la carte 49/83 – **24 Z** 150/250 – ½ P 50.

NEHREN Baden-Württemberg 419 U 11 – 3 500 Ew – Höhe 430 m.

Berlin 692 – Stuttgart 61 – Tübingen 10 – Villingen-Schwenningen 69.

Nehrener Hof, Bahnhofstr. 57, 72147, (07473) 9 51 20, *Fax (07473) 951220*, – . E
Menu à la carte 31/58 – **14 Z** 70/130.

NEHREN Rheinland-Pfalz 417 P 5 – 100 Ew – Höhe 90 m.

Berlin 662 – Mainz 120 – Trier 79 – Koblenz 63.

Quartier Andre, Moselstr. 2, 56820, (02673) 40 15, *Fax (02673) 4168*, , – . AE E VISA. Rest
Jan. - 15. März und 10. Nov. - 22. Dez. geschl. – **Menu** *(Dienstag geschl.)* à la carte 25/52 – **13 Z** 70/130.

NEIDENSTEIN Baden-Württemberg 417 419 S 10 – 1 600 Ew – Höhe 167 m.

Berlin 620 – Stuttgart 98 – Mannheim 48 – Heidelberg 27.

Zur Sonne (ehem. Bauernhof a.d.J. 1791), Bahnhofstr. 6, 74933, (07263) 12 16, *Fax (07263) 3882*, « Innenhofterrasse » –
Donnerstag und über Fastnacht 2 Wochen geschl. – **Menu** (Montag - Freitag nur Abendessen) à la carte 28/53.

NELLINGEN Baden-Württemberg 419 U 13 – 1 600 Ew – Höhe 680 m.

Berlin 631 – Stuttgart 75 – Göppingen 41 – Ulm 28.

Landgasthof Krone, Aicher Str. 7, 89191, (07337) 9 69 60, *Fax (07337) 969696*, – , Zim, – 50
Menu *(Sonn- und Feiertage sowie 24. Dez. - 10.Jan. geschl.)* à la carte 26/52 – **40 Z** 55/125.

NENNDORF, BAD Niedersachsen 415 417 I 12 – 10 000 Ew – Höhe 70 m – Heilbad.

Kur- und Verkehrsverein, Kurhausstr. 4, 31542, (05723) 34 49, Fax (05723) 1435.
Berlin 315 – Hannover 33 – Bielefeld 85 – Osnabrück 115.

Esplanade, Bahnhofstr. 8, 31542, (05723) 70 24 60, *Fax (05723) 702590*, « Lage am Kurpark », , (Thermal) – , Zim, – 60. AE E VISA
Menu à la carte 34/56 – **93 Z** 107/355.

Hannover (mit Gästehaus), Buchenallee 1, 31542, (05723) 79 20, *Fax (05723) 792300*, , – , Zim, – 150. AE E VISA
Kupferkanne **: Menu** à la carte 34/76 – **70 Z** 115/330 – ½ P 30.

Tallymann, Hauptstr. 59, 31542, (05723) 61 67, *Fax (05723) 707869*, , , – , Zim, . AE E VISA JCB
Menu *(Donnerstag geschl.)* à la carte 38/62 – **52 Z** 119/159.

Harms , Gartenstr. 5, 31542, (05723) 95 00, *Fax (05723) 950280*, Massage, , , (Thermal), – , Zim, . AE E VISA. Rest
(Restaurant nur für Hausgäste) – **62 Z** 78/179 – ½ P 15.

Schaumburg-Diana (mit Gästehäusern), Rodenberger Allee 28, 31542, (05723) 50 94, *Fax (05723) 3585*, – Zim, . AE E VISA. Rest
23. Dez. - 2. Jan. geschl. – (Restaurant nur für Hausgäste) – **44 Z** 105/220.

In Bad Nenndorf-Riepen *NW : 4,5 km über die B 65 :*

Schmiedegasthaus Gehrke, Riepener Str. 21, ✉ 31542, ✆ (05725) 50 55, *Fax (05725) 7282*, – TV ☎ – P – 100. AE D VISA
Juli - Aug. 2 Wochen geschl. – **Menu** siehe Rest. ***La Forge*** separat erwähnt – ***Schmiederestaurant*** *(Montag geschl.)* **Menu** à la carte 40/67 – **19 Z** 72/270 – ½ P 40.

La Forge - Schmiedegasthaus Gehrke, Riepener Str. 21, ✉ 31542, ✆ (05725) 50 55, *Fax (05725) 7282* – P. AE D VISA.
Montag - Dienstag, Jan. sowie Juli - Aug. jeweils 2 Wochen geschl. – **Menu** (nur Abendessen, Tischbestellung ratsam) 105/150
Spez. Boddermelksanballerße mit in Piment gebeizter Lachsforelle. Seezungenröllchen und Langustinenravioli mit Portwein-Ingwersauce. Malzkaffeemousse mit eingeweckten Birnen und Karamelparfait.

In Bad Nenndorf-Waltringhausen *NO : 1,5 km :*

Deisterblick garni, Finkenweg 1, ✉ 31542, ✆ (05723) 30 36, *Fax (05723) 4686* – TV ☎ P. AE D E VISA
20. Dez. - 5. Jan. geschl. – **18 Z** 78/136.

NENTERSHAUSEN
Hessen siehe Sontra.

NEPPERMIN
Mecklenburg-Vorpommern siehe Usedom (Insel).

NERESHEIM
Baden-Württemberg 419 420 T 14 – 8 000 Ew – Höhe 500 m – Erholungsort.

Sehenswert : *Klosterkirche★.*

Hofgut Hochstadt (S : 3 km), ✆ (07326) 79 79.

Berlin 533 – Stuttgart 100 – Augsburg 78 – Aalen 26 – Heidenheim an der Brenz 21 – Nürnberg 111.

In Neresheim-Ohmenheim *N : 3 km :*

Landhotel Zur Kanne, Brühlstr. 2, ✉ 73450, ✆ (07326) 80 80, *Fax (07326) 80880*, , , – , Rest, TV ☎ P – 40. AE D E VISA JCB
Menu à la carte 29/65 – **56 Z** 77/160 – ½ P 30.

NESSE
Niedersachsen 415 F 6 – 1 500 Ew – Höhe 5 m.

von Nesse-Neßmersiel nach Baltrum ✆ (04939) 9 13 00.

Kurverwaltung (Neßmersiel) ✉ 26553, ✆ (04933) 91 40 23, Fax (04933) 914025.

Berlin 530 – Hannover 266 – Emden 50 – Oldenburg 95 – Wilhelmshaven 58.

In Nesse-Neßmersiel *NW : 4 km :*

Fährhaus, Dorfstr. 42, ✉ 26553, ✆ (04933) 3 03, *Fax (04933) 2390*, – TV P
Anfang Jan. - Mitte Feb. und Nov. - 24. Dez. geschl. – **Menu** *(Mitte Feb. - Mitte März Montag - Freitag nur Abendessen)* à la carte 30/68 – **19 Z** 65/170.

NESSELWANG
Bayern 419 420 X 15 – 3 500 Ew – Höhe 865 m – Luftkurort – Wintersport : 900/1 600 m 6 .

Gästeinformation Nesselwang, Lindenstr. 16, ✉ 87484, ✆ (08361) 92 30 40, Fax (08361) 923044.

Berlin 658 – München 120 – Kempten (Allgäu) 25 – Füssen 17.

Alpenrose, Jupiterstr. 9, ✉ 87484, ✆ (08361) 9 20 40, *Fax (08361) 920440*, , – TV ☎ P. AE D E VISA
(Abendessen nur für Hausgäste) – **25 Z** 80/210 – ½ P 20.

Brauerei-Gasthof Post, Hauptstr. 25, ✉ 87484, ✆ (08361) 3 09 10, *Fax (08361) 30973*, Biergarten, Brauereimuseum – TV ☎ P. E VISA
Menu à la carte 26/54 – **23 Z** 95/150 – ½ P 28.

Gisela, Falkensteinstr. 9, ✉ 87484, ✆ (08361) 2 17, *Fax (08361) 3889*, , , – Rest, TV ☎ P.
10. - 28. Jan. und 10. - 28. Nov. geschl. – **Menu** *(Mittwoch geschl.)* (wochentags nur Abendessen) à la carte 30/64 – **15 Z** 65/130 – ½ P 18.

Alpenhotel Martin, An der Riese 18, ✉ 87484, ✆ (08361) 14 24, *Fax (08361) 1890*, , – Rest, TV P
15. Nov. - 15. Dez. geschl. – **Menu** à la carte 26/50 – **20 Z** 75/130 – ½ P 18.

Marianne, Römerstr. 11, ✉ 87484, ✆ (08361) 32 18, *Fax (08361) 1091*, , , – P. Rest
Nov. - 18. Dez. geschl. – **Menu** (nur Abendessen) à la carte 25/50 – **29 Z** 50/130 – ½ P 18.

NETPHEN *Nordrhein-Westfalen* 417 *N 8 – 25 000 Ew – Höhe 250 m.*

Verkehrsamt, im Heimatmuseum, Lahnstr. 47, ✉ 57250, ☏ (02738) 60 31 11, Fax (02738) 603125.

Berlin 525 – Düsseldorf 138 – Siegen 9.

Bei der Lahnquelle *SO : 17,5 km über Netphen-Deuz – Höhe 610 m*

Forsthaus Lahnquelle, Lahnhof 1, ✉ 57250 Netphen, ☏ (02737) 2 41, *Fax (02737) 243*, ≤, – 65
Menu à la carte 36/68 – **22 Z** 75/185 – ½ P 25.

NETTETAL *Nordrhein-Westfalen* 417 *M 2 – 40 000 Ew – Höhe 46 m.*

Nettetal-Hinsbeck, An Haus Bey, ☏ (02153) 9 19 70.

Berlin 591 – Düsseldorf 53 – Krefeld 24 – Mönchengladbach 24 – Venlo 15.

In Nettetal-Hinsbeck – *Erholungsort :*

Haus Josten, Wankumer Str. 3, ✉ 41334, ☏ (02153) 9 16 70, *Fax (02153) 13188* – Zim, – 50. AE E VISA
Juli 3 Wochen geschl. – **Menu** *(Mittwoch geschl.)* (wochentags nur Abendessen) à la carte 31/61 – **18 Z** 95/160.

Haus Bey, An Haus Bey 16 (Golfplatz), ✉ 41334, ☏ (02153) 91 97 61, *Fax (02153) 919766*, – – 15. E VISA.
Montag - Dienstag und Feb. - März 2 Wochen geschl. – **Menu** à la carte 48/72 – ***Bistro*** *(Montag geschl.)* **Menu** à la carte 33/50.

Haus Sonneck, Schloßstr. 61, ✉ 41334, ☏ (02153) 41 57 – . E VISA
Menu *(Dienstag geschl.)* (wochentags nur Abendessen) à la carte 48/74.

In Nettetal-Leuth – *Erholungsort :*

Leuther Mühle, Hinsbecker Str. 34 (B 509), ✉ 41334, ☏ (02157) 13 20 61, *Fax (02157) 132527*, , – – 25. AE E VISA JCB.
Menu à la carte 42/92 – **26 Z** 115/170.

In Nettetal-Lobberich :

Zum Schänzchen, Am Schänzchen 5 (südlich der BAB-Ausfahrt), ✉ 41334, ☏ (02153) 91 57 10, *Fax (02153) 915742* – . AE E VISA
Menu *(Montag und Juli - Aug. 3 Wochen geschl.)* à la carte 30/55 – **21 Z** 90/150.

Haus am Rieth, Reinersstr. 5, ✉ 41334, ☏ (02153) 8 01 00, *Fax (02153) 801020*, – Zim, . AE E VISA.
(nur Abendessen für Hausgäste) – **21 Z** 80/130.

Burg Ingenhoven, Burgstr. 10, ✉ 41334, ☏ (02153) 91 25 25, *Fax (02153) 912526*, , « Restaurierte Burganlage a.d.15. Jh. » –
Montag und 1. - 9. Jan. geschl. – **Menu** à la carte 40/60.

NETZEN *Brandenburg siehe Brandenburg.*

NEU GOLM *Brandenburg siehe Saarow-Pieskow, Bad.*

NEUALBENREUTH *Bayern* 420 *Q 21 – 1 450 Ew – Höhe 549 m.*

Schloß Ernestgrün (S : 1 km), ☏ (09638) 12 71.

Berlin 381 – München 254 – Weiden in der Oberpfalz 45 – Bayreuth 83 – Tirschenreuth 15.

Schloßhotel Ernestgrün, Rothmühle 15 (S : 1,5 km), ✉ 95698, ☏ (09638) 93 00, *Fax (09638) 930400*, « Gartenterrasse », , , , , – Zim, – 40. AE E
Menu à la carte 31/57 – **70 Z** 88/146 – ½ P 23.

NEU ANSPACH *Hessen* 417 *P 9 – 13 000 Ew – Höhe 390 m.*

Berlin 531 – Wiesbaden 61 – Frankfurt am Main 31.

In Neu Anspach-Westerfeld :

Landhotel Velte, Usinger Str. 38, ✉ 61267, ☏ (06081) 91 79 00, *Fax (06081) 687472*, – Zim, . E VISA. Zim
28. Dez. - 10. Jan. geschl. – **Menu** *(Montag geschl.)* (wochentags nur Abendessen) à la carte 27/55 – **15 Z** 75/185.

NEUBERG *Hessen siehe Erlensee.*

NEUBEUERN *Bayern 420 W 20 – 4 000 Ew – Höhe 478 m – Erholungsort.*
Berlin 660 – München 69 – Bad Reichenhall 73 – Rosenheim 12 – Miesbach 31.

Burghotel-Burgdacherl, Marktplatz 23, ✉ 83115, ✆ (08035) 24 56, *Fax (08035) 1312,* ≤ Riesenkopf und Kaisergebirge, – TV ☎ P. AE E VISA.
Mitte - Ende Jan. geschl. – **Menu** *(Montag geschl.)* à la carte 31/58 – **13 Z** 70/170.

NEUBRANDENBURG *Mecklenburg-Vorpommern 416 F 23 – 79 000 Ew – Höhe 19 m.*
Sehenswert : *Stadtbefestigung★★.*
Ausflugsziele : *Feldberger Seenlandschaft★ – Neustrelitz (Schloßpark★, Orangerie-Malereien★).*
Tourist-Information, Waagestraße, ✉ 17033, ✆ (0395) 1 94 33, Fax (0395) 5442318.
ADAC, *Demminer Str. 10, ✉ 17034, ✆ (0395) 43 06 90, Fax (0395) 4306916.*
Berlin 142 ③ – Schwerin 149 ④ – Rostock 103 ④ – Stralsund 99 ① – Szczecin 99 ②

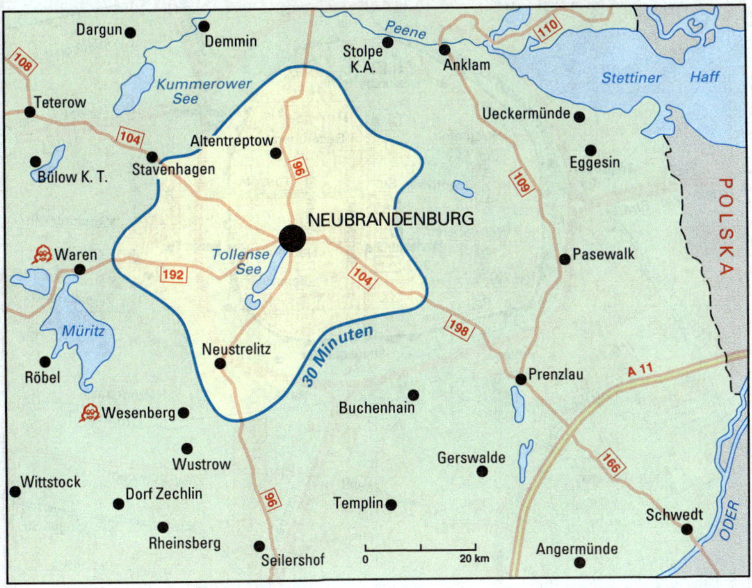

Radisson SAS, Treptower Str. 1, ✉ 17033, ✆ (0395) 5 58 60, *Fax (0395) 5586625* – , Zim, Zim, TV ☎ P – 70. AE E VISA AY a
Menu à la carte 33/63 – **190 Z** 155/205, 7 Suiten.

Andersen Hotel, Große Krauthöferstr. 1, ✉ 17033, ✆ (0395) 55 60, *Fax (0395) 5562682,* – , Zim, TV ☎ P – 110. AE E VISA BY b
Menu à la carte 29/63 – **185 Z** 125/150, 5 Suiten.

Weinert garni, Ziegelbergstr. 23, ✉ 17033, ✆ (0395) 58 12 30, *Fax (0395) 5812311* – TV ☎ P – 20. AE E VISA. BY d
18 Z 80/130.

Fritz Reuter, Friedländer Str. 2, ✉ 17033, ✆ (0395) 5 82 31 55, *Fax (0395) 5443271* BY n
Sonntagabend geschl. – **Menu** à la carte 27/48.

In Trollenhagen *N : 4,5 km über ① :*

Hellfeld, Hellfelder Str. 15, ✉ 17039, ✆ (0395) 42 98 10, *Fax (0395) 42981140,* – Zim, TV ☎ P – 60. AE E VISA JCB. Rest
Menu à la carte 33/53 – **30 Z** 89/150.

NEUBRANDENBURG

An der Marienkirche	AY	3
Beguinenstraße	AY	4
Behmenstraße	BY	5
Bernhardstraße	AY	7
Bussardstraße	BY	8
Darrenstraße	AY	9
Friedländer Straße	BY	12
Herbordstraße	BY	13
Lerchenstraße	AY	14
Marktplatz	AY	17
Mühlenholzstraße	BYZ	18
Poststraße	BY	20
Sonnenkamp	BZ	21
Turmstraße	BY	
Voßtraße	AY	22
Waagestraße	AY	24

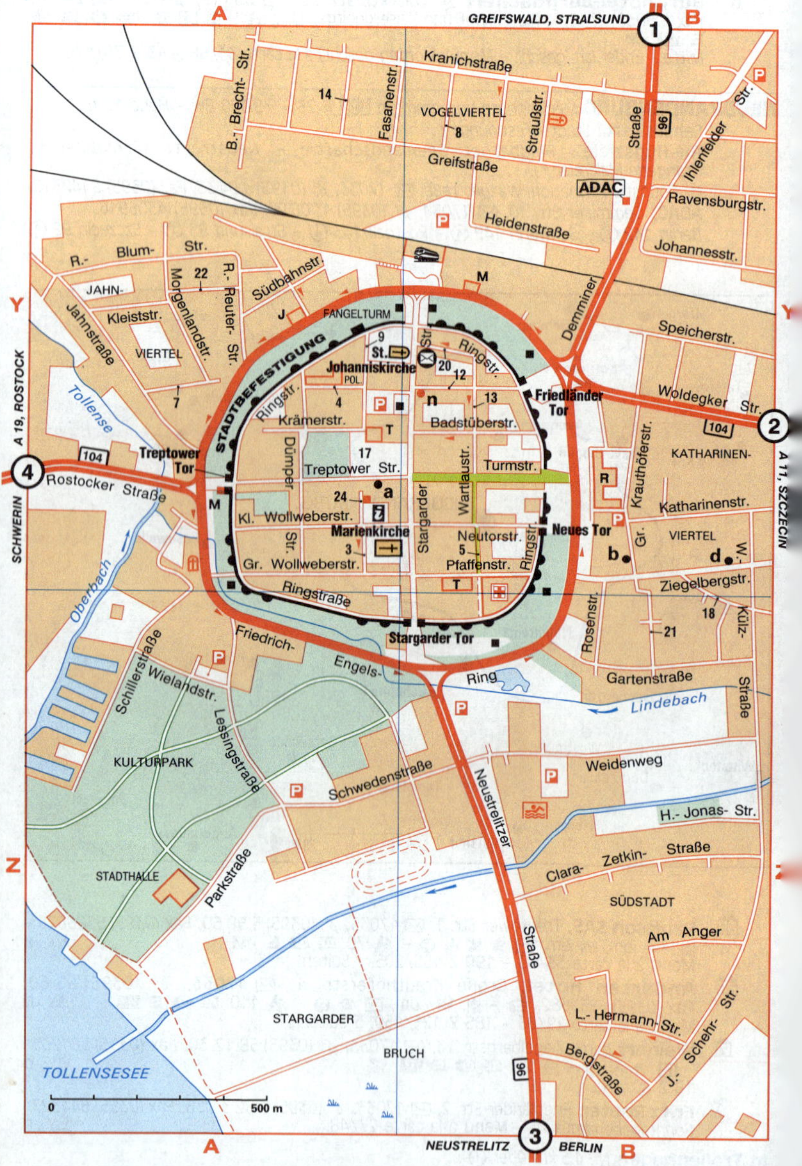

Benachrichtigen Sie sofort das Hotel, wenn Sie ein bestelltes Zimmer nicht belegen können.

In Podewall *N : 8 km über ① :*

Landgasthof Podewall, Fuchsberg 1, ✉ 17039, ☎ (0395) 42 96 40, *Fax (0395) 4296454*, Biergarten – TV ☎ P – 20. AE E VISA
Menu à la carte 27/51 – **13 Z** 100/140.

In Burg Stargard *SO : 10 km über ③ :*

Zur Burg, Markt 10, ✉ 17094, ☎ (039603) 26 50, *Fax (039603) 26555*, – Zim, TV ☎ P – 20. AE E VISA
Menu à la carte 29/58 – **24 Z** 79/140.

Marienhof, Marie-Hager-Str. 1, ✉ 17094, ☎ (039603) 25 50, *Fax (039603) 25531*, – TV ☎ P. AE E VISA
Menu à la carte 31/50 – **25 Z** 95/140.

In Groß Nemerow *S : 13 km über ③ :*

Bornmühle, Nahe der B 96, ✉ 17094, ☎ (039605) 6 00, *Fax (039605) 60399*, « Schöne Lage oberhalb des Tollensesees », – Zim, TV ☎ P – 60. AE E VISA
Menu à la carte 35/60 – **63 Z** 140/198.

NEUBRUNN *Bayern* 417 419 *Q 13 – 2 200 Ew – Höhe 290 m.*
Berlin 524 – München 300 – Würzburg *25 – Wertheim 14.*

In Neubrunn-Böttigheim *SW : 5 km :*

Berghof, Neubrunner Weg 15, ✉ 97277, ☎ (09349) 12 48, *Fax (09349) 1469*, – TV ☎ P
Mitte Jan. - Mitte Feb. geschl. – **Menu** *(Montag geschl.)* à la carte 23/45 – **13 Z** 52/110.

NEUBULACH *Baden-Württemberg* 419 *U 10 – 5 000 Ew – Höhe 584 m – Luftkurort.*
Kurverwaltung, Rathaus, Marktplatz 13, ✉ 75387, ☎ (07053) 9 69 50, Fax (07053) 6416.
Berlin 670 – Stuttgart 57 – Karlsruhe *64 – Freudenstadt 41 – Calw 10.*

In Neubulach-Martinsmoos *SW : 5 km :*

Schwarzwaldhof, Wildbader Str. 28, ✉ 75387, ☎ (07055) 73 55, *Fax (07055) 2233*, – TV P. Zim
15. Feb. - 5. März und 11. Nov. - 5. Dez. geschl. – **Menu** *(Dienstag geschl.)* à la carte 25/42 – **16 Z** 55/100 – ½ P 20.

In Neubulach-Oberhaugstett *SW : 1 km :*

Löwen, Hauptstr. 21, ✉ 75387, ☎ (07053) 9 69 30, *Fax (07053) 969349*, – TV ☎ P. E VISA
Feb. 3 Wochen geschl. – **Menu** *(Dienstagabend geschl.)* à la carte 26/48 – **13 Z** 53/96 – ½ P 15.

NEUBURG AM INN *Bayern* 420 *U 24 – 4 000 Ew – Höhe 339 m.*
Berlin 617 – München 165 – Passau *11 – Landshut 122 – Salzburg 106 – Straubing 85.*

Hoftaferne Schloss Neuburg, Am Burgberg 5, ✉ 94127, ☎ (08507) 91 10 00, *Fax (08507) 911911*, « Hist. Restaurantbereich a.d.15 Jh. und Burganlage mit restaurierten Gästehäusern a.d 11 Jh. » – Zim, TV ☎ P – 150. AE E VISA
Menu à la carte 38/64 – **34 Z** 155/250.

NEUBURG AN DER DONAU *Bayern* 419 420 *T 17 – 28 000 Ew – Höhe 403 m.*
Sehenswert : *Hofkirche (Stuckdecke★, Barockaltar★).*
18 Gut Rohrenfeld (O : 7 km), ☎ (08431) 4 41 18.
Gästeinformation, Residenzstr. A 65, ✉ 86633, ☎ (08431) 5 52 40, Fax (08431) 55242.
Berlin 532 – München 95 – Augsburg *52 – Ingolstadt 22 – Ulm (Donau) 124.*

Hotel am Fluss M garni, Ingolstädter Str. 2, ✉ 86633, ☎ (08431) 6 76 80, *Fax (08431) 676830*, « Lage an der Donau », – TV ☎ – 30. E VISA
23 Z 110/190.

Bergbauer, Fünfzehnerstr. 11, ✉ 86633, ☎ (08431) 4 70 95, *Fax (08431) 47090*, – TV ☎ . E VISA
Menu *(Freitag - Samstagmittag geschl.)* à la carte 33/67 – **22 Z** 85/155.

In Neuburg-Bergen *NW : 8 km :*

Zum Klosterbräu, Kirchplatz 1, ✉ 86633, ☎ (08431) 6 77 50, *Fax (08431) 41120,* « Altbayerische Gaststuben ; Innenhofterrasse », – 40. E VISA
Ende Aug. 1 Woche und 24. Dez. - Mitte Jan. geschl. – **Menu** *(Sonntagabend - Montag geschl.)* à la carte 24/64 – **27 Z** 83/152.

In Neuburg-Bittenbrunn *NW : 2 km :*

Kirchbaur Hof, Monheimer Str. 119, ✉ 86633, ☎ (08431) 61 99 80, *Fax (08431) 41122,* « Traditioneller Landgasthof ; Gartenterrasse », – – 40
26. Dez. - 6. Jan. geschl. – **Menu** *(Sonntagabend und Samstag geschl.)* à la carte 33/59 – **35 Z** 75/150.

NEUDROSSENFELD *Bayern 420 P 18 – 3 000 Ew – Höhe 340 m.*

Berlin 359 – München 241 – Coburg 58 – Bayreuth 10 – Bamberg 55.

Schloß-Restaurant, Schloßplatz 2, ✉ 95512, ☎ (09203) 6 83 68, *Fax (09203) 68367,* ≤, « Gartenterrasse » – – 70. AE E
Montag - Dienstagmittag geschl. – **Menu** à la carte 45/70.

Im Ortsteil Altdrossenfeld *S : 1 km :*

Brauerei-Gasthof Schnupp (mit Gästehaus), ✉ 95512, ☎ (09203) 99 20, *Fax (09203) 99250,* – – 50
Menu *(Freitag geschl.)* à la carte 25/54 – **27 Z** 82/184.

NEUENAHR-AHRWEILER, BAD *Rheinland-Pfalz 417 O 5 – 28 000 Ew – Höhe 92 m – Heilbad.*

Sehenswert : *Ahrweiler : Altstadt★.*

Köhlerhof (über ③), ☎ (02641) 23 25.

Kur- und Verkehrsverein, Bad Neuenahr, Pavillon am Bahnhof, ✉ 53474 ☎ (02641) 97 73 50, Fax (02641) 29758.

Kur- und Verkehrsvereien, Ahrweiler, Marktplatz 21, ✉ 53474, ☎ (02641) 97 73 50, Fax (02641) 29758.

Berlin 624 ② – Mainz 147 ③ – Bonn 31 ② – Koblenz 56 ③

Stadtplan siehe gegenüberliegende Seite

Im Stadtteil Bad Neuenahr :

Steigenberger Hotel, Kurgartenstr. 1, ✉ 53474, ☎ (02641) 94 10, *Fax (02641) 70 01,* , direkter Zugang zum Bäderhaus, – , Zim, – 300. AE E VISA JCB. Rest — CZ v
Menu à la carte 48/65 – **224 Z** 210/360, 13 Suiten – ½ P 50.

Dorint, Am Dahliengarten, ✉ 53474, ☎ (02641) 89 50, *Fax (02641) 895834,* « Terrasse mit ≤ », Massage, , – , Zim, – 500. AE E VISA JCB. Rest — BY u
Menu à la carte 46/72 *(auch Diät und vegetar. Gerichte)* – **250 Z** 230/340, 3 Suiten – ½ P 40.

Giffels Goldener Anker, Mittelstr. 14, ✉ 53474, ☎ (02641) 80 40, *Fax (02641) 804400,* , « Garten », Massage, , , , – , Zim, Rest, – 200. AE E VISA. Rest — CZ w
Menu à la carte 48/95 *(auch Diät)* – **80 Z** 139/385 – ½ P 35.

Seta Hotel, Landgrafenstr. 41, ✉ 53474, ☎ (02641) 80 30, *Fax (02641) 803399,* Biergarten, , – , Zim, – 120. AE E VISA — CZ r
Menu à la carte 36/62 – **105 Z** 145/265 – ½ P 32.

Villa Aurora, Georg-Kreuzberg-Str. 8, ✉ 53474, ☎ (02641) 94 30, *Fax (02641) 943200,* , – . AE E VISA. Rest — CZ z
15. Nov. - 14. Dez. geschl. – (Restaurant nur für Hausgäste) – **52 Z** 120/300 – ½ P 30.

Elisabeth, Georg-Kreuzberg-Str. 11, ✉ 53474, ☎ (02641) 9 40 60, *Fax (02641) 940699,* , , – – 30. Rest — CZ z
Anfang Dez. - Feb. geschl. – **Menu** à la carte 42/60 – **64 Z** 101/258 – ½ P 28.

Krupp, Poststr. 4, ✉ 53474, ☎ (02641) 94 40, *Fax (02641) 79316,* – – 80. E — CZ t
Menu à la carte 32/57 – **46 Z** 98/230 – ½ P 29.

Central garni, Lindenstr. 2, ✉ 53474, ☎ (02641) 9 48 90, *Fax (02641) 948917* – . — CZ b
22 Z 85/170.

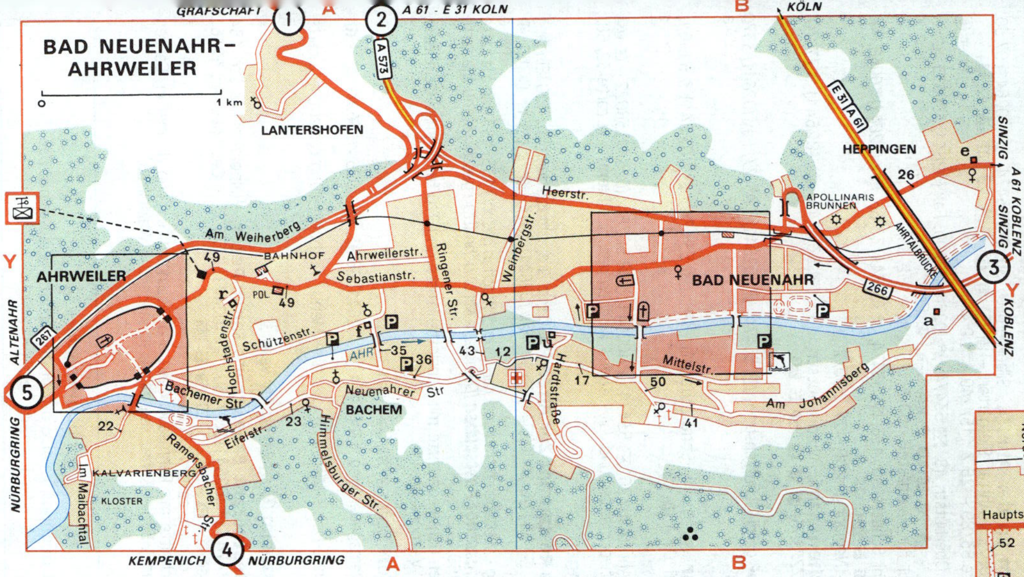

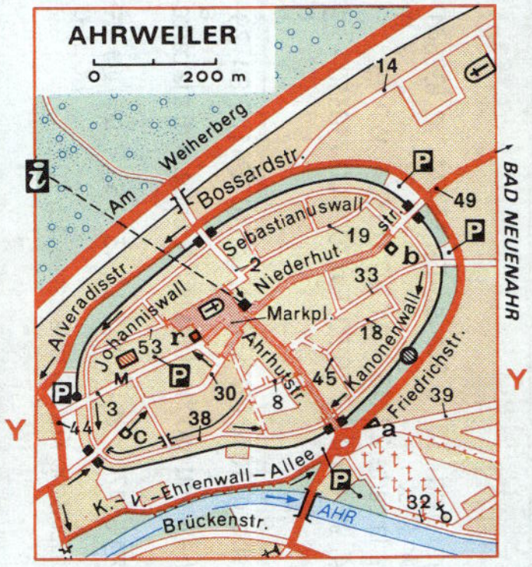

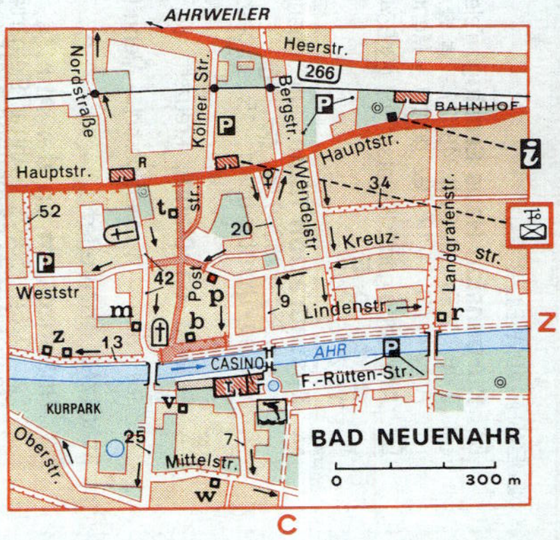

Adenbachhutstraße	CY	2
Ahrhutstraße	CY	
Altenbaustraße	CY	3
Beethovenstraße	CZ	7
Blankartshof	CY	8
Casinostraße	CZ	9
Dahlienweg	AY	12
Georg-Kreuzberg-Straße	CZ	13
Grafschafter Straße	CY	14
Hauptstraße	CZ	
Hochstraße	BY	17
Hostertsgasse	CY	18
Jakob-Rausch-Straße	CY	19
Jesuitenstraße	CZ	20
Kalvarienbergstraße	AY	22
Königstraße	AY	23
Kreuzstraße	CZ	
Kurgartenstraße	CZ	25
Landskroner Straße	BY	26
Niederhutstraße	CY	
Oberhutstraße	CY	30
Otlerstraße	CY	32
Plätzerstraße	CY	33
Poststraße	CZ	
Ravensberger Straße	CZ	34
St.-Pius-Brücke	AY	35
St.-Pius-Straße	AY	36
Schützbahn	CY	38
Schützenstraße	CY	39
Schweizer Straße	BY	41
Telegrafenstraße	CZ	42
Uhlandstraße	AY	43
Walporzheimer Straße	CY	44
Wehrscheid	CY	45
Wilhelmstraße	ACY	49
Willibrordusstraße	BY	50
Wolfgang-Müller-Straße	CZ	52
Wolfsgasse	CY	53

Kurpension Haus Ernsing, Telegrafenstr. 30 (1. Etage), ✉ 53474, ✆ (02641) 9 48 70, *Fax (02641) 948721* – ☎. Rest CZ m
Anfang Nov. - 19. Dez. geschl. – **Menu** à la carte 22/45 – **21 Z** 73/130 – ½ P 15.

Ahrbella garni, Hauptstr. 45, ✉ 53474, ✆ (02641) 7 50 30, *Fax (02641) 750350* – ☎ 🅿. E CZ n
13 Z 75/140.

Restauration Idille, Am Johannisberg 101, ✉ 53474, ✆ (02641) 2 84 29, *Fax (02641) 25009,* ≤, – 🅿 BY a
Montag - Dienstag und 1. - 15. Jan. geschl. – **Menu** (wochentags nur Abendessen) à la carte 54/72.

Milano da Gianni, Kreuzstr. 8c, ✉ 53474, ✆ (02641) 2 43 75 – AE E VISA CZ p
Juli - Aug. 4 Wochen geschl. – **Menu** (italienische Küche) à la carte 40/70.

Im Stadtteil Ahrweiler :

Hohenzollern an der Ahr, Silberbergstr. 50, ✉ 53474, ✆ (02641) 97 30, *Fax (02641) 5997,* ≤ Ahrtal, Biergarten – ☎ 🅿 – 25. AE E VISA
Menu à la carte 53/89 – **25 Z** 115/240 – ½ P 43. über ⑤

Rodderhof, Oberhutstr. 48, ✉ 53474, ✆ (02641) 39 90, *Fax (02641) 399333,* – ☎ – 20. AE E VISA JCB. Rest CY c
(Restaurant nur für Hausgäste) – **50 Z** 125/218 – ½ P 35.

Avenida garni, Schützenstr. 136, ✉ 53474, ✆ (02641) 33 66, *Fax (02641) 36068,* – ☎ 🅿. AE E VISA. AY f
Weihnachten - Neujahr geschl. – **27 Z** 90/200.

Zum Ännchen garni, Niederhutstr. 11, ✉ 53474, ✆ (02641) 9 77 70, *Fax (02641) 977799* – ☎ 🅿. E VISA CY b
23 Z 85/130.

Schützenhof garni, Schützenstr. 1, ✉ 53474, ✆ (02641) 3 43 77, *Fax (02641) 3370* – ☎ 🅿. E. CY a
11 Z 75/130.

Zum Römer garni, Schülzchenstr. 11, ✉ 53474, ✆ (02641) 3 61 01, *Fax (02641) 36101* – 🅿. AY r
10 Z 70/130.

Eifelstube, Ahrhutstr. 26, ✉ 53474, ✆ (02641) 3 48 50, *Fax (02641) 36022* – E VISA
Dienstag - Mittwochmittag und Juli - Aug. 3 Wochen geschl. – **Menu** à la carte 32/68.

Im Stadtteil Heppingen :

Steinheuers Restaurant Zur Alten Post mit Zim, Landskroner Str. 110 (Eingang Konsumgasse), ✉ 53474, ✆ (02641) 70 11, *Fax (02641) 7013,* – ☎ 🅿. AE E VISA. Zim BY e
Menu *(Dienstag - Mittwochmittag und Juli - Aug. 3 Wochen geschl.)* 135/165 und à la carte 90/118 – ***Landgasthof Poststuben*** *(Dienstag - Mittwochmittag geschl.)* Menu à la carte 45/70 – **6 Z** 160/260
Spez. Kaninchen-Gänselebertorte mit Schalottenkruste und Trüffel-Rahmspinat. Eifeler Reh. Variation "Valrhona-Orange".

Im Stadtteil Lohrsdorf *über Landskroner Straße* BY :

Köhlerhof, Remagener Weg, ✉ 53474, ✆ (02641) 66 93, *Fax (02641) 6693,* – 🅿. E.
Montag und Ende Dez. - Mitte Feb. geschl. – **Menu** (Tischbestellung ratsam) à la carte 44/74.

Im Stadtteil Walporzheim ⑤ : *1 km ab Ahrweiler :*

Romantik Restaurant Brogsitter's Sanct Peter, Walporzheimer Str. 134 (B 267), ✉ 53474, ✆ (02641) 9 77 50, *Fax (02641) 977525,* « Gasthaus seit 1246 ; Innenhofterrasse » – 🅿 – 35. AE E VISA
Menu 87/179 und à la carte 73/115
Spez. Zanderschnitte mit Rahmsauerkraut und Rieslingsauce. Loup de mer im Ganzen gebraten (2 Pers.). Eifeler Rehrücken mit Kirschsauce und Waldpilzen.

Les bonnes tables

Nous distinguons à votre intention certains restaurants par
Menu, ✿, ✿✿ ou ✿✿✿.

NEUENBURG *Baden-Württemberg 419 W 6 – 8 200 Ew – Höhe 231 m.*

Verkehsamt, Rathausplatz 5, ✉ 79395, ☎ (07631) 79 11 11, Fax (07631) 791222.

Berlin 831 – Stuttgart 232 – Freiburg im Breisgau 39 – Basel 35 – Mulhouse 20.

Am Stadthaus garni, Marktplatz 1, ✉ 79395, ☎ (07631) 7 90 00, *Fax (07631) 7837* – ... AE E VISA.
12. Dez. - 12. Jan. geschl. – **24 Z** 91/152.

Krone, Breisacher Str. 1, ✉ 79395, ☎ (07631) 78 04, *Fax (07631) 7803,* – Zim, ... E VISA
Menu *(Mittwoch und Mitte Okt. - Anfang Nov. geschl.)* à la carte 30/57 – **28 Z** 90/150.

Anika garni, Freiburger Str. 2a, ✉ 79395, ☎ (07631) 7 90 90, *Fax (07631) 73956,* – ... AE E VISA
29 Z 85/150.

Blauel's Restaurant mit Zim, Zähringer Str. 13, ✉ 79395, ☎ (07631) 7 96 66, *Fax (07631) 79667,* – Zim, ... E VISA
Jan. und Aug. 2 Wochen geschl. – **Menu** *(Sonntag - Montag geschl.)* (Tischbestellung ratsam) à la carte 65/92 – **4 Z** 90/144
Spez. Gefüllte Kartoffelblätter mit Wachtel und gebratenem Spargel (Saison). Chartreuse vom St. Pierre mit Krustentiersauce. Lammrücken mit Olivensauce und überbackener Gemüsekartoffel.

NEUENDETTELSAU *Bayern 419 420 S 16 – 7 000 Ew – Höhe 440 m.*

Berlin 467 – München 187 – Nürnberg 44 – Ansbach 19.

Sonne, Hauptstr. 43, ✉ 91564, ☎ (09874) 50 80, *Fax (09874) 50818* – ... – 100. AE E VISA
Jan. 2 Wochen und Juli - Aug. 3 Wochen geschl. – **Menu** *(Montagmittag geschl.)* à la carte 29/58 – **37 Z** 55/160.

In Petersaurach-Gleizendorf *NW : 7 km :*

Scherzer , Am Anger 2, ✉ 91580, ☎ (09872) 9 71 30, *Fax (09872) 971318,* , – ... – 20. AE E VISA. Zim
Menu *(Montagmittag und Dienstag geschl.)* à la carte 21/42 – **20 Z** 65/150.

NEUENKIRCHEN *Mecklenburg-Vorpommern siehe Greifswald.*

NEUENKIRCHEN KREIS SOLTAU-FALLINGBOSTEL *Niedersachsen 415 416 G 13 – 5 200 Ew – Höhe 68 m – Luftkurort.*

Verkehrsverein, Kirchstr. 9, ✉ 29643, ☎ (05195) 51 39, Fax (05195) 5128.

Berlin 331 – Hannover 90 – Hamburg 77 – Bremen 71 – Lüneburg 62.

In Neuenkirchen-Tewel *NW : 6 km :*

Landhaus Tewel mit Zim, Dorfstr. 17 (B 71), ✉ 29643, ☎ (05195) 18 57, *Fax (05195) 2746* – ... AE E VISA.
Feb. geschl. – **Menu** *(Nov. - Juni Montag, Jan.- April auch Dienstag geschl.)* à la carte 35/67 – **7 Z** 65/120.

NEUENKIRCHEN KREIS STEINFURT *Nordrhein-Westfalen 417 J 6 – 12 000 Ew – Höhe 64 m.*

Berlin 482 – Düsseldorf 180 – Nordhorn 45 – Enschede 37 – Münster (Westfalen) 43 – Osnabrück 54.

Wilminks Parkhotel, Wettringer Str. 46 (B 70), ✉ 48485, ☎ (05973) 9 49 60, *Fax (05973) 1817,* , , – Zim, ... – 70. AE E VISA
Menu *(Sonntagabend - Montagmittag geschl.)* à la carte 39/64 *(auch Diät und vegetar. Gerichte)* – **30 Z** 100/180.

Kleines Restaurant Thies, Sutrum-Harum 9, ✉ 48485, ☎ (05973) 27 09, *Fax (05973) 780,* –
Montag - Dienstag und April 2 Wochen geschl. – **Menu** (nur Abendessen, Tischbestellung ratsam) à la carte 45/84.

NEUENRADE *Nordrhein-Westfalen 417 M 7 – 12 000 Ew – Höhe 324 m.*

Berlin 521 – Düsseldorf 103 – Arnsberg 31 – Iserlohn 22 – Werdohl 6.

Kaisergarten , Hinterm Wall 15, ✉ 58809, ☎ (02392) 6 10 15, *Fax (02392) 61052,* , – ... – 300. AE E VISA
Menu *(Dienstagmittag geschl.)* à la carte 37/66 – **10 Z** 90/145.

NEUENSTEIN *Hessen* 417 418 *N 12 – 3 200 Ew – Höhe 400 m.*
Berlin 418 – Wiesbaden 166 – Kassel 57 – Bad Hersfeld 11 – Fulda 53.

In Neuenstein-Aua :

Landgasthof Hess, Geistalstr. 8, ✉ 36286, ☎ (06677) 4 43, *Fax (06677) 1322*, – Zim, . 50.
Menu à la carte 31/61 – **47 Z** 85/200.

NEUENWEG *Baden-Württemberg* 419 *W 7 – 380 Ew – Höhe 750 m – Erholungsort – Wintersport : 800/1 414 m 2.*
Berlin 818 – Stuttgart 259 – Freiburg im Breisgau 49 – Basel 49 – Müllheim 21.

In Bürchau *S : 3 km – Wintersport : 1 – Erholungsort :*

Berggasthof Sonnhalde (mit Gästehaus), Untere Sonnhalde 37, ✉ 79683, ☎ (07629) 2 60, *Fax (07629) 1737*, ← , , –
22. Nov. - 20. Dez. geschl. – **Menu** *(Montag - Dienstag geschl.)* à la carte 28/70 – **20 Z** 55/120 – ½ P 15.

NEUFAHRN BEI FREISING *Bayern* 419 420 *V 18 – 14 500 Ew – Höhe 463 m.*
Berlin 569 – München 23 – Regensburg 106 – Landshut 55.

Gumberger, Echinger Str. 1, ✉ 85375, ☎ (08165) 94 80, *Fax (08165) 948499*, – 90. Rest
Aug. 1 Woche und Weihnachten - 1. Jan. geschl. – **Menu** *(Aug. 2 Wochen geschl.)* à la carte 25/53 – **55 Z** 125/170.

Amadeus, Dietersheimer Str. 58, ✉ 85375, ☎ (08165) 63 00, *Fax (08165) 630100*, – Zim, – 30.
Menu à la carte 35/55 – **116 Z** 128/228.

Maisberger, Bahnhofstr. 54 (am S-Bahnhof), ✉ 85375, ☎ (08165) 6 20 03, *Fax (08165) 61190*, Biergarten, – – 20.
Menu *(Montag geschl.)* à la carte 26/45 – **39 Z** 100/200.

NEUFAHRN IN NIEDERBAYERN *Bayern* 420 *T 20 – 3 300 Ew – Höhe 404 m.*
Berlin 526 – München 94 – Regensburg 38 – Ingolstadt 74 – Landshut 22.

Schloßhotel Neufahrn (mit Gästehaus), Schloßweg 2, ✉ 84088, ☎ (08773) 70 90, *Fax (08773) 1559*, « Innenhofterrasse », – – 90.
Montgelas *(Sonntagabend geschl.)* **Menu** à la carte 45/70 – **60 Z** 140/220.

NEUFELD *Schleswig-Holstein siehe Brunsbüttel.*

NEUFFEN *Baden-Württemberg* 419 *U 12 – 5 000 Ew – Höhe 405 m.*
Ausflugsziel : *Hohenneuffen : Burgruine★ (✻★), O : 12 km.*
Berlin 636 – Stuttgart 42 – Reutlingen 17 – Ulm (Donau) 70.

Traube, Hauptstr. 24, ✉ 72639, ☎ (07025) 9 20 90, *Fax (07025) 920929*, –
Menu *(Freitagabend - Samstag und Sonntagabend geschl.)* à la carte 36/73 – **11 Z** 90/150.

NEUHARLINGERSIEL *Niedersachsen* 415 *E 7 – 1 500 Ew – Höhe 2 m – Nordseeheilbad.*
Kurverwaltung, Hafenzufahrt-West 1, ✉ 26427, ☎ (04974) 1 88 12, Fax (04974) 788.
Berlin 517 – Hannover 257 – Emden 58 – Oldenburg 87 – Wilhelmshaven 46.

Mingers, Am Hafen - Westseite 1, ✉ 26427, ☎ (04974) 91 30, *Fax (04974) 1480*, ← –
Mitte März - Mitte Nov. – **Menu** *(Mittwoch geschl.)* à la carte 34/72 – **28 Z** 99/205.

Janssen's Hotel, Am Hafen - Westseite 7, ✉ 26427, ☎ (04974) 9 19 50, *Fax (04974) 702*, ← – . Zim
30. Nov. - 25. Dez. und 10. Jan. - 10. Feb. geschl. – (nur Abendessen für Hausgäste) – **28 Z** 105/168 – ½ P 28.

Rodenbäck, Am Hafen - Ostseite 2, ✉ 26427, ☎ (04974) 2 25, *Fax (04974) 833*, ← – . Zim
21. Nov. - 26. Dez. geschl. – **Menu** *(Okt. - März Montag geschl.)* à la carte 28/62 – **13 Z** 70/155.

Poggenstool mit Zim, Alt Addenhausen 1, ✉ 26427, ☎ (04974) 9 19 10, *Fax (04974) 919120*, – . Zim
Menu *(Montagabend - Dienstag geschl.)* à la carte 44/73 – **7 Z** 90/208 – ½ P 25.

NEUHAUS AM RENNWEG *Thüringen* 418 420 *O 17 – 7 300 Ew – Höhe 835 m – Erholungsort – Wintersport : 2.*

Städt. Fremdenverkehrsamt, Passage am Markt, ✉ 98724, ☎ (03679) 72 20 61, Fax (03679) 700228.

Berlin 321 – Erfurt 109 – Coburg 44 – Fulda 168.

Schieferhof, Eisfelder Str. 26, ✉ 98724, ☎ (03679) 77 40, *Fax (03679) 774100*, , – |, Zim, – 60. AE E VISA
Menu à la carte 37/67 – **39 Z** 105/180 – ½ P 20.

Rennsteighotel Herrnberger Hof, Eisfelder Str. 44, ✉ 98724, ☎ (03679) 7 92 00, *Fax (03679) 792099*, – |, Zim, – 30. AE E VISA
Menu à la carte 20/50 – **23 Z** 80/150 – ½ P 20.

NEUHAUS AN DER PEGNITZ *Bayern* 419 420 *R 18 – 3 300 Ew – Höhe 400 m.*

Sehenswert : *Lage*★.

Berlin 404 – München 199 – Nürnberg 60 – Bayreuth 47 – Amberg 38.

Bayerischer Hof, Unterer Markt 9, ✉ 91284, ☎ (09156) 6 71, *Fax (09156) 8614*, , – . E
23. Okt. - 14. Nov. geschl. – **Menu** *(Montag geschl.)* à la carte 19/45 – **13 Z** 43/85 – ½ P 15.

NEUHAUSEN AUF DEN FILDERN *Baden-Württemberg* 419 *T 11 – 10 300 Ew – Höhe 280 m.*

Berlin 648 – Stuttgart 21 – Esslingen 10 – Göppingen 36 – Reutlingen 27 – Tübingen 36.

Ochsen, Kirchstr. 12, ✉ 73765, ☎ (07158) 6 70 16, *Fax (07158) 67016*, , « Restauriertes Fachwerkhaus a.d. 17. Jh. » –
Montag - Dienstag und 12. Mai - 6. Juni geschl. – **Menu** (nur Abendessen) à la carte 50/77 – ***Ochsenstube*** *(auch Mittagessen)* **Menu** à la carte 30/64.

NEUHOF *Hessen* 417 418 *O 12 – 10 500 Ew – Höhe 275 m.*

Berlin 464 – Wiesbaden 133 – Fulda 14 – Frankfurt am Main 89.

In Kalbach-Grashof *S : 8 km über Kalbach - Mittelkalbach :*

Landhotel Grashof , ✉ 36148, ☎ (06655) 97 70, *Fax (06655) 97755*, , Biergarten, – – 80. AE E VISA
(Restaurant nur für Hausgäste) – **21 Z** 79/125 – ½ P 15.

NEUHOF AN DER ZENN *Bayern* 419 420 *R 15 – 2 000 Ew – Höhe 335 m.*

Berlin 480 – München 198 – Nürnberg 44 – Würzburg 81.

Riesengebirge, Marktplatz 14, ✉ 90616, ☎ (09107) 92 00, *Fax (09107) 920300*, « Innenhofterrasse », – |, Zim, – 55. AE E VISA
Jan. 2 Wochen geschl. – **Menu** *(Sonntagabend geschl.)* à la carte 47/76 – **56 Z** 139/184 – ½ P 40.

NEUHUETTEN *Rheinland-Pfalz siehe Hermeskeil.*

NEU-ISENBURG *Hessen siehe Frankfurt am Main.*

NEU KALISS *Mecklenburg-Vorpommern* 416 *G 17 – 2 000 Ew – Höhe 10 m.*

Berlin 216 – Schwerin 63 – Dannenberg 18 – Stendal 82.

In Neu Kaliß-Heiddorf :

Eichenhof, Ludwigsluster Str. 2, ✉ 19294, ☎ (038758) 31 50, *Fax (038758) 31592*, , , – Zim, – 300. AE E VISA
Menu à la carte 29/68 – **40 Z** 85/180.

NEUKIRCH (LAUSITZ) *Sachsen* 418 *M 26 – 6 250 Ew – Höhe 350 m.*

Berlin 224 – Dresden 62 – Chemnitz 123 – Görlitz 53 – Leipzig 159.

Hofgericht garni, Hauptstr. 64 (B 98), ✉ 01904, ☎ (035951) 38 80, *Fax (035951) 38888* – | . E VISA
33 Z 60/100.

NEUKIRCHEN (ERZGEBIRGE) *Sachsen siehe Chemnitz.*

NEUKIRCHEN BEIM HL. BLUT *Bayern* 420 *S 22 – 4 200 Ew – Höhe 490 m – Wintersport : 670/1 050 m 3.*

Tourist-Information, Marktplatz 2, ✉ 93453, ☎ (09947) 94 08 21, Fax (09947) 940844.

Berlin 505 – München 208 – Passau 108 – Cham 30 – Zwiesel 46.

Klosterhof Hotel M, Marktstraße 49, ✉ 93453, ☎ (09947) 95 10, *Fax (09947) 951100*, Biergarten, – Zim, – 100. AE VISA. Rest
Menu à la carte 24/53 – **213 Z** 90/165 – ½ P 24.

In Neukirchen b.Hl.Blut-Mais *S : 3 km :*

Burghotel Am Hohen Bogen, Mais 31, ✉ 93453, ☎ (09947) 20 10, *Fax (09947) 201293*, (geheizt), – Zim, – 60. AE VISA. Rest
Menu à la carte 32/50 – **125 Z** 127/250 – ½ P 22.

NEUKIRCHEN (KNÜLLGEBIRGE) *Hessen* 417 *N 12 – 8 000 Ew – Höhe 260 m – Kneipp- und Luftkurort.*

Kurverwaltung, im Rathaus, Kurhessenstraße, ✉ 34626, ☎ (06694) 8 08 12, Fax (06694) 80838.

Berlin 436 – Wiesbaden 148 – Kassel 74 – Bad Hersfeld 33 – Marburg 52.

Stadt Cassel, Kurhessenstr. 56 (B 454), ✉ 34626, ☎ (06694) 9 62 40, *Fax (06694) 6043*, – VISA
Ende Feb. 1 Woche geschl. – **Menu** *(Montag geschl.)* à la carte 36/55 – **13 Z** 55/110.

Landgasthof Combecher, Kurhessenstr. 32 (B 454), ✉ 34626, ☎ (06694) 97 80, *Fax (06694) 978200*, – 50. AE VISA
Menu à la carte 30/57 – **38 Z** 65/150 – ½ P 22.

NEUKIRCHEN KREIS NORDFRIESLAND *Schleswig-Holstein* 415 *B 10 – 1 300 Ew – Höhe 2 m.*

Ausflugsziel : *Hof Seebüll : Nolde-Museum★ N : 5 km.*

Berlin 477 – Kiel 133 – Sylt (Westerland) 39 – Flensburg 56 – Niebüll 14.

Fegetasch (mit Gästehaus), Osterdeich 65, ✉ 25927, ☎ (04664) 2 02, *Fax (04664) 95599*, –
20. Dez. - 6. Jan. geschl. – **Menu** *(Okt. - Ostern Sonntag geschl.)* à la carte 29/49 – **21 Z** 38/95 – ½ P 15.

NEUKLOSTER *Mecklenburg-Vorpommern* 415 416 *E 19 – 5 000 Ew – Höhe 30 m.*

Berlin 223 – Schwerin 46 – Rostock 44 – Lübeck 77 – Sternberg 27 – Hamburg 148.

In Nakenstorf *S : 2,5 km :*

Seehotel, Seestr. 1, ✉ 23992, ☎ (038422) 2 54 45, *Fax (038422) 25630*, « Lage am See », Bootssteg – – 30.
Jan. - Feb. geschl. – **Menu** à la carte 29/57 – **15 Z** 95/160 – ½ P 25.

NEULEININGEN *Rheinland-Pfalz siehe Grünstadt.*

NEULINGEN *Baden-Württemberg siehe Pforzheim.*

NEUMAGEN-DHRON *Rheinland-Pfalz* 417 *Q 4 – 2 700 Ew – Höhe 120 m.*

Tourist-Information, Hinterburg 8, ✉ 54347, ☎ (06507) 65 55, Fax (06507) 6550.

Berlin 695 – Mainz 133 – Trier 40 – Bernkastel-Kues 20.

Gutshotel Reichsgraf von Kesselstatt, Balduinstr. 1, ✉ 54347, ☎ (06507) 20 35, *Fax (06507) 5644*, « Ehemaliges Weingut », – AE VISA JCB. Rest
Mitte Jan. - Mitte Feb. geschl. – **Menu** *(Montag geschl.)* (Dienstag - Freitag nur Abendessen) à la carte 45/82 – **18 Z** 120/250 – ½ P 48.

Zum Anker, Moselstr. 14, ✉ 54347, ☎ (06507) 63 97, *Fax (06507) 6399*, – AE VISA
Anfang Jan. - Mitte Feb. geschl. – **Menu** *(Nov. - April Mittwoch geschl.)* à la carte 27/65 – **15 Z** 53/102 – ½ P 28.

Zur Post (mit Gästehaus), Römerstr. 79, ✉ 54347, ☎ (06507) 21 14, *Fax (06507) 6535*, – Rest
Feb. geschl. – **Menu** *(Montag geschl.)* à la carte 32/52 – **16 Z** 55/110 – ½ P 18.

NEUMARKT IN DER OBERPFALZ *Bayern* 419 420 *S 18 – 38 000 Ew – Höhe 429 m.*

Pölling (NW 3 km), ☎ (09188) 39 79 ; Lauterhofen (NO : 17 km), ☎ (09186) 15 74.

Verkehrsamt, Rathauspassage, ✉ 92318, ☎ (09181) 25 51 16, Fax (09181) 255198.

Berlin 454 – München 138 – Nürnberg 47 – Amberg 40 – Regensburg 72.

Lehmeier, Obere Marktstr. 12, ✉ 92318, ☎ (09181) 2 57 30, *Fax (09181) 257337,* – TV ☎ . AE E VISA. Rest
Menu *(Dienstagmittag und Anfang März 1 Woche geschl.)* à la carte 28/58 – **20 Z** 99/148.

Gasthof Ostbahn, Bahnhofstr. 4, ✉ 92318, ☎ (09181) 2 58 70, *Fax (09181) 258749* – TV ☎ P. AE E VISA.
1. - 12. Jan. geschl. – **Menu** *(Dienstag geschl.)* à la carte 28/52 – **20 Z** 95/165.

Mehl, Kirchengasse 3, ✉ 92318, ☎ (09181) 29 20, *Fax (09181) 292110* – Zim, TV ☎ P. AE E VISA. Rest
Weihnachten - Mitte Jan. geschl. – **Menu** à la carte 29/59 – **23 Z** 95/140.

Nürnberger Hof, Nürnberger Str. 28a, ✉ 92318, ☎ (09181) 4 84 00, *Fax (09181) 44467* – TV P. E VISA
24. Dez. - 10. Jan. geschl. – **Menu** *(Sonntag geschl.)* (nur Abendessen) à la carte 27/45 – **59 Z** 90/150.

Etage, Hallertorstr. 21, ✉ 92318, ☎ (09181) 13 41, *Fax (09181) 1341* – E VISA
Montag, Samstagmittag und Sonntagmittag geschl. – **Menu** 49/75 und à la carte.

NEUMÜNSTER *Schleswig-Holstein* 415 416 *D 13 – 82 000 Ew – Höhe 22 m.*

Aukrug-Bargfeld (W : 15 km), ☎ (04873) 5 95.

Tourist-Information, Großflecken 26a (Pavillon), ✉ 24534, ☎ (04321) 4 32 80, Fax (04321) 202399.

ADAC, *Großflecken 71, ✉ 24534, ☎ (04321) 9 27 00, Fax (04321) 927015.*

Berlin 330 ③ – Kiel 39 ⑥ – Flensburg 100 ⑥ – Hamburg 66 ⑤ – Lübeck 58 ③

NEUMÜNSTER

Am Teich	Z	2
Anscharstraße	Y	3
Bismarckstraße	Y	4
Brachenfelder Straße	YZ	5
Gänsemarkt	Z	6
Goethestraße	Y	7
Großflecken	Z	8
Holstenstraße	Z	10
Kaiserstraße	YZ	12
Klaus-Groth-Straße	Y	13
Kleinflecken	Z	14
Kuhberg	Y	16
Lütjenstraße	Z	18
Marienstraße	YZ	19
Mühlenhof	Z	22
Parkstraße	Y	24
Sauerbruchstraße	Y	25
Schleusberg	Z	26
Schützenstraße	Z	28
Tungendorfer Straße	Y	29
Warmsdorfstraße	Z	30

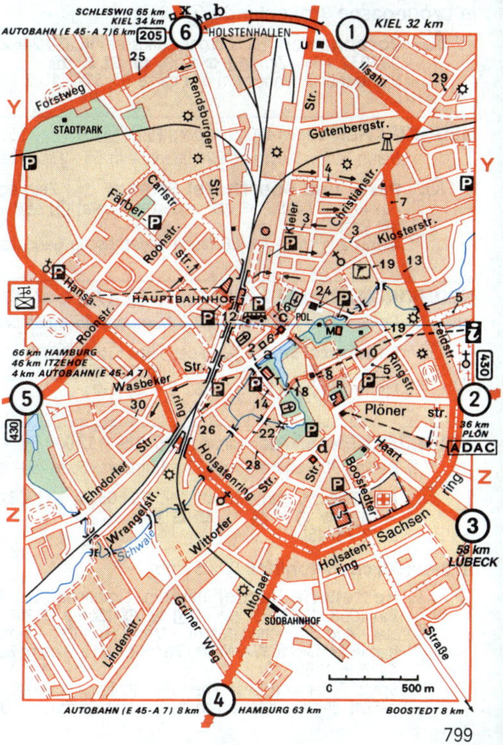

Benutzen Sie auf Ihren Reisen in Europa die Michelin-Länderkarten 1:400 000 bis 1:1 000 000

Pour parcourir l'Europe, utilisez les cartes Michelin Grandes Routes 1/400 000 à 1/1 000 000.

Prisma M, Max-Johannsen-Brücke 1, ✉ 24537, ☎ (04321) 90 40, *Fax (04321) 904444*, – Zim, – 140. AE E VISA. Rest Y b
Menu à la carte 41/57 – **93 Z** 145/260.

Hotelchen am Teich M garni, Am Teich 5, ✉ 24534, ☎ (04321) 4 90 40, *Fax (04321) 490444* – . AE E VISA Z a
16 Z 139/179.

Firzlaff's Hotel garni, Rendsburger Str. 183 (B 205), ✉ 24537, ☎ (04321) 9 07 80, *Fax (04321) 54248* – . E VISA Y x
18 Z 75/135.

Am Kamin, Probstenstr. 13, ✉ 24534, ☎ (04321) 4 28 53, *Fax (04321) 42919* – AE E Z d
Samstagmittag, Sonn- und Feiertage geschl. – **Menu** 55/98 und à la carte.

Pressekeller, Gänsemarkt 1, ✉ 24534, ☎ (04321) 4 23 93, *Fax (04321) 48141*, – 100. AE E VISA YZ c
Menu à la carte 33/69.

In Neumünster-Einfeld ① *: 3 km :*

Tannhof, Kieler Str. 452, ✉ 24536, ☎ (04321) 52 91 97, *Fax (04321) 529190*, – Zim, – 100. AE E VISA. Zim
Menu à la carte 35/59 – **33 Z** 95/265.

Zur Alten Schanze, Einfelder Schanze 96 (am See, N : 2,5 km), ✉ 24536, ☎ (04321) 95 95 80, *Fax (04321) 959582*, « Terrasse » – . AE E
Menu à la carte 42/70.

In Neumünster-Gadeland ③ *: 3,5 km :*

Kühl (mit Gästehaus), Segeberger Str. 74 (B 205), ✉ 24539, ☎ (04321) 70 80, *Fax (04321) 70880* –
Menu *(Sonn- und Feiertage geschl.)* (nur Abendessen) à la carte 29/52 – **33 Z** 80/130.

In Großenaspe-Brokenlande ④ *: 8 km :*

Rosengarten, Hamburger Chaussee 16, ✉ 24623, ☎ (04327) 9 97 90, *Fax (04327) 997932* – Zim, . AE E VISA
Menu (nur Abendessen) à la carte 33/52 – **10 Z** 97/137.

NEUNKIRCHEN *Baden-Württemberg* 417 419 *R 11 – 1 500 Ew – Höhe 350 m.*

Berlin 605 – Stuttgart 92 – Mannheim 55 – Heidelberg 34 – Heilbronn 40 – Mosbach 15.

Park- und Sporthotel Stumpf, Zeilweg 16, ✉ 74867, ☎ (06262) 8 98, *Fax (06262) 4498*, ←, « Garten », – – 20. AE E VISA. Rest
Menu à la carte 41/66 *(auch vegetarische Gerichte)* – **48 Z** 105/242.

NEUNKIRCHEN AM BRAND *Bayern* 419 420 *R 17 – 7 000 Ew – Höhe 317 m.*

Berlin 423 – München 190 – Nürnberg 25 – Bamberg 40.

Landhotel Selau, In der Selau 5, ✉ 91077, ☎ (09134) 70 10, *Fax (09134) 701187*, (Halle) – – 80. AE E VISA JCB
Menu à la carte 32/57 – **62 Z** 130/160.

NEUNKIRCHEN/SAAR *Saarland* 417 *R 5 – 52 000 Ew – Höhe 255 m.*

Berlin 690 – Saarbrücken 22 – Homburg/Saar 15 – Idar-Oberstein 60 – Kaiserslautern 51.

Am Zoo garni, Zoostr. 29, ✉ 66538, ☎ (06821) 2 70 74, *Fax (06821) 25272* – – 15. AE E VISA
38 Z 75/150.

In Neunkirchen-Kohlhof *SO : 5 km :*

Hostellerie Bacher mit Zim, Limbacher Str. 2, ✉ 66539, ☎ (06821) 3 13 14, *Fax (06821) 33465*, – . AE E VISA
Juli - Aug. 3 Wochen geschl. – **Menu** *(Sonntag - Montag geschl.)* (Tischbestellung ratsam, bemerkenswerte Weinkarte) 78/155 und à la carte 63/103 – **4 Z** 85/160 -Erweiterung auf 14 Z. in 1999
Spez. Tatar von Seefischen mit Senfsauce. Brust vom Stubenkücken mit Langostinos gefüllt und Krautsalat. Lammcarré mit Senfkruste und Graupenrisotto.

NEUNKIRCHEN-SEELSCHEID *Nordrhein-Westfalen* 417 *N 6 – 17 000 Ew – Höhe 180 m.*

Berlin 598 – Düsseldorf 81 – Bonn 24 – Köln 40.

Im Ortsteil Neunkirchen :

Kurfürst, Hauptstr. 13, ✉ 53819, ✆ (02247) 30 80, *Fax (02247) 30888*, – TV ☎ P – 80. AE E VISA
Menu à la carte 35/68 – **22 Z** 85/150.

NEUPETERSHAIN *Brandenburg* 418 *L 26 – 2 200 Ew – Höhe 95 m.*

Berlin 152 – Potsdam 160 – Cottbus 22 – Dresden 79.

In Neupetershain-Nord *N : 2 km :*

Zum Gutshof, Karl-Marx-Str. 6, ✉ 03103, ✆ (035751) 25 60, *Fax (035751) 25680*, – Zim, Rest, TV ☎ P – 20. AE E VISA
Menu à la carte 27/55 – **33 Z** 100/180.

NEUPOTZ *Rheinland-Pfalz* 419 *S 8 – 1 600 Ew – Höhe 110 m.*

Berlin 665 – Mainz 123 – Karlsruhe 23 – Landau 23 – Mannheim 52.

Zum Lamm, Hauptstr. 7, ✉ 76777, ✆ (07272) 28 09, *Fax (07272) 77230* – TV ☎ P
Menu *(Sonntagabend, Dienstag, Jan. 2 Wochen und Juni - Juli 3 Wochen geschl.)* à la carte 25/67 – **7 Z** 45/100.

NEURIED *Baden-Württemberg* 419 *U 7 – 7 700 Ew – Höhe 148 m.*

Berlin 755 – Stuttgart 156 – Karlsruhe 85 – Lahr 21 – Offenburg 11 – Strasbourg 19 – Freiburg im Breisgau 59.

In Neuried-Altenheim :

Ratsstüble, Kirchstr. 38, ✉ 77743, ✆ (07807) 9 28 60, *Fax (07807) 928650*, – TV ☎ P
Menu *(Sonntag, März und Aug. jeweils 2 Wochen geschl.) (nur Abendessen)* à la carte 29/52 – **30 Z** 55/100.

NEURUPPIN *Brandenburg* 416 *H 22 – 33 000 Ew – Höhe 47 m.*

Besucher- und Fahrgastzentrum, Bürger Bahnhof, Karl-Marx-Str. 1, ✉ 16816, ✆ (03391) 4 54 60, Fax (03391) 454666.

Berlin 76 – Potsdam 75 – Brandenburg 90.

Altes Kasino-Hotel am See, Seeufer 11, ✉ 16816, ✆ (03391) 30 59, *Fax (03391) 358684*, ≤, – Zim, TV ☎ P. AE E VISA
Menu à la carte 26/46 – **17 Z** 90/195.

Märkischer Hof, Karl-Marx-Str. 51, ✉ 16816, ✆ (03391) 28 01, *Fax (03391) 2566*, – TV ☎. AE E VISA
Menu à la carte 25/45 – **19 Z** 105/140.

Zum alten Siechenhospital, Siechenstr. 4, ✉ 16816, ✆ (03391) 65 08 00, *Fax (03391) 398844* – TV ☎ P. E
Weinstube Up Hus *(Montag und 27. Dez. - 5. Jan. geschl.)(Dienstag - Freitag nur Abendessen)* **Menu** à la carte 28/43 – **13 Z** 75/140.

In Neuruppin-Alt Ruppin *NO : 4,5 km :*

Zum weissen Rössel, Schloßstr. 1, ✉ 16827, ✆ (03391) 7 81 70, *Fax (03391) 781722*, – TV ☎ P. Rest
28 Z.

Am Alten Rhin, Friedrich-Engels-Str. 12, ✉ 16827, ✆ (03391) 76 50, *Fax (03391) 76515*, – TV ☎ P – 100. AE E VISA
Menu à la carte 31/53 – **40 Z** 95/140.

NEUSÄSS *Bayern* 419 420 *U 16 – 20 000 Ew – Höhe 525 m.*

Berlin 561 – München 75 – Augsburg 7 – Ulm (Donau) 89.

In Neusäß-Steppach *S : 2 km :*

Brauereigasthof Fuchs, Alte Reichsstr. 10, ✉ 86356, ✆ (0821) 48 10 57, *Fax (0821) 485845*, Biergarten – TV ☎ P
Jan. 2 Wochen geschl. – **Menu** *(Montag geschl.)* à la carte 32/59 – **32 Z** 95/155.

NEUSS Nordrhein-Westfalen 417 M 4 – 149 000 Ew – Höhe 40 m.

Sehenswert : *St. Quirinus-Münster*★ Y.

Ausflugsziel : *Schloß Dyck*★ *SW : 9 km über* ④.

☐ *Tourist-Information, Markt 4,* ✉ *41460,* ✆ *(02131) 27 32 42, Fax (02131) 222559.*

ADAC, *Glockhammer 27,* ✉ *41460,* ✆ *(0221) 47 27 47, Fax (02131) 278830.*

Berlin 563 ① – *Düsseldorf 12* – *Köln 38* ② – *Krefeld 20* ① – *Mönchengladbach 21* ⑤

Stadtplan siehe nächste Seite

Swissotel Düsseldorf-Neuss, Rheinallee 1, ✉ 41460, ✆ (02131) 77 00, *Fax (02131) 771366*, ≤, Fa, ☐s, ☐ – |☐|, ☐ Zim, ☐ ☐ ☐ ☐ ☐ – ☐ 1000. AE ☐ E VISA. ☐ Rest X b
Menu à la carte 49/85 – **246 Z** 298/377, 6 Suiten.

Dorint Kongress Hotel M, Selikumer Str. 25, ✉ 41460, ✆ (02131) 26 20, *Fax (02131) 262100*, ☐, Fa, ☐s – |☐|, ☐ Zim, ☐ ☐ ☐ ☐ ☐ ☐ – ☐ 550. AE ☐ E VISA JCB Z s
Menu à la carte 43/65 – **209 Z** 272/468, 5 Suiten.

Balance Hotel M, Anton-Kux-Str. 1, ✉ 41460, ✆ (02131) 18 40, *Fax (02131) 184184*, ☐, ☐s – |☐|, ☐ Zim, ☐ ☐ ☐ ☐ – ☐ 120. AE ☐ E VISA JCB. ☐ Rest X s
Menu 38 (mittags nur Buffet) *à la carte 47/71* – **220 Z** 205/240, 47 Suiten.

Rema-Hotel Mirage garni, Krefelder Str. 1, ✉ 41460, ✆ (02131) 27 80 01, *Fax (02131) 278243*, ☐s, ☐ – |☐| ☐ ☐ ☐ ☐ – ☐ 30. AE ☐ E VISA JCB Y a
75 Z 150/390.

Parkhotel Viktoria garni, Kaiser-Friedrich-Str. 2, ✉ 41460, ✆ (02131) 2 39 90, *Fax (02131) 2399100* – |☐| ☐ ☐ ☐ ☐ ☐. AE ☐ E VISA Z e
75 Z 165/260.

Page-City Hotel garni, Adolf-Flecken-Str. 18, ✉ 41460, ✆ (02131) 22 70, *Fax (02131) 227111* – |☐| ☐ ☐ ☐ ☐. AE ☐ E VISA Y r
50 Z 148/340.

Haus Hahn garni, Bergheimer Str. 125, ✉ 41464, ✆ (02131) 9 41 80, *Fax (02131) 43908* – ☐ ☐ ☐. ☐ E VISA Z u
Juli 3 Wochen und Ende Dez. - Anfang Jan. geschl. – **15 Z** 105/230.

Herzog von Burgund, Erftstr. 88, ✉ 41460, ✆ (02131) 2 35 52, *Fax (02131) 23552*, ☐ – AE E. ☐ Rest Z c
Samstagmittag, Sonntagmittag, Donnerstag, 16. Feb. - 2. März und Sept. 2 Wochen geschl. – **Menu** (abends Tischbestellung ratsam) à la carte 73/92.

Mayer's Bistrorant Zum Stübchen, Preussenstr. 73, ✉ 41464, ✆ (02131) 8 22 16, *Fax (02131) 82325*, ☐ X n
Samstagmittag, Montag, Jan. und Juli jeweils 2 Wochen geschl. – **Menu** (Tischbestellung ratsam) à la carte 52/81.

In Neuss-Erfttal *SO : 5 km über* ②

Novotel, Am Derikumer Hof 1 (Norf), ✉ 41469, ✆ (02131) 13 80, *Fax (02131) 120687*, ☐, Fa, ☐s, ☐ (geheizt), ☐ – |☐|, ☐ Zim, ☐ Rest, ☐ ☐ ☐ ☐ – ☐ 80. AE ☐ E VISA
Menu à la carte 35/62 – **110 Z** 168/424.

In Neuss-Grimlinghausen *SO : 6 km über Kölner Str.* X :

Landhaus Hotel, Hüsenstr. 17, ✉ 41468, ✆ (02131) 3 10 10, *Fax (02131) 310151*, Biergarten – |☐|, ☐ Zim, ☐ ☐ ☐ ☐ ☐ – ☐ 40. AE E VISA
Menu à la carte 34/59 – **29 Z** 186/380.

In Kaarst *NW : 6 km über Viersener Straße* X

Holiday Inn M, Königsberger Str. 20, ✉ 41564, ✆ (02131) 96 90, *Fax (02131) 969445*, ☐, ☐s, ☐ – |☐|, ☐ Zim, ☐ ☐ ☐ ☐ ☐ ☐ – ☐ 280. AE ☐ E VISA
Menu à la carte 40/66 – **192 Z** 154/465, 8 Suiten.

Classic Hotel garni, Friedensstr. 12, ✉ 41564, ✆ (02131) 66 80 91, *Fax (02131) 601833* – |☐| ☐ ☐ ☐ ☐ ☐ ☐. AE ☐ E VISA
22 Z 158/277.

Landhaus Michels garni, Kaiser-Karl-Str. 10, ✉ 41564, ✆ (02131) 7 67 80, *Fax (02131) 767819* – ☐ ☐ ☐ ☐ ☐. AE ☐ E VISA. ☐
22. Dez. - 5. Jan. geschl. – **20 Z** 90/170.

In Kaarst-Büttgen *W : 6 km über Rheydter Str.* X :

Jan van Werth garni, Rathausplatz 20, ✉ 41564, ✆ (02131) 7 58 80, *Fax (02131) 511433* – |☐| ☐ ☐ ☐ ☐. ☐ E VISA
23. Dez. - 2. Jan. geschl. – **28 Z** 95/155.

NEUSS

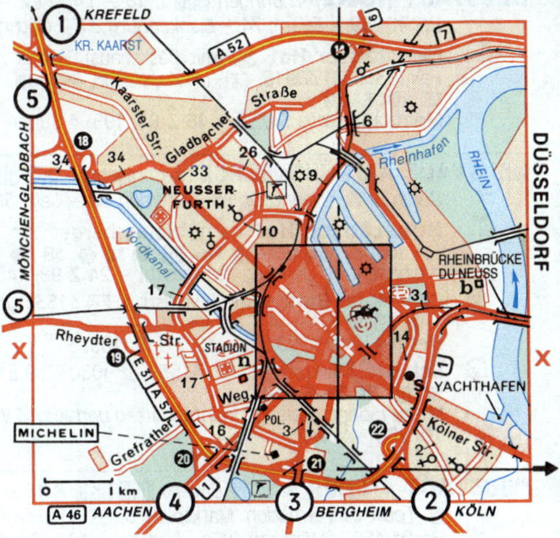

KREFELD
KR. KAARST
A 52
Kaarster Str.
Gladbacher Straße
MÖNCHEN-GLADBACH
NEUSSER FURTH
Nordkanal
Rheinhafen
RHEIN
DÜSSELDORF
RHEINBRÜCKE DU NEUSS
Rheydter Str.
STADION
YACHTHAFEN
Kölner Str.
Grefrather Weg
MICHELIN
POL.
0 1 km
A 46 AACHEN
BERGHEIM
KÖLN
X
X

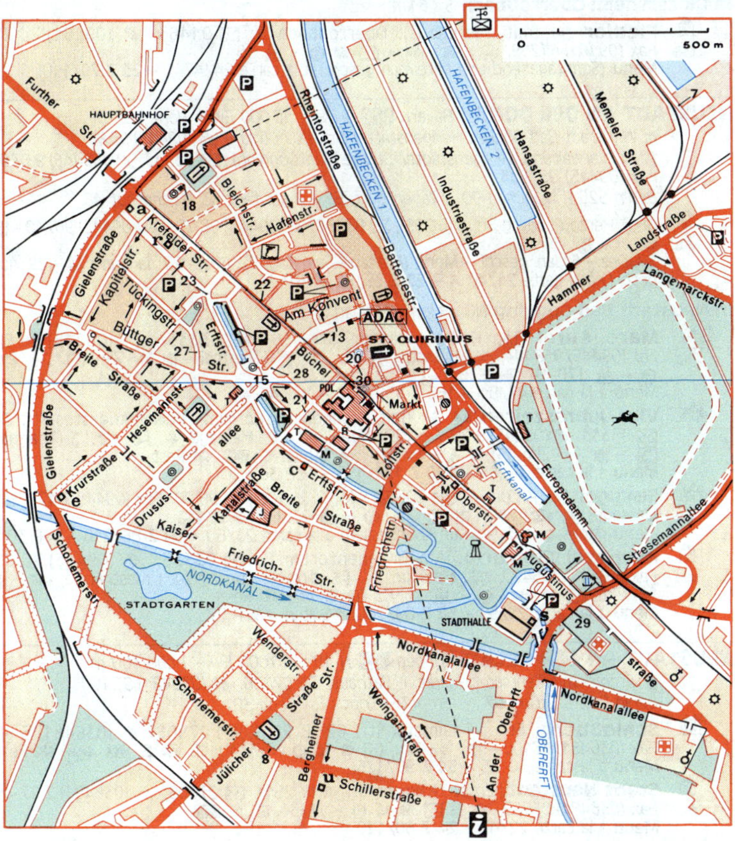

0 500 m
HAUPTBAHNHOF
Further Str.
Rheintorstraße
HAFENBECKEN 1
HAFENBECKEN 2
Industriestraße
Hansastraße
Memeler Straße
Bleichstr.
Hafenstr.
Krefelder Str.
Gielenstraße
Kapitelstr.
Tückingstr.
Büttger Str.
Erftstr.
Am Konvent
ADAC
ST. QUIRINUS
Büchel
Markt
Batteriestr.
Hammer Landstraße
Langemarckstr.
Breite Straße
Hesemannstr.
Krurstraße
Drusus-allee
Kaiser-Friedrich-Str.
Kanalstraße
Zollstr.
Oberstr.
Erftkanal
Europadamm
Stresemannallee
Augustinusstraße
NORDKANAL
STADTGARTEN
Schorlemerstr.
Friedrichstr.
STADTHALLE
Nordkanalallee
Wenderstr.
Bergheimer Straße
Weingartstraße
An der Obererft
OBERERFT
Jülicher Straße
Schillerstraße
Y
Y
Z
Z

NEUSTADT (HARZ) *Thüringen 418 L 16 – 1 400 Ew – Höhe 350 m – Erholungsort.*

Berlin 259 – Erfurt 74 – Blankenburg 37 – Göttingen 77 – Halle 100 – Nordhausen 10.

Neustädter Hof (mit Gästehaus), Burgstr. 17, ✉ 99762, ✆ (036331) 3 09 12, *Fax (036331) 30916*, , Massage, , – , Zim, – 60.
AE E VISA
Menu à la carte 34/59 – **46 Z** 85/195, 4 Suiten – ½ P 29.

NEUSTADT AM RÜBENBERGE *Niedersachsen 415 417 418 I 12 – 44 000 Ew – Höhe 35 m.*

Berlin 307 – Hannover 25 – Bremen 90 – Celle 58 – Hamburg 149.

Neustädter Hof garni, Königsberger Str. 43, ✉ 31535, ✆ (05032) 20 44, *Fax (05032) 63000* – . AE E VISA
Weihnachten - Anfang Jan. geschl. – **24 Z** 98/145.

City-Hotel Bunnenhof, Wallstr. 1, ✉ 31535, ✆ (05032) 9 81 70, *Fax (05032) 981798*
–
Menu à la carte 28/51 – **12 Z** 119/189.

Scheve, Marktstr. 21, ✉ 31535, ✆ (05032) 9 51 60, *Fax (05032) 951695*, –
. AE E VISA
Menu *(Sonntagabend - Montagmittag und Aug. 3 Wochen geschl.)* à la carte 28/58 – **32 Z** 70/280 – ½ P 25.

NEUSTADT AN DER AISCH *Bayern 419 420 R 15 – 12 000 Ew – Höhe 292 m.*

Tourist-Information, Marktplatz 5, ✉ 91413, ✆ (09161) 6 66 14, Fax (09161) 66615.
Berlin 458 – München 217 – Nürnberg 49 – Bamberg 53 – Würzburg 67.

In Dietersheim-Oberroßbach *S : 6 km :*

Fiedler (mit Gästehaus), Oberroßbach 3, ✉ 91463, ✆ (09161) 24 25, *Fax (09161) 61259*, , , – – 15
Menu *(Sonntagabend und Mittwoch geschl.)* à la carte 24/47 – **23 Z** 70/110.

NEUSTADT AN DER DONAU *Bayern 420 T 19 – 10 000 Ew – Höhe 355 m.*

Neustadt-Bad Göging, Heiligenstätter Str. (NO : 5 km) ✆ (09445) 95 80.
Kurverwaltung, Heiligenstädter Straße (Bad Gögging), ✉ 93333, ✆ (09445) 9 57 50, Fax (09445) 957533.
Berlin 525 – München 90 – Regensburg 52 – Ingolstadt 33 – Landshut 48.

Gigl, Herzog-Ludwig-Str. 6 (B 299), ✉ 93333, ✆ (09445) 96 70, *Fax (09445) 96740* –
27. Dez. - 5. Jan. geschl. – **Menu** *(Freitag - Samstag, 27. Dez. - 24. Jan. und 14. - 29. Aug. geschl.)* à la carte 21/40 – **22 Z** 39/82 – ½ P 16.

In Neustadt-Bad Gögging *NO : 4 km – Heilbad :*

Marc Aurel M, Heiligenstädter Str. 36, ✉ 93333, ✆ (09445) 95 80, *Fax (09445) 958444*, , Massage, , , , (Thermal) – , Zim,
– 170. AE E VISA JCB. Rest
Menu à la carte 47/81 – **165 Z** 150/280 – ½ P 45.

Vier Jahreszeiten M (mit Gesundheitszentrum), Kaiser-Augustus-Str. 36, ✉ 93333, ✆ (09445) 9 80, *Fax (09445) 98888*, , Massage, , , , (Thermal), – , Zim, – 80. AE E VISA. Rest
Menu à la carte 30/65 – **180 Z** 129/159 – ½ P 36.

Eisvogel , An der Abens 20, ✉ 93333, ✆ (09445) 96 90, *Fax (09445) 8475*, , Massage, , , – – 25. AE E VISA
Menu *(Montag und Jan. nur Abendessen)* à la carte 23/65 – **34 Z** 88/210 – ½ P 30.

Kurhotel Centurio, Am Brunnenforum 6, ✉ 93333, ✆ (09445) 20 50, *Fax (09445) 205420*, , Massage, , , direkter Zugang zur Limestherme, – , Zim, – 20. AE E VISA. Rest
Menu à la carte 23/59 – **68 Z** 80/200, 3 Suiten – ½ P 27.

NEUSTADT AN DER ORLA *Thüringen 418 N 19 – 10 000 Ew – Höhe 300 m.*

Fremdenverkehrsamt, Markt 1, Rathaus, ✉ 07806, ✆ (036481) 8 51 21.
Berlin 262 – Erfurt 97 – Gera 47 – Triptis 8 – Jena 30.

Schloßberg, Ernst-Thälmann-Str. 62 (B 281), ✉ 07806, ✆ (036481) 6 60, *Fax (036481) 66100* – , Zim, – 40. AE E VISA JCB. Rest
Menu à la carte 30/55 – **31 Z** 90/175.

Stadt Neustadt, Ernst-Thälmann-Str. 1 (B 281), ✉ 07806, ✆ (036481) 2 27 49, *Fax (036481) 23929*, – – 30. AE E VISA
Menu à la carte 22/42 – **24 Z** 60/120.

In Trockenborn-Wolfersdorf *N : 8 km :*

Am Kellerberg, Dorfstr. 18, ✉ 07646, ✆ (036428) 4 70, *Fax (036428) 47108,* – – 100. AE E
Menu à la carte 25/44 – **40 Z** 89/149.

Rothehofsmühle, Rothehofsmühle 13 (N : 2 km), ✉ 07646, ✆ (036428) 6 11 10, *Fax (036428) 61110,* – . E VISA
Menu à la carte 22/42 – **12 Z** 80/120.

NEUSTADT AN DER SAALE, BAD *Bayern 418 420 P 14 – 15 000 Ew – Höhe 234 m – Heilbad.*

Maria Bildhausen (SO : 8 km), ✆ (09766) 16 11.

Kurverwaltung, Löhriether Str. 2, ✉ 97616, ✆ (09771) 9 09 83, Fax (09771) 991158.

Berlin 406 – München 344 – Fulda 58 – Bamberg 86 – Würzburg 76.

Kur- und Schloßhotel , Kurhausstr. 37, ✉ 97616, ✆ (09771) 6 16 10, *Fax (09771) 2533,* « Terrasse am Schloßpark » – – 60. AE E VISA
Menu à la carte 40/73 – **13 Z** 120/280, 3 Suiten – ½ P 35.

Schwan und Post (Gasthof a.d.J. 1772), Hohnstr. 35, ✉ 97616, ✆ (09771) 9 10 70, *Fax (09771) 910767,* , – Zim, – 60. AE E VISA
Menu à la carte 29/58 – **32 Z** 95/180 – ½ P 20.

Da Rosario, Schweinfurter Str. 4, ✉ 97616, ✆ (09771) 6 24 10, *Fax (09771) 624140,* Biergarten – Zim, – 40. AE E VISA
Menu à la carte 23/46 – **21 Z** 90/148.

Zum Goldenen Löwen, Hohnstr. 26, ✉ 97616, ✆ (09771) 6 15 20, *Fax (09771) 615240* – . E
Menu *(Montag geschl.)* à la carte 30/59 – **34 Z** 65/120 – ½ P 25.

Fränkischer Hof (renoviertes Fachwerkhaus a.d. 16. Jh.), Spörleinstr. 3, ✉ 97616, ✆ (09771) 6 10 70, *Fax (09771) 994452,* « Innenhofterrasse » – . AE E VISA
Menu *(Mittwoch und Mitte - Ende Jan. geschl.)* à la carte 25/50 – **11 Z** 88/158.

Stadthotel Geis garni, An der Stadthalle 6, ✉ 97616, ✆ (09771) 9 19 80, *Fax (09771) 919850* – – 40. AE E VISA
34 Z 75/130.

In Hohenroth-Querbachshof *NW : 4 km :*

Zur Sonne mit Zim (restauriertes Fachwerkhaus a.d. 17. Jh.), Querbachshof 4, ✉ 97618, ✆ (09771) 68 90 40, *Fax (09771) 689049,* Biergarten –
Menu *(Montag geschl.)* (wochentags nur Abendessen) à la carte 26/60 – **8 Z** 72/99 – ½ P 25.

NEUSTADT AN DER WALDNAAB *Bayern 420 Q 20 – 6 000 Ew – Höhe 408 m.*

Berlin 402 – München 210 – Weiden in der Oberpfalz 7 – Bayreuth 60 – Nürnberg 105 – Regensburg 87.

Am Hofgarten, Knorrstr. 18, ✉ 92660, ✆ (09602) 92 10, *Fax (09602) 8548,* – , Zim, – 15. AE E VISA JCB. Rest
Menu *(Freitag - Sonntag geschl.)* (nur Abendessen) à la carte 26/42 – **27 Z** 82/118.

Grader, Freyung 39, ✉ 92660, ✆ (09602) 9 41 80, *Fax (09602) 2842* – – 20. AE E VISA
Menu *(Freitag geschl.)* à la carte 27/56 – **44 Z** 65/110 – ½ P 25.

NEUSTADT AN DER WEINSTRASSE *Rheinland-Pfalz 417 419 R 8 – 50 000 Ew – Höhe 140 m.*

Sehenswert : *Altstadt★ – Marktplatz★ – Stiftskirche★.*

Neustadt-Geinsheim (SO : 10 km), ✆ (06327) 29 73.

Tourist-Information, Exterstr. 2, ✉ 67433, ✆ (06321) 92 68 92, Fax (06321) 926891.

ADAC, *Martin-Luther-Str. 69, ✉ 67433, ✆ (06321) 8 90 50, Fax (06321) 890527.*

Berlin 650 – Mainz 94 – Mannheim 35 – Kaiserslautern 36 – Karlsruhe 56 – Wissembourg 46.

Treff Page Hotel, Exterstr. 2, ✉ 67433, ✆ (06321) 89 80, *Fax (06321) 898150,* – , Zim, – 85. AE E VISA JCB
Menu à la carte 30/57 – **123 Z** 165/225, 6 Suiten.

In Neustadt-Diedesfeld *SW : 4 km :*

Becker's Gut, Weinstr. 507, ✉ 67434, ✆ (06321) 21 95, *Fax (06321) 2101,* – AE E VISA JCB.
Dienstag, über Ostern und Okt. jeweils 2 Wochen geschl. – **Menu** (nur Abendessen, Tischbestellung ratsam) à la carte 60/83.

In Neustadt-Gimmeldingen *N : 3 km – Erholungsort :*

Mugler's Kutscherhaus, Peter-Koch-Str. 47, ✉ 67435, ✆ (06321) 6 63 62, *Fax (06321) 66232,* « Winzerhaus a.d.J. 1773 »
Montag und über Fasching 3 Wochen geschl. – **Menu** (nur Abendessen) à la carte 30/47

In Neustadt-Haardt *N : 2 km – Erholungsort :*

Tenner garni, Mandelring 216, ✉ 67433, ✆ (06321) 96 60, *Fax (06321) 966100,* « Park », – – 25. AE E VISA
20. - 30. Dez. geschl. – **36 Z** 105/195.

Mandelhof mit Zim, Mandelring 11, ✉ 67433, ✆ (06321) 8 82 20, *Fax (06321) 33342,* – . AE E
Ende Juli - Anfang Aug. geschl. – **Menu** *(Mittwoch - Donnerstagmittag geschl.)* à la carte 47/70 – **8 Z** 80/140.

In Neustadt-Hambach *SW : 3 km :*

Burgschänke-Rittersberg mit Zim, beim Hambacher Schloß, ✉ 67434, ✆ (06321) 3 99 00, *Fax (06321) 32799,* < Rheinebene, – – 30. E VISA.
Jan. 3 Wochen und Juli - Aug. 2 Wochen geschl. – **Menu** *(Donnerstag geschl.)* à la carte 30/65 – **5 Z** 85/120.

NEUSTADT AN DER WIED *Rheinland-Pfalz 417 O 6 – 5 600 Ew – Höhe 165 m.*

Tourist-Information, im Bürgerhaus, Raiffeisenstr. 9, ✉ 53577, ✆ (02683) 93 05 10, Fax (02683) 930515.

Berlin 617 – Mainz 123 – Bonn 68 – Köln 65 – Limburg an der Lahn 64 – Koblenz 49.

In Neustadt-Fernthal *SO : 4 km :*

Dreischläger Hof, Dreischläger Str. 23, ✉ 53577, ✆ (02683) 37 81, *Fax (02683) 2383* –
April 3 Wochen und Mitte - Ende Okt. geschl. – **Menu** *(Dienstag geschl.)* à la carte 27/46 – **18 Z** 45/110.

An der Autobahn A 3 *S : 4,5 km :*

Autobahn-Motel Fernthal, ✉ 53577 Neustadt/Wied, ✆ (02683) 9 86 30, *Fax (02683) 986354,* < – Zim, . E VISA. Rest
Menu à la carte 30/56 – **27 Z** 140/150.

NEUSTADT BEI COBURG *Bayern 418 420 P 17 – 17 000 Ew – Höhe 344 m.*

Berlin 358 – München 296 – Coburg 17 – Bayreuth 68 – Bamberg 61.

In Neustadt-Fürth am Berg *SO : 7 km :*

Grenzgasthof (mit Gästehaus,), Allee 37, ✉ 96465, ✆ (09568) 30 96, *Fax (09568) 7595,* , – – 100. E VISA
Menu *(Aug. 2 Wochen geschl.)* à la carte 23/45 – **65 Z** 55/140 – ½ P 22.

In Neustadt-Wellmersdorf *S : 5 km :*

Heidehof, Wellmersdorfer Str. 50, ✉ 96465, ✆ (09568) 21 55, *Fax (09568) 4042,* , – . Zim
Menu *(Sonntagabend geschl.)* (wochentags nur Abendessen) à la carte 24/40 – **38 Z** 68/120.

NEUSTADT (DOSSE) *Brandenburg 416 H 21 – 3 400 Ew – Höhe 34 m.*

Berlin 91 – Potsdam 78 – Schwerin 128 – Stendal 71.

Parkhotel St. Georg, Prinz-von-Homburg-Str. 35, ✉ 16845, ✆ (033970) 9 70, *Fax (033970) 9740,* , Massage, – – 20. AE E VISA
Menu à la carte 23/49 – **16 Z** 95/149.

NEUSTADT-GLEWE *Mecklenburg-Vorpommern 416 F 18 – 7 600 Ew – Höhe 35 m.*

Berlin 170 – Schwerin 33 – Ludwigslust 10 – Uelzen 94.

Europa Schlosshotel, Schloßfreiheit 1, ✉ 19306, ✆ (038757) 53 20, *Fax (038757) 53299,* , « Restauriertes Barockschloß a.d. 17. Jh. ; prächtige Stukkaturen », , – , Zim, – 90. AE E VISA
Menu à la carte 36/60 – **42 Z** 150/290.

NEUSTADT IN HOLSTEIN Schleswig-Holstein 415 416 D 16 – 14 300 Ew – Höhe 4 m – Seebad.

18 9 Gut Beusloe, Baumallee 14 (NO : 3 km), (04561) 81 40.

Kurbetrieb, Dünenweg 7 (in Pelzerhaken), 23730, (04561) 70 11, Fax (04561) 7013.

Berlin 296 – Kiel 60 – Lübeck 42 – Oldenburg in Holstein 21.

In Neustadt-Pelzerhaken O : 5 km :

Seehotel Eichenhain, Eichenhain 2, 23730, (04561) 5 37 30, Fax (04561) 537373, <, , , , – TV P. E VISA
6. Jan. - Feb. und 10. Nov.- 1. Dez. geschl. – **Menu** à la carte 45/70 – **21 Z** 145/230 – ½ P 40.

Eos, Pelzerhakener Str. 43, 23730, (04561) 72 16, Fax (04561) 7971, , , – TV P
Mitte - Ende Jan. und Mitte Nov. 1 Woche geschl. – **Menu** (Nov. - März Garni) (Montag - Freitag nur Abendessen) à la carte 27/45 – **18 Z** 80/160 – ½ P 20.

NEUSTADT IN SACHSEN Sachsen 418 M 26 – 12 000 Ew – Höhe 333 m.

Touristinformation, Markt 24, 01844, (03596) 22 40.

Berlin 217 – Dresden 39 – Bautzen 28.

Parkhotel Neustadt, Johann-Sebastian-Bach-Str. 20, 01844, (03596) 56 20, Fax (03596) 562500 – TV P. AE E VISA
Menu (nur Abendessen) à la carte 26/50 – **52 Z** 99/148.

NEUSTRELITZ Mecklenburg-Vorpommern 416 F 23 – 25 000 Ew – Höhe 76 m.

Stadt-Information, Markt 1 (Rathaus), 17235, (03981) 25 31 19, Fax (03981) 205443.

Berlin 114 – Schwerin 177 – Neubrandenburg 27.

Park Hotel M, Karbe-Wagner-Str. 59, 17235, (03981) 44 36 00, Fax (03981) 443553 – TV P – 50. AE E VISA
Menu à la carte 28/46 – **70 Z** 95/150.

Schlossgarten, Tiergartenstr. 15, 17235, (03981) 2 45 00, Fax (03981) 245050, – Zim, TV P. AE E VISA
Menu (Sonntag, Okt. - April auch Montag geschl.) (nur Abendessen) à la carte 32/66 – **24 Z** 94/136.

Pinus garni, Ernst-Moritz-Arndt-Str. 55, 17235, (03981) 44 53 50, Fax (03981) 445352 – TV P. AE E VISA – **23 Z** 72/120.

Haegert, Zierker Str. 44, 17235, (03981) 20 03 05, Fax (03981) 203157 – TV P. E VISA
Menu (Sonntag geschl.) (Okt. - April nur Abendessen) à la carte 25/38 – **25 Z** 80/120.

NEUTRAUBLING Bayern siehe Regensburg.

NEU-ULM Bayern 419 420 U 14 – 50 000 Ew – Höhe 468 m.

Stadtplan siehe Ulm (Donau).

Tourist-Information, Ulm, Münsterplatz, 89073, (0731) 1 61 28 30.

ADAC, Ulm, Neue Str. 40, 89073, (0731) 6 66 66.

Berlin 616 – München 138 ① – Stuttgart 96 ⑥ – Augsburg 80 ①

Mövenpick Hotel, Silcherstr. 40 (Edwin-Scharff-Haus), 89231, (0731) 8 01 10, Fax (0731) 85967, <, , – , Zim, TV P – 450. AE E VISA JCB X e
Menu à la carte 35/70 – **135 Z** 218/331.

Römer Villa, Parkstr. 1, 89231, (0731) 80 00 40, Fax (0731) 8000450, , – TV P – 40. AE E VISA X b
Menu (Sonntagabend geschl.) à la carte 36/65 – **23 Z** 154/212.

City-Hotel garni, Ludwigstr. 27, 89231, (0731) 97 45 20, Fax (0731) 9745299 – TV . AE E VISA JCB X r
20. Dez. - 6. Jan. und 9. - 22. Aug. geschl. – **21 Z** 125/165.

Deckert, Karlstr. 11, 89231, (0731) 7 60 81 – X s
22. Dez. - 8. Jan. geschl. – (nur Abendessen für Hausgäste) – **18 Z** 86/138.

Stephans-Stuben, Bahnhofstr. 65, 89231, (0731) 72 38 72, Fax (0731) 723872, Biergarten E VISA
Jan.- Feb. 2 Wochen und Aug. 3 Wochen geschl. – **Menu** (Montag geschl.) à la carte 29/83.

Glacis (ehemalige Villa), Schützenstr. 72, 89231, (0731) 8 68 43, Fax (0731) 86844, – P. AE E VISA X u
Sonntagabend - Montag geschl. – **Menu** à la carte 31/76.

In Neu-Ulm-Finningen *O : 7 km über Reuttier Str.* X *und Europastraße :*

Landgasthof Hirsch, Dorfstr. 4, ✉ 89233, ☎ (0731) 97 07 44, *Fax (0731) 724131,* – Zim, – 60.
Menu à la carte 31/65 – **22 Z** 115/180.

In Neu-Ulm-Pfuhl *NO : 3 km über Augsburger Str.* X *:*

Sonnenkeller, Leipheimer Str. 97, ✉ 89233, ☎ (0731) 7 17 70, *Fax (0731) 717760* – – 20
25. Dez. - 8. Jan. geschl. – **Menu** à la carte 26/56 – **42 Z** 85/150.

In Neu-Ulm-Reutti *SO : 6,5 km über Reuttier Str.* X *:*

Landhof Meinl, Marbacher Str. 4, ✉ 89233, ☎ (0731) 7 05 20, *Fax (0731) 7052222,* Massage, – Zim, – 15. Rest
23. Dez. - 6. Jan. geschl. – **Menu** *(Sonntag geschl.)* (nur Abendessen) à la carte 39/69 – **30 Z** 125/170.

In Neu-Ulm-Schwaighofen *über Reuttier Str.* X *:*

Zur Post, Reuttier Str. 172, ✉ 89233, ☎ (0731) 9 76 70, *Fax (0731) 9767100,* – – 35.
Jan. 1 Woche und Aug. 2 Wochen geschl. – **Menu** *(Freitag - Samstagmittag geschl.)* à la carte 28/66 – **28 Z** 140/200.

NEUWEILER *Baden-Württemberg* 419 *U 9 – 3 000 Ew – Höhe 640 m – Wintersport :*
Berlin 679 – Stuttgart 66 – Karlsruhe 68 – Pforzheim 41 – Freudenstadt 36.

In Neuweiler-Oberkollwangen *NO : 3 km :*

Landhotel Talblick, Breitenberger Str. 15, ✉ 75389, ☎ (07055) 9 28 80, *Fax (07055) 928840,* – Zim, Zim
15. Nov. - 10. Dez. geschl. – **Menu** *(Montag und 12. - 30. Jan. geschl.)* à la carte 29/43 – **14 Z** 60/120 – ½ P 14.

NEUWIED *Rheinland-Pfalz* 417 *O 6 – 70 000 Ew – Höhe 62 m.*
Tourist-Information, Kirchstr. 50, ✉ *56564,* ☎ *(02631) 80 22 60, Fax (02631) 21326.*
Berlin 600 – Mainz 114 – Koblenz 18 – Bonn 54.

Stadt-Hotel garni, Pfarrstr. 1a, ✉ 56564, ☎ (02631) 2 21 95, *Fax (02631) 21335*
16 Z 125/175.

Stadtpark-Hotel garni, Heddesdorfer Str. 84, ✉ 56564, ☎ (02631) 3 23 33, *Fax (02631) 32332* –
10 Z 105/155.

In Neuwied-Engers *O : 7 km :*

Euro-Hotel Fink, Werner-Egk-Str. 2, ✉ 56566, ☎ (02622) 92 80 (Hotel) 92 82 00 (Rest.), *Fax (02622) 83678* –
Weihnachten - Anfang Jan. geschl. – **Menu** *(Freitag und Juli geschl.)* (wochentags nur Abendessen) à la carte 26/54 – **60 Z** 45/140.

In Neuwied-Oberbieber *NO : 6 km :*

Waldhaus Wingertsberg, Wingertsbergstr. 48, ✉ 56566, ☎ (02631) 92 20, *Fax (02631) 922255,* – – 30.
Menu *(Dienstag geschl.)* à la carte 43/70 – **30 Z** 88/114.

In Neuwied-Segendorf *N : 5,5 km :*

Fischer - Hellmeier mit Zim, Austr. 2, ✉ 56567, ☎ (02631) 5 35 24, *Fax (02631) 958367,* –
Menu *(Freitag geschl.)* à la carte 45/63 – **9 Z** 65/130.

NEUZELLE *Brandenburg – siehe Eisenhüttenstadt.*

Ne confondez pas :

Confort des hôtels : ... ,
Confort des restaurants : XXXXX ... X
Qualité de la table : ✿✿✿, ✿✿, ✿, Menu

NIDDA *Hessen* 417 *O 11 – 18 200 Ew – Höhe 150 m.*

Staatsbad, Quellenstr. 2 (Bad Salzhausen), ✉ 63667, ✆ (06043) 9 63 30, Fax (06043) 963350.

Berlin 512 – Wiesbaden 88 – Frankfurt am Main 64 – Gießen 43.

In Nidda-Bad Salzhausen – *Heilbad :*

Jäger, Kurstr. 9, ✉ 63667, ✆ (06043) 40 20, *Fax (06043) 402100*, « Geschmackvolle, elegante Einrichtung », Rest, – 40. AE E VISA
Menu 47 (mittags) und à la carte 67/84 – **29 Z** 150/280.

NIDDERAU *Hessen* 417 *P 10 – 15 000 Ew – Höhe 182 m.*

Berlin 526 – Wiesbaden 60 – Frankfurt am Main 30 – Gießen 52.

In Nidderau-Heldenbergen

Zum Adler (mit Gästehaus), Windecker Str. 2, ✉ 61130, ✆ (06187) 92 70, *Fax (06187) 927223* – . E
27. Dez. - 10. Jan. geschl. – **Menu** *(Freitag geschl.)* à la carte 37/64 – **33 Z** 70/150.

NIDEGGEN *Nordrhein-Westfalen* 417 *N 3 – 10 000 Ew – Höhe 325 m.*

Sehenswert : *Burg* ⩤★.

Berlin 621 – Düsseldorf 91 – Aachen 51 – Düren 14 – Euskirchen 25 – Monschau 30.

Burg Nideggen, Kirchgasse 10, ✉ 52385, ✆ (02427) 12 52, *Fax (02427) 6979*, ⩤, – – 100. AE E
Montag geschl. – **Menu** à la carte 41/75.

Heiliger, Kirchgasse 5, ✉ 52385, ✆ (02427) 12 66, *Fax (02427) 8313*, « Gartenterrasse mit ⩤ » – . AE E VISA
Montag - Dienstag und Nov. geschl. – **Menu** à la carte 33/68.

NIEBLUM *Schleswig-Holstein siehe Föhr (Insel).*

NIEDERAULA *Hessen* 417 418 *N 12 – 5 500 Ew – Höhe 210 m.*

Berlin 419 – Wiesbaden 158 – Kassel 70 – Fulda 35 – Bad Hersfeld 11.

Schlitzer Hof mit Zim, Hauptstr. 1 (B 62), ✉ 36272, ✆ (06625) 33 41, *Fax (06625) 3355* – . E
2. - 31. Jan. geschl. – **Menu** *(Dienstag geschl.)* à la carte 37/78 – **9 Z** 95/195.

NIEDERDORFELDEN *Hessen siehe Vilbel, Bad.*

NIEDERFINOW *Brandenburg siehe Eberswalde.*

NIEDERFISCHBACH *Rheinland-Pfalz* 417 *N 7 – 4 700 Ew – Höhe 270 m.*

Berlin 578 – Mainz 169 – Siegen 14 – Olpe 29.

Fuchshof, Siegener Str. 22, ✉ 57572, ✆ (02734) 54 77, *Fax (02734) 60948*, , – . E
23. - 29. Dez. geschl. – **Menu** *(Samstagmittag, Sonntagabend und Juli 2 Wochen geschl.)* à la carte 28/67 – **18 Z** 75/190.

In Niederfischbach-Fischbacherhütte *SW : 2 km :*

Landhotel Bähner, Konrad-Adenauer-Str. 26, ✉ 57572, ✆ (02734) 57 90, *Fax (02734) 579399*, ⩤, , , , – – 60. AE E VISA.
Rest
Menu à la carte 39/74 – **37 Z** 132/242.

NIEDERGURIG *Sachsen siehe Bautzen.*

NIEDERKASSEL *Nordrhein-Westfalen* 417 *N 5 – 28 000 Ew – Höhe 50 m.*

Berlin 585 – Düsseldorf 67 – Bonn 15 – Köln 23.

In Niederkassel-Mondorf *SO : 6 km :*

Zur Börsch, Oberdorfstr. 30, ✉ 53859, ✆ (0228) 97 17 20, *Fax (0228) 452010*, – . AE E.
Juli - Aug. 3 Wochen geschl. – **Menu** *(Donnerstag und Samstagmittag geschl.)* à la carte 36/62 – **14 Z** 85/140.

In Niederkassel-Rheidt *S : 2 km :*

Wagner's Restaurant, Marktstr. 11, ✉ 53859, ✆ (02208) 7 27 00, *Fax (02208) 73127* – P
Samstagmittag, Dienstag und über Karneval 2 Wochen geschl. – **Menu** à la carte 62/79.

In Niederkassel-Uckendorf : *NO : 2 km :*

Clostermanns Hof M, Heerstraße, ✉ 53859, ✆ (02208) 9 48 00, *Fax (02208) 9480100*, Massage, 18 – Zim, P – 90. AE E VISA. Rest
Menu *(Sonntag geschl.)* à la carte 49/68 – **66 Z** 220/260.

NIEDERMÜLSEN *Sachsen siehe Zwickau.*

NIEDERNHALL *Baden-Württemberg* 419 *S 12 – 3 600 Ew – Höhe 202 m.*
Berlin 568 – Stuttgart 89 – Würzburg 77 – Heilbronn 58 – Schwäbisch Hall 30.

Rössle, Hauptstr. 12, ✉ 74676, ✆ (07940) 9 16 50, *Fax (07940) 916550*, « Fachwerk a.d. 18 Jh. » – Zim, AE E VISA
Menu *(Samstagmittag und Sonntag geschl.)* à la carte 45/64 – **21 Z** 96/140.

NIEDERNHAUSEN *Hessen* 417 *P 8 – 13 500 Ew – Höhe 259 m.*
Berlin 556 – Wiesbaden 14 – Frankfurt am Main 47 – Limburg an der Lahn 41.

Garni, Am Schäfersberg 2, ✉ 65527, ✆ (06127) 10 82, *Fax (06127) 1770* – P. AE E VISA
11 Z 100/140.

In Niedernhausen-Engenhahn *NW : 6 km :*

Wildpark-Hotel, Trompeterstr. 21, ✉ 65527, ✆ (06128) 97 40, *Fax (06128) 73874*, – P – 50. AE E VISA
1. - 10. Jan. und Juli - Aug. 4 Wochen geschl. – **Menu** *(Sonntagabend und Samstag geschl.)* à la carte 40/70 – **40 Z** 79/240.

Nahe der Autobahn *S : 2 km :*

Micador, Zum grauen Stein 1, ✉ 65527 Niedernhausen, ✆ (06127) 90 10, *Fax (06127) 901641*, – Zim, P – 300. AE E VISA
Menu à la carte 39/69 – **187 Z** 170/340, 13 Suiten.

NIEDER-OLM *Rheinland-Pfalz siehe Mainz.*

NIEDERSTETTEN *Baden-Württemberg* 419 420 *R 13 – 3 000 Ew – Höhe 307 m.*
Berlin 553 – Stuttgart 127 – Würzburg 50 – Crailsheim 37 – Bad Mergentheim 21.

Krone, Marktplatz 3, ✉ 97996, ✆ (07932) 89 90, *Fax (07932) 89960*, – Zim, P – 40. AE E VISA
Jan. - Feb. geschl. – **Menu** à la carte 32/60 – **32 Z** 110/160.

NIEDERSTOTZINGEN *Baden-Württemberg* 419 420 *U 14 – 4 200 Ew – Höhe 450 m.*
Berlin 566 – Stuttgart 96 – Augsburg 64 – Heidenheim an der Brenz 30 – Ulm (Donau) 38.

Krone, Im Städtle 9, ✉ 89168, ✆ (07325) 50 61, *Fax (07325) 5065*, – P – 100. E VISA
Menu *(Donnerstag geschl.)* à la carte 23/42 – **26 Z** 72/145.

In Niederstotzingen-Oberstotzingen :

Schloßhotel Oberstotzingen, Stettener Str. 37, ✉ 89168, ✆ (07325) 10 30, *Fax (07325) 10370*, – P – 65. AE E VISA. Rest
2. - 31. Jan. geschl. – ***Vogelherd*** *(Montag geschl., wochentags nur Abendessen, Mai - Sept. auch Mittagessen)* **Menu** à la carte 70/101 – ***Schenke*** *(Mittwoch geschl.)* **Menu** à la carte 43/68 – **17 Z** 219/298.

NIEDERWINKLING *Bayern siehe Bogen.*

NIEDERWÜRSCHNITZ *Sachsen siehe Stollberg.*

NIEFERN-ÖSCHELBRONN *Baden-Württemberg* 419 *T 10 – 11 300 Ew – Höhe 228 m.*
Mönsheim (SO : 14 km), (07044) 69 09.
Berlin 659 – Stuttgart 47 – Karlsruhe 37 – Pforzheim 7.

Im Ortsteil Niefern :

Krone, Schloßstr. 1, 75223, (07233) 70 70, *Fax (07233) 70799,* – Zim, TV – 40. AE E VISA
27. Dez. - Anfang Jan. geschl. – **Menu** *(Sonntagabend und Samstag geschl.)* à la carte 36/65 – **60 Z** 112/190.

NIEHEIM *Nordrhein-Westfalen* 417 *K 11 – 6 900 Ew – Höhe 183 m.*
Berlin 376 – Düsseldorf 203 – Hannover 94 – Hameln 48 – Kassel 90 – Detmold 29.

Berghof, Piepenborn 17, 33039, (05274) 3 42, *Fax (05274) 1242,* – Zim, TV . AE E VISA. Zim
Mitte Okt. - Mitte Nov. geschl. – **Menu** *(Montag geschl.)* à la carte 25/49 – **19 Z** 55/110.

NIENBURG (WESER) *Niedersachsen* 415 417 *I 11 – 32 000 Ew – Höhe 25 m.*
Touristbüro, im Stadtkontor, Lange Str. 18, 31582, (05021) 8 73 55, Fax (05021) 87410.
Berlin 334 – Hannover 57 – Bremen 63 – Bielefeld 103.

Weserschlößchen, Mühlenstr. 20, 31582, (05021) 6 20 81, *Fax (05021) 63257,* – Zim, TV – 280. AE E VISA
Menu *(Sonntagabend geschl.)* à la carte 32/75 – **36 Z** 140/220.

Nienburger Hof, Hafenstr. 3, 31582, (05021) 1 30 48, *Fax (05021) 13508* – TV – 40. AE E VISA
Menu *(Montag geschl.)* à la carte 30/62 – **20 Z** 115/210.

Zum Kanzler, Lange Str. 63, 31582, (05021) 9 79 20, *Fax (05021) 979230,* – TV – 25. E VISA
Menu à la carte 34/58 – **16 Z** 85/145.

In Marklohe-Neulohe *NW : 9 km :*

Neuloher Hof mit Zim, Bremer Str. 26 (B 6), 31608, (05022) 3 82, *Fax (05022) 1600,* – TV – 60
Menu *(Donnerstag geschl.)* à la carte 30/70 – **4 Z** 65/95.

NIENHAGEN *Mecklenburg-Vorpommern* 416 *D 20 – 700 Ew – Höhe 15 m.*
Berlin 238 – Schwerin 79 – Rostock 18.

Pension am Teich garni, Strandstr. 14, 18211, (038203) 8 11 82, *Fax (038203) 81183,* – TV . E VISA
8 Z 85/126.

NIENSTÄDT *Niedersachsen siehe Stadthagen.*

NIERSTEIN *Rheinland-Pfalz* 417 419 *Q 9 – 7 000 Ew – Höhe 85 m.*
Mommenheim, Am Golfplatz 1 (NW : 8 km), (06138) 94 11 94.
Verkehrsverein, Rathaus, Bildstockstr. 10, 55283, (06133) 51 11, Fax (06133) 5181.
Berlin 578 – Mainz 20 – Frankfurt am Main 53 – Bad Kreuznach 39 – Worms 28 – Darmstadt 23.

Villa Spiegelberg garni, Hinter Saal 21, 55283, (06133) 51 45, *Fax (06133) 57432,* « Garten » – TV – 25.
Ostern und Weihnachten geschl. – **12 Z** 140/190.

In Mommenheim *NW : 8 km :*

Zum Storchennest, Wiesgartenstr. 3, 55278, (06138) 12 33, *Fax (06138) 1240,* – TV . E VISA
Jan. und Juli - Aug. jeweils 2 Wochen geschl. – **Menu** *(Montag - Dienstagmittag geschl.)* à la carte 24/52 – **22 Z** 75/110.

NIESTETAL *Hessen siehe Kassel.*

NIEWITZ *Brandenburg siehe Lübben.*

NITTEL *Rheinland-Pfalz* 417 *R 3 – 1 700 Ew – Höhe 160 m.*
Berlin 744 – Mainz 187 – Trier 26 – Luxembourg 32 – Saarburg 20.

Zum Mühlengarten, Uferstr. 5 (B 419), ✉ 54453, ✆ (06584) 9 14 20, *Fax (06584) 914242,* , Biergarten, , – . AE E VISA
18. Jan. - 22. Feb. geschl. – **Menu** *(Montag geschl.)* à la carte 26/58 – **24 Z** 65/100.

NITTENAU *Bayern* 420 *S 20 – 7 800 Ew – Höhe 350 m.*
Verkehrsamt, Hauptstr. 14, ✉ 93149, ✆ (09436) 3 09 24, Fax (09436) 2680.
Berlin 474 – München 158 – Regensburg 38 – Amberg 49 – Cham 36.

Aumüller, Brucker Str. 7, ✉ 93149, ✆ (09436) 5 34, *Fax (09436) 2433,* , – Zim, – 80. AE E VISA
Menu *(Sonntagabend geschl.)* à la carte 60/72 – ***Stüberl :*** **Menu** à la carte 29/53 – **37 Z** 85/180 – ½ P 25.

NÖRDLINGEN *Bayern* 419 420 *T 15 – 21 000 Ew – Höhe 430 m.*
Sehenswert : *St.-Georg-Kirche★ (Magdalenen-Statue★) – Stadtmauer★ – Stadtmuseum★* **M1** *– Rieskrater-Museum★ – Verkehrsamt, Marktplatz 2, ✉ 86720, ✆ (09081) 43 80, Fax (09081) 84102 – Berlin 514 ① – München 128 ② – Augsburg 72 ② – Nürnberg 92 ① – Stuttgart 112 ④ – Ulm (Donau) 82 ③*

NÖRDLINGEN

Baldinger Straße	2
Bauhofgasse	3
Bei den Kornschrannen	4
Beim Klösterle	6
Brettermarkt	8
Bürgermeister-Reiger-Straße	9
Deininger Straße	12
Drehergasse	13
Eisengasse	14
Frauengasse	15
Hafenmarkt	16
Hallgasse	17
Herrengasse	19
Kreuzgasse	21
Löpsinger Straße	23
Luckengasse	24
Marktplatz	25
Nürnberger Straße	28
Obstmarkt	29
Oskar-Mayer-Straße	30
Polizeigasse	32
Reimlinger Straße	34
Salvatorgasse	35
Schäfflesmarkt	36
Schrannenstraße	39
Ulmer Straße	40
Vordere Gerbergasse	41
Weinmarkt	43
Wemdinger Straße	45
Würzburger Straße	46

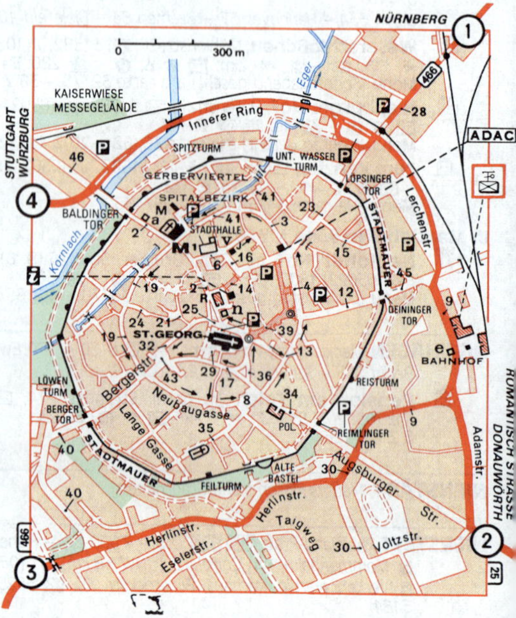

Ask your bookseller for the catalogue of Michelin publications.

Maritim Hotel Klösterle M, Beim Klösterle 1, ✉ 86720, ✆ (09081) 8 80 54, *Fax (09081) 22740,* , , – , Zim, – 300. AE E VISA JCB v
Menu *(Aug. 3 Wochen geschl.)* à la carte 40/69 – **98 Z** 178/216.

Sonne, Marktplatz 3, ✉ 86720, ✆ (09081) 50 67, *Fax (09081) 23999,* – – 30. AE E VISA n
Menu *(Nov. - April Dienstagabend - Mittwoch geschl.)* à la carte 30/50 – **38 Z** 95/230.

Am Ring, Bürgermeister-Reiger-Str. 14, ✉ 86720, ✆ (09081) 29 00 30, *Fax (09081) 23170* – , Zim, – 20. AE E VISA e
Menu *(Sonntagabend geschl.)* à la carte 35/68 – **39 Z** 89/180.

Goldene Rose garni, Baldinger Str. 42, ✉ 86720, ✆ (09081) 8 60 19, *Fax (09081) 24591* – . E VISA – **16 Z** 65/105. a

Meyers-Keller, Marienhöhe 8, ✉ 86720, ✆ (09081) 44 93, *Fax (09081) 24931,* Biergarten – . AE E VISA über Oskar-Mayer-Str.
Montag - Dienstagmittag und über Fasching 2 Wochen geschl. – **Menu** 45/140 und à la carte.

NÖRTEN-HARDENBERG *Niedersachsen* 417 418 *L 13 – 8 800 Ew – Höhe 140 m.*

Berlin 328 – Hannover 109 – Kassel 57 – Göttingen 11 – Braunschweig 96.

Burghotel Hardenberg, Im Hinterhaus 11a, ✉ 37176, ☎ (05503) 98 10, *Fax (05503) 981666*, – – 60. AE VISA. Rest
Novalis *(Sonntag geschl.)* **Menu** à la carte 65/90 – ***Mühle*** *(Montag geschl., wochentags nur Abendessen)* **Menu** à la carte 37/56 – **44 Z** 160/270.

NOHFELDEN *Saarland* 417 *R 5 – 11 600 Ew – Höhe 350 m.*

Kultur- und Fremdenverkehrsamt, An der Burg, ✉ 66625, ☎ (06852) 88 53 01, Fax (06852) 885125.

Berlin 702 – Saarbrücken 54 – Trier 58 – Kaiserslautern 59 – Wiesbaden 117.

In Nohfelden-Bosen *W : 8,5 km :*

Seehotel Weingärtner, Bostalstr. 12, ✉ 66625, ☎ (06852) 88 90, *Fax (06852) 81651*, – – 80. AE VISA
Menu à la carte 35/72 – **99 Z** 98/268.

In Nohfelden-Neunkirchen/Nahe *SW : 7,5 km :*

Landhaus Mörsdorf, Nahestr. 41, ✉ 66625, ☎ (06852) 9 01 20, *Fax (06852) 901290*, – – 25. AE VISA
Menu à la carte 33/62 – **17 Z** 87/120.

NONNENHORN *Bayern* 419 *X 12 – 1 500 Ew – Höhe 406 m – Luftkurort.*

Verkehrsamt, Seehalde 2, ✉ 88149, ☎ (08382) 82 50, Fax (08382) 89076.

Berlin 730 – München 187 – Konstanz 77 – Ravensburg 25 – Bregenz 17.

Seewirt, Seestr. 15, ✉ 88149, ☎ (08382) 98 85 00, *Fax (08382) 89333*, « Caféterrasse am See mit », –
Dez. - 19. Feb. geschl. – **Menu** *(Okt. - März Montag - Dienstag geschl.)* à la carte 35/74 – **31 Z** 90/250.

Zur Kapelle, Kapellenplatz 3, ✉ 88149, ☎ (08382) 82 74, *Fax (08382) 89181*, – . VISA
Anfang Jan. - Anfang März und Nov. - Mitte Dez. geschl. – **Menu** *(Okt. - Mai Donnerstag geschl.)* à la carte 28/53 – **17 Z** 74/170 – ½ P 35.

Haus am See, Uferstr. 23, ✉ 88149, ☎ (08382) 98 85 10, *Fax (08382) 9885175*, – . . Rest
März - Okt. – (Restaurant nur für Hausgäste) – **26 Z** 89/202.

Zum Torkel, Seehalde 14, ✉ 88149, ☎ (08382) 9 86 20, *Fax (08382) 986262*, –
Mitte Dez. - Ende Jan. geschl. – **Menu** *(Mittwochmittag, Okt.- Juni Mittwoch geschl.)* à la carte 30/65 – **22 Z** 65/160 – ½ P 25.

NONNWEILER *Saarland* 417 *R 4 – 9 200 Ew – Höhe 375 m – Heilklimatischer Kurort.*

Berlin 712 – Saarbrücken 50 – Trier 45 – Kaiserslautern 75.

In Nonnweiler-Sitzerath *W : 4 km :*

Landgasthof Paulus, Prälat-Faber-Str. 2, ✉ 66620, ☎ (06873) 9 10 11, *Fax (06873) 91191*, « Modern-elegante Einrichtung ; Vinothek » –
Montag - Dienstag, Jan. 1 Woche und Okt. 2 Wochen geschl. – **Menu** à la carte 31/68.

NORDDORF *Schleswig-Holstein siehe Amrum (Insel).*

NORDEN *Niedersachsen* 415 *F 5 – 26 500 Ew – Höhe 3 m.*

von Norden-Norddeich nach Norderney (Autofähre) und nach Juist, ☎ (04931) 987124, Fax (04931) 987131.

Kurverwaltung, Dörper Weg 22, (Norddeich) ✉ 26506, ☎ (04931) 9 86 02, Fax (04931) 986290.

Berlin 531 – Hannover 268 – Emden 44 – Oldenburg 97 – Wilhelmshaven 78.

Reichshof (mit Gästehäusern), Neuer Weg 53, ✉ 26506, ☎ (04931) 17 50, *Fax (04931) 17575*, – – 250. AE VISA
Menu à la carte 35/60 *(auch vegetarische Gerichte)* – **37 Z** 75/180 – ½ P 19.

In Norden-Norddeich *NW : 4,5 km – Seebad :*

Regina Maris, Badestr. 7c, 26506, (04931) 1 89 30, *Fax (04931) 189375*, , – Zim, .
Jan. - Mitte März geschl. – **Menu** *(außer Saison Montag geschl.)* à la carte 35/60 – **62 Z** 120/240, 6 Suiten – ½ P 32.

Fährhaus, Hafenstr. 1, 26506, (04931) 9 88 77, *Fax (04931) 988788*, – , Zim,
4. Nov. - 25. Dez. geschl. – **Menu** à la carte 39/57 – **40 Z** 110/215 – ½ P 33.

Deichkrone, Muschelweg 21, 26506, (04931) 80 31, *Fax (04931) 8030*, , , – – 25. Zim
2. Nov. - 5. Dez. geschl. – **Menu** à la carte 32/69 – **30 Z** 100/220 – ½ P 28.

NORDENHAM *Niedersachsen 415 F 9 – 30 000 Ew – Höhe 2 m.*

Verkehrsverein, Poststr. 4, 26954, (04731) 93 64 23, Fax (04731) 936446.

Berlin 464 – Hannover 200 – Cuxhaven 51 – Bremen 71 – Bremerhaven 7 – Oldenburg 54.

Am Markt, Marktplatz 12, 26954, (04731) 9 37 20, *Fax (04731) 937255*, – , Zim, – 50. AE E VISA
Menu à la carte 33/59 – **39 Z** 130/190.

Aits garni, Bahnhofstr. 120, 26954, (04731) 9 98 20, *Fax (04731) 9982400* – . AE E VISA
20 Z 80/120.

In Nordenham-Abbehausen *SW : 4,5 km :*

Butjadinger Tor, Butjadinger Str. 67, 26954, (04731) 9 38 80, *Fax (04731) 938888*, – . AE E VISA JCB
Menu à la carte 31/70 – **17 Z** 85/120.

In Nordenham-Tettens *N : 10 km :*

Landhaus Tettens (Bauernhaus a.d.J. 1737), Am Dorfbrunnen 17, 26954, (04731) 3 94 24, *Fax (04731) 31740*, –
Montag und Mitte - Ende Jan. geschl. – **Menu** à la carte 33/59.

NORDERNEY (Insel) *Niedersachsen 415 E 5 – 6 500 Ew – Seeheilbad – Insel der Ostfriesischen Inselgruppe, eingeschränkter Kfz-Verkehr.*

Norderney, Karl-Rieger-Weg (O : 5 km), (04932) 92 71 56.

am Leuchtturm, (04932) 24 55, Fax (04932) 2454.

von Norddeich (ca. 1h), (04932) 9 13 13, Fax (04932) 91310.

Verkehrsbüro, Bülowallee 5, 26548, (04932) 9 18 50, Fax (04932) 82494.

Berlin 537 – Hannover 272 – Emden 44 – Aurich/Ostfriedland 31.

Kurhotel M, Weststrandstr. 4 (Am Kurgarten), 26548, (04932) 88 30 00, *Fax (04932) 883333*, – .
Ende März - Anfang Nov. – **Menu** à la carte 45/69 – **19 Z** 160/320, 5 Suiten – ½ P 38.

Strandhotel an der Georgshöhe, Kaiserstr. 24, 26548, (04932) 89 80, *Fax (04932) 898200*, , , Massage, , , , (Halle) – . Zim
11. Jan. - 7. Feb. und 23. Nov - 20. Dez. geschl. – **Menu** *(Nov. - März Montag geschl.)* à la carte 47/73 – **95 Z** 95/300, 13 Suiten – ½ P 36.

Villa Ney M, Gartenstr. 59, 26548, (04932) 91 70, *Fax (04932) 1043*, – . AE E VISA JCB
Dez. und Jan. jeweils 2 Wochen geschl. – (nur Abendessen für Hausgäste) – **14 Z** 170/400, 8 Suiten.

Haus am Meer garni, Kaiserstr. 3, 26548, (04932) 89 30, *Fax (04932) 3673*, , , – . E.
41 Z 145/303, 4 Suiten.

Inselhotel König, Bülowallee 8, 26548, (04932) 80 10, *Fax (04932) 801125*, , – – 15. E VISA
Menu à la carte 31/58 – **49 Z** 165/270 – ½ P 27.

Inselhotel Vier Jahreszeiten, Herrenpfad 25, 26548, (04932) 89 40, *Fax (04932) 1460*, , Massage, , – . AE E VISA
Menu à la carte 42/60 – **91 Z** 150/270, 3 Suiten – ½ P 38.

Golf-Hotel, Am Golfplatz 1 (O : 5 km), 26548, (04932) 89 60, *Fax (04932) 89666*, , , , , , –
Menu à la carte 38/73 – **31 Z** 178/336, 3 Suiten – ½ P 42.

Strandhotel Pique, Am Weststrand 4, 26548, (04932) 9 39 30, *Fax (04932) 939393*, , , , –
Menu *(Dienstag geschl.)* à la carte 43/79 – **21 Z** 125/296, 3 Suiten.

Belvedere am Meer garni (mit Appartementhaus), Viktoriastr. 13, ✉ 26548, ✆ (04932) 9 23 90, *Fax (04932) 83590*, ≤, « Ehemalige Villa a.d.J. 1870 », ..., ... – TV ☎ P. ...
April - Mitte Okt. – **17 Z** 145/300.

Ennen, Luisenstr. 16, ✉ 26548, ✆ (04932) 91 50, *Fax (04932) 82110*, Massage, ..., – |‡| TV ☎. ... Zim
Menu à la carte 32/75 – **65 Z** 120/250 – ½ P 20.

Friese (mit Gästehaus), Friedrichstr. 34, ✉ 26548, ✆ (04932) 80 20, *Fax (04932) 80234*, – |‡| TV ☎. ... Zim
Dez. 2 Wochen und Feb. geschl. – **Menu** *(Mittwoch geschl.)* à la carte 34/66 – **63 Z** 99/275 – ½ P 26.

Haus Waterkant garni, Kaiserstr. 9, ✉ 26548, ✆ (04932) 80 01 00, *Fax (04932) 800200*, ≤, Massage, ..., ... – |‡| TV ☎. ...
Jan. und Dez. geschl. – **49 Z** 112/236.

Lenz, Benekestr. 3, ✉ 26548, ✆ (04932) 22 03 – E
Sept. - Mitte Juni Montagmittag und Dienstagmittag, sowie Jan. - Feb. 4 Wochen geschl. – **Menu** (Tischbestellung ratsam) à la carte 44/74.

NORDERSTEDT *Schleswig-Holstein* 415 416 *E 14 – 71 000 Ew – Höhe 26 m.*

ADAC, *Berliner Allee 38 (Herold-Center),* ✉ *22850,* ✆ *(040) 5 34 36 00, Fax (040) 53436011 – Berlin 309 – Kiel 79 – Hamburg 26 – Itzehoe 58 – Lübeck 69.*

Park-Hotel M garni, Buckhörner Moor 100, ✉ 22846, ✆ (040) 52 65 60, *Fax (040) 52656400*, – |‡| ... TV ... P – 100. AE ⓓ E VISA
78 Z 155/220.

Friesenhof M garni, Segeberger Chaussee 84 a/b, ✉ 22850, ✆ (040) 52 99 20, *Fax (040) 52992100* – |‡| ... TV ☎ ... P. AE ⓓ E VISA
47 Z 160/285.

Nordic M garni, Ulzburger Str. 387, ✉ 22846, ✆ (040) 5 26 85 80, *Fax (040) 5266708*, – TV ☎ ... P – 15. AE ⓓ E VISA
29 Z 126/170.

In Norderstedt-Garstedt :

Heuberg garni, Kahlenkamp 2/Ecke Niendorfer Straße, ✉ 22848, ✆ (040) 52 80 70, *Fax (040) 5238067* – |‡| ... TV ☎ ... P – 15. AE ⓓ E VISA JCB
48 Z 110/175.

Maromme garni, Marommer Str. 58, ✉ 22850, ✆ (040) 52 10 90, *Fax (040) 5210930*, – ... TV ☎ P. AE ⓓ E VISA
18 Z 115/155.

In Norderstedt-Glashütte :

Am Stadtrand garni, Tangstedter Landstr. 508, ✉ 22851, ✆ (040) 52 99 90, *Fax (040) 52999299* – |‡| ... TV ☎ ... ♿ .... AE ⓓ E VISA
27 Z 125/200.

Zur Glashütte, Segeberger Chaussee 309 (B 432), ✉ 22851, ✆ (040) 5 29 86 60, *Fax (040) 52986635*, ... – TV ☎ ... P. E VISA
Menu *(Mittwoch und Juli - Aug. 4 Wochen geschl.)* (wochentags nur Abendessen) à la carte 36/51 – **16 Z** 80/140.

In Norderstedt-Harksheide :

Schmöker Hof M, Oststr. 18, ✉ 22844, ✆ (040) 52 60 70, *Fax (040) 5262231*, Biergarten, – |‡|, ... Zim, TV ... ♿ ... P – 100. AE ⓓ E VISA
Menu à la carte 48/74 – **122 Z** 165/280, 5 Suiten.

NORDHAUSEN *Thüringen* 418 *L 16 – 47 000 Ew – Höhe 247 m.*

Touristeninformationszentrum, Bahnhofstr. 3a, ✉ *99734,* ✆ *(03631) 90 21 53, Fax (03631) 902153.*

ADAC, *Kranichstr. 8.* ✉ *99734,* ✆ *(03631) 98 43 04, Fax (03631) 980688.*

Berlin 261 – Erfurt 74 – Göttingen 86 – Halle 91.

Handelshof M garni, Bahnhofstr. 13, ✉ 99734, ✆ (03631) 62 50, *Fax (03631) 625100*, – |‡| ... TV ☎ ... P – 30. AE ⓓ E VISA
41 Z 98/175.

In Werther *SW : 3,5 km :*

Zur Hoffnung, an der B 80, ✉ 99735, ✆ (03631) 60 12 16, *Fax (03631) 600826*, – |‡| TV ☎ ♿ ... P – 120. ...
Menu à la carte 25/39 – **50 Z** 80/125.

NORDHEIM *Bayern siehe Volkach.*

NORDHOLZ *Niedersachsen siehe Bücken.*

NORDHORN *Niedersachsen* **415** *I 5 – 51 000 Ew – Höhe 22 m.*

Verkehrs- und Veranstaltungsverein, Firnhaberstr. 17, ✉ 48529, ✆ (05921) 3 40 30, Fax (05921) 32283.

ADAC, *Firnhaberstr. 17, ✉ 48529, ✆ (05921) 3 63 83, Fax (05921) 39231.*

Berlin 502 – Hannover 224 – Bremen 155 – Groningen 113 – Münster (Westfalen) 73.

Am Stadtring, Am Stadtring 31, ✉ 48527, ✆ (05921) 8 83 30, *Fax (05921) 75391* – |♦|, ✂ Zim, 📺 ☎ 📞 🚗 Ⓟ – 🏃 40. AE ⓓ E VISA
Menu à la carte 40/63 – **41 Z** 79/170.

Eichentor, Bernhard-Niehues-Str. 12, ✉ 48529, ✆ (05921) 8 98 60, *Fax (05921) 77948,* ⌂, ⌂ – |♦| 📺 ☎ 📞 Ⓟ – 🏃 80. AE ⓓ E VISA
Menu *(Samstagmittag und Sonntagabend geschl.)* à la carte 33/62 – **47 Z** 85/170.

Kleines Sandhookhaus, Sandhook 34, ✉ 48531, ✆ (05921) 3 29 46, *Fax (05921) 330048,* ☂ – AE ⓓ E VISA
Montag geschl. – **Menu** (wochentags nur Abendessen) à la carte 40/70.

NORDRACH *Baden-Württemberg* 419 *U 8 – 2000 Ew – Höhe 300 m – Luftkurort.*
Verkehrsamt, Im Dorf 26, ✉ 77787, ☎ (07838) 92 99 21, Fax (07838) 929924.
Berlin 776 – Stuttgart 130 – Karlsruhe 106 – Lahr 23 – Offenburg 28 – Freudenstadt 39.

Stube, Im Dorf 28, ✉ 77787, ☎ (07838) 2 02, Fax (07838) 927892, – . Zim
Jan. - Feb. 3 Wochen geschl. – **Menu** *(Dienstagabend - Mittwoch geschl.)* à la carte 30/60 – **12 Z** 55/100 – ½ P 20.

NORDSTRAND *Schleswig-Holstein* 415 *C 10 – 2400 Ew – Höhe 1 m – Seeheilbad.*
Ausflugsziele : *Die Halligen★ (per Schiff).*
Kurverwaltung, Schulweg 4 (Herrendeich), ✉ 25845, ☎ (04842) 4 54, Fax (04842) 8102.
Berlin 447 – Kiel 103 – Sylt (Westerland) 53 – Flensburg 61 – Husum 19 – Schleswig 53.

In Nordstrand-Herrendeich :

Landgasthof Kelting, Herrendeich 6, ✉ 25845, ☎ (04842) 3 35, *Fax (04842) 8355*, , – Rest, . AE E VISA. Rest
Feb. 2 Wochen geschl. – **Menu** *(Montag geschl.)* à la carte 35/54 – **16 Z** 80/130 – ½ P 24.

In Nordstrand-Süden :

Christiansen garni, Am Ehrenmal 10, ✉ 25843, ☎ (04842) 82 12, *Fax (04842) 1349*, –
14 Z 85/150.

In Nordstrand - Süderhafen :

Am Heverstrom, Heverweg 14, ✉ 25845, ☎ (04842) 80 00, *Fax (04842) 7273*, , « Modernisierter Gasthof mit rustikal-gemütlicher Einrichtung » – . Zim
Jan.- Feb. geschl. – **Menu** *(Mittwoch geschl.)* à la carte 29/54 – **7 Z** 80/120.

NORTHEIM *Niedersachsen* 417 418 *K 13 – 33000 Ew – Höhe 121 m.*
Schloß Levershausen (S : 6 km), ☎ (05551) 6 19 15.
Northeim Touristik, Am Münster 6, ✉ 37154, ☎ (05551) 91 30 66, Fax (05551) 913067.
Berlin 317 – Hannover 99 – Braunschweig 85 – Göttingen 27 – Kassel 69.

Schere, Breite Str. 24, ✉ 37154, ☎ (05551) 96 90, *Fax (05551) 969196*, – , Zim, – 20. AE E VISA
Menu *(Montagmittag geschl.)* à la carte 31/58 – **38 Z** 110/250.

Deutsche Eiche garni, Bahnhofstr. 16, ✉ 37154, ☎ (05551) 22 93, *Fax (05551) 2591* – . AE E VISA
20. Dez. - 4. Jan. geschl. – **20 Z** 85/170.

NORTORF *Schleswig-Holstein* 415 416 *D 13 – 7000 Ew – Höhe 30 m.*
Berlin 348 – Kiel 29 – Flensburg 81 – Hamburg 78 – Neumünster 16.

Kirchspiels Gasthaus, Große Mühlenstr. 9, ✉ 24589, ☎ (04392) 49 22, *Fax (04392) 3454*, – – 50. AE E VISA.
Menu à la carte 41/78 – **15 Z** 70/170.

Alter Landkrug (mit Gästehaus), Große Mühlenstr. 13, ✉ 24589, ☎ (04392) 44 14, *Fax (04392) 8302* – – 150. AE E VISA
Menu à la carte 29/47 – **32 Z** 60/120.

NOTHWEILER *Rheinland-Pfalz siehe Rumbach.*

NOTTULN *Nordrhein-Westfalen* 417 *K 6 – 16000 Ew – Höhe 95 m.*
Berlin 499 – Düsseldorf 106 – Nordhorn 85 – Enschede 65 – Münster (Westfalen) 19.

Steverburg, Baumberge 6 (NO : 3 km), ✉ 48301, ☎ (02502) 94 30, *Fax (02502) 9876*, , « Geschmackvolle Einrichtung » – Zim, – 20. E VISA
Menu *(Donnerstag geschl.)* à la carte 42/79 – **20 Z** 100/180.

In Nottuln-Schapdetten *O : 5 Km :*

Landhaus Schapdetten, Roxeler Str. 7, ✉ 48301, ☎ (02509) 9 90 50, *Fax (02509) 990533*, , – Zim, – 30. AE E VISA
Menu à la carte 29/61 – **17 Z** 80/160.

Zur alten Post, Roxeler Str. 5, ✉ 48301, ☎ (02509) 9 91 90, *Fax (02509) 991919*, Biergarten – – 15. AE E
Menu *(Dienstag geschl.)* à la carte 33/57 – **25 Z** 65/130.

In Nottuln-Stevern *NO : 2 km :*

Gasthaus Stevertal mit Zim, Stevern 36, ✉ 48301, ☎ (02502) 9 40 10, *Fax (02502) 940149,* – – 80
Menu (bemerkenswerte Weinkarte) à la carte 24/63 – **7 Z** 75/140.

NÜMBRECHT *Nordrhein-Westfalen* 417 *N 6 – 17 000 Ew – Höhe 280 m – Heilklimatischer Kurort.*
Kur- und Gäste-Information, Lindchenweg 1, ✉ 51588, ☎ (02293) 5 18, Fax (02293) 510.
Berlin 576 – Düsseldorf 91 – Bonn 49 – Waldbröl 8 – Köln 53.

Park-Hotel, Parkstraße, ✉ 51588, ☎ (02293) 30 30, *Fax (02293) 303365,* , Massage, , , (Halle) – , Zim, Rest, – 220. AE E VISA
Menu à la carte 46/66 – **89 Z** 154/224 – ½ P 30.

Oliver's Gasthaus mit Zim, Hauptstr. 52, ✉ 51588, ☎ (02293) 9 11 10, *Fax (02293) 91118,* – . E VISA
Feb. 3 Wochen geschl. – **Menu** *(Montag geschl.)* à la carte 56/91 – **4 Z** 150/240.

NÜRBURG *Rheinland-Pfalz* 417 *O 4 – 200 Ew – Höhe 610 m – Luftkurort.*
Sehenswert : *Burg* ✳★.
Ausflugsziel : *Nürburgring★ (Rennsport-Museum★).*
Berlin 644 – Mainz 152 – Aachen 133 – Bonn 56 – Mayen 26 – Wittlich 57.

Dorint, Am Nürburg-Ring, ✉ 53520, ☎ (02691) 30 90, *Fax (02691) 309460,* ≤, , , – – 120. AE E VISA
Menu à la carte 43/75 – **141 Z** 235/330, 3 Suiten.

Am Tiergarten, Kirchweg 4, ✉ 53520, ☎ (02691) 9 22 00, *Fax (02691) 7911,* – Zim, – 20. AE E VISA JCB
Menu (italienische Küche) à la carte 31/65 – **33 Z** 105/180.

Zur Burg (mit Gästehaus), Burgstr. 4, ✉ 53520, ☎ (02691) 75 75, *Fax (02691) 7711,* , – – 20. AE E VISA
20. Nov. - 25. Dez. geschl. – **Menu** à la carte 29/52 – **35 Z** 75/200.

NÜRNBERG *Bayern* 419 420 *R 17 – 500 000 Ew – Höhe 300 m.*
Sehenswert : *Germanisches Nationalmuseum★★★* JZ – *St.-Sebalduskirche★ (Kunstwerke★★)* JY – *Stadtbefestigung★ – Dürerhaus★* JY – *Schöner Brunnen★* JY **C** – *St.-Lorenz-Kirche★ (Engelsgruß★★, Gotischer Kelch★★)* JZ – *Kaiserburg (Sinwellturm ≤★)* JY – *Frauenkirche★* JY **E** – *Verkehrsmuseum (Eisenbahnabteilung★)* JZ **M4**.
N-Kraftshof (über Kraftshofer Hauptstr. BS*), ☎ (0911)30 57 30.*
Nürnberg BS*, ☎ (0911) 9 37 00.*
*Messezentrum (*BT*), ☎ (0911) 8 60 60, Fax (0911) 8606228.*
Tourist-Information, im Hauptbahnhof (Mittelhalle), ☎ (0911) 2 33 61 32, Fax (0911) 2336166.
Tourist-Information, Hauptmarkt 18, ✉ 90403, ☎ (0911) 2 33 61 35, Fax (0911) 204359.
ADAC, *Äußere Sulzbacher Str. 98, ✉ 90491, ☎ (0911) 9 59 50, Fax (0911) 9595280.*
Berlin 432 ⑤ – München 165 ⑦ – Frankfurt am Main 226 ① – Leipzig 276 ⑤ – Stuttgart 205 ⑧ – Würzburg 110 ①

Stadtpläne siehe nächste Seiten

Grand-Hotel, Bahnhofstr. 1, ✉ 90402, ☎ (0911) 2 32 20, *Fax (0911) 2322444,* – , Zim, – 120. AE E VISA JCB KZ d
Menu à la carte 54/96 – **182 Z** 224/410, 4 Suiten.

Maritim, Frauentorgraben 11, ✉ 90443, ☎ (0911) 2 36 30, *Fax (0911) 2363855,* , – , Zim, – 550. AE E VISA JCB JZ e
Menu à la carte 60/79 – **316 Z** 349/452, 3 Suiten.

Carlton Hotel, Eilgutstr. 13, ✉ 90443, ☎ (0911) 2 00 30, *Fax (0911) 2003666,* , – , Zim, – 140. AE E VISA JCB JZ f
Menu à la carte 48/71 – **130 Z** 227/284, 3 Suiten.

Atrium Hotel, Münchener Str. 25, ✉ 90478, ☎ (0911) 4 74 80, *Fax (0911) 4748420,* , , – , Zim, Rest, – 150. AE E VISA JCB. Rest GX g
Menu à la carte 45/88 – **187 Z** 199/348.

Queens, Münchener Str. 283, ✉ 90471, ☎ (0911) 9 46 50, *Fax (0911) 468865,* , – , Zim, – 150. AE E VISA BT y
Menu à la carte 43/72 – **142 Z** 199/351.

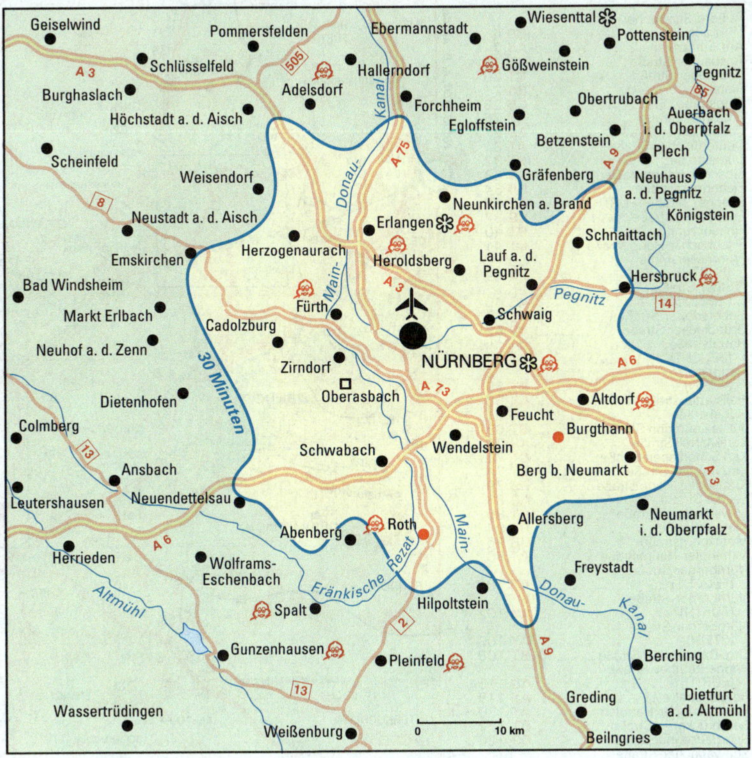

Loew's Hotel Merkur, Pillenreuther Str. 1, ✉ 90459, ☏ (0911) 44 02 91, *Fax (0911) 459037*, ⛱, 🏊 – 🛗, ⇹ Zim, TV ☎ 📞 ♿ 🚗 P – 🏛 60. AE ⓓ E VISA JCB FX a
Menu à la carte 38/71 – **190 Z** 165/360.

Wöhrdersee Hotel Mercure, Dürrenhofstr. 8, ✉ 90402, ☏ (0911) 9 94 90, *Fax (0911) 9949444*, 🌳, 🚲, ⛱ – 🛗, ⇹ Zim, ▤ TV ☎ ♿ 🚗 – 🏛 130. AE ⓓ E VISA GV a
Menu à la carte 43/65 – **145 Z** 215/298.

Agnes Hof Ⓜ garni, Agnesgasse 10, ✉ 90403, ☏ (0911) 21 44 40, *Fax (0911) 21444144*, ⛱ – 🛗 ⇹ TV ☎ 📞 ♿ 🚗 – 🏛 20. AE ⓓ E VISA JCB JY c
74 Z 155/298.

Victoria Ⓜ garni, Königstr. 80, ✉ 90402, ☏ (0911) 2 40 50, *Fax (0911) 227432* – 🛗 ⇹ TV ☎ 📞 P – 🏛 30. AE ⓓ E VISA KZ x
23. Dez. - 6. Jan. geschl. – **66 Z** 129/239.

Queens City Hotel Ⓜ garni, Kaulbachstr. 1, ✉ 90408, ☏ (0911) 3 65 70, *Fax (0911) 3657488*, ⛱ – 🛗 ⇹ TV ☎ 📞 ♿ 🚗. AE ⓓ E VISA EU b
121 Z 156/227.

Drei Linden, Äußere Sulzbacher Str. 1, ✉ 90489, ☏ (0911) 53 32 33, *Fax (0911) 554047* – TV ☎ P. AE E VISA GU p
Menu à la carte 34/63 – **28 Z** 100/180.

Am Heideloffplatz garni, Heideloffplatz 9, ✉ 90478, ☏ (0911) 94 45 30, *Fax (0911) 4469661* – 🛗 ⇹ TV ☎ 📞 P – 🏛 20. AE ⓓ E VISA JCB FX t
24. Dez. - Anfang Jan. geschl. – **32 Z** 165/295.

Amas, Allersberger Str. 34, ✉ 90461, ☏ (0911) 9 44 40, *Fax (0911) 9444444*, 🌳 – 🛗, ⇹ Zim, TV ☎ 📞 P – 🏛 60. AE ⓓ E VISA FX e
Menu *(Sonntagabend geschl.)* à la carte 36/54 – **59 Z** 139/189.

NÜRNBERG

Äußere Sulzbacher Straße . . . . BS 4
Am Europakanal . . . . AS 7
Ansbacher Straße . . . . AT 14
Beuthener Straße . . . . CT 20
Bierweg . . . . BS 21
Bingstraße . . . . CS 23
Breslauer Straße . . . . CT 26
Cadolzburger Straße . . . . AS 27
Deutenbacher Straße . . . . AT 31
Dianastraße . . . . BT 32
Eibacher Hauptstraße . . . . AT 33
Eichendorffstraße . . . . BS 34
Erlanger Straße (FÜRTH) . . . . AS 36
Erlenstegenstraße . . . . CS 37
Finkenbrunn . . . . BT 40
Fischbacher Hauptstraße . . . . CT 41
Fronmüllerstraße (FÜRTH) . . . . AS 44
Fürther Straße (ZIRNDORF) . . . . AS 45
Gebersdorfer Straße . . . . AS 47
Gründlacher Straße . . . . AS 52
Hauptstraße (FEUCHT) . . . . CT 54
Hauptstraße (STEIN) . . . . AT 55
Heilstättenstraße . . . . AS 56
Hügelstraße . . . . AS 61
Julius-Loßmann-Straße . . . . BT 65
Karl-Martell-Straße . . . . AS 70
Karl-Schönleben-Straße . . . . CT 71
Katzwanger Straße . . . . BT 74
Kraftshofer Hauptstraße . . . . BS 79
Leyher-Straße . . . . AS 83
Löwenberger Straße . . . . CT 85
Minervastraße . . . . BT 94
Moritzbergstraße . . . . CS 96
Mühlhofer Hauptstraße . . . . AT 98
Nürnberger Straße (FEUCHT) . . . . CT 100
Nürnberger Straße (FÜRTH) . . . . AS 102
Nürnberger Straße (STEIN) . . . . AT 103
Otto-Bärnreuther-Straße . . . . BT 108
Poppenreuther Straße (FÜRTH) . . . . AS 115
Rednitzstraße . . . . AT 119
Reichelsdorfer Hauptstr. . . . . AT 120
Saarbrückener Straße . . . . BT 122
Schmausenbuckstraße . . . . CS 126
Schwabacher Straße (FÜRTH) . . . . AS 128
Schwabacher Straße (FEUCHT) . . . . CT 130
Schwabacher Straße (ZIRNDORF) . . . . . . AS 131
Seeackerstraße . . . . AS 133
Siedlerstraße . . . . CS 134
Sigmundstraße . . . . AS 135
Stadenstraße . . . . CS 136
Valznerweiherstraße . . . . CS 145
Wallensteinstraße . . . . AS 150
Weißenburger Straße . . . . AT 153
Wetzendorfer Straße . . . . AS 155
Würzburger Straße . . . . AS 159

Le piante topografiche sono orientate col Nord in alto.

Dürer-Hotel garni, Neutormauer 32, ✉ 90403, ✆ (0911) 20 80 91, *Fax (0911) 223458*, – – 30. AE VISA JCB JY r
105 Z 190/300.

Avenue garni, Josephsplatz 10, ✉ 90403, ✆ (0911) 24 40 00, *Fax (0911) 243600* – – 20. AE VISA JCB JZ c
Ende Dez. - Anfang Jan. geschl. – **41 Z** 145/285.

InterCityHotel, Eilgutstr. 8, ✉ 90443, ✆ (0911) 2 47 80, *Fax (0911) 2478999* – Zim, – 50. AE VISA. JZ d
Menu *(Samstag - Sonntag geschl.)* (nur Abendessen) à la carte 32/65 – **158 Z** 199/360.

Concorde Hotel Viva garni, Sandstr. 4, ✉ 90443, ✆ (0911) 2 40 00, *Fax (0911) 2400499*, – – 40. AE VISA HZ n
24. Dez. - 3. Jan. geschl. – **153 Z** 185/235.

Tassilo, Tassilostr. 21, ✉ 90429, ✆ (0911) 3 26 66, *Fax (0911) 3266799*, – , Zim, . – 30. AE VISA. Rest AS v
23. Dez. - 7. Jan. geschl. – (nur Abendessen für Hausgäste) – **79 Z** 162/290.

Advantage, Dallingerstr. 5, ✉ 90459, ✆ (0911) 9 45 50, *Fax (0911) 9455200*, , – . AE VISA JCB – *24. Dez. - 2. Jan. geschl.* – **Menu** *(Samstag - Sonntag und Aug. geschl.)* (nur Abendessen) à la carte 27/53 – **50 Z** 145/215. FX n

Prinzregent garni, Prinzregentenufer 11, ✉ 90489, ✆ (0911) 58 81 88, *Fax (0911) 556236* – . AE VISA JCB KZ a
24. Dez. - 6. Jan. geschl. – **34 Z** 145/245.

Am Jakobsmarkt garni, Schottengasse 5, ✉ 90402, ✆ (0911) 2 00 70, *Fax (0911) 2007200*, – . AE VISA JCB HZ h
24. Dez. - 2. Jan. geschl. – **77 Z** 146/224.

NÜRNBERG

Allersberger Straße . . . . FGX
Äußere Cramer-Klett-Straße . . . GV 3
Am Messehaus . . GU 8
Beuthener Straße . GX 20
Celtisstraße . . . . . EX 28
Deumentenstraße . GU 29
Endterstraße . . . . EX 35
Fürther Straße . . . DV
Galgenhofstraße . FX 46
Gostenhofer Hauptstr. . . . . . DV 49
Himpfelshofstr. . . . DV 59
Hinterm Bahnhof . FX 60
Jitzhak-Rabin-Str. . GX 63
Knauerstraße . . . . DVX 76
Kressengartenstr. . GV 81
Leyher Straße . . . DV 83
Marienbader Str. . GX 86
Maxfeldstraße . . . FU 91
Maximilianstraße . DV 93
Obere Kanalstr. . . DV 104
Poppenreuther Str. DU 113
Schafhofstraße . . . . . GU 123
Scheurlstraße . . . . . . FGX 124
Schuckertstraße . . . . EX 127
Schweiggerstraße . . . GX 132
Steinbühler Straße . . EX 137
Südliche Fürther Str. . DV 139
Tafelfeldstraße . . . . . . EX 141
Teutoburger Straße . . GU 142
Tunnelstraße . . . . DX 144
Wallensteinstraße . . . DX 150
Wassertorstraße . . . . GV 152
Wöhrder Hauptstr. . . . GV 157
Wöhrder Talübergang GV 158
Zufuhrstraße . . . . EX 160

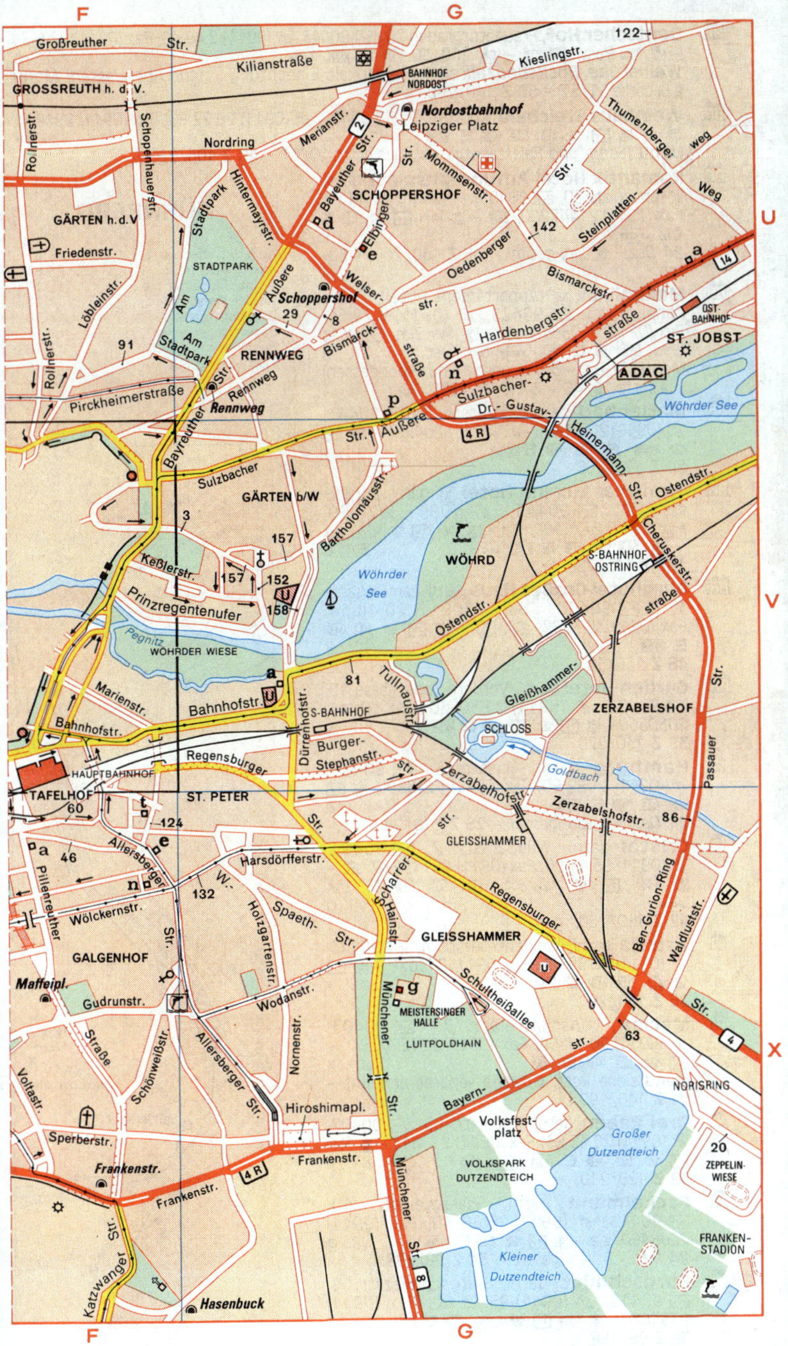
F
G
U
V
X
Großreuther Str.
Kilianstraße
GROSSREUTH h. d. V.
BAHNHOF NORDOST
Nordostbahnhof
Leipziger Platz
Kieslingstr.
122
Thumenberger weg
Weg
Rollnerstr.
Schopenhauerstr.
Nordring
Merianstr.
Bayreuther Str.
Mommsenstr.
SCHOPPERSHOF
Str.
Steinplatten-
GÄRTEN h.d.V
Friedenstr.
Stadtpark
Hintermayrstr.
d
142
Elbinger
e
Oedenberger
Bismarckstr.
STADTPARK
Äußere
Schoppershof
Welser-
a
14
Löbleinstr.
Am Stadtpark
29
8
str.
Hardenbergstr.
straße
OST. BAHNHOF
91
RENNWEG
Bismarck-
ST. JOBST
Rollnerstr.
Str.
Rennweg
straße
n
Sulzbacher-
ADAC
Pirckheimerstraße
Rennweg
p
Dr.- Gustav-
Wöhrder See
Str.
Äußere
4 R
Heinemann-
Bayreuther
Sulzbacher
GÄRTEN b/W
Str.
Ostendstr.
3
Bartholomausstr.
Cheruskerstr.
157
WÖHRD
S-BAHNHOF OSTRING
Keßlerstr.
157
152
Wöhrder See
Prinzregentenufer
158
straße
Ostendstr.
Pegnitz
WÖHRDER WIESE
a
Str.
81
Gleißhammer-
Marienstr.
Tullnaustr.
ZERZABELSHOF
Bahnhofstr.
Dürrenhofstr.
S-BAHNHOF
Gleißhammerstr.
SCHLOSS
Bahnhofstr.
Burger-
Stephanstr.
Passauer
Regensburger
HAUPTBAHNHOF
str.
Goldbach
Zerzabelhofstr.
TAFELHOF
ST. PETER
Zerzabelshofstr.
t
60
Str.
str.
86
124
e
GLEISSHAMMER
a
46
Allersberger
Harsdörfferstr.
n
132
W.
Spaeth-
Regensburger
Pillenreuther
Wölckernstr.
Scharrer
Hainstr.
Ben-Gurion-Ring
Str.
Holzgartenstr.
Str.
GLEISSHAMMER
Waldlußtstr.
GALGENHOF
Maffeipl.
g
Schultheißallee
Str.
Gudrunstr.
Wodanstr.
MEISTERSINGER HALLE
LUITPOLDHAIN
63
Straße
Münchener
str.
4
Schönweißstr.
Allersberger
Nornenstr.
Voltastr.
Bayern-
NORISRING
Str.
Str.
Volksfest-platz
Großer Dutzendteich
Hiroshimapl.
Sperberstr.
20
VOLKSPARK DUTZENDTEICH
ZEPPELIN-WIESE
Frankenstr.
Frankenstr.
4 R
Frankenstr.
Münchener
FRANKEN-STADION
Str.
Kleiner Dutzendteich
Katzwanger
8
Hasenbuck
Str.
F
G

Deutscher Hof, Frauentorgraben 29, ✉ 90443, ☏ (0911) 2 49 40, *Fax (0911) 227634* – Rest, TV ☎ – 200. AE E VISA JCB JZ p
Weinstube Bocksbeutelkeller « Rustikale Einrichtung » *(nur Abendessen)* **Menu** à la carte 31/57 – **50 Z** 140/280.

Weinhaus Steichele, Knorrstr. 2, ✉ 90402, ☏ (0911) 20 22 80, *Fax (0911) 221914,* – TV ☎ P. AE E VISA HZ x
Menu *(Sonn- und Feiertage geschl.)* à la carte 28/61 – **48 Z** 105/220.

Romantik Hotel Am Josephsplatz garni, Josephsplatz 30, ✉ 90403, ☏ (0911) 21 44 70, *Fax (0911) 21447200,* – TV ☎. AE E VISA JCB JZ k
24. Dez. - 6. Jan. geschl. – **36 Z** 160/200, 4 Suiten.

Maximilian M (Appartement-Hotel), Obere Kanalstr. 11, ✉ 90429, ☏ (0911) 9 29 50, *Fax (0911) 9295610,* – Zim, TV ☎. AE E VISA JCB. Rest DV a
Menu *(24. Dez. - 3. Jan. geschl.)* (nur Abendessen) à la carte 26/46 – **67 Z** 152/250.

Marienbad garni, Eilgutstr. 5, ✉ 90443, ☏ (0911) 20 31 47, *Fax (0911) 204260* – TV ☎ P. AE E VISA JZ y
54 Z 120/200.

Transmar Lux Inn Hotel M garni, Zufuhrstr. 22, ✉ 90443, ☏ (0911) 2 77 60, *Fax (0911) 2776100,* – TV ☎ P – 30. AE E VISA JCB EX a
103 Z 145/229.

Burghotel-Großes Haus garni, Lammsgasse 3, ✉ 90403, ☏ (0911) 20 44 14, *Fax (0911) 223882,* – TV ☎. AE E VISA JY k
46 Z 135/300.

Garden-Hotel garni, Vordere Ledergasse 12, ✉ 90403, ☏ (0911) 20 50 60, *Fax (0911) 2050660* – TV ☎. AE E VISA HZ v
33 Z 130/220.

Hamburg garni, Hasstr. 3, ✉ 90431, ☏ (0911) 31 89 90, *Fax (0911) 312589* – TV ☎. AE E VISA DV e
21. Dez. - 6. Jan. geschl. – **26 Z** 110/240.

Cristal garni, Willibaldstr. 7, ✉ 90491, ☏ (0911) 95 11 90, *Fax (0911) 95119270,* – TV ☎ P. AE E VISA JCB GU d
42 Z 110/150.

Astoria garni, Weidenkellerstr. 4, ✉ 90443, ☏ (0911) 20 85 05, *Fax (0911) 243670* – TV ☎ P. AE E VISA JZ r
26 Z 130/290.

Merian, Unschlittplatz 7, ✉ 90403, ☏ (0911) 20 41 94, *Fax (0911) 221274,* – TV ☎. AE E VISA JY x
Menu siehe Rest. ***Opatija*** separat erwähnt – **21 Z** 140/190.

Drei Raben garni, Königstr. 63, ✉ 90402, ☏ (0911) 20 45 83, *Fax (0911) 232611* – TV ☎. AE E VISA JCB. JKZ v
32 Z 120/210.

Fackelmann garni, Essenweinstr. 10, ✉ 90443, ☏ (0911) 20 68 40, *Fax (0911) 2068460,* – TV ☎. AE E VISA JZ g
24. Dez. - 6. Jan. geschl. – **34 Z** 98/198.

Burgschmiet garni, Burgschmietstr. 8, ✉ 90419, ☏ (0911) 93 33 60, *Fax (0911) 9333620* – TV ☎. AE E VISA JY t
38 Z 98/198.

NÜRNBERG

Äußere Laufer Gasse .... KY 5
Albrecht-Dürer-Str. .... JY 6
An der Fleischbrücke .... JY 10
An der Karlsbrücke .... JY 13
Bahnhofsplatz .... KZ 16
Beckschlagergasse .... KY 17
Bergstraße .... JY 18
Bischof-Meiser-Str. .... JY 24
Breite Gasse .... JZ

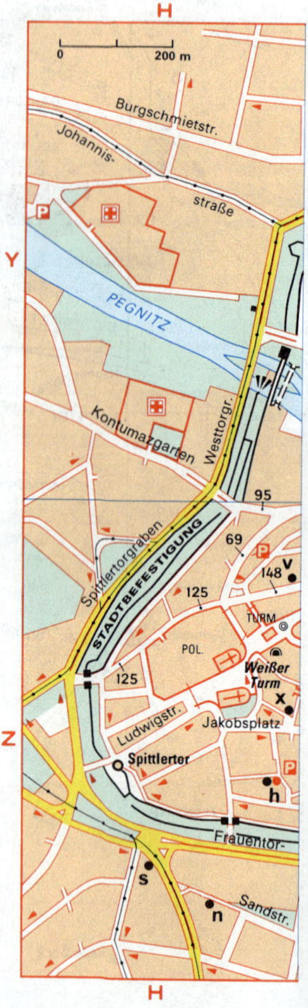

Ibis-Am Plärrer, Steinbühler Str. 2, ✉ 90443, ✆ (0911) 2 37 10, *Fax (0911) 223319* – |₿|, ⇹ Zim, TV ☎ ♿ 🚗 – 🏊 60. AE ◑ E VISA — HZ s
Menu à la carte 40/51 – **155 Z** 125/205.

Ibis-Königstor garni, Königstr. 74, ✉ 90402, ✆ (0911) 23 20 00, *Fax (0911) 209684* – |₿| ⇹ TV ☎. AE ◑ E VISA JCB — KZ x
53 Z 125/205.

Findelgasse .... JZ 38	Königstorgraben .... KZ 77	Obstmarkt .... JY 107
Grübelstraße .... KY 50	Königstraße .... JZ 78	Pfannenschmiedsgasse .... JZ 110
Hans-Sachs-Gasse .... JY 53	Lessingstraße .... JZ 82	Prinzregentenufer .... KZ 116
Henkersteg .... JY 58	Lorenzer Str. .... KZ 84	Rathausplatz .... JY 117
Inn.-Cramer-Klett-Str. .... KY 62	Ludwigstraße .... HZ	Richard-Wagner-Platz .... JZ 121
Johannesgasse .... KZ 64	Luitpoldstraße .... JZ 86	Schlotfegergasse .... HZ 125
Kaiserstraße .... JZ 67	Marientorgraben .... KZ 87	Steubenbrücke .... KY 138
Karolinenstraße .... JZ	Maxbrücke .... JY 90	Tafelhofstraße .... JZ 142
K.-Grillenberger-Straße .... HZ 69	Mohrengasse .... HYZ 95	Vordere Ledergasse .... HZ 148
Karlstraße .... JY 72	Museumsbrücke .... JY 99	Vordere Sterngasse .... JZ 149
Katharinengasse .... KZ 73	Obere Krämersgasse .... JY 105	Weißgerbergasse .... JY 154
	Obere Wörthstraße .... JZ 106	

Klughardt garni, Tauroggenstr. 40, ✉ 90491, ✆ (0911) 91 98 80, *Fax (0911) 595989* – TV ☎ ✆ P. AE ⓓ E VISA JCB GU n
24. Dez. - 6. Jan. geschl. – **27 Z** 110/190.

Burghotel-Stammhaus garni, Schildgasse 14, ✉ 90403, ✆ (0911) 20 30 40, *Fax (0911) 226503*, – TV ☎. AE ⓓ E VISA JY a
22 Z 98/195.

Westend garni, Karl-Martell-Str. 42, ✉ 90431, ✆ (0911) 93 98 60, *Fax (0911) 3263601* – TV ☎ P. AE E VISA AS e
30 Z 89/145.

Ibis-Marientor garni, Königstorgraben 9, ✉ 90402, ✆ (0911) 2 40 90, *Fax (0911) 2409413* – TV ☎ ♿. AE ⓓ E VISA KZ c
152 Z 135/150.

Quo vadis, Elbinger Str. 28, ✉ 90491, ✆ (0911) 51 55 53, *Fax (0911) 5109033*, – AE E VISA GU e
Montag und Aug. geschl. – **Menu** (Tischbestellung ratsam, italienische Küche) à la carte 45/72.

Essigbrätlein, Weinmarkt 3, ✉ 90403, ✆ (0911) 22 51 31, *Fax (0911) 225131*, « Gasthaus a.d.J. 1550 » – AE ⓓ E VISA. JY z
Sonntag - Montag sowie 24. Dez. - 7. Jan. und Aug. 3 Wochen geschl. – **Menu** (Tischbestellung ratsam) 68/78 (mittags) 110/138 (abends)
Spez. Hummer und Kalbskopf mit Ananassalat. Lammrücken mit Artischocken. Schokoladenblinis mit Ingwereis.

Opatija -im Hotel Merian, Unschlittplatz 7, ✉ 90403, ✆ (0911) 22 71 96, – AE ⓓ E VISA JY x
Menu à la carte 42/93.

Parkrestaurant Meistersingerhalle, Münchener Str. 21, ✉ 90478, ✆ (0911) 47 48 49, *Fax (0911) 4748420*, – P – 500. AE ⓓ E VISA JCB GX g
Aug. geschl. – **Menu** à la carte 29/68.

Goldenes Posthorn, Glöckleinsgasse 2, ✉ 90403, ✆ (0911) 22 51 53, *Fax (0911) 2418283*, , « Historische Weinstuben a.d.J. 1498 » – AE ⓓ E VISA JCB JY b
Jan. - Nov. Sonntag geschl. – **Menu** à la carte 33/69.

Zum Sudhaus, Bergstr. 20, ✉ 90403, ✆ (0911) 20 43 14, *Fax (0911) 2418373*, , « Hübsche, rustikale Einrichtung » – AE ⓓ E VISA JY n
Sonn- und Feiertage geschl. – **Menu** à la carte 47/74.

Ishihara, Schottengasse 3, ✉ 90402, ✆ (0911) 22 63 95, *Fax (0911) 2059957* – AE ⓓ E VISA JCB. HZ h
Sonntag geschl. – **Menu** (japanische Küche) à la carte 51/75.

Heilig-Geist-Spital, Spitalgasse 16, ✉ 90403, ✆ (0911) 22 17 61, *Fax (0911) 208655* – AE ⓓ E VISA JY e
Menu à la carte 28/65.

Nassauer Keller, Karolinenstr. 2, ✉ 90402, ✆ (0911) 22 59 67, *Fax (0911) 225962*, « Kellergewölbe a.d.13.Jh. » – AE ⓓ E VISA JZ u
Menu à la carte 33/61.

Nürnberger Bratwurst-Lokale :

Bratwurst-Häusle, Rathausplatz 1, ✉ 90403, ✆ (0911) 22 76 95, *Fax (0911) 227645*, – AE ⓓ E VISA JY s
Sonn- und Feiertage geschl. – **Menu** à la carte 19/35.

Das Bratwurstglöcklein, im Handwerkerhof, ✉ 90402, ✆ (0911) 22 76 25, *Fax (0911) 227645*, – E VISA KZ z
Sonn- und Feiertage sowie Weihnachten - Mitte März geschl. – **Menu** à la carte 19/30.

In Nürnberg-Altenfurt :

Nürnberger Trichter garni, Löwenberger Str. 147, ✉ 90475, ✆ (0911) 8 33 50, *Fax (0911) 835880*, – TV ☎ P. AE ⓓ E VISA CT a
35 Z 90/220.

In Nürnberg-Boxdorf *über Erlanger Str. (BS) : 9 km :*

Landhotel Schindlerhof (mit Gästehaus), Steinacher Str. 8, ✉ 90427, ✆ (0911) 9 30 20, *Fax (0911) 9302620*, « Ehem. Bauernhof mit rustikaler Einrichtung, Innenhof mit Grill », – Zim, TV ☎ P – 40. AE ⓓ E VISA JCB
Menu à la carte 52/76 – **71 Z** 215/280.

In Nürnberg-Buch :

Gasthof Bammes, Bucher Hauptstr. 63, ✉ 90427, ✆ (0911) 38 13 03, *Fax (0911) 346313*, , « Fränkischer Gasthof » – P – 80. AE E VISA BS a
Sonntag geschl. – **Menu** (Tischbestellung ratsam) 45/93 und à la carte 62/83.

In Nürnberg-Eibach :

Arotel, Eibacher Hauptstr. 135, ✉ 90451, ✆ (0911) 9 62 90, *Fax (0911) 6493052*, Biergarten, Massage, – , Zim, Rest, – 80. AE VISA JCB AT a
Menu à la carte 36/62 – **72 Z** 170/280.

Am Hafen garni, Isarstr. 37 (Gewerbegebiet Eibach), ✉ 90451, ✆ (0911) 6 49 30 78, *Fax (0911) 644778*, – . AE E VISA JCB BT r
24. Dez. - 6. Jan. geschl. – **27 Z** 110/180.

In Nürnberg-Erlenstegen :

Erlenstegen garni, Äußere Sulzbacher Str. 157, ✉ 90491, ✆ (0911) 59 10 33, *Fax (0911) 591036* – . AE E VISA GU a
24. Dez. - 6. Jan. geschl. – **35 Z** 125/225.

In Nürnberg-Fischbach :

Fischbacher Stuben garni, Hutbergstr. 2b, ✉ 90475, ✆ (0911) 83 10 11, *Fax (0911) 832473* – . AE E VISA. CT s
12 Z 110/170.

Silberhorn, Fischbacher Hauptstr. 112, ✉ 90475, ✆ (0911) 9 83 50, *Fax (0911) 832316*, , , , (Halle) – , Zim, – 100 – **65 Z.** CT g

Schelhorn, Am Schloßpark 2, ✉ 90475, ✆ (0911) 83 24 24, *Fax (0911) 9837398*, , « Wechselnde Bilderausstellung » – . AE E VISA CT u
Montag geschl. – **Menu** à la carte 49/76.

In Nürnberg-Flughafen :

Mövenpick Hotel Ⓜ garni, Flughafenstr. 100, ✉ 90411, ✆ (0911) 3 50 10, *Fax (0911) 3501350*, , – – 150. AE E VISA JCB BS c
150 Z 213/237.

In Nürnberg-Großreuth bei Schweinau :

Landhaus Rottner, Winterstr. 15, ✉ 90431, ✆ (0911) 61 20 32, *Fax (0911) 613759* – – 30. AE E VISA AS r
Menu siehe Rest. ***Gasthaus Rottner*** separat erwähnt – **36 Z** 180/240.

Gasthaus Rottner - Landhaus Rottner, Winterstr. 15, ✉ 90431, ✆ (0911) 61 20 32, *Fax (0911) 613759*, « Gartenterrasse, Grill-Garten » – – 25. AE E VISA AS r
Samstagmittag, Sonn- und Feiertage sowie 27. Dez. - 10. Jan. geschl. – **Menu** (Tischbestellung ratsam) à la carte 64/84
Spez. Gartenkräuter mit geräuchertem Waller. Taubenkrautwickel mit Selleriepüree. Apfeltarte mit Zitronenthymianeis.

In Nürnberg-Kornburg :

Weißes Lamm (mit Gästehaus), Flockenstr. 2, ✉ 90455, ✆ (09129) 2 81 60, *Fax (09129) 281635* – . E BT a
2. - 12. Jan. und Juli - Aug. 3 Wochen geschl. – **Menu** *(Freitag geschl.)* à la carte 21/46
– **26 Z** 69/108.

In Nürnberg-Kraftshof *N : 7 km über Erlanger Str. und Kraftshofer Hauptstr.* BS :

Schwarzer Adler, Kraftshofer Hauptstr. 166, ✉ 90427, ✆ (0911) 30 58 58, *Fax (0911) 305867*, , « Historisches fränkisches Gasthaus a.d. 18. Jh., elegant-rustikale Einrichtung » – AE E VISA JCB
Menu (Tischbestellung ratsam) 75/110 und à la carte 47/104
Spez. Lasagne vom Steinbutt und Jakobsmuscheln mit Kresseschaum. Gefüllte Wachtel mit Kartoffel-Trüffelragout. Duett vom Milchlamm- und Weidelammfilet mit Zucchinimantel.

Alte Post, Kraftshofer Hauptstr. 164, ✉ 90427, ✆ (0911) 30 58 63, *Fax (0911) 305654*, , « Altfränkischer Gasthof mit gemütlichen Stuben » – AE E VISA
Menu à la carte 34/73.

In Nürnberg-Langwasser :

Arvena Park, Görlitzer Str. 51, ✉ 90473, ✆ (0911) 8 92 20, *Fax (0911) 8922115*, , – , Zim, Rest, – 300. AE E VISA JCB. Rest CT r
24. Dez. - Anfang Jan. geschl. – **Arve** *(Samstagmittag, Sonn- und Feiertage sowie Aug. geschl.)* **Menu** à la carte 50/77 – **244 Z** 191/260, 4 Suiten.

Arvena Messe garni, Bertolt-Brecht-Str. 2, ✉ 90471, ✆ (0911) 8 12 30, *Fax (0911) 8123115*, – – 50. AE E VISA JCB BT d
23. Dez. - Anfang Jan. geschl. – **101 Z** 191/250.

Novotel Nürnberg-Süd, Münchener Str. 340, ✉ 90471, ✆ (0911) 8 12 60, *Fax (0911) 8126137*, , , (geheizt), – , Zim, – 200. AE E VISA BT s
Menu à la carte 31/61 – **117 Z** 172/252.

In Nürnberg-Laufamholz :

Park-Hotel garni, Brandstr. 64, ✉ 90482, ☎ (0911) 95 07 00, *Fax (0911) 9507070*, – . CS p
Ende Dez. - Anfang Jan. geschl. – **21 Z** 110/168.

Landgasthof zur Krone, Moritzbergstr. 29, ✉ 90482, ☎ (0911) 50 25 28, *Fax (0911) 502528*, « Gemütliche Atmosphäre » – . CS d
Montag - Freitag nur Abendessen – **Menu** (böhmische Küche) à la carte 34/62.

In Nürnberg-Mögeldorf :

Am Tiergarten, Schmausenbuckstr. 166, ✉ 90480, ☎ (0911) 54 70 71, *Fax (0911) 5441866*, – , Zim, – 300. CS x
Menu à la carte 34/66 – **63 Z** 165/210.

In Nürnberg-Reutles *über Erlanger Str.* BS *: 11 km :*

Höfler (mit Gästehaus), Reutleser Str. 61, ✉ 90427, ☎ (0911) 9 30 39 60, *Fax (0911) 93039699*, , , – – 25.
Weihnachten - Anfang Jan. geschl. – **Menu** *(Samstag - Sonntag geschl.)* à la carte 32/65 – **35 Z** 150/240.

Käferstein garni, Reutleser Str. 67, ✉ 90427, ☎ (0911) 93 69 30, *Fax (0911) 9369399*, , , – – 20.
42 Z 130/230.

In Nürnberg-Schweinau :

Dal Gatto Rosso, Hintere Marktstr. 48, ✉ 90441, ☎ (0911) 66 68 78, *Fax (0911) 6219574*, , « Fachwerkhaus aus dem 17. Jh. » – . DX a
Samstagmittag und Sonntag geschl. – **Menu** (italienische Küche) à la carte 54/68.

In Nürnberg-Thon :

Nestor-Hotel, Bucher Str. 125, ✉ 90419, ☎ (0911) 3 47 60, *Fax (0911) 3476113*, , – , Zim, – 40 EU a
74 Z.

Kreuzeck (mit Anbau), Schnepfenreuther Weg 1/Ecke Erlanger Str. (B 4), ✉ 90425, ☎ (0911) 3 49 61, *Fax (0911) 383304*, – . BS b
Menu à la carte 21/36 – **30 Z** 85/180.

In Nürnberg-Worzeldorf :

Zirbelstube mit Zim, Fr.-Overbeck-Str. 1, ✉ 90455, ☎ (0911) 99 88 20, *Fax (0911) 9988220*, , « Modernisiertes fränkisches Gasthaus » – BT z
Jan. - Feb. 2 Wochen und Juli - Aug. 3 Wochen geschl. – **Menu** *(Sonntag - Montag geschl.)* (nur Abendessen, Tischbestellung erforderlich) 89/122 und à la carte 69/96 – **8 Z** 135/220
Spez. Garnelenmaultäschchen mit Safransauce. Flugente mit Ingwersauce. Weidelammrücken mit Kräuterkruste.

In Nürnberg-Zerzabelshof :

Holiday Inn Crowne Plaza M, Valznerweiherstr. 200, ✉ 90480, ☎ (0911) 4 02 90, *Fax (0911) 404067*, , , , , (Halle) Sportpark – , Zim, – 180. . Rest CS u
Menu 46 (Lunchbuffet) und à la carte 54/77 – **152 Z** 278/396.

In Nürnberg-Ziegelstein :

Alpha garni, Ziegelsteinstr. 197, ✉ 90411, ☎ (0911) 95 24 50, *Fax (0911) 9524545* – . BS x
24 Z 110/150.

NÜRTINGEN *Baden-Württemberg* 419 *U 12 – 36 700 Ew – Höhe 291 m.*
Berlin 633 – Stuttgart 37 – Reutlingen 21 – Ulm (Donau) 66.

Am Schlossberg, Europastr. 13, ✉ 72622, ☎ (07022) 70 40, *Fax (07022) 704343*, , , , – , Zim, – 300. . Rest
Menu *(Montag und Samstagabend geschl.)* à la carte 30/58 – **171 Z** 185/272.

Pflum (mit Gästehaus), Steingrabenstr. 6, ✉ 72622, ☎ (07022) 92 80, *Fax (07022) 928150*, , –
Anfang - Mitte Jan. und Aug. geschl. – **Menu** *(Samstag geschl.)* à la carte 39/72 – **44 Z** 95/160.

Vetter, Marienstr. 59, ✉ 72622, ☎ (07022) 9 21 60, *Fax (07022) 32617* – – 15. . Rest
Ende Dez. - Anfang Jan. geschl. – (nur Abendessen für Hausgäste) – **39 Z** 98/155.

In Nürtingen-Hardt *NW : 3 km :*

Ulrichshöhe, Herzog-Ulrich-Str. 14, ✉ 72622, ✆ (07022) 5 23 36, *Fax (07022) 54940,* « Terrasse mit ≤ » – P. VISA
Sonntag - Montag, Jan. 3 Wochen und Aug. - Sept. 2 Wochen geschl. – **Menu** (abends Tischbestellung ratsam) 118/150 und à la carte 86/114
Spez. Mille feuille vom Kalbskopf. Limousin-Lammcarré mediterrane Art. Süßer Rahmschmarrn mit Zwetschgenkompott.

In Wolfschlugen *NW : 4,5 km :*

Reinhardtshof garni, Reinhardtstr. 13, ✉ 72649, ✆ (07022) 5 67 31, *Fax (07022) 54153* – TV ☎ P. AE E VISA.
Aug. 3 Wochen geschl. – **14 Z** 108/160.

In Großbettlingen *SW : 5 km :*

Bauer, Nürtinger Straße 41, ✉ 72663, ✆ (07022) 9 44 10, *Fax (07022) 45729,* – TV ☎ P. E
1. - 10. Jan. geschl. – **Menu** *(Samstagmittag, Sonn- und Feiertage abends geschl.)* à la carte 29/48 – **16 Z** 85/130.

OBERAMMERGAU *Bayern* 419 420 *X 17 – 5 400 Ew – Höhe 834 m – Luftkurort – Wintersport : 850/1 700 m* 1 11 .
Ausflugsziel : Schloß Linderhof★★, (Schloßpark★★), SW : 10 km.
Verkehrsbüro, Eugen-Papst-Str. 9a, ✉ 82487, ✆ (08822) 9 23 10, Fax (08822) 923190.
Berlin 678 – München 92 – Garmisch-Partenkirchen 19 – Landsberg am Lech 59.

Wittelsbach, Dorfstr. 21, ✉ 82487, ✆ (08822) 9 28 00, *Fax (08822) 9280100* – TV ☎. AE E VISA JCB
15. Nov. - 20. Dez. geschl. – (nur Abendessen für Hausgäste) – **46 Z** 90/180 – ½ P 20.

Böld, König-Ludwig-Str. 10, ✉ 82487, ✆ (08822) 91 20, *Fax (08822) 7102,* , , – TV ☎ P – 100. AE E VISA JCB
Menu à la carte 35/63 – **57 Z** 127/238 – ½ P 25.

Parkhotel Sonnenhof, König-Ludwig-Str. 12, ✉ 82487, ✆ (08822) 91 30, *Fax (08822) 3047,* , , – TV ☎ P – 20. AE E VISA JCB. Rest
Menu à la carte 35/67 – **68 Z** 120/280 – ½ P 28.

Alte Post, Dorfstr. 19, ✉ 82487, ✆ (08822) 91 00, *Fax (08822) 910100,* – TV ☎ P. AE E VISA
31. Okt. - 15. Dez. geschl. – **Menu** à la carte 23/45 – **32 Z** 80/180 – ½ P 20.

Turmwirt, Ettaler Str. 2, ✉ 82487, ✆ (08822) 9 26 00, *Fax (08822) 1437* – TV ☎ P – 20. AE E VISA JCB
Menu *(Okt. - April Mittwoch geschl.)* à la carte 31/67 – **22 Z** 100/190 – ½ P 25.

Antonia garni, Freikorpsstr. 5, ✉ 82487, ✆ (08822) 9 20 10, *Fax (08822) 3053,* , – TV ☎ P. AE E VISA.
Nov. geschl. – **14 Z** 65/147.

Feldmeier, Ettaler Str. 29, ✉ 82487, ✆ (08822) 30 11, *Fax (08822) 6631,* , – TV ☎ P. E VISA. Rest
Nov. - Anfang Dez. geschl. – (nur Abendessen für Hausgäste) – **22 Z** 90/190 – ½ P 29.

Enzianhof garni, Ettaler Str. 33, ✉ 82487, ✆ (08822) 2 15, *Fax (08822) 4169* – TV P
über Ostern und Nov. jeweils 2 Wochen geschl. – **17 Z** 48/94.

OBERASBACH *Bayern* 419 420 *R 16 – 15 300 Ew – Höhe 295 m.*
Siehe Nürnberg (Umgebungsplan).
Berlin 451 – München 174 – Nürnberg 15 – Würzburg 108.

Jesch garni, Am Rathaus 5, ✉ 90522, ✆ (0911) 96 98 60, *Fax (0911) 9698699,* – TV ☎ P – 25. AE E VISA AS a
35 Z 89/159.

Besonders angenehme Hotels oder Restaurants
sind im Führer rot gekennzeichnet.
Sie können uns helfen, wenn Sie uns die Häuser angeben,
in denen Sie sich besonders wohl gefühlt haben.
Jährlich erscheint eine komplett überarbeitete Ausgabe
aller Roten Michelin-Führer.

OBERAUDORF *Bayern 420 X 20 – 5 000 Ew – Höhe 482 m – Luftkurort – Wintersport : 500/1 300 m 20.*

Kurverwaltung, Kufsteiner Str. 6, ✉ 83080, ☏ (08033) 3 01 20, Fax (08033) 30129.
Berlin 672 – München 81 – Bad Reichenhall 95 – Rosenheim 28 – Innsbruck 82.

Sporthotel Wilder Kaiser, Naunspitzstr. 1, ✉ 83080, ☏ (08033) 40 15, *Fax (08033) 3106,* – 45. AE E VISA
Menu à la carte 21/44 – **97 Z** 68/126 – ½ P 15.

Ochsenwirt, Carl-Hagen-Str. 14, ✉ 83080, ☏ (08033) 3 07 90, *Fax (08033) 3079140,* Biergarten, – Zim, . AE E VISA
Nov. geschl. – **Menu** *(Mitte Okt. - Mitte Juni Dienstag geschl.)* à la carte 23/61 – **24 Z** 71/132 – ½ P 20.

Suppenmoser, Marienplatz 2, ✉ 83080, ☏ (08033) 3 05 70, *Fax (08033) 305727,* – . AE E VISA
Menu *(Montag - Dienstag geschl.)* à la carte 30/60 – **16 Z** 68/136 – ½ P 20.

Bayerischer Hof, Sudelfeldstr. 12, ✉ 83080, ☏ (08033) 9 23 50, *Fax (08033) 4391,* –
7. - 12. April und Nov. 3 Wochen geschl. – **Menu** *(Dienstag geschl.)* à la carte 28/61 – **14 Z** 68/142 – ½ P 19.

Am Rathaus-Ratskeller, Kufsteiner Str. 4, ✉ 83080, ☏ (08033) 14 70, *Fax (08033) 4456,* –
Mitte Nov. - Mitte Dez. geschl. – **Menu** *(Mittwoch geschl.)* à la carte 28/59 – **11 Z** 70/110 – ½ P 18.

Alpenrose, Rosenheimer Str. 3, ✉ 83080, ☏ (08033) 32 41, *Fax (08033) 4623,* Biergarten – . E VISA
Donnerstag geschl. – **Menu** à la carte 37/67.

Im Ortsteil Niederaudorf *N : 2 km :*

Alpenhof, Rosenheimer Str. 97, ✉ 83080, ☏ (08033) 10 36, *Fax (08033) 4424,* – . E VISA
20. Nov. - 20. Dez. geschl. – **Menu** *(Donnerstag geschl.)* à la carte 25/50 – **16 Z** 68/136 – ½ P 20.

An der Straße nach Bayrischzell *NW : 10 km :*

Alpengasthof Feuriger Tatzlwurm (mit Gästehäusern), ✉ 83080 Oberaudorf, ☏ (08034) 3 00 80, *Fax (08034) 7170,* « Terrasse mit Kaisergebirge », – – 30. E VISA
Menu à la carte 32/65 – **30 Z** 85/190 – ½ P 25.

OBERAULA *Hessen 417 418 N 12 – 3 700 Ew – Höhe 320 m – Luftkurort.*

Oberaula, Am Golfplatz, ☏ (06628) 15 73.
Berlin 425 – Wiesbaden 165 – Kassel 73 – Bad Hersfeld 22 – Fulda 50.

Zum Stern, Hersfelder Str. 1 (B 454), ✉ 36280, ☏ (06628) 9 20 20, *Fax (06628) 920235,* Biergarten, « Garten mit Teich und Grill-Pavillon », – Zim, – 50. AE E VISA. Zim
Menu à la carte 28/62 – **68 Z** 76/180 – ½ P 18.

OBERAURACH *Bayern siehe Eltmann.*

OBERBOIHINGEN *Baden-Württemberg 419 U 12 – 4 500 Ew – Höhe 285 m.*
Berlin 630 – Stuttgart 34 – Göppingen 26 – Reutlingen 25 – Ulm (Donau) 70.

Zur Linde, Nürtinger Str. 24, ✉ 72644, ☏ (07022) 6 11 68, *Fax (07022) 61768,* –
Montag geschl. – **Menu** à la carte 30/77.

OBERDING *Bayern siehe Freising.*

OBERELSBACH *Bayern 418 420 O 14 – 3 000 Ew – Höhe 420 m – Wintersport :*

Fremdenverkehrsbüro, Am Marktplatz, ✉ 97656, ☏ (09774) 92 40, Fax (09774) 92 41.
Berlin 410 – München 325 – Fulda 52 – Bamberg 99 – Frankfurt am Main 134 – Würzburg 90.

In Oberelsbach-Unterelsbach *SO : 2,5 km :*

Hubertus-Diana, Röderweg 9, ✉ 97656, ☏ (09774) 4 32, *Fax (09774) 1793,* Massage, (Halle) –
Mitte - Ende Jan. geschl. – **Menu** *(Mittwoch geschl.)* (nur Abendessen) à la carte 29/59 – **18 Z** 95/160, 4 Suiten – ½ P 28.

OBERGÜNZBURG *Bayern* **419** **420** *W 15 – 6 100 Ew – Höhe 737 m.*

Berlin 695 – München 112 – Kempten (Allgäu) 19 – Memmingen 37.

Goldener Hirsch mit Zim, Marktplatz 4, ✉ 87634, ☎ (08372) 74 80, *Fax (08372) 8480,* Biergarten – |‡| TV ☎ P. AE E VISA
17. Feb. - 14. März geschl. – **Menu** à la carte 32/61 – **5 Z** 80/130.

OBERHACHING *Bayern siehe München.*

Prices — For full details of the prices quoted in this Guide, consult the introduction.

OBERHARMERSBACH *Baden-Württemberg* **419** *U 8 – 2 500 Ew – Höhe 300 m – Luftkurort.*

Verkehrsverein, Reichstalhalle, ✉ 77784, ☎ (07837) 2 77, Fax (07837) 678.

Berlin 750 – Stuttgart 126 – Karlsruhe 105 – Freudenstadt 35 – Offenburg 30 – Freiburg im Breisgau 63.

Sonne, Obertal 12, ✉ 77784, ☎ (07837) 2 01, *Fax (07837) 1556,* – |‡| P. E VISA
Mitte Jan. - Mitte Feb. und Mitte Nov. - Anfang Dez. geschl. – **Menu** *(Mittwoch geschl.)* à la carte 28/67 – **22 Z** 46/110.

Grünwinkel, Grünwinkel 5, ✉ 77784, ☎ (07837) 16 11, *Fax (07837) 1613,* – |‡| TV P. Rest
Menu à la carte 28/50 – **52 Z** 90/160 – ½ P 25.

Schwarzwald-Idyll, Obertal 50 (N : 4 km), ✉ 77784, ☎ (07837) 9 29 90, *Fax (07837) 929915,* – |‡| P. AE E VISA. Zim
11. - 20. Jan. und 18. Nov. - 10. Dez. geschl. – **Menu** *(Dienstag geschl.)* à la carte 30/65 – **25 Z** 43/125 – ½ P 20.

OBERHAUSEN *Nordrhein-Westfalen* **417** *L 4 – 224 000 Ew – Höhe 45 m.*

Tourismus und Verkehrsverein, Willy-Brandt-Platz 2, ✉ 46045, ☎ (0208) 82 45 70, Fax (0208) 8245711.

ADAC, *Lessingstr. 2 (Buschhausen), ✉ 46149, ☎ (0221) 47 27 47, Fax (0208) 652641.*

Berlin 536 ① – Düsseldorf 35 – Duisburg 10 – Essen 12 – Mülheim an der Ruhr 6.

Stadtplan siehe nächste Seite

Residenz Oberhausen M, Hermann-Albertz-Str. 69, ✉ 46045, ☎ (0208) 8 20 80 (Hotel) 8 20 83 50 (Rest.), *Fax (0208) 8208150,* – |‡| TV ☎ P – 40. AE E VISA Z a
Menu *(Samstag geschl.)* (nur Abendessen) à la carte 33/56 – **97 Z** 159/234, 5 Suiten.

Astron M, Düppelstr. 2, ✉ 46045, ☎ (0208) 8 24 40, *Fax (0208) 8244200,* – |‡|, Zim, TV ☎ – 200. AE E VISA JCB Z n
Menu à la carte 39/77 – **172 Z** 243/266.

Sol Inn M, Centroallee 280, ✉ 46047, ☎ (0208) 8 20 20, *Fax (0208) 8202444,* – |‡|, Zim, TV ☎ P – 75. AE E VISA JCB. Rest X b
Menu *(Sonntag geschl.)* à la carte 40/62 – **140 Z** 187/338.

Zum Eisenhammer M garni, Zum Eisenhammer 8, ✉ 46049, ☎ (0208) 85 09 70, *Fax (0208) 8509733* – TV ☎ P. AE E VISA. X e
22 Z 110/160.

Hagemann, Buschhausener Str. 84, ✉ 46049, ☎ (0208) 8 57 50, *Fax (0208) 8575199* – TV ☎ P. AE E VISA X c
Menu *(Sonntag und Juli - Aug. 3 Wochen geschl.)* (nur Abendessen) à la carte 26/52 – **21 Z** 95/180.

In Oberhausen-Osterfeld :

Parkhotel, Teutoburger Str. 156, ✉ 46119, ☎ (0208) 6 90 20, *Fax (0208) 6902158,* – |‡|, Zim, TV ☎ P – 80. AE E VISA JCB V s
Menu *(Sonn- und Feiertage geschl.)* à la carte 41/68 – **85 Z** 148/198.

In Oberhausen-Schmachtendorf *NW : 11 km über Weseler Str. V :*

Gerlach-Thiemann, Buchenweg 14, ✉ 46147, ☎ (0208) 62 09 00, *Fax (0208) 62090200,* – |‡|, Zim, TV ☎ P – 30. AE E VISA JCB
Menu *(Montagmittag geschl.)* à la carte 38/72 – **21 Z** 140/180.

MICHELIN-REIFENWERKE KGaA. Logistikzentrum ✉ 46149 Oberhausen, Max-Eyth-Str. 2 (V), ☎ (0208) 65 93 20 Fax (0208) 659329.

3
A 3-E 35 : ARNHEM
DORSTEN
1
A 2-E 34 : HANNOVER
SCHMACH TENDORF
OBERHAUSENER KREUZ
E 34
STERKRADE
OBERHAUSEN STERKRADE
Teutoburger Str.
Steinbrinkstraße
Vestische Str.
OSTERFELD
Weierstr.
Weseler
WESEL
BOTTROP
GELSENKIRCHEN
ADAC
DUISBURG
Emscher
A 42
2
NEUE MITTE
Kanal
Rhein-Herne
Essener Str.
MICHELIN
KREUZ OB-WEST
ESSEN
A 3
E 35
E 34
Ruhr
RUHRSCHNELLWEG
A 40
DUISBURG
MÜLHEIM
1 km

OBERHAUSEN

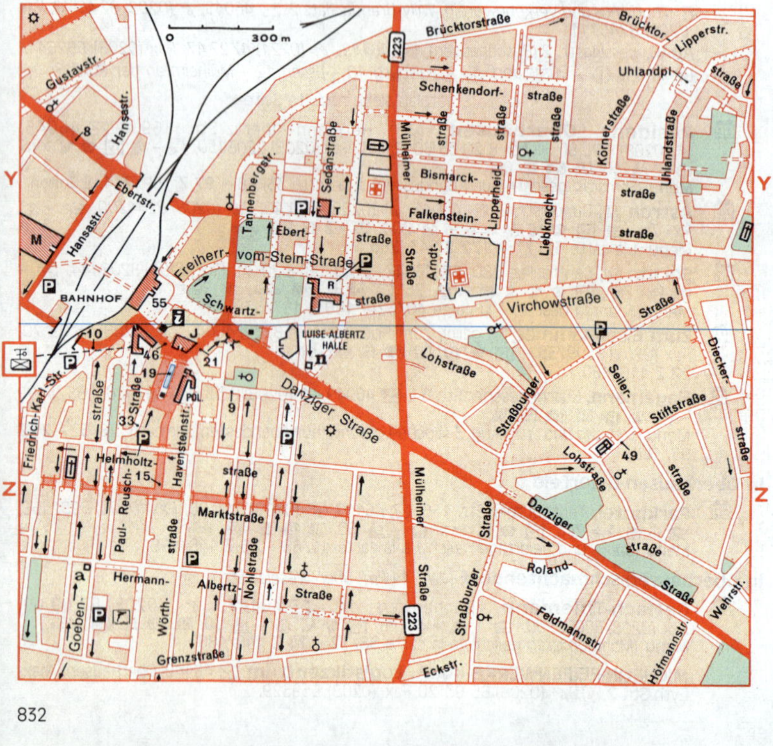
300 m
Brücktorstraße
Brücktor-
Lipperstr.
Uhlandpl.
Gustavstr.
Hansastr.
Schenkendorf-
straße
Körnerstraße
Uhlandstraße
Mülheimer
Bismarck-
Lipperheid-
Liebknecht-
Ebertstr.
Tannenbergstr.
Sedanstraße
Falkenstein-
Ebert-
straße
Freiherr-vom-Stein-Straße
Arndt-
Virchowstraße
BAHNHOF
Schwartz-
LUISE-ALBERTZ HALLE
Lohstraße
Seiler-
Diecker-
Stiftstraße
Friedrich-Karl-Str.
Danziger Straße
Straßburger
Helmholtz-
Havensteinstr.
Reusch-
Paul-
Marktstraße
Nohlstraße
Hermann-
Albertz-
Straße
Goeben-
Wörth-
Grenzstraße
Roland-
Feldmannstr.
Hölmannstr.
Wehrstr.
Eckstr.
223
POL.

OBERHOF *Thüringen* 418 *N 16 – 2 000 Ew – Höhe 835 m – Wintersport : 700/880 m, 2, ⛷.*

Kurverwaltung, Crawinkler Str. 2, ✉ 98559, ✆ (036842) 2 21 44, Fax (036842) 22332.

Berlin 337 – Erfurt 58 – Bamberg 106 – Eisenach 53.

Oberland, Crawinkler Str. 3, ✉ 98559, ✆ (036842) 2 22 01, Fax *(036842) 22202*, – 50. AE E VISA
Menu à la carte 26/43 – **65 Z** 91/146 – ½ P 20.

Sporthotel, Am Harzwald 1, ✉ 98559, ✆ (036842) 2 10 33, Fax *(036842) 22595*, – – 30. AE E VISA
Menu à la carte 23/40 – **60 Z** 90/140 – ½ P 20.

In Oberschönau *W : 11 km :*

Berghotel Simon, Am Hermannsberg 13, ✉ 98587, ✆ (036847) 3 03 28, *Fax (036847) 33625*, – – 20. AE E
Menu à la carte 22/45 – **34 Z** 68/120 – ½ P 18.

OBERKIRCH *Baden-Württemberg* 419 *U 8 – 19 000 Ew – Höhe 194 m – Erholungsort.*

Tourist-Information, Eisenbahnstr. 1, ✉ 77704, ✆ (07802) 8 22 41, Fax (07802) 82179.

Berlin 739 – Stuttgart 140 – Karlsruhe 76 – Offenburg 16 – Strasbourg 30 – Freudenstadt 42.

Romantik Hotel Zur Oberen Linde, Hauptstr. 25, ✉ 77704, ✆ (07802) 80 20, *Fax (07802) 3030*, – – 100. AE E VISA
Menu à la carte 50/78 – **37 Z** 130/260 – ½ P 45.

Pflug, Fernacher Platz 1, ✉ 77704, ✆ (07802) 92 90, Fax *(07802) 929300*, – – 35. AE E VISA
Jan. 3 Wochen geschl. – **Menu** *(Mittwoch - Donnerstagmittag geschl.)* à la carte 30/56 – **34 Z** 82/160 – ½ P 30.

Pfauen, Josef-Geldreich-Str. 18, ✉ 77704, ✆ (07802) 9 39 40, Fax *(07802) 4529*, – – 20. AE E VISA
Jan. 3 Wochen geschl. – **Menu** *(Mittwoch geschl.)* à la carte 38/70 – **10 Z** 65/120 – ½ P 28.

Haus am Berg mit Zim, Am Rebhof 5 (Zufahrt über Privatweg), ✉ 77704, ✆ (07802) 47 01, *Fax (07802) 2953*, < Oberkirch und Renchtal, « Lage in den Weinbergen, große Freiterrasse » –
Feb. und Nov. jeweils 2 Wochen geschl. – **Menu** *(Dienstag, Nov. - März auch Montag geschl.)* 30/98 und à la carte 39/76 – ***Badische Stube :*** **Menu** à la carte 25/59 – **9 Z** 65/160 – ½ P 37.

Schwanen, Eisenbahnstr. 3, ✉ 77704, ✆ (07802) 22 20, *Fax (07802) 91252*, – . E VISA
Montag und Mitte Nov. - Anfang Dez. geschl. – **Menu** à la carte 30/61.

In Oberkirch-Nußbach *W : 6 km :*

Rose, Herztal 48 (im Ortsteil Herztal), ✉ 77704, ✆ (07805) 9 55 50, *Fax (07805) 955559*, – .
Jan. - Feb. 4 Wochen und Aug. 2 Wochen geschl. – **Menu** *(Montagmittag und Dienstag geschl.)* à la carte 29/63 – **16 Z** 65/150 – ½ P 28.

In Oberkirch-Ödsbach *S : 3 km :*

Waldhotel Grüner Baum, Alm 33, ✉ 77704, ✆ (07802) 80 90, *Fax (07802) 80988*, , Massage, , , , – – 50. AE E VISA. Rest
Menu à la carte 44/76 – **56 Z** 105/280 – ½ P 32.

OBERKOCHEN *Baden-Württemberg* 419 420 *T 14 – 8 000 Ew – Höhe 495 m.*

Berlin 566 – Stuttgart 85 – Augsburg 112 – Aalen 9 – Ulm (Donau) 66.

Am Rathaus, Eugen-Bolz-Platz 2, ✉ 73447, ✆ (07364) 3 95, Fax *(07364) 5955*, – – 35. AE E VISA
Menu *(Freitag - Samstagmittag und Juli - Aug. 3 Wochen geschl.)* à la carte 37/61 – **40 Z** 92/187.

OBERLEICHTERSBACH *Bayern siehe Brückenau, Bad.*

OBERMAISELSTEIN *Bayern siehe Fischen im Allgäu.*

OBER-MÖRLEN *Hessen* 417 *O 10 – 6 000 Ew – Höhe 190 m.*
Berlin 507 – Wiesbaden 69 – Frankfurt am Main 37 – Gießen 22.

In Obermörlen-Ziegenberg *SW : 6 km :*

Landhaus Lindenhof Möckel, Usinger Str. 146 (B 275), ✉ 61239, ✆ (06002) 99 00, *Fax (06002) 990152,* ... – 80. Zim
Menu à la carte 46/72 – **21 Z** 91/194.

OBERMOSCHEL *Rheinland-Pfalz* 417 *Q 7 – 1 150 Ew – Höhe 187 m.*
Berlin 620 – Mainz 63 – Bad Kreuznach 21 – Kaiserslautern 46.

Burg-Hotel, ✉ 67823, ✆ (06362) 9 21 00, *Fax (06362) 921013,* Obermoschel, ... – Zim, ...
22. Dez. - 24. Jan. geschl. – **Menu** à la carte 28/55 – **25 Z** 65/150.

*Unsere **Hotel-, Reiseführer** und **Straßenkarten** ergänzen sich. Benutzen Sie sie zusammen.*

OBERNBURG *Bayern* 417 419 *Q 11 – 8 000 Ew – Höhe 127 m.*
Berlin 569 – München 356 – Frankfurt am Main 58 – Darmstadt 47 – Würzburg 80 – Aschaffenburg 20.

Zum Anker (Fachwerkhaus a.d. 16. Jh.), Mainstr. 3, ✉ 63785, ✆ (06022) 6 16 70, *Fax (06022) 616760,* ... – Zim, ... – 20.
Menu *(Sonntagabend geschl.)* à la carte 38/67 – **30 Z** 110/160.

OBERNDORF *Baden-Württemberg* 419 *V 9 – 13 800 Ew – Höhe 506 m.*
Berlin 709 – Stuttgart 80 – Konstanz 103 – Rottweil 18 – Freudenstadt 36.

Wasserfall (mit Gästehaus), Lindenstr. 60, ✉ 78727, ✆ (07423) 92 80, *Fax (07423) 928113,* ...
Anfang Aug. 2 Wochen geschl. – **Menu** *(Freitag - Samstagmittag geschl.)* à la carte 28/63 – **35 Z** 70/140.

OBERNKIRCHEN *Niedersachsen siehe Bückeburg.*

OBERNZELL *Bayern* 420 *U 24 – 3 700 Ew – Höhe 294 m – Erholungsort.*
Verkehrsamt, Rathaus, Marktplatz 42, ✉ 94130, ✆ (08591) 18 77, Fax (08591) 2697.
Berlin 624 – München 193 – Passau 17.

Fohlenhof (mit Appartementhaus), Matzenberger Str. 36, ✉ 94130, ✆ (08591) 91 65, *Fax (08591) 9166,* ... Rest
Menu à la carte 30/45 – **32 Z** 95/150 – ½ P 23.

In Obernzell-Erlau *NW : 6 km :*

Zum Edlhof, Edlhofstr. 10 (B 388), ✉ 94130, ✆ (08591) 4 66, *Fax (08591) 5 22,* Biergarten, ...
Feb. geschl. – **Menu** *(Dienstag geschl.)* à la carte 22/40 – **25 Z** 55/100 – ½ P 15.

OBERPFRAMMERN *Bayern* 420 *V 19 – 1 500 Ew – Höhe 613 m.*
Berlin 606 – München 30 – Salzburg 119.

Bockmaier garni, Münchner Str. 3, ✉ 85667, ✆ (08093) 57 80, *Fax (08093) 57850* – ...
30 Z 90/120.

OBER-RAMSTADT *Hessen* 417 419 *Q 10 – 15 000 Ew – Höhe 200 m.*
Berlin 571 – Wiesbaden 58 – Frankfurt am Main 53 – Mannheim 56 – Darmstadt 8,5.

Hessischer Hof (ehemalige Zehntscheune a.d. 17. Jh.), Schulstr. 14, ✉ 64372, ✆ (06154) 6 34 70, *Fax (06154) 634750,* ... – 50.
25. Juli - 15. Aug. und 27. Dez. - 5. Jan. geschl. – **Menu** *(Freitag - Samstagmittag geschl.)* à la carte 32/72 – **24 Z** 68/160.

In Ober-Ramstadt - Modau *S : 3 km :*

Zur Krone, Kirchstr. 39, ✉ 64372, ✆ (06154) 6 33 20, *Fax (06154) 52859,* – TV ☎ P – 35. AE ① E VISA
Menu *(Samstagmittag sowie Sonn- und Feiertage geschl.)* à la carte 40/75 – **35 Z** 85/160.

OBERREUTE *Bayern* 419 420 *X 13 – 1 400 Ew – Höhe 860 m.*

Gästeamt, Hauptstr. 34, ✉ 88179, ✆ (08357) 12 33, Fax (08357) 8707.
Berlin 718 – München 179 – Konstanz 95 – Lindau 31 – Bregenz 29.

Martinshöhe, Freibadweg 4, ✉ 88179, ✆ (08387) 13 13, *Fax (08387) 2883,* <, – TV P. E
Nov. 2 Wochen geschl. – **Menu** *(Dienstag geschl.)* à la carte 29/48 – **13 Z** 52/98 – ½ P 21.

OBERRIED *Baden-Württemberg* 419 *W 7 – 2 500 Ew – Höhe 455 m – Erholungsort – Wintersport : 650/1 300 m* 8.

Ausflugsziel : *Schauinsland* <★.

Verkehrsbüro, Rathaus, ✉ 79254, ✆ (07661) 93 05 66, Fax (07661) 930588.
Berlin 804 – Stuttgart 182 – Freiburg im Breisgau 13 – Donaueschingen 59 – Basel 67.

Zum Hirschen, Hauptstr. 5, ✉ 79254, ✆ (07661) 70 14, *Fax (07661) 7016,* – TV ☎ P. ① E VISA
Ende Okt. - Mitte Nov. geschl. – **Menu** *(Donnerstag - Freitagmittag geschl.)* à la carte 24/60 – **14 Z** 70/120.

Sternen - Post mit Zim, Hauptstr. 30, ✉ 79254, ✆ (07661) 40 12, *Fax (07661) 99792,* Biergarten – TV ☎ P. ① E VISA
Menu *(Montag - Dienstagmittag geschl.)* à la carte 29/64 – **2 Z** 65/110.

In Oberried-Weilersbach *NO : 1 km :*

Zum Schützen, Weilersbacher Str. 7, ✉ 79254, ✆ (07661) 9 84 30, *Fax (07661) 984318,* – TV ☎ P. AE E VISA
Mitte Jan. - 5. Feb. geschl. – **Menu** *(Dienstag - Mittwochmittag geschl.)* à la carte 27/61 – **16 Z** 75/120 – ½ P 25.

Am Notschrei *S : 11,5 km*

Waldhotel am Notschrei, Freiburger Str. 56, ✉ 79254 Oberried, ✆ (07602) 9 42 00, *Fax (07602) 9420111,* – TV ☎ P – 30. AE ① E VISA
Menu à la carte 31/61 – **29 Z** 90/190, 5 Suiten – ½ P 30.

OBERRÖBLINGEN *Sachsen-Anhalt siehe Sangerhausen.*

OBERSCHLEISSHEIM *Bayern* 419 420 *V 18 – 11 000 Ew – Höhe 477 m.*

Sehenswert : *Schloß Schleißheim★.*

Berlin 575 – München 17 – Regensburg 112 – Augsburg 64 – Ingolstadt 67 – Landshut 62.

Blauer Karpfen garni, Dachauer Str. 1 (B 471), ✉ 85764, ✆ (089) 3 15 71 50, *Fax (089) 31571550* – TV ☎ P. AE E VISA
37 Z 120/170.

In Oberschleißheim-Lustheim *O : 1 km :*

Kurfürst, Kapellenweg 5, ✉ 85764, ✆ (089) 31 57 90, *Fax (089) 31579400,* – TV ☎ P – 60. AE ① E VISA. Rest
Menu *(1. - 15. Jan. und 1. - 15. Aug. geschl.)* à la carte 32/76 – **80 Z** 120/195.

OBERSCHÖNAU *Thüringen siehe Oberhof.*

OBERSTAUFEN *Bayern* 419 420 *X 14 – 7 100 Ew – Höhe 791 m – Schrothheilbad – Heilklimatischer Kurort – Wintersport : 740/1 800 m* 1 36.

Oberstaufen-Steibis, In der Au 5, ✆ (08386) 85 29.
Kurverwaltung, Hugo-von-Königsegg-Str. 8, ✉ 87534, ✆ (08386) 9 30 00, Fax (08386) 930020.
Berlin 735 – München 161 – Konstanz 107 – Kempten (Allgäu) 37 – Ravensburg 53 – Bregenz 43.

Lindner Parkhotel, Argenstr. 1, ✉ 87534, ✆ (08386) 70 30, *Fax (08386) 703704,* Massage, – Zim, TV ☎ P. AE ① E VISA.
Menu à la carte 53/74 – **91 Z** 165/396, 5 Suiten – ½ P 20.

Allgäu Sonne (mit Gästehäusern), Am Stießberg 1, ✉ 87534, ✆ (08386) 70 20, *Fax (08386) 7826*, ≤ Weißachtal, Steibis und Hochgrat, , Massage, , , , , , , – – 25. AE E VISA. Rest
Menu à la carte 42/64 – **162 Z** 140/470 – ½ P 30.

Löwen, Kirchplatz 8, ✉ 87534, ✆ (08386) 49 40, *Fax (08386) 494222*, , Massage, , , – . AE E VISA JCB
König der Löwen *(Montag - Mittwoch geschl.)(nur Abendessen)* **Menu** à la carte 63/88 – ***Cafe am Markt*** (auch vegetarische Gerichte) *(Mitte Nov. - Mitte Dez. geschl.)* **Menu** à la carte 31/60 – **30 Z** 151/396 – ½ P 45.

Kurhotel Rosen Alp , Am Lohacker 5, ✉ 87534, ✆ (08386) 70 60, *Fax (08386) 706435*, Massage, , , , , (geheizt), , – , Zim, – 15. Rest
Ende Nov. - 26. Dez. geschl. – (Restaurant nur für Hausgäste) – **80 Z** 145/350, 5 Suiten – ½ P 30.

Concordia, In Pfalzen 8, ✉ 87534, ✆ (08386) 48 40, *Fax (08386) 484130*, Massage, , , , , , – , Zim, – 15. Rest
(Restaurant nur für Hausgäste) – **59 Z** 155/322 – ½ P 20.

Sonneck , Am Kühlen Grund 1, ✉ 87534, ✆ (08386) 49 00, *Fax (08386) 490850*, , Massage, , , , – . AE E VISA JCB. Rest
Menu à la carte 41/53 – **61 Z** 129/246, 3 Suiten – ½ P 44.

Kur- und Ferienhotel Alpenkönig, Kalzhofer Str. 25, ✉ 87534, ✆ (08386) 9 34 50, *Fax (08386) 4344*, Massage, , , – . Rest
2. - 20. Dez. geschl. – (Restaurant nur für Hausgäste) – **22 Z** 120/280.

Bayrischer Hof, Hochgratstr. 2, ✉ 87534, ✆ (08386) 49 50, *Fax (08386) 495414*, , Massage, , , , – . Rest
62 Z, 6 Suiten.

Kurhotel Hirsch garni, Kalzofer Str. 4, ✉ 87534, ✆ (08386) 49 10, *Fax (08386) 491144*, Massage, , , –
23. Nov. - 22. Dez. geschl. – **36 Z** 100/310.

Adler (mit Gästehaus), Kirchplatz 6, ✉ 87534, ✆ (08386) 9 32 10, *Fax (08386) 4763*, , Massage, , – . AE E VISA
20. Nov. - 20. Dez. geschl. – **Menu** *(Dienstag geschl.)* à la carte 35/63 *(auch vegetarische Gerichte)* – **26 Z** 85/190 – ½ P 30.

Kurhotel Hochbühl garni, Auf der Höh 12, ✉ 87534, ✆ (08386) 9 35 40, *Fax (08386) 935499*, Massage, , , –
21 Z 85/190.

Kurhotel Pelz garni, Bürgermeister-Hertlein-Str. 1, ✉ 87534, ✆ (08386) 9 30 90, *Fax (08386) 4736*, Massage, , , – .
30. Nov. - 25. Dez. geschl. – **31 Z** 80/160.

Kur-und Ferienhotel Alpenhof garni, Gottfried-Resl-Weg 8, ✉ 87534, ✆ (08386) 48 50, *Fax (08386) 2251*, Massage, , , – . AE E VISA.
1. - 25. Dez. geschl. – **33 Z** 74/176.

Posttürmle, Bahnhofplatz 4, ✉ 87534, ✆ (08386) 74 12, *Fax (08386) 1882*
Dienstag - Mittwochmittag und Dez. 1 Woche geschl. – **Menu** (Tischbestellung ratsam) à la carte 56/82.

In Oberstaufen-Bad Rain *O : 1,5 km :*

Alpengasthof Bad Rain (mit Gästehaus), ✉ 87534, ✆ (08386) 9 32 40, *Fax (08386) 932499*, , Massage, , , , – Rest,
Mitte Nov. - Mitte Dez. geschl. – **Menu** à la carte 31/62 *(auch Diät)* – **25 Z** 80/220 – ½ P 35.

In Oberstaufen-Buflings *N : 1,5 km :*

Kurhotel Engel, ✉ 87534, ✆ (08386) 70 90, *Fax (08386) 709482*, ≤, , Massage, , , , , , , – . Zim
Mitte Nov. - 20. Dez. geschl. – **Menu** *(Montag - Dienstag geschl.)* à la carte 29/62 – **55 Z** 91/300 – ½ P 29.

In Oberstaufen-Hinterreute *W : 6 km :*

Am Kamin, Hinterreute 12 1/2, ✉ 87534, ✆ (08386) 76 86, *Fax (08386) 7686*, ≤, –
Sonntagabend - Montag und Ende Nov. - Mitte Dez. geschl. – **Menu** à la carte 48/65.

In Oberstaufen-Steibis *S : 5 km – Höhe 860 m*

Kurhotel Burtscher, Im Dorf 29, ✉ 87534, ✆ (08386) 89 10, *Fax (08386) 891317*, ≤, Massage, , , , , , , , – . Rest
Mitte Nov. - Mitte Dez. geschl. – (Restaurant nur für Hausgäste) – **75 Z** 120/300, 6 Suiten – ½ P 30.

In Oberstaufen-Thalkirchdorf *O : 6 km : – Erholungsort :*

Traube, ✉ 87534, ✆ (08325) 92 00, *Fax (08325) 92039*, « Fachwerkhaus aus dem 18. Jh. », Massage, – TV ☎ P. AE E VISA
Anfang Nov. - Mitte Dez. geschl. – **Menu** *(Dienstag geschl.)* à la carte 32/61 – **29 Z** 98/200 – ½ P 30.

In Oberstaufen-Weißach *S : 2 km :*

Königshof, Mühlenstr. 16, ✉ 87534, ✆ (08386) 49 30, *Fax (08386) 493125*, Massage, – TV ☎ P. AE E VISA. Rest
Menu à la carte 42/69 – **64 Z** 115/340 – ½ P 25.

OBERSTDORF *Bayern* 419 420 *X 14 – 12 500 Ew – Höhe 815 m – Heilklimatischer Kurort – Kneippkurort – Wintersport : 843/2 200 m 3 26*

Ausflugsziele : *Nebelhorn ** 30 min mit und Sessellift – Breitachklamm** SW : 7 km – Fellhorn** **.*

Oberstdorf-Gruben (S : 2 km), ✆ (08322) 28 95.

Kurverwaltung, Marktplatz 7, ✉ 87561, ✆ (08322) 70 00, Fax (08322) 700236.

Berlin 737 – München 165 – Kempten (Allgäu) 39 – Immenstadt im Allgäu 20.

Parkhotel Frank, Sachsenweg 11, ✉ 87561, ✆ (08322) 70 60, *Fax (08322) 706286*, Massage, – Zim, TV P – 30.
Menu *(14. April - Mitte Mai und Nov. - 20. Dez. geschl.)* à la carte 57/86 – **61 Z** 168/430, 6 Suiten – ½ P 20.

Exquisit, Prinzenstr. 17, ✉ 87561, ✆ (08322) 9 63 30, *Fax (08322) 963360*, Massage, – TV P – 30. AE VISA. Rest
2. Nov. - 19. Dez. geschl. – (Restaurant nur für Hausgäste) – **37 Z** 160/510 – ½ P 30.

Kur- und Ferienhotel Filser, Freibergstr. 15, ✉ 87561, ✆ (08322) 70 80, *Fax (08322) 708530*, Massage, – TV P. Rest
Mitte Nov. - Mitte Dez. geschl. – **Menu** à la carte 39/57 – **91 Z** 108/326, 3 Suiten – ½ P 30.

Wittelsbacher Hof, Prinzenstr. 24, ✉ 87561, ✆ (08322) 60 50, *Fax (08322) 605300*, Massage, (geheizt), – TV ☎ P – 60. AE E VISA. Rest
13. April - 12. Mai und 24. Okt. - 17. Dez. geschl. – **Menu** à la carte 38/66 – **86 Z** 90/240, 10 Suiten – ½ P 36.

Adler, Fuggerstr. 1, ✉ 87561, ✆ (08322) 9 61 00, *Fax (08322) 8187*, – TV ☎ P. AE E VISA
Mitte April - Anfang Mai und Anfang Nov. - Mitte Dez. geschl. – **Menu** *(Dienstag geschl.)* à la carte 35/73 – **32 Z** 99/250 – ½ P 31.

Waldesruhe, Alte Walserstr. 20, ✉ 87561, ✆ (08322) 60 10, *Fax (08322) 601100*, Allgäuer Alpen, – Rest, TV ☎ P – 20
8. Nov. - 10. Dez. geschl. – **Menu** à la carte 26/55 – **38 Z** 95/250 – ½ P 20.

Haus Wiese garni, Stillachstr. 4a, ✉ 87561, ✆ (08322) 30 30, *Fax (08322) 3135*, « Einrichtung in rustikal-gemütlichem Stil », – TV ☎ P.
12 Z 100/190.

Sporthotel Menning garni, Oeschlesweg 18, ✉ 87561, ✆ (08322) 9 60 90, *Fax (08322) 8532*, – TV ☎ P. AE
22 Z 80/200.

Landhaus Thomas garni, Weststr. 49, ✉ 87561, ✆ (08322) 42 47, *Fax (08322) 8601*, – TV ☎
13 Z 75/190.

Kurparkhotel garni, Prinzenstr. 1, ✉ 87561, ✆ (08322) 9 65 60, *Fax (08322) 965619*, – TV ☎ P.
18. April - 10. Mai und 1. Nov. - 20. Dez. geschl. – **23 Z** 85/170.

Kappelerhaus garni, Am Seeler 2, ✉ 87561, ✆ (08322) 9 68 60, *Fax (08322) 968613*, (geheizt), – ☎ P. AE E VISA.
57 Z 70/180.

Maximilians, Freibergstr. 21, ✉ 87561, ✆ (08322) 9 67 80, *Fax (08322) 967843*, – P
Mai - Juni und Nov. jeweils 3 Wochen geschl. – **Menu** (wochentags nur Abendessen) à la carte 60/90.

Bacchus-Stuben, Freibergstr. 4, ✉ 87561, ✆ (08322) 47 87, *Fax (08322) 4760*, – P. E
Montag, im Sommer auch Sonntagabend sowie Mitte April - 9. Mai und Ende Okt. - 19. Dez. geschl. – **Menu** à la carte 26/53.

In Oberstdorf-Kornau *W : 4 km – Höhe 940 m*

Nebelhornblick, ✉ 87561, ℰ (08322) 9 64 20, *Fax (08322) 964250*, ≤ Allgäuer Berge, ⓟ. Rest
8. Nov. - 11. Dez. geschl. – (nur Abendessen für Hausgäste) – **27 Z** 100/300 – ½ P 29.

In Oberstdorf-Reute *W : 2 km – Höhe 950 m*

Panorama, ✉ 87561, ℰ (08322) 30 74, *Fax (08322) 3075*, ≤ Oberstdorf und Allgäuer Alpen,
April - 7. Mai und 19. Okt. - 20. Dez. geschl. – **Menu** à la carte 29/48 – **11 Z** 90/190 – ½ P 20.

In Oberstdorf-Tiefenbach *NW : 6 km – Höhe 900 m*

Alpenhotel Vollmann, Falkenstr. 15, ✉ 87561, ℰ (08322) 70 20, *Fax (08322) 702222*, ≤, Massage, – 30. AE E VISA
(nur Abendessen für Hausgäste) **84 Z** 125/332, 24 Suiten – ½ P 41.

Bergruh, Im Ebnat 2, ✉ 87561, ℰ (08322) 91 90, *Fax (08322) 919200*, ≤, Rest
Menu à la carte 36/68 – **40 Z** 95/190, 8 Suiten – ½ P 19.

OBERSTENFELD *Baden-Württemberg* 419 *S 11 – 7 400 Ew – Höhe 227 m.*
Berlin 600 – Stuttgart 44 – Heilbronn 18 – Schwäbisch Hall 49.

Zum Ochsen, Großbottwarer Str. 31, ✉ 71720, ℰ (07062) 93 90, *Fax (07062) 939444*, – 30. AE E VISA
Menu *(Dienstag und 1. - 21. Jan. geschl.)* à la carte 31/76 – **30 Z** 75/190.

OBERSTREU *Bayern siehe Mellrichstadt.*

OBERSULM *Baden-Württemberg siehe Weinsberg.*

OBERTEURINGEN *Baden-Württemberg* 419 *W 12 – 4 000 Ew – Höhe 449 m – Erholungsort.*
Verkehrsamt, St.-Martin-Platz 9, ✉ 88094, ℰ (07546) 2 99 25, Fax (07546) 29988.
Berlin 712 – Stuttgart 174 – Konstanz 35 – Friedrichshafen 11.

In Oberteuringen-Bitzenhofen *NW : 2 km :*

Am Obstgarten M, Gehrenbergstr. 16/1, ✉ 88094, ℰ (07546) 92 20, *Fax (07546) 92288*, ≤, Zim, AE E VISA.
Menu *(Donnerstag und Jan. geschl.)* à la carte 28/58 – **24 Z** 65/140 – ½ P 23.

OBERTHAL *Saarland* 417 *R 5 – 6 300 Ew – Höhe 300 m.*
Berlin 710 – Saarbrücken 48 – Trier 68 – Idar Oberstein 39 – St. Wendel 9.

In Oberthal - Steinberg-Deckenhardt *NO : 5 km :*

Zum Blauen Fuchs, Walhausener Str. 1, ✉ 66649, ℰ (06852) 67 40, *Fax (06852) 81303*, E VISA
Dienstag, Jan. und Sept. jeweils 1 Woche geschl. – **Menu** (wochentags nur Abendessen, Tischbestellung ratsam) 49/98 und à la carte.

OBERTHULBA *Bayern* 417 418 420 *P 13 – 4 400 Ew – Höhe 270 m.*
Berlin 491 – München 327 – Fulda 52 – Bad Kissingen 9,5 – Würzburg 59.

Rhöner Land, Zum Weißen Kreuz 20, ✉ 97723, ℰ (09736) 70 70, *Fax (09736) 707444*, – 40. AE E VISA. Rest
Menu à la carte 35/52 – **27 Z** 92/189.

OBERTRUBACH *Bayern* 420 *Q 18 – 2 300 Ew – Höhe 420 m – Erholungsort.*
Verkehrsamt, Rathaus, Teichstr. 5, ✉ 91286, ℰ (09245) 98 80, Fax (09245) 98820.
Berlin 400 – München 206 – Nürnberg 41 – Forchheim 28 – Bayreuth 44.

Grüner, Neudorfer Weg 3, ✉ 91286, ℰ (09245) 98 70, *Fax (09245) 98760* – Rest
Feb. - März geschl. – (Restaurant nur für Hausgäste) – **31 Z** 70/120 – ½ P 15.

Alte Post, Trubachtalstr. 1, ✉ 91286, ℰ (09245) 3 22, *Fax (09245) 690*, Zim,
Menu *(Nov. - März Mittwoch geschl.)* à la carte 20/42 – **38 Z** 50/95 – ½ P 15.

Treiber, Reichelsmühle 5 (SW : 2 km), ✉ 91286, ℰ (09245) 4 89, *Fax (09245) 489*, Zim, Zim
Menu *(Mittwoch geschl.)* à la carte 25/39 – **13 Z** 48/90 – ½ P 15.

In Obertrubach-Bärnfels *N : 2,5 km :*

Drei Linden, ✉ 91286, ✆ (09245) 3 25, *Fax (09245) 409*, – P. Zim
Menu à la carte 18/44 – **35 Z** 53/96 – ½ P 15.

OBERTSHAUSEN *Hessen* 417 *P 10 – 24 000 Ew – Höhe 100 m.*
Berlin 543 – Wiesbaden 59 – Frankfurt am Main 20 – Aschaffenburg 30.

Park-Hotel, Münchener Str. 12, ✉ 63179, ✆ (06104) 9 50 20, *Fax (06104) 950299*, – TV P – 40. AE E VISA
Menu *(Samstagmittag und Sonntagabend geschl.)* à la carte 37/69 – **40 Z** 128/189.

Haus Dornheim garni, Bieberer Str. 141, ✉ 63179, ✆ (06104) 9 50 50, *Fax (06104) 45022* – TV P. AE E VISA – **18 Z** 105/200.

OBERURSEL (Taunus) *Hessen* 417 *P 9 – 44 000 Ew – Höhe 225 m.*
Berlin 533 – Wiesbaden 47 – Frankfurt am Main 14 – Bad Homburg vor der Höhe 4.

Parkhotel Waldlust, Hohemarkstr. 168, ✉ 61440, ✆ (06171) 92 00, *Fax (06171) 26627*, « Park » – TV P – 90. AE E VISA
24. Dez. - 1. Jan. geschl. – **Menu** *(Sonn- und Feiertage geschl.)* à la carte 39/80 – **133 Z** 142/280.

Deiana, Am Marktplatz 6, ✉ 61440, ✆ (06171) 5 27 55, *Fax (06171) 53213*, – AE E VISA
Sonntag geschl. – **Menu** à la carte 63/110.

In Oberursel-Oberstedten :

Sonnenhof garni, Weinbergstr. 94, ✉ 61440, ✆ (06172) 96 29 30, *Fax (06172) 301272*, – TV P. E VISA.
15 Z 110/180.

OBERWESEL *Rheinland-Pfalz* 417 *P 7 – 4 600 Ew – Höhe 70 m.*
Sehenswert : *Liebfrauenkirche★.*
Ausflugsziel : *Burg Schönburg★ S : 2 km.*
Tourist Information, Rathausstr. 3, ✉ 55430, ✆ (06744) 15 21, Fax (06744) 1540.
Berlin 621 – Mainz 56 – Bad Kreuznach 42 – Koblenz 49 – Bingen 21.

Burghotel Auf Schönburg (Hotel in einer 1000-jährigen Burganlage), Schönburg (S : 2 km) – Höhe 300 m, ✉ 55430, ✆ (06744) 9 39 30, *Fax (06744) 1613*, ←, – TV P – 20. AE E VISA
Jan. - Ende März geschl. – **Menu** *(Montag geschl.)* à la carte 53/90 – **22 Z** 110/355.

Weinhaus Weiler M, Marktplatz 4, ✉ 55430, ✆ (06744) 9 30 50, *Fax (06744) 930520*, – TV P. AE E VISA
Mitte Dez. - Mitte Feb. geschl. – **Menu** *(Donnerstag geschl.)* à la carte 32/59 – **10 Z** 75/160.

Römerkrug mit Zim, Marktplatz 1, ✉ 55430, ✆ (06744) 70 91, *Fax (06744) 1677*, – TV. AE E VISA
Jan. geschl. – **Menu** *(Mittwoch geschl.)* à la carte 36/73 – **7 Z** 80/200.

In Oberwesel-Dellhofen *SW : 2,5 km :*

Gasthaus Stahl , Am Talblick 6, ✉ 55430, ✆ (06744) 4 16, *Fax (06744) 8861*, , – Zim, P – *Mitte Dez. - Jan. geschl.* – **Menu** *(Mittwoch geschl.)* (nur Eigenbau-Weine) à la carte 23/43 – **18 Z** 70/140.

OBERWIESENTHAL *Sachsen* 418 420 *O 22 – 3 700 Ew – Höhe 914 m – Kurort – Wintersport : 914/1214 m 1 5 .*
Ausflugsziele : *Annaberg-Buchholz (St. Annen-Kirche★★ : Schöne Pforte★★, Kanzel★, Bergaltar★) N : 24 km – Fichtelberg★ (1214 m) ★ (mit Schwebebahn oder zu Fuß erreichbar) N : 3 km – Schwarzenberg : Pfarrkirche St. Georg★ NW : 26 km.*
Tourist-Information, Bahnhofstr. 7, ✉ 09484, ✆ (037348) 12 80, Fax (037348) 12857.
Berlin 317 – Dresden 125 – Chemnitz 53 – Plauen 110.

Vier Jahreszeiten , Annaberger Str. 83, ✉ 09484, ✆ (037348) 1 80, *Fax (037348) 7326*, , – , Zim, TV P – 200. AE E VISA
Menu à la carte 27/65 – **100 Z** 120/225 – ½ P 26.

Birkenhof , Vierenstr. 18, ✉ 09484, ✆ (037348) 84 81, *Fax (037348) 8485*, ←, , , – , Zim, TV P – 200. AE E VISA. Rest
Menu à la carte 28/57 – **185 Z** 150/230, 7 Suiten – ½ P 27.

Panorama , Vierenstr. 11, ✉ 09484, ✆ (037348) 71 90, *Fax (037348) 7198*, ←, , , , , – , Zim, TV P – 100. AE E VISA. Rest
Menu à la carte 29/58 – **124 Z** 130/200, 24 Suiten – ½ P 27.

Rotgießerhaus, Böhmische Str. 8, 09484, (037348) 13 10, *Fax (037348) 13130,* – , Zim, . AE E VISA
22. - 28. März und 1. - 14. Nov. geschl. – **Menu** *(März - Nov. Mittwoch geschl.)* à la carte 21/42 – **22 Z** 80/160 – ½ P 20.

Deutscher Kaiser, Markt 7, 09484, (037348) 12 50, *Fax (037348) 12533* – . E
Menu à la carte 24/36 – **18 Z** 95/145 – ½ P 21.

Am Kirchberg, Annaberger Str. 9, 09484, (037348) 71 32, *Fax (037348) 8486* – Zim, – 20. AE E VISA
Menu (nur Abendessen) à la carte 29/52 – **25 Z** 95/195 – ½ P 21.

OBERWOLFACH *Baden-Württemberg 419 V 8 – 2 700 Ew – Höhe 280 m – Luftkurort.*

Berlin 753 – Stuttgart 139 – Freiburg im Breisgau 60 – Freudenstadt 40 – Offenburg 42.

In Oberwolfach-Kirche :

Drei Könige, Wolftalstr. 28, 77709, (07834) 8 38 00, *Fax (07834) 285,* , – , Zim, – 40. AE E VISA.
Menu à la carte 30/56 – **56 Z** 88/150 – ½ P 24.

Schacher , Alte Str. 2a, 77709, (07834) 60 13, *Fax (07834) 9350,* – . E VISA. Zim
(nur Abendessen für Hausgäste) – **13 Z** 79/138 – ½ P 23.

In Oberwolfach-Walke :

Hirschen, Schwarzwaldstr. 2, 77709, (07834) 83 70, *Fax (07834) 6775,* , , – – 20. AE E VISA
9. - 31. Jan. geschl. – **Menu** *(Montag geschl.)* à la carte 38/61 – **43 Z** 75/160 – ½ P 25.

Zum Walkenstein, Burgfelsen 1, 77709, (07834) 3 95, *Fax (07834) 4670,* , – , Zim, . E VISA
Menu *(Dienstag geschl.)* à la carte 26/50 – **30 Z** 55/100 – ½ P 18.

OBING *Bayern 420 V 21 – 3 500 Ew – Höhe 564 m.*

Berlin 647 – München 72 – Bad Reichenhall 62 – Rosenheim 31 – Salzburg 70 – Passau 123.

Oberwirt, Kienberger Str. 14, 83119, (08624) 42 96, *Fax (08624) 2979,* , Biergarten, , , – – 30. E VISA. Zim
Menu *(Mittwoch geschl.)* à la carte 29/69 – **42 Z** 80/132 – ½ P 26.

In Obing-Großbergham *SO : 2,5 km :*

Pension Griessee , 83119, (086249) 22 80, *Fax (086249) 2900,* , , –
10. Jan. - Feb. geschl. – **Menu** *(Nov. - März Montag geschl.)* à la carte 24/44 – **26 Z** 45/92.

OBRIGHEIM *Baden-Württemberg 417 419 R 11 – 5 100 Ew – Höhe 134 m.*

Berlin 594 – Stuttgart 85 – Mannheim 72 – Eberbach am Neckar 24 – Heidelberg 39 – Heilbronn 31 – Mosbach 6.

Schloß Neuburg , 74847, (06261) 9 73 30, *Fax (06261) 973399,* < Neckartal und Neckarelz, – Zim, – 20. E VISA
1. - 8. Jan. geschl. – **Menu** *(Sonntagabend - Montagmittag geschl.)* à la carte 42/70 – **14 Z** 105/245.

Wilder Mann, Hauptstr. 22, 74847, (06261) 6 20 91, *Fax (06261) 7803,* , – . E
20. Dez. - 7. Jan. geschl. – **Menu** *(Freitag - Samstag geschl.)* à la carte 24/45 – **27 Z** 75/130.

OCHSENFURT *Bayern 419 420 Q 14 – 12 000 Ew – Höhe 187 m.*

Sehenswert : *Ehemalige Stadtbefestigung★ mit Toren und Anlagen.*

Fremdenverkehrsbüro, Hauptstr. 39, 97199, (09331) 58 55, Fax (09331) 7493.

Berlin 497 – München 278 – Würzburg 22 – Ansbach 59 – Bamberg 95.

Bären, Hauptstr. 74, 97199, (09331) 86 60, *Fax (09331) 866405,* – Zim, – 40. AE E VISA
Menu *(Montag und Feb. 2 Wochen geschl.)* a la carte 29/64 – **26 Z** 95/140.

Zum Schmied, Hauptstr. 26, 97199, (09331) 24 38, *Fax (09331) 20203* – . AE E VISA
Menu *(Mittwochmittag geschl.)* à la carte 24/57 – **19 Z** 70/140.

Nahe der Straße nach Marktbreit *O : 2,5 km :*

Wald- und Sporthotel Polisina, Marktbreiter Str. 265, ✉ 97199 Ochsenfurt, ✆ (09331) 84 40, *Fax (09331) 7603*, , Massage, , , , – – 120. AE ⓓ E VISA
Menu à la carte 33/57 – **91 Z** 165/310.

In Sommerhausen *NW : 6 km über die B 13*

Ritter Jörg, Maingasse 14, ✉ 97286, ✆ (09333) 12 21, *Fax (09333) 1883* – TV ☎ P
Jan. 3 Wochen geschl. – **Menu** *(Montag geschl.)* (Dienstag - Freitag nur Abendessen) à la carte 28/59 – **22 Z** 85/145.

Zum Weinkrug garni, Steingraben 5, ✉ 97286, ✆ (09333) 2 92, *Fax (09333) 281* – TV ☎ P. E
13 Z 85/145.

Philipp mit Zim, Hauptstr. 12, ✉ 97286, ✆ (09333) 14 06, *Fax (09333) 1406* – TV ☎. E
Montag - Dienstag, Jan. und Aug. 2 Wochen geschl. – **Menu** *(Mittwoch - Freitag nur Abendessen)* (Tischbestellung erforderlich) 95 und à la carte 66/86 – **2 Z** 250/300.

OCHSENHAUSEN *Baden-Württemberg* 419 420 *V 13 – 7 800 Ew – Höhe 609 m – Erholungsort.*
Verkehrsamt, Marktplatz 1, ✉ 88416, ✆ (07352) 92 20 26, Fax (07352) 922019.
Berlin 658 – Stuttgart 139 – Konstanz 150 – Ravensburg 55 – Ulm (Donau) 47 – Memmingen 22.

Mohren, Grenzenstr. 4, ✉ 88416, ✆ (07352) 92 60, *Fax (07352) 926100*, Massage, – TV ☎ P – 80. AE ⓓ E VISA
Menu à la carte 41/86 – **28 Z** 90/210 – ½ P 30.

Adler, Schloßstr. 7, ✉ 88416, ✆ (07352) 9 21 40, *Fax (07352) 921460*, – TV ☎ P. E VISA. Rest
Menu *(Sonntagabend - Montagmittag geschl.)* à la carte 33/63 – **9 Z** 78/130.

In Gutenzell-Hürbel *NO : 6 km :*

Klosterhof , Schloßbezirk 2 (Gutenzell), ✉ 88484, ✆ (07352) 9 23 30, *Fax (07352) 7779*, – TV ☎ P
23. - 30. Dez. geschl. – **Menu** *(Montag geschl.)* à la carte 27/71 – **18 Z** 60/115.

OCHTENDUNG *Rheinland-Pfalz* 417 *O 6 – 4 200 Ew – Höhe 190 m.*
Berlin 609 – Mainz 110 – Koblenz 20 – Mayen 13.

Gutshof Arosa mit Zim, Koblenzer Str. 2 (B 258), ✉ 56299, ✆ (02625) 44 71, *Fax (02625) 5261*, – TV ☎ P. AE E. Rest
Juli - Aug. 2 Wochen geschl. – **Menu** *(Montag geschl.)* à la carte 43/70 – **11 Z** 65/150.

OCHTRUP *Nordrhein-Westfalen* 417 *J 5 – 18 500 Ew – Höhe 65 m.*
Berlin 498 – Düsseldorf 139 – Nordhorn 32 – Enschede 21 – Münster (Westfalen) 43 – Osnabrück 70.

Münsterländer Hof, Bahnhofstr. 7, ✉ 48607, ✆ (02553) 92 10, *Fax (02553) 921100* – Zim, TV ☎ P. AE ⓓ E VISA
Menu à la carte 35/62 – **21 Z** 110/180.

OCKFEN *Rheinland-Pfalz* 417 *R 3 – 600 Ew – Höhe 160 m.*
Berlin 742 – Mainz 173 – Trier 29 – Saarburg 5.

Klostermühle, Hauptstr. 1, ✉ 54441, ✆ (06581) 9 29 30, *Fax (06581) 929320*, , , – Rest, TV ☎ P – 40
Jan. geschl. – **Menu** *(Dienstag geschl.)* à la carte 26/50 – **22 Z** 65/125.

OCKHOLM *Schleswig-Holstein siehe Bredstedt.*

ODELZHAUSEN *Bayern* 419 420 *V 17 – 3 000 Ew – Höhe 507 m.*
18 Gut Todtenried, (S : 2 km) ✆ (08134) 16 18.
Berlin 590 – München 46 – Augsburg 30 – Donauwörth 65 – Ingolstadt 77.

Schloßhotel-Schloßbräustüberl (mit Gästehaus), Am Schloßberg 3, ✉ 85235, ✆ (08134) 65 98 (Hotel) 66 06 (Rest.), *Fax (08134) 5193*, , , – TV ☎ P
Menu à la carte 32/66 – **15 Z** 95/200.

ODENTHAL *Nordrhein-Westfalen* 417 *M 5 – 13 500 Ew – Höhe 80 m.*

Ausflugsziel : *Odenthal-Altenberg : Altenberger Dom (Buntglasfenster★) N : 3 km.*

Berlin 553 – Düsseldorf 49 – Köln 18.

Zur Post, Altenberger-Dom-Str. 23, ✉ 51519, ✆ (02202) 7 81 24, *Fax (02202) 71732,* « Gasthof im bergischen Stil » – P. AE ⓓ E VISA
Donnerstag geschl. – **Menu** à la carte 56/81.

In Odenthal-Altenberg *N : 2,5 km :*

Altenberger Hof (mit Gästehaus Torschänke), Eugen-Heinen-Platz 7, ✉ 51519, ✆ (02174) 49 70, *Fax (02174) 497123,* – TV P – 60. AE ⓓ E VISA
Menu à la carte 60/95 – **38 Z** 165/380.

OEDERAN *Sachsen siehe Flöha.*

ÖHNINGEN *Baden-Württemberg* 419 *X 10 – 3 500 Ew – Höhe 440 m – Erholungsort.*

Verkehrsamt, Klosterplatz 1, ✉ 78337, ✆ (07735) 8 19 20, Fax (07735) 81930.

Berlin 800 – Stuttgart 168 – Konstanz 34 – Singen (Hohentwiel) 16 – Zürich 61 – Schaffhausen 22.

In Öhningen-Wangen *O : 3 km :*

Residenz am See, Seeweg 2, ✉ 78337, ✆ (07735) 9 30 00, *Fax (07735) 930020,* <, , « Seeterrasse », , – TV P – 20. AE E VISA. Rest
Mitte März - Okt. – **Menu** *(Montag geschl.)* à la carte 52/78 – **11 Z** 130/220 – ½ P 45.

Adler, Kirchplatz 6, ✉ 78337, ✆ (07735) 7 24, *Fax (07735) 8759,* , , – P. AE E VISA
Menu *(Donnerstag geschl.)* à la carte 31/53 – **23 Z** 70/140.

ÖHRINGEN *Baden-Württemberg* 419 *S 12 – 20 000 Ew – Höhe 230 m.*

Sehenswert : *Ehemalige Stiftskirche★ (Margarethen-Altar★).*

Friedrichsruhe (N : 6 km), ✆ (07941) 6 28 01.

Tourist Information, Rathaus, Marktplatz 15, ✉ 74613, ✆ (07941) 6 81 18, Fax (07941) 68222.

Berlin 568 – Stuttgart 66 – Heilbronn 28 – Schwäbisch Hall 29.

Krone mit Zim, Marktstr. 24, ✉ 74613, ✆ (07941) 72 78, *Fax (07941) 958524*
Jan. 2 Wochen geschl. – **Menu** *(Samstag geschl.)* à la carte 31/60 – **4 Z** 64/116.

Münzstube, Münzstr. 49, ✉ 74613, ✆ (07941) 6 58 15, *Fax (07941) 65816,* – P. E
Dienstag und Juli - Aug. 3 Wochen geschl. – **Menu** à la carte 24/49 *(auch vegetarische Gerichte)* .

In Öhringen-Cappel *O : 2 km :*

Gästehaus Schmidt, Haller Str. 128, ✉ 74613, ✆ (07941) 88 80, *Fax (07941) 38201,* – Zim, TV P
Juli - Aug. 2 Wochen geschl. – (nur Abendessen für Hausgäste) – **10 Z** 65/110.

In Friedrichsruhe *N : 6 km :*

Wald- und Schloßhotel Friedrichsruhe , ✉ 74639 Zweiflingen, ✆ (07941) 6 08 70, *Fax (07941) 61468,* , « Garten, Park », , , , , – TV P – 60. AE ⓓ E VISA
Menu *(Montag - Dienstag geschl.)* (bemerkenswerte Weinkarte) 146/196 und à la carte 84/124 – ***Jägerstube* : Menu** à la carte 49/70 – **45 Z** 195/420, 12 Suiten
Spez. Artischockenböden und Lauch im eigenen Gelee mit Venusmuscheln. St. Petersfisch mit Jokobsmuschelschuppen und braisiertem Spitzkohl. Stubenküken mit Kräuterstrauß und Frühlingsgemüse.

OELDE *Nordrhein-Westfalen* 417 *K 8 – 27 500 Ew – Höhe 98 m.*

Berlin 430 – Düsseldorf 137 – Bielefeld 51 – Beckum 13 – Gütersloh 23 – Lippstadt 29.

Mühlenkamp, Geiststr. 36, ✉ 59302, ✆ (02522) 9 35 60, *Fax (02522) 935645,* – TV P. AE ⓓ E VISA
23. Dez. - 4. Jan. geschl. – **Menu** *(Samstag geschl.)* à la carte 41/73 – **30 Z** 110/180.

Engbert garni, Lange Str. 24, ✉ 59302, ✆ (02522) 9 33 90, *Fax (02522) 933939* – TV P. AE ⓓ E VISA
Dez. - Jan. 2 Wochen geschl. – **35 Z** 93/155.

In Oelde-Lette *N : 6,5 km :*

Westermann, Clarholzer Str. 26, ✉ 59302, ✆ (05245) 8 70 20, *Fax (05245) 870215,* ... 30. AE E VISA
Menu (wochentags nur Abendessen) à la carte 31/55 – **29 Z** 80/136.

In Oelde-Stromberg *SO : 5 km – Erholungsort :*

Zur Post, Münsterstr. 16, ✉ 59302, ✆ (02529) 2 46, *Fax (02529) 7162,* ... E.
1. - 15. Aug. geschl. – **Menu** *(Montag geschl.)* (wochentags nur Abendessen) à la carte 24/45 – **16 Z** 50/120.

OELSNITZ (VOGTLAND) *Sachsen* 418 420 *O 20 – 12 400 Ew – Höhe 409 m.*

Kultur- und Fremdenverkehrsamt, Grabenstr. 31, ✉ 08606, ✆ (037421) 2 07 85, Fax (037421) 20794.
Berlin 311 – Dresden 154 – Hof 32 – Plauen 11.

Garni Höhle, Dr.-Friedrich-Str. 23, ✉ 08606, ✆ (037421) 2 22 48, *Fax (037421) 27664* – ... E VISA
21 Z 80/180.

In Taltitz *NW : 6 km :*

Seeblick, Waldweg 3, ✉ 08606, ✆ (037436) 22 55, *Fax (037436) 2256,* ... 100. AE E VISA. Rest
Menu à la carte 22/40 – **41 Z** 95/125.

OER-ERKENSCHWICK *Nordrhein-Westfalen* 417 *L 5 – 28 000 Ew – Höhe 85 m.*

Berlin 502 – Düsseldorf 74 – Dortmund 29 – Münster (Westfalen) 64 – Recklinghausen 5.

Stimbergpark ..., Am Stimbergpark 78, ✉ 45739, ✆ (02368) 10 67, *Fax (02368) 58206,* ... Zim, ... 70. AE E VISA
Menu à la carte 34/59 – **108 Z** 98/160.

OERLINGHAUSEN *Nordrhein-Westfalen* 417 *K 9 – 16 200 Ew – Höhe 250 m.*

Berlin 392 – Düsseldorf 182 – Bielefeld 13 – Detmold 19 – Paderborn 32.

Altes Gasthaus Nagel mit Zim (Fachwerkhaus a.d.J. 1721), Hauptstr. 43, ✉ 33813, ✆ (05202) 56 55, *Fax (05202) 15105* – ... AE E VISA
Menu *(Mittwoch - Donnerstag und Juni - Juli 3 Wochen geschl.)* (wochentags nur Abendessen) à la carte 33/60 – **8 Z** 72/115.

OESTRICH-WINKEL *Hessen* 417 *P 8 – 12 200 Ew – Höhe 90 m.*

Tourist-Information, An der Basilika 11a, ✉ 65375 Oestrich-Winkel-Mittelheim, ✆ (06723) 1 94 33, Fax (06723) 999032.
Berlin 588 – Wiesbaden 21 – Bad Kreuznach 65 – Koblenz 74 – Mainz 24.

Im Stadtteil Oestrich :

Schwan, Rheinallee 5, ✉ 65375, ✆ (06723) 80 90, *Fax (06723) 7820,* ≤, « Gartenterrasse » – ... Zim, ... 60. AE E VISA JCB
20. Dez. - 4. Jan. geschl. – **Menu** à la carte 47/80 – **42 Z** 155/240.

Im Stadtteil Winkel :

Nägler am Rhein, Hauptstr. 1, ✉ 65375, ✆ (06723) 50 51, *Fax (06723) 5054,* ≤ Rhein und Ingelheim, ... Zim, ... 100. AE E VISA
Menu à la carte 52/71 – **46 Z** 135/230.

F. B. Schönleber, Hauptstr. 1b, ✉ 65375, ✆ (06723) 9 17 60, *Fax (06723) 4759* – ... E VISA
Jan. geschl. – **Menu** *(Montag - Dienstag geschl.)* Weinstube ab 16 Uhr geöffnet ; kleines Speisenangebot – **15 Z** 95/150.

Gästehaus Weingut Carl Strieth garni, Hauptstr. 128, ✉ 65375, ✆ (06723) 9 95 80, *Fax (06723) 995899* – ... AE E VISA
16 Z 80/160.

Im Stadtteil Hallgarten :

Zum Rebhang ..., Rebhangstr. 53, ✉ 65375, ✆ (06723) 21 66, *Fax (06723) 1813,* ≤ Rheintal, ...
Menu *(Donnerstag und Anfang Jan. - Anfang Feb. geschl.)* à la carte 27/72 – **14 Z** 85/170.

ÖSTRINGEN *Baden-Württemberg* 417 419 *S 10 – 10 500 Ew – Höhe 165 m.*

Östringen-Tiefenbach, Birkenhof (SO : 11 km), (07259) 86 83.

Berlin 630 – Stuttgart 97 – Karlsruhe 45 – Heilbronn 45 – Mannheim 44.

Östringer Hof, Hauptstr. 113 (B 292), 76684, (07253) 2 10 87, *Fax (07253) 2 10 80* – . Rest *(nur Abendessen für Hausgäste)* – **19 Z** 110/160.

In Östringen-Tiefenbach *SO : 12 km :*

Kreuzberghof, Am Kreuzbergsee, 76684, (07259) 9 11 00, *Fax (07259) 911013,* – – 30.
Menu à la carte 25/64 – **36 Z** 85/195.

Weinforum Heitlinger (Weingut), Am Mühlberg, 76684, (07259) 9 11 20, *Fax (07259) 911299,* , « Kulturforum mit wechselnden Ausstellungen und Aufführungen verschiedener Künstler » –
24. Dez. - Jan. geschl. – **Menu** (nur Eigenbau - Weine) à la carte 28/57 .

ÖTISHEIM *Baden-Württemberg* 419 *T 10 – 4 600 Ew – Höhe 247 m.*

Berlin 637 – Stuttgart 43 – Karlsruhe 46 – Heilbronn 69.

Zur Krone, Maulbronner Str. 11, 75443, (07041) 28 07, *Fax (07041) 861521,* – Zim,
Jan. 2 Wochen und Juli - Aug. 3 Wochen geschl. – **Menu** *(Montag geschl.)* à la carte 24/49 – **17 Z** 65/100.

Sternenschanz, Gottlob-Linck-Str. 1, 75443, (07041) 66 67, *Fax (07041) 862155,* –
Dienstag und Ende Jan. - Anfang Feb. geschl. – **Menu** à la carte 30/64.

OEVENUM *Schleswig-Holstein siehe Föhr (Insel).*

OEVERSEE *Schleswig-Holstein siehe Flensburg.*

OEYNHAUSEN, BAD *Nordrhein-Westfalen* 417 *J 10 – 48 000 Ew – Höhe 71 m – Heilbad.*

Löhne-Wittel, (05228) 70 50.

Verkehrsverein in der Kurverwaltung, Ostkorso 12, 32545, (05731) 2 04 30, Fax (05731) 20811.

Berlin 362 – Düsseldorf 211 – Bielefeld 37 – Bremen 116 – Hannover 79 – Osnabrück 62.

Königshof, Am Kurpark 5, 32545, (05731) 24 60, *Fax (05731) 246105,* – – 60.
Menu *(Sonntag und Jan. geschl.)* (nur Abendessen) à la carte 48/76 – **50 Z** 98/185, 3 Suiten.

Ramada M , Morsbachallee 1, 32545, (05731) 25 70, *Fax (05731) 257444,* – , Zim, Zim, – 250.
Kurhaus-Restaurant : **Menu** à la carte 44/73 – **148 Z** 169/253, 3 Suiten.

Mercure M garni, Königsstr. 3, 32545, (05731) 2 58 90, *Fax (05731) 258999,* – , Zim, – 30.
57 Z 139/278.

Stickdorn (mit Gästehaus), Kaiser-Wilhelmplatz 17, 32545, (05731) 1 75 70, *Fax (05731) 175740* – Zim, .
Menu à la carte 39/60 – **50** 116/183.

Brunnenhof garni, Brunnenstr. 8, 32545, (05731) 2 11 11, *Fax (05731) 21148* – .
21 Z 100/140.

Nahe der B 61 *NO : 2,5 km :*

Hahnenkamp, Alte Reichsstr. 4, 32549 Bad Oeynhausen, (05731) 7 57 40, *Fax (05731) 757475,* , – Zim, – 60.
Menu à la carte 30/68 – **27 Z** 119/195 – ½ P 25.

In Bad Oeynhausen-Bergkirchen *N : 9,5 km :*

Wittekindsquelle, Bergkirchener Str. 476, 32549, (05734) 9 10 00, *Fax (05734) 910091,* – – 15.
Menu (abends Tischbestellung ratsam) à la carte 40/82 – **24 Z** 110/220.

In Bad Oeynhausen-Lohe *S : 2 km :*

Trollinger Hof, Detmolder Str. 89, ✉ 32545, ☎ (05731) 7 95 70, *Fax (05731) 795710,* – TV ☎ – 15. AE ⓓ E VISA
Menu à la carte 40/69 – **20 Z** 100/168.

Die Windmühle, Detmolder Str. 273, ✉ 32545, ☎ (05731) 9 24 62, *Fax (05731) 96583,* – P
Sonntagabend - Montag, Feb. und Sept. 2 Wochen geschl. – **Menu** à la carte 85/108 – ***ô Cèpe :*** **Menu** à la carte 42/62
Spez. Makrele mit Ossietra Kaviar gefüllt. Milchlamm mit provenzialischem Gemüse. Schwarze Feigen aus dem Fenchelsud mit Kreuzkümmeleis.

OFFENBACH *Hessen* 417 *P 10 – 113 000 Ew – Höhe 100 m.*

Sehenswert : *Deutsches Ledermuseum*** Z **M1**.
Messehalle (Z), ☎ (069) 8 29 75 50.
Offenbach-Information, Stadthof 17 (Pavillon), ✉ 63065, ☎ (069) 80 65 20 52, Fax (069) 80653199.
ADAC, *Frankfurter Str. 74, ✉ 63067, ☎ (069) 8 01 61, Fax (069) 8004089.*
Berlin 543 – Wiesbaden 44 – Frankfurt am Main 8 – Darmstadt 28 – Würzburg 116.

OFFENBACH

Beethovenstraße	Y	3
Bieberer Straße	Z	5
Carl-Ulrich-Brücke	X	6
Dieburger Straße	X	8
Friedhofstraße	X	10
Friedrichsring	Y	12
Gabelsbergerstraße	Y	13
Haydnstraße	Y	20
Hessenring	Y	21
Isenburgring	Y	25
Kaiserleibrücke	X	28
Offenbacher Landstraße	Y	33
Senefelderstraße	Y	35
Starkenburgring	Y	38

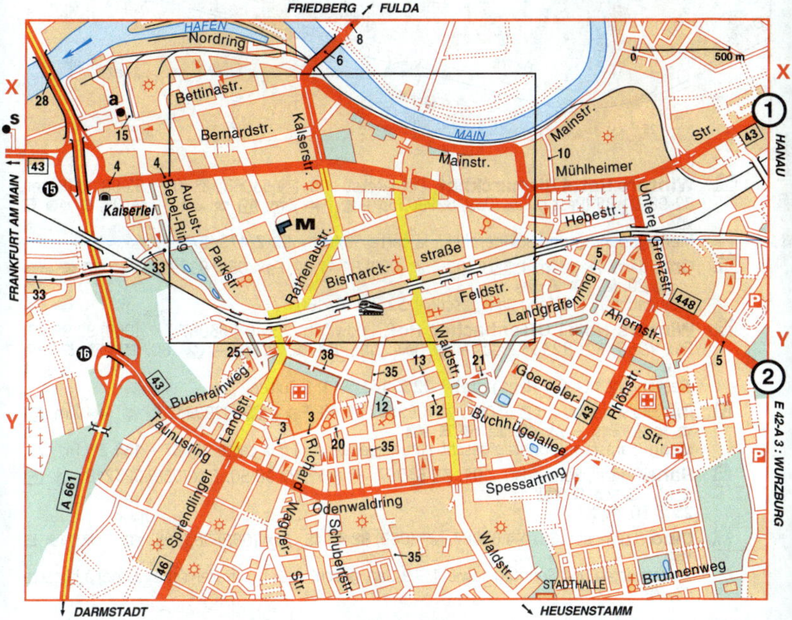

ArabellaSheraton am Büsing Palais M, Berliner Str. 111, ✉ 63065, ☎ (069) 82 99 90, *Fax (069) 82999800,* , Massage, – , Zim, TV ☎, – 200. AE ⓓ E VISA JCB Z c
Menu à la carte 47/72 – **221 Z** 245/501.

Holiday Inn, Kaiserleistr. 45, ✉ 63067, ☎ (069) 8 06 10, *Fax (069) 8004797,* – , Zim, TV – 130. AE ⓓ E VISA JCB. Rest X s
Menu à la carte 45/68 – **251 Z** 263/531.

OFFENBACH

Arthur-Zitscher-Straße .... Z 2
Berliner Straße .... Z 4
Bieberer Straße .... Z 5
Christian-Pleß-Straße .... Z 7
Frankfurter Straße .... Z
Goethering .... Z 15
Geleitsstraße .... Z
Große Marktstraße .... Z 17
Großer Biergrund .... Z 18
Herrnstraße .... Z
Hospitalstraße .... Z 24
Isenburgring .... Z 25
Kaiserstraße .... Z
Kleiner Biergrund .... Z 29
Marktplatz .... Z 31
Mathildenstraße .... Z 32
Schloßstraße .... Z 34
Speyerstraße .... Z 37
Waldstraße .... Z
Wilhelmsplatz .... Z 40

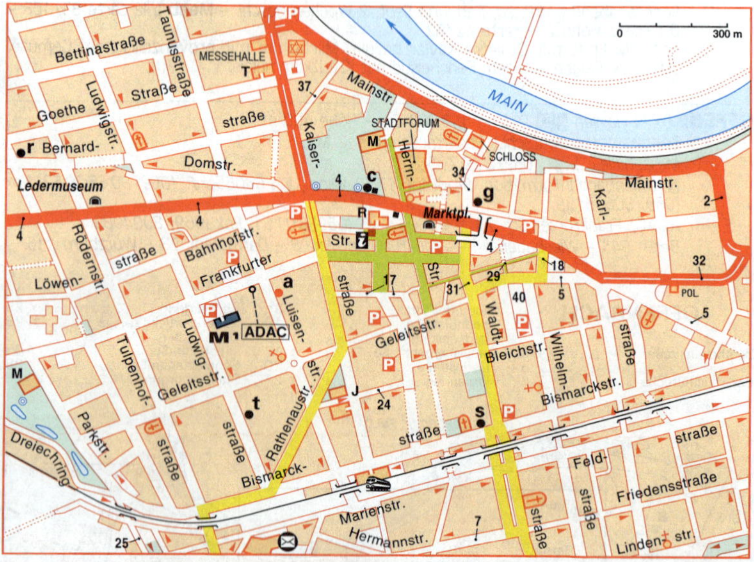

Winters Hotel Bismarckhof, Bismarckstr. 99, ✉ 63065, ☎ (069) 82 98 00 (Hotel) 82 98 01 85 (Rest.), *Fax (069) 82980333* – Zim, – 20. AE VISA — Z s
Menu *(Sonntag und Juli geschl.)* à la carte 33/62 – **52 Z** 173/271.

Graf garni, Ziegelstr. 4, ✉ 63065, ☎ (069) 81 17 02, *Fax (069) 887937* – – 20. AE VISA — Z g
Weihnachten - Anfang Jan. geschl. – **32 Z** 118/160.

Winters Hotel Offenbacher Hof, Ludwigstr. 33, ✉ 63067, ☎ (069) 82 98 20, *Fax (069) 82982333*, – Zim, – 80. AE VISA JCB — Z t
(Restaurant nur für Hausgäste) – **72 Z** 163/311, 8 Suiten.

Ibis, Kaiserleistr. 4, ✉ 63067, ☎ (069) 82 90 40, *Fax (069) 82904333* – Zim, – 40. AE VISA — X s
Menu *(Samstag - Sonntag geschl.)* (nur Abendessen) à la carte 26/37 – **131 Z** 114/179.

Hansa garni, Bernardstr. 101, ✉ 63067, ☎ (069) 82 98 50, *Fax (069) 823218* – AE VISA — Z r
25 Z 80/170.

Dino, Luisenstr. 63, ✉ 63067, ☎ (069) 88 46 45, *Fax (069) 883395*, – AE VISA — Z a
Samstmittag und Sonntag sowie 1. - 9. Jan. geschl. – **Menu** (italienische Küche) à la carte 43/78.

In Offenbach-Bürgel *NO : 2 km über Mainstraße* X :

Parkhotel-Lindenhof, Mecklenburger Str. 10, ✉ 63075, ☎ (069) 9 86 45 00, *Fax (069) 98645013* – Zim, – 30. AE VISA JCB
Menu (wochentags nur Abendessen) à la carte 35/53 – **36 Z** 98/180.

Zur Post mit Zim, Offenbacher Str. 33, ✉ 63075, ☎ (069) 86 13 37, *Fax (069) 864198*, – AE VISA. Zim
Menu *(Sonntagabend - Montag, Samstagmittag und Juli - Aug. 2 Wochen geschl.)* à la carte 38/71 – **8 Z** 95/210.

OFFENBURG Baden-Württemberg 419 U 7 – 54 000 Ew – Höhe 165 m.

Sehenswert : *Hl.-Kreuz-Kirche*★.

Messegelände Oberrheinhalle, Messeplatz, ✆ *(0781) 9 22 60, Fax (0781) 922677.*

Stadtinformation, Gärtnerstr. 6, ✉ *77652,* ✆ *(0781) 82 22 53, Fax (0781) 827251.*

ADAC, *Gerberstr. 2,* ✉ *77652,* ✆ *(0781) 7 27 40, Fax (0781) 727440.*

Berlin 744 – Stuttgart 148 – Karlsruhe 77 – Freiburg im Breisgau 64 – Freudenstadt 58 – Strasbourg 26 – Karlsruhe 54.

Dorint, Messeplatz (bei der Oberrheinhalle), ✉ 77656, ✆ (0781) 50 50, *Fax (0781) 505513,* – Zim, Rest, – 200. AE E VISA JCB. Rest
Menu à la carte 42/73 – **130 Z** 210/275, 4 Suiten.

Central garni, Poststr. 5, ✉ 77652, ✆ (0781) 7 20 04, *Fax (0781) 25598* – . AE E VISA
20. Dez. - 6. Jan. geschl. – **20 Z** 125/170.

Sonne, Hauptstr. 94, ✉ 77652, ✆ (0781) 7 10 39, *Fax (0781) 71033,* – . E VISA
Menu siehe ***Beck's Restaurant*** separat erwähnt – **33 Z** 70/195.

Beck's Restaurant - Hotel Sonne, Hauptstr. 94, ✉ 77652, ✆ (0781) 7 37 88, *Fax (0781) 73798* – AE E VISA
Montag geschl. – **Menu** à la carte 42/69.

In Offenburg - Albersbösch :

Hubertus, Kolpingstr. 4, ✉ 77656, ✆ (0781) 6 13 50, *Fax (0781) 613535,* – , Zim, – 40. AE E VISA JCB
Menu à la carte 32/47 – **26 Z** 110/180.

In Offenburg-Rammersweier *NO : 3 km – Erholungsort :*

Blume mit Zim (Fachwerkhaus a.d.18.Jh.), Weinstr. 160, ✉ 77654, ✆ (0781) 3 36 66, *Fax (0781) 440603,* – . E VISA
Jan. sowie über Fastnacht je 1 Woche und Aug. 2 Wochen geschl. – **Menu** *(Sonntagabend - Montag geschl.)* à la carte 40/68 – **6 Z** 80/120.

In Offenburg - Zell-Weierbach *O : 3,5 km :*

Rebenhof , Talweg 42, ✉ 77654, ✆ (0781) 46 80, *Fax (0781) 468135,* , , – – 30. E VISA
Menu *(Montag geschl.)* à la carte 27/66 – **40 Z** 80/148.

Gasthaus Sonne mit Zim, Obertal 1, ✉ 77654, ✆ (0781) 9 38 80, *Fax (0781) 938899,* – Zim, – 100. VISA. Zim
über Fastnacht 1 Woche geschl. – **Menu** *(Mittwoch geschl.)* à la carte 28/68 – **6 Z** 80/130.

In Ortenberg *S : 4 km – Erholungsort :*

Glattfelder mit Zim, Kinzigtalstr. 20, ✉ 77799, ✆ (0781) 9 34 90, *Fax (0781) 934929,* , – . VISA
Jan. 2 Wochen geschl. – **Menu** *(Sonntagabend - Montag geschl.)* 48/99 und à la carte 51/86 – **14 Z** 55/110
Spez. Zander mit Kartoffelkruste und Champagnersauce. Lammrücken mit Oliven-Kräuterkruste. Schokoladenterrine.

OFTERDINGEN *Baden-Württemberg* 419 *U 11 – 4 500 Ew – Höhe 424 m.*

Berlin 692 – Stuttgart 56 – Hechingen 9 – Reutlingen 20 – Tübingen 15.

XX **Krone** mit Zim (Fachwerkhaus a.d.J. 1715), Tübinger Str. 10 (B 27), ✉ 72131, ✆ (07473) 63 91, *Fax (07473) 25596*, – TV ☎ P – 60. E
über Fastnacht 2 Wochen gesch. – **Menu** *(Donnerstag geschl.)* à la carte 39/85 – **10 Z** 80/180.

OFTERSCHWANG *Bayern siehe Sonthofen.*

OFTERSHEIM *Baden-Württemberg* 417 419 *R 9 – 10 600 Ew – Höhe 102 m.*

Oftersheim, an der B 291 (SO : 2 km), ✆ (06202) 5 37 67.

Berlin 625 – Stuttgart 119 – Mannheim 21 – Heidelberg 11 – Speyer 17.

In Oftersheim-Hardtwaldsiedlung *S : 1 km über die B 291 :*

XX **Landhof,** Am Fuhrmannsweg 1, ✉ 68723, ✆ (06202) 5 13 76, *Fax (06202) 53297*, P
Dienstag und Aug. geschl. – **Menu** (wochentags nur Abendessen, Tischbestellung ratsam) à la carte 44/69.

OHMDEN *Baden-Württemberg siehe Kirchheim unter Teck.*

OLCHING *Bayern* 419 420 *V 17 – 24 000 Ew – Höhe 503 m.*

Olching, Feursstr. 89, ✆ (08142) 32 40.

Berlin 595 – München 36 – Augsburg 48 – Dachau 13.

Schiller, Nöscherstr. 20, ✉ 82140, ✆ (08142) 47 30 (Hotel), 4 98 47 (Rest.), *Fax (08142) 473399*, – Zim, TV ☎ P – 30. AE E VISA
22. Dez. - 2. Jan. geschl. (Hotel) – ***Pflug*** *(Sonntagabend - Montagmittag geschl.)* **Menu** à la carte 36/61 – **57 Z** 95/180.

Am Krone-Park garni, Kemeterstr. 55 (Neu-Esting), ✉ 82140, ✆ (08142) 29 20, *Fax (08142) 18706* – TV ☎ P – 20. AE E VISA
37 Z 105/145.

OLDENBURG *Niedersachsen* 415 *G 8 – 155 000 Ew – Höhe 7 m.*

Sehenswert : *Schloßgarten★ Y – Stadtmuseum★ X* **M1.**

Tweelbäke-Ost, Hatter Landstr. 34 (SO : 7 km), ✆ (04481) 88 55.

Verkehrsverein, Wallstr. 14, ✉ 26122, ✆ (0441) 1 57 44, Fax (0441) 2489202.

ADAC, *Donnerschweer Str. 237, ✉ 26123, ✆ (0441) 93 39 90, Fax (0441) 9339944.*

Berlin 432 ② – Hannover 171 ② – Bremen 46 ② – Bremerhaven 58 ① – Groningen 132 ④ – Osnabrück 105 ③

Stadtplan siehe gegenüberliegende Seite

City-Club-Hotel, Europaplatz 4, ✉ 26123, ✆ (0441) 80 80, *Fax (0441) 808100*, – Zim, TV ☎ P – 160. AE E VISA JCB. Zim X c
Menu a la carte 35/64 – **88 Z** 170/220.

Antares Hotel garni, Staugraben 8, ✉ 26122, ✆ (0441) 9 22 50, *Fax (0441) 9225100*, – TV ☎ P. AE E VISA JCB. Z r
51 Z 150/210, 6 Suiten.

Alexander garni, Alexanderstr. 107, ✉ 26121, ✆ (0441) 9 80 20, *Fax (0441) 82000*, – TV ☎ P – 40. AE E VISA JCB. X a
48 Z 100/190.

Wieting, Damm 29, ✉ 26135, ✆ (0441) 92 40 05, *Fax (0441) 9240222* – Zim, TV ☎ P. AE E VISA Y z
Menu *(Sonntagabend geschl.)* (wochentags nur Abendessen) à la carte 35/65 – **69 Z** 125/220.

XX **Elsäßer Restaurant,** Edewechter Landstr. 90, ✉ 26131, ✆ (0441) 50 24 17, – P. E über Hauptstraße Y
Montag und Juli - Aug. 2 Wochen geschl. – **Menu** (wochentags nur Abendessen) à la carte 43/62.

X **Le Journal** (Bistro), Wallstr. 13, ✉ 26122, ✆ (0441) 1 31 28, *Fax (0441) 885654* – AE E VISA. Z a
Sonntag geschl. – **Menu** (nur Abendessen, Tischbestellung ratsam) 64/89 und à la carte.

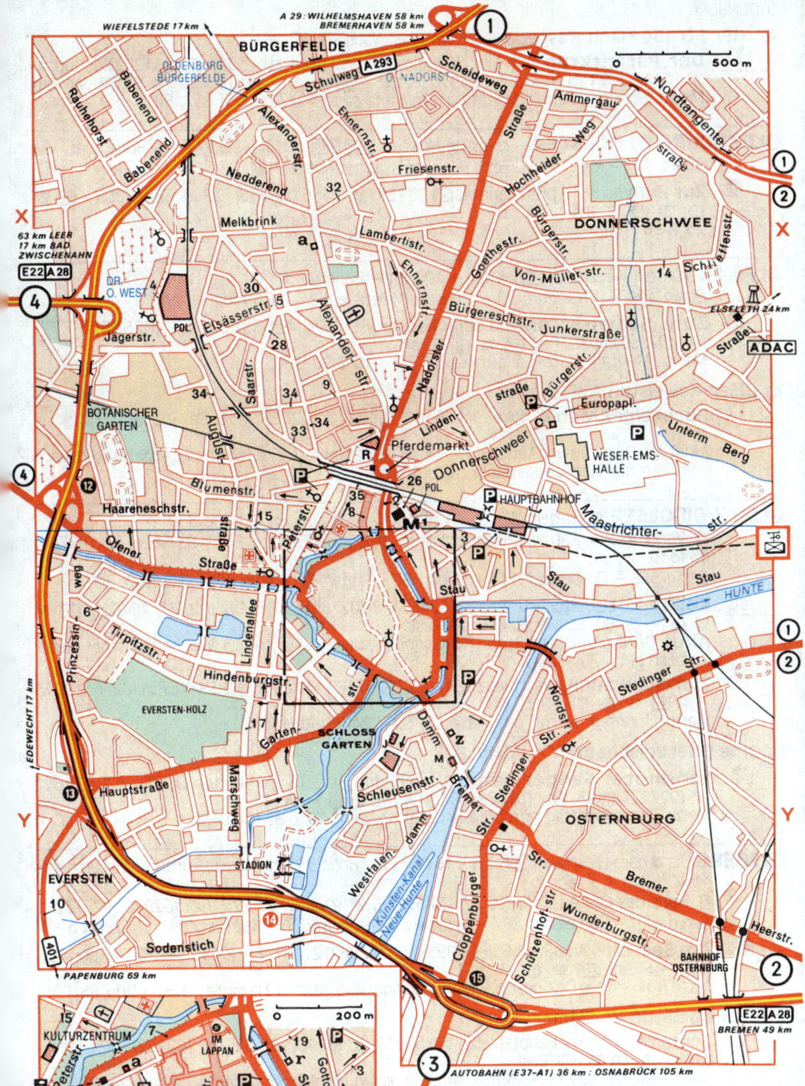

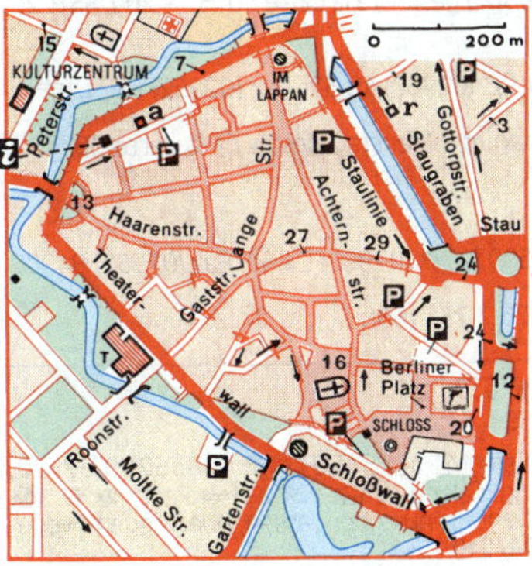

OLDENBURG

Achternstraße . . . . . Z
Am Stadtmuseum . . X 2
Bahnhofstraße . . . . . YZ 3
Friedhofsweg . . . . . . X 4
Friedrich-August-Platz . . . . X 5
Gerberhof . . . . Y 6
Gaststraße . . . . Z
Haarenstraße . . . . . . Z
Heiligengeiststraße . . X 7
Heiligengeistwall . . . Z 8
Humboldtstraße . . . . X 9
Hundsmühler Str. . . . Y 10
Huntestraße . . . . Z 12
Julius-Mosen-Platz . . Z 13
Kasernenstraße . . . X 14
Katharinenstraße . . XZ 15
Lange Straße . . . . . Z
Markt . . . . Z 16
Meinardusstraße . . Y 17
Osterstraße . . . . . . Z 19
Paradewall . . . . Z 20
Poststraße . . . . Z 24
Raiffeisenstraße . . . X 26
Schüttingstraße . . . Z 27
Sedanstraße . . . . . . X 28
Staustraße . . . . Z 29
Wardenburgstraße . . X 30
Widukindstraße . . . X 32
Würzburger Straße . X 33
Ziegelhofstraße . . . X 34
91er Straße . . . . . . X 35

An der Straße nach Rastede *N : 6 km über Nadorster Straße* X *:*

XX **Der Patentkrug** mit Zim, Wilhelmshavener Heerstr. 359, ✉ 26125 Oldenburg, ✆ (0441) 3 94 71, *Fax (0441) 391038*, – TV ☎ P – 100. AE O E VISA. Zim
Menu *(Sonntagabend - Montag geschl.)* à la carte 40/72 – **5 Z** 85/150.

OLDENBURG IN HOLSTEIN *Schleswig-Holstein 415 416 D 16 – 9 800 Ew – Höhe 4 m.*

Berlin 321 – Kiel 55 – Lübeck 66 – Neustadt in Holstein 21.

Zur Eule garni, Hopfenmarkt 1, ✉ 23758, ✆ (04361) 24 85, *Fax (04361) 2008* – TV ☎ P. AE O E VISA
23 Z 98/165.

OLFEN *Nordrhein-Westfalen 417 K 6 – 9 700 Ew – Höhe 40 m.*

Berlin 490 – Düsseldorf 80 – Münster (Westfalen) 37 – Recklinghausen 19.

Zum Steverstrand, Lüdinghauser Str. 31, ✉ 59399, ✆ (02595) 30 77, *Fax (02595) 3070* – TV ☎ P. E.
Menu *(Montag geschl.)* à la carte 34/78 – **10 Z** 90/160.

In Olfen-Kökelsum *NW : 2 km :*

XX **Füchtelner Mühle,** Kökelsum 66, ✉ 59399, ✆ (02595) 4 30, *Fax (02595) 430*, – P
Montag - Dienstag und Mitte Jan. - Anfang März Montag - Freitag geschl. – **Menu** *(Mittwoch - Freitag nur Abendessen)* à la carte 49/80.

OLPE / BIGGESEE *Nordrhein-Westfalen 417 M 7 – 25 000 Ew – Höhe 350 m.*

Verkehrsamt, Rathaus, Franziskanerstr. 6, ✉ 57462, ✆ (02761) 83 12 28, Fax (02761) 831330.

Berlin 559 – Düsseldorf 114 – Siegen 30 – Hagen 62 – Köln 75 – Meschede 63.

Koch's Hotel, Bruchstr. 16, ✉ 57462, ✆ (02761) 51 71, *Fax (02761) 40460* – TV ☎ P – 80. AE O E VISA. Rest
Altes Olpe *(Samstagmittag und Sonntag sowie Juli - Aug. 3 Wochen geschl.)* **Menu** à la carte 45/75 – **26 Z** 118/228.

Zum Schwanen, Westfälische Str. 26, ✉ 57462, ✆ (02761) 9 38 90, *Fax (02761) 2013* – TV ☎ P. AE O E VISA.
Menu *(Sonntag geschl.)* à la carte 33/62 – **24 Z** 130/180.

In Olpe-Oberveischede *NO : 10 km :*

Landhotel Sangermann, Veischeder Str. 13 (nahe der B 55), ✉ 57462, ✆ (02722) 81 65, *Fax (02722) 89100* – TV ☎ P – 40
Menu *(Montagmittag geschl.)* à la carte 33/54 – **16 Z** 85/149.

OLSBERG *Nordrhein-Westfalen 417 L 9 – 16 000 Ew – Höhe 333 m – Kneippkurort – Wintersport : 480/780 m 3 .*

Haus des Gastes, Ruhestr. 32, ✉ 59939, ✆ (02962) 9 73 70, Fax (02962) 973737.

Berlin 479 – Düsseldorf 167 – Arnsberg 36 – Kassel 99 – Marburg 81 – Paderborn 58.

Am See, Carls-Aue-Str. 36, ✉ 59939, ✆ (02962) 27 76, *Fax (02962) 6836*, <, , – , Zim, TV ☎ P.
Mitte Nov. - Mitte Dez. geschl. – **Menu** *(Donnerstag geschl.)* à la carte 30/57 – **20 Z** 85/220.

In Olsberg-Bigge *W : 2 km :*

XX **Schettel** mit Zim, Hauptstr. 52, ✉ 59939, ✆ (02962) 18 32, *Fax (02962) 6721*, – TV ☎ P. AE E. Rest
Juli 3 Wochen geschl. – **Menu** *(Samstagmittag und Dienstag geschl.)* à la carte 36/52 – **11 Z** 70/140.

In Olsberg-Elleringhausen *SO : 5,5 km :*

Haus Keuthen, Elleringhauser Str. 57, ✉ 59939, ✆ (02962) 24 51, *Fax (02962) 84283*, , – TV ☎ P
Menu *(Montag geschl.)* à la carte 31/65 – **25 Z** 75/160.

OLZHEIM *Rheinland-Pfalz 417 P 3 – 380 Ew – Höhe 550 m.*

Berlin 664 – Mainz 204 – Trier 65 – Bonn 89.

Haus Feldmaus , Knaufspescher Str. 14, ✉ 54597, ✆ (06552) 9 92 20, *Fax (06552) 992222*, « Individuelle Einrichtung, Galerie », , – Rest, ☎. E VISA
Menu *(Sonntagabend - Montag geschl.)* (wochentags nur Abendessen, überwiegend vegetarische Gerichte) à la carte 32/50 – **10 Z** 94/210.

OPPENAU *Baden-Württemberg* 419 *U 8 – 5 400 Ew – Höhe 270 m – Luftkurort.*

Verkehrsamt, Allmendplatz 3, ✉ 77728, ☎ (07804) 91 08 30, Fax (07804) 910832.

Berlin 750 – Stuttgart 150 – Karlsruhe 79 – Offenburg 26 – Strasbourg 40 – Freudenstadt 32.

Rebstock, Straßburger Str. 13 (B 28), ✉ 77728, ☎ (07804) 97 80, *Fax (07804) 978200,* , – TV ☎ P

Nov. geschl. – **Menu** *(Dienstag geschl.)* à la carte 22/53 – **16 Z** 55/120 – ½ P 18.

In Oppenau-Kalikutt *W : 5 km über Ramsbach – Höhe 600 m*

Höhenhotel Kalikutt, ✉ 77728, ☎ (07804) 4 50, *Fax (07804) 45222,* < Schwarzwald, , , – TV ☎ P – 25. E

16. - 24. Dez. geschl. – **Menu** à la carte 38/70 – **31 Z** 60/180 – ½ P 28.

In Oppenau-Lierbach *NO : 3,5 km :*

Blume, Rotenbachstr. 1, ✉ 77728, ☎ (07804) 30 04, *Fax (07804) 3017,* , , – TV ☎ P

10. - 31. Jan. geschl. – **Menu** *(Donnerstag geschl.)* à la carte 30/58 – **10 Z** 60/150 – ½ P 24.

In Oppenau-Löcherberg *S : 5 km :*

Erdrichshof, Schwarzwaldstr. 57 (B 28), ✉ 77728, ☎ (07804) 9 79 80, *Fax (07804) 979898,* , « Typischer Schwarzwaldgasthof », , , – TV ☎ P. AE E VISA JCB.

Menu à la carte 38/82 – **13 Z** 82/190 – ½ P 28.

OPPENHEIM *Rheinland-Pfalz* 417 419 *Q 9 – 7 000 Ew – Höhe 100 m.*

Sehenswert : *Katharinenkirche★.*

Tourist-Information, Rathaus, Merianstr. 2, ✉ 55276, ☎ (06133) 7 06 99, Fax (06133) 2450.

Berlin 580 – Mainz 23 – Frankfurt am Main 55 – Bad Kreuznach 41 – Worms 26 – Darmstadt 23.

Oppenheimer Hof, Friedrich-Ebert-Str. 84, ✉ 55276, ☎ (06133) 20 32, *Fax (06133) 4270* – TV ☎ P – 45. AE E VISA

Menu *(Sonntag und 22. Dez. - 7. Jan. geschl.)* à la carte 35/64 – **22 Z** 98/165.

Kurpfalz, Wormser Str. 2, ✉ 55276, ☎ (06133) 9 49 40, *Fax (06133) 949494* – TV ☎ . AE E VISA

Menu *(Dienstag und Feb. geschl.)* à la carte 33/54 – **16 Z** 85/205.

ORANIENBURG *Brandenburg* 416 *H 23 – 29 000 Ew – Höhe 36 m.*

Stolpe, Frohnauer Weg 3 (S : 11 km), ☎ (03303) 54 90.

Berlin 38 – Potsdam 57 – Frankfurt (Oder) 112.

An der Havel M, Albert-Buchmann-Str. 1, ✉ 16515, ☎ (03301) 69 20, *Fax (03301) 692444,* , – , Zim, TV ☎ P – 50. AE E VISA JCB

Menu à la carte 28/53 – **67 Z** 130/160.

Stadthotel M, André-Pican-Str. 23, ✉ 16515, ☎ (03301) 69 00, *Fax (03301) 690999,* , – , Zim, TV ☎ P – 70. AE E VISA. Rest

Menu *(Samstagmittag und Sonntagabend geschl.)* à la carte 34/59 – **59 Z** 120/195.

Ruperti, Waldstr. 14, ✉ 16515, ☎ (03301) 8 59 20, *Fax (03301) 859243,* Biergarten – , Zim, TV ☎ P – 30. E VISA

Menu à la carte 28/57 – **30 Z** 95/150.

ORB, BAD *Hessen* 417 *P 12 – 10 000 Ew – Höhe 170 m – Heilbad.*

Verkehrsbüro, Am Untertorplatz, ✉ 63619, ☎ (06052) 10 16, Fax (06052) 3155.

Berlin 504 – Wiesbaden 99 – Fulda 54 – Frankfurt am Main 55 – Würzburg 80.

Steigenberger, Horststr. 1, ✉ 63619, ☎ (06052) 8 80, *Fax (06052) 88135,* , direkter Zugang zum Leopold-Koch-Bad – , Zim, TV P – 180. AE E VISA JCB. Rest

Menu à la carte 48/65 – **112 Z** 187/381, 8 Suiten – ½ P 48.

Lorösch, Sauerbornstr. 14, ✉ 63619, ☎ (06052) 9 15 50, *Fax (06052) 6549,* , Massage, , – TV . Rest

Anfang Dez. 1 Woche geschl. – **Menu** à la carte 40/60 – **29 Z** 130/320 – ½ P 28.

Madstein, Am Orbgrund 1, ✉ 63619, ☎ (06052) 8 00 10, *Fax (06052) 6213,* , , , – TV ☎ P – 30. Rest

Menu *(Mittwochabend geschl.)* à la carte 41/69 – **35 Z** 100/260 – ½ P 29.

Rheinland, Lindenallee 36, ✉ 63619, ✆ (06052) 9 14 90, *Fax (06052) 914988*, Massage, – 25. AE E VISA. Rest
Mitte Jan. - Mitte Feb. und Mitte Nov. - Mitte Dez. geschl. – (Restaurant nur für Hausgäste) – **35 Z** 85/190 – ½ P 20.

Elisabethpark garni, Rotahornallee 5, ✉ 63619, ✆ (06052) 30 51, *Fax (06052) 6213*, Massage, E
25 Z 105/190.

Fernblick, Sälzerstr. 51, ✉ 63619, ✆ (06052) 10 81, *Fax (06052) 4437*, ≤, Massage, – Zim, – 25. E VISA. Rest
18. Jan. - 22. Feb. geschl. – (Restaurant nur für Hausgäste) – **25 Z** 65/180 – ½ P 18.

ORSINGEN-NENZINGEN *Baden-Württemberg 419 W 10 – 2 400 Ew – Höhe 450 m.*

Berlin 734 – Stuttgart 155 – Konstanz 34 – Freiburg im Breisgau 107 – Ulm (Donau) 117.

Landgasthof Ritter, Stockacher Str. 69 (B 31, Nenzingen), ✉ 78359, ✆ (07771) 21 14, *Fax (07771) 5769*, – – 40. E VISA
Feb. und Nov. jeweils 2 Wochen geschl. – **Menu** *(Dienstag - Mittwochmittag geschl.)* à la carte 29/55 – **22 Z** 65/140.

ORTENBERG *Baden-Württemberg siehe Offenburg.*

OSCHATZ *Sachsen 418 M 23 – 17 000 Ew – Höhe 127 m.*

Berlin 163 – Dresden 68 – Leipzig 58 – Meissen 33 – Chemnitz 64 – Wittenberg 91.

Collm garni, Striesaer Weg 9 (Gewerbegebiet), ✉ 04758, ✆ (03435)) 9 04 30, *Fax (03435) 904370* – – 30. AE E VISA
– **52 Z** 89/138.

OSCHERSLEBEN *Sachsen-Anhalt 418 J 17 – 17 200 Ew – Höhe 85 m.*

Berlin 194 – Magdeburg 36 – Bernburg 48 – Halberstadt 22 – Wolfenbüttel 57.

Motopark M, Anderslebener Str. 72, ✉ 39387, ✆ (03949) 92 09 20, *Fax (03949) 920900*, – Zim, – 180. AE E VISA
Menu à la carte 35/62 – **95 Z** 125/240.

In Oschersleben-Jakobsberg *NW : 4 km :*

Jakobsberger Hof, Jakobsberg 6, ✉ 39387, ✆ (03949) 9 65 32, *Fax (03949) 96533* – Zim, – 30
Menu *(Freitagmittag geschl.)* à la carte 23/47 – **29 Z** 95/160.

OSNABRÜCK *Niedersachsen 415 417 J 8 – 161 000 Ew – Höhe 65 m.*

Sehenswert : *Rathaus (Friedenssaal★) Y R – Marienkirche (Passionsaltar★) Y B.*

Lotte (W : 11 km über ⑤), ✆ (05404) 52 96 ; Ostercappeln, Im Schlingerort 5 (NO : 17 km über ①) ✆ (05476) 2 00.

bei Greven, SW : 34 km über ⑤, die A 30 und A 1, ✆ (02571) 50 30.

Osnabrück Information, Krahnstr. 58, ✉ 49074, ✆ (0541) 3 23 22 02, Fax (0541) 3232709.

ADAC, *Dielinger Str. 40, ✉ 49074, ✆ (0541) 33 52 90, Fax (0541) 22222.*

Berlin 424 ② – Hannover 141 ② – Bielefeld 50 ③ – Bremen 121 ⑥ – Enschede 91 ⑤ – Münster (Westfalen) 57 ⑤

Stadtplan siehe gegenüberliegende Seite

Remarque M, Natruper-Tor-Wall 1, ✉ 49076, ✆ (0541) 6 09 60, *Fax (0541) 6096600*, – Zim, – 300. AE E VISA Y b
Vila Real *(nur Abendessen, Sonntag geschl.)* **Menu** à la carte 62/86 – **156 Z** 185/245, 3 Suiten.

Westerkamp, Bremer Str. 120, ✉ 49084, ✆ (0541) 9 77 70, *Fax (0541) 707621*, – – 70. AE E VISA X a
Menu à la carte 38/63 – **47 Z** 100/225.

Walhalla (Renoviertes Fachwerkhaus a.d. 17. Jh.), Bierstr. 24, ✉ 49074, ✆ (0541) 3 49 10, *Fax (0541) 3491144*, Biergarten, – Zim, – 20. AE E VISA Y n
Menu à la carte 44/66 – **66 Z** 135/240.

Nikolai garni, Kamp 1, ✉ 49074, ✆ (0541) 33 13 00, *Fax (0541) 3313088* – AE E VISA Y a
29 Z 122/200.

OSNABRÜCK

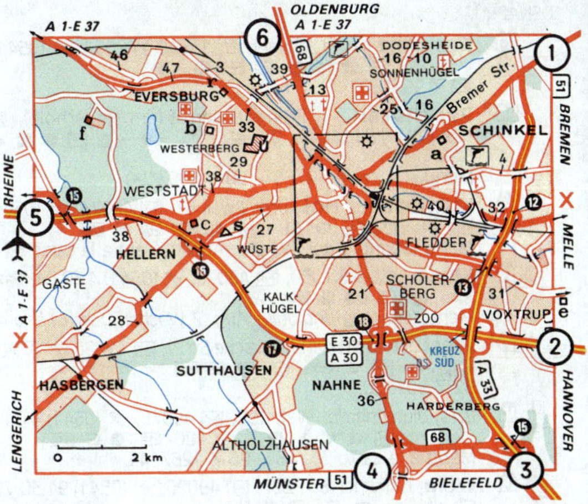

OLDENBURG
A 1-E 37
A 1-E 37
DODESHEIDE
SONNENHÜGEL
Bremer Str.
SCHINKEL
BREMEN
EVERSBURG
WESTERBERG
WESTSTADT
RHEINE
HELLERN
WÜSTE
FLEDDER
MELLE
GASTE
KALK-HÜGEL
SCHÖLER-BERG
ZOO
VOXTRUP
E 30
A 30
KREUZ SÜD
SUTTHAUSEN
NAHNE
HASBERGEN
HARDERBERG
A 33
HANNOVER
LENGERICH
ALTHOLZHAUSEN
0 2 km
MÜNSTER
BIELEFELD

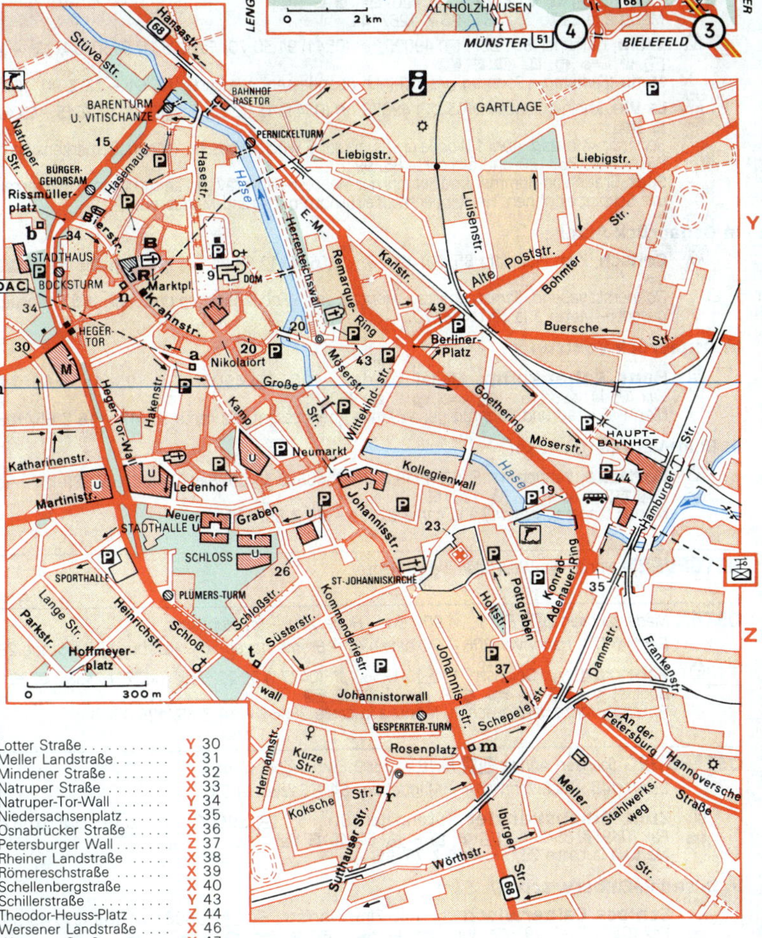

Hansastr.
Stüve-str.
BAHNHOF HASETOR
BARENTURM U. VITISCHANZE
PERNICKELTURM
GARTLAGE
Natruper Str.
BÜRGER-GEHORSAM
Hasemauer
Hasestr.
Hase
Liebigstr.
Liebigstr.
Luisenstr.
Rissmüller-platz
Bierstr.
E.-M.-Remarque-Ring
Herrenteichswall
Karlstr.
Alte Poststr.
Bohmter Str.
STADTHAUS
ADAC
BOCKSTURM
DOM
Marktpl.
Krahnstr.
HEGER-TOR
Nikolaiort
Berliner-Platz
Buersche Str.
Große Str.
Möserstr.
Wittekind-str.
Goethering
Heger-Tor-Wall
Hakenstr.
Kamp
Neumarkt
Möserstr.
HAUPT-BAHNHOF
Katharinenstr.
Kollegienwall
Hase
Hamburger Str.
Martinistr.
Ledenhof
Neuer Graben
STADTHALLE
Johannisstr.
SCHLOSS
SPORTHALLE
ST.-JOHANNISKIRCHE
Konrad-Adenauer-Ring
PLUMERS-TURM
Lange Str.
Parkstr.
Heinrichstr.
Schloßstr.
Süsterstr.
Kommenderiestr.
Holtstr.
Pottgraben
Dammstr.
Frankenstr.
Hoffmeyer-platz
Schloß-wall
Johannistorwall
Johannis-str.
Schepelerstr.
0 300 m
GESPERRTER-TURM
Rosenplatz
An der Petersburg
Hannoversche Straße
Hermannstr.
Kurze Str.
Meller Str.
Stahlwerks-weg
Koksche Str.
Sutthauser Str.
Iburger Str.
Wörthstr.

Residenz garni, Johannisstr. 138, 49074, (0541) 50 52 50, *Fax (0541) 5052555* – . AE E VISA. Z m
22 Z 99/180.

Parkhotel, Edinghausen 1 (am Hegerholz), 49076, (0541) 9 41 40, *Fax (0541) 9414200*, , , , – – 100. AE E VISA JCB X b
Menu à la carte 32/65 – **80 Z** 100/190.

Kulmbacher Hof, Schloßwall 67, 49074, (0541) 3 57 00, *Fax (0541) 357020* – , Zim, – 40. AE E VISA Z t
Menu *(Sonntag geschl.)* (nur Abendessen) à la carte 32/62 – **39 Z** 125/185.

Klute, Lotter Str. 30, 49078, (0541) 4 50 01, *Fax (0541) 45302* – Zim, . AE E VISA. Y h
Menu *(Sonntag und Juli - Aug. 2 Wochen geschl.)* à la carte 31/57 – **20 Z** 99/180.

Westermann garni, Koksche Str. 1, 49080, (0541) 98 11 40, *Fax (0541) 9811466* – . E VISA Z r
52 Z 90/150.

Ibis, Blumenhaller Weg 152, 49078, (0541) 4 04 90, *Fax (0541) 41945*, – , Zim, – 120. AE E VISA X s
Menu à la carte 33/48 – **96 Z** 126/141.

Welp, Natruper Str. 227, 49090, (0541) 91 30 70, *Fax (0541) 9130734*, – . AE E VISA X r
Menu *(Samstag - Sonntag geschl.)* (nur Abendessen) à la carte 37/61 – **23 Z** 90/160.

La Vie, Rheiner Landstr. 163, 49078, (0541) 43 02 20, *Fax (0541) 432615* – AE E VISA X c
Sonntag - Montag, April 1 Woche und Juni - Juli 3 Wochen geschl. – **Menu** (bemerkenswerte Weinkarte) 75/120 und à la carte 83/99
Spez. Gratin von Hummer und Scampi mit Meeresfrüchteravioli. Lammrücken in Blätterteig mit Schnippelbohnen. Heidelbeer-Waffelfüllhorn mit Grand Marniereis.

In Osnabrück-Atter :

Gensch, Zum Flugplatz 85, 49076, (0541) 12 68 81, <, – . AE E VISA. X f
Donnerstagabend, Samstagmittag, Montag, Jan. - Feb. 2 Wochen und Juni - Juli 3 Wochen geschl. – **Menu** à la carte 43/70.

In Osnabrück-Voxtrup :

Haus Rahenkamp, Meller Landstr. 106, 49086, (0541) 38 69 71, *Fax (0541) 388116* – – 250 X e
Menu *(Freitag und Sonntag geschl.)* (nur Abendessen) à la carte 31/47 – **16 Z** 65/105.

In Belm-Vehrte ① *: 12 km :*

Kortlüke, Venner Str. 5, 49191, (05406) 8 35 00, *Fax (05406) 835029*, , – – 120. E
Menu *(Dienstag geschl.)* à la carte 22/54 – **20 Z** 85/130.

OSTBEVERN *Nordrhein-Westfalen siehe Telgte.*

OSTEN *Niedersachsen 415 E 11 – 1 900 Ew – Höhe 2 m – Erholungsort.*

Berlin 377 – Hannover 206 – Cuxhaven 47 – Bremerhaven 56 – Hamburg 85 – Stade 28.

Fährkrug, Deichstr. 1, 21756, (04771) 39 22, *Fax (04771) 2338*, <, , Bootssteg – – 25. AE E VISA
Anfang - Mitte Jan. geschl. – **Menu** à la carte 26/61 – **14 Z** 65/125.

OSTERBURG *Sachsen-Anhalt 416 H 19 – 9 500 Ew – Höhe 36 m.*

Berlin 148 – Schwerin 114 – Magdeburg 84 – Salzwedel 55.

Zum Reichskanzler, Stendaler Str. 5, 39606, (03937) 8 20 82, *Fax (03937) 85489* – – 60. AE E VISA
Menu à la carte 23/36 – **14 Z** 75/95.

In Düsedau-Calberwisch *SO : 5 km :*

Schloss Calberwisch mit Zim, Dorfstr. 6, 39606, (03937) 49 59, *Fax (03937) 84119*, , Wildgehege, – – 30. E
Menu *(Montag geschl.)* à la carte 22/39 – **6 Z** 110/180.

OSTERBURKEN *Baden-Württemberg* 419 *R 12 – 5 000 Ew – Höhe 247 m.*

Ravenstein-Merchingen (SO : 6 km) (06297) 3 99.
Berlin 561 – Stuttgart 91 – Würzburg 66 – Heilbronn 49.

Märchenwald, Boschstr. 14 (NO : 2 km, nahe der B 292), 74706, (06291) 6 42 00, *Fax (06291) 642040*, – Zim, – 30. VISA
Menu *(Sonntagabend - Montagmittag und Samstagmittag geschl.)* à la carte 25/55 – **17 Z** 80/160.

Römerhof, Wannestr.1, 74706, (06291) 99 19, *Fax (06291) 41221*, – Zim, – 25. VISA
Menu *(Mittwoch geschl.)* (Okt. - April Montag - Freitag nur Abendessen) à la carte 25/53 – **15 Z** 75/160.

OSTERFELD *Sachsen-Anhalt* 418 *M 19 – 1 700 Ew – Höhe 220 m.*

Berlin 210 – Magdeburg 125 – Gera 49 – Leipzig 49.

Amadeus M, Pretzscher Str. 20, 06721, (034422) 2 12 72, *Fax (034422) 21284*, – Zim, – 80. AE VISA
Menu à la carte 32/49 – **145 Z** 148/218.

OSTERHOFEN *Bayern* 420 *T 23 – 11 000 Ew – Höhe 320 m.*

Ausflugsziel : *Klosterkirche★ in Osterhofen - Altenmarkt (SW : 1 km).*
Berlin 579 – München 152 – Passau 38 – Deggendorf 27 – Straubing 41.

Pirkl, Altstadt 1, 94486, (09932) 12 76, *Fax (09932) 4900* – . VISA
24. Dez. - 7. Jan. und 7. - 24. Aug. geschl. – **Menu** *(Montag geschl.)* à la carte 24/47 – **19 Z** 50/120.

OSTERHOLZ-SCHARMBECK *Niedersachsen* 415 *G 10 – 29 000 Ew – Höhe 20 m.*

Berlin 409 – Hannover 144 – Bremen 25 – Bremerhaven 45.

Tivoli, Beckstr. 2, 27711, (04791) 80 50, *Fax (04791) 80560* – Zim, – 120. Zim
Menu *(Sonntag geschl.)* (nur Abendessen) à la carte 27/52 – **56 Z** 73/130.

Zum alten Torfkahn mit Zim, Am Deich 9, 27711, (04791) 76 08, *Fax (04791) 59606*, « Fachwerkhaus a.d.18.Jh., Restaurant mit rustikaler Einrichtung » – .
Menu à la carte 48/81 – **11 Z** 95/180.

An der Straße nach Worpswede *SO : 3 km :*

Tietjen's Hütte mit Zim, An der Hamme 1, 27711 Osterholz-Scharmbeck, (04791) 9 22 00, *Fax (04791) 922036*, Bootssteg, « Landhaus mit gemütlich-rustikaler Einrichtung, Gartenterrasse » – . AE VISA
Menu *(Montag geschl.)* à la carte 38/65 – **8 Z** 120/180.

OSTERODE AM HARZ *Niedersachsen* 418 *K 14 – 28 000 Ew – Höhe 230 m.*

Tourist-Information, Dörgestr. 40 (Stadthalle), 37520, (05522) 68 55, Fax (05522) 75491.
Berlin 316 – Hannover 98 – Braunschweig 81 – Göttingen 48 – Goslar 30.

Tiroler Stuben, Scheerenberger Str. 45 (B 498), 37520, (05522) 20 22, *Fax (05522) 920184*, – – 50. AE VISA
Menu *(Sonntagabend und Mittwoch geschl.)* à la carte 23/35 – **12 Z** 75/110.

In Osterode-Lerbach *NO : 5 km – Erholungsort :*

Sauerbrey, Friedrich-Ebert-Str. 129, 37520, (05522) 5 09 30, *Fax (05522) 509350*, – – 25. AE VISA
Menu à la carte 35/65 *(auch vegetarische Gerichte)* – **31 Z** 115/220.

In Osterode-Riefensbeek *NO : 12 km – Erholungsort :*

Landhaus Meyer, Sösetalstr. 23 (B 498), 37520, (05522) 38 37, *Fax (05522) 76060*, – . AE VISA
Nov. - 7. Dez. geschl. – **Menu** à la carte 28/54 – **9 Z** 65/100.

OSTERWEDDINGEN *Sachsen-Anhalt* 418 *J 18 – 1 300 Ew – Höhe 72 m.*

Berlin 165 – Magdeburg 12 – Halberstadt 59.

Schwarzer Adler, Dorfstr. 2, 39171, (039205) 65 20, *Fax (039205) 6528*, « Landhotel in einer ehemaligen Molkerei », – Zim, – 80. AE VISA.
Menu *(Samstag - Sonntag geschl.)* à la carte 26/38 – **17 Z** 110/160.

OSTERWIECK *Sachsen-Anhalt* 418 *K 16 – 5 000 Ew – Höhe 230 m.*
Berlin 235 – Magdeburg 83 – Goslar 32.

Brauner Hirsch, Stephanikirchgasse 1, ✉ 38835, ✆ (039421) 79 50, *Fax (039421) 79599,* – Zim, . **Menu** à la carte 28/50 – **24 Z** 86/152.

OSTFILDERN *Baden-Württemberg* 419 *T 11 – 28 000 Ew – Höhe 420 m.*
Berlin 644 – Stuttgart 19 – Göppingen 39 – Reutlingen 35 – Ulm (Donau) 76.

In Ostfildern-Kemnat :

Am Brunnen garni, Heumadener Str. 19, ✉ 73760, ✆ (0711) 16 77 70, *Fax (0711) 1677799* – . **22 Z** 145/185.

Kemnater Hof, Sillenbucher Str., ✉ 73760, ✆ (0711) 4 51 04 50, *Fax (0711) 4569516,* – – 25. **Menu** *(Sonntagabend - Montagmittag geschl.)* à la carte 49/82 – **28 Z** 120/195.

In Ostfildern-Nellingen :

Filderhotel, In den Anlagen 1, ✉ 73760, ✆ (0711) 3 41 20 91, *Fax (0711) 3412001,* – , Zim, Rest, . Zim **Menu** *(Freitag - Samstag, Jan. 1 Woche und Aug. geschl.)* (wochentags nur Abendessen) à la carte 31/62 – **45 Z** 149/229.

Adler garni, Rinnenbachstr. 4, ✉ 73760, ✆ (0711) 3 41 14 24, *Fax (0711) 3412767* – . *28. Juli - 26. Aug. geschl.* – **25 Z** 105/150.

In Ostfildern-Ruit :

Hirsch Hotel Gehrung, Stuttgarter Str. 7, ✉ 73760, ✆ (0711) 44 20 88, *Fax (0711) 4411824* – – 60. Rest **Menu** *(Sonntag geschl.)* à la carte 40/76 – **54 Z** 118/228.

In Ostfildern-Scharnhausen :

Lamm, Plieninger Str. 3, ✉ 73760, ✆ (07158) 1 70 60, *Fax (07158) 170644,* , – , Zim, – 30. **Menu** *(Samstagmittag und 1. - 6. Jan. geschl.)* à la carte 32/68 – **35 Z** 128/210.

OSTHEIM VOR DER RHÖN *Bayern* 418 420 *O 14 – 3 900 Ew – Höhe 306 m – Erholungsort.*
Tourismusbüro, Kirchstr. 3, ✉ 97645, ✆ (09777) 18 50, Fax (09777) 3245.
Berlin 399 – München 367 – Fulda 52.

Landhotel Thüringer Hof, Kleiner Burgweg 10, ✉ 97645, ✆ (09777) 9 12 10, *Fax (09777) 1700,* , , – Zim, – 40. **Menu** à la carte 29/63 – **58 Z** 75/142 – ½ P 20.

OSTRACH *Baden-Württemberg* 419 *W 12 – 5 200 Ew – Höhe 620 m.*
Berlin 700 – Stuttgart 128 – Konstanz 69 – Ravensburg 33 – Ulm (Donau) 83 – Freiburg im Breisgau 144.

Landhotel zum Hirsch, Hauptstr. 27, ✉ 88356, ✆ (07585) 6 01, *Fax (07585) 3159,* , – . **Menu** *(Freitag geschl.)* à la carte 32/65 – **16 Z** 72/135.

Benutzen Sie für weite Fahrten in Europa die ***Michelin-Länderkarten :***
970 Europa, 976 Tschechische Republik-Slowakische Republik, 980 Griechenland, 984 Deutschland, 985 Skandinavien-Finnland, 986 Großbritannien-Irland, 987 Deutschland-Österreich-Benelux, 988 Italien, 989 Frankreich, 990 Spanien-Portugal, 991 Jugoslawien.

Pour voyager rapidement, utilisez les ***cartes Michelin "Grandes Routes" :***
970 Europe, 976 République Tchèque-République Slovaque, 980 Grèce, 984 Allemagne, 985 Scandinavie-Finlande, 986 Grande-Bretagne-Irlande, 987 Allemagne-Autriche-Benelux, 988 Italie, 989 France, 990 Espagne-Portugal, 991 Yougoslavie.

OTTENHÖFEN IM SCHWARZWALD *Baden-Württemberg* **419** *U 8 – 3 500 Ew – Höhe 311 m – Luftkurort.*

Ausflugsziel : *Allerheiligen : Lage★ - Wasserfälle★ SO : 7 km.*

Kurverwaltung, Allerheiligenstr. 2, ✉ 77883, ☎ (07842) 8 04 40, Fax (07842) 80445.

Berlin 736 – Stuttgart 137 – Karlsruhe 64 – Freudenstadt 35 – Baden-Baden 43.

Pension Breig garni, Zieselmatt 10, ✉ 77883, ☎ (07842) 25 65, Fax *(07842) 3974*, – ☎ P.
9 **Z** 57/126.

OTTERNDORF *Niedersachsen* **415** *E 10 – 6 300 Ew – Höhe 5 m – Erholungsort.*

Tourist-Information, Rathausplatz, ✉ 21762, ☎ (04751) 91 91 31, Fax (04751) 919114.

Berlin 402 – Hannover 217 – Cuxhaven 18 – Bremerhaven 40 – Hamburg 113.

Eibsens's Hotel garni, Marktstr. 33, ✉ 21762, ☎ (04751) 27 73, Fax *(04751) 4179* – ☑ P.
17 **Z** 85/150.

Ratskeller, Rathausplatz 1, ✉ 21762, ☎ (04751) 38 11, Fax *(04751) 3811*, – AE ⓓ E VISA.
Dienstag und Feb. geschl. – **Menu** à la carte 37/77.

OTTOBEUREN *Bayern* **419 420** *W 14 – 8 000 Ew – Höhe 660 m – Kneippkurort.*

Sehenswert : *Klosterkirche★★★ (Vierung★★★, Chor★★, Chorgestühl★★, Chororgel★★).*

Hofgut Boschach (S : 3 km), ☎ (08332) 13 10.

Kurverwaltung und Verkehrsamt, Marktplatz 14, ✉ 87724, ☎ (08332) 92 19 50, Fax (08332) 921992.

Berlin 672 – München 110 – Kempten (Allgäu) 40 – Bregenz 85 – Ulm (Donau) 66.

Gästehaus am Mühlbach garni, Luitpoldstr. 57, ✉ 87724, ☎ (08332) 9 20 50, Fax *(08332) 8595* – ☎. AE E VISA.
Mitte Dez. - Mitte Jan. geschl. – **20 Z** 86/153.

OTTOBRUNN *Bayern siehe München.*

OTTWEILER *Saarland* **417** *R 5 – 10 600 Ew – Höhe 246 m.*

Berlin 703 – Saarbrücken 29 – Kaiserslautern 63 – Trier 80.

Eisel (ehemalige Mühle), Mühlstr. 15a, ✉ 66564, ☎ (06824) 75 77, Fax *(06824) 8214*, – P. AE E VISA
Sonntagabend - Dienstagmittag und Samstagmittag geschl. – **Menu** à la carte 65/89 – ***Mühlenschenke :*** **Menu** à la carte 38/52.

OVERATH *Nordrhein-Westfalen* **417** *N 5 – 24 300 Ew – Höhe 92 m.*

Berlin 583 – Düsseldorf 60 – Bonn 31 – Köln 25.

In Overath-Brombach *NW : 10 km :*

Zur Eiche, Dorfstr. 1, ✉ 51491, ☎ (02207) 75 80, Fax *(02207) 5303*, , – ☎ P
24. Dez.- Mitte Jan. geschl. – **Menu** *(Donnerstag - Freitagmittag geschl.)* à la carte 29/55 – **10 Z** 80/160.

In Overath-Immekeppel *NW : 7 km :*

Sülztaler Hof mit Zim, Lindlarer Str. 83, ✉ 51491, ☎ (02204) 9 75 00, Fax *(02204) 975050*, – ☎. AE VISA. Zim
Juni 3 Wochen geschl. – **Menu** *(Dienstag - Mittwochmittag geschl.)* à la carte 68/95 – **5 Z** 130/250.

In Overath-Klef *NO : 2 km :*

Lüdenbach, Klef 99 (B 55), ✉ 51491, ☎ (02206) 9 53 80, Fax *(02206) 81602*, , , – ☎ P. Zim
Juli 3 Wochen geschl. – **Menu** *(Montag geschl., Dienstag - Freitag nur Abendessen)* à la carte 34/68 – **28 Z** 98/155.

An der Straße nach Much *SO : 8 km :*

Fischermühle mit Zim, ✉ 51491 Overath, ☎ (02206) 35 10, Fax *(02206) 82598*, – ☎ P. E. Zim
Menu *(Dienstag geschl.)* à la carte 38/81 – **7 Z** 80/150.

OY-MITTELBERG *Bayern* 419 420 *X 15 – 4 350 Ew – Höhe 960 m – Luft- und Kneippkurort – Wintersport : 950/1 200 m 2.*

Verkehrsamt, Oy, Wertacher Str. 11, ✉ 87466, ☎ (08366) 2 07, Fax (08366) 1427.
Berlin 710 – München 124 – Kempten (Allgäu) 23 – Füssen 22.

Im Ortsteil Oy :

Löwen, Hauptstr. 12, ✉ 87466, ☎ (08366) 2 12, *Fax (08366) 9116,* Biergarten – TV. AE E VISA
Menu *(Mittwoch geschl.)* à la carte 26/56 – **17 Z** 60/100 – ½ P 15.

Im Ortsteil Mittelberg :

Die Mittelburg , Mittelburgweg 1, ✉ 87466, ☎ (08366) 1 80, *Fax (08366) 1835,* ≤, Massage, , , , , – TV ☎
Ende Okt. - 20. Dez. geschl. – **Menu** à la carte 36/58 – **26 Z** 125/280 – ½ P 30.

Gasthof Rose , Dorfbrunnenstr. 10, ✉ 87466, ☎ (08366) 9 82 00, *Fax (08366) 982010,* – TV ☎
Anfang Nov. - Mitte Dez. geschl. – **Menu** *(Montag - Dienstagmittag geschl.)* à la carte 24/55 – **17 Z** 65/130 – ½ P 18.

OYBIN *Sachsen siehe Zittau.*

OYTEN *Niedersachsen siehe Bremen.*

PADERBORN *Nordrhein-Westfalen* 417 *K 10 – 132 000 Ew – Höhe 119 m.*

Sehenswert : *Dom★* Z **A** – *Diözesanmuseum (Imadmadonna★)* Z **M1**.

18 9 *Paderborn-Sennelager (über ⑥), ☎ (05252) 33 74.*

bei Büren-Ahden, SW : 20 km über ⑤, ☎ (02955) 7 70.

Verkehrsverein, Marienplatz 2a, ✉ 33098, ☎ (05251) 88 29 80, Fax (05251) 882990.
ADAC, *Kamp 9, ✉ 33098, ☎ (05251) 2 77 76, Fax (05251) 281708.*
Berlin 429 ⑥ – Düsseldorf 167 ⑤ – Bielefeld 47 ⑥ – Dortmund 101 ⑤ – Hannover 143 ⑥ – Kassel 92 ④

Stadtplan siehe gegenüberliegende Seite

Arosa, Westernmauer 38, ✉ 33098, ☎ (05251) 12 80, *Fax (05251) 128806,* , – , Zim, TV ☎ – 140. AE E VISA. Rest Z s
Menu à la carte 43/67 – **112 Z** 187/320.

Gerold M, Dr.-Rörig-Damm 170, ✉ 33100, ☎ (05251) 1 44 50, *Fax (05251) 144544,* , – TV ☎ . AE E VISA. über Nordstraße Y
Menu *(Dienstagmittag geschl.)* à la carte 27/53 – **40 Z** 105/160.

Ibis, Paderwall 3, ✉ 33102, ☎ (05251) 12 45, *Fax (05251) 124888* – , Zim, TV ☎ – 60. AE E VISA Y u
Menu à la carte 26/48 – **90 Z** 135/150.

Balthasar, An der alten Synagoge 1, ✉ 33098, ☎ (05251) 2 44 48, *Fax (05251) 24458*
Montag geschl. – **Menu** (wochentags nur Abendessen) à la carte 74/90 Z a
Spez. Gänseleberparfait mit mariniertem Rotkraut. Hirschkalbsrücken in schwarzer Pfeffersauce. Quarksoufflé mit Himbeersauce.

Zu den Fischteichen, Dubelohstr. 92, ✉ 33102, ☎ (05251) 3 32 36, *Fax (05251) 37366,* , « Schöne Lage am Teich » – – 80. AE E VISA
Donnerstag geschl. – **Menu** à la carte 37/65. über Fürstenweg Y

In Paderborn-Elsen *⑥ : 4,5 km :*

Kaiserpfalz, von-Ketteler-Str. 20, ✉ 33106, ☎ (05254) 9 79 00, *Fax (05254) 979070,* – TV ☎ . AE E VISA. Zim
Weihnachten - Neujahr geschl. – **Menu** *(Samstag und Juli - Aug. 3 Wochen geschl.)* (nur Abendessen) à la carte 36/51 – **26 Z** 98/150.

Zur Heide, Sander Str. 37, ✉ 33106, ☎ (05254) 9 56 50, *Fax (05254) 9565950* – TV ☎ – 50. AE E VISA. Rest
Menu (wochentags nur Abendessen) à la carte 34/55 – **22 Z** 95/140.

In Paderborn-Schloß Neuhaus *⑥ SW : 2,5 km :*

Altes Zollhaus, Schloßstr. 33, ✉ 33104, ☎ (05254) 8 52 88, *Fax (05254) 942315,* – . E
Samstagmittag, Sonntag und Juni - Juli 3 Wochen geschl. – **Menu** 45/85 und à la carte 55/75.

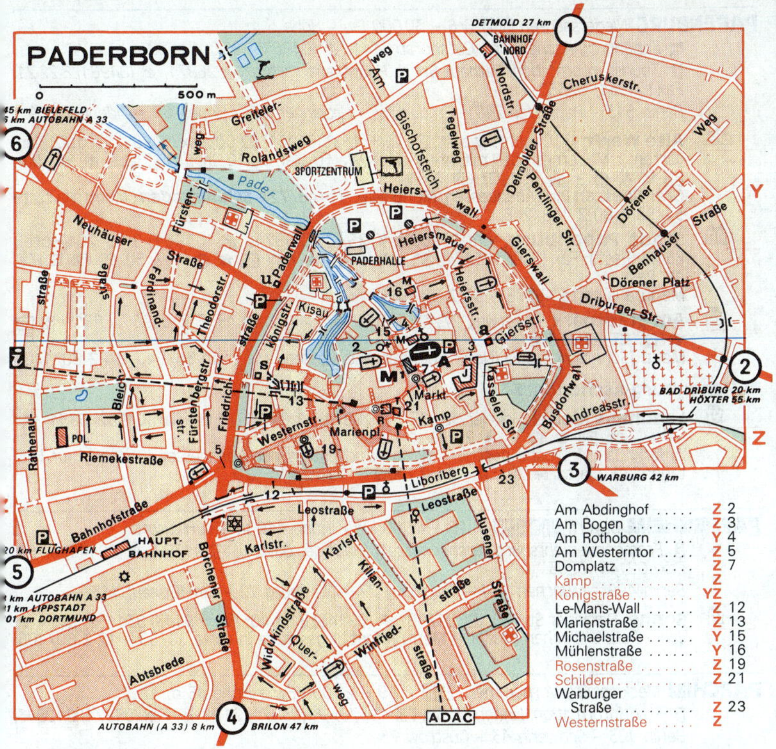

Am Abdinghof	Z	2
Am Bogen	Z	3
Am Rothoborn	Y	4
Am Westerntor	Z	5
Domplatz	Z	7
Kamp	Z	
Königstraße	YZ	
Le-Mans-Wall	Z	12
Marienstraße	Z	13
Michaelstraße	Y	15
Mühlenstraße	Y	16
Rosenstraße	Z	19
Schildern	Z	21
Warburger Straße	Z	23
Westernstraße	Z	

In Borchen-Nordborchen ④ : 6 km :

Pfeffermühle, Paderborner Str. 66, ✉ 33178, ☎ (05251) 3 94 97, *Fax (05251) 399130* – ... *Weihnachten - Anfang Jan. geschl.* – **Menu** *(Montagmittag sowie Sonn- und Feiertage geschl.)* à la carte 31/52 – **41 Z** 95/160.

PÄWESIN *Brandenburg* 416 *I 22 – 680 Ew – Höhe 31 m.*

Berlin 61 – Potsdam 38 – Brandenburg 19.

In Päwesin-Bollmannsruh *W : 3 km :*

Bollmannsruh am Beetzsee M, Bollmannsruh Nr. 10, ✉ 14778, ☎ (033838) 47 90, *Fax (033838) 479100*, , Biergarten, , , – , Zim, – 120. *20. Dez. - 4. Jan. geschl.* – **Menu** *(Sonntagabend geschl.)* à la carte 35/56 – **79 Z** 130/299.

PALLING *Bayern* 420 *V 21 – 3 100 Ew – Höhe 531 m.*

Berlin 666 – München 92 – Bad Reichenhall 49 – Rosenheim 64.

Michlwirt, Steinerstr. 3, ✉ 83349, ☎ (08629) 3 84, *Fax (08629) 1585* – , Zim, *Sept. 3 Wochen geschl.* – **Menu** *(Sonntag geschl.)* à la carte 23/46 – **36 Z** 50/100.

PAMPOW *Mecklenburg-Vorpommern siehe Schwerin.*

PANKER *Schleswig-Holstein siehe Lütjenburg.*

Les cartes Michelin sont constamment tenues à jour.

PAPENBURG *Niedersachsen* **415** *G 6 – 30 000 Ew – Höhe 5 m.*

Papenburg-Aschendorf, Gutshofstr. 141, (04961) 9 98 00.

Tourist-Information, Rathaus Str. 2, Hauptkanal rechts, 26871, (04961) 8 22 21, Fax (04961) 82330.

Berlin 513 – Hannover 240 – Emden 47 – Groningen 67 – Lingen 68 – Oldenburg 69.

Alte Werft M, Ölmühlenweg 1, 26871, (04961) 92 00, *Fax (04961) 920100*, Biergarten, « Modernes Hotel mit integrierten Werfthallen a.d 19. Jh. », – Zim, – 550. AE E VISA
Graf Goetzen *(nur Abendessen)* **Menu** à la carte 48/72 – ***Schnürboden :*** **Menu** à la carte 34/53 – **80 Z** 138/246.

Stadt Papenburg, Am Stadtpark 25, 26871, (04961) 9 18 20 (Hotel) 63 45 (Rest.), *Fax (04961) 3471*, – Zim, – 50. AE E VISA. Rest
Menu à la carte 48/75 – **50 Z** 98/165.

Am Stadtpark, Deverweg 27, 26871, (04961) 41 45, *Fax (04961) 6881* – . AE E VISA
Menu *(Sonntag geschl.)* (Nov.- April nur Abendessen) à la carte 36/64 – **34 Z** 80/140.

In Papenburg-Aschendorf *SW : 5 Km :*

Landhaus Riedel, Bokeler Str. 75, 26871, (04962) 3 09, *Fax (04962) 6831*, – Zim, – 20. E. Rest
Anfang Jan. 1 Woche geschl. – **Menu** (wochentags nur Abendessen, Sonntag nur Mittagessen) à la carte 26/50 – **11 Z** 68/98.

PAPPENHEIM *Bayern* **419** **420** *T 16 – 4 500 Ew – Höhe 410 m – Luftkurort.*

Fremdenverkehrsbüro, Kirchengasse 1 (Haus des Gastes), 91788, (09143) 62 66, Fax (09143) 6203.

Berlin 499 – München 134 – Augsburg 77 – Nürnberg 72 – Ulm (Donau) 113.

Sonne, Deisinger Str. 20, 91788, (09143) 8 31 40, *Fax (09143) 831450*, –
Jan. - Feb. 3 Wochen geschl. – **Menu** *(Montag geschl.)* à la carte 30/50 – **12 Z** 60/105.

PARCHIM *Mecklenburg-Vorpommern* **416** *F 19 – 22 000 Ew – Höhe 46 m.*

Stadtinformation, Lindenstr. 38, 19370, (03871) 21 28 43, Fax (03871) 212843.

Berlin 163 – Schwerin 43 – Güstrow 75.

Wartenbergs Hotel, Bahnhofsstr. 1, 19370, (03871) 72 80, *Fax (03871) 728428*, – Zim, . E VISA
Menu à la carte 23/42 – **55 Z** 92/150.

Stadtkrug, Apothekenstr. 12, 19370, (03871) 6 23 00 (Hotel) 22 63 21 (Rest.), *Fax (03871) 264446*, – Zim, . E VISA. Rest
Menu à la carte 21/40 – **25 Z** 88/140.

Stadt Hamburg, Lange Str. 87, 19370, (03871) 6 20 40, *Fax (03871) 620413* – . AE E VISA. Rest
Menu à la carte 22/37 – **16 Z** 88/135.

Gambrinus mit Zim, Bauhofstr. 13, 19370, (03871) 21 25 80, *Fax (03871) 212580*, Biergarten – . E. Zim
Menu à la carte 29/61 – **9 Z** 98/135.

In Slate *S : 3 km :*

Zum Fährhaus, Fähre 2, 19370, (03871) 6 26 10, *Fax (03871) 444144*, Bootssteg – – 70. E VISA.
Menu à la carte 28/42 – **15 Z** 90/150.

In Spornitz *SW : 9 km :*

Landhotel Spornitz, Am Alten Dütschower Weg 1 (B 191), 19372, (038726) 8 80, *Fax (038726) 88490*, – Zim, Rest, – 65. AE E VISA
Menu à la carte 32/60 – **70 Z** 135/165.

PARSBERG *Bayern* **419** **420** *S 19 – 5 800 Ew – Höhe 550 m.*

Berlin 477 – München 137 – Regensburg 47 – Ingolstadt 63 – Nürnberg 64.

Zum Hirschen, Dr.-Schrettenbrunner-Str. 1, 92331, (09492) 60 60, *Fax (09492) 606222*, – – 50. E VISA
23. - 27. Dez. geschl. – **Menu** *(Sonntagabend geschl.)* à la carte 27/60 – **40 Z** 94/180.

PASEWALK *Mecklenburg-Vorpommern* 416 *F 25 – 14 000 Ew – Höhe 12 m.*

Stadtinformation, Am Markt 2, ✉ 17309, ☎ (03973) 21 39 95.

Berlin 134 – Schwerin 208 – Neubrandenburg 59 – Szczecin 40.

Pasewalk M, Dargitzer Str. 26, ✉ 17309, ☎ (03973) 22 20, Fax (03973) 222200, – – 50. AE E VISA
Menu à la carte 25/78 – **73 Z** 105/160.

Villa Knobelsdorff, Ringstr. 13, ✉ 17309, ☎ (03973) 2 09 10, *Fax (03973) 209110* – – 25. AE E VISA
Menu à la carte 30/48 – **18 Z** 85/140.

In Krugsdorf *O : 6,5 km :*

Schloßpark Hotel garni, Zerrenthiner Str. 3, ✉ 17309, ☎ (039743) 5 02 85, *Fax (039743) 50237*, – – 70. E
40 Z 80/150.

Schloßhotel, Zerrenthiner Str. 2, ✉ 17309, ☎ (039743) 5 03 41, *Fax (039743) 50254*, – . AE E
Menu à la carte 28/40 – **12 Z** 70/150.

Verwechseln Sie nicht X und ✿ :

X kennzeichnet den Komfort des Restaurants,
✿ kennzeichnet die überdurchschnittliche Qualität der Küche.

PASSAU *Bayern* 420 *U 24 – 50 000 Ew – Höhe 290 m.*

Sehenswert : *Lage★★ am Zusammenfluß von Inn, Donau und Ilz (Dreiflußeck★)* B *– Dom (Apsis★★)* B *– Glasmuseum★★* B **M2.**

Ausflugsziele : *Veste Oberhaus (B) ≤★★ auf die Stadt – Bayerische Ostmarkstraße ★ (bis Weiden in der Oberpfalz).*

18 Thyrnau-Raßbach (NO : 9 km über ②), ☎ (08501) 9 13 13.

Passau Tourismus, Rathausplatz 3, ✉ 94032, ☎ (0851) 95 59 80, Fax (0851) 57298.

ADAC, *Brunngasse 5, ✉ 94032, ☎ (0851) 3 04 01, Fax (0851) 37317.*

Berlin 607 ⑦ – München 192 ⑦ – Landshut 119 ⑤ – Linz 110 ④ – Regensburg 118 ⑦ – Salzburg 142 ⑤

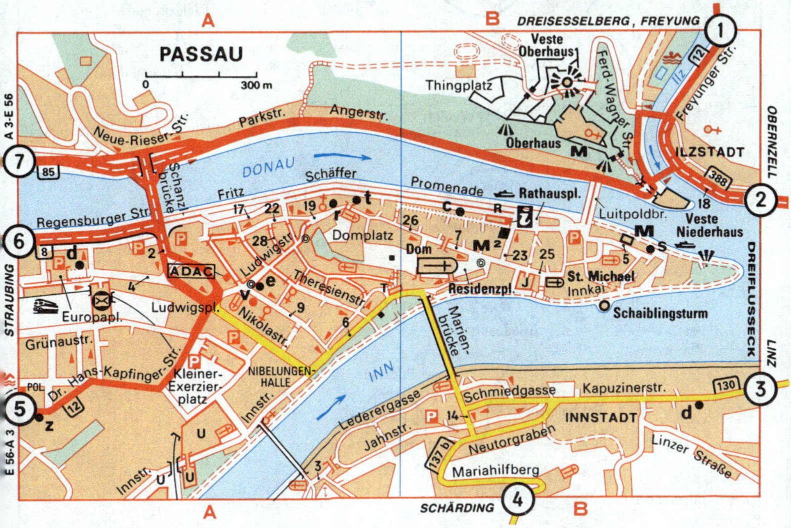

*enutzenSie immer die neuesten Ausgaben der **Michelin-Straßenkarten** und - **Reiseführer**.*

Holiday Inn, Bahnhofstr. 24, ✉ 94032, ☎ (0851) 5 90 00, *Fax (0851) 5900529*, ≤, – Zim, – 250. AE VISA JCB. Rest A d
Menu à la carte 40/59 – **129 Z** 185/330.

König garni, Untere Donaulände 1, ✉ 94032, ☎ (0851) 38 50, *Fax (0851) 385460*, ≤, – 25. AE VISA A t
41 Z 95/200.

Residenz garni, Fritz-Schäffer-Promenade, ✉ 94032, ☎ (0851) 3 50 05, *Fax (0851) 35008*, ≤ – . AE VISA JCB B c
Dez.- Feb. geschl. – **50 Z** 105/225.

Passauer Wolf, Rindermarkt 6, ✉ 94032, ☎ (0851) 9 31 51 10, *Fax (0851) 9315150*, ≤ – – 30. AE VISA JCB A r
Menu *(Samstagmittag und Sonntag geschl.)* à la carte 43/66 – **35 Z** 125/240.

Wilder Mann, Rathausplatz, ✉ 94032, ☎ (0851) 3 50 71 (Hotel), 3 50 75 (Rest.), *Fax (0851) 31712*, « Restauriertes Patrizierhaus, Glasmuseum » – . AE VISA JCB BM2
Menu 42/124 und à la carte – **49 Z** 77/194.

Weisser Hase, Ludwigstr. 23, ✉ 94032, ☎ (0851) 9 21 10, *Fax (0851) 9211100*, – Zim, – 120. AE VISA JCB A e
6. - 31. Jan. geschl. – **Menu** à la carte 29/59 – **108 Z** 115/250.

Am Fernsehturm, Neuburgerstr. 79 (B 388/12), ✉ 94036, ☎ (0851) 9 51 80, *Fax (0851) 9518100*, , Biergarten, – Zim, – 60. AE VISA JCB über ⑤
Menu (nur Abendessen) à la carte 26/43 – **64 Z** 110/200.

Altstadt-Hotel (mit Gästehaus), Bräugasse 23 (am Dreiflußeck), ✉ 94032, ☎ (0851) 33 70, *Fax (0851) 337100*, ≤, – – 65. AE VISA B s
Menu à la carte 32/66 – **56 Z** 75/224.

Tourist Hotel, Kapuziner Str. 32, ✉ 94032, ☎ (0851) 38 64 01, *Fax (0851) 386404*, – Zim, . AE VISA JCB. Rest B d
Menu *(Nov. - März Sonntag geschl.)* à la carte 28/92 – **140 Z** 94/160.

Spitzberg garni, Neuburger Str. 29 (B 12/388), ✉ 94032, ☎ (0851) 95 54 80, *Fax (0851) 9554848*, – . AE VISA A z
29 Z 85/170.

Heilig-Geist-Stift-Schenke, Heiliggeistgasse 4, ✉ 94032, ☎ (0851) 26 07, *Fax (0851) 35387*, « Gaststätte a.d.J. 1358, Stiftskeller, Wachauer Garten » AE VISA
Mittwoch und 7. - 31. Jan. geschl. – **Menu** à la carte 27/55. A v

In Passau-Haidenhof ⑤ *: 3 km :*

Dreiflüssehof, Danziger Str. 42, ✉ 94036, ☎ (0851) 7 20 40, *Fax (0851) 72478*, – Zim, – 20. AE VISA JCB
Menu *(Sonntag - Montagmittag geschl.)* à la carte 26/52 – **67 Z** 85/150.

In Passau-Kastenreuth ① *: 4 km :*

Burgwald (mit Gästehaus), Salzweger Str. 9, ✉ 94034, ☎ (0851) 94 16 90, *Fax (0851) 9416969*, Biergarten, – Zim, . AE VISA. Zim
Menu à la carte 24/46 – **38 Z** 65/110.

In Passau-Kohlbruck ⑤ *: 3 km :*

Albrecht garni, Kohlbruck 18 (B 388/12), ✉ 94036, ☎ (0851) 95 99 60, *Fax (0851) 9599640* – . AE VISA.
40 Z 80/130.

PATTENSEN *Niedersachsen* 416 417 418 *J 13 – 14 000 Ew – Höhe 75 m.*

Berlin 290 – Hannover 12 – Hameln 36 – Hildesheim 23.

Leine-Hotel, Schöneberger Str. 43, ✉ 30982, ☎ (05101) 91 80, *Fax (05101) 13367*, – Zim, – 60. AE VISA JCB
Menu (wochentags nur Abendessen) à la carte 42/62 – **80 Z** 139/420.

Zur Linde, Göttinger Str. 14, ✉ 30982, ☎ (05101) 9 98 70, *Fax (05101) 998711*, – – 100. AE VISA
Menu à la carte 35/66 – **40 Z**

PEGNITZ *Bayern* 420 *Q 18 – 14800 Ew – Höhe 424 m – Erholungsort.*

Städt. Verkehrsamt, Hauptstr. 37, 91257, (09241) 72311, Fax (09241) 72355.

Berlin 381 – München 206 – Nürnberg 61 – Bayreuth 27 – Bamberg 67 – Weiden in der Oberpfalz 55.

Pflaums Posthotel, Nürnberger Str. 14, 91257, (09241) 7250, *Fax (09241) 80404*, « Einrichtung im Designer-Stil, Fränkische Bauernzimmer », – Zim, – 80. Rest
Menu (Tischbestellung ratsam) 125/165 – ***Posthalter-Stube :*** Menu 59 – **50 Z** 228/511, 25 Suiten.

Ratsstube, Hauptstr. 43, 91257, (09241) 2279, *Fax (09241) 8941* – .
Menu *(Sonntagabend geschl.)* à la carte 28/59 – **14 Z** 68/140 – ½ P 20.

In Pegnitz-Hollenberg *NW : 6 km :*

Landgasthof Schatz, Hollenberg 1, 91257, (09241) 2149, *Fax (09241) 5074*, , – . Zim
Mitte - Ende Nov. und Jan. 2 Wochen geschl. – **Menu** *(Montag geschl.)* à la carte 21/29 – **16 Z** 65/120 – ½ P 18.

PEINE *Niedersachsen* 416 418 *J 14 – 49500 Ew – Höhe 67 m.*

Edemissen, Dahlkampsweg (N : 6 km), (05176) 90112.

Verkehrsverein, Bahnhofspl. 1 (im Bahnhof), 31224, (05171) 48200, Fax (05171) 48201.

Berlin 249 – Hannover 45 – Braunschweig 28 – Hildesheim 32.

Quality Hotel, Ammerweg 1 (nahe BAB-Abfahrt Peine), 31228, (05171) 9959, *Fax (05171) 995288*, – , Zim, – 50.
Menu à la carte 29/52 – **98 Z** 150/210.

Madz garni, Schwarzer Weg 70, 31224, (05171) 9960, *Fax (05171) 99666* – .
63 Z 97/143.

Am Herzberg, Am Herzberg 18, 31224, (05171) 6990, *Fax (05171) 48448*, – Zim, .
(nur Abendessen für Hausgäste) – **23 Z** 95/150.

In Peine-Essinghausen *NO : 2 km :*

Am Steinkamp, August-Bebel-Str. 7, 31224, (05171) 76680, *Fax (05171) 766810* – .
Menu *(Sonntag geschl.)* (nur Abendessen) à la carte 28/51 – **12 Z** 95/130.

In Peine-Stederdorf *N : 3 km :*

Schönau, Peiner Str. 17 (B 444), 31228, (05171) 9980, *Fax (05171) 998166* – – 200.
Ende Dez. - Anfang Jan. geschl. – **Menu** *(Sonntagabend und Samstag geschl.)* à la carte 38/60 – **41 Z** 120/280.

In Wendeburg-Rüper *NO : 9 km :*

Zum Jägerheim, Meerdorfer Str. 40, 38176, (05303) 2026, *Fax (05303) 2056*, , – , Zim, – 100. . Zim
Ende Dez. - Mitte Jan. geschl. – **Menu** *(Montag geschl.)* à la carte 29/56 – **38 Z** 85/150.

PEISSEN *Sachsen-Anhalt siehe Halle.*

PEITING *Bayern* 419 420 *W 16 – 11000 Ew – Höhe 718 m – Erholungsort.*

Verkehrsverein, Ammergauer Str. 2, 86971, (08861) 6535, Fax (08861) 59140.

Berlin 626 – München 87 – Garmisch-Partenkirchen 50 – Kempten (Allgäu) 58 – Landsberg am Lech 30 – Füssen 33.

Alpenhotel Pfaffenwinkel, Hauptplatz 10, 86971, (08861) 25260, *Fax (08861) 252627* – .
(nur Abendessen für Hausgäste) – **15 Z** 80/150 – ½ P 18.

Dragoner, Ammergauer Str. 11 (B 23), 86971, (08861) 25070, *Fax (08861) 2507280*, , – – 30.
Menu à la carte 24/45 – **51 Z** 72/150 – ½ P 20.

PELLWORM (Insel) *Schleswig Holstein* 415 *C 9 – 1 150 Ew – Höhe 1 m Insel der Nordfriesischen Inselgruppe – Seebad.*

von Nordstrand-Strucklahnungshoern (ca. 40 min). Für PKW Voranmeldung bei Neuer Pellwormer Dampfschiffahrtsgesellschaft ✉ 25849 Pellworm, ☎ (04844)7 53, Fax (04844) 354. – ℹ Kurverwaltung, Uthlandestr. 2, ✉ 25849, ☎ (04844) 1 89 40, Fax (04844) 18944..

Berlin 449 – Kiel 111 – Sylt 55 – Husum 23 – Schleswig 61.

Friesenhaus, Kaydeich 17, ✉ 25849, ☎ (04844) 90 40 (Hotel), 14 00 (Rest.), Fax (04844) 90441, –
Achtern Diek – 26 Z.

Kiek ut na't Schlut garni, Hooger Fähre 6, ✉ 25849, ☎ (04844) 90 90, Fax (04844) 90940, – – **23 Z** 80/134.

PENTLING *Bayern siehe Regensburg.*

PENZBERG *Bayern* 419 420 *W 18 – 14 000 Ew – Höhe 596 m.*

Berlin 640 – München 53 – Garmisch-Partenkirchen 43 – Bad Tölz 19 – Weilheim 25.

Stadthotel Berggeist M, Bahnhofstr. 47, ✉ 82377, ☎ (08856) 80 10 (Hotel), 78 99 (Rest.), Fax (08856) 81913, – – 40. AE E VISA
Menu à la carte 25/52 – **45 Z** 125/180.

PERL *Saarland* 417 *R 3 – 6 500 Ew – Höhe 254 m.*

Ausflugsziel : *Nennig : Römische Villa (Mosaikfußboden ★★) N : 9 km.*

Berlin 767 – Saarbrücken 68 – Trier 45 – Luxembourg 32 – Saarlouis 47.

Hammes, Hubertus-von-Nell-Str. 15, ✉ 66706, ☎ (06867) 9 10 30, *Fax (06867) 910333* – Zim, . AE E VISA
Menu *(Mittwoch geschl.)* à la carte 33/58 – **14 Z** 70/115.

Winandy, Biringerstr. 2, ✉ 66706, ☎ (06867) 3 64, *Fax (06867) 1501,* – . AE E VISA
Feb. geschl. – **Menu** *(Montag geschl.)* à la carte 23/41 – **10 Z** 50/100.

In Perl-Nennig *N : 9 km :*

Schloß Berg, Schloßhof 7, ✉ 66706, ☎ (06866) 7 90, *Fax (06866) 79100,* ≤, , « Restauriertes Wasserschloß a.d. 12. Jh. mit modern-eleganter Einrichtung » – – 50. AE E VISA
Menu *(Montag - Dienstag und Jan. 3 Wochen geschl.)* à la carte 82/111 – ***Scheune*** **: Menu** à la carte 31/57 – **17 Z** 195/370
Spez. Gefüllte Steinbuttschnitte mit Langustinen. Crêpinette vom Milchkalbsfilet mit Gänseleberravioli. Passionsfruchttarte mit exotischem Früchtesorbet.

PETERSAURACH *Bayern siehe Neuendettelsau.*

PETERSHAGEN *Nordrhein-Westfalen* 415 *I 10 – 26 000 Ew – Höhe 45 m.*

Berlin 355 – Düsseldorf 230 – Bielefeld 67 – Bremen 90 – Hannover 82 – Osnabrück 78.

Romantik Hotel Schloß Petershagen, Schloß, ✉ 32469, ☎ (05707) 9 31 30, *Fax (05707) 2373,* ≤, , « Fürstbischöfliche Residenz a.d. 14. Jh. ; stilvolle Einrichtung », (geheizt), , – – 80. AE E VISA
Ende Jan. - Anfang Feb. geschl. – **Menu** *(Dienstag - Mittwochmittag geschl.)* à la carte 42/66 *(auch vegetarische Gerichte)* – **12 Z** 140/250.

In Petershagen-Heisterholz *S : 2 km :*

Waldhotel Morhoff, Forststr. 1, ✉ 32469, ☎ (05707) 9 30 30, *Fax (05707) 2207,* , , – Zim, – 200. E
Menu *(Montagmittag geschl.)* à la carte 31/53 – **24 Z** 85/150.

PETERSHAGEN *Brandenburg* 416 418 *I 25 – 5 500 Ew – Höhe 50 m.*

Berlin 28 – Potsdam 59 – Eberswalde 44 – Frankfurt (Oder) 81.

In Petershagen-Eggersdorf *N : 2 km :*

Landhaus Villago M, Altlandsberger Chaussee 88, ✉ 15345, ☎ (03341) 46 90, *Fax (03341) 469469,* , , , , – – 70. AE E VISA
Menu à la carte 38/52 – **61 Z** 158/198.

Landgasthof zum Mühlenteich M, Karl-Marx-Str. 32, ✉ 15345, ☎ (03341) 4 26 60, *Fax (03341) 426666,* Biergarten – – 160. AE E VISA
Menu à la carte 32/59 – **21 Z** 110/280.

PETERSTAL-GRIESBACH, BAD *Baden-Württemberg 419 U 8 – 3 400 Ew – Höhe 400 m – Heilbad – Kneippkurort – Wintersport : 700/800 m 1.*

Kurverwaltung, Bad Peterstal, Schwarzwaldstr. 11, 77740, (07806) 79 33, Fax (07806) 7950.

Berlin 737 – Stuttgart 115 – Karlsruhe 88 – Offenburg 34 – Strasbourg 48 – Freudenstadt 24.

Im Ortsteil Bad Peterstal :

Schauinsland, Forsthausstr. 21, 77740, (07806) 9 87 80, *Fax (07806) 1532*, Bad Peterstal, – Rest
20. Nov. - 15. Dez. geschl. – (Restaurant nur für Hausgäste) – **25 Z** 82/196 – ½ P 25.

Hubertus garni, Insel 3, 77740, (07806) 5 95, *Fax (07806) 409*, –
Nov. - Anfang Dez. geschl. – **17 Z** 45/115.

Schützen, Renchtalstr. 21 (B 28), 77740, (07806) 2 41, *Fax (07806) 1512*,
10. Jan. - 15. Feb. geschl. – **Menu** *(Donnerstag geschl.)* à la carte 27/51 – **12 Z** 54/120 – ½ P 20.

Im Ortsteil Bad Griesbach :

Kur- und Sporthotel Dollenberg, Dollenberg 3, 77740, (07806) 7 80, *Fax (07806) 1272*, , Massage, – – 30
Menu (Tischbestellung erforderlich) à la carte 40/84 – **63 Z** 109/262, 3 Suiten – ½ P 29
Spez. Wachtelkotelette mit Gänseleber im Kartoffelmantel. Wolfsbarsch mit Salzkruste und Champagnersauce (2 Pers.). Rehmedaillon mit Pfifferlingkruste und Preiselbeersabayon.

Adlerbad (mit Gästehaus), Kniebisstr. 55, 77740, (07806) 10 71, *Fax (07806) 8421*, , Massage, – . E VISA. Rest
20. Nov. - 15. Dez. geschl. – **Menu** *(Mittwoch geschl.)* à la carte 34/65 – **30 Z** 80/176 – ½ P 27.

Döttelbacher Mühle, Kniebisstr. 8, 77740, (07806) 10 37, *Fax (07806) 1319*, – . E VISA
Mitte Nov. - Mitte Dez. geschl. – **Menu** *(Dienstag geschl.)* à la carte 32/60 – **12 Z** 70/140 – ½ P 20.

Café Kimmig, Kniebisstr. 57, 77740, (07806) 10 55, *Fax (07806) 1059* – . AE E VISA
Mitte - Ende Jan. geschl. – **Menu** *(Donnerstag geschl.)* à la carte 31/62 – **12 Z** 68/126 – ½ P 22.

Außerhalb *SO : 5 km über die Straße nach Wolfach :*

Waldhotel Palmspring, Palmspring 1, 77740 Bad Peterstal-Griesbach, (07806) 3 01, *Fax (07806) 1282*, , , , – . AE E VISA
Anfang Jan. - Anfang Feb. geschl. – **Menu** *(Dienstag geschl.)* à la carte 28/58 – **16 Z** 70/140 – ½ P 25.

PETTENDORF *Bayern siehe Regensburg.*

PFAFFENHOFEN AN DER ILM *Bayern 419 420 U 18 – 21 000 Ew – Höhe 490 m.*

Reichertshausen, Holzhof 4 (S : 7 km), (08137) 50 84.

Berlin 547 – München 52 – Augsburg 67 – Ingolstadt 29 – Landshut 63.

Brauereigasthof Müllerbräu, Hauptplatz 2, 85276, (08441) 4 93 70, *Fax (08441) 493740* – – 30. E VISA
Menu à la carte 29/63 – **13 Z** 99/149.

PFAFFENWEILER *Baden-Württemberg* 419 *W 7 – 2650 Ew – Höhe 252 m.*

Berlin 811 – Stuttgart 213 – Freiburg im Breisgau 14 – Basel 66.

XXX **Zehner's Stube** (ehemaliges Rathaus a.d.J. 1575), Weinstr. 39, ✉ 79292, ✆ (07664) 62 25, *Fax (07664) 61624* – P. VISA
Montag geschl. – **Menu** à la carte 77/98.

PFALZGRAFENWEILER *Baden-Württemberg* 419 *U 9 – 6500 Ew – Höhe 635 m – Luftkurort.*

Kurverwaltung, im Haus des Gastes, Marktplatz, ✉ 72285, ✆ (07445) 85 18 40, Fax (07445) 851853.

Berlin 697 – Stuttgart 76 – Karlsruhe 87 – Tübingen 57 – Freudenstadt 16.

Thome's Schwanen, Marktplatz 1, ✉ 72285, ✆ (07445) 85 80 70, *Fax (07445) 85807400,* – Rest, TV ☎ P – 30. E
Aug. 2 Wochen geschl. – **Menu** à la carte 31/50 *(auch vegetarische Gerichte)* – **37 Z** 72/150 – ½ P 25.

In Pfalzgrafenweiler-Herzogsweiler *SW : 4 km :*

Sonnenschein (mit Gästehaus), Birkenbuschweg 11, ✉ 72285, ✆ (07445) 22 10, *Fax (07445) 1780,* – TV P
Anfang Nov. - Mitte Dez. geschl. – **Menu** *(Mittwoch geschl.)* à la carte 22/40 – **31 Z** 54/110 – ½ P 14.

Hirsch, Alte Poststr. 20, ✉ 72285, ✆ (07445) 22 91, *Fax (07445) 3162,* – TV P
Mitte Jan. - Anfang Feb. geschl. – **Menu** *(Donnerstagmittag geschl.)* à la carte 24/50 – **32 Z** 53/102 – ½ P 13.

In Pfalzgrafenweiler-Kälberbronn *W : 7 km :*

Schwanen, Große Tannenstr. 10, ✉ 72285, ✆ (07445) 18 80, *Fax (07445) 18899,* – Zim, TV P – 60. E VISA
Anfang Nov. - Anfang Dez. geschl. – **Menu** à la carte 43/66 *(auch vegetarische Gerichte)* – **60 Z** 120/250 – ½ P 24.

Waldsägmühle, an der Straße nach Durrweiler (SO : 2 km), ✉ 72285, ✆ (07445) 8 51 50, *Fax (07445) 6750,* – TV ☎ P – 40. E VISA
Anfang Jan. - Anfang Feb. und Aug. 2 Wochen geschl. – **Menu** *(Sonntagabend - Montagmittag geschl.)* 38 und à la carte 45/88 – **38 Z** 85/192 – ½ P 35.

PFARRKIRCHEN *Bayern* 420 *U 22 – 11600 Ew – Höhe 380 m.*

Hebertsfelden, beim Bahnhof Kaismühle (W : 2 km), ✆ (08561) 59 69.

Tourist-Information, Rathaus, Stadtplatz 2, ✉ 84347, ✆ (08561) 3 06 15, Fax (08561) 30635.

Berlin 606 – München 135 – Passau 53 – Landshut 70.

In Postmünster *SW : 4 km :*

Landhotel am See, Seestr. 10, ✉ 84389, ✆ (08561) 4 70, *Fax (08561) 5904,* – TV ☎ P – 100. AE E VISA. Rest
Menu à la carte 32/56 – **74 Z** 90/198, 3 Suiten – ½ P 30.

PFARRWEISACH *Bayern siehe Ebern.*

PFATTER *Bayern* 420 *T 21 – 2700 Ew – Höhe 325 m.*

Berlin 518 – München 142 – Regensburg 23 – Cham 59 – Straubing 20.

Landgasthof Fischer, Haidauer Str. 22, ✉ 93102, ✆ (09481) 3 26, *Fax (09481) 1779,* – TV P. E VISA. Rest
Anfang - Mitte Jan. geschl. – **Menu** *(Sonntagabend und Mittwoch geschl.)* à la carte 20/40 – **34 Z** 42/98.

PFINZTAL *Baden-Württemberg* 419 *T 9 – 16200 Ew – Höhe 160 m.*

Berlin 651 – Stuttgart 65 – Karlsruhe 15 – Pforzheim 21.

In Pfinztal-Berghausen :

XX **Zur Linde** mit Zim, An der Jöhlinger Straße 1 (B 293), ✉ 76327, ✆ (0721) 94 64 90, *Fax (0721) 463630* – Zim, TV ☎. E VISA.
Menu *(Dienstagabend und Samstagmittag geschl.)* à la carte 34/60 – **12 Z** 95/140.

In Pfinztal-Söllingen :

Villa Hammerschmiede M, Hauptstr. 162 (B 10), ✉ 76327, ℘ (07240) 60 10, *Fax (07240) 60160*, «Elegantes Hotel in ehemaliger Villa ; Park », – 30.
Menu à la carte 72/114 – **26 Z** 211/414
Spez. Bretonischer Kabeljau mit Stockfischmousse überbacken (Saison). Kasseler vom Ferkel mit warmem Brunnenkresse-Kartoffelsalat. Pauillac-Lammrücken mit Ziegenkäse überbacken und Thymianjus.

Knopf garni, Hauptstr. 74 (B 10), ✉ 76327, ℘ (07240) 64 02, *Fax (07240) 6403* –
13 Z 80/130.

PFOFELD *Bayern siehe Gunzenhausen.*

PFORZHEIM *Baden-Württemberg* 419 *T 10 – 116 000 Ew – Höhe 280 m.*

Ölbronn-Dürrn (NO : 9 km), Karlshäuser Hof, ℘ (07237) 91 00 ; Mönsheim (②: 21 km und die A8, Ausfahrt Heimsheim), ℘ (07044)58 52.

Stadtinformation, Marktplatz 1, ✉ 75175, ℘ (07231) 3 99 00, Fax (07231) 399030.
ADAC, *Julius-Moser-Str. 1, (Gewerbegebiet, über ⑤), ✉ 75179, ℘ (0721) 8 10 40, Fax (07231) 101484.*

Berlin 662 ⑤ – Stuttgart 53 ② – Karlsruhe 31 ⑤ – Heilbronn 82 ②.

Stadtplan siehe gegenüberliegende Seite

Parkhotel M, Deimlingstr. 36, ✉ 75175, ℘ (07231) 16 10, *Fax (07231) 161690*, Massage, – Zim, – 150. BY e
Menu à la carte 47/77 – **144 Z** 158/268.

Royal, Wilferdinger Str. 64, ✉ 75179, ℘ (07231) 1 42 50, *Fax (07231) 142599*, – Zim, – 30. über ⑤
Menu (italienische Küche, nur Abendessen) à la carte 40/68 – **43 Z** 135/195.

Residenz garni, Stuttgarter Str. 55/Ecke Karlsruher Str., ✉ 75179, ℘ (07231) 38 20, *Fax (07231) 382382* – – 50. über ⑤
118 Z 134/220.

Hasenmayer, Heinrich-Wieland-Allee 105 (B 294), ✉ 75177, ℘ (07231) 31 10, *Fax (07231) 311345* – Zim, über ①
24. Dez. - 2. Jan. geschl. – **Menu** *(Sonn- und Feiertage abends geschl.)* à la carte 28/48 – **44 Z** 79/152.

Goldener Bock, Ebersteinstr. 1, ✉ 75177, ℘ (07231) 10 51 23 – AX b
Donnerstag - Freitagmittag, Juli - Aug. 3 Wochen und 27. Dez. - 10. Jan. geschl. – **Menu** (abends Tischbestellung ratsam) à la carte 39/71.

In Pforzheim-Brötzingen *über ④ :*

Silberburg, Dietlinger Str. 27, ✉ 75179, ℘ (07231) 44 11 59, *Fax (07231) 465404* –
Montag - Dienstagmittag und Juli - Aug. 3 Wochen geschl. – **Menu** à la carte 55/82.

Pyramide, Dietlinger Str. 25, ✉ 75179, ℘ (07231) 44 17 54, *Fax (07231) 467261* –
Samstagmittag und Montag geschl. – **Menu** à la carte 57/74.

An der Straße nach Huchenfeld *③ : 4 km :*

Hoheneck, Huchenfelder Str. 70, ✉ 75180 Pforzheim, ℘ (07231) 7 16 33, *Fax (07231) 767941*, –
Menu à la carte 35/73.

In Birkenfeld *④ : 6,5 km :*

Zur Sonne mit Zim, Dietlinger Str. 134, ✉ 75217, ℘ (07231) 48 98 60, *Fax (07231) 489867* –
Aug. geschl. – **Menu** *(Mittwochabend - Donnerstag geschl.)* à la carte 49/74 – **5 Z** 90/150.

In Neulingen-Bauschlott *① : 10 km :*

Goldener Ochsen, Brettener Str. 1, ✉ 75245, ℘ (07237) 2 25, *Fax (07237) 1898*, Biergarten –
Menu *(Montagmittag und Donnerstag geschl.)* à la carte 32/57 *(auch vegetarische Gerichte)* – **15 Z** 60/110.

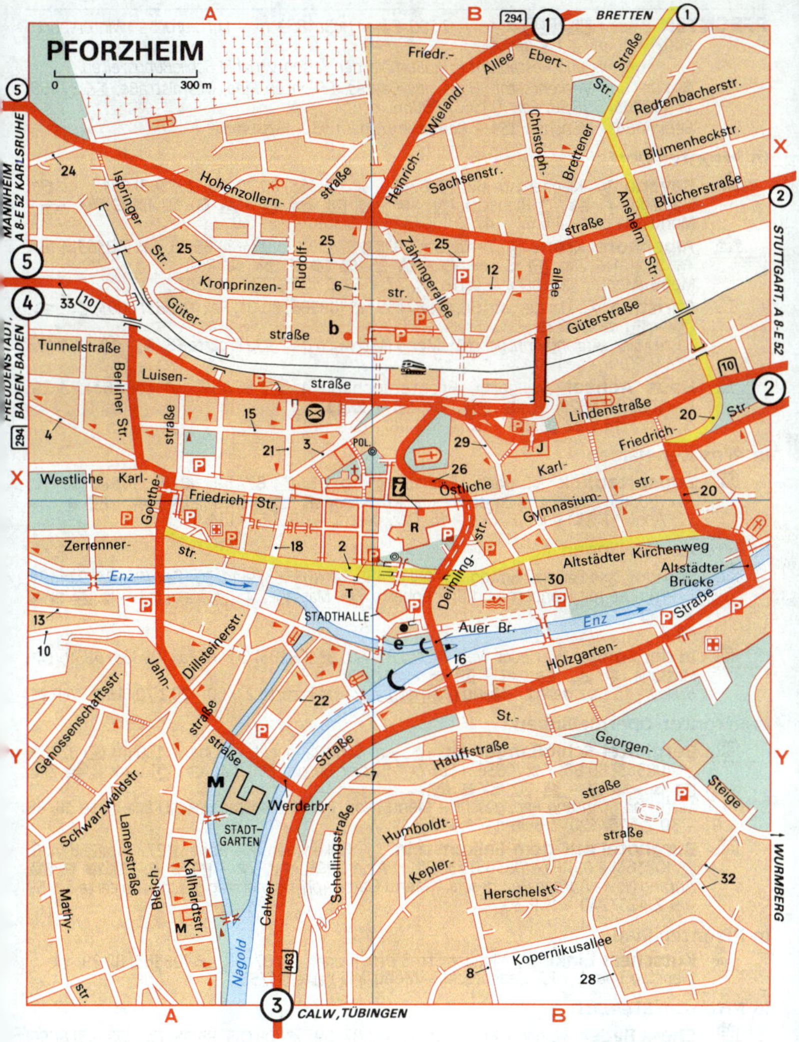

Am Waisenhausplatz .... ABY 2	Kiehnlestraße .... AX 15	Salierstraße .... ABX 25
Bahnhofstraße .... AX 3	Kreuzstraße .... BY 16	Schloßberg .... BX 26
Durlacher Straße .... AX 4	Leopoldstraße .... AXY 18	Schoferweg .... BY 28
Ebersteinstraße .... AX 6	Östliche Karl-Friedrich-Straße .... BX	Schulbergstaffel .... BX 29
Gabelsberger Straße .... ABY 7	Parkstraße .... BX 20	Theaterstraße .... BY 30
Großer Lückenweg ...... BY 8	Poststraße .... AX 21	Tiefenbronner Str. .... BY 32
Gustav Rau Straße ...... AY 10	Rennfeldstraße .... AY 22	Untere Wilferdinger-Straße .... AX 33
Hohenstaufenstraße .... BX 12	Richard-Wagner-Allee .... AX 24	Westliche Karl-Friedrich-Straße .... AX
Kaiser-Friedrich-Straße .... AY 13		

In Wimsheim *SO : 12 km über St.-Georgen-Steige* **BY** :

XX **Widmann,** Austr. 48, ✉ 71299, ✆ (07044) 4 13 23, *Fax (07044) 950040,* 🌳 – Ⓟ. AE E

Montag, Jan. 1 Woche und Aug. 3 Wochen geschl. – **Menu** à la carte 34/60 – ***Le Gourmet*** *(nur Abendessen)* **Menu** à la carte 54/76.

PFRONTEN *Bayern* 419 420 *X 15 – 7 500 Ew – Höhe 850 m – Luftkurort – Wintersport : 840/1 840 m* 1 10.

Hotels und Restaurants : Außerhalb der Saison variable Schließungszeiten.

Kur- und Verkehrsamt, Haus des Gastes, Pfronten-Ried, Vilstalstraße, 87459, (08363) 6 98 88, Fax (08363) 69866.

Berlin 664 – München 131 – Kempten (Allgäu) 33 – Füssen 12.

In Pfronten-Dorf :

Bavaria, Kienbergstr. 62, 87459, (08363) 90 20, *Fax (08363) 6815*, Massage, (geheizt), – 60. AE VISA JCB
Menu à la carte 44/67 – **47 Z** 130/318, 3 Suiten – ½ P 30.

Alpenhotel Krone M, Tiroler Str. 29, 87459, (08363) 60 76, *Fax (08363) 6164*, – Zim, – 25. AE VISA. Rest
Menu *(Montag geschl.)* à la carte 40/77 – **32 Z** 120/220 – ½ P 37.

Christina, Kienbergstr. 56, 87459, (08363) 60 01, *Fax (08363) 6003*,
Mitte März - Anfang April geschl. – **Menu** *(Mittwoch geschl.)* à la carte 38/60 – **19 Z** 88/176 – ½ P 29.

Haus Achtal garni, Brentenjochstr. 4, 87459, (08363) 83 29, *Fax (08363) 8329*,
4. Nov. - 18. Dez. geschl. – **15 Z** 60/140.

In Pfronten-Halden :

Zugspitzblick garni, Edelsbergweg 71, 87459, (08363) 9 10 10, *Fax (08363) 910199*, Zugspitze und Pfronten, (geheizt),
12. April - 1. Mai und 18. Okt. - 18. Dez. geschl. – **45 Z** 55/154.

In Pfronten-Meilingen :

Berghof, Falkensteinweg 13, 87459, (08363) 9 11 30, *Fax (08363) 911325*, Pfronten mit Kienberg und Breitenberg, Massage,
44 Z.

In der Sonne, Neuer Weg 14, 87459, (08363) 50 10, *Fax (08363) 6839*, Massage,
5. Nov. - 15. Dez. geschl. – **Menu** *(Dienstag geschl.)* à la carte 27/50 – **20 Z** 70/130 – ½ P 21.

In Pfronten-Obermeilingen :

Berghotel Schloßanger-Alp, Am Schloßanger 1 – Höhe 1 130 m, 87459, (08363) 60 86, *Fax (08363) 6667*, Tiroler Berge, – Zim, – 20. VISA
Mitte Jan. - Anfang Feb. geschl. – **Menu** *(Nov. - April Dienstag geschl.)* à la carte 36/68 – **30 Z** 125/320, 3 Suiten – ½ P 30.

Burghotel auf dem Falkenstein, Falkenstein 1 – Höhe 1 277 m, 87459, (08363) 3 09, *Fax (08363) 73390*, Alpen, – . AE VISA
Anfang Nov. - Anfang Dez. geschl. – **Menu** *(Jan. - April Donnerstag geschl.)* à la carte 30/59 – **9 Z** 125/240 – ½ P 30.

In Pfronten-Ried :

Kutschers Einkehr, Allgäuer Str. 37 (1. Etage), 87459, (08363) 82 29,
Dienstag und 1. - 22. Dez. geschl. – **Menu** à la carte 31/58.

In Pfronten-Steinach :

Chesa Bader garni, Enzianstr. 12, 87459, (08363) 83 96, *Fax (08363) 8696*, « Chalet mit rustikal-behaglicher Einrichtung »,
12 Z 85/180, 5 Suiten.

Pfrontener Hof, Tiroler Str. 174, 87459, (08363) 9 14 00, *Fax (08363) 914039*,
Anfang Nov. - Mitte Dez. geschl. – **Menu** *(Mittwoch geschl.)* à la carte 22/54 – **19 Z** 65/110 – ½ P 20.

In Pfronten-Weißbach :

Flora, Auf der Geigerhalde 43, 87459, (08363) 90 30, *Fax (08363) 1002*, Allgäuer Berge, – Zim, . AE VISA
Anfang Nov. - Anfang Dez. geschl. – **Menu** (italienische Küche) à la carte 31/56 – **43 Z** 140/240 – ½ P 35.

Post (mit Gästehaus), Kemptener Str. 14, 87459, (08363) 50 32, *Fax (08363) 5035*, – . AE VISA
Anfang Nov. - Mitte Dez. geschl. – **Menu** *(Montag geschl.)* à la carte 30/52 – **23 Z** 75/140 – ½ P 20.

PFULLENDORF *Baden-Württemberg* 419 *W 11 – 10 500 Ew – Höhe 650 m.*

Kultur- und Verkehrsamt, Kirchplatz 1, ✉ 88630, ✆ (07552) 25 11 31, Fax (07552) 931130.

Berlin 707 – Stuttgart 123 – Konstanz 60 – Freiburg im Breisgau 137 – Ulm (Donau) 92.

Adler (mit Gästehaus), Heiligenberger Str. 20, ✉ 88630, ✆ (07552) 9 20 90, *Fax (07552) 5005,* – 50. E VISA
Menu *(Freitag geschl.)* (wochentags nur Abendessen) à la carte 35/63 *(auch vegetarische Gerichte)* – **48 Z** 90/188.

Krone (Fachwerkhaus a.d.16.Jh.), Hauptstr. 18, ✉ 88630, ✆ (07552) 9 21 70, *Fax (07552) 921734* – . AE E VISA JCB
22. Dez. - 10. Jan. geschl. – **Menu** *(Samstagmittag und Sonntagmittag geschl.)* à la carte 39/64 – **22 Z** 90/170.

Stadtblick garni, Am Pfarröschle 2/1, ✉ 88630, ✆ (07552) 60 03, *Fax (07552) 4555* – .
über Fastnacht 1 Woche und Weihnachten - Anfang Jan. geschl. – **14 Z** 79/140.

PFULLINGEN *Baden-Württemberg* 419 *U 11 – 16 000 Ew – Höhe 426 m.*

Berlin 680 – Stuttgart 43 – Reutlingen 4 – Ulm (Donau) 78.

Engelhardt garni, Hauffstr. 111, ✉ 72793, ✆ (07121) 9 92 00, *Fax (07121) 9920222,* – 30. AE E VISA
58 Z 100/160.

PFUNGSTADT *Hessen* 417 419 *Q 9 – 24 000 Ew – Höhe 103 m.*

Berlin 579 – Wiesbaden 52 – Frankfurt am Main 46 – Mainz 45 – Mannheim 45 – Darmstadt 10.

Kirchmühle, Kirchstr. 31, ✉ 64319, ✆ (06157) 68 20, *Fax (06157) 86444,* ,
« Originelle Einrichtung aus Teilen einer alten Mühle » – AE E
Samstagmittag, Sonntag und Jan. 1 Woche geschl. – **Menu** (Tischbestellung ratsam) à la carte 47/70.

Restaurant VM (kleines Restaurant im Bistrostil), Borngasse 16 (Zentrum am Rathaus), ✉ 64319, ✆ (06157) 8 54 40
Samstagmittag, Sonntag - Montag, Anfang - Mitte Jan. und Anfang - Mitte Mai geschl. – **Menu** (Tischbestellung ratsam) 32 (mittags) und à la carte 44/78 *(auch vegetarisches Menu).*

An der Autobahn A 67 :

Raststätte und Motel (Ostseite), ✉ 64319 Pfungstadt, ✆ (06157) 30 31, *Fax (06157) 2426,* – , Zim, . E VISA
Menu (auch Self-service) à la carte 37/54 – **56 Z** 90/176.

PHILIPPSREUT *Bayern* 420 *T 25 – 850 Ew – Höhe 978 m.*

Verkehrsamt, Hauptstr. 17, ✉ 94158, ✆ (08550) 9 10 17, Fax (08550) 91019.

Berlin 513 – München 221 – Passau 48 – Grafenau 30.

Hubertus Stuben, Obermoldauer Str. 1, ✉ 94158, ✆ (08550) 7 81, *Fax (08550) 422,* , , , –
12. - 26. März und 1. - 15. Dez. geschl. – **Menu** *(Montag geschl.)* à la carte 28/53 – **10 Z** 70/180 – ½ P 25.

In Philippsreut-Mitterfirmiansreut *NW : 5 km – Erholungsort – Wintersport 940/1140 m 5 :*

Sporthotel Mitterdorf, Schmelzler Str. 47, ✉ 94158, ✆ (08557) 97 00, *Fax (08557) 614,* , , , (Halle) – , Zim, – 30
Anfang Nov. - Mitte Dez. geschl. – **Menu** (nur Abendessen) à la carte 23/41 – **88 Z** 86/162 – ½ P 18.

PIDING *Bayern* 420 *W 22 – 5 000 Ew – Höhe 457 m – Luftkurort.*

Verkehrsamt, Petersplatz 2, ✉ 83451, ✆ (08651) 38 60, Fax (08651) 63447.

Berlin 718 – München 128 – Bad Reichenhall 9 – Salzburg 13.

In Piding-Högl *N : 4 km :*

Berg- und Sporthotel Neubichler Alm , Neubichl 5 – Höhe 800 m, ✉ 83451, ✆ (08656) 7 00 90, *Fax (08656) 1233,* Salzburg und Berchtesgadener Land, , Massage, , , , , , – , Zim, – 50
55 Z.

In Piding-Mauthausen :

Pension Alpenblick , Gaisbergstr. 9, ✉ 83451, ✆ (08651) 9 88 70, *Fax (08651) 988735,* – . E VISA.
Nov. - Mitte Dez. geschl. – (nur Abendessen für Hausgäste) – **17 Z** 75/130 – ½ P 16.

PIESPORT *Rheinland-Pfalz* 417 *Q 4 – 2 100 Ew – Höhe 130 m.*
Berlin 693 – Mainz 135 – Trier 43 – Bernkastel-Kues 18 – Wittlich 26.

Winzerhof garni, Bahnhofstr. 8a, ✉ 54498, ☎ (06507) 9 25 20, *Fax (06507) 925252* – TV ☎ P. AE ① E VISA
10. - 30. März geschl. – **12 Z** 95/158.

PINNEBERG *Schleswig-Holstein* 415 416 *F 13 – 38 200 Ew – Höhe 11 m.*
ADAC, *Elmshorner Str. 73, ✉ 25421, ☎ (04101) 7 94 10, Fax (04101) 794111.*
Berlin 305 – Kiel 89 – Hamburg 23 – Bremen 128 – Hannover 173.

Thesdorfer Hof garni, Rellinger Str. 35, ✉ 25421, ☎ (04101) 5 45 40, *Fax (04101) 545454,* – TV ☎ P – 30. AE ① E VISA
22 Z 130/200.

Cap Polonio, Fahltskamp 48, ✉ 25421, ☎ (04101) 53 30, *Fax (04101) 533190,*
« Festsaal mit Original-Einrichtung des Dampfers Cap Polonio » – TV ☎ P – 120. AE E VISA
Menu à la carte 43/62 – **64 Z** 132/210.

Zur Landdrostei, Dingstätte 23, ✉ 25421, ☎ (04101) 20 77 72, *Fax (04101) 592200,* – AE ① E VISA
Montag geschl. – **Menu** à la carte 48/73.

Kataloge der ***Michelin-Veröffentlichungen*** *erhalten Sie beim Buchhändler oder direkt von* ***Michelin*** *(Karlsruhe).*

PIRMASENS *Rheinland-Pfalz* 417 419 *S 6 – 51 000 Ew – Höhe 368 m.*
Messegelände Wasgauhalle, ☎ (06331) 6 40 41, Fax (06331) 65758.
ADAC, *Schloßstr. 6, ✉ 66953, ☎ (06331) 6 44 40, Fax (06331) 92563.*
Berlin 683 ① – Mainz 122 ① – Saarbrücken 62 ① – Landau in der Pfalz 46 ② – Kaiserslautern 36 ①.

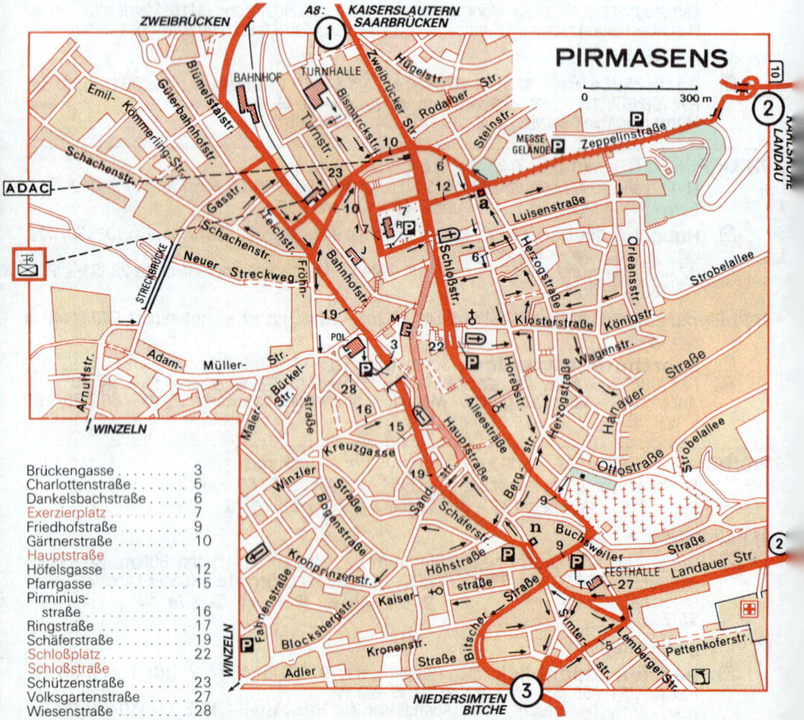

Brückengasse 3
Charlottenstraße 5
Dankelsbachstraße 6
Exerzierplatz 7
Friedhofstraße 9
Gärtnerstraße 10
Hauptstraße
Höfelsgasse 12
Pfarrgasse 15
Pirminiusstraße 16
Ringstraße 17
Schäferstraße 19
Schloßplatz 22
Schloßstraße
Schützenstraße 23
Volksgartenstraße 27
Wiesenstraße 28

Landauer Tor garni, Landauer Str. 7, 66953, (06331) 2 46 40, *Fax (06331) 246444* – – 30. AE VISA n
27 Z 80/150.

Ciccio, Zeppelinstr. 2, 66953, (06331) 7 54 00, *Fax (06331) 77876* – AE VISA
Montag geschl. – **Menu** (italienische Küche) à la carte 50/75. a

In Pirmasens-Winzeln *W : 4 km über Winzler Str. oder Arnulfstr. :*

Kunz, Bottenbacher Str. 74, 66954, (06331) 87 50, *Fax (06331) 875125*, , , – – 100. AE VISA. Rest
22. Dez. - 6. Jan. geschl. – **Menu** *(Freitag - Samstagmittag und 10. - 26. Juli geschl.)* à la carte 35/76 – **46 Z** 70/150.

PIRNA *Sachsen* 418 *N 25 – 39 000 Ew – Höhe 120 m.*

Fremdenverkehrsbüro, Dohnaische Str. 31, 01796, (03501) 52 84 97, Fax (03501) 528497.

Berlin 213 – Dresden 20 – Chemnitz 91 – Görlitz 97.

Romantik Hotel Deutsches Haus , Niedere Burgstr. 1, 01796, (03501) 44 34 40, *Fax (03501) 528104*, – , Zim, – 35. AE VISA. Rest
Menu *(Montag - Freitag nur Abendessen)* à la carte 32/54 – **40 Z** 116/183.

Pirna'scher Hof, Am Markt 4, 01796, (03501) 4 43 80, *Fax (03501) 44380*, – . AE VISA
Menu à la carte 32/48 *(auch vegetarische Gerichte)* – **22 Z** 100/150.

Sächsischer Hof garni, Gartenstr. 21, 01796, (03501) 44 75 51, *Fax (03501) 447554*, – . AE VISA
28 Z 95/142.

In Pirna-Zehista *SW : 2,5 km :*

Zur Post (mit Gasthof), Liebstädter Str. 30, 01796, (03501) 55 00, *Fax (03501) 527712*, , , – – 80. AE VISA JCB
Menu à la carte 16/37 – **62 Z** 86/175.

PLAIDT *Rheinland-Pfalz* 417 *O 6 – 5 500 Ew – Höhe 110 m.*

Berlin 607 – Mainz 109 – Koblenz 20 – Bonn 63.

Geromont, Römerstr. 3a, 56637, (02632) 60 55, *Fax (02632) 6066* – – 50. Rest
23. Dez. - 5. Jan. geschl. – **Menu** *(Sonntag geschl.)* (nur Abendessen) à la carte 25/44 – **28 Z** 78/125.

PLANEGG *Bayern siehe Gräfelfing.*

PLATTLING *Bayern* 420 *T 22 – 12 000 Ew – Höhe 320 m.*

Berlin 566 – München 134 – Passau 54 – Deggendorf 12 – Landshut 65 – Regensburg 71.

Zur Grünen Isar, Passauer Str. 2, 94447, (09931) 95 20, *Fax (09931) 952222*, – . AE VISA
Menu à la carte 26/50 – **64 Z** 87/164.

Bahnhof-Hotel Liebl, Bahnhofsplatz 3, 94447, (09931) 24 12, *Fax (09931) 6709*, – . AE VISA
Ende Dez. - Anfang Jan. geschl. – **Menu** *(Freitag geschl.)* à la carte 23/58 – **26 Z** 65/140.

In Plattling-Altholz *NO : 7 km Richtung Pankofen, nach der Autobahnunterführung rechts ab :*

Reiter Stuben Hutter, 94447, (0991) 73 20, *Fax (0991) 382887*, – – 60. AE
Samstagmittag, Sonn- und Feiertage abends geschl. – **Menu** à la carte 33/66.

PLAU AM SEE *Mecklenburg-Vorpommern* 416 *F 20 – 6 200 Ew – Höhe 75 m – Luftkurort.*

Touristinformation, Burgplatz 2, 19395, (038735) 4 53 45, Fax (038735) 41421.

Berlin 151 – Schwerin 73 – Rostock 84 – Stendal 123.

Parkhotel Klüschenberg , Am Klüschenberg 14, 19395, (038735) 4 43 79, *Fax (038735) 44371*, , – – 100. AE VISA
Menu à la carte 35/57 – **67 Z** 110/175 – ½ P 25.

Strandhotel, Seestr. 6, 19395, (038735) 4 12 02, *Fax (038735) 45231*, – – 70.
Menu à la carte 29/50 – **22 Z** 99/149 – ½ P 21.

In Plau-Heidenholz *NO : 1,5 km :*

Marianne, Quetziner Str. 77, ✉ 19395, ✆ (038735) 82 30, *Fax (038735) 82340,* – VISA
Kiek In : **Menu** à la carte 26/47 – **18 Z** 80/160 – ½ P 15/25.

In Plau-Seelust *S : 4 km :*

Seehotel Plau am See (mit Gästehaus), Hermann-Niemann-Str. 6, ✉ 19395, ✆ (038735) 8 40, *Fax (038735) 84166,* – 50. VISA
Menu à la carte 29/50 – **74 Z** 119/178 – ½ P 27.

Gesundbrunn, Hermann-Niemann-Str. 11, ✉ 19395, ✆ (038735) 4 68 38, *Fax (038735) 46838,* –
Jan. - Feb. geschl. – **Menu** à la carte 30/55 – **18 Z** 90/170 – ½ P 25.

In Plau-Quetzin *N : 4 km :*

Landhotel Rosenhof, August-Bebel-Str. 10, ✉ 19395, ✆ (038735) 8 90, *Fax (038735) 89189,* – 20
Menu à la carte 25/42 – **31 Z** 80/169 – ½ P 25.

In Bad Stuer *SO : 11 km :*

Stuersche Hintermühle, Seeufer 6, ✉ 17209, ✆ (039924) 7 20, *Fax (039924) 7247,* – 50. VISA
Menu à la carte 26/50 – **54 Z** 100/160 – ½ P 24.

PLAUE *Thüringen* 418 *N 16 – 1 600 Ew – Höhe 330 m.*
Berlin 320 – Erfurt 27 – Gotha 39 – Ilmenau 14 – Coburg 77 – Saalfeld 52.

Plauescher Grund, Bahnhofstr. 18, ✉ 99338, ✆ (036207) 53 20, *Fax (036207) 53275,* – 25. VISA
Menu à la carte 25/40 – **24 Z** 75/130.

PLAUEN *Sachsen* 418 420 *O 20 – 71 000 Ew – Höhe 350 m.*
Tourist-Information, Rädelstr. 2, ✉ *08523,* ✆ *(03741) 2 91 10 27.*
ADAC, *Schulstr. 1,* ✉ *08523,* ✆ *(0351) 44 78 80, Fax (03741) 150829.*
Berlin 291 – Dresden 151 – Gera 54 – Chemnitz 80 – Erfurt 144 – Bayreuth 105.

Alexandra, Bahnhofstr. 17, ✉ 08523, ✆ (03741) 22 14 14, *Fax (03741) 226747,* – Zim, – 40. VISA
Menu à la carte 28/54 – **72 Z** 128/199.

Am Theater M, Theaterstr. 7, ✉ 08523, ✆ (03741) 12 10, *Fax (03741) 121444* – – 80. VISA
Menu à la carte 36/48 – **110 Z** 149/220.

Holiday Inn Garden Court M, Straßberger Str. 41, ✉ 08523, ✆ (03741) 25 20, *Fax (03741) 252100,* – Zim, – 80. VISA JCB
Menu à la carte 25/49 – **65 Z** 149/189.

Parkhotel (ehemalige Villa), Rädelstr. 18, ✉ 08523, ✆ (03741) 2 00 60, *Fax (03741) 200660,* Biergarten – – 20. VISA
Menu à la carte 24/43 – **17 Z** 109/155.

City Hotel M, Neundorfer Str. 23, ✉ 08523, ✆ (03741) 1 52 30, *Fax (03741) 152399* – Zim, – 20. VISA
Menu à la carte 24/47 – **23 Z** 88/138.

In Plauen-Jößnitz *N : 6 km :*

Landhotel zur Warth M, Steinsdorfer Str. 8, ✉ 08547, ✆ (03741) 5 71 10, *Fax (03741) 57115,* Biergarten, – Zim, – 30. VISA
Menu *(Montagmittag geschl.)* à la carte 23/43 – **26 Z** 99/129.

In Plauen-Neundorf *W : 4,5 km :*

Ambiente, Schulstr. 23b, ✉ 08527, ✆ (03741) 13 41 02, *Fax (03741) 134168,* – – 25. VISA – **Menu** à la carte 20/36 – **21 Z** 95/140.

PLECH *Bayern* 419 420 *R 18 – 1 200 Ew – Höhe 461 m – Erholungsort.*
Berlin 394 – München 192 – Nürnberg 50 – Bayreuth 40.

In Plech-Bernheck *NO : 2,5 km :*

Veldensteiner Forst, ✉ 91287, ✆ (09244) 98 11 11, *Fax (09244) 981189,* – – 40. VISA.
Mitte Feb. - Mitte März geschl. – **Menu** *(Montag geschl.)* à la carte 27/61 – **39 Z** 75/150 – ½ P 27.

PLEINFELD *Bayern* 419 420 *S 16 – 6 000 Ew – Höhe 371 m.*

Verkehrs- und Reisebüro, Marktplatz 11, ✉ 91785, ✆ (09144) 67 77.

Berlin 473 – München 140 – Nürnberg 49 – Ingolstadt 60 – Donauwörth 49.

Zum Blauen Bock, Brückenstr. 5, ✉ 91785, ✆ (09144) 18 51, *Fax (09144) 8277* – P.
Menu *(Mittwoch geschl.)* à la carte 20/28 – **14 Z** 40/86.

Landgasthof Siebenkäs mit Zim, Kirchenstr. 1, ✉ 91785, ✆ (09144) 82 82, *Fax (09144) 8307,* – E. Zim
Jan. und Aug. jeweils 2 Wochen geschl. – **Menu** *(Sonntagabend - Montag geschl.)* 40 und à la carte 41/73 – **3 Z** 75/135.

PLETTENBERG *Nordrhein-Westfalen* 417 *M 7 – 30 000 Ew – Höhe 210 m.*

Berlin 526 – Düsseldorf 117 – Arnsberg 35 – Hagen 50 – Lüdenscheid 23 – Olpe 29.

Haus Battenfeld, Landemerter Weg 1, ✉ 58840, ✆ (02391) 9 28 70, *Fax (02391) 928746,* , – P – 25. E VISA
Menu *(Montagmittag geschl.)* à la carte 27/54 – **26 Z** 85/150.

Berghaus Tanneneck, Brachtweg 61, ✉ 58840, ✆ (02391) 33 66, *Fax (02391) 3380,* < Plettenberg und Ebbegebirge – P
Montagabend - Dienstag und Anfang Jan. 2 Wochen geschl. – **Menu** à la carte 38/60.

PLEYSTEIN *Bayern* 420 *R 21 – 2 500 Ew – Höhe 549 m – Erholungsort – Wintersport : 600/800 m* 1.

Tourismusbüro, Rathaus, Neuenhammer Str. 1, ✉ 92714, ✆ (09654) 15 15, Fax (09654) 745.

Berlin 424 – München 216 – Weiden in der Oberpfalz 35 – Nürnberg 116 – Regensburg 94.

Zottbachhaus , Gut Peugenhammer (N : 2 km), ✉ 92714, ✆ (09654) 92 20 00, *Fax 09654) 9220018,* , – P
Nov. - 25. Dez. geschl., Jan. - Feb. nur an Wochenenden geöffnet – **Menu** *(Montag geschl.)* à la carte 23/36 – **10 Z** 60/100 – ½ P 10.

Weißes Lamm, Neuenhammer Str. 11, ✉ 92714, ✆ (09654) 2 73, – P. E.
Nov. geschl. – **Menu** *(Dez. - Feb. Freitag geschl.)* à la carte 18/35 – **24 Z** 48/84 – ½ P 6.

PLIEZHAUSEN *Baden-Württemberg* 419 *U 11 – 6 700 Ew – Höhe 350 m.*

Berlin 672 – Stuttgart 37 – Reutlingen 8,5 – Ulm (Donau) 80.

Schönbuch-Hotel , Lichtensteinstr. 45, ✉ 72124, ✆ (07127) 97 50, *Fax (07127) 975100,* < Schwäbische Alb, , , – P – 100. AE E VISA
Anfang Jan. 1 Woche und Juli - Aug. 2 Wochen geschl. – **Menu** à la carte 56/85 – **31 Z** 145/250.

PLOCHINGEN *Baden-Württemberg* 419 *T 12 – 12 100 Ew – Höhe 276 m.*

Berlin 623 – Stuttgart 25 – Göppingen 20 – Reutlingen 36 – Ulm (Donau) 70.

Princess, Widdumstr. 3, ✉ 73207, ✆ (07153) 60 50, *Fax (07153) 605499,* (Restaurant im Bistrostil) – – 20. AE E VISA. Rest
Menu *(Freitag - Samstag geschl.)* à la carte 32/42 – **45 Z** 106/206.

Zum Waldhorn, Neckarstr. 25, ✉ 73207, ✆ (07153) 7 27 00, *Fax (07153) 898815,* , Biergarten – P
Menu à la carte 29/56 *(auch vegetarische Gerichte).*

In Plochingen-Lettenäcker *NO : 2 km :*

Prisma M garni (Apartment-Hotel), Geschwister-Scholl-Str. 6, ✉ 73207, ✆ (07153) 83 08 05, *Fax (07153) 830899* – P. AE E VISA
24 Z 90/155.

In Plochingen-Stumpenhof *N : 3 km Richtung Schorndorf :*

Stumpenhof, Stumpenhof 1, ✉ 73207, ✆ (07153) 2 24 25, *Fax (07153) 76375* – P
Montag - Dienstag, nach Fasching 1 Woche und Juli - Aug. 3 Wochen geschl. – **Menu** à la carte 35/74.

In Altbach *NW : 3 km :*

Altbacher Hof (mit Gästehaus), Kirchstr. 11, ✉ 73776, ✆ (07153) 70 70 (Hotel) 70 71 00 (Rest.), *Fax (07153) 25072,* – P. E VISA
Menu *(Freitag - Samstagmittag geschl.)* à la carte 42/56 – **85 Z** 75/140.

In Deizisau *W : 3 km :*

Ochsen, Sirnauer Str. 1, ✉ 73779, ✆ (07153) 2 79 45, Biergarten – P
Sonntagabend - Montag, Aug. 3 Wochen und 24. Dez. - 7. Jan. geschl. – **Menu** à la carte 28/58.

PLÖN *Schleswig-Holstein* 415 416 *D 15 – 13 000 Ew – Höhe 22 m – Luftkurort.*

Sehenswert : *Großer Plöner See : Schloßterrasse* ≤★.

Tourist Info Plön, Am Lübschen Tor 1 (Schwentinehaus), ✉ *24306,* ☎ *(04522) 5 09 50, Fax (04522) 509520.*

Berlin 314 – Kiel 34 – Lübeck 60 – Neumünster 36 – Oldenburg in Holstein 41.

Touristic, August-Thienemann-Str. 1 (nahe der B 76), ✉ 24306, ☎ (04522) 81 32, *Fax (04522) 8932,* – TV ☎ P. AE VISA. Rest (*Restaurant nur für Hausgäste*) – **11 Z** 80/160.

PLÜDERHAUSEN *Baden-Württemberg siehe Schorndorf.*

POCKING *Bayern* 420 *U 23 – 12 000 Ew – Höhe 323 m.*

Berlin 625 – München 149 – Passau 25 – Landshut 102 – Salzburg 112.

Pockinger Hof, Klosterstr. 13, ✉ 94060, ☎ (08531) 90 70, *Fax (08531) 8881,* – TV ☎ P

Menu à la carte 24/50 – **45 Z** 65/96.

PODEWALL *Mecklenburg-Vorpommern siehe Neubrandenburg.*

PÖCKING *Bayern* 419 420 *W 17 – 5 200 Ew – Höhe 672 m.*

Berlin 618 – München 32 – Augsburg 71 – Garmisch-Partenkirchen 65.

Kefer garni, Hindenburgstr. 12, ✉ 82343, ☎ (08157) 9 31 70, *Fax (08157) 931737,* – TV ☎ P. AE E

20 Z 75/136.

In Pöcking-Possenhofen *SO : 1,5 km :*

Forsthaus am See, Am See 1, ✉ 82343, ☎ (08157) 9 30 10, *Fax (08157) 4292,* ≤, « Terrasse am See » Bootssteg – TV ☎ P – 20. AE E

Menu à la carte 46/84 – **21 Z** 200/250.

In Pöcking-Niederpöcking *NO : 2 km :*

La Villa, Ferdinand-von-Miller-Str. 39, ✉ 82343, ☎ (08151) 7 70 60, *Fax (08151) 770699,* ≤, « Haus im italienischen Landhausstil », – TV ☎ P – 60. AE E VISA. Rest (*Restaurant nur für Hausgäste*) – **28 Z** 229/325.

PÖLICH *Rheinland-Pfalz siehe Mehring.*

PÖSSNECK *Thüringen* 418 *N 18 – 14 500 Ew – Höhe 220 m.*

Berlin 283 – Erfurt 75 – Gera 45 – Hof 73 – Jena 36 – Saalfeld 20.

Villa Altenburg, Straße des Friedens 49, ✉ 07381, ☎ (03647) 42 20 01, *Fax (03647) 422002,* « Villa a.d. Jahre 1928 in einer Parkanlage, Terrasse », – Zim, TV ☎ P – 25. Zim

Menu (*Sonntag geschl.*) (nur Abendessen) à la carte 27/44 – **13 Z** 75/130.

POHLHEIM *Hessen siehe Gießen.*

POING *Bayern* 420 *V 19 – 9 500 Ew – Höhe 517 m.*

Berlin 596 – München 21 – Landshut 61 – Salzburg 149.

Poinger Hof, Gruber Str. 40, ✉ 85586, ☎ (08121) 98 80, *Fax (08121) 988188,* – , Zim, TV ☎ P – 50. AE E VISA. Zim

Menu à la carte 27/58 – **40 Z** 95/195.

POLLE *Niedersachsen* 417 *K 12 – 1 300 Ew – Höhe 100 m – Erholungsort.*

18 9 *Weißenfelder Mühle,* ☎ *(05535) 88 42.*

Verkehrsverein, Haus des Gastes, Amtsstr. 4a, ✉ *37647,* ☎ *(05535) 4 11, Fax (05535) 940021.*

Berlin 349 – Hannover 80 – Detmold 44 – Hameln 38 – Kassel 88.

Zur Burg, Amtsstr. 10, ✉ 37647, ☎ (05535) 2 06, *Fax (05535) 8671,* – TV ☎ P. E VISA

2. - 16. Jan. geschl. – **Menu** (*Okt. - März Montag geschl.*) à la carte 28/56 – **12 Z** 56/112 – ½ P 18.

POMMELSBRUNN *Bayern siehe Hersbruck.*

POMMERSFELDEN *Bayern* **419** **420** *Q 16 – 2 400 Ew – Höhe 269 m.*

Sehenswert : *Schloß★ : Treppenhaus★.*

Berlin 430 – München 216 – Nürnberg 47 – Bamberg 21 – Würzburg 74.

Schloßhotel, im Schloß Weißenstein, ✉ 96178, ✆ (09548) 6 80, *Fax (09548) 68100*, « Schloßpark », – Zim, – 100.
Menu à la carte 33/71 – **87 Z** 80/160, 4 Suiten.

In Pommersfelden-Limbach *S : 1,5 km :*

Volland, Limbach 63, ✉ 96178, ✆ (09548) 2 81, *Fax (09548) 281* – *17. Mai - 18. Juni geschl.* – **Menu** *(Montag - Dienstag geschl.)* à la carte 22/32 – **9 Z** 45/70.

POPPENHAUSEN/WASSERKUPPE *Hessen* **417** **418** **420** *O 13 – 2 700 Ew – Höhe 446 m – Luftkurort.*

Berlin 462 – Wiesbaden 201 – Fulda 17 – Gersfeld 7,5.

Hof Wasserkuppe garni, Pferdskopfstr. 3, ✉ 36163, ✆ (06658) 98 10, *Fax (06658) 1635*, –
18 Z 60/156.

In Poppenhausen-Schwarzerden *O : 4 km :*

Rhön-Hotel Sonnenwinkel, beim Guckaisee, ✉ 36163, ✆ (06658) 8 80, *Fax (06658) 796*, – Zim, – 50.
Menu à la carte 36/61 – **54 Z** 115/218.

An der B 458 *NO : 8 km : Richtung Tann :*

Grabenhöfchen, an der B 458, ✉ 36163 Poppenhausen, ✆ (06658) 3 16, *Fax (06658) 1698*, – 25
Menu à la carte 27/47 – **18 Z** 80/130 – ½ P 25.

PORTA WESTFALICA *Nordrhein-Westfalen* **417** *J 10 – 35 000 Ew – Höhe 50 m.*

Fremdenverkehrsamt, Haus des Gastes, Porta Westfalica-Hausberge, Kempstr. 6, ✉ 32457, ✆ (0571) 79 12 80, Fax (0571) 791279.

Berlin 356 – Düsseldorf 214 – Bielefeld 44 – Bremen 106 – Hannover 71 – Osnabrück 75.

Im Ortsteil Barkhausen *linkes Weserufer – Luftkurort :*

Der Kaiserhof, Freiherr-vom-Stein-Str. 1 (B 61), ✉ 32457, ✆ (0571) 97 53 30, *Fax (0571) 9753388*, – Zim, – 100.
Menu à la carte 32/68 – **41 Z** 125/220 – ½ P 30.

Im Ortsteil Hausberge *– Kneipp-Kurort :*

Porta Berghotel, Hauptstr. 1, ✉ 32457, ✆ (0571) 7 90 90, *Fax (0571) 7909789*, , Massage, – Zim, – 180.
Menu à la carte 43/70 – **118 Z** 142/290 – ½ P 40.

POSTMÜNSTER *Bayern siehe Pfarrkirchen.*

POTSDAM *Brandenburg* **416** **418** *I 23 – 140 000 Ew – Höhe 40 m.*

Sehenswert : *Schloß und Park Sanssouci★★★ AX (Neues Palais★★, Chinesisches Teehaus★★, Neue Kammern★, Schloß Charlottenhof★, Römische Bäder★) – Schloß Cecilienhof★ (Neuer Garten★★ BX , Marmorpalais★) BX – Wasserwerk★ AY – Nikolaikirche★ BY – Marstall (Filmmuseum★) BY – Dampfmaschinenhaus (Moschee)★ AY – Holländisches Viertel★ BX – Brandenburger Tor★ AXY – Charlottenstraße★ ABXY – Jägervorstadt★ (Jägertor★)AX – Charlottenstraße★ ABXY – Russische Kolonie Alexandrowna★ BX – Glienicker Brücke★ (1km über ①) – Park und Schloss Babelsberg★★ CX.*

18 9 Kemnitz, Schmiedeweg 1 (W : 20 km), ✆ (03327) 6 63 70 ; 18 Tremmen/Nauen, Tremmener Landstraße (NW : 27 km), ✆ (033233) 8 02 44 ; 18 18 Wildenbruch, Großer Seddiner See (S : 16 km), ✆ (033205) 73 20.

Potsdam-Information, Friedrich-Ebert-Str. 5, ✉ 14467, ✆ (0331) 27 55 80, Fax (0331) 2755899.

ADAC, *Jägerallee 16, ✉ 14469, ✆ (030) 8 68 60, Fax (0331) 2794222.*

Berlin 31 ① – Brandenburg 38 ④ – Frankfurt (Oder) 121 ③ – Leipzig 141 ③.

POTSDAM

Alleestraße .... BX
Am Alten Markt ...... BY 6
Am Kanal .... BY
Am Neuen Garten .... BX
Am Schragen .... BX 7
Auf dem Kiewitt ...... AY
Babelsberger Straße . BCY
Bassinplatz .... BX
Behlertstraße .... BCX
Benkerstraße .... BX 15
Berliner Straße ...... BCX
Bornstedter Straße .... AX 18
Brandenburger Straße .... ABX
Brauhausberg .... BY 19
Breite Straße .... ABY
Charlottenstraße .... ABY
Dortustraße .... AXY
Ebräerstraße .... BY 21
Feuerbachstraße ...... AY
Französische Straße ... BY 25
Friedrich-Ebert-Straße . BXY
Friedrich-Engels-Straße .... BCY
Geschwister-Scholl-Straße .... AY 26
Gregor-Mendel-Straße .... AX
Gutenbergstraße ..... ABX
Hans-Thoma-Straße ... BX
Hebbelstraße .... BX
Hegelallee .... ABX
Helene-Lange-Straße ... BX
Heinrich-Mann-Allee ... BY
Hermann-Elflein-Straße .... AX 31
Humboldtbrücke CX
Humboldtring .... CY
Jägerallee .... AX
Jägerstraße .... BX
Kurfürstenstraße ...... BX
Lange Brücke .... BY
Leiblstraße .... BX
Leipziger Straße ...... BY
Lennéstraße .... AY
Lindenstraße .... AXY
Luisenplatz .... AY 42
Mangerstraße CX
Mittelstraße .... BX
Mühlenbergweg ...... AX 48
Nuthestraße .... CY 51
Pappelallee .... AX
Platz der Einheit ...... BY 54
Reiterweg .... BX
Ruinenbergstraße ..... AX
Schillerplatz .... AY
Schloßstraße .... BY 60
Schopenhauerstraße . AXY
Sierfertstraße .... BY 64
Voltaireweg .... AX
Weinbergstraße ...... AX
Wilhelm-Staab- Straße . BY 67
Yorckstraße .... BY
Zeppelinstraße .... AY

Voltaire M, Friedrich-Ebert-Str. 88, ✉ 14467, ☎ (0331) 2 31 70, *Fax (0331) 2317100*, 🍽, « Modernes Hotel mit integrierter zeitgenössischer Kunst », – 150. AE ⓓ E VISA BX c
Hofgarten : Menu à la carte 49/68 – **143 Z** 195/304, 5 Suiten.

Dorint Hotel Sanssouci M, Jägerallee 20, ✉ 14469, ☎ (0331) 27 40, *Fax (0331) 2741000*, 🍽, Massage, – 500. AE ⓓ E VISA JCB. Rest – **Menu** à la carte 41/68 – **292 Z** 240/360, 22 Suiten. AX r

Schlosshotel Cecilienhof, Neuer Garten, ✉ 14469, ☎ (0331) 3 70 50, *Fax (0331) 292498*, 🍽, « Ehemaliges Hohenzollernschloß im englischen Landhaus-Stil », – 60. AE ⓓ E VISA JCB BX
Menu à la carte 62/85 – **42 Z** 195/470, 3 Suiten.

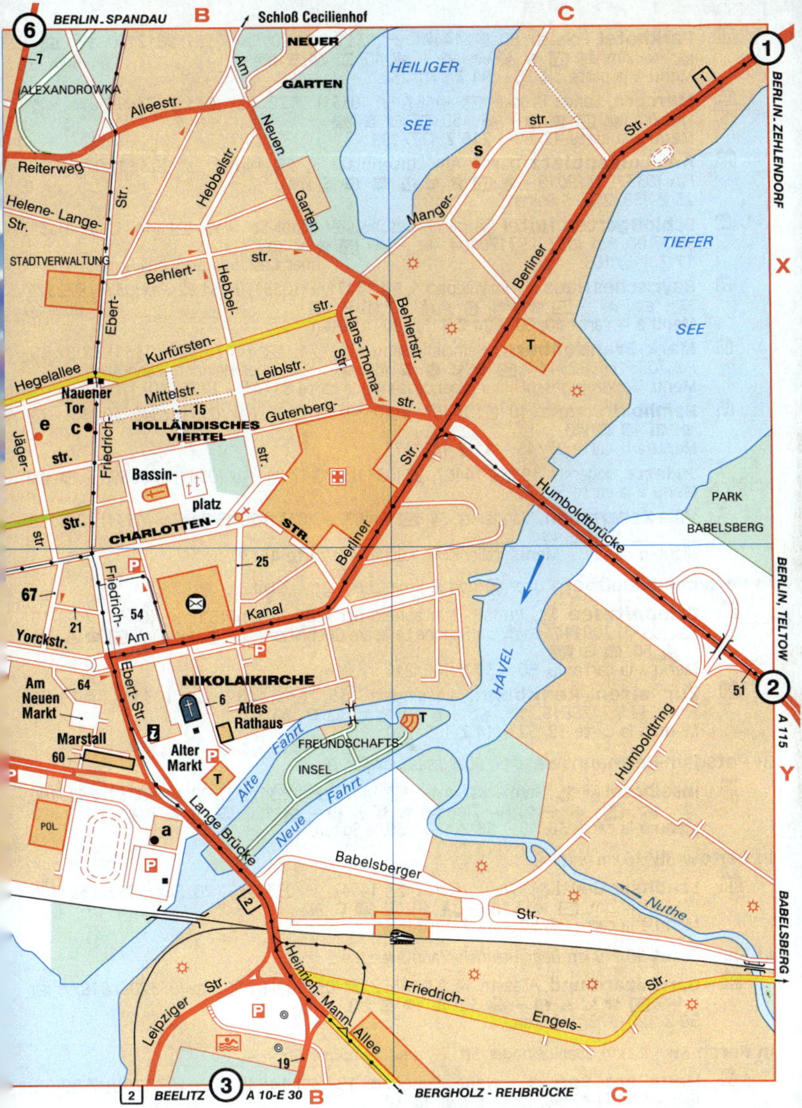

Seminaris-Seehotel M, An der Pirschheide (SW : 5 Km), ✉ 14471, ☎ (0331) 9 09 00, *Fax (0331) 9090900*, ≤, « Terrasse am See », Fö, ≘s, ◻, ⛰, 🚣 – |‡|, ⇔ Zim, ▤ Rest, TV ☎ ✆ ♿ 🚗 P – 🏃 300. AE ⊕ E VISA. ✂ Rest über ④
Menu à la carte 41/56 – **225 Z** 135/255, 10 Suiten.

art'otel Potsdam M, Zeppelinstr. 136, ✉ 14471, ☎ (0331) 9 81 50, *Fax (0331) 9815555*, 🌲, « Designer-Hotel », ≘s – |‡|, ⇔ Zim, ▤ TV ☎ ✆ ♿ P – 🏃 55. AE ⊕ E VISA – Menu à la carte 42/62 – **123 Z** 195/235. über ④

Steigenberger Maxx Hotel Sanssouci M, Allee nach Sanssouci 1, ✉ 14471, ☎ (0331) 9 09 10, *Fax (0331) 9091909*, 🌲, ≘s – |‡| ⇔ TV ☎ ✆ ♿ 🚗 – 🏃 90. AE ⊕ E VISA JCB AXY n
Menu à la carte 32/62 – **137 Z** 190/230.

Parkhotel, Forststr. 80, ✉ 14471, ✆ (0331) 9 81 20, *Fax (0331) 9812100*, – Zim, – 40. über ④
Menu à la carte 38/58 – **91 Z** 170/230.

Mercure, Lange Brücke, ✉ 14467, ✆ (0331) 27 22, *Fax (0331) 293496*, – Zim, – 150. BY a
Menu à la carte 42/60 – **210 Z** 177/199.

Am Luisenplatz garni, Am Luisenplatz 5, ✉ 14471, ✆ (0331) 97 19 00, *Fax (0331) 9719019* – AY c
25 Z 139/258, 3 Suiten.

Schloßgarten Hotel garni, Geschwister-Scholl-Str. 41a, ✉ 14471, ✆ (0331) 97 17 00, *Fax (0331) 97170404*, –
17 Z 115/165. über Geschwister-Scholl-Straße AY

Bayrisches Haus, Im Wildpark 1, ✉ 14471, ✆ (0331) 97 31 92, *Fax (0331) 972329*, – – 50. über ④
Menu à la carte 40/60 – **24 Z** 115/180, 4 Suiten.

Mark Brandenburg, Heinrich-Mann-Allee 71, ✉ 14478, ✆ (0331) 88 82 30, *Fax (0331) 8882344* – über Heinrich-Mann-Allee BY
Menu *(Sonntag geschl.)* (nur Abendessen) à la carte 31/44 – **17 Z** 110/170.

Reinhold, Dortustr. 10, ✉ 14467, ✆ (0331) 28 49 90, *Fax (0331) 2849930*, – AX b
Menu à la carte 27/45 – **11 Z** 145/175.

Juliette, Jägerstr. 39, ✉ 14467, ✆ (0331) 2 70 17 91, *Fax (0331) 2705389* –
Menu à la carte 50/73. BX e

Villa Kellermann, Mangerstr. 34, ✉ 14467, ✆ (0331) 29 15 72, *Fax (0331) 2803738*, – CX s
Montag geschl. – **Menu** (italienische Küche) à la carte 43/70.

In Potsdam-Babelsberg *über ② und R.-Breitscheid-Str. : 3 km :*

Griebnitzsee, Rudolf-Breitscheid-Str. 190, ✉ 14482, ✆ (0331) 7 09 10, *Fax (0331) 709111*, «Schöne Lage am Griebnitzsee» – Zim, – 50.
Menu à la carte 48/60 – **39 Z** 160/210.

Zur alten Rennbahn, Lessingstr. 35, ✉ 14482, ✆ (0331) 74 79 80, *Fax (0331) 7479818*, –
Menu à la carte 32/52 – **14 Z** 125/220.

In Potsdam-Hermannswerder *über Leipziger Str.* BY *:*

Inselhotel, Hermannswerder, ✉ 14473, ✆ (0331) 2 32 00, *Fax (0331) 2320100*, – Zim, – 120.
Menu à la carte 36/49 – **88 Z** 170/230, 4 Suiten.

In Geltow *SW : 6 km über ④ :*

Landhaus Geliti, Wentorfstr. 2, ✉ 14542, ✆ (03327) 59 70, *Fax (03327) 597100*, – Zim, – 30.
Menu à la carte 27/50 – **41 Z** 120/160.

In Saarmund *SO : 9 km über Heinrich-Mann-Allee* BY *:*

Garni Saarmund, Alleestr. 14, ✉ 14552, ✆ (033200) 81 80, *Fax (033200) 81877*, – – 30.
58 Z 120/170, 3 Suiten.

In Ferch *SW : 12 km über Leipziger Str.* BY *und Templiner Str. :*

Haus am See, Neue Scheune 19, ✉ 14548, ✆ (033209) 7 09 55, *Fax (033209) 70496*, –
2. - 31. Jan. geschl. – **Menu** *(Montag geschl.)* à la carte 34/48 – **21 Z** 110/160.

In Michendorf *S : 12 km, über Leipziger Str.* BY *:*

Sol Inn, Potsdamer Str. 96 (B 2), ✉ 14552, ✆ (033205) 7 80, *Fax (033205) 78444*, – Zim, – 150.
Menu à la carte 32/54 – **125 Z** 132/199.

In large towns,
certain hotels offer all inclusive weekends
at interesting prices.

POTTENSTEIN *Bayern* 420 *Q 18 – 5800 Ew – Höhe 368 m – Luftkurort.*

Ausflugsziel : *Fränkische Schweiz★★.*

Pottenstein, Weidenloh 40 (S : 3km), *(09243) 92 92 10.*

Verkehrsbür-Kurverwaltung, Forchheimer Str. 1, *91278,* *(09243) 7 08 41, Fax (09243) 70840.*

Berlin 395 – München 212 – Nürnberg 67 – Bayreuth 40 – Bamberg 51.

Schwan garni, Am Kurzentrum 6, 91278, (09243) 98 10, *Fax (09243) 7351,* direkter Zugang zum Erlebnisbad – 25. AE E VISA
Mitte Jan. - 10. Feb. geschl. – **26 Z** 86/152.

In Pottenstein-Kirchenbirkig *S : 4 km :*

Bauernschmitt, St.-Johannes-Str. 25, 91278, (09243) 98 90, *Fax (09243) 98945,* – . AE E
15. Nov. - 15. Dez. geschl. – **Menu** *(Dez. - März Donnerstag geschl.)* à la carte 20/44 – **25 Z** 58/104 – ½ P 18.

PREETZ *Schleswig-Holstein* 415 416 *D 14 – 15 300 Ew – Höhe 34 m – Erholungsort.*

Fremdenverkehrsverein, An der Mühlenau 5, *24211,* *(04342) 22 07, Fax (04342) 56 98.*

Berlin 327 – Kiel 16 – Lübeck 68 – Puttgarden 82.

In Lehmkuhlen-Dammdorf *NO : 2 km :*

Neeth, Preetzer Str. 1, 24211, (04342)) 8 23 74, *Fax (04342) 84749,* – . E VISA
Menu (Nov. - April Montag - Freitag nur Abendessen) à la carte 28/57 – **10 Z** 95/149 – ½ P 29.

PRENZLAU *Brandenburg* 416 *G 25 – 22 000 Ew – Höhe 20 m.*

Verkehrsverein, Marktberg 19, *17291,* *(03984) 27 91, Fax (03984) 800174.*

Berlin 110 – Potsdam 147 – Neubrandenburg 54 – Szczecin 83.

Overdiek, Baustr. 33, 17291, (03984) 85 66 00, *Fax (03984) 856666* – – 15. E VISA
Menu à la carte 24/46 – **27 Z** 85/180.

Wendenkönig, Neubrandenburger Str. 66, 17291, (03984) 86 00, *Fax (03984) 860151,* – Zim, – 25. AE E VISA
Menu *(Montag - Freitag nur Abendessen)* à la carte 27/44 – **42 Z** 85/130.

Parkhotel, Grabowstr. 14, 17291, (03984) 85 40, *Fax (03984) 854131,* Biergarten, – – 70. AE E VISA
Menu à la carte 24/58 – **33 Z** 95/160.

In Röpersdorf *SW : 3 km :*

Schilfland, Dorfstr. 9, 17291, (03984) 67 48, *Fax (03984) 6748,* – Zim, – 15. AE E VISA
Menu *(Jan. geschl.)* à la carte 18/46 – **20 Z** 79/160.

In Seehausen *S : 17 km :*

Seehotel Huberhof , Dorfstr. 49, 17291, (039863) 60 20, *Fax (039863) 60210,* – – 40. AE E VISA
4. Jan. - 5. Feb. geschl. – **Menu** *(Feb. Montag - Freitag nur Abendessen)* à la carte 31/51 – **25 Z** 70/175.

PREROW *Mecklenburg-Vorpommern* 416 *C 21 – 1 800 Ew – Höhe 3 m – Seebad.*

Kurverwaltung, Gemeindeplatz 1, *18375,* *(038233) 61 00, Fax (038233) 227.*

Berlin 276 – Schwerin 150 – Rostock 63.

Waldschlösschen, Bernsteinweg 4, 18375, (038233) 61 70, *Fax (038233) 403,* – Zim, . E VISA
Menu *(Montag - Freitag nur Abendessen)* à la carte 37/60 – **33 Z** 150/210 – ½ P 32.

In Wieck a. d. Darß *S : 4 km :*

Haferland, Bauernreihe 5a, 18375, (038233) 6 80, *Fax (038233) 68220,* – Zim, – 40. VISA
Menu *(Nov. - April Montag - Dienstag geschl.)* 40/62 und à la carte – **47 Z** 130/250.

PREUSSISCH OLDENDORF *Nordrhein-Westfalen* 417 *J 9 – 12 000 Ew – Höhe 72 m – Luftkurort.*

Verkehrsamt, Rathausstr. 3, ✉ 32361, ✆ (05742) 93 11 30, Fax (05742) 5680.

Berlin 383 – Düsseldorf 225 – Bielefeld 40 – Bremen 110 – Hannover 105 – Osnabrück 35.

In Büscherheide *S : 4 km :*

Lindenhof, ✉ 32361, ✆ (05742) 42 86, *Fax (05742) 920223*, , – . Zim

Menu *(Mittwoch geschl.)* à la carte 29/50 – **11 Z** 60/120.

PRICHSENSTADT *Bayern* 419 420 *Q 15 – 2 800 Ew – Höhe 278 m.*

Sehenswert : *Hauptstraße ★ mit Fachwerkhäusern.*

Berlin 466 – München 254 – Würzburg 42 – Bamberg 49 – Nürnberg 82 – Schweinfurt 32.

Zum Storch (Gasthof a.d.J. 1658), Luitpoldstr. 7, ✉ 97357, ✆ (09383) 65 87, *Fax (09383) 6717*, –
Jan. geschl. – **Menu** *(Dienstag, Nov. - März auch Montag geschl.)* à la carte 26/53 – **9 Z** 70/110.

Zum goldenen Adler, Karlsplatz 10, ✉ 97357, ✆ (09383) 60 31, *Fax (09383) 6032*, Biergarten – – 60. AE E VISA
Feb. geschl. – **Menu** *(Mittwoch, Nov. - Feb. auch Dienstag geschl.)* à la carte 31/60 – **6 Z** 72/98.

PRIEN AM CHIEMSEE *Bayern* 420 *W 21 – 9 500 Ew – Höhe 531 m – Luftkurort – Kneippkurort.*

Sehenswert : *Chiemsee★ (Überfahrt zu Herren- und Fraueninsel) – Schloß Herrenchiemsee★★.*

Prien-Bauernberg, ✆ (08051) 6 22 15.

Kurverwaltung, Alte Rathausstr. 11, ✉ 83209, ✆ (08051) 6 90 50, Fax (08051) 690540.

Berlin 656 – München 85 – Bad Reichenhall 58 – Salzburg 64 – Wasserburg am Inn 27 – Rosenheim 23.

Sport- und Golf-Hotel garni, Erlenweg 16, ✉ 83209, ✆ (08051) 69 40, *Fax (08051) 694100*, Massage, , , – – 30. AE E VISA JCB
Jan. - Ostern und 20. Okt. - Mitte Dez. geschl. – **40 Z** 122/220, 4 Suiten.

Reinhart, Seepromenade, ✉ 83209, ✆ (08051) 69 40, *Fax (08051) 694100*, , , – Zim, . AE E VISA JCB
Jan. - Ostern und 20. Okt. - Mitte Dez. geschl. – **Menu** à la carte 36/66 – **23 Z** 120/230 – ½ P 33.

Luitpold am See, Seestr. 110, ✉ 83209, ✆ (08051) 60 91 00, *Fax (08051) 609175*, , « Terrasse am Hafen », – – 40. E VISA
Menu *(Nov. - März Montag und 7. Jan. - 11. Feb. geschl.)* à la carte 31/56 – **51 Z** 92/180 – ½ P 28.

Bayerischer Hof, Bernauer Str. 3, ✉ 83209, ✆ (08051) 60 30, *Fax (08051) 62917*, – , Zim, . AE E VISA JCB
20. - 31. Jan. geschl. – **Menu** *(Montag und Nov. geschl.)* à la carte 30/63 – **48 Z** 92/170 – ½ P 28.

á la carte, Bernauer Str. 40, ✉ 83209, ✆ (08051) 6 57 82, *Fax (8051) 65782* – . AE E VISA
Montag geschl. – **Menu** (Tischbestellung ratsam) à la carte 52/81.

In Prien-Harras *SO : 4 km :*

Yachthotel Chiemsee, Harrasser Str. 49, ✉ 83209, ✆ (08051) 69 60, *Fax (08051) 5171*, Chiemsee und Herrenchiemsee, « Gartenterrasse am See », Massage, , , , , Yachthafen – – 135. AE E VISA
Menu à la carte 41/70 – **102 Z** 200/315, 5 Suiten – ½ P 45.

PRIEROS *Brandenburg* 416 418 *J 25 – 1 200 Ew – Höhe 75 m.*

Berlin 63 – Potsdam 67 – Cottbus 94 – Frankfurt (Oder) 67.

Waldhaus, Waldstr. 1 (S : 2 km), ✉ 15752, ✆ (033768) 99 90, *Fax (033768) 50252*, , , , , – – 25. E VISA
Menu (Okt. - März Restaurant nur für Hausgäste) à la carte 28/42 – **22 Z** 90/160.

PRITZWALK *Brandenburg* 416 *G 20 – 12 000 Ew – Höhe 85 m.*
Berlin 123 – Potsdam 115 – Schwerin 84 – Rostock 120.

Pritzwalker Hof, Havelberger Str. 59, ✉ 16928, ☎ (03395) 30 20 04, *Fax (03395) 302003* – TV ☎ P – 100. AE E VISA.
1. - 15. Jan. geschl. – **Menu** à la carte 24/42 – **9 Z** 95/125.

Forsthaus Hainholz, Hainholz 2 (NO : 1,5 km), ✉ 16928, ☎ (03395) 30 47 47, *Fax (03395) 302795,* – TV ☎ P. E VISA
Feb. geschl. – **Menu** à la carte 21/34 – **9 Z** 90/120.

In Falkenhagen *N : 8,5 km :*

Falkenhagen, Rapshagener Str. 10, ✉ 16928, ☎ (033986) 8 21 23, *Fax (033986) 82125,* – TV ☎ P – 50. AE E VISA
Menu à la carte 27/44 – **45 Z** 85/130.

PRONSTORF *Schleswig-Holstein siehe Segeberg, Bad.*

PRÜM *Rheinland-Pfalz* 417 *P 3 – 6 000 Ew – Höhe 442 m – Luftkurort.*
Tourist-Information Prümer Land, im Haus des Gastes, Hahnplatz 1, ✉ 54595, ☎ (06551) 5 05, Fax (06551) 7640.
Berlin 674 – Mainz 196 – Trier 57 – Köln 104 – Liège 104.

Landhotel am Wenzelbach, Kreuzerweg 30, ✉ 54595, ☎ (06551) 9 53 80, *Fax (06551) 953839,* – TV ☎ P. AE E VISA. Rest
Ende Okt. - Mitte Nov. geschl. – **Menu** *(Donnerstag - Freitagmittag geschl.)* à la carte 34/60 – **14 Z** 88/134 – ½ P 25.

Tannenhof, Am Kurpark 2, ✉ 54595, ☎ (06551) 24 06, *Fax (06551) 854,* , , , – TV ☎ P. E VISA. Zim
Menu *(Sonntagabend - Montagmittag geschl.)* à la carte 29/55 – **26 Z** 68/115 – ½ P 25.

Haus am Kurpark garni, Teichstr. 27, ✉ 54595, ☎ (06551) 9 50 20, *Fax (06551) 6097,* , , – TV ☎ .
12 Z 65/120.

In Prüm - Held *S : 1,5 km :*

Zur Held, an der B 51, ✉ 54595, ☎ (06551) 30 16, *Fax (06551) 7427,* , , – P. E VISA
Juli - Aug. 2 Wochen und Okt. 1 Woche geschl. – **Menu** *(Sonntagabend - Montag geschl.)* à la carte 38/64 – **9 Z** 75/120.

An der B 410 *O : 5 km :*

Schoos, Baselt 7, ✉ 54597 Fleringen, ☎ (06558) 9 25 40, *Fax (06558) 925455,* , Damwildgehege, , , – TV ☎ P – 40. AE E VISA
Menu à la carte 30/65 – **32 Z** 92/164.

PUCHHEIM *Bayern siehe Germering.*

PÜTTLINGEN *Saarland* 417 *S 4 – 20 800 Ew – Höhe 310 m.*
Berlin 727 – Saarbrücken 19 – Saarlouis 17.

Zum Schwan, Derler Str. 34, ✉ 66346, ☎ (06898) 6 19 74, *Fax (06898) 61974* – AE E VISA.
Dienstag geschl. – **Menu** (wochentags nur Abendessen) à la carte 68/86 – ***Bistro*** *(auch Mittagessen)* **Menu** à la carte 53/63.

PULHEIM *Nordrhein-Westfalen* 417 *M 4 – 49 000 Ew – Höhe 45 m.*
18 9 Velderhof-Rommerskirchen (N : 7 km), ☎ (02238) 92 39 40.
Berlin 573 – Düsseldorf 37 – Aachen 72 – Köln 13 – Mönchengladbach 43.

In Pulheim-Brauweiler *S : 5 km :*

Abtei-Park-Hotel garni, Bernhardstr. 50, ✉ 50259, ☎ (02234) 8 10 58, *Fax (02234) 89232* – TV ☎. AE E VISA
43 Z 125/210.

In Pulheim-Dansweiler *SW : 6 km über Brauweiler :*

Landhaus Ville, Friedenstr. 10, ✉ 50259, ☎ (02234) 8 33 45, *Fax (02234) 83345,* – P – 20. AE E VISA.
Sonntag - Montag, Jan. 1 Woche und Sept. 2 Wochen geschl. – **Menu** (nur Abendessen, Tischbestellung ratsam) 98/135 und à la carte
Spez. Getrüffeltes Gänselebertörtchen mit Apfel und Haselnuß (Saison). Chartreuse von der Etouffé-Taube. Blutente mit Quitten und Vanille.

In Pulheim-Sinnersdorf *NO : 3 km :*

XX **Gourmet life,** Stommelner Str. 143, ✉ 50259, ☎ (02238) 96 54 30, *Fax (02238) 9651414* – P. E VISA. ✻
Samstagmittag, Sonntagmittag und Montag geschl. – **Menu** à la carte 51/72.

Am Golfplatz *N : 7 km :*

XX ✿ **Gut Lärchenhof,** Hahnenstraße (im Golf-Club), ✉ 50259 Pulheim, ☎ (02238) 92 31 00, *Fax (02238) 9231030,* – P. AE ⊙ E VISA. ✻
Menu à la carte 67/89
Spez. Weißes Tomatenmousse mit gebratenem Rochenflügel. Kalbsfilet mit Ochsenschwanzbäckchen gefüllt. Abgeflämmtes Honigparfait mit Mohnschupfnudeln.

PULSNITZ *Sachsen* 418 *M 26 – 7000 Ew – Höhe 230 m.*

Fremdenverkehrsamt, Julius-Kühn-Platz 2, ✉ 01896, ☎ (035955) 4 42 46, Fax (035955) 44246.

Berlin 186 – Dresden 35 – Bautzen 33 – Cottbus 82.

In Pulsnitz-Friedersdorf *NW : 2 km :*

Waldblick, Königsbrücker Str. 119, ✉ 01896, ☎ (035955) 4 52 27, *Fax (035955) 44770,* – TV ☎ P. E VISA
Menu à la carte 21/47 – **28 Z** 80/165.

In Bretnig *SO : 6 km :*

Landhotel zur Klinke garni, Am Klinkenplatz 10a, ✉ 01900, ☎ (035952) 5 68 32, *Fax (035952) 58874* – TV ☎ P. AE E VISA
27 Z 90/150.

PUTBUS *Mecklenburg-Vorpommern siehe Rügen (Insel).*

PYRMONT, BAD *Niedersachsen* 417 *K 11 – 23000 Ew – Höhe 114 m – Heilbad.*

Sehenswert : *Kurpark*★.

Aerzen, Schloß Schwöbber (N : 16 km) ☎ (05154) 98 71 24.

Touristinformation, Europaplatz 1, ✉ 31812, ☎ (05281) 94 05 11, Fax (05281) 940555.

Berlin 351 – Hannover 69 – Bielefeld 58 – Hildesheim 70 – Paderborn 54.

Steigenberger Bad Pyrmont, Heiligenangerstr. 2, ✉ 31812, ☎ (05281) 15 02, *Fax (05281) 152020,* Massage, – Zim, TV ♿ P – 90. AE ⊙ E VISA JCB. ✻ Rest
Menu à la carte 48/75 – **151 Z** 195/345, 3 Suiten – ½ P 56.

Bergkurpark, Ockelstr. 11, ✉ 31812, ☎ (05281) 40 01, *Fax (05281) 4004,* « Gartenterrasse », Massage, – TV ☎ P. AE E VISA
Menu à la carte 34/64 – **49 Z** 90/350 – ½ P 30/32.

Carolinenhof garni, Rathausstr. 15, ✉ 31812, ☎ (05281) 9 33 40, *Fax (05281) 933434* – TV ☎ P. E VISA
17 Z 70/155.

Bad Pyrmonter Hof, Brunnenstr. 32, ✉ 31812, ☎ (05281) 94 10, *Fax (05281) 941200* – TV ☎. AE E VISA
(Restaurant nur für Hausgäste) – **39 Z** 80/180 – ½ P 20.

Alte Villa Schlossblick, Kirchstr. 23, ✉ 31812, ☎ (05281) 37 23, *Fax (05281) 3695,* – TV ☎ P. AE E VISA
März - Okt. **Menu** à la carte 39/74 – **17 Z** 74/158 – ½ P 25.

X **Erker Stuben,** Brunnenstr. 41a, ✉ 31812, ☎ (05281) 45 63, *Fax (05281) 607475.* AE E VISA. ✻
Donnerstag und Feb. - März geschl. – **Menu** à la carte 43/63.

QUAKENBRÜCK *Niedersachsen* 415 *H 7 – 12000 Ew – Höhe 40 m.*

Verkehrsamt, Rathaus, Markt 1, ✉ 49610, ☎ (05431) 18 20, Fax (05431) 182145.

Berlin 430 – Hannover 144 – Nordhorn 84 – Bremen 90 – Osnabrück 50.

Niedersachsen, St. Antoniort 2, ✉ 49610, ☎ (05431) 9 47 70, *Fax (05431) 947720* – TV ☎ P. AE ⊙ E VISA
Menu *(Samstag - Sonntag geschl.)* (nur Abendessen) à la carte 35/55 – **15 Z** 89/170.

QUEDLINBURG *Sachsen-Anhalt* 418 *K 17 – 26 000 Ew – Höhe 122 m.*

Sehenswert: *Markt★ – Altstadt★ (Fachwerkhäuser) – Schloßberg★ – Stiftskirche St.Servatius★★ (Kapitelle★, Krypta★★ mit Fresken★, Domschatz★★) – Schloßmuseum★.*

Ausflugsziele: *Gernrode: Stiftskirche St. Cyriak★ (Skulptur "Heiliges Grab"★) S: 7 km – Halberstadt: St. Stephan-Dom★★ (Lettner★, Triumphkreuzgruppe★, Domschatz★★) NW: 14 km – Bodetal★★ (Roßtrappe★★, ≤★★★) SW: 9 km.*

Quedlinburg-Information, Markt 2, ✉ 06484, ✆ (03946) 77 30 00, Fax (03946) 773016.

Berlin 208 – Magdeburg 56 – Erfurt 133 – Halle 76.

Schlossmühle M, Kaiser-Otto-Str. 28, ✉ 06484, ✆ (03946) 78 70, *Fax (03946) 787499*, « Restaurierte Propsteimühle », – Zim, – 80. AE E VISA
Menu à la carte 29/47 – **71 Z** 140/210.

Am Brühl, Billungstr. 11, ✉ 06484, ✆ (03946) 9 61 80, *Fax (03946) 9618246*, « Ehemalige Gutsanlage eingerichtet im Landhaustil », – Zim, – 50. AE E VISA.
Menu *(Sonntag geschl.)* (nur Abendessen) à la carte 31/52 – **47 Z** 120/200.

Theophano, Markt 14, ✉ 06484, ✆ (03946) 9 63 00, *Fax (03946) 963036*, « Stilvolle Einrichtung » – Zim, AE E VISA
Weihnachten geschl. – **Weinkeller** (nur Abendessen) *(April - Okt. Sonntag, Nov. - März auch Montag und 7. - 31. Jan. geschl.)* **Menu** à la carte 42/62 – **22 Z** 130/240.

Parkhotel Otto III. M, Westerhäuser Str. 43, ✉ 06484, ✆ (03946) 7 72 20, *Fax (03946) 772222*, – Zim, – 30. AE E VISA JCB
Menu à la carte 29/48 – **30 Z** 115/180.

Zum Bär, Markt 8, ✉ 06484, ✆ (03946) 77 70, *Fax (03946) 700268*, – Zim, – 40
Menu à la carte 31/52 – **50 Z** 95/195.

Acron M garni, Oeringer Str. 7, ✉ 06484, ✆ (03946) 7 70 20, *Fax (03946) 770230* – E VISA
64 Z 79/109.

Zur goldenen Sonne, Steinweg 11, ✉ 06484, ✆ (03946) 9 62 50, *Fax (03946) 962530* – Zim, – 25. AE E VISA
Menu à la carte 25/47 – **27 Z** 90/160.

Domschatz garni, Mühlenstr. 20, ✉ 06484, ✆ (03946) 7 70 80, *Fax (03946) 705271* – E
15 Z 90/160.

Zum Schloß mit Zim, Mühlenstr. 22, ✉ 06484, ✆ (03946) 70 74 83, *Fax (03946) 707484* – AE E VISA
Menu à la carte 30/49 – **6 Z** 110/160.

QUICKBORN *Schleswig-Holstein* 415 416 *E 13 – 18 500 Ew – Höhe 25 m.*

Quickborn-Renzel, Pinneberger Str.81 (SW: 2 km), ✆ (04106) 8 18 00.

Berlin 309 – Kiel 76 – Hamburg 33 – Itzehoe 45.

Romantik Hotel Jagdhaus Waldfrieden, Kieler Straße (B 4, N: 3 km), ✉ 25451, ✆ (04106) 6 10 20, *Fax (04106) 69196*, « Ehem. Villa, Park » – – 30. AE E VISA
Menu *(Montagmittag geschl.)* 38 (mittags) und à la carte 64/83 – **24 Z** 140/285.

Sport-Hotel Quickborn, Harksheider Weg 258, ✉ 25451, ✆ (04106) 6 36 70, *Fax (04106) 67195*, – – 35. AE E VISA
27. - 30. Dez. geschl. – **Menu** à la carte 48/75 – **27 Z** 130/175.

In Quickborn-Heide *NO: 5 km:*

Landhaus Quickborner Heide (mit Gästehaus), Ulzburger Landstr. 447, ✉ 25451, ✆ (04106) 7 76 60, *Fax (04106) 74969*, – AE E VISA
Menu à la carte 42/69 – **15 Z** 130/185.

RABEN STEINFELD *Mecklenburg-Vorpommern siehe Schwerin.*

RABENAU *Sachsen siehe Freital.*

RACKWITZ *Sachsen siehe Delitzsch.*

RADEBEUL *Sachsen siehe Dresden.*

RADEBURG *Sachsen 418 M 25 – 5 000 Ew – Höhe 121 m.*
Berlin 173 – Dresden 22 – Meißen 18.

Deutsches Haus, Heinrich-Zille-Str. 5, ✉ 01471, ✆ (035208) 95 10, *Fax (035208) 2014,* Biergarten – TV ☎ P. AE E VISA
Menu à la carte 21/34 – **18 Z** 75/100.

Radeburger Hof, Großenhainer Str. 39, ✉ 01471, ✆ (035208) 8 80, *Fax (035208) 88450,* – TV ☎ P – 40. AE ⓓ E VISA
Menu (nur Abendessen) à la carte 20/36 – **60 Z** 80/130.

In Dobra *NO : 9 km :*

Waldsee mit Zim, Zschornaer Str.16, ✉ 01561, ✆ (035240) 71 20, *Fax (035240) 71240,* « Malerische Lage in einem Waldpark am See », – Zim, TV ☎ P – 20. AE E VISA
Menu *(Montag - Freitag nur Abendessen)* (Tischbestellung ratsam, bemerkenswerte Weinkarte) à la carte 48/65 – **6 Z** 122/204.

RADEVORMWALD *Nordrhein-Westfalen 417 M 6 – 23 800 Ew – Höhe 367 m.*
Berlin 540 – Düsseldorf 64 – Hagen 27 – Lüdenscheid 22 – Remscheid 13.

Außerhalb *NO : 3 km an der B 483, Richtung Schwelm :*

Zur Hufschmiede (mit Gästehaus), Neuenhof 1, ✉ 42477 Radevormwald, ✆ (02195) 82 38, *Fax (02195) 8742,* , , – Zim, TV ☎ P. AE E VISA. Zim
Menu *(Donnerstag - Samstagmittag und Juli - Aug. 3 Wochen geschl.)* à la carte 39/68 – **20 Z** 120/185.

RADOLFZELL *Baden-Württemberg 419 W 10 – 27 700 Ew – Höhe 400 m – Kneippkurort.*
Städt. Verkehrsamt, Bahnhofsplatz 2, ✉ 78315, ✆ (07732) 8 15 00, Fax (07732) 81510.
Berlin 747 – Stuttgart 163 – Konstanz 23 – Singen (Hohentwiel) 11 – Zürich 91.

Am Stadtgarten garni, Höllturmpassage Haus 2, ✉ 78315, ✆ (07732) 9 24 60, *Fax (07732) 924646* – TV ☎. AE ⓓ E VISA JCB
20. Dez. - 10. Jan. geschl. – **31 Z** 110/210.

Zur Schmiede garni, Friedrich-Werber-Str. 22, ✉ 78315, ✆ (07732) 9 91 40, *Fax (07732) 991450* – TV ☎ P. AE ⓓ VISA.
Mitte Dez. - Anfang Jan. geschl. – **32 Z** 98/170.

Auf der Halbinsel Mettnau :

Art Villa M garni, Rebsteig 2/2, ✉ 78315, ✆ (07732) 9 44 40, *Fax (07732) 944410,* , – TV ☎ P. E VISA
8 Z 245/380.

Café Schmid garni, St.-Wolfgang-Str. 2, ✉ 78315, ✆ (07732) 9 49 80, *Fax (07732) 10162,* – TV ☎ P. AE E VISA
18. Dez. - 13. Jan. geschl. – **20 Z** 98/200.

Iris am See garni, Rebsteig 2, ✉ 78315, ✆ (07732) 9 47 00, *Fax (07732) 947030* – TV ☎ P. AE E VISA.
15. Dez. - 15. Jan. geschl. – **17 Z** 83/186.

Mettnau-Stube, Strandbadstr. 23, ✉ 78315, ✆ (07732) 1 36 44, *Fax (07732) 14205,* – P. E VISA
Montag - Dienstagmittag und 15. Okt. - 10. Nov. geschl. – **Menu** à la carte 44/64.

In Radolfzell-Möggingen *NO : 3 Km :*

Gasthaus zu Möggingen mit Zim (historisches Gasthaus a.d. 18. Jh.), Liggeringer Str. 7, ✉ 78315, ✆ (07732) 1 00 55, *Fax (07732) 12570,* , « Integrierte Galerie mit ständig wechselnden Kunstausstellungen » – E
Anfang - Mitte Feb. geschl. – **Menu** *(Nov.- Feb. Montag geschl.)* (wochentags nur Abendessen) 37/65 à la carte 52/66 – **7 Z** 70/120.

In Radolfzell-Güttingen *N : 4,5 km :*

Adler-Gästehaus Sonnhalde, Schloßbergstr. 1, ✉ 78315, ✆ (07732) 1 50 20, *Fax (07732) 150250,* , , , , – TV ☎ P. Zim
Jan. geschl. – **Menu** *(Dienstag geschl.)* à la carte 26/55 – **31 Z** 65/160 – ½ P 22.

In Moos *SW : 4 km :*

Gottfried, Böhringer Str. 1, ✉ 78345, ✆ (07732) 9 24 20, *Fax (07732) 52502,* , , , , – Zim, . *Jan. 3 Wochen geschl.* – **Menu** *(Donnerstag - Freitagmittag geschl.)* 42/95 und à la carte 45/84 – **18 Z** 110/180 – ½ P 35.

Gasthaus Schiff (mit Gästehaus), Hafenstr. 1, ✉ 78345, ✆ (07732) 9 90 80, *Fax (07732) 990899,* – . **Menu** *(Montag - Dienstagmittag, Okt. - Nov. 3 Wochen geschl.)* à la carte 31/63 – **21 Z** 58/160.

RAESFELD *Nordrhein-Westfalen* 417 *K 4 – 9 200 Ew – Höhe 50 m.*

Berlin 528 – Düsseldorf 75 – Borken 9 – Dorsten 16 – Wesel 23.

Haus Epping, Weseler Str. 5, ✉ 46348, ✆ (02865) 70 21, *Fax (02865) 1723,* – . **Menu** *(Montagmittag geschl.)* à la carte 34/56 – **11 Z** 75/120.

Freiheiter Hof, Freiheit 6, ✉ 46348, ✆ (02865) 67 81, *Fax (02865) 958910,* – . *Dienstag geschl.* – **Menu** à la carte 39/67.

RAHDEN *Nordrhein-Westfalen* 415 *I 9 – 14 000 Ew – Höhe 43 m.*

Wagenfeld, Oppenweher Str. 83 (N : 12 km), ✆ (05444) 9 89 90.

Berlin 370 – Düsseldorf 231 – Bielefeld 60 – Bremen 91 – Hannover 101 – Osnabrück 88.

Westfalen Hof, Rudolf-Diesel-Str. 13, ✉ 32369, ✆ (05771) 9 70 00, *Fax (05771) 5539,* , , (Halle) – – 100. **Menu** à la carte 32/62 – **29 Z** 105/185.

RAIN AM LECH *Bayern* 420 *T 16 – 7 500 Ew – Höhe 406 m.*

Berlin 532 – München 109 – Augsburg 52 – Ingolstadt 46 – Nürnberg 104 – Ulm (Donau) 90.

Dehner Blumen Hotel M, Bahnhofstr. 19, ✉ 86641, ✆ (09090) 7 60, *Fax (09090) 76400,* , , – , Zim, – 240. **Menu** à la carte 47/68 – **63 Z** 135/250, 3 Suiten.

RAISDORF *Schleswig-Holstein siehe Kiel.*

RAMBERG *Rheinland-Pfalz* 417 419 *S 8 – 1 000 Ew – Höhe 250 m – Erholungsort.*

Berlin 667 – Mainz 121 – Mannheim 51 – Kaiserslautern 51 – Karlsruhe 50 – Pirmasens 43.

Landgasthof St. Laurentius , Hermersbachstr. 4, ✉ 76857, ✆ (06345) 70 53, *Fax (06345) 93026,* – . Rest **Menu** *(Montag geschl.)* (wochentags nur Abendessen) à la carte 26/58 *(auch vegetarisches Menu)* – **14 Z** 75/180.

RAMMINGEN *Baden-Württemberg siehe Langenau.*

RAMSAU *Bayern* 420 *X 22 – 1 800 Ew – Höhe 669 m – Heilklimatischer Kurort – Wintersport : 670/1 400 m 6 .*

Ausflugsziele : *Schwarzbachwachtstraße : ★★, N : 7 km – Hintersee★ W : 5 km.*

Kurverwaltung, Im Tal 2, ✉ 83486, ✆ (08657) 98 89 20, Fax (08657) 772.

Berlin 732 – München 138 – Bad Reichenhall 21 – Berchtesgaden 11.

Rehlegg , Holzengasse 16, ✉ 83486, ✆ (08657) 12 14, *Fax (08657) 501,* , , , (geheizt), , , – – 35. **Menu** à la carte 49/74 – **60 Z** 137/310 – ½ P 42.

Oberwirt (mit Gästehaus), Im Tal 86, ✉ 83486, ✆ (08657) 2 25, *Fax (08657) 1381,* Biergarten, – *Nov. - 20. Dez. geschl.* – **Menu** *(Jan. - Juni Montag geschl.)* à la carte 24/44 – **26 Z** 78/130.

Am Eingang der Wimbachklamm *O : 2 km über die B 305 :*

Wimbachklamm, Rotheben 1, ✉ 83486 Ramsau, ✆ (08657) 9 88 80, *Fax (08657) 988870,* –
15. Jan. - 1. Feb. und Nov. - 15. Dez. geschl., Dez. - April garni – **Menu** *(Dienstagmittag geschl.)* à la carte 26/47 – **25 Z** 60/138 – ½ P 18.

An der Alpenstraße *N : 5 km :*

Hindenburglinde mit Zim, Alpenstr. 66 – Höhe 850 m, ✉ 83486 Ramsau, ✆ (08657) 5 50, *Fax (08657) 1347,* ← Hochkalter, Watzmann, Reiter-Alpe, –
März - April 4 Wochen und Nov. - Anfang Dez. geschl. – **Menu** *(Dienstagabend - Mittwoch geschl.)* à la carte 27/54 – **10 Z** 60/120 – ½ P 20.

An der Straße nach Loipl *N : 6 km :*

Nutzkaser, Am Gseng 10 – Höhe 1 100 m, ✉ 83486 Ramsau, ✆ (08657) 3 88, *Fax (08657) 659,* ← Watzmann und Hochkalter, –
Mitte Nov. - Mitte Dez. geschl. – **Menu** à la carte 27/58 – **23 Z** 110/220 – ½ P 27.

RAMSEN *Rheinland-Pfalz 417 R 8 – 2 800 Ew – Höhe 330 m.*

Berlin 630 – Mainz 57 – Mannheim 47 – Kaiserslautern 23.

Landgasthof Forelle, Am Eiswoog (SW : 4 km), ✉ 67305, ✆ (06356) 3 42, *Fax (06356) 5245,* ←, –
Montag und 28. Dez.- 8. Jan. geschl. – **Menu** à la carte 35/73.

RAMSTEIN-MIESENBACH *Rheinland-Pfalz 417 R 6 – 8 700 Ew – Höhe 262 m.*

Berlin 662 – Mainz 100 – Saarbrücken 56 – Kaiserslautern 19.

Ramsteiner Hof, Miesenbacher Str. 26 (Ramstein), ✉ 66877, ✆ (06371) 97 20, *Fax (06371) 57600* –
Menu *(Sonntagabend und Samstag geschl.)* à la carte 28/62 – **22 Z** 90/140.

Landgasthof Pirsch, Auf der Pirsch 12 (Ramstein), ✉ 66877, ✆ (06371) 59 30, *Fax (06371) 593199* –
Menu *(Sonntag und Juli - Aug. 3 Wochen geschl.)* (nur Abendessen) à la carte 29/57 – **36 Z** 92/155.

RANDERSACKER *Bayern 417 419 420 Q 13 – 3 700 Ew – Höhe 178 m.*

Berlin 498 – München 278 – Würzburg 8 – Ansbach 71.

Bären (mit Gästehaus), Würzburger Str. 6 (B 13), ✉ 97236, ✆ (0931) 7 05 10, *Fax (0931) 706415,* – 20
21. Feb.- 9. März und Mitte - Ende Aug. geschl. – **Menu** *(Sonntagabend geschl.)* à la carte 30/60 – **34 Z** 85/178.

Zum Löwen, Ochsenfurter Str. 4 (B 13), ✉ 97236, ✆ (0931) 7 05 50, *Fax (0931) 7055222,* –
20. Dez. - 8. Jan. geschl. – **Menu** *(Dienstag und 16.- 31. Aug. geschl.)* (Montag - Freitag nur Abendessen) à la carte 23/48 – **31 Z** 75/150.

RANSBACH-BAUMBACH *Rheinland-Pfalz 417 O 7 – 7 000 Ew – Höhe 300 m.*

Berlin 580 – Mainz 92 – Koblenz 31 – Bonn 72 – Limburg an der Lahn 31.

Sporthotel Kannenbäckerland, Zur Fuchshohl (beim Tennisplatz), ✉ 56235, ✆ (02623) 8 82 00, *Fax (02623) 882060,* Massage, (Halle) – Zim, – 30. Rest
Menu à la carte 33/52 – **23 Z** 89/155.

Eisbach, Schulstr. 2, ✉ 56235, ✆ (02623) 23 76, *Fax (02623) 923092,* –
Menu à la carte 31/57 – **15 Z** 75/148.

Gala, Rheinstr. 103 (Stadthalle), ✉ 56235, ✆ (02623) 45 41, *Fax (02623) 4481,* – – 300.
Montag und Juli - Aug. 3 Wochen geschl. – **Menu** à la carte 40/69.

RANTUM *Schleswig-Holstein siehe Sylt (Insel)*

RAPPENAU, BAD *Baden-Württemberg* 417 419 *S 11 – 18 000 Ew – Höhe 265 m – Soleheilbad.*

Verkehrsamt, Salinenstr. 22, ✉ 74906, ☎ (07264) 8 61 25, Fax (07264) 86182.

Berlin 605 – Stuttgart 74 – Mannheim 70 – Heilbronn 22 – Würzburg 122.

Häffner Bräu, Salinenstr. 24, ✉ 74906, ☎ (07264) 80 50, *Fax (07264) 805119*, – 25. *Zim*
22. Dez. - 17. Jan. geschl. – **Menu** *(Freitag geschl.)* à la carte 31/62 – **62 Z** 96/212 – ½ P 28.

Salinen-Hotel, Salinenstr. 7, ✉ 74906, ☎ (07264) 9 16 60, *Fax (07264) 916639* – – 35.
Menu à la carte 40/72 *(auch vegetarische Gerichte)* – **34 Z** 95/230 – ½ P 28.

Dominikaner, Babstadter Str. 23, ✉ 74906, ☎ (07264) 21 00, *Fax (07264) 2103*, –
Menu à la carte 35/69 – **11 Z** 85/150 – ½ P 28.

In Bad Rappenau-Heinsheim *NO : 6 km :*

Schloß Heinsheim (Herrensitz a.d.J. 1721), ✉ 74906, ☎ (07264) 9 50 30 (Hotel) 9 50 60 (Rest.), *Fax (07264) 4208*, « Park, Schloßkapelle », – – 100.
Ende Dez. - Mitte Feb. geschl. – ***Restaurant Güthlein*** *(Montag - Dienstag und Jan. geschl.)*
Menu à la carte 48/83 – **41 Z** 120/300 – ½ P 55.

When in a hurry use the ***Michelin Main Road Maps*** *:*
970 ***Europe,*** 976 ***Czech Republic/Slovak Republic,*** 980 ***Greece,***
984 ***Germany,*** 985 ***Scandinavia-Finland,*** 986 ***Great Britain and Ireland,***
987 ***Germany-Austria-Benelux,*** 988 ***Italy,*** 989 ***France,***
990 ***Spain-Portugal*** *and* 991 ***Yugoslavia.***

RASTATT *Baden-Württemberg* 419 *T 8 – 50 000 Ew – Höhe 123 m.*

Sehenswert : *Schloßkirche★ AY – Schloß★ AYZ.*

Ausflugsziel : *Schloß Favorite★★ (Innenausstattung★★), ② : 5 km.*

Stadtinformation, Kaiserstraße (Rathaus am Marktplatz), ✉ 76437, ☎ (07222) 97 24 62, Fax (07222) 972108.

Berlin 696 ① – Stuttgart 97 ① – Karlsruhe 24 ① – Baden-Baden 13 ③ – Strasbourg 61 ④.

Stadtplan siehe nächste Seite

Holiday Inn Garden Court, Karlsruher Str. 29, ✉ 76437, ☎ (07222) 92 40, *Fax (07222) 924115*, – , Zim, Rest, – 150. über ①
Menu à la carte 39/65 – **129 Z** 202/394.

Schwert (im Barockstil erbautes Haus mit modernem Interieur), Herrenstr. 3, ✉ 76437, ☎ (07222) 76 80, *Fax (07222) 768120* – , Zim, – 30. AZ a
Sigi's Restaurant *(Samstagmittag und 2.- 15. Jan. geschl.)* **Menu** à la carte 42/76 – **50 Z** 149/226.

Zum Schiff garni, Poststr. 2, ✉ 76437, ☎ (07222) 77 20, *Fax (07222) 772127*, – AZ e
22 Z 90/140.

Am Schloß, Schloßstr. 15, ✉ 76437, ☎ (07222) 9 71 70, *Fax (07222) 971771* – Zim AYZ v
Weihnachten - Anfang Jan. geschl. – **Menu** *(Samstag geschl.)* à la carte 36/62 – **18 Z** 90/150.

Phönix garni, Dr.-Schleyer-Str. 12, ✉ 76437, ☎ (07222) 6 99 80, *Fax (07222) 924932*, – über Wilhelm-Busch-Straße AY
15 Z 85/130.

Zum Storchennest, Karlstr. 24, ✉ 76437, ☎ (07222) 3 22 60, *Fax (07222) 32267*, – BZ c
Donnerstag geschl. – **Menu** à la carte 34/63.

Zum Engel (mit Gästehaus), Kaiserstr. 65, ✉ 76437, ☎ (07222) 7 79 80, *Fax (07222) 779877*, – Zim AY c
Aug. 3 Wochen geschl. – **Menu** *(Samstagabend - Sonntag geschl.)* à la carte 35/48 – **12 Z** 105/155.

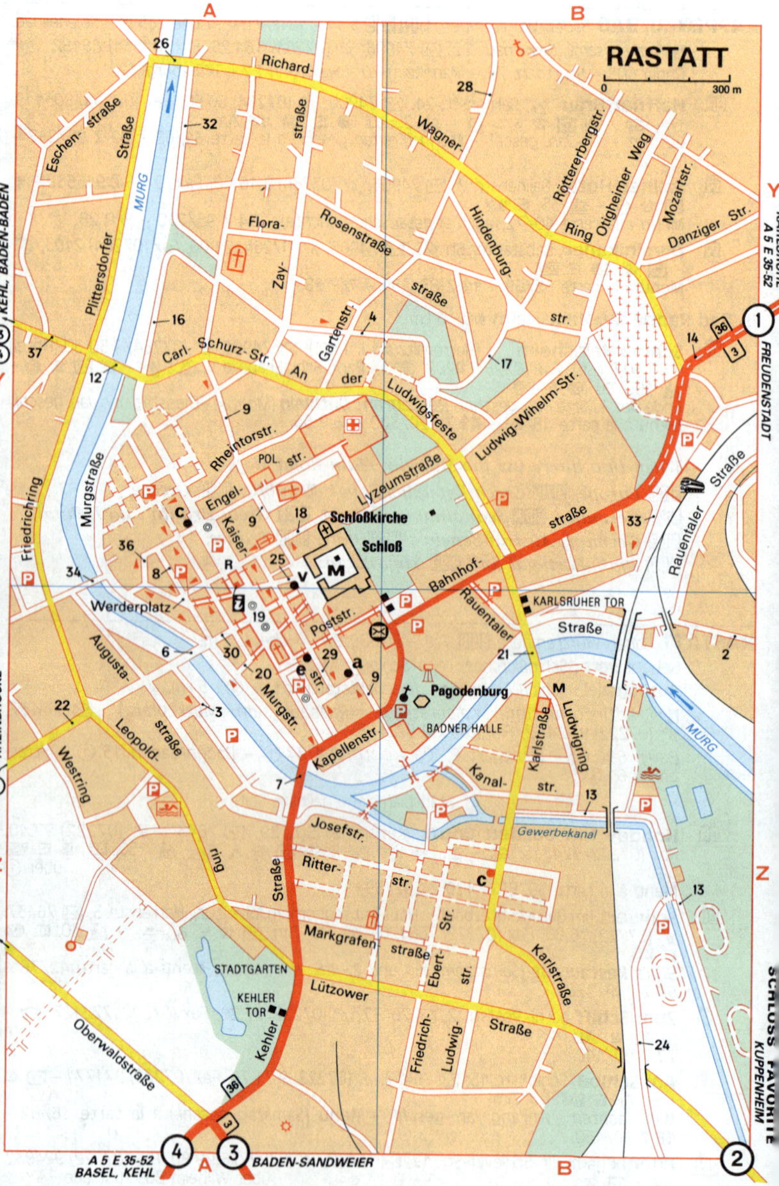
RASTATT
0
300 m
A
B
Y
Z
KARLSRUHE A 5 E 35-52
FREUDENSTADT
PLITTERSDORF KEHL, BADEN-BADEN
KEHL RHEINBRÜCKE
PLITTERSDORF
SCHLOSS FAVORITE KUPPENHEIM
A 5 E 35-52 BASEL, KEHL
BADEN-SANDWEIER
MURG
Richard-
Wagner-
Ring
Eschen- straße
Straße
Plittersdorfer
Flora-
Rosenstraße
Zay-
straße
Gartenstr.
Hindenburg-
straße
Röttererbergstr.
Otigheimer Weg
Mozartstr.
Danziger Str.
str.
Carl- Schurz- Str.
An der Ludwigsfeste
Ludwig-Wilhelm-Str.
Rheintorstr.
POL.
str.
Engel-
Kaiser
Lyzeumstraße
Schloßkirche
Schloß
Murgstraße
Friedrichring
Werderplatz
Poststr.
Bahnhof-
straße
KARLSRUHER TOR
Rauentaler
Straße
Rauentaler Straße
Augusta-
Murgstr.
str.
Pagodenburg
BADNER HALLE
Leopold-
straße
ring
Westring
Kapellenstr.
Karlstraße
Ludwigring
Kanal-
str.
Gewerbekanal
Josefstr.
Ritter-
str.
Straße
Markgrafen-
straße
Ebert-
Str.
str.
STADTGARTEN
KEHLER TOR
Kehler
Lützower
Straße
Friedrich-
Ludwig-
Karlstraße
Oberwaldstraße

RASTEDE *Niedersachsen* 415 *G 8 – 19 600 Ew – Höhe 20 m – Luftkurort.*

Wemkendorf (NW : 3 km), (04402) 72 40.

Tourist-Information, Ladestr., (Bahnhof), 26180, (04402) 92 02 33, Fax (04402) 1004.

Berlin 445 – Hannover 181 – Bremen 58 – Wilhelmshaven 44 – Oldenburg 11.

Petershof, Peterstr. 14, 26180, (04402) 8 10 64, *Fax (04402) 81126*, – Zim, – 25.
Menu *(Sonntagabend geschl.)* à la carte 27/54 – **28 Z** 80/150 – ½ P 25.

Am Ellernteich garni, Mühlenstr. 43, 26180, (04402) 9 24 10, *Fax (04402) 924192*, « Ehemaliges Schulhaus », – – 25.
10 Z 90/160.

Hof von Oldenburg, Oldenburger Str. 199, 26180, (04402) 10 31, *Fax (04402) 927912*, – – 35.
Menu à la carte 26/54 – **21 Z** 65/110.

Das weiße Haus mit Zim, Südender Str. 1, 26180, (04402) 32 43, *Fax (04402) 84726*, , « Ammerländer Bauernhaus a.d.Jahre 1892 » –
Menu *(Donnerstag geschl.)* (Tischbestellung ratsam) 44 (mittags) und à la carte 55/82 – **3 Z** 95/195.

In Rastede-Kleibrok *NW : 2 km :*

Zum Zollhaus, Kleibroker Str. 139, 26180, (04402) 9 38 10, *Fax (04402) 938119*, – – 50.
Menu à la carte 33/58 – **30 Z** 82/142 – ½ P 20.

RATHEN (KURORT) *Sachsen* 418 *N 26 – 700 Ew – Höhe 120 m – Nur vom anderen Elbufer mit Fähre zu erreichen, Fahrerlaubnis nur mit Sondergenehmigung oder Zimmerreservierungsbestätigung..*

Berlin 226 – Dresden 37 – Pirna 18.

Amselgrundschlösschen, 01824, (035024) 7 43 33, *Fax (035024) 74444*, , – – 40.
Menu à la carte 23/43 – **40 Z** 110/165 – ½ P 20.

Erbgericht, 01824, (035024) 7 04 54, *Fax (035024) 70427*, , « Terrasse über der Elbe », , – – 80.
Jan. geschl. – **Menu** à la carte 27/50 – **42 Z** 90/200.

RATHENOW *Brandenburg* 416 418 *I 21 – 28 000 Ew – Höhe 26 m.*

Semlin, Ferchesaer Weg (NO : 4 km) (03385) 55 40.

Berlin 91 – Potsdam 78 – Magdeburg 85 – Brandenburg 32 – Stendal 39.

Fürstenhof, Bahnhofstr. 13, 14712, (03385) 55 80 00, *Fax (03385) 558080* – – 30.
Menu à la carte 31/43 – **47 Z** 95/210.

In Semlin *NO : 6 km :*

Golf und Landhotel Semlin, Ferchesarer Straße, 14715, (03385) 55 40, *Fax (03385) 554400*, , Massage, , , – , Zim, Rest, – 60. . Rest
Menu à la carte 35/58 – **72 Z** 165/250, 3 Suiten.

RATINGEN *Nordrhein-Westfalen* 417 *M 4 – 89 800 Ew – Höhe 70 m.*

Ratingen-Homberg, Grevenmühle (W : 7 km), (02102) 9 59 50 ; Ratingen-Hösel, In den Höfen 32 (NO : 6 km), (02102) 6 86 29.

Kultur- und Verkehrsamt, Minoritenstr. 3, 40876, (02102) 98 25 35, Fax (02102) 98398.

Berlin 552 – Düsseldorf 13 – Duisburg 19 – Essen 22.

Haus Kronenthal, Brachter Str. 85, 40882, (02102) 8 50 80, *Fax (02102) 850850*, – – 40.
Menu *(Montag geschl.)* à la carte 30/68 – **30 Z** 147/313.

Altenkamp garni, Marktplatz 17, 40878, (02102) 9 90 20, *Fax (02102) 21217* – – 30.
25 Z 160/270.

Astoria garni, Mülheimer Str. 72, 40878, (02102) 8 20 05, *Fax (02102) 845868* – .
20. Dez. - 7. Jan. geschl. – **27 Z** 139/184.

Am Düsseldorfer Platz garni, Düsseldorfer Platz 1, ✉ 40878, ☎ (02102) 2 01 80, *Fax (02102) 201850* – *18. Dez. - 2. Jan. geschl.* – **49 Z** 130/170.

Allgäuer Hof, Beethovenstr. 24, ✉ 40878, ☎ (02102) 9 54 10, *Fax (02102) 954123* – 15. AE E VISA
Menu *(Samstag, 2. - 15. Jan. und Juli 3 Wochen geschl.)* à la carte 44/75 – **16 Z** 117/220.

Haus zum Haus, Mühlenkämpchen, ✉ 40878, ☎ (02102) 2 25 86, *Fax (02102) 22586*, « Wasserburg a.d. 13.Jh. » – AE E VISA
Samstag geschl. – **Menu** à la carte 50/77.

L'auberge fleurie-Chez René, Mülheimer Str. 61, ✉ 40878, ☎ (02102) 87 06 26, – AE E VISA
Samstagmittag, Sonntag und Juli geschl. – **Menu** à la carte 36/70.

In Ratingen-Lintorf *N : 4 km :*

Angerland garni, Lintorfer Markt 10, ✉ 40885, ☎ (02102) 3 50 33, *Fax (02102) 36415* – E
14 Z 100/190.

In Ratingen-Tiefenbroich *NW : 2 km :*

Inn Side Residence-Hotel M, Am Schimmersfeld 9, ✉ 40880, ☎ (02102) 42 70, *Fax (02102) 427427*, – Zim, – 90. AE E VISA
Menu *(Samstagmittag und Sonntagmittag geschl.)* à la carte 49/72 *(auch Self-service)* – **137 Z** 250/495.

Villa Ratingen M, Sohlstättenstr. 66, ✉ 40880, ☎ (02102) 44 40 74, *Fax (02102) 475502* – AE E VISA
Menu *(Samstag - Sonntagmittag geschl.)* (italienische Küche) à la carte 48/70 – **26 Z** 180/345.

In Ratingen-West *W : 3 km :*

Relexa Hotel M, Berliner Str. 95, ✉ 40880, ☎ (02102) 45 80, *Fax (02102) 458599*, – Zim, Rest, – 100. AE E VISA JCB
Menu *(Samstag geschl., außer Messen)* à la carte 47/69 – **167 Z** 290/395.

Holiday Inn M, Broichhofstr. 3, ✉ 40880, ☎ (02102) 45 60, *Fax (02102) 456444*, (geheizt), – Zim, – 160. AE E VISA JCB
Menu à la carte 39/79 – **199 Z** 181/582.

Beim Autobahnkreuz Breitscheid *N : 5 km, Ausfahrt Mülheim :*

Dorint Budget Hotel M, An der Pönt 50, ✉ 40885 Ratingen-Breitscheid, ☎ (02102) 91 85, *Fax (02102) 918900* – Zim, Rest, – 80. AE E VISA JCB
Menu *(Sonntagabend geschl.)* à la carte 39/67 – **118 Z** 191/232.

Novotel Düsseldorf-Ratingen, Lintorfer Weg 75, ✉ 40885 Ratingen-Breitscheid, ☎ (02102) 18 70, *Fax (02102) 18418*, (geheizt), – Zim, – 120. AE E VISA
Menu à la carte 39/81 – **116 Z** 188/229.

RATSHAUSEN *Baden-Württemberg 419 V 10 – 650 Ew – Höhe 665 m.*

Berlin 725 – Stuttgart 91 – Konstanz 101 – Villingen-Schwenningen 33 – Sigmaringen 48.

Adler, Hohnerstr. 3, ✉ 72365, ☎ (07427) 22 60, *Fax (07427) 2260*, Biergarten –
Montag - Dienstag geschl. – **Menu** à la carte 37/77.

RATTENBERG *Bayern* 420 *S 22 – 1800 Ew – Höhe 570 m – Erholungsort.*

Verkehrsamt, Dorfplatz 15, ✉ 94371, ☎ (09963) 94 10 30, Fax (09963) 941033.

Berlin 506 – München 153 – Regensburg 71 – Cham 25 – Deggendorf 43 – Straubing 33.

Posthotel, Dorfplatz 2, ✉ 94371, ☎ (09963) 95 00, Fax (09963) 950222, – 40. VISA
Menu à la carte 28/49 – **52 Z** 65/160 – ½ P 20.

RATZEBURG *Schleswig-Holstein* 415 416 *E 16 – 12 500 Ew – Höhe 16 m – Luftkurort.*

Sehenswert : *Ratzeburger See★ (Aussichtsturm am Ostufer ≤★) – Dom★ (Hochaltarbild★).*

Ratzeburg-Information, Schloßwiese 7, ✉ 23909, ☎ (04541) 80 00 80, Fax (04541) 5327.

Berlin 240 – Kiel 107 – Lübeck 23 – Schwerin 46 – Hamburg 68.

Der Seehof, Lüneburger Damm 3, ✉ 23909, ☎ (04541) 86 01 01, Fax (04541) 860102, ≤, « Terrasse am See », Bootssteg – Zim, – 100. AE VISA
Menu à la carte 40/86 – **45 Z** 116/257 – ½ P 35.

Wittlers Hotel-Gästehaus Cäcilie, Große Kreuzstr. 11, ✉ 23909, ☎ (04541) 32 04, *Fax (04541) 3815* – Zim, – 60. VISA
Menu à la carte 31/60 – **39 Z** 90/198 – ½ P 20.

In Schmilau-Farchau *S : 4 km :*

Farchauer Mühle, Farchauer Mühle 6, ✉ 23909, ☎ (04541) 8 60 00, *Fax (04541) 860086*, – Zim, – 25. AE VISA
Menu à la carte 34/61 – **19 Z** 110/235 – ½ P 29.

In Fredeburg *SW : 5,5 km :*

Fredenkrug, Lübecker Str. 5 (B 207), ✉ 23909, ☎ (04541) 35 55, *Fax (04541) 4555*, – 50.
Menu à la carte 30/51 – **15 Z** 80/120 – ½ P 25.

RAUENBERG *Baden-Württemberg* 417 419 *S 10 – 6 100 Ew – Höhe 130 m.*

Berlin 631 – Stuttgart 99 – Mannheim 37 – Heidelberg 22 – Heilbronn 47 – Karlsruhe 45.

Winzerhof, Bahnhofstr. 6, ✉ 69231, ☎ (06222) 95 20, *Fax (06222) 952350*, Massage, – Zim, – 80. AE VISA
Menu à la carte 47/78 – ***Martins Gute Stube*** (nur Abendessen, Tischbestellung ratsam) *(Sonntag - Montag, Feiertage, Jan. und Juli - Aug. 4 Wochen geschl.)* **Menu** 65/125 und à la carte – **70 Z** 149/236 – ½ P 35.

Gutshof M, Suttenweg 1, ✉ 69231, ☎ (06222) 95 10, *Fax (06222) 951100*, –
Jan. und Aug. jeweils 2 Wochen geschl. – **Menu** *(Sonn - und Feiertage geschl.)* (nur Abendessen) à la carte 32/52 – **30 Z** 125/190.

Kraski, Hohenaspen 58 (Gewerbegebiet), ✉ 69231, ☎ (06222) 6 15 70, *Fax (06222) 615755*, – 15. VISA. Rest
22. Dez. - 7. Jan. geschl. – **Menu** *(Sonntag und Ende Juli - Anfang Aug. geschl.)* (nur Abendessen) à la carte 40/70 – **27 Z** 130/185.

RAUNHEIM *Hessen siehe Rüsselsheim.*

RAUSCHENBERG *Hessen* 417 *N 10 – 4 500 Ew – Höhe 282 m – Luftkurort.*

Berlin 456 – Wiesbaden 140 – Marburg 20 – Kassel 72.

Schöne Aussicht, an der B 3 (NW : 3,5 km), ✉ 35282, ☎ (06425) 9 24 20, *Fax (06425) 294212*, – Rest, – 50. AE VISA. Rest
5.- 19. Aug. geschl. – **Menu** *(Montag geschl.)* à la carte 28/54 – **12 Z** 70/140.

RAVENSBURG *Baden-Württemberg* 419 *W 12 – 46 000 Ew – Höhe 430 m.*

Sehenswert : *Liebfrauenkirche (Kopie der "Ravensburger Schutzmantelmadonna"★★).*

Ravensburg, Hofgut Okatreute (NW : 7 km), ☎ (0751) 99 88.

Verkehrsamt, Kirchstr. 16, ✉ 88212, ☎ (0751) 8 23 24, Fax (0751) 82466.

ADAC, *Jahnstr. 26, ✉ 88214, ☎ (0751) 2 37 08, Fax (0751) 15352.*

Berlin 696 – Stuttgart 147 – Konstanz 43 – München 183 – Ulm (Donau) 86 – Bregenz 41.

Romantik Hotel Waldhorn, Marienplatz 15, ✉ 88212, ☎ (0751) 3 61 20, *Fax (0751) 3612100,* – |, Zim, – 60. AE E VISA JCB
Menu *(Sonntag - Montag geschl.)* (Tischbestellung ratsam, bemerkenswerte Weinkarte) 60 (mittags) und à la carte 84/105 – ***Weinstube Rebleutehaus*** « Zunftstube a. d. 15. Jh. » *(nur Abendessen)* Menu à la carte 43/69 – **34 Z** 115/350
Spez. Vorspeisen von Meeresfrüchten in drei Gängen. Gebackene Garnelenschwänze mit Gurkenfächer. Gefüllte Entenbrust mit Garam-Marsala.

Rebgarten M garni, Zwergerstr. 7, ✉ 88214, ☎ (0751) 36 23 30, *Fax (0751) 36233110,* , – | – 40. AE E VISA
Weihnachten - Anfang Jan. geschl. – **29 Z** 134/174.

Obertor, Marktstr. 67, ✉ 88212, ☎ (0751) 3 66 70, *Fax (0751) 3667200,* , – . AE E VISA
Menu *(Sonntag geschl.)* à la carte 35/74 – **32 Z** 94/210.

Storchen, Wilhelmstr. 1, ✉ 88212, ☎ (0751) 36 25 10, *Fax (0751) 3625120,* – . AE E VISA JCB
Menu à la carte 33/69 – **20 Z** 89/150.

Waldgasthof am Flappachweiher, Strietach 4 (SO : 5 km über die B 32), ✉ 88212, ☎ (0751) 6 14 40, *Fax (0751) 61440,* « Terrasse am See » – . E
Okt. - Mai Dienstag geschl. – **Menu** à la carte 37/68.

Halten Sie beim Betreten des Hotels oder des Restaurants den Führer in der Hand.
Sie zeigen damit, daß Sie aufgrund dieser Empfehlung gekommen sind.

RECHTENBACH *Bayern 417 Q 12 – 1 100 Ew – Höhe 335 m.*

Berlin 528 – München 327 – Würzburg 63 – Aschaffenburg 29.

Krone, Hauptstr. 52, ✉ 97848, ☎ (09352) 22 38, –
1. - 15. Aug. geschl. – **Menu** *(Freitag geschl.)* à la carte 19/33 – **15 Z** 38/98.

An der B 26 *W : 3,5 km :*

Bischborner Hof mit Zim, ✉ 97843 Neuhütten, ☎ (09352) 8 71 90, *Fax (09352) 871921,* , Biergarten – . AE E VISA
Menu à la carte 32/66 – **5 Z** 75/95.

RECKE *Nordrhein-Westfalen 415 I 7 – 11 000 Ew – Höhe 60 m.*

Berlin 458 – Düsseldorf 183 – Nordhorn 59 – Bielefeld 73 – Bremen 140 – Enschede 70 – Osnabrück 40.

Altes Gasthaus Greve , Markt 1, ✉ 49509, ☎ (05453) 30 99, *Fax (05453) 3689,* – . E
Menu *(Montag geschl.)* à la carte 27/58 – **17 Z** 65/130.

RECKLINGHAUSEN *Nordrhein-Westfalen 417 L 5 – 127 000 Ew – Höhe 76 m.*

Sehenswert : *Ikonenmuseum*★★ X **M1.**

Recklinghausen, Bockholter Str. 475 (über ⑥), ☎ (02361) 2 65 20.

ADAC, *Martinistr. 11, ✉ 45657, ☎ (02361) 1 54 20, Fax (02361) 184827.*

Berlin 508 ④ – Düsseldorf 63 ④ – Bochum 17 ④ – Dortmund 28 ③ – Gelsenkirchen 20 ④ – Münster (Westfalen) 63 ⑦.

Stadtplan siehe gegenüberliegende Seite

Parkhotel Engelsburg, Augustinessenstr. 10, ✉ 45657, ☎ (02361) 20 10, *Fax (02361) 201120,* , « Kurfürstliches Palais a.d.J.1701 ; elegante Einrichtung », – |, Zim, – 40. AE E VISA X c
Menu *(Sonntag geschl.)* à la carte 67/98 – **65 Z** 190/310, 5 Suiten.

Landhaus Scherrer, Bockholter Str. 385, ✉ 45659, ☎ (02361) 1 03 30, *Fax (02361) 103317,* Biergarten – . AE E VISA. Zim
Menu *(Samstagmittag und Montag geschl.)* à la carte 46/83 – **14 Z** 130/200.
über Bockholter Str. YZ

Albers M, Markt 3, ✉ 45657, ☎ (02361) 9 51 60, *Fax (02361) 951611,* , « Historischer Gasthof mit modernem Hotelanbau » – | . E VISA X e
Menu à la carte 31/58 – **16 Z** 98/148.

RECKLINGHAUSEN

Am Lohtor	X 2
Augustinessenstr.	X 4
Börster Weg	Y 6
Bockholter Straße	Z 7
Breite Straße	X
Buddestraße	Y 9
Grafenwall	X 12
Große Geldstraße	X 13
Heilig-Geist-Straße	X 15
Hillen	Z 16
Hinsbergstraße	Y 18
Holzmarkt	X 19
Im Romberg	Y 20
Josef-Wulff-Straße	Y 22
Kemnastraße	Z 23
Kirchplatz	X 24
Klosterstraße	X 26
Kunibertistraße	X 27
Kurfürstenwall	X 28
Löhrhof	X
Markt	X
Martinistraße	X 30
Münsterstraße	X 33
Ossenbergweg	Y 34
Reitzensteinstr.	Z 36
Schaumburgstraße	X 37
Springstraße	X 39
Steinstraße	X 40
Steintor	X 42
Viehtor	X 43
Wickingstraße	Y 44

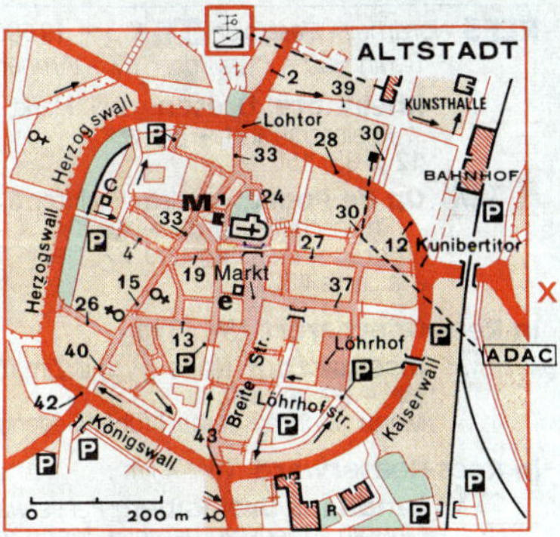

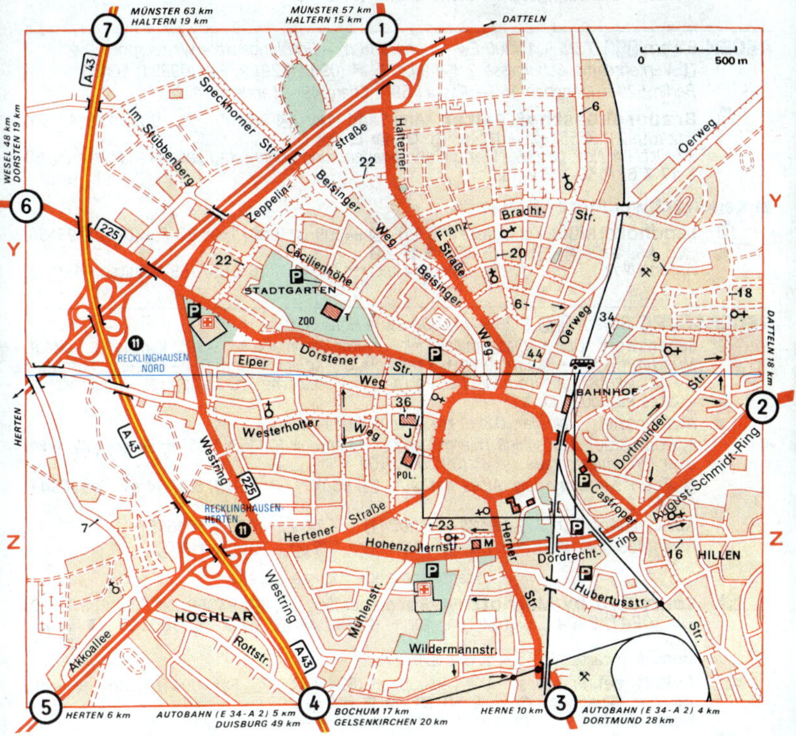

XX **Altes Brauhaus,** Dortmunder Str. 16, ✉ 45665, ✆ (02361) 4 63 23, *Fax (02361) 46579* – AE E Z b
Samstagmittag, Montag - Dienstagmittag und Juli - Aug. 3 Wochen geschl. – **Menu** à la carte 40/78.

REDWITZ AN DER RODACH *Bayern* 418 420 *P 17 – 3 500 Ew – Höhe 293 m.*
Berlin 362 – München 258 – Coburg 29 – Bamberg 47.

Rösch, Gries 19, ✉ 96257, ✆ (09574) 30 44, *Fax (09574) 3046,* – Zim, TV ☎ P. AE O E VISA.
19. Dez. - 10. Jan. geschl. – **Menu** *(Samstag - Sonntag geschl.)* à la carte 28/55 – **17 Z** 69/130.

REES Nordrhein-Westfalen 417 K 3 – 19 600 Ew – Höhe 20 m.
Berlin 580 – Düsseldorf 87 – Arnhem 49 – Wesel 24.

Rheinhotel Dresen garni, Markt 6, ✉ 46459, ☎ (02851) 12 55, *Fax (02851) 2838,* ≤ Rheinschiffahrt – TV ☎
12 Z 85/150.

Op de Poort, Vor dem Rheintor 5, ✉ 46459, ☎ (02851) 74 22, *Fax (02851) 917720,* ≤ Rheinschiffahrt, – P.
Montag - Dienstag und 27. Dez. - 17. Feb. geschl. – **Menu** (Tischbestellung ratsam) à la carte 48/77.

In Rees-Grietherort *NW : 8 km :*

Inselgasthof Nass mit Zim, ✉ 46459, ☎ (02851) 63 24, *Fax (02851) 6015,* ≤, – TV P.
Menu *(Montag geschl.)* (überwiegend Fischgerichte) à la carte 41/75 – **7 Z** 70/140.

In Rees-Reeserward *NW : 4 km :*

Landhaus Drei Raben, Reeserward 5, ✉ 46459, ☎ (02851) 18 52, – P
Montag - Dienstag geschl. – **Menu** à la carte 45/78.

REGEN *Bayern* 420 *T 23 – 11 000 Ew – Höhe 536 m – Erholungsort – Wintersport :*
Verkehrsamt, Schulgasse 2, ✉ 94209, ☎ (09921) 29 29, Fax (09921) 60433.
Berlin 529 – München 169 – Passau *59 – Cham 49 – Landshut 100.*

Brauerei-Gasthof Falter, Am Sand 14, ✉ 94209, ☎ (09921) 9 42 30, *Fax (09921) 8655,* – TV ☎ P. AE VISA
27. Okt. - 4. Nov. geschl. – **Menu** *(Sonntagabend und Donnerstag geschl.)* à la carte 26/60 – **17 Z** 68/136 – ½ P 18.

In Regen-Schweinhütt *NO : 6 km :*

Landhotel Mühl, Köpplgasse 1 (B 11), ✉ 94209, ☎ (09921) 95 60, *Fax (09921) 95656,* – TV ☎ P. AE VISA
Anfang Nov. - 6. Dez. geschl. – **Menu** à la carte 24/45 – **26 Z** 69/138, 7 Suiten – ½ P 18.

REGENSBURG *Bayern* 420 *S 20 – 141 000 Ew – Höhe 339 m.*
Sehenswert : *Dom★ (Glasgemälde★★)* E *– Alter Kornmarkt★* E *– Alte Kapelle★* E *– Städt. Museum★* E **M1** *– St. Emmeram★ (Grabmal★ der Königin Hemma)* D *– Diözesanmuseum★* E *– St. Jakobskirche (romanisches Portal★)* A *– Steinerne Brücke (≤★)* E *– Haidplatz★* D *– Altes Rathaus★* D.
Ausflugsziel : *Walhalla★ O : 11 km über Walhalla-Allee* B.
Donaustauf, Jagdschloß Thiergarten (②: 13 km), ☎ (09403) 5 05 ; Sinzing (SW : 6 km über Kirchmeierstraße Y*), ☎ (0941) 3 25 04.*
Tourist-Information, Altes Rathaus, ✉ 93047, ☎ (0941) 5 07 34 16, Fax (0941) 5074419.
ADAC, *Luitpoldstr. 2, ✉ 93047, ☎ (0941) 5 56 73, Fax (0941) 561665.*
Berlin 489 ⑤ – München 122 ④ – Nürnberg 100 ④ – Passau 115 ③.

Stadtpläne siehe nächste Seiten

Courtyard by Marriott M, Bamberger Str. 28, ✉ 93059, ☎ (0941) 8 10 10, *Fax (0941) 84047,* Biergarten, – TV P – 180. AE VISA JCB über ⑤
Menu à la carte 42/65 – **125 Z** 220/275.

Avia-Hotel, Frankenstr. 1, ✉ 93059, ☎ (0941) 4 09 80, *Fax (0941) 42093,* – Zim, TV P – 60. AE VISA JCB B c
Menu *(27. Dez. - 7. Jan. geschl.)* à la carte 33/68 – **81 Z** 167/217.

Parkhotel Maximilian, Maximilianstr. 28, ✉ 93047, ☎ (0941) 5 68 53 00, *Fax (0941) 52942,* « Neu-Rokoko-Fassade » – Zim, TV ☎ – 100. AE VISA JCB E f
Locanda Botticelli (italienische Küche) *(Sonn- und Feiertage geschl.)* **Menu** à la carte 38/55 – **52 Z** 218/288, 3 Suiten.

Sorat Insel-Hotel M, Müllerstr. 7, ✉ 93059, ☎ (0941) 8 10 40, *Fax (0941) 8104444,* ≤, , « Ehemalige Manufaktur über einem Arm der Donau gelegen », – Zim, TV ☎ – 90. AE VISA JCB A r
Menu à la carte 52/68 – **75 Z** 200/310.

Altstadthotel Arch garni, Am Haidplatz 4, ✉ 93047, ☎ (0941) 5 86 60, *Fax (0941) 5866168,* « Modernisiertes Patrizierhaus a.d. 18. Jh. » – TV ☎ – 25. AE VISA JCB D n
65 Z 128/280.

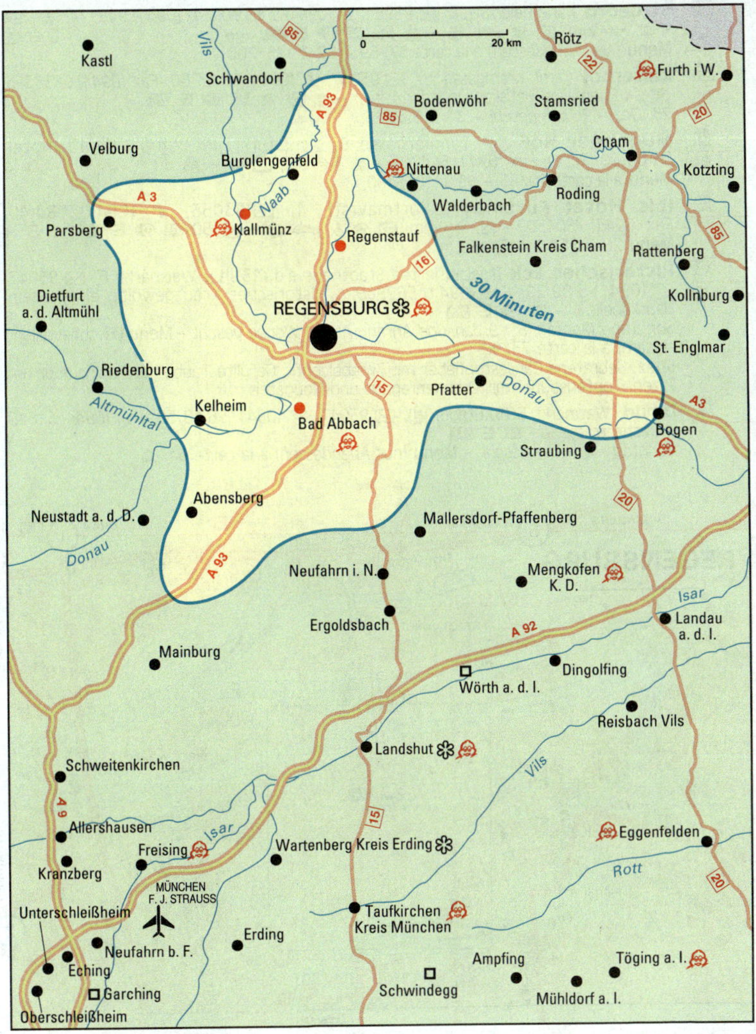

Atrium garni, Gewerbepark D 90, ✉ 93059, ✆ (0941) 4 02 80, *Fax (0941) 49172* – 🛗 ✈ TV ☎ ✆ 🚗 🅿 – 🏛 200. AE ⊙ E VISA über ①
96 Z 155/185.

Bischofshof am Dom, Krauterermarkt 3, ✉ 93047, ✆ (0941) 5 90 86, *Fax (0941) 53508*, Biergarten – 🛗, ✈ Zim, TV ☎. AE ⊙ E VISA E r
Menu à la carte 28/83 – **54 Z** 145/220.

City Hotel, Grunewaldstr. 16, ✉ 93053, ✆ (0941) 7 88 20, *Fax (0941) 7882230*, 🏋, 🧖 – 🛗, ✈ Zim, TV ☎ ♿ 🅿 – 🏛 80. AE E VISA über ③
Menu (nur Abendessen) à la carte 30/55 – **159 Z** 116/148, 16 Suiten.

Hansa Apart-Hotel Ⓜ, Friedenstr. 7, ✉ 93051, ✆ (0941) 9 92 90 (Hotel) 9 31 40 (Rest.), *Fax (0941) 9929095*, 🌳 – 🛗, ✈ Zim, TV ☎ ✆ 🚗 – 🏛 40. AE ⊙ E VISA A a
Il Cambero (italienische Küche) *(Sonntag geschl.)* **Menu** à la carte 42/67 – **121 Z** 115/200, 21 Suiten.

St. Georg, Karl-Stieler-Str. 8, ✉ 93051, ☏ (0941) 9 10 90, *Fax (0941) 948174,* , über ④ – |‡|, ⇔ Zim, TV ☎ ⇐ P – 🏛 55. AE ⦿ E VISA JCB
Menu (nur Abendessen) à la carte 37/69 – **62 Z** 125/200.

Kaiserhof garni, Kramgasse 10, ✉ 93047, ☏ (0941) 58 53 50, *Fax (0941) 5853595,* , « Ehemalige Hauskapelle a.d. 14.Jh. » – |‡| TV ☎. AE ⦿ E VISA — E t
23. Dez. - 9. Jan. geschl. – **31 Z** 99/225.

Münchner Hof, Tändlergasse 9, ✉ 93047, ☏ (0941) 5 84 40 (Hotel) 56 00 00 (Rest.), *Fax (0941) 561709* – |‡|, ⇔ Zim, TV ☎ – 🏛 30 — D d
Menu à la carte 20/55 – **53 Z** 105/180.

Ibis Hotel Furtmayr, Furtmayrstr. 1, ✉ 93053, ☏ (0941) 7 80 40, *Fax (0941) 7804509* – |‡|, ⇔ Zim, TV ☎ ♿ ⇐ P – 🏛 50. AE ⦿ E VISA — B r
Menu 26 – **114 Z** 115/130.

Historisches Eck (restauriertes Stadthaus a.d. 13.Jh.), Watmarkt 6, ✉ 93047, ☏ (0941) 5 89 20, *Fax (0941) 562969,* « Historisches Kreuzgewölbe einer ehem. Hauskapelle » – AE ⦿ E VISA — E s
Sonntag - Montag, 6. - 9. Jan. und Anfang Aug. 1 Woche geschl. – **Menu** (Tischbestellung ratsam) à la carte 73/90
Spez. Gebratene Gänsestopfleber mit Zwiebelconfit. Gefüllte Taube mit Topinambur und Pilzen. Topfensoufflé mit Orangenragout und Nougateis.

David, Watmarkt 5 (5. Etage, |‡|), ✉ 93047, ☏ (0941) 56 18 58, *Fax (0941) 51618,* « Dachterrasse » – AE E VISA — E v
Sonntag - Montag geschl. – **Menu** (nur Abendessen) à la carte 64/83.

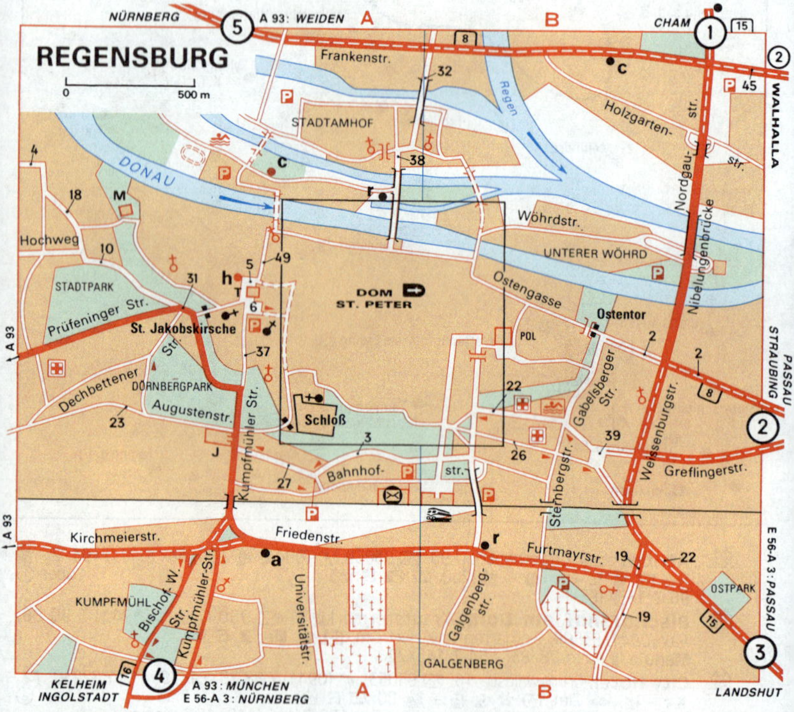

Adolf-Schmetzer-Str. . . . . . B 2
Albertstraße . . . . A 3
Altdorfer Straße . . . . A 4
Arnulfsplatz . . . . A 5
Bismarckplatz . . . . A 6
Dr.-Johann-Maier-Straße . . . . A 10
Gumpelzhaimerstraße . . . . . A 18
Hermann-Geib-Straße . . . . B 19
Landshuter Straße . . . . B 22
Liskircherstraße . . . . A 23
Luitpoldstraße . . . . B 26
Margaretenstraße . . . . A 27
Platz der Einheit . . . . A 31
Protzenweiherbrücke . . . . . AB 32
Schottenstraße . . . . A 37
Stadtamhof . . . . A 38
Stobäusplatz . . . . B 39
Walhalla Allee . . . . B 45
Weißgerbergraben . . . . A 49

REGENSBURG

- Brückstraße .... E 7
- Domgarten .... E 12
- Fröhliche-Türken-Str. .... E 15
- Gesandtenstraße .... D
- Goldene-Bären-Straße .... D 17
- Goliathstraße .... DE
- Haidplatz .... D
- Königsstraße .... E 21
- Landshuter Straße .... E 22
- Ludwigstraße .... D 24
- Luitpoldstraße .... E 26
- Maximilianstraße .... E
- Neue-Waag-Gasse .... D 28
- Neupfarrplatz .... DE
- Pfauengasse .... E 30
- Rathausplatz .... D 34
- Thundorfer Straße .... E 42
- Viereimergasse .... E 43
- Weiße-Hahnen-Gasse .... E 46
- Weiße-Lilien-Straße .... E 48

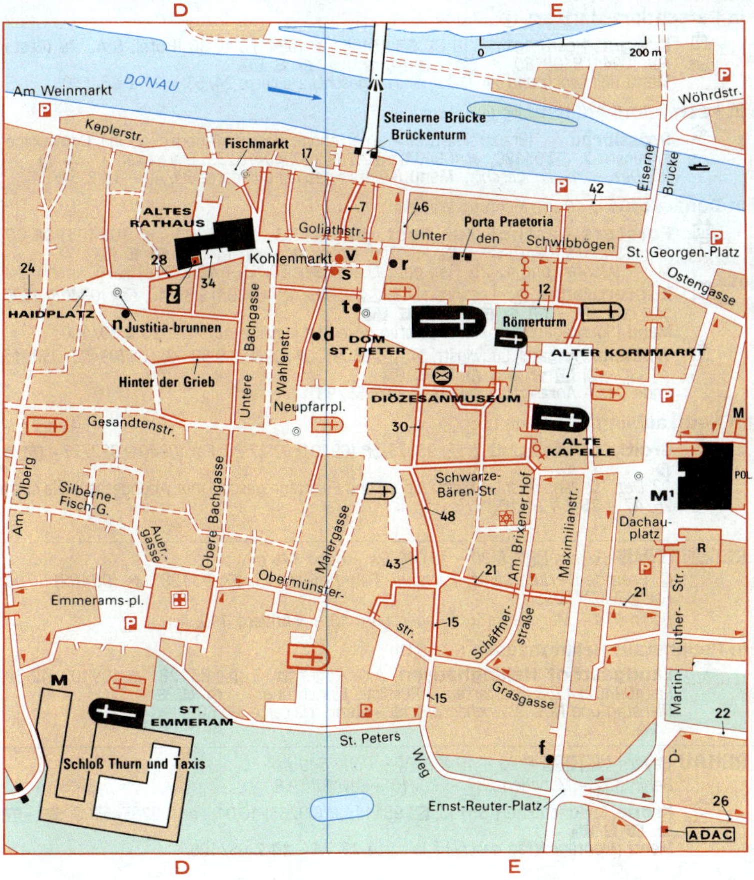

Hagens Auberge, Badstr. 54, ✉ 93059, ☎ (0941) 8 44 13, *Fax (0941) 84414*, – AE ① E VISA A c
Sonntag geschl. – **Menu** (nur Abendessen) à la carte 43/80.

Brauerei Kneitinger (Brauereigaststätte), Arnulfsplatz 3, ✉ 93047, ☎ (0941) 5 24 55, *Fax (0941) 5999982* A h
Menu à la carte 19/36.

In Regensburg-Irl ② : *7 km* :

Held, Irl 11, ✉ 93055, ☎ (09401) 94 20, *Fax (09401) 7682*, , , – TV ☎ P – 20. AE ① E VISA JCB
21. - 30. Dez. geschl. – **Menu** à la carte 24/55 – **76 Z** 80/170.

In Regensburg-Wutzlhofen ① : *5 km* :

Götzfried, Wutzlhofen 1, ✉ 93057, ☎ (0941) 6 96 10, *Fax (0941) 6961232*, – , Zim, TV ☎ P – 60. AE ① E VISA
Menu *(22. - 26. Dez. geschl.)* à la carte 24/50 – **50 Z** 85/145.

In Pentling ④ : *5 km :*

Vier Jahreszeiten-Schrammel, An der Steinernen Bank 10, ✉ 93080, ✆ (09405) 3 30, *Fax (09405) 33410,* Biergarten, ≘, ✂(Halle) Squash – |♦|, ⇹ Zim, TV ☎ ✆ ♿ ⇔ P – 🎤 400. AE ⓓ E VISA. ✂ Rest
Menu à la carte 38/74 – **226 Z** 140/230, 3 Suiten.

In Pettendorf-Mariaort ⑤ : *7 km :*

Krieger, Heerbergstr. 3 (B 8), ✉ 93186, ✆ (0941) 8 10 80 (Hotel) 8 42 78 (Rest.), *Fax (0941) 8108180,* ⩽, 🌳 – |♦| TV ☎ ⇔ P. E VISA
Menu *(Mittwoch und 24. Dez. - 5. Jan. geschl.)* à la carte 24/55 – **27 Z** 86/140.

In Pettendorf-Adlersberg ⑤ : *8 km :*

Prösslbräu ⚘ (Brauereigasthof in einer ehem. Klosteranlage a.d. 13.Jh.), Dominikanerinnenstr. 2, ✉ 93186, ✆ (09404) 18 22, *Fax (09404) 5233,* Biergarten – ⇔ P
20. Dez. - 21. Jan. geschl. – **Menu** *(Montag geschl.)* à la carte 24/40 – **14 Z** 54/84.

In Donaustauf *O : 9 km, Richtung Walhalla* B :

Forsters Gasthof Zur Post, Maxstr. 43, ✉ 93093, ✆ (09403) 91 00, *Fax (09403) 910910,* 🌳 – |♦|, ⇹ Zim, TV ☎ P – 🎤 140. AE ⓓ E VISA
Menu *(Montag und 1.- 25. Feb. geschl.)* à la carte 30/63 – **48 Z** 99/180.

Kupferpfanne ⚘, Lessingstr. 48, ✉ 93093, ✆ (09403) 9 50 40, *Fax (09403) 4396,* 🌳, ≘, 🌲 – TV ☎ P. AE ⓓ E VISA
Menu *(Sonntagabend - Montagmittag geschl.)* à la carte 43/72 – **20 Z** 89/180.

Walhalla ⚘ garni, Ludwigstr. 37, ✉ 93093, ✆ (09403) 9 50 60, *Fax (09403) 950613,* ⩽, 🌲 – |♦| TV ☎ ⇔ P. AE E VISA
Ende Dez. - Anfang Jan. geschl. – **22 Z** 55/98.

In Neutraubling *SO : 10 km über* ② :

Groitl, St. Michaelsplatz 2, ✉ 93073, ✆ (09401) 92 27 20, *Fax (09401) 922727* – TV ☎ P
22. Dez. - 2. Jan. geschl. – **Menu** *(Sonn- und Feiertage geschl.)* (nur Abendessen) à la carte 26/47 – **25 Z** 72/110.

REGENSTAUF *Bayern* 420 *S 20 – 15 000 Ew – Höhe 346 m.*

ℹ Fremdenverkehrsamt, Rathaus, Bahnhofstr. 15, ✉ 93128, ✆ (09402) 50 90, Fax (09402) 50950.
Berlin 474 – München 136 – Regensburg 19 – Nürnberg 110.

In Regenstauf-Heilinghausen *NO : 8 km :*

Landgasthof Heilinghausen, Alte Regenstr. 5, ✉ 93128, ✆ (09402) 42 38, *Fax (09402) 4238,* Biergarten, « Rustikale Einrichtung » – P. AE E
Dienstag und Nov. 2 Wochen geschl. – **Menu** à la carte 34/60.

REHAU *Bayern* 418 420 *P 20 – 10 400 Ew – Höhe 540 m.*

Berlin 332 – München 287 – Hof 15 – Bayreuth 58.

Krone, Friedrich-Ebert-Str. 13, ✉ 95111, ✆ (09283) 10 01, *Fax (09283) 5300,* 🌳 – TV ☎. AE E VISA
Menu *(Montagmittag geschl.)* à la carte 29/74 – **14 Z** 65/105.

REHBURG-LOCCUM *Niedersachsen* 415 417 *I 11 – 9 800 Ew – Höhe 60 m.*

⛳9 Mardorf, (NO : 5 km) Vor der Mühle 10 a, ✆ (05036) 27 78 ; ⛳18 Rehburg-Loccum, Ortsteil Hormannshausen, ✆ (05766) 9 30 17.
Berlin 328 – Hannover 47 – Bremen 89 – Minden 28.

Rodes Hotel, Marktstr. 22 (Loccum), ✉ 31547, ✆ (05766) 2 38, *Fax (05766) 7132,* 🌳 – TV ☎ ⇔ P
20. Dez. - 10. Jan. geschl. – **Menu** *(Freitag geschl.)* à la carte 27/65 – **23 Z** 78/148.

REHLINGEN-SIERSBURG *Saarland* 417 *R 4 – 10 000 Ew – Höhe 180 m.*

Berlin 736 – Saarbrücken 37 – Luxembourg 66 – Trier 63.

In Rehlingen-Siersburg - Eimersdorf *N : 2 km, ab Siersburg :*

Niedmühle, Niedtalstr. 13, ✉ 66780, ✆ (06835) 6 74 50, *Fax (06835) 67450,* 🌳 – P. ✂
Samstagmittag, Donnerstag, Anfang März 1 Woche und Aug. - Sept. 3 Wochen geschl. – **Menu** à la carte 49/71.

In Rehlingen-Siersburg - Niedaltdorf *SW : 8 km, ab Siersburg :*

Zur Naturtropfsteinhöhle, Neunkircher Str. 10, ✉ 66780, ☎ (06833) 3 77, *Fax (06833) 377,* – P. AE E VISA.
Mittwochabend, Montag und 1. - 15. Jan. geschl. – **Menu** à la carte 29/72.

REHNA *Mecklenburg-Vorpommern* 415 416 *E 17 – 2 800 Ew – Höhe 15 m.*
Berlin 238 – Schwerin 36 – Lübeck 30 – Ratzeburg 34 – Wismar 45.

Stadt Hamburg, Am Markt 5 (B 104), ✉ 19217, ☎ (038872) 5 33 11, *Fax (038872) 51632,* – TV ☎ P. E VISA
Menu à la carte 26/40 – **15 Z** 80/120.

REICHELSHEIM *Hessen* 417 419 *Q 10 – 9 200 Ew – Höhe 216 m – Luftkurort.*
Verkehrsamt, (Rathaus) Bismarkstr. 43, ✉ 64385, ☎ (06164) 5 08 26, Fax (06164) 50833.
Berlin 585 – Wiesbaden 84 – Mannheim 53 – Darmstadt 36.

Treusch im Schwanen, Rathausplatz 2, ✉ 64385, ☎ (06164) 22 26, *Fax (06164) 809,* – P – 25. AE E VISA
Donnerstag - Freitagmittag, Jan. und Feb. jeweils 3 Wochen geschl. – **Menu** (bemerkenswerte Weinkarte) à la carte 49/87 *(auch vegetarisches Menu).*

In Reichelsheim-Eberbach *NW : 1,5 km :*

Ferienhotel Lortz garni, Ortstraße 3, ✉ 64385, ☎ (06164) 49 69, *Fax (06164) 55528,* , , , – TV ☎ P.
Jan. - Feb. 4 Wochen und Mitte Nov. - 24. Dez. geschl. – **14 Z** 77/152.

In Reichelsheim-Erzbach *SO : 6,5 km :*

Berghof, Forststr. 44, ✉ 64385, ☎ (06164) 20 95, *Fax (06164) 55298,* , , , – ☎ P – 20. Zim
Menu *(Montag geschl.)* à la carte 26/61 – **28 Z** 68/140 – ½ P 15.

In Reichelsheim-Gumpen *SW : 2,5 km :*

Schützenhof, Kriemhildstr. 73 (B 47), ✉ 64385, ☎ (06164) 22 60, *Fax (06164) 3051,* , – TV P
Menu *(Dienstag und Juli 2 Wochen geschl.)* à la carte 22/60 – **7 Z** 45/90.

REICHENAU (Insel) *Baden-Württemberg* 419 *W 11 – 4 800 Ew – Höhe 398 m – Erholungsort.*
Sehenswert : *In Oberzell : Stiftskirche St. Georg (Wandgemälde★★) – In Mittelzell : Münster★ (Münsterschatz★).*
Verkehrsbüro, Mittelzell, Ergat 5, ✉ 78479, ☎ (07534) 9 20 70, Fax /07534) 920777.
Berlin 763 – Stuttgart 181 – Konstanz 12 – Singen (Hohentwiel) 29.

Im Ortsteil Mittelzell :

Seehotel Seeschau , An der Schiffslände 8, ✉ 78479, ☎ (07534) 2 57, *Fax (07534) 7264,* , « Terrasse am See » – TV ☎ P – 25. AE E VISA
Jan. - Feb. geschl. – ***Kaminstube*** *(Jan. - Feb. geschl.)* **Menu** à la carte 39/67 – ***Le Gourmet*** *(Nov.- Feb. geschl., nur Abendessen)* **Menu** à la carte 66/89 – **23 Z** 160/320 – ½ P 48.

Mohren, Pirminstr. 141, ✉ 78479, ☎ (07534) 4 85, *Fax (07534) 1326,* – TV ☎ P – 30. AE E VISA JCB
22. Dez. - Mitte Jan. geschl. – **Menu** *(Sonntag und über Fastnacht geschl.)* à la carte 40/65 – **36 Z** 95/225 – ½ P 41.

Strandhotel Löchnerhaus , An der Schiffslände 12, ✉ 78479, ☎ (07534) 80 30, *Fax (07534) 5 82,* , , « Terrasse am See », , Bootssteg – , Zim, TV ☎ P – 60. AE E VISA.
Jan.- Feb. geschl. – **Menu** à la carte 46/72 – **42 Z** 115/280 – ½ P 40.

Im Ortsteil Oberzell :

Kreuz, Zelleleweg 4, ✉ 78479, ☎ (07534) 3 32, *Fax (07534) 1460,* – TV P. E VISA
über Fasching 2 Wochen, Mitte Okt. - Anfang Nov. und 24. - 31. Dez. geschl. – **Menu** *(Montag und Donnerstag geschl.)* à la carte 35/58 – **12 Z** 80/150.

REICHENBACH *Sachsen* 418 *M 28 – 3 500 Ew – Höhe 258 m.*
Berlin 217 – Dresden 96 – Görlitz 14 – Zittau 32.

Reichenbacher Hof, Oberreichenbach 8a (B 6), ✉ 02894, ☎ (035828) 7 50, *Fax (035828) 75235,* , Massage, , – TV ☎ P – 150. AE E VISA
Menu à la carte 23/46 – **47 Z** 95/165.

REICHENBACH (VOGTLAND) *Sachsen* 418 420 *O 20 – 25 000 Ew – Höhe 377 m.*
Berlin 289 – Dresden 118 – Gera 45 – Plauen 26.

Burgberg Hotel M, Am Burgberg 2, ✉ 08468, ☎ (03765) 78 00, *Fax (03765) 780111*, – , Zim, – 35. **Menu** (nur Abendessen) à la carte 29/39 – **30 Z** 110/190.

REICHENHALL, BAD *Bayern* 420 *W 22 – 17 000 Ew – Höhe 470 m – Heilbad – Wintersport : 470/1 600 m 1 2 .*
Kur- und Verkehrsverein im Kurgastzentrum, Wittelsbacherstr. 15, ✉ 83435, ☎ (08651) 60 63 03, Fax (08651) 606311.
Berlin 723 ① – München 136 ① – Berchtesgaden 20 ② – Salzburg 19 ①.

Steigenberger Axelmannstein, Salzburger Str. 2, ✉ 83435, ☎ (08651) 77 70, *Fax (08651) 5932*, « Park », Massage, – , Zim, – 120. Rest AY a
Parkrestaurant : **Menu** à la carte 62/82 – ***Axel-Stüberl*** *(Montag geschl.)* **Menu** à la carte 29/50 – **151 Z** 237/495, 8 Suiten – ½ P 60/67.

Parkhotel Luisenbad, Ludwigstr. 33, ✉ 83435, ☎ (08651) 60 40, *Fax (08651) 62928*, « Garten », Massage, – , Rest, – 120. AY e
9. Jan. - 6. Feb. geschl. – **Menu** à la carte 48/70 – **75 Z** 156/344 – ½ P 44.

Sonnenbichl, Adolf-Schmid-Str. 2, ✉ 83435, ☎ (08651) 7 80 80, *Fax (08651) 780859*, – . Rest AY h
(Restaurant nur für Hausgäste) – **35 Z** 80/160 – ½ P 25.

BAD REICHENHALL

Adolf-Schmid-Straße . . . . AY 2
Alte Luitpoldbrücke . . . . AZ 3
Bahnhofstraße . . . . AY
Friedrich-Ebert-Allee . . . . AY 9
Grabenbachstraße . . . . BZ 12
Großgmainer Straße . . . . BZ 13
Heilingbrunnerstraße . . . . AZ 14
Johann-Häusl-Straße . . . . BZ 15
Kaiserplatz . . . . AY 16
Kammerbotenstraße . . . . AZ 17
Kanalstraße . . . . AZ 18
Kreta-Brücke . . . . BZ 19
Kurstraße . . . . AY 22
Lange Gasse . . . . BZ 23
Ludwigstraße . . . . AYZ
Maximilianstraße . . . . AY 27
Münchner Allee . . . . AY 29
Poststraße . . . . AZ 32
Rathausplatz . . . . AZ 33
Reichenbachstraße . . . . BZ 34

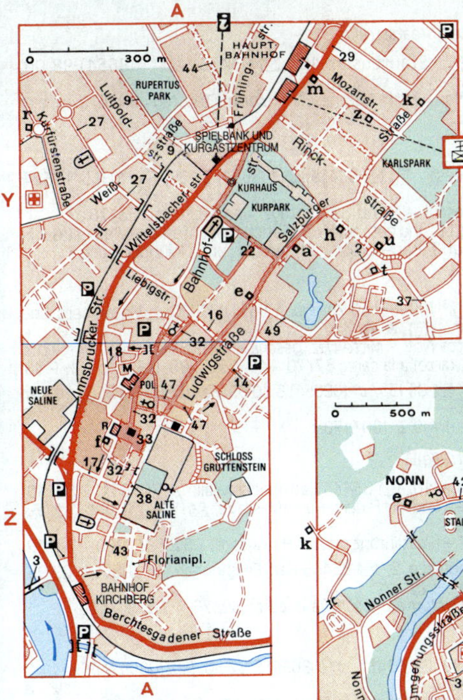

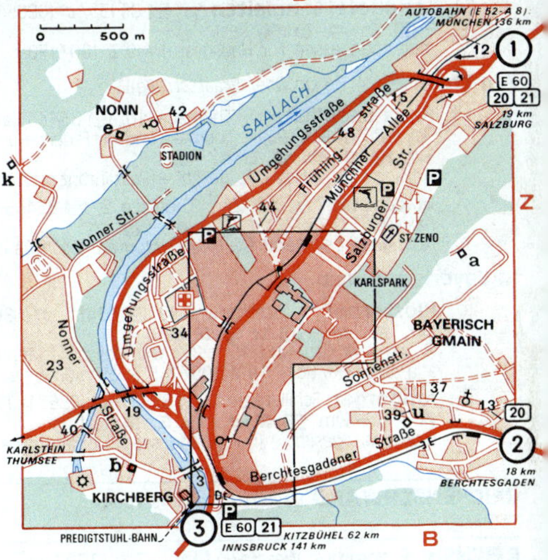

Reichenhaller Straße . . . . . AY, BZ 37
Salinenstraße . . . . AZ 38
Salzburger Straße . . . . AY
Schillerallee . . . . BZ 39
Staatsstraße . . . . BZ 40
Strailachweg . . . . BZ 42
Tiroler Straße . . . . AZ 43
Traunfeldstraße . . . . AY, BZ 44
Turnergasse . . . . AZ 47
Voglthennstraße . . . . BZ 48
Wisbacherstraße . . . . AY 49

Kurhotel Alpina, Adolf-Schmid-Str. 5, 83435, (08651) 97 50, *Fax (08651) 65393*, Massage – . AY t
Feb. - Okt. – (Restaurant nur für Hausgäste) – **65 Z** 85/190 – ½ P 18.

Bayerischer Hof, Bahnhofplatz 14, 83435, (08651) 60 90, *Fax (08651) 609111*, Massage, – . VISA AY m
Menu à la carte 30/64 – **62 Z** 133/246 – ½ P 26.

Hofwirt, Salzburger Str. 21, 83435, (08651) 9 83 80, *Fax (08651) 983836*, – . VISA AY k
25. Okt. - 10. Nov. geschl. – **Menu** *(Montag geschl.)* à la carte 27/55 – **20 Z** 75/150 – ½ P 20.

Kurhotel Mozart garni, Mozartstr. 8, 83435, (08651) 7 80 30, *Fax (08651) 62415*, – . AY z
Mitte Feb. - Mitte Nov. – **26 Z** 53/150.

Erika, Adolf-Schmid-Str. 3, 83435, (08651) 9 53 60, *Fax (08651) 9536200*, « Garten » – . VISA. Rest AY u
März - Anfang Nov. – (Restaurant nur für Hausgäste) – **36 Z** 75/180 – ½ P 20.

Brauerei-Gasthof Bürgerbräu, Waaggasse 2, 83435, (08651) 60 89, *Fax (08651) 608504*, Biergarten – . VISA AZ f
Menu à la carte 22/55 – **32 Z** 93/187 – ½ P 26.

Kurfürst, Kurfürstenstr. 11, 83435, (08651) 27 10, *Fax (08651) 2411*, – . VISA. Rest AY r
20. Dez. - Ende Jan. geschl. – (nur Abendessen für Hausgäste) – **13 Z** 62/160 – ½ P 18.

In Bad Reichenhall-Karlstein : *über Staatsstraße* BZ :

Karlsteiner Stuben, Staufenstr. 18, 83435, (08651) 98 00, *Fax (08651) 61250*, , « Garten » –
Mitte Jan. - Anfang März und Nov. - Mitte Dez. geschl. – **Menu** *(Dienstag geschl.)* à la carte 30/45 – **48 Z** 59/120 – ½ P 21.

In Bad Reichenhall-Kirchberg :

Kirchberg-Schlößl, Thumseestr. 11, 83435, (08651) 27 60, *Fax (08651) 2524*, – . AE E VISA BZ b
Mittwoch und 1. - 19. März geschl. – **Menu** 39 (mittags) und à la carte 53/78
Spez. Bachsaibling mit Salbeibutter und geschmortem Fenchel. Spanferkelrücken mit dunkler Biersauce und Wirsingragout. Fasanenbrust mit Maronen und Holundersauce.

In Bad Reichenhall-Nonn :

Neu-Meran, 83435, (08651) 40 78, *Fax (08651) 78520*, Untersberg und Predigtstuhl, , , , – BZ k
Mitte Jan. - Mitte Feb. und Mitte Nov. - Mitte Dez. geschl. – **Menu** *(Dienstag - Mittwoch geschl.)* (bemerkenswerte Weinkarte) à la carte 37/70 – **18 Z** 90/280, 6 Suiten – ½ P 35.

Landhotel Sonnleiten, 83435, (08651) 6 10 09, *Fax (08651) 68585*, , – . Rest BZ e
(nur Abendessen für Hausgäste) – **9 Z** 100/170.

Am Thumsee *W : 5 km über Staatsstraße* BZ :

Haus Seeblick, Thumsee 10, 83435 Bad Reichenhall, (08651) 9 86 30, *Fax (08651) 986388*, Thumsee und Ristfeucht-Horn, Massage, , , , , , – . E. Rest
Anfang Nov. - Mitte Dez. geschl. – (Restaurant nur für Hausgäste) – **52 Z** 65/200 – ½ P 22.

Madlbauer mit Zim, Thumsee 2, 83435 Bad Reichenhall, (08651) 22 96, *Fax (08651) 68920*, , , – .
Nov. geschl. – **Menu** *(im Winter Montag geschl.)* à la carte 39/75 – **7 Z** 80/120.

In Bayerisch Gmain

Klosterhof, Steilhofweg 19, 83457, (08651) 9 82 50, *Fax (08651) 66211*, , , , – . E VISA BZ a
7. Jan. - 4. Feb. und 16. - 29. Nov. geschl. – **Menu** *(Montag - Dienstagmittag geschl.)* à la carte 36/66 – **14 Z** 105/245 – ½ P 30.

Amberger, Schillerallee 5, 83457, (08651) 9 86 50, *Fax (08651) 986512*, , , – Zim, . E. Rest BZ u
Dez. - Jan. geschl. – (nur Abendessen für Hausgäste) – **17 Z** 60/156 – ½ P 22.

REICHENSCHWAND *Bayern siehe Hersbruck.*

REICHSHOF *Nordrhein-Westfalen* 417 *N 7 – 17 300 Ew – Höhe 300 m.*

Hassel, (02297) 71 31.

Kurverwaltung Reichshof, Barbarossastr. 5 (in Reichshof-Eckenhagen), 51580, (02265) 4 70, Fax (02265) 356.

Berlin 574 – Düsseldorf 97 – Bonn *87 – Olpe 22 – Siegen 38 – Köln 63.*

In Reichshof-Eckenhagen – *Heilklimatischer Kurort – Wintersport : 400/500 m 2 6 :*

Aggerberg (mit Gästehaus), Am Aggerberg 20, 51580, (02265) 9 92 50, *Fax (02265) 8756*, , , – Zim,
29 Z.

In Reichshof-Hespert :

Ballebäuschen, Hasseler Str. 10, 51580, (02265) 93 94, *Fax (02265) 8773*, Biergarten – . VISA
Dienstag geschl. – **Menu** à la carte 35/72.

In Reichshof-Wildbergerhütte :

Landhaus Wuttke, Crottorfer Str. 57, 51580, (02297) 9 10 50, *Fax (02297) 7828* – – 30. AE E VISA
Juli - Aug. 3 Wochen geschl. – **Menu** *(Sonntagabend geschl.)* à la carte 26/55 – **21 Z** 85/150 – ½ P 25.

REIFENSTEIN *Thüringen siehe Leinefelde.*

REIL *Rheinland-Pfalz* 417 *P 5 – 1 600 Ew – Höhe 110 m.*
Berlin 673 – Mainz 110 – Trier 62 – Bernkastel-Kues 34 – Cochem 47.

Reiler Hof, Moselstr. 27, ✉ 56861, ✆ (06542) 26 29, *Fax (06542) 1490*, ≤, – . AE E
April - Nov. – **Menu** à la carte 27/56 – **23 Z** 50/135 – ½ P 15.

REILINGEN *Baden-Württemberg siehe Hockenheim.*

REINBEK *Schleswig-Holstein* 415 416 *F 14 – 26 000 Ew – Höhe 22 m.*
Berlin 272 – Kiel 113 – Hamburg 30 – Lübeck 56.

Waldhaus Reinbek, Loddenallee, ✉ 21465, ✆ (040) 72 75 20, *Fax (040) 72752100*, , Massage, , , – , Zim, – 100. AE E VISA
Menu à la carte 48/78 – **50 Z** 220/335, 3 Suiten.

Sachsenwald-Hotel, Hamburger Str. 4, ✉ 21465, ✆ (040) 72 76 10, *Fax (040) 72761215*, , – , Zim, – 250. AE E VISA
Menu *(Samstagmittag und Sonntag geschl.)* à la carte 38/57 – **60 Z** 120/180.

Ensure that you have up to date ***Michelin maps*** *in your car.*

REINBERG *Mecklenburg-Vorpommern* 416 *D 23 – 1 200 Ew – Höhe 5 m.*
Berlin 231 – Schwerin 174 – Rügen (Bergen) 45 – Stralsund 16 – Greifswald 16.

Nahe der B 96 *NW : 1,5 km :*

Borgwarthof, ✉ 18519 Reinberg-Oberhinrichshagen, ✆ (038328) 86 50, *Fax (038328) 86536*, – – 20. AE E VISA. Rest
Menu à la carte 27/51 – **27 Z** 90/140.

REINFELD *Schleswig-Holstein* 415 416 *E 15 – 8 000 Ew – Höhe 17 m.*
Berlin 291 – Kiel 66 – Lübeck 18 – Hamburg 57.

Seeblick garni, Ahrensböker Str. 4, ✉ 23858, ✆ (04533) 14 23, *Fax (04533) 5610*, , –
20 Z 58/100.

Stadt Reinfeld, Bischofsteicher Weg 1, ✉ 23858, ✆ (04533) 20 32 03, *Fax (04533) 203251* – – 35. E VISA
Menu à la carte 23/36 – **11 Z** 85/140.

Holsteinischer Hof mit Zim, Paul-von-Schönaich-Str. 50, ✉ 23858, ✆ (04533) 23 41, *Fax (04533) 61262* – Rest, . E
Menu *(Montag geschl.)* à la carte 40/58 – **6 Z** 55/100.

REINHARDSHAGEN *Hessen* 417 418 *L 12 – 5 300 Ew – Höhe 114 m – Luftkurort.*
Touristikbüro Reinhardshagen-Vaake, Mündener Str. 44, ✉ 34359, ✆ (05544) 95 07 54, Fax (05544) 950750.
Berlin 375 – Wiesbaden 246 – Kassel 34 – Hann. Münden 11 – Höxter 53.

In Reinhardshagen-Veckerhagen :

Peter, Untere Weserstr. 2, ✉ 34359, ✆ (05544) 10 38, *Fax (05544) 7216*, ≤, , – . E VISA
4. - 22. Jan. geschl. – **Menu** *(Donnerstag geschl.)* à la carte 28/56 – **14 Z** 66/165.

REINHEIM *Hessen* 417 *Q 10 – 18 600 Ew – Höhe 160 m.*
Berlin 569 – Wiesbaden 61 – Frankfurt am Main 41.

In Reinheim-Georgenhausen *NW : 4 km :*

Sunibel Inn M garni, Hirschbachstr. 46, ✉ 64354, ✆ (06162) 94 10, *Fax (06162) 94113* – , – 15. E VISA
22 Z 99/170.

REINSTORF *Niedersachsen siehe Lüneburg.*

REISBACH / VILS *Bayern* 420 *U 21 – 7 200 Ew – Höhe 405 m.*

Reisbach-Grünbach, (08734) 70 35.

Marktverwaltung, Rathaus, Landauer Str. 18, ✉ 94419, (08734) 4 90, Fax (08734) 4950.

Berlin 582 – München 112 – Regensburg 85 – Landshut 40.

Schlappinger Hof, Marktplatz 40, ✉ 94419, (08734) 9 21 10, *Fax (08734) 921192,* Biergarten – TV ☎ P. AE E VISA
1. - 20. Jan. geschl. – **Menu** *(Mittwoch geschl.)* à la carte 24/55 – **26 Z** 60/125.

REIT IM WINKL *Bayern* 420 *W 21 – 3 500 Ew – Höhe 700 m – Luftkurort – Wintersport : 700/1 800 m 21.*

Sehenswert : *Oberbayrische Häuser★.*

Reit im Winkl-Birnbach, (08640) 82 16.

Verkehrsamt, Rathaus, ✉ 83242, (08640) 8 00 20, Fax (08640) 80029.

Berlin 696 – München 111 – Bad Reichenhall 50 – Rosenheim 52 – Kitzbühel 35.

Unterwirt, Kirchplatz 2, ✉ 83242, (08640) 80 10, *Fax (08640) 801150,* « Garten », – TV ☎ P – 30
Menu à la carte 40/77 – **71 Z** 127/404.

Steinbacher Hof, Steinbachweg 10 (Ortsteil Blindau), ✉ 83242, (08640) 80 70, *Fax (08640) 807100,* , Massage, , – TV ☎ P. E VISA. Rest
Menu à la carte 34/73 – **57 Z** 144/422 – ½ P 36.

Gästehaus am Hauchen garni, Am Hauchen 5, ✉ 83242, (08640) 87 74, *Fax (08640) 410,* , – TV ☎ P.
Nov. - 15. Dez. geschl. – **26 Z** 72/165.

Sonnleiten, Holunderweg 1 (Ortsteil Entfelden), ✉ 83242, (08640) 98 30, *Fax (08640) 301,* , , , – TV ☎ P. E VISA
Mitte April - Mitte Mai und Mitte Okt. - Mitte Dez. geschl. – **Menu** *(Mittwoch geschl.)* (nur Abendessen) à la carte 28/61 – **25 Z** 75/160 – ½ P 25.

Sonnwinkl garni, Kaiserweg 12, ✉ 83242, (08640) 9 84 70, *Fax (08640) 984750,* , – TV ☎ P.
Nov. - Mitte Dez. geschl. – **22 Z** 65/170.

Zirbelstube, Am Hauchen 10, ✉ 83242, (08640) 82 85, *Fax (08640) 5371,* – P
12. April - 12. Mai und 18. Okt. - 11. Dez. geschl. – **Menu** (abends Tischbestellung ratsam) à la carte 28/60.

REKEN *Nordrhein-Westfalen* 417 *K 5 – 12 100 Ew – Höhe 65 m.*

Berlin 528 – Düsseldorf 83 – Bocholt 33 – Dorsten 22 – Münster (Westfalen) 53.

In Reken - Groß-Reken :

Schmelting, Velener Str. 3, ✉ 48734, (02864) 3 11, *Fax (02864) 1395,* , Damwildgehege – TV ☎ P. AE E
22. Dez. - 11. Jan. geschl. – **Menu** *(Freitag geschl.)* à la carte 21/54 – **23 Z** 55/104.

RELLINGEN *Schleswig-Holstein* 415 416 *F 13 – 14 000 Ew – Höhe 12 m.*

Berlin 304 – Kiel 92 – Hamburg 22 – Bremen 124 – Hannover 168.

Rellinger Hof (mit Gästehäusern), Hauptstr. 31, ✉ 25462, (04101) 21 30, *Fax (04101) 512121* – Zim, TV ☎ P. E VISA
Menu à la carte 32/60 – **44 Z** 100/240.

In Rellingen-Krupunder *SO : 5 km :*

Fuchsbau, Altonaer Str. 357, ✉ 25462, (04101) 3 82 50, *Fax (04101) 33952,* « Gartenterrasse » – TV ☎ P – 30. AE E VISA JCB
Menu *(Sonn- und Feiertage geschl.)* (nur Abendessen) à la carte 39/65 – **40 Z** 125/180.

siehe Stadtplan Hamburg S. 3 R b

REMAGEN *Rheinland-Pfalz* 417 *O 5 – 15 300 Ew – Höhe 65 m.*

Touristinformation, Kirchstr. 6, ✉ 53424, (02642) 2 25 72, Fax (02642) 20127.

Berlin 610 – Mainz 142 – Bonn 19 – Koblenz 38.

In Remagen-Kripp *SO : 3,5 km :*

Rhein-Ahr, Quellenstr. 67, ✉ 53424, (02642) 4 41 12, *Fax (02642) 46319,* , – TV ☎ P. AE E VISA
23. Dez. - 15. Jan. geschl. – **Menu** *(Montag geschl.)* à la carte 23/50 – **14 Z** 80/135.

In Remagen-Rolandseck *N : 6 km :*

Bellevuechen, Bonner Str. 68 (B 9), ✉ 53424, ✆ (02228) 79 09, *Fax (02228) 7909,* ←, – Ⓟ. AE ① E VISA
Montag - Dienstag geschl. – **Menu** (abends Tischbestellung ratsam) à la carte 62/78.

REMCHINGEN *Baden-Württemberg* 419 *T 9 – 10 000 Ew – Höhe 162 m.*
Berlin 673 – Stuttgart 54 – Karlsruhe 21 – Pforzheim 14.

In Remchingen-Wilferdingen :

Zum Hirsch, Hauptstr. 23, ✉ 75196, ✆ (07232) 7 96 36, *Fax (07232) 79638,* – Zim, TV ☎ Ⓟ. AE E VISA
Menu *(Freitag geschl.)* (wochentags nur Abendessen) à la carte 28/49 – **14 Z** 80/130.

REMSCHEID *Nordrhein-Westfalen* 417 *M 5 – 125 000 Ew – Höhe 366 m.*
Wirtschaftsförderung Remscheid, Elberfelder Str. 41, ✉ 42853, ✆ (02191) 9 23 20, Fax (02191) 923250.
ADAC, *Fastenrathstr. 1, ✉ 42853, ✆ (0221) 47 27 47, Fax (02191) 294674.*
Berlin 535 ② – Düsseldorf 40 ③ – Köln 43 ② – Lüdenscheid 35 ② – Solingen 12 ③ – Wuppertal 12 ④.

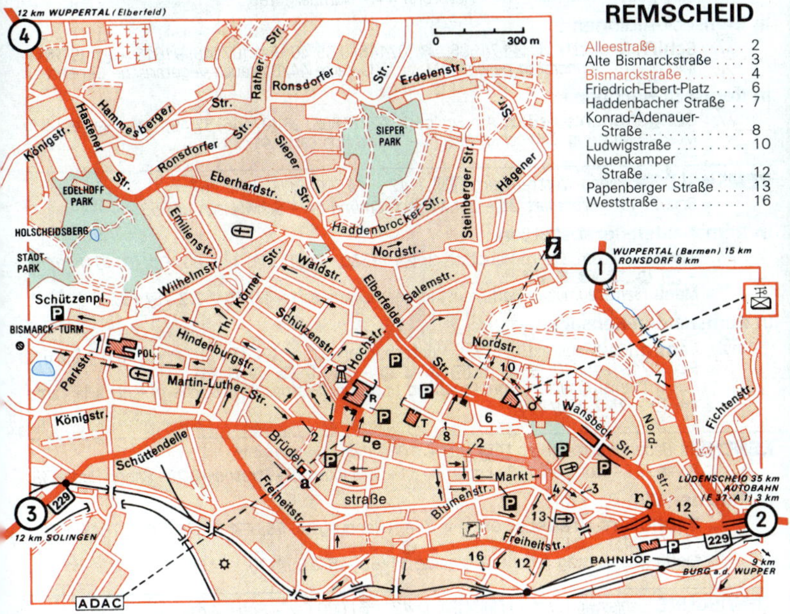

Andersen Hotel Remscheider Hof, Bismarckstr. 39, ✉ 42853, ✆ (02191) 43 20, *Fax (02191) 432158* – ⧉, ✂ Zim, ▤ Rest, TV ✆ ⇐ Ⓟ – 120. AE ① E VISA
Menu *(Samstagmittag geschl.)* à la carte 42/61 – **106 Z** 183/257. r

Dorint Budget Hotel M, Jägerwald 4 (Industriegebiet Jägerwald), ✉ 42897, ✆ (02191) 6 07 10, *Fax (02191) 6071100* – ⧉, ✂ Zim, TV ☎ ✆ ♿ ⇐ Ⓟ – 70. AE ① E VISA
über ②: 3 km
Menu à la carte 38/52 – **116 Z** 168/206.

Café Noll, Alleestr. 85, ✉ 42853, ✆ (02191) 4 70 00, *Fax (02191) 470013,* – ⧉ TV ☎ ⇐. AE ① E VISA e
Menu *(bis 18 Uhr geöffnet, Sonn- und Feiertage geschl.)* 21/26 und à la carte – **21 Z** 110/160.

Concordia, Brüderstr. 56, ✉ 42853, ✆ (02191) 29 19 41, *Fax (02191) 21915,* , « Ehem. Villa in einem kleinen Park » – Ⓟ – 50. E a
Samstagmittag, Sonntag, Jan. 1 Woche und Juli - Aug. 4 Wochen geschl. – **Menu** à la carte 71/94.

An der Autobahn A 1 *Ostseite, SO : 6 km :*

BAB Motel Remscheid, Talsperre 1, ✉ 42859 Remscheid, ✆ (02191) 90 30, *Fax (02191) 903333,* – , Zim, – 100.
Menu à la carte 33/59 – **45 Z** 129/189.

In Remscheid-Hasten ④ *: 3 km :*

Ascot garni, Hastener Str. 100, ✉ 42855, ✆ (02191) 88 80, *Fax (02191) 82209* –
39 Z 120/170.

In Remscheid-Lüttringhausen ① *: 6 km :*

Fischer (mit Gästehaus), Lüttringhauser Str. 131 (B 51), ✉ 42899, ✆ (02191) 9 56 30, *Fax (02191) 956399,* , – , Zim, – 20. . Zim
Menu *(Samstagmittag und Dienstag geschl.)* à la carte 32/60 – **47 Z** 98/180.

Kromberg (mit Gästehaus), Kreuzbergstr. 24, ✉ 42899, ✆ (02191) 59 00 31, *Fax (02191) 51869* –
Weihnachten - Anfang Jan. geschl. – **Menu** *(Freitagmittag und Samstagmittag geschl.)* à la carte 31/54 – **17 Z** 95/150.

REMSECK AM NECKAR *Baden-Württemberg* 419 *T 11 – 16 300 Ew – Höhe 212 m.*
Berlin 625 – Stuttgart 17 – Heilbronn 44 – Nürnberg 198.

In Remseck-Aldingen :

Schiff, Neckarstr. 1, ✉ 71686, ✆ (07146) 9 05 40, *Fax (07146) 91616* – .
Mittwoch - Donnerstag geschl. – **Menu** à la carte 44/81 *(auch vegetarische Gerichte).*

In Remseck-Hochberg :

Gengenbach's Adler, Am Schloß 2, ✉ 71686, ✆ (07146) 57 49, – .
Montag und Aug. 3 Wochen geschl. – **Menu** à la carte 41/74.

REMSHALDEN *Baden-Württemberg* 419 *T 12 – 13 000 Ew – Höhe 267 m.*
Berlin 615 – Stuttgart 23 – Schwäbisch Gmünd 34 – Schwäbisch Hall 58.

In Remshalden-Geradstetten :

Krone mit Zim, Obere Hauptstr. 2, ✉ 73630, ✆ (07151) 7 14 85, *Fax (07151) 79458* – .
Menu *(Samstagmittag und Dienstag geschl.)* à la carte 48/73 – **7 Z** 75/130.

In Remshalden-Hebsack :

Lamm (Gasthaus a.d.J. 1792), Winterbacher Str. 1, ✉ 73630, ✆ (07181) 4 50 61, *Fax (07181) 45410,* – – 30.
Menu *(Samstagmittag, Sonntagabend und über Fastnacht 1 Woche geschl.)* à la carte 44/79 – **23 Z** 108/200.

RENCHEN *Baden-Württemberg* 419 *U 8 – 6 000 Ew – Höhe 144 m.*
Berlin 731 – Stuttgart 132 – Karlsruhe 61 – Offenburg 15 – Strasbourg 29 – Baden-Baden 38.

In Renchen-Ulm *O : 3 km :*

Bauhöfers Braustüberl mit Zim, Ullenburgstr. 16, ✉ 77871, ✆ (07843) 6 95, *Fax (07843) 97017, Biergarten* –
Menu *(Donnerstag geschl.)* à la carte 31/60 – **5 Z** 65/120.

RENDSBURG *Schleswig-Holstein* 415 416 *D 12 – 31 000 Ew – Höhe 7 m.*
Sehenswert : *Eisenbahnhochbrücke★* B.
Sorgbrück (NW : 8 km über ⑤), ✆ (04336) 33 33.
Tourist-Information, Altes Rathaus, ✉ 24768, ✆ (04331) 2 11 20, Fax (04331) 23369.
Berlin 368 ③ – Kiel 36 ② – Neumünster 38 ③ – Schleswig 30 ⑤.

Stadtplan siehe gegenüberliegende Seite

Pelli-Hof (historisches Gebäude a.d.J. 1720), Materialhofstr. 1, ✉ 24768, ✆ (04331) 2 22 16, *Fax (04331) 23837,* – – 80. A e
Menu *(Sonntagabend - Montag geschl.)* à la carte 44/65 – **29 Z** 99/165.

Conventgarten, Hindenburgstr. 38, ✉ 24768, ✆ (04331) 5 90 50, *Fax (04331) 590565,* <, – , Zim, – 160. . Rest B s
Menu à la carte 35/74 – **56 Z** 105/165.

Hansen, Bismarckstr. 29, ✉ 24768, ✆ (04331) 5 90 00, *Fax (04331) 21647* – – 50. A n
Menu *(Sonntag geschl.)* à la carte 37/61 – **26 Z** 90/140.

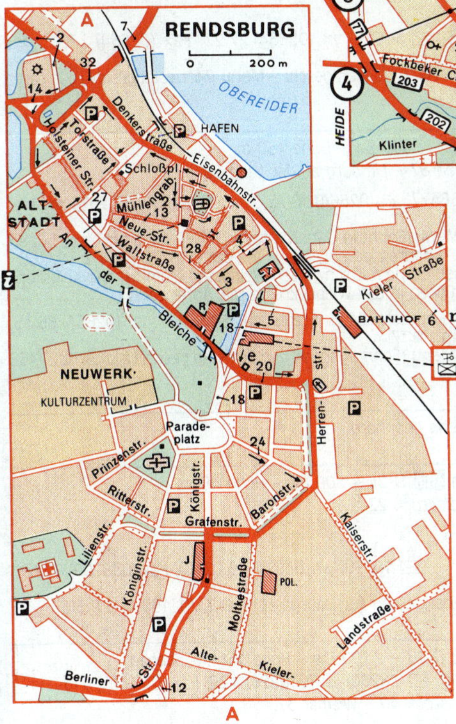

A

Am Gerhardsdamm .... A 2
Am Gymnasium .... A 3
Am Holstentor .... A 4
Bahnhofstraße .... A 5
Bismarckstraße .... A 6
Brückenstraße .... A 7
Flensburger Straße .... B 9
Gerhardstraße .... B 10
Hindenburgstraße .... AB 12
Hohe Straße .... A 13
Hollesenstraße .... AB 14
Jungfernstieg .... A 18
Materialhofstraße .... A 20
Mühlenstraße .... A 21
Prinzessinstraße .... A 24
Schiffbrückenplatz .... A 27
Schleifmühlenstraße .... A 28
Schleswiger Chaussee .... B 29
Thormannplatz .... A 32

In Büdelsdorf ① *: 4 km :*

Heidehof Ⓜ garni, Hollerstr. 130 (B 203), ✉ 24782, ☎ (04331) 34 30, *Fax (04331) 343444*, – – – 70. AE E VISA
108 Z 122/182.

Am Bistensee ① *: 13 km über Büdelsdorf-Holzbunge :*

Seehotel Töpferhaus (mit Gästehaus), ✉ 24791 Alt-Duvenstedt, ☎ (04338) 9 97 10, *Fax (04338) 997171*, ≤ Bistensee, « Malerische Lage am See ; Terrasse », , , , – Zim, – 50. AE E VISA JCB. Zim
Menu à la carte 49/75 – **46 Z** 155/295.

RENGSDORF *Rheinland-Pfalz* 417 *O 6 – 2 500 Ew – Höhe 300 m – Heilklimatischer Kurort.*
Kurverwaltung, Westerwaldstr. 32 a, ✉ 56579, ☎ (02634) 23 41, Fax (02634) 7706.
Berlin 607 – Mainz 118 – Koblenz 25 – Bonn 57.

Obere Mühle , an der Straße nach Hardert (N : 1 km), ✉ 56579, ☎ (02634) 22 29, *Fax (02634) 7577*, , « Park », , , – – 20. Zim
Menu *(Donnerstag und 10. Nov. - 24. Dez. geschl.)* à la carte 37/59 – **15 Z** 75/170 – ½ P 20.

Villa Hohenwald mit Zim, Alter Garten 1, ✉ 56579, ☎ (02634) 9 69 90, *Fax (02634) 969919*, , – . E VISA.
Jan.- Feb. 2 Wochen und Juli 1 Woche geschl. – **Menu** *(Montag - Dienstagmittag geschl.)* à la carte 42/72 – **6 Z** 120/200 – ½ P 35.

Lück's Landhaus mit Zim, Buchenweg 18, ✉ 56579, ☎ (02634) 14 22, *Fax (02634) 8822*, , –
Jan. 2 Wochen geschl. – **Menu** *(Dienstag geschl.)* à la carte 29/57 – **6 Z** 55/130.

In Hardert *NO : 3 km – Luftkurort :*

Zur Post, Mittelstr. 13, ✉ 56579, ✆ (02634) 27 27, *Fax (02634) 2729*, « Garten » – P
Nov. 2 Wochen und nach Karneval 2 Wochen geschl. – **Menu** *(Mittwoch geschl.)* à la carte 33/60 – **11 Z** 56/112 – ½ P 13.

RENNEROD *Rheinland-Pfalz* 417 *O 8 – 3 800 Ew – Höhe 450 m.*
Berlin 551 – Mainz 87 – Siegen 87 – Limburg an der Lahn 28.

Röttger, Hauptstr. 50, ✉ 56477, ✆ (02664) 10 75, *Fax (02664) 90453* – TV ☎ P. AE E VISA. Rest
Juli - Aug. 3 Wochen geschl. – **Menu** *(Sonntag - Montag geschl.)* 75/98 und à la carte 50/93 – ***Gaststube*** *(Sonntagabend - Montag geschl.)* **Menu** à la carte 38/70 – **14 Z** 78/160
Spez. Karamelisierte Gänseleberterrine mit schwarzen Walnüssen. Hummer mit Kalbskopf und Trüffelsauce. Damhirschrücken in der Walnußkruste mit Apfelgratin.

Ratsstube (mit Gästehaus), Hauptstr. 54 (1. Etage, |$|), ✉ 56477, ✆ (02664) 66 35, *Fax (02664) 90156* – TV ☎ P. Zim
Juli - Aug. 3 Wochen geschl. – **Menu** *(Sonntagabend und Samstag geschl.)* à la carte 27/58 – **6 Z** 90/140.

RENNINGEN *Baden-Württemberg siehe Leonberg.*

REPPELIN *Mecklenburg-Vorpommern* 416 *D 21 – 300 Ew – Höhe 48 m.*
Berlin 235 – Schwerin 109 – Rostock 22.

In Reppelin-Neu Wendorf *N : 3 km :*

Gutshaus Neu Wendorf, ✉ 18190, ✆ (038209) 8 02 70, *Fax (038209) 80271*, – TV ☎ P. Rest
22. - 28. Dez. geschl. – (nur Abendessen für Hausgäste) – **9 Z** 70/150 – ½ P 30.

RERIK *Mecklenburg-Vorpommern* 416 *D 18 – 2 100 Ew – Höhe 15 m – Seebad.*
Kurverwaltung, Dünenstr. 10, ✉ 18230, ✆ (038296) 4 29, Fax (038296) 513.
Berlin 261 – Schwerin 69 – Rostock 40 – Wismar 37.

Am Alt Gaazer Eck garni, Kröpeliner Str. 8, ✉ 18230, ✆ (038296) 71 60, *Fax (038296) 71666* – TV ☎ P
22 Z.

REUTLINGEN *Baden-Württemberg* 419 *U 11 – 106 500 Ew – Höhe 382 m.*
Fremdenverkehrsamt, Listplatz 1, ✉ 72764, ✆ (07121) 3 03 26 22, Fax (07121) 339590.
ADAC, *Lederstr. 102, ✉ 72764, ✆ (07121) 3 85 60, Fax (07121) 385666.*
Berlin 676 ④ – Stuttgart 39 ① – Pforzheim 77 ① – Ulm (Donau) 75 ①.

Stadtplan siehe gegenüberliegende Seite

Fürstenhof garni, Kaiserpassage 5, ✉ 72764, ✆ (07121) 31 80, *Fax (07121) 318318*, – |$| TV ☎ – 50. AE E VISA Y c
24. Dez. - 2. Jan. geschl. – **51 Z** 106/220.

Fora-Hotel, Am Echazufer 22, ✉ 72764, ✆ (07121) 92 40, *Fax (07121) 924444*, – |$|, Zim, TV ☎ P – 160. AE E VISA JCB Z a
Menu à la carte 36/62 – **100 Z** 168/218.

Württemberger Hof, Kaiserstr. 3, ✉ 72764, ✆ (07121) 1 70 56, *Fax (07121) 44385* – |$| TV ☎ P. AE E VISA Y r
Menu *(Freitag - Sonntag geschl.)* (nur Abendessen) à la carte 37/65 – **50 Z** 98/180.

Ratskeller, Marktplatz 22, ✉ 72764, ✆ (07121) 33 84 90, *Fax (07121) 339375*, – 80. AE E VISA Z R
Sonntagabend - Montag geschl. – **Menu** à la carte 30/58.

In Reutlingen-Betzingen *über ③ : 4 km :*

Fortuna, Carl-Zeiss-Str. 75 (nahe der B 28), ✉ 72770, ✆ (07121) 58 40 (Hotel), 58 41 77 (Rest.), *Fax (07121) 584113*, – |$|, Zim, TV ☎ P – 180. AE E VISA JCB
Menu *(Sonn- und Feiertage geschl.)* à la carte 36/66 – **100 Z** 114/180.

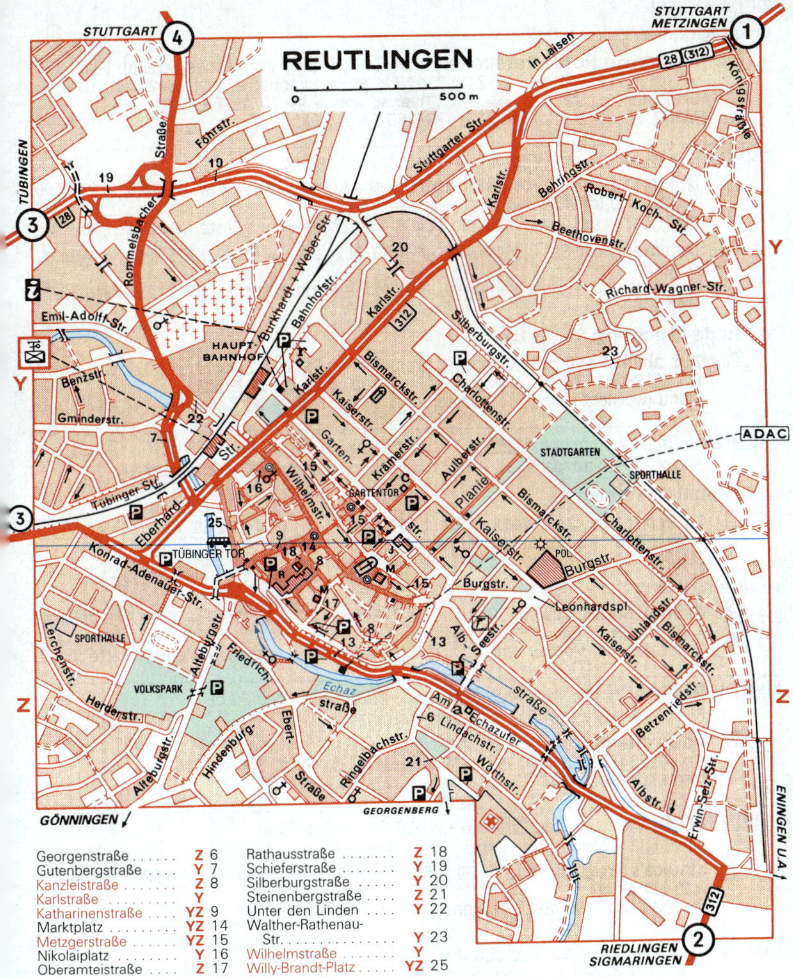

Georgenstraße	Z	6
Gutenbergstraße	Y	7
Kanzleistraße	Z	8
Karlstraße	Y	
Katharinenstraße	YZ	9
Marktplatz	YZ	14
Metzgerstraße	YZ	15
Nikolaiplatz	Y	16
Oberamteistraße	Z	17
Rathausstraße	Z	18
Schieferstraße	Y	19
Silberburgstraße	Y	20
Steinenbergstraße	Z	21
Unter den Linden	Y	22
Walther-Rathenau-Str.	Y	23
Wilhelmstraße	Y	
Willy-Brandt-Platz	YZ	25

In Eningen unter Achalm *O : 5 km* Z :

Eninger Hof, Am Kappelbach 24, ✉ 72800, ☎ (07121) 98 85 50, *Fax (07121) 9885537*, – TV ☎ P. AE ① E VISA
Aug. 2 Wochen geschl. – **Menu** *(Freitag geschl.)* à la carte 28/51 – **16 Z** 72/120.

RHEDA-WIEDENBRÜCK *Nordrhein-Westfalen* **417** *K 8 – 38 000 Ew – Höhe 73 m.*
Berlin 418 – Düsseldorf 151 – Bielefeld 37 – Münster (Westfalen) 54 – Paderborn 36.

Im Stadtteil Rheda :

Am Doctorplatz M, Berliner Str. 19, ✉ 33378, ☎ (05242) 9 42 50, *Fax (05242) 942579*, , Biergarten – |♦|, ⇆ Zim, ▤ Rest, TV ☎ ☎ P – 40. AE E
Büdel's Restaurant *(Sonntag - Montag geschl., nur Abendessen)* **Menu** à la carte 77/98 – ***Doctor's - das Wirtshaus* :** **Menu** à la carte 46/65 – **18 Z** 120/240
Spez. Hummersoufflé mit Frühlingszwiebeln. Gänsestopfleber mit Pfifferlingen und Artischocken. Lammrücken im Strudelmantel mit Wirsing.

Reuter, Bleichstr. 3, ✉ 33378, ☎ (05242) 9 45 20, *Fax (05242) 42788*, – |♦|, ⇆ Zim, TV ☎ ☎ P – 15. AE ① E VISA
Menu *(Freitag - Samstagmittag geschl.)* à la carte 46/79 – **36 Z** 85/195.

Im Stadtteil Wiedenbrück :

Romantik Hotel Ratskeller, Markt 11 (Eingang auch Lange Straße), ✉ 33378, ☎ (05242) 92 10, *Fax (05242) 921100,* , « Historische Gasträume mit rustikaler Einrichtung », – , Zim, – 20. AE E VISA JCB
Menu à la carte 48/77 – **33 Z** 125/260.

RHEDE *Nordrhein-Westfalen 417 K 4 – 18 000 Ew – Höhe 32 m.*

Verkehrs- und Werbegemeinschaft, Rathausplatz 9, ✉ 46414, ☎ (02872) 93 01 00, Fax (02872) 930451.

Berlin 553 – Düsseldorf 82 – Bocholt 8 – Enschede 54 – Münster (Westfalen) 75.

Deitmer, Hohe Str. 8, ✉ 46414, ☎ (02872) 24 08, *Fax (02872) 7231,* – . E. Zim
Karwoche und Weihnachten - Neujahr geschl. – **Menu** *(Dienstag geschl.)* à la carte 32/55 – **13 Z** 80/140.

In Rhede-Krechting *S : 2,5 km :*

Zur alten Post (mit Gästehaus), Krommertser Str. 6, ✉ 46414, ☎ (02872) 9 27 30, *Fax (02872) 7562,* , Massage, – . AE E VISA
Menu (wochentags nur Abendessen) à la carte 35/52 – **21 Z** 95/160.

RHEINAU *Baden-Württemberg 419 U 7 – 10 400 Ew – Höhe 132 m.*

Berlin 730 – Stuttgart 134 – Karlsruhe 59 – Strasbourg 23 – Offenburg 34.

In Rheinau-Diersheim :

La Provence garni, Hanauer Str. 1, ✉ 77866, ☎ (07844) 79 59, *Fax (07844) 47663,* – . AE E VISA
20. Dez. - 10. Jan. geschl. – **12 Z** 68/119.

In Rheinau-Linx :

Grüner Baum, Tullastr. 30 (B 36), ✉ 77866, ☎ (07853) 3 58, *Fax (07853) 17458,* – . AE E VISA
Sonntagabend - Montag, Jan. und Juli - Aug. jeweils 2 Wochen geschl. – **Menu** à la carte 36/72.

RHEINBREITBACH *Rheinland-Pfalz 417 O 5 – 4 000 Ew – Höhe 80 m.*

Berlin 608 – Mainz 140 – Bonn 20 – Koblenz 49.

Haus Bergblick , Gebr.-Grimm-Str. 11, ✉ 53619, ☎ (02224) 7 10 50, *Fax (02224) 71060,* , – . AE E VISA. Zim
Menu *(Mittwoch geschl.)* à la carte 26/52 – **14 Z** 85/150.

RHEINBROHL *Rheinland-Pfalz 417 O 6 – 4 000 Ew – Höhe 65 m.*

Berlin 613 – Mainz 124 – Koblenz 31 – Bonn 37.

Klauke's Krug, Kirchstr. 11, ✉ 56598, ☎ (02635) 24 14, *Fax (02635) 5295,* Biergarten – AE E VISA
Dienstag und März geschl. – **Menu** à la carte 41/69.

RHEINE *Nordrhein-Westfalen 415 417 J 6 – 74 000 Ew – Höhe 45 m.*

18 9 *Rheine-Mesum, Winterbrockstraße (SO : 8 km), ☎ (05975) 94 90.*

Verkehrsverein-Tourist Information, Bahnhofstr. 14, ✉ 48431, ☎ (05971) 5 40 55, Fax (05971) 52988.

ADAC, *Tiefe Str. 32, ✉ 48431, ☎ (05971) 5 71 11, Fax (05971) 57156.*

Berlin 470 – Düsseldorf 166 – Nordhorn 39 – Enschede 45 – Münster (Westfalen) 45 – Osnabrück 46.

City-Club-Hotel , Humboldtplatz 8, ✉ 48429, ☎ (05971) 8 80 04, *Fax (05971) 87500,* – , Zim, – 400. AE E VISA
Menu *(Sonntagabend geschl.)* à la carte 39/64 – **58 Z** 140/210.

Lücke, Heilig-Geist-Platz 1, ✉ 48431, ☎ (05971) 1 61 80, *Fax (05971) 161816,* – , Zim, – 50. AE E VISA
Menu *(Samstagmittag und Sonntag geschl.)* à la carte 39/63 – **40 Z** 125/185.

Zum Alten Brunnen, Dreierwalder Str. 25, ✉ 48429, ☎ (05971) 8 80 61, *Fax (05971) 87802,* « Gartenrestaurant » – . E VISA
24. Dez. - 1. Jan. geschl. – **Menu** *(Sonntag geschl.)* (nur Abendessen) à la carte 38/66 – **15 Z** 105/185.

Freye garni, Emsstr. 1a, ✉ 48431, ☎ (05971) 20 69, *Fax (05971) 53568* – . AE E VISA.
Weihnachten - Anfang Jan. geschl. – **17 Z** 85/150.

In Rheine-Elte *SO : 7,5 km :*

Zum Splenterkotten mit Zim, Ludgerusring 44, ✉ 48432, ✆ (05975) 2 85, *Fax (05975) 3947*, Biergarten, « Münsterländer Bauernhaus a.d.J. 1764 » – TV ☎ P
10. Feb. - 23. März und Okt. 1 Woche geschl. – **Menu** *(Montag - Dienstag geschl.)* à la carte 32/62 – **5 Z** 65/140.

In Rheine-Mesum *SO : 7 km :*

Altes Gasthaus Borcharding mit Zim, Alte Bahnhofstr. 13, ✉ 48432, ✆ (05975) 12 70, *Fax (05975) 3507*, « Stilvolle, rustikale Einrichtung » – TV ☎ P – 40. AE E VISA JCB.
Jan. 1 Woche geschl. – **Menu** *(Donnerstag - Freitagmittag und Samstagmittag geschl.)* (bemerkenswerte Weinkarte) à la carte 39/70 – **9 Z** 75/170.

Mesumer Landhaus, Emsdettener Damm 151 (B 481), ✉ 48432, ✆ (05975) 2 41, *Fax (05975) 3625*, – P. E
Samstagmittag und Montag geschl. – **Menu** à la carte 35/65.

In Spelle *NO : 12 km :*

Krone, Bernard-Krone-Str. 15, ✉ 48480, ✆ (05977) 9 39 20, *Fax (05977) 939292* – , Zim, TV ☎ P – 120. AE E VISA
Menu *(Samstagmittag, Montag und Juli - Aug. 3 Wochen geschl.)* à la carte 30/51 – **28 Z** 100/130.

RHEINFELDEN *Baden-Württemberg* **419** *X 7 – 28 000 Ew – Höhe 283 m.*
Berlin 838 – Stuttgart 284 – Freiburg im Breisgau 84 – Bad Säckingen 15 – Basel 19.

Danner garni, Am Friedrichplatz, ✉ 79618, ✆ (07623) 7 21 70, *Fax (07623) 63973* – TV ☎ P. AE E VISA
33 Z 98/160.

Oberrhein garni, Werderstr. 13, ✉ 79618, ✆ (07623) 7 21 10, *Fax (07623) 721150* – TV ☎ . AE E VISA
21 Z 96/142.

I Fratelli, Alte Landstr. 1, ✉ 79618, ✆ (07623) 3 02 54, *Fax (07623) 30254* – P. E VISA
Montag und Aug. 2 Wochen geschl. – **Menu** (italienische Küche, abends Tischbestellung ratsam) à la carte 32/74.

In Rheinfelden-Eichsel *N : 6 km :*

Landgasthaus Maien , Maienplatz 2, ✉ 79618, ✆ (07623) 7 21 50, *Fax (07623) 721530*, , Biergarten – , Zim, TV ☎ P – 60. AE E VISA
Menu *(Donnerstagmittag und Freitagmittag geschl.)* à la carte 30/58 – **18 Z** 85/220.

Café Elke, Saaleweg 8, ✉ 79618, ✆ (07623) 44 37, *Fax (07623) 40550*, « Gartenterrasse mit » – P
Montag - Dienstag geschl. – **Menu** à la carte 32/64 *(auch vegetarische Gerichte).*

In Rheinfelden-Riedmatt *NO : 5 km :*

Storchen, Brombachstr. 3 (B 34), ✉ 79618, ✆ (07623) 7 51 10, *Fax (07623) 5198*, – , Zim, TV ☎ P – 15. E VISA JCB
Menu *(Freitag - Samstagmittag und 28. Dez. - 8. Jan. geschl.)* à la carte 35/70 – **31 Z** 90/145.

RHEINSBERG *Brandenburg* **416** *G 22 – 5 500 Ew – Höhe 56 m.*
Sehenswert : *Schloß Rheinsberg★.*
Touristinformation, Markt (Kavalierhaus), ✉ 16831, ✆ (033931) 20 59, Fax (033931) 2059.
Berlin 88 – Potsdam 125 – Neubrandenburg 70.

Schloß-Hotel Deutsches Haus, Seestr. 13, ✉ 16831, ✆ (033931) 3 90 59, *Fax (033931) 39063*, – , Rest, TV ☎ – 30. AE E VISA
Menu (bemerkenswerte Weinkarte) à la carte 41/65 – **28 Z** 140/240.

Der Seehof, Seestr. 18, ✉ 16831, ✆ (033931) 40 30, *Fax (033931) 40399*, , « Ehemaliges Ackerbürgerhaus a.d.J. 1750 mit Landhausatmosphäre » – TV ☎. AE E VISA
Jan. geschl. – **Menu** à la carte 32/60 – **11 Z** 100/200.

Ratskeller, Markt 1, ✉ 16831, ✆ (033931) 22 64, *Fax (033931) 38058*, – AE E VISA
Menu à la carte 27/57.

RHEINSTETTEN *Baden-Württemberg* 419 *T 8 – 18 500 Ew – Höhe 116 m.*
Berlin 690 – Stuttgart 88 – Karlsruhe 10 – Rastatt 14.

In Rheinstetten-Neuburgweier :

Zum Karpfen, Markgrafenstr. 2, ✉ 76287, ✆ (07242) 18 73, Fax (07242) 1873, Biergarten. E
Montag - Dienstagmittag und Mitte Feb. - Anfang März geschl. – **Menu** à la carte 36/58.

RHEINTAL *Rheinland-Pfalz* 417 *P 6, 7,* 987 ㉖.
Sehenswert : *Tal★★★ von Bingen bis Koblenz (Details siehe unter den erwähnten Rhein-Orten).*

RHENS *Rheinland-Pfalz* 417 *P 6 – 3 000 Ew – Höhe 66 m.*
Verkehrsamt, Rathaus, ✉ 56321, ✆ (02628) 96 05 42, Fax (02628) 96024.
Berlin 602 – Mainz 95 – Koblenz 12 – Boppard 12.

Königstuhl mit Zim, Am Rhein 1, ✉ 56321, ✆ (02628) 22 44, ≤, « Haus a.d.J. 1573 mit altdeutscher Einrichtung » – P – 40. AE E VISA
Jan. geschl. – **Menu** *(Montag geschl.)* à la carte 34/67 – **10 Z** 105/145.

RHODT UNTER RIETBURG *Rheinland-Pfalz siehe Edenkoben.*

RIBNITZ-DAMGARTEN *Mecklenburg-Vorpommern* 416 *D 21 – 17 200 Ew – Höhe 8 m.*
Stadtinformation, Am Markt 1 (Ribnitz), ✉ 18311, ✆ (03821) 22 01, Fax (03821) 2201.
Berlin 245 – Schwerin 115 – Rostock 32.

Im Stadtteil Ribnitz :

Zum Bodden, Lange Str. 54, ✉ 18311, ✆ (03821) 81 35 75, Fax (03821) 813576 – TV ☎ – 30
32 Z.

RIEDEN *Bayern siehe Füssen..*

RIEDENBURG *Bayern* 419 420 *T 19 – 5 300 Ew – Höhe 354 m – Luftkurort.*
Tourist-Information, Marktplatz 1, ✉ 93339, ✆ (09442) 90 50 00, Fax (09442) 905002.
Berlin 510 – München 132 – Regensburg 45 – Ingolstadt 33 – Nürnberg 96.

In Riedenburg-Obereggersberg *W : 4 km :*

Schloß Eggersberg, ✉ 93339, ✆ (09442) 9 18 70, Fax (09442) 918787, ≤, « Hofmark-Museum », – ☎ P – 30. AE E VISA
Jan. - Feb. geschl. – **Menu** *(Montag geschl.)* à la carte 45/70 – **15 Z** 95/245 – ½ P 35.

RIEDSTADT *Hessen* 417 419 *Q 9 – 23 000 Ew – Höhe 140 m.*
Berlin 578 – Wiesbaden 43 – Frankfurt am Main 49 – Darmstadt 14.

In Riedstadt-Goddelau :

Riedstern, Stahlbaustr. 17, ✉ 64560, ✆ (06158) 9 22 10, Fax (06158) 922199 – TV ☎ P. AE E VISA
Menu *(Freitag - Samstagmittag geschl.)* à la carte 42/65 – **30 Z** 99/170.

RIEGEL *Baden-Württemberg* 419 *V 7 – 2 700 Ew – Höhe 183 m.*
Berlin 796 – Stuttgart 187 – Freiburg im Breisgau 27 – Offenburg 45.

Riegeler Hof, Hauptstr. 69, ✉ 79359, ✆ (07642) 68 50, Fax (07642) 68568, – Zim, TV ☎ P. AE E VISA
Menu *(Sonntagabend - Montagmittag geschl.)* à la carte 38/68 – **50 Z** 85/145.

Zum Rebstock, Hauptstr. 37, ✉ 79359, ✆ (07642) 10 26, Fax (07642) 3766, – TV ☎ P. AE E VISA
Menu *(Dienstag geschl.)* à la carte 27/50 – **16 Z** 85/120.

In Malterdingen *O : 2 km :*

Landhaus Keller, Gartenstr. 21, ✉ 79364, ✆ (07644) 41 30, Fax (07644) 4146, « Geschmackvolle Zimmereinrichtung » – Zim, TV ☎ P – 20. AE E VISA. Zim
Juli - Aug. 3 Wochen geschl. – **Menu** *(Samstagmittag und Sonntagmittag geschl.)* à la carte 54/75 – **14 Z** 115/230.

RIELASINGEN-WORBLINGEN *Baden-Württemberg siehe Singen (Hohentwiel).*

RIENECK *Bayern 417 418 P 12 – 2 200 Ew – Höhe 170 m – Erholungsort.*
Berlin 512 – München 325 – Würzburg 47 – Fulda 72.

Gut Dürnhof, Burgsinner Str. 3 (N : 1 km), ✉ 97794, ✆ (09354) 10 01, *Fax (09354) 1512,* « Gartenterrasse mit ≤ », ..., (Halle) – Zim, – 40. AE VISA. Rest
Menu à la carte 36/57 – **30 Z** 110/190 – ½ P 28.

RIESA AN DER ELBE *Sachsen 418 M 23 – 48 000 Ew – Höhe 120 m.*
Berlin 192 – Dresden 65 – Leipzig 62 – Meißen 27.

Saxonia, Bahnhofstr. 41, ✉ 01587, ✆ (03525) 71 83 00, *Fax (03525) 718334* – – 25. AE E VISA
Menu à la carte 24/55 – **43 Z** 90/150.

Sachsenhof, Hauptstr. 65, ✉ 01587, ✆ (03525) 73 36 29, *Fax (03525) 730167,* – . AE E VISA
Menu *(Freitagmittag und Sonntagabend geschl.)* à la carte 23/42 – **14 Z** 90/120.

In Roederau - Bobersen-Moritz *NO : 3,5 km :*

Moritz an der Elbe, Dorfstr. 1, ✉ 01619, ✆ (03525) 76 11 11, *Fax (03525) 761114,* – , Zim, – 15. AE E VISA
Menu (nur Abendessen) à la carte 22/41 – **42 Z** 85/155.

RIESSERSEE *Bayern siehe Garmisch-Partenkirchen.*

RIETBERG *Nordrhein-Westfalen 417 K 9 – 23 500 Ew – Höhe 83 m.*
Ritberg-Varensell, Gütersloher Str. 127, ✆ (05244) 23 40.
Berlin 423 – Düsseldorf 160 – Bielefeld 44 – Münster (Westfalen) 63 – Paderborn 27.

In Rietberg-Mastholte *SW : 7 km :*

Domschenke, Lippstädter Str. 1, ✉ 33397, ✆ (02944) 3 18, *Fax (02944) 6931* – *Samstagmittag, Dienstag, Jan. 1 Woche, März - April 2 Wochen und Juli - Aug. 3 Wochen geschl.* – **Menu** (abends Tischbestellung ratsam) 38/46 (mittags) und à la carte 70/97
Spez. Tafelspitzsülze mit gebackenen Gemüsen. Cappucchino von Krustentieren. Steinbutt mit Kräuter-Briochekruste.

RIETHNORDHAUSEN *Thüringen 418 M 17 – 1 100 Ew – Höhe 192 m.*
Berlin 275 – Erfurt 16 – Gotha 37 – Nordhausen 58 – Weimar 34.

Landvogt M, Erfurter Str. 29, ✉ 99195, ✆ (036204) 5 25 11, *Fax (036204) 52513,* Biergarten, – Zim, – 25. AE E VISA
Menu (wochentags nur Abendessen) à la carte 28/49 – **16 Z** 95/130.

RIEZLERN *Österreich siehe Kleinwalsertal.*

RIMBACH *Bayern 420 S 22 – 2 000 Ew – Höhe 560 m – Erholungsort.*
Tourist-Information, Hohenbogenstr. 10, ✉ 93485, ✆ (09941) 89 31, Fax (09941) 7292.
Berlin 505 – München 202 – Passau 102 – Cham 20 – Deggendorf 53.

Bayerischer Hof, Dorfstr. 32, ✉ 93485, ✆ (09941) 23 14, *Fax (09941) 2315,* , , – . AE E. Rest
Menu à la carte 24/44 – **154 Z** 80/164 – ½ P 22.

RIMBACH *Hessen siehe Fürth im Odenwald.*

RIMPAR *Bayern 417 419 420 Q 13 – 7 000 Ew – Höhe 224 m.*
Berlin 501 – München 285 – Würzburg 13 – Nürnberg 90 – Schweinfurt 35.

Schloßgaststätte, im Schloß Grumbach, ✉ 97222, ✆ (09365) 38 44, *Fax (09365) 4193,* , « Ehemaliges Jagdschloß a.d.J. 1603 »
Mittwoch und nach Pfingsten 2 Wochen geschl. – **Menu** à la carte 28/48 .

RIMSTING *Bayern* 420 *W 21 – 3 200 Ew – Höhe 563 m – Luftkurort.*

Sehenswert : *Chiemsee★.*

Verkehrsamt, Rathaus, Schulstr. 4, ✉ 83253, ☎ (08051) 68 76 21, Fax (08051) 687630.

Berlin 653 – München 87 – Bad Reichenhall 61 – Wasserburg am Inn 24 – Rosenheim 20.

In Rimsting-Greimharting *SW : 4 km – Höhe 668 m*

Der Weingarten (mit Gästehaus), Ratzingerhöhe, ✉ 83253, ☎ (08051) 17 75, *Fax (08051) 63517,* < Voralpenlandschaft, Chiemsee und Alpen, –
Menu *(Freitag geschl.)* à la carte 25/48 – **25 Z** 55/170 – ½ P 20.

In Rimsting-Schafwaschen *NO : 1 km, am Chiemsee :*

Seehof , ✉ 83253, ☎ (08051) 16 97, *Fax (08051) 1698,* <, , , –
März 2 Wochen und Nov. 3 Wochen geschl. – **Menu** *(Dienstag, im Winter Montag - Dienstag geschl.)* à la carte 25/48 – **17 Z** 44/120 – ½ P 20.

RINCHNACH *Bayern* 420 *T 23 – 3 200 Ew – Höhe 564 m – Wintersport :* .

Tourist-Information, Gehmannsberger Str. 12, ✉ 94269, ☎ (09921) 58 78, Fax (09921) 6863.

Berlin 537 – München 117 – Passau 54 – Landshut 103 – Regensburg 103.

Gästehaus St. Gunther garni, Am Käserhügl 18, ✉ 94269, ☎ (09921) 21 42, *Fax (09921) 809200,* <, Massage, , , , –
Menu 21 Z.

RINDENMOOS *Baden - Württemberg siehe Biberach.*

RINGELAI *Bayern* 420 *T 24 – 960 Ew – Höhe 410 m – Erholungsort.*

Berlin 535 – München 209 – Passau 35 – Regensburg 138.

Wolfsteiner Ohe , Perlesreuter Str. 5, ✉ 94160, ☎ (08555) 9 70 00, *Fax (08555) 8242,* , , , –
Menu à la carte 24/41 – **31 Z** 55/98 – ½ P 20.

RINGGAU *Hessen* 418 *M 14 – 3 600 Ew – Höhe 300 m.*

Berlin 382 – Wiesbaden 211 – Kassel 52 – Bad Hersfeld 47 – Göttingen 65.

In Ringgau-Datterode *NW : 6 km :*

Fasanenhof mit Zim, Hasselbach 28, ✉ 37296, ☎ (05658) 13 14, *Fax (05658) 8440,* , – . AE E VISA
Menu *(Montag geschl.)* à la carte 26/53 – **7 Z** 65/125.

RINTELN *Niedersachsen* 417 *J 11 – 29 000 Ew – Höhe 55 m.*

Tourist-Information, Klosterstr. 20, ✉ 31737, ☎ (05751) 40 31 62, Fax (05751) 403230.

Berlin 342 – Hannover 60 – Bielefeld 61 – Hameln 27 – Osnabrück 91.

Der Waldkater , Waldkaterallee 27, ✉ 31737, ☎ (05751) 1 79 80, *Fax (05751) 179883,* , Hausbrauerei, – , Zim, – 80. AE E VISA
Menu à la carte 37/67 – **31 Z** 160/230.

Stadt Kassel, Klosterstr. 42, ✉ 31737, ☎ (05751) 9 50 40, *Fax (05751) 44066* – – 30. AE E VISA JCB
Menu à la carte 29/55 – **39 Z** 75/165.

In Rinteln-Todenmann *NW : 3 km – Erholungsort :*

Altes Zollhaus, Hauptstr. 5, ✉ 31737, ☎ (05751) 7 40 57, *Fax (05751) 7761,* <, , – – 50. AE E VISA.
Menu à la carte 41/63 – **21 Z** 80/190 – ½ P 30.

RIPPOLDSAU-SCHAPBACH, BAD *Baden-Württemberg* 419 *U 8 – 2 500 Ew – Höhe 564 m – Heilbad – Luftkurort.*

Tourist-Information, Kurhaus (Bad Rippoldsau), ✉ 77776, ☎ (07440) 91 39 40, Fax (07440) 9139494.

Berlin 732 – Stuttgart 106 – Karlsruhe 97 – Offenburg 55 – Freudenstadt 15.

Im Ortsteil Bad Rippoldsau :

Kranz, Reichenbachstr. 2, 77776, (07440) 7 25, *Fax (07440) 511,* , , , , – – 20
Menu à la carte 39/81 – **26 Z** 85/170 – ½ P 28.

Landhotel Rosengarten, Fürstenbergstr. 46, 77776, (07440) 2 36, *Fax (07440) 586,* –
Menu à la carte 33/60 – **12 Z** 65/150 – ½ P 25.

Zum letzten G'stehr, Wolftalstr. 17, 77776, (07440) 7 14, *Fax (07440) 514,* –
10. - 31. Jan. und Mitte Nov. - 20. Dez. geschl. – **Menu** *(Dienstag geschl.)* à la carte 26/54 – **18 Z** 62/126 – ½ P 22.

Klösterle Hof, Klösterleweg 2, 77776, (07440) 2 15, *Fax (07440) 623,* –
Menu *(Montag geschl.)* à la carte 31/55 – **10 Z** 58/150 – ½ P 23.

Im Ortsteil Schapbach *S : 10 km*

Sonne, Dorfstr. 31, 77776, (07839) 2 22, *Fax (07839) 1265,* –
Menu *(Montag geschl.)* à la carte 30/50 – **12 Z** 55/106 – ½ P 18.

Ochsenwirtshof, Wolfacher Str. 21, 77776, (07839) 91 97 98, *Fax (07839) 1268,* , , , –
Mitte Nov. - Mitte Dez. geschl. – **Menu** *(Dienstag geschl.)* à la carte 29/53 – **17 Z** 70/125 – ½ P 25.

Adler, Dorfstr. 6, 77776, (07839) 2 15, *Fax (07839) 1385,* –
Ende Okt. - Mitte Dez. geschl. – **Menu** *(Mittwochabend - Donnerstag geschl.)* à la carte 27/46 – **9 Z** 46/128 – ½ P 16.

Im Ortsteil Bad Rippoldsau-Wildschapbach *NW : 3 km ab Schapbach :*

Grüner Baum, Wildschapbachstr. 15, 77776, (07839) 2 18, – . Zim
Jan. 3 Wochen geschl. – **Menu** *(Dienstag geschl.)* à la carte 29/54 – **7 Z** 45/76.

Europe

Se il nome di un albergo è stampato
in carattere magro, chiedete al vostro arrivo
le condizioni che vi saranno praticate.

RITTERSDORF *Rheinland-Pfalz siehe Bitburg.*

RIVERIS *Rheinland-Pfalz siehe Waldrach.*

ROCKENHAUSEN *Rheinland-Pfalz* 417 *R 7 – 5 800 Ew – Höhe 203 m.*
Berlin 628 – Mainz 63 – Bad Kreuznach 32 – Mannheim 74 – Kaiserslautern 36.

Pfälzer Hof, Kreuznacher Str. 30, 67806, (06361) 79 68, *Fax (06361) 3733,* , – . AE E VISA
23. Dez. - 10. Jan. geschl. – **Menu** *(Montag - Dienstagmittag geschl.)* à la carte 25/44 – **15 Z** 75/130.

RODACH *Bayern* 418 420 *O 16 – 6 800 Ew – Höhe 320 m – Erholungsort mit Heilquellenkurbetrieb.*
Kurverwaltung, Schloßplatz (Haus des Gastes), 96476, (09564) 15 50, Fax (09564) 922644.
Berlin 368 – München 300 – Coburg 18.

Kurhotel am Thermalbad , Kurring 2, 96476, (09564) 2 07, *Fax (09564) 206,* , , Massage, – – 70. AE E VISA. Zim
Menu *(Jan. 2 Wochen geschl.)* à la carte 34/63 – **51 Z** 89/150 – ½ P 25.

In Rodach-Gauerstadt *SO : 4,5 km :*

Landgasthof Wacker, Billmuthäuser Str. 1, 96476, (09564) 2 25, *Fax (09564) 3211,* Biergarten, – . E
Ende Jan. - Anfang Feb. 3 Wochen geschl. – **Menu** *(Mittwoch geschl.)* à la carte 23/42 – **16 Z** 56/98.

In Rodach-Heldritt *NO : 3 km :*

Tannleite , Obere Tannleite 4, 96476, (09564) 7 44, *Fax (09564) 744,* –
Mitte Nov. - Mitte Dez. geschl. – **Menu** *(Mittwoch geschl.)* (nur Abendessen) à la carte 22/31 – **13 Z** 41/85.

RODALBEN *Rheinland-Pfalz* 417 *S 6 – 7 800 Ew – Höhe 260 m.*

Berlin 678 – Mainz 119 – Saarbrücken 71 – Pirmasens 6 – Kaiserslautern 32.

Zum Grünen Kranz (mit Gästehaus), Pirmasenser Str. 2, ✉ 66976, ✆ (06331) 2 31 70, *Fax (06331) 231730,* – .
Menu à la carte 31/60 – **15 Z** 65/140.

Pfälzer Hof, Hauptstr. 108, ✉ 66976, ✆ (06331) 1 63 79, *Fax (06331) 16389* – – 50. .
Juli 3 Wochen geschl. – **Menu** *(Sonntagabend - Montag geschl.)* à la carte 26/56 – **8 Z** 70/110.

RODGAU *Hessen* 417 *P 10 – 41 000 Ew – Höhe 128 m.*

Berlin 542 – Wiesbaden 54 – Frankfurt am Main 25 – Aschaffenburg 27.

Im Stadtteil Nieder-Roden :

Weiland, Borsigstr. 15 (Industriegebiet Süd), ✉ 63110, ✆ (06106) 8 71 70, *Fax (06106) 871750,* – – 30.
Menu *(Sonntagabend und Samstag geschl.)* (wochentags nur Abendessen) à la carte 31/64 – **30 Z** 95/180.

Im Stadtteil Jügesheim :

Haingraben garni, Haingrabenstr. 1, ✉ 63110, ✆ (06106) 6 99 90, *Fax (06106) 61960* – .
22 **Z** 150/200.

Zur Wolfsschlucht, Am Wasserturm, ✉ 63110, ✆ (06106) 32 54, *Fax (06106) 14662,* – – 25
Menu *(Montag geschl.)* (wochentags nur Abendessen) à la carte 28/60 – **11 Z** 95/150.

Bischoff's Restaurant mit Zim, Eisenbahnstr. 61, ✉ 63110, ✆ (06106) 60 05 50, *Fax (06106) 600540,* Biergarten – .
Menu *(Montag geschl.)* (wochentags nur Abendessen) à la carte 44/61 – **7 Z** 110/180.

An der Autobahn A 3 *NO : 5 km :*

Motel Weiskirchen garni, Autobahn Nordseite, ✉ 63110 Rodgau, ✆ (06182) 78 90, *Fax (06182) 789299* –
30 Z.

RODING *Bayern* 420 *S 21 – 11 150 Ew – Höhe 370 m.*

Tourismusbüro, Schulstr. 15, ✉ 93426, ✆ (09461) 9 41 80, Fax (09461) 941860.

Berlin 486 – München 163 – Regensburg 46 – Amberg 62 – Cham 15 – Straubing 39.

In Roding-Mitterdorf *NW : 1 km :*

Hecht, Hauptstr. 7, ✉ 93426, ✆ (09461) 9 43 60, *Fax (09461) 943636,* , – . Rest
Menu *(Donnerstagabend geschl.)* à la carte 21/36 – **24 Z** 50/90.

In Roding-Neubäu *NW : 9 km :*

Am See , Seestr. 1, ✉ 93426, ✆ (09469) 3 41, *Fax (09469) 403,* , , , , – – – 50. . Zim
Nov. 2 Wochen geschl. – **Menu** à la carte 22/45 – **55 Z** 55/105 – ½ P 15.

RÖBEL (MÜRITZ) *Mecklenburg-Vorpommern* 416 *F 21 – 6 000 Ew – Höhe 85 m.*

Touristinformation, Marktplatz 10, ✉ 17207, ✆ (39931) 5 06 51, Fax (39931) 50651.

Berlin 140 – Schwerin 105 – Neubrandenburg 64.

Seelust , Seebadstr. 33a, ✉ 17207, ✆ (039931) 58 30, *Fax (039931) 58343,* « Terrasse am See », – – – 30.
Menu à la carte 27/47 – **27 Z** 125/185 – ½ P 25.

Seestern , Müritzpromenade, ✉ 17207, ✆ (039931) 5 92 94, *Fax (039931) 59295,* « Terrasse am See » – .
Menu à la carte 32/41 – **19 Z** 85/160 – ½ P 28.

Müritzterrasse, Strasse der deutschen Einheit 27, ✉ 17207, ✆ (039931) 5 27 38, *Fax (039931) 50164,* « Terrasse am See » – .
Menu à la carte 26/45 – **13 Z** 90/150.

RÖDELSEE *Bayern siehe Iphofen.*

RÖDENTAL *Bayern siehe Coburg.*

ROEDERAU *Sachsen siehe Riesa.*

RÖDERMARK *Hessen 417 Q 10 – 27 000 Ew – Höhe 141 m.*

Berlin 550 – Wiesbaden 54 – Frankfurt am Main 21 – Darmstadt 25 – Aschaffenburg 30.

In Rödermark-Bulau :

Odenwaldblick, Bulauweg 27, ✉ 63322, ✆ (06074) 8 74 40, *Fax (06074) 68999* – Zim, P. AE E VISA JCB
Menu *(Dienstag geschl.)* (Montag - Freitag nur Abendessen) à la carte 26/54 – **28 Z** 105/170.

In Rödermark - Ober-Roden :

Parkhotel, Niederröder Str. 24 (NO : 1,5 km), ✉ 63322, ✆ (06106) 7 09 20, *Fax (06106) 7092282,* « Gartenterrasse », , – , Zim, P – 180. AE E VISA
22. Dez. - 3. Jan. geschl. – **Menu** à la carte 39/71 – **130 Z** 195/269.

Eichenhof , Carl-Zeiss-Str. 30 (Industriegebiet), ✉ 63322, ✆ (06074) 9 40 41, *Fax (06074) 94044,* , Biergarten, – P – 25. AE E VISA JCB
Ende Dez. - Anfang Jan. geschl. – **Menu** *(Samstagmittag geschl.)* à la carte 32/60 – **37 Z** 130/218.

RÖHRSDORF *Sachsen siehe Chemnitz.*

RÖMERBERG *Rheinland-Pfalz siehe Speyer.*

RÖMHILD *Thüringen 418 420 O 15 – 2 100 Ew – Höhe 305 m.*

Berlin 384 – Erfurt 93 – Coburg 43.

In Römhild-Waldhaus *O : 4 km :*

Waldhaus, Am Sandbrunnen 10, ✉ 98631, ✆ (036948) 8 01 47, *Fax (036948) 80148,* Biergarten – Zim, P
17 Z.

RÖPERSDORF *Brandenburg siehe Prenzlau.*

RÖSRATH *Nordrhein-Westfalen 417 N 5 – 22 000 Ew – Höhe 72 m.*

Berlin 584 – Düsseldorf 56 – Bonn 24 – Siegburg 12 – Köln 16.

Klostermühle, Zum Eulenbroicher Auel 15, ✉ 51503, ✆ (02205) 47 58, *Fax (02205) 87868,* , « Rustikale Einrichtung » – P. AE E VISA
Montag - Dienstag, Jan. 1 Woche und Juli - Aug. 2 Wochen geschl. – **Menu** (bemerkenswerte Weinkarte) à la carte 61/83.

ROETGEN *Nordrhein-Westfalen 417 O 2 – 8 000 Ew – Höhe 420 m.*

Berlin 648 – Düsseldorf 96 – Aachen 34 – Liège 59 – Monschau 15 – Köln 85.

Zum genagelten Stein mit Zim, Bundesstr. 2 (B 258), ✉ 52159, ✆ (02471) 22 78, *Fax (02471) 4535,* – P. AE E VISA JCB
über Ostern 2 Wochen geschl. – **Menu** *(Donnerstag geschl.)* à la carte 68/91 – **5 Z** 110/185.

Gut Marienbildchen mit Zim, Münsterbildchen 3 (B 258, N : 2 km), ✉ 52159, ✆ (02471) 25 23, – P. AE E.
Mitte Juli - Mitte Aug. geschl. – **Menu** *(Sonntag geschl.)* à la carte 49/79 – **8 Z** 80/165.

RÖTHENBACH BEI ST. WOLFGANG *Bayern siehe Wendelstein.*

RÖTZ *Bayern 420 R 21 – 3 600 Ew – Höhe 453 m.*

Rötz, Hillstett 40 (W : 2 km), ✆ (09976) 180.

Berlin 459 – München 204 – Regensburg 67 – Amberg 56 – Cham 25 – Weiden in der Oberpfalz 56.

In Rötz-Bauhof *NW : 3 km :*

Pension Bergfried , ✉ 92444, ✆ (09976) 9 40 00, *Fax (09976) 9400399,* Bayerischer Wald, , – P. AE E VISA
Feb. und Nov. jeweils 1 Woche geschl. – **Menu** *(Nov. - März Samstag geschl.)* à la carte 23/41 – **24 Z** 50/90.

In Rötz-Grassersdorf *N : 3 km :*

Landgasthof Henghuber, ✉ 92444, ✆ (09976) 14 13, *Fax (09976) 1547*, – 🅿. Rest
Menu *(Freitagmittag geschl.)* à la carte 19/36 – **16 Z** 45/88.

In Rötz-Hillstett *W : 4 km :*

Die Wutzschleife, ✉ 92444, ✆ (09976) 1 80, *Fax (09976) 18180*, ←, , (Halle), – , Zim, 🅿 – 120. AE VISA. Rest
Menu à la carte 39/60 – **76 Z** 135/290 – ½ P 48.

In Winklarn-Muschenried *N : 10 km :*

Seeschmied, Lettenstr. 6, ✉ 92559, ✆ (09676) 2 41, *Fax (09676) 1240*, – 🅿.
Jan. 3 Wochen geschl. – **Menu** *(Montag geschl.)* à la carte 34/57 – **15 Z** 48/104 – ½ P 16.

ROEZ *Mecklenburg-Vorpommern siehe Malchow.*

ROGGOSEN *Brandenburg siehe Cottbus.*

ROHLSTORF-WARDER *Schleswig-Holstein siehe Bad Segeberg.*

ROHRDORF *Bayern* 420 *W 20 – 4 100 Ew – Höhe 472 m.*

Berlin 657 – München 69 – Bad Reichenhall 71 – Passau 178 – Rosenheim 10 – Salzburg 73 – Innsbruck 110.

Zur Post (mit 2 Gästehäusern), Dorfplatz 14, ✉ 83101, ✆ (08032) 18 30, *Fax (08032) 5844*, , Biergarten – 🅿 – 120. AE VISA
Menu à la carte 23/48 – **110 Z** 72/108.

Christl garni, Anzengruberstr. 10, ✉ 83101, ✆ (08032) 9 56 50, *Fax (08032) 956566* – 🅿. AE VISA
27 Z 75/130.

Gut Apfelkam, Unterapfelkam 3 (O : 1,5 km), ✉ 83101, ✆ (08032) 53 21, *Fax (08032) 1726*, – 🅿. AE VISA
Sonntag - Montag und 17. Feb. - 2. März sowie 24. Aug. - 6. Sept. geschl. – **Menu** (nur Abendessen) à la carte 42/64.

ROIGHEIM *Baden-Württemberg siehe Möckmühl.*

ROMANTISCHE STRASSE *Baden-Württemberg und Bayern* 419 420 *Q 13 bis X 16,* 987 ㉕ ㉖ ㊱.

Sehenswert : *Strecke ★★ von Würzburg bis Füssen (Details siehe unter den erwähnten Orten entlang der Strecke).*

ROMROD *Hessen siehe Alsfeld.*

RONNEBURG *Thüringen* 418 *N 20 – 7 500 Ew – Höhe 380 m.*

Berlin 242 – Erfurt 97 – Gera 20 – Chemnitz 63 – Plauen 66.

Gambrinus, Am Markt 40, ✉ 07580, ✆ (036602) 3 42 04, *Fax (036602) 34206*, –
Menu à la carte 22/42 – **25 Z** 80/100.

RONNENBERG *Niedersachsen siehe Hannover.*

RONSHAUSEN *Hessen* 417 418 *N 13 – 2 600 Ew – Höhe 210 m – Luftkurort.*

Verkehrsamt, Haus des Gastes, Eisenacher Str. 20, ✉ 36217, ✆ (06622) 30 45, Fax (06622) 2145.

Berlin 391 – Wiesbaden 189 – Kassel 65 – Bad Hersfeld 26.

Waldhotel Marbach, Berliner Str. 7, ✉ 36217, ✆ (06622) 9 21 40, *Fax (06622) 921410*, , , , – 🅿 – 70. AE VISA
Menu à la carte 26/46 – **36 Z** 80/130 – ½ P 20.

ROSBACH *Hessen siehe Friedberg/Hessen.*

ROSENBERG *Baden-Württemberg* 419 420 *S 14 – 2 400 Ew – Höhe 520 m.*
Berlin 558 – Stuttgart 92 – Aalen 30 – Ansbach 64 – Schwäbisch Hall 28.

Landgasthof Adler, Ellwanger Str. 15, ✉ 73494, ☎ (07967) 5 13, –
Jan. und Aug. jeweils 3 Wochen geschl. – **Menu** *(Donnerstag - Freitag geschl.)* (Tischbestellung ratsam) 48/125 und à la carte 54/92 – **12 Z** 85/160
Spez. Kutteln mit Spitzmorcheln und Röstkartoffeln. Gebackener Kalbsschwanz mit Rahmbohnen und Trüffelsauce. Warmer Baumkuchen mit Himbeeren und Pralineneis.

ROSENDAHL *Nordrhein-Westfalen* 417 *J 5 – 9 500 Ew – Höhe 112 m.*
Berlin 504 – Düsseldorf 120 – Nordhorn 64 – Münster (Westfalen) 53.

In Rosendahl-Osterwick :

Zur Post, Fabianus-Kirchplatz 1, ✉ 48720, ☎ (02547) 9 30 30, *Fax (02547) 560,* –
Menu *(Sonn- und Feiertage abends geschl.)* à la carte 21/59 – **17 Z** 60/135.

ROSENGARTEN *Niedersachsen* 415 416 *F 13 – 11 000 Ew – Höhe 85 m.*
Berlin 298 – Hannover 140 – Hamburg 28 – Buchholz in der Nordheide 8 – Bremen 90.

In Rosengarten-Nenndorf :

Rosenhof, Rußweg 6, ✉ 21224, ☎ (04108) 71 81, *Fax (04108) 7512,* –
Menu *(Montag geschl.)* (nur Abendessen) à la carte 40/66 – **10 Z** 85/150.

In Rosengarten-Sieversen :

Holst, Hauptstr. 31, ✉ 21224, ☎ (04108) 59 10, *Fax (04108) 591298,* , , , – , Zim, – 45.
Menu à la carte 47/72 – **67 Z** 149/249.

In Rosengarten-Tötensen :

Rosengarten, Woxdorfer Weg 2, ✉ 21224, ☎ (04108) 59 50, *Fax (04108) 1877,* , – – 30.
Menu à la carte 38/67 – **30 Z** 130/180.

ROSENHEIM *Bayern* 420 *W 20 – 60 000 Ew – Höhe 451 m.*
Tourist-Information, Münchener Straße (am Salinengarten), ✉ *83022,* ☎ *(08031) 30 01 10, Fax (08031) 300165.*
ADAC, *Salinstr. 12,* ✉ *83022,* ☎ *(08031) 3 10 18, Fax (08031) 12465.*
Berlin 658 – München 70 – Bad Reichenhall 77 – Landshut 89 – Salzburg 82 – Insbruck 108.

Parkhotel Crombach, Kufsteiner Str. 2, ✉ 83022, ☎ (08031) 35 80, *Fax (08031) 33727,* « Gartenterrasse » – , Zim, – 80.
Menu *(Sonntag geschl.)* à la carte 35/71 – **62 Z** 128/228.

Pannonia garni, Brixstr. 3, ✉ 83022, ☎ (08031) 30 60, *Fax (08031) 306415* – , – 70.
90 Z 160/195.

Weinhaus zur historischen Weinlände, Weinstr. 2, ✉ 83022, ☎ (08031) 1 27 75, *Fax (08031) 37468* – 45.
Samstagmittag, Sonn- und Feiertage sowie Mitte Aug. - Anfang Sept. geschl. – **Menu** à la carte 32/65.

In Rosenheim-Heilig Blut *S : 3 km über die B 15 Richtung Autobahn :*

Fortuna, Hochplattenstr. 42, ✉ 83026, ☎ (08031) 6 20 85, *Fax (08031) 68821,* –
Menu (italienische Küche) à la carte 36/64 – **17 Z** 85/135.

In Stephanskirchen-Baierbach *O : 7,5 km :*

Gocklwirt mit Zim, Am Weinberg 9, ✉ 83071, ☎ (08036) 12 15, *Fax (08036) 1705,* , (Gasthaus mit Sammlung von landwirtschaftlichen Maschinen und Antiquitäten) – Rest,
ab 13 Uhr geöffnet, Montag - Dienstag und Nov. 3 Wochen geschl. **Menu** (Tischbestellung ratsam) à la carte 36/70 – **3 Z** 75/130.

ROSSAU *Sachsen* 418 *M 23 – 1 900 Ew – Höhe 350 m.*
Berlin 241 – Dresden 58 – Chemnitz 36 – Leipzig 70.

Rossau, Hauptstr. 131, ✉ 09661, ☎ (03727) 21 14, *Fax (03727) 2050,* – Zim, TV ☎ P – 40. AE DE E VISA
Menu à la carte 26/46 – **36 Z** 85/168.

ROSSBACH *Rheinland-Pfalz* 417 *O 6 – 1 400 Ew – Höhe 113 m – Luftkurort.*
Berlin 619 – Mainz 132 – Bonn 65 – Koblenz 42.

Strand-Café, Neustadter Str. 9, ✉ 53547, ☎ (02638) 9 33 90, *Fax (02638) 933939,* – TV ☎ P – 20. E. Rest
Jan. 3 Wochen und Nov. 2 Wochen geschl. – **Menu** *(Nov. - März Montag - Dienstag geschl.)* à la carte 29/62 *(auch vegetarische Gerichte)* – **22 Z** 66/120 – ½ P 18.

Zur Post, Wiedtalstr. 55, ✉ 53547, ☎ (02638) 2 80, *Fax (02638) 288,* , Biergarten, – P. Zim
6. Jan. - 1. Feb. und 4. Nov. - 7. Dez. geschl. – **Menu** *(Feb. - Ostern Mittwoch - Donnerstag geschl.)* à la carte 30/62 – **14 Z** 48/92 – ½ P 12.

Haus Tanneck, Waldstr. 1, ✉ 53547, ☎ (02638) 52 15, *Fax (02638) 6169,* <, , – ☎ P. Zim
Anfang Jan. - Mitte März und Anfang Nov. - Mitte Dez. geschl. – **Menu** à la carte 22/45 – **22 Z** 53/104 – ½ P 12.

A l'occasion de certaines manifestations commerciales ou touristiques, les prix demandés par les hôteliers risquent d'être sensiblement majorés dans certaines villes et leurs alentours même éloignés.

ROSSDORF *Sachsen-Anhalt siehe Genthin.*

ROSSFELD-RINGSTRASSE *Bayern siehe Berchtesgaden.*

ROSSHAUPTEN *Bayern* 419 420 *X 16 – 1 800 Ew – Höhe 816 m – Wintersport : 800/1 000 m 2 .*
Verkehrsamt, Hauptstr. 10, ✉ 87672, ☎ (08367) 3 64, Fax (08367) 1267.
Berlin 657 – München 118 – Kempten 55 – Füssen 11 – Marktoberdorf 18.

Kaufmann , Füssener Str. 44, ✉ 87672, ☎ (08367) 9 12 30, *Fax (08367) 1223,* <, – TV ☎ P. AE E
Mitte Jan. - Mitte Feb. geschl. – **Menu** *(Nov. - Mai Montag geschl.)* à la carte 22/62 – **24 Z** 95/180 – ½ P 30.

In Roßhaupten-Vordersulzberg *W : 4 km :*

Haflinger Hof , Vordersulzberg 1, ✉ 87672, ☎ (08364) 9 84 80, *Fax (08364) 984828,* <, , « Gemütlich-rustikale Einrichtung », , – TV ☎ P.
Nov. - Mitte Dez. geschl. – **Menu** *(Dienstag geschl.)* à la carte 24/54 – **9 Z** 70/120 – ½ P 25.

ROSSLAU *Sachsen-Anhalt* 418 *K 20 – 15 000 Ew – Höhe 66 m.*
Stadt-Information, Südstr. 9, ✉ 06862, ☎ (034901) 8 24 67.
Berlin 119 – Magdeburg 57 – Leipzig 69 – Dessau 15.

Astra, Hauptstr. 128, ✉ 06862, ☎ (034901) 6 20, *Fax (034901) 62100,* – , Zim, TV ☎ – 60. Rest
52 Z.

ROSTOCK *Mecklenburg-Vorpommern* 416 *D 20 – 210 000 Ew – Höhe 14 m.*
Sehenswert : *Marienkirche★★ (Astronomische Uhr★★, Bronzetaufkessel★, Turm ★) CX – Schiffahrtsmuseum★ CX* **M1** *– Kulturhistorisches Museum★* **BX M2** *(Dreikönigs-Altar★).*
Ausflugsziele : *Bad Doberan ⑤ : 17 km, Münster★★ (Altar★, Triumphkreuz★, Sakramentshaus★) – Fischland-Darß und Zingst★ ① : 60 km.*
Rostock-Laage (③ : 30 km) ☎ (038454) 3 13 36.
Rostock-Information, Schnickmannstr. 13, ✉ 18055, ☎ (0381) 49 79 90, Fax (0381) 4979923.
ADAC, *Trelleborger Str. 1 (Lütten-Klein) ✉ 18107, ☎ (0381) 7 78 33 11, Fax (0381) 7783316.*
Berlin 222 ③ – Schwerin 89 ⑤ – Lübeck 117 ⑤ – Stralsund 69 ①.

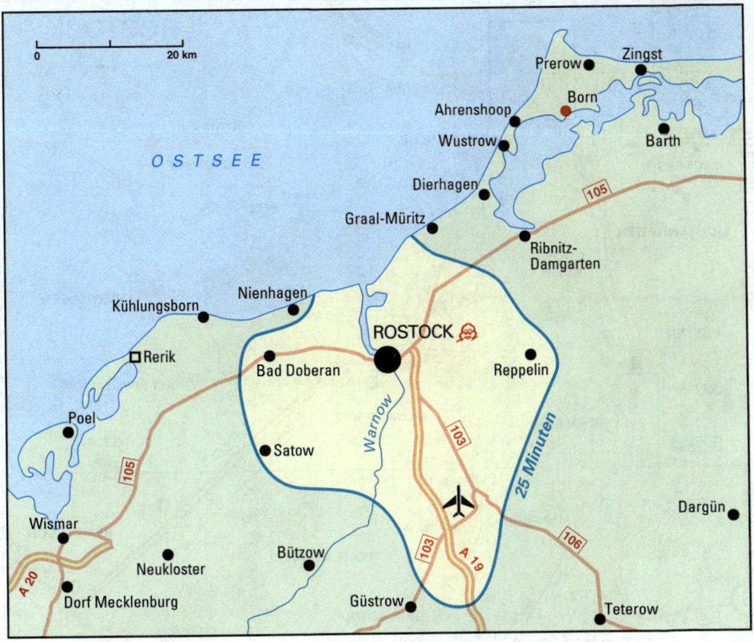

Sonne M, Neuer Markt 2, ✉ 18055, (0381) 4 97 30, *Fax (0381) 4973351*, – , Zim, – 180. AE VISA CX r
Menu à la carte 44/62 – **124 Z** 175/255, 10 Suiten.

Courtyard by Marriott M, Kröpeliner/Schwaansche Str. 6, ✉ 18055, (0381) 4 97 00, *Fax (0381) 4970700*, , – , Zim, – 115. AE VISA JCB BX n
Menu à la carte 38/58 – **150 Z** 189/243.

Radisson SAS Hotel, Lange Str. 40, ✉ 18055, (0381) 4 59 70, *Fax (0381) 4597800* – , Zim, – 220. AE VISA JCB BX a
Menu à la carte 31/61 – **345 Z** 171/218, 7 Suiten.

Nordland, Steinstr. 7, ✉ 18055, (0381) 4 92 22 85, *Fax (0381) 4923706*, – – 30. AE VISA CX t
Menu à la carte 27/52 – **38 Z** 135/175.

InterCityHotel M, Herweghstr. 51 (am Hauptbahnhof), ✉ 18055, (0381) 4 95 00, *Fax (0381) 4950999* – , Zim, – 70. AE VISA JCB. Rest – **Menu** *(Sonntagabend geschl.)* à la carte 32/50 – **177 Z** 165/215. AU b

In Rostock-Brinckmansdorf *O : 2,5 km :*

Trihotel-Am Schweizer Wald M, Tessiner Str. 103, ✉ 18055, (0381) 6 59 70, *Fax (0381) 6597600*, , Kleinkunstbühne "Spot", , (Gebühr) – , Zim, – 140. AE VISA AU c
Menu à la carte 36/62 – **102 Z** 169/288.

In Rostock-Dierkow :

Landhaus Dierkow, Gutenbergstr. 5, ✉ 18146, (0381) 6 58 00, *Fax (0381) 6580100* – Zim, – 25. VISA AU e
Menu (nur Abendessen) à la carte 26/46 – **44 Z** 99/139.

In Rostock-Warnemünde *NW : 11 km – Seebad.*

Tourist Information, Heinrich-Heine-Str. 17, ✉ 18119, (0381) 5 11 42, Fax (0381) 51342

Neptun, Seestr. 19, ✉ 18119, (0381) 77 70, *Fax (0381) 54023*, , , Massage, , , – , Zim, – 300. AE VISA JCB. Rest DY h
Menu à la carte 36/71 – **342 Z** 199/460.

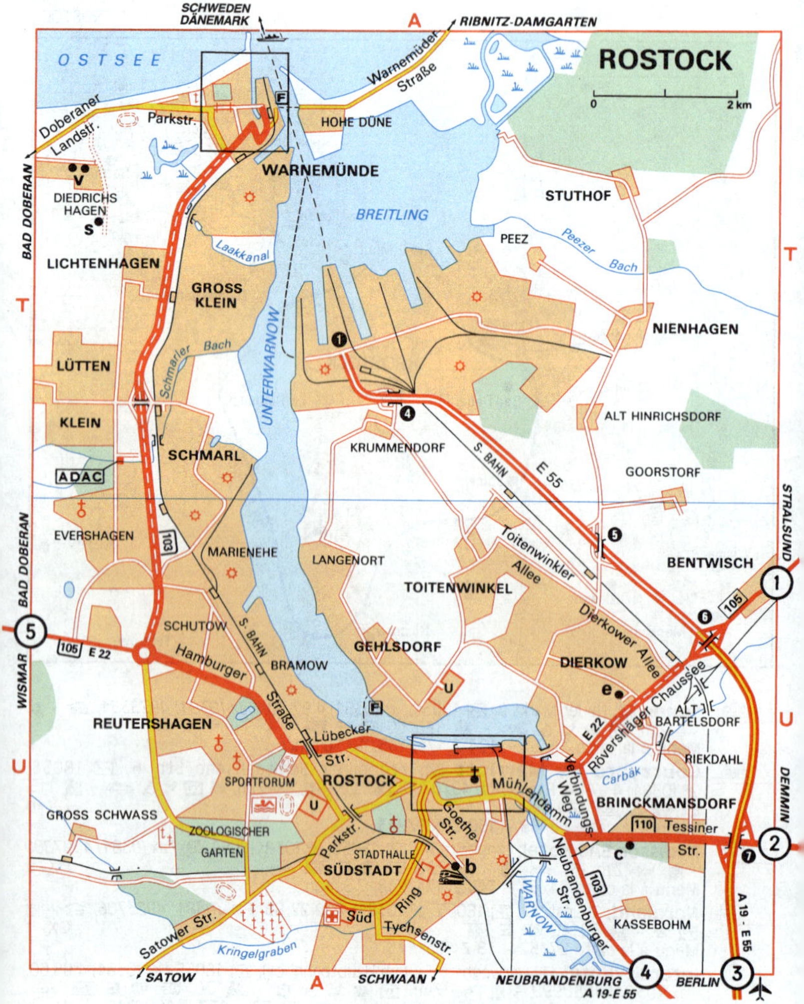

Warnemünder Hof, Stolteraer Weg 8 (in Diedrichshagen, W : 2 km), ✉ 18119, ✆ (0381) 5 43 00, *Fax (0381) 5430444*, – Zim, – 70. Rest
Menu à la carte 33/56 – **92 Z** 165/240 – ½ P 25. AT v

Strand-Hotel Hübner M, Seestr. 12, ✉ 18119, ✆ (0381) 5 43 40, *Fax (0381) 5434444*, ≤, Massage, – Zim, – 70.
Menu à la carte 32/68 – **95 Z** 198/480, 4 Suiten. DY a

Landhaus Immenbarg garni, Groß-Kleiner-Weg 19 (in Diedrichshagen, W : 2 km), ✉ 18109, ✆ (0381) 77 69 30, *Fax (0381) 7769355*, – 20.
25 Z 118/178. AT s

Am Leuchtturm, Am Leuchtturm 16, ✉ 18119, ✆ (0381) 5 43 70, *Fax (0381) 543712*, – Zim, – 20.
Menu à la carte 32/53 – **35 Z** 190/350 – ½ P 20. DY e

ROSTOCK

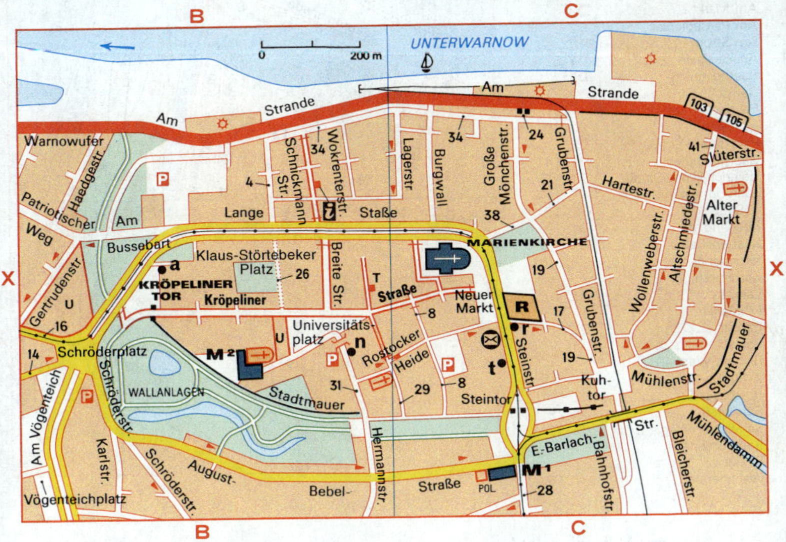

Bellevue, Seestr. 8, ✉ 18119, ✆ (0381) 5 43 33, *Fax (0381) 5433444*, ≤ – |‡| TV ☎ ✆ P – 🏛 20. AE E VISA JCB. ⅍ Zim — DY b
Menu à la carte 27/47 – **28 Z** 135/250.

Wilhelmshöhe M ⅍, Waldweg 1 (in Diedrichshagen, W : 3 km), ✉ 18119, ✆ (0381) 54 82 80, *Fax (0381) 5482866*, Biergarten, « Seeterrasse am Kliff », ≘s – TV ☎ ✆ P – 🏛 20. E VISA
Menu à la carte 26/39 – **21 Z** 100/210.

Landhaus Frommke ⅍ garni, Stolteraer Weg 3 (in Diedrichshagen, W : 2 km), ✉ 18119, ✆ (0381) 5 19 19 04, *Fax (0381) 5191905*, ≘s, ⛲, 🌳 – TV ☎ P. AE E VISA — AT v
9 Z 135/200.

il Ristorante, Am Strom 107 (1. Etage), ✉ 18119, ✆ (0381) 5 26 74, *Fax (0381) 52605* – AE E VISA — DY c
Menu (nur Abendessen, italienische Küche) à la carte 45/66.

Die Gartenlaube, Anastasiastr. 24, ✉ 18119, ✆ (0381) 5 26 61, *Fax (0381) 52661*, 🍽 – E — DY x
Sonntag geschl. – **Menu** (nur Abendessen) à la carte 51/75.

In Rostock-Markgrafenheide *NO : 16 km, ab Warnemünde mit Fähre und über Hohe Düne, Warnemünder Straße :*

Godewind M, Warnemünder Str. 5, ✉ 118146, ✆ (0381) 60 95 70, *Fax (0381) 60957111*, 🍽, ≘s, ⛲ – |‡|, ⅍ Zim, TV ☎ ✆ P – 🏛 20. AE E VISA
Menu à la carte 29/47 – **48 Z** 110/185.

In Sievershagen ⑤ *: 8 km :*

Atrium Hotel Krüger M garni, Ostsee-Park-Str. 2 (B 105), ✉ 18069, ✆ (0381) 8 00 23 43, *Fax (0381) 8002342* – |‡| ⅍ TV ☎ ♿ P – 🏛 40. AE ◑ E VISA
59 Z 95/150.

Ziegenkrug, Hauptstraße (B 105), ✉ 18069, ✆ (0381) 7 70 40, *Fax (0381) 7697467*, 🍽, ≘s – ⅍ Zim, TV ☎ P – 🏛 100. AE E VISA
Menu à la carte 28/52 – **61 Z** 95/150.

WARNEMÜNDE

Alexandrinen-Straße .... DY
Alte Bahnhofstr. .... DZ
Am Bahnhof .... DYZ
Am Leuchtturm .... DY 3
Am Markt .... DZ
Am Passagierkai .... DZ
Am Strom .... DYZ
Anastasiastr. .... DY 5
Beethovenstr. .... DZ 7
Dänische Str. .... DYZ
Friedrich-Franz-Straße .... DY 12
Fritz-Reuter-Straße ..... DZ
Georginenplatz .... DY 14
Heinrich-Heine-Straße ... DY
John-Brinkmann-Straße .... DZ 17
Kirchenplatz .... DY 19
Kirchenstraße .... DY 21
Kirchnerstr. .... DZ
Kurhausstr. .... DY
Laakstr. .... DZ
Mühlenstr. .... DYZ
Parkstr. .... DZ
Poststr. .... DZ
Richard-Wagner-Straße .... DZ
Rostocker Str. .... DZ
Schillerstr. .... DY 29
Schwarzer Weg .... DZ 32
Seepromenade .... DY
Seestr. .... DY
Wachtlerstr. .... DY 36

In most hotels telephone reservations will be respected only until 6pm, unless you have come to an agreement with the proprietor. Written confirmation is strongly recommended should you expect to be arriving later.

ROT AM SEE *Baden-Württemberg* 419 420 *S 14 – 4 200 Ew – Höhe 419 m.*
Berlin 532 – Stuttgart 132 – Würzburg 78 – Crailsheim 18 – Nürnberg 110.

Landhaus Hohenlohe, Erlenweg 24, ✉ 74585, ☎ (07955) 9 31 00, *Fax (07955) 931093*, – – 35.
Menu *(Montag geschl.)* à la carte 35/65 – **28 Z** 80/130 – ½ P 25.

Gasthof Lamm, Kirchgasse 18, ✉ 74585, ☎ (07955) 23 44, *Fax (07955) 2384*, – .
Mitte Okt. - Mitte Nov. geschl. – **Menu** *(Donnerstag geschl.)* à la carte 24/53 – **12 Z** 60/120.

ROT AN DER ROT *Baden-Württemberg* 419 420 *V 14 – 3 800 Ew – Höhe 604 m.*
Berlin 667 – Stuttgart 149 – Konstanz 135 – Ravensburg 46 – Ulm (Donau) 58 – Memmingen 17.

Landhotel Seefelder, Theodor-Her-Str. 11, ✉ 88430, ☎ (08395) 9 40 00, *Fax (08395) 940050*, , , – – 60.
Menu *(Dienstag geschl.)* à la carte 27/58 – **18 Z** 89/160.

ROTENBURG/FULDA *Hessen* 417 418 *N 13 – 14 800 Ew – Höhe 198 m – Luftkurort.*
Verkehrs- und Kulturamt, Marktplatz 15 (altes Rathaus), ✉ 36199, ☎ (06623) 55 55, Fax (06623) 933163.
Berlin 402 – Wiesbaden 187 – Kassel 56 – Bad Hersfeld 20.

Rodenberg, Panoramastr. 98, ✉ 36199, ☎ (06623) 88 11 00, *Fax (06623) 888410*, , , Massage, , , , (geheizt), , (Halle) – , Zim, – 300.
***Zinne :* Menu** à la carte 44/76 – **98 Z** 175/275, 9 Suiten.

Zur Post M, Poststr. 20, ✉ 36199, ☎ (06623) 93 10, *Fax (06623) 931415*, – , Zim, – 150.
Menu à la carte 31/52 – **69 Z** 110/183.

Haus Pergola garni, Panoramastr. 96, ✉ 36199, ✆ (06623) 88 83 00, *Fax (06623) 888403*, ≤, direkter Zugang zum Felsen-Erlebnisbad und Hotel Rodenberg – 60. AE ⓓ E VISA
88 Z 145/235.

Landhaus Silbertanne, Am Wäldchen 2, ✉ 36199, ✆ (06623) 9 22 00, *Fax (06623) 922099*, – Zim, – 25. AE ⓓ E VISA JCB
4. - 28. Jan. geschl. – **Menu** *(Sonntagabend geschl.)* à la carte 38/60 – **26 Z** 80/172 – ½ P 28.

ROTENBURG (WÜMME) *Niedersachsen* 415 *G 12 – 20 900 Ew – Höhe 28 m.*

Hof Emmen Westerholz (N : 5 km), ✆ (04263) 9 30 10.
Informationsbüro im Rathaus, Große Str. 1, ✉ 27356, ✆ (04261) 7 11 00, Fax (04261) 71147.
Berlin 352 – Hannover 107 – Bremen 51 – Hamburg 79.

Landhaus Wachtelhof M, Gerberstr. 6, ✉ 27356, ✆ (04261) 85 30, *Fax (04261) 853200*, « Gartenterrasse », Massage, – – 100. AE ⓓ E VISA. Rest
Menu (bemerkenswerte Weinkarte) à la carte 76/99 – **38 Z** 260/378.

In Rotenburg-Waffensen *W : 6 km :*

Lerchenkrug, an der B 75, ✉ 27356, ✆ (04268) 3 43, *Fax (04268) 1546*, – . AE ⓓ E VISA JCB
Montag - Dienstag, 1. - 12. Jan. und Juli - Aug. 3 Wochen geschl. – **Menu** à la carte 42/68.

In Bothel *SO : 8 km :*

Botheler Landhaus, Hemsbünder Str. 13, ✉ 27386, ✆ (04266) 15 17, *Fax (04266) 1517*, – . AE ⓓ E VISA
Sonntag - Montag und Ende Feb. - Anfang März geschl. – **Menu** (nur Abendessen, Tischbestellung ratsam) à la carte 61/85
Spez. Ackersalat mit gebratener Entenleber und roten Linsen. Kartoffelrahmsuppe mit geräuchertem Kalbsbries. Deichlammrücken mit Kräuterkruste und Balsamicosauce.

In Hellwege *SW : 15 km :*

Prüser's Gasthof, Dorfstr. 5, ✉ 27367, ✆ (04264) 99 90, *Fax (04264) 99945*, , – . ⓓ E VISA. Zim
26. Dez. - 5. Jan. geschl. – **Menu** *(Dienstagmittag geschl.)* à la carte 28/55 – **30 Z** 73/120.

ROTH KREIS ROTH *Bayern* 419 420 *S 17 – 24 000 Ew – Höhe 340 m.*

Abenberg (W : 11 km), ✆ (09178) 55 41.
Berlin 456 – München 149 – Nürnberg 32 – Donauwörth 67 – Ansbach 52.

Ratsstuben im Schloß Ratibor, Hauptstr. 1, ✉ 91154, ✆ (09171) 68 87, Fax (09171) 6854, , Biergarten, « Schloßanlage a.d. 16. Jh. » – 100. AE ⓓ E VISA JCB
Sonntagabend - Montag sowie Jan. und Aug. jeweils 2 Wochen geschl. – **Menu** à la carte 45/73.

ROTH AN DER OUR *Rheinland-Pfalz* 417 *Q 2 – 280 Ew – Höhe 220 m.*

Berlin 733 – Mainz 202 – Trier 50 – Bitburg 29 – Ettelbruck 18 – Luxembourg 47.

Ourtaler Hof, Ourtalstr. 27, ✉ 54675, ✆ (06566) 2 18, *Fax (06566) 1444*, , – . E VISA
23. Dez. - Anfang Feb. geschl. – **Menu** à la carte 28/58 – **24 Z** 70/125.

ROTHENBERG (ODENWALDKREIS) *Hessen* 417 419 *R 10 – 2 500 Ew – Höhe 450 m – Erholungsort.*

Berlin 616 – Wiesbaden 118 – Mannheim 53 – Frankfurt am Main 87 – Heidelberg 31 – Heilbronn 74.

Gasthof Hirsch, Schulstr. 3, ✉ 64757, ✆ (06275) 9 13 00, *Fax (06275) 913016*, , – , Zim, – 40. AE E VISA
Menu *(Montag geschl.)* à la carte 29/45 – **31 Z** 70/135.

ROTHENBUCH *Bayern* 417 *Q 12 – 2 000 Ew – Höhe 360 m.*

Berlin 542 – München 345 – Würzburg 66 – Frankfurt am Main 68.

Schloßhotel Rothenbuch, Schulstr.1, ✉ 63860, ✆ (06094) 94 40, *Fax (06094) 944444*, , « Kurfürstliches Jagdschloß a.d. 16. Jh. », – Zim, – 50. E VISA
Anfang Jan. 1 Woche und Aug. 2 Wochen geschl. – **Menu** à la carte 34/72 – **38 Z** 109/300.

ROTHENBURG OB DER TAUBER Bayern 419 420 R 14 – 12 000 Ew – Höhe 425 m.

Sehenswert : *Mittelalterliches Stadtbild*★★★ *– Rathaus*★ *(Turm* ≤★*)* Y R *– Kalkturm* ≤★ Z *– St.- Jakobskirche (Hl.-Blut-Altar*★★*)* Y *– Spital*★ Z *– Spitaltor*★ Z *– Stadtmauer*★ YZ.

Ausflugsziel : *Detwang : Kirche (Kreuzaltar*★*) 2 km über* ④.

Fremdenverkehrsamt, Marktplatz 2, ✉ *91541,* ☎ *(09861) 4 04 92, Fax (09861) 86807.*

Berlin 500 ② *– München 236* ② *– Würzburg 69* ① *– Ansbach 35* ② *– Stuttgart 134* ②.

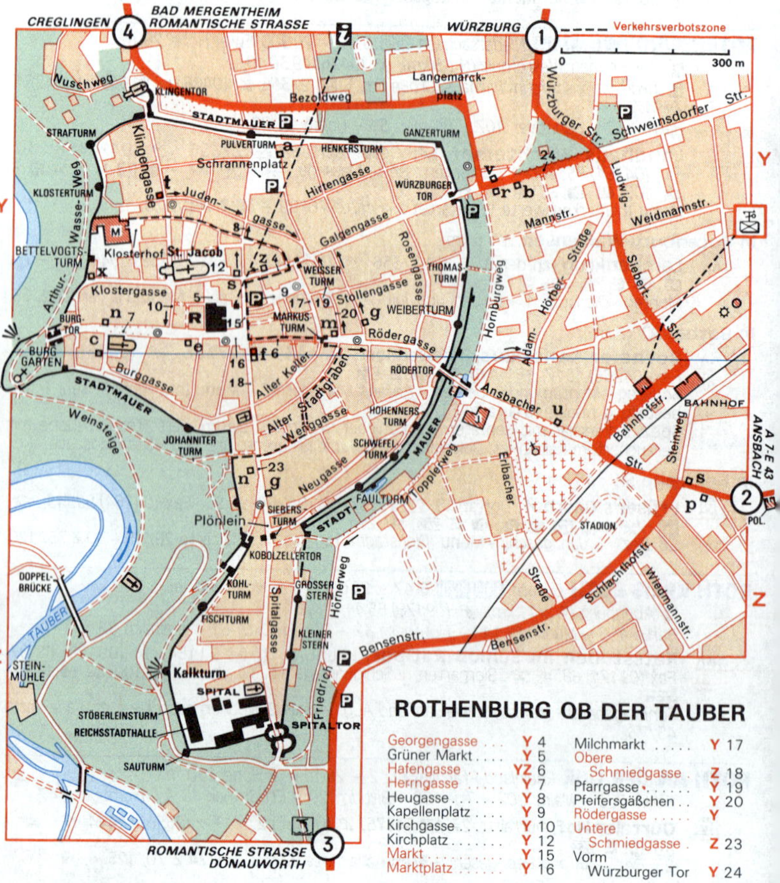

ROTHENBURG OB DER TAUBER

Georgengasse	Y	4
Grüner Markt	Y	5
Hafengasse	YZ	6
Herrngasse	Y	7
Heugasse	Y	8
Kapellenplatz	Y	9
Kirchgasse	Y	10
Kirchplatz	Y	12
Markt	Y	15
Marktplatz	Y	16
Milchmarkt	Y	17
Obere Schmiedgasse	Z	18
Pfarrgasse	Y	19
Pfeifersgäßchen	Y	20
Rödergasse	Y	
Untere Schmiedgasse	Z	23
Vorm Würzburger Tor	Y	24

Eisenhut (mit Gästehaus), Herrngasse 3, ✉ 91541, ☎ (09861) 70 50, *Fax (09861) 70545,* Biergarten, « Historisches Patrizierhaus a.d. 15. Jh ; Gartenterrasse » – Zim, – 80. AE VISA JCB. Rest *Jan. geschl.* – **Menu** à la carte 59/98 – **79 Z** 235/435. Y e

Romantik Hotel Markusturm, Rödergasse 1, ✉ 91541, ☎ (09861) 9 42 80, *Fax (09861) 2692,* « Geschmackvolle, individuelle Einrichtung » – Zim, – 20. AE VISA JCB **Menu** (nur Abendessen) à la carte 40/74 – **25 Z** 150/350. Y m

Burg-Hotel garni, Klostergasse 1, ✉ 91541, ☎ (09861) 9 48 90, *Fax (09861) 948940,* ≤ Taubertal, « Lage an der Stadtmauer, geschmackvolle Einrichtung » – AE VISA **15 Z** 160/320. Y x

Meistertrunk, Herrngasse 26, ✉ 91541, ☎ (09861) 60 77, *Fax (09861) 1253,* « Gartenterrasse » – AE VISA JCB **Menu** *(Mitte Jan. - Feb. Montag - Donnerstag geschl.)* à la carte 33/63 – **15 Z** 90/250. Y n

Tilman Riemenschneider, Georgengasse 11, ✉ 91541, ✆ (09861) 97 90, *Fax (09861) 2979,* – AE ① E VISA JCB Y z
Menu à la carte 43/82 – **60 Z** 140/330.

Reichs-Küchenmeister (mit Gästehaus), Kirchplatz 8, ✉ 91541, ✆ (09861) 97 00, *Fax (09861) 970409,* – AE ① E VISA JCB Y s
Menu à la carte 30/70 – **45 Z** 120/250.

Goldener Hirsch, Untere Schmiedgasse 16, ✉ 91541, ✆ (09861) 70 80, *Fax (09861) 708100,* « Restaurant Blaue Terrasse mit ← Taubertal » – 50. AE ① E VISA JCB. Rest Z n
Menu à la carte 44/79 – **72 Z** 140/320.

Merian garni, Ansbacher Str. 42, ✉ 91541, ✆ (09861) 30 96, *Fax (09861) 86787* – AE ① E VISA JCB. Z p
40 Z 150/195.

Mittermeier, Vorm Würzburger Tor 9, ✉ 91541, ✆ (09861) 9 45 40, *Fax (09861) 945494,* – AE ① E VISA Y v
Menu *(Sonntag geschl.)* à la carte 38/72 – **19 Z** 98/250.

Glocke, Am Plönlein 1, ✉ 91541, ✆ (09861) 95 89 90, *Fax (09861) 9589922* – 30. AE ① E VISA JCB. Rest Z g
24. Dez. - 6. Jan. geschl. – **Menu** *(Sonntagabend geschl.)* à la carte 30/62 – **24 Z** 105/188.

Zum Rappen (mit Gasthof), Vorm Würzburger Tor 6, ✉ 91541, ✆ (09861) 9 57 10, *Fax (09861) 6076,* – 110. AE ① E VISA JCB. Rest Y r
Menu *(Nov. - April Montag geschl.)* à la carte 27/61 – **71 Z** 100/250.

Goldenes Faß, Ansbacher Str. 39, ✉ 91541, ✆ (09861) 9 45 00, *Fax (09861) 8371,* – AE ① E VISA JCB Z s
Menu *(Montagmittag und Dienstagmittag geschl.)* à la carte 30/53 – **32 Z** 75/170.

Spitzweg garni (Haus a.d.J. 1536 mit rustikaler Einrichtung), Paradeisgasse 2, ✉ 91541, ✆ (09861) 9 42 90, *Fax (09861) 1412* – AE ① E VISA JCB Y g
10 Z 95/170.

Bayerischer Hof, Ansbacher Str. 21, ✉ 91541, ✆ (09861) 60 63, *Fax (09861) 86561* – AE E VISA Z u
Jan. geschl. – **Menu** *(Sonntagabend und Donnerstag geschl.)* à la carte 29/58 – **9 Z** 70/150.

Schranne, Schrannenplatz 6, ✉ 91541, ✆ (09861) 9 55 00, *Fax (09861) 9550150,* – AE ① E VISA JCB Y a
Menu à la carte 26/58 – **46 Z** 70/180.

Klosterstüble, Heringsbronnengasse 5, ✉ 91541, ✆ (09861) 67 74, *Fax (09861) 6474,* – VISA JCB YZ c
Menu *(Montag und Jan. - Feb. geschl.)* à la carte 30/53 – **13 Z** 95/170.

Linde, Vorm Würzburger Tor 12, ✉ 91541, ✆ (09861) 74 44, *Fax (09861) 6038,* – AE ① E VISA JCB Y b
Feb. geschl. – **Menu** *(Dienstag geschl.)* à la carte 31/49 – **27 Z** 75/140.

Zum Greifen, Obere Schmiedgasse 5, ✉ 91541, ✆ (09861) 22 81, *Fax (09861) 86374,* – AE E VISA JCB YZ f
22. Aug. - 2. Sept. und 19. Dez. - 25. Jan. geschl. – **Menu** *(Sonntagabend - Montag geschl.)* à la carte 25/54 – **17 Z** 64/135.

Louvre, Klingengasse 15, ✉ 91541, ✆ (09861) 8 78 09, *Fax (09861) 4881,* « Ständig wechselnde Bilderausstellung » – AE E VISA Y t
Nov. - April Sonntag geschl. – **Menu** (nur Abendessen) à la carte 61/83
Spez. Krustentiere mit Kräutersalat. Barbarie-Ente mit Balsamico-Erdbeeren. Marinierte Beeren mit Amarettoeis und Mandelblättern.

Baumeisterhaus, Obere Schmiedgasse 3, ✉ 91541, ✆ (09861) 9 47 00, *Fax (09861) 86871,* « Patrizierhof a.d. 16. Jh. » – AE ① E VISA JCB YZ f
Menu à la carte 36/63.

In Steinsfeld-Bettwar ④ : *5 km :*

Alte Schreinerei mit Zim, ✉ 91628, ✆ (09861) 15 41, *Fax (09861) 86710,*
2. Jan. - 15. Feb. geschl. – **Menu** *(Donnerstag geschl.)* à la carte 24/49 – **12 Z** 42/92.

In Steinsfeld-Hartershofen ① : *7 km :*

Zum Schwan, Hartershofen 34, ✉ 91628, ✆ (09861) 33 87, *Fax (09861) 3087,*
Nov. 1 Woche und über Fasching 2 Wochen geschl. – **Menu** *(Dienstag geschl.)* à la carte 26/51 – **14 Z** 56/95.

In Steinsfeld-Reichelshofen ① : *8 km :*

Landwehrbräu, an der B 25, ✉ 91628, ✆ (09865) 98 90, *Fax (09865) 989686,* – |♦|, ✻ Rest, TV ☎ ♿ 🚗 P – 🚪 25. E VISA
Jan. geschl. – **Menu** à la carte 32/62 – **30 Z** 93/155.

In Windelsbach-Linden *NO : 7 km über Schweinsdorfer Str.* Y *:*

Gasthof Linden-Gästehaus Keitel ✻, ✉ 91635, ✆ (09861) 9 43 30, *Fax (09861) 943333,* , – ☎ 🚗 P – 🚪 25. E VISA
Jan. und Aug. jeweils 2 Wochen geschl. – **Menu** *(Montag geschl.)* à la carte 20/40 – **23 Z** 45/90.

In Windelsbach *NO : 9 km über Schweinsdorfer Str.* Y *:*

Landgasthof Lebert ✻ mit Zim, Schloßstr. 8, ✉ 91635, ✆ (09867) 95 70, *Fax (09867) 9567,* – P
Anfang - Mitte Feb. und Aug. 2 Wochen geschl. – **Menu** *(Montagmittag und Donnerstag geschl.)* à la carte 32/66 – **5 Z** 50/90.

ROTHENFELDE, BAD *Niedersachsen* **417** *J 8 – 6 900 Ew – Höhe 112 m – Heilbad.*
Kur- und Verkehrsverein, Salinenstr. 2, ✉ 49214, ✆ (05424) 18 75, Fax (05424) 69351.
Berlin 414 – Hannover 135 – Bielefeld 31 – Münster (Westfalen) 45 – Osnabrück 25.

Zur Post, Frankfurter Str. 2, ✉ 49214, ✆ (05424) 2 16 60, *Fax (05424) 69540,* « Restaurant Alte Küche », , , – |♦|, ✻ Zim, TV ☎ P – 🚪 30. AE ① E VISA
Menu à la carte 36/63 – **40 Z** 99/190 – ½ P 25.

Drei Birken, Birkenstr. 3, ✉ 49214, ✆ (05424) 64 20, *Fax (05424) 64289,* , Massage, , , , – |♦|, ✻ Zim, TV ☎ ♿ P. AE ① E VISA.
Menu *(Dienstag und Jan. - Feb. geschl.)* à la carte 30/53 – **42 Z** 90/160 – ½ P 20.

Dreyer garni, Salinenstr. 7, ✉ 49214, ✆ (05424) 2 19 00, *Fax (05424) 219029* – TV ☎ P. E VISA.
Jan. - Feb. 2 Wochen geschl. – **16 Z** 78/118.

Parkhotel Gätje ✻, Parkstr. 10, ✉ 49214, ✆ (05424) 22 20, *Fax (05424) 222222,* , « Kleiner Park », , – |♦|, ✻ Rest, TV ☎ 🚗 P – 🚪 20. AE ① E VISA
Menu à la carte 38/66 – **31 Z** 78/196.

ROTT *Rheinland-Pfalz siehe Flammersfeld.*

ROTTACH-EGERN *Bayern* **420** *W 19 – 5 500 Ew – Höhe 731 m – Heilklimatischer Kurort – Wintersport : 740/1 700 m 1 3 .*
Kuramt, Nördliche Hauptstr. 9 (Rathaus), ✉ 83700, ✆ (08022) 67 13 41, Fax (08022) 671347.
Berlin 645 – München 56 – Garmisch-Partenkirchen 81 – Bad Tölz 22 – Miesbach 21.

Bachmair am See ✻, Seestr. 47, ✉ 83700, ✆ (08022) 27 20, *Fax (08022) 272790,* <, , « Park », Massage, , , , (geheizt), , , – |♦| TV 🚗 P – 🚪 140. AE ① E
Menu à la carte 48/70 *(auch Diät)* – **282 Z** (nur ½ P) 275/650, 68 Suiten.

Park-Hotel Egerner Hof M ✻, Aribostr. 19, ✉ 83700, ✆ (08022) 66 60, *Fax (08022) 666200,* <, , Massage, , , – |♦| TV ♿ 🚗 P – 🚪 60. AE ① E VISA. Rest
Menu siehe Rest. ***Dichterstub'n*** separat erwähnt – ***Hubertusstüberl :*** **Menu** à la carte 49/74 – **90 Z** 210/432, 14 Suiten – ½ P 48.

Walter's Hof ✻, Seestr. 77, ✉ 83700, ✆ (08022) 27 70, *Fax (08022) 277154,* <, , , – |♦| TV 🚗 P – 🚪 65. AE E
Egerer Stadl : **Menu** à la carte 30/63 – **35 Z** 175/295, 3 Suiten – ½ P 38.

Gästehaus Haltmair garni, Seestr. 35, ✉ 83700, ✆ (08022) 27 50, *Fax (08022) 27564,* <, , – |♦| TV ☎ 🚗 P
42 Z 75/205.

Franzen, Karl-Theodor-Str. 2a, ✉ 83700, ✆ (08022) 60 87, *Fax (08022) 5619,* , – TV ☎ 🚗 P – 🚪 25. E
Pfeffermühle *(15. Nov. - 10. Dez. geschl.)* **Menu** à la carte 38/81 – **15 Z** 125/250 – ½ P 30.

Reuther ✻ garni, Salitererweg 6, ✉ 83700, ✆ (08022) 2 40 24, *Fax (08022) 24026,* – TV ☎ P. AE ① E VISA.
26 Z 65/170.

Seerose ✻ garni, Stielerstr. 13, ✉ 83700, ✆ (08022) 92 43 00, *Fax (08022) 24846,* – |♦| TV ☎ 🚗 P
Nov. - 20. Dez. geschl. – **19 Z** 95/160.

Sonnenhof garni, Sonnenmoosstr. 20, ✉ 83700, ✆ (08022) 58 12, *Fax (08022) 5477*, ≤, « Garten » – TV ☎ 🚗 P
Nov. - 20. Dez. geschl. – **14 Z** 75/140.

Dichterstub'n - Park-Hotel Egerner Hof, Aribostr. 19, ✉ 83700, ✆ (08022) 66 60, *Fax (08022) 666200* – P. AE ◐ E VISA
Menu (nur Abendessen) à la carte 86/107
Spez. Terrine vom geräuchertem Aal und Gänseleber. Geschmorte Kalbsbacken mit Kartoffelpüree. Topfengratin mit eingelegten Aprikosen.

An der Talstation der Wallbergbahn *S : 3 km :*

Alpenwildpark, Am Höhenrain 1, ✉ 83700 Rottach-Egern, ✆ (08022) 58 32, *Fax (08022) 95327*, « Terrasse mit ≤ » – P
Mittwoch - Donnerstag, 23. März - 9. April und 31. Okt. - 15. Dez. geschl. – **Menu** à la carte 27/54.

ROTTENBURG AM NECKAR *Baden-Württemberg 419 U 10 – 39 000 Ew – Höhe 349 m.*

Amt für Tourismus, Marktplatz 18 (Rathaus), ✉ 72108, ✆ (07472) 16 52 74, Fax (07472) 165382.
Berlin 682 – Stuttgart 55 – Freudenstadt 47 – Reutlingen 26 – Villingen-Schwenningen 76.

Convita M, Röntgenstr. 38, ✉ 72108, ✆ (07472) 92 90, *Fax (07472) 929888*, – |‡|, ⇔ Zim, TV ✆ 🚗 P – 🏛 100. AE E VISA
Menu à la carte 37/64 – **67 Z** 135/180, 3 Suiten.

Martinshof, Eugen-Bolz-Platz 5, ✉ 72108, ✆ (07472) 2 10 21, *Fax (07472) 24691* – |‡| TV ☎ 🚗 – 🏛 120. AE ◐ E VISA. ✂ Rest
Aug. geschl. – **Menu** *(Sonntagabend - Montag geschl.)* à la carte 33/62 – **34 Z** 87/145.

ROTTENDORF *Bayern siehe Würzburg.*

ROTTHALMÜNSTER *Bayern 420 U 23 – 4 400 Ew – Höhe 359 m.*

Berlin 636 – München 148 – Passau 36 – Salzburg 110.

In Rotthalmünster-Asbach *NW : 4 km :*

Klosterhof St. Benedikt, Hauptstr. 52, ✉ 94094, ✆ (08533) 20 40 (Hotel) 18 59 (Rest.), *Fax (08533) 20444*, Biergarten, « Hotel in den hist. Räumen des ehemaligen Benediktiner-Kloster a.d. 11. Jh. ; Zweig-Museum des Nationalmuseum », – TV ☎ P – 🏛 65
Jan. geschl. – **Menu** *(Montag geschl.)* à la carte 23/40 – **24 Z** 62/109.

ROTTWEIL *Baden-Württemberg 419 V 9 – 24 000 Ew – Höhe 600 m.*

Sehenswert : *Hauptstraße ≤★ – Heiligkreuzmünster (Retabel★) – Dominikanermuseum (Orpheus-Mosaik ★, Sammlung schwäbischer Plastiken ★) – Kapellenturm (Turm★) – Altstadt★.*
Ausflugsziel : *Dreifaltigkeitskirche★ (✱★) SO : 20 km.*
Tourist-Information, Rathausgasse (Altes Rathaus), ✉ 78628, ✆ (0741) 49 42 80, Fax (0741) 494373.
Berlin 724 – Stuttgart 98 – Konstanz 87 – Offenburg 83 – Tübingen 59 – Donaueschingen 33.

Johanniterbad, Johannsergasse 12, ✉ 78628, ✆ (0741) 53 07 00, *Fax (0741) 41273* – |‡| TV ☎ P – 🏛 30. AE ◐ E VISA
Menu *(Sonntagabend und 2.- 17. Jan. geschl.)* à la carte 31/63 – **27 Z** 85/194.

Romantik Hotel Haus zum Sternen (Haus a.d. 14. Jh.), Hauptstr. 60, ✉ 78628, ✆ (0741) 5 33 00, *Fax (0741) 533030*, , « Stilvolle Einrichtung » – ⇔ Zim, TV ☎ 🚗 – 🏛 15. AE E VISA
Menu *(Samstagmittag, 1. - 4. Jan. und 18. - 28. Feb. geschl.)* à la carte 44/68 – **14 Z** 90/220.

Bären, Hochmaurenstr. 1, ✉ 78628, ✆ (0741) 1 74 60 38, *Fax (0741) 1746040*, , – |‡| TV ☎ 🚗 P. E VISA
23. Dez. - 6. Jan. geschl. – **Menu** *(Sonntagabend und Samstag geschl.)* à la carte 38/60 – **30 Z** 80/200.

Park-Hotel, Königstr. 21, ✉ 78628, ✆ (0741) 5 34 30, *Fax (0741) 534330*, – ⇔ Zim, TV ☎. ✂ Zim
23. Dez. - 6. Jan. geschl. – **Menu** *(Samstagmittag und Sonntag geschl.)* à la carte 30/60 – **15 Z** 95/190.

Villa Duttenhofer-Restaurant L'Etoile, Königstr. 1, ✉ 78628, ✆ (0741) 4 31 05, *Fax (0741) 41595* – P. ◐ E VISA
Sonntag - Montag, Feb. - März 2 Wochen und Aug. - Sept. 6 Wochen geschl. – **Menu** (nur Abendessen) à la carte 68/91 – ***Bistro :*** **Menu** à la carte 33/74.

In Deißlingen *S : 9 km :*

Hirt, Oberhofenstr. 5, ✉ 78652, ✆ (07420) 9 29 10, *Fax (07420) 929133,* – Zim, – 40. AE VISA
Menu *(Sonntag und Aug. 2 Wochen geschl.)* à la carte 29/52 – **36 Z** 65/150.

RUBKOW *Mecklenburg-Vorpommern siehe Anklam.*

RUBOW *Mecklenburg-Vorpommern* 416 *E 18 – 200 Ew – Höhe 37 m.*
Berlin 223 – Schwerin 21 – Güstrow 47 – Lübeck 82 – Rostock 67.

In Rubow-Flessenow *W : 7,5 km :*

Seewisch, Am Schweriner See 1d, ✉ 19067, ✆ (03866) 4 61 10, *Fax (03866) 4611166,* « Schöne Lage am See », – – 20
Menu à la carte 24/41 – **25 Z** 80/200 – ½ P 20.

RUDERSBERG *Baden-Württemberg* 419 *T 12 – 9 600 Ew – Höhe 278 m.*
Berlin 600 – Stuttgart 43 – Heilbronn 47 – Göppingen 37.

In Rudersberg-Schlechtbach *S : 1 km :*

Sonne (mit Gästehaus), Heilbronner Str. 70, ✉ 73635, ✆ (07183) 61 88, *Fax (07183) 1500,* – , Zim, – 50. VISA. Rest
Feb. 2 Wochen geschl. – **Menu** *(Freitag geschl.)* à la carte 24/64 – **40 Z** 70/158.

RUDOLSTADT *Thüringen* 418 *N 18 – 30 000 Ew – Höhe 209 m.*
Sehenswert : Schloß Heidecksburg★ (Säle im Rocaille-Stil★★).
Tourist-Information, Marktstr. 57, ✉ 07407, ✆ (03672) 42 45 43, Fax (03672) 431286.
Berlin 284 – Erfurt 48 – Coburg 79 – Suhl 65.

Thüringer Hof, Bahnhofsgasse 3 (B 88), ✉ 07407, ✆ (03672) 41 24 22, *Fax (03672) 412423* – . AE VISA
Menu à la carte 19/32 – **16 Z** 50/140.

Am Marienturm *SO : 3 Km :*

Panoramahotel Marienturm, Marienturm 1, ✉ 07407, ✆ (03672) 4 32 70, *Fax (03672) 432785,* ← Rudolstadt und Saaletal, « Aussichtsterrasse », – Zim, – 30. AE VISA
Menu à la carte 29/59 – **29 Z** 115/165.

In Rudolstadt-Mörla :

Hodes (mit Gästehaus), Mörla Nr.1, ✉ 07407, ✆ (03672) 41 01 01, *Fax (03672) 424568,* Biergarten – – 50. AE VISA
Menu à la carte 20/29 – **15 Z** 75/110.

In Weißen *NO : 9 km :*

Kains Hof, Ortsstr. 19, ✉ 07407, ✆ (036742) 6 11 30, *Fax (036742) 61011,* « Gemütlich-rustikale Einrichtung, Innenhofterrasse » – .
Jan. geschl. – **Menu** *(im Winter Montag - Donnerstag nur Abendessen)* à la carte 31/50 – **15 Z** 90/140.

RÜCKHOLZ *Bayern siehe Seeg.*

RÜCKMARSDORF *Sachsen siehe Leipzig.*

RÜDESHEIM AM RHEIN *Hessen* 417 *Q 7 – 10 000 Ew – Höhe 85 m.*
Ausflugsziel : Kloster Eberbach★★ (Weinkeltern★★).
Städt. Verkehrsamt, Rheinstr. 16, ✉ 65385, ✆ (06722) 29 62, Fax (06722) 3485.
Berlin 592 – Wiesbaden 31 – Bad Kreuznach 70 – Koblenz 65 – Mainz 34.

Rüdesheimer Schloss, Steingasse 10, ✉ 65385, ✆ (06722) 9 05 00, *Fax (06722) 47960,* « Haus a.d.J. 1729, Einrichtung mit Designermöbeln » – – 20. AE VISA JCB
Weihnachten - Anfang Jan. geschl. – **Menu** (bemerkenswertes Angebot Rheingauer Weine) à la carte 35/63 – **21 Z** 160/260.

Central-Hotel, Kirchstr. 6, ✉ 65385, ✆ (06722) 91 20, *Fax (06722) 2807* – , Zim, – 15. AE VISA
20. Dez. - Feb. geschl. – **Menu** à la carte 34/63 – **50 Z** 109/219.

Traube-Aumüller, Rheinstr. 6, ⊠ 65385, ☎ (06722) 91 40, *Fax (06722) 1573,* – Zim, ☎ – 40. AE D E VISA JCB. Rest
20. Dez. - Feb. geschl. – **Menu** à la carte 29/69 – **122 Z** 110/270.

Zum Bären, Schmidtstr. 24, ⊠ 65385, ☎ (06722) 10 91, *Fax (06722) 1094,* – ☎. E VISA
Menu *(Nov. - Mai Sonntagabend - Montag sowie Feb. geschl.)* à la carte 32/56 – **23 Z** 115/260.

Trapp, Kirchstr. 7, ⊠ 65385, ☎ (06722) 9 11 40, *Fax (06722) 47745* – ☎ – 15. AE D E VISA JCB
Mitte März - Mitte Dez. – **Menu** *(Montag - Freitag nur Abendessen)* à la carte 35/66 – **32 Z** 115/240.

Felsenkeller, Oberstr. 39, ⊠ 65385, ☎ (06722) 9 42 50, *Fax (06722) 47202,* – ☎. AE E VISA. Rest
März - Nov. – **Menu** à la carte 30/60 *(auch vegetarische Gerichte)* – **60 Z** 98/220.

Rheinhotel garni, Kaiserstr. 1, ⊠ 65385, ☎ (06722) 90 30, *Fax (06722) 903199,* – ☎. AE D E VISA JCB
Anfang März - Mitte Nov. – **30 Z** 95/180.

Rüdesheimer Hof, Geisenheimer Str. 1, ⊠ 65385, ☎ (06722) 9 11 90, *Fax (06722) 48194,* – ☎. AE D E VISA
Mitte Dez. - Mitte Feb. geschl. – **Menu** à la carte 28/55 – **43 Z** 95/170.

Außerhalb *NW : 5 km über die Straße zum Niederwald-Denkmal :*

Jagdschloß Niederwald , ⊠ 65385 Rüdesheim, ☎ (06722) 10 04, *Fax (06722) 47970,* « Gartenterrasse », – ☎ – 60. AE D E VISA JCB
Jan. - 14. März geschl. – **Menu** *(15. Nov.- Dez. und 1.- 15. März Montag geschl.)* à la carte 59/96 – **50 Z** 185/280.

In Rüdesheim-Assmannshausen *NW : 5 km :*

Krone Assmannshausen, Rheinuferstr. 10, ⊠ 65385, ☎ (06722) 40 30, *Fax (06722) 3049,* ≤, « Historisches Hotel a.d. 16.Jh., Laubenterrasse », (geheizt), – Zim, ☎ – 60. AE D E VISA JCB
Menu (bemerkenswerte Weinkarte) à la carte 69/110 – **65 Z** 209/368, 12 Suiten.

Alte Bauernschänke-Nassauer Hof (Fachwerkhaus a.d.J. 1408), Niederwaldstr. 23, ⊠ 65385, ☎ (06722) 23 32, *Fax (06722) 47912,* – ☎ – 30. AE E VISA
Mitte März - Nov. – **Menu** à la carte 32/64 – **56 Z** 120/200.

Unter den Linden, Rheinallee 1, ⊠ 65385, ☎ (06722) 22 88, *Fax (06722) 47201,* ≤, « Laubenterrasse » – ☎. E VISA
April - Mitte Nov. – **Menu** à la carte 33/60 – **28 Z** 75/180.

Lamm, Rheinuferstr. 6, ⊠ 65385, ☎ (06722) 9 04 50, *Fax (06722) 904590,* ≤, – ☎. E VISA
März - Nov. – **Menu** à la carte 33/54 – **45 Z** 85/180.

Schön, Rheinuferstr. 3, ⊠ 65385, ☎ (06722) 22 25, *Fax (06722) 2190,* ≤, – Zim, ☎. E VISA
März - Okt. – **Menu** à la carte 44/69 – **25 Z** 90/185.

Ewige Lampe und Haus Resi, Niederwaldstr. 14, ⊠ 65385, ☎ (06722) 24 17, *Fax (06722) 48459* – . E VISA
5. Jan. - 20. Feb. geschl. – **Menu** *(Dienstag geschl.)* à la carte 34/68 – **23 Z** 75/160.

Altes Haus (mit Zim. und Gästehaus), Lorcher Str. 8, ⊠ 65385, ☎ (06722) 4 03 50, *Fax (06722) 4035150,* (Fachwerkhaus a.d.J. 1578) – Zim, ☎. E VISA. Zim
4. Jan. - 12. Feb. geschl. – **Menu** *(Mittwoch, Mai - Okt. auch Dienstagabend und Donnerstagabend geschl.)* à la carte 33/64 – **36 Z** 80/180.

In Rüdesheim-Presberg *N : 13 km :*

Haus Grolochblick , Schulstr. 8, ⊠ 65385, ☎ (06726) 7 38, *Fax (06726) 81050,* ≤, –
Mitte Feb. - Mitte Nov. – (Restaurant nur für Hausgäste) – **20 Z** 45/85.

RÜGEN (Insel) *Mecklenburg-Vorpommern* **416** *C 23,24 – Seebad – Größte Insel Deutschlands, durch einen 2,5 km langen Damm mit dem Festland verbunden.*

Sehenswert : *Gesamtbild★ der Insel mit Badeorten★ Binz, Sellin, Babe und Göhren – Putbus★ (Circus★, Theater★, Schloßpark★) – Jagdschloß Granitz★ (≤★★) – Kap Arkona★ (≤★★) – Stubbenkammer : Königsstuhl★★.*

9 Karnitz, ☎ (038304) 1 24 20.

Fährlinie Saßnitz-Trelleborg, ☎ (038392) 6 41 80.

ab Bergen : Berlin 249 – Schwerin 186 – Greifswald 60 – Stralsund 28.

Baabe – *770 Ew – Höhe 25 m – Seebad.*
Kurverwaltung, Fritz-Worm-Str. 1, ✉ 18586, ✆ (038303) 14 20, Fax (038303) 14299.
Nach Bergen 20 km.

Villa Granitz Ⓜ garni, Birkenallee 17, ✉ 18586, ✆ (038303) 14 10, *Fax (038303) 14144* – TV ☎ ♿ P
April - Okt. – **44 Z** 125/160.

Villa Fröhlich, Göhrener Weg 2, ✉ 18586, ✆ (038303) 8 61 91, *Fax (038303) 86190*, – TV ☎ P – **15 Z.**

Bergen – *17 000 Ew – Höhe 60 m.*
Touristeninformation, Markt 11, ✉ 18528, ✆ (03838) 25 60 95, Fax (03838) 256096.

Treff Hotel Rügen, Stralsunder Chaussee 1, ✉ 18528, ✆ (03838) 81 50, *Fax (03838) 815500*, , , – , Zim, TV P – 150. AE E VISA
Menu à la carte 37/62 – **154 Z** 163/256 – ½ P 30.

Romantik Hotel Kaufmannshof Ⓜ, Bahnhofstr. 6, ✉ 18528, ✆ (03838) 8 04 50, *Fax (03838) 804545*, Biergarten, « Stilvolle Zimmereinrichtung », – TV ☎ P – 20. AE E VISA
Menu à la carte 31/52 – **18 Z** 130/220 – ½ P 25.

Binz – *7 000 Ew – Höhe 5 m – Seebad.*
Kurverwaltung, Heinrich-Heine Str. 7, ✉ 18609, ✆ (038393) 3 06 75, Fax (038393) 2083.
Nach Bergen 13 km.

Arkona Strandhotel Ⓜ, Strandpromenade 59, ✉ 18609, ✆ (038393) 5 70, *Fax (038393) 57777*, ←, , Massage, – , Zim, TV ☎ P – 135. AE E VISA
Menu à la carte 34/60 – **193 Z** 200/300 – ½ P 38.

Goldener Löwe M, Hauptstr. 22, ✉ 18609, ✆ (038393) 53 50, *Fax (038393) 53555*, – Zim, AE E VISA
Menu à la carte 37/57 – **35 Z** 180/280 – ½ P 32.

Strandhotel Lissek, Strandprommenade 33, ✉ 18609, ✆ (038393) 38 10, *Fax (038393) 381430*, AE E VISA
Menu à la carte 37/55 – **40 Z** 130/275 – ½ P 30.

Am Meer, Strandpromenade 34, ✉ 18609, ✆ (038393) 4 40, *Fax (038393) 44444*, Zim, AE E VISA
Menu à la carte 41/65 – **60 Z** 205/345 – ½ P 40.

Vier Jahreszeiten, Zeppelinstr. 8, ✉ 18609, ✆ (038393) 5 00, *Fax (038393) 50430*, 40. AE E. Rest
Menu à la carte 37/58 – **77 Z** 150/250, 3 Suiten – ½ P 30.

Vineta, Hauptstr. 20, ✉ 18609, ✆ (038393) 3 90, *Fax (038393) 39444*, AE E VISA. Rest
Menu (im Winter nur Abendessen) à la carte 34/54 – **38 Z** 120/300 – ½ P 30.

Villa Salve, Strandpromenade 41, ✉ 18609, ✆ (038393) 22 23, *Fax (038393) 13629*, « Individuelle, elegante Zimmereinrichtung » – AE E VISA
Menu à la carte 35/58 – **13 Z** 180/295 – ½ P 35.

Binzer Hof, Lottumstr. 15, ✉ 18609, ✆ (038393) 13 30, *Fax (038393) 2382*, 40. AE E VISA
Menu (Okt. - Mai nur Abendessen) à la carte 30/45 – **53 Z** 130/195 – ½ P 25.

Villa Schwanebeck, Margarethenstr. 18, ✉ 18609, ✆ (038393) 20 13, *Fax (038393) 31734*
Mitte Nov. - Mitte Dez. und Mitte Jan. - Anfang Feb. geschl. – **Menu** à la carte 33/55 – **18 Z** 120/195 – ½ P 35.

Strandhalle, Strandpromenade 5, ✉ 18609, ✆ (038393) 3 15 64, *Fax (038393) 31564* – AE E VISA
Jan. und Nov. geschl. – **Menu** à la carte 35/57.

Breege – *900 Ew – Höhe 5 m.*
Nach Bergen 40 km.

In Breege-Juliusruh *NO : 1 km :*

Aquamaris (Ferienanlage mit mehreren Gästehäusern), Wittower Str. 4, ✉ 18556, ✆ (038391) 4 40, *Fax (038391) 44140*, Massage, Zim, 250. AE E VISA
4. - 29. Jan. geschl. – **Menu** à la carte 40/73 – **208 Z** 175/280, 68 Suiten – ½ P 27.

Buschvitz – *200 Ew – Höhe 20 m.*
Nach Bergen 4 km.

Sonnenhaken M, Grüner Weg 9, ✉ 18528, ✆ (03838) 82 10, *Fax (03838) 821199*, 30. AE E VISA
Menu *(Anfang Jan. - Ostern und Nov. geschl.)* à la carte 39/62 – **28 Z** 145/300 – ½ P 35.

Glowe – *1 400 Ew – Höhe 10 m – Seebad.*
Nach Bergen 24 km.

Bel Air Strandhotel M, Waldsiedlung 130a, ✉ 18551, ✆ (038302) 74 70, *Fax (038302) 747120*, Zim, 15. AE E VISA. Rest
4. - 31. Jan. geschl. – **Menu** à la carte 41/72 – **37 Z** 160/290 – ½ P 32.

Meeresblick, Hauptstr. 128, ✉ 18551, ✆ (038302) 5 30 50, *Fax (038302) 53057*, AE E VISA
Menu à la carte 28/45 – **31 Z** 90/170 – ½ P 25.

Alt Glowe, Hauptstr. 37a, ✉ 18551, ✆ (038302) 5 30 59, *Fax (038302) 53067*
Menu à la carte 29/50 – **17 Z** 80/150 – ½ P 15.

An der Straße nach Sagard *SO : 4 km :*

Schloß Spyker, Schloßallee 1, ✉ 18551 Spyker, ✆ (038302) 7 70, *Fax (038302) 53386*, « Schloß a.d. 17.Jh. » – AE E VISA
Vier Jahreszeiten *(nur Abendessen, Sonntag - Montag und 4. Jan. - 28. März geschl.)* **Menu** à la carte 46/63 – ***Zum Alten Wrangel*** **: Menu** à la carte 31/49 – **35 Z** 165/310 – ½ P 36.

Göhren – *1 600 Ew – Höhe 40 m – Seebad.*

Kurverwaltung, Schulstr. 8, ✉ 18586, ✆ (038308) 21 50, Fax (038308) 25911.
Nach Bergen 24 km.

Stranddistel garni, Katharinenstr. 9, ✉ 18586, ✆ (038308) 54 50, *Fax (038308) 54555,* – . AE E VISA
35 Z 125/195.

Nordperd (mit 2 Gästehäusern), Nordperdstr. 11, ✉ 18586, ✆ (038308) 70, *Fax (038308) 7160,* <, , Massage, , – , Zim, . AE E VISA
4. - 22. Jan. und 6. - 19. Dez. geschl. – **Menu** à la carte 35/66 – **70 Z** 135/240 – ½ P 30.

Waldhotel (mit Gästehaus), Waldstr. 7, ✉ 18586, ✆ (038308) 5 05 00, *Fax (038308) 25380,* , , – . AE E VISA
Jan. geschl. – **Menu** (nur Abendessen) à la carte 29/52 – **35 Z** 155/170 – ½ P 25.

Albatros , Ulmenallee 5, ✉ 18586, ✆ (038308) 54 30, *Fax (038308) 54370,* ,
– . E VISA
Menu *(Jan. - Feb. und Nov. - Dez. jeweils 2 Wochen geschl.)* à la carte 32/42 – **17 Z** 130/170 – ½ P 25.

Waldperle, Carlstr. 6, ✉ 18586, ✆ (038308) 54 00, *Fax (038308) 54010,* –
. E VISA
Nov. - Feb. Garni – **Menu** (nur Abendessen) à la carte 28/47 – **27 Z** 90/155.

In Middelhagen-Lobbe *S : 5 km :*

Eldena , Göhrener Weg 40, ✉ 18586, ✆ (038308) 5 00, *Fax (038308) 2232,* , ,
– – 20. AE E VISA
Menu à la carte 30/47 – **28 Z** 120/160 – ½ P 25.

Lobber Hof, Dorfstr. 27, ✉ 18586, ✆ (038308) 9 10 83, *Fax (038308) 25022,* –
Nov. geschl. – **Menu** à la carte 28/45 – **25 Z** 100/160 – ½ P 23.

Gustow – *650 Ew – Höhe 5 m.*
Nach Bergen 28 km.

Gutshaus Kajahn garni, Prosnitz 1 (SO : 2,5 km), ✉ 18574, ✆ (038307) 4 01 50, *Fax (038307) 40169* – Zim,
23 Z 110/180.

Lohme – *700 Ew – Höhe 70 m.*
Nach Bergen 25 km.

Panorama Hotel Lohme , Dorfstr. 35, ✉ 18551, ✆ (038302) 92 21, *Fax (038302) 9234,* < Ostsee, –
Menu à la carte 30/57 – **25 Z** 110/260 – ½ P 25.

In Lohme-Hagen *S : 2,5 km :*

Baumhaus mit Zim, ✉ 18551, ✆ (038392) 2 23 10, –
10. Nov. - 24. Dez. geschl. – **Menu** *(Jan. - Feb. nur an Wochenenden geöffnet)* à la carte 32/64 – **10 Z** 100/180.

Putbus – *5 200 Ew – Höhe 23 m.*

Putbus-Information, August-Bebel-Straße, ✉ 18581, ✆ (038301) 4 31, Fax (038301) 87059.
Nach Bergen 7 km.

In Putbus-Lauterbach *SO : 2 km :*

Clemens, Dorfstr. 14, ✉ 18581, ✆ (038301) 8 20, *Fax (038301) 61381,* <, –
. AE E VISA
Menu à la carte 27/45 – **18 Z** 110/180.

Am Bodden, Chausseestr. 10, ✉ 18581, ✆ (038301) 80 00, *Fax (038301) 80020,*
– . AE E VISA
Menu à la carte 27/56 – **18 Z** 75/120 – ½ P 20.

In Putbus-Wreechen *SW : 2 km :*

Wreecher Hof M , Kastanienallee 1, ✉ 18581, ✆ (038301) 8 50, *Fax (038301) 85100,* , « Hotelanlage mit mehreren Landhäusern », , , –
– 20. AE E VISA
Menu *(4. Jan. - März geschl.)* (Tischbestellung ratsam) 48/78 und à la carte 45/84 – **43 Z** 155/245, 20 Suiten – ½ P 39.

Sagard – *3 000 Ew – Höhe 8 m.*
Nach Bergen 16 km.

Steigenberger MAXX M, Neddesitz 4 (NO : 3 km), ✉ 18551, ✆ (038302) 95, *Fax (038302) 96620*, Biergarten, Massage, Zim, – 400. AE VISA JCB. Rest
Menu à la carte 34/67 – **148 Z** 158/300, 4 Suiten.

Am Markt, August Bebel Str. 14, ✉ 18551, ✆ (038302) 37 16, *Fax (038302) 3721* – E.
Jan. - Feb. 3 Wochen geschl. – **Menu** (ungarische Küche) à la carte 29/49 – **14 Z** 100/130.

Sassnitz – *13 000 Ew – Höhe 30 m – Seebad.*
Fremdenverkehrsbüro, Seestr. 1, ✉ 18546, ✆ (038392) 51 60, Fax (038392) 51616.
Nach Bergen 24 km.

Kurhotel Sassnitz, Hauptstr. 1, ✉ 18546, ✆ (038392) 5 30, *Fax (038392) 53333*, Massage, – 20
83 Z.

Rügen-Hotel, Seestr. 1, ✉ 18546, ✆ (038392) 5 31 00 (Hotel) 5 78 67 (Rest.), *Fax (038392) 53550*, ≤, direkter Zugang zur Rügentherme, « Frühstücksraum mit ≤ Insel und Meer » –
Neptun **:** 119 Z.

Villa Aegir (mit Gästehaus), Mittelstr. 5, ✉ 18546, ✆ (038392) 30 20, *Fax (038392) 33046*, ≤, – AE E VISA
Menu à la carte 25/46 – **36 Z** 100/190 – ½ P 25.

Top Motel, Gewerbepark 6 (an der B 96), ✉ 18546, ✆ (038392) 5 10, *Fax (038392) 51155* – Zim, AE E VISA
Menu (nur Abendessen) à la carte 22/40 – **44 Z** 79/170 – ½ P 25.

Waterkant garni, Walterstr. 3, ✉ 18546, ✆ (038392) 5 08 44, *Fax (038392) 50844*, ≤, – E VISA
16 Z 110/170.

Schaprode – *800 Ew – Höhe 5 m.*
Nach Bergen 25 km.

Zur alten Schmiede, Poggenhof 25 (N : 1 km), ✉ 18569, ✆ (038309) 21 00, *Fax (038309) 21043*, – E
11. Jan. - 11. Feb. geschl. – **Menu** à la carte 43/65 – **20 Z** 150/260 – ½ P 34.

Sellin – *3 000 Ew – Höhe 20 m – Seebad.*
Kurverwaltung, Warmbadstr. 4, ✉ 18586, ✆ (038303) 16 11, Fax (038303) 87205.
Nach Bergen 19 km.

Cliff Hotel, Siedlung am Wald 22 a, ✉ 18586, ✆ (038303) 84 84, *Fax (038303) 8495*, ≤, – Zim, – 100. AE E VISA. Rest
Menu à la carte 42/65 – **247 Z** 190/380, 6 Suiten – ½ P 38.

Bernstein, Hochuferpromenade 8, ✉ 18586, ✆ (038303) 17 17, *Fax (038303) 1718*, ≤, – – 30.
68 Z, 13 Suiten.

Wiek – *1 300 Ew – Höhe 5 m.*
Nach Bergen 35 km.

Herrenhaus Bohlendorf, Bohlendorf (S : 2 km), ✉ 18556, ✆ (038391) 7 70, *Fax (038391) 70280*, « Herrenhaus a.d.J. 1794 », – – 15. AE E
Menu à la carte 29/54 – **20 Z** 90/165 – ½ P 25.

RÜGGOW *Mecklenburg-Vorpommern siehe Wismar.*

RÜLZHEIM *Rheinland-Pfalz* 417 419 *S 8 – 8 000 Ew – Höhe 112 m.*
Berlin 661 – Mainz 117 – Karlsruhe 26 – Landau in der Pfalz 16 – Speyer 25.

Südpfalz garni, Schubertring 48, ✉ 76761, ✆ (07272) 80 61, *Fax (07272) 75796* – AE E VISA
20. Dez. - 3. Jan. geschl. – **25 Z** 75/110.

RÜMMINGEN *Baden-Württemberg siehe Binzen.*

RÜSSELSHEIM *Hessen* 417 *Q 9 – 60 000 Ew – Höhe 88 m.*

Öffentlichkeitsarbeit, Mainstr. 7, ✉ 65428, ☎ (06142) 83 23 72, Fax (06142) 832243.
ADAC, *Marktplatz 8, ✉ 65428, ☎ (06142) 6 30 27, Fax (06142) 13696.*
Berlin 561 – Wiesbaden 19 – Frankfurt am Main 29 – Darmstadt 27 – Mainz 12.

Columbia M, Stahlstr. 2, ✉ 65428, ☎ (06142) 87 60, *Fax (06142) 876805*, – Zim, – 150. AE E VISA. Rest
Menu à la carte 47/74 – **150 Z** 250/360, 10 Suiten.

Dorint-Hotel, Eisenstr. 54, ✉ 65428, ☎ (06142) 60 70, *Fax (06142) 607100*, – Zim, – 110. AE E VISA JCB
Menu 40 (Buffet) und à la carte 38/70 – **126 Z** 274/395.

Bauer Hotel Atrium garni, Marktstr. 2, ✉ 65428, ☎ (06142) 91 50, *Fax (06142) 915111*, – – 25. AE E VISA JCB
84 Z 179/259.

Travellers Inn, Eisenstr. 28, ✉ 65428, ☎ (06142) 85 80, *Fax (06142) 858444* – Zim, – 20. AE E VISA JCB
Weihnachten - Anfang Jan. geschl. – **Menu** *(Samstag - Sonntag geschl.)* (nur Mittagessen) à la carte 32/46 – **110 Z** 169/285.

In Rüsselsheim-Bauschheim *SW : 5 km :*

Rüsselsheimer Residenz M, Am Weinfaß 133, ✉ 65428, ☎ (06142) 9 74 10 (Hotel), 97 76 94 (Rest.), *Fax (06142) 72770*, – Zim, – 20. AE E VISA
Ambiente *(Samstagmittag, Sonntag sowie 1.- 6. Jan. und Aug. 2 Wochen geschl.)* **Menu** à la carte 57/73 – **31 Z** 170/260, 4 Suiten.

In Raunheim *NO : 4 km :*

Wings Hotel M, Anton-Flettner-Str. 8, ✉ 65479, ☎ (06142) 7 90, *Fax (06142) 791791*, – Zim, – 80. AE E VISA JCB. Rest
Charles Lindbergh *(Freitagabend - Samstag, Sonntagabend und Mitte Juli - Anfang Sept. geschl.)* **Menu** à la carte 45/66 – **167 Z** 180/300.

Astron M, Kelsterbacher Str.19, ✉ 65479, ☎ (06142) 99 00, *Fax (06142) 990100*, – Zim, – 220. AE E VISA
Menu 38 (Buffet) und à la carte 43/68 – **311 Z** 253/321.

City Hotel, Ringstr. 107 (Stadtzentrum), ✉ 65479, ☎ (06142) 4 40 66 (Hotel), 2 37 15 (Rest.), *Fax (06142) 21138* – – 40. AE E VISA JCB
Menu *(Samstagmittag geschl.)* (chinesische Küche) à la carte 26/55 – **27 Z** 110/225.

RÜTHEN *Nordrhein-Westfalen siehe Warstein.*

RUHPOLDING *Bayern* 420 *W 21 – 6 400 Ew – Höhe 655 m – Luftkurort – Wintersport : 740/1 636 m 1 16*

Ruhpolding-Zell, Rauschbergstr. 1a, ☎ (08663) 24 61.
Kurverwaltung, Hauptstr. 60, ✉ 83324, ☎ (08663) 8 80 60, Fax (08663) 880620.
Berlin 703 – München 115 – Bad Reichenhall 30 – Salzburg 43 – Traunstein 14.

Steinbach-Hotel, Maiergschwendter Str. 8, ✉ 83324, ☎ (08663) 54 40, *Fax (08663) 370*, Massage, – – 20. AE E. Rest
Anfang Nov. - 20. Dez. geschl. – **Menu** (nur Abendessen) à la carte 36/63 – **76 Z** 85/250, 8 Suiten – ½ P 20.

Europa , Obergschwendter Str. 17, ✉ 83324, ☎ (08663) 8 80 40, *Fax (08663) 880449*, – Zim,
2. Nov. - 13. Dez. geschl. – **Menu** *(Freitag geschl.)* à la carte 28/55 – **26 Z** 85/185 – ½ P 25.

Sporthotel am Westernberg, Am Wundergraben 4, ✉ 83324, ☎ (08663) 16 74, *Fax (08663) 638*, (Halle) – . AE E VISA. Rest
Menu *(7. Nov. - 18. Dez. geschl.)* (nur Abendessen) à la carte 30/56 – **25 Z** 99/300 – ½ P 28.

Alpina Feriendomizil M garni, Niederfeldstr. 17, ✉ 83324, ☎ (08663) 99 05, *Fax (08663) 5085*, –
Nov. - Mitte Dez. geschl. – **12 Z** 80/160.

Landhotel Maiergschwendt , Maiergschwendt 1 (SW : 1,5 km), ✉ 83324, ☎ (08663) 8 81 50, *Fax (08663) 881560*, – Zim
Nov. - 20. Dez. geschl. – **Menu** à la carte 32/53 *(auch vegetarische Gerichte)* – **28 Z** 77/200 – ½ P 15.

Ortner Hof, Ort 6 (S : 3 km), ✉ 83324, ✆ (08663) 8 82 30, *Fax (08663) 9699*, –
12. - 29. April und Ende Okt. - Anfang Dez. geschl. – **Menu** *(Dienstag geschl.)* à la carte 30/60 – **20 Z** 78/176 – ½ P 15.

Ruhpoldinger Hof, Hauptstr. 30, ✉ 83324, ✆ (08663) 12 12, *Fax (08663) 5777*, Biergarten, – VISA. Zim
Nov. - Mitte Dez. geschl. – **Menu** *(Dienstag geschl.)* à la carte 27/67 – **42 Z** 80/165, 5 Suiten – ½ P 30.

Haus Flora garni, Zellerstr. 13, ✉ 83324, ✆ (08663) 3 21, *Fax (08663) 312*, –
Nov. - 15. Dez. geschl. – **28 Z** 78/156.

Almhof garni, Maiergschwendter Str. 5, ✉ 83324, ✆ (08663) 8 85 80, *Fax (08663) 885828*, –
April 3 Wochen und Mitte Okt. - 20. Dez. geschl. – **17 Z** 65/137.

Sonnenbichl, Brandstätter Str. 48, ✉ 83324, ✆ (08663) 12 33, *Fax (08663) 5840*, –
Nov. - 15. Dez. geschl. – **Menu** *(Montag und April 2 Wochen geschl.)* à la carte 28/59 – **15 Z** 52/132 – ½ P 22.

Alpina, Niederfeldstr. 11, ✉ 83324, ✆ (08663) 99 05, *Fax (08663) 5085*, –
Nov. - Mitte Dez. geschl. – (nur Abendessen für Hausgäste) – **16 Z** 65/130 – ½ P 16.

Diana, Kurhausstr. 1, ✉ 83324, ✆ (08663) 97 05, *Fax (08663) 5859*, –
Nov. - 15. Dez. geschl. – **Menu** à la carte 27/57 – **21 Z** 67/145 – ½ P 22.

Vier Jahreszeiten garni, Brandstätter Str. 41, ✉ 83324, ✆ (08663) 17 49, *Fax (08663) 800979*, ←, –
13 Z 42/89.

Fischerwirt, Rauschbergstr. 1 (Zell, SO : 2 km), ✉ 83324, ✆ (08663) 17 05, *Fax (08663) 5008*, ←, – . Zim
20. - 30. April und 19. Okt. - 17. Dez. geschl. – **Menu** *(Montag und Donnerstag geschl.)* à la carte 27/48 – **17 Z** 65/105 – ½ P 25.

Berggasthof Weingarten mit Zim, Weingarten 1 (SW : 3 km), ✉ 83324, ✆ (08663) 92 19, *Fax (08663) 5783*, ← Ruhpolding und Trauntal, – . Zim
11. April - 9. Mai und Nov. - 25. Dez. geschl. – **Menu** *(Montag geschl., Jan. - April nur Mittagessen)* à la carte 25/39 – **6 Z** 76/112 – ½ P 18.

RUHSTORF *Bayern* 420 *U 24 – 6 200 Ew – Höhe 318 m.*

Berlin 622 – München 155 – Passau 23 – Salzburg 118.

Antoniushof, Ernst-Hatz-Str. 2, ✉ 94099, ✆ (08531) 9 34 90, *Fax (08531) 9349210*, « Garten », Massage, – 20. AE E VISA JCB. Rest
Menu *(Montagmittag geschl.)* à la carte 30/78 – **31 Z** 100/240.

Mathäser, Hauptstr. 19, ✉ 94099, ✆ (08531) 9 31 40, *Fax (08531) 9314500*, – – 20. AE E VISA
Menu *(Freitag geschl.)* à la carte 24/64 – **30 Z** 65/148.

RUHWINKEL *Schleswig-Holstein siehe Bornhöved.*

RUMBACH *Rheinland-Pfalz* 419 *S 7 – 500 Ew – Höhe 230 m.*

Berlin 704 – Mainz 150 – Karlsruhe 40 – Saarbrücken 91 – Wissembourg 19 – Landau in der Pfalz 38 – Pirmasens 31.

Haus Waldeck, Im Langenthal 75, ✉ 76891, ✆ (06394) 4 94, *Fax (06394) 1350*, – Zim, . E. Zim
Ende Nov. - Anfang Dez. geschl. – **Menu** (nur Abendessen) à la carte 27/45 – **15 Z** 62/95 – ½ P 18.

In Nothweiler *S : 3,5 km – Erholungsort :*

Landgasthaus Wegelnburg (mit Pension Kraft), Hauptstr. 15, ✉ 76891, ✆ (06394) 2 84, *Fax (06394) 5049*, – Rest, . Zim
15. Nov. - 5. Dez. geschl., Jan. - März nur Freitag - Sonntag geöffnet – **Menu** *(Montagmittag und Dienstag geschl.)* à la carte 28/54 – **8 Z** 80/130.

RUNDING *Bayern siehe Cham.*

RUNKEL *Hessen* 417 *O 8 – 10 000 Ew – Höhe 119 m.*

Berlin 562 – Wiesbaden 50 – Koblenz 64 – Frankfurt am Main 86 – Siegen 66.

In Runkel-Schadeck :

Landhaus Schaaf, Oberstr. 15, ✉ 65594, ☎ (06482) 29 80, *Fax (06482) 29820*, Biergarten – 80. E.
Menu à la carte 27/53 – **33 Z** 75/160.

RUST *Baden-Württemberg* 419 *V 7 – 2 650 Ew – Höhe 164 m.*

Sehenswert : Europa-Park★.

Berlin 776 – Stuttgart 185 – Freiburg im Breisgau 37 – Offenburg 37.

El Andaluz M, Storettenstr. 1 (im Europa-Park), ✉ 77977, ☎ (07822) 86 00, *Fax (07822) 8605545*, « Andalusischer Garten », (geheizt) – 40. AE E VISA
April - Okt. – **Menu** (Tischbestellung erforderlich) à la carte 32/52 – **193 Z** 195/248, 10 Suiten.

Rebstock, Klarastr. 14, ✉ 77977, ☎ (07822) 76 80, *Fax (07822) 76106*, – . AE E VISA.
Menu (Nov. - März nur Abendessen) à la carte 30/60 – **40 Z** 90/160.

RUSTOW *Mecklenburg-Vorpommern siehe Demmin.*

SAALFELD *Thüringen* 418 *O 18 – 33 000 Ew – Höhe 240 m.*

Ausflugsziel : Feengrotten★, SO : 1 km.

Fremdenverkehrsamt, Blankenburger Str. 4, ✉ 07318, ☎ (03671) 3 39 50, Fax (03671) 33950.

Berlin 294 – Erfurt 59 – Coburg 73 – Suhl 65.

Anker, Markt 25, ✉ 07318, ☎ (03671) 59 90, *Fax (03671) 512924* – Zim, – 50. AE E VISA
Zur güldenen Gans « Historischer Gewölbekeller » **Menu** à la carte 28/58 – **70 Z** 89/170.

Tanne, Saalstr. 35, ✉ 07318, ☎ (03671) 82 60, *Fax (03671) 826400*, – , Zim, – 70. AE E VISA
Menu *(Sonn- und Feiertage geschl.)* à la carte 27/46 – **64 Z** 79/140.

Obstgut Gehlen, Hohe Str. 1 (SW : 3 km), ✉ 07318, ☎ (03671) 20 27, *Fax (03671) 516016*, – . AE E VISA
Menu à la carte 29/58 – **13 Z** 95/125.

In Saalfeld-Remschütz *N : 2,5 km :*

Am Saaleufer, Dorfanger 1, ✉ 07318, ☎ (03671) 5 72 60, *Fax (03671) 572650* – . AE E VISA.
(nur Abendessen für Hausgäste) – **27 Z** 65/150.

SAARBRÜCKEN L *Saarland* 417 *S 5 – 200 000 Ew – Höhe 191 m.*

Sehenswert : Museum für Vor- und Frühgeschichte (keltisches Fürstinnengrab★★) AZ – Ludwigsplatz und Ludwigskirche★★ AZ – St. Johannermarkt★ BZ – Basilika St.Johann★ BZ – Moderne Galerie (Gemälde des deutschen Expressionismus★) BZ – Stiftskirche St. Arnual★ (Grabdenkmäler★★, Taufstein★).

Saarbrücken-Ensheim (SO : 12 km, über Saarbrücker Straße X), ☎ (06893) 8 31.

Messegelände (X), ☎ (0681) 95 40 20, Fax (0681) 9540230.

Tourist-Information, Am Hauptbahnhof 4, ✉ 66111, ☎ (0681) 3 65 15, Fax (0681) 9053300.

Verkehrsverein, Großherzog-Friedrich-Str. 1, ✉ 66111, ☎ (0681) 3 69 01, Fax (0681) 390353.

ADAC, *Am Staden 9, ✉ 66121, ☎ (0681) 68 70 00, Fax (0681) 6870077.*

Berlin 710 ③ – Bonn 212 ⑦ – Luxembourg 93 ⑥ – Mannheim 128 ③ – Metz 67 ⑤ – Strasbourg 124 ④ – Wiesbaden 162 ③.

Stadtpläne siehe nächste Seiten

Bauer Hotel Rodenhof M, Kalmanstr. 47-51, ✉ 66113, ☎ (0681) 4 10 20, *Fax (0681) 43785*, Massage, – , Zim, – 60. AE E VISA JCB X e
Menu à la carte 52/77 *(auch vegetarische Gerichte)* – **100 Z** 215/275, 12 Suiten.

La Résidence garni, Faktoreistr. 2, ✉ 66111, ☎ (0681) 3 88 20, *Fax (0681) 35570*, – , – 90. AE E VISA JCB AY x
130 Z 160/270, 7 Suiten.

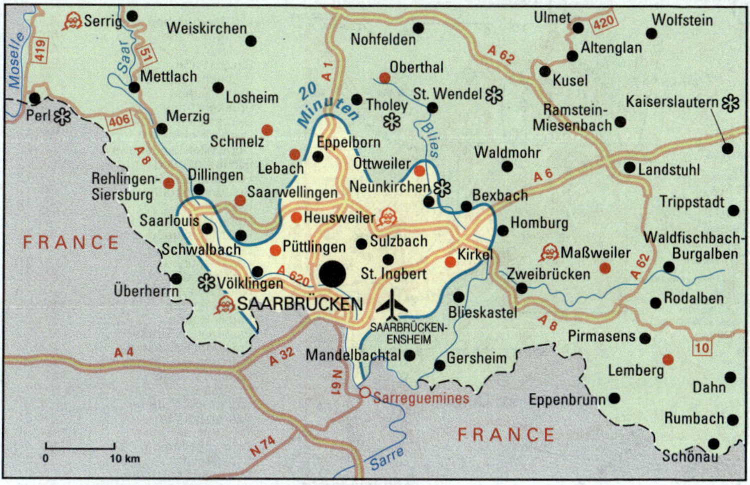

Mercure Kongress, Hafenstr. 8, ✉ 66111, ✆ (0681) 3 89 00, *Fax (0681) 372266* – |♦|, Zim, TV ☎ – 80. AE ⓓ E VISA AY x
Menu à la carte 44/75 – **145 Z** 179/276, 5 Suiten.

Am Triller, Trillerweg 57, ✉ 66117, ✆ (0681) 58 00 00, *Fax (0681) 58000303*, ≤, – |♦|, Zim, TV ☎ – 120. AE ⓓ E VISA AZ a
Weihnachten - 1. Jan. geschl. – **Menu** à la carte 50/72 – **113 Z** 185/248.

Domicil Leidinger (mit Gästehaus), Mainzer Str. 10, ✉ 66111, ✆ (0681) 3 80 11, *Fax (0681) 38013*, Biergarten – |♦|, Zim, TV ☎ – 45. AE ⓓ E VISA JCB
Bistro : **Menu** à la carte 43/70 – **60 Z** 149/190, 4 Suiten. BZ n

Novotel, Zinzinger Str. 9, ✉ 66117, ✆ (0681) 5 86 30, *Fax (0681) 5863300*, , , – |♦|, Zim, TV ☎ – 150. AE ⓓ E VISA X v
Menu à la carte 39/65 – **99 Z** 161/200.

Ibis garni, Hohenzollernstr. 41, ✉ 66117, ✆ (0681) 9 95 70, *Fax (0681) 57105* – |♦| TV ☎. AE ⓓ E VISA JCB AY f
40 Z 125/160.

Bruchwiese, Preussenstr. 68, ✉ 66111, ✆ (0681) 96 71 00, *Fax (0681) 9671033*, – TV ☎. AE ⓓ E VISA. Zim X c
Menu *(Samstagmittag und Sonntagabend geschl.)* à la carte 37/65 – **13 Z** 105/170.

Meran garni, Mainzer Str. 69, ✉ 66121, ✆ (0681) 6 53 81, *Fax (0681) 61520*, , – |♦| TV ☎. AE ⓓ E VISA BZ r
51 Z 95/145.

Römerhof garni, Am Kieselhumes 4, ✉ 66121, ✆ (0681) 6 17 07, *Fax (0681) 635981* – TV ☎. E VISA X r
Juli - Aug. 2 Wochen und 20. Dez. - 6. Jan. geschl. – **22 Z** 88/150.

La Touraine, Am alten Hafen (Kongreßhalle, 1. Etage), ✉ 66111, ✆ (0681) 4 93 33, *Fax (0681) 49003*, – . AE ⓓ E VISA AY
Samstagmittag und Sonntag geschl. – **Menu** à la carte 52/90.

Kuntze's Handelshof, Wilhelm-Heinrich-Str. 17, ✉ 66117, ✆ (0681) 5 69 20, *Fax (0681) 5847707* – AE ⓓ E VISA AZ m
Samstagmittag, Sonntagabend - Montag und Juli - Aug. 2 Wochen geschl. – **Menu** à la carte 70/100.

Bitburger Residenz, Dudweiler Str. 56, (1. Etage), ✉ 66111, ✆ (0681) 37 23 12, *Fax (0681) 3904010*, – . AE E VISA BY c
Samstagmittag geschl. – **Menu** à la carte 59/80 – ***Bistro :*** **Menu** à la carte 42/72.

Roma, Klausener Str. 25, ✉ 66115, ✆ (0681) 4 54 70, *Fax (0681) 4170105*, – AE ⓓ E VISA AY t
Montag geschl. – **Menu** (italienische Küche) à la carte 49/81.

Michelangelo, Rathausplatz 6, ✉ 66111, ✆ (0681) 37 27 31, *Fax (0681) 372430*. AE E VISA BY n
Menu 40/85 und à la carte .

SAARBRÜCKEN

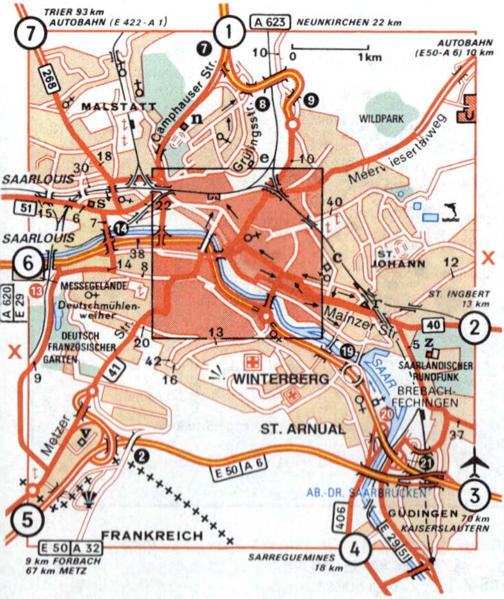

Am Stadtgraben	AZ	2
Bahnhofstraße	AY	
Berliner Promenade	AY	3
Bleichstraße	BZ	4
Brebacher Landstraße	X	5
Breite Straße	X	6
Brückenstraße	X	7
Deutschherrnstraße	AZ	8
Deutschmühlental	X	9
Dudweiler Landstraße	X	10
Eschbergerweg	X	12
Feldmannstraße	X	13
Gersweilerstraße	X	14
Hochstraße	X	15
Hohe Wacht	X	16
Karl-Marx-Straße	AY	17
Lebacher Straße	AY	18
Lerchesflurweg	X	20
Ludwigstraße	AY	22
Neumarkt	AZ	28
Obertorstraße	BZ	29
Parallelstraße	X	30
Paul-Marien-Straße	BZ	32
Präsident-Baltz-Straße	BZ	34
Reichsstraße	AY	35
Richard-Wagner-Straße	B	36
Saarbrücker Straße	X	37
Saaruferstraße	X	38
St. Johanner Markt	BZ	39
Scheidter Straße	BY	40
Schillerplatz	BZ	41
Spichererbergstraße	X	42
Stephanstraße	BY	43
Türkenstraße	BZ	46
Viktoriastraße	AY	47
Wilhelm-Heinrich-Brücke	AY	48

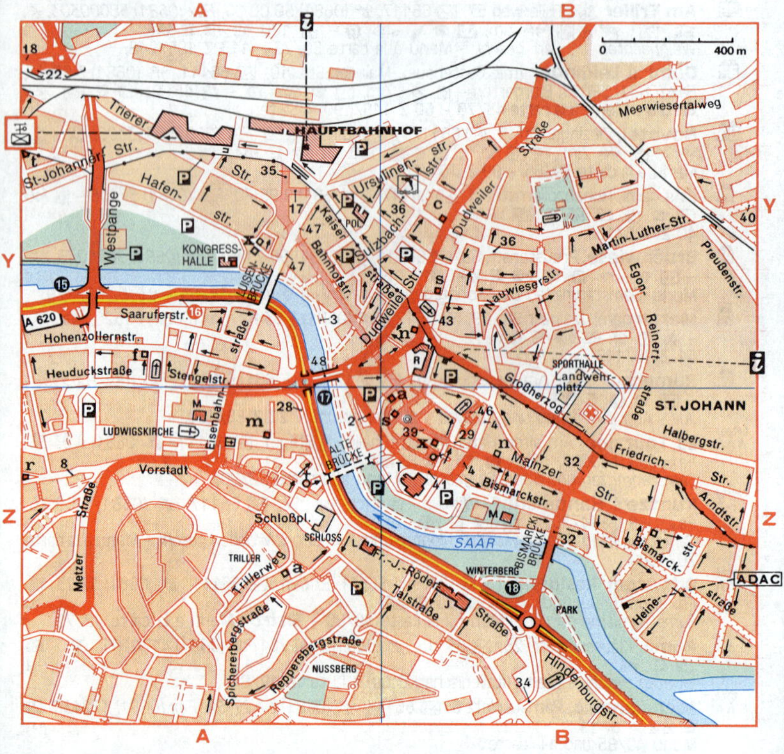

XX **Fröschengasse,** Fröschengasse 18, (1. Etage), ✉ 66111, ✆ (0681) 37 17 15, *Fax (0681) 373423*, Dachterrasse – AE ⊙ E VISA BZ a
Samstagmittag und Sonntagmittag geschl. – **Menu** à la carte 49/80.

XX **Hashimoto,** Cecilienstr. 7, ✉ 66111, ✆ (0681) 398034, *Fax (0681) 376841* – AE E VISA. BY s
Feiertage mittags und Montag geschl. – **Menu** (japanische Küche) 25 (mittags) und à la carte 41/78.

XX **Restaurant Quack,** Deutschherrenstr. 3, ✉ 66117, ✆ (0681) 5 21 53, *Fax (0681) 5849910*, – E VISA AZ r
Samstagmittag, Sonntagabend - Montag, Anfang Jan. 1 Woche und Juli - Aug. 3 Wochen geschl. – **Menu** 42/105 und à la carte 61/77.

XX **Gavi,** Im Ludwigspark (Saarlandhalle), ✉ 66113, ✆ (0681) 4 70 00, *Fax (0681) 44847* – P. E VISA X n
Samstagmittag und Sonntagabend sowie Mitte Juli - Mitte Aug. geschl. – **Menu** à la carte 52/80.

X **Gasthaus zum Stiefel** (Brauereigaststätte a.d.J 1718 mit Hausbrauerei Stiefelbräu), Am Stiefel 2, ✉ 66111, ✆ (0681) 9 36 45 16, *Fax (0681) 9364536*, – ⊙ E VISA BZ s
Sonntag geschl. – **Menu** à la carte 34/63.

X **Jörg's Restaurant,** Breite Str. 47, ✉ 66115, ✆ (0681) 4 29 80, *Fax (0681) 42980* – ⊙ E VISA X s
Samstagmittag, Montagabend und Sonntag geschl. – **Menu** à la carte 39/68.

Auf dem Halberg *SO : 4 km :*

XXX **Schloß Halberg,** ✉ 66121 Saarbrücken, ✆ (0681) 6 31 81, *Fax (0681) 638655*, – P – 70. AE E VISA X z
Menu à la carte 58/80.

In Saarbrücken-Altenkessel ⑥ *: 8 km :*

Wahlster, Gerhardstr. 12, ✉ 66126, ✆ (06898) 9 82 20, *Fax (06898) 982250*, – TV ☎. Rest
Menu *(Sonn- und Feiertage sowie Juli - Aug. 2 Wochen geschl.)* (nur Abendessen) à la carte 32/59 – **26 Z** 85/140.

In Saarbrücken-Dudweiler *NO : 6,5 km über Meerwiesertalweg X :*

Burkhart, Kantstr. 58, ✉ 66125, ✆ (06897) 70 17, *Fax (06897) 7019*, « Gartenterrasse » – TV ☎ P. AE E VISA
Menu *(Sonntag geschl.)* à la carte 42/75 – **14 Z** 110/150.

In Kleinblittersdorf *SO : 13 km über die B 51 X :*

Zum Dom garni, Elsässer Str. 51, ✉ 66271, ✆ (06805) 10 35, *Fax (06805) 8659* – TV ☎ P. E VISA.
12 Z 95/175.

SAARBURG *Rheinland-Pfalz* 417 *R 3 – 6 500 Ew – Höhe 148 m – Erholungsort.*

Tourist-Information, Graf-Siegfried-Str. 32, ✉ 54439, ✆ (06581) 8 12 15, Fax (06581) 81290.

Berlin 743 – Mainz 176 – Trier 25 – Saarbrücken 71 – Thionville 44.

Villa Keller, Brückenstr. 1, ✉ 54439, ✆ (06581) 9 29 10, *Fax (06581) 6695*, ≤Saarburg, , Biergarten, « Herrenhaus in schöner Lage an der Saar » – TV ☎ P. AE ⊙ E VISA
Jan. 3 Wochen geschl. – **Menu** *(Montag geschl.)* à la carte 44/68 – **11 Z** 90/130.

Am Markt, Am Markt 10, ✉ 54439, ✆ (06581) 9 26 20, *Fax (06581) 926262*, – TV ☎ P. AE E VISA
Menu (italienische Küche) à la carte 24/67 – **14 Z** 90/170.

Zunftstube, Am Markt 11, ✉ 54439, ✆ (06581) 9 18 70, *Fax (06581) 918720* – TV ☎ P. E VISA
Feb. 3 Wochen geschl. – **Menu** *(Donnerstag geschl.)* à la carte 28/52 – **7 Z** 75/115.

XX **Saarburger Hof** mit Zim, Graf-Siegfried-Str. 37, ✉ 54439, ✆ (06581) 9 28 00, *Fax (06581) 928080*, – Zim, TV ☎ – 25. AE E VISA
27. Dez. - 14. Jan. geschl. – **Menu** *(Montag - Dienstagmittag geschl.)* à la carte 48/75 – ***Gaststube :*** **Menu** à la carte 31/58 – **11 Z** 90/170.

X **Brizin - Restaurant Chez Claude** mit Zim, Kruterberg 14 (S : 1 km), ✉ 54439, ✆ (06581) 21 33, *Fax (06581) 2155*, ≤, – TV ☎ P. E VISA
5. - 26. Jan. geschl. – **Menu** *(Dienstag - Mittwochmittag geschl.)* à la carte 45/84 – **8 Z** 50/90.

In Trassem *SW : 4,5 km :*

St. Erasmus (mit Gästehaus, [lift], [garage]), Kirchstr. 6a, ✉ 54441, ☎ (06581) 92 20, *Fax (06581) 922199,* [terrace], [garden] – [TV] ☎ [phone] [P] – 🏃 25. AE ⓞ E VISA
Menu *(Mittwoch - Donnerstagmittag geschl.)* à la carte 27/65 🌡 – **35 Z** 70/135 – ½ P 28.

SAARLOUIS *Saarland* **417** *S 4 – 38 000 Ew – Höhe 185 m.*

Wallerfangen - Gisingen (W : 10 km), ☎ (06837) 4 01.

Stadt-Info, Großer Markt 1, ✉ 66740, ☎ (06831) 44 32 63, Fax (06831) 443495.

Berlin 728 ② – Saarbrücken 27 ② – Luxembourg 75 ⑤ – Metz 57 ④ – Trier 70 ⑤.

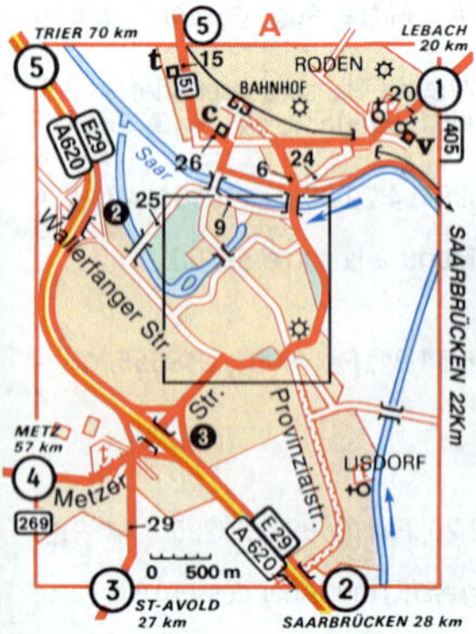

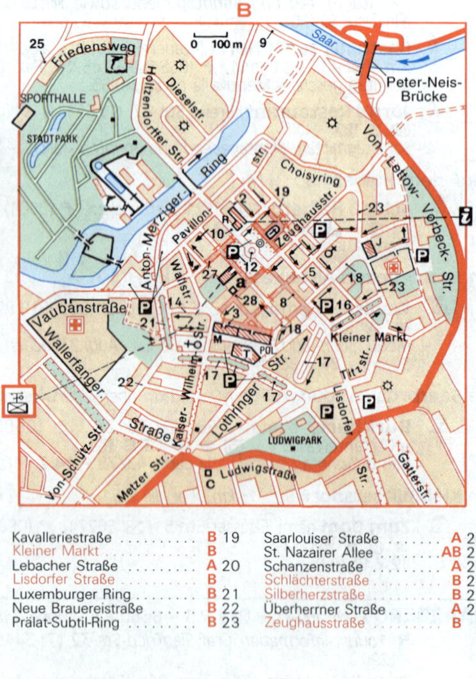

SAARLOUIS

Adlerstraße	B 2	Kavalleriestraße	B 19	Saarlouiser Straße	A 24
Alte Brauereistraße	B 3	Kleiner Markt	B	St. Nazairer Allee	AB 25
Bibelstraße	B 5	Lebacher Straße	A 20	Schanzenstraße	A 26
Brückenstraße	A 6	Lisdorfer Straße	B	Schlächterstraße	B 27
Deutsche Straße	B 7	Luxemburger Ring	B 21	Silberherzstraße	B 28
Eisenhüttenstädter Allee	AB 9	Neue Brauereistraße	B 22	Überherrner Straße	A 29
Französische Straße	B 10	Prälat-Subtil-Ring	B 23	Zeughausstraße	B
Großer Markt	B 12				
Handwerkerstraße	B 14				
Herrenstraße	A 15				
Hohenzollernring	B 16				
Kaiser-Friedrich-Ring	B 17				
Karcherstraße	B 18				

City-Hotel Park garni, Ludwigstr. 23, ✉ 66740, ☎ (06831) 20 40, *Fax (06831) 2983,* [garage] – [TV] ☎ [car] [P] – 🏃 40. AE ⓞ E VISA JCB — B c
33 Z 125/170.

City-Hotel Posthof, Postgäßchen 5 (Passage), ✉ 66740, ☎ (06831) 4 90 14, *Fax (06831) 46758* – [lift], [no smoking] Zim, [TV] ☎. AE ⓞ E VISA JCB. [no dogs] — B a
Menu *(Sonntagabend und 1. - 8. Jan. geschl.)* à la carte 39/69 – **48 Z** 100/240.

In Saarlouis-Beaumarais *W : 3 km über Wallerfanger Straße* A *:*

Altes Pfarrhaus Beaumarais, Hauptstr. 2, ✉ 66740, ☎ (06831) 63 83 (Hotel) 6 08 48 (Rest.), *Fax (06831) 62898,* « Ehem. Sommer-Residenz a.d.J 1762 ; Innenhofterrasse » – [TV] ☎ ♿ [P] – 🏃 35. AE ⓞ E VISA
Bistro Hofhaus *(Samstagmittag und Sonntag geschl., nur Abendessen)* **Menu** à la carte 51/75 – **35 Z** 150/260.

In Saarlouis-Fraulautern :

Carat, Saarbrücker Str. 5, ✉ 66740, ☎ (06831) 8 83 11, *Fax (06831) 88829,* [terrace] – [P]. AE E VISA. [no dogs] — A v
Samstagmittag, Sonntagabend - Montag und Juli - Aug. 2 Wochen geschl. – **Menu** à la carte 38/60.

In Saarlouis-Picard ④ : *4 km :*

Taffing's Mühle, Am Taffingsweiher, ✉ 66740, ✆ (06831) 9 44 00, *Fax (06831) 944040*, – 35. AE E VISA
Menu (Nov. - April nur Abendessen) à la carte 36/65 – **12 Z** 95/145.

In Saarlouis-Roden :

Pannonia M, Bahnhofsallee 4, ✉ 66740, ✆ (06831) 98 00, *Fax (06831) 980603*, Massage, Zim, Rest, – 100. AE E VISA A c
Menu à la carte 40/68 – **116 Z** 145/240.

In Wallerfangen *W : 4 km über Wallerfanger Straße* A :

Villa Fayence mit Zim, Hauptstr. 12, ✉ 66798, ✆ (06831) 9 64 10, *Fax (06831) 62068*, « Villa a.d.J. 1835 in einem Park » – AE E VISA. Rest
Menu *(Sonntagabend - Montag und Samstagmittag geschl.)* à la carte 56/90 – **4 Z** 155/240.

In Wallerfangen-Kerlingen *W : 9 km über Wallerfanger Straße* A :

Scheidberg, ✉ 66798, ✆ (06837) 7 50, *Fax (06837) 7530*, Zim, – 400. AE E VISA. Rest
Menu *(Sonn- und Feiertage abends geschl.)* à la carte 32/60 – **60 Z** 99/165.

In Wallerfangen-Oberlimberg *NW : 12 km über Wallerfanger Straße* A *und Gisingen :*

Hotellerie Waldesruh, Siersburger Str. 8, ✉ 66798, ✆ (06831) 9 66 00, *Fax (06831) 966060*, Biergarten – AE E VISA
Menu *(Nov. - April Donnerstag geschl.)* à la carte 29/67 – **9 Z** 90/180.

SAARMUND *Brandenburg siehe Potsdam.*

SAAROW-PIESKOW, BAD *Brandenburg* 416 418 *J 26 – 4 000 Ew – Höhe 65 m.*

Scharmützelsee, Parkallee 3 (SW : 3km), ✆ (033631) 6 33 00.
Touristinformation, Ulmenstr.15, ✉ 15526, ✆ (033631) 86 80, Fax (033631) 868120.
Berlin 72 – Potsdam 88 – Frankfurt (Oder) 38 – Brandenburg 118.

Kempinski Hotel Sporting Club Berlin M, Parkallee 1 (SW : 6 km), ✉ 15526, ✆ (033631) 60, *Fax (033631) 62000*, « Lage am See ; Seeterrasse », Massage, (Halle), (Halle) Segelschule – Zim, – 100. AE E VISA JCB. Rest
Menu à la carte 48/92 – **162 Z** 299/448.

Palais am See garni, Karl-Marx-Damm 23, ✉ 15526, ✆ (033631) 86 10, *Fax (033631) 86186*, – 20. AE E VISA.
12 Z 170/280.

Am Werl, Silberberger Str. 51, ✉ 15526, ✆ (033631) 86 90, *Fax (033631) 86951*, AE E VISA
Menu à la carte 36/45 – **13 Z** 90/160.

Pieskow, Schwarzer Weg 6, ✉ 15526, ✆ (033631) 24 28, *Fax (033631) 3566*,
Menu à la carte 26/40 – **11 Z** 80/130 – ½ P 20.

Landhaus Alte Eichen, Alte Eichen 21, ✉ 15526, ✆ (033631) 41 15, *Fax (033631) 2058*, « Schöne Lage am See, Seeterrasse », AE E VISA
Menu (Nov. - Feb. nur Abendessen) à la carte 30/61 – **39 Z** 130/240.

In Neu Golm *NO : 2,5 km :*

Landhaus Neu Golm, Dorfstr. 4, ✉ 15526, ✆ (033631) 20 77, *Fax (033631) 2069*, AE E VISA
Menu *(Freitag geschl.)* (Montag - Donnerstag nur Abendessen) à la carte 23/40 – **22 Z** 80/125.

SAARWELLINGEN *Saarland* 417 *R 4 – 14 200 Ew – Höhe 200 m.*

Berlin 727 – Saarbrücken 38 – Lebach 14 – Saarlouis 4,5.

In Saarwellingen-Reisbach *O : 6 km :*

Landhaus Kuntz mit Zim, Kirchplatz 3, ✉ 66793, ✆ (06838) 5 05, *Fax (06838) 504*, « Hübsche Inneneinrichtung » – VISA
Menu *(Sonntag - Montag geschl.)* (Tischbestellung ratsam, bemerkenswerte Weinkarte) à la carte 39/70 – **7 Z** 95/140.

SACHSA, BAD *Niedersachsen 418 L 15 – 10 000 Ew – Höhe 360 m – Heilklimatischer Kurort – Wintersport : 500/650 m 3.*

Kurbetrieb, Am Kurpark 6, 37441, (05523) 3 00 90, Fax (05523) 300949.
Berlin 273 – Hannover 129 – Erfurt 100 – Göttingen 62 – Braunschweig 95.

Romantischer Winkel, Bismarckstr. 23, 37441, (05523) 30 40, *Fax (05523) 304122*, Massage, – 25. AE E VISA
Mitte Nov. - Mitte Dez. geschl. – **Menu** à la carte 48/80 – **74 Z** 125/310, 4 Suiten – ½ P 40.

Sonnenhof M garni, Glaseberg 20a, 37441, (05523) 9 43 70, *Fax (05523) 943750*, Massage, – E.
17 Z 75/220.

SÄCKINGEN, BAD *Baden-Württemberg 419 X 7 – 17 000 Ew – Höhe 290 m – Heilbad.*

Sehenswert : Fridolinsmünster★ – Überdachte Rheinbrücke★.
18 in Rickenbach (NO : 12 km), (07765) 7 77.
Kurverwaltung, Waldshuter Str. 20, 79713, (07761) 5 68 30, Fax (07761) 568317.
Berlin 822 – Stuttgart 205 – Freiburg im Breisgau 74 – Donaueschingen 82 – Schaffhausen 67 – Zürich 58 – Basel 31.

Goldener Knopf, Rathausplatz 9, 79713, (07761) 56 50, *Fax (07761) 565444*, – Zim, – 60. AE E VISA
Scheffelstube *(nur Abendessen)* **Menu** à la carte 53/80 – ***Le Jardin*** **: Menu** à la carte 32/70 – **70 Z** 127/237 – ½ P 33.

Zur Flüh, Weihermatten 38, 79713, (07761) 30 96, *Fax (07761) 58677*, – AE E VISA
Menu *(Sonntagabend geschl.)* à la carte 45/82 – **34 Z** 98/160 – ½ P 25.

Fuchshöhle, Rheinbrückstr. 7, 79713, (07761) 73 13, « Haus a.d. 17.Jh. » – E VISA
Sonntag - Montag, über Fastnacht und Juli - Aug. jeweils 2 Wochen geschl. – **Menu** (Tischbestellung ratsam) à la carte 47/73.

SAGARD *Mecklenburg-Vorpommern siehe Rügen (Insel)*

SAILAUF *Bayern siehe Aschaffenburg.*

SALACH *Baden-Württemberg 419 T 13 – 7 000 Ew – Höhe 365 m.*

Berlin 601 – Stuttgart 49 – Göppingen 8 – Ulm (Donau) 43.

Klaus, Hauptstr. 87 b, 73084, (07162) 9 63 00, *Fax (07162) 963051*, – AE E VISA
Menu *(Sonntag - Montag geschl.)* (nur Abendessen) à la carte 45/65 – **18 Z** 119/180.

In der Ruine Staufeneck *O : 3 km :*

Burgrestaurant Staufeneck, 73084 Salach, (07162) 93 34 40, *Fax (07162) 9334455*, Filstal, – – 80. VISA
Montag geschl. – **Menu** 78/148 und à la carte
Spez. Bouillabaise mit Safranrouille. Küstensteinbutt mit geschmorten Artischocken im Weinessigsud. Limousin-Lammcarré mit Piemonteser Ravioli und Bohnencassoulet.

SALEM *Baden-Württemberg 419 W 11 – 9 000 Ew – Höhe 445 m.*

Sehenswert : Ehemaliges Kloster★ (Klosterkirche★) – Schloß★.
Reisebüro Salem, Schloßseeallee 20 (Mimmenhausen), 88682, (07553) 92 21 14, Fax (07553) 8452.
Berlin 730 – Stuttgart 149 – Konstanz 27 – Sigmaringen 47 – Bregenz 62.

Salmannsweiler Hof, Salmannsweiler Weg 5, 88682, (07553) 9 21 20, *Fax (07553) 921225*, – VISA. Zim
Menu *(Donnerstag geschl.)* à la carte 33/62 – **10 Z** 76/140.

In Salem-Neufrach *SO : 3 Km :*

Gasthof Reck, Bahnhofstr. 111, 88682, (07553) 2 01, *Fax (07553) 202*, –
Okt.- Nov. und Feb. jeweils 2 Wochen geschl. – **Menu** *(Mittwochabend - Donnerstag geschl.)* à la carte 35/67 – **17 Z** 90/170.

Landgasthof Apfelblüte, Markdorfer Str. 45, 88682, (07553) 9 21 30, *Fax (07553) 921390*, –
Menu *(Freitagmittag und Samstagmittag geschl.)* à la carte 29/52 – **30 Z** 70/128.

SALZBURG L Österreich 420 W 23, 426 L 5 – 147 000 Ew – Höhe 425 m.

Sehenswert : ≤★★ auf die Stadt (vom Mönchsberg) X und ≤★★ (von der Hettwer-Bastei) Y – Hohensalzburg★★ X, Z : ≤★★ (von der Kuenburgbastei), ✳★★ (vom Reckturm), Burgmuseum★ – Petersfriedhof★★ Z – Stiftskirche St. Peter★★ Z – Residenz★★ Z – Haus der Natur★★ Y **M2** – Franziskanerkirche★ Z **A** – Getreidegasse★ Y – Mirabellgarten★ V (Monumentaltreppe★★ des Schloßes) – Barockmuseum★ V **M3** – Dom★ Z.

Ausflugsziele : Gaisbergstraße★★ (≤★) über ① – Untersberg★ über ② : 10 km (mit ⛡) – Schloß Hellbrunn★ über Nonntaler Hauptstraße X.

⛳9 Salzburg-Wals, Schloß Klessheim, ☎ (0662) 85 08 51 ; ⛳9 in Hof (über ① : 20 km), ☎ (06229) 23 90 ; ⛳18 in St. Lorenz (über ① : 29 km), ☎ (06232) 38 35.

Festspiel-Preise : siehe S. 8
Prix pendant le festival : voir p. 20
Prices during tourist events : see p. 32
Prezzi duranti i festival : vedere p. 44.

✈ Innsbrucker Bundesstr. 95 (über ③), ☎ (0662) 85 12 23 - City Air Terminal (Autobusbahnhof), Südtirolerplatz V.

🚗 Lastenstraße V.

Salzburger Messegelände, Linke Glanzeile 65 über ④, ☎ (0662) 3 45 66.

i Tourist-Information, Mozartplatz 5, ✉ A-5020, ☎ (0662) 88 98 73 30,.

ÖAMTC, Alpenstr. 102, (über ②), ☎ (0662) 63 99 90, Fax (0662) 6399945.

Wien 292 ① – Innsbruck 177 ③ – Bad Reichenhall 20 ③ – München 140 ③.

Die Preise sind in der Landeswährung (ö. S.) angegeben.

Stadtpläne siehe nächste Seiten

Österreichischer Hof, Schwarzstr. 5, ✉ A-5020, ☎ (0662) 8 89 77, Fax (0662) 8897714, « Terrassen an der Salzach mit ≤ Altstadt und Festung » – 🛗, ⇔ Zim, ▤ TV ☎ ♿ 🚗 – 🏢 70. AE ⓓ E VISA JCB — Y b
Zirbelzimmer : Menu à la carte 465/730 – **Salzach Grill :** Menu à la carte 280/500 – **120 Z** 1850/5900, 7 Suiten.

Sheraton M, Auerspergstr. 4, ✉ A-5020, ☎ (0662) 88 99 90, Fax (0662) 881776, « Terrasse im Kurpark », direkter Zugang zum Kurmittelhaus – 🛗, ⇔ Zim, ▤ TV ☎ ♿ 🚗 – 🏢 120. AE ⓓ E VISA JCB — V s
Menu (Sonntagabend und Montagabend geschl.) à la carte 336/574 – **163 Z** 2100/5285, 9 Suiten.

Altstadt Radisson SAS, Judengasse 15, ✉ A-5020, ☎ (0662) 8 48 57 10, Fax (0662) 8485716, « Modernisiertes Haus a.d.J. 1377 mit teils antiker Einrichtung » – 🛗, ⇔ Zim, ▤ Zim, TV 🚗 – 🏢 35. AE ⓓ E VISA JCB. ⇏ Rest — Y s
Menu à la carte 370/550 – **60 Z** 3465/6600, 13 Suiten.

Bristol, Makartplatz 4, ✉ A-5020, ☎ (0662) 87 35 57, Fax (0662) 8735576 – 🛗, ⇔ Zim, ▤ TV ☎ – 🏢 60. AE ⓓ E VISA JCB — Y a
2. Feb. - 25. März geschl. – **Menu** siehe Rest. **Bei Bruno** separat erwähnt – **62 Z** 2800/5300, 8 Suiten.

Crowne Plaza-Pitter M, Rainerstr. 6, ✉ A-5020, ☎ (0662) 8 89 78, Fax (0662) 878893, ≘s – 🛗, ⇔ Zim, ▤ TV ☎ ♿ – 🏢 160. AE ⓓ E VISA JCB. ⇏ Rest
Rainerstube (nur Abendessen) **Menu** à la carte 360/510 – **Auersperg** (nur Mittagessen) **Menu** à la carte 265/400 – **186 Z** 1900/4800, 6 Suiten. — V n

Renaissance Salzburg Hotel M, Fanny-von-Lehnert-Str. 7, ✉ A-5020, ☎ (0662) 4 68 80, Fax (0662) 4688298, ⛱, Massage, ♨, ≘s, 🏊 – 🛗, ⇔ Zim, ▤ TV ☎ ♿ 🚗 – 🏢 500. AE ⓓ E VISA JCB — über Kaiserschützenstraße V
Menu à la carte 265/403 – **257 Z** 1650/1950.

Goldener Hirsch, Getreidegasse 37, ✉ A-5020, ☎ (0662) 8 08 40, Fax (0662) 843349, « Patrizierhaus a.d.J. 1407 mit stilvoller Einrichtung » – 🛗, ⇔ Zim, ▤ TV – 🏢 30. AE ⓓ E VISA JCB — Y e
Menu à la carte 500/630 – **70 Z** 2600/7540, 3 Suiten.

Schloß Mönchstein ⛰, Mönchsberg Park 26, ✉ A-5020, ☎ (0662) 8 48 55 50, Fax (0662) 848559, ≤ Salzburg und Umgebung, ⛱, « Schlößchen mit eleganter, stilvoller Einrichtung, Hochzeitskapelle, Park », 🌳, 🎾 – 🛗 TV 🚗 P. AE ⓓ E VISA JCB. ⇏ Rest
Anfang Feb. - Mitte März geschl. – **Menu** à la carte 500/1150 – **17 Z** 2900/6500. — X e

Rosenberger, Bessarabierstr.94, ✉ A-5020, ☎ (0662) 4 35 54 60, Fax (0662) 43951095, ≘s – 🛗, ⇔ Zim, TV ♿ 🚗 P – 🏢 360. AE ⓓ E VISA
Menu à la carte 250/410 – **120 Z** 1351/1850. — über ④

Dorint Rogner Hotel, Sterneckstr. 20, ✉ A-5020, ☎ (0662) 88 20 31, Fax (0662) 8820319, ≘s – 🛗, ⇔ Zim, TV ☎ ♿ 🚗 – 🏢 160. AE ⓓ E VISA. ⇏ Rest — V z
Menu à la carte 231/430 – **139 Z** 1530/2500, 4 Suiten.

SALZBURG

Carlton garni, Markus-Sittikus-Str. 3, ✉ A-5020, ✆ (0662) 88 21 91, *Fax (0662) 87478447*, – |♦|, Zim, TV ☎ P. AE ⓓ E VISA JCB — V c
39 Z 1370/2560, 11 Suiten.

Mercure, Bayerhamerstr. 14, ✉ A-5020, ✆ (0662) 8 81 43 80, *Fax (0662) 871111411*, – |♦|, Zim, TV ☎ ♿ P – 100. AE ⓓ E VISA JCB — V t
Menu à la carte 220/490 – **121 Z** 1295/1990.

Novotel Salzburg City, Franz-Josef-Str. 26, ✉ A-5020, ✆ (0662) 88 20 41, *Fax (0662) 874240*, – |♦|, Zim, TV ☎ ♿ P – 75. AE ⓓ E VISA — V k
Menu à la carte 206/480 – **140 Z** 1390/1710.

Zum Hirschen, St.-Julien-Str. 21, ✉ A-5020, ✆ (0662) 88 90 30, *Fax (0662) 8890358*, Massage, – |♦| TV ☎ P. AE ⓓ E VISA JCB — V r
Menu à la carte 200/405 – **64 Z** 875/1750.

Schaffenrath, Alpenstr. 115, ✉ A-5020, ✆ (0662) 63 90 00, *Fax (0662) 639005*, Massage, – |♦|, Zim, TV ☎ P – 90. AE ⓓ E VISA JCB. Rest — über ②
Menu à la carte 185/370 – **51 Z** 990/1680.

Alter Markt	Y	2
Bürgerspitalgasse	Y	4
Dreifaltigkeitsgasse	Y	6
Getreidegasse	Y	
Hanusch-Platz	Y	15
Herbert-von-Karajan-Platz	Y	16
Judengasse	YZ	
Kaigasse	Z	
Kajetaner-Platz	Z	21
Linzer-Gasse	Y	
Makartplatz	Y	
Max-Reinhardt-Platz	Z	23
Residenzplatz	Z	32
Sigmund-Haffner-Gasse	YZ	35
Theatergasse	Y	39
Universitätsplatz	Y	40
Waagplatz	Z	43

Kasererhof garni, Alpenstr. 6, ✉ A-5020, ✆ (0662) 6 39 65, *Fax (0662) 6396550*, – 🛗 ✈ TV ☎ P. AE ① E VISA JCB über ②
8.- 28. März geschl., – **51 Z** 1225/3560.

Wolf-Dietrich, Wolf-Dietrich-Str. 7, ✉ A-5020, ✆ (0662) 87 12 75, *Fax (0662) 882320*, – 🛗 TV ☎. AE ① E VISA JCB V m
Anfang Feb. - Mitte März geschl. – **Menu** *(Sonntag geschl.)* (nur Abendessen) à la carte 255/395 – **29 Z** 950/2100.

Hohenstauffen garni, Elisabethstr. 19, ✉ A-5020, ✆ (0662) 8 77 66 90, *Fax (0662) 87219351* – 🛗 ✈ TV ☎ P. AE ① E VISA JCB V e
27 Z 790/2065.

Fuggerhof garni, Eberhard-Fugger-Str. 9, ✉ A-5020, ✆ (0662) 6 41 29 00, *Fax (0662) 6412904*, – 🛗 TV ☎ ♿ P. über Bürglsteinstr. X
20. - 26. Dez. geschl. – **20 Z** 980/2800.

Gablerbräu, Linzer Gasse 9, ✉ A-5020, ✆ (0662) 8 89 65, *Fax (0662) 8896555*, – 🛗 TV ☎ – 25. AE ① E VISA JCB Y d
Menu à la carte 180/390 – **52 Z** 952/1904.

Weisse Taube garni, Kaigasse 9, ✉ A-5020, ✆ (0662) 84 24 04, *Fax (0662) 841783* – 🛗 TV ☎. AE ① E VISA JCB. Z s
33 Z 910/2135.

Alt Salzburg, Bürgerspitalgasse 2, ✉ A-5020, ✆ (0662) 84 14 76, *Fax (0662) 841477* – AE ① E VISA JCB Y c
Sonntag - Montagmittag geschl., außer Festspielzeit – **Menu** à la carte 300/490.

Bei Bruno -Hotel Bristol, Makartplatz 4, ✉ A-5020, ✆ (0662) 87 84 17 – AE ⓓ E VISA JCB Y a
März 3 Wochen sowie Sonntag geschl., außer Festspielzeit – **Menu** à la carte 285/560.

K+K Restaurant am Waagplatz, Waagplatz 2 (1. Etage), ✉ A-5020, ✆ (0662) 84 21 56, *Fax (0662) 84215633*, 🏞, « Mittelalterliches Essen mit Theateraufführung im Freysauff-Keller (auf Vorbestellung) » – AE ⓓ E VISA JCB Z h
Menu (Tischbestellung ratsam) à la carte 320/510.

Riedenburg, Neutorstr. 31, ✉ A-5020, ✆ (0662) 83 08 15, *Fax (0662) 8443529*, 🏞 – P. AE ⓓ E VISA X a
Sonntag - Montagmittag geschl. – **Menu** à la carte 375/530.

Zum Mohren, Judengasse 9, ✉ A-5020, ✆ (0662) 84 23 87, *Fax (0662) 85814222* – AE ⓓ E VISA JCB Y g
Sonntag, ausser Aug. und Dez., sowie Mitte Juni - Mitte Juli geschl. – **Menu** (Tischbestellung ratsam) à la carte 240/450.

In Salzburg-Aigen *über Bürglsteinstr.* X :

Rosenvilla garni, Höfelgasse 4, ✉ A-5020, ✆ (0662) 62 17 65, *Fax (0662) 6252308* – TV ☎ P. AE
15 Z 1190/2270.

Doktorwirt, Glaser Str. 9, ✉ A-5026, ✆ (0662) 62 29 73, *Fax (0662) 62171724*, 🏞, ≘s, 🏊 (geheizt), 🌳 – TV ☎ 🚗 P – 🏛 25. AE ⓓ E VISA JCB. ✱ Rest
10. - 26. Feb. und Mitte Okt. - Ende Nov. geschl. – **Menu** *(Montag geschl.)* à la carte 200/410 🕯 – **39 Z** 840/1900.

Gasthof Schloß Aigen, Schwarzenbergpromenade 37, ✉ A-5026, ✆ (0662) 62 12 84, *Fax (0662) 621284*, 🏞 – P. AE ⓓ E VISA
Mittwoch - Donnerstagmittag und Jan. - Feb. 3 Wochen geschl. – **Menu** à la carte 315/495.

In Salzburg-Gnigl *über* ① :

Pomodoro, Eichstr. 54, ✉ A-5023, ✆ (0662) 64 04 38, 🏞 – AE E VISA
Montag - Dienstag, Weihnachten - 6. Jan. und Ende Juli - Ende Aug. geschl. – **Menu** (italienische Küche, Tischbestellung ratsam) à la carte 350/480.

In Salzburg-Itzling *über Kaiserschützenstr.* V :

Auerhahn, Bahnhofstr. 15, ✉ A-5020, ✆ (0662) 45 10 52, *Fax (0662) 4510523*, 🏞 – TV ☎ 🚗. AE ⓓ E VISA
Menu *(Sept.- Juli Sonntagabend - Montag, Feb. 1 Woche und Ende Juni - Mitte Juli geschl.)* à la carte 240/400 – **14 Z** 560/1050.

In Salzburg-Liefering *über* ④ :

Brandstätter, Münchner Bundesstr. 69, ✉ A-5020, ✆ (0662) 43 45 35, *Fax (0662) 43453590*, 🏞, ≘s, 🏊, 🌳 – 🛗, ✱ Rest, TV ☎ P – 🏛 30. ✱ Rest
22. - 27. Dez. geschl. – **Menu** *(2. - 16. Jan., Mai 1 Woche und außer Saison Sonntag geschl.)* (Tischbestellung ratsam) à la carte 295/600 – **35 Z** 980/1960
Spez. Lauwarmer Kalbsbrustsalat mit Gemüsevinaigrette. Bauernente im Rohr gebraten. Rehrücken mit Pilzen und Selleriepüree.

In Salzburg-Maria Plain *über Plainstr.* V :

Maria Plain 🐦 (Landgasthof aus dem 17. Jh.), Plainbergweg 41, ✉ A-5101, ✆ (0662) 4 50 70 10, *Fax (0662) 45070119*, « Gastgarten mit ≤ », 🌳 – 🛗 TV ☎ 🚗 P – 🏛 40. AE ⓓ E VISA
Juli 1 Woche geschl. – **Menu** *(Dienstag - Mittwoch geschl., außer Festspielzeit)* à la carte 270/380 – **27 Z** 880/1500, 5 Suiten.

In Salzburg-Nonntal :

Purzelbaum (Restaurant im Bistro-Stil), Zugallistr. 7, ✉ A-5020, ✆ (0662) 84 88 43, *Fax (0662) 8443529*, 🏞 – AE ⓓ E VISA Z e
Sonntag - Montagmittag geschl. – **Menu** (abends Tischbestellung ratsam) à la carte 445/580.

Auf dem Heuberg *NO : 3 km über* ① *– Höhe 565 m*

Schöne Aussicht 🐦, Heuberg 3, ✉ A-5023 Salzburg, ✆ (0662) 64 06 08, *Fax (0662) 6406082*, « Gartenterrasse mit ≤ Salzburg und Alpen », ≘s, 🏊, 🌳, 🎾 – TV ☎ P – 🏛 30. AE ⓓ E VISA. ✱ Rest
März - Okt. – **Menu** (nur Abendessen) à la carte 265/480 – **28 Z** 700/1800.

Auf dem Gaisberg *über ①* :

Vitalhotel Kobenzl, Gaisberg 11 – Höhe 730 m, A-5020 Salzburg, (0662) 64 15 10, *Fax (0662) 642238*, « Schöne Panorama-Lage mit Salzburg und Alpen », Massage, – Zim, – 40. *6. Jan. - 6. März geschl.* – **Menu** à la carte 427/735 – **40 Z** 1650/4300, 15 Suiten.

Romantik Hotel Gersberg Alm, Gersberg 37 – Höhe 800 m, A-5023 Salzburg-Gnigl, (0662) 64 12 57, *Fax (0662) 644278*, – 45.
Menu (Tischbestellung ratsam) à la carte 350/485 – **45 Z** 1078/3185.

Beim Flughafen *über ③* :

Radisson-SAS-Airport-Center-Hotel, Bundesstr. 4, A-5073 Salzburg-Wals, (0662) 8 58 10, *Fax (0662) 85814000* – Zim, – 90.
Menu à la carte 230/455 – **152 Z** 1300/2050, 7 Suiten.

Airporthotel, Dr.-M.-Laireiter-Str. 9, A-5020 Salzburg-Loig, (0662) 85 00 20, *Fax (0662) 85002044*, – Zim, – 20.
(Restaurant nur für Hausgäste) – **37 Z** 990/1960.

In Siezenheim *5 km : über ③ und Siezenheimer Strasse* :

Gasthof Kamml, Brückenstr. 105, A-5072, (0662) 85 02 67, *Fax (0662) 85026713*, Biergarten, – 15.
Menu *(Samstag - Sonntag geschl.)* à la carte 145/320 – **41 Z** 550/910.

In Anif *② : 7 km*

Friesacher, A-5081, (06246) 89 77, *Fax (06246) 897749*, Massage, – 25
2. - 22. Jan. geschl. – **Menu** *(Mittwoch geschl., außer Festspielzeit)* à la carte 220/400 – **52 Z** 840/1960.

Hubertushof, Neu Anif 4 (nahe der Autobahnausfahrt Salzburg Süd), A-5081, (06246) 89 70, *Fax (06246) 76036*, Massage, – 80.
Menu *(Montag, Feb. 2 Wochen und Juli 3 Wochen geschl.)* à la carte 250/465 – **68 Z** 910/1855.

In Bergheim *N : 7 km über Plainstrasse V* :

Gasthof Gmachl, Dorfstr. 35, A-5101, (0622) 45 21 24, *Fax (0622) 45212468*, (geheizt), – Zim, – 50.
Juli 2 Wochen geschl. – **Menu** à la carte 250/480 – **50 Z** 1232/2184.

In Bergheim-Lengfelden *N : 7 km über ⑤* :

Gasthof Bräuwirt, A-5101, (0662) 45 21 63, *Fax (0662) 45216353*, –
über Weihnachten geschl. – **Menu** *(Sonntagabend - Dienstagmittag sowie Juli und Nov. jeweils 2 Wochen geschl.)* à la carte 170/350 – **39 Z** 665/1400.

In Hallwang-Söllheim *NO : 7 km über ① und Linzer Bundesstrasse* :

Pfefferschiff, Söllheim 3, A-5300, (0662) 66 12 42, *Fax (0662) 661841*, –
Sonntag - Montag, Ende Juni - Mitte Juli und Sept. 1 Woche geschl. – **Menu** à la carte 435/680
Spez. Blunzenguglhupf auf Linsenkraut. Rehrückenfilet mit Apfelkruste. Marillenschmarren mit Kürbiskernparfait.

In Elixhausen *N : 8 km über ⑤* :

Romantik Hotel Gmachl, Dorfstr. 14, A-5161, (0662) 4 80 21 20, *Fax (0662) 48021272*, (geheizt), (Halle), (Halle) – – 40.
Mitte Juni - Anfang Juli geschl. – **Menu** *(Sonntagabend - Montagmittag geschl.)* à la carte 270/500 – **34 Z** 1260/2800, 3 Suiten.

In Elsbethen-Vorderfager *über ② : 9 km* :

Schwaitlalm, Vorderfager 39, A-5061, (0622) 62 59 27, *Fax (0622) 6296063*, – 20.
7. Jan. - Feb. geschl. – **Menu** *(Montag - Dienstag geschl.)* (Tischbestellung ratsam) à la carte 350/570 – **17 Z** 1550/3250.

In Hof *über ① : 20 km :*

Schloß Fuschl (ehem. Jagdschloß a.d. 15 Jh. mit 3 Gästehäusern), ✉ A-5322, ☎ (06229) 2 25 30, *Fax (06229) 2253531*, ←, Massage, – 100. Rest
Menu à la carte 480/745 – **84 Z** 3100/4000, 12 Suiten.

Jagdhof am Fuschlsee (ehem. Bauernhaus a.d.J. 1783, mit Gästehaus), ✉ A-5322, ☎ (06229) 2 37 20, *Fax (06229) 2372413*, ←, – – 90.
Menu à la carte 260/440 – **57 Z** 950/1600.

In Fuschl am See *über ① : 26 km :*

Ebner's Waldhof , Seepromenade, ✉ A-5330, ☎ (06226) 82 64, *Fax (06226) 8644*, ←, , Massage, – – 60.
Rest
15. März - April und Nov. - 15. Dez. geschl. – **Menu** (Tischbestellung ratsam) à la carte 320/465 – **75 Z** 1035/2640.

Brunnwirt, ✉ A-5330, ☎ (06226) 82 36, *Fax (06226) 8236*, – .
Montag und Ende Jan. - Mitte Feb. geschl. – **Menu** *(Dienstag - Freitag nur Abendessen)* (Tischbestellung erforderlich) à la carte 320/660.

Am Mondsee *⑤ : 28 km (über Autobahn A 1)*

Seehof , (SO : 7 km), ✉ A-5311 Loibichl, ☎ (06232) 50 31, *Fax (06232) 503151*, ←, « Gartenterrasse », Massage, – Rest, – 15.
Mitte Mai - Mitte Sept. – **Menu** à la carte 350/540 – **35 Z** 3600/5720, 4 Suiten.

In Werfen *S : 42 km über ② und A10 :*

Karl-Rudolf Obauer mit Zim, Markt 46, ✉ A-5450, ☎ (06468) 5 21 20, *Fax (06468) 521212*, « Gartenterrasse » – Rest, .
Menu (Tischbestellung erforderlich) 380/790 und à la carte 480/835 – **8 Z** 980/1800
Spez. Forellenstrudel "Obauer". Gefüllte Zucchiniblüten mit Schwammerl und Thymian (Saison). Grapefruitsnocken mit Safrankompott.

SALZDETFURTH, BAD *Niedersachsen 418 J 14 – 15 000 Ew – Höhe 155 m – Heilbad.*

Bad Salzdetfurth-Wesseln, In der Bünte, ☎ (05063) 15 16.
Berlin 298 – Hannover 50 – Braunschweig 52 – Göttingen 81 – Hildesheim 16.

Relexa-Hotel, An der Peesel 1 (in Detfurth), ✉ 31162, ☎ (05063) 2 90, *Fax (05063) 29113*, – Zim, – 250.
Menu à la carte 45/69 – **130 Z** 159/398, 4 Suiten – ½ P 36.

SALZGITTER *Niedersachsen 416 418 J 15 – 120 000 Ew – Höhe 80 m.*

Bad Salzgitter, Mahner Berg, ☎ (05341) 3 73 76.
Tourist-Information, Vorsalzerstr. 11, in Salzgitter-Bad, ✉ 38259, ☎ (05341) 39 37 38, Fax (05341) 391816.
Berlin 261 – Hannover 68 – Braunschweig 28 – Göttingen 79 – Hildesheim 33.

In Salzgitter-Bad *– Heilbad :*

Golfhotel M garni, Gittertor 5, ✉ 38259, ☎ (05341) 30 10, *Fax (05341) 301199* –
24 Z 90/158.

Quellenhof M garni, Hinter dem Salze 32, ✉ 38259, ☎ (05341) 3 40 81, *Fax (05341) 394828*, – – 20.
36 Z 95/160.

Ratskeller , Marktplatz 10, ✉ 38259, ☎ (05341) 30 13 20, *Fax (05341) 3013242*, – – 300.
Menu à la carte 36/59 *(auch vegetarische Gerichte)* – **44 Z** 95/158.

Kniestedter Hof garni, Breslauer Str. 20, ✉ 38259, ☎ (05341) 80 08 00, *Fax (05341) 800888*, – .
24. Dez. - 3. Jan. geschl. – **23 Z** 95/160.

Haus Liebenhall , Bismarckstr. 9, ✉ 38259, ☎ (05341) 3 40 91, *Fax (05341) 31092*, –
Menu *(Sonntag - Montagmittag geschl.)* à la carte 23/37 – **13 Z** 93/130.

In Salzgitter-Bruchmachtersen :

Kaiserquelle, Söhlekamp 11, ✉ 38228, ✆ (05341) 8 57 80, Fax (05341) 58674, – TV ☎ P – 30. AE D E VISA
Menu à la carte 28/59 – **31 Z** 90/150.

In Salzgitter-Lichtenberg :

Waldhotel Burgberg, Burgbergstr. 147, ✉ 38228, ✆ (05341) 8 59 40 (Hotel) 5 83 63 (Rest.), *Fax (05341) 859420*, – TV ☎ P. E VISA
Menu *(Dienstagmittag geschl.)* à la carte 38/59 – **15 Z** 128/311.

In Haverlah-Steinlah *NW : 6 km ab Salzgitter-Bad :*

Gutshof Steinlah (ehem. Gutshof a.d. 18. Jh.), Lindenstr. 5, ✉ 38275, ✆ (05341) 33 84 41, *Fax (05341) 338442*, « Geschmackvolle Einrichtung in unterschiedlichen Stilarten », – Zim, TV ☎ P – 20. AE D E VISA. Rest
Menu *(Sonntag geschl.) (nur Abendessen)* à la carte 33/65 – **20 Z** 98/178.

SALZHAUSEN *Niedersachsen* 415 416 *G 14 – 3 300 Ew – Höhe 60 m.*
Berlin 288 – Hannover 117 – Hamburg 55 – Lüneburg 18.

Romantik Hotel Josthof, Am Lindenberg 1, ✉ 21376, ✆ (04172) 9 09 80, *Fax (04172) 6225*, « Niedersächsischer Bauernhof mit typischen Gasträumen » – TV ☎ P – 15. AE D E VISA. Rest
Menu (abends Tischbestellung ratsam, bemerkenswerte Weinkarte) 42/76 à la carte 46/73 – **16 Z** 110/240.

In Garlstorf *W : 5 km :*

Niemeyer's Heidehof, Winsener Landstr. 4, ✉ 21376, ✆ (04172) 71 27, *Fax (04172) 7931*, – Zim, TV ☎ P. D E VISA
Menu *(Donnerstag geschl.)* à la carte 32/68 – **12 Z** 95/160.

In Gödenstorf *W : 3 km :*

Gasthof Isernhagen, Hauptstr. 11, ✉ 21376, ✆ (04172) 87 85, *Fax (04172) 8715*, – Zim, TV ☎ P – 40. AE E VISA
8. - 31. März geschl. – **Menu** *(Dienstag geschl.)* à la carte 26/49 – **10 Z** 79/150.

SALZHEMMENDORF *Niedersachsen* 417 418 *J 12 – 11 000 Ew – Höhe 200 m – Kurort mit Solekurbetrieb.*
Tourist-Information, Hauptstr. 2, ✉ 31020, ✆ (05153) 8 08 80, Fax (05153) 80836.
Berlin 308 – Hannover 42 – Hameln 23 – Hildesheim 31.

In Salzhemmendorf-Oldendorf *NO : 4,5 Km*

Catharinenhof garni, Im Hohen Feld 48 (B 1), ✉ 31020, ✆ (05153) 93 80, *Fax (05153) 5839* – TV ☎ P. AE D E VISA
17 Z 92/175.

SALZKOTTEN *Nordrhein-Westfalen* 417 *K 9 – 22 000 Ew – Höhe 100 m.*
Salzkotten-Thüle, Im Nordfeld 25, ✆ (05258) 64 98.
Verkehrsamt, Rathaus, Marktstr. 8, ✉ 33154, ✆ (05258) 50 71 18, Fax (05258) 50727.
Berlin 433 – Düsseldorf 157 – Arnsberg 59 – Lippstadt 19 – Paderborn 12.

Walz, Paderborner Str. 21 (B 1), ✉ 33154, ✆ (05258) 98 80, *Fax (05258) 4849*, – TV ☎ P – 30. AE D E VISA
Menu *(Samstagmittag geschl.)* à la carte 32/61 – **34 Z** 96/140.

Sälzerhof, Am Stadtgraben 28, ✉ 33154, ✆ (05258) 9 86 30, *Fax (05258) 986325*, – ☎ P. AE E
20. Dez. - 10. Jan. geschl. – **Menu** *(Freitagmittag geschl.)* à la carte 30/55 – **16 Z** 77/127.

SALZSCHLIRF, BAD *Hessen* 417 418 *O 12 – 3 500 Ew – Höhe 250 m – Heilbad.*
Kur- und Verkehrsamt, Bahnhofstr. 22, ✉36364, ✆ (06648) 22 66, Fax (06648) 2368.
Berlin 446 – Wiesbaden 161 – Fulda 20 – Gießen 81 – Bad Hersfeld 36.

Parkhotel, Bahnhofstr. 12, ✉ 36364, ✆ (06648) 30 81, *Fax (06648) 3262*, (Jugendstilhaus mit moderner Einrichtung), – TV ☎ P. AE D E VISA
Menu à la carte 28/45 – **21 Z** 75/130 – ½ P 15.

Söderberg, Bonifatiusstr. 6, ✉ 36364, ✆ (06648) 94 20, *Fax (06648) 942211*, « Gartenterrasse », – TV ☎ P – 25. E VISA
Jan. geschl. – **Menu** *(Montag geschl.)* à la carte 32/55 – **30 Z** 65/160 – ½ P 20.

SALZUFLEN, BAD *Nordrhein-Westfalen* 417 *J 10 – 53 000 Ew – Höhe 80 m – Heilbad.*

Bad Salzuflen, Schwaghof 4 (N : 3 km), (05222) 1 07 73.

Kur- und Verkehrsamt, Parkstr. 20, 32105, (05222) 18 31 83, Fax (05222) 17154.

Berlin 375 – Düsseldorf 191 – Bielefeld 26 – Hannover 89.

Arminius M, Ritterstr. 2, 32105, (05222) 36 60, *Fax (05222) 366111*, « Restaurierte Fachwerkhäuser aus dem 16.Jh. », Massage, – Zim, – 50. AE VISA
Menu à la carte 43/74 – **62 Z** 170/210, 11 Suiten.

Maritim, Parkstr. 53, 32105, (05222) 18 10, *Fax (05222) 181600*, Massage, – Rest, – 280. AE VISA JCB. Rest
Menu à la carte 47/83 – **206 Z** 177/382, 9 Suiten – ½ P 40.

Schwaghof, Schwaghof 1 (N : 3 km), 32108, (05222) 39 60, *Fax (05222) 396555*, – – 120. E VISA. Rest
Menu à la carte 43/78 – **86 Z** 155/240, 3 Suiten – ½ P 35.

Lippischer Hof, Mauerstr. 1a, 32105, (05222) 53 40, *Fax (05222) 50571*, Massage, – Zim, – 80. AE E VISA. Rest
Menu à la carte 45/88 – **47 Z** 143/388 – ½ P 35.

Vitalotel Roonhof, Roonstr. 9, 32105, (05222) 34 30, *Fax (05222) 343100*, – Zim, – 30. AE E VISA. Rest
Menu à la carte 30/60 – **54 Z** 145/210 – ½ P 25.

Kurpark-Hotel, Parkstr. 1, 32105, (05222) 39 90, *Fax (05222) 399462*, Massage – Zim, – 60. AE E VISA
Menu à la carte 33/63 – **74 Z** 107/294 – ½ P 28.

Stadt Hamburg, Asenburgstr. 1, 32105, (05222) 6 28 10, *Fax (05222) 628152*, – AE E VISA. Zim
Menu *(Donnerstag geschl.)* à la carte 34/68 – **30 Z** 85/180.

Antik-Hotel Eichenhof garni, Friedenstr. 1, 32105, (05222) 9 34 00, *Fax (05222) 934040*, « Wohnliche Einrichtung mit Antiquitäten » – . E VISA
21 Z 110/240.

Haus Otto, Friedenstr. 2, 32105, (05222) 93 04 40, *Fax (05222) 58464* – . AE E.
Ende Nov. - Ende Jan. geschl. – (Restaurant nur für Hausgäste) – **22 Z** 90/180 – ½ P 25.

Café Bauer, An der Hellrüsche 41, 32105, (05222) 9 14 40, *Fax (05222) 16781*, – . AE E VISA
Menu *(Montag geschl.)* à la carte 32/61 – **12 Z** 80/150 – ½ P 15.

Römerbad (mit Gästehaus), Wenkenstr. 30, 32105, (05222) 9 15 00, *Fax (05222) 915061*, – Zim, – 25. AE E VISA. Rest
Menu *(Dienstagabend geschl.)* à la carte 27/54 – **45 Z** 95/198 – ½ P 25.

Kurhaus, Parkstr. 26, 32105, (05222) 9 13 90, *Fax (05222) 913912*, – – 300. AE E VISA
Nov.- März Montag - Dienstag geschl. – **Menu** à la carte 39/63.

In Bad Salzuflen-Sylbach *S : 5 km :*

Zum Löwen, Sylbacher Str. 223, 32107, (05232) 9 56 50, *Fax (05232) 956565*, – Zim, . E VISA
Juni - Juli 1 Woche geschl. – **Menu** *(Juni - Juli 2 Wochen geschl.)* (wochentags nur Abendessen) à la carte 37/71 – **33 Z** 90/150.

SALZUNGEN, BAD *Thüringen* 418 *N 14 – 18 700 Ew – Höhe 238 m – Solebad.*

Touristinformation-Kurverwaltung, Am Flößrasen 1, 36433, (03695) 69 34 20, Fax (03695) 693421.

Berlin 377 – Erfurt 86 – Bad Hersfeld 43.

Salzunger Hof, Bahnhofstr. 41, 36433, (03695) 67 20, *Fax (03695) 601700*, – Zim, – 250. AE E VISA
Menu à la carte 28/72 – **72 Z** 115/185 – ½ P 15.

SALZWEDEL *Sachsen-Anhalt* 415 416 *H 17 – 23 000 Ew – Höhe 51 m.*

Salzwedel-Information, Reichestr. 12, 29410, (03901) 42 24 38, Fax (03901) 31077.

Berlin 187 – Magdeburg 103 – Schwerin 114 – Wolfsburg 59.

Union, Goethestr. 11, 29410, (03901) 42 20 97, *Fax (03901) 422136*, – – 60. AE E VISA
Menu à la carte 27/51 – **33 Z** 90/145.

SALZWEG *Bayern* 420 *U 24 – 6 450 Ew – Höhe 422 m.*
Berlin 614 – München 176 – Passau 7 – Regensburg 120.

Holler, Büchelberger Str. 1, ✉ 94121, ✆ (0851) 94 99 60, *Fax (0851) 41297* – 🛗, Zim, TV ☎ 📞 P – 🎤 200. AE ⓓ E VISA
Menu à la carte 32/61 – **27 Z** 65/120.

SAMERBERG *Bayern* 420 *W 20 – 2 600 Ew – Höhe 700 m – Erholungsort – Wintersport : 700/1 569 m 1 1.*
Verkehrsverein, Dorfplatz 3 (Samerberg-Törwang), ✉ 83122, ✆ (08032) 86 06, Fax (08032) 8887.
Berlin 672 – München 82 – Bad Reichenhall 65 – Traunstein 44 – Rosenheim 16.

In Samerberg-Törwang :

Post, Dorfplatz 4, ✉ 83122, ✆ (08032) 86 13, *Fax (08032) 8929*, , Fö, , – 🛗 ☎ 🚗 P – 🎤 15. E
Mitte Jan. - Mitte Feb. geschl. – **Menu** *(Dienstag geschl.)* à la carte 21/49 – **30 Z** 65/90.

In Samerberg-Duft *S : 6 km ab Törwang – Höhe 800 m*

Berggasthof Duftbräu , ✉ 83122, ✆ (08032) 82 26, *Fax (08032) 8366*, <, – TV 🚗 P
Ende Nov. - Anfang Dez. 2 Wochen geschl. – **Menu** *(Nov. - März Donnerstag geschl.)* à la carte 21/40 – **16 Z** 48/100 – ½ P 22.

SANDE *Niedersachsen* 415 *F 8 – 9 500 Ew.*
Berlin 476 – Hannover 217 – Cuxhaven 104 – Oldenburg 47 – Wilhelmshaven 9.

Landhaus Tapken, Bahnhofstr. 46, ✉ 26452, ✆ (04422) 9 58 60, *Fax (04422) 958699* – TV ☎ 📞 P – 🎤 120. AE ⓓ E VISA. Zim
23. - 26. Dez. geschl. – **Menu** *(Samstagmittag geschl.)* à la carte 26/50 – **20 Z** 88/146.

SANDKRUG *Brandenburg siehe Eberswalde.*

SANGERHAUSEN *Sachsen-Anhalt* 418 *L 17 – 30 000 Ew – Höhe 158 m.*
Fremdenverkehrsverein, Schützenplatz, ✉ 06526, ✆ (03464) 61 33 30, Fax (03464) 515336.
Berlin 224 – Magdeburg 98 – Erfurt 75 – Nordhausen 37 – Weimar 68 – Halle 53.

Katharina, Riestedter Str. 18, ✉ 06526, ✆ (03464) 2 42 90, *Fax (03464) 242940* – TV ☎. AE E VISA
Menu *(Montagmittag geschl.)* à la carte 24/42 **14 Z** 85/150.

In Oberröblingen *SO : 5 km :*

Zum Löwen, Sangerhäuser Str. 24 (B 86), ✉ 06528, ✆ (03464) 67 42 62, *Fax (03464) 674230*, Biergarten – Zim, TV ☎ P. AE ⓓ E VISA.
Menu à la carte 20/50 – **28 Z** 95/140.

ST. ANDREASBERG *Niedersachsen* 418 *K 15 – 2 600 Ew – Höhe 630 m – Heilklimatischer Kurort – Wintersport : 600/894 m 8 .*
Sehenswert : Silberbergwerk Samson★.
Kur- und Verkehrsamt, Am Glockenberg 12 (Stadtbahnhof), ✉ 37444, ✆ (05582) 8 03 40, Fax (05582) 80339.
Berlin 279 – Hannover 122 – Braunschweig 72 – Göttingen 58.

Tannhäuser, Am Gesehr 1a, ✉ 37444, ✆ (05582) 9 18 80, *Fax (05582) 918850*, , – TV ☎ P
Mitte - Ende Nov. geschl. – **Menu** *(außer Saison Mittwoch geschl.)* à la carte 27/64 – **25 Z** 65/165 – ½ P 21.

ST. AUGUSTIN *Nordrhein-Westfalen* 417 *N 5 – 56 500 Ew – Höhe 50 m.*
Berlin 590 – Düsseldorf 71 – Bonn 6 – Siegburg 4.

Regina, Markt 81, ✉ 53757, ✆ (02241) 86 90 (Hotel) 86 94 00 (Rest.), *Fax (02241) 28385*, , – 🛗, Zim, TV ☎ 🚗 – 🎤 100. AE ⓓ E VISA JCB. Rest
Menu à la carte 38/67 – **59 Z** 99/345.

In St. Augustin-Hangelar :

Hangelar, Lindenstr. 21, ✉ 53757, ✆ (02241) 9 28 60, *Fax (02241) 928613*, , , – Zim, TV ☎ 🚗 P – 🎤 35. E VISA. Rest
(nur Abendessen für Hausgäste) – **44 Z** 105/160.

ST. BLASIEN *Baden-Württemberg* 419 *W 8 – 4 200 Ew – Höhe 762 m – Heilklimatischer Kneippkurort.*

Sehenswert : *Dom★★.*

Tourist Information, Haus des Gastes, am Kurgarten, 79837, (07672) 4 14 30, Fax (07672) 41438.

Tourist Information im Rathaus Menzenschwand, 79837, (07675) 9 30 90, Fax (07675) 1709.

Berlin 810 – Stuttgart 187 – Freiburg im Breisgau 51 – Donaueschingen 64 – Basel 62 – Zürich 71.

Café Aich garni, Hauptstr. 31, 79837, (07672) 14 29, Fax (07672) 2062, « Elegante Zimmereinrichtung » – 5 **Z** 85/170.

Dom Hotel, Hauptstr. 4, 79837, (07672) 3 71, *Fax (07672) 4655* – **Menu** *(Mittwoch geschl.)* à la carte 26/62 – **11 Z** 65/160 – ½ P 25.

In St. Blasien-Menzenschwand *NW : 9 km – Luftkurort :*

Sonnenhof, Vorderdorfstr. 58, 79837, (07675) 9 05 60, *Fax (07675) 905650*, Massage, *Anfang Nov. - Mitte Dez. geschl.* – **Menu** *(Dienstag geschl.)* à la carte 28/59 *(auch vegetarische Gerichte)* – **27 Z** 65/190 – ½ P 25.

Waldeck, Vorderdorfstr. 74, 79837, (07675) 9 05 40, *Fax (07675) 1476*, *Mitte Nov. - Mitte Dez. geschl.* – **Menu** *(Montag geschl.)* à la carte 28/57 *(auch vegetarische Gerichte)* – **19 Z** 65/128 – ½ P 24.

In Ibach-Mutterslehen *– Höhe 1 000 m – Erholungsort :*

Schwarzwaldgasthof Hirschen, Hauptstraße, 79837, (07672) 9 30 40, *Fax (07672) 9412*, **Menu** *(Okt. - April Dienstag geschl.)* à la carte 29/70 – **15 Z** 80/146 – ½ P 26.

ST. ENGLMAR *Bayern* 420 *S 22 – 1 500 Ew – Höhe 850 m – Luftkurort – Wintersport : 800/1055 m 14.*

Tourist-Information, Rathausstr. 6, 94379, (09965) 84 03 20, Fax (09965) 840330.

Berlin 519 – München 151 – Regensburg 68 – Cham 37 – Deggendorf 30 – Straubing 31.

Angerhof, Am Anger 38, 94379, (09965) 18 60, *Fax (09965) 18619*, Massage, Zim, *Mitte Nov. - Mitte Dez. geschl.* – **Menu** à la carte 41/73 – **65 Z** 108/324 – ½ P 33.

In St. Englmar-Grün *NW : 3 km :*

Reinerhof, 94379, (09965) 85 10, *Fax (09965) 851125*, Rest *Nov. - Mitte Dez. geschl.* – (nur Abendessen für Hausgäste) – **40 Z** 60/134 – ½ P 18.

In St. Englmar-Maibrunn *NW : 5 km :*

Maibrunn (mit Anbau), Maibrunn 1, 94379, (09965) 85 00, *Fax (09965) 850100*, Massage, (geheizt), Zim, 25. **Menu** à la carte 31/61 – **52 Z** 88/304 – ½ P 35.

In St. Englmar-Rettenbach *SO : 5 km :*

Gut Schmelmerhof, 94379, (09965) 18 90, *Fax (09965) 189140*, « Rustikales Restaurant mit Ziegelgewölbe, Garten », (geheizt), 25. **Menu** à la carte 42/63 – **44 Z** 80/280 – ½ P 35.

ST. GEORGEN *Baden-Württemberg* 419 *V 9 – 14 500 Ew – Höhe 810 m – Erholungsort – Wintersport : 800/1 000 m 5.*

Tourist-Information, Rathaus, 78112, (07724) 8 71 94, Fax (07724) 87120.

Berlin 754 – Stuttgart 127 – Freiburg im Breisgau 71 – Schramberg 18 – Villingen-Schwenningen 14 – Offenburg 65.

Café Kammerer garni, Hauptstr. 23, 78112, (07724) 9 39 20, *Fax (07724) 3180* – **18 Z** 74/128.

ST. GOAR Rheinland-Pfalz 417 P 7 – 3 500 Ew – Höhe 70 m.

Sehenswert : Burg Rheinfels★★.

Ausflugsziel : Loreley ★★★ ≤★★, SO : 4 km.

Verkehrsamt, Heerstr. 86, ✉ 56329, ✆ (06741) 3 83, Fax (06741) 7209.

Berlin 627 – Mainz 63 – Koblenz 43 – Bingen 28.

Schloßhotel und Villa Rheinfels, Schloßberg 47, ✉ 56329, ✆ (06741) 80 20, Fax (06741) 802802, ≤ Rheintal, – 65. AE VISA JCB
Menu à la carte 45/70 – **56 Z** 155/260.

Zum Goldenen Löwen, Heerstr. 82, ✉ 56329, ✆ (06741) 16 74, Fax (06741) 2852, ≤, – – 40
Menu à la carte 39/72 – **12 Z** 85/210.

In St. Goar-Fellen NW : 3 km :

Landsknecht, an der Rheinufer-Straße (B 9), ✉ 56329, ✆ (06741) 20 11, Fax (06741) 7499, ≤, « Terrasse am Rhein », – – 20. AE VISA
Jan. - Feb. geschl. – **Menu** à la carte 38/72 – **14 Z** 105/300 – ½ P 35.

ST. INGBERT Saarland 417 S 5 – 41 000 Ew – Höhe 229 m.

Berlin 697 – Saarbrücken 13 – Kaiserslautern 55 – Zweibrücken 25.

In St. Ingbert-Rohrbach O : 3 km :

Zum Mühlehannes, Obere Kaiserstr. 97, ✉ 66386, ✆ (06894) 9 55 60, Fax (06894) 955619 – . AE VISA
Menu (Samstagmittag geschl.) à la carte 23/58 – **15 Z** 75/156.

In St. Ingbert-Sengscheid SW : 4 km :

Alfa-Hotel, Zum Ensheimer Gelösch 2, ✉ 66386, ✆ (06894) 98 50 (Hotel) 98 52 60 (Rest.), Fax (06894) 985299, – – 40. AE VISA
Le jardin (Montag - Dienstag geschl.) **Menu** à la carte 66/95 – **47 Z** 99/315.

Sengscheider Hof (mit Gästehaus), Zum Ensheimer Gelösch 30, ✉ 66386, ✆ (06894) 98 20, Fax (06894) 982200, – – 15. VISA.
Menu (Mittwochmittag und Samstag geschl.) à la carte 54/93 – **24 Z** 85/210.

ST. JOHANN Baden-Württemberg 419 U 12 – 5 000 Ew – Höhe 750 m – Erholungsort – Wintersport : 750/800 m 2 .

Verkehrsverein, Rathaus, Schulstr. 1 (Würtingen), ✉ 72813, ✆ (07122) 8 29 90, Fax (07122) 829933.

Berlin 674 – Stuttgart 55 – Reutlingen 17 – Ulm (Donau) 65.

In St. Johann-Lonsingen :

Grüner Baum (mit Gasthof), Albstr. 4, ✉ 72813, ✆ (07122) 1 70, Fax (07122) 17217, – , Zim, – 50
Ende Nov. - Anfang Dez. geschl. – **Menu** (Montag und Nov. - Dez. 2 Wochen geschl.) à la carte 28/64 – **72 Z** 85/140 – ½ P 19.

In St. Johann-Würtingen :

Hirsch, Hirschstr. 4, ✉ 72813, ✆ (07122) 8 29 80, Fax (07122) 829845, – – 25
über Fasching 1 Woche und Juli - Aug. 2 Wochen geschl. – **Menu** (Montag geschl.) à la carte 28/59 – **29 Z** 50/140 – ½ P 20.

ST. JOHANN Rheinland-Pfalz siehe Sprendlingen.

ST. MÄRGEN Baden-Württemberg 419 V 8 – 1 950 Ew – Höhe 898 m – Luftkurort – Wintersport : 900/1 100 m .

Tourist-Information, Rathaus, ✉ 79274, ✆ (07669) 91 18 17, Fax (07669) 911840.

Berlin 790 – Stuttgart 230 – Freiburg im Breisgau 24 – Donaueschingen 51.

Hirschen, Feldbergstr. 9, ✉ 79274, ✆ (07669) 7 87, Fax (07669) 1303, – – 60. AE VISA
11. Jan. - 2. Feb. geschl. – **Menu** (Mittwoch geschl.) à la carte 30/67 – **44 Z** 72/166 – ½ P 28.

An der Straße nach Hinterzarten :

Neuhäusle, Erlenbach 1 (S : 4 km), ✉ 79274 St. Märgen, ✆ (07669) 2 71, Fax (07669) 1408, ≤ Schwarzwald, – , Rest,
Nov. - Dez. 3 Wochen geschl. – **Menu** (Montag geschl.) à la carte 28/47 – **21 Z** 58/140 – ½ P 23.

ST. MARTIN *Rheinland-Pfalz* **417 419** *S 8 – 1 900 Ew – Höhe 240 m – Luftkurort.*

Büro für Tourismus, Alte Kellerei, ✉ 67487, ✆ (06323) 53 00, Fax 981328.

Berlin 658 – Mainz 102 – Mannheim 43 – Kaiserslautern 46 – Karlsruhe 51.

Das Landhotel M garni, Maikammerer Str. 39, ✉ 67487, ✆ (06323) 9 41 80, *Fax (06323) 941840,* « Einrichtung in italienischem Landhausstil » – TV ☎ P *über Weihnachten geschl.* – **17 Z** 95/170.

Albert Valentin Schneider, Maikammerer Str. 44, ✉ 67487, ✆ (06323) 80 40, *Fax (06323) 804426,* – TV ☎ P – 20 *Jan. geschl.* – **Menu** *(Sonn- und Feiertage abends sowie Montag geschl.)* 28 (Buffet) und à la carte 39/61 – **39 Z** 110/180 – ½ P 28.

St. Martiner Castell, Maikammerer Str. 2, ✉ 67487, ✆ (06323) 95 10, *Fax (06323) ~~2098~~,* – TV ☎ – 30 *Feb. geschl.* – **Menu** *(Dienstag und Aug. 2 Wochen geschl.)* à la carte 49/73 – **26 Z** 92/160 – ½ P 40. 951200 FAX

Haus am Weinberg , Oberst-Barret-Str. 1, ✉ 67487, ✆ (06323) 94 50, *Fax (06323) 81111,* ←, – TV ☎ P – 80. E VISA. Rest **Menu** *(Dienstag geschl.)* à la carte 33/55 – **67 Z** 75/165 – ½ P 26.

Haus am Rebenhang , Einlaubstr. 66, ✉ 67487, ✆ (06323) 9 44 30, *Fax (06323) 944330,* ← St. Martin und Rheinebene, – TV ☎ P. E *Anfang Jan. - Anfang Feb. geschl.* – **Menu** *(Montag - Dienstagmittag geschl.)* à la carte 35/60 – **19 Z** 90/160 – ½ P 35.

Grafenstuben, Edenkobener Str. 38, ✉ 67487, ✆ (06323) 27 98, *Fax (06323) 81164* – E VISA *Montag und 4. - 18. Jan. geschl.* – **Menu** à la carte 38/70.

ST. MICHAELISDONN *Schleswig-Holstein siehe Brunsbüttel.*

ST. OSWALD-RIEDLHÜTTE *Bayern* **420** *T 24 – 3 200 Ew – Höhe 820 m – Erholungsort – Wintersport : 700/800 m 2.*

Verkehrsamt, Klosterallee 4 (St. Oswald), ✉ 94568, ✆ (08552) 1 94 33, Fax (08552) 961142.

Berlin 503 – München 188 – Passau 43 – Regensburg 115.

Im Ortsteil St. Oswald :

Pausnhof , Goldener Steig 7, ✉ 94568, ✆ (08552) 40 88 60, *Fax (08552) 4088616,* – Zim, TV ☎ P. Zim *Nov. - 25. Dez. geschl.* – **Menu** *(Dienstag geschl.)* (wochentags nur Abendessen) à la carte 31/52 – **27 Z** 67/116 – ½ P 15.

Im Ortsteil Riedlhütte :

Zum Friedl , Kirchstr. 28, ✉ 94566, ✆ (08553) 62 15, *Fax (08553) 1034,* – Rest, TV ☎ P *5. Nov. - 25. Dez. geschl.* – **Menu** à la carte 25/50 – **20 Z** 55/130 – ½ P 15.

Berghotel Wieshof , Anton-Hiltz-Str. 8, ✉ 94566, ✆ (08553) 4 77, *Fax (08553) 6838,* ←, – P *Anfang Nov. - Mitte Dez. geschl.* – **Menu** à la carte 25/41 – **15 Z** 52/94 – ½ P 12.

ST. PETER *Baden-Württemberg* **419** *V 8 – 2 300 Ew – Höhe 722 m – Luftkurort – Wintersport :* .

Sehenswert : *Barockkirche (Bibliothek★).*

Ausflugsziel : *←★★ von der Straße nach St. Märgen.*

Kurverwaltung, Rathaus, ✉ 79271, ✆ (07660) 91 02 24, Fax (07660) 910244.

Berlin 797 – Stuttgart 224 – Freiburg im Breisgau 32 – Waldkirch 20.

Zur Sonne, Zähringerstr. 2, ✉ 79271, ✆ (07660) 9 40 10, *Fax (07660) 940166,* – Zim, TV ☎ P. E VISA *Mitte Jan. - Mitte Feb. geschl.* – **Menu** *(Montag - Dienstag geschl.)* 49 (mittags) und à la carte 50/100 – **15 Z** 75/150 – ½ P 28/54
Spez. Mariniertes Zicklein mit Auberginen und Trüffel. Baeckeoffe vom Kaninchen mit Entenstopfleber. Geschmortes Täubchen im Trüffelsud.

Zum Hirschen, Bertholdsplatz 1, ✉ 79271, ✆ (07660) 2 04, *Fax (07660) 1557,* – Zim, TV P. AE E VISA *Mitte - Ende März und Mitte Nov. - Mitte Dez. geschl.* – **Menu** *(Donnerstag - Freitagmittag geschl.)* à la carte 30/64 – **20 Z** 65/130 – ½ P 25.

SIEBELDINGEN - WILHELMSHOF
ROßHOLZ

LANDAU - GODRAMSTEIN
- MÜNZBERG

BURRWEILER - GEORG HEßNER

Bayern und Pfalz

Gott erhalt's

Pfälzer Weinprobierstube in der Residenz

80085 München, Residenzstr. 1
U-Bahn-Haltestelle: „Odeonsplatz"
Tel.: (089) 22 56 28 · Fax: 2 90 48 68

RECHNUNG DM

ST. PETER-ORDING *Schleswig-Holstein* **415** *D 9 – 5 500 Ew – Nordseeheil- und Schwefelbad.*
Ausflugsziel : *Eidersperrwerk* SO : 16 km.*
St. Peter-Ording, Zum Böhler Strand 16, (04863) 35 45.
Kurverwaltung, St. Peter-Bad, Marleens Knoll 2, 25826, (04863) 99 90, Fax (04863) 999180.
Berlin 428 – Kiel 125 – Sylt (Westerland) 93 – Heide 40 – Husum 50.

Im Ortsteil St. Peter-Bad :

Ambassador, Im Bad 26, 25826, (04863) 70 90, *Fax (04863) 2666*, , – Zim, – 250. Rest
Menu à la carte 43/64 – **90 Z** 190/335 – ½ P 40.

Landhaus an de Dün M garni, Im Bad 63, 25826, (04863) 9 60 60, *Fax (04863) 960660*, – .
10. Jan. - 5. Feb. geschl. – **15 Z** 285/380.

Friesenhof M garni (Apart-Hotel), Im Bad 58, 25826, (04863) 9 68 60, *Fax (04863) 968676*, « Geschmackvoll gestaltete kleine Ferienwohnanlage », Massage, –
19 Z 130/280.

St. Peter (mit Gästehaus), Rungholtstieg 7, 25826, (04863) 90 40 (Hotel) 98 90 (Rest.), *Fax (04863) 904400*, – Rest,
Schimmelreiter : Menu à la carte 32/55 – **52 Z** 110/380, 3 Suiten – ½ P 28.

Dünenhotel Eulenhof garni (mit Gästehäuser), Im Bad 93, 25826, (04863) 9 65 50, *Fax (04863) 9655155*, « Gartenanlage », – .
36 Z 80/200.

Fernsicht, Am Kurbad 17, 25823, (04863) 20 22, *Fax (04863) 2020*, – Rest, .
Menu *(10. Jan. - Feb. geschl.)* à la carte 35/55 – **25 Z** 80/200 – ½ P 25.

Jensens Hotel Tannenhof garni, Im Bad 59, 25826, (04863) 70 40, *Fax (04863) 70413*, – .
33 Z 98/198.

Im Ortsteil Ording :

Kölfhamm, Kölfhamm 6, 25826, (04863) 99 50, *Fax (04863) 99545*, – – 15
Menu *(Mittwoch geschl.)* à la carte 35/62 – **25 Z** 130/240 – ½ P 30.

Kurpension Eickstädt garni, Waldstr. 19, 25826, (04863) 20 58, *Fax (04863) 2735*, –
40 Z 120/240.

Gambrinus, Strandweg 4, 25826, (04863) 29 77, *Fax (04863) 1053*, –
Montag geschl. – **Menu** *(Nov. - März Dienstag - Freitag nur Abendessen)* 30 (mittags) und à la carte 39/72.

ST. WENDEL *Saarland* **417** *R 5 – 28 000 Ew – Höhe 286 m.*
Verkehrsamt, Rathaus, Schloßstr. 7, 66606, (06851) 80 91 32, Fax (06851) 809102.
Berlin 699 – Saarbrücken 42 – Idar-Oberstein 43 – Neunkirchen/Saar 19.

Posthof, Brühlstr. 18, 66606, (06851) 9 37 30, *Fax (06851) 937345* – .
24. - 31. Dez. geschl. – **Menu** (italienische Küche) à la carte 32/60 – **17 Z** 90/150.

In St. Wendel-Bliesen *NW : 5,5 km :*

Kunz, Kirchstr. 22, 66606, (06854) 81 45, *Fax (06854) 7254* –
Samstagmittag und Montag - Dienstag geschl. – **Menu** à la carte 68/92 – ***Pilsstube*** *(Samstagmittag und Dienstag geschl.)* **Menu** à la carte 30/53
Spez. Wachtel mit Gänseleber gefüllt und Bohnensalat. Lammcarré mit Rosmarinrisotto. Dessertvariation.

ST. WOLFGANG *Bayern* **413** *T 22 – 3 200 Ew – Höhe 508 m.*
Berlin 626 – München 52 – Landshut 42 – Salzburg 104 – Wasserburg am Inn 22.

St. Georg M garni, Hauptstr. 28 (B 15), 84427, (08085) 9 30 30, *Fax (08085) 930343* – 15.
14 Z 83/138.

In St. Wolfgang - Großschwindau *N : 1 km :*

Goldachquelle, Jeßlinger Str. 4 (B 15), ✉ 84427, ☎ (08085) 12 41, *Fax (08085) 1336* – P
Montag - Dienstag, Jan. 1 Woche und Aug. 3 Wochen geschl. – Menu (wochentags nur Abendessen) à la carte 45/78.

SASBACH *Baden-Württemberg siehe Achern.*

SASBACHWALDEN *Baden-Württemberg 419 U 8 – 2 400 Ew – Höhe 260 m – Luftkurort – Kneippkurort.*

Kurverwaltung, Talstr. 51 (Kurhaus), ✉ 77887, ☎ (07841) 10 35, Fax (07841) 23682.
Berlin 729 – Stuttgart 131 – Karlsruhe 58 – Freudenstadt 45 – Offenburg 30 – Baden-Baden 37.

Talmühle, Talstr. 36, ✉ 77887, ☎ (07841) 10 01, *Fax (07841) 5404,* « Gartenterrasse », – |♦|, Zim, TV ☎ P – 20. AE E VISA. Zim
Mitte Jan. - Mitte Feb. geschl. – **Menu** à la carte 48/93 – **30 Z** 126/242 – ½ P 38
Spez. Kutteln in Riesling. Zanderfilet mit Linsengemüse und Senfsauce. Karamelisiertes Limonenparfait mit Beeren.

Engel, Talstr. 14, ✉ 77887, ☎ (07841) 30 00, *Fax (07841) 26394,* – TV ☎ P – 25. VISA
Menu *(Montag geschl.)* à la carte 37/69 – **11 Z** 70/180 – ½ P 28.

Landhaus Hiller garni, Auf der Golz 6, ✉ 77887, ☎ (07841) 2 04 70, *Fax (07841) 24884,* ← – TV ☎ P
13 Z 60/130.

SASSENDORF, BAD *Nordrhein-Westfalen 417 L 8 – 9 400 Ew – Höhe 90 m – Heilbad.*

Kurverwaltung, Kaiserstr. 14, ✉ 59505, ☎ (02921) 5 01 01, Fax (02921) 501599.
Berlin 456 – Düsseldorf 123 – Arnsberg 29 – Beckum 27 – Lippstadt 20 – Soest 5.

Maritim-Hotel Schnitterhof, Salzstr. 5, ✉ 59505, ☎ (02921) 95 20, *Fax (02921) 952499,* , , , – |♦|, Zim, TV P – 120. AE E VISA. Rest
Menu à la carte 52/81 – **142 Z** 199/314 – ½ P 40.

Gästehaus Hof Hueck garni, Wiesenstr. 12, ✉ 59505, ☎ (02921) 9 61 40, *Fax (02921) 961450* – TV ☎ P. AE E VISA.
29 Z 120/220.

Gästehaus Brink's garni, Bismarckstr. 25, ✉ 59505, ☎ (02921) 9 61 60, *Fax (02921) 52257* – TV ☎ P. AE E VISA.
14 Z 100/200.

Wulff garni, Berliner Str. 31, ✉ 59505, ☎ (02921) 9 60 30, *Fax (02921) 55235,* , , – TV ☎ P. E.
Nov. 3 Wochen geschl. – **30 Z** 85/190, 4 Suiten.

Hof Hueck mit Zim, Im Kurpark, ✉ 59505, ☎ (02921) 9 61 30, *Fax (02921) 961350,* , « Restauriertes westfälisches Bauernhaus a.d. 17.Jh. » – Zim, TV ☎ P. AE E VISA.
Menu *(Montag geschl.)* à la carte 42/82 – **12 Z** 110/220 – ½ P 38.

SASSNITZ *Mecklenburg-Vorpommern siehe Rügen (Insel).*

SATOW *Mecklenburg-Vorpommern 416 E 19 – 2 100 Ew – Höhe 62 m.*

Berlin 230 – Schwerin 63 – Rostock 20.

Weide, Hauptstr. 52, ✉ 18239, ☎ (038295) 7 50, *Fax (038295) 78518,* – TV ☎ P – 40. AE E VISA
Menu à la carte 30/50 – **39 Z** 100/140.

SAUENSIEK *Niedersachsen 415 416 F 12 – 1 700 Ew – Höhe 20 m.*

Berlin 339 – Hannover 162 – Hamburg 68 – Bremen 74.

Klindworths Gasthof, Hauptstr. 1, ✉ 21644, ☎ (04169) 9 11 00, *Fax (04169) 911010,* – TV ☎ P. AE E VISA
Menu *(Montag geschl.)* à la carte 27/49 – **17 Z** 53/98.

SAUERLACH *Bayern* 419 420 *W 18 – 5 200 Ew – Höhe 619 m.*
Berlin 612 – München 21 – Innsbruck 144 – Salzburg 122.

Sauerlacher Post, Tegernseer Landstr. 2, ✉ 82054, ✆ (08104) 8 30, *Fax (08104) 8383,* , Biergarten, , – , Zim, – 70. AE VISA JCB
Menu à la carte 37/77 – **51 Z** 158/250.

SAULGAU *Baden-Württemberg* 419 *V 12 – 17 000 Ew – Höhe 593 m – Kurort.*
Wilfertsweiler-Heratskirch (S : 6 km), ✆ (07581) 52 67 22.
Verkehrsamt, Am schönen Moos (Thermalbad), ✉ 88348, ✆ (07581) 42 68, Fax (07581) 4965.
Berlin 686 – Stuttgart 114 – Konstanz 89 – Reutlingen 74 – Ulm (Donau) 69 – Bregenz 73.

Kleber-Post, Hauptstr. 100, ✉ 88348, ✆ (07581) 50 10, *Fax (07581) 501461,* – , Zim, – 60. AE VISA JCB
Menu à la carte 47/88 – **58 Z** 148/260 – ½ P 49.

Ochsen, Paradiesstr. 6, ✉ 88348, ✆ (07581) 4 80 40, *Fax (07581) 480466* – . VISA
Menu *(Donnerstag geschl.)* à la carte 25/53 – **18 Z** 75/145.

SAULHEIM *Rheinland-Pfalz* 417 *Q 8 – 6 300 Ew – Höhe 210 m.*
Berlin 583 – Mainz 16 – Bad Kreuznach 43 – Alzey 20.

Lehn, Neupforte 19, ✉ 55291, ✆ (06732) 9 41 00, *Fax (06732) 941033,* , – Zim, . AE VISA
Menu *(Sonntagabend - Dienstag geschl.)* (wochentags nur Abendessen) à la carte 29/43 – **15 Z** 85/140.

SCHÄFTLARN *Bayern* 419 420 *W 18 – 5 000 Ew – Höhe 693 m.*
Berlin 612 – München 25 – Augsburg 84 – Garmisch-Partenkirchen 69.

In Schäftlarn-Ebenhausen :

Gut Schwaige garni, Rodelweg 7, ✉ 82067, ✆ (08178) 9 30 00, *Fax (08178) 4054* – . AE VISA JCB
18 Z 95/185.

Hubertus, Wolfratshauser Str. 53, ✉ 82067, ✆ (08178) 48 51, *Fax (08178) 3318,* – . AE
Sonntagabend - Dienstagmittag geschl. – **Menu** à la carte 54/79
Spez. Huchenfilet aus dem Weinsud mit Senfbutter. Kalbsnieren mit Barberasauce. Ganzes Schwarzfederhuhn (2 Pers.).

SCHAFFLUND *Schleswig-Holstein* 415 *B 11 – 1 600 Ew – Höhe 15 m.*
Berlin 437 – Kiel 104 – Sylt (Westerland) 53 – Flensburg 18 – Niebüll 27.

Utspann, Hauptstr. 47 (B 199), ✉ 24980, ✆ (04639) 9 50 50, *Fax (04639) 950521,* – Zim, – 60. VISA
Menu à la carte 36/68 – **11 Z** 66/122.

SCHALKENMEHREN *Rheinland-Pfalz siehe Daun.*

SCHALLBACH *Baden-Württemberg siehe Binzen.*

SCHALLSTADT *Baden-Württemberg* 419 *W 7 – 5 000 Ew – Höhe 233 m.*
Berlin 809 – Stuttgart 213 – Freiburg im Breisgau 11 – Basel 66 – Strasbourg 90.

In Schallstadt-Wolfenweiler :

Ochsen (mit Gästehaus), Basler Str. 52, ✉ 79227, ✆ (07664) 65 11, *Fax (07664) 6727,* –
Menu *(Montagmittag geschl.)* à la carte 35/69 – **49 Z** 80/160.

Zum Schwarzen Ritter, Basler Str. 54, ✉ 79227, ✆ (07664) 6 01 36, *Fax (07664) 6833,* , « Kellergewölbe » – . AE VISA
Sonntag - Montag geschl. – **Menu** à la carte 34/60.

SCHANDAU, BAD *Sachsen* 418 *N 26 – 3400 Ew – Höhe 125 m – Erholungsort.*
Kurverwaltung, Markt 8, ✉ 01814, (035022) 4 24 12, Fax (035022) 431 84.
Berlin 233 – Dresden 39 – Chemnitz 110 – Görlitz 78.

Parkhotel, Rudolf-Sendig-Str. 12, ✉ 01814, (035022) 5 20, *Fax (035022) 52215,* , Massage, – – 40.
Menu à la carte 28/52 – **86 Z** 125/192 – ½ P 25.

Lindenhof, Rudolf-Sendig-Str. 11, ✉ 01814, (035022) 48 90, *Fax (035022) 48912,* – – 25.
Menu à la carte 26/38 – **41 Z** 96/162 – ½ P 20.

Zum Roten Haus, Marktstr. 10, ✉ 01814, (035022) 4 23 43, *Fax (035022) 40666* – .
Jan. 4 Wochen geschl. – **Menu** à la carte 24/41 – **12 Z** 60/120 – ½ P 20.

SCHAPRODE *Mecklenburg-Vorpommern siehe Rügen (Insel).*

SCHARBEUTZ *Schleswig-Holstein* 415 416 *D 16 – 11200 Ew – Seeheilbad.*
Kurbetrieb, Strandallee 134, ✉ 23683, (04503) 77 09 64, Fax (04503) 72122.
Berlin 288 – Kiel 59 – Lübeck 30 – Schwerin 82 – Neustadt in Holstein 12.

Göttsche, Am Hang 8, ✉ 23683, (04503) 88 20 (Hotel), 88 10 41 (Rest.), *Fax (04503) 882200,* , – . Zim
Nov. geschl. – ***Brasserie am Meer*** (Dienstag - Freitag nur Abendessen) *(Montag, Nov. - März auch Dienstag geschl.)* **Menu** à la carte 41/66 – **12 Z** 148/250 – ½ P 30.

Martensen - Die Barke garni, Strandallee 123, ✉ 23683, (04503) 3 52 70, *Fax (04503) 73540,* , – .
34 Z.

Villa Scharbeutz garni, Seestr. 26, ✉ 23683, (04503) 8 70 90, *Fax (04503) 351240,* –
22 **Z** 85/185.

Petersen's Landhaus garni, Seestr. 56a, ✉ 23683, (04503) 3 55 10, *Fax (04503) 73332,* , – .
5. Jan. - 14. Feb. und 15. Nov. - 24. Dez. geschl. – **13 Z** 128/189.

In Scharbeutz-Haffkrug :

Maris, Strandallee 10, ✉ 23683, (04563) 4 27 20, *Fax (04563) 427272,* , , – .
Menu *(Okt. - Mai Montag geschl., Jan. - Feb. nur an Wochenenden geöffnet)* à la carte 36/55 – **13 Z** 110/197 – ½ P 20.

SCHAUENBURG *Hessen* 417 *M 12 – 9700 Ew – Höhe 320 m.*
Berlin 398 – Wiesbaden 215 – Kassel 14.

In Schauenburg-Elmshagen :

Tannenhof (Hotelanlage mit 6 Gästehäusern), Jacobstr. 1, ✉ 34270, (05601) 93 30, *Fax (05601) 933200,* , – Zim, – 80. . Rest
Menu à la carte 26/55 – **127 Z** 78/180.

SCHEER *Baden-Württemberg siehe Sigmaringen.*

SCHEESSEL *Niedersachsen* 415 *G 12 – 10400 Ew – Höhe 30 m.*
Berlin 341 – Hannover 121 – Hamburg 68 – Bremen 54.

In Scheeßel-Oldenhöfen *NW : 7 km :*

Rauchfang, Oldenhöfen 3a, ✉ 27383, (04263) 6 02, *Fax (04263) 3418,* , « Gemütliche, ehemalige Bauernkate » – .
Dienstag geschl. – **Menu** (wochentags nur Abendessen) à la carte 42/68.

SCHEIBE-ALSBACH *Thüringen* 418 420 *O 17 – 820 Ew – Höhe 720 m – Wintersport :* .
Fremdenverkehrsbüro in Limbach, an der B 281, ✉ 98749, (036704) 1 94 33, Fax (036704) 80500.
Berlin 331 – Erfurt 102 – Coburg 38 – Suhl 49.

Schwarzaquelle, Hauptstr. 98, ✉ 98749, (036704) 8 29 14, *Fax (036704) 80732,* , « Stilvolle Einrichtung mit Antiquitäten », , – – 30.
Menu à la carte 25/40 – **24 Z** 80/130 – ½ P 20.

SCHEIBENHARDT *Rheinland-Pfalz* 419 *T 8 – 740 Ew – Höhe 120 m.*
Berlin 687 – Mainz 168 – Karlsruhe 24 – Landau in der Pfalz 32 – Wissembourg 16.

In Scheibenhardt-Bienwaldmühle *NW : 5,5 km :*

Bienwaldmühle, ✉ 76779, ✆ (06340) 2 76, Fax (06340) 264, – P
Montag - Dienstag, Weihnachten - Anfang Feb. und Juli - Aug. 2 Wochen geschl. – **Menu** à la carte 36/65.

SCHEIDEGG *Bayern* 419 420 *X 13 – 4 200 Ew – Höhe 804 m – Heilklimatischer Kurort – Kneippkurort – Wintersport : 800/1000 m 2.*
Kurverwaltung, Rathausplatz 4, ✉ 88175, ✆ (08381) 8 95 55, Fax (08381) 89550.
Berlin 720 – München 177 – Konstanz 84 – Ravensburg 40 – Bregenz 22.

Haus Birkenmoor, Am Brunnenbühl 10, ✉ 88175, ✆ (08381) 9 20 00, *Fax (08381) 920030*, Massage, , , – P.
Ende Okt. - Mitte Dez. geschl. – (nur Abendessen für Hausgäste) – **16 Z** 74/158.

Gästehaus Montfort garni, Höhenweg 4, ✉ 88175, ✆ (08381) 14 50, *Fax (08381) 1450*, , , – P
11 Z 70/108.

SCHEINFELD *Bayern* 420 *Q 15 – 4 700 Ew – Höhe 306 m.*
Berlin 464 – München 244 – Nürnberg 69 – Bamberg 62 – Würzburg 54.

Posthorn, Adi-Dassler-Str. 4, ✉ 91443, ✆ (09162) 9 27 50, *Fax (09162) 92752*, – P
Menu *(Montag geschl.)* à la carte 33/51 – **10 Z** 80/120.

SCHENEFELD *Schleswig-Holstein* 415 416 *F 13 – 15 500 Ew – Höhe 11 m.*
Berlin 298 – Kiel 86 – Hamburg 12.

In Schenefeld-Dorf :

Klövensteen, Hauptstr. 83, ✉ 22869, ✆ (040) 8 39 36 30, *Fax (040) 83936343*, – P – 30. AE E VISA
Peter's Bistro *(Dienstag - Freitag nur Abendessen)* **Menu** à la carte 37/67 – **28 Z** 140/220.

Reitstall Klövensteen, Uetersener Weg 100, ✉ 22869, ✆ (040) 8 30 69 92, *Fax (040) 8391649*, Biergarten, (Halle und Schule) – P. AE E VISA
Montag geschl. – **Menu** à la carte 29/65.

SCHENKENZELL *Baden-Württemberg* 419 *V 9 – 2 000 Ew – Höhe 365 m – Luftkurort.*
Kurverwaltung, Landstr.2 (B 294), ✉ 77773, ✆ (07836) 93 97 51, Fax (07836) 939750.
Berlin 732 – Stuttgart 104 – Freiburg im Breisgau 72 – Villingen-Schwenningen 46 – Freudenstadt 23.

Sonne, Reinerzaustr. 13, ✉ 77773, ✆ (07836) 10 41, *Fax (07836) 10 49*, , , – P – 50. AE E VISA
6. - 10. Jan. geschl. – **Menu** à la carte 33/76 – **38 Z** 83/184 – ½ P 20.

Winterhaldenhof, Winterhalde 8, ✉ 77773, ✆ (07836) 72 48, *Fax (07836) 7649*, – P. Rest
2. Nov. - 20. Dez. geschl. – **Menu** *(Donnerstag geschl.)* (nur Abendessen) à la carte 29/59 – **19 Z** 95/176 – ½ P 15.

Waldblick, Schulstr. 12, ✉ 77773, ✆ (07836) 9 39 60, *Fax (07836) 939699*, – P. AE E VISA
Menu *(Okt. - März Freitag geschl.)* à la carte 29/57 – **8 Z** 87/164 – ½ P 18.

SCHERMBECK *Nordrhein-Westfalen* 417 *K 4 – 12 900 Ew – Höhe 34 m.*
Steenbecksweg 12, ✆ (02856) 16 00.
Berlin 523 – Düsseldorf 69 – Dorsten 10 – Wesel 19.

Haus Hecheltjen, Weseler Str. 24, ✉ 46514, ✆ (02853) 22 14, *Fax (02853) 1300*, – P. AE E VISA
22. Dez. - 6. Jan. geschl. – **Menu** *(Dienstag und 15. - 30. Juli geschl.)* à la carte 28/51 – **14 Z** 70/110.

In Schermbeck-Gahlen *S : 4 km :*

Op den Hövel, Kirchstr. 71, ✉ 46514, ✆ (02853) 9 14 00, *Fax (02853) 914050*, , , – P
Menu *(Freitag geschl.)* à la carte 21/50 – **35 Z** 60/100.

In Schermbeck-Voshövel *NW : 13 km :*

Landhotel Voshövel, Am Voshövel 1, ✉ 46514, ✆ (02856) 9 14 00, *Fax (02856) 744,* , – Zim, – 200.
Menu à la carte 39/75 – **32 Z** 115/285.

SCHESSLITZ *Bayern* 420 *Q 17 – 6 800 Ew – Höhe 309 m.*

Berlin 391 – München 252 – Coburg 57 – Bayreuth 47 – Nürnberg 70 – Bamberg 14.

Krapp, Oberend 3, ✉ 96110, ✆ (09542) 80 66, *Fax (09542) 70041,* , – – 30. Zim
Jan. 2 Wochen geschl. – **Menu** *(Sonntagabend und Mittwoch geschl.)* à la carte 22/47 – **29 Z** 50/120.

In Scheßlitz-Würgau *O : 5 km :*

Brauerei-Gasthof Hartmann, Fränkische-Schweiz-Str. 26 (B 22), ✉ 96110, ✆ (09542) 92 03 00, *Fax (09542) 920309,* Biergarten – – 80
Menu *(Dienstag geschl.)* à la carte 27/61 – **9 Z** 60/100.

SCHIEDER-SCHWALENBERG *Nordrhein-Westfalen* 417 *K 11 – 10 000 Ew – Höhe 150 m.*

Kurverwaltung (Schieder), Im Kurpark 1, ✉ 32816, ✆ (05282) 6 01 72, Fax (05282) 60173.

Berlin 362 – Düsseldorf 209 – Hannover 80 – Detmold 22 – Paderborn 39.

Im Ortsteil Schieder – *Kneippkurort :*

Landhaus Schieder, Domäne 1, ✉ 32816, ✆ (05282) 9 80 90, *Fax (05282) 1646,* – , Zim, – 30.
Menu à la carte 35/75 – **17 Z** 108/200 – ½ P 25.

Im Ortsteil Schwalenberg :

Schwalenberger Malkasten, Neue-Tor-Str. 1, ✉ 32816, ✆ (05284) 9 80 60, *Fax (05284) 980666,* – . . Zim
2. Jan. - 10. Feb. und 22. - 26. Dez. geschl. – **Menu** à la carte 33/59 – **44 Z** 70/155.

Burg Schwalenberg , ✉ 32816, ✆ (05284) 9 80 00, *Fax (05284) 5567,* < Schwalenberg und Umgebung – – 50.
10. Jan. - 10. Feb. geschl. – **Menu** à la carte 39/72 *(auch vegetarische Gerichte)* – **15 Z** 100/240.

In Schieder-Glashütte *NO : 5 km – Kneippkurort :*

Herlingsburg, Bergstr. 29, ✉ 32816, ✆ (05282) 2 24, *Fax (05282) 270,* <, , –
5. Jan. - 15. März geschl. – **Menu** à la carte 28/56 – **40 Z** 75/140 – ½ P 15.

An der Straße nach Bad Pyrmont *NO : 5 km ab Schieder*

Fischanger, Fischanger 25, ✉ 32816 Schieder-Schwalenberg, ✆ (05282) 2 37, *Fax (05282) 6211,* , , – .
Mitte Jan. - Mitte Feb. geschl. – **Menu** *(Dienstag geschl.)* à la carte 27/49 – **18 Z** 58/120 – ½ P 12.

SCHIERKE *Sachsen-Anhalt* 418 *K 15 – 1 100 Ew – Höhe 600 m.*

Kurverwaltung, Brockenstr. 10, ✉ 38879, ✆ (039455) 3 10, Fax (039455) 403.

Berlin 246 – Magdeburg 92 – Braunlage 10 – Halberstadt 45.

Parkhotel am Hohnekopf M, In Drei Annen Hohne (O : 8 km), ✉ 38879, ✆ (039455) 8 40, *Fax (039455) 84199,* , Biergarten, , – , Zim,
Menu à la carte 32/51 – **40 Z** 95/195.

Gasthof zum Stadel, Brockenstr. 26, ✉ 38879, ✆ (039455) 36 70, *Fax (039455) 36777,* – . Zim
Menu *(Mittwoch geschl.)* à la carte 23/42 – **10 Z** 80/120.

In Elend-Mandelholz *SO : 5,5 km :*

Grüne Tanne, Mandelholz 1 (B 27), ✉ 38875, ✆ (039454) 4 60, *Fax (039454) 46155,* , – – 15
Mitte - Ende Nov. geschl. – **Menu** *(Nov. - April Montag geschl.)* à la carte 28/49 – **20 Z** 80/140.

SCHIFFERSTADT *Rheinland-Pfalz* 417 419 *R 9 – 18 000 Ew – Höhe 102 m.*
Berlin 631 – Mainz 83 – Mannheim 25 – Speyer 9,5.

Kaufmann, Bahnhofstr. 81, ✉ 67105, ☏ (06235) 49 60, *Fax (06235) 496299,* – Zim, – 25. AE E VISA
27. Dez. - 6. Jan. geschl. – **Menu** *(Sonntagabend und Samstag geschl.)* à la carte 36/65 – **34 Z** 125/200.

Salischer Hof, Burgstr. 12, ✉ 67105, ☏ (06235) 93 10, *Fax (06235) 931200,* – – 20. AE E VISA JCB
Menu *(Samstagmittag und Sonntagabend geschl.)* à la carte 39/65 – **24 Z** 110/200.

Zur Kanne, Kirchenstr. 7, ✉ 67105, ☏ (06235) 4 90 00, *Fax (06235) 490066,* – . AE E VISA.
Menu *(Dienstag - Mittwochmittag geschl.)* à la carte 28/62 – **41 Z** 85/130.

Am Museum, Kirchenstr. 13, ✉ 67105, ☏ (06235) 51 69, « Innenhofterrasse »
Samstagmittag, Montag und Juli - Aug. 4 Wochen geschl. – **Menu** (italienische Küche) à la carte 44/80.

Die Übernachtungs- und Pensionspreise können sich durch die Kurtaxe erhöhen.
Erfragen Sie daher bei der Zimmerreservierung den zu zahlenden Endpreis.

SCHILDOW *Brandenburg* 416 418 *I 24 – 2 800 Ew – Höhe 66 m.*
Berlin 17 – Potsdam 45 – Eberswalde 53.

Schildow garni, Mühlenbecker Str. 2, ✉ 16552, ☏ (033056) 8 57 00, *Fax (033056) 85750* – . AE E VISA
34 Z 90/140.

SCHILLINGSFÜRST *Bayern* 419 420 *S 14 – 2 500 Ew – Höhe 515 m – Erholungsort – Wintersport :* .
Berlin 517 – München 188 – Würzburg 85 – Ansbach 28 – Heilbronn 121 – Nürnberg 86.

Die Post, Rothenburger Str. 1, ✉ 91583, ☏ (09868) 95 00, *Fax (09868) 950250,* , , – – 15. E VISA
Menu *(Nov. - März Montagmittag geschl.)* à la carte 29/52 – **14 Z** 80/180 – ½ P 22.

Zapf, Dombühler Str. 9, ✉ 91583, ☏ (09868) 98 93 90, *Fax (09868) 5464,* , , – Rest, . AE E VISA
10. - 31. Jan. geschl. – **Menu** *(Dienstagmittag geschl.)* à la carte 23/46 – **25 Z** 70/120 – ½ P 20.

SCHILTACH *Baden-Württemberg* 419 *V 9 – 4 100 Ew – Höhe 325 m – Luftkurort.*
Tourist Information, Hauptstr. 5, ✉ 77761, ☏ (07836) 58 50, Fax (07836) 5858.
Berlin 740 – Stuttgart 126 – Freiburg im Breisgau 68 – Offenburg 51 – Villingen-Schwenningen 42 – Freudenstadt 27.

Zum weyßen Rössle, Schenkenzeller Str. 42, ✉ 77761, ☏ (07836) 3 87, *Fax (07836) 7952* – . AE E VISA
Menu *(Sonntagabend - Montag geschl.)* (Tischbestellung ratsam) à la carte 29/66 – **8 Z** 78/140 – ½ P 28.

Sonne, Marktplatz 2, ✉ 77761, ☏ (07836) 20 02, *Fax (07836) 7905,* – . AE E VISA
Menu *(Donnerstag geschl.)* à la carte 28/54 – **8 Z** 60/120 – ½ P 18.

SCHLANGENBAD *Hessen* 417 *P 8 – 6 700 Ew – Höhe 318 m – Heilbad.*
Verkehrsbüro, Landgrafenplatz, ✉ 65388, ☏ (06129) 88 21, Fax (06129) 4073.
Berlin 581 – Wiesbaden 16 – Koblenz 63 – Kreuznach 59 – Limburg an der Lahn 43 – Mainz 21.

Parkhotel Schlangenbad M , Rheingauer Str. 47, ✉ 65388, ☏ (06129) 4 20, *Fax (06129) 41420,* direkter Zugang zum Thermalbewegungs- und -freibad, , – – 120. AE E VISA. Rest
Menu à la carte 57/79 – **88 Z** 185/350, 3 Suiten – ½ P 38.

Russischer Hof, Rheingauer Str. 37, ✉ 65388, ☏ (06129) 5 06 70, *Fax (06129) 4076,* – . E VISA
Jan. geschl. – (nur Abendessen für Hausgäste) – **21 Z** 75/160 – ½ P 22.

SCHLECHING *Bayern* 420 *W 21 – 1 750 Ew – Höhe 570 m – Luftkurort – Wintersport : 600/1 400 m* 3.

Verkehrsamt, Haus des Gastes, Schulstr. 4, ✉ 83259, (08649) 2 20, Fax (08649) 1330.

Berlin 693 – München 104 – Bad Reichenhall 58 – Traunstein 34 – Rosenheim 45.

Zur Post, Kirchplatz 7, ✉ 83259, (08649) 12 14, Fax (08649) 1332, <, , – – 25
11. Jan. - 3. Feb. geschl. – **Menu** *(Montag geschl.)* à la carte 26/58 – **27 Z** 80/160 – ½ P 20.

Gasthof Geigelstein mit Zim, Hauptstr. 5, ✉ 83259, (08649) 2 81, Fax (08649) 654, –
April 2 Wochen und 15. Nov. - 25. Dez. geschl. – **Menu** *(Dienstag, Jan. - April auch Mittwochmittag geschl.)* à la carte 29/62 – **8 Z** 65/100 – ½ P 20.

SCHLEIDEN *Nordrhein-Westfalen* 417 *O 3 – 13 500 Ew – Höhe 348 m.*

Touristik Schleidener Tal (Schleiden-Gemünd), Kurhausstr. 6, ✉ 53937, (02444) 20 11, Fax (02444) 1641.

Berlin 639 – Düsseldorf 103 – Aachen 50 – Düren 38 – Euskirchen 30.

In Schleiden-Gemünd *NO : 6 km – Kneippkurort*

Katharinenhof garni, Am Kurpark 5, ✉ 53937, (02444) 86 90, Fax (02444) 1615, –
40 Z 75/130.

Friedrichs, Alte Bahnhofstr. 16, ✉ 53937, (02444) 95 09 50, Fax (02444) 950940, , – – 40. VISA
Menu *(Dienstag geschl.)* à la carte 34/63 – **23 Z** 98/180 – ½ P 33.

Kurpark Hotel garni, Parkallee 1, ✉ 53937, (02444) 17 29, Fax (02444) 8771, – .
20 Z 65/120.

Kettner's Parkrestaurant, Kurhausstr. 5, ✉ 53937, (02444) 27 76, Fax (02444) 8901, « Gartenterrasse » –
Montag und 16. - 22. Feb. geschl. – **Menu** à la carte 33/68.

SCHLEIZ *Thüringen* 418 420 *O 19 – 7 800 Ew – Höhe 440 m.*

Berlin 275 – Erfurt 109 – Gera 59 – Hof 44 – Plauen 32.

In Schleiz-Heinrichsruh *S : 2,5 km :*

Luginsland, Am Schleizer Dreieck 8 (B 2), ✉ 07907, (03663) 4 80 50, Fax (03663) 480540, –
Menu à la carte 26/40 – **18 Z** 98/160.

SCHLEMA *Sachsen* 418 420 *O 21 – 6 300 Ew – Höhe 450 m.*

Fremdenverkehrsamt, Bergstr. 22, im Kulturhaus Aktivist, ✉ 08301, (03771) 29 02 12, Fax (03771) 290225.

Berlin 301 – Dresden 118 – Chemnitz 41 – Plauen 51 – Zwickau 21.

Sachsenhof, Schneeberger Weg 25, ✉ 08301, (03772) 2 06 14, Fax (03772) 20035, –
Menu à la carte 18/34 – **14 Z** 76/120 – ½ P 15.

SCHLEPZIG *Brandenburg* 418 *J 25 – 640 Ew – Höhe 50 m.*

Berlin 78 – Potsdam 95 – Cottbus 66 – Frankfurt (Oder) 67.

Landgasthof zum grünen Strand der Spree, Dorfstr. 53, ✉ 15910, (035472) 66 20, Fax (035472) 473, – – 15. VISA
Menu *(Jan. - Feb. nur am Wochenende geöffnet)* à la carte 44/61 – **20 Z** 110/190, 3 Suiten.

SCHLESWIG *Schleswig-Holstein* 415 *C 12 – 27 000 Ew – Höhe 14 m.*

Sehenswert : *Nydam-Boot★★★ Y – Schloß Gottorf : Landesmuseum für Kunst- und Kulturgeschichte ★★, Kapelle★★, Archäologisches Landesmuseum★ Y – Dom★ (Bordesholmer Altar★★) Z – <★ vom Parkplatz an der B 76 Y – Fischerviertel "Holm" (Friedhofsplatz★) Z.*

Ausflugsziel : *Wikinger-Museum Haithabu (Schiffshalle★), S : 2 km.*

Güby, Borgwedeler Weg 16 (SO : 7 km über ②) (04354) 9 81 84.

Touristinformation, Plessenstr. 7, ✉ 24837, (04621) 2 48 78, Fax (04621) 20703.

Berlin 395 ③ – Kiel 53 ② – Flensburg 33 ⑤ – Neumünster 65 ③.

Amalienplatz	X 2	Kornmarkt	X 13
Am St. Johanniskloster	Z 3	Lange Straße	Z 14
Brockdorff-Rantzau-Str.	Y 4	Lollfuß	Y
Capitolplatz	X 6	Marktplatz	Z 15
Fischbrückstraße	Z 7	Marktstraße	Z 16
Friedrichstraße	Y	Michaelisstraße	X 17
Gottorfstraße	Y 8	Mönchenbrückstraße	X 18
Kattenhunder Weg	X 10	Norderdomstraße	Z 20
Kirchstraße	Z 12	Stadtweg	X
		Süderdomstraße	Z 25

Olschewski's mit Zim, Hafenstr. 40, ✉ 24837, ✆ (04621) 2 55 77, *Fax (04621) 22141*, – TV ☎. AE E VISA Z a
Mitte Jan. - Feb. geschl. – **Menu** *(Dienstag, Sept. - Juni auch Montagabend geschl.)* à la carte 44/81 *(auch vegetarisches Menu)* – **7 Z** 80/160.

In Schleswig-Pulverholz *SW : 1,5 km, Zufahrt über Brockdorff-Rantzau-Straße* Y :

Waldschlößchen, Kolonnenweg 152, ✉ 24837, ✆ (04621) 38 30, *Fax (04621) 383105*, – Zim, TV – 280. AE E VISA.
Menu à la carte 37/68 – **125 Z** 105/195.

In Fahrdorf *SO : 5 km über ② :*

An der Schlei garni, Dorfstr. 44, ✉ 24857, ✆ (04621) 3 80 00, *Fax (04621) 380038*, – TV ☎ – 40. E VISA
29 Z 87/129.

SCHLEUSINGEN *Thüringen 418 O 16 – 6 000 Ew – Höhe 450 m.*

Berlin 356 – Erfurt 73 – Coburg 37 – Meiningen 35 – Suhl 15.

Zum Goldenen Löwen, Markt 22, ✉ 98553, ✆ (036841) 4 23 53, *Fax (036841) 41320*, – TV ☎. AE E
Menu *(Montag geschl.)* à la carte 21/42 – **9 Z** 60/95.

SCHLIENGEN *Baden-Württemberg* 419 *W 6 – 4 000 Ew – Höhe 251 m.*
Berlin 836 – Stuttgart 243 – Freiburg im Breisgau 38 – Müllheim 9 – Basel 28.

In Schliengen-Obereggenen *O : 7 km :*

Landgasthof Graf, Kreuzweg 6, ✉ 79418, ☎ (07635) 12 64, *Fax (07635) 9555*, – P. E VISA
Anfang Jan. - Mitte Feb. geschl. – **Menu** *(Mittwoch - Donnerstagmittag geschl.)* à la carte 29/64 – **15 Z** 73/148.

Rebstock, Kanderner Str. 4, ✉ 79418, ☎ (07635) 12 89, *Fax (07635) 8844*, – P
Ende Juni - Anfang Juli und Mitte Nov. - Mitte Dez. geschl. – **Menu** *(Dienstag geschl.)* (nur Abendessen) à la carte 45/69 – **11 Z** 58/138.

SCHLIERSEE *Bayern* 420 *W 19 – 6 400 Ew – Höhe 800 m – Luftkurort – Wintersport : 790/1 700 m* 2 16.
Sehenswert : *Pfarrkirche★.*
Ausflugsziel : *Spitzingsattel : Aussichtspunkt ★, S : 9 km.*
Gäste-Information, Am Bahnhof, ✉ 83727, ☎ (08026) 6 06 50, Fax (08026) 606520.
Berlin 652 – München 62 – Garmisch-Partenkirchen 79 – Rosenheim 36 – Bad Tölz 25.

Schlierseer Hof, Seestr. 21, ✉ 83727, ☎ (08026) 94 00, *Fax (08026) 940100*, « Gartenterrasse am See », (geheizt), – P – 30
Menu à la carte 30/55 – **45 Z** 135/270, 4 Suiten – ½ P 35.

Terofal, Xaver-Terofal-Platz 2, ✉ 83727, ☎ (08026) 40 45, *Fax (08026) 2676*, – P
Menu *(Okt. - Mai Montag, Juni - Sept. Montagmittag und 11. Jan. - 8. Feb. geschl.)* à la carte 26/61 – **23 Z** 75/170 – ½ P 23.

Gästehaus am Kurpark garni, Gartenstr. 7, ✉ 83727, ☎ (08026) 9 40 30, *Fax (08026) 2743*, – P. E
26 Z 90/150.

Seeblick garni, Carl-Schwarz-Str. 1, ✉ 83727, ☎ (08026) 40 31, *Fax (08026) 4033*, – P
20 Z 80/170.

In Schliersee-Neuhaus *S : 4 km :*

Hubertus garni (siehe auch Restaurant Sachs), Bayrischzeller Str. 8, ✉ 83727, ☎ (08026) 7 10 35, *Fax (08026) 71958*, – P
19 Z 85/150.

Sachs, Neuhauser Str. 12, ✉ 83727, ☎ (08026) 72 38, *Fax (08026) 71958*, « Einrichtung im alpenländischen Stil » – P. AE E
Montag geschl. – **Menu** à la carte 34/69.

In Schliersee-Spitzingsee *S : 10 km – Höhe 1 085 m*

ArabellaSheraton Alpenhotel am Spitzingsee M, Spitzingstr. 5, ✉ 83727, ☎ (08026) 79 80, *Fax (08026) 798879*, Massage, (Therme), – P – 120. AE E VISA JCB. Rest
Menu à la carte 41/67 – **120 Z** 215/330, 13 Suiten – ½ P 50.

Postgasthof St. Bernhard, Seeweg 1, ✉ 83727, ☎ (08026) 9 75 40, *Fax (08026) 975411*, – P
15. Nov. - 15. Dez. geschl. – **Menu** *(Donnerstag geschl.)* à la carte 26/49 – **12 Z** 85/176 – ½ P 20.

SCHLUCHSEE *Baden-Württemberg* 419 *W 8 – 2 700 Ew – Höhe 951 m – Heilklimatischer Kurort – Wintersport : 1 000/1 130 m* 3.
Sehenswert : *See★.*
Kurverwaltung, Haus des Gastes, Fischbacher Str. 7, ✉ 79859, ☎ (07656) 77 32, Fax (07656) 7759.
Berlin 795 – Stuttgart 172 – Freiburg im Breisgau 48 – Donaueschingen 49 – Waldshut-Tiengen 33.

Vier Jahreszeiten, Am Riesenbühl, ✉ 79859, ☎ (07656) 7 00, *Fax (07656) 70323*, Massage, (geheizt), (Halle) Squash – P – 140. AE E VISA. Rest
Vier Jahreszeiten *(nur Abendessen)* **Menu** à la carte 58/81 – ***Kachelofen*** *(Sonntagabend und Montagabend geschl.)* **Menu** à la carte 38/54 – **216 Z** 165/470, 4 Suiten – ½ P 25.

Hegers Parkhotel Flora, Sonnhalde 22, ✉ 79859, ☎ (07656) 9 74 20, *Fax (07656) 1433*, – P – 20. AE E VISA. Rest
Mitte Nov. - 18. Dez. geschl. – **Menu** à la carte 38/75 – **35 Z** 115/230 – ½ P 35.

Mutzel, Im Wiesengrund 3, ✉ 79859, ✆ (07656) 5 56, Fax (07656) 9175, ...
Mitte Nov. - Mitte Dez. geschl. – **Menu** *(Mittwochmittag geschl.)* à la carte 33/72 – **22 Z** 80/190 – ½ P 28.

Sunside garni (Aparthotel), Lindenstr. 7, ✉ 79859, ✆ (07656) 9 75 00, *Fax (07656) 975050*, ...

16 Z 100/180.

Schiff, Kirchplatz 7, ✉ 79859, ✆ (07656) 9 75 70, *Fax (07656) 975757*, ...
Menu *(Sept. - Juni Montag geschl.)* à la carte 28/58 – **29 Z** 75/170 – ½ P 28.

Sternen, Dresselbacher Str. 1, ✉ 79859, ✆ (07656) 2 51, *Fax (07656) 1798*, ... VISA JCB
1. Nov. - 18. Dez. geschl. – **Menu** *(Donnerstag geschl.)* à la carte 26/62 – **34 Z** 80/160 – ½ P 28.

In Schluchsee-Aha *NW 4 : km :*

Auerhahn, Vorderaha 4 (an der B 500), ✉ 79859, ✆ (07656) 9 74 50, *Fax (07656) 9270*, ..., « Saunalandschaft », ... Zim, ... – 40. Rest
Pepper *(wochentags nur Abendessen)* **Menu** à la carte 41/72 – ***Bollehut* : Menu** à la carte 38/63 – **72 Z** 110/200 – ½ P 45.

In Schluchsee-Seebrugg *SO : 2 km :*

Seehotel Hubertus (mit Gästehaus), ✉ 79859, ✆ (07656) 5 24, *Fax (07656) 261*, ..., « Ehem. Jagdschloß a.d.J. 1897, Terrasse », ... – Rest, ... VISA
Menu *(Anfang Jan. - März und Anfang Nov. - 20. Dez. geschl.)* à la carte 46/67 – **15 Z** 89/198 – ½ P 32.

SCHLÜCHTERN *Hessen* 417 418 *O 12 – 15 000 Ew – Höhe 208 m.*

Berlin 478 – Wiesbaden 117 – Fulda 30 – Frankfurt am Main 76 – Gießen 113.

Elisa garni, Zur Lieserhöhe 14, ✉ 36381, ✆ (06661) 80 94, *Fax (06661) 8096* – ... VISA
Mitte Dez. - Anfang Jan. geschl. – **11 Z** 75/138.

SCHLÜSSELFELD *Bayern* 419 420 *Q 15 – 5 400 Ew – Höhe 299 m.*

Schlüsselfeld, Schlosshof 4 (NO : 7 km), ✆ (09546) 2 34.
Berlin 446 – München 227 – Nürnberg 59 – Bamberg 44 – Würzburg 57.

Zum Storch (mit Gästehaus M), Marktplatz 20, ✉ 96132, ✆ (09552) 92 40, *Fax (09552) 924100*, n – ..., Zim, ... – 25. VISA
Menu à la carte 29/47 – **57 Z** 67/145.

In Schlüsselfeld-Attelsdorf *SO : 2 km :*

Herderich, nahe der BAB - Ausfahrt Schlüsselfeld, ✉ 96132, ✆ (09552) 4 19, *Fax (09552) 6547* – ... VISA
Menu *(Sonn- und Feiertage abends geschl.)* à la carte 26/44 – **23 Z** 45/90.

SCHMALKALDEN *Thüringen* 418 *N 15 – 20 000 Ew – Höhe 296 m.*

Schmalkalden-Information, Mohrengasse 1a, ✉ 98574, ✆ (03683) 40 31 82, Fax (03683) 604014.
Berlin 360 – Erfurt 69 – Coburg 80 – Bad Hersfeld 65.

Henneberger Haus M, Notstraße 33 (S : 3 km), ✉ 98574, ✆ (03683) 6 50 00, *Fax (03683) 6500199*, < Thüringer Wald, ..., Biergarten, ... – ..., Zim, ... – 40. VISA
Menu à la carte 27/48 – **50 Z** 80/250.

Stadthotel Patrizier, Weidebrunner Gasse 9, ✉ 98574, ✆ (03683) 60 45 14, *Fax (03683) 604518*, ... – ... VISA. Rest
***Thüringer Stube* : Menu** à la carte 33/54 – ***Feinschmecker-Restaurant* : Menu** 85/130 – **15 Z** 95/170.

Teichhotel, Teichstr. 21, ✉ 98574, ✆ (03683) 40 26 61, *Fax (03683) 402661*, ... – ... VISA
Menu à la carte 23/41 – **14 Z** 78/130.

Jägerklause, Pfaffenbach 45, ✉ 98574, ✆ (03683) 60 01 43, *Fax (03683) 604513*, Biergarten, ... – ..., Zim, ... – 40. VISA
Menu à la carte 21/43 – **48 Z** 80/160.

Pension Noblesse garni, Rötweg 8, ✉ 98574, ✆ (03683) 48 83 01, *Fax (03683) 488302*, – . E
12 Z 80/140.

Ratskeller, Altmarkt 2, ✉ 98574, ✆ (03683) 40 27 42, *Fax (03683) 402742*, – AE E VISA
Menu à la carte 24/42.

Im Ehrental *NW : 4 km :*

Waldhotel Ehrental, ✉ 98574, ✆ (03683) 6890, *Fax (03683) 689199*, – Zim, – 50. E
Menu à la carte 26/50 – **50 Z** 95/180.

In Struth-Helmershof *NO : 5 km :*

Zum Rennsteig, Heidenstein 51, ✉ 98593, ✆ (03683) 78 31 24, *Fax (03683) 783133*, – – 45
Menu à la carte 22/40 – **23 Z** 70/120.

Helmerser Wirtshaus, Hauptstr. 94, ✉ 98593, ✆ (03683) 78 86 34, *Fax (03683) 488287*, Biergarten – . E
Menu *(Dienstag geschl.)* à la carte 17/34 – **10 Z** 55/110.

SCHMALLENBERG *Nordrhein-Westfalen* **417** *M 8 – 26 000 Ew – Höhe 410 m – Luftkurort – Wintersport : 480/818 m,* 15.
Schmallenberg-Winkhausen (O : 6 km), ✆ (02975) 87 45.
Gästeinformation, Poststr. 7, ✉ 57392, ✆ (02972) 9 74 00, Fax (02972) 974026.
Berlin 513 – Düsseldorf 168 – Arnsberg 48 – Meschede 35 – Olpe 38.

Störmann, Weststr. 58, ✉ 57392, ✆ (02972) 99 90, *Fax (02972) 999124*, « Garten », – 30. AE E VISA
28. Feb. - 25. März und 19. - 26. Dez. geschl. – **Menu** *(Sonntagabend geschl.)* 31 (mittags) und à la carte 46/80 – **37 Z** 102/240 – ½ P 30.

In Schmallenberg-Bödefeld *NO : 17 km :*

Albers, Graf-Gottfried-Str. 2, ✉ 57392, ✆ (02977) 2 13, *Fax (02977) 1426*, – – 30. E VISA. Rest
Ende Nov. - 25. Dez. geschl. – **Menu** *(Mittwoch geschl.)* 25 (mittags) und à la carte 37/79 – **45 Z** 70/170.

In Schmallenberg-Fleckenberg *SW : 2 km :*

Hubertus, Latroper Str. 24, ✉ 57392, ✆ (02972) 50 77, *Fax (02972) 1731*, –
5. - 25. Dez. geschl. – **Menu** à la carte 32/67 – **26 Z** 79/218 – ½ P 25.

In Schmallenberg-Bad Fredeburg *NO : 7 km – Kneippheilbad :*

Kleins Wiese, (NO : 2,5 km), ✉ 57392, ✆ (02974) 3 76, *Fax (02974) 5115*, – . Rest
15. - 26. Dez. geschl. – **Menu** à la carte 34/68 – **20 Z** 75/220 – ½ P 25.

Haus Waltraud, Gartenstr. 20, ✉ 57392, ✆ (02974) 9 64 40, *Fax (02974) 964429*, – . E VISA. Zim
Mitte Nov. - Mitte Dez. geschl. – **Menu** *(Donnerstag geschl.)* à la carte 32/73 – **11 Z** 76/148 – ½ P 26.

In Schmallenberg-Grafschaft *SO : 4,5 km – Luftkurort :*

Maritim Hotel Grafschaft, An der Almert 11, ✉ 57392, ✆ (02972) 30 30, *Fax (02972) 303168*, – – 120. AE E VISA. Rest
Menu à la carte 50/90 – **116 Z** 129/278, 5 Suiten – ½ P 40.

Gasthof Heimes, Hauptstr. 1, ✉ 57392, ✆ (02972) 9 78 00, *Fax (02972) 978097*, – Rest, . Rest
Mitte Nov. - Anfang Dez. geschl. – **Menu** *(Dienstag geschl.)* à la carte 30/48 – **18 Z** 56/128 – ½ P 23.

In Schmallenberg-Jagdhaus *S : 7 km :*

Jagdhaus Wiese, ✉ 57392, ✆ (02972) 30 60, *Fax (02972) 306288*, « Park », – . Zim
22. Nov. - 27. Dez. geschl. – **Menu** (Abendessen nur für Hausgäste) à la carte 40/75 – **66 Z** 103/316, 12 Suiten – ½ P 42.

Gasthaus Tröster, ✉ 57392, ✆ (02972) 9 73 00, *Fax (02972) 9730130*, – . Zim
20. Nov. - 27. Dez. geschl. – **Menu** (Abendessen nur für Hausgäste) à la carte 30/42 – **20 Z** 67/188 – ½ P 18.

In Schmallenberg-Latrop *SO : 8 km :*

Hanses Bräutigam ⑤, ✉ 57392, ☏ (02972) 99 00, *Fax (02972) 990222*, ≘s, ▢, ▭ – |‡| TV ☎ P. AE ◐ E VISA
Ende Nov. - 25. Dez. geschl. – **Menu** à la carte 34/61 – **22 Z** 97/206 – ½ P 25.

Zum Grubental ⑤, ✉ 57392, ☏ (02972) 97 74 40, *Fax (02972) 9774444*, ☂, ≘s, ▭, ✂ – TV ☎ P
25. Nov. - 26. Dez. geschl. – **Menu** *(Montag geschl.)* à la carte 35/60 – **16 Z** 70/154 – ½ P 23.

In Schmallenberg-Nordenau *NO : 13 km – Luftkurort :*

Kur- und Sporthotel Gnacke ⑤, Astenstr. 6, ✉ 57392, ☏ (02975) 8 30, *Fax (02975) 83170*, « Caféterrasse mit ≤ », Massage, ♆, ⛹, ≘s, ▢, ▭ – |‡| TV ⛟ P – 🏛 30
28. Nov. - 25. Dez. geschl. – **Menu** 27/39 (mittags) und à la carte 53/76 – **54 Z** 99/280 – ½ P 30.

Tommes ⑤, Talweg 14, ✉ 57392, ☏ (02975) 9 62 20, *Fax (02975) 9622165*, ≘s, ▢, ▭, ✂ – TV ☎ P. AE ◐ E
20. - 26. Dez. geschl. – **Menu** à la carte 35/61 – **33 Z** 80/210 – ½ P 25.

In Schmallenberg-Oberkirchen *O : 8 km :*

Schütte, Eggeweg 2 (B 236), ✉ 57392, ☏ (02975) 8 20, *Fax (02975) 82522*, ☂, « Behagliches Restaurant, Garten », ≘s, ⛆ (geheizt), ▢, ♞ (Halle) – |‡| TV ⛟ P – 🏛 25. AE ◐ E VISA JCB. ✻ Zim
21. Nov. - 26. Dez. geschl. – **Menu** à la carte 45/86 – **59 Z** 122/357, 4 Suiten – ½ P 35.

Schauerte-Jostes, Alte Poststr. 13 (B 236), ✉ 57392, ☏ (02975) 3 75, *Fax (02975) 337*, ☂, ▭ – TV P. E. ✻ Rest
16. Nov. - 26. Dez. geschl. – **Menu** *(Montag geschl.)* à la carte 28/53 – **13 Z** 65/160 – ½ P 20.

In Schmallenberg-Ohlenbach *O : 15 km :*

Waldhaus ⑤, Ohlenbach 10, ✉ 57392, ☏ (02975) 8 40, *Fax (02975) 8448*, ≤ Rothaargebirge, ☂, ≘s, ▢, ▭, ✂ – |‡| TV ⛟ P – 🏛 20. AE ◐ E VISA JCB. ✻ Zim
Mitte Nov. - 20. Dez. geschl. – **Menu** à la carte 60/90 – **50 Z** 110/300 – ½ P 30.

In Schmallenberg-Rimberg *NO : 13 km :*

Knoche ⑤, Rimberg 1 – Höhe 713 m, ✉ 57392, ☏ (02974) 77 70, *Fax (02974) 77790*, ≤, ☂, ≘s, ▢, ▭, ♞, ⛷ – |‡| TV ☎ ⛟ P – 🏛 40. ✻
10. - 26. Dez. geschl. – **Menu** à la carte 37/79 – **56 Z** 75/280 – ½ P 25.

In Schmallenberg-Sellinghausen *N : 14 km :*

Stockhausen ⑤, ✉ 57392, ☏ (02971) 31 20, *Fax (02971) 312102*, ☂, ≘s, ⛆ (geheizt), ▢, ▭, ✂, ⛳9, ♞, ⛷, ⛷ – |‡| TV ☏ ⛹ P – 🏛 60. ✻ Rest
20. - 25. Dez. geschl. – **Menu** à la carte 38/75 – **72 Z** 115/218 – ½ P 24.

In Schmallenberg-Vorwald *O : 13 km :*

Gut Vorwald ⑤, ✉ 57392, ☏ (02975) 9 66 10, *Fax (02975) 966119*, ≤, ☂ (ehem. Gutshof a.d.J. 1797), ≘s, ▭, ♞ – TV ☎ ⛟ P. ◐ E VISA
14. Nov. - 26. Dez. geschl. – **Menu** à la carte 25/50 – **14 Z** 73/138 – ½ P 18.

In Schmallenberg-Westernbödefeld *NO : 15 km :*

Zur Schmitte, Am Roh 2, ✉ 57392, ☏ (02977) 2 68, *Fax (02977) 709091*, ≘s, ▭, ✂ – |‡| ☎ ⛟ P. E VISA. ✻ Rest
14. Nov. - 14. Dez. geschl. – **Menu** *(Montag geschl.)* à la carte 26/45 – **16 Z** 60/120 – ½ P 15.

In Schmallenberg-Westfeld *O : 12 km :*

Berghotel Hoher Knochen ⑤, am Hohen Knochen (O : 2 km) – Höhe 650 m, ✉ 57392, ☏ (02975) 8 50, *Fax (02975) 421*, ☂, Massage, ≘s, ▢, ▭, ✂ – |‡| TV ☎ ⛟ P – 🏛 60. AE ◐ E VISA JCB
Ende Nov. - Mitte Dez. geschl. – **Menu** à la carte 42/71 – **60 Z** 105/289 – ½ P 35.

Bischof ⑤, Am Birkenstück 3, ✉ 57392, ☏ (02975) 9 66 00, *Fax (02975) 966070*, ☂, ≘s – ☎ ⛟ P. E VISA
14. - 26. Dez. geschl. – **Menu** *(Mittwoch geschl.)* à la carte 26/55 – **17 Z** 60/136 – ½ P 13.

In Schmallenberg-Winkhausen *O : 6 km :*

Deimann zum Wilzenberg, an der B 236, ✉ 57392, ☏ (02975) 8 10, *Fax (02975) 81289*, ☂, ♆, Massage, 🚲, ⛹, ≘s, ▢, ▭, ✂ – |‡| TV ⛟ P. AE
Menu à la carte 36/78 – **36 Z** 135/340 – ½ P 37.

SCHMELZ *Saarland* 417 *R 4 – 17 400 Ew – Höhe 300 m.*
Berlin 729 – Saarbrücken 42 – Dillingen/Saar 17 – Saarlouis 20 – Trier 52.

Staudt, Trierer Str. 17, ✉ 66839, ✆ (06887) 21 45 – Ⓟ. AE ⓓ E VISA
Freitag und Juli - Aug. 3 Wochen geschl. – **Menu** à la carte 26/58.

SCHMIEDEBERG, BAD *Sachsen-Anhalt* 418 *K 22 – 4 500 Ew – Höhe 90 m.*
Berlin 137 – Magdeburg 117 – Leipzig 48.

Griedel, Dommitzscher Str. 36d, ✉ 06905, ✆ (034925) 7 11 67, *Fax (034925) 71170* – Zim, – 20. AE ⓓ E VISA
(nur Abendessen für Hausgäste) – **36 Z** 98/138 – ½ P 20.

Parkhotel Bad Schmiedeberg, Dommitzscher Str. 3, ✉ 06905, ✆ (034925) 6 70, *Fax (034925) 67167* – Zim, – 20. AE E VISA
Menu à la carte 31/47 – **56 Z** 95/160 – ½ P 20.

SCHMIEDEFELD *Thüringen* 418 420 *O 16 – 2 200 Ew – Höhe 750 m – Wintersport : 750/944 m* 2.
Fremdenverkehrsamt, Suhler Str. 4, ✉ 98711, ✆ (036782) 6 13 24, Fax (036782) 61324.
Berlin 341 – Erfurt 59 – Suhl 13.

Im Kurpark, Friedrichsweg 21, ✉ 98711, ✆ (036782) 63 60, *Fax (036782) 63645*, Zim, – 20
Menu *(Montag geschl.) (Dienstag - Freitag nur Abendessen)* à la carte 18/29 – **15 Z** 75/120 – ½ P 15.

Rennsteighotel Grüner Baum, Suhler Str. 3, ✉ 98711, ✆ (036782) 6 12 77, *Fax (036782) 61749*, Biergarten – Ⓟ. AE ⓓ E VISA
Menu à la carte 25/52 – **11 Z** 80/120 – ½ P 20.

Gastinger, Ilmenauer Str. 21 (B 4), ✉ 98711, ✆ (036782) 6 17 08, *Fax (036782) 61702*, – Ⓟ. E VISA
Menu à la carte 25/40 – **11 Z** 80/105 – ½ P 15.

SCHMILAU *Schleswig-Holstein siehe Ratzeburg.*

SCHMITTEN IM TAUNUS *Hessen* 417 *P 9 – 8 000 Ew – Höhe 534 m – Luftkurort – Wintersport : 534/880 m 4.*
Ausflugsziel : *Großer Feldberg : ✱★★ S : 8 km.*
Tourismus- und Kulturverein, Parkstr. 2 (Rathaus), ✉ 61389, ✆ (06084) 46 23, Fax (06084) 4646.
Berlin 536 – Wiesbaden 37 – Frankfurt am Main 36 – Gießen 55 – Limburg an der Lahn 39.

Kurhaus Ochs, Kanonenstr. 6, ✉ 61389, ✆ (06084) 4 80, *Fax (06084) 4880*, – Ⓟ – 55. AE E VISA JCB
Menu à la carte 42/73 – **40 Z** 95/240 – ½ P 30.

In Schmitten-Oberreifenberg *SW : 4 km – Höhe 650 m*

Waldhotel, Tannenwaldstr. 12 (O : 1 km), ✉ 61389, ✆ (06082) 9 21 50, *Fax (06082) 3469*, – Ⓟ – 20. AE E VISA
Menu à la carte 34/65 – **15 Z** 98/188 – ½ P 19.

Haus Burgfried garni, Arnoldshainer Weg 4, ✉ 61389, ✆ (06082) 21 31, *Fax (06082) 39326*, –
13 Z 60/100.

Haus Reifenberg, Vorstadt 5, ✉ 61389, ✆ (06082) 9 21 00, *Fax (06082) 921092*, – Ⓟ – 40. Zim
Menu *(Dienstag und 15. Nov. - 24. Dez. geschl.)* à la carte 26/63 – **25 Z** 80/165 – ½ P 16.

SCHMÖLLN *Thüringen* 418 *N 21 – 12 000 Ew – Höhe 211 m.*
Berlin 236 – Erfurt 114 – Gera 27.

Bellevue M, Am Pfefferberg 7, ✉ 04626, ✆ (034491) 70 00, *Fax (034491) 70077*, – Zim, Ⓟ – 30. AE ⓓ E VISA
Menu *(Sonntagabend - Montag geschl.)* à la carte 33/56 – **15 Z** 95/205.

Reussischer Hof M, Gößnitzer Str. 14, ✉ 04626, ✆ (034491) 2 31 08, *Fax (034491) 27758*, – Zim, – 50. AE E VISA
Menu à la carte 30/50 – **35 Z** 90/150.

Café Baum M, Brückenplatz 18, ✉ 04626, ✆ (034491) 8 06 06, *Fax (034491) 80606*, – Ⓟ. AE VISA
Menu à la carte 24/43 – **9 Z** 70/115.

SCHNAITTACH *Bayern* 419 420 *R 18 – 6 900 Ew – Höhe 352 m.*
Berlin 409 – München 178 – Nürnberg 35 – Bayreuth 55 – Amberg 49.

Kampfer, Fröschau 1, ✉ 91220, ☎ (09153) 6 71, *Fax (09153) 4572,* – ☎
P. E VISA
Mitte Dez. - Mitte Jan. geschl. – **Menu** *(Sonntagabend und Freitag geschl.)* à la carte 23/45 – **26 Z** 64/110.

In Schnaittach-Hormersdorf *NO : 10 km :*

Motel Hormersdorf, Arzbühlstr. 8, ✉ 91220, ☎ (09152) 9 29 60, *Fax (09152) 929654* – ☎ P. E VISA
Menu (nur Abendessen) à la carte 19/33 – **32 Z** 65/112.

In Schnaittach-Osternohe *N : 5 km – Höhe 596 m – Erholungsort – Wintersport : 480/620 m* 1 *:*

Berggasthof Igelwirt, Igelweg 6 (am Schloßberg, O : 1 km), ✉ 91220, ☎ (09153) 40 60, *Fax (09153) 406166,* – ☎ P – 40
Aug. 2 Wochen geschl. – **Menu** *(Montag geschl.)* à la carte 22/52 – **27 Z** 64/108.

Nördlich der Autobahnausfahrt Hormersdorf *NO : 11 km :*

Schermshöhe (mit Gästehaus), ✉ 91282 Betzenstein, ☎ (09244) 4 66, *Fax (09244) 1644,* – ☎ P – 50. AE E VISA
Nov. geschl. – **Menu** à la carte 20/60 – **40 Z** 60/140.

SCHNEEBERG KREIS AUE *Sachsen* 418 420 *O 21 – 19 500 Ew – Höhe 487 m.*
Touristinformation, Markt 1, ✉ 08289, ☎ (03772) 2 03 14, Fax (03772) 22347.
Berlin 301 – Dresden 115 – Chemnitz 40 – Plauen 50 – Zwickau 20.

Berghotel Steiger, Mühlberg, ✉ 08289, ☎ (03772) 3 94 90, *Fax (03772) 394969,* – ☎ P – 50. AE E VISA JCB
Menu à la carte 24/49 – **31 Z** 68/160.

Büttner mit Zim, Markt 3, ✉ 08289, ☎ (03772) 35 30, *Fax (03772) 353200,* – ☎ P. E VISA. Zim
Jan. und Aug. jeweils 2 Wochen geschl. – **Menu** *(Dienstag geschl.)* à la carte 41/66 – **12 Z** 90/130
Spez. Terrine von Pfifferlingen, Kaninchen und Kalbsbries (Saison). Gefüllter Ochsenschwanz mit Rotweinsauce. Joghurtsavarin mit Rhabarberkompott und marinierten Erdbeeren.

SCHNEIZLREUTH *Bayern siehe Inzell.*

SCHNELLDORF *Bayern* 419 420 *S 14 – 3 000 Ew – Höhe 530 m.*
Berlin 515 – München 174 – Stuttgart 119 – Würzburg 90 – Nürnberg 83.

Kellermann, Am Birkenberg 1 (nahe BAB-Ausfahrt), ✉ 91625, ☎ (07950) 9 88 00, *Fax (07950) 988080,* – ☎ P – 60. AE E VISA
Menu à la carte 35/63 *(auch vegetarische Gerichte)* – **32 Z** 79/152.

An der A 7 - Ausfahrt Feuchtwangen :

Residenz garni, Rudolf-Diesel-Str. 3, ✉ 91625, ☎ (07950) 97 00, *Fax (07950) 970100,* – ☎ P – 35. AE E VISA
93 Z 96/128.

SCHNEVERDINGEN *Niedersachsen* 415 416 *G 13 – 16 800 Ew – Höhe 90 m – Luftkurort.*
Tourist-Information, Schulstr. 6a, ✉ 29640, ☎ (05193) 9 31 80, Fax (05193) 93184.
Berlin 339 – Hannover 97 – Hamburg 66 – Bremen 74.

Landhaus Höpen, Höpener Weg 13, ✉ 29640, ☎ (05193) 8 20, *Fax (05193) 82113,* – P – 80. E
Menu à la carte 68/99 – **50 Z** 180/364 – ½ P 69.

Der Heide Treff, Osterwaldweg 55, ✉ 29640, ☎ (05193) 80 80, *Fax (05193) 808404,* (Halle) – Zim, ☎ P – 120. AE E VISA JCB. Rest
Menu à la carte 42/67 – **135 Z** 155/230 – ½ P 35.

In Schneverdingen-Tütsberg *SO : 12 km :*

Hof Tütsberg (Niedersächsischer Bauernhof a.d.16.Jh.), im Naturschutzpark, ✉ 29640, ☎ (05199) 9 00, *Fax (05199) 9050,* – ☎ P – 25. E VISA
Menu à la carte 45/75 – **26 Z** 130/230, 3 Suiten – ½ P 33.

SCHOBÜLL *Schleswig-Holstein siehe Husum.*

SCHÖFWEG *Bayern* 420 *T 23 – 1 300 Ew – Höhe 800 m – Wintersport : 800/1011 m 3.*
Verkehrsamt, Rachelstr. 1, Rathaus, 94572, (09908) 2 79, Fax (09908) 14 17.
Berlin 593 – München 176 – Passau 45 – Deggendorf 30 – Regensburg 98.

In Schöfweg-Sonnenwald *SW : 5 Km :*

Sporthotel Sonnenwald, 94572, (09908) 89 10, *Fax (09908) 1019*, Bayerischer Wald und Donauebene, Massage, – Zim
31. Okt. - 18. Dez. geschl. – **Menu** *(Mittwoch geschl.)* à la carte 28/61 – **31 Z** 80/190 – ½ P 18.

SCHÖMBERG (Kreis Calw) *Baden-Württemberg* 419 *T 9 – 8 800 Ew – Höhe 633 m – Heilklimatischer Kurort und Kneippkurort – Wintersport : 500/700 m, 1,.*
Touristik und Kur, Lindenstr. 7, 75328, (07084) 1 44 44, Fax (07084) 14445.
Berlin 674 – Stuttgart 74 – Karlsruhe 47 – Pforzheim 24 – Calw 15.

Krone, Liebenzeller Str. 15, 75328, (07084) 70 77, *Fax (07084) 6641* – – 20.
Menu à la carte 31/61 – **40 Z** 70/160 – ½ P 25.

In Schömberg-Langenbrand *NW : 2 km – Luftkurort :*

Schwarzwald-Sonnenhof, Salmbacher Str. 35, 75328, (07084) 9 24 00, *Fax (07084) 924099*, – – 30. Rest
Menu à la carte 37/64 *(auch vegetarische Gerichte)* – **17 Z** 82/144 – ½ P 25.

Ehrich, Schömberger Str. 26, 75328, (07084) 9 24 20, *Fax (07084) 924292*, – Zim, – 30.
16. Nov. - 5. Dez. geschl. – **Menu** *(Montag geschl.)* à la carte 45/68 – **33 Z** 75/180 – ½ P 25.

In Schömberg-Oberlengenhardt *SO : 3 km – Erholungsort :*

Ochsen, Burgweg 3, 75328, (07084) 70 65, *Fax (07084) 1713*, – – 15.
Menu *(Dienstag geschl.)* à la carte 27/62 – **11 Z** 68/130 – ½ P 22.

SCHÖNAICH *Baden-Württemberg siehe Böblingen.*

SCHÖNAU AM KÖNIGSSEE *Bayern* 420 *X 22 – 5 600 Ew – Höhe 620 m – Heilklimatischer Kurort – Wintersport : 560/1 800 m 1 6.*
Ausflugsziele : *Königssee★★ S : 2 km – St. Bartholomä : Lage★ (nur mit Schiff ab Königssee erreichbar).*
Verkehrsamt, im Haus des Gastes, Rathausplatz 1, 83471, (08652) 17 60, Fax (08652) 4050.
Berlin 747 – München 159 – Bad Reichenhall 23 – Berchtesgarden 5 – Salzburg 28.

Im Ortsteil Faselsberg :

Alpenhof, Richard-Voss-Str. 30, 83471, (08652) 60 20, *Fax (08652) 64399*, – Zim, Rest
Anfang Nov. - Mitte Dez. geschl. – (Restaurant nur für Hausgäste) – **55 Z** 119/318 – ½ P 10.

Im Ortsteil Hinterschönau :

Bärenstüberl (mit Gästehaus), Grünsteinstr. 65, 83471, (08652) 9 53 20, *Fax (08652) 953227*, – Rest, Rest
1. Nov. - 15 Dez. geschl. – **Menu** *(Montag geschl.)* à la carte 28/55 – **16 Z** 65/200 – ½ P 25.

Im Ortsteil Königssee :

Bergheimat, Brandnerstr. 16, 83471, (08652) 60 80, *Fax (08652) 608300*, –
Nov. - Mitte Dez. geschl. – **Menu** *(Mitte Jan. - Mitte Mai Mittwoch geschl.)* à la carte 30/59 – **40 Z** 75/204 – ½ P 28.

Zur Seeklause, Seestr. 6, 83471, (08652) 25 16, *Fax (08652) 5667*, –
1 Woche vor Ostern und Nov. - 25. Dez. geschl. – **Menu** *(Montag geschl.)* à la carte 28/64 – **14 Z** 95/250 – ½ P 25.

Im Ortsteil Oberschönau :

Zechmeisterlehen, Wahlstr. 35, 83471, (08652) 94 50, *Fax (08652) 945299*, Grünstein, Kehlstein und Hoher Göll, Massage, (geheizt), – Rest
Mitte Nov. - 24. Dez. geschl. – (nur Abendessen für Hausgäste) – **39 Z** 112/224 – ½ P 30.

Stoll's Hotel Alpina, Ulmenweg 14, 83471, (08652) 6 50 90, *Fax (08652) 61608*, Kehlstein, Hoher Göll, und Watzmann, « Garten », (geheizt), - . AE E VISA. Rest
Anfang Nov. - Mitte Dez. geschl. – **Menu** *(Mittwoch geschl.)* (Okt. - Juni nur Abendessen, Tischbestellung ratsam) à la carte 33/56 – **53 Z** 90/230, 8 Suiten – ½ P 27.

Georgenhof, Modereggweg 21, 83471, (08652) 95 00, *Fax (08652) 950200*, Hoher Göll, Watzmann und Hochkalter, - . Rest
Nov. - 15. Dez. geschl. – (nur Abendessen für Hausgäste) – **25 Z** 91/228 – ½ P 20.

In Ortsteil Unterschönau :

Köppeleck, Am Köppelwald 15, 83471, (08652) 94 20, *Fax (08652) 942222*, Kehlstein, Jenner und Hoher Göll, - . AE E VISA
Mai - Okt. und über Weihnachten geöffnet – **Menu** à la carte 26/50 – **45 Z** 80/138 – ½ P 16.

SCHÖNAU AN DER BREND *Bayern* 418 420 *O 14 – 1 400 Ew – Höhe 310 m – Erholungsort.*
Berlin 414 – München 356 – Fulda 60 – Bamberg 95 – Würzburg 88.

Im Krummbachtal, Krummbachstraße 24, 97659, (09775) 9 19 10, *Fax (09775) 919191*, Biergarten, - - 50. AE E VISA
Menu (nur Abendessen) à la carte 31/64 – **27 Z** 90/150 – ½ P 25.

SCHÖNAU IM SCHWARZWALD *Baden-Württemberg* 419 *W 7 – 2 500 Ew – Höhe 542 m – Luftkurort – Wintersport : 800/1 414 m 4 .*
Ausflugsziel : *Belchen ★★★, NW : 14 km.*
Belchenland Tourist-Information, Gentnerstr. 2, 79677, (07673) 91 81 30, Fax (07673) 9181329.
Berlin 808 – Stuttgart 186 – Freiburg im Breisgau 39 – Donaueschingen 63 – Basel 42.

Adler, Talstr. 7, 79677, (07673) 6 11, *Fax (07673) 604*, - . E VISA
nach Fastnacht und Nov. jeweils 2 Wochen geschl. – **Menu** *(Sonntagabend - Montag geschl.)* à la carte 30/54 *(auch vegetarisches Menue)* – **10 Z** 65/140 – ½ P 23.

Kirchbühl, Kirchbühlstr. 6, 79677, (07673) 2 40, *Fax (07673) 249*, - . E VISA. Zim
März 2 Wochen und Mitte Nov. - Anfang Dez. geschl. – **Menu** *(Dienstag - Mittwochmittag geschl.)* à la carte 34/69 – **10 Z** 75/120 – ½ P 25.

In Tunau *SO : 3 km :*

Zur Tanne, Alter Weg 4, 79677, (07673) 3 10, *Fax (07673) 1000*, « Schwarzwaldgasthof a.d. 17.Jh. », - . E VISA. Rest
Mitte Nov. - Mitte Dez. geschl. – **Menu** *(Dienstag, Nov. - März auch Montagabend geschl.)* à la carte 32/57 – **13 Z** 64/124 – ½ P 15.

In Aitern-Multen *NW : 10 km :*

Jägerstüble, an der Straße zum Belchen (Höhe 1 100 m), 79677, (07673) 72 55, *Fax (07673) 7884*, -
Menu à la carte 27/63 – **16 Z** 55/104 – ½ P 20.

SCHÖNAU (PFALZ) *Rheinland-Pfalz* 419 *S 7 – 600 Ew – Höhe 214 m – Erholungsort.*
Berlin 711 – Mainz 155 – Karlsruhe 66 – Saarbrücken 98 – Landau in der Pfalz 44 – Pirmasens 39 – Wissembourg 25.

Zur Wegelnburg, Hauptstr. 8, 66996, (06393) 9 21 20, *Fax (06393) 921211*, -
Jan. geschl. – **Menu** à la carte 27/49 – **14 Z** 85/150 – ½ P 10.

SCHÖNAU (RHEIN-NECKAR-KREIS) *Baden-Württemberg* 417 419 *R 10 – 4 600 Ew – Höhe 175 m.*
Berlin 643 – Stuttgart 115 – Mannheim 49 – Heidelberg 18 – Mosbach 43.

Pfälzer Hof, Ringmauerweg 1, 69250, (06228) 9 20 90, *Fax (06228) 920934*, - . AE E VISA JCB
Menu à la carte 58/89.

In Schönau-Altneudorf *N : 3 km :*

Zum Pflug, Altneudorfer Str. 16, 69250, (06228) 82 07, *Fax (06228) 8207* – .
E VISA
Dienstag geschl. – **Menu** à la carte 35/60.

SCHOENBACH *Sachsen siehe Löbau.*

SCHÖNBERG *Bayern* 420 *T 24 – 4 000 Ew – Höhe 565 m – Luftkurort – Wintersport : 650/700 m* 1.

Verkehrsamt, Rathaus, Marktplatz 16, ✉ 94513, (08554) 46 04 41, Fax (08554) 2610.

Berlin 552 – München 181 – Passau 34 – Cham 74 – Deggendorf 38.

Bayerischer Hof, Marktplatz 13, ✉ 94513, (08554) 97 03, *Fax (08554) 970455*, Massage, , – . Rest
Nov. 2 Wochen geschl. – **Menu** *(Sonntagabend geschl.)* à la carte 21/40 – **57 Z** 60/104 – ½ P 15.

In Schönberg-Maukenreuth *S : 3 km, über Mitternach :*

Landhaus zur Ohe, ✉ 94513, (08554) 9 60 70, *Fax (08554) 556*, <, , Massage, , , , – , Rest, . Rest
Nov. geschl. – **Menu** à la carte 25/45 – **52 Z** 88/190 – ½ P 28.

SCHÖNBERG *Schleswig-Holstein* 415 416 *C 15 – 5 500 Ew – Höhe 18 m – Erholungsort.*

Kurverwaltung, OT Kalifornien, An der Kuhbrücksau 2, ✉ 24217, (04344) 44 08, Fax (04344) 4605.

Berlin 348 – Kiel 26 – Lübeck 88 – Lütjenburg 22 – Preetz 19.

Stadt Kiel, Am Markt 8, ✉ 24217, (04344) 3 05 10, *Fax (04344) 305151*, , Biergarten, – .
Menu *(Dienstag geschl.)* à la carte 38/70 – **16 Z** 110/160 – ½ P 45.

Ruser's Hotel (mit Gästehaus), Albert-Koch-Str. 4, ✉ 24217, (04344) 20 13, *Fax (04344) 2015*, , –
Menu à la carte 26/48 – **44 Z** 60/140 – ½ P 15.

In Schönberg-Kalifornien *N : 5 km – Ostseebad :*

Kalifornien, Deichweg 3, ✉ 24217, (04344) 3 05 80, *Fax (04344) 305852*, <, « Gartenterrasse » – .
Menu *(Okt. - März Montag und Nov. 2 Wochen geschl.)* à la carte 29/46 – **37 Z** 65/180.

SCHÖNBORN, BAD *Baden-Württemberg* 417 419 *S 9 – 10 000 Ew – Höhe 110 m – Heilbad.*

Kurverwaltung im Haus des Gastes, Kraichgaustr. 10, (in Mingolsheim), ✉ 76669, (07253) 9 43 10, Fax (07253) 943114.

Berlin 636 – Stuttgart 79 – Karlsruhe 41 – Heilbronn 51 – Heidelberg 25.

In Bad Schönborn-Langenbrücken :

Zu den Drei Königen, Huttenstr. 2, ✉ 76669, (07253) 60 14, *Fax (07253) 1838*, – .
Menu *(Freitag - Samstagmittag und Feb. 2 Wochen geschl.* à la carte 29/56 – **15 Z** 80/110 – ½ P 20.

In Bad Schönborn-Mingolsheim :

Waldparkstube, Waldparkstr. 1, ✉ 76669, (07253) 97 10, *Fax (07253) 97150*, – . Zim
22. Dez. - 7. Jan. geschl. – **Menu** *(Freitagabend - Samstag geschl.)* à la carte 35/71 – **30 Z** 115/210 – ½ P 25.

Gästehaus Prestel garni, Beethovenstr. 20, ✉ 76669, (07253) 41 07, *Fax (07253) 5322*, – .
23. Dez. - 7. Jan. geschl. – **33 Z** 80/120.

SCHÖNEBECK *Sachsen-Anhalt* 418 *J 19 – 40 000 Ew – Höhe 50 m.*

Stadtinformation, Badepark 1, (Bad Salzelmen), ✉ 39218, (03928) 70 55 24, Fax (03928) 705542.

Berlin 162 – Magdeburg 16 – Dessau 50 – Halberstadt 56 – Halle 71.

In Schönebeck-Bad Salzelmen *SO : 1,5 km : – Soleheilbad*

Kneipp Hotel M, Magdeburger Str. 1, ✉ 39218, (03928) 7 08 00, *Fax (03928) 708089*, Massage, , , – , Zim, – 90.
Menu à la carte 32/57 – **46 Z** 95/170.

Elmener Hof garni, Bornstr. 2, ✉ 3921861137, (03928) 78 17 00, *Fax (03928) 781777* – .
12 Z 90/130.

Tannenhof garni, Luisenstr. 8, ✉ 39218, (03928) 6 55 65, *Fax (03928) 65563*, – .
16 Z 90/140.

SCHÖNECK *Hessen* 417 *P 10 – 10 700 Ew – Höhe 141 m.*
Berlin 533 – Wiesbaden 64 – Frankfurt 24 – Gießen 55 – Hanau 9.

In Schöneck-Kilianstädten :

Lauer garni, Frankfurter Str. 17, ✉ 61137, ☎ (06187) 9 50 10, *Fax (06187) 950120* –
17 **Z** 90/140.

SCHÖNERSTÄDT *Sachsen siehe Gersdorf.*

SCHÖNFELD (ERZGEBIRGE) *Sachsen* 418 *N 24 – 350 Ew – Höhe 650 m.*
Berlin 239 – Dresden 40 – Altenberg 15 – Marienberg 61.

Am Rennberg, Am Rennberg 17, ✉ 01776, ☎ (035052) 23 60, *Fax (035052) 23610*, – – 25.
Menu à la carte 36/48 – **15 Z** 90/130 – ½ P 23.

SCHÖNFELS *Sachsen siehe Zwickau.*

SCHÖNHEIDE *Sachsen* 418 420 *O 21 – 6 200 Ew – Höhe 650 m.*
Fremdenverkehrsamt, Hauptstr. 43, (Rathaus), ✉ 08304, ☎ (037755) 20 02, Fax (037755) 2342.
Berlin 316 – Dresden 151 – Chemnitz 78 – Zwickau 30.

Zum Forstmeister, Auerbacher Str. 15, ✉ 08304, ☎ (037755) 6 30, *Fax (037755) 6399*, – – 40.
20. - 24. Dez. geschl. – **Menu** à la carte 24/47 – **51 Z** 80/140.

Zur Post, Hauptstr. 101, ✉ 08304, ☎ (037755) 51 30, *Fax (037755) 51329*, – – 20.
Menu *(Freitag geschl.)* à la carte 24/44 – **13 Z** 75/120.

Carola, Hauptstr. 183, ✉ 08304, ☎ (037755) 43 30, *Fax (037755) 4340*, Biergarten – – 150.
Menu *(Montagmittag und Freitag geschl.)* à la carte 22/43 – **16 Z** 70/150.

SCHÖNSEE *Bayern* 420 *R 21 – 2 700 Ew – Höhe 656 m – Erholungsort – Wintersport : 550/900 m 5, , Sommerrodelbahn.*
Tourist-Information, Hauptstr. 25 (Rathaus), ✉ 92539, ☎ (09674) 3 17, Fax (09674) 318.
Berlin 454 – München 235 – Weiden in der Oberpfalz 50 – Cham 56 – Nürnberg 136.

St. Hubertus, Hubertusweg 1, ✉ 92539, ☎ (09674) 4 14, *Fax (09674) 252*, « Jagdmuseum », Massage, (Halle) – – 70.
Feb. geschl. – **Menu** à la carte 25/42 *(auch vegetarisches Menu)* – **75 Z** 105/180, 3 Suiten – ½ P 20.

In Schönsee-Gaisthal *SW : 6 km :*

Gaisthaler Hof, Schönseer Str. 16, ✉ 92539, ☎ (09674) 2 38, *Fax (09674) 8611*, (Reitschule) – .
Ende Nov. - Anfang Dez. geschl. – **Menu** à la carte 20/38 – **35 Z** 58/100 – ½ P 12.

SCHÖNTAL *Baden-Württemberg* 419 *S 12 – 5 700 Ew – Höhe 210 m.*
Sehenswert : *Ehemalige Klosterkirche★ (Alabasteraltäre★★) – Klosterbauten (Ordenssaal★).*
Berlin 573 – Stuttgart 86 – Würzburg 76 – Heilbronn 44.

In Kloster Schöntal :

Zur Post, Hauptstr. 1, ✉ 74214, ☎ (07943) 22 26, *Fax (07943) 2563*, Biergarten –
Feb. und Mitte - Ende Nov. geschl. – **Menu** *(Montag geschl.)* à la carte 25/47 – **14 Z** 60/100.

Pension Zeller garni, Honigsteige 21, ✉ 74214, ☎ (07943) 6 00, *Fax (07943) 600*, – .
20. Dez. - Mitte Jan. geschl. – **18 Z** 65/96.

SCHÖNWALD *Baden-Württemberg* 419 *V 8 – 2 500 Ew – Höhe 988 m – Heilklimatischer Kurort – Wintersport : 950/1 150 m* 4.

Kurverwaltung, Rathaus, ✉ 78141, ✆ *(07722) 86 08 31, Fax (07722) 860834.*

Berlin 772 – Stuttgart 146 – Freiburg im Breisgau 49 – Donaueschingen 37 – Offenburg 63.

Zum Ochsen, Ludwig-Uhland-Str. 18, ✉ 78141, ✆ (07722) 10 45, *Fax (07722) 3018,* – 20. Rest **Menu** *(Dienstag - Mittwoch geschl.)* à la carte 59/85 – **37 Z** 106/248, 3 Suiten – ½ P 38.

Dorer, Franz-Schubert-Str. 20, ✉ 78141, ✆ (07722) 9 50 50, *Fax (07722) 950530,* – . Rest *(Restaurant nur für Hausgäste)* – **19 Z** 90/180, 4 Suiten – ½ P 35.

Silke, Feldbergstr. 8, ✉ 78141, ✆ (07722) 95 40, *Fax (07722) 7840,* – . Rest *Anfang Nov. - 24. Dez. geschl.* – **Menu** (nur Abendessen) à la carte 33/59 – **38 Z** 57/136 – ½ P 25.

Adlerschanze, Goethestr. 8, ✉ 78141, ✆ (07722) 9 68 80, *Fax (07722) 968829,* – . *Nov. 2. Wochen geschl.* – **Menu** *(Feb. - April Montag geschl.)* à la carte 38/71 – **12 Z** 90/160 – ½ P 25.

Landgasthof Falken, Hauptstr. 5, ✉ 78141, ✆ (07722) 43 12, *Fax (07722) 3233,* – . *15. Nov. - 15. Dez. geschl.* – **Menu** *(Donnerstag - Freitagmittag geschl.)* à la carte 36/71 – **14 Z** 65/160 – ½ P 20.

Kaltenbach, Oberort 3 (SO : 2 km), ✉ 78141, ✆ (07722) 9 63 50, *Fax (07722) 963535,* – . Rest *Mitte Nov. - 24. Dez. geschl.* – (nur Abendessen für Hausgäste) – **18 Z** 77/140 – ½ P 28.

Löwen, Furtwanger Str. 8 (Escheck S : 2 km), ✉ 78141, ✆ (07722) 41 14, *Fax (07722) 1891,* – Zim, . Zim *25. Nov. - 14. Dez. geschl.* – **Menu** *(Mittwochabend - Donnerstag geschl.)* à la carte 31/54 – **11 Z** 65/120 – ½ P 28.

SCHÖPPINGEN *Nordrhein-Westfalen* 417 *J 5 – 6 500 Ew – Höhe 94 m.*

Berlin 502 – Düsseldorf 133 – Nordhorn 55 – Enschede 31 – Münster (Westfalen) 33 – Osnabrück 74.

Zum Rathaus (mit Gästehaus), Hauptstr. 52, ✉ 48624, ✆ (02555) 93 87 50, *Fax (02555) 938751,* – 50. **Menu** *(Dienstag geschl.)* à la carte 33/62 – **23 Z** 85/200.

Alte-Post-Hotel, Hauptstr. 82, ✉ 48624, ✆ (02555) 9 39 30, *Fax (02555) 939393* – 40. *Juli - Aug. 3 Wochen geschl.* – **Menu** *(Sonntagabend geschl.)* à la carte 25/59 – **21 Z** 55/180.

In Schöppingen-Eggerode *S : 4 km :*

Winter, Gildestr. 3, ✉ 48624, ✆ (02545) 9 30 90, *Fax (02545) 930915,* – . Zim **Menu** *(Montag geschl.)* à la carte 26/53 – **15 Z** 70/130.

Haus Tegeler mit Zim, Vechtestr. 24, ✉ 48624, ✆ (02545) 9 30 30, *Fax (02545) 930323* – . Zim *Feb. - März 3 Wochen geschl.* – **Menu** *(Donnerstag - Freitagmittag geschl.)* à la carte 31/71 – **13 Z** 70/150.

SCHOLLBRUNN *Bayern* 417 419 *Q 12 – 800 Ew – Höhe 412 m – Erholungsort.*

Berlin 547 – München 325 – Würzburg 51 – Aschaffenburg 34 – Wertheim 11.

Benz, Am Herrengrund 1, ✉ 97852, ✆ (09394) 80 20, *Fax (09394) 80240,* – 30. *Jan. geschl.* – (Restaurant nur für Hausgäste) – **35 Z** 68/120 – ½ P 12.

Zur Sonne, Brunnenstr.1, ✉ 97852, ✆ (09394) 9 70 70, *Fax (09394) 970767,* – 40 *Jan. 3 Wochen geschl.* – **Menu** *(Dienstag geschl.)* à la carte 23/41 – **30 Z** 65/110 – ½ P 15.

A l'occasion de certaines manifestations commerciales ou touristiques, les prix demandés par les hôteliers risquent d'être sensiblement majorés dans certaines villes et leurs alentours même éloignés.

SCHONACH Baden-Württemberg 419 V 8 – 4 400 Ew – Höhe 885 m – Luftkurort – Wintersport : 900/1 152 m ≴3 ⛷.

Kurverwaltung, Haus des Gastes, Hauptstraße 6, ✉ 78136, ✆ (07722) 96 48 10, Fax (07722) 2548.

Berlin 769 – Stuttgart 143 – Freiburg im Breisgau 54 – Triberg 4 – Villingen-Schwenningen 30 – Offenburg 60.

Landhotel Rebstock, Sommerbergstr. 10, ✉ 78136, ✆ (07722) 9 61 60, Fax (07722) 961656, ←, 🏞, ≘s, 🏊 – 🛗 📺 ☎ 🚗 🅿. AE ⦿ E VISA
Menu (Dienstag geschl.) à la carte 28/62 – **25 Z** 85/148 – ½ P 30.

Michel's Restaurant, Triberger Str. 42, ✉ 78136, ✆ (07722) 55 16, Fax (07722) 5523 – 🅿
Montag - Dienstag geschl. – **Menu** à la carte 47/73.

SCHONGAU Bayern 419 420 W 16 – 12 000 Ew – Höhe 710 m – Erholungsort.

Verkehrsamt, Münzstr. 5, ✉ 86956, ✆ (08861) 72 16, Fax (08861) 2626.

Berlin 623 – München 83 – Garmisch-Partenkirchen 53 – Kempten (Allgäu) 54 – Füssen 36 – Landsberg am Lech 27.

Rössle garni, Christophstr. 49, ✉ 86956, ✆ (08861) 2 30 50, Fax (08861) 2648 – 🛗 📺 ☎ 🚗 🅿. AE ⦿ E VISA
17 Z 85/140.

Holl 🐍, Altenstädter Str. 39, ✉ 86956, ✆ (08861) 2 33 10, Fax (08861) 233112, ← – 📺 ☎ 🚗 🅿 – 🏛 25. AE ⦿ E VISA. ✗ Rest
Menu (Samstag - Sonntag, Feiertage und 20. Dez. - Ende Jan. geschl.) (nur Abendessen) à la carte 33/60 – **22 Z** 80/170 – ½ P 35.

Alte Post, Marienplatz 19, ✉ 86956, ✆ (08861) 2 32 00, Fax (08861) 232080 – 📺 ☎ – 🏛 25
24. Dez. - 10 Jan. geschl. – **Menu** (Samstag, Sonn- und Feiertage geschl.) à la carte 21/48 🍷 – **34 Z** 65/180.

SCHOPFHEIM Baden-Württemberg 419 X 7 – 16 000 Ew – Höhe 374 m.

Touristinformation, Am Marktplatz, ✉ 79650, ✆ (07622) 39 61 45, Fax (07622) 396202.

Berlin 826 – Stuttgart 275 – Freiburg im Breisgau 83 – Basel 23 – Zürich 77.

Hotel im Lus M garni, Hohe-Flum-Str. 55, ✉ 79650, ✆ (07622) 6 75 00, Fax (07622) 675050 – 📺 ☎ 📞 🅿 – 🏛 25. E VISA. ✗ Zim
31 Z 88/170.

Alte Stadtmühle, Entegaststr. 9, ✉ 79650, ✆ (07622) 24 46, Fax (07622) 2446, 🏞
Dienstagabend - Mittwoch geschl. – **Menu** à la carte 45/80 (auch vegetarisches Menu).

Glöggler, Austr. 5, ✉ 79650, ✆ (07622) 21 67, Fax (07622) 2167, 🏞 – E
Sonntag - Montag sowie Aug. 2 Wochen geschl. – **Menu** à la carte 28/65 🍷.

In Schopfheim-Gersbach NO : 16 km – Erholungsort – Wintersport : 870/970 m ≴2 :

Mühle zu Gersbach 🐍, Zum Bühl 4, ✉ 79650, ✆ (07620) 9 04 00, Fax (07620) 90 40 55, 🏞, 🌳 – 📺 ☎ 🅿 – 🏛 20. ⦿ E VISA
Anfang Jan. - Anfang Feb. und Ende Okt. 1 Woche geschl. – **Menu** (Dienstag - Mittwochmittag geschl.) à la carte 42/79 🍷 – **16 Z** 88/215 – ½ P 34.

In Schopfheim-Gündenhausen W : 2 km :

Löwen, Gündenhausen 16, ✉ 79650, ✆ (07622) 80 12, Fax (07622) 5796, 🏞, 🌳 – 📺 ☎ 🅿. AE E VISA
Juni 3 Wochen geschl. – **Menu** (Donnerstag und Sonntagabends geschl.) à la carte 26/60 🍷 – **24 Z** 45/140.

In Schopfheim-Wiechs SW : 3 km :

Krone-Landhaus Brunhilde 🐍, Am Rain 6, ✉ 79650, ✆ (07622) 3 99 40, Fax (07622) 399420, ←, 🏞, ≘s, 🏊, 🌳 – ✗ Rest, 📺 ☎ 📞 ♿ 🅿 – 🏛 20. E VISA. ✗ Zim
Jan. und Aug. jeweils 2 Wochen geschl. – **Menu** (Montagmittag und Freitag geschl.) à la carte 26/64 🍷 – **45 Z** 86/165.

In Maulburg W : 3 km :

Murperch garni, Hotzenwaldstr. 1, ✉ 79689, ✆ (07622) 6 78 70, Fax (07622) 678730, 🌳 – 📺 ☎ 📞 🅿. AE ⦿ E VISA
17 Z 80/155.

SCHOPSDORF *Sachsen-Anhalt – 220 Ew – Höhe 70 m.*
Berlin 104 – Magdeburg 50 – Brandenburg 40.

Best Hotel M, Heidestr. 10, ✉ 39291, ☎ (03921) 92 60, *Fax (03921) 926253*, – Zim, – 40.
Menu à la carte 23/34 – **74 Z** 99/160.

SCHORNDORF *Baden-Württemberg* 419 *T 12 – 37 000 Ew – Höhe 256 m.*
Sehenswert : *Oberer Marktplatz★.*
Berlin 605 – Stuttgart 35 – Göppingen 20 – Schwäbisch Gmünd 23.

Erlenhof, Mittlere Uferstr 70 (Erlensiedlung), ✉ 73614, ☎ (07181) 7 56 54, –
Sonntagabend - Montag geschl. – **Menu** à la carte 38/61.

In Plüderhausen *SO : 6 km :*

Altes Rathaus, Brühlstr. 30, ✉ 73655, ☎ (07181) 98 95 65, *Fax (07181) 989566*, « Fachwerkhaus a.d.J. 1569 » –
Sonn- und Feiertage geschl. – **Menu** à la carte 39/83.

In Urbach *NO : 4 km :*

Zur Mühle garni, Neumühleweg 32, ✉ 73660, ☎ (07181) 8 10 71, *Fax (07181) 88283* – – 15.
38 Z 120/180.

In Winterbach *W : 4 km :*

Holiday Inn Garden Court, Fabrikstr. 6 (nahe der B 29), ✉ 73650, ☎ (07181) 7 09 00, *Fax (07181) 7090190*, – – 40.
Menu *(Samstag - Sonntagmittag geschl.)* à la carte 31/63 – **63 Z** 187/228.

Am Engelberg, Ostlandstr. 2 (nahe der B 29), ✉ 73650, ☎ (07181) 70 09 60, *Fax (07181) 700969*, – Zim, – 20. Rest
Aug. 2 Wochen geschl. – **Menu** *(Samstag - Sonntag geschl.)* à la carte 29/64 – **34 Z** 118/180.

SCHOTTEN *Hessen* 417 *O 11 – 12 400 Ew – Höhe 274 m – Luftkurort – Wintersport : 600/773 m* 4 .
Schotten-Eschenrod, Friedhofstr. 1 (SO : 5 km), ☎ (06044) 84 01.
Touristinformation, Vogelsbergstr. 180, ✉ 63679, ☎ (06044) 66 51, Fax (06044) 6679.
Berlin 487 – Wiesbaden 100 – Frankfurt am Main 67 – Fulda 52 – Gießen 41.

Parkhotel, Parkstr. 9, ✉ 63679, ☎ (06044) 97 00, *Fax (06044) 970100*, – Zim, – 40. Rest
Menu *(Sonntagabend geschl.)* (wochentags nur Abendessen) à la carte 48/71 – **40 Z** 98/165 – ½ P 30.

Haus Sonnenberg , Laubacher Str. 25, ✉ 63679, ☎ (06044) 9 62 10, *Fax (06044) 962188*, <, – – 80.
Menu à la carte 34/59 – **50 Z** 65/155 – ½ P 29.

Zur Linde, Schloßgasse 3, ✉ 63679, ☎ (06044) 15 36, *Fax (06044) 3093* –
Montag - Dienstag geschl. – **Menu** (wochentags nur Abendessen) à la carte 49/72.

In Schotten-Betzenrod *NO : 2,5 km :*

Landhaus Appel , Altenhainer Str. 38, ✉ 63679, ☎ (06044) 7 05, *Fax (06044) 4651*, <, – – 30.
Jan. 1 Woche und Juli 2 Wochen geschl. – **Menu** à la carte 29/57 *(auch vegetarische Gerichte)* – **29 Z** 60/100 – ½ P 24.

Auf dem Hoherodskopf *O : 8 km – Höhe 767 m*

Taufsteinhütte, ✉ 63679 Schotten-Breungeshain, ☎ (06044) 23 81, *Fax (06044) 4059*, Biergarten – .
Montag - Dienstag geschl. – **Menu** à la carte 38/62.

In some towns and their surrounding areas,
hoteliers are liable to increase their prices
during certain trade exhibitions and tourist events.

SCHRAMBERG *Baden-Württemberg* 419 *V 9 – 19 500 Ew – Höhe 420 m – Erholungsort.*

Stadt- und Bürgerinformation, Hauptstr. 25, ✉ 78713, ✆ (07422) 2 92 15, Fax (07422) 29363.

Berlin 730 – Stuttgart 118 – Freiburg im Breisgau 65 – Freudenstadt 37 – Villingen-Schwenningen 32.

Bären, Marktstr. 7, ✉ 78713, ✆ (07422) 9 40 60, *Fax (07422) 9406100,* – Zim, AE E VISA
6. - 10. Jan. und Aug. 3 Wochen geschl. – **Menu** *(Sonntagabend geschl.)* à la carte 29/57 – **18 Z** 93/184 – ½ P 20.

Hirsch mit Zim, Hauptstr. 11, ✉ 78713, ✆ (07422) 2 05 30, *Fax (07422) 25446* – E
über Fastnacht 1 Woche geschl. – **Menu** *(Montag - Dienstagmittag geschl.)* (Tischbestellung ratsam) à la carte 60/97 – **5 Z** 100/260.

Schilteckhof mit Zim, Schilteck 1, ✉ 78713, ✆ (07422) 36 78, *Fax (07422) 241112,* ←, – P
Ende Feb. - Mitte März und Mitte Okt. - Mitte Nov. geschl. – **Menu** *(Montag - Dienstag geschl.)* à la carte 39/57 – **4 Z** 35/70.

Außerhalb *W : 4,5 km über Lauterbacher Straße :*

Burgstüble mit Zim, Hohenschramberg 1, ✉ 78713 Schramberg, ✆ (07422) 9 59 50, *Fax (07422) 959530,* ← Schramberg und Schwarzwaldhöhen, – P. AE E VISA
2. - 20. Nov. geschl. – **Menu** *(Mittwoch - Donnerstag geschl.)* à la carte 31/66 – **6 Z** 68/120 – ½ P 20.

In Schramberg-Sulgen *O : 5 km :*

Drei Könige, Birkenhofweg 10 (Richtung Hardt 1,5 km), ✉ 78713, ✆ (07422) 5 40 91, *Fax (07422) 53612,* ←, – P. E VISA.
Aug. 3 Wochen geschl. – **Menu** *(Freitag geschl.)* (wochentags nur Abendessen) à la carte 42/65 – **17 Z** 92/162.

SCHRIESHEIM *Baden-Württemberg* 417 419 *R 9 – 13 300 Ew – Höhe 120 m.*

Berlin 618 – Stuttgart 130 – Mannheim 26 – Darmstadt 53 – Heidelberg 8.

Neues Ludwigstal, Strahlenberger Str. 2, ✉ 69198, ✆ (06203) 69 50, *Fax (06203) 61208* – P. E VISA
Menu *(Montag - Freitag nur Abendessen)* à la carte 26/39 – **39 Z** 70/130.

Strahlenberger Hof (ehem. Gutshof a.d.J. 1240), Kirchstr. 2, ✉ 69198, ✆ (06203) 6 30 76, *Fax (06203) 68590,* « Wertvolle Einrichtung mit Kunstobjekten, Innenhof mit Terrasse » – AE E VISA
Sonn- und Feiertage geschl. – **Menu** (nur Abendessen) à la carte 69/95.

Strahlenburg, Auf der Strahlenburg (O : 3 km), ✉ 69198, ✆ (06203) 6 12 32, *Fax (06203) 68685,* « Terrasse mit ← Schriesheim und Rheinebene » – P. AE E VISA
Dienstag, Okt. - April auch Montag und Jan. - Feb. geschl. – **Menu** à la carte 34/89.

Zum goldenen Hirsch, Heidelberger Str. 3, ✉ 69198, ✆ (06203) 69 24 37, *Fax (06203) 692439* – E
Montag - Dienstagmittag und über Fasnacht 1 Woche geschl. – **Menu** à la carte 34/63.

In Schriesheim-Altenbach *O : 7,5 km :*

Waldhotel Bellevue, Röschbachstr. 1, ✉ 69198, ✆ (06220) 93 10, *Fax (06220) 93165,* – Zim, P.
Menu à la carte 27/55 – **30 Z** 70/145.

SCHROBENHAUSEN *Bayern* 419 420 *U 17 – 15 700 Ew – Höhe 414 m.*

Berlin 549 – München 74 – Augsburg 45 – Ingolstadt 37 – Ulm (Donau) 113.

Grieser, Bahnhofstr. 36, ✉ 86529, ✆ (08252) 8 94 90, *Fax (08252) 894949,* Biergarten – P – 25. AE E VISA.
Menu *(Samstag - Sonntag und Aug. 3 Wochen geschl.)* (nur Abendessen) à la carte 33/67 – **25 Z** 70/138.

Zur Post garni, Lenbachplatz 9, ✉ 86529, ✆ (08252) 8 94 80, *Fax (08252) 6751* – AE E VISA
Weihnachten - Anfang Jan. geschl. – **24 Z** 79/116.

In Schrobenhausen-Hörzhausen *SW : 5 km :*

Gästehaus Eder, Bernbacher Str. 3, ✉ 86529, ✆ (08252) 24 15, *Fax (08252) 5005,* – P. AE E VISA
Menu *(Sonntag - Montag und Mitte Aug. - Anfang Sept. geschl.)* (nur Abendessen) à la carte 36/59 – **14 Z** 60/120.

SCHÜTTORF *Niedersachsen* **415** *J 5 – 13 600 Ew – Höhe 32 m.*

Berlin 486 – Hannover 201 – Nordhorn 19 – Enschede 35 – Osnabrück 63.

Nickisch, Nordhorner Str. 71, ✉ 48465, ☎ (05923) 9 66 00, *Fax (05923) 966066,* – 150. AE VISA JCB. Rest
Menu à la carte 36/63 – **22 Z** 95/160.

Am See, Drievordener Str. 25, ✉ 48465, ☎ (05923) 52 90, *Fax (05923) 2325,* – Zim, . AE VISA
Menu à la carte 29/58 – **15 Z** 70/140.

In Schüttorf-Suddendorf *SW : 3 km :*

Stähle, Postweg 43, ✉ 48465, ☎ (05923) 96 70, *Fax (05923) 5078,* « Gartenterrasse », – . AE VISA JCB
Menu à la carte 29/59 – **16 Z** 80/190.

SCHULD *Rheinland-Pfalz* **417** *O 4 – 800 Ew – Höhe 270 m.*

Berlin 641 – Mainz 176 – Aachen 94 – Adenau 11 – Bonn 46.

Schäfer, Schulstr. 2, ✉ 53520, ☎ (02695) 3 40, *Fax (02695) 1671,* « Caféterrasse mit ≤ », –
Jan. - Feb. 6 Wochen geschl. – **Menu** *(Donnerstag geschl.)* à la carte 27/52 – **13 Z** 60/120.

SCHUSSENRIED, BAD *Baden-Württemberg* **419** *V 12 – 8 000 Ew – Höhe 580 m – Heilbad.*

Sehenswert : *Ehemaliges Kloster (Bibliothek ★).*

Ausflugsziel : *Bad Schussenried-Steinhausen : Wallfahrtskirche ★ NO : 4,5 km.*

Kur- und Verkehrsamt, Georg-Kaess-Str. 10, ✉ 88427, ☎ (07583) 94 01 71, Fax (07583) 4747.

Berlin 675 – Stuttgart 120 – Konstanz 104 – Ulm (Donau) 61 – Ravensburg 35.

Amerika garni, Zeppelinstr. 13, ✉ 88427, ☎ (07583) 9 42 50, *Fax (07583) 942511* – – 50. AE VISA JCB
46 Z 70/115.

Barbara garni, Georg-Kaess-Str. 2, ✉ 88427, ☎ (07583) 26 50, *Fax (07583) 4133,* Massage, – . VISA
21 Z 85/130.

In Steinhausen *NO : 5 km :*

Zur Barockkirche, Dorfstr. 6, ✉ 88427, ☎ (07583) 39 30, *Fax (07583) 3285,* –
Donnerstagabend geschl. – **Menu** à la carte 27/54.

SCHUTTERTAL *Baden-Württemberg* **419** *V 7 – 3 400 Ew – Höhe 421 m – Erholungsort.*

Verkehrsamt, Rathaus, Hauptstr. 5 (Dörlinbach), ✉ 77978, ☎ (07826) 2 38, Fax (07826) 1445.

Berlin 779 – Stuttgart 180 – Freiburg im Breisgau 57 – Offenburg 38.

In Schuttertal-Dörlinbach *S : 2,5 km :*

Löwen, Hauptstr. 4, ✉ 77978, ☎ (07826) 9 49 90, *Fax (07826) 949950,* –
Menu *(Okt. - Juni Dienstag geschl.)* à la carte 28/52 – **15 Z** 60/110 – ½ P 26.

SCHWABACH *Bayern* **419** **420** *R 17 – 35 500 Ew – Höhe 328 m.*

Berlin 447 – München 167 – Nürnberg 23 – Ansbach 36.

Raab - Inspektorsgarten, Äußere Rittersbacher Str. 14 (Forsthof), ✉ 91126, ☎ (09122) 9 38 80, *Fax (09122) 938860,* – – 30
Menu *(Dienstagmittag geschl.)* à la carte 24/51 – **31 Z** 95/150.

Löwenhof, Rosenberger Str. 11, ✉ 91126, ☎ (09122) 83 21 00, *Fax (09122) 8321029* – . AE VISA
23. Dez. - 9. Jan. geschl. – **Menu** *(Sonntag geschl.)* (nur Abendessen) à la carte 29/42 – **20 Z** 105/160.

Goldener Stern, Königsplatz 12, ✉ 91126, ☎ (09122) 23 35, *Fax (09122) 5116,* Biergarten
Montag und 27. Dez. - 10. Jan. geschl. – **Menu** à la carte 23/61.

In Schwabach-Wolkersdorf *N : 4 km – siehe Nürnberg (Umgebungsplan) :*

Drexler, Wolkersdorfer Hauptstr. 42, ✉ 91126, ☎ (0911) 63 00 99, *Fax (0911) 635030,* Biergarten – . AE . Zim
Aug. geschl. – **Menu** *(Freitagabend - Sonntag geschl.)* à la carte 27/48 – **37 Z** 80/115.

AT e

SCHWABENHEIM *Rheinland-Pfalz siehe Ingelheim.*

SCHWABMÜNCHEN *Bayern* 419 420 *V 16 – 11 000 Ew – Höhe 557 m.*
Berlin 588 – München 75 – Augsburg 32 – Kempten (Allgäu) 77 – Memmingen 58.

Deutschenbaur, Fuggerstr. 11, ✉ 86830, ✆ (08232) 40 31, *Fax (08232) 4034* – ☎ – P – 25. E VISA
24. Dez. - 7. Jan. geschl. – **Menu** *(Freitag - Samstag geschl.)* à la carte 27/59 – **23 Z** 79/125.

In Untermeitingen *SO : 6 km :*

Lech Park Hotel garni, Lagerlechfelder Str. 28, ✉ 86836, ✆ (08232) 99 80, *Fax (08232) 998100,* – Zim, TV ☎ – P – 50. AE E VISA
Menu 59 Z 110/165.

In Langerringen-Schwabmühlhausen *S : 9 km :*

Untere Mühle, Untere Mühle 1, ✉ 86853, ✆ (08248) 12 10, *Fax (08248) 7279,* – TV ☎ P – 50. AE E VISA
Aug. 2 Wochen geschl. – **Menu** à la carte 35/65 – **39 Z** 78/160.

SCHWÄBISCH GMÜND *Baden-Württemberg* 419 *T 13 – 63 000 Ew – Höhe 321 m – Wintersport : 400/781 m* 6.

Sehenswert : *Heiligkreuzmünster*★ **Z A.**

Verkehrsamt, Im Kornhaus, Kornhausstr. 14, ✉ 73525, ✆ (07171) 60 34 55, Fax (07171) 603459.

Berlin 582 ② – Stuttgart 56 ⑤ – Nürnberg 151 ② – Ulm (Donau) 68 ③.

SCHWÄBISCH GMÜND

Aalener Straße	Y	2	Kornhausstraße	Z	17
Augustinerstraße	Z	3	Ledergasse	Y	
Badmauer	YZ	4	Marktplatz	Y	21
Bahnhofstraße	Y	6	Münsterplatz	Z	22
Bocksgasse	Z	7	Rinderbacher Gasse	Y	24
Freudental	Y	8	Rosenstraße	YZ	25
Herlikofer Straße	Y	9	Türlensteg	Y	26
Hintere Schmiedgasse	Y	10	Turniergraben	Z	27
Hofstatt	YZ	12	Vordere Schmiedgasse	Y	28
Johannisplatz	Y	13	Waisenhausgasse	Y	29
Kalter Markt	Y				
Kappelgasse	Y	16			

Das Pelikan M, Türlensteg 9, ✉ 73525, ✆ (07171) 35 90, *Fax (07171) 359359* – 60. AE VISA JCB Y n
Menu *(Samstag, Sonn- und Feiertage geschl.)* à la carte 37/64 – **64 Z** 96/278.

Fortuna M garni, Hauberweg 4, ✉ 73525, ✆ (07171) 10 90, *Fax (07171) 109113*, – 20. AE VISA JCB Z s
115 Z 105/184.

Staufen garni, Pfeifergäßle 16, ✉ 73525, ✆ (07171) 6 20 85, *Fax (07171) 64517* – AE VISA YZ a
23. Dez. - 1. Jan. geschl. – **14 Z** 105/150.

Einhorn garni, Rinderbacher Gasse 10, ✉ 73525, ✆ (07171) 6 30 23, *Fax (07171) 61680* – AE VISA Y r
18 Z 103/156.

Fuggerei, Münstergasse 2, ✉ 73525, ✆ (07171) 3 00 03, *Fax (07171) 38382*, « Restauriertes Fachwerkhaus a.d. 14. Jh. » – – 100. VISA Z u
Dienstag und Aug. 2. Wochen geschl. – **Menu** à la carte 45/74.

Stadtgarten-Restaurant, Rektor-Klaus-Str. 9, ✉ 73525, ✆ (07171) 6 90 24, *Fax (07171) 68261*, Biergarten – – 450. AE VISA Z
Montag geschl. – **Menu** à la carte 39/59.

Brauerei-Gaststätte Kübele, Engelgasse 2, ✉ 73525, ✆ (07171) 6 15 94 – EY v
Sonntagabend - Montag und Aug. 3 Wochen geschl. – **Menu** à la carte 27/50.

In Schwäbisch Gmünd-Hussenhofen ② *: 4,5 km :*

Gelbes Haus, Hauptstr. 83, ✉ 73527, ✆ (07171) 8 23 97, *Fax (07171) 88368*, – Zim, AE VISA JCB
Menu *(Samstag und Aug. 3 Wochen geschl.)* à la carte 27/59 – **32 Z** 85/150.

In Schwäbisch Gmünd-Rechberg ④ *: 8 km – Luftkurort :*

Rad mit Zim, Hohenstaufenstr. 1, ✉ 73529, ✆ (07171) 4 28 20, *Fax (07171) 49115* – AE VISA
5. - 31 Jan. geschl. – **Menu** *(Montag geschl.)* à la carte 26/57 – **5 Z** 55/85.

In Schwäbisch Gmünd-Straßdorf ④ *: 4 km :*

Adler (mit Gästehaus), Einhornstr. 31, ✉ 73529, ✆ (07171) 4 10 41, *Fax (07171) 42678*, , – VISA. Zim
Menu *(Montagabend und Juli - Aug. 3 Wochen geschl.)* à la carte 30/63 – **22 Z** 68/165.

In Waldstetten *über* ③ *: 6 km :*

Sonnenhof, Lauchgasse 19, ✉ 73550, ✆ (07171) 94 77 70, *Fax (07171) 9477710*, Biergarten – AE VISA
Montag geschl. – **Menu** à la carte 42/68.

In Waldstetten-Weilerstoffel *über* ③ *S : 8 km :*

Hölzle , Waldstettener Str. 19, ✉ 73550, ✆ (07171) 4 00 50, *Fax (07171) 400531*, – Zim, VISA
Menu *(Dienstag und Feb. 2 Wochen geschl.)* à la carte 25/57 – **17 Z** 75/145.

In Böbingen a.d.R. ② *: 10 km :*

Schweizer Hof , Bürglestr. 11, ✉ 73560, ✆ (07173) 9 10 80 (Hotel) 31 33 (Rest.), *Fax (07173) 12841*, , (geheizt), – AE VISA
Menu à la carte 31/60 – **24 Z** 75/120.

SCHWÄBISCH HALL *Baden-Württemberg* 419 *S 13 – 35 000 Ew – Höhe 270 m.*

Sehenswert : *Marktplatz*★★ : *Rathaus*★ **R**, *Michaelskirche (Innenraum*★*)* **D** – *Kocherufer* ≤★ **F**.

Ausflugsziele : *Ehemaliges Kloster Groß-Comburg*★ : *Klosterkirche (Leuchter*★★★, *Antependium*★*) SO : 3 km – Hohenloher Freilandmuseum*★ *in Wackershofen*, ④ *: 5 km.*

Schwäbisch Hall-Dörrenzimmern (SO : 12 km), ✆ *(0791) 5 19 94.*

Tourist-Information, Am Markt 9, ✉ *74523,* ✆ *(0791) 75 12 46, Fax (0791) 751375.*

Berlin 551 ① – *Stuttgart 74* ④ – *Heilbronn 53* ① – *Nürnberg 138* ② – *Würzburg 107* ①.

Stadtplan siehe gegenüberliegende Seite

Hohenlohe, Weilertor 14, ✉ 74523, ✆ (0791) 7 58 70, *Fax (0791) 758784*, ≤, , Massage, , (geheizt), – Zim, – 80. AE VISA. Rest c
Menu à la carte 44/80 *(auch vegetarisches Menu)* – **103 Z** 159/288, 4 Suiten.

Der Adelshof, Am Markt 12, ✉ 74523, ✆ (0791) 7 58 90, *Fax (0791) 6036*, – – 70. AE VISA JCB e
Menu *(Sonntagabend - Montag geschl.)* à la carte 34/56 *(auch vegetarische Gerichte)* – **47 Z** 135/205.

SCHWÄBISCH HALL

Am Schuppach 2
Am Spitalbach 3
Badtorweg 4
Bahnhofstraße 5
Crailsheimer Straße 6
Gelbinger Gasse
Gymnasiumstraße 7
Hafenmarkt 8
Heilbronner Straße 10
Henkersbrücke 13
Im Weiler 14
Marktstraße 17
Neue Straße 18
Obere Herrngasse 19
Schwatzbühlgasse 21
Untere Herrngasse 23
Unterlimpurger Straße 24
Weilertor 25
Zollhüttengasse 26
Zwinger 28

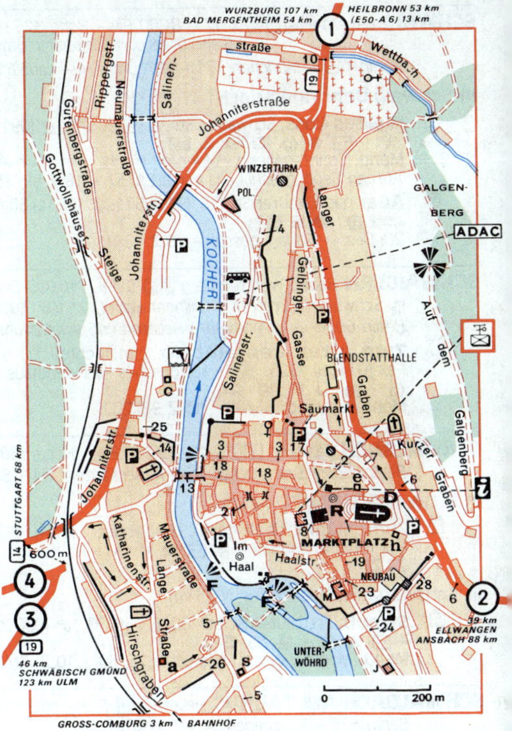

> Benutzen Sie auf Ihren Reisen in Europa die Michelin-Länderkarten 1:400 000 bis 1:1 000 000.
>
> Pour parcourir l'Europe, utilisez les cartes Michelin Grandes Routes 1/400 000 à 1/1 000 000.

Kronprinz, Bahnhofstr. 17, ✉ 74523, ☎ (0791) 9 77 00, *Fax (0791) 9770100,* – Zim, – 45. Zim — s
Menu à la carte 28/53 – **44 Z** 98/180.

Scholl garni, Klosterstr. 3, ✉ 74523, ☎ (0791) 9 75 50, *Fax (0791) 975580* – AE E VISA — h
32 Z 105/170.

Blauer Bock mit Zim, Lange Str. 53, ✉ 74523, ☎ (0791) 8 94 62, *Fax (0791) 856115,* – — a
Aug. - Sept. 2 Wochen geschl. – **Menu** *(Montag, Samstagmittag und der letzte Sonntag im Monat geschl.)* à la carte 38/58 – **4 Z** 80/130.

In Schwäbisch Hall-Hessental ② : 3 km :

Die Krone, Wirtsgasse 1, ✉ 74523, ☎ (0791) 9 40 30, *Fax (0791) 940384,* « Barocksaal », – Zim, – 150. AE E VISA
Menu à la carte 30/64 *(auch vegetarisches Menu)* – **87 Z** 139/218.

Wolf, Karl-Kurz-Str. 2, ✉ 74523, ☎ (0791) 93 06 60, *Fax (0791) 93066110* – 40. AE E VISA
Eisenbahn *(Samstagmittag, Montag und Feb. 1 Woche sowie Sept. 2 Wochen geschl.)*
Menu à la carte 45/96 – **27 Z** 95/165
Spez. Atlantic-Steinbuttfilet mit Kartoffelschuppen und Champagnerschaum. Keule vom Schwäbisch-Hällischen Jungschwein mit Gartenkräutern gebraten. Hohenloher Bauernente auf zwei Arten serviert.

Haller Hof, Schmiedsgasse 7, ✉ 74523, ☎ (0791) 4 07 20, *Fax (0791) 4072200* – 40. AE E VISA
Menu *(Sonn- und Feiertage geschl.)* (nur Abendessen) à la carte 30/58 – **45 Z** 92/155.

In Schwäbisch Hall-Weckrieden ② : 3 km :

Landgasthof Pflug, Weckriedener Str. 2, ✉ 74523, ☎ (0791) 93 12 30, *Fax (0791) 9312345,* Biergarten – 20. E VISA
Menu *(Montag geschl.)* à la carte 34/61 – **13 Z** 87/135.

SCHWAIG Bayern 419 420 R 17 – 8 200 Ew – Höhe 325 m.

Siehe Stadtplan Nürnberg (Umgebungsplan).

Berlin 429 – München 171 – Nürnberg 14 – Lauf 6,5.

In Schwaig-Behringersdorf :

Weißes Ross, Schwaiger Str. 2, ✉ 90571, ☎ (0911) 5 07 49 71, Fax (0911) 5075900, – TV ☎ P. AE ⓓ E VISA CS e
Menu (Sonntagabend - Montag, 1. - 12. Jan., nach Pfingsten 1 Woche und Mitte Aug. - Anfang Sept. geschl.) à la carte 21/57 – **18 Z** 89/130.

Auer garni, Laufer Str. 28, ✉ 90571, ☎ (0911) 50 62 80, Fax (0911) 5075865 – TV ☎ P. ⓓ E VISA CS n
20. Dez. - 10. Jan. geschl. – **16 Z** 70/150.

SCHWAIGERN Baden-Württemberg 419 S 11 – 10 000 Ew – Höhe 185 m.

Schwaigern-Stetten, Pfullinger Hof 1, ☎ (07138) 6 74 42.

Berlin 605 – Stuttgart 63 – Heilbronn 15 – Karlsruhe 61.

Zum Alten Rentamt mit Zim, Schloßstr. 6, ✉ 74193, ☎ (07138) 14 35, Fax (07138) 1325, , « Historisches Fachwerkhaus mit stilvoller Einrichtung » – TV ☎ P – 15. E VISA.
Menu à la carte 46/88 – **13 Z** 98/200.

SCHWALBACH Saarland 417 S 4 – 19 200 Ew – Höhe 160 m.

Berlin 726 – Saarbrücken 25 – Kaiserslautern 84 – Saarlouis 6.

In Schwalbach-Elm SO : 2 km :

Zum Mühlenthal garni, Bachtalstr. 214, ✉ 66773, ☎ (06834) 9 55 90, Fax (06834) 568511 – TV ☎ P
24 Z.

In Schwalbach-Hülzweiler N : 3 km :

Strauß, Fraulauterner Str. 50, ✉ 66773, ☎ (06831) 5 30 57, Fax (06831) 52911, – TV ☎ P – 35. E
Menu (Montag geschl.) à la carte 26/60 – **10 Z** 79/140.

SCHWALBACH AM TAUNUS Hessen 417 P 9 – 14 200 Ew – Höhe 135 m.

Berlin 570 – Wiesbaden 34 – Frankfurt 12.

Am Rathaus garni, Marktplatz 7, ✉ 65824, ☎ (06196) 88 15 10, Fax (06196) 8815150 – TV ☎. AE ⓓ E VISA
42 Z 135/240.

SCHWALBACH, BAD Hessen 417 P 8 – 10 000 Ew – Höhe 330 m – Heilbad.

Verkehrsbüro in der Kurverwaltung, Am Kurpark 1, ✉ 65307, ☎ (06124) 50 20, Fax (06124) 502464.

Berlin 588 – Wiesbaden 18 – Koblenz 58 – Limburg an der Lahn 36 – Lorch am Rhein 32 – Mainz 27.

Café Lutz , Parkstr. 2, ✉ 65307, ☎ (06124) 1 20 71, Fax (06124) 8620, – TV ☎ P. E
Menu (Dienstag geschl.) à la carte 26/39 – **23 Z** 65/140 – ½ P 15.

In Hohenstein (Oberdorf) N : 7 km, 5 km über die B 54 dann links ab :

Waffenschmiede mit Zim, Burgstr. 12 (in der Burg Hohenstein), ✉ 65329, ☎ (06120) 57 72, Fax (06120) 5072, ≤, – TV ☎ P. AE ⓓ E VISA
Jan. - Mitte Feb. geschl. – **Menu** (Montag - Dienstag geschl.) à la carte 35/58 – **8 Z** 90/170 – ½ P 40.

SCHWALMSTADT Hessen 417 N 11 – 18 000 Ew – Höhe 220 m.

Verkehrsbüro der Schwalm, Paradeplatz (Ziegenhain), ✉ 34613, ☎ (06691) 7 12 12, Fax (06691) 5776.

Berlin 436 – Wiesbaden 154 – Kassel 64 – Bad Hersfeld 41 – Marburg 43.

In Schwalmstadt-Ziegenhain :

Zum Südbahnhof, Ascheröder Str. 1, ✉ 34613, ☎ (06691) 92 99 46, – P. AE E
Montag geschl. – **Menu** (wochentags nur Abendessen) à la carte 39/69.

Rosengarten mit Zim, Muhlystr. 3 (B 254), ✉ 34613, ☎ (06691) 9 47 00, Fax (06691) 947030, (Fachwerkhaus a.d.J. 1620 mit Hotelanbau), – TV ☎ P – 120. AE ⓓ E VISA
Menu (Montag geschl.) à la carte 30/61 – **9 Z** 75/110.

SCHWALMTAL *Nordrhein-Westfalen* 417 *M 2 – 15 000 Ew – Höhe 60 m.*
Berlin 605 – Düsseldorf 46 – Köln 77 – Roermond 25 – Venlo 22.

In Schwalmtal-Amern :

Mühlrather Mühle, Am Hariksee, ✉ 41366, ✆ (02163) 23 32, *Fax (02163) 1211,* « Mühle a. d. J. 1447 » – TV ☎ P. AE D E VISA
Menu à la carte 33/65 – **15 Z** 98/185.

SCHWANAU *Baden-Württemberg* 419 *U 7 – 5 000 Ew – Höhe 150 m.*
Berlin 761 – Stuttgart 164 – Karlsruhe 90 – Freiburg im Breisgau 50 – Strasbourg 44.

In Schwanau-Ottenheim :

Erbprinzen, Schwarzwaldstr. 5, ✉ 77963, ✆ (07824) 24 42, *Fax (07824) 4529,* (Badischer Landgasthof a.d. 17. Jh.) – P. AE D E VISA
Menu *(Montag sowie Feb. und Nov. jeweils 2 Wochen geschl.)* à la carte 30/59 – **16 Z** 46/129.

Eine Karte aller Orte mit
Menu, ✲, ✲✲ *oder* ✲✲✲ *finden Sie in der Einleitung.*

SCHWANDORF *Bayern* 420 *S 20 – 20 000 Ew – Höhe 365 m.*
Berlin 452 – München 167 – Regensburg 44 – Nürnberg 83 – Weiden in der Oberpfalz 46.

Zur Schwefelquelle, An der Schwefelquelle 12, ✉ 92421, ✆ (09431) 7 14 70, *Fax (09431) 714740,* – TV ☎ P – 50. AE D E VISA
Menu *(Dienstag und 27. Aug. - 6. Sept. geschl.)* à la carte 23/52 – **23 Z** 68/125.

SCHWANGAU *Bayern* 419 420 *X 16 – 3 700 Ew – Höhe 800 m – Heilklimatischer Kurort – Wintersport : 830/1 720 m 1 4.*
Ausflugsziele : *Schloß Neuschwanstein★★★ ≤★★★, S : 3 km – Schloß Hohenschwangau★ S : 4 km – Alpsee★ : Pindarplatz ≤★, S : 4 km.*
Kurverwaltung, Rathaus, ✉ *87645,* ✆ *(08362) 81 98 31, Fax (08362) 819825.*
Berlin 656 – München 116 – Kempten (Allgäu) 47 – Füssen 3 – Landsberg am Lech 60.

Weinbauer, Füssener Str. 3, ✉ 87645, ✆ (08362) 98 60, *Fax (08362) 986113* – TV ☎ P. E VISA
6. Jan. - 13. Feb. geschl. – **Menu** *(Mittwoch, Nov. - April auch Donnerstag geschl.)* à la carte 28/54 – **40 Z** 58/124 – ½ P 20.

Schwanstein, Kröb 2, ✉ 87645, ✆ (08362) 9 83 90, *Fax (08362) 983961,* Biergarten – TV ☎ P. AE D E VISA
Menu à la carte 24/55 – **31 Z** 80/180.

Hanselewirt, Mitteldorf 13, ✉ 87645, ✆ (08362) 82 37, *Fax (08362) 81738* – P
März - April 2 Wochen und Nov. geschl. – **Menu** *(Mittwoch geschl.)* à la carte 28/46 – **12 Z** 53/96.

Post, Münchener Str. 5, ✉ 87645, ✆ (08362) 9 82 18, *Fax (08362) 982155* – ☎ P. AE D E VISA JCB
20. Nov. - 15. Dez. geschl. – **Menu** *(Montag, Okt.- Ostern auch Dienstag geschl.)* à la carte 26/61 – **30 Z** 65/160 – ½ P 20.

In Schwangau-Brunnen :

Martini garni, Seestr. 65, ✉ 87645, ✆ (08362) 82 57, *Fax (08362) 88177,* ≤ – TV P
März - April 2 Wochen und Nov. geschl. – **13 Z** 60/120.

In Schwangau-Hohenschwangau :

Müller, Alpseestr. 16, ✉ 87645, ✆ (08362) 8 19 90, *Fax (08362) 819913,* « Terrasse mit ≤ » – Zim, TV P – 25. AE D E VISA JCB
Menu (bemerkenswerte Weinkarte) à la carte 36/95 – **45 Z** 140/280 – ½ P 35.

Schloßhotel Lisl (mit **Jägerhaus**), Neuschwansteinstr. 1, ✉ 87645, ✆ (08362) 88 70, *Fax (08362) 81107,* ≤, – Zim, TV ☎ P – 25. AE D E VISA JCB
Menu à la carte 29/78 – **47 Z** 128/356 – ½ P 29.

Alpenhotel Meier, Schwangauer Str. 37, ✉ 87645, ✆ (08362) 8 11 52, *Fax (08362) 987028,* – P
Menu *(Dienstag und Nov. 3 Wochen geschl.)* à la carte 36/56 – **15 Z** 78/140 – ½ P 25.

In Schwangau-Horn :

Rübezahl, Am Ehberg 31, ✉ 87645, (08362) 83 27, *Fax (08362) 81701*, «Gemütlich-rustikale Einrichtung», *Mitte Nov. - Anfang Dez. geschl.* – **Menu** *(Mittwoch geschl.)* à la carte 39/75 – **35 Z** 90/190 – ½ P 33.

Helmerhof, Frauenbergstr. 9, ✉ 87645, (08362) 80 69, *Fax (08362) 8437*, *12. - 29. April geschl.* – **Menu** *(Nov. - April Donnerstag geschl.)* à la carte 30/52 – **37 Z** 73/158.

In Schwangau-Waltenhofen :

Gasthof am See, Forggenseestr. 81, ✉ 87645, (08362) 9 30 30, *Fax (08362) 930339*, *Mitte Nov. - Mitte Dez. geschl.* – **Menu** *(Dienstag geschl.)* à la carte 27/50 – **20 Z** 67/134 – ½ P 22.

Café Gerlinde garni, Forggenseestr. 85, ✉ 87645, (08362) 82 33, *Fax (08362) 8486*, *12. - 29. April und Nov. - 20. Dez. geschl.* – **19 Z** 65/150.

Haus Kristall garni, Kreuzweg 24, ✉ 87645, (08362) 85 94, *Fax (08362) 88126*, Massage, *10. Nov. - 15. Dez. geschl.* – **11 Z** 52/104.

SCHWANHEIM *Rheinland-Pfalz siehe Hauenstein.*

SCHWANTE *Brandenburg* 416 *H 23 – 1 100 Ew – Höhe 40 m.*

Berlin 36 – Potsdam 51.

Villa Artur, Gemeinschaftsweg 16 (O : 1,5 km), ✉ 16727, (033055) 98 30, *Fax (033055) 98330*, Zim, Rest **Menu** *(Montag geschl.)* (Dienstag - Freitag nur Abendessen) à la carte 47/91 – **13 Z** 120/175.

SCHWARMSTEDT *Niedersachsen* 415 416 417 418 *H 12 – 4 300 Ew – Höhe 30 m – Erholungsort.*

Tourist-Information, Bahnhofstr. 15, ✉ 29690, (05071) 86 88, Fax (05071) 8689.

Berlin 310 – Hannover 51 – Bremen 88 – Celle 33 – Hamburg 118.

Bertram, Moorstr. 1, ✉ 29690, (05071) 80 80, *Fax (05071) 80845*, Zim, 80. **Menu** à la carte 33/75 – **37 Z** 100/200 – ½ P 40.

In Schwarmstedt-Bothmer *NW : 3 km :*

Gästehaus Schloß Bothmer, Alte Dorfstr. 15, ✉ 29690, (05071) 30 38, *Fax (05071) 3039*, «Park», **Menu** *(Montag geschl.)* (wochentags nur Abendessen) à la carte 37/61 – **9 Z** 150/280.

An der Straße nach Ostenholz *NO : 8 km :*

Heide-Kröpke, Esseler Damm 1, ✉ 29690 Essel, (05167) 97 90, *Fax (05167) 979291*, Zim, 60. Rest **Menu** à la carte 41/80 *(auch vegetarisches Menu)* – **62 Z** 125/230, 9 Suiten – ½ P 38.

SCHWARTAU, BAD *Schleswig-Holstein* 415 416 *E 16 – 20 000 Ew – Höhe 10 m – Heilbad.*

Tourist-Information, Eutiner Ring 12, ✉ 23611, (0451) 2 00 02 42, Fax (0451) 2000202.

Berlin 274 – Kiel 72 – Lübeck 16 – Schwerin 73 – Oldenburg in Holstein 50.

Waldhotel Riesebusch, Sonnenweg 1, ✉ 23611, (0451) 29 30 50, *Fax (0451) 283646*, 30. Zim **Menu** *(Donnerstag geschl.)* à la carte 38/66 – **25 Z** 100/170 – ½ P 30.

Elisabeth, Elisabethstr. 4, ✉ 23611, (0451) 2 17 81, *Fax (0451) 283850*, 40. **Menu** *(Sonntagabend geschl.)* 14 (mittags) und à la carte 31/58 – **23 Z** 105/175 – ½ P 26.

Haus Magdalene garni, Lübecker Str. 69, ✉ 23611, ✆ (0451) 28 99 90, *Fax (0451) 2899920,* – . *VISA* JCB
23. Dez. - 3. Jan. geschl. – **10 Z** 80/130.

Olive, Am Kurpark 3 (in der Holstein-Therme), ✉ 23611, ✆ (0451) 28 36 82,
Montag geschl. – **Menu** à la carte 43/71.

SCHWARZACH *Bayern* 419 420 *Q 14 – 3 100 Ew – Höhe 200 m.*

Berlin 471 – München 255 – Würzburg 28 – Bamberg 47 – Gerolzhofen 9 – Schweinfurt 35.

Im Ortsteil Münsterschwarzach :

Zum Benediktiner garni, Weideweg 7, ✉ 97359, ✆ (09324) 91 20, *Fax (09324) 912900,* – – 60. *VISA*
22. - 25. Dez. geschl. – **45 Z** 98/150.

Gasthaus zum Benediktiner, Schweinfurter Str. 31, ✉ 97359, ✆ (09324) 9 97 98, *Fax (09324) 99799,* – . *VISA*
22. - 25. Dez. geschl. – **Menu** à la carte 32/60.

Im Ortsteil Stadtschwarzach :

Schwab's Landgasthof, Bamberger Str. 4, ✉ 97359, ✆ (09324) 12 51, *Fax (09324) 5291,* –
Menu *(Montagabend - Dienstag sowie Feb. und Aug. jeweils 2 Wochen geschl.)* à la carte 27/60 – **11 Z** 70/120.

SCHWARZENBACH AM WALD *Bayern* 418 420 *P 18 – 6 500 Ew – Höhe 667 m – Wintersport :* .

Ausflugsziel : Döbraberg : Aussichtsturm ★, SO : 4 km und 25 min. zu Fuß.
Berlin 320 – München 283 – Coburg 65 – Bayreuth 54 – Hof 24.

In Schwarzenbach-Gottsmannsgrün *SW : 3 km :*

Zum Zegasttal, ✉ 95131, ✆ (09289) 14 06, *Fax (09289) 6807,* – .
Menu *(Mittwoch geschl.)* à la carte 21/56 – **13 Z** 50/110 – ½ P 17.

In Schwarzenbach - Schübelhammer *SW : 7 km :*

Zur Mühle, an der B 173, ✉ 95131, ✆ (09289) 4 24, *Fax (09289) 6717,* , , –
23. Nov. - 12. Dez. geschl. – **Menu** *(Dienstag geschl.)* à la carte 22/53 – **19 Z** 65/120 – ½ P 15.

In Schwarzenbach - Schwarzenstein *SW : 2 km :*

Rodachtal, Zum Rodachtal 15, ✉ 95131, ✆ (09289) 2 39, *Fax (09289) 203,* , – – 30
Mitte Okt. - Mitte Nov. geschl. – **Menu** *(Montag geschl.)* à la carte 20/47 – **23 Z** 60/120 – ½ P 18.

SCHWARZENBACH AN DER SAALE *Bayern* 418 420 *P 19 – 8 000 Ew – Höhe 504 m.*

Berlin 328 – München 278 – Hof 11 – Bayreuth 50 – Nürnberg 131.

Jean-Paul Hotel, Ludwigstr. 13, ✉ 95126, ✆ (09284) 80 70, *Fax (09284) 80777,* , – , Zim, – 80. *VISA*
Zur Sonne : **Menu** à la carte 35/54 – **62 Z** 109/160.

SCHWARZENBERG *Sachsen* 418 420 *O 22 – 19 000 Ew – Höhe 427 m.*

Schwarzenberg-Information, Oberes Tor 5, ✉ 08340, ✆ (03774) 2 25 40. Fax (03774) 22540.
Berlin 300 – Dresden 125 – Chemnitz 41 – Chomutov 76 – Karlovy Vary 60 – Zwickau 36.

Neustädter Hof, Grünhainer Str. 24, ✉ 08340, ✆ (03774) 12 50, *Fax (03774) 125500,* Biergarten, – , Zim, Rest, – 60. *VISA*. Rest
Menu à la carte 32/58 – **74 Z** 115/179.

Ratskeller, Markt 1, ✉ 08340, ✆ (03774) 1 55 70, *Fax (03774) 1557158* – – 40
12 Z.

In Bermsgrün *S : 4 km :*

Am Hohen Hahn , Gemeindestr. 92, ✉ 08340, ✆ (03774) 13 10, *Fax (03774) 131150,* , , , , – – 20. *VISA*
Menu à la carte 27/60 – **46 Z** 115/180.

SCHWARZENFELD *Bayern* 420 *R 20 – 6 000 Ew – Höhe 363 m.*
Kemnath bei Fuhrn (SO : 9 km), ✆ (09439) 4 66.
Berlin 443 – München 175 – Weiden in der Oberpfalz 38 – Nürnberg 82 – Regensburg 53.

Schloss Schwarzenfeld, Schloss Str. 13, ✉ 92521, ✆ (09435) 55 50, *Fax (09435) 555199,* « Renoviertes kleines Schloß mit Hotelanbau », – Zim, – 80. Rest
Menu à la carte 46/75 – **88 Z** 130/280.

In Fensterbach-Wolfringmühle *W : 7,5 km :*

Wolfringmühle, ✉ 92269, ✆ (09438) 9 40 20, *Fax (09438) 940280,* Biergarten, – – 100.
Menu à la carte 22/50 – **53 Z** 68/110.

SCHWARZHEIDE *Brandenburg* 418 *L 25 – 9 000 Ew – Höhe 100 m.*
Berlin 143 – Potsdam 160 – Cottbus 56 – Dresden 56 – Görlitz 101.

Treff Page Hotel, Ruhlander Str. 75, ✉ 01987, ✆ (035752) 8 40, *Fax (035752) 84100,* – Zim, – 50.
Menu à la carte 30/52 – **135 Z** 145/230.

SCHWARZWALDHOCHSTRASSE *Baden-Württemberg* 419 *U 8 – 50 km lange Höhenstraße★★★ von Baden-Baden bis Freudenstadt – Wintersport : 700/1 166 m 21.*

SCHWARZWALDHOCHSTRASSE

□ *Waldblick*	Einsam gelegenes Hotel
■	Einsam gelegenes Restaurant
○ FORBACH	Ort mit Unterkunftsmöglichkeiten
□ *Waldblick*	Hôtel isolé
■	Restaurant isolé
○ FORBACH	Localité à ressources hôtelières
□ *Waldblick*	Isolated hotel
■	Isolated restaurant
○ FORBACH	Town with hotels or restaurants
□ *Waldblick*	Albergo isolato
■	Ristorante isolato
○ FORBACH	Localitá con risorse alberghiere

Halten Sie beim Betreten des Hotels oder des Restaurants den Führer in der Hand. Sie zeigen damit, daß Sie aufgrund dieser Empfehlung gekommen sind.

Michelin hängt keine Schilder an die empfohlenen Hotels und Restaurants.

Michelin n'accroche pas de panonceau aux hôtels et restaurants qu'il signale.

Michelin puts no plaque or sign on the hotels and restaurants mentioned in this Guide.

Michelin non applica targhe pubblicitarie agli alberghi e ristoranti segnalati in guida.

Hotels siehe unter : **Baiersbronn, Bühl, Seebach und Freudenstadt**

SCHWEDT *Brandenburg* **416** *G 26 – 46 000 Ew – Höhe 15 m.*

Fremdenverkehrsverein, Lindenallee 36, ✉ 16303, ☎ (03332) 2 55 90, Fax (03332) 255959.

Berlin 100 – Potsdam 136 – Neubrandenburg 98 – Szczecin 87.

Turm-Hotel, Heinersdorfer Damm 1, ✉ 16303, ☎ (03332) 44 30, *Fax (03332) 443299* – Zim, – 70.
Menu à la carte 24/43 – **34 Z** 118/160.

Andersen garni, Gartenstr. 9, ✉ 16303, ☎ (03332) 52 47 48, *Fax (03332) 524750* – – 40.
32 Z 130/170.

Stadtpark Hotel, Bahnhofstr. 3, ✉ 16303, ☎ (03332) 5 37 60, *Fax (03332) 537631* – .
Menu *(Sonntagabend geschl.)* à la carte 26/40 – **18 Z** 90/150.

In Zützen *SW : 4 km :*

Oder-Hotel, Apfelallee 2 (an der B 2), ✉ 16306, ☎ (03332) 26 60, *Fax (03332) 266266,* , – Zim, – 35.
Menu à la carte 26/45 – **33 Z** 90/185.

IATEL, Apfelallee 1 (an der B 2), ✉ 16306 Zützen, ☎ (03332) 51 63 97, *Fax (03332) 516400,* , – Zim, .
Menu à la carte 27/46 – **30 Z** 95/130.

SCHWEICH *Rheinland-Pfalz* **417** *Q 4 – 6 200 Ew – Höhe 125 m.*

Verkehrsamt, Brückenstr. 26 (Rathaus), ✉ 54338, ☎ (06502) 40 71 17, Fax (06502) 407180.

Berlin 706 – Mainz 149 – Trier 18 – Bernkastel-Kues 36 – Wittlich 24.

Zur Moselbrücke, Brückenstr. 1, ✉ 54338, ☎ (06502) 9 19 00, *Fax (06502) 919091,* , – – 25.
19. Dez. - 18. Jan. geschl. – **Menu** *(Nov. - April Donnerstag geschl.)* à la carte 30/62 – **24 Z** 80/150.

SCHWEIGEN-RECHTENBACH *Rheinland-Pfalz* **419** *S 7 – 1 300 Ew – Höhe 220 m.*

Berlin 690 – Mainz 162 – Karlsruhe 45 – Landau in der Pfalz 21 – Pirmasens 47 – Wissembourg 4.

Am deutschen Weintor garni, Bacchusstr. 1 (B 38, Rechtenbach), ✉ 76889, ☎ (06342) 73 35, *Fax (06342) 6287* –
16 Z 70/130.

SCHWEINFURT *Bayern* **420** *P 14 – 55 000 Ew – Höhe 226 m.*

Schweinfurt-Information, Brückenstr. 14, Rathaus, ✉ 97421, ☎ (09721) 5 14 98, Fax (09721) 51605.

ADAC, *Rückertstr. 17, ✉ 97421, ☎ (09721) 2 22 62, Fax (09721) 21596.*

Berlin 456 ② – München 287 ② – Würzburg 51 ② – Bamberg 57 ① – Erfurt 156 ⑤ – Fulda 85 ④.

Stadtplan siehe nächste Seite

Roß, Postplatz 9, ✉ 97421, ☎ (09721) 2 00 10, *Fax (09721) 200113,* , , – , Zim, . Z r
21. Dez. - 10. Jan. geschl. – **Menu** *(Montagmittag sowie Sonn- und Feiertage geschl.)* à la carte 28/55 – **54 Z** 110/230.

Primula, Friedrich-Rätzer-Str. 11 (Gewerbegebiet-Süd), ✉ 97424, ☎ (09721) 77 90, *Fax (09721) 779200,* – – 35. über ③
Menu *(Samstag - Sonntag geschl.)* à la carte 28/53 – **62 Z** 130/145.

Zum Grafen Zeppelin, Cramerstr. 7, ✉ 97421, ☎ (09721) 2 21 73, *Fax (09721) 25472* – . Z u
Menu *(Sonntagabend geschl.)* à la carte 24/48 – **25 Z** 61/140.

In Schweinfurt-Bergl *über Hauptbahnhofstraße Z :*

Am Bergl garni, Berliner Platz 1, ✉ 97424, ☎ (09721) 93 60, *Fax (09721) 93699* – .
42 Z 100/170.

In Bergrheinfeld ③ *: 5 km :*

Weißes Roß (mit Gästehaus), Hauptstr. 65 (B 26), ✉ 97493, ☎ (09721) 78 97 00, *Fax (09721) 789789,* – – 50
Ende Dez. - Anfang Jan. und Aug. 3 Wochen geschl. – **Menu** *(Montag und Juni - Juli Sonntagabend geschl.)* à la carte 23/53 – **55 Z** 60/130.

SCHWEINFURT

Albrecht-Dürer-Platz . . Z 2
Am Oberen Marienbach Y 3
Am Zeughaus . . . . . . Y 4
Bauerngasse . . . . Y 5
Brückenstraße . . . . . . Z 6
Fischerrain . . . . Z 7
Hohe Brückengasse . . Z 10
Jägersbrunnen . . . . . . Z 12
Kesslergasse . . . . Z 13
Ludwigsbrücke . . . . . . Z 15
Mainberger Straße . . . . Y 17
Manggasse . . . . Z 18

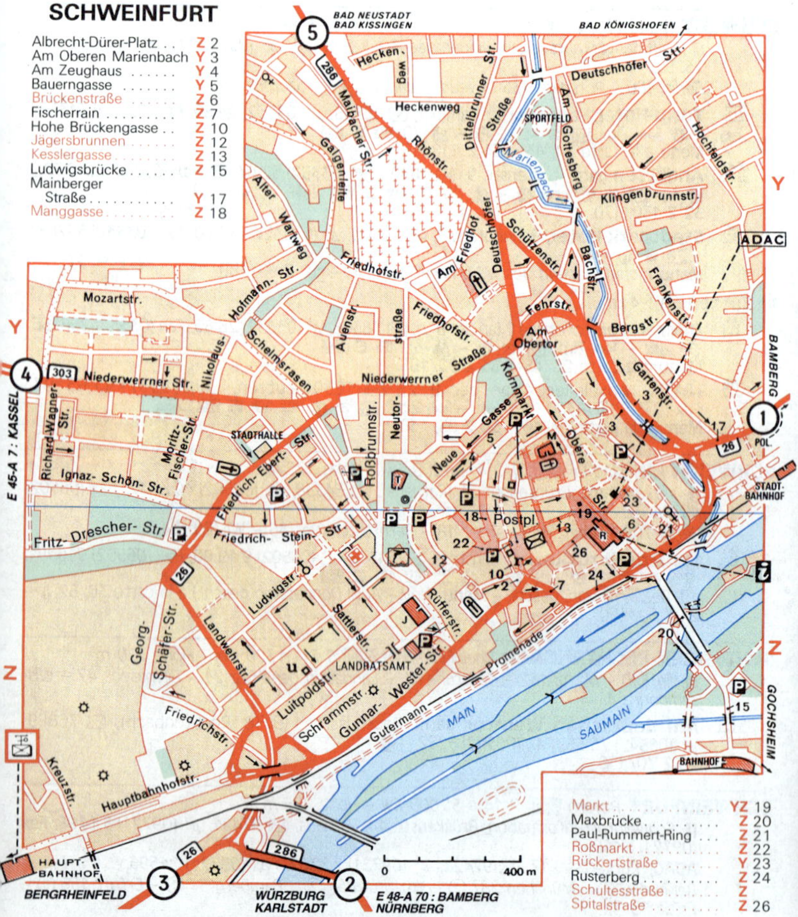

Markt . . . . YZ 19
Maxbrücke . . . . Z 20
Paul-Rummert-Ring . . . Z 21
Roßmarkt . . . . Z 22
Rückertstraße . . . . Y 23
Rusterberg . . . . Z 24
Schultesstraße . . . . . . Z
Spitalstraße . . . . Z 26

Per spostarvi più rapidamente utilizzate le ***carte Michelin "Grandi Strade" :***
n° 970 Europa, n° 976 Rep. Ceca-Slovacchia, n° 980 Grecia,
n° 984 Germania,
n° 985 Scandinavia-Finlandia, n° 986 Gran Bretagna-Irlanda,
n° 987 Germania-Austria-Benelux, n° 988 Italia, n° 989 Francia,
n° 990 Spagna-Portogallo, n° 991 Jugoslavia.

SCHWEITENKIRCHEN *Bayern* 419 420 *U 18 – 4 300 Ew – Höhe 537 m.*
Berlin 542 – München 46 – Regensburg 81 – Augsburg 70 – Landshut 60.

In Schweitenkirchen-Aufham *S : 5 km, ab Autobahnausfahrt Richtung Kirchdorf :*

Landgasthof Weiß (mit Gästehaus), Otterbachstr. 42, ✉ 85301, ☎ (08444) 8 04, *Fax (08444) 91129,* – TV P. Rest
Aug. - Sept. 3 Wochen geschl. – **Menu** *(Dienstag geschl.)* à la carte 21/35 – **13 Z** 45/75.

In Geisenhausen *NW : 5 km :*

Rasthaus Holledau, An der A 9 (W : 1 km), ✉ 85301, ☎ (08441) 80 10, *Fax (08441) 801498,* , – , Zim, TV ☎ & P – 40. AE E VISA
Menu à la carte 30/55 – **92 Z** 125/180.

SCHWELM *Nordrhein-Westfalen* 417 *M 5 – 31 200 Ew – Höhe 220 m.*

Berlin 522 – Düsseldorf 50 – Hagen 16 – Wuppertal 9.

Wilzbach, Obermauerstr. 11, ✉ 58332, ☏ (02336) 9 19 00, *Fax (02336) 919099,* « Geschmackvolle, individuelle Einrichtung » – |‡|, ⇆ Zim, TV ☏ P – 🏛 25. AE ⓓ E VISA
24. Dez. - 1. Jan. geschl. – ***Carstens*** *(Samstagmittag sowie Sonn- und Feiertage geschl.)* Menu à la carte 54/90 – **39 Z** 147/272.

Haus Wünsche garni, Göckinghofstr. 47, ✉ 58332, ☏ (02336) 8 20 30, *Fax (02336) 82126,* ←, ≘s, – TV ☏ ⇐ P – 🏛 25. ⓓ E VISA
23. Dez. - 8. Jan. und Juli - Aug. 3 Wochen geschl. – **19 Z** 110/160.

SCHWENDI *Baden-Württemberg* 419 420 *V 13 – 5 300 Ew – Höhe 530 m.*

Berlin 645 – Stuttgart 127 – Konstanz 138 – Ravensburg 67 – Ulm (Donau) 35 – Memmingen 36.

Oberschäbischer Hof M, Hauptstraße 9, ✉ 88477, ☏ (07353) 9 84 90, *Fax (07353) 9849200,* , ≘s – |‡|, ⇆ Zim, TV ☏ ♿ ⇐ P – 🏛 100. ⓓ E VISA JCB
Menu *(Sonntagabend geschl.)* à la carte 47/89 – **32 Z** 115/168.

SCHWEPNITZ *Sachsen* 418 *L 25 – 2 700 Ew – Höhe 180 m.*

Berlin 163 – Dresden 42 – Kamenz 20 – Cottbus 63.

Büka-Ambiente , Industriestr. 1, ✉ 01936, ☏ (035797) 6 61 93, *Fax (035797) 66192,* ≘s – ⇆ Zim, TV ☏ P – 🏛 40. ⓓ E VISA. ⚘
Menu à la carte 21/32 – **20 Z** 98/145.

SCHWERIN L *Mecklenburg-Vorpommern* 416 *F 18 – 116 000 Ew – Höhe 43 m.*

Sehenswert : *Schloß-Insel★★ (Schloß★ mit Thronsaal★, Schloßkapelle★, Schloßgarten★) – Dom★ – Staatliches Museum★.*

Ausflugsziel : *Ludwigslust : Schloß und Park★ S : 36 km.*

ℹ *Schwerin-Information, Am Markt 10, ✉ 19055, ☏ (0385) 5 92 52 12, Fax (0385) 555094.*

ADAC, *Lübecker Str. 18, ✉ 19053, ☏ (0385) 5 90 52 20, Fax (0385) 5905216.*

Berlin 203 – Lübeck 67 – Rostock 89.

Stadtpläne siehe nächste Seiten

Crowne Plaza M, Bleicher Ufer 23, ✉ 19053, ☏ (0385) 5 75 50, *Fax (0385) 5755777,* , Massage, , , ≘s – |‡|, ⇆ Zim, ▤ TV ☏ ♿ ⇐ – 🏛 150. AE ⓓ E VISA JCB
Menu à la carte 42/57 – **100 Z** 209/278. AZ n

InterCityHotel M, Grunthalplatz 5, ✉ 19053, ☏ (0385) 5 95 00, *Fax (0385) 5950999* – |‡|, ⇆ Zim, TV ☏ ♿ – 🏛 120. AE ⓓ E VISA BX s
Menu *(Sonntagabend geschl.)* à la carte 33/47 – **180 Z** 180/220.

Elefant, Goethestr. 39, ✉ 19053, ☏ (0385) 5 30 70, *Fax (0385) 5307155,* – |‡|, ⇆ Zim, TV ☏ P – 🏛 120. AE ⓓ E VISA BZ a
Menu à la carte 28/55 – **33 Z** 130/160.

An den Linden garni, Franz-Mehring-Str. 26, ✉ 19053, ☏ (0385) 51 20 84, *Fax (0385) 512281,* ≘s – |‡| TV ☏ P. AE ⓓ E VISA BY t
12 Z 125/175.

Mercure garni, Wismarsche Str. 107, ✉ 19053, ☏ (0385) 5 95 50, *Fax (0385) 595559* – |‡|, ⇆ Zim, TV ☏ P – 🏛 20. AE ⓓ E VISA BY e
47 Z 148/196.

Hospiz am Pfaffenteich garni, Gaußstr. 19, ✉ 19055, ☏ (0385) 56 56 06, *Fax (0385) 569613* – TV ☏ P BX z
15 Z 110/130.

Am Fliederberg garni, Lübecker Str. 253 (B 104), ✉ 19059, ☏ (0385) 71 48 96, *Fax (0385) 734337* – TV ☏ T x
17 Z 85/135.

Pück, Puschkinstr. 37, ✉ 19055, ☏ (0385) 56 32 53, *Fax (0385) 563253,* BY v
Samstagmittag und Sonntag geschl. – Menu à la carte 45/68.

In Schwerin-Görries :

Am Heidberg garni, Rogahner Str. 20, ✉ 19061, ☏ (0385) 64 66 40, *Fax (0385) 6466440,* – TV ☏ P. E VISA U e
10 Z 98/146.

In Schwerin-Großer Dreesch *SO : 4 km :*

Plaza M, Am Grünen Tal, ✉ 19063, ✆ (0385) 3 99 20, *Fax (0385) 3992188*, – Zim, P – 65. AE E VISA JCB — V z
Menu à la carte 43/60 – **78 Z** 183/250.

In Schwerin-Krebsförden *S : 4 km :*

Arte, Dorfstr. 6, ✉ 19061, ✆ (0385) 6 34 50, *Fax (0385) 6345100*, , – Zim, P – 30. AE E VISA JCB — V a
Menu à la carte 46/54 – **40 Z** 187/266.

Astron M, Zum Schulacker 1, ✉ 19061, ✆ (0385) 6 37 00, *Fax (0385) 6370500*, , – Zim, Rest, P – 160. AE E VISA JCB — V t
Menu à la carte 35/50 – **146 Z** 160/200.

De Schün garni, Dorfstr. 16, ✉ 19061, ✆ (0385) 64 61 20, *Fax (0385) 6461240*, – P. E. — V n
17 Z 95/140.

In Schwerin-Mueß *SO : 7 km :*

Zur Mueßer Bucht, Mueßer Bucht 1, ✉ 19063, ✆ (0385) 64 45 00, *Fax (0385) 6445044*, Biergarten, – P – 80. AE E VISA. Zim — V s
Menu à la carte 27/46 – **20 Z** 90/150.

SCHWERIN

Am Grünen Tal . . . . V 4
An den Wadehängen . . . . . U 7
An der Crivitzer Chaussee . . . . . . UV 9
Dorfstraße . . . . V 22
Hagenower Chaussee . . . . . V 36
Hamburger Allee . . . . V 37
Hauptstraße . . . . T 39
Johannes-Stelling-Straße . . . . U 49
Lennestraße . . . . U 58
Medeweger Straße . . . . T 67
Möwenburgstraße . . . . T 69
Neumühler Straße . . . . U 72
Pampower Straße . . . . V 73
Paulsdammer Weg . . . . T 75
Ratzeburger Straße . . . . T 79
Rogahner Straße . . . . U 87
Schloßgartenallee . . . . U 91
Seehofer Straße . . . . T 97
Vor dem Wittenburger Tor . . . . U 103
Waldschulenweg . . . . U 105
Werkstraße . . . . V 106
Wickendorfer Straße . . . . . . T 109
Wismarsche Straße . . . . T 112
Wittenfördener Straße . . . . . U 113

SCHWERIN

Alter Garten	CY	3
Apothekerstraße	BXY	10
Bäckerstraße	AY	12
Beethovenstraße	AX	13
Bischofstraße	BY	15
Bornhövedstraße	CX	16
Bürgerm.-Bade-Platz	BX	18
Demmlerplatz	AY	19
Demmlerstraße	AZ	21
Dr.-Külz-Straße	AX	24
Enge Straße	BY	25
Franz-Mehring-Straße	ABY	27
Friedrichstraße	BY	28
Fritz-Reuter-Straße	AY	30
Gaußstraße	BXY	31
Große Wasserstraße	AZ	33
Grunthalplatz	BX	34
Heinrich-Mann-Straße	BZ	40
Helenenstraße	BY	42
Hermannstraße	BZ	43
Hospitalstraße	CX	45
Jägerweg	BZ	46
Jahnstraße	CY	48
Johannes-Stelling-Straße	BZ	49
Johannesstraße	AY	52
Jungfernstieg	AY	53
Karl-Liebknecht-Platz	AZ	54
Kirchenstraße	CY	55
Kleiner Moor	CY	57
Lennéstraße	CZ	58
Lobedanzgang	BY	61
Löwenplatz	AX	63
Max-Suhrbier-Straße	AX	64
Mecklenburgstraße	BYZ	66
Müllerstraße	AY	70
Platz der Freiheit	AX	76
Puschkinstraße	BY	78
Reutzstraße	BX	81
Richard-Wagner-Straße	AY	82
Ritterstraße	BY	84
Robert-Koch-Straße	CX	85
Sandstraße	AY	90
Schloßgartenallee	CZ	91
Schmiedestraße	BY	94
Schweinemarkt	BX	96
Severinstraße	AY	99
Spieltordamm	BX	102
Werner-Seelenbinder -Straße	AY	108

When in a hurry use the
Michelin Main Road Maps:

- 970 Europe
- 974 Poland
- 980 Greece
- 984 Germany
- 985 Scandinavia-Finland
- 986 Great Britain and Ireland
- 987 Germany-Austria-Benelux
- 988 Italy
- 989 France
- 990 Spain-Portugal

B
C
X
Y
Z
ZIEGELSEE
Pfaffenteich
SCHELFSTADT
WERDERVOR - STADT
STADT
ALTSTADT
DOM
Am Markt
STAATLICHES MUSEUM
SCHLOSS INSEL
SCHWERINER SEE
Burgsee
Beutel
SCHLOSS GARTEN
OSTORFER HALS
ADAC
POL.
Wismarsche Str.
Karl-Marx-Str.
Knaudtstr.
Walter-Rathenau-Str.
Werderstraße
Landreiterstr.
Bebel-Str.
August-Str.
Schelf-str.
Berg-str.
Amt-str.
Münzstr.
Burgstr.
Großer Moor
Lübecker Str.
Arsenal-Str.
Marienplatz
Schloß-straße
Goethestr.
Wallstr.
Schack-Allee
Graf-
Burgsee-str.
Lischstr.
Franzosenweg
bahn
18
102
81
34
96
10
31
55
85
45
16
48
27
78
28
15
66
94
42
25
57
84
3
61
40
58
43
46
49
91
s
z
t
v
e
a
R
M
T
L
P

In Schwerin-Neumühle *W : 2,5 km*

Neumühler Hof garni, Neumühler Str. 45, 19057, (0385) 73 41 63, *Fax (0385) 719361*, – . U c
14 Z 100/140.

In Schwerin-Raben Steinfeld *SO : 9 km über ③ :*

Dobler garni, Peckateler Str. 5, 19065, (03860) 80 11, *Fax (03860) 8006* – – 20.
31 Z 130/190.

In Schwerin-Süd *SW : 7 km über die B 321 :*

Europa, Werkstr. 209, 19061, (0385) 6 34 00, *Fax (0385) 6340666*, – , Zim, – 35. V r
Menu à la carte 35/57 – **70 Z** 153/226.

In Schwerin-Wickendorf *N : 9 km, über die B 106 :*

Seehotel Frankenhorst, Frankenhorst 5, 19055, (0385) 55 50 71, *Fax (0385) 555073*, , , « Park », , – – 45.
Menu à la carte 34/49 – **38 Z** 125/200, 3 Suiten. T b

In Pampow *SW : 8 km über ⑤ :*

Pampower Hof, Schweriner Str. 39 (B 321), 19075, (03865) 7 50, *Fax (03865) 75750* – – 100.
Menu à la carte 29/55 – **31 Z** 120/250, 4 Suiten.

In Cambs *NO : 10 km, über ② :*

Christinenhof, Cambser Seeweg 5, 19067, (03866) 6 60, *Fax (03866) 6655*, , – Zim, – 45.
Menu à la carte 33/47 – **27 Z** 120/150.

In Langen Brütz *NO : 14 km, über ②, in Rampe rechts ab :*

Landhaus Bondzio garni, Hauptstr. 21a, 19067, (03866) 4 60 50, *Fax (03866) 745*, , – .
17 Z 69/110.

In Banzkow *SO : 16 km über ④ :*

Lewitz-Mühle, 19079, (03861) 50 50, *Fax (03861) 505444*, , « Restaurant in einer Holländer Galeriemühle a.d.J. 1874 », Massage, , , – , Zim, – 100.
Menu à la carte 27/58 – **46 Z** 135/310.

Trend Hotel, Plater Str. 1, 19079, (03861) 71 14, *Fax (03861) 7334*, Biergarten – , Zim,
Menu à la carte 27/45 – **58 Z** 75/110.

SCHWERTE *Nordrhein-Westfalen* 417 *L 6 – 52 000 Ew – Höhe 127 m.*

Berlin 491 – Düsseldorf 73 – Dortmund 13 – Hagen 19 – Hamm in Westfalen 40.

In Schwerte-Geisecke *O : 5,5 km :*

Gutshof Wellenbad mit Zim, Zum Wellenbad 7, 58239, (02304) 48 79, *Fax (02304) 45979*, , « Rustikal-gemütliche Einrichtung » – .
Menu *(Donnerstag und Juli 3 Wochen geschl.)* à la carte 63/97 – **12 Z** 125/200.

SCHWETZINGEN *Baden-Württemberg* 417 419 *R 9 – 22 000 Ew – Höhe 102 m.*

Sehenswert : *Schloßgarten★★.*

Berlin 623 – Stuttgart 118 – Mannheim 18 – Heidelberg 10 – Speyer 16.

Adler-Post, Schloßstr. 3, 68723, (06202) 2 77 70, *Fax (06202) 277777*, , – Zim, – 50.
1. - 6. Jan. geschl. – **Menu** *(Sonntagabend - Montag (außer Mai) sowie 3. - 25. Aug. geschl.)* à la carte 54/91 – **29 Z** 131/274.

Achat Hotel Am Schloßgarten, Schälzigweg 1, 68723, (06202) 20 60 (Hotel) 27 13 82 (Rest.), *Fax (06202) 206333*, – , Zim, – 20.
23. Dez. - 6. Jan. geschl. – ***Bella Capri*** *(Aug. geschl.)* **Menu** à la carte 27/62 – **69 Z** 135/270.

Ramada garni, Carl-Benz-Str. 1 (Industriegebiet), 68723, (06202) 28 10, *Fax (06202) 281222* – – 30.
116 Z 163/206, 6 Suiten.

Zum Erbprinzen, Karlsruher Str. 1, ✉ 68723, ✆ (06202) 9 32 70, *Fax (06202) 932793,* – TV ☎. AE E VISA
Café Journal : **Menu** à la carte 39/59 – **25 Z** 120/260.

Villa Guggolz garni, Zähringer Str. 51, ✉ 68723, ✆ (06202) 2 50 47, *Fax (06202) 25049* – TV ☎ P. AE E VISA
– **10 Z** 98/175.

In Ketsch *SW : 5 km :*

See-Hotel, Kreuzwiesenweg 5, ✉ 68775, ✆ (06202) 69 70, *Fax (06202) 697199,* – Zim, TV ☎ P 45. AE E VISA
Die Ente : **Menu** à la carte 54/76 – **42 Z** 115/225.

Hirsch, Hockenheimer Str. 47, ✉ 68775, ✆ (06202) 6 14 39, *Fax (06202) 609026* – P. AE E
Dienstag und 1. - 21. Aug. geschl. – **Menu** à la carte 38/65.

SCHWINDEGG *Bayern* 420 *V 20 – 3 100 Ew – Höhe 426 m.*
Berlin 600 – München 63 – Regensburg 117 – Landshut 40 – Mühldorf am Inn 22.

Am Rathaus garni, Mühldorfer Str. 58, ✉ 84419, ✆ (08082) 81 58, *Fax (08082) 8361* – TV ☎ P. E VISA
10 Z 65/100.

SCHWÖRSTADT *Baden-Württemberg* 419 *X 7 – 2 400 Ew – Höhe 296 m.*
Berlin 829 – Stuttgart 214 – Freiburg im Breisgau 71 – Lörrach 13 – Bad Säckingen 5 – Todtmoos 26 – Basel 29.

Schloßmatt, Lettenbündte 5, ✉ 79739, ✆ (07762) 5 20 70, *Fax (07762) 520750,* – Zim, TV ☎ P. E VISA
Menu *(Samstagmittag und Sonntag - Montag geschl.)* 35 (mittags) und à la carte 46/80 – **26 Z** 95/180.

SEBNITZ *Sachsen* 418 *N 26 – 10 500 Ew – Höhe 328 m.*
Touristinformation, Schillerstr. 3, ✉ 01855, ✆ (035971) 5 30 79, Fax (035971) 53079.
Berlin 227 – Dresden 47 – Görlitz 66.

Sebnitzer Hof, Markt 13, ✉ 01855, ✆ (035971) 90 10, *Fax (035971) 901211* – Zim, ☎ P – 20. E VISA.
Menu à la carte 29/50 – **37 Z** 98/150.

Brückenschänke, Schandauer Str.62, ✉ 01855, ✆ (035971) 5 75 92, *Fax (035971) 57593,* – TV ☎ P. AE E VISA JCB
Menu *(Sonntag - Montagmittag geschl.)* à la carte 22/41 – **13 Z** 99/150.

SEEBACH *Baden-Württemberg* 419 *U 8 – 1 500 Ew – Höhe 406 m.*
Tourist-Information, Ruhesteinstr. 21, ✉ 77889, ✆ (07842) 94 83 20, Fax (07842) 948399.
Berlin 736 – Stuttgart 137 – Karlsruhe 48 – Freudenstadt 35 – Baden-Baden 43.

An der Schwarzwaldhochstraße *NO : 12 km, Richtung Baden-Baden :*

Berghotel Mummelsee – Höhe 1 036 m, ✉ 77889 Seebach, ✆ (07842) 10 88, *Fax (07842) 30266,* <, – Rest, TV ☎ P. AE E VISA
Anfang Nov. - 20. Dez. geschl. – **Menu** à la carte 28/53 – **30 Z** 75/150.

SEEFELD *Bayern* 419 420 *V 17 – 8 100 Ew – Höhe 570 m.*
Berlin 619 – München 36 – Augsburg 69 – Starnberg 13.

In Seefeld-Hechendorf *W : 2,5 km :*

Alter Wirt mit Zim, Hauptstr. 49, ✉ 82229, ✆ (08152) 77 35, *Fax (08152) 79031,* – TV ☎ P. E
Menu 30 à la carte 33/68 – **10 Z** 105/160.

SEEG *Bayern* 419 420 *X 15 – 2 800 Ew – Höhe 854 m – Luftkurort.*
Verkehrsamt, Hauptstr. 39, ✉ 87637, ✆ (08364) 98 30 33, Fax (08364) 983040.
Berlin 658 – München 142 – Kempten (Allgäu) 31 – Pfronten 11.

Pension Heim garni, Aufmberg 8, ✉ 87637, ✆ (08364) 2 58, *Fax (08364) 1051,* < Voralpenlandschaft, – ☎ P.
Nov. - 25. Dez. geschl. – **16 Z** 75/144.

In Rückholz-Seeleuten *SW : 2 km :*

Café Panorama, Seeleuten 62, ✉ 87494, ☎ (08364) 2 48, *Fax (08364) 8469*, < Voralpenlandschaft, –
Nov. - 25. Dez. geschl. – (Restaurant nur für Hausgäste) – **15 Z** 55/140 – ½ P 18.

SEEHAUSEN *Brandenburg siehe Prenzlau.*

SEEHEIM-JUGENHEIM *Hessen 417 419 Q 9 – 16 600 Ew – Höhe 140 m – Luftkurort.*
Berlin 582 – Wiesbaden 56 – Mannheim 48 – Darmstadt 13 – Heidelberg 47 – Mainz 48.

Im Ortsteil Jugenheim :

Jugenheim garni, Hauptstr. 54, ✉ 64342, ☎ (06257) 20 05 –
18 Z.

Brandhof, Im Stettbacher Tal 61 (O : 1,5 km), ✉ 64342, ☎ (06257) 26 89, *Fax (06257) 3523*, – – 40. AE VISA
Menu à la carte 30/62 – **40 Z** 95/160.

Im Ortsteil Malchen :

Malchen garni, Im Grund 21, ✉ 64342, ☎ (06151) 9 46 70, *Fax (06151) 946720* – AE VISA JCB
20 Z 110/175.

SEELBACH *Baden-Württemberg 419 V 7 – 4 900 Ew – Höhe 217 m – Luftkurort.*
Verkehrsamt, Rathaus, ✉ 77960, ☎ (07823) 94 94 52, Fax (07823) 949451.
Berlin 774 – Stuttgart 175 – Freiburg im Breisgau 61 – Offenburg 33.

Ochsen, Hauptstr. 100, ✉ 77960, ☎ (07823) 9 49 50, *Fax (07823) 2036*, – – 60. VISA. Zim
Feb. - März 3 Wochen geschl. – **Menu** *(Mittwoch geschl.)* à la carte 28/54 – **34 Z** 72/132 – ½ P 19.

In Seelbach-Schönberg *NO : 6 km – Höhe 480 m*

Geroldseck garni, Kinzigtalblick 1, ✉ 77960, ☎ (07823) 20 44, *Fax (07823) 5500*, <, – – 25. AE VISA
26 Z 82/198.

Löwen (Gasthof a.d.J. 1370), Ludwigstr. 1 (an der B 415), ✉ 77960, ☎ (07823) 20 44, *Fax (07823) 5500*, – AE VISA
Montag geschl. – **Menu** à la carte 34/71.

In Seelbach-Wittelbach *SO : 2,5 km :*

Ochsen mit Zim, Schuttertalstr. 5, ✉ 77960, ☎ (07823) 22 57, *Fax (07823) 5631*, – VISA. Zim
Jan. 2 Wochen, Mai - Juni und Nov. jeweils 1 Woche geschl. – **Menu** *(Montagmittag und Dienstag geschl.)* à la carte 28/65 – **11 Z** 60/116 – ½ P 22.

SEELOW *Brandenburg 416 418 I 27 – 5 600 Ew – Höhe 20 m.*
Berlin 73 – Potsdam 96 – Frankfurt (Oder) 29.

Brandenburger Hof, Apfelstr. 1, ✉ 15306, ☎ (03346) 8 89 40, *Fax (03346) 88942*, – Zim, – 40. AE VISA. Rest
Menu à la carte 29/61 – **40 Z** 120/160.

SEELZE *Niedersachsen siehe Hannover.*

SEEON-SEEBRUCK *Bayern 420 W 21 – 4 950 Ew – Höhe 540 m – Erholungsort.*
Sehenswert : *Chiemsee★.*
Verkehrsamt Seebruck, Am Anger 1, ✉ 83358, ☎ (08667) 71 39, Fax (08667) 7415.
Berlin 654 – München 80 – Bad Reichenhall 55 – Wasserburg am Inn 26 – Rosenheim 39.

Im Ortsteil Seebruck – *Luftkurort*

Seehotel Wassermann, Ludwig-Thoma-Str. 1, ✉ 83358, ☎ (08667) 87 10, *Fax (08667) 871498*, <, – – 40. AE VISA JCB. Zim
5. Jan. - 7. Feb. geschl. – **Menu** à la carte 33/63 – **42 Z** 111/220 – ½ P 32.

Segelhafen, Im Yachthafen 7, ✉ 83358, ☎ (08667) 6 11, *Fax (08667) 7094*, <, – – 80.

Im Ortsteil Seebruck-Lambach *SW : 3 km ab Seebruck :*

Malerwinkel, ✉ 83358, ✆ (08667) 8 88 00, *Fax (08667) 888044,* « Terrasse mit ≤ Chiemsee und Alpen », ⇔, ♨, 🛏 – 📺 ☎ 🅿
Menu (Tischbestellung ratsam) à la carte 36/74 – **20 Z** 105/240.

Im Ortsteil Seeon :

Landhaus Scheitzenberg 🐎, Scheitzenberg 1 (W : 1 km), ✉ 83370, ✆ (08624) 8 98 70, *Fax (08624) 4305,* ≤, Biergarten, « Gartenterrasse », 🛏 – 📺 ☎ 🅿 – 🎓 120
Menu à la carte 34/66 – **19 Z** 105/150.

Die Preise — Einzelheiten über die in diesem Führer angegebenen Preise finden Sie in der Einleitung.

SEESEN *Niedersachsen* **418** *K 14 – 22 500 Ew – Höhe 250 m.*
ℹ Tourist-Information, Marktstr. 1, ✉ 38723, ✆ (05381) 75243, Fax (05381) 75261.
Berlin 294 – Hannover 78 – Braunschweig 62 – Göttingen 53 – Goslar 26.

Goldener Löwe, Jacobsonstr. 20, ✉ 38723, ✆ (05381) 93 30, *Fax (05381) 933444,* 🍽 – 🛗, ⇔ Zim, 📺 📞 🚗 – 🎓 70. AE ⓓ E VISA
Anna *(Samstagmittag geschl.)* **Menu** 40 und à la carte 45/70 – ***Brasserie*** **: Menu** à la carte 30/62 – **40 Z** 155/260.

Zum alten Fritz, Frankfurter Str. 2, ✉ 38723, ✆ (05381) 9 49 30, *Fax (05381) 949340,* 🍽, ⇔ – 🛗 📺 ☎ ♿ 🅿 – 🎓 60. AE ⓓ E VISA
Menu à la carte 31/56 – **25 Z** 80/150.

Wilhelmsbad, Frankfurter Str. 10, ✉ 38723, ✆ (05381) 10 35, *Fax (05381) 47590,* Biergarten – 📺 ☎ 🚗 🅿. AE ⓓ E VISA. ✻ Rest
Menu *(Samstagmittag und Sonntag geschl.)* à la carte 29/61 – **19 Z** 85/150.

SEESHAUPT *Bayern* **419 420** *W 17 – 2 800 Ew – Höhe 600 m.*
Berlin 635 – München 49 – Garmisch-Partenkirchen 46 – Weilheim 14 – Starnberg 26.

Sterff garni, Penzberger Str. 6, ✉ 82402, ✆ (08801) 17 11, *Fax (08801) 2598,* 🛏 – 📺 ☎ ♿ 🅿. E VISA. ✻
20. Dez. - 6.Jan. geschl. – **24 Z** 85/135.

SEEVETAL *Niedersachsen* **415 416** *F 14 – 38 000 Ew – Höhe 25 m.*
⛳18 Seevetal-Helmstorf, Am Hockenberg 100, ✆ (04105) 52245.
Berlin 298 – Hannover 130 – Hamburg 26 – Bremen 101 – Lüneburg 33.

In Seevetal-Hittfeld :

Krohwinkel, Kirchstr. 15, ✉ 21218, ✆ (04105) 25 07, *Fax (04105) 53799,* (Spielbank im Hause) – 📺 ☎ 🅿 – 🎓 25. AE ⓓ E VISA
Menu à la carte 33/62 – **16 Z** 99/160.

In Seevetal-Maschen :

Maack, Hamburger Str. 6, ✉ 21220, ✆ (04105) 81 70, *Fax (04105) 817777* – 🛗, ⇔ Zim, 📺 ☎ 🅿 – 🎓 60. AE ⓓ E VISA
Menu à la carte 39/66 – **90 Z** 85/178.

SEEWALD *Baden-Württemberg* **419** *U 9 – 2 400 Ew – Höhe 750 m – Luftkurort – Wintersport : 700/900 m ⛷1 ⛷.*
ℹ Kurverwaltung, Rathaus in Besenfeld, Wildbader Str. 1, ✉ 72297, ✆ (07447) 946 00, Fax (07447) 946015.
Berlin 709 – Stuttgart 76 – Karlsruhe 80 – Freudenstadt 23 – Altensteig 13.

In Seewald-Besenfeld

Oberwiesenhof, Freudenstädter Str. 60 (B 294), ✉ 72297, ✆ (07447) 28 00, *Fax (07447) 280333,* 🍽, ⇔, 🏊, 🛏, 🎾 – 🛗 📺 ☎ 🅿 – 🎓 60. AE ⓓ E VISA. ✻ Rest
7. - 24. Jan. geschl. – **Menu** à la carte 41/72 – **53 Z** 86/190, 7 Suiten – ½ P 29.

Café Konradshof 🐎 garni, Freudenstädter Str. 65 (B 294), ✉ 72297, ✆ (07447) 9 46 40, *Fax (07447) 946413,* 🛏 – 🛗 📺 ☎ 🚗 🅿. AE E VISA
1. - 14. Nov. geschl. – **13 Z** 55/118.

Sonnenblick, Freudenstädter Str. 40 (B 294), ✉ 72297, ☎ (07447) 93 30, *Fax (07447) 933200,* – Mitte Nov. - Mitte Dez. geschl. – **Menu** *(Dienstag geschl.)* à la carte 30/59 – **26 Z** 63/122 – ½ P 22.

Pferdekoppel-Unterwiesenhof, Kniebisstr. 65, ✉ 72297, ☎ (07447) 3 64, *Fax (07447) 1627, (Halle, Schule)* – *Ende Okt. - Ende Nov. geschl.* – **Menu** *(Montag geschl.)* à la carte 24/54 – **16 Z** 58/120 – ½ P 17.

SEGEBERG, BAD *Schleswig-Holstein* **415 416** *E 14 – 15 100 Ew – Höhe 45 m – Heilbad und Luftkurort.*

Wensin, Feldscheide (NO : 10 km), ☎ (04559) 13 60.

Tourist-Information, Oldesloer Str. 20, ✉ 23795, ☎ (04551) 9 64 90, Fax (04551) 964915.

Berlin 302 – Kiel 47 – Lübeck 33 – Hamburg 69 – Neumünster 26.

In Bad Segeberg-Schackendorf *NW : 5 km :*

Immenhof, Neukoppel 1, ✉ 23795, ☎ (04551) 32 44, *Fax (04551) 4765,* – *Donnerstag geschl.* – **Menu** à la carte 38/76 *(auch vegetarische Gerichte).*

In Högersdorf *SW : 3,5 km :*

Landhaus Holsteiner Stuben mit Zim, Dorfstr. 19, ✉ 23795, ☎ (04551) 40 41, *Fax (04551) 1576,* – AE VISA
Jan. 2 Wochen geschl. – **Menu** *(Mittwoch geschl.)* à la carte 33/61 – **6 Z** 90/140.

In Rohlstorf-Warder *NO : 8 km :*

Gasthof am See (mit Gästehaus), Seestr. 25, ✉ 23821, ☎ (04559) 18 90, *Fax (04559) 720,* « Lage am See », – Zim, – 150. AE VISA
Menu à la carte 40/71 – **42 Z** 95/185 – ½ P 25.

In Blunk *N : 8 km :*

Landhotel Zum Schinkenkrug, Segeberger Str. 32, ✉ 23813, ☎ (04557) 9 97 00, *Fax (04557) 997020,* – Zim, – 60. AE VISA
Menu *(Dienstag geschl.)* à la carte 35/58 – **9 Z** 105/180.

In Leezen *SW : 10 km :*

Teegen, Heiderfelder Str. 5 (B 432), ✉ 23816, ☎ (04552) 9 96 70, *Fax (04552) 9169,* – AE VISA
Menu *(Montag, im Winter auch Sonntagabend und Juni - Juli 3 Wochen geschl.)* à la carte 27/52 – **15 Z** 65/125.

In Bark-Bockhorn *W : 12 km :*

Schäfer, Bockhorner Landstr. 10a (B 206), ✉ 23826, ☎ (04558) 10 66, *Fax (04558) 268* – Zim, – 15. AE VISA JCB
Menu *(Montag - Freitag nur Abendessen)* à la carte 30/55 – **21 Z** 95/185.

In Pronstorf *O : 15 km :*

Pronstorfer Krug (mit Gästehäusern), ✉ 23820, ☎ (04553) 9 97 90, *Fax (04553) 336,* « Gartenterrasse », – Zim, – 30. AE VISA
Menu à la carte 36/70 – **24 Z** 75/150 – ½ P 25.

In Pronstorf - Strenglin *O : 17 km :*

Strengliner Mühle (mit Gästehäusern), Mühlenstr. 2, ✉ 23820, ☎ (04556) 99 70 99, *Fax (04556) 997016,* – Zim, – 30. AE VISA
Menu (wochentags nur Abendessen) à la carte 32/62 – **35 Z** 80/200.

SEHNDE *Niedersachsen* **416 418** *J 13 – 20 000 Ew – Höhe 64 m.*

Berlin 269 – Hannover 23 – Braunschweig 48 – Hildesheim 38.

Apart-Hotel Sehnde garni, Peiner Str. 7, ✉ 31319, ☎ (05138) 61 80, *Fax (05138) 618186* – – 40. AE VISA
190 Z 90/180, 8 Suiten.

In Sehnde-Bilm *NW : 5 km :*

Parkhotel Bilm, Behmerothsfeld 6, 31319, (05138) 60 90, *Fax (05138) 609100*, – Zim, – 50. *22. Dez. - 5. Jan. und 25. Juli - 9. Aug. geschl.* – **Menu** (nur Abendessen) 34/39 (nur Buffet) – **50 Z** (nur ½P) 118/245.

SEIFFEN *Sachsen 418 O 24 – 4 000 Ew – Höhe 550 m.*

Tourist-Information, Hauptstr. 95, 09548, (037362) 84 38.

Berlin 256 – Dresden 65 – Chemnitz 56 – Freiberg 36.

Wettiner Höhe, Jahnstr. 23, 09548, (037362) 14 00, *Fax (037362) 14140*, Biergarten, – Zim, – 200. *Einkehr* : **Menu** à la carte 34/59 – ***Sachsenkeller*** *(nur Abendessen)* **Menu** à la carte 30/37 – **66 Z** 130/220.

Seiffner Hof, Hauptstr. 31, 09548, (037362) 1 30, *Fax (037362) 1313*, – Zim, Zim **Menu** à la carte 22/36 – **22 Z** 80/145.

SEILERSHOF *Brandenburg 416 G 23 – 220 Ew – Höhe 55 m.*

Berlin 53 – Potsdam 100 – Neubrandenburg 61 – Eberswalde 71.

Am Wentowsee, Hauptstr. 40, 16775, (033085) 7 01 08, *Fax (033085) 70216*, – – 30. **Menu** à la carte 34/48 – **30 Z** 95/165.

SELB *Bayern 418 420 P 20 – 19 500 Ew – Höhe 555 m.*

Verkehrsamt, Ludwigstr. 6, im Rathaus, 95100, (09287) 88 31 18, Fax (09287) 883190.

Berlin 344 – München 291 – Hof 29 – Bayreuth 62.

Rosenthal-Casino, Casinostr. 3, 95100, (09287) 80 50, *Fax (09287) 80548*, « Zimmer mit moderner Einrichtung und Dekor verschiedener Künstler » – . *1. - 11. Jan. und 9. - 23. Aug. geschl.* – **Menu** *(Samstagmittag und Sonntag geschl.)* à la carte 32/57 – **20 Z** 105/160.

Altselber-Stuben (mit Gästehaus), Martin-Luther-Platz 5, 95100, (09287) 9 96 90, *Fax (09287) 996999*, – . Rest **Menu** *(Samstag, Sonntagabend und Aug. 3 Wochen geschl.)* à la carte 27/67 – **20 Z** 90/140.

Schmidt, Bahnhofstr. 19, 95100, (09287) 9 91 60, *Fax (09287) 991616* – . **Menu** *(Samstagmittag, Sonntagabend und Donnerstag geschl.)* à la carte 28/48 – **17 Z** 85/135.

SELBITZ *Bayern 418 420 P 19 – 5 000 Ew – Höhe 525 m.*

Berlin 310 – München 285 – Hof 17 – Bayreuth 56.

In Selbitz-Stegenwaldhaus *O : 4 km über die B 173, in Sellanger rechts ab :*

Leupold, 95152, (09280) 2 72, *Fax (09280) 8164*, Biergarten, – **Menu** *(Sonntagabend - Montagmittag geschl.)* à la carte 23/43 – **13 Z** 52/98.

SELIGENSTADT *Hessen 417 P 10 – 20 000 Ew – Höhe 108 m.*

Verkehrsbüro, Aschaffenburger Str. 1, 63500, (06182) 8 71 77, Fax (06182) 29477.

Berlin 540 – Wiesbaden 58 – Frankfurt am Main 27 – Aschaffenburg 17.

Zum Ritter, Würzburger Str. 31, 63500, (06182) 8 93 50, *Fax (06182) 893537* – *23. Dez. - 7. Jan. geschl.* – **Menu** *(Samstag - Sonntag geschl.)* (nur Abendessen) à la carte 33/55 – **20 Z** 90/140.

Elysée garni, Ellenseestr. 45, 63500, (06182) 2 28 35, *Fax (06182) 20280* – . *20. Dez. - 11. Jan. geschl.* – **18 Z** 90/150.

Landgasthof Neubauer, Westring 3a, ✉ 63500, ✆ (06182) 30 97, *Fax (06182) 3099,* – TV ☎ P. E.
Feb. und Okt. jeweils 2 Wochen geschl. – **Menu** *(Montag geschl.)* (wochentags nur Abendessen) à la carte 29/58 – **13 Z** 95/140.

Römischer Kaiser, Frankfurter Str. 9, ✉ 63500, ✆ (06182) 2 22 96, *Fax (06182) 29227,* – P
Donnerstag geschl. – **Menu** à la carte 32/71.

In Seligenstadt-Froschhausen *NW : 3 km :*

Zum Lamm, Seligenstädter Str. 36, ✉ 63500, ✆ (06182) 70 64, *Fax (06182) 67482* – TV ☎ P. E
20. Dez. - 6. Jan. geschl. – **Menu** *(Freitag - Samstag und Juli geschl.)* à la carte 24/39 – **27 Z** 70/130.

SELLIN *Mecklenburg-Vorpommern siehe Rügen (Insel).*

SELM *Nordrhein-Westfalen siehe Lünen.*

SEMLIN *Brandenburg siehe Rathenow.*

SENDEN *Bayern* 419 420 *V 14 – 19 000 Ew – Höhe 470 m.*
Berlin 624 – München 143 – Augsburg 81 – Memmingen 48 – Ulm (Donau) 11.

Feyrer, Bahnhofstr. 18, ✉ 89250, ✆ (07307) 94 10, *Fax (07307) 941150,* – TV ☎ P – 60. AE E VISA
1. - 7. Jan. geschl. – **Menu** *(Samstagmittag und Sonntagabend geschl.)* à la carte 36/58 – **35 Z** 110/160.

SENDENHORST *Nordrhein-Westfalen* 417 *K 7 – 10 600 Ew – Höhe 53 m.*
Everswinkel-Alverskirchen (NW : 7 km), ✆ (02582) 2 27.
Berlin 451 – Düsseldorf 136 – Bielefeld 73 – Beckum 19 – Münster (Westfalen) 22.

In Sendenhorst-Hardt *SO : 2 km :*

Waldmutter, an der Straße nach Beckum, ✉ 48324, ✆ (02526) 9 32 70, *Fax (02526) 932727,* « Gartenterrasse » – TV ☎ P. E VISA
Menu *(Montagmittag geschl.)* à la carte 35/67 **21 Z** 98/150.

SENFTENBERG *Brandenburg* 418 *L 25 – 28 000 Ew – Höhe 102 m.*
Fremdenverkehrsverein, Kirchplatz 18, ✉ 01968, ✆ (03573) 20 88, Fax (03573) 2088.
ADAC, *Schulstr. 6 (Dienstleistungstrakt), ✉ 01968, ✆ (030) 8 68 60, Fax (03573) 794478.*
Berlin 143 – Potsdam 152 – Cottbus 35 – Dresden 75.

Parkhotel, Steindamm 20, ✉ 01968, ✆ (03573) 7 38 61, *Fax (03573) 2074,* Biergarten – TV ☎ P
Menu à la carte 26/38 – **21 Z** 115/160.

Kronprinz, Ernst-Thälmann-Str. 44, ✉ 01968, ✆ (03573) 21 53, *Fax (03573) 791758* – TV ☎ P – 20. E VISA
Menu *(Montagmittag und Freitagabend geschl.)* à la carte 26/45 – **17 Z** 100/170.

SENHEIM *Rheinland-Pfalz* 417 *P 5 – 700 Ew – Höhe 90 m.*
Berlin 662 – Mainz 104 – Trier 81 – Cochem 16 – Koblenz 74.

Schützen , Brunnenstr. 13, ✉ 56820, ✆ (02673) 43 06, *Fax (02673) 4316* – P. AE E VISA.
April - Nov. – **Menu** *(Montag geschl., Dienstag - Freitag nur Abendessen)* à la carte 28/53 – **12 Z** 75/100.

SERRIG *Rheinland-Pfalz* 417 *R 3 – 1 400 Ew – Höhe 156 m.*
Berlin 739 – Mainz 173 – Trier 25 – Saarbrücken 71 – Luxembourg 59.

Gasthaus Wagner, Losheimer Str. 3, ✉ 54455, ✆ (06581) 22 77, *Fax (06581) 6786,* Biergarten – E VISA
Mittwoch - Donnerstagmittag, März 2 Wochen und Anfang Nov. 1 Woche geschl. – **Menu** à la carte 36/65.

SESSLACH *Bayern* 418 420 *P 16 – 4 050 Ew – Höhe 271 m.*
Berlin 395 – München 275 – Coburg 19 – Bamberg 40.

Fränkische Landherberge garni, Hans-Reiser-Str. 33, ✉ 96145, ✆ (09569) 9 22 70, *Fax (09569) 922750* – . AE E VISA
Mitte Dez. - Mitte Jan. geschl. – **33 Z** 70/130.

SEWEKOW *Brandenburg siehe Wittstock.*

SIEBELDINGEN *Rheinland-Pfalz* 417 419 *S 8 – 1 000 Ew – Höhe 170 m.*
Berlin 666 – Mainz 115 – Mannheim 54 – Karlsruhe 41.

Sonnenhof, Mühlweg 2, ✉ 76833, ✆ (06345) 33 11, *Fax (06345) 5316,* – . Zim
Menu *(Donnerstag und Jan. - Feb. 3 Wochen geschl.)* à la carte 44/70 – **12 Z** 95/135.

SIEBENLEHN *Sachsen* 418 *M 23 – 2 400 Ew – Höhe 315 m.*
Berlin 220 – Dresden 33 – Chemnitz 47 – Freiberg 15 – Leipzig 82 – Teplice 90.

Schwarzes Roß, Freiberger Str. 9 (B 101), ✉ 09634, ✆ (035242) 6 77 76, *Fax (035242) 67777,* Biergarten – – 150. AE E VISA. Zim
Menu *(Sonntagabend geschl.)* à la carte 33/58 – **19 Z** 99/175.

SIEGBURG *Nordrhein-Westfalen* 417 *N 5 – 40 000 Ew – Höhe 61 m.*
Tourist Information, Markt 46, ✉ 53721, ✆ (02241) 9 69 85 33, Fax (02241) 63456.
ADAC, *Humperdinckstr. 64, ✉ 53721, ✆ (0221) 47 27 47, Fax (02241) 67596.*
Berlin 590 – Düsseldorf 67 – Bonn 13 – Koblenz 87 – Köln 27.

Kranz-Parkhotel, Mühlenstr. 32, ✉ 53721, ✆ (02241) 54 70, *Fax (02241) 547444,* – , Zim, – 65. Rest – **70 Z.**

Kaspar garni, Elisabethstr. 11 (am Rathaus), ✉ 53721, ✆ (02241) 5 98 30, *Fax (02241) 598344* – . AE E VISA
22. Dez. - 5. Jan. geschl. – **25 Z** 100/210.

Kaiserhof, Kaiserstr. 80, ✉ 53721, ✆ (02241) 1 72 30, *Fax (02241) 172350,* – . AE E VISA
über Weihnachten 1 Woche geschl. – **Menu** à la carte 45/76 – **30 Z** 130/210.

Siegblick, Nachtigallenweg 1, ✉ 53721, ✆ (02241) 6 00 77, *Fax (02241) 60079,* – . E VISA
1. - 15. Jan. geschl. – **Menu** *(Sonn- und Feiertage abends geschl.)* à la carte 36/63 – **21 Z** 85/190.

In Siegburg-Kaldauen : *W : 6 km :*

Waldhotel Grunge M, Höhenweg 1, ✉ 53721, ✆ (02241) 93 90, *Fax (02241) 93950,* , , – , Zim, – 80. AE E VISA. Rest
Menu à la carte 40/76 – **65 Z** 220/320.

SIEGEN *Nordrhein-Westfalen* 417 *N 8 – 111 850 Ew – Höhe 236 m.*
Gesellschaft für Stadtmarketing, Markt 2 (Rathaus), ✉57072, ✆ (0271) 4 04 13 16, Fax (0271) 2 26 87.
ADAC, *Leimbachstr.189, ✉ 57074, ✆ (0271) 33 50 44, Fax (0271) 335006.*
Berlin 564 ⑤ – Düsseldorf 130 ⑤ – Bonn 99 ⑤ – Gießen 73 ③ – Hagen 88 ⑤ – Köln 93 ⑤.

Pläne siehe nächste Seiten

Park Hotel, Koblenzer Str. 135, ✉ 57072, ✆ (0271) 3 38 10, *Fax (0271) 3381450,* , Massage, , – , Zim, – 30 Z a
88 Z.

Mercure, Kampenstr. 83, ✉ 57072, ✆ (0271) 5 01 10, *Fax (0271) 5011150,* Massage, , – , Zim, – 90. AE E VISA JCB. Rest Y c
Menu à la carte 48/75 – **94 Z** 179/259.

Berghotel Johanneshöhe, Wallhausenstr. 1, ✉ 57072, ✆ (0271) 31 00 08, *Fax (0271) 315039,* < Siegen, – Zim, . AE E VISA. Rest
Menu *(Montagmittag, Freitagmittag, Samstagmittag sowie Sonntagabend geschl.)* à la carte 39/70 – **25 Z** 89/200. über Achenbacher Straße Z

Am Häusling garni, Melanchthonstr. 10, ✉ 57074, ✆ (0271) 33 71 20, *Fax (0271) 3307878* – – 10. E Z c
10 Z 90/140.

Jakob garni, Tiergartenstr. 61, ✉ 57072, ✆ (0271) 23 27 20, *Fax (0271) 2327211* –
Dez. - Jan. 2 Wochen geschl. – **10 Z** 75/130. Y a

XX **Schwarzbrenner,** Untere Metzgerstr. 29, ✉ 57072, ✆ (0271) 5 12 21, « Haus a.d. 17. Jh. mit gemütlicher Atmosphäre » – E Z u
Montag und Juli - Aug. 3 Wochen geschl. – **Menu** (nur Abendessen, Tischbestellung ratsam) à la carte 55/85.

XX **Schloß-Stuben,** Im Oberen Schloß, ✉ 57072, ✆ (0271) 5 65 66, *Fax (0271) 22247,* ⩽ Siegen, « Terrasse im Schloßhof ». AE ① E VISA Y v
Montag geschl. – **Menu** à la carte 43/72.

In Siegen-Eiserfeld ④ : *5 km* :

Siegboot, Eiserfelder Str. 230, ✉ 57080, ✆ (0271) 35 90 30, *Fax (0271) 3590355,* , – TV ☎ ⇔ P. E VISA. Zim
Menu *(Dienstag geschl.)* à la carte 33/64 – **29 Z** 105/145.

Haus Hennche, Eiserntalstr. 71, ✉ 57080, ✆ (0271) 38 16 45, *Fax (0271) 385240* – ☎ ⇔ P
Juli - Aug. 3 Wochen geschl. – **Menu** *(Samstag sowie Sonn- und Feiertage geschl.)* à la carte 26/56 – **21 Z** 60/130.

In Siegen-Geisweid ① : *6 km* :

Römer garni, Rijnsburger Str. 4, ✉ 57078, ✆ (0271) 8 10 45, *Fax (0271) 870140* – ☎ ⇔. AE ① E VISA – **16 Z** 85/135.

XX **Ratskeller,** Lindenplatz 7 (im Rathaus), ✉ 57078, ✆ (0271) 8 43 33, *Fax (0271) 8706483,* – AE ① E VISA
Freitag - Samstagmittag und Juli 3 Wochen geschl. – **Menu** à la carte 41/63.

In Siegen-Sohlbach ① : *7 km* :

Kümmel, Gutenbergstr. 7, ✉ 57078, ✆ (0271) 8 30 69, *Fax (0271) 83368,* Biergarten – TV ☎ ⇔ P. AE E VISA
Menu *(Freitag geschl.)* à la carte 30/45 – **10 Z** 80/130.

SIEGEN

Alte Poststraße .... YZ 2
Badstraße .... Z 3
Bahnhofstraße .... Y 4
Berliner Straße .... YZ 5
Brüder-Busch-Straße .... Y 6
Burgstraße .... Y 7
Eiserfelder Straße .... Z 8
Fischbacherbergstraße . Y 9
Freudenberger Straße .... Y 10
Hagener Straße .... Y 17
Hindenburgstraße .... Y 18
Juliusstraße .... Y 19
Koblenzer Straße .... Z
Kölner Straße .... Y 20
Kölner Tor .... Y 21
Kohlbettstraße .... Z 22
Leimbachstraße .... Z 24

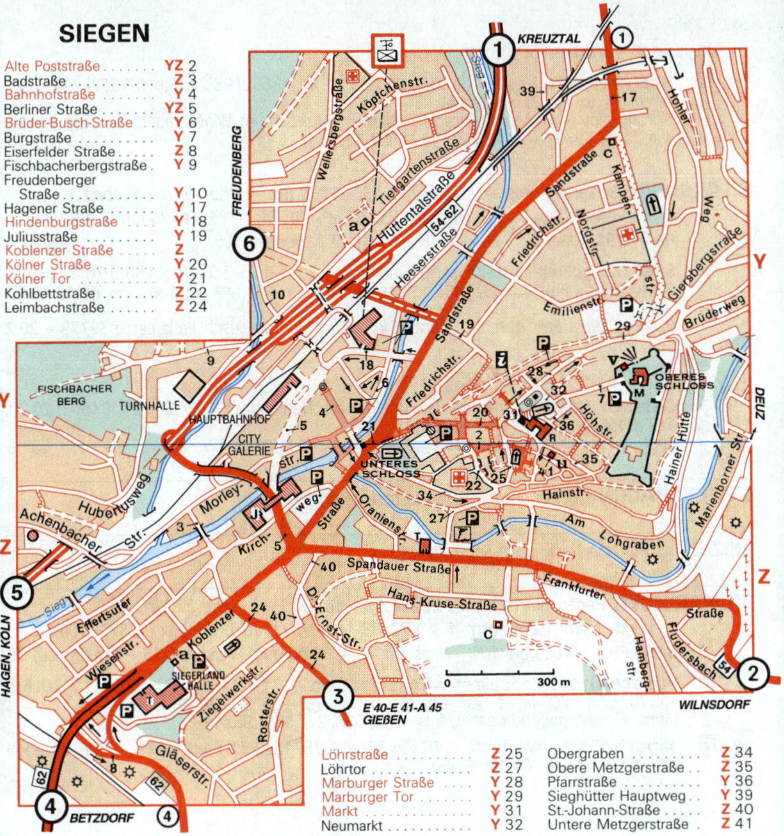

Löhrstraße .... Z 25
Löhrtor .... Z 27
Marburger Straße .... Y 28
Marburger Tor .... Y 29
Markt .... Y 31
Neumarkt .... Y 32
Obergraben .... Z 34
Obere Metzgerstraße . . Z 35
Pfarrstraße .... Y 36
Sieghütter Hauptweg . . Y 39
St.-Johann-Straße .... Z 40
Untere Metzgerstraße . Z 41

In Wilnsdorf-Wilgersdorf ② *: 14 km :*

Gästehaus Wilgersdorf ⑤, Am Kalkhain 23, ✉ 57234, ✆ (02739) 8 96 90, *Fax (02739) 896960*, – Zim, – 50. AE E VISA
Juli - Aug. 3 Wochen geschl. – **Menu** *(Freitagabend - Samstagmittag geschl.)* à la carte 34/65 – **40 Z** 80/200.

SIEGENBURG *Bayern siehe Abensberg.*

SIEGSDORF *Bayern* 420 *W 21 – 7 900 Ew – Höhe 615 m – Luftkurort.*
Verkehrsamt, Rathausplatz 2, ✉ 83313, ✆ (08662) 49 87 45, Fax (08662) 498750.
Berlin 695 – München 105 – Bad Reichenhall 32 – Rosenheim 48 – Salzburg 36 – Traunstein 7.

Alte Post (Gasthof a.d.15.Jh.), Traunsteiner Str. 7, ✉ 83313, ✆ (08662) 71 39, *Fax (08662) 12526*, –
April 1 Woche und 20. Okt.- 20. Nov. geschl. – **Menu** *(Donnerstag geschl.)* à la carte 24/56 – **22 Z** 75/125 – ½ P 25.

Forelle, Traunsteiner Str. 1, ✉ 83313, ✆ (08662) 70 93, *Fax (08662) 12386*, – AE VISA
Jan. geschl. – **Menu** à la carte 26/56 – **23 Z** 60/110.

Edelweiß, Hauptstr. 21, ✉ 83313, ✆ (08662) 92 96, *Fax (08662) 12722*, – AE E VISA
Okt. geschl. – **Menu** *(Donnerstag geschl.)* à la carte 20/46 – **15 Z** 45/95 – ½ P 18.

In Siegsdorf-Hammer *SO : 6 km :*

Hörterer, Schmiedstr. 1 (B 306), ✉ 83313, ✆ (08662) 93 21, *Fax (08662) 7146,* – . AE E VISA
Anfang Nov. - Mitte Dez. geschl. – **Menu** *(Mittwoch, im Winter auch Dienstag geschl.)* à la carte 32/57 – **30 Z** 70/150 – ½ P 15.

SIERKSDORF *Schleswig-Holstein* 415 416 *D 16 – 1 300 Ew – Höhe 15 m – Seebad.*

Kurverwaltung, Vogelsang 1, ✉ 23730, ✆ (04563) 70 23, Fax (04563) 7699.

Berlin 291 – Kiel 57 – Lübeck 38 – Neustadt in Holstein 8,5.

Seehof (mit Gästehäusern), Gartenweg 30, ✉ 23730, ✆ (04563) 70 31 (Hotel) 82 40 (Rest.), *Fax (04563) 7485,* ← Ostsee, , « Park », – . AE E VISA JCB
6. Jan. - Mitte Feb. geschl. – **Menu** *(Okt. - April Montag geschl.)* à la carte 39/79 – **20 Z** 125/215.

In Sierksdorf-Wintershagen *NO : 3 km :*

Gutshof Restaurant, an der Straße nach Neustadt, ✉ 23730, ✆ (04561) 20 70, *Fax (04561) 17709,* –
Sept. - April Montag - Dienstag geschl. – **Menu** à la carte 42/72.

SIEVERSHAGEN *Mecklenburg-Vorpommern siehe Rostock.*

SIEZENHEIM *Österreich siehe Salzburg.*

SIGMARINGEN *Baden-Württemberg* 419 *V 11 – 16 000 Ew – Höhe 570 m.*

Verkehrsamt, Schwabstr. 1, ✉ 72488, ✆ (07571) 10 62 23, Fax (07571) 106166.

Berlin 696 – Stuttgart 101 – Konstanz 73 – Freiburg im Breisgau 136 – Ulm (Donau) 85.

Fürstenhof, Zeppelinstr. 14 (SO : 2 km), ✉ 72488, ✆ (07571) 7 20 60, *Fax (07571) 720644,* ←, – – 90. AE E VISA
Menu *(Sonntagabend geschl.)* à la carte 38/72 – **36 Z** 98/148.

Jägerhof garni, Wentelstr. 4, ✉ 72488, ✆ (07571) 20 21, *Fax (07571) 50476,* – . AE E VISA
22 Z 77/120.

In Scheer *SO : 10 km :*

Donaublick, Bahnhofstr. 21, ✉ 72516, ✆ (07572) 7 63 80, *Fax (07572) 763866,* – – 50. AE E VISA
Menu *(Donnerstagabend - Samstagmittag geschl.)* à la carte 34/60 – **18 Z** 69/130.

SIMBACH AM INN *Bayern* 420 *V 23 – 9 000 Ew – Höhe 345 m.*

Berlin 634 – München 122 – Passau 54 – Landshut 89 – Salzburg 85.

Göttler (mit Gästehaus), Pfarrkirchner Str. 24, ✉ 843594166, ✆ (08571) 9 11 80, *Fax (08571) 911818,* , – . E VISA
Menu *(Montag geschl.)* à la carte 22/39 – **15 Z** 59/89.

In Stubenberg-Prienbach *NO : 4,5 km :*

Zur Post, Poststr. 1 (B 12), ✉ 94166, ✆ (08571) 60 00, *Fax (08571) 600230,* , –
Menu *(Freitmittag, Sonntagabend - Montagmittag geschl.)* à la carte 34/66 – **32 Z** 80/150.

SIMMERATH *Nordrhein-Westfalen* 417 *O 2 – 14 000 Ew – Höhe 540 m.*

Ausflugsziel : *Rurtalsperre★ O : 10 km.*

Verkehrsamt, Rathaus, ✉ 52152, ✆ (02473) 60 71 39, Fax (02473) 607100.

Berlin 640 – Düsseldorf 107 – Aachen 30 – Düren 34 – Euskirchen 45 – Monschau 10.

In Simmerath-Lammersdorf *NW : 3 km :*

Lammersdorfer Hof, Kirchstr. 50, ✉ 52152, ✆ (02473) 80 41, *Fax (02473) 1499* – . E. Zim
Juli - Aug. 2 Wochen geschl. – **Menu** *(Dienstag geschl.)* à la carte 30/50 – **9 Z** 70/100.

SIMMERN *Rheinland-Pfalz* **417** *Q 6 – 7 900 Ew – Höhe 330 m.*

Sehenswert : *Pfarrkirche St. Stephan (Grabdenkmäler★).*

Tourist-Information, Rathaus, Brühlstr. 2, ✉ 55469, ☎ (06761) 83 71 06, Fax (06761) 837120.

Berlin 634 – Mainz 67 – Bad Kreuznach 52 – Trier 87 – Koblenz 61.

Bergschlößchen, Nannhauser Straße, ✉ 55469, ☎ (06761) 90 00, *Fax (06761) 900100,* – 15. AE VISA
10. Feb. - 14. März geschl. – **Menu** à la carte 34/59 – **22 Z** 80/160.

Haus Vogelsang garni, Am Vogelsang 1, ✉ 55469, ☎ (06761) 21 62, *Fax (06761) 4775,* –
9 Z 57/91.

Schwarzer Adler, Koblenzer Str. 3, ✉ 55469, ☎ (06761) 1 36 11, *Fax (06761) 960108,* – E
Montag sowie Jan. und Aug. 2 Wochen geschl. – **Menu** (wochentags nur Abendessen) à la carte 58/74
Spez. Minestrone mit Kaninchenravioli. Gepökelte Schweinebäckchen mit Schnibbelbohnen und Senfsauce. Mille feuille von Schokolade.

An der Straße nach Laubach *N : 6 km :*

Birkenhof, ✉ 55469 Klosterkumbd, ☎ (06761) 9 54 00, *Fax (06761) 954050,* Zim, – 15. AE VISA.
6. - 31. Jan. geschl. – **Menu** *(Dienstag geschl.)* à la carte 36/71 – **22 Z** 92/175.

SIMMERTAL *Rheinland-Pfalz* **417** *Q 6 – 1 750 Ew – Höhe 182 m – Erholungsort.*

Berlin 641 – Mainz 69 – Bad Kreuznach 29 – Trier 88 – Idar-Oberstein 26.

Landhaus Felsengarten, Banzel/Auf der Lay 2, ✉ 55618, ☎ (06754) 91 90, *Fax (06754) 91935,* – . AE VISA. Rest
Menu *(Mittwoch und 15. Nov. - 1. Dez. geschl.)* à la carte 25/52 – **20 Z** 68/115.

SIMONSBERGER KOOG *Schleswig-Holstein* *siehe Husum.*

SIMONSWALD *Baden-Württemberg* **419** *V 8 – 3 000 Ew – Höhe 330 m.*

Tourist-Information, Talstr. 14a, ✉ 79263, ☎ (07683) 2 55, Fax (07683) 1432.

Berlin 786 – Stuttgart 215 – Freiburg im Breisgau 36 – Donaueschingen 49 – Offenburg 73.

Tannenhof, Talstr. 13, ✉ 79263, ☎ (07683) 3 25, *Fax (07683) 1466,* – – 30. E.
Anfang Jan. - Anfang April geschl. – **Menu** *(Dienstag geschl.)* à la carte 27/40 – **36 Z** 88/130.

Engel (mit Gästehaus), Obertalstr. 44 (SO : 5 km), ✉ 79263, ☎ (07683) 2 71, *Fax (07683) 1336,* – Rest, – 30
über Fastnacht 3 Wochen und Nov. 2 Wochen geschl. – **Menu** *(Montag - Dienstag geschl.)* à la carte 28/59 – **34 Z** 70/140.

SINDELFINGEN *Baden-Württemberg* **419** *T 11 – 59 800 Ew – Höhe 449 m.*

siehe auch Böblingen (Umgebungsplan).

Messehalle, Mahdentalstr. 116 (BS), ☎ (07031) 79 31.

Galerie, Marktplatz 1, ✉ 71063, ☎ (07031) 9 43 25, Fax (07031) 94786.

ADAC, *Tilsiter Str. 15 (Breuningerland), ✉ 71065, ☎ (07031) 9 53 60, Fax (07031) 878183.*

Berlin 647 – Stuttgart 20 – Karlsruhe 80 – Reutlingen 34 ① – Ulm (Donau) 97.

Stadtplan siehe nächste Seite

Marriott M, Mahdentalstr. 68, ✉ 71065, ☎ (07031) 69 60, *Fax (07031) 696880,* Massage, – Zim, – 250. AE VISA JCB BS a
Menu à la carte 42/70 – **253 Z** 220/295, 4 Suiten.

Holiday Inn M, Schwertstr. 65 (O : 2 km), ✉ 71065, ☎ (07031) 6 19 60, *Fax (07031) 814990,* Biergarten, Massage, – Zim, – 150. AE VISA JCB. Rest BS d
Menu *(Samstagabend und Sonntagabend geschl.)* à la carte 43/79 – **186 Z** 230/383.

Erikson-Hotel M, Hanns-Martin-Schleyer-Str. 8, ✉ 71063, ☎ (07031) 93 50, *Fax (07031) 935555,* – Zim, – 30. AE VISA CX e
24. Dez. - Anfang Jan. geschl. – **Menu** *(Samstag geschl.)* à la carte 38/73 – **62 Z** 194/279.

Knote, Vaihinger Str. 14, ✉ 71063, ☎ (07031) 61 10, *Fax (07031) 611222,* – – 20. AE VISA DX k
Menu à la carte 47/84 – **40 Z** 120/220.

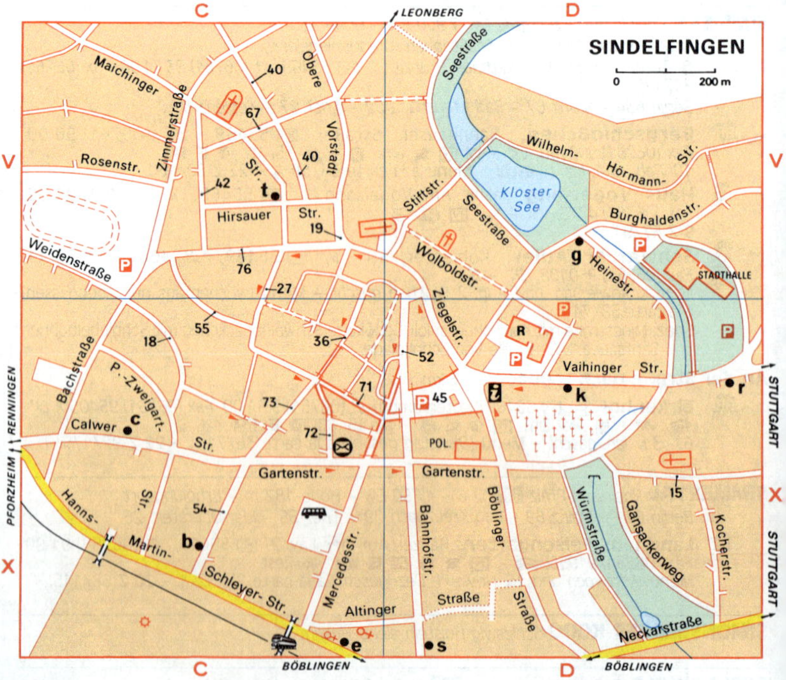

Bleichmühlestraße . . . . DX 15
Brunnenwiesenstr. . . . . CX 18
Corbeil-Essonnes-Platz . . . . CV 19
Grabenstraße . . . . CVX 27
Lange Straße . . . . CX 36
Liebenzeller Straße . . . . CV 40
Lützelwiesenstraße . . . . CV 42
Marktplatz . . . . DX 45
Planiestraße . . . . DX 52
Riedmühlestraße . . . . CX 54
Rößlesmühlestraße . . . . CX 55
Stäbenheckstraße . . . . CV 67
Untere Torgasse . . . . CX 72
Untere Vorstadt . . . . CX 71
Wettbachstraße . . . . CX 73
Wurmbergstraße . . . . CV 76
Ziegelstraße . . . . DVX

Residence garni, Calwer Str. 16, ✉ 71063, ✆ (07031) 93 30, *Fax (07031) 933100*, – 100. AE VISA — CX c
135 Z 180/295.

Astron garni, Riedmühlestr. 18, ✉ 71063, ✆ (07031) 69 80, *Fax (07031) 698600*, – 20. AE VISA JCB — CX b
103 Z 193/256.

Dorint Budget Hotel garni, Waldenbucher Str. 84, ✉ 71065, ✆ (07031) 86 50, *Fax (07031) 865400* – . AE VISA — BT s
75 Z 160/239.

Berlin, Berliner-Platz 1, ✉ 71065, ✆ (07031) 86 55, *Fax (07031) 865600*, – , Zim, Rest, – 60. AE VISA — BT c
Menu *(Samstag - Sonntag geschl.)* à la carte 32/66 – **96 Z** 198/268, 3 Suiten.

Omega-Hotel garni, Vaihinger Str. 38, ✉ 71063, ✆ (07031) 7 90 00, *Fax (07031) 790010* – . AE VISA — DX r
30 Z 155/235.

Am Klostersee, Burghaldenstr. 6, ✉ 71065, ✆ (07031) 79 35 00, *Fax (07031) 7935097*, – , Zim, . AE VISA JCB. Rest — DV g
Weinstube Klösterle *(Samstag - Sonntag geschl., nur Abendessen)* **Menu** à la carte 41/62 – **71 Z** 145/215.

Torgauer Hof garni, Hirsauer Str. 10, ✉ 71063, ✆ (07031) 9 30 00, *Fax (07031) 930093*, – . AE VISA JCB — CV t
39 Z 125/210.

Carle garni, Bahnhofstr. 37, ✉ 71063, ✆ (07031) 87 40 01, *Fax (07031) 814427* – . AE VISA — DX s
14 Z 110/215.

In Sindelfingen-Maichingen :

✗ Alte Pfarrei, Sindelfinger Str. 49, ✉ 71069, ✆ (07031) 38 13 40, *Fax (07031) 385725*, « Ehemaliges Pfarrhaus » – AS a

SINGEN (HOHENTWIEL) *Baden-Württemberg* **419** *W 10 – 44 000 Ew – Höhe 428 m.*

Verkehrsamt, August-Ruf-Str. 7, ✉ 78224, ✆ (07731) 8 52 62, Fax (07731) 85243.

ADAC, *Schwarzwaldstr. 40, ✉ 78224, ✆ (07731) 86 74 10, Fax (07731) 867440.*

Berlin 780 ⑤ – Stuttgart 154 ⑤ – Konstanz 34 ① – Freiburg im Breisgau 106 ⑤ – Zürich 79 ③.

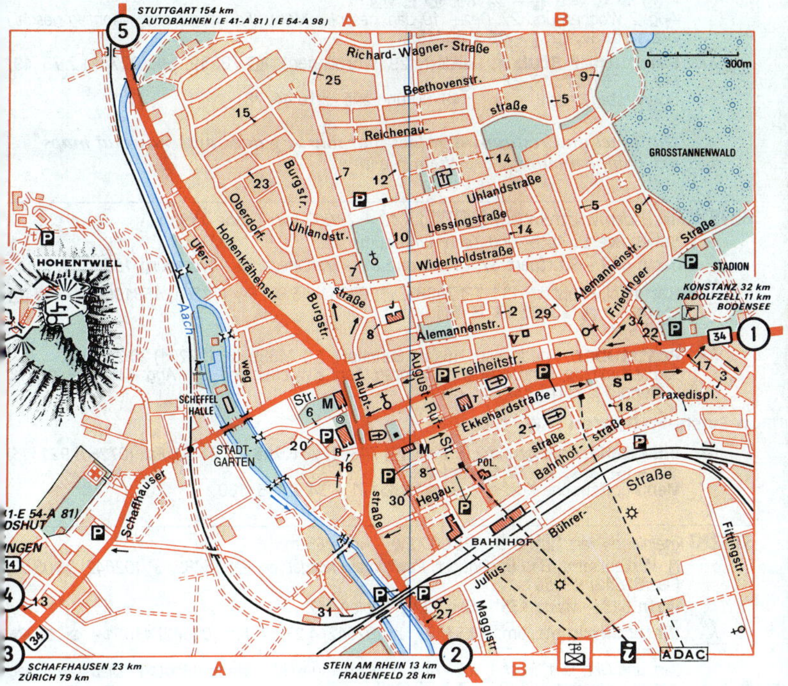

Jägerhaus, Ekkehardstr. 86, ✉ 78224, ✆ (07731) 6 50 97, *Fax (07731) 63338* – 🛗 TV ☎ – 🅰 40. AE ⓓ E VISA B s
Menu *(Sonntag und Juli 3 Wochen geschl.)* (nur Abendessen) à la carte 39/82 – **28 Z** 90/160.

Lamm, Alemannenstr. 42, ✉ 78224, ✆ (07731) 40 20, *Fax (07731) 402200* – 🛗, ✂ Zim, TV ☎ ♿ P – 🅰 80. AE ⓓ E VISA B v
18. Dez. - 10. Jan. geschl. – **Menu** *(Sonntag und 27. Dez. - 10. Jan. geschl.)* (nur Abendesssen) à la carte 33/56 – **80 Z** 98/180.

In Singen-Überlingen am Ried ① : *5 km :*

Flohr's, Brunnenstr. 11, 78224, (07731) 9 32 30, *Fax (07731) 932323*, – 20. *Zim*
Menu *(Montag geschl., wochentags nur Abendessen)* (Tischbestellung ratsam, bemerkenswerte Weinkarte) 75/105 und à la carte 85/109 – **8 Z** 125/220
Spez. Gebeizte Kaninchen mit lauwarmen Trofie und Pfifferlingen. Perlhuhnbrust mit Weinbergschnecken und Safrancreme. Ricottatörtchen mit Erdbeercanneloni und Champagnereis.

In Rielasingen-Worblingen ② : *4 km :*

Krone, Hauptstr. 3 (Rielasingen), 78239, (07731) 20 46, *Fax (07731) 2050*, – – 60.
Aug. 2 Wochen und 27. Dez. - 10. Jan. geschl. – **Menu** *(Sonntagabend - Montag geschl.)* à la carte 36/72 – **25 Z** 80/155.

Salzburger Stub'n, Hardstr. 29 (Worblingen), 78239, (07731) 2 73 49, *Fax (07731) 27349*, –
Donnerstag geschl. – **Menu** 48/90 und à la carte 44/78.

Our hotel and restaurant guides, our tourist guides and our road maps are complementary. Use them together.

SINSHEIM *Baden-Württemberg* 417 419 *S 10 – 28 000 Ew – Höhe 159 m.*

Sehenswert : *Auto- und Technikmuseum★.*

Berlin 618 – Stuttgart 87 – Heilbronn 35 – Mannheim 50 – Würzburg 135.

Bär garni, Hauptstr. 131, 74889, (07261) 15 80, *Fax (07261) 158100*, – – 20.
50 Z 99/192.

Poststuben, Friedrichstr. 16 (am Bahnhof), 74889, (07261) 20 21 –
Samstagmittag, Sonntagabend - Montag, April 2 Wochen und Juli - Aug. 4 Wochen geschl. – **Menu** à la carte 43/74.

In Sinsheim-Dühren : *SW : 3 Km :*

Villa Italia, Im Augrund 2 (B 292), 74889, (07261) 9 21 30, *Fax (07261) 921313*, – .
Menu (italienische Küche) à la carte 35/71 – **34 Z** 115/160.

SINZIG *Rheinland-Pfalz* 417 *O 5 – 16 000 Ew – Höhe 65 m.*

Verkehrsamt, Bad Bodendorf, Pavillon am Kurgarten, 53489, (02642) 98 05 00, Fax (02642) 980501.

Berlin 613 – Mainz 135 – Bonn 22 – Koblenz 37.

Vieux Sinzig mit Zim, 53489, (02642) 4 27 57, *Fax (02642) 43051* – .
Jan. und Okt. je 1 Woche, Juli - Aug. 3 Wochen geschl. – **Menu** *(Montag - Dienstagmittag geschl.)* à la carte 53/89 – **3 Z** 70/110.

In Sinzig-Bad Bodendorf *NW : 3 km – Thermalheilbad :*

Spitznagel, Hauptstr. 158, 53489, (02642) 4 20 91, *Fax (02642) 43544*, « Gartenterrasse », Massage, – Rest, – 25. Rest
Menu à la carte 37/59 – **35 Z** 95/180 – ½ P 27.

SIPPLINGEN *Baden-Württemberg* 419 *W 11 – 2 200 Ew – Höhe 401 m – Erholungsort.*

Touristinformation, Haus des Gastes (ehem. Bahnhof), an der B 31, 78354, (07551) 80 96 29, Fax (07551) 3570.

Berlin 748 – Stuttgart 168 – Konstanz 36 – Freiburg im Breisgau 123 – Ravensburg 53 – Ulm (Donau) 142.

Seeblick, Prielstr. 4, 78354, (07551) 6 12 27, *Fax (07551) 67157*, – . Rest
15. Dez. - 5. März geschl. – (nur Abendessen für Hausgäste) – **11 Z** 120/220 – ½ P 30.

Sternen, Burkhard-von-Hohenfels-Str. 20, 78354, (07551) 6 36 09, *Fax (07551) 3169*, Bodensee und Alpen, –
Anfang Jan. - Anfang März geschl. – **Menu** *(Dienstag geschl.)* à la carte 28/56 – **18 Z** 72/166 – ½ P 25.

SITTENSEN *Niedersachsen* 415 *G 12 – 4 700 Ew – Höhe 20 m.*

Alpershausener Weg 60, (04282) 32 66.

Berlin 334 – Hannover 130 – Hamburg 58 – Bremen 63.

Landhaus de Bur, Bahnhofstr. 3, 27419, (04282) 9 34 50, *Fax (04282) 4142,* – . Rest
Menu *(Mittwoch geschl.)* à la carte 32/61 – **11 Z** 75/110.

Zur Mühle, Bahnhofstr. 25, 27419, (04282) 9 31 40, *Fax (04282) 931422,* –
.
Weihnachten - Anfang Jan. geschl. – (nur Abendessen für Hausgäste) – **11 Z** 90/140.

In Groß Meckelsen *W : 5 km :*

Schröder, Am Kuhbach 1, 27419, (04282) 35 33, *Fax (04282) 3535,* , ,
– Zim, – 80. . Rest
Menu à la carte 31/51 – **38 Z** 80/129.

In Groß Meckelsen-Kuhmühlen *NW : 5 km :*

Zur Kloster-Mühle, Alte Wassermühle 7, 27419, (04282) 7 84,
Fax (04282) 4725, « Kloster Mühle mit moderner Einrichtung » –
Montag geschl. – **Menu** (wochentags nur Abendessen) à la carte 45/75.

In Stemmen *SO : 12 km :*

Stemmer Landkrug, Große Str. 12, 27389, (04267) 9 30 40, *Fax (04267) 1785,*
, – , Zim, – 50.
Menu *(Montag - Dienstagmittag und Juli 2 Wochen geschl.)* à la carte 29/51 – **32 Z** 79/185.

SLATE *Mecklenburg-Vorpommern siehe Parchim.*

SOBERNHEIM, BAD *Rheinland-Pfalz* 417 *Q 6 – 7 000 Ew – Höhe 150 m – Heilbad.*

Kur- und Touristinformation, am Bahnhof, 55566, (06751) 8 12 41, Fax (06751) 81240.

Berlin 631 – Mainz 64 – Bad Kreuznach 19 – Idar-Oberstein 31.

Kurhaus am Maasberg , am Maasberg (N : 2 km), 55566, (06751) 87 60,
Fax (06751) 876201, , Massage, , , , , , , , , – ,
– 50. . Rest
3. - 23. Jan. und 5. - 18. Dez. geschl. – **Menu** à la carte 42/70 – **86 Z** 123/384, 3 Suiten
– ½ P 20.

Landhaus am alten Schloss garni, Korzcakstr. 22, 55566, (06751) 66 77,
, –
12 Z 75/170.

Historischer Hermannshof, Felkestraße, 55566, (06751) 9 33 90,
Fax (06751) 2696, « Gewölbekeller ; Innenhofterrassse »
Montag - Dienstag geschl. – **Menu** (nur Abendessen, Mai - Okt. am Wochenende auch Mittagessen) à la carte 37/59.

In Meddersheim *SW : 3 km :*

Landgasthof zur Traube, Sobernheimer Str. 2, 55566, (06751) 95 03 82,
« Rustikal gemütliche Einrichtung »
Montagmittag, Dienstagmittag und Mittwoch geschl. – **Menu** à la carte 39/66.

Lohmühle, SW : 3 km, an der Straße nach Meisenheim, 55566 Meddersheim,
(06751) 45 74, *Fax (06751) 6567,* , « Ehemalige Mühle a.d. 15. Jh. » – .
Montag - Dienstag und Jan. geschl. – **Menu** (Mittwoch - Freitag nur Abendessen) à la carte 30/58 *(auch vegetarische Gerichte)* .

SODEN AM TAUNUS, BAD *Hessen* 417 *P 9 – 18 300 Ew – Höhe 200 m – Heilbad.*

Kur- und Verkehrsbüro im Thermalbad, Kronberger Str. 5, 65812, (06196) 6 70 70 70, Fax (06196) 6707080.

Berlin 545 – Wiesbaden 31 – Frankfurt am Main 17 – Limburg an der Lahn 45.

Treff-Parkhotel, Königsteiner Str. 88, 65812, (06196) 20 00,
Fax (06196) 200153, , – , Zim, – 450. . Rest
Menu *(Samstagabend und Sonntagabend geschl.)* à la carte 44/71 – **130 Z** 225/385 –
½ P 30.

Concorde, Am Bahnhof 2, 65812, (06196) 20 90, *Fax (06196) 27075* – , Zim,
– 25.
23. Dez. - 2. Jan. geschl. – **Menu** *(Freitag - Sonntag und Mitte Juli - Mitte Aug. geschl.)* (nur Abendessen) à la carte 25/47 – **114 Z** 165/320 – ½ P 28.

Salina Hotel, Bismarckstr. 20, ✉ 65812, ✆ (06196) 56 40, *Fax (06196) 564555*, – Zim, – 30. AE E VISA
(Restaurant nur für Hausgäste) – **47 Z** 165/295.

Rheinischer Hof garni, Am Bahnhof 3, ✉ 65812, ✆ (06196) 56 20, *Fax (06196) 562222* – – 25. AE E VISA
64 Z 140/295.

Waldfrieden garni, Seb.-Kneipp-Str. 1, ✉ 65812, ✆ (06196) 50 28 00, *Fax (06196) 5028011*, – . AE E VISA
22. Dez. - Anfang Jan. geschl. – **35 Z** 118/195.

Rohrwiese garni (mit Gästehaus), Rohrwiesenweg 9, ✉ 65812, ✆ (06196) 5 02 90, *Fax (06196) 63887*, – . AE E
42 Z 120/175.

SODEN-SALMÜNSTER, BAD *Hessen 417 P 12 – 14 000 Ew – Höhe 150 m – Heilbad.*

Alsberg (O : 5 km), ✆ (06056) 35 94.

Tourist-Information, Frowin-von-Hutten-Str. 5, ✉ 63628, ✆ (06056) 74 41 44, Fax (06056) 744147.

Berlin 494 – Wiesbaden 105 – Fulda 45 – Frankfurt am Main 61.

Im Ortsteil Bad Soden :

Kress, Sprudelallee 26, ✉ 63628, ✆ (06056) 7 30 60, *Fax (06056) 730666*, – , Zim, – 200. AE E VISA. Rest
Menu à la carte 33/66 – **42 Z** 88/170.

Zum Heller garni, Gerhard-Radke-Str. 1, ✉ 63628, ✆ (06056) 73 50, *Fax (06056) 73513*, – – 15. E VISA
24 Z 55/95.

Pension Sehn garni, Brüder-Grimm-Str. 11, ✉ 63628, ✆ (06056) 9 15 20, *Fax (06056) 915210*, – . E.
15. Nov. - 15. Feb. geschl. – **13 Z** 60/110.

SÖGEL *Niedersachsen 415 H 6 – 5 000 Ew – Höhe 50 m.*

Berlin 486 – Hannover 220 – Nordhorn 68 – Cloppenburg 42 – Meppen 26 – Papenburg 37.

Jansen's Clemenswerther Hof (mit Gästehaus), Clemens-August-Str. 33, ✉ 49751, ✆ (05952) 12 30, *Fax (05952) 1268* – – 30. E VISA
Menu *(Montag geschl.)* à la carte 24/43 – **30 Z** 70/110.

SÖMMERDA *Thüringen 418 M 17 – 25 500 Ew – Höhe 150 m.*

Sömmerda-Information, Marktstr. 1, ✉ 99610 ✆ (03634) 35 02 41.

Berlin 264 – Erfurt 36 – Nordhausen 58 – Weimar 37.

Erfurter Tor M, Kölledaer Str. 33, ✉ 99610, ✆ (03634) 33 20, *Fax (03634) 332299*, – , Zim, – 60. AE E VISA
Menu (wochentags nur Abendessen) à la carte 32/54 – **41 Z** 80/155.

SOEST *Nordrhein-Westfalen 417 L 8 – 43 000 Ew – Höhe 98 m.*

Sehenswert : *St. Patroklidom★ (Westwerk★★ und Westturm★★)* Z – *Wiesenkirche★ (Aldegrevers-Altar★)* Y – *Nikolaikapelle (Nikolai-Altar★)* Z D.

Tourist Information, Am Seel 5, ✉ 59494, ✆ (02921) 10 33 23, Fax (02921) 33039.

ADAC, *Arnsberger Str. 7, ✉ 59494, ✆ (02921) 41 16, Fax (02921) 12392.*

Berlin 457 ② – Düsseldorf 118 ③ – Arnsberg 21 ③ – Dortmund 52 ④ – Kassel 121 ③ – Paderborn 49 ②.

Stadtplan siehe gegenüberliegende Seite

Hanse, Siegmund-Schultze-Weg 100, ✉ 59494, ✆ (02921) 7 09 00, *Fax (02921) 709075*, – – 40. AE E VISA
Menu à la carte 35/59 – **45 Z** 95/180. über ③ und Arnsberger Str.

Im wilden Mann, Am Markt 11, ✉ 59494, ✆ (02921) 1 50 71, *Fax (02921) 14078*, – – 70. AE E VISA JCB Y b
Menu à la carte 32/73 – **12 Z** 85/160.

Am Kattenturm, Dasselwall 1 (Stadthalle), ✉ 59494, ✆ (02921) 1 39 62, *Fax (02921) 769371*, , Biergarten – – 80. AE E VISA Z
Menu à la carte 40/60.

Pilgrim-Haus mit Zim, Jakobistr. 75, ✉ 59494, ✆ (02921) 18 28, *Fax (02921) 12131*, , « Gasthaus a.d. 14. Jh. » – Rest, . AE E VISA Z e
24. Dez. - 2. Jan. geschl. – **Menu** *(Dienstag geschl.)* (Montag - Freitag nur Abendessen) à la carte 44/69 – **10 Z** 125/175.

SOEST

Am Großen Teich . . . . Y 2
Am Kützelbach . . . . Z 3
Am Loerbach . . . . Y 4
Am Soestbach . . . . Y 5
Am Vreithof . . . . YZ 6
Bischofstraße . . . . Z 7
Brüderstraße . . . . Y
Brüdertor . . . . Y 8
Damm . . . . YZ 10
Dominikanerstraße . . . . Y 12
Düsterpoth . . . . Y 13
Grandweg . . . . Z
Grandwegertor . . . . Z 14
Hospitalgasse . . . . Z 15
Katzengasse . . . . Y 18
Kolkstraße . . . . Z 20
Kungelmarkt . . . . Z 21
Lentzestraße . . . . Y 22
Magazingasse . . . . Y 23
Markt . . . . Y
Marktstraße . . . . Z 24
Nöttentor . . . . Y 25
Oestinghauser Straße . . . . . . Y 26
Ostenhellweg . . . . Z 27
Petrikirchhof . . . . Z 28
Petristraße . . . . Z 29
Propst-Nübel-Str. . . . . Z 30
Puppenstraße . . . . Z 31
Rathausstraße . . . . YZ 32
Ritterstraße . . . . Y 33
Sandwelle . . . . Y 34
Teichmühlengasse . . . . Y 35
Waisenhausstraße . . . . Y 38
Walburgerstraße . . . . Y 39
Walburgertor . . . . Y 40
Westenhellweg . . . . Z 41
Widumgasse . . . . Y 42
Wiesenstraße . . . . Y 43
Wildemannsgasse . . . . YZ 45

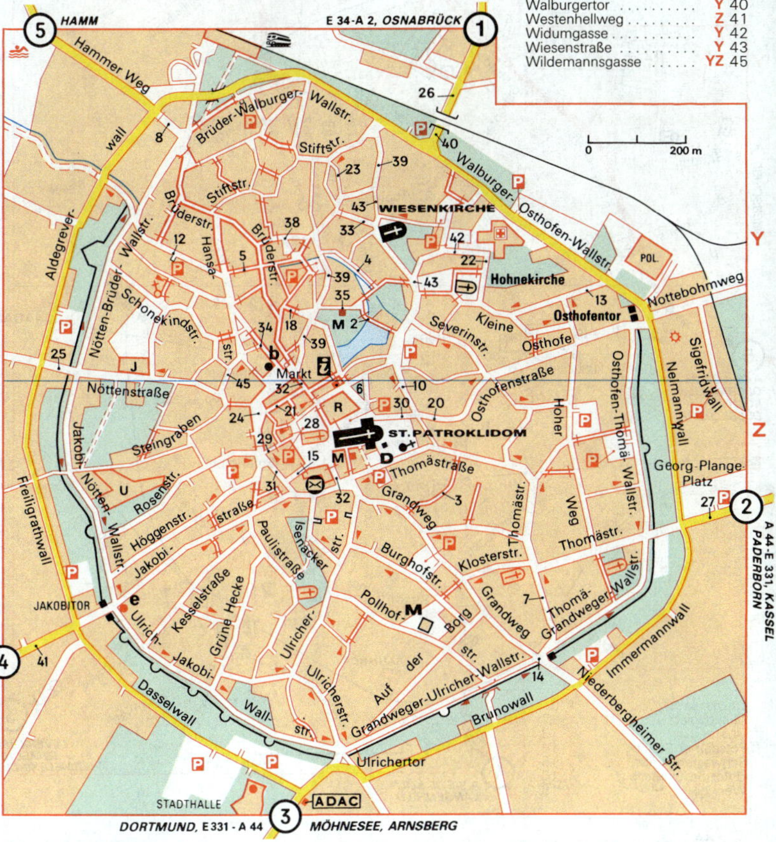

Dans ce guide
un même symbole, un même mot,
imprimé en **noir** *ou en rouge, en maigre ou en* ***gras***,
n'ont pas tout à fait la même signification.
Lisez attentivement les pages explicatives.

SOLINGEN *Nordrhein-Westfalen* **417** *M 5 – 163 000 Ew – Höhe 225 m.*

Ausflugsziel : *Solingen-Gräfrath : Deutsches Klingenmuseum★ 4 km über ①.*

Stadtinformation, Cronenberger Str. 59 (Rathaus), ✉ 42651, ☎ (0212) 2 90 23 33, Fax (0212) 2902479.

ADAC, *Goerdelerstr. 45, ✉ 42651, ☎ (0221) 47 27 47, Fax (0212) 10100.*

Berlin 543 ③ – Düsseldorf 34 ⑤ – Essen 35 ① – Köln 36 ④ – Wuppertal 16 ②.

SOLINGEN

Breidbacher Tor . . . . Z 2
Elisenstraße . . . . Z 3
Graf-Engelbert-Straße . . . . Z 5
Graf-Wilhelm-Platz . . . . . . Z 6
Hauptstraße . . . . Z
Kölner Straße . . . . Z
Konrad-Adenauer-Straße . . . . Y
Grünewalder Straße . . . . Z 7

Linkgasse . . . . Z 9
Mühlenplatz . . . . Y 12
Ohliger Tor . . . . Z 13
Potsdamer Straße . . . . . . Y 14
Schwesternstraße . . . . . . Y 15
Unter St. Clemens . . . . . Y 16
Werwolf . . . . Z 18

City Club Hotel garni, Kronprinzenstraße, ✉ 42655, ☎ (0212) 2 20 60, *Fax (0212) 2206100* – ☐ ☐ ☐ ☐ ☐ ☐ – 30. AE ☐ E VISA JCB Y a
100 Z 160/220.

Turmhotel, Kölner Str. 99, ✉ 42651, ☎ (0212) 22 30 70, *Fax (0212) 2230777,* ≤ – ☐ ☐ ☐ – 35. AE ☐ E VISA Z v
24. - 31. Dez. geschl. – (nur Abendessen für Hausgäste) – **40 Z** 105/240.

Goldener Löwe, Heinestr. 2, ✉ 42651, ☎ (0212) 1 20 30, *Fax (0212) 202158* – ☐ ☐ ☐. AE ☐ E VISA. ☐ Z a
Menu *(Dienstag und Juli - Aug. 4 Wochen geschl.)* (nur Abendessen) à la carte 31/55 – **15 Z** 95/190.

In Solingen-Burg ③ : *8 km* :

Haus in der Straßen (Gasthaus a.d.J. 1673), Wermelskirchener Str. 12, ✉ 42659, ☎ (0212) 24 20 90, *Fax (0212) 47549,* « Zinn- und historische Hausratsammlung » – ☐ ☐ ☐ – 80. AE E VISA
Menu à la carte 51/85 – **28 Z** 118/246.

Haus Niggemann, Wermelskirchener Str. 22, ✉ 42659, ✆ (0212) 4 10 21, *Fax (0212) 49175*, – TV – 60. AE E VISA JCB
Menu à la carte 38/72 – **30 Z** 95/200.

Laber, Wermelskirchener Str. 19, ✉ 42659, ✆ (0212) 4 16 23, *Fax (0212) 41856*, – TV . Zim
Weihnachten - Anfang Jan. geschl. – **Menu** *(Montag geschl.)* à la carte 26/51 – **10 Z** 90/130.

In Solingen-Ohligs ⑤ : *7 km* :

Seidler Parkhotel Solingen M, Hackhauser Str. 62, ✉ 42697, ✆ (0212) 7 06 00, *Fax (0212) 74662*, – , Zim, TV – 100. AE E VISA JCB. Rest
Menu *(Samstagmittag geschl.)* à la carte 49/88 – **65 Z** 175/380.

In Solingen-Wald ① : *6 km* :

Schwerthof M, Focher Str. 82, ✉ 42719, ✆ (0212) 25 20 80, *Fax (0212) 2520844*, – Zim, TV . AE E VISA
29. Juni - 19. Juli geschl. – **Menu** *(Sonntag geschl.)* à la carte 42/67 – **27 Z** 95/185.

In occasione di alcune manifestazioni commerciali o turistiche, i prezzi richiesti dagli albergatori possono subire un sensibile aumento nelle località interessate e nei loro dintorni.

SOLNHOFEN
Bayern 419 420 *T 16 – 1 900 Ew – Höhe 409 m.*

Berlin 505 – München 138 – Augsburg 84 – Donauwörth 35 – Ingolstadt 52.

Adler, Pappenheimer Str. 5, ✉ 91807, ✆ (09145) 8 31 10, *Fax (09145) 831133*, – Zim, .
Menu *(Dienstag geschl.)* à la carte 27/59 – **16 Z** 65/110.

SOLTAU
Niedersachsen 415 416 *H 13 – 20 000 Ew – Höhe 64 m – Erholungsort.*

Sehenswert : *Heide-Park Soltau*★.

Soltau-Tetendorf, Hof Loh (S : 3 km), ✆ (05191) 1 40 77.

Verkehrsbüro, Bornemannstr. 7, ✉ 29614, ✆ (05191) 8 44 40, Fax (05191) 84448.

Berlin 320 – Hannover 79 – Hamburg 80 – Bremen 92 – Lüneburg 51.

Meyn, Poststr. 19, ✉ 29614, ✆ (05191) 20 01, *Fax (05191) 17575* – Zim, TV – 100. AE E VISA
Menu à la carte 42/73 – ***Bürgerstube :*** **Menu** à la carte 27/46 – **51 Z** 95/180.

Heidehotel Soltauer Hof, Winsener Str. 109, ✉ 29614, ✆ (05191) 96 60, *Fax (05191) 966466*, , , – TV – 140. AE E VISA
Menu à la carte 42/68 – **53 Z** 120/198.

Heide-Paradies garni, Lüneburger Str. 6, ✉ 29614, ✆ (05191) 30 86, *Fax (05191) 18332* – TV . AE E VISA
14. Dez. - 4. Jan. geschl. – **18 Z** 90/160.

SOMMERACH
Bayern 419 420 *Q 14 – 1 400 Ew – Höhe 200 m.*

Berlin 471 – München 263 – Würzburg 31 – Bamberg 62 – Nürnberg 93 – Schweinfurt 30.

Zum weißen Lamm, Hauptstr. 2, ✉ 97334, ✆ (09381) 93 77, *Fax (09381) 4933* – TV
Jan. 3 Wochen und Juli 2 Wochen geschl. – **Menu** *(Dienstag geschl.)* à la carte 29/53 – **14 Z** 60/180.

Bocksbeutelherberge garni, Weinstr. 22, ✉ 97334, ✆ (09381) 8 48 50, *Fax (09381) 848522* – TV .
8 Z 60/94.

SOMMERFELD
Brandenburg 416 *H 23 – 1 050 Ew – Höhe 43 m.*

Berlin 48 – Potsdam 56 – Neuruppin 28.

Hotel am See, Beetzer Str. 1a, ✉ 16766, ✆ (033055) 9 70, *Fax (033055) 97445*, , Massage, , , – , Zim, TV – 150. AE E VISA
4. - 8. Jan. geschl. – **Menu** à la carte 40/67 – **100 Z** 150/190.

SOMMERHAUSEN
Bayern siehe Ochsenfurt.

SONDERSHAUSEN *Thüringen 418 L 16 – 24 000 Ew – Höhe 200 m.*

Sondershausen-Information, Alte Wache, Markt 9, ✉ 99706, ✆ (03632) 78 81 11, Fax (03632) 600382.

Berlin 262 – Erfurt 54 – Halle 91 – Nordhausen 18.

Thüringer Hof, Hauptstr. 30, ✉ 99706, ✆ (03632) 65 60, *Fax (03632) 65611,* – Zim, 40. *VISA* JCB
Menu à la carte 22/50 – **49 Z** 100/150.

Ratskeller, Markt 7, ✉ 99706, ✆ (03632) 6 05 90, – *VISA*
Menu à la carte 28/64.

Schloßrestaurant, Im Schloß, ✉ 99706, ✆ (03632) 78 22 09, *Fax (03632) 782209,* – *VISA*
Sonntagabend geschl. – **Menu** à la carte 28/46.

SONNEBERG *Thüringen 418 420 O 17 – 25 600 Ew – Höhe 350 m.*

Fremdenverkehrsbüro, Bahnhofstraße (Rathaus), ✉ 96515, ✆ (03675) 70 27 11, Fax (03675) 742002.

Berlin 354 – Erfurt 107 – Coburg 22.

Parkhotel Sonne, Dammstr. 3, ✉ 96515, ✆ (03675) 82 30, *Fax (03675) 823333,* – Zim, 40. *VISA*. Rest
Menu *(Sonntag geschl.)* à la carte 28/44 – **36 Z** 105/160.

Schloßberg, Schloßbergstr. 1, ✉ 96515, ✆ (03675) 7 33 00, *Fax (03675) 733012,* Biergarten, – Zim, 35. *VISA*
Menu à la carte 22/48 – **17 Z** 85/160, 3 Suiten.

Schöne Aussicht, Schöne Aussicht 24, ✉ 96515, ✆ (03675) 80 40 40, *Fax (03675) 804041,* – . *VISA*
Menu *(Sonntagabend geschl.)* à la carte 22/46 – **12 Z** 79/130.

SONNENBÜHL *Baden-Württemberg 419 U 11 – 5 800 Ew – Höhe 720 m – Wintersport : 720/880 m 3.*

Sonnenbühl-Undingen, Im Zerg, ✆ (07128) 9 26 00.

Verkehrsbüro, Hauptstr. 2, (Sonnenbühl), ✉ 72820, ✆ (07128) 9 25 18, Fax (07128) 92550.

Berlin 700 – Stuttgart 63 – Konstanz 120 – Reutlingen 26.

In Sonnenbühl-Erpfingen – *Luftkurort :*

Hirsch mit Zim, Im Dorf 12, ✉ 72820, ✆ (07128) 9 29 10, *Fax (07128) 3121,* « Garten » – *VISA*
Nov. 2 Wochen geschl. – **Menu** *(Dienstag geschl.)* 52/120 und à la carte 41/91 – **11 Z** 98/180
Spez. Blattsalate mit Linsen und Kalbskutteln. Heißgeräucherte Roulade von Lachsforelle und Zander. Rehrücken mit dunkler Wacholdersauce (Saison).

SONTHOFEN *Bayern 419 420 X 14 – 22 000 Ew – Höhe 742 m – Luftkurort – Wintersport : 750/1 050 m 3.*

Ofterschwang (SW : 4 km), ✆ (08321) 2 72 76.

Gästeamt, Rathausplatz 1, ✉ 87527, ✆ (08321) 61 52 91, Fax (08321) 615293.

Berlin 725 – München 152 – Kempten (Allgäu) 27 – Oberstdorf 13.

Allgäu Stern Hotel, Buchfinkenweg 2, ✉ 87527, ✆ (08321) 27 90, *Fax (08321) 279444,* Allgäuer Berge, Massage, – 400. *VISA*.
Menu à la carte 45/70 *(auch Diät)* – **360 Z** 183/286, 60 Suiten – ½ P 10.

Zum Ratsherrn, Hermann-von-Barth-Str. 4, ✉ 87527, ✆ (08321) 29 29, *Fax (08321) 26503,* – .
Nov. 2 Wochen und Ende April 1 Woche geschl. – **Menu** *(Montag geschl.)* (wochentags nur Abendessen) à la carte 31/60 – **11 Z** 80/135 – ½ P 16.

Alte Post, Promenadestr. 5, ✉ 87527, ✆ (08321) 25 08, *Fax (08321) 68750* –
Freitag - Samstagmittag, Jan. 1 Woche und Juni 2 Wochen geschl. – **Menu** à la carte 33/58.

In Blaichach-Ettensberg *NW : 4 km :*

Wolf garni, Schwandener Str. 21, ✉ 87544, ✆ (08321) 67 30 20, *Fax (08321) 6730232,* – .
1. - 25. Dez. geschl. – **14 Z** 55/120.

In Blaichach-Seifriedsberg *NW : 5 km :*

Kühbergalp, Kühberg 1, ✉ 87544, ✆ (08321) 6 63 90, *Fax (08321) 663999,* ≤ Allgäuer Berge, , , – , ☎ . *VISA.* Rest
Menu à la carte 41/57 – **26 Z** 110/360 – ½ P 35.

In Ofterschwang-Schweineberg *SW : 4 km :*

Sonnenalp , ✉ 87527, ✆ (08321) 27 20, *Fax (08321) 272242,* ≤, « Außenanlagen mit Terrassen », Massage, , , , , (geheizt), , , (Halle), 8, , Sportzentrum – , Rest, – 100.
(Restaurant nur für Hausgäste) – **225 Z** (nur ½ P) 343/720, 13 Suiten.

Dora garni, ✉ 87527, ✆ (08321) 35 09, *Fax (08321) 84244,* ≤, , , – ☎ . Rest
18 Z 75/170.

In Ofterschwang-Tiefenberg *S : 3 km :*

Gästehaus Gisela, ✉ 87527, ✆ (08321) 6 69 40, *Fax (08321) 669468,* ≤, , , – ☎ .
Nov. - 16. Dez. geschl. – (nur Abendessen für Hausgäste) – **14 Z** 53/100 – ½ P 18.

SONTRA *Hessen* 417 418 *M 13 – 8 900 Ew – Höhe 242 m – Luftkurort.*
Berlin 392 – Wiesbaden 201 – Kassel 56 – Bad Hersfeld 34 – Göttingen 62.

Link, Bahnhofstr. 17, ✉ 36205, ✆ (05653) 6 83, *Fax (05653) 8123,* – , Zim, – 80
Menu à la carte 20/39 – **36 Z** 48/105.

In Nentershausen-Weißenhasel *S : 5 km :*

Johanneshof, Kupferstr. 24, ✉ 36214, ✆ (06627) 9 20 00, *Fax (06627) 920099,* , – ☎ – 45. *VISA*
Menu (wochentags nur Abendessen) à la carte 29/55 – **21 Z** 80/165.

SOODEN - ALLENDORF, BAD *Hessen* 417 418 *M 13 – 10 000 Ew – Höhe 160 m – Heilbad.*
Sehenswert : *Allendorf : Fachwerkhäuser★ (Bürgersches Haus★, Kirchstr. 29, Eschstruthsches Haus★★, Kirchstr. 59).*
Gäste-Informationsdienst in Bad Sooden, Landgraf-Philipp-Pl. 1, ✉ 37242, ✆ (05652) 95 87 18, Fax (05652) 958713.
Berlin 375 – Wiesbaden 231 – Kassel 52 – Bad Hersfeld 68 – Göttingen 36.

Im Ortsteil Bad Sooden :

Waldhotel Soodener Hof , Hardtstr. 7, ✉ 37242, ✆ (05652) 95 60, *Fax (05652) 956222,* ≤, , , – ☎ – 35. *VISA* JCB. Rest
Menu à la carte 33/63 – **44 Z** 115/185 – ½ P 27.

Martina , Westerburgstr. 1, ✉ 37242, ✆ (05652) 20 88, *Fax (05652) 2732,* , – , Zim, ☎ . *VISA.* Rest
Feb. - März geschl. – **Menu** à la carte 29/57 – **67 Z** 71/162 – ½ P 16.

Im Ortsteil Ahrenberg *NW : 6 km über Ellershausen :*

Berggasthof Ahrenberg , ✉ 37242, ✆ (05652) 9 57 30, *Fax (05652) 1854,* ≤ Werratal, , , – Zim, ☎ . *VISA*
Menu à la carte 29/62 – **25 Z** 85/160.

SORA *Sachsen siehe Wilsdruff.*

SPAICHINGEN *Baden-Württemberg* 419 *V 10 – 9 500 Ew – Höhe 670 m.*
Ausflugsziel : *Dreifaltigkeitsberg★ : Wallfahrtskirche ★ NO : 6 km.*
Berlin 737 – Stuttgart 112 – Konstanz 70 – Tuttlingen 14 – Rottweil 14.

Kreuz, Hauptstr. 113 (B 14), ✉ 78549, ✆ (07424) 59 55, *Fax (07424) 503650,* – ☎ . *VISA*
Aug. 3 Wochen geschl. – **Menu** *(Sonntagabend - Montag geschl.)* à la carte 27/54 – **12 Z** 60/120.

In Hausen ob Verena *SW : 6 km :*

Hofgut Hohenkarpfen , am Hohenkarpfen – Höhe 850 m, ✉ 78595, ✆ (07424) 94 50, *Fax (07424) 945245,* ≤, , « Ehemaliger Bauernhof in schöner Lage », – ☎ – 50. *VISA*
Menu à la carte 53/75 – **21 Z** 98/160.

SPALT *Bayern* 419 420 *S 16 – 5 100 Ew – Höhe 357 m.*

Tourist-Information, Rathaus, Herrengasse 10, ✉ 91174, ✆ (09175) 79 65 25, Fax (09175) 796535.

Berlin 474 – München 149 – Nürnberg 50 – Ingolstadt 70 – Ansbach 35.

Krone, Hauptstr. 23, ✉ 91174, ✆ (09175) 3 70, *Fax (09175) 223* – *Juni 2 Wochen geschl.* – **Menu** *(Dienstag geschl.)* à la carte 24/46 – **13 Z** 55/90.

In Spalt-Großweingarten *SO : 3 km :*

Zum Schnapsbrenner, Dorfstr. 67, ✉ 91174, ✆ (09175) 7 97 80, *Fax (09175) 797833* – *(nur Abendessen für Hausgäste)* – **10 Z** 57/104.

In Spalt-Stiegelmühle *NW : 5 km :*

Gasthof Blumenthal, ✉ 91174, ✆ (09873) 3 32, *Fax (09873) 1375,* – *Montag - Dienstag und Jan. - Feb. 2 Wochen geschl.* – **Menu** à la carte 39/64.

SPANGENBERG *Hessen* 417 418 *M 12 – 7 000 Ew – Höhe 265 m – Luftkurort.*

Service-Center, Kirchplatz 4, ✉ 34286, ✆ (05663) 72 97, Fax (05663) 939406.

Berlin 398 – Wiesbaden 209 – Kassel 41 – Bad Hersfeld 50.

Schloß Spangenberg (Burganlage a.d. 13. Jh.), ✉ 34286, ✆ (05663) 8 66, *Fax (05663) 7567,* Spangenberg, – Zim, – 30. AE VISA. Rest *4. - 14. Jan. und Juli - Aug. 2 Wochen geschl.* – **Menu** *(Sonntagabend geschl.)* à la carte 53/85 – **24 Z** 125/280.

Ratskeller, Markt 1, ✉ 34286, ✆ (05663) 3 41, *Fax (05663) 341* – AE VISA *Sonntagabend - Montag und 27. Juli - 10. Aug. geschl.* – **Menu** (Tischbestellung ratsam) à la carte 72/94.

SPARNECK *Bayern siehe Münchberg.*

SPELLE *Nordrhein-Westfalen siehe Rheine.*

SPEYER *Rheinland-Pfalz* 417 419 *S 9 – 46 000 Ew – Höhe 104 m.*

Sehenswert : *Dom★★ (Krypta★★★, Querschiff★★)* B – *≤★★ vom Fuß des Heidentürmchens auf den Dom* B **E** – *Judenbad★* B **A** – *Dreifaltigkeitskirche (Barock-Interieur★)* B **B** – *Historisches Museum der Pfalz (Goldener Hut★ aus Schifferstadt, Weinmuseum★)* B **M1**.

Verkehrsamt, Maximilianstr. 11, ✉ 67346, ✆ (06232) 14 23 92, Fax (06232) 142381.

Berlin 638 ① – Mainz 93 ① – Mannheim 33 ① – Heidelberg 21 ② – Karlsruhe 57 ② – Pirmasens 73 ④.

Stadtplan siehe gegenüberliegende Seite

Domhof garni, Bauhof 3, ✉ 67346, ✆ (06232) 1 32 90, *Fax (06232) 132990* – – 80. AE VISA B v **49 Z** 160/230.

Goldener Engel, Mühlturmstr. 1a, ✉ 67346, ✆ (06232) 1 32 60, *Fax (06232) 132695,* « Individuelle Einrichtung » – AE VISA A e *23. Dez. - 2. Jan. geschl.* – **Menu** (siehe Wirtschaft zum Alten Engel) – **46 Z** 93/240.

Graf's Löwengarten, Schwerdstr. 14, ✉ 67346, ✆ (06232) 62 70, *Fax (06232) 26452* – – 40. AE VISA A t **Menu** *(Sonntag geschl.)* (nur Abendessen) à la carte 33/59 – **42 Z** 78/180.

Am Technik-Museum garni, Geibstr. 2, ✉ 67346, ✆ (06232) 6 71 00, *Fax (06232) 671020* – AE VISA. B a **109 Z** 85/110.

Weinstube Trutzpfaff, Webergasse 5, ✉ 67346, ✆ (06232) 6 01 20, *Fax (06232) 601230* – A a **Menu** *(Montag geschl.)* à la carte 31/45 – **8 Z** 85/135.

Backmulde, Karmeliterstraße 11, ✉ 67346, ✆ (06232) 7 15 77, *Fax (06232) 629474* – AE VISA A z *Sonntag - Montag und Mitte Aug. - Anfang Sept. geschl.* – **Menu** à la carte 61/84.

Kutscherhaus mit Zim, Am Fischmarkt 5a, ✉ 67346, ✆ (06232) 7 05 92, *Fax (06232) 620922,* Biergarten – AE VISA AB s **Menu** *(Mittwoch, Mai - Sept. auch Donnerstag geschl.)* (Tischbestellung ratsam) à la carte 37/70 *(auch vegetarische Gerichte)* – **3 Z** 120.

Gasthaus Zum Domnapf, Domplatz 1, ✉ 67346, ✆ (06232) 7 54 54, *Fax (06232) 78099,* – AE VISA B v *Montag, Nov. - März auch Sonntagabend geschl.* – **Menu** à la carte 38/60.

SPEYER

Armbruststraße	A 2	Kleine Pfaffeng.	B 21
Bartholomäus-Weltz-Platz	A 3	Königsplatz	A 22
Fischmarkt	A 6	Korngasse	A 23
Fr.-Kirrmeier-Straße	B 7	Lauergasse	A 24
Gilgenstraße	A	Maximilianstraße	AB 25
Große Greifeng.	A 8	Mühlturmstraße	A 27
Große Himmelsg.	B 10	Pfaugasse	A 28
Große Pfaffeng.	B 12	Pistoreigasse	B 29
Grüner Winkel	AB 13	Prinz-Luitpold-Str.	A 32
Gutenbergstraße	A 15	Rheintorstraße	B 33
Heydenreichstraße	A 17	Roßmarktstraße	A 34
Johannesstraße	A 20	Salzgasse	A 37
		St. Georgengasse	A 38
		Schustergasse	A 39
		Stuhlbrudergasse	B 42
		Tränkgasse	B 43
		Wormser Straße	A 45

X **Pfalzgraf,** Gilgenstr. 26b, ✉ 67346, ✆ (06232) 7 47 55, *Fax (06232) 75596* – P. AE E A u
Mittwochabend - Donnerstag geschl. – **Menu** à la carte 33/58 ♁.

X **Wirtschaft zum Alten Engel,** Mühlturmstr. 1a, ✉ 67346, ✆ (06232) 7 09 14, *Fax (06232) 132695*, « Altes Backsteingewölbe, antikes Mobiliar » – AE A r
Sonntag geschl. – **Menu** (nur Abendessen) à la carte 34/58 ♁.

In Speyer-Binshof ① : *6 km* :

RR Binshof Resort M, ✉ 67346, ✆ (06232) 64 70, *Fax (06232) 647199*, « Individuelle Einrichtung mit Designer Möbeln und Antiquitäten ; Therme », Massage, , , (geheizt), , , – , Zim, Rest, P – 60. AE ⓓ E VISA
Menu siehe Rest. ***Fresco*** separat erwähnt – ***Salierhof :*** **Menu** à la carte 48/72 – **78 Z** 220/450, 3 Suiten.

XXX **Fresco** - Hotel RR Binshof Resort, ✉ 67346, ✆ (06232) 64 70, *Fax (06232) 647199* – P. AE ⓓ E VISA.
Dienstag geschl. – **Menu** (wochentags nur Abendessen, Tischbestellung ratsam) à la carte 66/98.

In Römerberg-Berghausen ③ : *3 km* :

Morgenstern, Germersheimer Str. 2b, ✉ 67354, ✆ (06232) 80 01, *Fax (06232) 8028*, – TV ☎ P – 15. AE E VISA.
Menu *(Dienstag, Samstagmittag sowie über Fasching und Aug. jeweils 2 Wochen geschl.)* à la carte 39/69 – **21 Z** 78/150.

In Römerberg-Mechtersheim ③ : *7 km :*

Pfälzer Hof, Schwegenheimer Str. 11, ✉ 67354, ✆ (06232) 81 70, *Fax (06232) 817160,* – – **Menu** *(Montag und Juli 2 Wochen geschl.)* à la carte 28/60 – **48 Z** 80/150.

SPIEGELAU *Bayern* 420 *T 24 – 4 300 Ew – Höhe 730 m – Erholungsort – Wintersport : 780/830 m* *2* .

Verkehrsamt, Konrad-Wilsdorf-Str. 5, ✉ 94518, ✆ (08553) 96 00 17, Fax (08553) 960042.

Berlin 496 – München 193 – Passau 43 – Deggendorf 50.

Landhotel Tannenhof, Auf der List 27, ✉ 94518, ✆ (08553) 97 30, *Fax (08553) 973200,* – Zim, . VISA. Rest *(nur Abendessen für Hausgäste)* – **99 Z** 85/150 – ½ P 23.

Waldfrieden, Waldschmidtstr. 10, ✉ 94518, ✆ (08553) 12 47, *Fax (08553) 6631,* Massage, – . *Mitte März - Ende April geschl.* – (nur Abendessen für Hausgäste) – **25 Z** 60/110 – ½ P 12.

In Spiegelau-Klingenbrunn *NW : 4 km – Höhe 820 m*

Hochriegel, Frauenauer Str. 31, ✉ 94518, ✆ (08553) 97 00, *Fax (08553) 970193,* Massage, – . *Nov. - 24. Dez. geschl.* – (nur Abendessen für Hausgäste) – **40 Z** 74/160.

In Spiegelau-Oberkreuzberg *S : 7 km :*

Berggasthof Grobauer (mit Gästehaus), Kreuzbergstr. 8, ✉ 94518, ✆ (08553) 9 11 09, *Fax (08553) 91110,* – *Anfang Nov. - Mitte Dez. geschl.* – **Menu** *(Dienstagmittag und Mittwochmittag geschl.)* à la carte 18/30 – **36 Z** 48/104 – ½ P 14.

SPIEKEROOG (Insel) *Niedersachsen* 415 *E 7 – 700 Ew – Seeheilbad – Insel der Ostfriesischen Inselgruppe. Autos nicht zugelassen.*

von Neuharlingersiel (40 min.), ✆ (04974) 2 14.

Kurverwaltung, Noorderpad 25, ✉ 26474, ✆ (04976) 9 19 30, Fax (04976) 919347.

Berlin 518 – Hannover 258 – Emden 61 – Aurich (Ostfriesland) 33 – Wilhelmshaven 46.

Inselfriede, Süderloog 12, ✉ 26474, ✆ (04976) 9 19 20, *Fax (04976) 919266,* – Zim, . Zim *10. Jan. - 15. März geschl.* – **Menu** à la carte 37/68 – **26 Z** 104/196 – ½ P 32.

Zur Linde, Noorderloog 5, ✉ 26474, ✆ (04976) 9 19 40, *Fax (04976) 919430,* – *Mitte Jan. - Mitte Feb. geschl.* – **Menu** *(Dienstag geschl.)* à la carte 36/69 *(auch vegetarische Gerichte)* – **22 Z** 98/180 – ½ P 28.

SPITZINGSEE *Bayern siehe Schliersee.*

SPOHLA *Sachsen siehe Hoyerswerda.*

SPORNITZ *Mecklenburg-Vorpommern siehe Parchim.*

SPREENHAGEN *Brandenburg* 416 418 *I 25 – 1 600 Ew – Höhe 40 m.*

Berlin 59 – Potsdam 76 – Frankfurt (Oder) 51.

Gasthaus Paesch, Hauptstr. 27, ✉ 15528, ✆ (033633) 2 16, *Fax (033633) 65741,* – – 40. VISA *1. - 15. Jan. geschl.* – **Menu** à la carte 23/42 – **10 Z** 80/110.

SPREMBERG *Brandenburg* 418 *L 27 – 24 000 Ew – Höhe 115 m.*

Berlin 143 – Potsdam 148 – Cottbus 22 – Dresden 72.

Hotel am Berg, Bergstr. 30, ✉ 03130, ✆ (03563) 9 17 67, *Fax (03563) 94837,* Biergarten, – . VISA **Menu** *(Sonntag geschl.)* (nur Abendessen) à la carte 23/35 – **16 Z** 65/150.

SPRENDLINGEN *Rheinland-Pfalz* 417 *Q 7 – 3 600 Ew – Höhe 95 m.*

Golfclub Rheinhessen, auf dem Wissberg, (06701) 81 11.

Berlin 610 – Mainz 39 – Bad Kreuznach 7.

Apart Hotel Garni, Bahnhofstr. 39, 55576, (06701) 9 30 10, *Fax (06701) 930150* – **18 Z** 88/138.

In St. Johann *NO : 2 km :*

Golf-Gast-Haus Rheinhessen M, auf dem Wissberg (beim Golfplatz), 55578, (06701) 91 64 50, *Fax (06701) 916455,* Weinberge und Golfplatz, , – Zim, – 20. **Menu** *(Montag geschl.)* à la carte 30/55 – **23 Z** 140/295.

SPRINGE AM DEISTER *Niedersachsen* 417 418 *J 12 – 30 000 Ew – Höhe 113 m – Erholungsort.*

Tourist-Information, Altes Rathaus, Auf dem Burghof 1, 31832, (05041) 7 32 73, Fax (05041) 5885.

Berlin 308 – Hannover 26 – Hameln 20 – Hildesheim 33.

Garni, Zum Oberntor 9, 31832, (05041) 9 43 90, *Fax (05041) 943994* – .

24. Dez. - 5. Jan. geschl. – **20 Z** 70/98.

SPROCKHÖVEL *Nordrhein-Westfalen* 417 *L 5 – 25 000 Ew – Höhe 203 m.*

Berlin 526 – Düsseldorf 53 – Bochum 18 – Wuppertal 16.

In Sprockhövel-Niedersprockhövel :

Tante Anna, Hauptstr. 58, 45549, (02324) 7 96 12, – *Montag und Anfang Jan. 1 Woche geschl.* – **Menu** (nur Abendessen, Tischbestellung ratsam) à la carte 55/80.

Eggers mit Zim, Hauptstr. 78, 45549, (02324) 7 17 80, *Fax (02324) 77290* – *Juni - Juli 3 Wochen geschl.* – **Menu** *(Samstagmittag und Mittwoch geschl.)* à la carte 34/62 – **11 Z** 79/135.

STADE *Niedersachsen* 415 *F 12 – 47 000 Ew – Höhe 7 m.*

Sehenswert : *Schwedenspeicher-Museum Stade★ (Bronze-Räder★).*

Ausflugsziel : *Das Alte Land★.*

Deinster Mühle (S : 8 km), (04149) 92 51 12.

Stadt-Information im Zeughaus, Pferdemarkt 11, 21682, (04141) 40 91 70, Fax (04141) 409110.

ADAC, Hinterm Teich 1, 21680, (04141) 6 32 22, Fax (04141) 609795.

Berlin 350 – Hannover 178 – Hamburg 59 – Bremerhaven 76.

Herzog Widukind garni, Große Schmiedestr. 14, 21682, (04141) 9 99 80, *Fax (04141) 9998444* – . *23. Dez. - 4. Jan. geschl.* – **45 Z** 150/185.

Parkhotel Stader Hof, Schiffertorsstr. 8 (Stadeum), 21682, (04141) 49 90, *Fax (04141) 499100,* , – , Zim, – 600. ***Contrescarpe*** (Sonntag geschl.) **Menu** à la carte 43/69 – **100 Z** 120/170, 6 Suiten.

Vier Linden, Schölischer Str. 63, 21682, (04141) 9 27 02, *Fax (04141) 2865,* , , – Zim, – 50. **Menu** *(Sonntagabend geschl.)* (wochentags nur Abendessen) à la carte 38/64 – **46 Z** 99/155.

Zur Einkehr, Freiburger Str. 82, 21682, (04141) 23 25, *Fax (04141) 2455,* , , – Zim, – 20. **Menu** à la carte 29/59 – **37 Z** 85/155.

Knechthausen, Bungenstr. 20, 21682, (04141) 4 53 00, *Fax (04141) 45370,* – *Sonntag geschl.* – **Menu** (nur Abendessen) à la carte 57/70.

Insel-Restaurant, Auf der Insel, 21680, (04141) 20 31, *Fax (04141) 47869,* – – 40. **Menu** à la carte 38/63.

Ratskeller, Hökerstr. 10, 21682, (04141) 4 42 55, *Fax (04141) 44255,* , « Gotisches Kreuzgewölbe a.d. 13. Jh. » – *Montag geschl.* – **Menu** à la carte 35/66.

STADECKEN-ELSHEIM *Rheinland-Pfalz siehe Mainz.*

STADTALLENDORF *Hessen* 417 *N 11 – 21 000 Ew – Höhe 255 m.*

Berlin 458 – Wiesbaden 141 – Marburg 28 – Kassel 74 – Neustadt Kreis Marburg 8 – Alsfeld 27.

Parkhotel, Schillerstr. 1, ✉ 35260, ✆ (06428) 70 80, *Fax (06428) 708259,* – Zim, TV ☎ P – 50. AE E VISA. Rest
Menu à la carte 33/73 – **50 Z** 130/240.

In Stadtallendorf-Niederklein *S : 4,5 km :*

Germania (mit Gästehaus), Obergasse 1, ✉ 35260, ✆ (06429) 9 23 60, *Fax (06429) 923649* – Zim, TV ☎ P. AE E VISA JCB
Menu *(Montagmittag, Dienstag und 1. - 10. Jan. geschl.)* à la carte 28/54 – **21 Z** 70/120.

STADTHAGEN *Niedersachsen* 415 417 *J 11 – 23 100 Ew – Höhe 67 m.*

Obernkirchen (SW : 4 km), ✆ (05724) 46 70.

Berlin 327 – Hannover 45 – Bielefeld 76 – Osnabrück 106.

Zur Amtspforte, Obernstr. 31, ✉ 31655, ✆ (05721) 98 40, *Fax (05721) 984444,* – , Zim, TV ☎ P. AE E VISA. Zim
Menu *(Montag geschl.)* (asiatische Küche) à la carte 32/55 – **25 Z** 98/185.

Gerber Hotel M, Echternstr. 14, ✉ 31655, ✆ (05721) 98 60, *Fax (05721) 98666* – , Zim, TV ☎ P. AE E VISA
La Tannerie (Bistro) *(nur Abendessen, Sonntag geschl.)* **Menu** à la carte 34/62 – **15 Z** 89/169.

Torschreiberhaus (Restaurant im Bistro-Stil), Krumme Str. 42, ✉ 31655, ✆ (05721) 64 50,
Montag und Jan. 3 Wochen geschl. – **Menu** (nur Abendessen, Tischbestellung ratsam) à la carte 52/67.

Fisch-Restaurant Blanke, Rathauspassage 5, ✉ 31655, ✆ (05721) 22 67, *Fax (05721) 72834*
Sonntag - Montag geschl. – **Menu** à la carte 36/54.

In Stadthagen-Obernwöhren *SO : 5 km :*

Oelkrug, Waldstr. 2, ✉ 31655, ✆ (05721) 80 25 25, *Fax (05721) 802550,* – , Zim, TV ☎ P – 30. AE E
Menu *(Montag geschl., Dienstag - Donnerstag nur Abendessen)* à la carte 31/58 – **18 Z** 95/185.

In Nienstädt-Sülbeck *SW : 6 km :*

Sülbecker Krug mit Zim, Mindener Str. 6 (B 65), ✉ 31688, ✆ (05724) 9 55 00, *Fax (05724) 955050,* – TV ☎ P. AE E VISA JCB
Menu *(Samstagmittag, Sonntagabend und Montag geschl.)* à la carte 42/77 – **12 Z** 85/130.

STADTILM *Thüringen* 418 *N 17 – 5 000 Ew – Höhe 365 m.*

Berlin 308 – Erfurt 35 – Jena 53 – Rudolstadt 22 – Suhl 43.

In Großliebringen *SO : 7 km :*

Burghotel Edelhof, Hauptstr. 59, ✉ 99326, ✆ (03629) 39 36, *Fax (03629) 4967,* « Ehemaliges Rittergut a.d. 11. Jh. » – TV ☎ P – 70. AE E VISA
Menu *(Montag - Freitag nur Abendessen)* à la carte 24/52 – **20 Z** 75/220.

STADTKYLL *Rheinland-Pfalz* 417 *O 3 – 1 200 Ew – Höhe 460 m – Luftkurort.*

Verkehrsverein Oberes Kylltal, Burgberg 22, ✉ 54589, ✆ (06597) 28 78, Fax (06597) 4871.

Berlin 653 – Mainz 190 – Aachen 78 – Euskirchen 48 – Mayen 64.

Am Park, Kurallee 13, ✉ 54589, ✆ (06597) 1 50, *Fax (06597) 15250* – 120.
Menu à la carte 41/80 – **89 Z** 145/260.

STADTOLDENDORF *Niedersachsen* 417 418 *K 12 – 6 000 Ew – Höhe 227 m.*

Berlin 337 – Hannover 62 – Göttingen 71 – Hildesheim 51.

Villa Mosler M, Hoopstr. 2, ✉ 37627, ✆ (05532) 50 60, *Fax (05532) 506400,* , – , Zim, – 100.
Topas *(wochentags nur Abendessen)* **Menu** à la carte 48/77 – **61 Z** 169/214, 6 Suiten.

STADT WEHLEN *Sachsen* 418 *N 26 – 1 700 Ew – Höhe 110 m – Erholungsort.*

Gästeamt und Touristinformation, Markt 5, ✉ 01829, ✆ (035024) 7 04 14, Fax (035024) 70434.

Berlin 217 – Dresden 26 – Pirna 11.

Strandhotel, Markt 9, ✉ 01829, ✆ (035024) 7 84 90, *Fax (035024) 70610,* <, – – 45
Menu à la carte 24/37 – **30 Z** 100/230.

STAFFELSTEIN *Bayern* 418 420 *P 17 – 10 500 Ew – Höhe 272 m.*

Ausflugsziele : *Ehemaliges Kloster Banz : Terrasse <★, N : 5 km – Wallfahrtskirche Vierzehnheiligen★★ (Nothelfer-Altar★★), NO : 5 km.*

Städt. Verkehrsamt, Alte Darre am Stadtturm, ✉ 96231, ✆ (09573) 41 92, Fax (09573) 4146.

Berlin 379 – München 261 – Coburg 24 – Bamberg 26.

Kurhotel M, Am Kurpark 7, ✉ 96231, ✆ (09573) 33 30, *Fax (09573) 333299,* , Massage, , , – , Zim, – 100. Rest
Menu à la carte 32/65 – **113 Z** 119/168 – ½ P 24.

Rödiger, Zur Herrgottsmühle 2, ✉ 96231, ✆ (09573) 8 95, *Fax (09573) 1339,* , , – , Zim, – 50.
Menu *(Freitag und Aug. geschl.)* à la carte 28/63 – **51 Z** 80/135 – ½ P 25.

Vierjahreszeiten garni, Annaberger Str. 1, ✉ 96231, ✆ (09573) 68 38, –
18 Z 75/120.

In Staffelstein - Grundfeld *NO : 3 km :*

Maintal, Alte Bundesstr. 5, ✉ 96231, ✆ (09571) 31 66, *Fax (09571) 5768,* – Rest,
22. Dez. - 22. Jan. geschl. – **Menu** *(Sonntagabend und Freitag geschl.)* à la carte 23/47 – **19 Z** 60/100.

In Staffelstein-Romansthal *O : 2 km :*

Zur schönen Schnitterin, ✉ 96231, ✆ (09573) 43 73, *Fax (09573) 5489,* <, – Zim
30. Nov. - 26. Dez. geschl. – **Menu** *(Montag geschl.)* à la carte 23/50 – **15 Z** 55/120 – ½ P 22.

STAHNSDORF *Brandenburg* 416 *I 23 – 6 000 Ew – Höhe 100 m.*

Berlin 32 – Potsdam 13.

Sonneneck, Potsdamer Allee 123, ✉ 14532, ✆ (03329) 6 38 50, *Fax (03329) 638531,* –
Menu à la carte 23/41 – **15 Z** 105/160.

STAMSRIED *Bayern* 420 *S 21 – 2 000 Ew – Höhe 450 m.*

Berlin 469 – München 172 – Regensburg 53 – Nürnberg 131 – Passau 124.

Pusl, Marktplatz 6, ✉ 93491, ✆ (09466) 3 26, *Fax (09466) 1099,* , , – Rest
Menu à la carte 17/45 – **43 Z** 49/120.

STAPELFELD *Schleswig-Holstein* 415 416 *F 14 – 1 500 Ew – Höhe 20 m.*

Berlin 270 – Kiel 91 – Hamburg 29 – Lübeck 47.

Zur Windmühle, Hauptstr. 99, ✉ 22145, ✆ (040) 67 50 70, *Fax (040) 67507299,* – 30. AE E VISA
Menu à la carte 40/63 – **49 Z** 110/168.

STARNBERG *Bayern* 419 420 *V 18 – 20 300 Ew – Höhe 587 m.*

Starnberg-Hadorf, Uneringer Straße, ✆ (08151) 1 21 57 ; Starnberg, Gut Rieden, ✆ (08151) 9 07 70.

Tourismusverband, Am Kirchplatz, ✉ 82319, ✆ (08151) 9 06 00, Fax (08151) 906090.

Berlin 613 – München 26 – Augsburg 82 – Garmisch-Partenkirchen 70.

Seehof, Bahnhofsplatz 4, ✉ 82319, ✆ (08151) 90 85 00 (Hotel) 22 21 (Rest.), *Fax (08151) 28136,* – . AE E VISA
Menu (italienische Küche) à la carte 37/68 – **38 Z** 140/230.

Fischerhaus garni, Achheimstr. 1, ✉ 82319, ✆ (08151) 9 05 50, *Fax (08151) 905520,* – . E VISA.
11 Z 190/220.

Pension Happach garni, Achheimstr. 2, ✉ 82319, ✆ (08151) 1 25 37 – .
23. Dez. - Jan. geschl. – **11 Z** 60/110.

Al Torchio, Kaiser-Wilhelm-Str. 2, ✉ 82319, ✆ (08151) 74 44 66, *Fax (08151) 29831,* – . AE E VISA
Montagmittag geschl. – **Menu** (italienische Küche) à la carte 52/86.

Isola d'Elba, Theresienstr. 9, ✉ 82319, ✆ (08151) 1 67 80, – . AE E VISA
Montag geschl. – **Menu** (italienische Küche) à la carte 41/70.

Starnberger Alm - Illguth's Gasthaus, Schloßbergstr. 24, ✉ 82319, ✆ (08151) 1 55 77, *Fax (08151) 15577,* , « Sammlung alter handwerklicher Geräte » – . AE E VISA
Sonntag - Montag, Weihnachten - Anfang Jan. und Aug. 3 Wochen geschl. – **Menu** (nur Abendessen, bemerkenswertes Angebot württembergischer Weine) à la carte 26/54 *(Tischbestellung ratsam).*

STARZACH *Baden-Württemberg* 419 *U 10 – 3 000 Ew – Höhe 400 m.*

Schloß Weitenburg, ✆ (07472) 80 61.

Berlin 697 – Stuttgart 66 – Karlsruhe 126 – Freudenstadt 29.

In Starzach-Börstingen *N : 7 km :*

Schloß Weitenburg , ✉ 72181, ✆ (07457) 93 30, *Fax (07457) 933100,* , , « Schloß a.d.J. 1585, Park, Schloßkapelle », , , , (Halle) – – 70. E VISA JCB
21. - 25. Dez. geschl. – **Menu** à la carte 56/83 – **34 Z** 135/250 – ½ P 56.

STASSFURT *Sachsen-Anhalt* 418 *K 18 – 23 400 Ew – Höhe 90 m.*

Stassfurt-Information, Steinstr. 20, ✉ 39418, ✆ (03925) 98 12 95, Fax (03925) 981315.

Berlin 175 – Magdeburg 38 – Dessau 59 – Halle 56 – Nordhausen 95.

Salzland garni, Kottenstr. 3, ✉ 39418, ✆ (03925) 9 24 30, *Fax (03925) 924331* –
14 Z 95/145.

STAUDACH-EGERNDACH *Bayern* 420 *W 21 – 1 100 Ew – Höhe 600 m.*

Verkehrsverein, Marquartsteiner Str. 3, ✉ 83224, ✆ (08641) 25 60, Fax (08641) 1808.

Berlin 683 – München 91 – Bad Reichenhall 47 – Traunstein 20 – Rosenheim 34.

Im Ortsteil Staudach :

Mühlwinkl , Mühlwinkl 14, ✉ 83224, ✆ (08641) 24 14, *Fax (08641) 5656,* , –
Nov. - Mitte Dez. geschl. – **Menu** *(Dienstag geschl., Okt. - Mai Mittwoch nur Abendessen)* à la carte 26/48 – **15 Z** 45/100.

Im Ortsteil Egerndach :

Gasthof Ott, ✉ 83224, ✆ (08641) 21 83, Fax (08641) 1764, Biergarten, –
Jan. 3 Wochen geschl. – **Menu** (Montag, außer Saison auch Donnerstag geschl.) à la carte 23/46 – **25 Z** 45/90.

STAUFEN Baden-Württemberg 419 W 7 – 7 300 Ew – Höhe 290 m – Erholungsort.
Sehenswert : Staufenburg : Lage★.
Verkehrsamt, Rathaus, ✉ 79219, ✆ (07633) 8 05 36, Fax (07633) 50593.
Berlin 820 – Stuttgart 222 – Freiburg im Breisgau 22 – Basel 58.

Die Krone, Hauptstr. 30, ✉ 79219, ✆ (07633) 58 40, Fax (07633) 82903, , « Gasthaus a.d. 18.Jh. » – . AE E VISA
Menu (Freitagmittag und Samstag geschl.) à la carte 30/75 – **9 Z** 90/130.

Hirschen, Hauptstr. 19, ✉ 79219, ✆ (07633) 52 97, Fax (07633) 5295, , –
Menu (Montag - Dienstag und Nov. geschl.) à la carte 31/66 – **15 Z** 75/130.

Felsenkeller, Albert-Hugard-Str. 47, ✉ 79219, ✆ (07633) 62 85, Fax (07633) 981400, – . AE E VISA
Menu (Montag sowie Feb. und Aug. jeweils 1 Woche geschl.) 56/85 und à la carte – **9 Z** 88/155.

Kreuz-Post mit Zim, Hauptstr. 65, ✉ 79219, ✆ (07633) 9 53 20, Fax (07633) 953232, , « Traditionelle markgräfler Gaststube, Zimmereinrichtung im Landhausstil » – Zim, E VISA. Zim
Menu (Mittwoch geschl.) à la carte 37/70 – **5 Z** 155/185.

STAUFENBERG Hessen 417 O 10 – 7 600 Ew – Höhe 163 m.
Berlin 498 – Wiesbaden 102 – Marburg 20 – Frankfurt am Main 73 – Gießen 11 – Kassel 116.

Burghotel Staufenberg (Burg a.d. 12. Jh. mit Hotelanbau), Burggasse 10, ✉ 35460, ✆ (06406) 30 12, Fax (06406) 72492, – – 50. AE E VISA
Menu à la carte 34/72 – **28 Z** 125/220.

STAVENHAGEN (REUTERSTADT) Mecklenburg-Vorpommern 416 E 22 – 9 000 Ew – Höhe 46 m.
Berlin 166 – Schwerin 119 – Neubrandenburg 31 – Stralsund 83.

Kutzbach, Malchiner Str. 2, ✉ 17153, ✆ (039954) 2 10 96, Fax (039954) 30838 – . AE E VISA.
Menu à la carte 25/36 – **17 Z** 80/120.

In Jürgenstorf S : 5 km :

Unkel Bräsig, Warener Str. 1a, ✉ 17153, ✆ (039955) 3 80, Fax (039955) 38222 – – 80. AE E VISA
Menu (Montag - Donnerstag nur Abendessen) à la carte 28/43 – **18 Z** 80/140.

In Kittendorf S : 9 km :

Schloßhotel Kittendorf, ✉ 17153, ✆ (039955) 5 00, Fax (039955) 50140, « Schloss a.d.J. 1848 im Tudorstil » – – 30. Rest (nur Abendessen) – **28 Z.**

STEBEN, BAD Bayern 418 420 O 18 – 3 700 Ew – Höhe 580 m – Heilbad – Wintersport : 585/650 m 1.
Info-Büro, Badstr. 31. ✉ 95138, ✆ (09288) 9 60 20, Fax (09288) 96010.
Berlin 320 – München 295 – Coburg 75 – Hof 25 – Bayreuth 66.

relexa Sport und Kurhotel, Badstr. 26, ✉ 95138, ✆ (09288) 7 20, Fax (09288) 72113, , Massage, , , , , , – , Zim, – 250. AE E VISA
Menu à la carte 38/65 (auch Diät) – **122 Z** 140/290, 7 Suiten – ½ P 40.

Zum Alten Bergamt, Badstr. 8, ✉ 95138, ✆ (09288) 9 72 10, Fax (09288) 972121, – . AE E VISA
Menu (Nov. - März Montag geschl.) à la carte 25/51 – **16 Z** 60/120 – ½ P 25.

In Bad Steben-Bobengrün *S : 3 km :*

Spitzberg mit Zim, Hauptstr. 43, ✉ 95138, ✆ (09288) 3 13, *Fax (09288) 55325*, Biergarten, – ☎ P
Menu *(Dienstag geschl.)* à la carte 26/62 – **4 Z** 60/90.

In Lichtenberg *NO : 3 km :*

Burghotel, Schloßberg 1, ✉ 95192, ✆ (09288) 51 51, *Fax (09288) 5459*, ≤, Biergarten – |♦| TV ☎ P – 20. AE ⓓ E VISA. Rest
Menu à la carte 30/54 – **25 Z** 78/136 – ½ P 25.

Burgrestaurant Harmonie, Schloßberg 2, ✉ 95192, ✆ (09288) 2 46, *Fax (09288) 246*, « Gemütliche Gasträume » – E VISA
Dienstagabend - Mittwoch geschl. – **Menu** à la carte 38/67.

In this guide,
a symbol or a character, printed in red or black, in bold or light type,
does not have the same meaning.
Please read the explanatory pages carefully.

STEGAURACH *Bayern siehe Bamberg*

STEGEN *Baden-Württemberg siehe Kirchzarten.*

STEIN *Schleswig-Holstein siehe Laboe.*

STEINBACH AM WALD *Bayern* 418 420 *O 18 – 3 800 Ew – Höhe 600 m – Wintersport : 600/720 m* ≰1, ⛷.
Berlin 322 – München 300 – Coburg 49 – Bayreuth 69 – Bamberg 83.

Steinbacher Hof mit Zim, Kronacher Str. 3 (B 85), ✉ 96361, ✆ (09263) 4 86, *Fax (09263) 8383* – ☎ P
Mittwoch, Feb. 2 Wochen und Anfang Nov. 1 Woche geschl. – ***Karl der IV*** **: Menu** à la carte 58/74 – ***Steinbacher Stube*** **: Menu** à la carte 26/45 – **8 Z** 60/90.

STEINEN *Baden-Württemberg* 419 *X 7 – 4 600 Ew – Höhe 335 m.*
Berlin 833 – Stuttgart 269 – Freiburg im Breisgau 76 – Basel 17 – Schopfheim 7.

In Steinen-Höllstein *S : 1 km :*

Höllsteiner Hof, Friedrichstr. 65, ✉ 79585, ✆ (07627) 9 10 80, *Fax (07627) 910866*, – TV ☎ P – 20. E VISA
27. Dez. - 7. Jan. geschl. – **Menu** *(Sonntag geschl.)* (nur Abendessen) à la carte 26/63 – **14 Z** 79/130.

Tannenhof garni, Friedrichstr. 9, ✉ 79585, ✆ (07627) 32 68, *Fax (07627) 3468* – TV ☎ P. E VISA
23. Dez. - 6. Jan. geschl. – **18 Z** 75/130.

STEINENBRONN *Baden-Württemberg* 419 *U 11 – 4 700 Ew – Höhe 430 m.*
Berlin 658 – Stuttgart 21 – Reutlingen 33 – Ulm (Donau) 92.

Krone, Stuttgarter Str. 47, ✉ 71144, ✆ (07157) 73 30, *Fax (07157) 733177*, – |♦| TV ☎ P – 30. AE ⓓ E VISA
20. Dez. - 10. Jan. geschl. – **Menu** *(Sonntag - Montag geschl.)* à la carte 43/77 – **44 Z** 118/190.

Löwen (mit Gästehaus), Stuttgarter Str. 1, ✉ 71144, ✆ (07157) 5 24 40, *Fax (07157) 524424*, – |♦| TV ☎ P. AE ⓓ E VISA
Menu *(Mittwoch und Aug. 1 Woche geschl.)* à la carte 34/66 – **23 Z** 85/165.

Residenz Steinenbronn garni, Lerchenstr. 14 (Gewerbegebiet Ost), ✉ 71144, ✆ (07157) 73 60, *Fax (07157) 3074*, – |♦|, Zim, TV ☎ P. AE ⓓ E VISA
171 Z 115/165.

Weinstube Maier, Tübinger Str. 21, ✉ 71144, ✆ (07157) 7 37 30, *Fax (07157) 737310* – TV ☎ P. AE ⓓ E VISA JCB
Menu *(Freitag - Sonntag und Aug. 3 Wochen geschl.)* (nur Abendessen) à la carte 24/49 – **23 Z** 70/110.

STEINFURT *Nordrhein-Westfalen* 417 *J 6 – 32 000 Ew – Höhe 70 m.*

Steinfurt-Bagno, (02551) 51 78.

Verkehrsverein Steinfurt - Burgsteinfurt, Markt 2, 48565, (02551) 13 83, Fax (02551) 7326.

Berlin 494 – Düsseldorf 162 – Nordhorn 55 – Enschede 39 – Münster (Westfalen) 25 – Osnabrück 58.

In Steinfurt-Borghorst :

Schünemann, Altenberger Str. 109, 48565, (02552) 39 82, *Fax (02552) 61728,* – 20. AE VISA
Menu *(Sonntagabend geschl.)* à la carte 39/78 – **33 Z** 115/163.

Posthotel Riehemann, Münsterstr. 8, 48565, (02552) 40 59, *Fax (02552) 62484* – – 30. AE VISA. Rest *(nur Abendessen für Hausgäste)* – **16 Z** 75/140.

In Steinfurt-Burgsteinfurt :

Zur Lindenwirtin, Ochtruper Str. 38, 48565, (02551) 20 15, *Fax (02551) 4728,* – . AE VISA.
6. - 27. Juli geschl. – **Menu** *(Sonntagabend geschl.)* (wochentags nur Abendessen) à la carte 30/55 – **18 Z** 70/125.

STEINGADEN *Bayern* 419 420 *W 16 – 2 600 Ew – Höhe 763 m – Erholungsort.*

Sehenswert : *Klosterkirche★.*

Ausflugsziel : *Wies : Kirche★★ SO : 5 km.*

Berlin 639 – München 103 – Garmisch-Partenkirchen 46 – Kempten (Allgäu) 65 – Weilheim 34 – Füssen 21.

In Steingaden-Wies *SO : 5 km :*

Schweiger, Wies 9, 86989, (08862) 5 00, *Fax (08862) 6116,* – . AE VISA
Jan. - April Freitag und Mitte Nov. - 24. Dez. geschl. – **Menu** (nur Mittagessen) à la carte 31/56.

Moser, Wies 1, 86989, (08862) 5 03, *Fax (08862) 503,* , Biergarten –
Mittwoch und Mitte Jan. - Ende Feb. geschl. – **Menu** (nur Mittagessen) à la carte 25/45.

STEINHAGEN *Nordrhein-Westfalen* 417 *J 9 – 18 600 Ew – Höhe 101 m.*

Berlin 404 – Düsseldorf 166 – Bielefeld 11 – Münster (Westfalen) 67 – Osnabrück 47.

Alte Schmiede (ehemalige Schmiede a.d.J. 1843), Kirchplatz 22, 33803, (05204) 70 01, *Fax (05204) 89129,* – . AE VISA
Menu *(Sonntag geschl.)* (nur Abendessen, Tischbestellung ratsam, bemerkenswerte Weinkarte) à la carte 47/76.

STEINHAGEN KREIS STRALSUND *Mecklenburg-Vorpommern* 416 *D 22 – 2 450 Ew – Höhe 5 m.*

Berlin 233 – Schwerin 163 – Rügen (Bergen) 20 – Rostock 71 – Greifswald 39 – Stralsund 12.

In Steinhagen-Negast *NO : 5 km :*

Jagdhof, Hauptstr. 60 (B 194), 18442, (038327) 6 06 40, *Fax (038327) 65650,* –
20 Z.

S.E.E. Hotel, Hauptstr. 43 (B 194), 18442, (038327) 6 70, *Fax (038327) 67401,* , – – 50. AE VISA
Menu à la carte 26/50 – **26 Z** 95/130 – ½ P 25/30.

STEINHAUSEN *Baden-Württemberg siehe Schussenried, Bad.*

STEINHEIM *Nordrhein-Westfalen* 417 *K 11 – 12 100 Ew – Höhe 144 m.*

Berlin 368 – Düsseldorf 208 – Hannover 87 – Detmold 21 – Paderborn 38.

In Steinheim-Sandebeck *SW : 12 km :*

Germanenhof, Teutoburger-Wald-Str. 29, 32839, (05238) 9 89 00, *Fax (05238) 989090,* , – – 50. AE VISA JCB
Menu *(Dienstag geschl.)* (Tischbestellung ratsam) à la carte 34/75 *(auch vegetarische Gerichte)* – **23 Z** 80/150.

STEINHEIM AM ALBUCH *Baden-Württemberg siehe Heidenheim an der Brenz.*

STEINHEIM AN DER MURR *Baden-Württemberg* 419 *T 11 – 10 800 Ew – Höhe 202 m.*
Berlin 609 – Stuttgart 32 – Heilbronn 28 – Ludwigsburg 16.

Mühlenscheuer garni (mit Gästehaus), Mühlweg 5, ✉ 71711, ☎ (07144) 8 27 70, *Fax (07144) 827760* – – 20. AE E VISA
28 Z 89/169.

Zum Lamm, Marktstr. 32, ✉ 71711, ☎ (07144) 2 93 90, *Fax (07144) 208798* – . E VISA
Menu *(Montagmittag geschl.)* à la carte 27/53 – **24 Z** 65/118.

STEINPLEIS *Sachsen siehe Werdau.*

STEINSFELD *Bayern siehe Rothenburg o.d.T.*

STEISSLINGEN *Baden-Württemberg* 419 *W 10 – 4 000 Ew – Höhe 465 m – Erholungsort.*
Verkehrsbüro, Schulstraße (Rathaus), ✉ 78256, ☎ (07738) 92 93 40, Fax (07738) 929359.
Berlin 782 – Stuttgart 152 – Konstanz 29 – Singen (Hohentwiel) 9.

Sättele , Schillerstr. 9, ✉ 78256, ☎ (07738) 9 29 00, *Fax (07738) 929059*, , , – – 40. E VISA
Ende Juli - Mitte Aug. und Ende Jan. - Mitte Feb. geschl. – **Menu** *(Sonntagabend und Donnerstag geschl.)* à la carte 35/68 – **15 Z** 72/165.

STEMMEN *Niedersachsen siehe Sittensen.*

STEMWEDE *Nordrhein-Westfalen* 415 *I 9 – 12 500 Ew – Höhe 65 m.*
Berlin 385 – Düsseldorf 227 – Bielefeld 50 – Minden 36 – Osnabrück 33.

In Stemwede-Haldem *NW : 8,5 km ab Levern :*

Berggasthof Wilhelmshöhe , ✉ 32351, ☎ (05474) 10 10, *Fax (05474) 1371*, , « Garten » – – 80. AE E VISA Zim
21. - 25. Dez. geschl. – **Menu** *(Dienstag geschl.)* à la carte 42/63 – **15 Z** 70/160.

STENDAL *Sachsen-Anhalt* 416 418 *I 19 – 43 000 Ew – Höhe 33 m.*
Sehenswert : *Dom St. Nikolai★ (Glasfenster★) – Uenglinger Tor★.*
Ausflugsziele : *Tangermünde★ (Rathaus★, Neustädter Tor★), SO : 10 km – Havelberg (Dom St. Marien★, Skulpturen★★ an Lettner und Chorschranken), N : 46 km (über Tangermünde).*
Stendal-Information, Kornmarkt 8, ✉ 39576, ☎ (03931) 65 11 90, Fax (03931) 561195.
ADAC, *Rathenower Str. 16a, ✉ 39576, ☎ (03931) 21 23 86, Fax (03931) 212981.*
Berlin 130 – Magdeburg 60 – Dessau 133 – Schwerin 135.

Altstadt-Hotel, Breite Str. 60, ✉ 39576, ☎ (03931) 6 98 90, *Fax (03931) 698939* –
18 Z.

Am Bahnhof, Bahnhofstr. 30, ✉ 39576, ☎ (03931) 71 55 48, *Fax (03931) 715535*, – – 50. AE E VISA
Menu à la carte 24/43 – **29 Z** 85/180.

In Klein Schwechten-Ziegenhagen *NW : 13 km :*

Gose, Dorfstr. 7 (B 189), ✉ 39579, ☎ (039328) 2 58, *Fax (039328) 258*, – – 50. AE E VISA
Menu à la carte 21/49 – **16 Z** 85/125.

STEPHANSKIRCHEN *Bayern siehe Rosenheim.*

STERDEBÜLL *Schleswig-Holstein siehe Bredstedt.*

STERNBERG *Mecklenburg-Vorpommern* 416 *E 19 – 5 100 Ew – Höhe 65 m – Erholungsort.*
Fremdenverkehrsamt, Luckower Str. 3, ✉ 19406, ☎ (03847) 45 10 12, Fax (03847) 451012.
Berlin 196 – Schwerin 37 – Güstrow 27.

Seehotel, Johannes-Dörwald-Allee 1, ✉ 19406, ☎ (03847) 35 00, Fax (03847) 350166, – Zim, – 300. AE VISA
Menu à la carte 29/61 – **42 Z** 110/238 – ½ P 25.

STIMPFACH *Baden-Württemberg* 419 420 *S 14 – 2 700 Ew – Höhe 465 m.*
Berlin 541 – Stuttgart 109 – Nürnberg 110 – Würzburg 111.

In Stimpfach-Rechenberg *SO : 4 km :*

Landgasthof Rössle, Ortsstr. 22, ✉ 74597, ☎ (07967) 9 00 40, Fax (07967) 1387, – 100. Rest
Menu *(Montag geschl.)* à la carte 28/58 – **66 Z** 75/138.

STOCKACH *Baden-Württemberg* 419 *W 11 – 15 200 Ew – Höhe 491 m.*
Ausflugsziel : *Haldenhof ≤★★, SO : 13 km.*
Berlin 730 – Stuttgart 157 – Konstanz 34 – Freiburg im Breisgau 112 – Ulm (Donau) 114.

Goldener Ochsen, Zoznegger Str. 2, ✉ 78333, ☎ (07771) 20 31, Fax (07771) 2034, – Zim, – 35. AE VISA JCB
Menu à la carte 41/74 – **38 Z** 110/210.

Zur Linde, Goethestr. 23 (B 31), ✉ 78333, ☎ (07771) 6 10 66, Fax (07771) 61220, – – 50. AE VISA JCB
Menu à la carte 40/70 – **28 Z** 65/180.

In Stockach-Wahlwies *SW : 3 km :*

Adler (mit Gästehaus), Leonhardtstr. 29, ✉ 78333, ☎ (07771) 35 27, Fax (07771) 920012, –
Menu *(Montag - Dienstagmittag geschl.)* à la carte 32/64 – **15 Z** 45/95.

STOCKELSDORF *Schleswig-Holstein siehe Lübeck.*

STOCKSTADT AM MAIN *Bayern* 417 *Q 11 – 8 000 Ew – Höhe 110 m.*
Berlin 550 – München 361 – Frankfurt am Main 38 – Darmstadt 36.

Brößler, Obernburger Str. 2, ✉ 63811, ☎ (06027) 42 20, Fax (06027) 422100, Biergarten – – 20. AE VISA
Anfang Jan. 1 Woche geschl. – **Menu** *(Samstag geschl.)* à la carte 31/63 – **34 Z** 100/150.

STÖLLN *Brandenburg* 416 *H 21 – 320 Ew – Höhe 25 m.*
Berlin 86 – Potsdam 75 – Schwerin 135 – Stendal 59.

Zum 1. Flieger, Otto-Lilienthal-Str. 7, ✉ 14728, ☎ (033875) 3 00 00, Fax (033875) 30020, Biergarten – Zim,
Menu (Jan. - 15. März Restaurant nur für Hausgäste) à la carte 25/50 – **10 Z** 60/100.

STOLBERG (HARZ) *Sachsen-Anhalt* 418 L 16 – 1600 Ew – Höhe 330 m – Luftkurort.
Fremdenverkehrsamt, Markt 2, ✉ 06547, ☎ (034654) 4 54, Fax (034654) 729.
Berlin 246 – Magdeburg 110 – Erfurt 91 – Göttingen 88.

Zum Bürgergarten, Thyratal 1, ✉ 06547, ☎ (034654) 4 01, *Fax (034654) 575*, Massage, – Zim, – 40. AE E VISA JCB
Menu *(Montagmittag und Dienstagmittag geschl.)* à la carte 25/53 – **27 Z** 70/160 – ½ P 20.

Weißes Roß, Rittergasse 5, ✉ 06547, ☎ (034654) 6 00, *Fax (034654) 602* – . AE E VISA
Menu à la carte 26/58 – **10 Z** 80/135 – ½ P 20.

Außerhalb *NO : 7 km :*

Harzhotel, Schindelbruch 1, ✉ 06547 Stolberg, ☎ (034654) 80 80, *Fax (034654) 808458*, , Biergarten, – – 35. AE E VISA
Menu à la carte 30/58 – **41 Z** 110/160 – ½ P 20.

STOLBERG *Nordrhein-Westfalen* 417 N 2 – 59000 Ew – Höhe 180 m.
Berlin 629 – Düsseldorf 80 – Aachen 11 – Düren 23 – Monschau 36.

Parkhotel am Hammerberg garni, Hammerberg 11, ✉ 52222, ☎ (02402) 1 23 40, *Fax (02402) 123480*, , , – – 20. AE E VISA
28 Z 98/250.

Stadthalle garni, Rathausstr. 71, ✉ 52222, ☎ (02402) 2 30 56, *Fax (02402) 84211* – – 25. AE E VISA
20 Z 86/120.

Romantik Hotel Burgkeller mit Zim, Klatterstr. 8, ✉ 52222, ☎ (02402) 2 72 72, *Fax (02402) 27270*, – . AE E VISA
Menu *(Samstagmittag geschl.)* à la carte 47/83 – **5 Z** 140/250.

In Stolberg-Zweifall *SO : 6,5 km :*

Zum Walde (mit Gästehäusern), Klosterstr. 4, ✉ 52224, ☎ (02402) 76 90, *Fax (02402) 76910*, , , , , – – 25. AE E VISA
Menu à la carte 39/62 – **61 Z** 120/198, 3 Suiten – ½ P 30.

In Stolberg-Vicht *SO : 4 km :*

Vichter Landhaus, Münsterau 140, ✉ 52224, ☎ (02402) 9 89 10, *Fax (02402) 989192*, – – 25. AE E VISA. Zim
Menu à la carte 31/68 – **30 Z** 86/160.

STOLLBERG *Sachsen* 418 N 22 – 14000 Ew – Höhe 415 m.
Berlin 280 – Dresden 94 – Chemnitz 20 – Plauen 66 – Zwickau 29.

Köhler, Hohensteiner Str. 56 (Dürerpassage), ✉ 09366, ☎ (037296) 1 41 00, *Fax (037296) 14110*, , – , Zim, . AE E VISA
Menu *(Samstag - Sonntag geschl.)* (nur Abendessen) à la carte 26/45 – **37 Z** 90/130.

Goldener Adler, Postplatz 7, ✉ 09366, ☎ (037296) 6 99 50, *Fax (037296) 699514* – . AE E VISA
Menu à la carte 22/39 – **15 Z** 78/117.

In Stollberg-Mitteldorf *SW : 3 km :*

Zur Grünen Laube, Hartensteiner Str. 59, ✉ 09366, ☎ (037296) 24 84, *Fax (037296) 3603*, – . AE E VISA
Menu à la carte 20/41 – **15 Z** 89/120.

In Niederwürschnitz *NW : 3,5 km :*

Vinum, Chemnitzer Str. 29, ✉ 09399, ☎ (037296) 1 51 26, *Fax (037296) 15129*, « Individuelle Zimmereinrichtung » – . VISA
Menu *(Sonntag geschl.)* (nur Abendessen) à la carte 30/55 – **13 Z** 92/155.

STOLPE *Brandenburg siehe Angermünde.*

STOLPE KREIS ANKLAM *Mecklenburg-Vorpommern* 416 E 24 – 500 Ew – Höhe 5 m.
Berlin 179 – Schwerin 171 – Neubrandenburg 48 – Stralsund 75.

Gutshaus Stolpe, Dorfstr. 37, ✉ 17391, ☎ (039721) 55 00, *Fax (039721) 55099*, , « Typische Gutsanlage a.d. 19.Jh. ; Park mit altem Baumbestand », , – Zim, . AE E VISA. Rest
Feb. geschl. – **Menu** *(Sonntag - Montag geschl.)* (nur Abendessen) à la carte 53/73 – **31 Z** 150/220, 6 Suiten.

STOLPEN *Sachsen* 418 *M 26 – 5 500 Ew – Höhe 356 m.*

Berlin 207 – Dresden 27 – Bautzen 35 – Pirna 17.

Burghotel, Schloßstr. 12, ✉ 01833, ☎ (035973) 2 79 11, *Fax (035973) 27912*, ←, Biergarten – |♦|, ⇔ Rest, TV ☎ ♿ P – 🏠 50. E VISA
Menu à la carte 28/50 – **43 Z** 95/150.

STORKAU *Sachsen-Anhalt* 416 418 *I 19 – 190 Ew – Höhe 55 m.*

Berlin 123 – Magdeburg 71 – Brandenburg 60 – Tangermünde 8 – Stendal 8 – Wittenberge 61.

Schloß Storkau M, Im Park, ✉ 39590, ☎ (039321) 26 40, *Fax (039321) 2645*, « Schöne Lage an der Elbe », Fö, ≘s – |♦|, ⇔ Zim, TV ☎ ♿ P – 🏠 60. AE ① E VISA. ⨯ Rest
Menu *(Sonntagabend - Montag geschl.)* à la carte 42/70 – **84 Z** 95/320.

In questa guida
uno stesso simbolo, uno stesso carattere
stampati in rosso o in nero*, in magro o in* ***grassetto****,*
hanno un significato diverso.
Leggete attentamente le pagine esplicative.

STORKOW MARK *Brandenburg* 416 *J 25 – 6 300 Ew – Höhe 40 m.*

Berlin 63 – Potsdam 80 – Cottbus 81 – Frankfurt a. d. Oder 53.

In Storkow-Hubertushöhe *SO : 3,5 km :*

Schloß Hubertushöhe, Robert-Koch-Str. 1, ✉ 15859, ☎ (033678) 4 30, *Fax (033678) 43100*, « Ehemaliges Jagdschloß aus der Zeit der Jahrhundertwende ; schöne Lage im Park », Bootssteg – ⇔ Zim, TV P. AE ① E VISA
Jan. geschl. – ***Windspiel*** *(Montag geschl.)* **Menu** à la carte 78/93 – **22 Z** 280/650.

STRAELEN *Nordrhein-Westfalen* 417 *L 2 – 13 800 Ew – Höhe 46 m.*

Berlin 588 – Düsseldorf 67 – Venlo 11 – Wesel 38.

Straelener Hof, Annastr. 68, ✉ 47638, ☎ (02834) 9 14 10, *Fax (02834) 914147*, Biergarten – TV ☎ P – 🏠 70. AE ① E VISA
Menu à la carte 41/70 – **26 Z** 99/160 -Erweiterung auf 50 Z. in 1999.

STRALSUND *Mecklenburg-Vorpommern* 416 *D 23 – 63 000 Ew – Höhe 5 m.*

Sehenswert : *Rathaus★ (Nordfassade★★)* BY *– Meeresmuseum und Aquarium★* BY **M** *– Nikolaikirche★* BY *– Marienkirche★* BZ.

Stralsund-Information, Alter Markt 9, ✉ 18409, ☎ (03831) 2 46 90, Fax (03831) 246949.

ADAC, *Frankenstr. 1, ✉ 18439, ☎ (03831) 61 23 11, Fax (03831) 612316.*

Berlin 247 ② – Schwerin 160 ④ – Rügen (Bergen) 29 ① – Rostock 71 ④ – Greifswald 32 ②.

Stadtpläne siehe nächste Seiten

Baltic M, Frankendamm 22, ✉ 18439, ☎ (03831) 20 40, *Fax (03831) 204999*, Fö, ≘s – |♦|, ⇔ Zim, TV ☎ – 🏠 120. AE ① E VISA — CZ k
Menu à la carte 34/55 – **135 Z** 150/235, 5 Suiten.

Zur Post M, Tribseer Str. 22, ✉ 18439, ☎ (03831) 20 05 00, *Fax (03831) 200510*, ≘s – |♦|, ⇔ Zim, TV ☎ ♿ – 🏠 70 — BZ a
100 Z.

Royal am Bahnhof, Tribseer Damm 4, ✉ 18437, ☎ (03831) 29 52 68, *Fax (03831) 292650*, Fö, ≘s – |♦|, ⇔ Zim, TV ☎ – 🏠 40. AE E VISA. ⨯ Rest — AZ b
Menu à la carte 24/50 – **60 Z** 125/155.

An den Bleichen garni, An den Bleichen 45, ✉ 18435, ☎ (03831) 39 06 75, *Fax (03831) 392153*, ≘s – ⇔ TV ☎ P. AE E VISA — AY d
23 Z 105/145.

Stralsund, Heinrich-Heine-Ring 105, ✉ 18435, ☎ (03831) 36 70, *Fax (03831) 367111* – |♦| TV ☎ P – 🏠 25. AE ① E VISA — über Knieperdamm AY
Herwig's Restaurant : **Menu** à la carte 27/50 – **74 Z** 115/150.

Villa am Meer garni, Gerhart-Hauptmann-Str. 14, ✉ 18435, ☎ (03831) 3 75 90, *Fax (03831) 375913* – TV ☎ P. AE E VISA — BY s
12 Z 95/145.

STRALSUND

Alter Markt	BY	3
Am Langenkanal	CY	4
Apollonienmarkt	BY	6
August-Bebel-Ufer	BZ	7
Badenstraße	BY	9
Badstüberstraße	BCY	10
Baumschulenstraße	AY	12
Bleistraße	BZ	13
Elisabethweg	AZ	15
Fährstraße	BY	16
Friedrich-List-Straße	AZ	18
Greifwalder Chaussee	BZ	19
Hafenstraße	CYZ	21
Heilig-Geiststraße	BY	
Heuweg	AZ	22
Hinter der Brunnenaue	AY	24
Jacobiturmstraße	BY	25
Ketelhofstraße	AY	27
Mauerstraße	BY	28
Mühlenstraße	BY	30
Neuer Markt	BZ	31
Olof-Palme-Platz	BY	33
Ossenreyerstraße	BY	
Otto-Voge-Straße	BCZ	34
Papenstraße	BY	36
Peter Blome Straße	CZ	37
Philipp-Julius-Weg	AZ	39
Platz der Friedens	AZ	40
Richtenberger Chaussee	AZ	42
Schillstraße	BY	43
Tetzlawstraße	AZ	45
Tribseerstraße	BZ	46
Wasserstraße	CY	48
Witzlawstraße	AZ	49

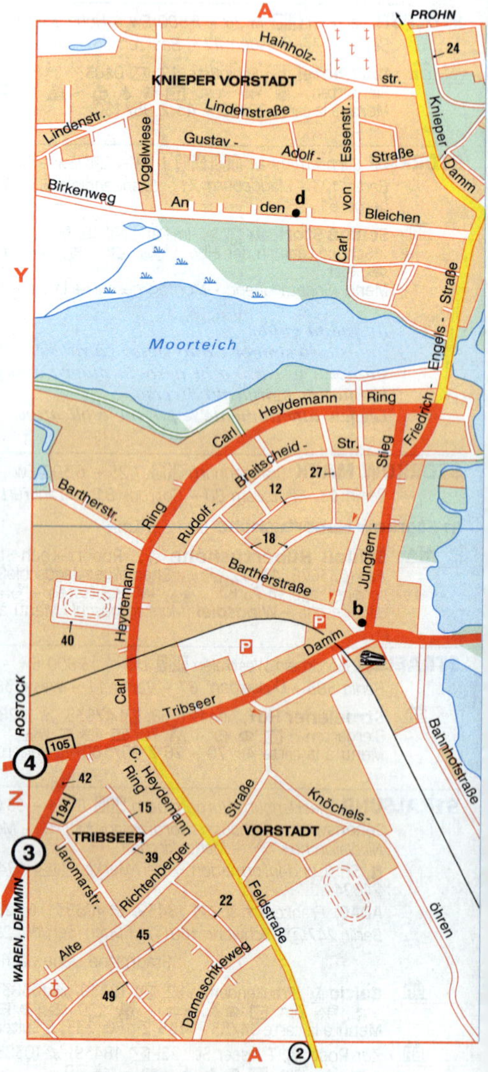

Die im Michelin-Führer verwendeten Zeichen und Symbole haben - fett oder dünn gedruckt, rot oder schwarz - jeweils eine andere Bedeutung. Lesen Sie daher die Erklärungen aufmerksam durch.

In Stralsund-Grünhufe *W : 2 km über ④ und Grünhufer Dorfstraße :*

Parkhotel M, Lindenallee 61, ✉ 18437, ☎ (03831) 47 40, *Fax (03831) 474860*, – Zim, – 80. AE DC E VISA
Menu à la carte 38/66 – **120 Z** 155/215, 4 Suiten.

Unter den Linden, Lindenallee 41, ✉ 18437, ☎ (03831) 44 20, *Fax (03831) 442270*, – Zim, AE E VISA
Menu à la carte 25/45 – **40 Z** 105/195.

In Lüssow-Langendorf *W : 4 km über ④ :*

Top-Motel, Am Langendorfer Berg (nahe der B 105), ✉ 18442, ☎ (03831) 47 70, *Fax (03831) 477150* – AE DC E VISA
Menu (nur Abendessen) à la carte 24/42 – **36 Z** 110/190.

In Groß Mohrdorf-Hohendorf *NW : 11 km über Knieperdamm* AY :

Schloßpark-Hotel Hohendorf, ✉ 18445, ☎ (038323) 25 00, *Fax (038323) 25061*, « Park », – Zim, – 40. AE VISA. Rest
Menu à la carte 38/55 – **42 Z** 150/215.

Do not mix up :

Comfort of hotels : ... ,

Comfort of restaurants : ...

Quality of the cuisine : , , , Menu

STRANDE *Schleswig-Holstein* 415 416 *C 14 – 1 700 Ew – Höhe 5 m – Seebad.*
Fremdenverkehrsbüro, Strandstr. 12, ✉ 24229, ☎ (04349) 2 90, Fax (04349) 290.
Berlin 366 – Kiel 18 – Eckernförde 26.

Strandhotel, Strandstr. 21, ✉ 24229, ☎ (04349) 9 17 90, *Fax (04349) 9179210,* – 100.
Menu à la carte 42/63 – **23 Z** 155/240.

Yachthafen-Hotel, Strandstr. 15, ✉ 24229, ☎ (04349) 80 80, *Fax (04349) 80811,* –
15 Z.

Haus am Meer garni, Bülker Weg 47, ✉ 24229, ☎ (04349) 12 34, *Fax (04349) 1544,* Außenförde und Ostsee –
10 Z 80/136.

Petersen's Hotel garni, Dorfstr. 9, ✉ 24229, ☎ (04349) 14 64, *Fax (04349) 1414* –
20 Z 95/160.

STRASEN *Mecklenburg-Vorpommern siehe Wustrow.*

STRASSENHAUS *Rheinland-Pfalz* 417 *O 6 – 2 500 Ew – Höhe 398 m – Luftkurort.*
Berlin 601 – Mainz 120 – Bonn 52 – Koblenz 31.

Zur Post, Raiffeisenstr. 5 (B 256), ✉ 56587, ☎ (02634) 50 90, *Fax (02634) 509411,* – Zim, – 100.
Poststuben **: Menu** à la carte 48/61 – **60 Z** 98/180.

STRASSLACH *Bayern* 419 420 *V 18 – 2 700 Ew – Höhe 590 m.*
Berlin 619 – München 24 – Augsburg 84 – Garmisch-Partenkirchen 71 – Starnberg 24.

Gasthof zum Wildpark, Tölzer Str. 2, ✉ 82064, ☎ (08170) 6 35, *Fax (08170) 7385,* Biergarten, « Gemütliche Gaststuben » –
Menu à la carte 30/57.

STRAUBENHARDT *Baden-Württemberg* 419 *T 9 – 10 000 Ew – Höhe 416 m.*
Verkehrsamt, Rathaus Conweiler, ✉ 75334, ☎ (07082) 9 48 60, Fax (07082) 948641.
Berlin 674 – Stuttgart 67 – Karlsruhe 30 – Baden-Baden 38 – Pforzheim 17.

In Straubenhardt-Schwann :

Landhotel Adlerhof , Mönchstr. 14 (Schwanner Warte), ✉ 75334, ☎ (07082) 9 23 40, *Fax (07082) 9234130,* – 15.
Jan. 2 Wochen geschl. – **Menu** *(Montag geschl.)* à la carte 33/58 – **21 Z** 80/150 – ½ P 20.

Im Holzbachtal *SW : 6 km :*

Waldhotel Bergschmiede , ✉ 75334 Straubenhardt, ☎ (07248) 92 10, *Fax (07248) 921200,* « Hirschgehege, Gartenterrasse », – 15.
Menu *(Dienstag geschl.)* à la carte 41/70 – **22 Z** 70/128 – ½ P 35.

STRAUBING *Bayern* 420 *T 21 – 44 000 Ew – Höhe 330 m.*
Sehenswert : *Stadtplatz*★.
Amt für Tourismus, Theresienplatz 20, ✉ 94315, ☎ (09421) 94 43 07, Fax (09421) 944103.
ADAC, *Am Stadtgraben 44a, ✉ 94315, ☎ (09421) 9 93 00, Fax (09421) 82547.*
Berlin 541 – München 120 – Regensburg 50 – Landshut 51 – Passau 79.

Theresientor, Theresienplatz 41, ✉ 94315, ☎ (09421) 84 90 (Hotel) 2 32 21 (Rest.), *Fax (09421) 849100,* –
Robert's *(nur Abendessen, Sonntag und 7. - 17. Aug. geschl.)* **Menu** à la carte 40/65 – **33 Z** 119/245.

Seethaler , Theresienplatz 25, ✉ 94315, ☎ (09421) 9 39 50, *Fax (09421) 939550,* –
Menu *(Sonntag - Montag geschl.)* à la carte 27/58 – **19 Z** 105/180.

Römerhof, Ittlinger Str. 136, ✉ 94315, ☎ (09421) 9 98 20, *Fax (09421) 998229,* – Zim, – 25. Rest
Menu *(Samstag - Sonntag geschl.)* à la carte 26/45 – **26 Z** 92/175.

Wenisch, Innere Passauer Str. 59, ✉ 94315, ☎ (09421) 9 93 10 (Hotel) 9 09 99 (Rest.), *Fax (09421) 993180* – Zim,
Menu *(Samstagabend und Sonntagabend geschl.)* à la carte 24/48 – **34 Z** 50/145.

STRAUSBERG *Brandenburg* 416 418 *I 25 – 28 500 Ew – Höhe 80 m.*

Schloß Wilkendorf (NO : 4 km), (03341) 33 09 60.

Stadt- und Tourist-Information, August-Bebel-Str. 1, 15344, (03341) 31 10 66, Fax (03341) 381430.

Berlin 44 – Potsdam 75 – Eberswalde 35 – Frankfurt an der Oder 62.

Annablick, Ernst-Thälmann-Str. 82a, 15344, (03341) 42 39 17, *Fax (03341) 471829* – TV P. E VISA
Menu *(Samstag - Sonntag und 20. Dez. - 10. Jan. geschl.)* (nur Abendessen) à la carte 23/40 – **12 Z** 80/130.

STREHLA *Sachsen* 418 *L 23 – 4 100 Ew – Höhe 104 m.*

Berlin 156 – Dresden 61 – Leipzig 89.

Ambiente garni, Torgauer Str. 20, 01616, (035264) 9 02 24, *Fax (035264) 90224* – TV P. E VISA
16 Z 55/120.

STROMBERG KREIS KREUZNACH *Rheinland-Pfalz* 417 *Q 7 – 3 000 Ew – Höhe 235 m.*

Stromberg, Buchenring 6, (06724) 9 30 80.

Berlin 611 – Mainz 45 – Bad Kreuznach 28 – Koblenz 59.

Land und Golf Hotel Stromberg, Buchenring 6, 55442, (06724) 60 00, *Fax (06724) 600433*, , Massage, , – , Zim, Rest, TV P – 260. AE E VISA
Menu 37 (Lunchbuffet) à la carte 45/72 – **125 Z** 175/245.

Le Val d'Or in Johann Lafer's Stromburg mit Zim, Schloßberg 1, 55442, (06724) 9 31 00, *Fax (06724) 931090*, , , Biergarten – TV P – 100. AE E VISA
Menu *(Montag geschl.)* (Dienstag - Freitag nur Abendessen) 169/198 und à la carte 106/130 – ***Turmstube*** **: Menu** à la carte 55/78 – **14 Z** 209/428
Spez. Weißer Tomatenschaum mit gegrillten Scampis und Estragon. Asiatische Fischvariation mit Singapurnudeln und Thaisud. Mohrenkopp mit eingelegten Gewürzorangen und Grand Marniereis.

STRULLENDORF *Bayern* 419 420 *Q 16 – 7 400 Ew – Höhe 253 m.*

Berlin 412 – München 222 – Coburg 54 – Bayreuth 68 – Nürnberg 50 – Bamberg 9.

Christel, Forchheimer Str. 20, 96129, (09543) 44 60, *Fax (09543) 4970*, , Biergarten, , – , Zim, TV P – 30. AE E VISA
24. - 30. Dez. geschl. – **Menu** *(Sonntag geschl.)* à la carte 33/62 – **42 Z** 75/130.

STRUPPEN *Sachsen siehe Königstein.*

STRUTH *Thüringen siehe Mühlhausen bzw. Schmalkalden.*

STUBENBERG *Bayern siehe Simbach am Inn.*

STÜHLINGEN *Baden-Württemberg* 419 *W 9 – 5 000 Ew – Höhe 501 m – Luftkurort.*

Stühlingen, Am Golfplatz 3, (07703) 9 20 30.

Berlin 773 – Stuttgart 156 – Freiburg im Breisgau 73 – Donaueschingen 30 – Schaffhausen 21 – Waldshut-Tiengen 27.

Rebstock (mit Gästehaus), Schloßstr. 10, 79780, (07744) 9 21 20, *Fax (07744) 921299*, Biergarten, – TV P. E VISA
Menu à la carte 23/51 – **29 Z** 60/110.

In Stühlingen-Weizen-Bahnhof *NO : 3 km :*

Sonne M, Ehrenbachstr. 10, 79780, (07744) 9 21 10, *Fax (07744) 921140*, – Zim, TV P. E VISA. Zim
24. Dez. - 7 Jan. und über Fastnacht 1 Woch geschl. – **Menu** *(Dienstag geschl.)* à la carte 35/65 – **21 Z** 90/140.

In Stühlingen-Weizen *NO : 4 km :*

Zum Kreuz, Ehrenbachstr. 70 (B 315), 79780, (07744) 3 35, *Fax (07744) 1347*, – P. E
Ende Okt. - Ende Nov. geschl. – **Menu** *(Montag geschl.)* à la carte 23/50 – **17 Z** 50/100.

STUER, BAD *Mecklenburg-Vorpommern siehe Plau am See.*

STUHR *Niedersachsen* 415 *G 10 – 28 000 Ew – Höhe 4 m.*
Berlin 390 – Hannover 125 – Bremen 9,5 – Wildeshausen 29.

In Stuhr-Brinkum *SO : 4 km :*

Bremer Tor, Syker Str. 4, ✉ 28816, ✆ (0421) 80 67 80, *Fax (0421) 891423,* – |♦|, Rest, TV ☎ ♿ P – 🔺 100. AE ◑ E VISA
Menu à la carte 36/66 – **38 Z** 120/178.

In Stuhr-Brinkum-Nord *O : 4 km :*

Zum Wiesengrund, Bremer Str. 116a (B 6), ✉ 28816, ✆ (0421) 87 50 50, *Fax (0421) 876714,* – |♦| TV ☎ P
Menu *(Samstagabend und Sonntagabend geschl.)* à la carte 27/48 – **16 Z** 85/130.

In Stuhr-Moordeich *W : 2 km :*

A 1 M, Moordeicher Landstr. 79 (B 322), ✉ 28816, ✆ (04206) 44 90, *Fax (04206) 44910* – |♦|, Zim, TV ☎ ♿ P – 🔺 120. AE E VISA
Menu 18 (mittags) und à la carte 40/58 – **75 Z** 119/215.

Nobel, Neuer Weg 13, ✉ 28816, ✆ (0421) 5 68 00, *Fax (0421) 563648,* – P – 🔺 25. AE ◑ E VISA. Zim
Dienstag geschl. – **Menu** à la carte 30/62.

STUTENSEE *Baden-Württemberg* 419 *S 9 – 20 700 Ew – Höhe 116 m.*
Berlin 662 – Stuttgart 79 – Karlsruhe 15 – Heidelberg 45.

In Stutensee-Blankenloch :

Herrmannshäusle, Hauptstr. 97, ✉ 76297, ✆ (07244) 9 44 39, *Fax (07244) 94439*
Montag geschl. – **Menu** (wochentags nur Abendessen) à la carte 46/77.

STUTTGART

Baden-Württemberg 419 *T 11 – 565 000 Ew – Höhe 245 m*

Berlin 630 ① – Frankfurt am Main 204 ② – Karlsruhe 88 ⑧ – München 222 ⑥ – Strasbourg 156 ⑧

Tourist-Info, Königstr. 1a, ✉ 70173, ☎ (0711) 2 22 82 40, Fax (0711) 2228253
ADAC, *Am Neckartor 2, ✉ 70190, ☎ (0711) 2 80 00, Fax (0711) 2800167*
Stuttgart-Echterdingen DS, *☎ (0711) 94 80*
City-Air-Terminal, Lautenschlagerstr. 14 LY
in Kornwestheim
Messegelände Killesberg GT, *☎ (0711) 2 58 90, Fax (0711) 2589440*

Sehenswert : *Linden-Museum★★* KY **M¹** – *Wilhelma★* HT *und Höhenpark Killesberg★* GT – *Fernsehturm (✳★)* HX – *Galerie der Stadt Stuttgart (Otto-Dix-Sammlung★)* LY **M⁴** – *Schwäbisches Brauereimuseum★* BS **M⁷** – *Altes Schloß (Rennaissance-Hof★, Württembergisches Landesmuseum★ mit der Abteilung religiöse Bildhauerei★★)* LY **M³** – *Staatsgalerie★★ (Alte Meister★★)* KY **M²** – *Stiftskirche (Grafenstandbilder★)* KY **A** – *Staatl. Museum für Naturkunde (Museum am Löwentor★)* HT **M⁵** – *Daimler-Benz-Museum★* JV **M⁶** – *Porsche-Museum★* CP – *Schloß Solitude★* BR

Ausflugsziel : *Bad Cannstatt : Kurpark★* JT

Kornwestheim, Aldinger Straße (über ② : 11 km), ☎ (07141) 87 13 19
Schwieberdingen, Nippenburg 21(⑨ : 15 km), ☎ (07150) 3 95 30
Mönsheim (NW : 30 km über die A8, Ausfahrt Heimsheim), ☎ (07044) 58 52

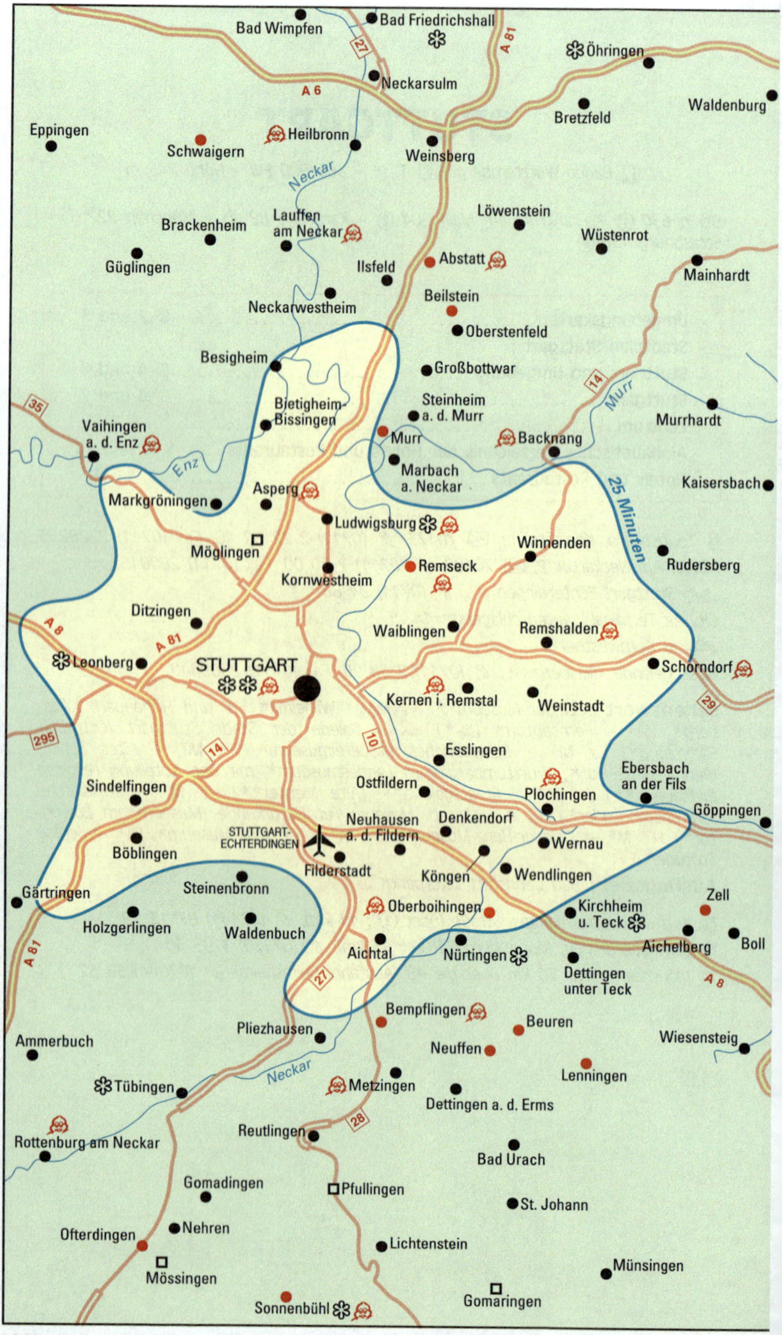
Bad Wimpfen
Bad Friedrichshall
Öhringen
Neckarsulm
Waldenburg
Bretzfeld
Eppingen
Schwaigern
Heilbronn
Weinsberg
Neckar
Löwenstein
Brackenheim
Lauffen am Neckar
Wüstenrot
Güglingen
Abstatt
Mainhardt
Ilsfeld
Beilstein
Neckarwestheim
Oberstenfeld
Besigheim
Großbottwar
Murr
Bietigheim-Bissingen
Steinheim a. d. Murr
Murrhardt
Vaihingen a. d. Enz
Murr
Backnang
Enz
Marbach a. Neckar
Kaisersbach
Asperg
Markgröningen
Ludwigsburg
25 Minuten
Möglingen
Winnenden
Remseck
Rudersberg
Kornwestheim
Ditzingen
Waiblingen
Remshalden
Leonberg
STUTTGART
Schorndorf
Kernen i. Remstal
Weinstadt
Esslingen
Ebersbach an der Fils
Sindelfingen
Ostfildern
Plochingen
Göppingen
STUTTGART-ECHTERDINGEN
Neuhausen a. d. Fildern
Denkendorf
Wernau
Böblingen
Filderstadt
Köngen
Wendlingen
Steinenbronn
Gärtringen
Zell
Oberboihingen
Kirchheim u. Teck
Holzgerlingen
Waldenbuch
Aichelberg
Boll
Aichtal
Nürtingen
Dettingen unter Teck
Bempflingen
Beuren
Pliezhausen
Ammerbuch
Wiesensteig
Neuffen
Neckar
Lenningen
Tübingen
Metzingen
Dettingen a. d. Erms
Rottenburg am Neckar
Reutlingen
Bad Urach
Gomadingen
Pfullingen
St. Johann
Nehren
Ofterdingen
Lichtenstein
Mössingen
Münsingen
Gomaringen
Sonnenbühl
A 6
A 81
A 8
27
35
14
295
10
29
28

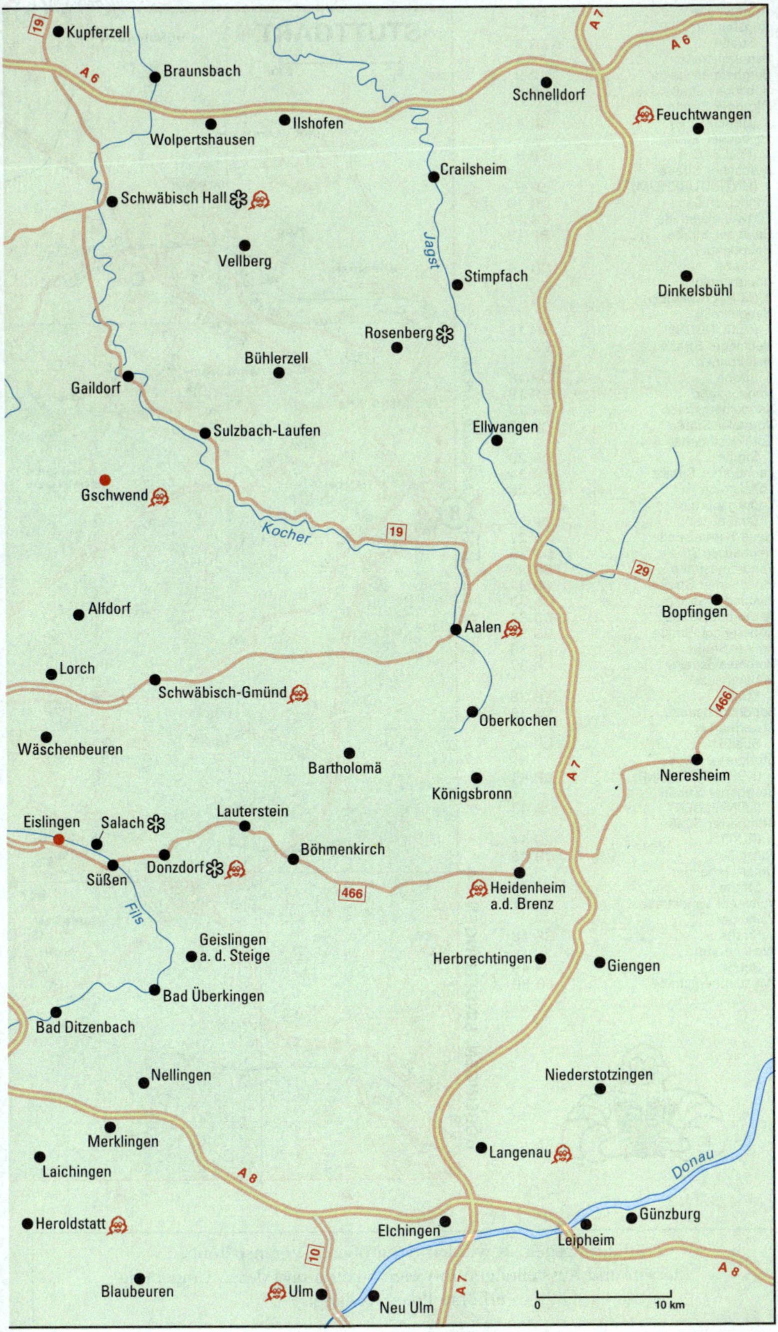

19
Kupferzell
Braunsbach
A 6
Wolpertshausen
Ilshofen
Schnelldorf
A 7
A 6
Feuchtwangen
Crailsheim
Schwäbisch Hall
Vellberg
Jagst
Stimpfach
Dinkelsbühl
Rosenberg
Bühlerzell
Gaildorf
Sulzbach-Laufen
Ellwangen
Gschwend
Kocher
19
29
Bopfingen
Alfdorf
Aalen
Lorch
Schwäbisch-Gmünd
466
Oberkochen
Wäschenbeuren
Bartholomä
Königsbronn
A 7
Neresheim
Eislingen
Salach
Lauterstein
Böhmenkirch
Donzdorf
Süßen
466
Heidenheim a.d. Brenz
Fils
Geislingen a. d. Steige
Herbrechtingen
Giengen
Bad Überkingen
Bad Ditzenbach
Nellingen
Niederstotzingen
Merklingen
Langenau
Laichingen
A 8
Donau
Heroldstatt
Elchingen
Leipheim
Günzburg
10
A 8
Blaubeuren
Ulm
Neu Ulm
A 7
0
10 km

Asangstraße .... ER 2
Augsburger Straße .... ER 3
Bahnhofstraße .... EP 4
Bergheimer Steige .... BR 5
Böblinger Straße .... CS 6
Ditzinger Straße (GERLINGEN) .... BR 7
Fellbacher Straße (FELLBACH) .... EP 8
Fellbacher Straße (UNTERTÜRKHEIM) .... ER 9
Föhrichstraße .... CR 10
Furtwänglerstraße .... CR 12
Gerlinger Straße .... BP 13
Hauptstätter Straße .... DR 14
Hauptstraße (ECHTERDINGEN) .... CS 15
Hauptstraße (GERLINGEN) .... BR 16
Hechinger Straße .... CS 17
Heilbronner Straße .... DP 18
Höhenstraße .... EP 19
Kappelbergstraße .... ER 20
Korntaler Straße .... CP 22
Kornwestheimer Straße .... CP 23
Leonberger Straße .... CR 24
Löffelstraße .... CS 25
Ludwigsburger Straße .... DP 26
Neue Ramtelstraße .... AR 27
Neuhäuser Straße .... DS 29
Panoramastraße .... BR 30
Pforzheimer Straße .... CP 31
Plieninger Straße .... CS 33
Rembrandtstraße .... CS 34
Robert-Koch-Straße .... BS 35
Rohrer Straße .... CS 36
Rotenwaldstraße .... CR 37
Scharnhauser Straße .... ES 38
Schönbuchstraße .... BS 39
Steiermärker Straße .... CP 40
Stuttgarter Straße (KORNWESTHEIM) .... DP 41
Stuttgarter Straße (LEINFELDEN) .... CS 43
Stuttgarter Straße (RUIT) .... ES 44
Talstraße .... DR 45
Untertürkheimer Straße .... ER 46
Vaihinger Landstraße .... CR 47
Vaihinger Straße .... CS 48
Weilimdorfer Straße .... CP 49
Württembergstraße .... ER 50

Erfahrungsgemäß werden bei größeren Veranstaltungen,
Messen und Ausstellungen in vielen Städten und deren Umgebung
erhöhte Preise verlangt.

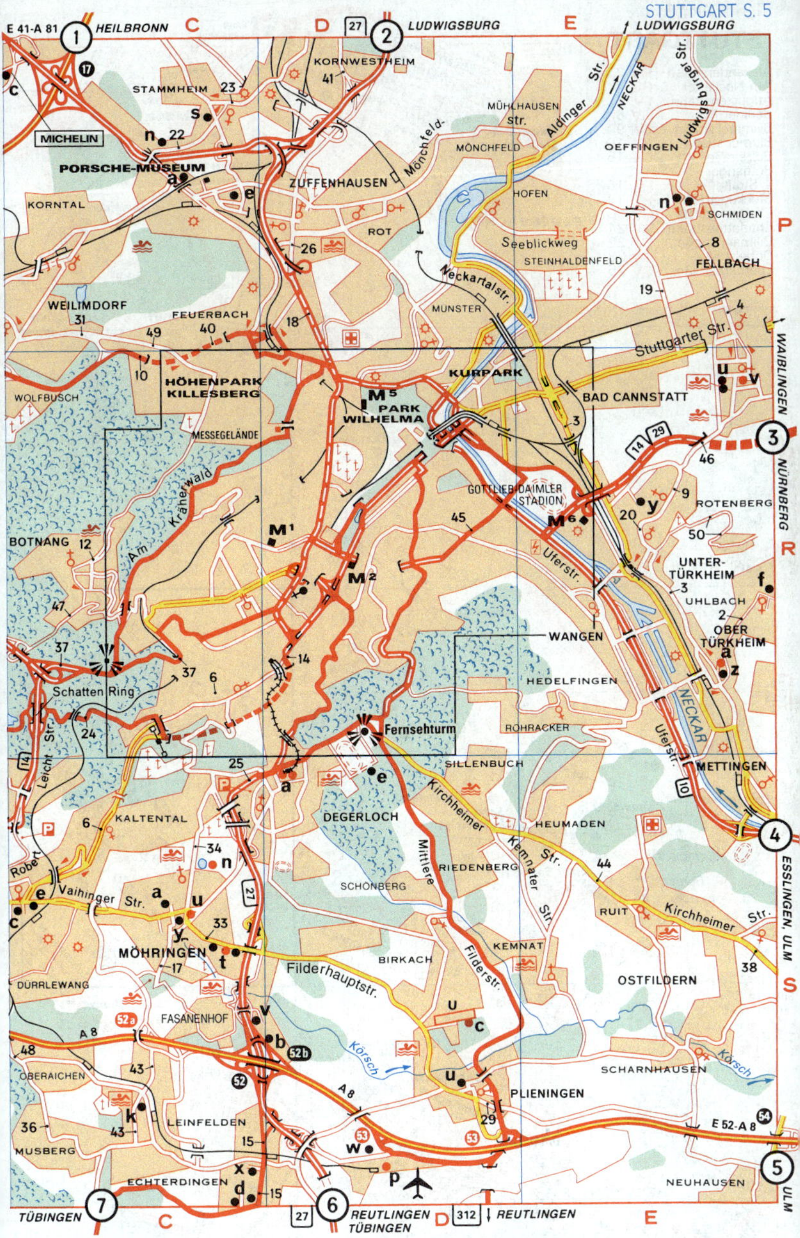

A l'occasion de certaines manifestations commerciales ou touristiques, les prix demandés par les hôteliers risquent d'être sensiblement majorés dans certaines villes et leurs alentours même éloignés.

STUTTGART

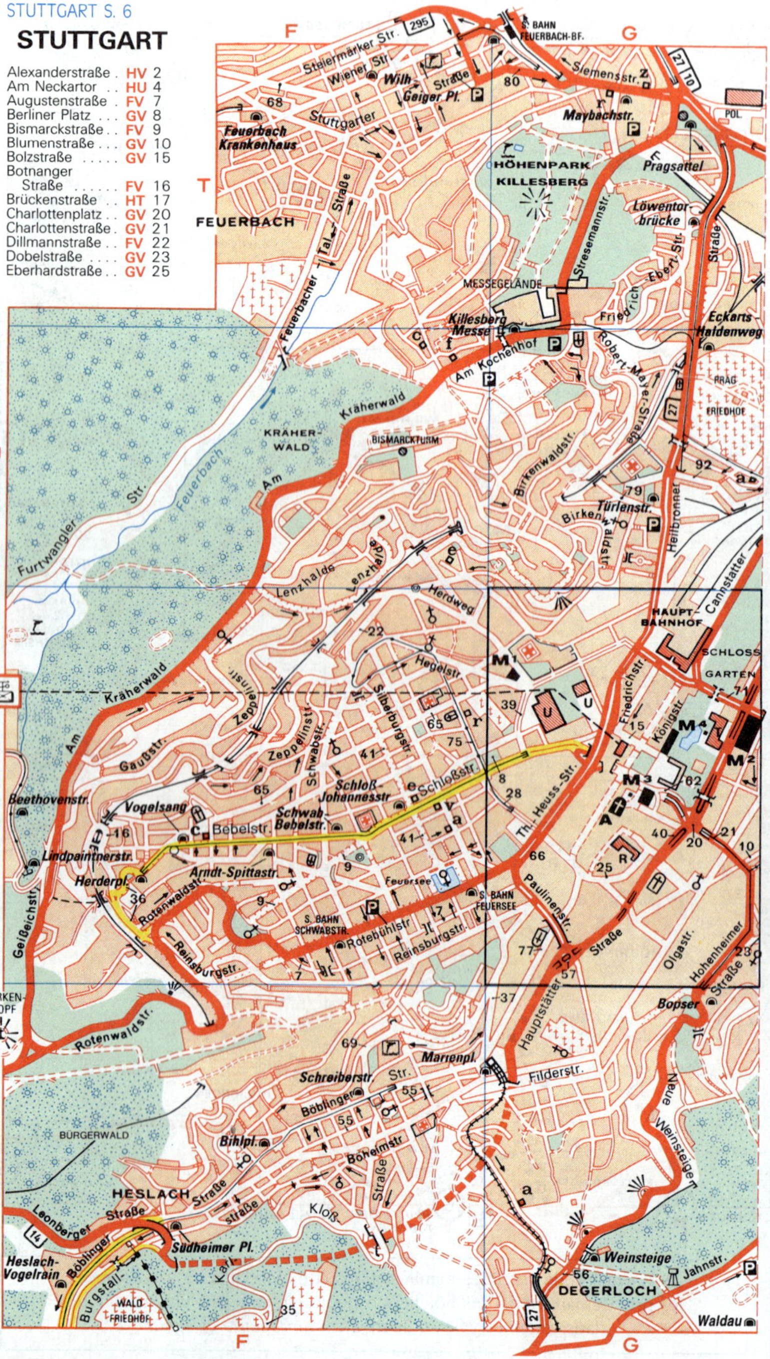

F
G
T
U
V
X
295
S. BAHN FEUERBACH-BF.
Steiermärker Str.
Wiener Str.
Wilh.-Geiger Pl.
Straße
Siemensstr.
Stuttgarter
Feuerbach Krankenhaus
FEUERBACH
Maybachstr.
POL.
HÖHENPARK KILLESBERG
Pragsattel
Löwentor-brücke
Stresemannstr.
Tal-Straße
Feuerbacher
MESSEGELÄNDE
Killesberg Messe
Am Kochenhof
Robert-Mayer-Straße
Friedrich-Ebert-Str.
Eckarts-Haldenweg
PRAG FRIEDHOF
Kräherwald
KRÄHER-WALD
BISMARCKTURM
Am
Feuerbach
Furtwängler Str.
Birkenwaldstr.
Türlenstr.
Heilbronner
Cannstatter
Lenzhalde
Herdweg
HAUPT-BAHNHOF
SCHLOSS GARTEN
Hegelstr.
Zeppelinstr.
Silberburgstr.
Schwabstr.
Gaußstr.
Schloß-Johannesstr.
Schloßstr.
Friedrichstr.
Königstr.
Th.-Heuss-Str.
Beethovenstr.
Vogelsang
Bebelstr.
Schwab-Bebelstr.
Lindpaintnerstr.
Herderpl.
Arndt-Spittastr.
Rotenwaldstr.
Feuersee
S-BAHN FEUERSEE
S. BAHN SCHWABSTR.
Rotebühlstr.
Reinsburgstr.
Paulinenstr.
Olgastr.
Hohenheimer Straße
Geißeichstr.
BIRKEN-KOPF
Bopser
Hauptstätter
Marienpl.
Filderstr.
Schreiberstr.
Böblinger
Bihlpl.
BÜRGERWALD
Neue Weinsteige
HESLACH
Leonberger
Böheimstr.
Kloß-straße
Südheimer Pl.
Heslach-Vogelrain
Burgstall-
WALD FRIEDHOF
Weinsteige
Jahnstr.
DEGERLOCH
Waldau

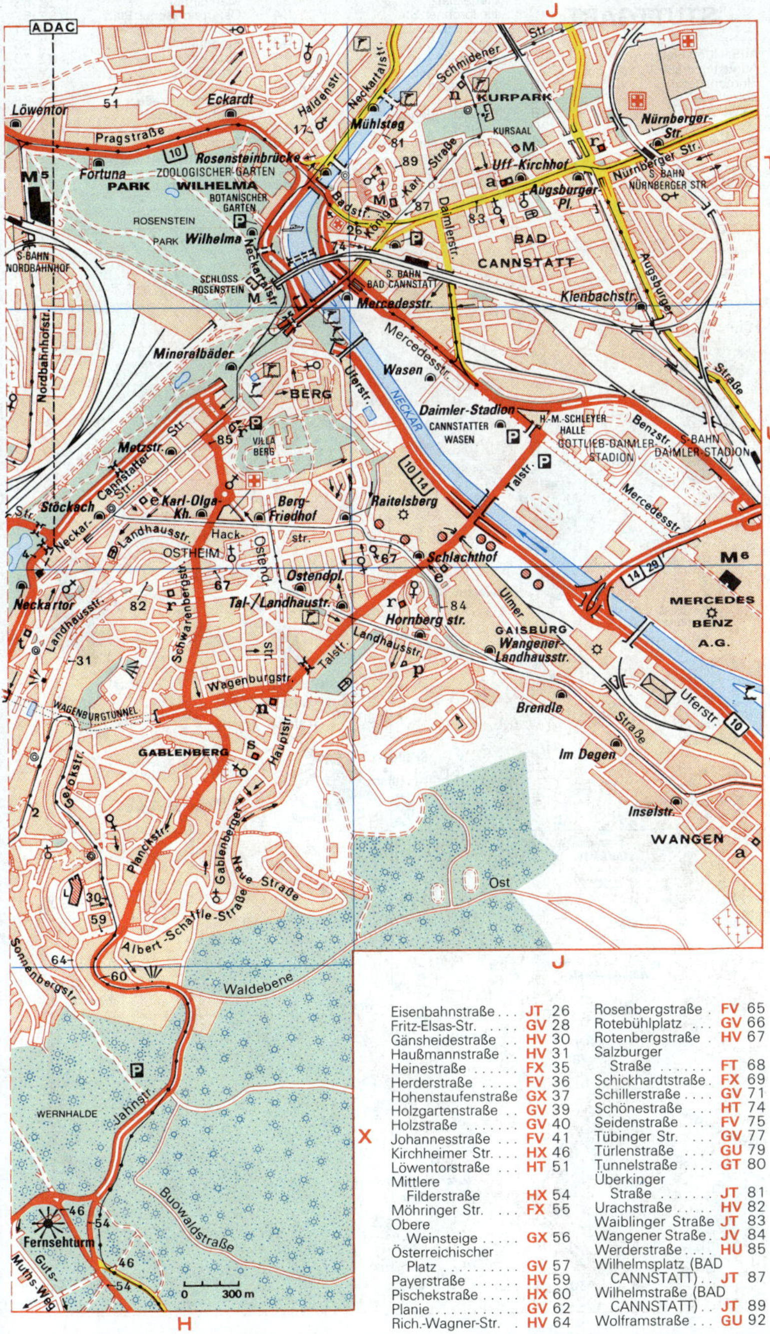
ADAC
H
J
T
U
V
X
Löwentor
Eckardt
Pragstraße
Rosensteinbrücke
ZOOLOGISCHER GARTEN
Fortuna
PARK
WILHELMA
BOTANISCHER GARTEN
ROSENSTEIN
PARK
Wilhelma
S-BAHN NORDBAHNHOF
SCHLOSS ROSENSTEIN
Neckartalstr.
Haldenstr.
Neckartalstr.
Mühlsteg
Schmidener Str.
KURPARK
KURSAAL
Uff-Kirchhof
Augsburger-Pl.
Nürnberger-Str.
Nürnberger Str.
S-BAHN NÜRNBERGER STR
Badstr.
König-Karl-Straße
Daimlerstr.
BAD CANNSTATT
S-BAHN BAD CANNSTATT
Mercedesstr.
Kienbachstr.
Augsburger Straße
Mineralbäder
BERG
Wasen
Uferstr.
NECKAR
Daimler-Stadion
CANNSTATTER WASEN
H.-M.-SCHLEYER HALLE
GOTTLIEB-DAIMLER-STADION
Benzstr.
S-BAHN DAIMLER-STADION
Mercedesstr.
Nordbahnhofstr.
Metzstr.
Cannstatter Str.
VILLA BERG
Karl-Olga-Kh.
Berg-Friedhof
Raitelsberg
Talstr.
Stöckach
Neckar-Str.
Landhausstr.
Hack-str.
OSTHEIM
Ostend-str.
Schlachthof
Ostendpl.
Tal-/Landhaustr.
Hornberg str.
Ulmer
GAISBURG
Wangener-Landhausstr.
MERCEDES BENZ A.G.
Neckartor
Landhausstr.
Schwarenbergstr.
Wagenburgstr.
Talstr.
Landhausstr.
WAGENBURGTUNNEL
GABLENBERG
Hauptstr.
Brendle
Uferstr.
Straße
Im Degen
Inselstr.
WANGEN
Gerokstr.
Planckstr.
Gablenberger Neue Straße
Albert-Schäffle-Straße
Ost
Sonnenbergstr.
Waldebene
WERNHALDE
Jahnstr.
Buowaldstraße
Fernsehturm
Guts-Muths-Weg
0 300 m

STUTTGART S. 8

STUTTGART

Arnulf-Klett-Platz . . . . LY 6
Augustenstraße . . . . KZ 7
Blumenstraße . . . . LZ 10
Bolzstraße . . . . LY 15
Calwer Str. . . . . KYZ 18
Charlottenplatz . . . . LZ 20
Dorotheenstraße . . . . LZ 24
Eberhardstraße . . . . KLZ 25
Friedrichsplatz . . . . KY 27
Hauptstätter Str. . . . . KZ 30
Hegelplatz . . . . KY 32
Heilbronner Str. . . . . LY 34
Holzstraße . . . . LZ 40
Karlsplatz . . . . LY 43
Karlstraße . . . . LZ 44
Katharinenplatz . . . . LZ 45
Kirchstraße . . . . LZ 46
Königstraße . . . . KLYZ
Konrad- Adenauer-
Straße . . . . LY 47
Kronenstraße . . . . KLY 48
Kronprinzstraße . . . . KYZ 49
Leonhardsplatz . . . . LZ 50
Marktplatz . . . . KLZ 52
Marktstraße . . . . LZ 53
Österreichischer Platz . . . . . KZ 57
Pfarrstraße . . . . LZ 61
Rotebühlplatz . . . . KZ 66
Rotebühlstraße . . . . KZ 70
Schloßplatz . . . . LY 72
Schulstraße . . . . KZ 75
Silberburgstraße . . . . KZ 76
Sophienstraße . . . . KZ 78
Theodor- Heuss- Str. . . . . . . KYZ 80
Torstraße . . . . KZ 82
Wilhelmsplatz . . . . LZ 86
Wilhelmstraße . . . . LZ 88
Willi- Bleicher- Str. . . . . . . KY 91

Alphabetische Liste Hotels und Restaurants Stuttgart
Liste alphabétique des hôtels et restaurants

Steigenberger Graf Zeppelin M, Arnulf-Klett-Platz 7, ✉ 70173, ✆ (0711) 2 04 80, *Fax (0711) 2048542*, Massage, – , Zim, – 300. Rest LY v
Graf Zeppelin *(nur Abendessen, Sonntag - Montag, 1. - 11. Jan. und Aug. geschl.)* **Menu** à la carte 76/104 – ***Zeppelin Stüble :*** **Menu** à la carte 41/67 – **195 Z** 375/505.

Maritim M, Forststr. 2, ✉ 70174, ✆ (0711) 94 20, *Fax (0711) 9421000*, Massage, , , – , Zim, – 800. Rest FV r
Menu à la carte 58/80 – **555 Z** 303/472, 46 Suiten.

Inter-Continental, Willy-Brandt-Str. 30, ✉ 70173, ✆ (0711) 2 02 00, *Fax (0711) 20202020*, Massage, , , – , Zim, – 300. HV t
Menu à la carte 48/70 *(auch vegetarische Gerichte)* – **276 Z** 329/508, 28 Suiten.

Am Schloßgarten, Schillerstr. 23, ✉ 70173, ✆ (0711) 2 02 60, *Fax (0711) 2026888*, « Terrasse mit » – , Zim, – 100. Rest LY u
Menu à la carte 64/96 – **118 Z** 258/475.

Royal, Sophienstr. 35, ✉ 70178, ✆ (0711) 62 50 50, *Fax (0711) 628809* – , Zim, – 70. KZ b
über Weihnachten geschl. – **Menu** *(Sonn- und Feiertage geschl.)* à la carte 43/84 – **100 Z** 185/490, 3 Suiten.

Parkhotel, Villastr. 21, ✉ 70190, ✆ (0711) 2 80 10, *Fax (0711) 2864353*, – , Zim, – 80. HU r
Menu à la carte 53/73 – **72 Z** 195/290.

Rega Hotel, Ludwigstr. 18, ✉ 70176, ✆ (0711) 61 93 40, *Fax (0711) 6193477* – – 20. FV a
Menu *(Sonntagabend geschl.)* à la carte 29/55 – **60 Z** 175/235.

Kronen-Hotel garni, Kronenstr. 48, ✉ 70174, ✆ (0711) 2 25 10, *Fax (0711) 2251404*, – – 20. KY m
22. Dez. - 7. Jan. geschl. – **84 Z** 162/330.

Rema-Hotel Ruff, Friedhofstr. 21, ✉ 70191, ✆ (0711) 2 58 70, *Fax (0711) 2587404*, , – , Zim, . GU a
Menu *(Samstag - Sonntag geschl.)* (nur Abendessen) à la carte 43/60 – **90 Z** 170/390.

InterCityHotel M garni, Arnulf-Klett-Platz 2, ✉ 70173, ✆ (0711) 2 25 00, *Fax (0711) 2250499* – – 25. LY p
112 Z 205/255.

Unger garni, Kronenstr. 17, ✉ 70173, ✆ (0711) 2 09 90, *Fax (0711) 2099100* – – 20. LY a
97 Z 189/349.

Bergmeister garni (mit Gästehaus), Rotenbergstr. 16, ✉ 70190, ✆ (0711) 28 33 63, *Fax (0711) 283719*, – . HV r
46 Z 132/210.

Azenberg , Seestr. 114, ✉ 70174, ✆ (0711) 2 25 50 40, *Fax (0711) 22550499*, , , – , Zim, – 20. FU e
(nur Abendessen für Hausgäste) – **54 Z** 150/260.

Wörtz zur Weinsteige, Hohenheimer Str. 30, ✉ 70184, ✆ (0711) 2 36 70 00, *Fax (0711) 2367007*, – Zim, . LZ p
Menu *(Montag sowie Sonn- und Feiertage, Jan. und Aug. 3 Wochen geschl.)* (bemerkenswerte Weinkarte) à la carte 30/89 – **25 Z** 140/280.

Wartburg, Lange Str. 49, ✉ 70174, ✆ (0711) 2 04 50, *Fax (0711) 2045450* – , Zim, Rest, – 60. Rest KY g
über Ostern und 22. Dez. - 2. Jan. geschl. – **Menu** *(Samstag, Sonn- und Feiertage geschl.)* (nur Mittagessen) à la carte 36/55 – **80 Z** 165/265.

Rema-Hotel Astoria garni, Hospitalstr. 29, ✉ 70174, ✆ (0711) 29 93 01, *Fax (0711) 299307* – – 20. KY r
57 Z 170/390.

Ambassador garni, Tübinger Str. 17b, ✉ 70173, ✆ (0711) 6 01 74 10, *Fax (0711) 60174160* – . KZ n
27 Z 125/165.

Rieker garni, Friedrichstr. 3, ✉ 70174, ✆ (0711) 22 13 11, *Fax (0711) 293894* – . LY d
66 Z 178/258.

City-Hotel garni, Uhlandstr. 18, ✉ 70182, ✆ (0711) 21 08 10, *Fax (0711) 2369772* – . LZ a
31 Z 150/220.

Bellevue, Schurwaldstr. 45, ✉ 70186, ☎ (0711) 48 07 60, *Fax (0711) 4807631* – TV ☎ 🚗 P. AE ⓓ E VISA JV p
Menu *(Dienstag - Mittwoch geschl.)* 24 und à la carte 34/60 – **12 Z** 90/150.

Stadthotel am Wasen garni, Schlachthofstr. 19, ✉ 70188, ☎ (0711) 16 85 70, *Fax (0711) 1685757* – |‡| TV ☎ 🚗 P. AE ⓓ E VISA JUV e
31 Z 100/190.

Sautter, Johannesstr. 28, ✉ 70176, ☎ (0711) 6 14 30, *Fax (0711) 611639*, – |‡| TV ☎ – 40. AE ⓓ E VISA FV e
23. Dez. - 2. Jan. geschl. – **Menu** à la carte 32/57 – **58 Z** 125/200.

Killesberg garni, Am Kochenhof 60, ✉ 70192, ☎ (0711) 16 54 50, *Fax (0711) 1654533* – TV ☎ P. AE ⓓ E VISA FU f
10 Z 135/220.

Hansa garni, Silberburgstr. 114, ✉ 70176, ☎ (0711) 62 50 83, *Fax (0711) 617349* – |‡| TV ☎ – 25. AE ⓓ E VISA FV v
23. Dez. - 6. Jan. geschl. – **80 Z** 120/185.

Münchner Hof garni, Neckarstr. 170, ✉ 70190, ☎ (0711) 92 57 00, *Fax (0711) 2626170* – |‡| TV ☎. AE ⓓ E VISA HU e
24. Dez. - 2. Jan. geschl. – **23 Z** 115/165.

Délice, Hauptstätter Str. 61, ✉ 70178, ☎ (0711) 6 40 32 22, « Gewölbekeller mit zeitgenössischer Kunst » – KZ a
Samstag, Sonn- und Feiertage geschl. – **Menu** (nur Abendessen, Tischbestellung erforderlich, bemerkenswerte Weinkarte) 130 und à la carte 74/102
Spez. Nudeln mit Kaviar. Taubenbrust im Strudelteig mit Taubenlebersauce. Topfenknödel mit Pflaumenröster.

La Fenice, Rotebühlplatz 29, ✉ 70178, ☎ (0711) 6 15 11 44, *Fax (0711) 6151146*, – AE E VISA KZ e
Montag geschl. – **Menu** à la carte 56/74.

Gaisburger Pastetchen, Hornbergstr. 24, ✉ 70188, ☎ (0711) 48 48 55, *Fax (0711) 487565* JV r
Sonn- und Feiertage geschl. – **Menu** (nur Abendessen) à la carte 68/86.

La nuova Trattoria da Franco, Calwer Str. 32, ✉ 70173, ☎ (0711) 29 47 44, *Fax (0711) 294549*, – AE ⓓ E VISA KYZ c
Menu (italienische Küche) à la carte 43/67.

La Scala, Friedrichstr. 41 (1.Etage, |‡|), ✉ 70174, ☎ (0711) 29 06 07, *Fax (0711) 2991640* – ▤. AE ⓓ E VISA KY e
Sonntag und Aug. - Sept. 3 Wochen geschl. – **Menu** (italienische Küche) à la carte 44/65.

Brasserie Flo, Marktstr. 1 (Karlspassage), ✉ 70173, ☎ (0711) 2 11 16 61, *Fax (0711) 2361553* – AE ⓓ E VISA LZ d
Sonn- und Feiertage geschl. – **Menu** à la carte 40/68.

Krämer's Bürgerstuben, Gablenberger Hauptstr. 4, ✉ 70186, ☎ (0711) 46 54 81, *Fax (0711) 486508* – AE ⓓ E VISA HV n
Samstagmittag, Sonntagabend - Montag und Juli - Aug. 3 Wochen geschl. – **Menu** (Tischbestellung ratsam) à la carte 45/81.

Alter Fritz am Killesberg mit Zim, Feuerbacher Weg 101, ✉ 70192, ☎ (0711) 13 56 50, *Fax (0711) 1356565*, – TV ☎. FU c
Dez. - Jan. und Aug. jeweils 2 Wochen geschl. – **Menu** *(Montag und Feiertage geschl.)* (nur Abendessen) à la carte 58/81 – **10 Z** 130/215.

Der Zauberlehrling, Rosenstr. 38, ✉ 70182, ☎ (0711) 2 37 77 70, *Fax (0711) 2377775* – LZ c
Samstagmittag sowie Jan. - Okt. Sonn- und Feiertage geschl. – **Menu** à la carte 68/85.

Rösch, Scheffelstr. 23, ✉ 70193, ☎ (0711) 65 47 47, *Fax (0711) 654767*, Biergarten – E FV c
Dienstag geschl. – **Menu** à la carte 41/64.

Schwäbische Weinstuben *(kleines Speiseangebot)* :

Kachelofen, Eberhardstr. 10 (Eingang Töpferstraße), ✉ 70173, ☎ (0711) 24 23 78, KZ x
Sonntag geschl. – **Menu** (ab 17 Uhr geöffnet) à la carte 47/65.

Weinstube Schellenturm, Weberstr. 72, ✉ 70182, ☎ (0711) 2 36 48 88, *Fax (0711) 2262699*, – AE. LZ u
Sonn- und Feiertage geschl. – **Menu** (nur Abendessen) à la carte 36/65.

Weinstube Klink, Epplestr. 1 (Degerloch), ✉ 70597, ☎ (0711) 7 65 32 05, *Fax (0711) 760307*, DS a
Samstag, Sonn- und Feiertage geschl. – **Menu** (ab 17 Uhr geöffnet, Tischbestellung ratsam) à la carte 37/74.

Weinstube Träuble, Gablenberger Hauptstr. 66 (Eingang Bussenstraße), ✉ 70186, ✆ (0711) 46 54 28, – HV s
Sonn- und Feiertage sowie Ende Aug. - Mitte Sept. geschl. – **Menu** (ab 17 Uhr geöffnet) warme und kalte Vesperkarte.

Weinhaus Stetter, Rosenstr. 32, ✉ 70182, ✆ (0711) 24 01 63, *Fax (0711) 240193,* LZ e
Montag - Freitag ab 15 Uhr, Samstag bis 15 Uhr geöffnet, Sonn- und Feiertage sowie 24. Dez. - 8. Jan. geschl. – **Menu** (bemerkenswerte Weinkarte) warme und kalte Vesperkarte.

In Stuttgart-Botnang :

Hirsch, Eltinger Str. 2, ✉ 70195, ✆ (0711) 69 29 17, *Fax (0711) 6990788,* Biergarten – 140. AE VISA CR e
Menu *(Sonn- und Feiertage abends Sowie Montag geschl.)* à la carte 39/68 – **44 Z** 96/150.

In Stuttgart-Büsnau :

Relexa Waldhotel Schatten, Magstadter Straße (am Solitudering), ✉ 70569, ✆ (0711) 6 86 70, *Fax (0711) 6867999,* – Zim, – 80. AE VISA JCB. Rest BR t
La Fenêtre *(Montag, Sonn- und Feiertage geschl.)* **Menu** à la carte 57/80 – ***Kaminrestaurant :*** **Menu** à la carte 45/75 – **136 Z** 210/390, 7 Suiten.

In Stuttgart-Bad Cannstatt :

Pannonia Hotel M, Teinacher Str. 20, ✉ 70372, ✆ (0711) 9 54 00, *Fax (0711) 9540630,* – Zim, Rest, – 120. AE VISA JCB JT n
Menu à la carte 54/78 – **156 Z** 187/298, 5 Suiten.

Spahr garni, Waiblinger Str. 63, ✉ 70372, ✆ (0711) 55 39 30, *Fax (0711) 55393333* – AE VISA JT a
23. Dez. - 6. Jan. geschl. – **63 Z** 158/230.

Krehl's Linde mit Zim, Obere Waiblinger Str. 113, ✉ 70374, ✆ (0711) 52 75 67, *Fax (0711) 5286370,* – AE JT r
Juli - Aug. 3 Wochen geschl. – **Menu** *(Sonntag - Montag geschl.)* à la carte 43/74 – **18 Z** 100/220.

Pfund, Waiblinger Str. 61A, ✉ 70372, ✆ (0711) 56 63 63, *Fax (0711) 566363* – AE VISA JT a
Freitagmittag, Samstagmittag, Sonn- und Feiertage sowie 23. Dez. - 6. Jan. geschl. – **Menu** 44 und à la carte 58/82.

In Stuttgart-Degerloch :

Waldhotel Degerloch , Guts-Muths-Weg 18, ✉ 70597, ✆ (0711) 76 50 17, *Fax (0711) 7653762,* – – 100. AE VISA JCB DS e
Menu à la carte 45/75 – **50 Z** 180/265.

Wielandshöhe, Alte Weinsteige 71, ✉ 70597, ✆ (0711) 6 40 88 48, *Fax (0711) 6409408,* « Schöne Lage mit ≤ Stuttgart » – AE VISA GX a
Sonntag - Montag geschl. – **Menu** (Tischbestellung ratsam) 128/188 und à la carte 88/132
Spez. Gratinierter Hummer mit Basilikum-Kartoffelsalat. Fränkischer Bauernhahn mit Nudeln. Quarksoufflé mit Rhabarberkompott.

Skyline-Restaurant (im Fernsehturm in 144 m Höhe), Jahnstr. 120, ✉ 70597, ✆ (0711) 24 61 04, *Fax (0711) 2360633,* Stuttgart und Umgebung, (für Restaurantgäste kostenlos) – AE VISA HX
Donnerstagmittag und Montag geschl. – **Menu** (abends Tischbestellung ratsam) à la carte 65/97.

Das Fässle, Löwenstr. 51, ✉ 70597, ✆ (0711) 76 01 00, *Fax (0711) 764432,* – AE VISA DS a
Sonntag geschl. – **Menu** (Tischbestellung ratsam) à la carte 48/77.

In Stuttgart-Fasanenhof :

Mercure M, Eichwiesenring 1, ✉ 70567, ✆ (0711) 7 26 60, *Fax (0711) 7266444,* – Zim, – 120. AE VISA CS v
Menu à la carte 45/68 – **128 Z** 215/298.

Fora Hotel M, Vor dem Lauch 20 (Businesspark), ✉ 70567, ✆ (0711) 7 25 50, *Fax (0711) 7255666,* – Zim, – 55. AE VISA JCB DS b
Menu *(Sonntagabend geschl.)* à la carte 38/60 – **101 Z** 198/238.

In Stuttgart-Feuerbach :

Messehotel Europe, Siemensstr. 33, ✉ 70469, ✆ (0711) 81 00 40 (Hotel) 8 10 04 24 55 (Rest.), *Fax (0711) 810042555* – AE VISA GT r
Landhausstuben *(Sonntag - Montag geschl., nur Abendessen)* **Menu** à la carte 33/64 – **114 Z** 192/310.

Kongresshotel Europe, Siemensstr. 26, ✉ 70469, ✆ (0711) 81 00 40, *Fax (0711) 810041444,* – Zim, – 120. AE VISA GT z
Menu *(Samstagmittag und Sonntagmittag geschl.)* à la carte 43/72 – **145 Z** 135/325.

In Stuttgart-Flughafen :

Mövenpick-Hotel, Randstr. 7, ✉ 70629, ✆ (0711) 7 90 70, *Fax (0711) 793585,* – Zim, – 45. AE VISA JCB DS w
Menu *(1. - 10. Jan. geschl.)* à la carte 37/68 – **229 Z** 294/534.

top air, im Flughafen (Terminal 1, Ebene 4), ✉ 70629, ✆ (0711) 9 48 21 37, *Fax (0711) 7979210* – – 40. AE VISA DS p
Samstagmittag, Jan. 1 Woche und Aug. 3 Wochen geschl. – **Menu** 82/150 und à la carte 74/118
Spez. St. Petersfisch und Hummer im Sepiacrêpesmantel mit Blattspinat. Ballotine vom Perlhuhn mit Lauchgemüse und Perigord-Trüffelsauce. Karamelisierte Ananastarte mit Zitronengraseis und Pistazienschaum.

In Stuttgart-Hohenheim :

Speisemeisterei, Am Schloß Hohenheim, ✉ 70599, ✆ (0711) 4 56 00 37, *Fax (0711) 4560038* – DS c
Sonntagabend - Montag, 1. - 12. Jan. sowie 26. Juli - 18. August geschl. – **Menu** (wochentags nur Abendessen, Tischbestellung ratsam) 135/158 und à la carte 84/122
Spez. Feuilleté von Hummer und Imperial Kaviar. Torte und Kotelett vom Salzwiesenlamm mit gefüllten Gemüsen. Rehnüsschen mit Gänseleber und Karamel-Blutsauce.

In Stuttgart-Möhringen :

Copthorne Hotel Stuttgart International (mit SI), Plieninger Str. 100, ✉ 70567, ✆ (0711) 7 21 10 50, *Fax (0711) 7212931,* Biergarten, direkter Zugang zur Schwaben Quelle – Zim, – 500. AE VISA JCB CS t
Menu (19 verschiedene Restaurants, Bars und Cafés) à la carte 31/72 – **454 Z** 287/528.

Fora Hotel garni, Filderbahnstr. 43, ✉ 70567, ✆ (0711) 71 60 80, *Fax (0711) 7160850* – AE VISA JCB CS a
Ende Dez. - Anfang Jan. geschl. – **41 Z** 178/208.

A.C. Hotel garni, Plieninger Str. 50, ✉ 70567, ✆ (0711) 72 81 00, *Fax (0711) 7281099* – – 20. AE VISA CS t
16 Z 160/210.

Körschtal garni, Richterstr. 23, ✉ 70567, ✆ (0711) 71 60 90, *Fax (0711) 7160929* – AE VISA CS y
30 Z 115/190.

Landgasthof Riedsee mit Zim, Elfenstr. 120, ✉ 70567, ✆ (0711) 71 24 84, *Fax (0711) 7189764,* « Terrasse am See » – AE VISA CS n
Menu *(Montag geschl.)* à la carte 38/68 – **11 Z** 95/150.

Bistro Ecco, Plieningerstr. 100 (im Spielcasino), ✉ 70567, ✆ (0711) 9 00 72 72, *Fax (0711) 9007273* – AE VISA CS t
Menu (ab 15 Uhr geöffnet) à la carte 41/55.

Zur Linde, Sigmaringer Str. 49, ✉ 70567, ✆ (0711) 7 19 95 90, *Fax (0711) 7199592,* – AE VISA CS u
Samstagmittag und Dienstag geschl. – **Menu** à la carte 30/66.

In Stuttgart-Obertürkheim :

Brita Hotel, Augsburger Str. 671, ✉ 70329, ✆ (0711) 32 02 30, *Fax (0711) 324440* – Zim, – 80. AE VISA ER z
24. Dez. - 1. Jan. geschl. – **Menu** *(Samstag - Sonntag geschl.)* à la carte 32/53 – **70 Z** 128/232.

Wirt am Berg, Uhlbacher Str. 14, ✉ 70329, ✆ (0711) 32 12 26 – AE ER z
Montagmittag, Samstagmittag, Sonn- und Feiertage, Ende Juli - Mitte Aug. sowie jeden 1. Samstag im Monat geschl. – **Menu** à la carte 28/65.

In Stuttgart-Plieningen :

Romantik Hotel Traube, Brabandtgasse 2, ✉ 70599, ✆ (0711) 45 89 20, *Fax (0711) 4589220,* « Gemütliche Gaststuben im rustikalen Stil » – AE VISA DS u
23. Dez. - 3. Jan. geschl. – **Menu** *(Sonntag - Montag geschl.)* (Tischbestellung ratsam) à la carte 58/99 – **20 Z** 155/320.

In Stuttgart-Stammheim :

Novotel-Nord, Korntaler Str. 207, ✉ 70439, ☎ (0711) 98 06 20, *Fax (0711) 803673*, Gartenterrasse, Sauna, Freibad (geheizt) – Lift, Nichtraucherzimmer Zim, Klimaanlage TV ☎ ♿ P – 🪑 200. AE ⓓ E VISA CP n
Menu à la carte 35/60 – **113 Z** 175/229.

Strobel, Korntaler Str. 35, ✉ 70439, ☎ (0711) 80 91 30 30, *Fax (0711) 80913055* – TV ☎ P CP s
24. Dez. - 1. Jan. und Aug. 3 Wochen geschl. – **Menu** *(Samstag - Sonntag geschl.)* à la carte 33/57 – **30 Z** 90/135.

In Stuttgart-Uhlbach :

Gästehaus Münzmay garni, Rührbrunnenweg 19, ✉ 70329, ☎ (0711) 9 18 92 70, *Fax (0711) 9189271*, Sauna – Lift TV ☎ Garage P. E VISA ER f
20. Dez. - 15. Jan. geschl. – **14 Z** 130/175.

In Stuttgart-Untertürkheim :

Petershof, Klabundeweg 10 (Zufahrt über Sattelstraße), ✉ 70327, ☎ (0711) 3 06 40, *Fax (0711) 3064222* – Lift TV ☎ Garage. AE ⓓ E VISA JCB ER y
23. Dez. - 2. Jan. geschl. – (nur Abendessen für Hausgäste) – **30 Z** 125/200.

In Stuttgart-Vaihingen :

Dorint-Hotel Fontana M, Vollmoellerstr. 5, ✉ 70563, ☎ (0711) 73 00, *Fax (0711) 7302525*, Massage, Fitness, Sauna, Hallenbad, Liegewiese – Lift, Nichtraucherzimmer Zim, Klimaanlage TV ☎ ♿ Garage – 🪑 250. AE ⓓ E VISA JCB. Rest CS c
Menu à la carte 39/82 – **252 Z** 289/455, 5 Suiten.

Fremd-Gambrinus, Möhringer Landstr. 26, ✉ 70563, ☎ (0711) 90 15 80, *Fax (0711) 9015860* – TV ☎ Garage P. AE E VISA. Zim CS e
22. Dez. - 6. Jan. geschl. – **Menu** *(Dienstag und Juli - Aug. 3 Wochen geschl.)* à la carte 32/63 – **17 Z** 125/160.

In Stuttgart-Wangen :

Hetzel Hotel Löwen, Ulmer Str. 331, ✉ 70327, ☎ (0711) 4 01 60, *Fax (0711) 4016333* – Lift, Nichtraucherzimmer Zim, TV ☎ Garage P. AE ⓓ E VISA JV a
Menu à la carte 23/58 – **65 Z** 142/220.

In Stuttgart-Weilimdorf :

Holiday Inn M, Mittlerer Pfad 27, ✉ 70499, ☎ (0711) 98 88 80, *Fax (0711) 988889*, Biergarten, Sauna – Lift, Nichtraucherzimmer Zim, TV ☎ ♿ Garage – 🪑 150. AE ⓓ E VISA JCB BP s
Menu à la carte 29/58 – **325 Z** 246/410, 6 Suiten.

Muckenstüble, Solitudestr. 25 (in Bergheim), ✉ 70499, ☎ (0711) 8 60 08 10, *Fax (0711) 86008144*, « Gartenterrasse » – Lift TV ☎ Garage P. VISA BR a
Aug. 3 Wochen geschl. – **Menu** *(Samstagabend, Sonntagabend und Dienstag geschl.)* à la carte 32/51 – **21 Z** 85/140.

Beim Schloß Solitude :

Schloss-Solitude, Kavaliersbau Haus 2, ✉ 70197 Stuttgart, ☎ (0711) 69 20 25, *Fax (0711) 6990771*, Gartenterrasse – P – 🪑 20. AE ⓓ E VISA JCB BR n
Sonntag - Montag geschl. – **Menu** (nur Abendessen) à la carte 78/97 – ***Wintergarten*** *(auch Mittagessen, Montag geschl.)* **Menu** à la carte 47/83.

In Stuttgart-Zuffenhausen :

Fora Hotel Residence, Schützenbühlstr. 16, ✉ 70435, ☎ (0711) 8 20 01 00, *Fax (0711) 8200101*, Gartenterrasse – Lift, Nichtraucherzimmer Zim, TV ☎ ♿ Garage – 🪑 90. AE ⓓ E VISA
Menu *(Samstag geschl.)* (nur Abendessen) à la carte 33/58 – **119 Z** 195/265. CP e

Achat M garni, Wollinstr. 6, ✉ 70439, ☎ (0711) 82 00 80, *Fax (0711) 82008999* – Lift, Nichtraucherzimmer TV ☎ Garage. AE E VISA CP a
104 Z 129/189.

In Fellbach :

Classic Congress Hotel, Tainer Str. 7, ✉ 70734, ☎ (0711) 5 85 90, *Fax (0711) 5859304*, « Ständig wechselnde Bilderausstellungen », Fitness, Sauna – Lift, Nichtraucherzimmer Zim, TV ☎ Garage P – 🪑 55. AE ⓓ E VISA JCB ER u
23. Dez. - 6. Jan. geschl. – **Menu** siehe Rest. ***Alt Württemberg*** separat erwähnt – **148 Z** 195/260.

Alt Württemberg, Tainer Str. 7 (Schwabenlandhalle), ✉ 70734, ☎ (0711) 5 85 94 11, *Fax (0711) 5859427*, Gartenterrasse – Klimaanlage. AE ⓓ E VISA JCB ER u
Menu à la carte 48/84.

Zum Hirschen mit Zim, Hirschstr. 1, 70734, (0711) 9 57 93 70, *Fax (0711) 95793710*, « Modernisiertes Fachwerkhaus aus dem 16.Jh. » – ER v
Menu *(Samstagmittag und Sonntag - Montag geschl.)* (Tischbestellung ratsam) à la carte 66/86 – **9 Z** 120/180.

Aldinger's Weinstube Germania mit Zim, Schmerstr. 6, 70734, (0711) 58 20 37, *Fax (0711) 582077*, – ER v
Feb. - März 2 Wochen und Juli - Aug. 3 Wochen geschl. – **Menu** *(Sonn- und Feiertage sowie Montag geschl.)* (Tischbestellung ratsam) à la carte 42/70 – **7 Z** 80/140.

In Fellbach-Schmiden :

Hirsch (mit Gästehaus), Fellbacher Str. 2, 70736, (0711) 9 51 30, *Fax (0711) 5181065*, Biergarten, – Zim, – 25. EP n
Menu *(Freitag - Samstag und Weihnachten - Anfang Jan. geschl.)* à la carte 36/65 – **116 Z** 90/220.

Schmidener Eintracht, Brunnenstr. 4, 70736, (0711) 9 51 95 20, *Fax (0711) 95195252*, – EP n
Ende Dez. - Anfang Jan. geschl. – **Menu** *(Samstag geschl.)* à la carte 36/69 – **26 Z** 90/140.

In Gerlingen :

Krone, Hauptstr. 28, 70839, (07156) 4 31 10, *Fax (07156) 4311100*, – Zim, – 110. BR e
Menu *(Montag, Sonn- und Feiertage, über Ostern und Weihnachten geschl.)* (Tischbestellung ratsam) à la carte 41/82 – **56 Z** 142/249.

Ramada, Dieselstr. 2, 70839, (07156) 43 13 00, *Fax (07156) 431343*, – Zim, – 100. BR c
Menu à la carte 32/58 – **96 Z** 143/186.

Toy Hotel garni, Raiffeisenstr. 5, 70839, (07156) 9 44 10, *Fax (07156) 944141* – – 20. BR x
22 Z 95/120.

In Korntal-Münchingen *nahe der Autobahn-Ausfahrt S-Zuffenhausen :*

Mercure, Siemensstr. 50, 70825, (07150) 1 30, *Fax (07150) 13266*, Biergarten, – Zim, – 180. CP c
Menu à la carte 45/68 – **200 Z** 165/227.

In Leinfelden-Echterdingen :

Hotel am Park Ⓜ, Lessingstr. 4 (Leinfelden), 70771, (0711) 90 31 00, *Fax (0711) 9031099*, Biergarten – – 20. CS k
24. Dez. - 6. Jan. geschl. – **Menu** *(Samstag - Sonntag geschl.)* à la carte 42/70 – **42 Z** 136/187.

Filderland garni, Tübinger Str. 16 (Echterdingen), 70771, (0711) 9 49 46, *Fax (0711) 9494888* – – 15. CS d
22. Dez. - 9. Jan. geschl. – **48 Z** 135/180.

Adler garni, Obergasse 18 (Echterdingen), 70771, (0711) 94 75 50, *Fax (0711) 7977476*, – CS x
24. Dez. - 6. Jan. geschl. – **18 Z** 100/170.

Martins Klause garni, Martin-Luther-Str. 1 (Echterdingen), 70771, (0711) 94 95 90, *Fax (0711) 9495959* – CS d
18 Z 100/150.

In Leinfelden-Echterdingen - Stetten *über die B 27 DS , Ausfahrt Stetten :*

Alber Ⓜ, Stettener Hauptstr. 25, 70771, (0711) 9 47 43, *Fax (0711) 9474400*, – Zim, – 30.
Weihnachten - 6. Jan. geschl. – **Menu** *(Samstag - Sonntag geschl.)* à la carte 36/58 – **38 Z** 139/179.

Nödingerhof, Unterer Kasparswald 22, 70771, (0711) 99 09 40, *Fax (0711) 9909494*, – – 40.
Menu à la carte 38/70 – **52 Z** 122/195.

MICHELIN-REIFENWERKE KGaA. Regionale Vertriebsniederlassung 70825 Korntal-Münchingen, Siemensstr. 62 (BCP), (07150) 95 62 62 Fax (07150) 956288.

SÜDERLÜGUM *Schleswig-Holstein* 415 *B 10 – 2 000 Ew – Höhe 18 m.*

Berlin 467 – Kiel 129 – Sylt (Westerland) 37 – Flensburg 48 – Husum 51 – Niebüll 11.

Zum Landhaus (mit Gästehäuser), Hauptstr. 20 (B 5), ✉ 25923, ✆ (04663) 74 30, – TV ☎ P. AE E VISA
Ende Dez. - Mitte Jan. geschl. – **Menu** *(Mittwoch geschl.)* à la carte 29/56 – **29 Z** 65/140 – ½ P 20.

Tetens Gasthof, Hauptstr. 24 (B 5), ✉ 25923, ✆ (04663) 1 85 80, *Fax (04663) 185888* – TV ☎ P – 40. E VISA
Menu *(Montagabend und Dienstagabend geschl.)* à la carte 42/66 – **13 Z** 69/144.

SÜDLOHN *Nordrhein-Westfalen* 417 *K 4 – 7 700 Ew – Höhe 40 m.*

Berlin 538 – Düsseldorf 98 – Nordhorn 69 – Bocholt 24 – Münster (Westfalen) 64 – Winterswijk 12.

Südlohner Hof, Kirchstr. 3, ✉ 46354, ✆ (02862) 9 98 80, *Fax (02862) 998877*, – TV ☎ P. AE E VISA.
Menu *(Montag geschl.)* à la carte 46/71 – **15 Z** 80/140.

Haus Lövelt, Eschstr. 1, ✉ 46354, ✆ (02862) 72 76, *Fax (02862) 7729*, – TV ☎ P. AE E VISA
Menu *(Freitagmittag geschl.)* à la carte 25/51 – **15 Z** 65/120.

SÜSSEN *Baden-Württemberg* 419 *T 13 – 10 000 Ew – Höhe 364 m.*

Berlin 599 – Stuttgart 49 – Göppingen 9 – Heidenheim an der Brenz 34 – Ulm (Donau) 41.

Löwen (mit Gästehaus), Hauptstr. 3 (B 10), ✉ 73079, ✆ (07162) 50 88, *Fax (07162) 8363*, – TV ☎ P – 50. E VISA
23. Dez. - 6. Jan. geschl. – **Menu** à la carte 27/55 *(auch vegetarische Gerichte)* – **50 Z** 59/140.

SUHL *Thüringen* 418 420 *O 16 – 52 000 Ew – Höhe 430 m – Wintersport 650/700 m.*

Tourist-Information, Friedrich-König-Str. 7, ✉ 98527, ✆ (03681) 72 00 52, Fax (03681) 720052.

ADAC, *Rimbachstr. 12, ✉ 98527, ✆ (03681) 72 44 98, Fax (03681) 728205.*

Berlin 352 – Erfurt 61 – Bamberg 94.

Europa Congresshotel M, Friedrich-König-Str. 1, ✉ 98527, ✆ (03681) 71 00, *Fax (03681) 710333*, « Aussichts-Restaurant ; < Suhl », – Zim, TV ☎ – 1000. AE E VISA JCB. Rest
Menu à la carte 35/49 – **133 Z** 150/178, 6 Suiten.

Thüringen, Platz der Deutschen Einheit 2, ✉ 98527, ✆ (03681) 76 76, *Fax (03681) 724379*, – Zim, TV ☎ P – 105. AE E VISA JCB. Rest
Menu à la carte 29/55 – **124 Z** 130/180, 8 Suiten.

Auf dem Ringberg *O : 5 km :*

Ringberg Resort Hotel M, Ringberg 10, ✉ 98527 Suhl, ✆ (03681) 38 90, *Fax (03681) 389890*, < Suhl und Thüringer Wald, Biergarten, – Zim, Rest, TV ☎ P – 350. AE E VISA. Rest
Menu à la carte 29/42 – **290 Z** 135/330.

In Suhl-Neundorf :

Goldener Hirsch, An der Hasel 91, ✉ 98527, ✆ (03681) 7 95 90, *Fax (03681) 795920*, « Fachwerkhaus a.d.J. 1616 » – TV ☎ P. E
Menu *(Sonntagabend geschl.)* à la carte 23/56 – **20 Z** 80/120.

In Hirschbach *S : 6,5 km :*

Zum goldenen Hirsch, Hauptstr. 33 (B 247), ✉ 98553, ✆ (03681) 72 00 37, *Fax (03681) 303509*, Biergarten, – TV ☎ P – 80. AE E VISA
Menu à la carte 26/48 – **30 Z** 91/130.

SUHLENDORF *Niedersachsen* 415 416 *H 16 – 2 650 Ew – Höhe 66 m.*

Berlin 214 – Hannover 111 – Schwerin 123 – Uelzen 15.

In Suhlendorf-Kölau *S : 2 km :*

Brunnenhof, ✉ 29562, ✆ (05820) 8 80, *Fax (05820) 1777*, « Ehemaliges Bauernhaus », (Halle) – TV ☎ P – 80. AE E VISA. Rest
Menu à la carte 31/61 – **43 Z** 82/198, 5 Suiten.

SULINGEN *Niedersachsen* 415 *H 10 – 12 000 Ew – Höhe 30 m.*
Berlin 364 – Hannover 77 – Bremen 55 – Bielefeld 100 – Osnabrück 84.

Zur Börse, Langestr. 50, ✉ 27232, ✆ (04271) 9 30 00, *Fax (04271) 5780* – Zim, P – 60. AE E VISA JCB
Menu *(Freitagabend - Samstagmittag und Sonntagmittag geschl.)* à la carte 36/72 – **26 Z** 80/170.

In Mellinghausen *NO : 8 km über die B 214 :*

Gesellschaftshaus Märtens (mit Gästehäusern), ✉ 27249, ✆ (04272) 9 30 00, *Fax (04272) 930028,* – P – 25. AE E VISA
Juli - Aug. 3 Wochen geschl. – **Menu** *(Montag geschl.)* à la carte 26/51 – **24 Z** 73/125.

SULZ AM NECKAR *Baden-Württemberg* 419 *U 9 – 11 800 Ew – Höhe 430 m – Erholungsort.*
Berlin 701 – Stuttgart 76 – Karlsruhe 130 – Rottweil 30 – Horb 16.

In Sulz-Glatt *N : 4 km :*

Kaiser, Oberamtstr. 23, ✉ 72172, ✆ (07482) 92 20, *Fax (07482) 922222,* – P. E VISA
Menu à la carte 29/68 – **35 Z** 90/180.

Zur Freystatt, Schloßplatz 11, ✉ 72172, ✆ (07482) 9 29 90, *Fax (07482) 929933,* – P. E VISA
Menu *(Montag - Dienstag geschl.)* à la carte 28/56 – **18 Z** 65/130 – ½ P 18.

In Sulz-Hopfau *W : 7 km :*

An der Glatt M, Neunthausen 19, ✉ 72172, ✆ (07454) 9 64 10, *Fax (07454) 964141,* – – P – 60. AE E VISA
Menu à la carte 37/57 – **24 Z** 95/160.

SULZA, BAD *Thüringen* 418 *M 18 – 3 200 Ew – Höhe 150 m – Heil- und Solebad.*
Kur- und Fremdenverkehrsamt, Ludwig-Wiegand-Str. 17, ✉ 99518, ✆ (036461) 2 02 59, Fax (036461) 21200.
Berlin 240 – Erfurt 57 – Leipzig 79 – Jena 25 – Naumburg 17 – Weimar 30.

An der Therme garni, Rudolf-Gröschner-Str. 11, ✉ 99518, ✆ (036461) 90, *Fax (036461) 92885,* (Thermal) – P – 50. AE E VISA JCB.
60 Z 80/136.

Ratskeller, Markt 1, ✉ 99518, ✆ (036461) 2 23 22, *Fax (036461) 22321,* – AE E VISA
Montag - Dienstagmittag geschl. – **Menu** à la carte 29/46.

SULZBACH-LAUFEN *Baden-Württemberg* 419 420 *T 13 – 2 300 Ew – Höhe 335 m – Wintersport :* .
Berlin 565 – Stuttgart 77 – Aalen 35 – Schwäbisch Gmünd 29 – Würzburg 149.

Krone, Hauptstr. 44 (Sulzbach), ✉ 74429, ✆ (07976) 9 85 20, *Fax (07976) 985251,* – P – 20. AE E VISA. Zim
Menu *(Sonntagabend geschl.)* à la carte 27/55 – **16 Z** 89/187.

SULZBACH-ROSENBERG *Bayern* 419 420 *R 19 – 20 500 Ew – Höhe 450 m.*
Tourist-Info, Bühlgasse 5, ✉ 92237, ✆ (09661) 51 01 10, Fax (09661) 4333.
Berlin 422 – München 205 – Weiden in der Oberpfalz 50 – Bayreuth 67 – Nürnberg 59 – Regensburg 77.

Brauereigasthof Sperber - Bräu, Rosenberger Str. 14, ✉ 92237, ✆ (09661) 8 70 90, *Fax (09661) 870977* – . VISA
Menu à la carte 17/40 – **23 Z** 65/125.

In Sulzbach-Rosenberg-Feuerhof *N : 1,5 km über die B 14 :*

Zum Bartl, Glückaufstr. 2, ✉ 92237, ✆ (09661) 5 39 51, *Fax (09661) 51461,* <, – P
25. Mai - 16. Juni geschl. – **Menu** *(Freitagabend und Montag geschl.)* à la carte 17/32 – **25 Z** 45/104.

SULZBACH/SAAR *Saarland* 417 *S 5 – 19 900 Ew – Höhe 215 m.*
Berlin 703 – Saarbrücken 10 – Kaiserslautern 61 – Saarlouis 33.

L'Auberge garni, Lazarettstr. 3, ✉ 66280, ✆ (06897) 57 20, *Fax (06897) 572200* – P. AE E VISA
55 Z 105/190.

In Sulzbach-Neuweiler *S : 2 km :*

Paul, Sternplatz 1, ✉ 66280, ☎ (06897) 20 01, *Fax (06897) 2293,* – ☎. AE E VISA
Menu *(Freitagabend, Samstag, Sonn- und Feiertage sowie 24. Dez. - 1. Jan. geschl.)* à la carte 33/70 – **27 Z** 75/160.

SULZBACH/TAUNUS *Hessen* 417 *P 9 – 8 200 Ew – Höhe 190 m.*
Berlin 543 – Wiesbaden 28 – Frankfurt am Main 16 – Mainz 28.

Holiday Inn M, Am Main-Taunus-Zentrum 1 (S : 1 km), ✉ 65843, ☎ (06196) 76 30, *Fax (06196) 72996,* , Biergarten – , Zim, – 180. AE E VISA JCB. Rest
Menu à la carte 38/70 – **289 Z** 323/546.

SULZBERG *Bayern siehe Kempten (Allgäu).*

SULZBURG *Baden-Württemberg* 419 *W 7 – 2 600 Ew – Höhe 474 m – Luftkurort.*
Verkehrsamt, Hauptstr. 54 (im Landesbergbaumuseum), ✉ 78295, ☎ (07634) 56 00 40, Fax (07634) 560050.
Berlin 826 – Stuttgart 229 – Freiburg im Breisgau 29 – Basel 51.

Waldhotel Bad Sulzburg , Badstr. 67 (SO : 4 km), ✉ 79295, ☎ (07634) 82 70, *Fax (07634) 8212,* « Gartenterrasse », , , , – ☎ – 40. AE E VISA
7. Jan. - 15. Feb. geschl. – **Menu** à la carte 49/73 – **35 Z** 92/198 – ½ P 37.

Haus am Wald garni, Schloßbergstr. 6, ✉ 79295, ☎ (07634) 85 77, *Fax (07634) 592087,* – ☎
11 Z 58/120.

Hirschen mit Zim (Gasthof a.d. 18. Jh.), Hauptstr. 69, ✉ 79295, ☎ (07634) 82 08, *Fax (07634) 6717,* « Einrichtung mit Antiquitäten und Stilmöbeln »
4. - 21. Jan. und 26. Juli - 12. Aug. geschl. – **Menu** *(Montag - Dienstag geschl.)* (Tischbestellung ratsam, bemerkenswerte Weinkarte) 55 (mittags) und à la carte 88/126 – **7 Z** 120/230
Spez. Variation von der Gänseleber. Cassolette von Krebsen mit Kalbskopf. Wachtel mit Trüffel gefüllt.

In Sulzburg-Laufen *W : 2 km :*

La Vigna, Weinstr. 7, ✉ 79295, ☎ (07634) 80 14, *Fax (07634) 69252,* , « Kleines Restaurant in einem Hofgebäude a.d.J. 1837 » – .
Sonntag - Montag, 10. - 20. Jan. und 27. Juni - 12. Juli geschl. – **Menu** *(Tischbestellung ratsam)* (italienische Küche, bemerkenswerte ital. Weinauswahl) 52 (mittags) und à la carte 75/95
Spez. Agnolotti di Pollame al Profumo di Salvia. Colombretta al Barbaresco. Delizia al limone.

SULZFELD *Bayern siehe Kitzingen.*

SULZHEIM *Bayern* 420 *Q 15 – 800 Ew – Höhe 235 m.*
Berlin 451 – München 214 – Würzburg 51 – Bamberg 55 – Nürnberg 96 – Schweinfurt 15.

Landgasthof Goldener Adler, Otto-Drescher-Str. 12, ✉ 97529, ☎ (09382) 70 38, *Fax (09382) 7039,* Biergarten – ☎ . E VISA
27. Dez. - 14. Jan. geschl. – **Menu** *(Freitag geschl.)* à la carte 21/46 – **43 Z** 38/110.

In Sulzheim-Alitzheim :

Grob, Dorfplatz 1, ✉ 97529, ☎ (09382) 9 72 50, *Fax (09382) 287* – ☎ – 50. AE E VISA
Menu *(Sonntag geschl.)* à la carte 23/45 – **31 Z** 57/125.

SUNDERN *Nordrhein-Westfalen* 417 *M 8 – 32 000 Ew – Höhe 250 m.*
Stadtmarketing, Levi-Klein-Platz 7, ✉ 59846, ☎ (02933) 97 05 90,.
Berlin 504 – Düsseldorf 111 – Arnsberg 13 – Lüdenscheid 48.

Sunderland M, Rathausplatz 2, ✉ 59846, ☎ (02933) 98 70, *Fax (02933) 987111,* , Massage, – , Zim, ☎ – 120. E VISA
Menu à la carte 38/61 – **51 Z** 145/210, 4 Suiten – ½ P 25.

In Sundern-Allendorf *SW : 6,5 km :*

Clute-Simon, Allendorfer Str. 85, ✉ 59846, ☎ (02393) 9 18 00, *Fax (02393) 918028,* , , , – ☎ – 50. AE E VISA JCB
Menu à la carte 32/68 – **10 Z** 75/128 – ½ P 18.

In Sundern-Dörnholthausen *SW : 6 km :*

Klöckener, Stockumer Str. 44, ✉ 59846, ✆ (02933) 9 71 50, *Fax (02933) 78133,* – 20.
März 3 Wochen geschl. – **Menu** *(Dienstag geschl.)* à la carte 29/59 – **17 Z** 76/132 – ½ P 16.

In Sundern-Langscheid *NW : 4 km – Luftkurort*

Seegarten, Zum Sorpedamm 21, ✉ 59846, ✆ (02935) 9 64 60, *Fax (02935) 7192,* – Zim, – 90. VISA
Menu à la carte 33/69 – **33 Z** 80/160 – ½ P 20.

Seehof, Langscheider Str. 2, ✉ 59846, ✆ (02935) 9 65 10, *Fax (02935) 965130,* – 30.
Menu *(Okt.- März Montag geschl.)* à la carte 36/72 – **13 Z** 60/140 – ½ P 21.

Landhaus Pichel, Langscheider Str. 70, ✉ 59846, ✆ (02935) 20 33, *Fax (02935) 4943,* – VISA
Menu *(Donnerstag geschl.)* à la carte 31/59 – **11 Z** 90/200 – ½ P 20.

SWISTTAL *Nordrhein-Westfalen* 417 *N 4 – 10 000 Ew – Höhe 130 m.*

Swisttal-Miel, Rheinbacher Str.16, ✆ (02226) 1 00 50.

Berlin 608 – Düsseldorf 73 – Bonn 25 – Aachen 84 – Düren 43 – Köln 35.

In Swisttal-Heimerzheim :

Weidenbrück, Nachtigallenweg 27, ✉ 53913, ✆ (02254) 60 30, *Fax (02254) 603408,* – 40. Zim
Menu *(27. Dez. - 5. Jan. geschl.)* à la carte 28/65 – **42 Z** 85/150.

SYKE *Niedersachsen* 415 *H 10 – 19 100 Ew – Höhe 40 m.*

Syke-Okel (NO : 6 km), ✆ (04242) 82 30.

Berlin 376 – Hannover 89 – Bremen 31 – Osnabrück 106.

Vollmer's Gasthaus, Hauptstr.60, ✉ 28857, ✆ (04242) 5 37 50, *Fax (04242) 60280,* – 60. AE VISA. Rest
Menu *(Samstagmittag geschl.)* à la carte 33/52 – **10 Z** 85/125.

In Syke-Steimke *SO : 2,5 km :*

Steimker Hof, Nienburger Str. 68 (B 6), ✉ 28857, ✆ (04242) 9 22 20, *Fax (04242) 922233,* – AE VISA JCB
Menu à la carte 30/52 – **12 Z** 60/120.

SYLT (Insel) *Schleswig-Holstein* 415 *B 8 – Seebad – Größte Insel der Nordfriesischen Inselgruppe mit 36 km Strand, durch den 12 km langen Hindenburgdamm (nur Eisenbahn, ca. 30 min) mit dem Festland verbunden.*

Sehenswert : *Gesamtbild★★ der Insel – Keitumer Kliff★.*

Kampen-Wenningstedt, ✆ (04651) 4 53 11 ; Westerland ✆ (04651) 92 71 53 ; Sylt-Ost, Morsum, ✆ (04651) 89 03 87.

Westerland, ✆ (04651) 53 55.

Westerland und Niebüll.

Bädergemeinschaft Sylt (Westerland), Stephanstr. 6, ✉ 25980, ✆ (04651) 1 94 33, Fax (04651) 820222.

ab Westerland : Berlin 464 – Kiel 136 – Flensburg 55 – Husum 53.

Umgebungskarte siehe nächste Seite

Kampen – *600 Ew.*

Kurverwaltung, Hauptstr. 12, ✉ 25999, ✆ (04651) 4 69 80, Fax (04651) 469840.

Nach Westerland 6 km.

Rungholt, Kurhausstr. 35, ✉ 25999, ✆ (04651) 44 80, *Fax (04651) 44840,* Massage, – Rest
Anfang Jan.- Mitte Feb. und Nov. - 18. Dez. geschl. – (nur Abendessen für Hausgäste) – **57 Z** 175/430, 10 Suiten – ½ P 35/45.

Walter's Hof (mit Appartementhaus Westerheide), Kurhausstr. 23, ✉ 25999, ✆ (04651) 9 89 60, *Fax (04651) 45590,* Massage, – Rest
Menu *(Mitte Jan. - Mitte Feb. und Mitte Nov. - Mitte Dez. geschl.)* (nur Abendessen) à la carte 75/116 – **30 Z** 295/495, 10 Suiten.

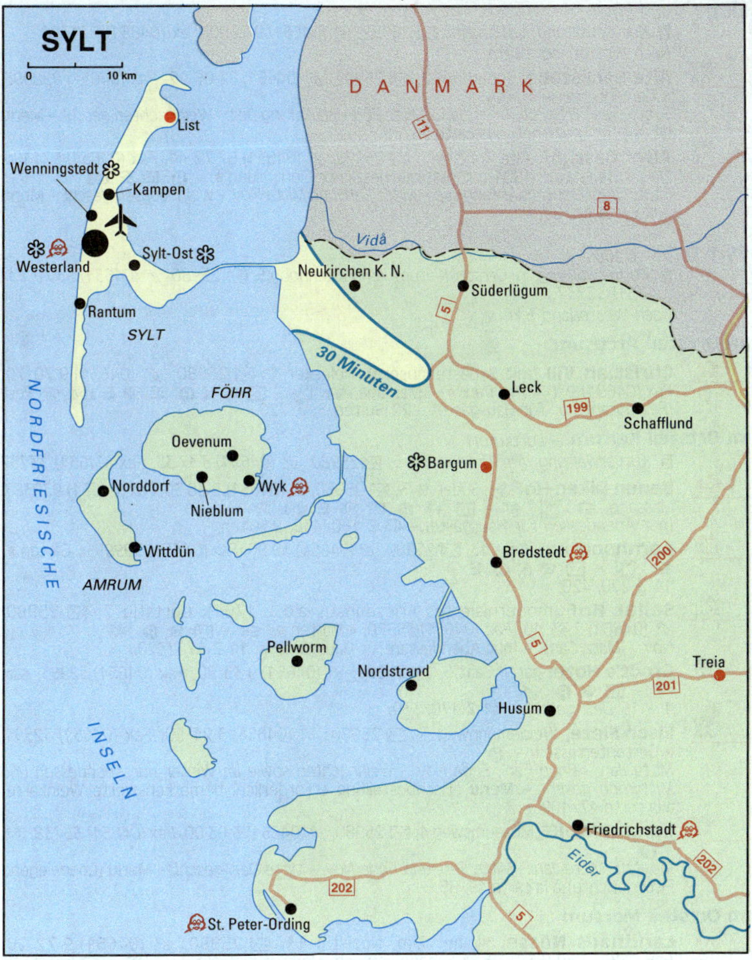

Village garni, Alte Dorfstr. 7, 25999, (04651) 4 69 70, *Fax (0651) 469777*, , , – . AE VISA
14 Z 360/660, 4 Suiten.

Golf- und Landhaus Kampen garni, Braderuper Weg 12, 25999, (04651) 4 69 10, *Fax (04651) 469111*, , , – . AE.
9 Z 340/440, 4 Suiten.

Reethüüs garni, Hauptstr. 18, 25999, (04651) 9 85 50, *Fax (04651) 45278*, , , – . AE – **20 Z** 295/425.

Kamphörn garni, Norderheide 2, 25999, (04651) 9 84 50, *Fax (04651) 984519*, – .
Nov. - Mitte Dez. geschl. – **13 Z** 140/350.

Ahnenhof garni, Kurhausstr. 8, 25999, (04651) 4 26 45, *Fax (04651) 44016*, , – . AE
15. Jan. - 15. Feb. und 20. Nov. - 20. Dez. geschl. – **13 Z** 135/300.

Manne Pahl, Zur Uwe Düne 2, 25999, (04651) 4 25 10, *Fax (04651) 44410*, – . AE VISA
Menu à la carte 51/79.

List – *2 400 Ew.*

Kurverwaltung, Listlandstr. ✉ 25992, ✆ (04651) 9 52 00, Fax (04651) 871398.
Nach Westerland 18 km.

XX **Alte Backstube,** Süderhörn 2, ✉ 25992, ✆ (04651) 87 05 12, *Fax (04651) 958093,* « Gartenterrasse » – P
Sept.- Juni Mittwoch, Mitte Jan. - Mitte Feb. und Anfang Dez. - Weihnachten geschl. – **Menu** (ab 14 Uhr geöffnet) à la carte 56/88.

XX **Alter Gasthof,** Alte Dorfstr. 5, ✉ 25992, ✆ (04651) 87 72 44, *Fax (04651) 871400,* , « Haus a.d.J. 1804 mit rustikal-friesischer Einrichtung » – P. AE E VISA
Sept. - Juni Montag, Anfang Jan. - Mitte Feb. und Mitte Nov. - Weihnachten geschl. – **Menu** à la carte 64/89.

Sylt Ost – *6 100 Ew.*

Kurverwaltung, im Ortsteil Keitum, Am Tipkenhoog 5, ✉ 25980, ✆ (04651) 33 70, Fax (04651) 33737.
Nach Westerland 5 km.

Im Ortsteil Archsum

Christian VIII (mit 2 Gästehäusern), Heleeker 1, ✉ 25980, ✆ (04651) 9 70 70, *Fax (04651) 970777,* « Park » Massage, , – TV ☎ P. AE E VISA. Rest
(Restaurant nur für Hausgäste) – **22 Suiten** 370/720.

Im Ortsteil Keitum – *Luftkurort :*

Kurverwaltung, Am Tipkenhoog 5, ✉25980, ✆ (04651) 3 37 33, Fax (04651) 33737

Benen-Diken-Hof , Süderstr. 3, ✉ 25980, ✆ (04651) 9 38 30, *Fax (04651) 938383,* Massage, , , – TV P. AE E VISA.
(nur Abendessen für Hausgäste) – **43 Z** 160/430, 9 Suiten.

Aarnhoog garni, Gaat 13, ✉ 25980, ✆ (04651) 39 90, *Fax (04651) 39999,* « Garten », , – TV ☎ P. E
14 Z 290/420.

Seiler Hof (modernisiertes Friesenhaus a.d.J. 1761), Gurtstig 7, ✉ 25980, ✆ (04651) 9 33 40, *Fax (04651) 35370,* « Garten », – TV ☎ P.
Nov. - März Garni – (nur Abendessen für Hausgäste) – **11 Z** 175/320.

Groot's Hotel garni, Gaat 5, ✉ 25980, ✆ (04651) 9 33 90, *Fax (04651) 32953,* , – TV ☎ P.
1. - 15. Dez. geschl. – **11 Z** 170/330.

XX **Fisch-Fiete,** Weidemannweg 3, ✉ 25980, ✆ (04651) 3 21 50, *Fax (04651) 32591,* « Gartenterrasse » – P
Mitte Jan. - Ende Feb., Ende Nov. - Weihnachten sowie im Winter nur Abendessen und Mittwoch geschl. – **Menu** (Tischbestellung erforderlich, bemerkenswerte Weinkarte) à la carte 47/102.

XX **Karsten Wulff,** Museumsweg 4, ✉ 25980, ✆ (04651) 3 03 00, *Fax (04651) 35738,* – P
Montag, Mitte Jan. - Mitte Feb. und Ende Nov. - Mitte Dez. geschl. – **Menu** (überwiegend Fischgerichte) à la carte 49/85.

Im Ortsteil Morsum :

XXX ✿ **Landhaus Nösse** mit Zim, Nösistig 13, ✉ 25980, ✆ (04651) 9 72 20, *Fax (04651) 891658,* , « Schöne Lage am Morsum Kliff mit < », – TV ☎ P. AE E. Zim
Menu *(Sept. - April Montag geschl.)* (Tischbestellung ratsam) 69 (mittags) und à la carte 87/113 – ***Bistro :*** **Menu** à la carte 58/78 – **9 Z** 279/495 – ½ P 69
Spez. Gänseleberterrine mit Sauternesgelee. Steinbutt mit Kartoffelkruste. Sylter Deichlammcarré (2 Pers.).

Im Ortsteil Munkmarsch :

XXXX ✿ **Fährhaus Munkmarsch** Heefwai 1, ✉ 25980, ✆ (04651) 9 39 70, *Fax (04651) 939710* – – P – 40. E.
Nov.- April Montag, März 3 Wochen und Mitte Nov.- Mitte Dez. geschl. **Menu** (nur Abendessen) 95/185 und à la carte – ***Käpt'n Sellmer Stube*** *(Mai - Okt. auch Mittagessen)* **Menu** à la carte 56/87 -Hotelneubau mit 23 Z. : Eröffnung Sommer 1999
Spez. Mosaik von Thunfisch und Gänseleber mit lauwarmer Kalbskopfvinaigrette. Wolfsbarsch auf Kartoffelschaum mit Trüffelöl und Petersiliennage. Geeiste Mocca-Pyramide mit Schokolade und glacierten Aprikosen.

XX **Moby Dick,** Munkhoog 14, ✉ 25980, ✆ (04651) 3 21 20, *Fax (04651) 30310,* <, – P. AE E VISA JCB
Mittwoch - Donnerstagmittag und 20. Nov.- 20. Dez. geschl. – **Menu** (Tischbestellung ratsam) à la carte 55/87.

Im Ortsteil Tinnum :

Landhaus Stricker, Boy-Nielsen-Str. 10, ✉ 25980, ✆ (04651) 3 16 72, *Fax (04651) 35455*, « Rustikal-elegante Einrichtung » – P. AE ⊙ E VISA
Menu à la carte 69/98.

Rantum – *500 Ew.*

Kurverwaltung, Strandstr. 7, ✉ 25980, ✆ (04651) 8 07 77, Fax (04651) 80766.
Nach Westerland 7 km.

Watthof (mit Gästehaus), Alte Dorfstr. 40, ✉ 25980, ✆ (04651) 80 20, *Fax (04651) 80222*, ←, « Friesenhaus mit moderner Einrichtung », – TV ☎ P. AE E VISA
Menu *(Sept.- Mitte Juli Montag geschl.)* à la carte 53/86 – **35 Z** 250/450, 13 Suiten – ½ P 45.

Alte Strandvogtei garni, Merret-Lassen-Wai 6, ✉ 25980, ✆ (04651) 9 22 50, *Fax (04651) 29157*, – TV ☎ P
Nov. - Weihnachten geschl. – **15 Z** 160/300.

Wenningstedt – *2 200 Ew – Seeheilbad.*

Verkehrsverein, Westerlandstr. 1, ✉ 25996, ✆ (04651) 9 89 00, Fax (04651) 45772.
Nach Westerland 4 km.

Strandhörn, Dünenstr. 1, ✉ 25996, ✆ (04651) 9 45 00, *Fax (04651) 45777*, – TV ☎ P. Zim
20. Nov. - 20. Dez. und Mitte Jan. - Mitte Feb. geschl. – ***Lässig*** (Tischbestellung ratsam) *(Mittwoch geschl., nur Abendessen)* **Menu** à la carte 73/97 – **26 Z** 150/320, 15 Suiten
Spez. Gebratener Kabeljau mit Linsengemüse. Meeräsche auf Kartoffel-Olivenpüree mit gebratenem Fenchel. Geeister Cappuccino mit marinierten Feigen.

Windrose, Strandstr. 21, ✉ 25996, ✆ (04651) 94 00, *Fax (04651) 940877*, Massage, – TV ☎ P – 25. AE ⊙ E VISA
Menu à la carte 56/85 – ***Veneto*** (nur Abendessen, Dienstag, ausser Saison auch Mittwoch geschl.) *(22. Feb. - 15. März und 25. Okt. - 3. Dez. Betriebsferien)* **Menu** 79/159 und à la carte – **101 Z** 185/400, 18 Suiten – ½ P 45.

Friesenhof garni, Hauptstr. 16, ✉ 25996, ✆ (04651) 94 10, *Fax (04651) 941222*, – TV ☎ P.
April - Okt. – **14 Z** 115/280.

Sylter Domizil M garni, Hauptstr. 3, ✉ 25996, ✆ (04651) 8 29 00, *Fax (04561) 829029*, – TV ☎ P. AE E VISA
13 Z 140/279.

Kiose garni, Berthin-Bleeg-Str. 15, ✉ 25996, ✆ (04651) 9 84 70, *Fax (04651) 41014*, – TV ☎ P – 20
17 Z 120/220.

Westerland – *9 000 Ew – Seeheilbad.*

Fremdenverkehrszentrale, am Bundesbahnhof, ✉ 25980, ✆ (04651) 99 88, Fax (04651) 998100.

Stadt Hamburg, Strandstr. 2, ✉ 25980, ✆ (04651) 85 80, *Fax (04651) 858220*, – TV – 80. AE ⊙ E VISA. Rest
Menu (nur Abendessen) à la carte 75/108 – ***Bistro*** *(auch Mittagessen)* **Menu** 39 und à la carte 55/70 – **72 Z** 225/529, 22 Suiten.

Dorint M, Schützenstr. 22, ✉ 25980, ✆ (04651) 85 00, *Fax (04651) 850150*, – TV P – 25. AE ⊙ E VISA JCB. Rest
Menu à la carte 41/67 – **72 Z** 437/659, 6 Suiten.

Miramar, Friedrichstr. 43, ✉ 25980, ✆ (04651) 85 50, *Fax (04651) 855222*, ←, Massage, – TV P – 30. AE ⊙ E VISA. Rest
Mitte Nov. - Mitte Dez. geschl. – **Menu** à la carte 40/81 *(auch vegetarische Gerichte)* – **93 Z** 275/655, 11 Suiten – ½ P 50.

Strandhotel Pannonia M garni, Margarethenstr. 9, ✉ 25980, ✆ (04651) 83 80, *Fax (04651) 838454*, – TV ☎. AE ⊙ E VISA JCB
53 Z 308/530, 46 Suiten.

Vier Jahreszeiten garni, Johann-Möller-Str. 40, ✉ 25980, ✆ (04651) 9 86 70, *Fax (04651) 986777* – TV ☎ P. AE E VISA
19 Z 220/500, 7 Suiten.

Wünschmann, Andreas-Dirks-Str. 4, ✉ 25980, ✆ (04651) 50 25, *Fax (04651) 5028* – TV ☎ P. AE.
2. Nov. - 24. Dez. geschl. – (nur Abendessen für Hausgäste) – **35 Z** 168/446.

Sylter Seewolf (mit Gästehäusern), Bötticherstr. 13, ✉ 25980, ℘ (04651) 80 10, *Fax (04651) 80199*, Massage, , , – . Rest *(nur Abendessen für Hausgäste)* – **62 Z** 185/484, 5 Suiten – ½ P 42.

Monbijou garni, Andreas-Dirks-Str. 6, ✉ 25980, ℘ (04651) 99 10, *Fax (04651) 27870* –
30 Z 140/440.

Westfalen Hof garni, Steinmannstr. 49, ✉ 25980, ℘ (04651) 80 50, *Fax (04651) 80588*, , –
20 Z 150/370.

Berliner Hof garni, Boysenstr. 17, ✉ 25980, ℘ (04651) 8 25 20, *Fax (04651) 29325*, , – . AE E VISA. *Anfang Jan. - Mitte Feb. und 5. Nov. - 25. Dez. geschl.* – **31 Z** 135/340.

Marin Hotel garni, Elisabethstr. 1, ✉ 25980, ℘ (04651) 9 28 00, *Fax (04651) 28694* –
27 Z 166/306.

Dünenburg, Elisabethstr. 9, ✉ 25980, ℘ (04651) 8 22 00, *Fax (04651) 24310*, Massage – . E.
Menu *(Montag und Mitte Jan. - Mitte Feb. geschl.)* (nur Abendessen) 30 und à la carte 40/65 – **34 Z** 165/290 – ½ P 25.

Jörg Müller (mit Zim. und Gästehaus), Süderstr. 8, ✉ 25980, ℘ (04651) 2 77 88, *Fax (04651) 201471*, – . AE E VISA. Rest
Menu *(Dienstag, außer Saison Dienstag - Mittwoch und Mitte Jan.- Mitte März geschl.)* (nur Abendessen, Tischbestellung erforderlich, bemerkenswerte Weinkarte) 148/198 und à la carte 93/139 – ***Pesel*** *: (auch Mittagessen)* **Menu** à la carte 51/100 – **10 Z** 190/380
Spez. Gänselebergugelhupf in Traminergelee. Steinbutt und Hummer mit zwei Saucen. Variation vom Deichlamm mit Schmorgemüse.

Webchristel, Süderstr. 11, ✉ 25980, ℘ (04651) 2 29 00 –
Mittwoch geschl. – **Menu** (nur Abendessen, Tischbestellung ratsam) 43 und à la carte 57/84.

Franz Ganser, Bötticherstr. 2, ✉ 25980, ℘ (04651) 2 29 70, *Fax (04651) 24202*, – E
Montag, 22. Feb. - 21. März und 24. Nov. - 17. Dez. geschl. – **Menu** (wochentags nur Abendessen) à la carte 64/99.

Alte Friesenstube, Gaadt 4, ✉ 25980, ℘ (04651) 12 28, *Fax (04651) 948926*, , « Haus a.d.J. 1648 mit rustikal-friesischer Einrichtung » – AE
Nov. - März Montag und Anfang Jan. - Anfang Feb. geschl. – **Menu** (nur Abendessen, Tischbestellung ratsam) à la carte 51/71.

TABARZ *Thüringen* 418 *N 15 – 4 500 Ew – Höhe 420 m – Erholungsort – Wintersport 800/916 m* 1, .
Kurgesellschaft, Zimmerbergstr. 4, ✉ 99891, ℘ (036259) 56 00, Fax (036259) 56018.
Berlin 344 – Erfurt 53 – Bad Hersfeld 92 – Coburg 102.

Frauenberger M, Max-Alvary-Str. 9, ✉ 99891, ℘ (036259) 52 20, *Fax (036259) 522100*, , , , , – , Zim, – 30. AE E VISA. Rest
Menu à la carte 33/68 – **43 Z** 105/190 – ½ P 30.

Zur Post M, Lauchagrundstr. 16, ✉ 99891, ℘ (036259) 5 11 11, *Fax (036259) 51114*, , – , Zim, – 70. AE E VISA JCB
Menu à la carte 27/43 – **42 Z** 95/220 – ½ P 25.

Landhotel Germania (mit Gästehäusern), Friedrichrodaer Str. 11, ✉ 99891, ℘ (036259) 5 50, *Fax (036259) 55100*, , , , – Zim, – 40. E VISA
Menu à la carte 28/53 – **45 Z** 80/170, 4 Suiten.

TALTITZ *Sachsen siehe Oelsnitz (Vogtland).*

TAMM *Baden-Württemberg siehe Asperg.*

Gute Küchen
haben wir durch
Menu , ✿, ✿✿ oder ✿✿✿ kenntlich gemacht.

TANGERMÜNDE *Sachsen-Anhalt* 416 418 *I 19 – 11 000 Ew – Höhe 45 m.*

Sehenswert : Rathausfassade★ – Neustädter Tor★.

Tourist-Information, Marktstr. 13, ✉ 39590, ✆ (039322) 37 10, Fax (039322) 3710.

Berlin 119 – Magdeburg 63 – Brandenburg 64.

Schwarzer Adler, Lange Str. 52, ✉ 39590, ✆ (039322) 23 91, *Fax (039322) 3642,* – 60. AE VISA. Rest
Menu à la carte 27/47 – **45 Z** 95/160.

Stars Inn garni, Lange Str. 47, ✉ 39590, ✆ (039322) 98 70, *Fax (039322) 98770* – Zim, – 25. E
19 Z 92/124.

Zur Altstadt garni, Lange Str. 40, ✉ 2391, ✆ (039322) 9 85 00, *Fax (039322) 98555* –
17 Z 60/120.

TANKUMSEE *Niedersachsen siehe Gifhorn.*

TANN (RHÖN) *Hessen* 418 *O 14 – 5 300 Ew – Höhe 390 m – Luftkurort.*

Verkehrsamt, Am Kalkofen 6 (Rhönhalle), ✉ 36142, ✆ (06682) 16 55, Fax (06682) 8922.

Berlin 418 – Wiesbaden 226 – Fulda 30 – Bad Hersfeld 52.

In Tann-Lahrbach *S : 3 km :*

Gasthof Kehl (mit Gästehaus), Eisenacher Str. 15, ✉ 36142, ✆ (06682) 3 87, *Fax (06682) 1435,* – 40. Zim
18. Okt. - 6. Nov. geschl. – **Menu** *(Dienstag geschl.)* à la carte 22/42 – **37 Z** 51/88 – ½ P 15.

TANNENBERG *Sachsen* 418 420 *O 22 – 1 200 Ew – Höhe 500 m.*

Berlin 297 – Dresden 116 – Chemnitz 32 – Zwickau 46.

Zum Hammer, Untere Dorfstr. 21, ✉ 09468, ✆ (03733) 5 29 51, *Fax (03733) 52951,*
Menu à la carte 24/31 – **12 Z** 68/96.

Am Sauwald, Annaberger Str. 52 (O : 2km), ✉ 09468, ✆ (03733) 5 76 99, *Fax (03733) 57124,* Zim
März geschl. – **Menu** à la carte 16/35 – **17 Z** 70/120.

TARP *Schleswig-Holstein* 415 *C 12 – 5 000 Ew – Höhe 22 m.*

Berlin 415 – Kiel 77 – Flensburg 17 – Schleswig 25.

Landgasthof Tarp (mit Gästehaus), Bahnhofstr. 1, ✉ 24963, ✆ (04638) 9 92, *Fax (04638) 8110* – – 80. AE E VISA
Menu *(Okt. - April Freitagmittag geschl.)* à la carte 24/59 – **53 Z** 69/129.

TAUBERBISCHOFSHEIM *Baden-Württemberg* 419 *R 12 – 13 000 Ew – Höhe 181 m.*

Tourist-Information, Marktplatz 8 (Rathaus), ✉ 97941, ✆ (09341) 8 03 13, Fax (09341) 80389.

ADAC, *Würzburger Str. 13, ✉ 97941, ✆ (09341) 22 55, Fax (09341) 61148.*

Berlin 529 – Stuttgart 117 – Würzburg 34 – Heilbronn 75.

Am Brenner, Goethestr. 10, ✉ 97941, ✆ (09341) 9 21 30, *Fax (09341) 921334,* Zim, – 35. AE E VISA
Menu *(Freitag - Samstagmittag geschl.)* à la carte 34/65 – **30 Z** 86/140.

Badischer Hof, Am Sonnenplatz, ✉ 97941, ✆ (09341) 98 80, *Fax (09341) 988200* – AE E VISA
15. Dez. - 15. Jan. geschl. – **Menu** *(Freitag und Juli - Aug. 3 Wochen geschl.)* à la carte 24/47 – **26 Z** 85/150.

Adlerhof, Bahnhofstr. 18, ✉ 97941, ✆ (09341) 94 40, *Fax (09341) 944100* – – 60. AE E VISA. Rest
Menu *(Donnerstag geschl.) (wochentags nur Abendessen)* à la carte 29/69 – **19 Z** 79/155.

In Tauberbischofsheim-Hochhausen *NW : 6 km :*

Landhotel am Mühlenwörth, Am Mühlenwörth, ✉ 97941, ✆ (09341) 9 55 55, *Fax (09341) 95557,* –
Menu à la carte 22/41 – **14 Z** 56/130.

In Königheim *W : 7 km :*

Schwan, Hardheimer Str. 6, ✉ 97953, ☎ (09341) 38 99, *Fax (09341) 3801*, – TV ☎ . P. E
Jan. geschl. – **Menu** *(Freitag geschl.)* à la carte 27/46 – **11 Z** 44/90.

TAUBERRETTERSHEIM *Bayern siehe Weikersheim.*

TAUCHA KREIS LEIPZIG *Sachsen 418 L 21 – 12 300 Ew – Höhe 118 m.*

Siehe Stadtplan Leipzig (Umgebungsplan).

Berlin 190 – Dresden 108 – Leipzig 13.

Comfort Hotel M garni, Leipziger Str. 125, ✉ 04425, ☎ (034298) 39 71 00, *Fax (034298) 397299* – Zim, TV ☎ P. AE E VISA U x
103 Z 112/138.

TAUFKIRCHEN KREIS MÜNCHEN *Bayern 419 420 V 18 – 16 800 Ew – Höhe 567 m.*

Berlin 609 – München 15 – Rosenheim 57 – Bad Tölz 42.

Limmerhof M, Münchener Str. 43, ✉ 82024, ☎ (089) 61 43 20, *Fax (089) 61432333*, , – Zim, TV P – 60
80 Z.

TAUFKIRCHEN (VILS) *Bayern 420 U 20 – 8 600 Ew – Höhe 456 m.*

Berlin 581 – München 58 – Regensburg 87 – Landshut 26 – Passau 129 – Rosenheim 66 – Salzburg 126.

Am Hof garni, Hierlhof 2, ✉ 84416, ☎ (08084) 9 30 00, *Fax (08084) 930028* – TV ☎ . AE E VISA
19 Z 90/152.

In Taufkirchen-Hörgersdorf *SW : 8,5 km :*

Landgasthof Forster, Hörgersdorf 23, ✉ 84416, ☎ (08084) 23 57, – P
Mittwoch - Freitag nur Abendessen, Montag - Dienstag sowie Feb. und Sept. je 1 Woche geschl. – **Menu** à la carte 43/62.

TAUNUSSTEIN *Hessen 417 P 8 – 24 700 Ew – Höhe 343 m.*

Berlin 564 – Wiesbaden 12 – Frankfurt am Main 69 – Bad Schwalbach 10 – Limburg an der Lahn 38.

In Taunusstein-Neuhof :

Zur Burg, Limburger Str. 47 (B 417/275), ✉ 65232, ☎ (06128) 7 10 01, *Fax (06128) 75160* – TV ☎ P – 40. AE E VISA
Menu *(Samstag und 27. - 31 Dez. geschl.)* à la carte 27/56 – **24 Z** 105/180.

In Taunusstein - Wehen :

Alt Straßburg mit Zim, Dresdener Str. 4, ✉ 65232, ☎ (06128) 66 67, *Fax (06128) 6429*, – TV ☎ P. AE E VISA. Zim
Menu *(Sonntagabend - Montag und Samstagmittag geschl.)* à la carte 45/68 – **4 Z** 135/230.

TECKLENBURG *Nordrhein-Westfalen 417 J 7 – 9 000 Ew – Höhe 235 m – Luftkurort.*

Westerkappeln-Velpe (NO : 9 km), ☎ (05456) 4 19 ; Wallen-Lienen (W : 3 km), ☎ (05455) 10 35.

Haus des Gastes, Markt 7, ✉ 49545, ☎ (05482) 9 38 90, Fax (05482) 938919.

Berlin 442 – Düsseldorf 160 – Bielefeld 77 – Münster (Westfalen) 28 – Osnabrück 28.

Parkhotel Burggraf , Meesenhof 7, ✉ 49545, ☎ (05482) 4 25, *Fax (05482) 6125*, < Münsterland, , , , – Zim, TV ☎ P – 100. AE E VISA. Rest
Menu à la carte 48/83 – **43 Z** 135/198.

In Tecklenburg - Brochterbeck *W : 6,5 km :*

Teutoburger Wald, Im Bocketal 2, ✉ 49545, ☎ (05455) 9 30 00, *Fax (05455) 930070*, , , – TV ☎ P – 100. AE E VISA JCB
(Restaurant nur für Hausgäste) – **45 Z** 100/200.

In Tecklenburg - Leeden *O : 8 km :*

Altes Backhaus, Am Ritterkamp 27, ✉ 49545, ☎ (05481) 65 33, *Fax (05481) 83102*, – P. E VISA
Dienstag und Juli - Aug. 2 Wochen geschl. – **Menu** à la carte 42/76.

TEGERNAU Baden-Württemberg 419 W 7 – 500 Ew – Höhe 444 m.

Berlin 828 – Stuttgart 200 – Freiburg i. Brsg. 83 – Basel 37 – Zürich 89.

In Tegernau-Schwand N : 3,5 km :

Sennhütte, Schwand 14, ✉ 79629, ✆ (07629) 9 10 20, Fax (07629) 910213, ≤, – TV ☎ P. Zim
Ende Jan. - Anfang März geschl. – **Menu** (Dienstag geschl.) à la carte 26/62 – **11 Z** 62/116.

TEGERNSEE Bayern 419 420 W 19 – 4 500 Ew – Höhe 732 m – Heilklimatischer Kurort – Wintersport : 730/900 m.

Kuramt, im Haus des Gastes, Hauptstr. 2, ✉ 83684, ✆ (08022) 18 01 40, Fax (08022) 3758.

Berlin 642 – München 53 – Garmisch-Partenkirchen 75 – Bad Tölz 19 – Miesbach 18.

Bayern, Neureuthstr. 23, ✉ 83684, ✆ (08022) 18 20, Fax (08022) 3775, ≤ Tegernsee und Berge, Biergarten, Massage, – Zim, TV ☎ P – 80. AE E VISA
Menu à la carte 50/73 – **87 Z** 142/335, 3 Suiten – ½ P 39.

Gästehaus Fackler (mit Appartmenthaus), Karl-Stieler-Str. 14, ✉ 83684, ✆ (08022) 9 17 60, Fax (08022) 917615, ≤, – TV ☎ P. E
10. Nov. - 6. Dez. geschl. – (nur Abendessen für Hausgäste) – **25 Z** 100/255 – ½ P 15.

Bastenhaus garni, Hauptstr. 71, ✉ 83684, ✆ (08022) 9 14 70, Fax (08022) 914747, ≤, – TV ☎ P. E.
23 Z 92/175.

Fischerstüberl am See, Seestr. 51, ✉ 83684, ✆ (08022) 46 72, Fax (08022) 1324, ≤, – TV ☎ P
15. Nov. - 20. Dez. geschl. – **Menu** (Okt. - Mai Mittwoch geschl.) à la carte 26/50 – **20 Z** 58/170 – ½ P 25.

Der Leeberghof mit Zim, Ellingerstr. 10, ✉ 83684, ✆ (08022) 39 66, Fax (08022) 1720, ≤ Tegernsee und Berge, « Schöne Lage oberhalb des Sees ; Panoramaterrasse » – TV ☎ P. AE E VISA
Mitte Jan. - Mitte Feb. geschl. – **Menu** (Dienstag - Freitag nur Abendessen, Montag und außer Saison auch Dienstag geschl.) (Tischbestellung erforderlich) à la carte 60/89 – **5 Z** 210/270
Spez. Strudel von Tegernseer Fischen. Geschmorte Rinderbacken mit Safranpolenta. Topfenvariation.

TEINACH-ZAVELSTEIN, BAD Baden-Württemberg 419 T 10 – 2 700 Ew – Höhe 392 m – Heilbad.

Kurverwaltung, Otto-Neidhart-Allee 6, (Bad Teinach), ✉ 75385, ✆ (07053) 84 44, Fax (07053) 2154.

Berlin 669 – Stuttgart 56 – Karlsruhe 64 – Pforzheim 37 – Calw 9.

Im Stadtteil Bad Teinach :

Bad-Hotel, Otto-Neidhart-Allee 5, ✉ 75385, ✆ (07053) 2 90, Fax (07053) 29177, , (freier Zugang zum Kurhaus mit), – Zim, TV P – 80. AE E VISA.
Menu à la carte 52/87 (auch vegetarisches Menu) – ***Brunnen-Schenke*** (Samstag- und Sonntagabend geschl.) **Menu** à la carte 26/49 – **57 Z** 125/270, 4 Suiten – ½ P 35.

Mühle garni, Otto-Neidhart-Allee 2, ✉ 75385, ✆ (07053) 9 29 50, Fax (07053) 929599 – TV ☎ P.
Nov. - 15. Dez. geschl. – **18 Z** 55/110.

Schloßberg, Burgstr. 2, ✉ 75385, ✆ (07053) 9 26 90, Fax (07053) 926915, ≤, – TV ☎ P. Zim
22. Nov. - 24. Dez. geschl. – **Menu** (Montag geschl.) à la carte 28/49 – **14 Z** 55/130 – ½ P 21.

Lamm, Badstr. 17, ✉ 75385, ✆ (07053) 9 26 80, Fax (07053) 926835 – TV ☎ P. E VISA
Jan. - Feb. 6 Wochen geschl. – **Menu** (Dienstag geschl.) à la carte 26/43 – **21 Z** 67/154 – ½ P 10.

Waldhorn, Hintere Talstr. 9, ✉ 75385, ✆ (07053) 88 21, Fax (07053) 1658 – P. Zim
Nov. - 22. Dez. geschl. – **Menu** (Donnerstag geschl.) à la carte 32/42 – **15 Z** 58/120.

In Stadtteil Zavelstein – *Luftkurort :*

Berlin's Hotel Krone, Marktplatz 2, ✉ 75385, ☎ (07053) 9 29 40, *Fax (07053) 929430* – 🛗, ⇹ Zim, TV ☎ P. E VISA
Menu à la carte 35/55 – **18 Z** 75/160 – ½ P 25.

Lamm, Marktplatz 3, ✉ 75385, ☎ (07053) 84 14, *Fax (07053) 1528,* – TV ☎ P. Zim
Weihnachten - Mitte Jan. geschl. – **Menu** *(Donnerstag, im Winter auch Mittwoch geschl.)* à la carte 27/49 – **10 Z** 65/150 – ½ P 20.

TEISENDORF *Bayern* 420 *W 22 – 8 200 Ew – Höhe 504 m – Erholungsort.*
Verkehrsverein, Am Markt, ✉ 83317, ☎ (08666) 2 95.
Berlin 709 – München 120 – Bad Reichenhall 20 – Rosenheim 61 – Salzburg 22.

In Teisendorf-Achthal *SW : 5 km :*

Reiter mit Zim, Teisendorfer Str. 80, ✉ 83317, ☎ (08666) 3 27, *Fax (08666) 6696,* – P
nach Ostern 2 Wochen und Nov. 3 Wochen geschl. – **Menu** *(Donnerstag geschl.)* à la carte 23/42 – **9 Z** 45/90 – ½ P 18.

In Teisendorf-Holzhausen *N : 2 km :*

Kurhaus Seidl ✉ 83317, ☎ (08666) 80 10, *Fax (08666) 801102,* <, , Massage, (Halle) – 🛗, ⇹ Rest, TV ☎ P – 30. E VISA
Jan. und Nov. geschl. – **Menu** *(Dienstag geschl.)* à la carte 32/58 – **66 Z** 99/170 – ½ P 17.

In Teisendorf-Neukirchen *SW : 8 km :*

Gasthof Schneck , Pfarrhofweg 20, ✉ 83364, ☎ (08666) 3 56, *Fax (08666) 6802,* <, – P
Mitte Jan. - Mitte Feb. geschl. – **Menu** *(Okt. - Juni Donnerstag geschl.)* à la carte 24/51 – **13 Z** 55/100 – ½ P 21.

TEISING *Bayern siehe Altötting.*

TEISNACH *Bayern* 420 *S 22 – 2 800 Ew – Höhe 467 m.*
Tourist-Information, Regenmühlstr. 2, (Geiersthal) ✉ 94244, ☎ (09923) 5 62, Fax (09923) 3607.
Berlin 520 – München 168 – Passau 73 – Cham 40 – Deggendorf 24.

In Teisnach-Kaikenried *SO : 4 km :*

Oswald, Am Platzl 2, ✉ 94244, ☎ (09923) 8 41 00, *Fax (09923) 841010,* – TV ☎ P. AE E
Jan. und Nov. 2 Wochen geschl. – **Menu** *(Mittwoch geschl.)* à la carte 30/55 – **15 Z** 79/138 – ½ P 28.

TEISTUNGEN *Thüringen* 418 *L 14 – 1 500 Ew – Höhe 300 m.*
Berlin 306 – Erfurt 98 – Göttingen 32 – Nordhausen 45 – Mühlhausen 39.

Teistungenburg M, Klosterweg 6, ✉ 37339, ☎ (036071) 8 40, *Fax (036071) 84444,* , direkter Zugang zur Bäderwelt – 🛗, ⇹ Zim, TV P – 350. AE E VISA. Rest
Menu à la carte 33/50 – **97 Z** 98/199 – ½ P 33.

TELGTE *Nordrhein-Westfalen* 417 *K 7 – 18 800 Ew – Höhe 49 m.*
Sehenswert : *Heimathaus Münsterland (Hungertuch★).*
Stadttouristik, Markt 1, ✉ 48291, ☎ (02504) 7 75 71, Fax (02504) 72015.
Berlin 446 – Düsseldorf 149 – Bielefeld 64 – Münster (Westfalen) 12 – Osnabrück 47.

Heidehotel Waldhütte , Im Klatenberg 19 (NO : 3 km, über die B 51), ✉ 48291, ☎ (02504) 92 00, *Fax (02504) 920140,* « Waldpark, Gartenterrasse », – TV ☎ P – 40. AE E VISA JCB
4. - 15. Jan. geschl. – **Menu** à la carte 45/69 – **31 Z** 125/225.

Marienlinde, Münstertor 1, ✉ 48291, ☎ (02504) 9 31 30, *Fax (02504) 931350* – ⇹ Zim, TV ☎ P. AE E VISA. Rest
(nur Abendessen für Hausgäste) – **20 Z** 95/150.

Telgter Hof, Münsterstr. 29, ✉ 48291, ☎ (02504) 9 31 70, *Fax (02504) 931770* – 🛗 TV ☎. AE E VISA
Menu *(Montag geschl.)* à la carte 28/56 – **12 Z** 80/125.

In Ostbevern *NO : 7 km :*

Beverhof, Hauptstr. 35, ✉ 48346, ✆ (02532) 51 62, *Fax (02532) 1688,* – Zim, . Zim
Menu *(Montag geschl.)* à la carte 21/41 – **13 Z** 60/120.

TELTOW *Brandenburg* 416 418 *I 23 – 15 100 Ew – Höhe 40 m.*
Siehe Stadtplan Berlin (Umgebungsplan).
Berlin 21 – Potsdam 16 – Frankfurt (Oder) 96 – Wittenberge 81.

Courtyard by Marriott M, Warthestr. 20, ✉ 14513, ✆ (03328) 44 00, *Fax (03328) 440440,* , Massage, , – , Zim, – 180. AE VISA JCB BV e
Menu à la carte 38/66 – **195 Z** 209/334.

TEMPLIN *Brandenburg* 416 *G 24 – 14 000 Ew – Höhe 60 m.*
Fremdenverkehrsverein, Obere Mühlenstr.11, (Akzisehaus) ✉ 17268, ✆ (03987) 26 31, Fax (03987) 53833..
Berlin 75 – Potsdam 127 – Neubrandenburg 81 – Neuruppin 75.

Fährkrug M, Fährkrug 1 (NO : 2 km), ✉ 17268, ✆ (03987) 4 80, *Fax (03987) 48111,* – , Zim, – 25
40 Z.

Zum Eichwerder, Werderstr. 38, ✉ 17268, ✆ (03987) 5 27 00, *Fax (03987) 52701,* – – 35. AE VISA. Zim
Menu à la carte 25/38 – **22 Z** 95/140.

Am Großdöllner See *SO : 22 km :*

Döllnsee-Schorfheide , Döllnkrug 2, ✉ 17268 Groß Dölln, ✆ (039882) 6 30, *Fax (039882) 63402,* , , Massage, , , , – , Zim, Rest, – 130. AE VISA JCB
Menu à la carte 43/56 – **107 Z** 180/235.

TENGEN *Baden-Württemberg* 419 *W 9 – 4 600 Ew – Höhe 610 m.*
Berlin 760 – Stuttgart 131 – Konstanz 58 – Villingen-Schwenningen 25 – Winterthur 51 – Schaffhausen 23.

In Tengen-Blumenfeld *O : 2 km :*

Bibermühle , ✉ 78250, ✆ (07736) 9 29 30, *Fax (07736) 9293140,* , (Wildgehege), « Ehem. Wassermühle mit Hotelanbau », , – – 50. AE VISA
Menu à la carte 48/77 – **31 Z** 98/180.

TENNENBRONN *Baden-Württemberg* 419 *V 9 – 3 900 Ew – Höhe 662 m – Luftkurort.*
Verkehrsbüro, Rathaus, Hauptstr. 23, ✉ 78144, ✆ (07729) 92 60 28, Fax (07729) 926050.
Berlin 739 – Stuttgart 116 – Freiburg im Breisgau 74 – Freudenstadt 44 – Villingen-Schwenningen 24.

Adler, Hauptstr. 60, ✉ 78144, ✆ (07729) 2 12, *Fax (07729) 272* –
Ende Nov. - Anfang Dez. geschl. – **Menu** *(Mittwoch geschl.)* à la carte 24/50 – **16 Z** 45/110 – ½ P 20.

TENNSTEDT, BAD *Thüringen* 418 *M 16 – 3 000 Ew – Höhe 144 m – Heilbad.*
Berlin 286 – Erfurt 31 – Halle 113 – Mühlhausen 36 – Nordhausen 58.

Am Kurpark garni, Am Osthöfer Tor 1, ✉ 99955, ✆ (036041) 37 00, *Fax (036041) 3700* – – 20
14 Z 61/116.

TETEROW *Mecklenburg-Vorpommern* 416 *E 21 – 11 000 Ew – Höhe 30 m.*
Berlin 182 – Schwerin 92 – Neubrandenburg 55 – Rostock 58 – Stralsund 87.

Blücher garni, Warenerstr. 50, ✉ 17166, ✆ (03996) 17 21 96, *Fax (03996) 120295,* – .
17 Z 85/125.

TETTNANG *Baden-Württemberg* 419 *W 12 – 16 500 Ew – Höhe 466 m.*

Verkehrs- und Heimatverein, Montfortplatz 7, ✉ 88069, ✆ (07542) 51 00, Fax (07542) 510275.

Berlin 714 – Stuttgart 160 – Konstanz 35 – Kempten (Allgäu) 65 – Ravensburg 13 – Bregenz 28.

Rad, Lindauer Str. 2, ✉ 88069, ✆ (07542) 54 00, *Fax (07542) 53636,* – Zim, Rest, – 120. AE E VISA
Jan. 3 Wochen geschl. – **Menu** à la carte 43/72 – **70 Z** 110/170.

Torstuben (mit Gästehaus), Bärenplatz 8, ✉ 88069, ✆ (07542) 5 20 91, *Fax (07542) 52094,* – . E
Menu *(Donnerstag geschl.)* à la carte 29/55 – **18 Z** 75/130.

Ritter, Karlstr. 2, ✉ 88069, ✆ (07542) 5 30 20, *Fax (07542) 530230,* – . AE E VISA
Feb. und Nov. jeweils 2 Wochen geschl. – **Menu** *(Okt. - April Freitag geschl.)* à la carte 33/65 – **24 Z** 70/160.

Bären, Bärenplatz 1, ✉ 88069, ✆ (07542) 69 45, *Fax (07542) 55618* – Zim, . AE E VISA
Menu *(Freitag geschl.)* à la carte 30/57 – **27 Z** 65/140.

In Tettnang - Kau *W : 3 Km :*

Lamm im Kau, Sängerstr. 50, ✉ 88069, ✆ (07542) 47 34, *Fax (07542) 4734,* – . E
Montag und Weihnachten - 6. Jan. geschl. – **Menu** (nur Abendessen, Tischbestellung erforderlich) à la carte 39/73.

TEUPITZ *Brandenburg* 416 418 *J 24 – 1 700 Ew – Höhe 40 m.*

Ausflugsziel : *Spreewald★★ (Kahnfahrt ab Lübbenau, Freilandmuseum Lehde★).*

Motzen, Am Golfplatz 5 (N : 11 km), ✆ (033769) 5 01 30.

Berlin 54 – Potsdam 70 – Cottbus 76 – Dresden 137 – Frankfurt (Oder) 70.

In Klein Köris *NO : 8,5 km :*

Lindengarten, Chausseestr. 57, ✉ 15746, ✆ (033766) 4 20 63, *Fax (033766) 42062,* – – 80
Menu à la carte 25/46 – **33 Z** 100/180.

In Motzen *N : 11 km :*

Residenz am Motzener See M, Töpchiner Str. 4, ✉ 15741, ✆ (033769) 8 50, *Fax (033769) 85100,* , , , , – – 60. AE E VISA
Menu à la carte 42/65 – **60 Z** 135/245.

THALE *Sachsen-Anhalt* 418 *K 17 – 15 300 Ew – Höhe 170 m.*

Sehenswert : *Bodetal ★★ (Roßtrappe ★★, ★★★).*

Thale-Information, Am Bahnhof, ✉ 06502, ✆ (03947) 25 97, Fax (03947) 2277.

Berlin 220 – Magdeburg 68 – Halberstadt 21 – Nordhausen 48.

Auf dem Hexentanzplatz *SW : 5 km – Höhe 453 m*

Berghotel Hexentanzplatz, Hexentanzplatz 1, ✉ 06502, ✆ (03947) 47 30, *Fax (03947) 2212,* Harz, – . AE E VISA
Menu à la carte 24/47 – **16 Z** 90/180.

THALFANG *Rheinland-Pfalz* 417 *Q 4 – 1 800 Ew – Höhe 440 m – Erholungsort – Wintersport : 500/818 m 4 (am Erbeskopf).*

Ausflugsziel : *Hunsrück-Höhenstraße★.*

Tourist-Information, Saarstr. 3, ✉ 54424, ✆ (06504) 91 40 50, Fax (06504) 8773.

Berlin 684 – Mainz 121 – Trier 35 – Bernkastel-Kues 31 – Birkenfeld 20.

Apart-Hotel Blumenhof M (mit Gästehäusern), Birkenweg 73 (Ferienpark), ✉ 54424, ✆ (06504) 91 20, *Fax (06504) 912420,* , , , (Halle) – Zim, . AE E VISA.
Menu à la carte 26/46 – **40 Z** 100/190 – ½ P 26.

Haus Vogelsang , Im Vogelsang 7, ✉ 54424, ✆ (06504) 10 88, *Fax (06504) 2332,* , – . E.
Menu *(Samstagmittag und Mittwoch geschl.)* à la carte 24/50 – **11 Z** 51/110 – ½ P 19.

THALLICHTENBERG *Rheinland-Pfalz siehe Kusel.*

THANNHAUSEN *Bayern 419 420 V 15 – 6 500 Ew – Höhe 498 m.*
Berlin 591 – München 113 – Augsburg 36 – Ulm (Donau) 59.

Sonnenhof, Messerschmittstr. 1 (B 300), ✉ 86470, ☎ (08281) 20 14, *Fax (08281) 5813,* – . *Aug. 2 Wochen geschl.* – **Menu** *(Montag - Mittwoch nur Abendessen)* à la carte 23/47 – **16 Z** 55/120.

THOLEY *Saarland 417 R 5 – 13 300 Ew – Höhe 370 m – Erholungsort.*
Verkehrsamt, Rathaus, ✉ 66636, ☎ (06853) 5 08 45, Fax (06853) 30178.
Berlin 718 – Saarbrücken 37 – Trier 62 – Birkenfeld 25.

Hotellerie Hubertus M, Metzer Str. 1, ✉ 66636, ☎ (06853) 9 10 30, *Fax (06853) 30601,* , « Individuelle Zimmereinrichtung » – . VISA.
Menu *(Donnerstagmittag, Sonntagabend - Montag und Juli - Aug. 2 Wochen geschl.)* (Tischbestellung ratsam) à la carte 80/120 – ***Marktstube :*** **Menu** à la carte 33/56 – **20 Z** 98/210
Spez. Gepökelte Kalbsbäckchen mit gebratener Gänseleber und mariniertem Weißkohl. Kaisergranat im Kartoffelmantel mit Wolfsbarsch und zwei Pfeffersaucen. Gratiniertes Passionsfruchtparfait im Schokoladengitter mit Himbeeren.

Im Ortsteil Theley *N : 2 km :*

Bard, Primstalstr. 22, ✉ 66636, ☎ (06853) 20 73, *Fax (06853) 30473,* « Modern gestaltete Zimmer mit unterschiedlichen Themen » – . VISA. Zim
Menu à la carte 29/67 *(auch vegetarische Gerichte)* – **9 Z** 85/150.

THUM *Sachsen 418 N 22 – 4 800 Ew – Höhe 530 m.*
Berlin 286 – Dresden 93 – Chemnitz 20 – Chomutov 67 – Karlovy Vary 65 – Zwickau 49.

Erzgebirgischer Hof, Annaberger Str. 6 (B 95), ✉ 09419, ☎ (037297) 41 04, *Fax (037297) 2462,* – – 80. VISA
Menu à la carte 23/47 – **16 Z** 78/120.

THUMBY *Schleswig-Holstein 415 C 13 – 550 Ew – Höhe 2 m.*
Berlin 397 – Kiel 50 – Flensburg 61 – Schleswig 34.

In Thumby-Sieseby *NW : 3 km :*

Schlie-Krog mit Zim, Dorfstr. 19, ✉ 24351, ☎ (04352) 25 31, *Fax (04352) 1580* – .
Mitte Jan. - Feb. geschl. – **Menu** *(Montag, Okt. - März auch Dienstag geschl.)* (Tischbestellung ratsam) 36/40 (mittags) à la carte 62/76 – **2 Z** 275.

THUMSEE *Bayern siehe Reichenhall, Bad.*

THURMANSBANG *Bayern 420 T 23 – 2 800 Ew – Höhe 503 m – Erholungsort – Wintersport : 490/800 m 2 .*
Verkehrsamt, Schulstr. 5, ✉ 94169, ☎ (08504) 16 42, Fax (08504) 5643.
Berlin 566 – München 171 – Passau 28 – Deggendorf 38.

Waldhotel Burgenblick , Auf der Rast 12, ✉ 94169, ☎ (08504) 83 83, *Fax (08504) 2611,* , , , , , – . Rest
6. Jan. - März und Mitte Nov. - Mitte Dez. geschl. – **Menu** à la carte 27/56 – **72 Z** 74/139 – ½ P 15.

THYRNAU *Bayern 420 U 24 – 3 900 Ew – Höhe 450 m.*
Berlin 617 – München 202 – Passau 10 – Regensburg 128.

In Thyrnau-Kellberg *SO : 4 Km – Luftkurort :*

Lindenhof garni, Kurpromenade 12, ✉ 94136, ☎ (08501) 80 80, *Fax (08501) 80815,* , , – . VISA
21. - 26. Dez. und 5. - 15. Jan. geschl. – **37 Z** 48/116.

Kellberger Weinstube, Kurpromenade 11, ✉ 94136, ☎ (08501) 13 15, *Fax (08501) 80815,* – – 30. VISA
Mittwoch geschl. – **Menu** à la carte 22/59.

In Thyrnau-Raßbach *SO : 2 Km :*

Golf-Hotel, Raßbach 8 (Am Golfplatz), ✉ 94136, ✆ (08501) 9 13 13, *Fax (08501) 91314*, ≤, ✱, ≘s, ⛳18 – ⊡ ☎ Ⓟ – ⚠ 30
Dez. - Mitte Feb. geschl. – **Menu** à la carte 25/47 – **15 Z** 82/124.

TIEFENBACH *Bayern siehe Waldmünchen.*

TIEFENBRONN *Baden-Württemberg* 419 *T 10 – 4 600 Ew – Höhe 432 m.*
Sehenswert : *Pfarrkirche (Lukas-Moser-Altar★★).*
Berlin 646 – Stuttgart 39 – Karlsruhe 45 – Pforzheim 15 – Tübingen 59 – Heilbronn 73.

In Tiefenbronn-Mühlhausen *SO : 4 km :*

Adler (mit Gästehaus), Tiefenbronner Str. 20, ✉ 75233, ✆ (07234) 80 08, *Fax (07234) 4256*, ✱, ≘s, ✱ – |¢| ⊡ ☎ ⇔ Ⓟ – ⚠ 40. AE ⓓ E VISA. ✱ Zim
Jan. 2 Wochen geschl. – **Menu** à la carte 41/79 – **22 Z** 93/152.

Im Würmtal *W : 4 km :*

Häckermühle (mit Gästehaus), Im Würmtal 5, ✉ 75233 Tiefenbronn, ✆ (07234) 42 46, *Fax (07234) 5769*, ✱, ≘s – ⊡ ☎ Ⓟ – ⚠ 15. AE ⓓ E VISA. ✱
Anfang - Mitte Jan. geschl. – **Menu** *(Montagmittag und Dienstagmittag geschl.)* (Tischbestellung ratsam) à la carte 44/100 – **15 Z** 75/180.

TIETZOW *Brandenburg* 416 *H 22 – 300 Ew – Höhe 36 m.*
⛳18 ⛳9 *Böricke/Nauen, An der B 273 (SO : 4km), ✆ (033230) 5 02 14.*
Berlin 49 – Potsdam 44 – Wittstock 67.

Helenenhof, Dorfstr. 66, ✉ 14641, ✆ (033230) 5 03 17, *Fax (033230) 50290*, ✱ – ⊡ ☎ Ⓟ – ⚠ 50. AE E VISA
Menu à la carte 41/67 – **21 Z** 130/180.

TIMMENDORFER STRAND *Schleswig-Holstein* 415 416 *E 16 – 8 000 Ew – Höhe 10 m – Seeheilbad.*
⛳18 ⛳18 *Timmendorfer Strand, Am Golfplatz 3, ✆ (04503) 51 52.*
ℹ *Fremdenverkehrsverein, im Kongresshaus, Strandallee 73a ✉ 23669, ✆ (04503) 35 85 35, Fax (04503) 358545.*
Berlin 281 – Kiel 64 – Schwerin 80 – Lübeck 27 – Lübeck-Travemünde 9.

Seeschlößchen, Strandallee 141, ✉ 23669, ✆ (04503) 60 11, *Fax (04503) 601333*, ≤, ✱, Massage, ✱, ✱, ≘s, ✱ (geheizt), ✱, ✱ – |¢|, ✱ Rest, ⊡ ⇔ Ⓟ – ⚠ 100. ✱ Rest
11. Jan. - 11. Feb. geschl. – **Menu** à la carte 43/81 – **140 Z** 175/380, 8 Suiten – ½ P 30.

Maritim Golf- und Sporthotel, An der Waldkapelle 26, ✉ 23669, ✆ (04503) 60 70, *Fax (04503) 2996*, ≤ Ostsee, Massage, ✱, ≘s, ✱ (geheizt), ✱, ✱, ✱ (Halle), ⛳18 – |¢|, ✱ Zim, ⊡ ✆ ✱ ⇔ – ⚠ 150. AE ⓓ E VISA JCB. ✱ Rest
Menu à la carte 54/79 – **194 Z** 216/342 – ½ P 40.

Maritim Seehotel, Strandallee 73b, ✉ 23669, ✆ (04503) 60 50, *Fax (04503) 2932*, ≤, ✱, Massage, ✱, ≘s, ✱ (geheizt), ✱ – |¢| ⊡ ✱ ⇔ Ⓟ – ⚠ 450. AE ⓓ E VISA JCB. ✱ Rest
Menu siehe Rest. ***Orangerie*** separat erwähnt – ***Seeterrassen*** : **Menu** à la carte 51/62 – **241 Z** 195/430, 4 Suiten – ½ P 50.

Landhaus Carstens, Strandallee 73, ✉ 23669, ✆ (04503) 60 80, *Fax (04503) 60860*, « Gartenterrasse », ≘s, ✱ – ⊡ ☎ Ⓟ – ⚠ 30. AE ⓓ E VISA
Menu à la carte 51/84 – **27 Z** 210/365, 3 Suiten.

Country Inn Ⓜ, Strandallee 136, ✉ 23669, ✆ (04503) 80 80, *Fax (04503) 808666*, ✱, ✱, ≘s – |¢|, ✱ Zim, ✱ Rest, ⊡ ☎ ✆ ⇔ Ⓟ – ⚠ 60. AE ⓓ E VISA
Menu à la carte 39/57 – **93 Z** 154/309, 6 Suiten – ½ P 32.

Bellevue garni, Strandallee 139a, ✉ 23669, ✆ (04503) 6 00 30, *Fax (04503) 600360*, ≤, ≘s, ✱ – |¢| ⊡ ☎ Ⓟ
März - Okt. – **45 Z** 185/280, 5 Suiten.

Royal garni, Kurpromenade 2, ✉ 23669, ✆ (04503) 3 59 50, *Fax (04503) 6820*, ≘s, ✱ – |¢| ⊡ ☎ ⇔. ✱
Jan. geschl. – **40 Z** 180/320.

Park-Hotel garni, Am Kurpark 4, ✉ 23669, ✆ (04503) 6 00 60, *Fax (04503) 600650*, ≘s – |¢| ⊡ ☎ Ⓟ. E
25 Z 130/230.

Gorch Fock, Strandallee 152, ✉ 23669, ✆ (04503) 89 90, *Fax (04503) 899111,* – Zim, . 30.
Menu à la carte 39/63 *(auch Diät)* – **39 Z** 85/200 – ½ P 32.

Villa Gropius, Strandallee 50, ✉ 23669, ✆ (04503) 22 44, *Fax (04503) 8353,* – . Rest
Menu *(Mittwoch geschl.)* (nur Abendessen) à la carte 36/67 – **25 Z** 120/240 – ½ P 30.

Atlantis, Strandallee 60, ✉ 23669, ✆ (04503) 80 90, *Fax (04503) 5056,* « Schifferklause », – – 45.
Menu à la carte 33/60 – **49 Z** 105/190.

Dryade, Schmilinskystr. 2, ✉ 23669, ✆ (04503) 40 51, *Fax (04503) 86560,* – – 30. . Rest
Menu à la carte 37/72 – **55 Z** 120/250 – ½ P 30.

Ancora garni, Strandallee 58, ✉ 23669, ✆ (04503) 20 16, *Fax (04503) 2018,* –
23 Z 120/190.

Ostsee-Hotel garni, Poststr. 56, ✉ 23669, ✆ (04503) 3 50 30, *Fax (04503) 87320,* –
März - Okt. – **18 Z** 80/175.

Brigitte garni, Poststr. 91, ✉ 23669, ✆ (04503) 42 91, *Fax (04503) 86661,* – .
März - Nov. – **13 Z** 85/160.

Fontana garni, Strandallee 49, ✉ 23669, ✆ (04503) 8 70 40, *Fax (04503) 4819* –
April - Okt. – **9 Z** 120/210.

Seestern garni, Strandallee 124, ✉ 23669, ✆ (04503) 26 51, *Fax (04503) 86165* –
15. März - 15. Okt. – **19 Z** 65/180.

Orangerie - Maritim Seehotel, Strandallee 73b, ✉ 23669, ✆ (04503) 60 55 55, *Fax (04503) 2932,* – . .
April - Sept. Montag, Okt. - März Montag und Dienstag sowie Feb. geschl. – **Menu** (wochentags nur Abendessen) 98/142 und à la carte 71/112
Spez. Gegrillter Steinbutt mit marinierten Gemüsen und Trüffelvinaigrette. Rehmedaillons mit Lauch-Pinienkernkruste und Pfefferjus. Griessoufflé mit Williams-Birnenmark und Vanillerahmeis.

Kleines Landhaus, Strandallee 73, ✉ 23669, ✆ (04503) 6 08 59, *Fax (04503) 60860,* – .
Okt. - April Montag - Dienstag sowie Jan. - Feb. geschl. – **Menu** (Okt. - April Mittwoch - Freitag nur Abendessen) 79/110 und à la carte 69/93
Spez. Lachs-Seeteufelcarpaccio mit Limonen-Olivenöl mariniert. Gebratene Entenbrust mit Spitzkohlgemüse und Balsamicojus. Bananensoufflé mit Schokoladensabayon und Kirschsorbet.

In Timmendorfer Strand-Hemmelsdorf *S : 3 km :*

Der Zander mit Zim, Seestr. 16, ✉ 23669, ✆ (04503) 58 50, *Fax (04503) 86483,* – . . Zim
Menu *(Dienstag geschl.)* à la carte 44/68 – **4 Z** 90/140 – ½ P 25.

In Timmendorfer Strand-Niendorf *O : 1,5 km :*

Yachtclub Timmendorfer Strand, Strandstr. 94, ✉ 23669, ✆ (04503) 80 60, *Fax (04503) 806110,* – , Zim, – 60. Rest
5. - 31. Jan. geschl. – **Menu** à la carte 43/71 – **58 Z** (nur ½ P) 200/350, 8 Suiten.

Strandhotel Miramar, Strandstr. 59, ✉ 23669, ✆ (04503) 80 10, *Fax (04503) 801111,* ≤ – – 25
Menu à la carte 30/65 – **36 Z** 165/320 – ½ P 28.

Friedrichsruh, Strandstr. 65, ✉ 23669, ✆ (04503) 89 50, *Fax (04503) 895110,* ≤, – – 40.
Menu *(Jan. - Feb. Montag - Donnerstag und Nov. - 20. Dez. Montag - Dienstag geschl.)* à la carte 33/65 – **40 Z** 115/270 – ½ P 25.

TINNUM *Schleswig-Holstein siehe Sylt (Insel).*

TIRSCHENREUTH *Bayern* 420 *Q 21 – 10 000 Ew – Höhe 503 m.*
Berlin 388 – München 283 – Weiden in der Oberpfalz 30 – Nürnberg 131 – Bayreuth 63.

Haus Elfi garni, Theresienstr. 23, ✉ 95643, ✆ (09631) 28 02, *Fax (09631) 6420,* – .
13 Z 58/100.

TITISEE-NEUSTADT *Baden-Württemberg* 419 *W 8 – 12 000 Ew – Höhe 849 m – Heilklimatischer Kurort – Wintersport : 820/1 200 m ⛷3 ⛷.*

Sehenswert : See★★.

Tourist-Information Titisee, im Kurhaus, ✉ 79822, ☎ (07651) 9 80 40, Fax (07651) 980440.

Tourist-Information Neustadt, Sebastian-Kneipp-Anlage 2, ✉ 79822, ☎ (07651) 20 62 50, Fax (07651) 4436.

Berlin 780 ② – Stuttgart 160 ② – Freiburg im Breisgau 33 ④ – Donaueschingen 32 ② – Basel 74 ③ – Zürich 95 ③

Stadtplan siehe gegenüberliegende Seite

Im Ortsteil Titisee :

Treschers Schwarzwald-Hotel, Seestr. 10, ✉ 79822, ☎ (07651) 80 50, *Fax (07651) 8116*, <, Massage, ⚕, Rest BZ x
Nov. - 22. Dez. geschl. – **Menu** à la carte 56/85 – **85 Z** 170/350 – ½ P 42/52.

Maritim Titisee-Hotel, Seestr. 16, ✉ 79822, ☎ (07651) 80 80, *Fax (07651) 808603*, <, Zim, 100. AE VISA JCB. Rest BZ e
Menu (nur Abendessen) à la carte 50/79 – **130 Z** 175/344 – ½ P 40.

Brugger am See, Strandbadstr. 14, ✉ 79822, ☎ (07651) 80 10, *Fax (07651) 8238*, <, Massage, 50. AE E VISA. Rest AZ s
Menu à la carte 46/85 – **60 Z** 120/290 – ½ P 38.

Parkhotel Waldeck, Parkstr. 6, ✉ 79822, ☎ (07651) 80 90, *Fax (07651) 80999*, Zim, 40. AE E VISA. Rest BZ v
Menu à la carte 37/73 – **53 Z** 98/226, 8 Suiten – ½ P 29.

Seehotel Wiesler, Strandbadstr. 5, ✉ 79822, ☎ (07651) 9 80 90, *Fax (07651) 980980*, <, « Gartenterrasse », E VISA BZ t
Anfang Nov. - Mitte Dez. geschl. – **Menu** à la carte 38/60 – **30 Z** 139/199 – ½ P 27/33.

Rheingold garni, Jägerstr. 25, ✉ 79822, ☎ (07651) 84 74, *Fax (07651) 88004*, BZ b
15 Z 85/170.

Rauchfang, Bärenhofweg 2, ✉ 79822, ☎ (07651) 82 55, *Fax (07651) 88186*, AE E VISA. Rest AZ b
Mitte Nov. - Mitte Dez. geschl. – **Menu** (nur Abendessen) à la carte 37/53 – **17 Z** 90/190 – ½ P 25.

Bären, Neustädter Str. 35, ✉ 79822, ☎ (07651) 80 60, *Fax (07651) 806604* – AE E VISA BZ d
4. Nov. - 20. Dez. geschl. – **Menu** *(Montag - Dienstag geschl.)* à la carte 37/68.

Im Ortsteil Neustadt :

Neustädter Hof, Am Postplatz 5, ✉ 79822, ☎ (07651) 50 25, *Fax (07651) 4065*, E VISA CZ t
Menu à la carte 31/60 – **27 Z** 90/145.

Im Jostal *NW : 6 km ab Neustadt AY :*

Jostalstüble, ✉ 79822 Titisee-Neustadt, ☎ (07651) 91 81 60, *Fax (07651) 9181640*, Rest, E VISA
Mitte Nov. - Anfang Dez. geschl. – **Menu** *(Montag - Dienstagmittag geschl.)* à la carte 26/58 – **13 Z** 75/166 – ½ P 25.

Josen, Jostalstr. 90, ✉ 79822 Titisee-Neustadt, ☎ (07651) 91 81 00, *Fax (07651) 9181044*, 40. AE E VISA
Mitte Nov. - Mitte Dez. geschl. – **Menu** *(Donnerstag - Freitagmittag geschl.)* à la carte 42/96 – **33 Z** 100/220 – ½ P 35.

Im Ortsteil Langenordnach *N : 5 km über Titiseestr. BY :*

Zum Löwen "Unteres Wirtshaus" (mit Gästehaus), ✉ 79822, ☎ (07651) 10 64, *Fax (07651) 3853*, E VISA
Ende Nov. - Mitte Dez. geschl. – **Menu** *(Samstagmittag und Montag geschl.)* à la carte 25/60 – **17 Z** 51/164 – ½ P 19.

Im Ortsteil Waldau *N : 10 km über Titiseestr. BY :*

Sonne-Post, Landstr. 13, ✉ 79822, ☎ (07669) 9 10 20, *Fax (07669) 1418*, Zim
Mitte April - Anfang Mai und Mitte Nov. - Mitte Dez. geschl. – **Menu** *(Montag geschl.)* à la carte 25/55 – **19 Z** 66/133 – ½ P 18.

TITISEE-NEUSTADT

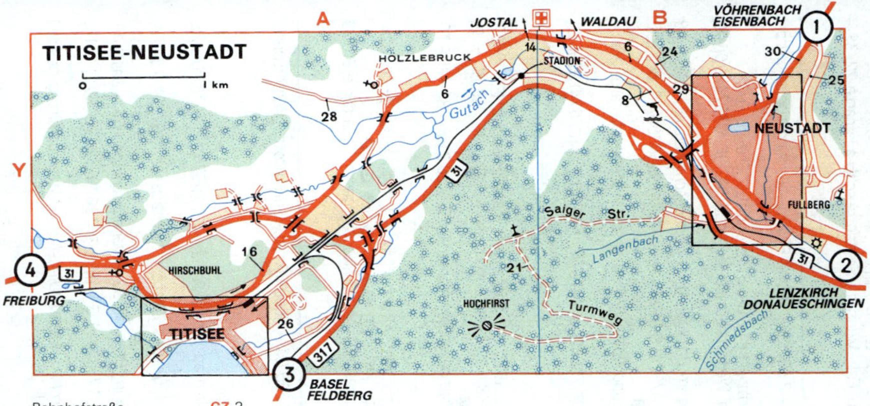

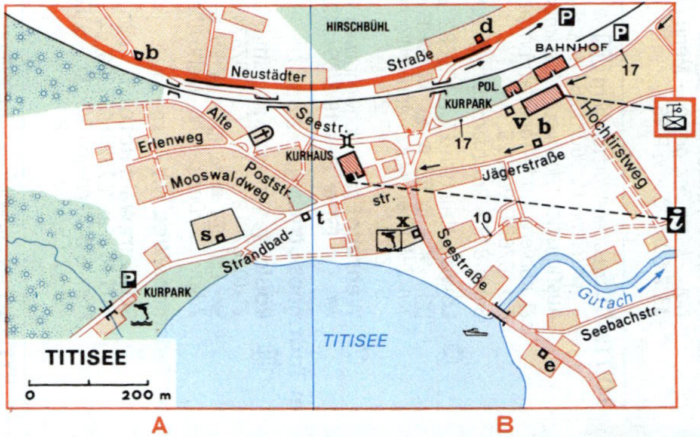

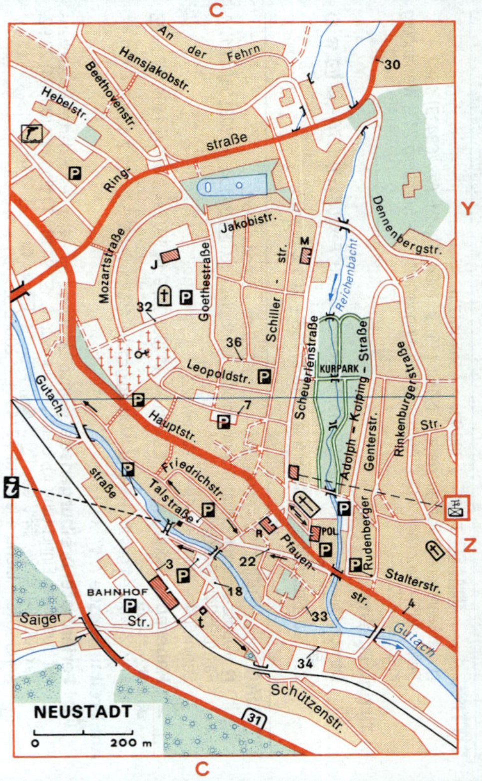

Bahnhofstraße	CZ	3
Donaueschinger Straße	CZ	4
Freiburger Straße	ABY	6
Friedhofstraße	CZ	7
Gutachstraße	BY	8
Hauptstraße	CZ	
Hermeshofweg	BZ	10
Jostalstraße	AY	
Neustädter Straße	AY	16
Parkstraße	BZ	17
Pfauenstraße	CZ	
Postplatz	CZ	18
Saigerkreuzweg	AY	21
Salzstraße	CZ	22
Schottenbühlstraße	BY	24
Schwarzwaldstraße	BY	25
Seebachstraße	AY	26
Seestraße	BZ	
Spriegelsbachweg	AY	28
Titiseestraße	BY	29
Vöhrenbacher Straße	BY, CY	30
Walter-Goebel-Weg	CYZ	32
Wilhelm-Fischer-Straße	CZ	33
Wilhelm-Stahl-Straße	CZ	34
Wilhelmstraße	CY	36

TITTING *Bayern* 419 420 *T 17 – 2 500 Ew – Höhe 447 m.*

Verkehrsverein, Rathausplatz 1, 85135, (08423) 6 21, Fax (08423) 1387.
Berlin 485 – München 119 – Augsburg 87 – Ingolstadt 42 – Nürnberg 73 – Weißenburg in Bayern 22.

In Titting-Emsing *O : 4,5 km :*

Dirsch, Hauptstr. 13, 85135, (08423) 18 90, *Fax (08423) 1370* – – 100. AE E VISA
23. - 28. Dez. geschl. – **Menu** à la carte 27/58 – **103 Z** 90/135.

TITTLING *Bayern* 420 *T 24 – 4 000 Ew – Höhe 528 m – Erholungsort.*

Tourist-Information im Grafenschlößle, Marktplatz 10, 94104, (08504) 4 01 14, Fax (08504) 40120.
Berlin 604 – München 197 – Passau 22.

Habereder, Marktplatz 14, 94104, (08504) 9 14 30, *Fax (08504) 4309,* –
Nov. 2 Wochen geschl. – **Menu** *(Montag geschl.)* à la carte 23/54 – **32 Z** 48/95 – ½ P 15.

Am Dreiburgensee *NW : 3,5 km :*

Ferienhotel Dreiburgensee (mit Gästehaus, , « Restauriertes Bauernhaus mit rustikaler Einrichtung »), beim Museumsdorf, 94104 Tittling, (08504) 20 92, *Fax (08504) 4926,* , , , , – – 200.
April - Okt. – **Menu** à la carte 27/45 – **200 Z** 55/130 – ½ P 15.

Seehof Tauer (mit Gästehaus), Seestr. 20, 94104 Tittling, (08504) 7 60, *Fax (08504) 2065,* , , – . E. Zim
Nov. - Mitte Dez. geschl. – **Menu** *(Jan.- Feb. Montag - Freitag geschl.)* à la carte 22/38 – **33 Z** 50/100 – ½ P 15.

TODTMOOS *Baden-Württemberg* 419 *W 7 – 2 300 Ew – Höhe 821 m – Heilklimatischer Kurort – Wintersport : 800/1 263 m 4 .*

Ausflugsziel : *Hochkopf (Aussichtsturm ★★) NW : 5 km und 1/2 Std. zu Fuß.*

Kurverwaltung-Tourist-Information, Wehratalstraße 19, 79682, (07674) 9 06 00, Fax (07674) 906025.
Berlin 817 – Stuttgart 201 – Freiburg im Breisgau 49 – Donaueschingen 78 – Basel 48.

Löwen, Hauptstr. 23, 79682, (07674) 9 05 50, *Fax (07674) 9055150 50,* , , , – . AE E VISA
Jan. 2 Wochen, März - April 4 Wochen und Nov. - 18. Dez. geschl. – **Menu** à la carte 26/57 – **51 Z** 70/145 – ½ P 22.

Wehrahof garni, Hohwehraweg 1, 79682, (07674) 9 29 60, *Fax (07674) 929630,* – – **19 Z** 65/140.

In Todtmoos-Strick *NW : 2 km :*

Rößle (Schwarzwaldgasthof a.d.J. 1670 mit Gästehaus), Kapellenweg 2, 79682, (07674) 9 06 60, *Fax (07674) 8838,* , « Gartenterrasse », , , , – , Zim, – 25. E VISA
2. Nov. - 18. Dez. geschl. – **Menu** *(Dienstag geschl.)* à la carte 30/55 – **28 Z** 85/180 – ½ P 30.

In Todtmoos-Weg *NW : 3 km :*

Schwarzwald-Hotel (mit Gästehaus), Alte Dorfstr. 29, 79682, (07674) 9 05 30, *Fax (07674) 905390,* , , – . E VISA
März 2 Wochen und 30. Okt. - 6. Dez. geschl. – **Menu** *(Montag geschl.)* à la carte 36/79 – **15 Z** 65/180 – ½ P 28.

TODTNAU *Baden-Württemberg* 419 *W 7 – 5 200 Ew – Höhe 661 m – Luftkurort – Wintersport : 660/1 388 m 21 .*

Sehenswert : *Wasserfall★.*

Ausflugsziel : *Todtnauberg★ (N : 6 km).*

Kurverwaltung, Haus des Gastes, Meinrad-Thoma-Str. 21, 79674, (07671) 3 75, Fax (07671) 636.

Kurverwaltung Todtnauberg, Haus des Gastes, Kurhausstr. 18, 79674, (07671) 6 49, Fax (07671) 9220.
Berlin 800 – Stuttgart 179 – Freiburg im Breisgau 32 – Donaueschingen 56 – Basel 49.

Waldeck, Poche 6 (nahe der B 317, O : 1,5 km), 79674, (07671) 2 16, *Fax (07671) 747,* – . E VISA
7. - 30. April und Nov. - 21. Dez. geschl. – **Menu** *(Dienstag - Mittwochmittag geschl.)* à la carte 32/48 – **14 Z** 80/120 – ½ P 25.

In Todtnau-Brandenberg *NO : 3,5 km – Höhe 800 m*

Zum Hirschen, Kapellenstr. 1 (B 317), 79674, (07671) 18 44, *Fax (07671) 8773,* – *10. April - 5. Mai und 10. Nov. - 10. Dez. geschl.* – **Menu** *(Montagabend - Dienstag geschl.)* à la carte 31/51 – **9 Z** 52/100 – ½ P 23.

In Todtnau-Fahl *NO : 4,5 km – Höhe 900 m*

Lawine, an der B 317, 79674, (07676) 3 55, *Fax (07676) 366,* , , – *März - April 2 Wochen und 10. Nov. - 12. Dez. geschl.* – **Menu** *(Okt. - April Donnerstag geschl.)* à la carte 33/56 – **17 Z** 65/130 – ½ P 25.

In Todtnau-Herrenschwand *S : 14 km – Höhe 1 018 m*

Waldfrieden, Dorfstr. 8, 79674, (07674) 2 32, *Fax (07674) 1070,* , – *15. - 27. März und 8. Nov. - 17. Dez. geschl.* – **Menu** *(Dienstag geschl.)* à la carte 27/56 – **15 Z** 55/120 – ½ P 23.

In Todtnau-Präg *SO : 7 km :*

Landhaus Sonnenhof, Hochkopfstr. 1, 79674, (07671) 5 38, *Fax (07671) 1765,* , – *März 2 Wochen geschl.* – **Menu** *(Montag geschl.)* à la carte 30/58 – **20 Z** 70/125 – ½ P 25.

In Todtnau-Todtnauberg *N : 6 km – Höhe 1 021 m – Luftkurort :*

Kur- und Sporthotel Mangler, Ennerbachstr. 28, 79674, (07671) 9 69 30, *Fax (07671) 8693,* , Massage, , , , – *28. Nov. - 18. Dez. geschl.* – **Menu** à la carte 49/67 – **28 Z** 144/250 – ½ P 32.

Engel, Kurhausstr. 3, 79674, (07671) 9 11 90, *Fax (07671) 9119200,* , Massage, , , – , Zim, **Menu** à la carte 32/60 – **32 Z** 88/164, 3 Suiten – ½ P 28.

Sonnenalm, Hornweg 21, 79674, (07671) 18 00, *Fax (07671) 9212,* Schwarzwald und Berner Oberland, , , – *5. Nov. - 15. Dez. geschl.* – (nur Abendessen für Hausgäste) – **15 Z** 85/170 – ½ P 25.

Arnica, Hornweg 26, 79674, (07671) 3 74, *Fax (07671) 374,* Schwarzwald und Berner Oberland, , , – *Nov. - Mitte Dez. geschl.* – (nur Abendessen für Hausgäste) – **13 Z** 70/180.

TÖGING AM INN *Bayern* 420 *V 21 – 8 200 Ew – Höhe 397 m.*

Berlin 612 – München 86 – Regensburg 115 – Landshut 59 – Passau 90 – Salzburg 82.

Schossböck, Dortmunder Str. 2, 84513, (08631) 9 94 29, *Fax (08631) 95268,* – *Dienstag und Ende Mai - Anfang Juni geschl.* – **Menu** (Tischbestellung ratsam, bemerkenswerte Weinkarte) 44/77 und à la carte 42/63.

TÖLZ, BAD *Bayern* 419 420 *W 18 – 16 000 Ew – Höhe 657 m – Heilbad – Heilklimatischer Kurort – Wintersport : 670/1 250 m* 8.

Sehenswert : *Marktstraße★.*

Wackersberg, Straß 124 (W : 2 km), (08041) 99 94.

Städt. Kurverwaltung, Ludwigstr. 11, 83646, (08041) 7 86 70, Fax (08041) 786756.

Berlin 642 – München 53 – Garmisch-Partenkirchen 54 – Innsbruck 97 – Rosenheim 52.

Rechts der Isar :

Am Wald, Austr. 39, 83646, (08041) 7 88 30, *Fax (08041) 788330,* , Massage, , , , , – *7. Nov. - 20. Dez. geschl.* – **Menu** *(Dienstag geschl.)* à la carte 25/58 – **34 Z** 67/114 – ½ P 19.

Kolbergarten garni, Fröhlichgasse 5, 83646, (08041) 7 89 20, *Fax (08041) 9069,* – **14 Z** 80/160.

Posthotel Kolberbräu, Marktstr. 29, 83646, (08041) 7 68 80, *Fax (08041) 9069* – – 30 **43 Z.**

Altes Fährhaus mit Zim, An der Isarlust 1, 83646, (08041) 60 30, *Fax (08041) 72270,* , – *Mitte Feb. und Nov. 1 Woche geschl.* – **Menu** *(Montag - Dienstag geschl.)* à la carte 66/94 – **5 Z** 125/180.

Links der Isar :

Jodquellenhof, Ludwigstr. 13, ✉ 83646, (08041) 50 90, *Fax (08041) 509441*, , direkter Zugang zum Kurmittelhaus und Alpamare-Badezentrum – 60. AE VISA Rest
Menu à la carte 46/72 – **81 Z** 172/490 – ½ P 48.

Bellaria garni, Ludwigstr. 22, ✉ 83646, (08041) 8 00 80, *Fax (08041) 800844*, Massage, AE VISA
26 Z 95/190.

Alpenhof garni, Buchener Str. 14, ✉ 83646, (08041) 7 87 40, *Fax (08041) 72383*,
Ende Nov. - 22. Dez. geschl. – **27 Z** 115/190.

Tölzer Hof, Rieschstr. 21, ✉ 83646, (08041) 80 60, *Fax (08041) 806333*, Massage, Zim, – 30. AE VISA Rest
Menu à la carte 38/65 – **82 Z** 130/260, 4 Suiten – ½ P 28.

Alexandra, Kyreinstr. 13, ✉ 83646, (08041) 7 84 30, *Fax (08041) 784399*, – 20. E
(nur Abendessen für Hausgäste) – **23 Z** 85/180.

Kurhotel Tannenberg garni, Tannenbergstr. 1, ✉ 83646, (08041) 7 66 50, *Fax (08041) 766565*, Massage,
Nov. geschl. – **16 Z** 90/160.

Haus an der Sonne garni, Ludwigstr. 12, ✉ 83646, (08041) 61 21, *Fax (08041) 2609*, AE VISA
20 Z 80/156.

TOPPENSTEDT *Niedersachsen* 415 416 *G 14 – 1 100 Ew – Höhe 50 m.*

Berlin 297 – Hannover 117 – Hamburg 54 – Lüneburg 27.

In Toppenstedt-Tangendorf *N : 4 km :*

Gasthof Voßbur, Wulfsener Str. 4, ✉ 21442, (04173) 51 36 00, *Fax (04173) 81 81*, – 30. AE VISA
Ende Dez. - Mitte Jan. geschl. – **Menu** *(Donnerstag geschl.)* à la carte 32/62 – **21 Z** 77/145.

TORGAU *Sachsen* 418 *L 23 – 21 400 Ew – Höhe 85 m.*

Torgau-Informations-Center, Schloßstr. 11, ✉ 04860, (03421) 71 25 71, Fax (03421) 710280.

Berlin 129 – Dresden 83 – Leipzig 53 – Wittenberg 49.

Central-Hotel, Friedrichplatz 8, ✉ 04860, (03421) 71 00 26, *Fax (03421) 710027* – 20. AE VISA
Menu *(Sonntagabend geschl.)* (wochentags nur Abendessen) à la carte 24/50 – **38 Z** 90/220.

TORNESCH *Schleswig-Holstein* 415 416 *E 13 – 9 000 Ew – Höhe 11 m.*

Berlin 315 – Kiel 104 – Hamburg 33 – Itzehoe 35.

Esinger Hof garni, Denkmalstr. 7 (Esingen), ✉ 25436, (04122) 9 52 70, *Fax (04122) 952769* –
22 Z 80/120.

TRABEN-TRARBACH *Rheinland-Pfalz* 417 *Q 5 – 6 500 Ew – Höhe 120 m – Luftkurort.*

Tourist-Information in Traben, Bahnstr. 22, ✉ 56841, (06541) 8 39 80, Fax (06541) 839839.

Berlin 673 – Mainz 104 – Trier 63 – Bernkastel-Kues 24 – Cochem 55.

Im Ortsteil Traben :

Rema-Hotel Bellevue, Am Moselufer, ✉ 56841, (06541) 70 30, *Fax (06541) 703400*, « Um 1900 erbautes Jugendstil-Haus mit modernem Anbau », Massage, – 30. AE VISA JCB Rest
Menu à la carte 66/81 – **62 Z** 119/279, 12 Suiten – ½ P 38.

Oase Moselschlößchen, Neue Rathausstr. 12, ✉ 56841, (06541) 83 20, *Fax (06541) 832255*, Zim, – 100. Rest
Dez. - März Garni – **Menu** à la carte 35/68 – **69 Z** 177/255 – ½ P 35.

Krone, An der Mosel 93, ✉ 56841, (06541) 8 38 70, *Fax (06541) 838760*, Zim, – 40. E VISA
Menu *(Montag und Jan. - März geschl.)* (nur Abendessen) 39/49 und à la carte – **27 Z** 87/175 – ½ P 35.

Trabener Hof M garni, Bahnstr. 25, ✉ 56841, ☎ (06541) 7 00 80, *Fax (06541) 700888* – TV ☎. E
24 Z 75/180.

Bisenius garni, An der Mosel 56, ✉ 56841, ☎ (06541) 68 10, *Fax (06541) 6805*, ≤, , , – TV ☎ P. AE D E VISA
13 Z 85/150.

Alte Ratsschänke, Kirchstr. 19, ✉ 56841, ☎ (06541) 93 57, *Fax (06541) 2384* – E
Mittwochmittag, Samstagmittag und Dienstag geschl. – **Menu** (Nov. - März wochentags nur Abendessen) à la carte 45/71.

Im Ortsteil Trarbach :

Moseltor, Moselstr. 1, ✉ 56841, ☎ (06541) 65 51, *Fax (06541) 4922*, – Zim, TV ☎ . AE D E VISA JCB. Rest
Feb. geschl. – **Menu** *(Dienstag und Feb. geschl.)* (nur Abendessen) à la carte 43/63 – **11 Z** 88/188 – ½ P 38.

TRASSEM *Rheinland-Pfalz siehe Saarburg.*

TRASSENHEIDE *Mecklenburg-Vorpommern siehe Usedom (Insel).*

TRAUNSTEIN *Bayern* 420 *W 21 – 17 600 Ew – Höhe 600 m – Wintersport :* .

Städt. Verkehrsamt, im Stadtpark (Kulturzentrum), ✉ *83278,* ☎ *(0861) 6 52 73, Fax (0861) 65298.*

ADAC, *Ludwigstr. 12c,* ✉ *83278,* ☎ *(0861) 98 99 68, Fax (0861) 15191.*

Berlin 674 – München 112 – Bad Reichenhall 35 – Rosenheim 53 – Salzburg 41.

Park-Hotel Traunsteiner Hof, Bahnhofstr. 11, ✉ 83278, ☎ (0861) 6 90 41, *Fax (0861) 8512*, Biergarten – TV ☎ P – 30. AE D E VISA
Menu *(Samstag, 1.- 7. Jan. und Mitte - Ende Okt. geschl.)* à la carte 35/60 – **57 Z** 95/190.

Brauerei Schnitzlbaumer, Stadtplatz 13, ✉ 83278, ☎ (0861) 45 34, *Fax (0861) 4203*
Samstagabend - Sonntag und Mitte - Ende Jan. geschl. – **Menu** à la carte 24/53.

In Traunstein-Hochberg *SO : 5 km – Höhe 775 m*

Alpengasthof Hochberg , Hochberg 6, ✉ 83278, ☎ (0861) 42 02, *Fax (0861) 1669777*, ≤, Biergarten – P
Anfang Nov. - Anfang Dez. geschl. – **Menu** *(Dienstag - Mittwochmittag geschl.)* à la carte 21/46 – **18 Z** 52/110 – ½ P 20.

TREBBIN *Brandenburg* 416 418 *J 23 – 4 400 Ew – Höhe 50 m.*

Berlin 56 – Potsdam 29 – Brandenburg 62 – Frankfurt (Oder) 101 – Wittenberg 68.

Parkhotel Trebbin, Parkstr. 5, ✉ 14959, ☎ (033731) 7 10, *Fax (033731) 71111*, – , Zim, TV ☎ P – 70. AE D E VISA
Menu *(Sonntagabend geschl.)* (wochentags nur Abendessen) à la carte 36/53 – **38 Z** 120/170.

TREBEN *Thüringen siehe Altenburg.*

TREBSEN (MULDE) *Sachsen* 418 *M 22 – 3 600 Ew – Höhe 130 m.*

Berlin 181 – Dresden 85 – Leipzig 36 – Chemnitz 79.

Schloßblick, Markt 8, ✉ 04687, ☎ (034383) 60 80, *Fax (034383) 42237* – TV ☎ – 30. AE E VISA
Menu à la carte 26/41 – **34 Z** 75/105.

TREBUR *Hessen* 417 *Q 9 – 11 000 Ew – Höhe 86 m.*

Berlin 571 – Wiesbaden 25 – Frankfurt am Main 38 – Darmstadt 21 – Mainz 19.

Zum Erker, Hauptstr. 1, ✉ 65468, ☎ (06147) 9 14 80, *Fax (06147) 914840*, – Zim, TV ☎ P – 50. AE E VISA
Menu *(Sonntagabend - Montag geschl.)* à la carte 34/72 – **26 Z** 100/180.

TREFFELSTEIN-KRITZENTHAL *Bayern siehe Waldmünchen.*

TREIA *Schleswig-Holstein 415 C 11 – 1 500 Ew – Höhe 20 m.*

Berlin 406 – Kiel 70 – Sylt (Westerland) 59 – Flensburg 45 – Hamburg 137 – Schleswig 19.

Osterkrug mit Zim, Treenestr. 30 (B 201), ✉ 24896, ☎ (04626) 5 50, *Fax (04626) 1502*, « Gasthof a.d.18. Jh. mit gemütlich-rustikal eingerichtetem Restaurant » – TV ☎ P – 150. E VISA
Menu à la carte 38/74 – **8 Z** 80/160.

TREIS-KARDEN *Rheinland-Pfalz 417 P 5 – 2 600 Ew – Höhe 85 m.*

Verkehrsamt, Marktplatz (Treis), ✉ 56253, ☎ (02672) 61 37, Fax (02672) 2780.

Berlin 633 – Mainz 100 – Koblenz 37 – Trier 104 – Cochem 12.

Im Ortsteil Karden :

Schloß-Hotel Petry, St. Castor Str. 80, ✉ 56253, ☎ (02672) 93 40, *Fax (02672) 8423*, – Zim, TV ☎ P – 50. Rest
Menu à la carte 32/63 – **72 Z** 72/200 – ½ P 25.

Brauer, Moselstr. 26, ✉ 56253, ☎ (02672) 12 11, *Fax (02672) 8910*, – P.
Mitte Dez. - Mitte Feb. geschl. – **Menu** *(Mittwoch geschl.)* à la carte 30/55 – **33 Z** 50/120.

In Treis-Karden-Lützbach *O : 4 km :*

Ostermann, an der B 49, ✉ 56253, ☎ (02672) 12 38, *Fax (02672) 7789*, – Zim, TV ☎ P – 40
26 Z.

In Müden *O : 4 km :*

Sewenig, Moselstr. 82, ✉ 56254, ☎ (02672) 13 34, *Fax (02672) 1730*, – TV P. E VISA. Rest
Jan. geschl. – **Menu** *(Nov. - April Dienstag geschl.)* à la carte 24/56 – **30 Z** 70/130.

TRENT *Mecklenburg-Vorpommern siehe Rügen (Insel).*

TREUCHTLINGEN *Bayern 419 420 T 16 – 13 300 Ew – Höhe 414 m – Erholungsort.*

Verkehrsbüro, Haus des Gastes (Schloß), ✉ 91757, ☎ (09142) 31 21, Fax (09142) 3120.

Berlin 493 – München 131 – Augsburg 73 – Nürnberg 66 – Ulm (Donau) 110.

Gästehaus Stuterei Stadthof garni, Luitpoldstr. 27, ✉ 91757, ☎ (09142) 9 69 60, *Fax (09142) 969696*, – TV ☎ P – 35. AE E VISA
23. Dez. - 2. Jan. geschl. – **33 Z** 91/152.

TREUEN *Sachsen 418 420 O 20 – 7 200 Ew – Höhe 470 m.*

Berlin 298 – Dresden 143 – Gera 51 – Plauen 10.

Wettin, Bahnhofstraße, ✉ 08233, ☎ (037468) 26 90, *Fax (037468) 4752* – TV ☎ P – 20. AE E VISA
Menu à la carte 23/52 – **16 Z** 96/155.

TRIBERG *Baden-Württemberg 419 V 8 – 6 000 Ew – Höhe 700 m – Heilklimatischer Kurort – Wintersport : 800/1 000 m 1.*

Sehenswert : *Wasserfall★ – Wallfahrtskirche "Maria in der Tanne" (Ausstattung★) – Schwarzwaldbahn ★.*

Tourist Information, Kurhaus, ✉ 78098, ☎ (07722) 95 32 30, Fax (07722) 953236.

Berlin 765 – Stuttgart 139 – Freiburg im Breisgau 61 – Offenburg 56 – Villingen-Schwenningen 26.

Adler garni, Hauptstr. 52, ✉ 78098, ☎ (07722) 45 74, *Fax (07722) 4556* – TV ☎ P. AE E VISA
10 Z 85/140.

Berg-Café , Hermann-Schwer-Str. 6, ✉ 78098, ☎ (07722) 40 03, *Fax (07722) 21114*, – TV ☎
Jan. - 14. Feb. geschl. – **Menu** *(Dienstag geschl.)* à la carte 29/50 – **9 Z** 55/136 – ½ P 26.

Central garni, Hauptstr. 64, ✉ 78098, ☎ (07722) 43 60, *Fax (07722) 4360* – TV ☎. AE E VISA
14 Z 56/98.

In Triberg-Gremmelsbach *NO : 9 km (Zufahrt über die B 33 Richtung St. Georgen, auf der Wasserscheide Sommerau links ab) :*

Staude, Obertal 20 – Höhe 889 m, ✉ 78098, ☎ (07722) 48 02, ←, – P
Ende Okt. - Mitte Nov. geschl. – **Menu** *(Dienstag geschl.)* à la carte 24/64 – **14 Z** 57/144 – ½ P 20.

TRIER *Rheinland-Pfalz* 417 *Q 3 – 99 000 Ew – Höhe 124 m.*

Sehenswert : *Porta Nigra★★ DX – Liebfrauenkirche★ (Grabmal des Domherren Metternich★) DX – Kaiserthermen★★ DY – Rheinisches Landesmuseum★★ DY – Dom★ (Domschatzkammer★, Kreuzgang ←★, Inneres Tympanon★ des südlichen Portals) DX – Bischöfliches Museum ★ DX* **M1** *– Palastgarten★ DY – St. Paulin★ DX – Schatzkammer der Stadtbibliothek★★ DY* **B** *– Hauptmarkt★ DX – Dreikönigenhaus★ DX* **K.**

Ausflugsziel : *Moseltal★★ (von Trier bis Koblenz).*

Touristik-Information, an der Porta Nigra, ✉ 54290, ☎ (0651) 97 80 80, Fax (0651) 44759 – **ADAC,** *Fahrstr. 3, ✉ 54290, ☎ (0651) 9 94 10 33, Fax (0651) 73984.*

Berlin 719 ① – Mainz 162 ① – Bonn 143 ① – Koblenz 124 ① – Luxembourg 47 ③ – Metz 98 ② – Saarbrücken 93 ①

Stadtpläne siehe nächste Seiten

Dorint-Hotel, Porta-Nigra-Platz 1, ✉ 54292, ☎ (0651) 2 70 10, *Fax (0651) 2701170* – Zim, – 80. AE E VISA JCB DX z
Menu à la carte 48/69 – **106 Z** 209/348.

Ramada, Kaiserstr. 29, ✉ 54290, ☎ (0651) 9 49 50, *Fax (0651) 9495666,* – Zim, Rest, P – 550. AE E VISA JCB CY s
Menu à la carte 38/58 – **130 Z** 162/236.

Deutscher Hof, Südallee 25, ✉ 54290, ☎ (0651) 9 77 80, *Fax (0651) 9778400,* – Zim, P – 110. AE E VISA JCB CY g
20. Dez. - 15. Jan. geschl. – **Menu** à la carte 38/58 – **102 Z** 110/185.

Villa Hügel garni, Bernhardstr. 14, ✉ 54295, ☎ (0651) 3 30 66, *Fax (0651) 37958,* ←, « Jugendstil-Villa a.d.J.1914 », – P. AE E VISA JCB V s
34 Z 120/245.

Römischer Kaiser, Porta-Nigra-Platz 6, ✉ 54292, ☎ (0651) 9 77 00, *Fax (0651) 977099,* – P – 15. AE E VISA DX u
Menu *(Sonntagabend geschl.)* à la carte 43/68 – **43 Z** 130/210.

Nell's Park Hotel, Dasbachstr. 12, ✉ 54292, ☎ (0651) 1 44 40, *Fax (0651) 1444222,* ←, « Park » – Zim, P – 60. AE E VISA JCB V a
Menu à la carte 33/68 – **55 Z** 98/215.

Altstadt-Hotel M garni, Am Porta-Nigra-Platz, ✉ 54292, ☎ (0651) 4 80 41, *Fax (0651) 41293* – P. AE E VISA – **56 Z** 110/210. DX v

Alte Villa, Saarstr. 133, ✉ 54290, ☎ (0651) 93 81 20, *Fax (0651) 9381212,* – Zim, AE E VISA V r
Menu *(Montag geschl.)* à la carte 47/66 – **20 Z** 98/220.

Paulin garni, Paulinstr. 13, ✉ 54292, ☎ (0651) 14 74 00, *Fax (0651) 1474010* – P. AE E VISA DX e
24 Z 130/190.

Kessler garni, Brückenstr. 23, ✉ 54290, ☎ (0651) 97 81 70, *Fax (0651) 9781797* – P. AE E VISA – **22 Z** 100/250. CY r

Casa Calchera garni, Engelstr. 8, ✉ 54292, ☎ (0651) 27 07 30, *Fax (0651) 27881* – P. AE E VISA. DX r
über Weihnachten geschl. – **21 Z** 100/200.

Deutschherrenhof garni, Deutschherrenstr. 32, ✉ 54290, ☎ (0651) 97 54 20, *Fax (0651) 42395* – AE E VISA CX s
15 Z 100/180.

Pfeffermühle, Zurlaubener Ufer 76, ✉ 54292, ☎ (0651) 2 61 33, – P. E VISA.
Sonntag - Montagmittag geschl. – **Menu** (Tischbestellung ratsam, bemerkenswerte Weinkarte) 56 (mittags) und à la carte 67/92. V t

Palais Kesselstatt, Liebfrauenstr. 9, ✉ 54290, ☎ (0651) 4 02 04, *Fax (0651) 42308,* – E VISA DX c
Montag und Feb. geschl. – **Menu** (bemerkenswerte Weinkarte) à la carte 42/75.

Bagatelle, Zurlaubener Ufer 78, ✉ 54292, ☎ (0651) 2 97 22, *Fax (0651) 27754,* – AE E VISA JCB V c
Menu à la carte 47/70.

Schlemmereule, Antoniusstr. 7, ✉ 54290, ☎ (0651) 7 36 16, *Fax (0651) 73616,* – AE E VISA CY a
Sonntagmittag und Montag geschl. – **Menu** à la carte 54/68.

BELGIQUE
BELGIË
Olzheim
Hillesheim
51
Prüm
Gerolstein
Kyll
257
A 60
Our
Deudesfeld
Eisenschmitt
30 Minuten
Bitburg
50
Roth a. d. Our
51
Kyll
Bollendorf
Irrel
Kordel
Schweich
Longuich
Mehring
LUXEMBOURG
TRIER
Waldrach
Mosel
A1
Konz
Holzerath
Nittel
FINDEL
Luxembourg
Ayl
Kell am See
Wincheringen
Ockfen
Saarburg
Zerf
Serrig
Weiskirchen
FRANCE
Perl
Mettlach
Losheim

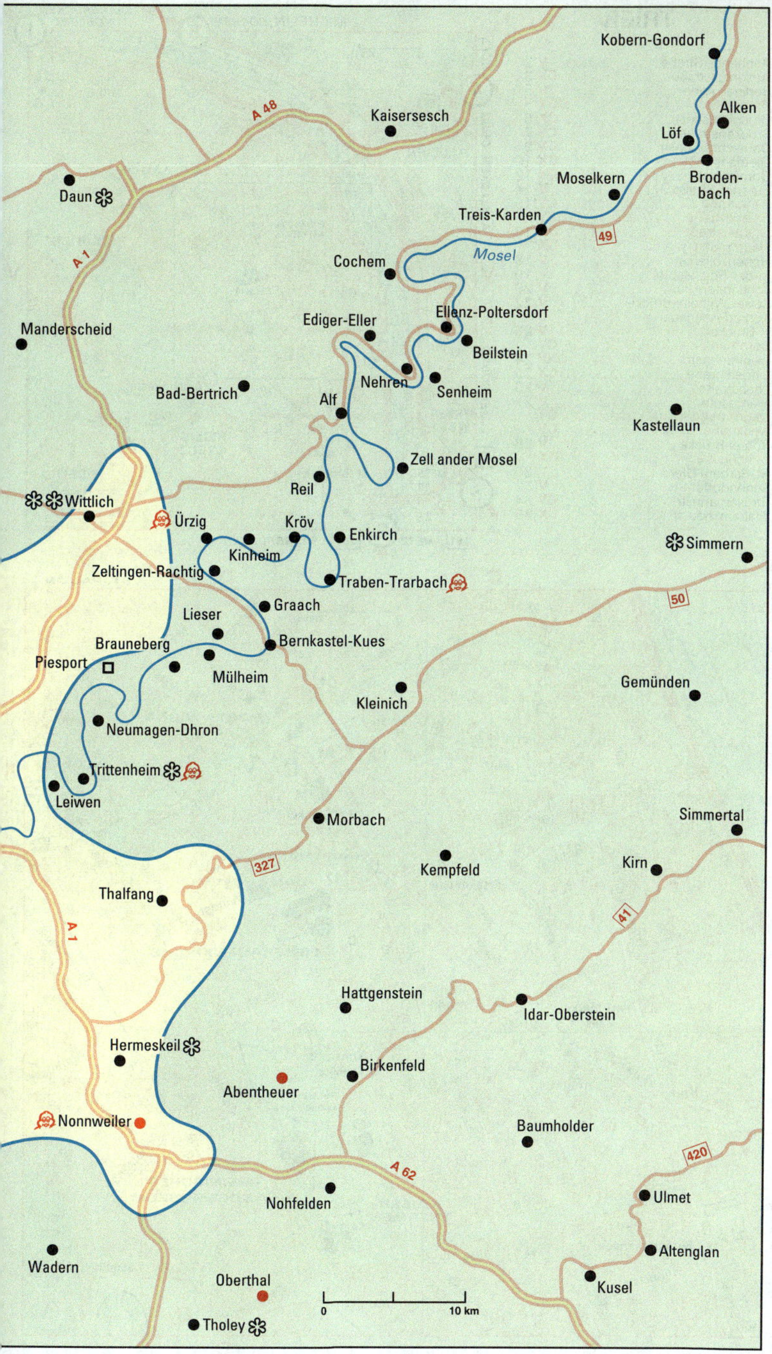

Kobern-Gondorf
Alken
Löf
Kaisersesch
A 48
Broden-
bach
Moselkern
Daun
Treis-Karden
49
Mosel
A 1
Cochem
Ellenz-Poltersdorf
Ediger-Eller
Manderscheid
Beilstein
Nehren
Senheim
Bad-Bertrich
Alf
Kastellaun
Zell ander Mosel
Reil
Wittlich
Ürzig
Kröv
Enkirch
Kinheim
Simmern
Zeltingen-Rachtig
Traben-Trarbach
Graach
50
Lieser
Brauneberg
Bernkastel-Kues
Piesport
Mülheim
Gemünden
Kleinich
Neumagen-Dhron
Trittenheim
Leiwen
Morbach
Simmertal
Kempfeld
Kirn
327
Thalfang
A 1
41
Hattgenstein
Idar-Oberstein
Hermeskeil
Birkenfeld
Abentheuer
Nonnweiler
Baumholder
420
A 62
Nohfelden
Ulmet
Wadern
Altenglan
Oberthal
Kusel
0
10 km
Tholey

TRIER

Aachener Straße	V	2
Ausoniusstraße	CX	3
Berliner Allee	V	5
Brotstraße	CDY	
Bruchhausenstr.	CX	6
Brückenstraße	CY	7
Deutschherrenstr.	CX	9
Dietrichstraße	CX	10
Domfreihof	DX	12
Eurener Straße	V	14
Fahrstraße	CY	15
Fleischstraße	CXY	
Grabenstraße	DX	16
Hauptmarkt	DX	
Hohenzollernstr.	V	18
In der Reichsabtei	V	19
Johanniter-Ufer	V	20
Kaiser-Wilhelm-Brücke	V	22
Konrad-Adenauer-Brücke	V	23
Kornmarkt	CY	
Liebfrauenstr.	DXY	24
Lindenstraße	CX	25
Loebstraße	V	26
Martinsufer	V	27
Nagelstraße	CY	
Neustraße	CY	
Römer-Brücke	V	28
Simeonstraße	DX	
St.-Barbara-Ufer	V	30
Schöndorfer-Str.	V	32
Stresemannstr.	CY	34
Walramsneustr.	CX	35

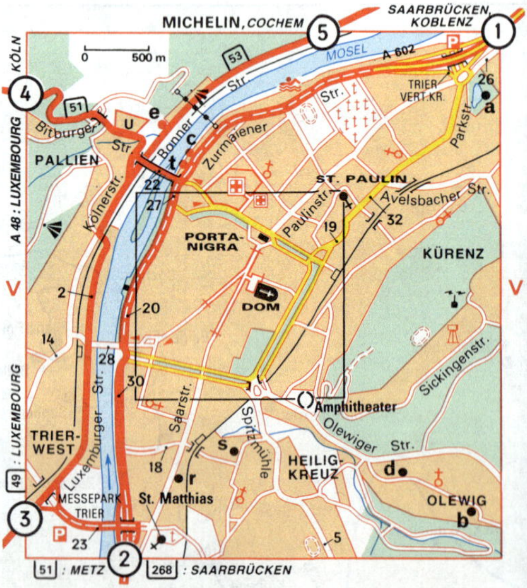

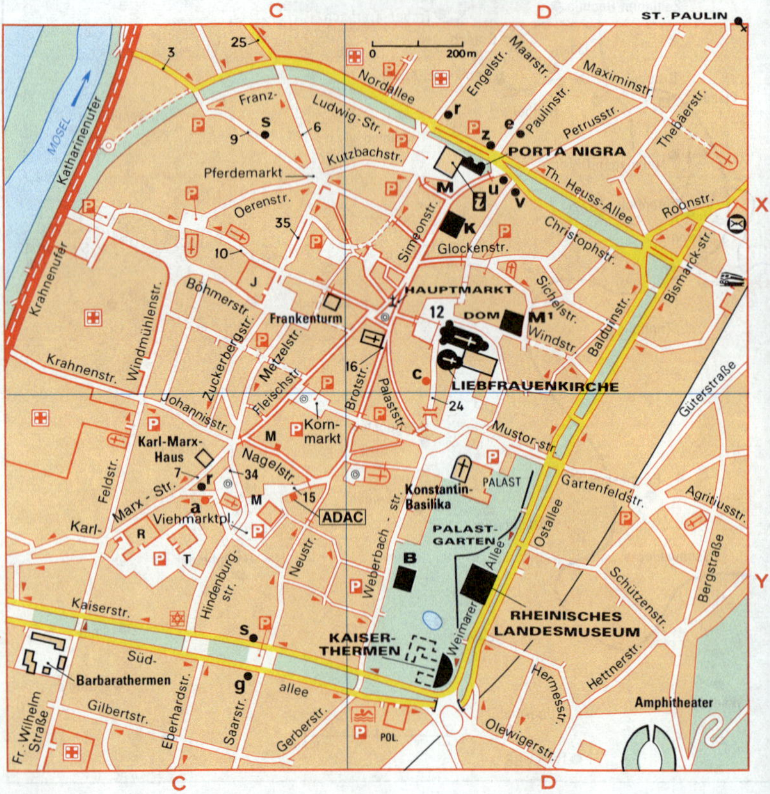

Auf dem Kockelsberg ④ *: 5 km :*

Berghotel Kockelsberg (mit Gästehaus), ✉ 54293 Trier, ☎ (0651) 8 24 80 00, *Fax (0651) 8248290,* ← Trier, – TV ☎ P. AE ◐ E VISA
Menu à la carte 27/62 – **32 Z** 65/150.

In Trier-Ehrang ⑤ *: 8 km :*

Kupfer-Pfanne, Ehranger Str. 200 (B 53), ✉ 54293, ☎ (0651) 6 65 89, *Fax (0651) 66589,* « Gartenterrasse » – E.
Samstagmittag und Donnerstag geschl. – **Menu** (Tischbestellung ratsam) à la carte 44/74.

In Trier-Euren *SW : 3 km über Eurener Str.* V *:*

Eurener Hof, Eurener Str. 171, ✉ 54294, ☎ (0651) 8 24 00, *Fax (0651) 800900,* , « Rustikale Einrichtung », , – TV P – 30. AE E VISA
Menu à la carte 35/70 – **63 Z** 117/250.

In Trier-Olewig :

Blesius-Garten (ehemaliges Hofgut a.d.J. 1789), Olewiger Str. 135, ✉ 54295, ☎ (0651) 3 60 60, *Fax (0651) 360633,* , , – TV ☎ P – 55. AE ◐ E VISA V d
Menu à la carte 28/70 – **60 Z** 98/215.

Weinhaus Becker mit Zim, Olewiger Str. 206, ✉ 54295, ☎ (0651) 93 80 80, *Fax (0651) 9380888* – TV ☎. V b
Menu *(Montag, Jan. - Feb. 3 Wochen und Juli 2 Wochen geschl.)* (wochentags nur Abendessen) à la carte 49/66 – **18 Z** 85/160.

In Trier-Pallien :

Zum Lämmchen, Palliener Str. 24, ✉ 54294, ☎ (0651) 8 59 99, *Fax (0651) 800068,* – AE E VISA. V e
Dienstag geschl. – **Menu** à la carte 45/73.

In Trier-Pfalzel ⑤ *: 7 km :*

Klosterschenke , Klosterstr. 10, ✉ 54293, ☎ (0651) 96 84 40, *Fax (0651) 9684430,* , « Ehem. kleines Kloster a.d.4.Jh. » – TV ☎ P. AE E VISA JCB
Menu à la carte 32/60 – **11 Z** 100/170.

In Trier-Zewen *SW : 7 km über* ③ *:*

Ambiente mit Zim, Kettenstr. 4, ✉ 54294, ☎ (0651) 82 72 80, *Fax (0651) 8272844,* – TV ☎ P. AE ◐ E VISA.
Menu *(Samstagmittag und über Fasching geschl.)* à la carte 49/77 – **13 Z** 87/157.

Schloss Monaise, Schloss Monaise 7, ✉ 54294, ☎ (0651) 82 86 70, *Fax (0651) 828671,* , « Schloss a.d.J. 1780 » – P. E VISA
Menu à la carte 50/76.

An der B 51 *SW : 5 km über* ② *:*

Estricher Hof, ✉ 54296 Trier, ☎ (0651) 93 80 40, *Fax (0651) 309081,* ←, , Biergarten – TV ☎ P – 30. AE E VISA
Menu *(Montagmittag geschl.)* à la carte 33/67 – **16 Z** 88/160.

In Igel *SW : 8 km über* ③ *:*

Igeler Säule, Trierer Str. 41 (B 49), ✉ 54298, ☎ (06501) 9 26 10, *Fax (06501) 926140,* , , – Zim, TV ☎ P – 80
Menu *(Montagmittag geschl.)* à la carte 32/75 – **26 Z** 80/155.

In Mertesdorf *O : 9 km über Loebstraße* V *:*

Weis , Eitelsbacher Str. 4, ✉ 54318, ☎ (0651) 9 56 10, *Fax (0651) 9561150,* ←, – , Zim, TV ☎ P – 80. AE E VISA. Rest
Menu *(1. - 15. Jan. geschl.)* à la carte 37/66 – **57 Z** 80/170.

Grünhäuser Mühle, Hauptstr. 4, ✉ 54318, ☎ (0651) 5 24 34, *Fax (0651) 53946,* – P. AE ◐ E VISA
Montagmittag, Mittwochmittag und Samstagmittag sowie Dienstag, Juni - Aug. Montag ganztägig geschl. – **Menu** à la carte 40/64.

MICHELIN-REIFENWERKE KGaA. ✉ 54293 Trier-Pfalzel (über ⑤ : 7 km), Eltzstr. 20, ☎ (0651) 68 10 Fax (0651) 681234.

TRIPPSTADT *Rheinland-Pfalz 417 R 7 – 3 000 Ew – Höhe 420 m – Luftkurort.*
Verkehrsamt, Hauptstr. 32, ✉ 67705, ☎ (06306) 3 41, Fax (06306) 1529.
Berlin 663 – Mainz 96 – Saarbrücken 80 – Pirmasens 34 – Kaiserslautern 13.

Gunst garni, Hauptstr. 99a, ✉ 67705, ☎ (06306) 17 85, *Fax (06306) 1785*, –
Jan. geschl. – **11 Z** 45/95.

TRIPTIS *Thüringen 418 N 19 – 7 500 Ew – Höhe 410 m.*
Berlin 256 – Erfurt 85 – Gera 41.

In Miesitz *W : 1,5 km :*

Wutzler, Hauptstr. 18 (B 281), ✉ 07819, ☎ (036482) 3 08 47, *Fax (036482) 30848*, Biergarten – – 35.
Menu à la carte 24/45 – **36 Z** 90/145.

TRITTAU *Schleswig-Holstein 415 416 F 15 – 7 000 Ew – Höhe 40 m.*
Berlin 261 – Kiel 88 – Hamburg 38 – Lübeck 46.

Vorburg garni, Vorburgstr. 3, ✉ 22946, ☎ (04154) 8 44 10, *Fax (04154) 844111* –
20 Z.

TRITTENHEIM *Rheinland-Pfalz 417 Q 4 – 1 300 Ew – Höhe 121 m – Erholungsort.*
Tourist-Information, Moselweinstr. 55, ✉ 54349, ☎ (06507) 22 27, Fax (06507) 2040.
Berlin 700 – Mainz 138 – Trier 35 – Bernkastel-Kues 25.

Moselperle, Moselweinstr. 42, ✉ 54349, ☎ (06507) 22 21, *Fax (06507) 6737*, –
Dez. - Jan. geschl. – **Menu** *(Mittwoch geschl.)* à la carte 32/53 – **13 Z** 75/130 – ½ P 28.

Landgasthof Grans Fassian, Moselpromenade 4, ✉ 54349, ☎ (06507) 20 33, *Fax (06507) 701092*, –
Montag geschl. – **Menu** à la carte 47/66.

In Naurath/Wald-Büdlicherbrück *S : 8 km :*

Landhaus St. Urban mit Zim, Büdlicherbrück 1, ✉ 54426, ☎ (06509) 9 14 00, *Fax (06509) 914040*, , « Malerische Lage im Dhrontal », –
Jan. 2 Wochen geschl. – **Menu** *(Dienstag - Mittwoch geschl.)* à la carte 90/112 – **10 Z** 95/185
Spez. Lauwarmer Kartoffelsalat mit Hummer und Kalbskopf in Balsamico. Gefüllter Artischockenboden mit Gänsestopfleber und Taubenbrust. Mandel-Krokant mit weißem Schokoladeneis und Pfirsichconfit.

In Bescheid *S : 10 km über Büdlicherbrück :*

Forellenhof, Im Dhrontal, ✉ 54413, ☎ (06509) 9 15 00, *Fax (06509) 915050*, , Wildgehege, , –
Menu à la carte 24/52 – **20 Z** 55/110 – ½ P 18.

Zur Malerklause, Im Hofecken 2, ✉ 54413, ☎ (06509) 5 58, *Fax (06509) 1082*, –
Montag - Dienstag, Jan. 3 Wochen und Sept. 2 Wochen geschl. – **Menu** (wochentags nur Abendessen, Tischbestellung ratsam) à la carte 45/82.

TROCHTELFINGEN *Baden-Württemberg 419 V 11 – 6 300 Ew – Höhe 720 m – Erholungsort – Wintersport : 690/815 m 2.*
Fremdenverkehrsverein, Rathaus, Rathausplatz 9, ✉ 72818, ☎ (07124) 48 21, Fax (07124) 4848.
Berlin 702 – Stuttgart 68 – Konstanz 105 – Reutlingen 27.

Zum Rössle, Marktstr. 48, ✉ 72818, ☎ (07124) 92 50, *Fax (07124) 925200*, , –
Anfang Jan. 1 Woche und Anfang Aug. 2 Wochen geschl. – **Menu** *(Montag geschl.)* à la carte 28/57 – **29 Z** 62/135.

Ochsen, Marktstr. 21, ✉ 72818, ☎ (07124) 22 00, *Fax (07124) 931168* –
Menu (wochentags nur Abendessen) à la carte 52/74.

TROCKENBORN-WOLFERSDORF *Thüringen siehe Neustadt an der Orla.*

TRÖSTAU *Bayern* 420 *P 19 – 2 500 Ew – Höhe 550 m.*

Töstau, Fahrenbach 1, (09232) 88 22 56.

Berlin 370 – München 268 – Weiden in der Oberpfalz 58 – Bayreuth 37.

Bergcafé Bauer, Kemnather Str. 20, ✉ 95709, (09232) 28 42, *Fax (09232) 1697,* – TV P. E
Menu *(Mittwoch geschl.)* à la carte 32/62 – **11 Z** 65/120.

In Tröstau-Fahrenbach *SO : 2 km :*

Golfhotel Fahrenbach, Fahrenbach 1, ✉ 95709, (09232) 88 20, *Fax (09232) 882345,* – Zim, TV P – 80. AE E VISA. Rest
Menu à la carte 32/58 – **75 Z** 130/200 – ½ P 30.

Erfahrungsgemäß werden bei größeren Veranstaltungen, Messen und Ausstellungen in vielen Städten und deren Umgebung erhöhte Preise verlangt.

TROISDORF *Nordrhein-Westfalen* 417 *N 5 – 70 000 Ew – Höhe 65 m.*

Berlin 584 – Düsseldorf 65 – Bonn 12 – Siegburg 5 – Köln 21.

Primula, Am Bürgerhaus 16, ✉ 53840, (02241) 87 50, *Fax (02241) 875100,* – Zim, TV – 50. AE E VISA JCB
Menu *(Montag - Freitag nur Abendessen, Sonntagabend geschl.)* à la carte 27/56 – **72 Z** 110/135.

Regina garni, Hippolytusstr. 23, ✉ 53840, (02241) 8 70 50, *Fax (02241) 70735* – Zim, TV – 20. AE E VISA
36 Z 159/299.

Wald-Hotel Haus Ravensberg garni, Altenrather Str. 49, ✉ 53840, (02241) 9 82 40, *Fax (02241) 74184,* – TV P. AE E VISA JCB
24 Z 120/180.

Kronprinz garni, Poststr. 87, ✉ 53840, (02241) 9 84 90, *Fax (02241) 984999,* – TV – 20. E VISA.
46 Z 105/145.

Am Bergerhof, Frankfurter Str. 82, ✉ 53840, (02241) 7 42 82, *Fax (02241) 806095,* « Rustikale Einrichtung » – P. AE E VISA
Menu (nur Abendessen) à la carte 34/79.

In Troisdorf-Sieglar :

Quality Hotel Troisdorf M, Larstr.1, ✉ 53844, (02241) 99 79, *Fax (02241) 997288* – Zim, TV P – 50. AE E VISA JCB
Menu à la carte 45/68 – **88 Z** 190/250.

Außerhalb *N : 2 km : über Altenrather Straße :*

Forsthaus Telegraph, Mauspfad 3, ✉ 53842 Troisdorf-Spich, (02241) 7 66 49, *Fax (02241) 70494,* – P. AE E VISA
Montag - Dienstagmittag, Samstagmittag, Jan. 1 Woche und Okt. 2 Wochen geschl. – **Menu** (Tischbestellung ratsam) à la carte 64/83.

TROLLENHAGEN *Mecklenburg-Vorpommern siehe Neubrandenburg.*

TROSSINGEN *Baden-Württemberg* 419 *V 9 – 13 000 Ew – Höhe 699 m.*

Verkehrsamt, Rathaus, Schultheiß-Koch-Platz 1, ✉ 78647, (07425) 2 51 12, Fax (07425) 25150.

Berlin 734 – Stuttgart 106 – Konstanz 81 – Rottweil 14 – Donaueschingen 27.

Bären, Hohnerstr. 25, ✉ 78647, (07425) 60 07, *Fax (07425) 21395* – TV P. AE E VISA
Menu *(Samstag geschl.)* à la carte 32/63 – **20 Z** 95/160.

TROSTBERG *Bayern* 420 *V 21 – 11 500 Ew – Höhe 485 m.*

Berlin 660 – München 85 – Bad Reichenhall 56 – Rosenheim 43 – Salzburg 54.

Pfaubräu, Hauptstr. 2, ✉ 83308, (08621) 9 82 90, *Fax (08621) 982999,* Biergarten, « Historisches Gasthaus ; Bräustube mit spätgotischem Kreuzgewölbe » – TV E VISA
Menu à la carte 28/51 – **20 Z** 75/130.

TÜBINGEN *Baden-Württemberg* 419 *U 11 – 83 500 Ew – Höhe 341 m.*

Sehenswert : *Eberhardsbrücke* ≤★ Z – *Platanenallee*★★ Z – *Am Markt*★ Y – *Rathaus*★ Y R – *Stiftskirche (Grabtumben*★★, *Kanzel*★ *Turm* ≤★*)* Y.

Ausflugsziel : *Bebenhausen : ehemaliges Kloster*★ *6 km über* ①.

Verkehrsverein, An der Eberhardsbrücke, ✉ *72072,* ✆ *(07071) 9 13 60, Fax (07071) 35070.*

ADAC, *Wilhelmstr. 3,* ✉ *72074,* ✆ *(07071) 2 08 60, Fax (07071) 27455.*

Berlin 682 ⑥ – *Stuttgart 46* ② – *Freiburg im Breisgau 155* ④ – *Karlsruhe 105* ⑥ – *Ulm (Donau) 100* ②

Stadtplan siehe gegenüberliegende Seite

Domizil M, Wöhrdstr. 5, ✉ 72072, ✆ (07071) 13 90 (Hotel), 13 91 00 (Rest.), *Fax (07071) 139250,* , – , Zim, – 35. AE E VISA. Rest
Menu *(im Winter Sonntag geschl.)* (italiensche Küche) à la carte 40/64 – **79 Z** 172/230, 3 Suiten. Z n

Krone, Uhlandstr. 1, ✉ 72072, ✆ (07071) 1 33 10, *Fax (07071) 133132,* « Stilvolle Einrichtung » – – 40. AE E VISA JCB Z b
22. - 30. Dez. geschl. – **Menu** à la carte 49/80 – **47 Z** 175/290.

Stadt Tübingen, Stuttgarter Str. 97, ✉ 72072, ✆ (07071) 3 10 71, *Fax (07071) 38245,* – – 150. AE E VISA X a
Menu *(Sonntagabend geschl.)* à la carte 43/85 – **73 Z** 98/240.

Kupferhammer garni, Westbahnhofstr. 57, ✉ 72070, ✆ (07071) 41 80, *Fax (07071) 418299* – . AE E VISA X m
22. Dez. - 6. Jan. geschl. – **20 Z** 112/162.

Am Schloss, Burgsteig 18, ✉ 72070, ✆ (07071) 9 29 40, *Fax (07071) 929410,* – . AE E VISA Y c
7. - 21. Jan. geschl. – **Menu** *(Okt. - März Dienstag geschl.)* à la carte 32/62 – **37 Z** 99/210.

Hospiz, Neckarhalde 2, ✉ 72070, ✆ (07071) 92 40, *Fax (07071) 924200* – . AE E VISA Y s
Menu *(Samstag - Sonntag geschl.)* à la carte 31/58 – **42 Z** 105/220.

Am Bad, Am Freibad 2, ✉ 72072, ✆ (07071) 7 30 71, *Fax (07071) 75336* – Zim, . AE E VISA. Rest X f
20. Dez. - 10. Jan. geschl. – (nur Abendessen für Hausgäste) – **35 Z** 78/172.

Katharina garni, Lessingweg 2, ✉ 72076, ✆ (07071) 6 70 21, *Fax (07071) 610882* – . E VISA X e
16 Z 85/190.

XXX **Rosenau,** beim Botanischen Garten, ✉ 72076, ✆ (07071) 6 64 66, *Fax (07071) 600518,* – . AE E VISA über Schnarrenbergstr. X
Montag geschl. – **Menu** à la carte 47/77.

XX **Museum,** Wilhelmstr. 3, ✉ 72074, ✆ (07071) 2 28 28, *Fax (07071) 21429* – – 150. AE E VISA Y t
Montagabend geschl. – **Menu** à la carte 40/73.

In Tübingen-Bebenhausen ① *: 6 km :*

Landhotel Hirsch, Schönbuchstr. 28, ✉ 72074, ✆ (07071) 6 09 30, *Fax (07071) 609360,* , « Geschmackvolle Einrichtung im Landhausstil » – Rest, . AE E VISA
Menu *(Dienstag geschl.)* à la carte 51/84 – **12 Z** 150/270.

XXX ✿ **Waldhorn,** Schönbuchstr. 49, ✉ 72074, ✆ (07071) 6 12 70, *Fax (07071) 610581,* – . AE
Montag - Dienstag und Aug. 2 Wochen geschl. – **Menu** (Tischbestellung ratsam, bemerkenswerte Weinkarte) 98/160 und à la carte 77/112
Spez. Variation von Gänsestopfleber. Rehrücken mit Wacholderrahm und Ebereschen. Hägenmark-Eisbömble mit glasierten Apfelspalten.

In Tübingen-Kilchberg ⑤ *: 5 km :*

Gästehaus Hirsch garni, Closenweg 4/2, ✉ 72072, ✆ (07071) 9 77 90, *Fax (07071) 977977* – . AE E.
24. Dez. - 10. Jan. geschl. – **14 Z** 85/140.

In Tübingen-Lustnau :

Alte Krone, Kreuzstr. 21, ✉ 72074, ✆ (07071) 9 88 50, *Fax (07071) 988551* – X s
Menu *(Sonntagabend - Montag geschl.)* à la carte 30/54 – **15 Z** 80/140.

XX **Basilikum,** Kreuzstr. 24, ✉ 72074, ✆ (07071) 8 75 49, *Fax (07071) 87549,* – AE E VISA X s
Sonntag und Aug. 2 Wochen geschl. – **Menu** (italienische Küche) à la carte 56/78.

TÜBINGEN

Alberstraße . . . . X 2
Am Markt . . . . Y
Ammergasse . . . . Y 5
Derendinger Straße . . . . X, Z 8
Friedrichstraße . . . . . Z 12
Froschgasse . . . . Y 15
Goethestraße . . . . . . X 18
Hirschgasse . . . . Y 21
Hölderlinstraße . . . . . X 24
Holzmarkt . . . . Y 27
Karlstraße . . . . Z
Kirchgasse . . . . Y 30
Kronenstraße . . . . Y 33
Lange Gasse . . . . Y
Mohlstraße . . . . X 36
Mühlstraße . . . . Y
Münzgasse . . . . Y 39
Neckargasse . . . . Y 42
Nürtinger Straße . . . . X 45
Pfleghofstraße . . . . . . Y 48
Pfrondorfer Straße . . X 51
Poststraße . . . . Z 54
Reutlinger Straße . . . X 57
Rheinlandstr. . . . . X 58
Schmiedtorstraße . . . Y 60
Sigwartstraße . . . . . . X 63
Wilhelmstraße . . . . . X, Y

Michelin hängt keine Schilder an die empfohlenen Hotels und Restaurants.

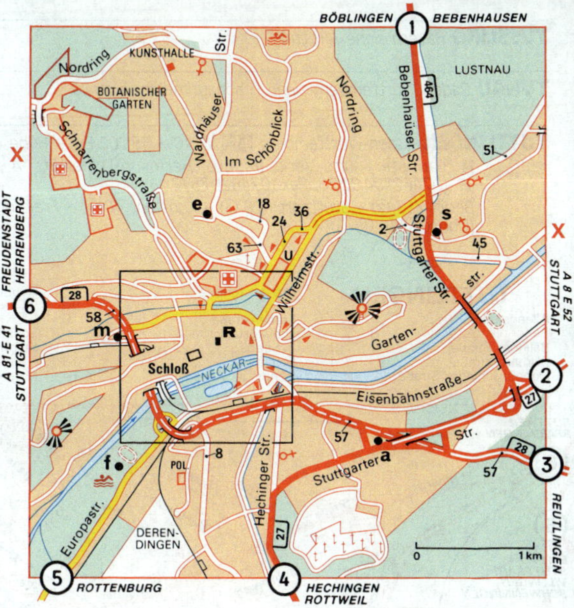

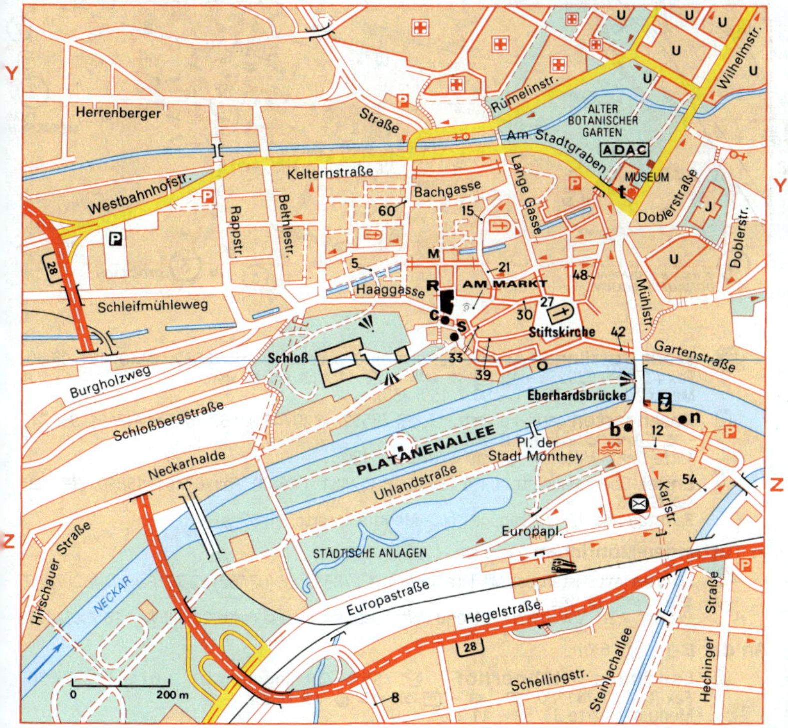

TÜSSLING *Bayern siehe Altötting.*

TUNAU *Baden-Württemberg siehe Schönau im Schwarzwald.*

TUTTLINGEN *Baden-Württemberg* **419** *W 10 – 35 000 Ew – Höhe 645 m.*

Touristik - und Verkehrsbüro, Hermann-Leiber-Str. 4, (Möhringen), ✉ 78532, ✆ (07462) 94 82 20, Fax (07462) 7572.

Berlin 753 ② – Stuttgart 128 ⑤ – Konstanz 70 ④ – Freiburg im Breisgau 88 ④ – Ulm (Donau) 116 ②

TUTTLINGEN

Alleenstraße	YZ	2
Bahnhofstraße	Z	
Balinger Straße	Y	3
Bismarckstraße	Z	4
Donaueschinger Straße	Z	6
Donaustraße	YZ	7
Königstraße	YZ	9
Kronenstraße	Z	10
Ludwigstaler Straße	Y	12
Marktplatz	Z	13
Nendinger Allee	Y	14
Neuhauser Straße	Z	15
Obere Hauptstraße	Z	16
Rathausstraße	Y	18
Schaffhauser Straße	Z	19
Stadtkirchstraße	Z	22
Untere Hauptstraße	Y	24
Untere Vorstadt	Y	25

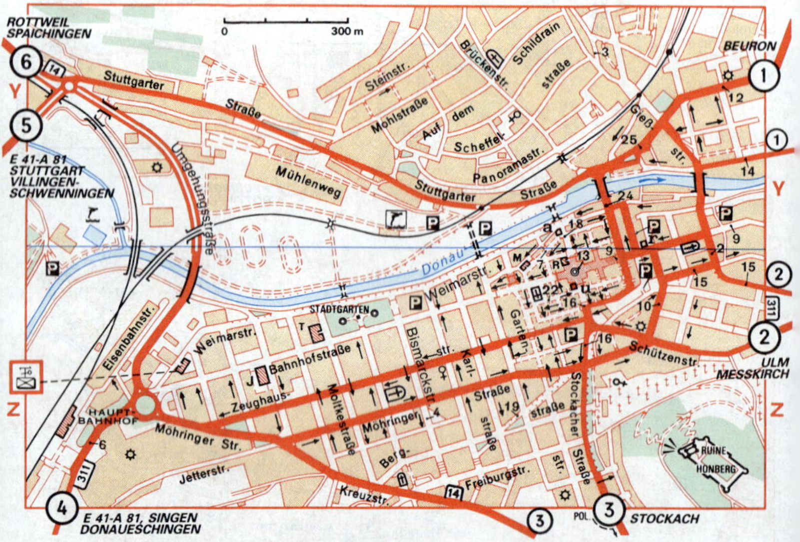

Stadt Tuttlingen M (mit Gästehaus), Donaustr. 30, ✉ 78532, ✆ (07461) 93 00, *Fax (07461) 930250* – 110. AE ◑ E VISA — Y a
Menu à la carte 36/71 – **80 Z** 139/235.

Rosengarten garni, Königstr. 17, ✉ 78532, ✆ (07461) 9 62 70, *Fax (07461) 962745* – TV ☎ ℗. E VISA — Y r
Mitte Dez. - Mitte Jan. geschl. – **24 Z** 80/120.

Engel, Obere Hauptstr. 4, ✉ 78532, ✆ (07461) 7 86 00, *Fax (07461) 15880,* – AE ◑ E VISA — Z u
Samstag und 1. - 10. Jan. geschl. – **Menu** à la carte 31/57.

In Tuttlingen-Möhringen ④ *: 5 km – Luftkurort :*

Löwen (mit Gästehaus), Mittlere Gasse 4, ✉ 78532, ✆ (07462) 62 77, *Fax (07462) 7050,* – ℗. VISA
20. Okt. - 20. Nov. geschl. – **Menu** *(Mittwoch geschl.)* à la carte 23/42 – **16 Z** 65/120.

An der B 14 ③ *: 6 km :*

Landhaus Hühnerhof, ✉ 78532 Tuttlingen, ✆ (07461) 9 65 50, *Fax (07461) 161180,* – TV ☎ ℗. ◑ E VISA
Menu à la carte 33/59 – **11 Z** 80/150.

In Wurmlingen ⑥ : *4 km :*

Traube garni, Untere Hauptstr. 43, ✉ 78573, ☎ (07461) 93 80, *Fax (07461) 938463,* – TV ☎ P – 30. AE ① E VISA.
50 **Z** 110/184.

Gasthof Traube, Untere Hauptstr. 40, ✉ 78573, ☎ (07461) 83 36, *Fax (07461) 6463* – P. E
Dienstag - Mittwochmittag geschl. – **Menu** à la carte 27/54.

TUTZING *Bayern* 419 420 *W 17 – 10 000 Ew – Höhe 610 m – Luftkurort.*
Tutzing-Deixlfurt (W : 2 km), ☎ (08158) 36 00.
Berlin 627 – München 40 – Starnberg 15 – Weilheim 14.

Zum Reschen garni, Marienstr. 7, ✉ 82327, ☎ (08158) 93 90, *Fax (08158) 939100* – TV ☎.
15. Dez. - 18. Jan. und 20. - 24. Feb. geschl. – **18 Z** 98/155.

Lidl (mit Gästehaus), Marienstr. 16, ✉ 82327, ☎ (08158) 9 95 00, *Fax (08158) 7526,* ←, – TV ☎ P. AE E VISA
Menu *(Dez. - März Dienstag geschl.)* à la carte 35/65 – **27 Z** 75/180 – ½ P 38.

Forsthaus Ilkahöhe, auf der Ilkahöhe (SW : 2,5 km), ✉ 82327, ☎ (08158) 82 42, *Fax (08158) 2866,* ← Starnberger See und Alpen, , Biergarten – P
Montag - Dienstag und 23. Dez. - Ende Jan. geschl. – **Menu** (abends Tischbestellung ratsam) à la carte 45/79.

TWIST *Niedersachsen* 415 *I 5 – 8 400 Ew – Höhe 20 m.*
Berlin 523 – Hannover 255 – Nordhorn 25 – Bremen 147 – Groningen 99.

In Twist-Bült :

Gasthof Backers - Zum alten Dorfkrug mit Zim, Kirchstr. 25, ✉ 49767, ☎ (05936) 23 30, *Fax (05936) 2109,* – TV ☎ P. Zim
Jan. 1 Woche und Juli - Aug. 2 Wochen geschl. – **Menu** *(Samstagmittag und Dienstag geschl.)* à la carte 42/63 – **4 Z** 65/100.

UCHTE *Niedersachsen* 415 *I 10 – 3 000 Ew – Höhe 33 m.*
Berlin 350 – Hannover 68 – Bielefeld 79 – Bremen 75 – Osnabrück 93.

Dammeyer, Bremer Str. 5, ✉ 31600, ☎ (05763) 9 62 20, *Fax (05763) 962244,* Biergarten – TV ☎ P – 30. AE ① E VISA
Menu à la carte 31/56 – **12 Z** 65/130.

ÜBACH-PALENBERG *Nordrhein-Westfalen* 417 *N 2 – 23 000 Ew – Höhe 125 m.*
Berlin 629 – Düsseldorf 82 – Aachen 26 – Geilenkirchen 6.

Weydenhof, Kirchstr. 17 (Palenberg), ✉ 52531, ☎ (02451) 4 14 10, *Fax (02451) 48958* – TV ☎ P – 40. E VISA
Menu *(Sonntagabend und Freitag geschl.)* à la carte 27/48 – **29 Z** 50/140.

ÜBERHERRN *Saarland* 417 *S 4 – 11 600 Ew – Höhe 377 m.*
Berlin 743 – Saarbrücken 36 – Saarlouis 13 – Metz 52 – Pont-a-Mousson 83.

Linslerhof (mit Gästehaus), über Differterstrasse (O : 2 Km), ✉ 66802, ☎ (06836) 80 70, *Fax (06836) 80717,* Biergarten, « Gutshof a.d.12.Jh. ; elegant-rustikale Landhauseinrichtung », Massage, – TV ☎ P – 50. AE E VISA
Menu à la carte 41/66 – **47 Z** 145/225.

In Überherrn-Altforweiler *N : 5 km :*

Häsfeld , Comotorstr. 9 (Industriegebiet), ✉ 66802, ☎ (06836) 44 44, *Fax (06836) 6444,* – TV ☎ P. E VISA
Menu *(Montag - Freitag nur Abendessen, Mittwoch und 1. - 15. Jan. geschl.)* à la carte 27/51 – **14 Z** 75/130.

In Überherrn-Berus *N : 4 km :*

Margaretenhof , Orannastraße, ✉ 66802, ☎ (06836) 20 10, *Fax (06836) 5662,* ←, – TV ☎ P. AE ① E VISA
Menu *(Donnerstag geschl.)* (wochentags nur Abendessen) à la carte 28/61 – **11 Z** 90/130.

In Überherrn-Felsberg *N : 8 km :*

Felsberger Hof, Metzer Str. 117, ✉ 66802, ✆ (06837) 7 40 11, *Fax (06837) 74014,* – TV ☎ Ⓟ. AE E VISA
Menu (wochentags nur Abendessen) à la carte 30/58 – **27 Z** 90/145.

ÜBERKINGEN, BAD *Baden-Württemberg* 419 *U 13 – 3 800 Ew – Höhe 440 m – Heilbad.*

Oberböhringen (N : 8 km) ✆ (07331) 3 00 50.
Kurverwaltung, Gartenstr. 1, ✉ 73337, ✆ (07331) 96 19 19, Fax (07331) 961999.
Berlin 598 – Stuttgart 62 – Göppingen 21 – Ulm (Donau) 37.

Bad-Hotel (mit Gästehaus), Badstr. 12, ✉ 73337, ✆ (07331) 30 20, *Fax (07331) 30220,* – Zim, TV Ⓟ – 40. AE E VISA JCB
24. - 30. Dez. geschl. – **Menu** *(Mittwoch geschl.)* à la carte 46/78 – **38 Z** 145/260 – ½ P 40.

ÜBERLINGEN *Baden-Württemberg* 419 *W 11 – 21 000 Ew – Höhe 403 m – Kneippheilbad und Erholungsort.*

Sehenswert : *Stadtbefestigungsanlagen*★ A – *Münster*★ B – *Rathaus (Ratssaal*★*)* B **R.**
Owingen (N : 5 km), ✆ (07551) 39 79.
Kur-und Touristik GmbH, Landungsplatz 14, ✉ 88662, ✆ (07551) 99 11 22, Fax (07551) 991135.
Berlin 743 ① – Stuttgart 172 ③ – Konstanz 40 ② – Freiburg im Breisgau 129 ③ – Ravensburg 46 ① – Bregenz 63 ②

ÜBERLINGEN

Bahnhofstraße	A	2
Christophstraße	A	3
Franziskanerstraße	B	5
Gradebergstraße	B	6
Hafenstraße	B	8
Hizlerstraße	B	9
Hochbildstraße	B	10
Hofstatt	B	
Jakob-Kessenring-Straße	A	12
Klosterstraße	A	14
Krummebergstraße	B	15
Landungsplatz	B	17
Lindenstraße	B	19
Luziengasse	B	20
Marktstraße	AB	22
Münsterstraße	B	
Obertorstraße	B	23
Owinger Straße	B	25
Pfarrhofstraße	B	26
St-Ulrich-Straße	B	28
Seestraße	B	29

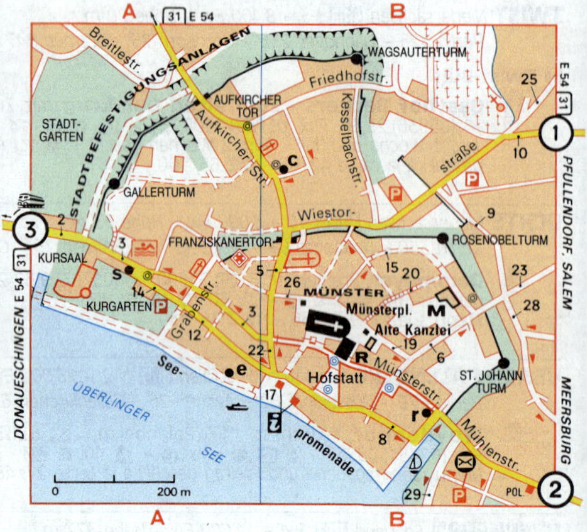

Michelin puts no plaque or sign on the hotels and restaurants mentioned in this guide.

Parkhotel St. Leonhard , Obere St.-Leonhard-Str. 71, ✉ 88662, ✆ (07551) 80 81 00, *Fax (07551) 808531,* ≤ Bodensee und Alpen, , « Park, Wildgehege », , , (Halle) – , Zim, TV Ⓟ – 120. AE E VISA. Rest
Menu à la carte 43/69 – **145 Z** 142/290 – ½ P 37. über Obertorstr. B

Rosengarten garni, Bahnhofstr. 12, ✉ 88662, ✆ (07551) 9 28 20, *Fax (07551) 928239,* – TV ☎ Ⓟ. AE E VISA JCB. über ③
20. Dez. - 10. Jan. geschl. – **15 Z** 140/280.

Bad-Hotel (mit Villa Seeburg, ≤), Christophstr. 2, ✉ 88662, ✆ (07551) 83 70, *Fax (07551) 67079,* , – TV ☎ Ⓟ – 160. AE E VISA. Rest A s
Menu *(Dez. - März Montag sowie Nov. und Jan. geschl.)* (Dez. - März nur Abendessen) à la carte 45/69 *(auch vegetarische Gerichte)* – **67 Z** 140/256 – ½ P 39.

Bürgerbräu, Aufkircher Str. 20, ✉ 88662, ✆ (07551) 9 27 40, *Fax (07551) 66017* – TV ☎ Ⓟ. AE E VISA B c
Weihnachten - 6. Jan. geschl. – **Menu** *(Mittwoch geschl.)* à la carte 36/61 – **12 Z** 85/140 – ½ P 28.

Ochsen, Münsterstr. 48, ✉ 88662, ✆ (07551) 40 67, *Fax (07551) 3290,* – ▮ TV ☎ P. AE ⓓ E VISA B r
Menu *(24. - 31. Dez. geschl.)* à la carte 44/82 – **43 Z** 105/190 – ½ P 35.

Seegarten, Seepromenade 7, ✉ 88662, ✆ (07551) 6 34 98, *Fax (07551) 3981,* ≤, « Gartenterrasse » – ▮ TV ☎. E VISA A e
Dez. - 15. Feb. geschl. – **Menu** à la carte 31/58 – **21 Z** 110/270 – ½ P 32.

Stadtgarten, Bahnhofstr. 22, ✉ 88662, ✆ (07551) 6 24 88, *Fax (07551) 5939,* , , – ▮ TV ☎ P über ③
Mitte März - Okt. – (Restaurant nur für Hausgäste) – **25 Z** 75/200 – ½ P 20.

In Überlingen-Andelshofen ① *: 3 km :*

Romantik Hotel Johanniter-Kreuz, Johanniterweg 11, ✉ 88662, ✆ (07551) 6 10 91, *Fax (07551) 67336,* , « Rustikales Restaurant in Fachwerkhaus a.d.17.Jh. », – ▮ TV P. AE ⓓ E VISA
Menu *(Montag - Dienstagmittag geschl.)* à la carte 47/76 – **26 Z** 110/280 – ½ P 46.

Sonnenbühl, Zum Brandbühl 19, ✉ 88662, ✆ (07551) 20 08, *Fax (07551) 2009,* , – TV ☎ P – 15. ⓓ E VISA. Rest
Dez. - 2. Jan geschl. – **Menu** *(Dienstag - Mittwoch geschl.)* (nur Abendessen) à la carte 37/56 – **22 Z** 125/260 – ½ P 30.

In Überlingen-Lippertsreute ① *: 9 km :*

Landgasthof zum Adler (Fachwerkhaus a.d.J. 1635 mit Gästehaus), Hauptstr. 44, ✉ 88662, ✆ (07553) 8 25 50, *Fax (07553) 825570,* – ▮ TV ☎ P. E
Okt. - Nov. 2 Wochen geschl. – **Menu** *(Mittwochabend - Donnerstag geschl.)* à la carte 37/59 – **17 Z** 70/160 – ½ P 26.

ÜBERSEE *Bayern* 420 *W 21 – 4 300 Ew – Höhe 525 m – Luftkurort.*
Verkehrsamt, Feldwieser Str. 27, ✉ 83236, ✆ (08642) 89 89 50, Fax (08642) 6214.
Berlin 684 – München 95 – Bad Reichenhall 45 – Traunstein 20 – Rosenheim 36.

Am Chiemsee *N : 4 km :*

Chiemgauhof, Julius-Exter-Promenade 21, ✉ 83236 Übersee-Feldwies, ✆ (08642) 8 98 70, *Fax (08642) 898799,* ≤, « Terrasse am See », , , , – TV ☎ P – 20
März - Okt. – **Menu** à la carte 33/75 – **17 Z** 90/220.

UECKERMÜNDE *Mecklenburg-Vorpommern* 416 *E 26 – 12 000 Ew – Höhe 5 m.*
Touristik-Info, Schulstr. 18, ✉ 17373, ✆ (039771) 2 32 33, Fax (039771) 23233.
Berlin 167 – Schwerin 199 – Neubrandenburg 69 – Greifswald 71.

Pommern Mühle M, Liepgartener Str. 88 A, ✉ 17373, ✆ (039771) 20 00, *Fax (039771) 20099,* – Zim, TV ☎ P – 40. E VISA
Menu *(Montagmittag geschl.)* à la carte 24/45 – **30 Z** 95/135 – ½ P 20.

Pommernyacht, Altes Bollwerk 1b, ✉ 17373, ✆ (039771) 21 50, *Fax (039771) 24395,* – TV ☎ P. AE E
Menu à la carte 32/42 – **18 Z** 115/160.

Stadtkrug, Markt 3/4, ✉ 17373, ✆ (039771) 8 00, *Fax (039771) 80409* – ▮ TV ☎ P. AE ⓓ E VISA
Menu à la carte 26/42 – **30 Z** 100/200.

ÜHLINGEN-BIRKENDORF *Baden-Württemberg* 419 *W 8 – 5 100 Ew – Höhe 644 m – Wintersport : 644/900 m* .
Kurverwaltung Birkendorf, Haus des Gastes, ✉ 79777, ✆ (07743) 3 80, Fax (07743) 1277.
Berlin 791 – Stuttgart 172 – Freiburg im Breisgau 59 – Donaueschingen 46 – Waldshut-Tiengen 21.

Im Ortsteil Birkendorf – *Luftkurort :*

Gästehaus Sonnhalde garni, Hohlgasse 3, ✉ 79777, ✆ (07743) 9 20 20, *Fax (07743) 5996,* , , – ▮ TV ☎ P – 30. AE ⓓ E VISA
32 Z 65/150.

Sonnenhof mit Zim, Schwarzwaldstr. 9, ✉ 79777, ✆ (07743) 9 20 10, *Fax (07743) 1789,* – TV ☎ P. AE ⓓ E VISA
Menu *(Donnerstag geschl.)* à la carte 35/65 – **14 Z** 60/100 – ½ P 27.

In Ühlingen-Birkendorf-Witznau *SW : 10 km :*

Witznau, Witznau 3, ✉ 79777, ✆ (07747) 2 15, *Fax (07747) 1394,* – Ⓟ. *Montag sowie über Fastnacht 1 Woche und Nov. 2 Wochen geschl.* – **Menu** à la carte 27/56.

UELSEN *Niedersachsen* 415 *I 4 – 4 000 Ew – Höhe 22 m – Erholungsort.*

Verkehrsverein, Am Markt (Altes Rathaus), ✉ 49843, ✆ (05942) 14 11.
Berlin 518 – Hannover 240 – Nordhorn 17 – Almelo 23 – Lingen 36 – Rheine 56.

Am Waldbad, Zum Waldbad 1, ✉ 49843, ✆ (05942) 9 39 30, *Fax (05942) 1952,* , direkter Zugang zum städtischen , – Ⓟ – 35.
Menu à la carte 32/85 – **20 Z** 70/150 – ½ P 35.

UELZEN *Niedersachsen* 415 416 *H 15 – 38 000 Ew – Höhe 35 m.*

Verkehrsbüro, Herzogenplatz 5, ✉ 29525, ✆ (0581) 80 04 42, Fax (0581) 800100.
Berlin 233 – Hannover 99 – Braunschweig 83 – Celle 53 – Lüneburg 33.

Am Stern, Sternstr. 13, ✉ 29525, ✆ (0581) 7 63 00, *Fax (0581) 16945,* , – Ⓟ.
Menu *(Sonntag geschl.)* (nur Abendessen) à la carte 27/45 – **33 Z** 70/120.

In Uelzen-Hanstedt II *O : 7,5 km :*

Meyer's Gasthaus, Hanstedter Str. 4, ✉ 29525, ✆ (05804) 97 50, *Fax (05804) 975400,* – Ⓟ – 80.
Menu *(Sonntagabend - Montagmittag geschl.)* à la carte 28/63 – **25 Z** 60/98.

In Uelzen-Veerßen *SW : 2 km :*

Deutsche Eiche, Soltauer Str. 14 (B 71), ✉ 29525, ✆ (0581) 9 05 50, *Fax (0581) 74049,* « Rustikal-gemütliche Einrichtung » – Zim, Ⓟ – 80.
Menu à la carte 38/64 – **37 Z** 110/170.

ÜRZIG *Rheinland-Pfalz* 417 *Q 5 – 1 000 Ew – Höhe 106 m.*

Berlin 691 – Mainz 124 – Trier 51 – Bernkastel-Kues 10 – Wittlich 11.

Moselschild, Am Moselufer 14 (B 53), ✉ 54539, ✆ (06532) 9 39 30, *Fax (06532) 939393,* , , « Geschmackvolle Einrichtung », Bootssteg – Ⓟ.
10. - 30. Jan. geschl. – **Menu** (bemerkenswertes Angebot regionaler Weine) à la carte 45/80 – **14 Z** 117/220.

Zehnthof garni, Moselufer 38, ✉ 54539, ✆ (06532) 25 19, *Fax (06532) 5131,* – Ⓟ
April - Okt. – **20 Z** 90/160.

Zur Traube, Am Moselufer 16 (B 53), ✉ 54539, ✆ (06532) 45 12, *Fax (06532) 1480,* , – Ⓟ.
Ende Dez. - Feb. geschl. – **Menu** à la carte 29/59 – **13 Z** 85/170 – ½ P 27/30.

UETERSEN *Schleswig-Holstein* 415 416 *E 13 – 18 000 Ew – Höhe 6 m.*

Berlin 319 – Kiel 101 – Hamburg 37 – Itzehoe 35.

Mühlenpark, Mühlenstr. 49, ✉ 25436, ✆ (04122) 9 25 50, *Fax (04122) 925510,* , « Jugendstil-Villa mit Hotelanbau » – Ⓟ – 45. Rest
Menu *(Sonntag geschl.)* à la carte 47/72 – **28 Z** 130/220.

Im Rosarium, Berliner Str. 10, ✉ 25436, ✆ (04122) 70 66, *Fax (04122) 45376,* « Gartenterrasse mit » – , Zim, Ⓟ – 20.
Menu à la carte 36/78 – **30 Z** 98/165.

Deutsches Haus, Kirchenstr. 24, ✉ 25436, ✆ (04122) 9 28 20, *Fax (04122) 928249* – Ⓟ.
Menu *(Mittwoch geschl.)* (wochentags nur Abendessen) à la carte 28/47 – **17 Z** 60/110.

UETTINGEN *Bayern* 417 419 *Q 13 – 1 250 Ew – Höhe 230 m.*

Berlin 519 – München 294 – Würzburg 18 – Frankfurt am Main 101.

Fränkischer Landgasthof, Marktheidenfelder Str. 3, ✉ 97292, ✆ (09369) 9 08 80, *Fax (09369) 908836* – Ⓟ.
Menu *(Donnerstag geschl.)* à la carte 22/48 – **9 Z** 65/105.

UETZE *Niedersachsen* 415 416 418 *I 14 – 15 000 Ew – Höhe 50 m.*
Berlin 260 – Hannover 38 – Celle 24 – Uelzen 76 – Wolfsburg 47.

Bockler - Uttensener Hof, Kaiserstr. 29, ✉ 31311, ✆ (05173) 21 90, *Fax (05173) 2190* – Ⓟ
Dienstag und Juli - Aug. 3 Wochen geschl. – **Menu** à la carte 58/74.

UFFENHEIM *Bayern* 419 420 *R 14 – 5 500 Ew – Höhe 330 m.*
Berlin 494 – München 242 – Würzburg 47 – Ansbach 40 – Bamberg 88.

Uffenheimer Hof, Am Bahnhof 4, ✉ 97215, ✆ (09842) 70 81, *Fax (09842) 7180*, Biergarten, – TV ☎ Ⓟ – 35. AE E VISA JCB. Rest
Menu *(Sonntagabend - Montag geschl.)* à la carte 22/45 – **38 Z** 95/130.

Schwarzer Adler, Adelhofer Str. 1, ✉ 97215, ✆ (09842) 9 88 00, *Fax (09842) 988080*, Biergarten – TV ☎ Ⓟ. AE E VISA JCB
Jan. - Feb. 3 Wochen geschl. – **Menu** *(Montag geschl.)* à la carte 20/51 – **17 Z** 52/88.

UHLDINGEN-MÜHLHOFEN *Baden-Württemberg* 419 *W 11 – 6 300 Ew – Höhe 398 m – Erholungsort.*
Ausflugsziel : *Birnau-Maurach : Wallfahrtskirche★, NW : 3 km.*
Fremdenverkehrsbetriebe, Schulstr. 12 (Unteruhldingen), ✉ *88690,* ✆ *(07556) 80 20, Fax (07556) 431.*
Berlin 736 – Stuttgart 181 – Konstanz 19 – Ravensburg 38 – Bregenz 55.

Im Ortsteil Maurach :

Seehalde, Maurach 1, ✉ 88690, ✆ (07556) 65 65, *Fax (07556) 6522*, , , , , – TV ☎ Ⓟ. Zim
10. Jan. - Mitte März geschl. – **Menu** *(Dienstag geschl.)* (Tischbestellung erforderlich) à la carte 42/76 – **21 Z** 110/228 – ½ P 32.

Pilgerhof, Maurach 2 (Nähe Campingplatz), ✉ 88690, ✆ (07556) 93 90, *Fax (07556) 6555*, , , , – TV ☎ Ⓟ. E VISA
Menu *(Montag geschl.)* à la carte 34/69 – **41 Z** 120/240 – ½ P 20.

Rebmannshof, Maurach 2 (Nähe Campingplatz), ✉ 88690, ✆ (07556) 93 90, *Fax (07556) 6555*, <, « Restauriertes Fischerhaus a.d. 17.Jh. mit moderner Einrichtung, Terrasse am See », , , – TV ☎ Ⓟ. E VISA. Zim
April - Okt. – **Menu** à la carte 35/63 – **8 Z** 110/240 – ½ P 20.

Im Ortsteil Mühlhofen :

Kreuz, Grasbeurer Str. 2, ✉ 88690, ✆ (07556) 9 33 60, *Fax (07556) 933670*, , – TV ☎ Ⓟ – 50. E VISA
April - Okt. – (nur Abendessen für Hausgäste) – **46 Z** 80/150 – ½ P 28.

Im Ortsteil Oberuhldingen :

Storchen, Aachstr. 17, ✉ 88690, ✆ (07556) 65 91, *Fax (07556) 5348*, , , – TV ☎ Ⓟ
Jan. geschl. – **Menu** à la carte 27/53 – **33 Z** 70/140 – ½ P 25.

Im Ortsteil Seefelden :

Landhotel Fischerhaus (Fachwerkhaus a.d.17.Jh. mit 2 Gästehäusern), ✉ 88690, ✆ (07556) 85 63, *Fax (07556) 6063*, <, , (geheizt), – TV ☎ Ⓟ.
April - Okt. – (nur Abendessen für Hausgäste) – **21 Z** (nur ½ P) 150/405, 5 Suiten.

Im Ortsteil Unteruhldingen :

Seevilla M garni, Seefelder Str. 36, ✉ 88690, ✆ (07556) 65 15, *Fax (07556) 5691*, , , – TV ☎ – 20.
Dez. 3 Wochen geschl. – **26 Z** 150/240.

Mainaublick (mit Gästehaus), Seefelder Str. 22, ✉ 88690, ✆ (07556) 9 21 30, *Fax (07556) 5844*, – TV ☎ Ⓟ. E
Ostern - Mitte Okt. – **Menu** à la carte 31/65 – **33 Z** 75/150 – ½ P 24.

Café Knaus, Seestr. 1, ✉ 88690, ✆ (07556) 80 08, *Fax (07556) 5533*, , – TV ☎ Ⓟ. AE E
März - Mitte Nov. – **Menu** à la carte 30/53 – **28 Z** 90/205 – ½ P 28.

Gute Küchen
haben wir durch
Menu , ✿, ✿✿ oder ✿✿✿ kenntlich gemacht.

ULM (Donau) *Baden-Württemberg* 419 420 *U 13 – 110 000 Ew – Höhe 479 m.*

Sehenswert : *Münster*★★★ *(Chorgestühl*★★★*, Turm* ★★*, Sakramentshaus*★*)* Y – *Jahnufer (Neu-Ulm)* ★★ Z – *Mühlen-, Fischer- und Gerberviertel*★ Z – *Ulmer Museum*★ Z **M1** – *Brotmuseum*★.

Ausflugsziele : *Ulm-Wiblingen : Klosterkirche (Bibliothek*★*) S : 5 km – Blaubeuren : Ehemalige Klosterkirche (Hochaltar*★★*, Chorgestühl*★*) W : 18 km.*

Wochenauer Hof (S : 12 km), *(07306) 21 02.*

Ausstellungsgelände a. d. Donauhalle (über Wielandstr. X*),* *(0731) 92 29 90, Fax (0731) 9229930.*

Tourist-Information, Münsterplatz, *89073,* *(0731) 1 61 28 30, Fax (0731) 1611641.*

ADAC, *Neue Str. 40,* *89073,* *(0731) 96 21 00, Fax (0731) 9621030.*

Berlin 613 ① – Stuttgart 93 ⑥ – Augsburg 80 ① – München 138 ①

Stadtplan siehe gegenüberliegende Seite

Maritim M, Basteistr. 40 (Congress-Centrum), 89073, (0731) 92 30, *Fax (0731) 9231000*, , – – 900. AE E VISA JCB. Rest ***Panorama*** Ulm und Neu-Ulm *(nur Abendessen)* **Menu** à la carte 52/78 – **287 Z** 214/394, 11 Suiten. X a

Stern, Sterngasse 17, 89073, (0731) 1 55 20, *Fax (0731) 155299*, – , Zim, . E VISA Y d
Menu à la carte 39/67 – **60 Z** 135/260.

Goldenes Rad garni, Neue Str. 65, 89073, (0731) 6 70 48, *Fax (0731) 61410* – . AE E VISA JCB Z a
25 Z 90/185.

Comfor garni, Frauenstr. 51, 98073, (0731) 9 64 90, *Fax (0731) 9649499* – . AE E VISA Y n
102 Z 154/199, 15 Suiten.

Schiefes Haus garni, Schwörhausgasse 6, 89073, (0731) 96 79 30, *Fax (0731) 9679333*, « Modernes Hotel mit Designer-Einrichtung im ältesten Haus Ulms » – – 15. AE E VISA Z n
11 Z 185/255.

Blaubeurer Tor garni, Blaubeurer Str. 19, 89077, (0731) 9 34 60, *Fax (0731) 9346200* – . AE E VISA X c
40 Z 110/190.

InterCityHotel M, Bahnhofplatz 1, 89073, (0731) 9 65 50, *Fax (0731) 9655999* – , Zim, – 60. AE E VISA. Rest Y a
Menu *(Freitagabend - Sonntag geschl.)* à la carte 40/49 – **135 Z** 188/207.

Am Rathaus-Reblaus garni, Kronengasse 10, 89073, (0731) 96 84 90, *Fax (0731) 9684949* – . AE Z k
23. Dez. - 6. Jan. geschl. – **34 Z** 70/170.

Roter Löwe, Ulmer Gasse 8, 89073, (0731) 6 20 31, *Fax (0731) 6021502*, , , – – 20. AE E VISA JCB Y m
Menu *(Sonntagabend geschl.)* à la carte 26/53 – **26 Z** 118/155.

Ibis garni, Neutorstr. 12, 89073, (0731) 9 64 70, *Fax (0731) 63103* – – 20. AE E VISA JCB Y y
90 Z 121/136.

Goldener Bock mit Zim, Bockgasse 25, 89073, (0731) 92 03 40, *Fax (0731) 9203430* – . AE E VISA Y x
Feb. 1 Woche geschl. – **Menu** *(Samstagmittag und Sonntag geschl.)* à la carte 54/84 – **12 Z** 100/145.

Toni im Florian, Keplerstr. 26, 89073, (0731) 61 02 20, « Rustikale Einrichtung im alpenländischen Stil » – AE E VISA JCB Y s
Montag und Aug. 2 Wochen geschl. – **Menu** (italienische Küche) à la carte 34/59.

Zur Forelle, Fischergasse 25, 89073, (0731) 6 39 24, *Fax (0731) 69869* Z b

Pflugmerzler, Pfluggasse 6, 89073, (0731) 6 80 61, *Fax (0731) 68062* – E
Samstagabend, Sonn- und Feiertage sowie Juli - Aug. 3 Wochen geschl. – **Menu** (Tischbestellung ratsam) à la carte 36/69. Y c

Gerberhaus, Weinhofberg 9, 89073, (0731) 6 94 98 Z r

In Ulm-Böfingen *über ① :*

Atrium-Hotel, Eberhard-Finckh-Str. 17, 89075, (0731) 9 27 10, *Fax (0731) 9271200*, , – , Zim, – 50. AE E VISA JCB
Menu *(Sonntag geschl.)* à la carte 32/49 – **73 Z** 145/290.

ULM

Adenauerbrücke	X	2
Allgäuer Ring	X	3
Augsburger-Tor-Platz	X	4
Bahnhofstraße	X	5
Bahnhofstraße	Y	
Basteistraße	X	7
Bismarckring	X	10
Dreikönigqasse	Y	16
Fischergasse	Z	19
Fischerplätzle	Z	20
Friedrich-Ebert-Str.	Z	21
Gideon-Bacher-Str.	Y	23
Glöcklerstraße	Z	24
Herdbruckerstraße	Z	25
Hermann-Köhl-Str.	X	27
Hindenburgring	X	28
Hirschstraße	Y	29
König-Wilhelm-Str.	X	32
Kornhausgasse	Y	33
Krampgasse	Z	34
Kronengasse	Z	35
Ludwigstraße	X	37
Marienstraße	Z	38
Marktplatz	Z	39
Memminger Str.	X	40
Münsterplatz	Y	43
Neue Str.	Z	
Platzgasse	Y	
Römerstraße	X	49
Schuhhausgasse	Y	52
Schweinemarkt	Z	54
Schwilmengasse	Z	55
Schwörhausgasse	Z	56
Stadtmauer	Z	59
Stuttgarter Str.	X	61
Wiblinger Str.	X	62
Zinglerstraße	X	63

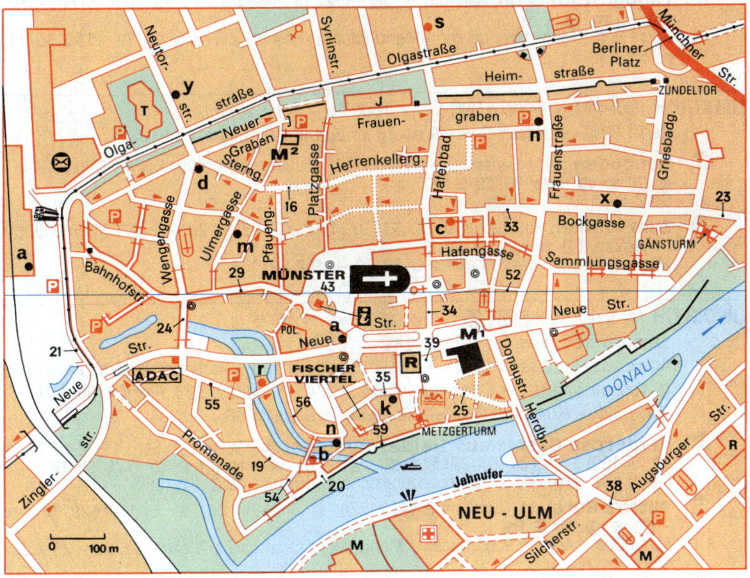

In Ulm-Grimmelfingen ④ : *5 km :*

Adler, Kirchstr. 12, ✉ 89081, ✆ (0731) 38 50 61, *Fax (0731) 382819*, – 20. AE E VISA
Menu *(Freitagabend - Samstag geschl.)* à la carte 35/53 – **36 Z** 120/170.

Hirsch, Schultheißenstr. 9, ✉ 89081, ✆ (0731) 93 79 30, *Fax (0731) 9379360*, « Gartenwirtschaft » – TV AE E VISA
24. Dez. - Mitte Jan. geschl. – **Menu** *(Dienstag geschl.)* à la carte 29/54 – **25 Z** 85/145.

In Ulm-Lehr ⑥ : *3 km* :

Engel, Loherstr. 35, ✉ 89081, ☎ (0731) 6 08 84, *Fax (0731) 610395,* – TV ☎ P – 35. AE ⓓ E VISA
Menu à la carte 28/65 – **46 Z** 108/180.

An der Autobahn A 8 - Ausfahrt Ulm-Ost ① : *8 km* :

Rasthaus Seligweiler, an der B 19, ✉ 89081 Ulm (Donau), ☎ (0731) 2 05 40, *Fax (0731) 2054400,* – TV ☎ P – 100. AE ⓓ E VISA JCB
Menu à la carte 24/46 – **118 Z** 89/158.

MICHELIN-REIFENWERKE KGaA. Regionale Vertriebsniederlassung ✉ 89079 Ulm, (Industriegebiet Donautal über ④) Dornierstr. 5 ☎ (0731) 9 46 24 13 Fax (0731) 9462424.

ULMET *Rheinland-Pfalz* 417 *R 6 – 800 Ew – Höhe 185 m.*

Berlin 663 – Mainz 98 – Saarbrücken 81 – Trier 92 – Kaiserslautern 31.

Felschbachhof , nahe der B 420 (W : 1 km), ✉ 66887, ☎ (06387) 91 10, *Fax (06387) 911234,* – TV ☎ P – 50. AE E VISA.
Menu à la carte 35/72 – **23 Z** 78/145.

ULRICHSTEIN *Hessen* 417 *O 11 – 3 600 Ew – Höhe 614 m – Erholungsort.*

Sehenswert : *Schloßruine ★.*

Berlin 471 – Wiesbaden 122 – Fulda 46 – Frankfurt am Mai 94 – Gießen 43 – Lauterbach 21.

Zur Traube, Marktstr. 1, ✉ 35327, ☎ (06645) 2 26, *Fax (06645) 397,* – TV P
Okt. 2 Wochen geschl. – **Menu** *(Montag geschl.)* à la carte 27/50 – **11 Z** 46/103.

Landgasthof Groh, Hauptstr. 1, ✉ 35327, ☎ (06645) 3 10, *Fax (06645) 8002,* – P – 30
Mitte Feb. - Mitte März geschl. – **Menu** *(Montag geschl.)* à la carte 29/52 – **13 Z** 55/115 – ½ P 23.

UMKIRCH *Baden-Württemberg* 419 *V 7 – 4 800 Ew – Höhe 207 m.*

Berlin 801 – Stuttgart 206 – Freiburg im Breisgau 8 – Colmar 41.

Heuboden garni, Gansacker 6a, ✉ 79224, ☎ (07665) 5 00 90, *Fax (07665) 500996* – TV ☎ P – 90. AE E VISA.
60 Z 85/130.

Zum Pfauen, Hugstetter Str. 2, ✉ 79224, ☎ (07665) 80 28, *Fax (07665) 51949,* – Zim, TV ☎ P. AE E
Menu *(Mittwoch geschl.)* à la carte 50/72 – **19 Z** 89/148.

UNDELOH *Niedersachsen* 415 416 *G 13 – 850 Ew – Höhe 75 m.*

Sehenswert : *Typisches Heidedorf★.*

Ausflugsziel : *Wilseder Berg★ ≤★ (SW : 5 km, nur zu Fuß oder mit Kutsche erreichbar).*

Verkehrsverein, Zur Dorfeiche 27, ✉ 21274, ☎ (04189) 3 33, Fax (04189) 507.

Berlin 327 – Hannover 113 – Hamburg 64 – Lüneburg 35.

Heiderose-Gästehaus Heideschmiede , Wilseder Str. 13, ✉ 21274, ☎ (04189) 3 11, *Fax (04189) 314,* – TV ☎ P – 50. E
Menu à la carte 31/67 *(auch vegetarische Gerichte)* – **49 Z** 105/180.

Witte's Hotel , Zum Loh 2, ✉ 21274, ☎ (04189) 2 00, *Fax (04189) 629,* – TV ☎ P. AE E VISA
Mitte Dez. - Anfang Feb. geschl. – **Menu** *(Montag geschl.)* à la carte 32/61 – **23 Z** 83/152.

Undeloher Hof-Gästehaus Uhlchen, Wilseder Str. 22, ✉ 21274, ☎ (04189) 4 57, *Fax (04189) 468* – TV ☎ P. Zim
Menu à la carte 32/61 – **21 Z** 80/160.

In Undeloh-Wesel *NW : 5 km* :

Heidelust , Weseler Dorfstr. 9, ✉ 21274, ☎ (04189) 2 72, *Fax (04189) 672,* – ☎ P – 20
Menu *(Nov. - März Donnerstag geschl.)* à la carte 26/58 – **26 Z** 63/140.

UNKEL *Rheinland-Pfalz* 417 *O 5 – 4 600 Ew – Höhe 58 m.*

Verkehrsamt, Linzer Str. 2, ✉ 53572, ✆ (02224) 33 09, Fax (02224) 10422.
Berlin 608 – Mainz 137 – Bonn 20 – Neuwied 28.

Weinhaus Zur Traube (mit Gästehaus Korf), Vogtsgasse 2, ✉ 53572, ✆ (02224) 33 15, *Fax (02224) 73362,* Rebengarten –
nur Hotel : Weihnachten - Neujahr und Feb. - März 4 Wochen geschl. – **Menu** *(Dienstag geschl., Montag, Mittwoch und Freitag nur Abendessen)* (Nov. - April nur Donnerstag - Sonntag ab 17 Uhr geöffnet) à la carte 28/70 – **12 Z** 68/120.

UNNA *Nordrhein-Westfalen* 417 *L 7 – 64 000 Ew – Höhe 96 m.*

Fröndenberg, Eulenstr. 58 (SO : 9 km), ✆ (02373) 7 64 89.
ADAC, *Friedrich-Ebert-Str. 7b, ✉ 59425, ✆ (02303) 1 27 85, Fax (02303) 15995.*
Berlin 476 – Düsseldorf 83 – Dortmund 21 – Soest 35.

Katharinen Hof Ⓜ, Katharinenplatz, ✉ 59423, ✆ (02303) 92 00, *Fax (02303) 920444,* , , – , Zim, – 80.
Menu à la carte 38/73 – **70 Z** 148/198.

Gut Höing garni (Gutshof a.d.15.Jh. mit Gästehaus), Auf dem Höing (hinter der Eissporthalle), ✉ 59425, ✆ (02303) 96 86 60, *Fax (02303) 9686650,* – – 25.
20. Dez. - 5. Jan. geschl. – **52 Z** 115/190.

Kraka, Gesellschaftsstr. 10, ✉ 59423, ✆ (02303) 2 20 22, *Fax (02303) 2410* –
Menu *(Sonntag geschl.)* à la carte 27/52 – **38 Z** 89/180.

Haus Kissenkamp, Hammer Str. 102 d (N : 2 km), ✉ 59425, ✆ (02303) 6 03 77, *Fax (02303) 63308,* – .
Dienstag geschl. – **Menu** à la carte 44/71.

UNTERBREIZBACH *Thüringen siehe Vacha.*

UNTERFÖHRING *Bayern siehe München.*

UNTERHACHING *Bayern siehe München.*

UNTERKIRNACH *Baden-Württemberg* 419 *V 9 – 3 100 Ew – Höhe 800 m – Luftkurort – Wintersport : 800/900 m .*

Verkehrsamt, Hauptstr. 5, ✉ 78089, ✆ (07721) 80 08 37, Fax (07721) 800840.
Berlin 750 – Stuttgart 122 – Freiburg im Breisgau 57 – Donaueschingen 25.

Rößle-Post, Hauptstr. 16, ✉ 78089, ✆ (07721) 5 45 21, *Fax (07721) 503026,* – .
Montag - Dienstag geschl. – **Menu** à la carte 37/64.

Zum Stadthof, Villinger Str. 3, ✉ 78089, ✆ (07721) 5 70 77, *Fax (07721) 58358,* – .
Donnerstag, Sonntagabend und Juli - Aug. 3 Wochen geschl. – **Menu** à la carte 42/81.

UNTERMEITINGEN *Bayern siehe Schwabmünchen.*

UNTERREICHENBACH *Baden-Württemberg* 419 *T 10 – 2 100 Ew – Höhe 525 m – Erholungsort.*

Berlin 672 – Stuttgart 62 – Karlsruhe 40 – Pforzheim 12 – Calw 14.

In Unterreichenbach-Kapfenhardt :

Mönchs Waldhotel Kapfenhardter Mühle , ✉ 75399, ✆ (07235) 79 00, *Fax (07235) 790190,* , , , , , – , Zim, – 70.
Menu à la carte 44/78 – **65 Z** 99/270 – ½ P 37.

Untere Kapfenhardter Mühle , ✉ 75399, ✆ (07235) 9 32 00, *Fax (07235) 7180,* , , – , Zim, – 70.
Ende Nov. - Anfang Dez. geschl. – **Menu** *(Nov. - Mitte April Dienstag geschl.)* à la carte 28/56 – **32 Z** 80/190 – ½ P 25.

Jägerhof , Hasenrain 1, ✉ 75399, ✆ (07235) 9 70 40, *Fax (07235) 970444,* , « Wildgehege », , – .
Nov. 1 Woche geschl. – **Menu** *(Montag geschl.)* à la carte 38/55 – **14 Z** 70/130 – ½ P 25.

UNTERSCHLEISSHEIM *Bayern* 419 420 *V 18 – 24 500 Ew – Höhe 474 m.*
Berlin 570 – München 17 – Regensburg 107 – Augsburg 69 – Ingolstadt 62 – Landshut 60.

Victor's Residenz-Hotel, Keplerstr. 14, ✉ 85716, ✆ (089) 3 21 03 09, *Fax (089) 32103899*, – , Zim, – 110.
Rest
Menu à la carte 32/75 – **209 Z** 155/355.

Mercure garni, Rathausplatz 8, ✉ 85716, ✆ (089) 3 10 20 34, *Fax (089) 3173596*, – – 40.
57 Z 167/268.

Alter Wirt, Hauptstr. 36, ✉ 85716, ✆ (089) 3 10 66 28, *Fax (089) 3171691*, Biergarten, « Stilvolle, individuelle Zimmereinrichtung » – – 50.
Menu *(Samstagmittag geschl.)* à la carte 37/63 – **10 Z** 125/195.

UNTERWÖSSEN *Bayern* 420 *W 21 – 3 000 Ew – Höhe 600 m – Luftkurort – Wintersport : 600/900 m 5.*
Verkehrsamt, Rathausplatz 1, ✉ 83246, ✆ (08641) 82 05, Fax (08641) 978926.
Berlin 688 – München 99 – Bad Reichenhall 52 – Traunstein 29 – Rosenheim 40.

Astrid garni, Wendelweg 17, ✉ 83246, ✆ (08641) 9 78 00, *Fax (08641) 63208*, , – .
Nov. geschl. – **20 Z** 90/180.

Zum Bräu, Hauptstr. 70, ✉ 83246, ✆ (08641) 9 75 60, *Fax (08641) 975650*, – . Zim
Anfang Nov. - Anfang Dez. geschl. – **Menu** *(Montag geschl.)* à la carte 26/61 – **31 Z** 80/150 – ½ P 28.

UPLENGEN *Niedersachsen* 415 *G 7 – 9 300 Ew – Höhe 10 m.*
Berlin 473 – Hannover 206 – Emden 53 – Oldenburg 38 – Wilhelmshaven 48.

In Uplengen-Südgeorgsfehn *S : 10 km ab Remels :*

Ostfriesischer Fehnhof, Südgeorgsfehner Str. 85, ✉ 26670, ✆ (04489) 27 79, *Fax (04489) 3541*, – .
Montag - Dienstag geschl., Mittwoch - Freitag nur Abendessen – **Menu** (Tischbestellung ratsam) à la carte 29/70.

URACH, BAD *Baden-Württemberg* 419 *U 12 – 12 600 Ew – Höhe 465 m – Heilbad und Luftkurort.*
Kurverwaltung, Haus des Gastes, Bei den Thermen 4, ✉ 72574, ✆ (07125) 9 43 20, Fax (07125) 943222.
Berlin 660 – Stuttgart 45 – Reutlingen 19 – Ulm (Donau) 56.

Graf Eberhard, Bei den Thermen 2, ✉ 72574, ✆ (07125) 14 80, *Fax (07125) 8214*, – , Zim, – 50.
Menu à la carte 37/80 – **80 Z** 145/270 – ½ P 34.

Frank Vier Jahreszeiten (mit Gästehaus), Stuttgarter Str. 5, ✉ 72574, ✆ (07125) 9 43 40, *Fax (07125) 943494* – – 30.
Menu à la carte 33/60 – **45 Z** 96/185 – ½ P 28.

Breitenstein garni, Eichhaldestr. 111, ✉ 72574, ✆ (07125) 9 49 50, *Fax (07125) 949510*, ≤, Massage, , , , –
16 Z 75/158.

Bächi garni, Olgastr. 10, ✉ 72574, ✆ (07125) 9 46 90, *Fax (07125) 946969*, (geheizt), – .
16 Z 70/125.

URBACH *Baden-Württemberg siehe Schorndorf.*

URSENSOLLEN *Bayern siehe Amberg.*

USEDOM (Insel) *Mecklenburg-Vorpommern* 416 *E 25 – Seebad – Östlichste und zweitgrößte Insel Deutschlands, durch Brücken mit dem Festland verbunden.*
Sehenswert : *Gesamtbild★ der Insel mit Badeorten★ Bansin, Heringsdorf, Ahlbeck(Seebrücke★) – Mellenthin (Innenausstattung der Dorfkirche★).*
Neppermin-Balm, Drewinscher Weg 1, ✆ (03621) 4 52 40.
Ab Zinnowitz : Berlin 220 – Schwerin 201 – Neubrandenburg 81 – Rügen (Bergen) 100 – Stralsund 74 – Rostock 136.

Ahlbeck – *3 200 Ew – Seebad.*
Kurverwaltung, Dünenstr. 45, 17419, (038378) 2 44 14, Fax (038378) 24418.

Romantik Seehotel Ahlbecker Hof M, Dünenstr. 47, 17419, (038378) 6 20, *Fax (038378) 62100*, « Modernisiertes klassizistisches Badehotel ; Badelandschaft », Massage, – – 20. AE E VISA
Menu à la carte 44/66 – **48 Z** 200/400 – ½ P 50.

Ostende M, Dünenstr. 24, 17419, (038378) 5 10, *Fax (038378) 51403*, – – 30. AE E VISA. Rest
6. Jan. - 3. Feb. geschl. – **Menu** à la carte 40/60 – **27 Z** 140/295 – ½ P 38.

Kastell M, Dünenstr. 3, 17419, (038378) 4 70 10, *Fax (038378) 470119*, – , Zim, – 20. AE E VISA
Menu à la carte 49/76 – **35 Z** 165/370, 30 Suiten – ½ P 45.

Villa Auguste Viktoria M, Bismarckstr. 1, 17419, (038378) 24 10, *Fax (038378) 24144*, « Renovierte Jugendstil-Villa », – . AE E VISA
Nov. geschl. – **Menu** (abends Tischbestellung ratsam) à la carte 34/60 – **16 Z** 140/210, 4 Suiten – ½ P 35.

Ostseehotel, Dünenstr. 41, 17419, (038378) 6 00, *Fax (038378) 60100* – – 60. AE E VISA. Rest
März - Okt. – **Menu** à la carte 27/53 – **82 Z** 170/240 – ½ P 28.

Strandhotel, Dünenstr. 19, 17419, (038378) 5 20, *Fax (038378) 30101*, – – 80. AE E VISA. Rest
Menu à la carte 37/48 – ***La Mer*** (abends Tischbestellung ratsam) *(Montag - Freitag nur Abendessen)* **Menu** à la carte 42/71 – **100 Z** 140/250, 10 Suiten – ½ P 35.

Villa Strandrose garni, Dünenstr. 18, 17419, (038378) 2 81 82, *Fax (038378) 28194*, – .
19 Z 200/230.

Seeperle, Dünenstr. 38, 17419, (038378) 25 50, *Fax (038378) 25555*, –
Menu *(außer Saison Montag geschl.)* à la carte 25/50 – **14 Z** 90/190 – ½ P 20.

Bansin – *2 500 Ew – Seebad.*
Kurverwaltung, Haus des Gastes, Strandprommenade, 17429, (038378) 4 70 50, Fax (038378) 470515.

Zur Post M, Seestr. 5, 17429, (038378) 5 60, *Fax (038378) 56220*, « Haus im Stil der Seebäder-Architektur », – – 80. E VISA
Menu à la carte 33/55 – **61 Z** 113/218 – ½ P 28.

Romantik Strandhotel Atlantic, Strandpromenade 18, 17429, (038378) 6 05, *Fax (038378) 60600*, « Restaurierte Jugendstil-Villa » – . AE E VISA
Menu *(Montag - Freitag nur Abendessen)* à la carte 33/56 – **26 Z** 170/280 – ½ P 40.

Forsthaus Langenberg, Strandpromenade 36 (NW : 2km, Zufahrt über Waldstraße), 17429, (038378) 3 21 11, *Fax (038378) 29102*, – . AE E VISA
Menu à la carte 27/62 – **41 Z** 115/175 – ½ P 20.

Heringsdorf – *3 500 Ew – Seebad.*
Kurverwaltung, Kulmstr. 33, 17424, (038378) 24 51, Fax (038378) 2454.

Maritim Hotel Kaiserhof M, Kulmstr. 33, 17424, (038378) 6 50, *Fax (038378) 65800*, – , Zim, Rest, – 90. AE E VISA JCB. Rest
Menu à la carte 48/64 – **134 Z** 199/368 – ½ P 40.

Upstalsboom Hotel Ostseestrand M, Eichenweg 4, 17424, (038378) 6 30, *Fax (038378) 63444*, – – 70. AE E VISA
Menu à la carte 36/65 – **102 Z** 153/294 – ½ P 32.

Strandhotel Ostseeblick M, Kulmstr. 28, 17424, (038378) 5 40, *Fax (038378) 54299*, « Panorama-Restaurant mit Ostsee », – , Zim, – 30. AE E VISA
Menu à la carte 45/69 – **61 Z** 165/320, 3 Suiten – ½ P 34.

Oasis, Strandpromenade/Puschkinstr. 10, 17424, (038378) 26 50, *Fax (038378) 26599*, « Gründerzeitvilla mit modern-eleganter Einrichtung », – . VISA. Rest
Menu à la carte 39/79 – **18 Z** 190/350 – ½ P 38.

Pommerscher Hof, Seestr. 41, 17424, (038378) 6 10, *Fax (038378) 61100* – – 70. AE E VISA. Rest
Menu à la carte 26/44 – **95 Z** 155/210 – ½ P 26.

Hubertus, Grenzstr. 1, ✉ 17424, ☎ (038378) 2 29 71, *Fax (038378) 32310*, – Zim, – 25. AE E VISA
Menu à la carte 25/44 – **25 Z** 135/235 – ½ P 30.

Wald und See, Rudolf-Breitscheid-Str. 8, ✉ 17424, ☎ (038378) 3 14 16, *Fax (038378) 22511*, – .– 45. AE E VISA. Rest
Menu (nur Abendessen) à la carte 29/45 – **43 Z** 120/210 – ½ P 25.

Korswandt – *500 Ew.*

Idyll Am Wolgastsee, Hauptstr. 9, ✉ 17419, ☎ (038378) 2 21 16, *Fax (038378) 22546*, , , – . AE E VISA
Menu à la carte 27/50 – **19 Z** 100/190 – ½ P 25.

Loddin – *1 000 Ew – Seebad.*

In Loddin-Kölpinsee

Strandhotel Seerose M, Strandstr. 1, ✉ 17459, ☎ (038375) 5 40, *Fax (038375) 54199*, , , , – , Zim, – 60. E VISA
Menu à la carte 32/59 – **57 Z** 155/325 – ½ P 28.

Neppermin – *370 Ew – Höhe 7 m.*

In Neppermin-Balm : *N : 2,5 km :*

Golfhotel Balmer See, Drewinscher Weg 1, ✉ 17429, ☎ (038379) 2 80, *Fax (038379) 28222*, , , , , – Zim, – 35. AE E VISA. Rest
Menu à la carte 49/82 – **90 Z** 155/250, 21 Suiten – ½ P 42.

Trassenheide – *850 Ew.*

Fremdenverkehrsamt, Strandstr. 36, ✉ 17449, ☎ (038371) 2 09 28, Fax (038371) 20913.

Waldhof Hotel, Forststr. 9, ✉ 17449, ☎ (038371) 5 00, *Fax (038371) 20561* – Zim, . AE E VISA. Rest
Menu à la carte 26/40 – **80 Z** 120/180 – ½ P 25.

Zempin – *800 Ew – Seebad.*

Fremdenverkehrsamt, Fischerstr. 1, ✉ 17459, ☎ (038377) 4 21 62, Fax (038377) 42162.

Wikinger, Seestr.6, ✉ 17459, ☎ (038377) 7 50, *Fax (038377) 75115*, , , –
Menu à la carte 26/39 – **58 Z** 90/148 – ½ P 20.

Zinnowitz – *3 800 Ew – Seebad.*

Kurverwaltung, Möwenstr. 1, ✉ 17454, ☎ (038377) 7 31 15, Fax (038377) 42229.

Asgard M, Dünenstr. 20, ✉ 17454, ☎ (038377) 46 70, *Fax (038377) 467124*, – . AE E VISA
Menu à la carte 32/66 – **34 Z** 125/220 – ½ P 28.

Kormoran, Dünenstr. 14, ✉ 17454, ☎ (038377) 45 40, *Fax (038377) 40704*, – . AE E VISA
Menu à la carte 43/70 – **17 Z** 120/260 – ½ P 35.

Dünenschloß garni, Neue Strandstr. 27, ✉ 17454, ☎ (038377) 7 90, *Fax (038377) 79259*, – . E VISA. – **32 Z** 100/180 – ½ P 20.

USINGEN *Hessen* 417 *O 9 – 12 500 Ew – Höhe 270 m.*

Berlin 520 – Wiesbaden 62 – Frankfurt am Main 35 – Gießen 41 – Limburg an der Lahn 41.

Walkmühle, Walkmühle 1 (B 275) O : 2 km, ✉ 61250, ☎ (06081) 20 94, *Fax (06081) 16809*, – . AE E VISA
Menu *(Mittwoch geschl.)* (wochentags nur Abendessen) à la carte 41/68 – **11 Z** 90/140.

USLAR *Niedersachsen* 417 418 *L 12 – 17 300 Ew – Höhe 173 m – Erholungsort.*

Touristik-Information, Altes Rathaus, Lange Str. 1, ✉ 37170, ☎ (05571) 50 51, Fax (05571) 6295.

Berlin 352 – Hannover 133 – Kassel 60 – Göttingen 39 – Braunschweig 120.

Romantik Hotel Menzhausen, Lange Str. 12, ✉ 37170, ☎ (05571) 9 22 30, *Fax (05571) 922330*, « Reich verzierte 400-jährige Fachwerkfassade », , , – – 90. AE E VISA
Menu à la carte 55/74 – **40 Z** 115/320 – ½ P 40.

In Uslar-Fürstenhagen *S : 12 km :*

Landgasthaus Zur Linde, Ahornallee 32, ✉ 37170, ✆ (05574) 3 22, *Fax (05574) 344*, – – 20
Menu *(Mittwoch geschl.)* à la carte 24/40 – **27 Z** 45/96 – ½ P 20.

In Uslar-Schönhagen *NW : 7 km – Erholungsort :*

Fröhlich-Höche, Amelither Str. 6 (B 241), ✉ 37170, ✆ (05571) 26 12, *Fax (05571) 2612*, – – 30
Feb. - März 3 Wochen geschl. – **Menu** *(Mittwoch geschl.)* à la carte 23/49 – **15 Z** 45/100 – ½ P 17.

In Uslar-Volpriehausen *O : 8 km :*

Landhotel am Rothenberg, Rothenbergstr. 4, ✉ 37170, ✆ (05573) 95 90, *Fax (05573) 1564*, – – 150. VISA
20. Dez. - 20. Jan. geschl. – **Menu** à la carte 32/53 – **80 Z** 90/200 – ½ P 15.

UTTING AM AMMERSEE *Bayern 419 420 V 17 – 2 900 Ew – Höhe 554 m.*

Berlin 625 – München 47 – Augsburg 61 – Landsberg am Lech 24.

In Utting-Holzhausen :

Sonnenhof, Ammerseestr. 1, ✉ 86919, ✆ (08806) 9 23 30, *Fax (08806) 2789*, – – 35. VISA
Menu *(Dienstag geschl.)* à la carte 29/59 – **30 Z** 110/220.

Wittelsbacher Hof, Bahnhofsplatz 6, ✉ 86919, ✆ (08806) 9 20 40, *Fax (08806) 2799*, Biergarten, Rest, – 35
Jan. geschl. – **Menu** *(Montagmittag und Mittwoch geschl.)* à la carte 25/40 – **22 Z** 80/160 – ½ P 20.

VACHA *Thüringen 418 N 14 – 6 800 Ew – Höhe 225 m.*

Fremdenverkehrsbüro, Markt 4, ✉ 36404, ✆ (036962) 2 61 11, Fax (036962) 26117.
Berlin 391 – Erfurt 100 – Kassel 100 – Bad Hersfeld 26 – Fulda 48.

Adler, Markt 1, ✉ 36404, ✆ (036962) 26 50, *Fax (036962) 26547*, – Zim, – 60. AE VISA. Rest
Menu à la carte 24/42 – **24 Z** 85/160.

In Unterbreizbach-Sünna *SW : 5 km :*

Kelten-Wald-Hotel Goldene Aue, ✉ 36404, ✆ (036962) 26 70, *Fax (036962) 26777*, – – 30. VISA
Menu à la carte 26/48 – **26 Z** 78/180.

VAIHINGEN AN DER ENZ *Baden-Württemberg 419 T 10 – 23 000 Ew – Höhe 245 m.*

Berlin 633 – Stuttgart 28 – Heilbronn 54 – Karlsruhe 56 – Pforzheim 21.

Post M garni, Franckstr. 23, ✉ 71665, ✆ (07042) 9 53 10, *Fax (07042) 953144* – . VISA.
20. Dez. - 10. Jan. geschl. – **35 Z** 95/150.

In Vaihingen-Horrheim *NO : 7 km :*

Lamm M, Klosterbergstr. 45, ✉ 71665, ✆ (07042) 8 32 20, *Fax (07042) 832250*, – – 50. AE VISA. Zim
Menu *(Sonntagabend geschl.)* à la carte 59/80 – **23 Z** 105/195.

In Vaihingen-Roßwag *W : 4 km :*

Krone, Kronengäßle 1, ✉ 71665, ✆ (07042) 2 40 36, *Fax (07042) 24114*,
Mittwoch - Donnerstag und Juli - Aug. 3 Wochen geschl. – **Menu** à la carte 42/71.

VALLENDAR *Rheinland-Pfalz 417 O 6 – 8 000 Ew – Höhe 69 m.*

Berlin 590 – Mainz 104 – Koblenz 13 – Bonn 55 – Limburg an der Lahn 43.

Die Traube, Rathausplatz 12, ✉ 56179, ✆ (0261) 6 11 62, « Fachwerkhaus a.d.J. 1647 » – VISA
Samstagmittag, Dienstag und über Karneval geschl. – **Menu** (Tischbestellung ratsam) à la carte 42/65.

VANSELOW *Mecklenburg-Vorpommern siehe Demmin.*

VAREL *Niedersachsen* 415 *F 8 – 24 300 Ew – Höhe 10 m.*
Berlin 461 – Hannover 204 – Bremen 75 – Wilhelmshaven 25 – Oldenburg 34.

Schienfatt (mit Heimatmuseum), Neumarktplatz 3, ✉ 26316, ✆ (04451) 47 61, *Fax (04451) 4761,* « Gemütliche Gaststuben mit historischer Bildersammlung » – E *Montag und Juli - Aug. 3 Wochen geschl.* – **Menu** (wochentags nur Abendessen) à la carte 44/72.

In Varel-Dangast *NW : 7 km :*

Graf Bentinck, Dauenser Str. 7, ✉ 26316, ✆ (04451) 13 90, *Fax (04451) 139222,* – Zim, – 60. AE E VISA. Rest
Menu à la carte 36/64 – **42 Z** 130/190.

In Varel-Obenstrohe *SW : 4,5 km :*

Waldschlößchen Mühlenteich, Mühlteichstr. 78, ✉ 26316, ✆ (04451) 92 10, *Fax (04451) 921100,* , Massage, , , , – – 80. E VISA.
Entenblick : **Menu** à la carte 35/72 – ***Farmerstube*** *(nur Abendessen)* **Menu** à la carte 30/61 – **52 Z** 110/290.

Landgasthof Haßmann, Wiefelsteder Str. 71, ✉ 26316, ✆ (04451) 9 67 60, *Fax (04451) 967630,* Biergarten – – 100
Menu à la carte 25/51 – **13 Z** 60/100.

VATERSTETTEN *Bayern* 420 *V 19 – 20 000 Ew – Höhe 528 m.*
Berlin 596 – München 21 – Landshut 76 – Passau 160 – Salzburg 138.

In Vaterstetten-Neufarn *NO : 7,5 km :*

Stangl (mit Gasthof), Münchener Str. 1, ✉ 85646 Neufarn, ✆ (089) 90 50 10, *Fax (089) 90501363,* Biergarten, « Ehemaliger Gutshof mit Jugendstileinrichtung » – – 40. AE E VISA
Menu à la carte 32/66 – **60 Z** 110/260.

Landhotel Anderschitz garni, Münchener Str. 13, ✉ 85646 Neufarn, ✆ (089) 9 03 51 17, *Fax (089) 9045560* – . E
23. Dez. - 7. Jan. geschl. – **27 Z** 95/150.

In Vaterstetten-Parsdorf *N : 4,5 km :*

Erb garni (mit Gästehaus), Posthalterring 1 (Gewerbegebiet, Nähe BAB Ausfahrt), ✉ 85599 Parsdorf, ✆ (089) 99 11 00, *Fax (089) 99110155,* – – 20. AE E VISA
62 Z 110/195.

VECHTA *Niedersachsen* 415 *H 8 – 24 000 Ew – Höhe 37 m.*
Welpe 2, ✆ (04441) 8 21 68.
Berlin 412 – Hannover 124 – Bremen 69 – Oldenburg 49 – Osnabrück 61.

Igelmann garni, Lohner Str. 22, ✉ 49377, ✆ (04441) 50 66, *Fax (04441) 4342* – . AE E VISA
20 Z 90/130.

Schäfers, Große Str. 115, ✉ 49377, ✆ (04441) 9 28 30, *Fax (04441) 928330* – . AE E VISA
Menu *(Freitag geschl.)* (wochentags nur Abendessen) à la carte 30/49 – **17 Z** 89/122.

VEITSHÖCHHEIM *Bayern* 417 419 420 *Q 13 – 9 400 Ew – Höhe 178 m.*
Sehenswert : *Rokoko-Hofgarten★.*
Tourist-Information, Rathaus, Erwin-Vornberger-Platz, ✉ 97209, ✆ (0931) 9 80 27 40, Fax (0931) 9802742.
Berlin 506 – München 287 – Würzburg 11 – Karlstadt 17.

Weißes Lamm, Kirchstr. 24, ✉ 97209, ✆ (0931) 9 80 23 00, *Fax (0931) 9802499,* – Zim, – 80. AE E VISA
Menu *(Sonntagabend - Montag geschl.)* à la carte 28/57 – **54 Z** 110/165.

Hotel am Main garni, Untere Maingasse 35, ✉ 97209, ✆ (0931) 9 80 40, *Fax (0931) 9804121,* – . AE E VISA
20. Dez. - 8. Jan. geschl. – **36 Z** 100/160.

Spundloch, Kirchstr. 19, 97209, (0931) 9 12 13, *Fax (0931) 98917*, – .
Menu à la carte 28/63 – **9 Z** 105/145.

Ratskeller, Erwin-Vornberger-Platz, 97209, (0931) 98 09 40, *Fax (0931) 9809430*, – – 25.
Jan. 2 Wochen geschl. – **Menu** *(Okt. - April Montag geschl.)* à la carte 28/49 – **8 Z** 99/149.

Café Müller garni, Thüngersheimer Str. 8, 97209, (0931) 98 06 00, *Fax (0931) 91506* – .
21 Z 90/155.

VEITSRODT *Rheinland-Pfalz siehe Idar-Oberstein.*

VELBERT *Nordrhein-Westfalen* 417 *L 5 – 90 000 Ew – Höhe 260 m.*

Tourist-Information, Pavillon am Denkmal, Friedrichstr. 181a, 42551, (02051) 95 89 90, Fax (02051) 95 89 40.

Berlin 544 – Düsseldorf 41 – Essen 16 – Wuppertal 19.

Queens Hotel Velbert, Günther-Weisenborn-Str. 7, 42549, (02051) 49 20, *Fax (02051) 492175*, « Terrasse, Park », – , Zim, – 60.
Menu *(Sonntagabend geschl.)* à la carte 43/67 – **81 Z** 224/286.

In Velbert-Langenberg *O : 5 km :*

Deilbachmühle, Deilbachstr. 254 (NO : 3 km), 42553, (02052) 67 97, *Fax (02052) 3147*, , « Gartenanlage mit Teich », , – . Rest
Menu *(Montag - Dienstag geschl.)* à la carte 48/82 – **15 Z** 115/240.

Rosenhaus, Hauptstr. 43, 42555, (02052) 30 45, *Fax (02052) 1094*, – – 30.
Jan. 1 Woche und Juli - Aug. 3 Wochen geschl. – **Menu** à la carte 35/64 – **14 Z** 115/180.

In Velbert-Neviges *SO : 4 km :*

Haus Stemberg, Kuhlendahler Str. 295, 42553, (02053) 56 49, *Fax (02053) 40785*, – .
Donnerstag - Freitag, März - April 2 Wochen und Juli - Aug. 3 Wochen geschl. – **Menu** (abends Tischbestellung erforderlich) 37/89 und à la carte 40/80.

VELBURG *Bayern* 419 420 *S 19 – 4 700 Ew – Höhe 516 m.*

Berlin 474 – München 144 – Regensburg 58 – Nürnberg 60.

In Velburg-Lengenfeld *W : 3 km :*

Winkler Bräustüberl, St.-Martin-Str. 6, 92355, (09182) 1 70, *Fax (09182) 17110*, Biergarten, , – – 60.
4. - 10. Jan. und über Fasching geschl. – **Menu** à la carte 26/57 – **57 Z** 95/149.

VELEN *Nordrhein-Westfalen* 417 *K 4 – 11 300 Ew – Höhe 55 m.*

Berlin 525 – Düsseldorf 90 – Bocholt 30 – Enschede 54 – Münster (Westfalen) 52.

Sportschloss Velen, 46342, (02863) 20 30, *Fax (02863) 203788*, , , , , (Halle) – , Zim, – 110. . Rest
23. - 27. Dez. geschl. – **Menu** *(Sonntagabend geschl.)* à la carte 47/70 – **111 Z** 215/400.

VELLBERG *Baden-Württemberg* 419 420 *S 13 – 3 900 Ew – Höhe 369 m – Erholungsort.*

Sehenswert : *Pfarrkirche St. Martin ★.*

Berlin 546 – Stuttgart 88 – Aalen 49 – Schwäbisch Hall 13.

Schloß Vellberg (mit Gästehäusern), Im Städtle 31, 74541, (07907) 87 60, *Fax (07907) 87658*, , , « Schloßkapelle, Kaminzimmer, Rittersaal », – – 30.
Menu à la carte 49/79 – **50 Z** 110/195 – ½ P 36.

In Vellberg-Eschenau *SO : 1,5 km :*

Rose, Ortsstr. 13, ✉ 74541, ☎ (07907) 22 94, *Fax (07907) 8569* – P. VISA
Montag - Dienstagmittag, über Karneval und Aug. jeweils 2 Wochen geschl. – **Menu** à la carte 37/61.

VERDEN (Aller) *Niedersachsen 415 H 11 – 28 000 Ew – Höhe 25 m.*

Verden-Walle (N : 6 km), ☎ (04230) 14 70.

Tourist-Information, Ostertorstr. 7a, ✉ 27283, ☎ (04231) 1 23 17, Fax (04231) 12345.

Berlin 354 – Hannover 95 – Bremen 43 – Rotenburg (Wümme) 25.

Höltje M, Obere Str. 13, ✉ 27283, ☎ (04231) 89 20, *Fax (04231) 892111*, – Zim, P – 40. VISA. Rest
Menu à la carte 40/77 *(auch vegetarische Gerichte)* – **60 Z** 115/265.

Haag's Hotel Niedersachsenhof, Lindhooper Str. 97, ✉ 27283, ☎ (04231) 66 60, *Fax (04231) 64875*, – P – 400. VISA
Menu à la carte 33/63 *(auch vegetarische Gerichte)* – **82 Z** 105/180.

Parkhotel, Bremer Str. 48 (B 215), ✉ 27283, ☎ (04231) 76 50, *Fax (04231) 76545*, – P – 200. VISA
Menu à la carte 33/69 – **41 Z** 95/180.

Pades Restaurant, Anita-Augspurg-Platz 7, ✉ 27283, ☎ (04231) 30 60, *Fax (04231) 81043* – VISA
Sonntag - Montag, Anfang Jan. 2 Wochen und Juli - Aug. 3 Wochen geschl. – **Menu** (nur Abendessen) à la carte 69/94 – ***Bistro* : Menu** à la carte 40/62
Spez. Salat von Weißwürsten, Kalbszunge und Stubenküken mit Avocado. Lauwarme Scheiben vom Kalbstafelspitz mit Spinat und Zwiebelgemüse. Erdbeer-Pfirsich-Canttucci-Tirami-Su mit Rote Grütze-Sorbet.

In Verden-Dauelsen *N : 2 km :*

Landhaus Hesterberg, Hamburger Str. 27 (B 215), ✉ 27283, ☎ (04231) 7 39 49, « Restauriertes Fachwerkhaus a.d. 17. Jh. » – P.
Sonntag - Montagmittag, Jan. - Feb. und Juni - Juli jeweils 2 Wochen geschl. – **Menu** à la carte 42/69.

In Verden-Walle *N : 5 km :*

Quellengrund garni, Waller Heerstr. 73, ✉ 27283, ☎ (04230) 9 30 20, *Fax (04230) 930233* – P. VISA
20. Dez. - Anfang Jan. geschl. – **17 Z** 75/135.

In Dörverden *S : 10 km :*

Pfeffermühle (mit Gästehaus), Große Str. 70 (B 215), ✉ 27313, ☎ (04234) 22 31, *Fax (04234) 2150*, – P – 15. VISA JCB
Menu à la carte 35/71 – **17 Z** 75/220.

VERL *Nordrhein-Westfalen 417 K 9 – 20 500 Ew – Höhe 91 m.*

Berlin 413 – Düsseldorf 152 – Bielefeld 19 – Gütersloh 11 – Lippstadt 36 – Paderborn 31.

Landhotel Altdeutsche M, Sender Str. 23, ✉ 33415, ☎ (05246) 96 60, *Fax (05246) 966299*, – Zim, Rest, P – 120. VISA
Blaue Donau *(Sonntagabend geschl.)* **Menu** à la carte 45/74 – ***Altdeutsche Gaststätte* : Menu** à la carte 30/58 – **45 Z** 110/195.

Papenbreer M garni, Gütersloher Str. 82, ✉ 33415, ☎ (05246) 9 20 40, *Fax (05246) 920420* – P
18 Z 80/130.

VERSMOLD *Nordrhein-Westfalen 415 417 J 8 – 18 700 Ew – Höhe 70 m.*

Versmold, Schultenallee 1 (SW : 2 km), ☎ (05423) 4 28 82.

Berlin 415 – Düsseldorf 165 – Bielefeld 33 – Münster (Westfalen) 44 – Osnabrück 33.

Altstadthotel, Wiesenstr. 4, ✉ 33775, ☎ (05423) 95 20, *Fax (05423) 43149*, – P – 150. VISA
Menu *(Sonntagabend geschl.)* à la carte 42/75 – **40 Z** 136/192.

Froböse, Gestermannstr. 15, ✉ 33775, ☎ (05423) 9 48 20, *Fax (05423) 948250*, Biergarten, – Zim, P – 30. VISA
23. - 31. Dez. geschl. – **Menu** (nur Abendessen) à la carte 29/59 – **29 Z** 98/160.

In Versmold-Bockhorst *NO : 6 km :*

Alte Schenke mit Zim, An der Kirche 3, ✉ 33775, ☎ (05423) 9 42 80, *Fax (05423) 942828* – TV ☎ P. AE E VISA
Menu *(Montag, Jan. - März und Juli - Okt. auch Dienstag geschl.)* (wochentags nur Abendessen) à la carte 42/72 – **3 Z** 85/170.

VETSCHAU *Brandenburg* 418 *K 26 – 9 200 Ew – Höhe 40 m.*
Berlin 105 – Potsdam 122 – Cottbus 24 – Dresden 113 – Frankfurt (Oder) 84.

Ratskeller, Am Markt 5, ✉ 03226, ☎ (035433) 5 10, *Fax (035433) 70387*, Biergarten, – TV ☎ P – 60. AE E VISA. Rest
Menu à la carte 34/60 – **38 Z** 118/235.

VIECHTACH *Bayern* 420 *S 22 – 8 500 Ew – Höhe 450 m – Luftkurort – Wintersport :*
Tourist-Information, Stadtplatz 1, ✉ 94234, ☎ (09942) 8 08 25, Fax (09942) 6151.
Berlin 507 – München 174 – Passau 81 – Cham 27 – Deggendorf 31.

Schmaus, Stadtplatz 5, ✉ 94234, ☎ (09942) 9 41 60, *Fax (09942) 941630*, – TV ☎ P – 150. AE E VISA JCB. Rest
6. Jan. - 5. Feb. geschl. – **Menu** à la carte 26/63 – **41 Z** 99/200.

In Viechtach-Neunußberg *NO : 10 km Richtung Lam, in Wiesing rechts ab :*

Burghotel Neunußberg garni, Neunußberg 35, ✉ 94234, ☎ (09942) 80 50, *Fax (09942) 805200*, – TV ☎ P
15. Nov. - 15. Dez. geschl. – **36 Z** 78/146.

Burggasthof Sterr, Neunußberg 15, ✉ 94234, ☎ (09942) 96 10, *Fax (09942) 961229*, – TV P. E VISA –
15. Nov. - 15. Dez. geschl. – **Menu** à la carte 22/45 – **21 Z** 66/112 – ½ P 18.

VIERNHEIM *Hessen* 417 419 *R 9 – 32 000 Ew – Höhe 100 m.*
Siehe Stadtplan Mannheim-Ludwigshafen.
Vietnheim, Alte Mannheimer Straße 3, ☎ (06204) 7 87 37.
Berlin 608 – Wiesbaden 82 – Mannheim 11 – Darmstadt 47 – Heidelberg 21.

Continental Hotel M, Bürgermeister-Neff-Str. 12 (Rhein-Neckar-Zentrum), ✉ 68519, ☎ (06204) 60 90, *Fax (06204) 609222*, – Zim, TV P – 150. AE E VISA JCB DU r
Menu à la carte 39/66 – **122 Z** 183/233.

Central-Hotel garni, Hölderlinstr. 2, ✉ 68519, ☎ (06204) 9 64 20, *Fax (06204) 964299*, – TV ☎ P – 25. AE E VISA DU n
29 Z 98/180, 8 Suiten.

Am Kapellenberg garni, Mannheimer Str. 59, ✉ 68519, ☎ (06204) 7 70 77, *Fax (06204) 65978* – TV ☎ P. E VISA DU e
18 Z 94/124.

In Viernheim-Neuzenlache *über die A 659 DU, Ausfahrt Viernheim-Ost :*

Pfeffer und Salz, Neuzenlache 10, ✉ 68519, ☎ (06204) 7 70 33, *Fax (06204) 77035*, – P. AE
Samstagmittag, Sonntag - Montag, Dez. nur Sonntag, Mitte Aug. - Anfang Sept. und Ende Dez. - Anfang Jan. geschl. – **Menu** (Tischbestellung ratsam, bemerkenswerte Weinkarte) à la carte 83/118
Spez. Terrinen. Gänseleber süß-sauer. Wild- und Fischgerichte (Saison).

VIERSEN *Nordrhein-Westfalen* 417 *M 3 – 77 000 Ew – Höhe 41 m.*
Berlin 592 – Düsseldorf 34 – Krefeld 20 – Mönchengladbach 10 – Venlo 23.

Kaisermühle (ehemalige Mühle), An der Kaisermühle 20, ✉ 41747, ☎ (02162) 2 49 02 40, *Fax (02162) 24902424*, – TV ☎ P. AE E VISA
Menu à la carte 38/70 – **12 Z** 158/233.

Stadtwappen mit Zim, Gladbacher Str. 143 (B 59), ✉ 41747, ☎ (02162) 3 20 11, *Fax (02162) 31414* – TV ☎ P. E
Juli - Aug. 3 Wochen geschl. – **Menu** *(Samstagmittag und Montag geschl.)* à la carte 33/64 – **7 Z** 80/140.

In Viersen-Dülken *W : 5,5 km :*

Cornelius garni, Rheindahlener Str. 3, ✉ 41751, ☎ (02162) 43 03, *Fax (02162) 42828* – TV ☎ P – 20. AE E VISA
23. Dez. - 3. Jan. geschl. – **29 Z** 98/168.

In Viersen-Süchteln *NW : 4,5 km :*

Höhen-Hotel-Gehring (ehem. Villa), Hindenburgstr. 67, ✉ 41749, ✆ (02162) 72 77, *Fax (02162) 80359*, ... AE ⊕ E VISA.
Petit Chateau (Tischbestellung erforderlich) *(Sonntag und Feb. geschl., nur Abendessen)* **Menu** à la carte 40/73 – **14 Z** 90/180, 3 Suiten.

Alte Villa Ling mit Zim, Hindenburgstr. 34, ✉ 41749, ✆ (02162) 97 01 50, *Fax (02162) 9701510*, « Ehemalige Villa mit eleganter Einrichtung » – ... Zim
Josephine *(Sonntag - Montag und Jan. 1 Woche geschl.)* **Menu** à la carte 82/103 – ***Gaststube*** *(Montag geschl.)* **Menu** à la carte 43/67 – **7 Z** 140/190
Spez. Caroussel von Jakobsmuscheln mit süß-saurem Sprossensalat. Lamm im Auberginenmantel. Gelierte Champagnersuppe mit Passionsfruchtsorbet.

VILBEL, BAD *Hessen* 417 *P 10 – 25 000 Ew – Höhe 110 m – Heilbad.*

Berlin 540 – Wiesbaden 48 – Frankfurt am Main 10 – Gießen 55.

City Hotel garni, Alte Frankfurter Str. 13, ✉ 61118, ✆ (06101) 58 80, *Fax (06101) 588488*, ... – 60. AE ⊕ E VISA JCB
92 Z 205/250.

Am Kurpark garni, Parkstr. 20, ✉ 61118, ✆ (06101) 6 46 52, *Fax (06101) 64960* – ... AE E VISA
Weihnachten - Anfang Jan. geschl. – **38 Z** 108/165.

In Niederdorfelden *NO : 4,5 km :*

Schott garni, Hainstr. 19, ✉ 61138, ✆ (06101) 3 36 66, *Fax (06101) 33660* – ... E VISA
24. Dez. - 5. Jan. geschl. – **10 Z** 90/150.

VILLINGENDORF *Baden-Württemberg* 419 *V 9 – 2 400 Ew – Höhe 621 m.*

Berlin 725 – Stuttgart 89 – Konstanz 92 – Rottweil 5,5 – Schramberg 23 – Oberndorf 13.

Kreuz, Hauptstr. 8, ✉ 78667, ✆ (0741) 3 40 57, *Fax (0741) 347217*, ... E.
Zim
1. - 15. Jan. und Mitte - Ende Aug. geschl. – **Menu** *(Mittwoch - Donnerstagmittag geschl.)* à la carte 28/64 – **8 Z** 56/120.

Linde, Rottweiler Str. 3, ✉ 78667, ✆ (0741) 3 18 43, *Fax (0741) 34181*, ... E
Montagabend - Dienstag geschl. – **Menu** 35/87 und à la carte 46/76.

VILLINGEN-SCHWENNINGEN *Baden-Württemberg* 419 *V 9 – 80 000 Ew – Höhe 704 m – Kneippkurort.*

Verkehrsamt, Villingen, Rietstr. 8, ✉ 78050, ✆ (07721) 82 23 40, Fax (07721) 822347.

Verkehrsamt Schwenningen, im Bahnhof, ✉ 78054, ✆ (07720) 82 12 09, Fax (07720) 821207.

ADAC, *Kaiserring 1 (Villingen), ✉ 78050, ✆ (07721) 91 74 10, Fax (07721) 917440.*

Berlin 734 ③ – Stuttgart 115 ③ – Freiburg im Breisgau 77 ⑤ – Konstanz 90 ⑤ – Offenburg 79 ① – Tübingen 83 ③

Stadtplan siehe gegenüberliegende Seite

Im Stadtteil Villingen :

Bosse, Oberförster-Ganter-Str. 9 (Kurgebiet), ✉ 78048, ✆ (07721) 5 80 11, *Fax (07721) 58013*, ... – 40. AE ⊕ E VISA JCB.
Rest über ⑥
Menu *(Freitag geschl.)* à la carte 43/81 – **36 Z** 98/195 – ½ P 35.

Rindenmühle, Am Kneipp-Bad 9 (am Kurpark), ✉ 78052, ✆ (07721) 8 86 80, *Fax (07721) 886813*, ... Zim, ... – 25. E VISA.
Zim über Kirnacher Straße A
Menu *(Sonntagabend - Montag geschl.)* à la carte 42/65 – **20 Z** 98/155 – ½ P 34.

Bären garni, Bärengasse 2, ✉ 78050, ✆ (07721) 5 55 41, *Fax (07721) 58090* – ... AE E VISA A s
18 Z 98/165.

Kapuzinerhof, Niedere Str. 88, ✉ 78050, ✆ (07721) 3 20 95, *Fax (07721) 32595*, A e
Menu à la carte 36/76.

VILLINGEN - SCHWENNINGEN

Bahnhofstraße	A 5	Mönchweiler Straße	A 50		
Berliner Straße	A 8	Münsterplatz	A 51		
Bickenstraße	A 10	Niedere Straße	A 54		
Brigachstraße	A 12	Obere Straße	A		
Färberstraße	A 16	Rietgasse	A 57		
Fürstenbergring	A 18	Rietstraße	A 58		
Josefsgasse	A 34	Schwenninger Str.	A 62		
Kaiserring	A 35	Vockenhauser Str.	A 71		
Laiblestraße	A 40	Zähringerstraße	A 73		
Marktplatz	A 42				

Alte Herdstraße	B	Jakob-Kienzle-Straße	B 29
Arminstraße	B 2	Kirchstraße	B 37
Arndtstraße	B 3	Kreuzstraße	B 38
August-Reitz-Straße	B 4	Lammstraße	B 41
Bärenstraße	B 6	Marktplatz	B
Beethovenstraße	B 7	Marktstraße	B 44
Bertha-von-Suttner-Straße	B 9	Mozartstraße	B 46
Dauchinger Straße	B 13	Olgastraße	B 56
David-Wurth-Straße	B 14	Römerstraße	B 60
Erzbergerstraße	B 15	Schubertstraße	B 61
Friedrich-Ebert-Straße	B 17	Seestraße	B 63
Geschw.-Scholl-Platz	B 19	Silcherstraße	B 64
Gustav-Schwab-Straße	B 20	Spittelstraße	B 66
Hans-Sachs-Straße	B 25	Talstraße	B 67
In der Muslen	B 26	Turnerstraße	B 68
		Walther-Rathenau-Straße	B 72

Im Stadtteil Schwenningen :

Ochsen, Bürkstr. 59, ✉ 78054, ✆ (07720) 83 90, *Fax (07720) 839639,* – |, Zim, P – 40. AE E VISA B a
Menu *(Sonntag, Jan. 2 Wochen und Aug. 3 Wochen geschl.)* à la carte 42/64 – **40 Z** 105/200 – ½ P 35.

Central-Hotel garni, Alte Herdstr. 12 (Muslen-Parkhaus), ✉ 78054, ✆ (07720) 30 30, *Fax (07720) 303100* – | – 35. AE E VISA B c
22. Dez. - 7. Jan. geschl. – **58 Z** 90/160.

Neckarquelle, Wannenstr. 5, ✉ 78056, ✆ (07720) 9 78 29, *Fax (07720) 978230,* – P B n
Menu *(Sonntag geschl.)* à la carte 26/60 – **17 Z** 90/150 – ½ P 25.

Im Stadtteil Obereschach *N : 5 km über Vockenhauser Str.* A :

Sonne, Steinatstr. 17, ✉ 78052, ✆ (07720) 9 51 60, *Fax (07720) 951650* – P. E
Menu *(Dienstag, Aug. 2 Wochen und Nov. 3 Wochen geschl.)* à la carte 25/56 – **16 Z** 58/95 – ½ P 20.

VILSHOFEN *Bayern* 420 *U 23 – 14 600 Ew – Höhe 307 m.*

Berlin 585 – München 164 – Passau 23 – Regensburg 101.

Bairischer Hof, Vilsvorstadt 29, ✉ 94474, ✆ (08541) 50 65, *Fax (08541) 6972,* – Zim, P. AE E VISA. Rest
24. Dez. - 8. Jan. geschl. – **Menu** *(Freitagabend, Sonntagabend und Samstag geschl.)* à la carte 33/54 – **29 Z** 75/140.

VISBEK *Niedersachsen* 415 *H 8 – 4 500 Ew – Höhe 50 m.*

Berlin 429 – Hannover 139 – Bremen 48 – Oldenburg 45 – Osnabrück 63.

Wübbolt garni, Astruper Str. 19, ✉ 49429, ✆ (04445) 3 06, *Fax (04445) 7146* – P. E.
16 Z 80/120.

VISSELHÖVEDE *Niedersachsen* 415 416 *H 12 – 10 000 Ew – Höhe 56 m – Erholungsort.*

Fremdenverkehrsamt, Haus des Gastes, Waldweg, ✉ 27374, ✆ (04262) 16 67, Fax (04262) 2042.

Berlin 344 – Hannover 81 – Hamburg 87 – Bremen 60 – Lüneburg 72 – Rotenburg (Wümme) 19.

Luisenhof M, Worthstr. 10, ✉ 27374, ✆ (04262) 93 30, *Fax (04262) 933100,* , , (Halle) – |, Zim, P – 80. E VISA. Rest
Menu à la carte 37/76 – **61 Z** 165/240.

In Visselhövede-Hiddingen *NO : 3 km :*

Röhrs, Neuenkirchener Str. 3, ✉ 27374, ✆ (04262) 9 31 80, *Fax (04262) 4435,* « Garten », – P – 80. AE E.
Menu *(Montag - Freitag nur Abendessen)* à la carte 29/60 – **27 Z** 85/140 – ½ P 21.

In Visselhövede-Jeddingen *SW : 5 km :*

Jeddinger Hof, Heidmark 1, ✉ 27374, ✆ (04262) 93 50, *Fax (04262) 736,* , – P – 60. AE E VISA
Menu à la carte 33/65 – **54 Z** 90/170 – ½ P 25.

VLOTHO *Nordrhein-Westfalen* 417 *J 10 – 19 500 Ew – Höhe 47 m.*

Vlotho-Exter, Heideholz 8 (SW : 8 km), ✆ (05228) 74 34.

Berlin 359 – Düsseldorf 206 – Bielefeld 43 – Bremen 116 – Hannover 76 – Osnabrück 72.

Fernblick , Lange Wand 16, ✉ 32602, ✆ (05733) 71 80, *Fax (05733) 10827,* < Wesertal und Porta Westfalica, , – P – 40. AE E VISA
Menu *(Dienstag geschl.)* à la carte 30/65 – **18 Z** 82/140.

In Vlotho-Bonneberg *SW : 2,5 km :*

Bonneberg , Wilhelmstr. 8, ✉ 32602, ✆ (05733) 79 30, *Fax (05733) 793111,* , – | P – 200. AE E VISA
Menu à la carte 39/65 – **126 Z** 139/219.

In Vlotho-Exter *SW : 8 km :*

Grotegut, Detmolder Str. 252, ✉ 32602, ✆ (05228) 2 16, *Fax (05228) 1027* – TV ☎ – P. AE ⓓ E VISA.
Menu *(Montag geschl.)* à la carte 37/69 – **12 Z** 70/140.

VÖHRENBACH *Baden-Württemberg* 419 *V 8 – 4 200 Ew – Höhe 800 m – Erholungsort – Wintersport : 800/1 100 m* ⛷4 ⛷.
Verkehrsamt, Rathaus, Friedrichstr. 8, ✉ *78147,* ✆ *(07727) 50 11 15, Fax (07727) 501119.*
Berlin 759 – Stuttgart 131 – Freiburg im Breisgau 48 – Donaueschingen 21 – Villingen-Schwenningen 18.

Kreuz, Friedrichstr. 7, ✉ 78147, ✆ (07727) 70 17, *Fax (07727) 7244* – P. E VISA JCB
März und Nov. 2 Wochen geschl. – **Menu** *(Sonntag geschl.)* (nur Abendessen) à la carte 26/70 ♨ – **15 Z** 55/116 – ½ P 20.

Zum Engel, Schützenstr. 2, ✉ 78147, ✆ (07727) 70 52, *Fax (07727) 7873,* « Gasthof a.d.J. 1544 » – P. VISA
7. - 17. Jan., Mitte Mai - Anfang Juli und Jan. - Juni Montag - Dienstag, Juli - Dez. Montag - Dienstagmittag geschl. – **Menu** (Tischbestellung ratsam) à la carte 51/79
Spez. Gebratene Sardinen mit Gazpachosauce und Gemüseterrine (Juli-Sept.). Wachtel mit Stopflebersauce und Brennessel-Lauch (Mai-Juli). Dorade Royal mit Kräutern gefüllt und Safranrisotto (Nov.-März).

In Vöhrenbach-Hammereisenbach *S : 7 km :*

Zum Felsen, Hauptstr. 5, ✉ 78147, ✆ (07657) 4 79, *Fax (07657) 479* – P
Dienstag geschl. – **Menu** 45 und à la carte 52/67.

An der Straße nach Unterkirnach *NO : 3,5 km – Höhe 963 m*

Friedrichshöhe, Villinger Str. 30, ✉ 78147 Vöhrenbach, ✆ (07727) 2 49, *Fax (07727) 1350,* – ☎ P – 25
Nov. geschl. – **Menu** *(Montag geschl.)* à la carte 27/56 ♨ – **16 Z** 60/128 – ½ P 19.

VÖHRINGEN *Bayern* 419 420 *V 14 – 12 900 Ew – Höhe 498 m.*
Berlin 628 – München 146 – Augsburg 86 – Kempten (Allgäu) 75 – Ulm (Donau) 22.

In Vöhringen-Illerberg *NO : 3 km :*

Burgthalschenke, Untere Hauptstr. 4 (Thal), ✉ 89269, ✆ (07306) 52 65, *Fax (07306) 34394,* – P. AE ⓓ E VISA JCB
Montag geschl. – **Menu** à la carte 40/74.

VÖLKLINGEN *Saarland* 417 *S 4 – 44 300 Ew – Höhe 185 m Alte Völklinger Hütte★ (Gasgebläsehalle★).*
Stadtverwaltung, Hindenburgplatz (Rathaus), ✉ *66333,* ✆ *(06898) 13 22 16, Fax (06898) 132110.*
Berlin 722 – Saarbrücken 14 – Saarlouis 12.

Parkhotel Gengenbach, Kühlweinstr. 70, ✉ 66333, ✆ (06898) 91 47 00, *Fax (06898) 23655,* « Kleiner Park, Gartenterrasse » – TV P – 30. AE ⓓ E VISA
Orangerie *(Samstagmittag, Sonn- und Feiertage sowie Montag geschl.)* **Menu** à la carte 82/105 – ***Schwarzwälder Stuben :*** **Menu** à la carte 50/63 – **11 Z** 150/200
Spez. Variation von der Gänsestopfleber. Geschmorte Milchlammkeule mit Artischockengemüse und Kräuterjus. Grand Marniereis mit Zitrusfrüchten.

In Völklingen-Fürstenhausen *S : 1,5 km :*

Saarhof, Saarbrücker Str. 67, ✉ 66333, ✆ (06898) 3 72 39 – TV ☎ P
Menu *(Freitag geschl.)* à la carte 25/72 ♨ – **16 Z** 95/170.

VOERDE *Nordrhein-Westfalen* 417 *L 4 – 34 000 Ew – Höhe 26 m.*
Berlin 552 – Düsseldorf 61 – Duisburg 23 – Wesel 10.

Niederrhein garni, Friedrichsfelder Str. 15, ✉ 46562, ✆ (02855) 96 20, *Fax (02855) 962111* – TV ☎ P – 60. AE ⓓ E VISA.
56 Z 140/210.

Wasserschloß Haus Voerde, Allee 64, ✉ 46562, ✆ (02855) 36 11, *Fax (02855) 3616,* « Wasserschloß a.d.16. Jh., Gewölbekeller » – P. E
Samstagmittag und Montag geschl. – **Menu** à la carte 51/79.

VÖRSTETTEN *Baden-Württemberg siehe Denzlingen.*

VOGTSBURG IM KAISERSTUHL *Baden-Württemberg 419 V 6 – 5 100 Ew – Höhe 220 m.*

Berlin 797 – Stuttgart 200 – Freiburg im Breisgau 31 – Breisach 10 – Sélestat 28.

In Vogtsburg-Achkarren :

Zur Krone, Schloßbergstr. 15, ✉ 79235, ☎ (07662) 9 31 30, *Fax (07662) 931350,* – ☎ P. E VISA

15. - 30. Jan. geschl. – **Menu** *(Mittwoch geschl.)* à la carte 37/71 – **20 Z** 65/130 – ½ P 30.

In Vogtsburg-Bickensohl :

Rebstock, Neunlindenstr. 23, ✉ 79235, ☎ (07662) 9 33 30, *Fax (07662) 933320,* – TV ☎ P

23. Dez. - 8. Feb. geschl. – **Menu** *(April - Nov. Montag - Dienstagmittag, Dez. - März Montag - Dienstag geschl.)* à la carte 36/70 – **13 Z** 68/164 – ½ P 28.

In Vogtsburg-Bischoffingen :

Steinbuck, Steinbuckstr. 20 (in den Weinbergen), ✉ 79235, ☎ (07662) 91 12 10, *Fax (07662) 6079,* < Kaiserstühler Rebland, – TV ☎ P – 30

Mitte Jan. - Ende Feb. geschl. – **Menu** *(Dienstag - Mittwochmittag, Nov. - März Dienstag - Mittwoch geschl.)* à la carte 45/83 – **18 Z** 83/156 – ½ P 32.

In Vogtsburg-Burkheim :

Kreuz-Post, Landstr. 1, ✉ 79235, ☎ (07662) 9 09 10, *Fax (07662) 1298,* <, – TV ☎ P – 25. E VISA

Mitte Nov. - Anfang Dez. geschl. – **Menu** *(Dienstag geschl.)* à la carte 31/55 – **30 Z** 68/148 – ½ P 26.

In Vogtsburg-Oberbergen :

Schwarzer Adler mit Zim, Badbergstr. 23, ✉ 79235, ☎ (07662) 93 30 10, *Fax (07662) 719,* – ☎ P. E VISA.

11. Jan. - 11. Feb. geschl. – **Menu** *(Mittwoch - Donnerstag geschl.)* (Tischbestellung ratsam, bemerkenswerte Weinkarte) 90/155 und à la carte 69/96 – **8 Z** 110/180

Spez. Gebratene Gambas mit marinierten Artischocken. Gänseleberterrine mit Gewürztraminergelee. Brust von der Anjou-Taube mit Spätburgundersauce.

Weinhaus Rebstock, Badbergstr. 22, ✉ 79235, ☎ (07662) 9 40 66, *Fax (07662) 94062,* – P

Montag - Dienstag und 1. - 14. Jan. geschl. – **Menu** à la carte 32/61.

In Vogtsburg-Schelingen :

Zur Sonne mit Zim, Mitteldorf 5, ✉ 79235, ☎ (07662) 2 76, *Fax (07662) 6043,* – TV ☎ P

22. Jan. - 11. Feb. und 1. - 18. Juli geschl. – **Menu** *(Dienstag geschl.)* (Tischbestellung ratsam) à la carte 34/64 – **5 Z** 58/98 – ½ P 28.

VOLKACH *Bayern 419 420 Q 14 – 9 500 Ew – Höhe 200 m – Erholungsort.*

Sehenswert : *Wallfahrtskirche "Maria im Weingarten" : Rosenkranzmadonna★ NW : 1 km.*

Tourist Information, Rathaus, Marktplatz, ✉ 97332, ☎ (09381) 4 01 12, Fax (09381) 40116.

Berlin 466 – München 269 – Würzburg 28 – Bamberg 64 – Nürnberg 98 – Schweinfurt 24.

Romantik Hotel Zur Schwane, Hauptstr. 12, ✉ 97332, ☎ (09381) 8 06 60, *Fax (09381) 806666,* « Altfränkische Stuben, Innenhofterrasse » – TV ☎ P – 15. AE E VISA. Rest

Menu *(Montag und 22. Dez. - 2. Jan. geschl.)* 39/121 und à la carte 46/76 – **25 Z** 120/280 – ½ P 50.

Vier Jahreszeiten garni, Hauptstr. 31, ✉ 97332, ☎ (09381) 8 48 40, *Fax (09381) 848444,* « Historisches Gebäude a.d.J. 1605 mit antiker Einrichtung » – TV ☎ P – 15. AE E

20 Z 95/190.

Am Torturm garni, Hauptstr. 41, ✉ 97332, ☎ (09381) 8 06 70, *Fax (09381) 806744* – TV ☎. AE E VISA

24. Dez. - 2. Jan. geschl. – **14 Z** 100/180.

Weingasthof Rose (mit Gästehaus), Oberer Markt 7, ✉ 97332, ☎ (09381) 84 00, *Fax (09381) 840333,* – TV ☎ P – 25. E VISA

Menu *(außer Saison Mittwoch und Feb. geschl.)* à la carte 26/56 – **30 Z** 85/170 – ½ P 25.

Behringer, Marktplatz 5, ✉ 97332, ☎ (09381) 81 40, *Fax (09381) 814240,* Biergarten – TV ☎. AE E VISA

Menu à la carte 25/62 – **20 Z** 75/150 – ½ P 30.

In Volkach-Astheim *W : 1,5 km :*

Zum Schwan, Karthäuser Str. 13, ✉ 97332, ✆ (09381) 12 15, *Fax (09381) 6177,* – AE E VISA
Dienstag - Mittwochmittag geschl. – **Menu** à la carte 28/55.

In Volkach-Escherndorf *W : 3 km :*

Engel, Bocksbeutelstr. 18, ✉ 97332, ✆ (09381) 24 47, *Fax (09381) 6132* – TV. AE E VISA
7. Jan. - 4. Feb. geschl. – **Menu** *(Donnerstag geschl.)* à la carte 30/48 – **4 Z** 50/75 – ½ P 15.

Zur Krone, Bocksbeutelstr. 1, ✉ 97332, ✆ (09381) 28 50, *Fax (09381) 6082,* – E VISA
Dienstag und Feb. geschl. – **Menu** à la carte 35/66.

In Nordheim *SW : 4 km :*

Zur Sonne, Hauptstr. 18, ✉ 97334, ✆ (09381) 8 07 10, *Fax (09381) 807155,* « Barockhaus a. d. Jh. 1780 » – TV ☎ P – 25
Jan. - Feb. 3 Wochen geschl. – **Menu** *(Dienstag geschl.)* (nur Abendessen) à la carte 27/59 – **8 Z** 75/115 – ½ P 28.

Gasthof Markert, Am Rain 22, ✉ 97334, ✆ (09381) 47 00, *Fax (09381) 3308,* – ☎ P – 50. E
Menu à la carte 24/55 – **24 Z** 75/110 – ½ P 25.

Zur Weininsel, Mainstr. 17, ✉ 97334, ✆ (09381) 80 36 90, *Fax (09381) 803691,* – P. Zim
27. Dez. - Mitte Jan. geschl. – **Menu** *(Mittwoch geschl.)* à la carte 23/46 – **12 Z** 60/120 – ½ P 24.

Zehnthof Weinstuben, Hauptstr. 2, ✉ 97334, ✆ (09381) 17 02, *Fax (09381) 4379,*
Montag geschl. – **Menu** à la carte 23/50.

In Eisenheim-Obereisenheim *NW : 9,5 km :*

Rose, Marktplatz 5, ✉ 97247, ✆ (09386) 9 72 20, *Fax (09386) 972240,* – TV ☎ P – 20
Menu *(Nov. - März Montag geschl.)* à la carte 24/54 – **26 Z** 65/110 – ½ P 28.

VREDEN *Nordrhein-Westfalen* 417 *J 4 – 19 500 Ew – Höhe 40 m.*

Verkehrsverein, Markt 6, ✉ 48691, ✆ (02564) 46 00, Fax (02564) 31744.
Berlin 537 – Düsseldorf 116 – Nordhorn 66 – Bocholt 33 – Enschede 25 – Münster (Westfalen) 65.

Zum Stadtpark, Up de Bookholt 48, ✉ 48691, ✆ (02564) 9 31 60, *Fax (02564) 931640* – TV ☎ P. AE E.
(Restaurant nur für Hausgäste) – **15 Z** 65/120.

Hamaland, Up de Bookholt 28, ✉ 48691, ✆ (02564) 13 22, *Fax (02564) 34819* – TV ☎ P. AE E VISA
Menu *(Mittwoch geschl.)* à la carte 30/54 – **10 Z** 75/120.

WACHAU *Sachsen siehe Leipzig.*

WACHENHEIM *Rheinland-Pfalz* 417 419 *R 8 – 4 600 Ew – Höhe 158 m.*

Verkehrsamt, Weinstr. 16 (Rathaus), ✉ 67157, ✆ (06322) 95 80 32, Fax (06322) 958059.
Berlin 641 – Mainz 86 – Mannheim 27 – Kaiserslautern 35 – Neustadt an der Weinstraße 12.

Goldbächel, Waldstr. 99, ✉ 67157, ✆ (06322) 9 40 50, *Fax (06322) 5068,* – TV ☎ P – 25
Menu *(Montag, Jan. und Juli jeweils 2 Wochen geschl.)* à la carte 28/62 – **16 Z** 70/150.

Kapellchen, Weinstr. 29, ✉ 67157, ✆ (06322) 6 54 55, *Fax (06322) 66068* – AE E VISA.
Samstagmittag, Sonntagabend - Montag, Feb. 1 Woche und Juli - Aug. 3 Wochen geschl. – **Menu** à la carte 47/74.

In Gönnheim *O : 4,5 km :*

Lamm mit Zim, Bismarckstr. 21, ✉ 67161, ✆ (06322) 9 52 90, *Fax (06322) 952916,* – TV ☎ P. AE E VISA
Juli und Aug. jeweils 1 Woche geschl. – **Menu** *(Montag, Nov.- April auch Sonntagabend geschl.)* (Dienstag - Freitag nur Abendessen) à la carte 45/64 – **8 Z** 110/140.

WACHTBERG *Nordrhein-Westfalen* 417 *O 5 – 19 000 Ew – Höhe 230 m.*

Wachtberg-Niederbachem, Landgrabenweg, (0228) 34 40 03.

Berlin 609 – Düsseldorf 99 – Bonn 17 – Koblenz 67 – Köln 52.

In Wachtberg-Adendorf :

XX **Gasthaus Kräutergarten,** Töpferstr. 30, ✉ 53343, (02225) 75 78, *Fax (02225) 702801,* – *Samstagmittag, Sonntag - Montag und Juli - Aug. 2 Wochen geschl.* – **Menu** (Tischbestellung ratsam) à la carte 68/85.

In Wachtberg-Niederbachem :

Dahl M, Heideweg 9, ✉ 53343, (0228) 34 10 71, *Fax (0228) 345001,* – 100. AE VISA. *22. - 28. Dez. und über Karneval geschl.* – **Menu** *(Sonntag geschl.)* à la carte 31/53 – **67 Z** 105/240.

WACKEN *Schleswig-Holstein* 415 *D 12 – 1 500 Ew – Höhe 40 m.*

Berlin 358 – Kiel 76 – Hamburg 75 – Itzehoe 17.

XX **Landgasthof Zur Post,** Hauptstr. 25, ✉ 25596, (04827) 22 83, *Fax (04827) 2676,* – . AE VISA

Menu à la carte 30/62.

WADERSLOH *Nordrhein-Westfalen* 417 *K 8 – 11 000 Ew – Höhe 90 m.*

Berlin 432 – Düsseldorf 153 – Bielefeld 52 – Beckum 16 – Lippstadt 11.

✿ **Bomke,** Kirchplatz 7, ✉ 59329, (02523) 9 21 60, *Fax (02523) 1366,* – Zim, – 25. AE VISA. Zim

Menu *(Samstagmittag, Donnerstag, Jan. 1 Woche und Juli - Aug. 3 Wochen geschl.)* (Tischbestellung ratsam, bemerkenswerte Weinkarte) 45 (mittags) und à la carte 51/101 – **21 Z** 86/235

Spez. Angeldorsch mit Karottenschuppen und gebackenem Ingwer. Zicklein mit gebratenem Spitzkohl und Kartoffel-Ziegenquarkauflauf. Rhabarber-Quarkmaultaschen mit Orangenbutter und Karameleis.

WÄSCHENBEUREN *Baden-Württemberg* 419 *T 13 – 3 500 Ew – Höhe 408 m.*

Berlin 598 – Stuttgart 53 – Göppingen 10 – Schwäbisch Gmünd 16.

In Wäschenbeuren-Wäscherhof *NO : 1,5 km :*

Zum Wäscherschloß , Wäscherhof 2, ✉ 73116, (07172) 73 70, *Fax (07172) 22340,* –

Okt. 2 Wochen geschl. – **Menu** *(Montag - Dienstag geschl.)* à la carte 26/44 – **26 Z** 70/120.

WAGING AM SEE *Bayern* 420 *W 22 – 5 900 Ew – Höhe 450 m – Luftkurort.*

Verkehrsbüro, Salzburger Str. 32, ✉ 83329, (08681) 3 13, Fax (08681) 9676.

Berlin 679 – München 124 – Bad Reichenhall 47 – Traunstein 12 – Salzburg 31.

Eichenhof , Angerpoint 1 (NO : 1 km), ✉ 83329, (08681) 40 30, *Fax (08681) 40325,* « Behagliche Einrichtung im alpenländischen Stil », Massage, , – – 20.

über Weihnachten geschl. – (nur Abendessen für Hausgäste) – **38 Z** 120/240 – ½ P 25.

Wölkhammer (mit Neubau), Haslacher Weg 3, ✉ 83329, (08681) 40 80, *Fax (08681) 4333,* – – 40. Zim

Jan. und Nov. jeweils 2 Wochen geschl. – **Menu** *(Freitagabend geschl.)* (Nov.- März wochentags nur Abendessen) à la carte 26/53 – **47 Z** 70/230 – ½ P 23/26.

XXX ✿ **Kurhaus Stüberl,** am See (NO : 1 km), ✉ 83329, (08681) 40 09 12, *Fax (08681) 400925,* – . AE VISA

Montag - Dienstag geschl. – **Menu** (wochentags nur Abendessen) 149 und à la carte 89/121 – ***Wirtshaus am See*** *(auch Mittagessen, Okt. - Mai Montag - Dienstag geschl.)* **Menu** à la carte 31/54

Spez. Gesulztes vom Freilandhuhn mit eingelegtem Paprikagemüse. Gebratenes Zanderfilet mit Bohnen-Kartoffelgröstl. Karamelisierte Bayrisch Creme im Baumkuchenmantel mit Erdbeeren.

X **Landhaus Tanner** mit Zim, Aglassing 1, ✉ 83329, (08681) 6 97 50, *Fax (08681) 697549,* , « Einrichtung im Landhausstil », , – . VISA

Feb. - März und Nov. jeweils 2 Wochen geschl. – **Menu** *(Dienstag geschl.)* à la carte 26/53 – **7 Appart** 95/180.

WAHLSBURG *Hessen* 417 418 *L 12 – 2 700 Ew – Höhe 150 m.*

Sehenswert : *in Lippoldsberg : Klosterkirche★.*

Verkehrsamt (Lippoldsberg), Am Mühlbach 15, ✉ 37194, ☎ (05572) 10 77, Fax (05572) 1768.

Berlin 362 – Wiesbaden 265 – Kassel 50 – Hann. Münden 30 – Höxter 35 – Göttingen 36.

In Wahlsburg-Lippoldsberg – *Luftkurort :*

Lippoldsberger Hof, Schäferhof 16, ✉ 37194, ☎ (05572) 3 36, *Fax (05572) 1327,* – Zim, TV P. E. Rest
Anfang - Mitte März geschl. – (Restaurant nur für Hausgäste) – **16 Z** 56/135 – ½ P 15.

WAIBLINGEN *Baden-Württemberg* 419 *T 11 – 51 000 Ew – Höhe 229 m.*

Stadtinformation, Marktgasse 1, ✉ 71332, ☎ (07151) 5 00 14 23, Fax (07151) 5001446.

ADAC, *Bahnhofstr. 75, ✉ 71332, ☎ (07151) 5 10 58, Fax (07151) 562528.*

Berlin 609 – Stuttgart 19 – Schwäbisch Gmünd 42 – Schwäbisch Hall 57.

Koch, Bahnhofstr. 81, ✉ 71332, ☎ (07151) 95 83 20, *Fax (07151) 55976* – TV ☎ P. AE E VISA
23. Dez. - 8. Jan. geschl. – **Menu** *(Samstagmittag, Sonntagabend und Feiertage geschl.)* à la carte 35/66 – **52 Z** 125/180.

Adler garni, Kurze Str. 15, ✉ 71332, ☎ (07151) 5 39 39, *Fax (07151) 562779* – Zim, TV ☎ . AE E VISA
28 Z 108/180.

Remsstuben, An der Talaue (im Bürgerzentrum, 1. Etage,), ✉ 71334, ☎ (07151) 2 10 78, *Fax (07151) 24206,* – P – 350. AE E VISA.
Montag geschl. – **Menu** à la carte 39/72.

In Korb *NO : 3 km :*

Rommel, Boschstr. 7 (Gewerbegebiet), ✉ 71404, ☎ (07151) 93 10 (Hotel) 3 43 73 (Rest.), *Fax (07151) 931240* – , Zim, TV ☎ P – 20. E VISA
23. Dez. - 6. Jan. geschl. – **Menu** *(Samstagmittag und Mittwoch geschl.)* à la carte 32/63 – **46 Z** 110/180.

In Korb-Steinreinach *NO : 3,5 km :*

Zum Lamm, Buocher Str. 34, ✉ 71404, ☎ (07151) 3 25 77 – P
Montag - Dienstag, Jan. 3 Wochen und Aug. geschl. – **Menu** à la carte 32/56 .

WAISCHENFELD *Bayern* 420 *Q 18 – 3 300 Ew – Höhe 349 m – Luftkurort.*

Ausflugsziel : *Fränkische Schweiz★★.*

Verkehrsamt, Marktplatz, (Rathaus), ✉ 91344, ☎ (09202) 15 48, Fax (09202) 1571.

Berlin 391 – München 228 – Coburg 73 – Bayreuth 26 – Nürnberg 82 – Bamberg 48.

Im Wiesenttal, an der Straße nach Behringersmühle :

Café-Pension Krems, Rabeneck 17 (SW : 3 km), ✉ 91344 Waischenfeld, ☎ (09202) 2 45, *Fax (09202) 972491,* , – P. Rest
Mitte Nov. - 20. Dez. geschl. – (Restaurant nur für Hausgäste) – **16 Z** 50/100 – ½ P 17.

Pulvermühle, Pulvermühle 35 (SW : 1 km), ✉ 91344 Waischenfeld, ☎ (09202) 10 44, *Fax (09202) 1046,* , – TV ☎ P
Menu *(Montag geschl.)* à la carte 30/53 – **10 Z** 80/120 – ½ P 25.

Waldpension Rabeneck, Rabeneck 27 (SW : 3 km), ✉ 91344 Waischenfeld, ☎ (09202) 2 20, *Fax (09202) 1728,* , , – P
Feb. geschl. – **Menu** à la carte 28/41 – **22 Z** 50/112 – ½ P 17.

In Waischenfeld-Langenloh *SO : 2,5 km :*

Gasthof Thiem, Langenloh 14, ✉ 91344, ☎ (09202) 3 57, *Fax (09202) 1660,* , – TV ☎ P. Zim
Nov. - 25. Dez geschl. – **Menu** *(Dienstag und Jan. - März Montag - Samstag geschl.)* à la carte 17/32 – **10 Z** 50/90 – ½ P 14.

WALCHSEE *Österreich siehe Kössen.*

WALDACHTAL *Baden-Württemberg* 419 *U 9 – 5 900 Ew – Höhe 600 m – Wintersport :*

Kurverwaltung, in Lützenhardt, Rathaus, ✉ 72178, (07443) 96 34 40, Fax (07443) 30162.

Berlin 697 – Stuttgart 83 – Karlsruhe 126 – Tübingen 64 – Freudenstadt 17.

In Waldachtal-Lützenhardt – *Luftkurort :*

Breitenbacher Hof, Breitenbachstr. 18, ✉ 72178, (07443) 9 66 20, *Fax (07443) 966260*, – Rest
15. - 30. Jan. geschl. – **Menu** *(Mittwoch geschl.)* à la carte 29/53 – **25 Z** 57/162 – ½ P 16.

In Waldachtal-Salzstetten :

Kur- und Sporthotel Albblick, Tumlinger Weg 30, ✉ 72178, (07486) 98 00, *Fax (07486) 980103*, Massage, (Halle) – Zim,
Menu à la carte 25/46 – **37 Z** 75/140, 7 Suiten – ½ P 22.

WALDBÖCKELHEIM *Rheinland-Pfalz* 417 *Q 7 – 2 700 Ew – Höhe 156 m – Erholungsort.*

Berlin 624 – Mainz 58 – Bad Kreuznach 12.

Weinhaus Hehner-Kiltz mit Zim, Hauptstr. 4, ✉ 55596, (06758) 79 18, *Fax (06758) 8620*, – VISA
Menu *(Dienstag geschl.)* à la carte 27/52 – **9 Z** 60/95.

WALDBRONN *Baden-Württemberg* 419 *T 9 – 12 500 Ew – Höhe 260 m.*

Kurverwaltung, im Haus des Kurgastes (beim Thermalbad), ✉ 76337, (07243) 5 65 70, Fax (07243) 565758.

Berlin 683 – Stuttgart 71 – Karlsruhe 15 – Pforzheim 22.

In Waldbronn-Busenbach :

La Cigogne - Zum Storch, Ettlinger Str. 97, ✉ 76337, (07243) 5 65 20, *Fax (07243) 565256* – AE VISA
Juli - Aug. 3 Wochen geschl. – **Menu** *(Mittwoch geschl.)* (wochentags nur Abendessen) à la carte 31/64 – **11 Z** 98/154.

In Waldbronn-Reichenbach – *Luftkurort :*

Weinhaus Steppe, Neubrunnenschlag 18, ✉ 76337, (07243) 5 65 60, *Fax (07243) 565656* – Zim, – 60. VISA
Menu *(Mittwoch und Aug. 2 Wochen geschl.)* à la carte 31/64 – **30 Z** 95/150.

Krone, Kronenstr. 12, ✉ 76337, (07243) 5 64 50, *Fax (07243) 564530*, – AE VISA
22. Juli - 16. Aug. geschl. – **Menu** *(Mittwoch geschl.)* à la carte 33/65 – **18 Z** 90/160.

WALDECK *Hessen* 417 *M 11 – 7 500 Ew – Höhe 380 m – Luftkurort.*

Sehenswert : *Schloßterrasse ≤★.*

Tourist-Information, Altes Rathaus, Sachsenhäuser Str. 10, ✉ 34513, (05623) 9 99 80, Fax (05623) 999830.

Berlin 436 – Wiesbaden 201 – Kassel 54 – Korbach 23.

Schloß Waldeck, ✉ 34513, (05623) 58 90, *Fax (05623) 589289*, ≤ Edersee und Ederhöhen, – 120. AE VISA
Jan. - 15. Feb. geschl. – **Menu** à la carte 62/84 – **41 Z** 170/290 – ½ P 55.

Roggenland, Schloßstr. 11, ✉ 34513, (05623) 99 88, *Fax (05623) 6008*, Massage, – 100. AE VISA
18. - 26. Dez. geschl. – **Menu** *(Sonntagabend geschl.)* à la carte 36/60 – **68 Z** 125/240 – ½ P 30.

Belvedere garni, Bahnhofstr. 2, ✉ 34513, (05623) 99 90, *Fax (05623) 999199* –
Jan. geschl. – **18 Z** 76/168.

Seeschlößchen, Kirschbaumweg 4, ✉ 34513, (05623) 51 13, *Fax (05623) 5564*, ≤, – Rest
5. Jan. - 15. März und 3. Nov. - 15. Dez. geschl. – (nur Abendessen für Hausgäste) – **23 Z** 62/198 – ½ P 22.

In Waldeck-West, am Edersee *SW : 2 km :*

Waldhotel Wiesemann, Oberer Seeweg 2, ✉ 34513 Waldeck, (05623) 53 48, *Fax (05623) 5410*, ≤ Edersee, – Rest
Jan. und Nov. jeweils 2 Wochen geschl. – **Menu** *(Donnerstag geschl.)* à la carte 33/59 – **14 Z** 70/240 – ½ P 25.

In Waldeck - Nieder-Werbe *W : 8 km :*

Werbetal, Uferstr. 28, ✉ 34513, ✆ (05634) 9 79 60, *Fax (05634) 979695,* – ☎ – 50. AE ⓓ E VISA.
Mitte Dez.- März geschl. – **Menu** à la carte 31/60 – **25 Z** 76/168 – ½ P 22.

WALDENBUCH *Baden-Württemberg* 419 *U 11 – 8 000 Ew – Höhe 362 m.*
Berlin 662 – Stuttgart 25 – Tübingen 20 – Ulm (Donau) 94.

Landgasthof Rössle, Auf dem Graben 5 (B 27), ✉ 71111, ✆ (07157) 73 80, *Fax (07157) 20326* – Zim, ☎ – 20. AE ⓓ E VISA
Anfang Jan. 1 Woche geschl. – **Menu** *(Dienstag und Aug. 2 Wochen geschl.)* à la carte 37/66 – **35 Z** 98/190 – ½ P 30.

WALDENBURG *Baden-Württemberg* 419 *S 12 – 3 200 Ew – Höhe 506 m – Luftkurort.*
Fremdenverkehrsamt im Rathaus, Hauptstr. 13, ✉ 74638, ✆ (07942) 10 80, Fax (07942) 10888.
Berlin 558 – Stuttgart 88 – Heilbronn 42 – Schwäbisch Hall 19.

Panoramahotel Waldenburg M, Hauptstr. 84, ✉ 74638, ✆ (07942) 9 10 00, *Fax (07942) 9100888,* Massage, – Zim, Rest, – 100. AE ⓓ E VISA
Menu à la carte 43/72 *(auch vegetarische Gerichte)* – **69 Z** 138/238, 4 Suiten – ½ P 40.

Bergfried, Hauptstr. 30, ✉ 74638, ✆ (07942) 9 14 00, *Fax (07942) 914045,* – ☎. E VISA
Ende Dez. - Mitte Jan. geschl. – **Menu** *(Dienstagabend - Mittwoch geschl.)* à la carte 36/58 – **15 Z** 80/135 – ½ P 18.

Mainzer Tor garni, Marktplatz 8, ✉ 74638, ✆ (07942) 9 13 00, *Fax (07942) 913030* – ☎
Anfang Okt. - Anfang Nov. geschl. – **12 Z** 80/130.

WALDENBURG *Sachsen siehe Glauchau.*

WALDERBACH *Bayern* 420 *S 21 – 1 000 Ew – Höhe 360 m.*
Berlin 478 – München 161 – Regensburg 39 – Amberg 55 – Cham 28.

Rückerl, Am Prälatengarten 2, ✉ 93194, ✆ (09464) 95 00, *Fax (09464) 1224,* « Gasthof in ehemaligem Zisterzienser-Kloster a.d. 12Jh. » – ☎
Nov. geschl. – **Menu** à la carte 21/45 – **30 Z** 39/150.

WALDESCH *Rheinland-Pfalz* 417 *P 6 – 2 300 Ew – Höhe 350 m.*
Berlin 603 – Mainz 88 – Koblenz 12 – Bingen 56.

König von Rom M, Hübingerweg 73a, ✉ 56323, ✆ (02628) 9 61 10, *Fax (02628) 961146,* – ☎ – 30. AE E VISA
Menu *(Dienstag geschl.)* à la carte 41/62 – **19 Z** 88/190 – ½ P 25.

WALDFISCHBACH-BURGALBEN *Rheinland-Pfalz* 417 *S 6 – 5 700 Ew – Höhe 272 m.*
Berlin 670 – Mainz 110 – Saarbrücken 70 – Pirmasens 14 – Kaiserslautern 26.

Zum Schwan, Hauptstr. 119, ✉ 67714, ✆ (06333) 9 24 20, *Fax (06333) 924292,* – Zim, ☎. E
Menu *(Donnerstag geschl.)* à la carte 23/55 – **20 Z** 70/110 – ½ P 25.

WALDKIRCH *Baden-Württemberg* 419 *V 7 – 20 000 Ew – Höhe 274 m – Kneippkurort.*
Sehenswert : *Elztalmuseum★ – Pfarrkirche St. Margaretha (Innenausstattung★).*
Ausflugsziel : *Kandel ≤★ SO : 12 km.*
Tourist-Information, Kirchplatz 2, ✉ 79183, ✆ (07681) 40 41 06, Fax (07681) 404107.
Berlin 778 – Stuttgart 204 – Freiburg im Breisgau 26 – Offenburg 62.

In Waldkirch-Buchholz *SW : 4 km :*

Hirschen-Stube - Gästehaus Gehri, Schwarzwaldstr. 45, ✉ 79183, ✆ (07681) 47 77 70, *Fax (07681) 4777740,* – ☎. E VISA. Rest
Menu *(Sonntagabend - Montag und Feb. 3 Wochen geschl.)* à la carte 28/71 – **24 Z** 80/150 – ½ P 30.

Landgasthof Löwen, Schwarzwaldstr. 34, ✉ 79183, ✆ (07681) 98 68, *Fax (07681) 25253,* – ☎ – 30. E VISA. Zim
1.- 15. Jan. geschl. – **Menu** *(Mittwoch geschl.)* à la carte 25/61 – **23 Z** 90/140 – ½ P 25.

In Waldkirch-Kollnau *NO : 2 km :*

Kohlenbacher Hof, Kohlenbach 8 (W : 2 km), ✉ 79183, ✆ (07681) 88 28, *Fax (07681) 5237*, – ☎ – 25. AE ⓓ E VISA
Menu *(Dienstag geschl.)* à la carte 33/65 – **18 Z** 80/130 – ½ P 25.

In Waldkirch-Suggental *SW : 4 km :*

Suggenbad (mit Gästehaus), Talstr. 1, ✉ 79183, ✆ (07681) 80 91, *Fax (07681) 8046*, – ☎ – 30
Menu *(Donnerstag und Jan. 3 Wochen geschl.)* à la carte 42/65 – **33 Z** 68/180 – ½ P 28.

WALDKIRCHEN *Bayern* 420 *T 24 – 10 500 Ew – Höhe 575 m – Luftkurort – Wintersport : 600/984 m.*

Dorn (SO : 3 km), ✆ (08581) 10 40.

Tourismusbüro, Ringmauerstr. 14, (Bürgerhaus), ✉ 94065, ✆ (08581) 2 02 50, Fax (08581) 4090.

Berlin 542 – München 206 – Passau 26 – Freyung 19.

Vier Jahreszeiten, Hauzenberger Str. 48, ✉ 94065, ✆ (08581) 20 50, *Fax (08581) 205444*, direkter Zugang zum Bäderpark Karoli – ☎ – 25. AE ⓓ E VISA
Menu à la carte 27/42 – **112 Z** 89/152 – ½ P 25.

Gottinger (mit Apparthotel), Hauzenberger Str. 10, ✉ 94065, ✆ (08581) 98 20, *Fax (08581) 982444*, Biergarten, – Zim, ☎ – 30. AE ⓓ E VISA
Menu à la carte 25/48 – **57 Z** 73/136 – ½ P 20.

WALDKRAIBURG *Bayern* 420 *V 21 – 25 000 Ew – Höhe 434 m.*

Berlin 649 – München 71 – Bad Reichenhall 81 – Passau 107 – Rosenheim 64 – Landshut 60.

City-Hotel garni, Berliner Str. 35, ✉ 84478, ✆ (08638) 9 67 50, *Fax (08638) 967550* – ☎. AE ⓓ E VISA
27 Z 95/185.

WALD-MICHELBACH *Hessen* 417 419 *R 10 – 12 300 Ew – Höhe 346 m – Erholungsort – Wintersport : 450/593 m.*

Verkehrsamt, In der Gass 17, (Rathaus) ✉ 69483, ✆ (06207) 94 71 11, Fax (06207) 947170.

Berlin 599 – Wiesbaden 101 – Mannheim 56 – Darmstadt 61.

In Wald-Michelbach - Aschbach *NO : 2 km :*

Vettershof, Waldstr. 12, ✉ 69483, ✆ (06207) 23 13, *Fax (06207) 3971* – AE ⓓ E VISA
Montag geschl. – **Menu** à la carte 39/74 – ***Kleiner Vetter :*** **Menu** à la carte 28/38.

Auf der Kreidacher Höhe *W : 3 km :*

Kreidacher Höhe, ✉ 69483 Wald-Michelbach, ✆ (06207) 26 38, *Fax (06207) 1650*, (geheizt), – ☎ – 30. AE E
Menu à la carte 47/71 – **34 Z** 135/230.

WALDMOHR *Rheinland-Pfalz* 417 *R 6 – 5 400 Ew – Höhe 269 m.*

Berlin 677 – Mainz 127 – Saarbrücken 38 – Kaiserslautern 36.

Le marmiton, Am Mühlweier 1, ✉ 66914, ✆ (06373) 91 56, *Fax (06373) 9156*, – ⓓ E VISA
Montag - Dienstagmittag geschl. – **Menu** à la carte 54/77.

In Waldmohr-Waldziegelhütte *NW : 2 km :*

Landhaus Hess, Haus Nr. 35, ✉ 66914, ✆ (06373) 90 81, *Fax (06373) 20402*, – ☎. E
Juni 2 Wochen geschl. – **Menu** *(Mittwoch geschl.)* à la carte 30/55 – **15 Z** 58/100.

WALDMÜNCHEN *Bayern* 420 *R 22 – 7 700 Ew – Höhe 512 m – Luftkurort – Wintersport : 750/920 m 2.*

Verkehrsamt, Marktplatz 16, ✉ 93449, ✆ (09972) 3 07 25, Fax (09972) 30740.

Berlin 473 – München 210 – Weiden in der Oberpfalz 69 – Cham 21.

Bayerischer Hof, Torweiherweg 5, ✉ 93449, ✆ (09972) 95 00 01, *Fax (09972) 950455*, – ☎. AE ⓓ E VISA. Rest
Menu à la carte 23/56 – **166 Z** 112/164 – ½ P 21.

In Tiefenbach *NW : 13 km Richtung Schönsee :*

Gasthof Russenbräu, Irlacher Str. 2, ✉ 93464, ☎ (09673) 2 04, *Fax (09673) 1808,* – TV ☎ P. E VISA
Menu à la carte 22/50 – **15 Z** 37/90 – ½ P 12.

In Treffelstein-Kritzenthal *NW : 10 km Richtung Schönsee, nach 8 km rechts ab :*

Katharinenhof, ✉ 93492, ☎ (09673) 93 00, *Fax (09673) 930100,* – TV ☎ P – 30. AE E VISA
10. - 30. Jan. geschl. – Menu à la carte 34/55 – **46 Z** 55/110 – ½ P 28.

WALDRACH *Rheinland-Pfalz* 417 *Q 4 – 2 200 Ew – Höhe 130 m.*
Berlin 718 – Mainz 163 – Trier 13 – Hermeskeil 22 – Wittlich 36.

In Riveris *SO : 3 km :*

Landhaus zum Langenstein, Auf dem Eschgart 11, ✉ 54317, ☎ (06500) 2 87, *Fax (06500) 7579,* – P. Rest
26. Dez. - 20. Jan. geschl. – **Menu** *(Montag geschl.)* à la carte 27/43 – **23 Z** 55/100 – ½ P 22.

WALDSASSEN *Bayern* 420 *P 20 – 8 000 Ew – Höhe 477 m.*
Sehenswert : *Stiftsbasilika★ (Chorgestühl★, Bibliothek★★).*
Ausflugsziel : *Kappel : Lage★★ - Wallfahrtskirche★ NW : 3 km.*
Tourist-Information, Johannisplatz 11, ✉ 95652, ☎ (09632) 8 81 60, Fax (09632) 5480.
Berlin 370 – München 311 – Weiden in der Oberpfalz 43 – Bayreuth 77 – Hof 55.

Bayerischer Hof, Bahnhofstr. 15, ✉ 95652, ☎ (09632) 12 08, *Fax (09632) 4924,* – Zim, TV ☎ P. AE E VISA
April und Nov. jeweils 1 Wochen geschl. – **Menu** *(Mittwoch geschl.)* à la carte 25/60 – **15 Z** 50/120.

Königlich-Bayrisches Forsthaus (ehemaliges Forsthaus a.d.J. 1713), Basilikaplatz 5, ✉ 95652, ☎ (09632) 9 20 40, *Fax (09632) 920444,* – TV ☎. E
Menu *(Sonntagmittag und Dienstagmittag geschl.)* à la carte 25/51 – **24 Z** 50/90.

Zrenner, Dr.-Otto-Seidl-Str. 13, ✉ 95652, ☎ (09632) 12 26, *Fax (09632) 5427,* « Innenhofterrasse » – TV ☎. E
Menu *(Freitag geschl.)* à la carte 27/59 – **21 Z** 65/130.

Prinzregent Luitpold, Prinzregent-Luitpold-Str. 4, ✉ 95652, ☎ (09632) 28 86, *Fax (09632) 5439,* « Ehemaliger Bauernhof, Innenhofterrasse » – E
Nov. - März Dienstag und Feb. 2 Wochen geschl. – **Menu** à la carte 26/54.

In Waldsassen-Kondrau *SW : 2 km :*

Pension Sommer garni, Wirtsgasse 8, ✉ 95652, ☎ (09632) 9 22 00, *Fax (09632) 922040,* – TV ☎ P.
19 Z 45/80.

Kondrauer Hof, Alte Str. 1 (B 299), ✉ 95652, ☎ (09632) 9 21 40, *Fax (09632) 921444* – TV ☎ P. E
Menu *(Donnerstag und Nov. 3 Wochen geschl.)* à la carte 18/25 – **12 Z** 50/85.

WALDSEE, BAD *Baden-Württemberg* 419 *W 13 – 18 600 Ew – Höhe 587 m – Heilbad – Kneippkurort.*
Sehenswert : *Stadtsee★.*
18 9 *Hofgut Hopfenweiler (NO : 1 km), ☎ (07524) 4 01 70.*
Kurverwaltung, Ravensburger Str. 1, ✉ 88339, ☎ (07524) 94 13 42, Fax (07524) 941345.
Berlin 676 – Stuttgart 154 – Konstanz 61 – Ulm (Donau) 66 – Ravensburg 21.

Hotel im Hofgut M, Hopfenweiler (NO : 3 km), ✉ 88339, ☎ (07524) 4 01 70, *Fax (07524) 4017100,* 18 – Zim, TV P – 20. AE E VISA
Menu à la carte 51/70 – **40 Z** 130/200.

Altes Tor M garni, Hauptstr. 49, ✉ 88339, ☎ (07524) 9 71 90, *Fax (07524) 971997,* – TV ☎. AE E VISA
23. Dez. - 6. Jan. geschl. – **28 Z** 110/160.

Grüner Baum, Hauptstr. 34, ✉ 88339, ☎ (07524) 9 79 00, *Fax (07524) 979050,* – TV ☎ P. AE E VISA
22. Dez. - 4. Jan. geschl. – **Menu** *(Mittwoch und Mitte Juli - Mitte Aug. geschl.)* à la carte 34/61 – **14 Z** 89/180 – ½ P 28.

In Bad Waldsee-Gaisbeuren *SW : 4 km :*

Adler, Bundesstr. 15 (B 30), 88339, (07524) 99 80, *Fax (07524) 998152*, Biergarten – 140.
8. - 21. Feb. geschl. – **Menu** *(Donnerstag geschl.)* à la carte 30/59 – **31 Z** 88/164 – ½ P 29.

WALDSHUT-TIENGEN *Baden-Württemberg 419 X 8 – 22 500 Ew – Höhe 340 m.*

Verkehrsamt, Waldshut, Wallstr. 26, 79761, (07751) 83 31 99, Fax (07751) 833126.
Berlin 793 – Stuttgart 180 – Freiburg im Breisgau 75 – Donaueschingen 57 – Basel 56 – Zürich 45.

Im Stadtteil Waldshut :

Waldshuter Hof, Kaiserstr. 56, 79761, (07751) 8 75 10, *Fax (07751) 875170* –
Menu *(Sonntagabend - Montag geschl.)* à la carte 39/67 – **23 Z** 90/150.

Im Stadtteil Tiengen :

Bercher, Bahnhofstr. 1, 79761, (07741) 6 10 66, *Fax (07741) 65766*, – Zim, – 80.
Menu *(Samstagmittag, Sonntag und Anfang Jan. 1 Woche geschl.)* à la carte 32/68 – **40 Z** 85/260.

Brauerei Walter, Hauptstr. 23, 79761, (07741) 8 30 20, *Fax (07741) 830240* –
Menu *(Samstagabend, Sonn- und Feiertage und 15. - 31. Juli geschl.)* à la carte 28/70 – **20 Z** 90/160.

Im Stadtteil Breitenfeld *NO : 3 km ab Tiengen :*

Landgasthof Hirschen, Breitenfeld 13, 79761, (07741) 6 82 50, *Fax (07741) 682568*, , , –
10. Jan. - 1. Feb. geschl. – **Menu** *(Dienstag geschl.)* à la carte 27/50 – **24 Z** 63/132.

In Lauchringen-Oberlauchringen *SO : 4 km ab Stadtteil Tiengen :*

Gartenhotel Feldeck, Klettgaustr. 1 (B 34), 79787, (07741) 8 30 70, *Fax (07741) 830750*, , , , – – 30.
Menu *(Samstag geschl.)* à la carte 27/58 – **36 Z** 65/140.

WALDSTETTEN *Baden-Württemberg siehe Schwäbisch Gmünd.*

WALLDORF *Baden-Württemberg 417 419 S 9 – 13 200 Ew – Höhe 110 m.*

Berlin 636 – Stuttgart 107 – Mannheim 32 – Heidelberg 15 – Heilbronn 54 – Karlsruhe 42.

Holiday Inn, Roter Straße (SW : 1,5 km), 69190, (06227) 3 60, *Fax (06227) 36504*, , , , (geheizt), , , – , Zim, – 100. Rest
Menu à la carte 50/85 – **158 Z** 285/473.

Vorfelder, Bahnhofstr. 28, 69190, (06227) 69 90, *Fax (06227) 30541*, , Biergarten, , – , Zim, – 50.
Menu à la carte 44/79 – **65 Z** 135/375, 3 Suiten.

Domizil garni, Schwetzinger Str. 50, 69190, (06227) 60 80, *Fax (06227) 60860*, –
19. Dez. - 9. Jan. geschl. – **34 Z** 221/325.

Ambiente, Am neuen Schulhaus 4, 69190, (06227) 69 70, *Fax (06227) 697100*, – , Zim, – 70.
Menu *(Freitag - Samstag geschl.)* (nur Abendessen) à la carte 33/66 – **71 Z** 201/285.

WALLDÜRN *Baden-Württemberg 417 419 R 12 – 11 500 Ew – Höhe 398 m – Erholungsort.*

18 9 Walldürn-Neusäß, Mühlweg 7, (06282) 73 83.
Tourist Information, Rathaus, Hauptstr. 27, 74731, (06282) 6 71 07, Fax (06282) 67103.
Berlin 554 – Stuttgart 125 – Würzburg 59 – Aschaffenburg 64 – Heidelberg 93.

Landgasthof Zum Riesen, Hauptstr. 14, 74731, (06282) 9 24 20, *Fax (06282) 924250*, , (ehemaliges Palais a.d.J. 1724) – – 40.
Menu à la carte 37/65 – **28 Z** 110/170.

Zum Ritter, Untere Vorstadtstr. 2, 74731, (06282) 60 55, *Fax (06282) 6058* –
Juli - Aug. und Dez. - Jan. jeweils 3 Wochen geschl. – **Menu** *(Sonntagabend und Freitagmittag geschl.)* à la carte 22/54 – **20 Z** 80/130 – ½ P 20.

In Walldürn-Reinhardsachsen *NW : 9 km :*

Frankenbrunnen, Am Kaltenbach 3, ✉ 74731, (06286) 9 20 20, *Fax (06286) 1330*, – Zim, – 60. Rest
Menu à la carte 32/57 – **23 Z** 105/180, 3 Suiten – ½ P 30.

WALLENHORST *Niedersachsen siehe Osnabrück.*

WALLERFANGEN *Saarland siehe Saarlouis.*

WALLERSTEIN *Bayern 419 420 T 15 – 3 300 Ew – Höhe 430 m.*
Berlin 521 – München 139 – Augsburg 78 – Ansbach 62 – Würzburg 131.

Zum goldenen Löwen mit Zim, Obere Bergstr. 1 (Am Schloss), ✉ 86757, (09081) 2 76 60, *Fax (09081) 27666*, Biergarten –
Menu *(Dienstag geschl.)* à la carte 28/56 – **5 Z** 40/80.

WALLGAU *Bayern 419 420 X 17 – 1 400 Ew – Höhe 868 m – Erholungsort – Wintersport : 900/1 000 m 1.*
, Risser Straße, (08825) 21 83.
Verkehrsamt, Mittenwaldstr. 8, ✉ 82499, (08825) 92 50 50, Fax (08825) 925066.
Berlin 680 – München 93 – Garmisch-Partenkirchen 20 – Bad Tölz 47.

Parkhotel, Barmseestr. 1, ✉ 82499, (08825) 2 90, *Fax (08825) 366*, Massage, – – 40. Rest
April 2 Wochen und 5. Nov. - 20. Dez. geschl. – **Menu** (nur Abendessen, Tischbestellung ratsam) à la carte 45/77 – **52 Z** 120/260, 12 Suiten – ½ P 25.

Post, Dorfplatz 6, ✉ 82499, (08825) 91 90, *Fax (08825) 91999*, –
5. Nov. - 19. Dez. geschl. – **Menu** à la carte 32/72 – **29 Z** 70/180 – ½ P 25.

Wallgauer Hof, Isarstr. 15, ✉ 82499, (08825) 9 21 00, *Fax (08825) 921047*, –
15. Nov. - 15. Dez. geschl. – (nur Abendessen für Hausgäste) – **21 Z** 65/195 – ½ P 23.

Isartal, Dorfplatz 2, ✉ 82499, (08825) 10 44, *Fax (08825) 2143*, –
April - Mai 3 Wochen und Nov. - 15. Dez. geschl. – **Menu** *(Montagabend - Dienstag geschl.)* à la carte 25/53 – **20 Z** 50/100 – ½ P 20.

WALLUF *Hessen 417 P 8 – 6 000 Ew – Höhe 90 m.*
Berlin 573 – Wiesbaden 10 – Bad Kreuznach 49 – Koblenz 71 – Limburg an der Lahn 51 – Mainz 13.

Zum neuen Schwan, Rheinstr. 3, ✉ 65396, (06123) 9 95 90 (Hotel) 7 22 75 (Rest.), *Fax (06123) 995950* –
Dez. - Jan. 3 Wochen geschl. – ***Rheinpavillion*** *(Donnerstag und Mitte Nov. - Mitte Feb. geschl.)* **Menu** à la carte 30/71 – **26 Z** 101/198.

Ruppert, Hauptstr. 61 (B 42), ✉ 65396, (06123) 9 97 10, *Fax (06123) 997110* – – 25
Menu *(Montag geschl.)* à la carte 23/59 – **32 Z** 80/130.

Schwan mit Zim, Rheinstr. 4, ✉ 65396, (06123) 7 24 10, *Fax (06123) 75442* –
Menu *(Dienstag und Samstagmittag geschl.)* à la carte 59/77 – **4 Z** 70/95.

Zum Treppchen, Kirchgasse 14, ✉ 65396, (06123) 7 17 68 –
Sonntag geschl. – **Menu** (nur Abendessen) à la carte 36/62.

WALSRODE *Niedersachsen 415 416 H 12 – 23 000 Ew – Höhe 35 m – Erholungsort.*
Ausflugsziel : *Vogelpark★ N : 3 km.*
Walsrode-Tietlingen, (05162) 38 89.
Tourist-Information, Lange Str. 20, ✉ 29664, (05161) 1 94 33, Fax (05161) 73395.
Berlin 329 – Hannover 70 – Bremen 61 – Hamburg 102 – Lüneburg 76.

Landhaus Walsrode garni (ehem. Bauernhaus in einer Parkanlage), Oskar-Wolff-Str. 1, ✉ 29664, (05161) 9 86 90, *Fax (05161) 2352*, (geheizt), –
15. Dez. - 15. Jan. geschl. – **18 Z** 90/310.

Holiday Inn Garden Court garni, Gottlieb-Daimler-Str. 11, ✉ 29664, ✆ (05161) 60 70, *Fax (05161) 607444* – 35. **79 Z** 149/179.

Hannover, Lange Str. 5, ✉ 29664, ✆ (05161) 55 16, *Fax (05161) 5513*, Biergarten –
Menu *(Jan. 2 Wochen geschl.)* à la carte 24/55 – **24 Z** 80/135.

Beim Vogelpark *N : 3 km :*

Luisenhöhe, Am Vogelpark, ✉ 29664 Walsrode, ✆ (05161) 9 86 20, *Fax (05161) 2387*, – Zim, – 150.
Menu à la carte 37/73 – **47 Z** 139/325.

Beim Golfplatz *O : 9 km :*

Sanssouci, ✉ 29664 Walsrode-Tietlingen, ✆ (05162) 30 47, *Fax (05162) 6742*, « Gartenterrasse », –
Feb. geschl. – **Menu** *(Nov. - März nur Abendessen, Donnerstag geschl.)* à la carte 30/64 – **12 Z** 90/150.

In Walsrode-Hünzingen *N : 5 km :*

Forellenhof, ✉ 29664, ✆ (05161) 97 00, *Fax (05161) 970123*, – – 100.
Menu à la carte 33/69 – **51 Z** 90/360.

WALTENHOFEN

Bayern 419 420 W 14 – 8 000 Ew – Höhe 750 m.

Verkehrsamt, Rathaus, ✉ 87448, ✆ (08303) 7 90, Fax (08303) 7930.

Berlin 704 – München 131 – Kempten (Allgäu) 6 – Bregenz 73 – Ulm (Donau) 97.

In Waltenhofen-Martinszell *S : 5,5 km – Erholungsort :*

Landgasthof Adler (mit Gästehaus), Illerstr. 10, ✉ 87448, ✆ (08379) 92 07 00, *Fax (08379) 920727*, , Biergarten – – 80.
11. - 24. Jan. geschl. – **Menu** à la carte 31/54 – **29 Z** 71/129.

WALTERSDORF

Sachsen siehe Zittau.

WALTERSHAUSEN

Thüringen 418 N 15 – 13 000 Ew – Höhe 325 m.

Stadt-Information, Markt 1 (Rathaus), ✉ 99880, ✆ (03622) 63 01 48, Fax (03622) 902555.

Berlin 338 – Erfurt 47 – Eisenach 23.

Landgraf, Gothaer Str. 1, ✉ 99880, ✆ (03622) 6 50 00, *Fax (03622) 650065*, Biergarten, – Zim, – 70. Rest
Balthasar : Menu à la carte 27/43 – **68 Z** 100/140.

Waldhaus, Zeughausgasse 5, ✉ 99880, ✆ (03622) 6 90 03, *Fax (03622) 902249*, –
Menu *(Montagmittag geschl.)* à la carte 25/36 – **10 Z** 80/120.

WALTROP

Nordrhein-Westfalen 417 L 6 – 30 000 Ew – Höhe 60 m.

Berlin 494 – Düsseldorf 74 – Münster (Westfalen) 50 – Recklinghausen 15.

Haus der Handweberei garni, Bahnhofstr. 95, ✉ 45731, ✆ (02309) 9 60 90, *Fax (02309) 75899* –
22 Z 70/135.

Gasthaus Stromberg, Dortmunder Str. 5 (Eingang Isbruchstr.), ✉ 45731, ✆ (02309) 42 28, *Fax (02309) 920317* –
Montag geschl. – **Menu** à la carte 41/65.

Burbaum's Restaurant, Kirchplatz 4, ✉ 45731, ✆ (02309) 22 14, *Fax (02309) 2214*, « Fachwerkhaus a.d.J. 1680 » –
Dienstag geschl. – **Menu** à la carte 36/52.

WANDLITZ

Brandenburg 416 H 24 – 3 000 Ew – Höhe 67 m.

Fremdenverkehrsverein, Prenzlauer Chaussee 157, ✉ 16348, ✆ (033397) 6 61 31, Fax (033397) 66131.

Berlin 33 – Potsdam 61 – Brandenburg 103 – Frankfurt an der Oder 118 – Eberswalde 35.

Zur Waldschänke, Zühlsdorfer Chaussee 14 (SW : 3,5 km), ✉ 16348, ✆ (033397) 35 50, *Fax (033397) 355355*, –
Menu à la carte 28/52 – **19 Z** 85/140.

WANGELS *Schleswig-Holstein* 415 416 *D 16 – 2 200 Ew – Höhe 5 m.*
Berlin 327 – Kiel 45 – Lübeck 73 – Oldenburg in Holstein 11.

In Wangels-Weißenhäuser Strand *N : 5 km :*

Strandhotel, Seestr. 1, ✉ 23758, ☎ (04361) 55 27 71, *Fax (04361) 552710*, ←, , Massage, , , , , – – **AE** **E** **VISA**.
Menu à la carte 31/60 – **184 Z** 117/214.

WANGEN *Baden-Württemberg siehe Göppingen.*

WANGEN IM ALLGÄU *Baden-Württemberg* 419 *W 13 – 24 000 Ew – Höhe 556 m – Luftkurort.*
Sehenswert : *Marktplatz★.*
Gästeamt, Rathaus, Marktplatz, ✉ *88239,* ☎ *(07522) 7 42 11, Fax (07522) 74111.*
Berlin 701 – Stuttgart 194 – Konstanz 37 – Ravensburg 23 – Ulm (Donau) 102 – Bregenz 27.

Romantik Hotel Alte Post, Postplatz 2, ✉ 88239, ☎ (07522) 9 75 60, *Fax (07522) 22604,* « Einrichtung im Barock- und Bauernstil » – Zim, – 40. **AE** **E** **VISA**. Rest
Menu *(Sonntag - Montagmittag und Nov. - Feb. geschl.)* à la carte 40/65 – **19 Z** 103/210.

Romantik Hotel Postvilla garni, Schönhalde 2, ✉ 88239, ☎ (07522) 9 74 60, *Fax (07522) 29323,* ←, « Villa mit eleganter Einrichtung », – . **AE** **E** **VISA**
8. - 20. Jan. geschl. – **9 Z** 100/220.

Vierk, Bahnhofsplatz 1, ✉ 88239, ☎ (07522) 9 31 10, *Fax (07522) 931188,* , – . **E** **VISA**
Menu *(Sonntagabend - Montag geschl.)* à la carte 40/77 – **27 Z** 93/180.

Rössle garni, Ebnetstr. 2, ✉ 88239, ☎ (07522) 40 71, *Fax (07522) 4319* – . **AE** **E** **VISA**
8 Z 85/205.

In Wangen-Neuravensburg *SW : 8 km*

Mohren, Bodenseestr. 7, ✉ 88239, ☎ (07528) 95 00, *Fax (07528) 95095,* , , – . **AE** **E** **VISA**
Menu *(Montag - Dienstagmittag geschl.)* (Okt. - April nur Abendessen) à la carte 31/60 – **30 Z** 80/145.

Waldgasthof zum Hirschen, Grub 1, ✉ 88239, ☎ (07528) 72 22, *Fax (07528) 6798,* , , – Zim,
Menu *(Montag geschl.)* à la carte 28/52 – **9 Z** 90/170.

In Wangen-Primisweiler *SW : 6 Km :*

Landgasthaus Neue Welt, Tettnanger Str. 59, ✉ 88239, ☎ (07528) 70 62, *Fax (07528) 7062,* –
Dienstag und über Fastnacht 2 Wochen geschl. – **Menu** à la carte 40/64.

WANGERLAND *Niedersachsen* 415 *F 7 – 10 000 Ew – Höhe 1 m.*
Kurverwaltung, Zum Hafen 3 (Horumersiel), ✉ *26434,* ☎ *(04426) 98 70, Fax (04426) 987187.*
Berlin 496 – Hannover 242 – Emden 76 – Cuxhaven 123 – Oldenburg 72 – Wilhelmshaven 21.

In Wangerland-Hooksiel *– Seebad :*

Zum Schwarzen Bären, Lange Str. 15, ✉ 26434, ☎ (04425) 9 58 10, *Fax (04425) 958129,* – . **AE** **E** **VISA**
Mittwoch und Mitte - Ende Jan. geschl. – **Menu** à la carte 37/70.

Packhaus mit Zim, Am alten Hafen 1, ✉ 26434, ☎ (04425) 12 33, *Fax (04425) 81110,* ←, – . **AE** **E** **VISA**
Menu à la carte 38/70 – **6 Z** 85/150.

In Wangerland-Horumersiel *– Seebad :*

Leuchtfeuer M, Pommernweg 1, ✉ 26434, ☎ (04426) 9 90 30, *Fax (04426) 9903110,* , – , Zim, . **AE** **E** **VISA**. Rest
Menu à la carte 37/61 – **34 Z** 98/196 – ½ P 25.

Schmidt's Hoern garni, Heinrich-Tiarks-Str. 5, ✉ 26434, ☎ (04426) 9 90 10, *Fax 990132,* –
17 Z 86/164.

In Wangerland-Schillig – *Seebad :*

Upstalsboom Hotel am Strand, Mellumweg 6, ✉ 26434, ✆ (04426) 8 80, *Fax (04426) 88101*, Massage, – Zim – 30. AE E VISA. Rest
Menu à la carte 32/70 – **69 Z** 122/214 – ½ P 30.

WANGEROOGE (Insel) *Niedersachsen 415 E 7 – 1 400 Ew – Seeheilbad – Insel der Ostfriesischen Inselgruppe. Autos nicht zugelassen.*

von Wittmund-Harlesiel (ca. 1 h 15 min), ✆ (04464) 94 94 11.

Verkehrsverein, Pavillon am Bahnhof, ✉ 26486, ✆ (04469) 9 48 80, Fax (04469) 948899.

Berlin 512 – Hannover 256 – Cuxhaven 144 – Emden 72 – Aurich/Ostfriesland 36 – Wilhelmshaven 41.

Strandhotel Upstalsboom M, Strandpromenade 21, ✉ 26486, ✆ (04469) 87 60, *Fax (04469) 876511*, Massage, – Zim, AE E VISA. Rest
Menu à la carte 44/75 – **78 Z** 155/286 – ½ P 36.

Hanken, Zedeliusstr. 38, ✉ 26486, ✆ (04469) 87 70, *Fax (04469) 87788* – – 20. AE E VISA. Zim
10. Jan. - Feb. und 30. Nov. - 28. Dez. geschl. – **Menu** *(Okt. - Mai Donnerstag geschl.)* à la carte 31/53 – **45 Z** 105/240 – ½ P 38.

Gerken, Strandpromende 21, ✉ 26486, ✆ (04469) 18 01, *Fax (04469) 1464* – AE E VISA
6. Jan. - Mitte März und Nov. - 20. Dez. geschl. – **Menu** à la carte 50/90.

WARBURG *Nordrhein-Westfalen 417 L 11 – 25 500 Ew – Höhe 205 m.*

Fremdenverkehrsamt, Altes Rathaus, Zwischen den Städten, ✉ 34414, ✆ (05641) 9 25 55, Fax (05641) 92583.

Berlin 403 – Düsseldorf 195 – Kassel 34 – Marburg 107 – Paderborn 42.

Romantik Hotel Alt Warburg, Kalandstr. 11, ✉ 34414, ✆ (05641) 42 11, *Fax (05641) 60910*, « Restauriertes Fachwerkhaus a.d. 16. Jh. » – – 70. AE E VISA
Menu *(Sonntag - Montag geschl.)* à la carte 70/87 – **20 Z** 120/180.

In Warburg-Germete *S : 2 km :*

Landgasthof Deele, Zum Kurgarten 24, ✉ 34414, ✆ (05641) 7 88 90, *Fax (05641) 4164*, – . AE E VISA
Menu *(Montagmittag geschl.)* à la carte 41/70 – **13 Z** 85/170.

WARDENBURG *Niedersachsen 415 G 8 – 14 300 Ew – Höhe 9 m.*

Berlin 444 – Hannover 156 – Bremen 56 – Oldenburg 13.

Wardenburger Hof, Oldenburger Str. 255, ✉ 26203, ✆ (04407) 9 21 00, *Fax (04407) 20710*, Biergarten – Zim, . AE E VISA
Menu à la carte 31/60 – **23 Z** 90/145.

WAREN (Müritz) *Mecklenburg-Vorpommern 416 F 22 – 22 500 Ew – Höhe 80 m – Luftkurort.*

Sehenswert : *Müritz-Nationalpark★.*

Waren (Müritz) - Information, Neuer Markt 21, ✉ 17192, ✆ (03991) 66 61 83, Fax (03991) 664330.

Berlin 162 – Schwerin 102 – Neubrandenburg 42 – Hamburg 212 – Rostock 81.

Ecktannen, Fontanestr. 51, ✉ 17192, ✆ (03991) 62 90, *Fax (03991) 629100*, Bootssteg, – . AE E VISA
Menu à la carte 33/57 – **24 Z** 120/205 – ½ P 30.

Kleines Meer M, Alter Markt 7, ✉ 17192, ✆ (03991) 64 80, *Fax (03991) 648222*, – Zim, – 30. AE E VISA
Menu à la carte 45/62 – **30 Z** 150/230 – ½ P 35.

Villa Margarete, Fontanestr. 11, ✉ 17192, ✆ (03991) 62 50, *Fax (03991) 625100*, – – 25. AE E VISA. Rest
Menu à la carte 35/58 – **31 Z** 120/185.

Ingeborg M garni, Rosenthalstr. 5, ✉ 17192, ✆ (03991) 6 13 00, *Fax (03991) 613030* – . E VISA
20. Dez. - 5. Jan. geschl. – **27 Z** 111/162.

Paulshöhe, Falkenhäger Weg, ✉ 17192, ✆ (03991) 1 71 40, *Fax (03991) 171444,* – . Menu à la carte 27/44 – **14 Z** 95/140 – ½ P 20.

Am Yachthafen garni, Strandstr. 2, ✉ 17192, ✆ (03991) 6 72 50, *Fax (03991) 672526* – . *12. - 30. Jan. geschl.* – **13 Z** 95/210.

Für Dich, Papenbergstr. 51, ✉ 17192, ✆ (03991) 6 44 50, *Fax (03991) 644555* – Menu à la carte 25/45 – **15 Z** 80/150.

Gasthof Kegel, Große Wasserstr. 4, ✉ 17192, ✆ (03991) 6 20 70, *Fax (03991) 620714* – . Menu à la carte 26/45 – **16 Z** 95/145 – ½ P 25.

In Groß Plasten *NO : 12 km :*

Schloss Groß Plasten, Dorfstr. 43, ✉ 17192, ✆ (039934) 80 20, *Fax (039934) 80299,* « Terrasse am See », , , – – 50. Menu à la carte 39/56 – **31 Z** 90/240 – ½ P 35.

Im Müritz-Nationalpark *SO : 12 km :*

Kranichrast, ✉ 17192 Schwarzenhof, ✆ (03991) 6 72 60, *Fax (03991) 672659,* , – Zim, – 30. Menu à la carte 31/52 – **31 Z** 95/155 – ½ P 25.

WARENDORF *Nordrhein-Westfalen* **417** *K 7 – 34 000 Ew – Höhe 56 m.*

Ausflugsziel : *Freckenhorst : Stiftskirche★ (Taufbecken ★) SW : 5 km.*

Warendorf, Vohren 41 (O : 8 km), ✆ (02586) 17 92.

Verkehrsamt, Markt 1, ✉ 48231, ✆ (02581) 1 94 33, Fax (02581) 54792.

Berlin 443 – Düsseldorf 150 – Bielefeld 50 – Münster (Westfalen) 27 – Paderborn 63.

Im Engel, Brünebrede 35, ✉ 48231, ✆ (02581) 9 30 20, *Fax (02581) 62726,* , – – 120. Menu *(Donnerstag geschl.)* (bemerkenswerte Weinkarte) à la carte 38/76 – **22 Z** 95/175 – ½ P 25.

Mersch, Dreibrückenstr. 66, ✉ 48231, ✆ (02581) 6 37 30, *Fax (02581) 637340,* , – , Zim, – 30. Menu *(Sonntag geschl.)* (nur Abendessen) à la carte 42/68 – **24 Z** 115/195.

Landhaus Wiesenhof, Gröblingen 52, ✉ 48231, ✆ (02581) 92 30, *Fax (02581) 923200,* « Gartenterrasse » – – 15. Menu à la carte 39/65 – **16 Z** 80/160.

WARMENSTEINACH *Bayern* **420** *Q 19 – 3 000 Ew – Höhe 558 m – Luftkurort – Wintersport : 560/1 024 m 7(Skizirkus Ochsenkopf) .*

Verkehrsamt, Freizeithaus, ✉ 95485, ✆ (09277) 14 01, Fax (09277) 1613.

Berlin 372 – München 253 – Weiden in der Oberpfalz 73 – Bayreuth 24 – Marktredwitz 27.

Krug, Siebensternweg 15, ✉ 95485, ✆ (09277) 99 10, *Fax (09277) 99199,* « Terrasse mit », , , – – 30. Menu *(Okt. - Juni Montag geschl.)* à la carte 28/71 – **33 Z** 90/240 – ½ P 24.

Gästehaus Preißinger, Bergstr. 134, ✉ 95485, ✆ (09277) 15 54, *Fax (09277) 6289,* , , , – . Rest *Nov. - Mitte Dez. geschl.* – (nur Abendessen für Hausgäste) – **32 Z** 60/140 – ½ P 10.

Waldhotel Pfeiferhaus, Untere alte Poststraße (S : 2 km), ✉ 95485, ✆ (09277) 2 56, *Fax (09277) 6249,* , – *März und Nov. - Mitte Dez. geschl.* – **Menu** *(Mittwochabend geschl.)* (Mittagessen nur für Hausgäste) à la carte 21/30 – **22 Z** 55/118 – ½ P 16.

In Warmensteinach-Fleckl *NO : 5 km :*

Sport-Hotel Fleckl, Fleckl 5, ✉ 95485, ✆ (09277) 99 90, *Fax (09277) 99999,* , , – . Rest *nach Ostern 2 Wochen und Anfang Nov. - 20. Dez. geschl.* – (nur Abendessen für Hausgäste) – **19 Z** 74/180, 3 Suiten.

Berggasthof, Fleckl 20, ✉ 95485, ✆ (09277) 2 70, *Fax (09277) 1353,* , – *Anfang - Mitte Dez. geschl.* – **Menu** à la carte 21/41 – **16 Z** 45/102 – ½ P 18.

In Warmensteinach-Oberwarmensteinach *O : 2 km :*

Goldener Stern, ✉ 95485, ✆ (09277) 2 46, *Fax (09277) 6314,* – P
Nov. geschl. – **Menu** *(Mittwoch geschl.)* à la carte 23/41 – **19 Z** 43/90 – ½ P 14.

WARSTEIN *Nordrhein-Westfalen* 417 *L 9 – 29 000 Ew – Höhe 300 m.*

Berlin 466 – Düsseldorf 149 – Arnsberg 32 – Lippstadt 28 – Meschede 28.

Gästehaus Waldfrieden garni, Am Tüppel 10, ✉ 59581, ✆ (02902) 98 10, *Fax (02902) 881426* – P. AE E VISA
20 Z 85/130.

Hölter, Siegfriedstr. 2, ✉ 59581, ✆ (02902) 24 40, *Fax (02902) 51795,* – P. E.
Juli - Aug. 2 Wochen geschl. – **Menu** *(Samstagmittag und Montag geschl.)* à la carte 31/57 – **8 Z** 60/130.

Domschänke, Dieplohstr. 12, ✉ 59581, ✆ (02902) 25 59, *Fax (02902) 881409,* Biergarten, « Sauerländer Fachwerkhaus » – AE E VISA JCB
Samstagmittag geschl. – **Menu** à la carte 38/64.

In Warstein-Hirschberg *SW : 7 km – Erholungsort :*

Landhotel Cramer (Fachwerkhaus a.d.J. 1788), Prinzenstr. 2, ✉ 59581, ✆ (02902) 98 80, *Fax (02902) 988260,* , « Gemütliche Gaststube » – P – 30. AE E VISA
Menu à la carte 34/57 – **30 Z** 85/130.

In Rüthen-Kallenhardt *O : 6 km :*

Romantik Hotel Knippschild, Theodor-Ernst-Str. 1, ✉ 59602, ✆ (02902) 8 03 30, *Fax (02902) 803310,* , , – Zim, P – 30. AE E VISA
vor Ostern 1 Woche und Nov. 2 Wochen geschl. – **Menu** *(Donnerstag - Freitagmittag geschl.)* à la carte 34/67 – **22 Z** 85/158.

WARTBURG *Thüringen siehe Eisenach.*

WARTENBERG KREIS ERDING *Bayern* 420 *U 19 – 3 600 Ew – Höhe 430 m.*

Berlin 577 – München 58 – Regensburg 92 – Landshut 27.

Antoniushof garni, Fichtenstr. 24, ✉ 85456, ✆ (08762) 7 31 90, *Fax (08762) 731955,* , , – P. AE E VISA.
19 Z 86/160.

Reiter-Bräu, Untere Hauptstr. 2, ✉ 85456, ✆ (08762) 7 35 80, *Fax (08762) 735850* – P. AE E VISA
Menu *(Donnerstag und Aug. 3 Wochen geschl.)* (Montag - Freitag nur Abendessen) à la carte 23/50 – **34 Z** 80/130.

Bründlhof, Badstr. 44, ✉ 85456, ✆ (08762) 35 53, *Fax (08762) 3247,* – P. AE E VISA.
Dienstag - Mittwoch, 27. Dez. - 6. Jan. und 9. Aug. - 1. Sept. geschl. – **Menu** à la carte 63/97
Spez. Gebratener Steinbutt mit Zwiebelconfit. Medaillons vom Reh mit Kirschsauce. Soufflé von grünen Zitronen.

In Wartenberg-Manhartsdorf *SW : 4 Km :*

Landhotel Schweiger's , ✉ 85456, ✆ (08762) 7 30 70, *Fax (08762) 730780,* , Biergarten, « Restaurant in einem ehemaligen Gutshof mit separatem Hotelbau » – P – 70
(nur Abendessen) – **33 Z.**

WARTMANNSROTH *Bayern siehe Hammelburg.*

WARZENRIED *Bayern siehe Eschlkam.*

Pleasant hotels or restaurants
are shown in the Guide by a red sign.
Please send us the names
of any where you have enjoyed your stay.
Your **Michelin Guide** will be even better.

WASSENBERG *Nordrhein-Westfalen* 417 *M 2 – 13 000 Ew – Höhe 70 m.*

Tourist-Service, Kirchstr. 26, 41849, (02432) 9 60 60, Fax (02432) 960619.

Berlin 613 – Düsseldorf 57 – Aachen 42 – Mönchengladbach 27 – Roermond 18.

Burg Wassenberg, Kirchstr. 17, 41849, (02432) 94 90, *Fax (02432) 949100,* «Hotel in einer Burganlage a.d. 16.Jh.» – 100. AE E VISA
Menu à la carte 51/84 – **31 Z** 140/350.

La Mairie, Am Rosstor 1, 41849, (02432) 51 30, *Fax (02432) 4092,* – AE E.
Donnerstag geschl. – **Menu** (wochentags nur Abendessen, Tischbestellung ratsam) 115/149 und à la carte 82/107
Spez. Frischlingssülze mit Rahmsauerkraut und Bratkartoffeln. Tempura von Edelfischen mit Kaviarcreme und asiatischer Sauce. Hohe Rippe mit Monschauer Senfsauce und getrüffeltem Nudelnest.

Tante Lucie, An der Windmühle 31, 41849, (02432) 23 32, *Fax (02432) 49763,* – – 100. AE E VISA
Montag geschl. – **Menu** à la carte 38/72.

In Wassenberg-Effeld *NW : 6 km :*

Haus Wilms, Steinkirchener Str. 3, 41849, (02432) 30 71, *Fax (02432) 5982,* – – 15. Zim
Menu à la carte 39/62 – **12 Z** 95/160.

WASSERBURG AM BODENSEE *Bayern* 419 *X 12 – 3 000 Ew – Höhe 406 m – Luftkurort.*

Verkehrsamt, Rathaus, Lindenplatz 1, 88142, (08382) 88 74 74, Fax (08382) 89042.

Berlin 728 – München 185 – Konstanz 74 – Ravensburg 27 – Bregenz 15.

Zum lieben Augustin am See (mit Gästehäusern), Halbinselstr. 70, 88142, (08382) 98 00, *Fax (08382) 887082,* , Massage, , , , –
8. Jan. - Feb. geschl. – **Menu** à la carte 43/72 *(auch vegetarische Gerichte)* – **38 Z** 150/230, 18 Suiten – ½ P 35.

Kraft Bobinger garni, Dorfstr. 11, 88142, (08382) 9 86 10, *Fax (08382) 986130,* –
Nov. geschl. – **11 Z** 75/145.

Walserhof, Nonnenhorner Str. 15, 88142, (08382) 9 85 60, *Fax (08382) 985610,* , , , –
7. Jan. - 10. Feb. geschl. – **Menu** *(Nov. - März Montag - Dienstag geschl.)* à la carte 30/63 – **28 Z** 81/176 – ½ P 29.

Lipprandt , Halbinselstr. 63, 88142, (08382) 9 87 60, *Fax (08382) 887245,* , , , , – . E VISA
Menu à la carte 44/68 – **36 Z** 100/210 – ½ P 30.

Pfälzer Hof, Lindenplatz 3, 88142, (08382) 98 85 30, *Fax (08382) 9885313,* –
Menu *(Mittwoch und Nov. - April geschl.)* à la carte 26/51 – **10 Z** 65/130 – ½ P 19.

In Wasserburg-Hege *NW : 1,5 km :*

Gierer, 88142, (08382) 9 87 20, *Fax (08382) 987213,* , Massage, , – , Zim, – 70. Rest
Menu à la carte 36/68 – **58 Z** 94/206 – ½ P 29.

WASSERBURG AM INN *Bayern* 420 *V 20 – 10 500 Ew – Höhe 427 m.*

Sehenswert : *Inn-Brücke : ★ – Heimatmuseum★.*

18 9 Pfaffing (W : 7 km), Köckmühle, (08076) 17 18.

Städt. Verkehrsamt, Marienplatz 2 (Rathaus), Eingang Salzsenderzeile, 83512, (08071) 1 05 22, Fax (08071) 40601.

Berlin 629 – München 53 – Bad Reichenhall 77 – Rosenheim 31 – Salzburg 88 – Landshut 64.

Fletzinger, Fletzingergasse 1, 83512, (08071) 9 08 90, *Fax (08071) 9089177,* Biergarten – – 30. AE E VISA. Rest
Menu à la carte 31/60 – **40 Z** 113/210.

Herrenhaus, Herrengasse 17, 83512, (08071) 28 00, « Spätgotisches Bürgerhaus a.d.14.Jh. mit Fassadenmalerei » – E
Sonntagabend - Montag und Aug. geschl. – **Menu** à la carte 49/76.

Weisses Rössl, Herrengasse 1, 83512, (08071) 5 02 91, –
Montag - Dienstag sowie über Pfingsten und Aug. jeweils 2 Wochen geschl. – **Menu** 20 (mittags) und à la carte 39/57.

An der B 15 *S : 8 km :*

XX **Fischerstüberl** mit Zim, Elend 1, ✉ 83512 Wasserburg-Attel, ☎ (08071) 25 98, *Fax (08071) 51135,* – Rest, TV ☎ P
Ende Mai - Mitte Juni geschl. – **Menu** *(Dienstag geschl.)* (überwiegend Fischgerichte) à la carte 30/55 *(auch vegetarische Gerichte)* – **8 Z** 55/110.

In Wasserburg-Burgau *W : 2,5 km :*

Pichlmayr, Anton-Woger-Str. 2, ✉ 83512, ☎ (08071) 4 00 21, *Fax (08071) 8728,* « Modern eingerichtetes Restaurant mit Wintergarten, ständig wechselnde Bilderausstellung », – TV ☎ – P – 20. AE E VISA JCB
Menu *(Freitag - Samstagmittag geschl.)* à la carte 32/55 – **26 Z** 90/160.

WASSERTRÜDINGEN *Bayern 419 420 S 15 – 6 000 Ew – Höhe 420 m.*

Berlin 494 – München 154 – Nürnberg 67 – Nördlingen 26 – Ansbach 34.

Zur Ente, Dinkelsbühler Str. 1, ✉ 91717, ☎ (09832) 8 14, *Fax (09832) 1095,* , – ☎ P – 20. E VISA
Menu à la carte 21/45 *(auch vegetarische Gerichte)* – **28 Z** 68/125.

WASUNGEN *Thüringen 418 O 15 – 4 000 Ew – Höhe 280 m.*

Berlin 373 – Erfurt 82 – Eisenach 40 – Meiningen 13.

Burg Maienluft , ✉ 98634, ☎ (036941) 78 40, *Fax (036941) 78450,* <, – TV ☎ P – 40.
Menu *(Montag geschl.)* à la carte 22/47 – **13 Z** 68/185.

WEDEL *Schleswig-Holstein 415 416 F 13 – 32 000 Ew – Höhe 2 m.*

Sehenswert : *Schiffsbegrüßungsanlage beim Schulauer Fährhaus* < ★.
Berlin 304 – Kiel 106 – Hamburg 19 – Bremen 126 – Hannover 170.

Kreuzer M, Rissener Str. 195 (O : 1 km, B 431), ✉ 22880, ☎ (04103) 12 70, *Fax (04103) 12799,* , , – , Zim, TV ☎ P – 60. AE E VISA
Menu *(Sonntag geschl.)* à la carte 43/60 – **50 Z** 145/239.

Senator Marina M garni, Hafenstr. 28, ✉ 22880, ☎ (04103) 8 07 70, *Fax (04103) 8077250* – TV ☎ P – 50. AE E VISA
46 Z 138/178.

Wedel garni (mit Gästehäusern), Pinneberger Str. 69, ✉ 22880, ☎ (04103) 9 13 60, *Fax (04103) 913613,* – TV ☎ P. AE E VISA
19. Dez. - 3. Jan. geschl. – **27 Z** 110/176, 10 Suiten.

Diamant garni, Schulstr. 4, ✉ 22880, ☎ (04103) 70 26 00, *Fax (04103) 702700* – TV ☎ – 20. AE E VISA JCB
39 Z 138/180.

Freihof am Roland, Am Marktplatz 6, ✉ 22880, ☎ (04103) 12 80, *Fax (04103) 3294,* , – , Zim, TV ☎ P – 20. AE E VISA
Menu *(Montag - Freitag nur Abendessen)* à la carte 40/59 – **41 Z** 100/149.

WEDEMARK *Niedersachsen 415 416 417 418 I 13 – 24 500 Ew – Höhe 45 m.*

Berlin 295 – Hannover 27 – Bremen 98 – Celle 27 – Hamburg 128.

In Wedemark-Scherenbostel :

XX **Höpershof,** Am Husalsberg 1, ✉ 30900, ☎ (05130) 6 05 00, *Fax (05130) 60500,* – P. AE E VISA
Montag geschl., Dienstag - Freitag nur Abendessen – **Menu** à la carte 35/69.

WEGBERG *Nordrhein-Westfalen 417 M 2 – 26 000 Ew – Höhe 60 m.*

Schmitzhof (W : 7 km), ☎ (02436) 4 79.
Berlin 605 – Düsseldorf 46 – Erkelenz 9,5 – Mönchengladbach 16.

Burg Wegberg, Burgstr. 8, ✉ 41844, ☎ (02434) 9 82 20, *Fax (02434) 9822222,* Biergarten, – TV P – 120. AE E VISA
Menu *(Dienstag geschl.)* à la carte 40/70 – **24 Z** 145/295.

X **Ophover Mühle,** Forst 14, ✉ 41844, ☎ (02434) 2 41 86, *Fax (02434) 24317,* , « Ehemalige Mühle » – P
Dienstag und Samstagmittag geschl. – **Menu** 20 (Lunch-Buffet) à la carte 43/65.

In Wegberg-Kipshoven *SO : 5 km :*

Esser, von-Agris-Str. 43, ✉ 41844, ✆ (02161) 5 86 20, *Fax (02161) 570854*, – P – 50. AE JCB
Menu *(Samstagmittag geschl.)* à la carte 36/72 – **41 Z** 99/200.

In Wegberg-Rickelrath *NO : 3 km :*

Molzmühle mit Zim, Im Bollenberg 41, ✉ 41844, ✆ (02434) 2 43 33, *Fax (02434) 25723*, « Wassermühle a.d.J. 1627 » – P. AE E VISA
Jan. - Feb. 3 Wochen geschl. – **Menu** *(Montag - Dienstag geschl.)* à la carte 48/80 – **10 Z** 165/280.

In Wegberg-Tüschenbroich *SW : 2 km :*

Tüschenbroicher Mühle, Gerderhahner Str. 1, ✉ 41844, ✆ (02434) 42 80, *Fax (02434) 25917*, – P – 30. AE E VISA
Menu (am Wochenende Tischbestellung ratsam) 30 (mittags) und à la carte 44/80.

WEHINGEN *Baden-Württemberg* 419 *V 10 – 3 100 Ew – Höhe 777 m.*

Berlin 731 – Stuttgart 100 – Konstanz 83 – Villingen-Schwenningen 40 – Sigmaringen 46.

Café Keller, Bahnhofstr. 5, ✉ 78564, ✆ (07426) 9 47 80, *Fax (07426) 947830*, , – P
Menu *(Freitag, Samstagabend und Sonntagabend geschl.)* à la carte 28/54 – **30 Z** 66/150.

WEHR *Baden-Württemberg* 419 *X 7 – 13 600 Ew – Höhe 365 m.*

Kultur- und Verkehrsamt, Rathausplatz, ✉ 79664, ✆ (07762) 8 08 88, Fax (07762) 80873.

Berlin 832 – Stuttgart 216 – Freiburg im Breisgau 64 – Lörrach 22 – Bad Säckingen 11 – Todtmoos 17 – Basel 31.

Landgasthof Sonne (mit Gästehaus), Enkendorfstr. 38, ✉ 79664, ✆ (07762) 5 31 10, *Fax (07762) 7321*, – P. E VISA
Nov. 2 Wochen geschl. – **Menu** *(Montag geschl.)* à la carte 28/55 – **20 Z** 60/100.

Klosterhof, Frankenmatt 8 (beim Schwimmbad), ✉ 79664, ✆ (07762) 5 20 90, *Fax (07762) 520915*, – P. Rest
Menu *(Sonntagabend und Freitag geschl.)* à la carte 34/69 – **40 Z** 95/140.

WEHRHEIM *Hessen* 417 *P 9 – 9 000 Ew – Höhe 320 m.*

Ausflugsziel : *Saalburg* (Rekonstruktion eines Römerkastells) S : 4 km.*

Berlin 525 – Wiesbaden 57 – Frankfurt am Main 30 – Gießen 46 – Limburg an der Lahn 46.

Zum Taunus, Töpferstr. 2, ✉ 61273, ✆ (06081) 51 68, *Fax (06081) 57987* – . E
Mitte Juli - Mitte Aug. und Weihnachten - Anfang Jan. geschl. – **Menu** *(Freitag geschl.)* (nur Abendessen) à la carte 29/48 – **17 Z** 90/155.

WEIBERN *Rheinland-Pfalz* 417 *O 5 – 1 450 Ew – Höhe 450 m.*

Berlin 632 – Mainz 130 – Koblenz 42 – Bonn 57 – Trier 110.

Eifelstube, Bahnhofstr. 4, ✉ 56745, ✆ (02655) 9 59 30, *Fax (02655) 959349*, « Gemütliche Gaststuben », – P
nach Fasching und Nov. jeweils 2 Wochen geschl. – **Menu** *(Dienstag geschl.)* à la carte 28/49 – **16 Z** 60/130 – ½ P 18.

WEIBERSBRUNN *Bayern* 417 *Q 12 – 2 000 Ew – Höhe 354 m.*

Berlin 558 – München 337 – Würzburg 59 – Aschaffenburg 19.

Brunnenhof, Hauptstr. 231, ✉ 63879, ✆ (06094) 3 64, *Fax (06094) 1064*, , – P – 100. AE E VISA
Menu à la carte 34/63 – **51 Z** 92/150.

An der Autobahn A 3 *Ausfahrt Rohrbrunn :*

Rasthaus und Motel im Spessart - Südseite, ✉ 63879 Rohrbrunn, ✆ (06094) 94 10, *Fax (06094) 941252*, – , Rest, P – 60. AE E VISA
Menu à la carte 30/59 – **34 Z** 113/198.

WEICHERING *Bayern* 419 420 *T 17 – 1 500 Ew – Höhe 372 m.*
Berlin 532 – München 91 – Augsburg 64 – Ingolstadt 14.

Landgasthof Vogelsang, Bahnhofstr. 24, ✉ 86706, ☎ (08454) 20 79, *Fax (08454) 8171*, – Zim, TV ☎ P.
1. - 5. Jan. geschl. – **Menu** *(Donnerstag geschl.)* à la carte 22/49 – **14 Z** 50/80 – ½ P 25.

WEIDA *Thüringen* 418 *N 20 – 9 900 Ew – Höhe 312 m.*
Berlin 257 – Erfurt 91 – Gera 12 – Chemnitz 89 – Plauen 44.

In Wünschendorf *NO : 5 Km :*

Zur Elsterperle, Wendenplatz 7, ✉ 07570, ☎ (036603) 84 20, *Fax (036603) 84220* – Zim, TV ☎ P – 100. E VISA
Menu à la carte 21/37 – **14 Z** 70/150.

In Wünschendorf-Pösneck *NO : 8 Km :*

Pension Müller garni, ✉ 07557, ☎ (036603) 84 00, *Fax (036603) 84010* – TV ☎ P
10 Z 80/110.

WEIDEN IN DER OBERPFALZ *Bayern* 420 *Q 20 – 43 000 Ew – Höhe 397 m.*
Kultur- und Tourismusbüro, Altes Rathaus, Oberer Markt, ✉ *92637,* ☎ *(0961) 1 94 33, Fax (0961) 4161403.*
ADAC, *Bürgermeister-Prechtl-Str. 21,* ✉ *92637,* ☎ *(0961) 3 40 37, Fax (0961) 33957.*
Berlin 406 ① – München 243 ④ – Bayreuth 64 ① – Nürnberg 100 ④ – Regensburg 82 ③

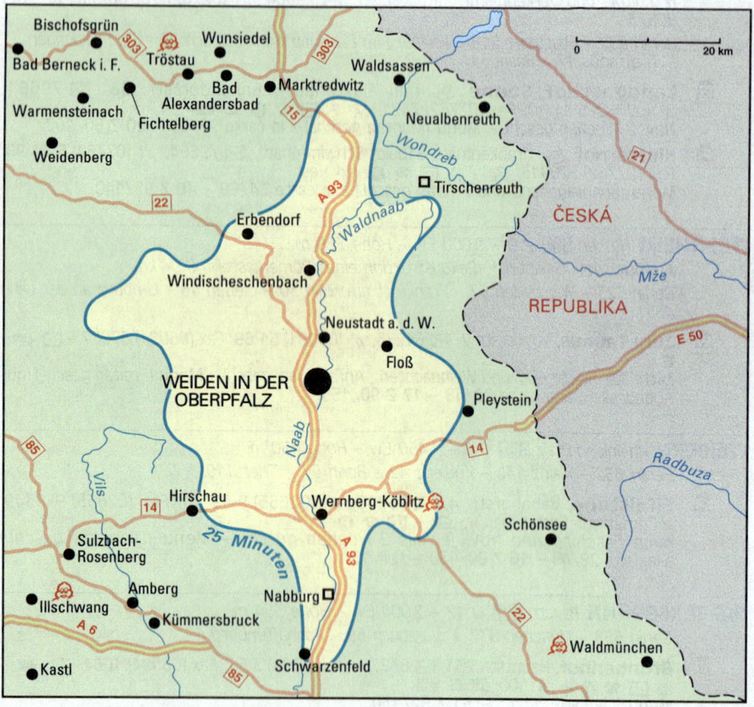

Admira M garni, Brenner-Schäffer-Str. 27, ✉ 92637, ☎ (0961) 4 80 90, *Fax (0961) 4809666*, – TV P – 35. AE E VISA JCB BZ a
104 Z 145/285.

WEIDEN IN DER OBERPFALZ

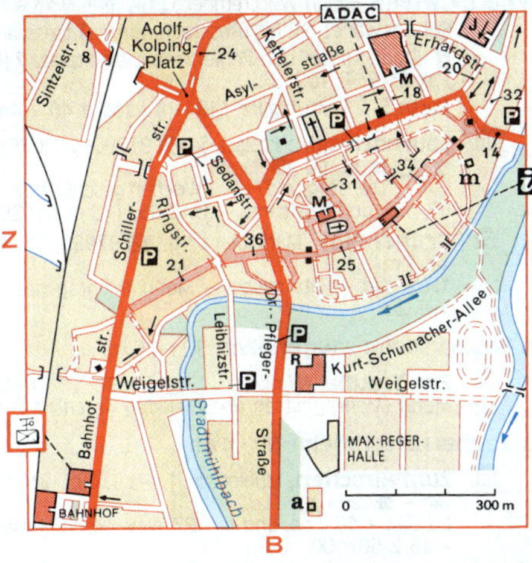

Am Langen Steg	BX	3
Bürgermeister-Prechtl-Straße	BZ	7
Christian-Seltmann-Straße	BZ	8
Dr.-Martin-Luther-Straße	BX	9
Dr.-Seeling-Straße	BY	10
Ermersrichter Straße	BXY	12
Etzenrichter Straße	AY	13
Friedrich-Ebert-Straße	BXZ	14
Hetzenrichter Weg	BX	15
Hinterm Rangierbahnhof	BY	16
Joseph-Haas-Straße	AX	17
Landgerichtsstraße	BZ	18
Ledererstraße	BZ	20
Max-Reger-Straße	BZ	21
Neustädter Straße	BX	23
Nikolaistraße	BZ	24
Oberer Markt	BZ	25
Postkellerstraße	BY	27
Prinz-Ludwig-Straße	BX	28
Schulgasse	BZ	31
Sebastianstraße	BYZ	32
Unterer Markt	BZ	34
Vohenstraußer Straße	BX	35
Wörthstraße	BZ	36

Klassik Hotel am Tor garni, Schlörplatz 1a, ✉ 92637, ✆ (0961) 4 74 70, *Fax (0961) 4747200*, – – 15. BZ m
40 Z 115/225.

Europa, Frauenrichter Str. 173, ✉ 92637, ✆ (0961) 67 07 10, *Fax (0961) 6707114* – . AX b
Menu *(Sonn - und Feiertage abends und Montagmittag geschl.)* à la carte 43/68 – **26 Z** 70/160.

Advantage-Hotel, Neustädter Str. 46, ✉ 92637, ✆ (0961) 38 93 00, *Fax (0961) 3893020* – . . Zim BX a
Menu *(Sonn- und Feiertage geschl.)* (nur Abendessen) à la carte 29/58 – **18 Z** 80/135.

In Weiden-Oberhöll ② *: 7 km :*

Hölltaler Hof , Oberhöll 2, ✉ 92637, ✆ (0961) 4 30 93, *Fax (0961) 45339*, , – Zim, .
16. - 31. Aug. und 20. - 31. Dez. geschl. – **Menu** *(Sonntag - Montagmittag geschl.)* à la carte 24/55 – **24 Z** 65/160.

WEIDENBERG *Bayern* 420 *Q 19 – 5 400 Ew – Höhe 463 m.*
Berlin 368 – München 244 – Weiden in der Oberpfalz *53 – Bayreuth 15.*

Landgasthof Kilchert, Lindenstr. 14, ✉ 95466, ✆ (09278) 99 20, *Fax (09278) 992222*, –
Ende Okt. - Ende Nov. geschl. – **Menu** *(Montag geschl.)* à la carte 19/35 – **16 Z** 50/130.

WEIDENSDORF *Sachsen siehe Glauchau.*

WEIDHAUSEN *Bayern* 418 420 *P 17 – 3 200 Ew – Höhe 289 m.*
Berlin 369 – München 286 – Coburg *19 – Bayreuth 53 – Bamberg 51.*

Braunes Ross, Kappel 1, ✉ 96279, ✆ (09562) 9 82 80, *Fax (09562) 982888* – .
Menu *(Dienstagabend geschl.)* à la carte 22/41 – **18 Z** 69/109.

WEIGSDORF-KÖBLITZ *Sachsen* 418 *M 27 – 3 200 Ew – Höhe 400 m.*
Berlin 213 – Dresden 78 – Görlitz *40 – Bautzen 13.*

Alter Weber, Hauptstr. 13, ✉ 02733, ✆ (035877) 2 52 36, *Fax (035877) 25236*, Biergarten, , , – , Zim, – 45.
Menu à la carte 29/48 – **43 Z** 98/156.

WEIKERSHEIM *Baden-Württemberg* 419 420 *R 13 – 8 000 Ew – Höhe 230 m – Erholungsort.*
Sehenswert : *Schloß (Ausstattung★★, Rittersaal★★).*
Städt. Kultur- und Verkehrsamt, Marktplatz 7 (Rathaus), ✉ 97990, ✆ (07934) 1 02 55, Fax (07934) 10258.
Berlin 522 – Stuttgart 128 – Würzburg *40 – Ansbach 67 – Heilbronn 86.*

Laurentius, Marktplatz 5, ✉ 97990, ✆ (07934) 9 10 80, *Fax (07934) 910818*, –
Menu *(Dienstag und Feb. 2 Wochen geschl.)* (Nov. - März Montag - Freitag nur Abendessen) 43/135 und à la carte – **13 Z** 95/175 – ½ P 29/59.

Grüner Hof, Marktplatz 10, ✉ 97990, ✆ (07934) 2 52, *Fax (07934) 3056*, – Zim
Mitte Jan. - Feb. geschl. – **Menu** *(Montag geschl.)* à la carte 27/56 – **20 Z** 85/140 – ½ P 28.

In Weikersheim-Laudenbach *SO : 4,5 km :*

Zur Traube, Mörikestr. 1, ✉ 97990, ✆ (07934) 88 63, *Fax (07934) 8041* –
Menu *(Montagmittag und Dienstag geschl.)* à la carte 23/40 – **20 Z** 55/90.

In Tauberrettersheim *NO : 4 km :*

Zum Hirschen, Mühlenstr. 1, ✉ 97285, ✆ (09338) 3 22, *Fax (09338) 8217*, , , –
23. Jan. - 18. Feb. und 4. - 27. Nov. geschl. – **Menu** *(Mittwoch geschl.)* à la carte 26/53 – **13 Z** 50/100.

WEIL *Bayern* 419 420 *V 16 – 2 900 Ew – Höhe 573 m.*

Berlin 605 – München 54 – Augsburg 34 – Landsberg am Lech 10.

In Weil-Pestenacker *NO : 7 km :*

Post, Hauptstr. 22, ✉ 86947, ✆ (08195) 2 77, *Fax (08195) 1677*, Biergarten, – P
25. Aug. - 10. Sept. und 23. Dez. - 10. Jan. geschl. – **Menu** *(Montag - Dienstag geschl.)* à la carte 21/45 – **16 Z** 35/80.

WEIL AM RHEIN *Baden-Württemberg* 419 *X 6 – 26 000 Ew – Höhe 260 m.*

Berlin 860 – Stuttgart 261 – Freiburg im Breisgau 67 – Basel 7,5 – Lörrach 5.

Atlas Hotel, Alte Str. 58 (nahe der BAB-Abfahrt Weil am Rhein), ✉ 79576, ✆ (07621) 70 70, *Fax (07621) 707650*, – Zim, P – 100. AE E VISA
Menu à la carte 47/72 – **160 Z** 189/221.

Schwanen, Hauptstr. 121, ✉ 79576, ✆ (07621) 9 78 60, *Fax (07621) 793065*, – P – 100. AE E VISA
Menu *(Mittwoch - Donnerstag geschl.)* à la carte 45/80 – **19 Z** 110/220.

Ott's Hotel Leopoldshöhe, Müllheimer Str. 4, ✉ 79576, ✆ (07621) 9 80 60, *Fax (07621) 9806299*, – P. AE E VISA
Menu *(Sonntag und 2.- 19. Jan. geschl.)* à la carte 34/77 – **42 Z** 99/200.

Adler (mit Zim. und Gästehaus), Hauptstr. 139, ✉ 79576, ✆ (07621) 9 82 30, *Fax (07621) 75676*, – P. AE E VISA
Menu *(Sonntag - Montag, Anfang - Mitte Jan. und Anfang - Mitte Aug. geschl.)* (Tischbestellung ratsam, bemerkenswerte Weinkarte) 53 (mittags) und à la carte 84/118 – ***Spatz*** **: Menu** à la carte 51/74 – **23 Z** 110/250
Spez. Gänselebervariation mit Périgord-Trüffeltartine und Pistazienvinaigrette. Seeteufel-Sauté in Curryöl gebraten mit Waldpilzen. Taube im Blätterteigmantel mit Gänseleber und Bohnen-Artischockengemüse.

Zur Krone mit Zim (Landgasthof a. d. J. 1572), Hauptstr. 58, ✉ 79576, ✆ (07621) 7 11 64, *Fax (07621) 78963* – P. AE E VISA
Menu *(Montagabend - Dienstag geschl.)* (Tischbestellung ratsam) à la carte 39/80 – **12 Z** 70/180.

In Weil-Haltingen *N : 3 km :*

Krone (mit Gästehaus), Burgunderstr. 21, ✉ 79576, ✆ (07621) 6 22 03, *Fax (07621) 63354*, – P. E VISA
Menu *(Dienstag und Mittwochmittag geschl.)* à la carte 36/74 – **21 Z** 95/220.

Rebstock, Große Gass 30, ✉ 79576, ✆ (07621) 6 22 57, *Fax (07621) 65550*, – P. VISA
Menu *(Montag - Freitag nur Abendessen)* à la carte 36/74 – **17 Z** 95/160.

In Weil-Märkt *NW : 5 km :*

Zur Krone mit Zim, Rheinstr. 17, ✉ 79576, ✆ (07621) 6 23 04, *Fax (07621) 65350*, – P. VISA
Feb. und Sept. jeweils 2 Wochen geschl. – **Menu** *(Montag - Dienstag geschl.)* à la carte 39/77 – **9 Z** 85/140.

WEILBACH *Bayern* 417 419 *Q 11 – 2 100 Ew – Höhe 166 m.*

Berlin 573 – München 353 – Würzburg 76 – Frankfurt am Main 79 – Heilbronn 87 – Mannheim 84.

In Weilbach-Ohrnbach *NW : 8 km :*

Zum Ohrnbachtal, Ohrnbach 5, ✉ 63937, ✆ (09373) 14 13, *Fax (09373) 4550*, – P. E
6. Jan. - 6. Feb. geschl. – **Menu** *(Mittwoch geschl.)* à la carte 34/66 – **18 Z** 65/135.

WEILBURG *Hessen* 417 *O 8 – 13 500 Ew – Höhe 172 m – Luftkurort.*

Sehenswert : Lage★.

Tourist-Information, Mauerstr. 8 (Rathaus), ✉ 35781, ✆ (06471) 3 14 67, Fax (06471) 7675.

Berlin 530 – Wiesbaden 72 – Frankfurt am Main 61 – Limburg an der Lahn 22 – Gießen 40.

Schloßhotel Weilburg, Langgasse 25, ✉ 35781, ✆ (06471) 3 90 96, *Fax (06471) 39199*, – Zim, P – 200. E VISA JCB. Rest
Menu à la carte 43/60 – **43 Z** 139/255 – ½ P 42.

La Lucia, Marktplatz 10, ✉ 35781, ✆ (06471) 29 76, *Fax (06471) 2909*, – AE E
Freitagmittag und Jan. 1 Woche geschl. – **Menu** à la carte 34/73.

In Löhnberg *N : 3,5 km :*

Zur Krone, Obertor 1, ✉ 35792, ✆ (06471) 60 70, *Fax (06471) 62107*, Biergarten, – 50. AE E VISA
Menu *(Samstagmittag geschl.)* à la carte 33/78 – **45 Z** 95/158.

In Mengerskirchen-Probbach *NW : 12 km :*

Landhaus Höhler, Am Waldsee, ✉ 35794, ✆ (06476) 80 31, *Fax (06476) 8886*, – 30. AE E VISA
Menu *(Montag geschl.)* à la carte 35/63 – **22 Z** 85/190 – ½ P 35.

WEILER-SIMMERBERG IM ALLGÄU *Bayern* 419 420 *X 13 – 6 000 Ew – Höhe 631 m – Luftkurort – Wintersport : 630/900 m 5*

Kur- und Gästeamt, Hauptstr. 14 (Weiler), ✉ 88171, ✆ (08387) 3 91 50, Fax (08387) 39153.
Berlin 715 – München 179 – Konstanz 83 – Ravensburg 42 – Bregenz 32.

Im Ortsteil Weiler :

Kur- und Tennishotel Tannenhof, Lindenberger Str. 33, ✉ 88171, ✆ (08387) 12 35, *Fax (08387) 1626*, Massage, und (Halle) – 40. AE. Rest
Menu à la carte 33/65 – **46 Z** 125/230 – ½ P 28.

Zur Traube, Hauptstr. 1, ✉ 88171, ✆ (08387) 9 91 20, *Fax (08387) 99121*, E VISA
Sonntagabend - Montag, März 1 Woche und Ende Aug. - Anfang Sept. 2 Wochen geschl. – **Menu** à la carte 31/56.

WEILHEIM *Bayern* 419 420 *W 17 – 18 500 Ew – Höhe 563 m.*

Pähl (N : 9 km), Gut Hochschloß, ✆ (08808)13 30.
Berlin 637 – München 51 – Garmisch-Partenkirchen 45 – Landsberg am Lech 37.

Bräuwastl, Lohgasse 9, ✉ 82362, ✆ (0881) 9 47 70, *Fax (0881) 69485*, – 40. AE VISA
Menu *(Samstag - Sonntag geschl.)* à la carte 32/63 – **48 Z** 118/178.

Vollmann, Marienplatz 12, ✉ 82362, ✆ (0881) 42 55, *Fax (0881) 63332*, E VISA. Zim
Menu *(Sonntag, Jan. 1 Woche und Aug. 3 Wochen geschl.)* à la carte 26/52 – **38 Z** 90/130.

An der B 2 *NO : 8,5 km :*

Hirschberg Alm, ✉ 82396 Pähl, ✆ (08808) 1 80, *Fax (08808) 18100*, Alpenvorland, AE E VISA.
6. - 20. Jan. geschl. – **Menu** *(Montag geschl.)* à la carte 37/65 – **19 Z** 79/160.

WEILROD *Hessen* 417 *P 9 – 6 300 Ew – Höhe 370 m – Erholungsort.*

Weilrod-Altweilnau, Merzhäuser Straße, ✆ (06083) 18 83.
Berlin 532 – Wiesbaden 42 – Frankfurt am Main 47 – Gießen 51 – Limburg an der Lahn 33.

In Weilrod-Neuweilnau :

Sporthotel Erbismühle, ✉ 61276, ✆ (06083) 28 80, *Fax (06083) 288700*, – 150. AE E VISA
27. Dez. - 8. Jan. geschl. – **Menu** à la carte 41/72 – **74 Z** 160/290 – ½ P 35.

WEIMAR *Thüringen* 418 *N 18 – 60 000 Ew – Höhe 208 m.*

Sehenswert : *Stadtschloß (Cranachsammlung★★)* BZ – *Goethehaus★★* BZ – *Schillerhaus★* BZ – *Deutsches Nationaltheater (Doppelstandbild★★ von Goethe und Schiller)* AZ T – *Goethes Gartenhaus★★* BZ – *Stadtkirche (Cranachaltar★★, Renaissance-Grabmäler★)* BY – *Nietzsche-Archiv (Bibliothek★)* AZ.

Tourist-Information und Kongress-Service Weimar, Markt 10, ✉ 99423, ✆ (03643) 2 40 00, Fax (03643) 240040.
Berlin 285 ③ – Erfurt 22 ④ – Chemnitz 132 ③

Stadtplan siehe gegenüberliegende Seite

Hilton M, Belvedere Allee 25, ✉ 99425, ✆ (03643) 72 20, *Fax (03643) 722741*, Massage, Zim, – 300. AE E VISA JCB über Belvedere Allee BZ
Menu à la carte 44/74 – **294 Z** 254/356, 6 Suiten.

WEIMAR

Amalienstraße .... BZ 4
Am Poseckschen Garten .... BZ 6
Brennerstraße .... BY 7
Carl-August-Allee .... BY 12
Ernst-Kohl-Straße .... AY 13
Frauenplan .... BZ 18
Frauentorstraße .... BZ 19
Heinrich-Heine-Straße .... AZ 25
Jakobstraße .... BYZ 27
Karl-Liebknecht-Straße .... BZ 30
Kaufstraße .... BZ 31
Marienstraße .... BZ 34
Markt .... BZ
Schillerstraße .... BZ 37
Schloßgasse .... BZ 39

Kempinski Hotel Elephant, Markt 19, ✉ 99423, ✆ (03643) 80 20, *Fax (03643) 802610,* « Gartenterrasse, Einrichtung im Art-Deco-Stil » – Zim, – 170. AE VISA JCB. Rest BZ b
Anna Amalia : **Menu** à la carte 61/79 – ***Elephantenkeller*** *(Sonntagabend geschl.)* **Menu** à la carte 29/49 – **102 Z** 297/444, 4 Suiten.

Dorint Hotel M, Beethovenplatz 1-2, ✉ 99423, ✆ (03643) 87 20, *Fax (03643) 872100,* – Zim, – 160. AE VISA JCB
Menu à la carte 46/73 – **143 Z** 245/355, 9 Suiten. BZ a

InterCityHotel M, Carl-August-Allee 17, ✉ 99423, ✆ (03643) 23 40, *Fax (03643) 234444,* – Zim, – 150. AE VISA
Menu à la carte 33/49 – **134 Z** 182/220. BY f

Villa Hentzel garni, Bauhausstraße 12, ✉ 99423, ✆ (03643) 8 65 80, *Fax (03643) 865819* – . AE VISA BZ n
13 Z 110/190.

Alt Weimar, Prellerstr. 2, ✉ 99423, ✆ (03643) 8 61 90, *Fax (03643) 861910,* – . AE VISA AZ n
Menu à la carte 38/50 – **18 Z** 140/195.

Christliches Hotel Amalienhof garni, Amalienstr. 2, ✉ 99423, ✆ (03643) 54 90, *Fax (03643) 549110* – . AE VISA BZ s
31 Z 130/200.

Zur Sonne, Rollplatz 2, ✉ 99423, ✆ (03643) 80 04 10, *Fax (03643) 862932* – . AE VISA BZ c
Menu à la carte 21/37 – **21 Z** 90/150.

Am Stadtpark, Amalienstr.19, ✉ 99423, ✆ (03643) 2 48 30, *Fax (03643) 511720* – . AE VISA BZ h
Menu *(Sonntagabend - Montag und Feb. geschl.)* à la carte 28/34 *(auch vegetarische Gerichte)* – **12 Z** 115/180.

Apart-Hotel Weimar garni, Berkaer Str. 75, ✉ 99425, ✆ (03643) 81 23 00, *Fax (03643) 812500* – . AE VISA über ③
40 Z 85/135.

Gasthaus zum weißen Schwan, Frauentorstr. 23 (Am Frauenplan), ✉ 99423, ✆ (03643) 20 25 21, *Fax (03643) 202575,* – AE VISA BZ r
Menu à la carte 33/55.

In Weimar-Gelmeroda *SW : 4 km über ③, nahe der BAB-Abfahrt Weimar :*

Schwartze, Im Dorfe 65a, ✉ 99428, ✆ (03643) 5 99 50, *Fax (03643) 512614,* – Zim, . AE VISA. Rest
Menu (nur Abendessen) à la carte 25/30 – **30 Z** 120/160.

In Weimar-Legefeld *SW : 6 km über ③ :*

Treff Hotel Weimar, Kastanienallee 1, ✉ 99438, ✆ (03643) 80 30, *Fax (03643) 803500,* – Zim, – 200. AE VISA JCB
Menu à la carte 33/58 – **194 Z** 170/210, 4 Suiten.

In Weimar-Schöndorf *N : 4 Km über ① :*

Mercure, Ernst-Busse-Str. 29, ✉ 99427, ✆ (03643) 46 50, *Fax (03643) 465100,* Biergarten, – Zim, – 350. AE VISA JCB
Menu à la carte 31/57 – **163 Z** 152/214, 7 Suiten.

Dorotheenhof Weimar , Dorotheenhof 1, ✉ 99427, ✆ (03643) 45 90, *Fax (03643) 459200,* – Zim, – 60. AE VISA. Rest
Menu à la carte 32/58 – **60 Z** 110/260.

Zum alten Gutshof , Wohlsborner Str. 2, ✉ 99427, ✆ (03643) 43 73 00, *Fax (03643) 437399,* – – 60
20. Dez. - 7. Jan. geschl. – **Menu** à la carte 23/37 – **18 Z** 70/130.

In Ballstedt *NW : 12 km über Ettersburger Straße* AY *:*

Zur Tanne, Im Dorfe 29, ✉ 99439, ✆ (036452) 7 23 60, *Fax (036452) 70857,* – – 50. AE VISA
Menu à la carte 19/29 – **24 Z** 74/126.

WEIMAR *Hessen siehe Marburg.*

WEINÄHR *Rheinland-Pfalz siehe Nassau.*

WEINBOEHLA *Sachsen siehe Meissen.*

WEINGARTEN *Baden-Württemberg 419 W 12 – 25 000 Ew – Höhe 458 m.*

Sehenswert : *Basilika★★.*

Städt. Kultur- und Verkehrsamt, Münsterplatz 1, 88250, (0751) 40 51 25, Fax (0751) 405268 – Berlin 692 – Stuttgart 143 – Konstanz 48 – Ravensburg 4 – Ulm (Donau) 85 – Biberach an der Riß 43.

Mövenpick Hotel M, Abt-Hyller-Str. 37, 88250, (0751) 50 40, *Fax (0751) 504400,* – , Zim, – 500. AE VISA
Menu à la carte 37/67 *(auch vegetarische Gerichte)* – **72 Z** 181/252.

Altdorfer Hof (mit Gästehaus), Burachstr. 12, 88250, (0751) 5 00 90, *Fax (0751) 500970* – , Zim, – 50. AE VISA JCB
20. Dez. - 11. Jan. geschl. – **Menu** *(Sonntagabend - Montag geschl.)* à la carte 41/66 – **49 Z** 118/210.

Sonne, Liebfrauenstr. 26, 88250, (0751) 56 07 90, *Fax (0751) 54691* – Zim, . VISA
Menu *(Dienstag und Aug. 2 Wochen geschl.)* à la carte 28/56 – **25 Z** 75/159.

Rössle (mit Gästehaus), Friedhofstr. 3, 88250, (0751) 50 92 50, *Fax (0751) 5092540,* Biergarten – . VISA
Menu *(Okt. - April Sonntag geschl.)* à la carte 19/43 – **23 Z** 65/140.

Bären, Kirchstr. 3, 88250, (0751) 56 12 00, *Fax (0751) 5612050* – Zim, . AE VISA
Menu *(Montag, März 1 Woche und Juli 3 Wochen geschl.)* à la carte 31/55 – **16 Z** 82/135.

Alt Ochsen, Ochsengasse 5, 88250, (0751) 56 10 40, *Fax (0751) 5610441,* – – 60. AE VISA. Zim
27. Dez. - 6. Jan. geschl. – **Menu** *(Dienstag und Sonntagabend geschl.)* à la carte 30/57 – **25 Z** 72/150.

In Wolpertswende-Mochenwangen *N : 7,5 km :*

Rist (mit Gästehaus), Bahnhofstr. 8, 88284, (07502) 9 22 20, *Fax (07502) 2884* – .
Mitte - Ende April geschl. – **Menu** *(Freitag geschl.)* à la carte 24/38 – **25 Z** 48/110.

WEINGARTEN KREIS KARLSRUHE *Baden-Württemberg 419 S 9 – 8 200 Ew – Höhe 120 m.*

Berlin 664 – Stuttgart 88 – Karlsruhe 17 – Heidelberg 46.

Walk'sches Haus (mit Gästehaus), Marktplatz 7 (B 3), 76356, (07244) 7 03 70, *Fax (07244) 703740,* « Restauriertes Fachwerkhaus a.d.J. 1701, Hofterrasse » – – 40. AE VISA
Menu *(Samstagmittag und Dienstag geschl.)* à la carte 65/90 – **27 Z** 90/240.

Zum Kärcher, Bahnhofstr. 150, 76356, (07244) 23 57, *Fax (07244) 5190,* – . AE VISA
über Ostern 2 Wochen geschl. – **Menu** *(Mittwoch, Freitagmittag und Samstagmittag sowie Sonntagabend geschl.)* à la carte 41/79 – **13 Z** 60/120.

WEINHEIM AN DER BERGSTRASSE *Baden-Württemberg 417 419 R 10 – 42 000 Ew – Höhe 135 m.*

Sehenswert : *Schloßpark★.*

Verkehrsverein, Bahnhofstr. 15, 69469, (06201) 99 11 17, Fax (06201) 991135.
Berlin 609 – Stuttgart 137 – Mannheim 28 – Darmstadt 45 – Heidelberg 20.

Astron M, Breslauer Str. 52 (Weststadt), 69469, (06201) 10 30, *Fax (06201) 103300,* , – , Zim, – 300. AE VISA JCB
Menu à la carte 41/59 – **187 Z** 233/276.

Ottheinrich M garni, Hauptstr. 126, 69469, (06201) 1 80 70, *Fax (06201) 180788* – – 25. AE VISA JCB
25 Z 253/296.

Fuchs'sche Mühle, Birkenauer Talstr. 10, 69469, (06201) 1 00 20, *Fax (06201) 100222,* , , – . AE VISA.
Menu à la carte 45/77 – **18 Z** 140/180.

Ebert Park Hotel garni, Freiburger Str. 42 (Weststadt), 69469, (06201) 10 50, *Fax (06201) 105401* – . AE VISA JCB
24. Dez. - Anfang Jan. geschl. – **74 Z** 120/160.

Haus Masthoff, Lützelsachsener Str. 5, 69469, (06201) 9 99 60, *Fax (06201) 16735,* Massage, – . AE VISA
Menu *(Montag geschl.)* à la carte 37/57 – **14 Z** 120/175.

Schloßparkrestaurant, Obertorstr. 9, 69469, (06201) 9 95 50, *Fax (06201) 995524,* – 40. AE VISA
Dienstag und 12. - 26. Feb. geschl. – **Menu** à la carte 40/78.

In Weinheim-Lützelsachsen *S : 3 km :*

XX **Winzerstube,** Sommergasse 7, ✉ 69469, ✆ (06201) 5 22 98, *Fax (06201) 56520,* – P. AE E VISA
Sonntag - Montag und Feiertage geschl. – **Menu** (nur Abendessen) à la carte 49/73.

WEINSBERG *Baden-Württemberg* 417 419 *S 11 – 9 200 Ew – Höhe 200 m.*
Berlin 588 – Stuttgart 53 – Heilbronn 6 – Schwäbisch Hall 42.

Außerhalb *SO : 2 km :*

Gutsgasthof Rappenhof, ✉ 74189 Weinsberg, ✆ (07134) 51 90, *Fax (07134) 51955,* ≤, – |‡|, ⇔ Zim, TV ☎ P – 🕭 30. AE ◑ E VISA
21. Dez. - 14. Jan. geschl. – **Menu** à la carte 35/65 – **34 Z** 130/210.

In Eberstadt *NO : 4 km :*

Krone, Hauptstr. 47, ✉ 74246, ✆ (07134) 9 86 00, *Fax (07134) 986030,* – TV ☎ P – 🕭 20. AE ◑ E VISA
Menu *(Montag - Dienstag geschl.)* (nur Abendessen) à la carte 35/74 – **15 Z** 75/135.

In Obersulm-Sülzbach *O : 3,5 km :*

XX **Alter Klosterhof** (Fachwerkhaus a.d. 17.Jh.), Eberstädter Str. 7, ✉ 74182, ✆ (07134) 1 88 55, *Fax (07134) 901135,* – P. AE E
Sonntag - Montag und Juli - Aug. 3 Wochen geschl. – **Menu** (nur Abendessen) à la carte 55/88.

WEINSTADT *Baden-Württemberg* 419 *T 12 – 23 900 Ew – Höhe 290 m.*
Berlin 616 – Stuttgart 24 – Esslingen am Neckar 13 – Schwäbisch Gmünd 38.

In Weinstadt-Baach :

X **Adler** mit Zim, Forststr. 12, ✉ 71384, ✆ (07151) 6 58 26, *Fax (07151) 66520,* , Biergarten – ☎ P. ✻ Zim
Feb. und Juli jeweils 2 Wochen geschl. – **Menu** *(Montag - Dienstag geschl.)* (Sonntag - Donnerstag nur Mittagessen) à la carte 42/73 – **5 Z** 65/110.

In Weinstadt-Beutelsbach :

Krone - Weinstadt Hotel, Marktstr. 39, ✉ 71384, ✆ (07151) 99 70 10, *Fax (07151) 9970111,* – |‡|, ⇔ Zim, TV ☎ ♿ – 🕭 15. AE ◑ E VISA. ✻ Zim
Menu *(Mittwoch geschl.)* à la carte 40/68 – **32 Z** 105/165.

In Weinstadt-Endersbach :

Gästehaus Zefferer garni, Strümpfelbacher Str. 10, ✉ 71384, ✆ (07151) 60 00 34, *Fax (07151) 610329* – TV ☎ P. E
14 Z 88/135.

X **Weinstube Muz,** Traubenstr. 3, ✉ 71384, ✆ (07151) 6 13 21, *Fax (07151) 61131* – AE E
Sonn- und Feiertage sowie 10. - 30. Aug. geschl. – **Menu** (nur Abendessen) à la carte 45/77.

In Weinstadt-Strümpfelbach :

X **Lamm** mit Zim, Hindenburgstr. 16, ✉ 71384, ✆ (07151) 96 76 36, *Fax (07151) 967638* – ☎ P
Menu *(Montag - Dienstag sowie Jan. und Aug. jeweils 2 Wochen geschl.)* à la carte 36/75 – **15 Z** 57/125.

X **Zum Hirsch,** Hauptstr. 3, ✉ 71384, ✆ (07151) 6 11 03, *Fax (07151) 961998*
Montagmittag und Dienstag - Mittwoch geschl. – **Menu** à la carte 33/60.

WEISENDORF *Bayern* 419 420 *R 16 – 5 500 Ew – Höhe 300 m.*
Berlin 445 – München 204 – Nürnberg 35 – Bamberg 53 – Würzburg 86.

Jägerhof (mit Gästehaus), Auracher Bergstr. 2, ✉ 91085, ✆ (09135) 71 70, *Fax (09135) 717444* – TV ☎ P – 🕭 25. AE ◑ E VISA. ✻ Zim
Aug. 3 Wochen und Weihnachten - 6. Jan. geschl. – **Menu** *(Freitag - Samstagmittag geschl.)* à la carte 32/59 – **30 Z** 85/150.

In Großenseebach *O : 4 km :*

Seebach, Hauptstr. 2, ✉ 91091, ✆ (09135) 71 60, *Fax (09135) 716105* – ⇔ Zim, TV ☎ P – 🕭 15. AE ◑ E VISA. ✻ Rest
Menu *(Montagmittag geschl.)* à la carte 29/52 – **21 Z** 90/175.

WEISKIRCHEN *Saarland* 417 *R 4 – 6 500 Ew – Höhe 400 m – Heilklimatischer Kurort.*
Kurverwaltung - Tourist-Information, Kirchenweg 2, 66709, (06876) 7 09 36, Fax (06876) 70938 – Berlin 725 – Saarbrücken 59 – Trier 37 – Birkenfeld 39 – Merzig 19.

Parkhotel, Kurparkstr. 4, 66709, (06876) 91 90, *Fax (06876) 919519*, Massage, – Zim, – 180. **Menu** à la carte 49/72 – **125 Z** 125/205.

In Weiskirchen-Rappweiler *SW : 2 km :*

La Provence, Merziger Str. 25, 66709, (06872) 43 26. *Samstagmittag, Montag - Dienstagmittag und Juli - Aug. 3 Wochen geschl.* – **Menu** à la carte 43/65.

WEISMAIN *Bayern* 420 *P 17 – 5 000 Ew – Höhe 315 m.*
Berlin 373 – München 276 – Coburg 37 – Bayreuth 35 – Bamberg 43.

Alte Post, Am Markt 14, 96260, (09575) 2 54, *Fax (09575) 1054*, – **Menu** à la carte 25/48 – **35 Z** 60/90.

Krone, Am Markt 13, 96260, (09575) 9 22 20, *Fax (09575) 922220*, – *Mitte - Ende Jan. geschl.* – **Menu** *(Samstag geschl.)* à la carte 23/40 – **34 Z** 55/100.

WEISSEN *Thüringen siehe Rudolstadt.*

WEISSENBURG IN BAYERN *Bayern* 419 420 *S 16 – 18 000 Ew – Höhe 420 m.*
Sehenswert *: Römer-Museum (Bronze-Statuetten★) und Römer-Thermen★.*
Ausflugsziel *: Ellingen (Schloß : Ehrentreppe★) N : 4 km.*
Amt für Kultur und Touristik, Martin-Luther-Platz 3 (Römermuseum), 91781, (09141) 90 71 24, Fax (09141) 907121.
Berlin 483 – München 131 – Nürnberg 59 – Augsburg 82 – Ulm (Donau) 119.

Wittelsbacher Hof, Friedrich-Ebert-Str. 21, 91781, (09141) 8 51 60, *Fax (09141) 851650* – Zim, – 50. **Menu** *(Sonntagabend - Montag und 18. - 31. Jan. geschl.)* à la carte 25/51 – **25 Z** 95/160.

Am Ellinger Tor, Ellinger Str. 7, 91781, (09141) 8 64 60, *Fax (09141) 864650*, – Zim, **Menu** *(Sonntagabend - Montag geschl.)* à la carte 28/62 – **27 Z** 79/178.

Goldener Adler, Marktplatz 5, 91781, (09141) 24 00, *Fax (09141) 73996*, – **Menu** à la carte 26/57 – **11 Z** 80/140.

Schwarzer Bär, Marktplatz 13, 91781, (09141) 8 68 80, *Fax (09141) 86888* – Zim, Zim *Jan. 2 Wochen geschl.* **Menu** *(Samstag geschl.)* à la carte 21/55 – **12 Z** 70/130.

Krone, Rosenstr. 10, 91781, (09141) 30 12, *Fax (09141) 92773* – **Menu** *(Sonntagabend - Montag geschl.)* à la carte 32/62 – **10 Z** 68/115.

WEISSENFELS *Sachsen-Anhalt* 418 *M 19 – 35 000 Ew – Höhe 100 m.*
Stadtinformation, Nicolaistr. 37, 06667, (03443) 30 30 70, Fax (03443) 303070.
Berlin 201 – Magdeburg 122 – Leipzig 42 – Halle 34.

Parkhotel Güldene Berge, Langendorfer Str. 94, 06667, (03443) 3 92 00, *Fax (03442) 392020*, Biergarten, « Park » – – 25. **Menu** à la carte 23/38 – **14 Z** 125/155.

WEISSENHORN *Bayern* 419 420 *V 14 – 11 000 Ew – Höhe 501 m.*
Berlin 591 – München 146 – Augsburg 67 – Memmingen 41 – Ulm (Donau) 22.

Zum Löwen, Martin-Kuen-Str. 5, 89264, (07309) 9 65 00, *Fax (07309) 5016* – **Menu** *(Sonntag geschl.)* (Tischbestellung ratsam) à la carte 37/73 – **23 Z** 78/148.

WEISSENSBERG *Bayern siehe Lindau im Bodensee.*

WEISSENSEE *Thüringen* 418 *M 17 – 4 200 Ew – Höhe 157 m.*
Berlin 261 – Erfurt 33 – Nordhausen 56 – Weimar 43.

Promenadenhof (mit Gästehaus), Promenade 16, 99631, (036374) 22 20, *Fax (036374) 22244*, – – 30. Rest **Menu** *(Sonntag geschl.)* (nur Abendessen) à la carte 29/48 – **25 Z** 79/128.

WEISSENSTADT *Bayern* 418 420 *P 19 – 4000 Ew – Höhe 630 m – Erholungsort.*

Tourist-Information, Kirchplatz 5, ✉ 95163, ✆ (09253) 9 50 30, Fax (09253) 95039.

Berlin 349 – München 265 – Hof 28 – Bayreuth 36.

Zum Waldstein, Kirchenlamitzer Str. 8, ✉ 95163, ✆ (09253) 2 70, *Fax (09253) 8676* –
20. Feb. - 3. März und 28. Aug. - 9. Sept. geschl. – **Menu** *(Montag geschl.)* à la carte 26/50 – **14 Z** 40/100.

Egertal, Wunsiedler Str. 49, ✉ 95163, ✆ (09253) 2 37, *Fax (09253) 500,* – . AE VISA
Dienstag und Jan. 3 Wochen geschl., Montag - Freitag nur Abendessen – **Menu** (Tischbestellung ratsam) à la carte 58/96 – ***Prinz-Rupprecht Stube*** *(nur Abendessen)* **Menu** à la carte 47/60
Spez. Räucherwelsroulade mit Krensauce. Kalbsfilet und Taubenbrust mit Gänseleber und Portweinjus. Lammcarré mit Senf-Aromatenkruste.

WEISSWASSER *Sachsen* 418 *L 27 – 33 000 Ew – Höhe 116 m.*

Berlin 166 – Dresden 97 – Cottbus 45.

Kristall, Karl-Liebknecht-Str. 34, ✉ 02943, ✆ (03576) 26 40, *Fax (03576) 264102,* – – 20. AE VISA
Menu à la carte 27/50 – **60 Z** 145/195.

Prenzels Hotel, Straße des Friedens 11, ✉ 02943, ✆ (03576) 2 78 20, *Fax (03576) 278240* – . AE VISA
Menu à la carte 22/48 – **18 Z** 85/160.

WEISWEIL *Baden-Württemberg* 419 *V 7 – 1600 Ew – Höhe 173 m.*

Berlin 783 – Stuttgart 181 – Freiburg im Breisgau 36 – Offenburg 39.

Landgasthof Baumgärtner, Sternenstr. 2, ✉ 79367, ✆ (07646) 3 47, *Fax (07646) 1347* –
Montag geschl. – **Menu** (wochentags nur Abendessen) à la carte 44/73.

WEITENBURG (Schloß) *Baden-Württemberg siehe Starzach.*

WEITNAU *Bayern* 419 420 *X 14 – 5050 Ew – Höhe 797 m – Erholungsort – Wintersport : 850/980 m 2.*

Verkehrsamt, Rathaus, ✉ 87480, ✆ (08375) 92 02 12, Fax (08375) 1531.

Berlin 708 – München 155 – Kempten (Allgäu) 23 – Bregenz 52.

Haus Hohenegg garni, Hoheneggstr. 14, ✉ 87480, ✆ (08375) 15 13, *Fax (08375) 1664,* , –
16 Z 75/130.

WEMDING *Bayern* 419 420 *T 16 – 5600 Ew – Höhe 460 m – Erholungsort.*

Verkehrsamt, Schloßhof, ✉ 86650, ✆ (09092) 82 22, Fax (09092) 969050.

Berlin 511 – München 128 – Augsburg 70 – Nördlingen 18 – Nürnberg 93.

Meerfräulein (mit Gästehaus), Wallfahrtsstr. 1, ✉ 86650, ✆ (09092) 9 69 40, *Fax (09092) 9694200,* , – – 80. AE VISA
Menu *(Sonntagabend und Dienstag geschl.)* à la carte 28/48 – **40 Z** 90/180 – ½ P 20.

Weißer Hahn, Wallfahrtstr. 21, ✉ 86650, ✆ (09092) 9 68 00, *Fax (09092) 968044,* , Biergarten, – Zim, – 30. AE VISA
Menu *(Donnerstag geschl.)* à la carte 26/55 – **16 Z** 75/130 – ½ P 18.

WENDEBURG *Niedersachsen siehe Peine.*

WENDELSTEIN *Bayern* 419 420 *R 17 – 15 000 Ew – Höhe 340 m.*

Siehe Nürnberg (Umgebungsplan).

Berlin 439 – München 157 – Nürnberg 15 – Ingolstadt 84 – Regensburg 100.

Zum Wenden, Hauptstr. 32, ✉ 90530, ✆ (09129) 9 01 30, *Fax (09129) 901316,* – Zim, – 20. AE VISA CT c
Menu *(Montagmittag geschl.)* à la carte 46/72 – **16 Z** 99/158.

Ofenplatt'n, Nürnberger Str. 19, ✉ 90530, ✆ (09129) 34 30 CT v
Samstagmittag und Sonntag geschl. – **Menu** (Tischbestellung ratsam) à la carte 48/92.

In Röthenbach bei St. Wolfgang *NO : 2 km :*

Kübler Hof, In der Lach 2, ✉ 90530, ✆ (09129) 90 00, *Fax (09129) 900292,* – TV ☎ P. AE ⊕ E VISA. CT n
Weihnachten - 6. Jan. und Aug. 2 Wochen geschl. – **Menu** *(Samstagabend - Sonntag geschl.)* à la carte 24/45 – **50 Z** 85/150.

WENDEN *Nordrhein-Westfalen* 417 *N 7 – 18 500 Ew – Höhe 360 m.*
Wenden-Ottfingen, ✆ (02762) 75 89.
Berlin 565 – Düsseldorf 109 – Siegen 21 – Köln 72 – Olpe 11.

Zeppenfeld, Bergstr. 3, ✉ 57482, ✆ (02762) 9 31 90, *Fax (02762) 1088* – TV ☎ P. E VISA
24. Juli - 9. Aug. geschl. – **Menu** *(Dienstag geschl.)* à la carte 29/52 – **12 Z** 65/140.

An der Straße nach Hünsborn *S : 2 km :*

Landhaus Berghof, ✉ 57482 Wenden, ✆ (02762) 50 88 (Hotel) 52 66 (Rest.), *Fax (02762) 3708,* – TV ☎ P. AE E VISA.
Menu *(Montagmittag geschl.)* à la carte 34/74 – **15 Z** 85/165 – ½ P 28.

In Wenden-Brün *W : 5,5 km über Gerlingen :*

Sporthotel Landhaus Wacker, Mindener Str. 1, ✉ 57482, ✆ (02762) 69 90, *Fax (02762) 699399,* , , , , , (Halle) – , Zim, TV ☎ P – 120. AE ⊕ E VISA. Rest
Menu à la carte 32/79 – **100 Z** 95/240 – ½ P 20/50.

WENDISCH-RIETZ *Brandenburg* 416 *J 26 – 1 050 Ew – Höhe 50 m.*
Berlin 75 – Potsdam 90 – Frankfurt (Oder) 49.

In Wendisch Rietz-Ausbau *SO : 3 km :*

Seehotel Waldfrieden, Am See 27, ✉ 15864, ✆ (033679) 60 90, *Fax (033679) 60946,* , « Idyllische Lage am See », Bootssteg, – TV ☎ P – 30. AE ⊕ E VISA. Rest
Jan. - Feb. geschl. – **Menu** à la carte 54/71 – **20 Z** 105/260.

WENDLINGEN AM NECKAR *Baden-Württemberg* 419 *T 12 – 14 800 Ew – Höhe 280 m.*
Berlin 626 – Stuttgart 30 – Göppingen 28 – Reutlingen 31 – Ulm (Donau) 69.

In Wendlingen-Unterboihingen :

Löwen, Nürtinger Str. 1, ✉ 73240, ✆ (07024) 94 90, *Fax (07024) 94999,* – TV ☎ P – 30. AE E VISA
Menu *(Sonntagabend und Samstag geschl.)* à la carte 30/65 – **35 Z** 80/180.

WENNINGSTEDT *Schleswig-Holstein siehe Sylt (Insel).*

WERBELLINSEE *Brandenburg siehe Joachimsthal.*

WERBEN *Brandenburg siehe Burg/Spreewald.*

WERDAU *Sachsen* 418 *N 21 – 20 000 Ew – Höhe 234 m.*
Berlin 263 – Dresden 123 – Gera 41 – Zwickau 9.

Katharinen Hof M garni (restaurierte Jugendstilvilla a.d.J. 1906), Katharinenstr. 18, ✉ 08412, ✆ (03761) 55 19, *Fax (03761) 3601* – TV ☎ P – 25. AE ⊕ E VISA
18 Z 95/140.

Friesen M, Zwickauer Str. 58, ✉ 08412, ✆ (03761) 8 80 00, *Fax (03761) 880050,* , – Zim, TV ☎ P – 45. AE E VISA
Menu à la carte 24/48 – **20 Z** 85/130.

In Steinpleis *SO : 2,5 km :*

In der Mühle (ehem. Mühle), Mühlenweg 1, ✉ 08432, ✆ (03761) 5 83 05, *Fax (03761) 58307,* , – TV ☎ P – 20. AE ⊕ E VISA
Menu *(Freitag geschl.)* (nur Abendessen) à la carte 24/43 – **21 Z** 90/135.

WERFEN *Österreich siehe Salzburg.*

WERL *Nordrhein-Westfalen* 417 *L 7 – 28 100 Ew – Höhe 90 m.*

Werl-Stadtwald, (02922) 25 22.

Berlin 470 – Düsseldorf 103 – Arnsberg 30 – Dortmund 37 – Hamm in Westfalen 17 – Soest 15.

Parkhotel Wiener Hof, Hammer Str. 1, 59457, (02922) 26 33, *Fax (02922) 6448,* « Gartenterrasse » – 40. **Menu** *(Montag geschl.)* à la carte 45/84 – **8 Z** 95/170.

WERMELSKIRCHEN *Nordrhein-Westfalen* 417 *M 5 – 37 000 Ew – Höhe 310 m.*

Berlin 541 – Düsseldorf 50 – Köln 34 – Lüdenscheid 38 – Wuppertal 30.

Zum Schwanen, Schwanen 1 (B 51), 42929, (02196) 71 10, *Fax (02196) 711299,* – Zim, – 15. **Menu** *(Juli - Aug. 2 Wochen geschl.)* à la carte 40/71 – **39 Z** 125/260.

Zur Eich, Eich 7 (B 51), 42929, (02196) 7 27 00, *Fax (02196) 727070,* Biergarten – 30. **Menu** *(Juli 3 Wochen geschl.)* 20/34 (mittags) und à la carte 36/69 – **39 Z** 95/190.

In Wermelskirchen-Dabringhausen *SW : 5 km :*

Zur Post, Altenberger Str. 90, 42929, (02193) 5 10 00, *Fax (02193) 510079* – Zim, – 20. **Menu** *(Montagmittag geschl.)* à la carte 36/62 – **18 Z** 85/177.

In Wermelskirchen-Stumpf *S : 4 km :*

Große Ledder, 42929, (02193) 2 20, *Fax (02193) 22222,* « Park », – 50. *28. Dez. - 2. Jan. geschl* – **Menu** *(Sonntagabend geschl)* 30 (Buffet) und à la carte 40/62 – **88 Z** 117/158.

WERNAU *Baden-Württemberg* 419 *T 12 – 11 400 Ew – Höhe 255 m.*

Berlin 622 – Stuttgart 26 – Göppingen 21 – Reutlingen 34 – Ulm (Donau) 67.

Maître, Kirchheimer Str. 83, 73249, (07153) 9 30 00, *Fax (07153) 36835,* – 15. Zim **Menu** *(Freitag - Samstagmittag geschl.)* à la carte 41/71 – **26 Z** 99/220.

WERNBERG-KÖBLITZ *Bayern* 420 *R 20 – 5 000 Ew – Höhe 377 m.*

Luhe-Wildenau, Konrad-Adenauer-Allee 1(NW : 10 km), (09607) 9 20 20.

Berlin 425 – München 193 – Weiden in der Oberpfalz 20 – Nürnberg 95 – Regensburg 71.

Burg Wernberg, Schloßberg 10, 92533, (09604) 93 90, *Fax (09604) 939139,* « Burganlage a. d. 15. Jh. ; barocke Burgkapelle », – Zim, – 80. ***Kastell*** *(Montag - Dienstag geschl., wochentags nur Abendessen)* **Menu** à la carte 76/107 – ***Burgkeller*** **: Menu** à la carte 45/67 – **30 Z** 140/280.

Landgasthof Burkhard, Marktplatz 10, 92533, (09604) 9 21 80, *Fax (09604) 921850* – **Menu** siehe Rest. ***Kaminstube*** separat erwähnt – **17 Z** 85/190.

Kaminstube - Hotel Burkhardt, Marktplatz 10, 92533, (09604) 9 21 80, *Fax (09604) 921850,* – *Sonntagabend, Donnerstag und Jan. 3 Wochen geschl.* – **Menu** à la carte 30/80.

WERNE *Nordrhein-Westfalen* 417 *K 6 – 33 000 Ew – Höhe 52 m.*

Touristik-Information, Markt 19 (Stadtsparkasse), 59368, (02389) 53 40 80, Fax (02389) 537099.

Berlin 483 – Düsseldorf 104 – Dortmund 25 – Hamm in Westfalen 15 – Münster (Westfalen) 40.

Ickhorn (mit Gästehaus), Markt 1, 59368, (02389) 9 87 70, *Fax (02389) 987713* – **Menu** *(Samstag geschl.)* à la carte 28/57 – **24 Z** 85/150.

Baumhove (Fachwerkhaus a.d.J. 1484), Markt 2, 59368, (02389) 22 98, *Fax (02389) 536223,* « Restaurant mit rustikaler Einrichtung » – **Menu** *(Sonntag geschl.)* à la carte 32/66 – **17 Z** 90/150.

Am Solebad garni, Lünener Str. 2, 59368, (02389) 9 88 00, *Fax (02389) 988099* – **16 Z** 90/150.

In Werne-Stockum *O : 5 km :*

Stockumer Hof, Werner Str. 125, ✉ 59368, ✆ (02389) 9 50 70, *Fax (02389) 950799,* – TV ☎ P. E
Menu *(27. Dez. - 12. Jan. geschl.)* (wochentags nur Abendessen) à la carte 26/60 – **20 Z** 75/150.

WERNECK *Bayern* 420 *Q 14 – 10 000 Ew – Höhe 221 m.*

Berlin 468 – München 295 – Würzburg 27 – Schweinfurt 13.

Krone-Post, Balthasar-Neumann-Str. 1, ✉ 97440, ✆ (09722) 50 90, *Fax (09722) 509199,* – |‡|, Zim, TV ☎ ♿ P – 30. AE ⦿ E VISA. Rest
Menu *(Montagmittag geschl.)* à la carte 33/50 – **54 Z** 90/180.

WERNIGERODE *Sachsen-Anhalt* 418 *K 16 – 37 000 Ew – Höhe 230 m.*

Sehenswert : *Rathaus★★ – Fachwerkhäuser★★.*

Ausflugsziele : *Rübeland (Hermannshöhle★) SO : 14 km.*

Tourist-Information, Nikolaiplatz, ✉ 38855, ✆ (03943) 63 30 35, Fax (03943) 632040.

Berlin 229 – Magdeburg 78 – Braunschweig 88 – Erfurt 145 – Göttingen 98.

Gothisches Haus, Am Markt, ✉ 38855, ✆ (03943) 67 50, *Fax (03943) 675537,* , – |‡|, Zim, TV ♿ P – 30. AE ⦿ E VISA
Menu à la carte 30/62 – **128 Z** 158/300.

Treff Hotel M**,** Pfarrstr. 41, ✉ 38855, ✆ (03943) 94 10, *Fax (03943) 941555,* , – |‡|, Zim, TV ☎ ♿ – 450. AE ⦿ E VISA JCB. Rest
Menu à la carte 33/55 – **258 Z** 140/240 – ½ P 35.

Weißer Hirsch, Marktplatz 5, ✉ 38855, ✆ (03943) 60 20 20, *Fax (03943) 633139,* , – |‡|, Zim, TV ☎ – 100. AE E VISA
Menu à la carte 30/60 – **49 Z** 125/210, 6 Suiten – ½ P 30.

Erbprinzenpalais M , Lindenallee 27, ✉ 38855, ✆ (03943) 5 40 50, *Fax (03943) 540599,* , – |‡| TV ☎ ♿ P – 20. AE E VISA
Menu à la carte 30/52 – **31 Z** 110/300 – ½ P 25.

Am Anger garni, Breite Str. 92, ✉ 38855, ✆ (03943) 9 23 20, *Fax (03943) 923250* – TV ☎ P. E VISA
29 Z 70/140.

Parkhotel Fischer garni, Mauergasse 1, ✉ 38855, ✆ (03943) 69 13 50, *Fax (03943) 691360* – TV ☎ P
16 Z 85/140.

Ratskeller, Am Marktplatz 1, ✉ 38855, ✆ (03943) 63 27 04, *Fax (03943) 905485,*
Menu à la carte 27/48.

WERSHOFEN *Rheinland-Pfalz* 417 *O 4 – 960 Ew – Höhe 497 m.*

Berlin 648 – Mainz 176 – Aachen 97 – Adenau 19 – Bonn 53.

Landgasthaus Pfahl (mit Gästehaus), Hauptstr. 76, ✉ 53520, ✆ (02694) 2 32, *Fax (02694) 530,* <, – P – 35. AE E VISA
Jan. 3 Wochen und Juli 1 Woche geschl. – **Menu** *(Dienstag geschl.)* à la carte 29/51 – **22 Z** 80/135.

WERTACH *Bayern* 419 420 *X 15 – 2 800 Ew – Höhe 915 m – Luftkurort – Wintersport : 915/1 450 m 4 .*

Touristikinformation, Rathaus, ✉ 87497, ✆ (08365) 2 66, Fax (08365) 1538.

Berlin 715 – München 127 – Kempten (Allgäu) 27 – Füssen 24.

Alpengasthof Hirsch, Marktstr. 21, ✉ 87497, ✆ (08365) 7 02 00, *Fax (08365) 702030,* – Rest, TV ☎ P. AE ⦿ E VISA
Menu *(Donnerstag geschl.)* à la carte 31/58 – **10 Z** 60/120 – ½ P 15.

WERTHEIM *Baden-Württemberg* 417 419 *Q 12 – 21 700 Ew – Höhe 142 m.*

Sehenswert : *Stiftskirche (Grabdenkmäler★★).*

Ausflugsziel : *Bronnbach : Klosterkirche★ SO : 9,5 km.*

Fremdenverkehrsgesellschaft, Am Spitzen Turm, ✉ 97877, ✆ (09342) 10 66, Fax (09342) 38277.

Berlin 537 – Stuttgart 143 – Würzburg 38 – Aschaffenburg 47.

Schwan (mit Gästehaus), Mainplatz 8, ✉ 97877, ✆ (09342) 9 23 30, *Fax (09342) 21182,* – TV ☎ – 20. AE ⦿ E VISA
Jan. 3 Wochen geschl. – **Menu** à la carte 33/75 – **30 Z** 95/240, 3 Suiten.

In Wertheim-Bestenheid *NW : 3 km :*

Bestenheider Stuben M, Breslauer Str. 1, ✉ 97877, ☎ (09342) 9 65 40, *Fax (09342) 965444*, – TV ☎ P – 30. AE E VISA
Feb. 2 Wochen geschl. – **Menu** à la carte 30/64 – **20 Z** 95/140.

In Wertheim-Bettingen *O : 10 km :*

Schweizer Stuben, Geiselbrunnweg 11, ✉ 97877, ☎ (09342) 30 70, *Fax (09342) 307155*, « Hotelanlage in einem Park », Massage, (geheizt), (Halle) – TV P – 30. AE E VISA
Menu *(Dienstag und Jan. geschl.)* (wochentags nur Abendessen, Tischbestellung erforderlich) 145/210 und à la carte 87/157 – siehe Rest. ***Taverna La vigna*** und ***Schober*** separat erwähnt – **33 Z** 240/520, 3 Suiten
Spez. Entenstopfleberterrine mit Gelee von Muscat de Beaumes-de-Venise. Rotbarbe mit Sauce à la bourride und barbouillade de nice. Sisteron-Lamm mit Artischocken à la barigoule.

Taverna La Vigna, Geiselbrunnweg 11, ✉ 97877, ☎ (09342) 30 70 (über Schweizer Stuben) – P. AE E VISA
Sonntag - Montag und Feb. 3 Wochen geschl. – **Menu** (italienische Küche, Tischbestellung ratsam) 125 und à la carte 64/88
Spez. Tagliolini mit Tintenfisch und Steinpilzen. Bauernente "al forno" mit Polenta. Cassata von Panettone.

Landgasthof Schober, Geiselbrunnweg 11, ✉ 97877, ☎ (09342) 30 70 (über Schweizer Stuben), – P. AE E VISA
Mittwoch - Donnerstag und Jan. geschl – **Menu** à la carte 44/70.

In Wertheim-Reicholzheim *SO : 7 km – Erholungsort :*

Martha, Am Felder 11, ✉ 97877, ☎ (09342) 78 96, *Fax (09342) 6655*, ←, , – ☎ P. Zim
Menu *(Feb. - März 3 Wochen geschl.)* à la carte 28/58 – **10 Z** 65/130 – ½ P 30.

In Kreuzwertheim *Bayern - auf der rechten Mainseite :*

Herrnwiesen, In den Herrnwiesen 4, ✉ 97892, ☎ (09342) 3 70 31, *Fax (09342) 22863*, – TV ☎ P. AE E VISA
(nur Abendessen für Hausgäste) – **22 Z** 98/180.

Lindenhof, Lindenstr. 41 (NO : 2 km), ✉ 97892, ☎ (09342) 10 41, *Fax (09342) 4353*, ←, – TV ☎ P. Rest
Menu à la carte 47/74 – **15 Z** 120/210 – ½ P 30/45.

WERTHER *Nordrhein-Westfalen siehe Halle in Westfalen.*

WERTHER *Thüringen siehe Nordhausen.*

WERTINGEN *Bayern* 419 420 *U 16 – 7 000 Ew – Höhe 419 m.*
Berlin 538 – München 90 – Augsburg 34 – Donauwörth 24 – Ulm (Donau) 74.

Hirsch, Schulstr. 7, ✉ 86637, ☎ (08272) 80 50, *Fax (08272) 805100*, – Rest, TV ☎ P – 80. AE E VISA
Menu *(Samstag und 23. Dez. - 6. Jan. geschl.)* à la carte 23/43 – **30 Z** 38/110.

WESEL *Nordrhein-Westfalen* 417 *L 3 – 63 600 Ew – Höhe 25 m.*
Stadtinformation, Großer Markt 11, ✉ 46483, ☎ (0281) 2 44 98, Fax (0281) 14053.
ADAC, *Schermbecker Landstr. 41, ✉ 46485, ☎ (0221) 47 27 47, Fax (0281) 9530947.*
Berlin 557 – Düsseldorf 64 – Bocholt 24 – Duisburg 31.

ART, Reeser Landstr. 188 (NW : 2 km), ✉ 46487, ☎ (0281) 9 75 75, *Fax (0281) 97577*, « Modernes Restaurant mit Terrasse am See » – P
Samstagmittag und Dienstag geschl. – **Menu** à la carte 47/72.

Lippeschlößchen, Hindenburgstr. 2 (SO : 2 km), ✉ 46485, ☎ (0281) 44 88, *Fax (0281) 4733*, – P. AE E VISA JCB
Dienstag geschl. – **Menu** à la carte 49/68 *(auch vegetarisches Menu).*

Bacco, Kornmarkt 1, ✉ 46483, ☎ (0281) 1 57 58, – AE E VISA JCB
Okt. - Mai Montag geschl. – **Menu** (italienische Küche) à la carte 37/65.

In Wesel-Büderich *SW : 4 km :*

Wacht am Rhein, Rheinallee 30, ✉ 46487, ☎ (02803) 3 02, *Fax (02803) 1741*, ←, – TV P. Rest
22. Dez. - 6. Jan. geschl. – **Menu** *(Dienstag geschl.)* à la carte 30/58 – **28 Z** 85/165.

In Wesel-Feldmark *N : 4 km über Reeser Landstraße :*

Waldhotel Tannenhäuschen, Am Tannenhäuschen 7, ✉ 46487, (0281) 9 66 90, *Fax (0281) 64153*, – – 45.
Menu à la carte 60/86 – **46 Z** 165/315, 4 Suiten.

In Wesel-Lackhausen *N : 3 km :*

Haus Duden, Konrad-Duden-Str. 99, ✉ 46485, (0281) 9 62 10, *Fax (0281) 9621100*, – Zim, – 50.
Menu à la carte 37/68 – **60 Z** 165/230.

An der Autobahn A 3 Richtung Arnheim *SO : 10 km :*

Autobahnrestaurant und Waldhotel Hünxe Ost, ✉ 46564 Hünxe-Ost, (02858) 91 20, *Fax (02858) 912110*, – Zim, – 20.
Menu la carte 35/60 – **23 Z** 95/179.

In Hamminkeln-Marienthal *NO : 14 km :*

Romantik Hotel Haus Elmer, An der Klosterkirche 12, ✉ 46499, (02856) 91 10, *Fax (02856) 91170*, « Gartenterrasse », – Zim, – 50.
Menu à la carte 50/80 – **31 Z** 140/280.

WESENBERG *Mecklenburg-Vorpommern* 416 *G 22 – 3 200 Ew – Höhe 82 m.*

Berlin 114 – Schwerin 128 – Neubrandenburg 44.

Seehotel Borchard's Rookhus, Am großen Labussee (N : 4,5 km), ✉ 17255, (039832) 5 00, *Fax (039832) 50100*, – Zim, – 30.
4. - 10. Jan. geschl. – ***Fürst Nikolaus*** (wochentags nur Abendessen) *(Montag und 4. Jan. - 1. Feb. geschl.)* **Menu** à la carte 62/80 – ***Storchennest :*** Menu à la carte 33/59 – **45 Z** 150/250, 5 Suiten.

WESSELING *Nordrhein-Westfalen* 417 *N 4 – 33 000 Ew – Höhe 51 m.*

Berlin 583 – Düsseldorf 55 – Bonn 20 – Köln 12.

Pontivy, Cranachstr. 75 (im Ortsteil Keldenich), ✉ 50389, (02236) 94 31 10, *Fax (02236) 40738*, Biergarten, – – 30.
Menu *(Samstagmittag geschl.)* à la carte 43/63 – **26 Z** 128/210.

Haus Burum garni, Bonner Str. 83, ✉ 50389, (02236) 94 39 10, *Fax (02236) 9439127* –
20. Dez. - 2. Jan. geschl. – **24 Z** 80/210.

Kölner Hof mit Zim, Kölner Str. 83, ✉ 50389, (02236) 4 28 41, *Fax (02236) 42482* – . Zim
Juli - Aug. 4 Wochen geschl. – **Menu** *(Freitagabend - Samstag geschl.)* à la carte 31/77 – **8 Z** 80/140.

WESSLING *Bayern* 419 420 *V 17 – 4 600 Ew – Höhe 596 m.*

Berlin 607 – München 26 – Landsberg am Lech 33 – Fürstenfeldbruck 27.

Sacher-Seehof, Seeweg 4, ✉ 82234, (08153) 93 50, *Fax (08153) 935435*, , Zim, – 30.
Menu à la carte 32/62 – **41 Z** 155/275.

WESSOBRUNN *Bayern* 419 420 *W 17 – 1 740 Ew – Höhe 701 m.*

Sehenswert : *Benediktinerabtei (Fürstengang★).*

Berlin 647 – München 64 – Garmisch-Partenkirchen 55 – Kempten (Allgäu) 73 – Augsburg 66 – Weilheim 10.

Zur Post mit Zim, Zöpfstr. 2, ✉ 82405, (08809) 2 08, *Fax (08809) 813*, –
Menu *(Okt. - April Dienstag geschl.)* à la carte 26/58 – **10 Z** 50/90.

WESTERBURG *Rheinland-Pfalz* 417 *O 7 – 5 600 Ew – Höhe 380 m.*

Berlin 561 – Mainz 88 – Koblenz 54 – Siegen 43.

Deynique, Auf dem Hilserberg 20, ✉ 56457, (02663) 2 90 20, *Fax (02663) 2902200*, « Moderne, individuelle Einrichtung » – – 40.
Weihnachten - Anfang Jan. geschl. – **Menu** *(Montag - Dienstag geschl.)* à la carte 36/57 – **30 Z** 190/226.

In Westerburg-Stahlhofen *NO : 4,5 km :*

Lindner Hotel und Sporting Club Wiesensee, Am Wiesensee, ✉ 56457, ☎ (02663) 9 91 00, *Fax (02663) 991199*, ≤, Biergarten, Massage, Zim, – 120. Rest – **75 Z**, 33 Suiten.

WESTERLAND *Schleswig-Holstein siehe Sylt (Insel).*

WESTERSTEDE *Niedersachsen 415 G 7 – 21 100 Ew – Höhe 13 m – Erholungsort.*

Verkehrsverein, Am Markt 2, ✉ 26655, ☎ (04488) 1 94 33, Fax (04488) 5555.

Berlin 460 – Hannover 195 – Emden 58 – Groningen 110 – Oldenburg 24 – Wilhelmshaven 42.

Voss, Am Markt 4, ✉ 26655, ☎ (04488) 51 90, *Fax (04488) 6062*, Massage, – Zim, – 220. AE E VISA
Menu à la carte 41/62 – **69 Z** 105/240 – ½ P 25.

Altes Stadthaus (mit Gästehaus), Albert-Post-Platz 21, ✉ 26655, ☎ (04488) 8 47 10, *Fax (04488) 847130*, – . E
Menu *(Montag geschl.)* à la carte 27/59 – **17 Z** 90/150.

Busch, Lange Str. 2, ✉ 26655, ☎ (04488) 8 47 60, *Fax (04488) 847660*, – Zim, – 30. AE E VISA
Menu *(Mittwoch geschl.)* à la carte 27/60 – **13 Z** 85/180.

Waldhotel am Wittenheimer Forst, Burgstr. 15 (NO : 1,5 km), ✉ 26655, ☎ (04488) 8 38 20, *Fax (04488) 72829*, , – Zim,
20. Dez. - 10. Jan. geschl. – **Menu** *(Montag geschl.)* à la carte 28/53 – **20 Z** 75/150 – ½ P 25.

WESTFEHMARN *Schleswig-Holstein siehe Fehmarn (Insel).*

WESTHAUSEN *Baden-Württemberg siehe Aalen.*

WETTENBERG *Hessen siehe Giessen.*

WETTRINGEN *Nordrhein-Westfalen 417 J 5 – 7 500 Ew – Höhe 55 m – Berlin 487 – Düsseldorf 160 – Nordhorn 50 – Enschede 32 – Münster (Westfalen) 37 – Osnabrück 59.*

Zur Post, Kirchstr. 4 (B 70), ✉ 48493, ☎ (02557) 70 02, *Fax (02557) 7004*, Biergarten – . E
Menu *(Sonntag geschl.)* (nur Abendessen) à la carte 27/52 – **24 Z** 75/130.

WETTSTETTEN *Bayern siehe Ingolstadt.*

WETZLAR *Hessen 417 O 9 – 54 000 Ew – Höhe 168 m – Verkehrsamt, Domplatz 8, ✉ 35573, ☎ (06441) 9 93 38, Fax (06441) 99339 – Berlin 510 ② – Wiesbaden 96 ② – Frankfurt am Main 68 ② – Limburg an der Lahn 42 ⑧ – Siegen 64 ⑧ – Gießen 17 ②*

Stadtplan siehe gegenüberliegende Seite

Mercure, Bergstr. 41, ✉ 35578, ☎ (06441) 41 70, *Fax (06441) 42504*, , – Zim, – 280. AE E VISA Z c
Menu à la carte 38/67 – **144 Z** 197/229.

Kelly's Hotel M, Karl-Kellner-Ring 40, ✉ 35576, ☎ (06441) 90 60, *Fax (06441) 906111* – Zim, – 60. AE E VISA Y s
Menu *(Samstag und Sonntagabend geschl.)* à la carte 41/50 – **68 Z** 147/175.

Blankenfeld, Im Amtmann 20, ✉ 35587, ☎ (06441) 78 70, *Fax (06441) 787200*, – Zim, – 60. AE E VISA. Rest über ⑥
Menu (nur Abendessen) à la carte 37/61 – **38 Z** 95/170.

Bürgerhof, Konrad-Adenauer-Promenade 20, ✉ 35578, ☎ (06441) 90 30 (Hotel) 4 28 01 (Rest.), *Fax (06441) 903100* – . AE E VISA. Zim Z e
Menu *(Donnerstag geschl.)* à la carte 42/65 – **62 Z** 110/185.

Wetzlarer Hof, Obertorstr. 3, ✉ 35578, ☎ (06441) 90 80, *Fax (06441) 908100*, – – 40. AE E VISA Z d
Menu à la carte 35/62 – **45 Z** 130/210.

Häusler's Restaurant, Garbenheimer Str. 18, ✉ 35578, ☎ (06441) 4 25 51, *Fax (06441) 42551*, – . E VISA Y a
Sonntag - Montag sowie Jan. und Sept. jeweils 2 Wochen geschl. – **Menu** (nur Abendessen, Tischbestellung ratsam) à la carte 55/78 *(auch vegetarisches Menu)*
Spez. Seewolf in Basilikumsauce mit Garnelenravioli. Rehrücken unter der Steinpilzkruste (Saison). Topfensoufflé mit Vanilleeis.

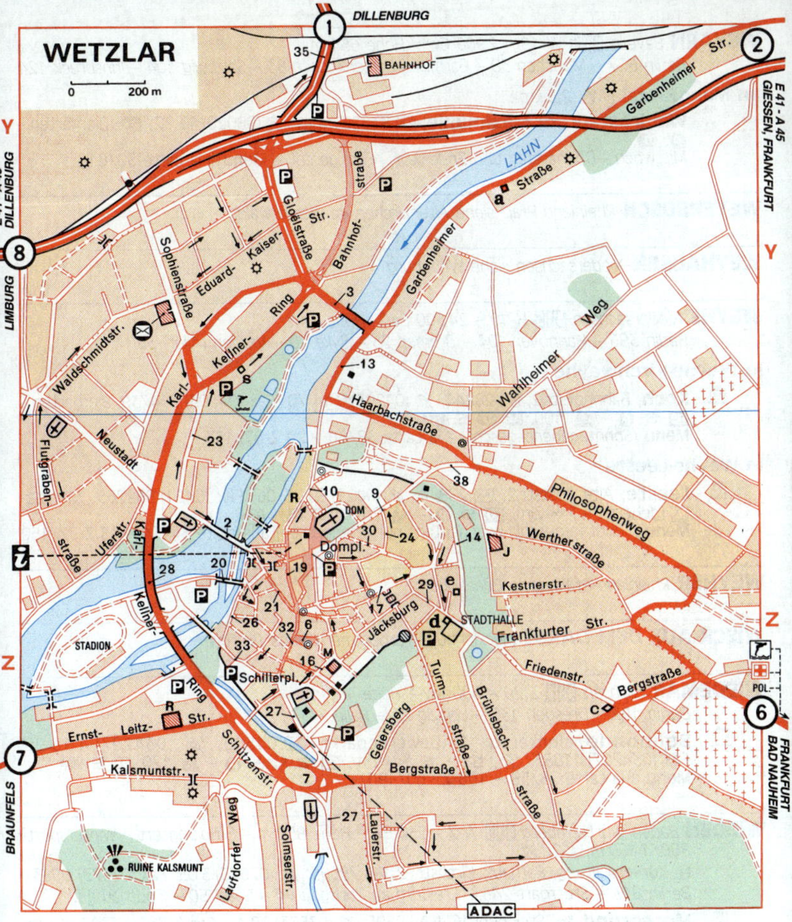

Alte Lahnbrücke	Z 2	Konrad-Adenauer-Promenade	Z 14	Mühlgrabenstraße	Z 26
Bahnhofstraße	Y	Kornblumengasse	Z 16	Nauborner Straße	Z 27
Brückenstraße	Y 3	Kornmarkt	Z 17	Neue Lahnbrücke	Z 28
Eisenmarkt	Z 6	Krämerstraße	Z 19	Obertorstraße	Z 29
Friedrich-Ebert-Platz	Z 7	Lahninsel	Z 20	Pfaffengasse	Z 30
Goethestraße	Z 9	Lahnstraße	Z 21	Silhöfer Straße	Z 32
Hauser Gasse	Z 10	Langgasse	Z 23	Steighausplatz	Z 33
Hausertorstraße	Y 13	Lottestraße	Z 24	Überführung	Y 35
Karl-Kellner-Ring	Y			Wöllbachertorstraße	Z 38

In Wetzlar-Kirschenwäldchen *S : 4,5 km über ⑥ :*

Stoppelberg, Kirschenwäldchen 18, ✉ 35578, ✆ (06441) 2 40 15, *Fax (06441) 25416,* « Gartenterrasse » – TV ☎ P – 40. AE ⓓ E VISA.
Menu à la carte 27/63 – **21 Z** 95/155.

In Wetzlar-Naunheim *über ① : auf der Brücke rechts abbiegen : 3 km :*

Landhotel Naunheimer Mühle M garni, Mühle 2, ✉ 35584, ✆ (06441) 9 35 30, *Fax (06441) 935393* – TV ☎ P – 20. E VISA – **29 Z** 96/212.

In Lahnau-Atzbach ② *: 7,5 km :*

Bergschenke, Bergstr. 27, ✉ 35633, ✆ (06441) 9 64 30, *Fax (06441) 964326,* <, – P. E
Samstagmittag und Donnerstag geschl. – **Menu** à la carte 44/72 – ***Bürgerstube :*** Menu à la carte 32/50.

WEYARN *Bayern* 420 *W 19 – 2 900 Ew – Höhe 654 m.*
Berlin 627 – München 38 – Garmisch-Partenkirchen 83 – Salzburg 104 – Innsbruck 124.

Im Mangfalltal *NW : 2,5 km :*

Waldrestaurant Maxlmühle, ✉ 83626 Valley, ☎ (08020) 17 72, Biergarten – P.
Mittwoch - Donnerstag und Ende Jan. - Feb. geschl. – **Menu** à la carte 30/61.

WEYERBUSCH *Rheinland-Pfalz siehe Altenkirchen im Westerwald.*

WEYHAUSEN *Niedersachsen siehe Wolfsburg.*

WEYHE *Niedersachsen* 415 *H 10 – 24 500 Ew – Höhe 9 m.*
Berlin 396 – Hannover 104 – Bremen 25 – Syke 10 – Verden (Aller) 36.

In Weyhe-Kirchweyhe :

Koch, Bahnhofstr.2, ✉ 28844, ☎ (04203) 8 14 70, *Fax (04203) 814739,* Biergarten – P – 100. AE VISA
Menu *(Sonntagabend geschl.)* à la carte 38/60 – **20 Z** 87/135.

In Weyhe-Leeste :

Leeste, Alte Poststr.2, ✉ 28844, ☎ (0421) 80 26 06, *Fax (0421) 892265,* (geheizt) – Zim, P – 20. AE VISA JCB
Menu *(Sonntag geschl.)* (wochentags nur Abendessen) à la carte 34/54 – **35 Z** 92/150.

WEYHER *Rheinland-Pfalz siehe Edenkoben.*

WIECK AUF DEM DARSS *Mecklenburg-Vorpommern siehe Prerow.*

WIEDEMAR *Sachsen* 418 *L 20 – 600 Ew – Höhe 110 m.*
Berlin 162 – Dresden 130 – Leipzig 26 – Halle 21.

Belmondo, Junkerstr. 1 (Gewerbepark), ✉ 04509, ☎ (034207) 4 18 99, *Fax (034207) 41885,* – Zim, P – 120. AE VISA
Menu à la carte 28/58 – **108 Z** 160/190.

WIEDEN *Baden-Württemberg* 419 *W 7 – 530 Ew – Höhe 850 m – Erholungsort – Wintersport : 850/1 100 m, 2,*
Kurverwaltung, Rathaus, Kirchstr. 2, ✉ 79695, ☎ (07673) 3 03, Fax (07673) 8533.
Berlin 813 – Stuttgart 246 – Freiburg im Breisgau 44 – Basel 50 – Todtnau 11.

Moosgrund, Steinbühl 16, ✉ 79695, ☎ (07673) 79 15, *Fax (07673) 1793,* – P. Rest
Mitte Nov. - Anfang Dez. geschl. – **Menu** *(Donnerstag geschl.)* à la carte 29/68 – **15 Z** 82/154 – ½ P 28.

Hirschen, Ortsstr. 8, ✉ 79695, ☎ (07673) 8 88 60, *Fax (07673) 888637,* – P – 15
Mitte Nov. - Mitte Dez. geschl. – **Menu** *(Dez. - April Montag geschl.)* à la carte 31/60 – **30 Z** 66/160 – ½ P 30.

An der Straße zum Belchen *W : 4 km :*

Berghotel Wiedener Eck – Höhe 1 050 m, ✉ 79695 Wieden, ☎ (07673) 90 90, *Fax (07673) 1009,* – P – 20. VISA
Menu à la carte 32/64 – **32 Z** 50/195 – ½ P 30/35.

WIEFELSTEDE *Niedersachsen* 415 *G 8 – 12 400 Ew – Höhe 15 m – Erholungsort.*
Fremdenverkehrsverein, Kleiberg 10, ✉ 26215, ☎ (04402) 96 51 50, Fax (04402) 69381.
Berlin 452 – Hannover 188 – Bremen 66 – Bad Zwischenahn 14 – Oldenburg 13.

In Wiefelstede-Metjendorf *SO : 10 Km :*

Trend Hotel, Jürnweg 5, ✉ 26215, ☎ (0441) 9 61 10, *Fax (0441) 9611200* – Zim, P. AE VISA.
Menu *(Freitag - Sonntag geschl.)* (nur Abendessen) à la carte 30/42 – **34 Z** 86/138.

WIEHL *Nordrhein-Westfalen* 417 *N 6 – 24 600 Ew – Höhe 192 m.*

Verkehrsamt, Rathaus, Bahnhofstr. 1, ✉ 51674, ☎ (02262) 9 91 95, Fax (02262) 99247.

Berlin 570 – Düsseldorf 82 – Bonn 71 – Siegen 53 – Waldbröl 17 – Köln 48.

Zur Post, Hauptstr. 8, ✉ 51674, ☎ (02262) 79 00, *Fax (02262) 92595,* Biergarten, – 50. AE VISA JCB
Menu à la carte 39/89 – **57 Z** 151/192.

Platte, Hauptstr. 25, ✉ 51674, ☎ (02262) 90 75, *Fax (02262) 97876,* – – 20. AE VISA
Juli 3 Wochen geschl. – **Menu** à la carte 35/68 – **20 Z** 112/200.

Si vous cherchez un hôtel tranquille,
consultez d'abord les cartes thématiques de l'introduction
ou repérez dans le texte les établissements indiqués avec le signe ou .

WIEK *Mecklenburg-Vorpommern siehe Rügen (Insel).*

WIENHAUSEN *Niedersachsen siehe Celle.*

WIESBADEN L *Hessen* 417 *P 8 – 270 000 Ew – Höhe 115 m – Heilbad.*

Sehenswert : *Kurhaus★ BY – Kurpark und Kuranlagen★ BZ – Museum Wiesbaden (Jawlensky-Kollektion★) BZ – Nerobergbahn★.*

Ausflugsziel : *Schloß Biebrich★ – Kloster Eberbach★★ (Weinkeltern★★) W : 18 km.*

18 Wiesbaden-Delkenheim (O : 12 km), ☎ (06122) 5 22 08 ; 18 Wiesbaden-Frauenstein (W : 6 km), ☎ (0611) 82 38 89 ; 9 Chausseehaus (NW : 5 km), ☎ (0611) 46 02 38.

Ausstellungs- und Kongreßzentrum Rhein-Main-Halle (BZ), ☎ (0611) 14 40, Fax (0611) 144118.

Tourist Information, Marktstr. 6, ✉ 65183, ☎ (0611) 1 72 97 80, Fax (0611) 1729798.

ADAC, *Grabenstr. 5, ✉ 65183, ☎ (0611) 37 70 71, Fax (0611) 306324.*

Berlin 567 ① – Bonn 153 ① – Frankfurt am Main 40 ① – Bad Kreuznach 49 ② – Mannheim 89 ①

Stadtpläne siehe nächste Seiten

Nassauer Hof , Kaiser-Friedrich-Platz 3, ✉ 65183, ☎ (0611) 13 30, *Fax (0611) 133632,* , Massage, , (Thermal) – , Zim, Rest, – 120. AE VISA JCB. BY g
Menu siehe Rest. ***Ente*** separat erwähnt – ***Orangerie* : Menu** à la carte 61/99 – **198 Z** 385/640, 9 Suiten.

Radisson SAS Schwarzer Bock, Kranzplatz 12, ✉ 65183, ☎ (0611) 15 50, *Fax (0611) 155111,* « Einrichtung teils mit wertvollen Antiquitäten, Innenhofterrasse », Massage, , , (Thermal) – , Zim, Zim, – 100. AE VISA BY a
Ingelheimer Zimmer *(Sonntag und 1. Juni - 1. Sept. geschl., nur Abendessen)* **Menu** à la carte 67/92 – ***Capricorne* :** à la carte 41/78 – **142 Z** 304/433, 11 Suiten.

Aukamm-Hotel M , Aukamm-Allee 31, ✉ 65191, ☎ (0611) 57 60, *Fax (0611) 576264,* , , – , Zim, – 230. AE VISA JCB. Rest über Bierstadter Str. BYZ
Marchesa *(nur Abendessen)* **Menu** à la carte 64/86 – **158 Z** 291/402, 14 Suiten.

Crowne Plaza M, Bahnhofstr. 10, ✉ 65185, ☎ (0611) 16 20, *Fax (0611) 304599,* , , – , Zim, – 120. AE VISA JCB BZ s
Menu à la carte 40/65 – **232 Z** 319/468.

Ramada, Abraham-Lincoln-Str. 17, ✉ 65189, ☎ (0611) 79 77 30, *Fax (0611) 761372,* , , , – , Zim, – 200. AE VISA JCB. Rest über ②
Menu à la carte 36/79 – **205 Z** 223/356.

Dorint Pallas Hotel, Auguste-Viktoria-Str. 15, ✉ 65185, ☎ (0611) 3 30 60, *Fax (0611) 303960,* , – , Zim, – 320. AE VISA JCB. Rest BZ e
Menu à la carte 41/77 – **200 Z** 258/387.

Fontana garni, Sonnenberger Str. 62, ✉ 65193, ☎ (0611) 52 00 91, *Fax (0611) 521894* – – 15. AE VISA über Sonnenberger Str. BY
Weihnachten - Anfang Jan. geschl. – **25 Z** 199/360.

Klee am Park, Parkstr. 4, ✉ 65189, ✆ (0611) 9 00 10, *Fax (0611) 9001310,* 🌳 – |ǂ|, ⇸ Zim, TV ☎ P – 🅰 30. AE ⓓ E VISA BY q
Menu *(Montag und Juli - Aug. 4 Wochen geschl.)* à la carte 53/79 – **60 Z** 198/326.

Oranien, Platter Str. 2, ✉ 65193, ✆ (0611) 1 88 20, *Fax (0611) 1882200,* 🌳 – |ǂ|, ⇸ Zim, TV ☎ ✆ ♿ 🚗 P – 🅰 100. AE ⓓ E VISA AY r
Menu *(Samstagmittag, Sonntagmittag und Juli - Aug. 3 Wochen geschl.)* à la carte 42/66 – **85 Z** 145/260.

De France garni, Taunusstr. 49, ✉ 65183, ✆ (0611) 95 97 30, *Fax (0611) 9597374* – |ǂ| ⇸ TV ☎. AE ⓓ E VISA AY n
20. Dez. - 6. Jan. geschl. – **37 Z** 140/220.

Hansa Hotel, Bahnhofstr. 23, ✉ 65185, ✆ (0611) 3 99 55, *Fax (0611) 300319,* 🌳 – |ǂ| TV ☎ P – 🅰 20. AE ⓓ E VISA BZ c
21. Dez. - 3. Jan. geschl. – **Menu** *(Samstag - Sonntag geschl.)* à la carte 32/63 – **86 Z** 145/220.

Admiral garni, Geisbergstr. 8, ✉ 65193, ✆ (0611) 5 86 60, *Fax (0611) 521053* – |ǂ| TV ☎ 🚗. AE ⓓ E VISA – **28 Z** 145/215. BY c

WIESBADEN

Albrecht-Dürer-Straße . . . . AY 2
An den Quellen . . . . BY 3
Bahnhofstraße . . . . BZ
Burgstraße . . . . BY 4
Friedrichstraße . . . . AY
Goldgasse . . . . AY 5
Grabenstraße . . . . AY 6
Kaiser-Friedrich-Platz . . . . BY 7
Kirchgasse . . . . AYZ
Langgasse . . . . AY 8
Loreleiring . . . . AZ 9
Luisenstraße . . . . ABZ
Marktstraße . . . . AY 10
Mauergasse . . . . AY 12
Michelsberg . . . . AY 13
Moritzstraße . . . . AZ
Mühlgasse . . . . BY 15
Neugasse . . . . AY 16
Prinzessin-Elisabeth-Straße . . . . BY 17
Sonnenberger Straße . . . . BY 18
Wagemannstraße . . . . AY 20
Webergasse . . . . ABY 21
Wilhelmstraße . . . . BY

Bären garni, Bärenstr. 3, ✉ 65183, ✆ (0611) 30 10 21, *Fax (0611) 301024*, Massage, (Thermal) – AE VISA ABY h
58 Z 150/290.

Maxi-Hotel garni, Wellritzstr. 6, ✉ 65183, ✆ (0611) 9 45 20, *Fax (0611) 945277* – AE VISA AY a
42 Z 130/180.

Klemm garni, Kapellenstr. 9, ✉ 65193, ✆ (0611) 58 20, *Fax (0611) 582222* – AE VISA BY d
55 Z 140/180.

Am Landeshaus garni, Moritzstr. 51, ✉ 65185, ✆ (0611) 99 66 60, *Fax (0611) 9966666* – AE VISA AZ a
20 Z 130/200.

Ente - Hotel Nassauer Hof, Kaiser-Friedrich-Platz 3, ✉ 65183, ✆ (0611) 13 36 66, *Fax (0611) 133632* – AE VISA JCB. BY g
Jan. 2 Wochen und Juli - Aug. 4 Wochen geschl. – **Menu** (Tischbestellung ratsam, bemerkenswerte Weinkarte) 145/185 und à la carte 82/132 – ***Bistro*** *(Sonntag - Montag geschl.)* **Menu** à la carte 70/104 – ***Entenkeller*** *(Sonntag - Montag geschl., nur Abendessen)* **Menu** à la carte 62/100
Spez. Zweierlei Hummersüppchen mit Kräuterbrötchen. Rehrücken mit geschmortem Chinakohl und Kreuzkümmelschaum. Topfen-Heidelbeersoufflé mit Vanillesabayon.

Käfer's Bistro (im Kurhaus), Kurhausplatz 1, ✉ 65189, ✆ (0611) 53 62 00, *Fax (0611) 536222* – AE VISA JCB
Menu à la carte 52/84. BY

Estragon, Wilhelmstr. 12, ✉ 65185, ✆ (0611) 30 39 06, *Fax (0611) 373202* – AE VISA BZ d
Dienstag und Juli - Aug. 3 Wochen geschl. – **Menu** (nur Abendessen) à la carte 72/116.

In Wiesbaden-Alt Klarenthal *NW : 5 km über Klarenthaler Str. AYZ :*

Landhaus Diedert mit Zim, Am Kloster Klarenthal 9, ✉ 65195, ✆ (0611) 1 84 66 00, *Fax (0611) 1846603*, « Einrichtung im französischen Landhausstil, Gartenterrasse », – 15. AE VISA
Menu *(Samstagmittag und Montag geschl.)* à la carte 54/78 – **12 Z** 165/250.

In Wiesbaden-Biebrich *S : 4,5 km, über Biebricher Allee AZ :*

Zum Scheppen Eck garni, Rathaustr. 94, ✉ 65203, ✆ (0611) 67 30, *Fax (0611) 673159* – AE VISA.
Weihnachten - Anfang Jan. geschl. – **20 Z** 120/210.

Weihenstephan, Armenruhstr. 6, ✉ 65203, ✆ (0611) 6 11 34, *Fax (0611) 603825*, Biergarten – AE VISA
Samstag geschl. – **Menu** à la carte 37/71.

In Wiesbaden-Erbenheim *über ② : 4 km :*

Domäne Mechtildshausen, nahe Air Base, ✉ 65205, ✆ (0611) 73 74 60, *Fax (0611) 737479*, « Lage in einem Gutshof », – 40. AE VISA.
Menu *(Sonntagabend - Montag und 28. Dez. - 18. Jan. geschl.)* à la carte 52/70 – **15 Z** 150/250.

Toskana garni, Kreuzberger Ring 32, ✉ 65205, ✆ (0611) 7 63 50, *Fax (0611) 7635333* – AE VISA
Weihnachten - Anfang Jan. geschl. – **52 Z** 140/200.

In Wiesbaden-Nordenstadt *O : 10 km über Berliner Straße und die A 66, Ausfahrt Nordenstadt :*

Treff-Hotel, Ostring 9, ✉ 65205, ☎ (06122) 80 10, *Fax (06122) 801164,* – |♦|, ⇋ Zim, TV ☎ P – 150. AE ⊕ E VISA
Menu à la carte 36/70 – **144 Z** 199/249.

Stolberg garni, Stolberger Str. 60, ✉ 65205, ☎ (06122) 99 20, *Fax (06122) 992111* – TV ☎ P – 50. AE ⊕ E VISA
Weihnachten - Anfang Jan. geschl. – **48 Z** 130/160.

Merkur garni, Borsigstr. 1, ✉ 65205, ☎ (06122) 91 70, *Fax (06122) 917300* – |♦| ⇋ TV ☎ P – 50. AE E VISA
80 Z 130/180.

WIESENSTEIG *Baden-Württemberg 419 U 12 – 2 500 Ew – Höhe 592 m – Erholungsort – Wintersport : 370/750 m ≰3, ⛷.*

Ausflugsziel : *Reußenstein : Lage★★ der Burgruine ≤★, W : 5 km.*

Berlin 614 – Stuttgart 61 – Göppingen 27 – Ulm (Donau) 45.

In Mühlhausen im Täle *NO : 3 km :*

Bodoni, Bahnhofstr. 4, ✉ 73347, ☎ (07335) 9 62 50, *Fax (07335) 962529,* – TV ☎ P – 20. AE E VISA
Menu *(Samstag geschl.)* (nur Abendessen) à la carte 25/51 – **15 Z** 100/150 – ½ P 30.

WIESENTTAL *Bayern 420 Q 17 – 2 800 Ew – Höhe 320 m – Luftkurort.*

Verkehrsamt, Forchheimer Str. 8, (Rathaus in Muggendorf), ✉ 91346, ☎ (09196) 1 94 33, Fax (09196) 929930.

Berlin 409 – München 226 – Nürnberg 58 – Bayreuth 53 – Bamberg 38.

Im Ortsteil Muggendorf :

Feiler, Oberer Markt 4, ✉ 91346, ☎ (09196) 9 29 50, *Fax (09196) 362,* « Innenhofterrasse » – ⇋ Rest, TV ☎ P. AE ⊕ E VISA
Menu *(April - Okt. Montagmittag, Nov. - März Montag - Donnerstag geschl.)* à la carte 69/95 – **15 Z** 120/195 – ½ P 55
Spez. Wildkräutermaultaschen mit Langustenmedaillons. Rehrücken mit Rotweinsauce und Kartoffelpfannküchle. Topfenknödel mit Zwetschgenragout.

Goldener Stern, Marktplatz 6, ✉ 91346, ☎ (09196) 9 29 80, *Fax (09196) 1402,* – TV ☎ P. E VISA
Jan. geschl. – **Menu** *(Nov. - April Mittwoch geschl.)* à la carte 26/50 – **23 Z** 70/160 – ½ P 25.

Im Ortsteil Streitberg :

Altes Kurhaus mit Zim, Streitberg 13, ✉ 91346, ☎ (09196) 7 36, *Fax (09196) 1668,* – ☎ P. E
Jan. - Anfang Feb. geschl. – **Menu** *(Montag - Dienstagmittag geschl.)* à la carte 34/58 – **4 Z** 85/135.

WIESLOCH *Baden-Württemberg 417 419 S 10 – 22 500 Ew – Höhe 128 m.*

Wiesloch-Baiertal, Hohenhardter Hof, ☎ (06222) 7 20 81 ; St.Leon-Rot, Opelstr. 30 (SW : 7 km), ☎ (06227) 8 60 80.

Berlin 633 – Stuttgart 102 – Mannheim 40 – Heidelberg 14 – Heilbronn 49 – Karlsruhe 48.

Palatin, Ringstr. 17, ✉ 69168, ☎ (06222) 5 82 01, *Fax (06222) 582555,* – |♦|, ⇋ Zim, TV ☎ ♿ – 700. AE ⊕ E VISA JCB. Rest
Menu à la carte 45/68 – **115 Z** 199/239.

Mondial, Schwetzinger Str. 123, ✉ 69168, ☎ (06222) 57 60, *Fax (06222) 576333,* – |♦|, Rest, TV ☎ P – 20. AE ⊕ E VISA JCB.
1. - 6. Jan. geschl. – **Menu** siehe Rest. ***La Chandelle*** separat erwähnt – ***Brasserie*** *(Sonn- und Feiertage sowie 1. - 6. Jan. geschl.)* Menu à la carte 42/60 – **43 Z** 149/249.

La Chandelle - Hotel Mondial, Schwetzinger Str. 123, ✉ 69168, ☎ (06222) 57 60, *Fax (06222) 576333,* – P. AE ⊕ E VISA JCB.
Sonn- und Feiertage, 1. - 10. Jan. und 28. Juli - 10. Aug. geschl. – **Menu** (nur Abendessen, bemerkenswerte Weinkarte) 115/155 und à la carte 87/117
Spez. Mosaik von Gänseleber und Périgord-Trüffel. Offene Ravioli mit Flußkrebsen. Geschmortes Milchlamm mit Oliven und Bohnengemüse.

Freihof (historisches Weinrestaurant), Freihofstr. 2, 69168, (06222) 25 17, *Fax (06222) 51634*, – AE E VISA
Menu à la carte 53/85.

Roberto, Schloßstr. 8, 69168, (06222) 9 21 50, *Fax (06222) 921515* – AE E VISA
Dienstag und Aug. geschl. – **Menu** (italienische Küche) à la carte 43/73.

Langen's Turmstuben, Höllgasse 32, 69168, (06222) 10 00, *Fax (06222) 2032*, – . AE E VISA
Mittwoch geschl. – **Menu** à la carte 31/61.

WIESMOOR *Niedersachsen* 415 *F 7 – 12 000 Ew – Höhe 10 m – Luftkurort.*

Wiesmoor-Hinrichsfehn, Fliederstr. 1 (S : 4,5 km), (04944) 64 40.

Fremdenverkehrsverein, Hauptstr. 199, 26639, (04944) 9 19 80, Fax (04944) 919899.

Berlin 493 – Hannover 222 – Emden 52 – Oldenburg 51 – Wilhelmshaven 36.

Friesengeist, Am Rathaus 1, 26639, (04944) 10 44, *Fax (04944) 5369*, , , – , Zim, – 60. AE E VISA. Rest
Menu à la carte 33/70 – **36 Z** 96/195 – ½ P 32.

Am Ottermeer, Uferstr. 1, 26639, (04944) 9 30, *Fax (04944) 929394*, , , , – – 30. AE E VISA
Menu à la carte 32/56 – **30 Z** 85/170 – ½ P 19.

Zur Post (mit Gästehaus), Am Rathaus 6, 26639, (04944) 9 10 60, *Fax (04944) 910666* –
Menu *(Montag geschl.)* à la carte 28/54 *(auch vegetarische Gerichte)* – **20 Z** 65/130.

In Wiesmoor-Hinrichsfehn *S : 4,5 km, ca. 3,5 km über die Straße nach Remels, dann rechts ab :*

Blauer Fasan, Fliederstr. 1, 26639, (04944) 10 47, *Fax (04944) 3858*, , « Gaststuben im ostfriesischen Stil, Blumengarten », , – – 60. E VISA
4. Jan. - Feb. geschl. – **Menu** *(Nov. - Dez. Montag geschl.)* à la carte 46/74 – **26 Z** 124/217.

WIESSEE, BAD *Bayern* 419 420 *W 19 – 5 000 Ew – Höhe 730 m – Heilbad – Wintersport : 730/880 m 2 .*

Bad Wiessee, Robognerhof, (08022) 87 69.

Kuramt, Adrian-Stoop-Str. 20, 83707, (08022) 8 60 30, Fax (08022) 860330.

Berlin 643 – München 54 – Garmisch-Partenkirchen 76 – Bad Tölz 18 – Miesbach 19.

Romantik Hotel Landhaus Wilhelmy, Freihausstr. 15, 83707, (08022) 9 86 80, *Fax (08022) 9868233*, , « Geschmackvolle Einrichtung im Landhausstil », – Zim, . AE E VISA JCB
Nov. geschl. – **Menu** *(Sonntag - Montagmittag geschl.)* à la carte 43/60 – **22 Z** 130/300.

Lederer am See, Bodenschneidstr. 9, 83707, (08022) 82 90, *Fax (08022) 829200*, , , « Park », , , , , – – 30. AE E VISA JCB. Rest
Anfang Jan. - Anfang Feb. und Nov. - Mitte Dez. geschl. – **Menu** à la carte 36/68 – **93 Z** 118/404 – ½ P 35.

Terrassenhof (mit Gästehaus), Adrian-Stoop-Str. 50, 83707, (08022) 86 30, *Fax (08022) 81794*, , « Gartenterrasse », Massage, , , , – , Rest, – 150
Menu à la carte 33/67 – **86 Z** 115/410, 4 Suiten – ½ P 30.

Toscana, Freihausstr. 27, 83707, (08022) 9 83 60, *Fax (08022) 983650*, « Garten », Massage, – – 20. E VISA. Rest
1. - 20. Dez. geschl. – (nur Abendessen für Hausgäste) – **18 Z** 85/275 – ½ P 30.

Landhaus Midas garni, Setzbergstr. 12, 83707, (08022) 8 11 50, *Fax (08022) 99577*, –
9. - 31. Jan. und 1. - 22. Dez. geschl. – **11 Z** 93/216.

Rex, Münchner Str. 25, 83704, (08022) 8 62 00, *Fax (08022) 8620100*, « Park », – . Rest
Mitte April - Okt. – **Menu** à la carte 34/52 – **57 Z** 92/224 – ½ P 23.

Parkhotel-Resi von der Post, Zilcherstr. 14, ✉ 83707, ✆ (08022) 9 86 50, *Fax (08022) 986565*, Zim, – 30. AE E VISA
Menu à la carte 27/49 – **30 Z** 100/236, 4 Suiten – ½ P 22.

Marina, Furtwänglerstr. 9, ✉ 83707, ✆ (08022) 8 60 10, *Fax (08022) 860140*, AE E VISA
Mitte - Ende Nov. geschl. – **Menu** (Nov. - April nur Abendessen) à la carte 33/51 – **32 Z** 98/226 – ½ P 35.

Bellevue-Weinstube Weinbauer, Hirschbergstr. 22, ✉ 83707, ✆ (08022) 9 87 60, *Fax (08022) 987654*, AE E VISA
Nov. - 21. Dez. geschl. – **Menu** (nur Abendessen) à la carte 30/62 – **23 Z** 120/210 – ½ P 25.

Jägerheim garni, Freihausstr. 12, ✉ 83707, ✆ (08022) 8 60 70, *Fax (08022) 83127*,
März - Okt. – **23 Z** 75/180.

Freihaus Brenner, Freihaus 4, ✉ 83707, ✆ (08022) 8 20 04, *Fax (08022) 83807*, ≤ Tegernsee und Berge, « Rustikales Berggasthaus » – E
Menu (Tischbestellung erforderlich) 38 und à la carte 52/85.

WIETZE *Niedersachsen* 415 416 417 418 *I 13 – 7 500 Ew – Höhe 40 m.*

Verkehrsverein, Nienburger Str. 17, ✉ 29323, ✆ (05146) 5 07 15, Fax (05146) 50711.
Berlin 294 – Hannover 51 – Bremen 98 – Celle 18.

Wietzer Hof, Nienburger Str. 62, ✉ 29323, ✆ (05146) 9 88 88, *Fax (05146) 98889*, AE E VISA
Menu à la carte 28/48 – **20 Z** 80/140.

WIGGENSBACH *Bayern* 419 420 *W 14 – 4 300 Ew – Höhe 857 m – Erholungsort – Wintersport : 857/1 077 m 1.*

Wiggensbach, Hof Waldegg, ✆ (08370) 9 30 73.
Verkehrsamt, Kempter Str. 3, ✉ 87487, ✆ (08370) 84 35, Fax (08370) 379.
Berlin 698 – München 133 – Kempten (Allgäu) 11 – Augsburg 112 – Ulm (Donau) 87.

Goldenes Kreuz, Marktplatz 1, ✉ 87487, ✆ (08370) 80 90, *Fax (08370) 80949*, « Gasthof a.d.J. 1593 mit gemütlicher Einrichtung », – 120. AE E VISA
Menu *(Montag geschl.)* à la carte 42/74 *(auch vegetarische Gerichte)* – **23 Z** 125/280 – ½ P 35.

WILDBAD IM SCHWARZWALD, BAD *Baden-Württemberg* 419 *T 9 – 10 500 Ew – Höhe 426 m – Heilbad – Luftkurort – Wintersport : 685/769 m 2.*

Verkehrsbüro, König-Karl-Str. 5, ✉ 75323, ✆ (07081) 1 02 80, Fax (07081) 10290.
Verkehrsbüro in Calmbach, Lindenplatz 5, ✉ 75323, ✆ (07081) 1 02 88, Fax (07081) 78746.
Berlin 681 – Stuttgart 76 – Karlsruhe 52 – Pforzheim 26 – Freudenstadt 39.

Badhotel, Kurplatz 5, ✉ 75323, ✆ (07081) 17 60, *Fax (07081) 176170*, direkter Zugang zum "Palais Thermal" und Kurmittelhaus – Zim, – 60. E VISA
Menu à la carte 44/74 – **80 Z** 145/290, 8 Suiten – ½ P 40.

Valsana am Kurpark, Kernerstr. 182, ✉ 75323, ✆ (07081) 15 10, *Fax (07081) 15199*, – 30. E VISA
15. Nov. - 20. Dez. geschl. – **Menu** *(Dienstag geschl.)* à la carte 33/53 – **35 Z** 110/220 – ½ P 30.

Bären, Kurplatz 4, ✉ 75323, ✆ (07081) 30 10, *Fax (07081) 301166*, – Zim, – 35. Rest
Menu à la carte 45/75 – **44 Z** 95/245 – ½ P 36.

Alte Linde, Wilhelmstr. 74, ✉ 75323, ✆ (07081) 92 60, *Fax (07081) 926250* – Rest, E. Zim
Ende Okt. - Mitte Dez. geschl. – **Menu** *(Montag geschl.)* à la carte 23/43 – **29 Z** 65/140 – ½ P 20.

Sonne (mit Gästehaus), Wilhelmstr. 29, ✉ 75323, ✆ (07081) 9 25 70, *Fax (07081) 925749* –
Anfang Jan. - Anfang Feb. geschl. – **Menu** *(Mittwoch geschl.)* à la carte 26/55 – **43 Z** 70/160 – ½ P 23.

Gästehaus Rothfuß garni, Olgastr. 47, ✉ 75323, ✆ (07081) 9 24 80, *Fax (07081) 924810*, ≤, – Zim,
Ende Nov. - 20. Dez. geschl. – **30 Z** 68/140.

In Bad Wildbad-Calmbach *N : 4 km – Luftkurort :*

Sonne, Höfener Str. 15, ✉ 75323, ✆ (07081) 64 27, *Fax (07081) 78775* – 🅿
Nov. geschl. – **Menu** *(Montag geschl.)* à la carte 25/44 – **30 Z** 40/104 – ½ P 20.

WILDBERG *Baden-Württemberg* **419** *U 10 – 10 000 Ew – Höhe 395 m – Luftkurort.*
Berlin 674 – Stuttgart 52 – Karlsruhe 69 – Nagold 12 – Calw 15.

Bären, Marktstr. 15, ✉ 72218, ✆ (07054) 9 26 30, *Fax (07054) 926366,* < Nagoldtal, – 🅿 – 60. VISA
Menu *(Samstag geschl.)* à la carte 28/68 – **23 Z** 85/160 – ½ P 25.

Krone (mit Gästehaus), Talstr. 68 (B 463), ✉ 72218, ✆ (07054) 52 71, *Fax (07054) 393* – 🅿 – 40.
5. - 21. Jan. geschl. – **Menu** à la carte 29/50 – **21 Z** 65/135.

In Wildberg-Schönbronn *W : 5 km – Erholungsort :*

Löwen, Eschbachstr. 1, ✉ 72218, ✆ (07054) 9 26 10, *Fax (07054) 5021,* – 🅿 – 60
Menu à la carte 29/51 – **38 Z** 75/160 – ½ P 25.

WILDEMANN *Niedersachsen* **418** *K 14 – 1 400 Ew – Höhe 420 m – Kneippkurort – Wintersport :*

Kurverwaltung, Bohlweg 5, ✉ 38709, ✆ (05323) 61 11, Fax (05323) 6112.
Berlin 274 – Hannover 97 – Braunschweig 82 – Goslar 28.

Waldgarten, Schützenstr. 31, ✉ 38709, ✆ (05323) 9 68 00, *Fax (05323) 968050,* – 🅿.
Nov. 3 Wochen geschl. – (nur Abendessen für Hausgäste) – **33 Z** 76/170 – ½ P 13.

WILDESHAUSEN *Niedersachsen* **415** *H 9 – 17 000 Ew – Höhe 20 m – Luftkurort.*
Sehenswert : *Alexanderkirche (Lage★).*
Ausflugsziel : *Visbeker Steindenkmäler★ : Visbeker Braut★, Visbeker Bräutigam★ (4 km von Visbeker Braut entfernt) SW : 11 km.*
Wildeshausen, Spasche 5 (NW : 6 km), ✆ (04431) 12 32.
Verkehrsbüro, Am Markt 1, ✉ 27793, ✆ (04431) 65 64, Fax (04431) 929264.
Berlin 417 – Hannover 149 – Bremen 37 – Oldenburg 37 – Osnabrück 84.

Huntetal, Im Hagen 3, ✉ 27793, ✆ (04431) 94 00, *Fax (04431) 94050,* – Zim, 🅿 – 30. AE VISA
Menu *(Samstagmittag geschl.)* à la carte 33/67 – **32 Z** 100/160 – ½ P 20.

Landhaus Thurm-Meyer (mit Gästehaus), Dr.-Klingenberg-Str. 15, ✉ 27793, ✆ (04431) 9 90 20, *Fax (04431) 990299,* – 🅿. AE VISA
(nur Abendessen für Hausgäste) – **25 Z** 80/130 – ½ P 20.

Am Rathaus garni, Kleine Str. 4, ✉ 27793, ✆ (04431) 43 56, *Fax (04431) 2161* – . AE VISA
21 Z 75/130.

Lindenau garni, Dr.-Klingenberg-Str. 1a, ✉ 27793, ✆ (04431) 94 00, *Fax (04431) 94050,* – 🅿. VISA
10 Z 75/120.

An der Straße nach Oldenburg *N : 1,5 km :*

Gut Altona (mit Gästehäusern), Wildeshauser Str. 34, ✉ 27801 Dötlingen, ✆ (04431) 95 00, *Fax (04431) 1652,* – Zim, 🅿 – 50. AE VISA
Menu à la carte 36/60 – **53 Z** 90/190 – ½ P 25.

WILDUNGEN, BAD *Hessen* **417** *M 11 – 16 000 Ew – Höhe 300 m – Heilbad.*
Sehenswert : *Evangelische Stadtkirche (Wildunger Altar★★).*
Wildungen, Talquellenweg, ✆ (05621) 37 67.
Tourist Information, Langemarckstr. 2, ✉ 34537, ✆ (05621) 70 41 13, Fax (05621) 704126.
Berlin 422 – Wiesbaden 185 – Kassel 40 – Marburg 56 – Paderborn 108.

Maritim Badehotel, Dr.-Marc-Str. 4, ✉ 34537, ✆ (05621) 79 99, *Fax (05621) 799799,* Massage, – Zim, Rest, 🅿 – 500. AE VISA JCB. Rest
Menu à la carte 51/79 – **245 Z** 195/398, 13 Suiten – ½ P 40.

Treff Hotel Quellenhof (M), Brunnenallee 54, ✉ 34537, ☎ (05621) 80 70, *Fax (05621) 807500*, Massage, – Zim, – 100. AE VISA JCB. Rest
Menu à la carte 37/61 – **114 Z** 155/226 – ½ P 25.

Wildquelle garni, Hufelandstr. 9, ✉ 34537, ☎ (05621) 50 61, *Fax (05621) 74507*, – . AE E VISA
26 Z 85/150.

Allee Schlößchen, Brunnenallee 11, ✉ 34537, ☎ (05621) 7 98 00, *Fax (05621) 798080* –
Menu *(Montagmittag geschl.)* à la carte 33/63 – **11 Z** 69/169.

Bellevue garni, Am Unterscheid 10, ✉ 34537, ☎ (05621) 20 18, *Fax (05621) 72091*, – . E VISA.
März - Nov. – **21 Z** 78/150.

Birkenstern, Goeckestr. 5, ✉ 34537, ☎ (05621) 60 66, *Fax (05621) 74611*, – . AE E VISA.
(Restaurant nur für Hausgäste) – **20 Z** 72/156 – ½ P 15.

Villa Heilquell garni, Hufelandstr. 15, ✉ 34537, ☎ (05621) 23 92, *Fax (05621) 4776* – . E VISA.
18 Z 83/155, 3 Suiten.

In Bad Wildungen-Reinhardshausen *SW : 4 km über die B 253 :*

Schwanenteich (M), Hauptstr. 4, ✉ 34537, ☎ (05621) 78 60, *Fax (05621) 786160*, direkter Zugang zum Kur-Centrum, – – 130. AE E VISA
Menu à la carte 37/65 – **54 Z** 95/260 – ½ P 25.

Haus Orchidee und Haus Mozart garni, Masurenallee 13, ✉ 34537, ☎ (05621) 7 09 80, *Fax (05621) 709833*, –
17 Z 65/95.

WILGARTSWIESEN *Rheinland-Pfalz* 417 419 *S 7 – 1 200 Ew – Höhe 200 m – Erholungsort.*

Berlin 682 – Mainz 122 – Mannheim 70 – Kaiserslautern 60 – Landau 22 – Pirmasens 24.

Am Hirschhorn, Am Hirschhorn 12, ✉ 76848, ☎ (06392) 5 81, *Fax (06392) 3578*, –
Menu *(Jan. - April Montag geschl.)* à la carte 30/68 – **20 Z** 85/250 – ½ P 35.

Wasgauperle, Bahnhofstr. 1, ✉ 76848, ☎ (06392) 12 37, *Fax (06392) 2727* – .
Ende Feb. - Anfang März geschl. – **Menu** *(Mittwoch geschl.)* à la carte 23/45 – **9 Z** 65/110 – ½ P 25.

WILHELMSFELD *Baden-Württemberg* 417 419 *R 10 – 3 200 Ew – Höhe 433 m – Luftkurort – Wintersport :*

Verkehrsamt, Rathaus, ✉ 69259, ☎ (06220) 50 90, Fax (06220) 50935.
Berlin 626 – Stuttgart 117 – Mannheim 34 – Heidelberg 17 – Heilbronn 66.

Talblick mit Zim, Bergstr. 38, ✉ 69259, ☎ (06220) 16 26, *Fax (06220) 5564*, – . E
11. Nov. - 11. Dez. geschl. – **Menu** *(Montag geschl.)* à la carte 43/55 – **2 Z** 60/100 – ½ P 17.

WILHELMSHAVEN *Niedersachsen* 415 *F 8 – 94 000 Ew.*

An der Raffineriestraße, ☎ (04425) 13 22.
Wilhelmshaven-Information, Bahnhofplatz 7, ✉ 26382, ☎ (04421) 91 30 00, Fax (04421) 9130010.
ADAC, *Börsenstr. 55, ✉ 26382, ☎ (04421) 1 32 22, Fax (04421) 27672.*
Berlin 485 ① – Hannover 228 ① – Cuxhaven 110 ① – Bremerhaven 70 ① – Oldenburg 58 ①

WILHELMSHAVEN

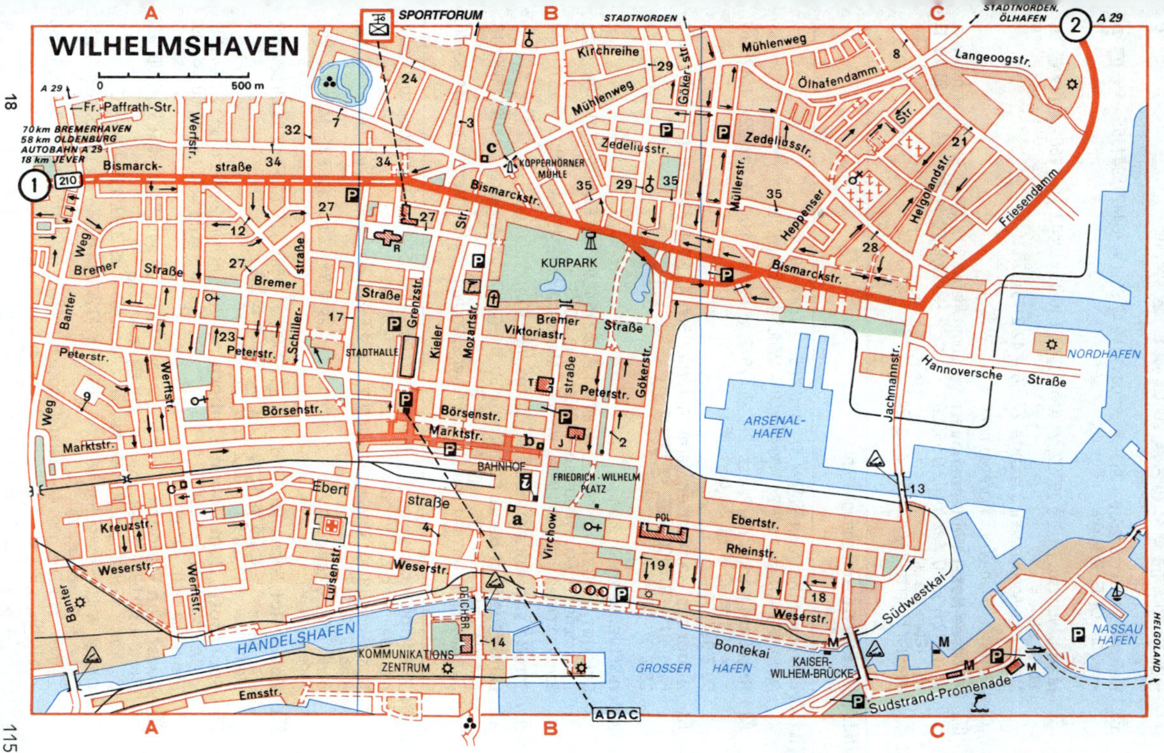

Adalbertstraße . . . **B** 2
Berliner Straße . . . . **B** 3
Deichstraße . . . . . . **B** 4
Edo-Wiemken-Straße . . . . **A** 7
Freiligrathstraße . . **C** 8
Genossenschaftsstr **A** 9
Gökerstraße . . . . . . **B**
Hamburger Straße . . . . **A** 12
Jachmannbrücke . **C** 13
Jadestraße . . . . **B** 14
Marktstraße . . . . . . **AB**
Mitscherlichstraße . **A** 17
Moselstraße . . . . . . **C** 18
Neckarstraße . . . . . **B** 19
Norderneystraße . . **C** 21
Oldeoogestraße . . . **A** 23
Papingastraße . . . . **B** 24
Paul-Hug-Straße . . . . **AB** 27
Saarbrücker Straße . . . . **C** 28
Schulstraße . . . . **B** 29
Siebethsburger Straße . . . . **A** 32
Störtebekerstraße . **AB** 34
Ulmenstraße . . . . . **BC** 35

Die Namen der wichtigsten Einkaufsstraßen sind am Anfang des Straßenverzeichnisses in Rot aufgeführt.

Am Stadtpark M, Friedrich-Paffrath-Str. 116, ✉ 26389, ☎ (04421) 98 60, *Fax (04421) 986186*, – Zim, – 50. AE E VISA über Friedrich-Paffrath-Straße A
Menu (nur Abendessen) à la carte 40/75 – **62 Z** 159/199.

City Hotel Valois M, Valoistr. 1 (Eingang Ebertstr.), ✉ 26382, ☎ (04421) 48 50, *Fax (04421) 485485*, – Zim, – 30. AE E VISA B a
A la carte *(Sonntagabend - Montagmittag geschl.)* **Menu** à la carte 39/62 – **52 Z** 109/240, 4 Suiten.

Residenz garni, Kopperhörnerstr. 7, ✉ 26384, ☎ (04421) 9 32 20, *Fax (04421) 932266* – Zim, – 20. AE E VISA. Zim B c
23 Z 118/215.

Keil garni, Marktstr.23, ✉ 26382, ☎ (04421) 9 47 80, *Fax (04421) 941355* – AE E VISA JCB B b
17 Z 80/200.

Maris, Werftstr. 54, ✉ 26382, ☎ (04421) 1 51 10, *Fax (04421) 151160* – AE E VISA. Zim A c
Menu (nur Abendessen) à la carte 27/56 – **42 Z** 75/125.

Am Ölhafen *NO : 5 km über Ölhafendamm C :*

Nordsee-Hotel Wilhelmshaven, Zum Ölhafen 205, ✉ 26384 Wilhelmshaven, ☎ (04421) 96 50, *Fax (04421) 965280*, – Zim, – 50. AE E VISA JCB. Rest
Menu à la carte 29/70 – **52 Z** 90/240.

WILLANZHEIM *Bayern siehe Iphofen.*

WILLICH *Nordrhein-Westfalen* 417 *M 3 – 41 000 Ew – Höhe 48 m.*

Berlin 583 – Düsseldorf 24 – Krefeld 8 – Mönchengladbach 16.

Hotel am Park garni, Parkstr. 28, ✉ 47877, ☎ (02154) 4 01 13, *Fax (02154) 428861* – – 20. AE E VISA
50 Z 98/250.

Hubertus Hamacher garni, Anrather Str. 4, ✉ 47877, ☎ (02154) 91 80, *Fax (02154) 918100* –
28 Z 97/180.

In Willich-Schiefbahn *S : 3 km :*

Stieger, Unterbruch 8, ✉ 47877, ☎ (02154) 57 65, *Fax (02154) 7418*, « Restauriertes Bauernhaus a.d.J. 1765 » – AE E
Samstagmittag und Donnerstag geschl. – **Menu** à la carte 45/78.

An der Straße von Anrath nach St. Tönis *NW : 9 km :*

Landhaus Hochbend, Düsseldorfer Str. 11, ✉ 47918 Tönisvorst, ☎ (02156) 32 17, *Fax (02156) 40585*, – AE E
Samstagmittag, Montag und über Karneval 2 Wochen geschl. – **Menu** à la carte 60/86.

WILLINGEN (Upland) *Hessen* 417 *M 9 – 8 500 Ew – Höhe 550 m – Kneippheilbad - Heilklimatischer Kurort – Wintersport : 560/843 m 7.*

Kurverwaltung, Rathaus, Waldecker Str. 12, ✉ 34508, ☎ (05632) 40 11 80, Fax (05632) 401150.

Berlin 467 – Wiesbaden 208 – Arnsberg 61 – Kassel 81 – Lippstadt 62 – Marburg 88 – Paderborn 64.

Kölner Hof, Briloner Str. 48 (B 251), ✉ 34508, ☎ (05632) 98 70, *Fax (05632) 987198*, – – 60. AE E VISA
Menu à la carte 32/65 – **70 Z** 121/232 – ½ P 24.

Sporthotel Zum hohen Eimberg, Zum hohen Eimberg 3a, ✉ 34508, ☎ (05632) 40 90, *Fax (05632) 409333*, – – 90. Rest
Menu à la carte 40/59 – **70 Z** 104/238 – ½ P 25.

Fürst von Waldeck, Briloner Str. 1 (B 251), ✉ 34508, ☎ (05632) 9 88 99, *Fax (05632) 988988*, – Zim
26. Nov. - 15. Dez. geschl. – **Menu** à la carte 26/55 – **29 Z** 99/195 – ½ P 20.

Göbel, Waldecker Str. 5 (B 251), ✉ 34508, ☎ (05632) 4 00 90, *Fax (05632) 6884*, –
22. Nov. - 18. Dez. geschl. – **Menu** *(Donnerstag geschl.)* à la carte 30/57 – **37 Z** 95/230 – ½ P 19.

Rüters Parkhotel, Bergstr. 3a, ✉ 34508, ☎ (05632) 98 40, *Fax (05632) 984200*, – 35
Menu à la carte 35/63 – **43 Z** 95/238 – ½ P 35.

Waldecker Hof, Waldecker Str. 28 (B 251), ✉ 34508, ☎ (05632) 98 80, *Fax (05632) 988360*, – . AE E VISA
Menu *(Ende Nov. - Anfang Dez. geschl.)* à la carte 32/61 – **39 Z** 80/200 – ½ P 18.

Central, Waldecker Str. 14, ✉ 34508, ☎ (05632) 9 89 00, *Fax (05632) 989098*, – – 20. E. Zim
Menu à la carte 31/55 – **29 Z** 90/180 – ½ P 18.

Waldhotel Willingen, Am Köhlerhagen 3 (W : 2,5 km), ✉ 34508, ☎ (05632) 98 20, *Fax (05632) 982222*, (Halle) –
Menu à la carte 35/83 – **38 Z** 90/268 – ½ P 28.

Hof Elsenmann, Zur Hoppecke 1, ✉ 34508, ☎ (05632) 6 90 07, *Fax (05632) 6480*, – . AE E VISA
Mitte Nov. - Mitte Dez. geschl. – **Menu** à la carte 28/55 – **18 Z** 80/160 – ½ P 18.

In Willingen-Schwalefeld *NO : 3,5 km :*

Upländer Hof, Uplandstr. 2, ✉ 34508, ☎ (05632) 9 81 23, *Fax (05632) 69052*, – – 20. E VISA. Zim
Mitte Nov. - Mitte Dez. geschl. – **Menu** *(Nov. - April Montag geschl.)* à la carte 32/58 – **30 Z** 75/200 – ½ P 22.

In Willingen-Stryck *SO : 3,5 km :*

Romantik Hotel Stryckhaus, Mühlenkopfstr. 12, ✉ 34508, ☎ (05632) 98 60, *Fax (05632) 69961*, « Garten », Massage,, (geheizt), – – 35. AE E VISA. Rest
Menu à la carte 46/76 – **61 Z** 120/310 – ½ P 45.

In Willingen-Usseln *SO : 4,5 km :*

Post-Hotel Usseln, Korbacher Str. 14 (B 251), ✉ 34508, ☎ (05632) 9 49 50, *Fax (05632) 949596*, – Zim, – 30. AE E VISA.
Menu à la carte 29/68 – **32 Z** 105/192 – ½ P 22.

Berghof, Am Schneppelnberg 14, ✉ 34508, ☎ (05632) 94 98 98, *Fax (05632) 949894*, – . AE E VISA JCB
Menu à la carte 28/63 – **28 Z** 88/198, 6 Suiten – ½ P 25.

Henkenhof, Hochsauerlandstr. 23 (B 251), ✉ 34508, ☎ (05632) 18 17, *Fax (05632) 7748*, – . Rest
Mitte Nov. - 20. Dez. geschl. – (Restaurant nur für Hausgäste) – **45 Z** 74/132 – ½ P 15.

WILLSTÄTT *Baden-Württemberg* 419 *U 7 – 8 800 Ew – Höhe 142 m.*

Berlin 739 – Stuttgart 136 – Karlsruhe 70.

Zur Kinzigbrücke mit Zim, Sandgasse 1, ✉ 77731, ☎ (07852) 22 80, *Fax (07852) 5276* – . AE E VISA
Menu *(Samstagmittag, Sonntagabend - Montag sowie über Fastnacht und Aug. jeweils 2 Wochen geschl.)* à la carte 39/80 – **7 Z** 60/120.

WILNSDORF *Nordrhein-Westfalen siehe Siegen.*

WILSDRUFF *Sachsen* 418 *M 24 – 3 800 Ew – Höhe 275 m.*

18 Herzogswalde (SW : 8 km) ☎ (0172) 3 57 68 88.

Berlin 203 – Dresden 17 – Chemnitz 55 – Meißen 16.

In Sora *NW : 4 km :*

Zur Ausspanne, An der Silberstr. 2, ✉ 01665, ☎ (035204) 52 06, *Fax (035204) 5209*, – – 40. AE E VISA
Menu à la carte 23/40 – **30 Z** 99/130.

WILSNACK, BAD *Brandenburg* 416 *H 19 – 2 800 Ew – Höhe 30 m.*

Stadtinformation, Am Markt 1, ✉ 19336, ☎ (038791) 26 20, Fax (038791) 999199.

Berlin 132 – Potsdam 117 – Schwerin 95 – Perleberg 23.

Ambiente M, Dr.-Wilhelm-Külz-Str. 5a, ✉ 19336, ☎ (038791) 7 60, *Fax (038791) 76400*, – Zim, – 120. AE E VISA JCB
Menu à la carte 38/62 – **45 Z** 125/175, 13 Suiten.

In Bad Wilsnack-Groß Lüben *W : 2 km :*

Erbkrug, Dorfstr. 36, ✉ 19336, ✆ (038791) 27 32, *Fax (038791) 2586*, – TV . E
Menu *(Montagmittag geschl.)* à la carte 27/50 – **20 Z** 70/120.

WILTHEN *Sachsen* 418 *M 27 – 8 200 Ew – Höhe 300 m.*
Fremdenverkehrsamt, Bahnhofstr. 8, ✉ 02681, ✆ (03592) 38 54 16, Fax (03592) 385499.
Berlin 216 – Dresden 81 – Görlitz 49 – Bautzen 13.

In Wilthen-Tautewalde *W : 2 km :*

Landhotel Erbgericht, Tautewalde 61, ✉ 02681, ✆ (03592) 3 83 00, *Fax (03592) 383299*, , Biergarten, , , – Zim, TV – 40. AE E VISA
Menu à la carte 40/54 – **32 Z** 120/140.

WIMPFEN, BAD *Baden-Württemberg* 417 419 *S 11 – 6 000 Ew – Höhe 202 m – Heilbad.*
Sehenswert : *Wimpfen am Berg★★ : Hauptstraße★ – Wimpfen im Tal : Stiftskirche St. Peter (Kreuzgang★★).*
Ausflugsziel : *Burg Guttenberg★ : Greifvogelschutzstation N : 8 km.*
Tourist-Information, Carl-Ulrich-Str. 1, (Gästezentrum im Alten Bahnhof), ✉ 74206, ✆ (07063) 9 72 00, Fax (07063) 972020.
Berlin 598 – Stuttgart 69 – Heilbronn 16 – Mannheim 73 – Würzburg 113.

Am Rosengarten, Osterbergstr. 16, ✉ 74206, ✆ (07063) 99 10, *Fax (07063) 9918008*, , Massage, , , , , – , Zim, TV – 150. AE E VISA. Rest
Menu à la carte 39/70 – **60 Z** 149/208 – ½ P 28.

Am Kurpark garni, Kirschenweg 16, ✉ 74206, ✆ (07063) 9 77 70, *Fax (07063) 977721*, , – TV . E VISA
20. Dez. - 7. Jan. geschl. – **8 Z** 85/190.

Sonne (mit Gästehaus), Hauptstr. 87, ✉ 74206, ✆ (07063) 2 45, *Fax (07063) 6591*, – TV . E VISA
21. Dez. - 15. Jan. geschl. – **Menu** *(Sonntagabend und Donnerstag geschl.)* à la carte 49/70 – **18 Z** 90/160.

WIMSHEIM *Baden-Württemberg siehe Pforzheim.*

WINCHERINGEN *Rheinland-Pfalz* 417 *R 3 – 1 400 Ew – Höhe 220 m.*
Ausflugsziel : *Nennig (Mosaikfußboden★★ der ehem. Römischen Villa) S : 12 km.*
Berlin 751 – Mainz 189 – Trier 33 – Luxembourg 34 – Saarburg 13.

Haus Moselblick mit Zim, Am Mühlenberg 1, ✉ 54457, ✆ (06583) 2 88, *Fax (06583) 1538*, < Moseltal, – . E VISA
Anfang Jan. und Anfang Nov. 2 Wochen geschl. – **Menu** *(Dienstag geschl.)* à la carte 34/65 – **4 Z** 55/100.

WINDECK *Nordrhein-Westfalen* 417 *N 6 – 20 100 Ew – Höhe 95 m.*
Verkehrsverein, Rathausstr. 10 (Rosbach), ✉ 51570, ✆ (02292) 1 94 33, Fax (02292) 601300.
Berlin 592 – Düsseldorf 114 – Bonn 62 – Limburg an der Lahn 71 – Koblenz 77.

In Windeck-Mauel :

Gasthof Willmeroth, Preschlinallee 11, ✉ 51570, ✆ (02292) 9 13 30, *Fax (02292) 913333*, Biergarten, – TV
Okt. geschl. – **Menu** *(Mittwoch geschl.)* à la carte 33/50 – **26 Z** 65/130.

In Windeck-Rosbach :

Zur Post, Hauptstr. 13, ✉ 51570, ✆ (02292) 51 51, *Fax (02292) 67203* –
Montag - Dienstag und Juli - Aug. 3 Wochen geschl. – **Menu** à la carte 45/79.

In Windeck-Schladern :

Bergischer Hof, Elmoresstr. 8, ✉ 51570, ✆ (02292) 22 83, *Fax (02292) 930535*, – TV – 40. AE E VISA
Juli geschl. – **Menu** *(Sonntagabend - Montag geschl.)* à la carte 26/55 – **19 Z** 68/140 – ½ P 25.

WINDELSBACH *Bayern siehe Rothenburg ob der Tauber.*

WINDEN *Baden-Württemberg* 419 *V 8 – 2 700 Ew – Höhe 320 m – Erholungsort.*
Tourist-Information, Bahnhofstr. 1, ✉ 79297, ☎ (07682) 63 95, Fax (07682) 6399.
Berlin 771 – Stuttgart 192 – Freiburg im Breisgau 35 – Offenburg 46.

In Winden-Oberwinden :

Elztal-Hotel Schwarzbauernhof, Rüttlersberg 5 (S : 2 km, über Bahnhofstr.), ✉ 79297, ☎ (07682) 9 11 40, *Fax (07682) 911499*, ≤, « Freizeit- und Außenanlagen », Massage, , , , , – , – 25. Rest
Mitte Nov. - Mitte Dez. geschl. – (Restaurant nur für Hausgäste) – **60 Z** 115/350 – ½ P 25.

Lindenhof, Bahnhofstr. 14, ✉ 79297, ☎ (07682) 3 69, *Fax (07682) 544*, , ,
– . VISA
Menu *(Dienstag geschl.)* à la carte 37/72 – **20 Z** 70/140 – ½ P 20.

Waldhorn, Hauptstr. 27 (B 294), ✉ 79297, ☎ (07682) 91 82 10, *Fax (07682) 6635*,
– . VISA. Rest
11. - 28. Feb. geschl. – **Menu** *(Mittwochabend - Donnerstag geschl.)* à la carte 36/62 – **23 Z** 60/115 – ½ P 19.

WINDHAGEN *Nordrhein-Westfalen siehe Honnef, Bad.*

WINDISCHESCHENBACH *Bayern* 420 *Q 20 – 6 200 Ew – Höhe 428 m.*
Tourist-Information, Hauptstr. 34, ✉ 92670, ☎ (09681) 40 12 40, Fax (09681) 401100.
Berlin 392 – München 261 – Weiden in der Oberpfalz 21 – Bayreuth 49 – Nürnberg 115.

Weißer Schwan, Pfarrplatz 1, ✉ 92670, ☎ (09681) 12 30, *Fax (09681) 1466*, –
Menu *(20. - 31. Dez. geschl.)* à la carte 21/45 – **20 Z** 50/85.

In Windischeschenbach-Neuhaus *O : 1 km :*

Zum Waldnaabtal (mit Gästehaus), Marktplatz 1, ✉ 92670, ☎ (09681) 37 11, *Fax (09681) 3903*, , – . AE
Feb. 2 Wochen geschl. – **Menu** *(Freitag geschl.)* à la carte 19/37 – **21 Z** 44/78.

WINDORF *Bayern* 420 *U 23 – 4 300 Ew – Höhe 306 m.*
Berlin 587 – München 181 – Passau 26 – Regensburg 104 – Straubing 72.

In Windorf-Rathsmannsdorf *NO : 4,5 km :*

Zur Alten Post, Schloßplatz 5, ✉ 94565, ☎ (08546) 10 37, *Fax (08546) 2483*, –
– 60. AE
Menu *(Montag geschl.)* à la carte 24/54 – **32 Z** 48/162.

WINDSHEIM, BAD *Bayern* 419 420 *R 15 – 12 500 Ew – Höhe 321 m – Heilbad.*
Am Weinturm 2, ☎ (09841) 50 27.
Kur-, Kongreß- und Touristik, Erkenbrechtallee, ✉ 91438, ☎ (09841) 40 20, Fax (09841) 40299.
Berlin 475 – München 236 – Nürnberg 68 – Bamberg 72 – Ansbach 33 – Würzburg 57.

Reichsstadt, Pfarrgasse 20, ✉ 91438, ☎ (09841) 90 70, *Fax (09841) 7447*, ,
– , Zim, – 50. AE VISA JCB
Menu à la carte 38/64 – **47 Z** 105/250 – ½ P 35.

Kurhotel Residenz, Erkenbrechtallee 33, ✉ 91438, ☎ (09841) 9 10, *Fax (09841) 912663*, , Massage, , , , – – 300. AE VISA
Menu à la carte 41/63 – **119 Z** 132/228 – ½ P 26.

Reichel's Parkhotel, Am Stauchbrunnen 7, ✉ 91438, ☎ (09841) 40 50, *Fax (09841) 405350*, – . AE VISA. Rest
(Restaurant nur für Hausgäste) – **32 Z** 90/160 – ½ P 21.

Goldener Schwan, Rothenburger Str. 5, ✉ 91438, ☎ (09841) 50 61, *Fax (09841) 79440* – .
Menu *(Mittwoch und 27. Dez.- 25. Jan. geschl.)* à la carte 26/58 – **22 Z** 72/122 – ½ P 27.

Zum Storchen, Weinmarkt 6, ✉ 91438, ☎ (09841) 66 98 90, *Fax (09841) 6698930*,
– . AE VISA
Menu *(Montag geschl.)* à la carte 26/52 – **18 Z** 70/135 – ½ P 24.

WINGERODE *Thüringen* 418 *L 14 – 1 200 Ew – Höhe 290 m.*

Berlin 305 – Erfurt 90 – Göttingen 47 – Nordhausen 43 – Mühlausen 47.

Keppler's Ecke, Hauptstr. 52, ✉ 37327, ✆ (03605) 50 16 66, *Fax (03605) 501668* – TV ☎ P. E
Menu *(Montagmittag geschl.)* à la carte 23/40 – **15 Z** 70/110.

WINGST *Niedersachsen* 415 *E 11 – 3 500 Ew – Höhe 25 m – Luftkurort.*

Kurverwaltung, Hasenbeckallee 1, ✉ 21789, ✆ (04778) 8 12 00, Fax (04778) 812029.

Berlin 383 – Hannover 218 – Cuxhaven 39 – Bremerhaven 54 – Hamburg 97.

Waldschlösschen Dobrock, Wassermühle 7, ✉ 21789, ✆ (04778) 8 00 80, *Fax (04778) 800888*, « Park », – Zim, TV ☎ P – 180. AE E VISA
Menu à la carte 30/49 – **50 Z** 89/220 – ½ P 25.

Peter (mit Gästehaus), Bahnhofstr. 1 (B 73), ✉ 21789, ✆ (04778) 2 79, *Fax (04778) 7474*, – TV P
Jan. geschl. – **Menu** *(Mittwoch - Donnerstag geschl.)* (wochentags nur Abendessen) à la carte 25/54 – **29 Z** 72/144.

WINKLARN *Bayern siehe Rötz.*

WINNENDEN *Baden-Württemberg* 419 *T 12 – 21 600 Ew – Höhe 292 m.*

Berlin 599 – Stuttgart 26 – Schwäbisch Gmünd 44 – Schwäbisch Hall 48.

In Winnenden-Birkmannsweiler *SO : 3 km :*

Heubach-Krone, Hauptstr. 99, ✉ 71364, ✆ (07195) 78 53, *Fax (07195) 71359* – TV ☎ P. AE E VISA
Menu *(Dienstag - Mittwoch und August 3 Wochen geschl.)* à la carte 32/62 – **12 Z** 68/95.

In Winnenden-Bürg *NO : 4,5 km :*

Burghotel Schöne Aussicht, Neuffenstr. 18, ✉ 71364, ✆ (07195) 9 75 60, *Fax (07195) 975619*, < Winnenden und Umgebung, – TV ☎ P. AE E VISA
Menu *(Montag geschl.)* à la carte 34/75 – **16 Z** 105/155.

In Winnenden-Hanweiler *S : 3 km :*

Traube mit Zim, Weinstr. 59, ✉ 71364, ✆ (07195) 33 10, – TV P
über Fasching 2 Wochen und Juli - Aug. 3 Wochen geschl. – **Menu** *(Dienstag - Mittwoch geschl.)* à la carte 34/57 – **6 Z** 70/120.

In Berglen-Lehnenberg *SO : 6 km :*

Blessings Landhotel, Lessingstr. 13, ✉ 73663, ✆ (07195) 78 11, *Fax (07195) 74099*, <, – TV ☎ P – 40. AE E VISA
Mitte Feb. - Anfang März geschl. – **Menu** *(Donnerstag geschl.)* à la carte 32/68 – **25 Z** 102/158.

WINNINGEN *Rheinland-Pfalz* 417 *P 6 – 2 700 Ew – Höhe 75 m.*

Verkehrsverein, Rathaus, August-Horch-Str. 3, ✉ 56333, ✆ (02606) 22 14, Fax (02606) 347.

Berlin 612 – Mainz 111 – Koblenz 13 – Cochem 38.

Moselblick, an der B 416, ✉ 56333, ✆ (02606) 92 08 10, *Fax (02606) 9208157*, <, Biergarten – , Zim, TV ☎ P – 40. AE E VISA
Menu à la carte 32/65 – **34 Z** 110/200.

WINSEN (LUHE) *Niedersachsen* 415 416 *F 14 – 27 000 Ew – Höhe 8 m.*

Berlin 285 – Hannover 132 – Hamburg 36 – Bremen 118 – Lüneburg 24.

Zum weißen Roß, Marktstr. 10, ✉ 21423, ✆ (04171) 6 58 50, *Fax (04171) 658525*, – TV ☎ P. E VISA
Menu à la carte 29/61 – **11 Z** 89/140.

WINTERBACH *Baden-Württemberg siehe Schorndorf.*

WINTERBERG *Nordrhein-Westfalen* 417 *M 9 – 15 000 Ew – Höhe 700 m – Heilklimatischer Kurort – Wintersport : 672/841 m* 51 .

Winterberg, In der Büre (NW : 3 km), *(02981) 17 70.*

Tourist Information, Hauptstr. 1, *59955,* *(02981) 9 25 00, Fax (02981) 925024.*

Berlin 482 – Düsseldorf 186 – Arnsberg 56 – Marburg 60 – Paderborn 79 – Siegen 69.

Leisse, Am Waltenberg 2, 59955, (02981) 73 64, *Fax (02981) 3199,* – .
Menu à la carte 33/68 – **14 Z** 80/160, 3 Suiten.

Waldhaus, Kiefernweg 12, 59955, (02981) 20 42, *Fax (02981) 3670,* , , , – , Zim, .
Menu à la carte 50/73 – **20 Z** 90/240 – ½ P 38.

Engemann-Kurve, Haarfelder Str. 10 (B 480), 59955, (02981) 9 29 40, *Fax (02981) 929449,* , – . Rest
(Restaurant nur für Hausgäste) – **18 Z** 85/170 – ½ P 28.

Steymann, Schneilstr. 4, 59955, (02981) 70 05, *Fax (02981) 3619,* , , – . Rest
Menu à la carte 37/65 – **34 Z** 75/150 – ½ P 25.

In Winterberg-Altastenberg *W : 5 km :*

Berghotel Astenkrone, Astenstr 24, 59955, (02981) 80 90, *Fax (02981) 809198,* , , Massage, , , – – 100. . Rest
Menu à la carte 51/80 – **40 Z** 145/350.

Sporthotel Kirchmeier, Renauweg 54, 59955, (02981) 80 50, *Fax (02981) 805111,* , , Biergarten, , , (Halle) – – 200. . Rest
Juli geschl. – **Menu** à la carte 33/68 – **109 Z** 101/210 – ½ P 35.

Haus Clemens, Renauweg 48, 59955, (02981) 9 24 10, *Fax (02981) 924150,* , , –
12. Nov. - 25. Dez. geschl. – **Menu** *(Montagmittag geschl.)* à la carte 30/79 – **15 Z** 60/160 – ½ P 22.

In Winterberg-Hildfeld *NO : 7 km :*

Heidehotel, Am Ufer 13, 59955, (02985) 80 30, *Fax (02985) 345,* , , , , – Zim, – 50. . Rest
Menu à la carte 33/60 – **44 Z** 97/210 – ½ P 25.

In Winterberg-Niedersfeld *N : 8,5 km :*

Cramer, Ruhrstr. 50 (B 480), 59955, (02985) 9 79 22, *Fax (02985) 97922,* , , , – – 20.
20. - 25. Dez. geschl. – **Menu** *(Montag geschl.)* à la carte 35/66 – **26 Z** 90/200 – ½ P 25.

In Winterberg-Silbach *NW : 7 km :*

Büker, Bergfreiheit 56, 59955, (02983) 3 87, *Fax (02983) 540,* , – – 25.
6. - 30. April und 23. Nov. - 25. Dez. geschl. – **Menu** *(Mittwoch geschl.)* à la carte 29/50 – **19 Z** 63/168 – ½ P 21.

WINTERSTEIN *Thüringen* 418 *N 15 – 950 Ew – Höhe 360 m.*

Berlin 347 – Erfurt 56 – Eisenach 21 – Schmalkalden 30.

Wintersteiner Hof, Liebensteiner Str. 1, 99891, (036259) 56 10, *Fax (036259) 56110,* , , – Zim, – 35.
Menu à la carte 25/43 – **24 Z** 80/130.

WINTZINGERODE *Thüringen siehe Worbis.*

WIPPERFÜRTH *Nordrhein-Westfalen* 417 *M 6 – 23 000 Ew – Höhe 275 m.*

Berlin 550 – Düsseldorf 72 – Köln 50 – Lüdenscheid 27 – Remscheid 20.

Christian's Restaurant, Marktstr. 8, 51688, (02267) 8 26 66
Samstagmittag und Montag geschl. – **Menu** à la carte 48/69.

In Wipperfürth-Neye *NW : 1 km :*

Landhaus Alte Mühle mit Zim, Neyetal 2, 51688, (02267) 8 86 90, *Fax (02267) 886950,* , , « Rustikale Einrichtung » – – 30.
Menu *(Donnerstag geschl.)* à la carte 44/65 – **6 Z** 100/150.

In Wipperfürth-Wasserfuhr *NO : 4 km Richtung Halver :*

Haus Koppelberg, ✉ 51688, ✆ (02267) 50 51, *Fax (02267) 2842,* « Gartenterrasse », – 60.
Menu *(Montag geschl.)* à la carte 29/54 – **15 Z** 70/95.

In Wipperfürth-Wipperfeld *SW : 8 km :*

Landhotel Napoleon, Lamsfuß 12 (an den B 506), ✉ 51688, ✆ (02268) 60 03, *Fax (02268) 3548,* – Zim, . Zim
Jan. und Juli jeweils 2 Wochen geschl. – **Menu** *(Montag - Dienstagmittag geschl.)* à la carte 23/52 – **16 Z** 80/120.

WIRGES *Rheinland-Pfalz siehe Montabaur.*

WIRSBERG *Bayern 418 420 P 18 – 2 000 Ew – Höhe 355 m – Luftkurort.*

Kurverwaltung, Rathaus, Sessenreuther Str. 2, ✉ 95339, ✆ (09227) 9 32 20, Fax (09227) 93290.

Berlin 341 – München 250 – Coburg 60 – Hof 41 – Bayreuth 21.

Reiterhof Wirsberg , Sessenreuther Str. 50 (SO : 1 km), ✉ 95339, ✆ (09227) 20 40, *Fax (09227) 7058,* , Massage, , , (Halle) – – 60.
Menu à la carte 39/70 – **51 Z** 134/255 – ½ P 40.

Hermann's Romantik Posthotel, Marktplatz 11, ✉ 95339, ✆ (09227) 20 80, *Fax (09227) 5860,* – Zim, – 35.
Menu 39/89 und à la carte 44/84 – **47 Z** 118/360, 6 Suiten – ½ P 45.

Hereth, Hauptstr. 15, ✉ 95339, ✆ (09227) 9 41 90, *Fax (09227) 941919,* Biergarten –
Jan. 2 Wochen geschl. – **Menu** *(Mittwoch geschl.)* à la carte 23/39 – **15 Z** 60/110 – ½ P 18.

Wenn Sie ein ruhiges Hotel suchen,
benutzen Sie zuerst die Übersichtskarte in der Einleitung
oder wählen Sie im Text ein Hotel mit dem Zeichen bzw. .

WISMAR *Mecklenburg-Vorpommern 415 416 E 18 – 52 000 Ew – Höhe 14 m.*

Sehenswert : *Marktplatz★ – Nikolaikirche★ (Altar der Krämergilde★) – Wasserkunst★ – Schabbelhaus★.*

Ausflugsziel : *Neukloster★ SO : 18 Km.*

Hohen Wieschendorf (NW : 14 km), ✆ (038428) 6 60.

Tourist-Information, Am Markt 11, ✉ 23966, ✆ (03841) 1 94 33, Fax (03841) 251819.

Berlin 234 – Schwerin 32 – Rostock 52 – Lübeck 59.

Stadt Hamburg M, Am Markt 24, ✉ 23966, ✆ (03841) 23 90, *Fax (03841) 239239,* – Zim, – 90. . Rest
Menu à la carte 40/62 – **104 Z** 145/245.

Willert garni, Schweriner Str. 9, ✉ 23970, ✆ (03841) 2 61 20, *Fax (03841) 210059* – .
16 Z 90/160.

Am Alten Hafen M garni, Spiegelberg 61, ✉ 23966, ✆ (03841) 42 60, *Fax (03841) 426666* – – 15
40 Z 85/155.

Altes Brauhaus garni, Lübsche Str. 37, ✉ 23966, ✆ (03841) 21 14 16, *Fax (03841) 283223* – .
16 Z 95/160.

Reingard, Weberstr. 18, ✉ 23966, ✆ (03841) 28 49 72, *Fax (03841) 213497,* « Individuelle Einrichtung » – .
(Restaurant nur für Hausgäste) – **13 Z** 120/185.

In Wismar-Wendorf, Bad *NO : 2 km :*

Seeblick , Ernst-Scheel-Str. 27, ✉ 23968, ✆ (03841) 6 27 40, *Fax (03841) 6274666,* – Zim, – 100. . Rest
Menu à la carte 27/41 – **26 Z** 110/180.

In Gägelow *NW : 7 km :*

Treff Hotel Wismar M, Bellvue 15 (Industriegebiet), ✉ 23968, ✆ (03841) 66 00, *Fax (03841) 660500,* , , – Zim, – 280.
Menu à la carte 31/59 – **180 Z** 125/220.

In Rüggow *NO : 6 km :*

Aridus garni, Rüggower Weg 17, ✉ 23970, ✆ (03841) 23 20, *Fax (03841) 215893*, – ☎ ♿ P – 60. AE ⓓ E VISA
36 Z 99/135.

WISSEN *Rheinland-Pfalz 417 N 7 – 9 000 Ew – Höhe 155 m – Luftkurort.*
Berlin 588 – Mainz 127 – Bonn 69 – Limburg an der Lahn 67 – Siegen 39 – Köln 82.

Nassauer Hof, Nassauer Str. 2, ✉ 57537, ✆ (02742) 9 34 00, *Fax (02742) 934099*, Biergarten – Zim, ☎ P. AE ⓓ E VISA
Menu *(Samstagmittag und Sonntagabend - Montagmittag geschl.)* à la carte 28/57 – **16 Z** 85/130.

Ambiente garni, Hockelbachstr. 2, ✉ 57537, ✆ (02742) 9 32 40, *Fax (02742) 932417* – ☎ P. AE ⓓ E VISA
8 Z 95/140.

WITTDÜN *Schleswig-Holstein siehe Amrum (Insel).*

WITTEN *Nordrhein-Westfalen 417 L 6 – 107 000 Ew – Höhe 80 m.*
Verkehrsverein, Ruhrstr. 43, ✉ 58452, ✆ (02302) 5 81 13 08, Fax (02302) 12236.
Berlin 510 – Düsseldorf 59 – Bochum 10 – Dortmund 21 – Hagen 17.

Parkhotel, Bergerstr. 23, ✉ 58452, ✆ (02302) 58 80, *Fax (02302) 588555*, , Massage, , – ☎ P – 45. AE ⓓ E VISA
Menu à la carte 35/64 – **65 Z** 167/210.

In Witten-Annen :

Specht, Westfalenstr. 104, ✉ 58453, ✆ (02302) 67 13, *Fax (02302) 60041*, Biergarten – ☎ P. E. Zim
Menu *(Sonn- und Feiertage geschl.)* (nur Abendessen) à la carte 24/40 – **17 Z** 65/140.

WITTENBECK *Mecklenburg-Vorpommern siehe Kühlungsborn.*

WITTENBERG (LUTHERSTADT) *Sachsen-Anhalt 418 K 21 – 55 000 Ew – Höhe 65 m.*
Sehenswert : *Markt★ – Lutherhalle★ – Schloßkirche★ – Stadtkirche (Reformations-Altar★).*
Ausflugsziel : *Wörlitz : Wörlitzer Park★★, Schloß Wörlitz★, Gotisches Haus★ (Schweizer Glasmalereien★) (W : 20 km).*
Wittenberg-Information, Schloßplatz 2, ✉ 06886, ✆ (03491) 49 86 10, Fax (03491) 498611.
Berlin 108 – Magdeburg 87 – Leipzig 66 – Dresden 151 – Dessau 36.

Park Inn M**,** Neustr. 7, ✉ 06886, ✆ (03491) 46 10, *Fax (03491) 461200* – , Zim, ☎ ♿ – 90. AE ⓓ E VISA JCB
Menu à la carte 34/53 – **170 Z** 155/230.

In Wittenberg-Apollensdorf *W : 6 km :*

Sorat, Braunsdorfer Str. 19, ✉ 06886, ✆ (03491) 64 00, *Fax (03491) 640640*, , – , Zim, ☎ P – 70. AE ⓓ E VISA JCB. Rest
Menu à la carte 29/50 – **80 Z** 130/190.

In Wittenberg-Piesteritz *W : 3 Km :*

Klabautermann mit Zim, Dessauerstr. 93, ✉ 06886, ✆ (03491) 66 21 49, *Fax (03491) 662149* – ☎ P. AE ⓓ E VISA
Menu (überwiegend Fischgerichte) à la carte 36/75 – **7 Z** 85/120.

In Wittenberg-Reinsdorf *NW : 4 km :*

Grüne Tanne, Am Teich 1 (im OT Braunsdorf W : 2 km), ✉ 06896, ✆ (03491) 62 90, *Fax (03491) 629250*, , , – Zim, ☎ P – 20. AE ⓓ E VISA
Menu *(Montag - Freitag nur Abendessen)* à la carte 27/44 – **40 Z** 78/180.

WITTENBERGE *Brandenburg 416 G 19 – 25 000 Ew – Höhe 24 m.*
Berlin 150 – Potsdam 138 – Schwerin 89 – Stendal 51.

Am Stern garni, Turmstr. 14, ✉ 19322, ✆ (03877) 98 90, *Fax (03877) 989100* – , Zim, ☎ ♿ P – 15. AE ⓓ E VISA
33 Z 115/170.

WITTENBURG *Mecklenburg-Vorpommern* 416 *F 17 – 5 700 Ew – Höhe 90 m.*

Berlin 209 – Schwerin 35 – Lübeck 54 – Rostock 113.

Schwanenhof garni, Bahnhofstr. 12, ✉ 19243, ☎ (038852) 61 80, *Fax (038852) 61830* – [TV] ☎ P. E VISA
23 Z 85/140.

WITTINGEN *Niedersachsen* 415 416 *H 16 – 12 000 Ew – Höhe 80 m.*

Berlin 265 – Hannover 93 – Schwerin 149 – Celle 50 – Lüneburg 64 – Braunschweig 65.

Wittinger Tor, Salzwedeler Str. 4, ✉ 29378, ☎ (05831) 2 53 00, *Fax (05831) 253010* – [TV] ☎ P. AE E VISA.
Menu (nur Abendessen) à la carte 32/50 – **15 Z** 120/180.

Nöhre, Bahnhofstr. 2 (B 244), ✉ 29378, ☎ (05831) 2 92 50, *Fax (05831) 292530* – [TV] ☎ P. E.
Menu *(Sonntag geschl.)* (nur Abendessen) à la carte 28/55 – **14 Z** 86/135.

Stadthalle, Schützenstr. 21, ✉ 29378, ☎ (05831) 3 46, *Fax (05831) 7189,* – P – 80
Mittwoch geschl. – **Menu** à la carte 25/60.

WITTLICH *Rheinland-Pfalz* 417 *Q 4 – 17 300 Ew – Höhe 155 m.*

Fremdenverkehrsverein, Neustr. 6, ✉ 54516, ☎ (06571) 40 86, Fax (06571) 6417.

Berlin 681 – Mainz 129 – Trier 41 – Koblenz 91.

Lindenhof, Am Mundwald (S : 2 km), ✉ 54516, ☎ (06571) 69 20, *Fax (06571) 692502,* ←, , , – [TV] ☎ P – 250. AE E VISA
Menu à la carte 36/68 – **37 Z** 126/196.

Wittlicher Hof, Trierer Str. 29, ✉ 54516, ☎ (06571) 9 77 70, *Fax (06571) 977777* – [TV] ☎ P. AE E VISA. Zim
Menu *(Montag geschl.)* à la carte 32/59 – **16 Z** 89/168.

Well garni, Marktplatz 5, ✉ 54516, ☎ (06571) 9 11 90, *Fax (06571) 911950* – [TV] ☎. AE E VISA
20 Z 80/150.

In Hupperath : *NW : 5 Km :*

Eifeler Hof, Wittlicher Str. 16 (B 50), ✉ 54518, ☎ (06571) 9 74 70, *Fax (06571) 974747* – Zim, [TV] ☎ P – 50
Menu *(Dienstag geschl.)* à la carte 23/45 – **19 Z** 75/130.

In Dreis *SW : 8 km :*

Waldhotel Sonnora mit Zim, Auf dem Eichelfeld, ✉ 54518, ☎ (06578) 9 82 20, *Fax (06578) 1402,* ←, « Garten » – [TV] ☎ P. AE E VISA.
Jan. geschl. – **Menu** *(Montag - Dienstag geschl.)* (Tischbestellung ratsam) 149/185 und à la carte 100/129 – **20 Z** 100/300
Spez. Felsenrotbarbe und gebackener Kaisergranat mit marinierten Kräutern. Törtchen vom Rinderfilet-Tatar mit persischem Kaviar und Kartoffelrösti. Blutente mit Gewürzhaut und Limonenjus.

WITTMUND *Niedersachsen* 415 *F 7 – 19 500 Ew – Höhe 8 m.*

Tourist-Information, Am Markt 15 ✉ 26409, ☎ (04462) 21 81, Fax (04462) 983299.

Berlin 496 – Hannover 237 – Emden 50 – Oldenburg 67 – Wilhelmshaven 26.

Residenz am Schloßpark, Am Markt 13, ✉ 26409, ☎ (04462) 88 60 (Hotel) 94 29 74 (Rest.), *Fax (04462) 886123,* , – , Zim, [TV] ☎ P – 200. AE E VISA. Rest
Menu à la carte 35/79 – **50 Z** 105/220.

Gli alberghi o ristoranti ameni sono indicati nella guida con un simbolo rosso.
Contribuite a mantenere la guida aggiornata segnalandoci gli alberghi e ristoranti dove avete soggiornato piacevolmente.

WITTSTOCK *Brandenburg* 416 *G 21 – 14 000 Ew – Höhe 66 m.*

Fremdenverkehrsbüro, Markt 1 (Rathaus), ✉ 16909, ✆ (03394) 43 34 42, Fax (03394) 433442.

Berlin 108 – Potsdam 116 – Neubrandenburg 95 – Rostock 115 – Brandenburg 110.

Stadt Hamburg, Röbeler Str. 25, ✉ 16909, ✆ (03394) 44 45 66, *Fax (03394) 444566* – Zim, – 90.
Menu à la carte 24/48 – **44 Z** 90/130.

Am Röbler Thor, Am Dosseteich 1, ✉ 16909, ✆ (03394) 44 38 22, *Fax (03394) 443822,* – – 30.
Menu à la carte 26/39 – **14 Z** 95/130.

Deutsches Haus, Kirchgasse 1 (Marktplatz), ✉ 16909, ✆ (03394) 44 43 63, *Fax (03394) 444365* – Zim, .
Menu à la carte 21/43 – **18 Z** 80/120.

In Sewekow *NO : 17 km :*

Seehotel Ichlim, Am Nebelsee, ✉ 16909, ✆ (033966) 6 02 53, *Fax (033966) 60253,* , Massage, , , , – – 15.
Menu à la carte 29/48 – **28 Z** 90/187.

WITZENHAUSEN *Hessen* 417 418 *L 13 – 18 700 Ew – Höhe 140 m.*

Tourist-Information, Ermschwerder Str. 2, ✉ 37213, ✆ (05542) 6 00 10, Fax (05542) 600123.

Berlin 365 – Wiesbaden 248 – Kassel 36 – Göttingen 26.

Zur Burg garni, Oberburgstr. 10, ✉ 37213, ✆ (05542) 25 06, *Fax (05542) 3200* – .
21 Z 75/165.

In Witzenhausen-Dohrenbach *S : 4 km – Luftkurort :*

Zur Warte, Warteweg 1, ✉ 37216, ✆ (05542) 30 90, *Fax (05542) 6681,* , , , – – 40
Menu *(Donnerstag geschl.)* à la carte 24/49 – **20 Z** 68/116.

WITZHAVE *Schleswig-Holstein* 415 416 *F 15 – 1 200 Ew – Höhe 45 m.*

Berlin 260 – Kiel 98 – Hamburg 29 – Lübeck 51.

Pünjer, Möllner Landstr. 9, ✉ 22969, ✆ (04104) 9 77 70, *Fax (04104) 977755,* , – .
Menu *(Samstag und Juli 2 Wochen geschl.)* (nur Abendessen) à la carte 29/41 – **35 Z** 75/135.

WITZWORT *Schleswig-Holstein siehe Husum.*

WÖHRDEN *Schleswig-Holstein* 415 *D 10 – 1 300 Ew – Höhe 10 m.*

Berlin 396 – Kiel 86 – Cuxhaven 119.

Gasthof Oldenwöhrden, Große Str. 17, ✉ 25797, ✆ (04839) 9 53 10, *Fax (04839) 953118,* , , – .
Menu *(Nov. 2 Wochen geschl.)* à la carte 34/56 – **15 Z** 68/145 – ½ P 25.

WÖRISHOFEN, BAD *Bayern* 419 420 *V 15 – 14 500 Ew – Höhe 626 m – Kneippheilbad.*

Rieden, Schlingener Str. 27 (SO : 8 km), ✆ (08346) 7 77 ; Türkheim, Augsburger Str. 51 (N : 9 km), ✆ (08245) 33 22.

Kurdirektion im Kurhaus, Hauptstr. 16, ✉ 86825, ✆ (08247) 96 90 55, Fax (08247) 32323.

Berlin 612 – München 80 – Augsburg 62 – Kempten (Allgäu) 53 – Memmingen 43.

Kurhotel Residenz, Bahnhofstr. 8, ✉ 86825, ✆ (08247) 35 20, *Fax (08247) 352214,* Massage, , , , (geheizt), , – , Zim, – 60. Rest
19. Nov. - 19. Dez. geschl. – **Menu** à la carte 44/84 – **113 Z** 150/550, 13 Suiten – ½ P 25.

Kneipp-Kurhotel Fontenay, Eichwaldstr. 10, ✉ 86825, ✆ (08247) 30 60, *Fax (08247) 306185,* Massage, , , , , , – Zim .
(Restaurant nur für Hausgäste) – **60 Z** 150/480, 3 Suiten – ½ P 35.

Kurhotel Tanneck, Hartenthaler Str. 29, ✉ 86825, ☎ (08247) 30 70, *Fax (08247) 307280*, Massage, (geheizt), – 60. Rest
(Restaurant nur für Hausgäste) – **110 Z** 115/400, 7 Suiten – ½ P 30.

Der Sonnenhof Ⓜ, Hermann-Aust-Str. 11, ✉ 86825, ☎ (08247) 40 21, *Fax (08247) 8938*, Massage, Rest, – 50. AE E.
Anfang Nov. - 20. Dez. geschl. – **Menu** à la carte 63/94 *(auch Diät)* – **96 Z** 110/300, 8 Suiten.

Kurhotel Sonnengarten, Adolf-Scholz-Allee 5, ✉ 86825, ☎ (08247) 30 90, *Fax (08247) 1068*, Massage, Zim, – 100. AE E VISA. Rest
19. Dez. - 6. Jan. geschl. – **Menu** à la carte 39/75 – **78 Z** 110/355 – ½ P 33.

Kurhotel Kreuzer, Fidel-Kreuzer-Str. 1a, ✉ 86825, ☎ (08247) 35 30, *Fax (08247) 353138*, Massage, AE E VISA. Rest
Mitte Nov. - Ende Jan. geschl. – **Menu** à la carte 33/65 *(auch Diät und veget. Gerichte)* – **90 Z** 120/310, 6 Suiten – ½ P 30.

Kurhotel Edelweiß, Bürgermeister-Singer-Str. 11, ✉ 86825, ☎ (08247) 3 50 10, *Fax (08247) 350175*, Massage,
Ende Nov. - Anfang Jan. geschl. – (Restaurant nur für Hausgäste) – **52 Z** 90/190 – ½ P 20.

Kurhotel Eichinger, Hartenthaler Str. 22, ✉ 86825, ☎ (08247) 3 90 30, *Fax (08247) 390388*, Massage,
Mitte Nov. - Mitte Dez. geschl. – (Restaurant nur für Hausgäste) – **40 Z** 75/170 – ½ P 25.

Kurhotel Eichwald, Eichwaldstr. 20, ✉ 86825, ☎ (08247) 60 94, *Fax (08247) 6679*, Massage, Rest
15. Nov. - 22. Dez. geschl. – **Menu** à la carte 32/66 *(auch Diät)* – **53 Z** 90/200 – ½ P 60.

Kurhotel Brandl, Hildegardstr. 3, ✉ 86825, ☎ (08247) 3 90 90, *Fax (08247) 390990*, Massage, Rest
Ende Nov. - 20. Dez.geschl. – (Restaurant nur für Hausgäste) – **22 Z** 98/252 – ½ P 31.

Brauereigasthof Löwenbräu, Hermann-Aust-Str. 2, ✉ 86825, ☎ (08247) 9 68 40, *Fax (08247) 32051*, Zim,
19. Dez. - 7. Jan. geschl. – **Menu** *(Montag - Dienstagmittag geschl.)* à la carte 28/62 *(auch Diät)* – **31 Z** 72/170.

Allgäuer Hof, Türkheimer Str. 2, ✉ 86825, ☎ (08247) 9 69 90 (Hotel) 96 99 45 (Rest.), *Fax (08247) 969960*, AE E VISA. Rest
Menu *(Montag geschl.)* à la carte 27/61 – **32 Z** 78/149.

Alpenhof, Gammenrieder Str. 6, ✉ 86825, ☎ (08247) 3 00 50, *Fax (08247) 300568*, Massage,
Mitte Nov. - Mitte Jan. geschl. – (Restaurant nur für Hausgäste) – **25 Z** 82/196 – ½ P 15/20.

Adler, Hauptstr. 40, ✉ 86825, ☎ (08247) 20 91, *Fax (08247) 2095*, AE E VISA JCB
Menu *(Freitag geschl.)* à la carte 21/48 – **48 Z** 50/140.

Sonnenbüchl mit Zim, Sonnenbüchl 1, ✉ 86825, ☎ (08247) 95 99 00, *Fax (08247) 959909*, AE E
Menu *(Sonntagabend - Montag, Dienstagabend und Jan. geschl.)* à la carte 39/72 *(auch vegetarische Gerichte)* – **4 Z** 85/150 – ½ P 35.

In Bad Wörishofen-Schlingen *SO : 4 km :*

Jagdhof, Allgäuer Str.1, ✉ 86825, ☎ (08247) 48 79, *Fax (08247) 2534*, AE E
Montag - Dienstag und Jan. geschl. – **Menu** à la carte 36/74.

WÖRLITZ *Sachsen-Anhalt* 418 *K 21 – 1 900 Ew – Höhe 63 m.*

Sehenswert : *Schloß und Park* ★★.

Wörlitz-Information, Neuer Wall 103, ✉ 06786, ☎ (034905) 2 17 04, Fax (034905) 20216.

Berlin 114 – Magdeburg 78 – Leipzig 75 – Wittenberg 21 – Dessau 36.

Zum Stein, Erdmannsdorffstr. 228, ✉ 06786, ☎ (034905) 5 00, *Fax (034905) 50199*, – 100. AE E VISA JCB
Menu à la carte 31/56 – **55 Z** 125/196.

Wörlitzer Hof, Markt 96, ✉ 06786, ☎ (034905) 2 02 42, *Fax (034905) 21134*, Biergarten – Zim, – 35. AE E VISA
Menu à la carte 30/60 – **34 Z** 125/175.

Parkhotel, Erdmannsdorffstr. 62, ✉ 06786, ☎ (034905) 2 03 22, *Fax (034905) 21143*, Biergarten – – 40. AE E VISA
Menu à la carte 25/54 – **16 Z** 115/160.

WÖRTH AN DER ISAR *Bayern* 420 *U 21 – 2 200 Ew – Höhe 360 m.*

Berlin 596 – München 94 – Regensburg 75 – Landshut 22 – Straubing 56 – Deggendorf 62.

Wörth garni, Luitpoldpark 1 (nahe der BAB, im Autohof), ✉ 84109, ☎ (08702) 92 00, *Fax (08702) 920400*, – Zim, – 100. AE E VISA. Rest
76 Z 86/126.

WÖRTHSEE *Bayern* 419 420 *V 17 – 4 000 Ew – Höhe 590 m.*

Gut Schluifeld, ☎ (08153) 38 72.

Berlin 622 – München 37 – Augsburg 55 – Garmisch-Partenkirchen 75.

In Wörthsee-Etterschlag :

Geierhof garni, Inninger Str. 4, ✉ 82237, ☎ (08153) 88 40, *Fax (08153) 88488* – . E VISA.
Weihnachten - Neujahr geschl. – **34 Z** 70/100.

WOHLENBERG *Mecklenburg-Vorpommern siehe Klütz.*

WOLFACH *Baden-Württemberg* 419 *V 8 – 6 100 Ew – Höhe 262 m – Luftkurort.*

Sehenswert : *Dorotheen-Glashütte★.*

Kur- und Verkehrsamt, Rathaus, Hauptstr. 41, ✉ 77709, ☎ (07834) 83 53 53, Fax (07834) 835359.

Berlin 750 – Stuttgart 137 – Freiburg im Breisgau 57 – Freudenstadt 38 – Offenburg 40.

Hecht, Hauptstr. 51, ✉ 77709, ☎ (07834) 8 35 10, *Fax (07834) 47223* – . AE E VISA. Zim
5. - 31. Jan. geschl. – **Menu** *(Montag - Dienstagmittag geschl.)* à la carte 32/63 – **17 Z** 80/150 – ½ P 25.

Kreuz, Hauptstr. 18, ✉ 77709, ☎ (07834) 3 20, *Fax (07834) 47615*, – . E VISA
Nov. 2 Wochen geschl. – **Menu** *(Mittwochabend - Donnerstag geschl.)* à la carte 32/52 – **21 Z** 75/160 – ½ P 25.

Schwarzwaldhotel garni, Kreuzbergstr. 26, ✉ 77709, ☎ (07834) 40 11, *Fax (07834) 4011*, – . E VISA
Dez. - Jan. geschl. – **10 Z** 68/150.

In Wolfach-Kirnbach *S : 5 km :*

Sonne , Talstr. 103, ✉ 77709, ☎ (07834) 69 55, *Fax (07834) 4696*, , Wildgehege – . AE E VISA
Menu *(Montag geschl.)* à la carte 31/58 – **23 Z** 80/160 – ½ P 25.

In Wolfach-St. Roman *NO : 12 km – Höhe 673 m*

Adler (mit Gästehaus), ✉ 77709, ☎ (07836) 9 37 80, *Fax (07836) 7434*, , Wildgehege, , , – – 35. AE E VISA
Jan. 2 Wochen geschl. – **Menu** *(Montag geschl.)* à la carte 30/59 – **29 Z** 87/162 – ½ P 23.

WOLFEN *Sachsen-Anhalt* 418 *L 20 – 45 000 Ew – Höhe 65 m.*

Berlin 138 – Magdeburg 82 – Leipzig 55 – Dessau 28.

Rema-Hotel Excelsior garni, Straße der Republik 4, ✉ 06766, ☎ (03494) 3 31 42, *Fax (03494) 22388* – – 40. AE E VISA JCB
132 Z 170/240.

Deutsches Haus, Leipziger Str. 94, ✉ 06766, ☎ (03494) 4 50 25, *Fax (03494) 44166*, Biergarten – Rest, . AE E VISA
Menu à la carte 35/42 – **25 Z** 100/150.

WOLFENBÜTTEL *Niedersachsen* 416 418 *J 15 – 55 000 Ew – Höhe 75 m.*

Sehenswert : *Stadtbild★★ – Fachwerkhäuser★★* ABYZ *– Stadtmarkt★* AZ *– Schloß (Turm★)* AZ.

Kissenbrück, (SO : 7,5 km) ☎ (05337) 9 07 03.

Tourist-Information, Rosenwall 1, ✉ 38100, ☎ (05331) 29 83 46, Fax (05331) 298347.

Berlin 240 ① – Hannover 74 ① – Braunschweig 12 ① – Goslar 31 ③

WOLFENBÜTTEL

Am Herzogtore . . . . BY 2
Anna-Vorwerk-Str. . . . . AY 3
Bahnhofstraße . . . . AZ 5
Brauergildenstraße . . . . BZ 6
Breite Herzogstraße . . . . . . BYZ
Dr.-Heinrich-Jasper-Str. . . . . AZ 8
Enge Str. . . . . BZ 9
Große Kirchstraße . . . . BZ 12
Großer Zimmerhof . . . . AZ 13
Holzmarkt . . . . BZ 15
Jägermeisterstraße . . . . BY 16
Jägerstraße . . . . AZ 17
Kanzleistraße . . . . AZ 19
Kleine Kirchstraße . . . . ABZ 21
Klosterstraße . . . . AZ 23
Kommißstraße . . . . AZ 24
Kornmarkt . . . . AZ 26
Krambuden . . . . AZ 27
Landeshuter-Platz . . . . BZ 29
Lange Herzogstraße . . . . ABYZ
Lange Str. . . . . BZ
Leopoldstraße . . . . BY 32
Löwenstraße . . . . AZ 33
Marktstraße . . . . BZ 35
Okerstraße . . . . BYZ
Reichsstraße . . . . BZ 36
Schiffwall . . . . AYZ 37
Schloßplatz . . . . AZ 39
Sophienstraße . . . . AY 40
Stadtmarkt . . . . AZ
Stobenstraße . . . . AYZ 42
Ziegenmarkt . . . . BYZ 43

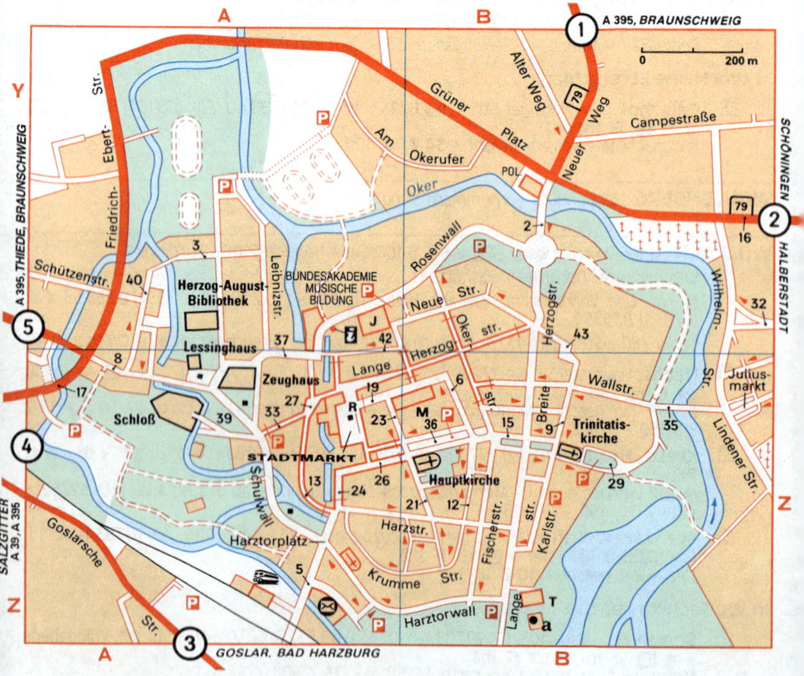

Parkhotel Altes Kaffeehaus, Harztorwall 18, ✉ 38300, ☎ (05331) 88 80, *Fax (05331) 888100*, – Zim, – 60. AE VISA
Menu (wochentags nur Abendessen) à la carte 30/62 – **75 Z** 130/190. BZ a

Landhaus Dürkop garni, Alter Weg 47, ✉ 38302, ☎ (05331) 70 53, *Fax (05331) 72638*, – . AE VISA über ①
30 Z 99/160.

Waldhaus, Adersheimer Str. 75, ✉ 38304, ☎ (05331) 4 20 21, *Fax (05331) 904150*, – Zim, . AE VISA über ④
Menu à la carte 27/55 – **35 Z** 95/190.

Benutzen Sie den Hotelführer des laufenden Jahres.

WOLFHAGEN *Hessen* 417 *M 11 – 13 000 Ew – Höhe 280 m.*
Berlin 415 – Wiesbaden 238 – Kassel 32 – Paderborn 68.

Das Alte Rathaus, Kirchplatz 1, ✉ 34466, ☎ (05692) 80 82, *Fax (05692) 5953*, « Restauriertes Fachwerkhaus a.d. 17. Jh. » – . VISA
1. - 18. Juli geschl. – **Menu** *(Dienstag - Mittwochmittag geschl.)* à la carte 40/70 – **12 Z** 80/130.

Zum Schiffchen (Fachwerkhaus a.d. 16. Jh.), Hans-Staden-Str. 27, ✉ 34466, ☎ (05692) 9 87 50, *Fax (05692) 987511* – . AE VISA
Ende Feb. 1 Woche geschl. – **Menu** *(Sonntagabend - Montagmittag geschl.)* à la carte 24/50 – **12 Z** 60/120.

WOLFRAMS-ESCHENBACH *Bayern* 419 420 *S 16 – 2 500 Ew – Höhe 445 m.*

Berlin 473 – München 177 – Nürnberg 49 – Nördlingen 54 – Ansbach 16.

Alte Vogtei (mit Gästehaus), Hauptstr. 21, ✉ 91639, ☎ (09875) 9 70 00, *Fax (09875) 970070,* « Haus a.d. 14. Jh. » – TV ☎ P – 20
24. - 30. Dez. geschl. – **Menu** *(Montag geschl.)* à la carte 24/58 – **27 Z** 60/120.

Sonne, Richard-Wagner-Str. 2, ✉ 91639, ☎ (09875) 9 79 70, *Fax (09875) 979777,* – TV ☎ P
Menu *(Mittwochabend geschl.)* à la carte 19/29 – **18 Z** 56/100.

Pension Seitz, Duchselgasse 1, ✉ 91639, ☎ (09875) 9 79 00, *Fax (09875) 979040,* (geheizt), – Zim, TV ☎ P – 30. Rest
(nur Abendessen für Hausgäste) – **20 Z** 62/104.

WOLFRATSHAUSEN *Bayern* 419 420 *W 18 – 16 000 Ew – Höhe 577 m.*

Wolfratshausen, Bergkramerhof 8 (W : 2 km), ☎ (08171) 43 26 30 ; Egling-Riedhof (0 : 3 km), ☎ (08171) 70 65.

Berlin 622 – München 39 – Garmisch-Partenkirchen 57 – Bad Tölz 23 – Weilheim 31.

Thalhammer garni, Sauerlacher Str. 47d, ✉ 82515, ☎ (08171) 4 21 90, *Fax (08171) 421950,* – TV ☎ P. AE E VISA
23 Z 100/180.

Märchenwald garni, Kräuterstr. 39, ✉ 82515, ☎ (08171) 2 90 96, *Fax (08171) 22236* – TV ☎ P. E.
Weihnachten - Anfang Jan. geschl. – **14 Z** 80/130.

Humplbräu, Obermarkt 2, ✉ 82515, ☎ (08171) 71 15, *Fax (08171) 76291* – TV ☎ P. AE E VISA
Menu *(Sonntagabend - Montag, Mitte Mai - Mitte Juni und 24. - 31. Dez. geschl.)* à la carte 23/48 – **28 Z** 70/140.

Patrizierhof, Untermarkt 17, ✉ 82515, ☎ (08171) 2 25 33, *Fax (08171) 22438,* – E
Montag - Dienstag geschl. – **Menu** 90/105 und à la carte 56/77
Spez. Hummerravioli im Hummer-Kalbsfond. Crêpinette vom Kaninchen mit Lauchgemüse. Pochiertes Rinderfilet mit Schalotten-Rotweinsauce.

WOLFSBURG *Niedersachsen* 415 416 418 *I 16 – 126 000 Ew – Höhe 60 m.*

Bockensdorf, (NW : 15 km über ④), ☎ (05366) 14 17.

Tourist-Information, Pavillon, Rathausplatz, ✉ 38440, ☎ (05361) 28 28 28, Fax (05361) 282550.

ADAC, *Am Mühlengraben 22, ✉ 38440, ☎ (05361) 2 50 84, Fax (05361) 15033.*

Berlin 222 ③ – Hannover 91 ③ – Magdeburg 83 ③ – Celle 80 ③ – Braunschweig 33 ③

Stadtplan siehe nächste Seite

Holiday-Inn, Rathausstr. 1, ✉ 38440, ☎ (05361) 20 70, *Fax (05361) 207981,* – Zim, TV – 120. AE E VISA JCB Y a
Menu à la carte 37/62 – **207 Z** 289/433.

Alter Wolf, Schloßstr. 21, ✉ 38448, ☎ (05361) 8 65 60, *Fax (05361) 64264,* « Gartenterrasse » – TV ☎ P – 100. AE E VISA X s
Menu *(Sonntagabend geschl.)* à la carte 30/65 – **28 Z** 95/150.

Walino, Porschestr. 53, ✉ 38440, ☎ (05361) 2 55 99, *Fax (05361) 25599* – AE E VISA Y c
Montag geschl. – **Menu** à la carte 44/62.

In Wolfsburg-Brackstedt *NW : 8 km über ① :*

Brackstedter Mühle, Zum Kühlen Grunde 2 (N : 1 km), ✉ 38448, ☎ (05366) 9 00, *Fax (05366) 9050,* « Ehemalige Mühle a.d. 16. Jh. » – Zim, TV ☎ P – 150. AE E VISA
Menu à la carte 38/72 – **48 Z** 98/208.

In Wolfsburg-Fallersleben

Ludwig im Park, Gifhorner Str. 25, ✉ 38442, ☎ (05362) 94 00, *Fax (05362) 940400,* « Stilvolle Einrichtung » – TV P – 30. AE E VISA X n
La Fontaine *(Sonntag geschl., nur Abendessen)* **Menu** à la carte 72/99 – **40 Z** 170/220
Spez. Hummergratin mit Taglaitelle und grünem Spargel. Lammrücken mit Artischocken-Bohnengemüse und Thymianjus. Topfenvariation.

Fallersleber Spieker M garni, Am Spieker 6, ✉ 38442, ☎ (05362) 93 10, *Fax (05362) 931400* – TV ☎ P. AE E VISA X v
Weihnachten bis Neujahr geschl. – **48 Z** 125/190.

WOLFSBURG

Straße	Feld	Nr.
Bahnhofspassage	Y	4
Berliner Brücke	XY	7
Dresdener Ring	X	8
Eichendorffstraße	Y	9
Fallersleber Straße	X	12
Ganghoferstraße	Y	13
Heßlinger Straße	Y	
Hochring	X	17
Kaufhof	Y	19
Klieverhagen	Y	22
Königsberger Straße	X	23
Lerchenweg	X	24
Marktplatz	Y	25
Pestalozziallee	Y	26
Porschestraße	Y	
Röntgenstraße	X	27
Rothenfelder Markt	Y	28
Rothenfelder Straße	Y	
Schlesierweg	X	29
Schulenburgallee	X	33
Stadtwaldstraße	X	34

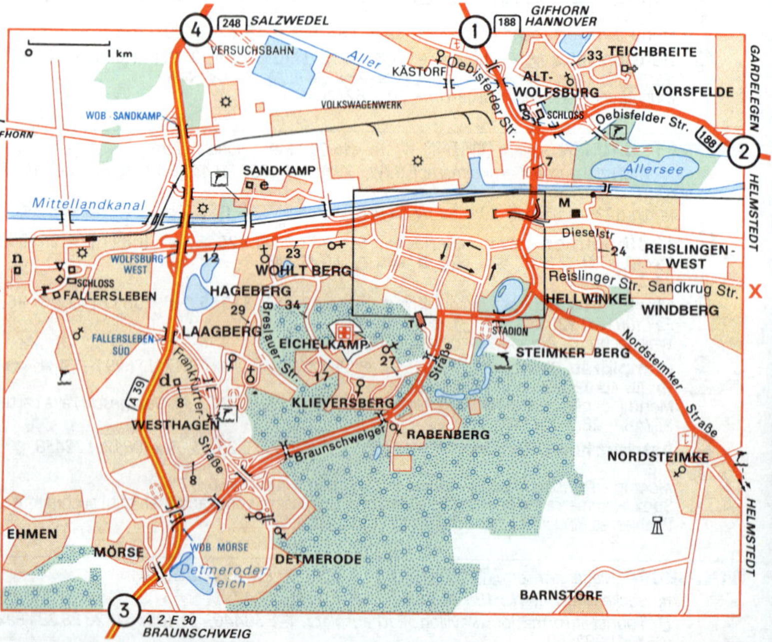

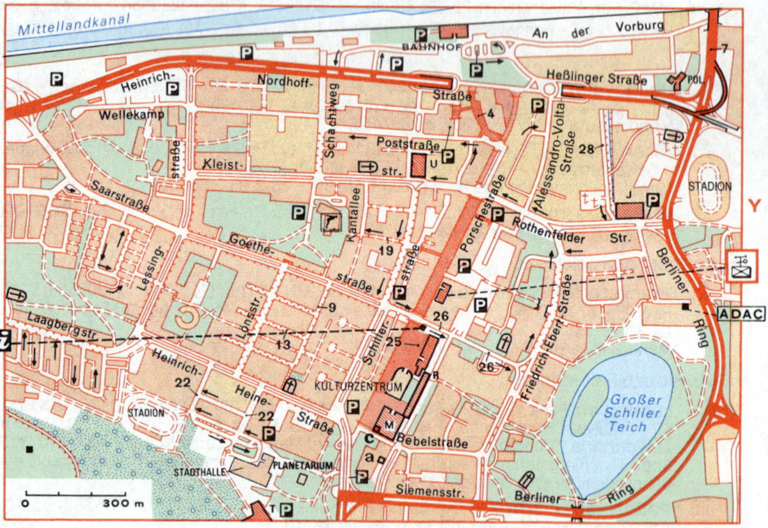

Neue Stuben, Bahnhofstr. 13, ✉ 38442, ☎ (05362) 9 69 00, *Fax (05362) 969030*, – Zim, . *Menu (Samstagmittag geschl.)* à la carte 43/63 – **19 Z** 115/180. X v

Hoffmannhaus, Westerstr.4, ✉ 38442, ☎ (05362) 30 02, *Fax (05362) 64108*, – – 30. Menu à la carte 30/52 – **19 Z** 135/175. X r

In Wolfsburg-Hattorf *SW : 10 km über ③ :*

Landhaus Dieterichs (mit Gästehaus), Krugstr. 31, ✉ 38444, ☎ (05308) 40 80, *Fax (05308) 408104* – . *23. Dez. - 1. Jan. geschl.* – (nur Abendessen für Hausgäste) – **54 Z** 70/130.

In Wolfsburg-Neuhaus *O : 5 km über Dieselstr. X :*

An der Wasserburg, An der Wasserburg 2, ✉ 38446, ☎ (05363) 94 00, *Fax (05363) 71574*, , – – 80. Rest Menu à la carte 34/65 – **33 Z** 95/215.

In Wolfsburg-Sandkamp :

Jäger garni, Eulenweg 3, ✉ 38442, ☎ (05361) 3 90 90, *Fax (05361) 390944* – . *24. Dez. - 2. Jan. geschl.* – **29 Z** 105/170. X e

In Wolfsburg-Westhagen :

Strijewski, Rostocker Str.2, ✉ 38444, ☎ (05361) 8 76 40, *Fax (05361) 8764410*, – , Zim, Menu *(Samstagmittag und Sonntagabend geschl.)* à la carte 27/55 – **51 Z** 125/179. X d

In Weyhausen *NW : 9 km über ① :*

Alte Mühle, Wolfsburger Str. 72 (B 188), ✉ 38554, ☎ (05362) 9 80 00, *Fax (05362) 980060*, , « Rustikales Restaurant », , – , Zim, – 50. Menu à la carte 47/72 – **50 Z** 190/253.

WOLFSCHLUGEN *Baden-Württemberg siehe Nürtingen.*

WOLFSTEIN *Rheinland-Pfalz* 417 *R 6 – 2 500 Ew – Höhe 188 m.*

Berlin 658 – Mainz 83 – Bad Kreuznach 50 – Kaiserslautern 23 – Saarbrücken 90.

In Wolfstein-Reckweilerhof *N : 3 km :*

Reckweilerhof, an der B 270, ✉ 67752, ☎ (06304) 6 18, *Fax (06304) 1533*, , – Zim, . Menu *(Montagabend geschl.)* à la carte 23/54 – **20 Z** 58/110.

WOLGAST *Mecklenburg-Vorpommern* 416 *D 25 – 16 000 Ew – Höhe 5 m.*

Wolgast-Information, Rathausplatz 6, ✉ 17438, ☎ (03836) 60 01 18, Fax (03836) 600118.

Berlin 210 – Schwerin 193 – Rügen (Bergen) 90 – Greifswald 34.

Kirschstein, Schützenstr. 25, ✉ 17438, ☎ (03836) 2 72 20, *Fax (03836) 272250* – . Rest Menu (nur Abendessen) à la carte 22/37 – **17 Z** 90/120.

WOLMIRSTEDT *Sachsen-Anhalt* 416 418 *J 18 – 12 000 Ew – Höhe 50 m.*

Berlin 152 – Magdeburg 14 – Gardelegen 50 – Stendal 47 – Wolfsburg 84.

Landhaus Auerbachs Mühle, An der Mühle 2, ✉ 39326, ☎ (039201) 5 55 55, *Fax (039201) 55518*, Biergarten – – 15. Menu à la carte 28/46 – **18 Z** 100/160.

Wolmirstedter Hof garni, August-Bebel-Str. 1, ✉ 39326, ☎ (039201) 2 27 27, *Fax (039201) 22728* – . **21 Z** 75/150.

Ambiente garni, Damaschkestr. 25, ✉ 39326, ☎ (039201) 5 61 30, *Fax (039201) 56134* – . **10 Z** 75/120.

WOLPERTSHAUSEN *Baden-Württemberg* 419 420 *S 13 – 1 300 Ew – Höhe 400 m.*
Berlin 540 – Stuttgart 97 – Crailsheim 21 – Schwäbisch Hall 12.

In Wolpertshausen-Cröffelbach *SW : 2,5 km :*

Ochsen, Hauptstr. 4, ✉ 74549, ✆ (07906) 93 00, *Fax (07906) 930200,* – Zim, – 90. Rest
Menu *(Montag geschl.)* à la carte 24/45 – **28 Z** 95/145.

WOLPERTSWENDE *Baden-Württemberg siehe Weingarten.*

WOLTERSDORF *Brandenburg* 416 418 *I 25 – 5 000 Ew – Höhe 40 m.*
Berlin 31 – Potsdam 80 – Eberswalde 65 – Frankfurt an der Oder 75.

Kranichsberg, An der Schleuse 3, ✉ 15569, ✆ (03362) 79 40, *Fax (03362) 794122,* Massage, – – 35.
Menu à la carte 28/52 – **38 Z** 110/150.

WORBIS *Thüringen* 418 *L 15 – 4 000 Ew – Höhe 420 m.*
Informationszentrum, Kirchstr. 19, ✉ 37339, ✆ (036074) 9 48 56, Fax (036074) 94858.
Berlin 295 – Erfurt 83 – Göttingen 45 – Nordhausen 35.

Drei Rosen, Bergstr. 1, ✉ 37339, ✆ (036074) 97 60, *Fax (036074) 97666,* – Zim, – 20.
Menu à la carte 28/55 – **42 Z** 98/148.

Zur Wipper, Nordhäuser Str. 14a (B 80), ✉ 37339, ✆ (036074) 3 12 12, *Fax (036074) 31116,* – .
Menu à la carte 27/44 – **15 Z** 90/125.

In Wintzingerode *NW : 4 km :*

Waldhotel Katharinenquell , Schloßstr. 9, ✉ 37339, ✆ (036074) 3 50, *Fax (036074) 35199,* « Gartenterrasse », – Zim, – 45.
9. - 22. Nov. und 11. - 24. Jan. geschl. – **Menu** *(Nov. - März Samstag geschl.)* (wochentags nur Abendessen) à la carte 28/50 – **49 Z** 105/148.

WORMS *Rheinland-Pfalz* 417 419 *R 9 – 82 000 Ew – Höhe 100 m.*
Sehenswert : Dom★★ (Westchor★★, Reliefs aus dem Leben Christi★) A – Judenfriedhof★ A – Kunsthaus Heylshof★ Gemäldesammlung★ A **M1.**
Touristinfo, Neumarkt 14, ✉ 67547, ✆ (06241) 2 50 45, Fax (06241) 26328.
ADAC, Friedrich-Ebert-Str. 84, ✉ 67549, ✆ (06241) 59 30 21, Fax (06241) 594848.
Berlin 607 ② – Mainz 45 ① – Mannheim 25 ③ – Darmstadt 43 ② – Kaiserslautern 53 ③

Stadtplan siehe gegenüberliegende Seite

Asgard garni, Gutleutstr. 4, ✉ 67547, ✆ (06241) 8 60 80, *Fax (06241) 8608100,* – – 40. über Speyerer Str. A
64 Z 136/182.

Dom-Hotel, Obermarkt 10, ✉ 67547, ✆ (06241) 90 70, *Fax (06241) 23515* – – 80. A x
Menu *(Samstagmittag sowie Sonn- und Feiertage geschl.)* à la carte 45/66 – **56 Z** 115/220.

Faber garni, Martinspforte 7, ✉ 67547, ✆ (06241) 92 09 00, *Fax (06241) 920909* – . A r
17 Z 85/140.

Kriemhilde, Hofgasse 2, ✉ 67547, ✆ (06241) 9 11 50, *Fax (06241) 9115310,* – . A c
Menu *(Samstag geschl.)* à la carte 30/65 – **16 Z** 80/130.

Central garni, Kämmererstr. 5, ✉ 67547, ✆ (06241) 6 45 70, *Fax (06241) 27439* – . A s
19 Z 95/155.

Tivoli, Adenauer-Ring 4b, ✉ 67547, ✆ (06241) 2 84 85, *Fax (06241) 25738,* – . A v
Dienstag und Juli - Aug. 4 Wochen geschl. – **Menu** (italienische Küche) à la carte 41/71.

In Worms-Rheindürkheim ① *: 9 km :*

Rôtisserie Dubs, Kirchstr. 6, ✉ 67550, ✆ (06242) 20 23, *Fax (06242) 2024*
Samstagmittag, Dienstag sowie Jan. und Juli - Aug. jeweils 2 Wochen geschl. – **Menu** (Tischbestellung erforderlich, bemerkenswerte Weinkarte) à la carte 66/91.

WORMS

Adenauerring	A 2
Allmendgasse	B 3
Am Römischen Kaiser	A 5
Bärengasse	B 6
Bauhofgasse	B 8
Fischmarkt	A 9
Folzstraße	A 12
Friedrichstraße	A 13
Friedrich-Ebert-Str.	A 14
Hardtgasse	A 15
Heinrichstraße	B 16
Herzogenstraße	B 18
Kämmererstraße	A 20
Karolingerstraße	B 22
Ludwigsplatz	A 23
Mähgasse	B 24
Marktplatz	A 25
Martinsgasse	A 26
Neumarkt	A 30
Petersstraße	A 32
Pfauenpforte	A 34
Pfauentorstraße	A 35
Remeyerhofstraße	B 36
Stephansgasse	A 38
Valckenbergstraße	A 39
Wilhelm-Leuschner-Str.	A 40

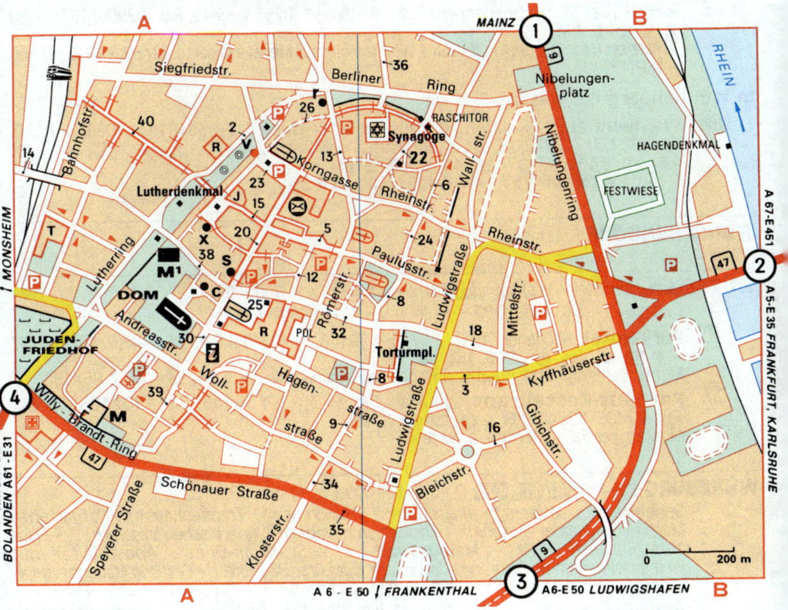

Check-in :
Nicht schriftlich reservierte Zimmer werden in den meisten Hotels nur bis 18 Uhr freigehalten.
Bei späterer Anreise ist daher der ausdrückliche Hinweis auf die Ankunftzeit oder - besser noch - schriftliche Zimmerreservierung ratsam.

WORPSWEDE *Niedersachsen* 415 *G 10 – 9 100 Ew – Höhe 50 m – Erholungsort.*

Vollersode, Giehlermühlen (N : 18 km), (04763) 73 13.

Fremdenverkehrsbüro, Bergstr. 13, 27726, (04792) 95 01 21, Fax (04792) 950123.

Berlin 383 – Hannover 142 – Bremen 26 – Bremerhaven 59.

Eichenhof, Ostendorfer Str. 13, 27726, (04792) 26 76, *Fax (04792) 4427*, – TV – 15. AE E VISA
Menu *(Montag geschl.)* (nur Abendessen) à la carte 60/76 – **18 Z** 170/295.

Buchenhof garni, Ostendorfer Str. 16, 27726, (04792) 9 33 90, *Fax (04792) 933929*, « Renovierte Jugenstilvilla des Künstlers Hans am Ende » – Zim, TV – 15
11 Z 75/210.

Hotel am Kunstcentrum (mit Gästehaus), Hans-am-Ende-Weg 4, 27726, (04792) 94 00, *Fax (04792) 3878*, – TV – 20. AE E VISA JCB. Zim
22. Dez. - 6. Jan. geschl. – **Menu** *(Dienstag geschl.)* (nur Abendessen) à la carte 32/50 – **30 Z** 125/185 – ½ P 25.

WÜNNENBERG *Nordrhein-Westfalen* 417 *L 10 – 11 500 Ew – Höhe 271 m – Kneipp- und Luftkurort.*

Kurverwaltung, Im Aatal 3, ✉ 33181, ✆ (02953) 80 01, Fax (02953) 7430.
Berlin 449 – Düsseldorf 169 – Arnsberg 61 – Brilon 20 – Kassel 84 – Paderborn 28.

Jagdhaus, Schützenstr. 58, ✉ 33181, ✆ (02953) 70 80, Fax (02953) 70858, , , , – 50.
Menu à la carte 28/68 – **40 Z** 98/196 – ½ P 18.

ParkHotel M, Hoppenberg 2, ✉ 33181, ✆ (02953) 83 49, Fax (02953) 7774 – . VISA
Stilleben *(Montag und Juni - Juli 3 Wochen geschl.)* **Menu** à la carte 42/69 – **12 Z** 58/160 – ½ P 17.

In Wünnenberg-Bleiwäsche *S : 8 km :*

Waldwinkel M (mit Gästehaus), Roter Landweg 3, ✉ 33181, ✆ (02953) 70 70, *Fax (02953) 707222,* ≤, « Gartenterrasse », Massage, , , , , , – , Zim, – 40. VISA. Rest
Menu à la carte 34/60 – **68 Z** 125/280 – ½ P 35.

WÜNSCHENDORF *Thüringen siehe Weida.*

WÜRSELEN *Nordrhein-Westfalen* 417 *N 2 – 33 600 Ew – Höhe 180 m.*
Berlin 635 – Düsseldorf 80 – Aachen 9 – Mönchengladbach 47.

Park-Hotel, Aachener Str. 2 (B 57), ✉ 52146, ✆ (02405) 8 25 36, Fax (02405) 88742 – . VISA.
Menu *(Samstagmittag und Sonntagabend geschl.)* à la carte 26/53 – **40 Z** 85/150.

Rathaus-Restaurant, Morlaix-Platz 3, ✉ 52146, ✆ (02405) 51 30, *Fax (02405) 18540,* – . VISA
Montag geschl. – **Menu** à la carte 45/77.

WÜRZBURG *Bayern* 417 419 420 *Q 13 – 129 000 Ew – Höhe 182 m.*

Sehenswert : *Residenz★★ (Kaisersaal★★, Hofkirche★★, Treppenhaus★★, Hofgarten★, Martin-von Wagner-Museum★ : Antikensammlung★ mit griechischen Vasen★★) Z – Haus zum Falken★ Y D – Mainbrücke★ Z – St.-Kilian-Dom : Apostelaltar mit Riemenschneider-Skulpturen★, Grabmale★ der Fürst-Bischöfe Z – Festung Marienberg★ X : Mainfränkisches Museum★★ X* **M1**, *Fürstengarten ≤★ X – Käppele (Terrasse ≤★★) X.*

Ausflugsziele : *Romantische Straße★★ (von Würzburg bis Füssen) – Bocksbeutelstraße★ (Maintal).*

Congress u. Tourismus Zentrale, Am Congress Centrum, ✉ 97070, ✆ (0931) 37 23 35, Fax (0931) 373652.

Verkehrsamt, Pavillon vor dem Hauptbahnhof, ✆ (0931) 37 34 36 und Marktplatz (Haus zum Falken), ✉ 97070, ✆ (0931) 37 33 98.

ADAC, *Sterngasse 1, ✉ 97070, ✆ (0931) 3 53 49 05, Fax (0931) 3534904.*

Berlin 500 ① – München 281 ① – Darmstadt 123 ② – Frankfurt am Main 119 ② – Heilbronn 105 ② – Nürnberg 110 ①

Stadtpläne siehe nächste Seiten

Maritim M, Pleichertorstr. 5, ✉ 97070, ✆ (0931) 3 05 30, *Fax (0931) 3053900,* , – , Zim, – 800. VISA JCB. Rest Y k
Menu *(Montag geschl.)* (nur Abendessen) à la carte 34/68 – **293 Z** 258/376, 4 Suiten.

Rebstock (Rokokofassade a.d.J. 1737), Neubaustr. 7, ✉ 97070, ✆ (0931) 3 09 30, *Fax (0931) 3093100* – , Zim, Rest, – 70. VISA JCB Z v
Jan. geschl. – **Menu** *(Sonntag - Montag und Feiertage geschl.)* (nur Abendessen) à la carte 61/85 – ***Vinothek :*** **Menu** à la carte 35/57 – **72 Z** 172/320.

Dorint-Hotel, Ludwigstr./Ecke Eichstr., ✉ 97070, ✆ (0931) 3 05 40, *Fax (0931) 3054423,* , Massage, , – , Zim, Rest, – 110. VISA JCB. Rest Y f
Menu à la carte 37/74 – **166 Z** 220/338.

Pannonia Hotel am Mainufer M, Dreikronenstr. 27, ✉ 97082, ✆ (0931) 4 19 30, *Fax (0931) 4193460* – , Zim, – 70. VISA JCB. Rest X a
Menu à la carte 31/56 – **129 Z** 175/210.

Walfisch, Am Pleidenturm 5, ✉ 97070, ✆ (0931) 3 52 00, *Fax (0931) 3520500,* ≤ Main und Festung – – 32. VISA. Z b
Menu *(Sonntagabend und 23. Dez. - 10. Jan. geschl.)* à la carte 36/63 – **40 Z** 165/285.

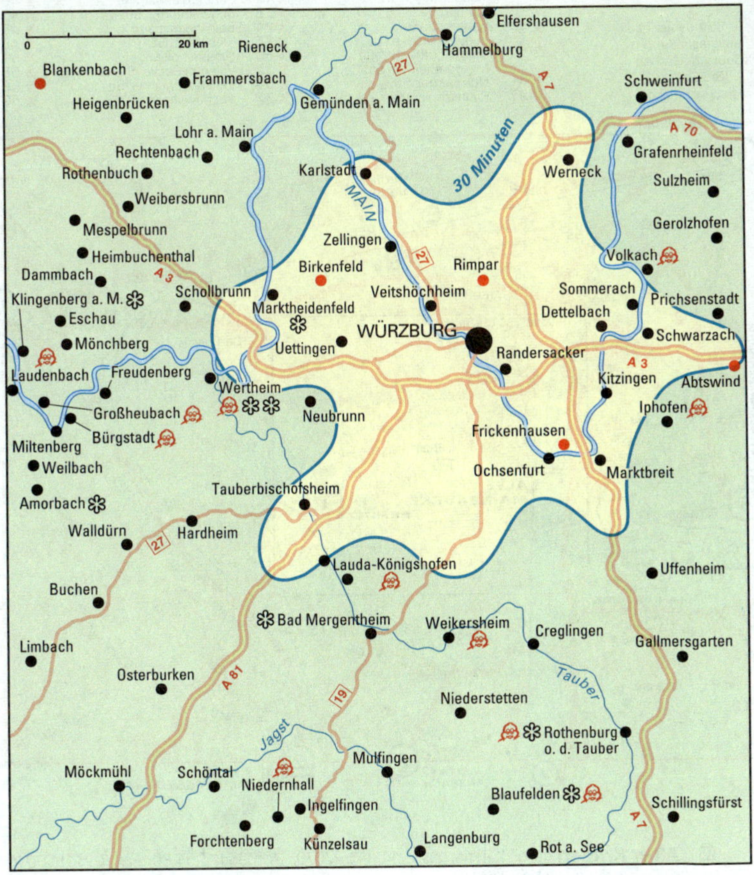

Amberger, Ludwigstr. 17, ✉ 97070, ✆ (0931) 3 51 00, *Fax (0931) 3510800* – |‡| TV ☎ – 40. AE ⓓ E VISA JCB Y t
Menu à la carte 35/61 – **70 Z** 163/316.

Würzburger Hof garni, Barbarossaplatz 2, ✉ 97070, ✆ (0931) 5 38 14, *Fax (0931) 58324* – |‡| TV ☎. AE ⓓ E VISA Y r
22. Dez. - 7. Jan. geschl. – **34 Z** 115/250.

Residence garni, Juliuspromenade 1, ✉ 97070, ✆ (0931) 5 35 46, *Fax (0931) 12597* – |‡| TV ☎ – 20. AE ⓓ E VISA – **52 Z** 130/240. Y v

Grüner Baum garni, Zeller Str. 35, ✉ 97082, ✆ (0931) 45 06 80, *Fax (0931) 4506888* – TV ☎. AE ⓓ E VISA X e
24. Dez. - 2. Jan. geschl. – **23 Z** 145/240.

Till Eulenspiegel, Sanderstr. 1a, ✉ 97070, ✆ (0931) 35 58 40, *Fax (0931) 3558430* – Zim, TV ☎ P Z c
Weinstube *(nur Abendessen)* **Menu** à la carte 29/38 – **17 Z** 111/219.

Strauss, Juliuspromenade 5, ✉ 97070, ✆ (0931) 3 05 70, *Fax (0931) 3057555* – |‡| TV ☎ P – 40. AE ⓓ E VISA Y v
22. Dez. - 11. Jan. geschl. – **Menu** *(Dienstag und 22. Dez. - Feb. geschl.)* à la carte 29/55 – **78 Z** 105/165.

Zur Stadt Mainz, Semmelstr. 39, ✉ 97070, ✆ (0931) 5 31 55, *Fax (0931) 58510,* « Altfränkische Gaststuben » – TV ☎. AE E VISA JCB Y p
Menu *(Sonntagabend geschl.)* (Tischbestellung ratsam) à la carte 33/67 – **15 Z** 110/190.

WÜRZBURG

Am Studentenhaus	X 2	Georg-Eydel-Str.	X 10	Rimparer Str.	X 38
Auverastraße	X 3	Haugerring	X 12	Sanderglacisstraße	X 40
Deutsche Einheit (Brücke)	X 8	Kantstraße	X 18	Schweinfurter Str.	X 43
Friedensbrücke	X 9	Leistenstraße	X 24	Seinsheimstraße	X 45
		Ludwigsbrücke	X 25	Sieboldstraße	X 48
		Martin-Luther-Straße	X 30	Urlaubstraße	X 54
		Mergentheimer Straße	X 32	Valentin-Becker-Str.	X 55
		Nürnberger Str.	X 34	Veitshöchheimer Str.	X 58
		Raiffeisenstraße	X 37	Virchowstraße	X 60

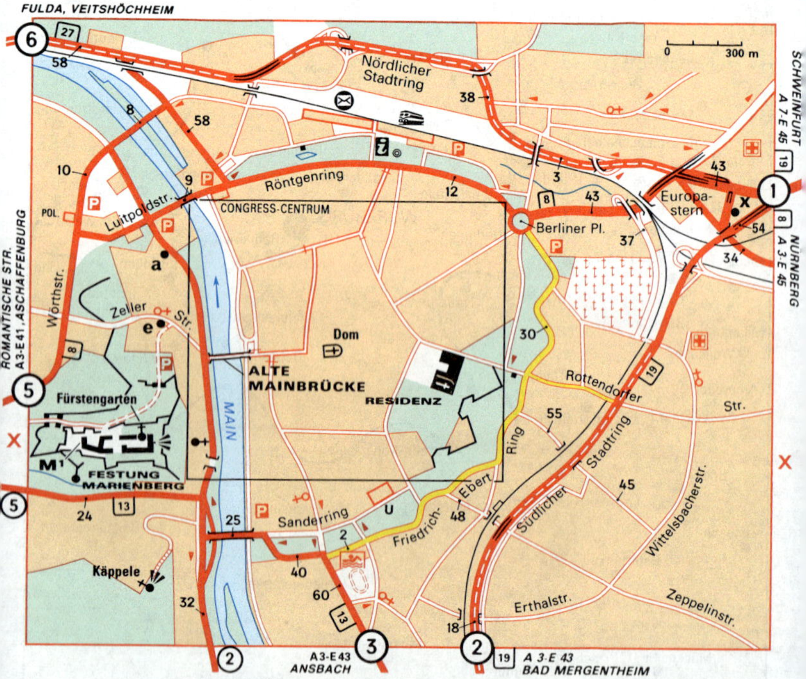

Alter Kranen garni, Kärrnergasse 11, ✉ 97070, ✆ (0931) 3 51 80, *Fax (0931) 50010* – 🛗 TV ☎. AE ◐ E VISA
16 Z 115/150. Y a

Schönleber garni, Theaterstr. 5, ✉ 97070, ✆ (0931) 1 20 68, *Fax (0931) 16012* – 🛗 TV ☎. AE ◐ E VISA.
22. Dez. - 6. Jan. geschl. – **32 Z** 95/170. Y n

Ratskeller, Langgasse 1, ✉ 97070, ✆ (0931) 1 30 21, *Fax (0931) 13022,* – AE ◐ E VISA
Menu à la carte 30/64. Z R

Backöfele, Ursulinergasse 2, ✉ 97070, ✆ (0931) 5 90 59, *Fax (0931) 50274* – AE ◐ E VISA
Menu à la carte 32/70. Z r

Schiffbäuerin, Katzengasse 7, ✉ 97082, ✆ (0931) 4 24 87, *Fax (0931) 42485* – Y s
Sonntagabend - Montag und 4. - 11. Jan. sowie Mitte Juli - Mitte Aug. geschl. – **Menu** (überwiegend Fischgerichte) à la carte 43/63.

Fränkische Weinstuben :

Weinhaus zum Stachel, Gressengasse 1, ✉ 97070, ✆ (0931) 5 27 70, *Fax (0931) 52777,* « Innenhof "Stachelhof" » – E Y b
Sonntagabend geschl. – **Menu** (Tischbestellung ratsam) à la carte 33/68.

Bürgerspital, Theaterstr. 19, ✉ 97070, ✆ (0931) 35 28 80, *Fax (0931) 3528888,*
Aug. 3 Wochen geschl. – **Menu** à la carte 31/56 🍷. Y y

Juliusspital, Juliuspromenade 19, ✉ 97070, ✆ (0931) 5 40 80, *Fax (0931) 571723*
Mittwoch und Juli 3 Wochen geschl. – **Menu** à la carte 30/56 🍷. Y d

WÜRZBURG

Augustiner Straße . . . . Z
Bahnhofstraße . . . . Y 5
Balthasar-Neumann-Promenade . . . . Z 6
Barbarossaplatz . . . . Y 7
Domstraße . . . . Z
Eichhornstraße . . . . Y
Hofstallstraße . . . . Y 13
Juliuspromenade . . . . Y 15
Kaiserstraße . . . . Y 16
Kürschnerhof . . . . Z 23
Marienplatz . . . . Y 27
Marktplatz . . . . Y 29
Peterstraße . . . . Z 35
Schönbornstraße . . . . Y 42
Semmelstraße . . . . Y 46
Spiegelstraße . . . . Y 50
Textorstraße . . . . Y 52
Theaterstraße . . . . YZ
Wirsbergstraße . . . . Z 64

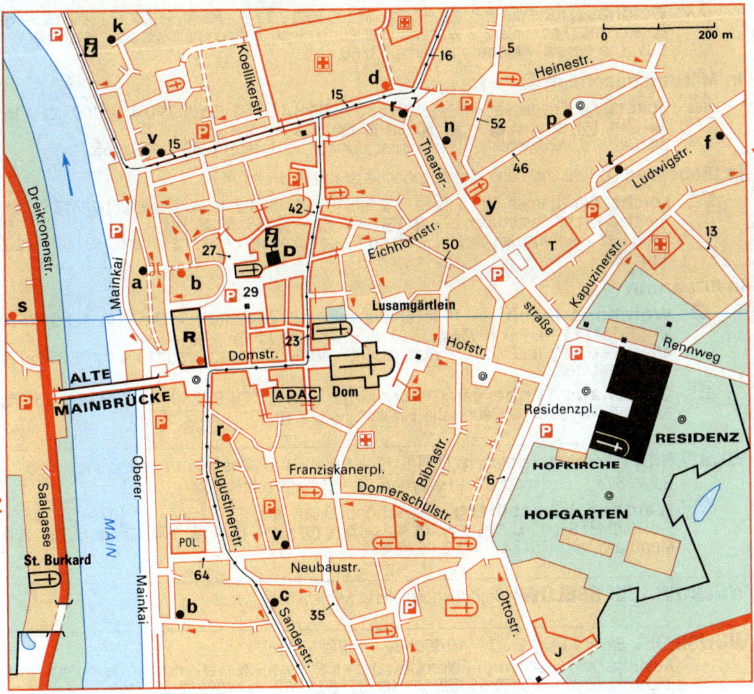

In Würzburg-Grombühl :

Ambassador Hotel am Europastern garni, Urlaubstr. 6, ✉ 97076, ✆ (0931) 25 04 00, *Fax (0931) 2504077* – *24. Dez. - 10. Jan. geschl.* – **24 Z** 130/220.

In Würzburg-Heidingsfeld ② *: 3 km :*

Post Hotel, Mergentheimer Str. 162, ✉ 97084, ✆ (0931) 6 15 10, *Fax (0931) 65850,* – – 70. AE VISA
Menu *(Sonn- und Feiertage geschl.)* à la carte 28/56 – **66 Z** 125/240.

In Würzburg-Zellerau ⑤ *: 2 km :*

Wittelsbacher Höh, Hexenbruchweg 10, ✉ 97082, ✆ (0931) 4 20 85, *Fax (0931) 415458,* ⩤ Würzburg, « Gartenterrasse », – – 65. AE VISA
Menu à la carte 37/70 – **72 Z** 138/320.

Im Steinbachtal *SW : 5 km über Mergentheimer Str.* X :

Waldesruh, Steinbachtal 82, ✉ 97082 Würzburg, ✆ (0931) 8 76 25, *Fax (0931) 781731,* –
Montagmittag, Dienstagmittag, Mittwoch und Mitte - Ende Jan. geschl. – **Menu** à la carte 32/60.

Auf dem Steinberg ⑥ *: 6,5 km, schmale Zufahrt ab Unterdürrbach :*

Schloß Steinburg, ✉ 97080 Würzburg, ✆ (0931) 9 70 20, *Fax (0931) 97121,* ⩤ Würzburg und Marienberg, « Gartenterrasse », – – 80. AE VISA JCB
Menu à la carte 48/79 – **52 Z** 130/260.

In Höchberg ⑤ : *4 km* :

Zum Lamm, Hauptstr. 76, ✉ 97204, ✆ (0931) 40 90 94, *Fax (0931) 408973,* – TV ☎ – 40. E VISA
27. Dez. - 12. Jan. geschl. – **Menu** *(Mittwoch geschl.)* à la carte 26/55 – **37 Z** 90/170.

In Rottendorf ① : *6 km* :

Waldhaus, nahe der B 8, ✉ 97228, ✆ (09302) 9 22 90, *Fax (09302) 922930,* – P
Donnerstag, Feb. - März 2 Wochen und Aug. - Sept. 3 Wochen sowie über Weihnachten 1 Woche geschl. – **Menu** à la carte 32/60.

In Margetshöchheim ⑥ : *9 km* :

Eckert, Friedenstr. 41, ✉ 97276, ✆ (0931) 4 68 50, *Fax (0931) 4685100,* – , Zim, TV ☎ P – 30. AE E VISA JCB. Rest
24. Dez. - 6. Jan. geschl. – (Restaurant nur für Hausgäste) – **36 Z** 109/265.

In Biebelried ① : *12 km, nahe der Autobahnausfahrt A 3 und A 7* :

Leicht, Würzburger Str. 3 (B 8), ✉ 97318, ✆ (09302) 8 14, *Fax (09302) 3163,* , « Altfränkische Gaststuben » – TV P – 35. AE E VISA
Ende Dez. - Anfang Jan. geschl. – **Menu** *(Sonntagmittag geschl.)* à la carte 39/70 – **72 Z** 110/280.

In Erlabrunn ⑥ : *12 km* :

Weinhaus Flach (Gästehaus mit), Würzburger Str. 14, ✉ 97250, ✆ (09364) 13 19, *Fax (09364) 5310,* , – ☎ P – 40
15. Jan. - 8. Feb. und 17. - 27. Aug. geschl. – **Menu** *(Dienstag geschl.)* à la carte 25/50 – **38 Z** 80/160.

Gästehaus Tenne garni, Würzburger Str. 4, ✉ 97250, ✆ (09364) 93 84, *Fax (09364) 79201,* « Bäuerliche Einrichtung » – P. – **11 Z** 50/90.

WÜSTENROT *Baden-Württemberg* 419 *S 12 – 5 900 Ew – Höhe 485 m – Erholungsort.*

Berlin 573 – Stuttgart 67 – Heilbronn 27 – Schwäbisch Hall 24.

Waldhotel Raitelberg, Schönblickstr. 39, ✉ 71543, ✆ (07945) 93 00, *Fax (07945) 930100,* , , – Zim, TV ☎ P – 100. AE E VISA JCB
Menu à la carte 36/54 – **40 Z** 98/178.

WULKOW (BEI SEELOW) *Brandenburg siehe Müncheberg.*

WUNSIEDEL *Bayern* 420 *P 20 – 10 000 Ew – Höhe 537 m.*

Ausflugsziel : *Luisenburg : Felsenlabyrinth★★ S : 3 km* – ℹ *Verkehrsamt, Jean-Paul-Str. 5 (Fichtelgebirgshalle),* ✉ *95632,* ✆ *(09232) 60 21 62, Fax (09232) 602169.*
Berlin 353 – München 280 – Weiden in der Oberpfalz 55 – Bayreuth 48 – Hof 36.

Wunsiedler Hof, Jean-Paul-Str. 1, ✉ 95632, ✆ (09232) 9 98 80, *Fax (09232) 2462,* , – TV ☎ – 350. AE E VISA JCB
Menu à la carte 27/59 – **40 Z** 80/140.

Kronprinz von Bayern, Maximilianstr. 27, ✉ 95632, ✆ (09232) 35 00, *Fax (09232) 7640* – TV ☎ P. E
Menu *(Montag geschl.)* à la carte 27/61 – **25 Z** 79/135.

In Wunsiedel-Juliushammer *O : 3,5 km Richtung Arzberg* :

Juliushammer, ✉ 95632, ✆ (09232) 97 50, *Fax (09232) 8147,* , , , – TV ☎ P – 30. AE E VISA – **Menu** à la carte 35/62 – **30 Z** 95/145.

Bei der Luisenburg *SW : 2 km* :

Jägerstueberl mit Zim, Luisenburg 5, ✉ 95632 Wunsiedel, ✆ (09232) 21 03 (Hotel) 44 34 (Rest.), *Fax (09232) 1556,* , « Geschmackvolle Zimmereinrichtung » – TV ☎ P. AE E VISA
8. - 21. Juni und Sept. 1 Woche geschl. – **Menu** *(Sonntagabend - Montag geschl.)* (wochentags nur Abendessen, Tischbestellung ratsam) à la carte 61/80 – **7 Z** 85/170.

WUNSTORF *Niedersachsen* 415 417 418 *I 12 – 40 000 Ew – Höhe 50 m* – ℹ *Städt. Verkehrsamt, Steinhude, Meerstr. 2, (Strandterrassen),* ✉ *31515,* ✆ *(05033) 9 50 10, Fax (05033) 950120 – Berlin 306 – Hannover 24 – Bielefeld 94 – Bremen 99 – Osnabrück 124.*

Wehrmann-Blume, Kolenfelder Str. 86, ✉ 31515, ✆ (05031) 1 21 63, *Fax (05031) 4231* – TV ☎ P. Zim
Juli - Aug. 3 Wochen und 23. Dez. - 2. Jan. geschl. – **Menu** *(Sonn- und Feiertage geschl.)* (nur Abendessen) à la carte 29/43 – **25 Z** 85/140.

In Wunstorf-Großenheidorn : *NW : 8 km :*

Landhaus Burgdorf, Strandallee 1a, ✉ 31515, ☎ (05033) 83 65, *Fax (05033) 2483*, – Zim, ☎ P. Zim
Nov. 2 Wochen geschl. – **Menu** *(Montag, im Winter auch Dienstag geschl.)* (wochentags nur Abendessen) à la carte 39/65 – **6 Z** 130/210.

In Wunstorf-Steinhude *NW : 8 km – Erholungsort*

Haus am Meer, Uferstr. 3, ✉ 31515, ☎ (05033) 95 06 30, *Fax (05033) 950666*, <, Bootssteg, « Gartenterrasse » – ☎ P. AE VISA.
Menu à la carte 41/59 – **13 Z** 110/200.

Schweers-Harms-Fischerhus, Graf-Wilhelm-Str. 9, ✉ 31515, ☎ (05033) 52 28, *Fax (05033) 1784*, , « Altes niedersächsisches Bauernhaus » – P. AE E VISA
Menu à la carte 30/71.

WUPPERTAL *Nordrhein-Westfalen* **417** *M 5 – 390 000 Ew – Höhe 167 m.*

Sehenswert : *Von-der Heydt-Museum*★ Z **M1**.

Siebeneickerstr. 386 (AX), ☎ (02053) 71 77 ; Frielinghausen 1, ☎ (0202) 64 82 20 (NO : 11 km).

Informationszentrum, Wuppertal-Elberfeld, Pavillon Döppersberg, ✉ 42103, ☎ (0202) 5 63 21 80, Fax (0202) 5638052.

ADAC, *Hofaue 25 (Elberfeld), ✉ 42103, ☎ (0221) 47 27 47, Fax (0202) 2452399.*

Berlin 522 ② – Düsseldorf 40 ⑦ – Dortmund 48 ② – Duisburg 55 ⑦ – Essen 35 ⑨ – Köln 56 ④

Stadtpläne siehe nächste Seiten

In Wuppertal-Barmen :

Lindner Golfhotel Juliana, Mollenkotten 195, ✉ 42279, ☎ (0202) 6 47 50, *Fax (0202) 6475777*, « Terrasse mit < », – , Zim, P – 140. AE E VISA JCB — BX u
Menu (nur Abendessen) à la carte 52/88 – **132 Z** 175/265, 3 Suiten.

Zur Krone garni, Gemarker Ufer 19, ✉ 42275, ☎ (0202) 59 50 20, *Fax (0202) 559769* – ☎. E VISA — DZ a
17 Z 113/155.

Schmitz Jägerhaus, Jägerhaus 87, ✉ 42287, ☎ (0202) 46 46 02, *Fax (0202) 4604519*, – P – 40. AE E VISA — BY t
Dienstag geschl. – **Menu** à la carte 49/81.

Jagdhaus Mollenkotten, Mollenkotten 144, ✉ 42279, ☎ (0202) 52 26 43, *Fax (0202) 524431*, – P. AE E VISA — BX e
Montag - Dienstag, Jan. 2 Wochen und Aug. 3 Wochen geschl. – **Menu** à la carte 36/62.

In Wuppertal-Elberfeld :

InterCityHotel, Döppersberg 50, ✉ 42103, ☎ (0202) 4 30 60, *Fax (0202) 456959*, – , Zim, – 170. AE E VISA JCB — CZ a
Menu *(Freitag - Samstag geschl.)* (nur Abendessen) à la carte 45/65 – **156 Z** 201/320, 4 Suiten.

Rathaus-Hotel garni, Wilhelmstr. 7, ✉ 42105, ☎ (0202) 45 01 48, *Fax (0202) 451284* – ☎. E VISA — CZ s
33 Z 138/199.

Zur Post garni, Poststr. 4, ✉ 42103, ☎ (0202) 45 01 31, *Fax (0202) 451791*, – ☎. AE E VISA — CZ p
Weihnachten - 6. Jan. geschl. – **55 Z** 125/165.

Astor garni, Schloßbleiche 4, ✉ 42103, ☎ (0202) 45 05 11, *Fax (0202) 453844* – ☎. AE E VISA — CZ e
Weihnachten - Neujahr geschl. – **44 Z** 125/170.

Rubin garni, Paradestr. 59, ✉ 42107, ☎ (0202) 24 83 80, *Fax (0202) 2483810*, « Sammlung alter Werkzeuge » – ☎ P. AE E VISA — CZ f
16 Z 85/145.

Am Husar, Jägerhofstr. 2, ✉ 42119, ☎ (0202) 42 48 28, *Fax (0202) 437986*, – P — AY a
Mittwoch geschl. – **Menu** (nur Abendessen, Tischbestellung ratsam) à la carte 45/74.

In Wuppertal - Langerfeld :

Il Giardino, Langerfelder Str. 110, ✉ 42389, ☎ (0202) 60 12 49, *Fax (0202) 601249* – E — BX a
Dienstag und Juli - Aug. 3 Wochen geschl. – **Menu** (italienische Küche) 45/110 und à la carte 45/72.

WUPPERTAL

- Blombacher Bach ..... BY 7
- Briller Straße .... AY 13
- Cronenberger Straße ... AY 16
- Dahler Straße .... BX 18
- Ehrenhainstraße .... AY 19
- Hans-Böckler-Straße .... AX 29
- Haspeler Straße .... AY 30
- Höhenstraße .... AX 36
- Jägerhofstraße .... AY 42
- Jesinghauser Straße ... BX 44
- Lenneper Straße ...... BY 59
- Liebigstraße .... BX 61
- Lönsstraße .... BY 63
- Lüttringhauser Straße .... BY 64
- Märkische Straße ...... BX 67
- Marktstraße .... BY 68
- Mörikestraße .... BX 71
- Nützenberger Straße .... AY 72
- Oberer Grifflenberg ... AY 75
- Rauental .... BX 80
- Rauentaler Bergstraße . BX 81
- Schmiedestraße ..... BX 86
- Schönebecker Straße . BX 87
- Staubenthaler Straße . BY 92
- Tannenbergstraße .... AY 95
- Varresbecker Straße .. AY 97
- Virchowstraße .... AY 98
- Westkotter Straße .... BX 102

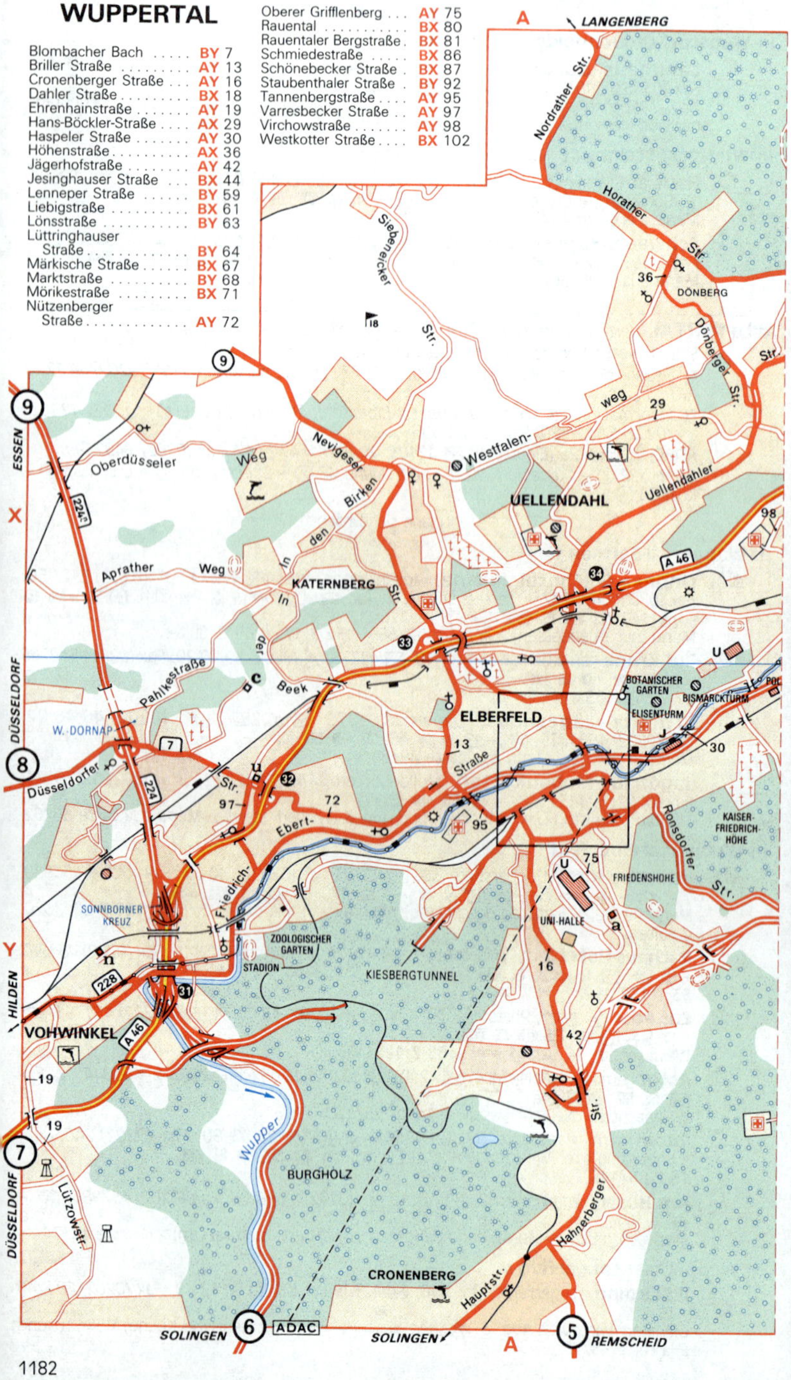

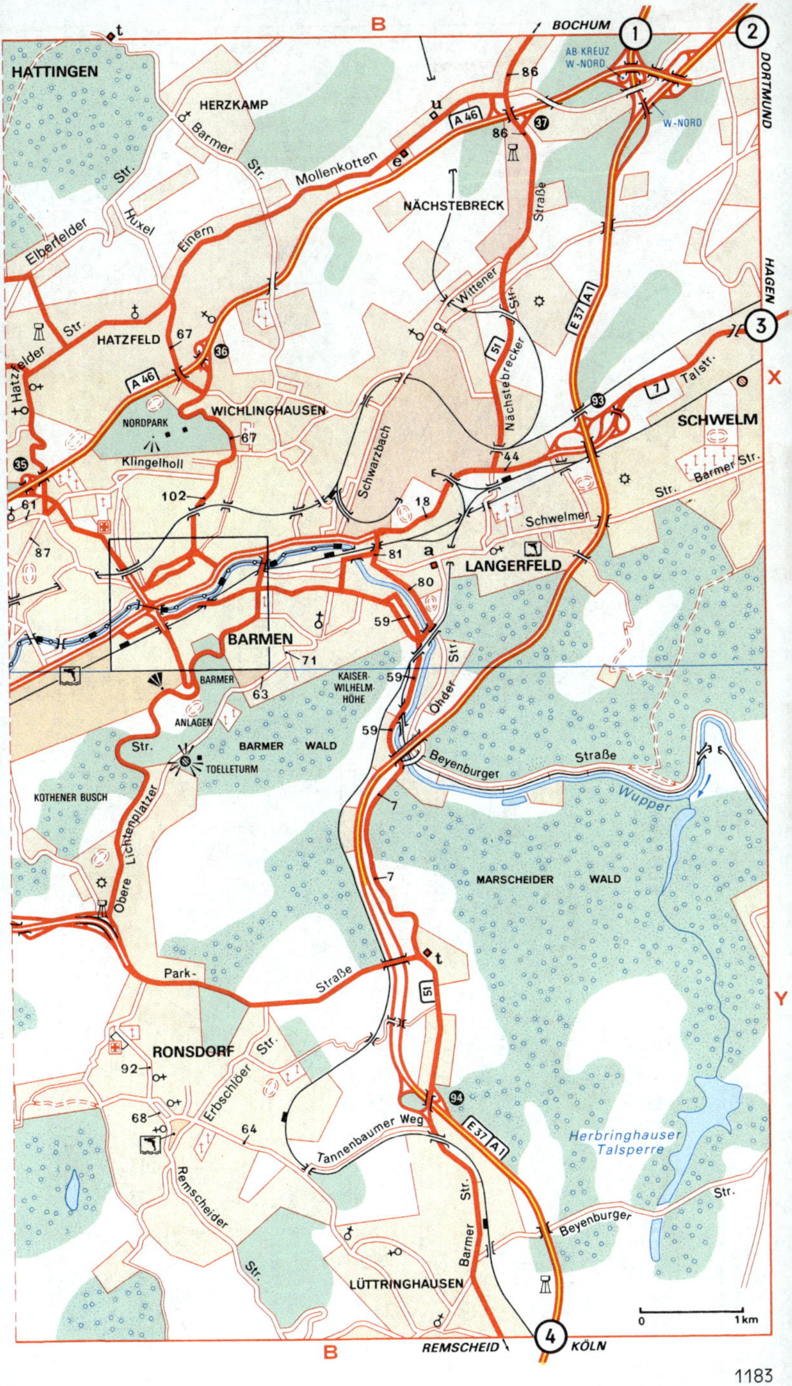
B
BOCHUM
1
2
DORTMUND
AB-KREUZ W-NORD
W-NORD
HATTINGEN
HERZKAMP
Barmer Str.
Mollenkotten
A 46
86
37
NÄCHSTEBRECK
Straße
Elberfelder Str.
Huxel
Einern
HAGEN
3
Hatzfelder Str.
HATZFELD
67
36
Wittener Str.
51
Nächstebrecker
E 37 A1
X
7
Talstr.
SCHWELM
93
NORDPARK
WICHLINGHAUSEN
Klingelholl
Schwarzbach
44
Barmer Str.
Schwelmer Str.
35
61
102
18
87
81
a
LANGERFELD
80
59
BARMEN
71
BARMER
ANLAGEN
63
KAISER-WILHELM-HÖHE
Ohder Str.
BARMER WALD
TOELLETURM
Beyenburger Straße
Wupper
KOTHENER BUSCH
Obere Lichtenplatzer Str.
MARSCHEIDER WALD
Park-Straße
t
Y
RONSDORF
92
68
Erbschlöer Str.
64
Tannenbaumer Weg
94
E 37 A1
Herbringhauser Talsperre
Remscheider Str.
Barmer Str.
Beyenburger Str.
LÜTTRINGHAUSEN
0
1 km
4
REMSCHEID
KÖLN

Alte Freiheit .... CZ 2	Brausenwerther Gasse ...... CZ 12	Else-Lasker-Schüler-Str. CZ 21
Auer Schulstraße CZ 3	Brüningstraße .. CZ 14	Friedrichstraße ...... CZ 23
Beckmannshof .. DZ 4	Bundesallee ... CZ 15	Friedrich-Ebert-Straße . CZ 24
Brändströmstraße DZ 10		Große Flurstraße .... DZ 26

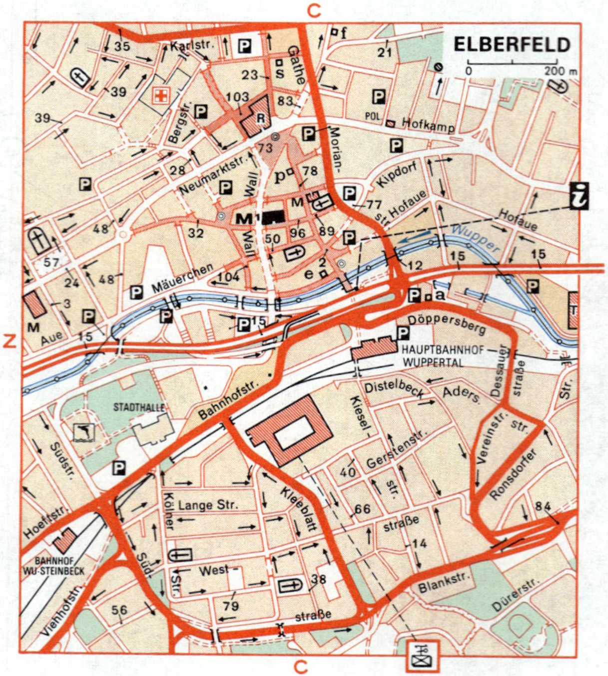

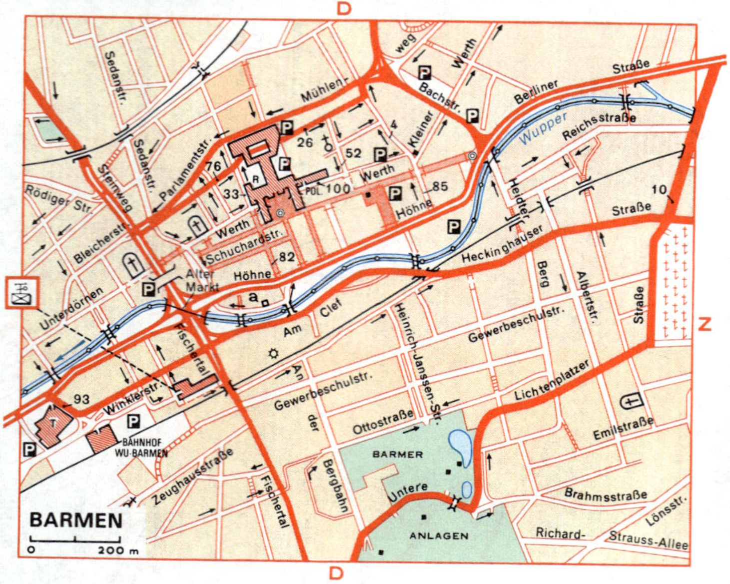

Grünstraße .... CZ 28	Kleine Flurstraße .... DZ 52	Rommelspütt .... CZ 83
Herzogstraße .... CZ 32	Lahnstraße .... DZ 56	Ronsdorfer Str. ...... CZ 84
Heubruch .... DZ 33	Laurentiusplatz .... CZ 57	Rudolf-Herzog-Straße .. DZ 85
Hochstraße .... CZ 35	Malzstraße .... CZ 66	Schöne Gasse .... CZ 89
Höhne .... DZ	Neumarkt .... CZ 73	Spinnstraße .... DZ 93
Holzer Straße ...... CZ 38	Paul-Humburg-Straße ... DZ 76	Turmhof .... CZ 96
Hombüchel .... CZ 39	Platz am Kolk .... CZ 77	Wegnerstraße .... DZ 100
Hopfenstraße ...... CZ 40	Poststraße .... CZ 78	Werth .... DZ
Kasinostraße ...... CZ 48	Prinzenstraße .... CZ 79	Willy-Brandt-Platz .... CZ 103
Kirchstraße .... CZ 50	Rolingswerth .... DZ 82	Wirmhof .... CZ 104

In Wuppertal-Schöller ⑧ *: 9 km :*

Gut Drinhausen, Kleindrinhausen 2, ✉ 42327, ☎ (02104) 1 30 60, *Fax (02104) 16234,* – Zim, . *Weihnachten - Neujahr geschl.* – **Menu** *(Samstagmittag gesch.)* à la carte 35/59 – **15 Z** 95/200.

In Wuppertal-Varresbeck :

Waldhotel Eskeshof, Krummacherstr. 251, ✉ 42115, ☎ (0202) 2 71 80, *Fax (0202) 2718199,* – Zim, – 50. AY c
Menu à la carte 29/64 – **61 Z** 140/185.

Novotel, Otto-Hausmann-Ring 203, ✉ 42115, ☎ (0202) 7 19 00, *Fax (0202) 7190333,* – Zim, – 240. AY u
Menu à la carte 38/65 – **128 Z** 175/230.

In Wuppertal-Vohwinkel :

Scarpati mit Zim, Scheffelstr. 41, ✉ 42327, ☎ (0202) 78 40 74, *Fax (0202) 789828,* « Jugendstilvilla mit mod. Restaurant-Anbau » – .
Menu (italienische Küche) à la carte 77/109 – ***Trattoria :*** **Menu** 40 und à la carte 59/73 – **7 Z** 140/190. AY n

WURMLINGEN *Baden-Württemberg siehe Tuttlingen.*

WURZACH, BAD *Baden-Württemberg* **419 420** *W 13 – 13 000 Ew – Höhe 652 m – Moorheilbad.*
Kurverwaltung, Mühltorstr. 1, ✉ 88410, ☎ (07564) 30 21 50, Fax (07564) 302154.
Berlin 681 – Stuttgart 159 – Konstanz 121 – Kempten (Allgäu) 47 – Ulm (Donau) 68 – Bregenz 66.

Adler, Schloßstr. 8, ✉ 88410, ☎ (07564) 9 30 30, *Fax (07564) 930340* –
Aug. 2 Wochen und 26. - 30. Dez. sowie 1. - 6. Jan. geschl. – **Menu** *(Montag geschl.)* à la carte 31/58 – **18 Z** 75/120 – ½ P 18.

WUSTERHAUSEN *Brandenburg* **416** *H 21 – 4 500 Ew – Höhe 50 m.*
Berlin 90 – Potsdam 77 – Schwerin 121 – Brandenburg 67.

Mühlenhof, Kyritzer Str. 31, ✉ 16868, ☎ (033979) 8 43 00, *Fax (033979) 14731,* « Ehemaliges Mühlengebäude » – – 25.
Menu à la carte 28/57 – **27 Z** 79/158.

WUSTROW *Mecklenburg-Vorpommern* **416** *C 21 – 2 400 Ew – Seebad.*
Fremdenverkehrsverein, Strandstr. 11, ✉ 18347, ☎ (038220) 4 63.
Berlin 255 – Schwerin 133 – Rostock 42.

Dorint M, Strandstr. 46, ✉ 18347, ☎ (038220) 6 50, *Fax (038220) 65100,* « Badelandschaft », Massage, – Zim, – 120. Rest
Menu à la carte 43/75 – **101 Z** 200/225, 28 Suiten – ½ P 45.

Sonnenhof, Strandstr.33, ✉ 18347, ☎ (038220) 61 90, *Fax (038220) 61955,* – .
Menu à la carte 26/62 – **14 Z** 150/190 – ½ P 25.

WUSTROW KREIS NEUSTRELITZ *Mecklenburg-Vorpommern* **416** *G 22 – 750 Ew – Höhe 50 m.*
Berlin 108 – Schwerin 135 – Neubrandenburg 50.

In Wustrow-Grünplan *SW : 7 km :*

Heidekrug, Dorfstr. 14, ✉ 17255, ☎ (039828) 6 00, *Fax (039828) 20266,* – Zim, – 25.
Menu à la carte 24/52 – **27 Z** 125/170.

In Strasen *SO : 3 km :*

Zum Löwen, Dorfstr. 41, ✉ 17255, ☎ (039828) 2 02 85, *Fax (039828) 20391,* – – 25.
Menu à la carte 19/36 – **23 Z** 70/120.

WYK *Schleswig-Holstein siehe Föhr (Insel).*

XANTEN *Nordrhein-Westfalen* 417 *L 3 – 19 000 Ew – Höhe 26 m – Erholungsort.*
Sehenswert : *Dom St. Viktor★.*
Tourist-Information, Rathaus, Karthaus 2, ✉ 46509, ✆ (02801) 77 22 98, Fax (02801) 772209.
Berlin 574 – Düsseldorf 68 – Duisburg 42 – Kleve 26 – Wesel 16.

Van Bebber, Klever Str. 12, ✉ 46509, ✆ (02801) 66 23, *Fax (02801) 5914,* Biergarten, « Stilvoll eingerichtetes Restaurant » – Zim, – 100. AE E VISA
Menu *(Sonntagabend - Montagmittag und 2. - 29. Jan. geschl.)* à la carte 43/78 – **35 Z** 99/235 – ½ P 30.

Hövelmann garni, Markt 31, ✉ 46509, ✆ (02801) 40 81, *Fax (02801) 4085* – . AE E VISA
23 Z 90/175.

In Xanten-Obermörmter *NW : 15 km über die B 57 :*

Landhaus Köpp, Husenweg 147, ✉ 46509, ✆ (02804) 16 26 – . AE
Samstagmittag, Sonntagabend - Montag und 2. - 30. Jan. geschl. – **Menu** (Tischbestellung erforderlich) 75/129 und à la carte
Spez. Gefüllte Kalbsbriestasche. Creation von Steinbutt. Passionsfruchttörtchen.

ZEHNA *Mecklenburg-Vorpommern* 416 *E 20 – 500 Ew – Höhe 45 m.*
Berlin 186 – Schwerin 66 – Güstrow 10 – Rostock 54 – Wismar 75.

Motel Zehna, Ganschower Str. 18, ✉ 18276, ✆ (038458) 30 30, *Fax (038458) 30311* – – 30. E.
(nur Abendessen für Hausgäste) – **15 Z** 70/95.

ZEIL AM MAIN *Bayern* 420 *P 15 – 5 300 Ew – Höhe 237 m.*
Berlin 428 – München 270 – Coburg 70 – Schweinfurt 27 – Bamberg 29.

Kolb, Krumer Str. 1, ✉ 97475, ✆ (09524) 90 11, *Fax (09524) 6676,* – – 40. E
Jan. 2 Wochen und Ende Aug. 1 Woche geschl. – **Menu** à la carte 22/56 – **20 Z** 60/125.

ZEISKAM *Rheinland-Pfalz siehe Bellheim.*

ZEITZ *Sachsen-Anhalt* 418 *M 20 – 38 000 Ew – Höhe 200 m.*
Zeitz-Information, Altmarkt 16, (Gewandhaus), ✉ 06712, ✆ (03441) 8 32 92, Fax (03441) 83331 – Berlin 216 – Magdeburg 136 – Gera 21.

Am Wasserturm M, Geußnitzer Str. 73, ✉ 06712, ✆ (03441) 6 17 20, *Fax (03441) 617212,* , « Individuelle Zimmereinrichtung » – – 25. Rest
Menu *(Sonntagabend geschl.)* à la carte 27/54 – **20 Z** 98/150.

Drei Schwäne, Altmarkt 6, ✉ 06712, ✆ (03441) 21 26 86, *Fax (03441) 712286* – – 40. AE E VISA.
Menu à la carte 24/47 – **36 Z** 70/180.

Weisse Elster M garni, Albrechtstr. 37, ✉ 06712, ✆ (03441) 8 61 00, *Fax (03441) 86110* – . E VISA
23 Z 75/120.

Gasthaus am Neumarkt, Neumarkt 15, ✉ 06712, ✆ (03441) 6 16 60, *Fax (03441) 616626,* – . E
Menu à la carte 25/55 – **10 Z** 95/165.

ZELL AM HARMERSBACH *Baden-Württemberg* 419 *U 8 – 7 600 Ew – Höhe 223 m – Erholungsort.*
Verkehrsbüro, Alte Kanzlei 2, ✉ 77736, ✆ (07835) 63 69 47, Fax (07835) 636950.
Berlin 769 – Stuttgart 168 – Karlsruhe 99 – Freudenstadt 43 – Offenburg 22 – Freiburg im Breisgau 55.

Sonne, Hauptstr. 5, ✉ 77736, ✆ (07835) 6 37 30, *Fax (07835) 637313,* – . AE E VISA
Mitte Jan. - Mitte Feb. und Mitte Juli - Mitte Aug. geschl. – **Menu** *(Donnerstag - Freitagmittag geschl.)* à la carte 33/62 – **19 Z** 79/150 – ½ P 25.

Zum Schwarzen Bären, Kirchstr. 5, ✉ 77736, ✆ (07835) 2 51, *Fax (07835) 5251,* Biergarten – – 60. E VISA
Menu *(Montagmittag und Mittwoch geschl.)* à la carte 26/76 *(auch vegetarische Gerichte)* – **35 Z** 68/130 – ½ P 20.

Kleebad , Jahnstr. 8, ✉ 77736, ✆ (07835) 33 15, *Fax (07835) 5187,* – .
Mitte Nov. - Mitte Dez. geschl. – (Restaurant nur für Hausgäste) – **21 Z** 59/114 – ½ P 17.

In Zell-Unterharmersbach :

Rebstock, Hauptstr. 104, ✉ 77736, ✆ (07835) 39 13, Fax (07835) 3734, – TV P. E VISA
18. Feb. - 12. März und 3. - 12. Nov. geschl. – **Menu** *(Dienstag geschl.)* à la carte 26/57 – **17 Z** 59/104 – ½ P 17.

ZELL AM WALDSTEIN *Bayern siehe Münchberg.*

ZELL AN DER MOSEL *Rheinland-Pfalz* 417 *P 5 – 5 000 Ew – Höhe 94 m.*

Tourist-Information, Rathaus, Balduinstr. 44, ✉ 56856, ✆ (06542) 7 01 22, Fax (06542) 5600.

Berlin 665 – Mainz 105 – Trier 72 – Cochem 39.

Zum grünen Kranz, Balduinstr. 13, ✉ 56856, ✆ (06542) 9 86 10, *Fax (06542) 986180,* ≤, , , – TV ☎. AE E VISA
Menu *(Jan. geschl.)* à la carte 29/63 – **19 Z** 85/180.

Zur Post, Schloßstr. 25, ✉ 56856, ✆ (06542) 42 17, *Fax (06542) 41693,* – TV P. AE E VISA.
Feb. geschl. – **Menu** *(Montag geschl.)* à la carte 26/50 – **16 Z** 65/130.

ZELL IM WIESENTAL *Baden-Württemberg* 419 *W 7 – 6 700 Ew – Höhe 444 m – Erholungsort.*

Verkehrsverein, Schopfheimer Str. 3, ✉ 79669, ✆ (07625) 92 40 92, Fax (07625) 13315.

Berlin 819 – Stuttgart 196 – Freiburg im Breisgau 50 – Donaueschingen 73 – Basel 32.

Löwen, Schopfheimer Str. 2, ✉ 79669, ✆ (07625) 9 25 40, *Fax (07625) 8086,* Biergarten – TV ☎ P. E VISA. Rest
Menu *(Donnerstagabend - Samstagmittag geschl.)* à la carte 31/71 – **36 Z** 60/125 – ½ P 25.

In Zell-Pfaffenberg *N : 5,5 km – Höhe 700 m*

Berggasthof Schlüssel , Pfaffenberg 2, ✉ 79669, ✆ (07625) 3 75, *Fax (07625) 9632,* ≤, « Terrasse » – P. Zim
Mitte Jan. - Mitte Feb. geschl. – **Menu** *(Montag - Dienstag geschl.)* à la carte 29/68 *(auch vegetarische Gerichte)* – **12 Z** 58/100 – ½ P 26.

ZELL UNTER AICHELBERG *Baden-Württemberg – 2 600 Ew – Höhe 330 m.*

Berlin 617 – Stuttgart 46 – Göppingen 12 – Kirchheim unter Teck 13 – Ulm (Donau) 56.

Schäferhof, Bollerstr. 4, ✉ 73119, ✆ (07164) 1 43 67, *Fax (07164) 14368,* – P – 80
Samstagmittag und Montag geschl. – **Menu** à la carte 39/62.

ZELLA-MEHLIS *Thüringen* 418 *O 16 – 13 500 Ew – Höhe 500 m.*

Fremdenverkehrsamt, Louis-Anschütz-Str. 28, ✉ 98544, ✆ (03682) 48 28 40, Fax (03682) 487143.

Berlin 346 – Erfurt 55 – Coburg 58 – Suhl 6.

Waldmühle, Lubenbachstr. 2, ✉ 98544, ✆ (03682) 8 98 33, *Fax (03682) 898111,* , – TV ☎ P. E.
Menu à la carte 23/48 – **38 Z** 80/115.

Stadt Suhl, Bahnhofstr. 7, ✉ 98544, ✆ (03682) 4 02 21, *Fax (03682) 41931,* Biergarten – TV ☎ P. AE E VISA
Menu *(Sonntagabend geschl.)* à la carte 23/35 – **13 Z** 79/132.

Besonders angenehme Hotels oder Restaurants sind im Führer rot gekennzeichnet.
Sie können uns helfen, wenn Sie uns die Häuser angeben, in denen Sie sich besonders wohl gefühlt haben.
Jährlich erscheint eine komplett überarbeitete Ausgabe aller Roten Michelin-Führer.

ZELLINGEN *Bayern* 417 419 420 *Q 13 – 5 800 Ew – Höhe 166 m.*

Berlin 507 – München 296 – Würzburg 19 – Aschaffenburg 60 – Bad Kissingen 53.

In Zellingen-Retzbach :

Vogelsang, Untere Hauptstr. 9, ✉ 97225, ✆ (09364) 80 50, *Fax (09364) 805222,* , , – TV ☎ P – 130. AE E VISA
Menu à la carte 25/59 – **33 Z** 90/125.

ZELTINGEN-RACHTIG *Rheinland-Pfalz* 417 *Q 5 – 2 500 Ew – Höhe 105 m – Erholungsort.*

Verkehrsbüro, Zeltingen, Uferallee 13, ✉ 54492, ✆ (06532) 24 04, Fax (06532) 3847.

Berlin 688 – Mainz 121 – Trier 49 – Bernkastel-Kues 8 – Koblenz 99 – Wittlich 10.

Im Ortsteil Zeltingen :

St. Stephanus, Uferallee 9, ✉ 54492, ✆ (06532) 6 80, *Fax (06532) 68420,* <, , , – , Zim, TV ☎ P – 80. AE E VISA
Jan. geschl. – ***Le Petit :*** **Menu** à la carte 34/62 – **46 Z** 135/280 – ½ P 35.

Nicolay zur Post, Uferallee 7, ✉ 54492, ✆ (06532) 9 39 10, *Fax (06532) 2306,* <, , , – TV ☎ P. AE E VISA. Rest
6. Jan. - Karneval geschl. – **Menu** *(Nov. - April Montag - Dienstagmittag geschl.)* à la carte 42/76 – **40 Z** 95/210 – ½ P 35.

Im Ortsteil Rachtig :

Deutschherrenhof (mit Gästehaus), Deutschherrenstr. 23, ✉ 54492, ✆ (06532) 93 50, *Fax (06532) 935199,* <, – TV ☎ P. E VISA
2. - 22. Jan. geschl. – **Menu** *(Nov. - März wochentags nur Abendessen, Dienstag geschl.)* à la carte 31/53 – **49 Z** 75/190 – ½ P 35.

ZEMMER *Rheinland-Pfalz siehe Kordel.*

ZEMPIN *Mecklenburg-Vorpommern siehe Usedom (Insel).*

ZENTING *Bayern* 420 *T 23 – 1 300 Ew – Höhe 450 m – Wintersport : 600/1 000 m .*

Verkehrsamt, Schulgasse 4, ✉ 94579, ✆ (09907) 2 82, Fax (09907) 1093.

Berlin 596 – München 172 – Passau 35 – Cham 89 – Deggendorf 30.

In Zenting-Ranfels *S : 4 km :*

Zur Post (mit Gästehaus), Schloßbergweg 4, ✉ 94579, ✆ (09907) 2 30, *Fax (09907) 1209,* Biergarten, – TV P
Nov. - 20. Dez. geschl. – **Menu** *(außer Saison Mittwoch geschl.)* à la carte 24/35 – **17 Z** 48/90.

ZERBST *Sachsen-Anhalt* 418 *K 20 – 18 000 Ew – Höhe 68 m.*

Informations- und Verkehrsbüro, Schloßfreiheit 12, ✉ 39261, ✆ (03923) 23 51, Fax (03923) 2351.

Berlin 133 – Magdeburg 43 – Dessau 30.

von Rephuns Garten, Rephunstr. 2, ✉ 39261, ✆ (03923) 6 16 05, *Fax (03923) 61607,* – TV ☎ P – 20. AE E VISA
Menu à la carte 40/56 – **16 Z** 90/160.

Park-Hotel (ehemalige Villa), Karl-Marx-Str. 7, ✉ 39261, ✆ (03923) 78 02 13, *Fax (03923) 780215,* – TV ☎ P. AE E
Menu à la carte 23/40 – **16 Z** 75/95.

Park-Restaurant Vogelherd, Lindauer Str. 78 (N : 2,5 km), ✉ 39261, ✆ (03923) 78 04 44, , « Kleiner Teich und Pavillon mit Grill » – P. AE E VISA
Montagmittag und Dienstag geschl. – **Menu** à la carte 34/64.

ZERF *Rheinland-Pfalz* 417 *R 4 – 1 500 Ew – Höhe 400 m.*

Berlin 722 – Mainz 160 – Trier 25 – Saarbrücken 61.

In Greimerath *S : 7 km :*

Dohm - Zur Post, Hauptstr. 73, ✉ 54314, ✆ (06587) 8 57, *Fax (06587) 858* – ☎ P
Jan. - Feb. 2 Wochen geschl. – **Menu** *(Dienstag geschl.)* à la carte 23/47 – **12 Z** 45/90.

ZEULENRODA *Thüringen* 418 *O 19 – 14 400 Ew – Höhe 425 m.*

Fremdenverkehrsverein, Schuhgasse 7, 07937, (036628) 8 24 41, Fax (036628) 89276.

Berlin 267 – Erfurt 109 – Gera 31 – Greiz 20.

Goldener Löwe M, Kirchstr. 15, 07937, (036628) 6 01 44, *Fax (036628) 60145*, , Massage, – Zim, – 30. AE E VISA
Menu à la carte 30/58 – **32 Z** 100/160.

ZEUTHEN *Brandenburg* 416 *I 24 – 8 000 Ew – Höhe 50 m.*

Berlin 32 – Potsdam 57 – Frankfurt (Oder) 74.

Seehotel, Fontaneallee 27, 15738, (033762) 8 90, *Fax (033762) 89408*, , Massage, – , Zim, Rest, – 180. AE E VISA JCB
Menu à la carte 38/66 – **143 Z** 195/215, 4 Suiten.

Die im ***Michelin-Führer***
verwendeten Schrifttypen und Symbole haben -
fett oder dünn gedruckt, rot oder ***schwarz*** *-*
jeweils eine andere Bedeutung. Lesen Sie daher die Erklärungen aufmerksam durch.

ZEVEN *Niedersachsen* 415 *G 11 – 13 700 Ew – Höhe 30 m.*

Berlin 350 – Hannover 147 – Bremen 58 – Bremerhaven 60 – Hamburg 74.

Paulsen, Meyerstr. 22, 27404, (04281) 94 10, *Fax (04281) 94142* – , Zim, – 50. AE E VISA
Menu *(Sonn- und Feiertage geschl.)* à la carte 34/64 – **38 Z** 98/170.

Central, Poststr. 20, 27404, (04281) 9 39 10, *Fax (04281) 939191*, – . AE E VISA. Rest
Menu à la carte 32/50 – **21 Z** 85/130.

Spreckels, Bremer Str. 2, 27404, (04281) 9 37 20, *Fax (04281) 6537* – . E.
Menu *(Samstagmittag und Sonntagabend geschl.)* à la carte 27/49 – **23 Z** 80/130.

Landhaus Radler garni, Kastanienweg 17, 27404, (04281) 30 22, *Fax (04281) 3411*, – . AE E VISA.
16 Z 76/122.

In Gyhum-Sick *S : 10 km :*

Niedersachsen-Hof, Sick 13 (an der B 71), 27404, (04286) 94 00, *Fax (04286) 1400*, , – – 35. AE E VISA. Zim
Menu *(Freitag und 23. - 30. Dez. geschl.)* à la carte 31/51 – **28 Z** 70/150.

ZINGST *Mecklenburg-Vorpommern* 416 *C 22 – 3 500 Ew – Seebad.*

Kur- und Tourismusbetriebe, Klosterstr. 21, 18374, (038232) 81 50, Fax (038232) 81525.

Berlin 284 – Schwerin 143 – Rostock 71 – Stralsund 42.

Steigenberger Esprix Aparthotel M, Seestraße, 18374, (038232) 8 50, *Fax (038232) 85999*, , – , Zim, – 50. AE E VISA
Menu à la carte 32/57 – **102 Z** 160/340.

Am Strand, Birkenstr. 21, 18374, (038232) 1 56 00, *Fax (038232) 15603*, , – . Zim
Jan. geschl. – **Menu** à la carte 25/51 – **19 Z** 130/180, 6 Suiten – ½ P 25.

Boddenhus, Hafenstr. 9, 18374, (038232) 1 57 13, *Fax (038232) 15629*, – . AE E VISA
Menu *(Dez. - März Montag - Freitag nur Abendessen)* à la carte 25/56 – **19 Z** 113/178 – ½ P 25.

In Zingst-Sundische Wiese *O : 9,5 km :*

Schlößchen, 18374, (038232) 81 80, *Fax (038232) 81838*, , , – . E VISA
Jan. geschl. – **Menu** à la carte 36/60 – **14 Z** 130/270 – ½ P 35.

ZINNOWITZ *Mecklenburg-Vorpommern siehe Usedom (Insel).*

ZIRNDORF *Bayern* 419 420 *R 16 – 21 000 Ew – Höhe 290 m.*

Siehe Stadtplan Nürnberg (Umgebungsplan).

Berlin 452 – München 175 – Nürnberg 16 – Ansbach 35.

Rangau M, Banderbacher Str. 27, ✉ 90513, ☎ (0911) 9 60 10, *Fax (0911) 9601100*, –, Zim, – 40. Rest AS c
Menu *(Sonn- und Feiertage abends und Montag geschl.)* à la carte 38/67 – **20 Z** 130/250.

Kneippkurhotel, Achterplätzchen 5, ✉ 90513, ☎ (0911) 60 90 03, *Fax (0911) 603001*, – AS m
Menu *(Sonntag - Montagmittag geschl.)* à la carte 28/51 – **18 Z** 75/110.

ZITTAU *Sachsen* 418 *N 28 – 30 000 Ew – Höhe 242 m.*

Sehenswert : *Grüner Born★ – Oybin : Bergkirche★, Burg- und Klosteranlage★ ≤★ SW : 8 km – Großschönau : Deutsches Damast- und Frottiermuseum★ W : 12 km.*

Tourist-Information, im Rathaus, Markt 1, ✉ 02763, ☎ (03583) 75 21 37, Fax (03583) 752161.

Berlin 246 – Dresden 99 – Görlitz 34.

Dresdner Hof (mit Gästehaus), Äußere Oybiner Str. 9, ✉ 02763, ☎ (03583) 5 73 00, *Fax (03583) 573050*, –
Menu à la carte 21/41 – **37 Z** 90/135.

Zum Weberhof, Äußere Weberstr. 46, ✉ 02763, ☎ (03583) 5 73 70, *Fax (03583) 573750* –
Menu à la carte 23/35 – **30 Z** 85/110.

In Hörnitz *W : 4 km :*

Schloßhotel Althörnitz, Zittauer Str. 9, ✉ 02763, ☎ (03583) 55 00, *Fax (03583) 550200*, « Schloß a. d. 17. Jh. mit Park und Hotelanlage », Massage, – Zim, – 60. Rest
Menu à la carte 32/60 – **78 Z** 110/220.

In Oybin *SW : 9 km – Höhe 450 m – Luftkurort :*

Zum Berg Oybin, Friedrich-Engels-Str. 34, ✉ 02797, ☎ (035844) 73 20, *Fax (035844) 73299*, –
Menu à la carte 21/44 – **21 Z** 80/126 – ½ P 22.

In Waltersdorf *SW : 16 km – Höhe 590 m – Erholungsort :*

Rübenzahlbaude, Hauptstr. 165, ✉ 02799, ☎ (035841) 33 90, *Fax (035841) 33999*, –
Menu à la carte 22/44 – **12 Z** 80/96 – ½ P 17.

ZORGE *Niedersachsen* 418 *L 15 – 1 800 Ew – Höhe 340 m – Luftkurort.*

Tourist-Information, Am Kurpark 4, ✉ 37449, ☎ (05586) 96 60 70, Fax (05586) 966060.

Berlin 262 – Hannover 137 – Erfurt 98 – Göttingen 70 – Braunlage 15.

Wolfsbach, Hohegeißer Str. 25, ✉ 37449, ☎ (05586) 4 26, *Fax (05586) 971246*, –
10. - 24. April und 1. Nov. - 15. Dez. geschl. – (Restaurant nur für Hausgäste) – **16 Z** 51/118 – ½ P 14.

ZORNEDING *Bayern* 420 *V 19 – 7 500 Ew – Höhe 560 m.*

Berlin 599 – München 24 – Wasserburg am Inn 34.

Eschenhof garni, Anton-Grandauer-Str. 17, ✉ 85604, ☎ (08106) 28 82, *Fax (08106) 22075*, « Geschmackvolle Einrichtung im Landhausstil », –
Weihnachten - Anfang Jan. geschl. – **29 Z** 135/220.

Neuwirt, Münchner Str. 4 (B 304), ✉ 85604, ☎ (08106) 2 42 60, *Fax (08106) 2426166*, – – 30.
Menu à la carte 33/67 – **30 Z** 108/145.

ZOSSEN *Brandenburg* 416 418 *J 24 – 8 000 Ew – Höhe 40 m.*

Berlin 34 – Potsdam 55 – Königs Wusterhausen 17.

Berlin garni, Bahnhofstr. 28 (B 96), ✉ 15806, ☎ (03377) 32 50, *Fax (03377) 325100* – – 40.
50 Z 90/140.

Reuner, Machnower Chaussee 1a (B 96), ✉ 15806, ☎ (03377) 3 05 90, *Fax (03377) 301371*, – – 20.
Menu à la carte 24/46 – **17 Z** 90/150.

In Nächst-Neuendorf *W : 1,5 km :*

Zum Kleeblatt, Zossener Str. 49, ✉ 15806, ✆ (03377) 3 41 80, *Fax (03377) 341844,* – AE E VISA
Menu à la carte 20/45 – **22 Z** 80/150.

ZSCHORLAU *Sachsen 418 420 O 21 – 5 000 Ew – Höhe 530 m.*

Berlin 303 – Dresden 117 – Chemnitz 42 – Karlovy Vary 63 – Plauen 53 – Zwickau 23.

In Zschorlau-Burkhardtsgrün *S : 4 km :*

Landhotel Am Alten Zollhaus, Hauptstr. 19, ✉ 08321, ✆ (037752) 62 00, *Fax (037752) 6206,* , , – Zim, – 20. AE E VISA
Menu à la carte 25/45 – **18 Z** 85/150.

ZÜTZEN *Brandenburg siehe Schwedt.*

ZUSMARSHAUSEN *Bayern 419 420 U 15 – 4 700 Ew – Höhe 466 m.*

Berlin 575 – München 98 – Augsburg 25.

Die Post, Augsburger Str. 2, ✉ 86441, ✆ (08291) 1 88 00, *Fax (08291) 8363,* , , Massage, , – , Zim, – 60. E VISA
Menu à la carte 57/78 – **25 Z** 85/170.

ZWEIBRÜCKEN *Rheinland-Pfalz 417 S 6 – 37 500 Ew – Höhe 226 m.*

Büro für Fremdenverkehr, Herzogstr. 1, ✉ 66482, ✆ (06332) 87 11 23, Fax (06332) 871100.
ADAC, *Poststr. 14, ✉ 66482, ✆ (06332) 1 58 48, Fax (06332) 72745.*
Berlin 691 – Mainz 139 – Saarbrücken 40 – Pirmasens 25.

Europas Rosengarten , Rosengartenstr. 60, ✉ 66482, ✆ (06332) 97 70, *Fax (06332) 977222,* – , Zim, – 40. AE E VISA
Menu à la carte 34/68 – **48 Z** 118/165.

Hitschler, Fruchtmarktstr. 8, ✉ 66482, ✆ (06332) 7 55 74 – E VISA
Samstagmittag, Donnerstag und Juli 2 Wochen geschl. – **Menu** à la carte 28/56.

Außerhalb *O : 3 km :*

Romantik Hotel Fasanerie , Fasanerie 1, ✉ 66482 Zweibrücken, ✆ (06332) 97 30, *Fax (06332) 973111,* Biergarten, « Park, Terrasse mit < », , – Zim, – 100. AE E VISA
Tschifflik *(Sonntag geschl.)* **Menu** 40 (mittags) und à la carte 58/85 – ***Landhaus*** *(wochentags nur Abendessen)* **Menu** à la carte 41/49 – **50 Z** 168/296.

ZWESTEN, BAD *Hessen 417 M 11 – 4 100 Ew – Höhe 215 m – Heilbad – Luftkurort.*

Kurverwaltung, Rathaus, ✉ 34596, ✆ (05626) 7 73, Fax (05626) 999326.
Berlin 424 – Wiesbaden 171 – Kassel 40 – Bad Wildungen 11 – Marburg 50 – Paderborn 115.

Landhotel Kern, Brunnenstr. 10, ✉ 34596, ✆ (05626) 99 70, *Fax (05626) 997222,* , , , – – 30. AE E VISA. Rest
10. Jan. - 17. März geschl. – **Menu** *(Dienstag - Mittwochabend geschl.)* à la carte 36/62 – **58 Z** 83/150 – ½ P 18.

Altenburg, Hardtstr. 1a, ✉ 34596, ✆ (05626) 8 00 90, *Fax (05626) 800939,* , , , – Zim, – 60. AE E VISA
Menu *(Sonntagabend - Montag, Freitagmittag, Mitte 15. Nov. - 10. Dez. und 5. Jan. - 15. März geschl.)* à la carte 27/60 – **45 Z** 65/190 – ½ P 19.

Zum kleinen König mit Zim, Hauptstr. 4, ✉ 34596, ✆ (05626) 84 11, *Fax (05626) 8360,* – . AE E VISA
Menu *(Montag geschl.)* à la carte 30/59 – **7 Z** 78/140 – ½ P 18

Verwechseln Sie nicht :

Komfort der Hotels : ... ,
Komfort der Restaurants : XXXXX ... X
Gute Küche : ✿✿✿, ✿✿, ✿, **Menu**

ZWICKAU *Sachsen* 418 *N 21 – 107 000 Ew – Höhe 434 m.*

Sehenswert : *Dom St. Marien★ DZ (Hauptaltar★★, Beweinung Christi★, Heiliges Grab★, Kanzel★).*

Tourist-Information, Hauptstr. 6, ✉ 08056, ✆ (0375) 1 94 33, Fax (0375) 293715.

ADAC, *Äußere Schneeberger Str. 4, ✉ 08056, ✆ (0375) 39 03 60, Fax (0375) 3903629.*

Berlin 263 ① – Dresden 105 ① – Chemnitz 42 ② – Leipzig 80 ①

ZWICKAU

Am Bauernweg	BV	6
Bürgerschachtstr.	BV	9
Erlmühlenstr	BU	10
Friedrich-Engels-Str.	BUV	12
Gochtstr.	AU	13
Heinrich-Braun-Str.	AV	16
Helmholtzstr.	BV	18
Innere Zwickauer Str.	AV	21
Lerchenweg	BV	24
Muldestr.	BV	31
Olzmannstr.	AV	36
Oskar-Arnold-Str.	BV	37
Pölbitzer-Str.	BU	42
Schedewitzer Str.	BV	45
Scheffelstr.	BU	46
Steinpleiser Str.	AV	51
Sternenstr.	BU	52
Thurmer Str.	BU	55
Untere Kohlenstr.	BV	57

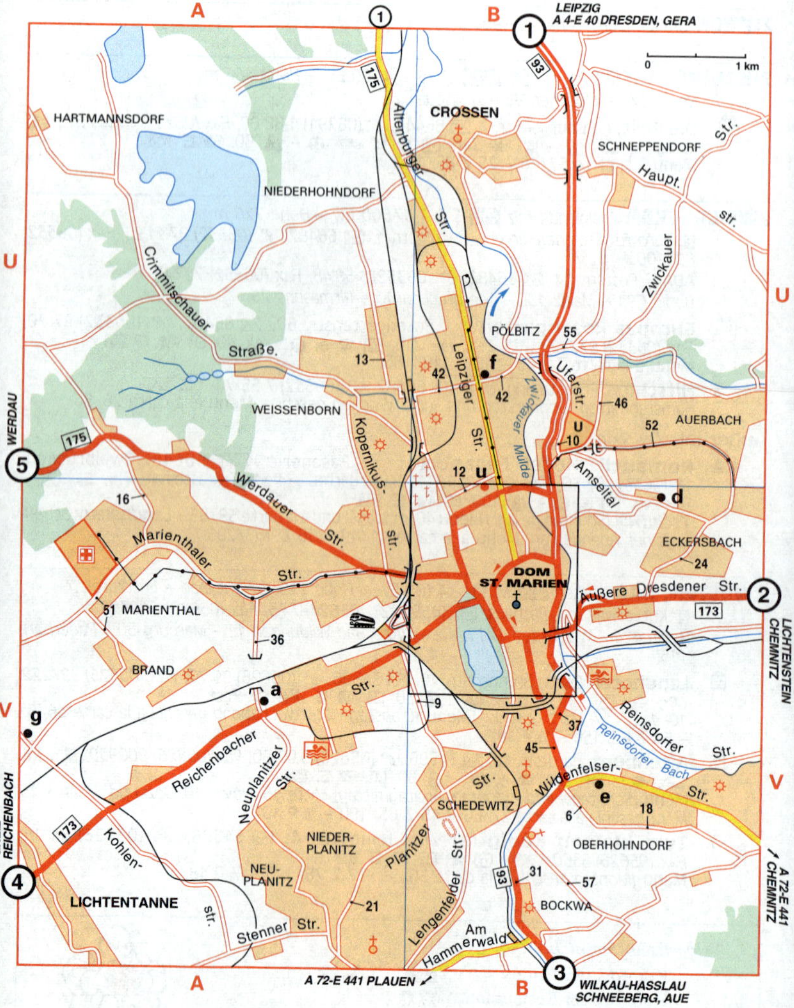

Die Stadtpläne sind eingenordet (Norden = oben).

ZWICKAU

Äußere Dresdener Straße .. DZ 3
Äußere Plauensche Str. .... CY 4
Emilienstr. .... CZ 10
Friedrich-Engels-Str. ...... CY 12
Große Biergasse .... DY 14
Hauptmarkt .... DZ 15
Heinrich-Heine-Str. .... CDY 17
Innere Plauensche Str. .... DZ 19
Kornmarkt .... DZ 22
Magazinstr. .... DY 25
Marienstr. .... DYZ 27
Münzstr. .... DZ 30
Neuberinplatz .... DZ 33
Nicolaistr. .... DY 34
Peter-Breuer-Str. .... DZ 39
Platz der Völkerfreundschaft ...... CY 40
Römerplatz .... CDY 43
Schillerstr. .... DZ 48
Schumannplatz .... DY 49
Teichstr. .... DZ 54

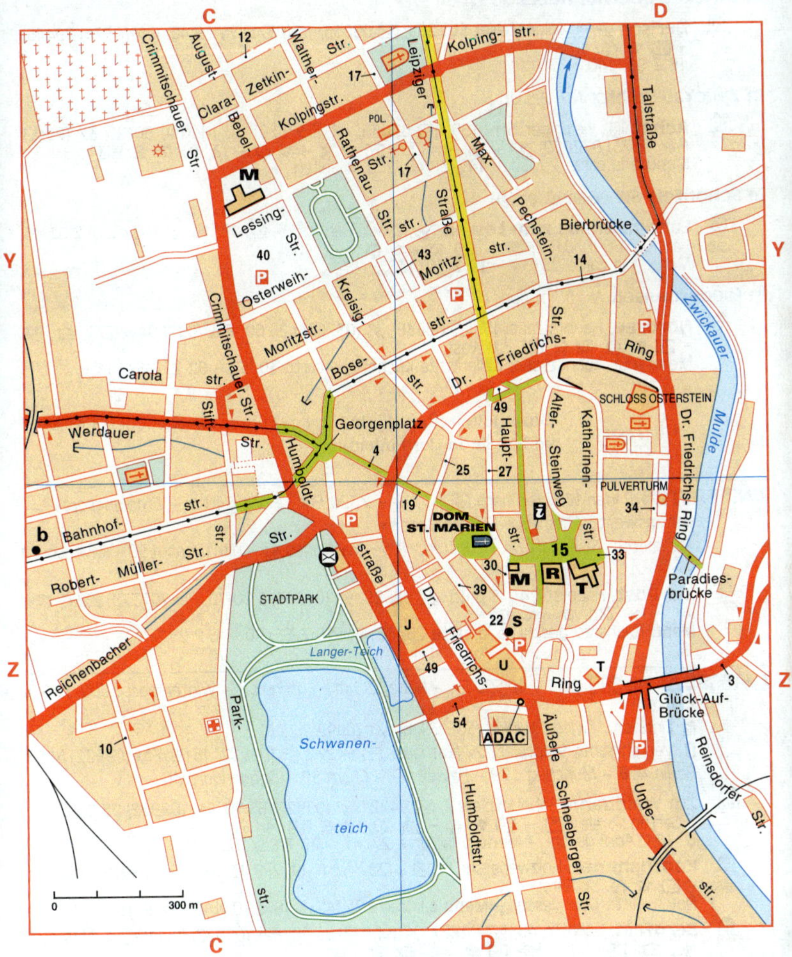

Holiday Inn [M], Kornmarkt 9, ✉ 08056, ☎ (0375) 2 79 20, *Fax (0375) 2792666*, – Zim, Rest, ☎ – 80. AE VISA JCB DZ s
Pavillon *(Sonntag - Montag und Juli - Aug. geschl., nur Abendessen)* **Menu** à la carte 47/65
– ***Confetti*** **: Menu** à la carte 36/49 – **127 Z** 157/250, 3 Suiten.

Airport Hotel [M], Olzmannstr. 57, ✉ 08060, ☎ (0375) 5 60 20, *Fax (0375) 5602151*, – Zim, Rest, ☎ – 120. AE VISA AV a
Menu à la carte 34/60 – **124 Z** 149/180.

Merkur [M] garni, Bahnhofstr. 58, ✉ 08056, ☎ (0375) 29 42 86, *Fax (0375) 294288* – CZ b
☎ AE VISA. – **28 Z** 99/160.

Drei Schwäne, Heinrich-Heine-Str. 69, ✉ 08058, ☎ (0375) 2 04 76 50, BU u
Fax (0375) 2047650, – AE VISA
Sonntagabend - Montag geschl. – **Menu** à la carte 58/89.

In Zwickau-Eckersbach *NO : 3 km :*

Park Eckersbach, Trillerplatz 1, ✉ 08066, ☎ (0375) 47 55 72, *Fax (0375) 475801,* Biergarten – TV ☎ P. AE E VISA JCB BV d
Menu *(Montag - Freitag nur Abendessen)* à la carte 22/51 – **16 Z** 80/155.

In Zwickau-Oberhohndorf *SO : 4 km :*

Gerisch garni, Wildenfelser Str. 20a, ✉ 08056, ☎ (0375) 21 29 40, *Fax (0375) 294451* – TV ☎ P. BV e
15 Z 95/140.

In Zwickau-Pölbitz *N : 2,5 km :*

Achat M, Leipziger Str. 180, ✉ 08058, ☎ (0375) 87 20 (Hotel), 30 20 37 (Rest.), *Fax (0375) 872999,* – , Zim, TV ☎ P – 30. AE E VISA BU f
Menu à la carte 29/50 – **147 Z** 140/209, 4 Suiten.

In Schönfels *SW : 6 km über ④ :*

Landgasthaus zum Löwen , Zwickauer Str.25, ✉ 08115, ☎ (037600) 7 01 45, *Fax (037600) 70152,* – TV ☎ P – 100
Menu à la carte 23/34 – **13 Z** 90/130.

In Niedermülsen *N : 8 km über ① :*

Nordsee, Hauptstraße 45, ✉ 08138, ☎ (037604) 26 60, *Fax (037604) 2667,* , – TV ☎ P. AE E VISA. Rest
Menu (nur Abendessen, italienische Küche) à la carte 30/52 – **52 Z** 106/144.

Die Preise Einzelheiten über die in diesem Führer angegebenen Preise finden Sie in der Einleitung.

ZWIEFALTEN *Baden-Württemberg* 419 *V 12 – 2 300 Ew – Höhe 540 m – Erholungsort.*

Sehenswert : *Ehemalige Klosterkirche★★.*

Berlin 669 – Stuttgart 84 – Konstanz 105 – Reutlingen 43 – Ulm (Donau) 50 – Ravensburg 63.

Zur Post, Hauptstr. 44 (B 312), ✉ 88529, ☎ (07373) 9 20 70, *Fax (07373) 2360,* , – Zim, ☎ P
Menu *(Dienstag geschl.)* à la carte 25/46 – **18 Z** 55/90 – ½ P 25.

ZWIESEL *Bayern* 420 *S 23 – 10 500 Ew – Höhe 585 m – Luftkurort – Wintersport : 600/700 m* 1 .

Lindberg, Zwiesel Winkel (SO : 3 km), ☎ (09922) 23 67.

Verkehrsamt, Stadtplatz 27 (Rathaus), ✉ 94227, ☎ (09922) 13 08, Fax (09922) 5655.

Berlin 476 – München 179 – Passau 62 – Cham 59 – Deggendorf 36.

Zur Waldbahn, Bahnhofplatz 2, ✉ 94221, ☎ (09922) 85 70, *Fax (09922) 857222,* , « Garten », , – TV ☎ P – 20. E VISA. Zim
6. - 21. April geschl. – **Menu** à la carte 27/47 – **28 Z** 85/180 – ½ P 25.

Kapfhammer, Holzweberstr. 6, ✉ 94227, ☎ (09922) 8 43 10, *Fax (09922) 6546,* – TV ☎ P. Zim
Nov. - Mitte Dez. geschl. – **Menu** à la carte 22/46 – **46 Z** 70/140 – ½ P 15.

Bergfeld, Hochstr. 45, ✉ 94227, ☎ (09922) 85 40, *Fax (09922) 854100,* , Massage, , , , – TV ☎ P. Rest
7. - 24. April und 7. Nov. - 21. Dez. geschl. – (Restaurant nur für Hausgäste) – **20 Z** 80/160 – ½ P 14/20.

In Lindberg *NO : 3,5 km :*

Riesberghof , Riesweg 4, ✉ 94227, ☎ (09922) 85 20, *Fax (09922) 852100,* , , Biergarten, , , – Zim, TV ☎ P
(nur Abendessen für Hausgäste) – **68 Z** 70/120 – ½ P 21.

In Lindberg-Lehen *NO : 4 km :*

Kur- und Sporthotel Ahornhof M, Lehen 35a, ✉ 94227, ☎ (09922) 85 30, *Fax (09922) 853500,* , , , Massage, , (geheizt), , – TV ☎ P – 100. AE E VISA. Rest
Menu à la carte 30/52 – **156 Z** 77/188 – ½ P 25.

In Lindberg-Zwieslerwaldhaus *NO : 10 km – Höhe 700 m – Wintersport :*

Waldhotel Naturpark, ✉ 94227, ✆ (09925) 9 41 10, *Fax (09925) 941149*, ... –
19. - 30. April geschl. – **Menu** à la carte 24/45 – **17 Z** 60/120 – ½ P 15.

ZWINGENBERG *Hessen 417 419 Q 9 – 6 300 Ew – Höhe 97 m.*

Berlin 586 – Wiesbaden 61 – Mannheim 43 – Darmstadt 23 – Heidelberg 45 – Mainz 62.

Zur Bergstraße garni, Bahnhofstr. 10, ✉ 64673, ✆ (06251) 7 60 35, *Fax (06251) 72275* –
24. Dez. - 5. Jan. geschl. – **21 Z** 155/190.

Freihof mit Zim, Marktplatz 8, ✉ 64673, ✆ (06251) 7 95 59, *Fax (06251) 76712*, –
Menu *(Sonntag geschl.)* (italienische Küche) à la carte 38/79 – **10 Z** 95/140.

ZWISCHENAHN, BAD *Niedersachsen 415 G 8 – 24 500 Ew – Höhe 11 m – Moorheilbad.*

Sehenswert : *Parkanlagen*★.

Ebereschenstr. (NW : 3 km), ✆ (04403) 6 38 66.

Kurverwaltung, Auf dem Hohen Ufer 24, ✉ 26160, ✆ (04403) 5 90 81, Fax (04403) 61158.

Berlin 453 – Hannover 185 – Bremen 67 – Oldenburg 17 – Wilhelmshaven 53 – Groningen 121.

Haus am Meer, Auf dem Hohen Ufer 25, ✉ 26160, ✆ (04403) 94 00, *Fax (04403) 940300*, « Moderne Einrichtung », – Zim, – 200.
Menu siehe Rest. ***Merlan*** separat erwähnt – ***Deters*** : **Menu** à la carte 36/64 – **71 Z** 130/250.

Villa am Park, Unter den Eichen 30, ✉ 26160, ✆ (04403) 9 36 50, *Fax (04403) 59620*, « Elegante Zimmereinrichtung », – – 15.
(Restaurant nur für Hausgäste) – **17 Z** 145/320.

Seehotel Fährhaus, Auf dem Hohen Ufer 8, ✉ 26160, ✆ (04403) 60 00, *Fax (04403) 600500*, ≤, « Terrasse am See », Massage, Bootssteg – – 150.
Menu à la carte 38/67 – **57 Z** 112/228 – ½ P 38.

Burg-Hotel, Zum Rosenteich 14, ✉ 26160, ✆ (04403) 92 30 00, *Fax (04403) 923100*, – Zim, – 35.
Menu à la carte 38/69 – **47 Z** 125/206 – ½ P 30.

Kopenhagen, Brunnenweg 8, ✉ 26160, ✆ (04403) 9 18 10, *Fax (04403) 64010*, –
Menu à la carte 31/63 – **9 Z** 120/220 – ½ P 29.

Chalet, Brunnenweg 10, ✉ 26160, ✆ (04403) 92 10, *Fax (04403) 92155* –
(Restaurant nur für Hausgäste) – **11 Z** 110/220 – ½ P 25.

Rosenhof garni, Zum Rosenteich 12, ✉ 26160, ✆ (04403) 92 32 22, *Fax (04403) 923200*, Massage, – Zim, – 25.
29 Z 115/190.

Haus Ammerland, Rosmarinweg 24, ✉ 26160, ✆ (04403) 92 83 00, *Fax (04403) 928383*, –
(nur Abendessen für Hausgäste) – **33 Z** 85/190 – ½ P 17.

Merlan - Hotel Haus am Meer, Auf dem Hohen Ufer 25, ✉ 26160, ✆ (04403) 9 48 90, *Fax (04403) 948919*, « Modern-elegante Einrichtung » –
Montag geschl. – **Menu** (nur Abendessen, Tischbestellung ratsam) à la carte 60/86.

Der Ahrenshof, Oldenburger Straße, ✉ 26160, ✆ (04403) 39 89, *Fax (04403) 64027*, « Ammerländer Bauernhaus a.d. Jahre 1688, Gartenterrasse » –
Menu à la carte 39/64.

In Bad Zwischenahn-Aschhauserfeld *NO : 4 km Richtung Wiefelstede :*

Romantik Hotel Jagdhaus Eiden, ✉ 26160, ✆ (04403) 69 80 00, *Fax (04403) 698398*, Spielcasino im Hause, « Gartenterrasse », – Zim, – 60.
Menu siehe Rest. ***Apicius*** separat erwähnt – ***Jäger- und Fischerstube*** : **Menu** à la carte 40/82 – **69 Z** 121/230 – ½ P 36.

Amsterdam, Wiefelsteder Str. 18, 26160, (04403) 93 40, *Fax (04403) 934234*, - Zim, - 25. Rest
Menu *(Nov. - Ostern nur Abendessen)* à la carte 36/55 – **40 Z** 99/189 – ½ P 29.

Pension Andrea garni, Wiefelsteder Str. 43, 26160, (04403) 47 41, *Fax (04403) 4745*, – .
14 Z 75/160.

Apicius - im Romantik Hotel Jagdhaus Eiden, 26160, (04403) 69 84 16, *Fax (04403) 698398* – .
Sonntag - Montag, 3. - 25. Jan. und 20. Juli - 3. Aug. geschl. – **Menu** (nur Abendessen, Tischbestellung ratsam, bemerkenswerte Weinkarte) à la carte 69/97
Spez. Tafelspitz vom Kalb mit Hummer. Steinbutt mit Trüffel. Rehnüßchen mit Feigenknödel.

Goldener Adler, Wiefelsteder Str. 47, 26160, (04403) 26 97, *Fax (04403) 58152*, , « Ammerländer Bauernhaus a. d. Jahre 1705 mit gemütlich eingerichteten Stuben » – .
Dienstag geschl. – **Menu** (wochentags nur Abendessen) à la carte 38/72.

In Bad Zwischenahn-Aue *NO : 6 km Richtung Wiefelstede :*

Klosterhof mit Zim, Wiefelsteder Str. 67, 26160, (04403) 91 59 90, *Fax (04403) 9159925*, , « Ammerländer Bauernhaus » – .
Montag geschl. – **Menu** à la carte 32/62 – **6 Z** 60/100 – ½ P 26.

In Bad Zwischenahn-Dreibergen *N : 7 km Richtung Wiefelstede :*

Seeschlößchen Dreibergen M, Dreiberger Straße 21, 26160, (04403) 98 70, *Fax (04403) 987155*, , , Massage, , , , – – 150. Rest
Menu à la carte 38/70 – **63 Z** 130/250 – ½ P 35.

ZWOENITZ *Sachsen* 418 *O 22 – 10 000 Ew – Höhe 525 m.*
Berlin 289 – Dresden 110 – Chemnitz 30 – Chomutov 79 – Karlovy Vary 63 – Zwickau 29.

Stadt Zwönitz M, Am Mühlengraben 10, 08297, (037754) 7 20, *Fax (037754) 72404*, , , – – 30.
Menu à la carte 25/46 – **39 Z** 90/147.

Roß, Markt 1, 08297, (037754) 22 52, *Fax (037754) 77533*, Biergarten – .
Menu à la carte 22/42 – **22 Z** 80/130.

ZWOTA *Sachsen siehe Klingenthal.*

Entfernungen

Einige Erklärungen

In jedem Ortstext finden Sie Entfernungen zur Landeshauptstadt und zu den nächstgrößeren Städten in der Umgebung.
Die Kilometerangaben der Tabelle ergänzen somit die Angaben des Ortstextes.
Da die Entfernung von einer Stadt zu einer anderen nicht immer unter beiden Städten zugleich aufgeführt ist, sehen Sie bitte unter beiden entsprechenden Ortstexten nach. Eine weitere Hilfe sind auch die am Rande der Stadtpläne erwähnten Kilometerangaben.
Die Entfernungen gelten ab Stadtmitte unter Berücksichtigung der günstigsten (nicht immer kürzesten) Strecke.

Distances

Quelques précisions

Au texte de chaque localité vous trouverez la distance de la capitale du « Land » et des villes environnantes. Les distances intervilles du tableau les complètent.
La distance d'une localité à une autre n'est pas toujours répétée en sens inverse : voyez au texte de l'une ou l'autre.
Utilisez aussi les distances portées en bordure des plans.
Les distances sont comptées à partir du centre-ville et par la route la plus pratique, c'est-à-dire celle qui offre les meilleures conditions de roulage, mais qui n'est pas nécessairement la plus courte.

Distances

Commentary

The text on each town includes its distances to the "land" capital and to its neighbours.
The distances in the table complete those given under individual town headings for calculating total distances.
To avoid excessive repetition some distances have only been quoted once, you may, therefore, have to look under both town headings.
Note also that some distances appear in the margins of the town plans.
Distances are calculated from centres and along the best roads from a motoring point of view – not necessarily the shortest.

Distanze

Qualche chiarimento

Nel testo di ciascuna località troverete la distanza dalla capitale del « land » e dalle città circostanti. Le distanze tra le città della tabella le completano.
La distanza da una località ad un'altra non è sempre ripetuta in senso inverso : vedete al testo dell'una o dell'altra.
Utilizzate anche le distanze riportate a margine delle piante.
Le distanze sono calcolate a partire dal centro delle città e seguendo la strada più pratica, ossia quella che offre le migliori condizioni di viaggio, ma che non è necessariamente la più breve.

Entfernungen zwischen den größeren Städten
Distances entre principales villes
Distances between major towns
Distanze tra le principali città

Karlsruhe - Stuttgart 76 km

	Aachen	Augsburg	Bamberg	Berlin	Bonn	Braunschweig	Bremen	Darmstadt	Dresden	Düsseldorf	Essen	Frankfurt am Main	Frankfurt an der Oder	Freiburg	Hamburg	Hannover	Karlsruhe	Kassel	Kiel	Koblenz	Köln	Konstanz	Leipzig	Lübeck	Mannheim	München	Nürnberg	Osnabrück	Regensburg	Rostock	Saarbrücken	Stuttgart	Trier	Ulm	Wiesbaden
Augsburg	575																																		
Bamberg	469	201																																	
Berlin	637	567	406																																
Bonn	94	481	372	596																															
Braunschweig	413	556	400	230	372																														
Bremen	372	686	530	394	337	170																													
Darmstadt	273	327	217	570	176	362	469																												
Dresden	642	444	283	193	558	312	475	488																											
Düsseldorf	80	555	435	559	71	334	290	239	599																										
Essen	115	579	453	528	95	304	252	263	562	33																									
Frankfurt am Main	248	315	215	539	151	331	437	36	457	214	247																								
Frankfurt an der Oder	701	631	469	100	660	294	458	634	179	623	592	602																							
Freiburg	480	278	409	805	387	597	704	242	682	470	494	271	869																						
Hamburg	482	714	557	284	448	173	123	519	479	400	363	488	382	754																					
Hannover	354	568	411	288	313	63	128	374	369	276	245	342	352	608	156																				
Karlsruhe	353	226	279	674	261	466	573	111	552	339	363	141	738	134	624	478																			
Kassel	310	411	255	385	269	152	282	217	355	232	209	185	449	452	309	163	321																		
Kiel	568	809	652	346	534	268	209	614	541	486	449	583	444	849	96	251	719	404																	
Koblenz	151	426	334	601	58	393	394	138	520	128	152	113	665	332	504	370	206	222	590																
Köln	72	518	398	573	29	349	314	202	566	39	72	177	637	432	425	290	302	246	511	90															
Konstanz	583	224	411	788	490	676	799	337	665	564	588	366	852	126	834	688	235	531	929	435	527														
Leipzig	562	406	244	183	478	205	368	409	112	519	482	377	247	644	372	262	514	276	497	440	486	627													
Lübeck	542	770	614	263	507	230	182	576	458	460	422	544	361	811	67	212	680	365	78	564	484	890	414												
Mannheim	294	284	269	617	202	409	516	54	535	284	295	83	681	198	566	420	68	264	661	147	244	293	456	623											
München	640	71	229	586	554	628	758	394	463	617	637	397	650	352	786	640	292	483	881	493	580	250	425	817	350										
Nürnberg	483	140	62	438	387	461	591	231	315	449	469	230	502	378	618	472	248	316	713	349	412	362	277	675	238	166									
Osnabrück	261	578	421	424	226	199	119	358	505	179	141	326	487	593	230	141	462	177	316	283	203	687	398	289	405	650	482								
Regensburg	581	142	160	491	485	513	689	329	338	547	567	328	555	466	716	570	335	414	811	447	510	365	330	722	326	123	103	580							
Rostock	658	755	594	221	623	299	298	692	416	576	538	660	319	927	183	328	796	481	191	680	600	977	372	116	739	775	627	405	680						
Saarbrücken	247	371	389	713	236	505	572	170	631	286	330	184	777	210	662	516	145	359	757	200	260	309	552	719	131	436	365	461	452	834					
Stuttgart	407	160	236	632	315	501	631	161	509	389	413	191	696	183	659	513	76	356	754	260	352	179	471	715	118	225	205	512	293	821	221				
Trier	153	438	397	720	166	504	470	188	638	192	229	190	784	305	580	446	212	340	666	130	156	404	559	640	175	503	408	358	496	756	96	288			
Ulm	507	79	214	613	415	537	667	261	491	489	513	291	677	203	695	549	159	392	790	360	452	146	452	751	218	144	187	559	216	802	305	94	372		
Wiesbaden	239	362	246	569	142	361	433	45	487	205	229	39	632	276	518	372	145	215	613	79	167	371	407	574	88	428	261	322	359	690	158	195	154	294	
Würzburg	372	209	101	501	275	364	494	120	378	338	358	118	564	314	521	375	184	219	616	237	301	316	339	578	174	282	115	385	213	689	292	141	300	190	149

	Berlin	Düsseldorf	Frankfurt	Hamburg	München
Amsterdam	668	227	432	467	834
Barcelona	1853	1388	1320	1778	1347
Basel	866	531	332	815	393
Bern	914	624	426	909	431
Birmingham	1253	719	910	1082	1283
Bordeaux	1636	1079	1149	1481	1251
Bratislava	654	1015	795	941	480
Brindisi	1922	1868	1669	2085	1332
Bruxelles/Brussel	776	205	387	585	733
Burgos	2098	1542	1611	1943	1815
Cherbourg	1327	771	939	1172	1200
Clermont-Ferrand	1316	841	782	1231	911
Dublin	1523	990	1181	1353	1554
Genève	1075	742	587	1070	592
Glasgow	1726	1192	1383	1555	1756
Le Havre	1143	586	754	988	1042
København	386	714	798	321	941
Lille	853	319	498	683	828
Lisboa	2836	2280	2349	2682	2568
London	1049	515	706	878	1079

	Berlin	Düsseldorf	Frankfurt	Hamburg	München
Luxembourg	765	236	236	624	519
Lyon	1220	756	687	1146	744
Madrid	2329	1772	1842	2174	1945
Málaga	2807	2300	2273	2702	2301
Marseille	1532	1067	999	1457	1000
Milano	1033	873	675	1114	495
Nantes	1439	882	952	1284	1213
Oslo	961	1087	1184	697	1516
Palermo	1700	1645	1447	1863	1110
Paris	1052	495	576	897	837
Porto	2629	2073	2142	2475	2347
Praha	339	691	497	626	380
Roma	1494	1439	1241	1657	904
San Sebastián	1877	1321	1390	1723	1595
Stockholm	1000	1327	1412	935	1554
Strasbourg	753	399	219	702	363
Toulouse	1755	1198	1221	1599	1249
Valencia	2199	1734	1666	2124	1693
Warszawa	591	1114	1062	874	990
Wien	622	934	714	909	398

Barcelona - Frankfurt 1320 km

Hauptverkehrsstrassen

Hotels und Motels an der Autobahn □
Freizeitparks ◇
Stadt mit Umgebungskarte ⊙
Siehe auch S. 1208

Principales routes

Hôtels d'autoroutes □
Parcs de récréation ◇
Carte de voisinage : voir à la ville choisie ⊙
voir aussi p. 1208

Main roads

Motorway hotels □
Leisure centres ◇
Town with a local map ⊙
see also p. 1208

Principali strade

Alberghi autostradali □
Parchi di divertimenti ◇
Città cón carta dei dintorni ⊙
verdere anche p. 1208

DANMARK
NORDSEE
SYLT
Westerland
Flensburg
Schleswig
Kiel
Nord-Ostsee-Kanal
Neumünster
Hansaland
Travemünde
Wismar
Lübeck
Itzehoe
Cuxhaven
Schwerin
HAMBURG
Carl Hagenbeck Tierpark
Wilhelmshaven
Bremerhaven
Lüneburg
ELBE
Jaderberg
Oldenburg
BREMEN
WESER
Brunautal
Heide-Park
Vogelpark
Freizeitpark
Aller
Hunte
Hase
Serengeti-Safaripark
Celle
Dinosaurier-Park Münchehagen
Garbsen
Erse-Park
Wülferode
HANNOVER
Braunschweig
potts park
Minden
Osnabrück
Hildesheim
Hameln
Rasti-Land
Bielefeld
Detmold
Leine
Ems
Münster
Hollywood-Park
Weser
Halberstadt
Paderborn
Lippstadt
Lippe
Göttingen
Nordhausen
Dortmund
Ruhr
Arnsberg
Fort Fun
Kassel
Erlebnispark Ziegenhagen
Eder
Fulda
Panorama-Park Sauerland
Olpe
Erfurt
Gotha
Eisenach
Bad Hersfeld

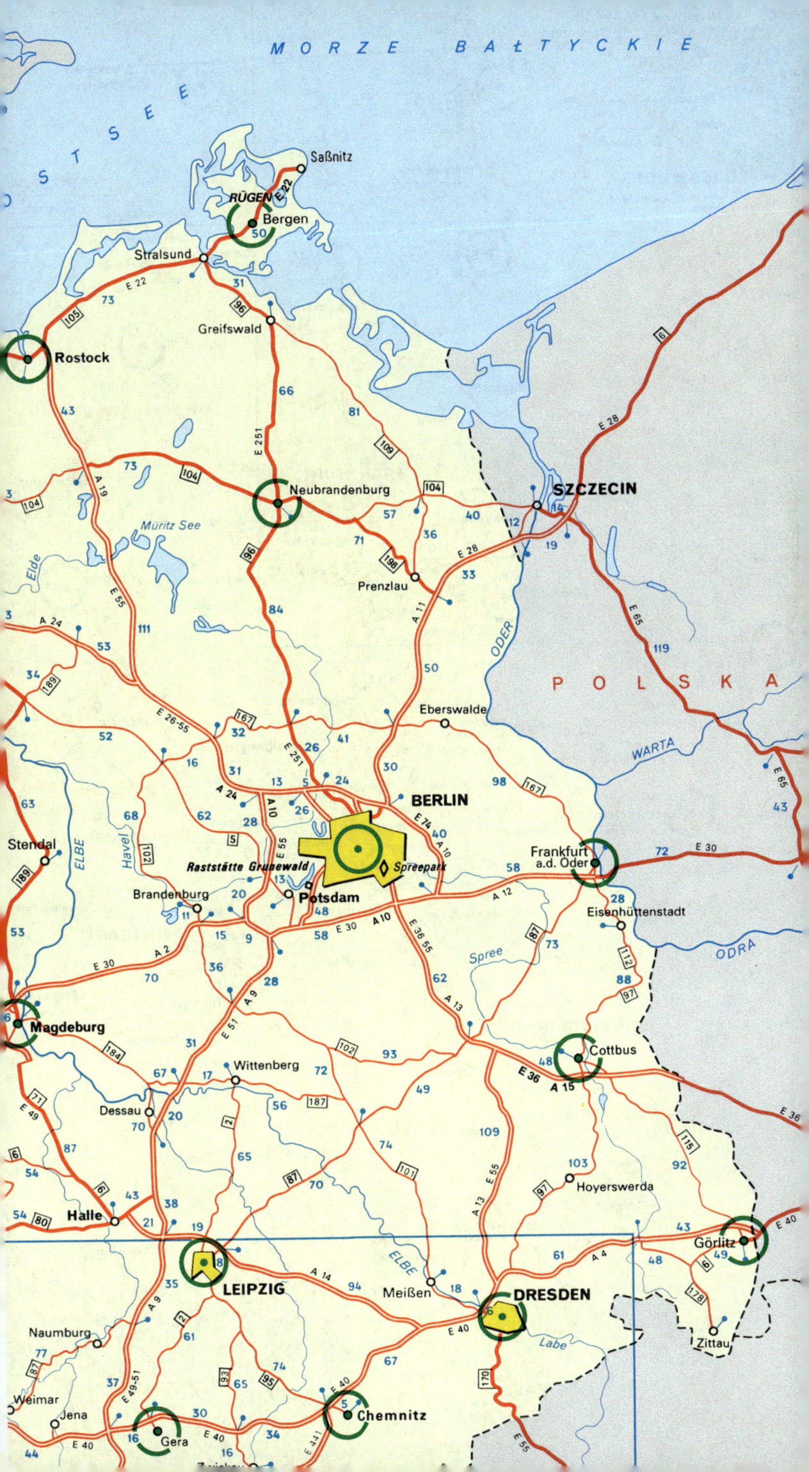

MORZE BAŁTYCKIE
OSTSEE
Saßnitz
RÜGEN
Bergen
Stralsund
Greifswald
Rostock
Neubrandenburg
Müritz See
Elde
SZCZECIN
Prenzlau
ODER
POLSKA
WARTA
Eberswalde
BERLIN
Spreepark
Raststätte Grunewald
Potsdam
Brandenburg
Havel
Stendal
ELBE
Frankfurt a.d. Oder
Eisenhüttenstadt
ODRA
Spree
Magdeburg
Cottbus
Wittenberg
Dessau
Hoyerswerda
Halle
LEIPZIG
Meißen
DRESDEN
Görlitz
Zittau
Labe
Naumburg
Weimar
Jena
Gera
Chemnitz

Gelsenkirchen
Movie World
Dortmund
Göttingen
Bochum
Essen
Hagen
Arnsberg
Fort Fun
Kassel
Erlebnispark Ziegenhagen
Hösel
Wuppertal
DÜSSELDORF
Remscheid
Panorama-Park Sauerland
Olpe
Eder
Fulda
Eisenach
Bad Hersfeld
Werra
KÖLN
Siegen
Marburg
Rimberg
Kirchheim
Sieg
Reinhardshain
Bonn
Giessen
Fulda
Fernthal
Lahn
Heiligenroth
Limburg
Koblenz
Mosel
FRANKFURT
Taunus-Wunderland
Wiesbaden
Schweinfurt
Aschaffenburg
Weiskirchen
Eifelpark
Mainz
Darmstadt
Weibersbrunn
Würzburg
Bad Kreuznach
Nahe
Pfungstadt
Main
RHEIN
Trier
Worms
Ludwigshafen
Mannheim
Kurpfalz-Park
Kaiserslautern
Heidelberg
Wildpark
Saar
Neckar
Jagst
Holiday-Park
Speyer
Saarbrücken
Pirmasens
Landau
Heilbronn
Crailsheim
Bruchsal
Schwäbisch Hall
Altweibermühle Tripsdrill
Karlsruhe
Pforzheim
Schwaben-Park
Baden-Baden
STUTTGART
Tübingen
Seligweiler
STRASBOURG
Dornstadt
Reutlingen
Ulm
Offenburg
Freudenstadt
Meurthe
FRANCE
Riedlingen
Europa-Park
Donau
Moselle
RHIN
Colmar
Donaueschingen
Freiburg
Bergwildpark Steinwasen
Ravensburg
Mulhouse
Schaffhausen
Konstanz
Bodensee
Lindau
Belfort
Rhein
Bregenz
BASEL
ZÜRICH
SCHWEIZ

Nordhausen
LEIPZIG
DRESDEN
Meißen
ELBE
Labe
Naumburg
Erfurt
Gotha
Weimar
Jena
Gera
Chemnitz
Zwickau
Plauen
Saale
ČESKÁ
REPUBLIKA
Karlovy Vary
Hof
Coburg
Main
Bayreuth
Bamberg
Plzeň
Weiden
Freizeit-Land
Steigerwald
Schermshöhe
Schloß Thurn
Fränkisches Wunderland
Amberg
Fürth
NÜRNBERG
Feucht
Ansbach
Naab
Regen
Churpfalzpark Loifling
Regensburg
Straubing
Altmühl
Ingolstadt
Donau
Passau
DONAU
Heidenheim
Donauwörth
Landshut
Holledau
Isar
Inn
Edenbergen
Augsburg
Leipheim
Lech
Salzach
MÜNCHEN
Landsberg
Chiemsee
SALZBURG
Ammersee
Rosenheim
Bad Reichenhall
Starnberger See
Irschenberg
Iller
Kempten
Forggensee
Garmisch-Partenkirchen
Innsbruck
ÖSTERREICH

Auszug aus dem Messe- und Veranstaltungskalender

Extrait du calendrier des foires et autres manifestations

Excerpt from the calendar of fairs and other events

Estratto del calendario delle fiere ed altre manifestazioni

Messe- und Ausstellungsgelände sind im Ortstext angegeben.

Baden-Baden	Frühjahrsmeeting	29. 5. - 6. 6.
	Große Woche	27. 8. - 5. 9.
Bayreuth	Wagner-Festspiele	25. 7. - 28. 8.
Berlin	Internationale Grüne Woche	22. 1. - 31. 1.
	Internationale Boots-und Freizeitaussteullung	13. 2. - 21. 2.
	Berlinale	10. 2. - 21. 2.
	Internationale Tourismus-Börse (ITB)	6. 3. - 10. 3.
	Internationale Funkausstellung	28. 8. - 5. 9.
	Auto-Auststellung Berlin	17.10. - 25.10.
Bielefeld	Touristik	12.11. - 14.11.
Bonn	Rhein in Flammen	1. 5.
Bregenz (A)	Festspiele	21. 7. - 22. 8.
Dortmund	Motorräder	3. 3. - 7. 3.
	Dortmunder Herbst	1.10. - 10.10.
Dresden	Dresdner Reisemarkt	5. 2. - 7. 2.
	Frühjahrsmesse	3. 4. - 11. 4.
	Dixieland-Festival	7. 5.
	Musikfestspiele	28. 5. - 31. 5.
	Herbstmesse	2.10. - 10.10.
Dürkheim, Bad	Dürkheimer Wurstmarkt	10. 9. - 20. 9.
Düsseldorf	Internationale Bootsausstellung	16. 1. - 24. 1.
	IGEDO - Internationale Modemesse	2. 5. - 4. 5.
	Caravan Salon	25. 9. - 3.10.
	IGEDO - Internationale Modemesse	7.11. - 9.11.
Essen	Reise/Camping	24. 3. - 28. 3.
	Motor-Show	26.11. - 5.12.
Frankfurt	Ambiente Internationale Frankfurter Messe	19. 2. - 23. 2.
	Tendence Internationale Frankfurter Herbstmesse	27. 8. - 31. 8.
	IAA (Internationale Automobil-Ausstellung)	16. 9. - 26. 9.
	Frankfurter Buchmesse	13.10. - 18.10.
Freiburg	Camping- und Freizeitausstellung	13. 3. - 21. 3.
	Zelt-Musik-Festival	30. 6. - 18. 7.
Friedrichshafen	IBO - Messe	20. 3. - 28. 3.
	Internationale Wassersportausstellung (INTERBOOT)	18. 9. - 26. 9.
Furth im Wald	Der Drachenstich	6. 8. - 16. 8.
Hamburg	REISEN - Hamburg	13. 2. - 21. 2.
	INTERNORGA	12. 3. - 17. 3.
	Hafengeburtstag Hamburg	7. 5. - 9. 5.
	Hanseboot	23.10. - 31.10.

Hannover	*ABF (Ausstellung Auto-Boot-Freizeit)*	6. 2. - 14. 2.
	Hannover Messe CeBIT	18. 3. - 24. 3.
	Hannover Messe INDUSTRIE	19. 4. - 24. 4.
	Niedersachsen-Festival	10. 7. - 11. 7.
Heidelberg	*Schloß-Spiele*	30. 7. - 22. 8.
Hersfeld, Bad	*Festspiele und Opern*	9. 6. - 18. 8.
Kempten i.A.	*Allgäuer Festwoche*	14. 8. - 22. 8.
Kiel	*Kieler Woche*	19. 6. - 27. 6.
Köln	*Internationale Möbelmesse*	18. 1. - 24. 1.
	Domotechnica	22. 2. - 25. 2.
	Popkomm.	19. 8. - 22. 8.
	Anuga	9.10. - 14.10.
Leipzig	*Haus-Garten-Freizeit*	13. 2. - 21. 2.
	Buchmesse	25. 3. - 28. 3.
	Auto Mobil International	10. 4. - 18. 4.
	TC - Touristik + Caravaning	17.11. - 21.11.
Magdeburg	*Bundesgartenschau*	29. 5. - 1. 8.
Mannheim	*Maimarkt*	24. 4. - 4. 5.
München	*ISPO-Winter*	7. 2. - 10. 2.
	C - B - R (Caravan - Boot - Reisemarkt)	20. 2. - 28. 2.
	Internationale Handwerkmesse	18. 3. - 24. 3.
	ISPO-Sommer	1. 8. - 4. 8.
	Oktoberfest	18. 9. - 3.10.
Nürnberg	*Internationale Spielwarenmesse*	4. 2. - 10. 2.
	Freizeit -Touristik	27. 2. - 7. 3.
	Consumenta	23.10. - 1.11.
	Christkindlesmarkt	27.11. - 24.12.
Offenburg	*Oberrhein-Messe*	24. 9. - 3.10.
Rothenburg o.d.T.	*Historische Festspiele*	21. 5. - 24. 5.
Sarrbrücken	*Internationale Saarmesse*	17. 4. - 25. 4.
Salzburg (A)	*Osterfestspiele*	27. 3. - 5. 4.
	Barockfestival	21. 5. - 24. 5.
	Sommerfestspiele	24. 7. - 31. 8.
Stuttgart	*CMT -Ausstellung für Caravan, Motor, Touristik*	16. 1. - 24. 1.
	Cannstatter Volksfest	25. 9. - 10.10.
Trier	*Europavolksfest*	13. 5. - 24. 5.
Ulm	*Leben-Wohnen-Freizeit*	10. 4. - 18. 4.
Villingen - Schwenningen	*Südwest-Messe*	29. 5. - 6. 6.
Wunsiedel	*Luisenburg Festspiele*	8. 6. - 24. 8.

MICHELIN REIFENWERKE KGaA
Michelinstraße 4, 76185 KARLSRUHE
Tel. 0721/5 30 13 33 – Fax 0721/5 30 12 35

Freizeitparks
Parcs de récréation
Leisure centres
Parchi di divertimenti

Ort	Freizeitpark	Autobahn-Ausfahrt	nächste
Berlin-Treptow	*Spreepark*	*Berlin-Zentrum*	A 113
Bestwig	*Fort Fun*	*Erwitte/Anröchte*	A 44
Bottrop-Kirchhellen	*Warner Brothers Movie World*	*Kirchhellen*	A 31
Brühl	*Phantasialand*	*Brühl -Süd*	A 553
Cham	*Churpfalzpark Loifling*	*Straubing*	A 3
Cleebronn	*Erlebnispark Tripsdrill*	*Ilsfeld*	A 81
Geiselwind	*Freizeit-Land*	*Geiselwind*	A 3
Gondorf	*Eifelpark*	*Wittlich*	A 1/48
Hamburg-Stellingen	*Carl-Hagenbecks-Tierpark*	*Hamburg-Stellingen*	A 7
Haren/Ems	*Ferienzentrum Schloß Dankerm*	*Cloppenburg*	A 1
Haßloch/Pfalz	*Holiday-Park*	*Haßloch*	A 61
Heroldsbach	*Schloß Thurn*	*Baiersdorf-Nord*	A 73
Hodenhagen	*Serengeti-Safaripark*	*Westenholz*	A 7
Jaderberg	*Tier- und Freizeitpark*	*Jaderberg*	A 29
Kaisersbach	*Schwaben-Park*	*Aichelberg*	A 8
Kirchhundem	*Panorama-Park Sauerland*	*Olpe*	A 45
Meckenbeuren	*Ravensburger Spieleland*	*Wangen*	A 96
Mergentheim, Bad	*Wildpark*	*Tauberbischofsheim*	A 81
Minden-Dützen	*potts park*	*Porta Westfalica*	A 2
Oberried	*Bergwildpark Steinwasen*	*Freiburg-Mitte*	A 5
Plech	*Fränkisches Wunderland*	*Plech*	A 9
Rehberg-Loccum	*Dinosaurier-Park Münchhagen*	*Wunstorf*	A 2
Rust/Baden	*Europa-Park*	*Ettenheim*	A 5
Salzhemmendorf	*Rasti-Land*	*Hildesheim*	A 7
Schlangenbad	*Taunus-Wunderland*	*Wiesbaden-Frauenstein*	A 66
Schloß Holte-Stukenbrock	*Hollywood-Park*	*Bielefeld-Sennestadt*	A 2
Sierksdorf	*Hansapark*	*Eutin*	A 1
Soltau	*Heide-Park*	*Soltau-Ost*	A 7
Uetze	*Erse-Park*	*Peine*	A 2
Verden/Aller	*Freizeitpark*	*Verden -Ost*	A 27
Wachenheim	*Kurpfalz-Park*	*Feuerberg*	A 650
Walsrode	*Vogelpark*	*Walsrode -Süd*	A 27
Witzenhausen	*Erlebnispark Ziegenhagen*	*Hann. Münden/Werratal*	A 7

Ferientermine

(Angegeben ist jeweils der erste und letzte Tag der Sommerferien)

Vacances scolaires

(Premier et dernier jour des vacances d'été)

School holidays

(Dates of summer holidays)

Vacanze scolastiche

(Primo ed ultimo giorno di vacanza dell' estate)

Land	1999
Baden-Württemberg	29.7. - 11.9.
Bayern	29.7. - 13.9.
Berlin	15.7. - 25.8.
Brandenburg	15.7. - 25.8.
Bremen	22.7. - 1.9.
Hamburg	15.7. - 25.8.
Hessen	1.7. - 13.8.
Mecklenburg-Vorpom.	15.7. - 25.8.

Land	1999
Niedersachsen	22.7. - 1.9.
Nordrhein-Westfalen	17.6. - 31.7.
Rheinland-Pfalz	1.7. - 11.8.
Saarland	1.7. - 11.8.
Sachsen	22.7. - 1.9.
Sachsen-Anhalt	22.7. - 1.9.
Schleswig-Holstein	15.7. - 25.8.
Thüringen	22.7. - 1.9.

Telefon-Vorwahlnummern international

Wichtig : bei Auslandsgesprächen darf die Null (0) der Ortsnetzkennzahl nicht gewählt werden (ausser bei Gesprächen nach Italien).

Indicatifs Téléphoniques Internationaux

Important : pour les communications internationales, le zéro (0) initial de l'indicatif interurbain n'est pas à composer (excepté pour les appels vers l'Italie).

von / nach	(A)	(B)	(CH)	(CZ)	(D)	(DK)	(E)	(FIN)	(F)	(GB)	(GR)
A Österreich		0032	0041	00420	0049	0045	0034	00358	0033	0044	0030
B Belgien	0043		0041	00420	0049	0045	0034	00358	0033	0044	0030
CH Schweiz	0043	0032		00420	0049	0045	0034	00358	0033	0044	0030
CZ Tschechische Rep.	0043	0032	0041		0049	0045	0034	00358	0033	0044	0030
D Deutschland	0043	0032	0041	00420		0045	0034	00358	0033	0044	0030
DK Dänemark	0043	0032	0041	00420	0049		0034	00358	0033	0044	0030
E Spanien	0043	0032	0041	00420	0049	0045		00358	0033	0044	0030
FIN Finnland	0043	0032	0041	00420	0049	0045	0034		0033	0044	0030
F Frankreich	0043	0032	0041	00420	0049	0045	0034	00358		0044	0030
GB Großbritannien	0043	0032	0041	00420	0049	0045	0034	00358	0033		0030
GR Griechenland	0043	0032	0041	00420	0049	0045	0034	00358	0033	0044	
H Ungarn	0043	0032	0041	00420	0049	0045	0034	00358	0033	0044	0030
I Italien	0043	0032	0041	00420	0049	0045	0034	00358	0033	0044	0030
IRL Irland	0043	0032	0041	00420	0049	0045	0034	00358	0033	0044	0030
J Japan	00143	00132	00141	001420	00149	00145	00134	001358	00133	00144	00130
L Luxemburg	0043	0032	0041	00420	0049	0045	0034	00358	0033	0044	0030
N Norwegen	0043	0032	0041	00420	0049	0045	0034	00358	0033	0044	0030
NL Niederlande	0043	0032	0041	00420	0049	0045	0034	00358	0033	0044	0030
PL Polen	0043	0032	0041	00420	0049	0045	0034	00358	0033	0044	0030
P Portugal	0043	0032	0041	00420	0049	0045	0034	00358	0033	0044	0030
RUS Russ. Föderation	81043	81032	81041	810420	81049	81045	*	810358	81033	81044	*
S Schweden	00943	00932	00941	009420	00949	00945	00934	009358	00933	00944	00930
USA	01143	01132	01141	011420	01149	01145	01134	01358	01133	01144	01130

* *Automatische Vorwahl nicht möglich*

* *Pas de sélection automatique*

International Dialling Codes

Note : when making an international call, do not dial the first "0" of the city codes (except for calls to Italy).

Indicativi Telefonici Internazionali

Importante : per le comunicazioni internazionali, non bisogna comporre lo zero (0) iniziale dell'indicativo interurbano (escluse le chiamate per l'Italia).

H	I	IRL	J	L	N	NL	PL	P	RUS	S	USA	
0036	0039	00353	0081	00352	0047	0031	0048	00351	007	0046	001	**A Österreich**
0036	0039	00353	0081	00352	0047	0031	0048	00351	007	0046	001	**B Belgien**
0036	0039	00353	0081	00352	0047	0031	0048	00351	007	0046	001	**CH Schweiz**
0036	0039	00353	0081	00352	0047	0031	0048	00351	007	0046	001	**CZ Tschechische Rep.**
0036	0039	00353	0081	00352	0047	0031	0048	00351	007	0046	001	**D Deutschland**
0036	0039	00353	0081	00352	0047	0031	0048	00351	007	0046	001	**DK Dänemark**
0036	0039	00353	0081	00352	0047	0031	0048	00351	007	0046	001	**E Spanien**
0036	0039	00353	0081	00352	0047	0031	0048	00351	007	0046	001	**FIN Finnland**
0036	0039	00353	0081	00352	0047	0031	0048	00351	007	0046	001	**F Frankreich**
0036	0039	00353	0081	00352	0047	0031	0048	00351	007	0046	001	**GB Großbritannien**
0036	0039	00353	0081	00352	0047	0031	0048	00351	007	0046	001	**GR Griechenland**
	0039	00353	0081	00352	0047	0031	0048	00351	007	0046	001	**H Ungarn**
0036		00353	0081	00352	0047	0031	0048	00351	*	0046	001	**I Italien**
0036	0039		0081	00352	0047	0031	0048	00351	007	0046	001	**IRL Irland**
00136	00139	001353		001352	00147	00131	00148	001351	*	00146	0011	**J Japan**
0036	0039	00353	0081		0047	0031	0048	00351	007	0046	001	**L Luxemburg**
0036	0039	00353	0081	00352		0031	0048	00351	007	0046	001	**N Norwegen**
0036	0039	00353	0081	00352	0047		0048	00351	007	0046	001	**NL Niederlande**
0036	0039	00353	0081	00352	0047	0031		00351	007	0046	001	**PL Polen**
0036	0039	00353	0081	00352	0047	0031	0048		007	0046	001	**P Portugal**
81036	*	*	*	*	*	81031	81048	*		*	*	**RUS Russ. Föderation**
00936	00939	009353	00981	009352	00947	00931	00948	009351	0097		0091	**S Schweden**
01136	01139	011353	01181	011352	01147	01131	01148	011351	*	01146		**USA**

** Direct dialing not possible*

** Selezione automatica impossibile*

Notizen
Notes
Appunti

Notizen

Notes

Appunti

Manufacture française des pneumatiques Michelin

Société en commandite par actions au capital de 2 000 000 000 de francs
Place des Carmes-Déchaux – 63 Clermont-Ferrand (France)
R.C.S. Clermont-Fd B 855 200 507

Michelin et Cie, propriétaires-éditeurs, 1998

Dépôt légal Novembre 1998 – ISBN 2-06-962999-6

Printed in the EU 10-98

Illustrations Cécile Imbert/MICHELIN : pages 4 à 13, 16 à 25, 28 à 37, 40 à 49 – R. Corbel pages 138, 277, 292, 364, 466, 492, 608, 658, 754, 1040

Benelux • Deutschland •
España & Portugal • Europe • France •
Great Britain & Ireland • Ireland • Italia •
London • Paris • Portugal •
Suisse / Schweiz / Svizzera

MICHELIN